FLÁVIO TARTUCE

- Pós-Doutor e Doutor em Direito Civil e Graduado pela Faculdade de Direito da USP.
- Mestre em Direito Civil Comparado e Especialista em Direito Contratual pela PUCSP.
- Coordenador e Professor Titular permanente do Programa de Mestrado da Escola Paulista de Direito (EPD).
- Diretor Geral e Professor da Escola Superior da Advocacia da Ordem dos Advogados do Brasil em São Paulo (2022-2024).
- Conselheiro efetivo da Ordem dos Advogados do Brasil da Seccional do Estado de São Paulo (OABSP) (2022-2024).
- Secretário-Geral da comissão especial de Responsabilidade Civil do Conselho Federal da OAB.
- Membro efetivo da Comissão de Direito Civil da OABSP.
- Coordenador e Professor dos cursos de pós-graduação *lato sensu* em Direito Civil e Processual Civil, Direito Contratual e Direito de Família e das Sucessões da Escola Paulista de Direito (EPD).
- Patrono regente e professor do curso de pós-graduação *lato sensu* em Advocacia do Direito Negocial e Imobiliário da Escola Brasileira de Direito (EBRADI).
- Professor convidado em outros cursos de pós-graduação *lato sensu* pelo País, em Escolas da Magistratura e na Associação dos Advogados de São Paulo (AASP).
- Fundador e Primeiro Presidente do Instituto Brasileiro de Direito Contratual (IBDCont).
- Colunista do Portal *Migalhas*.
- Palestrante em cursos, congressos e seminários jurídicos no Brasil e no exterior.
- Atua como advogado, parecerista, consultor jurídico e árbitro.

Site
www.flaviotartuce.adv.br

Blogs
www.professorflaviotartuce.blogspot.com
http://flaviotartuce.jusbrasil.com.br

Instagram
@flavio.tartuce

Currículo lattes
http://lattes.cnpq.br/7182705988837779

RESPONSABILIDADE CIVIL

O GEN | Grupo Editorial Nacional – maior plataforma editorial brasileira no segmento científico, técnico e profissional – publica conteúdos nas áreas de concursos, ciências jurídicas, humanas, exatas, da saúde e sociais aplicadas, além de prover serviços direcionados à educação continuada.

As editoras que integram o GEN, das mais respeitadas no mercado editorial, construíram catálogos inigualáveis, com obras decisivas para a formação acadêmica e o aperfeiçoamento de várias gerações de profissionais e estudantes, tendo se tornado sinônimo de qualidade e seriedade.

A missão do GEN e dos núcleos de conteúdo que o compõem é prover a melhor informação científica e distribuí-la de maneira flexível e conveniente, a preços justos, gerando benefícios e servindo a autores, docentes, livreiros, funcionários, colaboradores e acionistas.

Nosso comportamento ético incondicional e nossa responsabilidade social e ambiental são reforçados pela natureza educacional de nossa atividade e dão sustentabilidade ao crescimento contínuo e à rentabilidade do grupo.

FLÁVIO TARTUCE

RESPONSABILIDADE CIVIL

6ª edição revista, atualizada e ampliada

- O autor deste livro e a editora empenharam seus melhores esforços para assegurar que as informações e os procedimentos apresentados no texto estejam em acordo com os padrões aceitos à época da publicação, e todos os dados foram atualizados pelo autor até a data de fechamento do livro. Entretanto, tendo em conta a evolução das ciências, as atualizações legislativas, as mudanças regulamentares governamentais e o constante fluxo de novas informações sobre os temas que constam do livro, recomendamos enfaticamente que os leitores consultem sempre outras fontes fidedignas, de modo a se certificarem de que as informações contidas no texto estão corretas e de que não houve alterações nas recomendações ou na legislação regulamentadora.

- Fechamento desta edição: 19.08.2024

- O Autor e a editora se empenharam para citar adequadamente e dar o devido crédito a todos os detentores de direitos autorais de qualquer material utilizado neste livro, dispondo-se a possíveis acertos posteriores caso, inadvertida e involuntariamente, a identificação de algum deles tenha sido omitida.

- **Atendimento ao cliente: (11) 5080-0751 | faleconosco@grupogen.com.br**

- Direitos exclusivos para a língua portuguesa
  Copyright © 2025 by
  Editora Forense Ltda.
  Uma editora integrante do GEN | Grupo Editorial Nacional
  Travessa do Ouvidor, 11 – Térreo e 6º andar
  Rio de Janeiro – RJ – 20040-040
  www.grupogen.com.br

- Reservados todos os direitos. É proibida a duplicação ou reprodução deste volume, no todo ou em parte, em quaisquer formas ou por quaisquer meios (eletrônico, mecânico, gravação, fotocópia, distribuição pela Internet ou outros), sem permissão, por escrito, da Editora Forense Ltda.

- Capa: Fabricio Vale

- CIP-BRASIL. CATALOGAÇÃO NA PUBLICAÇÃO
  SINDICATO NACIONAL DOS EDITORES DE LIVROS, RJ

  T198r
  6. ed.

  Tartuce, Flávio
    Responsabilidade civil / Flávio Tartuce. - 6. ed., rev., atual. e ampl. - Rio de Janeiro : Forense, 2025.
    1.520 p. ; 24 cm.

    Inclui bibliografia
    ISBN 978-85-3099-548-5

    1. Direito civil - Brasil. 2. Responsabilidade (Direito) - Brasil. I. Título.

  24-93152   CDU: 347(81)

  Meri Gleice Rodrigues de Souza - Bibliotecária - CRB-7/6439

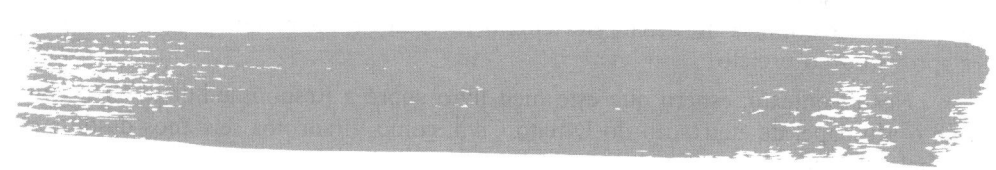

NOTA À 6.ª EDIÇÃO

Este meu livro específico sobre a Responsabilidade Civil, um dos mais completos do meio editorial a respeito da matéria, chega à sua 6ª edição com um grande trabalho de atualização frente às versões anteriores.

A obra foi atualizada com a legislação emergente – caso da Lei n. 14.905/2024, que introduziu um novo sistema de juros e correção monetária no País –, com os principais julgados brasileiros dos últimos anos – sobretudo do Supremo Tribunal Federal e do Superior Tribunal de Justiça – e com novas reflexões doutrinárias, especialmente com o incremento das novas tecnologias, tema que tem recebido por mim estudos e reflexões mais aprofundadas.

Esta 6ª edição também está atualizada com o Anteprojeto de Reforma do Código Civil, que foi apresentado no Congresso Nacional no dia 17 de abril de 2024, tendo eu figurado como um dos relatores da Comissão de Juristas nomeada no âmbito do Senado Federal pelo Presidente Rodrigo Pacheco. Muitos foram os trabalhos desenvolvidos nos últimos dois anos, com reuniões, debates, audiências públicas e muitos eventos, que culminaram na apresentação dos textos pelo grupo formado.

Quero, assim, agradecer a todos que estiveram comigo nessa nobre empreitada, um dos grandes desafios da minha vida até aqui: Ministro Luis Felipe Salomão (presidente da comissão), Ministro Marco Aurélio Bellizze (vice-presidente), Professora Rosa Maria de Andrade Nery (também relatora, e com quem muito aprendi em todo o processo), Professor Rodrigo Mudrovitsch, Ministro João Otávio de Noronha, Professora Estela Aranha, Juiz Rogério Marrone de Castro Sampaio, Professor José Fernando Simão, Professor Edvaldo Brito, Professor Nelson Rosenvald, Ministra Maria Isabel Gallotti, Juíza Patrícia Carrijo, Professor Carlos Eduardo Elias de Oliveira, Professora Angelica Carlini, Professora Claudia Lima Marques, Professor Carlos Eduardo Pianovski, Desembargador e Professor Marco Aurélio Bezerra de Melo, Professor Carlos Vieira Fernandes, Professora Maria Cristina Santiago, Desembargador Marcelo Milagres, Juiz e Professor Pablo Stolze Gagliano, Ministro Marco Buzzi, Desembargadora Maria Berenice Dias, Professor Rolf Madaleno, Professor Mario Luiz Delgado, Ministro Cesar Asfor Rocha, Professora Giselda Maria Fernandes Novaes Hironaka, Professor Gustavo Tepedino, Professora Laura Porto, Professora Dierle Nunes, Professor Ricardo Campos, Professora Paula Andrea Forgioni,

Professor Marcus Vinicius Furtado Coêlho, Professor Flavio Galdino, Desembargador Moacyr Lobato, Juiz Daniel Carnio, Professor Maurício Bunazar, Professora Ana Cláudia Scalquette, Professora Layla Abdo Ribeiro de Andrada, Juiz Federal Vicente de Paula Ataíde Junior e Defensora Pública Fernanda Rodrigues Fernandes.

Muitos dos temas e institutos tratados nesta obra desde a sua origem foram incorporados pela Reforma do Código Civil e devem ser inseridos na codificação privada, havendo consensos doutrinários e jurisprudenciais quanto a vários deles. Por certo que essa deve ser a tônica do debate do Direito Privado Brasileiro nos próximos anos, até a aprovação do projeto.

Nesse contexto, espero que este meu livro sobre a Responsabilidade Civil continue o seu papel de efetivação do Direito Civil, como foram nos seis anos desde a sua primeira edição.

Se a minha história como jurista se confunde com a própria História do Código Civil de 2002, o mesmo deve ocorrer com as transformações que virão, pela minha participação nesse grupo de reforma e com a atualização dos meus escritos bibliográficos, meu principal *cartão de vistas acadêmico*.

Desejo a todos uma excelente leitura da Responsabilidade Civil renovada pelo projeto de Reforma do Código Civil!

São Paulo, agosto de 2024.

O autor

SUMÁRIO

1. **BREVE ANÁLISE RETROSPECTIVA E PROSPECTIVA DA RESPONSABILIDADE CIVIL. CONCEITO DE RESPONSABILIDADE CIVIL E A SUA CLÁSSICA DIVISÃO EM CONTRATUAL E EXTRACONTRATUAL. EVENTUAL SUPERAÇÃO. AS FUNÇÕES DA RESPONSABILIDADE CIVIL** 1

   1. Análise retrospectiva. Aspectos históricos da responsabilidade civil 2
   2. Análise prospectiva do tema. A responsabilidade civil e a pós-modernidade. Uma visão interdisciplinar 12
   3. Conceito e classificação da responsabilidade civil quanto à origem e a superação da dicotomia *responsabilidade contratual e extracontratual* 42
   4. As funções da responsabilidade civil 49

2. **DOS CONCEITOS ESTRUTURANTES DA RESPONSABILIDADE CIVIL. ATO ILÍCITO E ABUSO DE DIREITO** 57

   1. Do ato ilícito civil tratado pelo art. 186 do Código Civil 57
   2. Do abuso de direito previsto no art. 187 do Código Civil 64
      2.1. O abuso no exercício da propriedade ou ato emulativo (*aemulatio*) 75
      2.2. Abuso de direito e imprensa. O abuso do direito de informar 78

2.3.	O abuso no processo	83
2.4.	O abuso de direito e o Direito de Família	87
2.5.	A publicidade abusiva como abuso de direito	90
2.6.	O abuso de direito no âmbito trabalhista	93
2.7.	O *spam* e abuso de direito	96

3. RESPONSABILIDADE CIVIL CONTRATUAL. ESTUDO DO INADIMPLEMENTO OBRIGACIONAL E DE SUAS CONSEQUÊNCIAS ... 101

1. Introdução. Revendo o conceito de obrigação e as modalidades de inadimplemento ... 101
2. Estudo do inadimplemento absoluto da obrigação ... 118
3. Estudo do inadimplemento relativo ou mora. Classificação e efeitos ... 133
   - 3.1. Da mora *accipiendi, creditoris* ou *credendi* ... 133
   - 3.2. Da mora *solvendi, debitoris* ou *debendi* ... 135
   - 3.3. Da mora bilateral ou recíproca ... 150
   - 3.4. Da purgação da mora ... 151
4. Da correção monetária como consequência da responsabilidade contratual ... 158
5. Dos juros decorrentes do inadimplemento ... 161
6. Da multa ou cláusula penal ... 179
7. Das arras ou sinal ... 207

4. DOS ELEMENTOS DA RESPONSABILIDADE CIVIL EXTRACONTRATUAL. ELEMENTOS SUBJETIVOS: CONDUTA HUMANA E CULPA *LATO SENSU* ... 213

1. Primeiras palavras. Visão geral sobre o tema e confronto com os elementos da responsabilidade civil contratual ... 213
2. A conduta humana como primeiro elemento subjetivo da responsabilidade civil ... 217
3. A culpa genérica ou *lato sensu* como segundo elemento subjetivo da responsabilidade extracontratual ... 221
   - 3.1. Conceitos de culpa *lato sensu*, dolo e culpa *stricto sensu*. Do papel principal ao papel coadjuvante ... 221
   - 3.2. Do dolo na responsabilidade civil e suas consequências ... 236

3.3. Da culpa em sentido estrito (*stricto sensu*) e suas classificações e modalidades 239

    3.3.1. Da classificação da culpa em sentido estrito quanto à origem. A ideia de culpa contra a legalidade 240

    3.3.2. Da classificação da culpa *stricto sensu* com relação à atuação do agente 245

    3.3.3. Da culpa quanto ao critério de análise pelo aplicador do direito 246

    3.3.4. Retomando a classificação da culpa presumida e a sua superação pelo Código Civil de 2002 247

    3.3.5. Da classificação da culpa em relação ao seu grau. Análise dos arts. 944 e 945 do Código Civil de 2002. Sua aplicação à responsabilidade objetiva. A teoria do risco concorrente ... 250

5. DOS ELEMENTOS DA RESPONSABILIDADE CIVIL EXTRACONTRATUAL. DO ELEMENTO IMATERIAL: O NEXO DE CAUSALIDADE 269

1. Conceito de nexo de causalidade e as dificuldades de sua visualização 269

2. Dos elementos formadores do nexo de causalidade no direito civil 272

3. Das teorias quanto ao nexo de causalidade 273

    3.1. Teoria da equivalência das condições ou do histórico dos antecedentes (*sine qua non*) 275

    3.2. Teoria da causa eficiente e da causa preponderante 276

    3.3. Teoria da ação ou da causa humana 278

    3.4. Teoria do seguimento ou da continuidade da manifestação danosa 279

    3.5. Teoria da causalidade adequada ou da regularidade causal .. 279

    3.6. Teoria do dano direto e imediato ou da interrupção do nexo causal 285

    3.7. Teoria da norma violada, da causalidade normativa, da relatividade *aquiliana* ou do escopo da norma 287

    3.8. Teoria da causalidade específica e da condição perigosa 288

    3.9. Teoria da causalidade imediata e da variação 288

    3.10. Teoria da causa impeditiva 289

    3.11. Teoria da relação de causalidade por falta contra a legalidade constitucional 289

    3.12. Teoria da formação da circunstância danosa 290

3.13. As posições dos tribunais brasileiros sobre as teorias do nexo de causalidade. O "estado da arte" de grande incerteza prática no País 292
4. Da concausalidade no Direito Civil 297
5. Das excludentes de nexo de causalidade na responsabilidade civil. Visão geral 313
   5.1. Da culpa ou fato exclusivo da vítima 313
   5.2. Da culpa ou fato exclusivo de terceiro 316
   5.3. Do caso fortuito e da força maior 318
6. Da flexibilização do nexo de causalidade 332

6. **DOS ELEMENTOS DA RESPONSABILIDADE CIVIL EXTRACONTRATUAL. ELEMENTO OBJETIVO: O DANO OU PREJUÍZO. OS DANOS CLÁSSICOS E OS NOVOS DANOS** 335

1. Visão geral sobre os danos reparáveis na responsabilidade civil 335
2. Dos danos materiais ou patrimoniais 343
   2.1. Dos danos emergentes ou danos positivos 347
   2.2. Dos lucros cessantes ou danos negativos. Os alimentos indenizatórios como lucros cessantes e suas principais polêmicas 349
   2.3. Da controversa classificação dos danos materiais em diretos e indiretos 367
3. Dos danos morais 369
   3.1. Conceito de dano moral e classificações. O dano moral presumido e o dano moral em ricochete 369
   3.2. Danos morais x transtornos ou aborrecimentos 383
   3.3. Dos danos morais da pessoa jurídica 393
   3.4. Da natureza jurídica da indenização por danos morais 400
   3.5. Tarifação x quantificação dos danos morais. Critérios utilizados pela jurisprudência do STJ. O método bifásico de quantificação dos danos morais 406
   3.6. Da compensação in natura dos danos morais 421
   3.7. Danos morais ou danos extrapatrimoniais. O termo a ser utilizado no Brasil. Situação atual e o projeto de Reforma do Código Civil 424
4. Danos estéticos 429
5. Danos morais coletivos 435

6. Danos sociais ou difusos 442

7. Danos por perda de uma chance 455

8. Danos pela perda do tempo 465

9. Danos pelo lucro ilícito ou lucro da intervenção 475

10. Danos existenciais e danos ao projeto de vida 483

7. O TRATAMENTO ESPECÍFICO DA RESPONSABILIDADE CIVIL NO CÓDIGO CIVIL (ARTS. 927 A 954). ANÁLISE DA CLÁUSULA GERAL DE RESPONSABILIDADE OBJETIVA E DOS CASOS PONTUAIS RELATIVOS AO DEVER DE INDENIZAR NA CODIFICAÇÃO MATERIAL 493

1. A responsabilidade civil sem culpa em termos gerais. Análise do art. 927, parágrafo único, do Código Civil. A cláusula geral de responsabilidade objetiva 494

2. Aplicações concretas da *cláusula geral de responsabilidade objetiva* na experiência brasileira do Código Civil de 2002 507

3. O tratamento específico da responsabilidade objetiva no Código Civil de 2002. Análise das hipóteses legais 520

   3.1. A responsabilidade civil objetiva por atos de terceiros ou responsabilidade civil indireta 520

      3.1.1. Das hipóteses legais e da superação do modelo de culpa presumida 520

      3.1.2. Da responsabilidade civil dos pais pelos filhos menores 522

      3.1.3. Da responsabilidade civil dos tutores e curadores por seus tutelados e curatelados 525

      3.1.4. Da responsabilidade civil dos empregados ou comitentes por seus empregados ou prepostos 528

      3.1.5. Da responsabilidade civil dos donos de hotéis e afins por seus hóspedes e dos donos de estabelecimentos de ensino por seus educandos. A responsabilidade civil pelo *bullying* 534

      3.1.6. Da responsabilidade civil dos que contribuírem para o produto de crime 544

      3.1.7. Do direito de regresso (art. 934 do CC), da solidariedade passiva legal como regra na responsabilidade indireta e a responsabilidade civil do incapaz. Estudo do art. 928 do Código Civil 545

   3.2. A responsabilidade civil objetiva por danos causados por animal 552

3.3. A responsabilidade civil objetiva por danos causados por ruína de prédio 556

3.4. A responsabilidade civil objetiva por danos oriundos de coisas lançadas dos prédios.. 561

3.5. A responsabilidade civil objetiva com relação a dívidas 564

4. Outras regras importantes quanto à fixação da indenização prevista no Código Civil de 2002.. 570

8. RESPONSABILIDADE CIVIL NO CÓDIGO DE DEFESA DO CONSUMIDOR 581

1. A unificação da responsabilidade civil pelo Código de Defesa do Consumidor. A responsabilidade civil objetiva e solidária como regra do Código do Consumidor. A responsabilidade subjetiva dos profissionais liberais como exceção 582

2. Análise dos casos específicos de responsabilidade civil pelo Código de Defesa do Consumidor... 591

    2.1. As quatro hipóteses tratadas pela Lei n. 8.078/1990 com relação ao produto e ao serviço. Vício *versus* fato (defeito). Panorama geral e a questão da solidariedade.. 591

    2.2. Responsabilidade civil pelo vício do produto 598

    2.3. Responsabilidade civil pelo fato do produto ou defeito 617

    2.4. Responsabilidade civil pelo vício do serviço.............................. 624

    2.5. Responsabilidade civil pelo fato do serviço ou defeito 628

3. O consumidor equiparado e a responsabilidade civil. Aprofundamentos quanto ao tema e confrontações com o art. 931 do Código Civil... 639

4. Excludentes de responsabilidade civil pelo Código de Defesa do Consumidor.. 650

    4.1. As excludentes da não colocação do produto no mercado e da ausência de defeito 650

    4.2. A excludente da culpa ou fato exclusivo de terceiro................. 654

    4.3. A excludente da culpa ou fato exclusivo do próprio consumidor... 656

    4.4. O enquadramento do caso fortuito e da força maior como excludentes da responsabilidade civil consumerista.................... 659

    4.5. Os riscos do desenvolvimento como excludentes de responsabilidade pelo Código de Defesa do Consumidor....................... 668

5. O fato concorrente do consumidor como atenuante da responsabilidade civil dos fornecedores e prestadores 674

6. A responsabilidade civil pelo cigarro e o Código de Defesa do Consumidor 679

7. A responsabilidade civil pelo Código de Defesa do Consumidor e o *recall* 699

8. Da responsabilidade civil decorrente da oferta ou publicidade regulada pelo Código de Defesa do Consumidor 704

   8.1. Panorama geral sobre a tutela da informação e o Código de Defesa do Consumidor 704

   8.2. A força vinculativa da oferta no art. 30 da Lei n. 8.078/1990 706

   8.3. O conteúdo da oferta e a manutenção de sua integralidade 712

   8.4. A responsabilidade civil objetiva e solidária decorrente da oferta 717

   8.5. A publicidade no Código de Defesa do Consumidor. Princípios informadores. Publicidades vedadas ou ilícitas 725

      8.5.1. A vedação da publicidade mascarada, clandestina, simulada ou dissimulada (art. 36 do CDC) 727

      8.5.2. A vedação da publicidade enganosa (art. 37, § 1.º, do CDC) 728

      8.5.3. A vedação da publicidade abusiva (art. 37, § 2.º, do CDC). Breve análise sobre o instituto da publicidade comparativa 735

9. Responsabilidade civil do Código do Consumidor e cadastro de inadimplentes 739

10. Responsabilidade civil dos bancos 761

9. RESPONSABILIDADE CIVIL NO DIREITO DE FAMÍLIA 769

1. Primeiras palavras sobre a interação entre o direito de família e a responsabilidade civil 769

2. Os danos reparáveis no âmbito das relações conjugais e conviveniais 777

3. A possibilidade de discussão da reparação de danos em sede de ação de separação judicial, divórcio e de dissolução de união estável. A contribuição do art. 356 do CPC/2015 782

4. Reparação dos danos por quebra da fidelidade ou lealdade (antigo adultério) 791

5. A infidelidade virtual e o *revenge porn* como geradores de responsabilidade civil no âmbito do direito de família 798

6. A reparação dos danos por conduta violenta entre os cônjuges ou companheiros. A incidência da Lei Maria da Penha e seus mecanismos de tutela 808

7. A teoria da perda de uma chance e as relações familiares 813

8. O abuso de direito e sua incidência na relação casamentária ou convivencial. Os casos dos maridos ou companheiros enganados pela gravidez da mulher 815

9. Responsabilidade pré-negocial no casamento. A quebra de promessa de casamento. A aplicação da boa-fé objetiva 820

10. Responsabilidade civil por abandono afetivo. Responsabilidade civil na parentalidade 826

11. Responsabilidade civil por alienação parental. Outra hipótese de responsabilidade civil na parentalidade 832

10. RESPONSABILIDADE CIVIL DO ESTADO 839

1. Responsabilidade objetiva do Estado e risco administrativo. A responsabilidade subjetiva estatal por atos omissivos e sua análise crítica 839

2. Análise técnica do art. 37, § 6.º, da Constituição Federal e do art. 43 do Código Civil 852

3. Principais aplicações jurisprudenciais da responsabilidade do Estado e suas polêmicas 858

11. RESPONSABILIDADE CIVIL NAS RELAÇÕES DE TRABALHO 873

1. Visão geral sobre o tema 873

2. Da responsabilidade civil direta do empregador. Revendo o conflito entre o art. 7.º, XXVIII, da Constituição e o art. 927, parágrafo único, do Código Civil 875

3. Da responsabilidade indireta do empregador (arts. 932, III, 933, 934 e 942, parágrafo único, do CC). A responsabilidade civil na terceirização 882

4. Das excludentes de responsabilidade civil trabalhista. O debate sobre a incidência da teoria do risco integral 893

5. Da concausalidade na responsabilidade civil trabalhista 904

6. Danos reparáveis no âmbito trabalhista. A questão do assédio moral e outros danos suportados pelo empregado 912

6.1. Danos materiais sofridos pelos trabalhadores. Danos emergentes e lucros cessantes. A perda de capacidade laborativa ... 917

6.2. Danos morais sofridos pelo empregado 923

6.3. Danos estéticos suportados pelo trabalhador 940

6.4. Danos existenciais na relação de trabalho.............................. 943

6.5. Danos por perda da chance e contrato de trabalho 947

6.6. Danos coletivos e Direito do Trabalho 952

7. Análise do tratamento do dano extrapatrimonial constante da reforma trabalhista. Análise da decisão do Supremo Tribunal Federal sobre o tema 956

12. RESPONSABILIDADE CIVIL E MOBILIDADE: TRANSPORTE E ACIDENTES DE TRÂNSITO 971

1. Responsabilidade civil no transporte 971

   1.1. Regras fundamentais quanto ao contrato de transporte 971

   1.2. Responsabilidade civil no transporte de pessoas. Regras fundamentais 983

   1.3. Responsabilidade civil no transporte de coisas. Regras fundamentais 1010

2. Da responsabilidade civil por acidentes de trânsito 1023

   2.1. Regras fundamentais aplicáveis para os acidentes de trânsito. O debate sobre a incidência do art. 927, parágrafo único, do Código Civil 1023

   2.2. Dos danos reparáveis nos acidentes de trânsito. Exemplos jurisprudenciais 1040

   2.3. Principais infrações previstas no Código de Trânsito e suas aplicações à responsabilidade civil. A tese da *culpa contra a legalidade* 1052

13. RESPONSABILIDADE CIVIL AMBIENTAL 1075

1. Princípios do direito ambiental e suas repercussões para a responsabilidade civil 1075

2. Do conceito de poluição. Os danos ambientais reparáveis 1081

3. Da responsabilidade civil objetiva consagrada pela Lei n. 6.938/1981 (Lei da Política Nacional do Meio Ambiente). A adoção da teoria do risco integral para os danos ambientais 1089

4. Casos específicos de responsabilidade civil ambiental 1102

5. Do dever de recuperação ambiental pelos novos proprietários dos imóveis. Uma questão de responsabilidade civil? 1110
6. Da responsabilidade civil pelo dano ambiental enorme 1114

14. RESPONSABILIDADE CIVIL PROFISSIONAL 1117

1. Da concepção jurídica de profissional liberal e as normas gerais aplicadas à sua responsabilização civil 1117
2. A divisão entre obrigações de meio e de resultado. Visão crítica da dicotomia 1121
3. Responsabilidade civil dos advogados 1125
4. Responsabilidade civil dos juízes e membros do Ministério Público 1134
5. Responsabilidade civil dos notários, registradores e tabeliães de protesto 1140
6. Responsabilidade civil dos profissionais da área da saúde. Médicos, dentistas e enfermeiros 1150
7. Responsabilidade civil dos engenheiros civis e arquitetos 1172

15. RESPONSABILIDADE CIVIL E COMUNICAÇÃO. IMPRENSA E INTERNET 1179

1. Da proteção da informação no direito brasileiro e sua importância para o mundo contemporâneo. O uso da técnica da ponderação. O chamado direito ao esquecimento 1179
2. Da responsabilidade civil dos meios de comunicação. Da imprensa 1200
   2.1. Análise da Lei de Imprensa e do reconhecimento de sua inconstitucionalidade pelo Supremo Tribunal Federal 1200
   2.2. Normas aplicáveis aos meios de comunicação na atualidade. Análise dos dispositivos do Código Civil e da Lei de Direito de Resposta e de Retificação (Lei n. 13.188/2015) 1210
   2.3. Abuso de direito na veiculação de notícia 1226
   2.4. Da responsabilidade civil dos meios de comunicação e dos seus agentes. Responsabilidade civil dos jornalistas 1237
3. Responsabilidade civil na internet 1241
   3.1. Principais aspectos do Marco Civil da Internet 1241
   3.2. Responsabilidade civil nas redes sociais e lesões à intimidade na internet 1256
4. Análise da Lei Geral de Proteção de Dados e suas consequências para a responsabilidade civil (LGPD – Lei n. 13.709/2018) 1266

16. RESPONSABILIDADE CIVIL NA CONSTRUÇÃO CIVIL 1281

1. Contrato de empreitada e responsabilidade civil 1281

    1.1. Conceito, modalidades e natureza jurídica da empreitada 1281

    1.2. Regras específicas quanto à empreitada no Código Civil de 2002 e suas aplicações para a responsabilidade civil decorrente da construção civil 1283

2. Incorporação imobiliária e responsabilidade civil 1293

3. Outras hipóteses de responsabilidade civil decorrente da construção civil. Ruína do prédio e danos causados a terceiros 1309

17. RESPONSABILIDADE CIVIL E PENAL. ASPECTOS PRIVADOS DA AÇÃO *EX DELICTO* 1315

1. Conceitos iniciais e análise do art. 935 do Código Civil 1315

2. Principais repercussões da decisão criminal para o juízo cível. As recentes alterações do Código de Processo Penal sobre o tema 1318

3. Situações práticas analisadas pela jurisprudência a respeito da ação *ex delicto* 1328

4. Análise do art. 200 do Código Civil e suas aplicações. Influência penal para a prescrição da ação *ex delicto* 1336

18. DAS EXCLUDENTES DE RESPONSABILIDADE CIVIL 1343

1. Visão geral sobre o tema 1343

2. Da legítima defesa 1344

3. Do estado de necessidade ou remoção de perigo iminente 1349

4. Do exercício regular de direito ou das próprias funções 1355

5. Das excludentes de nexo de causalidade 1358

6. Da cláusula de não indenizar 1360

19. PRESCRIÇÃO, DECADÊNCIA E RESPONSABILIDADE CIVIL 1371

1. Primeiras palavras sobre os institutos da prescrição e da decadência e suas repercussões para a responsabilidade civil 1371

2. Da prescrição 1375

    2.1. Conceito de prescrição 1375

    2.2. Regras quanto à prescrição e suas aplicações para a responsabilidade civil 1376

2.3. Das causas impeditivas e suspensivas da prescrição 1401

2.4. Das causas interruptivas da prescrição 1409

2.5. Dos prazos de prescrição previstos na Parte Geral do Código Civil e suas principais controvérsias. As demandas imprescritíveis 1417

2.6. Prescrição e direito intertemporal. Análise do art. 2.028 do Código Civil 1454

3. Da decadência. Conceitos e disposições gerais. Algumas aplicações para a responsabilidade civil 1460

REFERÊNCIAS BIBLIOGRÁFICAS.. 1465

BREVE ANÁLISE RETROSPECTIVA E PROSPECTIVA DA RESPONSABILIDADE CIVIL.[1] CONCEITO DE RESPONSABILIDADE CIVIL E A SUA CLÁSSICA DIVISÃO EM CONTRATUAL E EXTRACONTRATUAL. EVENTUAL SUPERAÇÃO. AS FUNÇÕES DA RESPONSABILIDADE CIVIL

Sumário: 1. Análise retrospectiva. Aspectos históricos da responsabilidade civil – 2. Análise prospectiva do tema. A responsabilidade civil e a pós-modernidade. Uma visão interdisciplinar – 3. Conceito e classificação da responsabilidade civil quanto à origem e a superação da dicotomia *responsabilidade contratual e extracontratual* – 4. As funções da responsabilidade civil.

---

[1] Os termos *análise retrospectiva* e *prospectiva*, bem como boa parte do conteúdo deste capítulo, foram utilizados em tese de doutorado defendida na Faculdade de Direito da USP no ano de 2010, publicada em forma de livro (TARTUCE, Flávio. *Responsabilidade objetiva e risco*. A teoria do risco concorrente. São Paulo: GEN/Método, 2011). Como o objetivo desta obra é atingir um público maior do que aquele trabalho, resolvi reaproveitá-los, revendo e atualizando o seu conteúdo, especialmente com o Código de Processo Civil de 2015 e outras leis que surgiram posteriormente.

1. ANÁLISE RETROSPECTIVA. ASPECTOS HISTÓRICOS DA RESPONSABILIDADE CIVIL

Desde a Antiguidade, o tema da responsabilidade civil goza de enorme prestígio social. Com os primeiros relacionamentos humanos, em particular obrigacionais, surgiram os conflitos, as relações endêmicas, as patologias, os crimes, bem como as disputas familiares e tribais. Essa época ficou conhecida como *período de Talião*, em que o castigo servia como punição pela violência praticada contra outrem. Cumpre assinalar que a violência da repressão poderia ser igual ou até maior do que ato anterior. A Lei de Talião – expressa na máxima "olho por olho, dente por dente" – foi repetida pelo Código de Hammurabi, na Mesopotâmia antiga, no início do segundo milênio antes de Cristo, havendo a perpetuação da ideia de *vingança privada*.[2] Ao escrever sobre a vingança privada, ensina Alvino Lima que, "de sua aplicação natural e espontânea, fruto de uma reação animal, de um sentimento de vingança ou de explosão do próprio sofrimento, a vingança privada, como forma de repressão do dano, passou para o domínio jurídico, como reação legalizada e regulada; o poder público passa a intervir no sentido de permiti-la ou de excluí-la quando injustificável".[3]

Anote-se, em complemento à abordagem desse momento histórico e com base nas lições extraídas da *Enciclopédia Saraiva de Direito*, que "a palavra *talião* tem a sua origem no latim *talis* – igual, semelhante, tal –, donde *talio, onis*: pena igual à ofensa; tal ofensa, tal pena. Embora essa forma de pena tenha a sua denominação derivada do latim, língua dos Romanos, ela é encontrada em povos historicamente muito anteriores a eles".[4]

Do ponto de vista histórico, assinala a doutrina que o Código de Manu, da cultura hindu, apresentou uma evolução em relação ao Código de Hammurabi, eis que trazia a previsão de multa ou indenização a favor do prejudicado. Dessa forma, a pena corporal foi substituída por uma pena pecuniária naquela ocasião, de acordo com a ideia de pacifismo. Iniciou-se, assim, a *superação da ideia de vingança*.[5]

No Direito Romano, parâmetro para qualquer estudo de Direito Privado, a Lei das XII Tábuas, de 450 a.C., ainda sofria influências da Lei de Talião.[6] No que concerne aos delitos, previa a Tábua Sétima da Lei das XII Tábuas:

> "1. Se um quadrúpede causa qualquer dano, que o seu proprietário indenize o valor desse dano ou abandone o animal ao prejudicado. 2. Se alguém causa um dano premeditadamente, que o repare. 3. Aquele que fez encantamentos contra a colheita de outrem; 4. ou a colheu furtivamente à noite antes de

---

[2] Cf. HIRONAKA, Giselda Maria Fernandes Novaes. *Responsabilidade pressuposta*. Belo Horizonte: Del Rey, 2005. p. 45-47.
[3] LIMA, Alvino. *Culpa e risco*. Atualizada por Ovídio Rocha Sandoval. 2. ed. 2. tir. São Paulo: RT, 1999. p. 20.
[4] LIMONGI FRANÇA, Rubens. *Enciclopédia Saraiva de Direito*. São Paulo: Saraiva, 1977. v. 72, p. 39.
[5] HIRONAKA, Giselda Maria Fernandes Novaes. *Responsabilidade pressuposta*, cit., p. 48.
[6] MEIRA, Sílvio. A. B. *A Lei das XII Tábuas*. Fonte do direito público e privado. 3. ed. Rio de Janeiro: Forense, 1972.

amadurecer, ou a cortou depois de madura, será sacrificado a Ceres. 5. Se o autor do dano é impúbere, que seja fustigado a critério do pretor e indenize o prejuízo em dobro. 6. Aquele que fez pastar o seu rebanho em terreno alheio; 7. E o que intencionalmente incendiou uma casa ou um monte de trigo perto de uma casa, seja fustigado com varas e em seguida lançado ao fogo; 8. Mas se assim agiu por imprudência, que repare o dano; se não tem recursos para isso, que seja punido menos severamente do que se tivesse agido intencionalmente. 9. Aquele que causar dano leve indenizará 25 asses. 10. Se alguém difama outrem com palavras ou cânticos, que seja fustigado. 11. Se alguém fere a outrem, que sofra a pena de Talião, salvo se houver acordo. 12. Aquele que arrancar ou quebrar um osso a outrem deve ser condenado a uma multa de 300 asses, se o ofendido é um homem livre; e de 150 asses, se o ofendido é um escravo. 13. Se o tutor administra com dolo, que seja destituído como suspeito e com infâmia; se causou algum prejuízo ao tutelado; que seja condenado a pagar o dobro ao fim da gestão. 14. Se um patrono causa dano a seu cliente, que seja declarado sacer (podendo ser morto como vítima devotada aos deuses). 15. Se alguém participou de um ato como testemunha ou desempenhou nesse ato as funções de libripende, e recusa dar o seu testemunho, que recaia sobre ele a infâmia e ninguém lhe sirva de testemunha. 16. Se alguém profere um falso testemunho, que seja precipitado da rocha Tarpeia. 17. Se alguém matou um homem livre e empregou feitiçaria e veneno, que seja sacrificado como o último suplício. 18. Se alguém matou o pai ou a mãe, que se lhe envolva a cabeça e seja colocado em um saco costurado e lançado ao rio".

Cabe pontuar que o acordo era uma alternativa à pena de Talião (Lei n. 11). A vingança privada pode ser retirada de outras leis dessa tábua, destacando-se as de números 14, 15, 16, 17 e 18. Em complemento, como se pode perceber de sua leitura, a citada lei romana previa a possibilidade de penas pecuniárias, tal como a *poena*, indenização que seria paga pelo ofensor – este, então, tornava-se devedor, e o credor, a vítima que sofria o prejuízo. A *poena* surgiu no sistema romano para substituir a vingança privada, sendo certo que tal punição privada não se confundia com a pena pública, uma vez que os delitos públicos estavam sujeitos a processos especiais.[7]

Sabe-se que a justiça ou a vingança privada foi a alternativa encontrada por muitos povos antigos, o que chegou até a motivar o surgimento de guerras entre tais povos. Como aponta Martinho Garcez Neto, a vingança privada era utilizada pelos povos antigos germânicos, e os atos de violência culminavam em conflitos armados. Em reforço a esse caráter coletivo de vingança entre os antigos, cita o autor o rapto de Helena de Troia, esposa de Menelau, o que resultou na guerra entre a Grécia e Troia.[8] Sucessivamente no tempo, a *Lex Poetelia Papiria*, do século IV a.C., proibiu definitivamente a execução pessoal, mas esta continuou a existir, renascendo no Baixo Império Romano.[9]

---

[7] MEIRA, Sílvio A. B. *Instituições de direito romano*. 4. ed. São Paulo: Max Limonad, 1971. v. 1, p. 313.
[8] GARCEZ NETO, Martinho. *Responsabilidade civil no direito comparado*. Rio de Janeiro: Renovar, 2000. p. 24.
[9] Conforme retirado de: AZEVEDO, Álvaro Villaça. *Teoria geral das obrigações*. Responsabilidade civil. 10. ed. São Paulo; Atlas, 2004. p. 277.

Consigne-se ainda que, em Roma, os atos ilícitos ou delitos eram considerados fontes do direito obrigacional, ao lado dos contratos, dos quase contratos e dos quase delitos, quadripartição atribuída à fase do *direito justinianeu*.[10] A influência é clara ao sistema atual, em que foram suprimidos os quase contratos e os quase delitos. Ao realizar a devida confrontação, é possível afirmar que, no sistema do Código Civil brasileiro de 2002, os quase contratos foram substituídos pelos atos unilaterais, como são os casos da promessa de recompensa (arts. 854 a 860 do CC/2002) e da gestão de negócios (arts. 861 a 875 do CC/2002). Os quase delitos foram substituídos por conceitos intermediários de ilicitude, como o de abuso de direito, que consta do art. 187 da atual codificação privada nacional.

Ainda no que tange ao sistema romano, é sempre evocada a *Lex Aquilia de Damno*, aprovada possivelmente no século III a.C. Oportuno esclarecer que, no que concerne à sua data exata, afirma Moreira Alves ser desconhecida.[11] Santos Justo assinala que a *Lex* teria sido originada, provavelmente, de um plebiscito votado no ano 284 a.C., "para assegurar aos plebeus o pagamento de danos causados aos seus bens pelos patrícios".[12] Esse último parâmetro é o utilizado por mim em minhas aulas e exposições.

A norma trazia a ideia de *damnum iniuria datum*, figura delituosa com autonomia, exigindo a lei três requisitos para a sua configuração. O primeiro deles era a *iniuria*, ou seja, que o dano tivesse origem em ato contrário ao direito. O segundo requisito, a *culpa genérica*, isto é, um ato positivo ou negativo praticado por dolo ou culpa específica do agente. Não se olvide que o elemento culpa foi introduzido na interpretação da *Lex Aquilia* efetivada por Ulpiano, muito tempo depois, como bem aponta Villaça Azevedo.[13]

Por fim, exigia-se o *damnum*, uma lesão patrimonial.[14] Esses requisitos influenciam até hoje a construção estrutural da responsabilidade civil, conforme será possível depreender do próximo capítulo do presente estudo. A norma romana citada introduziu a responsabilidade subjetiva, fundada na culpa, como regra no sistema romano, quando até então era válida a responsabilidade sem culpa como via comum, extraída da pena de Talião constante da Lei das XII Tábuas. Conforme se pode notar, a responsabilidade objetiva já existia nos *primórdios jurídicos* muito antes de sua consolidação moderna.

Aliás, é comum encontrar a expressão responsabilidade *aquiliana* como sinônimo de responsabilidade extracontratual subjetiva. Todavia, tem razão

---

[10] Sobre as fontes do direito obrigacional romano: BETTI, Emilio. *Istituizoni de diritto romano*. Parte prima. Padova: Cedam, 1962. v. 2, p. 66-95; SANTOS JUSTO, A. *Direito privado romano*. Direito das obrigações. Coimbra: Coimbra Editora, 2003. v. II, p. 18; MOREIRA ALVES, José Carlos. *Direito romano*. 3. ed. Rio de Janeiro: Forense, 1980. v. II, p. 33-39; CORREIA, Alexandre; SCIACIA, Gaetano. *Manual de direito romano*. 2. ed. São Paulo: Saraiva, 1953. v. I, p. 255; MEIRA, Sílvio A. B. *Instituições de direito romano*, cit., p. 313. Essas obras também foram utilizadas para as demais pesquisas relativas ao direito romano como um todo, ao lado do livro do Professor Álvaro Villaça Azevedo, referenciado na última nota.
[11] MOREIRA ALVES, José Carlos. *Direito romano*, 3. ed., v. II, cit., p. 279.
[12] SANTOS JUSTO, A. *Direito privado romano*, cit., p. 132.
[13] AZEVEDO, Álvaro Villaça. *Teoria geral das obrigações*. Responsabilidade civil, 10. ed., cit., p. 246.
[14] MOREIRA ALVES, José Carlos. *Direito romano*, 3. ed., v. II, cit., p. 279-280.

Giselda Maria Fernandes Novaes Hironaka quando afirma, a partir da leitura de Michel Villey, tratar-se de um engano. Isso porque a culpa estudada na contemporaneidade tem forte influência religiosa e cristã, decorrente da ideia de pecado e de castigo. Já a culpa romana não sofria esse tipo de ingerência conceitual, sendo apenas um dado acidental, eis que constituía seu fator fundamental "a causalidade do agente em relação ao dano, ou seja, o que obriga alguém a reparar é ter sido a causa de um dano e não ter desejado causar esse dano que efetivamente causou. Ora, embora a culpa entre no vocabulário que define o percurso dessa causalidade, ela não tem, no direito romano, uma importância tão fatídica quanto terá depois, a partir da leitura cristã, ou inspirará essa leitura".[15] Em reforço, os romanos, por serem essencialmente pragmáticos, não se preocupavam com valores psicológicos atribuíveis à culpa, mormente aqueles relativos ao consciente e ao subconsciente, tais como as construções da ideia de pecado, de castigo como correção ou de sentimento de autopunição.

A culpa ainda influenciou o Direito Medieval, como afirma Caio Mário da Silva Pereira.[16] Há aqui o período intermediário da escola do Direito Natural, com claras decorrências romanas. A partir da primeira metade do século XVII, diante do movimento doutrinário de Hugo Grócio – incrementado por Pufendorf –, a responsabilidade civil passa a ter a sua evolução teórica romana interpretada de acordo com as necessidades práticas.[17] Surge nesse período a ideia do *ato emulativo* como abuso de direito, conceito este que chegou a estruturar outras legislações no futuro, como se verá no próximo capítulo deste livro.

Passando-se para a modernidade, a culpa foi elemento estruturante de muitas codificações que surgiram à época. Dentre todas destaca-se a codificação francesa de 1804, o Código de Napoleão, norma que respaldou muitas outras como marco teórico fundamental. O art. 1.382 do *Code* é claro ao exigir a culpa como elemento da responsabilidade civil, enunciando que todo ato de homem que cause dano a terceiro obriga o responsável que agiu com culpa a repará-lo. Conforme a sua redação, "tout fait quelconque de l'homme, qui cause à autrui un dommage, oblige celui par la faute duquel il est arrivé, à le réparer".

Apesar da controvérsia a respeito da menção expressa à culpa nesse dispositivo, extrai-se de Caio Mário da Silva Pereira a afirmação de que o comando francês enuncia um princípio geral, "obrigando a reparar todos os danos que uma pessoa causar a outra por sua culpa".[18] No mesmo sentido, Alvino Lima leciona que "o princípio fundamental da responsabilidade pessoal extracontratual ou *aquiliana* consubstanciado no art. 1.382 do Código Civil francês é a culpa do agente causador do dano lesando o direito de terceiro".[19]

Partindo-se para uma análise interna nacional, não há dúvida de que o Código francês em muito influenciou o Código Civil brasileiro de 1916, o

---

[15] HIRONAKA, Giselda Maria Fernandes Novaes. *Responsabilidade pressuposta*, cit., p. 55-57.
[16] PEREIRA, Caio Mário da Silva. *Responsabilidade civil*. 5. ed. Rio de Janeiro: Forense, 1994. p. 6.
[17] GARCEZ NETO, Martinho. *Responsabilidade civil no direito comparado*, cit., p. 29-31.
[18] PEREIRA, Caio Mário da Silva. *Responsabilidade civil*, cit., p. 6.
[19] LIMA, Alvino. *A responsabilidade civil pelo fato de outrem*. Rio de Janeiro: Forense, 1973. p. 219.

qual, em seu art. 159, previa que "aquele que, por ação ou omissão voluntária, negligência, ou imprudência, violar direito, ou causar prejuízo a outrem, fica obrigado a reparar o dano". Essa influência é marcante na própria anotação de Clóvis Beviláqua, que faz referência, além do Código francês, aos Códigos dos seguintes países, vigentes à época: Itália, Espanha, Argentina, Alemanha, Suíça, Chile, Uruguai, Portugal, México, Japão, Bolívia, Peru e Venezuela.[20] Outros dispositivos do então Código Civil brasileiro estruturavam a responsabilidade civil na culpa, como aqueles relacionados ao inadimplemento das modalidades obrigacionais e à responsabilidade contratual, caso dos arts. 865, 867, 870, 879 e 883 da Lei Geral Privada anterior. O projeto de Reforma do Código Civil, ora em tramitação no Congresso Federal, pretende manter essa estrutura.

Voltando-se ao plano externo, no ano de 1897, Raymond Saleilles escreveu o seu notório estudo em defesa da teoria objetiva, ou seja, da responsabilidade sem culpa. Ressalte-se que esta ganhou reforço em artigo de Louis Josserand, que apontou a responsabilidade objetiva como marco evolutivo do tema da responsabilidade civil.[21] Em 1936, as conclusões foram expostas em conferências pronunciadas em faculdades de direito e institutos jurídicos de Lisboa, Coimbra, Belgrado, Bucareste, Oradea, Bruxelas, Rabat e Casablanca, sob o título "Evolução da Responsabilidade Civil".[22]

Josserand inicia o seu estudo demonstrando todas as transformações pelas quais passou o tema da responsabilidade civil até aquela época. De início, ressalta que, no tempo em que era estudante, a matéria era tratada pelos professores em uma única lição, como se fosse um assunto totalmente secundário. No entanto, enfatiza que, naquele período, o tema tinha que ser exposto em, no mínimo, dez ou doze lições. A responsabilidade civil, portanto, passava a ser um assunto do primeiro plano da atualidade judiciária e doutrinária, tornando-se a *grande sentinela do Direito Civil mundial*, a primeira entre todas.[23]

Como causas da evolução acelerada da responsabilidade civil, o jurista cita, a princípio, o caráter sucessivamente mais perigoso da então vida da época em que desenvolveu o seu texto. Afinal, viver é arriscado, e o perigo havia se intensificado naqueles últimos tempos, particularmente diante da Revolução Industrial. A propósito, como assinala Agostinho Alvim, o desenvolvimento das indústrias e dos meios de locomoção ou transporte pôde demonstrar a insuficiência da culpa para a solução de grande número de casos: "este fator é mencionado por todos os autores e, ainda há pouco, Borrel Macia, ao estudar, em face da legislação espanhola, a responsabilidade sem culpa, pôs em destaque o crescimento dos riscos pelo aumento dos progressos materiais."[24]

---

[20] BEVILÁQUA, Clóvis. *Código Civil dos Estados Unidos do Brasil*. Edição histórica. 3. tir. Rio de Janeiro: Editora Rio, 1977. p. 452.

[21] Conforme se extrai das lições de Caio Mário da Silva Pereira (*Responsabilidade civil*, cit., p. 16-17).

[22] A versão escrita do trabalho foi traduzida para o português por Raul Lima e publicado pela *Revista Forense*, no ano de 1941 (JOSSERAND, Louis. Evolução da responsabilidade civil. *Revista Forense*, Rio de Janeiro, v. 86, p. 52, 1941).

[23] JOSSERAND, Louis. Evolução da responsabilidade civil, cit., p. 52.

[24] ALVIM, Agostinho. *Da inexecução das obrigações e suas consequências*. São Paulo: Saraiva, 1949. p. 268.

Ao lado dessa causa, que já seria razão bastante para justificar a evolução da responsabilidade civil, o autor aponta outra, até mais relevante, qual seja, a preocupação com a reparação do dano e com a vítima do prejuízo. A *sede de justiça* pela reparação entra em cena como causa relevante para mudanças de paradigmas naquela época e para novos e mais intensos voos do tema da reparação civil. Nas palavras do próprio doutrinador francês, analisando o momento em que vivia, "quem, dos nossos dias, admitiria que um operário, vítima dum acidente cuja causa é desconhecida, ficasse sem reparação e que a miséria e a fome se instalassem em seu lar? Ninguém, tenho a certeza. Temos sede de justiça, isto é, de equilíbrio jurídico, e, quando acontece um desastre, procuramos logo o responsável; queremos que haja um responsável; não aceitamos mais, docilmente, os golpes do destino, e, sim, pretendemos determinar a incidência definitiva".[25]

Superada a análise das causas da evolução, Josserand parte para o estudo dos conceitos de culpa e sua relação com o ônus da prova nas ações de reparação de danos. Assinala que a questão da culpa provada, como pressuposto da responsabilidade civil, trazia ao autor da ação um fardo muito pesado, constituindo "considerável *handicap* para aquele sobre cujos ombros caía".[26]

Diante dessa ideia, conclui Josserand que impor à vítima ou aos seus sucessores a demonstração inequívoca da culpa equivaleria a recusar-lhes a tutela reparatória, uma vez que a teoria tradicional relativa ao tema – fundada no conceito subjetivo de culpa – já se tornava insuficiente e perempta, sendo necessário alargar os fundamentos em que repousava o *edifício de antanho*, o qual não correspondia mais às necessidades sociais. Neste particular, o texto é bem rico pela sua atualidade, residindo ponto crucial ainda a justificar a responsabilidade sem culpa nos tempos pós-modernos.

Como alargamentos ou novos dimensionamentos, o jurista expõe, em seus estudos, tentativas de mitigar a análise da culpa na responsabilidade civil, a saber: *a)* a admissão – de maneira explícita – da existência de culpa em alguns casos concretos; *b)* o estabelecimento ou o reconhecimento de casos de presunção de culpa; *c)* a substituição do conceito de culpa pelo de risco – tentativa do legislador francês –, daí a responsabilidade subjetiva tornar-se objetiva; *d)* a aceitação jurisprudencial da responsabilidade civil contratual, sem a necessidade de prova de culpa, colocando a vítima em uma posição mais favorável.[27] Ao realizar uma análise específica, teórica e prática, o jurista francês apresenta duas teorias como mitigadoras da culpa provada: a *teoria do abuso de direito* e a *teoria das faltas ou culpas negativas*.

Com relação ao abuso do direito, trata-se de conceito antigo que remonta ao Direito Medieval, mas que foi amplamente debatido pelo Direito francês moderno. Nos casos de sua caracterização – como nas hipóteses de abuso da propriedade e de litigância de má-fé –, Josserand leciona que a culpa seria subentendida e presumida toda vez que um direito fosse exercido com desproporção.[28]

---

[25] JOSSERAND, Louis. Evolução da responsabilidade civil, cit., p. 54.
[26] JOSSERAND, Louis. Evolução da responsabilidade civil, cit., p. 55.
[27] JOSSERAND, Louis. Evolução da responsabilidade civil, cit., p. 55.
[28] JOSSERAND, Louis. Evolução da responsabilidade civil, cit., p. 56.

Por outra via, segundo a *teoria das faltas ou culpas negativas*, criação do doutrinador que aqui se estuda, a responsabilidade civil surgiria da omissão, da inércia, da falta de conduta (como, aliás, consta expressamente do art. 1.383 do Código Civil francês – pela previsão à "negligência" – e do art. 186 do atual Código Civil brasileiro, tanto pela menção à "omissão voluntária" quanto à "negligência"). E essas abstenções, naquela ocasião temporal, poderiam ser caracterizadas pela falta de empregos de novas técnicas para afastar os riscos das evoluções da modernidade. De tal posicionamento adviria uma culpa predisposta, pré-constituída ou antecipada, sem a necessidade de prova.

A última situação representaria a busca de um sistema de presunções legais de culpa – um relevante *salto evolutivo* que também foi sentido no Brasil, como será exposto a seguir. Além das teorias, o próprio *Code Civil* trazia essas presunções, como nas hipóteses de responsabilidade civil por atos de terceiro, nos termos do seu art. 1.384.[29] Eis os conceitos de culpa presumida pela vigilância (*culpa in vigilando*) e pela escolha (*culpa in eligendo*), que remontam ao próprio Direito Romano. Como situação típica da primeira, exemplifique-se com a culpa presumida do pai ou da mãe pela vigilância do seu filho. Ilustrando a segunda hipótese, pode ser citada a culpa presumida do empregador pela escolha ou eleição de um empregado.

Finalmente, após essas divagações evolutivas, chega Josserand à exposição da tão aclamada e debatida *doutrina do risco*, originária do estudo anterior de Saleilles, segundo a qual aquele que criou o risco à custa de outrem deve suportar as suas consequências, respondendo perante a outra parte.[30] Ao citar a legislação francesa trabalhista que surgia, o doutrinador prenuncia a *verdadeira revolução*, decorrente da dissociação completa da responsabilidade do conceito tradicional de culpa, aplicando-se a antiga regra pela qual "a cada um segundo seus atos e segundo suas iniciativas", princípio valioso para uma sociedade laboriosa e protetora dos fracos: a força, a iniciativa e a ação devem ser por si mesmas geradoras de responsabilidade.[31] Eis uma nova versão do *suum cuique tribuere*, "dar a cada um o que é seu", princípio máximo de justiça que remonta ao Direito Romano.

A verdade é que a responsabilidade objetiva fundada no risco espalhou-se por toda a Europa a partir do final do século XIX. Na Itália não foi diferente, dada a crescente revisão do princípio de que não haveria responsabilidade sem culpa (*nessuna responsabilità senza colpa*), buscando-se um modelo alternativo de reparação privada.[32] Três fatores apontados pela doutrina italiana merecem destaque.

---

[29] É a redação do *caput* do citado dispositivo do Código francês: "Art. 1.384. On est responsable non seulement du dommage que l'en cause par son propre fait, mais encore de celui qui est cause par le fait des personnes dont on doit répondre, ou des choses que l'on a sous sa garde". Tradução livre: "Se é responsável não somente por danos que têm como causa os próprios fatos, mas também por aqueles que têm como causa os fatos das pessoas pelas quais se é responsável, ou daqueles que estão sob sua guarda".

[30] JOSSERAND, Louis. Evolução da responsabilidade civil, cit., p. 58.

[31] JOSSERAND, Louis. Evolução da responsabilidade civil, cit., p. 61.

[32] ALPA, Guido; BESSONE, Mario. *La responsabilità civile*. A cura di Pietro Maria Putti. 3. ed. Milano: Giuffrè, 2001. p. 115.

O primeiro deles é a conclusão de que um sistema pelo qual somente o dano causado culposamente é reparável não é absolutamente *idôneo*, no sentido de satisfazer as exigências sociais que vão surgindo no cotidiano.[33] O segundo fator é a crescente industrialização, não havendo mais a necessidade, a partir da Segunda Revolução Industrial, de se protegerem *cegamente* as empresas pelos danos causados à coletividade.[34] Por fim, o terceiro fator é o aprofundamento dos problemas relativos à responsabilidade, o que leva a doutrina a identificar casos de responsabilidade sem culpa todas as vezes que, no Código Civil ou na jurisprudência, se faz uso de técnicas interpretativas ou de argumentações baseadas nas presunções absolutas de culpa.[35]

Superada essa análise comparada, fundamental para o presente estudo, no Brasil – partindo-se para uma abordagem interna definitiva –, antes da adoção da teoria objetiva, houve o citado *salto evolutivo* a respeito do tema, da responsabilidade subjetiva para a culpa presumida.[36] É interessante observar que esse salto, em nosso País, remonta a uma lei que é anterior ao próprio Código Civil de 1916, a saber, o Decreto-lei n. 2.681, de 1912, que tratava da responsabilidade civil das empresas de estradas de ferro. Previa o art. 17 dessa norma que "as estradas de ferro responderão pelos desastres que nas suas linhas sucederem aos viajantes e de que resulte a morte, ferimento ou lesão corpórea. A culpa será sempre presumida, só se admitindo em contrário alguma das seguintes provas: 1.ª – caso fortuito e força maior; 2.ª – culpa do viajante, não concorrendo culpa da estrada". Em 1938, Alvino Lima ensinava ser a hipótese de responsabilidade objetiva, apesar da menção expressa à responsabilidade subjetiva por culpa presumida.[37]

Não se olvide, contudo, de que o Código Civil de 1916 também tratava da responsabilidade objetiva ou sem culpa. A título de ilustração, a doutrina considerava que a responsabilidade civil decorrente do fato da coisa, constante dos arts. 1.519, 1.520, parágrafo único, 1.528 e 1.529 da codificação anterior, geraria a responsabilidade objetiva ou sem culpa.

Seguindo no tempo, conforme leciona Caio Mário da Silva Pereira, uma das primeiras matérias atingidas expressamente pela responsabilidade sem culpa em nosso País foi a referente aos acidentes de trabalho. De início, surgiu o Decreto n. 3.724/1919, substituído pelo Decreto n. 3.724/1934 e pelo Decreto-lei n. 7.073/1944 e, posteriormente, pelas Leis n. 5.316/1967 e n. 6.367/1976.

O Código Brasileiro do Ar igualmente consagrou a responsabilidade sem culpa, nos termos do Decreto n. 483/1938 e do Decreto-lei n. 32/1966, com as

---

[33] ALPA, Guido; BESSONE, Mario. *La responsabilità civile*. A cura di Pietro Maria Putti, cit., p. 115. Os autores salientam ainda que o modelo culposo foi construído para uma sociedade com economia essencialmente agrícola, estando *em passos distintos aos do tempo*.
[34] ALPA, Guido; BESSONE, Mario. *La responsabilità civile*. A cura di Pietro Maria Putti, cit., p. 115.
[35] ALPA, Guido; BESSONE, Mario. *La responsabilità civile*. A cura di Pietro Maria Putti, cit., p. 115.
[36] Para esse importante *salto*, serve como referência a obra de Alvino Lima, escrita em 1938 (*Culpa e risco*, cit., p. 20).
[37] LIMA, Alvino. *Culpa e risco*, cit., p. 275-276.

devidas alterações que seguiram, até culminar na emergência do Código Brasileiro de Aeronáutica (Lei n. 7.565/1986).[38]

Em complemento, como marco histórico, cite-se a Lei n. 6.453/1977, que disciplinou expressamente a responsabilidade objetiva por dano nuclear em seu art. 4.º:

"Art. 4º Será exclusiva do operador da instalação nuclear, nos termos desta Lei, independentemente da existência de culpa, a responsabilidade civil pela reparação de dano nuclear causado por acidente nuclear: I – ocorrido na instalação nuclear; II – provocado por material nuclear procedente de instalação nuclear, quando o acidente ocorrer: a) antes que o operador da instalação nuclear a que se destina tenha assumido, por contrato escrito, a responsabilidade por acidentes nucleares causados pelo material; b) na falta de contrato, antes que o operador da outra instalação nuclear haja assumido efetivamente o encargo do material; III – provocado por material nuclear enviado à instalação nuclear, quando o acidente ocorrer: a) depois que a responsabilidade por acidente provocado pelo material lhe houver sido transferida, por contrato escrito, pelo operador da outra instalação nuclear; b) na falta de contrato, depois que o operador da instalação nuclear houver assumido efetivamente o encargo do material a ele enviado".

Como último marco legal brasileiro a ser apontado, a responsabilidade sem culpa chegou até o campo do Direito Ambiental, movimento que ganhou relevo a partir da década de 1970 e que, no momento, está na *agenda de compromissos* da sociedade contemporânea. Em 1981, surgiu a Lei da Política Nacional do Meio Ambiente (Lei n. 6.938/1981), a qual previu, em seu art. 14, § 1.º, a responsabilidade objetiva daqueles que causam danos ao meio ambiente, nos seguintes termos: "sem obstar a aplicação das penalidades previstas neste artigo, é o poluidor obrigado, independentemente da existência de culpa, a indenizar ou reparar os danos causados ao meio ambiente e a terceiros, afetados por sua atividade. O Ministério Público da União e dos Estados terá legitimidade para propor ação de responsabilidade civil e criminal, por danos causados ao meio ambiente".

Isso antes mesmo de a Constituição Federal de 1988 reforçar a preocupação com os problemas ambientais, consagrando a proteção do meio ambiente em seu art. 225 como uma questão de *direitos intergeracionais ou transgeracionais*. A preocupação com o meio ambiente tornou-se marcante nos últimos anos, diante de uma série de problemas que vêm atingindo a nossa *casa maior* – o planeta Terra –, sobretudo em decorrência do aquecimento global, de catástrofes climáticas – inclusive em nosso País –, e do surgimento de novas doenças, como se deu com a pandemia de Covid-19, que trouxe uma profunda crise e consequências amplas para todo o Direito Privado e em todo o mundo.

Sem prejuízo dessa proteção, a Constituição Federal de 1988 também disciplinou, sobremaneira e com grande impacto, a responsabilidade sem culpa,

---

[38] Conforme apontado por: PEREIRA, Caio Mário da Silva. *Responsabilidade civil*, cit., p. 24-25.

ao tratar especificamente da responsabilidade indireta do Estado, por ato de seus agentes, em particular no art. 37, § 6.º. Conforme ensina Celso Antônio Bandeira de Mello, a responsabilidade do Estado já era objetiva desde a Constituição Federal de 1946 (art. 194), o que apenas foi confirmado pela Carta Fundamental de 1988.[39]

Assim, desde a década de 1940, a responsabilidade sem culpa deveria orientar a leitura do art. 15 do Código Civil de 1916, que disciplinava a responsabilidade civil das pessoas jurídicas de Direito Público, sem, contudo, fazer menção à natureza da responsabilidade civil, com os seguintes dizeres: "As pessoas jurídicas de direito público são civilmente responsáveis por atos dos seus representantes que nessa qualidade causem danos a terceiros, procedendo de modo contrário ao direito ou faltando a dever prescrito por lei, salvo o direito regressivo contra os causadores do dano". A conclusão deve ser semelhante quanto ao art. 43 da atual codificação privada, que tem a seguinte redação: "as pessoas jurídicas de direito público interno são civilmente responsáveis por atos dos seus agentes que nessa qualidade causem danos a terceiros, ressalvado direito regressivo contra os causadores do dano, se houver, por parte destes, culpa ou dolo".

No entanto, o principal *mergulho* da responsabilidade objetiva no âmbito de aplicação privada se deu com o surgimento, no ano de 1990, da Lei n. 8.078, que instituiu no Brasil o Código de Defesa e Proteção do Consumidor e enunciou a responsabilidade sem culpa dos fornecedores de produtos e prestadores de serviços em alguns de seus dispositivos. O Código Civil brasileiro de 2002 apenas *aprofundou o mergulho*, ao dispor, em termos gerais da responsabilidade sem culpa, no seu art. 927, parágrafo único, comando legal que ainda terá a devida análise. Também analisarei as propostas feitas a respeito do tema com a Reforma do Código Civil, em trâmite no Congresso Nacional.

No que concerne à lei consumerista, de início, anote-se que o art. 6.º, inc. VI, da Lei n. 8.078/1990 reconhece como um dos direitos básicos e fundamentais dos consumidores a efetiva prevenção e reparação de danos patrimoniais, morais, individuais, coletivos e difusos. O dispositivo é consagrador daquilo que se convencionou denominar *princípio da reparação integral dos danos*.[40] Para tanto, os incisos seguintes reconhecem o pleno acesso a órgãos judiciais e administrativos, o que inclui a possibilidade de concessão das benesses da justiça gratuita, nos casos envolvendo pessoas necessitadas, e a inversão do ônus da prova (art. 6.º, incs. VII e VIII, da Lei n. 8.078/1990).

A responsabilidade sem culpa é expressa no art. 12, *caput*, do CDC, dispositivo que trata da responsabilidade pelo fato do produto. O dever de reparar, independentemente de culpa, consta, em reforço, da previsão do fato do serviço, prevista pelo art. 14, *caput*, da mesma Lei Consumerista. Como bem aponta Sil-

---

[39] BANDEIRA DE MELLO, Celso Antônio. *Curso de Direito Administrativo*. 22. ed. São Paulo: Malheiros, 2007. p. 989-1004. Ensina o doutrinador que esse também era o entendimento de Aguiar Dias, Seabra Fagundes, Mário Marzagão e Hely Lopes Meirelles (BANDEIRA DE MELLO, Celso Antônio. *Curso de Direito Administrativo*, cit., p. 995).

[40] Cf. NERY JR., Nelson; NERY, Rosa Maria de Andrade. *Leis civis comentadas*. 2. tir. São Paulo: RT, 2006. p. 188.

mara Juny de Abreu Chinellato, a *quarta era de direitos*, aquela relacionada com a evolução tecnológica, "traz uma responsabilidade diferenciada aos produtores de tecnologia, imputando-lhes indenizar os lesados sem indagação de culpa, bastando a comprovação do nexo causal entre o ato ou fato lesivo e o dano".[41] Isso porque, ainda nos dizeres da professora titular da Faculdade de Direito da Universidade de São Paulo, "a tendência à objetivação da responsabilidade civil atende à sociedade pós-moderna, sociedade de massa e globalizada, caracterizada pelos riscos da produção e do desenvolvimento, nos quais se inclui a tecnologia, que tornam mais vulneráveis possíveis vítimas".[42]

Nesse contexto, é pacífico entre os estudiosos do tema que o Código do Consumidor trouxe um grande impacto no Direito Privado brasileiro, particularmente no que toca à responsabilidade civil, seja contratual ou extracontratual. Na verdade, pode-se até afirmar que a norma citada *revolucionou* o Direito Civil em nosso País. É impossível desassociar o estudo do tema que será abordado neste livro da Lei n. 8.078/1990. Diante disso, o que se propõe é uma comunicação entre as duas normas (Código Civil + Código de Defesa do Consumidor), a partir da teoria do *diálogo das fontes*, de Erik Jayme e Claudia Lima Marques.[43]

Trata-se de um fenômeno pós-moderno ou contemporâneo a feliz tentativa de complementaridade entre as normas jurídicas, uma vez que são marcas da atualidade o pluralismo das fontes e dos agentes, bem como a superabundância das normas jurídicas.

Repise-se que, entre estas, muitas visam à proteção de vulneráveis, como é o caso do Código de Defesa do Consumidor brasileiro. A partir dessa ideia de interação, tão comum à explosão de leis da atualidade, ingressa-se na análise prospectiva do tema da responsabilidade civil, assunto sobre o qual se passa a expor.

2. ANÁLISE PROSPECTIVA DO TEMA. A RESPONSABILIDADE CIVIL E A PÓS-MODERNIDADE. UMA VISÃO INTERDISCIPLINAR

No *Dicionário Houaiss da língua portuguesa*, o termo "prospecção" está relacionado ao estudo preliminar que visa localizar jazidas minerais ou petrolíferas. Aqui, a palavra será utilizada em um sentido figurado, a demonstrar a busca de uma nova metodologia para o tema da responsabilidade civil, com o *prospecto* de novas fontes, de novos recursos de energia, de novas construções e, por que não, de uma atual infraestrutura conceitual no profundo e rico terreno que é o do direito das obrigações. Para tanto, serão utilizados numerosos equi-

---

[41] CHINELLATO, Silmara Juny de Abreu. Tendências da responsabilidade civil no direito contemporâneo. In: DELGADO, Mário Luiz; ALVES, Jones Figueirêdo (Coord.). *Questões controvertidas no novo Código Civil*. Responsabilidade civil. São Paulo: Método, 2006. v. 5, p. 588.

[42] CHINELLATO, Silmara Juny de Abreu. Tendências da responsabilidade civil no direito contemporâneo, cit., p. 588.

[43] JAYME, Erik. Identité cuturelle et integration: le droit internacional privé post-moderne. *Recueil des Cours de l'Académie de Droit International de la Haye*. Haia: Kluwer, 1995; MARQUES, Claudia Lima. Contratos no Código de Defesa do Consumidor. 5. ed. São Paulo: RT, 2005. p. 663-701.

pamentos, várias brocas e ferramentas, bem como máquinas dos mais diversos tipos e tecnologias, em uma visão interdisciplinar do Direito.

Conforme aponta Jorge Mosset Iturraspe, a responsabilidade civil vem passando por uma *crise* – no sentido de mudanças estruturais e funcionais no que concerne à sua visão clássica –, o que pode ser percebido pelas críticas e dúvidas sobre os seguintes aspectos: *a)* a função reparadora da responsabilidade civil; *b)* o abarrotamento do Poder Judiciário com questões relativas à reparação civil, gerando uma *indústria judicial*; *c)* a justiça e a equidade existentes na ideia de se colocar *sobre as costas* de um causador individual uma reparação plena e integral, com grave risco de quebra ou insolvência; *d)* a "culpabilidade total" ou absoluta de um pretenso agente contrastando com a "inocência total" das vítimas; *e)* a indenização vista como um custo muito alto, o que impede de se acionarem as empresas; *f)* a conveniência de uma interferência cultural do Direito na vida do mercado e da sociedade produtiva, havendo um "paternalismo excessivo" no dirigismo estatal; *g)* a existência de vítimas que, muitas vezes, contribuem para o evento danoso, por agirem de forma negligente ou imprudente diante da falta de informação ou de não saberem como atuar.[44]

Consciente dessas mudanças, o jurista argentino menciona ainda a *socialização da responsabilidade civil*, fenômeno atual e complexo, expressado por vários aspectos, tais como: *a)* o acidente não é apenas um fato entre indivíduos, mas um fato social; *b)* se uma empresa é condenada a pagar alta indenização, isso atingirá os consumidores, que serão obrigados a pagar preços mais caros pelos bens e serviços; *c)* a substituição de uma responsabilidade fundada na culpa por outra, baseada no risco, prova que a imputação deixa de ser encarada como uma falta individual, passando a ser vista como uma reprovação ao emprego de tecnologias de ponta; *d)* parece mais justo e equitativo que importantes setores sociais suportem a indenização, seja mediante a implantação de fundos de seguridade ou garantias, seja por meio de um seguro obrigatório; *e)* devem ser multiplicados os custos de prevenção para que se evitem os acidentes (visão *ex ante*).[45]

O ponto de partida para se compreender tais fenômenos – seja o de *crise* ou o de *socialização* – deve ser uma visão contemporânea do Direito Privado, tendo como enfoque a *pós-modernidade jurídica*, expressão geralmente utilizada para demonstrar uma mudança substancial no pensamento relativo ao Direito.[46]

É notório que o termo "pós-modernidade" é usado para simbolizar o rompimento dos paradigmas construídos ao longo da modernidade, quebra ocorrida ao final do século XX. Mais precisamente, parece correto dizer que o ano de 1968 é um bom parâmetro para se apontar o início desse período, diante de

---

[44] ITURRASPE, Jorge Mosset. *Responsabilidad por daños*. El acto ilícito. Buenos Aires: Rubinzal-Culzoni, [s.d.]. t. III, p. 13.

[45] ITURRASPE, Jorge Mosset. *Responsabilidad por daños*, t. III, cit., p. 14.

[46] Sobre a pós-modernidade jurídica, ver: SANTOS, Boaventura de Souza. *Introdução a uma ciência pós--moderna*. 4. ed. São Paulo: Graal, 2003; BITTAR, Eduardo C. B. *O direito na pós-modernidade*. Rio de Janeiro: Forense Universitária, 2005; GODOY, Arnaldo Sampaio de Morais. *O pós-modernismo jurídico*. Porto Alegre: Fabris, 2005.

protestos e movimentos em prol da liberdade e de outros valores sociais que eclodiram em todo o mundo.[47]

O surgimento da grande rede mundial de computadores – a internet –, o nascimento da telefonia celular, a queda do muro de Berlim, o ataque terrorista aos Estados Unidos no ano de 2001, a eleição de Barack Obama como Presidente norte-americano, os graves problemas climáticos pelos quais vem passando a humanidade, a volta do conservadorismo e do liberalismo, o antagonismo de ideias, a polarização, o incremento das novas tecnologias compartilhadas, o incremento das redes sociais e os problemas por ela gerados, a proliferação das *fake news*, os ataques à democracia em todo o mundo e a pandemia de Covid-19 são fatos relevantes para essa nova era. Em suma, podem ser considerados *divisores de águas*, se a pós-modernidade admitir a separação em fases.

Caso seja admitido esse fracionamento, temos, mais recentemente, a ocorrência de fatos sociais que aprofundam essa realidade, como o incremento dos debates nas redes sociais, a cisão de todo o planeta em duas visões antagônicas de mundo e a *pós-verdade*, a difusão de notícias falaciosas e falsas (*"fake news"*), que tornam a nossa realidade ainda mais hipercomplexa, e a própria pandemia.

Sobre as redes sociais, a propósito, *ecoaram* com grande impacto as frases de Humberto Eco, filósofo recentemente falecido, para quem as redes sociais dão o direito à palavra a uma "legião de imbecis", que anteriormente apenas se manifestavam "em um bar e depois de uma taça de vinho, sem prejudicar a coletividade". Também devem ser citados os trabalhos de Byung Chul-Han, de demonstração de todos os graves problemas advindos das redes sociais e do uso das novas tecnologias, sendo referências para mim as suas sempre citadas obras *Não-Coisas* e *Infocracia*.[48]

Conforme ensina Eduardo Bianca Bittar, a pós-modernidade significa "o estado reflexivo da sociedade ante as suas próprias mazelas, capaz de gerar um revisionismo completo de seu *modus actuandi et faciendi*, especialmente considerada a condição de superação do modelo moderno de organização da vida e da sociedade. Nem só de superação se entende viver a pós-modernidade, pois o revisionismo crítico importa em praticar a escavação dos erros do passado para a preparação de novas condições de vida. A pós-modernidade é menos um estado de coisas, exatamente porque ela é uma condição processante de um amadurecimento social, político, econômico e cultural, que haverá de alargar-se por muitas décadas até a sua consolidação. Ela não encerra a modernidade, pois, em verdade, inaugura sua mescla com os restos da modernidade".[49] Dessa construção, fundamental para o presente capítulo, podem ser retiradas algumas reflexões.

A primeira delas é a de que a pós-modernidade traz uma nova forma de encarar, pensar o mundo e com ele interagir, atuando efetivamente. Essa nova

---

[47] BITTAR, Eduardo C. B. *O direito na pós-modernidade*, cit., p. 97-100.
[48] CHUL-HAN, Byung. *Não-Coisas: Reviravoltas do Mundo da Vida*. São Paulo: Vozes, 2022; CHUL-HAN, Byung. *Infocracia: Digitalização e a crise da democracia*. São Paulo: Vozes, 2022.
[49] BITTAR, Eduardo C. B. *O direito na pós-modernidade*, cit., p. 108.

realidade não só pode como deve influir na literatura científica, o que abrange a literatura jurídica e, por óbvio, o tema da responsabilidade civil e das indenizações, tão prático e efetivo.

Ademais, a pós-modernidade representa uma superação parcial, e não total, da modernidade, até porque a palavra "moderno" faz parte da construção morfológica do termo. Em verdade, é preciso rever conceitos, e não os romper totalmente. As antigas categorias são remodeladas, refeitas, mantendo-se, muitas vezes, a sua base estrutural. Isso, sem dúvida, vem ocorrendo com o Direito, a partir de um novo dimensionamento das antigas categorias jurídicas. A pós-modernidade pode figurar como uma revisitação das premissas da razão pura, por meio da análise da realidade de conceitos que foram negados pela razão anterior, pela *modernidade quadrada*. Essa é a conclusão de Hilton Ferreira Japiassu, merecendo destaque os seus dizeres:

> "Diria que a chamada 'pós-modernidade' aparece como uma espécie de Renascimento dos ideais banidos e cassados por nossa modernidade racionalizadora. Esta modernidade teria terminado a partir do momento em que não podemos mais falar da história como algo de unitário e quando morre o mito do Progresso. É a emergência desses ideais que seria responsável por toda uma onda de comportamentos e de atitudes irracionais e desencantados em relação à política e pelo crescimento do ceticismo face aos valores fundamentais da modernidade. Estaríamos dando Adeus à modernidade, à Razão (Feyerabend)? Quem acredita ainda que 'todo real é racional e que todo racional é real' (Hegel)? Que esperança podemos depositar no projeto da Razão emancipada, quando sabemos que se orientou para a instrumentalidade e a simples produtividade? Que projeto de felicidade pessoal pode proporcionar-nos um mundo crescentemente racionalizado, calculador e burocratizado, que coloca no centro de tudo o econômico, entendido apenas como o financeiro submetido ao jogo cego do mercado? Como pode o homem ser feliz no interior da lógica do sistema, onde só tem valor o que funciona segundo previsões, onde seus desejos, suas paixões, necessidades e aspirações passam a ser racionalmente administrados e manipulados pela lógica da eficácia econômica que o reduz ao papel de simples consumidor?".[50]

A propósito da *crítica da razão pura*, merecem destaque a obra e as palavras de Immanuel Kant, no sentido de que "a razão humana, num determinado domínio dos seus conhecimentos, possui o singular destino de se ver atormentada por questões que não pode evitar, pois lhe são impostas pela sua natureza, mas às quais também não pode dar resposta, por ultrapassarem completamente as suas possibilidades".[51]

Para ilustrar a revisão, pode ser citada a análise contemporânea do Direito de Família, que vem encontrando pela frente questões inevitáveis, diante das profundas alterações políticas e sociais. A família continua a ser a base da

---

[50] JAPIASSU, Hilton Ferreira. A crise da razão no Ocidente. Disponível em: <http://www.sinergia-spe.net/editoraeletronica/autor/069/06900100.htm>. Acesso em: 17 mar. 2009.
[51] KANT, Immanuel. *Crítica da razão pura*. 6. ed. Lisboa: Fundação Calouste Gulbenkian, 2008. p. 3.

sociedade – conforme enuncia o art. 226 da Constituição Federal de 1988 –, a sua célula *mater*. Todavia, a pós-modernidade propõe a existência de novos modelos de família, concluindo que o rol constante do comando constitucional é meramente exemplificativo (*numerus apertus*), e não taxativo (*numerus clausus*).[52] Com essa interpretação, abriu-se caminho para o reconhecimento de outras entidades familiares, como é o caso da *família anaparental*, a família sem pais, como no caso de irmãs que convivem sob o mesmo teto.

Em reforço a essa nova guinada, o Direito de Família brasileiro admite, no momento, a viabilidade de reconhecer a existência de uma família na união de pessoas do mesmo sexo, o que foi consolidado com a decisão do Supremo Tribunal Federal de maio de 2011, publicada no seu *Informativo* n. *625*. Veja-se que, em todos os casos, há uma busca de enquadramento na antiga ideia de família, que remonta a muito antes da modernidade, mas que foi fortalecida como modelo por esta. O afã, como se nota, é o de enquadramento nessa secular categoria jurídica, ou seja, todos querem constituir uma família, seja ela com qual modelo se pretenda. O projeto de Reforma do Código Civil, ora em tramitação no Congresso Nacional, pretende incluir na codificação privada a menção expressa no sentido de o casamento e a união estável serem constituídos por duas pessoas.

O fenômeno pós-moderno, com enfoque jurídico, pode ser identificado por vários fatores. O primeiro a ser citado é a globalização, a ideia de *unidade mundial*, de um modelo geral para as ciências e para o comportamento das pessoas, o que tem sido combatido nos últimos anos, especialmente por grupos nacionalistas. Fala-se hoje em *linguagem global*, em economia globalizada, em mercado uno, em doenças e epidemias mundiais e até em um Direito unificado. Quanto ao modo de agir, o Ocidente se aproxima do Oriente, e vice-versa. A China consome o hambúrguer norte-americano, e os Estados Unidos consomem o macarrão chinês. Alguns se alimentam de macarrão com hambúrguer, fundindo o Oriente ao Ocidente, até de forma inconsciente, em especial nos países em desenvolvimento.

De todo modo, não se pode negar que a tendência de unidade almeja por ser revertida por alguns, em especial pelo fato de que o mundo vivencia um profundo e abrangente conflito ideológico, uma intensa e grave polarização. Cite-se, a esse propósito, a contraposição entre a ideia de uma Europa unida e os movimentos separatistas, extremistas e xenófobos, que alcançaram uma escalada crescente nos últimos anos, destacando-se a saída do Reino Unido da União Europeia (BREXIT).

A par do fenômeno de busca de uma unidade, como afirma Erik Jayme, os Estados não seriam mais os centros do poder e da proteção da pessoa humana, cedendo espaço, em larga margem, aos mercados. Nesse sentido, as regras de

---

[52] Nesse sentido, entre outros, consulte-se: FACHIN, Luiz Edson. Direito de família. Elementos críticos à luz do novo Código Civil brasileiro. In: LIRA, Ricardo Pereira (Coord.). *Curso de Direito Civil*. 2. ed. Rio de Janeiro: Renovar, 2003. p. 39; TEPEDINO, Gustavo. A disciplina civil-constitucional das relações familiares. In: TEPEDINO, Gustavo (Coord.). *Temas de Direito Civil*. 3. ed. Rio de Janeiro: Renovar, 2004. p. 398; LÔBO, Paulo Luiz Netto. *Famílias*. São Paulo: Saraiva, 2008. p. 5-6.

concorrência acabariam por determinar a vida e o comportamento dos seres humanos.[53]

De toda sorte, como prega o próprio doutrinador em outro texto, ao discorrer sobre a realidade do Direito Internacional Privado, é preciso que os Estados busquem, em sua integração, para uma crescente unificação do Direito, a conservação da identidade cultural das pessoas, para proteger e garantir a sua personalidade individual.[54] Em suma, segundo Erik Jayme, o Direito Internacional Privado deve levar em consideração, baseado em critérios de proximidade, as diferenças culturais incorporadas aos respectivos ordenamentos jurídicos, prestando-se a se tornar também um direito fundamental ligado à personalidade dos cidadãos.[55]

Como terceiro ponto de reflexão a ser destacado a respeito da pós-modernidade jurídica, há a abundância dos gêneros e espécies: abundância de sujeitos e de direitos, excesso de fatores que influenciam as relações jurídicas e eclosão sucessiva de leis, entre outros. Relativamente às leis, a realidade é de um *Big Bang Legislativo*, no qual se verifica uma explosão de normas jurídicas, como afirma Ricardo Luis Lorenzetti.[56]

No caso brasileiro, convive-se com mais de 50 mil leis, a deixar o aplicador do Direito desnorteado a respeito de sua incidência no *tipo (fattispecie)*. Essa realidade atinge o Direito Privado e, por óbvio, o instituto da responsabilidade civil. Cumpre consignar que essa inflação legislativa é do mesmo modo notada no sistema português e europeu, clamando Rui Alarcão por "menos leis, melhores leis".[57]

No que concerne aos sujeitos, reconhece-se um *pluralismo*, o que é intensificado pela valorização dos direitos humanos e das liberdades. Inúmeras são as preocupações legais em se tutelar os vulneráveis, a fim de valorizar a pessoa humana, nos termos do que consta do art. 1.º, inc. III, da Constituição Federal: consumidores, trabalhadores, mulheres sob violência, crianças e adolescentes, idosos, indígenas, deficientes físicos, negros. Além de proteger sujeitos, as normas tendem a tutelar valores que são colocados à disposição da pessoa para a sua sadia qualidade de vida, como é o caso do meio ambiente, do *Bem Ambiental*. A propósito dessas reflexões, Claudia Lima Marques ensina:

---

[53] JAYME, Erik. O direito internacional privado do novo milênio: a proteção da pessoa humana em face da globalização. Tradução de Claudia Lima Marques e Nadia de Araujo. In: MARQUES, Claudia Lima; ARAUJO, Nadia de (Coord.). *O novo direito internacional*. Estudos em homenagem a Erik Jayme. Rio de Janeiro: Renovar, 2005. p. 4.

[54] JAYME, Erik. Il diritto internazionale privato estense. *Revista di Diritto Internazionale Privato e Processuale*, Estrato. Diretta da Fausto Pocar, Tullio Treves, Sergio M. Carbone, Andrea Giardina, Riccardo Luzzatto, Franco Mosconi, Padova: Cedam, ano XXXII, n. 1, p. 18, Gen.-Mar. 1996.

[55] JAYME, Erik. Il diritto internazionale privato estense, cit., p. 18.

[56] LORENZETTI, Ricardo Luis. *Fundamentos do direito privado*. Tradução de Vera Maria Jacob Fradera. São Paulo: RT, 1998. p. 44; LORENZETTI, Ricardo Luis. *Teoria da decisão judicial*. Fundamentos de direito. Tradução de Bruno Miragem. Notas e revisão da tradução de Claudia Lima Marques. São Paulo: RT, 2009. p. 43.

[57] ALARCÃO, Rui. Menos leis, melhores leis. *Revista Brasileira de Direito Comparado*, Rio de Janeiro: Instituto de Direito Comparado Luso-brasileiro, n. 31, p. 2, 2009.

"Segundo Erik Jayme, as características da cultura pós-moderna no direito seriam o pluralismo, a comunicação, a narração, o que Jayme denomina 'le retour des sentiments', sendo o *Leitmotiv* da pós-modernidade a valorização dos direitos humanos. Para Jayme, o direito como parte da cultura dos povos muda com a crise da pós-modernidade. O pluralismo manifesta-se na multiplicidade de fontes legislativas a regular o mesmo fato, com a descodificação ou a implosão dos sistemas genéricos normativos ('Zersplieterung'), manifesta-se no pluralismo de sujeitos a proteger, por vezes difusos, como o grupo de consumidores ou os que se beneficiam da proteção do meio ambiente, na pluralidade de agentes ativos de uma mesma relação, como os fornecedores que se organizam em cadeia e em relações extremamente despersonalizadas. Pluralismo também na filosofia aceita atualmente, onde o diálogo é que legitima o consenso, onde os valores e princípios têm sempre uma dupla função, o 'double coding', e onde os valores são muitas vezes antinômicos. Pluralismo nos direitos assegurados, nos direitos à diferença e ao tratamento diferenciado aos privilégios dos 'espaços de excelência'".[58]

Em certo sentido, há uma *superabundância* de proteção a gerar situações de colisão entre esses direitos, conflitos estes que acabam por ser resolvidos a partir da interpretação em face da Norma Constitucional, repouso comum da principiologia dessa tutela fundamental. Para demonstrar os efeitos práticos dessa preocupação de tutela, por exemplo, utilizando-se de um símbolo cotidiano, ao ir ao banco, é comum a percepção de que a única fila, se ainda existir, que anda é a daqueles que têm algum tipo de prioridade. Eis outra amostragem do fenômeno pós-moderno, uma vez que a exceção se torna regra, e vice-versa. Como não poderia ser diferente, a questão da tutela de vulneráveis e de proteção de conceitos que lhe são parcelares repercutem na responsabilidade civil.

Também nesse contexto da presença de muitos direitos, alguns pregam a volta ao liberalismo, ao individualismo e ao egoísmo do início do século XX, com a valorização de teses tidas como *libertárias* ou *ultraliberais*, com a supremacia da economia sobre o Direito. Isso foi percebido no Brasil, no ano de 2019, com os debates que circundaram a Medida Provisória n. 881, depois convertida na *Lei da Liberdade Econômica* (Lei n. 13.874/2019).

Na verdade, penso que, na conversão em lei, o Congresso Nacional acabou por bem dosar a *sanha libertária* que amparava a anterior MP. De toda sorte, o ano de 2020 nos trouxe a necessidade de uma maior intervenção estatal nas relações privadas, diante da pandemia de Covid-19, não só para a tutela de grupos vulneráveis, mas também para a proteção de empresas de determinados âmbitos de atuação, como se deu com o transporte aéreo – com a Lei n. 14.034/2020 –, e com os setores cultural e de turismo – diante da Lei n. 14.046/2020.

No entanto, há também o *duplo sentido* das coisas como marca da pós-modernidade (*double sense*). Nesse contexto, o certo pode ser o errado, e o errado pode ser o certo; o bem pode ser o mal, e o mal pode ser o bem; o

---

[58] MARQUES, Claudia Lima. *Comentários ao Código de Defesa do Consumidor*. São Paulo: RT, 2004. p. 26, nota n. 3.

alto pode ser baixo, e o baixo pode ser o alto; o belo pode ser o feio, e o feio pode ser o belo; a verdade pode ser uma mentira, e a mentira pode ser uma verdade; o jurídico pode ser antijurídico, e o antijurídico pode ser o jurídico; a direita pode ser a esquerda, e o inverso pode ser igualmente válido.

Essas variações chocam aquela visão maniqueísta que sempre imperou no Direito, particularmente a de que sempre haverá um vitorioso e um derrotado nas demandas judiciais. Na realidade, aquele que se julga o vitorioso pode ser o maior derrotado. Como dizia Machado de Assis, "ao vencedor, as batatas".

A realidade pós-moderna é marcada pela *hipercomplexidade*, muito acentuada nos últimos anos, tendo a pandemia agravado tal situação, pelos enormes desafios que trouxe a todo o planeta Terra. Também podem ser citados os enormes desafios decorrentes da mudança climática.

De acordo com Antonio Junqueira de Azevedo, o próprio *direito é um sistema complexo de segunda ordem*. Ensina o jurista que o Direito é um sistema, pois se trata de um conjunto de vários elementos que se movimentam intensamente. É complexo porque os elementos não são homogêneos e as relações podem ser as mais variadas. O sistema jurídico é um sistema de segunda ordem, uma vez que a sua existência depende da de um sistema maior, que é o social. Apesar disso, diz Junqueira de Azevedo, o direito tem existência própria.[59]

Na contemporaneidade, os prosaicos exemplos de negócios e atos jurídicos entre Tício, Caio e Mévio, comuns nas aulas de Direito Romano e de Direito Civil do passado (ou até do presente), não conseguem resolver os casos de maior complexidade, particularmente aqueles relativos a colisões entre direitos considerados *fundamentais*, próprios da pessoa humana.

Ao transformar o exemplo em algo mais complexo, poder-se-ia imaginar a situação em que Tício, paciente baleado, chega a um hospital acompanhado de Caio, necessitando de uma cirurgia de urgência, que é imediatamente ordenada pelo médico Mévio. Entretanto, Tício diz que não quer a cirurgia, pois, por convicções religiosas, não aceita transfusão de sangue. A cirurgia é então realizada e, após eventualmente sobreviver, Tício promove demanda pleiteando danos morais do médico Mévio, que o salvou, e contra o hospital em que foi realizada a cirurgia. Eis uma nova roupagem de ilustração complexa, pós-moderna, que acaba por envolver a responsabilidade civil.

Demonstrando o *caos contemporâneo*, Ricardo Luis Lorenzetti fala em *era da desordem*, que, em síntese, pode ser identificada pelos seguintes aspectos: *a)* enfraquecimento das fronteiras entre as esferas do público e do privado; *b)* pluralidade das fontes, seja no Direito Público ou no Direito Privado; *c)* proliferação de conceitos jurídicos indeterminados; *d)* existência de um sistema aberto, sendo possível uma extensa variação de julgamentos; *e)* grande abertura para o intérprete estabelecer e reconstruir a sua coerência; *f)* mudanças constantes de

---

[59] AZEVEDO, Antonio Junqueira de. Parecer. O direito como sistema complexo e de 2.ª ordem; sua autonomia. Ato nulo e ato ilícito. Diferença de espírito entre responsabilidade civil e penal. Necessidade de prejuízo para haver direito a indenização na responsabilidade civil. *Estudos e pareceres de direito privado*. São Paulo: Saraiva, 2004. p. 26-27.

posições, inclusive legislativas; *g)* necessidade de adequação das fontes uma às outras; *h)* exigência de pautas mínimas de correção para a interpretação jurídica.[60] Sem dúvida que a *desordem* se intensificou nos últimos anos, após a publicação do texto por Lorenzetti, que tinha verdadeiro *tom profético*. A pandemia de Covid-19 nos colocou, sem dúvidas, à beira do caos.

Diante dessa realidade pós-moderna, de grande complexidade, caótica e com inúmeras variantes, surgiram mecanismos jurídicos para tentar superar as dificuldades pretéritas e presentes. Neste estudo, serão abordadas algumas ferramentas que considero como fundamentais para a argumentação proposta, a saber: *a)* a interdisciplinaridade; *b)* o diálogo das fontes; *c)* a visão constitucionalizada do Direito Privado e a aplicação dos princípios constitucionais nas relações entre particulares; *d)* a personalização do Direito Civil; *e)* a ponderação de princípios e valores, sobretudo constitucionais.

A *interdisciplinaridade* propõe uma interação entre as ciências, sendo considerada, conforme ensina Lídia Reis de Almeida Prado, a mais recente tendência da teoria do conhecimento, que decorre da era pós-moderna. Essa tendência visa possibilitar que, na produção do saber, não incida o radical cientificismo formalista (objetivismo) ou o exagerado humanismo (subjetivismo), caracterizando-se por ser obtida a partir de uma predisposição para um encontro entre diferentes pontos de vista, oriundos das mais diversas variantes científicas. A par dessa visão – resume a doutrinadora –, a interdisciplinaridade leva, de forma criativa, à transformação da realidade.[61] Para ela, por tal caminho é possível conhecer o *saber com sabor*.[62]

Nesse contexto, o Direito não pode ser concebido como uma ciência isolada, uma ilha ou um *bunker*, separado das outras ciências, ou seja, ele não só pode como deve interagir com os demais campos científicos. O aplicador do Direito não pode ser concebido como um náufrago solitário ou um soldado sozinho com sua metralhadora, à espera do inimigo para soltar as rajadas de seus projéteis. O jurista, como ser social que é, deve interagir com os outros cientistas. Quem sabe, mais do que isso, o jurista deve ser (ou tentar ser) um cientista das outras ciências.

A relação com a *teoria tridimensional do Direito*, desenvolvida, entre outros, por Miguel Reale, fica clara, pois se clama que o aplicador do Direito seja, do ponto de vista dos fatos, um sociólogo; da perspectiva dos valores, um filósofo; no que tange às normas, um jurista.[63] Na visão *realeana*, tais fatores podem se influenciar de forma recíproca, de *maneira conjetural*, diante das mudanças

---

[60] LORENZETTI, Ricardo Luis. *Teoria da decisão judicial*. Fundamentos de direito, cit., p. 359-360.
[61] PRADO, Lídia Reis de Almeida. *O juiz e a emoção*. Aspectos da lógica da decisão judicial. 2. ed. Campinas: Millennium, 2003. p. 3.
[62] Uma vez que a interdisciplinaridade traz a superação de "um tipo de saber feito em especializações formais, o saber em migalhas, o saber sem sabor, que provoca a perda da visão da totalidade" (PRADO, Lídia Reis de Almeida. *O juiz e a emoção*, cit., p. 3).
[63] REALE, Miguel. *Teoria tridimensional do direito*. Situação atual. 5. ed. 6. tir. São Paulo: Saraiva, 2003. p. 57.

factuais, valorativas e normativas da sociedade.⁶⁴ O direito ganha dinamismo, de acordo com as mudanças pelas quais passam a sociedade e os valores coletivos. E não há como negar que nos últimos anos tais transformações estão mais intensas e rápidas.

Como já escrevi em outra oportunidade – publicação em coautoria com Giselle Câmara Groeninga –, estabelecer *diálogos intercientíficos* e buscar a *interdisciplinaridade* de institutos das ciências humanas não é tarefa fácil. Sobretudo porque é preciso ter humildade para encarar o *novo*, a partir de um âmbito diversificado daquele de atuação.⁶⁵ Como ali se afirmou, a busca pela mudança, e talvez até a falta de medo, acaba por motivar os diálogos interdisciplinares; assim, pode ser também que esteja presente uma *das vantagens de ser bobo*, conforme expõe, em prosa, Clarice Lispector.

O *bobo*, como diz a romancista, às vezes oferece ao mundo uma saída, uma vez que os espertos só se lembram de sair por meio da esperteza: o *bobo* tem originalidade, surgindo-lhe a ideia de forma espontânea. Além disso, Clarice Lispector afirma que o *bobo* tem oportunidade de ver as coisas que os espertos não veem. "O *bobo* ganha utilidade e sabedoria para viver. O *bobo* nunca parece ter tido vez." Ser *bobo* é uma criatividade e, como toda criação, é difícil.

São essas *vantagens de ser bobo* que motivam o ser humano a buscar o que é novo, a cada dia, superando os desafios, vivendo cada sonho imaginado e, eventualmente, pisando nas pedras que o caminho possa oferecer. Deve-se ter em mente que o caminho da interdisciplinaridade pode ser tortuoso, mas ele acaba por trazer soluções imprescindíveis para a ciência jurídica.⁶⁶

A interdisciplinaridade parte do princípio de que *a busca do saber é uma só*, como afirma Rubens Limongi França, pois as mais diversas disciplinas das mais variadas ciências e profissões representam partes de uma *sabedoria única*, "que se encontra ínsita no Macrocosmos e no Microcosmos. Partes essas, todas elas, inteiramente, conectadas, às quais nenhum estudioso tem acesso, sequer razoável, se trouxer a vaidade e a afronta de se intitular especialista e, sobretudo, se agir como tal".⁶⁷ Essa obra do jurista é trabalho em que o autor estuda o tratamento da saúde pelas cores, ou seja, não se trata de uma obra jurídica como tantas outras que o doutrinador escreveu.

Por isso, Limongi utilizou apenas parte de seu nome, mencionando na apresentação da obra que tem uma carreira específica, concernente a outro assunto, exercida há cerca de meio século, o que o fez alcançar o título de doutor em uma Universidade Católica (a Pontifícia Universidade Católica de São Paulo, em 1963) e a titularidade em uma Universidade da rede oficial (a Universidade de

---

⁶⁴ REALE, Miguel. *Teoria tridimensional do direito*, cit., p. 152.

⁶⁵ TARTUCE, Flávio; GROENINGA, Giselle. O dano à integridade psíquica: uma análise interdisciplinar. In: DELGADO, Mário Luiz; ALVES, Jones Figueirêdo (Coord.). *Questões controvertidas no novo Código Civil*: responsabilidade civil. São Paulo: Método, 2006. v. 5, p. 141-165.

⁶⁶ TARTUCE, Flávio; GROENINGA, Giselle. O dano à integridade psíquica: uma análise interdisciplinar, cit., p. 145.

⁶⁷ LIMONGI FRANÇA, Rubens. *A simbologia das cores e a cromoterapia*. São Paulo: Edição do Autor, 1998. p. 6.

São Paulo, em 1988). Limongi ressalta nessa introdução a sua formação interdisciplinar, como poeta, contista, escultor, pintor, desenhista e teólogo. E conclui: "Não há nenhuma possibilidade de domínio da mais elementar 'especialidade', se o estudioso não se iniciar, intencionalmente ou não, em um sem-número de ciências auxiliares. Ao contrário, se procura adentrar-se nos múltiplos aspectos que oferecem os objetos do Saber, o pesquisador irá, gradativamente, descortinando a trama esplêndida das interligações do Conhecimento, à semelhança das forças cósmicas que sustentam a Criação, desde o equilíbrio dos prótons e íons até a harmonia deslumbrante das galáxias".[68]

Com o *diálogo* entre as ciências, torna-se viável rever antigos paradigmas, enxergando além das antigas categorias e dos velhos manuais. É possível abrir novos caminhos, na busca de soluções mais justas, de acordo com os anseios sociais e da coletividade. Registre-se que a visão interdisciplinar será amplamente utilizada neste livro para a concretização da ideia de concorrência de risco, sendo premissa fundamental concluir que os tipos jurídicos não são estáticos e fechados, mas, sim, dinâmicos e abertos.

A própria ideia da *tese do diálogo das fontes* (*dialogue des sources*), de Erik Jayme, traz como conteúdo a interdisciplinaridade no próprio Direito. Diante do pluralismo pós-moderno, com inúmeras fontes legais, surge a necessidade de coordenação entre as leis que fazem parte do mesmo ordenamento jurídico.[69]

A expressão é feliz justamente pela adequação à realidade social da pós-modernidade. Ao justificar o diálogo das fontes, esclarece Claudia Lima Marques que "a bela expressão de Erik Jayme, hoje consagrada no Brasil, alerta-nos de que os tempos pós-modernos não mais permitem esse tipo de clareza ou monossolução. A solução sistemática pós-moderna, em um momento posterior à descodificação, à tópica e à microrrecodificação, procura uma eficiência não só hierárquica, mas funcional do sistema plural e complexo de nosso direito contemporâneo, deve ser mais fluida, mais flexível, tratar diferentemente os diferentes, a permitir maior mobilidade e fineza de distinção. Nestes tempos, a superação de paradigmas é substituída pela convivência dos paradigmas".[70]

Ainda conforme as lições de Claudia Lima Marques, há um *diálogo* diante de influências recíprocas, com a possibilidade de aplicação concomitante das duas normas ao mesmo tempo e ao mesmo caso, de forma complementar ou subsidiária. Há, assim, uma solução flexível e aberta, de interpenetração ou de busca, no sistema, da norma que seja mais favorável ao vulnerável.[71] Como afirma a doutrinadora em outra obra, "o uso da expressão do mestre 'diálogo das fontes' é uma tentativa de expressar a necessidade de uma aplicação coerente das leis de direito privado, coexistentes no sistema. É a denominada 'coerência derivada ou restaurada (*cohérence dérivée ou restaurée*), que, em um momento posterior

---

[68] LIMONGI FRANÇA, Rubens. *A simbologia das cores e a cromoterapia*, cit., p. 6.
[69] MARQUES, Claudia Lima; BENJAMIN, Antonio Herman; MIRAGEM, Bruno. *Comentários ao Código de Defesa do Consumidor*. 2. ed. São Paulo: RT, 2005. p. 26.
[70] MARQUES, Claudia Lima. *Manual de Direito do Consumidor*. São Paulo: RT, 2008. p. 89.
[71] MARQUES, Claudia Lima; BENJAMIN, Antonio Herman; MIRAGEM, Bruno. *Comentários ao Código de Defesa do Consumidor*, cit., p. 29.

à descodificação, à tópica e à microrrecodificação, procura uma eficiência não só hierárquica, mas funcional do sistema plural e complexo de nosso direito contemporâneo, a evitar a 'antinomia', a 'incompatibilidade' ou a 'não coerência'".[72]

Segundo a precursora da tese no Brasil, três são os diálogos possíveis. Para tanto, a doutrinadora levou em conta as intersecções existentes entre o Código de Defesa do Consumidor (Lei n. 8.078/1990) e o Código Civil brasileiro de 2002 (Lei n. 10.406/2002).[73] A possibilidade de intersecção é cabível legalmente pelo que consta do art. 7.º, *caput*, da Lei n. 8.078/1990, *in verbis*: "Os direitos previstos neste código não excluem outros decorrentes de tratados ou convenções internacionais de que o Brasil seja signatário, da legislação interna ordinária, de regulamentos expedidos pelas autoridades administrativas competentes, bem como dos que derivem dos princípios gerais do direito, analogia, costumes e equidade".

O primeiro deles é o *diálogo sistemático de coerência*, em que uma lei serve como base estrutural para a outra. Ilustrando, os conceitos de prescrição e decadência a serem aplicados na ótica consumerista podem ser retirados do Código Civil de 2002, entre os arts. 189 e 211. Na mesma linha, o conceito de compra e venda, constante do art. 481 do CC/2002, pode servir de base para as vendas consumeristas.

Como segunda possibilidade, há o *diálogo sistemático de complementaridade ou subsidiariedade*, em que ocorre a aplicação coordenada das duas leis de incidência. Trata-se do mais comum e prático diálogo entre as normas. Para exemplificar, uma norma que seja mais favorável ao consumidor pode estar no Código Civil, e não no Código de Defesa do Consumidor. Cite-se a aplicação do art. 735 do Código Privado, pelo qual, no transporte de pessoas, a culpa exclusiva de terceiro não é excludente de responsabilidade civil. Isso, ao contrário do que consta do art. 14, § 3.º, II, da Lei n. 8.078/1990, segundo o qual a culpa exclusiva de terceiro é excludente da responsabilidade civil dos prestadores de serviços. Nesse contexto legislativo, em casos relativos a acidentes aéreos que atingem os passageiros, a tutela das vítimas pode ser melhor pela aplicação do Código Civil do que pelo Código Consumerista.

Para concluir, há o *diálogo de coordenação e adaptação sistemática*, pelo qual uma lei pode influenciar a outra quanto à conceituação das categorias jurídicas, particularmente para a sua incidência. A doutrinadora ilustra que o conceito de consumidor que se verifica no CDC pode sofrer influências de construções que constam do Código Civil.[74] No entanto, poderíamos citar como exemplo o conceito de empresário disposto no art. 966 do Código Civil. Tal construção pode ser utilizada para a definição daquele que consta *da outra ponta* da relação de consumo, como o fornecedor de produtos ou o prestador de serviços.

---

[72] MARQUES, Claudia Lima. *Manual de Direito do Consumidor*, cit., p. 87.
[73] MARQUES, Claudia Lima; BENJAMIN, Antonio Herman; MIRAGEM, Bruno. *Comentários ao Código de Defesa do Consumidor*, cit., p. 30.
[74] MARQUES, Claudia Lima; BENJAMIN, Antonio Herman; MIRAGEM, Bruno. *Comentários ao Código de Defesa do Consumidor*, cit., p. 31.

Em sentido muito próximo, como outro entusiasta do *diálogo das fontes*, Ricardo Luis Lorenzetti demonstra três premissas para a incidência da teoria. A primeira é a necessidade de respeito à *prioridade conceitual*, sendo certo que muitos conceitos básicos constam da codificação privada, como os de negócios jurídicos, de nulidade, de prescrição etc.[75] A segunda premissa é a *prioridade baseada nos princípios*, uma vez que o princípio é uma regra de prioridade argumentativa.[76] Por fim, o jurista argentino destaca a *coordenação das leis*, buscando uma harmonização entre elas, em um sentido democrático e de cooperação legislativa.[77]

Além de um caráter interdisciplinar, pela *teoria do diálogo das fontes* há uma clara superação dos metacritérios gerais criados para a solução das antinomias: o critério cronológico (norma posterior prevalece sobre norma anterior), o critério da especialidade (norma especial prevalece sobre a norma geral) e o critério hierárquico (norma superior prevalece sobre a norma anterior).[78] De qualquer maneira, e segundo o nosso sentir, ainda é possível conciliar a citada teoria com tais critérios, em particular com o critério hierárquico, sendo pertinente apontar que a proteção dos consumidores consta expressamente como um dos direitos fundamentais, no art. 5.º, inc. XXXII, da Constituição Federal de 1988. Em suma, interagem os critérios construídos pela modernidade jurídica com uma tese essencialmente contemporânea.

A teoria do *diálogo das fontes* traz como impacto interpretativo a superação da ideia de outrora de que o Código de Defesa do Consumidor constitui um *microssistema jurídico* fechado e próprio das relações de consumo, um *microcosmo* isolado dentro do ordenamento. Na verdade, deve-se entender o Código Consumerista como uma lei propensa a diálogos, assim como o Código Civil, o que é perfeitamente possível pela aproximação principiológica de ambos e pelas inúmeras cláusulas gerais e conceitos legais indeterminados nos dois sistemas previstos.

Em síntese, não se pode mais afirmar que, havendo uma relação jurídica de consumo, deverá ser aplicado o Código de Defesa do Consumidor, e não o Código Civil; muito menos que, diante de uma relação civil, deve incidir o Código Civil, e não o Código do Consumidor. A busca da norma mais benéfica ao consumidor dentro do sistema deve orientar o aplicador do Direito na persecução de uma ciência mais concreta às mudanças sociais e à tutela dos vulneráveis.

Contudo, além dos *diálogos infraconstitucionais* entre normas que estão no mesmo plano hierárquico, é preciso dialogar com a Constituição Federal de 1988, fazendo surgir o caminho metodológico do Direito Civil Constitucional e da aplicação dos princípios constitucionais às relações privadas.[79]

---

[75] LORENZETTI, Ricardo Luis. *Teoria da decisão judicial*. Fundamentos de direito, cit., p. 211.
[76] LORENZETTI, Ricardo Luis. *Teoria da decisão judicial*. Fundamentos de direito, cit., p. 212.
[77] LORENZETTI, Ricardo Luis. *Teoria da decisão judicial*. Fundamentos de direito, cit., p. 212.
[78] BOBBIO, Norberto. *Teoria do ordenamento jurídico*. Tradução de Maria Celeste Cordeiro Leite dos Santos. Revisão técnica de Cláudio De Cicco. 7. ed. Brasília: Editora UnB, 1996. p. 91-114; DINIZ, Maria Helena. *Conflito de normas*. 8. ed. São Paulo: Saraiva, 2008.
[79] Ver, sobre o Direito Civil Constitucional: PERLINGIERI, Pietro. *Perfis do Direito Civil*: introdução ao Direito Civil Constitucional. Tradução de Maria Cristina De Cicco. 2. ed. Rio de Janeiro: Renovar, 2002;

As interações entre o Direito Civil e a Constituição trouxeram, para o Brasil, uma nova forma de pensar o Direito Privado. A *constitucionalização do Direito Civil* constitui um fenômeno amplamente discutido nas páginas da doutrina jurídica nacional e também nos julgados dos Tribunais brasileiros. A propósito, a tendência consolidada da constitucionalização do Direito Civil está muito bem justificada pelas palavras de Gustavo Tepedino:

> "O Código Civil perde, assim, definitivamente, o seu papel de Constituição do direito privado. Os textos constitucionais, paulatinamente, definem princípios relacionados a temas antes reservados exclusivamente ao Código Civil e ao império da vontade: a função social da propriedade, os limites da atividade econômica, a organização da família, matérias típicas do direito privado, passam a integrar uma nova ordem pública constitucional. Por outro lado, o próprio Direito Civil, através da legislação extracodificada, desloca a sua preocupação central, já que não se volta tanto para o indivíduo, senão para as atividades por ele desenvolvidas e os riscos dela decorrentes".[80]

Esse caminho da constitucionalização mantém relação direta com a tendência de valorização da pessoa humana, o que se tem denominado *personalização ou repersonalização do Direito Civil*.[81] Como decorrência lógica dessa tendência, surge a *despatrimonialização do Direito Civil*, visto que o sistema é construído segundo o valor da pessoa, inclinado a produzir de forma mais coerente e a distribuir com maior justiça.[82] Mais uma vez, não se pode negar a volta de um movimento recente, individualista, que pretende colocar a economia e o patrimônio em posição privilegiada perante a pessoa humana, estando nessa tendência um dos principais motivos da polarização e dos intensos conflitos de ideias existentes no âmbito do Direito e da sociedade.

Os próprios constitucionalistas reconhecem o fenômeno de interação entre o Direito Civil e o Direito Constitucional como realidade do que se convém denominar *neoconstitucionalismo* ou *invasão da Constituição*. E, por certo, conforme as palavras dos próprios constitucionalistas, o movimento brasileiro é único, é autêntico. Como ressalta Eduardo Ribeiro Moreira, "as outras inovações do Direito Civil-Constitucional têm de ser esse ponto de encontro, os direitos

---

TEPEDINO, Gustavo. Normas constitucionais e relações de Direito Civil na experiência brasileira. In: TEPEDINO, Gustavo (Coord.). *Temas de Direito Civil*. Rio de Janeiro: Renovar, 2006. t. II; TEPEDINO, Gustavo. Normas constitucionais e Direito Civil na construção unitária do ordenamento. In: SOUZA NETO, Cláudio Pereira de; SARMENTO, Daniel (Coord.). *A constitucionalização do direito*. Rio de Janeiro: Lumen Juris, 2007; MORAES, Maria Celina Bodin de. *O princípio da dignidade humana*. Princípios do Direito Civil contemporâneo. Rio de Janeiro: Renovar, 2006; TEPEDINO, Gustavo; BARBOZA, Heloísa Helena; MORAES, Maria Celina Bodin de. *Código Civil interpretado conforme a Constituição da República*. Rio de Janeiro: Renovar, 2004, v. I e 2006, v. II; LORENZETTI, Ricardo Luis. *Teoria da decisão judicial*. Fundamentos de direito, cit., p. 79-81.

[80] TEPEDINO, Gustavo. Premissas metodológicas para a constitucionalização do Direito Civil. In: TEPEDINO, Gustavo. *Temas de Direito Civil*. 3. ed. Rio de Janeiro: Renovar, 2004. p. 7.
[81] Sobre a valorização da pessoa humana e a tendência de *repersonalização do Direito Civil*, sempre deve ser citada a obra do Ministro Luiz Edson Fachin, *Estatuto jurídico do patrimônio mínimo* (Rio de Janeiro: Renovar, 2001).
[82] PERLINGIERI, Pietro. *Perfis do Direito Civil*, cit., p. 33-34.

fundamentais nas relações entre particulares, interação vital com a transposição e redução entre o espaço privado e o espaço público, garantizador. Dois pontos basilares do Direito Civil-Constitucional que funcionam em prol da dignidade humana. Outro ponto a ser destacado é que, apesar de partir do Direito Civil italiano, o Direito Civil-Constitucional brasileiro é uma expansão e produção autêntica".[83]

Deve ser feita a ressalva de que, por tal interação, o Direito Civil não deixará de ser Direito Civil, bem como o Direito Constitucional não deixará de ser Direito Constitucional. O Direito Civil Constitucional nada mais é do que um caminho metodológico que procura analisar os institutos privados a partir da Constituição Federal de 1988.[84] O Direito Civil não perde a sua autonomia e a aplicação das suas clássicas categorias deve sempre ser a prioridade dos civilistas.

Não se olvide, obviamente, de que essa *visão civil-constitucionalista* está longe de ser uma unanimidade, diante de críticas formuladas por parte da doutrina.

Entre os críticos, três merecem destaque. De início, Álvaro Villaça Azevedo expõe que "o legislador constituinte vem se preocupando, há algum tempo, com a inserção de matéria relativa ao Direito Civil no texto da Constituição, para dar mais força à possibilidade de regulamentação dos direitos do cidadão. Por essa razão, prefiro dizer que existe a inclusão do Direito Civil na Constituição e não dizer que exista um Direito Civil Constitucional. Tanto é assim que, no mais das vezes, a matéria civil incluída no texto constitucional exige regulamentação ordinária".[85] Na mesma linha, são as palavras de Virgílio Afonso da Silva:

> "Não são poucos os trabalhos que mencionam a existência de uma disciplina que, há poucas décadas, era desconhecida: o Direito Civil Constitucional. Com essa denominação, quer-se fazer referência, contudo, a uma variedade de ideias. Ora se fala em Direito Civil Constitucional como as normas de Direito Civil consagradas na constituição, ora a menção é feita à influência do Direito Constitucional no Direito Civil. Na primeira hipótese, estamos claramente diante de um equívoco. Normas de Direito Civil não deixam de ser normas de Direito Civil pelo simples fato de estarem consagradas pelo texto constitucional. O texto que as vincula é, neste ponto, irrelevante, pelo menos para justificar a criação de um Direito Civil Constitucional. Na segunda hipótese, falar em Direito Civil Constitucional pressupõe, a meu ver equivocadamente, que haja uma parte do Direito Civil completamente imune às influências dos princípios constitucionais e outra que seria por eles conformada. Se, ao contrário, é todo o Direito Civil que recebe essa influência, e não apenas uma parte, a ideia de um Direito Civil Constitucional perde ainda

---

[83] MOREIRA, Eduardo Ribeiro. *Neoconstitucionalismo*. A invasão da Constituição. São Paulo: Método, 2008. v. 7, p. 114.
[84] HIRONAKA, Giselda Maria Fernandes Novaes; TARTUCE, Flávio; SIMÃO, José Fernando. O Código Civil de 2002 e a Constituição Federal: 5 anos e 20 anos. In: MORAES, Alexandre de (Coord.). *Os 20 anos da Constituição da República Federativa do Brasil*. São Paulo: Atlas, 2009. p. 463-519.
[85] AZEVEDO, Álvaro Villaça. O Direito Civil na Constituição. In: MORAES, Alexandre de (Coord.). *Os 20 anos da Constituição da República Federativa do Brasil*. São Paulo: Atlas, 2008. p. 371.

mais em sentido, a não ser que a expressão Direito Civil, sem qualificativos, seja abandonada, por deixar de fazer sentido".[86]

Como terceiro e talvez mais contundente crítico, cite-se Antonio Junqueira de Azevedo, sendo certo que um dos seus últimos artigos parece ter sido escrito com o principal objetivo de afastar a tendência civil-constitucionalista.[87]

Apesar dessas críticas, pontue-se que, para que a ideia de Direito Civil Constitucional seja possível, é preciso reconhecer que muitos dos antigos princípios jurídicos ou princípios gerais de direito – que constam como formas de integração da norma jurídica no art. 4.º da Lei de Introdução às Normas do Direito Brasileiro – passaram a ter *status* constitucional, com uma posição bem alocada no Texto Maior. Assim, deixaram de ter mera função integradora, de *mecanismo de conserto da engrenagem jurídica*, para terem função coercitiva imediata, ocorrendo a transposição dos princípios gerais do direito para os princípios constitucionais fundamentais.[88]

Por tal constatação, tem razão Paulo Bonavides quando afirma que alguns princípios são as normas-chave de todo o sistema jurídico.[89] Demonstra muito bem o doutrinador a citada transposição da essência dos princípios – de princípios gerais para princípios constitucionais.[90] Nesse sentido, percebe-se que "os princípios baixaram primeiro das alturas montanhosas e metafísicas de suas primeiras formulações filosóficas para a planície da normativa do Direito Civil. Transitando daí para as Constituições, noutro passo largo, subiram ao degrau mais alto da hierarquia normativa".[91] Em razão disso, os regramentos, como a proteção da dignidade da pessoa humana, a solidariedade social e a isonomia ou igualdade substancial, têm grande aplicação prática, particularmente para o Direito Privado.

Nessa ordem de ideias, o saudoso Zeno Veloso registra que os princípios gerais de direito não se prestam somente para corrigir lacunas ou preencher vazios. Ensina que os princípios não vão ser aplicados substancialmente de forma subsidiária, assumindo o pálido papel de fontes secundárias.[92] Por isso, é preciso conferir um novo dimensionamento com relação à aplicação do art. 4.º da Lei de Introdução às Normas do Direito Brasileiro.

Pela citada transposição da natureza dos princípios, está superada a visão clássica ou tradicional que propõe que a ordem do art. 4.º da Lei de Introdução seja obedecida pelo aplicador do Direito, ou seja, que o juiz aplique, na falta

---

[86] SILVA, Virgílio Afonso da. *A constitucionalização do direito*. Os direitos fundamentais nas relações entre particulares. 1. ed. 2. tir. São Paulo: Malheiros, 2008. p. 172.
[87] AZEVEDO, Antonio Junqueira de. O direito, ontem e hoje. Crítica ao neopositivismo e insuficiência dos direitos humanos. *Novos estudos e pareceres de direito privado*. São Paulo: Saraiva, 2009. p. 3-14.
[88] HIRONAKA, Giselda Maria Fernandes Novaes; TARTUCE, Flávio; SIMÃO, José Fernando. O Código Civil de 2002 e a Constituição Federal: 5 anos e 20 anos, cit.
[89] BONAVIDES, Paulo. *Curso de Direito Constitucional*. 17. ed. São Paulo: Malheiros, 2005. p. 286.
[90] BONAVIDES, Paulo. *Curso de Direito Constitucional*, cit., p. 289.
[91] BONAVIDES, Paulo. *Curso de Direito Constitucional*, cit., p. 293.
[92] VELOSO, Zeno. *Comentários à Lei de Introdução ao Código Civil*. 2. ed. Belém: Unama, 2006. p. 105.

da lei, primeiro a analogia, segundo os costumes e terceiro os princípios gerais do direito.[93]

Por oportuno, vale dizer que o CPC/2015 encampou essa ideia de clara prioridade de aplicação dos princípios constitucionais em pelo menos dois de seus comandos. De início, merece destaque o seu art. 1.º, segundo o qual "o processo civil será ordenado, disciplinado e interpretado conforme os valores e as normas fundamentais estabelecidos na Constituição da República Federativa do Brasil, observando-se as disposições deste Código". Em continuidade, com tom mais impactante, e completando o que já estava no art. 5.º da Lei de Introdução, estabelece o seu art. 8.º que, "ao aplicar o ordenamento jurídico, o juiz atenderá aos fins sociais e às exigências do bem comum, resguardando e promovendo a dignidade da pessoa humana e observando a proporcionalidade, a razoabilidade, a legalidade, a publicidade e a eficiência".

Ora, é forçoso reconhecer que os princípios constitucionais, sobretudo aqueles elencados nos dispositivos inaugurais do Texto Maior (arts. 1.º ao 5.º da CF/1988), têm aplicação imediata, notadamente entre os particulares (*eficácia intersubjetiva*). O fundamento superior dessa aplicação consta do art. 5.º, § 1.º, da CR/1988, pelo qual "as normas definidoras dos direitos e garantias fundamentais têm aplicação imediata". Cumpre esclarecer que os direitos sociais também devem ser considerados fundamentais, como aqueles contidos nos arts. 6.º e 7.º da mesma Carta Política e Fundamental.

Essa forma de analisar os princípios relaciona-se com o reconhecimento de que as normas que protegem a pessoa humana, muitas delas consubstanciadas em princípios constitucionais, têm subsunção de plano nas relações privadas (*eficácia horizontal dos direitos fundamentais*).[94] Por todos esses caminhos, a visão do sistema é unitária, a partir do reconhecimento de diálogos entre a legislação infraconstitucional e o Texto Maior. Ademais, a pessoa humana é colocada com primazia no centro do ordenamento jurídico, surgindo mais uma vez o fenômeno da *personalização*.

Diante disso, algumas experiências de aplicação dos valores constitucionais à responsabilidade civil podem ser citadas. Para começar, é forçoso concluir que qualquer tentativa de tarifação ou tabelamento da indenização por danos morais, mesmo que por lei, é inconstitucional, por clara lesão à *cláusula geral de tutela da pessoa humana*, retirada do art. 1.º, inc. III, da CF/1988.[95]

---

[93] Nesse sentido, ver BONAVIDES, Paulo. *Curso de Direito Constitucional*, cit.; BARROSO, Lucas Abreu. Situação do art. 4.º da Lei de Introdução ao Código Civil. *Revista Brasileira de Direito Constitucional*, São Paulo, n. 5, p. 236-242, jan.-jun. 2005; VELOSO, Zeno. *Comentários à Lei de Introdução ao Código Civil*, cit.

[94] BILBAO UBILLOS, Juan María. *La eficacia de los derechos fundamentales frente a particulares*. Madrid: Centro de Estudios Políticos y Constitucionales, 1997; SARMENTO, Daniel. *Direitos fundamentais e relações privadas*. Rio de Janeiro: Lumen Juris, 2004; SARLET, Ingo Wolfgang. *A eficácia dos direitos fundamentais*. 5. ed. Porto Alegre: Livraria do Advogado, 2005.

[95] Sobre a *cláusula geral da tutela humana*, ver PERLINGIERI, Pietro. *Perfis do Direito Civil*, cit., p. 154-155; MORAES, Maria Celina Bodin de. *Danos à pessoa humana*. Uma leitura civil-constitucional dos danos morais. 1. ed. 3. tir. Rio de Janeiro: Renovar, 2007. p. 57-140.

Assim, não é recomendável sequer a estipulação de tetos pela legislação infraconstitucional para a referida indenização, o que deve ser considerado incompatível com o Texto Maior.[96] Nesse diapasão, pode-se mencionar o enunciado da Súmula n. 281 do Superior Tribunal de Justiça, segundo a qual a indenização por danos morais não estaria sujeita à tarifação prevista na Lei de Imprensa. Cabe lembrar que os arts. 49 a 57 da Lei n. 5.250, de 1967, previam indenizações que variavam entre um e vinte salários mínimos em casos de lesões que decorriam de vinculações pela imprensa A súmula existia muito antes de o Supremo Tribunal Federal declarar a não recepção pela Constituição de toda a Lei de Imprensa, o que ocorreu em maio de 2009, conforme publicações constantes do seu *Informativo* n. 544.

Como ainda será devidamente estudado nesta obra, a recente *Reforma Trabalhista*, originária da Lei n. 13.467/2017, também trouxe a malfadada tarifação do dano moral, ali denominado impropriamente e já em desatino com o Texto Maior, como dano extrapatrimonial. Como se retira do art. 223-G da CLT, ao apreciar o pedido formulado pelo reclamante da ação de reparação de danos imateriais existentes na relação de trabalho, o juízo considerará: *a)* a natureza do bem jurídico tutelado; *b)* a intensidade do sofrimento ou da humilhação; *c)* a possibilidade de superação física ou psicológica; *d)* os reflexos pessoais e sociais da ação ou da omissão; *e)* a extensão e a duração dos efeitos da ofensa; *f)* as condições em que ocorreu a ofensa ou o prejuízo moral; *g)* o grau de dolo ou culpa; *h)* a ocorrência de retratação espontânea; *i)* o esforço efetivo para minimizar a ofensa; *j)* o perdão, tácito ou expresso; *k)* a situação social e econômica das partes envolvidas; e *l)* o grau de publicidade da ofensa.

Além desses *doze critérios*, estabelece o § 1.º do mesmo comando que, se julgar procedente o pedido, o juízo fixará a indenização a ser paga, a cada um dos ofendidos, em um dos seguintes parâmetros, vedada a acumulação: *a)* ofensa de natureza leve, até três vezes o último salário contratual do ofendido; *b)* ofensa de natureza média, até cinco vezes o último salário contratual do ofendido; *c)* ofensa de natureza grave, até vinte vezes o último salário contratual do ofendido; e *d)* ofensa de natureza gravíssima, até cinquenta vezes o último salário contratual do ofendido (art. 223-G, § 1.º, da CLT).

Apesar de a lei falar em *parâmetros*, fica clara a opção do legislador pela tarifação. Em complemento, está estabelecido que, se o ofendido for pessoa jurídica, a indenização será fixada com observância desses mesmos parâmetros fixados, mas em relação ao salário contratual do ofensor (art. 223-G, § 2.º, da CLT). Na reincidência entre partes idênticas, o juízo poderá elevar ao dobro o valor da indenização (art. 223-G, § 3.º, da CLT).

Na prática, muitas vezes tais normas não vinham sido aplicadas pelos julgadores trabalhistas, pois distante da nossa realidade jurídica e constitucional. Além da violação da isonomia, entendo que a tarifação adotada não se coaduna com a proteção máxima dos trabalhadores, retirada do art. 7.º do Texto Maior.

---

[96] MORAES, Maria Celina Bodin de. *Danos à pessoa humana*, cit., p. 190.

Ao final, ao analisar o tema em ADIn, o Supremo Tribunal Federal concluiu pela ausência de inconstitucionalidade das previsões, mas julgou pela não obrigatoriedade de os julgadores aplicarem tais critérios (STF, ADIn 6.069, Tribunal Pleno, Rel. Min. Gilmar Mendes, 18.08.2023). Voltarei ao assunto em momentos oportunos.

Feitas tais considerações, que ainda serão estudadas pontualmente ao longo desta obra, outra tentativa de aplicação dos valores constitucionais à responsabilidade civil refere-se à discussão relativa à imprescritibilidade das demandas de tutela da personalidade, com aplicação da tese pela qual os direitos da personalidade são imprescritíveis. Ressalte-se que na jurisprudência brasileira surgem casos de extensão desse entendimento às ações de indenização por danos morais ou extrapatrimoniais.

Nesse contexto, merecem destaque as demandas reparatórias reputadas imprescritíveis diante de torturas praticadas no período militar, sendo mencionada nas ementas a proteção da dignidade humana constante do art. 1.º, inc. III, da Constituição (por todos: STJ, REsp 1.002.009/PE, 2.ª Turma, Rel. Min. Humberto Martins, j. 12.02.2008, *DJ* 21.02.2008, p. 58; REsp 845.228/RJ, 1.ª Turma, Rel. Min. Luiz Fux, j. 23.10.2007, *DJ* 18.02.2008, p. 25; REsp 816.209/RJ, 1.ª Turma, Rel. Min. Luiz Fux, j. 10.04.2007, *DJ* 03.09.2007, p. 124; REsp 462.840/PR, 2.ª Turma, Rel. Min. Franciulli Netto, j. 02.09.2004, *DJ* 13.12.2004, p. 283; REsp 449.000/PE, 2.ª Turma, Rel. Min. Franciulli Netto, j. 05.06.2003, *DJ* 30.06.2003, p. 195; REsp 379.414/PR, Rel. Min. José Delgado, *DJ* 17.02.2003). Em 2021, a questão se consolidou no STJ de tal forma que foi editada a sua Súmula 647: "são imprescritíveis as ações indenizatórias por danos morais e materiais decorrentes de atos de perseguição política com violação de direitos fundamentais ocorridos durante o regime militar".

Não se pode negar que essas aplicações têm relação direta com a citada *personalização do Direito Privado*, pela qual a pessoa humana ganha novos dimensionamentos, como sujeito de máxima prioridade de proteção pelo ordenamento jurídico. Há, nesse contexto, uma compatibilidade com a *responsabilidade pressuposta*, que traz uma preocupação maior com a vítima do dano, conforme se verá posteriormente.

Por fim, o mecanismo da *ponderação de princípios, direitos e valores constitucionais* é de grande relevo para a solução das problemáticas atuais relativas à responsabilidade privada. Esse relevante artifício de lógica jurídica igualmente pode ser associado à visão civil-constitucional do sistema, pois é a partir da Constituição Federal que são resolvidos problemas essencialmente privados.

A sistematização da ideia de pesagem remonta ao estudo de Robert Alexy, professor da Universidade de Kiel, Alemanha, traduzido no Brasil por Virgílio Afonso da Silva, professor titular da Faculdade de Direito da Universidade de São Paulo.[97] Parece-me que foram as lições do jurista tedesco que influenciaram a elaboração do dispositivo inserido no Código de Processo Civil de 2015. De toda sorte, vale lembrar que Alexy trata em sua obra da ponderação de direitos fundamentais.

---

[97] ALEXY, Robert. *Teoria dos direitos fundamentais*. Tradução de Virgílio Afonso da Silva. São Paulo: Malheiros, 2008.

A ponderação constante do CPC/2015, denominada *ponderação à brasileira*, é mais ampla, cuidando de normas. Conforme o § 2.º do art. 489 do Estatuto Processual emergente, "no caso de colisão entre normas, o juiz deve justificar o objeto e os critérios gerais da ponderação efetuada, enunciando as razões que autorizam a interferência na norma afastada e as premissas fáticas que fundamentam a conclusão".

Tratando dessa inserção no vigente Código de Processo Civil, demonstram Fredie Didier Jr., Rafael Alexandria de Oliveira e Paula Sarno Barbosa a insuficiência de a ponderação ser utilizada apenas para resolver conflitos de direitos fundamentais. Segundo os autores, citando a posição de Humberto Ávila:

> "A ponderação não é exclusividade dos princípios: as regras também podem conviver abstratamente, mas colidir concretamente; as regras podem ter seu conteúdo preliminar no sentido superado por razões contrárias; as regras podem conter hipóteses normativas semanticamente abertas (conceitos legais indeterminados); as regras admitem formas argumentativas como a analogia. Em todas essas hipóteses, entende Ávila, é necessário lançar mão da ponderação. (...). Por outro lado, Ávila entende que nem mesmo o sopesamento é exclusivo dos princípios; as regras também possuem uma dimensão de peso. Prova disso seriam os métodos de aplicação que relacionam, ampliam ou restringem o seu sentido em função dos valores e fins a que elas visavam resguardar. A dimensão de peso não é algo inato à norma, mas uma qualidade das razões e dos fins a que ela se refere e que é atribuída a partir de um juízo valorativo do aplicador".[98]

Vale lembrar que o Professor Fredie Didier Jr. teve atuação destacada na elaboração do então projeto do Novo CPC quando da sua tramitação na Câmara dos Deputados, sendo ele um dos entusiastas e incentivadores da introdução desse mecanismo no Estatuto Processual emergente.

Ao demonstrar a importância da construção da ponderação, Luís Roberto Barroso compara a *subsunção* – incidência direta da norma – a um quadro geométrico com três cores distintas e bem nítidas. A *ponderação*, nessa mesma simbologia, será uma pintura moderna, "com inúmeras cores sobrepostas, algumas se destacando mais do que as outras, mas formando uma unidade estética".[99] Entretanto, o jurista faz um alerta: "Ah, sim: a ponderação malfeita pode ser tão ruim quanto algumas peças de arte moderna".[100]

Em sua obra, visando à ponderação, Alexy parte de algumas premissas tidas como básicas para que a pesagem ou o sopesamento entre os princípios seja possível, e que, repise-se, parecem ter sido adotadas pela Norma Instrumental Brasileira vigente.

---

[98] DIDIER JR., Fredie; OLIVEIRA, Rafael Alexandria de; BRAGA, Paula Sarno. *Curso de Direito Processual Civil*. 10. ed. Salvador: JusPodivm, 2015. v. 2. p. 325.
[99] BARROSO, Luís Roberto. *Curso de Direito Constitucional contemporâneo*. Os conceitos fundamentais e a construção do novo modelo. Rio de Janeiro: Renovar, 2009. p. 334.
[100] BARROSO, Luís Roberto. *Curso de Direito Constitucional contemporâneo*, cit., p. 334.

Como *primeira premissa*, o doutrinador alemão traz o entendimento de que os direitos fundamentais têm, na maioria das vezes, a estrutura de princípios, sendo *mandamentos de otimização* "caracterizados por poderem ser satisfeitos em graus variados e pelo fato de que a medida devida de sua satisfação não depende somente das possibilidades fáticas, mas também das possibilidades jurídicas".[101]

Em seguida, como *segunda premissa*, é reconhecido que, em um sistema em que há o comprometimento com valores constitucionais, pode ser frequente a ocorrência de colisões entre os princípios, o que, invariavelmente, acarretará restrições recíprocas entre os valores tutelados. Consigne-se que, de acordo com o jurista germânico, a colisão entre regras e princípios é distinta, uma vez que, no primeiro caso, uma das regras deve ser retirada obrigatoriamente do sistema, o que não ocorre no segundo.[102] Por isso, nas últimas hipóteses pode-se falar em relativização de princípios ou mesmo em direitos fundamentais, conquanto princípios com peso maior devem prevalecer sobre princípios com peso menor.

Presente o conflito entre princípios, sem que qualquer um deles seja retirado do sistema, como *terceira premissa*, o aplicador do Direito deve fazer uso da *técnica de ponderação*. Em tal sopesamento, na presença da lei de colisão, os princípios são numerados por $P1$ e $P2$; C são as condições de procedência de um princípio sobre o outro, enquanto $T1$, $T2$, $T3$ são os fatores fáticos que influenciam a colisão e a conclusão.[103] A aplicação da ponderação nada mais é do que a solução do caso concreto de acordo com a máxima da proporcionalidade.[104]

Encerrando, a *quarta e última premissa* é a de que a pesagem deve ser fundamentada, calcada em uma argumentação jurídica com solidez e objetividade, para não ser arbitrária e irracional. Para tanto, deve ser bem clara e definida a fundamentação de *enunciados de preferências* com relação a determinado valor constitucional.[105]

Para explicar a ponderação, Alexy relata o *caso Lebach*. A emissora alemã ZDF tinha a intenção de exibir documentário intitulado *O assassinato de soldados em Lebach*, que contava a história do assassinato de quatro soldados alemães que faziam sentinela em um depósito, o que culminou com o roubo de munição do exército alemão, incidente ocorrido em 1969. Um dos condenados pelo crime estava prestes a ser solto às vésperas da veiculação do programa televisivo, no qual era citado nominalmente. Então, ele ingressou com medida cautelar para que o programa não fosse exibido, pois haveria uma clara afronta ao seu direito fundamental à imagem. O Tribunal Estadual na Alemanha rejeitou o pedido do autor da demanda para a não exibição do documentário, o que foi confirmado pelo Tribunal Superior Estadual, diante da liberdade de informar e do interesse coletivo quanto ao conteúdo do documentário.[106]

---

[101] ALEXY, Robert. *Teoria dos direitos fundamentais*, cit., p. 91.
[102] ALEXY, Robert. *Teoria dos direitos fundamentais*, cit., p. 92-93.
[103] ALEXY, Robert. *Teoria dos direitos fundamentais*, cit., p. 94-99.
[104] ALEXY, Robert. *Teoria dos direitos fundamentais*, cit., p. 117.
[105] ALEXY, Robert. *Teoria dos direitos fundamentais*, cit., p. 166-176.
[106] ALEXY, Robert. *Teoria dos direitos fundamentais*, cit., p. 100.

A questão chegou até a Suprema Corte alemã, que a resolveu a partir da ponderação de princípios constitucionais. A argumentação do julgamento foi dividida em três etapas, as quais são dispostas a seguir.

Na primeira delas, foi demonstrada a colisão entre o direito à imagem ou à personalidade (*P1*) e a liberdade de informar (*P2*), dois valores constitucionalmente tutelados e de mesmo nível. A prevalência de *P1* levaria à proibição do programa, enquanto a prevalência de *P2*, à sua exibição. Na segunda etapa, o julgamento conclui inicialmente pela prevalência de *P2* sobre *P1*, em uma relação de procedência, diante dos interesses coletivos à solução de crimes. Contudo, na terceira etapa, há a conclusão pela prevalência de *P1*, no sentido de que o documentário não deveria ser exibido. Dois fatores fáticos substanciais acabaram por influenciar o sopesamento: a) não haveria mais um interesse atual pela notícia do crime; b) haveria um risco para a ressocialização do autor da demanda.[107]

No Brasil, ponderação similar como a descrita no *caso Lebach* foi realizada pelo Tribunal de Justiça de São Paulo, em caso que envolvia a apresentadora de televisão Daniella Cicarelli, flagrada em relações íntimas com o namorado em uma praia da Espanha, tendo as imagens reproduzidas no YouTube, *site* especializado em vídeos mantido pela Google. O Tribunal, em demanda inibitória de tutela da personalidade proposta por ambos, acabou concluindo pela não exibição das imagens, de forma definitiva. Vejamos a ementa desse paradigmático julgamento:

"Ação inibitória fundada em violação do direito à imagem, privacidade e intimidade de pessoas fotografadas e filmadas em posições amorosas em areia e mar espanhóis – Esfera íntima que goza de proteção absoluta, ainda que um dos personagens tenha alguma notoriedade, por não se tolerar invasão de intimidades [cenas de sexo] de artista ou apresentadora de TV – Inexistência de interesse público para se manter a ofensa aos direitos individuais fundamentais (arts. 1.º, III, e 5.º, V e X, da CF) – Manutenção da tutela antecipada expedida no Agravo de Instrumento 472.738-4 e confirmada no julgamento do Agravo de Instrumento 488.184-4/3 – Provimento para fazer cessar a divulgação dos filmes e fotografias em *websites*, por não ter ocorrido consentimento para a publicação – Interpretação dos arts. 461 do CPC e 12 e 21 do CC, preservada a multa diária de R$ 250.000,00, para inibir transgressão ao comando de abstenção" (TJSP, Apelação Cível 556.090.4/4-00/SP, 4.ª Câmara de Direito Privado, Rel. Enio Zuliani, j. 12.06.2008, Data de Registro: 17.07.2008).

Obviamente, outras questões, inclusive aquelas relacionadas às reparações dos danos, foram discutidas em outras demandas. Seja como for, a situação fática do caso coloca em xeque o tão criticado art. 20 do Código Civil, dispositivo este que não pode deixar de lado os valores constitucionais, caso do direito à informação e à liberdade de imprensa.[108]

---

[107] ALEXY, Robert. *Teoria dos direitos fundamentais*, cit., p. 101-102.
[108] Críticas contundentes ao comando legal podem ser observadas em: TEPEDINO, Gustavo; BARBOZA, Heloísa Helena; MORAES, Maria Celina Bodin de. *Código Civil interpretado*. Rio de Janeiro: Renovar, 2004. v. I, p. 49-58.

A redação desse polêmico dispositivo material é a seguinte: "Salvo se autorizadas, ou se necessárias à administração da justiça ou à manutenção da ordem pública, a divulgação de escritos, a transmissão da palavra, ou a publicação, a exposição ou a utilização da imagem de uma pessoa poderão ser proibidas, a seu requerimento e sem prejuízo da indenização que couber, se lhe atingirem a honra, a boa fama ou a respeitabilidade, ou se se destinarem a fins comerciais. Parágrafo único. Em se tratando de morto ou de ausente, são partes legítimas para requerer essa proteção o cônjuge, os ascendentes ou os descendentes".

Como se percebe, o art. 20 do CC/2002 traz expressamente apenas duas exceções expressas para a utilização da imagem alheia, sem autorização: *a)* quando a pessoa ou o fato interessar à administração da justiça, como no caso de solução de crimes; *b)* quando a pessoa ou o fato interessar à ordem pública, expressão genérica e aberta que merece preenchimento casuístico.

Ora, como salienta a atenta doutrina, deve-se fazer a devida ponderação dos valores em jogo, não se olvidando da função social do uso de imagem, ou seja, o fato de que a informação pode ter uma finalidade coletiva.

A propósito, tentando *iluminar as trevas* relativas à tutela da imagem, na *IV Jornada de Direito Civil* do Conselho da Justiça Federal e do Superior Tribunal de Justiça foi aprovado o Enunciado n. 279, com a seguinte redação: "Art. 20. A proteção à imagem deve ser ponderada com outros interesses constitucionalmente tutelados, especialmente em face do direito de amplo acesso à informação e da liberdade de imprensa. Em caso de colisão, levar-se-á em conta a notoriedade do retratado e dos fatos abordados, bem como a veracidade destes e, ainda, as características de sua utilização (comercial, informativa, biográfica), privilegiando-se medidas que não restrinjam a divulgação de informações". Vale lembrar que os enunciados aprovados nas *Jornadas de Direito Civil* constituem hoje a principal *ponte de diálogo* entre a doutrina e a jurisprudência, no âmbito do direito material. Tanto isso é verdade que acabaram orientando metodologicamente a Comissão de Juristas nomeada no âmbito do Senado Federal para a Reforma do Código Civil.

A ponderação não é simples e demanda a análise de vários critérios, dependendo das circunstâncias fáticas e dos direitos e normas envolvidos, como realmente deve ser. Vários julgados superiores enfrentam esse problema de ponderar a *tutela da imagem e da intimidade* x *o direito à liberdade de imprensa e à informação*. Parece-me não existir um caminho para encontrar a solução melhor em tais dilemas que não seja a ponderação. Para ilustrar, em um primeiro aresto, concluiu o Superior Tribunal de Justiça, em decisão publicada no seu *Informativo* n. 396, em julgado que merece destaque:

> "Há, na questão, um conflito de direitos constitucionalmente assegurados. A Constituição Federal assegura a todos a liberdade de pensamento (art. 5.º, IV), bem como a livre manifestação desse pensamento (art. 5.º, IX) e o acesso à informação (art. 5.º, XIV). Esses direitos salvaguardam a atividade da recorrente. No entanto, são invocados pelo recorrido os direitos à reputação, à honra e à imagem, assim como o direito à indenização pelos danos morais e materiais que lhe sejam causados (art. 5.º, X). Para a solução do conflito,

cabe ao legislador e ao aplicador da lei buscar o ponto de equilíbrio no qual os dois princípios mencionados possam conviver, exercendo verdadeira função harmonizadora. (...) Na hipótese, constata-se que a reportagem da recorrente, para sustentar essa sua afirmação, trouxe ao ar elementos importantes, como o depoimento de fontes fidedignas, a saber: a prova testemunhal de quem foi à autoridade policial formalizar notícia-crime e a opinião de um procurador da República. Ademais, os autos revelam que o próprio repórter fez-se passar por agente interessado nos benefícios da atividade ilícita, obtendo gravações que efetivamente demonstravam a existência de engenho fraudatório. Não se tratava, portanto, de um mexerico, fofoca ou boato que, negligentemente, divulgava-se em cadeia nacional. Acresça-se a isso que o próprio recorrido revela que uma de suas empresas foi objeto de busca e apreensão. Ao público, foram dadas as duas versões do fato: a do acusador e a do suspeito. Os elementos que cercaram a reportagem também mostravam que havia fatos a serem investigados. O processo de divulgação de informações satisfaz o verdadeiro interesse público, devendo ser célere e eficaz, razão pela qual não se coaduna com rigorismos próprios de um procedimento judicial. Desse modo, vê-se claramente que a recorrente atuou com a diligência devida, não extrapolando os limites impostos à liberdade de informação. A suspeita que recaía sobre o recorrido, por mais dolorosa que lhe seja, de fato, existia e era, à época, fidedigna. Se hoje já não pesam sobre o recorrido essas suspeitas, isso não faz com que o passado se altere. Pensar de modo contrário seria impor indenização a todo veículo de imprensa que divulgue investigação ou ação penal que, ao final, mostre-se improcedente. Por esses motivos, deve-se concluir que a conduta da recorrente foi lícita, não havendo violação dos arts. 186 e 927 do CC/2002. (...)" (STJ, REsp 984.803/ES, Rel. Min. Nancy Andrighi, j. 26.05.2009).

Em outro acórdão exemplar, com base na doutrina de Anderson Schreiber,[109] o mesmo Superior Tribunal de Justiça aduziu os critérios que devem ser levados em conta para a correta ponderação nos casos envolvendo a imprensa e a divulgação de informações:

"O Ministro Relator, com base na doutrina, consignou que, para verificação da gravidade do dano sofrido pela pessoa cuja imagem é utilizada sem autorização prévia, devem ser analisados: (i) o grau de consciência do retratado em relação à possibilidade de captação da sua imagem no contexto da imagem do qual foi extraída; (ii) o grau de identificação do retratado na imagem veiculada; (iii) a amplitude da exposição do retratado; e (iv) a natureza e o grau de repercussão do meio pelo qual se dá a divulgação. De outra parte, o direito de informar deve ser garantido, observando os seguintes parâmetros: (i) o grau de utilidade para o público do fato informado por meio da imagem; (ii) o grau de atualidade da imagem; (iii) o grau de necessidade da veiculação da imagem para informar o fato; e (iv) o grau de preservação do contexto originário do qual a imagem foi colhida" (REsp 794.586/RJ, Rel. Min. Raul Araújo, j. 15.03.2012, *Informativo* n. 493 do STJ).

---

[109] SCHREIBER, Anderson. *Direitos da personalidade*. São Paulo: Atlas, 2011. p. 103.

A propósito desse problema e de outros que podem surgir, tem-se colocado em xeque a incidência do art. 20 do Código Civil nos últimos anos, pois o conteúdo da norma tem implicado verdadeira censura, notadamente de obras biográficas de figuras históricas e que despertam o interesse coletivo.

Tanto isso é verdade é que o projeto de Reforma do Código Civil propõe a mudança do seu texto, sobretudo para que passe a expressar, em um novo § 2.º que "as medidas de prevenção e de reparação de danos das pessoas que, voluntariamente, expuserem a sua imagem ou privacidade em público, inclusive em ambiente virtual, com relação a danos ou possíveis danos causados por outrem, deverão ser sopesadas levando-se em conta os limites e a amplitude da publicação, os direitos à informação e os de crítica". Ao lado dessa projeção, há proposição de se incluir expressamente na codificação privada a técnica de ponderação, em diálogo com o CPC/2015, nos termos de um novo § 3.º do seu art. 11: "a aplicação dos direitos da personalidade deve ser feita à luz das circunstâncias e exigências do caso concreto, aplicando-se a técnica da ponderação de interesses, nos termos exigidos pelo art. 489, § 2.º, da Lei n. 13.105, de 16 de março de 2015 (Código de Processo Civil)".

A par dessa realidade, antes da imperiosa alteração legislativa, foi proposta uma ação direta de inconstitucionalidade perante o Supremo Tribunal Federal contra o referido dispositivo, pela Associação Nacional dos Editores de Livros (ADIn 4.815, intentada em julho de 2012).

O pedido da ação era no sentido de ser reconhecida a inconstitucionalidade parcial dos arts. 20 e 21 do CC/2002, sem redução de texto, "para que, mediante interpretação conforme a Constituição, seja afastada do ordenamento jurídico brasileiro a necessidade do consentimento da pessoa biografada e, *a fortiori*, das pessoas retratadas como coadjuvantes (ou de seus familiares, em caso de pessoas falecidas) para a publicação ou veiculação de obras biográficas, literárias ou audiovisuais, elaboradas a respeito de pessoas públicas ou envolvidas em acontecimentos de interesse coletivo". A petição inicial foi acompanhada de parecer muito bem construído pelo Professor Gustavo Tepedino.

Corretamente, no início de junho de 2015, o Supremo Tribunal Federal, com unanimidade, julgou procedente a referida ação, prestigiando a liberdade de expressão e afastando a censura prévia das biografias não autorizadas no Brasil. Vejamos trecho da decisão final da relatora, Ministra Cármen Lúcia:

> "Pelo exposto, julgo procedente a presente ação direta de inconstitucionalidade para dar interpretação conforme à Constituição aos arts. 20 e 21 do Código Civil, sem redução de texto, para, *a)* em consonância com os direitos fundamentais à liberdade de pensamento e de sua expressão, de criação artística, produção científica, declarar inexigível o consentimento de pessoa biografada relativamente a obras biográficas literárias ou audiovisuais, sendo por igual desnecessária autorização de pessoas retratadas como coadjuvantes (ou de seus familiares, em caso de pessoas falecidas); *b)* reafirmar o direito à inviolabilidade da intimidade, da privacidade, da honra e da imagem da pessoa, nos termos do inc. X do art. 5.º da Constituição da República, cuja transgressão haverá de se reparar mediante indenização".

Em suma, julgou-se pela impossibilidade da censura prévia das obras, devendo os excessos ser resolvidos a partir do conceito de abuso de direito e da correspondente responsabilização civil do agente causador do dano (arts. 187 e 927 do Código Civil). Em outras palavras, a análise a respeito das biografias deve ser sempre *a posteriori*, e não *a priori*.

Além da precisa relatoria, merecem destaque as anotações do Ministro Luís Roberto Barroso, amparando suas conclusões na técnica de ponderação. Conforme suas lições, "a ponderação é uma forma de estruturar o raciocínio jurídico. Há diferentes modos de trabalhar com ela. Do modo como eu opero a ponderação, ela se desenvolve em três etapas: *a)* na primeira, verificam-se as normas que postulam incidência ao caso; *b)* na segunda, selecionam-se os fatos relevantes; *c)* e, por fim, testam-se as soluções possíveis para verificar, em concreto, qual delas melhor realiza a vontade constitucional. Idealmente, a ponderação deve procurar fazer concessões recíprocas, preservando o máximo possível dos direitos em disputa".

Ao tratar dos arts. 20 e 21 do Código Civil, leciona o Ministro Barroso que afirmar a liberdade da expressão como preponderante em relação à intimidade decorre de três razões. A primeira razão é que "o passado condena. A história da liberdade de expressão no Brasil é uma história acidentada. A censura vem de longe: ao divulgar a Carta de Pero Vaz de Caminha, certidão de nascimento do País, o Padre Manuel Aires do Casal cortou vários trechos que considerou 'indecorosos'".

Como segunda razão, destaca o jurista que "a liberdade de expressão é pressuposto para o exercício dos outros direitos fundamentais. Os direitos políticos, a possibilidade de participar no debate público, reunir-se, associar-se e o próprio desenvolvimento da personalidade humana dependem da livre circulação de fatos, informações e opiniões. Sem liberdade de expressão e de informação, não há cidadania plena, não há autonomia privada nem autonomia pública".

Por fim, a terceira razão está relacionada ao fato de ser a liberdade de expressão "indispensável para o conhecimento da história, para o progresso social e para o aprendizado das novas gerações". Com isso, felizmente, as biografias não autorizadas passam a ser possíveis no Brasil, não se admitindo mais a sua censura prévia.

Como bem demonstrou o Ministro Barroso, citando exemplos concretos: "eu aqui lembro que esses dispositivos do Código Civil que aqui deveremos fulminar não são apenas inconstitucionais em tese. Eles têm causado danos reais à cultura nacional e aos legítimos interesses de autores e editores de livros. Os exemplos de interferência judicial na divulgação de biografias são inúmeros: (i) Ruy Castro, 'Estrela Solitária: um brasileiro chamado Garrincha'; (ii) Paulo César Araújo, 'Roberto Carlos em Detalhes'; (iii) Alaor Barbosa dos Santos, 'Sinfonia de Minas Gerais – a vida e a literatura de João Guimarães Rosa'; (iv) Toninho Vaz, 'O Bandido que Sabia Latim'; (v) Eduardo Ohata, 'Anderson Spider Silva – o relato de um campeão nos ringues da vida'; (vi) Pedro de Morais, 'Lampião – O Mata Sete'".

No tocante à responsabilidade civil, a ponderação também serve para solucionar a hipótese fática envolvendo o paciente médico baleado e que se nega à intervenção cirúrgica por convicções religiosas, no exemplo antes citado. A questão coloca em jogo, de um lado, o direito à vida (art. 1.º, inc. III, da CF/1988) e, de outro, o direito às convicções religiosas, diante da proteção da liberdade de crença prevista no Texto Maior (art. 5.º, inc. VI).

Conforme alguns julgados, de correta ponderação, deve prevalecer o primeiro sobre o segundo, com a rejeição da demanda indenizatória proposta pelo paciente que sobreviveu graças ao médico que o salvou e ao hospital. Concluindo por esse caminho, no sentido de que proteção da vida prevalece sobre as convicções religiosas:

> "Indenizatória. Reparação de danos. Testemunha de Jeová. Recebimento de transfusão de sangue quando de sua internação. Convicções religiosas que não podem prevalecer perante o bem maior tutelado pela Constituição Federal que é a vida. Conduta dos médicos, por outro lado, que se pautou dentro da Lei e ética profissional, posto que somente efetuaram as transfusões sanguíneas após esgotados todos os tratamentos alternativos. Inexistência, ademais, de recusa expressa a receber transfusão de sangue quando da internação da autora. Ressarcimento, por outro lado, de despesas efetuadas com exames médicos, entre outras, que não merece acolhida, posto não terem sido os valores despendidos pela apelante. Recurso não provido" (TJSP, Acórdão 123.430-4/Sorocaba, 3.ª Câmara de Direito Privado, Rel. Des. Flavio Pinheiro, j. 07.05.2002).

De qualquer modo, a questão não é pacífica, eis que alguns doutrinadores concluem de forma diversa pela prevalência das convicções religiosas. Nessa linha, entende Anderson Schreiber que é "intolerável, portanto, que uma Testemunha de Jeová seja compelida, contra a sua livre manifestação de vontade, a receber transfusão de sangue, com base na pretensa superioridade do direito à vida sobre a liberdade de crença. Note-se que a priorização da vida representa, ela própria, uma 'crença', apenas que da parte do médico, guiado, em sua conduta, por um entendimento que não deriva das normas jurídicas, mas das suas próprias convicções científicas e filosóficas. (...). A vontade do paciente deve ser respeitada, porque assim determina a tutela da dignidade humana, valor fundamental do ordenamento jurídico brasileiro".[110]

Adotando, ainda, o entendimento pela prevalência da vontade do paciente por convicções religiosas, na *V Jornada de Direito Civil* foi aprovado o seguinte enunciado doutrinário (Enunciado n. 403): "O direito à inviolabilidade de consciência e de crença, previsto no art. 5.º, VI, da Constituição Federal, aplica-se também à pessoa que se nega a tratamento médico, inclusive transfusão de sangue, com ou sem risco de morte, em razão do tratamento ou da falta dele, desde que observados os seguintes critérios: *a)* capacidade civil plena, excluído o suprimento pelo representante ou assistente; *b)* manifestação de vontade livre,

---

[110] SCHREIBER, Anderson. *Direitos da Personalidade*. São Paulo: Atlas, 2011. p. 52.

consciente e informada; e *c)* oposição que diga respeito exclusivamente à própria pessoa do declarante".

Com o devido respeito, não estou filiado ao entendimento do enunciado doutrinário nos casos de emergência médica, pois as convicções religiosas manifestadas pela autonomia privada não podem prevalecer sobre a vida e a integridade física nos casos extremos, de paciente sob risco de morte.

A propósito, em 2019, o Conselho Federal de Medicina editou a Resolução n. 2.232, que trata de normas éticas para a recusa terapêutica por pacientes e objeção de consciência na relação médico-paciente. Conforme seus dispositivos iniciais, a recusa terapêutica é, nos termos da legislação vigente e na forma da própria norma administrativa, um direito do paciente a ser respeitado pelo médico, desde que este o informe dos riscos e das consequências previsíveis de sua decisão.

Sendo assim, está assegurado ao paciente maior de idade, capaz, lúcido, orientado e consciente, no momento da decisão, o direito de recusa à terapêutica proposta em tratamento eletivo, de acordo com a legislação vigente. O médico, diante da recusa terapêutica do paciente, pode propor outro tratamento, quando disponível.

Porém, o art. 3.º da Resolução n. 2.232/2019 faz a ressalva a respeito das situações de emergência, assim como defendi. Conforme o seu teor, "em situações de risco relevante à saúde, o médico não deve aceitar a recusa terapêutica de paciente menor de idade ou de adulto que não esteja no pleno uso de suas faculdades mentais, independentemente de estarem representados ou assistidos por terceiros". De fato, essas hipóteses emergenciais merecem uma análise diferente em relação aos tratamentos eletivos, sendo possível, nos últimos, o uso de tratamentos alternativos, inclusive por convicções pessoais ou religiosas.

Como últimas palavras sobre o assunto, pontue-se que o tema chegou ao Supremo Tribunal Federal, mediante provocação do Ministério Público Federal, e a Corte Máxima, em breve, deve se pronunciar sobre o assunto. O julgamento se dará nos autos do Recurso Extraordinário 1.212.272/AL, em sede de repercussão geral, como reconhecido em outubro de 2019, estando pendente de julgamento.

Trata-se do seu Tema n. 1.069, que abordou sobre o "direito de autodeterminação dos testemunhas de Jeová de submeterem-se a tratamento médico realizado sem transfusão de sangue, em razão da sua consciência religiosa", com a relatoria do Ministro Gilmar Mendes. Em síntese, no que concerne ao tema, a ideia de *ponderação, pesagem* ou *sopesamento* é relevante para questões que envolvem colisão de direitos ou de princípios no âmbito privado.

Como tenho percebido em minha atividade consultiva prática, especialmente na elaboração de pareceres e na atuação arbitral, muitas das demandas contratuais da atualidade envolvem conflitos entre a função social do contrato, a boa-fé objetiva, a autonomia privada, a força obrigatória da convenção e outros regramentos negociais. São casos de difícil solução, que não podem ser resolvidos com a incidência de apenas uma regra. Em situações como essa, não há outro caminho que não seja o bom uso da técnica da ponderação.

Aliás, como solucionar o caso retirado da ementa a seguir, do Superior Tribunal de Justiça, por outro caminho que não seja o uso da técnica de ponderação?

> "Indenização. Danos materiais e morais. Exame involuntário. Trata-se, na origem, de ação de reparação por danos materiais e compensação por danos morais contra hospital no qual o autor, recorrente, alegou que preposto do recorrido, de forma negligente, realizou exame não solicitado, qual seja, anti-HIV, com resultado positivo, o que causou enorme dano, tanto material quanto moral, com manifesta violação da sua intimidade. A Turma, ao prosseguir o julgamento, por maioria, entendeu que, sob o prisma individual, o direito de o indivíduo não saber que é portador de HIV (caso se entenda que este seja um direito seu, decorrente da sua intimidade) sucumbe, é suplantado por um direito maior, qual seja, o direito à vida longeva e saudável. Esse direito somente se revelou possível ao autor da ação com a informação, involuntária é verdade, sobre o seu real estado de saúde. Logo, mesmo que o indivíduo não queira ter conhecimento da enfermidade que o acomete, a informação correta e sigilosa sobre o seu estado de saúde dada pelo hospital ou laboratório, ainda que de forma involuntária, tal como no caso, não tem o condão de afrontar sua intimidade, na medida em que lhe proporciona a proteção de um direito maior. Assim, a Turma, por maioria, negou provimento ao recurso" (REsp 1.195.995/SP, Rel. originária Min. Nancy Andrighi, Rel. para acórdão Min. Massami Uyeda, j. 22.03.2011).

Como se nota, o acórdão coloca em pauta o que já vem sendo chamado de *o direito de não saber*. Conforme leciona Lucas Miotto Lopes, "o direito de não saber é um direito distinto do direito à privacidade e só tem efeitos caso haja a manifestação expressa de preferência. Tem limites na probabilidade da violação de direitos de outras pessoas".[111] Esse limite foi aplicado ao caso exposto, pois o fato de o demandante não saber ser portador do vírus HIV poderia trazer prejuízos a terceiros. Por isso, o seu pedido reparatório em face do laboratório que fez o exame de sangue de maneira equivocada foi corretamente rejeitado, com o uso da técnica de ponderação.

O julgado é emblemático e, guardadas as devidas proporções, penso que há certa similaridade com alguns problemas que enfrentamos recentemente, relativos à pandemia de Covid-19, especialmente nas situações concretas de pessoas que se negaram a fazer testagens, mesmo sabendo estarem com os vírus, e não cumpriram com as regras de isolamento ou de distanciamento social.

Voltando-se ao estudo da ponderação, em complemento, anote-se que algumas codificações materiais privadas optaram por prever expressamente a possibilidade de colisão de direitos, como o fez o Código Civil português, em seu art. 335.º. De acordo com esse comando legal, havendo colisão entre direitos iguais ou da mesma espécie, devem os titulares ceder, na medida do necessário,

---

[111] LOPES, Lucas Miotto. EU não quero saber! Uma defesa do direito de não saber como independente do direito à privacidade. *Revista Direito, Estado e Sociedade*, Rio de Janeiro: PUCRJ, n. 45, p. 82-97, jul.-dez. 2014.

para que todos os direitos produzam, igualmente, os seus efeitos, sem maior detrimento para qualquer uma das partes. Caso sejam os direitos desiguais ou de espécie diferente, deve prevalecer o considerado hierarquicamente superior. Seguiu o mesmo caminho o Código de Processo Civil brasileiro de 2015, o que fez com que o artifício seja incrementado nos próximos anos. Na mesma linha, como antes pontuei, almeja-se a inclusão da técnica da ponderação no processo de Reforma do Código Civil.

Alerte-se, contudo, que a técnica da ponderação é criticada por alguns juristas, caso de Lenio Luiz Streck, conforme suas colunas publicadas no informativo *Consultor Jurídico*. Em um de seus mais destacados textos, argumenta o respeitado jurista o seguinte:

> "Surpreende, portanto, que o novo CPC incorpore algo que não deu certo. Pior: não satisfeito em falar da ponderação, foi mais longe na tropelia epistêmica: fala em colisão entre normas (seria um abalroamento hermenêutico?), o que vai trazer maiores problemas ainda, pela simples razão de que, na linguagem jurídica, regras e princípios são... normas. E são. Já ninguém duvida disso. Logo, o que vai haver de 'ponderação de regras' não tem limite. Ou seja, sem exageros, penso que o legislador cometeu um equívoco. Ou as tais 'normas-que-entram-em-colisão' seriam os tais 'postulados', 'metanormas' pelas quais se faz qualquer coisa com o direito? Isso tem nome: risco de estado de natureza hermenêutico, eis o espectro que ronda, no mau sentido, o direito brasileiro".[112]

E arremata, propondo o veto ao comando pela então Presidente da República, o que não ocorreu: "quem disse que a ponderação (seja lá o que o legislador quis dizer com essa expressão) é necessária? Por exemplo, é possível demonstrar que essa história de colisão não passa de um álibi retórico para exercer a escolha arbitrária. Posso demonstrar que onde se diz existir uma 'tal' colisão, na verdade o que existe é apenas um artifício para exercitar uma 'livre escolha'. Jusfilósofos como Juan Garcia Amado ironizam essa 'manobra pseudoargumentativa' que é lançar mão da ponderação. O caso Elwanger é um bom exemplo, em que nada havia a 'ponderar' (o melhor texto sobre isso é de Marcelo Cattoni): bastava aplicar a lei que dizia que racismo é crime hediondo. Na verdade, posso demonstrar que o argumento da 'colisão' sempre chega atrasado. Sempre".[113]

Com o devido respeito, entendo que, em tal aspecto, a crítica não se sustenta. Começando pelo final do texto de Lenio Luiz Streck, a ponderação é sim necessária para resolver os casos de difícil solução, como os que aqui foram mencionados. Como solucionar o dilema entre a liberdade de imprensa e a imagem? Aplicando pura e simplesmente o art. 20 do Código Civil? Ora, isso conduziria à censura, a uma solução inconstitucional.

---

[112] STRECK, Lenio Luiz. Ponderação de normas no Novo CPC? É o caos. Presidente Dilma, por favor, veta!. Coluna Senso Incomum. *Consultor Jurídico*, 8 jan. 2015. Disponível em: <http://www.conjur.com.br/2015-jan-08/senso-incomum-ponderacao-normas-cpc-caos-dilma-favor-veta>. Acesso em: 24 jan. 2015.

[113] STRECK, Lenio Luiz. Ponderação de normas no Novo CPC? É o caos. Presidente Dilma, por favor, veta!, cit.

Em reforço, não acredito que a ponderação seja um ato de livre escolha. Essa é a *má ponderação*, conforme o alerta do Ministro Luís Roberto Barroso, aqui antes exposto. Nos termos do que consta do CPC/2015, seguindo as lições de Alexy, a *boa ponderação* sempre deve ser fundamentada e utilizada em casos excepcionais, quando a lei não traz a correta solução. A experiência com a sua aplicação, na minha opinião, tem sido bem-sucedida, sendo necessário incluí-la também no Código Civil.

Por fim, o aumento de poder do julgador parece-me saudável, em determinadas situações, como as aqui analisadas. Isso tem sido incrementado pelas legislações contemporâneas não só no Brasil, como na Europa, baseado em conceitos abertos, conceitos legais indeterminados e cláusulas gerais. O próprio Código de Processo Civil de 2015 confirma essa tendência.

O legislador reconhece que não pode prever tudo, resolver tudo, e atribui um pouco de seu poder ao julgador. Qual sistema jurídico seria melhor do que esse? Aquele pautado na estrita legalidade? Ora, o *legalismo* não vingou, está superado. É o momento de abrir os sistemas jurídicos. Por que não confiar nos julgadores, deixando a fé somente no legislador?

Deve ficar claro que todos esses mecanismos descritos são considerados fundamentais para a solução dos numerosos casos que envolvem a responsabilidade civil na pós-modernidade.

A *visão interdisciplinar*, o *diálogo das fontes* e o *Direito Civil Constitucional* viabilizam a análise do sistema como um todo, substituindo-se uma interpretação insular por uma interpretação sistemática do ordenamento.[114]

A partir da personalização do Direito Privado, da aplicação dos princípios constitucionais que protegem o indivíduo e da técnica da ponderação, concretiza-se a proteção da pessoa humana, nos termos da cláusula geral de tutela prevista no art. 1.º, III, da CF/1988.

Os citados mecanismos jurídicos, próprios da Teoria Geral do Direito Civil Contemporâneo, que visualizam a *construção unitária do ordenamento jurídico*, fundamentais à pós-modernidade, guiarão o presente estudo sobre a responsabilidade civil.[115]

3. CONCEITO E CLASSIFICAÇÃO DA RESPONSABILIDADE CIVIL QUANTO À ORIGEM E A SUPERAÇÃO DA DICOTOMIA *RESPONSABILIDADE CONTRATUAL E EXTRACONTRATUAL*

Como outro tema fundamental para este capítulo introdutório, é preciso abordar o conceito e a classificação da responsabilidade civil em contratual e extracontratual e sua eventual superação na contemporaneidade.

---

[114] HIRONAKA, Giselda Maria Fernandes Novaes; TARTUCE, Flávio; SIMÃO, José Fernando. O Código Civil de 2002 e a Constituição Federal: 5 anos e 20 anos, cit., p. 463.

[115] Sobre tal construção unitária, ver: TEPEDINO, Gustavo. Normas constitucionais e Direito Civil na construção unitária do ordenamento, cit., p. 309.

Iniciando-se pelo conceito de responsabilidade civil, sigo, há tempos, a definição apresentada por Álvaro Villaça Azevedo, para quem essa está presente quando "o devedor deixa de cumprir um preceito estabelecido num contrato, ou deixa de observar o sistema normativo, que regulamenta a vida. A responsabilidade civil nada mais é do que o dever de indenizar o dano".[116]

Entre os clássicos, é igualmente muito difundida a definição de Caio Mário da Silva Pereira, para quem "a responsabilidade civil consiste na efetivação da reparabilidade abstrata do dano em relação a um sujeito passivo da relação jurídica que se forma. Reparação e sujeito passivo compõem o binômio da responsabilidade civil, que então se enuncia como o princípio que subordina a reparação à sua incidência na pessoa do causador do dano".[117]

Entre os contemporâneos, destaco duas definições. A primeira é do Desembargador do Tribunal do Rio de Janeiro, Marco Aurélio Bezerra de Melo, segundo o qual o que fundamenta o instituto é o dever de reparar o dano. E arremata: "podemos definir a responsabilidade civil como a obrigação patrimonial de reparar o dano material ou compensar o dano moral causado ao ofendido pela inobservância por parte do ofensor de um dever jurídico legal ou convencional".[118] O segundo conceito contemporâneo a se relevar é o de Pablo Stolze Gagliano e Rodolfo Pamplona Filho, para quem a responsabilidade civil "deriva da agressão a um interesse eminentemente particular, sujeitando, assim, o infrator ao pagamento de uma compensação pecuniária à vítima, caso não possa repor *in natura* o estado anterior de coisas".[119]

De minha parte, pontuo que, além de ser um instituto jurídico, originário do dever de reparar o dano, seja ele patrimonial ou extrapatrimonial, decorrente da violação de um dever jurídico, legal ou contratual, a responsabilidade civil representa um Livro do Direito Privado e do próprio Código Civil brasileiro. No caso da codificação material de 2002, o tema está tratado em três dispositivos da sua Parte Geral (arts. 186, 187 e 188), de um capítulo da Parte Especial (arts. 927 a 954), além de outros dispositivos que incidem no tema, como aqueles relativos ao inadimplemento obrigacional (arts. 389 a 420).

Assim, como se extrai de todos os conceitos expostos, desde os primórdios do Direito Romano, convencionou-se classificar a responsabilidade civil, quanto à origem, em contratual ou negocial e extracontratual ou *aquiliana*, apesar das já mencionadas impropriedades de utilização do último termo. A própria origem da palavra "responsabilidade", decorrente do verbo latino *respondere*, de *spondeo*, nasceu de uma obrigação primitiva e de natureza contratual, pela qual o devedor se vinculava ao credor nos contratos verbais. Expõe o Professor Villaça que o termo tem origem em um jogo de perguntas e respostas que eram feitas

---

[116] AZEVEDO, Álvaro Villaça. *Teoria geral das obrigações*. Responsabilidade civil, 10. ed., cit., p. 276.
[117] PEREIRA, Caio Mário da Silva. *Responsabilidade civil*, cit., p. 11.
[118] MELO, Marco Aurélio Bezerra de. *Curso de Direito Civil*. Responsabilidade civil. São Paulo: Atlas, 2015. v. 4, p. 2.
[119] GAGLIANO, Pablo Stolze; PAMPLONA FILHO, Rodolfo. *Novo curso de Direito Civil*. 14. ed. São Paulo: Saraiva, 2016. v. III, p. 55.

quando da constituição dos negócios "spondesne mihi dare Centum? Spondeo" (Prometes me dar um cento? Prometo).[120]

Essa divisão, consagradora de um *modelo dualista ou binário*, acabou por influenciar a elaboração das codificações privadas modernas. O Código Civil francês, por exemplo, traz a responsabilidade civil delitual ou extracontratual entre os seus arts. 1.382 e 1.386, enquanto a responsabilidade contratual está nos arts. 1.146 a 1.155, no capítulo que trata dos danos e dos interesses decorrentes do descumprimento da obrigação.

Entre as codificações mais atuais, o Código Civil italiano, de 1942, também consagra a *divisio*, em seu *Livro IV*, que regula as obrigações. A responsabilidade civil extracontratual, por fatos ilícitos, está prevista entre os arts. 2.043 e 2.059. Por outra via, a responsabilidade contratual, decorrente do inadimplemento obrigacional, tem os efeitos descritos nos arts. 1.218 a 1.229.

De modo semelhante fez o Código Civil português, de 1966, eis que a responsabilidade por fatos ilícitos e pelo risco consta dos arts. 483.º a 510.º, ao passo que a decorrente do não cumprimento das obrigações está entre os arts. 790.º a 836.º. De qualquer forma, já há uma tentativa de unificação na legislação portuguesa, pela previsão da *obrigação de indemnização*, entre os arts. 562.º e 572.º. De acordo com as lições de Antunes Varela, os trabalhos preparatórios da então nova legislação civil portuguesa colocaram em relevo os pontos de congruência entre os dois tipos de responsabilidade, o que culminou com a elaboração dos citados dispositivos, em um tratamento legal em conjunto no tocante às consequências da responsabilidade.[121]

As codificações brasileiras foram pensadas na mesma esteira dessa *partilha metodológica*, adotando o citado sistema dualista. No Código Civil de 1916, a responsabilidade extracontratual, a obrigação por atos ilícitos, constava entre os arts. 1.518 e 1.553; a responsabilidade contratual, as consequências da inexecução das obrigações, nos arts. 1.056 a 1.058, completados pelos dispositivos relativos às perdas e danos (arts. 1.059 a 1.061) e aos juros legais (arts. 1.062 a 1.064). Isso sem falar no tratamento da cláusula penal, decorrência natural do inadimplemento, que era matéria dos comandos anteriores (arts. 916 a 927). Além da divisão, o conceito estruturante de ato ilícito estava disposto no art. 159 do Código de 1916.

Na codificação brasileira de 2002, mais bem organizada, repise-se que o *Título IX* do *Livro das Obrigações* foi intitulado como "*Da responsabilidade civil*", tratando, a princípio, da responsabilidade extracontratual (arts. 927 a 954), uma vez que o seu dispositivo inaugural faz menção ao ato ilícito (art. 186) e ao abuso de direito (art. 187). De outro modo, a responsabilidade contratual, decorrente do *inadimplemento das obrigações*, consta dos arts. 389 a 420 do CC/2002. Nesse ponto, mais bem sistematizado do que o seu antecessor, o Código de 2002 trata do inadimplemento absoluto, com disposições gerais (arts. 389 a 393); do

---

[120] AZEVEDO, Álvaro Villaça. *Teoria geral das obrigações*. Responsabilidade civil, 10. ed., cit., p. 273.
[121] ANTUNES VARELA, João de Matos. *Das obrigações em geral*. 10. ed. 3. reimpr. Coimbra: Coimbra Editora, 2005. v. I, p. 877.

inadimplemento relativo ou mora (arts. 394 a 401); das perdas e danos (arts. 402 a 405); dos juros legais (arts. 406 e 407); da cláusula penal (arts. 408 a 416); e das arras ou sinal (arts. 417 a 420), encerrando a teoria geral das obrigações.

Após, segue a teoria geral dos contratos, com tratamento entre os arts. 421 a 480. Na Parte Geral, assim como o Código anterior, há o conceito de ato ilícito (art. 186), ao lado do de abuso de direito (art. 187), categorias básicas da responsabilidade civil extracontratual. Há, ainda, uma norma complementar que elenca os atos que não podem ser considerados como ilícitos (art. 188). Toda essa estrutura é mantida com a Reforma do Código Civil que, como tenho destacado, não representa a elaboração de um Novo Código, como alguns tentam sustentar, até com o objetivo de *sabotar* o processo de atualização.

Pois bem, a grande dúvida que surge é se os conceitos de ato ilícito e de abuso de direito servem apenas para a responsabilidade extracontratual ou se do mesmo modo podem ser utilizados para a responsabilidade contratual. Nesse passo, a questão incide diretamente na discussão acerca da dicotomia adotada no título da presente seção.

Como bem afirma Fernando Noronha, a divisão da responsabilidade civil em extracontratual e contratual reflete "um tempo do passado", uma vez que os princípios e os regramentos básicos que regem as duas supostas modalidades de responsabilidade civil são exatamente idênticos.[122] Em sentido muito próximo, leciona Judith Martins-Costa que há um grande questionamento acerca dessa distinção, "pois não resiste à constatação de que, na moderna sociedade de massas, ambas têm, a rigor, uma mesma fonte, o 'contato social', e obedecem aos mesmos princípios, nascendo de um mesmo fato, qual seja, a violação de dever jurídico preexistente".[123] Diante disso, vejamos o porquê da plena razão desses entendimentos doutrinários.

É comum afirmar que a responsabilidade civil contratual ou negocial está baseada nos arts. 389, 390 e 391 do Código Civil em vigor. O primeiro dispositivo evocado trata da responsabilidade civil pelas obrigações positivas, ou seja, do inadimplemento das obrigações de dar e de fazer. O comando legal equivale ao clássico art. 1.056 do Código Civil de 1916, com algumas alterações de redação, particularmente com a inclusão de outras consequências do inadimplemento.

O art. 390, por sua vez, dispõe sobre o inadimplemento das obrigações negativas, que no caso da legislação brasileira englobam apenas as obrigações de não fazer. Prevê a norma que "nas obrigações negativas o devedor é havido por inadimplente desde o dia em que executou o ato de que se devia abster".

Em suma, nota-se que, na obrigação positiva, o descumprimento se dá quando o ato não é praticado; já na obrigação negativa, o inadimplemento ocorre quando o ato é praticado. Como consequências também do descumprimento das obrigações negativas, aplica-se a regra geral do art. 389 do CC/2002, ou

---

[122] NORONHA, Fernando. *Direito das obrigações*. São Paulo: Saraiva, 2003. v. 1, p. 432-433.
[123] MARTINS-COSTA, Judith. Do inadimplemento das obrigações. In: TEIXEIRA, Sálvio de Figueiredo (Coord.). *Comentários ao novo Código Civil*. Rio de Janeiro: Forense, 2003. v. V, t. II, p. 97.

seja, o devedor inadimplente responde por perdas e danos, mais juros, correção monetária e honorários do advogado.

Encerrando o tratamento do inadimplemento das obrigações, enuncia o art. 391 do atual Código Civil que "pelo inadimplemento das obrigações respondem todos os bens do devedor". Trata-se de uma novidade na codificação, a consagrar o que se denomina *princípio da responsabilidade patrimonial* ou *princípio da imputação civil dos danos*. O princípio remonta à *Lex Poetelia Papiria* do Direito Romano, do ano de 326 a.C., que substitui o sistema de pena corporal pela pena patrimonial.

O dispositivo traz, contudo, uma imprecisão técnica, ao mencionar que pelo inadimplemento das obrigações respondem *todos* os bens do devedor.[124] Em verdade, deve ser feita a ressalva de que alguns bens são protegidos, como é o caso dos bens impenhoráveis, mencionados no art. 833 do CPC/2015; equivalente ao art. 649 do CPC/1973. A proteção dos bens impenhoráveis já havia sido ressalvada pelo art. 591 do Estatuto Processual anterior, confirmado pelo art. 789 do CPC em vigor, *in verbis*: "o devedor responde com todos os seus bens presentes e futuros para o cumprimento de suas obrigações, salvo as restrições estabelecidas em lei". O projeto de Reforma do Código Civil pretende corrigir esses problemas, passando a norma a prever o seguinte: "Art. 391. Pelo inadimplemento das obrigações, respondem todos os bens do devedor, suscetíveis de penhora".

Como se percebe, ao tratar da responsabilidade contratual não há qualquer previsão a respeito do conceito de ato ilícito contratual, razão pela qual é forçoso concluir, no atual sistema vigente, que podem ser adotadas as fórmulas estabelecidas nos arts. 186 – para o ato ilícito puro ou padrão – e 187, ambos do Código Civil – para o ato ilícito equiparado ou abuso de direito.[125]

Essa parece ser a melhor conclusão, até porque foi adotado o modelo culposo para os fins da responsabilidade civil contratual ou negocial, pelo que consta do art. 392 do Código Privado, dispositivo que ainda será aqui abordado. Eis uma primeira viabilidade quanto à superação da aludida dicotomia. Conforme demonstra Ricardo Luis Lorenzetti, o conceito de ilicitude possui uma unidade sistemática, eis que a antijuridicidade é pressuposto aplicável no âmbito contratual ou extracontratual, público ou privado.[126]

Para essa primeira hipótese de viabilidade da superação do modelo dualista, revelando uma teoria tida como *monista ou unitária*, passou a contribuir

---

[124] Conforme observado por: LÔBO, Paulo Luiz Netto. *Teoria geral das obrigações*. São Paulo: Saraiva, 2005. p. 262; TEPEDINO, Gustavo; SCHREIBER, Anderson. Direito das obrigações. In: AZEVEDO, Álvaro Villaça (Coord.). *Código Civil comentado*. São Paulo: Atlas, 2008. v. IV, p. 349.

[125] Nesse sentido, na doutrina nacional: MARTINS-COSTA, Judith. Do inadimplemento das obrigações, cit., p. 126-127; SILVA, Jorge Cesa Ferreira da. Inadimplemento das obrigações. In: REALE, Miguel; MARTINS-COSTA, Judith (Coord.). *Biblioteca de Direito Civil*. Estudos em homenagem ao Professor Miguel Reale. São Paulo: RT, 2007. p. 53-54; BRAGA NETTO, Felipe Peixoto. *Teoria dos ilícitos civis*. Belo Horizonte: Del Rey, 2003. p. 110-111. No Direito português, Almeida Costa vislumbra uma proximidade conceitual entre os sistemas de ilícito contratual e extracontratual (ALMEIDA COSTA, Mário Júlio de. *Direito das obrigações*. 10. ed. Coimbra: Almedina, 2006. p. 562).

[126] LORENZETTI, Ricardo Luis. *Teoria da decisão judicial*. Fundamentos de direito, cit., p. 48.

sobremaneira com o conceito de abuso de direito constante do art. 187 do Código Civil brasileiro, dispositivo que vem merecendo a correta aplicação na seara contratual no que concerne à autonomia privada.[127]

Destaque-se, no âmbito jurisprudencial trabalhista, a sua comum aplicação em sede de contrato de trabalho, visando impedir os abusos cometidos por empregadores diante dos trabalhadores, assunto que também será nesta obra tratado. A contribuir para essa possibilidade estão as cláusulas gerais mencionadas no dispositivo civil, ou seja, as previsões quanto aos fins sociais, aos fins econômicos, à boa-fé e aos bons costumes, construções que se aplicam diretamente aos contratos, com destaque para a indeterminação legal relativa ao fim social (função social) e à boa-fé, aqui de natureza objetiva.

Outra contribuição que pode ser mencionada para a superação da dicotomia *responsabilidade civil contratual* x *responsabilidade civil extracontratual* refere-se ao tratamento unificado que o Código Civil brasileiro traz a respeito do dano, na trilha do Código Civil de Portugal.

De início, os arts. 402 a 404 da codificação privada tipificam os conceitos de danos emergentes e lucros cessantes que, em sede de danos patrimoniais, servem tanto para a responsabilidade civil contratual quanto para a extracontratual. Os danos emergentes ou danos positivos são tidos como o que a pessoa efetivamente perdeu; os lucros cessantes ou danos negativos, o que razoavelmente deixou de lucrar.

No mesmo sentido, o "dano exclusivamente moral" mencionado no art. 186 do Código Civil também pode ser utilizado como fundamento em casos envolvendo o descumprimento de um contrato. Ressalte-se ainda, no último caso, que é possível usar o artifício constitucional, pela incidência dos incs. V e X do art. 5.º da CF/1988, em uma interpretação civil-constitucional do ordenamento jurídico.

Ainda no que concerne ao dano, os arts. 944 a 954 do Código Civil, dispositivos que tratam da indenização, parecem ter plena subsunção tanto aos casos de responsabilidade contratual quanto aos de extracontratual. Aqui é clara a inspiração portuguesa, nos já mencionados arts. 562.º a 572.º da codificação dos patrícios. No caso brasileiro, cite-se, por exemplo, o art. 952 do Código Civil, que trata do esbulho e da usurpação da coisa alheia. O dispositivo tem incidência tanto nos casos de responsabilidade civil extracontratual – como na situação de roubo de um bem alheio – quanto nos de responsabilidade civil contratual – por exemplo, o esbulho que tem origem em um contrato de comodato.

O mesmo deve ser dito com relação aos arts. 944 e 945 do CC/2002, que fixam parâmetros para a atribuição do *quantum debeatur*, do valor da indenização, tendo em vista o grau de culpa do agente e da vítima, bem como a contribuição causal da última.

---

[127] CARVALHO NETO, Inácio de. *Abuso do direito*. 4. ed. Curitiba: Juruá, 2006. p. 217-223; BOULOS, Daniel M. *Abuso do direito no novo Código Civil*. São Paulo: Método, 2004. p. 243-259. Ainda mais especificamente: PINHEIRO, Rosalice Fidalgo. *O abuso do direito e as relações contratuais*. Rio de Janeiro: Renovar, 2002. A última obra é fruto de dissertação de mestrado defendida na Universidade Federal do Paraná, sob a orientação do professor José Antônio Peres Gediel.

Por fim, cumpre relevar, de igual modo para a revisão do *modelo dualista*, o tratamento constante de leis brasileiras contemporâneas. De início, o Código de Defesa do Consumidor não trouxe uma regulamentação discriminada quanto às duas modalidades de responsabilidade civil. Entre os seus arts. 12 e 17 constam a previsão da responsabilidade pelo fato do produto e do serviço; nos arts. 18 a 25, a responsabilidade pelo vício do produto e do serviço, normas que incidem tanto na responsabilidade negocial como na não negocial.[128] Anote-se o tratamento dado pelo Código Consumerista ao consumidor equiparado ou *bystander*, que pode fazer uso da norma mais benéfica como se fosse consumidor-padrão ou *stander*. Essa previsão consta dos arts. 17 e 29 da Lei n. 8.078/1990, dispositivos com grande amplitude prática, como vem reconhecendo a jurisprudência nacional.

Do mesmo modo, a Lei Anticorrupção (Lei n. 12.846/2013) consagra a responsabilidade civil objetiva das pessoas jurídicas pelos atos lesivos previstos em seu conteúdo, não importando se o ilícito praticado ocorreu no âmbito de um contrato ou fora dele.

De qualquer maneira, apesar dessas tentativas, a unificação ainda está longe de ser efetivada plenamente no Direito Brasileiro, não obstante já serem perceptíveis alguns passos relevantes para tanto. Alguns exemplos estruturais servem para tal demonstração.

Marcelo Junqueira Calixto, por exemplo, expõe os seguintes, a manter a *summa divisio: a)* a origem romana da regra pela qual a responsabilidade civil existe mesmo nos casos de culpa levíssima (*in lege Aquilia et levissima culpa venit*) somente se aplicaria à responsabilidade extracontratual, e não à contratual; *b)* a divisão da obrigação em obrigação de meio e resultado somente teria relevância na responsabilidade contratual; *c)* as cláusulas de exoneração da responsabilidade civil ou cláusulas de não indenizar somente se aplicariam à responsabilidade contratual, e não à extracontratual.[129]

A esses argumentos somem-se outros. De início, pode ser mencionado o tratamento diferenciado da responsabilidade solidária. A solidariedade contratual ou negocial consta, em tom genérico, dos arts. 264 a 266 do Código Civil, merecendo destaque o art. 265 da codificação, pelo qual a solidariedade não se presume e decorre de lei ou da vontade das partes. Já a solidariedade extracontratual está tratada no art. 942 do Código, o qual dispõe que: "Os bens do responsável pela ofensa ou violação do direito de outrem ficam sujeitos à reparação do dano causado; e, se a ofensa tiver mais de um autor, todos responderão solidariamente pela reparação. Parágrafo único. São solidariamente responsáveis com os autores os coautores e as pessoas designadas no art. 932".

Evoca-se, em reforço, o tratamento dos juros moratórios, particularmente quanto ao início de sua contagem. Os juros de mora decorrentes da respon-

---

[128] Conforme lecionam, entre outros: CALIXTO, Marcelo Junqueira. *A culpa na responsabilidade civil*. Estrutura e função. Rio de Janeiro: Renovar, 2009. p. 81; MARQUES, Claudia Lima; BENJAMIN, Antonio Herman; MIRAGEM, Bruno. *Comentários ao Código de Defesa do Consumidor*, cit., p. 258-259; SANSEVERINO, Paulo de Tarso Vieira. *Responsabilidade civil no Código do Consumidor e a defesa do fornecedor*. 2. ed. São Paulo: Saraiva, 2007.
[129] CALIXTO, Marcelo Junqueira. *A culpa na responsabilidade civil*. Estrutura e função, cit., p. 77-78.

sabilidade contratual têm previsão de contagem no art. 405 do Código Civil, iniciando-se, em regra, a partir da citação inicial processual (no caso de mora *ex persona*). No entanto, os juros decorrentes da responsabilidade extracontratual têm início a partir da prática do evento danoso, conforme a interpretação do art. 398 do Código Civil pela Súmula n. 54 do Superior Tribunal de Justiça. Tais assuntos serão aprofundados e mais bem explicados em capítulo próprio deste livro.

Nesse contexto, como se vê, ainda há razões doutrinárias e categoriais para se apontar a divisão da responsabilidade civil em contratual e extracontratual. Tanto isso é verdade que, repise-se, o projeto de Reforma do Código Civil pretende manter essa divisão. Na própria Comissão de Juristas nomeada no âmbito do Senado Federal, a subcomissão de Direito das Obrigações – formada pelos Professores José Fernando Simão e Edvaldo Brito –, analisou a responsabilidade civil contratual, decorrente do inadimplemento das obrigações. Já à subcomissão de Responsabilidade Civil – composta pelo Professor Nelson Rosenvald, pela Ministra Maria Isabel Galotti e pela Juíza Patrícia Carrijo –, coube atualizar o livro específico da responsabilidade civil extracontratual.

Todavia, não se pode negar que há passos para a superação da dicotomia. A divisão da culpa em *contratual* e *aquiliana* é fator importante de discussão, que igualmente será aprofundado em outros capítulos desta obra.

4. AS FUNÇÕES DA RESPONSABILIDADE CIVIL

Para encerrar o presente capítulo, é importante tecer algumas palavras sobre as funções da responsabilidade civil, ou seja, é imperioso analisar quais são as finalidades desse instituto privado para a sociedade e a coletividade, o seu fim almejado.

Na Europa, o tema é muito bem tratado por Pier Giuseppe Monateri, membro destacado da Escola de Torino e um dos grandes expoentes da responsabilidade civil na Itália no presente momento. Tive a honra de traduzir texto de sua autoria que analisa o tema, com a Professora de italiano Giuliana Giannessi, publicado na *Revista de Direito do Consumidor*.[130]

Segundo o autor italiano, a responsabilidade civil tem muitas funções, sendo certo que "nenhuma pode, por si só, explicar a complexa estrutura das regras jurisprudenciais sobre o ilícito civil".[131] De todas as funções mencionadas, três se destacam na realidade italiana, quais sejam a *função compensatória*, a *sancionatória* e a *preventiva*.

Sobre a *primeira função*, o jurista entende que ela é relacionada à determinação de quando uma *compensação* é reputada necessária. Nesse contexto, é feita

---

[130] MONATERI, Pier Giuseppe. Natureza e finalidades da responsabilidade civil. Tradução e montagem do texto por Flávio Tartuce e Giuliana Giannessi. *Revista de Direito do Consumidor*, São Paulo: RT, ano 26, n. 112, p. 59-92, jul.-ago. 2017. O texto também está publicado na minha página no academia.edu. Disponível em: <https://www.academia.edu/36556677>. Acesso em: 15 maio 2018.

[131] MONATERI, Pier Giuseppe. Natureza e finalidades da responsabilidade civil, cit., p. 25.

pelo jurista uma associação entre a visão da transferência dos danos da vítima ao ofensor e a análise econômica do Direito, uma vez que a responsabilidade civil é concebida como um *mecanismo social para a trasladação dos custos*. Suas palavras merecem destaque:

> "Um acidente é produzido sobre uma pessoa. Isso quer dizer que aquela pessoa sofre um custo. A regra mais natural e mais econômica seria aquela de deixar os custos onde foram produzidos. Se a vítima (potencial) quer evitar os danos nos quais pode sofrer na vida social, deve ela mesma acautelar-se, tomando medidas idôneas para evitá-los: assegurando-se, investindo tempo e recursos na proteção da própria segurança, evitando certas atividades e assim sucessivamente. Desse modo, cada um decidiria o quanto considera a própria segurança. Ou, se se deixássemos os danos onde se produzem, seriam as vítimas potenciais a decidir a medida social dos investimentos em precauções e segurança. Desse modo, tais investimentos refletiriam as preferências das vítimas potenciais a respeito da sua mesma segurança. Ao invés, mediante a responsabilidade civil, nós cumprimos uma operação não natural e socialmente muito custosa, decidindo transferir os danos sofridos pela vítima sobre outro sujeito, mediante os mecanismos institucionais das Cortes de justiça e do processo civil".[132]

A função compensatória da responsabilidade civil, em suma, é associada à transmissão ou alocação dos custos relacionados ao evento danoso, da vítima para o ofensor; premissa defendida na Itália por Calabresi, entre outros precursores da análise econômica do Direito.

Dessa alocação dos custos retira-se também a *segunda função* da responsabilidade civil, segundo Monateri, qual seja a *função sancionatória*:

> "Seja que se faça referência ao parâmetro da culpa ou do dolo, seja que se faça uso de um critério de responsabilidade objetiva. Também nesse segundo caso, de fato, sanciona-se um investimento em medidas preventivas de segurança considerado inadequado. É claro, todavia, como a concessão sancionatória da responsabilidade civil perde parte do seu fundamento tradicional quando sai do âmbito da responsabilidade por culpa ou dolo. Muitos autores têm, por isso, advertido sobre um enfraquecimento de tal função, a respeito do aumento das hipóteses de responsabilidade objetiva. Também, nesse caso, seja como for, podemos pensar em sistemas mais eficientes de responsabilidade civil, onde sancionar determinados comportamentos. A decisão sobre a alocação do dano tem, na realidade, um evidente aspecto preventivo. Aliás, as regras da responsabilidade civil foram vistas como instrumentos de prevenção geral dos acidentes que tendem a manter um nível otimizado de investimentos em segurança. A imposição do gravame ressarcitório sobre um causador do dano potencial procura, de fato, ao agir de tal modo, que ele ache mais econômico adotar medidas que evite que seja chamado a ressarcir as vítimas potenciais da sua atividade. Essa visão economicista, mesmo que não se adapte a todas

---

[132] MONATERI, Pier Giuseppe. Natureza e finalidades da responsabilidade civil, cit., p. 26.

as situações, bem corresponde à realidade da grandíssima maioria de casos que recaiam no âmbito do ilícito".[133]

O jurista demonstra existirem dúvidas sobre essa função sancionatória, conducente a uma *capacidade de dissuasão da responsabilidade civil*, uma vez que se sustenta que ela não tem os citados efeitos para os crimes de violência ou para ilícitos financeiros, eis que quem pratica os atos danosos não pensa nas consequências de seus atos. E complementa, demonstrando a variação da efetividade dessa função sancionatória, dependendo do campo da responsabilidade civil em que ela atua:

> "A dissuasão apresentada pelas regras de responsabilidade civil parece desempenhar um papel importante no campo das ofensas morais à personalidade ou na utilização culposa dos meios de comunicação de massa. Mas também aqui, de vez em quando, o ressarcimento, na avaliação do dano moral sofrido pela vítima, leva em conta as possibilidades econômicas do causador do dano, isto é, por vezes, o ressarcimento é um *desincentivo*, se não propriamente uma *pena*.
>
> Porquanto se refere à grandíssima maioria dos acidentes que ocorrem, é necessário lembrar que esses são resultados de erros, os quais são, contudo, inevitáveis no cumprimento de variadas ações sociais. A respeito de tais situações, é verdade que a responsabilidade civil pode ter uma função compensatória, mas dificilmente terá, na realidade, uma função preventiva".[134]

A menção ao *desincentivo* revela a função preventiva da responsabilidade civil. No entanto, além das citadas três funções básicas, Monateri aponta uma quarta função, qual seja a *organizativa*, de "produzir uma coordenação satisfatória das ações sociais, baseada não sobre uma série de comandos centrais, mas sobre uma série de decisões descentralizadas dos vários agentes".[135]

Dessa quarta função são retirados *efeitos redistributivos*, "que se comportam como a imposição de uma taxação sobre determinada atividade, importando custos eventuais que podem ser trasladados dos causadores de danos potenciais, por meio do mercado ou de outros modos, para sujeitos diversos. As regras de responsabilidade civil distribuem entre determinados sujeitos o custo das suas atividades, e, dessa maneira, regulam, ou melhor induzem um regulamento *espontâneo*".[136]

Como se pode perceber, o jurista utiliza novamente a análise econômica do Direito para chegar às suas conclusões, o que está em voga nos últimos anos. E arremata: "é verdade que, talvez, seja necessário supracompensar a vítima, para desincentivar adequadamente o causador do dano, mas a responsabilidade civil deixaria de ter a própria função típica de regulamentação espontânea

---

[133] MONATERI, Pier Giuseppe. Natureza e finalidades da responsabilidade civil, cit., p. 28.
[134] MONATERI, Pier Giuseppe. Natureza e finalidades da responsabilidade civil, cit., p. 28-29.
[135] MONATERI, Pier Giuseppe. Natureza e finalidades da responsabilidade civil, cit., p. 29.
[136] MONATERI, Pier Giuseppe. Natureza e finalidades da responsabilidade civil, cit., p. 29.

das atividades não proibidas, se os ressarcimentos punitivos fossem admitidos indiscriminadamente e se se tornassem um instrumento dirigístico da responsabilidade civil nas mãos dos juízes, para graduar, a seu bel-prazer, as várias atividades sociais".[137]

As conclusões feitas pelo Professor de Torino vão além do que geralmente se desenvolve no Brasil. Em uma visão clássica, ainda se afirma, no Brasil, a *dupla função* da responsabilidade civil, compensatória e sancionatória.[138]

Entretanto, mesmo no Direito brasileiro podem ser encontrados autores que entendem pela tripla função. De início, cite-se a tese de doutorado do Ministro Paulo de Tarso Sanseverino, que destaca as seguintes funções: *a) compensatória,* uma vez que a reparação dos danos deve corresponder aos prejuízos suportados pela vítima; *b) indenitária,* eis que a indenização não pode ultrapassar o prejuízo suportado, o que conduziria ao enriquecimento sem causa da vítima; e *c) concretizadora,* pois deve haver uma relação de equivalência entre a indenização e os prejuízos suportados.[139]

Em trabalho oriundo de sua tese de pós-doutorado defendida na Itália – e claramente influenciado pelo Direito de lá –, Nelson Rosenvald também sustenta a *tripla função,* com uma perspectiva diferente da de Sanseverino.[140]

A primeira função é a *reparatória,* com a clássica visão de transferência dos danos do patrimônio de uma parte para outra. A segunda função é a *punitiva* – e não tão somente sancionatória –, uma vez que a responsabilidade civil funciona como uma pena civil ao ofensor, como desestímulo de comportamentos não admitidos pelo Direito. Por fim, tem-se a *função precaucional,* com o objetivo de evitar ou inibir novas práticas danosas.[141]

Também sigo essa última divisão tripartida, e apenas faço algumas adaptações diante da minha visão do tema ora em estudo. De início, a respeito da *função compensatória,* não restam dúvidas da sua presença no ordenamento jurídico brasileiro, em face da consagração do princípio da reparação integral dos danos, retirada do art. 944 do Código Civil e do art. 6.º, inc. VI, do CDC, dispositivos que serão oportunamente transcritos e estudados.

Quanto à função punitiva, prefiro falar em *função sancionatória e pedagógica.* De fato, a indenização que deriva da responsabilidade civil funciona como uma sanção para aquele que viola a regra, seja ela legal ou contratual, trazendo essa um caráter indissociável de desestímulo para novas condutas ofensivas. Como ainda será desenvolvido no Capítulo 6 desta obra, que analisa o dano, não vejo na sua reparação, notadamente nos casos de danos morais, um caráter punitivo

---

[137] MONATERI, Pier Giuseppe. Natureza e finalidades da responsabilidade civil, cit., p. 29.
[138] Como se vê, por todos, em: DINIZ, Maria Helena. *Curso de Direito Civil brasileiro.* Responsabilidade civil. 27. ed. São Paulo: Saraiva, 2013. v. 7, p. 24-25.
[139] SANSEVERINO, Paulo de Tarso. *Princípio da reparação integral.* São Paulo: Saraiva, 2011. p. 58. A divisão também é citada e seguida por: CAVALIERI FILHO, Sergio. *Programa de responsabilidade civil.* 12. ed. São Paulo: Atlas, 2015. p. 30.
[140] ROSENVALD, Nelson. *As funções da responsabilidade civil.* A reparação e a pena civil. 3. ed. São Paulo: Saraiva, 2017. p. 95.
[141] ROSENVALD, Nelson. *As funções da responsabilidade civil,* cit., p. 95.

puro. Sigo, em certa medida, a ideia da *teoria do desestímulo*, difundida no Brasil por Carlos Alberto Bittar.

Por fim, penso que também deve ser reconhecida uma *função preventiva* da responsabilidade civil para que as condutas ofensivas não sejam admitidas. Por isso, categorias que formam o instituto da responsabilidade civil devem ser fortes o bastante para a inibição de novas práticas atentatórias.

Como ainda será aqui desenvolvido, os danos suportados pela vítima devem ser sempre reparados, e efetivamente reparados. A par dessa afirmação, como norte interpretativo que guiará este livro em momentos distintos, a responsabilidade civil deve se preocupar mais com a vítima do que com o ofensor.

Diante da última afirmação, não me convence a *função organizativa da responsabilidade civil*, baseada em argumentos da análise econômica do Direito, como custos e preços. Essa última visão, com o devido respeito, parece estar mais centrada na proteção do ofensor e do mercado, tratando a vítima com um papel secundário, como mero sujeito da relação jurídica.

Não se pode esquecer, ademais, da precisa advertência feita por Nelson Rosenvald, no sentido de que, "face à prolatada plasticidade da responsabilidade civil, reconhecemos que tratar de suas funções é caminhar em terreno pantanoso, sujeito a surpresas e deslizes, pois a sociedade em que vivemos se encontra em constante ebulição. O tratadista da responsabilidade corre o risco de se desatualizar, pois as ideias perdem a validade (ou já nascem velhas!) tamanha a celeridade dos acontecimentos que se atropelam na pós-modernidade".[142] Tem ele total razão, sendo certo que, em tempos de gravíssima crise decorrente de uma pandemia mundial, as citadas funções da responsabilidade puderam até ser colocadas até em dúvida, diante de muitas incertezas concretas a respeito da imputação do dever de indenizar e do próprio pagamento das indenizações.

Como última observação para o tema das funções da responsabilidade civil, a fim de encerrar este capítulo introdutório do livro e também atualizá-lo, cabe esclarecer que toda a temática demonstrada permeou os debates para a Reforma do Código Civil, ora em trâmite no Congresso Nacional.

Pois bem, em 24 de agosto de 2023, o Presidente do Senado Federal, Rodrigo Pacheco, nomeou e formou uma Comissão de Juristas para empreender os trabalhos de reforma e de atualização do Código Civil de 2002. Como se sabe, o projeto que gerou a atual codificação privada é da década de 1970, estando desatualizada em vários aspectos, sobretudo em questões relativas ao Direito de Empresa, ao Direito de Família, ao Direito das Sucessões e diante das novas tecnologias. Voltou-se a afirmar, com muita força, que o atual Código Civil "já nasceu velho".

A comissão teve a Presidência do Ministro Luis Felipe Salomão e a Vice-Presidência do Ministro Marco Aurélio Bellizze, ambos do Superior Tribunal de Justiça. Tive a honra de atuar como relator da comissão, ao lado da Professora

---

[142] ROSENVALD, Nelson. *As funções da responsabilidade civil*, cit., p. 95-96.

Rosa Maria Andrade Nery. O prazo para o desenvolvimento dos trabalhos foi de cento e oitenta dias, com a entrega do texto final em abril de 2024.

Foram formados nove grupos de trabalho, de acordo com os livros respectivos do Código Civil e também com a necessidade de inclusão de um capítulo específico sobre Direito Digital. As composições das subcomissões, com os respectivos sub-relatores, merecem ser aqui destacadas, pois em várias delas o tema da responsabilidade civil acabou sendo debatido, direta ou indiretamente.

Na Parte Geral, Professor Rodrigo Mudrovitsch (relator), Ministro João Otávio de Noronha, Professora Estela Aranha e Juiz Rogério Marrone Castro Sampaio. Em Direito das Obrigações, como antes pontuado, Professor José Fernando Simão (relator) e Professor Edvaldo Brito. Em Responsabilidade Civil, Professor Nelson Rosenvald (relator), Ministra Maria Isabel Gallotti e Juíza Patrícia Carrijo. Quanto ao Direito dos Contratos, Professor Carlos Eduardo Elias de Oliveira (relator), Professora Angelica Carlini, Professora Claudia Lima Marques e Professor Carlos Eduardo Pianovski. Em Direito das Coisas, Desembargador Marco Aurélio Bezerra de Melo (relator), Professor Carlos Vieira Fernandes, Professora Maria Cristina Santiago e Desembargador Marcelo Milagres. Em Direito de Família, Juiz Pablo Stolze Gagliano (relator), Ministro Marco Buzzi, Desembargadora Maria Berenice Dias e Professor Rolf Madaleno. No Direito das Sucessões, Professor Mario Luiz Delgado (relator), Ministro Cesar Asfor Rocha, Professora Giselda Maria Fernandes Novaes Hironaka e Professor Gustavo Tepedino. Para o Livro Especial do Direito Digital, Professora Laura Porto (relatora), Professora Laura Mendes e Professor Ricardo Campos. Por fim, para o Direito de Empresa, Professora Paula Andrea Forgioni (relatora), Professor Marcus Vinicius Furtado Coêlho, Professor Flavio Galdino, Desembargador Moacyr Lobato e Juiz Daniel Carnio.

No ano de 2023, foram realizadas três audiências públicas, em São Paulo (OABSP, em 23 de outubro), em Porto Alegre (Tribunal de Justiça do Rio Grande do Sul, em 20 de novembro) e em Salvador (Tribunal de Justiça da Bahia, em 7 de dezembro). Além da exposição de especialistas e debates ocorridos nesses eventos, muitos outros seminários jurídicos foram realizados em reuniões de cada subcomissão. Foram também abertos canais para envio de sugestões pelo Senado Federal e oficiados mais de quatrocentos institutos e instituições jurídicas; com a resposta de centenas delas.

Após um intenso trabalho no âmbito de cada grupo, em dezembro de 2023 foram consolidados os textos dos dispositivos sugeridos, enviados para revisão dos relatores gerais. Em abril de 2024, ocorreram os debates entre todos os membros da comissão, votação dos textos e sua elaboração final, com a entrega e envio ao Presidente do Senado no dia 17 daquele mês.

Pois bem, a subcomissão de Responsabilidade Civil chegou a propor um dispositivo expresso a respeito das funções da responsabilidade civil, que passaria a expor o seguinte: "Art. 926-A. As disposições deste Título são aplicáveis às funções preventiva, punitiva e reparatória de danos".

Todavia, houve discordância dos Relatores Gerais e também de muitos membros da Comissão de Juristas, o que geraria a não aprovação do texto; diante de sua perigosa abrangência e pelo fato de que a afirmação dessas funções cabe à doutrina e à jurisprudência; e não ao legislador.

Diante dessa realidade, em emenda de consenso, elaborada entre a citada subcomissão e a Relatoria Geral, o texto foi retirado da proposta. Contudo, foi incluído um dispositivo tratando da função preventiva da responsabilidade civil, ampliando o sentido do que já está previsto no art. 12 do Código Civil, para os direitos da personalidade.

Assim, nos termos do projetado art. 927-A, *caput*, "todo aquele que crie situação de risco, ou seja responsável por conter os danos que dela advenham, obriga-se a tomar as providências para evitá-los". Sobre a utilização de medidas preventivas, em boa hora, o seu § 1.º preverá que "toda pessoa tem o dever de adotar, de boa-fé e de acordo com as circunstâncias, medidas ao seu alcance para evitar a ocorrência de danos previsíveis que lhe seriam imputáveis, mitigar a sua extensão e não agravar o dano, caso este já tenha ocorrido".

Seguindo, com o fim de premiar essa conduta preventiva, há proposição no sentido de que "aquele que, em potencial estado de necessidade e sem dar causa à situação de risco, evita ou atenua suas consequências, tem direito a ser reembolsado das despesas que efetuou, desde que se revelem absolutamente urgentes e necessárias, e seu desembolso tenha sido providenciado pela forma menos gravosa para o patrimônio do responsável" (§ 2.º).

Ademais, insere-se previsão necessária a respeito da tutela preventiva do ilícito, enunciando-se na norma que, sem prejuízo do previsto na legislação especial, caso do CDC, que ela "é destinada a inibir a prática, a reiteração, a continuação ou o agravamento de uma ação ou omissão contrária ao direito, independentemente da concorrência do dano, ou da existência de culpa ou dolo. Verificado o ilícito, pode ainda o interessado pleitear a remoção de suas consequências e a indenização pelos danos causados". Por fim, o § 4.º do novo art. 927-A preceituará que "para a tutela preventiva dos direitos são admissíveis todas as espécies de ações e de medidas processuais capazes de propiciar a sua adequada e efetiva proteção, observando-se os critérios da menor restrição possível e os meios mais adequados para garantir a sua eficácia".

Como constou da exposição de motivos elaborada pela subcomissão de Responsabilidade Civil, foi mantido no projeto "a primazia da função reparatória de danos da responsabilidade civil e do princípio da reparação integral (art. 947). Todavia, na sociedade contemporânea – plural e complexa –, danos não mais ostentam um perfil meramente individual e patrimonial, porém, manifestam-se como metaindividuais, extrapatrimoniais e, por vezes, anônimos e irreparáveis. Para evitar que prevaleça a aplicação jurisprudencial desordenada de respostas aos novos desafios que não são solucionados pela função compensatória, consideramos a necessidade de adequar a responsabilidade civil aos mais avançados ordenamentos, para que seja compreendida como um sistema de gestão de riscos e de restauração de um equilíbrio injustamente rompido. Assim, para além de uma contenção de danos, há a necessidade de uma contenção de comportamentos antijurídicos, mediante a introdução das funções preventiva (art. 927-A) e pedagógica (§ 3.º, art. 944-A) com seguros parâmetros de aplicação para a moderação de poderes judiciais, contrabalançados por uma função promocional aos agentes econômicos que investirem em governança e *accountability*".

Como se pode notar, a função pedagógica – e não punitiva – foi incluída no novo art. 944-A do CC, especificamente para os danos extrapatrimoniais, tema que voltarei a tratar em outros capítulos desta obra.

DOS CONCEITOS ESTRUTURANTES DA RESPONSABILIDADE CIVIL. ATO ILÍCITO E ABUSO DE DIREITO

Sumário: 1. Do ato ilícito civil tratado pelo art. 186 do Código Civil – 2. Do abuso de direito previsto no art. 187 do Código Civil: 2.1. O abuso no exercício da propriedade ou ato emulativo (*aemulatio*); 2.2. Abuso de direito e imprensa. O abuso do direito de informar; 2.3. O abuso no processo; 2.4. O abuso de direito e o Direito de Família; 2.5. A publicidade abusiva como abuso de direito; 2.6. O abuso de direito no âmbito trabalhista; 2.7. O *spam* e abuso de direito.

1. DO ATO ILÍCITO CIVIL TRATADO PELO ART. 186 DO CÓDIGO CIVIL

Conforme desenvolvido no capítulo anterior deste livro, a responsabilidade civil, no Código Civil de 2002, está estribada em dois conceitos estruturais, tratados em sua Parte Geral, quais sejam o ato ilícito (art. 186) e o abuso de direito (art. 187). De acordo com o ali exposto, ambas as categorias têm incidência não somente na responsabilidade contratual, mas também na extracontratual, o que aqui deve ser reafirmado.

Confrontando-se essa *estrutura binária* com o modelo unitário de antijuridicidade do Código Civil de 1916, constata-se que a codificação anterior previa expressamente apenas o conceito de ilícito civil, no seu art. 159. Alguns clássicos autores retiravam do então art. 160 do CC/1916 a ideia de abuso de direito, caso, por exemplo, de Clóvis Beviláqua.[1] No entanto, a verdade é que

---

[1] BEVILÁQUA, Clóvis. *Código Civil dos Estados Unidos do Brasil*, cit., p. 433-434.

não havia previsão positivada dessa importante categoria, representando a codificação material de 2002 um notável avanço na sua regulamentação expressa.

Feitos tais esclarecimentos iniciais, aprofundando a abordagem do art. 186 do atual Código Civil brasileiro, verificam-se alterações substanciais quando realizada a devida confrontação com o art. 159 do Código Civil de 1916, a saber, em quadro comparativo com destaques, para melhor análise de ambas as categorias:

Art. 159 do Código Civil de 1916	Art. 186 do Código Civil de 2002
"Aquele que, por ação ou omissão voluntária, negligência, ou imprudência, violar direito, ou causar prejuízo a outrem, fica obrigado a reparar o dano.	"Aquele que, por ação ou omissão voluntária, negligência ou imprudência, violar direito **e** causar dano a outrem, **ainda que exclusivamente moral**, comete ato ilícito."
A verificação da culpa e a avaliação da responsabilidade regulam-se pelo disposto neste Código, arts. 1.521 a 1.532 e 1.542 a 1.553." (Redação dada pelo Decreto do Poder Legislativo n. 3.725, de 15.01.1919.)	

Como primeira diferença a ser apontada, a conjunção alternativa "ou" foi substituída pela aditiva "e", ou seja, o ato ilícito civil passa a ser o somatório de lesão de um direito e de um dano reparável. A mudança estrutural é clara, uma vez que foi superada a ideia de ilícito civil pela simples presença de uma violação ao direito alheio, como constava da codificação anterior. É notória a influência do modelo do *dano injusto*, adotado pelo art. 2.043 do Código Civil italiano, segundo o qual, em tradução livre, qualquer fato doloso ou culposo, que causa a outrem um dano injusto, obriga aquele que o cometeu a ressarcir esse prejuízo.

Entre os italianos, Giorgio Cian e Alberto Trabucchi levantam a polêmica relativa ao conceito de *dano injusto*, sobretudo se para a sua configuração basta a lesão a um direito subjetivo, verdadeira e propriamente considerado.[2] Segundo esses autores, para a configuração de tal categoria devem ser analisados os interesses e os direitos subjetivos envolvidos, fazendo a devida ponderação no caso concreto.[3]

Roberto de Ruggiero conclui que não se pode confundir a lesão de direitos com o dano, sendo este o melhor entendimento. São suas palavras: "Não há, porém, dano todas as vezes que no exercício legítimo do próprio direito – e, acrescente-se, no exercício sem abuso – alguém lese um interesse ou um direito alheio; assim se deve dizer que aqui, em vez de faltar o dano, falta propriamente a lesão, se esta como injúria é um ato contrário ao direito".[4]

---

[2] CIAN, G.; TRABUCCHI, A. *Commentario breve al Codice Civile*. 4. ed. Padova: Cedam, 1992. p. 1.675.
[3] CIAN, G.; TRABUCCHI, A. *Commentario breve al Codice Civile*, cit., p. 1.675.
[4] RUGGIERO, Roberto. *Instituições de Direito Civil*. Tradução de Ary dos Santos, Antônio Chaves e Fábio Maria de Mattia. 3. ed. São Paulo: Saraiva, 1973. v. 3, p. 393.

Para Massimo Bianca, o significado de dano pode ser especificado em três distintas noções: *a)* um evento lesivo, ou seja, um resultado material ou jurídico no qual se concretiza a lesão para um interesse juridicamente apreciável; *b)* um efeito econômico negativo, isto é, um sofrimento patrimonial que o evento lesivo determina a cargo dos credores; *c)* uma liquidação pecuniária do efeito econômico negativo.

Nesse sentido, o doutrinador italiano cita a diferença substancial entre *dano-evento* – que constitui o ilícito, atribuído ao responsável, segundo o princípio da imputação – e *dano-consequência* – relacionado à decorrência prejudicial relevante, conforme o princípio da causalidade.[5] Deveras, a relação é de causa e efeito. Portanto, a partir de suas palavras, é mister concluir que o conceito de *dano injusto* não se confunde com o de lesão de direitos, pois o dano que se quer afirmar é o *dano-consequência* ou o *dano resultado*. Em suma, as categorias jurídicas destacadas são distintas, podendo tal diferenciação ser perfeitamente aplicada no Brasil.

Voltando ao sistema nacional, a menção ao dano como pressuposto para a responsabilidade civil consta do *caput* do art. 927 do Código Civil brasileiro, segundo o qual "aquele que, por ato ilícito (arts. 186 e 187), causar dano a outrem, fica obrigado a repará-lo". Em outras palavras, somente haverá direito à indenização e o correspondente dever de reparar, se esse elemento objetivo estiver presente. Em síntese ainda maior, sem a presença do dano, não há que reconhecer a responsabilidade civil da parte.

Não se pode negar a existência de forte corrente doutrinária que prega a existência da *responsabilidade civil sem dano*, o que teria influência do modelo argentino, concebido como *Direito de Danos*. Na doutrina brasileira contemporânea, o tema é tratado por Pablo Malheiros da Cunha Frota, em sua tese de doutorado defendida na UFPR.[6]

Destaca o professor que os juristas presentes no encontro de 2013 dos *Grupos de Pesquisa em Direito Civil Constitucional*, liderados pelos Professores Gustavo Tepedino (UERJ), Luiz Edson Fachin (UFPR) e Paulo Luiz Netto Lôbo (UFPE), editaram a Carta de Recife. Nas suas palavras, "um dos pontos debatidos e que se encontra na Carta de Recife, documento haurido das reflexões apresentadas pelos pesquisadores no citado encontro, foi justamente a preocupação com essa situação de responsabilidade com e sem dano, como consta do seguinte trecho da aludida Carta: 'A análise crítica do dano na contemporaneidade impõe o caminho de reflexão sobre a eventual possibilidade de se cogitar da responsabilidade sem dano'".[7]

Pontue-se que compartilha dessa opinião o Professor Paulo Luiz Netto Lôbo, conforme palestra proferida na cidade de Maceió no ano de 2013, em painel que

---

[5] BIANCA, Massimo C. *Diritto civile*. La responsabilità. Milano: Giuffrè, 2006. v. 5, p. 112-114.
[6] FROTA, Pablo Malheiros da Cunha. *Responsabilidade civil por danos*. Imputação e nexo de causalidade. Curitiba: Juruá, 2014.
[7] FROTA, Pablo Malheiros da Cunha. *Responsabilidade civil por danos*, cit., p. 225.

contou com a minha presença.[8] Na ocasião, o jurista mencionou situações em que a citada responsabilização se faz presente, como nas hipóteses em que se imputa o pagamento da multa ou cláusula penal, sem que exista a necessidade de prova do dano, conforme a redação do *caput* do art. 416 do Código Civil.

Sem dúvida, essa reflexão é imperiosa e poderá alterar todas as balizas teóricas da responsabilidade civil no futuro. O grande desafio, entretanto, é saber determinar os limites para a nova tese, que pode gerar situações de injustiça, mormente de pedidos totalmente imotivados, fundados em meros aborrecimentos, tão comuns no Brasil. No projeto de Reforma do Código Civil, manteve-se a ideia de que a responsabilidade civil somente estará presente se houver dano.

De todo modo, demonstrando essa tendência e esse debate, em 2014 inaugurou-se em sede de Superior Tribunal de Justiça posição que entende existir responsabilidade civil na situação concreta em que o consumidor encontra um corpo estranho em um produto, mas não o consome, caso de um inseto ou outro animal. Até então, considerava-se que o dever de indenizar do fabricante somente estaria presente nos casos de consumo do produto (por todos: AgRg no Ag 276.671/SP, *DJ* 08.05.2000; AgRg no Ag 550.722/DF, *DJ* 03.05.2004; e AgRg no AgRg no Ag 775.948/RJ, *DJe* 03.03.2008; e REsp 747.396/DF, Rel. Min. Fernando Gonçalves, j. 09.03.2010).

Entretanto, conforme aresto publicado no *Informativo n. 537* daquela Corte Superior, essa posição foi alterada. Vejamos:

"Discute-se a existência de dano moral na hipótese em que o consumidor adquire garrafa de refrigerante com corpo estranho em seu conteúdo, sem, contudo, ingeri-lo. A aquisição de produto de gênero alimentício contendo em seu interior corpo estranho, expondo o consumidor a risco concreto de lesão à sua saúde e segurança, ainda que não ocorra a ingestão de seu conteúdo, dá direito à compensação por dano moral, dada a ofensa ao direito fundamental à alimentação adequada, corolário do princípio da dignidade da pessoa humana. Hipótese em que se caracteriza defeito do produto (art. 12, CDC), o qual expõe o consumidor a risco concreto de dano à sua saúde e segurança, em clara infringência ao dever legal dirigido ao fornecedor, previsto no art. 8.º do CDC" (STJ, REsp 1.424.304/SP, 3.ª Turma, Rel. Min. Nancy Andrighi, j. 11.03.2014, *DJe* 19.05.2014).

Como se pode notar da leitura da ementa, a responsabilidade civil seria derivada não de um dano em si, mas de um *perigo de dano*. Em outras palavras, estar-se-ia admitindo a responsabilidade sem dano, ou, segundo os italianos, a responsabilidade sem *dano-consequência*.

Todavia, ressalte-se que, sucessivamente, surgiram outros acórdãos superiores afastando essa posição inaugurada pela Ministra Nancy Andrighi. Assim, entendeu-se que, "no âmbito da jurisprudência do STJ, não se configura o dano moral quando ausente a ingestão do produto considerado impróprio para o consumo,

---

[8] LÔBO, Paulo Luiz Netto. Responsabilidade sem dano. Palestra. In: VII JORNADAS BRASILEIRAS DE DIREITO PRIVADO. *Anais...*, Maceió, jun. 2013.

em virtude da presença de objeto estranho no seu interior, por não extrapolar o âmbito individual que justifique a litigiosidade, porquanto atendida a expectativa do consumidor em sua dimensão plural. A tecnologia utilizada nas embalagens dos refrigerantes é padronizada e guarda, na essência, os mesmos atributos e as mesmas qualidades no mundo inteiro. Inexiste um sistemático defeito de segurança capaz de colocar em risco a incolumidade da sociedade de consumo, a culminar no desrespeito à dignidade da pessoa humana, no desprezo à saúde pública e no descaso com a segurança alimentar" (STJ, REsp 1.395.647/SC, 3.ª Turma, Rel. Min. Ricardo Villas Bôas Cueva, j. 18.11.2014, *DJe* 19.12.2014). Ou, ainda, de data mais próxima:

> "A jurisprudência do Superior Tribunal de Justiça se consolidou no sentido de que a ausência de ingestão de produto impróprio para o consumo configura, em regra, hipótese de mero dissabor vivenciado pelo consumidor, o que afasta eventual pretensão indenizatória decorrente de alegado dano moral. Precedentes" (STJ, AgRg no AREsp 489.030/SP, 4.ª Turma, Rel. Min. Luis Felipe Salomão, j. 16.04.2015, *DJe* 27.04.2015).

A demonstrar toda essa divergência, pontue-se que na Edição n. 39 da ferramenta *Jurisprudência em Teses*, do próprio Superior Tribunal de Justiça, que trata do Direito do Consumidor, poderiam ser encontradas premissas conflitantes sobre o assunto. Conforme a tese 2, "a simples aquisição do produto considerado impróprio para o consumo, em virtude da presença de corpo estranho, sem que se tenha ingerido o seu conteúdo, não revela o sofrimento capaz de ensejar indenização por danos morais".

Por outra via, nos termos da tese 3, "a aquisição de produto de gênero alimentício contendo em seu interior corpo estranho, expondo o consumidor a risco concreto de lesão à sua saúde e segurança, ainda que não ocorra a ingestão de seu conteúdo, dá direito à compensação por dano moral, dada a ofensa ao direito fundamental à alimentação adequada, corolário do princípio da dignidade da pessoa humana". Todavia, no ano de 2019, as duas teses foram retiradas da citada ferramenta de jurisprudência, justamente diante dessa contradição.

Em 2021, a temática foi pacificada na Corte, no âmbito da sua Segunda Seção, julgando-se o seguinte:

> "A presença de corpo estranho em alimento industrializado excede aos riscos razoavelmente esperados pelo consumidor em relação a esse tipo de produto, sobretudo levando-se em consideração que o Estado, no exercício do poder de polícia e da atividade regulatória, já valora limites máximos tolerados nos alimentos para contaminantes, resíduos tóxicos outros elementos que envolvam risco à saúde. Dessa forma, à luz do disposto no art. 12, *caput* e § 1.º, do CDC, tem-se por defeituoso o produto, a permitir a responsabilização do fornecedor, haja vista a incrementada – e desarrazoada – insegurança alimentar causada ao consumidor. Em tal hipótese, o dano extrapatrimonial exsurge em razão da exposição do consumidor a risco concreto de lesão à sua saúde e à sua incolumidade física e psíquica, em violação do seu direito fundamental à alimentação adequada" (STJ, REsp 1.899.304/SP, 2.ª Seção, Rel. Min. Nancy Andrighi, j. 25.08.2021, *DJe* 04.10.2021).

Foi adotada, portanto, a tese da Ministra Relatora, que deve ser considerada como majoritária para os devidos fins práticos. Em certa medida, entendo que se passou a admitir, no nosso sistema, o ato ilícito civil sem a presença de dano, pelos riscos de prejuízos à saúde. A questão voltará a ser debatida em outros trechos desta obra.

Feitos tais esclarecimentos categóricos, vejamos alguns exemplos concretos com o fito de visualizar a presença ou não do ato ilícito civil.

De início, o simples ato de dirigir bêbado não constitui, por si só, uma ilicitude privada. Para que esta ocorra, reafirme-se ser condição imprescindível que exista um prejuízo, como nos casos de acidente de trânsito ou de atropelamentos. Dirigir embriagado até pode constituir um ilícito penal ou administrativo, se observadas as condições destes. Contudo, em regra, não se cogita a existência de um ilícito civil pelo simples fato de assim se conduzir um veículo.

Cabe a mesma afirmação no caso de um ato de traição ou de infidelidade em um casamento ou em uma união estável, presente o adultério ou a infidelidade. Como bem observa Maria Celina Bodin de Moraes, a quem me filio totalmente, "o mesmo se diga acerca do descumprimento do chamado débito conjugal e da infidelidade, circunstâncias normalmente intoleráveis para a manutenção da vida em comum. Qual seria o remédio jurídico para tais violações de deveres conjugais? Caberia dano moral puro, como de tantas se sustenta? Acredito que o único remédio cabível seja a separação do casal em razão da ruptura da vida em comum. É evidente que se vierem acompanhadas de violência física ou moral, de humilhação contínua diante de terceiros ou dos próprios filhos, nos encontraremos no âmbito do ilícito e haverá responsabilização pelo dano moral infligido".[9]

Na linha das últimas palavras transcritas, se estiverem presentes fatos de maior gravidade, como ocorre no caso de transmissão de uma DST de um cônjuge ou companheiro ao outro, há que se cogitar a existência do ilícito civil. O tema será aprofundado em capítulo específico, que analisa a incidência da responsabilidade civil para o Direito de Família (Capítulo 9).

Voltando ao âmago do estudo do ilícito civil, a segunda diferença a ser apontada quanto ao art. 186 do Código Civil brasileiro de 2002, perante o seu correspondente na codificação anterior (art. 159 do CC/1916), é a menção ao "dano exclusivamente moral", ou *dano moral puro*, aquele sem qualquer repercussão material.

Não se trata, em verdade, de especial novidade, uma vez que a reparação do dano moral já constava da Constituição Federal, mais propriamente do seu art. 5.º, incs. V e X. Pontue-se, a propósito de uma suposta inovação, que é o Texto Maior o divisor de águas no que diz respeito ao reconhecimento da possibilidade de se reparar o dano moral.

---

[9] MORAES, Maria Celina Bodin de. Danos morais e relações de famílias. In: PEREIRA, Rodrigo da Cunha (Coord.). *Anais do IV Congresso Brasileiro de Direito de Família*. Belo Horizonte: Del Rey, 2004. p. 411.

Outro aspecto a ser destacado concerne ao fato de ter o dispositivo vigente em estudo adotado um *modelo culposo*, em sentido amplo, de responsabilidade civil, baseado no dolo – ação ou omissão voluntária, ou seja, na intenção de causar prejuízo a outrem –, e na culpa, em sentido estrito ou *stricto sensu*, diante da presença de um ato de imprudência ou negligência. Tal afirmação é facilmente percebida da leitura do art. 186 do Código Civil, bem como de outros preceitos da codificação material em vigor, que neste livro serão analisados de forma mais aprofundada.

Para incrementar o estudo do ato ilícito civil, é pertinente trazer a lume a notória classificação atribuída a Pontes de Miranda, no sentido de poder ser esse *nulificante* – quando gera a nulidade absoluta de um negócio –, *indenizante* – se atribuir o dever de reparar, ou seja, a responsabilidade civil – e *caducificante* –, caso ocasione a perda de direitos, como do poder familiar. Vejamos o que está desenvolvido no Tomo IV do seu *Tratado de Direito Privado*, a respeito da diferença entre os dois primeiros:

> "O ato ilícito tem por pressupostos o ser contrário ao direito, isto é, o infringir princípio do ordenamento jurídico (pressuposto objetivo), mais o ter sido previsível ou afastável o resultado. Outros pressupostos são acidentais: dolo, culpa, negligência na guarda de animais etc. Se incluíssemos a responsabilidade objetiva na classe dos atos ilícitos, teríamos de conceituá-los largamente, de modo a abarcá-la. O ilícito, posto nos negócios jurídicos, ou nos atos jurídicos *stricto sensu*, eiva-os de nulidade; fora deles, causa o dever de indenizar extranegocialmente. Os dois ilícitos entram na classe dos atos contrários ao direito (*Rechtswidrig*), na qual há o ato, positivo, ou negativo, que importa infração de dever, ou de obrigação, e as causas de caducidade (não a responsabilidade por atos não tidos por ilícitos)".[10]

Em suma, no caso *de ilícito civil nulificante* – previsto no art. 166, inc. II, do atual Código Civil –, não se cogita a presença do dano para que gere o resultado da invalidade. O mesmo deve ser dito a respeito do *ilícito caducificante*, que igualmente não exige a existência desse elemento objetivo, como ocorre nos casos de perda do poder familiar.

Em conclusão, somente o *ilícito civil indenizante* é condicionado à existência de um dano, conforme a redação do art. 927, *caput*, do Código Civil brasileiro. A última categoria interessa substancialmente à responsabilidade razão pela qual é tratada em praticamente todos os capítulos deste livro.

De todo modo, não se pode negar que há uma impropriedade técnica na atual redação do art. 186 do Código Civil, que precisa ser reparada, pois ali somente está tratada uma modalidade de ilícito, qual seja a que interessa para a responsabilidade civil, justamente o *ilícito indenizante*.

Por isso, a Comissão de Juristas encarregada da Reforma do Código Civil sugere uma redação mais ampla para o preceito, para que passe a abarcar todas

---

[10] PONTES DE MIRANDA, Francisco Cavalcanti. *Tratado de direito privado*. 4. ed. São Paulo: RT, 1972. t. IV.

as modalidades de ato ilícito civil, na linha da classificação proposta por Pontes de Miranda.

Nesse contexto, em termos gerais, o *caput* do art. 186 do CC passará a prever que "a ilicitude civil decorre de violação a direito". Sobre *o ilícito indenizante*, o seu parágrafo único, enunciará, mantendo a exigência do elemento dano: "aquele que, por ação ou omissão voluntária, negligência, imprudência ou imperícia, violar direito e causar dano a outrem, responde civilmente".

Por fim, em comando necessário relativo à responsabilidade civil extracontratual, abrindo o tratamento do tema e em termos gerais, a nova redação do art. 927 será a seguinte: "Art. 927. Aquele que causar dano a outrem fica obrigado a repará-lo. Parágrafo único: Haverá dever de reparar o dano daquele: I – cujo ato ilícito o tenha causado, nos termos do parágrafo único do art. 186 deste Código; II – que desenvolve atividade de risco especial; III – responsável indireto por ato de terceiro a ele vinculado, por fato de animal, coisa ou tecnologia a ele subordinado".

Penso que essas alterações são mais do que necessárias, ajustando a lei à posição hoje amplamente majoritária da doutrina brasileira, um dos objetivos da citada Reforma.

2. DO ABUSO DE DIREITO PREVISTO NO ART. 187 DO CÓDIGO CIVIL

Partindo-se para a outra categoria básica da responsabilidade civil extracontratual, o art. 187 do atual Código Civil brasileiro dispõe que "Também comete ato ilícito o titular de um direito que, ao exercê-lo, excede manifestamente os limites impostos pelo seu fim econômico ou social, pela boa-fé ou pelos bons costumes". Trata-se de consagração do *abuso de direito* ou *abuso do direito* como ato ilícito equiparado, dispositivo que sofreu claras influências do art. 334.º do Código Civil de Portugal, *in verbis*: "(Abuso do direito). É ilegítimo o exercício de um direito, quando o titular exceda manifestamente os limites impostos pela boa fé, pelos bons costumes ou pelo fim social ou económico desse direito". Não se olvide que a positivação da vedação ao abuso de direito tem origem na evolução da *teoria dos direitos subjetivos*, retirada da máxima segundo a qual "o meu direito termina onde começa o seu direito".

De toda sorte, apesar das semelhanças entre as categorias brasileira e lusitana, pode ser percebida uma nítida diferença entre os comandos legais comparados, uma vez que o Código Civil brasileiro acabou por equiparar o abuso de direito ao ato ilícito, ao contrário do dispositivo português, que menciona a existência de um *ato ilegítimo*.[11]

A propósito, entendo ser irrelevante o uso diferenciado das terminologias *abuso de direito* ou *abuso do direito*, sendo até preferível a primeira para o português utilizado no Brasil, do ponto de vista metodológico. Em outras palavras, acredito que a expressão *abuso de direito* não traz, em hipótese alguma, a falsa

---

[11] A respeito do tema, no Direito português, ver: CUNHA DE SÁ, Fernando Augusto. *Abuso do direito*. 2. reimpr. Coimbra: Almedina, 2005.

impressão de que se trata de um abuso permitido pelo Direito, ou que integra o Direito.[12]

Ao contrário do que se aventa, a última expressão denota que o caso é de abuso de um direito reconhecido pelo ordenamento jurídico. No Direito português até pode ser preferível o termo *abuso do direito*. No entanto, entre os brasileiros, a citada confusão não tem o costume de ocorrer, sendo adotados os dois termos por vários doutrinadores aqui referenciados.

Quanto à origem do instituto, sempre investigada, Renan Lotufo sinaliza que o conceito de abuso de direito tem raízes históricas na *aemulatio* do Direito Romano, ou seja, no "exercício de um direito, sem utilidade própria, com a intenção de prejudicar outrem", cuja aplicação ampliada atingiu as relações de vizinhança.[13]

San Tiago Dantas também aponta que o abuso de direito encontra origens no Direito Romano, principalmente nos conceitos de *aequitas* e no *ius honorarium*. Entretanto, para o último clássico doutrinador, é no Direito Medieval que o instituto possui sua principal raiz, qual seja o ato emulativo. São suas palavras:

> "Já se sabe o que foi a vida medieval, o ambiente de emulação por excelência. A rixa, a briga, a altercação, é a substância da vida medieval. Brigas de vizinhos, brigas de barões, brigas de corporações, no seio das sociedades; brigas entre o poder temporal e o poder espiritual. Todas as formas de altercações a sociedade medieval conheceu, como não podia deixar de acontecer numa época de considerável atrofia do Estado. É aí que, pela primeira vez, os juristas têm conhecimento deste problema: o exercício de um direito com o fim de prejudicar outrem. O direito como elemento de emulação. Entende-se, por emulação, o exercício de um direito com o fim de prejudicar outrem. Quer dizer que em vez de ter o fim de tirar para si um benefício, o autor do ato tem em vista causar prejuízo a outrem".[14]

Silvio Rodrigues igualmente demonstra a origem romana do abuso de direito. Entretanto, ensina que "a teoria do abuso de direito, na sua forma atual, é, como diz Josserand, de tessitura jurisprudencial e surgiu na França na segunda metade do século XIX".[15] O antigo Professor das Arcadas cita um dos casos mais conhecidos julgados naquele país, e que supostamente estabeleceu as bases para a teoria do abuso de direito. Trata-se do caso Bayard, no qual o vizinho de um construtor de balões e dirigíveis ergueu pilastras de madeira com pontas de ferro, com a intenção de dificultar a aterrissagem das aeronaves.

Outros autores fazem a mesma associação com o Direito francês moderno. Entre os contemporâneos, por todos, Bruno Miragem cita a doutrina de Planiol,

---

[12] Como quer, por exemplo, e com o devido respeito: DANTAS JÚNIOR, Aldemiro. *Teoria dos atos próprios no princípio da boa-fé*. Biblioteca de estudos em homenagem ao Professor Arruda Alvim. Curitiba: Juruá, 2007. p. 254-255.

[13] LOTUFO, Renan. *Código Civil comentado*. São Paulo: Saraiva, 2003. v. 2, p. 499.

[14] DANTAS, San Tiago. *Programa de Direito Civil*. Aulas proferidas na Faculdade Nacional de Direito. Texto revisto com anotações e Prefácio de José Gomes Bezerra de Barros. Rio de Janeiro: Ed. Rio, 1979. p. 368-369.

[15] RODRIGUES, Silvio. *Direito Civil*. 29. ed. São Paulo: Saraiva, 2003. v. 3, p. 318.

Ripert e Josserand. De acordo com as suas palavras, mencionando os dois primeiros, "a origem da doutrina do abuso do direito, conforme preferem Planiol e Ripert, decorre de duas considerações básicas: a primeira, de que se convertera em regra de direito a regra moral elementar que proíbe terceiro por espírito de maldade (ato meramente emulativo); e, segundo, a circunstância de que eventual temor das arbitrariedades judiciais na apreciação da intenção não foi obstáculo, quando se tratou, na jurisprudência, de reprimir a fraude e a má-fé, bem como não pode afastar a exigência de moralidade das ações".[16]

De todo modo, não sendo pacífica a origem histórica da categoria, o fundamental é o fato de ser ela tratada por muitas legislações privadas no sistema romano-germânico da *Civil Law*, caso do Código Civil brasileiro e, antes dele, do Código de Defesa do Consumidor, como ainda se verá.

Partindo para a sua conceituação doutrinária, nas lições de Caio Mário da Silva Pereira, estribada nos autores franceses destacados, o abuso de direito pode ser assim concebido:

"Abusa, pois, de seu direito o titular que dele se utiliza levando um malefício a outrem, inspirado na intenção de fazer mal, em proveito próprio. O fundamento ético da teoria pode, pois, assentar-se em que a lei não deve permitir que alguém se sirva de seu direito exclusivamente para causar dano a outrem".[17]

Apesar da menção à intenção da parte, cumpre adiantar que o jurista entende que esta – ao lado da culpa – é elemento irrelevante para que o ilícito esteja configurado.

Seguindo o estudo do tema, é precisa a definição de Rubens Limongi França, no sentido de que esse constitui uma categoria de conteúdo próprio, entre o ato lícito e o ilícito, ou seja, *o abuso de direito é lícito pelo conteúdo e ilícito pelas consequências*. De acordo com as suas palavras, comparando as duas figuras antijurídicas do Direito Civil, "o ato ilícito (*Manual*, v. 1.º, p. 211) é toda manifestação da vontade que tenha por fim criar, modificar ou extinguir uma relação de direito. O ato ilícito é uma ação ou omissão voluntária, ou que implique negligência ou imprudência, cujo resultado acarrete violação de direito ou que ocasione prejuízo a outrem. Finalmente, o abuso de direito consiste em um ato jurídico de objeto lícito, mas cujo exercício, levado a efeito sem a devida regularidade, acarreta um resultado que se considera ilícito".[18]

Dito de outro modo, a ilicitude do ato, no abuso, está na forma de sua execução, ou seja, na sua prática; o que o diferencia do *ilícito puro* do art. 186,

---

[16] MIRAGEM, Bruno. *Direito Civil*. Responsabilidade civil. São Paulo: Saraiva, 2015. p. 128.
[17] PEREIRA, Caio Mário da Silva. *Instituições de Direito Civil*. Introdução ao Direito Civil. Teoria geral do Direito Civil. 21. ed. atualizada por Maria Celina Bodin de Moraes. Rio de Janeiro: Forense, 2006. v. I, p. 672.
[18] LIMONGI FRANÇA, Rubens. *Enciclopédia Saraiva de Direito*, cit., p. 45. O verbete foi elaborado pelo próprio Rubens Limongi França, organizador dessa monumental obra. Anote-se que o jurista também utiliza o termo "abuso *de* direito", afastando a possibilidade da citada confusão com relação às expressões.

que é antijurídico no todo (no conteúdo e pelas consequências). Anote-se que o próprio Limongi França utiliza o termo *abuso de direito*, afastando a antes citada confusão com relação às expressões.

Justificam-se, portanto, as afirmações precisas de Bruno Miragem, para quem o abuso do direito deve ser analisado em uma perspectiva *estática* – em conformidade com o direito –, e *dinâmica* – de exercício desse direito contra limites ou preceitos estabelecidos pelo mesmo ordenamento jurídico. Nesse contexto, segundo o jurista, "o exercício posterior é que transforma o que é lícito em ilícito, o que a princípio tem justificação jurídica, em algo que deixa de contar com essa justificação, em vista de, em movimento, violar preceito do próprio ordenamento jurídico".[19]

Na mesma esteira, na linha das lições de Limongi França, Maria Helena Diniz pontua que "o uso de um direito, poder ou coisa além do permitido ou extrapolando as limitações jurídicas, lesando alguém, traz como efeito o dever de indenizar. Realmente, sob a aparência de um ato legal ou lícito, esconde-se a ilicitude (ou melhor, antijuridicidade *sui generis*) no resultado, por atentado ao princípio da boa-fé e aos bons costumes ou por desvio de finalidade socioeconômica para a qual o direito foi estabelecido. No ato abusivo há violação da finalidade econômica ou social".[20]

Também é interessante definir o abuso de direito como um *exercício irregular* ou não regular de um direito, como fazem Nelson Nery Jr. e Rosa Maria de Andrade Nery:

> "Abuso do direito. Conceito. Distinção do ato ilícito. Ocorre quando o ato é resultado do exercício *não* regular do direito (CC art. 188 I *in fine, a contrario sensu*). No ato abusivo, há violação da finalidade do direito, de seu espírito, violação essa aferível objetivamente, independentemente de dolo ou culpa".[21]

Como se observa, a construção serve para distinguir o abuso do exercício regular de um direito, concebido pelo sistema como um ato lícito, que não gera o dever de reparar. Nesse ínterim, quando o agente desrespeita os parâmetros previstos no art. 187 do Código Civil no exercício de algo legítimo, está presente o ilícito equiparado.

A antes referida equiparação de ambos os conceitos, para os fins da responsabilidade civil, consta do art. 927, *caput*, do atual Código Civil brasileiro, que assim enuncia: "aquele que, por ato ilícito (arts. 186 e 187), causar dano a outrem, fica obrigado a repará-lo". Como se pode perceber, quando o dispositivo menciona o ato ilícito, traz entre parênteses o ato ilícito propriamente dito, puro ou padrão, e o citado ato ilícito equiparado, decorrente do exercício irregular ou imoderado de um direito. Em ambos os casos, surge o dever de reparação, conforme prevê a parte final da norma.

---

[19] MIRAGEM, Bruno. *Direito Civil*, cit., p. 130.
[20] DINIZ, Maria Helena. *Código Civil anotado*. 15. ed. São Paulo: Saraiva, 2010. p. 209.
[21] NERY JR., Nelson; NERY, Rosa Maria de Andrade. *Código Civil anotado*. 2. ed. São Paulo: RT, 2003. p. 255.

De toda sorte, há quem não veja esse tratamento do abuso de direito, como ilícito, com bons olhos. Na doutrina contemporânea, a crítica pode ser encontrada, por exemplo, na doutrina de Gustavo Tepedino, Heloísa Helena Barboza e Maria Celina Bodin de Moraes, para quem "não foi feliz, todavia, o legislador de 2002, ao definir o abuso de direito como espécie de ato ilícito. A opção legislativa contraria a doutrina mais moderna do abuso de direito, que procura conferir-lhe papel autônomo na ciência jurídica (Cunha de Sá, Abuso, p. 121). A ultrapassada concepção do abuso de direito como forma de ato ilícito, na prática, condicionava sua repressão à prova de culpa, noção quase inerente ao conceito tradicional de ilicitude. No Direito Civil contemporâneo, ao contrário, a aferição da abusividade no exercício de um direito deve ser exclusivamente objetiva, ou seja, deve depender tão somente da verificação de desconformidade concreta entre o exercício da situação jurídica e os valores tutelados pelo ordenamento civil-constitucional. Além disso, a associação do abuso com o ilícito restringe as hipóteses de controle do ato abusivo à caracterização do ato ilícito, deixando escapar um sem-número de situações jurídicas em que, justamente por serem lícitas, exigem uma valoração funcional quanto ao seu exercício".[22]

Com o devido respeito aos juristas por último citados, não vejo problema em se entender pela presença de um ilícito, na linha das lições de Limongi França antes destacadas. Ademais, há total compatibilidade, nesses mais de vinte anos de vigência do Código Civil de 2002, entre o abuso de direito e a responsabilidade objetiva ou sem culpa, como ainda será aqui desenvolvido, sendo a posição pelo critério objetivo-finalístico a que prevalece no Direito Privado brasileiro.

Retornando à essência do art. 187 da codificação material brasileira, como se depreende da sua leitura, o abuso de direito está amparado em *cláusulas gerais*, conceitos abertos e indeterminados que devem ser preenchidos pelo aplicador caso a caso. Segue-se, assim, a linha filosófica *realeana* que guiou a elaboração da Lei Geral Privada brasileira em vigor, segundo a qual o Direito deve estar estribado na tríade *fato, valor* e *norma*, marca da festejada teoria tridimensional do Direito de Miguel Reale e do culturalismo jurídico. Pode-se afirmar que tais limites constituem parâmetros sociais para as condutas abusivas perante a coletividade.

O primeiro conceito aberto previsto é o fim social e econômico, que tem o sentido de função coletiva dos institutos correlatos, como consta do art. 421 do próprio Código Civil, ao prescrever a função social do contrato como limitadora do conteúdo das avenças, e do art. 1.228, § 1.º, da mesma codificação geral privada, que trata da função social e socioambiental da propriedade. Reitere-se, como desenvolvido no capítulo anterior, que o abuso de direito não só pode como também deve ser aplicado à esfera contratual, ao campo da autonomia privada.[23] Em um país em que prevalecem os contratos impostos, abusivos e

---

[22] TEPEDINO, Gustavo; BARBOZA, Heloísa Helena; MORAES, Maria Celina Bodin de. *Código Civil interpretado*, cit., p. 342.

[23] Ao contrário do que entende Oliveira Ascensão (ASCENSÃO, José de Oliveira. A desconstrução do abuso do direito. In: DELGADO, Mário Luiz; ALVES, Jones Figueirêdo (Coord.). *Questões controvertidas no novo Código Civil*. São Paulo: Método, 2006. v. 4, p. 39).

violadores da dignidade humana, o art. 187 do Código Civil tem certa finalidade de controle indeclinável, como se tem percebido nesses quinze anos iniciais de vigência da atual Lei Geral Privada.

Nesse contexto, tornou-se corriqueira, entre nós, a incidência do conceito aos negócios jurídicos patrimoniais, aventando-se a nulidade das cláusulas, por ilicitude do objeto, que violam a função social do contrato. Nessa linha, o pertinente Enunciado n. 431, da *V Jornada de Direito Civil*, evento promovido pelo Conselho da Justiça Federal e pelo Superior Tribunal de Justiça em novembro de 2011, segundo o qual "a violação do art. 421 conduz à invalidade ou à ineficácia do contrato ou de cláusulas contratuais". Não tem sido diferente a conclusão da jurisprudência de escol, cabendo destacar as seguintes ementas:

"Agravo regimental. Recurso especial. Civil. Plano de saúde. Cobertura securitária. Recusa indevida de internação hospitalar. Cláusula abusiva. Ato ilícito. Situação emergencial. Doença grave. Meningite. Ocorrência de danos morais. Precedentes. *Quantum* indenizatório. Razoabilidade. Revisão. Reexame fático-probatório. Súmula 07/STJ. 1. Abusiva a cláusula de contrato de plano de saúde que exclui de sua cobertura o tratamento de doenças infectocontagiosas, tais como a meningite. 2. A seguradora, ao recusar indevidamente a cobertura para tratamento de saúde, age com abuso de direito, cometendo ato ilícito e ficando obrigada à reparação dos danos patrimoniais e extrapatrimoniais dele decorrentes. 3. A recusa indevida da cobertura para tratamento de saúde, em situações de emergência, quando o fato repercute intensamente na psique do doente, gerando enorme desconforto, dificuldades e temor pela própria vida, faz nascer o direito à reparação do dano moral. 4. Segundo entendimento pacificado desta Corte, o valor da indenização por dano moral somente pode ser alterado na instância especial quando ínfimo ou exagerado, o que não ocorre no caso em tela, em que, consideradas as suas peculiaridades, fixado no valor de dez salários mínimos. 5. Agravo regimental desprovido" (STJ, AgRg no REsp 1.299.069/SP, 3.ª Turma, Rel. Min. Paulo de Tarso Sanseverino, j. 26.02.2013, *DJe* 04.03.2013).

"Recurso de apelação. Ação de cobrança. Contrato para desconto de títulos garantido por fiança. Nulidade da assinatura do cônjuge do fiador, reconhecida pela instituição financeira credora, que não invalida a fiança, tampouco o contrato por ela garantido, observados os postulados da boa-fé objetiva e da função social dos contratos. Quebra dos deveres anexos e abuso de direito que autorizam, força na função interpretativa da boa-fé objetiva, a manutenção da validade da fiança prestada. Responsabilidade da fiadora que também decorre da condição de coobrigada. Salvaguarda da meação do cônjuge do fiador em futura execução, observada a regra contida no art. 655-B do CPC. Apelo não provido. Unânime" (TJRS, Apelação Cível 426207-78.2011.8.21.7000, 17.ª Câmara Cível, Estrela, Rel. Des. Bernadete Coutinho Friedrich, j. 15.12.2011, *DJe* 18.01.2012).

Como transmitido há mais de duas décadas por Álvaro Villaça Azevedo em suas aulas e exposições na Faculdade de Direito da USP, não se pode admitir um contrato que gere o *massacre* de uma parte sobre a outra, o que representa muito bem a ideia de função social do contrato, construída até a atualidade, pela civilística brasileira.

Acrescento que, para que não pairem dúvidas sobre essas afirmações, a Comissão de Juristas encarregada da Reforma do Código Civil propõe a inclusão de um novo § 2.º no art. 421 do Código Civil, prevendo expressamente que "a cláusula contratual que violar a função social do contrato é nula de pleno direito". Trata-se de proposição que confirma parcialmente o texto do Enunciado n. 431, da *V Jornada de Direito Civil*; além do que se pode retirar do art. 2.035, parágrafo único, da própria codificação privada em vigor, segundo o qual nenhuma convenção prevalecerá se contrair preceitos de ordem pública, como aqueles que visam assegurar a função social do contrato.

Em suma, os mais de vinte anos iniciais do Código Civil de 2002 evidenciam que o abuso de direito não se situa apenas na órbita extracontratual, sendo mais do que necessário aplicar a categoria para o âmbito contratual e para o exercício desmedido da autonomia privada.

Ainda para demonstrar tal premissa, a jurisprudência superior tem entendido que a recusa injustificada ao cumprimento do contrato pode caracterizar o abuso de direito ensejador do dever de reparar, inclusive danos morais ou extrapatrimoniais. Cite-se a célebre situação de contratos que envolvem direitos fundamentais, caso a respeito de plano de saúde. Por todos, colaciona-se:

> "A recusa injustificada de Plano de Saúde para cobertura de procedimento médico a associado configura abuso de direito e descumprimento de norma contratual, capazes de gerar dano moral indenizável. Precedentes. As cláusulas restritivas ao Direito do Consumidor devem ser interpretadas da forma mais benéfica a este, não sendo razoável a seguradora se recusar a prestar a cobertura solicitada. 3. Agravo regimental não provido" (STJ, AgRg no REsp 1253696/SP, 4.ª Turma, Rel. Min. Luis Felipe Salomão, j. 18.08.2011, *DJe* 24.08.2011).

Consigne-se, no âmbito doutrinário, a aprovação de enunciado na *V Jornada de Direito Civil*, evento promovido pelo Conselho da Justiça Federal em 2011, conforme proposição formulada por mim, prevendo que "o descumprimento de contrato pode gerar dano moral quando envolver valor fundamental protegido pela Constituição Federal de 1988" (Enunciado n. 411 do CJF).

Além da função social, utiliza-se como parâmetro a boa-fé, aqui entendida como a boa-fé objetiva, aquela que existe no plano da conduta de lealdade dos participantes negociais (a *Treu und Glauben* dos alemães; ou a *correttezza* dos italianos).

Nos termos do Enunciado n. 26, da *I Jornada de Direito Civil*, evento do ano de 2004, a cláusula geral da boa-fé objetiva "impõe ao juiz interpretar e, quando necessário, suprir e corrigir o contrato segundo a boa-fé objetiva, entendida como a exigência de comportamento leal dos contratantes". Entre os contemporâneos, mencionando esse enunciado doutrinário, Pablo Malheiros Cunha Frota alude que "a boa-fé é dever contratual geral que moraliza o contrato, já que devem as partes agir com honestidade, com lealdade (Enunciado CJF 26), com lisura, com probidade nas fases contratuais, sem que uma das partes obtenha com o pacto vantagens desmedidas, respeitando-se a legítima expectativa dos contratantes, mesmo que não haja previsão legal ou contratual".[24]

A exemplo do que ocorre com a função social do contrato, a boa-fé objetiva tem a notória função de coibir condutas movidas pela má-fé, pelo enriquecimento sem causa e por interesses egoísticos e antifuncionais (*função de controle*, retirada justamente do art. 187). Ao lado da função social do contrato, a boa-fé objetiva tem sido utilizada para mitigar a força obrigatória da convenção, afastando notórios abusos e desequilíbrios. Vejamos, a esse propósito, precisa decisão do Superior Tribunal de Justiça:

> "A novação, conquanto modalidade de extinção de obrigação em virtude da constituição de nova obrigação substitutiva da originária, não tem o condão de impedir a revisão dos negócios jurídicos antecedentes, máxime diante da relativização do princípio do *pacta sunt servanda*, engendrada pela nova concepção do Direito Civil, que impõe o diálogo entre a autonomia privada, a boa-fé e a função social do contrato. Inteligência da Súmula 286 do STJ" (STJ, REsp 866.343/MT, 4.ª Turma, Rel. Min. Luis Felipe Salomão, j. 02.06.2011, *DJe* 14.06.2011).

Ou, de outra notória ementa, relacionada aos contratos de gaveta: "o Código Civil de 1916, de feição individualista, privilegiava a autonomia da vontade e o princípio da força obrigatória dos vínculos. Por seu turno, o Código Civil de 2002 inverteu os valores e sobrepõe o social em face do individual. Dessa sorte, por força do Código de 1916, prevalecia o elemento subjetivo, o que obrigava o juiz a identificar a intenção das partes para interpretar o contrato. Hodiernamente, prevalece na interpretação o elemento objetivo, vale dizer, o contrato deve ser interpretado segundo os padrões socialmente reconhecíveis para aquela modalidade de negócio" (STJ, AgRg no REsp 838.127/DF, 1.ª Turma, Rel. Min. Luiz Fux, j. 17.02.2009, *DJe* 30.03.2009).

Por fim, o art. 187 do CC/2002 estabelece os bons costumes como parâmetros para a configuração do abuso de direito, conceito que deve ser analisado de acordo com fatores sociais, espaciais e temporais, premissa já defendida quando do nosso primeiro texto a respeito da matéria.[25]

Partilhando dessa forma de pensar, enunciado doutrinário aprovado na *V Jornada de Direito Civil*, de autoria de Otávio Luiz Rodrigues Jr.: "os bons costumes previstos no art. 187 do CC possuem natureza subjetiva, destinada ao controle da moralidade social de determinada época, e objetiva, para permitir a sindicância da violação dos negócios jurídicos em questões não abrangidas pela função social e pela boa-fé objetiva" (Enunciado n. 413 do CJF).

---

[24] FROTA, Pablo Malheiros Cunha. *Os deveres contratuais gerais nas relações civis e de consumo*. Curitiba: Juruá, 2011. p. 209.

[25] TARTUCE, Flávio. Considerações sobre o abuso do direito ou ato emulativo civil. In: DELGADO, Mário Luiz; ALVES, Jones Figueirêdo (Coord.). *Questões controvertidas no novo Código Civil*. São Paulo: Método, 2006. v. 2, p. 89-110.

Tal enunciado doutrinário é interessante por trabalhar com dois conceitos que permeiam as ciências sociais: o *subjetivo* – associado à razoabilidade – e o *objetivo* – relacionado à proporcionalidade. Ilustrando, no que concerne a maus costumes, a jurisprudência superior do Supremo Tribunal Federal acabou por proibir atos coletivos de crueldade contra animais, como a *farra do boi* (RE 153.531/SC, 2.ª Turma, Rel. Min. Marco Aurélio, j. 03.06.1997, *DJU* 13.03.1998, p. 13), a *rinha de galos* (ADI 1.856/RJ, Tribunal Pleno, Rel. Min. Celso de Mello, j. 26.05.2011, *DJe* 16.11.2011, p. 16) *e a vaquejada* (ADI 4.983/CE, Tribunal Pleno, Rel. Min. Celso de Melo, j. 06.10.2016). Quem sabe – o que demonstra como os costumes mudaram, sobretudo para a tutela dos animais – o próximo alvo de discussão sejam os rodeios, tão comuns no interior do Brasil.

Feitos tais esclarecimentos sobre os conceitos abertos que compõem o art. 187 do CC/2002, pontue-se que prevalece o entendimento segundo o qual a responsabilidade decorrente do abuso de direito é objetiva, independentemente de culpa.

Eis outra diferença importante com relação ao art. 186 do CC/2002, que trata do *ilícito puro* ou padrão, uma vez que o último comando adotou o modelo culposo de responsabilização pela menção à ação ou omissão voluntária, à imprudência e à negligência. A propósito da correta conclusão a respeito do abuso de direito, vejamos o Enunciado n. 37, da *I Jornada de Direito Civil*, de 2004: "a responsabilidade civil decorrente do abuso do direito independe de culpa e fundamenta-se somente no critério objetivo-finalístico". Não tem sido diferente a conclusão da melhor doutrina, que segue amplamente a teoria objetiva, superando uma visão anterior, subjetiva.[26] Como é notório, foi a partir da teoria do risco que a responsabilidade civil independentemente de culpa emergiu nos sistemas jurídicos, visando a facilitar a tutela da vítima.

De acordo com as lições extraídas do clássico estudo de Josserand, a culpa provada, como pressuposto da responsabilidade civil, trazia ao autor da ação um fardo muito pesado, constituindo um "considerável *handcap* para aquele sôbre cujos ombros caía".[27]

Nesse contexto, impor à vítima ou a seus sucessores a demonstração inequívoca da culpa equivaleria a recusar-lhes a tutela reparatória, uma vez que a teoria tradicional relativa ao tema – fundada no conceito subjetivo de culpa – já se tornava insuficiente e perempta, sendo necessário, à época, alargar os fundamentos em que se repousava o antigo *edifício de antanho*, que não cor-

---

[26] Nesse sentido, por todos: NORONHA, Fernando. *Direito das obrigações*, cit., p. 371-372; DINIZ, Maria Helena. *Código Civil anotado*, cit., p. 219; DUARTE, Nestor. *Código Civil comentado*. Coordenação de Cezar Peluso. São Paulo: Manole, 2007. p. 124; GAGLIANO, Pablo Stolze; PAMPLONA FILHO, Rodolfo Pamplona. *Novo curso de Direito Civil*, cit., p. 448; FARIAS, Cristiano Chaves de; ROSENVALD, Nelson. *Direito Civil. Teoria geral*. 4. ed. Rio de Janeiro: Lumen Juris, 2006. p. 479; CAVALIERI FILHO, Sergio. *Programa de responsabilidade civil*, cit., p. 143; BOULOS, Daniel M. *Abuso do direito no novo Código Civil*, cit., p. 135-143; JORDÃO, Eduardo. *Abuso de direito*. Salvador: JusPodivm, 2006. p. 125; RODOVALHO, Thiago. *Abuso de direito e direitos subjetivos*. São Paulo: RT, 2012. p. 170. Anote-se que outrora nos filiamos a essa corrente: TARTUCE, Flávio. Considerações sobre o abuso de direito ou ato emulativo civil, cit., p. 92.

[27] JOSSERAND, Louis. Evolução da responsabilidade civil, cit., p. 55.

respondia mais às necessidades sociais.[28] Além da preocupação com a vítima, no abuso de direito a responsabilidade objetiva acaba funcionando como uma punição ao abusador, que desrespeita os padrões sociais de conduta ditados pelo art. 187 do CC/2002.

De toda sorte, imperioso demonstrar que existem juristas que não se perfilham a essa posição majoritária. Nesse sentido, em artigo publicado no ano de 2017, Guilherme Henrique Lima Reinig e Daniel Amaral Carnaúba ressaltam que o conteúdo do Enunciado n. 37 do Conselho da Justiça Federal representa um equívoco, merecendo maiores reflexões.[29] Vejamos as suas palavras:

> "Não há no Código Civil nenhum ponto de apoio para a conclusão de que a responsabilidade por abuso de direito seria independente de culpa. É nesse aspecto que o Enunciado 37 da 1.ª Jornada se equivoca. A responsabilidade em caso de abuso de direito pode ou não prescindir de culpa, a depender do suporte fático da pretensão indenizatória. O fornecedor de produtos e serviços que abusa de seu direito responde objetivamente pelos danos sofridos pelo consumidor; mas isso decorre não tanto do regime do abuso, mas, antes, porque a responsabilidade do fornecedor está fundada no defeito do produto ou do serviço, para o qual a culpa é irrelevante. A empresa jornalística que abusa de seu direito pode, eventualmente, ser responsabilizada independentemente de culpa, com fundamento na cláusula geral do art. 927, parágrafo único, do Código Civil, desde que se considere que sua atividade implica, por sua natureza, risco para os direitos de outrem. De qualquer forma, o abuso de direito, por si só, não torna objetiva a sua responsabilidade".[30]

Dois argumentos são utilizados para se chegar a tal conclusão. O primeiro é no sentido de que não há enquadramento da hipótese do abuso de direito na redação do art. 927, parágrafo único, do Código Civil. Por tal comando, a responsabilidade objetiva tem duas origens. A primeira delas é a lei, não havendo qualquer previsão no art. 187 da codificação no sentido de ser a responsabilidade ali tratada independente de culpa. A segunda é a atividade de risco, o que não seria o caso.

O segundo argumento é de que a culpa, na responsabilidade civil extracontratual, tem um sentido normativo, que prescinde do elemento intencional ou de análise da *reprovabilidade moral*. Nas palavras dos professores, "como se extrai dos próprios termos adotados pelo Enunciado 37, o que levou a doutrina a extirpar a culpa do âmbito do abuso de direito é a crença de que o propugnado 'critério objetivo-finalístico' seria inconciliável com qualquer análise da culpa do agente. Essa crença, contudo, é equivocada. Não há incompatibilidade

---

[28] JOSSERAND, Louis. Evolução da responsabilidade civil, cit., p. 55-56.
[29] REINIG, Guilherme Henrique Lima; CARNAÚBA, Daniel Amaral. Abuso de direito e culpa na responsabilidade civil. *Consultor Jurídico*, Coluna Direito Civil Atual. Disponível em: <www.conjur.com.br>. Acesso em: 30 out. 2017.
[30] REINIG, Guilherme Henrique Lima; CARNAÚBA, Daniel Amaral. Abuso de direito e culpa na responsabilidade civil, cit.

alguma entre os dois critérios; ou, ao menos, se adotada a chamada concepção normativa da culpa".[31]

Com o devido respeito, *três objeções* podem ser apresentadas com relação à tese desenvolvida pelos últimos autores, de combate à incidência da responsabilidade objetiva para o abuso de direito.

A *primeira* é no sentido de que, ao contrário do art. 186 do Código Civil, o art. 187 não faz menção a qualquer elemento intencional ou culposo. Em outras palavras, não há alusão à ação ou omissão voluntária, à imprudência ou negligência.

A *segunda objeção* diz respeito à evolução da teoria dos direitos subjetivos, que conduziu à positivação do abuso de direito e à consequente responsabilização objetiva. Assim, como pontua mais uma vez Rubens Limongi França, a teoria objetivista do abuso de direito considera que "basta como elemento caracterizador do abuso de direito o exercício irregular dele, em desacordo com o seu destino, ou a inexistência de interesse legítimo".[32] O próprio clássico jurista pontua que, "a nosso ver, é evidente que a intenção de prejudicar outrem prova, de maneira irrefragável, a existência do abuso de direito, uma vez verificado o dano efetivo. Casos há, entretanto, em que, a despeito da falta de cogitação do elemento subjetivo, tal pode ser a distorção do exercício do direito, que é suficiente para caracterizar a categoria em apreço".[33]

Como *terceira objeção*, os conceitos que estão mencionados no art. 187 como parâmetros para a categoria, a função social, a boa-fé e os bons costumes são construções que levam em conta padrões de conduta, sem que seja relevante apontar qual foi a intenção que orientou tal comportamento. A boa-fé objetiva, como se sabe, dispensa a prova do *animus* da parte que agiu em desvio de conduta.

Exposto esse profundo debate, e confirmando-se ser a posição pela responsabilidade objetiva a amplamente majoritária no Brasil, não se olvide que o abuso de direito constitui um instituto com ampla aplicação, tendente a repercussões em todos os ramos do Direito, até porque é possível fundamentar constitucionalmente a categoria. Nessa esteira, o Enunciado n. 414 da *V Jornada de Direito Civil* (2011), que preconiza com precisão: "a cláusula geral do art. 187 do Código Civil tem fundamento constitucional nos princípios da solidariedade, devido processo legal e proteção da confiança, e aplica-se a todos os ramos do direito".

Diante de sua ampla, correta e necessária aplicação nos mais de vinte anos de vigência do Código Civil, e mesmo com as críticas aqui pontuadas, a Comissão de Juristas não propôs alteração do conteúdo do seu art. 187, um dos mais importantes e emblemáticos dispositivos da vigente codificação privada, que deve ser mantido integralmente.

---

[31] REINIG, Guilherme Henrique Lima; CARNAÚBA, Daniel Amaral. Abuso de direito e culpa na responsabilidade civil, cit.
[32] LIMONGI FRANÇA, Rubens. *Instituições de Direito Civil*. 5. ed. São Paulo: Saraiva, 1999. p. 810.
[33] LIMONGI FRANÇA, Rubens. *Instituições de Direito Civil*, cit., p. 810.

Em suma, o abuso de direito é multifacetário, com amplitude pluricultural e interdisciplinar para o Direito. Vejamos, pontualmente, algumas de suas aplicações.

2.1. O abuso no exercício da propriedade ou ato emulativo (*aemulatio*)

Desde os primórdios do Direito Romano e passando pelo Direito Medieval, o exemplo típico de abuso de direito está relacionado com os abusos decorrentes do exercício do direito de propriedade (*atos emulativos, atos chicaneiros* ou *aemulatio*), principalmente aqueles que envolvem os direitos de vizinhança.

Pode-se afirmar que um dos conceitos que mais evoluiu no Direito Privado é o de propriedade, ganhando uma nova roupagem com a promulgação do Código Civil de 2002, o que se almeja seja ampliado com a sua Reforma, ora em tramitação no Congresso Nacional.

As atribuições da propriedade estão previstas no *caput* do art. 1.228 do Código Civil de 2002, que repete parcialmente o que estava no art. 524 do CC/1916. O direito de propriedade é aquele que atribui ao seu titular as prerrogativas de usar, gozar, buscar ou reaver a coisa, sendo oponível contra todos (*erga omnes*).

A reunião dessas quatro prerrogativas ou atributos caracteriza a propriedade plena, sendo necessário observar que esses elementos encontram limitações na própria norma civil codificada, eis que deve a propriedade ser limitada pelos direitos sociais e coletivos.

Se na teoria clássica isso já era observado, é de imaginar que agora, após as revoluções históricas, a concepção de propriedade ficou ainda mais restrita. Nesse contexto, é interessante a ideia de *hipoteca social* que recai sobre a propriedade, conforme entendimento do Supremo Tribunal Federal:

> "O direito de propriedade não se reveste de caráter absoluto, eis que, sobre ele, pesa grave hipoteca social, a significar que, descumprida a função social que lhe é inerente (CF, art. 5.º, XXIII), legitimar-se-á a intervenção estatal na esfera dominial privada, observados, contudo, para esse efeito, os limites, as formas e os procedimentos fixados na própria Constituição da República. O acesso à terra, a solução dos conflitos sociais, o aproveitamento racional e adequado do imóvel rural, a utilização apropriada dos recursos naturais disponíveis e a preservação do meio ambiente constituem elementos de realização da função social da propriedade" (STF, ADIn 2.213/MC, Rel. Min. Celso de Mello, *DJ* 23.04.2004).

O Código Civil brasileiro em vigor – a exemplo do que fazia a codificação anterior – consagra limitações para a utilização da propriedade, principalmente a imóvel, assim como a previsão de normas relativas ao direito de vizinhança, que traz regras relacionadas com o uso indevido da propriedade, com as árvores limítrofes, com a passagem forçada, com as águas e com os limites entre prédios. Nesse contexto, Francisco Amaral elucida que "são exemplos práticos de abuso de direito os que se verificam nas relações de vizinhança".[34]

---

[34] AMARAL, Francisco. *Os atos ilícitos. O novo Código Civil*. Estudos em homenagem a Miguel Reale. São Paulo: LTr, 2003. p. 162.

Nesse âmbito, o art. 1.277 do CC/2002 consagra modalidade de abuso de direito, ao vedar o uso anormal da propriedade, que é modalidade de abuso de direito: "O proprietário ou o possuidor de um prédio tem o direito de fazer cessar as interferências prejudiciais à segurança, ao sossego e à saúde dos que o habitam, provocadas pela utilização de propriedade vizinha. Parágrafo único. Proíbem-se as interferências considerando-se a natureza da utilização, a localização do prédio, atendidas as normas que distribuem as edificações em zonas, e os limites ordinários de tolerância dos moradores da vizinhança". Como parâmetros para a configuração do ato de abuso, utiliza-se a *regra dos três Ss*, com a fixação do uso anormal a partir das concepções de *segurança, sossego* e *saúde*.

Como é notório, são comuns os conflitos nas relações vicinais, notadamente nas grandes cidades. Podem ser citados, por exemplo, os litígios que envolvem animais em apartamentos ou casas, geralmente resolvidos pelo conceito de abuso de direito.

A ilustrar, o Tribunal de Justiça de São Paulo já limitou o número de animais que poderiam ficar em uma pequena casa. Conforme a sua ementa, "alegação de barulho excessivo e maus odores causados por criação de animais, alegações comprovadas por certidão do oficial de justiça. Sentença de procedência mantida" (TJSP, Apelação 9185370-21.2008.8.26.0000, Acórdão 5552471, 31.ª Câmara de Direito Privado, Campinas, Rel. Des. Francisco Casconi, j. 22.11.2011, *DJe* 29.11.2011). Ou, ainda, na mesma esteira, do Tribunal gaúcho, igualmente limitando o número de animais:

> "Guarda de grande número de animais (cães e gatos). Geração de excessivo mau cheiro e incômodos desproporcionais aos vizinhos. Fato constitutivo do direito da parte autora devidamente comprovado. Restrições aos direitos à propriedade e à liberdade cabíveis na espécie, visando harmonizá-los com iguais direitos dos proprietários vizinhos. Exegese do art. 187 do Código Civil. Limitada a posse de animais em propriedade vizinha. Pretensão dos autores de impor à ré a proibição de posse de todo e qualquer animal na propriedade. Indeferimento. Ausência de amparo legal. Utilização, como norte da solução do litígio, dos princípios da razoabilidade e da proporcionalidade" (TJRS, Apelação Cível 517572-19.2011.8.21.7000, 18.ª Câmara Cível, Tapejara, Rel. Des. Pedro Celso Dal Pra, j. 10.11.2011, *DJe* 18.11.2011).

No Tribunal da Cidadania, merece ser destacado interessante aresto que considerou abuso de direito a construção de um *muro verde* pelo vizinho, em substituição de um muro de alvenaria. Como consta de trecho da ementa, "nosso ordenamento coíbe o abuso de direito, ou seja, o desvio no exercício do direito, de modo a causar dano a outrem, nos termos do art. 187 do CC/2002. Assim, considerando a obrigação assumida, de preservação da vista da paisagem a partir do terreno dos recorrentes, verifica-se que os recorridos exerceram de forma abusiva o seu direito ao plantio de árvores, descumprindo, ainda que indiretamente, o acordo firmado, na medida em que, por via transversa, sujeitaram os recorrentes aos mesmos transtornos causados pelo antigo muro de alvenaria, o qual foi substituído por verdadeiro 'muro verde', que, como antes, impede a vista panorâmica" (STJ, REsp 935.474/RJ, 3.ª Turma, Rel. Min. Ari Pargendler, Rel. p/ Acórdão Min. Nancy Andrighi, j. 19.08.2008, *DJe* 16.09.2008).

No âmbito doutrinário, conforme o Enunciado n. 319, aprovado na *IV Jornada de Direito Civil*, de 2006, a solução dessas causas que envolvem os conflitos de vizinhança deve guardar estreita sintonia com os princípios constitucionais da intimidade, da inviolabilidade da vida privada e da proteção ao meio ambiente. Aplicando essa ementa doutrinária, a ilustrar aresto do Tribunal de Justiça do Rio de Janeiro que afastou a possibilidade de corte de uma árvore só pelo fato de ela ser velha. Vejamos a ementa do *decisum*, citando o enunciado doutrinário:

"Insegurança do autor baseada na alegação de que a árvore do terreno vizinho está morta, com risco de queda sobre sua casa. Boletim de ocorrência emitido pela Defesa Civil no sentido de que a árvore não está morta e que, apesar de velha e de possuir muitos galhos secos e deteriorados, não há risco de queda. Interesses do autor, após o laudo, baseados apenas no fato de a árvore ser velha, o que esbarra na questão ambiental. Enunciado 319, da *IV Jornada de Direito Civil* realizada pelo Conselho de Justiça Federal/STJ, referente ao artigo 1.277 do CC. (...)" (TJRJ, Apelação 00113109320088190203, 20.ª Câmara Cível, Rio de Janeiro, Origem: 5.ª Vara Cível de Jacarepaguá, Rel. Des. Odete Knaack de Souza, j. 04.11.2009, Data de Publicação: 27.11.2009).

Assim, o Direito Ambiental, particularmente pelo seu fundamento constitucional relacionado à função social da propriedade (art. 225 da CF/1988), também trouxe outras importantíssimas limitações, sendo razão relevante para a restrição dos direitos advindos da propriedade.

Seguindo essa lógica, merece destaque o que está previsto no § 1.º do art. 1.228 da atual codificação, cujo teor de redação é o seguinte: "o direito de propriedade deve ser exercido em consonância com as suas finalidades econômicas e sociais e de modo que sejam preservados, de conformidade com o estabelecido em lei especial, a flora, a fauna, as belezas naturais, o equilíbrio ecológico e o patrimônio histórico, artístico, bem como evitada a poluição do ar e das águas". Nesse contexto de proteção, a norma jurídica, ao fixar os contornos do conceito de propriedade, determina algumas limitações no interesse da coletividade.

Na defesa do interesse público, há restrições relacionadas com a segurança e a defesa nacional, com a economia, com a higiene e a saúde pública, com o interesse urbanístico, com a cultura nacional e o patrimônio cultural e artístico. Existem também outras restrições, em defesa do interesse particular, previstas no Código Civil.

Tudo isso estribado no que prescreve o Texto Maior, em seu art. 5.º, inc. XXIII, ao consagrar a *função social da propriedade*. Por tudo isso, e pela concepção de um direito de propriedade relativizado, constitui abuso de direito a situação em que o proprietário se excede no exercício de qualquer um dos atributos decorrentes do domínio, de forma a causar prejuízo a outrem, como ocorre, por exemplo, no caso de danos ambientais e ecológicos.

Pois bem, o *ato emulativo* no exercício do direito de propriedade está vedado expressamente no § 2.º do art. 1.228 do CC/2002, pelo qual "são defesos os atos que não trazem ao proprietário qualquer comodidade, ou utilidade, e sejam animados pela intenção de prejudicar outrem". Fica a ressalva de que igualmente pode estar configurado o ato emulativo se o proprietário tiver vantagens com o prejuízo alheio. A previsão codificada é meramente exemplificativa, e não taxativa.

De qualquer forma, surge aqui uma polêmica relacionada a uma aparente contradição entre o art. 187 do CC e o último dispositivo citado. Isso porque o art. 1.228, § 2.º, do CC faz referência ao *dolo*, ao mencionar a intenção de prejudicar outrem. Em suma, o dispositivo estaria a exigir tal elemento para a caracterização do ato emulativo no exercício da propriedade, o que conduziria à responsabilidade subjetiva. Por outra via, como aqui demonstrado, o art. 187 do CC/2002 consolida a responsabilidade objetiva (sem culpa), no caso de abuso de direito.

Essa contradição foi muito bem observada por Rodrigo Reis Mazzei, que assim conclui:

> "A melhor solução para o problema é a reforma legislativa, com a retirada do disposto no § 2.º do art. 1.228 do Código Civil, pois se eliminará a norma conflituosa, sendo o art. 187 do mesmo diploma suficiente para regular o abuso de direito, em qualquer relação ou figura privada, abrangendo os atos decorrentes do exercício dos poderes inerentes à propriedade. Até que se faça a (reclamada) reforma legislativa, o intérprete e o aplicador do Código Civil devem implementar interpretação restritiva ao § 2.º do art. 1.228, afastando do dispositivo a intenção (ou qualquer elemento da culpa) para a aferição do abuso de direito por aquele que exerce os poderes inerentes à propriedade".[35]

Tem razão o doutrinador, sendo certo que esse é o raciocínio que consta do Enunciado n. 49 do CJF/STJ, aprovado na *I Jornada de Direito Civil*: "a regra do art. 1.228, § 2.º, do novo Código Civil interpreta-se restritivamente, em harmonia com o princípio da função social da propriedade e com o disposto no art. 187".

No projeto de Reforma do Código Civil, também se almeja reparar a hoje equivocada previsão do art. 1.228, § 2.º, na linha dessas lições doutrinárias, que passará a enunciar o seguinte: "são defesos os atos que não tragam ao proprietário qualquer comodidade ou utilidade, ou que sejam praticados com abuso de direito, nos termos do art. 187 deste Código".

Em síntese, mesmo ainda sem a alteração legislativa, deve prevalecer a responsabilidade objetiva retirada do art. 187 do CC/2002, que serve como leme orientador obrigatório para os efeitos jurídicos do ato emulativo.

2.2. Abuso de direito e imprensa. O abuso do direito de informar

A primeira década de vigência do Código Civil brasileiro trouxe interessantes aplicações do abuso de direito para os casos que envolvem a veiculação de notícias jornalísticas, o que configura o *abuso do direito de informar*. De

---

[35] MAZZEI, Rodrigo Reis. Abuso de direito: contradição entre o § 2.º do art. 1.228 e o art. 187 do Código Civil. In: BARROSO, Lucas Abreu (Org.). *Introdução crítica ao Código Civil*. Rio de Janeiro: Forense, 2006. p. 356.

fato, com a declaração de inconstitucionalidade – por não recepção – da Lei de Imprensa pelo Supremo Tribunal Federal (ver: *Informativo* n. 544 daquela Corte), as questões relativas ao tema devem ser resolvidas com a incidência da Constituição Federal e do Código Civil de 2002.

Na minha opinião doutrinária, é perfeitamente possível aplicar a ideia do art. 187 do Código Civil para as informações prestadas pelos veículos de comunicação em desrespeito aos três parâmetros que estão previstos na norma, a saber: função social e econômica, boa-fé e bons costumes.

Como primeira decisão do Superior Tribunal de Justiça que trouxe essa conclusão, cumpre destacar acórdão que condenou jornal mineiro pela veiculação de notícia utilizando apelido com menção à orientação sexual do retratado ("bicha"). A correta conclusão foi pela presença do abuso de direito jornalístico e também da lesão à opção sexual, direito que deve ser reconhecido como componente da personalidade. A sua ementa foi assim publicada:

"Direito Civil. Indenização por danos morais. Publicação em jornal. Reprodução de cognome relatado em boletim de ocorrências. Liberdade de imprensa. Violação do direito ao segredo da vida privada. Abuso de direito. A simples reprodução, por empresa jornalística, de informações constantes na denúncia feita pelo Ministério Público ou no boletim policial de ocorrência consiste em exercício do direito de informar. Na espécie, contudo, a empresa jornalística, ao reproduzir na manchete do jornal o cognome – 'apelido' – do autor, com manifesto proveito econômico, feriu o direito dele ao segredo da vida privada, e atuou com abuso de direito, motivo pelo qual deve reparar os consequentes danos morais" (STJ, REsp 613.374/MG, 3.ª Turma, Rel. Min. Nancy Andrighi, j. 17.05.2005, *DJ* 12.09.2005, p. 321).

Igualmente lidando com a liberdade de imprensa, outra ementa do Superior Tribunal de Justiça que acabou por concluir pelo exercício regular do direito de informar diante da veracidade dos fatos e pelos interesses coletivos que permeavam as notícias de que um funcionário público estaria embriagado. Vejamos mais essa publicação:

"Responsabilidade civil. Notícia jornalística que irroga a motorista de Câmara Municipal o predicado de 'bêbado'. Informação de interesse público que, ademais, não se distancia da realidade dos fatos. Não comprovação, em sindicância administrativa, do estado de embriaguez. Irrelevância. Liberdade de imprensa. Ausência de abuso de direito. 1. É fato incontroverso que o autor, motorista de Câmara Municipal, ingeriu bebida alcoólica em festa na qual se encontravam membros do Poder Legislativo local e que, em seguida, conduziu o veículo oficial para sua residência. Segundo noticiado, dormiu no interior do automóvel e acordou com o abalroamento no muro ou no portão de sua casa. Constam da notícia relatos da vizinhança, no sentido de que o motorista da Câmara ostentava nítido estado de embriaguez. 2. Se, por um lado, não se permite a leviandade por parte da imprensa e a publicação de informações absolutamente inverídicas que possam atingir a honra da pessoa, não é menos certo, por outro lado, que da atividade jornalística não são exigidas verdades absolutas, provadas previamente em sede de investigações no âmbito administrativo, policial ou judicial. 3. O dever de veracidade ao qual estão vinculados os órgãos de imprensa não deve consubstanciar-se dogma absoluto, ou condição peremptoriamente necessária à liberdade de imprensa, mas um compromisso ético com a informação verossímil, o que pode, eventualmente, abarcar informações não totalmente precisas. 4. Não se exige a prova inequívoca da má-fé da publicação ('actual malice'), para ensejar a indenização. 5. Contudo, dos fatos incontroversos conclui-se que, ao irrogar ao autor o predicado de 'bêbado', o jornal agiu segundo essa margem tolerável de inexatidão, orientado, ademais, por legítimo juízo de aparência acerca dos fatos e por interesse público estreme de dúvidas, respeitando, por outro lado, o dever de diligência mínima que lhe é imposto. 6. A pedra de toque para aferir-se legitimidade na crítica jornalística é o interesse público, observadas a razoabilidade dos meios e formas de divulgação da notícia. 7. A não comprovação do estado de embriaguez, no âmbito de processo disciplinar, apenas socorre o autor na esfera administrativa, não condiciona a atividade da imprensa, tampouco suaviza o desvalor da conduta do agente público, a qual, quando evidentemente desviante da moralidade administrativa, pode e deve estar sob as vistas dos órgãos de controle social, notadamente, os órgãos de imprensa. 8. Com efeito, na reportagem objeto do dissenso entre as partes, vislumbra-se simples e regular exercício de direito, consubstanciado em crítica jornalística própria de estados democráticos, razão pela qual o autor deve, como preço módico a ser pago pelas benesses da democracia, conformar-se com os dissabores eventualmente experimentados. 9. Recurso especial provido" (STJ, REsp 680.794/PR, 4.ª Turma, Rel. Min. Luis Felipe Salomão, j. 17.06.2010, *DJe* 29.06.2010).

Como se extrai do acórdão – e de outros daquela Corte Superior –, deve-se fazer a correta e precisa ponderação de direitos para a resolução dos problemas relativos à imprensa em nosso País, para daí se retirar o dever ou não de reparar os prejuízos de acordo com as circunstâncias do caso concreto. Tal ponderação envolve – na maioria das situações concretas – o direito à informação (art. 5.º, incs. IV, IX e XIV, da CF/1988) e o direito à imagem e à intimidade (art. 5.º, incs. V e X, da CF/1988). Reitere-se que a *técnica de ponderação*, desenvolvida por Robert Alexy e outros, foi expressamente adotada pelo art. 489, § 2.º, do CPC/2015.

Acrescente-se que a ponderação foi aplicada em outro acórdão mais recente do STJ, que afastou o dever de indenizar de jornal de grande circulação e de famoso colunista, por afirmações contundentes relacionadas à procuradora federal. Para os Ministros, por maioria, não houve abuso de direito na veiculação das informações. Vejamos parte de sua ementa:

> "As pessoas consideradas públicas estão sujeitas à maior exposição e suscetíveis a avaliações da sociedade e da mídia, especialmente os gestores públicos de todas as esferas de poder, mesmo quando envolvidos em processos judiciais – que, em regra, não correm em segredo de justiça – como partes, procuradores ou juízes. No caso dos autos, o jornalista apresentou sua opinião crítica acerca dos argumentos utilizados pela Procuradora da Fazenda Nacional na contestação apresentada pela União em autos de ação declaratória movida por Inês Etienne Romeu, sem, contudo, atingir a honra e a imagem da autora. A ponderação trazida pelo articulista procura rechaçar a tese alegada pela União

de se exigir a identificação dos responsáveis pela prática de tortura dentro da chamada 'Casa da Morte'. Para isso, faz uma análise crítica da atuação da procuradora, mas sem transbordar os limites da garantia de liberdade de imprensa, a ponto de configurar abuso de direito" (STJ, AgRg no AREsp 127.467/SP, 4.ª Turma, Rel. Min. Marco Buzzi, Rel. p/ Acórdão Min. Luis Felipe Salomão, j. 17.05.2016, *DJe* 27.06.2016).

Essa deve ser a correta leitura do art. 20, *caput,* do Código Civil, norma muito criticada pela doutrina nacional, que tem a seguinte redação: "salvo se autorizadas, ou se necessárias à administração da justiça ou à manutenção da ordem pública, a divulgação de escritos, a transmissão da palavra, ou a publicação, a exposição ou a utilização da imagem de uma pessoa poderão ser proibidas, a seu requerimento e sem prejuízo da indenização que couber, se lhe atingirem a honra, a boa fama ou a respeitabilidade, ou se se destinarem a fins comerciais".

No âmbito doutrinário, como já desenvolvido no capítulo anterior deste livro, o uso da técnica de ponderação é reconhecido pelo Enunciado n. 279 da *IV Jornada de Direito Civil,* que traz alguns critérios à solução: "a proteção à imagem deve ser ponderada com outros interesses constitucionalmente tutelados, especialmente em face do direito de amplo acesso à informação e da liberdade de imprensa. Em caso de colisão, levar-se-á em conta a notoriedade do retratado e dos fatos abordados, bem como a veracidade destes e, ainda, as características de sua utilização (comercial, informativa, biográfica), privilegiando-se medidas que não restrinjam a divulgação de informações". Como visto, existem propostas de inclusão expressa da ponderação no projeto de Reforma do Código Civil, sobretudo no § 3.º do seu art. 11: "a aplicação dos direitos da personalidade deve ser feita à luz das circunstâncias e exigências do caso concreto, aplicando-se a técnica da ponderação de interesses, nos termos exigidos pelo art. 489, § 2.º, da Lei n. 13.105, de 16 de março de 2015 (Código de Processo Civil)".

Retornando-se aos exemplos concretos, conforme outro aresto do Tribunal da Cidadania, mais antigo:

"A responsabilidade civil decorrente de abusos perpetrados por meio da imprensa abrange a colisão de dois direitos fundamentais: a liberdade de informação e a tutela dos direitos da personalidade (honra, imagem e vida privada). A atividade jornalística deve ser livre para informar a sociedade acerca de fatos cotidianos de interesse público, em observância ao princípio constitucional do Estado Democrático de Direito; contudo, o direito de informação não é absoluto, vedando-se a divulgação de notícias falaciosas, que exponham indevidamente a intimidade ou acarretem danos à honra e à imagem dos indivíduos, em ofensa ao princípio constitucional da dignidade da pessoa humana. (...)" (STJ, REsp 719.592/AL, 4.ª Turma, Rel. Min. Jorge Scartezzini, j. 12.12.2005, *DJ* 01.02.2006, p. 567).

Por derradeiro, merece destaque o caso que condenou o SBT pela chamada "farsa do PCC", uma entrevista fantasiosa então vinculada pelo programa Domingo Legal, comandado por Gugu Liberato. O julgamento abaixo diz respeito ao apresentador de televisão, por ter sido ameaçado de morte na citada entrevista:

"Recurso especial. Responsabilidade civil. Dano moral. Programa televisivo. Transmissão de reportagem inverídica (conhecida como 'a farsa do PCC'). Ameaça de morte por falsos integrantes de organização criminosa. Efetivo temor causado nas vítimas e na população. Abuso do direito de informar. *Actual malice*. *Quantum* indenizatório. Critérios de arbitramento equitativo pelo juiz. Método bifásico. Valorização do interesse jurídico lesado e circunstâncias do caso. 1. A liberdade de informação, sobretudo quando potencializada pelo viés da liberdade de imprensa, assume um caráter dúplice. Vale dizer, é direito de informação tanto o direito de informar quanto o de ser informado, e, por força desse traço biunívoco, a informação veiculada pelos meios de comunicação deve ser verdadeira, já que a imprensa possui a profícua missão de 'difundir conhecimento, disseminar cultura, iluminar as consciências, canalizar as aspirações e os anseios populares, enfim, orientar a opinião pública no sentido do bem e da verdade'. 2. Se, por um lado, não se permite a leviandade por parte da imprensa e a publicação de informações absolutamente inverídicas que possam atingir a honra da pessoa, não é menos certo, por outro lado, que da atividade jornalística não são exigidas verdades absolutas, provadas previamente em sede de investigações no âmbito administrativo, policial ou judicial. 3. Nesta seara de revelação pela imprensa de fatos da vida íntima das pessoas, o digladiar entre o direito de livre informar e os direitos de personalidade deve ser balizado pelo interesse público na informação veiculada, para que se possa inferir qual daqueles direitos deve ter uma maior prevalência sobre o outro no caso concreto. 4. A jurisprudência do STJ entende que 'não se exige a prova inequívoca da má-fé da publicação ('actual malice'), para ensejar a indenização' (REsp 680.794/PR, 4.ª Turma, Rel. Min. Luis Felipe Salomão, j. 17.06.2010, *DJe* 29.06.2010). 5. Apesar do aparente interesse público, inclusive por trazer à baila notícia atemorizando pessoas com notoriedade no corpo social, percebe-se, no caso, que, em verdade, o viés público revelou-se inexistente, porquanto a matéria veiculada era totalmente infundada, carreada de conteúdo trapaceiro, sem o menor respaldo ético e moral, com finalidade de publicação meramente especulativa e de ganho fácil. 6. Na hipótese, verifica-se o abuso do direito de informação na veiculação da matéria, que, além de não ser verdadeira, propalava ameaças contra diversas pessoas, mostrando-se de inteira responsabilidade dos réus o excesso cometido, uma vez que – deliberadamente –, em busca de maior audiência e, consequentemente, de angariar maiores lucros, sabedores da falsidade ou, ao menos, sem a diligência imprescindível para a questão, autorizaram a transmissão da reportagem, ultrapassando qualquer limite razoável do direito de se comunicar. 7. Na espécie, não se trata de mera notícia inverídica, mas de ardil manifesto e rasteiro dos recorrentes, que, ao transmitirem reportagem sabidamente falsa, acabaram incidindo em gravame ainda pior: percutiram o temor na sociedade, mais precisamente nas pessoas destacadas na entrevista, com ameaça de suas próprias vidas, o que ensejou intenso abalo moral no recorrido, sendo que o arbitramento do dano extrapatrimonial em R$ 250 mil, tendo em vista o critério bifásico, mostrou-se razoável. (...)" (STJ, REsp. 1.473.393/SP, 4.ª Turma, Rel. Min. Luis Felipe Salomão, j. 04.10.2016, *DJe* 23.11.2016).

Como se extrai da ementa, com importante repercussão prática, a jurisprudência superior não exige a prova inequívoca da má-fé (*actual malice*) para que fiquem caracterizados o abuso de direito e o correspondente dever de reparar o dano, o que, sem dúvida, representa aplicação da responsabilidade objetiva que decorre da categoria.

A posição do Tribunal nesse sentido consta da Edição n. 138 da ferramenta *Jurisprudência em Teses*, dedicada aos direitos da personalidade e publicada no ano de 2019. Conforme a sua assertiva n. 11, "não se exige a prova inequívoca da má-fé da publicação (*actual malice*), para ensejar a indenização pela ofensa ao nome ou à imagem de alguém". O tema será novamente abordado no Capítulo 15 desta obra, que trata da responsabilidade civil dos meios de comunicação.

2.3. O abuso no processo

O abuso de direito tem ampla incidência no âmbito processual, surgindo a ideia de *abuso no processo*. Conforme se extrai da obra de Sílvio de Salvo Venosa, citando o anterior Código de Processo Civil, "no direito processual, o abuso de direito caracteriza-se pela lide temerária, trazendo o CPC, nos arts. 14 e 16, descrição pormenorizada da falta processual".[36] No mesmo sentido, as lições de Maria Helena Diniz, ainda comentando as regras do CPC/1973: "se o litigante ou exequente (CPC, art. 598), em processo de conhecimento ou de execução, formular pretensões, oferecer defesas ciente de que são destituídas de fundamento, praticar atos probatórios desnecessários à defesa do direito, alterar intencionalmente a verdade dos fatos, omitir fatos essenciais ao julgamento da causa, enfim, se se apresentarem todas as situações de má-fé arroladas no Código de Processo Civil, art. 17, estará agindo abusivamente e deverá responder por perdas e danos, indenizando a parte contrária dos prejuízos advindos do processo e de sua conduta dolosa".[37]

Nessa linha de raciocínio, merecem ser transcritos os arts. 16 a 18 do CPC/1973, que sempre serviram como parâmetros para a caracterização do abuso de direito processual ou abuso no processo, prevendo, o último dispositivo, penalidade processual que não exclui as demais perdas e danos. Os dispositivos foram repetidos pelos arts. 79 a 81 do CPC/2015, com algumas pequenas alterações. Vejamos com destaques:

Código de Processo Civil de 2015	Código de Processo Civil de 1973
"Art. 79. Responde por perdas e danos aquele que litigar de má-fé como autor, réu ou interveniente."	"Art. 16. Responde por perdas e danos aquele que pleitear de má-fé como autor, réu ou interveniente."
"Art. 80. Considera-se litigante de má-fé aquele que:	"Art. 17. Reputa-se litigante de má-fé aquele que: (Redação dada pela Lei n.º 6.771, de 27.03.1980.)

---

[36] VENOSA, Sílvio de Salvo. *Código Civil interpretado*. São Paulo: Atlas, 2010. p. 208.
[37] DINIZ, Maria Helena. *Código Civil anotado*, cit., p. 210-211.

Código de Processo Civil de 2015	Código de Processo Civil de 1973
I – deduzir pretensão ou defesa contra texto expresso de lei ou fato incontroverso;	I – deduzir pretensão ou defesa contra texto expresso de lei ou fato incontroverso; (Redação dada pela Lei n.º 6.771, de 27.03.1980.)
II – alterar a verdade dos fatos;	II – alterar a verdade dos fatos; (Redação dada pela Lei n.º 6.771, de 27.3.1980.)
III – usar do processo para conseguir objetivo ilegal;	III – usar do processo para conseguir objetivo ilegal; (Redação dada pela Lei n.º 6.771, de 27.03.1980.)
IV – opuser resistência injustificada ao andamento do processo;	IV – opuser resistência injustificada ao andamento do processo; (Redação dada pela Lei n.º 6.771, de 27.03.1980.)
V – proceder de modo temerário em qualquer incidente ou ato do processo;	V – proceder de modo temerário em qualquer incidente ou ato do processo; (Redação dada pela Lei n.º 6.771, de 27.03.1980.)
VI – provocar incidente manifestamente infundado;	VI – provocar incidentes manifestamente infundados. (Redação dada pela Lei n.º 6.771, de 27.03.1980.)
VII – interpuser recurso com intuito manifestamente protelatório."	VII – interpuser recurso com intuito manifestamente protelatório. (Incluído pela Lei n.º 9.668, de 23.06.1998.)"
"Art. 81. De ofício ou a requerimento, o juiz condenará o litigante de má-fé a pagar multa, que deverá ser superior a um por cento e inferior a dez por cento do valor corrigido da causa, a indenizar a parte contrária pelos prejuízos que esta sofreu, e a arcar com os honorários advocatícios e com todas as despesas que efetuou.	"Art. 18. O juiz ou tribunal, de ofício ou a requerimento, condenará o litigante de má-fé a pagar multa não excedente a um por cento sobre o valor da causa e a indenizar a parte contrária dos prejuízos que esta sofreu, mais os honorários advocatícios e todas as despesas que efetuou. (Redação dada pela Lei n.º 9.668, de 23.06.1998.)
§ 1.º Quando forem (2) dois ou mais os litigantes de má-fé, o juiz condenará cada um na proporção de seu respectivo interesse na causa ou solidariamente aqueles que se coligaram para lesar a parte contrária.	§ 1.º Quando forem dois ou mais os litigantes de má-fé, o juiz condenará cada um na proporção do seu respectivo interesse na causa, ou solidariamente aqueles que se coligaram para lesar a parte contrária.
§ 2.º Quando o valor da causa for irrisório ou inestimável, a multa poderá ser fixada em até dez vezes o valor do salário mínimo.	§ 2.º O valor da indenização será desde logo fixado pelo juiz, em quantia não superior a 20% (vinte por cento) sobre o valor da causa, ou liquidado por arbitramento. (Redação dada pela Lei n.º 8.952, de 13.12.1994.)"
§ 3.º O valor da indenização será fixado pelo juiz, ou, caso não seja possível mensurá-lo, liquidado por arbitramento ou pelo procedimento comum, nos próprios autos."	

Como se pode perceber pelos destaques feitos no quadro comparativo, a principal mudança da legislação processual foi a retirada de um limite para a pena de litigância de má-fé, adotando-se um modelo aberto a ser preenchido pelo juiz caso a caso. Entendo que a inovação veio em boa hora para que o abuso no processo seja devidamente condenado e punido.

Para ilustrar como outra hipótese de abuso no processo, pode ser citado o recente tema do *assédio judicial*, presente quando alguém que exerce alguma forma de liderança instiga os liderados a promoverem demandas descabidas contra determinada pessoa. A questão já foi debatida no Brasil a respeito de lideranças políticas, religiosas e sindicais, que induzem seus seguidores a ingressarem com ações judiciais, com o objetivo de defesa de uma *causa*. A hipótese, sem dúvida, é de abuso de direito processual, devendo ser resolvido pela responsabilidade civil, com a imputação do dever de indenizar.

No âmbito da jurisprudência superior, deduziu o Superior Tribunal de Justiça que, "por ser abusivo, deve ser reprimido o comportamento do credor que esgrime contra terceiro o instituto do bem de família, sabedor que contra ele próprio não será possível articular a mesma objeção, vendo-se livre, portanto, para excutir o mesmo imóvel que deveria estar a salvo, servindo de proteção ao direito de moradia constitucionalmente garantido. 'O processo não é um jogo de esperteza, mas instrumento ético da jurisdição para efetivação dos direitos de cidadania'" (STJ, ARg no REsp 709.372/RJ, 3.ª Turma, Rel. Min. Paulo de Tarso Sanseverino, j. 24.05.2011, *DJe* 03.06.2011).

Pode-se falar, ainda, em *assédio processual*, no caso de propositura de muitas demandas temerárias, sem que haja motivo para tanto. Nesse sentido, quanto às concretizações do abuso no processo, da jurisprudência superior, concluiu o mesmo STJ que "o advogado que ajuizou ação de execução de honorários de sucumbência não só contra a sociedade limitada que exclusivamente constava como sucumbente no título judicial, mas também, sem qualquer justificativa, contra seus sócios dirigentes, os quais tiveram valores de sua conta bancária bloqueados sem aplicação da teoria da desconsideração da personalidade jurídica, deve aos sócios indenização pelos danos materiais e morais que sofreram. Com efeito, a lei não faculta ao exequente escolher quem se sujeitará à ação executiva, independentemente de quem seja o devedor vinculado ao título executivo" (STJ, REsp 1.245.712/MT, Rel. Min. João Otávio de Noronha, j. 11.03.2014, publicado no seu *Informativo* n. 539). Como se pode perceber, além da pena de litigância de má-fé, o aresto reconhece o dever de pagar indenização pelo abuso praticado por excesso de demandas.

Como outro julgado de grande destaque, prolatado no ano de 2019, a Terceira Turma reconheceu a presença do citado *assédio processual* justamente diante do excesso de demandas temerárias, sem justo motivo. Vejamos os trechos principais da longa ementa do *decisum*:

> "Embora não seja da tradição do direito processual civil brasileiro, é admissível o reconhecimento da existência do ato ilícito de abuso processual, tais como o abuso do direito fundamental de ação ou de defesa, não apenas em hipóteses previamente tipificadas na legislação, mas também quando configurada a má

utilização dos direitos fundamentais processuais. O ardil, não raro, é camuflado e obscuro, de modo a embaralhar as vistas de quem precisa encontrá-lo. O chicaneiro nunca se apresenta como tal, mas, ao revés, age alegadamente sob o manto dos princípios mais caros, como o acesso à justiça, o devido processo legal e a ampla defesa, para cometer e ocultar as suas vilezas. O abuso se configura não pelo que se revela, mas pelo que se esconde. Por esses motivos, é preciso repensar o processo à luz dos mais basilares cânones do próprio direito, não para frustrar o regular exercício dos direitos fundamentais pelo litigante sério e probo, mas para refrear aqueles que abusam dos direitos fundamentais por mero capricho, por espírito emulativo, por dolo ou que, em ações ou incidentes temerários, veiculem pretensões ou defesas frívolas, aptas a tornar o processo um simulacro de processo ao nobre albergue do direito fundamental de acesso à justiça. Hipótese em que, nos quase 39 anos de litígio envolvendo as terras que haviam sido herdadas pelos autores e de cujo uso e fruição foram privados por intermédio de procuração falsa datada do ano de 1970, foram ajuizadas, a pretexto de defender uma propriedade sabidamente inexistente, quase dez ações ou procedimentos administrativos desprovidos de fundamentação minimamente plausível, sendo que quatro destas ações foram ajuizadas em um ínfimo espaço de tempo – três meses, entre setembro e novembro de 2011 –, justamente à época da ordem judicial que determinou a restituição da área e a imissão na posse aos autores. O uso exclusivo da área alheia para o cultivo agrícola pelos 14 anos subsequentes ao trânsito em julgado da sentença proferida na primeira fase da ação divisória não pode ser qualificado como lícito e de boa-fé nesse contexto, de modo que é correto afirmar que, a partir da coisa julgada formada na primeira fase, os usurpadores assumiram o risco de reparar os danos causados pela demora na efetivação da tutela específica de imissão na posse dos legítimos proprietários. Dado que a área usurpada por quem se valeu do abuso processual para retardar a imissão na posse dos legítimos proprietários era de natureza agrícola e considerando que o plantio ocorrido na referida área evidentemente gerou lucros aos réus, deve ser reconhecido o dever de reparar os danos de natureza patrimonial, a serem liquidados por arbitramento, observado o período dos três últimos anos anteriores ao ajuizamento da presente ação, excluídas da condenação a pretensão de recomposição pela alegada retirada ilegal de madeira e pela recomposição de supostos danos ambientais, que não foram suficientemente comprovados. Considerando a relação familiar existente entre os proprietários originários das terras usurpadas e os autores da ação, o longo período de que foram privados do bem que sempre lhes pertenceu, inclusive durante tenra idade, mediante o uso desenfreado de sucessivos estratagemas processuais fundados na má-fé, no dolo e na fraude, configura-se igualmente a existência do dever de reparar os danos de natureza extrapatrimonial que do ato ilícito de abuso processual decorrem, restabelecendo-se, quanto ao ponto, a sentença de procedência" (STJ, REsp 1.817.845/MS, 3.ª Turma, Rel. Min. Paulo de Tarso Sanseverino, Rel. p/ Acórdão Min. Nancy Andrighi, j. 10.10.2019, *DJe* 17.10.2019).

Como palavras finais sobre o abuso no processo, destaque-se que, nessa mesma órbita, a doutrina especializada processual entende pela responsabilização objetiva daquele que comete o ilícito.

Nessa esteira, as palavras de Helena Abdo, em sua tese de doutorado defendida na Faculdade de Direito da USP, no sentido de que "acredita-se que a posição mais coerente a ser adotada relativamente ao abuso do processo seja, realmente, aquele que se harmoniza com a clara precisão contida no art. 187 do CC. Assim, uma vez que se chegou à conclusão de que o ordenamento jurídico optou pelo critério objetivo-finalístico no âmbito do abuso do direito, o mesmo critério deverá ser adotado para o abuso cometido no âmbito de uma relação jurídica processual".[38] As palavras transcritas também são as minhas.

2.4. O abuso de direito e o Direito de Família

Sem prejuízo do estudo que consta em tópico próprio desta obra (Capítulo 9), a aplicação da categoria do abuso de direito chegou até o Direito de Família, seja nas relações de conjugalidade, seja nas de parentalidade.[39]

Na doutrina e em resumo, Inácio de Carvalho Neto cita os seguintes exemplos de incidência do abuso do direito nas relações familiares, tais como: *a)* abuso de direito pelo marido na escolha do domicílio conjugal; *b)* abuso do direito de visita dos avós que passam a ter os netos em sua companhia; *c)* mudança abusiva de domicílio do cônjuge separado ou divorciado que detém a guarda dos filhos menores, obstando a convivência do outro genitor; *d)* abuso de direito processual no pedido de separação judicial culposa [ou no divórcio, após a EC n. 66/2010]; *e)* abuso do direito de impedir o casamento dos filhos menores; *f)* incidência da teoria do abuso nos atos de prodigalidade do cônjuge; *g)* abuso de direito na utilização do nome do ex-cônjuge, com claro intuito de lesioná-lo.[40]

Além das concreções anteriores, entendo que o principal exemplo de abuso de direito nas relações familiares diz respeito *ao engano quanto à prole*, praticado por esposas, companheiras, namoradas ou mesmo em casos de relacionamentos fugazes. Conforme tenho afirmado em aulas e palestras, inspirado na jornalista Ruth de Aquino, são as atitudes das *Capitus pós-modernas*.[41]

Como sustento em diversas searas, o caso é de aplicação da boa-fé objetiva para o reconhecimento de filhos, incidindo a cláusula geral constante do art. 187 da codificação privada, podendo o homem enganado pleitear indenização por danos, se o engano gerar um prejuízo imaterial ou mesmo psíquico.

---

[38] ABDO, Helena Najjar. *O abuso do processo*. São Paulo: RT, 2007. p. 120.
[39] Sobre tal incidência, por todos: GURGEL, Fernanda Pessanha do Amaral. *Direito de família e princípio da boa-fé objetiva*. Curitiba: Juruá, 2009; SCHREIBER, Anderson. O princípio da boa-fé objetiva no direito de família. In: PEREIRA, Rodrigo da Cunha (Coord.). *Anais do V Congresso de Direito de Família do Instituto Brasileiro de Direito de Família*. Belo Horizonte: IBDFAM, 2006. p. 125-143; ALVES, Jones Figueirêdo. Abuso de direito no direito de família. In: PEREIRA, Rodrigo da Cunha (Coord.). *Anais do V Congresso Brasileiro de Direito de Família*. Belo Horizonte: IBDFAM, 2006. p. 481-505; CARVALHO NETO, Inácio de. *Abuso do direito*, cit., p. 225-233; FARIAS, Cristiano Chaves. A tutela jurídica da confiança aplicada ao direito de família. In: PEREIRA, Rodrigo da Cunha (Coord.). *Anais do V Congresso Brasileiro de Direito de Família*. Belo Horizonte: IBDFAM, 2006. p. 241-271.
[40] CARVALHO NETO, Inácio de. *Abuso do direito*, cit., p. 225-233.
[41] Como desenvolvi pela primeira vez em: As verdades parentais e a ação vindicatória de filho. *Revista Brasileira de Direito das Famílias e das Sucessões*, Porto Alegre: Magister, n. 4, p. 29-49, 2008.

Nessa esteira, a jurisprudência do Superior Tribunal de Justiça tem entendido pela possibilidade de os maridos enganados requererem reparação por danos morais pelo grave engano. Ilustrando, como um dos primeiros precedentes da Corte:

"Responsabilidade civil. Dano moral. Marido enganado. Alimentos. Restituição. A mulher não está obrigada a restituir ao marido os alimentos por ele pagos em favor da criança que, depois se soube, era filha de outro homem. A intervenção do Tribunal para rever o valor da indenização pelo dano moral somente ocorre quando evidente o equívoco, o que não acontece no caso dos autos. Recurso não conhecido" (STJ, REsp 412.684/SP [200200032640], REsp 463.280, 4.ª Turma, Rel. Min. Ruy Rosado de Aguiar, j. 20.08.2002, Publicação 25.11.2002, veja: [Pensão alimentícia – Irrepetibilidade e Incompensabilidade] STJ, REsp 25.730/SP [*RT* 697/202]).

A reparação por danos morais acaba sendo uma alternativa para os casos em que o enganado pagou alimentos àquele que não era o seu filho. Por certo, como consta do aresto destacado, não poderá pleitear os alimentos pagos, pois eles são irrepetíveis, não cabendo a ação de repetição de indébito (*actio in rem verso*). No entanto, sem dúvida, como a esposa age de *má-fé objetiva* – sabendo, na maioria das vezes, que o marido não é o pai do seu filho –, entra em cena a incidência do conceito de abuso de direito, com a consequente reparação civil.

A hipótese é de aplicação do art. 886 do Código Civil, que dispõe: "não caberá a restituição por enriquecimento, se a lei conferir ao lesado outros meios para se ressarcir do prejuízo sofrido". O dispositivo consagra o *caráter subsidiário* da ação fundada em enriquecimento sem causa, no caso, da ação de repetição de indébito. Como é possível a ação de responsabilidade civil, não há necessidade de buscar socorro na ação de enriquecimento sem causa.

A propósito, em outro aresto superior, pontuou a Ministra Nancy Andrighi que "transgride o dever de sinceridade o cônjuge que, deliberadamente, omite a verdadeira paternidade biológica dos filhos gerados na constância do casamento, mantendo o consorte na ignorância. O desconhecimento do fato de não ser o pai biológico dos filhos gerados durante o casamento atinge a honra subjetiva do cônjuge, justificando a reparação pelos danos morais suportados" (STJ, REsp 742.137/RJ, 3.ª Turma, Rel. Min. Nancy Andrighi, j. 21.08.2007, *DJ* 29.10.2007, p. 218). A condenação, *in casu*, foi exemplar, de R$ 200.000,00 (duzentos mil reais).

No âmbito da jurisprudência estadual, no mesmo sentido, numerosos são os acórdãos na mesma linha, cabendo transcrever três deles, apenas a ilustrar e entre os mais recentes:

"Indenização por dano moral. Sujeito que descobre, depois do divórcio, não ser o pai biológico de filha da sua mulher. Precedentes do STJ que, em casos parelhos, admitiu o dano moral e os arbitrou em duzentos mil reais. Razoabilidade da sentença que fixa o *quantum* em R$ 34.900,00. Não ocorrência de prescrição, porque o termo *a quo* flui a partir da descoberta do fato. Não provimento" (TJSP, Apelação 1008099-64.2014.8.26.0223, 28.ª Câmara Extraordinária de Direito Privado, Guarujá, Rel. Des. Ênio Zuliani, j. 13.12.2016).

"Apelação cível. Responsabilidade civil. Ação de indenização por danos morais e materiais. Imputação de falsa paternidade. Ré que não manteve relações apenas com o autor no período da concepção. Realização de exame de DNA. Negativa de ascendência biológica. Ação anulatória de paternidade julgada procedente. Nulidade do registro civil de nascimento. Inobservância do dever de cuidado. Reparação devida. Danos materiais. Ressarcimento dos gastos despendidos em razão do ato culposo da ré. Exclusão das verbas alimentares e dos honorários advocatícios contratuais. Indenização por danos morais devida. Sentença reformada. Recurso parcialmente provido" (TJPR, Apelação Cível 1512390-1, 8.ª Câmara Cível, Curitiba, Rel. Des. Clayton de Albuquerque Maranhão, j. 28.07.2016, *DJPR* 24.08.2016, p. 457).

"Direito Civil e Processual Civil. Indenização por danos morais. Violação aos deveres matrimoniais. Descumprimento do dever de fidelidade, respeito e lealdade. Cônjuge virago. Relação extraconjugal. Demonstração inequívoca. Fato incontroverso. Filho gerado na constância do casamento. Paternidade presumida do marido. Elisão. Exame de DNA. Ofensa à honra e à reputação do cônjuge. Abalo psíquico intenso. Sofrimento, dor e desgosto. Dano moral. Qualificação. Dignidade da pessoa humana. Compensação pecuniária devida. *Quantum*. Conformação aos princípios da razoabilidade e da proporcionalidade. Sentença reformada" (TJDF, Apelação 2014.01.1.084253-7, Acórdão 937441, 1.ª Turma Cível, Rel. Des. Teófilo Caetano, *DJDFTE* 04.05.2016, p. 230).

O desrespeito à boa-fé é flagrante em todas as hipóteses fáticas apontadas, pela aplicação do conceito parcelar da máxima *tu quoque*, destacada como a fórmula que veda que a pessoa crie uma situação para dela tirar proveito. Segundo Menezes Cordeiro, "a fórmula *tu quoque* traduz, com generalidade, o aflorar de uma regra pela qual a pessoa que viole uma norma jurídica poderia, sem abuso, exercer a situação jurídica que essa mesma norma lhe tivesse atribuído".[42] A *tu quoque* ainda é relacionada pela doutrina com a *regra de ouro cristã*, que enuncia: não faça com o outro o que você não faria contra si mesmo.[43]

A encerrar a temática do engano quanto à prole, a sua problemática deve ser debatida diante da entrada em vigor da Lei n. 11.804, de 05.11.2008, conhecida como *Lei dos Alimentos Gravídicos,* disciplinando o direito de alimentos da mulher gestante (art. 1.º). Os citados alimentos gravídicos, nos termos da lei, devem compreender os valores suficientes para cobrir as despesas adicionais do período de gravidez e que sejam dela decorrentes, da concepção ao parto, inclusive as referentes a alimentação especial, assistência médica e psicológica, exames complementares, internações, parto, medicamentos e demais prescrições preventivas e terapêuticas indispensáveis, a juízo do médico, além de outras que o juiz considere como pertinentes (art. 2.º).

---

[42] MENEZES CORDEIRO, António Manuel da Rocha. *A boa-fé no Direito Civil*. Coimbra: Almedina, 2001. p. 837.

[43] GODOY, Claudio Luiz Bueno de. *Função social do contrato*. De acordo com o novo Código Civil. São Paulo: Saraiva, 2004. p. 88.

Merece comentário o veto da previsão projetada no art. 10 para a Lei dos Alimentos Gravídicos, que assim dispunha: "em caso de resultado negativo do exame pericial de paternidade, o autor responderá, objetivamente, pelos danos materiais e morais causados ao réu. Parágrafo único. A indenização será liquidada nos próprios autos".

O comando proposto foi vetado pelo Presidente da República, uma vez que criaria, supostamente de forma inconveniente, uma nova hipótese de responsabilidade objetiva, ou seja, sem culpa, da mulher que engana o homem quanto à paternidade. Foram as razões do veto: "trata-se de norma intimidadora, pois cria hipótese de responsabilidade objetiva pelo simples fato de se ingressar em juízo e não obter êxito. O dispositivo pressupõe que o simples exercício do direito de ação pode causar dano a terceiros, impondo ao autor o dever de indenizar, independentemente da existência de culpa, medida que atenta contra o livre exercício do direito de ação".

Com o devido respeito à posição em contrário, por todo o raciocínio aqui exposto, o veto presidencial em nada muda a solução que deve ser dada aos casos de enganos cientes na gravidez, mormente das esposas com relação aos seus maridos e companheiros. Pela violação da boa-fé objetiva e pelo flagrante abuso de direito, haverá o seu dever de indenizar. E, conforme antes mencionado, segundo a melhor doutrina, o abuso de direito gera uma responsabilidade objetiva, sem culpa do agente abusador, pois essa deve ser a consequência quando a boa-fé objetiva não é atendida ou respeitada.

2.5. A publicidade abusiva como abuso de direito

O conceito de publicidade abusiva pode ser encontrado no art. 37, § 2.º, do Código de Defesa do Consumidor (Lei n. 8.078/1990), cuja transcrição merece realce, para os devidos aprofundamentos: "é abusiva, dentre outras a publicidade discriminatória de qualquer natureza, a que incite à violência, explore o medo ou a superstição, se aproveite da deficiência de julgamento e experiência da criança, desrespeita valores ambientais, ou que seja capaz de induzir o consumidor a se comportar de forma prejudicial ou perigosa à sua saúde ou segurança".

Não se olvide que a norma traz apenas um rol exemplificativo de abusividades, o que não afasta outros eventuais enquadramentos, de acordo com as mudanças dos valores da coletividade. Como bem explica Fábio Ulhoa Coelho, a publicidade abusiva é aquela que agride os valores sociais, presente uma conduta socialmente reprovável de abuso. E ilustra:

> "O fabricante de armas não pode promover o seu produto reforçando a ideologia da violência como meio de solução dos conflitos, ainda que esta solução resultasse suficiente, em termos mercadológicos, junto a determinados segmentos da sociedade, inclusive os consumidores de armamentos. Também é abusiva a publicidade racista, sexista, discriminatória e lesiva ao meio ambiente".[44]

---

[44] COELHO, Fábio Ulhoa. *Manual de Direito Comercial*. Direito de empresa. 18. ed. São Paulo: Saraiva, 2007. p. 104.

Deve ficar claro que a publicidade abusiva não se confunde com a enganosa, que é aquela que induz o consumidor a erro, nos termos do § 1.º do mesmo art. 37 do CDC.

Diante do seu conteúdo, muitas vezes agressivo, a publicidade abusiva pode gerar a responsabilidade civil das pessoas envolvidas, nos moldes das premissas já expostas. Isso sem falar das penalidades administrativas, como a imposição de pesadas multas pelos órgãos legitimados ou a necessidade de a empresa fazer a *contrapublicidade,* tratada pela lei como *contrapropaganda.*

Estipula o *caput* do art. 60 do CDC que a imposição de contrapropaganda será cominada quando o fornecedor incorrer na prática de publicidade enganosa ou abusiva, sempre às expensas do infrator. Em complemento, prevê a mesma norma que a contrapropaganda será divulgada pelo responsável da mesma forma, frequência e dimensão e, preferencialmente no mesmo veículo, local, espaço e horário, de forma capaz de desfazer o malefício da publicidade enganosa ou abusiva (art. 60, § 1.º).

A título de ilustração de publicidade que acabou sendo proibida, cite-se julgado notório do Egrégio Tribunal de Justiça do Estado de São Paulo, o qual considerou ser abusiva uma publicidade que incitava as crianças à destruição de tênis velhos, os quais deveriam ser substituídos por outros novos, situação tida como incentivadora da violência, abusando da inocência das crianças:

> "Ação civil pública. Publicidade abusiva. Propaganda de tênis veiculada pela TV. Utilização da empatia da apresentadora. Induzimento das crianças a adotarem o comportamento da apresentadora destruindo tênis usados para que seus pais comprassem novos, da marca sugerida. Ofensa ao art. 37, § 2.º, do CDC. Sentença condenatória proibindo a veiculação e impondo encargo de contrapropaganda e multa pelo descumprimento da condenação. Contrapropaganda que se tornou inócua ante o tempo já decorrido desde a suspensão da mensagem. Recurso provido parcialmente" (TJSP, Apelação Cível 241.337-1, 3.ª Câmara de Direito Público, São Paulo, Rel. Ribeiro Machado, j. 30.04.1996, v.u.).

Pela ementa transcrita, nota-se que houve um enquadramento da prática como um mau costume, conceito que mantém relação íntima com o texto encontrado no art. 187 do CC/2002, que traz os elementos configuradores do abuso de direito. Como se percebe, como a publicidade envolve valores coletivos em sentido amplo, cabe o manejo das medidas de tutela pela ação civil pública, inclusive com a atribuição de indenização por danos morais coletivos ou difusos, categorias que ainda serão abordadas nesta obra, em capítulos distintos.

A propósito, em 2016, surgiu precedente importante sobre a publicidade infantil no Superior Tribunal de Justiça. A Corte entendeu pela sua proibição, pelo fato de vincular a aquisição de brindes ao consumo exagerado do produto (STJ, REsp 1.558.086/SP, 2.ª Turma, Rel. Min. Humberto Martins, j. 10.03.2016, *DJe* 15.04.2016). Tal forma de julgar está aprofundada no Capítulo 8 desta obra, que trata da responsabilidade civil regida pelo Código de Defesa do Consumidor.

Outro exemplo de abusividade envolve a publicidade discriminatória, prevista expressamente no texto consumerista, o que gera muitas vezes discussões administrativas. Entre as decisões do Conselho Nacional de Regulamentação Publicitária (CONAR), pode ser extraída ementa do ano de 2009, que tratou de preconceito contra os portugueses. Transcreve-se a decisão para as devidas reflexões:

"'Arno Laveo'. Representação n. 441/08. Autor: CONAR, a partir de queixa do consumidor. Anunciante: Arno. Relatora: Conselheira Cristina de Bonis. Segunda Câmara. Decisão: Arquivamento. Fundamento: art. 27, n. 1, letra *a* do Rice. Consumidora de Santo André, no ABC paulista, reclamou ao CONAR do comercial de TV veiculado pela Arno. De acordo com a queixa, no referido anúncio há menção desmerecedora e até mesmo discriminatória com relação a determinada etnia, pelo uso de música típica portuguesa associada à conduta pouco inteligente. Além disso, a publicidade, segundo a denúncia, apresenta falta de cuidado dos protagonistas, que acabam provocando a queda de objeto do alto do prédio. Para a consumidora, embora a situação tenha sido utilizada como recurso humorístico, pode constituir-se exemplo inadequado de comportamento perigoso. A defesa alega que o comercial, entendido em seu verdadeiro sentido, nada tem que possa ser considerado um desrespeito aos portugueses, até porque não existe nenhuma menção à origem dos personagens. Segundo o anunciante, trata-se de uma mensagem lúdica e bem-humorada, na qual aparece uma cena caricata, fantasiosa, de um casal que tenta lavar um ventilador com uma mangueira. O apelo, como argumenta a defesa, apenas ajuda a demonstrar os benefícios do produto, o ventilador Laveo, fácil de desmontar e lavar. O relator concordou com esta linha de argumentação, considerando, em seu parecer, que o comercial revela uma situação absurda e que não há como afirmar que se trata de uma melodia portuguesa, o que descaracteriza a tese da discriminação. Os membros do Conselho de Ética acolheram por unanimidade o voto pelo arquivamento da representação".

A decisão administrativa parte da premissa de que a mera intenção de brincar (*animus jocandi*), sem maiores consequências de lesão a valores coletivos, não configura a publicidade abusiva. Nessa mesma linha decidiu o Tribunal de Justiça de São Paulo, em acórdão resumido na seguinte ementa:

"Código de Defesa do Consumidor. Propaganda abusiva. Multa. Proporcionalidade. Autuação e imposição de multa em razão de propaganda considerada abusiva, que, nos termos do art. 37, § 2.º, do Código de Defesa do Consumidor, é 'a que incite à violência, explore o medo ou a superstição, se aproveite da deficiência de julgamento e experiência da criança, desrespeita valores ambientais, ou que seja capaz de induzir o consumidor a se comportar de forma prejudicial ou perigosa à sua saúde ou segurança'. Descaracterização. Peça publicitária que procurou explorar de forma jocosa determinada situação, não cabendo subsunção ao citado disposto legal. Recurso provido" (TJSP, Apelação com Revisão 558.085.5/0, Acórdão 2518907, 7.ª Câmara de Direito Público, São Paulo, Rel. Des. Nogueira Diefenthaler, j. 10.03.2008, *DJESP* 19.06.2008).

Como se pode notar pelas últimas decisões transcritas, a verdade é que a configuração da publicidade abusiva dificilmente ocorre na prática, pois houve um aumento de conscientização das empresas patrocinadoras, nos últimos tempos, com relação à sua vedação. De toda sorte, se presente o abuso de direito, devem ser impostas as amplas sanções estabelecidas pelo Código Brasileiro de Defesa do Consumidor e pelo art. 187 do Código Civil em vigor.

2.6. O abuso de direito no âmbito trabalhista

Como se verá de forma mais aprofundada no Capítulo 11, a vedação do abuso de direito em sede trabalhista tem se tornado comum, com vários julgados afastando a sua prática, particularmente com a imposição de sanções àqueles que o cometem. O exemplo típico de caracterização do abuso de direito na área trabalhista ocorre no caso de abuso na greve, conforme o art. 9.º, § 2.º, da CF/1988. Sobre o tema, pronunciou-se o Supremo Tribunal Federal:

> "O direito à greve não é absoluto, devendo a categoria observar os parâmetros legais de regência. Descabe falar em transgressão à Carta da República quando o indeferimento da garantia de emprego decorre do fato de se haver enquadrado a greve como ilegal" (STF, RE 184.083, Rel. Min. Marco Aurélio, *DJ* 18.05.2001).

Entre os vários acórdãos do Tribunal Superior do Trabalho, merece destaque o que considerou como abusiva a greve em que professores ocuparam a sede da Prefeitura Municipal. Vejamos os termos do *decisum*:

> "Conquanto observados os requisitos formais da Lei de Greve, partindo-se da premissa de que a educação não se insere entre as atividades essenciais para os fins do art. 10 da Lei n.º 7.783/89, por lhe faltar o sentido de urgência, que marca as demais atividades ali expressamente consignadas, o caso aponta para abusividade da greve, por excesso de conduta. É incontroverso nos autos que os professores ocuparam a Prefeitura, com o propósito de lá permanecer até que o Poder Executivo cedesse ao aumento salarial nos moldes reivindicados. Não se pode ter como pacífica a ocupação da propriedade privada ou pública do empregador. A invasão, por si só, já consiste em ato belicoso, independentemente de resultar em dano efetivo à pessoa ou ao patrimônio, riscos inerentes à ação. Trata-se de atitude reprovável, contrária ao direito de greve, conforme deixa claro o art. 6.º, § 1.º, da Lei n.º 7.783/89. Mantida a declaração de abusividade da greve, por fundamento diverso" (TST, RO 5276420155050000, Seção Especializada em Dissídios Coletivos, Rel. Maria de Assis Calsing, j. 14.12.2015, *DEJT* 18.12.2015).

Sem prejuízo dessa hipótese, na doutrina, Edilton Meireles aponta vários exemplos de cláusulas e práticas abusivas no contrato de trabalho, tais como: a remuneração aviltante, a presença de multas contratuais abusivas, a previsão de adicional de assiduidade, a previsão de cláusula de prorrogações sucessivas do contrato provisório, a elaboração de listas de maus empregados, o assédio moral, o rompimento contratual abusivo e o abuso ao não contratar o empregado.[45]

Partindo-se para as condutas abusivas do empregador no âmbito da relação individual do trabalho, o Tribunal Regional do Trabalho da 2.ª Região, com sede em São Paulo, entendeu pela caracterização do abuso de direito em um caso em que o empregador dispensou um empregado doente. O Tribunal Trabalhista assim concluiu, pois a dispensa do empregado, que seria afastado em virtude de doença profissional, excede os limites da boa-fé objetiva, regramento básico da teoria geral dos contratos e que deve ser aplicado aos contratos de trabalho. Presente o abuso de direito, há o dever de indenizar os danos morais.

Segundo apontou a Juíza Catia Lungov, relatora do recurso ordinário naquele Tribunal, a empresa cometeu ato ilícito, "pois exerceu direito que excedeu os limites da boa-fé, que norteia a celebração dos contratos em geral, inclusive os de trabalho, consoante estipula o Código Civil em vigor". Ainda segundo a relatora, "restou configurada a imposição de dor moral desproposital ao trabalhador, eis que dispensado quando sem qualquer condição de procurar nova colocação no mercado de trabalho, quando, ao contrário, tinha direito a benefício previdenciário que a atividade da empregadora dificultou e procrastinou. (...) Nesse sentido, faz *jus* o autor a indenização por dano moral, que fixo no importe de R$ 3.000,00, compatível com os salários que seriam devidos, considerado o lapso desde a data em que findou o afastamento médico (29.01.2002) até a da concessão do benefício previdenciário (26.03.2002)" (TRT da 2.ª Região, RO 01036.2002.036.02.00-0, 7.ª Turma, julgado em março de 2005). Filia-se integralmente à decisão, que traz *diálogo* interessante entre as normas de Direito do Trabalho, o Código Civil e a própria Constituição Federal (*diálogo das fontes*).

A propósito, o Tribunal Superior do Trabalho seguiu a mesma linha, por considerar presente o abuso de direito do empregador que dispensou empregado pelo simples fato de ser portadora de Hepatite C. Vejamos a ementa do acórdão, em destaque:

> "A dispensa arbitrária de empregado portador de doença grave, considerada como tal aquela estigmatizante ou que gere preconceito, presume-se como abuso de direito e, por corolário, ato ilícito (artigo 187 do CC), na medida em que vai de encontro aos princípios da dignidade da pessoa humana, do valor social do trabalho e da função social da empresa (artigos 1.º, III e IV, e 170, caput e III, da Constituição Federal). Admite-se, por outro lado a dispensa de portador de doença grave quando não arbitrária, a qual se dá, nos termos do artigo 165 da CLT, quando por motivo disciplinar, técnico, econômico ou financeiro. Em havendo dispensa por justa causa, como o motivo disciplinar consta da rescisão contratual, não caberá falar em presunção de dispensa discriminatória. Na hipótese de despedida sem justa causa, por outro lado, a prova de que a dispensa não foi arbitrária, pois fundada em motivo técnico, econômico ou financeiro, incumbe ao empregador, por ser fato impeditivo do direito pretendido pelo reclamante, bem como em face do

---

[45] MEIRELES, Edilton. *Abuso do direito na relação de emprego.* São Paulo: LTr, 2005.

princípio da aptidão para a prova. Daí por que se presume discriminatória a mera dispensa sem justa causa de portador de doença grave (Súmula n.º 443 do C. TST). No caso dos autos, o fato de que a comunicação da dispensa se deu antes de a autora ter informado à empregadora que era portadora de Hepatite C não justifica a dispensa imotivada e, portanto, não tem o condão de afastar a presunção de discriminação" (TST, RR 0000979-71.2013.5.02.0083, 6.ª Turma, Rel. Min. Aloysio Corrêa da Veiga, *DEJT* 19.12.2016, p. 5996).

Ainda para ilustrar, voltando ao Tribunal do Trabalho da 2.ª Região, entendeu-se pela configuração do abuso de direito em caso envolvendo a dispensa de empregado e a posterior declaração vexatória por parte do empregador. A ementa do julgado merece transcrição, como exemplo interessante de aplicação da tese do abuso de direito na fase pós-contratual do contrato de trabalho:

"Dano moral. Justa causa reconhecida. Publicidade vexatória dos fatos da dispensa. Indenização devida pelo empregador. Ainda que reconhecida judicialmente a falta grave, não há como confundir a prática da dispensa por justa causa, plenamente compatível com o legítimo exercício do *jus variandi*, com os danos morais decorrentes da divulgação dos fatos da dispensa pelo empregador, com vistas a produzir a execração pública do empregado. Não pode a empresa, sob pena de caracterização do *bis in idem*, impor penalização adicional que submeta o trabalhador a formas diretas ou indiretas de exclusão. Todo ser humano tem direito à preservação da sua integridade física, moral e intelectual. Mesmo faltoso, processado ou até condenado criminalmente, o trabalhador mantém íntegros e invioláveis os direitos inerentes à sua personalidade e dignidade, afetos aos fundamentos da República (CF/1988, arts. 1.º, III, e 5.º, III e X). O Código Civil de 2002 assegura os direitos da personalidade, que por sua expressão são irrenunciáveis (art. 11) e reparáveis, sempre que lesados (art. 12). *In casu*, a referência nominal ao reclamante, em carta aberta 'a quem possa interessar', encaminhada pelo empregador a amigos e clientes, contendo informações explícitas sobre a dispensa, prática de irregularidades e abertura de inquérito policial, configura abuso de direito, com lesão objetiva à personalidade do autor. Aqui o dano moral se reconhece não pela demissão por justa causa, que até restou confirmada, mas sim pela publicidade nominal, vexatória, desnecessária e claramente persecutória, dos fatos da dispensa e do inquérito policial logo a seguir arquivado, afetando a integridade moral do empregado perante a sociedade e o mercado de trabalho" (TRT 2.ª Região, Recurso Ordinário, Processo 00657-2000-064-02-00-3/2003, Acórdão 20050288908, 4.ª Turma, Rev. Vilma Mazzei Capatto, Rel. Ricardo Artur Costa e Trigueiros, j. 10.05.2005, Data de publicação 20.05.2005).

Como último exemplo a ser tratado neste capítulo – sem prejuízo de outros que ainda serão neste livro abordados, no seu Capítulo 11 –, a jurisprudência do Tribunal Superior do Trabalho tem enquadrado a revista íntima no conceito de abuso de direito. Há, contudo, no âmbito da Corte, um debate a respeito da possibilidade de fiscalização do conteúdo de mochilas, sacolas e bolsas dos empregados, indiscriminadamente e sem qualquer contato físico. Para a Corte, prevalece a posição de que não se trata de revista íntima, pois "não caracteriza ofensa à honra ou à intimidade de pessoa, capaz de gerar dano moral passível de reparação" (por todos: TST, RR 0000997-27.2014.5.19.0005, 7.ª Turma, Rel. Min. Douglas Alencar Rodrigues, *DEJT* 02.12.2016, p. 2114).

No entanto, há quem pense de forma contrária no Tribunal Superior. A título de exemplo, a posição ressalvada no julgamento a seguir, que analisa outra hipótese, pela presença da revista íntima em caso de especial gravidade:

"O entendimento da relatora é no sentido de que, considerando que bolsas, sacolas e mochilas constituem extensão da intimidade do empregado, a revista, em si, ainda que apenas visual, é abusiva, pois o expõe, de forma habitual, a uma situação constrangedora, configurando prática passível de reparação civil (arts. 1.º, III, e 5.º, V e X, da Constituição Federal). Entretanto, o entendimento prevalecente nesta Corte é de que a revista visual de bolsas e pertences, de forma impessoal e indiscriminada, não constitui ato ilícito do empregador. No caso concreto, no entanto, o Tribunal Regional consignou que a reclamada, nas razões do recurso ordinário, confessou que não se mostra absurdo imaginar que, eventualmente, sem intenção, a região glútea ou até mesmo a virilha dos empregados revistados fossem tocadas, jamais apalpadas, como ocorre em qualquer revista sofrida em *shows* etc. O toque não ocorre de forma proposital, com o intuito de causar qualquer vexame ao revistado. Assim, em razão das premissas fáticas registradas pelo Tribunal Regional, insuscetíveis de reexame, conforme a Súmula n.º 126 do TST, a reclamada ofendeu a dignidade do reclamante ao realizar revista com contato físico na região glútea e na virilha dos empregados, ainda que eventualmente, caracterizando abuso de direito pelo empregador, o que enseja o pagamento de indenização por danos morais" (TST, RR 0152100-60.2009.5.19.0004, 2.ª Turma, Rel. Min. Delaíde Miranda Arantes, *DEJT* 09.12.2016, p. 563).

A temática relativa a esse caso concreto será retomada em capítulo próprio da obra (Capítulo 11), com o estudo de outros exemplos de análise do abuso de direito no âmbito trabalhista.

2.7. O *spam* e abuso de direito

O Direito Digital ou Eletrônico ainda está em vias de formação, como qualquer ciência relacionada à grande rede, a internet. A expressão *Direito Digital* é utilizada pela especialista Patrícia Peck Pinheiro, que leciona: "o Direito Digital consiste na evolução do próprio Direito, abrangendo todos os princípios fundamentais e institutos que estão vigentes e são aplicados até hoje, assim como introduzindo novos institutos e elementos para o pensamento jurídico, em todas as suas áreas (Direito Civil, Direito Autoral, Direito Comercial, Direito Contratual, Direito Econômico, Direito Financeiro, Direito Tributário, Direito Penal, Direito Internacional etc.)".[46]

Sem prejuízo da legislação específica, caso da Lei n. 12.965/2014 – Marco Civil da Internet –, deve-se compreender que o atual Código Civil hoje pode ser perfeitamente aplicado aos contratos e outros tipos de inter-relação eletrônicos

---

[46] PINHEIRO, Patrícia Peck. *Direito digital*. 2. ed. São Paulo: Saraiva, 2008. p. 29.

ou digitais, sendo correto o raciocínio de aplicar as regras gerais de responsabilidade civil às situações que envolvem a internet, como no caso do instituto do abuso de direito, previsto no art. 187 da nova norma privada.

Seja como for, atendendo ao pedido do Presidente do Senado Federal, Rodrigo Pacheco, a Comissão de Juristas nomeada no âmbito do Congresso Nacional enviou propostas de inclusão, no Código Civil, de um novo livro, denominado "Direito Civil Digital". Essa foi uma das razões principais apontadas para se empreender este trabalho de atualização, com o fim de colocar o Código Civil na era digital e trazer maior certeza e segurança jurídica para o Direito Privado.

Nos termos da norma projetada para a abertura deste livro, "o direito civil digital, conforme regulado neste Código, visa a fortalecer o exercício da autonomia privada, a preservar a dignidade das pessoas e a segurança de seu patrimônio, bem como apontar critérios para definir a licitude e a regularidade dos atos e das atividades que se desenvolvem no ambiente digital". Como não poderia ser diferente, o novo livro tratará de temas relativos à responsabilidade civil digital, assunto que necessita de profundas e urgentes alterações, como será desenvolvido em capítulos próprios desta obra.

De todo modo, como exemplo anterior e sempre presente nas minhas aulas e escritos da aplicação do conceito de abuso de direito para o ambiente digital, sempre citei o *spam*, que nada mais é do que o envio ao consumidor-usuário de publicidade de serviços ou produtos, sem que esta tenha sido solicitada. A origem da expressão está no conhecido enlatado americano de presunto, comumente distribuído em tempos de crise ou para pessoas de baixo poder econômico, tido como algo indigesto, como é a mensagem eletrônica não solicitada.

Sempre defendi que esse ato de envio constitui abuso de direito – assemelhado ao ato ilícito pelas eventuais consequências –, eis que o usuário da internet não a solicita, não fornece seu endereço virtual, e, apesar disso, recebe em sua caixa de correio eletrônico convites a aderir aos mais variados planos, produtos, grupos, jogos, serviços, entre outros. Após receber tais mensagens, o usuário perderá um bom tempo selecionando, lendo e excluindo aquelas inúmeras mensagens indesejadas.

Pela falência que pode gerar à internet, deve-se entender que o *spam* contraria o fim social e econômico da *grande rede*, o que de imediato serve para enquadrar a prática como abuso de direito ou ato emulativo. Também é forçoso concluir que a conduta dos *spammers* é atentatória à boa-fé objetiva. Uma pessoa que nunca solicitou a mensagem mesmo assim a recebe, o que está distante da probidade e lealdade que se espera das relações interpessoais, ainda que sejam virtuais. O destinatário recebe de um fornecedor, para o qual ele nunca deu seu endereço virtual, um *e-mail* que se mostra totalmente irrelevante e dispensável.

Em suma, indeclinável em algumas situações o dano material que acaba por atingir interesses da pessoa, caso do seu tempo, hoje tão escasso. Pelo fato de o *spam* produzir também lesão a direitos personalíssimos, deve ser concluído que cabe ao prejudicado o pedido de que a prática cesse, ou a reclamação de perdas e danos, conforme regra expressa do art. 12 do Código Civil. Ilustrando, imagine-se a hipótese de alguém que recebe um *e-mail* não solicitado em seu computador, infectado por um vírus, fazendo que se perca um trabalho acadêmico escrito há cerca de dois anos. Sem dúvida que caberá a indenização material e moral em casos tais.

Apesar de todo esse raciocínio, infelizmente nossa jurisprudência muitas vezes não tem condenado o *spam* como abuso de direito a gerar o dever de indenizar. A título de exemplo, é interessante transcrever julgado do Tribunal de Justiça do Distrito Federal, com o qual não se filia, particularmente pela menção à responsabilidade subjetiva:

> "Civil. Ação de indenização por danos morais. Mensagens eletrônicas indesejadas ou não solicitadas. *Spam*. Ilícito não configurado. Incidência do CDC aos negócios eletrônicos (e-commerce). Apreciação. Propaganda abusiva ou enganosa. Inexistência. Responsabilidade objetiva. Inaplicabilidade. Demonstração de culpa ou dolo. Exigência. Intangibilidade da vida privada, da intimidade, da honra e da imagem. Violação não demonstrada. 1. O simples envio de *e-mails* não solicitados, ainda que dotados de conotação comercial, não configura propaganda enganosa ou abusiva, a fazer incidir as regras próprias do CDC. 2. A eventual responsabilidade pelo envio das mensagens indesejadas rege-se pela teoria da responsabilidade subjetiva. 3. Não há falar em dano moral quando não demonstrada a violação à intimidade, à vida privada, à honra e à imagem. 4. Apelo provido. Sentença reformada" (TJDF, Apelação Cível 20040111151542, Acórdão 227.275, 4.ª Turma Cível, Rel. Cruz Macedo, j. 22.08.2005, *DJDF* 11.10.2005, p. 138).

Por estar em sentido próximo, lamenta-se igualmente o teor de *decisum* do Superior Tribunal de Justiça, assim ementado, que trata o *spam* como mero aborrecimento:

> "Internet. Envio de mensagens eletrônicas. *Spam*. Possibilidade de recusa por simples deletação. Dano moral não configurado. Recurso especial não conhecido. 1. Segundo a doutrina pátria, 'só deve ser reputado como dano moral a dor, vexame, sofrimento ou humilhação que, fugindo à normalidade, interfira intensamente no comportamento psicológico do indivíduo, causando-lhe aflições, angústia e desequilíbrio em seu bem-estar. Mero dissabor, aborrecimento, mágoa, irritação ou sensibilidade exacerbada estão fora da órbita do dano moral, porquanto tais situações não são intensas e duradouras, a ponto de romper o equilíbrio psicológico do indivíduo'. 2. Não obstante o inegável incômodo, o envio de mensagens eletrônicas em massa – *spam* – por si só não consubstancia fundamento para justificar a ação de dano moral, notadamente em face da evolução tecnológica que permite o bloqueio, a deletação ou simplesmente a recusa de tais mensagens. 3. Inexistindo ataques a honra ou a dignidade de quem recebe as mensagens eletrônicas, não há que se falar em nexo de causalidade a justificar uma condenação por danos morais. 4. Recurso especial não conhecido" (STJ, REsp 844.736/DF, 4.ª Turma, Rel. Min. Luis Felipe Salomão, Rel. p/ Acórdão Min. Honildo Amaral de Mello Castro (Desembargador Convocado do TJAP), j. 27.10.2009, *DJe* 02.09.2010).

Mais recentemente, concluiu o Tribunal paulista na mesma linha, constando da ementa:

"Inexistência de prova cabal e idônea do descumprimento do contrato no tocante à prática de *spam*. Demonstração pelos autores de que o cliente tinha a opção de solicitar a sua exclusão da lista que recebia as mensagens com as propagandas das viagens. Cancelamento da conta indevido. Lucros cessantes não identificados com precisão nos autos. Prejuízos extrapatrimoniais não verificados. Intercorrência obrigacional e adversidade negocial do cotidiano, sem reflexo na personalidade jurídica da agência e na imagem social do seu sócio. Recurso parcialmente provido, acolhido em parte o agravo retido" (TJSP, Apelação 1003081-23.2015.8.26.0451, Acórdão 10020123, 38.ª Câmara de Direito Privado, Piracicaba, Rel. Des. César Santos Peixoto, j. 23.11.2016, *DJESP* 05.12.2016).

A grande maioria dos arestos segue a mesma linha, julgando pela presença de mero aborrecimento em casos tais (ver, ainda: TJRS, Recurso Cível 0026860-23.2015.8.21.9000, 2.ª Turma Recursal Cível, Alegrete, Rel. Des. Vivian Cristina Angonese Spengler, j. 28.10.2015, *DJERS* 04.11/.2015; e TJRS, Recurso Cível 0026897-50.2015.8.21.9000, 1.ª Turma Recursal Cível, Alegrete, Rel. Des. José Ricardo de Bem Sanhudo, j. 02.09.2015, *DJERS* 09.09.2015).

Todavia, a questão não é pacífica na jurisprudência, eis que há decisões em sentido contrário, pela responsabilidade civil pelo envio do *spam*, como a seguinte, do Tribunal de Justiça de Rondônia:

"Indenizatória. Provedor de internet. Ataque de *spam*. Origem das mensagens. Comprovação. Dano material. Configuração. Pessoa jurídica. Honra objetiva. Ofensa ausente. Dano moral. Não configuração. Comprovada a origem das mensagens que configuraram ataque de *spam*, que obrigou o provedor de internet a adotar medidas para recuperação do normal funcionamento do acesso à rede mundial de computadores para seus clientes, são indenizáveis os danos materiais daí decorrentes. Inexiste direito à indenização por dano moral para a pessoa jurídica quando não comprovada ofensa à sua honra objetiva, caracterizada pela fama, conceito e credibilidade que passa ao mercado consumidor" (TJRO, Acórdão 100.007.2001.004353-1, 2.ª Câmara Cível, Rel. Des. Marcos Alaor Diniz Grangeia, j. 29.03.2006).

Como se pode perceber, o aresto destacado reconhece a presença de danos materiais na hipótese fática, pois foram provados pelo autor, mas não de danos morais. Entendo, em verdade, que, se o *spam* gerar um dano efetivamente presente, seja ele patrimonial ou extrapatrimonial, perfeitamente possível a sua reparação pela presença do abuso de direito (arts. 187 e 927, *caput*, do CC).

Cabe ressaltar que o antigo Projeto de Lei n. 281/2012 – uma das projeções que visa à Reforma do CDC – pretende incluir proibição expressa ao *spam*, no sentido de que "é vedado ao fornecedor de produto ou serviço enviar mensagem eletrônica não solicitada a destinatário que: I – não possua relação de consumo anterior com o fornecedor e não tenha manifestado consentimento prévio e expresso em recebê-la; II – esteja inscrito em cadastro de bloqueio de oferta; III – tenha manifestado diretamente ao fornecedor a opção de não recebê-la" (proposta de inserção do art. 45-F pelo PL n. 3.514/2015, atualmente apensado ao PL 4906/2001, na Lei n. 8.078/1990).

Espera-se a aprovação do citado projeto legislativo, para que não pairem mais dúvidas a respeito da presença desse abuso de direito, e do correspondente dever de indenizar os danos sofridos no caso concreto, sobretudo nas relações de consumo.

Ademais, o projeto de Reforma do Código Civil, em várias de suas proposições, protege a intimidade e a privacidade das pessoas no âmbito da *internet*. Destaco, a propósito, a seguinte proposta, que ainda não tem numeração, assim como os demais artigos do novo livro: "a tutela dos direitos de personalidade, como salvaguarda da dignidade humana, alcança outros direitos e deveres que surjam do progresso tecnológico, impondo aos intérpretes dos fatos que ocorram no ambiente digital atenção constante para as novas dimensões jurídicas deste avanço".

Seguindo na análise das proposições, o dispositivo que enumera os fundamentos ou princípios da disciplina denominada *Direito Civil Digital* expressa como primeiro deles, "o respeito à privacidade, à proteção de dados pessoais e patrimoniais, bem como à autodeterminação informativa".

Até que a aprovação de uma dessas propostas de leis ocorra, a minha opinião doutrinária continua sendo que o *spam* pode ser considerado como abuso de direito e, presente o dano, caberá a consequente responsabilidade civil daquele que envia as mensagens de forma incontrolada.

3

RESPONSABILIDADE CIVIL CONTRATUAL. ESTUDO DO INADIMPLEMENTO OBRIGACIONAL E DE SUAS CONSEQUÊNCIAS

Sumário: 1. Introdução. Revendo o conceito de obrigação e as modalidades de inadimplemento – 2. Estudo do inadimplemento absoluto da obrigação – 3. Estudo do inadimplemento relativo ou mora. Classificação e efeitos: 3.1. Da mora *accipiendi, creditoris* ou *credendi*; 3.2. Da mora *solvendi, debitoris* ou *debendi*; 3.3. Da mora bilateral ou recíproca; 3.4. Da purgação da mora – 4. Da correção monetária como consequência da responsabilidade contratual – 5. Dos juros decorrentes do inadimplemento – 6. Da multa ou cláusula penal – 7. Das arras ou sinal.

1. INTRODUÇÃO. REVENDO O CONCEITO DE OBRIGAÇÃO E AS MODALIDADES DE INADIMPLEMENTO

Como exposto no Capítulo 1 desta obra, o conceito de obrigação é central para a compreensão da responsabilidade civil contratual, aquela relacionada com o seu inadimplemento ou descumprimento. Como é notório, tanto o Código Civil de 1916 como o Código Civil de 2002 não a definiram, sendo necessário buscar uma construção doutrinária do instituto.

Começando pelos *clássicos,* da obra de Clóvis Beviláqua extrai-se que a obrigação é a relação transitória de direito, que nos constrange a dar, fazer ou não fazer alguma coisa economicamente apreciável, em proveito de alguém, que por ato nosso ou de alguém conosco juridicamente relacionado, ou em virtude de lei, adquiriu o direito de exigir de nós essa ação ou omissão".[1] Para Washington de Barros Monteiro, a obrigação é "a relação jurídica, de caráter transitório, estabelecida entre devedor e credor e cujo objeto consiste numa prestação pessoal econômica, positiva ou negativa, devida pelo primeiro ao segundo, garantindo-lhe o adimplemento através de seu patrimônio".[2] Segundo Rubens Limongi França, "é o vínculo jurídico ou de equidade, pelo qual alguém está adstrito a, em benefício de outrem, realizar uma prestação".[3]

Partindo para os contemporâneos, Álvaro Villaça Azevedo assim define o instituto: "a obrigação é a relação jurídica transitória, de natureza econômica, pela qual o devedor fica vinculado ao credor, devendo cumprir determinada prestação positiva ou negativa, cujo inadimplemento enseja a este executar o patrimônio daquele para a satisfação de seu interesse".[4] De acordo com as lições de Pablo Stolze Gagliano e Rodolfo Pamplona Filho, obrigação é a "relação jurídica pessoal por meio da qual uma parte (devedora) fica obrigada a cumprir, espontânea ou coativamente, uma prestação patrimonial em proveito da outra (credor)".[5] Por fim, entre os *novos civilistas*, Cristiano Chaves de Farias e Nelson Rosenvald pontuam ser a obrigação uma "relação jurídica transitória, estabelecendo vínculos jurídicos entre duas diferentes partes (denominadas credor e devedor, respectivamente), cujo objeto é uma prestação pessoal, positiva ou negativa, garantido o cumprimento, sob pena de coerção judicial".[6]

Reunindo todos os pareceres expostos, conceitua-se a obrigação como a relação jurídica transitória, existente entre um sujeito ativo, denominado credor, e outro sujeito passivo, o devedor, e cujo objeto consiste em uma prestação situada no âmbito dos direitos pessoais, positiva ou negativa. Havendo o descumprimento ou inadimplemento obrigacional, poderá o credor satisfazer-se no patrimônio do devedor.

Desse modo, de acordo com essa construção, são elementos constitutivos da obrigação: *a)* elementos subjetivos ou pessoais: o credor (sujeito ativo) e o devedor (sujeito passivo); *b)* elemento objetivo imediato: a prestação; *c)* elemento imaterial, virtual ou espiritual: o vínculo existente entre as partes.

No que diz respeito aos elementos pessoais, o credor, como sujeito ativo, é aquele que tem na obrigação um direito subjetivo de exigir comportamento alheio. Por outra via, o devedor é justamente o que tem o dever jurídico de se comportar segundo o estabelecido em lei ou em contrato. Na contemporaneidade, predominam não as posições isoladas das partes, mas as hipóteses em que elas

---

[1] BEVILÁQUA, Clóvis. *Código Civil dos Estados Unidos do Brasil*, cit., p. 8.
[2] BARROS MONTEIRO, Washington de. *Curso de Direito Civil brasileiro*. São Paulo: Saraiva, 1979. v. IV, p. 8. O conceito do doutrinador é seguido por muitos outros autores contemporâneos, caso de Maria Helena Diniz (DINIZ, Maria Helena. *Curso de Direito Civil brasileiro*. Teoria geral das obrigações. 24. ed. São Paulo: Saraiva, 2009. v. 2, p. 29).
[3] LIMONGI FRANÇA, Rubens. *Instituições de Direito Civil*. 4. ed. São Paulo: Saraiva, 1996. p. 591.
[4] AZEVEDO, Álvaro Villaça. *Teoria geral das obrigações*. 8. ed. São Paulo: RT, 2000. p. 31.
[5] GAGLIANO, Pablo Stolze; PAMPLONA FILHO, Rodolfo. *Novo curso de Direito Civil*. 8. ed. São Paulo: Saraiva, 2007. v. II, p. 15.
[6] FARIAS, Cristiano Chaves; ROSENVALD, Nelson. *Direito das obrigações*, cit., p. 11.

são credoras e devedoras entre si, presente a proporcionalidade das prestações, o *sinalagma obrigacional*.

Quanto ao elemento objetivo, é dividido em imediato e mediato. O elemento imediato da obrigação, perceptível de plano, é a prestação economicamente apreciável, que pode ser de dar, de fazer e de não fazer, na tripla divisão que herdamos dos romanos. O elemento mediato, percebido mais a fundo na obrigação, é a coisa (na obrigação de dar), a tarefa (na de fazer) ou a abstenção (de não fazer), ou seja, é o bem jurídico tutelado.

Sob a perspectiva sobretudo do elemento objetivo obrigacional, o Professor Menezes Leitão, catedrático da Universidade de Lisboa, apresenta quatro características fundamentais da obrigação.[7] A primeira é a *patrimonialidade*, pois a obrigação deve ser avaliável em dinheiro ou em valor, tendo conteúdo econômico. A segunda é a *mediação* ou colaboração devida, uma vez "que o credor não pode exercer directa e imediatamente o seu direito, necessitando da colaboração do devedor para obter a satisfação do seu interesse".[8] Como terceira característica, há a *relatividade*, eis que a relação jurídica é estabelecida e gera efeitos entre os seus participantes (*res inter alios*). A quarta e última é a *autonomia*, pela existência de uma disciplina própria dentro do Direito Civil, qual seja o Direito das Obrigações, lecionada na grande maioria dos países do sistema da *Civil Law*.

Sobre a citada *patrimonialidade*, insta retomar que há uma tendência no Direito Civil contemporâneo em associar o conteúdo da obrigação a valores existenciais relativos à dignidade humana (*personalização*). Assim, são os contratos que trazem como conteúdo valores como a saúde e a moradia, protegidos pela Constituição Federal de 1988 (art. 6.º). Por isso, o descumprimento da obrigação pode gerar danos morais, na esteira do Enunciado n. 411, aprovado na *V Jornada de Direito Civil*, realizada pelo Conselho da Justiça Federal em novembro de 2011. Aprofundarei a questão em outros capítulos desta obra.

Partindo para o estudo do elemento imaterial, virtual da obrigação, trata-se do vínculo jurídico existente na relação obrigacional, ou seja, é o elo que sujeita o devedor à determinada prestação – positiva ou negativa –, em favor do credor, constituindo o liame legal que une as partes envolvidas à prestação. A melhor expressão desse vínculo está estabelecida no art. 391 do CC/2002, com a previsão segundo a qual os bens do devedor, com exceção dos impenhoráveis, respondem no caso de inadimplemento da obrigação. Esse dispositivo consagra o princípio da *responsabilidade patrimonial* do devedor, sendo certo que a prisão civil por dívidas não constitui regra de nosso ordenamento jurídico, mas exceção, cabível apenas contra o devedor de alimentos, por força do art. 5.º, inc. LXVII, da Constituição Federal de 1988.

Ainda quanto ao elemento imaterial obrigacional, deve-se compreender que está superada a *teoria monista* ou *unitária da obrigação*, pela qual esta seria

---

[7] MENEZES LEITÃO, Luis Manuel Telles de. *Direito das obrigações*. 5. ed. Coimbra: Almedina, 2006. v. I, p. 91-101.

[8] MENEZES LEITÃO, Luis Manuel Telles de. *Direito das obrigações*, cit., p. 94.

consubstanciada por um único elemento: o vínculo jurídico que une a prestação e os elementos subjetivos. Prevalece atualmente na doutrina contemporânea a *teoria dualista ou binária*, de origem alemã, pela qual a obrigação é concebida por uma relação débito e crédito. A teoria é atribuída, no Direito alemão e entre outros, a Alois Brinz, tendo sido desenvolvida no final do século XIX e sendo essencial para a compreensão do tema do inadimplemento e da responsabilidade contratual que dele deriva.

A superação daquela velha teoria pode ser percebida a partir do estudo dos dois elementos básicos da obrigação: o débito (*Schuld*) e a responsabilidade (*Haftung*), sobre os quais a obrigação se encontra estruturada.[9]

Inicialmente, o *Schuld* é o dever legal de cumprir com a obrigação, o dever existente por parte do devedor e sobre o qual incide o direito subjetivo do credor. Havendo o adimplemento da obrigação, surgirá apenas esse conceito. No entanto, por outro lado, se a obrigação não é cumprida, surgirá a responsabilidade, o *Haftung*. Didaticamente, pode-se utilizar a palavra *Schuld* como sinônima de *debitum* e *Haftung* de *obligatio*, seus correspondentes em latim.[10]

Sem dúvida, é possível identificar situação em que há *Schuld ohne Haftung* ou *debitum sine obligatio* (débito sem responsabilidade), qual seja a obrigação natural, que mesmo existente não pode ser exigida, pois é uma obrigação incompleta. Cite-se, a título de exemplo, a dívida prescrita, que pode ser paga – por existir –, mas não pode ser exigida. Tanto isso é verdade que, paga uma dívida prescrita, não caberá ação de repetição de indébito para reaver o valor, nos termos do que consta do art. 882 do Código Civil.

Por outro lado, haverá *Haftung ohne Schuld* ou *obligatio sine debitum* (responsabilidade sem débito) na fiança, garantia pessoal prestada por alguém (fiador) com relação a um determinado credor. O fiador assume uma responsabilidade, mas a dívida é de outra pessoa. O contrato de fiança é celebrado substancialmente entre fiador e credor. Por isso, pode ser celebrado sem o consentimento do devedor ou até contra a sua vontade (art. 820 do CC).

Justamente por tais possibilidades é que entendo, como parte da doutrina, que a *teoria monista* ou *unitária* se encontra superada, prevalecendo atualmente a *teoria dualista* ou *binária* da obrigação. A última visão, mais completa, acaba sendo a mais adequada para explicar o fenômeno contemporâneo obrigacional, principalmente nos casos descritos. Além disso, é possível visualizar o conceito de responsabilidade como consequência natural do inadimplemento, quando o débito não é cumprido.

Feitos tais esclarecimentos sobre o conceito de obrigação, de acordo com a visão clássica, que remonta ao Direito Romano, o inadimplemento em sentido genérico pode ocorrer em dois casos específicos, o que acabou sendo adotado pelo Código Civil de 2002 no capítulo que trata do inadimplemento.

---

[9] Sobre o tema, no Brasil: MARTINS-COSTA, Judith. *Comentários ao novo Código Civil*. Coordenação de Sálvio de Figueiredo Teixeira. Rio de Janeiro: Forense, 2003. v. V, t. I, p. 15-30.

[10] Como prefere, por exemplo: Orlando Gomes (*Obrigações*. 16. ed. atualizada por Edvaldo Brito. Rio de Janeiro: Forense, 2004. p. 18-20).

De início, há o *inadimplemento total ou absoluto*, a hipótese em que a obrigação não pode ser mais cumprida, tornando-se inútil ao credor. Além disso, a segunda modalidade de inadimplemento expressamente adotada é o *inadimplemento relativo, parcial, mora ou atraso*, situação em que há apenas um descumprimento parcial da obrigação, temporal ou por outro critério, que ainda pode ser cumprida pelo devedor.

Desse modo, o critério para distinguir a mora do inadimplemento absoluto da obrigação é a *utilidade* da obrigação para o credor, retirado do parágrafo único do art. 395 do Código Civil, segundo o qual, "se a prestação, devido à mora, se tornar inútil ao credor, este poderá enjeitá-la, e exigir a satisfação das perdas e danos". Fala-se, ainda, em *interesse útil do credor*, o que está mais bem adaptado à concepção dinâmica da obrigação, "que resulta na atenção ampla aos interesses legítimos das partes".[11]

Um primeiro exemplo clássico, sempre utilizado em minhas aulas, ilustra muito bem essa diferenciação. Imagine-se o caso em que alguém contratou a entrega de um bolo de noiva para o dia do seu casamento. A entrega foi pactuada para 19 horas, estando o casamento marcado para 20 horas e servindo o bolo como decoração do local da celebração. Até o primeiro horário não haverá mora ou inadimplemento caso o bolo não seja entregue. A partir das 19h01, haverá mora, pois a obrigação ainda pode ser cumprida. Entretanto, com a entrada da noiva na igreja, às 20h01, não havendo mais interesse quanto ao bolo, haverá inadimplemento absoluto. A obrigação, no último caso, tornou-se imprestável, inútil ao credor.

No passado, foi muito utilizado o exemplo de Carvalho Santos, difundido por Washington de Barros Monteiro, que é perfeito para elucidar a diferença entre as categorias: "Pedro compra de João mil sacas de café, para lhe serem entregues em determinado dia, véspera da partida de um navio, em que serão embarcadas para a Europa. Esse navio é o único apto a chegar a tempo certo no ponto de destino. Entretanto, só depois da partida do navio entrega o vendedor a mercadoria alienada".[12]

Por uma questão lógica, deve-se compreender que os efeitos decorrentes da mora são menores do que os efeitos do inadimplemento absoluto, eis que no segundo caso a obrigação não pode ser mais cumprida. Como consequência dessa afirmação, como ainda será aprofundado, os valores correspondentes à multa compensatória – para o inadimplemento absoluto – são maiores do que os relativos à multa moratória.

Além dessas duas formas de descumprimento apontadas, a doutrina contemporânea tem discorrido sobre a *violação positiva do contrato* e o *cumprimento inexato* ou *defeituoso* como formas de inadimplemento da obrigação ou do contrato. A grande dificuldade é saber se são mesmo situações autônomas de descumprimento.

---

[11] MIRAGEM, Bruno. *Direito Civil*. Direito das obrigações. São Paulo: Saraiva, 2017. p. 486.
[12] BARROS MONTEIRO, Washington de; MALUF, Carlos Alberto Dabus. *Curso de Direito Civil*. Direito das obrigações. 1.ª Parte. 34. ed. São Paulo: Saraiva, 2009. v. 4, p. 357.

Sobre a violação positiva do contrato, apontando sua origem alemã, merecem transcrição as lições de Jorge Cesa Ferreira da Silva:

> "A ideia de violação positiva do contrato – ou 'violação positiva do crédito', como é costumeiramente chamada na Alemanha, nasceu de estudo famoso de Hermann Staub, importante jurista alemão do final do século XIX e início do século XX. Em 1902, dois anos após a entrada em vigor do BGB, Staub reconheceu no então novo Código a existência de lacunas no regramento do inadimplemento: para além do inadimplemento absoluto (lá chamado de impossibilidade) e da mora, existiriam outras hipóteses não reguladas, apesar de igualmente configurarem inadimplemento. Para ele, tanto o inadimplemento absoluto quanto a mora correspondiam a violações negativas do crédito: no primeiro, a prestação não é realizada, no segundo, a prestação não é realizada no momento adequado. Já as hipóteses por ele elencadas acarretariam descumprimento obrigacional exatamente porque a prestação foi realizada. Por isso, para diferenciar esses casos dos anteriores, entendeu chamar essas hipóteses de violações positivas do contrato. Entre os vários exemplos referidos por Staub encontra-se o da cervejaria que, contratada para fornecer regularmente cerveja a uma estalagem, o faz regularmente e no dia adequado, mas, em algumas oportunidades, fornece cerveja de pior qualidade, o que redunda na perda de freguesia. No caso, não teria havido impossibilidade, visto que o interesse permanecia e a prestação era possível, tampouco mora, visto que a prestação foi realizada no momento adequado. No entanto, alguma espécie de descumprimento contratual teria existido, espécie esta não albergada pelo então novo Código alemão. Vale lembrar ainda que, neste, o conceito de mora do devedor se restringe ao atraso culposo da prestação".[13]

Merece ser destacado que a tese da violação positiva do contrato, desenvolvida por Hermann Staub, um simples advogado alemão, recebeu duras críticas no meio acadêmico, notadamente por Heinrich Stoll, famoso acadêmico e professor. Entretanto, as críticas recebidas apenas confirmaram suas premissas de que seria possível o descumprimento da obrigação diante de atos positivos. Nesse sentido, vejamos algumas das razões da *vitória* de Staub, muito bem expostas por Renata Steiner:

> "O adeus à doutrina da violação positiva do contrato, assim, diferentemente do que enunciou Heinrich Stoll, não se avizinha. De todo o universo residual a ela relegado, pode-se depurar a existência de notas comuns que indicam tratamento isonômico. Dessa forma, tal como o inadimplemento absoluto é associado à impossibilidade do objeto e a mora ao atraso na prestação, a violação positiva é de ser identificada como a inobservância de deveres laterais de conduta (embasados no princípio da boa-fé) e no cumprimento imperfeito, este entendido como a prestação viciada, que cause danos sequenciais ao lesado.
>
> A reflexão sobre o Direito deve se voltar à solução de problemas concretos, sob pena de ser somente um esforço acadêmico, a ser rechaçado como fim

---

[13] SILVA, Jorge Cesa Ferreira da. *Inadimplemento das obrigações*. São Paulo: RT, 2006. p. 42.

em si mesmo. A multiplicidade da vida indica a insuficiência do conceito abstrato de obrigação e os problemas reais colocam ao jurista a necessária busca de fundamentos para preencher espaços deixados, deliberada ou inadvertidamente, abertos pelo legislador. O conceito de descumprimento contratual é tão complexo quanto a noção de relação jurídica do qual é derivado. E nesse sentido o texto de Staub é surpreendentemente simples, indicando um longo caminho tortuoso de depuração do conceito da violação positiva do contrato".[14]

A partir da doutrina de Staub, depois aperfeiçoada na própria Alemanha por Karl Larenz, há violação positiva do contrato nos casos de cumprimento inexato da obrigação, a primeira de suas hipóteses. Sobre esses cumprimentos imperfeitos ou defeituosos da obrigação, esclarece Marcos Jorge Catalan que:

"À luz de tais situações, que facilmente poderiam ser constatadas no plano concreto, é certo que a violação havida não pode ser explicada em razão da mora, pois não houve retardamento no desempenho da prestação, nem pelo instituto do inadimplemento, pois este se caracteriza pela impossibilidade de cumprir a prestação por fato imputável ao devedor ou pelo desinteresse do credor na mesma. O fato é que o Código Civil pátrio não oferece uma resposta satisfatória para a solução do problema, cabendo à doutrina construir os alicerces da teoria da violação positiva do contrato, categoria que tem ampla sinonímia, dentre elas: cumprimento defeituoso; adimplemento ruim; inexecução contratual positiva; violação positiva do crédito; violação contratual positiva e *lesión del deber*. O traço distintivo desta modalidade de incumprimento não consiste no atraso ou na inexecução definitiva, mas, sim, em deficiências ou defeitos na prestação que é desempenhada, mas não da forma (pelo modo) que foi imposta ao devedor, havendo ofensa a sua qualidade".[15]

No plano da jurisprudência, existem julgados que aplicam a ideia de cumprimento imperfeito, inexato ou defeituoso da obrigação, presente, por exemplo, nas hipóteses envolvendo os vícios estruturais que atingem a coisa adquirida em contratos de consumo (vícios do produto, tratados no CDC) ou em contratos civis (vícios redibitórios, com previsão entre os arts. 441 a 446 do CC). Podem ainda ser mencionados os vícios que dizem respeito ao serviço, igualmente abrangidos pelo Código de Defesa do Consumidor. Assim, a título de ilustração, do Tribunal Paulista, debatendo a sua presença em contrato de mandato:

"Indenização por danos materiais e morais. Inquilina que causa danos ao imóvel, com furto de fios e motores do imóvel. Ação dirigida contra a administradora. Ausência de prova de falta de diligência ou de culpa da adminis-

---

[14] STEINER, Renata Carlos. As violações positivas do contrato de Hermann Staub: uma breve leitura da "descoberta" alemã do século XX. *Revista Trimestral de Direito Civil (RTDC)*, ano 12, v. 47, p. 255-264, jul.-set. 2011.

[15] CATALAN, Marcos Jorge. *Descumprimento contratual*: modalidades, consequências e hipóteses de exclusão do dever de indenizar. Curitiba: Juruá, 2005. p. 160.

tradora. Reforma da sentença que julgou procedente o pedido de indenização. O mandatário fica obrigado a ressarcir o mandante pelos prejuízos que a este advierem em decorrência do cumprimento inexato das obrigações pelas quais se comprometeu ao assumir o mandato. Nos termos do artigo 667 do CC, é obrigação do mandatário 'aplicar toda sua diligência habitual na execução do mandato, e a indenizar qualquer prejuízo causado por culpa sua'. Portanto, o mandatário será obrigado a indenizar em duas situações distintas, ou seja: se não aplicar sua diligência habitual ou se agir com culpa. Inexistente prova de falta de diligência ou de culpa, inexistente ainda indicação de relação de causa e efeito entre ato da administradora e prejuízos causados ao imóvel, não tem a administradora obrigação de indenizar pelos danos causados ao imóvel pela inquilina. Provido o recurso dos réus; prejudicado o exame do recurso da autora" (TJSP, Apelação 0055646-72.2007.8.26.0576, Acórdão 6261024, 35.ª Câmara de Direito Privado São José do Rio Preto, Rel. Des. Manoel Justino Bezerra Filho, j. 15.10.2012, *DJESP* 22.10.2012).

Como se pode perceber, apesar de o Tribunal estadual conhecer da matéria, decidiu que o cumprimento inexato não estava configurado. De toda sorte, seguindo outro caminho, igualmente em contrato relativo à administração imobiliária, do mesmo Tribunal paulista:

"Contrato de administração de imóvel. Indenização por danos materiais. Parcial procedência. O mandatário fica obrigado a ressarcir o mandante pelos prejuízos que a este advierem em decorrência do cumprimento inexato das obrigações pelas quais se comprometeu ao assumir o mandato. Nos termos do artigo 667 do CC, é obrigação do mandatário 'aplicar toda sua diligência habitual na execução do mandato, e a indenizar qualquer prejuízo causado por culpa sua'. Portanto, o mandatário será obrigado a indenizar em duas situações distintas, ou seja. Se não aplicar sua diligência habitual ou se agir com culpa. Responsabilidade proporcional à falta da diligência da administradora em comunicar a desocupação do imóvel pelo locatário e de prontamente promover a entrega das chaves, nos termos da fundamentação, não podendo a administradora ser responsabilizada por aluguéis e encargos locatícios. Caução depositada pelo locatário. Não faz *jus* o autor ao seu recebimento, pois não estão sendo discutidos os débitos locatícios, mas apenas os prejuízos do autor em decorrência da má prestação dos serviços da administradora. Sentença parcialmente reformada Recurso da administradora requerida parcialmente provido. Recurso do autor não provido" (TJSP, Embargos de Declaração 0114818-50.2009.8.26.0001/50000, Acórdão 6676379, 35.ª Câmara de Direito Privado, São Paulo, Rel. Des. Manoel Justino Bezerra Filho, j. 28.01.2013, *DJESP* 11.06.2014).

De data mais próxima, citando expressamente os termos *violação positiva* e *cumprimento inexato*, concluiu o Tribunal do Distrito Federal:

"Há responsabilidade civil da empresa quando diagnosticada violação positiva do contrato, a qual se concretiza nos casos de cumprimento inexato ou imperfeito da obrigação. Vale dizer, a inobservância das cláusulas contratuais constantes da relação obrigacional, tal como a flagrante falha na vigilância, que fora incapaz de ao menos detectar a quebra de muro de determinada repartição pública, com respectiva invasão da unidade e furto de objetos, impõe o dever de reparação dos danos experimentados em desfavor do contratado, conforme disciplinado nos arts. 389 a 391 do CC/02" (TJDF, Apelação Cível 2013.01.1.044846-2, Acórdão 951.141, 4.ª Turma Cível, Rel. Des. José Cruz Macedo, j. 02.06.2016, *DJDFTE* 07.07.2016).

No âmbito do Superior Tribunal de Justiça, o termo *cumprimento imperfeito* pode ser encontrado em arestos mais antigos, da lavra do então Ministro Ruy Rosado de Aguiar, recentemente falecido, que tem obra importante sobre o *incumprimento dos contratos*.[16] Como primeiro deles que merece destaque: "a ação de reparação de danos decorrentes de cumprimento imperfeito de contrato de construção do prédio pode ser ajuizada no foro do lugar onde está situado o imóvel, pois ali foi avençado o cumprimento da obrigação" (STJ, REsp 102.020/SP, 4.ª Turma, Rel. Min. Ruy Rosado de Aguiar, j. 25.11.1996, *DJ* 03.02.1997, p. 735).

Ou, ainda, da mesma Corte Superior, destacado o seguinte acórdão:

"Cumprimento imperfeito. Resilição. Indenização. A compradora que recebe parte da mercadoria defeituosa e não paga nem toma providências permitidas na lei contra a vendedora, perde o direito de reclamar contra essa entrega parcial, mas não decai em 15 dias do direito de resilir o contrato para o futuro. Ação da vendedora e reconvenção da compradora julgadas parcialmente procedentes, extinto o contrato e condenada a compradora a pagar o que recebeu, abatido de seu valor o quantitativo de 30%, que reterá a título de indenização pelo mau cumprimento do contrato por parte da vendedora" (STJ, REsp 406.590/PR, 4.ª Turma, Rel. Min. Ruy Rosado de Aguiar, j. 27.06.2002, *DJ* 16.09.2002, p. 194).

De todo modo, com o devido respeito, parece-me que o conceito de mora, previsto no atual Código Civil brasileiro, também inclui o cumprimento inexato. Isso porque, nos termos do art. 394 da codificação privada, a mora está configurada quando houver um cumprimento parcial não somente com relação ao tempo, mas também quanto ao lugar e à forma ou modo de cumprimento.

Assim, penso que o cumprimento inexato, imperfeito ou defeituoso enquadra-se na ideia de forma ou modo de cumprimento, sendo, portanto, em regra, hipótese de mora. Nota-se, já de antemão, que mora não é só demora, tendo o seu conceito transmudado, muito além da origem etimológica da palavra.

Todavia, ainda dentro da *violação positiva do contrato*, surge a ideia de quebra dos deveres anexos ou laterais de conduta, decorrente da boa-fé objetiva, também desenvolvida por Staub.[17] No Brasil, a tese dos *deveres anexos, laterais ou secundários* foi muito bem explorada por Clóvis Couto e Silva, para quem "os

---

[16] AGUIAR, Ruy Rosado de. *Extinção dos contratos por incumprimento do devedor* (Resolução). 2. ed. Rio de Janeiro: Aide, 2004.

[17] Como aponta o próprio Jorge Cesa Ferreira da Silva em outra obra, em que analisa especificamente a violação positiva (*A boa-fé e a violação positiva do contrato*. 2. tiragem. Rio de Janeiro: Renovar, 2007. p. 35 e ss.). Veja-se, também: MIRAGEM, Bruno. *Direito Civil*. Direito das obrigações, cit., p. 517-521; e

deveres secundários comportam tratamento que abranja toda a relação jurídica. Assim, podem ser examinados durante o curso ou o desenvolvimento da relação jurídica, e, em certos casos, posteriormente ao adimplemento da obrigação principal. Consistem em indicações, atos de proteção, como o dever de afastar danos, atos de vigilância, da guarda de cooperação, de assistência".[18]

O autor sustenta, a partir de sua leitura dos alemães, que o contrato e a obrigação trazem um *processo de colaboração* entre as partes decorrente desses deveres anexos ou secundários, que devem ser respeitados pelas partes em todo o curso obrigacional e conduzindo ao seu cumprimento. Dessa ideia é que surge o conceito de *obrigação como processo*.

Aprofundando o tema, vejamos as precisas palavras de Bruno Miragem, que desenvolve muito bem a questão relativa à quebra dos deveres *anexos, laterais* ou mesmo *secundários* da obrigação, preferindo o uso do termo *violação positiva do crédito*:

> "A violação positiva do crédito (*positive Forderungsverletzung*), largamente desenvolvida também como violação positiva do contrato (*positive Vertragsverletzung*), compreende a caracterização do inadimplemento em razão do não cumprimento de deveres anexos ou laterais, originários da boa-fé objetiva, que dão causa à lesão ao interesse útil do credor. Trata-se de categoria dogmática desenvolvida, originalmente, pela doutrina e jurisprudência germânicas, ao lado das situações tradicionais de impossibilidade de realização da prestação por causa imputável ao devedor (*Unmöglichkeit der Leistung*) e do atraso de cumprimento (*Verzug*). Estas se caracterizam como violações negativas, na medida em que o dever deixa de realizar a prestação devida (inadimplemento absoluto ou relativo). Não estaria contemplado na legislação àquele tempo, contudo, situações em que o devedor realiza formalmente a prestação, mas deixa de considerar outros interesses do credor, o que adiante será associado, pela doutrina, à violação dos deveres de proteção, ou, ainda, cumprimento defeituoso, em qualquer obstáculo à satisfação do credor. Nestes casos, a realização da prestação principal não é suficiente para a satisfação do interesse do credor, considerando a violação de outros deveres (acessórios ou anexos), que comprometem sua utilidade. É o que ocorre quando, além da realização do dever principal de prestação, o devedor acaba lesando o patrimônio ou a pessoa do credor. Daí a melhor compreensão ao designar o instituto, atualmente, como violação positiva do crédito".

Assim, a quebra desses deveres anexos também gera a *violação positiva do contrato* ou *do crédito*, com responsabilização civil daquele que desrespeita a boa-fé objetiva. Isso pode ser evidenciado pelo teor do Enunciado n. 24, aprovado na *I Jornada de Direito Civil*, promovida pelo Conselho da Justiça Federal, em 2002, com o seguinte teor: "em virtude do princípio da boa-fé, positivado no

---

STEINER, Renata Carlos. As violações positivas do contrato de Hermann Staub: uma breve leitura da "descoberta" alemã do século XX, cit., p. 255-264.

[18] COUTO E SILVA, Clóvis do. *A obrigação como processo*. São Paulo: José Bushatsky, 1976. p. 113.

art. 422 do novo Código Civil, a violação dos deveres anexos constitui espécie de inadimplemento, independentemente de culpa".

Essa responsabilização, independentemente de culpa, foi reconhecida igualmente pelo teor do Enunciado n. 363 da *IV Jornada de Direito Civil*, de 2006, pelo qual "os princípios da probidade e da confiança são de ordem pública, sendo obrigação da parte lesada apenas demonstrar a existência da violação", sem a necessidade de qualquer elemento intencional ou culposo.

Como deveres anexos, utilizando os ensinamentos de Judith Martins-Costa e de Clóvis Couto e Silva, podem ser citados, entre outros: *a)* o dever de cuidado com relação à outra parte negocial; *b)* o dever de respeito; *c)* o dever de informar a outra parte quanto ao conteúdo do negócio; *d)* o dever de agir conforme a confiança depositada; *e)* o dever de lealdade e probidade; *f)* o dever de colaboração ou cooperação; *g)* o dever de agir conforme a razoabilidade, a equidade, a *boa razão*.[19]

A par de todas essas afirmações, vejamos o que pontua Jorge Cesa Ferreira da Silva sobre a violação positiva por quebra dos deveres anexos ou laterais:

> "Fundamenta-se a figura inicialmente da boa-fé objetiva, de aplicação geral no direito obrigacional (arts. 422 e 187). É da boa-fé objetiva que se originam, ao menos mediatamente, os deveres laterais, mesmo quando possuam uma expressa previsão legal ou contratual. Dada a natureza obrigacional desses deveres, segue-se à análise dos efeitos no campo do inadimplemento, tendo em conta as previsões legais respectivas (regras sobre a responsabilização civil, sobre a resolução etc.). Esses efeitos podem ser separados em dois grandes grupos: um de cunho obrigacional em sentido geral, e outro de natureza contratual. No primeiro encontra-se a responsabilidade civil. Havendo danos, a infração de deveres laterais acarretará a responsabilidade do agente, em geral por culpa, pelo regime negocial. Esses danos são próprios da espécie, não se confundindo com aqueles típicos da mora ou do inadimplemento absoluto. (...). Do ponto de vista contratual, o descumprimento de deveres anexos poderá resultar na resolução ou na oposição da exceção do contrato não cumprido, conforme a importância relativa do fato para o contrato. Sendo o inadimplemento de pouca monta, tanto a resolução ou a oposição da exceção podem se apresentar desproporcionais, na esteira da doutrina do adimplemento substancial".[20]

Mais recentemente, em tese de doutorado defendida na Universidade Federal de Pernambuco, Marcos Ehrhardt Jr. sustenta que "deve-se extrair o conceito de inadimplemento da perspectiva da relação obrigacional como um processo, isto é, levando-se em conta tanto os deveres de prestação quanto os deveres de conduta, bem como os interesses do credor e devedor, enquanto reflexo de suas necessidades juridicamente legítimas. Como visto, a perturbação das prestações

---

[19] Utiliza-se a primeira versão da notável obra da doutrinadora, e não a segunda, em que foram alteradas muitas das posições originais: MARTINS-COSTA, Judith. *A boa-fé no direito privado*. São Paulo: RT, 1999.

[20] SILVA, Jorge Cesa Ferreira da. *Inadimplemento das obrigações*, cit., p. 46.

obrigacionais corresponde ao gênero do qual seria possível extrair as espécies de inadimplemento absoluto (incumprimento definitivo), mora e violação positiva da obrigação (violação positiva do crédito)".[21]

Na mesma linha, segundo Cristiano Chaves de Farias e Nelson Rosenvald, "a violação positiva do contrato como rompimento da relação de confiança que conecta as partes, mesmo que não atrelada aos deveres de prestação, deverá ser identificada em seus efeitos patrimoniais com o inadimplemento, para que dela se possa extrair o direito da parte ofendida à resolução do vínculo obrigacional, ou mesmo à oposição da *exceptio non adimpleti*, inclusive com todas as consequências da responsabilidade civil, sobremaneira o dever de indenizar em prol do lesado".[22] Na sequência, são apresentados três exemplos que, de acordo com os doutrinadores, não se confundem com o inadimplemento absoluto.

Têm total razão os juristas, pois, diante da importância que a boa-fé objetiva exerce atualmente, a quebra dos deveres anexos, a gerar a violação positiva do contrato, representa uma terceira modalidade de inadimplemento. Duas são as razões para essa afirmação.

Primeiro, é perfeitamente possível que a parte obrigacional cumpra todos os deveres principais, especialmente aqueles pactuados, e viole um dever anexo. A título de exemplo, cite-se a situação, até comum em nosso País e citada por Anderson Schreiber em suas aulas e palestras, em que o locatário devolve o imóvel pintado, como consta do contrato, mas com uma cor não usual, caso do preto ou do rosa. No caso descrito, houve claramente a violação do dever de respeito, ou de colaboração. Ou, ainda, o caso em que um vendedor deixar de prestar uma informação relevante sobre o negócio, sem que isso esteja necessariamente negociado de forma expressa. Cite-se também a hipótese em que há quebra do dever de informar em venda de imóvel sem o "habite-se", como julgou o Tribunal fluminense no acórdão a seguir:

> "Apelação cível. Ação indenizatória. Frustração com relação à celebração de contrato de compra e venda de imóvel intermediado por corretora, por ser o bem irregular, haja vista não possuir 'habite-se'. Falha no dever anexo de informação. Violação positiva do contrato que não pode ser tolerada, ao argumento de que a consumidora poderia esperar a regularização do imóvel, para então adquiri-lo. Diante disso, impõe-se a devolução do sinal pago, pois do contrário seria prestigiar o enriquecimento sem causa. Patente caracterização do dano moral fundada na frustração das legítimas expectativas da consumidora. Sentença que deu correta solução ao litígio e que merece ser mantida. Verba indenizatória bem fixada. Desprovimento do recurso" (TJRJ, Acórdão 2009.001.47366, 8.ª Câmara Cível, Rel. Des. Luiz Felipe Francisco, j. 17.11.2009, *DORJ* 1.º.12.2009, p. 84).

---

[21] EHRHARDT JR., Marcos. *Responsabilidade civil pelo inadimplemento da boa-fé*. Belo Horizonte: Fórum, 2014. p. 156-157.

[22] FARIAS, Cristiano Chaves; ROSENVALD, Nelson. *Curso de Direito Civil*. Direito das obrigações. 9. ed. São Paulo: Atlas, 2015. v. 2, p. 518.

Segundo, a violação positiva pode ocorrer nas fases pré e pós-contratual, sem que haja inadimplemento absoluto ou relativo. Quanto à fase pré-contratual, o exemplo sempre citado diz respeito ao chamado "caso dos tomates", sendo relativo a um grupo de julgados que envolveram a empresa CICA e foram pronunciados pelo Tribunal de Justiça do Rio Grande do Sul.

Essa empresa distribuía sementes a pequenos agricultores gaúchos sob a promessa de lhes comprar a produção futura. Isso ocorreu de forma continuada e por diversas vezes, o que gerou uma justa expectativa quanto à celebração do contrato de compra e venda da produção. Até que, certa feita, a empresa distribuiu as sementes e não adquiriu o que foi produzido. Os agricultores, então, ingressaram com demandas indenizatórias, alegando a quebra da boa-fé, mesmo não havendo qualquer contrato escrito, obtendo pleno êxito. Transcreve-se uma das ementas dos vários julgados com essa conclusão:

> "Contrato. Teoria da aparência. Inadimplemento. O trato, contido na intenção, configura contrato, porquanto os produtores, nos anos anteriores, plantaram para a Cica, e não tinham por que plantar, sem a garantia da compra" (TJRS, Embargos Infringentes 591083357, 3.º Grupo de Câmaras Cíveis, Canguçu, Rel. Juiz Adalberto Libório Barros, j. 01.11.1991, *Jurisprudência TJRS*, Cíveis, v. 2, t. 14, p. 1-22, 1992).

No âmbito do Superior Tribunal de Justiça igualmente são encontrados arestos no mesmo sentido. Entre os vários deles, do ano de 2013, julgou-se que a parte interessada em se tornar revendedora autorizada de veículos tem direito de ser ressarcida dos danos materiais decorrentes da conduta da fabricante, "no caso em que esta – após anunciar em jornal que estaria em busca de novos parceiros e depois de comunicar àquela a avaliação positiva que fizera da manifestação de seu interesse, obrigando-a, inclusive, a adiantar o pagamento de determinados valores – rompa, de forma injustificada, a negociação até então levada a efeito, abstendo-se de devolver as quantias adiantadas". O caso representa uma típica quebra da confiança na fase das tratativas negociais. Ainda de acordo com o aresto em destaque:

> "Com o advento do CC/2002, dispôs-se, de forma expressa, a respeito da boa-fé (art. 422), da qual se extrai a necessidade de observância dos chamados deveres anexos ou de proteção. Com base nesse regramento, deve-se reconhecer a responsabilidade pela reparação de danos originados na fase pré-contratual caso verificadas a ocorrência de consentimento prévio e mútuo no início das tratativas, a afronta à boa-fé objetiva com o rompimento ilegítimo destas, a existência de prejuízo e a relação de causalidade entre a ruptura das tratativas e o dano sofrido. Nesse contexto, o dever de reparação não decorre do simples fato de as tratativas terem sido rompidas e o contrato não ter sido concluído, mas da situação de uma das partes ter gerado à outra, além da expectativa legítima de que o contrato seria concluído, efetivo prejuízo material" (STJ, REsp 1.051.065/AM, Rel. Min. Ricardo Villas Bôas Cueva, j. 21.02.2013, publicado no seu *Informativo* n. 517).

Mais recentemente, da mesma Corte Superior, cite-se o caso *IBM x Radiall*. Foi reconhecido o direito de indenização em favor da segunda, por erro de desenvolvimento de projeto de produtos de computação, por parte da IBM. Foram produzidas peças a mais pela última empresa, que se tornaram sucata, causando prejuízos à primeira, consubstanciados em danos emergentes e lucros cessantes. Nos termos do acórdão, "as condutas praticadas pela IBM durante todo o processo negocial, pautadas ou não em contrato formal de qualquer natureza, mas suficientemente demonstradas e constantes da sentença e acórdão, estão diretamente ligadas aos prejuízos suportados pela produção das peças que desnecessariamente produzidas, ou produzidas em conformidade com a demanda, mas não adquiridas. Não é preciso investigar a presença ou existência de qualquer outro instrumento contratual que porventura tenha sido firmado entre a IBM e a Radiall, nem mesmo o teor deste eventual documento para analisar a responsabilidade da IBM, simplesmente porque não é essa a base de sua responsabilização".

Como se percebe pela leitura do acórdão, apesar da ausência de contrato escrito celebrado entre as partes, reconheceu-se o dever de indenizar da IBM quanto aos prejuízos sofridos pela Radiall, uma vez que "a responsabilidade fundada na confiança visa à proteção de interesses que transcendem o indivíduo, ditada sempre pela regra universal da boa-fé, sendo imprescindível a quaisquer negociações o respeito às situações de confiança criadas, estas consideradas objetivamente, cotejando-as com aquilo que é costumeiro no tráfico social" (STJ, REsp 1.309.972/SP, 4.ª Turma, Rel. Min. Luis Felipe Salomão, j. 27.04.2017, *DJe* 08.06.2017).

No que toca à quebra dos deveres anexos na fase pós-contratual, destaque-se o dever do credor de retirar o nome do devedor de cadastro de inadimplentes após o pagamento da dívida, sob pena de uma responsabilização pós-contratual (*post pactum finitum*). Nesse sentido, precedente do Superior Tribunal de Justiça, que determinou que a retirada do nome do devedor deve ocorrer no prazo de cinco dias, a contar do pagamento da dívida (publicação no *Informativo* n. 501 daquela Corte):

> "Cadastro de inadimplentes. Baixa da inscrição. Responsabilidade. Prazo. O credor é responsável pelo pedido de baixa da inscrição do devedor em cadastro de inadimplentes no prazo de cinco dias úteis, contados da efetiva quitação do débito, sob pena de incorrer em negligência e consequente responsabilização por danos morais. Isso porque o credor tem o dever de manter os cadastros dos serviços de proteção ao crédito atualizados. Quanto ao prazo, a Ministra Relatora definiu-o pela aplicação analógica do art. 43, § 3.º, do CDC, segundo o qual o consumidor, sempre que encontrar inexatidão nos seus dados e cadastros, poderá exigir sua imediata correção, devendo o arquivista, no prazo de cinco dias úteis, comunicar a alteração aos eventuais destinatários das informações incorretas. O termo inicial para a contagem do prazo para baixa no registro deverá ser do efetivo pagamento da dívida. Assim, as quitações realizadas mediante cheque, boleto bancário, transferência interbancária ou outro meio sujeito a confirmação dependerão do efetivo ingresso do numerário na esfera de disponibilidade do credor. A Ministra Relatora ressalvou a possibilidade de estipulação de outro prazo entre as partes, desde que não seja abusivo, especialmente por tratar-se de

contratos de adesão. Precedentes citados: REsp 255.269/PR, *DJ* 16.04.2001; REsp 437.234/PB, *DJ* 29.09.2003; AgRg no Ag 1.094.459/SP, *DJe* 1.º.06.2009, e AgRg no REsp 957.880/SP, *DJe* 14.03.2012" (STJ, REsp 1.149.998/RS, Rel. Min. Nancy Andrighi, j. 07.08.2012).

Em 2015, essa posição consolidou-se de tal forma que o mesmo Tribunal da Cidadania editou a sua Súmula n. 548, segundo a qual, "incumbe ao credor a exclusão do registro da dívida em nome do devedor no cadastro de inadimplentes no prazo de cinco dias úteis, a partir do integral e efetivo pagamento do débito". No meu entendimento, o teor da súmula traz como exemplo uma correta aplicação da *violação positiva*, por quebra dos deveres anexos na fase pós-contratual.

Por todos os exemplos citados, pelas manifestações doutrinárias e jurisprudenciais, não se pode negar que a violação positiva do contrato é, de fato, uma terceira modalidade de inadimplemento, que não se confunde com o inadimplemento absoluto ou relativo.

Justamente por isso, a Comissão de Juristas nomeada no âmbito do Senado Federal para a Reforma do Código Civil pretende incluir regra na codificação privada expressando a categoria. Nesse sentido, o seu novo art. 422-A passará a prever, em boa hora, o seguinte: "os princípios da confiança, da probidade e da boa-fé são de ordem pública e sua violação gera o inadimplemento contratual".

Em suma, mesmo ainda sem essa previsão expressa na norma, três são as modalidades de inadimplemento existentes no Direito Civil brasileiro: inadimplemento absoluto, inadimplemento relativo ou mora e violação positiva do contrato. Quanto à última, aprofunde-se que a afirmação tem hoje fundamento jurídico e legal nas *três funções da boa-fé objetiva*, retiradas do Código Civil de 2002.

A primeira é a *função de interpretação*, conforme consta do art. 113, *caput*, do Código Civil, pois os negócios jurídicos devem ser interpretados conforme a boa-fé e os usos do lugar da celebração. Nos termos de enunciado doutrinário aprovado na *V Jornada de Direito Civil*, ao qual se filia, devem-se incluir no sentido da norma as práticas habitualmente adotadas entre as partes (Enunciado n. 409). Diante do enunciado doutrinário, pode-se falar em *usos do tráfego*, que, segundo Larenz, constituem uma prática habitual nos negócios, um costume corriqueiro na constância das relações entre as partes. Nesse contexto, são fatos que devem ser considerados, segundo o jurista: *a)* os acordos preliminares; *b)* o caráter habitual das relações mantidas entre as partes; *c)* as manifestações anteriores do declarante e do destinatário; *d)* o lugar, o tempo e as circunstâncias anexas aos fatos.[23]

Ainda sobre o art. 113 do Código Civil, é preciso atualizar a obra, uma vez que esse dispositivo foi alterado pela *Lei da Liberdade Econômica* (Lei n. 13.874/2019), recebendo dois novos parágrafos, que trouxeram outros critérios para a interpretação dos negócios jurídicos em geral.

---

[23] LARENZ, Karl. *Derecho civil*. Parte general. Tradução e Notas de Miguel Izquierdo y Mácias-Picavea. Madrid: Editorial Revista de Derecho Privado, 1978. p. 461-464.

Na originária Medida Provisória n. 881 – pelas previsões então inseridas nos arts. 480-A e 480-B do CC/2002 – e no processo de sua conversão em lei, a ideia era incluir novas regras somente para os negócios jurídicos empresariais. Porém, o relator do projeto de conversão, Deputado Jerônimo Goergen, ouviu a recomendação feita por alguns civilistas, caso de Maurício Bunazar, no sentido de que os novos critérios interpretativos seriam interessantes para todo e qualquer negócio jurídico, não sendo viável que o Código Civil criasse uma separação entre negócios empresariais e civis. Muitos desses critérios, aliás, já eram aplicados na prática do Direito Privado, em julgados e decisões arbitrais, e retirados do art. 131 do Código Comercial, ora revogado. São, portanto, critérios que já encontravam certo nível de aplicação, na prática, sendo salutar a sua inclusão na teoria geral dos negócios jurídicos.

Nesse contexto, na redação do novo § 1.º do art. 113 do Código Civil, a interpretação do negócio jurídico deve lhe atribuir o sentido que: *a)* for confirmado pelo comportamento das partes posterior à celebração do negócio, sendo vedado e não admitido o comportamento contraditório da parte, categoria que ainda será aqui abordada (*venire contra factum proprium non potest*); *b)* corresponder aos usos, costumes e práticas do mercado relativas ao tipo de negócio, o que já está previsto no *caput* do comando, pela valorização das *regras de tráfego*; *c)* corresponder à boa-fé, o que igualmente se retira da norma anterior; *d)* for mais benéfico à parte que não redigiu o dispositivo, se identificável; e *e)* corresponder a qual seria a razoável negociação das partes sobre a questão discutida, inferida das demais disposições do negócio e da racionalidade econômica das partes, consideradas as informações disponíveis no momento de sua celebração. Parece-me que as previsões relativas às letras *b* e *c* ficaram sem sentido, após a retirada da aplicação restrita aos negócios empresariais.

Sobre a penúltima previsão, defendo que houve uma ampliação de tutela dos aderentes negociais e contratuais, aqueles para quem o conteúdo do negócio jurídico é imposto. Isso porque qualquer cláusula passa a ser interpretada contra aquele que redigiu o seu conteúdo, máxima há muito tempo reconhecida pelo Direito (*interpretatio contra proferentem ou contra estipulatorem*).

Ampliou-se, portanto, o sentido do art. 423 do Código Civil, segundo o qual a interpretação favorável ao aderente se daria apenas em havendo cláusulas ambíguas ou contraditórias. Sem prejuízo disso, repise-se que vejo como possível aplicar essa interpretação a negócios paritários – em que o conteúdo é amplamente discutido pelas partes –, desde que seja possível identificar determinada cláusula ou cláusulas que foram impostas por uma das partes, tidas isoladamente como *de adesão*, hipótese em que serão interpretadas contra quem as redigiu.

A respeito do último inciso do novo § 1.º do art. 113 do Código Civil, valoriza-se a negociação prévia das partes, especialmente a troca de informações e de mensagens pré-negociais entre elas. Essas negociações devem ser confrontadas com as demais cláusulas do negócio pactuado, bem como com a *racionalidade econômica das partes*. A expressão destacada é mais uma cláusula geral, a ser preenchida pelo aplicador do Direito nos próximos anos, assim como ocorreu com a boa-fé objetiva e a função social do contrato.

Para tanto, a título de exemplo, devem ser considerados os comportamentos típicos das partes perante o mercado e em outras negociações similares, os riscos alocados nos negócios e as expectativas de retorno dos investimentos, entre outros, o que já é considerado em julgamentos de muitos painéis arbitrais.

A lei passa a adotar, portanto, a *análise econômica do Direito* como critério interpretativo dos negócios jurídicos em geral. Entendo que o argumento econômico não deve ser o primeiro recurso de quem analisa o caso concreto, mas o último, a ser adotado somente se as categorias jurídicas, especialmente aquelas clássicas do Direito Civil, não conseguirem resolver o problema prático levado a julgamento.

Foi também inserido um § 2.º no mesmo art. 113 do Código Civil, pela Lei n. 13.874/2019, prevendo que "as partes poderão livremente pactuar regras de interpretação, de preenchimento de lacunas e de integração dos negócios jurídicos diversas daquelas previstas em lei". Há previsão muito próxima no novo art. 421-A, inc. I, da codificação, valendo os mesmos comentários antes desenvolvidos a respeito da necessidade de controle dessas regras de interpretação ou preenchimento de lacunas.

A norma pode ser inócua em muitas situações, pois as partes de um negócio jurídico podem sim pactuar a respeito dessas questões, mas isso não afasta a eventual intervenção do Poder Judiciário em casos de abusos negociais ou havendo lesão a norma de ordem pública. Pode-se também sustentar que não haveria a necessidade de inclusão dessa previsão no texto legal, pois o seu conteúdo já vinha sendo admitido parcialmente pela doutrina brasileira. Entretanto, em alguns casos, especialmente em negócios paritários, pode ser até útil para a prática a introdução de determinada regra de interpretação contratual que não contravenha uma norma de ordem pública, conforme o art. 3.º, inc. VIII, da própria *Lei da Liberdade Econômica*.

Seguindo os estudos, a *segunda função* da boa-fé objetiva é denominada como *função de controle*, conforme o art. 187 do CC/2002, pelo qual aquele que contraria a boa-fé objetiva comete abuso de direito, como antes desenvolvido. Vale lembrar que, conforme o Enunciado n. 37, aprovado na *I Jornada de Direito Civil* do CJF/STJ, a responsabilidade civil que decorre do abuso de direito é objetiva, isto é, não depende de culpa, pois foi adotado pelo dispositivo o critério objetivo-finalístico.

Dessa forma, a quebra ou desrespeito à boa-fé objetiva conduz ao caminho sem volta da responsabilidade independente de culpa, seja pelo Enunciado n. 24, seja pelo de número 37, ambos aprovados nas *Jornadas de Direito Civil* do Conselho da Justiça Federal. Em verdade, o art. 187 do CC/2002 é o principal dispositivo que pode fundamentar a tese de que a violação positiva do contrato leva a uma nova forma de inadimplemento, uma vez que esse comando legal também se aplica à seara contratual.

A *terceira função* da boa-fé objetiva é a *função de integração* do contrato, conforme o art. 422 do Código Civil, pelo qual "os contratantes são obrigados a guardar, assim na conclusão do contrato, como em sua execução, os princípios de probidade e boa-fé". Pelo que consta do último dispositivo, a boa-fé objetiva deve integrar todas as fases do contrato: pré-contratual, contratual e pós-contratual (Enunciados n. 25 e n. 170 do CJF/STJ). De toda sorte, a norma não expressa atualmente a fase pré-contratual, razão pela qual a Comissão de Juristas nomeada no Congresso Nacional para a Reforma do Código Civil propõe que passe a ter a seguinte redação, mais clara, técnica e efetiva: "Art. 422. Os contratantes são obrigados a guardar os princípios da probidade e da boa-fé nas tratativas iniciais, na conclusão e na execução do contrato, bem como na fase de sua eficácia pós-contratual".

Superado esse conceito importante, que ainda merece estudo e reflexão por toda a comunidade jurídica nacional, passa-se à abordagem dos regramentos básicos quanto ao inadimplemento absoluto e à mora, respectivamente.

2. ESTUDO DO INADIMPLEMENTO ABSOLUTO DA OBRIGAÇÃO

Conforme consta do art. 389, *caput,* do Código Civil, primeiro dispositivo a tratar do inadimplemento absoluto da obrigação, não cumprindo o sujeito passivo a prestação, passa ele a responder pelo valor correspondente à prestação, acrescido das demais perdas e danos, mais juros compensatórios, atualização monetária e honorários de advogado.

O dispositivo não menciona a multa ou cláusula penal pelo fato de ser necessária a sua previsão em lei ou em contrato para que seja devida. A norma, frise-se, trata da responsabilidade civil contratual oriunda do inadimplemento total de uma obrigação positiva, de dar ou de fazer.

Na menção às perdas e danos, devem ser incluídos todos os prejuízos suportados pelo credor, caso de danos patrimoniais – nas modalidades de danos emergentes e lucros cessantes –, danos morais, danos estéticos, danos morais coletivos, danos sociais e por perda da chance, conforme ainda serão aqui desenvolvidos. Entendo que a matéria relativa aos danos reparáveis não encontra diferenciação no tratamento da responsabilidade contratual e extracontratual, pela realidade do Direito Privado brasileiro.

A respeito dos honorários advocatícios, conforme o Enunciado n. 161 da *III Jornada* do Conselho da Justiça Federal, "apenas têm cabimento quando ocorre a efetiva atuação profissional do advogado". O enunciado doutrinário tende a afastar a atuação de pessoas inidôneas e até de empresas especializadas que exploram a atividade de cobrança de valores, exigindo honorários mesmo sem a intervenção de advogados regularmente inscritos nos quadros da Ordem dos Advogados do Brasil, o que é realmente condenável.

Ainda quanto à temática, surgem dúvidas sobre a previsão do art. 389 do CC/2002, sem prejuízo de outros dispositivos do Código Civil que também fazem menção a tais montantes (*v.g.,* o art. 404 do Código Civil). O principal questionamento é o seguinte: esses honorários são os sucumbenciais, previstos no Código de Processo Civil, ou são os contratuais, geralmente cobrados pelos advogados para ingresso da ação?

Dando início a esse debate, surgiram várias decisões monocráticas, principalmente na Justiça do Trabalho, apontando que esses honorários são os contratuais, diante da menção no Código Civil, e que independem dos honorários de sucumbência tratados pelo Código de Processo Civil.

Nesse sentido, pode ser citada sentença prolatada em 2008 pela 71.ª Vara do Trabalho, do TRT da 2.ª Região, sediado em São Paulo, destacando-se o seguinte trecho: "é sabido que os trabalhadores são obrigados a arcar com o pagamento de 30% do valor recebido para custear seu advogado, o que lhe causa um evidente prejuízo, ficando o seu ex-empregador sem qualquer responsabilidade em ressarci-lo, numa manifesta injustiça, o que resulta em recebimento pelo empregado de apenas 70% do que lhe era devido. Assente em direito de que quem causa prejuízo a outrem deve ressarcir integralmente a parte contrária, à luz do que dispõe o parágrafo único do art. 404, do Código Civil, condeno a reclamada a pagar ao reclamante uma indenização de 30%, sobre o valor da condenação, conforme calculado em execução" (Juiz Laércio Lopes da Silva, Processo 1.494/2003).

Na esfera da Justiça Comum estadual, do mesmo modo, emergiram julgados na mesma linha de pensamento (por todos: TJSP, Apelação Cível 7329518-2, Acórdão 3588232, 11.ª Câmara de Direito Privado, São Paulo, Rel. Des. Renato Rangel Desinano, j. 02.04.2009, *DJESP* 12.05.2009; e TJSP, Apelação 7074234-0, Acórdão 3427442, 12.ª Câmara de Direito Privado, São José dos Campos, Rel. Des. Rui Cascaldi, j. 03.12.2008, *DJESP* 04.02.2009). Consigne-se que essa tese foi adotada pelo Superior Tribunal de Justiça, em acórdão assim extraído de seu *Informativo* n. 477, de junho de 2011:

> "Honorários advocatícios contratuais. Perdas. Danos. Cuida-se de ação de cobrança cumulada com compensação por danos morais ajuizada na origem por transportadora (recorrida) contra seguradora (recorrente) em que alegou haver a recusa de pagamento dos prejuízos advindos de acidente que envolveu o veículo segurado. Requereu o pagamento da cobertura securitária e a reparação pelos danos materiais e morais sofridos com a injusta recusa. Também pleiteou o ressarcimento das despesas com a contratação de advogados para o ajuizamento da ação. O juiz julgou parcialmente procedente o pedido, condenando a recorrente ao pagamento de mais de R$ 65 mil, porém o TJ deu parcial provimento à apelação interposta pela recorrente, e parcial provimento à apelação adesiva interposta pela recorrida para condenar a recorrente a restituir o valor despendido pela recorrida com os honorários advocatícios contratuais. No REsp, discute-se apenas se estes integram os valores devidos a título de reparação por perdas e danos. Assevera a Ministra Relatora que o CC/2002, nos arts. 389, 395 e 404, determina, de forma expressa, que os honorários advocatícios integram os valores devidos a título de reparação por perdas e danos – explica que os honorários mencionados pelos referidos artigos são os honorários contratuais, pois os sucumbenciais, por constituir crédito autônomo do advogado, não importam decréscimo patrimonial do vencedor da demanda. Assim, a seu ver, como os honorários convencionais são retirados do patrimônio da parte lesada – para que haja reparação integral do dano sofrido –, aquele que deu causa ao processo deve restituir os valores despendidos com os honorários contratuais. Contudo, esclarece que, embora os honorários convencionais componham os valores devidos pelas perdas e danos, o valor cobrado pela atuação do advogado não pode ser

abusivo, cabendo ao juiz analisar as peculiaridades de cada caso e, se for preciso, arbitrar outro valor, podendo para isso utilizar como parâmetro a tabela de honorários da OAB. Destaca que, na hipótese, não houve pedido da recorrente quanto ao reconhecimento da abusividade das verbas honorárias e, por essa razão, a questão não foi analisada. Diante do exposto, a Turma negou provimento ao recurso" (STJ, REsp 1.134.725/MG, Rel. Min. Nancy Andrighi, j. 14.06.2011).

Mais recentemente, da mesma Corte Superior, adotando igual premissa: "os valores pagos ao advogado contratado integram as perdas e danos, os quais devem ser ressarcidos quando provada a imprescindibilidade da ação e a razoabilidade do valor pago" (STJ, AgRg no REsp 1.354.856/MG, 3.ª Turma, Rel. Min. Ricardo Villas Bôas Cueva, j. 15.09.2015, *DJe* 21.09.2015). Ou, ainda:

"Os honorários advocatícios contratuais integram os valores devidos a título de reparação por perdas e danos, conforme o disposto nos arts. 389, 395 e 404 do Código Civil de 2002. A fim de reparar o dano ocorrido de modo integral, uma vez que a verba é retirada do patrimônio da parte prejudicada, é cabível àquele que deu causa ao processo a reparação da quantia. Diversamente do decidido pela Corte de origem, este Superior Tribunal já se manifestou no sentido da possibilidade da inclusão do valor dos honorários contratuais na rubrica de danos materiais" (STJ, AgRg no REsp 1.410.705/RS, 2.ª Turma, Rel. Min. Humberto Martins, j. 10.02.2015, *DJe* 19.02.2015).

Todavia, existem julgados em sentido contrário, afirmando-se na própria Corte que a Segunda Seção já julgou o tema, supostamente pacificando que os honorários não entram nas perdas e danos previstas nos arts. 389, 395 e 404 do Código Civil. Assim, por exemplo:

"Agravo interno no recurso especial. Honorários advocatícios contratuais. Ressarcimento. Arts. 389, 395 e 404 do CC. Descabimento. Precedentes. Impugnação. Colação de julgados contemporâneos ou supervenientes. Ausência. Art. 1.021, § 1.º, do CPC. Súmula n. 182/STJ. Não conhecimento. 1. A Segunda Seção do STJ já se pronunciou no sentido de ser incabível a condenação da parte sucumbente aos honorários contratuais despendidos pela vencedora. 2. Se 'fundamentada a decisão agravada no sentido de que o acórdão recorrido está em sintonia com o atual entendimento do STJ, deveria a recorrente demonstrar que outra é a positivação do direito na jurisprudência do STJ' (STJ, AgRg no REsp 1.374.369/RS, Rel. Min. Herman Benjamin, *DJe* de 26.06.2013). 3. Incidência do Enunciado n. 182 da Súmula desta Corte em face da ausência de impugnação específica dos fundamentos da decisão agravada. 3. Agravo interno não conhecido" (STJ, AgInt no REsp 1.653.575/SP, 4.ª Turma, Rel. Min. Maria Isabel Gallotti, j. 16.11.2017, *DJe* 23.11.2017).

No entanto, consultando-se o último acórdão, constata-se que o julgado citado como da Segunda Seção diz respeito a honorários fixados em demanda trabalhista cobrados no âmbito cível, e não puramente em contrato. A leitura do julgado traz, assim, dúvidas quanto à afirmação de ser essa a posição consolidada da Corte, o que deverá ser esclarecido, especialmente pelo fato de existirem os acórdãos posteriores ao abaixo transcrito em sentido contrário ao que nele consta:

> "Embargos de divergência. Honorários advocatícios contratuais de advogado do reclamante, cobrados ao reclamado para reclamação trabalhista julgada procedente. 1) Competência da Justiça do Trabalho, a despeito de orientação anterior à Emenda Constitucional 45/2004, mas embargos conhecidos dada a peculiaridade dos embargos de divergência; 2) Inexistência de dever de indenizar, no âmbito geral do direito comum, ressalvada interpretação no âmbito da Justiça do Trabalho; 3) Impossibilidade de alteração do julgado paradigma; 4) Embargos de divergência improvidos. 1. Embora, após a Emenda Constitucional 45/2004, competente a Justiça do Trabalho para dirimir questões atinentes à cobrança ao Reclamado de honorários advocatícios contratuais despendidos pelo Reclamante para a reclamação trabalhista, conhece-se dos presentes Embargos de Divergência, porque somente ao próprio Superior Tribunal de Justiça compete dirimir divergência entre suas próprias Turmas. 2. No âmbito da Justiça comum, impossível superar a orientação já antes firmada por este Tribunal, no sentido do descabimento da cobrança ao Reclamado de honorários advocatícios contratados pelo Reclamante: para a Reclamação Trabalhista, porque o contrário significaria o reconhecimento da sucumbência por via oblíqua e poderia levar a julgamentos contraditórios a respeito do mesmo fato do patrocínio advocatício na Justiça do Trabalho. 3. Manutenção do Acórdão Embargado, que julgou improcedente ação de cobrança de honorários contratuais ao Reclamado, a despeito da subsistência do julgamento paradigma em sentido diverso, pois não sujeito à devolução recursal nestes Embargos de Divergência. 4. Embargos de Divergência improvidos" (STJ, EREsp 1.155.527/MG, 2.ª Seção, Rel. Min. Sidnei Beneti, j. 13.06.2012, *DJe* 28.06.2012).

Em que pese essa suposta necessidade de pacificação na Corte Superior, estou filiado à primeira forma de julgar, eis que não é à toa a previsão que consta do Código Civil quanto aos honorários, devendo ser eles entendidos como os contratuais ou convencionados pelas partes.

Essa visão, na verdade, não pretende proteger os advogados, mas os autores das demandas. Ademais, acaba servindo para controlar eventuais abusos cometidos por advogados em cobranças de honorários iniciais, para ingresso de ações, o que somente será admitido em casos excepcionais.

Na doutrina, a posição é compartilhada por Maria Helena Diniz, que muito me influenciou.[24] Na mesma esteira, opinam Jones Figueirêdo Alves e Mário Luiz Delgado: "os honorários aqui referidos não são os honorários sucumbenciais, já contemplados pela legislação processual. Trata-se de honorários extrajudiciais, a serem incluídos na conta sempre que o credor houver contratado para fazer valer o seu direito".[25]

---

[24] DINIZ, Maria Helena. *Código Civil anotado*, cit., p. 374.
[25] ALVES, Jones Figueirêdo; DELGADO, Mário Luiz. *Código Civil anotado*. São Paulo: Método, 2005. p. 203.

Anote-se que, na *IV Jornada de Direito Civil*, o magistrado paranaense José Ricardo Alvarez Vianna formulou a seguinte proposta de enunciado, em sentido contrário: "os honorários advocatícios previstos nos arts. 389 e 404, do CC/02, em caso de atuação jurisdicional, estão abrangidos pelas verbas de sucumbência, sob pena de *bis in idem* e enriquecimento sem causa". Foram as suas justificativas: "a finalidade dos artigos 389 e 404, do CC/02, parece ser a reparação *in integrum*, abrangendo, inclusive, os honorários advocatícios. Dessa forma, não faz sentido a cumulação desses honorários em caso de demanda, haja vista que já integrarão as verbas de sucumbência, evitando-se o enriquecimento sem causa".

Essa proposta anterior, portanto, está em desacordo com a tese por mim defendida. Naquele evento, o enunciado doutrinário foi rejeitado por maioria. Esperava-se, aliás, que na *V Jornada de Direito Civil* (novembro de 2011) um enunciado fosse aprovado no sentido de reconhecer que os honorários mencionados pelos dispositivos do Código Civil são os contratuais, e não os de sucumbência. Ressalte-se que propostas foram feitas nesse sentido. Todavia, muito timidamente, a comissão de obrigações aprovou outro teor de enunciado doutrinário, menos abrangente do que a tese que aqui se segue: "os honorários advocatícios previstos no art. 389 do Código Civil não se confundem com as verbas de sucumbência, que, por força do art. 23 da Lei 8.906/94, pertencem ao advogado" (Enunciado n. 426).

De todo modo, acrescente-se que a questão não é unânime na doutrina nem na jurisprudência. Pablo Stolze Gagliano e Rodolfo Pamplona Filho encabeçam a doutrina que aponta serem tais honorários os sucumbenciais, tratados no plano processual. Segundo eles, "reputamos desnecessária e anacrônica a referência a 'honorários de advogado' no conteúdo normativo, por se tratar de obrigação cuja exigibilidade encontra supedâneo na própria legislação civil".[26]

No plano do Superior Tribunal de Justiça, reitero que podem ser encontrados arestos na mesma esteira. Assim, a título de exemplo e sem prejuízo dos últimos acórdãos destacados: "os honorários advocatícios contratuais não integram os valores devidos a título de reparação por perdas e danos, conforme o disposto nos arts. 389, 395 e 404 do Código Civil de 2002. Precedentes: REsp 1.480.225/SP, Rel. Ministro Og Fernandes, Segunda Turma, *DJe* 11.09.2015; AgRg no REsp 1.507.864/RS, Rel. Ministro Moura Ribeiro, Terceira Turma, *DJe* 25.09.2015; AgRg no REsp 1.481.534/SP, Rel. Ministra Maria Isabel Gallotti, Quarta Turma, *DJe* 26.08.2015)" (STJ, AgRg no AREsp 746.234/RS, 2.ª Turma, Rel. Min. Herman Benjamin, j. 27.10.2015, *DJe* 19.11.2015). Como se pode perceber, existem divergências entre relatores e turmas do Tribunal da Cidadania que, na minha opinião doutrinária, deve pacificar a questão, no âmbito da sua Corte Especial.

Pois bem, com os fins de trazer maior certeza e segurança jurídica sobre essa intricada temática, a Comissão de Juristas nomeada no âmbito do Congresso Nacional para a Reforma do Código Civil pretende resolver definitivamente

---

[26] GAGLIANO, Pablo Stolze; PAMPLONA FILHO, Rodolfo. *Novo curso de Direito Civil*. 17. ed. São Paulo: Saraiva, 2016. v. II, p. 318.

esse dilema. Assim, o art. 389 receberia dois novos parágrafos, a tratar dos honorários contratuais.

De acordo com o seu novo § 1.º, "os honorários de advogado previstos no *caput* são os contratualmente fixados entre as partes, desde que haja efetiva prova do seu prévio pagamento e que conste da ação ajuizada a específica pretensão de reembolso da despesa efetivamente realizada pelo credor". As exigências do efetivo pagamento e da ação ajuizada visam a afastar o enriquecimento sem causa em sua cobrança e recebimento.

Além disso, para os fins de que o instituto não seja confundido com os honorários sucumbenciais, e com as limitações previstas no art. 85 do CPC, o novo § 2.º do art. 389 preverá que "os honorários contratuais previstos neste artigo não excluem os honorários sucumbenciais tratados na lei processual". Acabou prevalecendo a ideia, defendida por mim e pela maioria dos membros da Comissão, de que os honorários contratuais podem ser livremente pactuados, sendo a intervenção para a sua redução pelo julgador somente cabível em hipóteses excepcionais.

Superada essa intrincada questão, nas obrigações negativas (de não fazer), o devedor é havido por inadimplente desde o dia em que o ato é executado (art. 390 do CC). Deve ficar claro que a norma tem aplicação tanto aos casos de inadimplemento absoluto quanto relativo ou mora da obrigação negativa. A título de ilustração, se houver uma obrigação de sigilo assumida em contrato, este é tido por descumprido no momento em que as informações são reveladas pelo devedor.

Nesse contexto, é possível reconhecer a mora em se tratando de obrigação negativa de não fazer. Consoante o Enunciado n. 647 da *IX Jornada de Direito Civil*, evento de maio de 2022, "a obrigação de não fazer é compatível com o inadimplemento relativo (mora), desde que implique o cumprimento de prestações de execução continuada ou permanente e ainda útil ao credor". Nos termos das justificativas, que servem para explicar o seu teor, "nas obrigações de não fazer de execução instantânea, o inadimplemento da obrigação de não fazer será necessariamente absoluto, ou seja, haverá subrogação da prestação original por indenização. Nesse caso, não há como retornar ao estado anterior. Todavia, há obrigações de não fazer que são de execução continuada ou de efeitos permanentes. É possível a purgação da mora, o que se depreende do art. 251, ao mencionar que o credor pode exigir que o devedor desfaça o que concretizou, a cuja abstenção se obrigara. É relevante tal consideração, uma vez que no caso de inadimplemento relativo será possível a preservação do vínculo obrigacional originário, com o retorno ao estado anterior, a fim de que se restabeleça a abstenção, cuja execução é contínua e permanente".

De todo modo, na obrigação negativa de não fazer, não é necessário constituir em mora o devedor, sendo esta automática ou *ex re*. Nessa linha, da jurisprudência superior: "em se tratando especificamente de obrigação de não fazer, o devedor será dado por inadimplente a partir do momento em que realizar o ato do qual deveria se abster – nos exatos termos do art. 390 do CC/02 –, fazendo surgir automaticamente o interesse processual do credor à medida coercitiva, ou seja, a prática do ato proibido confere certeza, liquidez e exigibilidade à multa coercitiva, possibilitando a sua cobrança" (STJ, REsp 1.047.957/AL, 3.ª Turma, Rel. Min. Fátima Nancy Andrighi, j. 14.06.2011, *DJe* 24.06.2011).

Eis outro tema que a Comissão de Juristas nomeada para a Reforma do Código Civil no âmbito do Congresso Nacional pretende elucidar com a inclusão de um necessário parágrafo único no art. 394, *in verbis*: "nas obrigações negativas, o devedor incorre em mora desde o dia em que executou o ato em que devia se abster".

Complementando os dois preceitos que lhe antecedem, preconiza o art. 391 da atual codificação material que pelo inadimplemento do devedor respondem todos os seus bens, o que consagra o *princípio da imputação civil dos danos*, ou *princípio da responsabilidade patrimonial do devedor*.

Em verdade, como já desenvolvido nesta obra, em seu capítulo inaugural, não são todos os bens que respondem, pois existem bens que são impenhoráveis, como aqueles que constam do Estatuto Processual em vigor (art. 833) e o bem de família (arts. 1.711 a 1.722 do CC/2002 e Lei n. 8.009/1990). A melhor redação para a compreensão da responsabilidade patrimonial do devedor é a do art. 789 do CPC/2015, reprodução do art. 591 do CPC/1973, pelo qual, "o devedor responde com todos os seus bens presentes e futuros para o cumprimento de suas obrigações, salvo as restrições estabelecidas em lei".

Por isso, reitere-se, a Comissão de Juristas incumbida para a Reforma do Código Civil sugere a seguinte redação para o preceito: "Art. 389. Pelo inadimplemento das obrigações, respondem todos os bens do devedor, suscetíveis de penhora".

Além disso, por proposição de cunho humanista formulada pela Relatora Geral, Professora Rosa Maria de Andrade Nery, almeja-se a inclusão de um novo art. 391-A no Código Civil, a tratar de uma ideia geral de *patrimônio mínimo* ou *mínimo existencial* para o Direito Civil brasileiro. A tese do patrimônio mínimo, atribuída entre outros ao Ministro Luiz Edson Fachin, visa assegurar à pessoa um mínimo de direitos patrimoniais, para que viva com dignidade.

Nesse contexto, o *caput* da norma projetada enunciará que "salvo para cumprimento de obrigação alimentar, o patrimônio mínimo existencial da pessoa, da família e da pequena empresa familiar é intangível por ato de excussão do credor". A intangibilidade é associada à ideia de impenhorabilidade, prevista no Código de Processo Civil e também em leis especiais.

A esse propósito, nos termos do § 1.º do novo art. 391-A do CC, "além do salário mínimo, a qualquer título recebido, bem como dos valores que a pessoa recebe do Estado, para os fins de assistência social, considera-se, também, patrimônio mínimo, guarnecido por bens impenhoráveis: I – a casa de morada onde habitam o devedor e sua família, se única em seu patrimônio; II – o módulo rural, único do patrimônio do devedor, onde vive e produz com a família; III – a sede da pequena empresa familiar, guarnecida pelos bens que a lei processual considera como impenhoráveis, se coincidir com o único local de morada do devedor ou de sua família". Consolida-se, portanto, na Lei Geral Privada e com os fins de retomada do seu protagonismo legislativo, a proteção prevista em normas especiais, caso da Lei do Bem de Família (Lei n. 8.009/1990) e do Estatuto da Terra (Lei n. 4.504/1964).

Além da imperiosa proteção da pessoa humana, há o objetivo de tutela, ainda, do *patrimônio mínimo empresarial*, como se retira do último inciso transcrito e vem em boa hora, na linha da melhor doutrina e de julgados superiores, caso do seguinte: "'a impenhorabilidade da Lei n. 8.009/1990, ainda que tenha como destinatários as pessoas físicas, merece ser aplicada a certas pessoas jurídicas, às firmas individuais, às pequenas empresas com conotação familiar, por exemplo, por haver identidade de patrimônios' (FACHIN, Luiz Edson. *Estatuto Jurídico do Patrimônio Mínimo*, Rio de Janeiro, Renovar, 2001, p. 154)" (STJ, REsp 1.514.567/SP, 4.ª Turma, Rel. Min. Maria Isabel Gallotti, j. 14.03.2023, *DJe* 24.04.2023).

Também se objetiva a proteção das pessoas com deficiência e incapazes, com regra segundo a qual "considera-se bem componente do patrimônio mínimo da pessoa deficiente ou incapaz, além dos mencionados nas alíneas do parágrafo anterior, também aqueles que viabilizarem sua acessibilidade e superação de barreiras para o exercício pleno de direitos, em posição de igualdade" (art. 391-A, § 2.º). A título de exemplo, os veículos de transporte e os instrumentos que facilitam a vida dessas pessoas também devem ser tidos como protegidos, especialmente pela impenhorabilidade.

Por fim, o novo § 3.º do art. 391 do CC, incluído pela Reforma, trará importante exceção, muito debatida há tempos, para prever que "a casa de morada de alto padrão pode vir a ser excutida pelo credor, até a metade de seu valor, remanescendo a impenhorabilidade sobre a outra metade, considerado o valor do preço de mercado do bem, a favor do devedor executado e de sua família". Espera-se, portanto, a aprovação dos textos propostos pelo Congresso Nacional Brasileiro.

Seguindo-se no estudo das regras relativas ao inadimplemento absoluto, nos contratos benéficos responderá por culpa aquele que tem benefícios com a obrigação do contrato e por dolo aquele a quem não favoreça (art. 392 do CC). A culpa mencionada na norma está em sentido estrito (*stricto sensu*), ou seja, a violação de um dever preexistente, geralmente associada à imprudência, negligência e imperícia, como ainda se verá. O dolo, por sua vez, é a intenção de descumprir a obrigação, por ato voluntário. Sigo a posição doutrinária que equipara o dolo à culpa grave nessa norma (*culpa lata dolus aequiparatur*), ou seja, aquele que não é beneficiado pelo negócio responderá por ambas as condutas.[27]

Como bem se extrai da obra de Washington de Barros Monteiro e Carlos Alberto Dabus Maluf, explicando a essência dessa primeira parte do preceito, "justo não seria que a outra parte, a quem o contrato não aproveita, respondesse por simples culpa. Diversa resultará, todavia, a solução se tiver agido com dolo, porquanto a ninguém se permite, deliberada e conscientemente, subtrair-se ao cumprimento de obrigações que livremente assumiu".[28] Exemplificando, no

---
[27] Por todos: GONÇALVES, Carlos Roberto. *Direito Civil brasileiro*. Direito das obrigações. 13. ed. São Paulo: Saraiva, 2016. v. 2, p. 378.
[28] BARROS MONTEIRO, Washington de; MALUF, Carlos Alberto Dabus. *Curso de Direito Civil*. Direito das obrigações. 1.ª Parte. 37. ed. São Paulo: Saraiva, 2012. v. 4, p. 366.

comodato, o comodatário responde por culpa ou dolo, enquanto o comodante apenas por dolo, por sua atuação intencional. A primeira parte da norma já traz a consagração da responsabilidade subjetiva como regra no caso de responsabilidade contratual.

Corroborando essa afirmação, pelo mesmo art. 392 do Código Privado, nos contratos bilaterais, sinalagmáticos e onerosos, o inadimplemento das partes decorre de sua conduta culposa, estando essa culpa, em sentido amplo ou *lato sensu*, a englobar tanto o dolo como a culpa em sentido estrito (*stricto sensu*), nas definições por último apresentadas. Tal regra aplica-se à compra e venda, à locação, à prestação de serviços e à empreitada, por exemplo.

De toda sorte, mesmo presente a responsabilidade subjetiva ou culposa do devedor, as doutrinas de ontem e de hoje sustentam a inversão do ônus da prova a favor do credor, se comprovada a violação do dever contratual. Nesse sentido, as palavras de Sergio Cavalieri Filho, para quem, "na responsabilidade contratual, a culpa, de regra, é presumida; inverte-se, então, o ônus da prova, cabendo ao credor demonstrar, apenas, que a obrigação não foi cumprida; o devedor terá que provar que não agiu com culpa, ou, então, que ocorreu alguma causa excludente do próprio nexo causal".[29]

Sintetizando tal forma de pensar, entre os contemporâneos, o Enunciado n. 548 da *VI Jornada de Direito Civil* (2013) expressa que, "caracterizada a violação de dever contratual, incumbe ao devedor o ônus de demonstrar que o fato causador do dano não lhe pode ser imputado". Conforme as suas justificativas, elaboradas por Marcos Catalan, autor da proposta que gerou o enunciado, "o Direito, sistema composto por regras, princípios e valores coerentes entre si, impõe que, tanto nas hipóteses de mora e de inadimplemento da obrigação quanto nos casos de cumprimento imperfeito desta, seja atribuído ao devedor – e, na última situação, ao *solvens* – o ônus de demonstrar que a violação do dever contratual não lhe pode ser imputada". Advirta-se, contudo, que, para o autor da proposta, a inversão do ônus da prova decorre de uma análise do nexo causal, e não propriamente da culpa presumida.

Por derradeiro na análise desse preceito, o final do art. 392 da codificação privada utiliza a locução "salvo as exceções previstas em lei", o que quer significar que existem situações legais em que a responsabilidade contratual é objetiva, ou independente de culpa. A hipótese mais citada pela doutrina, e que ainda será aprofundada, diz respeito à responsabilidade do transportador, considerada objetiva desde a interpretação dada pelos Tribunais ao antigo Decreto 2.681/1912, que regulava a responsabilidade das empresas de estradas de ferro.

Feitas tais pontuações, complementando a ideia de responsabilidade contratual subjetiva como afirmação geral, o art. 393 do CC/2002 enuncia que, em regra, a parte obrigacional não responde por caso fortuito ou força maior, a não ser que isso tenha sido convencionado, por meio da *cláusula de assunção convencional*. De acordo com a literalidade da norma, com destaque ao seu parágrafo único, "o devedor não responde pelos prejuízos resultantes de caso fortuito ou força

---

[29] CAVALIERI FILHO, Sergio. *Programa de responsabilidade civil*, cit., p. 375.

maior, se expressamente não se houver por eles responsabilizado. Parágrafo único. O caso fortuito ou de força maior verifica-se no fato necessário, cujos efeitos não era possível evitar ou impedir".

Mas como definir o que seriam caso fortuito e força maior? Existem juristas que apontam ser ambos sinônimos, como Pontes de Miranda, que os via *globalmente*, como excludentes do dever de indenizar, por ser um fato não imputável à parte.[30] Trata-se de leitura do art. 1.058 do Código Civil de 1916 que equivale, em parte, ao ora analisado art. 393 do Código Civil em vigor.

No entanto, igualmente entre os clássicos, Washington de Barros Monteiro demonstrava a existência de *seis correntes diferenciadoras* dos conceitos.[31]

Pela primeira corrente, denominada *teoria da extraordinariedade*, o caso fortuito seria previsível, mas não quanto ao momento, ao lugar e ao modo de sua verificação. Por outra via, a força maior seria o fato inusitado, extraordinário e totalmente imprevisível.

De acordo com a *teoria da previsibilidade e da irresistibilidade*, o caso fortuito é o evento totalmente imprevisível, enquanto a força maior seria o evento previsível, mas inevitável.

Pela terceira teoria, seguida pelo próprio Professor Washington de Barros Monteiro, o caso fortuito é o evento natural "de índole ininteligente", enquanto a força maior decorre de fatos humanos.[32]

Pela quarta vertente, há caso fortuito quando o evento não pode ser previsto com diligência comum, mas somente com a diligência excepcional; a força maior não pode ser prevista com diligência alguma, nem com a última, ou seja, há uma análise da intensidade do fato.

De acordo com a quinta teoria, se o evento for decorrente de forças naturais conhecidas, haverá força maior; "se se cuida, todavia, de alguma coisa que a nossa limitada experiência não logra controlar, temos o fortuito".[33]

Por derradeiro, para a sexta corrente, os fatos são considerados estaticamente como caso fortuito e de forma dinâmica como força maior, o que conduz à afirmação de serem sinônimos, como se retira das lições de Pontes de Miranda.

Na doutrina brasileira, é muito adotada a segunda das vertentes, seguida, além de Washington de Barros Monteiro, por Sílvio de Salvo Venosa,[34] Maria Helena Diniz[35] e Mário Luiz Delgado.[36] Assim, o caso fortuito é associado aos

---

[30] Conforme se retira de vários trechos do Tomo 53 do *Tratado de direito privado* (PONTES DE MIRANDA, Francisco Cavalcanti. *Tratado de direito privado*. Rio de Janeiro: Borsoi, 1955. t. LIII).

[31] BARROS MONTEIRO, Washington de; MALUF, Carlos Alberto Dabus. *Curso de Direito Civil. Direito das obrigações*, 37. ed., cit., p. 368-370.

[32] BARROS MONTEIRO, Washington de; MALUF, Carlos Alberto Dabus. *Curso de Direito Civil. Direito das obrigações*, 37. ed., cit., p. 368.

[33] BARROS MONTEIRO, Washington de; MALUF, Carlos Alberto Dabus. *Curso de Direito Civil. Direito das obrigações*, 37. ed., cit., p. 368.

[34] VENOSA, Sílvio de Salvo. *Código Civil interpretado*, cit., p. 396.

[35] DINIZ, Maria Helena. *Curso de Direito Civil brasileiro*. Responsabilidade civil, cit., p. 134.

[36] DELGADO, Mário Luiz. *Código Civil interpretado*. 8. ed. São Paulo: Saraiva, 2012. p. 445.

eventos da natureza, enquanto a força maior, ao ato do homem, ambos irresistíveis ou insuperáveis.

Adoto doutrinariamente a segunda das correntes expostas, denominada *teoria da previsibilidade e da irresistibilidade*, ou seja, o caso fortuito deve ser visto como o evento totalmente imprevisível, enquanto a força maior é o evento previsível, mas inevitável ou irresistível. Não importa, assim, se o evento decorre da natureza ou de ato do homem. Encabeçando essa visão, cite-se Orlando Gomes, jurista que, por sua objetividade, é referência para meus estudos e reflexões.[37]

Na mesma linha, Sergio Cavalieri Filho leciona que "estaremos em face do caso fortuito quando se tratar de evento imprevisível, e, por isso, inevitável; se o evento for irresistível, ainda que previsível, por se tratar de fato superior às forças do agente, como normalmente são os fatos da Natureza (tempestades, enchentes etc.), estaremos em face da força maior, como o próprio nome o diz".[38] Pablo Stolze Gagliano e Rodolfo Pamplona Filho, igualmente, são partidários dessa divisão, repise-se, seguida por mim.[39]

Mas como analisar tais categorias? Como se verá mais adiante, de forma mais detalhada, têm-se associado os institutos ao *risco do negócio*, *risco da atividade* ou *risco do empreendimento*, dividindo os eventos em internos e externos, o que remonta ao clássico estudo de Agostinho Alvim. O tema está aprofundado no capítulo que estuda o nexo causal como elemento da responsabilidade extracontratual (Capítulo 5).

A Lei n. 14.010/2020, que introduziu o Regime Jurídico Emergencial e Transitório das relações jurídicas de Direito Privado (RJET) no período da pandemia do coronavírus (Covid-19), trouxe regra importante sobre a possibilidade de alegar o caso fortuito e a força maior, com os fins de se afastar a responsabilidade civil contratual diante da grave crise que nos atingiu.

Por óbvio que muitos contratantes, em meio à grave crise econômica que acometeu todo o mundo, passaram a alegar tais fatos, inclusive com a intenção de extinguir os contratos celebrados. Conforme o art. 6.º da nova lei, com vistas a trazer mais segurança jurídica, "as consequências decorrentes da pandemia do coronavírus (Covid-19) nas execuções dos contratos, incluídas as previstas no art. 393 do Código Civil, não terão efeitos jurídicos retroativos".

Entendo que a pandemia até poderia ser tida como força maior, um evento previsível, mas inevitável. Todavia, não pode servir, por si só, como panaceia a fundamentar uma moratória ampla e generalizada, sem fundamentação, a colocar em descrédito todo o sistema jurídico. Assim, para que caiba a alegação do que consta do art. 393 do Código Civil, a crise deve trazer consequências graves e específicas para o contrato.

Além disso, como é notório, extinguir a obrigação ou o contrato é a última medida a ser tomada, diante da necessária conservação dos negócios jurídicos e

---

[37] GOMES, Orlando. *Obrigações*, cit., p. 176.
[38] CAVALIERI FILHO, Sergio. *Programa de responsabilidade civil*, cit., p. 375.
[39] GAGLIANO, Pablo Stolze; PAMPLONA FILHO, Rodolfo. *Novo curso de Direito Civil*, 14. ed., cit., p. 169.

da função social dos pactos, conforme consta do Enunciado n. 22 da *I Jornada de Direito Civil*.

Vale citar, a propósito, a advertência feita por José Fernando Simão no sentido de que os debates judiciais e arbitrais relativos à pandemia devem se concentrar mais na revisão e não na simples extinção das obrigações pela alegação do caso fortuito e da força maior. Nas suas palavras, "todo o norte dessas reflexões é o princípio da conservação do negócio jurídico. O contrato deve ser prioritariamente preservado, pois isso interessa aos próprios contraentes (o adimplemento atrai, polariza, a obrigação). A sua manutenção, portanto, interessa ao sistema jurídico como um todo e se revela fundamental para a economia (manutenção de trocas), especialmente quando o desemprego ameaça considerável parcela da população brasileira".[40]

Exatamente nesse sentido, como se extrai de acórdão do Tribunal Paulista, a pandemia "não pode ser aceita de forma indiscriminada como justificativa genérica para o descumprimento de obrigações contratuais validamente avençadas" (TJSP, Apelação 1032959-03.2020.8.26.0100, Acórdão 14321850, 19.ª Câmara de Direito Privado, São Paulo, Rel. Des. João Camillo de Almeida Prado Costa, j. 02.02.2021, *DJESP* 12.02.2021, p. 2.342).

Porém, em sentido contrário, a demonstrar toda a controvérsia e as dificuldades de resolver os problemas práticos em meio à pandemia, colaciono o seguinte aresto, também do Tribunal Bandeirante:

"Compra e venda. Ação indenizatória. Sentença de improcedência. Interposição de apelação pelo autor. Celebração de contrato entre as partes, por meio do qual a ré assumiu a obrigação de prestar serviços de fabricação e instalação de móveis planejados para moradia do autor. Cláusula 12 do contrato dispõe que a entrega dos móveis deveria ser realizada no prazo de trinta dias úteis, contados da data da assinatura do projeto final pelo cliente, sob pena de ser devolvido a este último o valor correspondente a 100% do valor do produto. Data inicialmente prevista para entrega dos móveis, considerando os feriados de carnaval ocorridos nos dias 24 e 25 de fevereiro de 2020, coincidiu com a vigência do Decreto de quarentena editado pelo Governo do Estado de São Paulo, que restringiu o desenvolvimento de certas atividades, a fim de evitar a propagação da pandemia de COVID-19 (novo coronavírus). Verossimilhança da alegação da ré de que as medidas governamentais de combate à pandemia tenham implicado atraso na entrega dos móveis adquiridos pelo autor. Atraso na entrega dos móveis decorreu da superveniência da pandemia de COVID-19, que deve ser entendida como caso fortuito ou força maior, por se tratar de evento imprevisível, inevitável e sem relação com os riscos inerentes à atividade desenvolvida pela ré, razão pela qual esta última não pode responder pelos danos dela decorrentes. Inteligência do artigo 393 do Código Civil. Eventual ocorrência de avarias nos móveis durante a sua

---

[40] SIMÃO, José Fernando. O contrato nos tempos da Covid-19. Esqueçam a força maior e pensem na base do negócio. *Migalhas*, Ribeirão Preto, 3 abr. 2020. Disponível em: <https://migalhas.uol.com.br/coluna/migalhas-contratuais/323599/o-contrato-nos-tempos-da-covid-19---esquecam-a-forca-maior-e--pensem-na-base-do-negocio>. Acesso em: 22 fev. 2021.

montagem não enseja a pretendida devolução do valor dos produtos. Autor que não faz jus ao recebimento de multa equivalente a 100% do valor dos móveis por ele adquiridos. Improcedência da ação era mesmo medida imperiosa. Manutenção da r. Sentença. Apelação não provida" (TJSP, Apelação Cível 1032873-32.2020.8.26.0100, Acórdão 14040338, 26.ª Câmara de Direito Privado, São Paulo, Rel. Des. Carlos Dias Motta, j. 07.10.2020, *DJESP* 19.10.2020, p. 2.814).

Feitos tais esclarecimentos categóricos e expostas notas importantes de atualização deste livro, frise-se que os arts. 389 a 393 do Código Civil, juntos, consagram a denominada *responsabilidade civil contratual* ou *negocial*. Do ponto de vista técnico e de acordo com a visão dualista da responsabilidade civil – que ainda fraciona a matéria em *contratual e extracontratual* –, é incorreto fundamentar essa forma de responsabilidade civil no art. 186 da atual codificação material. Na realidade, o último dispositivo traz a denominada responsabilidade *aquiliana*, de natureza extracontratual, tema aprofundado no próximo capítulo do livro.

Ademais, nos casos de inadimplemento absoluto, a principal consequência refere-se ao pagamento de perdas e danos, tratadas entre os arts. 402 a 404 do CC/2002, tema aprofundado quando do estudo do dano como elemento objetivo da responsabilidade extracontratual (Capítulo 6). Na realidade, há ainda o art. 405, inserido na mesma seção. Todavia, parece-me que tal dispositivo legal está mal colocado, eis que trata mais propriamente da matéria de juros, a seguir estudada neste capítulo, em tópico próprio.

Pelo art. 402 do CC, as perdas e danos devidos ao credor abrangem, além do que ele efetivamente perdeu, o que razoavelmente deixou de lucrar. No primeiro caso, há os *danos emergentes ou danos positivos*, caso dos valores desembolsados por alguém e da perda patrimonial pretérita efetiva. No segundo caso, os *lucros cessantes* ou *danos negativos*, constituídos por uma frustração de lucro.

Como primeiro exemplo dos lucros cessantes, pertinente para os casos de inadimplemento contratual, o Superior Tribunal de Justiça firmou a tese, no âmbito da sua Segunda Seção, de que "o atraso na entrega do imóvel enseja pagamento de indenização por lucros cessantes durante o período de mora do promitente vendedor, sendo presumido o prejuízo do promitente comprador" (EREsp 1341138/SP, 2.ª Seção, Rel. Min. Maria Isabel Gallotti, j. 09.05.2018, *DJe* 22.05.2018). O resumo da controvérsia merece destaque para os devidos aprofundamentos e reflexões sobre o assunto:

"A Segunda Seção do STJ, em apreciação aos embargos de divergência, pacificou o entendimento que encontrava dissonância no âmbito das Turmas responsáveis pelas matérias relativas a Direito Privado, se o prejuízo decorrente do atraso na entrega do imóvel depende de prova, ou, ao contrário, se deve ser presumido. O acórdão embargado (AgRg no REsp 1.341.138/SP, Rel. Min. Sidnei Beneti, Terceira Turma, *DJe* 07.06.2013), embora aplicando a Súmula 7/STJ, apreciou o mérito da controvérsia e entendeu que há necessidade de prova de que o apartamento, cuja entrega excedeu o prazo contratual, seria destinado à obtenção de renda. Já o acórdão paradigma (AgRg no Ag 1.036.023-RJ, Rel. Min. Aldir Passarinho Junior, Quarta Turma, *DJe* 03.12.2010) entendeu que 'há presunção relativa do prejuízo do promitente-comprador pelo atraso na entrega de imóvel pelo promitente-vendedor, cabendo a este, para se eximir do dever de indenizar, fazer prova de que a mora contratual não lhe é imputável'. Sobre o tema, prevalece nessa Corte o entendimento esposado no paradigma de que, descumprido o prazo para a entrega do imóvel objeto do compromisso de compra e venda, é cabível a condenação da vendedora por lucros cessantes, havendo a presunção de prejuízo do adquirente, ainda que não demonstrada a finalidade negocial da transação".

Filio-me à conclusão final do aresto, pela presunção dos lucros cessantes em casos tais, em face do não recebimento de aluguéis do comprador, diante da mora do vendedor na entrega do imóvel.

No caso dos lucros cessantes, a frustração de lucro deve estar relacionada a uma atividade lícita que era desenvolvida pelo prejudicado. Nessa linha, o Enunciado n. 658, aprovado na *IX Jornada de Direito Civil*, estabelece que "as perdas e danos indenizáveis, na forma dos arts. 402 e 927, do Código Civil, pressupõem prática de atividade lícita, sendo inviável o ressarcimento pela interrupção de atividade contrária ao Direito". As justificativas do enunciado citam aresto do Superior Tribunal de Justiça que afastou lucros cessantes por extração de areia sem a licença necessária, presente um "ato clandestino, alheio a qualquer amparo no ordenamento vigente" (STJ, REsp 1.021.556/TO, 3.ª Turma, Rel. Min. Vasco Della Giustina, j. 21.09.2010).

Como outra ilustração dos lucros cessantes, relacionados à pandemia de Covid-19, destaque-se julgado da mesma Corte Superior, que reconheceu o direito de indenização por lucros cessantes, a restaurante que não foi autorizado por seu locador, o Jockey Club de São Paulo, a funcionar, mesmo tendo cessadas as restrições impostas pelo Poder Público. Conforme a tese fixada, "pratica ato ilícito apto à indenização, o locador que proíbe o funcionamento de imóvel comercial locado, cujo acesso é autônomo e independente, sob a justificativa de cumprimento às normas de restrição sanitária pela Covid-19" (STJ, REsp 1.997.050/SP, 4.ª Turma, Rel. Min. Luis Felipe Salomão, j. 02.08.2022, v.u.).

Consoante o acórdão, "era viável assegurar o acesso do público exclusivamente à área destinada ao restaurante, mantendo-se fechadas as demais áreas do clube, incluindo aquelas em que eram realizadas as atividades do turfe, tornando-se irrelevante, em tal medida, a proibição do funcionamento do clube. Vale destacar que o recorrente não teria nem sequer que implementar medidas para 'isolar' o local, o qual já se encontrava cercado e, portanto, separado das demais áreas. Estabelecidas, portanto, as premissas em torno da atuação indevida do recorrente, revelou-se, de igual maneira, desprovida de razoabilidade ou proporcionalidade, tendo em vista que a conduta do locador acarretou ônus excessivo ao locatário, mediante sacrifício da retomada de suas atividades econômicas, não havendo se falar em 'exercício regular de seu direito reconhecido na condição de locador'" (REsp 1.997.050/SP). Como não poderia ser diferente, concordo totalmente com essa forma de julgar.

Seguindo a análise dos comandos legais, prevê o art. 403 da mesma codificação material que, ainda que a inexecução resulte de dolo do devedor, "as perdas e danos só incluem os prejuízos efetivos e os lucros cessantes por efeito dela direto e imediato, sem prejuízo do disposto na lei processual". Por isso, não é possível a reparação de dano hipotético ou eventual, conforme o pronunciamento comum da doutrina e jurisprudência nacionais. A lei exige, portanto, o *dano efetivo* como corolário do direito de se pleitear uma indenização.

Por fim, a respeito do tema em estudo, segundo o art. 404 da atual norma geral privada, "as perdas e danos, nas obrigações de pagamento em dinheiro, serão pagas com atualização monetária, juros, custas e honorários de advogado, sem prejuízo da pena convencional". O dispositivo foi recentemente alterado pela Lei n. 14.905, de junho de 2024, prevendo anteriormente que "as perdas e os danos, nas obrigações de pagamento em dinheiro, serão pagas com atualização monetária segundo índices oficiais regularmente estabelecidos, abrangendo juros, custas e honorários de advogado, sem prejuízo da pena convencional". Como se pode perceber, foi retirada apenas a menção aos índices oficiais, uma vez que, com a nova redação do art. 389, parágrafo único, do Código Civil, esse índice, salvo estipulação em contrário pelas partes ou previsão específica em lei, passou a ser o IPCA: "na hipótese de o índice de atualização monetária não ter sido convencionado ou não estar previsto em lei específica, será aplicada a variação do Índice Nacional de Preços ao Consumidor Amplo (IPCA), apurado e divulgado pela Fundação Instituto Brasileiro de Geografia e Estatística (IBGE), ou do índice que vier a substituí-lo".

Vale citar, mais uma vez, o Enunciado n. 161 da *III Jornada de Direito Civil* do Conselho da Justiça Federal, que também é aplicado a esse dispositivo legal, pelo qual: "os honorários advocatícios previstos nos arts. 389 e 404 do Código Civil apenas têm cabimento quando ocorre a efetiva atuação profissional do advogado".

Importante lembrar, ainda, que há grandes discussões quanto à natureza jurídica desses honorários advocatícios, estando eu filiado à corrente que sustenta que têm eles a natureza contratual. Justamente por isso, a Comissão de Juristas encarregada da Reforma do Código Civil também pretende incluir no art. 404 a menção aos honorários contratuais, a saber: "as perdas e danos, nas obrigações de pagamento em dinheiro, serão pagas com atualização monetária, segundo índices oficiais regularmente estabelecidos, abrangendo juros, custas e honorários contratuais de advogado efetivamente pagos, sem prejuízo da pena convencional". As perdas e danos referenciados nesse dispositivo da atual codificação privada apenas tratam dos danos materiais, não havendo qualquer referência a danos imateriais, caso dos danos morais ou outros danos extrapatrimoniais. Diante dessa constatação, surge a indagação: no caso de responsabilidade civil contratual, não terá o prejudicado direito a tal reparação? Qual o fundamento jurídico para tanto?

Sem dúvida que será possível ao prejudicado pleitear tais danos imateriais. No entanto, o fundamento jurídico para tanto não está no Código Civil, repise-se. Engana-se quem entende que o fundamento é o art. 186 do CC/2002, que trata do *dano exclusivamente moral*.

Como foi dito, esse dispositivo deve ser aplicado aos casos de responsabilidade civil *aquiliana* ou extracontratual. Na verdade, como melhor caminho técnico, deve-se utilizar argumento sob o prisma *civil-constitucional*, apontando que a possibilidade de reparação moral está fundamentada no art. 5.º, V e X, da CF/1988, que já tratava dessa reparabilidade imaterial.

3. ESTUDO DO INADIMPLEMENTO RELATIVO OU MORA. CLASSIFICAÇÃO E EFEITOS

A mora é o atraso, o retardamento ou a imperfeita satisfação obrigacional, a partir dos três critérios que estão previstos no art. 394 do Código Civil, a saber: tempo, lugar e forma ou modo de cumprimento.

Já no sistema do Código Civil de 1916, Clóvis Beviláqua advertia que "não é somente a consideração do tempo que entra no conceito da mora. Subjetivamente, ela pressupõe culpa do devedor, ou é uma das formas de culpa, porquanto há violação de um dever preexistente. Objetivamente, isto é, com respeito ao cumprimento da obrigação, há que atender, ainda, ao lugar e à forma de execução. Incorre em mora o devedor que não efetua o pagamento no tempo, ou não o realiza no lugar obrigado. Da mesma forma, se o credor se recusa a receber o pagamento no lugar indicado no título da obrigação, pretendendo que esta se execute em outro, ou se exige o pagamento por forma diferente da estatuída, incorrerá em mora, ainda quando se ponha de lado a circunstância do tempo, que, aliás, é essencial ao conceito de mora".[41] Em suma, reafirme-se, pois fundamental para a sua compreensão, que a mora não é somente temporal ou *mora não é só a demora*.

Também pelo que consta desse comando legal em vigor, percebe-se que há duas espécies de mora, que podem atingir tanto o sujeito ativo como o sujeito passivo do cumprimento ou pagamento. Vejamos, de forma pontual, com o estudo de seus efeitos correspondentes.

3.1. Da mora *accipiendi, creditoris* ou *credendi*

A primeira modalidade de mora atinge o sujeito ativo do pagamento, aquele a quem se deve pagar (*accipiens*), que pode ser o credor, seu representante, um credor putativo ou aparente (arts. 308 a 311 do Código Civil). Por isso, são utilizados os termos *mora accipiendi, creditoris* ou *credendi* pela doutrina, todos considerados sinônimos. Muitas vezes, na prática, fala-se pura e simplesmente em *mora do credor*.

Essa mora, apesar de rara, faz-se presente nas situações em que o credor se recusa a aceitar o adimplemento da obrigação no tempo, lugar e forma pactuados, sem ter justo motivo para tanto. Para a sua configuração, segundo a posição majoritária, seguida por mim, basta o mero atraso ou inadimplemento

---

[41] BEVILÁQUA, Clóvis. *Código Civil dos Estados Unidos do Brasil*, cit., p. 90.

relativo do credor, não se discutindo a sua culpa *lato sensu*, ao contrário do que ocorre com a mora do devedor.

Tanto o Código Civil de 1916 quanto o Código de 2002 não fazem qualquer menção a respeito desse elemento subjetivo, sendo a dispensa do elemento culposo, oriundo da tradição romano-germânica. O exemplo clássico, sempre citado, é o do locador que se recusa a receber o valor do aluguel, por não concordar com o montante que o devedor quer pagar-lhe.

Sobre a desnecessidade da presença de culpa na mora *accipiendi*, Agostinho Alvim aponta ser essa a posição de Beviláqua, Espínola e Carvalho de Mendonça.[42] E conclui sobre o Código Civil de 1916: "ao cogitar do elemento subjetivo, culpa, ele só menciona o devedor", "não nos parece que em direito positivo outra possa ser a solução".[43] Entre os contemporâneos, cite-se o compartilhado entendimento de Maria Helena Diniz,[44] Mário Luiz Delgado,[45] Pablo Stolze Gagliano e Rodolfo Pamplona Filho.[46] Para essa corrente, basta a ausência de justa causa no recebimento pelo credor, o que é analisado objetivamente, premissa seguida por mim, reafirme-se.

Todavia, essa conclusão nunca foi pacífica na doutrina. No sistema anterior, Carvalho Santos, Caio Mário da Silva Pereira e Serpa Lopes eram partidários da necessidade da presença de culpa na *mora accipiendi*. Gustavo Tepedino, Heloísa Helena Barboza e Maria Celina Bodin de Moraes são partidários da tese na atual doutrina, citando como fundamento o princípio da boa-fé objetiva, que foi positivada pelo Código Civil de 2002.[47]

O projeto de Reforma do Código Civil pretende resolver esse dilema, adotando a primeira corrente citada, hoje considerada majoritária. Assim, o art. 396 do Código Civil receberia um parágrafo único, prevendo que "a mora do credor independe de culpa".

Exposta a controvérsia, a mora do credor gera três efeitos, também originários da tradição romanista, estando eles no art. 400 do Código Civil em vigor.

O primeiro deles é de afastar do devedor isento de dolo a responsabilidade pela conservação da coisa, não respondendo ele por culpa *stricto sensu* – violação de um dever preexistente, por imprudência, negligência ou imperícia –, que ocasiona a perda do objeto obrigacional.

Como segundo efeito, o credor fica obrigado a ressarcir o devedor pelas despesas empregadas na conservação da coisa.

Por fim, a mora do credor sujeita-o a receber a coisa pela estimação mais favorável ao devedor, se o seu valor oscilar entre o tempo do contrato e o do cumprimento da obrigação.

---

[42] ALVIM, Agostinho. *Da inexecução das obrigações e suas consequências*, cit., p. 37.
[43] ALVIM, Agostinho. *Da inexecução das obrigações e suas consequências*, cit., p. 37.
[44] DINIZ, Maria Helena. *Curso de Direito Civil brasileiro*. Teoria geral das obrigações, cit., p. 410-411.
[45] DELGADO, Mário Luiz. *Código Civil interpretado*, cit., p. 447.
[46] GAGLIANO, Pablo Stolze; PAMPLONA FILHO, Rodolfo. *Novo curso de Direito Civil*, 17. ed., cit., p. 332.
[47] TEPEDINO, Gustavo; BARBOZA, Heloísa Helena; MORAES, Maria Celina Bodin de. *Código Civil interpretado*, cit., p. 725.

Utilizando-se o clássico exemplo do Direito Romano, se o credor não quiser receber um cavalo, objeto da obrigação e conforme pactuado, três são os efeitos imediatos dessa sua conduta. *Primus*, o devedor somente terá que indenizá-lo pela perda do cavalo, se matar o animal por ato voluntário e com intenção, não respondendo por um descuido. *Secundus*, o credor deve ressarcir o devedor pela alimentação e estalagem do cavalo durante o período da mora. *Tercius*, se o cavalo se desvalorizar nesse período por ter ficado doente, o credor será obrigado a recebê-lo mesmo assim, nada exigindo do devedor.

Além desses três efeitos, em reforço, é fundamental lembrar que a mora do credor cria a possibilidade da consignação judicial ou extrajudicial do objeto obrigacional, nos termos do art. 334 do Código Civil de 2002 e do art. 539 do Código de Processo Civil de 2015. A respeito do depósito extrajudicial, o tratamento está na última norma instrumental, e não no Código Privado, equívoco que o projeto de Reforma do Código Civil pretende corrigir.

Trazendo exemplo concreto e atual da incidência da mora do credor, e do terceiro de seus efeitos, entendeu o Tribunal de Justiça de São Paulo que é "abusiva a exigência de que se deveria aguardar a retirada dos aparelhos locados para que houvesse, então, a rescisão do contrato. Alegação de que nem todos os aparelhos foram devolvidos. Irrelevância. Diante da mora da ré em retirar os aparelhos, a autora os remeteu pelo correio. Ré que por estar em mora assumiu os riscos da deterioração dos aparelhos. Inteligência do art. 400 do Código Civil. Cobranças inexigíveis" (TJSP, Apelação Cível 0021157-80.2009.8.26.0562, Acórdão 5751496, 21.ª Câmara de Direito Privado, Santos, Rel. Des. Virgilio de Oliveira Junior, j. 07.03.2012, *DJESP* 27.03.2012).

Mais recentemente e ainda para ilustrar, a mesma Corte bandeirante analisou caso envolvendo a compra e venda de apartamento com pagamento de parte do preço em mercadorias. Houve a cobrança fundada em suposto inadimplemento contratual da ré, que teria deixado de entregar as mercadorias. Diante da mora *accipiendi* e da aplicação do art. 400 do Código Civil, reconheceu-se a responsabilidade pela conservação do imóvel, a cargo do credor, que incorreu em mora (TJSP, Apelação 0018474-97.2010.8.26.0477, Acórdão 6543058, 6.ª Câmara de Direito Privado, Praia Grande, Rel. Des. Francisco Loureiro, j. 28.02.2013, *DJESP* 12.03.2013).

Analisadas as regras fundamentais sobre a mora *accipiendi*, rara na prática, passa-se à mora *solvendi*, que é a figura mais corriqueira.

3.2. Da mora *solvendi, debitoris* ou *debendi*

A mora *solvendi, debitoris* ou *debendi* envolve o sujeito passivo do pagamento, aquele que deve pagar, o *solvens*. Esse pode ser o devedor ou um terceiro, seja ele interessado ou não interessado na dívida, sendo o interesse aqui considerado aquele de cunho patrimonial, e não afetivo ou de outra ordem. Assim, esse inadimplemento relativo estará presente nas situações em que o devedor não cumpre, por culpa sua, a prestação referente à obrigação, de acordo com o que foi pactuado. Consagra o art. 396 do CC/2002 a premissa segundo a qual, não havendo fato ou omissão imputável ao devedor, não incorre este em mora.

Assim, a doutrina tradicional sempre apontou que a culpa genérica – incluindo o dolo e a culpa estrita – é fator necessário para a sua caracterização. Vale citar que esse é o entendimento de Agostinho Alvim, em sua consagrada obra *Da inexecução das obrigações e suas consequências*, de 1949. Como se retira desse clássico trabalho, "a culpa é elementar na mora do devedor, como seu elemento subjetivo".[48] Ou, ainda, com citação das bases romanas e de previsões de outros países, de mesma matriz jurídica do que a nossa: "a mora distingue-se do simples retardamento, mas este, que é um dos elementos daquela, não deixa de produzir certos efeitos. Retardamento é o atraso no efetuar a prestação, materialmente considerado. Mora é o retardamento culposo".[49]

Entretanto, existem outras vozes na doutrina contemporânea apontando que a culpa não é fator necessário e indispensável para a caracterização da mora do devedor. Dentro dessa corrente está Judith Martins-Costa, defendendo que muitas vezes a culpa não estará presente, o que não prejudica a caracterização do atraso. Cita ela, por exemplo, os casos envolvendo uma obrigação de resultado assumida, situações em que a análise da culpa é dispensada.[50] Estou filiado a essa corrente, pois nos casos de responsabilidade objetiva ou sem culpa previstos em lei, e enquadrados na locução final do art. 392 do Código Civil, o inadimplemento absoluto prescinde da análise desse elemento subjetivo, o que igualmente tem incidência para a mora.

De toda sorte, há quem entenda que a culpa deve ser afastada totalmente como pressuposto da *mora solvendi*, caso de Mário Luiz Delgado e Marcos Jorge Catalan.[51] O último jurista fala em *morte da culpa* nessa seara, que deve ser *riscada dos alfarrábios jurídicos*, em premiada e saudada tese de doutorado defendida na Faculdade de Direito da Universidade de São Paulo.

Entre uma ou outra corrente, fico com a vertente intermediária, que trabalha com um *sistema dual*, com e sem culpa, com a responsabilidade subjetiva e a objetiva. A verdade é que não só o Código Civil brasileiro de 2002, como também outros sistemas renovados de Direito Privado adotam a culpa como regra da responsabilidade civil, seja ela contratual ou extracontratual, sendo a responsabilidade objetiva a exceção.

Acrescente-se que até o Código de Defesa do Consumidor brasileiro utiliza o mesmo modelo, *binário*, mas de forma invertida, sendo a responsabilidade objetiva do fornecedor a regra e a subjetiva a exceção, incidente nos profissionais liberais que prestam serviços (art. 14, § 4.º, da Lei n. 8.078/1990).

Partindo para os efeitos da mora *solvendi* ou do devedor, a sua principal consequência é a responsabilização do sujeito passivo da obrigação por todos os prejuízos causados ao credor, mais juros, atualização monetária e honorários

---

[48] ALVIM, Agostinho. *Da inexecução das obrigações e suas consequências*, cit., p. 19.
[49] ALVIM, Agostinho. *Da inexecução das obrigações e suas consequências*, cit., p. 23.
[50] MARTINS-COSTA, Judith. *Comentários ao novo Código Civil*, v. V, t. II, cit., p. 263-283.
[51] DELGADO, Mário Luiz. *Código Civil interpretado*, cit., p. 450; CATALAN, Marcos Jorge. *A morte da culpa na responsabilidade contratual*. São Paulo: RT, 2013.

do advogado, no caso de propositura de uma ação específica (art. 395, *caput*, do Código Civil). Esse dispositivo também foi alterado pela Lei n. 14.905/2024, para não mencionar que a correção monetária será fixada por "índices oficiais". Isso porque, como regra geral, o Código Civil passou a adotar como índice oficial o Índice Nacional de Preços ao Consumidor Amplo (IPCA), apurado e divulgado pela Fundação Instituto Brasileiro de Geografia e Estatística (IBGE), ou do índice que vier a substituí-lo (novo parágrafo único do art. 389).

Como se pode notar, a mora do devedor também enseja a satisfação de perdas e danos, se prejuízos estiverem presentes no caso concreto. Com relação aos honorários advocatícios previstos na norma, como antes se expôs, devem ser considerados como sendo os contratuais, e não os de sucumbência, que têm regulação no Estatuto Processual. Assim como as proposições anteriores, a Comissão de Juristas encarregada da Reforma do Código Civil pretende incluir expressamente no art. 395 a menção a esses honorários contratuais, para encerrar o debate e trazer maior segurança jurídica.

Além disso, se em decorrência da mora a prestação tornar-se inútil ao credor, este poderá rejeitá-la, cabendo a resolução da obrigação com a correspondente reparação por perdas e danos (art. 395, parágrafo único, do CC/2002). Trata-se da aclamada conversão da mora em inadimplemento absoluto, o que leva em conta o *critério da utilidade* ao credor, como antes demonstrado. Desde Beviláqua, é afirmado que a prova dessa inutilidade deve ser feita pelo credor.[52]

Mas quais seriam os parâmetros para essa inutilidade? Quais os critérios que servem para preencher esse critério? Em outras palavras, quais os *critérios do critério*? Respondendo às questões, na *III Jornada de Direito Civil*, evento promovido pelo Conselho da Justiça Federal em 2004, foi aprovado o Enunciado n. 162, com o seguinte teor: "a inutilidade da prestação que autoriza a recusa da prestação por parte do credor deve ser aferida objetivamente, consoante o princípio da boa-fé e a manutenção do sinalagma, e não de acordo com o mero interesse subjetivo do credor".

Dessa forma, deve-se analisar a utilidade da obrigação à luz da função social das obrigações e dos contratos (arts. 421 e 2.035, parágrafo único, do CC), da boa-fé objetiva (art. 422 do CC) e da manutenção da base estrutural do negócio jurídico, de modo a evitar a onerosidade excessiva e o enriquecimento sem causa.

Também se deve buscar ao máximo preservar a autonomia privada, o que é aplicação do princípio da conservação dos negócios jurídicos. A relação entre essa manutenção e a função social do contrato consta de outro enunciado doutrinário, aprovado na *I Jornada de Direito Civil*, de 2002, com o seguinte teor: "a função social do contrato, prevista no art. 421 do novo Código Civil, constitui cláusula geral, que reforça o princípio de conservação do contrato, assegurando trocas úteis e justas".

A Comissão de Juristas nomeada para a Reforma do Código Civil entendeu ser necessária a inclusão de regras com essa finalidade no art. 395 do Código Civil, com dois novos parágrafos. Nesse contexto, o atual parágrafo único passa

---

[52] BEVILÁQUA, Clóvis. *Código Civil dos Estados Unidos do Brasil*, cit., p. 91.

a ser um § 1.º, mantendo-se o critério da utilidade ao credor, mas com uma redação mais técnica e efetiva, a saber: "se a prestação, devido à mora, tornar-se inútil ao credor, este poderá rejeitá-la e exigir a resolução da obrigação, sem prejuízo de eventuais perdas e danos". Além disso, o teor do Enunciado n. 162, da *III Jornada de Direito Civil*, passa a constituir o seu § 2.º, em termos gerais para qualquer obrigação e com vistas a conservá-la ao máximo, sempre que isso for possível: "a inutilidade da prestação não será aferida por critérios subjetivos do credor, mas, objetivamente, consoante os princípios da boa-fé e da conservação do negócio jurídico".

A par dessas afirmações, destaque-se a *teoria do adimplemento substancial* (*substantial performance*), originária do Direito inglês e constante de algumas codificações privadas europeias, caso do Código Civil italiano (art. 455). Conforme o Enunciado n. 361, aprovado na *IV Jornada de Direito Civil*, de 2006, "o adimplemento substancial decorre dos princípios gerais contratuais, de modo a fazer preponderar a função social do contrato e o princípio da boa-fé objetiva, balizando a aplicação do art. 475". O último comando citado trata da resolução por inexecução voluntária ou culposa do devedor, prevendo que "a parte lesada pelo inadimplemento pode pedir a resolução do contrato, se não preferir exigir-lhe o cumprimento, cabendo, em qualquer dos casos, indenização por perdas e danos".

São autores do enunciado os juristas Jones Figueirêdo Alves e Eduardo Bussatta. Segundo o primeiro doutrinador, que faz proposta legislativa para a positivação da teoria: "situações manifestas de incumprimento insignificantes são relevantes para a preservação do contrato, em alcance de sua função social. Normal legal explícita deve ser incluída no parágrafo único do art. 475 do novo Código, a positivar o adimplemento substancial como fenômeno jurídico suficiente para a não resolução do contrato".[53] Para o último, "a teoria do adimplemento substancial corresponde a uma limitação ao direito formativo do contratante não inadimplente à resolução, limite este que se oferece quando o incumprimento é de somenos gravidade, não chegando a retirar a utilidade e função da contratação".[54]

Em outras palavras, pela *teoria do adimplemento substancial* (*substantial performance*), em hipóteses em que a obrigação tiver sido quase toda cumprida, não caberá a extinção do contrato, mas apenas outros efeitos jurídicos, visando sempre a manutenção da avença. Além disso, uma parte contratual não pode alegar contra a outra que tiver cumprido substancialmente a avença a exceção de contrato não cumprido, tratada pelo art. 476 da codificação material.

Seguindo a posição de Jones Figueirêdo Alves, entendo que a relação da teoria se dá mais com o princípio da função social dos contratos, diante da conservação do negócio jurídico, constante do Enunciado n. 22 CJF/STJ, da *I Jornada*. Aliás, trata-se de um exemplo de eficácia interna da função social dos

---

[53] ALVES, Jones Figueirêdo. *Código Civil comentado*. 8. ed. São Paulo: Saraiva, 2012. p. 491.
[54] BUSSATTA, Eduardo. *Resolução dos contratos e teoria do adimplemento substancial*. São Paulo: Saraiva, 2007. p. 83.

contratos, entre as partes contratantes, conforme reconhecido pelo Enunciado n. 360, da *IV Jornada*. De toda sorte, é importante ressaltar que, para Eduardo Bussatta e outros juristas, o fundamento do adimplemento substancial é a boa-fé objetiva, residindo aqui a minha discordância doutrinária.[55]

Em suma, estando amparada na função social dos contratos e das obrigações ou na boa-fé objetiva, a teoria do adimplemento substancial traz uma forma funcionalizada de visualizar a obrigação e o contrato, mais justa e efetiva, conforme vem reconhecendo a jurisprudência nacional.

Assim, entre os primeiros arestos superiores, já se confirmou a incidência do conceito para a venda com reserva de domínio, afastando-se a retomada do bem pelo credor (STJ, AgRg no Ag. 607.406/RS, 4.ª Turma, Rel. Min. Fernando Gonçalves, j. 09.11.2004, *DJ* 29.11.2004, p. 346). Na mesma linha, decidiu-se anteriormente sobre a alienação fiduciária em garantia que "não viola a lei a decisão que indefere o pedido liminar de busca e apreensão considerando o pequeno valor da dívida em relação ao valor do bem e o fato de que este é essencial à atividade da devedora. Recurso não conhecido" (STJ, REsp 469.577/SC, 4.ª Turma, Rel. Min. Ruy Rosado de Aguiar, j. 25.03.2003, *DJ* 05.05.2003, p. 310, *RNDJ* 43/122).

Em suma, nos dois julgamentos, tanto na venda com reserva de domínio quanto na alienação fiduciária em garantia, foi afastada a retomada da coisa com a consequente resolução do contrato, pois a parte devedora havia cumprido o negócio jurídico substancialmente.

Outro julgado que merece destaque, mais recente, é o *caso das carretas*, que teve como relator o Ministro Paulo de Tarso Sanseverino. A hipótese fática era de um contrato de *leasing* celebrado entre duas empresas, uma financeira e uma empresa transportadora de mercadorias. O contrato dizia respeito à aquisição de 135 carretas, para a atividade da última. Como houve o adimplemento de 30 das 36 parcelas, correspondente a cerca de 83% do contrato, foi confirmado o afastamento da então ação de reintegração de posse das carretas (STJ, REsp 1.200.105/AM, 3.ª Turma, Rel. Min. Paulo de Tarso Sanseverino, j. 19.06.2012, *DJe* 27.06.2012). O aresto também traz como conteúdo a função social da empresa, pelo fato de que a retomada dos bens móveis faria com que a atividade da devedora se tornasse totalmente inviável.

A verdade é que a aplicação da teoria do adimplemento substancial multiplicou-se consideravelmente nos últimos anos, tanto no âmbito do Superior Tribunal de Justiça quanto dos Tribunais Estaduais, havendo grande variedade nas interpretações. Quanto a esse cumprimento relevante, deve-se analisar casuisticamente, tendo em vista a finalidade econômico-social do contrato e da obrigação.

Sobre a análise dos critérios para a aplicação da teoria, elucida Anderson Schreiber que "o atual desafio da doutrina está em fixar parâmetros que permitam ao Poder Judiciário dizer, em cada caso, se o adimplemento afigura-se ou não

---

[55] BUSSATTA, Eduardo. *Resolução dos contratos e teoria do adimplemento substancial*, cit., p. 59-83.

significativo, substancial. À falta de suporte teórico, as cortes brasileiras têm se mostrado tímidas e invocado o adimplemento substancial apenas em abordagem quantitativa. A jurisprudência tem, assim, reconhecido a configuração de adimplemento substancial quando se verifica o cumprimento do contrato 'com a falta apenas da última prestação', ou o recebimento pelo credor de '16 das 18 parcelas do financiamento', ou a 'hipótese em que 94% do preço do negócio de promessa de compra e venda de imóvel encontrava-se satisfeito'. Em outros casos, a análise judicial tem descido mesmo a uma impressionante aferição percentual, declarando substancial o adimplemento nas hipóteses 'em que a parcela contratual inadimplida representa apenas 8,33% do valor total das prestações devidas', ou de pagamento 'que representa 62,43% do preço contratado'".[56]

Como têm pontuado doutrina e jurisprudência italianas, a análise do adimplemento substancial passa por *dois filtros*. O primeiro deles é *objetivo*, a partir da medida econômica do descumprimento, dentro da relação jurídica existente entre os envolvidos. O segundo é *subjetivo*, sob o foco dos comportamentos das partes no *processo contratual*.[57] Vale lembrar que no Código Civil italiano há previsão expressa sobre o adimplemento substancial, no seu art. 1.455, segundo o qual o contrato não será resolvido se o inadimplemento de uma das partes tiver *escassa importância*, levando-se em conta o interesse da outra parte.

Tais parâmetros podem ser perfeitamente utilizados nos casos brasileiros, incrementando a sua aplicação em nosso País, apesar da ausência de lei sobre o tema. Em suma, para a caracterização do adimplemento substancial entram em cena fatores quantitativos e qualitativos, conforme o preciso enunciado aprovado na *VII Jornada de Direito Civil*, de 2015: "para a caracterização do adimplemento substancial (tal qual reconhecido pelo Enunciado 361 da *IV Jornada de Direito Civil* – CJF), levam-se em conta tanto aspectos quantitativos quanto qualitativos" (Enunciado n. 586).

A título de exemplo, de nada adianta um cumprimento relevante quando há clara prática do abuso de direito, como naquelas hipóteses em que a purgação da mora é sucessiva em um curto espaço de tempo. Em suma, não se deve apenas analisar o percentual de cumprimento da avença, mas a sua qualidade.

De toda forma, cabe pontuar que a Segunda Seção do Superior Tribunal de Justiça acabou por concluir, em março de 2017 e infelizmente, que a teoria do adimplemento substancial não se aplica mais às alienações fiduciárias em garantia de bens móveis.

Isso porque, não sendo cabível a purgação de mora para afastar a busca e apreensão da coisa, nos termos das inovações introduzidas pela Lei n. 13.043/2014 ao Decreto-lei n. 911/1969, acabaria não sendo viável juridicamente a consideração do cumprimento relevante do devedor para afastar a medida de retomada

---

[56] SCHREIBER, Anderson. A boa-fé objetiva e o adimplemento substancial. In: HIRONAKA, Giselda Maria Fernandes Novaes; TARTUCE, Flávio. *Direito contratual*. Temas atuais. São Paulo: Método, 2008. p. 140.

[57] CHINÉ, Giuseppe; FRATINI, Marco; ZOPPINI, Andrea. *Manuale di diritto civile*. 4. ed. Roma: Nel Diritto, 2013. p. 1369; citando a Decisão 6.463, da Corte de Cassação italiana, prolatada em 11.03.2008.

do bem. Consta da ementa do julgado, que tem força vinculativa para outras decisões inferiores:

> "Além de o Decreto-lei n. 911/1969 não tecer qualquer restrição à utilização da ação de busca e apreensão em razão da extensão da mora ou da proporção do inadimplemento, é expresso em exigir a quitação integral do débito como condição imprescindível para que o bem alienado fiduciariamente seja remancipado. Em seus termos, para que o bem possa ser restituído ao devedor, livre de ônus, não basta que ele quite quase toda a dívida; é insuficiente que pague substancialmente o débito; é necessário, para esse efeito, que quite integralmente a dívida pendente. Afigura-se, pois, de todo incongruente inviabilizar a utilização da ação de busca e apreensão na hipótese em que o inadimplemento revela-se incontroverso – desimportando sua extensão, se de pouca monta ou se de expressão considerável –, quando a lei especial de regência expressamente condiciona a possibilidade de o bem ficar com o devedor fiduciário ao pagamento da integralidade da dívida pendente. Compreensão diversa desborda, a um só tempo, do diploma legal exclusivamente aplicável à questão em análise (Decreto-lei n. 911/1969), e, por via transversa, da própria orientação firmada pela Segunda Seção, por ocasião do julgamento do citado REsp n. 1.418.593/MS, representativo da controvérsia, segundo a qual a restituição do bem ao devedor fiduciante é condicionada ao pagamento, no prazo de cinco dias contados da execução da liminar de busca e apreensão, da integralidade da dívida pendente, assim compreendida como as parcelas vencidas e não pagas, as parcelas vincendas e os encargos, segundo os valores apresentados pelo credor fiduciário na inicial. Impor-se ao credor a preterição da ação de busca e apreensão (prevista em lei, segundo a garantia fiduciária a ele conferida) por outra via judicial, evidentemente menos eficaz, denota absoluto descompasso com o sistema processual. Inadequado, pois, extinguir ou obstar a medida de busca e apreensão corretamente ajuizada, para que o credor, sem poder se valer de garantia fiduciária dada (a qual, diante do inadimplemento, conferia-lhe, na verdade, a condição de proprietário do bem), intente ação executiva ou de cobrança, para só então adentrar no patrimônio do devedor, por meio de constrição judicial que poderá, quem sabe (respeitada o ordem legal), recair sobre esse mesmo bem (naturalmente, se o devedor, até lá, não tiver dele se desfeito)" (STJ, REsp 1.622.555/MG, 2.ª Seção, Rel. Min. Marco Buzzi, Rel. p/ Acórdão Min. Marco Aurélio Bellizze, j. 22.02.2017, *DJe* 16.03.2017).

O Ministro Relator também apontou, o que acabou por prevalecer, que a teoria do adimplemento substancial objetiva impedir que o credor resolva a relação contratual em razão de inadimplemento de ínfima parcela da obrigação. Vejamos outro trecho do julgamento, importante para as devidas reflexões sobre o assunto:

> "A via judicial para esse fim é a ação de resolução contratual. Diversamente, o credor fiduciário, quando promove ação de busca e apreensão, de modo algum pretende extinguir a relação contratual. Vale-se da ação de busca e apreensão com o propósito imediato de dar cumprimento aos termos do contrato, na medida em que se utiliza da garantia fiduciária ajustada para compelir o devedor fiduciante a dar cumprimento às obrigações faltantes,

assumidas contratualmente (e agora, por ele, reputadas ínfimas). A consolidação da propriedade fiduciária nas mãos do credor apresenta-se como consequência da renitência do devedor fiduciante de honrar seu dever contratual, e não como objetivo imediato da ação. E, note-se que, mesmo nesse caso, a extinção do contrato dá-se pelo cumprimento da obrigação, ainda que de modo compulsório, por meio da garantia fiduciária ajustada. É questionável, se não inadequado, supor que a boa-fé contratual estaria ao lado de devedor fiduciante que deixa de pagar uma ou até algumas parcelas por ele reputadas ínfimas – mas certamente de expressão considerável, na ótica do credor, que já cumpriu integralmente a sua obrigação – e, instado extra e judicialmente para honrar o seu dever contratual, deixa de fazê-lo, a despeito de ter a mais absoluta ciência dos gravosos consectários legais advindos da propriedade fiduciária. A aplicação da teoria do adimplemento substancial, para obstar a utilização da ação de busca e apreensão, nesse contexto, é um incentivo ao inadimplemento das últimas parcelas contratuais, com o nítido propósito de desestimular o credor – numa avaliação de custo-benefício – de satisfazer seu crédito por outras vias judiciais, menos eficazes, o que, a toda evidência, aparta-se da boa-fé contratual propugnada" (REsp 1.622.555/MG, 2.ª Seção, julgado em fevereiro de 2017).

Com o devido respeito, não estou filiado a tais conclusões e penso ser o *decisum* um grande retrocesso, pois numerosos eram os julgados da Corte que aplicavam o adimplemento substancial para a alienação fiduciária de móveis (por todos: STJ, REsp 272.739/MG, 4.ª Turma, Rel. Min. Ruy Rosado de Aguiar, j. 1.º.03.2001, *DJ* 02.04.2001, p. 299; e REsp 912.697/RO, 4.ª Turma, Rel. Min. Aldir Passarinho Junior, j. 07.10.2010, *DJe* 25.10.2010).

Primeiro, porque a boa-fé objetiva tem aplicação para todos os negócios jurídicos, inclusive para os negócios reais, não se sustentando o argumento de que os princípios do Código Civil não incidem na alienação fiduciária.

Segundo, porque a teoria do adimplemento substancial tem relação com a conservação do negócio jurídico e com a função social da obrigação.

Terceiro, porque não nos parece que o adimplemento substancial incentiva o inadimplemento, até porque, no sistema atual, a boa-fé se presume, enquanto a má-fé se prova.

Quarto, fica em dúvida a utilidade da medida de busca e apreensão, pois os credores ficarão com uma grande quantidade de bens, sobretudo automóveis, estocados, o que acabará por gerar grandes custos. Valem também os argumentos desenvolvidos por José Fernando Simão em crítico artigo sobre o citado julgamento:

"O Ministro Marco Aurélio Bellizze abriu a divergência no julgamento ao acolher a tese recursal do banco Volkswagen, de que a teoria do adimplemento substancial não é prevista expressamente em lei e decorre de interpretação extensiva de dispositivos do Código Civil. Por isso, a tese não pode se sobrepor à lei especial que rege a alienação fiduciária, por violação à regra de que lei especial prevalece sobre lei geral'. O argumento é pueril e não é técnico. A construção do princípio da boa-fé pela doutrina alemã (desde Larenz), passando em Portugal pela obra de Menezes Cordeiro e no Brasil por Judith

Martins-Costa, aponta em sentido oposto. O princípio permite nova leitura do texto de lei de maneira a promover sua adequação. Afirmar que a Lei Especial, por ser especial, não sofre os efeitos do princípio da boa-fé, é tese sem fundamento técnico. Lei geral e lei especial se submetem aos princípios dos contratos, ainda que estes não estivessem presentes no texto da lei geral. O princípio é a base do ordenamento e não se submete ao critério da especialidade. Se o argumento for expandido, a boa-fé não se aplica à Lei de Locação que é especial? A boa-fé não se aplica ao Estatuto da Terra que é lei especial? A alienação fiduciária não é menos contrato, nem mais. A decisão é tecnicamente constrangedora. Simples assim".[58]

Como última nota sobre tema do adimplemento substancial, como não poderia ser diferente, almeja-se a sua inclusão expressa no Código Civil pelo seu projeto de Reforma, no título relativo à Teoria Geral do Contratos. A proposição veio da subcomissão de Direito dos Contratos, com ajustes feitos pela Relatoria Geral e plena aceitação pelos demais membros da Comissão de Juristas.

Inclui-se um novo art. 475-A na codificação privada, com necessários critérios para a sua aplicação, como bem pontuei em meus comentários doutrinários. Consoante o *caput* do dispositivo projetado, "o adimplemento substancial do contrato pelo devedor pode ser oposto ao credor, evitando a resolução, observando-se especialmente: I – a proporção da prestação satisfeita em relação à parcela inadimplida; II – o interesse útil do credor na efetivação da prestação; III – a tutela da confiança legítima gerada pelos comportamentos das partes; IV – a possibilidade de conservação do contrato, em prol de sua função social e econômica". Ademais, de forma objetiva, haverá um parágrafo único no preceito, prevendo que "o disposto neste artigo não afasta eventual pretensão do credor pela reparação por perdas e danos". De fato, já é tempo de se incluir o instituto na Lei Geral Brasileira.

Seguindo nos estudos, ainda no que interessa ao art. 395 do Código Civil, na *IV Jornada de Direito Civil*, foi aprovado o Enunciado n. 354, prevendo que "a cobrança de encargos e parcelas indevidas ou abusivas impede a caracterização da mora do devedor". O enunciado doutrinário visa a afastar o atraso obrigacional nos casos em que houver cobrança de valores abusivos por parte de credores, principalmente instituições bancárias e financeiras.

Afastando-se a mora, nesses casos, torna-se possível a revisão judicial do contrato e da obrigação. O enunciado citado tem conteúdo bem interessante e está de acordo com a jurisprudência do Superior Tribunal de Justiça, conforme ementas que são transcritas:

"Encargos excessivos. Ausência de mora. Repetição dos valores. Na linha da jurisprudência firmada na Segunda Seção deste Tribunal, a cobrança de encargos ilegais e abusivos descaracteriza a mora do devedor. A jurisprudência desta Corte já assentou que aquele que recebe pagamento indevido deve

---

[58] SIMÃO, José Fernando. Adimplemento substancial e a nova orientação do STJ – E o poder dos bancos prevaleceu. Disponível em: <www.cartaforense.com.br>. Acesso em: 18 set. 2017.

restituí-lo para impedir o enriquecimento indevido, prescindindo da discussão a respeito de erro no pagamento. Agravo regimental desprovido" (STJ, AgRg no REsp 903.592/RS, 3.ª Turma, Rel. Min. Carlos Alberto Menezes Direito, j. 27.03.2007, *DJ* 29.06.2007, p. 622).

"Agravo interno. Recurso especial. Contrato de arrendamento mercantil. Mora. Descaracterização. Súmula 7/STJ. A cobrança de encargos excessivos descaracteriza a mora do devedor, entendimento que tem amparo na jurisprudência pacificada na 2.ª Seção do STJ. A análise de requisitos para a verificação da mora, porém, no caso, requer o exame do conjunto probatório, o que encontra óbice no Enunciado 7 da Súmula desta Corte. Agravo improvido" (STJ, AgRg no REsp 793.588/RS, 3.ª Turma, Rel. Min. Castro Filho, j. 07.12.2006, *DJ* 05.03.2007, p. 283).

Partindo para outro efeito da mora *solvendi*, conforme o art. 399 do Código Civil de 2002, o devedor em mora responde pela impossibilidade da prestação, embora essa impossibilidade resulte de caso fortuito ou de força maior, se estes ocorrerem durante a mora. Entretanto, a responsabilidade é afastada se o devedor provar isenção total de culpa, ou que o dano sobreviria ainda quando a obrigação fosse oportunamente desempenhada. Esse dispositivo merece comentários importantes, para os devidos aprofundamentos.

Inicialmente, trata-se de uma exceção à regra do art. 393 do CC/2002, pelo qual a parte não responde pelo caso fortuito – evento totalmente imprevisível – ou pela força maior – evento previsível, mas inevitável.

Entretanto, se o devedor provar que a perda da coisa objeto da obrigação ocorreria mesmo não havendo o atraso, tal responsabilidade deverá ser afastada. Vejamos um exemplo clássico que tem relação com a origem romana do preceito.

Imagine-se um caso em que um devedor está em atraso com a obrigação de entregar um cavalo. Ocorre uma enchente em sua fazenda e o cavalo se perde. Em regra, responderá tal devedor por perdas e danos, o que inclui o valor do animal. Entretanto, se ele provar que a enchente também atingiu a fazenda do credor, onde supostamente estaria o animal se não houvesse atraso, a responsabilidade deverá ser afastada.

Ainda sobre o art. 399 do CC/2002, também para ilustrar, deduziu o Tribunal paulista em julgado relativo a contrato de locação de máquina de café expresso que, "tendo a locatária se obrigado expressamente ao ressarcimento de eventuais danos, ainda que advindos de caso fortuito ou força maior, deve ressarcir à locadora o valor de tais equipamentos. Reforça tal entendimento o fato de já estar em mora quando do furto. Exegese dos artigos 396 e 399 do Código Civil. Deve ser considerada a quantia de R$ 11.160,00, relativa às máquinas objeto do contrato, eis que constante da nota fiscal de saída emitida pela própria autora" (TJSP, Apelação 9059329-43.2007.8.26.0000, Acórdão 5166412, 34.ª Câmara de Direito Privado, São Paulo, Rel. Des. Gomes Varjão, j. 30.05.2011, *DJESP* 15.06.2011).

No que diz respeito ao art. 399 da codificação material, percebe-se que a responsabilização deve também ser afastada se o devedor provar ausência total de culpa. Sobre tal previsão, há tempos existe uma polêmica, que precisa ser suprida.

Quando da realização da *III Jornada de Direito Civil*, idealizada pelo Conselho da Justiça Federal e pelo Superior Tribunal de Justiça, no ano de 2004, foi feita uma proposta de enunciado pelo então Desembargador do Tribunal de Justiça do Rio de Janeiro Sérgio Hartung Buarque, com o seguinte teor: "o art. 399 do Código Civil de 2002 deve ser interpretado sem observância à primeira ressalva ali contida, no que tange à prova da isenção de culpa". Foram as justificativas apresentadas pelo magistrado por ocasião daquele evento, citando a doutrina de Agostinho Alvim, que se posicionava no mesmo sentido:

> "Considero despicienda a primeira ressalva contida no art. 399 do Código Civil de 2002, no seguinte teor: '(...) salvo se provar isenção de culpa', pelo que sugiro a sua interpretação sem se levar em conta a ressalva em referência. Esta primeira ressalva não deve ser considerada na interpretação do artigo em tela porque se tornaria redundante, já que, considerando-se a mora do devedor como o atraso culposo no cumprimento da obrigação, é evidente que a ausência de culpa acarreta a inexistência da mora. Inclusive, sustento neste sentido em minha dissertação de mestrado, que mereceu aprovação pela UNESA, conforme defesa em junho do corrente ano. Por outro lado, assim também entendia o saudoso Professor Agostinho Alvim, em sua obra *Da inexecução das obrigações e suas consequências*, 5. ed. São Paulo: Saraiva, 1980, p. 59, ao lecionar que: 'Realmente, provada a ausência de culpa, deixa de haver mora, por falta do elemento subjetivo e consoante o disposto no art. 963. Dizer que o devedor responde pela mora, salvo se provar ausência de culpa, equivale a dizer que ele responde pela mora, salvo se não houver mora'. Eis as razões pelas quais sugiro tal interpretação".

Percebe-se que, realmente, a proposta de enunciado está de acordo com os entendimentos doutrinário e jurisprudencial então dominantes. Contudo, a proposta não foi aprovada quando da *III Jornada de Direito Civil*, diante dos votos contrários da maioria dos participantes da comissão de obrigações daquele evento.

O principal argumento utilizado foi o de que a mora não necessitaria de culpa em todos os casos, como antes foi aqui exposto, sendo possível alegar a ausência total da culpa pela culpa exclusiva de terceiro ou da vítima. Pela divergência criada, e pela própria evolução do direito das obrigações, o enunciado foi retirado da pauta de discussão pelo próprio proponente.

De toda sorte, a Comissão de Juristas nomeada no âmbito do Senado Federal para a Reforma do Código Civil pretende corrigir o equívoco de menção à culpa no dispositivo que, em boa hora, passará e ter a seguinte dicção: "Art. 399. O devedor em mora responde pela impossibilidade da prestação, embora essa impossibilidade resulte de caso fortuito ou de força maior, se estes ocorrerem durante o atraso, salvo demonstrado que o dano sobreviria ainda quando a obrigação fosse oportunamente desempenhada".

Especificamente quanto à mora *solvendi* ou *debitoris*, esta recebe subclassificação importante, com caracterizações e efeitos jurídicos diferentes.

Primeiro, haverá mora *ex re* ou mora *automática* quando a obrigação for positiva – de dar ou de fazer –, *líquida* – certa quanto à existência e determinada quanto ao valor –, e com *termo final* – com data fixada para o adimplemento. A inexecução da obrigação implica a mora do devedor de forma automática, sem a necessidade de qualquer providência por parte do credor, por exemplo, a notificação ou interpelação do devedor (art. 397, *caput*, do CC).

Em casos assim, tem-se a aplicação da máxima *dies interpellat pro homine*, segundo a qual o dia do vencimento interpela a pessoa. Cite-se, a título de ilustração, a existência de uma confissão de dívida com o montante determinado no instrumento particular celebrado entre as partes. Com o vencimento da obrigação, estará o devedor em mora no dia seguinte, não havendo a necessidade de qualquer ato do credor, como uma notificação ou interpelação do devedor, seja ela judicial ou extrajudicial.

Por outra via, a mora *ex persona* ou mora *pendente* estará caracterizada se não houver estipulação de termo final certo para a execução da obrigação assumida, sendo esta igualmente positiva e líquida. Desse modo, a caracterização da mora dependerá de uma providência, do credor ou de seu representante, por meio de interpelação, notificação ou protesto do credor, que pode ser judicial ou extrajudicial (art. 397, parágrafo único, do CC).

A respeito da notificação extrajudicial, via Cartório de Títulos e Documentos, aprovou-se enunciado, na *V Jornada de Direito Civil*, no sentido de admitir o ato fora da Comarca de domicílio do devedor (Enunciado n. 427), o que vem sendo chancelado pelo Superior Tribunal de Justiça (STJ, REsp 1.283.834/BA, 2.ª Seção, Rel. Min. Maria Isabel Gallotti, j. 29.02.2012, *DJe* 09.03.2012, publicação no *Informativo* n. 492). O enunciado doutrinário e o julgado têm o meu apoio doutrinário, pela busca de um Direito Civil mais concreto e efetivo e menos formal e burocratizado. Assim, um devedor que está em trânsito, em outro local que não seja a sua residência, poderá ser devidamente notificado.

Ressalte-se, contudo, que a notificação extrajudicial que trata o comando não se dá apenas por Cartório de Títulos e Documentos, sendo possível por carta com aviso de recebimento (AR), ou por qualquer outro meio idôneo que leve o seu conteúdo ao conhecimento do devedor, inclusive pela via digital.

Nesse sentido, merece destaque enunciado aprovado na *VIII Jornada de Direito Civil*, realizada em abril de 2018, com o seguinte teor: "a interpelação extrajudicial de que trata o parágrafo único do art. 397 do Código Civil, admite meios eletrônicos como *e-mail* ou aplicativos de conversa on-line, desde que demonstrada a ciência inequívoca do interpelado, salvo disposição em contrário no contrato" (Enunciado n. 619). O conteúdo da ementa doutrinária é louvável, reduzindo as burocracias que muitas vezes ainda imperam em nosso País.

Destaque-se que julgados do Superior Tribunal de Justiça têm admitido a notificação digital, para os fins de constituição em mora. Assim concluindo: "é admitida a notificação por meio de telegrama digital, com certidão de entrega expedida pela Empresa Brasileira de Correios e Telégrafos, com o fim de constituir o devedor em mora em contratos de alienação fiduciária" (STJ, Ag.

Int. nos EDcl no AREsp 2.045.190/PR, 3.ª Turma, Rel. Min. Moura Ribeiro, j. 30.10.2023, *DJe* 03.11.2023).

No mesmo sentido, a Comissão de Juristas encarregada da Reforma do Código Civil sugere um novo § 3.º para o art. 397, prevendo que "as partes podem admitir, por escrito, que a interpelação possa ser feita por meios eletrônicos como e-mail ou aplicativos de conversa *on-line*, após ciência inequívoca da mensagem pelo interpelado".

Outros reparos também são propostos para o art. 397, como a menção ao termo final em seu *caput*: "o inadimplemento da obrigação, positiva e líquida, no seu termo final, constitui de pleno direito em mora o devedor". Também se almeja a inclusão de um § 1.º, com o fim de elucidar como se dá notificação do devedor: "não havendo termo final, a mora se constitui mediante interpelação judicial ou extrajudicial". Igualmente com os fins de uma maior efetividade e clareza da norma, o seu novo § 2.º: "se as partes não fixarem termo para o adimplemento, o devedor se considera em mora desde sua interpelação".

Feitas essas notas, exemplo típico de mora pendente pode ser percebido no caso de um contrato de comodato, empréstimo de bem infungível, sem prazo de duração. A mora do comodatário somente estará configurada após a sua notificação, judicial ou extrajudicial, pelo comodante, para restituir o bem em prazo razoável, a constar da própria notificação.

Caso não cumpra o dever de devolver a coisa, após o vencimento desse prazo constante da notificação, incorrerá em mora e será considerado como esbulhador, cabendo a correspondente ação de reintegração de posse.

Nessa linha, recente aresto do Superior Tribunal de Justiça, que utiliza a ideia de *comodato precário,* aduz o seguinte:

"Celebrado comodato por prazo certo, não poderá o comodante, em regra, reclamar a restituição do bem antes do decurso do lapso assinalado. Por outro lado, advindo o termo contratual, exsurgirá o dever do comodatário de restituir a coisa, sob pena de configuração automática da mora, não havendo, portanto, necessidade de interpelação judicial ou extrajudicial do devedor (mora *ex re*). Nessa hipótese, a não devolução da coisa emprestada no prazo fixado constitui a posse precária do comodatário e, consequentemente, caracteriza o esbulho ensejador da pretensão reintegratória do comodante. De outro giro, cuidando-se de comodato precário – isto é, sem termo certo –, o comodante, em regra, somente poderá invocar o direito de retomada (hipótese de resilição unilateral ou denúncia) após o transcurso do intervalo suficiente à utilização do bem, pelo comodatário, conforme sua destinação. A constituição do devedor em mora reclamará, no caso, a prévia notificação judicial ou extrajudicial (mora *ex persona*), com a estipulação de prazo razoável para a restituição da coisa, cuja inobservância implicará a caracterização do esbulho autorizador do interdito possessório" (STJ, REsp 1.327.627/RS, 4.ª Turma, Rel. Min. Luis Felipe Salomão, j. 25.10.2016, *DJe* 1.º.12.2016).

No campo processual, sempre se entendeu que essa necessidade de notificação residia dentro das condições da ação. Se o comodante, no caso descrito, não notificasse previamente o comodatário, ingressando imediatamente com a ação de reintegração de posse, a demanda seria extinta sem resolução do mérito, sendo o seu autor carecedor de ação (art. 267, inc. VI, do CPC/1973). Isso porque não haveria interesse de agir ou processual, uma das condições da ação (nesse sentido: TJSP, Acórdão 7.046.645-2, 14.ª Câmara de Direito Privado, Serra Negra, Rel. Des. Virgilio de Oliveira Junior, j. 15.03.2006). Anote-se que esse interesse seria formado pelo binômio *necessidade/adequação* ou pelo *trinômio necessidade/utilidade/adequação*, faltando a última – a *adequação* – ao demandante no caso exposto.

Esse entendimento foi mantido, pelo menos em parte, sob a égide do CPC/2015. O seu art. 485, VI, correspondente ao mesmo inciso do art. 267 do CPC/1973, estabelece que o juiz não resolverá o mérito quando verificar a ausência de legitimidade ou de interesse processual.

Todavia, ressalve-se que o CPC ora em vigor não menciona mais as *condições da ação*, devendo a doutrina especializada debater a manutenção ou não da expressão nos próximos anos. Fredie Didier Jr. opina que não há razão para se analisar a categoria, lecionando que "outro aspecto do enunciado que o distingue da redação anterior é o silêncio quanto ao uso da designação 'condição da ação'. O CPC/1973 referia 'a qualquer das condições da ação'. O texto atual não reproduz a redação anterior. Apenas se prescreve que, reconhecida a ilegitimidade ou a falta de interesse, o órgão jurisdicional deve proferir decisão de inadmissibilidade. Retira-se a menção expressa à categoria 'condição da ação' do único texto normativo do CPC que a previa – e que, por isso, justificava a permanência de estudos doutrinários a esse respeito".[59]

De toda sorte, a persistência das condições da ação como categorias processuais é sustentada, entre outros, por Humberto Theodoro Júnior, também em comentários ao Código de Processo Civil de 2015. Segundo o jurista, "as condições da ação, segundo o novo Código, são: a) a legitimidade de parte para a causa; e b) o interesse jurídico na tutela jurisdicional".[60]

Com mesmo entendimento, Daniel Amorim Assumpção Neves defende que as condições da ação estão mantidas, pois tanto o CPC/1973 como o CPC/2015 consagram "a distinção entre pressupostos processuais, condições da ação e mérito. O criador da teoria eclética, pela qual foram explicadas as condições da ação, foi Liebman, que em seus estudos sobre o tema entendia existirem três espécies de condições da ação: possibilidade jurídica do pedido, interesse de agir e legitimidade, tendo sido essa construção consagrada pelo nosso ordenamento processual".[61] Na sequência, o último doutrinador defende que no art. 17 do CPC/2015 está a consagração dessa teoria eclética, estabelecendo a norma que "para postular em juízo é necessário ter interesse e legitimidade".[62] Essa também é a minha opinião doutrinária.

---

[59] DIDIER JR., Fredie. *Curso de Direito Processual Civil.* 17. ed. Salvador: JusPodivm, 2015. v. 1, p. 718-719.
[60] THEODORO JÚNIOR, Humberto. *Curso de Direito Processual Civil.* 56. ed. Rio de Janeiro: Forense, 2015. v. I, p. 1.018.
[61] ASSUMPÇÃO NEVES, Daniel Amorim. *Manual de Direito Processual Civil.* 8. ed. Salvador: JusPodivm, 2016. p. 72.
[62] ASSUMPÇÃO NEVES, Daniel Amorim. *Manual de Direito Processual Civil*, cit., p. 72.

Feitas tais considerações processuais, não se pode esquecer, na linha do último acórdão do Tribunal da Cidadania transcrito, que, se o comodato for com prazo determinado, a mora se configura no vencimento desse prazo constante do contrato (mora *ex re*), não havendo necessidade de o comodante (credor) interpelar ou notificar o comodatário (devedor) para tomar as devidas providências.

Uma importante indagação diz respeito a qual modalidade de mora deve ser considerada como regra, se a automática ou a pendente, mormente nos casos de dúvidas. Pela organização do Código Civil, como a primeira está tratada no *caput* e a segunda no parágrafo único, a indicação seria no sentido de ser a mora *ex re* a regra e a *ex persona* a exceção.

Todavia, é notório que a codificação material de 2002 adotou o princípio da eticidade como um dos seus fundamentos, com a valorização tanto da boa-fé subjetiva quanto da objetiva. E da boa-fé objetiva (*Treu und Glauben*) extraem-se os deveres anexos ou laterais de conduta, caso do dever de informação.

Diante disso, a minha resposta, pela essência principiológica do Código Civil, é que, em casos de dúvidas, a mora *ex persona* deve ser considerada como regra, enquanto a mora *ex re* é exceção. Em outras palavras, não sendo clara qual a categoria da mora no caso concreto, é necessário notificar o devedor, judicial ou extrajudicialmente.

Um exemplo de debate que diz respeito à dúvida quanto à configuração da mora do devedor passa pelo estudo do art. 763 do Código Civil, relativo ao seguro, *in verbis:* "não terá direito a indenização o segurado que estiver em mora no pagamento do prêmio, se ocorrer o sinistro antes de sua purgação". Conforme o Enunciado n. 376 da *IV Jornada de Direito Civil,* de 2006, "para efeito do art. 763 do Código Civil, a resolução do contrato depende de prévia interpelação", no caso, do segurado devedor. Um dos proponentes do enunciado naquele evento foi o Professor Marcos Jorge Catalan, que assim o justificou:

> "Considerando-se ainda que é provável que um credor possa perder o interesse em receber prestação em pecúnia e que tal conduta seria incompatível com o dever lateral de cooperação, já sustentamos que o segurado teria direito à purgação da mora, mesmo após o sinistro, impedindo, assim, o direito formativo extintivo de resolver o negócio nestas situações, outrossim, reservando-se ao mesmo o direito de invocar o mecanismo da exceção do contrato não cumprido. Considerando-se que o caso não trata de obrigação com termo essencial, ainda que se aceite a tese de que o segurador possa deixar de cumprir sua obrigação com amparo na regra do art. 763 do CC, seria coerente sustentar que este, na medida em que o princípio da boa-fé objetiva lhe impõe o dever lateral de cooperação, deva notificar o segurado para que este possa purgar a mora em prazo razoável, como, por exemplo, ocorre no direito português, italiano e espanhol, e em terras pátrias, como previsto pela Lei 6.766/79".

Consigne-se, em complemento, que o primoroso entendimento constante desse Enunciado n. 376 do CJF tem sido adotado pelo Superior Tribunal de Justiça. Como primeiro *decisum,* cite-se: "o atraso no pagamento de prestações do prêmio do seguro não determina a resolução automática do contrato de seguro, exigindo-se a prévia constituição em mora do contratante pela seguradora, mostrando-se indevida a negativa de pagamento da indenização correspondente" (STJ, AgRg no REsp 1.255.936/PE, 3.ª Turma, Rel. Min. Paulo de Tarso Sanseverino, j. 19.02.2013, *DJe* 25.02.2013). Ou ainda: "a Turma decidiu que, para a caracterização da mora no pagamento de prestações relativas ao prêmio, é preciso antes a interpelação do segurado, uma vez que o mero atraso não é suficiente para desconstituir o contrato" (STJ, REsp 842.408/RS, Rel. Min. Humberto Gomes de Barros, j. 16.11.2006).

Por fim, quanto à mora *solvendi* ou do devedor, há ainda o que Orlando Gomes denomina como *mora presumida* ou *mora irregular*, que está prevista no art. 398 do Código Civil, pelo qual: "nas obrigações provenientes de ato ilícito, considera-se o devedor em mora, desde que o praticou".[63] A regra incide somente para a responsabilidade extracontratual ou *aquiliana*, estando mal colocada no Código Civil, em tópico relacionado à responsabilidade contratual. Tanto isso é verdade que o projeto de Reforma do Código Civil, ora em tramitação, pretende deixar evidente na norma que, "nas obrigações provenientes de ato ilícito extracontratual, considera-se o devedor em mora, desde que o praticou".

A norma será aprofundada a seguir, pela diferenciação existente quanto ao início dos juros de mora. Como exemplo inicial, em um acidente de trânsito o agente causador do dano é considerado em mora desde a prática do ato, ou seja, desde a data do acidente.

3.3. Da mora bilateral ou recíproca

Além da mora *accipiendi* – que, em regra, diz respeito ao credor –, e da mora *solvendi* – quanto ao devedor, como premissa –, tratadas especificamente pelo Código Civil, há, também, a mora *bilateral* ou *simultânea*, que atinge, ao mesmo tempo, os dois polos da relação obrigacional. A categoria é tratada pela doutrina, que sustenta uma espécie de *compensação dos atrasos* ou dos descumprimentos parciais, ou seja, que uma mora elimina a outra, como se nenhuma das partes houvesse nela incorrido.[64]

Essa posição doutrinária está em total acordo com a regra de direito pela qual ninguém poderá beneficiar-se da própria torpeza, relacionada à boa-fé, bem como com a conservação do negócio jurídico. Cite-se, ainda, o que lhe dá fundamento legal, a exceção de contrato não cumprido, prevista no art. 476 do Código Civil, eis que nos contratos bilaterais, com deveres para ambas as partes, nenhum dos contratantes, antes de cumprida a sua obrigação, pode exigir o implemento da do outro. Como outro argumento complementar, há a culpa ou o fato concorrente, que atenua a responsabilidade das partes, por agir no nexo de causalidade.

---

[63] GOMES, Orlando. *Obrigações*, cit., p. 201-202.
[64] Tratando da mora recíproca ou bilateral, por todos: BARROS MONTEIRO, Washington de; MALUF, Carlos Alberto Dabus. *Curso de Direito Civil. Direito das obrigações*, 37. ed., cit., p. 377-378; DINIZ, Maria Helena. *Curso de Direito Civil brasileiro*. Teoria geral das obrigações, cit., p. 413-414.

Todavia, anote-se que a compensação pode ser parcial, no sentido de se verificar qual o prejuízo causado a cada um dos participantes negociais pela mora da outra parte, e determinando-se o cumprimento da contraprestação de acordo com o atendimento parcial da prestação.

Partindo-se para os exemplos concretos, do Tribunal de Justiça do Rio de Janeiro, em ação proposta para restituição de valores pagos, alegando-se a inexecução de serviço de instalação de *software* e de elaboração de *site* pela demandada, houve prova demonstrativa do cumprimento parcial do ajuste por ambas as partes. Diante da mora recíproca, a sentença determinou o pagamento proporcional ao trabalho efetivamente realizado, o que foi mantido pela Corte (TJRJ, Apelação 0031967-80.2008.8.19.0001, 18.ª Câmara Cível, Rel. Des. Eduardo de Azevedo Paiva, j. 22.06.2016, *DORJ* 23.06.2016).

Do Tribunal Bandeirante, adotando as lições doutrinárias antes expostas, ementou-se que, "quando ambas as partes contratantes se encontram em mora, não é dado a uma exigir da outra o cumprimento de sua obrigação, nos termos do artigo 476, do Código Civil, o que impede os adquirentes de cobrar taxa mensal pelo atraso da obra, a título de lucros cessantes, enquanto não quitada a parcela contratual que não dependia da entrega da obra" (TJSP, Apelação 0035790-28.2011.8.26.0562, Acórdão 8811293, 8.ª Câmara de Direito Privado, Santos, Rel. Des. Alexandre Coelho, j. 16.09.2015, *DJESP* 12.11.2015).

Por derradeiro, do Tribunal do Rio Grande do Sul, igualmente em caso envolvendo a compra e venda de imóvel:

"Ambos os contratantes inadimpliram parcialmente o contrato de compra e venda, sendo os compradores responsáveis pelo pagamento da multa moratória e os vendedores responsáveis pela averbação da edificação, outorga da escritura pública de compra e venda e registro imobiliário. Multa contratual. O valor da multa deverá incidir sobre o valor da parcela inadimplida e não sobre a integralidade do contrato. Inteligência do art. 413 do CC. Danos morais. Prejudicado o pedido indenizatório em razão do reconhecimento da culpa concorrente (mora bilateral). Além disso, para fazer jus à reparação por dano moral, não basta alegar prejuízos aleatórios ou em potencial, é necessária a comprovação do efetivo sofrimento. No caso dos autos, restou demonstrado que os autores também deixaram de cumprir integralmente as obrigações contratuais. Portanto, não há que se falar em danos morais" (TJRS, Apelação Cível 0235550-43.2015.8.21.7000, 17.ª Câmara Cível, Santa Cruz do Sul, Rel. Des. Giovanni Conti, j. 24.09.2015, *DJERS* 05.10.2015).

Como se pode notar, a presença da mora recíproca ou bilateral tem o condão de afastar pretensões relativas a danos extrapatrimoniais, o que é correto tecnicamente.

3.4. Da purgação da mora

A expressão *purgar a mora* significa afastar ou neutralizar os efeitos decorrentes do inadimplemento parcial, principalmente do atraso no cumprimento, estando a categoria tratada pelo art. 401 do CC/2002 e sendo aplicável a ambos os sujeitos obrigacionais.

Pela purgação ou *emenda da mora*, tanto o credor quanto o devedor que incorreram em mora corrigem, sanam a falta cometida, cumprindo com a obrigação ainda em tempo hábil ao adimplemento. Para tanto, deverá a parte que estava inadimplente reparar os eventuais prejuízos causados ao outro sujeito da relação obrigacional.

A purgação da mora pelo devedor se dá pela oferta da prestação, com o acréscimo de juros, correção monetária, multa e honorários advocatícios, sem prejuízo das eventuais perdas e danos. Por outra via, a purga da mora pelo credor ocorre quando este se oferece para receber a prestação do devedor, sujeitando-se aos efeitos da mora já ocorridos. Tanto o devedor quanto o credor podem, conjuntamente, purgar a mora na hipótese em que ambos renunciarem aos prejuízos dela decorrentes.

Existem regras específicas sobre a purgação da mora, que merecem ser comentadas pela sua imensa repercussão prática. De início, no caso de locação de imóvel urbano, a matéria está tratada pelo art. 62 da Lei n. 8.245/1991 (Lei de Locação), alterado pela Lei n. 12.112, de dezembro de 2009.

O art. 62, inc. II, da Lei n. 8.245/1991 (Lei de Locação) possibilita ao locatário ou ao fiador purgar a mora, no caso de ação de despejo por falta de pagamento. A menção ao fiador constitui esperada novidade. Dessa forma, o locatário ou o fiador poderá evitar a rescisão da locação, efetuando, no prazo de 15 dias, contados da citação, autorização para pagamento do débito atualizado, independentemente de cálculo e mediante depósito judicial, incluídos: *a)* os aluguéis e acessórios da locação que vencerem até a efetivação do depósito; *b)* as multas e penalidades contratuais, quando exigíveis; *c)* os juros moratórios; *d)* as custas e os honorários de advogado do locador, fixados em 10% sobre o montante devido, se do contrato não constar disposição diversa.

Além da menção ao fiador, outra alteração introduzida pela Lei n. 12.112/2009 refere-se à menção ao prazo de 15 dias a contar da citação. Anteriormente, o débito deveria ser depositado quando da contestação. Ademais, autorizada a purga da mora, se o locador alegar que a oferta não é integral, justificando a diferença, o locatário poderá complementar o depósito, no prazo de dez dias, contados da intimação, que poderá ser dirigida ao locatário ou diretamente ao patrono deste, por carta ou publicação no órgão oficial, a requerimento do locador (art. 62, III, da Lei n. 8.245/1991).

Destaque-se, aqui, que a grande novidade introduzida pela lei de 2009 se refere à possibilidade de intimação na pessoa do advogado do locatário, o que vem em boa hora. Não sendo *integralmente* complementado o depósito, o pedido de rescisão prosseguirá pela diferença, podendo o locador levantar a quantia depositada (art. 62, IV, da Lei n. 8.245/1991). A expressão destacada também foi incluída pela Lei n. 12.112/2009.

Por fim, não se admitirá a purgação ou emenda da mora se o locatário já houver utilizado essa faculdade nos vinte e quatro meses imediatamente anteriores à propositura da ação (nova redação do art. 62, parágrafo único, da Lei n. 8.245/1991). O dispositivo foi alterado para controlar ainda mais o direito à purgação à mora, eis que na redação anterior não se admitia a emenda da mora se o locatário já a tivesse realizado por duas vezes nos doze meses imediatamente à propositura da ação.

Como se pode notar, não há mais menção com relação às duas oportunidades. Ademais, o prazo foi estendido de doze para vinte e quatro meses, em sintonia com a punição da parte contratual que não age conforme a boa-fé objetiva, em abuso do direito (art. 187 do CC).

A outra questão específica sobre a purgação da mora que merece ser debatida envolve a alienação fiduciária de garantia de bens móveis, particularmente diante das alterações introduzidas pela Lei n. 10.931/2004 e pela Lei n. 13.043/2014. Isso porque, quanto à purgação da mora, houve mudança substancial do art. 3.º, § 2.º, do Decreto-lei n. 911/1969, que trata da matéria. No quadro comparativo consta o novo tratamento dado ao instituto, inclusive com a recente Lei n. 13.043, de novembro de 2014, que modificou o *caput* do comando, sem qualquer relevância para o tema exposto:

Redação anterior	Redação conforme Leis n. 10.931/2004 e n. 13.043/2014
Art. 3.º O proprietário fiduciário ou credor, poderá requerer contra o devedor ou terceiro a busca e apreensão do bem alienado fiduciariamente, a qual será concedida liminarmente, desde que comprovada a mora ou o inadimplemento do devedor.	Art. 3.º O proprietário fiduciário ou credor poderá, desde que comprovada a mora, na forma estabelecida pelo § 2.º do art. 2.º, ou o inadimplemento, requerer contra o devedor ou terceiro a busca e apreensão do bem alienado fiduciariamente, a qual será concedida liminarmente, podendo ser apreciada em plantão judiciário.
§ 1.º Despachada a inicial e executada a liminar, o réu será citado para, em três dias, apresentar contestação ou, **se já tiver pago 40% (quarenta por cento) do preço financiado, requerer a purgação de mora.**	§ 1.º Cinco dias após executada a liminar mencionada no *caput*, consolidar-se-ão a propriedade e a posse plena e exclusiva do bem no patrimônio do credor fiduciário, cabendo às repartições competentes, quando for o caso, expedir novo certificado de registro de propriedade em nome do credor, ou de terceiro por ele indicado, livre do ônus da propriedade fiduciária.
§ 2.º Na contestação só se poderá alegar o pagamento do débito vencido ou o cumprimento das obrigações contratuais.	§ 2.º No prazo do § 1.º, **o devedor fiduciante poderá pagar a integralidade da dívida pendente, segundo os valores apresentados pelo credor fiduciário na inicial, hipótese na qual o bem lhe será restituído livre do ônus.**
§ 3.º Requerida a purgação de mora, tempestivamente, o Juiz marcará data para o pagamento que deverá ser feito em prazo não superior a dez dias, remetendo, outrossim, os autos ao contador para cálculo do débito existente, na forma do art. 2.º e seu § 1.º.	§ 3.º O devedor fiduciante apresentará resposta no prazo de quinze dias da execução da liminar.

Redação anterior	Redação conforme Leis n. 10.931/2004 e n. 13.043/2014
§ 4.º Contestado ou não o pedido e não purgada a mora, o Juiz dará sentença de plano em cinco dias, após o decurso do prazo de defesa, independentemente da avaliação do bem.	§ 4.º A resposta poderá ser apresentada ainda que o devedor tenha se utilizado da faculdade do § 2.º, caso entenda ter havido pagamento a maior e desejar restituição.

Diante dessa confrontação e dos destaques na tabela, surgiu um forte entendimento pelo qual a lei não mais defere, na alienação fiduciária em garantia de bens móveis, a possibilidade de purgação da mora nos casos em que houver o pagamento de 40% do valor devido, na trilha do que constava da Súmula n. 284 do Superior Tribunal de Justiça, *in verbis*: "a purga da mora, nos contratos de alienação fiduciária, só é permitida quando já pagos pelo menos 40% (quarenta por cento) do valor financiado".

Assim, pela nova redação do texto legal, que surgiu em 2014, o devedor fiduciante terá que pagar integralmente a dívida, pois, caso contrário, ocorrerá consolidação da propriedade a favor do credor fiduciário.

No entanto, acertadamente, o extinto Segundo Tribunal de Alçada Civil de São Paulo assim não entendeu, logo na entrada em vigor da primeira alteração legislativa, sendo pertinente transcrever a seguinte ementa:

"Agravo de instrumento. Alienação fiduciária. Purgação da mora. Faculdade não excluída pelas inovações introduzidas no Decreto-lei 911, de 1.º.10.1969, pela Lei 10.931, de 02.08.2004. Normas que devem ser interpretadas em conjunto com o art. 54, § 2.º, do CDC. Recurso improvido" (2.º TAC, Agravo de Instrumento 869850-0/3, 8.ª Câmara, Carapicuíba, Rel. Juiz Antonio Carlos Vilen, j. 18.11.2004, *Boletim da AASP* 2.426, p. 3.513).

Constou do corpo do julgado que o art. 54 do Código de Defesa do Consumidor admite que os contratos de adesão contenham cláusula resolutiva, desde que a escolha caiba ao consumidor. Sabendo-se que a resolução é forma de extinção dos contratos por inexecução, a "escolha a que se refere o dispositivo, em caso de existência de cláusula resolutória expressa, deve ser interpretada como a possibilidade que o devedor em mora tem de optar entre a purgação e a continuidade da relação contratual, de um lado, e a extinção por inadimplemento, de outro". A conclusão foi no sentido de que a inovação introduzida pela Lei n. 10.931/2004 não é incompatível com essa interpretação, mas "simplesmente conferiu mais uma faculdade ao devedor, qual seja a de obter a extinção do contrato, com a restituição do bem apreendido, livre de ônus, pela integral execução das obrigações pactuadas". Assim, permaneceria íntegro o direito de utilização da purgação da mora em favor dos consumidores.

Sempre concordei integralmente com a conclusão do acórdão, pois está em sintonia com o princípio da conservação negocial, princípio anexo à função social dos contratos. Em reforço, na linha da louvável decisão, estaria mantida a proteção dos consumidores vulneráveis, conforme a Lei n. 8.078/1990, sendo certo que a alienação fiduciária de bens móveis quase sempre tem como parte destinatários finais, fáticos e econômicos, que pretendem adquirir um bem de consumo, notadamente veículos para uso próprio.

Outros acórdãos surgiram, sucessivamente, entendendo pela manutenção da Súmula n. 284 do Superior Tribunal de Justiça, antes transcrita (por todos: TJRS, Apelação Cível 256654-04.2009.8.21.7000, 14.ª Câmara Cível, Viamão, Rel. Des. Niwton Carpes da Silva, j. 31.03.2011, *DJERS* 14.04.2011; TJSP, Apelação 9201022-44.2009.8.26.0000, Acórdão 5101330, 35.ª Câmara de Direito Privado, São José do Rio Preto, Rel. Des. Clóvis Castelo, j. 02.05.2011, *DJESP* 17.05.2011; TJSP, Agravo de Instrumento 0466858-02.2010.8.26.0000, Acórdão 5094151, 28.ª Câmara de Direito Privado, Mirassol, Rel. Des. Eduardo Sá Pinto Sandeville, j. 26.04.2011, *DJESP* 17.05.2011; e TJMG, Agravo de Instrumento 0197982-05.2011.8.13.0000, 12.ª Câmara Cível, Uberaba, Rel. Des. José Flávio de Almeida, j. 27.04.2011, *DJEMG* 09.05.2011).

Todavia, a questão nunca foi pacífica, sendo certo que no próprio Segundo Tribunal de Alçada de São Paulo já poderiam ser encontradas decisões em sentido contrário, pelo cancelamento da sumular. Assim julgando, por todos:

"Alienação fiduciária. Busca e apreensão. Purgação da mora. Faculdade excluída pelas inovações introduzidas no Decreto-lei 911/1969 pela Lei 10.931/2004. Inadmissibilidade. Não há se falar em purgação da mora nos contratos de alienação fiduciária em garantia, ante as modificações trazidas pela Lei 10.931/2004" (2.º TACSP, AI 873.712-00/6, 8.ª Câmara, Rel. Juiz Orlando Pistoresi, j. 02.12.2004).

Na mesma linha, outros tantos arestos estaduais traziam a mesma conclusão, de superação da súmula (ver: TJDF, Recurso 2010.00.2.006330-9, Acórdão 430.572, 3.ª Turma Cível, Rel. Des. Humberto Adjuto Ulhôa, *DJDFTE* 1.º.07.2010, p. 71; e TJMG, Agravo de Instrumento 0053691-09.2011.8.13.0000, 17.ª Câmara Cível, Montes Claros, Rel. Des. Márcia de Paoli Balbino, j. 03.03.2011, *DJEMG* 05.04.2011).

O próprio Superior Tribunal de Justiça, infelizmente, concluiu desse modo, no seguinte *decisum*:

"Agravo regimental no recurso especial. Fundamentos insuficientes para reformar a decisão agravada. Contrato garantido com cláusula de alienação fiduciária. Ação de busca e apreensão. Purgação da mora após a vigência da Lei 10.931/2004. Impossibilidade. Necessidade de pagamento da integralidade da dívida. Súmula 83 do STJ. 1. O agravante não trouxe argumentos novos capazes de infirmar os fundamentos que alicerçaram a decisão agravada, razão que enseja a negativa de provimento ao agravo regimental. 2. Com a nova redação do artigo 3.º do Decreto-lei 911/1969, dada pela Lei 10.931/2004, não há mais se falar em purgação da mora nas ações de busca e apreensão de bem alienado fiduciariamente, devendo o devedor pagar a integralidade da dívida, no prazo de 5 dias após a execução da liminar, hipótese na qual o bem lhe será restituído livre de ônus. 3. A perfeita harmonia entre o acórdão recorrido e a jurisprudência dominante desta Corte Superior impõe a aplicação, à hipótese dos autos, do Enunciado 83 da Súmula do STJ. 4. Agravo regimental não provido" (STJ, AgRg no REsp 1.183.477/DF, 3.ª Turma, Rel. Min. Vasco Della Giustina (Desembargador convocado do TJRS), j. 03.05.2011, *DJe* 10.05.2011).

Em 2014, o Superior Tribunal de Justiça acabou consolidando essa última forma de pensar, em julgamento da sua Segunda Seção relativo a recursos repetitivos, assim publicado no seu *Informativo* n. 540:

"Direito Civil. Impossibilidade de purgação da mora em contratos de alienação fiduciária firmados após a vigência da Lei 10.931/2004. Recurso repetitivo (art. 543-C do CPC e Res. 8/2008-STJ). Nos contratos firmados na vigência da Lei 10.931/2004, que alterou o art. 3.º, §§ 1.º e 2.º, do Decreto-lei 911/1969, compete ao devedor, no prazo de cinco dias após a execução da liminar na ação de busca e apreensão, pagar a integralidade da dívida – entendida esta como os valores apresentados e comprovados pelo credor na inicial –, sob pena de consolidação da propriedade do bem móvel objeto de alienação fiduciária. De início, convém esclarecer que a Súmula 284 do STJ, anterior à Lei 10.931/2004, orienta que a purgação da mora, nos contratos de alienação fiduciária, só é permitida quando já pagos pelo menos 40% (quarenta por cento) do valor financiado. A referida súmula espelha a redação primitiva do § 1.º do art. 3.º do Decreto-lei 911/1969, que tinha a seguinte redação: 'Despachada a inicial e executada a liminar, o réu será citado para, em três dias, apresentar contestação ou, se já houver pago 40% (quarenta por cento) do preço financiado, requerer a purgação de mora'. Contudo, do cotejo entre a redação originária e a atual – conferida pela Lei 10.931/2004 – fica límpido que a lei não faculta mais ao devedor a purgação da mora, expressão inclusive suprimida das disposições atuais, não se extraindo do texto legal a interpretação de que é possível o pagamento apenas da dívida vencida. Ademais, a redação vigente do art. 3.º, §§ 1.º e 2.º, do Decreto-lei 911/1969 estabelece que o devedor fiduciante poderá pagar a integralidade da dívida pendente e, se assim o fizer, o bem lhe será restituído livre de ônus, não havendo, portanto, dúvida acerca de se tratar de pagamento de toda a dívida, isto é, de extinção da obrigação. Vale a pena ressaltar que é o legislador quem está devidamente aparelhado para apreciar as limitações necessárias à autonomia privada em face de outros valores e direitos constitucionais. (...). Saliente-se ainda que a alteração operada pela Lei 10.931/2004 não alcança os contratos de alienação fiduciária firmados anteriormente à sua vigência. De mais a mais, o STJ, em diversos precedentes, já afirmou que, após o advento da Lei 10.931/2004, que deu nova redação ao art. 3.º do Decreto-lei 911/1969, não há falar em purgação da mora, haja vista que, sob a nova sistemática, após o decurso do prazo de 5 (cinco) dias contados da execução da liminar, a propriedade do bem fica consolidada em favor do credor fiduciário, devendo o devedor efetuar o pagamento da integralidade do débito remanescente a fim de obter a restituição do bem livre de ônus" (STJ, REsp 1.418.593/MS, Rel. Min. Luis Felipe Salomão, j. 14.05.2014).

Com o devido respeito, lamento essa tomada de curso pelo Superior Tribunal de Justiça, que parece desconsiderar a efetivação dos direitos do devedor-fiduciante, na grande maioria das vezes enquadrado como um consumidor.

Em reforço, a impossibilidade de purgação da mora não está em sintonia com o princípio da conservação dos negócios jurídicos, segundo o qual a extinção dos pactos deve ser a última medida a ser tomada, mormente diante de sua inegável função social, preservando-se ao máximo a autonomia privada.

Merece destaque o fato de que, como consequência da decisão em estudo, o próprio STJ entendeu que a teoria do adimplemento substancial não se aplica mais à alienação fiduciária em garantia de bens móveis (STJ, REsp 1.622.555/MG, 2.ª Seção, Rel. Min. Marco Buzzi, Rel. p/ Acórdão Min. Marco Aurélio Bellizze, j. 22.02.2017, *DJe* 16.03.2017). Em suma e como palavras finais sobre o assunto, o entendimento constante do acórdão, de superação da Súmula n. 284 do Tribunal da Cidadania, deve ser considerado como consolidado para os devidos fins práticos.

Exposta a análise de mais essa controvérsia, para findar o presente tópico, alerte-se que não se pode confundir a *purgação da mora* com a *cessação da mora*, o que é muito comum na prática.

As diferenças entre os dois institutos são muito bem demonstradas por Maria Helena Diniz, com base em Serpa Lopes, Lacerda de Almeida e Agostinho Alvim. Conforme as suas lições, ocorre a purgação da mora por meio de ato espontâneo do sujeito obrigacional em atraso, que visa remediar a situação a que deu causa, evitando os seus efeitos decorrentes e reconduzindo a obrigação à situação de normalidade. A purgação ou emenda da mora somente produz efeitos para o futuro (*ex nunc*), "não destruindo os efeitos danosos já produzidos desde o dia da incidência em mora até a execução tardia da obrigação".[65] Por outro lado, a cessação da mora "ocorrerá por um fato extintivo de efeitos pretéritos e futuros (*ex tunc*), como sucede quando a obrigação se extingue com a novação, remissão de dívidas ou renúncia do credor".[66]

Da jurisprudência federal extrai-se decisão ilustrativa que entendeu que também a renegociação da dívida faz cessar a mora sem, contudo, extinguir a obrigação. Conforme a ementa do julgamento, que afastou a presença de novação, "na verdade, a renegociação de dívida implica a alteração de elementos acidentais do vínculo, sem modificá-lo a ponto de criar uma nova obrigação. Com a renegociação da dívida, cessa a mora do devedor e o título deixa de ser exigível, desaparecendo um dos pressupostos da execução. Ainda que o devedor não cumpra o novo acordo, faz-se necessário promover um novo procedimento executivo em lugar do atual, cujos efeitos, entre eles a arrematação, não podem ser aproveitados" (TRF da 2.ª Região, Acórdão 1983.50.01.002806-3, 5.ª Turma Especializada, Rel. Juiz Fed. Conv. Mauro Luis Rocha Lopes, j. 26.03.2008, *DJU* 17.04.2008, p. 193). Com essa confrontação categórica, finda-se o presente tópico.

---

[65] DINIZ, Maria Helena. *Curso de Direito Civil brasileiro*. Teoria geral das obrigações, cit., p. 426.
[66] DINIZ, Maria Helena. *Curso de Direito Civil brasileiro*. Teoria geral das obrigações, cit., p. 426.

4. DA CORREÇÃO MONETÁRIA COMO CONSEQUÊNCIA DA RESPONSABILIDADE CONTRATUAL

Como visto, o Código Civil estabelece como consequência natural do inadimplemento obrigacional, a incidência de correção monetária sobre o valor devido, aplicando-se os índices fixados em lei. Nesse sentido, a redação do art. 389 do Código Civil, ao mencionar a atualização monetária como consequência do descumprimento total da obrigação; o art. 395 referente à mora ou descumprimento relativo; bem como do art. 404, que inclui a atualização monetária nas perdas e danos.

Todos esses dispositivos foram recentemente alterados pela Lei n. 14.905, de 28 de junho de 2024, que trouxe uma nova disciplina sobre a atualização monetária e os juros. Sua origem está em projeto de lei do Governo Federal, proposto em caráter de urgência, que surgiu sob a promessa de redução dos juros no País. De todo modo, em visão crítica, entendo que a nova norma é pouco operável e gerará mais problemas do que soluções, sobretudo no novo tratamento dos juros.

Quanto à correção monetária, anteriormente, os arts. 389, 395 e 404 do Código Civil antes mencionavam os índices oficiais regularmente estabelecidos, expressões que foram retiradas da lei, uma vez que, como visto, o índice oficial, como regra geral, passou a ser o IPCA. Nos termos do novo parágrafo único do art. 389, "na hipótese de o índice de atualização monetária não ter sido convencionado ou não estar previsto em lei específica, será aplicada a variação do Índice Nacional de Preços ao Consumidor Amplo (IPCA), apurado e divulgado pela Fundação Instituto Brasileiro de Geografia e Estatística (IBGE), ou do índice que vier a substituí-lo".

Outros dispositivos da codificação material, mais específicos, igualmente tratavam desse montante, caso do seu art. 418, no tocante às arras ou sinal, a saber e em redação anterior: "se a parte que deu as arras não executar o contrato, poderá a outra tê-lo por desfeito, retendo-as; se a inexecução for de quem recebeu as arras, poderá quem as deu haver o contrato por desfeito, e exigir sua devolução mais o equivalente, com atualização monetária segundo índices oficiais regularmente estabelecidos, juros e honorários de advogado". Com a mudança pela Lei n. 14.905/2024, passou a prever, com alterações também na sua organização, mas sem outras modificações de conteúdo: "Art. 418. Na hipótese de inexecução do contrato, se esta se der: I – por parte de quem deu as arras, poderá a outra parte ter o contrato por desfeito, retendo-as; II – por parte de quem recebeu as arras, poderá quem as deu haver o contrato por desfeito e exigir a sua devolução mais o equivalente, com atualização monetária, juros e honorários de advogado".

Cite-se, ainda, o art. 772 que diz respeito à mora do segurador, em redação anterior e original: "a mora do segurador em pagar o sinistro obriga à atualização monetária da indenização devida segundo índices oficiais regularmente estabelecidos, sem prejuízo dos juros moratórios". E, agora, após a Lei n. 14.905/2024: "a mora do segurador em pagar o sinistro obriga à atualização monetária da indenização devida, sem prejuízo dos juros moratórios".

Mencione-se, também, a regra fundamental relativa à vedação do enriquecimento sem causa, *in verbis*: "aquele que, sem justa causa, se enriquecer à custa de outrem, será obrigado a restituir o indevidamente auferido, feita a atualização dos valores monetários" (art. 884, *caput*, do CC/2002). Esse dispositivo não foi alterado pela Lei n. 14.905/2024, pois não fala em "índices oficiais".

Sabe-se que a correção monetária não se confunde com os juros, pois visa justamente a afastar o citado enriquecimento sem causa, atualizando a quantia no tempo e vedando que o capital perca seu valor real. A correção monetária tem relação com as *dívidas de valor*, aquelas que são reajustadas pelo fator temporal, sendo sua licitude admitida pelo art. 316 do Código Civil de 2002, segundo o qual "é lícito convencionar o aumento progressivo de prestações sucessivas". Trata-se do que se denomina como *cláusula de escala móvel* ou *de escalonamento*. Com o intuito de evitar a deterioração da quantia devida, a correção monetária deve incidir mesmo se a impossibilidade ou inexecução da obrigação se der sem culpa do devedor, ingressando no valor correspondente à prestação.

Os juros, por sua vez, constituem valores devidos pela utilização de capital alheio, sendo cumulados com a correção monetária, como está previsto nos comandos legais primeiro citados (arts. 389 e 395 do CC/2002). A sua incidência depende da culpa do devedor, em regra, diante do que consta do art. 392 do Código Civil. Exceção deve ser feita para os casos em que a responsabilidade do inadimplente independe de culpa, ou seja, tem natureza objetiva. Cite-se, a esse propósito, a responsabilidade civil do transportador.

Sobre os índices oficiais nas ações judiciais, sempre foi usual a atualização como parâmetros das tabelas dos Tribunais de Justiça onde correm as demandas. Também era comum a utilização do Índice de Preços ao Consumidor (IPC) em casos específicos, como nas ações previdenciárias, que correm na Justiça Federal. Para o Superior Tribunal de Justiça, a Taxa Referencial (TR) era o índice aplicável, a título de correção monetária, aos débitos com o FGTS recolhidos pelo empregador, mas não repassados ao fundo (Súmula n. 459).

A Corte sempre entendeu que tal parâmetro também deve ser aplicado aos contratos do Sistema Financeiro da Habitação, sendo pactuada a correção monetária pelo mesmo índice aplicável à caderneta de poupança, a partir da vigência da Lei n. 8.177/1991 (Súmula n. 454). Para os contratos bancários, o Tribunal da Cidadania entende que a Taxa de Juros de Longo Prazo (TJLP) pode ser usada como indexador de correção monetária (Súmula n. 288); afirmação que não se aplica para a Taxa Básica Financeira (TBF) que não pode ser levada em conta juridicamente (Súmula n. 287).

Com as alterações do Código Civil pela Lei n. 14.905/2024, passando a adotar o IPCA como regra geral, resta saber se esses parâmetros continuarão a ser utilizados ou não, sendo certo que esse índice somente será afastado nos casos em que houver lei específica, o que demandará uma análise caso a caso.

Sobre o início do cálculo da correção monetária, a regra é que deve incidir a partir do inadimplemento ou vencimento da obrigação, momento em que estão configurados o descumprimento e o correspondente prejuízo ao credor. Nesse sentido, a antiga Súmula n. 43 do Superior Tribunal de Justiça, segundo a qual "incide correção monetária sobre dívida por ato ilícito a partir da data do efetivo prejuízo". A súmula tem aplicação para a responsabilidade extracontratual ou *aquiliana*. No mesmo sentido, com tom complementar, a Súmula n. 580 da Corte prescreve que "a correção monetária nas indenizações do seguro DPVAT por morte ou invalidez, prevista no § 7.º do art. 5.º da Lei n. 6.194/1974, redação dada pela Lei n. 11.482/2007, incide desde a data do evento danoso".

Entendo que a premissa constante da Súmula n. 43 do STJ serve perfeitamente para a responsabilidade contratual, o que representa uma unificação de tratamento das duas responsabilidades. Nesse sentido, com precisão, do próprio Superior Tribunal de Justiça: "tratando-se de dívida líquida com vencimento certo, os juros de mora e a correção monetária devem incidir desde o vencimento da obrigação, mesmo nos casos de responsabilidade contratual. Precedentes" (STJ, AgRg no REsp 1.217.531/MG, 4.ª Turma, Rel. Min. Antonio Carlos Ferreira, j. 12.05.2015, DJe 19.05.2015).

Na verdade, o Superior Tribunal de Justiça aplica em parte essa última dedução, pois "a jurisprudência desta Corte firmou o entendimento de que, em casos de responsabilidade contratual, os juros de mora incidem a partir da data da citação e a correção monetária a partir da data em que se tornou líquido o valor indenizatório" (STJ, AgRg no AREsp 667.522/RJ, 3.ª Turma, Rel. Min. Moura Ribeiro, j. 24.05.2016, DJe 31.05.2016). O valor é tido como líquido quando é certo quanto à existência e determinado em relação ao valor, o que somente pode ocorrer na sentença ou até em decisão posterior que fixa o valor definitivo, e não necessariamente com o não pagamento pelo devedor.

Quanto ao dano moral, seja ele decorrente da responsabilidade contratual ou extracontratual, o mesmo Tribunal Superior conclui, por meio de sua Súmula n. 362, que "a correção monetária do valor da indenização do dano moral incide desde a data do arbitramento". Eis outra quebra quanto ao conteúdo da Súmula n. 43 do mesmo Tribunal da Cidadania. Pontue-se que a Comissão de Juristas nomeada para a Reforma do Código Civil sugere, em prol da segurança jurídica, a inclusão de regra no art. 404, § 2.º, do Código Civil, no mesmo sentido: "a correção monetária do valor da indenização do dano moral incide desde a data do seu arbitramento".

Reitere-se que eventual modificação do valor em momento ulterior faz com que a incidência da correção tenha novo termo *a quo*: "a correção monetária deve incidir a partir do novo arbitramento do dano moral, não retroagindo à data da sentença" (STJ, AgRg no REsp. 1.448.042/PR, 3.ª Turma, Rel. Min. João Otávio de Noronha, j. 25.08.2015, DJe 28.08.2015).

Pelo mesmo raciocínio que antes defendi, nas ações de repetição de indébito, que visam a pegar de volta o que se pagou indevidamente, "no tocante ao termo inicial, é devida correção monetária desde o desembolso" (STJ, AR 4.393/GO, 2.ª Seção, Rel. Min. Paulo de Tarso Sanseverino, j. 09.03.2016, DJe 14.04.2016). Trata-se de projeção, nas relações civis, do constante da Súmula n. 162 do Tribunal: "na repetição de indébito tributário, a correção monetária incide a partir do pagamento indevido".

Para encerrar a temática, no tocante a esses parâmetros de termo inicial para a incidência da correção monetária, entendo que a Lei n. 14.905/2024 não traz qualquer impacto, não modificando os entendimentos jurisprudenciais expostos e consolidados.

5. DOS JUROS DECORRENTES DO INADIMPLEMENTO

Um dos principais efeitos do inadimplemento da obrigação é a incidência de juros a serem suportados pelo devedor. A partir da doutrina de ontem e de hoje, frise-se que os juros podem ser conceituados como frutos civis ou rendimentos privados, devidos pela utilização de capital alheio. Como se extrai da obra de Washington de Barros Monteiro e Carlos Alberto Dabus Maluf, "juros são o rendimento de capital, os frutos produzidos pelo dinheiro. Assim como o aluguel constitui o preço correspondente ao uso da coisa no contrato de locação, representam os juros a renda de determinado capital".[67] Ou, entre os atuais civilistas, as palavras de Pablo Stolze Gagliano e Rodolfo Pamplona, no sentido de que "trata-se, pois, sob o prisma eminentemente jurídico, de um fruto civil correspondente à remuneração devida ao credor em virtude da utilização do seu capital".[68] Igualmente de forma consolidada entre os estudiosos e julgadores, no que diz respeito ao inadimplemento, os juros são classificados em duas modalidades.

De início, há os *juros compensatórios* ou *remuneratórios*, que são aqueles que decorrem de uma utilização consentida do capital alheio, como nos casos de inadimplemento total da obrigação ou de financiamentos em geral.

Fundamental lembrar a regra do art. 591 do Código Civil, recentemente alterada pela Lei n. 14.905/2024, pelo qual, se o mútuo tiver fins econômicos, presumem-se devidos juros. Em complemento, o seu novo parágrafo único estabelece que, "se a taxa de juros não for pactuada, aplica-se a taxa legal prevista no art. 406 deste Código". A norma trata dos juros no *mútuo oneroso* ou *feneratício*.

A redação anterior do art. 591 do CC era a seguinte: "destinando-se o mútuo a fins econômicos, presumem-se devidos os juros, aos quais, sob pena de redução, não poderão exceder a taxa a que se refere o art. 406, permitida a capitalização anual".

Como se pode perceber, a primeira mudança foi a retirada da expressão "sob pena de redução", o que na minha opinião nada altera, pois ainda será cabível a redução de juros abusivos ou excessivos, sobretudo pelo que está previsto na Lei de Usura (Decreto n. 22.626/1933). A segunda foi a retirada da menção à "capitalização anual", para que sejam possíveis outras variantes no seu cálculo. Ainda será necessário aguardar o impacto da segunda mudança, para a prática.

Por seu turno, os *juros moratórios* constituem um ressarcimento imputado ao devedor pelo descumprimento parcial da obrigação. Como regra geral, os

---

[67] BARROS MONTEIRO, Washington de; MALUF, Carlos Alberto Dabus. *Curso de Direito Civil*. Direito das obrigações, 37. ed., cit., p. 385.
[68] GAGLIANO, Pablo Stolze; PAMPLONA FILHO, Rodolfo *Novo curso de Direito Civil*, 8. ed., cit., p. 346.

juros moratórios são devidos desde a constituição em mora e independem da alegação e prova do prejuízo suportado. Tal conclusão é retirada do art. 407 do Código Civil, segundo o qual, "ainda que se não alegue prejuízo, é obrigado o devedor aos juros da mora que se contarão assim às dívidas em dinheiro, como às prestações de outra natureza, uma vez que lhes esteja fixado o valor pecuniário por sentença judicial, arbitramento, ou acordo entre as partes". A norma consagra o *caráter punitivo* da incidência dos juros moratórios.

Pois bem, antes de adentrar na relação entre os juros e o Código Civil, é de se apontar que os juros compensatórios e moratórios podem ser classificados, com relação à sua origem, em *convencionais* e *legais*. Os juros convencionais são aqueles estabelecidos pelas partes no instrumento negocial, decorrentes da autonomia privada, e que, no meu entendimento, não podem exceder o dobro da taxa legal prevista no art. 406 do CC. Isso porque não se podem admitir a usura e o enriquecimento sem causa, este último vedado expressamente no art. 884 da codificação privada em vigor.

Ao lado desses, os juros podem ser também legais, caso as partes não convencionarem por instrumento obrigacional. Mesmo não sendo previstos pelas partes, os juros legais moratórios seriam devidos, na taxa que "estiver em vigor para a mora do pagamento de impostos devidos à Fazenda Nacional", conforme a redação anterior do art. 406 da codificação privada em vigor. Anote-se que esse comando também foi alterado pela Lei n. 14.905/2024. Porém, a dúvida que sempre existiu com relação ao anterior art. 406 do CC/2002 era a seguinte: qual é a taxa prevista nesse dispositivo?

Alguns juristas se posicionavam no sentido de essa taxa ser a SELIC, taxa referencial do Sistema Especial de Liquidação e de Custódia. Na doutrina, essa sempre foi a posição encabeçada por Mário Luiz Delgado, que utilizava os seguintes argumentos, citados no julgamento da Corte Especial do STJ no EREsp 727.842/SP, ocorrido em 2008: a) o art. 406, ao mencionar a "taxa que estiver em vigor", expressa a opção do legislador em adotar uma taxa variável; b) o art. 161, § 1.º, do CTN, ao estabelecer a taxa de 1% ao mês, prevê a sua incidência quando a lei não dispuser de modo diverso; c) o art. 13 da Lei n. 9.065/1995, fazendo referência ao art. 84, I, da Lei n. 8.981/1995, estabeleceu que em casos de mora no pagamento de tributos arrecadados pela Secretaria da Receita Federal serão acrescidos juros equivalentes à SELIC; d) a utilização da taxa SELIC como juros de mora em matéria tributária foi confirmada por normas jurídicas, caso da Lei n. 9.250/1995, da Lei n. 9.430/1996 e da Lei n. 10.522/2002; e) o STJ tem aplicado a SELIC em demandas tributárias; f) conforme o entendimento do STF na ADIN 4/DF, a expressão "juros reais" contida no ora revogado art. 192, § 3.º, da CF/1988 é de eficácia limitada, não sendo o caso de vedação constitucional quanto às taxas superiores a 12% ao ano ou 1% ao mês; g) apesar de a SELIC trazer juros e correção monetária, não haveria *bis in idem*, pois sua incidência é condicionada à não incidência de qualquer outro índice.[69]

---

[69] DELGADO, Mário Luiz. *Código Civil interpretado*, cit., p. 465-466.

Mesmo diante de toda essa argumentação, o doutrinador reconhecia que a questão não estava pacificada na Terceira e na Quarta Turma do STJ, responsável por julgar os temas de Direito Privado.

Com o devido respeito a essa posição, parece-me que vinha prevalecido, sobretudo na doutrina civilista, a tese de que a taxa do art. 406 do Código Civil, em sua redação anterior, era a mesma disposta no art. 161, § 1.º, do Código Tributário Nacional, ou seja, 1% ao mês, tese que sempre foi compartilhada por mim.

Além da alegada inconstitucionalidade da SELIC, o principal argumento é que ela traz como conteúdo, além de juros, a correção monetária, não estando esta última tratada pelo art. 406 da codificação privada. Ademais, a referida taxa não constitui um parâmetro seguro para a fixação dos juros, diante de sua enorme variação dependente do mercado. E, entre o mercado e a lei, fico com a segunda opção, ou seja, com o parâmetro fixo previsto no Código Tributário Nacional. Vale lembrar, por fim, que a *correção monetária* visa tão somente a atualizar um valor no tempo, de acordo com índices oficiais. Os *juros*, como visto, constituem uma remuneração diante da utilização de capital alheio. Assim, não se podem confundir os dois conceitos.

A par dessas afirmações, sempre entendi que, quanto ao art. 406 do CC/2002, em sua redação anterior, a melhor interpretação a ser dada era a consubstanciada no Enunciado n. 20 da *I Jornada de Direito Civil*, promovida pelo Conselho da Justiça Federal e pelo Superior Tribunal de Justiça. O teor do enunciado segue para uma melhor compreensão do tema: "a taxa de juros moratórios a que se refere o art. 406 é a do art. 161, § 1.º, do Código Tributário Nacional, ou seja, 1% (um por cento) ao mês".

Conforme as suas justificativas, "a utilização da taxa Selic como índice de apuração dos juros legais não é juridicamente segura, porque impede o prévio conhecimento dos juros; não é operacional, porque o seu uso será inviável sempre que se calcularem somente juros ou somente correção monetária; é incompatível com a regra do art. 591 do novo Código Civil, que permite apenas a capitalização anual dos juros, e pode ser incompatível com o art. 192, § 3.º, da Constituição Federal, se resultarem juros reais superiores a 12% (doze por cento) ao ano".

Quanto ao último argumento, de inconstitucionalidade do limite acima de 12% ao ano, não se pode negar que ele desapareceu com a Emenda Constitucional n. 40, de 2003, que revogou a regra do § 3.º do art. 192 do Texto Maior. Todavia, as outras premissas expostas persistem. Entre os civilistas, posicionavam-se pela incidência da taxa fixa do Código Tributário Nacional, entre outros, Maria Helena Diniz,[70] Nelson Nery Jr. e Rosa Maria Andrade Nery,[71] Gustavo Tepedino, Heloísa Helena Barbosa, Maria Celina Bodin de Moraes,[72] Pablo Stolze

---

[70] DINIZ, Maria Helena. *Código Civil anotado*, cit., p. 354.
[71] NERY JR., Nelson; NERY, Rosa Maria Andrade. *Código Civil comentado*. 11. ed. São Paulo: RT, 2014. p. 764-765.
[72] TEPEDINO, Gustavo; BARBOZA, Heloísa Helena; MORAES, Maria Celina Bodin de. *Código Civil interpretado*, cit., p. 738-739.

Gagliano, Rodolfo Pamplona Filho,[73] Paulo Luiz Netto Lôbo,[74] José Fernando Simão,[75] Cristiano Chaves de Farias e Nelson Rosenvald.[76]

A propósito, em 2004, quando da *III Jornada de Direito Civil*, evento promovido pelo Conselho da Justiça Federal e pelo Superior Tribunal de Justiça, foi feita proposta de cancelamento do Enunciado n. 20 e a substituição da taxa de 1% ao mês pela taxa SELIC. Nunca me filiei a esse posicionamento e votei contra essa nova proposta de enunciado, que foi rejeitada por maioria. A aplicação da taxa prevista no CTN, assim, acabou prevalecendo, mais uma vez, no âmbito doutrinário das prestigiadas *Jornadas de Direito Civil*.

Voltando à jurisprudência superior, a evidenciar toda essa divergência, em agosto de 2013, foi publicada no *site* do Tribunal notícia com o título "SELIC ou não SELIC, eis a questão", com o fim de deixar clara toda a controvérsia sobre a matéria. De acordo com as informações elaboradas pela Coordenadoria de Editoria e Imprensa do STJ:

> "Responsável pela estabilização da jurisprudência infraconstitucional, o Superior Tribunal de Justiça (STJ) retomou a discussão de uma questão controversa que já foi debatida diversas vezes em seus órgãos fracionários: a aplicação da taxa Selic nas indenizações civis estabelecidas judicialmente. (...). O problema é que existem duas correntes opostas sobre qual taxa seria essa, o que vem impedindo um entendimento uniforme sobre a questão. Em precedentes relatados pela Ministra Denise Arruda (REsp 830.189) e pelo Ministro Francisco Falcão (REsp 814.157), a Primeira Turma do STJ entendeu que a taxa em vigor para o cálculo dos juros moratórios previstos no art. 406 do CC é de 1% ao mês, nos termos do que dispõe o art. 161, § 1.º, do Código Tributário Nacional (CTN), sem prejuízo da incidência da correção monetária. Em precedentes relatados pelos Ministros Teori Zavascki (REsp 710.385) e Luiz Fux (REsp 883.114), a mesma Primeira Turma decidiu que a taxa em vigor para o cálculo dos juros moratórios previstos no art. 406 do CC é a Selic. A opção pela taxa Selic tem prevalecido nas decisões proferidas pelo STJ, como no julgamento do REsp 865.363, quando a Quarta Turma reformou o índice de atualização de indenização por danos morais devida à sogra e aos filhos de homem morto em atropelamento, que inicialmente seria de 1% ao mês, para adotar a correção pela Selic. Também no REsp 938.564, a Turma aplicou a Selic à indenização por danos materiais e morais devida a um homem que perdeu a esposa em acidente fatal ocorrido em hotel onde passavam lua de mel" (notícia disponível em: <http://www.stj.jus.br/portal_stj/publicacao/engine.wsp?tmp.area=398&tmp.texto=110825>. Acesso em: 5 set. 2013).

A notícia revelava que a divergência estaria em julgamento pela Corte Especial daquele Tribunal Superior, no REsp 1.081.149. Já havia voto do relator,

---
[73] GAGLIANO, Pablo Stolze; PAMPLONA FILHO, Rodolfo. *Novo curso de Direito Civil*, 8. ed., cit., p. 348-350.
[74] LÔBO, Paulo Luiz Netto. *Direito Civil. Obrigações*. 2. ed. São Paulo: Saraiva, 2011. p. 256-257.
[75] SIMÃO, José Fernando. *Código Civil Comentado. Doutrina e Jurisprudência*. 3. ed. Rio de Janeiro: Forense, 2021. p. 270.
[76] FARIAS, Cristiano Chaves; ROSENVALD, Nelson. *Curso de Direito Civil. Direito das obrigações*, cit., p. 544-545.

Ministro Luis Felipe Salomão, deduzindo que a taxa SELIC deve ser aplicada na relação jurídica de Direito Público relativa a créditos tributários ou a dívidas fazendárias. No entanto, sustentou o julgador que não haveria razão para a sua incidência nas relações puramente privadas, nas quais "se faz necessário o cômputo justo e seguro da correção monetária e dos juros moratórios, atribuição essa que, efetivamente, a SELIC não desempenha bem".

Houve pedidos sucessivos de vista e, infelizmente, por maioria, julgou-se pela desafetação do tema, que voltou para ser julgado no âmbito da Quarta Turma da Corte. Tal julgamento se deu no ano de 2019, tendo sido assim ementado:

"O STJ não pode transbordar daquilo que consta no acórdão recorrido e no recurso especial para julgar matéria não decidida pelas instâncias ordinárias, que não é objeto do recurso especial trazido a julgamento, sob pena de incorrer em (i) violação ao princípio *tantum devolutum quantum appellatum*, (ii) supressão de instância e (iii) decisão extra petita. Questão de ordem decidida para desafetar o recurso especial e devolvê-lo à Quarta Turma para julgamento" (STJ, REsp 1.081.149/RS, Corte Especial, Rel. Min. Luis Felipe Salomão, Rel. p/ Acórdão Min. Nancy Andrighi, j. 01.02.2019, *DJe* 18.06.2019).

Sucessivamente, devolvida a questão à Quarta Turma, houve nova afetação para a Corte Especial do Superior Tribunal de Justiça, em outro processo, o Recurso Especial n. 1.795.982, em outubro de 2021.

A questão foi analisada em março de 2024, em polêmico julgamento, em que, por 6 votos a 5, a Corte Especial do STJ acolheu a tese pela aplicação da taxa SELIC para corrigir as dívidas civis, não se aplicando o entendimento majoritário da doutrina civilista, pela incidência da taxa de 1% ao mês. Apesar desse julgamento, foram suscitadas questões de ordem pelo Ministro Relator, Luis Felipe Salomão; o que gerou um intenso debate entre os julgadores. Na sequência, houve um pedido de vista do Ministro Mauro Campbell, suspendendo-se mais uma vez o julgamento da temática.

Aguardava-se uma firme posição do STJ sobre o assunto, para que a questão encontrasse a esperada estabilidade, o que acabou não ocorrendo. Assim, o tema seguia em aberto no âmbito do Tribunal da Cidadania, com variações de entendimentos.

Não se olvide a existência de decisões recentes pela incidência da SELIC, caso da seguinte: "A taxa de juros moratórios a que se refere o art. 406 do Código Civil de 2002 é a SELIC. Precedentes. 2. Agravo interno a que se nega provimento" (STJ, AgInt no REsp 1.543.150/DF, 4.ª Turma, Rel. Min. Antonio Carlos Ferreira, j. 07.10.2019, *DJe* 14.10.2019). Ademais, existia decisão anterior, da Corte Especial, pela aplicação dessa mesma taxa (STJ, AgRg nos EREsp 953.460/MG, Corte Especial, Rel. Min. Laurita Vaz, j. 16.05.2012, *DJe* 25.05.2012). Em suma, a polêmica persistia, apesar da notifica do último julgamento, em março de 2024.

Pois bem, em 1º de julho de 2024, foi publicada a promulgação da já citada Lei n. 14.905/2024, originária de projeto de lei, em regime de urgência, proposto pelo Governo Federal, na tentativa de redução dos juros no Brasil, a fim de facilitar a concessão de crédito.

A norma traz um novo regime para os juros e a correção monetária do País, sendo a sua principal e mais impactantes mudança a alteração do art. 406 do Código Civil, que passa a ter a seguinte redação:

> "Art. 406. Quando não forem convencionados, ou quando o forem sem taxa estipulada, ou quando provierem de determinação da lei, os juros serão fixados de acordo com a taxa legal.
>
> § 1º A taxa legal corresponderá à taxa referencial do Sistema Especial de Liquidação e de Custódia (Selic), deduzido o índice de atualização monetária de que trata o parágrafo único do art. 389 deste Código.
>
> § 2º A metodologia de cálculo da taxa legal e sua forma de aplicação serão definidas pelo Conselho Monetário Nacional e divulgadas pelo Banco Central do Brasil.
>
> § 3º Caso a taxa legal apresente resultado negativo, este será considerado igual a 0 (zero) para efeito de cálculo dos juros no período de referência."

Assim, a taxa de juros legais a ser considerada é a SELIC, com a dedução da correção monetária, o que demandará a elaboração de cálculos complicados sobretudo por advogados e julgadores. Tanto isso é verdade que o Banco Central disponibilizará uma calculadora digital, para que as pessoas possam verificar os juros e os valores devidos, por previsão do art. 4.º da nova lei: "O Banco Central do Brasil disponibilizará aplicação interativa, de acesso público, que permita simular o uso da taxa de juros legal estabelecida no art. 406 da Lei n. 10.406, de 10 de janeiro de 2002 (Código Civil), em situações do cotidiano financeiro". Como se pode perceber, o próprio legislador reconhece os problemas práticos que serão criados na prática, distante da necessária operabilidade, um dos princípios da codificação privada, e da tendência atual de simplificação e de redução de entraves burocráticos.

Esse critério passará a ser adotado também para os casos de dívidas condominiais, como se retira da nova redação do art. 1.336, § 1.º, do CC: "o condômino que não pagar a sua contribuição ficará sujeito à correção monetária e aos juros moratórios convencionados ou, não sendo previstos, aos juros estabelecidos no art. 406 deste Código, bem como à multa de até 2% (dois por cento) sobre o débito".

Também incidirá para todas as dívidas do âmbito privado ou civil, superando totalmente a controvérsia hoje existente na jurisprudência, sobretudo no Superior Tribunal de Justiça.

Sobre a correção monetária, lembro que o art. 395, parágrafo único, do Código Civil passa a adotar o IPCA, caso não haja convenção ou norma em sentido contrário: "na hipótese de o índice de atualização monetária não ter sido convencionado ou não estar previsto em lei específica, será aplicada a variação do Índice Nacional de Preços ao Consumidor Amplo (IPCA), apurado e divulgado pela Fundação Instituto Brasileiro de Geografia e Estatística (IBGE), ou do índice que vier a substituí-lo". Em suma, o cálculo dos juros, em regra, passa a seguir a fórmula a seguir que, reitere-se, é pouco operável:

Taxa de Juros do art. 406 do CC = SELIC − IPCA

Como outro ponto de crítica, o índice, pela incidência da SELIC, será variável e não fixo, longe das esperadas estabilidade e previsibilidade, tão em voga atualmente para a defesa da segurança jurídica, sobretudo no âmbito dos contratos.

Muito melhor seria a adoção de um índice fixo, como o de 1% ao mês, como está na proposta de Reforma do Código Civil, elaborada por Comissão de Juristas nomeada no Senado Federal, e que adota o teor do Enunciado n. 20, da *I Jornada de Direito Civil*: "Quando os juros moratórios não forem convencionados ou assim forem sem taxa estipulada, ou quando provierem de determinação da lei, serão fixados segundo a taxa mensal de 1% (um por cento) ao mês". Possivelmente, a prática da nova lei revelará todos os seus problemas, o que gerará, pelo Congresso Nacional, a aprovação da proposição constante reforma, muito mais estável e segura.

Acrescento que há normas preocupantes a respeito da cobrança de juros além dos limites da Lei de Usura (Decreto-Lei n. 22.626/1933), não havendo mais a sua aplicação para contratos entre pessoas jurídicas. Como se sabe, entre outras previsões, o seu art. 1.º veda a estipulação em quaisquer contratos de taxas de juros superiores ao dobro da taxa legal (que passará a ser o dobro da SELIC, deduzida a correção monetária).

O art. 3.º da Lei n. 14.905/2024 prevê que não se aplica o disposto na Lei de Usura às obrigações: "I) contratadas entre pessoas jurídicas; II – representadas por títulos de crédito ou valores mobiliários; III – contraídas perante: a) instituições financeiras e demais instituições autorizadas a funcionar pelo Banco Central do Brasil; b) fundos ou clubes de investimento; c) sociedades de arrendamento mercantil e empresas simples de crédito; d) organizações da sociedade civil de interesse público de que trata a Lei n. 9.790/1999, e que se dedicam à concessão de crédito; ou IV – realizadas nos mercados financeiro, de capitais ou de valores mobiliários".

Confesso que tenho muitas preocupações com as últimas previsões, sobretudo com a possível concessão de créditos sem lastro, cujo final nós já sabemos qual é: a quebra do mercado, com nefastos efeitos para toda a sociedade.

Como última nota, a respeito da questão de Direito Intertemporal, o art. 5.º da Lei n. 14.905/2024 enuncia que ela entra em vigor na data de sua publicação e produzirá efeitos: "I – na data de sua publicação, quanto à parte do art. 2.º que inclui o § 2.º no art. 406 da Lei n. 10.406, de 10 de janeiro de 2002 (Código Civil); e II – 60 (sessenta) dias após a data de sua publicação, quanto aos demais dispositivos". Assim, o cálculo dos juros, como aqui exposto (SELIC – IPCA), terá aplicação imediata.

Exposta a controvérsia e atualizada a obra, outra matéria que sempre suscita muitas dúvidas e debates é aquela relacionada com a taxa de juros a ser cobrada pelas instituições bancárias e financeiras no Brasil.

Entendo ser lastimável o tratamento muitas vezes dado pela jurisprudência à matéria, uma vez que é comum as instituições bancárias cobrarem juros excessivamente abusivos, tornando *caro* o crédito em nosso País. Isso também ocorre com empresas financeiras, caso das que prestam o serviço de cartão de crédito.

Nesse contexto, penso ser lamentável o teor da Súmula n. 596 do Supremo Tribunal Federal, segundo a qual as instituições bancárias, como integrantes do sistema financeiro nacional, não estão sujeitas à Lei de Usura. Também não se filia ao teor da Súmula n. 283 do Superior Tribunal de Justiça, que prevê que "as empresas administradoras de cartão de crédito são instituições financeiras e, por isso, os juros remuneratórios por elas cobrados não sofrem as limitações da Lei de Usura". Compreendo que a Lei de Usura está em total sintonia com a proteção dos vulneráveis (consumidores e aderentes contratuais), constante do Código de Defesa do Consumidor e do Código Civil (arts. 423 e 424).

Alguns autores e julgadores entendem que não há limites para a cobrança de juros convencionais, principalmente no caso de juros cobrados por instituições financeiras, o que parece ter sido confirmado pela Lei n. 14.905/2024, em seu art. 3.º.

Contra tal entendimento já me posicionei no livro *Função social dos contratos*, fruto de minha dissertação de mestrado defendida na PUCSP, sob orientação da Professora Maria Helena Diniz.[77] Relembro nesta obra os pontos principais do que ali desenvolvi.

Reitero que, como ali defendia, o máximo a ser cobrado, a título de juros convencionais, sejam eles moratórios ou remuneratórios, seria o dobro da taxa legal, por aplicação do art. 1.º da Lei de Usura ("é vedado, e será punido nos termos desta lei, estipular em quaisquer contratos taxas de juros superiores ao dobro da taxa legal"). Anteriormente, o que eu defendia era que esse montante seria de 2% ao mês ou 24% ao ano (o dobro de 1%). A partir da Lei n. 14.905/2024, essa taxa passa a ser o dobro da SELIC menos o IPCA.

Isso porque, segundo a nova redação dada pela Emenda Constitucional n. 40, é o teor atual do art. 192 da CF/1988: "O sistema financeiro nacional, estruturado de forma a promover o desenvolvimento equilibrado do País e a servir aos interesses da coletividade, em todas as partes que o compõem, abrangendo as cooperativas de crédito, será regulado por *leis complementares* que disporão, inclusive, sobre a participação do capital estrangeiro nas instituições que o integram".

Com a alteração da Constituição Federal, cabe repisar que foram revogados os incisos desse comando legal, merecendo destaque o que constava no seu § 3.º, nos seguintes termos: "as taxas de juros reais, nelas incluídas as comissões e quaisquer outras remunerações direta ou indiretamente referidas à concessão de crédito, não poderão ser superiores a doze por cento ao ano; a cobrança acima deste limite será conceituada como crime de usura, punido, em todas as suas modalidades, nos termos que a lei determinar". No entanto, de forma alguma essa revogação retira os entraves para os juros abusivos ou usurários.

Com a emergência do princípio da função social dos contratos e das obrigações, constante dos arts. 421 e 2.035, parágrafo único, do Código Civil, é forçoso

---

[77] TARTUCE, Flávio. *Função social dos contratos*. Do Código de Defesa do Consumidor ao Código Civil. 2. ed. São Paulo: Método, 2007.

concluir que a limitação dos juros ainda continua em vigor, especialmente pelo que consta da Lei de Usura (Decreto n. 22.626, de 07.04.1933).

A atual redação do art. 192 da Constituição Federal de 1988 aponta para a necessidade de que as matérias relacionadas com o sistema financeiro sejam regulamentadas por *leis complementares*, o que até o momento não foi feito, até porque a Lei n. 14.905/2024 é mera lei ordinária.

Para os contratos bancários e financeiros, deverão ser aplicados o Código de Defesa do Consumidor, o Código Civil de 2002, bem como a Lei de Usura. Essas seriam as leis que *complementam* o Texto Maior, mesmo sendo leis ordinárias. Dessa forma, enquanto a norma constitucional não for regulamentada, deve subsumir a regra do art. 406 do CC/2002, cobrando-se os juros moratórios legais, no limite inicial que passa a ser a SELIC – IPCA.

No tocante aos juros convencionais, no máximo, por força de convenção no instrumento obrigacional, poderá ser exigida essa taxa em dobro pela previsão do art. 1.º da Lei de Usura, que não foi revogada, o que é sempre importante deixar claro. Essa também é a taxa a ser cobrada no caso de mútuo bancário, de natureza onerosa, denominado *mútuo feneratício*, aplicando-se o que consta do art. 591 da codificação emergente, pois se trata do máximo possível por lei (taxa legal, conciliando-se o art. 406 do CC e o art. 1.º da Lei de Usura).

Desse modo, não se justificaria a aplicação de preceitos que constam em resoluções do Banco Central, uma vez que estas não têm a força normativa ordenada pela atual redação do *caput* do art. 192 da CF/1988. Esse posicionamento, repita-se, está perfeitamente adequado ao princípio da função social do contrato, preceito de ordem pública que tem fundamento constitucional, pela proteção da dignidade da pessoa humana (art. 1.º, inc. III, da CF/1988), na solidariedade social (art. 3.º, inc. I, da CF/1988) e na função social da propriedade *lato sensu* (arts. 5.º, incs. XXII e XXIII, e 170, inc. III, da CF/1988).

Também a livre convenção dos juros moratórios, muitas vezes em limites astronômicos, não está adequada com aquilo que se espera de um Direito Privado mais justo e efetivo. Entendo pela manutenção da Lei de Usura e que um contrato que traga onerosidades excessivas é anulável pela presença da lesão (art. 157 do CC/2002). Eventualmente, presente a lesão, deve-se buscar o caminho da revisão, de acordo com o princípio da conservação dos negócios jurídicos (art. 157, § 2.º, do CC/2002). Cite-se, nesse contexto, o Enunciado n. 149 do Conselho da Justiça Federal, aprovado na *III Jornada de Direito Civil*, segundo o qual: "em atenção ao princípio da conservação do contrato, a verificação da lesão deverá conduzir, sempre que possível, à revisão do negócio jurídico e não à sua anulação".

Na doutrina clássica, Orlando Gomes sempre condenou o *contrato usurário*, espécie de *contrato imoral e ilegal*, merecendo destaque as suas palavras:

> "A usura caracteriza-se pela conjunção de requisitos objetivos e subjetivos, porque exige, de um lado, a desproporção chocante entre prestação e contraprestação, e, de outro, a exploração da necessidade, da leviandade ou da inexperiência de um contratante pelo outro. Ampliou-se, em consequência,

o campo dos negócios usurários. Deixaram de se circunscrever aos casos de usura pecuniária, estendendo-se a todos os contratos onerosos. Assim, a repressão à usura alcança, mais frequentemente, a compra e venda, o mútuo e todas as operações de crédito, abrangendo a venda com reserva de domínio, a anticrese e até a cláusula penal. No novo conceito de usura, a sanção imposta aos transgressores é a nulidade do contrato. Todavia, nos casos de usura pecuniária, como nos de empréstimo com juros superiores aos da taxa legal, o contrato não é nulo. Recorre-se à técnica da superposição, substituindo-se a cláusula onzenária pelo preceito legal, de modo que os juros são reduzidos à taxa permitida. Procede-se da mesma maneira em relação à cláusula penal".[78]

Não me filio às lições transcritas, que são compartilhadas pelos também juristas baianos Pablo Stolze Gagliano e Rodolfo Pamplona Filho, que encaram o assunto de forma corajosa, com as seguintes palavras:

"Falar sobre a aplicação de juros na atividade bancária é adentrar em um terreno explosivo.

De fato, fizemos questão de mostrar como a disciplina genérica do instituto, bem como as peculiaridades encontradas em uma relação jurídica especial, como a trabalhista, em que o próprio ordenamento reconhece as desigualdades dos sujeitos e busca tutelá-los de forma mais efetiva, reconhecendo que, mesmo ali, ainda é observada, no final das contas, a regra geral.

Isso tudo para mostrar que 'há algo de errado no reino da Dinamarca' quando se fala da disciplina dos juros bancários no Brasil.

Tal jocosa afirmação se dá pela circunstância de que, lamentavelmente, o Supremo Tribunal Federal, ao editar a Súmula 596, firmou entendimento no sentido de que 'as disposições do Decreto-lei 22.626 não se aplicam às taxas de juros e aos outros encargos cobrados nas operações realizadas por instituições públicas e privadas, que integram o Sistema Financeiro Nacional'.

Em nosso entendimento, sob o argumento de que a atividade financeira é essencialmente instável, e que a imobilização da taxa de juros prejudicaria o desenvolvimento do País, inúmeros abusos são cometidos, em detrimento sempre da parte mais fraca, o correntista, o depositante, o poupador".[79]

Assim, no meu entendimento, deveria ser a Súmula n. 596 do Supremo Tribunal Federal imediatamente cancelada, tendo em vista a emergência do princípio da função social dos contratos, com o qual não pode conviver. Esse cancelamento é perfeitamente possível diante do entendimento do próprio STF, na famosa *ADIN dos Bancos*, de aplicação do Código de Defesa do Consumidor aos contratos bancários mantidos com os correntistas.

A ementa do notório julgado que dessa forma concluiu faz menção expressa ao controle dos juros pelo Poder Judiciário, particularmente diante das regras constantes do Código de Defesa do Consumidor e do Código Civil de

---

[78] GOMES, Orlando. *Contratos*. 16. ed. Rio de Janeiro: Forense, 1996. p. 158.
[79] GAGLIANO, Pablo Stolze; PAMPLONA FILHO, Rodolfo. *Novo curso de Direito Civil*, 8. ed., cit., p. 352.

2002 que vedam a onerosidade excessiva, a desproporção negocial, a quebra do *sinalagma obrigacional*:

> "Código de Defesa do Consumidor. Art. 5.º, XXXII, da CF/1988. Art. 170, V, da CF/1988. Instituições financeiras. Sujeição delas ao Código de Defesa do Consumidor, excluídas de sua abrangência a definição do custo das operações ativas e a remuneração das operações passivas praticadas na exploração da intermediação de dinheiro na economia [art. 3.º, § 2.º, do CDC]. Moeda e taxa de juros. Dever-poder do Banco Central do Brasil. Sujeição ao Código Civil. 1. As instituições financeiras estão, todas elas, alcançadas pela incidência das normas veiculadas pelo Código de Defesa do Consumidor. 2. 'Consumidor', para os efeitos do Código de Defesa do Consumidor, é toda pessoa física ou jurídica que utiliza, como destinatário final, atividade bancária, financeira e de crédito. 3. O preceito veiculado pelo art. 3.º, § 2.º, do Código de Defesa do Consumidor deve ser interpretado em coerência com a Constituição, o que importa em que o custo das operações ativas e a remuneração das operações passivas praticadas por instituições financeiras na exploração da intermediação de dinheiro na economia estejam excluídos da sua abrangência. 4. Ao Conselho Monetário Nacional incumbe a fixação, desde a perspectiva macroeconômica, da taxa-base de juros praticável no mercado financeiro. 5. O Banco Central do Brasil está vinculado pelo dever-poder de fiscalizar as instituições financeiras, em especial na estipulação contratual das taxas de juros por elas praticadas no desempenho da intermediação de dinheiro na economia. 6. Ação direta julgada improcedente, afastando-se a exegese que submete às normas do Código de Defesa do Consumidor [Lei n. 8.078/1990] a definição do custo das operações ativas e da remuneração das operações passivas praticadas por instituições financeiras no desempenho da intermediação de dinheiro na economia, sem prejuízo do controle, pelo Banco Central do Brasil, e do controle e revisão, pelo Poder Judiciário, nos termos do disposto no Código Civil, em cada caso, de eventual abusividade, onerosidade excessiva ou outras distorções na composição contratual da taxa de juros. Art. 192 da CF/1988. Norma-objetivo. Exigência de lei complementar exclusivamente para a regulamentação do Sistema Financeiro. 7. O preceito veiculado pelo art. 192 da Constituição do Brasil consubstancia norma-objetivo que estabelece os fins a serem perseguidos pelo sistema financeiro nacional, a promoção do desenvolvimento equilibrado do País e a realização dos interesses da coletividade. 8. A exigência de lei complementar veiculada pelo art. 192 da Constituição abrange exclusivamente a regulamentação da estrutura do sistema financeiro. Conselho Monetário Nacional. Art. 4.º, VIII, da Lei 4.595/1964. Capacidade normativa atinente à Constituição, funcionamento e fiscalização das instituições financeiras. Ilegalidade de resoluções que excedem essa matéria. 9. O Conselho Monetário Nacional é titular de capacidade normativa – a chamada capacidade normativa de conjuntura – no exercício da qual lhe incumbe regular, além da constituição e fiscalização, o funcionamento das instituições financeiras, isto é, o desempenho de suas atividades no plano do sistema financeiro. 10. Tudo o quanto exceda esse desempenho não pode ser objeto de regulação por ato normativo produzido pelo Conselho Monetário Nacional. 11. A produção de atos normativos pelo Conselho Monetário Nacional, quando não respeitem ao funcionamento das instituições financeiras, é abusiva, consubstanciando afronta à legalidade" (STF, ADI 2.591/DF, Tribunal Pleno, Rel. Min. Carlos Velloso, Rel. p/ Acórdão Min. Eros Grau, j. 07.06.2006).

Sobre a forma de controle dos juros abusivos pelo Poder Judiciário, houve divergência. Entretanto, a verdade é que tal controle, sempre se revelou muito tímido. Esperava-se, assim, que fosse incrementado e que também atinja as empresas administradoras de cartão de crédito que, conforme a Súmula n. 283 do STJ, não estariam sujeitas à Lei de Usura: "as empresas administradoras de cartão de crédito são instituições financeiras e, por isso, os juros remuneratórios por elas cobrados não sofrem as limitações da Lei de Usura".

Repise-se o entendimento de que a Lei de Usura está em total sintonia com a proteção constante na Lei n. 8.078/1990 e do próprio Código Civil. Logicamente, se às instituições financeiras deverão ser aplicadas as regras do Código de Defesa do Consumidor, conforme a Súmula n. 297 do STJ, há um total dissenso nesse recente enunciado daquele Tribunal. Aliás, a mim parece que as Súmulas n. 297 e n. 283 do STJ entram em conflito entre si. Isso porque o Código de Defesa do Consumidor é aplicável às empresas de cartão de crédito, mas estas podem cobrar as taxas de juros que acharem mais convenientes.

Aprofundando o debate jurídico no tocante ao tema, pode ser encontrado na jurisprudência o reconhecimento da ilicitude dos contratos usurários, sendo reduzidos proporcionalmente os juros fixados ou declarando-se a nulidade dos pactos. Nesse sentido, vale transcrever duas ementas de julgados. A primeira é do Superior Tribunal de Justiça, que chegou a limitar os juros bancários no limite anterior de 1% ao mês, em caso envolvendo a nota de crédito comercial, com similar tratamento à cédula de crédito rural. A segunda é do Tribunal de Justiça do Rio Grande do Sul, que tem o bom costume de limitar os juros bancários nesses mesmos parâmetros:

"Comercial e processual civil. Nota de crédito comercial. Juros remuneratórios. Limitação em 12%. CDC. Aplicabilidade. Decreto-lei 413/1969, art. 5.º. I – Os bancos, como prestadores de serviços especialmente contemplados no art. 3.º, § 2.º, da Lei 8.078/1990, estão submetidos às disposições do Código de Defesa do Consumidor. II – A nota de crédito comercial, no tocante à limitação dos juros, tem a mesma disciplina da cédula de crédito rural (art. 5.º da Lei 6.840, de 03.11.1980 c/c o art. 5.º do Dec.-lei 413, de 09.01.1969). III – À míngua de fixação pelo CMN, incide a limitação de 12% ao ano prevista no Dec. 22.626/1933 (Lei de Usura), afastada a cobrança de comissão de permanência. IV – Se os encargos cobrados pela instituição financeira são abusivos, a ponto de inviabilizar o pagamento do montante devido e a quitação da dívida, com encargos adicionais calculados pelo método hamburguês e exigência de comissão de permanência em contratos regidos pelo Decreto-lei 413/1969, é indevida a cobrança de multa moratória. Precedente da 2.ª Seção, no EREsp 163.884, julgado em 23.05.2001" (STJ, AgRg no REsp 411.568, Acórdão AGREsp 253.953/RS (200000314544), 3.ª Turma, Rel. Min. Nancy Andrighi, j. 15.10.2001, *DJ* 19.11.2001, p. 262, *RSTJ* 151/238. Veja: (Limite de juros 12% ao ano – Omissão do CMN) STJ, REsp 303.572/MS, AGREsp 248.461/RS (é ilegal a cobrança da multa moratória) e REsp 251.072/RS, 163.884/RS, 156.788/RS, EREsp 163.884/RS.

"Ação revisional de contrato bancário. Contrato de abertura de crédito, CPP eletrônico é crédito pessoal. Às relações bancárias aplica-se o CDC, impondo-se a limitação dos juros quando demonstrada excessiva onerosidade.

Capitalização mensal afastada porque inexistente substrato legal expresso. Comissão de Permanência não incidente porque cláusula potestativa" (TJRS, Apelação 0539246NRO-PROC70001655182, 15.ª Câmara Cível, Porto Alegre, Rel. Ricardo Raupp Ruschel, j. 30.05.2001).

O Tribunal de Justiça de Minas Gerais também vinha limitando em alguns casos os juros cobrados pelas empresas de cartões de crédito em patamares muito abaixo daqueles aplicados pelo mercado (10% a 12% ao mês). Entre as várias decisões, destaca-se a ementa seguinte, que limitou os juros no percentual anterior de 1% ao mês, na vigência do Código Civil anterior:

"Contrato de fornecimento de cartão de crédito. Juros remuneratórios. Limite legal. Anatocismo. Vedação. O cliente de empresa prestadora de serviços de cartão de crédito, que objetiva esclarecer a natureza e origem das expressões numéricas dos lançamentos efetuados pela instituição que oneraram seus débitos, tem interesse processual para propor ação de revisão contratual e repetição de indébito. A entidade que celebra pacto de fornecimento de cartão de crédito enquadra-se no conceito de 'fornecedor' constante da Lei 8.078/1990, ficando sujeita aos termos e condições contratuais nos limites impostos pela mesma, coadunando, de igual modo, o cliente como consumidor, haja vista ser tomador do aludido crédito, segundo extensão preconizada pelo art. 29 desse mesmo diploma, encontrando-se protegido pelas práticas abusivas que se verificarem no âmbito da relação consumista. A despeito de o julgamento da ADIN 4 do STF haver afastado a autoaplicabilidade do § 3.º do art. 192 da Constituição Federal, os juros cobrados por empresa fornecedora de cartões de crédito permanecem limitados em 12% ao ano, mais correção monetária, tendo em vista o disposto no art. 1.º do Decreto 22.626/1933 c/c o art. 1.062 do Código Civil, em pleno vigor. Inexiste possibilidade jurídica em incidir juros sobre juros em contratos de cartões de crédito, ainda que prevista expressamente no pacto celebrado entre as partes, em face do disposto no art. 4.º da Lei de Usura e na Súmula 121 do Supremo Tribunal Federal" (TJMG, Acórdão 1.0145.03.068126-9/001, Rel. Otávio Pontes, j. 08.02.2006, Data da publicação: 31.03.2006).

Destaque-se, ainda, que o mesmo Superior Tribunal de Justiça fixou os juros cobrados por empresa de *factoring* em 12% ao ano, supostamente por não fazerem parte do Sistema Financeiro Nacional. Nesse sentido:

"Contrato de financiamento. Empresa de *factoring*. Limitação da taxa de juros. Incidência da Lei de Usura. Tratando-se de empresa que opera no ramo de *factoring*, não integrante do Sistema Financeiro Nacional, a taxa de juros deve obedecer à limitação prevista no art. 1.º do Decreto 22.626, de 07.04.1933. Recurso especial não conhecido" (STJ, REsp 330.845/RS, Recurso Especial 2001/0079550-1, 4.ª Turma, Rel. Min. Barros Monteiro (1089), j. 17.06.2003, *DJ* 15.09.2003, p. 322, *RSTJ* 180/432).

Todavia, infelizmente, não é esse o entendimento que vinha predominando quanto às empresas bancárias e financeiras, inclusive pelo teor do posicionamento sumulado do STF, aqui já destacado, e que ainda não foi cancelado. Isso porque o Superior Tribunal de Justiça tem julgado de forma consolidada que a norma que complementa o art. 192 da CF/1988, em sua redação atual, não é o Código Civil, a Lei de Usura ou o Código de Defesa do Consumidor, mas sim a Lei n. 4.595/1964, que confere ao Conselho Monetário Nacional o poder discricionário para estabelecer as taxas de juros, devendo ser observado o que foi pactuado entre as partes obrigacionais.

Já na vigência do Código Civil de 2002 e enfrentando a questão, esse foi o pronunciamento da Segunda Turma daquele Tribunal, no REsp 680.237/RS, de 14.12.2005, que teve como relator o Ministro Aldir Passarinho Jr. Para o Ministro Relator, mesmo para contratos de agentes do Sistema Financeiro Nacional celebrados posteriormente à vigência do novo Código Civil, que é lei ordinária, os juros remuneratórios não estão sujeitos à limitação prevista no art. 406 da atual codificação, devendo ser cobrados na medida em que ajustados pelas partes, entre os contratantes, na forma de acordo com o que prevê a lei que regulamenta o setor e "que lhes conferia idêntico tratamento antes do advento da Lei 10.406/2002, na mesma linha da Súmula 596 do STF". Vale então deixar claro que, quanto à limitação dos juros, esse já era o entendimento consolidado do mesmo Superior Tribunal de Justiça, cabendo transcrever:

> "Civil e processual. Ação de revisão de contrato de financiamento. Descaracterização da cédula comercial. Súmula 7/STJ. Juros. Limitação (12% AA). Lei de Usura (Decreto 22.626/33). Não incidência. Aplicação da Lei 4.595/1964. Disciplinamento legislativo posterior. Súmula 596-STF. Revisão de contrato. Possibilidade. Aplicação do CDC. Capitalização mensal dos juros. Vedação. Lei de Usura (Decreto 22.626/1933). Incidência. Súmula 121-STF. Comissão de permanência. Incidência. Período da inadimplência. Limite. I – A conclusão de que a cédula de crédito comercial representa mero financiamento não pode ser revista nesta instância, de acordo com a vedação da Súmula 7/STJ. II – Aplicam-se às instituições financeiras as disposições do Código de Defesa do Consumidor, no que pertine à possibilidade de revisão dos contratos, conforme cada situação específica. III – Não se aplica a limitação dos juros em 12% ao ano aos contratos de mútuo bancário. IV – Nesses mesmos contratos, ainda que expressamente acordada, é vedada a capitalização mensal dos juros, somente admitida nos casos previstos em lei, hipótese descaracterizada nos autos. Incidência do art. 4.º do Decreto 22.626/1933 e da Súmula 121-STF. V – Segundo o entendimento pacificado na egrégia Segunda Seção (REsp 271.214/RS, Rel. p/ acórdão Min. Carlos Alberto Menezes Direito, por maioria, julgado em 12.03.2003), os juros remuneratórios serão devidos até o advento da mora, quando poderão ser substituídos pela comissão de permanência, calculada pela variação da taxa média do mercado, segundo as normas do Banco Central, limitada aos valores dos encargos do período de vigência do contrato, acrescida dos encargos da inadimplência e observado o teor da Súmula 30-STJ. VI – Recurso especial conhecido em parte e, nessa parte, parcialmente provido" (STJ, REsp 491.644, Acórdão REsp 492.907/RS (200300115385), 4.ª Turma, Rel. Min. Aldir Passarinho Junior, j. 25.03.2003, DJ 23.06.2003, p. 386, Veja: (Taxa de juros – Limitação) STJ, REsp 176.322/RS, 189.426/RS, 164.935/RS, 181.932/RS; (CDC – Aplicação aos contratos bancários) STJ, REsp 57.974/RS (JTARS 97/403), REsp 175.795/RS, 142.799/RS; (Capitalização mensal dos juros) STJ, REsp 156.785/RS (JBCC 195/80), 208.838/RS, 193.160/RS, 212.321/RS; (Comissão de Permanência) STJ, REsp 271.214/RS).

Em datas mais próximas, foram editadas súmulas pelo STJ seguindo a linha de que os juros bancários e financeiros podem ser cobrados conforme as *taxas de mercado*, somente havendo abusividade se esses parâmetros forem excedidos. De início, merece destaque a sua Súmula n. 382, segundo a qual "a estipulação de juros remuneratórios superiores a 12% ao ano, por si só, não indica abusividade". E, ainda, a Súmula n. 530, que tem a seguinte redação: "nos contratos bancários, na impossibilidade de comprovar a taxa de juros efetivamente contratada – por ausência de pactuação ou pela falta de juntada do instrumento aos autos –, aplica-se a taxa média de mercado, divulgada pelo Bacen, praticada nas operações da mesma espécie, salvo se a taxa cobrada for mais vantajosa para o devedor".

Apesar de ser esse o entendimento majoritário naquela Corte, vejamos o que bem destacou a Ministra Nancy Andrighi em voto prolatado no ano de 2012:

"Em matéria de contratos bancários, os juros remuneratórios são essenciais e preponderantes na decisão de contratar. São justamente essas taxas de juros que viabilizam a saudável concorrência e que levam o consumidor a optar por uma ou outra instituição financeira. Entretanto, apesar de sua irrefutável importância, nota-se que a maioria da população brasileira ainda não compreende o cálculo dos juros bancários. Vê-se que não há qualquer esclarecimento prévio, tampouco se concretizou o ideal de educação do consumidor, previsto no art. 4.º, IV, do CDC. Nesse contexto, a capitalização de juros está longe de ser um instituto conhecido, compreendido e facilmente identificado pelo consumidor médio comum. A realidade cotidiana é a de que os contratos bancários, muito embora estejam cada vez mais difundidos na nossa sociedade, ainda são incompreensíveis à maioria dos consumidores, que são levados a contratar e aos poucos vão aprendendo empiricamente com suas próprias experiências. A partir dessas premissas, obtém-se o padrão de comportamento a ser esperado do homem médio, que aceita a contratação do financiamento a partir do confronto entre taxas nominais ofertadas no mercado. Deve-se ainda ter em consideração, como medida da atitude objetivamente esperada de cada contratante, o padrão de conhecimento e comportamento do homem médio da sociedade de massa brasileira. Isso porque vivemos numa sociedade de profundas disparidades sociais, com relativamente baixo grau de instrução" (STJ, REsp 1.302.738/SC, 3.ª Turma, Rel. Min. Nancy Andrighi, j. 03.05.2012, *DJe* 10.05.2012, publicado no seu *Informativo* n. 496).

Percebeu-se, nos últimos anos, que medidas do Poder Executivo acabaram por tentar reduzir as taxas de juros bancários em nosso País. Esperava-se que tal tarefa fosse desempenhada, antes do Executivo, pelo Poder Judiciário, a quem cabe o controle de abusividades contratuais como essa, o que não acabou ocorrendo nos últimos anos.

Infelizmente, as premissas constantes do voto da Ministra Nancy Andrighi acabaram não prevalecendo em nossas Cortes Superiores, que não cumpriram com sua função jurídica e social.

Ainda sobre o tema, em abril de 2019, surgiu a Lei Complementar n. 167, tratando da nova *Empresa Simples de Crédito* (ESC), de âmbito municipal ou distrital. Conforme o seu art. 1.º, essa pessoa jurídica, "de âmbito municipal ou distrital, com atuação exclusivamente no Município de sua sede e em Municípios limítrofes, ou, quando for o caso, no Distrito Federal e em Municípios limítrofes, destina-se à realização de operações de empréstimo, de financiamento e de desconto de títulos de crédito, exclusivamente com recursos próprios, tendo como contrapartes microempreendedores individuais, microempresas e empresas de pequeno porte, nos termos da Lei Complementar n.º 123, de 14 de dezembro de 2006 (Lei do Simples Nacional)".

Ademais, o art. 2.º da Lei Complementar n. 167/2019 preceitua que a ESC deve adotar a forma de empresa individual de responsabilidade limitada (EIRELI), empresário individual ou sociedade limitada constituída exclusivamente por pessoas naturais. Sobre a EIRELI, de todo modo, a figura foi extinta de forma definitiva pela Lei n. 14.382/2022.

Quanto à não subsunção dos limites de cobrança de juros previstos na Lei de Usura e no art. 591 do Código Civil, é taxativo o art. 5.º, § 4.º, da norma. Surgiu, portanto, uma nova entidade de concessão de crédito, que não se submete aos limites legais na cobrança de juros, o que causa preocupações. O objetivo, parece-me, foi regularizar, em muitas situações, as atividades locais de *agiotas*.

Por fim, vale lembrar que a recente Lei n. 14.905/2024 passou a prever expressamente que a Lei de Usura não se aplica às entidades bancárias e financeiras, e a outras pessoas, o que tem o condão de supostamente encerrar o debate, apesar de não se tratar de uma Lei Complementar.

Nos termos do antes citado art. 3.º dessa norma: "não se aplica o disposto no Decreto n. 22.626, de 7 de abril de 1933, às obrigações: I – contratadas entre pessoas jurídicas; II – representadas por títulos de crédito ou valores mobiliários; III – contraídas perante: a) instituições financeiras e demais instituições autorizadas a funcionar pelo Banco Central do Brasil; b) fundos ou clubes de investimento; c) sociedades de arrendamento mercantil e empresas simples de crédito; d) organizações da sociedade civil de interesse público de que trata a Lei n. 9.790, de 23 de março de 1999, que se dedicam à concessão de crédito; ou IV – realizadas nos mercados financeiro, de capitais ou de valores mobiliários". Em certa medida, a nova norma, infelizmente, libera a usura no País, retirando travas importantes para a concessão de créditos sem lastro.

Preocupa-me muito a primeira previsão, no sentido de que a Lei de Usura, com a sua trava do dobro da taxa legal, não se aplica a qualquer contrato celebrado entre pessoas jurídicas. Penso que o impacto dessa previsão será muito negativo, até incentivando e liberando a *agiotagem* no País.

Superado esse tema, e atualizada a obra, é interessante comentar enunciados doutrinários aprovados nas *Jornadas de Direito Civil* do Conselho da Justiça Federal e do Superior Tribunal Justiça, que tratam da incidência dos juros, o que tanto interessa à responsabilidade civil.

O primeiro diz respeito ao art. 405 do CC/2002, pelo qual os juros de mora contam-se desde a citação inicial. Prevê o Enunciado n. 163 da *III Jornada* que:

"a regra do art. 405 do novo Código Civil aplica-se somente à responsabilidade contratual, e não aos juros moratórios na responsabilidade extracontratual, em face do disposto no art. 398 do novo Código Civil, não afastando, pois, o disposto na Súmula 54 do STJ". Por essa última súmula, nas situações de ato ilícito civil gerador de responsabilidade extracontratual, "os juros moratórios fluem a partir do evento danoso em caso de responsabilidade extracontratual". Trata-se de aplicação natural do último artigo citado, pois na mora presumida ou irregular, como visto, o agente é considerado em mora desde a prática do ato ilícito.

A minha posição é de filiação parcial ao teor do enunciado doutrinário destacado. Isso porque cabe uma pequena ressalva de que, no caso de responsabilidade civil contratual, havendo mora de obrigação líquida e vencida, os juros devem ser contados a partir da data do inadimplemento, eis que há mora *solvendi ex re*, com a aplicação da máxima *dies interpellat pro homine*. Em suma, o art. 405 do CC/2002 deve incidir somente nos casos de obrigação líquida e não vencida. Nessa linha de conclusão, na *V Jornada de Direito Civil*, em 2011, aprovou-se o seguinte enunciado, de autoria de Marcos Jorge Catalan: "Os juros de mora, nas obrigações negociais, fluem a partir do advento do termo da prestação, estando a incidência do disposto no art. 405 da codificação limitada às hipóteses em que a citação representa o papel de notificação do devedor ou àquelas em que o objeto da prestação não tem liquidez" (Enunciado n. 428).

Essa forma de pensar foi confirmada pela Corte Especial do Superior Tribunal de Justiça, em julgamento publicado no seu *Informativo* n. 537, de 2014. Consta da publicação o seguinte:

> "Em ação monitória para a cobrança de débito decorrente de obrigação positiva, líquida e com termo certo, deve-se reconhecer que os juros de mora incidem desde o inadimplemento da obrigação se não houver estipulação contratual ou legislação específica em sentido diverso. De início, os juros moratórios são os que, nas obrigações pecuniárias, compensam a mora, para ressarcir o credor do dano sofrido em razão da impontualidade do adimplemento. Por isso, sua disciplina legal está inexoravelmente ligada à própria configuração da mora. (...). Aplica-se, assim, o disposto no art. 397 do CC, reconhecendo--se a mora a partir do inadimplemento no vencimento (*dies interpellat pro homine*) e, por força de consequência, os juros de mora devem incidir também a partir dessa data. Assim, nos casos de responsabilidade contratual, não se pode afirmar que os juros de mora devem sempre correr a partir da citação, porque nem sempre a mora terá sido constituída pela citação. (...). Precedentes citados: REsp 1.257.846/RS, Terceira Turma, *DJe* 30.04.2012; e REsp 762.799/RS, Quarta Turma, *DJe* 23.09.2010" (STJ, EREsp 1.250.382/PR, Rel. Min. Sidnei Beneti, j. 02.04.2014).

Em acórdão posterior, do ano de 2015, o mesmo Tribunal da Cidadania aplicou a premissa para contrato de prestação de serviços educacionais, ementando que "a mora *ex re* independe de qualquer ato do credor, como interpelação ou citação, porquanto decorre do próprio inadimplemento de obrigação positiva, líquida e com termo implementado. Precedentes. Se o contrato de prestação de serviço educacional especifica o valor da mensalidade e a data de pagamento, os juros de mora fluem a partir do vencimento das prestações, a teor do artigo 397 do Código Civil" (STJ, REsp 1.513.262/SP, 3.ª Turma, Rel. Min. Ricardo Villas Bôas Cueva, j. 18.08.2015, *DJe* 26.08.2015). Além disso, completando a premissa, como bem concluiu o Superior Tribunal de Justiça: "as parcelas devidas a partir do período compreendido entre a data da citação e a do trânsito em julgado (denominadas vincendas) devem observar as datas dos respectivos vencimentos para que se inicie o cômputo dos juros de mora, pois é desse momento em diante que elas passam a ser exigíveis" (STJ, REsp 1.601.739/RS, 3.ª Turma, Rel. Min. Ricardo Villas Bôas Cueva, j. 09.04.2019, *DJe* 12.04.2019).

Em suma, no tocante ao início dos juros moratórios, ou seja, ao termo *a quo* para a sua incidência, pode ser elaborado o seguinte quadro comparativo, levando-se em conta as três modalidades de mora do devedor antes estudadas:

Modalidade de mora	Início dos juros moratórios
Mora *ex re* ou automática.	Vencimento da obrigação (Enunciado n. 428, da *V Jornada de Direito Civil*, e entendimento do STJ).
Mora *ex persona* ou pendente.	Citação (art. 405 do CC).
Mora presumida ou irregular.	Ocorrência do evento danoso (Súmula n. 54 do STJ).

Acrescente-se que essa divisão quanto ao início de incidência dos juros moratórios parece ter sido adotada pelo Código de Processo Civil de 2015. Isso porque o seu art. 240, *caput*, traz diferenças a respeito da constituição em mora do devedor. Conforme o preceito, "a citação válida, ainda quando ordenada por juízo incompetente, induz litispendência, torna litigiosa a coisa e constitui em mora o devedor, ressalvado o disposto nos arts. 397 e 398 da Lei n.º 10.406, de 10 de janeiro de 2002". A menção aos dispositivos do Código Civil parece induzir à diferenciação aqui exposta, que demonstra uma razão prática para ainda se considerar a classificação da responsabilidade civil em contratual e extracontratual.

O projeto de Reforma do Código Civil também pretende adotar essa solução, na linha do CPC/2015, passando o seu art. 405 a prever que "contam-se os juros de mora, desde a citação inicial, ressalvadas as hipóteses previstas nos arts. 397 e 398 deste Código".

Outro enunciado doutrinário aprovado em *Jornada de Direito Civil* que merece comentários refere-se à questão de direito intertemporal, prescrevendo que, "tendo a mora do devedor início ainda na vigência do Código Civil de 1916, são devidos juros de mora de 6% ao ano até 10 de janeiro de 2003; a partir de 11 de janeiro de 2003 (data de entrada em vigor do novo Código Civil), passa a incidir o art. 406 do Código Civil de 2002" (Enunciado n. 164 da *III Jornada de Direito Civil*, de 2004). Tendo em vista a *Escada Ponteana* – com a divisão do negócio jurídico em três planos: da existência, da validade e da eficácia – e a regra do art. 2.035, *caput*, do CC/2002, o teor do enunciado em comento é plenamente correto. Isso porque, como os juros estão no plano da eficácia do negócio jurídico, deve ser aplicada a norma do momento dos efeitos obrigacionais. Isso faz que o cálculo dos juros seja fracionado, de acordo com a lei vigente. A jurisprudência, na maioria das vezes, tem seguido o entendimento consubstanciado nesse enunciado. Por todos:

> "Processual civil. Art. 535 do CPC. Omissão. Inexistência. Juros de mora. Arts. 406 do CC/2002 e 1.062 do CC/1916. Direito intertemporal. 1. Não resta configurada ofensa ao art. 535 do CPC na hipótese em que a Corte de origem resolve a controvérsia de forma motivada e sem deixar de pronunciar-se sobre todos os aspectos relevantes ao deslinde do litígio, somente contrariando o interesse da parte. 2. Os juros de mora devem ser aplicados à taxa de 0,5% ao mês, na forma do art. 1.062 do antigo Código Civil até a entrada em vigor do novo, quando deverá ser calculado à taxa de 1% ao mês (art. 406 do CC/2002). Precedentes. 3. 'O fato gerador do direito a juros moratórios não é a existência da ação nem a condenação judicial (que simplesmente o reconheceu), e sim a demora no cumprimento da obrigação. Tratando-se de fato gerador que se desdobra no tempo, produzindo efeitos também após a prolação da sentença, a definição da taxa legal dos juros fica sujeita ao princípio de direito intertemporal segundo o qual *tempus regit actum*. Assim, os juros incidentes sobre a mora ocorrida no período anterior à vigência do novo Código Civil são devidos nos termos do Código Civil de 1916; os relativos ao período posterior regem-se pelas normas supervenientes' (REsp 745.825/RS, Rel. Min. Teori Albino Zavascki, *DJU* 20.02.2006). 4. Agravo regimental não provido" (STJ, AgRg-REsp 1.084.235/RJ, Processo 2008/0187044-0, 2.ª Turma, Rel. Min. José de Castro Meira, j. 06.11.2008, *DJe* 1.º.12.2008).

> "Embargos de declaração. Contradição. Ocorrência. Juros de mora. Termo inicial. Citação. Taxa de 6% ao ano até 10.1.03 e 1% ao mês a partir de 11.1.03. Art. 1.062 do Código Civil de 1916 e art. 406 do Código Civil de 2002, c.c. art. 161, § 1.º, do Código Tributário Nacional. Alteração do dispositivo. Embargos acolhidos" (TJSP, EDcl 1108006-7/01, Acórdão 3436023, Ribeirão Preto, 22.ª Câmara de Direito Privado, Rel. Des. Roberto Bedaque, j. 16.12.2008, *DJESP* 09.02.2009).

Como palavras finais sobre o assunto, como bem explica Mário Luiz Delgado, "no tocante aos contratos ou às dívidas judiciais em curso, o Direito Intertemporal distingue as hipóteses de juros legais e juros convencionais. Aos primeiros manda aplicar imediatamente a lei nova, enquanto os juros convencionais se subordinariam à lei vigente ao tempo da celebração do contrato. Assim, em se tratando de juros legais, incide imediatamente a lei nova às situações em curso, ainda que a constituição em mora se tenha verificado na vigência do Código revogado".[80] Para chegar a essas conclusões, os juristas citam os clássicos Campos Batalha e Carlos Maximiliano, tendo toda a razão.

6. DA MULTA OU CLÁUSULA PENAL

A multa ou cláusula penal é conceituada como a penalidade, de natureza civil, imposta pela inexecução parcial ou total de um dever patrimonial assumido. Pela sua previsão no Código Civil, sua concepção está relacionada e é estudada

---

[80] DELGADO, Mário Luiz. *Código Civil interpretado*, cit., p. 466.

como tema condizente ao inadimplemento obrigacional, entre os arts. 408 a 416. Desse modo, não há como afastar a sua relação com os aspectos concernentes ao descumprimento de uma obrigação, ou seja, à responsabilidade civil contratual.

Sigo a concepção que vê nos termos *multa e cláusula penal* o mesmo sentido jurídico para o Direito Privado, ou seja, são sinônimos. Todavia, essa posição está longe de ser pacífica. Rubens Limongi França, em aprofundado estudo, foi um dos juristas que procurou investigar a natureza jurídica do instituto e diferenciá-lo da multa.[81] Em obra mais didática e resumida, pontua o jurista que a cláusula penal (*stipulatio poenae*) e multa (*mulcta poenitentialis* ou *pactum displicentiae*) não se confundem. Isso porque a cláusula penal seria instituída em benefício do credor, enquanto a multa seria "uma vantagem do devedor, que pode optar entre cumprir a obrigação ou pagar a multa".[82] Assim sendo, segundo ele, "a cláusula penal reforça a obrigação, ao passo que a multa a enfraquece".[83]

Com o devido respeito ao Mestre das Arcadas, reitero que estou filiado à posição segundo a qual os termos são sinônimos, podendo-se utilizar uma ou outra expressão para se designar a categoria que ora se estuda, como se retira do título deste tópico. Nessa esteira, de igualar os institutos da multa e da cláusula penal, cite-se a posição de Álvaro Villaça Azevedo,[84] Carlos Roberto Gonçalves,[85] Cristiano Chaves de Farias e Nelson Rosenvald.[86]

Conceituando a categoria, a cláusula penal é pactuada pelas partes no caso de violação da obrigação, mantendo relação direta com o princípio da autonomia privada, motivo pelo qual é também denominada *multa contratual* ou *pena convencional*. Trata-se de uma obrigação acessória que visa a garantir o cumprimento da obrigação principal, bem como fixar, antecipadamente, o valor das perdas e danos em caso de descumprimento. Como bem define Limongi França em seu *clássico* estudo, "a cláusula penal é um pacto acessório ao contrato ou a outro ato jurídico, efetuado na mesma declaração ou em declaração à parte, por meio do qual se estipula uma pena, em dinheiro ou outra utilidade, a ser cumprida pelo devedor, ou por terceiro, cuja finalidade precípua é garantir, alternativa ou cumulativamente conforme o caso, em benefício do credor ou de outrem, o fiel e exato cumprimento da obrigação principal, bem assim ordinariamente, constituir-se na pré-avaliação das perdas e danos e em punição do devedor inadimplente".[87]

Por ser acessória, aplica-se o princípio pelo qual a obrigação acessória deve seguir a principal (*princípio da gravitação jurídica*), fazendo com que no caso

---

[81] Conforme está desenvolvido em vários trechos de sua tese para a cátedra nas Arcadas: LIMONGI FRANÇA, Rubens. *Raízes e dogmática da cláusula penal*. 1987. Tese (Doutorado) – Faculdade de Direito da USP, São Paulo, p. 6-7.
[82] LIMONGI FRANÇA, Rubens. *Instituições de Direito Civil*, 4. ed., cit., p. 571.
[83] LIMONGI FRANÇA, Rubens. *Instituições de Direito Civil*, 4. ed., cit., p. 571.
[84] AZEVEDO, Álvaro Villaça. *Teoria geral das obrigações*, 10. ed., cit., p. 256.
[85] GONÇALVES, Carlos Roberto. *Direito Civil brasileiro*. Direito das obrigações, cit., p. 417.
[86] FARIAS, Cristiano Chaves; ROSENVALD, Nelson. *Curso de Direito Civil*. Direito das obrigações, cit., p. 554-555.
[87] LIMONGI FRANÇA, Rubens. *Raízes e dogmática da cláusula penal*, cit., p. 6-7.

de nulidade do contrato principal a multa também seja declarada nula. O art. 922 do Código Civil de 1916 era expresso ao determinar que "a nulidade da obrigação imporá a da cláusula penal". A norma não foi reproduzida pela atual codificação brasileira, sendo o seu conteúdo retirado da essência do instituto e do comando a seguir citado. A mesma conclusão vale para os casos de anulabilidade ou nulidade relativa da obrigação principal, que igualmente atinge a cláusula penal ou multa.

Ao revés, cumpre lembrar que, se somente a cláusula penal for nula, tal vício não atinge o contrato principal. A mesma regra também se aplica ao caso de anulabilidade da obrigação e do contrato, o que pode ser retirado do art. 184 do Código Civil, *in verbis*: "respeitada a intenção das partes, a invalidade parcial de um negócio jurídico não o prejudicará na parte válida, se esta for separável; a invalidade da obrigação principal implica a das obrigações acessórias, mas a destas não induz a da obrigação principal". A última norma trata do que se denomina de *redução do negócio jurídico*, retirada da máxima segundo a qual a parte inútil de um negócio não o prejudica na parte útil (*utile per inutile non vitiatur*).

Consagra-se o princípio da conservação do negócio jurídico, uma das aplicações da eficácia interna da função social do contrato, retirada dos arts. 421 e 2.035, parágrafo único, da codificação privada brasileira (Enunciado n. 22, da *I Jornada de Direito Civil*). Aplicando essa forma de pensar o Direito, entendeu o Tribunal de Justiça de Minas Gerais que "os efeitos da nulidade operam-se *ex tunc*, ou seja, retroativamente, atingindo, portanto, todo o negócio jurídico e tornando insubsistentes as obrigações acessórias à principal, como é a cláusula penal (art. 184, CC/02)" (TJMG, Apelação Cível 1.0261.12.002689-1/001, Rel. Des. Cabral da Silva, j. 15.07.2014, *DJEMG* 25.07.2014).

De acordo com a melhor doutrina, na posição que ainda prevalece no Direito brasileiro, a cláusula penal tem basicamente duas funções: a compulsória ou punitiva e a indenizatória. Maria Helena Diniz fala em *função ambivalente*, seguindo tal posição, de modo compartilhado, com Limongi França, Washington de Barros Monteiro, irmãos Mazeaud, Savat, Barassi, Larenz e Colmo.[88] Essa também é a minha opinião doutrinária.

Nesse contexto, primeiramente, a multa funciona como uma coerção para intimidar o devedor a cumprir a obrigação principal, sob pena de ter que arcar com essa obrigação acessória, o que conduz a um caráter de sanção ou punitivo. Além disso, tem função de ressarcimento, prefixando as perdas e danos no caso de inadimplemento da obrigação, como se retira de vários comandos do Código Civil brasileiro, como se verá a seguir. De qualquer modo, não obstante ser essa a visão clássica, e que ainda prevalece, Gustavo Tepedino aponta a tendência europeia de afastar o caráter punitivo da cláusula penal compensatória, o que não atingiu o Brasil de forma definitiva.[89]

---

[88] DINIZ, Maria Helena. *Curso de Direito Civil brasileiro*. Teoria geral das obrigações, cit., p. 439-440.

[89] TEPEDINO, Gustavo. Notas sobre a cláusula penal compensatória, cit., p. 47-50.

Na doutrina contemporânea brasileira, também são contra o caráter punitivo da cláusula penal juristas como José Fernando Simão e Otávio Luiz Rodrigues, tendo sido essa característica afastada no julgamento do Superior Tribunal de Justiça sobre a *reversão ou inversão da cláusula penal*, do ano de 2019 e em repercussão geral, que será a seguir analisado. O tema também foi amplamente debatido na *VIII Jornada de Direito Civil*, promovida pelo Conselho da Justiça Federal em 2018.

Enuncia o art. 408 do CC/2002, equivalente ao art. 921 do CC/1916, que "incorre de pleno direito o devedor na cláusula penal, desde que, culposamente, deixe de cumprir a obrigação ou se constitua em mora". Portanto, a exemplo da mora e do inadimplemento absoluto do devedor, a incidência da cláusula penal exige a culpa genérica ou *lato sensu* do sujeito passivo da obrigação, em regra. Nos casos em que a responsabilidade do devedor for objetiva, a incidência da multa independe desse elemento subjetivo. De toda sorte, voltando a um debate anterior, estudado o inadimplemento, há quem entenda que a culpa não é um requisito essencial para a incidência cláusula penal.

Assim, posicionava-se, por exemplo, Rubens Limongi França no sistema anterior, para quem: "não obstante as normas fundamentais que regem a matéria da responsabilidade civil, bem assim os seus pontos de contacto com o instituto da cláusula penal, e a despeito ainda dos próprios termos dos dispositivos que lhe são específicos, assinalamos que a culpa NÃO É um requisito da incidência da pena, no sentido de que o credor a deva provar, para ter direito à cobrança. Nos termos do art. 921, conforme se viu, em havendo prazo, *tempus interpellat pro homine*, e, em não havendo, acrescenta-se o requisito da constituição em mora, mediante os meios admitidos pelo sistema que, em suma, se resumem em advertir o devedor sobre a existência do débito e o seu dever de pagar. Na espécie, a culpa está implícita no inadimplemento, seja ele amplo ou específico".[90] Apesar da força das palavras transcritas, a posição majoritária a ser seguida é aquela que está relacionada com o conteúdo da lei, ou seja, a incidência da cláusula penal, em regra, exige a prova da culpa em sentido amplo do devedor.

Cumpre consignar que, aplicando a ideia constante desses dispositivos, de ontem e de hoje, entende há tempos o Superior Tribunal de Justiça pelo *caráter duplo da penalidade* – para ambas as partes –, nos contratos bilaterais e onerosos, aqueles com direitos e deveres recíprocos. Isso mesmo se a multa estiver expressamente prevista para apenas um dos negociantes. Conforme julgado publicado no *Informativo* n. 484 do Tribunal:

"Cinge-se a questão em definir se a cláusula penal dirigida apenas ao promitente-comprador pode ser imposta ao promitente-vendedor ante o seu inadimplemento contratual. Na hipótese, verificou-se cuidar de um contrato bilateral, em que cada um dos contratantes é simultânea e reciprocamente credor e devedor do outro, oneroso, pois traz vantagens para os contratantes, comutativo, ante a equivalência de prestações. Com esses e outros fundamentos, a Turma deu provimento ao recurso para declarar que a cláusula penal

---
[90] LIMONGI FRANÇA, Rubens. *Raízes e dogmática da cláusula penal*, cit., p. 194.

contida nos contratos bilaterais, onerosos e comutativos deve aplicar-se para ambos os contratantes indistintamente, ainda que redigida apenas em favor de uma das partes" (STJ, REsp 1.119.740/RJ, Rel. Min. Massami Uyeda, j. 27.09.2011).

Trata-se justamente do que se denomina como *reversão* ou *inversão da cláusula penal*. Seguindo o mesmo caminho dessa inversão, entre os julgados mais recentes, da atual composição da Corte Superior:

"A cláusula penal inserta em contratos bilaterais, onerosos e comutativos deve voltar-se aos contratantes indistintamente, ainda que redigida apenas em favor de uma das partes. É possível cumular a cláusula penal decorrente da mora com indenização por lucros cessantes pela não fruição do imóvel, pois aquela tem natureza moratória, enquanto esta tem natureza compensatória" (REsp 1536354/DF, 3.ª Turma, Rel. Min. Ricardo Villas Bôas Cueva, j. 07.06.2016, *DJe* 20.06.2016).

"Seja por princípios gerais do direito, seja pela principiologia adotada no Código de Defesa do Consumidor, seja, ainda, por comezinho imperativo de equidade, mostra-se abusiva a prática de se estipular penalidade exclusivamente ao consumidor, para a hipótese de mora ou inadimplemento contratual, ficando isento de tal reprimenda o fornecedor – em situações de análogo descumprimento da avença. Assim, prevendo o contrato a incidência de multa moratória para o caso de descumprimento contratual por parte do consumidor, a mesma multa deverá incidir, em reprimenda do fornecedor, caso seja deste a mora ou o inadimplemento. Assim, mantém-se a condenação do fornecedor – construtor de imóveis – em restituir integralmente as parcelas pagas pelo consumidor, acrescidas de multa de 2% (art. 52, § 1.º, CDC), abatidos os aluguéis devidos, em vista de ter sido aquele, o fornecedor, quem deu causa à rescisão do contrato de compra e venda de imóvel" (REsp 955.134/SC, 4.ª Turma, Rel. Min. Luis Felipe Salomão, j. 16.08.2012, *DJe* 29.08.2012).

Em agosto de 2018, participei de audiência pública convocada pelo Superior Tribunal de Justiça, para os fins de pacificação da matéria em sede de julgamento de recursos repetitivos para os contratos imobiliários (Temas 970 e 971). A posição defendida – e compartilhada naquela ocasião pelo Professor Otávio Luiz Rodrigues – foi pela manutenção desse entendimento anterior, de reversão ou inversão da cláusula penal em face das construtoras inadimplentes, que atrasam a entrega das unidades, por três argumentos principais.

O primeiro deles diz respeito ao fato de a multa ser imposta unilateralmente pela construtora sem margem de negociação em contratos que são de adesão, o que contraria a função social do contrato. O segundo argumento está baseado na equidade contratual, concebida a partir do princípio da boa-fé objetiva, que exige um comportamento de lealdade dos participantes negociais (art. 422 do CC). Nota-se que a lei é omissa quanto ao tema, devendo a hipótese ser resolvida com base nos princípios citados, o que tem por fundamento o art. 4.º da Lei de Introdução e o art. 8.º do CPC/2015. Por fim, pela ideia de sinalagma obrigacional, de proporcionalidade das prestações em tais contratos, não se pode admitir que a multa prevista para apenas uma das partes não tenha validade e eficácia para outra, conforme se retira dos julgados transcritos.

Pontue-se que, naquela oportunidade, de intenso debate técnico, o Professor José Fernando Simão defendeu tese interessante, no sentido de ser a cláusula de multa unilateral nula de pleno direito, por infringência à função social do contrato, notadamente pelo que consta do art. 2.035, parágrafo único, do Código Civil, segundo o qual nenhuma convenção prevalecerá, se contrariar preceitos de ordem pública, tais como aqueles relacionados a esse regramento. Na verdade, apesar de se posicionar contra a reversão da cláusula penal, a solução do jurista seria até pior para as construtoras, que não poderiam mais cobrar a multa moratória dos adquirentes.

Também foi exposto o argumento por alguns dos presentes, caso do Professor Daniel Boulos, de que a cláusula penal não pode ser presumida, decorrendo sempre da autonomia privada, o que afastaria totalmente a tese da sua reversão.

Em maio de 2019, a questão foi julgada de forma definitiva no âmbito do Tribunal da Cidadania, o que merece a devida análise (Temas 970 e 971, com repercussão geral – REsp 1.498.484/DF, 2.ª Seção, Rel. Min. Luis Felipe Salomão, por maioria, j. 22.05.2019, *DJe* 25.06.2019; e REsp 1.631.485/DF, 2.ª Seção, Rel. Min. Luis Felipe Salomão, por maioria, j. 22.05.2019, *DJe* 25.06.2019, respectivamente).

Os acórdãos esclarecem que as teses alcançam apenas os negócios anteriores à nova lei que trata do tema, de 2018, e que ela não tem aplicação retroativa. Conforme trecho do voto do Ministro Relator, após citar farta doutrina sobre o tema, "penso que não se pode cogitar de aplicação simples e direta da nova Lei n. 13.786/18 para a solução de casos anteriores ao advento do mencionado Diploma Legal (retroatividade da lei, com consequente modificação jurisprudencial, com ou sem modulação). Ainda que se possa cogitar de invocação de algum instituto da nova lei de regência para auxiliar nas decisões futuras, e apenas como norte principiológico – pois haveria mesmo necessidade de tratamento mais adequado e uniforme para alguns temas controvertidos –, é bem de ver que a questão da aplicação ou não da nova legislação a contratos anteriores a sua vigência está a exigir, segundo penso, uma pronta solução do STJ, de modo a trazer segurança e evitar que os jurisdicionados que firmaram contratos anteriores sejam surpreendidos, ao arrepio do direito adquirido e do ato jurídico perfeito" (REsp 1.498.484/DF).

Sobre a inversão ou reversão da cláusula penal, a primeira tese fixada foi a de que "no contrato de adesão firmado entre o comprador e a construtora/incorporadora, havendo previsão de cláusula penal apenas para o inadimplemento do adquirente, deverá ela ser considerada para a fixação da indenização pelo inadimplemento do vendedor. As obrigações heterogêneas (obrigações de fazer e de dar) serão convertidas em dinheiro, por arbitramento judicial" (REsp 1.631.485/DF).

Como aqui defendido, o que se considerou no julgamento para a análise da abusividade não foi o fato de o contrato ser ou não de consumo, mas o seu caráter como negócio de adesão. Como expressamente consta do voto do Ministro Salomão, "nessa esteira, como bem abordado pelo jurista Flávio Tartuce na audiência pública levada a efeito, os contratos de aquisição imobiliária, para além de serem contratos de consumo ou não (como no caso de imóveis adquiridos por investidores), são usualmente de adesão, 'em que não há margem para negociação, ao passo que, pelo menos em regra, claro, existem exceções, as cláusulas são predispostas e são impostas ao adquirente'".

Ao contrário do que alguns insistem em sustentar – por não admitirem a derrota da tese que defendem –, a Corte concluiu sim pela inversão da cláusula penal. Porém, adotando o entendimento exposto pelo Professor José Fernando Simão na citada audiência pública, a conclusão foi no sentido de não ser essa conversão da multa automática, ou seja, não se pode utilizar exatamente o mesmo percentual fixado contra o consumidor em seu favor. Vejamos, nesse sentido, trecho da manifestação do jurista, citada nos acórdãos:

> "Se a construtora – e depois vou dar uma solução jurídica que me parece adequada – impuser – e segundo o Professor Flávio Tartuce, eventualmente, indevidamente – uma cláusula penal em desfavor do consumidor, o problema é que a previsão de descumprimento daquela cláusula penal é para a prestação do consumidor. Invertê-la em desfavor da construtora é ignorar a natureza jurídica das prestações. As prestações não são iguais. Inversão de cláusula penal é criar cláusula penal em desfavor de alguém desconsiderando a diferença de prestações: dar e fazer, dar e não fazer ou fazer e não fazer. Defendeu a nulidade da cláusula abusiva, por ineficácia ou invalidação, no lugar da inversão pretendida pelo recorrente".

Reitere-se que José Fernando Simão defendia a tese de nulidade da cláusula penal, por ser unilateral e violadora da função social do contrato (art. 2.035, parágrafo único, do Código Civil), o que foi adotado apenas no voto vencido da Ministra Maria Isabel Gallotti. Repise-se que esse entendimento também é bem plausível e poderia trazer um impacto econômico até maior para as construtoras e incorporadoras vendedoras. Todavia, foi considerada a sua posição no julgamento final de que a inversão não poderia ser automática e com o mesmo parâmetro, pela diferença das naturezas das obrigações, conforme consta da tese transcrita.

A título de exemplo, geralmente os contratos fixam uma cláusula penal por inadimplemento dos consumidores entre 1% a 2% do valor total do contrato. Como não há previsão dessa penalidade pelo atraso na entrega do imóvel, uma vez que é o vendedor quem impõe todo o conteúdo do contrato e por óbvio não colocará tal previsão em seu desfavor, é imperioso inverter essa multa. Em regra, o percentual que consta do instrumento vale como parâmetro, incidindo mensalmente sobre o valor total do contrato.

Entretanto, em sendo essa penalidade excessiva – como será em muitos casos de inversão automática –, caberá a sua diminuição, tendo como fundamento a redução equitativa da cláusula penal, prevista no art. 413 do Código Civil, que ainda será devidamente analisado. Concretizando, imagine-se que o valor do contrato é de R$ 500.000,00 e há atraso na entrega do apartamento e ausência de multa em face do vendedor, prevendo o contrato multa de 2% a ser invertida, o que gerará o direito a um valor de R$ 10.000,00 por mês de atraso em benefício do comprador. Como se verá, da outra tese firmada pelo STJ nesse emblemático julgamento, essa multa serve para reparar os locatícios, ou seja, os lucros cessantes suportados pelos adquirentes, na locação de outro imóvel. Por óbvio, que o valor é excessivo, eis que um imóvel desse valor é alugado entre R$ 1.000,00 a R$ 2.500,00, o que depende da região e da cidade onde se encontra.

Esclareça-se que, no meu entendimento, cabe ao vendedor – que deu causa ao inadimplemento e não incluiu a cláusula de penalidade em violação à boa-fé e à função social do contrato – comprovar que o valor da inversão automática da cláusula penal está exagerada, via de regra, por laudo pericial de especialista no mercado imobiliário onde se encontra o bem imóvel. Não havendo tal comprovação, vale o parâmetro estabelecido no instrumento, ou seja, a inversão será automática.

Pois bem, a segunda tese fixada pelo Superior Tribunal de Justiça foi no sentido de que "a cláusula penal moratória tem a finalidade de indenizar pelo adimplemento tardio da obrigação, e, em regra, estabelecida em valor equivalente ao locativo, afasta-se sua cumulação com lucros cessantes" (REsp 1.498.484/DF, 2.ª Seção, Rel. Min. Luis Felipe Salomão, por maioria, j. 22.05.2019, *DJe* 25.06.2019 – Tema 970). É preciso também esclarecer o conteúdo dessa afirmação, tendo em vista os debates que foram travados na audiência pública da qual participamos e os próprios conteúdos dos acórdãos.

O que acabou prevalecendo foi o entendimento do saudoso Professor Sylvio Capanema, de que a cláusula penal fixada contra o adquirente tem natureza moratória, mas, caso invertida, passa a ser uma multa compensatória. Vejamos novos trechos dos votos do Ministro Relator:

> "Sylvio Capanema, também comungando da opinião revelada pelos outros expositores, afirmou a natureza compensatória da cláusula penal, traduzindo sua cumulação com lucros cessantes, ou com qualquer outra verba a título de perdas e danos, em um *bis in idem* repudiado pela ordem jurídica brasileira. Asseverou que a cláusula penal não é punitiva, mas, ao contrário, substitui a obrigação que visa garantir, não havendo, portanto, como cumulá-la com qualquer outra análoga a perdas e danos, sob pena de enriquecimento indevido do próprio credor".

E, mais à frente:

> "Como é notório e bem exposto em audiência pública pelo jurista Sylvio Capanema de Souza, habitualmente, nos contratos de promessa de compra e venda, há cláusula estabelecendo multa que varia de 0,5% a 1% do valor total do imóvel a cada mês de atraso, pois representa o aluguel que o imóvel alugado, normalmente, produziria ao locador".

Tal posição convenceu-me, não sendo possível a cumulação da cláusula penal compensatória com os lucros cessantes, pelo que consta do art. 410 do Código Civil, que ainda será aqui estudado: "quando se estipular a cláusula penal para o caso de total inadimplemento da obrigação, esta converter-se-á em alternativa a benefício do credor". Pelo teor do preceito, não cabe a cumulação de cláusula penal com perdas e danos, pelo menos em regra, o que também se retira do parágrafo único do art. 416 da própria codificação ("ainda que o prejuízo exceda ao previsto na cláusula penal, não pode o credor exigir indenização suplementar se assim não foi convencionado. Se o tiver sido, a pena vale como mínimo da indenização, competindo ao credor provar o prejuízo excedente").

Ao final, parece-me que o Superior Tribunal de Justiça chegou a um correto e justo equilíbrio no julgamento das duas questões relativas à cláusula penal nos negócios imobiliários, e que tais posições não só podem, como devem guiar as interpretações de conteúdo da Lei n. 13.786/2018 que, infelizmente e como se verá a seguir, distanciou-se da equidade, beneficiando sobremaneira a parte mais forte da avença, a construtora ou a incorporadora.

Na linha do que já foi exposto, observa-se que a multa admite uma classificação de acordo com o descumprimento com que mantém relação. No caso de mora ou inadimplemento relativo, é denominada *multa moratória*, enquanto no caso de inexecução total obrigacional, é chamada de *multa compensatória*. Essa classificação é retirada do art. 409 do Código Civil brasileiro, segundo o qual "a cláusula penal estipulada conjuntamente com a obrigação, ou em ato posterior, pode referir-se à inexecução completa da obrigação, à de alguma cláusula especial ou simplesmente à mora". Além das modalidades relativas ao inadimplemento, nota-se que é possível estipular uma multa específica para o caso de descumprimento pontual de uma das cláusulas da avença. A título de exemplo, é possível pactuar uma penalidade caso não seja cumprido um dever de informação ou outro dever anexo à boa-fé objetiva.

Na esteira da melhor doutrina ora pesquisada para esta obra e da jurisprudência superior, apenas a multa compensatória tem a função de antecipar as perdas e danos. Conforme se extrai de outro julgamento do Superior Tribunal de Justiça: "Enquanto a cláusula penal compensatória funciona como prefixação das perdas e danos, a cláusula penal moratória, cominação contratual de uma multa para o caso de mora, serve apenas como punição pelo retardamento no cumprimento da obrigação. A cláusula penal moratória, portanto, não compensa o inadimplemento, nem substitui o adimplemento, não interferindo na responsabilidade civil correlata, que é decorrência natural da prática de ato lesivo ao interesse ou direito de outrem. Assim, não há óbice a que se exija a cláusula penal moratória juntamente com o valor referente aos lucros cessantes" (STJ, REsp 1.355.554/RJ, Rel. Min. Sidnei Beneti, j. 06.12.2012, publicado no seu *Informativo* n. *513*).

Nos termos do art. 412 da atual codificação privada, que reproduz o art. 920 do CC/1916, o limite da cláusula penal é o valor da obrigação principal. Tal valor não pode ser excedido e, se isso ocorrer, o juiz não só pode como deve determinar, em ação proposta pelo devedor, a sua redução. A nosso ver, pela regra contida nesse dispositivo, pode ser subentendido o princípio da função social dos contratos, cabendo eventual decretação *ex officio* da redução. Pontue-se que, no sistema anterior, o art. 920 do Código Civil de 1916 já era visto como um preceito de ordem pública, mesma dedução que serve para o seu equivalente em vigor.[91]

Entre os contemporâneos, Fernando Noronha demonstra muito bem a relação dessa previsão com a função social do contrato e das obrigações, citando o *princípio da equivalência contratual*, argumento com o qual se filia. Ensina esse doutrinador que, "em leis avulsas, são comuns os preceitos que refletem o princípio da equivalência, com destaque para aqueles que limitam o valor de cláusulas penais, sobretudo moratórias (Decreto 22.626/1933, art. 9.º; Decreto-lei 58/1938, art. 11, *f*; Lei 6.766/1979, art. 26, V etc.), e para aqueles que impõem a redução de prestações vincendas, no caso de pagamento antecipado (Decreto 22.626/1933, art. 7.º, § 2.º).

O Código de Defesa do Consumidor veio acrescentar preceitos significativos, alguns novamente sobre multas de mora (art. 52, § 1.º) e liquidação antecipada de débitos (art. 52, § 2.º), outros inovadores, como aquele que nas compras e vendas e nas alienações fiduciárias considera 'nulas de pleno direito as cláusulas que estabeleçam a perda total das prestações pagas em benefício do credor que, em razão do inadimplemento, pleitear a resolução do contrato e a retomada do produto alienado' (art. 53)".[92]

Dúvida atroz diz respeito à incidência do limite constante do atual art. 412 do Código Civil tanto à multa moratória quanto à compensatória, o que sempre dividiu os civilistas. Sigo a corrente segundo a qual a sua subsunção se dá apenas no último caso, ou seja, nas hipóteses de inadimplemento absoluto. Quanto à multa moratória, filia-se à corrente que afirma que o limite para os contratos civis é de 10% sobre o valor da dívida, sob pena de nulidade absoluta, conforme previsto nos arts. 8.º e 9.º da Lei de Usura (Decreto-lei n. 22.626/1933). Apesar de a última lei ter suposta incidência apenas para os contratos de mútuo, entendo e defendo sua aplicação a todos os negócios jurídicos civis, caso do contrato de locação imobiliária e da compra e venda civil.

Para os contratos de consumo, o limite para a cláusula penal moratória é de 2%, conforme o art. 52, § 1.º, da Lei n. 8.078/1990. Aliás, cite-se a Súmula n. 285 do Superior Tribunal de Justiça, nos seguintes termos: "Nos contratos bancários posteriores ao Código de Defesa do Consumidor incide a multa moratória nele prevista". No caso de dívidas condominiais, o teto da penalidade decorrente do atraso também é de 2%, conforme o art. 1.336, § 1.º, do CC/2002, nos casos de inadimplementos ocorridos na vigência da nova codificação, conforme vem entendendo o Superior Tribunal de Justiça (por todos, ver: REsp 665.470/SP, 4.ª Turma, Rel. Min. Jorge Scartezzini, j. 16.02.2006, *DJ* 13.03.2006, p. 327).

Com relação à multa compensatória, prevista para os casos de inadimplemento absoluto da obrigação, merece aplicação a regra do art. 412 do CC/2002, sendo o valor da obrigação principal o limite para a sua fixação. Tal limite vale tanto para

---

[91] No sistema anterior, por todos: LIMONGI FRANÇA, Rubens. *Raízes e dogmática da cláusula penal*, cit., p. 240.
[92] NORONHA, Fernando. *O direito dos contratos e seus princípios fundamentais*. São Paulo: Saraiva, 1994. p. 222.

os contratos civis quanto para os contratos de consumo, em *diálogo das fontes,* eis que o Código de Defesa do Consumidor não estabelece qualquer teto para a multa devida nos casos de inadimplemento absoluto dos negócios por ele abrangido.

Essa diferenciação dos limites se dá porque, como visto, as consequências da mora são menores do que as do inadimplemento absoluto, do ponto de vista do credor, devendo a multa moratória ser fixada em montante menor do que a multa compensatória. Reforçando, o limite da multa moratória em, no máximo, 10% sobre o valor do débito afasta o enriquecimento sem causa, com base nos princípios da função social dos contratos e da boa-fé objetiva.

Apesar de ser esse o nosso entendimento, a questão ainda é bem controvertida na doutrina. Entre os civilistas atuais, Jorge Cesa Ferreira da Silva entende que o art. 412 do CC/2002 se aplica tanto à multa moratória quanto à compensatória. São suas palavras, demonstrando a existência do dilema, ao citar a doutrina que entende de outra forma, na esteira do que aqui foi sustentado:

> "O texto do art. 412 não se restringe às cláusulas penais compensatórias, muito embora parecesse ser essa a sua destinação natural, haja vista que, para as cláusulas penais moratórias, o limite da obrigação principal se mostre, em si mesmo, excessivo. Com a Lei da Usura, defendeu Pontes de Miranda essa posição. O art. 920 do Código de 1916 limitaria as multas compensatórias, ao passo que o art. 9.º da Lei de Usura, ao impor o limite de dez por cento, vigoraria para as penas moratórias (ob. cit., p. 78-79). Segue-o, recentemente, Judith Martins-Costa (ob. cit., p. 454-455). No entanto, como visto nos comentários ao art. 408, não é aceitável a aplicação geral dos arts. 8.º e 9.º da Lei de Usura, restringindo-se estes ao mútuo. Desse modo, à exceção dos preceitos específicos que limitam a abrangência das cláusulas penais em determinados contratos, o art. 412 deve ser entendido como o único texto normativo básico acerca do limite geral da cláusula penal. Aplica-se, portanto, às cláusulas penais compensatórias e moratórias, ainda que, para cada uma, acabe por envolver naturezas distintas".[93]

Com o devido respeito ao jurista transcrito, reiteramos a posição de Pontes de Miranda e de Judith Martins-Costa, no sentido de ter o art. 412 ampla incidência, para todas as modalidades de cláusula penal. Isso, repise-se, sob pena de a sua cobrança gerar o enriquecimento sem causa em casos de mora, até porque, como se verá a seguir, presente o inadimplemento relativo, poderá o credor cobrar a multa mais o valor da obrigação principal (art. 411 do CC/2002).

Por fim quanto ao comando, no projeto de Reforma do Código Civil há uma proposta de apenas se incluir um parágrafo único no seu art. 412, para os fins de se prever que o citado limite não se aplica à multa cominatória ou *astreintes,* o que vem em boa hora: "a limitação prevista no *caput* não se aplica à multa cominatória".

Superada essa questão, a norma que mantém maior relação com o princípio da função social dos contratos, na sua eficácia interna, entre as partes contra-

---

[93] SILVA, Jorge Cesa Ferreira da. *Inadimplemento das obrigações,* cit., p. 266.

tantes, é o art. 413 do CC/2002, que traz inovação parcial importantíssima. Vejamos a redação desse dispositivo, sendo interessante confrontá-lo com o seu correspondente na codificação anterior, o art. 924 do CC/1916:

Código Civil de 2002	Código Civil de 1916
Art. 413. A penalidade **deve** ser reduzida equitativamente pelo juiz se a obrigação principal tiver sido cumprida em parte, ou se o montante da penalidade **for manifestamente excessivo**, tendo-se em vista a natureza e a finalidade do negócio.	**Art. 924.** Quando se cumprir em parte a obrigação, poderá o juiz reduzir proporcionalmente a pena estipulada para o caso de mora, ou de inadimplemento.

A novidade está no fato de que o art. 924 do CC/1916 somente previa a redução proporcional, havendo mora ou inadimplemento, ou seja, sendo cumprida em parte a obrigação. Além dessa redução, o art. 413 do CC/2002 consagra, ainda, a redução motivada na equidade quando a multa for excessivamente onerosa. Por fim, o atual dispositivo estabelece que o magistrado tem o *dever* de reduzir a multa.

Deve-se concluir que se trata de outra norma de ordem pública, cabendo a decisão de redução *ex officio* pelo magistrado, independentemente de arguição pela parte. Sendo norma de ordem pública, não cabe a sua exclusão por força de pacto ou contrato, visto que a autonomia privada encontra limitações nas normas cogentes de ordem pública.

O fundamento da ordem pública mantém relação com a função social do contrato, pela previsão constante do art. 2.035, parágrafo único, do mesmo Código Civil em vigor, *in verbis*: "nenhuma convenção prevalecerá se contrariar preceitos de ordem pública, tais como os estabelecidos por este Código para assegurar a função social da propriedade e dos contratos".

Esse posicionamento é também defendido pela Professora Maria Helena Diniz, que vê no art. 413 do CC/2002 uma norma de *jus cogens,* de ordem pública, apesar de uma pequena corrente doutrinária que entende justamente o contrário.[94] No sistema do Código Civil anterior, Rubens Limongi França já via no art. 924 do CC/1916 essa mesma natureza cogente, citando as posições igualitárias de Clóvis Beviláqua, Carvalho Santos, Azevedo Marques, Tito Fulgêncio, Eduardo Espínola, Carvalho de Mendonça e Washington de Barros Monteiro.[95] Sem falar dos juristas de outros países, em análise de normas alienígenas que equivalem às nossas, caso de Giorgi, Chironi, Polaco, Cunha Gonçalves, Colmo, Salvat, Laurent, Demogue, Planiol e Ripert.[96]

Entre os contemporâneos juristas nacionais, essa visão, no sentido de ser a redução equitativa da cláusula penal matéria de ordem pública, é também de-

---

[94] DINIZ, Maria Helena. *Curso de Direito Civil brasileiro.* Teoria geral das obrigações, cit., p. 443.
[95] LIMONGI FRANÇA, Rubens. *Raízes e dogmática da cláusula penal*, cit., p. 243-249.
[96] LIMONGI FRANÇA, Rubens. *Raízes e dogmática da cláusula penal*, cit., p. 245.

fendida, entre outros, por Carlos Roberto Gonçalves,[97] Sílvio de Salvo Venosa,[98] Cristiano Chaves de Farias, Nelson Rosenvald,[99] Pablo Stolze Gagliano e Rodolfo Pamplona Filho.[100]

Confirmando a natureza de ordem pública, a possibilidade de reconhecimento de ofício do exagero da cláusula penal, com a consequente redução equitativa, foi confirmada na *IV Jornada de Direito Civil*, evento promovido pelo Conselho da Justiça Federal em 2006, com a aprovação do Enunciado n. 356, nos seguintes termos: "nas hipóteses previstas no art. 413 do Código Civil, o juiz deverá reduzir a cláusula penal de ofício". O autor do enunciado é Christiano Cassettari, que procurou associar o dispositivo à função social dos contratos em suas justificativas, conforme consta da obra originária de sua dissertação de mestrado:[101]

> "O artigo 413 do Código Civil vigente veio substituir o artigo 924 do Código Civil de 1916, que trata da redução da cláusula penal. O artigo da novel legislação utilizou-se de linguagem diferenciada da norma do código revogado, o que nos parece demonstrar uma substancial modificação acerca do tema. Enquanto o artigo 924 do Código de 1916 determinava que o juiz *poderia* reduzir a cláusula penal, a atual legislação estipula que o magistrado *deve* reduzi-la. Isto demonstra o imperativo da norma que obrigará o magistrado a efetuar a redução da cláusula penal de ofício, se ocorrer algumas das hipóteses descritas no artigo 413 do Código Civil. Comunga deste entendimento a professora Judith Martins-Costa, ao afirmar que: 'No novo Código, demais disto, a redução, nestas hipóteses, não configura 'faculdade' do juiz, à qual corresponderia, para o devedor, mero interesse ou expectativa: ao contrário, constitui *dever do julgador*, ao qual corresponde, para o devedor, verdadeira pretensão que, violada, dá ensejo ao direito subjetivo de ver reduzida a cláusula. Trata-se, portanto, de evidente ampliação do poder-dever de *revisar o negócio* que, no Direito contemporâneo, tem sido progressivamente confiado ao juiz, mas que encontra raízes históricas nas construções dos canonistas medievais'. Ademais, a redução equitativa da cláusula penal é forma a permitir que o contrato possa atingir sua função social, preconizada no art. 421 do Código vigente, princípio este que foi elevado à categoria de preceito de ordem pública pelo parágrafo único do artigo 2.035 do referido Código. Em razão disto, leciona o professor Gustavo Tepedino que: 'Com a evolução dos princípios fundamentais do regime contratual, especialmente a partir da CF, doutrina e jurisprudência foram progressivamente alterando a interpretação do art. 924 do CC/1916, passando a considerá-lo imperativo, ou seja, insuscetível de ser afastado pela vontade das partes, ou pelo magistrado, a quem se tornou impositiva – e não mais apenas facultativa – a utilização do critério da proporcionalidade'. Continua o referido professor carioca dizendo que: 'Tais foram os antecedentes justificadores do art. 413 do Código Civil de 2002, o

---

[97] GONÇALVES, Carlos Roberto. *Direito Civil brasileiro*. Direito das obrigações, cit., p. 423.
[98] VENOSA, Sílvio de Salvo. *Código Civil interpretado*, cit., p. 416.
[99] FARIAS, Cristiano Chaves; ROSENVALD, Nelson. *Curso de Direito Civil*. Direito das obrigações, cit., p. 562.
[100] GAGLIANO, Pablo Stolze; PAMPLONA FILHO, Rodolfo. *Novo curso de Direito Civil*, 17. ed., cit., p. 382.
[101] CASSETTARI, Christiano. *Multa contratual*. Teoria e prática. São Paulo: RT, 2009.

qual, seguindo a tendência jurisprudencial, tornou-o imperativo, atribuindo ao juiz o *dever* (*não mais a faculdade*) de aplicar o mecanismo em exame, e com equidade, aludindo ainda o codificador à finalidade do negócio, como forma de aferir se no caso concreto há compatibilidade funcional entre a cláusula penal e os fins perseguidos pelas partes'. Estes são os motivos pelos quais o magistrado, no atual sistema, tem o dever de reduzir a cláusula penal de ofício nos casos do art. 413 do Código Civil".

Como não poderia ser diferente, votei favoravelmente à proposta na *IV Jornada de Direito Civil*, tendo sido um dos principais defensores nos debates a respeito do tema, pelo texto atual do Código Civil. Em complemento, na mesma linha, os Tribunais brasileiros vêm aplicando essa redução da cláusula penal, a fim de evitar a onerosidade excessiva e o enriquecimento sem causa, especialmente da parte mais forte da relação obrigacional. Vale conferir entre os primeiros arestos estaduais nesse sentido:

"Ação de rescisão contratual. Compra e venda de imóvel. Inadimplência do comprador. Devolução imediata das parcelas pagas. Possibilidade. Redução da cláusula penal. Equilíbrio contratual. Percentual retido a título de fruição do bem. Juros de mora a partir da citação. Cabe ao Poder Judiciário, no entanto, a revisão de cláusula penal que prevê a perda integral ou quase integral dos valores pagos, revelando-se excessivamente onerosa para uma das partes e gerando enriquecimento sem a outra" (TAMG, Acórdão 0424950-5, Apelação (Cv) Cível, 3.ª Câmara Cível, Uberlândia/Siscon, Rel. Juíza Selma Marques, j. 11.02.2004, unânime).

Da jurisprudência mais próxima do Tribunal de Justiça de São Paulo podem ser colacionados, ilustrando a efetiva aplicação do art. 413 do Código Civil:

"Desconstituição de venda e compra por arrependimento com pedido contraposto de nulidade do ato por coação. Inexistência de coação capaz de viciar a vontade dos réus contratantes. Análise dos artigos 151 a 153 do Código Civil. Com doutrina e jurisprudência aplicáveis. A exigência de negócio casado entre a venda que se fazia e a compra objeto da ação, ainda que tivesse sido comprovada, não caracterizaria coação e defeito do ato jurídico. Especialmente se, como no caso, os réus compradores são proprietários rurais e afeitos aos negócios. Inexistência de coação. Procedência da ação e improcedência do pedido contraposto bem determinada pela r. sentença. Recurso improvido no particular. Cláusula penal. O art. 413 do Código Civil determina que o valor econômico da cláusula penal deverá ser reduzido como medida de equidade e justiça, não se tratando de mera faculdade, mas de imposição que dispensa inclusive pedido expresso da parte por ser disposição legal de ordem pública. Cláusula penal por arrependimento que foi fixada excessivamente em 50% do valor do negócio e deve ser reduzida para 10% por medida de equidade. Recurso provido para tal finalidade, com sucumbência recíproca" (TJSP, Apelação 686.473.4/6, Acórdão 4224685, 4.ª Câmara de Direito Privado, Adamantina, Rel. Des. Maia da Cunha, j. 26.11.2009, *DJESP* 18.12.2009).

"Embargos de declaração. Fundamentos da decisão recorrida. Multa reduzida nos termos do artigo 413 do Código Civil. Multa diária excessivamente onerosa. Redução para 10% sobre o valor total do débito, levando em conta a boa-fé objetiva, o princípio da proporcionalidade e da função social do contrato, consoante dispõe o art. 413 do Código Civil. Embargos acolhidos, sem efeito modificativo" (TJSP, Embargos de Declaração 1146963-1/01, Acórdão 4068821, 20.ª Câmara de Direito Privado, São Paulo, Rel. Des. José Maria Câmara Junior, j. 02.09.2009, *DJESP* 29.09.2009).

Ainda a ilustrar, aplicando a redução de ofício e reconhecendo a natureza cogente do art. 413 do Código Civil em vigor, podem ser encontrados outros tantos julgamentos dos nossos Tribunais Estaduais (por todos: TJDF, Recurso 2013.03.1.016451-5, Acórdão 810.855, 4.ª Turma Cível, Rel. Des. Arnoldo Camanho de Assis, *DJDFTE* 21.08.2014, p. 119; TJSP, Apelação 9289640-96.2008.8.26.0000, Acórdão 7751970, 12.ª Câmara Extraordinária de Direito Privado, São Paulo, Rel. Des. Tercio Pires, j. 08.08.2014, *DJESP* 15.08.2014; TJMG, Apelação Cível 1.0144.07.022262-1/001, Rel. Des. Tiago Pinto, j. 07.08.2014, *DJEMG* 14.08.2014; TJPR, Apelação Cível 1146438-3, Castro, 12.ª Câmara Cível, Rel. Juíza Conv. Ângela Maria Machado Costa, *DJPR* 04.06.2014, p. 480; TJGO, Agravo de Instrumento 0032149-38.2014.8.09.0000, 5.ª Câmara Cível, Rio Verde, Rel. Des. Alan Sebastião de Sena Conceição, *DJGO* 03.04.2014, p. 237; e TJSC, Apelação Cível 2012.060303-0, 3.ª Câmara de Direito Civil, Lages, Rel. Des. Maria do Rocio Luz Santa Ritta, j. 05.03.2013, *DJSC* 08.03.2013, p. 137).

Em aresto do Superior Tribunal de Justiça, do ano de 2012, concluiu o Ministro Paulo de Tarso Sanseverino que "a redução da cláusula penal preserva a função social do contrato na medida em que afasta o desequilíbrio contratual e seu uso como instrumento de enriquecimento sem causa" (STJ, REsp 1.212.159/SP, Rel. Min. Paulo de Tarso Sanseverino, j. 19.06.2012, publicado no *Informativo* n. *500*). Mais recentemente, de 2017, colaciona-se precisa ementa de acórdão relatado pela Ministra Nancy Andrighi, que apresenta alguns critérios específicos para a redução da multa:

"Recurso especial. Civil. Ação de rescisão contratual. Restituição de valores. Cumprimento de sentença. Acordo judicial. Pagamento em prestações. Atraso. Cláusula penal. Inadimplemento de pequena monta. Pagamento parcial. Redução obrigatória. *Pacta sunt servanda*. Art. 413 do CC/02. Avaliação equitativa. Critérios. Peculiaridades. 1. Cinge-se a controvérsia a determinar se: a) é um dever ou uma faculdade a redução da cláusula penal pelo juiz, na hipótese de pagamento parcial, conforme previsão do art. 413 do CC/02; b) é possível e com qual critério deve ocorrer a redução do valor da multa na hipótese concreta. 2. O valor estabelecido a título de multa contratual representa, em essência, a um só tempo, a medida de coerção ao adimplemento do devedor e a estimativa preliminar dos prejuízos sofridos com o inadimplemento ou com a mora. 3. No atual Código Civil, o abrandamento do valor da cláusula penal em caso de adimplemento parcial é norma cogente e de ordem pública, consistindo em dever do juiz e direito do devedor a aplicação dos princípios da função social do contrato, da boa-fé objetiva e do equilíbrio econômico entre as prestações, os quais convivem harmonicamente com a autonomia da vontade e o princípio *pacta sunt servanda*. 4. A redução da cláusula penal é, no adimplemento parcial, realizada por avaliação equitativa do juiz, a qual relaciona-se à averiguação proporcional da utilidade ou vantagem que o pagamento, ainda que imperfeito, tenha oferecido ao credor, ao grau de culpa do devedor, a sua situação econômica e ao montante adimplido, além de outros parâmetros, que não implicam, todavia, necessariamente, uma correspondência exata e matemática entre o grau de inexecução e o de abrandamento da multa. 5. Considerando, assim, que não há necessidade de correspondência exata entre a redução e o quantitativo da mora, que a avença foi firmada entre pessoas jurídicas – não tendo, por esse motivo, ficado evidenciado qualquer desequilíbrio de forças entre as contratantes –, que houve pequeno atraso no pagamento de duas prestações e que o adimplemento foi realizado de boa-fé pela recorrente, considera-se, diante das peculiaridades da hipótese concreta, equitativo e proporcional que o valor da multa penal seja reduzido para 0,5% do valor de cada parcela em atraso" (STJ, REsp 1.641.131/SP, 3.ª Turma, Rel. Min. Nancy Andrighi, j. 16.02.2017, DJe 23.02.2017).

Filia-se, ademais, à corrente que sustenta a possibilidade de a norma incidir tanto na multa compensatória quanto na moratória, diante de seu notório caráter cogente: Respondendo positivamente, em especial quanto à multa moratória: TJDF, Apelação 2013.01.1.189922-0, Acórdão 930744, 3.ª Turma Cível, Rel. Des. Fátima Rafael, *DJDFTE* 18.04.2016, p. 203; TJSP, Apelação 0068334-66.2012.8.26.0002, Acórdão 10014500, 2.ª Câmara de Direito Privado, São Paulo, Rel. Des. Guilherme Santini Teodoro, j. 29.11.2016, *DJESP* 07.12.2016; TJMG, Apelação 1.0433.07.215614-7/002, Rel. Des. Alexandre Santiago, j. 27.04.2016, *DJEMG* 06.05.2016. Não se pode negar, contudo, que é rara a situação de a multa moratória traduzir um exagero ou onerosidade excessiva.

Como se percebe, não há inconveniente algum na inovação, diante de aplicação costumeira de nossos Tribunais quanto à redução da multa, principalmente no caso de locação de imóvel urbano, pela regra específica que consta do art. 4.º, *caput*, da Lei n. 8.245/1991. Destaque-se que a norma foi alterada pela Lei n. 12.112/2009, tema que merece aprofundamentos a partir desse momento.

O art. 4.º da Lei de Locação prescrevia, em sua redação original, que: "Durante o prazo estipulado para a duração do contrato, não poderá o locador reaver o imóvel alugado. O locatário, todavia, poderá devolvê-lo, pagando a multa pactuada segundo a proporção prevista no art. 924 do Código Civil e, na sua falta, a que for judicialmente estipulada". Como se sabe, o art. 924, antes referenciado, era dispositivo do CC/1916, que equivale ao art. 413 do CC/2002.

Seguindo os estudos da multa locatícia, sabe-se que o art. 4.º da Lei de Locação foi alterado pela Lei n. 12.112/2009, passando a estabelecer que, "durante o prazo estipulado para a duração do contrato, não poderá o locador reaver o imóvel alugado. O locatário, todavia, poderá devolvê-lo, pagando a multa pactuada, proporcionalmente ao período de cumprimento do contrato, ou, na sua falta, a que for judicialmente estipulada". Como se pode notar, a alteração principal é que não há mais menção ao art. 924 do Código Civil de 1916, mas apenas à redução da cláusula penal proporcionalmente ao cumprimento do contrato. No entanto, mesmo com a alteração do texto legal, o art. 413 do Código Civil de 2002 deve completar a regra da multa locatícia contra o locatário.

A questão foi debatida quando das *Jornadas de Direito Civil*, tão citadas nesta obra, por representarem na atualidade os eventos mais importantes do Direito Privado brasileiro, com a aprovação de enunciados doutrinários temáticos de grande relevância e amplamente utilizados pela jurisprudência nacional. De início, quando, na *III Jornada de Direito Civil*, em 2004, foi aprovado o Enunciado n. 179, segundo o qual "a regra do art. 572 do novo CC é aquela que atualmente complementa a norma do art. 4.º, 2.ª parte, da Lei 8.245/1991 (Lei de Locações), balizando o controle da multa mediante a denúncia antecipada do contrato de locação pelo locatário durante o prazo ajustado".

Naquele evento, votei contrariamente ao enunciado. Primeiro, porque, conforme antes exposto, o art. 924 do Código Civil de 1916 equivale ao art. 413 do atual Código Civil. Segundo, porque a redução da multa exagerada é um dever do magistrado, e não uma faculdade, conforme consta do art. 572 do Código Civil de 2002 ("Se a obrigação de pagar o aluguel pelo tempo que faltar constituir indenização excessiva, será facultado ao juiz fixá-la em bases razoáveis").

Em suma, sempre pensamos que esse enunciado doutrinário anterior desprezava a correlação entre os dispositivos dos dois Códigos (CC/1916 e CC/2002), ao mesmo tempo em que contrariava a função social dos contratos, uma vez que um dos principais aspectos desse princípio é a redução equitativa da cláusula penal como um dever do magistrado (redução *ex officio*).

Justamente por isso, na *IV Jornada de Direito Civil*, em 2006, propus o cancelamento do Enunciado n. 179, a ser substituído por outro que estabelecesse que o art. 413 do CC/2002 é o que complementa a segunda parte do art. 4.º da Lei de Locação. Foi o que ocorreu, pois foi aprovado, por maioria de votos, o Enunciado n. 357 do CJF/STJ, com a seguinte redação: "O art. 413 do Código Civil é o que complementa o art. 4.º da Lei 8.245/1991. Revogado o Enunciado n. 179 da *III Jornada*".

Além do argumento de violação à função social dos contratos, foram utilizadas, na ocasião, outras teses de direito intertemporal. A primeira tese é de que o art. 572 do Código de 2002 é norma especial, devendo ser aplicada à locação de coisas que segue a codificação privada. Assim sendo, para a locação de imóvel urbano deve ser aplicado o art. 413 do Código, dispositivo equivalente, em parte, ao art. 924 do CC/1916 anteriormente mencionado no art. 4.º da Lei n. 8.245/1991. A segunda premissa está relacionada com o art. 2.046 do atual Código Civil, importante norma de direito intertemporal a seguir transcrita: "Art. 2.046. Todas as remissões, em diplomas legislativos, aos Códigos referidos no artigo antecedente, consideram-se feitas às disposições correspondentes deste Código".

Este último comando legal preceitua que todas as remissões constantes em leis especiais com relação ao Código Civil de 1916 e ao Código Comercial (mencionados no art. 2.045 do Código de 2002) devem ser tidas como feitas aos dispositivos correspondentes no novo Código Civil. Ora, o art. 4.º da Lei de Locação fazia referência ao art. 924 do CC/1916 que equivale parcialmente ao art. 413 do CC/2002, o que pode ser conferido por meio de um bom *Código Civil confrontado*. O art. 572 do CC/2002 não tem correspondente na codificação anterior. Em conclusão, o enunciado anterior desprezava essa correlação, o que justificou o seu cancelamento pelos doutrinadores presentes na *IV Jornada de Direito Civil*, no ano de 2006.

Partindo para a análise da efetividade do princípio da função social dos contratos – que também se aplica à locação imobiliária –, no art. 413 do CC/2002, há a determinação da possibilidade de redução razoável da multa. E, para a redução da cláusula penal, prevê a parte final do comando legal que devem ser levadas em conta a finalidade e a utilidade da cláusula penal e do contrato. A função que o contrato assume perante o meio que o cerca deve servir, do mesmo modo, de parâmetro para que o juiz reduza a multa.

Em suma, conclui-se que a nova redação dada à Lei de Locação pela Lei n. 12.112/2009 não afasta a incidência do art. 413 do Código Civil de 2002 à multa locatícia, sendo perfeitamente possível a redução por equidade da cláusula penal. De outra forma, pode-se afirmar que o Enunciado n. 357 do CJF/STJ, da *IV Jornada de Direito Civil*, ainda tem incidência prática. Concluindo dessa forma, da recente jurisprudência estadual cumpre destacar, por todos os numerosos arestos:

"Ação de cobrança. Locação de imóvel. Prazo de vigência ajustado em dez (10) anos. Denúncia imotivada do contrato locatício pela inquilina. Multa pela rescisão antecipada que se mostra devida por força contratual e legal, porém, de forma proporcional ao período em que não vigorou o negócio jurídico. Aplicação do artigo 4.º, *caput,* da Lei n.º 8.245/91 e do artigo 413 do Código Civil. Recurso desprovido" (TJSP, Apelação 1075179-89.2015.8.26.0100, Acórdão 10115616, 28.ª Câmara de Direito Privado, São Paulo, Rel. Des. Dimas Rubens Fonseca, j. 31.01.2017, *DJESP* 06.02.2017).

"Direito Civil e Processual Civil. Ação monitória. Locação. Aditivo contratual. Multa moratória. Validade. Valor excessivo. Redução. Art. 413, CC. Apelo parcialmente provido. 1. Ação monitória ajuizada buscando o recebimento de aluguéis, taxa de condomínio, tarifa de energia elétrica, multa contratual e honorários decorrentes de contrato de locação. 1.1. Apelo contra sentença que julgou parcialmente procedentes os embargos à monitória. 1.2. Insurgência da parte autora quanto à não aplicação da multa pelo atraso na entrega do imóvel, prevista em contrato aditivo. 2. Em virtude da natureza e características do contrato de locação, não se aplicam as disposições do Código de Defesa do Consumidor para o fim de afastar a multa moratória. 3. A multa para o caso de entrega do imóvel locado além do prazo estipulado é válida e deve produzir efeitos, porque pactuada livremente e isenta de qualquer defeito, na forma dos artigos 138 e seguintes do Código Civil. 3.1. Precedente do STJ: (...) A cobrança da multa moratória cumulada com compensatória, prevista no contrato de locação, originadas de fatos geradores distintos, não caracteriza *bis in idem*. (...) (REsp 487.572/PR, Rel. Ministro Arnaldo Esteves Lima, Quinta Turma, julgado em 05.10.2006, *DJ* 23.10.2006, p. 346). 4. O art. 413 do Código Civil autoriza o julgador a reduzir a multa, se a obrigação tiver sido cumprida em parte ou se o montante da penalidade for manifestamente excessivo, tendo-se em vista a natureza e a finalidade do negócio. 4.1. Na hipótese, o montante de três meses de alugueres a título de multa revela-se excessivo, tendo-se em conta que a locatária pagou grande parte dos encargos decorrentes do contrato de locação. 5. Sentença parcialmente reformada para ser acrescida à condenação a multa moratória prevista no aditivo contratual; porém, reduzida para o valor correspondente a 2 (dois) meses de aluguel. 6. Apelo parcialmente provido" (TJDF, Apelação Cível 2014.07.1.014152-7, Acórdão 988.258, 2.ª Turma Cível, Rel. Des. João Egmont Leoncio Lopes, j. 14.12.2016, *DJDFTE* 25.01.2017).

"Ação de cobrança. Alegação de decadência feita com base no parágrafo único, art. 324, do Código Civil. Inaplicabilidade. Rescisão prematura de contrato de locação. Multa. Excesso. Redução. O prazo previsto no parágrafo único, art. 324, do Código Civil só se aplica para os casos em que a dívida encontra-se representada em título. Se o locatário prematuramente extingue contrato de locação, ele tem o dever de pagar multa destinada a compensar os prejuízos causados ao locador em razão deste fato. Se a multa prevista no contrato se mostra excessiva deverá haver redução, conforme art. 413 do Código Civil" (TJMG, Apelação Cível 1.0024.11.210358-5/001, Rel. Des. Pedro Bernardes, j. 02.02.2016, *DJEMG* 19.02.2016).

No mesmo sentido, e mais recentemente, do Superior Tribunal de Justiça, citando a minha posição manifestada em outra obra:

"Como o artigo 924 do Código Civil de 1916 (indicado na Lei do Inquilinato) equivale ao artigo 413 do novel *Codex*, o critério da proporcionalidade matemática, dantes adotado para a redução judicial de cláusula penal inserta em contrato de locação, foi também substituído pelo critério da equidade corretiva. Inteligência do Enunciado 357 da *IV Jornada de Direito Civil* promovida pelo Conselho da Justiça Federal. Na espécie, o pacto locatício, celebrado em 13.04.2006, previa que, havendo a devolução da loja pela locatária, antes do término do prazo de 36 (trinta e seis) meses (contados a partir de 1.º.05.2006), esta obrigar-se-ia ao pagamento de multa compensatória no valor equivalente a 6 (seis) aluguéis (fl. 164), ou seja, R$ 10.260,00 (dez mil, duzentos e sessenta reais). Diferentemente da proporcionalidade matemática adotada pela Corte estadual – que reduziu a multa para 2,34 aluguéis, por terem sido cumpridos 14 (catorze) meses da relação jurídica obrigacional, faltando 22 (vinte e dois) meses para o encerramento regular do ajuste –, o caso reclama a observância do critério da equidade, revelando-se mais condizente a redução para 4 (quatro) aluguéis, dadas as peculiaridades do caso concreto" (STJ, REsp 1.353.927/SP, 4.ª Turma, Rel. Min. Luis Felipe Salomão, j. 17.05.2018, *DJe* 11.06.2018).

Na verdade, o art. 413 do Código Civil foi um dos comandos mais discutidos na *IV Jornada de Direito Civil*, com a aprovação de cinco enunciados doutrinários. Assim, além dos dois outros enunciados examinados (Enunciados n. 356 e n. 357), outros três devem ser aqui estudados, eis que com grande repercussão para a prática do Direito Privado.

O primeiro deles é o Enunciado n. 355, também proposto por Christiano Cassettari, preceituando que: "não podem as partes renunciar à possibilidade de redução da cláusula penal se ocorrer qualquer das hipóteses previstas no art. 413 do Código Civil, por se tratar de preceito de ordem pública". O autor do enunciado, como não poderia ser diferente, fundamentou a sua proposta na função social dos pactos e no art. 2.035, parágrafo único, do Código Civil, como está defendido em obra de sua autoria.[102]

De fato, como o art. 413 é norma de ordem pública, qualquer cláusula de renúncia ao que nele consta deve ser tida como nula. Por isso, filiei-me de forma integral à proposta de enunciado, votando favoravelmente ao seu conteúdo quando da *IV Jornada de Direito Civil*. Destaque-se que, naquela ocasião, igualmente fui um dos seus principais defensores, pois o conteúdo do enunciado exprime muito bem a eficácia interna da função social dos contratos, entre as partes contratantes e os limites de intervenção do juiz nas obrigações, ou seja, um desejado e salutar *dirigismo contratual*.

No plano jurisprudencial, afastando a possibilidade de renúncia ao conteúdo do art. 413 da codificação material, caso verificada a presença de seus pressupostos, colaciona-se:

"Locação de imóvel. Cobrança. Inclusão do fiador no polo passivo da ação. Réus que reconheceram a dívida. Ação julgada procedente. Apelação dos réus. Insurgência quanto ao termo inicial dos juros de mora: falta de interesse recursal nessa parte, posto assim decidido. Pedido de redução proporcional da multa: Possibilidade. Exegese do artigo 413 do Código Civil c.c. artigo 4.º da Lei n.º 8.245/91. Irrelevância da previsão contratual de renúncia à pretendida redução da multa. Sentença parcialmente reformada. Recurso parcialmente provido" (TJSP, Apelação 0001265-16.2008.8.26.0080, Acórdão 9881896, 32.ª Câmara de Direito Privado, Cabreúva, Rel. Des. Francisco Occhiuto Junior, j. 06.10.2016, *DJESP* 14.10.2016).

"É ineficaz a renúncia à possibilidade de redução da cláusula penal, quando a obrigação principal foi parcialmente cumprida. Trata-se, ademais, de matéria complementar ao artigo 4.º da Lei 8.245/91, e que pode ser proclamada de ofício. Enunciados 355, 356 e 357 do Conselho da Justiça Federal. Devem ser excluídos do cálculo do débito os valores constantes dos documentos de fls. 19 e 20, eis que, ao revés do que alega o apelado, são relativos ao período cobrado. Incabível alegação de falta de interesse de agir e existência de coisa julgada pelo pagamento de acordo anteriormente celebrado entre o locatário e a procuradora do locador, pois foi juntado aos autos documento não assinado por esta" (TJSP, Apelação 9090613692007826, 34.ª Câmara de Direito Privado, Rel. Des. Gomes Varjão, j. 14.03.2011, data de publicação: 21.03.2011).

Superado esse ponto, de acordo com o Enunciado n. 358 do CJF/STJ, "o caráter manifestamente excessivo do valor da cláusula penal não se confunde com a alteração de circunstâncias, a excessiva onerosidade e a frustração do fim do negócio jurídico, que podem incidir autonomamente e possibilitar sua revisão para mais ou para menos". O autor desse enunciado doutrinário é o jurista Otávio Rodrigues Jr., sendo o seu teor bem interessante.

Por certo é que o valor excessivo da cláusula penal não se confunde com os institutos apontados no enunciado doutrinário. A alteração das circunstâncias e

---

[102] CASSETTARI, Christiano. *Multa contratual*. Teoria e prática, cit., p. 95-96.

a excessiva onerosidade constituem outras espécies jurídicas também a motivar a revisão ou resolução da obrigação e do contrato (arts. 317 e 478 do CC/2002 e art. 6.º, inc. V, do CDC). A frustração do fim do negócio está presente quando o contrato perde a sua razão de ser, cabendo a sua resolução. Nesse sentido, prevê o Enunciado n. 166 do CJF/STJ que "a frustração do fim do contrato, como hipótese que não se confunde com a impossibilidade da prestação ou com a excessiva onerosidade, tem guarida no Direito brasileiro pela aplicação do art. 421 do Código Civil". A frustração do fim do contrato, portanto, tem relação com a eficácia interna da função social do contrato, como reconhecem Antonio Junqueira de Azevedo e Francisco Marino, em atualização à obra de Orlando Gomes.[103]

O último enunciado doutrinário da *IV Jornada* relativo ao art. 413 do CC/2002 é o de número 359, *in verbis*: "a redação do art. 413 do Código Civil não impõe que a redução da penalidade seja proporcionalmente idêntica ao percentual adimplido". Segundo o seu proponente, Jorge Cesa Ferreira da Silva:

> "A pena deve ser reduzida equitativamente. Muito embora a 'proporcionalidade' faça parte do juízo de equidade, ela não foi referida no texto e tal circunstância não é isenta de conteúdo normativo. Ocorre que o juízo de equidade é mais amplo do que o juízo de proporcionalidade, entendida esta como 'proporcionalidade direta' ou 'matemática'. Assim, por exemplo, se ocorreu adimplemento de metade do devido, isso não quer dizer que a pena prevista deve ser reduzida em 50%. Serão as circunstâncias do caso que determinarão. Entrarão em questão os interesses do credor, não só patrimoniais, na prestação, o grau de culpa do devedor, a situação econômica deste, a importância do montante prestado, entre outros elementos de cunho valorativo".[104]

Nesse ponto tem total razão o jurista gaúcho, eis que a razoabilidade – mais baseada em fatores subjetivos – não se confunde com a proporcionalidade – fundada em critérios objetivos, como a matemática estrita. Por isso esse enunciado também contou com o meu apoio doutrinário na *IV Jornada de Direito Civil*, realizada em outubro de 2006.

Consigne-se que a última ementa doutrinária aplica-se à multa locatícia contra o locatário, que não obrigatoriamente deve ser reduzida pela estrita proporcionalidade ao montante cumprido pelo contrato. Em suma, reitere-se que a nova redação dada ao art. 4.º da Lei de Locação pela Lei n. 12.112/2009 não afasta a sua incidência no campo doutrinário e jurisprudencial.

Ainda a ilustrar, afastando a redução estritamente proporcional da cláusula penal, vejamos *decisum* do Superior Tribunal de Justiça, relativo à redução da multa em contrato entre o apresentador Celso de Freitas e a Rede Globo de Televisão, com citação ao meu trabalho e dos enunciados das Jornadas de Direito Civil ora estudados:

---
[103] GOMES, Orlando. *Contratos*. Coordenação de Edvaldo Brito. 26. ed. atualizada por Antonio Junqueira de Azevedo e Francisco Marino. Rio de Janeiro: Forense, 2007. p. 51.
[104] SILVA, Jorge Cesa Ferreira da. *Inadimplemento das obrigações*, cit., p. 273.

"Recurso especial. Código Civil. Contrato com cláusula de exclusividade celebrado entre rede de televisão e apresentador (âncora) de telejornal. Art. 413 do CC. Cláusula penal expressa no contrato. 1. A cláusula penal é pacto acessório, por meio do qual as partes determinam previamente uma sanção de natureza civil – cujo escopo é garantir o cumprimento da obrigação principal –, além de estipular perdas e danos em caso de inadimplemento parcial ou total de um dever assumido. Há dois tipos de cláusula penal, o vinculado ao descumprimento total da obrigação e o que incide quando do incumprimento parcial desta. A primeira é denominada pela doutrina como compensatória e a segunda como moratória. 2. A redução equitativa da cláusula penal a ser feita pelo juiz quando a obrigação principal tiver sido cumprida em parte não é sinônimo de redução proporcional. A equidade é cláusula geral que visa a um modelo ideal de justiça, com aplicação excepcional nos casos legalmente previstos. Tal instituto tem diversas funções, dentre elas a equidade corretiva, que visa ao equilíbrio das prestações, exatamente o caso dos autos. 3. Correta a redução da cláusula penal em 50%, visto que o critério adotado pelo Código Civil de 2002 é o da equidade, não havendo falar em percentual de dias cumpridos do contrato. No caso, as rés informaram à autora sobre a rescisão contratual quando os compromissos profissionais assumidos com outra emissora de televisão já estavam integralmente consolidados. 4. Entender de modo contrário, reduzindo a cláusula penal de forma proporcional ao número de dias cumpridos da relação obrigacional, acarretaria justamente extirpar uma das funções da cláusula penal, qual seja, a coercitiva, estimulando rupturas contratuais abruptas em busca da melhor oferta do concorrente e induzindo a prática da concorrência desleal. 5. Sob a vigência do Código Civil de 1916, era facultado ao magistrado reduzir a cláusula penal caso o adimplemento da obrigação fosse tão somente parcial, ao passo que no vigente Código de 2002 se estipulou ser dever do juiz reduzir a cláusula penal, se a obrigação principal tiver sido cumprida em parte, ou se o montante da penalidade for manifestamente excessivo, afastando-se definitivamente o princípio da imutabilidade da cláusula penal. A evolução legislativa veio harmonizar a autonomia privada com o princípio da boa-fé objetiva e função social do contrato, instrumentário que proporcionará ao julgador a adequada redução do valor estipulado a título de cláusula penal, observada a moldura fática do caso concreto. 6. No caso ora em exame, a redução da cláusula penal determinada pelas instâncias inferiores ocorreu em razão do cumprimento parcial da obrigação. Ainda que se considere a cláusula penal em questão como compensatória, isso não impossibilita a redução do seu montante. Houve cumprimento substancial do contrato então vigente, fazendo-se necessária a redução da cláusula penal. (...)" (STJ, REsp 1.186.789/RJ, 4.ª Turma, Rel. Min. Luis Felipe Salomão, j. 20.03.2014, DJe 13.05.2014).

Também como relevante ilustração, cite-se o caso *Latino x Rede TV*, igualmente com menção ao nosso trabalho, constando da ementa do aresto que "a multa contratual deve ser proporcional ao dano sofrido pela parte cuja expectativa fora frustrada, não podendo traduzir valores ou penas exorbitantes ao descumprimento do contrato. Caso contrário, poder-se-ia consagrar situação incoerente, em que o inadimplemento parcial da obrigação se revelasse mais vantajoso que sua satisfação integral. Outrossim, a redução judicial da cláusula penal, imposta pelo artigo 413 do Código Civil nos casos de cumprimento parcial da obrigação principal ou de evidente excesso do valor fixado, deve observar o critério da equidade, não significando redução proporcional. Isso porque a equidade é cláusula geral que visa a um modelo ideal de justiça, com aplicação excepcional nas hipóteses legalmente previstas. Tal instituto tem diversas funções, dentre elas a equidade corretiva, que visa ao equilíbrio das prestações" (STJ, REsp 1.466.177/SP, 4.ª Turma, Rel. Min. Luis Felipe Salomão, j. 20.06.2017, *DJe* 1.º.08.2017). Ao final, a multa contratual, fixada em R$ 1 milhão, foi reduzida à metade pelos julgadores.

Ainda sobre o art. 413, *na V Jornada de Direito Civil* (2011) foi dado um passo importante quanto à sua abrangência, aprovando-se proposta doutrinária sobre a sua subsunção no âmbito trabalhista. Nesse sentido, vejamos a ementa do juiz do trabalho e Professor Marcelo Moura: "as multas previstas nos Acordos e Convenções Coletivas de Trabalho, cominadas para impedir o descumprimento das disposições normativas constantes desses instrumentos, em razão da negociação coletiva dos sindicatos e empresas, têm natureza de cláusula penal e, portanto, podem ser reduzidas pelo juiz do trabalho quando cumprida parcialmente a cláusula ajustada, ou quando se tornaram excessivas para o fim proposto, nos termos do art. 413 do Código Civil" (Enunciado n. 429).

Diante da necessária interação entre o Direito Civil e o Direito do Trabalho, tendência dos Tribunais Trabalhistas, o enunciado em questão merece apoio. E o seu teor deve prevalecer mesmo com a recente *Reforma Trabalhista,* que traz o primado de que o *clausulado prevalece sobre o legislado.* Por certo que o clausulado não pode implicar retrocesso social, em lesão aos direitos fundamentais e às normas de ordem pública.

Como outra nota relevante a respeito da redução equitativa da cláusula penal, reafirmo a minha posição no sentido de que o limite da multa compensatória em 100% da dívida, ou seja, no que corresponder ao valor da obrigação principal, vale tanto para os contratos civis quanto para os de consumo. Porém, em havendo excesso no caso dos últimos, caberá a sua redução equitativa, nos termos do art. 413 do Código Civil, aplicado, em *diálogo das fontes,* para os negócios de consumo.

Nessa linha, cite-se julgado do Superior Tribunal de Justiça, segundo o qual, "na hipótese em exame, o valor da multa penitencial, de 25 a 100% do montante contratado, transfere ao consumidor os riscos da atividade empresarial desenvolvida pelo fornecedor e se mostra excessivamente onerosa para a parte menos favorecida, prejudicando o equilíbrio contratual. É equitativo reduzir o valor da multa aos patamares previstos na Deliberação Normativa nº 161 de 09.08.1985 da EMBRATUR, que fixa o limite de 20% do valor do contrato às desistências, condicionando a cobrança de valores superiores à efetiva prova de gastos irrecuperáveis pela agência de turismo" (STJ, REsp 1.580.278/SP, 3.ª Turma, Rel. Min. Nancy Andrighi, j. 21.08.2018, *DJe* 03.09.2018).

Como outro aspecto a ser destacado sobre o art. 413 do Código Civil, sabe-se que a Lei n. 13.786/2018, conhecida como "Lei dos Distratos", estabeleceu penalidades de 25% a 50% do valor pago para os casos de inadimplemento do contrato por parte dos adquirentes.

Essas multas superam em muito o que vinha sendo aplicado pela jurisprudência superior – entre 10% e 25% –, e, sendo exageradas e desproporcionais, o que depende de análise de acordo com as peculiaridades do caso concreto, será imperiosa a sua redução. Nesse sentido, cite-se a posição doutrinária de José Fernando Simão sobre a multa de 50%, em nosso *Código Civil comentado*, publicado por esta mesma casa editorial: "a cláusula penal de 50% imposta pela Lei n. 13.786/2018, que alterou o texto da Lei n. 4.591/1964, com a criação do art. 67-A no caso de desistência da aquisição pelo adquirente do imóvel sujeito ao regime do patrimônio de afetação, revela-se excessiva, *ab initio*. Primeiro, porque a multa nasce em um contrato por adesão em que o adquirente não pode debater seu conteúdo (natureza do negócio). Depois, porque trata de aquisição da casa própria (muitas vezes, finalidade do negócio). Por último, porque é superior a todas as demais multas previstas no ordenamento jurídico brasileiro".[105] As palavras do jurista são também as minhas.

Como última questão a respeito do art. 413 do CC, tem-se debatido intensamente a possibilidade de seu afastamento em contratos paritários, sobretudo celebrados entre empresas, tese que é defendida por José Fernando Simão desde as discussões havidas quando da *IV Jornada de Direito Civil* e que ganhou força com a Lei da Liberdade Econômica (Lei n. 13.874/2019), sobretudo com as novas regras dos arts. 113, § 2.º, e 421-A do Código Civil. Nos termos da nova disposição inserida na Parte Geral da codificação, "as partes poderão livremente pactuar regras de interpretação, de preenchimento de lacunas e de integração dos negócios jurídicos diversas daquelas previstas em lei".

O meu entendimento continua sendo pela inafastabilidade atual do art. 413 por convenção entre as partes ou cláusula contratual, por se tratar de norma cogente ou de ordem pública. Pode ser utilizado como argumento a própria Lei da Liberdade Econômica, pelo que está no seu art. 3.º, inc. VIII, ao assegurar "a garantia de que os negócios jurídicos empresariais paritários serão objeto de livre estipulação das partes pactuantes, de forma a aplicar todas as regras de direito empresarial apenas de maneira subsidiária ao avençado, exceto normas de ordem pública". Como se pode notar, a parte final do comando assegura, mesmo em negócios paritários, o respeito às normas cogentes ou de ordem pública.

De toda sorte, parece-me que as partes podem criar normas contratuais prevendo critérios para que a cláusula penal seja reduzida, tendo em vista as suas posições econômicas, o grau de culpa e até mesmo o percentual de cumprimento. Assim, chega-se a um meio de caminho, em que muitas vezes está a virtude. Nessa linha, o Enunciado n. 649, aprovado na *IX Jornada de Direito Civil*, no ano de 2022: "o art. 421-A, inc. I, confere às partes a possibilidade de estabelecerem critérios para a redução da cláusula penal, desde que não seja afastada a incidência do art. 413". Vale lembrar que o dispositivo citado preceitua

---

[105] SIMÃO, José Fernando. *Código Civil comentado*. Rio de Janeiro: Forense, 2019. p. 236.

que "os contratos civis e empresariais presumem-se paritários e simétricos até a presença de elementos concretos que justifiquem o afastamento dessa presunção, ressalvados os regimes jurídicos previstos em leis especiais, garantido também que: I – as partes negociantes poderão estabelecer parâmetros objetivos para a interpretação das cláusulas negociais e de seus pressupostos de revisão ou de resolução"; o que está em sentido muito próximo ao antes citado art. 113, § 2.º, da própria codificação. Acredito que as discussões jurídicas a respeito dessa questão devem ser incrementadas nos próximos anos.

Para encerrar o estudo do controle da cláusula penal, anoto que no projeto de Reforma do Código Civil há proposta de se inserir no art. 413 o teor do Enunciado n. 649, da *IX Jornada de Direito Civil*. Além disso, por proposta do relator da subcomissão de Direito das Obrigações, Professor José Fernando Simão, sugere-se a menção à impossibilidade de redução da multa nos contratos paritários e simétricos, o que guarda sintonia com outras proposições do projeto, para redução da intervenção em grandes contratos.

Por isso, aliás, acabei cedendo doutrinariamente para essa modificação, passando o comando a prever o seguinte, com destaque para o seu parágrafo único: "Art. 413. A penalidade deve ser reduzida equitativamente pelo juiz, se a obrigação principal tiver sido cumprida em parte ou se o montante da penalidade for manifestamente excessivo, tendo-se em vista a natureza e a finalidade do negócio. Parágrafo único. Em contratos paritários e simétricos, o juiz não poderá reduzir o valor da cláusula penal sob o fundamento de ser manifestamente excessiva, mas as partes, contudo, podem estabelecer critérios para a redução da cláusula penal".

Superado o importante art. 413 do CC/2002, é interessante analisar outras regras previstas para a cláusula penal ou multa, que tratam ainda mais especificamente dos seus efeitos, de sua concreção prática.

Segundo o art. 411 do CC/2002, "quando se estipular a cláusula penal para o caso de mora, ou em segurança especial de outra cláusula determinada, terá o credor o arbítrio de exigir a satisfação da pena cominada, juntamente com o desempenho da obrigação principal". Por tal comando, na hipótese de multa moratória, haverá uma faculdade cumulativa ou conjuntiva a favor do credor, de exigir a multa *e* (+) a obrigação principal. A título de exemplo, nos casos de locação, o locador pode exigir os valores locatícios, além da multa moratória, geralmente pactuada em 10% do valor dos aluguéis. Como outra concretização da norma, a jurisprudência superior admite a cumulação de multa moratória, por atraso da obra, com lucros cessantes (STJ, REsp 1.642.314/SE, 3.ª Turma, Rel. Min. Nancy Andrighi, j. 16.03.2017, *DJe* 22.03.2017).

No entanto, no caso de multa compensatória, esta se converterá em alternativa a benefício do credor, que poderá exigir a cláusula penal *ou* as perdas e danos, havendo uma *faculdade disjuntiva* (art. 410 do CC). No mesmo caso da locação, deve o locador optar entre o valor da multa compensatória – geralmente em três aluguéis, que não exigem prova do prejuízo –, ou das perdas e danos que eventualmente sofreu, e que terá que provar.

Em suma, os dispositivos podem ser assim explicados, por meio de fórmulas matemáticas:

> Multa moratória = obrigação principal + multa
> Multa compensatória = obrigação principal **ou** multa

Sendo a obrigação indivisível e havendo vários devedores, caindo em falta um deles, por culpa *lato sensu*, todos incorrerão na pena. Entretanto, a cláusula penal somente poderá ser demandada integralmente do culpado, respondendo cada um dos outros só pela sua quota (art. 414 do CC). Se a obrigação for de entrega de um touro reprodutor, com cinco devedores e uma multa moratória de R$ 1.000,00, na hipótese em que houver culpa de apenas um deles quanto ao atraso, apenas deste a multa poderá ser exigida na totalidade (R$ 1.000,00). Quanto aos demais, somente poderá ser exigida a quota correspondente, ou seja, R$ 200,00. Mesmo assim, aos não culpados fica reservada a ação regressiva contra aquele que deu causa à aplicação da pena (art. 414, parágrafo único, do CC).

Como já concluiu corretamente a jurisprudência, a norma não incide em caso de obrigação solidária, mas apenas indivisível (TJRS, Apelação 0478408-76.2013.8.21.7000, 17.ª Câmara Cível, Porto Alegre, Rel. Des. Marta Borges Ortiz, j. 24.09.2015, *DJERS* 06.10.2015). Havendo solidariedade passiva, deve-se aplicar à cláusula penal a mesma solução prevista para os juros, constante do art. 280 do Código Civil, a saber: "todos os devedores respondem pelos juros da mora, ainda que a ação tenha sido proposta somente contra um; mas o culpado responde aos outros pela obrigação acrescida". Assim já decidiu o Tribunal paulista: "indiscutível a solidariedade entre os devedores, a cláusula penal prevista contratualmente há de ser exigida integralmente de qualquer um dos devedores solidários, já que compõe o valor da obrigação originalmente assumida por todos" (TJSP, Agravo de Instrumento 512.896-4/00, Rel. Des. Romeu Ricúpero, j. 31.10.2007).

Sob outro prisma, quando a obrigação for divisível, aquela que pode ser cumprida em partes ou de forma fracionada, só incorre na pena o devedor ou o herdeiro do devedor que a infringir, e proporcionalmente à sua parte na obrigação (art. 415 do CC). A título de ilustração, se a obrigação foi de entrega de 120 sacas de grãos, com três devedores, e se um deles descumprir a obrigação, somente sobre ele incidirá a multa e na proporção das 40 sacas que tenha que entregar. Como se nota, já há uma redução natural da cláusula penal, de acordo com o dever de cada uma das partes.

O art. 416, *caput*, do CC/2002 enuncia que a parte interessada não precisa provar o prejuízo para ter direito à multa. Trata-se de norma que evidencia a natureza indenizatória da cláusula penal, como antecipação das perdas e danos. Pelo mesmo comando, e como regra geral, ainda que o prejuízo exceda a cláusula penal, o prejudicado não poderá exigir indenização suplementar, se tal regra não constar do contrato.

Conforme se retira de decisão do Superior Tribunal de Justiça, com didática elogiável:

"Não se pode cumular multa compensatória prevista em cláusula penal com indenização por perdas e danos decorrentes do inadimplemento da obrigação. Enquanto a cláusula penal moratória manifesta com mais evidência a característica de reforço do vínculo obrigacional, a cláusula penal compensatória prevê indenização que serve não apenas como punição pelo inadimplemento, mas também como prefixação de perdas e danos. A finalidade da cláusula penal compensatória é recompor a parte pelos prejuízos que eventualmente decorram do inadimplemento total ou parcial da obrigação. Tanto assim que, eventualmente, sua execução poderá até mesmo substituir a execução do próprio contrato. Não é possível, pois, cumular cláusula penal compensatória com perdas e danos decorrentes de inadimplemento contratual. Com efeito, se as próprias partes já acordaram previamente o valor que entendem suficiente para recompor os prejuízos experimentados em caso de inadimplemento, não se pode admitir que, além desse valor, ainda seja acrescido outro, com fundamento na mesma justificativa – a recomposição de prejuízos" (STJ, REsp 1.335.617/SP, Rel. Min. Sidnei Beneti, j. 27.03.2014, publicado no seu *Informativo* n. 540).

Entretanto, se no contrato estiver prevista essa possibilidade de cumulação, funcionará a multa como *taxa mínima de indenização*, cabendo ao credor provar o prejuízo excedente para fazer *jus* à indenização suplementar. Essa última regra não constava do Código Civil anterior e foi inserida no parágrafo único do art. 416. Na prática contratual, são raras as situações em que se pactua essa possibilidade de cumulação, mormente nos contratos empresariais entre partes de grande vulto econômico.

Vejamos um exemplo de aplicação do novo dispositivo. *A* contrata com *B* a compra de um estabelecimento comercial pelo último, que vale R$ 500.000,00. O instrumento prevê multa compensatória de R$ 50.000,00 e a possibilidade de a parte pleitear a indenização suplementar. *A* descumpre o pactuado, fazendo com que *B* sofra um prejuízo de R$ 30.000,00 diante de contratos já celebrados com fornecedores. Nesse caso, *B* poderá exigir a multa pactuada como taxa mínima ou o cumprimento do contrato, depositando para tanto o preço. Se quiser a multa, não precisará provar o prejuízo suportado.

Contudo, se o seu prejuízo for de R$ 80.000,00 e constar a cláusula que dá direito a *B* à indenização suplementar, o credor poderá pleitear os R$ 80.000,00 ou o cumprimento do contrato. No primeiro caso, terá somente que provar o prejuízo excedente à multa, ou seja, de R$ 30.000,00. Quanto aos R$ 50.000,00, não precisará provar o prejuízo.

O ônus da prova desse prejuízo suplementar cabe ao credor, pela regra constante dos arts. 402 a 404 do Código Civil. Nessa linha, decidiu o Tribunal de Minas Gerais: "conforme expressa redação do parágrafo único do art. 416 do CC/2002, competia ao autor provar o que é 'suplementar' ao ressarcimento 'mínimo' representado pelo *quantum* da cláusula penal ajustada. Todavia, limitando-se o autor ao campo das meras alegações, não há que se falar em indenização suplementar, ou seja, em condenação dos réus ao pagamento de quaisquer valores suplementares a título de fruição do imóvel" (TJMG, Apelação Cível 1.0024.11.041175-8/001, Rel. Des. Eduardo Mariné da Cunha, j. 03.11.2016, *DJEMG* 17.11.2016). Ou do Tribunal do Paraná: "condenação de indenização por fruição dos imóveis. Lote não edificado. Ausência de prova de uso pelo apelante II e de prejuízo pelo apelante I. Não demonstrado prejuízo que tenha excedido a multa compensatória. Parágrafo único do art. 416 do Código Civil. Indenização suplementar indevida" (TJPR, Apelação Cível 1534813-3, 12.ª Câmara Cível, Guarapuava, Rel. Des. Ivanise Maria Tratz Martins, j. 05.10.2016, *DJPR* 24.10.2016, p. 166).

Por outra via, admitindo tal cumulação, especialmente pelo fato de ter havido prova do prejuízo pelo credor, vejamos o seguinte julgado paulista:

"Compromisso de compra e venda. Imóvel. Resolução do contrato por inadimplemento dos compradores. Efeitos da resolução. Incidência da cláusula penal prevista para o inadimplemento dos adquirentes que não impede a indenização suplementar postulada pelos alienantes, pois prevista expressamente tal possibilidade em contrato, com amparo na previsão do art. 416, parágrafo único, do Código Civil. Devida taxa pelo período de ocupação indevida do imóvel, até para fim de evitar o enriquecimento sem causa dos réus. Despesas de IPTU e condomínio que também devem ser arcadas pelos requeridos durante o período em que usufruíram do bem. Recurso dos autores parcialmente provido, e recurso adesivo dos réus não conhecido por ausência de preparo" (TJSP, Apelação Cível 1002034-09.2013.8.26.0152, Acórdão 8783186, 1.ª Câmara de Direito Privado, Cotia, Rel. Des. Francisco Loureiro, j. 08.09.2015, *DJESP* 11.09.2015).

Ainda quanto a essa novidade, cumpre destacar a aprovação de enunciado polêmico a respeito do art. 416, parágrafo único, do CC, na *V Jornada de Direito Civil* (novembro de 2011): "no contrato de adesão, o prejuízo comprovado do aderente que exceder ao previsto na cláusula penal compensatória poderá ser exigido pelo credor, independentemente de convenção" (Enunciado n. 430). A premissa contraria expressamente o que consta do comando legal. Todavia, traz interessante conclusão de proteção do aderente como parte vulnerável da relação contratual, tendência sentida pela leitura dos arts. 423 e 424 do CC/2002. Nota-se claramente a prevalência da função sobre a estrutura, o que conta com o meu apoio doutrinário.

O projeto de Reforma do Código Civil pretende inserir o texto do enunciado na lei, chancelando essa posição da doutrina. Assim, o art. 416 passará a prever, em boa hora, em seu parágrafos e sem qualquer modificação no seu *caput*: "§ 1.º Ainda que o prejuízo exceda ao previsto na cláusula penal, não pode o credor exigir indenização suplementar, se assim não foi convencionado; contudo, se o tiver sido, a pena vale como mínimo da indenização, competindo ao credor provar o prejuízo excedente. § 2.º Nos contratos de adesão, independentemente de convenção, poderá o aderente pleitear perdas e danos complementares, desde que comprove prejuízos que excedam ao previsto na cláusula penal".

Superada a análise da cláusula penal, parte-se para as arras ou sinal, que têm natureza jurídica muito próxima da cláusula penal.

7. DAS ARRAS OU SINAL

As arras podem ser conceituadas como o sinal, o valor dado em dinheiro ou o bem móvel entregue por uma parte à outra, quando do contrato preliminar, visando a trazer a presunção de celebração do contrato definitivo. As arras são normalmente previstas em compromissos de compra e venda de imóvel. Como anotado por Beviláqua, no Direito Romano as arras tinham o duplo efeito de confirmar o contrato e de permitir o seu arrependimento com a perda do valor pago.[106] Na contemporaneidade, está tratada em praticamente todos os Códigos Privados de raiz romano-germânica.

Trata-se do último instituto previsto no capítulo de teoria geral das obrigações (arts. 417 a 420 do CC), particularmente quanto ao inadimplemento obrigacional e à responsabilidade contratual, com o qual há certa relação. Todavia, a matéria mantém maior interação com o Direito Contratual, razão pela qual seria até melhor se estivesse tratada na matéria da teoria geral dos contratos. No entanto, diante de sua colocação topográfica no Código Civil, o tema será analisado neste livro.

Exemplificando a sua aplicação, imagine-se o caso em que é celebrado um compromisso de compra e venda de imóvel com valor de R$ 1.000.000,00. Para tornar definitivo o contrato, o compromissário comprador paga R$ 100.000,00 ao promitente vendedor.

Nesse sentido, se, por ocasião da conclusão do contrato, uma parte der à outra, a título de arras, dinheiro ou outro bem móvel, deverão estas, em caso de execução, ser restituídas ou computadas na prestação devida, se do mesmo gênero da principal (art. 417 do CC/2002). Por esse comando legal, percebe-se a primeira função do sinal, qual seja a de funcionar como antecipação do pagamento, valendo como *desconto* quando do pagamento do valor total da obrigação.

As arras também têm outras duas funções, na linha do exposto por Beviláqua. A primeira delas é tornar definitivo o contrato preliminar. A segunda é funcionar como antecipação das perdas e danos, ou seja, como penalidade. Essa função de penalidade está dentro da antecipação das perdas e danos, o que aproxima o instituto da cláusula penal, antes abordada. De acordo com o tratamento dado pelo Código Civil brasileiro de 2002, a exemplo de outros sistemas, duas são as espécies de arras ou sinal.

Primeiramente, há as *arras confirmatórias*, presentes na hipótese em que não constar a possibilidade de arrependimento quanto à celebração do contrato definitivo, tratando-se da regra geral. Nesse caso, aplica-se o art. 418 do CC, que tinha a seguinte redação anterior: "se a parte que deu as arras não executar o contrato, poderá a outra tê-lo por desfeito, retendo-as; se a inexecução for de quem recebeu as arras, poderá quem as deu haver o contrato por desfeito, e exigir sua devolução mais o equivalente, com atualização monetária segundo índices oficiais regularmente estabelecidos, juros e honorários de advogado".

---

[106] BEVILÁQUA, Clóvis. *Código Civil dos Estados Unidos do Brasil*, cit., p. 210.

Com a antes citada Lei n. 14.905/2024 foi retirada a menção a índices oficiais, já que estes passaram a ser o IPCA como regra, organizando-se melhor o comando em incisos, mas sem alteração do seu conteúdo:

> "Art. 418. Na hipótese de inexecução do contrato, se esta se der: I – por parte de quem deu as arras, poderá a outra parte ter o contrato por desfeito, retendo-as; II – por parte de quem recebeu as arras, poderá quem as deu haver o contrato por desfeito e exigir a sua devolução mais o equivalente, com atualização monetária, juros e honorários de advogado".

Anoto que o dispositivo menciona o "equivalente" e não mais o dobro do valor pago – como estava no art. 1.095 do CC/1916 –, pois é possível que sejam dados em arras outros bens, que não dinheiro. Nesse sentido, recente aresto do Superior Tribunal de Justiça, citando a posição de José Fernando Simão, constante no nosso *Código Civil Comentado*, publicado por esta mesma casa editorial:

> "O Código Civil de 2002, em seu art. 418, não mais utiliza o termo 'dobro' previsto no Código Civil de 1916 tendo em vista o fato de que pode ser dado a título de arras bens diferentes do dinheiro, sendo preferível a expressão 'mais o equivalente' adotada pela novel legislação. Do exame do disposto no art. 418 do Código Civil é forçoso concluir que, na hipótese de inexecução contratual imputável, única e exclusivamente, àquele que recebeu as arras, estas devem ser devolvidas mais o equivalente" (STJ, REsp 1.927.986/DF, 3.ª Turma, Rel. Min. Nancy Andrighi, j. 22.06.2021, *DJe* 25.06.2021).

Ainda nessa primeira hipótese, a parte inocente pode pedir indenização suplementar, se provar maior prejuízo, valendo as arras como taxa mínima de indenização. A ilustrar, coleciona-se julgado do Superior Tribunal de Justiça que aplicou a norma privada de 2002. A decisão é interessante, pois está em *diálogo* com o Código de Defesa do Consumidor, concluindo que o art. 53 da Lei n. 8.078/1990 – que trata da nulidade da cláusula de perda de todas as parcelas pagas em financiamentos em geral – não revogou o art. 418 do Código Civil de 2002:

> "Recurso especial. Contrato de promessa de compra e venda. Resilição pelo promitente-comprador. Retenção das arras. Impossibilidade. Devolução dos valores pagos. Percentual que deve incidir sobre todos os valores vertidos e que, na hipótese, se coaduna com a realidade dos autos. Majoração. Impossibilidade, na espécie. Recurso especial improvido. 1. A Colenda Segunda Seção deste Superior Tribunal de Justiça já decidiu que o promitente-comprador, por motivo de dificuldade financeira, pode ajuizar ação de rescisão contratual e, objetivando, também reaver o reembolso dos valores vertidos (EREsp 59870/SP, 2.ª Seção, Rel. Min. Barros, *DJ* 09.12.2002, p. 281). 2. As arras confirmatórias constituem um pacto anexo cuja finalidade é a entrega de algum bem, em geral determinada soma em dinheiro, para assegurar ou confirmar a obrigação principal assumida e, de igual modo, para garantir o exercício do direito de desistência. 3. Por ocasião da rescisão contratual, o valor dado a título de sinal (arras) deve ser restituído ao *reu debendi*, sob pena de enriquecimento ilícito. 4. O artigo 53 do Código de Defesa do Consumidor não revogou o disposto no artigo 418 do Código Civil, ao contrário,

apenas positivou na ordem jurídica o princípio consubstanciado na vedação do enriquecimento ilícito, portanto, não é de se admitir a retenção total do sinal dado ao promitente-vendedor. 5. O percentual a ser devolvido tem como base de cálculo todo o montante vertido pelo promitente-comprador, nele se incluindo as parcelas propriamente ditas e as arras. 6. É inviável alterar o percentual da retenção quando, das peculiaridades do caso concreto, tal montante se afigura razoavelmente fixado. 7. Recurso especial improvido" (STJ, REsp 1.056.704/MA, 3.ª Turma, Rel. Min. Massami Uyeda, j. 28.04.2009, *DJe* 04.08.2009).

Mais recentemente, confirmando essa posição anterior, pronunciou-se o Tribunal da Cidadania no sentido de que, "consoante a jurisprudência pacífica desta Corte, o arrependimento do promitente comprador de unidade habitacional em construção não importa em perda das arras se estas forem confirmatórias, admitindo-se, contudo, a retenção, pelo vendedor, de parte das prestações pagas, como forma de indenizá-lo pelos prejuízos eventualmente suportados com o desfazimento do negócio" (STJ, AgRg no REsp 1.394.048/PB, 3.ª Turma, Rel. Min. Ricardo Villas Bôas Cueva, j. 1.º.12.2015, *DJe* 09.12.2015). Essa retenção tem variado entre 10% e 30% do valor pago, conforme a mesma jurisprudência superior: "O Tribunal local não destoa da jurisprudência do STJ que se orienta no sentido de que, a depender das circunstâncias fáticas do caso examinado, é válida a retenção pelo promitente vendedor entre 10% e 30% do valor pago" (STJ, AgRg no REsp 1.495.240/DF, 3.ª Turma, Rel. Min. Moura Ribeiro, j. 23.08.2016, *DJe* 31.08.2016).

Por fim, no que concerne às arras confirmatórias, o mesmo STJ entende que, na hipótese de inexecução do contrato, é inadmissível a cumulação das arras com a cláusula penal compensatória, sob pena de ofensa ao princípio do *non bis in idem*. Nos termos de aresto publicado no seu *Informativo* n. 613:

"A função indenizatória das arras se faz presente não apenas quando há o lícito arrependimento do negócio (art. 420), mas principalmente quando ocorre a inexecução do contrato. Isso porque, de acordo com o disposto no art. 418, mesmo que as arras tenham sido entregues com vistas a reforçar o vínculo contratual, tornando-o irretratável, elas atuarão como indenização prefixada em favor da parte 'inocente' pelo inadimplemento do contrato, a qual poderá reter a quantia ou bem, se os tiver recebido, ou, se for quem os deu, poderá exigir a respectiva devolução, mais o equivalente. Outrossim, de acordo com o que determina o art. 419 do CC/02, a parte prejudicada pelo inadimplemento culposo pode exigir indenização suplementar, provando maior prejuízo, 'valendo as arras como taxa mínima', ou, ainda, pode requerer a execução do acordado com perdas e danos, se isso for possível, 'valendo as arras como o mínimo da indenização'. Nesse contexto, evidenciado que, na hipótese de inadimplemento do contrato, as arras apresentam natureza indenizatória, desempenhando papel semelhante ao da cláusula penal compensatória, é imperiosa a conclusão no sentido da impossibilidade de cumulação de ambos os institutos, em face do princípio geral da proibição do *non bis in idem* (proibição da dupla condenação a mesmo título)" (STJ, REsp 1.617.652/DF, Rel. Min. Nancy Andrighi, por unanimidade, j. 26.09.2017, *DJe* 29.09.2017).

Superado esse ponto, destaque-se que, não sendo celebrado o contrato definitivo, pode a parte inocente, ainda, exigir a execução do contrato, com as perdas e danos, valendo as arras, mais uma vez, como taxa mínima dos prejuízos suportados (art. 419 do CC). A norma está em sintonia com o art. 475 do Código Civil, pelo qual a parte lesada pelo inadimplemento pode optar pela rescisão do contrato ou pelo seu cumprimento, nos dois casos exigindo as perdas e danos cabíveis.

Isso tudo porque, repise-se, não havendo cláusula de arrependimento, no caso de não celebração do contrato definitivo, haverá inadimplemento, sendo permitido à parte inocente pleitear do culpado as perdas e danos suplementares, nos moldes dos arts. 402 a 404 do CC. Nesse caso, as arras terão dupla função: tornar o contrato definitivo + antecipação das perdas e danos, incluindo-se a natureza de penalidade.

Por outro lado, haverá as *arras penitenciais*, se constar do contrato a possibilidade de arrependimento, por meio de uma cláusula nesse sentido. Para que o sinal tenha tal natureza, há necessidade de previsão expressa desse arrependimento, o que não é regra, mas exceção. Nessa segunda hipótese, para qualquer das partes, as arras ou sinal terão função unicamente indenizatória – incluída a penalidade –, e não a de confirmar o contrato definitivo, como acontece na hipótese anterior, diante da possibilidade de exercício do direito potestativo de extinção, por meio da cláusula de arrependimento livremente pactuada.

Assim sendo, quem as deu perdê-las-á em benefício da outra parte; e quem as recebeu devolvê-las-á mais o equivalente. Em ambos os casos envolvendo as arras penitenciais não haverá direito à indenização suplementar, pois trata-se de exercício de um direito potestativo (art. 420 do CC). Esse dispositivo está em total sintonia com o entendimento jurisprudencial anterior à codificação de 2002, particularmente quanto à Súmula n. 412 do STF, pela qual: "no compromisso de compra e venda, com cláusula de arrependimento, a devolução do sinal, por quem o deu, ou a sua restituição em dobro, por quem o recebeu, exclui indenização maior a título de perdas e danos, salvo os juros moratórios e os encargos do processo". Pode-se sustentar que o Código Civil de 2002 apenas confirmou esse tratamento, eis que não há inadimplemento, mas apenas exercício de um direito de arrependimento.

No âmbito doutrinário, acolhendo proposta do magistrado fluminense Guilherme Couto de Castro, na *III Jornada de Direito Civil*, foi aprovado o Enunciado n. 165 do CJF/STJ, cuja redação é a seguinte: "em caso de penalidade, aplica-se a regra do art. 413 ao sinal, sejam as arras confirmatórias ou penitenciais". Está reconhecida, portanto, a *função social das arras*, o que também é indeclinável, conforme parte da doutrina vem defendendo.[107] Também dando às arras uma função social, deve-se entender que o seu limite é o mesmo da cláusula penal

---

[107] Sobre o tema, por todos: TOSCANO DE BRITO, Rodrigo. Função social dos contratos como princípio orientador na interpretação das arras. In: DELGADO, Mário Luiz; ALVES, Jones Figueirêdo. *Questões controvertidas no novo Código Civil*. São Paulo: Método, 2004. v. II, p. 369.

moratória, ou seja, 10% do valor da dívida, aplicação analógica da Lei de Usura e dos regramentos relativos à cláusula penal antes estudados.

Na jurisprudência estadual podem ser encontrados julgados que fazem incidir o art. 413 do Código Civil às arras, merecendo transcrição os seguintes:

"Apelação cível. Embargos à execução. Nulidade decorrente da ausência de título executivo. Inocorrência. Execução lastreada em fotocópia autenticada do cheque. Alto valor do título que justifica a cautela tomada pelos exequentes. Validade do documento. Precedentes. Invalidade do negócio jurídico. Proposta e recibo de sinal de negócio. Falta de aceite no documento. Notificação extrajudicial e narrativa do apelante que comprovam a aceitação da proposta pelos vendedores. Alegação de que o cheque foi entregue com a finalidade de mera reserva do imóvel. Reserva mental que não modifica o teor do negócio formalmente firmado entre as partes. Previsão explícita das arras na proposta assinada pelo apelante. Aplicação do Código de Defesa do Consumidor. Descabimento. Inexistência de hipossuficiência e vulnerabilidade. Pedido alternativo. Redução das arras. Possibilidade. Valor que se mostra excessivo, acarretando o enriquecimento sem causa. Princípio da boa-fé objetiva. Aplicação por analogia do artigo 413 do Código Civil. Quantia reduzida. Excesso de execução. Juros de mora devidos desde a apresentação do título. Correção monetária incidente desde a emissão. Recurso conhecido e parcialmente provido" (TJPR, Apelação Cível 1377144-3, 16.ª Câmara Cível, Curitiba, Rel. Juíza Conv. Vania Maria da S. Kramer, j. 03.02.2016, *DJPR* 03.03.2016, p. 414).

"Civil. Contrato de compra e venda. Rescisão. Arras. Devolução simples. Redução equitativa do valor. Se, para o caso de rescisão, o contrato de compra e venda não estabeleceu a devolução em dobro das arras dadas, tampouco a previsão de direito de arrependimento das partes, o desfazimento do negócio deve acarretar apenas a devolução das arras na sua forma simples. Revelando-se exorbitante o valor atribuído contratualmente a título de sinal, pode o juiz valer-se do disposto no artigo 413 do Código Civil (art. 924 do Código Civil de 1916) para reduzir equitativamente o montante. Embargos infringentes conhecidos e providos. Maioria" (TJDF, Recurso 2000.01.1.025885-0, Acórdão 396.913, 1.ª Câmara Cível, Rel. Desig. Des. Ana Maria Duarte Amarante Brito, *DJDFTE* 09.12.2009, p. 43).

"Ação de rescisão de compromisso de venda e compra. Impossibilidade de perdimento do valor total pago a título de arras confirmatórias, sob pena de caracterizar enriquecimento ilícito da apelada. Redução equitativa da penalidade para 10% do valor do contrato. Aplicação do art. 413 do Código Civil. Apelada que sequer tomou posse do imóvel. Rescisão do contrato que não se operou com a simples incidência de cláusula resolutiva expressa. Necessidade de decisão judicial transitada em julgado. Sucumbência recíproca caracterizada. Recurso parcialmente provido" (TJSP, Apelação com Revisão 540.877.4/4, Acórdão 2518455, 7.ª Câmara de Direito Privado, Santo André, Rel. Des. Luiz Antonio Costa, j. 12.03.2008, *DJESP* 27.03.2008).

Do Superior Tribunal de Justiça, aplicando diretamente o citado enunciado doutrinário, confira-se: "o comprador que dá causa à rescisão do contrato perde o valor do sinal em prol do vendedor. Esse entendimento, todavia, pode ser flexibilizado se ficar evidenciado que a diferença entre o valor inicial pago e o preço final do negócio é elevado, hipótese em que deve ser autorizada a redução do valor a ser retido pelo vendedor e determinada a devolução do restante para evitar o enriquecimento sem causa. Aplicação do Enunciado n. 165 das *Jornadas de Direito Civil* do CJF" (STJ, REsp 1.513.259/MS, 3.ª Turma, Rel. Min. João Otávio de Noronha, j. 16.02.2016, *DJe* 22.02.2016).

Para encerrar este capítulo, pode ser elaborado o esquema de resumo a seguir, que há tempos me acompanha em minhas aulas, a diferenciar as arras confirmatórias das arras penitenciais:

Arras confirmatórias	Arras penitenciais
– Sem cláusula de arrependimento, com perdas e danos.	– Com cláusula de arrependimento, sem perdas e danos.

4

DOS ELEMENTOS DA RESPONSABILIDADE CIVIL EXTRACONTRATUAL. ELEMENTOS SUBJETIVOS: CONDUTA HUMANA E CULPA *LATO SENSU*

Sumário: 1. Primeiras palavras. Visão geral sobre o tema e confronto com os elementos da responsabilidade civil contratual – 2. A conduta humana como primeiro elemento subjetivo da responsabilidade civil – 3. A culpa genérica ou *lato sensu* como segundo elemento subjetivo da responsabilidade extracontratual: 3.1. Conceitos de culpa *lato sensu*, dolo e culpa *stricto sensu*. Do papel principal ao papel coadjuvante; 3.2. Do dolo na responsabilidade civil e suas consequências; 3.3. Da culpa em sentido estrito (*stricto sensu*) e suas classificações e modalidades.

1. PRIMEIRAS PALAVRAS. VISÃO GERAL SOBRE O TEMA E CONFRONTO COM OS ELEMENTOS DA RESPONSABILIDADE CIVIL CONTRATUAL

O estudo dos elementos ou pressupostos da responsabilidade civil extracontratual ou *aquiliana* nunca encontrou unanimidade doutrinária no Brasil. Já começando pelos doutrinadores contemporâneos, Maria Helena Diniz aponta a existência de três elementos, a saber: *a)* existência de uma ação, comissiva ou omissiva, qualificada juridicamente, isto é, que se apresenta como ato ilícito ou lícito, pois ao lado da culpa como fundamento da responsabilidade civil há o risco; *b)* ocorrência de um dano moral ou patrimonial causado à vítima; *c)* nexo de causalidade entre o dano e a ação, o que constitui o fato gerador da responsabilidade.[1]

Para Sergio Cavalieri Filho, são três os elementos: *a)* conduta culpável; *b)* nexo causal; *c)* dano.[2] Pablo Stolze Gagliano e Rodolfo Pamplona Filho também trabalham com três pressupostos: *a)* conduta humana (positiva ou negativa); *b)* dano ou prejuízo; *c)* nexo de causalidade.[3]

Por seu turno, Cristiano Chaves de Farias, Nelson Rosenvald e Felipe Peixoto Braga Netto falam de uma *classificação tetrapartida dos pressupostos*, a saber: *a)* ato ilícito; *b)* culpa; *c)* dano; *d)* nexo causal.[4] Na estrutura de sua obra, Carlos Roberto Gonçalves igualmente leciona que são quatro os pressupostos da responsabilidade civil: *a)* ação ou omissão; *b)* culpa ou dolo do agente; *c)* relação de causalidade; *d)* dano.[5] Também prefiro há tempos trabalhar com quatro elementos, pelas justificativas que ainda serão aqui desenvolvidas.[6]

A primeira conclusão retirada da leitura dos autores citados é que, tradicionalmente, a doutrina continua considerando a culpa genérica ou *lato sensu* como pressuposto do dever de indenizar, em regra.

No entanto, existem doutrinadores que apontam ser a culpa genérica um elemento acidental da responsabilidade civil, como é o caso de Pablo Stolze Gagliano e Rodolfo Pamplona Filho. Para os juristas contemporâneos, comentando o art. 186 do Código Civil de 2002: "embora mencionada no referido dispositivo de lei por meio das expressões 'ação ou omissão voluntária, negligência ou imprudência', a culpa (em sentido lato, abrangendo do dolo) não é, em nosso novo Código, considerando a existência de outra espécie de responsabilidade, que prescinde desse elemento subjetivo para a sua configuração (a responsabilidade objetiva)".[7]

Superando até essa visão, e sendo mais avançado, há quem entenda que a regra do Código Civil brasileiro passou a ser a responsabilidade objetiva e a exceção a responsabilidade subjetiva. Nessa linha, o saudoso Sylvio Capanema de Souza afirmava que, "agora, podemos dizer, sem o risco de estarmos exagerando, que é exatamente o inverso, ou seja, a regra geral passa a ser a responsabilidade objetiva, e a exceção, a subjetiva".[8]

---

[1] DINIZ, Maria Helena. *Curso de Direito Civil brasileiro*. Responsabilidade civil, cit., p. 52-54.
[2] CAVALIERI FILHO, Sergio. *Programa de responsabilidade civil*, 12. ed., cit., p. 39-207.
[3] GAGLIANO, Pablo Stolze; PAMPLONA FILHO, Rodolfo. *Novo curso de Direito Civil*. 14. ed., cit., p. 71.
[4] FARIAS, Cristiano Chaves; ROSENVALD, Nelson; BRAGA NETTO, Felipe Peixoto. *Curso de Direito Civil*. Responsabilidade civil. 2. ed. São Paulo: Atlas, 2015. v. 3, p. 123.
[5] GONÇALVES, Carlos Roberto. *Direito Civil brasileiro*. Responsabilidade civil. 11. ed. São Paulo: Saraiva, 2016. v. 4, p. 52-55.
[6] Como consta já de forma consolidada em: TARTUCE, Flávio. *Direito Civil*. Direito das obrigações e responsabilidade civil. 13. ed. Rio de Janeiro: Forense, 2018. v. 2, Capítulo 8.
[7] GAGLIANO, Pablo Stolze; PAMPLONA FILHO, Rodolfo. *Novo curso de Direito Civil*. 14. ed., cit., p. 72.
[8] SOUZA, Sylvio Capanema de. Novos aspectos da responsabilidade civil da administração pública. Direito Civil contemporâneo. Novos problemas à luz da legalidade constitucional. In: TEPEDINO, Gustavo (Org.). *Anais do Congresso Internacional de Direito Civil-Constitucional da Cidade do Rio de Janeiro*. São Paulo: Atlas, 2008. p. 184.

De qualquer forma, ainda prevalece o entendimento pelo qual a culpa em sentido amplo ou genérico é sim elemento essencial da responsabilidade civil tratada pela codificação material, tese à qual estou totalmente filiado. Em outras palavras, constitui regra geral do Direito Civil brasileiro e do Direito Comparado a adoção da *teoria da culpa*, segundo a qual haverá obrigação de indenizar somente se houver culpa genérica do agente, sendo certo que o ônus de provar a existência de tal elemento cabe, em regra, ao autor da demanda, conforme determina o art. 373, inc. I, do CPC/2015, correspondente ao art. 333, inc. I, do CPC/1973. Como bem explica Álvaro Villaça Azevedo, "em nosso CC, o grande fundamento da responsabilidade extracontratual é a culpa, embora, como vimos, se admita a responsabilidade sem culpa, que vem se impondo aos povos modernos, ante a insuficiência da culpa à cobertura de todos os danos".[9] A Reforma do Código Civil, em trâmite no Congresso Nacional, mantém esse premissa.

Com relação à outra corrente, que defende ser a responsabilidade sem culpa a regra da responsabilidade do Código Civil, vale o alerta de que é da melhor técnica legislativa positivar a regra, uma vez apenas e a exceção várias vezes, como ocorreu com a responsabilidade com culpa e sem culpa, respectivamente.

Na verdade, essas visões tendentes à objetivação são interessantes e plausíveis, mas demandam uma alteração estrutural e funcional do Código Civil brasileiro, que adotou a responsabilidade subjetiva como regra e a objetiva como exceção, reafirme-se. É possível sustentar que o que consta da codificação nacional não está de acordo com a realidade fática nem com o *estado da arte* relativo ao tema, pois a culpa já não é mais o *ator* de outrora.

Em verdade, a culpa é *coadjuvante*, uma vez que o dano assumiu o *papel principal* na responsabilidade civil contemporânea ou pós-moderna. Isso será devidamente demonstrado até o final do presente capítulo e analisado na sequência deste livro.

Feitas tais considerações, pode ser apontada a existência de quatro pressupostos do dever de indenizar ou elementos da responsabilidade civil extracontratual, reunindo os doutrinadores aqui destacados: *a)* conduta humana; *b)* culpa genérica, em sentido amplo ou *lato sensu*; *c)* nexo de causalidade; *d)* dano ou prejuízo.

A conduta humana e a culpa *lato sensu* são os seus elementos subjetivos. O nexo é o elemento imaterial. O dano é o elemento objetivo da responsabilidade civil. Penso que a separação dos dois primeiros elementos traz uma melhor análise do tema, do ponto de vista didático e metodológico.

Antes da análise separada desses elementos, é importante pontuar e aprofundar que os elementos da responsabilidade civil extracontratual são diferentes da contratual, o que ainda justificaria a citada *summa divisio*.

Sobre os elementos da responsabilidade contratual, Sergio Cavalieri Filho indica os seguintes: *a)* existência de contrato válido; *b)* inexecução do contrato;

---

[9] AZEVEDO, Álvaro Villaça. *Teoria geral das obrigações*. Responsabilidade civil, 10. ed., cit., p. 282.

c) dano; e *d)* nexo causal.[10] O jurista citado está entre os autores que entendem ser a culpa um elemento dispensável na responsabilidade contratual, como desenvolvido no capítulo anterior deste livro.

Em sentido contrário, encabeçando aqueles que se posicionam pela necessidade da presença desse elemento subjetivo, Maria Helena Diniz pontua que são pressupostos da responsabilidade contratual: *a)* obrigação violada; *b)* nexo de causalidade entre o fato e o dano produzido; e *c)* culpa, "pois a impossibilidade de cumprir a obrigação sem culpa do devedor equivale ao caso fortuito e à força maior, que liberam o devedor, sem que caiba ao credor qualquer ressarcimento, hipótese em que se configura, fatalmente, a cessação da obrigação sem que tenha havido pagamento".[11]

Reafirmo essa última posição e estou filiado aos elementos expostos pela Professora Titular da PUCSP, minha orientadora de mestrado. Apenas é necessário acrescentar à ideia de obrigação violada o contrato válido que é descumprido, o que melhor denota esse primeiro elemento da responsabilidade contratual.

Nesse contexto, na confrontação das duas modalidades de responsabilidade civil, pode ser elaborado o seguinte quadro comparativo:

Elementos da responsabilidade extracontratual ou *aquiliana*	Elementos da responsabilidade civil contratual
– Conduta humana. – Culpa *lato sensu.* – Nexo de causalidade. – Dano.	– Obrigação violada (contrato válido descumprido). – Culpa *lato sensu.* – Nexo de causalidade. – Dano.

Em complemento, não se pode negar que a culpa existente na responsabilidade extracontratual é diferente da culpa contratual. Isso porque a primeira exige o elemento subjetivo da imprudência, negligência ou imperícia, de acordo com a posição que ainda prevalece no Direito brasileiro. Já a segunda dispensa tal requisito, bastando o descumprimento do contrato válido, ou seja, da obrigação assumida.

Ademais, como antes desenvolvido, há uma tendência em unificar a matéria de responsabilidade civil, o que pode ser percebido, por exemplo, do tratamento constante do Código de Defesa do Consumidor. Entretanto, o Código Civil de 2002 manteve a separação constante da tabela, havendo diferenças no tratamento dos juros – como antes visto – e nos limites de admissão da cláusula de não indenizar, sem prejuízo de outros aspectos que ainda serão estudados neste livro.

Feitas tais considerações categóricas, passa-se ao estudo pontual dos primeiros elementos da responsabilidade civil, tidos como subjetivos: a conduta humana e a culpa *lato sensu* ou em sentido amplo.

---

[10] CAVALIERI FILHO, Sergio. *Programa de responsabilidade civil*, 12. ed., cit., p. 375-379.
[11] DINIZ, Maria Helena. *Curso de Direito Civil brasileiro*. Responsabilidade civil, cit., p. 270.

2. A CONDUTA HUMANA COMO PRIMEIRO ELEMENTO SUBJETIVO DA RESPONSABILIDADE CIVIL

Para alguns juristas, como exposto, a conduta humana e a culpa podem ser fundidas como um só elemento subjetivo da responsabilidade civil. Para fins didáticos e metodológicos, com o fito de facilitar e aprofundar o estudo dos temas correlatos, sempre preferimos dividi-las.

Assim sendo, a conduta humana pode ser causada por uma ação – conduta positiva –, ou omissão – conduta negativa –, seja ela voluntária, ou por negligência, imprudência ou imperícia, modelos jurídicos que caracterizam o dolo e a culpa, respectivamente. Pela presença do elemento volitivo em tais atos, trata-se de um *fato jurígeno*.

Percebe-se que a regra é a ação, comissão ou conduta positiva, relacionada à imprudência e ao conceito romano de *culpa in comittendo*. Como ensina Maria Helena Diniz, "a ação, fato gerador da responsabilidade civil, poderá ser ilícita ou lícita. A responsabilidade civil decorrente do ato ilícito baseia-se na ideia de culpa, e a responsabilidade em culpa funda-se no risco, que vem impondo na atualidade, principalmente ante a insuficiência da culpa para solucionar todos os danos. O comportamento do agente poderá ser uma comissão ou uma omissão. A comissão vem a ser a prática de um ato que não se deveria efetivar".[12]

A omissão, relativa à negligência e à culpa *in omittendo*, é considerada exceção dentro do sistema de responsabilidade civil. Para a sua configuração, é necessário provar que o ato deveria ser praticado, ou seja, que existia um dever jurídico de evitar o dano. Há, assim, a concepção de uma *omissão genérica*. Além disso, para que o agente responda, é preciso demonstrar que a conduta esperada não foi praticada, a omissão em si ou *omissão específica*.

Em reforço, para a omissão é necessária ainda a demonstração de que, caso a conduta fosse praticada, o dano poderia ter sido evitado. Como bem pontua Sergio Cavalieri Filho, o que é relevante para a responsabilidade civil por omissão é a previsão de um *dever de agir*, pois, se este "estiver previsto em norma civil, haverá relevância jurídica da omissão geradora da responsabilidade civil. E mais, uma mesma conduta omissiva pode incidir, ao mesmo tempo, em violação civil e penal, caracterizando dupla ilicitude, dependendo de sua gravidade".[13]

Vários são os exemplos concretos que envolvem a responsabilidade por omissão. Começando as ilustrações, a jurisprudência nacional tem entendido que o condomínio, em regra, não responde pelo roubo ou furto do veículo no seu interior, uma vez que não há por parte dele, ou de seus prepostos, o dever legal de impedir o ilícito. Nesse sentido:

> "Agravo regimental no agravo de instrumento. Responsabilidade civil. Condomínio. Furto em unidade autônoma. Matéria de prova. Súmula 7/STJ. Alegada existência de cláusula de responsabilidade. Súmula 5/STJ. Preposto. Responsabilidade objetiva do condomínio. Ausência de prequestionamento. Súmula

---

[12] DINIZ, Maria Helena. *Curso de Direito Civil brasileiro*. Responsabilidade civil, cit., p. 56.
[13] CAVALIERI FILHO, Sergio. *Programa de responsabilidade civil*, 12. ed., cit., p. 92-93.

211/STJ. Precedentes. 1. A Segunda Seção desta Corte firmou entendimento no sentido de que 'O condomínio só responde por furtos ocorridos nas suas áreas comuns se isso estiver expressamente previsto na respectiva convenção' (EREsp 268.669/SP, Relator o Ministro Ari Pargendler, *DJ* 26.04.2006) 2. Na hipótese dos autos, o acórdão recorrido está fundamentado no fato de que: (a) o furto ocorreu no interior de uma unidade autônoma do condomínio, e não em uma área comum; (b) o autor não logrou êxito em demonstrar a existência de cláusula de responsabilidade do condomínio em indenizar casos de furto e roubo ocorridos em suas dependências. 3. Para se concluir que o furto ocorreu nas dependências comuns do edifício e que tal responsabilidade foi prevista na Convenção do condomínio em questão, como alega a agravante, seria necessário rever todo o conjunto fático-probatório dos autos, bem como analisar as cláusulas da referida Convenção, medidas, no entanto, incabíveis em sede de recurso especial, a teor das Súmulas 5 e 7 desta Corte. 4. Impossibilidade de análise da questão relativa à responsabilidade objetiva do condomínio pelos atos praticados por seus prepostos por ausência de prequestionamento. 5. Agravo regimental a que se nega provimento" (STJ, AgRg no Ag 1.102.361/RJ, 4.ª Turma, Rel. Min. Raul Araújo, j. 15.06.2010, *DJe* 28.06.2010).

"Responsabilidade civil. Indenização por danos morais. Roubo em condomínio. Sentença que não padece de nulidade, já que se reportou à prova emprestada (no que tange ao Regulamento Interno do Condomínio). Roubo em edifício comercial. Autor que laborava em um dos escritórios do edifício. Improcedência. Regulamento Interno isenta o condomínio de responsabilidade acerca de roubos ou furtos havidos em suas dependências. Alegada conduta negligente de seus prepostos também não evidenciada. Roubo ocorrido por volta das 23h30 (horário em que a portaria não mais funcionava). Ademais, trata-se de hipótese de força maior. Utilização de grave ameaça (arma de fogo) pelos meliantes. Inviável a responsabilização do condomínio pelo evento. Sentença mantida. Recurso improvido" (TJSP, Apelação com Revisão 570.269.4/4, Acórdão 2689958, 8.ª Câmara de Direito Privado, Santos, Rel. Des. Salles Rossi, j. 26.06.2008, *DJESP* 17.07.2008).

"Indenização. Responsabilidade civil. Furto de veículo de condômino, quando guardado na garagem do condomínio. Falta de prova de que o condomínio, com rateio correspondente, mantém serviço específico de guarda e vigilância. Improcedência. Recurso provido" (TJSP, Apelação Cível 228.722-1, 2.ª Câmara Civil, São Paulo, Rel. J. Roberto Bedran, 26.09.1995, v.u.).

Como se pode perceber dos próprios julgados, em especial do primeiro deles, o condomínio somente responde quando há um comprometimento com a segurança, de forma expressa ou implícita. Entendo que tal posição é correta, devendo o Estado responder nesses casos, por tratar-se de problema de segurança pública, que foge totalmente da atividade desempenhada pelo condomínio.

Também a título de exemplo, o Tribunal da Cidadania já confirmou a responsabilização de empresa de logística e transporte ferroviário por omissão na limpeza de via atingida por descarrilamento, o que gerou danos a morador da área do acidente. Nos termos da ementa:

"O Tribunal local, analisando o acervo fático-probatório dos autos, concluiu que ficou comprovada a demora da empresa em retirar os vagões do trem descarrilado da via pública, bem como em providenciar o recolhimento do material transportado (enxofre) e a limpeza do local, estando assim configurada sua responsabilidade civil e o dever de indenizar o autor por danos morais. (...). É possível a revisão do montante da indenização nas hipóteses em que o *quantum* fixado for exorbitante ou irrisório, o que, no entanto, não ocorreu no caso em exame, em que o valor da indenização por danos morais, arbitrado em R$ 9.300,00 (nove mil e trezentos reais), não é exorbitante nem desproporcional à conduta omissiva da agravante em recolher vagões de trem descarrilado e material nele transportado (enxofre) abandonados nas proximidades da residência do agravado" (STJ, AInt no AREsp 903.765/SP, 4.ª Turma, Rel. Min. Raul Araújo, j. 02.02.2017, *DJe* 10.02.2017).

A propósito, no que diz respeito à responsabilidade civil do Estado pelo transporte ferroviário, a mesma Corte Superior fixou parâmetros quanto ao dever de reparar danos causados a usuários e transeuntes, analisando hipóteses que dizem respeito à omissão. Vejamos o aresto pronunciado em sede de julgamento de recursos repetitivos:

"A despeito de situações fáticas variadas no tocante ao descumprimento do dever de segurança e vigilância contínua das vias férreas, a responsabilização da concessionária é uma constante, passível de ser elidida tão somente quando cabalmente comprovada a culpa exclusiva da vítima. Para os fins da sistemática prevista no art. 543-C do CPC, citam-se algumas situações: (i) existência de cercas ao longo da via, mas caracterizadas pela sua vulnerabilidade, insuscetíveis de impedir a abertura de passagens clandestinas, ainda quando existente passarela nas imediações do local do sinistro; (ii) a própria inexistência de cercadura ao longo de toda a ferrovia; (iii) a falta de vigilância constante e de manutenção da incolumidade dos muros destinados à vedação do acesso à linha férrea pelos pedestres; (iv) a ausência parcial ou total de sinalização adequada a indicar o perigo representado pelo tráfego das composições" (STJ, REsp 1.210.064/SP, 2.ª Seção, Rel. Min. Luis Felipe Salomão, j. 08.08.2012, *DJe* 31.08.2012).

Nos casos apontados, a conclusão deve ser pela responsabilização da empresa, patente a sua omissão.

Em hipótese fática relacionada a acidente de veículo e à responsabilidade objetiva de concessionária de rodovia, confirmou-se a posição inferior no sentido de que, "no caso dos autos, o Tribunal de origem, mediante análise soberana do contexto fático-probatório dos autos, concluiu que o acidente sofrido pelo autor ocorreu em virtude das pedras soltas sobre a pista, confirmando que a conduta omissiva da concessionária em providenciar a manutenção da via foi o fator fundamental para o acidente se concretizar, de modo que, para alterar essa conclusão, seria necessário o reexame do conjunto fático-probatório, o que atrai a incidência da Súmula 7 desta Corte" (STJ, AInt no AREsp 918.705/SP, 4.ª Turma, Rel. Min. Raul Araújo, j. 08.11.2016, *DJe* 29.11.2016).

Por fim, quanto aos exemplos jurisprudenciais de condutas omissivas, tem-se responsabilizado os provedores de conteúdo da *internet* por omissão, quando não tomam medidas para que se possam identificar autores de mensagens ofensivas. Vejamos um desses acórdãos, sempre com a precisa relatoria da Ministra Nancy Andrighi:

> "Ao oferecer um serviço por meio do qual se possibilita que os usuários divulguem livremente suas opiniões, deve o provedor de conteúdo ter o cuidado de propiciar meios para que se possa identificar cada um desses usuários, coibindo o anonimato e atribuindo a cada imagem uma autoria certa e determinada. Sob a ótica da diligência média que se espera do provedor, do dever de informação e do princípio da transparência, deve este adotar as providências que, conforme as circunstâncias específicas de cada caso, estiverem ao seu alcance para a individualização dos usuários do *site*, sob pena de responsabilização subjetiva por culpa *in omittendo*. Precedentes. Uma vez ciente do ajuizamento da ação e da pretensão nela contida – de obtenção dos dados de um determinado usuário –, estando a questão *sub judice*, o mínimo de bom senso e prudência sugere a iniciativa do provedor de conteúdo no sentido de evitar que essas informações se percam. Essa providência é condizente com a boa-fé que se espera não apenas dos fornecedores e contratantes em geral, mas também da parte de um processo judicial, nos termos dos arts. 4.º, III, do CDC, 422 do CC/02 e 14 do CPC" (STJ, REsp 1.417.641/RJ, 3.ª Turma, Rel. Min. Nancy Andrighi, j. 25.02.2014, *DJe* 10.03.2014).

Superadas as ilustrações quanto à conduta omissiva, ainda a respeito da conduta, "deverá ser voluntária, no sentido de ser controlável pela vontade à qual o se imputa o fato, de sorte que excluídos estarão os atos praticados sob coação absoluta; em estado de inconsciência, sob os efeitos e hipnose, delírio febril, ataque epilético, sonambulismo, ou por provocação de fatos invencíveis como tempestades, incêndios desencadeados por raios, naufrágios, terremotos, inundação etc.".[14] Surge, portanto, o elemento da *voluntariedade da conduta*.

Observa-se, dentro dessa ideia, que haverá responsabilidade civil por um ato próprio, respondendo o agente com o seu patrimônio. Nesse sentido, prescreve o art. 942, *caput*, do CC/2002 que "os bens do responsável pela ofensa ou violação do direito de outrem ficam sujeitos à reparação do dano causado; e, se a ofensa tiver mais de um autor, todos responderão solidariamente pela reparação". O dispositivo abraçou o *princípio da responsabilidade civil patrimonial*, agora em sede de responsabilidade civil extracontratual.

Além de responder por ato próprio, o que acaba sendo a regra da responsabilidade civil, a pessoa pode ser responsabilizada por ato de terceiro, como nos casos previstos no art. 932 do CC/2002, que dizem respeito ao filho menor, ao tutelado, ao curatelado, ao empregado, ao preposto, ao hóspede e ao educando. Pode ainda responder por fato de animal (art. 936 do CC), por fato de uma coisa inanimada (arts. 937 e 938 do CC), ou mesmo por um produto colocado no mercado de consumo (arts. 12, 13, 14, 18 e 19 da Lei n. 8.078/1990). Como

---

[14] DINIZ, Maria Helena. *Curso de Direito Civil brasileiro*. Responsabilidade civil, cit., p. 56.

se verá, todas essas hipóteses que fogem do ato próprio são de responsabilidade objetiva ou independente de culpa.

De qualquer forma, esclareça-se que a regra é de a conduta humana gerar a ilicitude e o correspondente dever de indenizar, sendo certo que a pessoa também pode ter a responsabilidade por danos que não foram provocados em decorrência de sua própria conduta, no seu sentido direto, como nos casos descritos. Fica claro, por fim, que dentro da conduta deve estar a ilicitude, conforme foi comentado no Capítulo 2 desta obra.

3. A CULPA GENÉRICA OU *LATO SENSU* COMO SEGUNDO ELEMENTO SUBJETIVO DA RESPONSABILIDADE EXTRACONTRATUAL

3.1. Conceitos de culpa *lato sensu*, dolo e culpa *stricto sensu*. Do papel principal ao papel coadjuvante

A culpa sempre foi uma categoria jurídica amplamente investigada pelos estudiosos do Direito, seja no Brasil ou no Direito Comparado. A culpa, no tocante à responsabilidade civil, seja esta contratual ou extracontratual – se ainda se quer dividir –, sempre ocupou um *papel principal* nas discussões doutrinárias.

Evidentemente, não se pode negar que a culpa é um conceito multicultural, o qual possui tanto feições religiosas quanto psicológicas. A respeito da feição religiosa, Giselle Câmara Groeninga destaca que a culpa deriva do "pecado original de ter-se provado da árvore do conhecimento".[15]

Nos aspectos psicológico e psicanalítico, assevera a doutrinadora de feição interdisciplinar que "Klein, como Freud, atribuiu a gênese do sentimento de culpa aos impulsos agressivos e amorosos presentes no psiquismo. É por meio da relação com os outros que os afetos se transformam em sentimentos e integram um posicionamento em relação aos outros, de acordo com o desenvolvimento mental. Conforme o avanço de uma posição para a outra, amplia-se a capacidade de apreensão da realidade tanto a externa quanto a interna".[16]

A sua conclusão, portanto, é a de que a culpa é um conceito interdisciplinar que não pode ser negado ou eliminado, eis que, "como mostra a compreensão psicanalítica, é impossível ignorar a culpa. Ela é inerente ao ser humano e à civilização, dado seu valor axiológico. O que se afigura nos dias atuais é a substituição do paradigma da culpa pelo paradigma da responsabilidade, resgatando-se o valor axiológico e epistemológico dos questionamentos relativos à culpa. Assim, o caminho não é o da simplificação, simplesmente negando-se a questão da culpa".[17]

Do ponto de vista psicológico, fala-se em *complexo de culpa*, eis que o *fardo* pelos erros sempre acompanhou – e continuará a acompanhar – o ser humano. As pessoas buscam mais acertar do que errar em suas vidas e, a cada engano, o

---

[15] GROENINGA, Giselle Câmara. Sem mais desculpas – é tempo de responsabilidade. In: DIAS, Maria Berenice (Coord.). *Direito das famílias*. Contributo do IBDFAM em homenagem a Rodrigo da Cunha Pereira. São Paulo: IBDFAM/RT, 2010. p. 153.

[16] GROENINGA, Giselle Câmara. Sem mais desculpas – é tempo de responsabilidade, cit., p. 157.

[17] GROENINGA, Giselle Câmara. Sem mais desculpas – é tempo de responsabilidade, cit., p. 166.

complexo vem à tona. Imagine-se o quanto deve ser difícil a um perfeccionista lidar com os seus erros e com a culpa que carrega.

Partindo para a sua construção jurídica, na Itália, destaca-se a clássica obra de Chironi, que associa a culpa à ideia de desrespeito a um dever preexistente ou de violação de um dever jurídico.[18] Em tom mais completo, ensina Lodovico Barassi que há culpa, em sentido próprio, quando quem cometeu o fato danoso ao outro encontrava-se em condições de prever as consequências e não as evitou.[19]

Também entre os italianos, Luigi Sertorio afirma que a culpa é um ato de negligência daquele que não observou a devida diligência para evitar o evento danoso, inclusive de não querer o prejuízo a outrem, não agindo com dolo.[20] Para Giorgi Giorgio, a culpa, em sentido geral, significa qualquer violação a um dever jurídico, o que inclui a violação dolosa. No sentido mais restrito, afirma, a culpa exclui o dolo, querendo dizer a voluntária omissão de um dever de diligência, para o qual o agente não previa as consequências.[21] Ainda segundo o doutrinador e Senador Giorgio, essa culpa como violação de um dever jurídico poderia estar relacionada tanto às obrigações decorrentes de um contrato quanto àquelas que nascem sem um contrato. Portanto, o autor há tempos já seguia a ideia de unificação conceitual relativa à culpa, tão comum entre os autores clássicos.[22]

Avançando no tempo, ainda entre os italianos, Roberto Ruggiero conceitua a culpa em sentido amplo como "qualquer comportamento injusto, quer seja um fato positivo (comissão), quer negativo (omissão), quer um fato praticado com o deliberado propósito de prejudicar outrem ou de violar a esfera jurídica alheia, quer um fato praticado sem tal propósito e consistente numa diligência".[23]

Como se verifica, também para este doutrinador, a *culpa lato sensu*, em sentido amplo, engloba o dolo – a intenção de prejudicar – e a *culpa estrita*, o desrespeito a um dever jurídico. O jurista está filiado entre aqueles que percebem nessa visão conceitual uma construção unitária, servindo tanto para a responsabilidade contratual como para a extracontratual. E conclui: "no direito moderno, pelo contrário, àquela ação mais restrita substituiu-se a mais geral: o delito é uma categoria abstrata, na qual entra qualquer espécie de fato injusto e lesivo sempre que ele seja imputável e praticado com a má intenção de prejudicar terceiros".[24]

Entre os contemporâneos da *Bota*, Massimo Bianca afirma que a culpa é, em termos gerais, a deficiência do esforço diligente devido nos interesses de

---

[18] CHIRONI, G. P. *La colpa nel diritto civile odierno*. Colpa contratualle. 2. ed. Torino: Fatelli Bocca, 1925. p. 5.
[19] BARASSI, Ludovico. *La teoria generale delle obbligazioni*. Le fonti. Milano: Giuffrè, 1946. v. II, p. 684.
[20] SERTORIO, Luigi. *La colpa in concreto nel diritto romano e nel diritto odierno*. Torino: Fratelli Bocca, 1914. p. 1-3.
[21] GIORGI, Giorgio. *Teoria delle obbligazione nel diritto moderno italiano*. 7. ed. Torino: UTET, 1930. v. V, p. 33-34.
[22] GIORGI, Giorgio. *Teoria delle obbligazione nel diritto moderno italiano*, cit., p. 34.
[23] RUGGIERO, Roberto. *Instituições de Direito Civil*, cit., p. 388.
[24] RUGGIERO, Roberto. *Instituições de Direito Civil*, cit., p. 388.

outrem. Dito de outra forma, para ele, a culpa indica uma inobservância da diligência devida segundo adequados parâmetros sociais ou profissionais da conduta.[25] O conceito exposto refere-se à culpa em sentido estrito, uma vez que o autor, metodologicamente, expõe primeiro o dolo significando uma intencionalidade do fato ilícito.[26] Cumpre destacar que esse autor italiano prefere manter a distinção entre a responsabilidade contratual e a extracontratual – inclusive no tocante à culpa –, uma vez que ambas dizem respeito a *fattispecie* distintas, com tratamentos próprios e específicos.[27]

Do Direito Alemão, Von Thur visualiza a culpa, em sentido amplo, como um comportamento reprovado pela lei, sendo a violação de um contrato ou o cometimento de um ato ilícito. Deixa claro que aquilo que a norma jurídica reprova é a vontade maligna ou negligente do indivíduo.[28] Para Karl Larenz, por *imputação subjetiva ou culpa* entende-se a conduta praticada pelo agente mesmo com a consciência de tratar-se de uma injustiça ou de algo pessoalmente reprovável.[29] O conceito de Larenz é bem atual e pode ser relacionado a condutas consideradas socialmente reprováveis, geradoras do chamado dano social, que ainda será nesta obra estudado.[30]

A contribuição de René Savatier, entre os franceses, é notória, ao apontar que a culpa é a não execução de um dever que o agente poderia conhecer e observar. A origem da culpa, por tal diretriz, estaria em um dever geral de não causar dano a outrem, na *vedação das faltas ou falhas*, constante do conceito aberto do art. 1.382 do Código Civil francês.[31]

Na doutrina argentina, Jorge Mosset Iturraspe conceitua culpa como a omissão da diligência exigível do agente ou a conduta contrária ao dever de prevenir as consequências previsíveis do próprio ato. Assim, o jurista fundamenta o seu conceito na teoria da previsibilidade, que remonta a Aristóteles.[32] Ainda entre os argentinos, Jorge Bustamante Alsina caracteriza a culpa como uma omissão da conduta devida, positiva ou negativa, para prever ou evitar dano a outrem.[33]

Entre os brasileiros, é amplamente conhecido o conceito de Clóvis Beviláqua, amparado em Pothier, Saleilles, Planiol, entre outros, no sentido de que "a

---

[25] BIANCA, Massimo C. *Diritto civile*, cit., p. 575.
[26] BIANCA, Massimo C. *Diritto civile*, cit., p. 574.
[27] BIANCA, Massimo C. *Diritto civile*, cit., p. 546-550.
[28] VON THUR, A. *Tratado de las obligaciones*. Tradução para o espanhol de W. Roces. Madrid: Reus, 1934. t. I, p. 275.
[29] LARENZ, Karl. *Derecho de obligaciones*. Versão espanhola de Jaime Santos Briz. Madrid: Editorial Revista de Derecho Privado, 1959. t. II, p. 570.
[30] Por todos, ver: AZEVEDO, Antonio Junqueira de. Por uma nova categoria de dano na responsabilidade civil: o dano social. In: FILOMENO, José Geraldo Brito; WAGNER JÚNIOR, Luiz Guilherme da Costa; GONÇALVES, Renato Afonso (Coord.). *O Código Civil e sua interdisciplinaridade*. Belo Horizonte: Del Rey, 2004. p. 370-377.
[31] SAVATIER, René. *Traité de la responsabilité civile en droit français*. Paris: LGDJ, 1939. t. I, p. 8-9.
[32] ITURRASPE, Jorge Mosset. *Responsabilidad por daños*. Parte general. Buenos Aires: Rubinzal-Culzoni, [s.d.]. t. I, p. 120.
[33] ALSINA, Jorge Bustamante. *Teoría general de la responsabilidad civil*. 9. ed. Buenos Aires: Abeledo-Perrot, 1997. p. 338.

culpa é a negligência ou imprudência do agente, que determina a violação do direito alheio ou causa prejuízo a outrem".[34] Trata-se do conceito que inspirou o art. 159 do Código Civil anterior. Além disso, amparado em Chironi, afirma Beviláqua que na culpa "há sempre a violação de um dever preexistente".[35]

Ainda quanto aos nacionais clássicos, para Pontes de Miranda "a culpa é defeito que se pode apontar na vontade. Supõe-se que o agente, no que quis, passou o limite em que a sua atividade ou a sua omissão seriam sem defeito".[36] Já o dolo seria "a vontade da contrariedade ao direito".[37] Na esteira do que aqui se expôs e se sustentou, leciona que a "culpa, em sentido amplo, abrange a culpa; porque é culpado quem pratica o ato, ou deixa de o praticar, com dolo".[38]

Para Alvino Lima, a culpa em sentido amplo é "a lesão imputável do direito de terceiro, ou qualquer fato ou violação de um dever jurídico".[39] Em sentido estrito, sustenta que "a culpa é apenas um erro de conduta, um desvio da normalidade do agir ou abster-se".[40] Da *Enciclopédia Saraiva de Direito*, em verbete desenvolvido por Yussef Said Cahali, pode ser extraído que a culpa em sentido amplo é a violação de um dever jurídico imputável a alguém, em decorrência de um fato intencional (dolo) ou de omissão de diligência e cautela (culpa em sentido estrito).[41]

Por todos os conceitos aqui expostos, pode-se afirmar que a culpa deve ser entendida em sentido amplo (*lato sensu*) e em sentido estrito (*stricto sensu*). No primeiro sentido, a culpa engloba o dolo – a intenção de prejudicar outrem, a ação ou omissão voluntária mencionada no art. 186 do Código Civil brasileiro – e a culpa estrita – que vem a ser o desrespeito a um dever preexistente ou a violação de um direito subjetivo alheio, pela fuga de um padrão geral de conduta.

Pelo que consta do último dispositivo citado, e também pelo que previa o art. 159 da codificação nacional anterior, a culpa em sentido estrito é relacionada a três modelos jurídicos, quais sejam, a imprudência, a negligência e a imperícia.[42] A imprudência vem a ser uma falta de cuidado somada a uma ação, algo próximo da ideia de *culpa in comittendo* dos romanos. A negligência, por sua vez, é uma falta de cuidado somada a uma omissão (*culpa in omittendo*). Por fim, a imperícia pode ser definida como a falta de qualificação geral para desempenho de uma função ou atribuição.

Apesar da ausência de menção à imperícia no art. 186 do Código Civil de 2002, foi clara a intenção do legislador civil em diferenciar os três conceitos no

---

[34] BEVILÁQUA, Clóvis. *Código Civil dos Estados Unidos do Brasil*, cit., p. 426.
[35] BEVILÁQUA, Clóvis. *Código Civil dos Estados Unidos do Brasil*, cit., p. 426.
[36] PONTES DE MIRANDA, Francisco Cavalcanti. *Tratado de direito privado*. Rio de Janeiro: Borsoi, 1958. t. XXIII, p. 71.
[37] PONTES DE MIRANDA, Francisco Cavalcanti. *Tratado de direito privado*, t. XXIII, cit., p. 72.
[38] PONTES DE MIRANDA, Francisco Cavalcanti. *Tratado de direito privado*, t. XXIII, cit., p. 72.
[39] LIMA, Alvino. *A responsabilidade civil pelo fato de outrem*, cit., p. 52.
[40] LIMA, Alvino. *A responsabilidade civil pelo fato de outrem*, cit., p. 52.
[41] LIMONGI FRANÇA, Rubens. *Enciclopédia Saraiva de Direito*, v. 2, cit., p. 24.
[42] Essa relação, no Direito Civil brasileiro, é atribuída, entre outros, a: AGUIAR DIAS, José de. *Da responsabilidade civil*. Rio de Janeiro: Forense, 1944. t. I, p. 136.

art. 951 da nossa atual codificação, dispositivo este que trata da responsabilidade civil dos profissionais da área de saúde, nos seguintes termos: "o disposto nos arts. 948, 949 e 950 aplica-se ainda no caso de indenização devida por aquele que, no exercício de atividade profissional, por negligência, imprudência ou imperícia, causar a morte do paciente, agravar-lhe o mal, causar-lhe lesão, ou inabilitá-lo para o trabalho". O preceito é aplicável à responsabilidade civil do médico, sem excluir a incidência do Código de Defesa do Consumidor, em *diálogo das fontes*, tema que ainda será aqui analisado, no Capítulo 14, que trata da responsabilidade civil profissional.

De todo modo, lembro que a Reforma do Código Civil, ora em tramitação no Congresso Nacional, pretende suprir essa lacuna, passando o parágrafo único do art. 186 projetado a prever que "aquele que, por ação ou omissão voluntária, negligência, imprudência ou imperícia, violar direito e causar dano a outrem, responde civilmente".

Também de acordo com a doutrina ora pesquisada, verifica-se que a culpa em sentido estrito tem dois elementos.[43] O primeiro, é um *elemento objetivo*, qual seja, a violação de um dever e o consequente desrespeito a um direito alheio. O segundo, o elemento subjetivo, é a previsibilidade de impossibilidade de praticar o ato, por ato consciente ou até inconsciente, isto é, a imputabilidade.[44] O dever, que é violado no elemento objetivo, é indeterminado, podendo ser retirado da lei, de um contrato ou de um padrão geral de conduta.

A imputabilidade – *elemento subjetivo* – é relacionada à previsibilidade do dano, aqui mencionada na construção de Iturraspe e Aristóteles, e também percebida por Karl Larenz, entre outros. Como aponta o autor alemão, a conduta culposa verifica-se quando há uma censura ao ato. Ademais, constata-se o elemento culpa quando o agente, no caso concreto, poderia ter agido de outra forma. Há uma atuação injusta, segundo Larenz, uma vez que a sua atuação seria outra se houvesse diligência, atenção ou boa vontade de sua parte. Assim, considera ele a liberdade de a pessoa poder agir de outra maneira e a desconsideração de tal fato como elementos fundamentais da culpabilidade.[45]

Consigne-se que muitos autores expostos, caso de Chironi e Alvino Lima, retiraram do conceito de culpa esse elemento subjetivo, havendo na sua configuração o mero desrespeito a um dever jurídico. Para o último autor, reitere-se, a culpa em sentido amplo pode ser definida como "a lesão imputável do direito de terceiro, ou qualquer fato ou violação de um dever jurídico".[46] Em sentido estrito, sustenta que "a culpa é apenas um erro de conduta, um desvio da normalidade do agir ou abster-se".[47]

---

[43] Também a respeito dos dois elementos da culpa no sistema italiano, consultar: ALPA, Guido; BESSONE, Mario. *Trattato di diritto privato*. Diretto da Pietro Rescigno. Obbligazione e contratti. Ristampa. Torino: UTET, 1987. t. 6, p. 210-218.
[44] LIMONGI FRANÇA, Rubens. *Enciclopédia Saraiva de Direito*, v. 2, cit., p. 22.
[45] LARENZ, Karl. *Derecho de obligaciones*, cit., p. 280.
[46] LIMA, Alvino. *Culpa e risco*, cit., p. 52.
[47] LIMA, Alvino. *Culpa e risco*, cit., p. 52.

Este último, de fato, é o melhor caminho de categorização a respeito da culpa. Percorre-se, assim, a trilha da *objetivação da culpa,* da *culpa normativa* ou da *culpa objetiva,* abandonando-se questões subjetivas como a intenção expressa ou implícita de agir com imprudência, negligência ou imperícia.[48]

Na minha opinião doutrinária, tal interpretação é a que tem prevalecido na doutrina brasileira contemporânea. Como apontam Gustavo Tepedino, Heloísa Helena Barboza e Maria Celina Bodin de Moraes, "não é o ilícito que se amplia, mas a noção de culpa que vem se objetivando, distanciando-se do conceito subjetivo de 'previsibilidade do resultado danoso' e caminhando, cada vez mais, para a ideia de violação de parâmetros *objetivos (standards)*".[49] Na mesma esteira, segundo Cristiano Chaves de Farias, Nelson Rosenvald e Felipe Peixoto Braga Neto, "essa concepção psicológica de culpa, tão arraigada em nossa experiência, vem sendo paulatinamente desconstruída e substituída por uma *concepção normativa de culpa.* Cogita-se de uma culpa em sentido objetivo, como instrumento de valoração em abstrato de comportamentos, no qual a conduta de um sujeito será culposa se afastada de um parâmetro prefixado, abstraindo-se das condicionantes intrínsecas do agente".[50]

Em continuidade, e confirmando essa posição, Anderson Schreiber aduz o seguinte:

"Gradativamente, foi perdendo espaço a concepção da culpa como *stato d'animo* do agente. Preocupações com a consciência da lesão ao direito alheio, com a previsibilidade do dano e com a reprovabilidade moral da conduta praticada esmorecem diante das dificuldades de concreta demonstração destes aspectos, culminando com a consagração da chamada *culpa objetiva.* Sob tal designação, a culpa passou a ser entendida como 'o erro de conduta', apreciado não em concreto, com base nas condições e na capacidade do próprio agente que se pretendia responsável, mas em abstrato, isto é, em uma *objetiva* comparação com um modelo geral de comportamento. A apreciação em abstrato do comportamento do agente, imune a aspectos anímicos do sujeito, justifica a expressão *culpa objetiva,* sem confundi-la com a responsabilidade objetiva, que prescinde de culpa. Para evitar confusões, contudo, parte da doutrina passou a reservar à tal concepção a denominação de culpa normativa, por fundar-se em juízo normativo entre a conduta concreta do sujeito e o modelo abstrato de comportamento".[51]

Em interessante artigo científico, Paula Greco Bandeira igualmente expõe tal evolução, sendo pertinente destacar suas palavras:

"A culpa subjetiva ou psicológica consiste na avaliação do estado anímico do ofensor, típica de uma avaliação moral e subjetiva da conduta individual.

---

[48] Por fazer uso do termo *culpa objetiva* e citar julgados italianos, ver ALPA, Guido; BESSONE, Mario. *La responsabilità civile.* A cura di Pietro Maria Putti, cit., p. 210-215.
[49] TEPEDINO, Gustavo; BARBOZA, Heloísa Helena; MORAES, Maria Celina Bodin de. *Código Civil interpretado.* Rio de Janeiro: Renovar, 2011. p. 333.
[50] FARIAS, Cristiano Chaves; ROSENVALD, Nelson; BRAGA NETO, Felipe Peixoto. *Curso de Direito Civil.* Responsabilidade civil, cit., p. 161.
[51] SCHREIBER, Anderson. *Novos paradigmas da responsabilidade civil.* 2. ed. São Paulo: Atlas, 2009. p. 34-35.

Em outras palavras, busca-se perquirir os elementos psicológicos do agente que viola o dever de conduta, verificando-se se tinha a possibilidade de prever os resultados danosos de sua atuação (culpa) ou se agiu com intenção de prejudicar (dolo). Assim, a culpa é tratada como elemento subjetivo ou psicológico do ilícito, razão de um juízo moral de condenação do sujeito. Note-se, portanto, que a noção de culpa psicológica reúne dois elementos essenciais, a saber: (i) a violação de um dever preexistente, resultado da manifestação de vontade livre e consciente do agente; e (ii) a previsibilidade do resultado danoso, 'pressuposto lógico e psicológico de sua evitação'. Ressalte-se que a concepção subjetiva da culpa, ao exigir o elemento vontade do agente na violação do dever de conduta expresso pelo dolo ou pela culpa, pouco importa –, impede que haja valoração gradual do dever de indenizar de acordo com o grau de culpa. Desta feita, a culpa levíssima, leve ou grave gerariam igual dever de reparar o dano, de modo que *tertius non datur*: ou bem se está diante de violação do dever de conduta, e aí verifica-se a culpa (independentemente do grau), impondo-se o dever de reparar o dano, ou não se está diante da violação da norma e, portanto, não há que se falar em culpa e, por conseguinte, em dever de reparar".[52]

Além desse problema da subjetivação da culpa, a autora demonstra as dificuldades de a vítima provar o elemento da intenção da conduta, o que conduziu à citada evolução para a ideia de *culpa normativa* ou de objetivação da culpa. Conforme alude e completa, "surge, assim, o conceito de culpa objetiva ou culpa normativa, criado pelos irmãos Mazeaud. De acordo com esta concepção, a culpa consiste em erro de conduta que não seria cometido por uma pessoa avisada, colocada nas mesmas circunstâncias externas do autor do dano. Dito por outras palavras, para se verificar se o agente incorreu em culpa, deve-se analisar não o seu lado psicológico, aí incluídas as suas particularidades psíquicas ou morais (*culpa in concreto*), porque tais circunstâncias lhe são internas, mas, antes, impõe-se a comparação objetiva entre a sua conduta e a de um tipo abstrato, o *bonus pater familias*, tomado como modelo geral de comportamento, que deve ser colocado nas mesmas circunstâncias externas do autor do dano (*culpa in abstracto*). Assim, caso o tipo abstrato, hipoteticamente considerado nas mesmas circunstâncias externas do agente, não violasse a regra de conduta, o agente terá agido com culpa".[53]

Como aponta a própria Paula Greco Bandeira – e também Anderson Schreiber –, essa adoção de um modelo geral de comportamento, a partir da ideia de culpa *in abstrato,* e de um estereótipo comportamental é amplamente criticada tanto nos modelos de *Civil Law* como de *Common Law*. Nos países de *Civil Law*, que adotam o modelo romano-germânico, há uma relação com a antiga e remota concepção do *bonus pater familias*, ou *bom pai de família*.

Não se olvide a sua menção em algumas codificações europeias, caso da italiana de 1942 que, em seu art. 1.176, estabelece que o devedor, no cumpri-

---

[52] BANDEIRA, Paula Greco. A evolução do conceito de culpa e o artigo 944 do Código Civil. *Revista da Escola da Magistratura do Rio de Janeiro*, v. 11, n. 42, p. 227-228, 2008.
[53] BANDEIRA, Paula Greco. A evolução do conceito de culpa e o artigo 944 do Código Civil, cit., p. 227-228.

mento da obrigação, deve agir com a mesma diligência do bom pai de família. A mesma norma, em complemento, preceitua que no cumprimento de uma obrigação inerente ao exercício de uma atividade profissional a diligência deve ser analisada com relação à natureza da atividade exercida.[54] Por seu turno, na *Common Law,* no modelo anglo-saxão, há a ideia da pessoa razoável (*reasonable man*), muito próxima da anterior, de um homem médio, homem-padrão, indivíduo prudente ou pessoa natural comum.

A crítica a esse padrão aberto e abstrato de análise de condutas é reforçada por Anderson Schreiber, pois os julgadores acabam levando em conta os seus próprios comportamentos para a definição desses modelos.[55] Segundo ele, "a aplicação do modelo, construído sobre a formação socioeconômica do magistrado, a certos cenários fáticos, mostra-se artificial ou ineficaz, porque desacompanhada dos fatores antropológicos que contextualizam a inserção do réu na situação que culmina com o evento danoso".[56] Ainda de acordo com Schreiber, o modelo abstrato peca pela *unicidade*, desprezando não só as desigualdades sociais, "como também a crescente complexidade da vida contemporânea, a especialização dos setores econômicos e o avanço desconcertante das novas tecnologias".[57] Por isso, considera que é preciso substituir o modelo aberto da conduta pela utilização de *parâmetros de comportamentos específicos.*[58]

Nesse contexto, "sem abandonar o método *in abstrato* ou retornar a um exame de imputabilidade moral, os tribunais têm, em toda parte, procurado dar ênfase às circunstâncias concretas e às especificidades das situações submetidas à sua avaliação, desenhando modelos múltiplos e menos generalizados de comportamento. Estes modelos levam em consideração não as características individuais do sujeito (análise *in concreto*), mas fatores atinentes à sua formação socioeconômica que, muitas vezes, se vinculam indissociavelmente à situação analisada".[59]

O doutrinador cita, a par dessas afirmações, a constante utilização de *parâmetros fornecidos externamente pela sociedade* para a verificação dos *standards* de conduta, como "diretrizes emitidas por associações profissionais, de códigos de conduta especializados mesmo desprovidos de valor normativo, da oitiva de assistentes técnicos especializados".[60] A título de exemplo, podem ser citadas perícias idôneas realizadas em casos concretos, denúncias realizadas por órgãos públicos, como o Ministério Público e indícios retirados de fatos notórios e de máximas de experiência dos julgadores.

---

[54] É a redação do dispositivo do *Codice Italiano*: "Art. 1176. Diligenza nell'adempimento. Nell'adempiere l'obbligazione il debitore deve usare la diligenza del buon padre di famiglia (Cod. Civ. 703, 1001, 1228, 1587, 1710-2, 1768, 2148, 2167). Nell'adempimento delle obbligazioni inerenti all'esercizio di un'attività professionale la diligenza deve valutarsi con riguardo alla natura dell'attività esercitata (Cod. Civ. 1838 e seguente, 2104-1, 2174-2, 2236)".

[55] SCHREIBER, Anderson. *Novos paradigmas da responsabilidade civil*, cit., p. 39-41.
[56] SCHREIBER, Anderson. *Novos paradigmas da responsabilidade civil*, cit., p. 41.
[57] SCHREIBER, Anderson. *Novos paradigmas da responsabilidade civil*, cit., p. 41.
[58] SCHREIBER, Anderson. *Novos paradigmas da responsabilidade civil*, cit., p. 41.
[59] SCHREIBER, Anderson. *Novos paradigmas da responsabilidade civil*, cit., p. 41-42.
[60] SCHREIBER, Anderson. *Novos paradigmas da responsabilidade civil*, cit., p. 42.

Superada essa ampla conceituação, e verificado o caminho de objetivação da culpa, como se afirmou no título da presente seção, a culpa passou a ter um papel coadjuvante na responsabilidade civil ou, como quer o próprio Anderson Schreiber, vivemos a égide do seu *ocaso*.[61]

Mais uma vez conforme o jurista fluminense, "estas duas barreiras – prova da culpa e prova do nexo de causalidade – chegaram a ser chamadas de filtros da responsabilidade civil ou filtros da reparação, por funcionarem exatamente como óbices capazes de promover a seleção das demandas de ressarcimento que deveriam merecer acolhida jurisdicional. Aos olhos da época, parecia evidente que se, por qualquer catástrofe, estes filtros se rompessem, o Poder Judiciário seria inundado com um volume incalculável de pedidos de reparação. Partindo-se desta imagem, o estágio atual da responsabilidade civil pode justamente ser descrito como um momento de erosão dos filtros tradicionais da reparação, isto é, de relativa perda de importância da prova da culpa e da prova do nexo causal como obstáculos ao ressarcimento dos danos na dinâmica das ações de ressarcimento. Tome-se, de início, o caso – ou ocaso – da culpa".[62]

Merece relevo a *simbologia* de Ricardo Luis Lorenzetti, no sentido de que a responsabilidade baseada na imputação culposa seria semelhante a um edifício de portas difíceis de abrir, uma vez que somente quem demonstra a culpa pode obter a reparação civil.[63] Foi em razão da existência de um *custo no acesso ao Direito* que a responsabilidade objetiva ganhou progressivamente novos campos, por apresentar-se como medida mais justa e mais coerente diante da realidade de potencialidades dos riscos.[64] Ademais, conforme destaca o próprio Lorenzetti, a imputação objetiva é mais adequada ao sistema de segurança social, em que todos resultam compensados pelos danos sofridos.[65]

A contribuir para essa mudança de papel, deve ser destacado o primeiro *salto evolutivo* relativo à prova da culpa, da *culpa provada para a culpa presumida*. Para que esse salto fosse possível, no Brasil, foi fundamental a obra de Alvino Lima, aqui já citada.[66] De acordo com as suas lições, na culpa presumida há uma inversão do ônus da prova, o que melhora sensivelmente a situação da vítima, uma vez que o agente é quem deve provar que não agiu com culpa. Destaca o autor que as presunções são relativas ou *iuris tantum*, donde se conclui que não há um afastamento total da ideia de culpa, mas apenas a derrogação de "um princípio dominante em matéria de prova".[67] Em conclusão, as antigas situações de culpa presumida continuavam a gerar a responsabilidade subjetiva, havendo apenas uma flexibilização probatória no âmbito processual.

---

[61] SCHREIBER, Anderson. *Novos paradigmas da responsabilidade civil*, cit., p. 42.
[62] SCHREIBER, Anderson. *Novos paradigmas da responsabilidade civil*, cit., p. 11.
[63] LORENZETTI, Ricardo Luis. *Teoria da decisão judicial. Fundamentos de direito*, cit., p. 239.
[64] LORENZETTI, Ricardo Luis. *Teoria da decisão judicial. Fundamentos de direito*, cit., p. 239.
[65] LORENZETTI, Ricardo Luis. *Teoria da decisão judicial. Fundamentos de direito*, cit., p. 67.
[66] Giselda Hironaka é uma das autoras que reconhece a importância da obra para o referido *salto de evolução* (HIRONAKA, Giselda Maria Fernandes Novaes. *Responsabilidade pressuposta*, cit., p. 39-44).
[67] LIMA, Alvino. *Culpa e risco*, cit., p. 72.

Nesse contexto, sempre se estudou, como modalidades de culpa presumida, a *culpa in vigilando*, a *culpa in eligendo* e a *culpa in custodiendo*, conceitos que remontam a Roma.[68] A primeira é tida como culpa presumida na vigilância; a segunda, culpa presumida na escolha ou eleição; a última, culpa presumida na custódia de um animal ou de uma coisa.

As situações geradoras das modalidades de culpa presumida por vigilância e por escolha constavam do art. 1.521 do Código Civil de 1916.[69] Previa a norma que também seriam responsáveis pela reparação civil: *a)* os pais, pelos filhos menores que estivessem sob seu poder e em sua companhia (inc. I); *b)* o tutor e o curador, pelos pupilos e curatelados, que se achassem nas mesmas condições (inc. II); *c)* o patrão, amo ou comitente, por seus empregados, serviçais e prepostos, no exercício do trabalho que lhes competisse, ou por ocasião dele (inc. III); *d)* os donos de hotéis, hospedarias, casas ou estabelecimentos, em que se albergasse por dinheiro, mesmo para fins de educação, pelos seus hóspedes, moradores e educandos (inc. IV); *e)* os que gratuitamente tivessem participado nos produtos do crime, até a concorrente quantia (inc. V). Os incs. I, II e IV traziam como conteúdo a culpa *in vigilando*, os demais (incs. III e V), a culpa *in eligendo*. Sobre o inc. V do art. 1.521 do Código de 1916, era antiga a crítica no sentido de se tratar de uma previsão relativa à vedação do enriquecimento sem causa, e não a uma modalidade de responsabilidade por ato de outrem.

Complementando a norma anterior, enunciava o art. 1.522 do Código Civil de 1916 que a responsabilidade estabelecida no inc. III abrangeria as pessoas jurídicas que exercessem exploração industrial. A redação foi dada pelo Decreto do Poder Legislativo n. 3.725, de 15.01.1919. Do mesmo modo, com sentido suplementar, o art. 1.523 da codificação anterior dispunha que, excetuada a situação do inc. V do art. 1.521, só seriam responsáveis as pessoas enumeradas nos arts. 1.521 e 1.522, provando-se que elas concorreram para o dano por culpa ou negligência de sua parte.

Portanto, havia uma presunção de culpa dos primeiros elencados no art. 1.521, desde que existisse prova de culpa dos segundos elencados. Para ilustrar, para que o empregador tivesse culpa presumida, seria necessária prova de culpa do empregado.

Por outra via, a culpa presumida pela custódia de um animal estava tratada no art. 1.527 do Código de Beviláqua, cuja redação era a seguinte: "O dono, ou detentor, do animal ressarcirá o dano por este causado, se não provar: I – que o guardava e vigiava com cuidado preciso; II – que o animal foi provocado por outro; III – que houve imprudência do ofendido; IV – que o fato resultou de caso fortuito, ou força maior". Consigne-se que alguns autores, por exemplo, Aguiar Dias, já analisavam a hipótese como de responsabilidade sem culpa ou objetiva, e não como culpa presumida. Segundo o jurista, "na realidade, a

---

[68] Sobre tais categorias, por todos, consulte-se: PEREIRA, Caio Mário da Silva. *Responsabilidade civil*, 5. ed., cit., p. 71-72. Ver, ainda, com estudo profundo: SERPA LOPES, Miguel Maria de. *Curso de Direito Civil*. 3. ed. Rio de Janeiro: Freitas Bastos, 1964. v. V, p. 267-294.

[69] O próprio Beviláqua afirmava que o comando legal previa tipificações de culpa presumida (BEVILÁQUA, Clóvis. *Código Civil dos Estados Unidos do Brasil*, v. IV, cit., p. 666-669).

responsabilidade do dono ou detentor do animal é, no Código brasileiro, mais rigorosa do que no art. 1.358 do Código Civil francês. Basta atentar em que, perante o nosso Código, à vítima só incumbe provar o dano e identificar o dono ou detentor do animal".[70] De qualquer maneira, essa visão era considerada avançada demais para a época, pois prevalecia o entendimento da presunção relativa da culpabilidade.[71]

Comprovando que, realmente, a culpa deixou de ter *papel principal* para figurar como *coadjuvante* na contemporaneidade, o Código Civil de 2002 trouxe um novo tratamento a respeito dos temas da responsabilidade indireta – ou por ato de outrem – e da responsabilidade pelo fato ou guarda de um animal.

De início, quanto à responsabilidade por atos de outrem, as hipóteses estão previstas no art. 932 da codificação vigente, dispositivo que apresenta apenas algumas alterações de redação se confrontado com o antecessor, o art. 1.521 do CC/1916. No inc. I, a expressão "poder" foi substituída por "autoridade". No inc. III, "patrão, amo" por "empregador". No mais, seguiu-se o modelo anterior.

Na realidade, o grande impacto modificativo conceitual consta do art. 933 do Código Civil de 2002, que tem a seguinte redação: "As pessoas indicadas nos incisos I a V do artigo antecedente, ainda que não haja culpa de sua parte, responderão pelos atos praticados pelos terceiros ali referidos". Nota-se que o sistema privado brasileiro passou a prever, expressamente, a responsabilidade objetiva das primeiras pessoas elencadas por atos daqueles que as sucedem na norma.

Como consta do Enunciado n. 451, da *V Jornada de Direito Civil* (2011), originário de proposta formulada por mim, "a responsabilidade civil por ato de terceiro funda-se na responsabilidade objetiva ou independente de culpa, estando superado o modelo de culpa presumida". O dispositivo merece os devidos aprofundamentos, visto que representa quebra de importantes paradigmas tradicionais da responsabilidade civil.

Uma primeira observação a ser feita é a de que foi adotado um sistema de *responsabilidade objetiva indireta* – ou *impura*, como quer Álvaro Villaça Azevedo –, pois, para que os primeiros elencados respondam objetivamente, há necessidade de prova das culpas dos segundos correspondentes. Nas suas palavras, a responsabilidade objetiva impura é aquela que "tem, sempre, como substrato, a culpa de terceiro, que está vinculado à atividade do indenizador".[72]

Ilustrando, para que o pai responda objetivamente, é preciso comprovar a culpa do filho menor; para que o tutor responda sem culpa, é essencial a prova da culpa do tutelado; para que o empregado tenha responsabilidade objetiva, faz-se necessária a demonstração da culpabilidade do empregado, e assim suces-

---

[70] AGUIAR DIAS, José de. *Da responsabilidade civil*, cit., p. 56.
[71] Por todos: BEVILÁQUA, Clóvis. *Código Civil dos Estados Unidos do Brasil*, v. IV, cit., p. 677; SOARES, Orlando. *Responsabilidade civil no direito brasileiro*. Rio de Janeiro: Forense, 1996. p. 259; MONTENEGRO, Antonio Lindbergh C. *Responsabilidade civil*. 2. ed. Rio de Janeiro: Lumen Juris, 1996. p. 77; STOCO, Rui. *Responsabilidade civil*. 4. ed. São Paulo: RT, 1999. p. 494.
[72] AZEVEDO, Álvaro Villaça. *Teoria geral das obrigações*. Responsabilidade civil, 10. ed., cit., p. 284.

sivamente. Essa dedução tem prevalecido na doutrina brasileira contemporânea, em interpretação ao art. 932 do Código Civil de 2002.[73]

No entanto, a principal observação refere-se à superação do modelo da culpa presumida (pela vigilância ou pela eleição) pela responsabilidade sem culpa (objetiva), conclusão que decorre da leitura do art. 933 da codificação de 2002. A respeito dessa mudança de perspectiva, pontua Giselda Maria Fernandes Novaes Hironaka que "o colossal art. 933 do novo Código, em caráter coadjuvante, determina que as pessoas indicadas no artigo antecedente (os pais, o tutor, o curador, o empregador) responderão pelos atos daqueles indicados e a eles relacionados (os filhos menores, os pupilos, os curatelados e os empregados), ainda que não haja culpa de sua parte. Trata-se da tão ansiada transição da culpa presumida e do ônus probatório invertido para uma objetivação efetiva dessa responsabilidade *in casu*".[74] Outros autores nacionais, em reforço, veem com bons olhos a superação do modelo anterior, não se falando mais em culpa presumida em tais situações.[75]

A evolução do sistema brasileiro foi percebida, em Portugal, por Maria da Graça Trigo, para quem o Código Civil brasileiro de 2002, ao consolidar a responsabilidade objetiva por atos de outrem, "passa a constituir um dos regimes mais amplos de responsabilidade objectiva. Que só não representará uma verdadeira 'revolução' em matéria de responsabilidade civil no direito brasileiro pelo facto de se saber que, ainda na vigência do CC anterior, a doutrina e a jurisprudência interpretavam de forma muito 'progressista' os preceitos normativos".[76]

A par dessa ordem de pensamento, no âmbito jurisprudencial, merece revisão a antiga Súmula n. 341 do Supremo Tribunal Federal, aprovada em sessão plenária de 13.12.1963, cuja redação é a seguinte: "é presumida a culpa do empregador ou comitente por ato culposo do empregado ou preposto". Ora, com o devido respeito, diante da falta de revisão do próprio Tribunal até o presente momento, o caso não é de culpa presumida, mas, sim, de responsabi-

---

[73] Nesse sentido, por todos, alguns em edições mais antigas às anteriormente citadas, a demonstrar que a conclusão foi percebida nos anos iniciais de vigência do Código Civil de 2002: DINIZ, Maria Helena. *Curso de Direito Civil brasileiro*. Responsabilidade civil, cit., p. 519; TEPEDINO, Gustavo; BARBOZA, Heloísa Helena; MORAES, Maria Celina Bodin de. *Código Civil interpretado*, v. II, cit., p. 832; CAVALIERI FILHO, Sergio. *Programa de responsabilidade civil*. 7. ed. São Paulo: Atlas, 2007. p. 175; TAVARES DA SILVA, Regina Beatriz (Coord.). *Código Civil comentado*. 6. ed. São Paulo: Saraiva, 2008. p. 897; GONÇALVES, Carlos Roberto. *Responsabilidade civil*. 9. ed. São Paulo: Saraiva, 2005. p. 131.

[74] HIRONAKA, Giselda Maria Fernandes Novaes. *Responsabilidade pressuposta*, cit., p. 142.

[75] Nessa linha de pensamento: DINIZ, Maria Helena. *Curso de Direito Civil brasileiro*. Responsabilidade civil, cit., p. 519; TEPEDINO, Gustavo; BARBOZA, Heloísa Helena; MORAES, Maria Celina Bodin de. *Código Civil interpretado*, v. II, cit., p. 836; AZEVEDO, Álvaro Villaça. *Teoria geral das obrigações*. Responsabilidade civil, 10. ed., cit., p. 285; SCHREIBER, Anderson. *Novos paradigmas de responsabilidade civil*, cit., p. 31; SIMÃO, José Fernando. *Responsabilidade civil do incapaz*. São Paulo: Atlas, 2009. p. 80; CALIXTO, Marcelo Junqueira. *A culpa na responsabilidade civil*. Estrutura e função, cit., p. 101-105; GODOY, Claudio Luiz Bueno de. *Código Civil comentado*. Coordenação de Cezar Peluso. São Paulo: Manole, 2007. p. 777; GAGLIANO, Pablo Stolze; PAMPLONA FILHO, Rodolfo. *Novo curso de Direito Civil*. 9. ed. São Paulo: Saraiva, 2007. v. II, p. 149; VENOSA, Sílvio de Salvo. *Direito Civil*. Responsabilidade civil. 5. ed. São Paulo: Atlas, 2005. v. IV, p. 89.

[76] TRIGO, Maria da Graça. *Responsabilidade civil delitual por facto de terceiro*. Coimbra: Coimbra Editora, 2009. p. 98.

lidade objetiva. O enunciado correto da súmula, pelo que consta dos arts. 932, III, e 933 do Código Civil em vigor, deveria ser: *é objetiva a responsabilidade do empregador ou comitente por ato culposo do empregado ou preposto*. Urge a revisão ou o cancelamento do enunciado sumular, pois, diante do Código de Processo Civil de 2015, as súmulas superiores têm força vinculativa em relação aos advogados (art. 332, inc. I) e juízes de primeira e segunda instância (art. 489, § 1.º, incs. V e VI).

No que concerne à responsabilidade civil por fato ou guarda de animal, da mesma maneira houve uma alteração substancial, da culpa presumida (*culpa in custodiendo*) para a responsabilidade objetiva, tendo o atual art. 936 do Código Privado a seguinte redação: "o dono, ou detentor, do animal ressarcirá o dano por este causado, se não provar culpa da vítima ou força maior". Apesar da falta de menção expressa à responsabilidade sem culpa – como ocorre no art. 933 –, vários são os argumentos utilizados pela doutrina para a conclusão da responsabilidade objetiva, abandonando-se o antigo modelo da presunção.[77]

Uma das teses mais invocadas, encabeçada por Sergio Cavalieri Filho, é a de que "o art. 936 não mais admite ao dono ou detentor do animal afastar sua responsabilidade provando que o guardava e vigiava com cuidado preciso, ou seja, provando que não teve culpa. Agora, a responsabilidade só poderá ser afastada se o dono ou detentor do animal provar fato exclusivo da vítima ou força maior. Temos, destarte, uma responsabilidade objetiva tão forte que ultrapassa os limites da teoria do risco criado ou do risco-proveito".[78]

Outras manifestações, no mesmo sentido, são encontradas na doutrina nacional, pois não há mais menção ao dever de vigilância como excludente da responsabilidade civil.[79] Na mesma linha, o Enunciado n. 452, também da *V Jornada de Direito Civil*, que utilizou tal fundamento em suas justificativas, segundo o qual "a responsabilidade civil do dono ou detentor de animal é objetiva, admitindo-se a excludente do fato exclusivo de terceiro".

Para José Fernando Simão, a conclusão de que a responsabilidade por animal é objetiva pode ser retirada da referência às excludentes da culpa exclusiva da vítima e da força maior, uma vez que, na qualidade de excludentes genéricas e não específicas, parte-se do campo da presunção de culpa para a teoria do risco.[80] Realmente, parece ter razão o professor da Universidade de São Paulo. O dispositivo prevê tais excludentes seguindo o modelo do Código de Defesa do Consumidor, que trata, nos seus arts. 12, § 3.º, e 14, § 3.º, da

---

[77] Anote-se que no sistema italiano também houve uma evolução da doutrina e da jurisprudência para a responsabilidade objetiva no dano causado por animal, conforme destacam Guido Alpa e Mario Bessone (ALPA, Guido; BESSONE, Mario. *La responsabilità civile*. A cura di Pietro Maria Putti, cit., p. 430-452).

[78] Também em edição mais antiga: CAVALIERI FILHO, Sergio. *Programa de responsabilidade civil*, 7. ed., cit., p. 208.

[79] TEPEDINO, Gustavo; BARBOZA, Heloísa Helena; MORAES, Maria Celina Bodin de. *Código Civil interpretado*, v. II, cit., p. 844.

[80] SIMÃO, José Fernando. Responsabilidade civil pelo fato do animal: estudo comparativo dos Códigos Civis de 1916 e de 2002. In: DELGADO, Mário Luiz; ALVES, Jones Figueirêdo (Coord.). *Questões controvertidas no novo Código Civil*. São Paulo: Método, 2006. p. 353.

culpa exclusiva de terceiro ou do próprio consumidor como fatores obstativos da responsabilidade objetiva.

Some-se a esse argumento a invocação da teoria do risco para fundamentar a responsabilidade sem culpa, não sendo mais relevante a investigação da culpa do dono ou detentor, como apontam Pablo Stolze Gagliano e Rodolfo Pamplona Filho.[81] De fato, muitas vezes, ter um animal pode até representar uma atividade de risco, a enquadrar a situação no art. 927, parágrafo único, do atual Código Privado, dispositivo que ainda merecerá os devidos estudos e aprofundamentos. A ilustrar, cite-se o caso de alguém que desenvolve a atividade de adestrador de cães ou a hipótese de alguém que tem um apiário, dedicado à criação de abelhas.

Em reforço, o Código de Defesa do Consumidor pode entrar em cena, em *diálogo de complementaridade*, para a conclusão da responsabilização objetiva por animal, incidindo a responsabilidade objetiva do prestador de serviços (art. 14 do CDC) ou até do fornecedor de produtos (arts. 12 e 18 da Lei n. 8.078/1990). Como ainda será aprofundado no Capítulo 7, os julgados superiores, a par da mesma ideia, têm aplicado a Lei Consumerista para responsabilizar objetivamente as empresas concessionárias de rodovias pelos animais que invadem a pista, causando danos aos usuários (por todos: STJ, AgRg no Ag 1.067.391/SP, 4.ª Turma, Rel. Min. Luis Felipe Salomão, j. 25.05.2010, *DJe* 17.06.2010).

Superadas essas discussões, e contribuindo sobremaneira para a *troca de papéis* antes mencionada, está a incidência da responsabilidade objetiva, prevista na Lei n. 8.078/1990 – Código Brasileiro de Defesa do Consumidor –, para uma gama de situações jurídicas ou, sem exagerar, para a maioria das relações privadas da atualidade.

Sabe-se que a citada norma inverteu a lógica quanto à responsabilidade civil, prevendo como regra a responsabilidade civil independentemente de culpa, retirada dos citados e transcritos arts. 12 e 14 da lei protetiva dos consumidores. Como exceção, há também a previsão da responsabilização mediante culpa, responsabilidade subjetiva, dos profissionais liberais que prestam serviços de consumo (art. 14, § 4.º, da Lei n. 8.078/1990). Em síntese, está correta a afirmação de que, pelo CDC, a responsabilidade objetiva é regra e a subjetiva, exceção; tema mais bem desenvolvido no Capítulo 8.

De toda sorte, adiante-se que a emergência da sociedade de consumo de massa (*mass consumption society*, como querem os norte-americanos) inverteu também a lógica das relações privadas, fazendo com que as relações de consumo assumissem a dominação da realidade fática. Isso vale para as interações extracontratuais, mas, sobretudo, para as relações contratuais. Basta a verificação de um dia qualquer do cotidiano. Contando-se quantas relações são civis puras e quantos negócios estabelecidos ou que nos cercam são de consumo, será percebido que os últimos prevalecem com larga margem de vantagem.

Superada essa última demonstração da mudança do papel da culpa, que ficou coadjuvante pela sistemática consumerista, a encerrar o presente tópico,

---

[81] GAGLIANO, Pablo Stolze; PAMPLONA FILHO, Rodolfo. *Novo curso de Direito Civil*, 14. ed., cit., p. 236.

surge uma indagação que deve ser retomada, pois as conclusões ora expostas podem eventualmente conduzir a equívocos. Diante da mudança de papel da culpa, seria possível afirmar que a responsabilidade objetiva passou a ser a regra do Código Civil de 2002?

Mais uma vez, a minha resposta doutrinária é negativa, insiste-se, pela análise técnica da realidade legislativa nacional. Em verdade, pela codificação privada vigente no Brasil, a responsabilidade civil subjetiva ou mediante culpa continua sendo a regra geral do sistema jurídico nacional. Isso pode ser retirado, de início, da leitura do art. 186 do Código Civil de 2002, que adotou o modelo culposo para a configuração do ato ilícito civil.

A conclusão é semelhante pela leitura do *caput* do art. 927, que, ao mencionar a responsabilidade civil e o dever de reparar o dano, faz referência à citada ideia de ilicitude. No tocante à responsabilidade contratual, o modelo subjetivo foi adotado expressamente pelo art. 392 do Código Civil, como desenvolvido no último capítulo deste livro. Reafirma-se que essas premissas foram mantidas no projeto de Reforma do Código Civil, ora em curso.

Mesmo os autores mais avançados e inovadores, que propõem a derrocada da culpa, em visão cética concluem pela sua manutenção como regra do sistema. Aponta Giselda Hironaka que *há certo declínio da culpa;* entretanto, esta não desapareceu e talvez não desapareça nunca, visto que a responsabilidade subjetiva continuará a existir no sistema, quiçá ainda por muito tempo, como regra geral do ordenamento.[82] Conclui a professora titular da Universidade de São Paulo que "a sua sobrevivência se deve, certamente, ao seu papel importantíssimo de prevenção à ocorrência de danos e ao seu papel sancionador do responsável por conduta culposa. Contudo, não há como negar, a culpa já não ocupa mais, no direito contemporâneo, o lugar de único ou de principal fundamento da responsabilidade civil".[83] Da mesma forma, ensina Anderson Schreiber o seguinte:

> "A culpa continua sendo relevante para a responsabilidade civil. Embora tenha perdido aplicação em uma ampla gama de relações – hoje regida pela responsabilidade objetiva –, a noção de culpa, não em sua versão psicológica ou moral, mas em sua roupagem contemporânea, continua desempenhando papel importante na etiologia da responsabilidade subjetiva. Mesmo aí, contudo, a função de filtro dos pedidos de indenização que, outrora, se lhe atribuía vem sofrendo continuado desgaste. A demonstração da culpa libertou-se, ao longo dos últimos anos, de muitos de seus tormentos originais. As transformações vividas no âmbito da própria responsabilidade subjetiva corroboram tal constatação. A proliferação das presunções de culpa, as alterações no método de aferição da culpa, a ampliação dos deveres de comportamento em virtude da boa-fé objetiva e outros expedientes semelhantes vêm contribuindo, de forma significativa, para a facilitação da prova da culpa, hoje não mais uma *probatio* diabólica".[84]

---

[82] HIRONAKA, Giselda Maria Fernandes Novaes. *Responsabilidade pressuposta*, cit., p. 131.
[83] HIRONAKA, Giselda Maria Fernandes Novaes. *Responsabilidade pressuposta*, cit., p. 151.
[84] SCHREIBER, Anderson. *Novos paradigmas de responsabilidade civil*, cit., p. 48.

De qualquer modo, alguns doutrinadores demonstram uma tendência, no futuro, de que a culpa passe a ser mera figurante e de que a responsabilidade objetiva até seja considerada regra.

Reitere-se que há juristas brasileiros, como é o caso de Gustavo Tepedino, com olhares no horizonte, os quais enxergam no Código Civil um *sistema dualista* – atualmente com a culpa e o risco –, em que convivem a responsabilidade subjetiva e a objetiva, sem que qualquer uma delas seja a regra.[85]

Para outros, como visto, caso de Pablo Stolze Gagliano, Rodolfo Pamplona Filho e Sylvio Capanema, a responsabilidade objetiva é a regra e a subjetiva, a exceção, pois a codificação traz mais casos de responsabilidade sem culpa do que com culpa. Com relação à última corrente, repise-se o alerta de que é da melhor técnica legislativa positivar a regra uma vez apenas e a exceção várias vezes, como ocorreu com a responsabilidade com culpa e sem culpa, respectivamente.

Como palavras finais, nota-se que as visões são interessantes e plausíveis, mas demandam uma alteração estrutural e funcional do Código Civil brasileiro, que adotou a *responsabilidade subjetiva como regra e a objetiva como exceção*. É possível afirmar que o que consta da codificação nacional não está de acordo com a realidade fática nem com o *estado da arte* relativo ao tema, pois a culpa já não é mais o ator de outrora.

Em verdade, a culpa é *coadjuvante*, uma vez que o dano assumiu o papel principal na responsabilidade civil pós-moderna ou contemporânea. Como pontuam Tepedino, Bodin de Moraes e Barboza: "em razão justamente da desvalorização do requisito da culpa e da consideração alcançada pela figura do dano na atualidade, alguns autores preferem a designação 'Direito de Danos' para intitular a matéria objeto dos capítulos seguintes".[86] Como é cediço, o termo citado é utilizado na Argentina, que não adota mais a expressão *responsabilidade civil*.[87]

3.2. Do dolo na responsabilidade civil e suas consequências

Como exposto, quando se fala em responsabilidade com ou sem culpa, deve-se levar em conta a culpa em sentido amplo ou a *culpa genérica* (culpa *lato sensu*), que engloba o dolo e a culpa estrita (*stricto sensu*).

No tocante ao dolo, reafirme-se que este constitui uma violação intencional do dever jurídico com o objetivo de prejudicar outrem. Trata-se da ação ou omissão voluntária mencionada no art. 186 do CC/2002. Esse é o *dolo da responsabilidade civil*.

De toda sorte, não se pode confundir o *dolo da responsabilidade civil* com o *dolo defeito do negócio jurídico*, como vício da vontade ou do consentimento,

---

[85] TEPEDINO, Gustavo. A evolução da responsabilidade civil no direito brasileiro e suas controvérsias na atividade estatal. In: TEPEDINO, Gustavo (Coord.). *Temas de Direito Civil*. 3. ed. Rio de Janeiro: Renovar, 2004. p. 195.

[86] TEPEDINO, Gustavo; BARBOZA, Heloísa Helena; MORAES, Maria Celina Bodin de. *Código Civil interpretado*, v. II, cit., p. 804.

[87] Como se percebe, por exemplo, em: ITURRASPE, Jorge Mosset. *Responsabilidad por daños*. Parte general, cit.

tratado entre os arts. 145 a 150 do Código Civil. Este último está presente dentro de um negócio, a gerar sua anulação, desde que seja a sua causa, ou seja, desde que seja essencial ao ato (*dolus causam*). O dolo como defeito do negócio pode ser conceituado como um ato malicioso ou ardiloso praticado por um negociante ou por terceiro, em face do outro negociante, visando a um benefício. As diferenças entre as categorias constam da tabela a seguir:

Dolo da responsabilidade civil	Dolo como defeito do negócio (vício da vontade ou do consentimento)
– Não está relacionado com um negócio jurídico, não gerando qualquer anulabilidade. – Se eventualmente atinge um negócio, gera somente o dever de pagar perdas e danos, devendo ser tratado como dolo acidental (art. 146 do CC/2002).	– Está relacionado com um negócio jurídico, sendo a única causa da sua celebração (dolo essencial). – Sendo o dolo essencial ao ato, causará a sua anulabilidade, nos termos do art. 171, II, do CC/2002, desde que proposta ação no prazo decadencial de quatro anos (art. 178, II, do CC/2002).

Aprofundando o estudo do *dolo da responsabilidade civil*, Sergio Cavalieri Filho destaca a presença de dois elementos para a sua caracterização.[88] O primeiro deles é a *representação do resultado*, ou seja, a previsão, a antevisão do que vai ocorrer, do dano. Como afirma, "antes de desencadear a conduta, o agente antevê, representa mentalmente, o resultado danoso e o elege como objeto de sua ação".[89] O segundo elemento é a consciência de sua ilicitude, eis que o agente sabe que a conduta está de "forma contrária ao dever jurídico, embora lhe seja possível agir de forma diferente".[90]

Os exemplos de dolo no âmbito do Direito Civil são variados. Cite-se, de início, aquele que causa um acidente de trânsito com clara intenção; ou alguém que atropela outra pessoa por ato de diversão. O dolo também está presente nos conflitos físicos em geral, como brigas, lutas e rixas. Ilustre-se, ainda, a pessoa que destrói propriedade alheia com o único propósito de violar o direito de propriedade de outrem.

Desde o Direito Romano, o dolo merece o mesmo tratamento da culpa grave, e até da culpa gravíssima, caso a última seja admitida no âmbito do Direito Civil, o que não é comum. A conclusão, pela qual o dolo equivale à culpa grave, vem do brocardo latino *culpa lata dolus aequiparatur* (ou *culpa lata dolo aequiparatur*), com grande aplicação prática.

O Código Civil de 2002 adotou essa ideia de equiparação, ao estabelecer no *caput* do seu art. 944 que a indenização se mede pela extensão do dano. No entanto, nos termos do parágrafo único da norma, se houver excessiva desproporção entre a gravidade da culpa e a extensão do dano, o juiz poderá reduzir

---

[88] CAVALIERI FILHO, Sergio. *Programa de responsabilidade civil*, 12. ed., cit., p. 50.
[89] CAVALIERI FILHO, Sergio. *Programa de responsabilidade civil*, 12. ed., cit., p. 50.
[90] CAVALIERI FILHO, Sergio. *Programa de responsabilidade civil*, 12. ed., cit., p. 50.

de forma equitativa a indenização. Tem-se entendido, ao se interpretar a norma em vigor, que regra é a reparação integral dos danos, presente o dolo ou a culpa grave do agente, equiparados pela regra geral do comando. Entretanto, se o agente atuar com culpa leve ou levíssima, caberá eventual redução do *quantum debeatur* pelo magistrado.

Como estabelece o Enunciado n. 46, aprovado na *I Jornada de Direito Civil*, de 2002, e já com a sua redação alterada, o que ocorreu na *IV Jornada de Direito Civil*: "a possibilidade de redução do montante da indenização em face do grau de culpa do agente, estabelecida no parágrafo único do art. 944 do novo Código Civil, deve ser interpretada restritivamente, por representar uma exceção ao princípio da reparação integral do dano". O enunciado doutrinário em questão foi proposto pelo saudoso Ministro Paulo de Tarso Sanseverino, do Superior Tribunal de Justiça, sendo resumo de sua tese de doutorado, posteriormente publicada.[91]

Em sentido próximo, da *V Jornada de Direito Civil* (2011), o Enunciado n. 457, proposto por Gustavo Tepedino, outro grande expoente do tema no País: "a redução equitativa da indenização tem caráter excepcional e somente será realizada quando a amplitude do dano extrapolar os efeitos razoavelmente imputáveis à conduta do agente". E, não deixando dúvidas quanto à aplicação dessa redução também para a indenização por danos morais, o Enunciado n. 458, segundo o qual o grau de culpa do ofensor, ou a sua eventual conduta intencional (o seu dolo), deve ser levado em conta pelo juiz para a quantificação do dano moral.

No âmbito da jurisprudência, trazendo tal equiparação entre o dolo e a culpa grave, para os fins de fixação da indenização e afastando a reparação tarifada ou tabelada, do Superior Tribunal de Justiça: "a indenização decorrente da morte de passageiro em acidente aéreo, causada por culpa grave dos pilotos, equiparável ao dolo, não sofre a limitação tarifada, devendo ser arbitrada com base nas regras da legislação comum. Recurso especial não conhecido" (STJ, REsp 23.875/SP, 3.ª Turma, Rel. Min. Castro Filho, j. 14.02.2006, *DJ* 10.04.2006, p. 168. Ver, ainda, sobre a mesma situação: REsp 58.537/SP, 4.ª Turma, Rel. Min. Sálvio de Figueiredo Teixeira, j. 24.06.1996, *DJ* 12.08.1996, p. 27488). Em sentido próximo, do Tribunal de Justiça de São Paulo, mas tratando de transporte de mercadorias:

> "Contrato de transporte aéreo de mercadorias. Relação de consumo não caracterizada. Transporte de mercadorias e bens de produção. Convenção de Varsóvia e Código Brasileiro de Aeronáutica. Responsabilidade tarifada. Não incidência. Avarias. Falha da prestação de serviço. Responsabilidade regulada pelo direito comum. Reparação integral do dano, independentemente de pagamento de taxa *ad valorem*. Não caracterização de caso fortuito ou força maior. Presunção de dolo ou culpa grave da apelante. Recurso não provido" (TJSP, Apelação 991.09.077226-2, Acórdão 4687116, 22.ª Câmara de Direito Privado, São Paulo, Rel. Des. Roberto Bedaque, j. 02.09.2010, *DJESP* 17.09.2010).

---

[91] SANSEVERINO, Paulo de Tarso. *Princípio da reparação integral*, cit.

Como palavras finais, ressalte-se que, para o Direito Civil, não interessa o estudo da classificação do Direito Penal quanto ao dolo e, consequentemente, dos conceitos de *dolo eventual, dolo não eventual* ou *preterdolo*.

Em todos esses casos, o agente deverá arcar integralmente com todos os prejuízos causados ao ofendido, diante da regra de equiparação da culpa grave ao dolo. Em suma, presente o dolo, em qualquer uma de suas vertentes, a indenização a ser paga pelo agente deve ser integral, nos termos da regra prevista no *caput* do art. 944 da codificação material.

3.3. Da culpa em sentido estrito (*stricto sensu*) e suas classificações e modalidades

Como antes exposto neste capítulo, a culpa em sentido estrito ou *stricto sensu* pode ser definida como o desrespeito a um dever preexistente, não havendo propriamente uma intenção de violar o dever jurídico, que acaba sendo violado por outro tipo de conduta. As visões mais atuais da culpa retiraram dela o seu elemento intencional.

Nesse contexto, mais uma vez utilizando-se das lições de Sergio Cavalieri Filho, três são os elementos presentes na caracterização da culpa, ao contrário do dolo, que apresenta dois requisitos: *a)* a conduta voluntária com resultado involuntário; *b)* a previsão ou previsibilidade; e *c)* a falta de cuidado, cautela, diligência e atenção.[92] E arremata o jurista, com o fito de diferenciar os dois elementos subjetivos fundamentais da responsabilidade extracontratual: "em suma, enquanto no dolo o agente quer a conduta e o resultado, a causa e a consequência, na culpa a vontade não vai além da ação ou omissão. O agente quer a conduta, não, porém, o resultado; quer a causa, mas não quer o efeito".[93] Concluindo, deve-se retirar da culpa o elemento intencional, que está presente no dolo.

Repise-se que, seguindo os ensinamentos do jurista italiano Chironi, entre outros, a culpa pode ser tida como o desrespeito a um dever preexistente ou a violação a um dever jurídico, sem a presença do elemento intencional. De toda sorte, como vimos e agora será aprofundado, a culpa estrita ainda é relacionada a três modelos jurídicos de conduta, que são subjetivos ou *subjetivados*, utilizados pelo Direito Penal, eis que art. 18, inc. II, do Código Penal associa o crime culposo a essas condutas. No Código Civil, tais modelos constam dos arts. 186 e 951 do Código Civil. Retomo a tais construções com fins didáticos e de aprofundamento.

O primeiro deles é a imprudência, presente quando há uma falta de conduta somada a uma ação. A título de exemplo, podem ser citadas as condutas positivas nas infrações de trânsito, como nos casos em que se dirige bêbado ou acima da velocidade permitida na via.

O segundo modelo culposo é a negligência, evidenciada por uma falta de cuidado somada a uma omissão. Ilustre-se com a omissão de socorro ou com

---

[92] CAVALIERI FILHO, Sergio. *Programa de responsabilidade civil*, 12. ed., cit., p. 54.
[93] CAVALIERI FILHO, Sergio. *Programa de responsabilidade civil*, 12. ed., cit., p. 54.

a empresa que não treina corretamente um empregado ou preposto para o exercício de uma função ou de um trabalho.

Por fim, há a imperícia, tida como uma falta de qualificação, em sentido geral, para exercício de uma atribuição. Em complemento ao último exemplo, aqui se enquadra a conduta do empregado ou preposto que desempenha algo que não poderia fazer, causando dano a outrem.

Como ora demonstrado, o art. 186 da codificação material menciona apenas os dois primeiros conceitos, ao estabelecer que comete ato ilícito aquele que, por imprudência ou negligência, viola um dever jurídico causando dano a outrem. O Projeto de Reforma do Código Civil pretende suprir essa falha, como antes pontuado.

Cabe ainda repisar que, apesar da falta de menção à imperícia, atualmente, no art. 186 do Código Civil de 2002, foi clara a intenção do legislador civil em diferenciar os três conceitos no art. 951 da nossa atual codificação, dispositivo este que trata da responsabilidade civil dos profissionais da área de saúde, nos seguintes termos.

Repise-se que a norma estabelece que as indenizações devidas em caso de morte ou lesão corporal incidem para aqueles que, no exercício de atividade profissional, por negligência, imprudência ou imperícia, causam prejuízos ao paciente, inclusive gerando a perda de capacidade laborativa.

Refeitos todos esses esclarecimentos, é pertinente expor as principais classificações e modalidades de culpa *stricto sensu,* conforme ensina a melhor doutrina, consultada para a elaboração deste trabalho. Vejamos, de forma pontual e fracionada.

3.3.1. Da classificação da culpa em sentido estrito quanto à origem. A ideia de culpa contra a legalidade

De início, *quanto à origem,* a culpa pode ser classificada em culpa contratual – incluindo a *culpa ao contratar* ou *culpa in contrahendo* – e culpa *aquiliana.* A classificação está de acordo com o duplo tratamento do tema da responsabilidade civil (contratual x extracontratual), que ainda persiste apesar das tendências de unificação da matéria, como já exaustivamente exposto neste livro.

A primeira, *culpa contratual,* está presente nos casos de desrespeito a uma norma contratual ou a um dever anexo relacionado com a boa-fé objetiva e que exige uma conduta leal dos contratantes em todas as fases negociais. Desse modo, inicialmente, a culpa contratual é relativa ao inadimplemento obrigacional, tema abordado no Capítulo 3 deste livro.

Quanto ao desrespeito à boa-fé objetiva, retome-se que ele pode gerar a responsabilidade pré-contratual, contratual e pós-contratual da parte que a violou, o que é interpretação do art. 422 do Código Civil e dos Enunciados n. 25 e n. 170 CJF/STJ, aprovados nas *Jornadas de Direito Civil.* Justamente por isso é que se pode falar na *culpa ao contratar* ou *culpa in contrahendo,* conforme tese desenvolvida originalmente por Ihering. Fala-se, ainda, em *responsabilidade civil por ruptura das negociações,* ou na fase das tratativas, de negociações preliminares ou puntuação, tema muito exposto, na doutrina contemporânea, por Cristiano Zanetti, em sua dissertação de mestrado defendida na Faculdade de Direito da USP.[94]

O jurista analisa qual a natureza da responsabilidade que surge pela quebra da boa-fé objetiva nos primórdios contratuais, demonstrando a existência de duas correntes sobre o tema. Aponta que são partidários de uma solução contratual para essa ruptura: Ihering, Luigi Mengoni, Salvatore Romano, Francesco Benatti, Adriano de Cupis e Francesco Galgano. Essa primeira corrente, à qual me filio, é, assim, forte no Direito Civil italiano, sendo também concebida por aquele que desenvolveu a própria concepção da *culpa in contrahendo*.

Por outra via, são partidários da solução extracontratual, corrente que acaba prevalecendo no País e à qual Cristiano Zanetti está alinhado: Saleilles, Faggella, Mário Júlio de Almeida Costa, Antonio Chaves, Antonio Junqueira de Azevedo, Maria Helena Diniz, Carlos Alberto Bittar e Caio Mário da Silva Pereira. Por fim, propondo soluções intermediárias baseadas, sobretudo, nos bons costumes, está alinhado Pontes de Miranda.

Exposta a controvérsia, deve-se concluir, mais uma vez, que não é incorreto afirmar que a *fase negociações preliminares* ou de *puntuação* gera deveres às partes, pois em alguns casos, diante da confiança depositada, a quebra desses deveres pode ocasionar a responsabilização civil. Esse entendimento constitui indeclinável evolução quanto à matéria, havendo divergência apenas quanto à natureza da responsabilidade civil que surge dessa fase negocial.

Quanto à discussão de ser a culpa presente nessa fase do negócio contratual ou extracontratual, já desenvolvi a posição no sentido de ser dispensável a prova da culpa quando há quebra de deveres anexos decorrentes da boa-fé objetiva. Sendo assim, mesmo firmando-nos na corrente no sentido de ser a responsabilidade decorrente da ruptura das negociações de natureza contratual, entendo que não se pode falar em culpa em casos tais, mas em responsabilização objetiva do ofensor. Como fundamento, retomamos o teor do Enunciado n. 24, da *I Jornada de Direito Civil*, *in verbis*: "em virtude do princípio da boa-fé, positivado no art. 422 do novo Código Civil, a violação dos deveres anexos constitui espécie de inadimplemento, independentemente de culpa".

Esclarecidos esses aspectos, sem prejuízo de outros exemplos citados neste livro, a ilustrar, na jurisprudência podem ser colacionados os seguintes arestos estaduais, que aplicam a ideia de quebra de boa-fé na fase das negociações iniciais da avença:

"Compra e venda de terreno. Negociações preliminares. 1. É possível em tese a responsabilidade civil em decorrência de quebra das negociações preliminares. 2. Necessidade de comprovação dos pressupostos da responsabilidade civil. Ausente a comprovação de eventuais danos não se pode cogitar. Negaram provimento ao recurso" (TJRS, Recurso Cível 28089-57.2011.8.21.9000,

---

[94] ZANETTI, Cristiano de Souza. *Responsabilidade pela ruptura das negociações*. São Paulo: Juarez de Oliveira, 2005. p. 44-88.

2.ª Turma Recursal Cível, Rel. Des. Eduardo Kraemer, j. 29.06.2012, *DJERS* 03.07.2012).

"Responsabilidade pré-contratual. Despesas realizadas pela autora, de forma antecipada, com o objetivo de viabilizar negócio futuro com o réu. Não celebração do contrato, após uma séria [*sic*] de diligências e pagamentos feitos pela autora. Comportamento concludente do réu que gerou expectativa da autora de finalização do contrato e estimulou a realização de despesas para a regularização do imóvel. Composição de interesses negativos, consistentes nos danos que sofreu a autora com a frustração do negócio na fase de puntuação. Sentença de procedência. Recurso improvido" (TJSP, Apelação 0134186-53.2006.8.26.0000, Acórdão 5408504, 4.ª Câmara de Direito Privado, Jacareí, Rel. Des. Francisco Loureiro, j. 15.09.2011, *DJESP* 30.09.2011).

"Obrigação de reparar danos. Contrato verbal para evento religioso. Ausência de comparecimento do palestrante. Se as provas dos autos são suficientes para comprovar as negociações preliminares, proposta e aceitação do contrato verbal realizado entre as partes, havendo descumprimento por parte de uma delas, é devida a indenização pelos prejuízos causados" (TJMG, Apelação 2256933-70.2007.8.13.0105, 18.ª Câmara Cível, Governador Valadares, Rel. Des. Mota e Silva, j. 20.04.2010, *DJEMG* 07.05.2010).

Do âmbito do Superior Tribunal de Justiça merece destaque o aresto que confirmou o dever de indenizar por quebra das tratativas, aplicando o regime da responsabilidade contratual, assim como entendo a matéria:

"Recurso especial. Civil e processual civil. Responsabilidade civil pré-contratual. Negociações preliminares. Expectativa legítima de contratação. Ruptura de tratativas. Violação ao princípio da boa-fé objetiva. Juros de mora. Termo 'a quo'. Data da citação. 1. Demanda indenizatória proposta por empresa de eventos contra empresa varejista em face do rompimento abrupto das tratativas para a realização de evento, que já estavam em fase avançada. 2. Inocorrência de maltrato ao art. 535 do CPC quando o acórdão recorrido, ainda que de forma sucinta, aprecia com clareza as questões essenciais ao julgamento da lide, não estando o magistrado obrigado a rebater, um a um, os argumentos deduzidos pelas partes. 3. Inviabilidade de se contrastar, no âmbito desta Corte, a conclusão do Tribunal de origem acerca da expectativa de contratação criada pela empresa varejista. Óbice da Súmula 7/STJ. 4. Aplicação do princípio da boa-fé objetiva na fase pré-contratual. Doutrina sobre o tema. 5. Responsabilidade civil por ruptura de tratativas verificada no caso concreto. 6. Inviabilidade de se analisar, no âmbito desta Corte, estatutos ou contratos de trabalho, para se aferir a alegada inexistência de poder de gestão dos prepostos participaram das negociações preliminares. Óbice da Súmula 5/STJ. 7. Controvérsia doutrinária sobre a natureza da responsabilidade civil pré--contratual. 8. Incidência de juros de mora desde a citação (art. 405 do CC). 9. Manutenção da decisão de procedência do pedido indenizatório, alterando-se apenas o termo inicial dos juros de mora" (STJ, REsp 1.367.955/SP, 3.ª Turma, Rel. Min. Paulo de Tarso Sanseverino, j. 18.03.2014, *DJe* 24.03.2014).

Sobre os fatos em si, como consta do acórdão, "a empresa de eventos (ora recorrida) e a empresa varejista (ora recorrente) iniciaram, em dezembro de 2004, tratativas para a realização do evento 'A MAIOR LOJA DE INFORMÁTICA DO BRASIL', programado para junho de 2005 e orçado em R$ 1.075.000,00. As partes reuniram-se por diversas vezes e trocaram vários *e-mails*. A empresa de eventos realizou uma visita técnica, elaborou memoriais descritivos e, segundo alega, iniciou a contratação de terceiros, efetuando despesas da ordem de R$ 200.000,00. O evento, porém, foi adiado e, posteriormente, cancelado pela empresa varejista, não tendo havido a formalização de um contrato. O Tribunal de origem, soberano na análise das provas, considerou que o comportamento das partes teria criado na empresa de eventos a 'induvidosa expectativa' (cf. fl. 491) de que o contrato viria a ser celebrado, fato que, aliado à iminência do evento, justificaria o início da contratação de terceiros antes mesmo da formalização do contrato" (REsp 1.367.955/SP). Sem dúvidas, a geração de expectativas indica a presença da responsabilidade pré-contratual, por quebra da boa-fé objetiva.

Analisada essa primeira categoria de culpa quanto à origem, por outra via, a *culpa extracontratual* ou *aquiliana* é resultante da violação de um dever fundado em norma do ordenamento jurídico ou de um abuso de direito. Como exemplos podem ser mencionadas as situações envolvendo acidentes de trânsito, homicídio, lesões corporais, acidentes de trabalho, entre outras.

Surge, nesse contexto, a concepção da *culpa contra a legalidade,* presente todas as vezes em que for flagrante o desrespeito à norma jurídica. Em outras palavras, haverá *culpa contra a legalidade* nas situações em que a violação de um dever jurídico resulta claramente do não atendimento da lei, como acontece, por exemplo, nos acidentes de trânsito ocasionados pelo não atendimento dos regulamentos correspondentes e em casos relativos ao acidente de trabalho, quando as normas de proteção do empregado são desrespeitadas.

Entre os civilistas clássicos, Wilson Melo da Silva pontifica sobre a categoria que "tão somente que o fato do desrespeito ou da violação de uma determinação regulamentar implicaria, de per si, independente do mais, uma verdadeira culpa, sem a necessidade da demonstração, quanto a ela, de ter havido por parte do agente, qualquer imprevisão, imprudência etc. O só fato da transgressão de uma norma regulamentária materializaria, assim, uma culpa *tout court*. O motorista, por exemplo, ao abusar da velocidade além dos limites estabelecidos pelos ordenamentos das leis do Trânsito, em determinados locais, ocasionando acidentes, só pelo fato da transgressão da norma fixadora do limite máximo da velocidade para esses locais, teria incidido em culpa que o levaria a indenizar pelo *eventus damni*, daí defluente".[95]

Segundo Carlos Roberto Gonçalves, "a teoria chamada 'contra a legalidade' considera que a simples inobservância de regra expressa em lei ou em regulamento serve para configurar a culpa do agente, sem a necessidade de outras

---

[95] SILVA, Wilson Melo da. A culpa contra a legalidade, a culpa comum e a responsabilidade civil automobilística nos transportes de passageiros. *Revista da Faculdade de Direito da Universidade Federal de Minas Gerais*, n. 13, 1973. Disponível em: <http://www.direito.ufmg.br/revista/index.php/revista/article/view/724/677FMG>. Acesso em: 8 set. 2016.

indagações".⁹⁶ Também entre os contemporâneos, como observa Sergio Cavalieri Filho, a mera infração da norma regulamentar é fator determinante da responsabilidade civil, uma vez que cria em desfavor do agente uma presunção de ter agido culposamente, incumbindo-lhe o difícil ônus de provar o contrário.⁹⁷ Assim, inverte-se o ônus da prova, pois o réu é quem passa a ter o dever de provar que não desrespeitou a norma jurídica supostamente violada.

Por fim, sobre o conceito, conforme define Marco Aurélio Bezerra de Melo, "culpa contra legalidade é o comportamento do agente que viola as regras impostas pela lei, contrato ou por regulamentos administrativos que objetivam reduzir os riscos de determinada atividade. Para a sua aplicação correta é fundamental a demonstração de que a infringência de tais regras representou a causa do dano".⁹⁸

Apesar de ser tratada por alguns doutrinadores, pontue-se que a *culpa contra a legalidade* é ainda pouco aplicada pela nossa jurisprudência civil, merecendo um melhor desenvolvimento no Direito Civil brasileiro. Alguns julgados aplicam a teoria no âmbito trabalhista, podendo-se destacar, entre todos, o seguinte:

> "Do empregador, portanto, é exigido o dever de cumprir os preceitos legais a respeito dos deveres de cuidado com a segurança e medicina do trabalho, nos termos do art. 157 da CLT, sob pena de restar caracterizada o que a doutrina denomina culpa contra a legalidade, vale dizer, quando o empregador/tomador descumpre as determinações legais de saúde, higiene e medicina do trabalho, oferecendo condições de trabalho inseguras. Nesse contexto, firmou-se a jurisprudência desta Corte no sentido de que, em caso de doença que guarda nexo de causalidade com as atividades laborais, a culpa do empregador é presumida, cabendo-lhe o ônus de provar que adotou as providências necessárias à preservação da incolumidade física do empregado. Assim, ao concluir que cabia à reclamante comprovar a culpa da reclamada em relação à doença que guarda nexo de causalidade com o trabalho, o Tribunal Regional violou o art. 818 da CLT. Recurso de revista conhecido e provido" (TST, Recurso de Revista 0113200-07.2006.5.05.0035, 1.ª Turma, Rel. Min. Hugo Carlos Scheuermann, *DEJT* 12.12.2016, p. 242).

No âmbito cível, destaque-se, com incidência para acidentes de trânsito, o que será mais bem desenvolvido no Capítulo 12 deste livro, que trata da responsabilidade civil relacionada à mobilidade:

> "Acidente de trânsito. Responsabilidade civil. Do risco pela não renovação da carteira de habilitação do preposto da segurada. Alegação não acolhida. Irrelevância do fato para o pagamento da indenização à segurada. Honorários de advogado. Fixação. Prova da culpa. Culpa contra a legalidade. Motorista que invade a contramão e provoca o acidente. Culpa *in re ipsa*. Dano moral. Valor da indenização. Redução. Juros de mora. Termo inicial. Data do fato. Correção monetária. Data do julgamento. Primeira apelação desprovi-

---

⁹⁶ GONÇALVES, Carlos Roberto. *Direito Civil brasileiro*. Responsabilidade civil. 9. ed. São Paulo: Saraiva, 2014. v. 4, p. 330.
⁹⁷ CAVALIERI FILHO, Sergio. *Programa de responsabilidade civil*, 12. ed., cit., p. 61.
⁹⁸ MELO, Marco Aurélio Bezerra de. *Curso de Direito Civil*. Responsabilidade civil, cit., p. 54.

da, segundo e terceiro recursos providos em parte" (TJPR, Apelação Cível 1465407-6, 10.ª Câmara Cível, Maringá, Rel. Des. Albino Jacomel Guerios, j. 09.06.2016, *DJPR* 12.07.2016, p. 239).

"Apelação cível. Ação indenizatória. Abalroamento entre veículos. Conduta ilícita do motorista de ônibus. Inexistência. Culpa exclusiva da vítima. Comprovação. Condução de motocicleta por pessoa inabilitada e sob a influência de álcool. Ofensa a diversas regras de circulação de trânsito. Teoria da culpa contra a legalidade. Aplicação. Excludente de responsabilidade civil. Existência. Para a configuração da responsabilidade civil, é imprescindível a demonstração da conduta ilícita, do dano efetivo e do nexo de causalidade entre tais elementos. A infração a dever imposto em expresso texto de Lei ou regulamento, como ocorre com as regras de circulação de trânsito, cria, em desfavor do infrator, uma presunção de ter ele dado causa ao evento danoso. Demonstrado o nexo de causalidade direto e exclusivo entre o evento danoso e a conduta da vítima, pessoa inabilitada que conduzia motocicleta sob a influência de álcool e inobservou diversas regras de circulação de trânsito, não há falar em responsabilidade civil da proprietária do outro veículo envolvido no acidente" (TJMG, Apelação Cível 1.0439.13.005250-9/001, Rel. Des. Leite Praça, j. 19.11.2015, *DJEMG* 1.º.12.2015).

No âmbito do Superior Tribunal de Justiça, anote-se que em 2019 surgiu julgado aplicando a tese da culpa contra a legalidade em caso de embriaguez do condutor, citando esta obra e deduzindo pela culpa presumida do condutor (STJ, REsp 1.749.954/RO, 3.ª Turma, Rel. Min. Marco Aurélio Bellizze, j. 26.02.2019, *DJe* 15.03.2019).

Como se pode notar, na linha da doutrina antes esposada, os arestos também aplicam a ideia segundo a qual a culpa contra a legalidade gera uma presunção de culpa do agente causador do dano, presente uma presunção *hominis*, feita pelo julgador da causa.

3.3.2. *Da classificação da culpa* stricto sensu *com relação à atuação do agente*

Quanto à atuação do agente, devem ser retomados os conceitos de culpa *in comittendo* e *in omittendo*, classificação que não traz maiores dificuldades. A primeira é conceito relacionado com a imprudência, ou seja, com uma ação ou comissão. A segunda está alinhada à negligência, à omissão.

Trazendo outros exemplos, sem prejuízo dos antes expostos, haverá culpa *in comittendo* quando um motorista bêbado e em alta velocidade causa um acidente. Ou ainda: "age com culpa *in comittendo* o motorista que dirige automóvel em velocidade acima da permitida e em condições desfavoráveis, debaixo de forte chuva. 3. O fato de os ocupantes do veículo serem caroneiros, ou transportados a título gracioso ou oneroso, não exclui a obrigação de indenizar" (TJGO, Acórdão Cível 57897-0/190, 4.ª Câmara Cível, Rio Verde, Rel. Des. Floriano Gomes, j. 07.06.2001, *DJGO* 06.07.2001).

O médico que esquece gaze na barriga do paciente após uma cirurgia, por exemplo, age em culpa *in omittendo*. Conforme reconheceu o Tribunal paulista, há culpa por omissão no caso da empresa de guincho que deixou de tomar as cautelas necessárias para o embarque de uma motocicleta, que veio a cair. Vejamos a sua ementa:

"Apelação cível ação de reparação de danos materiais. Queda de motocicleta de caminhão-guincho. Responsabilidade civil das rés caracterizada. Ação julgada procedente Inconformismo. Inadmissibilidade. Entendimento jurisprudencial sobre o tema. Falha na prestação do serviço. Culpa *in omittendo*. Ausência das cautelas necessárias. Valor da indenização corretamente fixado, com base nos orçamentos apresentados" (TJSP, Apelação Cível 9066642-84.2009.8.26.0000, Acórdão 6536895, 1.ª Câmara de Direito Público, Botucatu, Rel. Des. Castilho Barbosa, j. 26.02.2013, *DJESP* 07.03.2013).

Os conceitos ainda serão retomados quando do estudo da responsabilidade civil dos profissionais liberais, sendo aqui apenas pertinente afirmá-los com o fim de construção de uma teoria geral da responsabilidade civil.

3.3.3. *Da culpa quanto ao critério de análise pelo aplicador do direito*

Relativamente ao critério da análise pelo aplicador do direito, a culpa pode ser *in concreto* ou *in abstrato*, tendo sido a segunda estudada nos primeiros desenvolvimentos deste capítulo.

Na primeira, examina-se a conduta de acordo com o caso concreto, o que é sempre recomendável, tendo em vista o sistema adotado pelo Código Civil de 2002 no tocante à graduação da culpa e à fixação do *quantum debeatur* de acordo com as condutas dos envolvidos, o agente e a vítima (arts. 944 e 945). Na prática, o conceito concreto é abordado pela jurisprudência trabalhista, com o fim de verificar, especificamente, a culpa do empregador, atribuindo-lhe ou afastando-se o dever de indenizar (por todos: TST, Recurso de Revista 0000418-36.2011.5.09.0014, 2.ª Turma, Rel. Des. Renato de Lacerda Paiva, *DEJT* 04.10.2013, p. 357; e TRT da 9.ª Região, Processo 11663-2011-863-09-00-0, Acórdão 23327-2012, 7.ª Turma, Rel. Des. Ubirajara Carlos Mendes, *DJPR* 29.05.2012).

Por outra via, como visto, na culpa *in abstrato*, de modelo aberto, leva-se em conta a *pessoa natural comum*, ou seja, o antigo critério do bom pai de família (*bonus pater familia*), homem razoável (*reasonable man*), o *homem médio*. Recomenda-se a utilização da primeira expressão, no feminino, pois o art. 1.º do CC/2002 prefere *pessoa* a *homem* (art. 2.º do CC/1916), afastando qualquer discriminação de gênero, na utilização da expressão no masculino.

Alguns juristas, caso de Agostinho Alvim e Maria Helena Diniz, consideram que a análise da culpa em nosso sistema, em regra, se dá pelo modelo *in abstrato*.[99] Todavia, como vimos, há uma contundente crítica doutrinária com relação à busca desse modelo genérico ou aberto de conduta, recomendando

---

[99] ALVIM, Agostinho. *Da inexecução das obrigações e suas consequências*, cit., p. 227; DINIZ, Maria Helena. *Curso de Direito Civil brasileiro*. Responsabilidade civil, cit., p. 61.

parte da doutrina que sejam utilizados *parâmetros de comportamentos específicos*.[100] Penso, todavia, que o modelo aberto ou genérico de comportamento não deve ser totalmente abandonado para a aferição da culpa.

Na verdade, as duas formas de culpa deverão interagir entre si, não havendo construção em que deva ser considerada a regra. Em outras palavras, deve-se analisar o caso concreto levando-se em conta a normalidade do comportamento humano, buscando-se um padrão geral de conduta. A ilustrar, trazendo a análise de ambos os conceitos do Tribunal paulista:

> "Afasta-se a ideia de que infração administrativa falta de sinalização luminosa gera de modo definitivo juízo de culpa civil (culpa *in abstrato*), porque necessária a aferição rigorosa da conduta, segundo as provas, para juízo da responsabilidade do agente (culpa *in concreto*). Não se presume, portanto, em consequência, que o atropelamento se deu porque o motorista do caminhão não observou, ao ingressar na via de tráfego, o acionamento da seta luminosa do caminhão. Eventual contradição apontada acerca da sinalização da conversão pelo preposto da ré, isto é, se teria (ou não) dado seta antes de efetuar a conversão, é elemento isolado e irrelevante para infirmar a análise do cotejo probatório. Rompida, com isso, a previsibilidade que deve estar presente para a tipificação da culpa atribuída ao agente. E esta se caracteriza pela possibilidade de antevisão de um resultado, ou seja, quando um sujeito, em dada situação fática, poderia ter previsto como possível o resultado produzido em decorrência de sua ação ou omissão. Portanto, o ônus probatório recai sobre a atuação do autor, por se tratar de invocação de fato constitutivo do seu direito, nos termos do que dispõe o artigo 333, I, do Código de Processo Civil" (TJSP, Apelação 00145412120098260132, 32.ª Câmara de Direito Privado, Rel. Luis Fernando Nishi, j. 28.01.2016, data de publicação: 28.01.2016).

Como palavras finais, frise-se que os dois modos de interpretação – *concreto e abstrato* – devem interagir para que a conclusão do aplicador do direito seja justa e razoável. Eles não se excluem, mas se complementam.

3.3.4. *Retomando a classificação da culpa presumida e a sua superação pelo Código Civil de 2002*

Como visto, *com relação à sua presunção*, surgem três modalidades de culpa, terceira classificação que interessa à presente obra.

Na culpa *in vigilando*, há uma quebra do dever legal de vigilância como *era* o caso, por exemplo, da responsabilidade do pai pelo filho, do tutor pelo tutelado, do curador pelo curatelado, do dono de hotel pelo hóspede e, ainda, do educador pelo educando. Seguindo, a culpa *in eligendo* era a culpa decorrente da escolha ou eleição feita pela pessoa a ser responsabilizada, como no caso da responsabilidade do patrão por ato de seu empregado. Por fim, na culpa *in custodiendo*, a presunção da culpa decorreria da falta de cuidado com a guarda de uma coisa ou animal.

---

[100] SCHREIBER, Anderson. *Novos paradigmas da responsabilidade civil*, cit., p. 41.

Reafirme-se que concluo, como parcela considerável da doutrina nacional, que não se podem falar mais nessas modalidades de culpa presumida, hipóteses anteriores de responsabilidade subjetiva. Isso justifica a utilização das expressões no passado e no condicional. Essa conclusão se dá porque as antigas hipóteses de culpa *in vigilando* e culpa *in eligendo* estão regulamentadas pelo art. 932 do Código Civil de 2002, consagrando o art. 933 a adoção da *teoria do risco*, ou seja, que tais casos são de responsabilidade objetiva, não se discutindo culpa. Dispõe, ainda, o art. 942, parágrafo único, a solidariedade entre as pessoas elencadas no art. 932. Quanto a essas duas antigas formas de culpa presumida, não restam dúvidas da *objetivação da responsabilidade*.

Vejamos outros autores, sem prejuízo das menções anteriores, que demonstram essa superação da presunção legal de culpa. Ensina Sergio Cavalieri Filho que "essas espécies de culpa, todavia, estão em extinção, porque o Código Civil de 2002, em seu art. 933, estabeleceu responsabilidade objetiva para os pais, patrão, comitente, detentor de animal etc., e não mais responsabilidade com culpa presumida, como era no Código anterior".[101]

Para Anderson Schreiber, "o Código Civil brasileiro de 2002 converteu em hipóteses de responsabilidade objetiva inúmeras situações de culpa presumida a que a jurisprudência vinha dando um tratamento rigoroso. É o que se verifica na responsabilidade por fato de terceiro, como a dos pais pelos atos dos filhos menores que estiverem sob sua autoridade e em sua companhia (art. 932, inciso I), ou a já mencionada responsabilidade dos tutores e curadores, por pupilos e curatelados, que se acharem nas mesmas condições (art. 932, inciso II). Também foi o que ocorreu com a responsabilidade por fato de animais, em que se eliminou a excludente fundada na demonstração de que houvera guarda e vigilância do animal 'com cuidado preciso', constante da codificação de 1916".[102]

Na mesma esteira, opina Bruno Miragem: "(...) note-se, então, que a responsabilidade pelo fato de terceiro no direito vigente será espécie de responsabilidade objetiva, independentemente de culpa, deixando de ter aplicação, nesse ponto, a construção teórica da presunção de culpa *in vigilando* e/ou de culpa *in eligendo*, desenvolvida no direito anterior".[103] Nos dizeres de Marco Aurélio Bezerra de Melo, "na medida em que a jurisprudência passou a não admitir prova em contrário nessas situações, entrou em declínio o 'fetichismo da forma', que sucumbiria de vez com a entrada do Código Civil de 2002 ao colocar as hipóteses acima de culpa presumida como sendo de responsabilidade objetiva".[104]

A confirmar tal consolidação doutrinária, propus enunciado na *V Jornada de Direito Civil*, assim aprovado: "a responsabilidade civil por ato de terceiro funda-se na responsabilidade objetiva ou independente de culpa, estando superado o modelo de culpa presumida" (Enunciado n. 451 do CJF/STJ). Reafirme-se, então, que, a partir dessas ideias, deve ser tida como totalmente cancelada,

---

[101] CAVALIERI FILHO, Sergio. *Programa de responsabilidade civil*, 12. ed., cit., p. 54.
[102] SCHREIBER, Anderson. *Novos paradigmas da responsabilidade civil*, cit., p. 32.
[103] MIRAGEM, Bruno. *Direito Civil*. Responsabilidade civil. São Paulo: Saraiva, 2015, p. 303-304.
[104] MELO, Marco Aurélio Bezerra de. *Curso de Direito Civil*. Responsabilidade civil, cit., p. 56.

doutrinariamente, a Súmula n. 341 do STF, pela qual é presumida a culpa do empregador por ato do seu empregado. Na verdade, o caso não é mais de culpa presumida, mas de responsabilidade objetiva (arts. 932, III, e 933 do CC). No âmbito da jurisprudência superior, o Superior Tribunal de Justiça já reconhece essa superação, cabendo transcrever o seguinte trecho de ementa:

> "A responsabilidade do empregador por ato do preposto possui matriz normativa no art. 1.521, inciso III, do Código Civil de 1916, e deu azo à interpretação do Supremo Tribunal Federal externada na Súmula 341 do STF – 'É presumida a culpa do patrão pelo ato culposo do empregado ou preposto' –, tendo o atual Código aprimorado a redação do mencionado dispositivo, constando no art. 932, inciso III, c/c art. 933, a previsão de responsabilidade objetiva" (REsp 1.380.974/RJ, 4.ª Turma, Rel. Min. Luis Felipe Salomão, j. 17.12.2013, *DJe* 11.02.2014).

No tocante à antiga culpa *in custodiendo* por ato de animal, o art. 936 do CC/2002 traz, conforme as palavras de Sergio Cavalieri Filho e Anderson Schreiber antes transcritas, a responsabilidade objetiva do dono ou detentor de animal por fato danoso causado, eis que o próprio dispositivo prevê as excludentes de responsabilidade (culpa exclusiva da vítima e força maior), situação típica de objetivação.

Quanto à culpa *in custodiendo* por outras coisas inanimadas – incluindo os produtos –, os arts. 937 e 938 do CC/2002 e o próprio Código de Defesa do Consumidor do mesmo modo consagram a responsabilidade sem culpa ou objetiva. Em conclusão final, não se pode mais falar na culpa presumida com relação à custódia de animais ou de coisas, conforme o Enunciado n. 452, aprovado na *V Jornada de Direito Civil*, realizada em novembro de 2011.

A culpa presumida por presunção legal, portanto, não está mais presente nos tratamentos legislativos mencionados. No entanto, como se verá em vários trechos deste livro, persiste a culpa presumida por decisão do julgador, como nos acidentes de trânsito em que está presente a culpa contra a legalidade. De outro modo, pode-se dizer que, ao contrário dessas antigas situações de presunção *legis*, ainda existe a presunção *hominis*, realizada pelo aplicador do Direito.

Para encerrar, surge uma tormentosa indagação: qual seria a diferença prática entre a culpa presumida e a responsabilidade objetiva? De comum, tanto na culpa presumida como na responsabilidade objetiva inverte-se o ônus da prova, ou seja, o autor da ação não necessita provar a culpa do réu. Como antes apontado, a culpa presumida representa o *meio do caminho* entre a responsabilidade subjetiva – com a necessidade de prova de culpa – e a responsabilidade objetiva.

Todavia, como diferença fulcral entre as categorias, na culpa presumida, hipótese de responsabilidade subjetiva, se o réu provar que não teve culpa, não responderá.

Por seu turno, na responsabilidade objetiva essa comprovação não basta para excluir o dever de reparar do agente, que somente é afastado se comprovada uma das excludentes de nexo de causalidade, no próximo capítulo estudadas, quais sejam: a culpa ou o fato exclusivo da vítima, a culpa ou o fato exclusivo de terceiro, o caso fortuito ou a força maior. O quadro a seguir serve para diferenciar as categorias expostas:

Culpa presumida	Responsabilidade objetiva
– A responsabilidade civil é com culpa (subjetiva). – Se o réu da ação de responsabilidade civil provar que não teve culpa, ele não responde.	– A responsabilidade civil é sem culpa. – Se o réu da ação de responsabilidade civil provar que não teve culpa, ele responde. Para não responder, deve provar uma excludente de nexo de causalidade.

3.3.5. Da classificação da culpa em relação ao seu grau. Análise dos arts. 944 e 945 do Código Civil de 2002. Sua aplicação à responsabilidade objetiva. A teoria do risco concorrente

Como visto, com grande relevo para o Direito Civil brasileiro, o Código Civil de 2002 valorizou sobremaneira a classificação da culpa quanto ao grau, o que remonta ao Direito Romano. Como explica Álvaro Villaça Azevedo, admitia-se, na realidade jurídica romana, a visão bipartida, baseada na culpa grave e na culpa leve. Posteriormente, "a teoria dual romana (culpa *lata* e *levis* – culpa máxima e leve) foi interpretada, na Idade Média, pelos glossadores (Irnério e Acúrsio, da Escola de Bolonha) e pós-glossadores (Bártolo, de Sassoferrato), criando-se a teoria das três culpas: grave ou lata, leve e levíssima (da *Lex Aquilia*), acolhida modernamente com algumas exceções".[105]

Assim, na *culpa lata* ou culpa grave, há uma imprudência ou negligência crassa. O agente até que não queria o resultado, mas agiu com tamanha culpa de tal forma que parecia que o quisesse. Como se extrai da obra de Caio Mário da Silva Pereira, uma *clássica* referência doutrinária no Brasil, "na culpa grave, embora não intencional, seu autor, sem 'querer' causar o dano, 'comportou-se como o tivesse querido'".[106] Como pontua Yussef Said Cahali, a *culpa lata* ou *dolo proxima* está presente "quando há negligência extrema do agente, quando procede sem a mais elementar cautela, não prevendo aquilo que é previsível ao mais comum dos homens".[107] Entre os novos civilistas, como explicam Cristiano Chaves de Farias, Nelson Rosenvald e Felipe Peixoto Braga Neto, "a culpa grave é caracterizada por uma conduta em que há uma imprudência ou imperícia extraordinária e inescusável, que consiste na omissão de um grau mínimo e elementar de diligência que todos observam. Equipara-se ao dolo do ofensor a culpa grave, grosseiramente irresponsável e indicativa de um menoscabo do agente diante da situação jurídica da vítima. Em suma, desdém quanto ao comportamento social que deveria seguir, mas que ignora".[108]

Em casos tais, reitere-se, o efeito é o mesmo dolo, ou seja, o ofensor deverá pagar indenização integral, pois a culpa grave equipara-se ao dolo (*culpa lata*

---

[105] AZEVEDO, Álvaro Villaça. *Teoria geral das obrigações*. Responsabilidade civil, 10. ed., cit., p. 304.
[106] PEREIRA, Caio Mário da Silva. *Responsabilidade civil*. 10. ed. atualizada por Gustavo Tepedino. Rio de Janeiro: GZ, 2012. p. 99.
[107] CAHALI, Yussef Said. Culpa (Direito Civil). *Enciclopédia Saraiva de Direito*. Coordenação de Rubens Limongi França. São Paulo: Saraiva, 1977. p. 25.
[108] FARIAS, Cristiano Chaves; ROSENVALD, Nelson; BRAGA NETO, Felipe Peixoto. *Curso de Direito Civil*. Responsabilidade civil, cit., p. 169.

dolus aequiparatur). Não havendo culpa concorrente, da vítima ou de terceiro, não merecerá aplicação a redução proporcional da indenização, o que se extrai dos arts. 944, parágrafo único, e 945 do Código Civil de 2002.

A culpa *leve* ou média é a *culpa intermediária*, situação em que a conduta se desenvolve sem a atenção normalmente devida. Segundo Caio Mário da Silva Pereira, "culpa leve é a falta de diligência média, que um homem normal observa em sua conduta".[109] Utiliza-se como padrão a pessoa humana comum ou *bonus pater familias*, o que faz surgir a categoria da culpa *in abstrato*, antes exposta e criticada. Trata-se de um modelo culposo que considera um comportamento-padrão ou *standard*, de acordo com a ideia do *homem razoável* do Direito anglo-saxão (*reasonable man*).

Por fim, surge a *culpa levíssima*, no menor grau possível, situação em que o fato só teria sido evitado mediante o emprego de cautelas extraordinárias ou de especial habilidade. Como se retira da obra de Aguiar Dias, a culpa *levíssima* é aquela relacionada com uma conduta que não poderia ser observada nem por um diligentíssimo *pater familias* ou *diligentíssimo chefe familiar*, conceito adaptado à nova realidade do Direito de Família.[110]

No Direito Civil, como visto, responde-se inclusive pela culpa levíssima, porque se tem em vista a extensão do dano (art. 944 do CC). Continua valendo, portanto, aquele antigo norte romano, baseado no brocardo *in lege Aquilia et levissima culpa venit*. Nessa linha, entre os remotos arestos superiores: "na responsabilidade aquiliana ou extracontratual, basta a culpa levíssima do agente" (STJ, REsp 238.159/BA, 4.ª Turma, Rel. Min. Barros Monteiro, j. 29.02.2000, *DJ* 08.05.2000, p. 100).

Todavia, presente a culpa levíssima, a indenização a ser paga deverá ser reduzida mais ainda, eis que o parágrafo único do art. 944 e o art. 945 do Código Civil determinam que o *quantum* deve ser fixado de acordo com o grau de culpabilidade das partes. Vejamos o teor de ambos os dispositivos, cujas transcrições integrais e análise são pertinentes, mais uma vez:

> "Art. 944. A indenização mede-se pela extensão do dano. Parágrafo único. Se houver excessiva desproporção entre a gravidade da culpa e o dano, poderá o juiz reduzir, equitativamente, a indenização".

> "Art. 945. Se a vítima tiver concorrido culposamente para o evento danoso, a sua indenização será fixada tendo-se em conta a gravidade de sua culpa em confronto com a do autor do dano".

Sobre o primeiro comando, lembram Jones Figueirêdo Alves e Mário Luiz Delgado, juristas que participaram do processo final de elaboração do vigente Código Civil, o seguinte:

> "O dispositivo, ao estabelecer relação de proporcionalidade entre a extensão do dano e a extensão da indenização e, ao mesmo tempo, permitir a redu-

---
[109] PEREIRA, Caio Mário da Silva. *Responsabilidade civil*, 5. ed., cit., p. 70.
[110] AGUIAR DIAS, José de. *Da responsabilidade civil*, cit., p. 71.

ção da indenização, por equidade, se verificada excessiva desproporção entre a gravidade da culpa e o dano, adotando, assim, a teoria da gradação da culpa, a influenciar o *quantum* indenizatório, constitui um dos artigos mais polêmicos de toda a disciplina da responsabilidade civil. O Professor Álvaro Villaça Azevedo, por exemplo, é um dos juristas que criticam duramente a possibilidade de redução equitativa da indenização, entendendo que, por sua função reparadora, deve ela se pautar exclusivamente pelo prejuízo sofrido, pouco importando a gradação da culpa. Entretanto, com o devido respeito ao mestre, para que a responsabilidade civil possa efetivamente cumprir a sua finalidade de restabelecimento do equilíbrio pessoal e social, é imprescindível que, na fixação da indenização, seja verificado o grau de culpa do lesante, constituindo o parágrafo único do dispositivo notável avanço legislativo".[111]

Apesar das críticas do Professor Villaça, também sou defensor do conteúdo do art. 944 do CC/2002, pois o dispositivo, ao prever a redução por equidade da indenização, traz a ideia de que a responsabilidade civil deve ser analisada de acordo com o meio que a cerca e de modo razoável, ou seja, na linha da necessária *função social da responsabilidade civil*.

Essencialmente no que interessa aos danos morais, o grau da culpa deve influir no *quantum* indenizatório arbitrado, por não se tratar propriamente de um ressarcimento em sentido estrito, mas de uma compensação satisfativa, ou seja, uma reparação. Ademais, o grau de culpa exerce influência na questão de causalidade, o que traz a conclusão de que não se pode diferenciar o tratamento diante da modalidade de dano presente.

Como desenvolvi em tese de doutorado defendida na Faculdade de Direito da USP, simbolicamente, pode-se comparar a culpa do agente a uma *mola*.[112]

Presente o dolo ou a culpa grave do agente, a *mola* estará em sua máxima extensão, e a indenização paga à vítima deve ser integral, incidindo o princípio da reparação integral dos danos (art. 944, *caput*, do CC/2002). Havendo a culpa leve ou levíssima do agente, a mola é pressionada para baixo, o que gera a diminuição do *quantum debeatur*. Como também ali desenvolvido, para tanto, é interessante trabalhar com percentuais ou frações de concorrência – ou de *pressão na mola* – para a determinação das correspondentes responsabilidades.

Não se olvide de que os arts. 944 e 945 hoje têm incidência para a fixação da indenização de qualquer modalidade de dano, inclusive os danos morais. Nessa linha, podem ser citados dois enunciados doutrinários aprovados na *V Jornada de Direito Civil*, de autoria de Wladimir Marinho Falcão Cunha, professor da UFPB e magistrado. O primeiro deles preconiza que, "embora o reconhecimento dos danos morais se dê em numerosos casos independentemente de prova (*in re ipsa*), para a sua adequada quantificação, deve o juiz investigar, sempre que entender necessário, as circunstâncias do caso concreto, inclusive por intermédio da produção de depoimento pessoal e prova testemunhal em audiência" (Enun-

---

[111] ALVES, Jones Figueirêdo; DELGADO, Mário Luiz. *Código Civil anotado*, cit., p. 409.
[112] Como desenvolvido em vários trechos de: TARTUCE, Flávio. *Responsabilidade objetiva e risco*. A teoria do risco concorrente, cit.

ciado n. 455). O segundo tem a seguinte redação: "o grau de culpa do ofensor ou a sua eventual conduta intencional deve ser levado em conta pelo juiz para a quantificação do dano moral" (Enunciado n. 458).

No âmbito da jurisprudência, vários são os arestos superiores que seguem essa linha, sendo o grau de culpa dos envolvidos – vítima e agente – um dos critérios utilizados pelo Superior Tribunal de Justiça para a quantificação dos danos morais. Nesse sentido, entre os arestos mais recentes, vejamos dois, sem prejuízo do desenvolvimento do tema que será realizado no próximo capítulo desta obra:

"Civil. Processual civil. Agravo regimental. Recurso manejado sob a égide do CPC/73. Ação indenizatória. Registro irregular de doação para campanha eleitoral. Propositura de representação em desfavor da suposta doadora. Danos morais e materiais comprovados. Procedência. Apelo especial. (...). Ato ilícito, dano e nexo de causalidade. Comprovação. Verba indenizatória fixada. Desnecessidade. Quantia fixada em atendimento aos princípios da razoabilidade e da proporcionalidade. Dissídio jurisprudencial. Análise de matéria fática. Súmula n.º 7 do STJ. Agravo conhecido. Recurso especial não provido. (...). O Tribunal *a quo*, após a acurada análise do acervo fático dos autos, reconheceu devidamente comprovado o ato ilícito, bem como o nexo de causalidade entre ele e o resultado lesivo à parte autora. Revisar tal entendimento encontra óbice na já citada Súmula n.º 7 desta Corte. A verba reparatória, no importe de R$ 10.000,00 (dez mil reais), foi fixada em observância aos princípios da proporcionalidade e da razoabilidade, tendo sido observado o grau de culpa, o nível socioeconômico da parte ofendida, o porte do ofensor, e, ainda, levando-se em consideração as circunstâncias do caso, sendo, portanto, inviável sua alteração nesta Corte Superior, que não é terceira instância recursal. (...)" (STJ, AgRg no AREsp 812.286/DF, 3.ª Turma, Rel. Min. Moura Ribeiro, j. 21.02.2017, *DJe* 09.03.2017).

"Agravo interno no agravo em recurso especial. Responsabilidade civil. Erro médico. Negligência na cirurgia para retirada de projétil de arma de fogo. Conclusão do acórdão. Danos morais configurados. *Quantum* indenizatório razoável. Impossibilidade de revisão do julgado. Incidência da Súmula n. 7 do STJ. Requerimento da parte agravada de aplicação da multa prevista no § 4.º do art. 1.021 do CPC/2015. Inaplicabilidade. Agravo interno improvido. 1. A jurisprudência desta Corte Superior tem orientação no sentido de que o valor estabelecido pelas instâncias ordinárias somente deve ser revisto nas hipóteses em que a condenação se revelar irrisória ou excessiva, em desacordo com os princípios da razoabilidade e da proporcionalidade, o que não ocorre no caso dos autos. 2. Assim, levando-se em consideração as particularidades do caso, a quantia indenizatória fixada em R$ 20.000,00 (vinte mil reais), de fato, não se mostra desproporcional e está compatível com as circunstâncias narradas no acórdão, em atenção à gravidade da ofensa, ao grau de culpa e à condição socioeconômica do causador do dano. 3. Dessa forma, não demonstrada a excepcionalidade capaz de ensejar revisão pelo STJ, qualquer alteração nesse quadro demandaria o inevitável reexame de matéria fático--probatória, procedimento vedado pela Súmula n. 7 do Superior Tribunal de Justiça. 4. Não deve ser acolhido o requerimento da parte agravada para que seja aplicada a multa prevista no § 4.º do art. 1.021 do CPC/2015, pois a interposição do presente agravo interno não se revela manifestamente inadmissível, tampouco reveste-se de caráter abusivo ou protelatório. 5. Agravo interno improvido" (STJ, AInt no AREsp 970.323/SP, 3.ª Turma, Rel. Min. Marco Aurélio Bellizze, j. 13.12.2016, *DJe* 03.02.2017).

Aqui surge outra questão controvertida e pontual de aprofundamento necessário da matéria. No tocante ao primeiro dispositivo (art. 944), previa o Enunciado n. 46, aprovado na *I Jornada de Direito Civil* do Conselho da Justiça Federal e do Superior Tribunal de Justiça, em sua redação original, que "a possibilidade de redução do montante da indenização em face do grau de culpa do agente, estabelecida no parágrafo único do art. 944 do novo Código Civil, deve ser interpretada restritivamente, por representar uma exceção ao princípio da reparação integral do dano, não se aplicando às hipóteses de responsabilidade objetiva".

Desde os meus primeiros escritos sobre o tema, manifestei minha discordância sobre a parte final deste enunciado, pois os arts. 944 e 945 do CC/2002 não só podem como devem ser aplicados aos casos de responsabilidade objetiva. Quanto à primeira parte da ementa, ela é perfeita, porque realmente a redução por equidade da indenização constitui uma exceção ao princípio da reparação integral do dano, segundo o qual todos os danos sofridos pelas vítimas devem ser indenizados. Nesse ínterim, aliás, reitere-se outro enunciado doutrinário aprovado na *V Jornada de Direito Civil*, de autoria de Gustavo Tepedino: "a redução equitativa da indenização tem caráter excepcional e somente será realizada quando a amplitude do dano extrapolar os efeitos razoavelmente imputáveis à conduta do agente" (Enunciado n. 457).

Como é notório, em casos de responsabilidade objetiva, poderá o réu alegar a culpa exclusiva da vítima ou de terceiro, visando a afastar *totalmente* a sua responsabilidade. Para tanto, vale conferir os arts. 12, § 3.º, e 14, § 3.º, ambos do CDC (Lei n. 8.078/1990), dispositivos que serão aprofundados no Capítulo 8.

Dessa forma, se o suposto agente *pode o mais*, que é alegar a excludente total de responsabilidade visando a afastar a indenização, *pode o menos*, que é alegar a *conduta concorrente* visando diminuir o *quantum* indenizatório. Trata-se de aplicação da *teoria do risco concorrente*, desenvolvida por mim. Pode-se falar ainda em *fato concorrente da vítima*, para não utilizar a expressão culpa.

Justamente por isso, na *IV Jornada de Direito Civil* (2006), propus a supressão da parte final do Enunciado n. 46 – "(...) não se aplicando às hipóteses de responsabilidade objetiva" –, o que foi aceito pela maioria dos juristas que compunham a comissão de responsabilidade civil, então presidida pelo respeitado jurista Carlos Roberto Gonçalves. Surgiu, assim, o Enunciado n. 380, com o seguinte teor: "atribui-se nova redação ao Enunciado n. 46 da *I Jornada de Direito Civil*, com a supressão da parte final: não se aplicando às hipóteses de responsabilidade objetiva".

Na *V Jornada de Direito Civil* (2011), o debate foi definitivamente encerrado naquele âmbito doutrinário, com a aprovação do seguinte enunciado, de minha autoria: "a conduta da vítima pode ser fator atenuante do nexo de causalidade na responsabilidade civil objetiva" (Enunciado n. 459).

Na *VIII Jornada de Direito Civil,* promovida pelo mesmo Conselho da Justiça Federal em abril de 2018, foi aprovado outro enunciado doutrinário, de autoria da jurista Judith Martins-Costa, que complementa, em certo sentido, a minha proposta anterior (Enunciado n. 630). Conforme o seu teor, a questão relativa à redução do *quantum* prevista no art. 945 não diz respeito à compensação de culpas, mas se resolve com a causalidade, devendo-se verificar a contribuição dos envolvidos, do agente causador do dano e da vítima, para a atribuição do valor reparatório.

Nesse contexto, conforme a redação literal do Enunciado n. 630 do Conselho da Justiça Federal, "culpas não se compensam. Para os efeitos do art. 945, do Código Civil, cabe observar os seguintes critérios: (i) há diminuição do 'quantum' da reparação do dano causado quando, ao lado da conduta do lesante, verifica-se ação ou omissão do próprio lesado da qual resulta o dano, ou o seu agravamento, desde que, (ii) reportadas ambas as condutas a um mesmo fato, ou ao mesmo fundamento de imputação, conquanto possam ser simultâneas ou sucessivas, devendo-se considerar o percentual causal do agir de cada um". Ressalve-se, contudo, que os itens (i) e (ii) da ementa doutrinária parecem desnecessários, pois já retirados do antigo Enunciado n. 459 da *V Jornada de Direito Civil.* Destaque-se, porém, a salutar análise da responsabilidade civil de acordo com o percentual de conduta de cada um dos envolvidos, agente e vítima.

Deve ser igualmente mencionado o Enunciado n. 629, do mesmo evento, segundo o qual o dever de evitar o agravamento do próprio prejuízo ("duty to mitigate the loss"), que se impõe à vítima e decorre da boa-fé objetiva, aplica-se não só à responsabilidade contratual, como também à extracontratual. Conforme o seu teor, que contou com o meu total apoio, "a indenização não inclui os prejuízos agravados, nem os que poderiam ser evitados ou reduzidos mediante esforço razoável da vítima. Os custos da mitigação devem ser considerados no cálculo da indenização". Em certa medida, nota-se que o enunciado doutrinário traz como conteúdo a função preventiva da responsabilidade civil, o que está sendo proposto para a Reforma do Código Civil, como novo art. 927-A.

Expostas todas essas ideias doutrinárias, é importante dizer que essa redução equitativa da indenização é admitida pelo próprio Código Civil de 2002, no seu art. 738, parágrafo único, que trata do contrato de transporte, situação típica de responsabilidade objetiva. O dispositivo merece redação integral:

> "Art. 738. A pessoa transportada deve sujeitar-se às normas estabelecidas pelo transportador, constantes no bilhete ou afixadas à vista dos usuários, abstendo-se de quaisquer atos que causem incômodo ou prejuízo aos passageiros, danifiquem o veículo, ou dificultem ou impeçam a execução normal do serviço.
>
> Parágrafo único. Se o prejuízo sofrido pela pessoa transportada for atribuível à transgressão de normas e instruções regulamentares, o juiz reduzirá equitativamente a indenização, na medida em que a vítima houver concorrido para a ocorrência do dano".

A propósito, muito antes do comando legal transcrito, o Superior Tribunal de Justiça já aplicava a culpa ou fato concorrente da vítima em hipótese envolvendo o *pingente de trem*, aquele que viaja pendurado, do lado de fora do vagão. Entre os primeiros julgados: "é dever da transportadora preservar a integridade física do passageiro e transportá-lo com segurança até o seu destino. 2. A responsabilidade da companhia de transporte ferroviário não é excluída por viajar a vítima como 'pingente', podendo ser atenuada se demonstrada a culpa concorrente. Precedentes. Recurso especial parcialmente provido" (STJ, REsp 226.348/SP, 3.ª Turma, Rel. Min. Castro Filho, j. 19.09.2006, *DJ* 23.10.2006, p. 294).

Entre os mais recentes: "incorre em culpa concorrente, pela morte de passageiro, a companhia de transporte ferroviário, quando deixa de tomar as medidas necessárias para a retirada de passageiro que viaja em local indevido. Precedentes" (STJ, AgRg no REsp 1.324.423/SP, 3.ª Turma, Rel. Min. Paulo de Tarso Sanseverino, j. 06.02.2014, *DJe* 17.02.2014).

Não se olvide de que o mesmo Tribunal da Cidadania diferencia a situação do pingente e a do surfista de trem, aquele que vai em cima do vagão, não sendo possível ser visualizado pelo operador do veículo de transporte. Conforme a Corte, a situação do último é de culpa ou fato exclusivo da vítima, o que afasta totalmente o dever de indenizar:

"A pessoa que se arrisca em cima de uma composição ferroviária, praticando o denominado '*surf* ferroviário', assume as consequências de seus atos, não se podendo exigir da companhia ferroviária efetiva fiscalização, o que seria até impraticável" (STJ, REsp 160.051/RJ, 3.ª Turma, Rel. Min. Antônio de Pádua Ribeiro, *DJ* 17.02.2003, p. 268).

Sem prejuízo dessas ilustrações, igualmente fazendo incidir a ideia de fato concorrente na responsabilidade objetiva, concluiu o Superior Tribunal de Justiça que, "no caso de atropelamento de pedestre em via férrea, configura-se a concorrência de causas quando: a concessionária do transporte ferroviário descumpre o dever de cercar e fiscalizar os limites da linha férrea, mormente em locais urbanos e populosos, adotando conduta negligente no tocante às necessárias práticas de cuidado e vigilância tendentes a evitar a ocorrência de sinistros; e a vítima adota conduta imprudente, atravessando a composição ferroviária em local inapropriado" (STJ, REsp 1.210.064/SP, Rel. Min. Luis Felipe Salomão, j. 08.08.2012, publicado no *Informativo* n. *501*). Como se nota, a conduta da vítima foi considerada para dosagem do *quantum* reparatório em caso de responsabilidade objetiva no transporte.

A propósito, como será aprofundado no Capítulo 8, a culpa concorrente e o fato concorrente da vítima são aceitos nas relações de consumo como atenuantes do nexo de causalidade, conduzindo à redução equitativa da indenização em outras hipóteses de responsabilidade objetiva.

Cumpre destacar que a ide ia é aceita em outros países, mormente quanto à incidência da contribuição causal da vítima à responsabilidade objetiva, o que acaba atenuando o nexo de causalidade. Vejamos, pontualmente, a realidade de

Portugal e da Itália, cujos Códigos Privados serviram como inspiração para o Código Civil brasileiro de 2002.

No Direito português, tem-se admitido a incidência do art. 570.º do Código lusitano para os casos de responsabilidade objetiva, ou sem culpa. A norma estabelece que: "1. Quando um facto culposo do lesado tiver concorrido para a produção ou agravamento dos danos, cabe ao tribunal determinar, com base na gravidade das culpas de ambas as partes e nas consequências que delas resultaram, se a indemnização deve ser totalmente concedida, reduzida ou mesmo excluída. 2. Se a responsabilidade se basear numa simples presunção de culpa, a culpa do lesado, na falta de disposição em contrário, exclui o dever de indemnizar".

Como ensina José Carlos Brandão Proença, "defendida que seja, como nos parece, a concorrência entre a responsabilidade objectiva e o facto do lesado ou entre a culpa do lesante e determinadas condutas do lesado geradoras de perigo de dano, na ausência de critérios legais limitativos ou expansivos o lugar natural para a questão concreta da repartição é o preceito do art. 570.º, aplicado por analogia e numa base mais alargada, não cingida apenas às consequências das contribuições culposas ou não culposas. Nesse capítulo será recordado e completado o que já dissemos a propósito da situação – função da 'culpa' do lesado no quadrante da responsabilidade objectiva (*lato sensu*), surgindo, como questão importante, o problema da possível extensão analógica do preceito contido no art. 505.º – o único em que o legislador de 1966 relevou expressamente o papel preclusivo do facto imputável ao lesado – às outras situações de responsabilidade sem culpa".[113]

O último dispositivo mencionado, com aplicação aos casos de responsabilidade objetiva automobilística, no Código português, tem a seguinte redação: "Sem prejuízo do disposto no artigo 570.º, a responsabilidade fixada pelo n. 1 do artigo 503.º só é excluída quando o acidente for imputável ao próprio lesado ou a terceiro, ou quando resulte de causa de força maior estranha ao funcionamento do veículo".

Tem-se também sustentado que o art. 494.º do Código Civil português, correspondente ao parágrafo único do nosso art. 944, subsume-se às situações de responsabilidade objetiva, o que pode ser retirado da análise comparada feita por Jorge Sinde Monteiro com a correta conclusão a respeito do Código Civil brasileiro. O dispositivo lusitano trata da limitação da indenização no caso de mera culpa, preceituando que, "quando a responsabilidade se fundar na mera culpa, poderá a indemnização ser fixada, equitativamente, em montante inferior ao que corresponderia aos danos causados, desde que o grau de culpabilidade do agente, a situação económica deste e do lesado e as demais circunstâncias do caso o justifiquem". Comentando o Código Civil brasileiro, expõe o professor de Coimbra:

> "Redução equitativa da indemnização. Parece salutar esta possibilidade que o código deposita nas mãos do juiz, 'se houver excessiva desproporção entre a

---

[113] PROENÇA, José Carlos Brandão. *A conduta do lesado como pressuposto e critério de imputação do dano extracontratual*. Coimbra: Almedina, 1997. p. 80.

gravidade da culpa e o dano' (art. 944.º). Em Portugal colocou-se a questão de saber se uma disposição semelhante (o art. 494.º) poderia ser aplicável também no âmbito da responsabilidade objetiva. Tem prevalecido uma resposta afirmativa, o que nos parece correcto".[114]

Quanto à responsabilidade pelo produto, de natureza objetiva, a transposição portuguesa da Diretiva n. 85/374 da Comunidade Europeia, por meio do Decreto-lei n. 383/1989, enuncia em seu art. 8.º, item 1, que "a responsabilidade do produtor pode ser reduzida ou excluída, tendo em conta todas as circunstâncias, quando o dano for causado conjuntamente por um defeito do produto e por culpa do lesado ou de uma pessoa pela qual o lesado é responsável". Aliás, a responsabilidade objetiva referente ao produto fica clara em um dos *considerandos* da transposição, a saber: "Considerando que a responsabilidade não culposa do produtor é o único meio de resolver de modo adequado o problema, característico da nossa época de crescente tecnicidade, de uma justa atribuição dos riscos inerentes à produção técnica moderna".

Em reforço, fala-se em Portugal em *concorrência de riscos* relativos ao produto, não só entre vítima e fornecedor, mas também entre fornecedor e terceiros. Vejamos o que ensina João Calvão da Silva, referência do assunto naquele país:

> "No caso do concurso de riscos, a responsabilidade reparte-se na base da proporção em que o risco criado por cada responsável houver contribuído para o dano. É a aplicação da teoria da causalidade adequada, válida tanto para a responsabilidade subjectiva como para a objectiva. Estas diferenciam-se no critério de imputação, no critério que nos diz se certa pessoa é ou não responsável por culpa ou risco, respectivamente, mas não já no nexo de causalidade, porquanto como nota Pereira Coelho, 'o que a lei quer em ambos os casos é o mesmo – quer que o lesante reponha o lesado na situação em que este provavelmente se encontraria se não fosse a lesão'. Sendo assim, se o problema do nexo de causalidade é resolvido da mesma maneira nos casos de responsabilidade subjectiva e objectiva, não se descortina razão para a hipótese em apreço – concurso de riscos atribuídos a vários responsáveis pelos danos decorrentes de produtos defeituosos – não se proceder a repartição da responsabilidade na proporção dos riscos, isto é, na medida em que cada um houver contribuído com o seu risco para o dano ao lesado".[115]

Ainda entre os lusitanos, a respeito da questão terminológica, destaca Brandão Proença que várias outras expressões são utilizadas para denotar a corresponsabilidade da vítima – preferidas com relação à *culpa concorrente* –, visando à adaptação no que tange à responsabilidade sem culpa, entre as quais: *autorresponsabilidade, causa de exclusão da responsabilidade pelo risco* (Oliveira

---

[114] MONTEIRO, Jorge Sinde. Responsabilidade civil: o novo Código Civil do Brasil face ao direito português, às reformas recentes às actuais discussões de reforma na Europa. In: CALDERARE, Alfredo (a cura di). *Il nuovo Codice Civile brasiliano*. Università degli studi di Foggia. Facoltà di Giurisprudenza. Milano: Giuffrè, 2003. p. 315.

[115] SILVA, João Calvão da. *Responsabilidade civil do produtor*. Coimbra: Almedina, 1999. p. 590-591.

Matos), *corresponsabilidade do lesado* (Almeida Costa), *fato da vítima* (irmãos Mazaud), *cooperação responsável* (Recchioni) e *fato imputável ao lesado*.[116]

Do Direito italiano, pode-se dizer que o art. 945 do nosso Código Civil teve clara influência do art. 1.227 do *Codice*, *in verbis*: "Concorso del fatto colposo del creditore. Se il fatto colposo del creditore ha concorso a cagionare il danno, il risarcimento è diminuito secondo la gravità della colpa e l'entità delle conseguenze che ne sono derivate. Il risarcimento non è dovuto per i danni che il creditore avrebbe potuto evitare usando l'ordinaria diligenza". Em tradução livre: "Concurso do fato culposo do credor. Se o fato culposo do credor tiver concorrido para causar o dano, o ressarcimento é diminuído segundo a gravidade da culpa e a relação das consequências que lhe são derivadas. O ressarcimento não é devido por danos que o credor poderia ter evitado, usando de sua diligência ordinária".

Anote-se que o art. 2.056 do mesmo Código da Itália determina a aplicação do citado comando na fixação de qualquer indenização, ou seja, também aos casos de responsabilidade extracontratual.

Ora, admite-se plenamente na Itália a incidência do art. 1.227 do *Codice* para as situações de responsabilidade sem culpa ou objetiva. Para Massimo Bianca, o dispositivo traz como conteúdo o máximo dever de diligência no sentido de evitar o próprio prejuízo (*dovere di correttezza*), aplicável a qualquer hipótese de responsabilização.[117] Giovanni Cattaneo, por sua vez, salienta ser interessante a manifestação no sentido de ser levado em conta o risco assumido pelo lesado no caso concreto, ou seja, a *autorresponsabilidade* pode estar fundada não somente na culpa da vítima, mas também em um critério de risco análogo e simétrico sobre o qual se fundamenta a responsabilidade objetiva.[118]

Na mesma linha, como se extrai da obra coordenada por Paulo Cendon, o art. 1.227 do *Codice* é o ponto de partida para a análise da assunção do risco pelo lesado, a gerar a redução por equidade da indenização na proporção desses riscos assumidos, notadamente porque há um fato da própria vítima.[119] Em outra obra do mesmo jurista, escrita em coautoria com Ângelo Venchiarutti, é citada e comentada a transposição italiana da citada Diretriz n. 85/374 a respeito da responsabilidade objetiva do produtor, prevendo o seu art. 10.º, § 1.º, que, no caso de concurso de fato culposo do lesado, o ressarcimento será fixado de acordo com a disposição do art. 1.227 do Código Civil italiano.[120]

---

[116] PROENÇA, José Carlos Brandão. *A conduta do lesado como pressuposto e critério de imputação do dano extracontratual*, cit., p. 81-85.

[117] BIANCA, Massimo. *Commentario del Codice Civile*. A cura di Antonio Scialoja e Giuseppe Branca. 2. ed. Roma: Soc. Ed. Del Foro Romano, 1979. Libro quarto – Delle obbligazioni, p. 404.

[118] CATTANEO, Giovanni. *Concorso di colpa del dannegiato*. Rissarcimento del danno contrattuale ed extracontrattuale. A cura di Giovann Visintini. Milano: Giuffrè, 1984. p. 50.

[119] CENDON, Paolo. *Commentario al Codice Civile*. Art. 1655-2059. Torino: UTET, 1991. v. 4, p. 205.

[120] Tradução livre do autor a partir de: "Art. 10. Colpa del dannegiato. 1. Nell'ipotesi di concorso del fatto colposo del dannegiato il risarcimento si valuta secondo le disposizioni dell'art. 1227 del codice civile" (CENDON, Paolo; VENCHIARUTTI, Ângelo. *Trattato di diritto comerciale e di diritto pubblico dell'economia*. Direto da Francesco Galgano. Volume Tredicesimo. Guido Alpa, Marino Bin e Paolo Cendon. Padova: Cedam, 1989. p. 185-189). Assim também prevê o art. 122 do Código Italiano de Consumo.

Ao comentarem a norma, os últimos autores italianos demonstram que os conceitos de culpa e risco não são totalmente excludentes, podendo estar presentes em uma mesma situação fática, o que de fato é algo a se considerar.[121] De outra forma, sustentam que culpa e risco, como critérios de imputação, podem ser combinados e cruzados entre si no mesmo caso concreto.[122]

A conclusão deve ser a mesma no Direito brasileiro. Por isso, assim resumiu a minha tese de doutorado sobre o risco concorrente, em suas conclusões: a responsabilidade civil objetiva deve ser atribuída e fixada de acordo com os riscos assumidos pelas partes, seja em uma situação contratual ou extracontratual. Vejamos as conclusões finais daquele trabalho para que aqui seja reforçada a teoria do risco concorrente.[123]

Como foi ali demonstrado, sem prejuízo dos fundamentos de Direito Comparado acima citados, de Portugal e Itália, a fixação da indenização de acordo com as contribuições causais é utilizada em países como Alemanha, Espanha e Argentina. Do último país cite-se a afirmação de Mosset Iturraspe, no sentido de que não se pode mais pensar a responsabilidade civil com a construção de culpabilidade total de certos indivíduos.[124]

A par de todas essas lições, percebe-se que um sistema justo, equânime e ponderado de direito dos danos é aquele que procura dividir os custos do dever de indenizar de acordo com os seus participantes e na medida dos riscos assumidos por cada um deles.

Constitucionalmente, o estudo foi amparado na tríade *isonomia-razoabilidade-proporcionalidade*, retirada do art. 5.º, *caput*, da Constituição Federal de 1988, e na premissa de que a lei deve tratar de maneira igual os iguais e de maneira desigual os desiguais, de acordo com as suas desigualdades. Como a atribuição das responsabilidades é feita segundo os riscos assumidos pelos participantes da relação jurídica, o que se busca é um tratamento qualificado e específico de acordo com as características do caso concreto. Constata-se, portanto, que o estudo se enquadra na linha dos posicionamentos expostos a respeito do tratamento diferenciado pós-moderno e do que se espera do razoável, do adequado.

Como fundamentos legais infraconstitucionais para a *teoria do risco concorrente*, podem ser citados os arts. 944 e 945 do Código Civil, segundo os quais a indenização mede-se pela extensão do dano e pelo grau de culpa dos envolvidos. Havendo excessiva desproporção entre a gravidade da culpa e o dano, o juiz poderá reduzir equitativamente a indenização.

Em sede doutrinária, reitere-se, previa o Enunciado n. 46 do Conselho da Justiça Federal, aprovado na *I Jornada de Direito Civil*, que tais dispositivos não se aplicariam à responsabilidade objetiva. Todavia, na *IV Jornada de Direito*

---

[121] CENDON, Paolo; VENCHIARUTTI, Ângelo. *Trattato di diritto comerciale e di diritto pubblico dell'economia*, cit., p. 187.
[122] CENDON, Paolo; VENCHIARUTTI, Ângelo. *Trattato di diritto comerciale e di diritto pubblico dell'economia*, cit., p. 187.
[123] TARTUCE, Flávio. *Responsabilidade objetiva e risco*. A teoria do risco concorrente, cit., p. 388-391.
[124] ITURRASPE, Jorge Mosset. *Responsabilidade por daños*. El acto ilícito, cit. p. 13.

Civil foi aprovado o Enunciado n. 380, suprimindo do enunciado doutrinário anterior a menção de não subsunção à responsabilidade sem culpa. Finalmente, o Enunciado n. 459 da *V Jornada de Direito Civil*, em 2011, estabelece que "a conduta da vítima pode ser fator atenuante do nexo de causalidade na responsabilidade civil objetiva". No âmbito doutrinário, penso ser a última ementa a *grande vitória* da tese.

Em suma, os referidos dispositivos não só podem como devem subsumir a responsabilidade sem culpa. Nesse contexto, três argumentos principais podem ser citados. *Primus,* a questão da atribuição da responsabilidade sem culpa não se confunde com a fixação do *quantum debeatur,* uma vez que os momentos jurídicos são distintos. *Secundus,* se nas hipóteses de responsabilidade objetiva é possível alegar a culpa exclusiva da vítima para afastar o dever de indenizar, também é viável invocar a culpa ou o risco concorrente para atenuá-lo. *Tercius,* a questão envolve a amplitude do nexo de causalidade, que pode ser diminuído de acordo com a causalidade adequada.

Muito além desses fundamentos legais, a teoria do risco concorrente está amparada na equidade, na ideia do justo e na busca da justiça do caso concreto. Ora, quando alguém assume o risco de contratar um objeto que seja perigoso, tem a consciência – declarada ou não – de que o infortúnio pode ocorrer. Ilustrando, se alguém compra fogos de artifício, sabe que, quando for operá-los, é possível que tenha a mão queimada.

Esse também será o pensamento para uma situação extracontratual, eis que, se alguém busca o lazer por meio de um esporte radical, caso, por exemplo, do paraquedismo, sabe perfeitamente que é possível que o pior aconteça. O perigo, nas situações expostas, é a essência daquilo que é buscado pela parte da relação intersubjetiva.

Diante do seu fundamento na equidade, perde relevo a crítica que poderia ser feita à *teoria do risco concorrente* no sentido de prejudicar a proteção dos vulneráveis, caso dos consumidores e dos trabalhadores, no âmbito da responsabilidade civil contratual. Ademais, como se viu, a tese proposta pode até ser mais favorável aos vulneráveis negociais. Em outras palavras, a sua concepção no ordenamento jurídico pode, inclusive, implicar maior tutela ou proteção de tais direitos.

Ainda no que toca à equidade, os novos caminhos da responsabilidade civil indicam a distribuição dos custos conforme as contribuições das partes. Não se pode mais imaginar a responsabilidade civil com personagens que detêm papéis estáticos, ou seja, o ofensor como reparador puro e a vítima como pessoa a ser indenizada. No caso de contribuição da última, haverá, sim, dever de indenizar, mas de acordo com a sua conduta de contribuição, notadamente com o risco assumido.

A teoria do risco concorrente mantém relação direta com a tese da *responsabilidade pressuposta,* desenvolvida por Giselda Maria Fernandes Novaes Hironaka, em sua tese de livre-docência perante a Faculdade de Direito da USP. De início, porque valoriza a questão do risco assumido por alguém em sua atuação continuada, a gerar a sua responsabilização independentemente de culpa. A teoria do risco concorrente tem incidência direta justamente na responsabilidade objetiva, incluindo as hipóteses de criação de um risco pela atividade desenvolvida, ou seja, de *mise en danger*.

Ademais, se o risco deve incidir na conduta do agente para a sua responsabilização, também deve ser critério a ser aplicado ao lesado, que igualmente pode atuar de forma arriscada em certa situação, devendo a responsabilidade da outra parte ser atenuada de acordo com o risco assumido. Segundo a equidade, que também fundamenta a responsabilidade pressuposta, a responsabilidade civil deve ser dividida entre os participantes do evento, tendo-se como parâmetro os correspondentes riscos assumidos. Os atos das partes – agente, culpado e eventual terceiro – devem ser considerados substanciais para a determinação das respectivas responsabilidades e do *quantum debeatur*. A boa-fé entra em cena como arcabouço da equidade, eis que, mormente nos casos de responsabilidade contratual, a informação a respeito do risco tem um papel incrementador das responsabilidades dos envolvidos.

Partindo para a *concretude* do estudo, ou seja, para a sua efetivação prática, várias são as hipóteses de incidência da teoria do risco concorrente, a saber: *a)* nas situações de responsabilidade objetiva do Estado, em que o próprio cidadão lesado contribui para o evento danoso, assumindo o risco de prejuízo; *b)* nos casos de responsabilidade objetiva do empregador, seja indireta ou direta, a incluir a novidade de incidência do art. 927, parágrafo único, do Código Civil; *c)* nas hipóteses relativas à responsabilidade objetiva do empregador, havendo regra específica que trata do fato concorrente da vítima para atenuação do nexo causal e que ampara a premissa proposta de assunção de risco pela vítima (art. 738, parágrafo único, do Código Civil); *d)* em casos que envolvem o contrato de seguro, pela aplicação do conceito inerente à boa-fé objetiva, que impõe ao credor a mitigação do próprio prejuízo (*duty to mitigate the loss*); *e)* nas atividades de saúde, em que o paciente assume o risco, por ato declarado ou não (*vide* a questão do consentimento informado); *f)* nos infortúnios que decorrem das diversões e dos esportes radicais ou perigosos, em que o risco é inerente; *g)* nas hipóteses de *recall* ou convocação dos consumidores para troca de peças ou produtos, havendo assunção de risco por parte dos vulneráveis que são comunicados, mas não atendem à chamada dos fornecedores; *h)* na problemática jurídica que envolve o cigarro e o tabagismo, amplamente debatida pela doutrina e pela jurisprudência nacionais na contemporaneidade, sendo o risco concorrente meio adequado para a atribuição das responsabilidades de acordo com os riscos assumidos pelos envolvidos.

Em todos os *cases* expostos, o dever de reparar e o correspondente *quantum debeatur* são fixados conforme as contribuições de causalidade, principalmente se considerados os riscos assumidos pelos personagens do evento na responsabilidade objetiva.

A interdisciplinaridade deve entrar em cena para auxiliar o aplicador do Direito na determinação dos riscos assumidos pelo agente e pela própria vítima. Pelos estudos relativos aos infortúnios, pela estatística e pela matemática, é possível estabelecer, com certa objetividade, o grau de risco que um consumidor assume ao comprar determinado produto, caso de um cigarro, de uma bebida alcoólica ou de um alimento que faz mal à saúde. É viável, do mesmo modo, que os cálculos demonstrem o grau de risco – em frações ou percentagem – assumido por um adquirente de automóvel que não atende ao *recall*.

Exemplificando mais concretamente, em um acidente de veículos com três condutores alcoolizados envolvidos, os cálculos podem especificar qual o percentual de responsabilidade de cada um deles, para que a indenização seja adequadamente fixada. Os graus de infortúnios em esportes e diversões radicais, ainda a título de ilustração, também podem auxiliar o magistrado na determinação do *quantum debeatur*.

A encerrar esta seção da obra, bem como o estudo da *teoria do risco concorrente*, insta destacar que as conclusões constantes da tese, e aqui novamente estudadas, já encontram aplicações pelos Tribunais brasileiros.

Em aresto de 2013, o mesmo Tribunal da Cidadania aplicou a ideia de *risco concorrente*, citando a minha tese, em caso envolvendo a responsabilidade objetiva bancária, fundada no Código de Defesa do Consumidor. Houve a redução do valor reparatório pela conduta da vítima, uma pessoa jurídica consumidora, que contribuiu para o próprio prejuízo pela falta de diligência na emissão de títulos de crédito. Vejamos a publicação da ementa desse instigante acórdão:

> "Recursos especiais. Consumidor. Responsabilidade concorrente. 1) Ação de indenização movida por correntista contra o banco. Pagamento de cheques emitidos mediante assinatura apenas de gerente, quando exigida a assinatura deste e de mais um diretor. Responsabilidade objetiva do banco. 2) Responsabilidade concorrente reconhecida. Indenização à metade. 3) Correção monetária a partir da data de cada cheque indevidamente pago. 4) Juros de mora contados a partir da citação e não de cada pagamento de cheque. Inadimplemento contratual e não indenização por ato ilícito. 5) Lucros cessantes devidos. Atividade empresarial pressupõe uso produtivo do dinheiro e não permanência contemplativa em conta bancária. 6) Liquidação de lucros cessantes por arbitramento. 7) Aplicação do direito à espécie impossível, pois pleiteada somente na peça extraprocessual informal do memorial, quando impossível observar o contraditório. 8) Nulidade inexistente na dispensa de prova oral, pois testemunhos jamais influiriam na conclusão do julgamento. 9) Recursos especiais improvidos. 1. Há responsabilidade objetiva do banco, que paga cheques assinados apenas por gerente, quando exigível dupla assinatura, também assinatura de um Diretor. Aplicação do art. 24 do CDC. 2. A responsabilidade concorrente é admissível, ainda que no caso de responsabilidade objetiva do fornecedor ou prestador, quando há responsabilidade subjetiva patente e irrecusável também do consumidor, não se exigindo, no caso, a exclusividade da culpa. (...)" (STJ, REsp 1.349.894/SP, 3.ª Turma, Rel. Min. Sidnei Beneti, j. 04.04.2013, *DJe* 11.04.2013).

Conforme apontou o relator do *decisum*, Ministro Sidnei Beneti, em trecho que merece destaque, mencionando as *Jornadas de Direito Civil*:

> "Após debate de longo curso, veio a firmar-se, adequadamente, a orientação de que a responsabilidade objetiva do fornecedor ou prestador de serviço não afasta a corresponsabilidade do consumidor pelo fato também por ele

concausado por culpa patente, não se exigindo, no caso, culpa exclusiva. Por todos, reporte-se ao vibrante debate doutrinário, em que vacilaram inclusive conclusões das prestigiosas 'Jornadas de Direito Civil' (Enunciados n. 46 e n. 380), reproduzido por Flávio Tartuce e Daniel Amorim Assumpção Neves ('Manual de Direito do Consumidor', São Paulo, GEN/Método, 2012, p. 188-193), culminando com a conclusão de que o fato concorrente do consumidor constitui atenuante da responsabilidade civil de fornecedores e prestadores. (...). Permita-se ir mais fundo na trilha expositiva acima, escandindo e estremando o uso dos mesmos termos no sentido lógico-geral e lógico-jurídico. Para o Direito, a causa da responsabilidade situa-se na qualificação jurídica do fato extrajurídico, conduzindo, ambas as qualificações, à geração do mesmo efeito jurídico de responsabilidade. Assim é que, no âmbito jurídico a qualidade jurídica de ser ele, como depositário, prestador do serviço, gerou-lhe a responsabilidade pelo dano, ao passo que, no caso da correntista, omitiu ela diligência e controle, permitindo que um gerente seu ficasse a emitir e fazer circular cheques com sua assinatura única, quando os atos sociais exigiam dupla assinatura. Ambos os fatos (relação de consumo e negligência) levam à mesma consequência de responsabilidade. Para o fenômeno processual, a única diferença consiste em que, quanto ao banco, anatematizado pela responsabilidade objetiva, não era necessário provar mais nada senão a condição de banco depositário-pagador, ao passo que para o correntista era necessário provar-lhe, além da qualidade de depositante e desfalcado de dinheiro da conta, a situação subjetiva de negligência, decorrente do fato de, como já se disse, omitir cautela que lhe era exigida quanto a seus representantes legais e atos por eles praticados. São numerosos os escritos e julgados (a começar do 'caso do escorregador', REsp 287.849/SP, 4.ª T., j. 17.04.2001, Rel. Min. Ruy Rosado de Aguiar), seguindo-se outros, alguns dos quais lembrados pelas partes nestes autos (REsp 712.591/RS, 3.ª T., j. 16.11.2006, Rel. Min. Nancy Andrighi; AgRg no Ag 852.683/RJ, 4.ª T., j. 15.02.2011, Rel. Min. Luis Felipe Salomão – e outros). Nesse sentido, historiam, por todos, dada a especificidade e qualidade, inclusive quanto às conclusões provisória e definitiva das 'Jornadas de Direito Civil', Flávio Tartuce ('Responsabilidade Civil Objetiva e Risco Concorrente', São Paulo, GEN/Método, 2011, passim) e o E. Ministro Paulo de Tarso Sanseverino, cuja participação honra este julgamento ('Indenização e Equidade no Código Civil de 2002', Curitiba, Juruá, 2009, p, 103-104), e Caitlin Sampaio Mullholland, 'A Responsabilidade Civil por Presunção de Causalidade', Rio de Janeiro, GZ, 2009, p. 24)" (STJ, REsp 1.349.894/SP, 3.ª Turma, Rel. Min. Sidnei Beneti, j. 04.04.2013, *DJe* 11.04.2013).

Na sequência, votou o Ministro Sanseverino na mesma linha, demonstrando mudança de posição anterior, de não se aplicar o art. 945 do CC/2002 aos casos de responsabilidade objetiva.

Do Tribunal de Justiça do Paraná reconheceu-se o risco concorrente do consumidor, que falhou na instalação de uma piscina, o que, todavia, não excluiu totalmente a responsabilidade civil do fornecedor. Conforme trecho da ementa: "falha na instalação da piscina, a qual fora obstada posteriormente pelo consumidor, de forma indevida. Destruição do tanque em função de tempestade. Ausência de culpa exclusiva do consumidor. Responsabilidade do fornecedor não afastada. Conduta, porém, que contribuiu de forma eficaz para a ocorrência do dano. Indenização por danos materiais devida. Redução do *quantum* indenizatório. Art. 945 do Código Civil" (TJPR, Apelação 15078681, Acórdão 1507868-1, Rel. Des. Clayton de Albuquerque Maranhão, j. 09.06.2016, data de publicação: 12.07.2016).

Ainda mais recentemente, em caso de acidente de trânsito e citando a *teoria do risco concorrente* como fundamento das conclusões, do mesmo Tribunal de Justiça do Paraná diminuiu o valor da indenização, diante da contribuição causal da vítima, em quarenta por cento (TJPR, Apelação 15000361, Acórdão 1500036-1, 9.ª Câmara Cível, j. 21.07.2016, data de publicação: 10.08.2016). Conforme o voto do relator, citando doutrina que acata a minha posição, "a declarante Elisângela afirmou que diminuiu a velocidade ao avistá-lo, podendo-se concluir que ambos – autor e réu – tiveram proceder determinante para o ocorrido, restando configurado o chamado 'risco concorrente'. Sobre o tema, vejamos: 'Quando a vítima contribui substancialmente para o resultado lesivo, omissa ou comissivamente, haverá o fato concorrente ou o fato exclusivo da vítima, conforme o exame de circunstâncias se infira que a conduta isolada da vítima viabilizou o dano ou se ele decorreu da conjugação de comportamentos de ambas as partes. Ao contrário do fato exclusivo – que libera o ofensor –, a causalidade múltipla não será excludente do nexo causal, porém uma forma de repartição de danos diante de dois ou mais fatos geradores. Respeitante a essa autoria plural, assim se pronuncia o artigo 945 do Código Civil: 'Se a vítima tiver concorrido culposamente para o evento danoso, a sua indenização será fixada tendo-se em conta a gravidade de sua culpa em confronto com a do autor do dano'. (...) A premissa jurídica do risco concorrente, conforme o ensinamento de Flávio Tartuce, é o de que a responsabilidade civil objetiva deve ser atribuída e fixada de acordo com os riscos assumidos pelas partes. Vale dizer, é possível que atuem como concausas os riscos criados por ambas as partes, reduzindo-se a quantia do ressarcimento conforme a relevância da interferência do prejudicado' (Curso de Direito Civil: responsabilidade civil/Cristiano Chaves de Farias, Nelson Rosenvald, Felipe Peixoto Braga Netto, 3. ed. rev. e atual., Salvador: Ed. JusPodivm, 2016)".

Por fim, publicados a partir do ano de 2017, podem ser encontrados muitos arestos do Tribunal de Justiça do Rio Grande do Sul, na mesma linha, citando o risco concorrente já em suas ementas:

"Apelação cível. Responsabilidade civil. Comarca de São Lourenço do Sul. Fornecimento de energia elétrica. 10 de janeiro de 2017. Interrupção inferior a 24 horas. Ausência de força maior. Falha na prestação do serviço. Cura do fumo. Aplicação da teoria do risco concorrente. Danos materiais. Configuração. Relação de consumo decorrente do fornecimento de energia elétrica. Serviço público essencial, de prestação contínua. Interrupção por prazo não superior a 24 horas, ausente comprovação de situação que configure força maior. Possibilidade do reconhecimento da concorrência do risco assumido pela própria parte autora, na medida em que a energia elétrica não é utilizada apenas para o consumo doméstico, mas é empregada também numa atividade econômica de maior expressão – beneficiamento/secagem do fumo – que em ocasiões de pico necessita do uso de energia elétrica ininterrupta, sem que disponha de meio alternativo (gerador tipo *no-break*) para prevenir eventual prejuízo ante o colapso no sistema oficial do fornecimento de energia elétrica e o risco que a sua atividade nessas circunstâncias determina. Não se revela razoável, porém, a exclusão da responsabilidade da concessionária porque inarredável a identificação de falha na prestação do serviço público essencial. Nesse contexto, a responsabilidade deve ser dividida entre os participantes do evento, tendo-se como parâmetro os correspondentes riscos assumidos, na proporção de 1/3 para a concessionária de energia elétrica, porque falhou na prestação do serviço público essencial e que, em tese, deveria ser contínuo; e na ordem de 2/3 para o usuário do serviço, haja vista empreender atividade que imprescinde do uso de energia, portanto com risco calculado, e não ter adotado medida viável a evitar ou, ao menos, minimizar o dano sofrido. O prejuízo material experimentado em razão da falta de energia elétrica, que prejudicou o processo de cura do fumo, reduzindo o seu valor de mercado, resta suficientemente comprovado pela prova documental produzida pela parte autora, corroborado pelos demais elementos de prova dos autos, os quais não restaram derruídos pela demandada. Recurso parcialmente provido" (TJRS, Apelação 0039114-38.2020.8.21.7000, Processo 70084007558, 9.ª Câmara Cível, Camaquã, Rel. Des. Tasso Caubi Soares Delabary, j. 26.03.2020, *DJERS* 04.09.2020).

"Apelação cível e recurso adesivo. Julgamento na forma do art. 942 do NCPC. Responsabilidade civil. Ação indenizatória por danos morais e materiais. Suspensão do fornecimento de energia elétrica. Aviário. Perda de aproximadamente 2.000 frangos. Relação de consumo. Responsabilidade objetiva. Culpa concorrente reconhecida. Danos morais não configurados. 1. Pessoa jurídica de direito privado prestadora de serviço público. Responsabilidade objetiva. O artigo 37, § 6.º, da CF estendeu às pessoas jurídicas de direito privado, prestadoras de serviço público, a responsabilidade objetiva pelos danos causados a terceiros. Inteligência dos artigos 14, § 1.º, e 22, ambos do CDC. Aplicável a legislação consumerista ao caso. 2. Princípio da continuidade do serviço. O fornecimento de energia elétrica, pelas próprias características do sistema, está sujeito a fatores que podem levar à interrupção do serviço, o que pode ser legal se o restabelecimento ocorrer dentro dos prazos e parâmetros exigidos pela legislação que regula o setor. 3. Caso concreto. Interrupção de energia por quase 5 horas na zona rural. Consumidor que exerce atividade econômica em que a energia é essencial. Risco concorrente. Caso em que os autores são produtores rurais exercendo a atividade de aviário pelo sistema intensivo, o qual depende de um sistema de ventilação/exaustão sempre funcionando para o desenvolvimento saudável das aves, sem possuir um plano de contingência para o caso de interrupção do fornecimento de energia, o que enseja sua assunção pelo risco do negócio. Interrupção, por outro lado, que perdurou por quase 5 horas na zona rural em razão de agente externo do meio ambiente (vegetação). Configurada, portanto, concorrência de culpa no caso dos autos, devendo a concessionária arcar com 1/3 dos prejuízos materiais amargados pelos produtores rurais, nos termos do entendimento assentado nesta câmara. 4. Danos morais. Os prejuízos imateriais por inadimplemento contratual dependem da comprovação de que, em virtude do ato ilícito, a pessoa teve a sua esfera extrapatrimonial realmente ofendida. Caso em que, todavia, não foi produzida qualquer prova de que a interrupção do serviço tenha causado transtornos que superem o mero dissabor da vida quotidiana. Danos morais não configurados. Apelação parcialmente provida, recurso adesivo desprovido" (TJRS, Apelação Cível 0271992-71.2016.8.21.7000, 9.ª Câmara Cível, Dois Irmãos, Rel. Des. Carlos Eduardo Richinitti, j. 14.12.2016, *DJERS* 1.º.03.2017).

"Apelação cível. Responsabilidade civil. Ação indenizatória por danos materiais. Suspensão do fornecimento de energia elétrica. Propriedade produtora de hortifrutigranjeiros. Perda de toneladas de frutas e verduras. Relação de consumo. Responsabilidade objetiva. Culpa concorrente reconhecida. 1. Responsabilidade objetiva. O artigo 37, § 6.º, da CF estendeu às pessoas jurídicas de direito privado, prestadoras de serviço público, a responsabilidade objetiva pelos danos causados a terceiros. Inteligência dos artigos 14, § 1.º, e 22, ambos do CDC. Aplicável a legislação consumerista ao caso. 2. Princípio da continuidade do serviço. O fornecimento de energia elétrica, pelas próprias características do sistema, está sujeito a fatores que podem levar à interrupção do serviço, o que pode ser legal se o restabelecimento ocorrer dentro dos prazos e parâmetros exigidos pela legislação que regula o setor. 3. Caso concreto. Interrupção de energia por mais de 24 horas na zona rural. Consumidor que exerce atividade econômica em que a energia é essencial. Risco concorrente. Caso em que o autor é produtor rural de porte razoável, exercendo a atividade de cultivo de hortifrutigranjeiros (morango, melão, tomate rasteiro e cenoura), a qual depende de um sistema de irrigação que deve ser acionado diariamente nos dias quentes e de câmaras frias para armazenar sua produção no interregno entre a colheita e a comercialização a fim de garantir a qualidade dos alimentos, sem possuir um plano de contingência para o caso de interrupção do fornecimento de energia, o que enseja sua assunção pelo risco do negócio. Interrupção, por outro lado, que perdurou por mais de 24 horas na zona rural. Configurada, portanto, concorrência de culpa no caso dos autos, devendo a concessionária arcar com 1/3 dos prejuízos materiais amargados pelo produtor rural, nos termos do entendimento assentado nesta câmara. Apelação parcialmente provida" (TJRS, Apelação Cível 0283475-98.2016.8.21.7000, 9.ª Câmara Cível, Antônio Prado, Rel. Des. Carlos Eduardo Richinitti, j. 14.12.2016, *DJERS* 23.01.2017).

Pontue-se que vários outros acórdãos da Corte se repetem aplicando a ideia. Em suma, a *teoria do risco concorrente* encontra prestígio também na jurisprudência nacional.

Cabe salientar, para fechar o capítulo, que na Reforma do Código Civil pretende-se incluir no art. 945 do Código Civil a ideia de risco concorrente, para que o dispositivo não mencione apenas a culpa concorrente, como é na atualidade.

Nesse contexto, nos termos da projeção do seu novo *caput*, mais aberto, "se a vítima tiver concorrido para o evento danoso, a sua indenização será fixada tendo-se em conta a sua participação para o resultado em comparação com a participação do autor e de eventuais coautores do dano". Em continuidade, será inserida regra segundo a qual "todas as circunstâncias do caso concreto devem ser levadas em consideração, em particular a conduta de cada uma das partes, inclusive nas hipóteses de responsabilidade objetiva ou subjetiva" (projeto de novo art. 945, § 1.º). A proposta traz possibilidade de discussão da conduta da vítima em qualquer modalidade de responsabilidade civil, como está no Enunciado n. 459, da *V Jornada de Direito Civil*.

Por fim, o novo § 2.º do art. 945 irá prever que, "quando a conduta da vítima se limitar à circunstância em que agiu para evitar ou minorar o próprio dano, serão levados em conta os critérios previstos neste artigo"; norma que propiciará a redução do *quantum debeatur*, por aplicação do "*duty to mitigate the loss*" e da função preventiva da responsabilidade civil, nos termos do antes citado Enunciado n. 629.

Como tenho salientado, o projeto de Reforma foi orientado pelas ementas doutrinárias aprovadas nas *Jornada de Direito Civil*, que hoje evidenciam as posições majoritárias entre os civilistas.

DOS ELEMENTOS DA RESPONSABILIDADE CIVIL EXTRACONTRATUAL. DO ELEMENTO IMATERIAL: O NEXO DE CAUSALIDADE

Sumário: 1. Conceito de nexo de causalidade e as dificuldades de sua visualização – 2. Dos elementos formadores do nexo de causalidade no Direito Civil – 3. Das teorias quanto ao nexo de causalidade: 3.1. Teoria da equivalência das condições ou do histórico dos antecedentes (*sine qua non*); 3.2. Teoria da causa eficiente e da causa preponderante; 3.3. Teoria da ação ou da causa humana; 3.4. Teoria do seguimento ou da continuidade da manifestação danosa; 3.5. Teoria da causalidade adequada ou da regularidade causal; 3.6. Teoria do dano direto e imediato ou da interrupção do nexo causal; 3.7. Teoria da norma violada, da causalidade normativa, da relatividade *aquiliana* ou do escopo da norma; 3.8. Teoria da causalidade específica e da condição perigosa; 3.9. Teoria da causalidade imediata e da variação; 3.10. Teoria da causa impeditiva; 3.11. Teoria da relação de causalidade por falta contra a legalidade constitucional; 3.12. Teoria da formação da circunstância danosa; 3.13. As posições dos tribunais brasileiros sobre as teorias do nexo de causalidade. O "estado da arte" de grande incerteza prática no País – 4. Da concausalidade no Direito Civil – 5. Das excludentes de nexo de causalidade na responsabilidade civil. Visão geral: 5.1. Da culpa ou fato exclusivo da vítima; 5.2. Da culpa ou fato exclusivo de terceiro; 5.3. Do caso fortuito e da força maior – 6. Da flexibilização do nexo de causalidade.

1. CONCEITO DE NEXO DE CAUSALIDADE E AS DIFICULDADES DE SUA VISUALIZAÇÃO

O nexo de causalidade é o elemento imaterial da responsabilidade civil, podendo ser definido como *a relação de causa e efeito existente entre a conduta do agente e o dano causado*. Essa nossa construção está baseada, entre outras, nas ideias de Maria Helena Diniz, que assim conceitua a causalidade:

"1. Filosofia do direito. a) Relação entre uma causa e um efeito; b) qualidade de produzir efeito; c) princípio em razão do qual os efeitos se ligam às causas. 2. Direito Civil e Direito Penal. Um dos elementos indispensáveis para a configuração do ilícito ou do delito, pois as responsabilidades civil e penal não poderão existir sem a relação ou o nexo de causalidade entre o dano ou resultado e o comportamento do agente. Deveras, considera-se causa a ação ou omissão sem a qual o resultado não teria ocorrido".[1]

Como esclarece Caio Mário da Silva Pereira, "para que se concretize a responsabilidade é indispensável se estabeleça uma interligação entre a ofensa à norma e o prejuízo sofrido, de tal modo que se possa afirmar ter havido o dano 'porque' o agente procedeu contra o direito".[2] Cite-se, ainda, com clara influência sobre o meu entendimento, a posição de Sergio Cavalieri Filho, para quem "trata-se de noção aparentemente fácil, mas que, na prática, enseja algumas perplexidades (...). O conceito de nexo causal não é jurídico; decorre das leis naturais. É o vínculo, a ligação ou relação de causa e efeito entre a conduta e o resultado".[3]

Como se vê, o nexo de causalidade é o *elemento imaterial, virtual* ou *espiritual* da responsabilidade civil extracontratual, que liga esses dois polos: a conduta e o resultado danoso. Seguindo as definições doutrinárias de relevo, segundo Carlos Roberto Gonçalves, o nexo de causalidade é "uma relação necessária entre o fato incriminado e o prejuízo. É necessário que se torne absolutamente certo que, sem esse fato, o prejuízo não poderia ter lugar".[4] Segundo Maria Helena Diniz, agora mais especificamente para a responsabilidade civil, "tal nexo representa, portanto, uma relação necessária entre o evento danoso e a ação que o produziu, de tal sorte que esta é considerada como causa. Todavia, não será necessário que o dano resulte apenas imediatamente do fato que o produziu. Bastará que se verifique que o dano não ocorreria se o fato não tivesse acontecido. Este poderá não ser a causa imediata, mas, se for condição para a produção do dano, o agente responderá por consequência".[5] Por fim, explica Sílvio de Salvo Venosa que o nexo causal "é o liame que une a conduta o agente ao dano. É por meio do exame da relação causal que se conclui que foi o causador do dano. Trata-se de elemento indispensável. A responsabilidade objetiva dispensa a culpa, mas nunca dispensará o nexo causal. Se a vítima que experimentou um dano não identificar o nexo causa que leva o ato danoso ao responsável, não há como ser ressarcida".[6]

Justamente por se referir a algo *causal* ou *imaterial*, que tem natureza abstrata em sua essência, a doutrina é uníssona em apontar as dificuldades de sua conceituação e determinação de sua natureza.[7] Em reforço, não há unicidade

---

[1] DINIZ, Maria Helena. *Dicionário jurídico*. 2. ed. São Paulo: Saraiva, 2005. v. 1, p. 641.
[2] PEREIRA, Caio Mário da Silva. *Responsabilidade civil*, 5. ed., cit., p. 75.
[3] CAVALIERI FILHO, Sergio. *Programa de responsabilidade civil*. 6. ed. São Paulo: Malheiros, 2005. p. 70.
[4] GONÇALVES, Carlos Roberto. *Direito Civil brasileiro*. 5. ed. São Paulo: Saraiva, 2010. p. 348-349.
[5] DINIZ, Maria Helena. *Curso de Direito Civil brasileiro*. Responsabilidade civil, cit., p. 129.
[6] VENOSA, Sílvio de Salvo. *Direito Civil*. Responsabilidade civil. 12. ed. São Paulo: Atlas, 2012. p. 53.
[7] Apontando tais dificuldades no Direito Civil brasileiro, por todos: ALVIM, Agostinho. *Da inexecução das obrigações e suas consequências*, cit., p. 300-303; PEREIRA, Caio Mário da Silva. *Responsabilidade civil*,

científica concernente à teoria que justifique a necessidade do nexo de causalidade, tema que ainda será desenvolvido. A contribuir para tanto, anote-se que a categoria é recente nas ciências jurídicas, havendo ainda um vasto campo para o seu desenvolvimento no Direito. Ademais, conforme leciona Mosset Iturraspe, a ideia de causalidade não é apenas jurídica, sofrendo influências de outras ciências, como da Filosofia e da Física.[8]

Não se pode olvidar que o nexo de causalidade tem relação com o conceito de *causa*, tão bem investigado, no Brasil, por Antonio Junqueira de Azevedo.[9] Leciona o professor titular da Universidade de São Paulo a prevalência do conceito de *causa* em um *sentido objetivo*, que vislumbra na causa uma função prático--social ou econômico-social.[10] A ideia foi concebida para o negócio jurídico, mas pode ser adequada à esfera da responsabilidade civil, eis que a causalidade estabelece um liame entre a conduta e o prejuízo a outrem, justamente por haver uma finalidade prática e coletiva no que toca ao dever de indenizar. Como é notório, a palavra causa vem de *occasio*, que quer dizer oportunidade, situação, ocasião, circunstância.[11] Em uma visão da física, desenvolvida por Meyerson, "pode-se definir a causa como o ponto de partida da dedução em que o fenômeno será o ponto final".[12]

Na tentativa de elucidar o conceito de nexo de causalidade e, para isso, valendo-se de símbolos, é possível imaginar o nexo de causalidade como um *cano virtual*, que liga a conduta ao dano causado, afirmação que consta de outros livros de minha autoria.[13] O desenho a seguir demonstra tal concepção metodológica: a visão do *cano virtual* constitui uma simbologia criada para facilitação de um dos institutos mais complexos do Direito Privado. Representa a minha preocupação didática em explicar o nexo de causalidade, sanando uma deficiência muitas vezes percebida em salas de aulas e na prática jurídica.

Simbolizando de outra forma, o nexo de causalidade também seria uma *ponte imaginária*, a qual une os citados elementos. Giselda Hironaka prefere utilizar a ilustração das tomadas em duas paredes separadas, que são precisamente a

---

5. ed., cit., p. 75-77; TEPEDINO, Gustavo. Notas sobre o nexo de causalidade. In: TEPEDINO, Gustavo (Coord.). *Temas de Direito Civil*. Rio de Janeiro: Renovar, 2006. t. II, p. 63-81; CRUZ, Gisela Sampaio da. *O problema do nexo causal na responsabilidade civil*. Rio de Janeiro: Renovar, 2005; CAVALIERI FILHO, Sergio. *Programa de responsabilidade civil*, 7. ed., cit., p. 45; FROTA, Pablo Malheiros da Cunha. *Responsabilidade por danos*. Imputação e nexo de causalidade, cit.

[8] ITURRASPE, Jorge Mosset. *Responsabilidad por daños*. Parte general, cit., p. 211.
[9] AZEVEDO, Antonio Junqueira de. *Negócio jurídico*. Existência, validade e eficácia. 4. ed. São Paulo: Saraiva, 2002. p. 152-161.
[10] AZEVEDO, Antonio Junqueira de. *Negócio jurídico*. Existência, validade e eficácia, cit., p. 153.
[11] LIMONGI FRANÇA, Rubens. *Enciclopédia Saraiva de Direito*, cit., p. 56.
[12] LIMONGI FRANÇA, Rubens. *Enciclopédia Saraiva de Direito*, cit., p. 56. A par desse conceito, na responsabilidade civil, a causa é a conduta, e a causalidade o que a liga à consequência, que no caso é o dano ou prejuízo.
[13] Como se vê, entre outros, em: TARTUCE, Flávio. *Direito Civil*. Direito das obrigações e responsabilidade civil, cit.; e TARTUCE, Flávio. *Manual de Direito Civil*. 8. ed. São Paulo: GEN/Método, 2018. volume único, Capítulo 4.

conduta de um lado e o dano de outro. O nexo de causalidade seria o *fio com plugues nas pontas*, que, encaixados, unem as duas tomadas.[14]

Feitos tais esclarecimentos com intuito didático, a responsabilidade civil, mesmo objetiva, não pode existir sem a relação de causalidade entre o dano e a conduta do agente. Se houver dano sem que a sua causa esteja relacionada com o comportamento do suposto ofensor, inexiste a relação de causalidade, não havendo a obrigação de indenizar. Fundamental, para tanto, saber quais são os elementos que constituem o nexo de causalidade, nas duas modalidades fundamentais de responsabilidade civil.

2. DOS ELEMENTOS FORMADORES DO NEXO DE CAUSALIDADE NO DIREITO CIVIL

Dúvida que sempre atormenta o estudioso refere-se ao elemento formador desse elemento imaterial, nas duas modalidades básicas de responsabilidade civil que existem em nosso sistema, ou seja, na responsabilidade subjetiva e na objetiva.

De início, na responsabilidade subjetiva o nexo de causalidade – *cano, ponte ou fio* – é formado pela *culpa lato sensu*, que é justamente o elemento encontrado entre a conduta humana e o prejuízo causado. Reitere-se que a culpa *lato sensu* ou em sentido amplo engloba o dolo – a intenção de causar prejuízo – e a culpa *stricto sensu* ou em sentido estrito, desrespeito a um dever preexistente, decorrente da lei, do contrato ou do senso comum. Como pondera Caio Mário da Silva Pereira, "na relação causal pode estar presente o fator volitivo ou pode não estar. Isso é irrelevante. O que importa é determinar que o dano foi causado pela culpa do sujeito".[15]

A título de exemplo, imagine-se a hipótese de um acidente de trânsito, em que a conduta de dirigir causa um dano patrimonial a outrem pela colisão dos veículos. Em casos tais, o nexo é formado pelo dolo ou pela culpa do agente, desde que, em ação própria, tal elemento seja comprovado pela vítima.

Já na responsabilidade objetiva o nexo é constituído pela lei, que qualifica a conduta, ou por uma atividade de risco desempenhada pelo autor do dano. A conclusão é retirada do art. 927, parágrafo único, do Código Civil de 2002, o qual define, em termos gerais, as duas possíveis origens da responsabilidade sem culpa. Conforme a dicção do dispositivo, "haverá obrigação de reparar o dano, independentemente de culpa, nos casos especificados em lei, ou quando a atividade normalmente desenvolvida pelo autor do dano implicar, por sua natureza, risco para os direitos de outrem". Adotando essas nossas afirmações, constantes de outra obra, cabe transcrever, da jurisprudência paranaense, com menção já na ementa:

> "Responsabilidade civil. Indenização por danos morais. Prisão em flagrante delito. Indiciado que utilizava documento de identidade roubado e alterado. Dano da vítima (portador da cédula de identidade verdadeira). Não comprovado. Nexo de causalidade entre a conduta do estado e o dano sofrido.

---

[14] Essa visualização da jurista ainda pende de publicação, sendo exposta em suas aulas de responsabilidade civil, nos mais diversos níveis de formação jurídica, desde a graduação até o doutorado.

[15] PEREIRA, Caio Mário da Silva. *Responsabilidade civil*, 5. ed., cit., p. 75.

Não demonstrado. Inaplicabilidade da teoria do risco administrativo no caso concreto. Policiais civis que agiram de acordo com a legislação vigente. Recurso de apelação não provido. A responsabilidade civil, mesmo objetiva, não pode existir sem a relação de causalidade entre o dano e a conduta do agente. Se houver dano sem que a sua causa esteja relacionada com o comportamento do suposto ofensor, inexiste a relação de causalidade, não havendo a obrigação de indenizar. (...) na responsabilidade objetiva o nexo de causalidade é formado pela conduta, cumulada com a previsão legal de responsabilidade sem culpa ou pela atividade de risco (art. 927, parágrafo único, do CC) (TARTUCE, Flávio. Direito Civil..., 2008, p. 364/365, v. 2)" (TJPR, Apelação Cível 0591278-9, 2.ª Câmara Cível, Curitiba, Rel. Juiz Conv. Pericles Bellusci de Batista Pereira, *DJPR* 17.08.2009, p. 227).

Dessa forma, percebe-se, de imediato, que, mesmo nos casos de responsabilidade objetiva, o nexo de causalidade deve estar presente para que surja o dever de indenizar. Ilustrando, alguém coloca um determinado brinquedo no mercado que vem a causar prejuízos a crianças. A responsabilidade civil decorre da qualificação legal, feita pela lei – no caso pelo Código de Defesa do Consumidor –, de que essa conduta é ensejadora do dever de indenizar.

Por isso, ao contrário do que muitos imaginam, a responsabilidade objetiva não significa, por si só, uma *sentença de morte* para o agente causador do dano, que poderá comprovar a existência das excludentes de nexo de causalidade para afastar o seu dever de indenizar. Essa afirmação é fundamental para a compreensão do tema.

Tais elementos, como excludentes, obstam o nexo de causalidade, representando *uma rolha dentro do cano virtual*, um *bloqueio na ponte imaginária* ou *um corte do fio dos plugues*. São eles a culpa ou fato exclusivo da vítima, a culpa ou fato exclusivo de terceiro, o caso fortuito e a força maior. Para fundamentar legalmente essa conclusão, percebe-se que o Código de Defesa do Consumidor, cujo sistema foi construído tendo como regra a objetivação, prevê as excludentes do nexo em seus arts. 12, § 3.º, e 14, § 3.º, a saber: a ausência de dano, pela não colocação do produto no mercado; a ausência de defeito; a culpa exclusiva de terceiro e a culpa exclusiva do consumidor, no caso, a vítima.

De qualquer modo, os dispositivos pecaram por falta de técnica, pois a ausência de dano, o que inclui a inexistência de defeito, não é um fator obstativo do nexo ou mesmo da responsabilidade civil, mas, sim, falta de pressuposto do dever de indenizar. Todos esses aspectos serão desenvolvidos nesta obra, alguns ainda neste capítulo.

3. DAS TEORIAS QUANTO AO NEXO DE CAUSALIDADE

Grande dificuldade aqui apontada refere-se à determinação da teoria que prevalece a respeito do nexo de causalidade, tema amplamente debatido pela doutrina, civil e penal, seja no Direito Comparado ou mesmo no Brasil.[16]

---

[16] No Direito Comparado, entre as obras de Direito Civil, podem ser citados alguns trabalhos. Do Direito italiano: VISINTINI, Giovanna. *I fatti illeciti*. Causalità e danno. Padova: Cedam, 1999. v. 3. Em Portugal: COELHO, Francisco Pereira. *O problema da causa virtual na responsabilidade civil*. Coimbra: Coimbra

Entre os contemporâneos nacionais, o tema é muito bem analisado por Gustavo Tepedino[17] e Gisela Sampaio da Cruz,[18] para quem *três teorias* referentes ao nexo de causalidade merecem destaque: *a)* a teoria da equivalência das condições ou do histórico dos antecedentes (*sine qua non*); *b)* a teoria da causalidade adequada; e *c)* a teoria do dano direto e imediato. Essas são as teorias geralmente abordadas pelas principais obras de responsabilidade civil no País.

No entanto, ampliando de forma considerável o estudo do tema, em tese de doutorado defendida na Faculdade de Direito da Universidade Federal do Paraná, Pablo Malheiros da Cunha Frota demonstra a existência de quatorze teorias sobre o assunto.[19] Doze delas foram desenvolvidas nos sistemas romano-germânicos, interessando diretamente a esta obra, a saber: *a)* teoria da equivalência das condições ou do histórico dos antecedentes (*sine qua non*); *b)* teoria da causa eficiente e causa preponderante; *c)* teoria da ação ou da causa humana; *d)* teoria do seguimento ou da continuidade da manifestação danosa; *e)* teoria da causalidade adequada, teoria da regularidade causal ou teoria subjetiva da causalidade; *f)* teoria do dano direto ou imediato ou teoria da interrupção do nexo causal; *g)* teoria da norma violada, da causalidade normativa, da relatividade *aquiliana* ou do escopo da norma; *h)* teoria da causalidade específica e da condição perigosa; *i)* causalidade imediata e da variação; *j)* teoria da causa impeditiva; *k)* teoria da realidade de causalidade por falta contra a legalidade constitucional; e *l)* teoria da formação da circunstância danosa.[20] As teorias do modelo anglo-saxão, são: *a) causation as fact*; e *b)* causa próxima e *proximate cause*.

Seja como for, as dificuldades existentes a respeito do nexo de causalidade, em especial quanto às teorias existentes, não podem ser óbice à análise de sua presença. Consoante o correto Enunciado n. 659, da *IX Jornada de Direito Civil* (2022), "o reconhecimento da dificuldade em identificar o nexo de causalidade não pode levar à prescindibilidade da sua análise".

Vejamos de forma pontual as teorias que interessam ao modelo romano-germânico, tendo como parâmetro o trabalho de grande fôlego desenvolvido pelo último doutrinador citado, referência teórica contemporânea sobre o assunto no Brasil.

Editora, 1955. Trazendo parâmetros para o Direito espanhol: DÍEZ-PICAZO, Luis; GULLÓN, Antonio. *Sistema de derecho civil*. 9. ed. Madrid: Tecnos, 2004. v. II, p. 548-550. Na Argentina, sobre as teorias do nexo de causalidade, ver: ITURRASPE, Jorge Mosset. *Responsabilidad por daños*. Parte general, cit., p. 212-214; e ALSINA, Jorge Bustamante. *Teoria general de la responsabilidad civil*, cit., p. 267-270. Entre os nacionais clássicos, por todos: PEREIRA, Caio Mário da Silva. *Responsabilidade civil*, 5. ed., cit., p. 75-84 e ALVIM, Agostinho. *Da inexecução das obrigações e suas consequências*, cit., p. 298-329.

[17] TEPEDINO, Gustavo. Notas sobre o nexo de causalidade, cit., p. 63.
[18] CRUZ, Gisela Sampaio da. *O problema do nexo causal na responsabilidade civil*, cit., p. 33-110.
[19] FROTA, Pablo Malheiros da Cunha. *Responsabilidade por danos*. Imputação e nexo de causalidade, cit., p. 71-102.
[20] Tese que é desenvolvida e seguida por Pablo Malheiros no Capítulo 3 de seu trabalho.

3.1. Teoria da equivalência das condições ou do histórico dos antecedentes (*sine qua non*)

A primeira das teorias relativas ao nexo de causalidade é a da *equivalência das condições*, do *histórico dos antecedentes* ou *teoria objetiva da causalidade*. Também é denominada teoria *sine qua non*, que quer dizer "sem a qual não", atribuída a Maximiliano von Buri (Alemanha). Por essa teoria, todos os fatos relativos ao evento danoso, sejam diretos ou indiretos, geram a responsabilidade civil, o que em muito amplia o nexo de causalidade. Segundo Tepedino, "considera-se, assim, que o dano não teria ocorrido se não fosse a presença de cada uma das condições que, na hipótese concreta, foram identificadas precedentemente ao resultado danoso".[21] Como explica Pablo Malheiros, "a teoria da equivalência das condições é a que mais se aproxima da causalidade fática ou natural, tendo em vista que o nexo causal é demonstrado por meio de todos os eventos considerados condições necessárias '*conditio sine qua non*' para o dano, a viabilizar a responsabilização do agente. Isso porque cada condição por si só não é eficaz para vincular evento danoso e dano".[22]

Essa teoria não foi adotada no Brasil para os fins de responsabilidade civil, pois, caso contrário, todos os fatos correlatos gerariam o dever de indenizar, não se admitindo sequer as excludentes de ilicitude ou de nexo de causalidade. Conforme aponta Gisela Sampaio da Cruz, a grande oposição que se faz a essa teoria "diz respeito ao seu excessivo apego à causalidade natural", devendo-se levar em conta os limites objetivos fixados pelo sistema, para que não se tenham conclusões práticas contraditórias.[23]

Um dos limites fixados para a responsabilidade civil que pode ser citado para o afastamento dessa teoria é a exclusão da configuração da ilicitude prevista no art. 188 do Código Civil brasileiro. De acordo com o preceito, não constituem atos ilícitos: *a)* os praticados em legítima defesa ou no exercício regular de um direito reconhecido; e *b)* a deterioração ou destruição da coisa alheia, ou a lesão a pessoa, a fim de remover perigo iminente (estado de necessidade). Ora, se tivesse sido essa a teoria adotada, também em casos tais haveria o dever de indenizar do agente. Jocosamente, em salas de aula, é comum utilizar a afirmação ilustrativa segundo a qual, por essa teoria, até Adão, Eva e a Serpente responderiam por todos os ilícitos civis praticados, pois foram eles que geraram o *pecado original*.

Como demonstra Pablo Malheiros, a teoria é admitida somente para fins penais, podendo ser retirada do art. 13 do Código Penal brasileiro, especialmente do seu § 1.º, segundo o qual "o resultado, de que depende a existência do crime, somente é imputável a quem lhe deu causa. Considera-se causa a ação ou omissão sem a qual o resultado não teria ocorrido. § 1.º A superveniência de causa relativamente independente exclui a imputação quando, por si só, produziu

---

[21] TEPEDINO, Gustavo. Notas sobre o nexo de causalidade, cit., p. 67.
[22] FROTA, Pablo Malheiros da Cunha. *Responsabilidade por danos*. Imputação e nexo de causalidade, cit., p. 71.
[23] CRUZ, Gisela Sampaio da. *O problema do nexo causal na responsabilidade civil*, cit., p. 48.

o resultado; os fatos anteriores, entretanto, imputam-se a quem os praticou". No entanto, o próprio jurista aponta que, para fins de responsabilidade civil, muitas são as objeções formuladas a essa vertente, concluindo que a teoria mistura nexo causal e nexo de vontade, estando ausente no primeiro conceito a previsibilidade concreta do evento danoso.[24]

3.2. Teoria da causa eficiente e da causa preponderante

Trata-se de tese que analisa os antecedentes causais do fato danoso, o que é de difícil compreensão. Como se extrai da obra de Gisela Sampaio da Cruz, deve-se trabalhar com as seguintes causas, para que se verifique a existência ou não do dever de indenizar: "(i) a causa que produz o resultado; (ii) a condição que não produz o resultado, mas de alguma forma remove o obstáculo para a atuação da causa; e (iii) a ocasião que favorece a operatividade da causa eficiente".[25]

Em complemento, como demonstra Pablo Malheiros da Cunha Frota, a teoria trabalha com elementos muito complexos. De início, alguns autores apontaram a existência de *elementos quantitativos*, eis que, "entre as condições necessárias para o dano, há uma cristalina diferença de eficácia entre elas, qual seja, será a condição eficiente aquela que em uma análise quantitativa tenha produzido o dano. Questionamentos foram feitos a esta percepção: a) a culpabilidade não pode se embasar em uma relação tão estreita com a causalidade; b) a teoria não pesquisa os princípios físicos e os jurídicos para propor a eficácia na prática, sendo necessário conhecer qualitativa ou quantitativamente as condições para apontar a contribuição de cada uma para a produção do efeito, a torná-la ineficaz; c) mesmo se dividindo materialmente o resultado, a dificuldade persiste, em razão das múltiplas causas que podem ser eficientes para a produção do dano. Essas críticas são rebatidas com a afirmação de que, mentalmente, não é difícil analisar a condição eficiente para produzir o dano e, na impossibilidade de fazê-lo, todas as condições serão equiparadas como eficientes para tal mister".[26]

De acordo com o mesmo autor, há, ainda, *elementos qualitativos*, sendo necessário distinguir "entre condições estáticas, dinâmicas e forças impulsionadoras, com estas terceiras sendo consideradas as causas eficientes pelo fato de o dano depender delas para acontecer (ou não); com as outras duas primeiras sendo apontadas como meras condições. Dessa maneira, a causa eficiente seria a de maior eficácia, por meio de uma qualidade intrínseca no processo causal de acordo com o desenlace normal dos acontecimentos (MATOZZI, 2000, p. 90); esta, também de difícil de mensuração em um caso concreto".[27]

---

[24] FROTA, Pablo Malheiros da Cunha. *Responsabilidade por danos*. Imputação e nexo de causalidade, cit., p. 77.
[25] CRUZ, Gisela Sampaio da. *O problema do nexo causal na responsabilidade civil*, cit., p. 58-29.
[26] FROTA, Pablo Malheiros da Cunha. *Responsabilidade por danos*. Imputação e nexo de causalidade, cit., p. 78.
[27] FROTA, Pablo Malheiros da Cunha. *Responsabilidade por danos*. Imputação e nexo de causalidade, cit., p. 78-79.

Diante de todas essas dificuldades, foi criada uma variante dessa vertente, desenvolvida por Biding, Müller e Mezger, a *teoria da causa preponderante e da causa relevante*, "respectivamente, na qual a causa é a condição que rompe com o equilíbrio entre os fatores favoráveis e os adversos para a produção do dano, isto é, a conduta que fizer prevalecer a condição positiva sobre a negativa, rompendo o citado equilíbrio, será o ato que tem maior preponderância ou relevância na direção decisiva para o efeito operado (REPRESAS; MESA, 2004, t. 1, p. 603). A teoria da causa relevante tem por finalidade pesquisar a previsibilidade objetiva, abarcando a estipulação do tipo penal e o resultado, com a relevância jurídica sendo adquirida no momento em que o ato se mostre proporcional e adequado para a produção do dano estipulado no tipo penal, com a pesquisa da relevância sendo realizada abstratamente (ROXIN, 1997, p. 361)".[28]

Na linha do que está pontuado, essas teorias também não se mostraram suficientes para explicar o nexo de causalidade em nosso País. De toda sorte, a teoria da causa eficiente foi adotada, no Brasil, por Martinho Garcez Neto, sendo encontrada em alguns arestos. Vejamos dois deles, de Cortes Estaduais:

"Culpa concorrente da vítima refutada. Aplicação da teoria da causa eficiente. Comportamento do réu que foi determinante para a consumação do evento danoso. Dever de indenizar reconhecido. Nem sempre todas as condições que concorrem para o dano são equivalentes, devendo preponderar aquela que foi mais adequada para produzir concretamente o dano enquanto resultado. É dizer, existem culpas que arredam a culpa do outro protagonista do evento, justo que o espectro da sua atuação é tão determinante que torna irrelevantes os fatos culposos porventura intervenientes no dano. Dano moral. Fixação em R$ 40.000,00 em atenção aos critérios da razoabilidade e proporcionalidade. Pensionamento mensal devido no importe de 2/3 de um salário mínimo desde o dia do óbito até a data em que a vítima completaria 25 anos, ocasião em que o patamar deve ser reduzido para 1/3, até o dia em que a vítima completaria setenta anos. Inversão dos ônus sucumbenciais. Recurso conhecido e provido" (TJSC, Apelação Cível 2010.004329-0, 4.ª Câmara de Direito Civil, Campos Novos, Rel. Des. Subst. Jorge Luis Costa Beber, j. 28.02.2013, *DJSC* 08.03.2013, p. 140).

"Apelação cível. Ação de indenização. Subtração de valores em conta-corrente. Extravio de cartão noticiado à instituição financeira. Bloqueio não realizado. Causa eficiente. Recurso desprovido. A responsabilidade civil pode ser definida como a obrigação de reparar o dano, imposta a todo aquele que, por ação ou omissão voluntária, negligência ou imprudência, violar direito ou causar prejuízo a outrem. Sendo certo que caberia ao requerido tomar todas as providências cabíveis para impedir o uso do cartão, após ser informado pela titular da conta sobre o seu extravio, não há como afastar a sua responsabilidade civil pelos saques ocorridos em sua conta-corrente. Releva anotar que, embora tenha o réu sustentado que repassou todas as informações necessárias à autora e que ela teria optado por não alterar as senhas do cartão, não há nos autos qualquer prova nesse sentido. Ora, tendo a requerente afirmado que

---

[28] FROTA, Pablo Malheiros da Cunha. *Responsabilidade por danos*. Imputação e nexo de causalidade, cit., p. 79.

solicitou o bloqueio do cartão, e não apenas da sua 'função crédito', constitui ônus do requerido comprovar a existência de fato impeditivo, modificativo ou extintivo, de seu direito, ou seja, de que prestou os esclarecimentos necessários, de forma clara e precisa, e que a apelada optou por manter a senha e as demais funções do cartão extraviado. Mesmo considerando que a autora tenha contribuído para a ocorrência do evento danoso. Ao permitir que terceiros tivessem acesso à sua senha. Aplicando-se a teoria da causa eficiente, não há como afastar a responsabilidade da instituição financeira. Ainda que, por um descuido, a requerente tenha permitido o acesso de terceiros à sua senha e ao cartão da conta de sua titularidade, ela comunicou tal fato ao requerido, antes da ocorrência de qualquer saque. Portanto, ao se restringir a bloquear a sua 'função crédito', não tomando as providências cabíveis e necessárias para impedir o saque de valores na conta-corrente de titularidade da autora, o banco-réu agiu de forma negligente, embora sua responsabilidade seja objetiva, sendo esta a causa eficiente dos danos narrados na inicial" (TJMG, Apelação Cível 0688497-15.2007.8.13.0112, 17.ª Câmara Cível, Campo Belo, Rel. Des. Eduardo Mariné da Cunha, j. 12.08.2010, *DJEMG* 09.09.2010).

Por fim, cabe destacar que alguns julgados afirmam ser a teoria da causa eficiente sinônimo da teoria da causalidade adequada, o que já demonstra uma grande confusão técnica a respeito da concepção do nexo de causalidade (por todos: TJRJ, Apelação 0051145-88.2003.8.19.0001, 14.ª Câmara Cível, Rel. Des. Gilberto Guarino, j. 10.06.2015, data de publicação 12.06.2015). Na verdade, os acórdãos antes colacionados com destaque igualmente parecem fazer essa confusão.

3.3. Teoria da ação ou da causa humana

Foi desenvolvida por Antolisei, penalista italiano, valorizando um conjunto de forças que cada pessoa domina nas relações jurídicas, em que os resultados possam ser causados por ela, afastando apenas o que é considerado um fator excepcional. Como aponta Pablo Malheiros, "na relação causal há um fato positivo e outro negativo, com o primeiro significando a atividade humana como uma condição para o atingimento do resultado; o segundo evita que o resultado advenha de fatores excepcionais com eficácia decisiva em sua essência (Antolisei, 1947, p. 159). Essa teoria confere uma relevância singular às excludentes que irrompem com o nexo causal".[29]

Destaca-se a interpretação dada por Sebastián Soler, jurista argentino, a essa concepção, no sentido de que é preciso diferenciar a ação da causalidade, "cujo foco é a concatenação material a ser atingida pela vontade do ser humano, considerada como 'força produtora supercausal', sendo equivocado tratar do problema da causalidade sob o viés naturalístico. Isso porque a vontade humana contém elementos não encontrados na causalidade natural, com a ação humana sendo criadora de resultados, e não a causa deles. Desse modo, o juiz resolve o caso concreto analisando toda a ação humana, verificando todo o cálculo feito pelo sujeito como força produtora supercausal, levando em consideração o cálculo,

---

[29] FROTA, Pablo Malheiros da Cunha. *Responsabilidade por danos*. Imputação e nexo de causalidade, cit., p. 80.

a probabilidade, a possibilidade, a ensejar uma causalidade intelectualizada. A aferição desta teoria passa pelo seguinte questionamento: o sujeito é autor de determinado resultado? Pesquisa-se a probabilidade concreta de a atuação do sujeito produzir o resultado danoso".[30]

Cunha Frota aponta que *a teoria da ação ou da causa humana* ingressa no debate a respeito da *causalidade adequada*, pois o nexo de causalidade é fixado a partir de um juízo de razoabilidade da ocorrência do resultado. Assim, trata-se de teoria não adotada no Brasil, pois absorvida pela última, não havendo julgado que a mencione ou a adote.[31]

3.4. Teoria do seguimento ou da continuidade da manifestação danosa

Foi desenvolvida pelo doutrinador francês Noël Dejean de La Bâtie, em 1989, e é adotada na Argentina por Bustamante Alsina. Trata-se de um complemento à causalidade adequada, uma vez que "permite investigar os fatos em uma cadeia causal natural até um ponto razoável de verificação abstrata da previsibilidade acerca da consequência do fato em que o alegado responsável interveio por ação ou por omissão. A teoria é utilizada para os danos em cascata produzidos sucessivamente por fatos danosos antecedentes e diversos, nos quais derivam um mal de outro mal, como na hipótese do animal doente que contamina os demais, fazendo-os falecer, a gerar o inadimplemento das dívidas do dono dos animais com os credores, o que levou ao suicídio o citado devedor (BUSTAMANTE ALSINA, 1991, 1991-1378). Nessa linha, cada fato isolado não pode ser considerado a causa do dano, mas somente a conjugação de cada fato diferente, sucessivo e causador de danos menores é que concretiza os danos experimentados pela vítima. O exemplo trazido por Alsina esclarece a utilidade da teoria: uma pessoa é atropelada em via pública, chega ao hospital para uma intervenção cirúrgica e morre. O atropelamento teria sido a causa direta e imediata da entrada no hospital, e a morte, antes ou depois da intervenção cirúrgica, a causa indireta do evento danoso (BUSTAMANTE ALSINA, 1991, 1991-1378)".[32]

No caso brasileiro, a citada concepção do nexo, como a anterior, parece ingressar na teoria a seguir estudada – a da causalidade adequada –, não havendo julgado adotando-a em seu conteúdo, razão pela qual deve igualmente ser descartada na realidade jurídica brasileira.

3.5. Teoria da causalidade adequada ou da regularidade causal

Foi criada na Alemanha por Ludwig von Bar e aprimorada e desenvolvida por Von Kries.[33] Como aponta J. W. Hedemann, essa teoria se desenvolveu ra-

---

[30] FROTA, Pablo Malheiros da Cunha. *Responsabilidade por danos*. Imputação e nexo de causalidade, cit., p. 80.
[31] FROTA, Pablo Malheiros da Cunha. *Responsabilidade por danos*. Imputação e nexo de causalidade, cit., p. 81.
[32] FROTA, Pablo Malheiros da Cunha. *Responsabilidade por danos*. Imputação e nexo de causalidade, cit., p. 81.
[33] Conforme demonstra Agostinho Alvim, em sua clássica obra *Da inexecução das obrigações e suas consequências*, cit., p. 303.

pidamente após da entrada em vigor do BGB alemão, compreendendo, segundo ele, a opinião dominante da doutrina germânica.[34]

Caio Mário da Silva Pereira, citando adeptos da teoria como ele, por exemplo, Gabriel Marty, Planiol, Ripert, Boulanger, Geneviève Viney e James Santos Briz, assim a resume:

> "O problema da relação de causalidade é uma questão científica de probabilidade. Dentre os antecedentes do dano, há que destacar aquele que está em condições de necessariamente tê-lo produzido. Praticamente, em toda ação de indenização, o juiz tem de eliminar fatos menos relevantes, que possam figurar entre os antecedentes do dano. São aqueles que seriam indiferentes à sua efetivação. O critério eliminatório consiste em estabelecer que, mesmo na sua ausência, o prejuízo ocorreria. Após este processo de expurgo, resta algum que, 'no curso normal das coisas', provoca um dano dessa natureza. Em consequência, a doutrina que se constrói nesse processo técnico se diz da 'causalidade adequada', porque faz salientar na multiplicidade de fatores causais, aquele que normalmente pode ser o centro do nexo de causalidade".[35]

Em suma, entra em cena uma ideia de *provável acontecimento do resultado*, o que demanda análise caso a caso. Como explica Gisela Sampaio da Cruz, essa teoria "examina a adequação da causa em função da possibilidade e probabilidade de determinado resultado vir a ocorrer, à luz da experiência comum. Significa dizer que a ação tem que ser idônea para produzir o resultado. E, para que se verifique a adequação da causa, realiza-se um juízo retrospectivo de probabilidade de que, no âmbito doutrinário, é denominado 'prognose póstuma'".[36] Anota a doutrinadora que a referida "prognose" é feita com a resposta à seguinte pergunta: "A ação ou omissão que julga era por si apta ou adequada para produzir normalmente essa consequência?".

Sintetizando, somente o fato ou os fatos relevantes para o evento danoso geram a responsabilidade civil e o consequente dever de reparar. A crítica feita a essa tese refere-se ao fato de que ela leva em conta uma probabilidade do dano, sendo certo que esta nunca constitui uma certeza, o que traz ao nexo de causalidade ainda mais dúvidas e dificuldades.[37]

Entre os críticos contemporâneos da causalidade adequada em nosso País encontra-se Pablo Malheiros da Cunha Frota, para quem, "como se percebe, existem dois problemas atingidos por esta teoria: a limitação do dano reparável e o concurso de causas, sendo realizado um juízo de previsibilidade abstrata acerca da derivação normal do efeito de uma cadeia de eventos, como feito pela causalidade adequada. Daí decorrem duas críticas à teoria da regularidade causal: (i) amplitude do poder ao juiz para aferir a regularidade causal; (ii) confusão

---

[34] HEDEMANN, J. W. *Derecho de obligaciones.* Tradução de Jaime Santos Briz. Madrid: Editorial Revista de Derecho Privado, 1958. p. 114-115.
[35] PEREIRA, Caio Mário da Silva. *Responsabilidade civil,* 5. ed., cit., p. 79.
[36] CRUZ, Gisela Sampaio da. *O problema do nexo causal na responsabilidade civil,* cit., p. 64.
[37] PEREIRA, Caio Mário da Silva. *Responsabilidade civil,* 5. ed., cit., p. 79; ALVIM, Agostinho. *Da inexecução das obrigações e suas consequências,* cit., p. 304.

entre causalidade e culpa".[38] Assim arremata e sintetiza o doutrinador sobre a teoria, demonstrando os seus supostos "pontos fracos, ou passíveis de crítica":

"(i) ela demanda sempre um conjunto de casos, não podendo ser aplicada em um caso único, o que gera irreparação em situações novas e ainda não referenciadas pela lei, pela literatura jurídica ou pela jurisprudência (REPRESAS; MESA, 2004, t. 1, p. 609-610);

(ii) é uma teoria complexa que possui um caráter artificial de verificação, baseado em um caráter pseudocientífico, por excluir os cursos causais anômalos em muitos casos em que é possível entender uma causalidade adequada, mesmo que não haja imputação de responsabilidade (ROXIN, 2001, p. 361);

(iii) quem, por qualquer motivo, não queira realizar o juízo *ex post facto* e utiliza a teoria de maneira atécnica, como visto em diversos julgados (ex.: STJ, EREsp 605.435, 2.ª Seção Rel. para acórdão Min. Raul Araújo. *DJe* de 28.11.2012), pode gerar decisões perigosas para imputar responsabilidades (ou não) a alguém, sendo certo que a má aplicação de uma teoria é um caso para o qual muitas vezes não há vacina ou antídoto, tão somente recursos para outras instâncias jurídicas, com o fito de evitar solipsismos judiciais;

(iv) a causalidade adequada para ser aceita deve fazer intervir circunstâncias realmente conhecidas pelo lesante e ignoradas por outras pessoas, a afastar a ideia de juízo abstrato de adequação, por ser uma fórmula vazia, não obstante se faça a análise do evento danoso também pela experiência do julgador e pela do ser humano médio, a manter tal questionamento acerca da impossibilidade de juízos abstratos para a aferição da adequada causalidade para a ocorrência de um evento danoso, mesmo que se avalie o processo causal e não somente o fato isolado, como prega Pessoa Jorge (1999, p. 393-394);

(v) na responsabilidade ambiental, a causalidade adequada permite a distinção entre a responsabilidade do causador principal e a daquele que somente contribuiu para o dano realizado, o que diminuiria a potencialidade de reparação para a vítima (LEMOS, 2012, p. 168);

(vi) a previsibilidade probabilística objetiva inerente à teoria da causalidade adequada não apreende o princípio da precaução, uma vez que na apresentação de existência de um risco suspeito, característica da noção de precaução, toda referência à realização passada de alguns riscos, e, portanto, toda a ideia de probabilidade objetiva, não é excluída, haja vista que a precaução supõe um certo grau de ocorrência daquele risco (TAPINOS, 2008, p. 140)".[39]

De toda sorte, essa parece ser uma das teorias que prevalece no Brasil a respeito do nexo de causalidade. A demonstrar tal afirmação, destaque-se que, na *I Jornada de Direito Civil*, evento promovido pelo Conselho da Justiça Federal em 2002, aprovou-se o Enunciado n. 47, prevendo que o art. 945 do Código Civil não exclui a teoria da causalidade adequada. Na doutrina referente ao Código

---

[38] FROTA, Pablo Malheiros da Cunha. *Responsabilidade por danos*. Imputação e nexo de causalidade, cit., p. 87.

[39] FROTA, Pablo Malheiros da Cunha. *Responsabilidade por danos*. Imputação e nexo de causalidade, cit., p. 88-90.

Civil de 1916, além de Caio Mário da Silva Pereira, Luiz Roldão de Freitas Gomes era um dos autores que entendia pela prevalência da adequação da causa.[40]

Entre os doutrinadores do Código de 2002, Sergio Cavalieri Filho filia-se à aplicação da causalidade adequada, uma vez que, "em sede de responsabilidade civil, nem todas as condições que concorrem para o resultado são equivalentes (como no caso da responsabilidade penal), mas somente aquela que foi a mais adequada a produzir concretamente o resultado".[41] Acrescente-se que essa também é a *opinium* de Ruy Rosado de Aguiar Jr. e de Paulo de Tarso Sanseverino, destacados julgadores do Superior Tribunal de Justiça de ontem e de hoje.[42]

Seguindo entre os contemporâneos, Cristiano Chaves de Farias, Nelson Rosenvald e Felipe Peixoto Braga Netto, também se filiam a tal corrente, ponderando que "a nossa opção é pela teoria da causalidade adequada. Quando estudarmos a responsabilidade civil objetiva e a teoria do risco veremos, tal como ensina Caitlin Mulholland, que somente uma doutrina mais flexível quando a análise probabilística do nexo causal será capaz de admitir uma presunção de causalidade na qual se possa imputar ao agente uma obrigação de indenizar – ainda que não atestada por meio de uma certeza –, pelo simples fato de se identificar a sua atividade como sendo estatisticamente e tipicamente associada ao dano sofrido, levando-se em consideração o que é ordinariamente observado em uma multiplicidade de situações semelhantes. Isto já não será possível de acontecer na subteoria da necessariedade da causa, pois para os adeptos desta linha de pensamento o que importa não é a observação das coisas e acontecimentos como se dão ordinariamente, mas sim a constatação de como se realizaram em concreto".[43]

Essa é igualmente a minha posição doutrinária, sendo interessante retomar algumas conclusões que foram desenvolvidas quando da defesa de doutoramento na Faculdade de Direito da USP.[44] Como principal argumento, a teoria da causalidade adequada foi adotada implicitamente pelos arts. 944, parágrafo único, e 945 do Código Civil brasileiro de 2002. Na linha do que foi exposto, especialmente no capítulo anterior desta obra, o primeiro dispositivo traz exceção à reparação integral dos danos, prevendo que, se houver excessiva desproporção entre a gravidade da culpa e o dano, poderá o juiz reduzir equitativamente a indenização.

Em complemento, pelo art. 945 do Código Privado, havendo culpa concorrente da vítima para o evento danoso, sua indenização será fixada com base na gravidade de sua culpa em confronto com a culpa do autor do dano. Não

---

[40] GOMES, Luiz Roldão de Freitas. Elementos da responsabilidade civil. In: LIRA, Ricardo Pereira (Coord.). *Curso de Direito Civil*. Rio de Janeiro: Renovar, 2000. p. 75-76.
[41] CAVALIERI FILHO, Sergio. *Programa de responsabilidade civil*, 7. ed., cit., p. 49.
[42] Ver: AGUIAR JR., Ruy Rosado e. Responsabilidade civil do médico. *Revista dos Tribunais*, São Paulo: RT, v. 84, n. 718, p. 33-53, ago. 1995; SANSEVERINO, Paulo de Tarso Vieira. *Responsabilidade civil no Código do Consumidor e a defesa do fornecedor*. São Paulo. Saraiva, 2002. p. 243.
[43] FARIAS, Cristiano Chaves; ROSENVALD, Nelson; BRAGA NETTO, Felipe Peixoto. *Curso de Direito Civil. Responsabilidade civil*, cit., p. 378-379
[44] TARTUCE, Flávio. *Responsabilidade objetiva e risco. A teoria do risco concorrente*, cit.

restam dúvidas de que esses últimos comandos procuram *adequar* a causa de acordo com as circunstâncias que circundam o evento. Desse modo, em suma, a indenização deve ser adequada às condutas dos envolvidos: agente, vítima e eventual terceiro. Conforme reconhece J. W. Hedemann, a teoria da causalidade adequada significa uma adequação, ou seja, uma adaptação, visto que o resultado deve ser apropriado com a forma de agir do agente produtor do dano.[45] Portanto, é possível que, em havendo culpa exclusiva de terceiro ou da própria vítima, a adequação da causa e das condutas mande determinar que não haja o dever de indenizar do agente.

A conclusão, nesse contexto, é a de que não há incompatibilidade entre as excludentes ou fatores obstativos do nexo de causalidade e a ideia de adequação da causa. Em sentido muito próximo, Caitlin Sampaio Mulholland procura essa compatibilização entre os fatores obstativos do nexo de causalidade e a teoria da causalidade adequada. São suas palavras, que merecem a minha adesão: "vê-se daí que a teoria da causalidade adequada deve ser adotada com uma modificação em seus fundamentos originários. Ao invés de analisada do ponto de vista da probabilidade danosa, deve-se considerar também a possibilidade de interrupção do nexo de causalidade. Este artifício, muito caro aos adeptos da teoria do dano direto e imediato, deve ser transplantado para a teoria da causalidade adequada, sob pena de tornar-se absolutamente inviável. E isso tem sido feito pelos teóricos portugueses de tal forma que aproximam as bases de investigação do nexo de causalidade numa e noutra teoria".[46] A teoria da causalidade adequada ganha, assim, uma nova dimensão, sendo mais eficiente para os casos de contribuição causal, comuns na pós-modernidade, como naqueles em que a vítima contribuiu para o dano.

Consigne-se, por ser oportuno e relevante, que no sistema português tem prevalecido, igualmente, a adoção pela categoria da causalidade adequada. Nesse diapasão, José Carlos Brandão Proença defendeu tese de doutoramento perante a Universidade Católica portuguesa, pesquisando e escrevendo sobre a conduta da vítima como critério de imputação da responsabilidade extracontratual.[47] Ao fundamentar seu estudo nos ensinamentos de Von Kries, aponta o jurista que "a colocação pelo lesado de determinada condição cooperante torna esse quesito mais complexo, dada a necessidade de ser afirmado um *juízo de adequação entre as condutas* (em regra, culposas) *do lesante, do lesado e o dano real sofrido por este*. Sendo escopo fundamental da doutrina da adequação excluir imediatamente da imputação (objectiva) determinados danos, pode afirmar-se que, na adaptação a essa concausalidade efectiva, a sua função essencial é a de delimitar *o dano a imputar bilateralmente*".[48]

---

[45] HEDEMANN, J. W. *Derecho de obligaciones*, cit., p. 115.
[46] MULHOLLAND, Caitlin Sampaio. *A responsabilidade civil por presunção de causalidade*. Rio de Janeiro: GZ, 2009. p. 193.
[47] PROENÇA, José Carlos Brandão. *A conduta do lesado como pressuposto e critério de imputação do dano extracontratual*, cit.
[48] PROENÇA, José Carlos Brandão. *A conduta do lesado como pressuposto e critério de imputação do dano extracontratual*, cit., p. 442.

Como reforço a essa bem delineada argumentação, a ideia de concausalidade parece estar mais bem alinhada com a causalidade adequada do que com o dano direto e imediato. Lembre-se de que na concausalidade há uma soma de causas, fatos e condutas no fato gerador do evento danoso, bem como na derivada responsabilização civil.

Reitere-se que o art. 945 do Código Civil brasileiro – que traz a ideia principal confrontante com relação ao art. 403 – foi inspirado no art. 570.º, n. 1, do Código Civil português, que assim dispõe: "Quando um facto culposo do lesado tiver concorrido para a produção ou agravamento dos danos, cabe ao tribunal determinar, com base na gravidade das culpas de ambas as partes e nas consequências que delas resultaram, se a indemnização deve ser totalmente concedida, reduzida ou mesmo excluída". Entre os patrícios, por interpretação dessa norma, tem prevalecido a adesão ao sistema da causa adequada.[49]

Na verdade, como se verá a seguir, no caso brasileiro, parece-me que o novel legislador pecou em manter a redação do art. 403 – que supostamente adotou a teoria do dano direto e imediato – e introduzir o art. 945, gerando inúmeras dúvidas e controvérsias entre os estudiosos do Direito. No mínimo, a primeira norma não merece interpretação literal. Assim, quem sabe, *de lege ferenda*, entre as tantas propostas de alteração do atual Código Civil brasileiro, seria o caso de adequar a redação do seu art. 403 à atual realidade da responsabilidade civil, particularmente ao que consta dos arts. 944 e 945 do próprio CC/2002. Seria interessante que o art. 403 não mais fizesse menção aos *danos diretos e imediatos*, mas, sim, a danos que devam ser efetivamente provados, ou melhor, *danos efetivos*, sendo essa a melhor interpretação do dispositivo. Desse modo, caso não seja alterado o comando, da última maneira deve ele ser interpretado atualmente, para que não haja claro conflito com o capítulo específico referente à indenização.

Como último argumento a afastar a teoria do dano direto e imediato, a própria categorização de nexo de causalidade vem sendo flexibilizada pela doutrina e pela jurisprudência, surgindo o que se denomina *nexo de causal flexível*: pela insuficiência das teorias referentes à causalidade, tem-se procurado reparar a vítima antes de qualquer discussão técnica mais profunda.[50] Fala-se ainda em aplicação da *teoria da causalidade alternativa*, pela qual responsabiliza-se qualquer membro de um grupo que acabou por causar um dano.[51] De acordo com essa ideia, o próprio conceito de *responsabilidade pressuposta*, o qual surge de forma preventiva para eventos futuros que decorrem da exposição ao perigo ou ao risco, é apropriado para demonstrar tal abrandamento teórico.[52]

---

[49] Por todos: PIRES DE LIMA, F.; VARELA, Antunes. *Código Civil anotado*. 4. ed. rev. e actual. com a colaboração de M. Henrique Mesquita. Coimbra: Coimbra Editora, 1987. v. I, p. 587.

[50] SCHREIBER, Anderson. *Novos paradigmas de responsabilidade civil*, 2. ed., cit., p. 61-63. Como ensina Maria Helena Diniz, pela *causalidade alternativa*, surgida no Direito alemão, "não se sabendo quais foram os responsáveis pela lesão, todos terão responsabilidade civil solidária" (DINIZ, Maria Helena. *Dicionário jurídico*, cit., p. 641).

[51] Sobre o tema, destaque-se, na doutrina nacional: MULHOLLAND, Caitlin Sampaio. *A responsabilidade civil por presunção de causalidade*, cit., p. 212.

[52] HIRONAKA, Giselda Maria Fernandes Novaes. *Responsabilidade pressuposta*, cit.

Concluindo o tópico, por tudo o que foi aqui exposto, este livro basear-se-á, quanto ao nexo de causalidade, na *teoria da causalidade adequada*, corrente teórica mais bem adaptada à nossa adoção de ideias de *risco concorrente* e de autorresponsabilidade da vítima na responsabilidade civil objetiva, conforme apresentado no capítulo anterior desta obra. Sobre a Reforma do Código Civil, ora em tramitação no Congresso Nacional, como os arts. 944 e 945, na essência, são mantidos no sistema e apenas com pequenos ajustes, entendo que ela traz a manutenção dessa teoria no âmbito da responsabilidade civil brasileira.

De toda sorte, não se pode negar que a teoria do dano direto e imediato também encontra grande acolhimento no Direito Civil brasileiro, como se verá a seguir.

3.6. Teoria do dano direto e imediato ou da interrupção do nexo causal

De acordo com a *teoria do dano direto e imediato* ou *teoria da interrupção do nexo causal*, somente devem ser reparados os danos que decorrem de efeitos necessários da conduta do agente, admitindo-se que atos alheios, de terceiros ou da própria vítima obstem o nexo de causalidade. Essa última teoria foi supostamente adotada pelo art. 403 do atual Código Civil brasileiro, cuja redação merece destaque: "ainda que a inexecução resulte de dolo do devedor, as perdas e danos só incluem os prejuízos efetivos e os lucros cessantes por efeito dela direto e imediato, sem prejuízo do disposto na lei processual". Valer ressaltar que o dispositivo é redação quase integral do art. 1.060 do Código Civil de 1916; apenas foi introduzida a menção ao previsto no estatuto processual, após a última vírgula.

Na doutrina do Código Civil de 1916, a teoria do dano direto e imediato era adotada por Agostinho Alvim e Orlando Gomes.[53] Entre os doutrinadores atuais que seguem essa vertente destacam-se Gustavo Tepedino, Gisela Sampaio da Cruz, Carlos Roberto Gonçalves, Pablo Stolze Gagliano e Rodolfo Pamplona Filho.[54] Os juristas citados sustentam a sua aplicação tanto aos casos de responsabilidade contratual quanto extracontratual, apesar de o dispositivo mencionado estar inserido no que discorre sobre o inadimplemento das obrigações. Desse modo, como se vê, trata-se de outra norma que tende à unificação do sistema dualista de responsabilidades, conforme anteriormente exposto.

A *teoria do dano direto e imediato* vem sendo abrandada pelos seus próprios partidários. Surge, nesse contexto, a adoção da subteoria da *causa necessária* ou da *necessariedade causal*, que "entende as expressões dano direto e dano imediato de forma substancial, como reveladoras de um liame de necessariedade – e não de simples proximidade – entre causa e efeito. Haverá, assim, dever de reparar quando o evento danoso for efeito necessário de determinada causa".[55] O surgi-

---

[53] ALVIM, Agostinho. *Da inexecução das obrigações e suas consequências*, cit., p. 304-329; GOMES, Orlando. *Obrigações*, cit., p. 183.

[54] TEPEDINO, Gustavo. Notas sobre o nexo de causalidade, cit., p. 67; CRUZ, Gisela Sampaio da. *O problema do nexo causal na responsabilidade civil*, cit., p. 96-111; GONÇALVES, Carlos Roberto. *Direito Civil brasileiro*. Responsabilidade civil, 11. ed., p. 362; GAGLIANO, Pablo Stolze; PAMPLONA FILHO, Rodolfo. *Novo curso de Direito Civil*, 14. ed., cit., p. 149.

[55] SCHREIBER, Anderson. *Novos paradigmas de responsabilidade civil*, 2. ed., cit., p. 58.

mento dessa variante justifica-se, uma vez que se tem admitido a reparação de danos indiretos, visualizados como *danos reflexos* ou *em ricochete*. Como inicial exemplo a ser exposto, aponte-se a indenização cabível pela morte de um parente querido, mormente nos casos de homicídio, sendo reconhecida a reparabilidade material e imaterial pelo art. 948 do atual Código Civil.

Ademais, merece menção a indenização pela perda de um *objeto de estima*, tratada pelo já transcrito art. 952 da codificação material, que traz previsão do *preço de afeição* em seu parágrafo único. Por fim, destaque-se a inovação referente à lesão ao direito da personalidade do morto, que passou a ser aceita juridicamente pelo art. 12, parágrafo único, do Código Civil.

Já demonstrei as razões jurídicas de adoção à teoria da causalidade adequada, que deve prevalecer sobre a teoria do dano direto e imediato, na minha *opinião*. Na verdade, ambas as teorias são próximas, havendo uma pequena e sutil diferença entra as duas vertentes.

A teoria do dano direto e imediato trabalha mais com as exclusões totais de responsabilidade, ou seja, com a obstação do nexo causal. Por outra via, a teoria da causalidade adequada lida melhor com a concausalidade, isto é, com as contribuições de fatos para o evento danoso.

Tal constatação justifica mais uma vez a adoção da segunda tese, sem falar que, enquanto a teoria do dano direto e imediato está mais focada em beneficiar o agente causador do dano, a teoria da causalidade adequada preocupa-se mais com a vítima, o que está mais bem sintonizado com as funções sancionatória e preventiva da responsabilidade civil, destacadas no primeiro capítulo desta obra.

A encerrar, merecem relevo as palavras de críticas adicionais feitas por Pablo Malheiros Cunha Frota, para quem a teoria do dano direto imediato, mesmo na sua versão da *necessariedade causal*, não resolve os problemas relativos ao nexo, sendo insuficiente na contemporaneidade. As objeções destacadas pelo autor são as seguintes:

> "a) É difícil atribuir a uma condição a pecha de necessária para vincular o evento danoso e o dano, por depender em demasia do observador e de seu bom senso, sendo certo que existem danos acidentais que devem ser reparados (ex.: CC, arts. 399, 862 e 1.218) e, pelo critério da necessariedade, não haverá tal reparação (NORONHA, 2010, p. 625-626); b) pode haver uma dissonância interpretativa entre os arts. 403, 944 e 945 do CC, já que existe a possibilidade de redução do valor reparatório se ficar comprovada efetiva desproporção entre a gravidade da culpa e o dano produzido pelo agente, ou nos casos de culpa ou de risco concorrente, a valorizar a teoria da causalidade adequada, verificada em uma perspectiva de probabilidade danosa e de interrupção do nexo causal, visto que as concausas podem não excluir o dever reparatório, mas sim reparti-lo entre os causadores e (ou) responsáveis pelos danos".[56]

---

[56] FROTA, Pablo Malheiros da Cunha. *Responsabilidade por danos*. Imputação e nexo de causalidade, cit., p. 94-95.

Filio-me às palavras transcritas, voltando às premissas jurídicas que sustentam a adoção à teoria da causalidade adequada.

3.7. Teoria da norma violada, da causalidade normativa, da relatividade *aquiliana* ou do escopo da norma

Trata-se de concepção que foi desenvolvida na Alemanha por Ernest Rabel e por Kramer, tendo adeptos em outros países da Europa, como Itália e Portugal, caso de Menezes Cordeiro. A sua primeira incidência prática é o caso do naufrágio do barco *Edelweiss* (1951), que transportava trigo e ficou preso dentro de uma eclusa por falta de cuidado dos funcionários do porto em liberar a água, de acordo com a norma portuária. Como aponta Pablo Malheiros, "a causalidade foi aferida a partir da interpretação do conteúdo da citada normativa, confrontada com a situação fática delineada (MULHOLLAND, 2009, p. 175).

Dessa maneira, a teoria da norma violada indica a causalidade jurídica em relação aos danos causados pelo evento danoso, por meio da *conditio sine qua non* conjugada com a violação do bem jurídico tutelado pela normativa jurídica, como se pode inferir do § 823, II, do Código Civil alemão e, por interpretação, do art. 563 do Código Civil português e do art. 1.223 do Código Civil italiano, o que pode ser extensivo ao art. 403 do CC".[57]

Conforme o mesmo autor, "a teoria do escopo da norma, portanto, afere a causalidade, por meio da interpretação da normativa cujo suporte fático se estabelece (ou não) com a ocorrência do evento danoso, ou seja, o conteúdo e o fim desta normativa é que determinam a causalidade adequada e a imputação das responsabilidades pelo dever de reparar. Desse modo, a referida teoria provoca o seguinte questionamento: a conduta indicada como causa do dano ofende determinada normativa (ou não)? A resposta positiva ensejará, destarte, a responsabilização do agente causador do dano ou do responsável pela sua reparação, tendo em vista que o evento recairá no âmbito protetivo da normativa, que pretende evitar a criação de risco irrazoável".[58] Como se pode perceber da explicação dada pelo jurista, há certa relação com a ideia de culpa contra a legalidade, exposta no capítulo anterior desta obra, que ainda não foi devidamente desenvolvida no País.

Trata-se, portanto, de versão que não tem o devido prestígio no Direito Privado brasileiro. São encontrados alguns arestos que debatem a ideia no campo do Direito Penal. Assim, por exemplo:

> "Apelação. Homicídio culposo. Sentença absolutória, recurso do Ministério Público. Culpa do réu que decorreria do excesso de velocidade. Inexistência de nexo de causalidade normativa entre a conduta e o resultado. Conduta, ademais, não atingida pelo âmbito de abrangência da norma. Aplicação da

---

[57] FROTA, Pablo Malheiros da Cunha. *Responsabilidade por danos*. Imputação e nexo de causalidade, cit., p. 95.
[58] FROTA, Pablo Malheiros da Cunha. *Responsabilidade por danos*. Imputação e nexo de causalidade, cit., p. 96-97.

teoria da imputação objetiva. Decisão correta. Recurso não provido" (TJSP, Apelação 0003295-28.2010.8.26.0638, Acórdão 7471515, 10.ª Câmara de Direito Criminal, Tupi Paulista, Rel. Des. Francisco Bruno, j. 24.03.2014, *DJESP* 14.04.2014).

Ou, ainda: "o nexo de causalidade, nos crimes omissivos impróprios, conforme dogmática do § 2.º do art. 13 do Código Penal, de natureza normativa, não abarca qualquer comportamento omissivo, mas sim aquele em que o omitente devia e podia agir para evitar o resultado. No presente caso, tratando de empregado com mais de 12 anos de experiência, encarregado de eletricista, coordenador de curso na área, deve ser debitada a ele, com exclusividade, a dinâmica do evento, não havendo o que se falar em omissão relevante por parte do réu" (TJDF, Recurso 2004.01.1.082579-7, Acórdão 405.102, 2.ª Turma Criminal, Rel. Desig. Des. Silvânio Barbosa dos Santos, *DJDFTE* 16.03.2010, p. 175). A aplicação restringe-se apenas a esse âmbito, conforme pesquisas realizadas por mim.

3.8. Teoria da causalidade específica e da condição perigosa

Vertente teórica que admite a responsabilidade civil em decorrência de danos advindos de riscos criados pelo agente causador do dano, tida de acordo com Pablo Malheiros como uma derivação da teoria do escopo da norma violada.[59] Nesse contexto, alude o autor que "a teoria da condição perigosa abrange a ação ou a omissão de um sujeito de direito que se põe em estado de perigo capaz de provocar o evento, sendo esta considerada a causa específica do fato danoso após uma valoração *ex post*. Nessa senda, a avaliação da condição perigosa passa também por uma verificação da probabilidade de ocorrência do evento em um elevado número de casos, nos quais o risco é o da ocorrência entre a previsão realizada pelo agente e a sua efetiva verificação (CAPECCHI, 2012, p. 95). Essas teorias podem estar abrangidas pela teoria da causa adequada, da norma violada ou do dano direto e imediato, não fazendo muito sentido os destaques trazidos pelos italianos para as aludidas construções teóricas".[60]

Pela citada absorção pelas outras teorias, especialmente pela causalidade adequada, a vertente é facilmente descartada na nossa realidade.

3.9. Teoria da causalidade imediata e da variação

Também desenvolvida na Itália, procura diferenciar dois estados distintos e sucessivos, um *estático* e outro *dinâmico*. No estágio estático é garantido um certo equilíbrio, "que pode ser subvertido por uma condição que atravessa a cadeia causal e determina o evento danoso, ou seja, a causa seria o comportamento antijurídico do ser humano, que provoca a passagem do momento estático para

---

[59] FROTA, Pablo Malheiros da Cunha. *Responsabilidade por danos*. Imputação e nexo de causalidade, cit., p. 99.

[60] FROTA, Pablo Malheiros da Cunha. *Responsabilidade por danos*. Imputação e nexo de causalidade, cit., p. 99.

o momento dinâmico".⁶¹ A sua enunciação, como se nota, é de difícil compreensão, não tendo sido adotada sequer entre os italianos.

3.10. Teoria da causa impeditiva

Outra concepção oriunda da Itália, criada por Balestrino para interpretar o Código Penal italiano. Por essa teoria, seria necessário diferenciar qual a relação causal que provoca o evento danoso e qual a série de causas que o impediria: "se a causa impeditiva não ocorrer, o evento será produzido, porém não terá a mesma representatividade da causa que o provocou, a reduzir a aplicação do art. 41, II, do Código Penal italiano. Dessa forma, essa solução severa indica que a interrupção do nexo se verifica quando não é previsível pelo agente ou pela legislação que a causa impeditiva sirva de obstáculo para o evento danoso (CAPECCHI, 2012, p. 97-98), o que a torna inadequada para tutelar a vítima em cada caso concreto".⁶² Eis outra teoria não aplicada pelos italianos, e que não serve para a realidade brasileira.

3.11. Teoria da relação de causalidade por falta contra a legalidade constitucional

Oriunda de tese de doutorado defendida por Roberto de Abreu e Silva na extinta Faculdade de Direito da Universidade Gama Filho, no Estado do Rio de Janeiro, o que originou um livro publicado sobre o tema.⁶³ Nas palavras do seu autor, "o verdadeiro fundamento da responsabilidade civil, em fato ilícito, é o dano injusto perpetrado por Falta contra a Legalidade Constitucional".⁶⁴ Em resumo, a causalidade estaria formada pela violação de uma norma prevista no Texto Maior, o que fundamentaria a relação de causalidade na teoria do dano direto e imediato, retirada do art. 403 do Código Civil.

Apesar de ter interessante fundamento civil-constitucional, com o devido respeito ao autor, a sua concepção parece ser apenas uma confirmação da última vertente, mas com um amparo no Texto Maior. Como certeiramente ensina novamente Pablo Malheiros, "ao fim e ao cabo, a ideia apresentada procura jungir à teoria da causalidade adequada, a teoria do dano direto e imediato e a teoria do escopo da norma jurídica violada, sem quebrar a ideia de previsibilidade ou de normalidade fático-jurídica que permeia essas construções teóricas e sem deixar claro se Constituição para o autor é texto ou texto e contexto. A proposta, por conseguinte, parece mirar as dimensões formal e material da constitucionalização, sem apontar para a dimensão prospectiva (FACHIN, 2008, p. 17-18), impres-

---

[61] FROTA, Pablo Malheiros da Cunha. *Responsabilidade por danos*. Imputação e nexo de causalidade, cit., p. 99.
[62] FROTA, Pablo Malheiros da Cunha. *Responsabilidade por danos*. Imputação e nexo de causalidade, cit., p. 100.
[63] ABREU E SILVA, Roberto de. *A falta contra a legalidade constitucional*. 2. ed. Rio de Janeiro: Lumen Juris, 2005.
[64] ABREU E SILVA, Roberto de. *A falta contra a legalidade constitucional*, cit., p. 167-168.

cindível para uma adequada tutela da pessoa humana concreta, principalmente quando esta é vítima de danos potenciais e (ou) concretos".[65] Assim, trata-se de uma construção que ainda merece um melhor desenvolvimento entre nós, para que receba adeptos, seja na teoria, seja na prática da responsabilidade civil.

3.12. Teoria da formação da circunstância danosa

Foi desenvolvida por Pablo Malheiros da Cunha Frota em sua aqui tão citada tese de doutorado, defendida na UFPR, sob a orientação do Ministro e Professor Luiz Edson Fachin. A premissa é desenvolvida após o autor repelir todas as teorias que antes expõe, e que ora foram demonstradas, tendo como roteiro seguro o seu trabalho. Segundo ele, "a formação da circunstância danosa erige-se como categoria jurídica normativa, de matriz complexa e incerta, que açambarca um sentido ressignificado de causalidade, constitutiva da formação da circunstância danosa, independentemente de previsibilidade ou probabilidade, amparada em critérios que serão expostos nesta segunda parte da tese. Saliente-se que a formação da circunstância danosa se apresenta como proposição aberta de constituição de critérios para a estimação do instituto, sem pretender um exaurimento de suas hipóteses e, tampouco, circunscrever-se a uma definição completa por um método rígido".[66] Nesse contexto, Pablo Malheiros sugere alguns fatores como formadores do nexo de causalidade, alguns já tradicionais, a saber:

> "A formação da circunstância danosa abrange, na perspectiva da causalidade jurídica, a inserção dos elementos incerteza, complexidade, probabilidade e impossibilidade, com a imputação da responsabilidade sendo verificada por meio dos fatores: (i) subjetivo (culpa e dolo, para quem ainda admite alguma função da culpa e do dolo no âmbito da responsabilidade por danos, que não é a opção desta tese – ver, sobre o assunto, Catalan, 2013); (ii) objetivo (equidade, risco e garantia); (iii) sacrifício (fatos jurídicos lícitos ensejadores de responsabilização, de prevenção, de precaução e de reparação de danos); (iv) domínio ou poder fático, econômico, social, jurídico, entre outros, da atividade (habitual ou não; onerosa ou não) desenvolvida pelo agente responsável ou por outro garante da precaução, da prevenção e da reparação do dano".[67]

Em seguida, o jurista desenvolve a ideia segundo a qual deverá haver o dever de indenizar por parte daquele que tem o *domínio da atividade que desempenha*, residindo nesse controle a presença do nexo de causalidade. Assim, não seria mais o caso de considerar a divisão dos eventos em internos e externos, de acordo com a atividade desenvolvida pelo agente, sendo apenas os últimos enquadrados como caso fortuito ou como força maior.

---

[65] FROTA, Pablo Malheiros da Cunha. *Responsabilidade por danos*. Imputação e nexo de causalidade, cit., p. 102.
[66] FROTA, Pablo Malheiros da Cunha. *Responsabilidade por danos*. Imputação e nexo de causalidade, cit., p. 212.
[67] FROTA, Pablo Malheiros da Cunha. *Responsabilidade por danos*. Imputação e nexo de causalidade, cit., p. 265.

Um exemplo utilizado por Pablo Malheiros serve para demonstrar a concepção de sua tese, qual seja o fato envolvendo o estudante de medicina que metralhou pessoas dentro do cinema de um *shopping center* na cidade de São Paulo (caso Mateus da Costa Meira). Nas suas palavras, "as hipóteses de fato de terceiro, de fato da vítima e de caso fortuito ou de força maior, como elaborados, talvez sejam um dos motivos de não tutela prioritária da vítima pela responsabilidade civil e consumerista em uma variedade de casos, como naquele em que um estudante de medicina metralhou consumidores em um cinema de São Paulo, e a família de uma das vítimas teve o direito reparatório afastado pelo STJ por haver, no caso, o denominado fortuito externo, a romper o nexo causal entre o evento morte e a atividade desenvolvida pelo *Shopping Center* e pelo Cinema (REsp 1.164.889, 4.ª T., Rel. Des. Convocado Honildo Amaral de Mello Castro, *DJe* de 19.11.2010)".[68] A tese propõe que os prestadores de serviços respondam por tal episódio, pela possibilidade de controle dos fatos ocorridos.

Outra ilustração apontada por Pablo Malheiros envolve a proposta de enunciado doutrinário formulado quando da *VI Jornada de Direito Civil*, em 2013, pelo hoje Ministro do STF Luiz Edson Fachin, com o seguinte teor: "na interpretação do art. 735 do Código Civil, a responsabilidade do transportador perante o passageiro é integral, e não se cinge ao exame do nexo causal, compreendendo tanto hipóteses do fortuito externo quanto do fortuito interno".[69] Como reconhece o próprio autor da tese, na sequência, aqui estaria uma crítica formulada à sua teoria, qual seja um caminho inexorável para o risco integral, para uma responsabilidade civil sem a admissão de qualquer excludente de nexo de causalidade.

Além dessa crítica, o doutrinador aponta duas outras: a) "a responsabilidade por danos e a formação da circunstância danosa são perspectivas capitalistas, que geram distribuição de renda por intermédio da responsabilização do lesante, já que a função da responsabilidade civil não é a distribuição de renda"; e b) "na consecução das atividades em sociedade há alocações de risco, e a formação da circunstância danosa possibilitaria uma responsabilidade sem que essa alocação fosse previamente verificada, a dificultar, inclusive, a dinâmica do ônus probatório para as partes nos processos judiciais e arbitrais".[70]

O jurista tenta rebater tais premissas e, com o devido respeito, não consegue fazê-lo com relação à primeira afirmação – de aproximação com o risco integral –, convencendo-me apenas quanto às duas últimas. Além disso, cabe aqui acrescentar mais uma objeção, qual seja o fato de a teoria da formação da circunstância danosa ampliar muito o nexo de causalidade, aproximando-se sobremaneira da teoria do histórico dos antecedentes, que é descartada pelo Direito Privado brasileiro, como visto.

---

[68] FROTA, Pablo Malheiros da Cunha. *Responsabilidade por danos*. Imputação e nexo de causalidade, cit., p. 285.
[69] FROTA, Pablo Malheiros da Cunha. *Responsabilidade por danos*. Imputação e nexo de causalidade, cit., p. 271.
[70] FROTA, Pablo Malheiros da Cunha. *Responsabilidade por danos*. Imputação e nexo de causalidade, cit., p. 271.

Com relação aos entes privados, aliás, se adotada a premissa de Pablo Malheiros, haveria uma responsabilização exagerada, quase sem fim, por fatos sobre os quais não deveria arcar com a indenização, pois fora do seu alcance de controle ou de precaução, como no fatídico episódio do psicótico estudante de medicina. Existem situações que são de controle do Estado, como aquelas relacionadas à segurança pública, e que estão totalmente fora do risco da atividade do agente privado. Em outras palavras, não devem os agentes privados responder por algo que está fora do chamado *risco do empreendimento*.

Em conclusão, penso que, de fato, é preciso ficar com os *pés no chão*, entre uma ou outra teoria clássica já amplamente estudada e difundida no Brasil, o que é demonstrado no tópico a seguir.

3.13. As posições dos tribunais brasileiros sobre as teorias do nexo de causalidade. O "estado da arte" de grande incerteza prática no País

Como restou demonstrado até este ponto, existe muita divergência doutrinária a respeito da teoria adotada no País quanto ao nexo de causalidade na responsabilidade civil, ou seja, a questão é muito controvertida no meio acadêmico brasileiro. Nesse contexto, Anderson Schreiber pontua a existência de uma *miríade de teorias*, e acrescenta: "em que pese a inegável importância do debate acadêmico em torno das diversas teorias da causalidade, em nenhuma parte alcançou-se um consenso significativo em torno da matéria".[71]

Na mesma linha, pondera Bruno Miragem que, "a rigor, não se pode perder de vista que nenhuma das teorias explicativas do nexo de causalidade, por maior que sejam seus méritos, deixará de ser desafiada por situações da realidade da vida, em que se ponha em dúvida sua autoridade. Em outros termos, não faltarão situações em que os fatos teimem em desmentir ou desafiar as várias teorias".[72] Merecem ser citadas, ainda, as palavras de Marco Aurélio Bezerra de Melo, que expõe sobre as grandes dificuldades práticas encontradas no tema, especialmente na sua atividade como Desembargador no Tribunal de Justiça do Rio de Janeiro: "a quantidade de estudos e tratados sobre o tema demonstra que não existe teoria ou lógica infalível para que, matematicamente, se chegue a um resultado objetivo, e este é, e sempre será, o desafio exigido daqueles que militam com a ciência jurídica: axiológica e hermenêutica por excelência".[73]

Sem dúvida, têm total razão os doutrinadores citados, em especial diante das inúmeras situações concretas que podem desafiar uma ou outra teoria. Fazendo constantes pesquisa na jurisprudência nacional, a divergência fica à mostra, a evidenciar que o *Estado da Arte* a respeito da matéria é de grande incerteza prática. Nesse ponto, estou totalmente filiado às críticas formuladas por Pablo Malheiros, no sentido de que "tal situação é assaz preocupante pelo fato de serem as decisões sobre a existência do nexo causal em um caso concreto ser

---

[71] SCHREIBER, Anderson. *Novos paradigmas da responsabilidade civil*. São Paulo: Atlas, 2007. p. 59.
[72] MIRAGEM, Bruno. *Direito Civil*. Responsabilidade civil, cit., p. 238.
[73] MELO, Marco Aurélio Bezerra de. *Curso de Direito Civil*. Responsabilidade civil, cit., p. 230-231.

intuitivas, diversas vezes, e se fundarem, consciente ou inconscientemente, em um 'princípio do bom senso', e não nos critérios trazidos pelas teorias relacionadas ao nexo causal. Isso pode intensificar a rasa cientificidade presente em algumas decisões judiciais sobre o assunto".[74]

De toda sorte, como antes exposto, a maioria das obras sobre responsabilidade civil no Brasil centraliza o debate em três teorias: *a)* a teoria do histórico dos antecedentes; *b)* a teoria da causalidade adequada; e *c)* a teoria do dano direto e imediato. A primeira é citada apenas para ser descartada, demonstrando-se os perigos decorrentes de uma ampliação excessiva do nexo de causalidade. Sendo assim, a essência do debate fica entre as duas últimas vertentes. E em tal dilema está a essência do problema da incerteza, uma vez que a jurisprudência é hesitante, citando uma e outra tese, de forma desenfreada e sem muitos critérios científicos.

Somente a título de exemplo, do Superior Tribunal de Justiça podem ser colacionados os seguintes julgados fazendo menção à *teoria da causalidade adequada*:

> "Recurso especial. De Brazuca Auto Posto Ltda. Epp e Jayro Francisco Machado Lessa. Civil. Responsabilidade civil. Vazamento de gasolina em posto de combustível. Danos materiais e ambientais de grandes proporções. Nexo de causalidade. Teoria da causalidade adequada. Concorrência de causas. Reconhecimento de responsabilidade recíproca dos litigantes pela eclosão do evento danoso. Indenização dividida proporcionalmente entre as partes. Negado provimento ao recurso especial. (...). 1. Para a caracterização da responsabilidade civil, antes de tudo, há de existir e estar comprovado o nexo causal entre o dano e a conduta comissiva ou omissiva do agente e afastada qualquer das causas excludentes do nexo de causalidade. 2. A doutrina endossada pela jurisprudência desta Corte é a de que o nexo de causalidade deve ser aferido com base na teoria da causalidade adequada, adotada explicitamente pela legislação civil brasileira (CC/1916, art. 1.060 e CC/2002, art. 403), segundo a qual somente se considera existente o nexo causal quando a ação ou omissão do agente for determinante e diretamente ligada ao prejuízo. 3. A adoção da aludida teoria da causalidade adequada pode ensejar que, na aferição do nexo de causalidade, chegue-se à conclusão de que várias ações ou omissões perpetradas por um ou diversos agentes sejam causas necessárias e determinantes à ocorrência do dano. Verificada, assim, a concorrência de culpas entre autor e réu, a consequência jurídica será atenuar a carga indenizatória, mediante a análise da extensão do dano e do grau de cooperação de cada uma das partes à sua eclosão. 4. No caso em exame, adotando-se a interpretação das cláusulas dos contratos celebrados entre os litigantes e as premissas fáticas e probatórias, tal como delineadas na instância de origem, conclui-se que as condutas comissivas e omissas de todas as partes, cada qual em sua esfera de responsabilidade assumida contratualmente e, extracontratualmente, pela teoria do risco da atividade (CC/2002, art. 927, parágrafo único), foram determinantes para que o vazamento da gasolina gerasse os danos materiais e ambientais verificados e, inclusive, chegasse a ter grandes

---

[74] FROTA, Pablo Malheiros da Cunha. *Responsabilidade por danos*. Imputação e nexo de causalidade, cit., p. 68.

proporções. Está, assim, configurada a concorrência de culpas para eclosão do evento danoso, sendo certo que cada litigante deve responder na proporção de sua contribuição para a ocorrência do dano" (STJ, REsp 1.615.971/DF, 3.ª Turma, Rel. Min. Marco Aurélio Bellizze, j. 27.09.2016, *DJe* 07.10.2016).

"Agravo regimental. Agravo de instrumento. Responsabilidade civil. Descarga elétrica. Ausência de corte das árvores. Contato com os fios de alta-tensão. Nexo de causalidade reconhecido. Culpa exclusiva da vítima. Inocorrência. 1. Em nenhum momento a decisão agravada cogitou da falta de prequestionamento dos artigos apontados como violados, ressentindo-se de plausibilidade a alegação nesse sentido. 2. O ato ilícito praticado pela concessionária, consubstanciado na ausência de corte das árvores localizadas junto aos fios de alta-tensão, possui a capacidade em abstrato de causar danos aos consumidores, restando configurado o nexo de causalidade ainda que adotada a teoria da causalidade adequada. 3. O acolhimento da tese de culpa exclusiva da vítima só seria viável em contexto fático diverso do analisado. 4. Agravo regimental desprovido" (STJ, AgRg no Ag 682.599/RS, 4.ª Turma, Rel. Min. Fernando Gonçalves, j. 25.10.2005, *DJ* 14.11.2005, p. 334).

Entretanto, do mesmo Tribunal Superior podem ser colacionadas ementas trazendo a ideia de acordo com a *teoria do dano direto e imediato*. Vejamos duas delas:

"Civil. Recurso especial. Família. Ação de indenização. Abandono afetivo. Ofensa ao art. 535 do CPC. Inocorrência. Alegada ocorrência do descumprimento do dever de cuidado. Não ocorrência. Ausência de demonstração da configuração do nexo causal. Aplicação da teoria do dano direto e imediato. Prequestionamento inexistente no que tange aos acordos e convenções internacionais. Incidência das Súmulas n.os 282 e 235 do STF. Dissídio jurisprudencial não caracterizado. Recurso especial não provido. (...). Para que se configure a responsabilidade civil, no caso, subjetiva, deve ficar devidamente comprovada a conduta omissiva ou comissiva do pai em relação ao dever jurídico de convivência com o filho (ato ilícito), o trauma psicológico sofrido (dano a personalidade), e, sobretudo, o nexo causal entre o ato ilícito e o dano, nos termos do art. 186 do CC/2002. Considerando a dificuldade de se visualizar a forma como se caracteriza o ato ilícito passível de indenização, notadamente na hipótese de abandono afetivo, todos os elementos devem estar claros e conectados. (...). Os elementos e as peculiaridades dos autos indicam que o Tribunal *a quo* decidiu com prudência e razoabilidade quando adotou um critério para afastar a responsabilidade por abandono afetivo, qual seja, o de que o descumprimento do dever de cuidado somente ocorre se houver um descaso, uma rejeição ou um desprezo total pela pessoa da filha por parte do genitor, o que absolutamente não ocorreu. A ausência do indispensável estudo psicossocial para se estabelecer não só a existência do dano, mas a sua causa, dificulta, sobremaneira, a configuração do nexo causal. Este elemento da responsabilidade civil, no caso, não ficou configurado porque não houve comprovação de que a conduta atribuída ao recorrido foi a que necessariamente causou o alegado dano à recorrente. Adoção da teoria do dano direto e imediato. (...)" (STJ, REsp 1.557.978/DF, 3.ª Turma, Rel. Min. Moura Ribeiro, j. 03.11.2015, *DJe* 17.11.2015).

"Responsabilidade civil do Estado. (...). Hipótese em que o cidadão (vítima) em 07.07.1984 foi arbitrariamente detido por oficiais da Marinha do Brasil em razão de simples colisão de seu veículo com outro conduzido por aspirante daquela Arma. Após colidir, a vítima sofreu agressão física e verbal e foi ilegalmente presa por seis dias em cela da Marinha. Ficou incomunicável e sem cuidados médicos, comprovadamente diante do acórdão transitado em julgado no processo de cognição plena. O fato resultou em danos físicos e morais, e causou-lhe a deterioração da saúde. Devido o desenvolvimento de isquemia e diabetes, teve, inclusive, os dedos dos pés amputados. Ato ilícito, nexo direto e imediato, bem como danos comprovados e ratificados na instância ordinária. (...)" (STJ, REsp 776.732/RJ, 2.ª Turma, Rel. Min. Humberto Martins, j. 08.05.2007, *DJ* 21.05.2007, p. 558).

No âmbito do Tribunal da Cidadania, a verdade é que existem mais arestos recentes que mencionam a causalidade adequada em suas ementas do que a teoria do dano direto e imediato.

De toda sorte, há um anterior acórdão, bem peculiar, que trata as duas teorias como sinônimas, o que parece representar uma grave confusão técnica:

"À luz do comando normativo inserto no art. 1.060 do Código Civil de 1916, reproduzido no art. 403 do vigente Codex, sobre nexo causal em matéria de responsabilidade civil – contratual ou extracontratual, objetiva ou subjetiva – vigora, no direito brasileiro, o princípio da causalidade adequada, também denominado princípio do dano direto e imediato. Segundo referido princípio, ninguém pode ser responsabilizado por aquilo a que não tiver dado causa (art. 159 do CC/1916 e art. 927 do CC/2002) e somente se considera causa o evento que produziu direta e concretamente o resultado danoso (art. 1.060 do CC/1916 e 403 do CC/2002). A imputação de responsabilidade civil, portanto, supõe a presença de dois elementos de fato, quais sejam: a conduta do agente e o resultado danoso; e de um elemento lógico-normativo, o nexo causal (que é lógico, porque consiste num elo referencial, numa relação de pertencialidade, entre os elementos de fato; e é normativo, porque tem contornos e limites impostos pelo sistema de direito, segundo o qual a responsabilidade civil só se estabelece em relação aos efeitos diretos e imediatos causados pela conduta do agente. *In casu*, revela-se inequívoca a ausência de nexo causal entre o ato praticado pela ora recorrida (entrega do veículo ao filho da autora e seus acompanhantes sem a apresentação do respectivo comprovante de estacionamento) e o dano ocorrido (decorrente do acidente envolvendo o referido veículo horas mais tarde), razão pela qual não há falar em responsabilidade daquela pelos danos materiais e morais advindos do evento danoso. 5. Recurso especial a que se nega provimento" (STJ, REsp 325.622/RJ, Proc. 2001/0055824-9, 4.ª Turma, Rel. Min. Carlos Fernando Mathias, j. 28.10.2008, *DJe* 10.11.2008).

Em datas mais recentes, surgiram outros julgados que trazem o equívoco da confusão categórica, caso do seguinte: "na aferição do nexo de causalidade, a doutrina majoritária de Direito Civil adota a teoria da causalidade adequada ou do dano direto e imediato, de maneira que somente se considera existente o nexo causal quando o dano é efeito necessário e adequado da causa cogitada (ação ou omissão). Logo, a configuração do nexo de causalidade, a ensejar a responsabilidade civil do agente, demanda a comprovação de conduta comissiva ou omissiva determinante e diretamente atrelada ao dano" (STJ, Ag. Int no REsp 1.401.555/MG, 4.ª Turma, Rel. Min. Raul Araújo, j. 03.10.2022, *DJe* 24.10.2022). Com o devido respeito, como se retira do presente capítulo, essa confusão não pode ser feita.

No Supremo Tribunal Federal, mormente em demandas relativas à responsabilidade civil do Estado, a polêmica permanece. Entre os julgados mais recentes, destaque-se o seguinte trecho que, apesar de mencionar a causalidade adequada, demonstra certa dúvida sobre o tema: "a comprovação da relação de causalidade – qualquer que seja a teoria que lhe dê suporte doutrinário (teoria da equivalência das condições, teoria da causalidade necessária ou teoria da causalidade adequada) – revela-se essencial ao reconhecimento do dever de indenizar, pois, sem tal demonstração, não há como imputar, ao causador do dano, a responsabilidade civil pelos prejuízos sofridos pelo ofendido. Doutrina. Precedentes. Não se revela processualmente lícito reexaminar matéria fático-probatória em sede de recurso extraordinário (*RTJ* 161/992 – *RTJ* 186/703 – Súmula 279/STF), prevalecendo, nesse domínio, o caráter soberano do pronunciamento jurisdicional dos Tribunais ordinários sobre matéria de fato e de prova. Precedentes" (STF, ARE 1.023.831/RR, Rel. Min. Dias Toffoli, j. 10.02.2017, *DJe* 17.02.2017). Pontue-se que o trecho destacado se repete em muitas outras decisões da Corte Máxima.

De toda sorte, sem mostrar a mesma hesitação no próprio STF e com igual relatoria: "extrai-se que a responsabilidade é objetiva e se baseia na teoria do risco administrativo, que se satisfaz com a relação de causalidade entre a ação e o dano. Isto é, para sua configuração faz-se necessária a presença dos seguintes pressupostos: conduta omissiva ou comissiva, dano e nexo causal. A conduta omissiva ou comissiva na violação do direito por parte do agente, nessa qualidade ou a pretexto de exercê-la. O nexo de causalidade é a relação entre a conduta e o resultado danoso. Entre o dano suportado pela vítima e a autuação ou omissão do agente deve existir liame que defina a conduta como a causa geradora eficiente do prejuízo direto e imediato, tanto que o Código Civil, no artigo 403, adotou a teoria da causalidade adequada ou *last clear chance*" (STF, ARE 787.473/RJ, Rel. Min. Dias Toffoli, j. 20.05.2014, *DJe* 28.05.2014).

Por outra via, mencionando a teoria do dano direto e imediato no Código Civil de 1916: "em nosso sistema jurídico, como resulta do disposto no artigo 1.060 do Código Civil, a teoria adotada quanto ao nexo de causalidade e a teoria do dano direto e imediato, também denominada teoria da interrupção do nexo causal. Não obstante aquele dispositivo da codificação civil diga respeito a impropriamente denominada responsabilidade contratual, aplica-se a ele também a responsabilidade extracontratual" (STF, ARE 792.721/RS, 2.ª Turma, Rel. Min. Gilmar Mendes, j. 23.09.2014, data de publicação: 09.10.2014). Mais uma vez, igualmente em sede do Supremo Tribunal Federal, parece haver uma prevalência da teoria da teoria da causalidade adequada na pesquisa que realizei.

Em sede de Tribunais Estaduais, a polêmica também existe. Pela *teoria da causalidade adequada*, veja-se, do Tribunal paulista, somente para ilustrar as situações fáticas:

"Ação de reparação de dano. Alegação de ocorrência de nexo causal, ante a enfermidade adquirida e o acidente sofrido. Inadmissibilidade. Mérito. Perícia médica que concluiu que o autor/apelante apresenta osteoartrose e profusão discal lombo-sacra, não se verificando nexo causal entre a sequela e o acidente sofrido e que as entidades mórbidas diagnosticadas geraram uma incapacidade parcial e permanente para o desempenho das funções, pelo que recomendou evitar atividades que exijam esforços físicos intensos ou moderados. Para que haja o pagamento de indenização por responsabilidade civil, deve restar provada a relação de causalidade adequada entre o fato e dano, ou seja, que aquele venha, por si mesmo e pelo curso normal das coisas, a causar este. Não configuração do nexo causal entre o acidente mencionado e a enfermidade. Recurso improvido" (TJSP, Apelação Cível 174.633-5/2, 9.ª Câmara de Direito Público, Campinas, Rel. Antonio Rulli, j. 11.05.2005, v.u.).

"Apelação. Indenização por dano moral e lucros cessantes. Acidente de trânsito. Responsabilidade civil subjetiva. Ausência de culpa do réu e culpa exclusiva da vítima. Teoria da causalidade adequada. Recurso não provido" (TJSP, Apelação 00945499220128260224, 26.ª Câmara de Direito Privado, Rel. Alfredo Attié, j. 23.03.2017, data de publicação 24.03.2017).

Por outra via, citando o *dano direto e imediato*, a título de exemplo da Corte bandeirante, a evidenciar a grande divergência:

"Danos materiais. Furto de veículo. Alegação de que não foi possível recuperar o bem em razão da alegada ausência de pagamento pela ré de valores referentes à manutenção do aparelho rastreador. Ausência de demonstração de desconto do valor dos custos do rastreamento. Inexistência, ademais, de nexo causal. Causa que não foi idônea para produzir o dano. Adoção pelo Código Civil de 2002 da teoria do dano direto e imediato Sentença mantida" (TJSP, Apelação 00490352420098260224, 1.ª Câmara de Direito Privado, Rel. Des. Luiz Antonio de Godoy, j. 12.03.2013, data de publicação 13.03.2013).

A controvérsia existe em praticamente todos os Tribunais Estaduais, bem como nas Cortes Regionais Federais e do Trabalho. Transcrever mais ementas seria aqui exagerado, pois as que foram demonstradas já evidenciam a relutância dos julgadores, justificadas pelas dificuldades existentes, derivadas de uma grande abstração da matéria. De toda sorte, apesar desse panorama de dúvidas, na pesquisa que realizei, parece prevalecer, com larga margem de menções, a causalidade adequada, especialmente no âmbito da atual composição do Superior Tribunal de Justiça. Em conclusão, essa é a teoria que vem prevalecendo na interpretação prática que se tem dado ao sistema de responsabilidade civil brasileiro.

4. DA CONCAUSALIDADE NO DIREITO CIVIL

A concausalidade sempre foi tema estudado pelos civilistas ao longo das gerações de cientistas. Entre os *clássicos* doutrinadores brasileiros da codificação anterior, Pontes de Miranda já demonstrava sua preocupação com o tema das *concausas.* Vejamos as suas lições, com destaque, pelos interessantes exemplos que traz:

> "Um dos pontos mais dignos de atenção é o da pluralidade de causas, ou mesmo de causadores, coligados ou separados, com a contemporaneidade ou a sucessão. Se A pôs o fósforo aceso no quintal do vizinho e B, ao descobrir o começo do incêndio, lançou latas de querosene, para que os danos crescessem, ou mesmo, com medo do incêndio, correu e deixou que as latas caíssem, há duas ilicitudes danosas, sem que se possa falar de corresponsáveis. Se A e B cogitaram dos dois atos e os praticaram, os danos resultaram das concausas e há a pluralidade com a solidariedade, porque o ato ilícito absoluto foi uno e a multiplicidade foi subjetiva. Não importa quem atirou o fósforo ou quem jogou as latas. O lesado pode exigir a indenização a qualquer dos responsáveis, pois que são solidários, no todo, ou em parte. A prestação total por um libera a todos. A regra jurídica sôbre solidariedade apanha qualquer responsabilidade pelos danos (*e. g.*, por culpa ou pelo risco), bem como a responsabilidade do autor imediato e do que exerce vigilância, a responsabilidade do possuidor próprio mediato, a do possuidor impróprio mediato e a do possuidor imediato. Se há dados precisos sôbre a discriminação dos danos e das suas causas, subjetivamente determinadas, cada pessoa só é responsável pelo dano que causou, ou pelo qual é, por lei, responsável. Se há pluralidade de responsáveis, porém com diferenças quantitativas quanto ao que deviam e alguém pagou ou alguns pagaram, quem pagou ou os que pagaram mais do que deviam, têm pretensão a que sejam reembolsados".[75]

Por igual, entre os autores *clássicos*, Caio Mário da Silva Pereira assinalava o problema da *causalidade múltipla,* decorrente das condutas de vários envolvidos com o dano, o que gera perplexidades na análise do nexo de causalidade.[76] Por *causalidade múltipla* entende-se a soma de fatores diversos para o evento danoso, podendo esses ser naturais ou humanos. Por óbvio, o problema não atinge somente o nosso sistema, mas também outros, em particular diante do aumento de complexidade das relações jurídicas. Pode-se dizer que a pós-modernidade ou a contemporaneidade acentuou o problema das *concausas,* uma vez que os relacionamentos humanos, privados ou não, passaram a envolver maior número de pessoas, de forma cadenciada e até articulada.[77]

A problemática não passou despercebida por Karl Larenz, diante da previsão constante do § 830 do BGB, que trata dos coautores e partícipes, prevendo que, se vários tiverem causado o dano mediante um ato ilícito realizado conjuntamente, cada um deles será responsável pelo dano. Ainda nos termos da norma tedesca, deve-se julgar da mesma forma se não for possível determinar qual de todos os partícipes causou o prejuízo (item 1). Em reforço, os indutores e cúmplices se equiparam aos coautores (item 2). Assim, da obra de Enneccerus, Kipp e Wolff pode ser retirada construção metodológica relativa a três situações

---

[75] PONTES DE MIRANDA, Francisco Cavalcanti. *Tratado de direito privado*, 3. ed., t. LIII, cit., p. 211-212.
[76] PEREIRA, Caio Mário da Silva. *Responsabilidade civil*, 5. ed., cit., p. 78.
[77] LORENZETTI, Ricardo Luis. *Teoria da decisão judicial*. Fundamentos de direito, cit., p. 67.

diretamente ligadas ao § 830 do BGB e à pluralidade de obrigados a indenizar: *a)* danos causados conjuntamente; *b)* danos causados de forma independente por várias pessoas; e *c)* danos causados por uma participação em uma conduta perigosa.[78]

Segundo Larenz, essa atuação conjunta de uma ação pressupõe uma cooperação consciente e querida de várias pessoas para a obtenção do resultado, que cada uma quer como se fosse o seu próprio ato (coautoria), gerando o dever de indenizar de acordo com a colaboração para o evento danoso.[79] A conclusão, por igual, é retirada do § 254 do BGB, o qual regula o concurso de culpas, estipulando que, se na produção do dano há concorrência de culpa do prejudicado, tanto o dever de ressarcimento como a sua extensão dependem das circunstâncias, em especial na medida em que o dano tiver sido causado preponderantemente por uma parte ou por outra (item 1). A mesma conclusão vale se o prejudicado deixar de chamar a atenção da outra parte com relação a um grande dano não usual, que ela não conhecia nem devia conhecer, ou caso se omita a evitar o dano ou a mitigá-lo (item 2).

Conforme as palavras de J. W. Hedemann, antigo professor da Universidade de Berlim, interpretada a norma, a missão do juiz para a aplicação das regras consiste em decidir a verdade de acordo com a produção das provas e a apreciação dos fatos concorrentes. Se das provas conclui-se que toda a culpa recai de forma isolada sobre o demandado, somente ele será condenado a indenizar. Por outra via, se o total culpado só foi o demandante, não há que falar em reparação civil por parte do demandado. Por fim, se ambos forem os culpados do dano, a indenização deve ser fixada de acordo com essa coparticipação na causação do dano, compensando-se as culpas.[80] A construção jurídica, como se nota, é muito simples, razoável, equânime e proporcional.

Entre os italianos, na vigência da codificação anterior, Giorgio Giorgi discorria sobre a possibilidade de concursos de culpas, especificamente do próprio credor, a gerar uma compensação e a redução da indenização.[81] O Direito Civil italiano há tempos trabalha com a concausalidade, particularmente com o concurso do próprio credor para o prejuízo, retirado do atual art. 1.227 do *Codice*. Nos termos desse dispositivo, em tradução livre e em sua primeira parte, se o fato culposo do próprio credor tiver concorrido para causar o dano, o ressarcimento é diminuído segundo a gravidade da culpa e a relação das consequências que lhe são derivadas. Como se nota, essa primeira parte do comando serviu de inspiração clara para os arts. 944 e 945 do Código Civil brasileiro. O dispositivo italiano ainda estabelece que o ressarcimento não é devido para o caso de danos que o credor poderia ter evitado, usando de sua ordinária diligência.

---

[78] ENNECCERUS, Ludwig; KIPP, Theodor; WOLFF, Martín. *Derecho de obligaciones*. Undécima revisión por Heinrich Lehmann. Traducción de la 35.ª edición alemana con estudios de comparación y adaptación a la legislación y jurisprudencia española por Blas Pérez Gonzáles y José Alguer. 2. ed. Barcelona: Bosch, 1950. v. 2, p. 690-694.

[79] LARENZ, Karl. *Derecho de obligaciones*, t. II, cit., p. 623-624.

[80] HEDEMANN, J. W. *Derecho de obligaciones*, cit., p. 126-128.

[81] GIORGI, Giorgio. *Teoria delle obbligazione nel diritto moderno italiano*, cit., p. 258-262.

Em França, René Savatier investigou a *causalidade complexa*, decorrente das falhas de vários agentes ao mesmo tempo, o que pode ocorrer das mais diversas formas, levando-se em conta a anterioridade e a contemporaneidade dos atos praticados pelos agentes, por terceiros ou até pela própria vítima do dano.[82] Louis Josserand escreveu sobre a *divisão obrigatória de responsabilidade* pela presença da concausalidade, havendo culpas variadas que concorrem para a produção do dano, o que atenua o nexo causal.[83]

Adentrando na contemporaneidade doutrinária, na Espanha, Luis Díez-Picazo e Luis Gullón expõem aspectos da concausalidade em seu notório *Manual de Direito Civil*. De acordo com os doutrinadores, em caso de pluralidade de atores do fato danoso, deve-se buscar o dever de reparar na proporção daquilo que cada um contribuiu para o evento danoso (*individualização do comportamento causador do dano*). Não sendo isso possível, valerá a solidariedade entre todos os autores e coautores.[84]

Em síntese, segundo os juristas e magistrados espanhóis, como regra, devem-se individualizar os comportamentos e separá-los, estando presente, nesses casos, uma hipótese de concorrência de imputações. Em suma, as responsabilidades devem ser distribuídas entre cada uma das pessoas a quem sejam imputadas tais causas (*fragmentação da obrigação*).[85] As conclusões consideram o que consta dos arts. 1.137 e 1.138 do Código Civil espanhol, que tratam da responsabilidade contratual, mas que igualmente são aplicados na responsabilidade extracontratual.

Não é diferente a conclusão em Portugal, pela previsão do tão citado art. 497.º do Código Civil, que trata da solidariedade de todos os responsáveis pelos danos (item 1). A relevância das concausas fica evidenciada pelo item 2 do comando, visto que "o direito de regresso entre os responsáveis existe na medida das respectivas culpas e das consequências que delas advieram, presumindo-se iguais as culpas das pessoas responsáveis". Como se percebe, em regra e no regresso, deverá ser verificado o grau de culpa de cada um dos envolvidos com o dano. Não sendo isso possível, incide a antiga regra de divisão igualitária proporcional da prestação de cada um, retirada da máxima latina *concursu partes fiunt*. De acordo com as lições de Mário Júlio de Almeida Costa, "se apenas alguns dos solidariamente responsáveis forem culpados, só em relação a estes é admitido o direito de regresso. Portanto, os culpados não têm igual direito contra os não culpados. Entre os culpados, funciona o critério do grau de culpabilidade e dos resultados produzidos".[86]

Ainda no sistema português, a culpa do lesado é tida como atenuante da responsabilidade do ofensor, em outra situação típica de concausalidade. Essa regra de redução consta do art. 570.º, item 1, do Código lusitano, nor-

---

[82] SAVATIER, René. *Traité de la responsabilité civile en droit français*. Deuxième Édition. Paris: LGDJ, 1951. p. 28-53.
[83] JOSSERAND, Louis. *Teoría general de las obligaciones*. Revisado y completado por André Brun. Traducción de Santiago Cunchillos y Manterola. Buenos Aires: Bosch, 1950. p. 338-339.
[84] DÍEZ-PICAZO, Luis; GULLÓN, Antonio. *Sistema de derecho civil*, cit., p. 557-558.
[85] DÍEZ-PICAZO, Luis; GULLÓN, Antonio. *Sistema de derecho civil*, cit., p. 557.
[86] ALMEIDA COSTA, Mário Júlio de. *Direito das obrigações*. 4. ed. Coimbra: Coimbra Editora, 1984. p. 399.

ma que já foi aqui abordada. Como aponta José Carlos Brandão Proença, "perante duas condutas humanas voluntárias, duas responsabilidades, duas opções eticamente censuráveis, 'impõe-se' um tratamento jurídico paritário, sem privilégios – a não ser os que resultam da repartição do ónus da prova –, à margem de qualquer consideração de política legislativa, operando mediatamente a sanção ao lesado pela via da redução ou exclusão da indemnização. O dano é suportado pelo lesante e pelo lesado, em uma perfeita lógica comutativa e de acordo com o maior ou o menor peso da culpa".[87]

No Brasil, a concausalidade já estava presente na codificação civil de 1916. Como norma substancial para tal premissa, o art. 1.518, *caput*, em sua parte final, previa que, se tivesse mais de um autor a ofensa, todos responderiam solidariamente pela reparação. Portanto, seria perfeitamente plausível a possibilidade da presença de vários violadores dos direitos alheios.

Ademais, o parágrafo único do art. 1.518 do Código Civil anterior dispunha que seriam solidariamente responsáveis com os autores os cúmplices e as pessoas designadas no art. 1.521 do próprio Código. Assim, de outra forma, estava consagrada a responsabilidade solidária dos que contribuíssem para o prejuízo, bem como dos responsáveis com relação aos terceiros pelos quais se responderia, nos termos do antigo art. 1.521 do CC/1916.

Na doutrina anterior, Miguel Maria de Serpa Lopes destacava três tipos de efeitos substanciais da solidariedade na obrigação por ato ilícito.[88] De início, como *efeito em relação aos codevedores*, haveria um tratamento unitário da pluralidade, ou seja, qualquer um dos codevedores poderia ser demandado. Como *efeito da solidariedade em face do titular do crédito*, existia a opção de demanda, ou seja, qualquer um dos responsáveis poderia ser demandado. Por fim, o *efeito entre codevedores entre si* poderia ser retirado do direito de regresso de um em face do outro, com relação à sua quota correspondente, conforme constava do art. 913 do Código Civil de 1916, *in verbis*: "O devedor que satisfez a dívida por inteiro tem direito a exigir de cada um dos codevedores a sua quota, dividindo-se igualmente por todos a do insolvente, se o houver. Presumem-se iguais, no débito, as partes de todos os codevedores".

O Código Civil brasileiro de 2002 reproduziu na literalidade o *caput* do art. 1.518 no seu art. 942, *caput*, que assim enuncia, na íntegra: "os bens do responsável pela ofensa ou violação do direito de outrem ficam sujeitos à reparação do dano causado; e, se a ofensa tiver mais de um autor, todos responderão solidariamente pela reparação". Mais uma vez, portanto, reconhecem-se a concausalidade e a correspondente obrigação solidária de todos os envolvidos com o evento danoso.

Em complemento, o parágrafo único da norma em vigor substituiu o termo *cúmplice*, próprio do Direito Penal, por *coautores*, o que é melhor do ponto de vista técnico, diante da regra pela qual a responsabilidade civil independe da

---

[87] PROENÇA, José Carlos Brandão. *A conduta do lesado como pressuposto e critério de imputação do dano extracontratual*, cit., p. 119.
[88] SERPA LOPES, Miguel Maria de. *Curso de Direito Civil*, cit., p. 374.

criminal, retirada da primeira parte do art. 935 do próprio Código Privado. Além disso, há menção ao atual art. 932 do Código Civil, que trata da responsabilidade por ato de terceiro, abrangida pela solidariedade passiva legal.

A regra, portanto, continua sendo a solidariedade entre todos os envolvidos com o evento danoso em casos de concausalidade dos agentes (coparticipação para o prejuízo). Melhor explicando, a responsabilidade perante a vítima ou credor, na chamada relação externa, é solidária, podendo ele demandar um, alguns ou todos os deveres, como bem entender (art. 275 do Código Civil).

Sendo satisfeita patrimonialmente a vítima, os devedores, internamente e na via regressiva, podem demandar um ou outro de acordo com a sua contribuição causal para o evento danoso. Nesse sentido, reitere-se o teor do Enunciado n. 453 da *V Jornada de Direito Civil* (2011), segundo o qual, "na via regressiva, a indenização atribuída a cada agente será fixada proporcionalmente à sua contribuição para o evento danoso".

Anote-se que o projeto de Reforma do Código Civil pretende incluir no art. 942 do CC essas últimas conclusões, sobretudo o teor do destacado enunciado doutrinário. Assim, o seu *caput* passará a prever que "os bens do responsável pela ofensa ou violação do direito de outrem ficam sujeitos à reparação do dano causado; se a ofensa tiver mais de um autor, todos responderão solidariamente pela reparação". Em continuidade, o atual parágrafo único será transformado em um § 1.º, *in verbis*: "são solidariamente responsáveis com os autores os coautores e as pessoas designadas nos incisos V a VIII do art. 932". E, em arremate final, o seu § 2.º, tratando do assunto destacado, em boa hora: "havendo solidariedade, aquele que efetivar o pagamento ao prejudicado poderá exercer o direito de regresso contra os demais responsáveis, na proporção da sua participação para a causa do evento danoso".

Apesar de todas essas afirmações e da consolidação desse sistema, entretanto, como se verá de forma aprofundada quando do Capítulo 11, a recente *Reforma Trabalhista* (Lei n. 13.467/2017) introduziu uma exceção, qual seja a responsabilidade fracionada ou proporcional dos envolvidos, de acordo com aquilo que contribuiu para o evento danoso. Conforme o art. 223-E da CLT, tratando-se de danos extrapatrimoniais causados aos trabalhadores, são responsáveis "(...) todos os que tenham colaborado para a ofensa ao bem jurídico tutelado, na proporção da ação ou da omissão". Como ainda será desenvolvido, a norma é flagrantemente inconstitucional, trazendo grandes prejuízos para os trabalhadores, muitas vezes expostos a riscos e a danos em excesso.

Feita essa nota, partindo-se para aprofundamentos doutrinários aqui pertinentes, como reconhece Caitlin Sampaio Mulholland, a concausa constitui "uma condição que concorre para a produção do dano junto com a conduta inicialmente imputada, modificando o curso normal do processo causal iniciado".[89] A partir dos seus ensinamentos, pode-se concluir que, na concausalidade, há uma contribuição de condutas, em sentido coordenado ou não. A coordenação, por óbvio, pode ou não ser proposital. Em casos tais, pela ideia de distribuição dos

---

[89] MULHOLLAND, Caitlin Sampaio. *A responsabilidade civil por presunção de causalidade*, cit., p. 105.

ônus de acordo com as condutas, deve-se, em regra, verificar qual o peso de cada conduta para o prejuízo causado. Obviamente, como exaustivamente aqui desenvolvido, também a própria vítima pode ter um peso de contribuição.

A principal norma do Código Civil de 2002 a consagrar o amplo reconhecimento da concausalidade é o seu art. 945, aqui já analisado de forma profunda, que admite a culpa concorrente da vítima como atenuante do dever de indenizar, *in verbis*: "se a vítima tiver concorrido culposamente para o evento danoso, a sua indenização será fixada tendo-se em conta a gravidade de sua culpa em confronto com a do autor do dano". O que se observa, em uma primeira análise, é o fato de que se admite a coculpabilidade entre a vítima e o agente do dano. Há uma divisão do dever de reparar o dano de acordo com as condutas dos envolvidos.

A propósito, essa divisão do dever de indenizar é muito bem observada pelo magistrado James Eduardo de Oliveira, nos seguintes termos: "descortinada a concorrência de culpas, é de rigor a divisão do encargo indenizatório de acordo com a gravidade das condutas culposas. A disparidade entre tais condutas na eclosão do evento danoso impede a responsabilização uniforme dos envolvidos, impondo-se adequar o dever de reparação de acordo com o grau de censurabilidade de cada qual, ou seja, proporcionalmente".[90] Como exposto no capítulo anterior deste livro, essa culpa ou fato concorrente da vítima tem o condão de diminuir o grau de culpa do agente, vislumbrando-se simbolicamente a culpa deste como uma *mola*.

Na doutrina nacional, Claudio Luiz Bueno de Godoy comenta que a norma em análise consagra a equidade como critério da indenização, em complemento ao art. 944 do mesmo Código; como consequência, não necessariamente as culpas dos envolvidos devem ser fixadas em igual parâmetro.[91] Em suma, pode-se dizer que a razoabilidade serve como parâmetro, sem que inevitavelmente a divisão das culpas seja proporcional e idêntica. Ilustrando, se um pedestre concorre para o evento danoso em caso de um atropelamento, a divisão dos percentuais da culpa pode ser pela metade (50% de culpa do agente e 50% de culpa da própria vítima). Todavia, parâmetro diferenciado pode ser utilizado a critério do julgador, como um percentual de 60% de culpa para o atropelador e 40% de culpa ao atropelado, e assim sucessivamente, de acordo com a variação das causas.

Destaque-se que o art. 945 do Código Civil incide tanto na responsabilidade extracontratual quanto na contratual, sem distinção, por ser comando próprio da indenização, que vale para as duas modalidades. Como é óbvio, e isso é bem comum, a culpa concorrente da vítima – no caso, de um dos contratantes – pode estar presente nas hipóteses de inadimplemento obrigacional ou contratual, ou mesmo em casos de danos ao contratante sem que haja propriamente um descumprimento. O Supremo Tribunal Federal, desde o ano de 1963, reconhece que o estabelecimento bancário é responsável pelo pagamento de cheque falso,

---

[90] OLIVEIRA, James Eduardo de. *Código Civil anotado e comentado*. Rio de Janeiro: GEN/Método, 2009. p. 665.
[91] GODOY, Claudio Luiz Bueno de. *Código Civil comentado*, cit., p. 791.

ressalvadas as hipóteses de culpa exclusiva ou concorrente do correntista (Súmula n. 28 do STF). Como é claro, a súmula aplica-se aos contratos bancários.

No Superior Tribunal de Justiça, não tem sido outra a conclusão a respeito do debate acerca da culpa concorrente de partes distintas na responsabilidade civil contratual, conforme se pode depreender de julgados importantes. Como um deles, colaciona-se:

> "Quem contrata um engenheiro para levantar uma parede, ao invés de contratar um operário para empilhar tijolos, espera que esse profissional use conhecimentos técnicos e experiências para cumprir a empreitada. A lei exige que uma obra tenha responsável técnico, arquiteto ou engenheiro, na suposição de que será edificada segundo regras técnicas que garantam a segurança de pessoas e a conservação de bens. O trabalho humano tem sempre uma finalidade, que é projetada antes de ser alcançada, ou nas magníficas palavras de Marx: 'Uma aranha executa operações semelhantes às do tecelão, e a abelha envergonha mais de um arquiteto humano com a construção dos favos de suas colmeias. Mas o que distingue, de antemão, o pior arquiteto da melhor abelha é que ele construiu o favo em sua cabeça, antes de construí-lo em cera. No fim do processo de trabalho, obtém-se um resultado que já no início deste existiu na imaginação do trabalhador, e, portanto, idealmente. Ele não apenas efetua uma transformação da forma da matéria natural; realiza, ao mesmo tempo, na matéria natural seu objetivo, que ele sabe que determina, como lei, a espécie e o modo de sua atividade e ao qual tem de subordinar sua vontade' (Karl Marx, *O capital*, Nova Cultural, São Paulo, 1985, Volume I, p. 149/150). Consequentemente, quem quer que seja, e especialmente um engenheiro, só pode levantar uma parede se estiver convencido de que ela suportará as intempéries normais; construindo por instinto, sem estudo prévio da respectiva resistência, incorre em culpa, com a consequente responsabilidade pelo evento danoso – outro tanto ocorrendo com quem firmou perante a Municipalidade o compromisso resultante do Alvará de Construção da obra inteira. Recurso especial conhecido e provido em parte" (STJ, REsp 650.603/MG, 3.ª Turma, Rel. Min. Nancy Andrighi, Rel. para acórdão Min. Ari Pargendler, j. 03.04.2007, *DJ* 18.06.2007, p. 255).

Sobre essa temática, é imperioso destacar o importante papel do magistrado, aplicador do Direito, para tal juízo de razoabilidade. Conforme assinala o saudoso Renan Lotufo a respeito do emprego da equidade como critério para a fixação da indenização, "tal emprego é raro no sistema brasileiro e revela que o papel do juiz tem expressão muito grande. Ele há que ser alguém do seu tempo e do seu meio, para que possa aferir não só critérios de igualdade, como de Justiça, quando, então, estará sendo equitativo. Agravam-se os problemas para o intérprete, mas ao mesmo tempo faz-se dele um partícipe na construção da boa lei, da lei que concretize os valores constitucionais, enfim, que preserve a dignidade humana e a solidariedade. O Código Civil de 2002 confia nos juízes como integradores das leis, não como meros locutores do texto escrito. É um desafio, mas é, também, um voto de confiança. Como integrantes do povo, os juízes devem contribuir para que o anseio de Justiça seja cada vez mais concretizado. Assim seja".[92] O voto de confiança, de igual modo, é do autor deste estudo.

Na jurisprudência, podem ser encontradas decisões que aplicam a concausalidade de acordo com percentuais ou frações de culpas. Assim, por exemplo, tratando de acidente de trânsito: "os elementos probatórios confirmam a afirmativa fática reconhecida na sentença de que o demandado transitava em velocidade excessiva, ou seja, não observando regra de conduta referente à direção defensiva, o que caracteriza a imprudência, do mesmo modo que existe, em maior proporção, culpa da vítima, que tentou realizar a travessia da via em local e momento inadequados. Mantido o percentual de culpa de em 30% para o demandado e em 70% para o *de cujus*" (TJRS, Acórdão 70029790102, 12.ª Câmara Cível, Canoas, Rel. Des. Judith dos Santos Mottecy, j. 02.07.2009, *DOERS* 14.08.2009, p. 35). Ou, ainda: "comprovada a conduta culposa dos requeridos, bem como a culpa concorrente da vítima, o dano e o nexo causal, autorizados restam os pleitos indenizatórios moral e material, que deverão ser suportados em partes iguais pelos litigantes. (...). Ante a culpa concorrente da vítima, deve o pleito indenizatório ser suportado ao percentual de 1/3 (um terço), para cada uma das partes" (TJMG, Apelação Cível 1.0480.04.058902-4/0011, 12.ª Câmara Cível, Patos de Minas, Rel. Des. Nilo Nivio Lacerda, j. 16.04.2008, *DJEMG* 1.º.05.2008).

Neste momento, cabe deixar claro que a concausalidade tem a devida aplicação prática pela realidade consagrada na atual codificação privada brasileira. Ilustrando, em outras hipóteses de acidentes de trânsito, os Tribunais Estaduais têm feito a razoável divisão, em sentido muito próximo à última exemplificação referente ao atropelamento. Igualmente a exemplificar, sobre caso de acidente de trânsito, do Tribunal de Justiça do Rio Grande do Sul:

> "1) Entendo que no caso está caracterizada a concorrência de culpas, em igual percentual, de um lado pelo agir culposo da vítima fatal porque, após ter atropelado um cavalo, permaneceu sobre a pista de rolamento; de outro, do réu, por estar trafegando com o seu veículo, Fiat Tempra, em alta velocidade. 2) Danos morais fixados em valor razoável e adequado à espécie, considerando os parâmetros adotados por esta Câmara para casos semelhantes ao *sub judice*. Apelação improvida" (TJRS, Acórdão 70029042454, 11.ª Câmara Cível, Uruguaiana, Rel. Des. Voltaire de Lima Moraes, j. 15.07.2009, *DOERS* 20.08.2009, p. 102).

A propósito, precedente nacional importante a respeito do tema da concausalidade foi proferido pela Terceira Turma do Superior Tribunal de Justiça, em 13.06.2006. A ementa do acórdão merece destaque para os devidos aprofundamentos, novamente envolvendo acidente de trânsito:

> "Acidente de trânsito. Transporte benévolo. Veículo conduzido por um dos companheiros de viagem da vítima, devidamente habilitado. Responsabilidade

---

[92] LOTUFO, Renan. A responsabilidade civil e o papel do juiz no Código Civil de 2002. In: NERY, Rosa Maria de Andrade; DONNINI, Rogério (Coord.). *Responsabilidade civil*. Estudos em homenagem ao professor Rui Geraldo Camargo Viana. São Paulo: RT, 2009. p. 462.

solidária do proprietário do automóvel. Responsabilidade pelo fato da coisa. Em matéria de acidente automobilístico, o proprietário do veículo responde objetiva e solidariamente pelos atos culposos de terceiro que o conduz e que provoca o acidente, pouco importando que o motorista não seja seu empregado ou preposto, ou que o transporte seja gratuito ou oneroso, uma vez que, sendo o automóvel um veículo perigoso, o seu mau uso cria a responsabilidade pelos danos causados a terceiros. Provada a responsabilidade do condutor, o proprietário do veículo fica solidariamente responsável pela reparação do dano, como criador do risco para os seus semelhantes. Recurso especial provido" (STJ, REsp 577.902/DF, 3.ª Turma, Rel. Min. Antônio de Pádua Ribeiro, Rel. para acórdão Min. Nancy Andrighi, j. 13.06.2006, *DJ* 28.08.2006, p. 279).

A questão envolvia três amigos que viajavam de carro de Brasília para Cabo Frio, Rio de Janeiro, onde pretendiam passar o carnaval do ano de 1985. Como se nota, o julgado refere-se a fatos ocorridos na vigência e sob a aplicação do Código Civil de 1916. No meio do caminho, os amigos pararam na cidade mineira de Barbacena, Minas Gerais, na qual foram a um baile, também carnavalesco. Na ocasião, consumiram bebidas alcoólicas e substâncias entorpecentes. Ao amanhecer, os três resolveram seguir caminho.

Em meio à viagem, o proprietário do veículo – de nome Alessandro – percebeu que não tinha condições de dirigir e entregou a direção a um de seus amigos – chamado Luciano –, que, segundo os autos, sabia estar alcoolizado. O pior ocorreu, eis que o condutor do veículo tentou fazer uma ultrapassagem arriscada de um caminhão e capotou o veículo. O terceiro passageiro – de nome Sérgio – sofreu graves danos físicos, ficando paraplégico, e, por isso, ingressou com demanda indenizatória em face do proprietário do veículo, seu próprio amigo. O julgado do Superior Tribunal de Justiça analisa a questão da culpa concorrente de forma profunda e interessante, com algumas divergências entre os ministros, tendo o acórdão, na íntegra, sessenta e seis páginas.

O relator, Ministro Antônio de Pádua Ribeiro, concluiu pela culpa gravíssima do proprietário do veículo ao entregá-lo a seu amigo bêbado, utilizando como parâmetro para sua decisão o art. 166 do Código de Trânsito Brasileiro, segundo o qual constitui infração gravíssima confiar ou entregar a direção de veículo a pessoa que, mesmo habilitada, por seu estado físico ou psíquico, não estiver em condições de dirigi-lo com segurança.

Reproduzindo voto vencido na apelação, o julgador também atribuiu culpa concorrente e grave ao motorista, por dirigir embriagado e por fazer a arriscada ultrapassagem que causou o acidente. Concluiu ainda pela culpa concorrente e grave da própria vítima, por não ter atuado contra o evento, permitindo que o incidente tivesse ocorrido contra si mesma. Nessa linha, entendeu o relator pela divisão em três partes dos prejuízos causados ao autor da demanda. O proprietário do veículo – de nome Alessandro – foi condenado a indenizar o autor da ação na proporção de 60% dos prejuízos, ou seja, em percentual daquilo que teria contribuído para o evento, por ter entregue o seu carro a uma pessoa bêbada.

O que se nota é o fato de que o relator atribuiu os outros 40% de culpa para a própria vítima – Sérgio – e para o condutor – Luciano.

O Ministro Humberto Gomes de Barros proferiu voto após vista dos autos. De início, após examinar as decisões da segunda instância, declara sua intenção de verificar "o alcance jurídico-social de um pacto frequentíssimo entre jovens, em nossa sociedade regida pelo automóvel". Segundo o julgador, em análise um tanto quanto curiosa, "tal pacto resulta da reunião de vários jovens, com o objetivo de tornarem menos dispendiosas as viagens de lazer e férias. Da reunião resulta consenso em que, escolhido o automóvel de um dos participantes, os demais obrigam-se a fornecer o combustível a ser consumido na viagem. É comum, na execução do acerto, o revezamento dos viajantes na direção do veículo. Forma-se, então, o que se poderia denominar uma sociedade lúdica, em que várias pessoas se comprometem a contribuir da forma acertada para que a viagem seja prazerosa. Em tais associações transitórias, não há gerentes, patrões ou donos: o automóvel é posto a serviço comum e as decisões são adotadas mediante consenso. Não se pode, tampouco, falar em carona. Os integrantes de tal sociedade de fato correm, dividindo entre si, os riscos de eventuais infortúnios. Integrante da sociedade lúdica, o ora recorrido, na oportunidade em que aconteceu o acidente, não era transportador, patrão nem comitente. Era, simplesmente, um jovem, em busca de divertimento, ao lado de seus companheiros, sobre os quais não tinha qualquer ascendência. Não vejo como declará-lo responsável pelo ato culposo do companheiro que dirigia seu automóvel".

Nesse contexto, concluiu que todos os três amigos assumiram o risco com relação ao evento que causou o resultado, por seguirem viagem pelas estradas do Brasil ainda alcoolizados, devendo responder na proporção de um terço cada um. Nesse ponto, divergiu do relator, que havia atribuído a proporção de culpa do réu, proprietário do veículo, em 60%. Em suma, em sua opinião, a responsabilidade de cada um dos três seria de 33,33333%.

O terceiro voto foi prolatado pelo então Ministro Carlos Alberto Menezes Direito, que analisou a questão sob a ótica do transporte gratuito, a popular carona – como já havia sido feito nas instâncias inferiores –, e com base no teor da Súmula n. 145 do próprio STJ, segundo a qual, "no transporte desinteressado, de simples cortesia, o transportador só será civilmente responsável por danos causados ao transportado quando incorrer em dolo ou culpa grave". Nesse contexto, o julgador não conheceu do recurso especial, por entender que a questão envolveria matéria de fato e que não poderia ser apreciada pela superior instância, por ter sido discutida anteriormente.

Desse modo, houve um quarto voto, do Ministro Castro Filho. Após relatórios dos fatos e das decisões anteriores, o julgador manifesta sua opinião no sentido de não haver ilícito na conduta do réu – proprietário do veículo – ao entregar o seu carro ao terceiro condutor. Foram suas palavras: "é que o elemento primário de todo ilícito é uma conduta humana e voluntária no mundo exterior, violadora de um dever jurídico, não se podendo presumir culpa quando a conduta do agente se desenvolve dentro da normalidade, e, na hipótese em tela, penso que não pode ser atribuída qualquer responsabilidade ao réu pelo fatídico acidente, pelo só fato de, sentindo-se cansado, ter transferido a condução do veículo a um amigo que, como ele, havia ingerido bebida alcoólica e que, ao tentar efetuar manobra arriscada de ultrapassagem, terminou por acarretar o acidente". Por isso, concluiu que o evento se deu por fato estranho às partes, de uma infeliz fatalidade, na esteira de julgamento anterior, não sendo o caso de se falar em reparação de danos. Em síntese, não conheceu do recurso especial, na linha do entendimento do Ministro Menezes Direito.

O último voto proferido foi o da lavra da Ministra Fátima Nancy Andrighi, que inicia as suas razões apontando as altas estatísticas mundiais de acidentes de veículos com vítimas fatais. Defendendo uma maior rigidez no que toca à responsabilidade civil por acidente de veículos, a julgadora manifesta o seu entendimento no sentido de que o proprietário do veículo responde solidariamente pelos atos culposos de terceiro que o conduz. Depois de criticar o teor da Súmula n. 145 do STJ, concluiu pela solidariedade de condutor e proprietário do veículo pelos danos causados, conhecendo o recurso especial e dando-lhe provimento para os fins de a ação indenizatória ser reputada procedente. Pela conjugação com os votos anteriores, essa foi a decisão que prevaleceu.

Mais do que a questão de mérito, o julgado demonstra quão difícil é a investigação da coautoria dos fatos, bem como quais os limites para a conclusão pela solidariedade ou não. Prevaleceu o entendimento pela solidariedade, pois essa era a solução no sistema anterior em caso de condutas concorrentes. Todavia, ao trazer o caso para a atualidade da codificação em vigor, a solução seria diversa, de divisão de acordo com a contribuição das próprias vítimas para o evento, conforme as decisões dos Ministros Pádua Ribeiro e Gomes de Barros.

Superada a devida análise jurisprudencial prévia sobre o tema da concausalidade, diante da regra constante do art. 945 do Código Civil brasileiro e também pela experiência que se tem até o momento, é forçoso concluir que o sistema brasileiro se aproximou em parte da realidade europeia, ou seja, a regra é a solidariedade entre todos os coautores com o evento danoso, resolvendo-se internamente entre eles o fracionamento das responsabilidades, em eventual regresso.

Estudada a codificação civil, o Código Brasileiro de Defesa do Consumidor, por igual, seguiu a linha de prever a possibilidade de concausalidade. De início, a respeito da solidariedade, determina o parágrafo único do art. 7.º da Lei n. 8.078/1990 que, tendo mais de um autor a ofensa, todos responderão solidariamente pela reparação dos danos previstos nas normas de consumo.

Como ainda será aprofundado em capítulo próprio, parte considerável da doutrina nacional considera a norma geradora da solidariedade como regra na ótica consumerista, corrente à qual se adere. Isso atinge o vício do produto, o vício do serviço e o fato do serviço. Nas hipóteses de fato do produto, pelo que consta dos arts. 12 e 13 da Lei n. 8.078/1990, há uma responsabilidade principal do fabricante e uma responsabilidade subsidiária do comerciante. Ora, em todas essas situações, como há corresponsabilidade, deixa-se evidenciada a realidade concausal.

Mas não é só, uma vez que a concausalidade ainda pode ser retirada pelas menções que a norma consumerista faz a respeito das excludentes de responsabilidade, principalmente da culpa exclusiva da vítima ou de terceiro, seja no produto ou no serviço (arts. 12, § 3.º, e 14, § 3.º, da Lei n. 8.078/1990). Conforme se pretende defender, pela argumentação jurídica do mais para o menos ou do maior para o menor *(argumentatio a maiori ad minus* ou *argumentum a majore ad minus)*, deve-se entender que a culpa ou fato concorrente da vítima e de terceiro servem como atenuantes da responsabilidade civil na ótica consumerista. Para sintetizar, se a culpa exclusiva da vítima e de terceiro afasta a responsabilidade, a culpa concorrente de ambos a atenua. Reitere-se que tal questão será ainda aprofundada no Capítulo 8 desta obra.

A concausalidade vem recebendo da doutrina brasileira algumas tentativas de classificação, destacando-se a obra de Fernando Noronha, que trata da *autoria ou causalidade plural* presente nos casos de vários fatos geradores do dano que são atribuíveis a pessoas distintas, ou, ainda, quando houver concurso entre fato de uma pessoa e caso fortuito ou força maior *(concorrência efetiva de causas* ou *causalidade concorrente)*.[93]

Nesse contexto, como primeira hipótese, o jurista demonstra a *causalidade plural comum,* que se verifica quando "são duas ou mais as pessoas que participam do fato causador do dano", sendo imperioso saber qual a participação de cada um para a atribuição da correspondente responsabilidade, conforme já se defendeu.[94] Esta surge, muitas vezes, na *responsabilidade civil grupal ou dos grupos,* presente, por exemplo, nos casos de brigas entre gangues, "quebradeiras" generalizadas, rixas e conflitos entre grupos definidos. Citem-se, nesse contexto, as hipóteses de conflitos entre torcidas ou entre torcidas e policiais, comuns em todo o Brasil e analisadas pela jurisprudência nacional no que concerne à responsabilidade civil (veja-se: TJRS, Apelação Cível 0251942-92.2014.8.21.7000, 10.ª Câmara Cível, Porto Alegre, Rel. Des. Túlio de Oliveira Martins, j. 30.10.2014, *DJERS* 13.07.2015; TJSC, Apelação Cível 2012.063152-7, 2.ª Câmara de Direito Público, Criciúma, Rel. Des. Subst. Francisco José Rodrigues de Oliveira Filho, j. 19.02.2014, *DJSC* 28.02.2014, p. 481; TJRS, Acórdão 70018527150, 6.ª Câmara Cível – Regime de Exceção, Porto Alegre, Rel. Des. Odone Sanguiné, j. 13.11.2007, *DOERS* 10.01.2008, p. 22; TJSC, Acórdão 2007.064749-0, 3.ª Câmara de Direito Civil, Capital, Rel. Des. Henry Petry Junior, *DJSC* 14.07.2008, p. 121; TJRJ, Acórdão 15034/1998, 6.ª Câmara Cível, Rio de Janeiro, Rel. Des. Ronald Valladares, j. 21.10.2003; TJSP, Acórdão 82.376-4, 8.ª Câmara de Direito Privado, Campinas, Rel. Des. César Lacerda, j. 08.09.1999).

A seguir, há a *causalidade plural concorrente,* que resulta da conjugação de duas variáveis, que podem ser: *a)* concurso entre fato do responsável e caso fortuito ou de força maior; *b)* concorrência entre fatos do responsável e do lesado; *c)* concurso de fatos de várias vítimas *(causalidades complexas)*.[95]

---
[93] NORONHA, Fernando. *Direito das obrigações,* cit., p. 640.
[94] NORONHA, Fernando. *Direito das obrigações,* cit., p. 640.
[95] NORONHA, Fernando. *Direito das obrigações,* cit., p. 643-652.

Como situação de *concurso entre o fato do responsável e o caso fortuito ou força maior*, Noronha cita a inundação causada pela omissão do Estado, que não conserva as vias, deixando entupidos os bueiros das ruas.[96] Como contribuição, ilustramos com o dano ambiental provocado pela inundação de um lago, por chuvas torrenciais, em que há uma atividade extrativista com uso de mercúrio. Logicamente, o dano foi acrescido quanto ao potencial pela atividade poluidora desenvolvida pelo proprietário do terreno.

Ato contínuo de estudo, como *concurso entre fatos do responsável e do lesado*, valem as exemplificações do art. 945 do Código Civil neste estudo desenvolvidas, mormente para os acidentes de trânsito.

Por fim, o *concurso de fatos de várias pessoas*, gerador de *causalidades complexas*, merece maior depuração analítica. Fernando Noronha assevera que "estas são as situações mais complexas de causalidade concorrente [...] são casos em que temos fatos diversos, atribuíveis a pessoas diferentes, agindo em separado, mas que acabam contribuindo para o dano que se verificou".[97] Nesse sentido, o jurista diferencia três hipóteses. Na primeira delas, há a prática, por cada uma das partes envolvidas, de fato que por si só seria suficiente para causar todo o dano verificado (*causalidade colateral*). Na segunda, denominada *causalidade concorrente propriamente dita ou concausalidade*, as práticas sozinhas não seriam suficientes para causar o dano, mas, somadas, acabam por gerar a causa necessária para tanto. Como terceira, destaca a *causalidade cumulativa ou acumulativa*, aquela "de independente causação por cada pessoa, cada uma praticando um fato diferente, de uma parte delimitada do dano".[98]

Na prática, o exemplo clássico de *causalidade colateral* envolve o cozinheiro e o empregado da casa que, agindo de forma separada e sem saber da intenção do outro, dão veneno para o patrão, com o objetivo de causar a sua morte.[99] Como ilustração particular, cite-se o caso em que dois franco-atiradores acertam uma mesma pessoa como alvo, causando a sua morte, em hipótese em que um dos tiros já seria motivo para tanto. A solução apresentada pelo autor estudado é a de que todos devem responder solidariamente, pois são considerados coautores do evento.[100]

Noronha ilustra a *causalidade concorrente* com a fatídica situação em que dois motoristas contribuem para um atropelamento: o primeiro, por dirigir em alta velocidade, e o outro, por estar com a luz alta, causando a dificuldade de visualização do primeiro.[101] Da jurisprudência do Estado de Rio de Janeiro pode ser citado o caso de um acidente que aconteceu em uma plataforma de petróleo e que vitimou um empregado, evento ocorrido em decorrência de condutas que, somadas, geraram a situação danosa (TJRJ, Acórdão 6114/1993, 3.ª Câmara Cível,

---

[96] NORONHA, Fernando. *Direito das obrigações*, cit., p. 644.
[97] NORONHA, Fernando. *Direito das obrigações*, cit., p. 647.
[98] NORONHA, Fernando. *Direito das obrigações*, cit., p. 647.
[99] NORONHA, Fernando. *Direito das obrigações*, cit., p. 648.
[100] NORONHA, Fernando. *Direito das obrigações*, cit., p. 648.
[101] NORONHA, Fernando. *Direito das obrigações*, cit., p. 649.

Rel. Des. Elmo Arueira, j. 21.03.1995). Em suma, o que se nota é o fato de que as culpas ou condutas em interação geram um infeliz resultado, devendo todas elas responder solidariamente pela totalidade da obrigação, como coautoras, segundo a *opinium* de Fernando Noronha, seguida por mim.[102]

A situação típica de *causalidade cumulativa* (*ou acumulativa*) é o acidente de trânsito que decorre de várias atuações independentes, como nos abalroamentos sucessivos, em que há culpas de todos. Contribuindo para a ilustração, a jurisprudência federal brasileira atribuiu culpa a uma fábrica clandestina de fogos de artifício, em concorrência com a conduta de órgãos públicos, pela falta da devida fiscalização, fatos estes que vieram a causar o prejuízo. Vejamos tal ementa, com especial destaque:

"Responsabilidade civil. Explosão. Fogos de artifícios. Morte. Indenização por danos materiais e morais. 1. Improsperáveis os recursos dos réus. Responsabilidade dos litisconsortes passivos. Pelo laudo pericial de fls. 24/93 ficou constatado que a Ré J. P. da Cruz Bazar Ltda. mantinha uma fábrica clandestina de fogos de artifício. Outrossim, a atividade comercial do J. P. da Cruz Bazar Ltda., embora do conhecimento da Autoridade Federal (fls. 187); Estadual (fls. 236/237); e Municipal (fls. 156), não atendia às normas legais vigentes à época. Com efeito, compete à União Federal e aos Estados fiscalizar e autorizar o comércio de artigos pirotécnicos, pólvoras, explosivos, armas e munições. 2. O termo de vistoria constante às fls. 187, de autoria do Tenente-Coronel Wigder C. do Rego Monteiro Filho, é prova bastante da culpa da União Federal no evento. A referida vistoria, realizada poucos dias antes do 'acidente', foi procedida com negligência e imperícia. Outrossim, a alegação da União Federal de que a produção era clandestina não afasta sua responsabilidade, isto porque o comércio e o depósito irregular daqueles produtos, fatos de seu conhecimento, por si só foram causa do dano à Autora. 3. De mesma sorte, o Estado do Rio de Janeiro é responsável pelos prejuízos. A brilhante tese apresentada por seu procurador, da qual aliás sou adepto, de que a omissão administrativa só se sujeita à responsabilidade civil subjetiva, com a devida vênia, é inaplicável ao caso concreto. Os documentos de fls. 236 237 comprovam que o Estado do Rio de Janeiro detinha pleno conhecimento de que o Bazar Santa Bárbara vendia fogos de artifício. Sendo, portanto, do seu conhecimento, deveria ter procedido a constante e rígida fiscalização no local. Se não fosse do conhecimento do Estado do Rio de Janeiro a existência do Bazar, bem como sua atividade, aí sim seria o Estado irresponsável pelos danos. 4. O Município de Niterói, ao conceder a licença de localização ao J. P. da Cruz Bazar Ltda., não atentou para o disposto no art. 5.º do Decreto Estadual 718/76. Sendo certo que um ato regulamentar estadual não pode vincular uma autoridade municipal, aquele ato normativo é prova de que o Município de Niterói não tomou as mínimas providências para conceder a licença de localização de um estabelecimento comercial que exercia uma atividade de alta periculosidade. 5. Nesta toada, cada litisconsorte passivo contribuiu com sua conduta omissiva para a ocorrência dos danos reclamados, restando patenteado o respectivo nexo etiológico, conforme bem

---

[102] NORONHA, Fernando. *Direito das obrigações*, cit., p. 649.

delineado, incogitando-se de atribuir com exclusividade a um dos réus dada a causalidade cumulativa enfocada. 6. Descogitando-se, outrossim, diante deste quadro fático, de inocorrência de culpa dos litisconsortes passivos, o que, de qualquer maneira, imporia a respectiva responsabilidade na linha da teoria do risco administrativo (STF, *mutatis*, RE 109615, *DJU* 02/08/96). 7. Noutro feito, a questão de cumulação do dano moral com o material é matéria pacificada a teor do verbete n.º 37, da Súmula do STJ, sendo a irresignação, neste flanco, outrossim, improcedente. 8. Quanto à verba honorária, restou a mesma bem dosada, não se podendo falar como se acena, em causa simples. 9. No patamar das verbas indenizatórias, de caráter material, devem ser as mesmas mantidas, a uma, porque tendo sido a pensão fixada no valor médio, dos vencimentos líquidos do falecido nos 12 meses anteriores, alicerça-se o resultado preconizado pela jurisprudência pátria da redução de 1/3 para gastos próprios; e, a duas, porque não se impõe qualquer perícia judicial para se apurar, *in casu*, as despesas realizadas com o reparo do veículo, sendo suficiente a prova constante dos autos. 10. Remessa e recursos conhecidos, porém para lhes negar provimento" (TRF da 2.ª Região, Acórdão 94.02.11965-5, 6.ª Turma, Rel. Juiz Poul Erik Dyrlund, *DJU* 08.04.2004, p. 37).

Como se nota pelo aresto, a correta solução para a causalidade cumulativa seria a determinação da culpa de cada um, para que responda de acordo com a sua contribuição para o evento.[103] Todavia, tal forma de julgar fica em dúvida diante da previsão relativa à solidariedade dos autores e coautores do fato, conforme consta do art. 942, parágrafo único, do Código Civil.

A propósito dessa conclusão, encerrando a análise da referencial obra de Fernando Noronha, destaca o autor a *causalidade alternativa*, que também está ligada às concausas. Para o doutrinador estudado, há causalidade alternativa "quando existem dois ou mais fatos com potencialidade para causar um determinado dano, mas não se sabe qual deles foi o verdadeiro causador".[104] A solução pode ser de responsabilização de qualquer um dos envolvidos, conforme a última norma citada. O exemplo, como ainda será abordado, é o do fumante que consome cigarros de marcas diferentes e que vem a contrair câncer e outras doenças que lhe causam a morte. Como determinar qual o percentual ou fração de culpa de cada um? Pela ideia de causalidade alternativa, qualquer uma das empresas poderia responder.

O momento ainda não é de enfrentamento desta e de outras delicadas situações. O que cumpre destacar, encerrando a seção, é o fato de que a *concausalidade* – tida como o reconhecimento da possibilidade de que vários atos ou fatos contribuam para o evento danoso – é fenômeno atual da contemporaneidade, mantendo relação umbilical com o nexo de causalidade.

Como restou claro, a concausalidade ocorre na prática. Além disso, é amparada pela legislação, seja brasileira ou de outros países. No caso brasileiro, a concausalidade tem tratamento no Código Civil de 2002 e no Código de De-

---

[103] NORONHA, Fernando. *Direito das obrigações*, cit., p. 650.
[104] NORONHA, Fernando. *Direito das obrigações*, cit., p. 652.

fesa do Consumidor. Tentaremos aqui analisá-la de forma pontual, nos estudos específicos que seguirão neste trabalho.

5. DAS EXCLUDENTES DE NEXO DE CAUSALIDADE NA RESPONSABILIDADE CIVIL. VISÃO GERAL

Não se pode esquecer de estudo das excludentes totais do nexo de causalidade, que *obstam* a sua existência e que deverão ser analisadas pelo aplicador do direito, de acordo com o caso concreto. Essas excludentes mantêm relação com a *teoria do dano direto e imediato*, segundo a doutrina que utiliza essa corrente. De qualquer forma, reitere-se que tais excludentes não afastam a *teoria da causalidade adequada*, que me parece ter sido a adotada pelo Direito Privado brasileiro.

Também é importante reiterar que as excludentes de nexo de causalidade incidem tanto para a responsabilidade subjetiva como para a objetiva. São elas: *a)* a culpa *exclusiva* ou o fato *exclusivo* da vítima; *b)* a culpa *exclusiva* ou o fato *exclusivo* de terceiro; *c)* o caso fortuito e a força maior. Percebe-se que foram destacadas as expressões *exclusiva e exclusivo*, pois, havendo culpa ou fato concorrente, seja da vítima ou de terceiro, o dever de indenizar subsistirá. A culpa concorrente ou o fato concorrente da vítima, como exposto, apenas abranda a responsabilização, ou seja, *atenua o nexo de causalidade*. Vejamos o estudo de tais excludentes, de forma pontual.

5.1. Da culpa ou fato exclusivo da vítima

Apesar da falta de previsão expressa no Código Civil, a culpa ou fato exclusivo da vítima exclui o nexo de causalidade, pelo fato de que o evento danoso foi causado pura e simplesmente pelo próprio prejudicado. Em outras palavras, não há qualquer contribuição causal do suposto agente causador do dano.

Pode-se dizer, como querem Silvio Rodrigues e Sergio Cavalieri Filho, que o aparente causador do dano é mero instrumento do acidente.[105] Ou, ainda, como se extrai de acórdão superior, citando *clássico* estudioso do tema, "o fato exclusivo da vítima será relevante para fins de interrupção do nexo causal quando o comportamento dela representar o fato decisivo do evento, for a causa única do sinistro ou, nos dizeres de Aguiar Dias, quando 'sua intervenção no evento é tão decisiva que deixa sem relevância outros fatos culposos porventura intervenientes no acontecimento' (Da responsabilidade civil, vol. II, 10.ª edição. São Paulo: Forense, 1997, p. 946)" (STJ, REsp 1.268.743/RJ, 4.ª Turma, Rel. Min. Luis Felipe Salomão, j. 04.02.2014, *DJe* 07.04.2014).

Partindo-se para os exemplos concretos, em caso notório e sempre utilizado por mim em aulas sobre o assunto, o Tribunal de Justiça de São Paulo entendeu haver culpa exclusiva da vítima, menor que invadiu um clube clandestinamente

---

[105] Veja-se, com citação à obra do primeiro autor: CAVALIERI FILHO, Sergio. *Programa de responsabilidade civil*, 12. ed., cit., p. 95.

para nadar em piscina em construção fora do horário de funcionamento, não sendo sequer sócio. Entendeu ainda a Corte Estadual pela culpa concorrente dos pais, a afastar qualquer pretensão indenizatória em face do clube recreativo. Vejamos a sua sempre citada ementa:

> "Indenização. Ato ilícito. Pedido de indenização por danos morais. Afogamento de filho menor em piscina de clube. Saneador não impugnado pelos meios e prazos próprios. Preclusão. Ausência de culpa *in vigilando* do requerido. Menor que entrou clandestinamente nas dependências de clube, sem ser sócio, para nadar em piscina em construção, cercada por fios de arame farpado. Culpa exclusiva da vítima, extensiva como culpa *in vigilando* de seus pais, porque menor impúbere. Recurso não provido" (TJSP, Apelação Cível 107.798-4, 3.ª Câmara de Direito Privado, Franco da Rocha, Rel. Carlos Stroppa, j. 07.11.2000, v.u.).

Do mesmo Tribunal bandeirante, concluiu-se que há culpa exclusiva da vítima no caso de adolescente que vem a ter um comportamento agressivo na escola, o que acaba por lhe causar danos: "Dano moral. Agressão em estabelecimento de ensino. Culpa exclusiva da vítima. Comportamento agressivo do adolescente. Indenização indevida" (TJSP, Apelação Cível 159.546-4/1-00, 4.ª Câmara de Direito Privado, Campinas, Rel. Márcia Tessitore, j. 24.06.2005, v.u.).

A culpa exclusiva da vítima ainda foi reconhecida em um caso envolvendo um frequentador de parque público de Jundiaí que acabou falecendo ao exercitar-se nas suas dependências, de modo inadequado. No caso, tal frequentador tentou fazer exercícios de *barra* na trave do campo de futebol. Infelizmente, a trave não suportou o peso, caindo sobre sua cabeça, fazendo com que ele viesse a falecer. A ementa merece destaque:

> "Responsabilidade civil. Morte de frequentador de parque público, acidentado na prática de esporte. Culpa exclusiva da vítima que resolveu exercitar-se em equipamento de todo inadequado. Falta de comprovação de conduta irregular dos agentes da administração, não se verificando culpa *in omittendo* ou *in vigilando*. Improcedência decretada. Apelo improvido" (TJSP, Apelação Cível 086.318-5, 2.ª Câmara de Direito Público, Jundiaí, Rel. Corrêa Vianna, j. 10.10.2000, v.u.).

Sem prejuízo do caso já mencionado relativo ao surfista de trem (por todos: REsp 160.051/RJ), do Superior Tribunal de Justiça podem ser extraídas outras ilustrações contemporâneas interessantes, a demonstrar a culpa ou fato exclusivo da vítima, aplicável tanto à responsabilidade subjetiva quanto à objetiva.

A propósito, utilizando corretamente a expressão fato exclusivo da vítima, firmou o Tribunal da Cidadania a seguinte tese: "nos termos da jurisprudência firmada nesta Corte Superior, a responsabilidade do transportador em relação aos passageiros é objetiva, somente podendo ser elidida por fortuito externo, força maior, fato exclusivo da vítima ou por fato doloso e exclusivo de terceiro – quando este não guardar conexidade com a atividade de transporte (REsp 974.138/SP, 4.ª Turma, Rel. Ministro Raul Araújo, j. 22.11.2016, *DJe* 09.12.2016)"

(STJ, AgRg no REsp 1388228/SP, 4.ª Turma, Rel. Min. Marco Buzzi, j. 07.03.2017, DJe 14.03.2017).

Na mesma linha daquele julgado paulista relativo ao acidente no clube, foi afirmada importante premissa da Corte Superior, no sentido de que: "tratando-se de acidentes em piscinas, poços, lagos e afins, em princípio, a responsabilidade de quem explora esse tipo de atividade é presumida, embora decorra da existência de conduta culposa, ou seja, proveniente da responsabilidade subjetiva, a qual só poderá ser elidida mediante a comprovação de alguma situação excludente prevista na lei, como motivo de força maior, fato de terceiro ou fato exclusivo da vítima" (REsp 1.346.320/SP, 3.ª Turma, Rel. Min. Marco Aurélio Bellizze, j. 16.08.2016, DJe 05.09.2016).

Importante salientar, contudo, que o aresto, ao final, reconheceu a responsabilidade civil do clube por acidente com criança, eis que, "a partir do momento em que a associação recreativa permitiu que os pais deixassem os filhos menores impúberes na portaria do clube para frequentar as aulas na escolinha de futebol – o que inclusive se tornou corriqueiro –, aceitou a incumbência de guarda sobre eles, surgindo, em contrapartida, para ela o dever de zelar por sua incolumidade física ou demonstrar que, se não o fez, foi por algum motivo que escapou ao seu controle, a fim de tornar evidente que não incorreu em falta de vigilância ou não agiu com culpa".

Em outro caso bem peculiar, o Tribunal Superior confirmou julgamento da segunda instância, eis que "O Eg. Tribunal de origem, mediante análise do conjunto fático-probatório dos autos, concluiu que a pessoa jurídica agravada, que desenvolve atividade econômica no ramo de cerâmicas, não teve responsabilidade pelo acidente ocorrido com o autor ao escalar montes de argila existentes em suas dependências, pois adotava os cuidados necessários para evitar o ingresso de pessoas no imóvel, como colocação de muro (e posteriores reparos) e manutenção de vigilância no local, tratando-se, no caso, de acidente por culpa exclusiva da vítima" (STJ, Ag. Int. no AREsp 989.115/SP, 4.ª Turma, Rel. Min. Raul Araújo, j. 22.11.2016, DJe 13.12.2016). Na realidade, como se extrai de muitos acórdãos consultados, a análise da presença ou não da culpa ou fato exclusivo da vítima acaba por esbarrar na Súmula n. 7 do STJ, que veda a análise de questões de fato por aquela Corte Superior.

Novamente envolvendo um acidente ferroviário, em 2019 o Superior Tribunal de Justiça concluiu, no âmbito de sua Segunda Seção, pela culpa ou fato exclusivo da vítima que se deita nos trilhos, o que afasta o dever de indenizar da empresa concessionária do serviço de transporte:

"Nos termos do entendimento adotado quando do julgamento do REsp n. 1.210.064/SP, sob o rito dos recursos especiais repetitivos, ainda que haja omissão por parte da concessionária de serviço de transporte ferroviário no dever de sinalizar, cercar e fiscalizar o acesso à via, sua responsabilidade civil é afastada no caso de culpa exclusiva da vítima. Em hipótese como a presente, em que a instância ordinária concluiu que a vítima estava deitada em cima dos trilhos, logo após uma curva, de madrugada, em atitude imprevisível para o maquinista, 'o agente – aparentemente causador do dano

– é mero instrumento para sua ocorrência', configurando-se excludente de responsabilidade da concessionária" (STJ, EREsp 1.461.347/PR, 2.ª Seção, Rel. Min. Maria Isabel Gallotti, j. 13.03.2019, *DJe* 28.05.2019).

Como se verá no Capítulo 8 deste livro, a culpa ou fato exclusivo da vítima, no caso do consumidor, é prevista expressamente como excludente do dever de indenizar nos arts. 12 e 14 do CDC (Lei n. 8.078/1990). Na ocasião, outros exemplos serão trazidos a debate, sendo essa uma prévia exposição sobre o assunto.

5.2. Da culpa ou fato exclusivo de terceiro

A culpa ou fato exclusivo de terceiro é a segunda excludente do nexo de causalidade, presente pela situação em que o evento danoso não foi causado pelo agente, mas por outra pessoa que com ele não mantém qualquer relação jurídica. Como se retira mais uma vez da obra de Sergio Cavalieri Filho, citando Aguiar Dias, terceiro é "qualquer pessoa além da vítima e o responsável, alguém que não tem nenhuma relação com o causador aparente do dano e o lesado. Pois, não raro, acontece que o ato de terceiro é a causa exclusiva do evento, afastando qualquer relação de causalidade entre a conduta do autor aparente e a vítima".[106] Para Caio Mário da Silva Pereira, na concepção de quem seja tal terceiro, é necessário buscar socorro na relação negocial, ou seja, "considera-se terceiro quem não é parte no negócio jurídico, mas sofre os seus efeitos ou altera o resultado".[107]

Não se olvide de que, em algumas situações previstas em lei, tal excludente não é admitida. Cite-se, como exemplo inicial, o transporte de pessoas, preceituando o art. 735 do Código Civil que a responsabilidade civil do transportador por acidente com o passageiro não é elidida ou afastada por culpa exclusiva de terceiro, contra o qual tem ação regressiva. Como no transporte a responsabilidade do transportador é objetiva, melhor seria se o dispositivo mencionasse o fato exclusivo de terceiro, e não a culpa, pois a última concepção é subjetivada. Como há o descarte de uma das excludentes de nexo de causalidade, trata-se do que Fernando Noronha denomina como *responsabilidade civil objetiva agravada*.[108] Como contributo doutrinário, os termos *responsabilidade objetiva aumentada* ou *responsabilidade objetiva superdimensionada* igualmente servem para explicar o fenômeno jurídico de descarte de uma ou mais excludentes de responsabilidade civil.

De toda sorte, como ocorre com a culpa exclusiva da vítima, a culpa exclusiva de terceiro é prevista expressamente como excludente do dever de indenizar do fornecedor de produtos ou prestador de serviços, por dicção dos arts. 12 e 14 do CDC (Lei n. 8.078/1990). Sem prejuízo dos casos concretos que ali serão abordados, vejamos aqui algumas interessantes ilustrações jurisprudenciais.

---

[106] CAVALIERI FILHO, Sergio. *Programa de responsabilidade civil*, 12. ed., cit., p. 96.
[107] PEREIRA, Caio Mário da Silva. *Responsabilidade civil*, 5. ed., cit., p. 300.
[108] NORONHA, Fernando. *Direito das obrigações*, cit., p. 638.

De início, o Superior Tribunal de Justiça considerou não haver fato exclusivo de terceiro no caso de pessoa atingida por bala perdida, advinda de um tiroteio entre seguranças e criminosos nas dependências de estação ferroviária. Vejamos a publicação da ementa de mais esse importante julgamento:

> "Recursos especiais. Civil e processual civil. Responsabilidade civil. Consumidor. Morte nas dependências da estação de trem. Transeunte atingido por bala perdida advinda de tiroteio entre seguranças da empresa e assaltantes que objetivavam roubo de carro forte. Fato do serviço. Incidência do CDC. Consumidor *bystander*. Prazo prescricional quinquenal. Fato exclusivo de terceiro não demonstrado. Nexo causal mantido. Pensão por morte de filho maior aos genitores. Dependência econômica. Termo final da pensão por morte. Tabelas do INSS e IBGE. Formação de capital. Opção de inclusão em folha de pagamento da empresa. Fase de cumprimento de sentença. Polêmica em torno da responsabilidade civil das empresas demandadas pelos danos causados aos demandantes pela morte de seu filho na Estação Ferroviária da Lapa (São Paulo) atingido por um projétil de arma de fogo disparado durante um tiroteio envolvendo assaltantes e seguranças das empresas recorrentes após tentativa de roubo a carro forte que recolhia valores no local. O serviço apresenta-se defeituoso ao não atender à segurança legitimamente esperada pelo consumidor (art. 14, § 1.º, CDC). Atenta contra a segurança do consumidor a opção pelo uso de armas de fogo pelos prepostos da ré em confronto com meliantes, em local de intenso trânsito de pessoas, priorizando a recuperação do dinheiro roubado à integridade física dos consumidores que lá se encontravam. 4. Reação ao assalto, por parte dos seguranças das rés, resultou na morte de três pessoas, além de outras vítimas não fatais. (...). Inaplicabilidade da excludente do fato de terceiro, prevista no inciso II do parágrafo 3.º do artigo 14 do CDC, pois, para sua configuração, seria necessária a exclusividade de outras causas não reconhecida na origem. Súmula 07/STJ" (STJ, REsp 1.372.889/SP, 3.ª Turma, Rel. Min. Paulo de Tarso Sanseverino, j. 13.10.2015, *DJe* 19.10.2015).

De mesma Turma e Relatoria, concluiu o Tribunal da Cidadania que "concorre para o evento danoso (queda do torcedor de rampa de acesso ao estádio devido a aglomeração de torcedores) a entidade que disponibiliza quantia de ingressos superior ao espaço reservado à torcida rival. Reconhecida a concorrência de responsabilidade dos réus para a implementação do evento danoso. Inaplicabilidade da excludente do fato exclusivo de terceiro, prevista no inciso II do parágrafo 3.º do artigo 14 do CDC, pois, para sua configuração, seria necessária a exclusividade de outras causas não reconhecida na origem. Súmula 07/STJ. Responsabilidade objetiva e solidária, nos termos do art. 14 do CDC, das entidades organizadoras com os clubes e seus dirigentes pelos danos causados a torcedor que decorram de falhas de segurança nos estádios, mesmo antes da entrada em vigor do Estatuto do Torcedor" (REsp 1.513.245/SP, 3.ª Turma, Rel. Min. Paulo de Tarso Sanseverino, j. 10.03.2015, *DJe* 16.03.2015).

Seguindo outra conclusão, o Superior Tribunal de Justiça entende que, "no serviço de manobristas de rua (*valets*), as hipóteses de roubo constituem, em princípio, fato exclusivo de terceiro, não havendo prova da concorrência do fornecedor, mediante defeito na prestação do serviço, para o evento danoso. Reconhecimento pelo acórdão recorrido do rompimento do nexo causal pelo roubo praticado por terceiro, excluindo a responsabilidade civil do restaurante fornecedor do serviço do manobrista (art. 14, § 3.º, II, do CDC)" (REsp 1.321.739/SP, 3.ª Turma, Rel. Min. Paulo de Tarso Sanseverino, j. 05.09.2013, DJe 10.09.2013). O Tribunal tem a mesma conclusão sobre o roubo de cargas, o que ainda será aqui mais bem analisado, no Capítulo 12 do livro (STJ, AgRg no REsp 1.036.178/SP, 4.ª Turma, Rel. Min. Marco Buzzi, j. 13.12.2011, DJe 19.12.2011).

Como se pode perceber das ementas superiores destacadas, também a culpa ou fato exclusivo do terceiro acaba por ter, muitas vezes, a análise impedida no plano superior diante da vedação de estudo de questões de fato, conforme a Súmula n. 7 do STJ. Outras hipóteses fáticas ainda terão o estudo pontual nesta obra, em vários capítulos distintos.

5.3. Do caso fortuito e da força maior

No tocante aos conceitos de caso fortuito e força maior, como demonstrado no Capítulo 3 deste livro, é notório que não há unanimidade doutrinária nas suas definições. Reitere-se, assim, que entendo ser melhor, do ponto de vista didático e categórico, definir o caso fortuito como o evento totalmente imprevisível decorrente de ato humano ou de evento natural. Por seu turno, a força maior constitui um evento previsível, mas inevitável ou irresistível, resultante de uma ou outra causa.

Seguem-se, portanto, e como antes pontuado, as diferenciações apontadas por Orlando Gomes, alinhadas também por Sergio Cavalieri Filho, Pablo Stolze Gagliano e Rodolfo Pamplona Filho, como ali se demonstrou. Entendo que essas diferenciações podem ser retiradas do art. 393, parágrafo único, do CC/2002, *in verbis*: "o caso fortuito ou de força maior verifica-se no fato necessário, cujos efeitos não era possível evitar ou impedir". O dispositivo leva em conta a inevitabilidade e a irresistibilidade, e não se o evento decorre da natureza ou de fato humano.

Na jurisprudência igualmente não há unanimidade conceitual, sendo certo que alguns julgados do próprio Superior Tribunal de Justiça utilizam as duas expressões como sinônimas, seguindo visão liderada por Pontes de Miranda, igualmente como demonstrado no Capítulo 3. A título de exemplo, por todos:

> "Agravo regimental. Agravo em recurso especial. Direito Civil. Ação de indenização. Atraso na entrega de unidade imobiliária. Alegação de excesso de chuvas e de escassez de mão de obra. Caso fortuito e força maior não configurados. Reexame do conjunto fático-probatório dos autos. Súmula n. 7/STJ. 1. Concluir que o excesso de chuvas e a escassez de mão de obra configuram fatos extraordinários e imprevisíveis, traduzindo-se como hipótese de caso fortuito e força maior, demanda o reexame do conjunto fático-probatório dos autos. Incidência da Súmula n. 7/STJ. 2. Agravo regimental desprovido" (STJ, AgRg no AREsp 693.255/RS, 3.ª Turma, Rel. Min. João Otávio de Noronha, j. 25.08.2015, DJe 03.09.2015).

"Recurso especial. Administrativo. Responsabilidade civil do Estado. Acidente em buraco (voçoroca) causado por erosão pluvial. Morte de menor. Indenização. Caso fortuito e força maior. Inexistência. Segundo o acórdão recorrido, a existência da voçoroca e sua potencialidade lesiva eram de 'conhecimento comum', o que afasta a possibilidade de eximir-se o Município sob a alegativa de caso fortuito e força maior, já que essas excludentes do dever de indenizar pressupõem o elemento 'imprevisibilidade'. Nas situações em que o dano somente foi possível em decorrência da omissão do Poder Público (o serviço não funcionou, funcionou mal ou tardiamente), deve ser aplicada a teoria da responsabilidade subjetiva. Se o Estado não agiu, não pode ser ele o autor do dano. Se não foi o autor, cabe responsabilizá-lo apenas na hipótese de estar obrigado a impedir o evento lesivo, sob pena de convertê-lo em 'segurador universal'. Embora a municipalidade tenha adotado medida de sinalização da área afetada pela erosão pluvial, deixou de proceder ao seu completo isolamento, bem como de prover com urgência as obras necessárias à segurança do local, fato que caracteriza negligência, ensejadora da responsabilidade subjetiva" (STJ, REsp 135.542/MS, 2.ª Turma, Rel. Min. Castro Meira, j. 19.10.2004, *DJ* 29.08.2005, p. 233).

Partindo para os enquadramentos concretos das categorias, o que é fundamental para a prática, a primeira dúvida que surge sobre o tema é a seguinte: as enchentes podem ser tidas como caso fortuito ou força maior? Trata-se de uma boa questão, que envolve a atuação das procuradorias, principalmente municipais. Por uma questão lógica, cabe análise do local atingido pela enchente. O Tribunal de Justiça do Estado de São Paulo já entendeu que as graves enchentes que atingiram a cidade de Mauá na década de 1990 constituíram caso fortuito, diante de flagrante calamidade pública e porque o evento danoso não havia ocorrido antes:

"Responsabilidade civil. Município de Mauá. Indenização por danos causados por enchente. Chuvas acima dos padrões normais, que provocaram inundações. Culpa atribuída ao serviço público municipal, pela inexistência ou má prestação dos serviços de prevenção e contenção de águas do Rio Tamanduateí. Falta de prova quanto ao argumento. Ocorrência, por outro lado, de anormal índice pluviométrico à época da inundação, com decretação de calamidade pública. Causa excludente (caso fortuito/força maior) caracterizada, afastando a obrigatoriedade de indenizar. Sentença de improcedência mantida. Recurso voluntário improvido" (TJSP, Apelação Cível 75.708-5-Mauá, 7.ª Câmara de Direito Público, Rel. Lourenço Abbá Filho, j. 31.07.2000, v.u.).

Quanto à cidade de São Paulo, onde as enchentes são comuns, também podem ser encontradas decisões mais antigas no mesmo sentido, afastando o dever de indenizar: "Responsabilidade civil. Danos provocados por enchente. Fato extraordinário. Necessidade de comprovação da culpa atribuída à Municipalidade – Recurso não provido" (TJSP, Apelação Cível 58.942-5, 6.ª Câmara de Direito Público, São Paulo, Rel. Coimbra Schmidt, j. 10.04.2000, v.u.). Entre os arestos mais recentes do Tribunal bandeirante, na mesma esteira:

"Responsabilidade civil. Pretensão de obter reparação do dano material e compensação do dano moral. Precipitação pluviométrica intensa na cidade de São Paulo. Danos severos causados no veículo da autora em razão da enchente ocorrida. Inexistência de comprovação de culpa da Administração Pública, ou seja, de comprovação de que a enchente ocorreu por omissão, falta ou falha do serviço. Chuvas intensas. Precipitação prevista um mês ocorrida em um único dia. Caracterização de força maior (fortuito externo). Ação julgada improcedente na origem. Manutenção. Recurso não provido. 'Como não se desconhece, a força maior ('fortuito externo') é o acontecimento natural, derivado da força da natureza, ou do fato das coisas, como o raio, a inundação, o terremoto ou o temporal. É, portanto, imprevisível e inafastável, razão pela qual se posta fora dos limites da culpa. E, ainda que seja razoavelmente previsível é inevitável, de sorte que, ausente comprovação da culpa da Administração por falta ou falha do serviço, não se pode empenhar sua responsabilidade civil ou afirmar a sua obrigação de indenizar'" (TJSP, Apelação 2565736520098260000, 4.ª Câmara de Direito Público, Rel. Des. Rui Stoco, j. 05.09.2011, data de publicação 08.09.2011).

Entretanto, em sentido contrário, entendendo pela ausência do caso fortuito e da força maior, e responsabilizando o Estado pelas ocorrências das enchentes:

"Apelação cível. Processual civil e administrativo. Ação de indenização por dano material e moral proposta contra o Município de São Paulo e Fazenda do Estado de São Paulo, sob o argumento de que sua casa fora atingida por enchente decorrente de transbordamento de córrego. Sentença de procedência parcial. Recurso pela Municipalidade. 1. Restaram suficientemente demonstrados os danos materiais, bem como os atos omissivos do Município, sob o manto da responsabilidade objetiva, ao se descurar de seu dever de limpeza e manutenção do córrego. Nexo causal bem delineado pelo laudo pericial, não se podendo falar em força maior ou excludente de responsabilidade. Dano material que se circunscreve aos bens comprovadamente perdidos. 2. Alteração dos ônus de sucumbência que se impõe, haja vista que ambas as partes restaram vencidas e vencedoras. Sucumbência recíproca. Deverá cada parte arcar com os honorários advocatícios de seus patronos e o rateio das custas processuais. Observada a gratuidade processual concedida à autora. Sentença reformada em parte. Recurso provido em parte" (TJSP, Apelação 01909675620108260000, 6.ª Câmara de Direito Público, Rel. Des. Sidney Romano dos Reis, j. 29.07.2013, data de publicação 31.07.2013).

"Constitucional. Responsabilidade civil do Estado. Danos materiais. Enchentes. Caso fortuito ou força maior. Inexistência. 1. As pessoas jurídicas de direito público e as de direito privado prestadoras de serviços públicos respondem pelos danos que seus agentes, nessa qualidade, causarem a terceiros, assegurado o direito de regresso contra o responsável nos casos de dolo ou culpa (art. 37, § 6.º, CF). 2. Em casos de inundações ou enchentes a responsabilidade do Estado decorre de omissão administrativa na realização de obras necessárias à prevenção, diminuição ou atenuação dos efeitos decorrentes de enchentes, ainda que verificadas fortes e contínuas chuvas. 3. Não se pode cogitar de força maior em caso de alagamento provocado por fortes chuvas no mês de janeiro na cidade de São Paulo. Sentença mantida. Recurso desprovido" (TJSP,

Apelação 00327959520038260053, 9.ª Câmara de Direito Público, Rel. Des. Décio Notarangeli, j. 15.05.2013, data de publicação 15.05.2013).

Estou filiado à última maneira de julgar e compreender juridicamente o tema, com o devido respeito a quem pensa de forma contrária. Isso porque as enchentes na cidade de São Paulo não se enquadram como eventos imprevisíveis (caso fortuito). Muito pelo contrário, são totalmente previsíveis. Também não constituem força maior, pois é possível evitar as enchentes por meio de obras de melhoria e infraestrutura urbanas.

Em reforço, o Poder Público deve fiscalizar e efetivamente atuar na limpeza da cidade, o que muitas vezes não ocorre, não cabendo o argumento de inevitabilidade, por tal razão. Entendo, portanto, que a enchente não afasta o dever de indenizar da Municipalidade em São Paulo, Capital, realidade em que vivo, e sobre a qual posso opinar. Para as demais localidades, cabe análise caso a caso.

Alterando-se a abordagem prática, se um ladrão rouba um veículo e causa um acidente, haverá um misto de culpa de terceiro com força maior, devido à inevitabilidade do evento, o que exclui o dever de indenizar o prejuízo:

"Apelação cível. Responsabilidade civil em acidente de trânsito. Roubo de automóvel. Mantido o reconhecimento da ilegitimidade passiva *ad causam* do proprietário do veículo roubado. Mantido no polo passivo o proprietário do outro veículo envolvido no acidente. Unânime. Apelo provido em parte (TJRS, Apelação Cível 70045772001, 11.ª Câmara Cível, Rel. Des. Katia Elenise Oliveira da Silva, j. 16.11.2011).

"Apelação cível. Responsabilidade civil em acidente de trânsito. Roubo de veículo. Caso fortuito. Ausência de nexo causal. Contrato de seguro de automóvel. Colisão no veículo do autor pelo veículo da primeira ré, após este ter sido objeto de roubo. Colisão provocada pela condução do meliante. Dinâmica dos fatos comprovada pelos elementos juntados aos autos, como o boletim de registro de acidente de trânsito. Ausência de responsabilidade da primeira ré, proprietária do veículo roubado, pois restou rompido o nexo de causalidade entre sua conduta e o dano causado. Seguradora isenta de responsabilidade, face a cobertura consignada na apólice de seguro. Recurso ao qual nego seguimento, na forma do art. 557, CPC" (TJRJ, Apelação 132447620058190208, 12.ª Câmara Cível, Rio de Janeiro, Rel. Des. Cherubin Helcias Schwartz, j. 25.05.2011, data de publicação 31.05.2011).

"Responsabilidade civil. Acidente de trânsito. Colisão em cruzamento. Evento causador por condutor de veículo roubado. Fato que constitui causa excludente da responsabilidade dos seus proprietários, por caracterizar força maior. Indenizatória improcedente. Recurso improvido" (1.º TACSP, Processo 0951137-9, Apelação Sum., 8.ª Câmara de Férias de Janeiro de 2001, Osasco, Rel. Carlos Alberto Lopes, j. 31.01.2001, *RT* 789/263).

Os últimos julgados transcritos, como se pode perceber, representam importantes aplicações da teoria da causalidade adequada. Se fosse adotada a teoria do histórico dos antecedentes (*sine qua non*), o proprietário responderia, o que não é o caso, definitivamente. Responderia porque estava no lugar errado e na hora errada. Errado, na verdade, é o desenvolvimento do raciocínio pela teoria *sine qua non*.

A questão do roubo e do assalto, aliás, ainda gera uma das maiores controvérsias na jurisprudência. Uma discussão que surge perante o Superior Tribunal de Justiça e com grande repercussão prática envolve a responsabilidade do transportador rodoviário, abrangendo tanto o transporte de cargas quanto o de pessoas. Seria o assalto que o acomete caso fortuito ou força maior? Como analisar faticamente tais categorias?

Eis o momento de responder à última indagação, formulada no Capítulo 3 deste livro. Na *V Jornada de Direito Civil*, evento promovido pelo Conselho da Justiça Federal em 2011, aprovou-se enunciado doutrinário interessante prevendo que "o caso fortuito e a força maior somente serão considerados como excludentes da responsabilidade civil quando o fato gerador do dano não for conexo à atividade desenvolvida" (Enunciado n. 443). Desse modo, é preciso relacionar o evento com a atividade desenvolvida pelo agente, ou seja, com o *risco do empreendimento, risco do negócio* ou *risco-proveito*.

Destaque-se que o projeto de Reforma do Código Civil, ora em tramitação no Congresso Nacional, pretende adotar o que consta do enunciado doutrinário, e que consubstancia a posição consolidada da jurisprudência nacional, sobretudo do STJ. Nesse contexto, o novo art. 927-B, que tratará da obrigação de indenizar, receberá um § 3.º, com a seguinte redação: "o caso fortuito ou a força maior somente exclui a responsabilidade civil quando o fato gerador do dano não for conexo à atividade desenvolvida pelo autor do dano".

Na verdade, a ideia remonta à divisão dos eventos em *internos* e *externos*, desenvolvida por Agostinho Alvim, em sua clássica obra *Da inexecução das obrigações*, cuja primeira edição é de 1949. Vejamos as suas preciosas lições:

"A distinção que modernamente a doutrina vem estabelecendo, aquela que tem efeitos práticos e que já vai se introduzindo em algumas leis, é a que vê no caso fortuito um impedimento relacionado com a pessoa do devedor ou com a sua empresa, quanto que a força maior é um acontecimento externo. Tal distinção permite estabelecer uma diversidade de tratamento para o devedor, consoante o fundamento de sua responsabilidade civil. Se esta fundar-se na culpa, bastará o caso fortuito para exonerá-lo. Com a maioria de razão absolverá a força maior. Se a sua responsabilidade fundar-se no risco, então o simples caso fortuito não o exonerará. Será mister haja força maior, ou como alguns dizem, caso fortuito externo. Nesta última hipótese, os fatos que exoneram vêm a ser: culpa da vítima, ordens de autoridade (*fait du prince*), fenômenos naturais (raio, terremoto), ou quaisquer outras impossibilidades de cumprir a obrigação, por não ser possível evitar o fato derivado de fato derivado de força externa invencível, guerra revolução".[109]

E arremata o jurista, pontuando uma tendência que já existia na primeira metade do século XX em abandonar as duas expressões: "a força maior, portanto,

---

[109] ALVIM, Agostinho. *Da inexecução das obrigações e suas consequências*, cit., p. 290-291.

é o fato externo que não se liga à pessoa ou à empresa por nenhum laço de conexidade. Enquanto que o caso fortuito propriamente, traduz a hipótese em que existe aquele nexo de causalidade".[110]

A *revisitação* dessa divisão é atribuída, entre outros, a Sergio Cavalieri Filho, responsável por difundi-la nos últimos anos, especialmente para os casos de responsabilidade objetiva fundada no Código de Defesa do Consumidor. Vejamos como o tema é trabalhado em sua obra, de referência para praticamente todos os Tribunais brasileiros:

> "Entende-se por fortuito interno o fato imprevisível e, por isso, inevitável, ocorrido no momento da fabricação do produto. Não exclui a responsabilidade do fornecedor, porque faz parte da sua atividade, liga-se ao risco do empreendimento, submetendo-se à noção geral de defeito de concepção do produto ou de formulação do serviço. Vale dizer, se o defeito ocorreu antes da introdução do produto no mercado de consumo não importa saber o motivo que determinou o defeito; o fornecedor é sempre responsável pelas suas consequências, ainda que decorrente de fato imprevisível e inevitável. O mesmo já não ocorre com o fortuito externo, assim entendido aquele fato que não guarda relação de causalidade com a atividade do fornecedor, absolutamente estranho ao produto ou serviço, via de regra ocorrido no momento posterior ao da sua fabricação ou formulação".[111]

Como se pode perceber, tal visualização aplica-se tanto à responsabilidade civil regida pelo Código Civil – seja ela contratual ou extracontratual – quanto pelo Código de Defesa do Consumidor. Assim, em bloco, várias polêmicas práticas são resolvidas de uma vez só.

Entretanto, é preciso adaptar as construções à diferenciação seguida por mim quanto ao caso fortuito e à força maior, ou seja, também devem ser consideradas a *força maior interna* e a *força maior externa*. Isso porque, repise-se, estou filiado à construção de que o caso fortuito é o evento totalmente imprevisível, e a força maior, o evento previsível, mas inevitável. Sendo assim, na minha visão, ambas as categorias poderiam ser internas ou externas.

Uma eventual solução para essa complexa divisão, entre o caso fortuito e a força maior, no sentido do que já reconhecia Agostinho Alvim nos idos dos anos quarenta do século passado, seria a de abandonar tais conceitos. Nessa linha de facilitação, sem perder a técnica, os eventos *internos* são aqueles que *entram* no risco do empreendimento, não podendo ser enquadrados como caso fortuito ou força maior. Por outra via, os *eventos externos* estão *fora* do risco do negócio, enquadrando-se como caso fortuito ou força maior. Vejamos alguns julgados, para os devidos fins de ilustração inicial, sem prejuízo de outras que aqui serão devidamente analisadas e aprofundadas, em capítulos diferentes deste livro.

Primeiramente, entendendo pela caracterização como caso fortuito e força maior – tidos, nesse acórdão, como expressões sinônimas –, transcreve-se o

---

[110] ALVIM, Agostinho. *Da inexecução das obrigações e suas consequências*, cit., p. 291.
[111] CAVALIERI FILHO, Sergio. *Programa de responsabilidade civil*, 12. ed., cit., p. 268.

seguinte julgado da Terceira Turma do Superior Tribunal de Justiça, em caso envolvendo transporte de mercadorias:

> "Transporte de mercadoria. Roubo. Responsabilidade da transportadora. O roubo de mercadoria praticado mediante ameaça exercida com arma de fogo é fato desconexo do contrato de transporte e, sendo inevitável, diante das cautelas exigíveis da transportadora, constitui-se em caso fortuito ou força maior, excluindo a responsabilidade dessa pelos danos causados. Agravo não provido" (STJ, AgREsp 470520/SP (200201079819), Acórdão 499790, 3.ª Turma, Rel. Min. Nancy Andrighi, j. 26.06.2003, *DJ* 25.08.2003, p. 301).

Mais recentemente, a demonstrar que essa é a posição consolidada de forma majoritária na Corte: "a jurisprudência do Superior Tribunal de Justiça firma-se no sentido de que, não obstante a habitualidade da ocorrência de assaltos em determinadas linhas, é de ser afastada a responsabilidade da empresa transportadora por se tratar de fato inteiramente estranho à atividade de transporte (fortuito externo)" (STJ, AgRg no AREsp 175.821/SP, 3.ª Turma, Rel. Min. Ricardo Villas Bôas Cueva, j. 23.08.2016, *DJe* 05.09.2016).

Quanto ao assalto a ônibus, julgados anteriores entendiam tratar-se de um evento interno, não cabendo a alegação de exclusão do nexo de causalidade, especialmente nos locais em que o roubo é corriqueiro. Da Quarta Turma do Superior Tribunal de Justiça pode ser visualizado o seguinte:

> "Responsabilidade civil do transportador. Assalto no interior de ônibus. Lesão irreversível em passageiro. Recurso especial conhecido pela divergência, mas desprovido pelas peculiaridades da espécie. Tendo se tornado fato comum e corriqueiro, sobretudo em determinadas cidades e zonas tidas como perigosas, o assalto no interior do ônibus já não pode mais ser genericamente qualificado como fato extraordinário e imprevisível na execução do contrato de transporte, ensejando maior precaução por parte das empresas responsáveis por esse tipo de serviço, a fim de dar maior garantia e incolumidade aos passageiros. Recurso especial conhecido pela divergência, mas desprovido" (STJ, REsp 232.649/SP, 4.ª Turma, Rel. Min. Barros Monteiro, Rel. p/ Acórdão Min. Cesar Asfor Rocha, j. 15.08.2002, *DJ* 30.06.2003, p. 250).

A questão era de grande debate e *dividia* a Terceira e Quarta Turmas daquele Tribunal. O verbo destacado foi utilizado no passado, pois julgados prolatados nos anos de 2005 e 2006 sepultaram a discussão, uma vez que reconheceram o assalto ao meio de transporte como um evento externo, tratando-o como força maior (evento previsível, mas inevitável), mesmo nos casos de transporte de pessoas. Entre os arestos daquela época, colaciona-se, mencionando a pacificação pela Segunda Seção da Corte:

> "Civil. Indenização. Transporte coletivo (ônibus). Assalto à mão armada seguido de morte de passageiro. Força maior. Exclusão da responsabilidade da transportadora. 1. A morte decorrente de assalto à mão armada, dentro de ônibus, por se apresentar como fato totalmente estranho ao serviço de transporte (força maior), constitui-se em causa excludente da responsabilidade

da empresa concessionária do serviço público. 2. Entendimento pacificado pela Segunda Seção. 3. Recurso especial conhecido e provido" (STJ, REsp 783.743/RJ, 4.ª Turma, Rel. Min. Fernando Gonçalves, j. 12.12.2005, *DJ* 1.º.02.2006, p. 571).

"Processo civil. Recurso especial. Indenização por danos morais e estéticos. Assalto à mão armada no interior de ônibus coletivo. Força maior. Caso fortuito. Exclusão de responsabilidade da empresa transportadora. Configuração. 1. Este Tribunal já proclamou o entendimento de que fato inteiramente estranho ao transporte (assalto à mão armada no interior de ônibus coletivo) constitui caso fortuito, excludente de responsabilidade da empresa transportadora. 2. Entendimento pacificado pela Eg. Segunda Seção desta Corte. Precedentes: REsp 435.865/RJ; REsp 402.227/RJ; REsp 331.801/RJ; REsp 468.900/RJ; REsp 268.110/RJ. 3. Recurso conhecido e provido" (STJ, REsp 714.728/MT, 4.ª Turma, Rel. Min. Jorge Scartezzini, j. 12.12.2005, *DJ* 01.02.2006, p. 566).

Mais recentemente, utilizando o termo fortuito externo: "a jurisprudência consolidada no âmbito da Segunda Seção do STJ considera assalto em interior de ônibus causa excludente da responsabilidade de empresa transportadora por tratar-se de fato de terceiro inteiramente estranho à atividade de transporte – fortuito externo" (STJ, AgRg no REsp 620.259/MG, 4.ª Turma, Rel. Min. João Otávio de Noronha, j. 15.10.2009, *DJe* 26.10.2009).

A questão gera dúvidas e insurgências quando geralmente colocada para debate. Muitos se posicionam pelo dever de indenizar da empresa transportadora em casos tais, argumentando ser o caso de responsabilidade objetiva ou sem culpa. Surge também a afirmação segundo a qual, se o fato fosse enquadrado como fato de terceiro, haveria o dever de reparar, pois tal excludente não é admitida no transporte de pessoas, como se retira do art. 735 do Código Civil. De fato, *in casu*, a jurisprudência parece *escolher* o enquadramento como caso fortuito ou força maior.

Todos esses debates demonstram a necessidade de buscar critérios para o enquadramento dos eventos internos e externos, o que pretendo pesquisar em estudos complementares no futuro. Alguns fatores já podem ser aqui apresentados: *a)* a criação do risco; *b)* a existência de preços diferenciados, a eventualmente cobrir a segurança pretendida ou contratada; *c)* a sensação de segurança ou de insegurança criada ao público; *d)* a possibilidade de evitar o fato, dentro do poder de controle do agente; *e)* a existência anterior do evento e a sua repetição corriqueira.

No caso do assalto a ônibus, com o devido respeito, penso que três dos critérios acima não são atendidos, em especial os de letras *b*, *c* e *d*. O que esperar das empresas de ônibus? Que blindem ou escoltem os seus veículos? Como se pode perceber, tais fatos fogem totalmente do risco do negócio ou do empreendimento. Em suma, concorda-se com a consolidação da matéria pelo Superior Tribunal de Justiça, que trata o assalto a ônibus como evento externo. Na verdade, quem deve responder pela falta de segurança, em regra, é o Estado, a quem cabe zelar por ela, e não as empresas.

Seguindo nas concretizações, do ano de 2012, acórdão do Superior Tribunal de Justiça considerou que o roubo no caso do serviço de entrega prestado pelos correios constitui um evento externo, a excluir a responsabilidade civil do prestador de serviços. Conforme o julgado:

"O roubo mediante uso de arma de fogo é fato de terceiro equiparável à força maior, que deve excluir o dever de indenizar, mesmo no sistema de responsabilidade civil objetiva, por se tratar de fato inevitável e irresistível que gera uma impossibilidade absoluta de não ocorrência do dano. Não é razoável exigir que os prestadores de serviço de transporte de cargas alcancem absoluta segurança contra roubos, uma vez que a segurança pública é dever do Estado, também não havendo imposição legal obrigando as empresas transportadoras a contratar escoltas ou rastreamento de caminhão e, sem parecer técnico especializado, nem sequer é possível presumir se, por exemplo, a escolta armada seria eficaz para afastar o risco ou se o agravaria pelo caráter ostensivo do aparato" (STJ, REsp 976.564/SP, Rel. Min. Luis Felipe Salomão, j. 20.09.2012).

Todavia, a mesma Corte entende que, se o assalto ocorrer dentro de uma agência dos correios que disponibiliza o serviço de banco postal, estará presente um evento interno, a gerar a responsabilização civil do prestador de serviços. Nos termos da publicação constante do *Informativo* n. 559 do Tribunal da Cidadania, "dentro do seu poder de livremente contratar e oferecer diversos tipos de serviços, ao agregar a atividade de correspondente bancário ao seu empreendimento, acaba-se por criar risco inerente à própria atividade das instituições financeiras, devendo por isso responder pelos danos que essa nova atribuição tenha gerado aos seus consumidores, uma vez que atraiu para si o ônus de fornecer a segurança legitimamente esperada para esse tipo de negócio" (STJ, REsp 1.183.121/SC, Rel. Min. Luis Felipe Salomão, j. 24.02.2015, *DJe* 07.04.2015).

Aparentemente, os arestos trazem conclusões diferentes em casos concretos muito próximos. No entanto, não se pode negar que a criação de risco por um banco postal é muito maior do que um correio comum, razão pela qual muitas sedes dos primeiros, hoje, têm os seus vidros blindados. Esse fenômeno também ocorre nas lotéricas que oferecem serviços bancários, mormente nas grandes cidades, como São Paulo e Rio de Janeiro.

Quanto ao assalto ocorrido em estabelecimentos bancários, a jurisprudência nacional tem afastado a sua caracterização como caso fortuito ou força maior, mantendo o dever de indenizar da instituição bancária até o seu estacionamento, próprio ou conveniado. E, aqui, mais uma vez acerta o Tribunal da Cidadania. O banco cria o risco, cobra pela segurança, pode tomar medidas para evitar o fato – como no uso da porta giratória –, sendo o assalto um evento notoriamente de grande repetição. Nesse sentido, podem ser transcritos os seguintes julgados:

"Agravo interno. Recurso especial. Cliente de banco vítima de roubo no estacionamento de agência bancária. Responsabilidade civil. Precedentes. I – Conforme precedentes desta Corte, a agência bancária deve tomar todas as providências necessárias à segurança dos clientes e usuários de seus serviços. II – Havendo roubo ou furto nas dependências do banco, incluindo-se o seu estacionamento, deve o banco indenizar a vítima. Agravo improvido" (STJ, AgRg no REsp 539.772/RS, 3.ª Turma, Rel. Min. Paulo Furtado (Desembargador convocado do TJBA), j. 24.03.2009, *DJe* 15.04.2009).

"Responsabilidade civil. Morte de menor. Assalto à agência bancária. Indenização. Dano moral. *Quantum* indenizatório. Razoabilidade. Despicienda a análise de eventual conduta culposa por parte da instituição financeira-recorrente, visto ser objetiva a sua responsabilidade em hipóteses como a dos autos. Demais disso, em razão da previsibilidade, não configura o roubo evento de força maior, como pretendido. O valor arbitrado a título de danos morais pelos juízos ordinários não se revela exagerado ou desproporcional às peculiaridades da espécie, não justificando, portanto, a excepcional intervenção desta Corte para rever o *quantum* indenizatório. Recurso especial não conhecido" (STJ, REsp 694.153/PE, 4.ª Turma, Rel. Min. Cesar Asfor Rocha, j. 28.06.2005, *DJ* 05.09.2005, p. 429).

Entretanto, se o assalto ocorrer na via pública, o que é conhecido como "saidinha de banco", a instituição não pode responder, eis que a hipótese foge ao *risco do empreendimento*, constituindo um *evento externo*. Vejamos acórdão publicado no *Informativo* n. *512* do STJ, de fevereiro de 2013, com tal entendimento:

"A instituição financeira não pode ser responsabilizada por assalto sofrido por sua correntista em via pública, isto é, fora das dependências de sua agência bancária, após a retirada, na agência, de valores em espécie, sem que tenha havido qualquer falha determinante para a ocorrência do sinistro no sistema de segurança da instituição. O STJ tem reconhecido amplamente a responsabilidade objetiva dos bancos pelos assaltos ocorridos no interior de suas agências, em razão do risco inerente à atividade bancária. Além disso, já se reconheceu, também, a responsabilidade da instituição financeira por assalto acontecido nas dependências de estacionamento oferecido aos seus clientes exatamente com o escopo de mais segurança. Não há, contudo, como responsabilizar a instituição financeira na hipótese em que o assalto tenha ocorrido fora das dependências da agência bancária, em via pública, sem que tenha havido qualquer falha na segurança interna da agência bancária que propiciasse a atuação dos criminosos após a efetivação do saque, tendo em vista a inexistência de vício na prestação de serviços por parte da instituição financeira. Além do mais, se o ilícito ocorre em via pública, é do Estado, e não da instituição financeira, o dever de garantir a segurança dos cidadãos e de evitar a atuação dos criminosos. Precedente citado: REsp 402.870/SP, *DJ* 14.02.2005" (STJ, REsp 1.284.962/MG, Rel. Min. Nancy Andrighi, j. 11.12.2012).

O mesmo raciocínio de responsabilização é desenvolvido pelo Superior Tribunal de Justiça no que concerne ao assalto praticado no interior de *shopping center*, respondendo a empresa, pois o fato entra no risco-proveito, não havendo caso fortuito ou força maior (STJ, REsp 582.047/RS, 3.ª Turma, Rel. Min. Massami Uyeda, j. 17.02.2009, *DJe* 04.08.2009). No mesmo sentido, do ano de 2019, destaque-se: "o acórdão recorrido está em conformidade com a jurisprudência desta Corte, no sentido de que é dever de estabelecimentos como *shopping centers* zelar pela segurança de seu ambiente, de modo que não há falar em força maior para eximi-los da responsabilidade civil decorrente de roubos violentos. Precedentes" (STJ, AgInt no AREsp 1.027.025/SP, 4.ª Turma, Rel. Min. Raul Araújo, j. 18.06.2019, *DJe* 28.06.2019).

A respeito dos estacionamentos localizados nos seus interiores, vejamos acórdão mais recente, publicado no *Informativo* n. *534* daquela Corte Superior:

"O *shopping center* deve reparar o cliente pelos danos morais decorrentes de tentativa de roubo, não consumado apenas em razão de comportamento do próprio cliente, ocorrida nas proximidades da cancela de saída de seu estacionamento, mas ainda em seu interior. Tratando-se de relação de consumo, incumbe ao fornecedor do serviço e do local do estacionamento o dever de proteger a pessoa e os bens do consumidor. A sociedade empresária que forneça serviço de estacionamento aos seus clientes deve responder por furtos, roubos ou latrocínios ocorridos no interior do seu estabelecimento; pois, em troca dos benefícios financeiros indiretos decorrentes desse acréscimo de conforto aos consumidores, assume-se o dever – implícito na relação contratual – de lealdade e segurança, como aplicação concreta do princípio da confiança (...). Ressalte-se que o leitor ótico situado na saída do estacionamento encontra-se ainda dentro da área do *shopping center*, sendo certo que tais cancelas – com controles eletrônicos que comprovam a entrada do veículo, o seu tempo de permanência e o pagamento do preço – são ali instaladas no exclusivo interesse da administradora do estacionamento com o escopo precípuo de evitar o inadimplemento pelo usuário do serviço" (STJ, REsp 1.269.691/PB, Rel. originária Min. Isabel Gallotti, Rel. p/ Acórdão Min. Luis Felipe Salomão, j. 21.11.2013).

De forma diferente deve ser a conclusão se um psicopata metralhar as pessoas no interior do *shopping*, como ocorreu no caso envolvendo conhecido estudante de medicina na cidade de São Paulo, analisado por Pablo Malheiros (caso Mateus da Costa Meira). Como concluiu o Superior Tribunal de Justiça em julgado publicado no seu *Informativo* n. *433*, o episódio é totalmente externo ou estranho ao risco do empreendimento, não se podendo falar em responsabilização civil dos prestadores de serviços em casos tais (STJ, REsp 1.164.889/SP, 4.ª Turma, Rel. Min. Honildo Amaral de Mello Castro (Desembargador convocado do TJAP), j. 04.05.2010, *DJe* 19.11.2010).

Essa forma de julgar foi confirmada pelo mesmo Tribunal Superior em aresto mais recente, com colação destacada:

"Não se revela razoável exigir das equipes de segurança de um cinema ou de uma administradora de *shopping centers* que previssem, evitassem ou estivessem antecipadamente preparadas para conter os danos resultantes de uma investida homicida promovida por terceiro usuário, mesmo porque tais medidas não estão compreendidas entre os deveres e cuidados ordinariamente exigidos de estabelecimentos comerciais de tais espécies (REsp 1.384.630/SP, Rel. Ministro Paulo de Tarso Sanseverino, Rel. p/ Acórdão Ministro Ricardo Villas Bôas Cueva, Terceira Turma, julgado em 20.02.2014, *DJe* 12.06.2014; grifou-se). Assim, se o *shopping* e o cinema não concorreram para a eclosão do evento que ocasionou os alegados danos morais, não há que se lhes imputar qualquer responsabilidade, sendo certo que esta deve ser atribuída, com exclusividade, em hipóteses tais, a quem praticou a conduta danosa, ensejando, assim, o reconhecimento do fato de terceiro, excludente do nexo de causalidade e, em consequência, do dever de indenizar (art. 14, § 3.º, inc. II, CDC)" (STJ, REsp 1.133.731/SP, 4.ª Turma, Rel. Min. Marco Buzzi, j. 12.08.2014, *DJe* 20.08.2014).

Como se pode perceber, o último aresto procura encontrar alguns critérios para o preenchimento do risco do empreendimento e dos eventos internos e externos, na linha do que antes foi proposto.

Ainda sobre o ambiente do *shopping center*, o Superior Tribunal de Justiça, novamente de forma correta, julgou em 2019 que a queda de parte do teto constitui um evento interno, que não pode ser enquadrado como caso fortuito ou força maior. Sendo assim, especialmente pela expectativa de segurança criada, a empresa deve responder:

"A prestação de segurança aos bens e à integridade física do consumidor é inerente à atividade comercial desenvolvida pelos hipermercados e pelos *shopping centers*, porquanto a principal diferença existente entres estes estabelecimentos e os centros comerciais tradicionais reside justamente na criação de um ambiente seguro para a realização de compras e afins, capaz de incidir e conduzir o consumidor a tais praças privilegiadas, de forma a incrementar o volume de vendas. A responsabilidade civil do *shopping center* no caso de danos causados à integridade física dos consumidores ou aos seus bens não pode, em regra, ser afastada sob a alegação de caso fortuito ou força maior, pois a prestação de segurança devida por este tipo de estabelecimento é inerente à atividade comercial exercida por ele. Um consumidor que está no interior de uma loja, em um *shopping center*, não imagina que o teto irá desabar sobre si, ainda que haja uma forte tempestade no exterior do empreendimento, afinal, a estrutura do estabelecimento deve – sempre, em qualquer época do ano – ser hábil a suportar rajadas de vento e fortes chuvas" (STJ, REsp 1.764.439/SP, 3.ª Turma, Rel. Min. Nancy Andrighi, j. 21.05.2019, *DJe* 24.05.2019).

Outro debate interessante sobre o tema foi travado quando do julgamento do Recurso Especial 1.431.606/SP, pela Terceira Turma da Corte, em agosto de 2017, acórdão que teve a relatoria principal do Ministro Paulo de Tarso Sanseverino. A demanda discutiu a responsabilidade civil de uma lanchonete do McDonald's pelo roubo armado de uma motocicleta em seu estacionamento. Por maioria, entendeu-se haver um evento externo, caracterizado como caso fortuito ou força maior. O acórdão foi assim publicado no *Informativo* n. 613 do Tribunal:

"A matéria devolvida ao conhecimento do STJ se limita a definir se há responsabilidade de lanchonete por roubo de motocicleta ocorrido nas dependências do estacionamento mantido pelo estabelecimento, quando o consumidor retornava a seu veículo após a refeição. Sobre o tema, cumpre salientar que, a teor da Súmula 130/STJ, 'A empresa responde, perante o cliente, pela reparação de dano ou furto de veículo ocorridos em seu estacionamento'. Ocorre, porém, que o caso em apreço não se amolda à orientação expressada no aludido enunciado sumular, porquanto não se trata aqui de simples subtração (furto) ou avaria (dano) da motocicleta pertencente ao autor, mas da subtração desta mediante grave ameaça dirigida por terceiros contra sua pessoa, ou seja, verificou-se a ocorrência do crime de roubo, que foi praticado, inclusive, com emprego de arma de fogo, o que evidencia ainda mais a inevitabilidade do resultado danoso. Como consabido, o art. 393 do Código Civil de 2002 elenca a força maior e o caso fortuito como causas excludentes do nexo causal e, por consequência, da própria responsabilidade civil. O parágrafo único do mencionado dispositivo, por sua vez, dispõe que ambos se configuram na hipótese de fato necessário, cujos efeitos se revelem impossíveis de evitar ou impedir. A ideia que subjaz é, por isso mesmo, a de que o 'agente' não deve responder pelos danos causados na hipótese em que não lhe era possível antever e, sobretudo, impedir o acontecimento. Destaca-se também que não se pode comparar a situação em apreço com a de estacionamentos privados destinados à exploração direta de tal atividade ou a daqueles indiretamente explorados por grandes *shopping centers* e redes de hipermercados. Nesse aspecto, cumpre observar que, no primeiro caso – relativo a demandas indenizatórias promovidas em desfavor de empresas voltadas especificamente à exploração do serviço de estacionamento –, esta Corte Superior tem afastado a alegação defensiva de ocorrência de força maior por considerar configurado fortuito interno, haja vista serem inerentes à atividade comercial explorada, nessa hipótese, os riscos oriundos de seus deveres de guarda e segurança que constituem, em verdade, a própria essência do serviço oferecido e pelo qual demanda contraprestação. No segundo caso – em que figuram no polo passivo demandas análogas de hipermercados ou *shopping centers* –, a responsabilidade tem sido reconhecida pela aplicação da teoria do risco (risco-proveito) conjugada com o fato de se vislumbrar, em situações tais, a frustração de legítima expectativa do consumidor, que termina sendo levado a crer, pelas características do serviço agregado (de estacionamento) oferecido pelo fornecedor, estar frequentando ambiente completamente seguro. No caso concreto, nenhuma dessas circunstâncias se faz presente. Afinal, pelo que se pode facilmente colher dos autos, o autor foi vítima de assalto na área de estacionamento aberto, gratuito, desprovido de controle de acesso, cercas ou de qualquer aparato que o valha, circunstâncias que evidenciam que nem sequer se poderia afirmar ser a lanchonete responsável por eventual expectativa de segurança criada pelo consumidor" (STJ, REsp 1.431.606/SP, Rel. Min. Paulo de Tarso Sanseverino, Rel. p/ ac. Min. Ricardo Villas Bôas Cueva, por maioria, j. 15.08.2017, *DJe* 13.10.2017).

Concorda-se com a posição majoritária constante do julgamento pois, de fato, o assalto de motocicleta no estacionamento parece estar totalmente fora do risco do empreendimento da lanchonete. No entanto, merece destaque, do voto vencido da Ministra Nancy Andrighi, a tentativa de buscar critérios para o preenchimento dos eventos internos e externos. Conforme a julgadora, "dentre as circunstâncias relevantes, podem ser elencadas as seguintes (frise-se, sem qualquer intuito de exaurimento): 1. Pagamento direto pelo uso do espaço para estacionamento; 2. Natureza da atividade empresarial exercida; 3. Porte do estabelecimento comercial; 4. Nível de acesso ao estacionamento (fato de o estacionamento ser ou não exclusivo para clientes); 5. Controle de entrada e saída por meio de cancelas ou entrega de *tickets*; 6. Aparatos físicos de segurança na área de parqueamento, tais como muros, cercas, grades, guaritas e sistema de videovigilância; 7. Presença de guardas ou vigilantes no local; 8. Nível de iluminação".

Como se pode perceber, o Tribunal da Cidadania, com correção, tem buscado critérios objetivos para a determinação de a ocorrência estar ou não dentro do risco da atividade, o que deve ser ampliado nos próximos anos.

De toda maneira, a demonstrar a existência de mais uma hipótese fática que gera polêmicas na Corte Superior, em setembro de 2018 julgou-se de forma distinta em caso relativo a assalto ocorrido no *drive-thru* da mesma rede de lanchonetes. Entendeu-se que, "diante de tais circunstâncias trazidas nos autos, tenho que o serviço disponibilizado foi inadequado e ineficiente, não havendo falar em caso fortuito ou força maior, mas sim fortuito interno, porquanto incidente na proteção dos riscos esperados da atividade empresarial desenvolvida e na frustração da legítima expectativa de segurança do consumidor-médio, concretizando-se o nexo de imputação na frustração da confiança a que fora induzido o cliente. Ademais, configurada a responsabilização da fornecedora em razão da própria publicidade veiculada pela empresa, em que se constata a promessa de segurança dos clientes" (STJ, REsp 1.450.434/SP, 4.ª Turma, Rel. Min. Luis Felipe Salomão, j. 18.09.2018). Conclui-se, como se percebe pelo trecho destacado, tratar-se de um evento interno, que entra no risco da atividade da empresa.

Com o devido respeito à última forma de julgar, reitero o meu entendimento de que nas duas hipóteses tem-se um evento externo, que foge do risco da atividade ou do risco do empreendimento, pois não existem medidas concretas e efetivas que podem ser tomadas pela lanchonete para evitar o fato. A questão é de segurança pública e deveria sempre envolver a responsabilidade civil do Estado. A questão, contudo, pende de pacificação no âmbito da Segunda Seção do STJ.

Como outro tema de relevo, o Superior Tribunal de Justiça editou súmula no ano de 2012 estabelecendo que as instituições bancárias respondam pelas fraudes praticadas por terceiros no âmbito de sua atuação.

A título de exemplo, podem ser citados os roubos e furtos de talões de cheques, a clonagem de cartões ou de clientes e as fraudes praticadas pela internet e pelo uso de mecanismos de transferência como o *pix*. Prescreve a Súmula n. 479 daquela Corte Superior que "as instituições financeiras respondem objetivamente pelos danos gerados por fortuito interno relativo a fraudes e delitos praticados por terceiros no âmbito de operações bancárias". A súmula merece um reparo crítico na redação, uma vez que todas as citadas fraudes constituem eventos internos, entrando no risco do empreendimento ou no risco da atividade desenvolvida pelos bancos (*risco do negócio*).

Vale, contudo, a ressalva de que a fraude foi praticada com o uso da senha e o cartão do próprio correntista, portanto não se aplica a solução prevista na súmula, presente a culpa ou fato exclusivo da própria vítima. Nos termos de recente aresto do próprio STJ:

"De acordo com a jurisprudência do Superior Tribunal de Justiça, a responsabilidade da instituição financeira deve ser afastada quando o evento danoso decorre de transações que, embora contestadas, são realizadas com a apresentação física do cartão original e mediante uso de senha pessoal do correntista. Hipótese em que as conclusões da perícia oficial atestaram a inexistência de indícios de ter sido o cartão do autor alvo de fraude ou ação criminosa, bem como que todas as transações contestadas foram realizadas com o cartão original e mediante uso de senha pessoal do correntista" (STJ, REsp 1.633.785/SP, 3.ª Turma, Rel. Min. Ricardo Villas Bôas Cueva, j. 24.10.2017, *DJe* 30.10.2017).

Com o devido respeito, tenho dúvidas se o fato ocorrido também não ingressa no risco do empreendimento do banco, dependendo das circunstâncias que envolvem a demanda.

Como última ilustração importante, em 2019 surgiu outra ressalva à súmula na Corte, de que a instituição bancária não pode responder por fraudes em boletos no caso de intermediação de contrato entre particulares. Vejamos trecho do acórdão:

"O banco recorrido não pode ser considerado um fornecedor da relação de consumo que causou prejuízos à recorrente, pois não se verifica qualquer falha na prestação de seu serviço bancário, apenas por ter emitido o boleto utilizado para pagamento. Não pertencendo à cadeia de fornecimento em questão, não há como responsabilizar o banco recorrido pelos produtos não recebidos. Ademais, também não se pode considerar esse suposto estelionato como uma falha no dever de segurança dos serviços bancários prestados pelo recorrido" (STJ, REsp 1.786.157/SP, 3.ª Turma, Rel. Min. Nancy Andrighi, j. 03.09.2019, *DJe* 05.09.2019).

Esse entendimento, todavia, fica em dúvidas se confrontado com a responsabilidade solidária e a ideia de risco-proveito adotada pelo CDC, tema ainda a ser analisado em capítulo próprio deste livro.

6. DA FLEXIBILIZAÇÃO DO NEXO DE CAUSALIDADE

A encerrar o estudo do nexo de causalidade, cabe abordar a sua eventual flexibilização, tema que vem sendo bem analisado pela civilística contemporânea. Trata-se do que também se denomina de *nexo de causal flexível*, sendo certo que, pela insuficiência das teorias referentes à causalidade, tem-se procurado reparar a vítima antes de qualquer discussão técnica mais profunda.[112]

Anderson Schreiber demonstra que essa flexibilização decorre das dificuldades existentes a respeito da *miríade* de teorias relativas ao nexo e pondera: "certo é que, muitas vezes, o que se chamada de presunção do nexo de causalidade não passa de uma etapa lógica de sua verificação, em que o juiz recorre a regras

---

[112] SCHREIBER, Anderson. *Novos paradigmas de responsabilidade civil*, 2. ed., cit., p. 63-65; MULHOLLAND, Caitlin Sampaio. *A responsabilidade civil por presunção de causalidade*, cit., p. 212.

comuns de experiência ou a uma suposta normalidade dos fatos para aferir se há relação de causalidade entre a atividade lesiva e o dano. Verifica-se, contudo, em diversas ocasiões, o recurso a expediente mais drástico, como a desconsideração de uma excludente de causalidade ou a aplicação de teorias que, sem se propor a explicar o significado da causalidade jurídica, logram expandir a margem de discricionariedade do juiz na imposição da responsabilidade civil".[113] Sobre a relativização das excludentes do nexo, o autor trata, na sequência, da ideia de fortuito interno, exposta no tópico anterior.

Também na perspectiva de flexibilização do nexo, fala-se ainda em aplicação da *teoria da causalidade alternativa*, pela qual responsabiliza-se qualquer membro de um grupo que acabou por causar um dano.[114] De acordo com essa ideia, o próprio conceito de *responsabilidade pressuposta*, o qual surge de forma preventiva para eventos futuros que decorrem da exposição ao perigo ou ao risco, é apropriado para demonstrar tal abrandamento teórico.[115]

Quanto à *causalidade alternativa*, já abordada em tópico anterior deste capítulo, vale lembrar que ela tem grande incidência nos casos de *responsabilidade coletiva*, denominada também de *responsabilidade anônima*, presente nas hipóteses fáticas em que o dano foi causado por um grupo de pessoas, sem que seja possível individualizar a contribuição causal de cada um dos agentes para o prejuízo gerado, muitas vezes de enorme proporção. A título de exemplo, podem ser citadas as grandes manifestações públicas que descambam para a violência, as brigas entre torcidas ou de outros grupos identificáveis e os conflitos armados entre facções criminosas.

Em casos como esses, Gisela Sampaio da Cruz pontua que a doutrina se divide em duas correntes. Na primeira vertente estão os juristas que defendem a exoneração dos membros do grupo causador do dano, eis ser preferível que a vítima fique sem indenização do que eventualmente condenar quem não tenha causado qualquer prejuízo. Por outra via, a segunda corrente, amplamente majoritária e à qual estou filiado, sustenta que todos os membros do grupo devem ser solidariamente responsáveis, uma vez que não se pode, definitivamente, tratar a vítima com mais rigor do que aqueles que criaram o risco gerador dos prejuízos.[116] O fundamento para a última conclusão está no tão citado art. 942 do Código Civil de 2002, que estabelece a solidariedade passiva legal de todos os autores e coautores do evento danoso.

No mesmo sentido, Renato Duarte Franco de Moraes afirma ser necessário responsabilizar em conjunto e solidariamente todos os membros do grupo. Conforme sustenta em sua dissertação de mestrado defendida na Faculdade de Direito da USP, sob a orientação da Professora Giselda Hironaka, "em termos amplos, a necessidade de se impor a solidariedade dos integrantes do grupo

---

[113] SCHREIBER, Anderson. *Novos paradigmas de responsabilidade civil*, 2. ed., cit., p. 65.
[114] Sobre o tema, destaque-se, na doutrina nacional: MULHOLLAND, Caitlin Sampaio. *A responsabilidade civil por presunção de causalidade*, cit., p. 212.
[115] HIRONAKA, Giselda Maria Fernandes Novaes. *Responsabilidade pressuposta*, cit.
[116] CRUZ, Gisela Sampaio da. *O problema do nexo causal na responsabilidade civil*, cit., p. 268-306.

pode ser inferida à luz dos princípios: (I) da isonomia; (II) da reparação integral da vítima legal (art. 944 do Código Civil); e (III) da coletivização da responsabilidade. Em termos mais específicos, a solidariedade dos integrantes do grupo se revela compatível com o art. 927, do CC, nas situações em que os integrantes da coletividade praticam ações ou omissões individuais ilícitas, ou atividades arriscadas, que possuem caráter homogêneo e adquirem forma e identidade próprias, traduzindo-se na conduta coletiva que causa o dano".[117] E arremata, apontando critérios para resolver tais situações concretas: "para a responsabilização solidária dos integrantes dos grupos baseada na conduta coletiva, é essencial a satisfação dos seguintes requisitos: (i) a prática de conduta culposa ou de atividade arriscada pelos potenciais ofensores; (ii) caráter homogêneo dessas condutas; (iii) criação de situação de risco comum; e (iv) existência de causalidade entre a conduta coletiva e o dano".[118]

Como se pode perceber pelos critérios apontados, e também na linha do que sustenta Caitlin Mulholland, não há, na aplicação da solidariedade aos casos de responsabilidade coletiva, uma total desconsideração do nexo de causalidade.[119] Todavia, não se pode negar que este é flexibilizado com o intuito de uma maior preocupação com a vítima, nem que isso custe a responsabilização de sujeitos que efetiva e diretamente não contribuíram para o prejuízo causado a outrem.

Penso e defendo que, eventualmente, haverá uma justa divisão das responsabilidades dos agentes na ação regressiva proposta por um contra o outro.

---

[117] MORAES, Renato Duarte Franco de. *A causalidade alternativa e a responsabilização dos múltiplos ofensores*. 2014. Dissertação (Mestrado) – Faculdade de Direito da USP, São Paulo. Disponível em: <http://www.teses.usp.br/teses/disponiveis/2/2131/tde-04032015-125144/pt-br.php>. Acesso em: 20 jun. 2018, p. 209.

[118] MORAES, Renato Duarte Franco de. *A causalidade alternativa e a responsabilização dos múltiplos ofensores*, cit., p. 209.

[119] MULHOLLAND, Caitlin Sampaio. *A responsabilidade civil por presunção de causalidade*, cit., p. 188.

DOS ELEMENTOS DA RESPONSABILIDADE CIVIL EXTRACONTRATUAL. ELEMENTO OBJETIVO: O DANO OU PREJUÍZO. OS DANOS CLÁSSICOS E OS NOVOS DANOS

Sumário: 1. Visão geral sobre os danos reparáveis na responsabilidade civil – 2. Dos danos materiais ou patrimoniais: 2.1. Dos danos emergentes ou danos positivos; 2.2. Dos lucros cessantes ou danos negativos. Os alimentos indenizatórios como lucros cessantes e suas principais polêmicas; 2.3. Da controversa classificação dos danos materiais em diretos e indiretos – 3. Dos danos morais: 3.1. Conceito de dano moral e classificações. O dano moral presumido e o dano moral em ricochete; 3.2. Danos morais x transtornos ou aborrecimentos; 3.3. Dos danos morais da pessoa jurídica; 3.4. Da natureza jurídica da indenização por danos morais; 3.5. Tarifação x quantificação dos danos morais. Critérios utilizados pela jurisprudência do STJ. O método bifásico de quantificação dos danos morais; 3.6. Da compensação *in natura* dos danos morais; 3.7. Danos morais ou danos extrapatrimoniais. O termo a ser utilizado no Brasil. Situação atual e o projeto de Reforma do Código Civil – 4. Danos estéticos – 5. Danos morais coletivos – 6. Danos sociais ou difusos – 7. Danos por perda de uma chance – 8. Danos pela perda do tempo – 9. Danos pelo lucro ilícito ou lucro da intervenção – 10. Danos existenciais e danos ao projeto de vida.

1. VISÃO GERAL SOBRE OS DANOS REPARÁVEIS NA RESPONSABILIDADE CIVIL

Como é notório, para que haja pagamento de uma indenização, além da prova de dolo ou de culpa na conduta do agente, é necessário, em regra, comprovar o dano material ou imaterial suportado por alguém. A palavra "dano", que decorre do latino *damnum*, tem muitas acepções, significando, em suma, a presença de um prejuízo real, um mal, um detrimento, uma perda a alguém.[1] Aguiar Dias, na doutrina clássica, é um dos autores nacionais que se filia à concepção jurídica de dano como prejuízo, sendo pressuposto objetivo do dever de indenizar, posição por mim compartilhada. São suas palavras:

> "Como, para nós, é possível, como já insinuamos, exigir-se que a noção de dano se restrinja à ideia de prejuízo, isto é, o resultado da lesão, só por isso mostra mais adequada do que a de Carnelutti a definição de Fischer que considera o dano nas suas duas acepções: a) a vulgar, de prejuízo que alguém sofre, na sua alma, no seu corpo ou seus bens, sem indagação de quem seja o autor da lesão de que resulta; b) a jurídica, que, embora partindo da mesma concepção fundamental, é delimitada pela sua condição de pena ou de dever de indenizar, e vem a ser o prejuízo sofrido pelo sujeito de direitos em consequência da violação destes por fato alheio. Assim, a lesão que o indivíduo irrogue a si mesmo produz dano, em sentido vulgar. Mas tal dano não interessa ao direito. O suicídio, por exemplo, não é punido pelas leis penais, apesar do seu caráter público. Tem-se a impressão, contudo, de que a não punição do suicídio não é, como aí se afirma, efeito do desinteresse do legislador penal, mas efeito da impossibilidade de efetivá-la".[2]

Como sempre exponho em aulas e palestras sobre o tema, a ação de responsabilidade civil, para o seu autor ou demandante, é como uma *corrida com dois obstáculos*, representando cada um deles um ônus de provar. O primeiro obstáculo é a culpa *lato sensu*, enquanto o segundo é o dano. No entanto, é possível a retirada de um ou até de todos esses obstáculos para o autor da demanda. Quando se retira o primeiro obstáculo, a responsabilidade do agente é objetiva, prescindindo da prova de culpa. Na hipótese de não existência do segundo, o dano causado à vítima é presumido ou *in re ipsa*.

Nesse contexto de elucidação, reitere-se que, pelo menos em regra, não há responsabilidade civil sem dano, cabendo o ônus de sua prova ao autor da demanda, aplicação do art. 373, inc. I, do CPC/2015, correspondente ao art. 333, inc. I, do CPC/1973. De toda sorte, cabe lembrar que, em alguns casos, cabe a inversão do ônus da prova do dano ou prejuízo, como nas hipóteses envolvendo as relações de consumo, presente a hipossuficiência do consumidor ou a verossimilhança de suas alegações (art. 6.º, inc. VIII, da Lei n. 8.078/1990), tema que aqui ainda será estudado, no Capítulo 8 deste livro.

Ademais, o Código de Processo Civil ora em vigor ampliou essa inversão para qualquer hipótese em que houver dificuldade na construção probatória, tratando da *carga dinâmica da prova*. Nos termos do § 1.º do seu art. 373, nos casos previstos em lei ou diante de peculiaridades da causa relacionadas à impossibilidade ou à excessiva dificuldade de cumprir o encargo probatório ou à

---

[1] Conforme pesquisa no *Dicionário Houaiss da língua portuguesa*. Versão eletrônica. Disponível em: <http://houaiss.uol.com.br/busca.jhtm?verbete=dano&stype=k>. Acesso em: 12 abr. 2017.
[2] AGUIAR DIAS, José de. *Da responsabilidade civil*, cit., p. 284-285.

maior facilidade de obtenção da prova do fato contrário, poderá o juiz atribuir o ônus da prova de modo diverso, desde que o faça por decisão fundamentada.

Em casos tais, nos termos do mesmo preceito, o juiz deverá dar à parte a oportunidade de se desincumbir do ônus que lhe foi atribuído. No meu entender, a regra pode ser aplicada a vulneráveis que não são consumidores, caso dos aderentes contratuais para quem o conteúdo do negócio é imposto. Além disso, a norma pode incidir naturalmente nas situações em que houver dificuldade de prova de dano pela vítima.

Feitas tais considerações, importante relembrar que há corrente doutrinária pela qual a mera lesão de direitos poderá acarretar a responsabilidade civil, sendo crescente em adeptos a tese da *responsabilidade civil sem dano*. Como antes exposto, na doutrina contemporânea, o tema é tratado por Pablo Malheiros da Cunha Frota, em sua importante tese de doutorado defendida na UFPR, aqui tão citada.[3]

Destaca o professor que os juristas presentes no encontro de 2013 dos Grupos de Pesquisa em Direito Civil Constitucional, liderados pelos Professores Gustavo Tepedino (UERJ), Luiz Edson Fachin (UFPR) e Paulo Luiz Netto Lôbo (UFPE), editaram a Carta de Recife. Nas suas palavras, "um dos pontos debatidos e que se encontra na Carta de Recife, documento haurido das reflexões apresentadas pelos pesquisadores no citado encontro, foi justamente a preocupação com essa situação de responsabilidade com e sem dano, como consta do seguinte trecho da aludida Carta: 'A análise crítica do dano na contemporaneidade impõe o caminho de reflexão sobre a eventual possibilidade de se cogitar da responsabilidade sem dano'. Paulo Lôbo, na arguição a esta tese de doutoramento, afirmou que a responsabilidade sem dano seria um olhar para o futuro e a responsabilidade com dano um olhar para o passado e para as suas consequências pretéritas".[4]

No âmbito da jurisprudência, em 2014, relembro que o Tribunal da Cidadania passou a considerar a reparação de danos imateriais mesmo nos casos em que o produto não é consumido. Inaugurou-se, assim, uma forma de julgar que admite a reparação civil pelo perigo de dano, não mais tratada a hipótese como de mero aborrecimento ou transtorno cotidiano. Vejamos novamente o teor da ementa, que foi publicada no *Informativo* n. *537* daquela Corte Superior:

> "Recurso especial. Direito do Consumidor. Ação de compensação por dano moral. Aquisição de garrafa de refrigerante contendo corpo estranho em seu conteúdo. Não ingestão. Exposição do consumidor a risco concreto de lesão à sua saúde e segurança. Fato do produto. Existência de dano moral. Violação do dever de não acarretar riscos ao consumidor. Ofensa ao direito fundamental à alimentação adequada. Artigos analisados: 4.º, 8.º, 12 e 18, CDC e 2.º, Lei 11.346/2006. 1. Ação de compensação por dano moral, ajuizada em 20.04.2007, da qual foi extraído o presente recurso especial, concluso ao

---

[3] FROTA, Pablo Malheiros da Cunha. *Responsabilidade por danos*. Imputação e nexo de causalidade, cit., p. 225-226.

[4] FROTA, Pablo Malheiros da Cunha. *Responsabilidade por danos*. Imputação e nexo de causalidade, cit., p. 225.

Gabinete em 10.06.2013. 2. Discute-se a existência de dano moral na hipótese em que o consumidor adquire garrafa de refrigerante com corpo estranho em seu conteúdo, sem, contudo, ingeri-lo. 3. A aquisição de produto de gênero alimentício contendo em seu interior corpo estranho, expondo o consumidor a risco concreto de lesão à sua saúde e segurança, ainda que não ocorra a ingestão de seu conteúdo, dá direito à compensação por dano moral, dada a ofensa ao direito fundamental à alimentação adequada, corolário do princípio da dignidade da pessoa humana. 4. Hipótese em que se caracteriza defeito do produto (art. 12, CDC), o qual expõe o consumidor a risco concreto de dano à sua saúde e segurança, em clara infringência ao dever legal dirigido ao fornecedor, previsto no art. 8.º do CDC. 5. Recurso especial não provido" (STJ, REsp 1.424.304/SP, 3.ª Turma, Rel. Min. Nancy Andrighi, j. 11.03.2014, *DJe* 19.05.2014).

A propósito desse debate, a respeito do fato de o consumidor ter encontrado um corpo estanho em um produto, mas sem consumi-lo, surgiram arestos posteriores, afastando a posição inaugurada pela Ministra Nancy Andrighi no *último acórdão*. Assim julgando, em sentido contrário ao aresto transcrito acima:

"No âmbito da jurisprudência do STJ, não se configura o dano moral quando ausente a ingestão do produto considerado impróprio para o consumo, em virtude da presença de objeto estranho no seu interior, por não extrapolar o âmbito individual que justifique a litigiosidade, porquanto atendida a expectativa do consumidor em sua dimensão plural. A tecnologia utilizada nas embalagens dos refrigerantes é padronizada e guarda, na essência, os mesmos atributos e as mesmas qualidades no mundo inteiro. Inexiste um sistemático defeito de segurança capaz de colocar em risco a incolumidade da sociedade de consumo, a culminar no desrespeito à dignidade da pessoa humana, no desprezo à saúde pública e no descaso com a segurança alimentar" (STJ, REsp 1.395.647/SC, 3.ª Turma, Rel. Min. Ricardo Villas Bôas Cueva, j. 18.11.2014, *DJe* 19.12.2014).

E, ainda, na mesma linha: "a jurisprudência do Superior Tribunal de Justiça se consolidou no sentido de que a ausência de ingestão de produto impróprio para o consumo configura, em regra, hipótese de mero dissabor vivenciado pelo consumidor, o que afasta eventual pretensão indenizatória decorrente de alegado dano moral. Precedentes" (STJ, AgRg no AREsp 489.030/SP, 4.ª Turma, Rel. Min. Luis Felipe Salomão, j. 16.04.2015, *DJe* 27.04.2015).

Em novembro de 2017, mais uma vez no âmbito da Terceira Turma da Corte Superior, a Ministra Nancy Andrighi prolatou voto no sentido de que apenas o ato de se levar à boca alimento que tenha corpo estranho já caracteriza o sentimento de ojeriza e a exposição do consumidor a risco concreto, configurando dano moral indenizável. Conforme afirmou a julgadora na ocasião, "levar à boca possui as mesmas consequências negativas à saúde e integridade física. Não concordo com a jurisprudência que diz que, se compro uma garrafa de Coca-Cola, e tem um bicho lá dentro, mas eu não tomo, não mereço dano moral. Lembro-me daquele caso dramático da lata de tomate, que tinha uma camisinha com o nó feito, o que demonstra ter sido claramente usada; claro que a parte não comeu. Mas o sentimento de ojeriza é para sempre. Já imaginou a criança engolir o anel? Temos que ser muito exigentes ao consumidor. Abriu o pacote já está caracterizado". O caso dizia respeito à criança que encontrou uma aliança em recheio de uma bolacha. Ao final, a indenização foi fixada em R$ 10.000,00 (STJ, REsp 1.644.405/RS, 3.ª Turma, Rel. Min. Nancy Andrighi, j. 09.11.2017, publicado no *Informativo* n. *616* da Corte).

No mesmo sentido, aliás, de mesma relatoria, a hipótese julgada em 2019 a respeito da presença de um inseto dentro de um pote de iogurte, em que se manteve, pelos mesmos fundamentos, a indenização por danos morais em cinco mil reais (STJ, REsp 1.828.026/SP, 3.ª Turma, Rel. Min. Nancy Andrighi, j. 10.09.2019, *DJe* 12.09.2019).

A demonstrar toda essa divergência, pontue-se que, na Edição 39 da ferramenta *Jurisprudência em Teses* do próprio STJ, que trata do Direito do Consumidor, poderiam ser encontradas premissas em certo sentido conflitantes sobre o tema. Conforme a tese 2, "a simples aquisição do produto considerado impróprio para o consumo, em virtude da presença de corpo estranho, sem que se tenha ingerido o seu conteúdo, não revela o sofrimento capaz de ensejar indenização por danos morais". Por outra via, nos termos da tese 3, "a aquisição de produto de gênero alimentício contendo em seu interior corpo estranho, expondo o consumidor a risco concreto de lesão à sua saúde e segurança, ainda que não ocorra a ingestão de seu conteúdo, dá direito à compensação por dano moral, dada a ofensa ao direito fundamental à alimentação adequada, corolário do princípio da dignidade da pessoa humana".

Ficava em dúvida uma hipótese em que a ingestão de corpo estranho não causasse risco concreto de lesão à pessoa humana, constatação que colocava as duas teses em contradição, no meu entendimento. Diante desse conflito, em 2019, as duas teses foram retiradas da publicação.

Como se nota, no âmbito da jurisprudência o tema ainda estava em aberto, especialmente porque o Superior Tribunal de Justiça deve manter a sua jurisprudência estável, íntegra e coerente, conforme consta do art. 926 do Código de Processo Civil de 2015. Esperava-se, portanto, que a questão fosse pacificada no âmbito da sua Segunda Seção.

Finalmente, em 2021, reitere-se que a questão foi pacificada na Segunda Seção da Corte Superior, seguindo-se a tese da Ministra Nancy Andrighi, e encerrando-se o debate a respeito da temática. Consoante o acórdão, que passou a influenciar todas as decisões posteriores:

"A presença de corpo estranho em alimento industrializado excede aos riscos razoavelmente esperados pelo consumidor em relação a esse tipo de produto, sobretudo levando-se em consideração que o Estado, no exercício do poder de polícia e da atividade regulatória, já valora limites máximos tolerados nos alimentos para contaminantes, resíduos tóxicos outros elementos que envolvam risco à saúde. Dessa forma, à luz do disposto no art. 12, *caput* e § 1.º, do CDC, tem-se por defeituoso o produto, a permitir a responsabilização do fornecedor, haja vista a incrementada – e desarrazoada – insegurança alimentar causada ao consumidor. Em tal hipótese, o dano extrapatrimonial exsurge em razão da exposição do consumidor a risco concreto de lesão à sua saúde e à sua incolumidade física e psíquica, em violação do seu direito fundamental à alimentação adequada. É irrelevante, para fins de caracterização do dano moral, a efetiva ingestão do corpo estranho pelo consumidor, haja vista que, invariavelmente, estará presente a potencialidade lesiva decorrente da aquisição do produto contaminado. Essa distinção entre as hipóteses de ingestão ou não do alimento insalubre pelo consumidor, bem como da deglutição do próprio corpo estranho, para além da hipótese de efetivo comprometimento de sua saúde, é de inegável relevância no momento da quantificação da indenização, não surtindo efeitos, todavia, no que tange à caracterização, *a priori*, do dano moral" (STJ, REsp 1.899.304/SP, 2.ª Seção, Rel. Min. Nancy Andrighi, j. 25.08.2021, *DJe* 04.10.2021).

Como se pode notar, a conclusão final foi no sentido de estarem presentes danos morais pela simples presença de um corpo estranho em um produto adquirido, sendo essa a posição a ser adotada para os devidos fins práticos.

De toda sorte, reafirmo que, *a priori*, não me filio à sedutora tese da responsabilidade sem dano, eis que, para que o ato ilícito esteja caracterizado, é necessária a presença de dois elementos: a lesão de direitos e o dano (art. 186 do CC). A reparação do dano efetivo e presente também consta dos arts. 403 e 927 da atual codificação privada. No que concerne ao art. 403 do CC/2002, reafirme-se que a sua melhor interpretação é no sentido de que, quando o dispositivo menciona os danos diretos, está somente vedando a reparação dos danos hipotéticos ou eventuais. No Projeto de Reforma do Código Civil, o dano é mantido como requisito do ato ilícito indenizante e da responsabilidade civil.

Feitas tais considerações, prevê a remota Súmula n. 37 do Superior Tribunal de Justiça que é possível a cumulação, em uma mesma ação, de pedido de reparação material e moral, assunto que gerou certo debate no passado, diante do então novel tratamento do dano moral pela Constituição Federal de 1988. Confirmando o seu teor e a sua incidência prática, pronunciou-se recentemente a mesma Corte no seguinte sentido:

"Nos termos da jurisprudência da Segunda Turma do STJ, 'inexiste vedação para a acumulação da reparação econômica com indenização por danos morais, porquanto se trata de verbas indenizatórias com fundamentos e finalidades diversas: aquela visa à recomposição patrimonial (danos emergentes e lucros cessantes), ao passo que esta tem por escopo a tutela da integridade moral, expressão dos direitos da personalidade' (STJ, AgRg no REsp 1.467.148/SP, Rel. Ministro Herman Benjamin, 2.ª Turma, *DJe* de 11.02.2015). No mesmo sentido: STJ, AgRg no REsp 1.477.268/SP, Rel. Ministra Diva Malerbi (Desembargadora Federal Convocada do TRF/3.ª Região), 2.ª Turma, *DJe* de 24.05.2016; AgRg no REsp 1.564.880/RS, Rel. Ministro Herman Benjamin, 2.ª Turma, *DJe* de 23.05.2016; AgRg no REsp 1.445.346/SP, Rel. Ministro Humberto Martins, 2.ª Turma, *DJe* de 21.10.2015" (STJ, Ag. Int. no AREsp 978.591/SP, 2.ª Turma, Rel. Min. Assusete Magalhães, j. 16.02.2017, *DJe* 08.03.2017).

A citada sumular, de 1992, merece uma nova leitura, pois o Superior Tribunal de Justiça vem entendendo, desde o ano de 2000, que são cumuláveis danos materiais, morais e estéticos, constituindo os últimos uma terceira modalidade de dano.

A grande discussão existente sempre foi com relação à cumulação dos danos morais e estéticos, estando ela superada em sede do Superior Tribunal de Justiça. Daqueles primeiros julgados é interessante a seguinte transcrição:

"Responsabilidade civil. Ônibus. Atropelamento. Vítima que restou total e permanentemente incapacitada para o trabalho. Negativa de prestação jurisdicional. Sentença condicional. Inexistência. Cumulação dos danos morais com os estéticos. Admissibilidade" (STJ, REsp 327.210/MG, 4.ª Turma, Rel. Min. Barros Monteiro, j. 04.11.2004, DJ 1.º.02.2005, p. 564. Veja: (Acumulação – Dano moral – Dano estético) STJ – REsp 595.866/RJ, 540021/ES, 203.142/RJ, 103.102/SP, 192.823/RJ, 249.728/RJ, 434.903/RJ, 459.350/RJ, 254.445/PR (RDDP 6/206), 457.312/SP (LEX-STJ 161/215, RSTJ 171/356), REsp 210.351/RJ (RSTJ 139/358, LEX-STJ 137/230), REsp 289.885/RJ.

Dos julgados, de datas mais próximas, podem ser colacionados de conteúdo exemplar:

"Indenização. 'Danos estéticos' ou 'danos físicos'. Indenizabilidade em separado. 1. A jurisprudência da 3.ª Turma admite que sejam indenizados, separadamente, os danos morais e os danos estéticos oriundos do mesmo fato. Ressalva do entendimento do relator. 2. As sequelas físicas decorrentes do ato ilícito, mesmo que não sejam visíveis de ordinário e, por isso, não causem repercussão negativa na aparência da vítima, certamente provocam intenso sofrimento. Desta forma, as lesões não precisam estar expostas a terceiros para que sejam indenizáveis, pois o que se considera para os danos estéticos é a degradação da integridade física da vítima, decorrente do ato ilícito. 3. Os danos morais fixados pelo Tribunal recorrido devem ser majorados pelo STJ quando se mostrarem irrisórios e, por isso mesmo, incapazes de punir adequadamente o autor do ato ilícito e de indenizar completamente os prejuízos extrapatrimoniais sofridos pela vítima. 4. Provido o recurso especial da parte que pretendia majoração dos danos morais, fica prejudicado o recurso especial da parte que pretendia a redução da indenização" (STJ, REsp 899.869/MG, 3.ª Turma, Rel. Min. Humberto Gomes de Barros, j. 13.02.2007, DJ 26.03.2007, p. 242).

"Processual civil. Administrativo. Recurso especial. Responsabilidade civil do Estado. Indenização por danos morais, materiais e estéticos. Pensão mensal vitalícia. Prescrição do fundo de direito. Violação do art. 1.º do Decreto 20.910/1932. Inaplicabilidade da Súmula 85/STJ. Precedentes. Provimento. A prescrição, no caso, não atingiu apenas as prestações anteriores ao quinquídio que antecedeu o ajuizamento da ação (Súmula 85/STJ), mas fulminou toda a pretensão condenatória (seja a indenização por danos morais, materiais e estéticos, seja a pensão mensal vitalícia), porque decorreram mais de quinze (15) anos entre a data da ciência da incapacidade laboral absoluta e irreversível – com a concessão do benefício previdenciário de aposentadoria por invalidez em 3 de janeiro de 1986 – e o ajuizamento da ação condenatória, ocorrido somente em 8 de junho de 2001. Recurso especial provido para se reconhecer a prescrição e decretar a extinção do processo com resolução de mérito" (STJ, REsp 652.551/RJ, 1.ª Turma, Rel. Min. Denise Arruda, j. 05.12.2006, DJ 18.12.2006, p. 312).

A questão da reparação à parte dos danos estéticos consolidou-se de tal forma na jurisprudência superior que, em setembro de 2009, o Tribunal da Cidadania editou a Súmula n. 387 enunciando expressamente que é lícita a cumulação das indenizações de dano estético e dano moral. Tal mudança de perspectiva da Corte evidencia o reconhecimento de novas categorias de danos, também percebida no âmbito acadêmico e da doutrina nacional, nos últimos anos.

Um dos primeiros a desenvolver o tema entre nós foi o professor titular da Universidade do Estado do Rio de Janeiro, Anderson Schreiber, em sua tese de doutorado defendida na Universidade de Molise, Itália, transformada posteriormente em obra de grande destaque no cenário jurídico nacional. Como aponta o jurista, "às figuras mais comuns de dano não patrimonial (dano à integridade psicofísica, dano estético, dano à saúde etc.) vêm se somando outras, de surgimento mais recente e de classificação ainda assistemática. Para designá-las, a doutrina de toda parte tem empregado expressões como *novos danos* ou *novos tipos de danos*. A rigor, a alusão a 'tipos' mostra-se imprópria na maior parte dos ordenamentos, já que a tendência mundial hoje é a de rejeitar a aplicação do princípio – ou da lógica – da tipicidade no que tange à definição dos danos ressarcíveis. Justamente por essa razão, o arrolamento desses 'novos danos' mostra-se uma tarefa das mais ingratas".[5]

Tenho aceitado essa *tarefa ingrata* em meus escritos, aulas e exposições sobre a responsabilidade civil. E aqui pretendo, em obra de maior extensão, aprofundar o estudo dos danos reparáveis no Brasil. Esclareça-se que como *novos danos* entendo novas categorias de prejuízos, que podem ser cumuláveis, e não novas situações danosas, analisadas separadamente ao longo deste livro. Sempre defendi que o reconhecimento dessas novas categorias representa normal decorrência da evolução humana e do Direito. À medida que se identificam novos direitos, que são criadas novas tecnologias e que o ser humano amplia os seus meios de conquistas, também surgem novos prejuízos e, sem dúvida, novas vítimas.

De todo modo, como se verá, o projeto de Reforma do Código Civil pretende brecar essa proliferação de novas categorias de danos, tratando-os todos sob o manto dos danos extrapatrimoniais, no novo art. 944-A, que será aqui analisado.

Pois bem, na realidade ainda vigente, como *danos clássicos*, continuo a elencar os danos materiais e os morais, tendo como marco teórico fundamental a Constituição Federal de 1988, que encerrou o debate sobre a reparação da última categoria.

Como *novos danos*, tenho exposto e analisado os danos estéticos, os danos morais coletivos, os danos sociais ou difusos e os danos por perda da chance. A propósito dos danos coletivos em sentido amplo, a comissão de responsabilidade civil da *V Jornada de Direito Civil* (2011), que teve a minha relatoria, aprovou enunciado interessante, com o seguinte teor: "a expressão 'dano' no art. 944 abrange não só os danos individuais, materiais ou imateriais, mas também os danos sociais, difusos, coletivos e individuais homogêneos, a serem reclamados

---

[5] SCHREIBER, Anderson. *Novos paradigmas da responsabilidade civil*, 2. ed., cit., p. 89.

pelos legitimados para propor ações coletivas" (Enunciado n. 456). Essa divisão ainda será estudada nesta obra, de forma aprofundada, como se verá.

Para encerrar esta introdução, cabe destacar que, diante de debates mais recentes, foram neste livro incluídos os danos pela perda do tempo, por lucro ilícito ou lucro da intervenção e o dano existencial. Vejamos, de forma sucessiva e pontual.

2. DOS DANOS MATERIAIS OU PATRIMONIAIS

Os danos materiais ou patrimoniais constituem prejuízos ou perdas que atingem o patrimônio corpóreo de uma pessoa natural, pessoa jurídica ou até mesmo um ente despersonalizado. Desde o Direito Romano, é plenamente admitida a reparação do dano, particularmente aquele de natureza material – primeiro a ser reconhecido –, tendo surgido, na ocasião, a *restitutio in integrum*.[6]

A codificação brasileira de 1916 fazia menção ao dano material, entre outros dispositivos, nos arts. 1.059 a 1.061, que tratavam das *perdas e danos*. De modo semelhante, assim o fez a codificação de 2002, nos seus arts. 402 a 404, dispositivos que discorrem sobre a fixação dos parâmetros dos danos patrimoniais tanto na responsabilidade civil contratual quanto na extracontratual.

Os danos patrimoniais devem ser provados por quem os alega, é antiga essa lição. Nessa seara, são fartas as manifestações doutrinárias e jurisprudenciais no sentido de que não se pode reparar o dano hipotético ou eventual. Entre os estudiosos ainda ecoam com profundidade as palavras de Caio Mário da Silva Pereira, segundo as quais "nem todo dano é ressarcível, diz Alterini. Somente o é aquele que preencher certos requisitos: *certeza, atualidade e subsistência*. (...). A doutrina entende que o dano, como elemento da responsabilidade civil, há de ser *atual* e *certo*".[7]

No plano concreto da jurisprudência por todas elas, entre arestos mais antigos do Tribunal da Cidadania, ilustre-se: "impossibilidade de indenizar-se, em ação de desapropriação, expectativa de lucros advindos de implantação de empreendimento imobiliário, ainda que aprovado pelas autoridades competentes. Na desapropriação, a indenização pelo valor de mercado já leva em conta o potencial de exploração econômica do imóvel. Possibilidade de indenização por danos materiais, se comprovados" (REsp 325.335/SP, 2.ª Turma, Rel. Min. Eliana Calmon, j. 06.09.2001, *DJ* 24.03.2003, p. 191). E entre os mais recentes:

"O Superior Tribunal de Justiça tem a orientação firme de que é necessária a efetiva comprovação da ocorrência dos lucros cessantes e dos danos emergentes, não se admitindo indenização baseada em cálculos hipotéticos nem cálculos por presunção ou dissociados da realidade. Somente após o reconhecimento da existência inequívoca do *an debeatur* seria possível ao julgador, quando

---

[6] A máxima invocada pode ser retirada da Lei das XII Tábuas, especificamente do preceito n. 2 da Tábua Sétima: "Se alguém causa um dano premeditadamente, que o repare" (MEIRA, Sílvio. A. B. *A Lei das XII Tábuas*, cit.).

[7] PEREIRA, Caio Mário da Silva. *Responsabilidade civil*, 5. ed., cit., p. 39.

assim se mostrar conveniente, remeter a apuração do *quantum debeatur* à fase de liquidação" (STJ, REsp 1.496.018/MA, 3.ª Turma, Rel. Min. Ricardo Villas Bôas Cueva, j. 17.05.2016, *DJe* 06.06.2016).

De todo modo, cabe reafirmar que em algumas situações até se admite o dano presumido (*damnum in re ipsa*), mas o que normalmente ocorre é o fato de o autor da demanda ter contra si o ônus de demonstrá-lo, nos termos do art. 373, inc. I, do Código de Processo Civil de 2015, na categoria de danos emergentes e lucros cessantes. A prova, com o Código Civil de 2002, não se refere apenas à existência do dano, mas também à sua extensão (art. 944), a fim de que o aplicador do direito fixe o *quantum* indenitário ou reparatório.

Anoto que o Projeto de Reforma do Código Civil, em boa hora, pretende incluir regra expressa no sentido de que o dano patrimonial deva ser provado. Trata-se da projeção de um novo § 3.º do art. 944-B no Código Civil, segundo o qual "o dano patrimonial será provado de acordo com as regras processuais gerais".

Como inovação interessante, há proposição de inclusão de um novo § 4.º nesse art. 944-B, segundo o qual, "em casos excepcionais, de pouca expressão econômica, pode o juiz calcular o dano patrimonial por estimativa, especialmente quando a produção da prova exata do dano se revele demasiadamente difícil ou onerosa, desde que não haja dúvidas da efetiva ocorrência de danos emergentes ou de lucros cessantes, diante das máximas de experiência do julgador". Trata-se de proposta formulada pela subcomissão de Responsabilidade Civil – formada pelo Professor Nelson Rosenvald, pela Ministra Maria Isabel Gallotti e pela Juíza Patrícia Carrijo –, que acabou sendo aceita pela Relatoria Geral e pelos demais membros da Comissão de Juristas.

Como justificaram os membros da subcomissão, "quem quer que tenha alguma prática na área de reparação judicial de danos, pouco importando se derivados de responsabilidade contratual ou extracontratual, sabe que em muitos casos não se obtém a reparação integral dos danos, por dificuldade de prova precisa dos danos patrimoniais, especialmente (mas não só) dos lucros cessantes. Isso ocorre mesmo naqueles casos em que, à luz da experiência comum, ter-se-ia como certa a ocorrência de tais danos, embora de difícil (ou demasiadamente onerosa) prova. Nesses casos, embora o princípio jurídico regente seja o da reparação integral, na prática isso não é obtido. A previsão introduzida nesse parágrafo busca remediar tal situação, permitindo que os juízes possam estimar tais danos, equitativamente, à luz das circunstâncias do caso e da experiência comum, mesmo na ausência de provas contundentes da extensão do dano. Acredita-se que o bom senso dos julgadores evitará abusos. De qualquer sorte, a sugestão limita-se a casos de pouca expressão econômica". Ainda segundo eles, "a sugestão é inspirada no art. 2:105 dos PETL – *Principles of European Tort Law*, que é mais amplo e ilimitado do que a solução ora proposta: 'Art. 2:105. Prova do dano. O dano deve ser provado de acordo com as regras processuais gerais. O tribunal pode calcular o dano por estimativa quando a prova exata se revele demasiado difícil ou onerosa'". Entendo que a norma vem em boa hora, sobretudo para a tutela de vítimas vulneráveis, ou em situação de hipossuficiência, especialmente quanto à produção de prova.

Dispõe o *caput* do art. 944 da atual codificação privada que a indenização se mede pela extensão do dano. Trata-se de inovação na codificação em vigor, uma vez que o Código Civil de 1916 não trazia norma no mesmo sentido. Não é demais dizer que o próprio sistema romano admitia a fixação da indenização de acordo com a extensão da perda patrimonial, não sendo a premissa uma novidade.[8] Conforme aponta parte da doutrina, o comando legal adota a *teoria da extensão do dano*, uma vez que a indenização deve ser fixada de acordo com o prejuízo suportado pela vítima.[9] Para outra visão, o dispositivo está fundamentado no *princípio da reparação integral dos danos*, pelo qual a vítima do evento danoso faz *jus* a uma indenização por todos os prejuízos que foram suportados.[10]

Entendo que tem razão a segunda corrente, uma vez que há no dispositivo a premissa de ampla proteção da vítima, diante da tendência de *personalização*, comum na atualidade do Direito Privado. Constata-se, em complemento, a clara influência do Código Civil português, que em seu art. 562.º enuncia o princípio geral relativo à indenização, no sentido de que "quem estiver obrigado a reparar um dano deve reconstituir a situação que existiria, se não se tivesse verificado o evento que obriga à reparação".

A grande dúvida reside em saber se há e qual é o fundamento jurídico do princípio da reparação integral dos danos. No que concerne às relações de consumo, o princípio é cristalino no art. 6.º, inc. VI, da Lei n. 8.078/1990, ao prever entre os direitos básicos do consumidor a efetiva prevenção e reparação de danos patrimoniais e morais, individuais, coletivos e difusos.

Relativamente às relações civis tidas como *puras* ou relações que não são de consumo, a reparação integral está fundada na regra geral do art. 927, *caput*, da codificação, pelo qual aquele que, por ato ilícito, causar dano a outrem será obrigado a repará-lo. Também pode ser citado o art. 402 do CC/2002, que, ao tratar das perdas e danos, faz menção ao que efetivamente se perdeu (danos emergentes ou danos positivos) e ao que razoavelmente se deixou de lucrar (lucros cessantes ou danos negativos).

Partindo-se para uma análise constitucional, é plausível amparar o *princípio da reparação integral dos danos* no art. 5.º, particularmente no inc. V – que assegura o direito à indenização por dano material, moral e à imagem –, e também no inc. X – que tutela o direito à reparação integral por violação do direito à intimidade, vida privada, honra e imagem. Em reforço, é pertinente o amparo na *cláusula geral de tutela da pessoa humana*, constante do art. 1.º, inc. III, da Constituição Federal de 1988, que consagra a dignidade da pessoa humana como

---

[8] Ver regra n. 9 da mesma Tábua Sétima, da Lei das XII Tábuas: "Aquele que causar dano leve indenizará 25 asses".
[9] TAVARES DA SILVA, Regina Beatriz. *Código Civil comentado*. 10. ed. São Paulo: Saraiva, 2016. p. 883.
[10] TEPEDINO, Gustavo; BARBOZA, Heloísa Helena; MORAES, Maria Celina Bodin de. *Código Civil interpretado*. Rio de Janeiro: Renovar, 2006. v. II. Ver, ainda, a obra de Paulo de Tarso Sanseverino, aqui já citada (*Princípio da reparação integral*).

um dos princípios estruturantes da República Federativa do Brasil. No que tange às questões patrimoniais, especificamente, pode ser citado o direito fundamental à propriedade, previsto no art. 5.º, incs. XXII e XXIII, do Texto Maior.

Ainda no que concerne à fundamentação do art. 944 do Código Civil de 2002, este segue o modelo genérico adotado pela própria codificação, no sentido de valorização da eticidade, da socialidade e da operabilidade, conforme apontado por Miguel Reale.[11]

De início, há relação com a eticidade, uma vez que a fixação da indenização de acordo com a extensão do dano tem um senso ético indiscutível, pela busca da verdade real que circunda a demanda relativa à responsabilização. Como anota Álvaro Villaça Azevedo, "o art. 944 do CC quer dizer que conforme seja o dano, maior, médio ou menor, deve ser a indenização. Esse o princípio tradicional que autoriza a indenização, repondo-se o patrimônio do lesado no estado anterior à lesão".[12] A eticidade é clara, uma vez que o senso comum indica que no caso de lesão a outrem deve ser buscada a volta à situação anterior, especialmente pelo intuito compensatório da indenização.

A par dessa premissa, o sentido da socialidade também é percebido, uma vez que o instituto da responsabilidade é analisado de acordo com o contexto fático que o cerca. Por fim, observa-se a operabilidade – no sentido de *concretude* ou de efetividade, busca de um Direito Civil para o caso concreto – pela utilização da expressão "extensão de dano", que constitui uma cláusula geral, um conceito legal indeterminado que deve ser preenchido pelo aplicador do Direito de acordo com as circunstâncias do fato na espécie.

Cabe esclarecer que, quando se fala em *danos materiais ou patrimoniais,* a doutrina prefere utilizar a expressão *ressarcimento*. De qualquer forma, não há problemas em usar também o termo *reparação* para os danos materiais. O que não é recomendável é a expressão *ressarcimento* para os danos morais ou outros de natureza imaterial. Para os últimos, é melhor a adoção do termo *reparação*. Explicarei o porquê em momento oportuno.

Ato contínuo de elucidação teórica, penso ser preferível o termo *danos materiais* a *patrimoniais*, pois o patrimônio, na visão que sigo, também pode ser imaterial ou incorpóreo. Todavia, não se negue que o último termo é corriqueiro na doutrina e na jurisprudência nacionais.

Nunca se pode se esquecer da importante classificação do dano material, constante do art. 402 do Código Civil de 2002, que remonta ao Direito Romano.

---

[11] REALE, Miguel. História do novo Código Civil. In: REALE, Miguel; MARTINS-COSTA, Judith (Coord.). *Biblioteca de Direito Civil*. Estudos em homenagem a Miguel Reale. São Paulo: RT, 2005. v. 1; MARTINS--COSTA, Judith; BRANCO, Gerson Luiz Carlos. *Diretrizes teóricas do novo Código Civil brasileiro*. São Paulo: Saraiva, 2002; MAZZEI, Rodrigo. Notas iniciais à leitura do novo Código Civil. In: CAMBLER, Everaldo Augusto; PAULA BARRETO, Wanderlei; DANTAS, Marcelo Navarro Ribeiro; TERRA, Marcelo. *Comentários ao Código Civil brasileiro*. Coord. Arruda Alvim e Thereza Alvim. Rio de Janeiro: Forense, 2005. v. 1, p. IX-CXLVI.

[12] AZEVEDO, Álvaro Villaça. *Teoria geral das obrigações*. Responsabilidade civil. 11. ed. São Paulo: Atlas, 2008. p. 278.

O título do capítulo relativo a essa regra e outras que se seguem na codificação material trata das *perdas e danos*. Como explica Pontes de Miranda:

> "Quem indeniza torna indene o que foi danificado, o que algum fato atingiu, diminuindo o valor, ou extinguindo-o. Quem danificou há de indenizar. Dano é a perda, dano é o prejuízo sofrido. A expressão 'perdas e danos' torna explícito que há o dano total e há danos que não excluem o bem. Não só as coisas podem sofrer danos. Há danos ao corpo e à psique. Nas relações da vida, o ser humano há de indenizar o dano que causa. O ser humano que sofreu o dano há de ser protegido pelo direito material no sentido de ter direito, pretensão e ação contra o ofensor. A expressão 'perdas e danos' também se refere e não se há de esquecer a ambiguidade a danos emergentes e lucros cessantes: perde-se o que se deixa de ganhar e sofre-se a diminuição do valor do que se tem. Somente o trato de cada espécie poderia caracterizar o conceito de que na ocasião se cogita. As ofensas podem ser a direitos, pretensões e ações que nasceram de negócios jurídicos, ou a direitos, pretensões e ações que não dependem de existir entre o ofendido e o ofensor relação jurídica negocial".[13]

Vejamos, de forma pontual e sucessiva, essas duas modalidades de dano material, sendo certo que o projeto de Reforma do Código Civil não traz qualquer proposta de alteração do art. 402 da codificação privada.

2.1. Dos danos emergentes ou danos positivos

Como primeira modalidade de danos materiais, há os *danos emergentes* ou *danos positivos (damnum emergens)*, constituídos pela efetiva diminuição do patrimônio da vítima, ou seja, um dano pretérito suportado pelo prejudicado, *o que efetivamente se perdeu*. A categoria está expressa na primeira parte do art. 403 da codificação material, segundo o qual, "ainda que a inexecução resulte de dolo do devedor, as perdas e danos só incluem os prejuízos efetivos". Como exemplo típico, pode ser citado o estrago do automóvel, no caso de um acidente de trânsito.

Em reforço à ilustração, é de se lembrar do que consta do art. 948, inc. I, do CC/2002 para os casos de homicídio. Em situações tais, devem os familiares da vítima ser reembolsados quanto ao pagamento das despesas com o tratamento do morto, seu funeral e o luto da família. Sem dúvida que, nesse caso, merece aplicação o princípio da razoabilidade no pedido de tais valores, sem exageros.

Anote-se que o Projeto de Reforma do Código Civil, ora em tramitação, pretende deixar mais claro e objetivo o texto da norma, passando a prever "o ressarcimento de despesas relativas aos cuidados com a vítima no período entre a lesão e o seu enterro, despesas com o seu funeral, além da indenização dos lucros cessantes e pelos danos extrapatrimoniais sofridos pelo falecido antes da sua morte".

---

[13] PONTES DE MIRANDA, Francisco Cavalcanti. *Tratado de direito privado*. Rio de Janeiro: Borsoi, 1959. t. XXVI, p. 23.

Partindo para outros exemplos, da jurisprudência superior, confirmou o Superior Tribunal de Justiça a presença de danos emergentes diante da transferência de valores por um banco, sem autorização da correntista, para um terceiro, que o utilizou para quitar dívidas próprias perante outro banco (STJ, Ag. Int. no REsp 1.391.268/MA, 4.ª Turma, Rel. Min. Raul Araújo, j. 22.11.2016, *DJe* 12.12.2016). Em situação próxima, reconhece-se a presença de danos emergentes com relação a valores de cheques compensados indevidamente (STJ, AgRg nos EDcl no REsp 1.158.868/PE, 4.ª Turma, Rel. Min. Raul Araújo, j. 15.12.2011, *DJe* 09.05.2013).

No mesmo sentido, o aresto que seguiu a linha de julgado da segunda instância, entendendo pela presença de danos emergentes relativos a defeitos em máquina retroescavadeira, o que gerou a rescisão do contrato de compra e venda: "que a agravante deveria devolver as parcelas pagas a título de entrada; e que era devida indenização a título de danos emergentes, referentes ao valor do financiamento obtido pela agravada, ressalvadas 12 (doze) prestações a título de compensação pelo uso do equipamento" (STJ, AgRg no Ag 1.178.554/RS, 4.ª Turma, Rel. Min. Maria Isabel Gallotti, j. 15.09.2016, *DJe* 20.09.2016).

Ainda no plano superior, o Tribunal da Cidadania, em caso envolvendo danos sofridos pela rescisão do contrato de distribuição de bebidas, concluiu que "nos danos emergentes, por lógica, estão abrangidos os valores despendidos com a demissão abrupta e inesperada de empregados, tanto que, nos dizeres do aresto embargado, havia necessidade de se evitar a súbita 'inativação de uma estrutura adaptada para o desenvolvimento da atividade'. Não há como desatrelar da concessão da indenização pelos danos materiais a parcela referente às despesas com a dispensa inesperada de pessoal, também decorrente da inobservância do prazo razoável de aviso prévio, pois representa dano patrimonial efetivamente suportado pela embargada, por rompimento da relação contratual existente entre as partes" (STJ, EDcl no REsp 654.408/RJ, 4.ª Turma, Rel. Min. Raul Araújo, j. 15.08.2013, *DJe* 20.08.2013).

Também no plano contratual, sendo frustrado um contrato de construção de empreendimento empresarial, entendeu o Tribunal que, "rescindido o contrato celebrado visando à construção de '*shopping center*', a indenização devida a título de danos emergentes deverá corresponder ao valor atualizado do lote, e não àquele constante da escritura pública lavrada à época do negócio jurídico, sob pena de não se atender à necessidade de recomposição efetiva da perda patrimonial experimentada" (STJ, REsp 1.003.429/DF, 3.ª Turma, Rel. Min. Nancy Andrighi, Rel. p/ Acórdão Min. Sidnei Beneti, j. 28.04.2009, *DJe* 26.05.2009). O voto prevalecente procurou atualizar o valor do imóvel, em clara aplicação da máxima que veda o enriquecimento sem causa, retirada do art. 884 do Código Civil.

Por outro lado, afastando os danos emergentes em caso bem interessante relativo à ausência de celebração de empréstimo de dinheiro (mútuo), entendeu o STJ que a negativa de concessão de crédito impede o acréscimo de valores no patrimônio do mutuante e, de forma simultânea, a aquisição de dívida pela quantia equivalente, circunstância que obsta o ressarcimento por danos emergentes, diante da ausência de redução patrimonial do suposto lesado. Ainda conforme o aresto, "a condenação em danos emergentes, carente de efetivo prejuízo, resulta em duas situações rejeitadas pelo ordenamento jurídico vigente: a) a teratológica condenação com liquidação resultando em 'dano zero' e b) o enriquecimento ilícito daquele que obtém reposição financeira sem ter suportado a perda equivalente" (STJ, REsp 1.369.039/RS, 3.ª Turma, Rel. Min. Ricardo Villas Bôas Cueva, j. 04.04.2017, *DJe* 10.04.2017).

A encerrar as ilustrações jurisprudenciais, remota e didática ementa da Corte Superior demonstra que os lucros cessantes não se confundem com os danos emergentes, pois os primeiros referem-se "a um ganho que o autor deixou de auferir como resultado de seu trabalho", e os segundos "à redução do patrimônio presente da vítima". Por isso, segue o julgado, "não encontra respaldo legal a condenação ao pagamento de danos emergentes em forma de pensão mensal, com base em estimativa de custos com o tratamento. O ressarcimento deve corresponder ao exato montante desembolsado, sob pena de enriquecimento ilícito" (STJ, REsp 718.632/RS, 2.ª Turma, Rel. Min. Eliana Calmon, j. 20.09.2007, *DJ* 1.º.10.2007, p. 258). Como se verá a seguir, os lucros cessantes é que são fixados na forma de pensão.

Como se pode observar pelos exemplos expostos, sem prejuízo de outros que surgirão nos capítulos seguintes deste livro, os danos emergentes visam à recomposição patrimonial da vítima, pelos prejuízos que efetivamente sofreu e que com maior facilidade pode demonstrar. Como afirmava Agostinho Alvim sobre o dano emergente, "é possível estabelecer, com precisão, o que desfalque em nosso patrimônio, sem que as indagações se perturbem por penetrar no terreno hipotético".[14]

Entre os contemporâneos, na mesma linha as palavras do Desembargador Marco Aurélio Bezerra de Melo: "o dano emergente é desvendado por uma avaliação mais simples, por vezes aritmética". Entretanto, ressalva o autor e julgador carioca que, em certos casos, haverá necessidade de provas mais complexas: "em algumas vezes, para se chegar ao que fora efetivamente perdido, o magistrado tem que se louvar em prova pericial, balanços contábeis, analisar diversos orçamentos, colher provas as mais variadas, quando não há a obrigatoriedade excepcional de se remeter a liquidação da sentença julgada procedente para arbitramento posterior, haja vista a própria natureza do objeto da liquidação".[15]

Entre essas situações mais complexas, que exigem um aprofundamento probatório, podem ser citados casos relativos à rescisão contratual, como algumas situações concretas que aqui foram ilustradas.

2.2. Dos lucros cessantes ou danos negativos. Os alimentos indenizatórios como lucros cessantes e suas principais polêmicas

Além dos danos emergentes, há os *lucros cessantes* ou *danos negativos*, valores que o prejudicado deixa de receber, de auferir, ou seja, uma frustração de

---

[14] ALVIM, Agostinho. *Da inexecução das obrigações e suas consequências*, cit., p. 168.
[15] MELO, Marco Aurélio Bezerra de. *Curso de Direito Civil*. Responsabilidade civil, cit., p. 84.

lucro, *o que razoavelmente se deixou de lucrar*. A exemplo da categoria anterior, o instituto consta expressamente do mesmo art. 402 do Código de 2002, em sua segunda parte.

Outros três comandos da codificação material fazem menção aos lucros cessantes. *Primus,* de acordo com o art. 949 do CC/2002, nos casos de lesão ou outra ofensa à saúde, o agente causador do dano indenizará o ofendido das despesas do tratamento e dos lucros cessantes até o fim da convalescença, além de algum outro prejuízo que o ofendido prove haver sofrido, caso dos danos morais e estéticos.

Secundus, no que diz respeito à perda de capacidade laborativa, o art. 950, segundo preceito a ser destacado, estabelece que, se da ofensa resultar defeito pelo qual o ofendido não possa exercer o seu ofício ou profissão, ou se lhe diminua a capacidade de trabalho, a indenização, além das despesas do tratamento e lucros cessantes até o fim da convalescença, incluirá pensão correspondente à importância do trabalho para que se inabilitou, ou da depreciação que ele sofreu.

Tercius, o art. 952 do CC/2002, que trata da perda de um objeto de estima, prescreve que, havendo usurpação ou esbulho de bem alheio, além da restituição da coisa, a indenização consistirá em pagar o valor das suas deteriorações e o devido a título de lucros cessantes. Se a coisa faltar definitivamente, o agente deverá reembolsar o seu equivalente ao prejudicado, sem prejuízo da possibilidade de se fixar um preço pela afeição que a vítima tinha pela coisa.

Partindo-se para as concretizações práticas dos lucros cessantes, no caso de acidente de trânsito, poderá pleitear lucros cessantes o taxista ou outro motorista profissional que deixou de receber valores com tal evento, caso dos motoristas de aplicativos. Geralmente, tal frustração de lucro é fixada de acordo com uma tabela, verificando-se o valor da diária do profissional e por quantos dias deixou ele de trabalhar. Seguindo essa linha, da jurisprudência estadual paulista:

> "Responsabilidade civil. Lucros cessantes. Taxista. Aquisição de veículo zero quilômetro. Veículo batido. Substituição não ocorrida dentro do trintídio legal. Impossibilidade de exercer a profissão. Cálculo elaborado segundo tabela fornecida pelo sindicato da classe. Admissibilidade. Ressarcimento daquilo que comprovadamente deixou de lucrar. Sentença de procedência mantida. Recursos improvidos" (TJSP, Apelação Cível 1.001.485-0/2, 35.ª Câmara de Direito Privado, São Paulo, Rel. Des. Artur Marques, j. 28.08.2006, v.u., Voto 11.954).

A completar, mais recentemente, do Tribunal da Cidadania: "o dano material está relacionado com os valores desembolsados pelo autor, que exerce a profissão de taxista e restou impossibilitado de utilizar o seu veículo, em razão do acidente objeto da demanda. Infirmar as conclusões das instâncias ordinárias demandaria o reexame de provas. Incidência da Súmula 7/STJ" (STJ, Ag. Int. no AREsp 897.028/RJ, 3.ª Turma, Rel. Min. Marco Aurélio Bellizze, j. 22.11.2016, *DJe* 25.11.2016).

Prosseguindo nas ilustrações concretas, para os devidos fins práticos que almeja esta obra, quando uma empresa perde receita, também estão presentes os lucros cessantes ou danos negativos. Em casos tais, deve-se fazer um cálculo estimado – via perícia contábil – de quais foram os danos suportados pela pessoa jurídica para recebimento de tais montantes. O julgado a seguir, publicado no *Informativo* n. 468 do STJ, demonstra bem uma concretização do cálculo e as dificuldades encontradas na quantificação dos lucros cessantes empresariais:

> "Lucros cessantes. Cálculos. Incêndio. *In casu*, a recorrente (empresa que comercializa combustível) foi condenada a pagar indenização à empresa recorrida (posto de combustíveis) pelos danos emergentes e lucros cessantes decorrentes de incêndio iniciado em caminhão-tanque de sua propriedade, que destruiu toda a instalação do posto em 17.05.1992. No REsp, discute-se somente a liquidação dos lucros cessantes. Alega a recorrente que, para as instâncias ordinárias, tais lucros perdurariam até a atualidade, o que ofenderia o art. 402 do CC/2002, bem como que eles deveriam ser delimitados ao tempo necessário para as obras de reconstrução e deles seriam deduzidas as despesas operacionais da empresa. Para a Ministra Relatora, tem razão a recorrente quanto aos lucros cessantes consistirem naquilo que a parte deixou razoavelmente de lucrar; portanto, são devidos por um período certo, ou seja, somente aquele em que a parte ficou impossibilitada de auferir lucros em decorrência do evento danoso, que, no caso dos autos, seria o período necessário para as obras de reconstrução do posto. Também assevera proceder a afirmação da recorrente de que a apuração dos lucros cessantes deve ser feita apenas considerando o lucro líquido, deduzindo-se todas as despesas operacionais da empresa recorrida (salários, aluguéis etc.), inclusive os tributos. Ademais, a recorrida optou por não continuar na mesma atividade econômica, vendeu o imóvel onde existia o empreendimento para outra empresa (há mais de 11 anos) e, feita essa opção, o pagamento de lucros cessantes não pode ser perpetuado sobre atividade que não é mais exercida. Diante do exposto, a Turma deu provimento ao recurso para anular a decisão homologatória dos cálculos e determinou o retorno dos autos à origem para que seja realizada nova perícia nos termos do voto da Ministra Relatora. Precedentes citados: REsp 489.195/RJ, *DJ* 19.11.2007; REsp 575.080/CE, *DJ* 26.03.2007; e REsp 613.648/RJ, *DJ* 16.04.2007" (STJ, REsp 1.110.417/MA, Rel. Min. Maria Isabel Gallotti, j. 07.04.2011).

Como se pode constatar, a grande dificuldade na composição do cálculo dos lucros cessantes diz respeito ao termo final ou *ad quem* para o pagamento dos valores devidos, o que geralmente é feito por estimativa, com parâmetros fixados em perícia contábil, o que conduz a uma presunção da presença do prejuízo. Conforme se retira de aresto mais recente da mesma Corte Superior, também relativo à frustração de ganhos ou lucros de empresa, em ação contra instituição financeira que lançou inscrições indevidas em cadastros de inadimplentes:

> "A controvérsia cinge-se a examinar se é possível, à luz do caso concreto e do postulado da razoabilidade, projetar os lucros cessantes para período posterior ao fim da empresa, prolongando-se até a data do efetivo pagamento, e definir a base de cálculo dos lucros cessantes. Nas instâncias de origem, a instituição financeira foi condenada ao pagamento de danos emergentes e de lucros cessantes a partir dos efeitos do ato ilícito (resultados negativos da

empresa) – janeiro/1992 – até o efetivo pagamento da indenização, mesmo tendo a empresa encerrado suas atividades em junho/1996. A configuração dos lucros cessantes exige mais do que a simples possibilidade de realização do lucro, requer probabilidade objetiva e circunstâncias concretas de que estes teriam se verificado sem a interferência do evento danoso. O postulado da razoabilidade, extraído do art. 402 do Código Civil, impõe a consideração da regular *performance* da empresa para os fins de análise da extensão dos lucros cessantes, porém a necessária observação da experiência pretérita, por si só, não é suficiente para ensejar a reparação dos lucros cessantes, especialmente considerando-se as peculiaridades da presente demanda em que o ato ilícito foi somente um dos diversos fatores que levaram o negócio à falência. A mensuração dos lucros impõe a observância do disposto no art. 403 do CC, que estabelece, como regra inflexível, que o devedor só responde pelos danos diretos e imediatos" (STJ, REsp 1.553.790/PE, 3.ª Turma, Rel. Min. Ricardo Villas Bôas Cueva, j. 25.10.2016, *DJe* 09.11.2016).

Encerrando o julgamento, especialmente quanto ao termo final do cálculo dos valores não recebidos, restou unânime no último acórdão o seguinte:

"O termo final dos lucros cessantes é determinado pelas evidências concretas disponíveis acerca do último período em que houve condição de previsibilidade do lucro frustrado. Na espécie, sendo incontroverso que o insucesso da empresa não decorreu diretamente do evento danoso, inscrição indevida, e ausentes indícios objetivos de que o lucro poderia ser razoavelmente esperado até os dias atuais caso o ato ilícito não tivesse ocorrido, os lucros cessantes devem ser delimitados entre janeiro/1992, início da diminuição dos lucros da empresa, e o fim de suas atividades em junho/1996. A reparação de danos patrimoniais tem por finalidade fazer com que o lesado não fique numa situação nem melhor nem pior do que aquela que estaria se não fosse o evento danoso. Então, no cálculo da indenização dos lucros cessantes, devem ser computados não apenas as despesas operacionais e os tributos, mas também outros gastos que o prejudicado teria em regular situação" (STJ, REsp 1.553.790/PE, 3.ª Turma, Rel. Min. Ricardo Villas Bôas Cueva, j. 25.10.2016, *DJe* 09.11.2016).

Exposta toda essa dificuldade de prova, que exige perícia contábil ou matemática, como outro exemplo de lucros cessante, cite-se, no caso de homicídio, a prestação dos *alimentos indenizatórios, ressarcitórios, indenitários* ou de *ato ilícito*, devidos à família do falecido (art. 948, II, do CC). Merece transcrição o dispositivo legal, de forma integral, para um maior aprofundamento, importantíssimo para a prática:

"Art. 948. No caso de homicídio, a indenização consiste, sem excluir outras reparações:

I – no pagamento das despesas com o tratamento da vítima, seu funeral e o luto da família;

II – na prestação de alimentos às pessoas a quem o morto os devia, levando-se em conta a duração provável da vida da vítima" (destacado).

Como pode ser notado, como o *caput* do dispositivo menciona "sem excluir outras indenizações", os valores pagos não excluem os danos morais, cuja reparação é comum nos casos de homicídio, como ainda se verá no presente capítulo.

No que concerne aos *alimentos indenizatórios* como lucros cessantes, a doutrina e a jurisprudência majoritárias ainda têm entendido que se deve levar em conta a vida provável daquele que faleceu. De qualquer forma, para que os familiares tenham direito à indenização, há necessidade de um vínculo de dependência econômica.

Mas qual seria esse limite máximo? Sobre o tema, sempre variou a jurisprudência dos Tribunais estaduais. No Tribunal de Justiça de Minas Gerais, o entendimento anterior era no sentido de que tal limite seria de 65 anos de idade. Assim, por todos:

"Indenização. Pensionamento face à morte. Liquidação. Limite de vida da vítima que permanece, jurisprudencialmente, em 65 anos de idade. Apelo da ré embargante a que se dá provimento. Conforme assentada jurisprudência deste Tribunal de Alçada, mormente desta 5.ª Câmara Cível, o limite provável da vida da pessoa que falece em acidente é, ainda, de 65 anos de idade, pelo que fica provido o apelo para a redução do limite adotado pela sentença – 77 anos – para este consolidado patamar" (TAMG, Processo 434.992-6, Apelação Cível, 5.ª Câmara de Direito Privado, Belo Horizonte, Juíza Eulina do Carmo Almeida, Rel. Juízes Francisco Kupidlowski, Revisora Hilda Teixeira da Costa e Vogal Elpídio Donizetti, j. 23.04.2004).

Por outra via, no Estado do Rio Grande do Sul podem ser encontrados julgados anteriores fixando tal limite na idade entre 72 e 73 anos, uma vez que melhoraram as condições de vida dos gaúchos, conforme estudos do IBGE (TJRS, 00539609NRO, Proc 70003966124, Apelação Cível, 10.ª Câmara Cível, Carazinho, Rel. Luiz Ary Vessini de Lima, j. 05.09.2002).

No Estado de São Paulo, na década anterior já crescia o entendimento pelo qual tal limite seria de 70 anos, também sob o argumento de que melhoraram as condições de vida do cidadão brasileiro em geral:

"Indenização. Fazenda Pública. Homicídio praticado por policial militar com emprego de arma da Corporação. Policial que se encontrava em gozo de férias. Disparos efetuados durante briga em que se envolveu. Vítima que nem sequer participava do entrevero. Responsabilidade do Estado fundada na culpa. Desídia da Administração ao permitir que o policial continuasse portando a arma durante as férias. Negligência que concorreu para o evento. Sentença que julgou procedente em parte a ação, ajuizada pela mãe da vítima. Indenização pelo dano moral que comporta redução para R$ 40.000,00. Pensão que, ante a ausência de comprovação dos ganhos da vítima, foi corretamente arbitrada em valor correspondente a um salário mensal, com dedução de um terço, correspondente aos gastos pessoais. Termo final da pensão fixado na data em que a vítima completaria 25 anos de idade. Inadmissibilidade, devendo ser considerada a vida provável da vítima, ou seja, 70 anos. Recursos oficial e voluntários parcialmente providos para reduzir a indenização pelo dano moral e alterar o termo final da pensão" (TJSP, Apelação Cível 101.093-5/8, 8.ª Câmara de Direito Público, São Paulo, Rel. Antonio Villen, j. 13.06.2001, v.u.).

Essa tendência, na doutrina, já era apontada no passado por Sílvio de Salvo Venosa, merecendo destaque as suas palavras: "quanto à duração da pensão, leva-se em consideração a vida presumível do morto. A jurisprudência tem entendido que esse limite é a idade presumida de 65/70 anos. Há tendência de que essa expectativa de vida em nosso País seja mais elevada, o que deverá majorar essa probabilidade".

Nessa esteira, o Superior Tribunal de Justiça vem entendendo, mais recentemente, que o cálculo da vida provável deve estar amparado nos estudos do IBGE a respeito da expectativa de vida no Brasil, ou seja, em um parâmetro variável. A título de exemplo, transcreve-se, por todos, e sem prejuízo de muitos outros arestos no mesmo sentido:

> "Responsabilidade civil. Atropelamento. Morte. Indenização. Danos morais e materiais. Cabimento. Pensionamento. Critérios. Termo *ad quem*. Sobrevida provável. Sucumbência recíproca. Inocorrência. 1. O Tribunal *a quo*, ao fixar em 68 (sessenta e oito) anos de idade o tempo provável de vida do *de cujus*, considerou ser esta a média aproximada de vida do brasileiro. O *decisum* recorrido não se afastou do entendimento desta Corte, consoante o qual 'a longevidade provável de vítima fatal, para efeito de fixação do tempo de pensionamento, deve ser apurada em consonância com a tabela de sobrevida adotada pela Previdência Social, de acordo com cálculos elaborados pelo IBGE' (Precedentes: REsp 268.265/SP, Rel. Min. Aldir Passarinho Júnior, *DJ* 17.06.2002; REsp 72.793/SP, Rel. Min. Sálvio de Figueiredo Teixeira, *DJ* 06.11.2000). 2. O Tribunal de origem julgou que 'a pensão devida deve ser o equivalente a dois terços do último salário líquido, incluídas as horas extras, percebido pela vítima'. A decisão recorrida foi lastreada no conjunto probatório dos autos, oriunda de instrução processual (demonstrativos de pagamento de salário da vítima, relativos aos meses de agosto e setembro de 1994, imediatamente anteriores ao acidente fatal, 14.10.1994, e nos quais constam a indicação de recebimento de 'hora extra a 75%'). A revisão do acórdão recorrido implicaria reexame de provas produzidas nas instâncias ordinárias, o que é vedado pela Súmula 7 desta Corte. 3. Consideradas as peculiaridades do caso em questão, vale dizer, atropelamento e morte de trabalhador e pai de família, com 42 anos, deixando companheira e três filhos, o valor fixado pelo Tribunal de origem a título de danos morais mostra-se razoável, limitando-se à compensação do sofrimento advindo do evento danoso. Valor indenizatório mantido na quantia certa de R$ 160.000,00 (cento e sessenta mil reais), a ser dividido entre os autores-recorridos. 4. Esta Corte tem entendimento firmado no sentido de que nas reparações de dano moral, como o juiz não fica jungido ao *quantum* pretendido pelo autor, ainda que o valor fixado seja inferior ao pleiteado pela parte, não há falar em sucumbência recíproca (Precedente: REsp 494.867/AM, Rel. Min. Castro Filho, *DJ* 29.03.2003). 5. Recurso não conhecido" (STJ, REsp 698.443/SP, 4.ª Turma, Rel. Min. Jorge Scartezzini, j. 1.º.03.2005, *DJ* 28.03.2005, p. 288).

Filia-se à última ementa, pois a decisão procura analisar o ato ilícito e a responsabilidade civil de acordo com o meio que os cerca, ou seja, tendo como parâmetro a função social do instituto. Consigne-se que, atualmente e conforme as últimas pesquisas realizadas pelo IBGE, a expectativa de vida no Brasil gira em torno dos 75 e 76 anos.

Do último julgado transcrito podem ser retirados os parâmetros do cálculo dos valores a serem pagos aos dependentes quanto aos alimentos indenizatórios. Deve-se fixar a indenização em 2/3 do salário da vítima, que serão multiplicados pelo número de meses até que seja atingida a mencionada idade-limite. Se o morto era registrado como empregado da empresa, devem ser incluídos as férias, os valores correspondentes ao Fundo de Garantia por Tempo de Serviço (FGTS) e do décimo terceiro salário, conforme entendimento majoritário da jurisprudência (ver, ainda, por todos: STJ, AgRg no Ag 1.419.899/RJ, 2.ª Turma, *DJe* 24.09.2012, citado em REsp 1.279.173/SP, Rel. Min. Paulo de Tarso Sanseverino, j. 04.04.2013, com o mesmo entendimento). Isso, repita-se, sem excluir a indenização por danos morais decorrentes da morte de pessoa da família e os danos emergentes constantes do inc. I do art. 948 da codificação material.

Várias questões controvertidas surgem na fixação dos alimentos indenizatórios em caso de falecimento. De início, a jurisprudência nacional discutiu amplamente a justiça competente para apreciar o homicídio decorrente do acidente de trabalho, havendo demanda proposta por seus herdeiros. Diante da Emenda Constitucional n. 45 que, alterando o art. 114 da Constituição Federal, ampliou a competência da Justiça do Trabalho para tais eventos infortúnios, sempre me pareceu que a competência é dessa justiça especializada. No entanto, vinha ocorrendo uma verdadeira *queda de braço* pela competência com relação à Justiça Comum.

Evidenciando-a, o STJ editou, no final de 2008, a Súmula n. 366, prevendo que "compete à Justiça estadual processar e julgar ação indenizatória proposta por viúva e filhos de empregado falecido em acidente de trabalho". Sempre fui contrário ao teor da sumular, ferindo a competência quanto à análise da matéria, que é do Supremo Tribunal Federal, e não do Superior Tribunal de Justiça. Assim, de forma correta, o próprio Tribunal da Cidadania cancelou a referida ementa, conforme publicação no seu *Informativo* n. 497:

> "Súmula n. 366-STJ. Cancelamento. Trata-se de conflito negativo de competência estabelecido entre a Justiça do Trabalho e a Justiça estadual, em ação movida por viúva de empregado falecido em acidente de trabalho, pedindo indenização por danos materiais e morais sofridos em decorrência do fato. Com as alterações do art. 114 da CF/1988, introduzidas pela EC n. 45/2004, à Justiça do Trabalho foi atribuída competência para processar e julgar as ações de indenização por dano moral ou patrimonial decorrentes da relação de trabalho. Incluem-se, nessa competência, segundo a jurisprudência do STF, as demandas fundadas em acidente do trabalho. O caso concreto, entretanto, tem uma peculiaridade: embora se trate de demanda fundada em acidente do trabalho, ela foi proposta pela viúva do empregado acidentado, visando obter indenização de danos por ela sofridos. A jurisprudência do STJ sumulou, a propósito, o seguinte entendimento: Compete à Justiça estadual processar e julgar ação indenizatória proposta por viúva e filhos de empregado falecido em acidente de trabalho (Súm. n. 366-STJ). Na base desse entendimento, está a compreensão de que, por causa decorrente de acidente do trabalho, entende-se

apenas aquela oriunda diretamente desse fato cujo objeto sejam prestações devidas ao próprio acidentado. Ocorre que o STF tem entendimento de que é de acidente do trabalho qualquer causa que tenha como origem essa espécie de acidente, razão pela qual é irrelevante, para a definição da competência jurisdicional da Justiça do Trabalho, que a ação de indenização não tenha sido proposta pelo empregado, mas por seus sucessores. Considerando que ao STF compete dar a palavra final sobre a interpretação da Constituição, e aqui a questão é tipicamente constitucional, pois envolve juízo sobre competência estabelecida no art. 114 da CF/1988, é importante a adoção do entendimento por ele assentado, até mesmo para evitar que a matéria acabe provocando recursos desnecessários, sendo indispensável, para isso, o cancelamento da Súm. n. 366-STJ. Assim, a Corte Especial, por unanimidade, conheceu do conflito, dando pela competência da Justiça do Trabalho, cancelando a Súm. n. 366-STJ. Precedente citado do STF: CC 7.204/MG, *DJ* 09.12.2005" (STJ, CC 101.977/SP, Rel. Min. Teori Albino Zavascki, j. 16.09.2009).

Superado esse primeiro aspecto controvertido, outra dúvida que surge refere-se à hipótese em que a pessoa falece além da mencionada idade-limite. Em casos tais, deve ser feito um cálculo de sobrevida do falecido, também conforme tabela do IBGE, o que merece análise com parâmetro nas condições gerais do falecido, presumindo-se a sua expectativa de vida. Nessa linha, colaciona-se o seguinte trecho de ementa, do ano de 2016:

"O fato de a vítima já ter ultrapassado a idade correspondente à expectativa de vida média do brasileiro, por si só, não é óbice ao deferimento do benefício, pois muitos são os casos em que referida faixa etária é ultrapassada. É cabível a utilização da tabela de sobrevida, de acordo com os cálculos elaborados pelo IBGE, para melhor valorar a expectativa de vida da vítima quando do momento do acidente automobilístico e, consequentemente, fixar o termo final da pensão" (STJ, REsp 1.311.402/SP, 3.ª Turma, Rel. Min. João Otávio de Noronha, j. 18.02.2016, *DJe* 07.03.2016).

Além disso, tais valores não afastam as verbas previdenciárias, eis que, conforme a Súmula n. 229 do Supremo Tribunal Federal, a indenização acidentária não exclui a de direito comum, nos casos de dolo ou culpa grave do empregador. O Superior Tribunal de Justiça continua a aplicar o teor desse enunciado jurisprudencial, não analisando sequer o dolo ou a culpa grave, que somente é pertinente para a fixação do *quantum* indenizatório, opinião compartilhada por mim:

"Direito Civil. Recurso especial. Acidente de trabalho ocorrido em 1980. Danos morais, estéticos e emergentes. Responsabilidade do empregador. Necessidade de demonstração da culpa, ainda que de natureza leve. Inteligência da Lei 6.367/1976. Afastamento da Súmula 229/STF. Precedentes. Fixação do valor indenizatório. Recurso parcialmente provido. (...). 2. O acórdão recorrido afastou, de forma fundamentada, o dolo e a culpa grave da empresa, inexistindo erro na apreciação ou valoração das provas. 3. A jurisprudência da Terceira e da Quarta Turmas firmou-se no sentido de que, desde a edição da Lei 6.367/1976, para a responsabilidade do empregador basta a demonstração da culpa, ainda que de natureza leve, não sendo mais aplicável a Súmula

229/STF, que previa a responsabilização apenas em casos de dolo ou culpa grave. 4. Uma vez reconhecida a culpa da recorrida, cumpre ao STJ aplicar o direito à espécie, nos termos do art. 257 do RISTJ e da Súmula 456/STF, por analogia. 5. Recurso especial parcialmente provido" (STJ, REsp 406.815/MG, Rel. Min. Antonio Carlos Ferreira, 4.ª Turma, j. 12.06.2012, *DJe* 22.06.2012, publicado no *Informativo* n. *499* do STJ).

"Indenização de direito comum. Dano material e dano moral. Indenização acidentária. Precedentes da Corte. 1. O indeferimento do dano moral não repercute no dano material, verbas independentes, com cenários próprios. 2. Precedentes da Corte afirmam que a 'indenização acidentária não exclui a de direito comum'. 3. Recurso especial não conhecido" (STJ, Acórdão: REsp 203.166/MG (199900095804), 341.358 recurso especial, 3.ª Turma, Rel. Min. Carlos Alberto Menezes Direito, j. 03.02.2000, *DJ* 08.03.2000, p. 106).

De toda sorte, a jurisprudência entende que o valor pago a título de seguro obrigatório nos acidentes de trânsito (antigo DPVAT, atual SPVAT) deve ser abatido do montante reparatório pago pelo causador do ilícito. Nessa linha, preceitua a Súmula n. 246 do Superior Tribunal de Justiça que "o valor do seguro obrigatório deve ser deduzido da indenização judicialmente fixada". Confirmando o enunciado jurisprudencial, aresto assim publicado no *Informativo* n. *540* daquela Corte Superior, mais recentemente: "o valor correspondente à indenização do seguro de danos pessoais causados por veículos automotores de via terrestre (DPVAT) pode ser deduzido do valor da indenização por danos exclusivamente morais fixada judicialmente, quando os danos psicológicos derivem de morte ou invalidez permanente causados pelo acidente" (STJ, REsp 1.365.540/DF, Rel. Min. Nancy Andrighi, j. 23.04.2014).

Com o devido respeito, não se filia a essa última posição, baseada em entendimento sumular, uma vez que, pelo mesmo raciocínio desenvolvido quanto à indenização previdenciária, os valores pagos dizem respeito a esferas diferentes, de natureza securitária coletiva. Assim, parece existir certa contradição entre a Súmula n. 229 do STF e a Súmula n. 246 do STJ.

Outro ponto a ser abordado é que, em alguns casos, o próprio Superior Tribunal de Justiça tem quebrado a regra pela qual a indenização deve ser fixada tendo como parâmetro a vida provável da vítima falecida. Imagine-se um caso em que o filho dependente tem 17 anos, enquanto o pai falecido, 55 anos. Ora, se for considerada a vida provável daquele que faleceu, o filho receberá uma indenização a título de lucros cessantes até a idade de 37 anos, ou seja, quando o pai completasse 75 anos. Isso é inconcebível diante de um Código Civil que veda o enriquecimento sem causa e prega a eticidade.

Desse modo, correto o entendimento que fixa a indenização tendo como parâmetro a idade de 24 ou 25 anos do filho, limite correto da relação de dependência, ou seja, idade em que geralmente as pessoas constituem suas próprias famílias no Brasil. Julgando dessa maneira:

"Consoante o entendimento desta Corte, 'a dependência econômica de filho menor em relação aos pais é presumida, dispensando a demonstração por qualquer outro meio de prova' (STJ, AgRg no Ag 1.294.094/MG, Rel. Ministra Maria Isabel Gallotti, Quarta Turma, *DJe* de 06.02.2015). Além disso, sedimentou-se o entendimento 'de fixar a indenização por perda do pai ou progenitor, com pensão ao filho menor até os 24 (vinte e quatro) anos de idade (integralmente considerados), ou seja, até a data de aniversário dos 25 anos' (STJ, REsp 592.671/PA, Rel. Ministra Eliana Calmon, Segunda Turma, *DJU* de 17.05.2004)" (STJ, Ag. Int. no REsp 1.554.466/RJ, 2.ª Turma, Rel. Min. Assusete Magalhães, j. 09.08.2016, *DJe* 22.08.2016).

"Agravo regimental em recurso especial. Responsabilidade civil. (...). Danos morais. Valor. Razoabilidade. Pensionamento. Termo final. Filhos menores. Precedentes. (...). É devida pensão mensal aos filhos menores, pela morte de genitor, até a data em que os beneficiários completem 25 (vinte e cinco) anos de idade. Agravo regimental não provido" (STJ, AgRg no REsp 1.164.912/PR, 3.ª Turma, Rel. Min. Ricardo Villas Bôas Cueva, j. 16.02.2012, *DJe* 28.02.2012).

"Ação de indenização. Acidente de trânsito. Veículo automotor e motocicleta. Morte da vítima. Pensão mensal. Idade-limite. A pensão devida ao filho menor, em razão de falecimento do seu pai, vítima de acidente de trânsito, deve estender-se até quando aquele completar 25 anos. Recurso especial conhecido e provido" (STJ, REsp 275.274/MG (200000883085), 401975 Recurso Especial, 3.ª Turma (votaram com o Sr. Ministro Antônio de Pádua Ribeiro os Srs. Ministros Ari Pargendler e Carlos Alberto Menezes Direito), Rel. Min. Nancy Andrighi, j. 17.04.2001, *DJ* 03.09.2001, p. 220).

Outra questão prática interessante diz respeito à possibilidade de incluir na indenização em favor dos familiares as eventuais promoções futuras na carreira e as participações nos lucros que seriam pagas ao falecido. O Superior Tribunal de Justiça entendeu negativamente em julgado prolatado no ano de 2018, relativo ao segundo acidente da empresa aérea TAM, ocorrido no Aeroporto de Congonhas.

Nos termos exatos do aresto, que enfrenta vários aspectos aqui expostos, "na apuração do valor da pensão mensal por ato ilícito, não podem ser consideradas as promoções futuras na carreira e a participação nos lucros nem as verbas atinentes ao plano de aquisição de ações e ao adicional de automóvel em face da eventualidade de tais fatos e do caráter indenizatório de alguns (e não salarial), não se enquadrando no conceito jurídico de lucros cessantes". O julgado também aponta que "é cabível a inclusão do 13.º salário, das férias remuneradas acrescidas de 1/3 (um terço) e do FGTS no cálculo do pensionamento por ato ilícito quando existir prova de trabalho assalariado da vítima na época do sinistro". Como termo *a quo* dos lucros cessantes, entendeu-se que "a pensão mensal por ato ilícito deve perdurar (termo final) até a data em que a vítima atingisse a idade correspondente à expectativa média de vida do brasileiro prevista na data do óbito, segundo a tabela do IBGE, ou até o falecimento do beneficiário, se tal fato ocorrer primeiro" (STJ, REsp 1.422.873/SP, 3.ª Turma, Rel. Min. Ricardo Villas Bôas Cueva, j. 13.03.2018, *DJe* 20.03.2018).

Sendo a vítima filho menor de idade, com menos de dezoito anos, cabe debate se poderão os pais pedir indenização a título de lucros cessantes. Prevalece o teor da Súmula n. 491 do STF pela qual "é indenizável o acidente que cause a morte de filho menor, ainda que não exerça trabalho remunerado". A conclusão pela reparação dos danos está presente nos casos envolvendo famílias de baixa renda, hipótese em que o dano material, na modalidade de lucro cessante, é presumido (*in re ipsa*). Isso porque o filho menor, falecido em idade prematura, possivelmente contribuiria para as economias domésticas, colaborando com os seus pais.

Na jurisprudência superior, vinha prevalecendo o entendimento de que o cálculo da indenização dos alimentos indenizatórios deveria ser feito com base em 2/3 de salário mínimo, do período em que o menor tiver 14 anos, até os 24 ou 25 anos, limite temporal em que colaboraria o menor com as economias familiares, até constituir sua família própria. Vejamos, por todos os arestos anteriores:

"Responsabilidade civil do Estado. Acidente automobilístico. Ambulância municipal. Motorista estadual. Solidariedade. Danos materiais. Família pobre. Presunção de que a vítima menor contribuía para o sustento do lar. Súmula 7/STJ. Súmula 491/STF. O STJ proclama que em acidentes que envolvam vítimas menores, de famílias de baixa renda, são devidos danos materiais. Presume-se que contribuam para o sustento do lar. É a realidade brasileira. 'É indenizável o acidente que cause a morte de filho menor, ainda que não exerça trabalho remunerado' (Súmula 491/STF). Em acidente automobilístico, com falecimento de menor de família pobre, a jurisprudência do STJ confere aos pais pensionamento de 2/3 do salário mínimo a partir dos 14 anos (idade inicial mínima admitida pelo Direito do Trabalho) até a época em que a vítima completaria 25 anos (idade onde, normalmente, há a constituição duma nova família e diminui o auxílio aos pais)" (STJ, REsp 335.058/PR, 1.ª Turma, Rel. Min. Humberto Gomes de Barros, j. 18.11.2003, *DJ* 15.12.2003, p. 185, *LEX-STJ* 176/93, *RJADCOAS* 54/31).

Entretanto, mais recentemente, o mesmo Superior Tribunal de Justiça tem acrescido outros montantes a esse valor-base, deferindo os alimentos indenizatórios aos pais após a idade de 25 anos do menor. Supõe-se, nesse contexto, que o filho contribuiria com a economia doméstica dos pais em 1/3 dos seus rendimentos, até a idade de sua vida provável, considerando-se ainda como termo final os 65 anos dos pais, o que parece desatualizado diante da própria jurisprudência do Tribunal. Nessa linha, por todos:

"Agravo interno no recurso especial. Ação de reparação de danos. Decisão monocrática que deu parcial provimento ao apelo extremo. Insurgência dos réus. (...). Quanto ao pensionamento, cabe ressaltar que a jurisprudência do STJ consolidou-se no sentido de ser esse devido, mesmo no caso de morte de filho(a) menor. E, ainda, de que a pensão a que tem direito os pais deve ser fixada em 2/3 do salário percebido pela vítima (ou o salário mínimo caso não exerça trabalho remunerado) até 25 (vinte e cinco) anos e, a partir daí, reduzida para 1/3 do salário até a idade em que a vítima completaria 65 (sessenta e cinco) anos. (...)" (STJ, Ag. Int. no REsp 1.287.225/SC, 4.ª Turma, Rel. Min. Marco Buzzi, j. 16.03.2017, *DJe* 22.03.2017).

"Recurso especial. Responsabilidade civil. Morte de menor por afogamento. Responsabilidade do clube pela falha no serviço. Dano moral. *Quantum* indenizatório. Critérios de arbitramento equitativo. Método bifásico. Núcleo familiar sujeito do dano. Necessidade de individualização da indenização. Pensão mensal devida. (...). Conforme a jurisprudência do STJ, a indenização pela morte de filho menor, que não exercia atividade remunerada, deve ser fixada na forma de pensão mensal de 2/3 do salário mínimo até 25 (vinte e cinco) anos, e a partir daí, reduzida para 1/3 do salário até a idade em que a vítima completaria 65 (sessenta e cinco) anos" (STJ, REsp 1.332.366/MS, 4.ª Turma, Rel. Min. Luis Felipe Salomão, j. 10.11.2016, *DJe* 07.12.2016).

"Civil. Ação de indenização. Atropelamento fatal. Morte de menor, ferimento em outro. Família de baixa renda. Pensionamento devido. Período. Redução do valor para 1/3 após os 25 anos de idade da vítima. Dano moral. Valor. Majoração. I – Em se tratando de família de baixa renda, é devido o pensionamento pela morte de filho menor em acidente causado por veículo da empresa ré, equivalente a 2/3 do salário mínimo dos 14 anos até 25 anos de idade da vítima, reduzido para 1/3 até a data em que o *de cujus* completaria 65 anos. II – A fixação do dano moral deve atentar para a eficácia da reparação da lesão sofrida, mas evitando, de outro lado, o enriquecimento sem causa. III – Caso em que, constatado que o montante da indenização a tal título se revelou insuficiente em face da gravidade do dano – reconhecida na r. sentença –, é de se estabelecer o valor do ressarcimento em patamar mais elevado. IV – Recurso especial conhecido e provido" (STJ, REsp 598.327/PR, 4.ª Turma, Rel. Min. Aldir Passarinho Junior, j. 16.10.2007, *DJ* 10.12.2007, p. 369).

Com o devido respeito, merecem críticas as decisões por último transcritas, uma vez que não se pode deduzir, pelo padrão geral de conduta do brasileiro, que o filho continuará a contribuir para as economias domésticas dos pais após constituir a sua própria família. Ademais, as famílias brasileiras encontram-se endividadas na atualidade, não sendo mais possível que os filhos ajudem economicamente os pais, ou vice-versa.

Na verdade, é mais comum que os pais continuem amparando economicamente os filhos, após eles saírem de casa. A par dessa realidade social, estou filiado ao julgado anterior, consubstanciado no Recurso Especial 335.058/PR, entre outros julgados.

De qualquer forma, o primeiro posicionamento pela indenização dos lucros cessantes ou alimentos indenizatórios nos casos de morte de menor em famílias de baixa renda, com o cálculo ali previsto, é o que acaba prevalecendo e deve ser levado em consideração para a casuística do Direito Privado.

Em 2024, o próprio Superior Tribunal de Justiça reiterou a aplicação desses parâmetros, fixando indenização em favor dos pais em caso de morte de um recém-nascido, em decorrência de erro médico. Nos termos do aresto, "o pensionamento devido na hipótese de falecimento (art. 948, II, do CC) tem por finalidade suprir o amparo financeiro que era prestado pelo falecido. Ainda que a morte seja de filho menor, será devido o pensionamento a partir do momento em que a vítima completaria 14 (quatorze) anos, tendo em vista que há uma presunção de auxílio econômico futuro. Se a família for de baixa renda, há presunção relativa da dependência econômica entre os seus membros, sendo que, nas demais situações, é necessária a comprovação da dependência. O fato de a vítima ser um recém-nascido não impede a fixação do pensionamento, porquanto também é possível presumir que se o recém-nascido não tivesse vindo a óbito em decorrência do ato ilícito praticado por terceiro, ele passaria a contribuir para as despesas familiares quando atingisse 14 (quatorze) anos de idade". No caso concreto, a fim de se elucidar o que ocorreu, "a recorrida, que estava grávida na ocasião, procurou atendimento médico devido a dores nas costas e foi encaminhada ao hospital recorrente. No local, ela foi submetida à cesariana e deu à luz uma menina, a qual, todavia, veio a falecer dias depois, tendo sido constatado que o falecimento foi decorrente de erro médico, porque não foram realizados os exames necessários previamente ao parto. Assim, é cabível a condenação da recorrente ao pagamento de pensão mensal" (STJ, REsp 2.121.056/PR, 3.ª Turma, Rel. Min. Nancy Andrighi, j. 21.05.2024, DJe 24.05.2024).

Superada mais essa questão controvertida, ainda sobre os alimentos indenizatórios, é primaz esclarecer que não cabe prisão pela falta do seu pagamento, também de acordo com o entendimento jurisprudencial dominante. Vejamos duas ementas nesse sentido:

"*Habeas corpus*. Alimentos devidos em razão de ato ilícito. Prisão civil. Ilegalidade. 1. Segundo a pacífica jurisprudência do Superior Tribunal de Justiça, é ilegal a prisão civil decretada por descumprimento de obrigação alimentar em caso de pensão devida em razão de ato ilícito. 2. Ordem concedida" (STJ, HC 182.228/SP, 4.ª Turma, Rel. Min. João Otávio de Noronha, j. 1.º.03.2011, DJe 11.03.2011).

"Alimentos. Prisão. A possibilidade de determinar-se a prisão, para forçar ao cumprimento de obrigação alimentar, restringe-se a fundada no direito de família. Não abrange a pensão devida em razão de ato ilícito" (STJ, REsp 93.948/SP, 3.ª Turma, Rel. Min. Eduardo Ribeiro, j. 02.04.1998, DJ 1.º.06.1998, p. 79).

Essa também é a minha posição doutrinária, sendo certo que, pelo menos expressamente, o Código de Processo Civil de 2015 nada trouxe em sentido contrário. Os critérios processuais para a fixação dos alimentos indenizatórios constam do art. 533 do CPC/2015, equivalente ao art. 475-Q do CPC/1973, sem qualquer menção à prisão civil. Os dispositivos processuais serão confrontados adiante. Em suma, deve continuar firme a posição no sentido de que somente cabe prisão civil em caso de alimentos devidos em decorrência de vínculo legal familiar.

Exatamente nesse sentido, a completar os julgados anteriores, citando o CPC/2015: "os alimentos devidos em razão da prática de ato ilícito, conforme previsão contida nos artigos 948, 950 e 951 do Código Civil, possuem natureza indenizatória, razão pela qual não se aplica o rito excepcional da prisão civil como meio coercitivo para o adimplemento. Ordem concedida" (STJ, HC 523.357/MG, 4.ª Turma, Rel. Min. Maria Isabel Gallotti, j. 01.09.2020, DJe 16.10.2020).

De toda sorte, cumpre esclarecer que tal posição não é pacífica na doutrina brasileira. Fernanda Tartuce, por exemplo, sustenta ser possível a prisão civil em casos tais. Suas palavras merecem destaque:

"O Código de Processo Civil não tem tradição de limitar a incidência da prisão à execução de alimentos referentes a contextos familiares. Confirmando tal tendência, o Novo Código de Processo Civil refere-se hipóteses ligadas a pensão alimentícia como sendo referentes à exigibilidade da obrigação de prestar alimentos; a expressão, que é ampla, não expressa qualquer distinção em relação à fonte da obrigação. O Novo Código traz ainda mais um ponto em favor da posição aqui defendida: o art. 533, ao mencionar a possibilidade de constituição de capital em demandas reparatórias que preveem alimentos indenizatórios, foi inserido no capítulo regente da execução de prestações alimentares em geral; percebe-se, portanto, que o legislador, longe diferenciar pensões alimentícias, atuou no sentido de aproximar seus regimes executivos. Vale também destacar que o Novo Código buscou incrementar ainda mais a efetividade da execução alimentícia ao prever o protesto do nome do executado e afirmar que a justificativa do executado precisa expor a comprovação de fato gerador da impossibilidade absoluta de pagar a pensão devida (Lei 13.105/2015, art. 528, §§ 1.º e 2.º). Não há no ordenamento, portanto, norma que justifique a diferenciação apta a excluir a possibilidade de prisão no inadimplemento de obrigações alimentares fixadas a título de reparação por ato ilícito; interpretação diversa prejudica indevidamente as vítimas de atos ilícitos ao retirar a eficácia potencializada pela coerção inerente à execução sob pena de prisão".[16]

Exposta a divergência, e reafirmada a posição majoritária pela impossibilidade da prisão civil em casos tais, no passado sempre se entendeu que os alimentos indenizatórios poderiam ser pagos mês a mês, como pensão; ou de uma vez só, ao final da lide, opinião por mim compartilhada. Todavia, apesar do entendimento anterior pelo pagamento de uma vez só, em julgados recentes, o Superior Tribunal de Justiça tem entendido que, após a condenação do réu, o pagamento deve ser feito de forma sucessiva e continuada, como uma pensão, geralmente mensal.

A título de ilustração, vejamos *decisum* publicado no *Informativo* n. 536 do Tribunal da Cidadania: "os credores de indenização por dano morte fixada na forma de pensão mensal não têm o direito de exigir que o causador do ilícito pague de uma só vez todo o valor correspondente. Isso porque a faculdade de 'exigir que a indenização seja arbitrada e paga de uma só vez' (parágrafo único do art. 950 do CC) é estabelecida para a hipótese do *caput* do dispositivo, que se refere apenas a defeito que diminua a capacidade laborativa da vítima, não se estendendo aos casos de falecimento. Precedentes citados: REsp 1.230.007/MG, Segunda Turma, *DJe* 28.02.2011; REsp 1.045.775/ES, Terceira Turma, *DJe* 04.08.2009" (STJ, REsp 1.393.577/PR, Rel. Min. Herman Benjamin, j. 20.02.2014). Com o devido respeito aos julgadores, é forçoso entender que se trata, sim, de uma faculdade dos credores, o que sempre prevaleceu em nossa tradição civilística. A questão, assim, deve ser revista e pacificada naquela Corte Superior.

---

[16] TARTUCE, Fernanda. Prisão civil em alimentos indenizatórios: posição favorável. *Jornal Carta Forense*. Matéria de Capa de junho de 2016. Disponível em: <http://www.cartaforense.com.br/conteudo/artigos/prisao-civil-em-alimentos-indenizatorios-posicao-favoravel/16600>. Acesso em: 25 jun. 2018.

Consigne-se que a reforma anterior do Código de Processo Civil, realizada entre os anos de 2005 e 2006, introduziu importantes alterações quanto ao *cumprimento da sentença* dos alimentos devidos por ato ilícito. A Lei 11.232/2005 introduziu o art. 475-Q do CPC/1973. Reafirme-se que esse preceito foi repetido pelo art. 533 do CPC/2015, conforme a seguinte tabela confrontada:

CPC/2015	CPC/1973
"Art. 533. Quando a indenização por ato ilícito incluir prestação de alimentos, caberá ao executado, a requerimento do exequente, constituir capital cuja renda assegure o pagamento do valor mensal da pensão. § 1.º O capital a que se refere o *caput*, representado por imóveis ou por direitos reais sobre imóveis suscetíveis de alienação, títulos da dívida pública ou aplicações financeiras em banco oficial, será inalienável e impenhorável enquanto durar a obrigação do executado, além de constituir-se em patrimônio de afetação. § 2.º O juiz poderá substituir a constituição do capital pela inclusão do exequente em folha de pagamento de pessoa jurídica de notória capacidade econômica ou, a requerimento do executado, por fiança bancária ou garantia real, em valor a ser arbitrado de imediato pelo juiz. § 3.º Se sobrevier modificação nas condições econômicas, poderá a parte requerer, conforme as circunstâncias, redução ou aumento da prestação. § 4.º A prestação alimentícia poderá ser fixada tomando por base o salário mínimo. § 5.º Finda a obrigação de prestar alimentos, o juiz mandará liberar o capital, cessar o desconto em folha ou cancelar as garantias prestadas."	"Art. 475-Q. Quando a indenização por ato ilícito incluir prestação de alimentos, o juiz, quanto a esta parte, poderá ordenar ao devedor constituição de capital, cuja renda assegure o pagamento do valor mensal da pensão. § 1.º Este capital, representado por imóveis, títulos da dívida pública ou aplicações financeiras em banco oficial, será inalienável e impenhorável enquanto durar a obrigação do devedor. § 2.º O juiz poderá substituir a constituição do capital pela inclusão do beneficiário da prestação em folha de pagamento de entidade de direito público ou de empresa de direito privado de notória capacidade econômica, ou, a requerimento do devedor, por fiança bancária ou garantia real, em valor a ser arbitrado de imediato pelo juiz. § 3.º Se sobrevier modificação nas condições econômicas, poderá a parte requerer, conforme as circunstâncias, redução ou aumento da prestação. § 4.º Os alimentos podem ser fixados tomando por base o salário mínimo. § 5.º Cessada a obrigação de prestar alimentos, o juiz mandará liberar o capital, cessar o desconto em folha ou cancelar as garantias prestadas."

Conforme se retira da tabela de confrontação legislativa, o CPC de 2015 acabou por consolidar o que estava na norma instrumental anterior, especialmente com as modificações engendradas pela reforma processual de 2005. Quanto à constituição de capital, já havia previsão na Súmula n. 313 do Superior Tribunal de Justiça, segundo a qual, "em ação de indenização, procedente o pedido, é necessária a constituição de capital ou caução fidejussória para a garantia de pagamento da pensão, independentemente da situação financeira do demandado".

De toda sorte, destaque-se o novo tratamento do capital de reserva, como *patrimônio de afetação*, para os devidos fins de vinculação pagamento do *quantum debeatur*. Esse capital pode ser representado por imóveis ou por direitos reais sobre imóveis suscetíveis de alienação – o que é novidade, como se nota da tabela –, títulos da dívida pública ou aplicações financeiras em banco oficial. O capital é considerado pela lei como inalienável e impenhorável enquanto durar a obrigação do executado, além de constituir-se, a partir do CPC/2015, em patrimônio de afetação.

Eventualmente, para uma maior efetividade quanto ao recebimento da dívida, o juiz pode determinar a substituição dessa constituição de capital pela inclusão do exequente em folha de pagamento a favor do executado. Se for o caso, a constituição de capital pode ser substituída por fiança bancária ou garantia real (penhor, hipoteca ou anticrese), cujo valor será arbitrado pelo juiz. Sem dúvida alguma que, conforme já apontava a doutrina sobre a reforma de 2005, a inclusão do beneficiário dos alimentos na folha de pagamento é muito mais simples e mais eficaz do que as demais medidas. Além disso, trata-se de ato de menor impacto para o devedor.[17]

Cumpre anotar que o § 3.º do art. 533 do CPC/2015 continua a enunciar, na linha do seu antecessor, que, ocorrendo a alteração das condições econômicas, poderá a parte interessada requerer a redução ou o aumento da prestação.

Os *alimentos indenizatórios*, desse modo e em tal aspecto, devem seguir o regime dos alimentos de Direito de Família quanto à alteração das circunstâncias, eis que, de acordo com o art. 1.699 do CC/2002, "se, fixados os alimentos, sobrevier mudança na situação financeira de quem os supre, ou na de quem os recebe, poderá o interessado reclamar ao juiz, conforme as circunstâncias, exoneração, redução ou majoração do encargo". Constata-se, nesse contexto, que há uma aplicação subsidiária de algumas das regras dos alimentos familiares. A afirmação não vale para a possibilidade de prisão civil, como antes se desenvolveu.

Por tal premissa, é possível a diminuição do valor dos alimentos indenizatórios se a situação financeira do credor for alterada. Sendo cabível a diminuição (revisão para menos), do mesmo modo é aceitável a exoneração total. Imagine-se o caso de serem os alimentos indenizatórios fixados a favor de ex-mulher e esta vier a se casar ou a constituir união estável. Nesse exemplo, também serve como amparo de aplicação dispositivo previsto para os alimentos familiares, o art. 1.708, *caput*, do Código Civil, *in verbis*: "com o casamento, a união estável ou o concubinato do credor, cessa o dever de prestar alimentos".

Por outra via, é possível o aumento dos alimentos indenizatórios, se melhorarem as condições econômicas do réu devedor. A título de exemplificação, imagine-se o caso de o devedor ganhar na loteria, vindo a receber uma quantia milionária. Nesse ponto, a nova norma é perfeitamente lógica, eis que é notório o entendimento pelo qual a indenização deve ser fixada de acordo com as condições econômicas dos envolvidos.

Em suma, o que se percebe é que os alimentos indenizatórios estão sujeitos às regras relativas às alterações das circunstâncias. Em certo ponto, pode-se até dizer

---

[17] GUMERATO RAMOS, Glauco. *Reforma do CPC 2*. São Paulo: RT, 2007. p. 286.

que a cláusula *rebus sic stantibus*, sempre invocada para a ação de alimentos do Direito de Família, passa a incidir sobre os alimentos decorrentes de atos ilícitos.

Seguindo a análise do comando processual, o § 4.º do art. 533 do CPC/2015, também sem qualquer modificação substancial, determina que os alimentos indenizatórios podem ser fixados com base no salário mínimo. A norma anterior, de 2005, surgiu criando polêmicas diante da suposta vedação de utilização do salário mínimo para outros fins que não sejam de remuneração dos trabalhadores, constante do art. 7.º, inc. IV, da Constituição Federal de 1988. Ilustrando, quanto à indenização por danos morais, no passado, o Superior Tribunal por diversas vezes entendeu ser a fixação em salários mínimos inconstitucional. Por todos: "'inadmissível a fixação do montante indenizatório em determinado número de salários mínimos' (REsp 443.095/SC, relatado pelo eminente Ministro Barros Monteiro, *DJ* de 14.04.2003)" (STJ, REsp 659.128/RS, 4.ª Turma, Rel. Min. Cesar Asfor Rocha, j. 28.09.2004, *DJ* 22.11.2004, p. 364). Esse mesmo entendimento chegou a ser adotado pelo Supremo Tribunal Federal (RE 225.488/PR, 1.ª Turma, Rel. Min. Moreira Alves, j. 11.04.2000).

Todavia, como antes se demonstrou por vários arestos aqui colacionados, a prática do Tribunal da Cidadania tem admitido a fixação dos alimentos indenizatórios – e também dos danos morais, com ainda será exposto – em salários mínimos.

Na verdade, o art. 7.º da CF/1988 é dispositivo a ser aplicado para a relação de trabalho, podendo o salário mínimo ser utilizado para outros fins, fora dessa relação jurídica. Sendo assim, para outros casos, que não sejam o de acidente de trabalho, o salário mínimo até pode ser adotado como parâmetro. Como comentam Nelson Nery Jr. e Rosa Maria de Andrade Nery, a norma não ofende o art. 7.º, inc. IV, da CF/1988 pois, interpretada conforme o texto constitucional, "a norma quer significar que os alimentos buscam atender as mesmas necessidades para cuja finalidade o salário mínimo existe (padrões mínimos de subsistência, com dignidade, para alimentação, vestuário, lazer etc.), de modo que a providência de veicular a fixação dos alimentos a esse índice não acarreta o perigo indicado pelo STF, quando do julgamento da ADIn 1425. A norma, portanto, é constitucional".[18] Anote-se que o julgamento da Corte Suprema mencionado pelos autores dizia respeito à lei local, do Estado de Pernambuco, que viabilizava gradação de alíquotas, relativas à contribuição social, a partir de faixas remuneratórias previstas em número de salários mínimos.

Desse modo, na linha das lições da doutrina citada, se os alimentos fixados em salários mínimos servem para a tutela e promoção da pessoa humana, conforme o art. 1.º, inc. III, da CF/1988, não há que falar em qualquer inconstitucionalidade.

Como outra norma importante, segundo o § 5.º do art. 533 do CPC/2015, finda a obrigação de prestar alimentos, o juiz mandará liberar o capital, cessando também eventual desconto em folha e cancelando-se as garantias prestadas, se for o caso.

---

[18] NERY JR., Nelson; NERY, Rosa Maria de Andrade. *Comentários ao Código de Processo Civil*. São Paulo: RT, 2015. p. 1323-1324.

Em outras palavras, extinta a obrigação principal, também devem ser as garantias previstas na norma processual, diante do seu flagrante caráter acessório. Essa previsão apenas confirmou o que estava no § 5.º do antigo art. 475-Q do CPC/1973, não representante de qualquer inovação material ou processual no sistema jurídico brasileiro.

Para encerrar o estudo dos alimentos indenizatórios, anote-se que a Reforma do Código Civil, ora em trâmite no Congresso Nacional, pretende alterar o art. 948 do Código Civil, incorporando no texto os entendimentos jurisprudenciais ora desenvolvidos.

Assim, o dispositivo passará a prever que, no caso de morte, a indenização abrange, sem a exclusão de outras reparações, "II – a repercussão patrimonial do dano, na esfera das pessoas a quem o morto devia alimentos, levando-se em conta a duração provável da vida da vítima e a manutenção da situação de dependência econômica". No inc. III, insere-se previsão a respeito dos danos extrapatrimoniais indiretos ou reflexos, "sofridos pelos familiares, com precedência do direito à indenização ao cônjuge ou convivente e aos filhos do falecido, sem excluir aqueles que mantinham comprovado vínculo afetivo com a vítima, o que deve ser apurado pelo julgador no caso concreto". Ainda tratarei do tema no presente capítulo da obra.

O art. 948 receberá, também, um novo § 1.º, segundo o qual, e na linha da posição jurisprudencial antes exposta a respeito da forma do cálculo, "para atendimento ao disposto no inc. II deste artigo, a prestação dos alimentos corresponderá a dois terços dos rendimentos da vítima, divididos *per capita* entre o cônjuge ou convivente sobrevivente e os filhos com menos de dezoito anos de idade do falecido, nesta hipótese até a data em que estes completarem vinte e cinco anos; depois, somente ao cônjuge ou convivente".

E, sobre a morte de filho menor, novamente confirmando a posição consolidada da jurisprudência brasileira, o seu § 2.º preverá que, "no caso de morte de filho, criança ou adolescente, que não tinha rendimentos fixos, em família de baixa renda, a indenização será fixada em dois terços de um salário mínimo para o período de catorze aos vinte e cinco anos do falecido, quando, então, será reduzida para um terço do salário mínimo, salvo comprovação de rendimentos maiores, a serem divididos entre os pais ou entre outros parentes do falecido com quem ele vivia, se for o caso". Confirma-se, portanto, na lei, a posição atual do Superior Tribunal de Justiça, que visa a trazer maior segurança jurídica ao tema, apesar das ressalvas doutrinárias, inclusive as minhas.

Por fim, com o mesmo objetivo de trazer maior estabilidade para o tema, o § 3.º do art. 948 enunciará que, "em todas as hipóteses previstas neste artigo, a duração do pensionamento levará em conta a tabela de expectativa de vida fixada pelo Instituto Brasileiro de Geografia e Estatística (IBGE), existente ao tempo do dano".

Como se pode notar, as proposições seguem a linha metodológica da Reforma, de inserir no texto da norma civil as posições hoje consolidadas da jurisprudência superior brasileira, o que vem em boa hora, em prol de uma esperada previsibilidade da segurança jurídica.

2.3. Da controversa classificação dos danos materiais em diretos e indiretos

Temática não esclarecida no âmbito do Direito Civil brasileiro diz respeito à classificação dos danos materiais em diretos e indiretos, divisão que igualmente atinge os danos morais, como ainda se verá. Trazendo uma visão geral e panorâmica sobre o tema, Maria Helena Diniz aponta que existem *três diferenciações* sobre as categorias. Na primeira delas, "considera-se *direto* o dano que causa imediatamente um prejuízo no patrimônio da vítima, p. ex., destruição de um carro que lhe pertence; e *indireto* o que atinge interesses jurídicos extrapatrimoniais do lesado, como os direitos da personalidade, causando, de forma mediata, perdas patrimoniais, p. ex., despesas com o tratamento de lesões corporais".[19]

Na segunda diferenciação, o dano direto é o causado à própria vítima do fato lesivo, enquanto o indireto o experimentado por terceiros desse mesmo evento.[20]

Por fim, na terceira distinção, "denomina-se dano direto o prejuízo que for consequência imediata da lesão e dano indireto o que resultar da conexão do fato lesivo com um acontecimento distinto".[21] Esta última diferenciação é amplamente adotada pelo Direito Civil brasileiro, inclusive por mim. Opino, seguindo as lições da Professora da PUCSP, minha orientadora de mestrado naquela instituição, que o dano indireto ou "em ricochete" é aquele que atinge a pessoa de forma reflexa.

A última posição é compartilhada por Carlos Roberto Gonçalves, para quem "o dano pode ser, ainda, direto e indireto (ou reflexo). Este é também denominado 'dano em ricochete' e se configura quando uma pessoa sofre o reflexo de um dano causado a outrem. É o que acontece, por exemplo, quando o ex-marido, que deve à ex-mulher ou aos seus filhos, pensão alimentícia, vem a ficar incapacitado para prestá-la, em consequência de um dano que sofreu. Nesse caso, o prejudicado tem ação contra o causador do dano, embora não seja ele diretamente o atingido, porque existe a certeza do prejuízo".[22]

Em verdade, a ideia de *dano em ricochete* ou indireto foi difundida no Brasil por Caio Mário da Silva Pereira, a partir de seus estudos do Direito francês. Para o jurista, "a situação aqui examinada é a de uma pessoa que sofre o 'reflexo' de um dano causado a outra pessoa. (...). Examinando o assunto, Geneviéve Viney informa que o princípio da reparação desses danos, chamados 'per ricochet' ou danos 'reflexos', é admitido largamente na França, embora em alguns direitos estrangeiros tenha encontrado reticências".[23]

Entre os contemporâneos, segundo Cristiano Chaves e Nelson Rosenvald e Felipe Peixoto Braga Netto, "no dano reflexo, ou em ricochete, ocorre um prejuízo em virtude de um dano sofrido por outrem. O evento não apenas atinge a vítima direta, mas reflexamente, os interesses de outras pessoas. Daí a expressão 'ricochete', que significa que o dano sofrido inicialmente por um, que

---

[19] DINIZ, Maria Helena. *Curso de Direito Civil brasileiro*. Responsabilidade civil, 27. ed., cit., p. 89-90.
[20] DINIZ, Maria Helena. *Curso de Direito Civil brasileiro*. Responsabilidade civil, 27. ed., cit., p. 90.
[21] DINIZ, Maria Helena. *Curso de Direito Civil brasileiro*. Responsabilidade civil, 27. ed., cit., p. 90.
[22] GONÇALVES, Carlos Roberto. *Direito Civil brasileiro*. Responsabilidade civil, 11. ed., cit., p. 369.
[23] PEREIRA, Caio Mário. *Responsabilidade civil*, 5. ed., cit., p. 42-43.

acaba por repercutir em outro, pelo fato de haver alguma ligação entre este e aquele".[24] Por fim, nas lições de Marco Aurélio Bezerra de Melo, "dano direto é aquele sofrido unicamente pelo valor direto da lesão" e "dano reflexo, também chamado indireto ou em ricochete, é aquele cuja lesão, ao alvejar e causar dano direto a uma pessoa, também produz reflexos danosos em outra".[25]

Diante de todos os ensinamentos aqui transcritos, reafirmo que essa classificação é a que prevalece no Direito Civil brasileiro. Ilustrando, na linha de todos esses pareceres, no caso do incêndio que atinge um terminal de cargas, os danos sofridos em todos os equipamentos da empresa (danos emergentes) e os seus próprios lucros cessantes são danos diretos.

Por outra via, os danos pessoais suportados por terceiros, os prejuízos decorrentes do alastramento das chamas para vizinhos, os danos ambientais e os lucros cessantes de terceiros – denominados no Direito inglês como "perdas financeiras puras" – são danos indiretos ou em ricochete.

No âmbito da jurisprudência, a grande maioria dos acórdãos diz respeito a danos morais indiretos, e não a danos patrimoniais. Todavia, entre os arestos superiores destaque-se o julgamento do Recurso Especial 1.014.496/SC, da Terceira Turma, que teve como Relatora a Ministra Nancy Andrighi, de março de 2008. Conforme o *decisum*, "os danos diretamente causados à sociedade, em regra, trazem reflexos indiretos a todos os seus acionistas. Com o ressarcimento dos prejuízos à companhia, é de se esperar que as perdas dos acionistas sejam revertidas. Por isso, se os danos narrados na inicial não foram diretamente causados aos acionistas minoritários, não detêm eles legitimidade ativa para a propositura de ação individual com base no art. 159, § 7.º, da Lei das Sociedades por Ações" (STJ, REsp 1.014.496/SC, 3.ª Turma, Rel. Min. Nancy Andrighi, j. 04.03.2008, DJe 1.º.04.2008). Entendeu-se, portanto, que constituem danos indiretos os prejuízos sofridos pelos acionistas da empresa, frontalmente prejudicada pela conduta alheia.

Também do Tribunal da Cidadania concluiu-se corretamente o seguinte:

> "No campo jurídico do tombamento, o conceito de dano não se restringe ou se resume a simples lesão física (desfiguradora e estrutural) ao bem protegido, pois inclui agressões difusas e até interferências fugazes nele mesmo, no conjunto e no seu entorno (= dano indireto), que arranhem ou alterem os valores globais intangíveis, as características, as funções, a estética e a harmonia, o bucólico ou a visibilidade das suas várias dimensões que justificaram a especial salvaguarda legal e administrativa. *In casu*, a conduta irregular da empresa foi mais além, por ter acarretado danos à vegetação do local, mormente pela supressão de árvores, em flagrante desrespeito à norma do art. 17, que veda em absoluto a destruição e a mutilação do bem tombado" (STJ, REsp 1.127.633/DF, 2.ª Turma, Rel. Min. Herman Benjamin, j. 23.03.2010, DJe 28.02.2012).

---

[24] FARIAS, Cristiano Chaves; ROSENVALD, Nelson; BRAGA NETTO, Felipe Peixoto. *Curso de Direito Civil*, Responsabilidade civil, 2. ed., cit., p. 240-241.

[25] MELO, Marco Aurélio Bezerra de. *Curso de Direito Civil*. Responsabilidade civil, cit., p. 74.

Dos Tribunais estaduais merecem ser citados os arestos que concluem pela presença de danos indiretos no próprio veículo, em decorrência de vício não sanado pela concessionária ou comerciante do bem móvel. Por todos:

"Vício do produto, que afeta sua utilização. Na responsabilidade por vício, a indenização se restringe às hipóteses descritas no art. 18, § 1.º, do CDC, razão pela qual, em regra, não há ressarcimento moral, apenas a compensação material. No entanto, forçoso reconhecer o dano indireto, fora do âmbito do vício, mas a ele vinculado em face da conduta das demandadas, que deixaram de cumprir o dever de providenciar o imediato reparo do bem, ou a sua troca. Danos morais configurados. A concessionária fez parte da cadeia de consumo, sendo, portanto, sua responsabilidade solidária, nos termos do art. 7.º, parágrafo único, do CDC" (TJRJ, Apelação 0109377-83.2009.8.19.0001, 17.ª Câmara Cível, Rel. Des. Edson Aguiar de Vasconcelos, j. 05.08.2015, *DORJ* 10.08.2015).

Mencione-se, ainda, a possibilidade de existência de uma certidão de dívida ativa causar dano indireto à empresa pela impossibilidade de ela obter financiamentos bancários, o que foi considerado pelo Tribunal bandeirante motivo para deferimento de liminar em mandado de segurança, com o fim de retirar a anotação negativa relativa à pessoa jurídica (TJSP, Agravo de Instrumento 2105183-04.2015.8.26.0000, Acórdão 8555996, 10.ª Câmara de Direito Público, Guarulhos, Rel. Des. Torres de Carvalho, j. 08.06.2015, *DJESP* 22.06.2015).

Por fim, para encerrar o estudo do tema, destaco que a Reforma do Código Civil pretende inserir na norma civil menção aos danos indiretos, passando o novo art. 944-B do Código Civil a prever que "a indenização será concedida, se os danos forem certos, sejam eles diretos, indiretos, atuais ou futuros". Em termos gerais, não haverá definição na lei do que sejam os danos indiretos, tarefa de preenchimento que caberá à doutrina e à jurisprudência, na linha do que aqui foi exposto e devendo prevalecer a posição majoritária ora demonstrada.

De todo modo, como antes pontuado, pretende-se inserir previsão a respeito dos danos extrapatrimoniais indiretos no caso de morte, no novo inc. III do art. 948. Consoante a proposição, serão reparáveis "os danos extrapatrimoniais indiretos ou reflexos sofridos pelos familiares, com precedência do direito à indenização ao cônjuge ou convivente e aos filhos do falecido, sem excluir aqueles que mantinham comprovado vínculo afetivo com a vítima, o que deve ser apurado pelo julgador no caso concreto".

Em boa hora, resolve-se divergência a respeito da atribuição da indenização, com uma ordem de precedência que deve ser respeitada, trazendo certeza e segurança a respeito da temática.

3. DOS DANOS MORAIS

3.1. Conceito de dano moral e classificações. O dano moral presumido e o dano moral em ricochete

A tese pela reparabilidade dos danos imateriais tornou-se pacífica no Brasil com a Constituição Federal de 1988, pelas previsões constantes dos incisos V e X do seu art. 5.º. Antes dela, muitos juristas tinham como impensável aceitar a reparação do dano moral, diante de grandes dificuldades na sua determinação e quantificação. Com a Constituição Federal de 1988, houve uma grande evolução do tema, que até mergulhou em outros âmbitos, caso do Direito do Trabalho e do Direito de Família, como ainda será desenvolvido neste livro (Capítulos 11 e 9, respectivamente).

Como é cediço, na codificação revogada, o art. 159 do Código Civil de 1916 reconhecia a possibilidade de reparação de danos sem, contudo, fazer menção expressa ao dano extrapatrimonial. Contudo, Clóvis Beviláqua, principal idealizador da codificação anterior, ensinava que a reparação moral era implícita em tal dispositivo anterior. Nas palavras desse notável jurista:

> "O dano pode ser material ou moral. É material, quando causa diminuição no patrimônio, ou ofende interesse econômico. É moral, quando se refere a bens de ordem puramente moral, como a honra, a liberdade, a profissão, o respeito aos mortos. O Código Civil toma em consideração o dano moral quando, no art. 76, autoriza a ação fundada no interesse moral, e quando destaca alguns casos de satisfação do dano por ofensa à honra (arts. 1.547 a 1.511), sem exclusão de outros análogos, e muito menos daqueles em que o interesse econômico anda envolvido no moral. [...]. O Código Civil brasileiro admitiu a indemnização do dano moral, e, em alguns casos regulou o modo de ressarci-lo. Cabe à doutrina extrair dos seus dispositivos o sistema a que os mesmos obedecem".[26]

Apesar das palavras transcritas, repise-se que na vigência daquele Código anterior a reparação dos danos morais não era aceita com unanimidade, principalmente em sede jurisprudencial. Essa realidade anterior foi muito bem abordada por Wilson Melo da Silva, em obra considerada *clássica* sobre o tema. Segundo ele, "no Brasil a teoria da ressarcibilidade dos danos morais tem tido seus opositores e os seus adeptos. Na doutrina, a tendência é francamente pela acolhida. Na jurisprudência, porém, não obstante acórdãos em contrário e brilhantíssimos votos vencidos, observa-se uma certa resistência, uma como que impermeabilidade à ideia. Os julgados e as decisões, quando não recusam, de maneira formal, a doutrina, aceitam-na, no comum das vezes, segundo o critério da escola capitaneada por Dalloz, e ordenam a reparação dos danos morais apenas em seus reflexos patrimoniais".[27]

Partindo para a sua conceituação, é hoje majoritária no País a corrente que relaciona os danos morais às lesões aos direitos da personalidade, o que é associado à Escola do Direito Natural. Nesse sentido, Carlos Alberto Bittar pontua que esses prejuízos se revestem "de caráter atentatório à personalidade, de vez que se configura por meio de lesões a elementos essenciais da individualidade".[28] Na mesma

---

[26] BEVILÁQUA, Clóvis. *Código Civil dos Estados Unidos do Brasil*, cit., p. 662-663.
[27] SILVA, Wilson Melo da. *O dano moral e sua reparação*. Edição histórica. 3. ed. Rio de Janeiro: Forense, 1999. p. 388. O panorama demonstrado refere-se a período anterior à Constituição Federal em vigor. O texto foi escrito no ano de 1983.
[28] BITTAR, Carlos Alberto. *Reparação civil por danos morais*. 4. ed. atualizada por Eduardo C. B. Bittar. São Paulo: Saraiva, 2015. p. 57.

esteira, as antigas lições de Rubens Limongi França, para quem "a Doutrina e a Jurisprudência e, ultimamente, a própria legislação dos povos cultos evoluíram no sentido de reconhecer ações específicas, de natureza negatória e declaratória, destinadas a negar e afirmar a existência *in casu* dos diversos direitos da personalidade. Por outro lado, a consagração, que tende a universalizar-se, do ressarcimento por dano moral vem completar, em definitivo, a tutela dos direitos em apreço".[29]

Entre os contemporâneos, Maria Helena Diniz resume que "o dano moral é, na verdade, lesão ao direito da personalidade".[30] Por fim quanto às definições doutrinárias, Carlos Roberto Gonçalves segue a mesma corrente, ensinando que "dano moral é o que atinge o ofendido como pessoa, não lesando seu patrimônio. É lesão de bem que integra os direitos da personalidade, como a honra, a dignidade, a intimidade, a imagem, o bom nome etc.".[31]

Todavia, a posição não é pacífica, pois há quem veja o dano moral como lesão à cláusula geral de tutela da pessoa humana, sendo restrito às pessoas naturais.[32] A demonstrar que tal corrente não prevalece na teoria e na prática da responsabilidade civil brasileira, o Superior Tribunal de Justiça reconhece, em ementa de resumo da posição da Corte do ano de 1999, que a pessoa jurídica pode sofrer dano moral (Súmula n. 227). Em complemento, vale lembrar que o Código Civil de 2002 é expresso em estabelecer que se aplica às pessoas jurídicas, no que couber, a proteção relativa aos direitos da personalidade (art. 52). O tema ainda será analisado em tópico próprio, analisado adiante.

Seguindo a visão majoritária, constituindo o dano moral uma lesão aos direitos da personalidade, tratados em rol meramente exemplificativo entre os arts. 11 a 21 do CC/2002, para a sua reparação não se requer a determinação de um *preço* para a dor ou o sofrimento, mas sim um meio para atenuar, em parte, as consequências do prejuízo imaterial, o que traz o conceito de *lenitivo, derivativo* ou *sucedâneo*. Por isso é que se deve utilizar, com o devido respeito a quem pensa de forma contrária, a expressão *reparação* e não *ressarcimento* para os danos morais, conforme outrora foi comentado.

Desse modo, esclareça-se que não há no dano moral uma finalidade de acréscimo patrimonial para a vítima, mas sim de compensação pelos males e lesões suportados. Tal dedução justifica a não incidência de imposto de renda sobre o valor recebido a título de indenização por dano moral, o que foi consolidado pela Súmula n. 498 do Superior Tribunal de Justiça, do ano de 2012.

Nesse sentido, a propósito, Fernando Noronha esclarece que "a reparação de todos os danos que não sejam suscetíveis de avaliação pecuniária obedece em regra ao princípio da satisfação compensatória: o quantitativo pecuniário a ser atribuído ao lesado nunca poderá ser equivalente a um 'preço', será o valor necessário para lhe proporcionar um lenitivo para o sofrimento infligido, ou uma

---

[29] LIMONGI FRANÇA, Rubens. *Instituições de Direito Civil*, 5. ed., cit., p. 941.
[30] DINIZ, Maria Helena. *Curso de Direito Civil brasileiro*. Responsabilidade civil, 27. ed., cit., p. 109.
[31] GONÇALVES, Carlos Roberto. *Direito Civil brasileiro*. Responsabilidade civil, 11. ed., cit., p. 387.
[32] Por todos: TEPEDINO, Gustavo; BARBOZA, Heloísa Helena; MORAES, Maria Celina Bodin de. *Código Civil interpretado*, v. I, cit., p. 335-336.

compensação pela ofensa à vida ou à integridade física".[33] Aliás, entendimento ao contrário carregaria de *imoralidade* o dano moral, como se cogitou no passado.

Partindo para uma primeira classificação da categoria, *quanto ao seu conteúdo*, em sentido *próprio*, o dano moral causa na pessoa dor, tristeza, amargura, sofrimento, angústia e depressão. Nesse diapasão, constitui aquilo que a pessoa humana sente, o que se pode denominar *dano moral in natura*.

Todavia, deve ficar claro que para a caracterização do dano moral não há obrigatoriedade da presença desses *sentimentos humanos negativos ou desagradáveis*, conforme enunciado aprovado na *V Jornada de Direito Civil*, no ano de 2011: "o dano moral indenizável não pressupõe necessariamente a verificação de sentimentos humanos desagradáveis como dor ou sofrimento" (Enunciado n. 445). Essa é a posição que prevalece amplamente na doutrina nacional. Por todos, ponderam muito bem Cristiano Chaves de Farias, Nelson Rosenvald e Felipe Peixoto Braga Netto que "o equívoco na aproximação entre o dano moral e a dor ou outras sensações desagradáveis pode ser explicado de uma forma ainda mais veemente. Trata-se de uma confusão entre o sintoma e a causa. Vale dizer, decepção, desgosto, desprazer, dissabor... Cada um destes sentimentos não passa de uma eventual consequência do dano moral".[34]

No âmbito da jurisprudência, a conclusão é exatamente a mesma. Cite-se, a título de exemplo e mais uma vez, o dano moral da pessoa jurídica que, por óbvio, não passa por tais situações (Súmula n. 227 do STJ). Acrescente-se o teor da Súmula n. 370 da mesma Corte, segundo a qual o depósito antecipado de cheque pós-datado caracteriza dano moral, o que não necessariamente é associado aos citados sentimentos humanos desagradáveis. Na mesma linha, a sua Súmula n. 388, segundo a qual "a simples devolução indevida de cheque caracteriza dano moral". Essa devolução indevida não necessariamente causará prejuízos psíquicos ou sentimentos ruins.

Confirmando essa premissa, cabe ilustrar a hipótese de indenização imaterial a favor de absolutamente incapaz, mesmo não estando comprovados tais sentimentos desagradáveis. Vejamos ementa publicada no *Informativo* n. 559 do Tribunal da Cidadania, que traz tais considerações:

"O absolutamente incapaz, ainda quando impassível de detrimento anímico, pode sofrer dano moral. O dano moral caracteriza-se por uma ofensa, e não por uma dor ou um padecimento. Eventuais mudanças no estado de alma do lesado decorrentes do dano moral, portanto, não constituem o próprio dano, mas eventuais efeitos ou resultados do dano. Já os bens jurídicos cuja afronta caracteriza o dano moral são os denominados pela doutrina como direitos da personalidade, que são aqueles reconhecidos à pessoa humana tomada em si mesma e em suas projeções na sociedade. A CF deu ao homem lugar de destaque, realçou seus direitos e fez deles o fio condutor de todos os ramos jurídicos. A dignidade humana pode ser considerada, assim, um Direito Cons-

---

[33] NORONHA, Fernando. *Direito das obrigações*, cit., p. 569.
[34] FARIAS, Cristiano Chaves; ROSENVALD, Nelson; BRAGA NETTO, Felipe Peixoto. *Curso de Direito Civil, Responsabilidade civil*, 2. ed., cit., p. 262.

titucional subjetivo – essência de todos os direitos personalíssimos –, e é o ataque a esse direito o que se convencionou chamar dano moral" (STJ, REsp 1.245.550/MG, Rel. Min. Luis Felipe Salomão, j. 17.03.2015, *DJe* 16.04.2015).

Vale lembrar que a teoria das incapacidades sofreu alterações estruturais pela recente Lei n. 13.146/2015, que instituiu o Estatuto da Pessoa com Deficiência. Do último acórdão merece destaque a frase constante da ementa que sintetiza as lições antes encartadas: "o dano moral caracteriza-se por uma ofensa, e não por uma dor ou um padecimento".

Sob outra perspectiva, mas ainda na primeira classificação, em sentido *impróprio*, o dano moral constitui qualquer lesão aos direitos da personalidade, por exemplo, à liberdade, ao gênero, à orientação religiosa, entre outros. Trata-se do dano moral em sentido amplo ou *lato sensu*, que não necessita da prova do sofrimento em si para a sua caracterização. A concretizar, cite-se o caso de lesão ao direito de liberdade, decorrente de revista ou de prisão ilegal. Entre vários julgados estaduais que desassociam o dano moral do sofrimento nessa perspectiva, reitere-se:

> "Responsabilidade civil do Estado. Obrigação do Estado pela incolumidade dos cidadãos. Cidadão submetido a revista e condução a distrito policial fora das situações permitidas pela Lei. Indenização por dano moral. Cabimento. Desnecessidade de prova acerca de sofrimento moral. Critério para a fixação. Provimento que se dá ao recurso do autor" (TJSP, Apelação 572.483.5/9, Acórdão 2693603, 13.ª Câmara de Direito Público, Franca, Rel. Des. Borelli Thomas, j. 18.06.2008, *DJESP* 12.08.2008).

Como segunda classificação, *quanto à necessidade ou não de prova*, o dano moral pode ser *subjetivo* ou *objetivo*, divisão com grande repercussão prática, notadamente quanto ao ônus de demonstração do prejuízo suportado pela vítima, de acordo com as peculiaridades do caso concreto.

O *dano moral subjetivo* ou *provado* é aquele que necessita ser demonstrado pela vítima ou autor da demanda, ônus que lhe cabe. Na minha visão, constitui regra geral do sistema jurídico brasileiro, especialmente pela posição que prevalece na jurisprudência superior. Como ainda será aprofundado, o Superior Tribunal de Justiça tem entendido que o dano moral da pessoa jurídica se enquadra nessa regra geral. Por todos os arestos, já adiantando: "para que a execução da medida cautelar de busca e apreensão seja capaz de causar dano moral indenizável à pessoa jurídica é preciso que existam comprovadas ofensas à sua reputação, seu bom nome, no meio comercial e social em que atua, ou seja, à sua honra objetiva, o que foi verificado pelo Tribunal de origem, na espécie" (STJ, REsp 1.428.493/SC, 3.ª Turma, Rel. Min. Nancy Andrighi, j. 14.02.2017, *DJe* 23.02.2017).

Por seu turno, o *dano moral objetivo* ou *presumido* não necessita de prova. Utiliza-se a expressão em latim *in re ipsa* a fim de evidenciar um dano que decorre do simples fato ou da simples situação da coisa. Entendo que o dano moral presumido não é regra, mas exceção no nosso sistema, estando presente, por exemplo, nos casos de abalo de crédito ou abalo moral, protesto indevido de títulos, envio do nome de pessoa natural ou jurídica para o *rol dos inadimplentes* (Serasa, SPC), uso indevido de imagem, morte de pessoa da família ou perda de órgão ou parte do corpo. Na última hipótese, há que falar também em *dano estético presumido* (*in re ipsa*), como ainda será desenvolvido.

Em complemento, tem entendido o Superior Tribunal de Justiça que, nos casos de lesão a valores fundamentais protegidos pela Constituição Federal, o dano moral se presume (*lesão a direito fundamental em si*). Nesse contexto, "sempre que demonstrada a ocorrência de ofensa injusta à dignidade da pessoa humana, dispensa-se a comprovação de dor e sofrimento para configuração de dano moral" (STJ, REsp 1.292.141/SP, Rel. Min. Nancy Andrighi, j. 04.12.2012, publicado no seu *Informativo* n. 513).

Ou, ainda, por entender haver lesão à tutela da moradia, encartada no art. 6.º do Texto Maior: "o corte do serviço dos elevadores gerou dano moral, tanto do ponto de vista subjetivo, analisando as peculiaridades da situação concreta, em que a condição de inadimplente restou ostensivamente exposta, como haveria, também, tal dano *in re ipsa*, pela mera violação de um direito da personalidade" (STJ, REsp 1.401815/ES, 3.ª Turma, Rel. Min. Nancy Andrighi, j. 03.12.2013, *DJe* 13.12.2013). Cite-se, de data mais próxima, a conclusão segundo a qual "o dano moral *in re ipsa* reconhecido pela jurisprudência do STJ é aquele decorrente da prática de condutas lesivas aos direitos individuais ou perpetradas contra bens personalíssimos" (STJ, REsp 1.653.413/RJ, 3.ª Turma, Rel. Min. Marco Aurélio Bellizze, j. 05.06.2018, *DJe* 08.06.2018).

Outra hipótese recentemente analisada pelo Tribunal da Cidadania diz respeito à presença de danos morais presumidos pelo fato de um adulto ter agredido uma criança. Conforme a tese firmada em *decisum* publicado no *Informativo* n. 598 da Corte, "a conduta da agressão, verbal ou física, de um adulto contra uma criança ou adolescente, configura elemento caracterizador da espécie do dano moral *in re ipsa*". O aresto também reafirma que "as crianças, mesmo da mais tenra idade, fazem *jus* à proteção irrestrita dos direitos da personalidade, assegurada a indenização pelo dano moral decorrente de sua violação, nos termos dos arts. 5.º, X, *in fine*, da CF e 12, *caput*, do CC/02. A sensibilidade ético-social do homem comum, na hipótese, permite concluir que os sentimentos de inferioridade, dor e submissão, sofridos por quem é agredido injustamente, verbal ou fisicamente, são elementos caracterizadores da espécie do dano moral *in re ipsa*" (STJ, REsp 1.642.318/MS, 3.ª Turma, Rel. Min. Nancy Andrighi, j. 07.02.2017, *DJe* 13.02.2017).

Também do ano de 2017 merecem destaque dois acórdãos da Terceira Turma do Superior Tribunal de Justiça, de relatoria da Ministra Nancy Andrighi e com grande repercussão nacional, que reconheceram a presença de danos morais presumidos ou *in re ipsa*. As decisões estão publicadas no *Informativo* n. 609 da Corte, do mês de setembro daquele ano. Os casos podem ser confrontados para o devido estudo, inclusive com a análise do *quantum debeatur*.

O primeiro deles diz respeito à conduta da cantora Rita Lee que, em um *show* no Estado de Sergipe, ofendeu um grupo de policiais militares. Conforme a tese fixada no julgado, "as ofensas generalizadas proferidas por artista a policiais militares que realizavam a segurança ostensiva durante *show* musical implicam dano moral *in re ipsa*, indenizável a cada um dos agentes públicos". Em complemento, como consta da ementa do julgado, "o dano, na hipótese, exsurge da própria injúria proferida, pois a vulneração ao sentimento de autoestima do ofendido, que já seria suficiente para gerar o dano moral compensável, é suplantado, na hipótese específica, pela percepção que os impropérios proferidos, atingiriam um homem médio em sua honra subjetiva, fato suficiente para demonstrar a existência de dano, na hipótese, *in re ipsa*" (STJ, REsp 1.677.524/SE, 3.ª Turma, Rel. Min. Nancy Andrighi, j. 03.08.2017, *DJe* 10.08.2017). Cada um dos policiais militares foi indenizado em R$ 5.000,00.

No segundo julgamento, o ex-Presidente Jair Bolsonaro, hoje Presidente da República, foi condenado a pagar R$ 10.000,00 a título de danos morais para, também Deputada, Maria do Rosário, além de ter que se retratar em jornal de grande circulação e em suas páginas oficiais no *Facebook* e no *YouTube*, pelo fato de ter afirmado, perante os órgãos de imprensa, que a parlamentar não "merecia ser estuprada". Vejamos trecho da ementa, com leitura a ser destacada:

> "A hipótese dos autos, a ofensa perpetrada pelo recorrente, segundo a qual a recorrida não 'mereceria' ser vítima de estupro, em razão de seus dotes físicos e intelectual, não guarda nenhuma relação com o mandato legislativo do recorrente. Considerando que a ofensa foi veiculada em imprensa e na Internet, a localização do recorrente, no recinto da Câmara dos Deputados, é elemento meramente acidental, que não atrai a aplicação da imunidade. Ocorrência de danos morais nas hipóteses em que há violação da cláusula geral de tutela da pessoa humana, seja causando-lhe um prejuízo material, seja violando direito extrapatrimonial, seja praticando em relação à sua dignidade qualquer 'mal evidente' ou 'perturbação'. Ao afirmar que a recorrida não 'mereceria' ser estuprada, atribui-se ao crime a qualidade de prêmio, de benefício à vítima, em total arrepio do que prevê o ordenamento jurídico em vigor. Ao mesmo tempo, reduz a pessoa da recorrida à mera coisa, objeto, que se submete à avaliação do ofensor se presta ou não à satisfação de sua lascívia violenta. O 'não merece ser estuprada' constitui uma expressão vil que menospreza de modo atroz a dignidade de qualquer mulher" (STJ, REsp 1.642.310/DF, 3.ª Turma, Rel. Min. Nancy Andrighi, j. 15.08.2017, *DJe* 18.08.2017).

Entendo que, além da condenação por danos individuais, estão presentes danos coletivos reparáveis pela grave afirmação, ofensiva a todas as mulheres. A categoria dos danos coletivos será abordada mais à frente. Penso e entendo que as duas condenações estão corretas, lamentando-se apenas os valores fixados, que poderiam ser maiores, atribuindo-se à reparação imaterial o seu necessário caráter pedagógico ou de desestímulo para evitar novas condutas.

Ainda no que se refere a essa última classificação, houve uma reviravolta na doutrina e na jurisprudência, segundo a minha visão doutrinária sobre o tema. De início, logo após a Constituição Federal de 1988, entendia-se que o dano moral seria, em regra, presumido. No entanto, diante de abusividades e exageros cometidos na prática – a gerar o que foi denominado pela imprensa nacional como uma suposta *indústria do dano moral* –, passou-se a defender a necessidade da sua prova, em regra. Isso se deu também pela consciência jurisprudencial de que o dano moral não se confunde com os meros aborrecimentos suportados por alguém no seu dia a dia, como ainda será ora desenvolvido.

Apesar dessa constatação, vislumbro que, ultimamente, a tendência jurisprudencial é de ampliar os casos envolvendo a desnecessidade de prova do dano moral, diante do princípio de proteção da dignidade da pessoa humana (art. 1.º, inc. III, da CF/1988), um dos baluartes do *Direito Civil Constitucional*, escola que defende a constitucionalização dos institutos privados e seguida por mim. De todo modo, dotando-se a responsabilidade civil de uma função social importante, alinha-se ao entendimento pelo qual deve-se considerar como regra a necessidade de prova, presumindo-se o dano moral em alguns casos, como naqueles antes descritos.

A propósito de caso importante de presunção, quanto ao uso indevido de imagem, sem autorização do seu titular, após muito debate, em 2009 foi editada a Súmula n. 403 pelo Superior Tribunal de Justiça, com a seguinte redação: "independe de prova do prejuízo a indenização pela publicação não autorizada de imagem de pessoa com fins econômicos ou comerciais". Mais recentemente, na *VII Jornada de Direito Civil*, evento promovido pelo Conselho da Justiça Federal em 2015, aprovou-se correto enunciado, de acordo com o qual "o dano à imagem restará configurado quando presente a utilização indevida deste bem jurídico, independentemente da concomitante lesão a outro direito da personalidade, sendo dispensável a prova do prejuízo do lesado ou do lucro do ofensor para a caracterização do dano, por se tratar de modalidade *in re ipsa*" (Enunciado n. 587).

Embora essa última hipótese seja tratada como de danos morais presumidos, entendo que o seu melhor enquadramento se daria na categoria do lucro ilícito ou lucro da intervenção, instituto que receberá um desenvolvimento em separado oportunamente. Na verdade, é inegável que o dano moral foi ampliado sobremaneira no País, a gerar o enquadramento de muitas situações que não são propriamente da presença dessa categoria extrapatrimonial.

Também a merecer nota, a jurisprudência do STJ tem debatido o teor da última súmula citada para casos próximos e similares, como se retira da Edição n. 137 da ferramenta *Jurisprudência em Teses*, da Corte, publicada em 2019 (Direitos da Personalidade I). Nesse contexto, tem-se entendido que "a divulgação de fotografia em periódico (impresso ou digital) para ilustrar matéria acerca de manifestação popular de cunho político-ideológico ocorrida em local público não tem intuito econômico ou comercial, mas tão somente informativo, ainda que se trate de sociedade empresária, não sendo o caso de aplicação da Súmula n. 403/STJ" (Tese n. 6). Por outra via, conclui-se que "o uso e a divulgação, por sociedade empresária, de imagem de pessoa física fotografada isoladamente em local público, em meio a cenário destacado, sem nenhuma conotação ofensiva ou vexaminosa, configura dano moral decorrente de violação do direito à imagem por ausência de autorização do titular". Por fim, julga-se que "o uso não autorizado da imagem de menores de idade gera dano moral *in re ipsa*" (Tese n. 9).

A questão de inscrição indevida do nome da pessoa em cadastro de inadimplentes merece uma análise à parte, pois a jurisprudência do Superior Tribunal de Justiça vem entendendo pela presença de danos morais presumidos em casos tais, sem qualquer distinção (por todos: "a jurisprudência do STJ entende que a inscrição indevida em cadastros de proteção ao crédito, por si só, justifica o pedido de ressarcimento a título de danos morais, tendo em vista a possibilidade de presunção do abalo moral sofrido" (STJ, REsp 639.969/PE, 2.ª Turma, Rel. Min. Eliana Calmon, j. 08.11.2005, *DJ* 21.11.2005, p. 182). A premissa-regra, portanto, é aquela constante da tese número 1 da Edição n. 59 da ferramenta *Jurisprudência em Teses,* do STJ: "a inscrição indevida em cadastro de inadimplentes configura dano moral *in re ipsa*".

Todavia, como exceção, tem-se exigido a prova dos danos morais em algumas situações ou até se afastado a pretensão reparatória, dependendo das circunstâncias fáticas. Nessa linha, em junho de 2009, foi editada a Súmula n. 385 do Superior Tribunal de Justiça enunciando que, "da anotação irregular em cadastro de proteção ao crédito, não cabe indenização por dano moral, quando preexistente legítima inscrição, ressalvado o direito de cancelamento". A súmula sempre mereceu críticas, eis que muitas vezes a pessoa pode ter um valor realmente devido e ocorrerem várias e sucessivas inscrições indevidas, o que geraria o dano moral, na minha visão. Assim, a jurisprudência superior não deveria ter generalizado uma situação tão peculiar, simplesmente afastando o dano moral. Em suma, a súmula deveria ser cancelada.

Em 2016, a Segunda Seção do Tribunal da Cidadania rediscutiu o teor da sumular, ampliando a sua aplicação também aos credores, sendo certo que os seus precedentes somente diziam respeito aos órgãos mantenedores de cadastros. Tendo sido vencido o Ministro Sanseverino, que entendia pela necessidade de restringir a tese somente a órgãos que mantêm o cadastro, vejamos o teor da publicação constante do *Informativo* n. *583* da Corte:

> "A inscrição indevida comandada pelo credor em cadastro de proteção ao crédito, quando preexistente legítima inscrição, não enseja indenização por dano moral, ressalvado o direito ao cancelamento. A Súmula n. 385 do STJ prevê que, 'Da anotação irregular em cadastro de proteção ao crédito, não cabe indenização por dano moral, quando preexistente legítima inscrição, ressalvado o direito ao cancelamento'. O fundamento dos precedentes da referida súmula – 'quem já é registrado como mau pagador não pode se sentir moralmente ofendido por mais uma inscrição do nome como inadimplente em cadastros de proteção ao crédito' (REsp 1.002.985/RS, Segunda Seção, *DJe* 27.08.2008) –, embora extraídos de ações voltadas contra cadastros restritivos, aplica-se também às ações dirigidas contra supostos credores que efetivaram inscrições irregulares. Ressalte-se, todavia, que isso não quer dizer que o credor não possa responder por algum outro tipo de excesso. A anotação irregular, já havendo outras inscrições legítimas contemporâneas, não enseja, por si só, dano moral. Mas o dano moral pode ter por causa de pedir outras atitudes do suposto credor, independentemente da coexistência de anotações regulares, como a insistência em uma cobrança eventualmente vexatória e indevida, ou o desleixo de cancelar, assim que ciente do erro, a anotação indevida.

Portanto, na linha do entendimento consagrado na Súmula n. 385, o mero equívoco em uma das diversas inscrições não gera dano moral indenizável, mas apenas o dever de suprimir a inscrição indevida" (STJ, REsp 1.386.424/MG, 2.ª Seção, Rel. Min. Paulo de Tarso Sanseverino, Rel. para acórdão Min. Maria Isabel Gallotti, j. 27.04.2016, *DJe* 16.05.2016).

Em resumo, a súmula, além de ser confirmada, recebeu uma interpretação extensiva, infelizmente, como já vinha fazendo o Superior Tribunal de Justiça.

Partindo para a terceira classificação, *quanto à pessoa atingida*, o dano moral pode ser *direto* ou *indireto*. Essa divisão é muito próxima da que aqui foi adotada no tocante ao dano material.

O *dano moral direto* é aquele que atinge a própria pessoa, a sua honra subjetiva (autoestima) ou objetiva (repercussão social da honra). A título de exemplo, podem ser citados os crimes contra a honra, estabelecendo o art. 953 do Código Civil que a indenização por injúria, difamação ou calúnia consistirá na reparação do dano que delas resulte ao ofendido. Os danos reparáveis não são só os patrimoniais, mas também os morais, devendo assim ser lido o parágrafo único da norma ("se o ofendido não puder provar prejuízo material, caberá ao juiz fixar, equitativamente, o valor da indenização, na conformidade das circunstâncias do caso").

Por outra via, o *dano moral indireto* ou *dano moral em ricochete* – mais uma vez na expressão francesa, difundida entre nós por Caio Mário da Silva Pereira – é aquele que atinge a pessoa de forma reflexa, como nas situações concretas de morte de uma pessoa da família (art. 948 do Código Civil). No âmbito da jurisprudência, reconhecendo de forma consolidada a sua reparação, destaque-se a afirmação n. 4, publicada na Edição n. 125 da ferramenta *Jurisprudência em Teses*, do STJ e do ano de 2019, dedicada à responsabilidade civil por danos morais: "a legitimidade para pleitear a reparação por danos morais é, em regra, do próprio ofendido, no entanto, em certas situações, são colegitimadas também aquelas pessoas que, sendo muito próximas afetivamente à vítima, são atingidas indiretamente pelo evento danoso, reconhecendo-se, em tais casos, o chamado dano moral reflexo ou em ricochete".

Para o STJ, em tais circunstâncias fáticas de falecimento, a legitimidade ativa para se pleitear indenização imaterial é apenas daqueles que são sucessores do falecido, e sem a exclusão do direito de um familiar por outro. Assim concluindo:

"De acordo com a jurisprudência desta Casa, são ordinariamente legitimados para a ação indenizatória o cônjuge ou companheiro, os descendentes, os ascendentes e os colaterais, de modo não excludente. Relativamente aos colaterais, aliás, a orientação desta Casa firmou-se no sentido de que 'os irmãos de vítima fatal de acidente aéreo possuem legitimidade para pleitear indenização por danos morais ainda que não demonstrado o vínculo afetivo entre eles ou que tenha sido celebrado acordo com resultado indenizatório com outros familiares' (AgRg no AREsp n. 461.548/DF, Relator o Ministro João Otávio de Noronha, *DJe* de 27.11.2014)" (STJ, AgRg no REsp 1.418.703/RJ, 3.ª Turma, Rel. Min. Marco Aurélio Bellizze, j. 24.05.2016, *DJe* 06.06.2016).

Em casos tais, considera-se o dano imaterial suportado pelos parentes da vítima como presumido de forma relativa ou *iuris tantum*, o que admite prova em contrário, pela parte que alega a inexistência de vínculo afetivo entre os envolvidos. Desse modo entendendo, quanto a irmãos, contando com o meu total apoio doutrinário:

> "Controvérsia centrada em determinar se cabe aos irmãos de vítima fatal de acidente de trânsito, para fazerem *jus* à compensação por danos morais, o ônus de provar a existência de anterior vínculo afetivo com o irmão falecido. Se ordinariamente o que se verifica nas relações entre irmãos é o sentimento mútuo de amor e afeto, pode-se presumir, de modo relativo, que a demonstração do vínculo familiar traz ínsita a existência do laço afetivo. Como corolário, será de igual forma presumível que a morte de um acarrete no irmão supérstite dor, sofrimento, angústia etc. Assim sendo, se a relação familiar que interliga irmãos é presumidamente estreita no tocante ao vínculo de afeto e amor e se, igualmente, desse laço se origina, com a morte de um, a dor, o sofrimento, a angústia etc. nos irmãos supérstites, não é razoável exigir destes prova cabal acerca do vínculo afetivo para efeito de comprovação do dano alegado. Na espécie, portanto, não é atribuível às irmãs postulantes o ônus de provar a existência de anterior laço afetivo com a vítima, porque esse vínculo é presumido. Basta a estas, no desiderato de serem compensadas pelo dano moral sofrido, comprovar a existência do laço familiar para, assim, considerar-se demonstrado o fato constitutivo do direito alegado (art. 333, inc. I, do CPC)" (REsp 1.405.456/RJ, 3.ª Turma, Rel. Min. Nancy Andrighi, j. 03.06.2014, *DJe* 18.06.2014).

Anote-se que a legitimidade ativa para o pedido dos danos morais no caso de morte é dos familiares, por direito pessoal, ou até mesmo do espólio. Nessa linha a premissa n. 5 publicada na Edição n. 125 da ferramenta *Jurisprudência em Teses*, do STJ (2019 – Responsabilidade Civil por Danos Morais): "embora a violação moral atinja apenas os direitos subjetivos do falecido, o espólio e os herdeiros têm legitimidade ativa *ad causam* para pleitear a reparação dos danos morais suportados pelo *de cujus*". São citados como os mais recentes precedentes para a tese: AgInt no AREsp 85.987/SP, 4.ª Turma, Rel. Min. Raul Araújo, j. 05.02.2019, *DJe* 12.02.2019; AgInt no AgInt nos EDcl no AREsp 1.11.2079/PR, 4.ª Turma, Rel. Min. Luis Felipe Salomão, j. 21.08.2018, *DJe* 24.08.2018; e REsp 1.185.907/CE, 4.ª Turma, Rel. Min. Maria Isabel Gallotti, j. 14.02.2017, *DJe* 21.02.2017.

Superou-se, portanto, o entendimento em sentido contrário, baseado na afirmação de que o espólio não tem personalidade jurídica e, por tal razão, não poderia figurar no polo ativo em ação em que se pleiteia um direito *intuitu personae*. Nessa esteira:

> "O espólio não tem legitimidade ativa *ad causam* para pleitear indenização por danos morais sofridos pelos herdeiros em decorrência do óbito de seu genitor. Precedente: EREsp 1.292.983/AL, Rel. Min. Nancy Andrighi, Corte Especial, j. 1.º.08.2013, *DJe* 12.08.2013" (STJ, AgRg no REsp 1.396.627/ES, 2.ª Turma, Rel. Min. Humberto Martins, j. 19.11.2013, *DJe* 27.11.2013).

Ressalte-se ainda que, além dos familiares que são sucessores do falecido, já se admitiu o pleito de dano moral por familiar mais remoto, caso da sogra da vítima, com quem tinha relação de grande proximidade e de afeição. Como se extrai de preciso *decisum* de relatoria do Ministro Luis Felipe Salomão, "em tema de legitimidade para propositura de ação indenizatória em razão de morte, percebe-se que o espírito do ordenamento jurídico rechaça a legitimação daqueles que não fazem parte da 'família' direta da vítima, sobretudo aqueles que não se inserem, nem hipoteticamente, na condição de herdeiro".

Entretanto, como ressalva importante, julgou-se que "o direito à indenização, diante de peculiaridades do caso concreto, pode estar aberto aos mais diversificados arranjos familiares, devendo o juiz avaliar se as particularidades de cada família nuclear justificam o alargamento a outros sujeitos que nela se inserem, assim também, em cada hipótese a ser julgada, o prudente arbítrio do julgador avaliará o total da indenização para o núcleo familiar, sem excluir os diversos legitimados indicados. A mencionada válvula, que aponta para as múltiplas facetas que podem assumir essa realidade metamórfica chamada família, justifica precedentes desta Corte que conferiu legitimação ao sobrinho e à sogra da vítima fatal" (REsp 1.076.160/AM, 4.ª Turma, Rel. Min. Luis Felipe Salomão, j. 10.04.2012, *DJe* 21.06.2012).

Nas hipóteses destacadas, além dos pedidos formulados por herdeiros diretos do falecido, parece-me imperiosa a prova do prejuízo imaterial suportado pelo familiar, ou seja, o seu dano moral subjetivo.

Esclareça-se que o último acórdão afastou o pedido de danos morais formulado por noivo da vítima falecida. De acordo com o voto prevalecente, "conceder legitimidade ampla e irrestrita a todos aqueles que, de alguma forma, suportaram a dor da perda de alguém – como um sem-número de pessoas que se encontram fora do núcleo familiar da vítima – significa impor ao obrigado um dever também ilimitado de reparar um dano cuja extensão será sempre desproporcional ao ato causador. Assim, o dano por ricochete a pessoas não pertencentes ao núcleo familiar da vítima direta da morte, de regra, deve ser considerado como não inserido nos desdobramentos lógicos e causais do ato, seja na responsabilidade por culpa, seja na objetiva, porque extrapolam os efeitos razoavelmente imputáveis à conduta do agente" (REsp 1.076.160/AM).

Ainda sobre a temática, tem-se admitido o pleito de danos morais em ricochete por familiares não só nos casos de falecimento da vítima, mas também quando ela sofre danos físicos e traumas psicológicos, o que repercute em seus entes próximos e queridos. Vejamos, assim deduzindo, ementa publicada no *Informativo* n. 459 do Tribunal da Cidadania:

> "A Turma assentou que, não obstante a compensação por dano moral ser devida, em regra, apenas ao próprio ofendido, tanto a doutrina quanto a jurisprudência têm firmado sólida base na defesa da possibilidade de os parentes do ofendido a ele ligados afetivamente postularem, conjuntamente com a vítima, compensação pelo prejuízo experimentado, conquanto sejam atingidos de forma indireta pelo ato lesivo. Observou-se que se trata, na hipótese, de danos morais reflexos, ou seja, embora o ato tenha sido praticado diretamente

contra determinada pessoa, seus efeitos acabam por atingir, indiretamente, a integridade moral de terceiros. É o chamado dano moral por ricochete ou *préjudice d'affection,* cuja reparação constitui direito personalíssimo e autônomo dos referidos autores, ora recorridos. Assim, são perfeitamente plausíveis situações nas quais o dano moral sofrido pela vítima principal do ato lesivo atinja, por via reflexa, terceiros, como seus familiares diretos, por lhes provocar sentimentos de dor, impotência e instabilidade emocional. Foi o que se verificou na espécie, em que postularam compensação por danos morais, em conjunto com a vítima direta, seus pais, perseguindo ressarcimento por seu próprio sofrimento decorrente da repercussão do ato lesivo na sua esfera pessoal, visto que experimentaram, indubitavelmente, os efeitos lesivos de forma indireta ou reflexa, como reconheceu o tribunal de origem, ao afirmar que, embora conste da exordial que o acidente não atingiu diretamente os pais da vítima, eles possuem legitimidade para pleitear indenização, uma vez que experimentaram a sensação de angústia e aflição gerada pelo dano à saúde familiar" (STJ, REsp 1.208.949/MG, Rel. Min. Nancy Andrighi, j. 07.12.2010).

Essa posição foi confirmada em outro *decisum* mais recente, do ano de 2019. Nos termos do voto do Ministro Luis Felipe Salomão, relator do acórdão, "penso que o dano reflexo pode se caracterizar ainda que a vítima direta do evento danoso sobreviva e, consequentemente, haverá o direito à reparação dos danos, se for o caso, quando comprovada sua ocorrência. É que o dano moral em ricochete não significa o pagamento da indenização pelo dano moral aos indiretamente lesados, por não ser mais possível, devido ao falecimento, indenizar a vítima direta. São indenizações autônomas, por isso devidas independentemente do falecimento da vítima do evento causador do dano" (STJ, REsp 1.734.536/RS, 4.ª Turma, julgado em agosto de 2019).

Outra hipótese em que o dano moral é indireto ou em ricochete diz respeito à perda de um objeto de estima, de uma coisa com valor afetivo, caso de um animal de estimação. Aplica-se, por analogia e em casos tais, o art. 952 do Código Civil, que trata da usurpação e do esbulho de bem alheio. Nos termos da norma, em casos tais, além da restituição da coisa, a indenização consistirá em pagar o valor das suas deteriorações e o devido a título de lucros cessantes. Faltando a coisa, o agente deve reembolsar a vítima pelo seu equivalente.

Por fim, nos termos do seu parágrafo único, para restituir o equivalente, quando não exista a própria coisa, ela será estimada pelo seu preço ordinário e pelo *preço de afeição,* estando na última menção os danos morais. Está ressalvado expressamente no preceito que tal valor será pago desde que não seja superior ao valor material da coisa. A norma tem sérios problemas técnicos, estando desatualizada, conforme será abordado no Capítulo 7, com aprofundamentos necessários do comando.

A encerrar a abordagem dos danos morais indiretos, estes estão presentes nos casos de lesão a direitos da personalidade do morto, tratada nos arts. 12, parágrafo único, e 20, parágrafo único, da codificação material brasileira, dispositivos que foram inspirados no art. 71.º do Código Civil português. Nos casos de lesão a outra pessoa, já falecida, terão legitimidade para promover a ação indenizatória os *lesados indiretos,* que são os familiares do morto. De acordo com a primeira norma, há legitimidade para a defesa de tais direitos do cônjuge, dos descendentes, dos ascendentes e dos colaterais até o quarto grau (irmãos, tios, sobrinhos, primos, tios-avós e sobrinhos-netos), sem que um exclua o direito pessoal do outro.

Não há menção ao companheiro ou convivente, o que é injustificado nos dias atuais, por uma tendência de equalização das entidades familiares, devendo ele ser incluído, conforme consta do Enunciado n. 275 do CJF, aprovado na *IV Jornada de Direito Civil*, em 2006. A mesma conclusão vale para o art. 20, parágrafo único, que não expressou, ainda, os colaterais até o quarto grau na tutela da imagem do morto, devendo ali igualmente ser incluídos.

O Projeto de Reforma do Código Civil, ora em tramitação no Congresso Nacional, pretende resolver esse problema, incluindo o convivente nas duas normas. O tema ficará concentrado no art. 12 do Código Civil, que receberá novos e necessários parágrafos. Nos termos do § 1.º, "terão legitimidade para requerer a medida prevista neste artigo o cônjuge ou convivente sobreviventes ou parente do falecido em linha reta; na falta de qualquer um deles, passam a ser legitimados os colaterais de quarto grau". E mais, "na hipótese de falta de acordo entre herdeiros, cônjuge ou convivente do falecido, quanto à pertinência da pretensão indenizatória os legitimados podem assumir, na ação ou no procedimento em trâmite, a posição de parte que melhor lhes convier" (proposta de § 2.º para o art. 12 do CC).

Repise-se que um dos casos mais conhecidos relativos à tutela da imagem do morto diz respeito ao livro *Estrela Solitária – um brasileiro chamado Garrincha*, escrito por Ruy Castro. Houve demanda proposta por suas herdeiras, reconhecendo-se os seus direitos no pleito dos danos morais. Vejamos trecho da ementa do aresto:

> "Os direitos da personalidade, de que o direito à imagem é um deles, guardam como principal característica a sua intransmissibilidade. Nem por isso, contudo, deixam de merecer proteção a imagem e a honra de quem falece, como se fossem coisas de ninguém, porque elas permanecem perenemente lembradas nas memórias, como bens imortais que se prolongam para muito além da vida, estando até acima desta, como sentenciou Ariosto. Daí por que não se pode subtrair dos filhos o direito de defender a imagem e a honra de seu falecido pai, pois eles, em linha de normalidade, são os que mais se desvanecem com a exaltação feita à sua memória, como são os que mais se abatem e se deprimem por qualquer agressão que lhe possa trazer mácula. Ademais, a imagem de pessoa famosa projeta efeitos econômicos para além de sua morte, pelo que os seus sucessores passam a ter, por direito próprio, legitimidade para postularem indenização em juízo, seja por dano moral, seja por dano material" (STJ, REsp 521.697/RJ, 4.ª Turma, Rel. Min. Cesar Asfor Rocha, j. 16.02.2006, *DJ* 20.03.2006, p. 276).

Na minha opinião, é correta a conclusão segundo a qual a personalidade termina com a morte, o que é retirado do art. 6.º do Código Civil. Todavia, após a morte da pessoa ficam *resquícios de sua personalidade*, que podem ser protegidos e amparados pelos *lesados indiretos*. Em verdade, nos casos de lesão aos direitos da personalidade do morto, estão presentes *danos diretos* – aos familiares – e também *danos indiretos ou em ricochete* – que atingem o morto e repercutem naqueles que a lei considera como legitimados.

Essa posição que sigo pode ser tida como a majoritária no Brasil. Nesse sentido, cite-se o artigo científico desenvolvido por Ney Rodrigo Lima Ribeiro, referido quando do julgamento do Recurso Especial 1.209.474/SP pela Terceira Turma do STJ, acórdão que teve como relator o Ministro Paulo de Tarso Sanseverino (10.09.2013).[35] Como aponta o autor do texto, existem três correntes de análise do tema dos direitos da personalidade do morto: "a) sustentam que a personalidade cessa com a morte (art. 6.º do CC), ou seja, que é uma regra absoluta e, por conseguinte, a morte tudo resolve (*mors omnia solvit*), bem como não há extensão dos direitos de personalidade, os seguintes doutrinadores: Sílvio de Salvo Venosa; Cristiano Chaves; Pontes de Miranda e Silvio Romero Beltrão; b) defendem que a personalidade cessa com a morte (art. 6.º do CC), entretanto, é uma regra relativa e, por decorrência, o brocardo jurídico *mors omnia solvit* não é absoluto, há extensão dos direitos de personalidade após a morte e também é cabível a indenização diante de lesão à pessoa falecida, os seguintes autores: Álvaro Villaça, Silmara J. Chinellato; Rubens Limongi França; Ingo Wolfgang Sarlet; Gustavo Tepedino; Maria Helena Diniz; Flávio Tartuce; Paulo Lôbo; Francisco Amaral e José Rogério Cruz e Tucci; c) a doutrina brasileira é quase uníssona em afirmar que o princípio da dignidade da pessoa humana (art. 1.º, III, da CF/88) é o sustentáculo de proteção das pessoas falecidas".

Como palavras finais sobre a temática, como se percebe, amplas são as hipóteses relativas ao dano moral indireto, muito além da situação descrita no art. 948 do Código Civil, que trata do homicídio. Nesse sentido didático, a propósito, cite-se o Enunciado n. 560 do CJF, da *VI Jornada de Direito Civil* (2013), que menciona também os danos patrimoniais indiretos, aqui antes estudados: "no plano patrimonial, a manifestação do dano reflexo ou por ricochete não se restringe às hipóteses previstas no art. 948 do Código Civil".

3.2. Danos morais x transtornos ou aborrecimentos

Um dos grandes desafios práticos relativos ao dano moral diz respeito à sua presença no caso concreto, especialmente pelo fato de que, nos últimos anos, um *filtro* tornou-se muito forte na prática jurisprudencial brasileira, qual seja a afirmação de que os danos morais não se confundem com os meros transtornos ou aborrecimentos sofridos pela pessoa no seu dia a dia, na sua vida cotidiana. A afirmação surgiu com o fito de evitar que o instituto caia em descrédito, como geralmente se argumenta na prática. Todavia, parece-me que, da forma como vem sendo aplicado, o efeito tem sido justamente o oposto, pois o filtro tornou-se muito espesso, fazendo com que casos que deveriam ser tidos como reparáveis deixassem de sê-lo.

---

[35] RIBEIRO, Ney Rodrigo Lima. Direitos da personalidade. In: MIRANDA, Jorge; RODRIGUES JR., Otávio Luiz; FRUET, Gustavo Bonato (Coord.). *Direitos da personalidade*. São Paulo: Atlas, 2012.

Sobre o tema, no âmbito doutrinário, merece destaque o enunciado aprovado quando da *III Jornada de Direito Civil*, evento promovido pelo Conselho da Justiça Federal no ano de 2004, segundo o qual o dano moral não se confunde com os meros aborrecimentos decorrentes de prejuízo material (Enunciado n. 159). Sobre o assunto, é preciso verificar alguns julgados e casos concretos que debatem esse enquadramento e retomar algumas críticas que faço a respeito do assunto.

De início, volto à indagação antes exposta, em outro trecho do livro: caberia indenização por danos morais em casos em que ocorre a mera quebra de um contrato? A resposta é negativa, pela necessidade de prova dos danos em casos tais, pelo menos em regra.

Nesse sentido, entre os precedentes mais antigos do Superior Tribunal de Justiça, reitere-se: "a inadimplência do contrato se resolve em perdas e danos, sem que o aborrecimento que daí resulte à parte pontual caracterize dano moral" (STJ, AgRg no Ag 303.129/GO, 3.ª Turma, Rel. Min. Ari Pargendler, j. 29.03.2001, *DJ* 28.05.2001, p. 199). Ou, entre os mais recentes: "descabimento da condenação ao pagamento de indenização por danos morais, por se tratar de mero descumprimento de cláusula contratual, sem repercussão extrapatrimonial. Julgados desta Corte Superior" (STJ, Ag. Int. nos EDcl no AREsp 487.700/RJ, 3.ª Turma, Rel. Min. Paulo de Tarso Sanseverino, j. 14.03.2017, *DJe* 24.03.2017).

De qualquer forma, esclareça-se, mais uma vez, que o próprio Superior Tribunal de Justiça tem entendido há tempos que a negativa do pagamento de indenização por seguradora gera um dano moral presumível no caso concreto. Entre os primeiros arestos, cabe colacionar:

"Recurso especial. Ação de indenização. Seguro de vida. Óbito. Não pagamento do seguro pela seguradora. Alegação de doença preexistente. Ausência de exame clínico prévio. Dever de indenizar. Danos materiais e morais. Configuração. Reexame de provas. Súmula 07/STJ. Juros moratórios. Responsabilidade contratual. Termo inicial. Citação. Danos morais. Correção monetária. Incidência a partir do momento da fixação do seu *quantum*. Excessividade da condenação. Redução. Necessidade. A teor do entendimento desta Corte, a seguradora não pode esquivar-se do dever de indenizar alegando que o segurado omitiu informações sobre seu estado de saúde quando não lhe foi exigido exames clínicos prévios, como ocorre *in casu*. Precedentes. Para concluir pela ocorrência do dano material e moral, o v. acórdão analisou todas as provas constantes nos autos. Assim, para se infirmar tal entendimento é necessário o reexame fático, o que é inviável nesta Corte (Súmula 07/STJ). No que concerne ao valor arbitrado a título de danos morais (50% do pleiteado na exordial), mostra-se excessivo e não compatível com a lesão sofrida. Deveras, no caso em questão, inobstante o reconhecimento pela Corte local quanto a efetiva ocorrência do dano moral, em razão das consequências oriundas na recusa da seguradora em cumprir a obrigação expressamente contratada, há de se considerar na fixação do *quantum* reparatório os critérios de moderação e razoabilidade que informam os parâmetros avaliadores adotados por esta Corte. Pois bem, ajustando-se tal o valor, e assegurando ao lesado justa reparação, sem incorrer em enriquecimento ilícito, reduzo o valor indenizatório, para fixá-lo, a título de danos morais, na quantia certa de R$ 15.000,00 (quinze mil reais), cuja correção monetária deve se dar a partir da decisão que o fixou" (STJ, REsp 811.617/AL, 4.ª Turma, Rel. Min. Jorge Scartezzini, j. 21.11.2006, *DJ* 19.03.2007, p. 359).

No mesmo raciocínio, de acordo com a ideia do *caráter pedagógico* da indenização por danos morais e das funções sancionatória e preventiva da responsabilidade civil, o STJ tem entendimento pelo qual a recusa de custeio das despesas por parte de empresa de plano de saúde não é mero aborrecimento, mas constitui dano moral presumido:

"Indenização. Dano moral. Seguro-Saúde. Acometido de um tumor cerebral maligno, o recorrente viu a seguradora recusar-se a custear as despesas de cirurgia de emergência que o extirpou, ao fundamento de que tal doença não fora informada na declaração de saúde quando da assinatura da proposta de seguro de assistência à saúde. Só conseguiu seu intento em juízo, mediante a concessão de antecipação de tutela para o pagamento dos custos médicos e hospitalares decorrentes da cirurgia e o reembolso do que despendido em tratamento quimioterápico. Porém, pleiteava, em sede do especial, a indenização por danos morais negada pelo Tribunal *a quo*. A Turma, então, ao reiterar os precedentes da jurisprudência deste Superior Tribunal, deu provimento ao recurso, por entender que a recusa indevida à cobertura é sim causa de dano moral, pois agrava a situação de aflição psicológica e de angústia do segurado, já em estado de dor, abalo psicológico e saúde debilitada. Anotou-se não ser necessário demonstrar a existência de tal dano porque esse decorre dos próprios fatos que deram origem à propositura da ação (*in re ipsa*). Ao final, fixou o valor da indenização devida àquele título em cinquenta mil reais. Precedentes citados: REsp 657.717/RJ, *DJ* 12.12.2005; REsp 341.528/MA, *DJ* 9.05.2005; e REsp 402.457/RO, *DJ* 5.05.2003, Ag 661.853/SP, *DJ* 23.05.2005" (STJ, REsp 880.035/PR, Rel. Min. Jorge Scartezzini, j. 21.11.2006).

Entre os arestos mais recentes, e na mesma esteira, destaco, com citação a outros acórdãos:

"A jurisprudência do STJ caminha no sentido de que a recusa indevida/injustificada, pela operadora de plano de saúde, em autorizar a cobertura financeira de tratamento médico, a que esteja legal ou contratualmente obrigada, pode ensejar reparação a título de dano moral, por agravar a situação de aflição psicológica e de angústia no espírito do beneficiário. Precedentes: AgRg no AREsp 148.113/SP, Rel. Ministro Sidnei Beneti, Terceira Turma, julgado em 26.06.2012, *DJe* 29.06.2012; AgRg no Ag 1.318.727/RS, Rel. Ministro Luis Felipe Salomão, Quarta Turma, julgado em 17.05.2012, *DJe* 22.05.2012; AgRg no AREsp 14.557/PR, Rel. Ministro Raul Araújo, Quarta Turma, julgado em 13.09.2011, *DJe* 03.10.2011. O Tribunal de origem, considerando indevida a recusa de cobertura financeira ao fornecimento do serviço de *home care*, condenou a operadora de plano de saúde ao pagamento de indenização por dano moral no valor de R$ 10.000,00 (dez mil reais) de modo que, para o acolhimento da tese da insurgente, seria imprescindível revolver os aspectos fático-probatórios dos autos, o que é vedado em sede de recurso especial pelo óbice da Súmula 7 desta Corte Superior" (STJ, AgRg no AREsp 795.905/RJ, Quarta Turma, Rel. Min. Marco Buzzi, j. 04.04.2017, *DJe* 11.04.2017).

Chama a atenção a diferença entre os valores fixados no último e no anterior julgado, prolatados em uma distância de tempo de cerca de dez anos. Nota-se, assim, uma tendência na redução do *quantum* reparatório em hipóteses tais.

De todo modo, percebe-se que a jurisprudência do Superior Tribunal de Justiça tem entendido que o descumprimento do contrato que envolva valores fundamentais protegidos pela Constituição Federal de 1988 pode gerar dano moral presumido ou *in re ipsa*. Pode-se falar, assim, em danos morais decorrentes do *descumprimento de um direito fundamental em si*.

Além da tutela da saúde, mencionada acima, destaque-se a posição firmada a respeito de negócios de incorporação imobiliária e de aquisição da casa própria, presumindo o dano moral pelo longo tempo em que o adquirente fica sem o imóvel destinado para sua moradia, também tutelada no art. 6.º do Texto Maior. Vejamos, a título ilustrativo, a publicação, constante do *Informativo* n. 473 do STJ:

"Dano moral. Incorporação imobiliária. Há mais de 12 anos houve a assinatura do contrato de promessa de compra e venda de uma unidade habitacional. Contudo, passados mais de nove anos do prazo previsto para a entrega, o empreendimento imobiliário não foi construído por incúria da incorporadora. Nesse contexto, vê-se que a inexecução causa séria e fundada angústia no espírito do adquirente a ponto de transpor o mero dissabor oriundo do corriqueiro inadimplemento do contrato, daí ensejar, pela peculiaridade, o ressarcimento do dano moral. Não se desconhece a jurisprudência do STJ quanto a não reconhecer dano moral indenizável causado pelo descumprimento de cláusula contratual, contudo há precedentes que excepcionam as hipóteses em que as circunstâncias atinentes ao ilícito material têm consequências severas de cunho psicológico, mostrando-se como resultado direto do inadimplemento, a justificar a compensação pecuniária, tal como ocorre na hipótese. Outrossim, é certo que a Lei n. 4.591/1964 (Lei do Condomínio e Incorporações) determina equiparar o proprietário do terreno ao incorporador, imputando-lhe responsabilidade solidária pelo empreendimento. Mas isso se dá quando o proprietário pratica atividade que diga respeito à relação jurídica incorporativa, o que não ocorreu na hipótese, em que sua atuação, conforme as instâncias ordinárias, limitou-se à mera alienação do terreno à incorporadora, o que não pode ser sindicado no especial, por força da Súm. n. 7-STJ. Dessarte, no caso, a responsabilidade exclusiva pela construção do empreendimento é, sem dúvida, da incorporadora. Precedentes citados: REsp 1.072.308/RS, *DJe* 10.06.2010; REsp 1.025.665/RJ, *DJe* 09.04.2010; REsp 617.077/RJ, *DJe* 29.04.2011; AgRg no Ag 631.106/RJ, *DJe* 08.10.2008, e AgRg no Ag 1.010.856/RJ, *DJe* 1.º.12.2010" (STJ, REsp 830.572/RJ, Rel. Min. Luis Felipe Salomão, j. 17.05.2011).

Em julgado de data mais próxima, entendeu o mesmo Tribunal Superior que a falta de entrega de imóvel após cinco meses do prazo previsto não configuraria dano moral, mas mero aborrecimento. Nos termos da sua ementa:

> "Cinge-se a controvérsia em determinar se o atraso da recorrente na entrega de unidade imobiliária, objeto de contrato de compra e venda firmado entre as partes, gera dano moral ao recorrido, hábil a ser compensado. Muito embora o entendimento de que o simples descumprimento contratual não provoca danos morais indenizáveis, tem-se que, na hipótese de atraso na entrega de unidade imobiliária, o STJ tem entendido que as circunstâncias do caso concreto podem configurar lesão extrapatrimonial. Na hipótese dos autos, contudo, em razão de lapso temporal não considerável a ponto de se considerar afetado o âmago da personalidade do recorrido – até mesmo porque este vendeu o imóvel após cinco meses do atraso na entrega do imóvel – não há que se falar em abalo moral indenizável" (STJ, REsp 1.634.847/SP, 3.ª Turma, Rel. Min. Nancy Andrighi, j. 22.11.2016, *DJe* 29.11.2016).

Com o devido respeito aos julgadores, entendo que o prazo aludido já é suficiente para que os danos morais estejam evidenciados, presumindo-se o prejuízo imaterial, por lesão à tutela da moradia, protegida pelo art. 6.º do Texto Maior. Não há necessidade de que o lapso temporal de atraso seja superior a um ano, o que, na verdade, apenas aprofunda e aumenta a extensão do dano suportado pelo adquirente do imóvel.

Ressalte-se que, para a análise do caso concreto de violação a direitos fundamentais, servem como parâmetro os direitos consagrados pelos arts. 5.º a 7.º da CF/1988, que perfazem a concretização da cláusula geral de tutela da pessoa humana (art. 1.º, III, do Texto Maior).

Nessa linha, na *V Jornada de Direito Civil* aprovou-se enunciado doutrinário proposto por mim com o seguinte sentido: "o descumprimento de contrato pode gerar dano moral, quando envolver valor fundamental protegido pela Constituição Federal de 1988" (Enunciado n. 411). Os contratos que envolvem tais valores são tidos, na atualidade, como *contratos existenciais*, merecendo uma maior tutela do que os negócios jurídicos patrimoniais puros.

Voltando ao cerne principal do tema dos meros transtornos ou aborrecimentos, o que dizer, então, no caso de um programa de rádio, em que um comentarista político tece duras críticas a um homem público? Caberia o dever de indenizar? O Tribunal de Justiça de São Paulo respondeu negativamente, diante do dimensionamento que deve ser dado à liberdade de imprensa, protegida constitucionalmente. Vejamos a ementa do *decisum* sempre citado em nossas aulas e exposições sobre o assunto:

> "Danos morais. Programa radiofônico. Inexistência de abuso do direito de informar e criticar. Não constitui dano moral a crítica, ainda que dura e pesada, a que pessoas públicas estão sujeitas. Ação improcedente. Recurso provido" (TJSP, Apelação Cível 92.106-4, 4.ª Câmara de Direito Privado, Bragança Paulista, Rel. Narciso Orlandi, 03.02.2000, v.u.).

Seguindo o estudo do tema e dos exemplos concretos, cabe trazer à tona, mais uma vez, o debate a respeito da reparação de danos pela presença de corpos estranhos em produtos alimentares. O Superior Tribunal de Justiça sempre entendeu que a simples presença de um corpo estranho em um produto, sem o posterior consumo, não geraria a reparação imaterial. Vejamos, a título de ilustração, acórdão do Superior Tribunal de Justiça, em que se pleiteou indenização imaterial diante de um inseto encontrado dentro de um refrigerante, assim publicado no seu *Informativo* n. 426:

> "Dano moral. Inseto. Refrigerante. O dano moral não é pertinente pela simples aquisição de refrigerante com inseto, sem que seu conteúdo tenha sido ingerido, por se encontrar no âmbito dos dissabores da sociedade de consumo, sem abalo à honra, ausente situação que produza no consumidor humilhação ou represente sofrimento em sua dignidade. Com esse entendimento, a Turma deu provimento ao recurso da sociedade empresarial, invertendo o ônus da sucumbência. Precedentes citados: AgRg no Ag 276.671/SP, *DJ* 8.5.2000; AgRg no Ag 550.722/DF, *DJ* 3.5.2004, e AgRg no AgRg no Ag 775.948/RJ, *DJe* 3.3.2008" (STJ, REsp 747.396/DF, Rel. Min. Fernando Gonçalves, j. 09.03.2010).

De toda sorte, aquele Tribunal Superior concluiu pela presença do dano moral quando o inseto é ingerido pelo consumidor que o encontra em um produto. Vejamos publicação no *Informativo* n. 472:

> "Dano moral. Consumidor. Alimento. Ingestão. Inseto. Trata-se de REsp em que a controvérsia reside em determinar a responsabilidade da recorrente pelos danos morais alegados pelo recorrido, que afirma ter encontrado uma barata no interior da lata de leite condensado por ela fabricado, bem como em verificar se tal fato é capaz de gerar abalo psicológico indenizável. A Turma entendeu, entre outras questões, ser incontroverso, conforme os autos, que havia uma barata dentro da lata de leite condensado adquirida pelo recorrido, já que o recipiente foi aberto na presença de testemunhas, funcionários do Procon, e o laudo pericial permite concluir que a barata não entrou espontaneamente pelos furos abertos na lata, tampouco foi através deles introduzida, não havendo, portanto, ofensa ao art. 12, § 3.º, do CDC, notadamente porque não comprovada a existência de culpa exclusiva do recorrido, permanecendo hígida a responsabilidade objetiva da sociedade empresária fornecedora, ora recorrente. Por outro lado, consignou-se que a indenização de R$ 15 mil fixada pelo tribunal *a quo* não se mostra exorbitante. Considerou-se a sensação de náusea, asco e repugnância que acomete aquele que descobre ter ingerido alimento contaminado por um inseto morto, sobretudo uma barata, artrópode notadamente sujo, que vive nos esgotos e traz consigo o risco de inúmeras doenças. Note-se que, de acordo com a sentença, o recorrente já havia consumido parte do leite condensado, quando, por uma das pequenas aberturas feitas para sorver o produto chupando da própria lata, observou algo estranho saindo de uma delas, ou seja, houve contato direto com o inseto, o que aumenta a sensação de mal-estar. Além disso, não há dúvida de que essa sensação se protrai no tempo, causando incômodo durante longo período, vindo à tona sempre que se alimenta, em especial, do produto que originou o problema, interferindo profundamente no cotidiano da pessoa" (STJ, REsp 1.239.060/MG, Rel. Min. Nancy Andrighi, j. 10.05.2011).

Em sentido próximo ao último julgamento, deduziu a mesma Corte Superior que o dano moral está presente quando é encontrado um preservativo dentro de uma lata de extrato de tomate. O valor fixado a título de indenização foi de R$ 10.000,00, ressaltando-se a função educadora da reparação imaterial (STJ, REsp 1.317.611/RS, Rel. Min. Nancy Andrighi, j. 12.06.2012, publicado no *Informativo* n. 499).

Como outrora exposto, vale repetir, em 2014, surgiu outra tendência no Tribunal da Cidadania, que passou a considerar a reparação de danos imateriais mesmo nos casos em que o produto não é consumido. Inaugurou-se, assim, uma forma de julgar que admite a reparação civil pelo *perigo de dano*, não mais tratada a hipótese como de mero aborrecimento ou transtorno cotidiano. Vejamos a publicação constante do *Informativo* n. *537* daquela Corte Superior:

> "Exposição do consumidor a risco concreto de lesão à sua saúde e segurança. Fato do produto. Existência de dano moral. Violação do dever de não acarretar riscos ao consumidor. Ofensa ao direito fundamental à alimentação adequada. Artigos analisados: 4.º, 8.º, 12 e 18, CDC e 2.º, Lei 11.346/2006. Discute-se a existência de dano moral na hipótese em que o consumidor adquire garrafa de refrigerante com corpo estranho em seu conteúdo, sem, contudo, ingeri-lo. A aquisição de produto de gênero alimentício contendo em seu interior corpo estranho, expondo o consumidor a risco concreto de lesão à sua saúde e segurança, ainda que não ocorra a ingestão de seu conteúdo, dá direito à compensação por dano moral, dada a ofensa ao direito fundamental à alimentação adequada, corolário do princípio da dignidade da pessoa humana" (STJ, REsp 1.424.304/SP, 3.ª Turma, Rel. Min. Nancy Andrighi, j. 11.03.2014, *DJe* 19.05.2014).

Repise-se, ainda e a propósito desse debate, que surgiram arestos posteriores, afastando essa posição inaugurada pela Ministra Nancy Andrighi (STJ, REsp 1.395.647/SC, 3.ª Turma, Rel. Min. Ricardo Villas Bôas Cueva, j. 18.11.2014, *DJe* 19.12.2014; e STJ, AgRg no AREsp 489.030/SP, 4.ª Turma, Rel. Min. Luis Felipe Salomão, j. 16.04.2015, *DJe* 27.04.2015).

A demonstrar toda essa divergência, pontue-se, mais uma vez, que na Edição n. 39 da ferramenta *Jurisprudência em Teses*, do próprio STJ, que trata do Direito do Consumidor, poderiam ser encontradas premissas conflitantes sobre o tema. Conforme a tese número 2, "a simples aquisição do produto considerado impróprio para o consumo, em virtude da presença de corpo estranho, sem que se tenha ingerido o seu conteúdo, não revela o sofrimento capaz de ensejar indenização por danos morais". Por outra via, nos termos da tese 3, "a aquisição de produto de gênero alimentício contendo em seu interior corpo estranho, expondo o consumidor a risco concreto de lesão à sua saúde e segurança, ainda que não ocorra a ingestão de seu conteúdo, dá direito à compensação por dano moral, dada a ofensa ao direito fundamental à alimentação adequada, corolário do princípio da dignidade da pessoa humana". Sucessivamente, as duas teses foram retiradas da publicação.

Reitere-se, assim, que em 2021, a questão foi pacificada na Segunda Seção da Corte Superior, seguindo-se a tese da Ministra Nancy Andrighi, e encerrando-se o debate a respeito da temática. Transcrevo o novo acórdão:

> "A presença de corpo estranho em alimento industrializado excede aos riscos razoavelmente esperados pelo consumidor em relação a esse tipo de produto, sobretudo levando-se em consideração que o Estado, no exercício do poder de polícia e da atividade regulatória, já valora limites máximos tolerados nos alimentos para contaminantes, resíduos tóxicos outros elementos que envolvam risco à saúde. Dessa forma, à luz do disposto no art. 12, *caput* e § 1º, do CDC, tem-se por defeituoso o produto, a permitir a responsabilização do fornecedor, haja vista a incrementada – e desarrazoada – insegurança alimentar causada ao consumidor. Em tal hipótese, o dano extrapatrimonial exsurge em razão da exposição do consumidor a risco concreto de lesão à sua saúde e à sua incolumidade física e psíquica, em violação do seu direito fundamental à alimentação adequada. É irrelevante, para fins de caracterização do dano moral, a efetiva ingestão do corpo estranho pelo consumidor, haja vista que, invariavelmente, estará presente a potencialidade lesiva decorrente da aquisição do produto contaminado. Essa distinção entre as hipóteses de ingestão ou não do alimento insalubre pelo consumidor, bem como da deglutição do próprio corpo estranho, para além da hipótese de efetivo comprometimento de sua saúde, é de inegável relevância no momento da quantificação da indenização, não surtindo efeitos, todavia, no que tange à caracterização, *a priori*, do dano moral" (STJ, REsp 1.899.304/SP, 2.ª Seção, Rel. Min. Nancy Andrighi, j. 25.08.2021, *DJe* 04.10.2021).

Exposto novamente esse debate, e seguindo as ilustrações a respeito das diferenças entre o dano moral e os meros aborrecimentos, pode ser mencionado julgado do Tribunal paulista em que se pediu indenização imaterial diante do fato de que um faqueiro, presente de casamento, foi entregue em uma caixa de papelão, e não de madeira. Com justiça, a indenização moral aqui foi afastada, julgando-se pela existência de um mero transtorno ou aborrecimento:

> "Dano moral. Responsabilidade civil. Compra e venda. Entrega de faqueiro acondicionado em caixa de papelão, em vez de estojo de madeira, em desacordo com o que fora adquirido. Posterior entrega desse produto como presente de casamento. Inocorrência de dano moral. Caracterização como aborrecimento do dia a dia que não dá ensejo à referida indenização, pois se insere nos transtornos que normalmente ocorrem na vida de qualquer pessoa, insuficientes para acarretar ofensa a bens personalíssimos. Indenizatória improcedente. Recurso improvido" (1.º TACSP, Processo 1114302-1, 5.ª Câmara, São José dos Campos, Rel. Álvaro Torres Júnior, j. 02.10.2002, negaram provimento, v.u.).

Ademais, cite-se a decisão do Supremo Tribunal Federal que afastou pedido reparatório pela perda de uma frasqueira contendo objetos de maquiagem de uma mulher:

"Constitucional. Recurso extraordinário. Cabimento. Indenização. Dano moral. I – O dano moral indenizável é o que atinge a esfera legítima de afeição da vítima, que agride seus valores, que humilha, que causa dor. A perda de uma frasqueira contendo objetos pessoais, geralmente objetos de maquiagem de mulher, não obstante desagradável, não produz dano moral indenizável. II – Agravo não provido" (STF, RE 387.014, AgR/SP, 2.ª Turma, Rel. Min. Carlos Velloso, j. 08.06.2004, *DJ* 25.06.2004, p. 57).

Interessante perceber que, no último caso, o processo chegou até o Supremo Tribunal Federal que, com razão, afastou a absurda pretensão. Fica a dúvida até se caberia a condenação por litigância de má-fé nesse exemplo, por flagrante abuso de direito processual, no meu entendimento.

Seguindo nas concreções, ficou conhecida em todo o País uma sentença prolatada na Comarca de Tubarão, Estado de Santa Catarina, em que não se admitiu a pretensão indenizatória de uma adolescente diante de um suposto dano moral causado pelo fato de ter sido barrada na entrada de um baile de gala, pois não estava devidamente trajada. Vejamos alguns trechos dessa decisão, prolatada pelo saudoso magistrado Lédio Rosa de Andrade:

"No Brasil, morre por subnutrição uma criança a cada dois minutos, mais ou menos. A população de nosso planeta já ultrapassou seis bilhões de pessoas e um terço deste contingente passa fome, diariamente. A miséria se alastra, os problemas sociais são gigantescos e causam a criminalidade e a violência generalizada. Vivemos em um mundo de exclusão, no qual a brutalidade supera com larga margem os valores humanos. O Poder Judiciário é incapaz de proporcionar um mínimo de Justiça Social e de paz à sociedade. E agora tenho de julgar um conflito surgido em decorrência de um vestido. Que valor humano importante é este capaz de gerar uma demanda jurídica? (...) 'Moda, gala, coluna social, são bazófias de uma sociedade extremamente dividida em classes, na qual poucos usufruem da inclusão e muitos vivem na exclusão. Mas, nos termos do art. 5.º, XXXV, da Constituição Federal, cabe ao Poder Judiciário julgar toda e qualquer lesão ou ameaça a direito. É o que passo a fazer'. (...) A celeuma refere-se ao fato de a requerente ter sido barrada na entrada de um baile provido pelo requerido. Segundo este, aquela não estava devidamente trajada, pois, nos termos do convite de fls. 11, o traje exigido era de 'Gala a Rigor (*smoking* preto e vestido longo)', e a indumentária utilizada no dia, pela requerente (fotografias de fls. 12), não se enquadrava neste conceito. Já a requerente alega que sim, seu traje era adequado. Pelas testemunhas inquiridas, vê-se que os fatos não foram além disto, até a presença da mãe da autora, que 'esquentou' a polêmica, dando início a um pequeno escândalo, pois exigia o ingresso de sua filha, o que, aliás, acabou ocorrendo, pois ela participou, normalmente, do baile. Diante destes fatos, o julgamento da lide cinge-se a verificar se o fato de a autora ser barrada na entrada do baile constitui-se em um ilícito capaz de gerar danos morais. Um primeiro problema que surge é saber enquadrar o conceito de traje de gala a rigor, vestido longo, aos casos concretos, ou seja, aos vestidos utilizados pelas participantes do evento. Nesta demanda, a pessoa responsável pelo ingresso no baile entendeu, em nome do requerido, que o vestido da autora não se enquadrava no conceito. Já a autora e sua mãe entendem que sim. Como determinar quem tem razão? Nomear um estilista ou um colunista social para, cientificamente, verificar se o vestido portado pela autora era ou não de gala a rigor? Ridículo seria isto. Sob meu ponto de vista, quem consente com a futilidade a ela está submetida. Ora, no momento que uma pessoa aceita participar destes tipos de bailes, aliás, nos quais as indumentárias, muitas vezes, se confundem com fantasias carnavalescas, não pode, após, insurgir--se contra as regras sociais deles emanadas. Se frívolo é o ambiente, frívolos são todos os seus atos. Na presente lide, nada ficou provado em relação ao requerido, salvo o fato de que a autora foi impedida, inicialmente, de entrar no baile, sendo, posteriormente, frente às atitudes de sua mãe, autorizada a entrar. Não há prova nos autos de grosserias, ou melhor, já que se fala de alta sociedade, falta de urbanidade, impolidez ou indelicadeza por parte dos funcionários do requerido. Apenas entenderam que o traje da autora não se enquadrava no conceito de gala a rigor e, por conseguinte, segundo as regras do baile, sua entrada não foi permitida. Isto, sob meu julgamento, não gera danos morais, pois não se trata de ato ilícito. Para quem tem preocupações sociais, pode até ser um absurdo o ocorrido, mas absurdo também não seria participar de um evento previamente organizado com regras tão estultas?" (Autos 075.99.009820-0/0000).

Além de concordar com a decisão final, imperioso concluir, como Fernando Noronha, que o seu teor constitui um caso típico de aplicação da *função social* no atual Direito Obrigacional.[36] Justamente por isso, em 1.º.06.2007, o Tribunal de Justiça de Santa Catarina acabou por confirmar, com unanimidade, essa interessante sentença (2.ª Câmara de Direito Civil da Corte Estadual, Autos 075.99.009820-0/0000).

Em 2016, surgiu outra ação de conteúdo também pitoresco. Uma consumidora ingressou em juízo pleiteando danos morais pelo fato de ter adquirido pizzas prontas com quantidades de ingredientes diferentes do informado nas campanhas publicitárias. O pedido de reparação foi afastado pelo magistrado Gustavo Dall'Olio, da 8.ª Vara Cível de São Bernardo do Campo, em São Paulo. Conforme a sentença, com precisão, "indefiro a petição inicial e, em consequência, julgo extinto o processo, sem resolução de mérito, porque (i) a autora não reúne pertinência subjetiva ativa para tutela de interesses individuais homogêneos (querendo, poderá, por conta própria, dar notícia da suposta lesão aos órgãos elencados na petição inicial); (ii) o instrumento procuratório não é pertinente ao ajuizamento da presente demanda (fls. 13); (iii) não se sabe o motivo pelo qual o advogado se declarou 'pobre' (fls. 15); (iv) da narrativa não decorre logicamente o pedido; (v) pouca ou muita quantidade de calabresa ou mozarela não corporifica interesse processual, vale dizer, a necessidade de socorrer-se do Poder Judiciário (fls. 03); (vi) da mesma forma a reputação ruim de empresa em *site* de reclamações (fls. 04)" (Processo 1022203-37.2016.8.26.0564).

No âmbito doutrinário, com o fim de esclarecer a questão envolvendo as diferenças entre um mero transtorno e o dano moral, relevem-se aqui as clássicas palavras de Antônio Chaves que teve a felicidade de escrever o seguinte:

---

[36] NORONHA, Fernando. *Direito das obrigações*, cit., p. 30.

"Propugnar pela mais ampla ressarcibilidade do dano moral não implica o reconhecimento de todo e qualquer melindre, toda suscetibilidade exacerbada, toda exaltação do amor-próprio pretensamente ferido, a mais suave sombra, o mais ligeiro roçar das asas de uma borboleta, mimos, escrúpulos, delicadezas excessivas, ilusões insignificantes desfeitas possibilitem sejam extraídas da caixa de Pandora do direito centenas de milhares de cruzeiros. É preciso que exista realmente dano moral, que se trate de um acontecimento grave com a morte de um ente querido, a mutilação injusta, a desfiguração de um rosto, uma ofensa grave, capaz de deixar marcas indeléveis, não apenas em almas de sensibilidade de filme fotográfico, mas na generalidade das pessoas, no homem e na mulher medianos, comuns, a ponto de ser estranhável que não sentissem mágoa, sofrimento, decepção, comoção".[37]

Para findar o tópico, deve-se atentar para certa ampliação dos casos de dano moral, em que está presente um *aborrecimento relevante*, notadamente pela *perda do tempo*. Essa ampliação das situações danosas, inconcebíveis no passado, representa um caminhar para a reflexão da responsabilidade civil sem dano e também para a atribuição de uma função preventiva da responsabilidade civil. Como bem exposto por Vitor Guglinski, "a ocorrência sucessiva e acintosa de mau atendimento ao consumidor, gerando a perda de tempo útil, tem levado a jurisprudência a dar seus primeiros passos para solucionar os dissabores experimentados por milhares de consumidores, passando a admitir a reparação civil pela perda do tempo livre".[38] Fala-se, ainda, em *desvio produtivo do consumidor*, tese desenvolvida pelo advogado Marcos Dessaune.[39]

O tema ainda será abordado em separado neste capítulo da obra, especialmente diante de um movimento doutrinário, e até jurisprudencial, que pretende separar a categoria do dano moral, falando-se até em *dano temporal*.[40]

3.3. Dos danos morais da pessoa jurídica

Questão de grande relevo prático aqui outrora mencionada, mas que agora merece os devidos aprofundamentos, diz respeito ao dano moral da pessoa jurídica. Como é notório, a pessoa jurídica pode sofrer dano moral por lesão a algum direito da personalidade a ela atribuído. Esse é o entendimento que consta da Súmula n. 227 do Superior Tribunal de Justiça, e que igualmente pode ser extraído do art. 52 do Código Civil em vigor, pelo qual se aplica à pessoa jurídica, no que couber, o disposto quanto aos direitos da personalidade. Em verdade, o dano moral da pessoa jurídica atinge substancialmente a sua honra

---

[37] CHAVES, Antônio. *Tratado de Direito Civil*. São Paulo: Saraiva, 1985. v. 3, p. 637.
[38] GUGLINSKI, Vitor Vilela. Danos morais pela perda do tempo útil: uma nova modalidade. *Jus Navigandi*, Teresina, ano 17, n. 3237, 12 maio 2012. Disponível em: <http://jus.com.br/revista/texto/21753>. Acesso em: 21 set. 2013.
[39] DESSAUNE, Marcos. *Teoria aprofundada do desvio produtivo do consumidor*. O prejuízo do tempo desperdiçado e da vida alterada. Vitória: Edição do autor, 2017.
[40] Veja-se, a esse propósito: BORGES, Gustavo; MAIA, Maurílio Casas. *Dano temporal*. O tempo como valor jurídico. Florianópolis: Tirant lo Blanch, 2018.

objetiva, que é a repercussão social da honra, sendo certo que uma empresa tem uma reputação perante a coletividade. Também pode atingir o seu nome, sua imagem ou o sigilo empresarial, valor que hoje é tão caro às empresas em todo o mundo.

Entretanto, não se pode esquecer que a pessoa jurídica não possui a dignidade própria da pessoa humana, não sendo possível falar em dano moral por lesão à honra subjetiva, entendida esta como a autoestima. Do mesmo modo, não se pode cogitar dano à sua vida ou integridade físico-psíquica. Assim sendo, parte considerável da doutrina tem entendido que não se pode indenizar o *dano moral puro* da pessoa jurídica, aquele sem repercussão material. Tal vertente chega até a negar os direitos da personalidade da pessoa jurídica, contrariando-se o que está expresso no art. 52 do Código Civil. Nesse sentido, na *IV Jornada de Direito* Civil (2006), a comissão da Parte Geral aprovou o Enunciado n. 286, estabelecendo que "os direitos da personalidade são direitos inerentes e essenciais à pessoa humana, decorrentes de sua dignidade, não sendo as pessoas jurídicas titulares de tais direitos".

Encabeçando a última corrente, os Professores Gustavo Tepedino, Heloísa Helena Barboza e Maria Celina Bodin de Moraes defendem que a pessoa jurídica não sofreria danos morais, mas *danos institucionais*, no caso de pessoas jurídicas sem fins lucrativos. Para aquelas que têm finalidade lucrativa, o dano seria estritamente material. Vejamos as suas lições, que merecem leitura destacada:

"A utilização da técnica de proteção à personalidade no caso de pessoas jurídicas não pode deixar de contemplar as hipóteses em que a vítima configura entidade sem fins lucrativos. Neste caso, como já salientado em outra sede: 'não se pode considerar (como ocorre na hipótese de empresas com finalidade lucrativa) que os ataques sofridos pela pessoa jurídica acabam por se exprimir na redução de seus lucros, sendo espécie de dano genuinamente material. Cogitando-se, então, de pessoas jurídicas sem fins lucrativos deve ser admitida a possibilidade de configuração de *danos institucionais*, aqui conceituados como aqueles que, diferentemente dos danos patrimoniais ou morais, atingem a pessoa jurídica em sua credibilidade ou reputação' (TEPEDINO, Gustavo. *Crise de fontes normativas*, p. XXIX-XXX). Não há dúvidas de que a maioria das hipóteses de danos indenizáveis pretendidos por pessoas jurídicas pode ser facilmente enquadrada na categoria de danos materiais, traduzidos em uma diminuição de seus resultados econômicos. 'Situações há, contudo, em que a associação sem fins lucrativos, uma entidade filantrópica, por exemplo, é ofendida em seu renome. Atinge-se a sua credibilidade, chamada de honra objetiva, sem que, neste caso, se pudesse afirmar que o dano fosse mensurável economicamente, considerando-se sua atividade exclusivamente inspirada na filantropia. Aqui não há evidentemente dano material. E tal constatação não pode autorizar a irresponsabilidade, ou, em sentido contrário, a admissão de uma desajeitada noção de dignidade corporativa ou coletiva. A solução, pois, é admitir que a credibilidade da pessoa jurídica, como irradiação de sua subjetividade, responsável pelo sucesso de suas atividades, é objeto de tutela pelo ordenamento e capaz de ser tutelada, especialmente na hipótese de danos institucionais. Tal entendimento mostra-se coerente com o ditado constitucional e não parece destoar do raciocínio que inspirou a mencionada admissibilidade, pelo STJ, dos danos morais à pessoa jurídica' (TEPEDINO, Gustavo. *Crise de fontes normativas*, p. XXIX-XXX)".[41]

Com o devido respeito, filio-me à posição considerada majoritária, no sentido de que a pessoa jurídica pode sim sofrer danos morais, pois é detentora de alguns direitos da personalidade, por equiparação atualmente feita pelo art. 52 do Código Civil.

Reafirmo que a pessoa jurídica tem nome, imagem, segredo e honra objetiva, entre outros direitos imateriais, como antes era reconhecido pela doutrina. Em outras palavras, os direitos da personalidade não são exclusivos da pessoa humana ou natural. E, constituindo os danos morais lesões a esses direitos, não se pode negar a reparação a favor das pessoas jurídicas.

Nesse sentido, é preciso o notável julgado do STJ, da lavra do saudoso Ministro Ruy Rosado de Aguiar, um dos precedentes que conduziu à edição da Súmula n. 227 pelo Tribunal da Cidadania:

> "Lei de Imprensa. Legitimidade ativa. Pessoa jurídica. Legitimidade passiva. Empresa e jornalistas. Valor da indenização. 1. A pessoa jurídica pode ser atingida em sua honra objetiva e por isso tem legitimidade para promover ação de indenização por escrito publicado em jornal. 2. A responsabilidade pela publicação no jornal é da empresa que o explora e dos jornalistas autores da notícia. Orientação da Segunda Seção. Ressalva da posição do relator. 3. A indenização por dano extrapatrimonial decorrente de matéria divulgada através da imprensa, em ação de responsabilidade fundada no direito comum, não está limitada aos parâmetros do art. 51 da Lei 5.250/1967. Recursos conhecidos, pela divergência, mas improvidos" (STJ, REsp 164.421/RJ, 4.ª Turma, Rel. Min. Ruy Rosado de Aguiar, j. 10.11.1998, *DJ* 16.08.1999, p. 73).

A confirmar essa corrente, amplamente majoritária na doutrina e na jurisprudência nacionais, destaque-se o Enunciado n. 189 do Conselho da Justiça Federal, aprovado na *III Jornada de Direito Civil*, pela comissão de obrigações, contratos e responsabilidade civil, pelo qual: "na responsabilidade civil por dano moral causado à pessoa jurídica, o fato lesivo, como dano eventual, deve ser devidamente demonstrado". Esclarecendo o teor do enunciado em questão, o que prevalece é a posição segundo a qual, pelo menos em regra, o dano moral da pessoa jurídica deve ser comprovado por quem o alega, configurado como *dano moral subjetivo*, na classificação aqui antes exposta.

Sem prejuízo das ementas antes citadas, vejamos outro trecho de julgado, até mais contundente:

> "Para a pessoa jurídica, o dano moral é fenômeno distinto daquele relacionado à pessoa natural. Não se aceita, assim, o dano moral em si mesmo, isto é, como uma decorrência intrínseca à existência de ato ilícito. Necessidade de demonstração do prejuízo extrapatrimonial. Na hipótese dos autos, não

---

[41] TEPEDINO, Gustavo; BARBOZA, Heloísa Helena; MORAES, Maria Celina Bodin de. *Código Civil interpretado*, v. I, cit., p. 135.

há demonstração apta de prejuízo patrimonial alegadamente sofrido pela recorrida" (STJ, REsp 1.497.313/PI, 3.ª Turma, Rel. Min. Nancy Andrighi, j. 07.02.2017, *DJe* 10.02.2017). Em 2018, essa afirmação foi confirmada em outro acórdão superior, de mesma relatoria e publicado no *Informativo* n. 619 do STJ, segundo a qual, "para a pessoa jurídica, o dano moral não se configura *in re ipsa*, por se tratar de fenômeno muito distinto daquele relacionado à pessoa natural. É, contudo, possível a utilização de presunções e regras de experiência no julgamento. (...). Nas hipóteses de protesto indevido de cambial ou outros documentos de dívida, há forte presunção de configuração de danos morais. Precedentes" (STJ, REsp 1.564.955/SP, 3.ª Turma, Rel. Min. Nancy Andrighi, j. 06.02.2018, *DJe* 15.02.2018).

No mesmo sentido, a assertiva n. 10, publicada na Edição n. 125 da ferramenta *Jurisprudência em Teses* do STJ, do ano de 2019, dedicada ao dano moral: "a pessoa jurídica pode sofrer dano moral, desde que demonstrada ofensa à sua honra objetiva".

No entanto, na linha do último acórdão, deve ser feita a ressalva segundo a qual, em alguns casos, o dano moral da pessoa jurídica é presumido ou *in re ipsa*, como naqueles em que está presente o abalo de crédito, em decorrência do protesto indevido de título de crédito ou de inscrição do nome da empresa no cadastro de inadimplentes. Nesse sentido, vejamos um dos primeiros precedentes da Corte Superior brasileira, que influenciou claramente o último julgado:

"Recurso especial. Ação de indenização. Danos morais. Protesto indevido de duplicata paga no vencimento. Pessoa jurídica. Banco endossatário. Endosso-mandato. Ciência do pagamento. Legitimidade passiva. Prova do dano. Parágrafo único do art. 42 do CDC. Divergência jurisprudencial não comprovada. A jurisprudência desta Corte encontra-se consolidada no sentido de que o Banco endossatário tem legitimidade passiva para figurar na ação de indenização e deve responder pelos danos causados à sacada em decorrência de protesto indevido de título cambial. 'In casu', mesmo ciente do pagamento da duplicata, o banco-recorrente levou o título a protesto (Precedentes: REsp 285.732/MG, Rel. Min. Cesar Asfor Rocha, *DJ* 12.05.2003; REsp 327.828/MG, Rel. Min. Ruy Rosado de Aguiar, *DJ* 08.04.2002; REsp 259.277/MG, Rel. Min. Aldir Passarinho Júnior, *DJ* 19.08.2002; REsp 185.269/SP, Rel. Min. Waldemar Zveiter, *DJ* 06.11.2000). O protesto de título já quitado acarreta prejuízo à reputação da pessoa jurídica, sendo presumível o dano extrapatrimonial que resulta deste ato. Consoante reiterada jurisprudência desta Corte, 'é presumido o dano que sofre a pessoa jurídica no conceito de que goza na praça em virtude de protesto indevido, o que se apura por um juízo de experiência' (Cf. REsp 487.979/RJ, Rel. Min. Ruy Rosado de Aguiar, *DJ* 08.09.2003). Precedentes. Como corretamente salientado no v. acórdão recorrido, o parágrafo único do art. 42 do CDC tem por exclusivo desiderato sancionar, nas relações de consumo, aquele que cobrar dívida superior ao que é devido. Inaplicável o aludido dispositivo no caso em questão, que trata de ação de indenização por danos morais. Divergência jurisprudencial não comprovada. A recorrente não comprovou o alegado dissídio interpretativo nos moldes que exigem o parágrafo único do art. 541 do CPC, e o art. 255, § 2.º, do Regimento Interno desta Corte. Os arestos paradigmas apontados, apenas com transcrição de ementas, não guardam a similitude fática necessária à ocorrência do dissídio, não havendo, também, a devida indicação das fontes oficiais onde foram publicados. Recurso não conhecido" (STJ, REsp 662.111/RN, Recurso Especial 2004/0067928-6, 4.ª Turma, Rel. Min. Jorge Scartezzini, j. 21.09.2004, *DJ* 06.12.2004, p. 336).

Partindo para outra situação concreta, no que concerne às informações injuriosas que são feitas a respeito da pessoa jurídica na imprensa, e que podem perfeitamente causar danos à imagem de uma empresa, colaciona-se julgado mais recente, que condenou a Dolly Guaraná por afirmações negativas feitas por seus sócios e representantes a respeito da Coca-Cola em campanha veiculada na televisão. A ementa do Tribunal de Justiça de São Paulo foi assim publicada:

"Indenização. Danos morais. Réus que realizaram campanha difamatória contra a autora, imputando-lhe graves acusações e denegrindo sua imagem em diversos veículos midiáticos, a exemplo de *outdoors*, jornais impressos e programa de TV. Denúncias que, ademais, revelaram-se levianas, eis que desprovidas de lastro probatório. Configuração de ato ilícito quer pelo ângulo do direito comum (art. 186 do Código Civil), quer pelo ângulo da concorrência desleal (art. 195 da Lei 9.279/1996). Responsabilidade pelos danos causados à imagem da autora que se estende a todos os réus, dada a comprovação da participação de cada um deles nos atos lesivos perpetrados. Evidentes danos morais causados à empresa autora, que teve sua reputação e credibilidade abaladas perante os consumidores. Indenização fixada adequadamente em R$ 1.000.000,00, se considerados o dolo dos agentes, a gravidade das acusações, o porte das empresas rés, e o prejuízo de ordem extrapatrimonial experimentado pela demandante. Inexistência, porém, de provas dos danos materiais supostamente sofridos, cuja existência deve ser demonstrada na fase de conhecimento. Honorários advocatícios estabelecidos em valor razoável. Recursos parcialmente providos" (TJSP, Apelação 0020617-36.2004.8.26.0100, 6.ª Câmara de Direito Privado, Comarca de São Paulo, Rel. Des. Francisco Loureiro, j. 22.03.2012).

O caso revela hipótese em que o dano moral da pessoa jurídica está presente sem a associação com danos materiais, pois estes foram afastados. Em suma, haveria um *dano moral puro* da empresa. A indenização foi fixada em valor exemplar, confirmando o seu caráter pedagógico, tema a seguir aprofundado.

Outra questão de debate diz respeito à possibilidade de um condomínio edilício sofrer danos morais, pleiteando a correspondente indenização. Sobre o tema, ainda prevalece a afirmação de que o condomínio edilício é um ente despersonalizado e não uma pessoa jurídica, sendo essa a corrente majoritária. Sigo, contudo, uma segunda corrente, encabeçada por Gustavo Tepedino e Francisco Viegas, que reconhece a personalidade jurídica ao condomínio edilício. Nessa linha, aliás, o Enunciado n. 90, aprovado na *I Jornada de Direito Civil*.

Adotando a primeira corrente, em fevereiro de 2020, julgado da Terceira Turma do Superior Tribunal de Justiça, relatado pela Ministra Nancy Andrighi, afastou a possibilidade de um condomínio edilício ser indenizado por danos morais, justamente pela falta de sua personalidade jurídica. Conforme trecho da ementa, "no âmbito das Turmas que compõem a Segunda Seção do STJ, prevalece a corrente de que os condomínios são entes despersonalizados, pois não são titulares das unidades autônomas, tampouco das partes comuns, além de não haver, entre os condôminos, a *affectio societatis*, tendo em vista a ausência de intenção dos condôminos de estabelecerem, entre si, uma relação jurídica, sendo o vínculo entre eles decorrente do direito exercido sobre a coisa e que é necessário à administração da propriedade comum" (REsp 1.736.593/SP).

Ainda nos termos do acórdão, "caracterizado o condomínio como uma massa patrimonial, não há como reconhecer que seja ele próprio dotado de honra objetiva, senão admitir que qualquer ofensa ao conceito que possui perante a comunidade representa, em verdade, uma ofensa individualmente dirigida a cada um dos condôminos, pois quem goza de reputação são os condôminos e não o condomínio, ainda que o ato lesivo seja a este endereçado. Diferentemente do que ocorre com as pessoas jurídicas, qualquer repercussão econômica negativa será suportada, ao fim e ao cabo, pelos próprios condôminos, a quem incumbe contribuir para todas as despesas condominiais, e/ou pelos respectivos proprietários, no caso de eventual desvalorização dos imóveis no mercado imobiliário". Por fim, concluiu-se pela presença de "hipótese em que se afasta o dano moral do condomínio, ressaltando que, a par da possibilidade de cada interessado ajuizar ação para a reparação dos danos que eventualmente tenha suportado, o ordenamento jurídico autoriza o condomínio a impor sanções administrativas para o condômino nocivo e/ou antissocial, defendendo a doutrina, inclusive, a possibilidade de interdição temporária ou até definitiva do uso da unidade imobiliária" (STJ, REsp 1.736.593/SP, 3.ª Turma, Rel. Min. Nancy Andrighi, j. 11.02.2020, *DJe* 13.02.2020).

Fica evidenciado, assim, que nas Turmas de Direito Privado da Corte Superior prevalece a visão clássica, que nega a personalidade jurídica do condomínio edilício. O *decisum* demonstra toda a divergência doutrinária sobre o tema, expondo o meu entendimento doutrinário. Vale, portanto, a sua leitura integral, para os que pretendem se aprofundar na temática.

Seguindo no estudo do tema, são necessárias algumas observações sobre a possibilidade de uma pessoa jurídica de Direito Público pleitear danos morais. O tema já foi objeto de proposta de enunciado doutrinário, não aprovada, quando da *V Jornada de Direito Civil*, promovida pelo Conselho da Justiça Federal e pelo Superior Tribunal de Justiça em 2011. Imagine-se, por exemplo, uma municipalidade pleitear indenização imaterial de uma pessoa famosa que fez afirmações injuriosas sobre a cidade na imprensa, em programa de televisão. O assunto foi abordado pelo Superior Tribunal de Justiça, em ementa publicada no seu *Informativo* n. 534, da seguinte maneira:

> "A pessoa jurídica de direito público não tem direito à indenização por danos morais relacionados à violação da honra ou da imagem. A reparação integral do dano moral, a qual transitava de forma hesitante na doutrina e jurisprudência, somente foi acolhida expressamente no ordenamento jurídico brasileiro com a CF/1988, que alçou ao catálogo dos direitos fundamentais aquele relativo à indenização pelo dano moral decorrente de ofensa à honra,

imagem, violação da vida privada e intimidade das pessoas (art. 5.º, V e X). Por essa abordagem, no atual cenário constitucional, a indagação sobre a aptidão de alguém sofrer dano moral passa necessariamente pela investigação da possibilidade teórica de titularização de direitos fundamentais. Ocorre que a inspiração imediata da positivação de direitos fundamentais resulta precipuamente da necessidade de proteção da esfera individual da pessoa humana contra ataques tradicionalmente praticados pelo Estado. Em razão disso, de modo geral, a doutrina e jurisprudência nacionais só têm reconhecido às pessoas jurídicas de direito público direitos fundamentais de caráter processual ou relacionados à proteção constitucional da autonomia, prerrogativas ou competência de entidades e órgãos públicos, ou seja, direitos oponíveis ao próprio Estado, e não ao particular. Porém, em se tratando de direitos fundamentais de natureza material pretensamente oponíveis contra particulares, a jurisprudência do STF nunca referendou a tese de titularização por pessoa jurídica de direito público. Com efeito, o reconhecimento de direitos fundamentais – ou faculdades análogas a eles – a pessoas jurídicas de direito público não pode jamais conduzir à subversão da própria essência desses direitos, que é o feixe de faculdades e garantias exercitáveis principalmente contra o Estado, sob pena de confusão ou de paradoxo consistente em ter, na mesma pessoa, idêntica posição jurídica de titular ativo e passivo, de credor e, a um só tempo, devedor de direitos fundamentais" (STJ, REsp 1.258.389/PB, Rel. Min. Luis Felipe Salomão, j. 17.12.2013).

A questão se consolidou de tal forma na Corte Superior, pelo menos em suas turmas de Direito Privado, que, em 2019, na Edição n. 125 da sua ferramenta *Jurisprudência em Teses*, dedicada à responsabilidade civil por dano moral, publicou-se o seguinte: "a pessoa jurídica de direito público não é titular de direito à indenização por dano moral relacionado à ofensa de sua honra ou imagem, porquanto, tratando-se de direito fundamental, seu titular imediato é o particular e o reconhecimento desse direito ao Estado acarreta a subversão da ordem natural dos direitos fundamentais" (tese n. 11).

De fato, pelos próprios argumentos que constam desses julgamentos sobre o tema no âmbito superior, fica difícil pensar na reparação de danos morais de uma pessoa jurídica de Direito Público. Talvez as melhores soluções para os casos em que as coletividades são atingidas sejam as reparações pelas modalidades dos danos morais coletivos ou dos danos sociais, categorias que serão ainda abordadas adiante.

De todo modo, em data mais próxima surgiu acórdão da Segunda Turma da Corte Superior, admitindo os danos morais em favor de pessoa jurídica de Direito Público. O caso disse respeito a ação proposta pelo INSS para obter reparação por danos morais decorrentes de fraude praticada contra a autarquia, no "caso Jorgina de Freitas", cuja totalidade dos prejuízos superou 20 (vinte) milhões de dólares. Segundo o *decisum*, "o direito das pessoas jurídicas à reparação por dano moral não exsurge apenas no caso de prejuízos comerciais, mas também nas hipóteses, mais abrangentes, de ofensa à honra objetiva. Nesse plano, até mesmo entidades sem fins lucrativos podem ser atingidas". E, mais, "não se pode afastar a possibilidade de resposta judicial à agressão perpetrada por agentes do

Estado contra a credibilidade institucional da autarquia". Ao final, determinou-se que o Tribunal de origem reapreciasse a questão (STJ, REsp 1.722.423/RJ, 2.ª Turma, Rel. Min. Herman Benjamin, j. 24.11.2020, *DJe* 18.12.2020).

Esse último julgamento demonstra divergência no âmbito do Superior Tribunal de Justiça, entre uma turma de Direito Público e as duas Turmas de Direito Privado, o que deve ser resolvido pela sua Corte Especial.

Como última observação a respeito do tema do dano moral da pessoa jurídica, o projeto de Reforma do Código Civil, ora em tramitação no Congresso Nacional, pretende incluir regra expressa prevendo que "a indenização compreende também todas as consequências da violação da esfera moral da pessoa natural ou jurídica". Trata-se do novo art. 944-A do Código Civil, um dos mais polêmicos dispositivos propostos pela Comissão de Juristas, que pretende tratar da categoria sob o manto dos *danos extrapatrimoniais*. Voltarei ao tema, mais à frente, no tópico 3.7 deste capítulo.

3.4. Da natureza jurídica da indenização por danos morais

Outro ponto importante está no fato de não existir unanimidade a respeito da natureza jurídica da indenização por danos morais. Basicamente, três são as correntes doutrinárias e jurisprudenciais relativamente à controvérsia, na minha leitura. O debate, de certa forma, retoma o tema das funções da responsabilidade civil, exposto no final do Capítulo 1.

Para a *primeira corrente*, amplamente majoritária, a indenização por danos morais tem o mero intuito reparatório ou compensatório, sem qualquer caráter disciplinador, pedagógico ou mesmo punitivo. Entre os partidários dessa visão destaco novamente Gustavo Tepedino, Heloísa Helena Barboza e Maria Celina Bodin de Moraes, para quem, "sendo a tradição do direito brasileiro o intuito reparatório da responsabilidade civil, o caráter punitivo não se coaduna com o sistema pátrio de responsabilização e tem contra si inúmeros argumentos".[42]

Os juristas apresentam seis argumentos para suas conclusões, a saber: *a)* haveria violação ao princípio da legalidade em atribuir outro caráter à indenização, pois tal punição não tem qualquer previsão em lei; *b)* sua aplicação traria risco de *bis in idem*, de repetição de sanções, de especial gravidade; *c)* o aumento da indenização, a título de penalidade, pode recair sobre outra pessoa que não o ofensor, frustrando a função punitiva, o que ocorre, por exemplo, na responsabilidade indireta ou por atos de outrem; *d)* mesmo que a majoração esteja estabelecida contra um determinado agente, é perfeitamente possível que ele não responda, diante do afastamento da pena por um contrato de seguro; *e)* toda a sociedade pode vir a arcar com os custos decorrentes do citado caráter punitivo; *f)* a sua aplicação pode subverter o sistema de responsabilidade civil, servindo como um desestímulo para a incidência da responsabilidade sem culpa

---

[42] TEPEDINO, Gustavo; BARBOZA, Heloísa Helena; MORAES, Maria Celina Bodin de. *Código Civil interpretado*, v. II, cit., p. 863.

ou objetiva.[43] Apesar de todo esse esforço doutrinário, parece-me que essa tese da mera compensação ou reparação encontra-se superada, pois a indenização deve ser encarada como mais do que uma mera reparação.

Para a *segunda corrente*, a indenização tem um caráter punitivo ou disciplinador, tese supostamente adotada nos Estados Unidos da América, com o conceito de *punitive damages*. Essa corrente não vinha sendo bem aceita pela nossa jurisprudência, que identificava perigos na sua aplicação. No entanto, nos últimos tempos, tem crescido o número de adeptos a essa teoria.

Apenas em parte aqui estaria inseria a *teoria do desestímulo*, desenvolvida, no Brasil, por Carlos Alberto Bittar. Transcrevo a versão mais atual de sua obra, atualizada por Eduardo Bianca Bittar:

"Vacilações, no entanto, são notadas, em certos pronunciamentos de nossos magistrados, mas devem ser debitadas à conta do caráter ainda recente da formação em causa e que, com certeza, sofrerão a correção natural que da evolução científica resulta. A reiteração normal de decisões sobre a matéria uniformizará o critério mencionado como único vetor compatível com o vulto dos direitos em tela. Nesse sentido é que a tendência manifestada, a propósito, pela jurisprudência pátria, é a da fixação de valor de desestímulo como fator de inibição a novas práticas lesivas. Trata-se, portanto, de valor que, sentido no patrimônio do lesante, possa fazê-lo conscientizar-se de que não deve persistir na conduta reprimida ou, então, deve afastar-se da vereda indevida por ele assumida. De outra parte, deixa-se, para a coletividade, exemplo expressivo da reação que a ordem jurídica reserva para infratores nesse campo e em elemento que, em nosso tempo, tem se mostrado muito sensível para as pessoas, ou seja, o respectivo acervo patrimonial".[44]

Com essa visão, caberia a fixação de uma indenização a mais em favor da vítima, além dos danos materiais e imateriais verificados no caso concreto, de acordo com as circunstâncias fáticas.

Para a *terceira e última corrente*, a indenização por dano moral está revestida de um caráter principal reparatório e de um caráter pedagógico ou disciplinador acessório, visando a coibir novas condutas. Assim, haveria um caráter misto na indenização imaterial. Contudo, ressalve-se que o caráter acessório somente existirá, se estiver acompanhado do principal, não podendo subsistir por si só. Na minha interpretação, nesse caráter misto da terceira corrente, estaria a ideia da *teoria do desestímulo*, antes aduzida.

Essa tese tem prevalecido na doutrina e na jurisprudência nacional, na minha visão doutrinária, e a ela se filia. Sobre a ausência de fundamento legal para tanto, deve-se ponderar que o caráter pedagógico da responsabilidade civil tem fundamento na socialidade, um dos princípios do Código Civil de 2002,

---

[43] TEPEDINO, Gustavo; BARBOZA, Heloísa Helena; MORAES, Maria Celina Bodin de. *Código Civil interpretado*, v. II, cit., p. 863-864.
[44] BITTAR, Carlos Alberto. *Reparação civil por danos morais*, cit., p. 283.

segundo Miguel Reale. Reconhece-se, desse modo, a *função social da responsabilidade civil*, que tem relação com a sua função preventiva.

Entre os clássicos, essa visão teve como grande defensor o jurista Caio Mário da Silva Pereira, que lecionava a conjugação de dois motivos para a reparação dos danos morais: *a)* punição ao infrator e *b)* dar à vítima um montante em dinheiro que não representaria o preço da dor (*pretium doloris*), mas "um meio de lhe oferecer a oportunidade de conseguir a satisfação de qualquer espécie, seja de ordem intelectual ou moral, seja mesmo de cunho material".[45] Entre os contemporâneos, como aponta Carlos Roberto Gonçalves, "tem prevalecido, no entanto, o entendimento de que a reparação pecuniária do dano moral tem duplo caráter: compensatório para a vítima e punitivo para o ofensor. Ao mesmo tempo que serve de lenitivo, de consolo, de uma espécie de compensação para a atenuação do sofrimento havido, atua como sanção par ao lesante, como fator de desestímulo, a fim de que não volte a praticar atos lesivos à personalidade de outrem".[46]

Compartilhando dessa visão, pontua Maria Helena Diniz que "a reparação do dano moral não tem apenas a natureza penal, visto que envolve uma satisfação à vítima, representando uma compensação ante a impossibilidade de se estabelecer perfeita equivalência entre o dano e o ressarcimento. A reparação do dano moral é um misto de pena e de satisfação compensatória".[47] Mais à frente, a Professora Titular da PUCSP acrescenta a presença de um "caráter concomitante satisfatório para a vítima e lesados e punitivo para o lesante, sob uma perspectiva funcional".[48]

Na mesma linha, segundo Sergio Cavalieri Filho, "doutrina e jurisprudência, com respeitosas exceções, admitem hoje o caráter punitivo do dano moral, pelo menos em determinadas circunstâncias".[49] Por fim, quanto às citações doutrinárias, apesar de afastarem o caráter de *pena pura*, Pablo Stolze Gagliano e Rodolfo Pamplona Filho igualmente parecem seguir a *corrente mista*, ao discorrerem que "resta claro que a natureza jurídica da reparação do dano moral é sancionadora (como consequência de um ato ilícito), mas não se materializada através de uma 'pena civil', e sim por meio de uma compensação material ao lesado, sem prejuízo, obviamente, das outras funções acessórias da reparação civil".[50]

Alinhando-se também à última corrente, é preciso salientar que a reparação deve estar sempre presente, sendo o caráter disciplinador de natureza meramente acessória (*teoria do desestímulo mitigada*). Apesar da falta de previsão legal a respeito do caráter educativo ou de desestímulo, penso que a motivação está no princípio da socialidade, um dos regramentos do Código Civil de 2002, a gerar o reconhecimento da função social da responsabilidade civil.

---

[45] PEREIRA, Caio Mário da Silva. *Responsabilidade civil*, 5. ed., cit., p. 317.
[46] GONÇALVES, Carlos Roberto. *Direito Civil brasileiro*. Responsabilidade civil, 11. ed., cit., p. 404.
[47] DINIZ, Maria Helena. *Curso de Direito Civil brasileiro*. Responsabilidade civil, 27. ed., cit., p. 126-127.
[48] DINIZ, Maria Helena. *Curso de Direito Civil brasileiro*. Responsabilidade civil, 27. ed., cit., p. 127.
[49] CAVALIERI FILHO, Sergio. *Programa de responsabilidade civil*, 12. ed., cit., p. 136.
[50] GAGLIANO, Pablo Stolze; PAMPLONA FILHO, Rodolfo. *Novo curso de Direito Civil*, 14. ed., cit., p. 132.

Esclareça-se, ainda, que prefiro utilizar os termos *caráter disciplinador, pedagógico, de desestímulo* ou até *educativo,* e não a expressão *caráter punitivo.* O último termo, usado nos Estados Unidos da América, está muito distante da realidade que vivemos no Brasil, até porque naquele país o valor é destinado para fundos coletivos, enquanto aqui a indenização do dano moral individual é atribuída à vítima.

Por isso sugeri a mudança de redação para a proposta de novo art. 944-A do Código Civil, em seus §§ 3.º a 6.º, como está no projeto de Reforma do Código Civil, ora em tramitação no Congresso Nacional (art. 944-A: "(...). § 3.º Ao estabelecer a indenização por danos extrapatrimoniais em favor da vítima, o juiz poderá incluir uma sanção pecuniária de caráter pedagógico, em casos de especial gravidade, havendo dolo ou culpa grave do agente causador do dano ou em hipóteses de reiteração de condutas danosas. § 4.º O acréscimo a que se refere o § 3.º será proporcional à gravidade da falta e poderá ser agravado até o quádruplo dos danos fixados com base nos critérios dos §§ 1.º e 2.º, considerando-se a condição econômica do ofensor e a reiteração da conduta ou atividade danosa, a ser demonstrada nos autos do processo. § 5.º Na fixação do montante a que se refere o § 3.º, o juiz levará em consideração eventual condenação anterior do ofensor pelo mesmo fato, ou imposição definitiva de multas administrativas pela mesma conduta. § 6.º Respeitadas as exigências processuais e o devido processo legal, o juiz poderá reverter parte da sanção mencionada no § 3.º em favor de fundos públicos destinados à proteção de interesses coletivos ou de estabelecimento idôneo de beneficência, no local em que o dano ocorreu").

Seguindo essa tendência de reconhecimento do caráter misto da indenização imaterial ou extrapatrimonial, colaciona-se entre os primeiros precedentes do Tribunal da Cidadania e lamentando-se apesar a menção ao *punir*:

"Responsabilidade civil. Dano moral. Valor da indenização. O valor do dano moral tem sido enfrentado no STJ com o escopo de atender a sua dupla função: reparar o dano buscando minimizar a dor da vítima e punir o ofensor, para que não volte a reincidir. Fixação de valor que não observa regra fixa, oscilando de acordo com os contornos fáticos e circunstanciais. 4. Recurso especial parcialmente provido" (STJ, REsp 604.801/RS, Recurso Especial 2003/0180031-4, 2.ª Turma, Rel. Min. Eliana Calmon, j. 23.03.2004, *DJ* 07.03.2005, p. 214).

Em outros julgados do mesmo STJ, entra em cena a menção ao *caráter educativo,* mais consentânea com a realidade brasileira:

"Direito Civil. Responsabilidade civil. Hospital. Ação de indenização. Dano moral. Erro médico. Sequelas estéticas e psicológicas permanentes. Conjunto probatório. Montante indenizatório. Razoabilidade. Súmula 7/STJ. Prequestionamento. Ausência. Embargos de declaração. Omissão e contradição inexistentes. Rejeitam-se os embargos de declaração quando inexistentes qualquer omissão, obscuridade ou contradição na decisão embargada. O prequestionamento dos dispositivos legais tidos como violados constitui requisito de admissibilidade do recurso especial. É defeso o reexame de provas em sede de recurso especial. Na revisão do valor arbitrado a título de dano moral não se mensura a dor, o sofrimento, mas tão somente se avalia a proporcionalidade do valor fixado ante as circunstâncias verificadas nos autos, o poder econômico do ofensor e o caráter educativo da sanção. Recurso especial não conhecido" (STJ, REsp 665.425/AM, 3.ª Turma, Rel. Min. Nancy Andrighi, j. 26.04.2005, *DJ* 16.05.2005, p. 348).

Ou, mais recentemente, em arestos de mesma relatoria, pode ser encontrado o termo *desestímulo*, mas técnico para o caso concreto no meu entender: "é clara a necessidade de se arbitrar valor proporcional e estritamente adequado à compensação do prejuízo extrapatrimonial sofrido e ao desestímulo de práticas lesivas. Por outro ângulo, a compensação financeira arbitrada não pode representar enriquecimento sem causa da vítima" (REsp 1.660.167/RJ, 3.ª Turma, Rel. Min. Nancy Andrighi, j. 25.04.2017, *DJe* 02.05.2017).

Também é louvável o termo *caráter pedagógico*, encontrado em muitas outras ementas, caso da seguinte: "o valor da indenização fixado pelo Tribunal *a quo* a título de danos morais, em razão da morte do filho dos autores, no total de R$ 200.000,00 (duzentos mil reais), não destoa dos aceitos por esta Corte para casos semelhantes, devendo ser mantido conforme fixado, porquanto atende ao caráter pedagógico da medida, sem, contudo, ensejar o enriquecimento ilícito da parte" (STJ, AgRg no AREsp 849.972/SP, 3.ª Turma, Rel. Min. Moura Ribeiro, j. 23.08.2016, *DJe* 05.09.2016). Ainda para ilustrar: "na fixação de indenização por danos morais, são levadas em consideração as peculiaridades da causa. Nessas circunstâncias, consideram-se a gravidade do ato, o potencial econômico do ofensor, o caráter pedagógico da indenização e os parâmetros adotados em casos semelhantes. No caso, a despeito da gravidade das lesões sofridas pela parte ora recorrente, observa-se que, em atenção às condições financeiras da ofensora, não se mostra desarrazoada ou desproporcional a fixação do *quantum* indenizatório em R$ 50.000,00 (cinquenta mil reais). Precedentes" (STJ, AgRg no AREsp 662.068/RJ, 4.ª Turma, Rel. Min. Raul Araújo, j. 19.05.2015, *DJe* 22.06.2015).

Entretanto, na atual composição do Tribunal da Cidadania, podem ser encontrados muitos arestos que mencionam o *caráter punitivo*, citando inclusive o modelo americano. Por todos: "na fixação de indenização por danos morais, são levadas em consideração as peculiaridades da causa. Nessas circunstâncias, considerando a gravidade do ato, o potencial econômico do ofensor, o caráter punitivo-compensatório da indenização e os parâmetros adotados em casos semelhantes, não se mostra desarrazoada ou desproporcional a fixação do *quantum* indenizatório em R$ 15.000,00 (quinze mil reais)" (STJ, AgRg no AREsp 633.251/SP, 4.ª Turma, Rel. Min. Raul Araújo, j. 05.05.2015, *DJe* 26.05.2015). Como se pode notar, há grande hesitação na Corte Superior, pois julgados com mesma relatoria usam os dois termos até como sinônimos. Por todos, sem prejuízo de outros, colaciono o seguinte:

"Agravo regimental em recurso especial. Responsabilidade civil. Direito autoral. Inaplicabilidade do artigo 103 da Lei 9.610/98. Indenização devida nos termos do artigo 102 da Lei 9.610/98. Caráter punitivo e pedagógico da indenização. Correção monetária. Termo inicial. Desprovimento. 1. Constatada pelo acórdão recorrido a originalidade da obra intelectual e o preenchimento dos requisitos para que seja considerada legalmente protegida, qualquer conclusão diferente demandaria incursão no acervo fático e probatório dos autos, inviável, de acordo com a Súmula 7/STJ. 2. 'A pena pecuniária imposta ao infrator não se encontra restrita ao valor de mercado dos programas apreendidos. Inteligência do art. 102 da Lei 9.610/98 – 'sem prejuízo da indenização cabível' – na fixação do valor da indenização pela prática da contrafação' (REsp 1.136.676/RS, Rel. Min. Nancy Andrighi). 3. O simples pagamento, pelo contrafator, do valor de mercado do objeto que reproduz de forma fraudulenta obra protegida, não corresponde à indenização pelo dano causado decorrente do uso indevido, e muito menos inibe a sua prática. 4. O termo inicial da correção monetária incidente sobre a indenização por danos morais é a data do seu arbitramento. Súmula n. 362/STJ: 'A correção monetária do valor da indenização do dano moral incide desde a data do arbitramento'. 5. Agravo regimental a que se nega provimento" (STJ, AgRg no REsp 1.209.123/SP, 4.ª Turma, Rel. Min. Luis Felipe Salomão, j. 18.02.2014, *DJe* 12.03.2014).

No âmbito do Supremo Tribunal Federal, o termo *punição* igualmente é encontrado em alguns arestos, caso do a seguir colacionado:

"Responsabilidade civil objetiva do poder público. Elementos estruturais. (...). Teoria do risco administrativo. Fato danoso para o ofendido, resultante de atuação de servidor público no desempenho de atividade médica. Procedimento executado em hospital público. Dano moral. Ressarcibilidade. Dupla função da indenização civil por dano moral (reparação-sanção): a) caráter punitivo ou inibitório (*exemplary or punitive damages*) e b) natureza compensatória ou reparatória" (STF, AI 455.846, Rel. Min. Celso de Mello, j. 11.10.2004. *Informativo* n. 364).

Por seu turno, fazendo referência expressa ao caráter didático, pedagógico ou de desestímulo complementar, exatamente como vejo a questão e como está na proposta de Reforma do Código Civil, no novo art. 944-A, especialmente nos seus §§ 3.º a 6.º: "a valoração da compensação moral deve ser apurada mediante prudente arbítrio do Juiz, motivado pelo princípio da razoabilidade, e observadas a gravidade e a repercussão do dano, bem como a intensidade, os efeitos do sofrimento e o grau de culpa ou dolo. A finalidade compensatória, por sua vez, deve ter caráter didático-pedagógico, evitado o valor excessivo ou ínfimo, objetivando, sempre, o desestímulo à conduta lesiva" (STF, RE 633.138, 1.ª Turma, Rel. Min. Luiz Fux, j. 04.09.2012).

Como palavras finais, apesar de toda essa variação no uso dos termos ou expressões, com o mesmo fim de evitar a reiteração de condutas, não se olvide que não há como atribuir à reparação moral, no sistema vigente, uma natureza *punitiva pura*, eis que a última expressão constante do art. 927, *caput*, do CC/2002 é justamente a forma verbal da palavra *reparação*.

Em complemento, a Constituição Federal, ao tratar do tema, também não utiliza o termo *punição* (art. 5.º, incs. V e X). Em reforço, a indenização por danos morais não pode levar o ofensor, pessoa natural ou jurídica, à total ruína, não sendo esse o intuito de responsabilidade civil do sistema jurídico nacional.

De qualquer forma, a questão não restou clara na *IV Jornada de Direito Civil*, importante evento de 2006, uma vez que foi aprovado o Enunciado n. 379 do CJF, prevendo que "o art. 944, *caput*, do Código Civil não afasta a possibilidade de se reconhecer a função punitiva ou pedagógica da responsabilidade civil". A redação assim ficou, pois muitos dos juristas então presentes se declararam adeptos da função punitiva da indenização, não estando a temática bem definida na comissão de responsabilidade civil naquele evento e também em outras *Jornadas de Direito Civil* que se seguiram, com a minha participação na comissão de responsabilidade civil.

Para terminar este ponto, consigne-se que constava do antigo Projeto Ricardo Fiuza (PL n. 6.960/2002, atual PL n. 699/2011) proposta de alteração do art. 944 do Código Civil, para introduzir um novo parágrafo nesse comando legal, com a seguinte redação: "a reparação do dano moral deve constituir-se em compensação ao lesado e adequado desestímulo ao ofensor". Parece-me que, com a proposta, estava sendo adotada a terceira corrente, de natureza mista, e não a segunda, entre as que foram aqui esposadas, eis que há referência primeiro à compensação. Com essa conclusão, não havia qualquer problema na projeção legislativa, eis que ela apenas confirma o entendimento doutrinário e jurisprudencial dominante, aqui exposto.

O mesmo se afirma, na minha interpretação, das propostas constantes dos parágrafos do novo art. 944-A, na Reforma do Código Civil que tramita no Congresso Nacional, tema sobre o qual voltarei a tratar ainda no presente capítulo.

3.5. Tarifação x quantificação dos danos morais. Critérios utilizados pela jurisprudência do STJ. O método bifásico de quantificação dos danos morais

Outro tema que sempre volta a debate na civilística nacional diz respeito à possibilidade de tarifação ou tabelamento do dano moral, premissa que não é admitida por nossa doutrina e jurisprudência majoritárias. Como principal argumento, qualquer tentativa de formulação de uma *tabela* para o dano moral viola a especialidade, segunda parte da isonomia constitucional, retirada do art. 5.º, *caput*, do Texto Maior. Em outras palavras, é inconstitucional qualquer tarifação do dano moral, mesmo que por positivação em norma jurídica, pois *a lei deve tratar de maneira igual os iguais e maneira desigual os desiguais*.

Em reforço, qualquer tentativa de tabelamento da indenização por danos morais em face de pessoas naturais é inconstitucional também por clara lesão à *cláusula geral de tutela da pessoa humana*, retirada do art. 1.º, inc. III, da CF/1988. Como afirma a Professora Maria Celina Bodin de Moraes, em vários trechos de seu notório trabalho sobre o tema, a indenização por danos morais deve ser "na medida da pessoa humana".[51] Não seria recomendável sequer a

---

[51] MORAES, Maria Celina Bodin de. *Danos à pessoa humana*. Uma leitura civil-constitucional dos danos morais, cit., p. 57-140. Veja-se também o uso do termo em outro trabalho de sua autoria: MORAES, Maria Celina Bodin de. *Na medida da pessoa humana*. Estudos de Direito Civil-Constitucional. Rio de Janeiro: Renovar, 2010.

estipulação de *tetos* pela legislação infraconstitucional ou pela jurisprudência, para a referida indenização, o que deve ser considerado incompatível com o Texto Maior.[52] Nessa linha, entre os primeiros arestos que afastaram tentativa de tabelamento constante da Lei de Imprensa, colaciona-se:

> "Danos morais. Lei de Imprensa. *Quantum* indenizatório. I – A indenização por dano moral objetiva compensar a dor moral sofrida pela vítima, punir o ofensor e desestimular este e outros membros da sociedade a cometerem atos dessa natureza. II – Segundo reiterados precedentes, o valor da indenização por dano moral sujeita-se ao controle desta Corte, recomendando-se que a sua fixação seja feita com moderação. III – Conforme jurisprudência desta Corte, com o advento da Constituição de 1988 não prevalece a tarifação da indenização devida por danos morais. IV – Se para a fixação do valor da verba indenizatória, consideradas as demais circunstâncias do ato ilícito, acaba sendo irrelevante o fato de ter havido provocação da vítima, não é nula a decisão que, em liquidação de sentença, faz referência a tal fato. Não há, no caso, modificação na sentença liquidanda. V – Recurso especial conhecido e parcialmente provido" (STJ, REsp 168.945/SP, 3.ª Turma, Rel. Min. Antônio de Pádua Ribeiro, *DJ* 08.10.2001, p. 210, *RSTJ* 151/269, Veja: STJ, REsp 226956/RJ, 295.175/RJ, 162.545/RJ [Inaplicabilidade, responsabilidade tarifada], STJ, REsp 89.156/MS, 72.415/RJ [*LEX-STJ* 113, jan. 1999/91], 52.842/RJ [*RSTJ* 99/179, *RDTJRJ* 35/88, *RTJE* 166/280]).

Confirmando a impossibilidade de tarifação, em 2004, o Tribunal da Cidadania editou sua Súmula n. 281, enunciando que a indenização por dano moral não estaria sujeita à tarifação prevista na Lei de Imprensa. Pontue-se que a súmula é anterior ao entendimento do Supremo Tribunal Federal que, em maio de 2009, concluiu pela inconstitucionalidade por não recepção de toda a Lei de Imprensa, que não tem mais aplicação no sistema jurídico nacional (cf. julgados publicados no *Informativo* n. 544 do STF).

No âmbito doutrinário, a reforçar a premissa de afastamento da tarifação, na *VI Jornada de Direito Civil* (2013), aprovou-se o Enunciado n. 550, que não deixa dúvidas: "a quantificação da reparação por danos extrapatrimoniais não deve estar sujeita a tabelamento ou a valores fixos". A proposta contou com o meu voto, como não poderia ser diferente.

Apesar de todas essas afirmações, não se olvide a existência de projetos de lei e propostas que tentam *tabelar* a indenização por danos morais, em clara lesão ao Texto Maior.

Por toda essa argumentação, como se verá de forma aprofundada no Capítulo 11 deste livro, nascem eivados de inconstitucionalidade os dispositivos da chamada *Reforma Trabalhista* que objetivam tabelar o dano moral, tratado ali impropriamente de dano extrapatrimonial, com claro intuito de englobar todos os danos imateriais, em prejuízo ao trabalhador ou empregado, e em dissonância com o termo usado pela Constituição Federal de 1988 e pelo Código Civil.

---

[52] MORAES, Maria Celina Bodin de. *Danos à pessoa humana*. Uma leitura civil-constitucional dos danos morais, cit., p. 190.

Conforme o art. 223-G, § 1.º, da CLT, introduzido pela Lei n. 13.467/2017, se julgar procedente o pedido de reparação extrapatrimonial, o juízo do trabalho fixará a indenização a ser paga, a cada um dos ofendidos, em um dos seguintes parâmetros, vedada a acumulação: *a)* ofensa de natureza leve, até três vezes o último salário contratual do ofendido; *b)* ofensa de natureza média, até cinco vezes o último salário contratual do ofendido; *c)* ofensa de natureza grave, até vinte vezes o último salário contratual do ofendido; e *d)* ofensa de natureza gravíssima, até cinquenta vezes o último salário contratual do ofendido. Apesar de a lei falar em *parâmetros*, fica clara a opção do legislador pela tarifação ou tabelamento, tratando de maneira igual eventuais desiguais. A utilização do salário da vítima como parâmetro também é altamente questionável, pois a pessoa é medida pelo que ganha, e não pelo que efetivamente é.

Em complemento, está determinado que, se o ofendido for pessoa jurídica, a indenização será fixada com observância desses mesmos parâmetros estabelecidos, mas em relação ao salário contratual do ofensor (art. 223-G, § 2.º, da CLT). Na reincidência entre partes idênticas, o juízo poderá elevar ao dobro o valor da indenização (art. 223-G, § 3.º, da CLT).

Muitos juízes do trabalho simplesmente não aplicavam essa infeliz tabela, pois distante da nossa realidade jurídica e constitucional. Além da violação da isonomia, a tarifação adotada está em dissonância com a proteção máxima dos trabalhadores, retirada do art. 7.º do Texto Maior.

Como antes pontuado, e será retomado, o Supremo Tribunal Federal julgou não haver inconstitucionalidade nas citadas previsões da Reforma Trabalhista. Porém, concluiu que os julgadores não são obrigados a aplicá-las, havendo meros critérios sugestivos para os juízes (ADI 5.870, ADI 6.082, ADI 6.050 e ADI 6.069).

As premissas fundamentais então afirmadas, em julgamento proferido em junho de 2023 e que cita a minha posição doutrinária foram os seguintes: "As redações conferidas aos art. 223-A e 223-B, da CLT, não excluem o direito à reparação por dano moral indireto ou dano em ricochete no âmbito das relações de trabalho, a ser apreciado nos termos da legislação civil; (...). Os critérios de quantificação de reparação por dano extrapatrimonial previstos no art. 223-G, *caput* e § 1.º, da CLT deverão ser observados pelo julgador como critérios orientativos de fundamentação da decisão judicial. É constitucional, porém, o arbitramento judicial do dano em valores superior aos limites máximos dispostos nos incisos I a IV do § 1.º do art. 223-G, quando consideradas as circunstâncias do caso concreto e os princípios da razoabilidade, da proporcionalidade e da igualdade".

Feitas tais anotações a respeito da tarifação dos danos morais, no que diz respeito à quantificação, o Código Civil de 2002 não traz critérios fixos e completos para a busca do *quantum debeatur*. Por isso, doutrina e jurisprudência não são unânimes com relação aos critérios que devem ser utilizados pelo juiz da causa. Sabe-se somente que deve o magistrado fixá-la por arbitramento, pelo que consta do art. 946 do Código Civil.

Cabe acrescentar que o CPC/2015 traz a ideia de que o autor da ação deve fixar em sua petição inicial o valor pleiteado a título de compensação imaterial. Isso porque o art. 292, inc. V, do Estatuto Processual emergente determina que o valor da causa constará da petição inicial ou da reconvenção e será, na ação indenizatória e, inclusive, na fundada em dano moral o valor pretendido. A previsão tem fundamento na boa-fé objetiva e no dever de cooperação processual, adotados expressamente pelos arts. 5.º e 6.º do próprio CPC/2015.

No entanto, há quem entenda que a norma afasta o acesso à justiça e está distante do princípio da reparação integral dos danos. Nesse sentido, vejamos as palavras do advogado Eduardo Lemos Barbosa:

> "E, agora, quis o legislador atribuir ao advogado a tarefa de determinar o valor para dano moral, logo no início do feito.
>
> Impossível e incoerente, pois é justamente ao longo do processo, discorrendo a fase probatória (em audiências de ouvida de testemunhas, a juntada de perícias psicológicas, médicas etc.), que irá poder se medir a extensão do dano, conforme o artigo 944 do Código Civil que prevê: 'A indenização mede-se pela extensão do dano'. Não há como medir o dano no começo do processo!
>
> Assim, penso que a solução para o advogado autor de ações indenizatórias será invocar o artigo 944 do Código Civil, bem como o artigo 324, parágrafo 1.º, inciso II, do novo Código de Processo Civil, pois este artigo refere a possibilidade de formulação de pedido genérico, quando não for possível determinar, desde logo, as consequências do ato ou fato".[53]

Após muito refletir e tendo em vista a má experiência vivida com a prática da norma processual, mudei a minha opinião e estou filiado à última forma de pensar.

Pois bem, tornou-se comum em nosso País a fixação dos danos morais em salários mínimos, diante de parâmetros que constavam da Lei de Imprensa e da Lei de Telecomunicações. O Supremo Tribunal Federal, em 1969, editou a Súmula n. 490, prevendo que "a pensão correspondente a indenização oriunda de responsabilidade civil deve ser calculada com base no salário mínimo vigente ao tempo da sentença e ajustar-se-á às variações ulteriores". Apesar desse entendimento sumulado, a quantificação dos danos morais em salários mínimos é contestada em alguns julgamentos, pelo que consta do art. 7.º, inc. IV, da CF/1988, que supostamente vedaria a utilização dos salários mínimos para outros critérios, que não sejam de remuneração dos trabalhadores.

Entre julgamentos remotos do Superior Tribunal de Justiça, cite-se: "é vedada a fixação da indenização por danos morais em número de salários mínimos" (STJ, REsp 332.576/RS, 3.ª Turma, Rel. Min. Nancy Andrighi, j. 08.10.2001, *DJ* 19.11.2001, p. 268). Ou, ainda: "na linha da orientação do Supremo Tribunal Federal e desta Corte, é vedada a vinculação da indenização por dano moral ao salário mínimo" (REsp 401.309/RS, 4.ª Turma, Rel. Min. Sálvio de Figueiredo Teixeira, j. 06.06.2002, *DJ* 12.08.2002, p. 220).

---

[53] BARBOSA, Eduardo Lemos. Advogado pode fazer pedido genérico de indenização quando não puder fixar valor. Disponível em: <https://www.conjur.com.br/2016-abr-09/eduardo-barbosa-advogado-pedido--generico-indenizacao>. Acesso em: 17 maio 2018.

No entanto, tal posição restou superada, pois a fixação em salários mínimos não traz qualquer prejuízo aos trabalhadores, sendo essa a interpretação correta a ser feita do dispositivo constitucional ventilado. Sucessivamente, surgiram muitos outros acórdãos admitindo tal forma de fixação, o que se tornou comum na Corte Superior, devendo ser essa a posição a ser considerada para os devidos fins práticos. Entre os julgados mais recentes, citando outro acórdão mais remoto, destaque-se: "'fixado o valor do dano moral em salários mínimos, não tem substância a alegada violação da Súmula n. 490 do Supremo Tribunal Federal' (REsp 336.504/SP, Rel. Ministro Carlos Alberto Menezes Direito, Terceira Turma, julgado em 18.06.2002, *DJ* 26.08.2002, p. 213)" (STJ, AgRg no REsp 1.567.594/SP, 4.ª Turma, Rel. Min. Luis Felipe Salomão, j. 07.03.2017, *DJe* 15.03.2017).

Pois bem, na esteira da doutrina e da jurisprudência superior, na fixação da indenização por danos morais, o magistrado deve agir com equidade, analisando: *a)* a extensão do dano; *b)* o grau de culpa do agente e a contribuição causal da vítima; *c)* as condições socioeconômicas, culturais e até psicológicas dos envolvidos; *d)* o caráter pedagógico, educativo, de desestímulo ou até punitivo da indenização; *e)* a vedação do enriquecimento sem causa da vítima e da ruína do ofensor. Esses são os *cinco parâmetros* geralmente utilizados pela jurisprudência do Superior Tribunal de Justiça, de forma consolidada e conforme a nossa pesquisa e experiência.

Dois desses critérios podem ser retirados dos arts. 944 e 945 do Código Civil, quais sejam a extensão do dano, o grau de culpa do agente e a contribuição causal da vítima, por culpa, fato ou risco concorrente. Tais parâmetros foram abordados nos dois capítulos anteriores deste livro. Acrescente-se, contudo, que na extensão do dano analisa-se o número de vítimas, ou seja, quanto mais prejudicados existirem no caso concreto, maior também será o dano suportado. Entendendo desse modo, novamente do Tribunal da Cidadania destaco:

> "Aos parâmetros usualmente considerados à aferição do excesso ou irrisão no arbitramento do *quantum* indenizatório de danos morais – gravidade e repercussão da lesão, grau de culpa do ofensor, nível socioeconômico das partes –, perfaz-se imprescindível somar a quantidade de integrantes do polo proponente da lide. A observância da equidade, das regras de experiência e bom senso, e dos princípios da isonomia, razoabilidade e proporcionalidade quando da fixação da reparação de danos morais não se coaduna com o desprezo do número de lesados pela morte de parente. Ante as peculiaridades da espécie, a manutenção do *quantum* indenizatório arbitrado pelo Tribunal *a quo*, em valor equivalente a 500 salários mínimos para cada um dos autores, pais da vítima do acidente laboral, denota equidade e moderação, não implicando enriquecimento sem causa" (STJ, REsp 745.710/RJ, 4.ª Turma, Rel. Min. Cesar Asfor Rocha, Rel. p/ Acórdão Min. Jorge Scartezzini, j. 05.12.2006, *DJ* 09.04.2007, p. 254).

A ilustrar, quanto maior o número de familiares do falecido, maior será o valor do *quantum debeatur*. Se ele deixou cinco filhos, o *quantum debeatur* deve ser maior do que se ele tivesse deixado dois, devendo o julgador estar atento à repercussão do prejuízo para o núcleo familiar.

Sobre tal aspecto, a propósito, o mesmo Tribunal Superior entendeu mais recentemente que a indenização por danos morais deve ser fixada individualmente a favor das vítimas, segundo as características pessoais dos familiares do falecido. Dito de outra forma, a análise da indenização não é apenas quantitativa, de acordo com o número de familiares, mas também qualitativa. Em suma, passa ela por critérios objetivos e subjetivos, conforme consta de ementa publicada no *Informativo* n. *544* da Corte:

> "Na fixação do valor da reparação pelos danos morais sofridos por parentes de vítimas mortas em um mesmo evento, não deve ser estipulada de forma global a mesma quantia reparatória para cada grupo familiar se, diante do fato de uma vítima ter mais parentes que outra, for conferido tratamento desigual a lesados que se encontrem em idêntica situação de abalo psíquico, devendo, nessa situação, ser adotada metodologia de arbitramento que leve em consideração a situação individual de cada parente de cada vítima do dano morte. Na atual sistemática constitucional, o conceito de dano moral deve levar em consideração, eminentemente, a dignidade da pessoa humana – vértice valorativo e fundamental do Estado Democrático de Direito –, conferindo-se à lesão de natureza extrapatrimonial dimensões mais amplas, em variadas perspectivas. (...). Nessa linha, a fixação de valor reparatório global por núcleo familiar justificar-se-ia apenas se a todos os lesados que se encontrem em idêntica situação fosse conferido igual tratamento. De fato, não se mostra equânime a diferenciação do valor indenizatório tão somente pelo fato de o núcleo familiar de uma vítima do dano morte ser mais numeroso do que o de outra. Dessa forma, deve ser adotada metodologia de arbitramento que leve em consideração a situação individual de cada lesado e, diante da inexistência de elementos concretos, atrelados a laços familiares ou afetivos, que fundamentem a discriminação entre os familiares das vítimas, deve ser fixado idêntico valor de reparação para cada familiar lesado" (STJ, EREsp 1.127.913/RS, Rel. Min. Napoleão Nunes Maia Filho, j. 04.06.2014).

Os demais critérios, além dos que são retirados das leituras dos arts. 944 e 945 do Código Civil, decorrem da criação jurisprudencial, sendo pertinente analisá-los pontualmente e de forma crítica. A propósito, o julgado a seguir demonstra muito bem a aplicação dos critérios antes apontados e da *função pedagógica* ou *de desestímulo* da reparação moral, aqui desenvolvida em tópico anterior:

> "Dano moral. Reparação. Critérios para fixação do valor. Condenação anterior, em quantia menor. Na fixação do valor da condenação por dano moral, deve o julgador atender a certos critérios, tais como nível cultural do causador do dano; condição socioeconômica do ofensor e do ofendido; intensidade do dolo ou grau da culpa (se for o caso) do autor da ofensa; efeitos do dano no psiquismo do ofendido e as repercussões do fato na comunidade em que vive a vítima. Ademais, a reparação deve ter fim também pedagógico, de modo a desestimular a prática de outros ilícitos similares, sem que sirva, entretanto, a condenação de contributo a enriquecimentos injustificáveis. Verificada condenação anterior, de outro órgão de imprensa, em quantia bem inferior, por fatos análogos, é lícito ao STJ conhecer do recurso pela

alínea c do permissivo constitucional e reduzir o valor arbitrado a título de reparação. Recurso conhecido e, por maioria, provido" (STJ, REsp 355.392/RJ, 3.ª Turma, Rel. Min. Nancy Andrighi, Rel. p/ Acórdão Min. Castro Filho, j. 26.03.2002, *DJ* 17.06.2002, p. 258).

Com relação às condições psicológicas dos envolvidos, como critério para a quantificação dos danos morais, escrevi, em coautoria com a psicanalista e doutrinadora Giselle Câmara Groeninga, artigo intitulado "O dano à integridade psíquica. Uma visão interdisciplinar".[54]

Nesse trabalho, interroguei à *juspsicanalista* como o profissional da área da psicologia poderia colaborar com o magistrado com relação à quantificação da indenização. A resposta foi a seguinte:

"Em primeiríssimo lugar, a contribuição a ser dada está no reconhecimento da existência do dano. Conforme nos ensina a psicanálise, tão importante quanto o trauma é a interpretação que se dá a ele. Interpretação que deve vir no sentido do reconhecimento de sua extensão, contextualização na vida da pessoa e possibilidade de reparação.

Em segundo lugar, o profissional deve avaliar o dano com base em três vertentes: o conhecimento de como se compõe e se desenvolve a personalidade, avaliar as mudanças ocorridas na personalidade daquele que sofreu o dano e, finalmente, a sua relação com o agente causador. O profissional deve ter cuidado redobrado em não contribuir tanto para a vitimização quanto para sua inversão, atribuindo indevidamente responsabilidade à vítima.

Inconscientemente tende-se a incorrer em tal interpretação, sobretudo no tocante às cirurgias estéticas, para o que devem estar atentos os operadores jurídicos".

Pela resposta, afirmo que a psicanálise pode ter um papel fundamental no tocante à responsabilização civil por danos morais, como reconhece a própria jurisprudência, nos termos de ementa do STJ aqui antes transcrita. Desse modo, são possíveis perícias psicológicas com o fito de demonstrar quais são as dimensões dos danos suportados pelas vítimas.

No que diz respeito às condições econômicas dos envolvidos, na *VII Jornada de Direito Civil*, realizada em 2015, foi aprovada proposta no sentido de que o patrimônio do ofendido não pode funcionar como parâmetro preponderante para o arbitramento de indenização por dano extrapatrimonial (Enunciado n. 588). O enunciado doutrinário aprovado contou com o meu total apoio, pois a fixação da indenização com base na situação econômica da vítima conduz à discriminação contra os desprovidos de patrimônio, sob o argumento de que a indenização não pode ser elevada, para não gerar um enriquecimento sem razão do ofendido.

Nesse sentido, como bem pondera Marco Aurélio Bezerra de Melo, que aponta o fato de tal critério estar tratado nas revogadas Lei de Imprensa e Lei

---

[54] TARTUCE, Flávio; GROENINGA, Giselle. O dano à integridade psíquica. Uma análise interdisciplinar, cit., p. 161.

de Telecomunicações, "na aferição de dados estatísticos na busca pela construção de uma sociedade melhor, ou seja, mais justa, igual e solidária, conforme preconiza o artigo 3.º, I, da Constituição Federal, é extremamente importante a identificação de como se encontra a nossa pirâmide social, mas isso nunca poderá servir de parâmetro para a fixação equânime do dano moral, na forma como preconizam os artigos 1.º, III, e 5.º, *caput*, V e X, de nossa Constituição, que preserva o valor da dignidade da pessoa humana, a igualdade, e determina a reparação integral independentemente do *status* da pessoa".[55] Como se verá no Capítulo 11 da obra, a péssima experiência em adotar esse parâmetro consta da malfadada Reforma Trabalhista de 2017.

Por seu turno, entendo doutrinariamente que a situação econômica do ofensor deve sim ser levada em conta para a fixação do *quantum debeatur* para se atribuir um desejado caráter pedagógico à reparação imaterial, conforme antes desenvolvido, atendendo-se à função social do instituto e à sua função pedagógica.

A propósito dessa *função social da responsabilidade civil*, muitos arestos do STJ concluem que, se por um lado deve-se entender que a indenização é um desestímulo para futuras condutas, de outro, não pode o valor pecuniário gerar o enriquecimento sem causa ou ruína do ofensor, devendo ser aplicado o *princípio da proporcionalidade ou da razoabilidade* na fixação do *quantum* indenizatório (a ilustrar, entre tantas decisões: Ag. Int. no AREsp 868.437/SP, 4.ª Turma, Rel. Min. Luis Felipe Salomão, j. 16.03.2017, *DJe* 28.03.2017; Ag. Int. no AREsp 303.132/PE, 4.ª Turma, Rel. Min. Maria Isabel Gallotti, j. 17.11.2016, *DJe* 30.11.2016; AgRg no AREsp 263.111/RJ, 2.ª Turma, Rel. Min. Humberto Martins, j. 07.02.2013, *DJe* 19.02.2013; REsp 824.000/MA, 4.ª Turma, Rel. Min. Jorge Scartezzini, j. 20.06.2006, *DJ* 01.08.2006 p. 453; REsp 773.853/RS, 3.ª Turma, Rel. Min. Nancy Andrighi, j. 10.11.2005, *DJ* 22.05.2006, p. 200; e REsp 739.102/RJ, 1.ª Turma, Rel. Min. Denise Arruda, j. 04.10.2005, *DJ* 07.11.2005, p. 131).

Com o devido respeito, a menção ao enriquecimento sem causa em muitos julgados parece equivocada, pois tal conceito está presente quando há uma atribuição patrimonial sem que exista razão para tanto (*locupletamento sem razão*). Ora, nos casos de responsabilidade civil há sim uma causa para o pagamento da indenização, qual seja a presença de um ilícito, de uma lesão de direito que causa dano a outrem, especialmente a um direito da personalidade.

Outro critério que vem sendo debatido pela Corte concerne ao tempo de propositura da demanda de pleito de danos imateriais. Entendo que esse critério mantém relação com a boa-fé objetiva, pois se deve imaginar que, em regra, quanto mais se demora para promover a ação, menor é o dano suportado pela vítima.

Pode-se falar em *supressio* (*Verwirkung*), conceito parcelar da boa-fé objetiva que significa a perda de um direito ou de uma posição jurídica pelo seu não exercício no tempo, presente uma renúncia tácita do credor. Essa conclusão foi adotada em remoto e notório julgado, em que se reconheceram danos morais ao nascituro, por morte do seu pai, ocorrida antes do seu nascimento:

---

[55] MELO, Marco Aurélio Bezerra de. *Curso de Direito Civil*. Responsabilidade civil, cit., p. 159-160.

"Direito Civil. Danos morais. Morte. Atropelamento. Composição férrea. Ação ajuizada 23 anos após o evento. Prescrição inexistente. Influência na quantificação do *quantum*. Precedentes da Turma. Nascituro. Direito aos danos morais. Doutrina. Atenuação. Fixação nesta Instância. Possibilidade. Recurso parcialmente provido. I – Nos termos da orientação da Turma, o direito à indenização por dano moral não desaparece com o decurso de tempo (desde que não transcorrido o lapso prescricional), mas é fato a ser considerado na fixação do *quantum*. II – O nascituro também tem direito aos danos morais pela morte do pai, mas a circunstância de não tê-lo conhecido em vida tem influência na fixação do *quantum*. III – Recomenda-se que o valor do dano moral seja fixado desde logo, inclusive nesta instância, buscando dar solução definitiva ao caso e evitando inconvenientes e retardamento da solução jurisdicional" (STJ, REsp 399.028/SP, 4.ª Turma, Rel. Min. Sálvio de Figueiredo Teixeira, j. 26.02.2002, *DJ* 15.04.2002, p. 232).

Entretanto, julgados seguintes do STJ não entenderam dessa forma, surgindo uma controvérsia recente quanto à questão. Afastando o argumento do decurso de tempo, podem ser transcritas duas decisões:

"Recurso especial. Responsabilidade civil. Dano moral. Violação do artigo 535 do Código de Processo Civil. Inocorrência. Decurso de lapso temporal. Presença do dever de indenizar. Redução do valor indenizatório. Súmula 7/STJ. Parâmetros do Código Brasileiro de Telecomunicações. Inaplicabilidade. Juros moratórios. Súmula 54/STJ. Recurso não conhecido. É entendimento deste Superior Tribunal de Justiça que o direito à reparação pelo dano moral não desaparece pelo decurso do tempo, salvo quando transcorrido o lapso prescricional. A indenização a título de danos morais, fixada em duzentos salários mínimos para ser dividida entre os seis autores, não se mostra irrisória nem exagerada, a evidenciar que não comporta reapreciação, nesta instância superior. Pacífico o entendimento deste Superior Tribunal de Justiça no sentido de que o montante arbitrado a título de danos morais não está adstrito aos valores estipulados pelo Código Brasileiro de Telecomunicações" (STJ, REsp 651.088/SP, 4.ª Turma, Rel. Min. Hélio Quaglia Barbosa, j. 10.04.2007, *DJ* 21.05.2007, p. 583).

"Processo civil. Ação de indenização por dano material e moral em acidente automobilístico. Falecimento da esposa e mãe dos autores, e também do filho e irmão destes. Julgamento de procedência do pedido. Existência de processo anterior discutindo o mesmo acidente, extinto por homologação de conciliação. Alegação de ofensa à coisa julgada. Inexistência. Alegação de decisão *extra petita* no que diz respeito à reparação pelo dano moral decorrente do falecimento do menor, no acidente. Reconhecimento. A demora na propositura da ação judicial não pode implicar a diminuição da reparação pelo dano moral. Não são raras as vezes em que o sofrimento decorrente de um fato de tamanha gravidade como a morte de um ente querido é tão profundo que retira a capacidade do ser humano de reagir. Assim, a demora pode significar não um sintoma de que o abalo não foi profundo, mas exatamente o contrário. Além disso, é natural que, com o tempo, o abalo psíquico se reduza. A indenização, todavia, tem de se reportar à época dos fatos. Recurso especial parcialmente conhecido e, nessa parte, provido" (STJ,

REsp 686.139/PR, 3.ª Turma, Rel. Min. Nancy Andrighi, j. 05.09.2006, *DJ* 13.11.2006, p. 249).

Em 2008, a Corte Especial do Tribunal da Cidadania considerou que "a demora na busca da reparação do dano moral é fator influente na fixação do *quantum* indenizatório, a fazer obrigatória a consideração do tempo decorrido entre o fato danoso e a propositura da ação" (EREsp 526.299/PR, Corte Especial, Rel. Min. Hamilton Carvalhido, j. 03.12.2008, *DJe* 05.02.2009). Decisões sucessivas seguiram tal posição, parecendo ser esse o entendimento que prevalece no Tribunal da Cidadania na atualidade, em sua atual composição. Nessa linha, colaciono o seguinte acórdão:

"O direito de indenização em decorrência do dano moral sofrido pela perda de um ente querido independe de prova e, salvo se prescrito, não desaparece com o decurso do tempo. No entanto, o tempo é fato a ser considerado na fixação do valor quando há demora na propositura da ação" (STJ, AgRg no AREsp 398.302/RJ, 3.ª Turma, Rel. Min. Ricardo Villas Bôas Cueva, j. 22.10.2013, *DJe* 28.10.2013. Ver, ainda: REsp 1.567.490/RJ, 3.ª Turma, Rel. Min. Ricardo Villas Bôas Cueva, j. 27.09.2016, *DJe* 30.09.2016).

Entretanto, no julgado a seguir, de 2017, foi feita a ressalva de que, "em se tratando de ação indenizatória promovida por filhas da vítima que, à época do acidente objeto da lide, eram menores impúberes, não há margem para a aplicação do entendimento dominante desta Corte Superior no sentido de que a demora na busca da reparação do dano moral é fator influente na fixação do *quantum* indenizatório" (STJ, REsp 1.529.971/SP, 3.ª Turma, Rel. Min. Ricardo Villas Bôas Cueva, j. 12.09.2017, *DJe* 19.09.2017). A ressalva foi feita pelo fato de serem as vítimas do falecido menores de idade, sem ainda o necessário discernimento para a compreensão do dano suportado, raciocínio que é correto tecnicamente.

Partindo-se para as concretizações dos valores, filia-se às decisões do Superior Tribunal de Justiça que têm procurado um parâmetro justo para a indenização por danos morais nos casos de morte de pessoa da família, em cerca de 500 salários mínimos (entre os mais recentes, ver: Ag. Int. no REsp 1.334.237/RJ, 4.ª Turma, Rel. Min. Luis Felipe Salomão, j. 16.03.2017, *DJe* 03.04.2017; Ag. Int. no AREsp 947.547/SP, 3.ª Turma, Rel. Min. Nancy Andrighi, j. 09.03.2017, *DJe* 23.03.2017. Entre os mais remotos, anote-se: REsp 278.885/SP, REsp 139.779/RS, REsp 41.614/SP). Conforme outro *decisum*, "a jurisprudência desta Corte Superior tem arbitrado, em regra, para as hipóteses de dano-morte, a indenização por dano moral em valores entre 300 e 500 salários mínimos" (AgRg no AREsp 44.611/AP, 4.ª Turma, Rel. Min. Marco Buzzi, j. 08.11.2016, *DJe* 21.11.2016).

Não se olvide, contudo, que existem julgados que até superam esse montante, como o que fixou a indenização por morte de pai e mãe em acidente aéreo em cerca de R$ 1.000.000,00 (um milhão de reais), em momento em que o valor equivalia a cerca de 1.000 salários mínimos. Quando da ocorrência dos fatos, no ano de 1982, a filha dos falecidos tinha 14 anos de idade (STJ, EREsp 1.120.174, 2.ª Turma, Rel. Min. Francisco Falcão, julgado em setembro de 2019).

De fato, as peculiaridades do caso concreto podem fazer com que o montante de 500 salários mínimos seja superado.

Nos casos de inscrição do nome da pessoa em cadastros dos inadimplentes, o Superior Tribunal de Justiça tem utilizado o parâmetro de 50 salários mínimos, o que também está dentro do razoável. Vejamos duas ementas, uma recente e outra mais remota:

> "Agravo interno em agravo (art. 544 do CPC/73). Ação declaratória de inexistência de débito c/c indenização por danos morais. Decisão monocrática negando provimento ao reclamo. Insurgência recursal da demandada. 1. Somente em hipóteses excepcionais, quando irrisório ou exorbitante o valor da indenização por danos morais fixado na origem, a jurisprudência desta Corte permite o afastamento do óbice da Súmula 7 do STJ. No caso dos autos, verifica-se que o *quantum* estabelecido pelo Tribunal de origem não se mostra desproporcional, a justificar sua reavaliação em recurso especial. Precedentes. 1.1 Esta Corte Superior tem entendimento assente no sentido de ser razoável, em caso de inscrição indevida em cadastros de inadimplentes, a quantificação dos danos morais em valor equivalente a até 50 salários mínimos. Precedentes. 2. Em se tratando de responsabilidade extracontratual, os juros de mora incidem desde a data do evento danoso (Súmula 54 do STJ). Precedentes. Incidência da Súmula 83/STJ. 3. Agravo interno desprovido" (STJ, Ag. Int. no AREsp 988.161/SP, 4.ª Turma, Rel. Min. Marco Buzzi, j. 04.05.2017, *DJe* 10.05.2017).

> "Civil. Indenização. Danos morais. Devolução indevida de cheques. *Quantum*. Redução. Possibilidade. 1. Esta Corte, consoante entendimento pacífico, tem admitido a alteração do valor indenizatório de danos morais, para ajustá-lo aos limites do razoável, quando patente, como sucede na espécie, a sua desmesura. Tem sido de cinquenta salários mínimos a indenização por danos morais, resultante de situações semelhantes como a inscrição inadvertida em cadastros de inadimplentes, a devolução indevida de cheques, o protesto incabível de cambiais etc., conforme precedentes desta Corte. 2. Recurso especial conhecido e provido" (STJ, REsp 687.035/RS, 4.ª Turma, Rel. Min. Fernando Gonçalves, j. 26.04.2005, *DJ* 16.05.2005, p. 364).

Valores menores do que esse, fixados em muitos julgados estaduais, parecem servir de *estímulo* – e não como *desestímulo* – para que muitos agentes, sobretudo fornecedores e prestadores, desprezem as regras jurídicas e inscrevam indevidamente o nome dos devedores nos cadastros negativos, com o claro intuito de coagi-los, forçando ao pagamento de valores que não podem ser cobrados.

Feitas tais anotações, tenho plena ciência de que cabe uma análise casuística para a fixação da indenização por danos morais, não sendo esses limites considerados como parâmetros fixos ou *tabelas*, o que não é recomendável, conforme antes exposto. Reitero que qualquer tentativa de tarifação ou tabelamento do dano moral é inconstitucional, por lesão à isonomia (art. 5.º, *caput*, da CF/1988). Também não é recomendável, com o devido respeito, a fixação de tetos absolutos, como consta da Reforma Trabalhista de 2017, pois, na linha do exposto, a fixação deve ser na medida das circunstâncias do caso concreto. Em suma, pode-se até falar em *molduras* para as quantias, mas não em *tabelas*.

Fazendo uma análise crítica, muitas vezes os valores fixados a título de reparação moral pelos magistrados são irrisórios ou de pequena monta, não tendo o caráter pedagógico, de desestímulo ou até punitivo muitas vezes alegado. Servem, na verdade, como estímulo para novas práticas ilícitas, como afirmei há pouco. Por isso, muitas empresas acabam reiterando suas condutas de desrespeito a direitos perante a sociedade. Fica o tema para a devida reflexão e para que o panorama de desrespeito seja alterado, tendo os aplicadores do Direito, sobretudo os julgadores, um papel fundamental para afastar essa triste realidade.

Partindo para o encerramento deste tópico, também com grande relevância prática, destaque-se que o Superior Tribunal de Justiça passou a utilizar, nos últimos anos, o *método bifásico* de fixação da indenização, desenvolvido pelo Ministro Paulo de Tarso Sanseverino, em sua tese de doutorado defendida na Faculdade de Direito da Universidade Federal do Rio Grande do Sul, depois convertida em livro.[56]

Por esse método, na *primeira fase*, o julgador deve fixar um valor básico ou padrão da indenização, de acordo com o interesse jurídico lesado e em conformidade com a jurisprudência consolidada do Tribunal, analisando grupos de julgados do STJ sobre o tema. Na *segunda fase*, há a fixação definitiva da indenização segundo as circunstâncias particulares do caso concreto e os critérios geralmente adotados pela própria Corte, quais sejam a gravidade do fato em si, a culpabilidade do agente, a culpa ou o fato concorrente da vítima, condição econômica das partes, entre outros fatores. Desse modo, nessa segunda fase aquele valor-padrão, fixado na primeira etapa, é aumentado ou diminuído pelo julgador, de acordo com os elementos do caso concreto.

Vejamos a primeira ementa que adotou o citado método, publicada no *Informativo n. 470* daquele Tribunal Superior e que merece transcrição, inclusive porque traz o repúdio ao tabelamento da indenização imaterial, na linha do que outrora foi exposto. Como consta da publicação, as hipóteses legais de tarifação foram rejeitadas pela jurisprudência nacional:

"Critérios. Fixação. Valor. Indenização. Acidente. Trânsito. (...). O Ministro Relator, ao analisar, pela primeira vez, em sessão de julgamento, um recurso especial sobre a quantificação da indenização por dano moral, procura estabelecer um critério razoavelmente objetivo para o arbitramento da indenização por dano moral. Primeiramente, afirma que as hipóteses de tarifação legal, sejam as previstas pelo CC/1916, sejam as da Lei de Imprensa, que eram as mais expressivas no nosso ordenamento jurídico para a indenização por dano moral, foram rejeitadas pela jurisprudência deste Superior Tribunal, com fundamento no postulado da razoabilidade. Daí entende que o melhor critério para a quantificação da indenização por prejuízos extrapatrimoniais em geral, no atual estágio de Direito brasileiro, é o arbitramento pelo juiz de forma equitativa, sempre observando o princípio da razoabilidade. No ordenamento pátrio, não há norma geral para o arbitramento de indenização por dano extrapatrimonial, mas há o art. 953, parágrafo único, do CC/2002,

---

[56] SANSEVERINO, Paulo de Tarso. *Princípio da reparação integral*, cit.

que, no caso de ofensas contra a honra, não sendo possível provar o prejuízo material, confere ao juiz fixar, equitativamente, o valor da indenização na conformidade das circunstâncias do caso. Assim, essa regra pode ser estendida, por analogia, às demais hipóteses de prejuízos sem conteúdo econômico (art. 4.º da LICC). A autorização legal para o arbitramento equitativo não representa a outorga ao juiz de um poder arbitrário, pois a indenização, além de ser fixada com razoabilidade, deve ser fundamentada com a indicação dos critérios utilizados. Aduz, ainda, que, para proceder a uma sistematização dos critérios mais utilizados pela jurisprudência para o arbitramento da indenização por prejuízos extrapatrimoniais, destacam-se, atualmente, as circunstâncias do evento danoso e o interesse jurídico lesado. Quanto às referidas circunstâncias, consideram-se como elementos objetivos e subjetivos para a avaliação do dano a gravidade do fato em si e suas consequências para a vítima (dimensão do dano), a intensidade do dolo ou o grau de culpa do agente (culpabilidade do agente), a eventual participação culposa do ofendido (culpa concorrente da vítima), a condição econômica do ofensor e as condições pessoais da vítima (posição política, social e econômica). Quanto à valorização de bem ou interesse jurídico lesado pelo evento danoso (vida, integridade física, liberdade, honra), constitui um critério bastante utilizado na prática judicial, consistindo em fixar as indenizações conforme os precedentes em casos semelhantes. Logo, o método mais adequado para um arbitramento razoável da indenização por dano extrapatrimonial resulta da união dos dois critérios analisados (valorização sucessiva tanto das circunstâncias como do interesse jurídico lesado). Assim, na primeira fase, arbitra-se o valor básico ou inicial da indenização, considerando o interesse jurídico lesado, em conformidade com os precedentes acerca da matéria e, na segunda fase, procede-se à fixação da indenização definitiva, ajustando-se o seu montante às peculiaridades do caso com base nas suas circunstâncias" (STJ, REsp 959.780/ES, Rel. Min. Paulo de Tarso Sanseverino, j. 26.04.2011).

Sucessivamente, outros arestos surgiram, mas da Quarta Turma, adotando o citado *método bifásico*, que tende a ser aplicado pelo Tribunal. Assim concluindo:

"O método bifásico, como parâmetro para a aferição da indenização por danos morais, atende às exigências de um arbitramento equitativo, pois, além de minimizar eventuais arbitrariedades, evitando a adoção de critérios unicamente subjetivos pelo julgador, afasta a tarifação do dano. Traz um ponto de equilíbrio, pois se alcançará uma razoável correspondência entre o valor da indenização e o interesse jurídico lesado, além do fato de estabelecer montante que melhor corresponda às peculiaridades do caso. Na primeira fase, o valor básico ou inicial da indenização é arbitrado tendo-se em conta o interesse jurídico lesado, em conformidade com os precedentes jurisprudenciais acerca da matéria (grupo de casos). Na segunda fase, ajusta-se o valor às peculiaridades do caso, com base nas suas circunstâncias (gravidade do fato em si, culpabilidade do agente, culpa concorrente da vítima, condição econômica das partes), procedendo-se à fixação definitiva da indenização, por meio de arbitramento equitativo pelo juiz. Ainda na segunda fase de fixação, tendo em vista tratar-se de um núcleo familiar como titular da indenização, há que se ponderar acerca da individualização do dano, uma vez que um evento danoso capaz de abalar o núcleo familiar deve ser individualmente considerado em relação a cada um de seus membros (EREsp 1127913/RS, Rel. Ministro Napoleão Nunes Maia Filho, Corte Especial, *DJe* 05.08.2014)" (STJ, REsp 1.332.366/MS, 4.ª Turma, Rel. Min. Luis Felipe Salomão, j. 10.11.2016, *DJe* 07.12.2016).

Acrescente-se que o critério foi igualmente utilizado no julgamento do caso "a farsa do PCC", condenando o Sistema Brasileiro de Televisão pelos danos sofridos pelo então apresentador Oscar Roberto Godói, na época na Rede Record, que foi mencionado na reportagem inverídica feita pelo apresentador Gugu Liberato. Nos termos de outro trecho do aresto, que merece destaque, "não se trata de mera notícia inverídica, mas de ardil manifesto e rasteiro dos recorrentes, que, ao transmitirem reportagem sabidamente falsa, acabaram incidindo em gravame ainda pior: percutiram o temor na sociedade, mais precisamente nas pessoas destacadas na entrevista, com ameaça de suas próprias vidas, o que ensejou intenso abalo moral no recorrido, sendo que o arbitramento do dano extrapatrimonial em R$ 250 mil, tendo em vista o critério bifásico, mostrou-se razoável" (REsp 1.473.393/SP, 4.ª Turma, Rel. Min. Luis Felipe Salomão, j. 04.10.2016, *DJe* 23.11.2016). Em seguida, o Ministro Relator elogia o método bifásico e o adota, na mesma linha do aresto anterior.

A utilização do *método bifásico* consolidou-se de tal forma no âmbito da Corte que, em 2019, foi publicada a Edição n. 125 da ferramenta *Jurisprudência em Teses* do STJ, dedicada à responsabilidade civil e ao dano moral. Conforme a assertiva n. 1, "a fixação do valor devido a título de indenização por danos morais deve considerar o método bifásico, que conjuga os critérios da valorização das circunstâncias do caso e do interesse jurídico lesado e minimiza eventual arbitrariedade ao se adotar critérios unicamente subjetivos do julgador, além de afastar eventual tarifação do dano".

Com o devido respeito aos ilustres relatores, com quem compartilho muitas visões sobre o Direito Privado, o citado *método bifásico* parece trazer um equívoco de redundância. Isso porque a concausalidade e os fatores circunstanciais citados já compõem a jurisprudência consolidada do Tribunal da Cidadania relativa à quantificação, ou seja, estão no grupo de casos analisados na primeira fase. Portanto, tais elementos acabam entrando tanto no primeiro quanto no segundo momento da atribuição do *quantum*. Em tom crítico, pode-se dizer que o modelo bifásico é, em suma, *monofásico*, e não de acordo com o que se propõe.

Além disso, o que fazer se não existirem grupos de julgados do STJ sobre o tema, que está sendo levado de forma inédita para a sua apreciação? Mais uma vez, somente incidirá a segunda fase de quantificação, ou seja, o *quantum* será fixado de acordo com as peculiaridades do caso concreto, e seguindo-se os critérios geralmente adotados pela Corte.

Melhor seria, assim, fixar uma *indenização inicial máxima*, de acordo com a reparação integral dos danos, para depois então considerar as circunstâncias fáticas para eventual redução do valor reparatório. Essa, aliás, parece a correta conclusão a ser retirada dos arts. 944 e 945 do Código Civil.

Seja como for, apesar das minhas ressalvas doutrinárias, o projeto de Reforma do Código Civil, ora em trâmite no Congresso Nacional, pretende incluir no Código Civil o tratamento do chamado *método bifásico*, na proposta de novo art. 944-A. Em verdade, o tratamento legal se dará em relação aos danos extrapatrimoniais, que englobará todos os danos que não sejam materiais, incluindo os morais, seguindo a linha que prevaleceu na Comissão de Juristas, mais uma vez com as minhas ressalvas.

Assim, nos termos da norma proposta, especificamente no seu § 1.º, ao tratar especificamente do *método bifásico*, "na quantificação do dano extrapatrimonial, o juiz observará os seguintes critérios, sem prejuízo de outros: I – quanto à valoração do dano, a natureza do bem jurídico violado e os parâmetros de indenização adotados pelos Tribunais, se houver, em casos semelhantes; II – quanto à extensão do dano, as peculiaridades do caso concreto, em confronto com outros julgamentos que possam justificar a majoração ou a redução do valor da indenização". Em complemento, o § 2.º do mesmo art. 944-A preverá, como critérios de quantificação, que, "no caso do inciso II do parágrafo anterior, podem ser observados os seguintes parâmetros: I – nível de afetação em projetos de vida relativos ao trabalho, lazer, âmbito familiar ou social; II – grau de reversibilidade do dano; e III – grau de ofensa ao bem jurídico". A menção ao projeto de vida remonta à teoria por Sessarego, jurista peruano, e que ainda será abordada por mim.

Segundo as justificativas da subcomissão de Responsabilidade Civil, composta por Nelson Rosenvald, Maria Isabel Gallotti e Patrícia Carrijo, que cita expressamente o método bifásico e o explica na mesma linha do que foi desenvolvido neste livro:

"A proposta visa a, de um lado, atender ao método bifásico, e, de outro, aperfeiçoá-lo com base na depuração de quais circunstâncias do caso são relevantes para aferir a magnitude do dano. Ressalta-se também que, diferente da proposta originária do método, aqui se propõe uma deferência maior aos valores analisados pelo Superior Tribunal de Justiça, que tradicionalmente vem enfrentando os casos de dano moral em três aspectos: mantendo o valor, por ser razoável; aumentá-lo, por considerar a indenização irrisória; diminuí-lo, sob o argumento de se tratar de patamar excessivo. Neste caso, o próprio STJ, seja pelo método bifásico, seja pelo teor da Súmula 281, segundo a qual 'a indenização por dano moral não está sujeita à tarifação prevista na Lei de Imprensa', põe em relevo a importância de uma análise individualidade do dano extrapatrimonial, rechaçando qualquer forma de pré-fabricação e tarifação/tabelamento de valores. Adiciona-se que a proposta bifásica além de rogar pela aferição particularizada, satisfaz também um ideal de justiça comutativa no sentido de razoável igualdade de tratamento entre pessoas em situações semelhantes e de regras desiguais para desiguais. Assim, a mensuração do *quantum* indenizatório deve ter consonância com a magnitude do dano sofrido pela vítima, de modo a realizar a justiça corretiva, eliminando o dano imerecido, tarefa esta que no dano material corresponde ao desfalque patrimonial e não demanda maiores digressões, mas em se tratando de dano moral a 'anulação' da perda imerecida se dá de modo aproximativo, compensando-a. Contudo, em se tratando do dano extrapatrimonial, tal tarefa se mostra pífia se os únicos parâmetros que o julgador tiver estiverem dentro de sua subjetiva equidade. Ou seja, para a responsabilidade cumprir o seu papel de eliminar o dano injusto, necessariamente deve investigar a gravidade, intensidade, duração do dano e a compreensão da efetiva repercussão do dano dentro dos complexos projetos, valores e relacionamentos de cada pessoa".

A projeção, portanto, visa a trazer mais certeza, segurança e previsibilidade para a fixação dos valores reparatórios, o que há tempos é buscado em nosso País.

Como palavras derradeiras deste tópico, sem prejuízo de aprofundamentos posteriores no Capítulo 11 deste livro, retornando-se à *Reforma Trabalhista,* sempre tive dúvida se seriam aplicados os *dozes critérios* para a quantificação dos danos imateriais, introduzidos pela malfadada Lei n. 13.467/2017. Conforme o antes citado art. 223-G da CLT, ao apreciar o pedido formulado pelo reclamante da ação de reparação de danos imateriais existentes na relação de trabalho, o juízo considerará: *a)* a natureza do bem jurídico tutelado; *b)* a intensidade do sofrimento ou da humilhação; *c)* a possibilidade de superação física ou psicológica; *d)* os reflexos pessoais e sociais da ação ou da omissão; *e)* a extensão e a duração dos efeitos da ofensa; *f)* as condições em que ocorreu a ofensa ou o prejuízo moral; *g)* o grau de dolo ou culpa; *h)* a ocorrência de retratação espontânea; *i)* o esforço efetivo para minimizar a ofensa; *j)* o perdão, tácito ou expresso; *k)* a situação social e econômica das partes envolvidas; e *l)* o grau de publicidade da ofensa.

Qual seria a razão de se utilizarem parâmetros para a quantificação, se a reparação imaterial acabou sendo tabelada, como antes exposto? Ademais, alguns dos parâmetros introduzidos pela Reforma Trabalhista são prejudiciais aos empregados, vítimas do evento danoso, como o perdão tácito, a análise de sua situação econômica e a publicidade da ofensa. Também não faz sentido a menção ao grau de dolo, pois apenas a culpa se gradua, como aqui foi estudado.

Voltaremos ao tema no Capítulo 11 da obra, com a demonstração dos enunciados aprovado na *II Jornada de Direito do Material e Processual do Trabalho* promovida pela ANAMATRA em outubro de 2017 e do próprio julgamento do STF sobre o tema, que colocaram em xeque o teor dos citados dispositivos legais, sem prejuízo de outras posições doutrinárias.

3.6. Da compensação *in natura* dos danos morais

Além do pagamento de uma indenização em dinheiro, presente o dano moral, é viável uma compensação *in natura,* conforme reconhece enunciado aprovado na *VII Jornada de Direito Civil* (2015): "a compensação pecuniária não é o único modo de reparar o dano extrapatrimonial, sendo admitida a reparação *in natura,* na forma de retração pública ou outro meio" (Enunciado n. 589).

Nos termos do enunciado, assim se situa o direito de resposta no caso de atentado contra a honra praticado por veículo de comunicação. Pontue-se que o direito de resposta foi regulamentado pela Lei n. 13.188, de 11.11.2015, que trata dos procedimentos judiciais para o seu exercício.

Conforme o art. 2.º da norma, ao ofendido em matéria divulgada, publicada ou transmitida por veículo de comunicação social é assegurado o direito de resposta ou retificação, gratuito e proporcional ao agravo. A lei considera como "matéria" qualquer reportagem, nota ou notícia divulgada por veículo de comunicação social, independentemente do meio ou da plataforma de distribuição, publicação ou transmissão que utilize, cujo conteúdo atente, ainda que por equívoco de informação, contra a honra, a intimidade, a reputação, o conceito, o nome, a marca ou a imagem de pessoa física ou jurídica identificada ou passível de identificação.

O § 3.º do art. 2.º da Lei n. 13.188/2015 estabelece que a retratação ou a retificação espontânea, ainda que a elas sejam conferidos os mesmos destaque, publicidade, periodicidade e dimensão do agravo, não impedem o exercício do direito de resposta pelo ofendido nem prejudicam a ação de reparação por danos morais sofridos pela vítima. Em suma, as medidas são plenamente cumuláveis, e não excludentes. O tema está aprofundado no Capítulo 15 desta obra.

No tocante aos meios de sua efetivação, a resposta ou a retificação atenderá, quanto à forma e à duração, ao seguinte: *a)* praticado o agravo em mídia escrita ou na internet, terá a resposta ou retificação o destaque, a publicidade, a periodicidade e a dimensão da matéria que a ensejou; *b)* praticado o agravo em mídia televisiva, terá a resposta ou retificação o destaque, a publicidade, a periodicidade e a duração da matéria que a ensejou; *c)* praticado o agravo em mídia radiofônica, terá a resposta ou retificação o destaque, a publicidade, a periodicidade e a duração da matéria que a ensejou (art. 4.º da Lei n. 13.188/2015). Não se olvide que já existiam decisões anteriores à lei, no sentido de se efetivar o direito de resposta em casos de danos causados por notícias veiculadas pela imprensa. A título de ilustração:

> "Responsabilidade civil. Notícia falsa. Jornal que, inadvertidamente, publica o nome do autor como corresponsável por tentativa de furto ocorrida na residência de seu próprio genitor, constando o nome do demandante no boletim de ocorrência como vítima. Reconhecimento, todavia, do equívoco e publicação, dois dias depois, na mesma seção, de errata, com esclarecimento sobre o ocorrido. Reparação eficaz e cabal, com restabelecimento da situação anterior ao dano, em termos a afastar o cabimento de indenização pecuniária por dano moral. Possibilidade de compensação financeira que não há de ser vista como única forma de reparação em casos tais. Reconhecimento da restituição *in natura*. Indenização descabida. Sentença que condenou a editora ao pagamento de verba de vinte salários mínimos reformada. Apelação da ré provida, para efeito de julgamento de improcedência da demanda. Apelação do autor, para majoração da verba, prejudicada" (TJSP, Apelação 990102813010/SP, 2.ª Câmara de Direito Privado, Rel. Des. Fabio Tabosa, j. 19.10.2010, data de publicação 22.10.2010).

Sem prejuízo dessas medidas específicas, conforme ilustra Marco Aurélio Bezerra de Melo, "diversos casos existem em que o magistrado determina ao devedor que substitua o bem que não presta ao fim a que se destina por outra da mesma qualidade, quantidade e espécie que funcione adequadamente ou então em que a decisão judicial determina que o devedor realize alguma atividade a que se obrigou, como a cobertura de tratamento a um consumidor de plano de saúde, a instalação de uma linha telefônica, a pintura de uma fachada, o desfazimento de uma construção. Em todas essas possibilidades, o Estado-juiz objetiva disponibilizar ao interessado a *reparação in natura*".[57]

Como outro exemplo concreto de reparação *in natura*, já se determinou a publicação de sentença em meio de comunicação com o objetivo de afastar o dano suportado por emissora de televisão, por ato de concorrência desleal e sem prejuízo de indenização cabível:

> "Ação de obrigação de não fazer, cumulada com pedido de indenização por danos materiais e morais. Quadro televisivo que é identificado por determinado nome, sendo exibido em cadeia nacional. Quadro semelhante exibido em outra rede de televisão, em cadeia nacional, utilizando a mesma denominação. Risco concreto de confusão entre os quadros televisivos. Perícia que comprova que a exibição feita pela ré, embora seja assemelhado ao trabalho do autor, é inferior em qualidade, sendo apresentado no mesmo horário, em dia de domingo, com o mesmo nome. Concorrência desleal caracterizada em razão do potencial de confusão do público. Indenização devida em razão da manifesta intenção da ré em tirar proveito do trabalho alheio, mediante veiculação de trabalho assemelhado, com a mesma titulação. Aplicação do princípio da vedação ao enriquecimento sem causa. Dano moral caracterizado, decorrendo do próprio fato e classificando-se como *in re ipsa*. Valor arbitrado dentro dos princípios da razoabilidade de proporcionalidade. Determinação de publicação de resumo da sentença, que encontra fundamentação na reparação *in natura*, perfeitamente admitida em nosso ordenamento. Inaplicabilidade do disposto no artigo 103 da Lei n.º 9.610/98, tendo em vista tratar-se de obra penalizadora. Desprovimento de ambos os recursos" (TJRJ, Apelação 00737818220028190001, 5.ª Câmara Cível, Rio de Janeiro, Rel. Des. Carlos Santos de Oliveira, j. 28.11.2006, data de publicação 13.11.2006).

No âmbito da jurisprudência superior, reconhece-se em vários julgamentos que, em casos de danos ambientais, a prioridade deve ser a reparação *in natura*. Por todos, conforme ementa relatada pelo Ministro Herman Benjamin:

> "De acordo com a jurisprudência do Superior Tribunal de Justiça, a responsabilidade civil pelo dano ambiental, qualquer que seja a qualificação jurídica do degradador, público ou privado, é de natureza objetiva, solidária e ilimitada, sendo regida pelos princípios poluidor-pagador, da reparação *in integrum,* da prioridade da reparação *in natura* e do *favor debilis*, este último a legitimar uma série de técnicas de facilitação do acesso à justiça, entre as quais se inclui a inversão do ônus da prova em favor da vítima ambiental. Ao final, o julgado reconhece a possibilidade de se cumular a obrigação de fazer a recuperação ambiental com o pagamento de indenização pelos danos suportados: a cumulação de obrigação de fazer, não fazer e pagar não configura *bis in idem*, porquanto a indenização, em vez de considerar lesão específica já ecologicamente restaurada ou a ser restaurada, põe o foco em parcela do dano que, embora

---

[57] MELO, Marco Aurélio Bezerra de. *Curso de Direito Civil*. Responsabilidade civil, cit., p. 69.

causada pelo mesmo comportamento pretérito do agente, apresenta efeitos deletérios de cunho futuro, irreparável ou intangível. Nesse sentido: AgRg no REsp 1.545.276/SC, Rel. Ministro Mauro Campbell Marques, Segunda Turma, *DJe* 13.04.2016; REsp 1.264.250/MG, Rel. Ministro Mauro Campbell Marques, Segunda Turma, *DJe* 11.11.2011; REsp 1.382.999/SC, Rel. Ministro Humberto Martins, Segunda Turma, *DJe* 18.09.2014" (STJ, REsp 1.454.281/MG, 2.ª Turma, Rel. Min. Herman Benjamin, j. 16.08.2016, *DJe* 09.09.2016).

Anote-se que a posição constante do acórdão é seguida por numerosos julgamentos estaduais. Em suma, sempre quando possível, a reparação *in natura* é um caminho louvável que deve ser buscado pelo julgador, até porque são superadas críticas e dificuldades na atribuição do *quantum debeatur*, normalmente presentes na reparação moral da vítima.

Por fim, o cumpra anotar que o projeto de Reforma do Código Civil pretende incluir expressamente no seu art. 947 a reparação *in natura*, com caráter prioritário, como deve ser.

Nesse contexto, nos termos do *caput* do comando proposto pela Comissão de Juristas, "a reparação dos danos deve ser integral com a finalidade de restituir o lesado ao estado anterior ao fato danoso". Ademais, consoante o projetado § 1.º da norma, "a indenização será fixada em dinheiro, sempre que a reconstituição natural não seja possível, não repare integralmente os danos ou seja excessivamente onerosa para o devedor". Sobre o tema ora analisado, "nos casos de dano extrapatrimonial, admite-se, a critério da vítima, a reparação *in natura*, na forma de retratação pública, por meio do exercício do direito de resposta, da publicação de sentença ou de outra providência específica que atendam aos interesses do lesado" (§ 2.º). Por fim, o § 3.º do art. 947 preceituará que, "nas hipóteses do parágrafo anterior, a reparação *in natura* pode ser efetivada por meio analógico ou digital, alternativa ou cumulativamente com a reparação pecuniária".

Como bem justificou a subcomissão de Responsabilidade Civil, a proposição "segue o artigo 566 do CC de Portugal, cuja redação enfatiza a ideia fundamental da precedência da restauração do estado de coisas afetado pelo dano, seja em matéria de danos individuais ou coletivos. Sempre que impossível ou insuficiente a restauração em espécie, terá lugar a fixação da indenização pecuniária, em moeda corrente". E mais, a sugestão "resulta da tendência à desmonetização do dano extrapatrimonial, diante da natural inconsistência de uma resposta exclusivamente pecuniária a uma violação existencial. Ampliam-se as tutelas específicas em favor do lesado, aqui descritas em caráter exemplificativo, seja de forma isolada ou em cumulação à indenização pecuniária". Em relação a essa proposta, parece-me ser mais do que necessária, ou seja, ela é essencial para uma melhor efetivação do instituto da responsabilidade civil, em prol da vítima ou do lesado.

3.7. Danos morais ou danos extrapatrimoniais. O termo a ser utilizado no Brasil. Situação atual e o projeto de Reforma do Código Civil

Dúvida encontrada na teoria e na prática da responsabilidade civil diz respeito ao uso da expressão para denotar as lesões aos direitos da personalidade. Qual seria o termo correto? Danos morais ou danos extrapatrimoniais?

A polêmica aprofundou-se diante do citado e tão criticado texto da Reforma Trabalhista, que adota a última expressão em capítulo relativo aos danos imateriais suportados pelos trabalhadores (arts. 223-A a 223-G da CLT, incluídos pela Lei n. 13.467/2017). No projeto de Reforma do Código Civil, ora em tramitação, esse foi um dos temas de maior divergência dentro da Comissão de Juristas.

No âmbito doutrinário, desde a *VI Jornada de Direito Civil*, realizada pelo Conselho da Justiça Federal em 2013, percebe-se a utilização crescente da locução *danos extrapatrimoniais*. Tanto isso é verdade que, desde aquele evento, utiliza-se a expressão nos seguintes enunciados: "a quantificação da reparação por danos extrapatrimoniais não deve estar sujeita a tabelamento ou a valores fixos" (Enunciado n. 550 da *VI JDC*); "nas violações aos direitos relativos a marcas, patentes e desenhos industriais, será assegurada a reparação civil ao seu titular, incluídos tanto os danos patrimoniais como os danos extrapatrimoniais" (Enunciado n. 551 da *VI JDC*); "o patrimônio do ofendido não pode funcionar como parâmetro preponderante para o arbitramento de compensação por dano extrapatrimonial" (Enunciado n. 588 da *VII JDC*).

Igualmente, muitos colegas professores preferem adotar a última expressão, caso de Marcos Jorge Catalan, Pablo Malheiros Cunha Frota e Marcos Ehrhardt Jr. Percebo, nessa utilização, uma clara influência do Código Civil italiano, que, em vários de seus comandos, fala em danos não patrimoniais (*danno no patrimoniale*).

Com o devido respeito, continuo preferindo o termo que considero mais técnico: *dano moral*, pelo fato de ter origem em nossa tradição jurídica do Direito Privado, após uma longa evolução, e por estar assim expressamente tratado na Constituição Federal de 1988 (art. 5.º, incs. V e X), no Código de Defesa do Consumidor (art. 6.º, incs. VI e VII), no Código Civil de 2002 (art. 186) e no Código de Processo Civil de 2015 (art. 292, inc. V).

Além disso, reitero que sigo a ideia segundo a qual o patrimônio pode ser corpóreo ou incorpóreo, o que coloca em dúvida o uso do termo extrapatrimonial. Por isso também tenho optado de forma contundente pela expressão *dano imaterial*.

Sempre estive filiado, nesse contexto, a Cristiano Chaves de Farias, a Nelson Rosenvald e a Felipe Peixoto Braga Netto, para quem, "apesar de reconhecermos a forte carga semântica do vocábulo 'moral' – que se presta pela sua amplitude a uma polissemia –, temos de nos curvar à força dos fatos. A expressão dano moral não apenas é consagrada no texto constitucional, como também em nossa tradição e cultura jurídica, tendo sido ela uma das principais facetas de afirmação da dignidade da pessoa humana no Direito Civil, chegando a ponto de ser a ela vinculada conceitualmente. A distinção entre danos extrapatrimoniais e danos morais pode apenas fazer sentido em países como a Itália que possuem sistemas fechados (típicos) de reparação".[58] De fato, a expressão *dano moral*, pelas razões

---

[58] FARIAS, Cristiano Chaves; ROSENVALD, Nelson; BRAGA NETTO, Felipe Peixoto. *Curso de Direito Civil*, Responsabilidade civil, 2. ed., cit., p. 270.

expostas, é a que deve ser atualmente utilizada em nosso País, conforme aqui será exposto e desenvolvido.

De todo modo, na subcomissão de Responsabilidade Civil nomeada no âmbito do Congresso Nacional para a Reforma do Código Civil – formada pelo Professor Nelson Rosenvald, pela Juíza Patrícia Carrijo e pela Ministra Maria Isabel Gallotti –, acabou prevalecendo a proposta de alteração do tratamento no Código Civil, de dano moral – como consta do seu atual art. 186 –, para dano extrapatrimonial.

Consoante as suas justificativas, "com relação aos danos extrapatrimoniais, de forma semelhante à redação do art. 1.738 do Código Civil da Argentina de 2015, a opção legislativa é no sentido de não inserir expressamente as nomenclaturas das suas espécies: dano moral, dano existencial, dano estético, dano à imagem, dano biológico, dano temporal e outras formas autônomas de danosidade que podem acrescentar insegurança jurídica decorrente de uma desordem conceitual, desvalorizando o próprio significado do dano extrapatrimonial. Daí a opções pela descrição exemplificativa de bens jurídicos tutelados, sem clausura, pela utilização do termo 'especialmente' (além de indicar a preponderância da dignidade da pessoa humana sobre o patrimônio). A alternativa é deixar para a doutrina a tarefa da constante ressignificação das referidas categorias jurídicas e os seus critérios objetivos de incidência".

Ou, ainda, ao fundamentar a proposta de novo art. 944-A, aduziram os juristas citados que "justifica-se também a utilização da nomenclatura 'dano extrapatrimonial', visto que este serve de um modo geral para se referir a todas as formas de proteção do ser humano em sua dimensão existencial, não havendo nenhum prejuízo a chamados 'dano estético, dano existencial etc.' serem tratados como apenas como dano extrapatrimonial, pois a diferença qualitativa não está na nomenclatura, mas sim nos meandros fáticos que potencializem uma quantificação adequada à magnitude do dano, levando-se em conta todo o descalabro danoso existencial sofrido pela vítima. E, nada impede que haja revogação da Súmula 387 do STJ por lei (*overruling* por mudança de lei)".

No projeto, esse tratamento consta, além do art. 944-A, nas propostas de arts. 947 e 948 da codificação privada, estudadas oportunamente neste livro. De todo modo, no presente tópico tratarei apenas da primeira delas, pela sua relevância. Nota-se, a esse propósito, que o Professor Nelson Rosenvald alterou a sua posição anterior, aqui transcrita, convencido pelas demais componentes da subcomissão, magistradas, pela relevância prática de se utilizar o termo mais genérico, a englobar todas as modalidades de danos imateriais, ora em profusão.

A Relatoria Geral – formada por mim e pela Professora Rosa Maria de Andrade Nery –, em um primeiro momento, igualmente não concordou com a proposta, mas acabou aderindo a ela por uma necessária composição – em "emenda de consenso" –, com a subcomissão de Responsabilidade Civil, para que os trabalhos pudessem avançar. Como não houve contraposição por qualquer outro membro da Comissão de Juristas, a proposta de modificação desse tratamento dos danos extrapatrimoniais acabou sendo aprovada.

No que diz respeito ao art. 944-A do Código Civil, ora projetado, o seu *caput* estabelece que "a indenização compreende também todas as consequências da violação da esfera moral da pessoa natural ou jurídica". Portanto, reconhece-se o dano moral como componente do dano extrapatrimonial, podendo atingir tanto a pessoa natural quanto a pessoa jurídica, como já ocorre na atualidade.

Em continuidade, o seu § 1.º, aqui antes comentado, trará expressamente na lei o hoje já aplicado *método bifásico,* para a quantificação do dano extrapatrimonial: "na quantificação do dano extrapatrimonial, o juiz observará os seguintes critérios, sem prejuízo de outros: I – quanto à valoração do dano, a natureza do bem jurídico violado e os parâmetros de indenização adotados pelos Tribunais, se houver, em casos semelhantes; II – quanto à extensão do dano, as peculiaridades do caso concreto, em confronto com outros julgamentos que possam justificar a majoração ou a redução do valor da indenização". Assim, na minha interpretação, esses parâmetros servirão igualmente para as situações de dano estético, dano existencial mesmo de ou outras modalidades que possam estar enquadradas no caso concreto.

Além disso, como critérios ou parâmetros que deverão ser observados pelo julgador, o § 2.º do art. 944-A preverá que, "no caso do inciso II do parágrafo anterior, podem ser observados os seguintes parâmetros: I – nível de afetação em projetos de vida relativos ao trabalho, lazer, âmbito familiar ou social; II – grau de reversibilidade do dano; e III – grau de ofensa ao bem jurídico". Os primeiros critérios dizem respeito ao chamado dano existencial, como ainda desenvolvo neste capítulo da obra.

Quanto ao *caráter pedagógico* ou *de desestímulo* complementar da indenização a ser fixada, propõe-se no antes comentado § 3.º do art. 944-A que, "ao estabelecer a indenização por danos extrapatrimoniais em favor da vítima, o juiz poderá incluir uma sanção pecuniária de caráter pedagógico, em casos de especial gravidade, havendo dolo ou culpa grave do agente causador do dano ou em hipóteses de reiteração de condutas danosas". Assim, o caráter pedagógico será aplicado quando houver ato intencional do agente causador do dano, bem como reiterado e contumaz descumprimento da lei e do contrato. A título de exemplo, penso que poderá ser aplicado às empresas de plano de saúde que, reiteradamente, descumprem contratos, negam coberturas de forma injustificada e cancelam de forma unilateral e abusiva os negócios celebrados com consumidores.

Esse acréscimo do *valor pedagógico* ou *de desestímulo* a que se refere a norma "será proporcional à gravidade da falta e poderá ser agravado até o quádruplo dos danos fixados com base nos critérios dos §§ 1.º e 2.º, considerando-se a condição econômica do ofensor e a reiteração da conduta ou atividade danosa, a ser demonstrada nos autos do processo" (proposta de art. 944-A, § 4.º, do CC). De acordo com as justificativas, da subcomissão de Responsabilidade Civil, que pretende trazer para o Brasil a experiência do quádruplo do valor-base já aplicada em outros Países, há uma impossibilidade de se atribuir ao julgador um poder genérico de se estabelecer sanções punitivas no âmbito da responsabilidade civil, sendo certo que a projeção "estabelece parâmetros para balizar a decisão judicial: (a) vedação de excesso relativamente a um teto de condenação;

(b) vedação de excesso com relação a um múltiplo dos valores arbitrados a título de compensação de danos. O importante é que haja uma conformidade entre a pena civil e o princípio da proporcionalidade".

Seguindo, ainda no que diz respeito à imposição da indenização pedagógica, o § 5.º do novo art. 944-A do CC preceituará que, "na fixação do montante a que se refere o § 3.º, o juiz levará em consideração eventual condenação anterior do ofensor pelo mesmo fato, ou imposição definitiva de multas administrativas pela mesma conduta". Novamente de acordo com as justificativas da subcomissão, "na fixação da pena, o juiz levará em consideração eventual condenação do ofensor pelo mesmo fato. Como corolário da regra da proporcionalidade, prevalece a proibição ao *bis in idem*. De acordo com este princípio, ninguém poderá sofrer uma pluralidade de sanções pelo mesmo ilícito. A constatação quanto à prévia incidência de sanção criminal ou administrativas imposta ao ofensor, por força do mesmo comportamento reprovável que se deva punir no juízo cível, acarretará uma mitigação do valor da condenação".

Por fim, "respeitadas as exigências processuais e o devido processo legal, o juiz poderá reverter parte da sanção mencionada no § 3.º em favor de fundos públicos destinados à proteção de interesses coletivos ou de estabelecimento idôneo de beneficência, no local em que o dano ocorreu" (proposta do art. 944-A, § 6.º, do CC). A reversão desse montante já é a prática para as hipóteses envolvendo o dano social, como ainda será estudado neste capítulo, o que demonstra que as propostas consolidam na lei o que já se vê na realidade da doutrina e da jurisprudência.

Como bem justificaram os juristas que compuseram a subcomissão de Responsabilidade Civil, em casos tais não há qualquer razão para a *pessoalidade* da atribuição do valor indenizatório. Para eles, "é exatamente o contrário do que ocorre com os danos patrimoniais e extrapatrimoniais, inevitavelmente direcionados à pessoa da vítima ou a seus sucessores. A pretensão à pena civil decorre da iniciativa de quem foi atingido em sua esfera individual por ocasião de um comportamento tido como reprovável pelo ordenamento. A correlação entre a proteção do interesse individual e aquele subjacente ao corpo coletivo demanda um termo de compromisso entre critérios abstratamente formulados pela lei e concretamente aplicados pelo julgador. Parte da indenização punitiva fixada com moderação pelo juiz será revertida em proveito de toda sociedade (entidades beneficentes idôneas reconhecidas pelo poder judiciário), de modo que se afaste o enriquecimento injustificado da vítima, atendendo-se à diretriz da socialidade, à promoção do bem comum e à função promocional da responsabilidade civil".

Apesar de constar das justificativas a expressão "indenização punitiva", prevaleceu na Comissão de Juristas a ideia *de indenização pedagógica ou de desestímulo*, com tom apenas complementar à função reparatória da responsabilidade civil, sendo certo que não poderá existir sem que a última esteja presente. Em suma, não se admitiu a função punitiva pura da responsabilidade civil.

Após muita resistência, fui convencido de ser essa a melhor proposta, a fim de se trazer uma maior efetividade à responsabilidade civil, a fim de que ela possa atender igualmente a uma função preventiva. Fui convencido, ademais, de que não só para as vítimas – como também para seus patronos, advogados e procuradores –, mas ainda para os julgadores em geral será muito mais fácil e eficiente concentrar todos as novas modalidades de danos imateriais sob o manto do dano extrapatrimonial que, espera-se, seja muito mais valorizado do que hoje é o dano moral, mormente por essa *função pedagógica* que passa a ser reconhecida expressamente na lei.

As mudanças, se aprovadas em lei e a par das justificativas antes transcritas, gerarão o fim da tendência e de tentativas de profusão de novos danos, caso dos institutos ou categorias, como alternativas para o hoje desvalorizado dano moral.

Como palavras finais sobre o tema, conforme está aprofundado no Capítulo 11 desta obra, a utilização do termo "dano extrapatrimonial" na Reforma Trabalhista da CLT teve o claro intuito de concentrar todos os danos imateriais eventualmente suportados pelos trabalhadores em uma só categoria, colocados sob uma famigerada tabela ou tarifação, em clara lesão aos seus direitos fundamentais. A própria concepção de uma lei com aplicação reservada para esse âmbito é contestável, na minha opinião doutrinária, e como ali está desenvolvido.

4. DANOS ESTÉTICOS

Os danos estéticos vêm sendo tratados hoje tanto pela doutrina quanto pela jurisprudência como uma modalidade separada de dano imaterial, o que está de acordo com a tendência de reconhecimento dos *novos danos*, de alargamento da razão anterior. Nessa ideia, aqui foram trazidos à colação julgados do Superior Tribunal de Justiça reconhecendo a possibilidade de cumulação de danos morais e estéticos, tese essa que se tornou majoritária.

Também foi demonstrado que aquela Corte Superior consolidou a análise à parte dos danos estéticos, diante da sua Súmula n. 387, de setembro de 2009, *in verbis*: "é lícita a cumulação das indenizações de dano estético e dano moral". Como se pode notar, a consolidação da nova categoria pelo Tribunal da Cidadania ocorreu recentemente, o que justifica a qualificação do dano estético como *novo*.

Duas premissas foram utilizadas para essa mudança de paradigma no passado, destacando-se o dano estético do dano moral. A primeira delas é que haveria uma lesão a mais à pessoa humana, nos casos de sua presença. A segunda premissa é a da presença de um dano à imagem que, pelo texto constitucional, tem menção separada do dano moral. Nos termos do art. 5.º, inc. V, do Texto Maior, "é assegurado o direito de resposta, proporcional ao agravo, além da indenização por dano material, moral ou à imagem".

Em momento anterior, pontue-se que o próprio Superior Tribunal de Justiça entendia pela impossibilidade dessa cumulação, pois o dano estético estaria enquadrado no dano moral, o que era acompanhado pelos Tribunais de Justiça dos Estados, caso do Tribunal de Justiça de São Paulo. Na última Corte Estadual, aliás, do mesmo modo há julgados anteriores à sumular, reconhecendo a tripla cumulação, na linha do que acabou sendo sumulado e plenamente acompanhado:

"Acidente de trabalho pelo direito comum. Trabalhador braçal da FEPASA. Roça de ervas daninhas que se acumulam nas cercanias da linha férrea. Estilhaço de pedra que atingiu o olho esquerdo, causando perda da visão desse olho. Confissão da ré de que não disponibilizava óculos de proteção, que seriam desnecessários para a tarefa. NR-06 (item 6.3 letra 'a') que impõe a utilização de óculos de proteção em 'trabalhos que possam causar ferimento nos olhos provenientes de impacto de partículas'. Culpa reconhecida. Pedido só de indenização por danos morais e estéticos. Indenização fixada em quantia equivalente a 200 (duzentos) salários mínimos, 100 (cem) para cada um dos danos. Procedência parcial. Apelação provida em parte" (TJSP, Apelação Cível 694.377-0/4, 36.ª Câmara de Direito Privado, Catanduva, Rel. Romeu Ricupero, j. 07.04.2005, v.u.).

Entre os acórdãos mais recentes, destaque-se, a fim de demonstrar interessante caso prático de acidente ocorrido em via pública:

"Presente a responsabilidade da Requerida Municipalidade (responsável pela manutenção das pistas de rolamento das vias públicas e pela fiscalização do tráfego, o que não ocorreu) e da Requerida SABESP (responsável pela segurança do tráfego quanto à realização de obra em via pública, o que também não ocorreu). Não comprovada a culpa concorrente (ou exclusiva) do Autor. Laudo pericial consigna a perda da capacidade laborativa em 15%, além de danos morfológicos (estéticos). Sentença de parcial procedência, para condenar as Requeridas ao pagamento de indenização por danos morais, no valor de R$ 50.000,00, e por danos estéticos no valor de R$ 20.000,00 (valor total de R$ 70.000,00), com correção monetária desde a sentença (6 de fevereiro de 2012) e juros moratórios de 1% ao mês desde o 'ato ilícito' (23 de setembro de 2000) e de pensão mensal vitalícia no valor correspondente a 15% do salário mínimo 'vigente no momento de pagamento de cada mês', arcando cada Requerida com 50% do valor da condenação" (TJSP, Apelação 0028234-91.2004.8.26.0053, Acórdão 9711822, 35.ª Câmara de Direito Privado, São Paulo, Rel. Des. Flavio Abramovici, j. 20.03.2017, *DJESP* 24.03.2017).

Parte da doutrina anterior, aliás, ensinava – e continua lecionando – que o dano estético constitui modalidade de dano moral, pois a imagem é um direito da personalidade. Por todos, o *clássico* Rui Stoco entende que, em regra, o dano à estética pessoal é espécie do gênero dano moral.[59] Se acarretar um dano moral, posiciona-se o jurista pela impossibilidade de cumulação de pedido de indenização, pois configuraria uma hipótese de *bis in idem*.[60] No entanto, reconhece o doutrinador, também, a possibilidade de o dano estético estar relacionado com despesas médicas, de tratamento da vítima ou com lucros cessantes, ou seja, com danos materiais, o que é confirmado pela jurisprudência.

Desse modo era o tratamento da doutrina. O dano estético era enquadrado como dano moral. Eventualmente, diante dos gastos desembolsados para tentar livrar, sem sucesso, a pessoa do mal que lhe acomete, presentes estariam os danos

---

[59] STOCO, Rui. *Tratado de responsabilidade civil*. 6. ed. São Paulo: RT, 2004. p. 1657.
[60] STOCO, Rui. *Tratado de responsabilidade civil*, cit., p. 1191.

emergentes, espécie de dano material. No caso de um ator ou profissional que vive com a sua imagem, se o prejuízo lhe provocasse a frustração de ganhos, estariam os lucros cessantes configurados. Em resumo, o dano estético enquadrava-se como dano moral ou material, o que dependia das circunstâncias fáticas de cada caso.

Agora não mais, eis que se vislumbra no dano estético uma terceira modalidade de dano, cumulável com os danos materiais e morais (*cumulação tripla*). O Superior Tribunal de Justiça, reitere-se, vem entendendo que o dano estético é algo distinto do dano moral, pois há no primeiro uma "alteração morfológica de formação corporal que agride a visão, causando desagrado e repulsa". Já no dano moral há um "sofrimento mental – dor da mente psíquica, pertencente ao foro íntimo". O dano estético seria visível, "porque concretizado na deformidade" (STJ, REsp 65.393/RJ, Rel. Min. Ruy Rosado de Aguiar, j. 30.10.2005; e REsp 84.752/RJ, Min. Ari Pargendler, j. 21.10.2000). Apesar do trecho destacado, relembre-se que o próprio Tribunal da Cidadania entende na atualidade que o dano moral prescinde de sentimentos humanos desagradáveis, como o sofrimento mental e a dor psíquica.

Sem dúvida que a mudança de entendimento representa uma ruptura na concepção anterior, a partir da noção de que a pessoa pode sofrer outras espécies de prejuízos. Como pontua Enéas de Oliveira Matos, "não se pode concordar que a Constituição, ao elencar a dignidade da pessoa humana como princípio – norma – fundamental de nosso ordenamento, não acrescente nada à questão da reparação dos danos causados à pessoa humana: pelo contrário, com esse fundamento, deve-se interpretar a responsabilidade sempre no sentido de promoção e melhor proteção a pessoa humana, o que só se consegue com a orientação pela autonomia dos danos moral e estético".[61]

Partindo para a sua categorização, o dano estético é muito bem conceituado por Teresa Ancona Lopez, a maior especialista do assunto em nosso País, precursora no desenvolvimento do tema, conforme sua tese de doutorado defendida na década de 1970. Ensina a Professora Titular da USP, em lições que merecem ser destacadas:

> "Na concepção clássica, que vem de Aristóteles, é a estética uma ciência prática ou normativa que dá regras de fazer humano sob o aspecto do belo. Portanto, é a ciência que tem como objeto material a atividade humana (fazer) e como objeto formal (aspecto sob o qual é encarado esse fazer) o belo. É claro que quando falamos em dano estético estamos querendo significar a lesão à beleza física, ou seja, à harmonia das formas externas de alguém. Por outro lado, o conceito de belo é relativo. Ao apreciar-se um prejuízo estético, deve-se ter em mira a modificação sofrida pela pessoa em relação ao que ela era".[62]

Para a mesma doutrinadora, portanto, basta a pessoa ter sofrido uma *transformação* para que o referido dano esteja caracterizado. Por óbvio que essa transformação não pode ser esperada, servindo como parâmetro a medicina estética.

---

[61] MATOS, Enéas de Oliveira. *Dano moral e dano estético*. Rio de Janeiro: Renovar, 2011. p. 297.
[62] LOPEZ, Teresa Ancona. *O dano estético*. São Paulo: RT, 1980. p. 17.

Segundo Maria Helena Diniz, "o dano estético é toda alteração morfológica do indivíduo, que, além do aleijão, abrange as deformidades ou deformações, marcas e defeitos, ainda que mínimos, e que impliquem sob qualquer aspecto um afeamento da vítima, consistindo numa simples lesão desgostante ou num permanente motivo de exposição ao ridículo ou de complexo de inferioridade, exercendo ou não influência sobre sua capacidade laborativa".[63] Esclareça-se que, para a jurista citada, os danos estéticos podem ser cumulados com os danos morais, nos casos em que causam transtornos psicológicos à vítima; mas não necessariamente: "há algumas lesões que não deformam a vítima fisicamente, mas atentam contra o seu psiquismo, e outras que atingem o aspecto estético do lesado, mas este as supera, sem que haja repercussão psíquica".[64] Como me posiciono no sentido de que o dano moral não está necessariamente associado a problemas psíquicos, sendo mais bem visualizado como lesão ao corpo humano, não me filio a essa premissa, com o devido respeito.

Partindo para os casos concretos, tais danos, em regra, estão presentes quando a pessoa sofre feridas, cicatrizes, cortes superficiais ou profundos em sua pele, queimaduras, deformações, lesão ou perda de órgãos internos ou externos do corpo, aleijões, amputações, entre outras anomalias que atingem a própria dignidade humana. Esse dano, nos casos em questão, será também presumido (*in re ipsa*), como ocorre com o dano moral objetivo.

Essa posição, contudo, não é pacífica, pois para Enéas de Oliveira Matos a caracterização do dano exige, essencialmente, a prova da ocorrência do dano, por meio de perícia médica. Para o doutrinador citado, a ofensa somente é reparável se for permanente, não se admitindo a reparação do dano estético passageiro ou recuperável.[65] Mais uma vez com o devido respeito, não estou alinhado a tal posição, podendo o dano estético ser reparado também no caso de ser temporário, o que apenas deve impactar o valor do *quantum*, pois a extensão do dano é menor.

Grande dificuldade encontrada na prática diz respeito ao arbitramento do dano estético. No Código Civil de 1916, o art. 1.538 trazia um suposto critério que não foi reproduzido pelo Código Civil de 2002. Nos termos da norma anterior, "no caso de ferimento ou outra ofensa à saúde, indenizará o ofensor ao ofendido as despesas do tratamento e os lucros cessantes até ao fim da convalescença, além de lhe pagar a importância da multa no grão médio da pena criminal correspondente. § 1.º Esta soma será duplicada, se do ferimento resultar aleijão ou deformidade".

Entretanto, o Superior Tribunal de Justiça acabou por entender que a norma anterior somente se aplicaria nos casos de multa eventualmente fixada no campo penal, incidindo a dobra sobre o valor de tal penalidade (STJ, REsp 1.591.178/RJ, 3.ª Turma, Rel. Min. Ricardo Villas Bôas Cueva, j. 25.04.2017, *DJe* 02.05.2017; e REsp 816.568/SP, 4.ª Turma, Rel. Min. João Otávio de Noronha, j.

---

[63] DINIZ, Maria Helena. *Curso de Direito Civil brasileiro*. Responsabilidade civil, 27. ed., cit., p. 98.
[64] DINIZ, Maria Helena. *Curso de Direito Civil brasileiro*. Responsabilidade civil, 27. ed., cit., p. 99.
[65] MATOS, Enéas de Oliveira. *Dano moral e dano estético*, cit., p. 183.

12.02.2008, *DJ* 25.02.2008). Não deixando qualquer dúvida sobre tal conclusão: "a regra inserta no § 1.º do art. 1.538 do CC/16 não abrange todas as parcelas previstas no *caput*, mas apenas a multa criminal, acaso devida. O escopo da dobra prevista no art. 1.538, § 1.º, do CC/16 é a compensação pela 'aleijão ou deformidade', ou seja, o que atualmente a jurisprudência vem ressarcindo mediante a indenização do chamado dano estético. Ambos possuem igual origem, natureza e destinação, de sorte que o deferimento da dobra e do dano estético implicará *bis in idem*" (STJ, AgRg na MC 14.475/SP, 3.ª Turma, Rel. Min. Nancy Andrighi, j. 16.09.2008, *DJe* 26.09.2008).

Afastada a regra da codificação anterior para a atualidade, até porque não reproduzida pela codificação de 2002, muitos julgados, na prática, atribuem ao dano estético o mesmo valor fixado dano moral, utilizando-se os mesmos critérios existentes para este, conforme antes desenvolvido. A título de exemplo, julgado do Superior Tribunal de Justiça que fixou o montante de R$75.000,00 para cada dano sofrido, em decorrência de choque elétrico (STJ, AgRg no REsp 1.249.447/CE, 4.ª Turma, Rel. Min. Marco Buzzi, j. 16.04.2015, *DJe* 23.04.2015). A demonstrar a suposta unidade de critérios, a Corte continua atribuindo um valor único aos dois prejuízos suportados, o que sempre foi comum na sua prática (por todos, entre os mais recentes: STJ, Ag. Int. no AREsp 847.057/SP, 4.ª Turma, Rel. Min. Maria Isabel Gallotti, j. 18.04.2017, *DJe* 26.04.2017; e REsp 1.596.068/DF, 3.ª Turma, Rel. Min. Paulo de Tarso Sanseverino, j. 04.04.2017, *DJe* 10.04.2017).

Há quem conteste tal forma de cálculo, o que conta com o meu apoio, eis que os critérios para os dois prejuízos suportados, de fato, são diferentes. Entre os especialistas no tema, por todos, Enéas de Oliveira Matos, como antes se destacou, é favorável à elaboração de uma perícia médica, a fim de determinar a extensão do dano sofrido, fixando-se a partir daí o *quantum* indenitário.[66] Para o jurista, é possível, com tal prova, avaliar tal prejuízo como: (i) gravíssimo; (ii) grave; (iii) moderado; (iv) leve; e (v) levíssimo. Para tanto, pondera que *cinco consequências* devem ser levadas em conta, a fixar a extensão do dano: 1) se há modificação do aspecto exterior da pessoa; 2) se há uma redução na eficiência psicofísica; 3) se há redução da capacidade social; 4) se há redução na capacidade laborativa; e 5) se há perda de oportunidade de trabalho ou diminuição na liberdade de escolha da profissão.[67]

Na sequência, e em resumo, Enéas Matos apresenta os seguintes critérios que devem ser considerados na quantificação dos danos estéticos: *a)* o grau de avaliação do dano estético pelo médico perito, conforme os parâmetros por último expostos; *b)* o grau de culpa das partes; *c)* a posição cultural e socioeconômica das partes; *d)* a reincidência da conduta ofensiva pelo ofensor; *e)* a punição e a exemplaridade, se cabível; e *f)* a independência do valor arbitrado a título de dano moral. Como se constata, somente os critérios apontados como letra *b*, *c* e *e* pelo doutrinador são comuns com os danos morais.

---

[66] MATOS, Enéas de Oliveira. *Dano moral e dano estético*, cit., p. 186-191.
[67] MATOS, Enéas de Oliveira. *Dano moral e dano estético*, cit., p. 187-188.

Alguns arestos superiores seguem essas lições, fixando valores em separado, e em montantes diferenciados para os danos estéticos, de acordo com as circunstâncias concretas e com os parâmetros expostos. A título de exemplo, cite-se o seguinte trecho de acórdão do Tribunal da Cidadania:

"'Tendo em vista o histórico dos dissabores passados pela agravada, decorrentes da malsucedida intervenção cirúrgica realizada pelo corréu Alberto Rondon, relatados em sede da decisão agravada, e em especial considerando a prova documental e pericial realizada, entende-se dentro dos parâmetros da razoabilidade e proporcionalidade a fixação procedida pela instância *a quo*, a saber, o importe de R$80.000,00 a título de danos morais e, ainda, a mesma quantia, R$60.000,00, para fins de reparação pelos danos estéticos'. No tocante aos fatos analisado pelo *decisum*, pontue-se que a autora da ação 'foi submetida a abdominoplastia; do procedimento resultaram graves cicatrizes, 'repuxadas' nas pernas e deficiência no umbigo; apresenta dificuldade para movimentar a perna; após a cirurgia, sentiu muita humilhação e vergonha; sofreu para tentar se recuperar do trauma; até hoje tem vergonha de trocar de roupa na frente de outras pessoas e mesmo dos filhos; não consegue usar maiô ou biquíni; sentiu imenso constrangimento diante da Equipe da Sociedade Brasileira de Cirurgia Plástica – SBCP; sente-se feia, perdeu a autoestima; diagnosticada com transtorno de estresse pós-traumático (CID10 F43.1); se não houver acompanhamento médico-psiquiátrico, o dano psíquico será permanente; o dano comprometeu a imagem da autora em seu convívio social; por vezes, ainda sente a perna esquerda repuxar; configurado dano estético permanente, consistente em cicatriz alargada na região inguinal'" (STJ, REsp 1.656.888/MS, 2.ª Turma, Rel. Min. Herman Benjamin, j. 04.04.2017, *DJe* 25.04.2017).

Também nas Turmas de Direito Privado da Corte podem ser encontradas ementas que conduzem critérios separados para os dois danos, como o seguinte: "é possível a revisão do montante da indenização por danos morais nas hipóteses em que o *quantum* fixado for exorbitante ou irrisório, o que, no entanto, não ocorreu no caso em exame, pois o valor da indenização a título de danos morais e estéticos arbitrado, respectivamente, em R$ 20.000,00 (vinte mil reais) e em R$ 5.000,00 (cinco mil reais), não é excessivo nem desproporcional aos danos sofridos pelo autor, que sofreu encurtamento do membro inferior direito em cerca de 4 cm, além de cicatriz cirúrgica com 150 mm em decorrência de acidente sofrido nas dependências de terminal rodoviário administrado pela recorrente" (STJ, Ag. Int. no AREsp 967.691/RJ, 4.ª Turma, Rel. Min. Raul Araújo, j. 04.04.2017, *DJe* 24.04.2017).

Esses últimos julgados trazem a correta solução para o tema, na atualidade. Se o dano estético passou a ser reconhecido como uma categoria autônoma de dano reparável, os critérios para quantificação não podem ser os mesmos dos danos morais, o que representaria um apego indevido ao último instituto.

Seja como for, para encerrar o tópico, como antes pontuado, caso aprovado o projeto de Reforma do Código Civil, e conforme a nova proposta de art. 944-A, o dano estético não será mais tratado como modalidade autônoma ou como *novo dano*, mas estará sob o manto do dano extrapatrimonial, sujeito aos critérios previstos na proposta de novo dispositivo.

Se isso ocorrer, o Superior Tribunal de Justiça terá que superar o seu entendimento anterior, cancelando a Súmula n. 387. Aguardemos qual será a posição que prevalecerá no Congresso Nacional.

5. DANOS MORAIS COLETIVOS

Os *danos morais coletivos* surgem como um sério *candidato* dentro da ideia de ampliação dos danos reparáveis, merecendo tratamento em separado com relação aos danos individuais tratados até aqui. O seu conceito é controvertido, mas ele pode ser denominado como o dano que atinge, ao mesmo tempo, vários direitos da personalidade, de pessoas determinadas ou determináveis. Essa nossa conceituação está baseada nas palavras de Carlos Alberto Bittar Filho, que merecem ser transcritas:

> "Com supedâneo, assim, em todos os argumentos levantados, chega-se à conclusão de que o dano moral coletivo é a injusta lesão da esfera moral de uma dada comunidade, ou seja, é a violação antijurídica de um determinado círculo de valores coletivos. Quando se fala em dano moral coletivo, está-se fazendo menção ao fato de que o patrimônio valorativo de uma certa comunidade (maior ou menor), idealmente considerado, foi agredido de maneira absolutamente injustificável do ponto de vista jurídico; quer isso dizer, em última instância, que se feriu a própria cultura, em seu aspecto imaterial. Tal como se dá na seara do dano moral individual, aqui também não há que se cogitar de prova da culpa, devendo-se responsabilizar o agente pelo simples fato da violação (*damnum in re ipsa*)".[68]

O Código de Defesa do Consumidor admite expressamente a reparação dos danos morais coletivos, mencionando-os no seu art. 6.º, inc. VI, separadamente dos danos morais individuais e dos danos difusos. Faz o mesmo a Lei da Ação Civil Pública (Lei n. 7.347/1985), com expressão principal no seu art. 1.º, inc. IV, que se refere em apartado aos interesses difusos e coletivos.

Os danos morais coletivos são, assim, várias lesões aos direitos da personalidade ao mesmo tempo. Deve-se compreender que os danos morais coletivos atingem direitos individuais homogêneos e coletivos em sentido estrito, em que as vítimas são determinadas ou determináveis. Por isso, a indenização deve ser destinada a elas, as vítimas do evento danoso.

A partir do debate doutrinário, tem-se percebido um aumento de julgados tratando do dano moral coletivo nos últimos anos. No âmbito da Justiça do Trabalho, destacam-se alguns arestos que tratam do dano moral coletivo, em casos bem interessantes. Ilustrando, do Tribunal do Trabalho da Bahia, pode ser extraída a seguinte decisão, sem prejuízo de outros arestos analisados no Capítulo 11 da obra:

---

[68] BITTAR FILHO, Carlos Alberto. Do dano moral coletivo no atual contexto jurídico brasileiro. *Jus Navigandi*, Teresina, ano 9, n. 559, 17 jan. 2005. Disponível em: <http://jus2.uol.com.br/doutrina/texto.asp?id=6183>. Acesso em: 4 jun. 2007.

"Dano moral. A prática da empresa recorrida em realizar filmagem dos seus empregados nos locais de trabalho, de forma sigilosa e sem o conhecimento prévio dos mesmos, com violação do direito à intimidade, configura dano moral coletivo e gera direito à reparação. (...) Cumpre ressaltar que a matéria objeto da presente ação já foi apreciada e decidida por esta 5.ª Turma, no Processo n. 02105-2000-016-05, Acórdão n. 482/02, da lavra da Desembargadora Relatora Maria Lisboa, tendo também como parte autora o Ministério Público do Trabalho. Vale a pena transcrever a ementa do acórdão ora citado, eis que traduz literalmente o fundamento do voto que ora manifesto: 'Dano moral coletivo. A ocorrência de violação ao direito de intimidade dos empregados configura dano moral coletivo e impõe sua correspondente reparação. Ademais, a filmagem dos trabalhadores durante o período de trabalho efetivou-se de forma sigilosa, sem ciência dos empregados, configurando agressão ao grupo, prática que afeta negativamente o sentimento coletivo, lesão imaterial que atinge parte da categoria. Inteligência do art. 5.º, X, da Carta Magna'. Observe-se que tanto no mencionado julgado como no caso *sub judice* discute-se a prática da empresa recorrida em realizar filmagem dos seus empregados nos locais de trabalho, de forma sigilosa e sem o conhecimento prévio dos mesmos, com violação do direito à intimidade. Tal prática vem sendo constantemente adotada pela empresa recorrida, conforme notícia a referida ação. Neste contexto, se faz devida a indenização pleiteada em decorrência do demonstrado dano moral coletivo. *Ex positis, dou provimento parcial* ao recurso para, reformando a sentença, acrescer à condenação o pagamento de indenização por dano moral correspondente a cem salários auferidos pela reclamante. Custas pela reclamada no valor de R$ 200,00" (TRT da 5.ª Região, Acórdão 25.764/05, Recurso Ordinário 00052-2004-026-05-00-3/RO, 5.ª Turma, Recorrente: Ministério Público do Trabalho – Procuradoria Regional do Trabalho da 5.ª Região, Recorrido: Ilha Tropical Transportes Ltda., Redatora: Desembargadora Maria Adna Aguiar).

No que interessa ao Superior Tribunal de Justiça, merece comentário um importante precedente anterior. A Primeira Turma desse Tribunal, competente para apreciar questões de Direito Público, entendeu não ser indenizável o dano moral coletivo em situação envolvendo danos ao meio ambiente. A ementa do julgado, proferida em sede de ação civil pública, merece transcrição destacada para maiores aprofundamentos:

"Processual civil. Ação civil pública. Dano ambiental. Dano moral coletivo. Necessária vinculação do dano moral à noção de dor, de sofrimento psíquico, de caráter individual. Incompatibilidade com a noção de transindividualidade (indeterminabilidade do sujeito passivo e indivisibilidade da ofensa e da reparação). Recurso especial improvido" (STJ, REsp 598.281/MG, 1.ª Turma, Rel. Min. Luiz Fux, Rel. p/ Acórdão Min. Teori Albino Zavascki, j. 02.05.2006, *DJ* 1.º.06.2006, p. 147).

Essa anterior decisão da Primeira Turma do Superior Tribunal de Justiça, por maioria de votos, consubstancia o entendimento de não ser indenizável o dano moral coletivo pela impossibilidade de sua aferição perfeita e de determinação do *quantum* indenizatório. A lide tem origem no Estado de Minas

Gerais, em decorrência de danos ambientais causados pela Municipalidade de Uberlândia e por uma empresa de empreendimentos imobiliários, diante de um loteamento irregular. A ação foi proposta pelo Ministério Público daquele Estado, com condenação em primeira instância, por danos morais coletivos, em cinquenta mil reais.

A decisão foi reformada pelo Tribunal de Justiça de Minas Gerais, por não ser possível tal reparação pelo fato de ainda se exigir no dano moral a presença de sentimentos humanos desagradáveis, o que seria incompatível com os danos coletivos. As afirmações foram confirmadas em máxima instância, em total descompasso com a análise atual do dano moral individual, como antes foi aqui exposto.

Apesar de esse ter sido o entendimento majoritário no julgamento, é pertinente ressaltar que, naquela ocasião, houve o voto divergente do Ministro Luiz Fux, hoje no Supremo Tribunal Federal, que conclui ser reparável o dano moral coletivo em casos de lesões ambientais. As suas palavras merecem destaque:

> "O meio ambiente integra inegavelmente a categoria de interesse difuso, posto inapropriável *uti singuli*. Consectariamente, a sua lesão, caracterizada pela diminuição da qualidade de vida da população, pelo desequilíbrio ecológico, pela lesão a um determinado espaço protegido, acarreta incômodos físicos ou lesões à saúde da coletividade, revelando lesão ao patrimônio ambiental, constitucionalmente protegido. Deveras, os fenômenos, analisados sob o aspecto da repercussão física ao ser humano e aos demais elementos do meio ambiente, constituem dano patrimonial ambiental. O dano moral ambiental caracterizar-se-á quando, além dessa repercussão física no patrimônio ambiental, sucede ofensa ao sentimento difuso ou coletivo – *v.g.:* o dano causado a uma paisagem causa impacto no sentimento da comunidade de determinada região, quer como *v.g.:* a supressão de certas árvores na zona urbana ou localizadas na mata próxima ao perímetro urbano. Consectariamente, o reconhecimento do dano moral ambiental não está umbilicalmente ligado à repercussão física no meio ambiente, mas, ao revés, relacionado à transgressão do sentimento coletivo, consubstanciado no sofrimento da comunidade, ou do grupo social, diante de determinada lesão ambiental. Deveras, o dano moral individual difere do dano moral difuso e *in re ipsa* decorrente do sofrimento e emoção negativas. Destarte, não se pode olvidar que o meio ambiente pertence a todos, porquanto a Carta Magna de 1988 universalizou este direito, erigindo-o como um bem de uso comum do povo. Desta sorte, em se tratando de proteção ao meio ambiente, podem coexistir o dano patrimonial e o dano moral, interpretação que prestigia a real exegese da Constituição em favor de um ambiente sadio e equilibrado" (STJ, REsp 598.281/MG, julgado em junho de 2006).

Com o devido respeito aos demais julgadores, parece-me que tinha total razão, quanto ao mérito da questão, o Ministro Luiz Fux, então no Superior Tribunal de Justiça. Isso porque são indenizáveis os danos morais coletivos e, eventualmente, os danos difusos ou sociais, uma vez que o art. 225 da CF/1988 protege o meio ambiente, o *Bem Ambiental*, como um bem difuso e de todos, visando à sadia qualidade de vida das presentes e futuras gerações. Consagra, assim, o Texto Maior *direitos intergeracionais* ou *transgeracionais* na preocupação de proteção ambiental.

Nessa esteira e por bem, surgiu sucessivamente outro precedente importante do próprio Superior Tribunal de Justiça, admitindo os danos morais coletivos, prolatado no famoso caso das *pílulas de farinha*. Em caso notório, amplamente divulgado pela imprensa nacional, o Tribunal Superior entendeu por bem indenizar as mulheres que tomaram as citadas pílulas e vieram a engravidar, o que não estava planejado. A indenização foi fixada em face da empresa *Schering do Brasil*, que fornecia a pílula anticoncepcional *Microvlar*, em valor milionário, em uma apurada análise da extensão do dano com relação às consumidoras. A ementa dessa importante decisão do Tribunal da Cidadania merece transcrição e leitura, para os devidos estudos, apesar de longa:

> "Civil e processo civil. Recurso especial. Ação civil pública proposta pelo PROCON e pelo Estado de São Paulo. Anticoncepcional Microvlar. Acontecimentos que se notabilizaram como o 'caso das pílulas de farinha'. Cartelas de comprimidos sem princípio ativo, utilizadas para teste de maquinário, que acabaram atingindo consumidoras e não impediram a gravidez indesejada. Pedido de condenação genérica, permitindo futura liquidação individual por parte das consumidoras lesadas. Discussão vinculada à necessidade de respeito à segurança do consumidor, ao direito de informação e à compensação pelos danos morais sofridos. Nos termos de precedentes, associações possuem legitimidade ativa para propositura de ação relativa a direitos individuais homogêneos. Como o mesmo fato pode ensejar ofensa tanto a direitos difusos quanto a coletivos e individuais, dependendo apenas da ótica com que se examina a questão, não há qualquer estranheza em se ter uma ação civil pública concomitante com ações individuais, quando perfeitamente delimitadas as matérias cognitivas em cada hipótese. (...). Quanto às circunstâncias que envolvem a hipótese, o TJSP entendeu que não houve descarte eficaz do produto-teste, de forma que a empresa permitiu, de algum modo, que tais pílulas atingissem as consumidoras. Quanto a esse 'modo', verificou-se que a empresa não mantinha o mínimo controle sobre pelo menos quatro aspectos essenciais de sua atividade produtiva, quais sejam: a) sobre os funcionários, pois a estes era permitido entrar e sair da fábrica com o que bem entendessem; b) sobre o setor de descarga de produtos usados e/ou inservíveis, pois há depoimentos no sentido de que era possível encontrar medicamentos no 'lixão' da empresa; c) sobre o transporte dos resíduos; e d) sobre a incineração dos resíduos. E isso acontecia no mesmo instante em que a empresa se dedicava a manufaturar produto com potencialidade extremamente lesiva aos consumidores. Em nada socorre a empresa, assim, a alegação de que, até hoje, não foi possível verificar exatamente de que forma as pílulas-teste chegaram às mãos das consumidoras. O panorama fático adotado pelo acórdão recorrido mostra que tal demonstração talvez seja mesmo impossível, porque eram tantos e tão graves os erros e descuidos na linha de produção e descarte de medicamentos, que não seria hipótese infundada afirmar-se que os placebos atingiram as consumidoras de diversas formas ao mesmo tempo. A responsabilidade da fornecedora não está condicionada à introdução consciente e voluntária do produto lesivo no mercado consumidor. Tal ideia fomentaria uma terrível discrepância entre o nível dos riscos assumidos pela empresa

em sua atividade comercial e o padrão de cuidados que a fornecedora deve ser obrigada a manter. Na hipótese, o objeto da lide é delimitar a responsabilidade da empresa quanto à falta de cuidados eficazes para garantir que, uma vez tendo produzido manufatura perigosa, tal produto fosse afastado das consumidoras. A alegada culpa exclusiva dos farmacêuticos na comercialização dos placebos parte de premissa fática que é inadmissível e que, de qualquer modo, não teria o alcance desejado no sentido de excluir totalmente a responsabilidade do fornecedor. A empresa fornecedora descumpre o dever de informação quando deixa de divulgar, imediatamente, notícia sobre riscos envolvendo seu produto, em face de juízo de valor a respeito da conveniência, para sua própria imagem, da divulgação ou não do problema, Ocorreu, no caso, uma curiosa inversão da relação entre interesses das consumidoras e interesses da fornecedora: esta alega ser lícito causar danos por falta, ou seja, permitir que as consumidoras sejam lesionadas na hipótese de existir uma pretensa dúvida sobre um risco real que posteriormente se concretiza, e não ser lícito agir por excesso, ou seja, tomar medidas de precaução ao primeiro sinal de risco. O dever de compensar danos morais, na hipótese, não fica afastado com a alegação de que a gravidez resultante da ineficácia do anticoncepcional trouxe, necessariamente, sentimentos positivos pelo surgimento de uma nova vida, porque o objeto dos autos não é discutir o dom da maternidade. Ao contrário, o produto em questão é um anticoncepcional, cuja única utilidade é a de evitar uma gravidez. A mulher que toma tal medicamento tem a intenção de utilizá-lo como meio a possibilitar sua escolha quanto ao momento de ter filhos, e a falha do remédio, ao frustrar a opção da mulher, dá ensejo à obrigação de compensação pelos danos morais, em liquidação posterior. Recurso especial não conhecido" (STJ, REsp 866.636/SP, 3.ª Turma, Rel. Min. Nancy Andrighi, j. 29.11.2007, *DJ* 06.12.2007, p. 312).

Em suma, o julgado passou a admitir os danos morais coletivos como outra modalidade de dano a ser reparado, representando *um giro de cento e oitenta graus* na jurisprudência daquela Corte.

A polêmica persistiu por um tempo no Superior Tribunal de Justiça. A ilustrar a divergência, no seu *Informativo* n. 418, de dezembro de 2009, foram publicadas duas decisões totalmente distintas a respeito da reparação dos danos morais coletivos, das 1.ª e 2.ª Turmas do STJ. A primeira afasta a sua reparação, enquanto a segunda entende o contrário. O primeiro julgado, que entendeu pela inexistência do dever de reparar os danos coletivos, foi assim publicado, seguindo a linha do aresto antes aqui visto:

"Dano moral coletivo. Telefonia. A Turma entendeu que não houve impugnação do recorrente, devendo-se aplicar analogicamente a Súm. n. 283-STF, quanto aos fundamentos do aresto recorrido de que a instalação de novos postos de atendimento ao usuário de telefonia é obrigação não prevista no contrato de concessão e de que não cabe ao Poder Judiciário definir quais localidades deverão ser atendidas, por ensejar incursão ao campo discricionário da Administração Pública. No que diz respeito ao dano moral coletivo, a Turma, nessa parte, negou provimento ao recurso, pois reiterou o entendimento de que é necessária a vinculação do dano moral com a noção de dor, sofrimento psíquico e de caráter individual, incompatível, assim, com a noção de transindividualidade – indeterminabilidade do sujeito passivo, indivisibilidade da ofensa e de reparação da lesão. Precedentes citados: REsp 598.281/MG, *DJ* 1.º.06.2006, e REsp 821.891/RS, *DJe* 12.05.2008" (STJ, REsp 971.844/RS, Rel. Min. Teori Albino Zavascki, j. 03.12.2009).

Por outra via, julgando-se de forma totalmente distinta da Segunda Turma do STJ, no mesmo *Informativo* n. *418*, em questão relativa à responsabilização de pessoas jurídicas de Direito Privado, prestadoras de serviços públicos:

"Dano moral coletivo. Passe livre. Idoso. A concessionária do serviço de transporte público (recorrida) pretendia condicionar a utilização do benefício do acesso gratuito ao transporte coletivo (passe livre) ao prévio cadastramento dos idosos junto a ela, apesar de o art. 38 do Estatuto do Idoso ser expresso ao exigir apenas a apresentação de documento de identidade. Vem daí a ação civil pública que, entre outros pedidos, pleiteava a indenização do dano moral coletivo decorrente desse fato. Quanto ao tema, é certo que este Superior Tribunal tem precedentes no sentido de afastar a possibilidade de configurar-se tal dano à coletividade, ao restringi-lo às pessoas físicas individualmente consideradas, que seriam as únicas capazes de sofrer a dor e o abalo moral necessários à caracterização daquele dano. Porém, essa posição não pode mais ser aceita, pois o dano extrapatrimonial coletivo prescinde da prova da dor, sentimento ou abalo psicológico sofridos pelos indivíduos. Como transindividual, manifesta-se no prejuízo à imagem e moral coletivas e sua averiguação deve pautar-se nas características próprias aos interesses difusos e coletivos. Dessarte, o dano moral coletivo pode ser examinado e mensurado. Diante disso, a Turma deu parcial provimento ao recurso do MP estadual" (STJ, REsp 1.057.274/RS, Rel. Min. Eliana Calmon, j. 1.º.12.2009).

Em anos posteriores, havendo mudança substancial em sua composição, o Tribunal da Cidadania caminhou para o sentido de admitir a reparação dos danos morais coletivos, sendo essa a posição que prevalece na atualidade, notadamente nas Turmas de Direito Privado. Demonstrando ser essa a posição atual do Superior Tribunal de Justiça, da Edição n. 125 da sua ferramenta *Jurisprudência em Teses*, publicada no ano de 2019 e dedicada à responsabilidade civil por danos morais, retira-se a seguinte afirmação de número 2: "o dano moral coletivo, aferível *in re ipsa*, é categoria autônoma de dano relacionado à violação injusta e intolerável de valores fundamentais da coletividade". Como se nota, a tese afirmada menciona que os danos são presumidos ou *in re ipsa*, pelo menos em regra.

No que tange à Segunda Turma, que julgam os serviços públicos prestados por pessoas jurídicas de Direito Privado, vários acórdãos trazem o seguinte trecho de conclusão:

"O dano moral coletivo é a lesão na esfera moral de uma comunidade, isto é, a violação de direito transindividual de ordem coletiva, valores de uma sociedade atingidos do ponto de vista jurídico, de forma a envolver não apenas a dor psíquica, mas qualquer abalo negativo à moral da coletividade, pois o dano é, na verdade, apenas a consequência da lesão à esfera extrapatrimonial de uma pessoa. Há vários julgados desta Corte Superior de Justiça no sentido do cabimento da condenação por danos morais coletivos em sede de ação civil pública. Precedentes: EDcl no AgRg no AgRg no REsp 1440847/RJ, Rel. Ministro Mauro Campbell Marques, Segunda Turma, julgado em 07.10.2014, *DJe* 15.10.2014, REsp 1269494/MG, Rel. Ministra Eliana Calmon, Segunda Turma, julgado em 24.09.2013, *DJe* 1.º.10.2013; REsp 1367923/RJ, Rel. Ministro Humberto Martins, Segunda Turma, julgado em 27.08.2013, *DJe* 06.09.2013; REsp 1197654/MG, Rel. Ministro Herman Benjamin, Segunda Turma, julgado em 1.º.03.2011, *DJe* 08.03.2012" (STJ, REsp 1.397.870/MG, 2.ª Turma, Rel. Min. Mauro Campbell Marques, j. 02.12.2014, *DJe* 10.12.2014).

A reforçar a corrente que admite a reparação do dano moral coletivo naquela Corte Superior, surgiu, no ano de 2012, mais um interessante julgado, condenando instituição bancária por danos morais coletivos causados a clientes com deficiência física, uma vez que os caixas especiais foram colocados em local de difícil acesso, no primeiro andar de agência bancária. Vejamos a ementa desse importante acórdão, da lavra do então Ministro Massami Uyeda:

"Recurso especial. Dano moral coletivo. Cabimento. Artigo 6.º, VI, do Código de Defesa do Consumidor. Requisitos. Razoável significância e repulsa social. Ocorrência, na espécie. Consumidores com dificuldade de locomoção. Exigência de subir lances de escadas para atendimento. Medida desproporcional e desgastante. Indenização. Fixação proporcional. Divergência jurisprudencial. Ausência de demonstração. Recurso especial improvido. I – A dicção do artigo 6.º, VI, do Código de Defesa do Consumidor é clara ao possibilitar o cabimento de indenização por danos morais aos consumidores, tanto de ordem individual quanto coletivamente. II – Todavia, não é qualquer atentado aos interesses dos consumidores que pode acarretar dano moral difuso. É preciso que o fato transgressor seja de razoável significância e desborde os limites da tolerabilidade. Ele deve ser grave o suficiente para produzir verdadeiros sofrimentos, intranquilidade social e alterações relevantes na ordem extrapatrimonial coletiva. Ocorrência, na espécie. III – Não é razoável submeter aqueles que já possuem dificuldades de locomoção, seja pela idade, seja por deficiência física, ou por causa transitória, à situação desgastante de subir lances de escadas, exatos 23 degraus, em agência bancária que possui plena capacidade e condições de propiciar melhor forma de atendimento a tais consumidores. IV – Indenização moral coletiva fixada de forma proporcional e razoável ao dano, no importe de R$ 50.000,00 (cinquenta mil reais). (...). VI – Recurso especial improvido" (STJ, REsp 1.221.756/RJ, 3.ª Turma, Rel. Min. Massami Uyeda, j. 02.02.2012, *DJe* 10.02.2012, publicado no *Informativo* n. 490).

Conforme reconhece a última decisão, não há menor dúvida jurídica a respeito da reparação dos danos morais coletivos no âmbito das relações privadas e de consumo, diante da clara dicção do art. 6.º, inc. VI, do Código de Defesa do Consumidor.

Como última nota importante, no que diz respeito à Reforma do Código Civil, o projeto não trata dos danos coletivos, deixando o tema tratado na legislação especial, como é o Código de Defesa do Consumidor.

Superada a exposição da controvérsia e das questões atinentes aos danos morais coletivos, é importante trazer para debate os *danos sociais ou difusos*, categoria que está bem próxima dos danos morais coletivos, o que gera certa confusão categórica, especialmente na jurisprudência superior.

6. DANOS SOCIAIS OU DIFUSOS

O Professor Titular da Universidade de São Paulo, Antonio Junqueira de Azevedo, propôs, há tempos, uma nova modalidade de prejuízo reparável, o *dano social*. Para o jurista, "os danos sociais, por sua vez, são lesões à sociedade, no seu nível de vida, tanto por rebaixamento de seu patrimônio moral – principalmente a respeito da segurança – quanto por diminuição na qualidade de vida".[69] Pelas palavras transcritas, percebe-se que esses danos podem gerar repercussões materiais ou morais. Nesse ponto, diferenciam-se os danos sociais dos danos morais coletivos, pois os últimos são apenas extrapatrimoniais.

O conceito mantém relação direta com a principiologia adotada pelo Código Civil de 2002, que escolheu entre um de seus regramentos básicos a socialidade, a valorização do *nós* em detrimento do *eu*, a superação do caráter individualista e egoísta da codificação anterior. Justamente por isso, os grandes ícones privados têm importante função social, quais sejam a propriedade, o contrato, a posse, a família, a empresa e também a responsabilidade civil.

Nesse contexto, a *função social da responsabilidade civil* deve ser encarada como uma análise do instituto de acordo com o meio que o cerca, com os objetivos que as indenizações assumem perante o meio social, notadamente de sanção e de prevenção, como desenvolvido ao final do primeiro capítulo desta obra. Mais do que isso, a responsabilidade civil não pode ser desassociada da proteção da pessoa humana e da sua dignidade como valor fundamental. A respeito da influência da dignidade humana e da Constituição Federal sobre a responsabilidade civil escreve Lucas Abreu Barroso o seguinte:

"Essa imprescindível aproximação ético-ideológica da responsabilidade civil com a Constituição acresce de relevância quando facilmente verificamos que a nova codificação civil foi bastante tímida em inovações no campo do direito obrigacional, procurando manter o mais possível a sistemática e disciplinamento constantes do Código Civil de 1916. Nem por isso deixa o novo Código Civil de representar um passo adiante se comparado com o revogado estatuto congênere. Entre retrocessos e avanços, o resultado é satisfatório, mormente porque caberá à jurisprudência o papel primordial de determinar os rumos da responsabilidade civil no direito pátrio do século XXI".[70]

---

[69] AZEVEDO, Antonio Junqueira de. Por uma nova categoria de dano na responsabilidade civil: o dano social, cit., p. 374.
[70] BARROSO, Lucas Abreu. Novas fronteiras da obrigação de indenizar. In: DELGADO, Mário Luiz; ALVES, Jones Figueirêdo (Coord.). *Questões controvertidas no novo Código Civil*. São Paulo: Método, 2006. v. 5, p. 362.

A *cláusula geral de tutela da pessoa humana*, constante do art. 1.º, inc. III, da Constituição Federal de 1988, possibilita, assim, a ideia da existência de novos danos reparáveis. Ao comentar os arts. 12 e 20 do atual Código Civil, aponta Gustavo Tepedino que "os preceitos ganham, contudo, algum significado se interpretados com especificação analítica da cláusula geral de tutela da pessoa humana prevista no Texto Constitucional no art. 1.º, III (a dignidade como valor fundamental da República). A partir daí, deverá o intérprete afastar-se da ótica tipificadora seguida pelo Código Civil, ampliando a tutela da pessoa humana não apenas no sentido de contemplar novas hipóteses de ressarcimento, mas, em perspectiva inteiramente diversa, no intuito de promover a tutela da personalidade mesmo fora do rol de direitos subjetivos previstos pelo legislador codificado".[71]

Desse importante entendimento, na *IV Jornada de Direito Civil*, promovida pelo Conselho da Justiça Federal e pelo Superior Tribunal de Justiça, foi aprovado o Enunciado n. 274, prevendo que "os direitos da personalidade, regulados de maneira não exaustiva pelo Código Civil, são expressões da cláusula geral de tutela da pessoa humana, contida no art. 1.º, III, da Constituição (princípio da dignidade da pessoa humana). Em caso de colisão entre eles, como nenhum pode sobrelevar os demais, deve-se aplicar a técnica da ponderação".

O enunciado doutrinário em questão, um dos mais importantes aprovados nas *Jornadas de Direito Civil*, tem duas partes. Na primeira, admite a existência de novos direitos da personalidade, além dos constantes da codificação privada, surgindo daí a possibilidade da ocorrência de novos danos reparáveis.

Na segunda parte, determina que os direitos da personalidade podem entrar em conflito entre si e, nesse caso, deve-se socorrer à *técnica de ponderação*, muito bem desenvolvida por Robert Alexy e adotada expressamente pelo Código de Processo Civil (art. 489, § 2.º), o que constitui um dos mecanismos sintonizados com a tendência de *constitucionalização do Direito Civil*.[72] Vale lembrar que a Reforma do Código Civil, ora tramitando no Congresso Nacional, pretende incluir expressamente a técnica de ponderação na nova redação do art. 11 do Código Civil.

Pelo seu texto projetado, a *cláusula geral de tutela da pessoa humana* passará a constar do *caput* do preceito, com a seguinte redação: "os direitos da personalidade se prestam à tutela da dignidade humana, protegendo a personalidade individual de forma ampla, em todas as suas dimensões". Em continuidade, o novo § 1.º do art. 11 do CC enunciará que "os direitos e princípios expressos neste Código não excluem outros previstos no ordenamento jurídico pátrio e nos tratados internacionais dos quais o País é signatário, para a proteção de direitos nas relações privadas, e dos direitos de personalidade, inclusive em seus aspectos decorrentes do desenvolvimento tecnológico". Além de assegurar a proteção e a tutela da pessoa humana constantes em Tratados Internacionais, assegura-se que esse amparo poderá se dar no meio digital.

---

[71] TEPEDINO, Gustavo. A tutela da personalidade no ordenamento civil-constitucional brasileiro. In: TEPEDINO, Gustavo (Coord.). *Temas de Direito Civil*. Rio de Janeiro: Renovar, 2004. p. 27.

[72] ALEXY, Robert. *Teoria dos direitos fundamentais*, cit.

Além disso, reconhece-se que "os direitos da personalidade são intransmissíveis, irrenunciáveis e a limitação voluntária de seu exercício somente será admitida, quando não permanente e específica, respeitando à boa-fé objetiva e não baseada em abuso de direito de seu titular"; o que é reprodução parcial do Enunciado n. 139, aprovado na *III Jornada de Direito Civil*.

Sobre a ponderação, aqui antes citada e estudada de forma exaustiva, almeja-se um § 3.º para o art. 11 do Código Civil, *in verbis*: "a aplicação dos direitos da personalidade deve ser feita à luz das circunstâncias e exigências do caso concreto, aplicando-se a técnica da ponderação de interesses, nos termos exigidos pelo art. 489, § 2.º, da Lei n. 13.105, de 16 de março de 2015 (Código de Processo Civil)". O objetivo é a aplicação do instituto da ponderação para todos os ramos do Direito Privado, inclusive para a responsabilidade, sendo certo que, como última proposta para o dispositivo, "a tutela dos direitos de personalidade alcança, no que couber e nos limites de sua aplicabilidade, os nascituros, os natimortos e as pessoas falecidas" (§ 4.º).

Defendo não haver dúvida de que a ideia do dano social mantém relação com o importante papel assumido pela dignidade humana em sede de Direito Privado e pela tendência de reconhecer uma amplitude maior aos direitos da personalidade, como hoje se almeja. É no âmbito desses direitos imateriais que ocorrerão as aplicações práticas dos danos à sociedade.

Voltando à essência da categorização do instituto, como tentativa de dimensionamento prático, Junqueira de Azevedo discorre sobre os *comportamentos exemplares negativos*. São suas palavras: "por outro lado, mesmo raciocínio deve ser feito quanto aos atos que levam à conclusão de que não devem ser repetidos, atos negativamente exemplares – no sentido de que sobre eles cabe dizer: 'Imagine se todas as vezes fosse assim!'. Também esses atos causam um rebaixamento do nível coletivo de vida – mais especificamente na qualidade de vida".[73] Trata-se de *condutas socialmente reprováveis*, que não podem ser admitidas pelo Direito Privado.

Os exemplos podem ser pitorescos: o pedestre que joga papel no chão, o passageiro que atende ao celular no avião, a loja do aeroporto que exagera no preço em dias de caos, a pessoa que fuma próximo ao posto de combustíveis, a empresa que diminui a fórmula no medicamento, o pai que solta o balão com o seu filho. No entanto, os danos podem ser consideráveis: a metrópole que fica inundada em dias de chuva; o avião que tem problema de comunicação, o que causa um acidente aéreo de grandes proporções; os passageiros já atormentados que não têm o que comer (eis que a empresa aérea não arca com o lanche devido); o posto de combustíveis que explode; os pacientes que vêm a falecer; a casa atingida pelo balão que pega fogo. Diante dessas situações danosas que podem surgir, Junqueira de Azevedo sugere que o dano social merece punição e acréscimo dissuasório, ou didático.

---

[73] AZEVEDO, Antonio Junqueira de. Por uma nova categoria de dano na responsabilidade civil: o dano social, cit., p. 376.

Nota-se que os *danos sociais são difusos*, envolvendo direitos dessa natureza, em que as vítimas são indeterminadas ou indetermináveis. A sua reparação também consta expressamente do art. 6.º, VI, do Código de Defesa do Consumidor, que separa tais prejuízos dos danos morais individuais e coletivos.

A grande dificuldade do dano social, sem dúvida, refere-se à questão da legitimidade, ou seja, para quem deve ser destinado o valor da indenização. Junqueira de Azevedo aponta que, além do pagamento de uma indenização, deve ser destinado o valor a um fundo de proteção, de acordo com os direitos que são lesados pelos atos antissociais. Sobre esses fundos, estabelece o art. 13 da Lei da Ação Civil Pública (Lei n. 7.347/1985) que, havendo condenação em dinheiro, a indenização pelo dano causado reverterá a um fundo gerido por um Conselho Federal ou por Conselhos Estaduais de que participarão necessariamente o Ministério Público e representantes da comunidade, sendo seus recursos destinados à reconstituição dos bens lesados. Citem-se, a título de exemplo, os fundos estaduais de proteção aos consumidores e o Fundo de Amparo ao Trabalhador (FAT).

Em complemento, nos termos do § 1.º do art. 13 da Lei n. 7.347/1985, enquanto o fundo não for regulamentado, o dinheiro ficará depositado em estabelecimento oficial de crédito, em conta com correção monetária. Ademais, conforme inclusão feita pela Lei n. 12.288/2010, estabelece o § 2.º da norma que, havendo condenação com fundamento em dano causado por ato de discriminação étnica, a prestação em dinheiro reverterá diretamente ao fundo e será utilizada para ações de promoção da igualdade étnica, conforme definição do Conselho Nacional de Promoção da Igualdade Racial, na hipótese de extensão nacional, ou dos Conselhos de Promoção de Igualdade Racial estaduais ou locais, nas hipóteses de danos com extensão regional ou local, respectivamente.

No que diz respeito à possibilidade de destino do valor da indenização às instituições de caridade, o Professor Junqueira cita como seu fundamento o art. 883, parágrafo único, do Código Civil de 2002, que trata do pagamento indevido e do destino de valor para estabelecimento de beneficência. Nos termos literais do comando, "não terá direito à repetição aquele que deu alguma coisa para obter fim ilícito, imoral, ou proibido por lei. Parágrafo único. No caso deste artigo, o que se deu reverterá em favor de estabelecimento local de beneficência, a critério do juiz". A ideia, nesse sentido, é perfeita, pois, se os prejuízos atingiram toda a coletividade, em um sentido difuso, os valores de reparação devem também ser revertidos para os prejudicados, mesmo que de forma indireta, por meio dessas instituições.

Vale lembrar que a ideia, pelo menos em parte, é adotada pelo projeto de Reforma do Código Civil, com o destino da *indenização pedagógica* ou *de desestímulo* a ser fixada pelo julgador para o danos extrapatrimonial, em favor de fundos públicos destinados à proteção de interesses coletivos, ou de estabelecimento idôneo de beneficência, no local em que o dano ocorreu (proposta de novo art. 944-A, §§ 2.º a 6.º, do Código Civil).

Tendo como parâmetros todos esses entendimentos, lições e projeções, há decisões importantes, do pioneiro Tribunal de Justiça do Rio Grande do Sul, reconhecendo a reparação do dano social. O caso envolveu a fraude de um sistema de loterias, o que gerou danos à sociedade. Fixada a indenização, os valores foram revertidos a favor de uma instituição de caridade. Transcreve-se uma das ementas dessa inovadora forma de decidir, entre vários arestos:

> "Totobola. Sistema de loterias de chances múltiplas. Fraude que retirava do consumidor a chance de vencer. Ação de reparação de danos materiais e morais. Danos materiais limitados ao valor das cartelas comprovadamente adquiridas. Danos morais puros não caracterizados. Possibilidade, porém, de excepcional aplicação da função punitiva da responsabilidade civil. Na presença de danos mais propriamente sociais do que individuais, recomenda-se o recolhimento dos valores da condenação ao fundo de defesa de interesses difusos. Recurso parcialmente provido. Não há que se falar em perda de uma chance, diante da remota possibilidade de ganho em um sistema de loterias. Danos materiais consistentes apenas no valor das cartelas comprovadamente adquiridas, sem reais chances de êxito. Ausência de danos morais puros, que se caracterizam pela presença da dor física ou sofrimento moral, situações de angústia, forte estresse, grave desconforto, exposição à situação de vexame, vulnerabilidade ou outra ofensa a direitos da personalidade. Presença de fraude, porém, que não pode passar em branco. Além de possíveis respostas na esfera do Direito Penal e Administrativo, o Direito Civil também pode contribuir para orientar os atores sociais no sentido de evitar determinadas condutas, mediante a punição econômica de quem age em desacordo com padrões mínimos exigidos pela ética das relações sociais e econômicas. Trata-se da função punitiva e dissuasória que a responsabilidade civil pode, excepcionalmente, assumir, ao lado de sua clássica função reparatória/compensatória. 'O Direito deve ser mais esperto do que o torto', frustrando as indevidas expectativas de lucro ilícito, à custa dos consumidores de boa-fé. Considerando, porém, que os danos verificados são mais sociais do que propriamente individuais, não é razoável que haja uma apropriação particular de tais valores, evitando-se a disfunção alhures denominada de *overcompensation*. Nesse caso, cabível a destinação do numerário para o Fundo de Defesa de Direitos Difusos, criado pela Lei 7.347/1985, e aplicável também aos danos coletivos de consumo, nos termos do art. 100, parágrafo único, do CDC. Tratando-se de dano social ocorrido no âmbito do Estado do Rio Grande do Sul, a condenação deverá reverter para o fundo gaúcho de defesa do consumidor. Recurso parcialmente provido" (TJRS, Recurso Cível 71001281054, 1.ª Turma Recursal Cível, Turmas Recursais, Rel. Ricardo Torres Hermann, j. 12.07.2007).

Igualmente aplicando a ideia de danos sociais ou difusos, pode ser citado interessante julgado do Tribunal Regional do Trabalho da 2.ª Região, que condenou o sindicato dos metroviários de São Paulo a destinar indenização para instituição filantrópica (cestas básicas) devido a uma greve totalmente abusiva que parou a grande metrópole.

> "Greve. Metroviários. Em se tratando de serviço público de natureza essencial, como o é o transporte, a paralisação como forma de pressão atinge não só o empregador, mas a coletividade como um todo, produzindo efeitos na rotina das relações sociais, ameaçando a segurança e o bem-estar comuns e

atingindo principalmente o trabalhador que necessita do transporte público para chegar ao seu local de trabalho, único meio de sua sobrevivência. Não observância da obrigação legal, tanto de empregados quanto de empregadores e dos sindicatos, de garantirem o atendimento das necessidades inadiáveis da comunidade, durante todo o movimento. Comprovaram as partes que as negociações encontravam-se suficientemente encaminhadas para que o impasse fosse resolvido sem maiores consequências, ou, ao menos, minimizado com o recurso do funcionamento parcial dos serviços. Mas não. Preferiram o alarde, o caos, o desrespeito ao cidadão que paga seus impostos e mais uma vez arca com o prejuízo, a exemplo de outras tantas crises envolvendo não só o transporte metroviário, mas também o rodoviário e aéreo e outros segmentos de igual importância, como a saúde e a educação. Desta forma, impõe-se concluir pelo manifesto transtorno gerado pela greve, causando danos moral e material à coletividade, configurando a abusividade do movimento e impondo a responsabilização solidária dos suscitados, ante a não observância das disposições legais referidas. Fixo a indenização na entrega de 450 cestas básicas às entidades beneficentes nomeadas, no prazo de 15 dias do trânsito em julgado, sob pena de multa diária" (TRT da 2.ª Região, Dissídio coletivo de greve, Acórdão 2007001568, Rel. Sonia Maria Prince Franzini, Rev. Marcelo Freire Gonçalves, Processo 20288-2007-000-02-00-2, j. 28.06.2007, data de publicação 10.07.2007, Parte suscitante: Ministério Público do Trabalho da Segunda Região, Suscitados: Sindicato dos Trabalhadores em Empresas de Transportes Metroviários de São Paulo e Companhia do Metropolitano de São Paulo – Metrô).

A extensão do dano para a coletividade, material e imaterial, foi levada em conta para a fixação da indenização, reconhecendo-se o caráter pedagógico ou disciplinador da responsabilidade civil, com uma função de desestímulo para a repetição da conduta. Entretanto, lamenta-se o valor fixado, irrisório para as circunstâncias concretas e para o porte econômico do ofensor.

Outra ilustração similar pode envolver o sindicato de uma determinada categoria que, em ato de greve, resolve parar a cidade de São Paulo, fazendo a sua manifestação na principal avenida da cidade, em plena sexta-feira à tarde. Não se pode determinar, como no caso anterior, quais foram as pessoas prejudicadas, mas ao certo é nítida a soma de uma conduta socialmente reprovável com um prejuízo a direitos difusos, de integrantes da coletividade.

No ano de 2013, surgiu outro acórdão sobre o tema, que merece especial destaque por sua indiscutível amplitude perante toda a coletividade. O julgado, da Quarta Câmara de Direito Privado do Tribunal de Justiça de São Paulo, condenou a empresa AMIL a pagar uma indenização de R$ 1.000.000,00 a título de danos sociais, valor que deve ser destinado ao Hospital das Clínicas de São Paulo. A condenação se deu diante de reiteradas negativas de coberturas médicas, notoriamente praticadas por essa operadora de planos de saúde. Vejamos trecho de sua ementa:

"Plano de saúde. Pedido de cobertura para internação. Sentença que julgou procedente pedido feito pelo segurado, determinando que, por se tratar de situação de emergência, fosse dada a devida cobertura, ainda que dentro do prazo de carência, mantida. Dano moral. Caracterização em razão da peculiaridade de se cuidar de paciente acometido por infarto, com a recusa de atendimento e, consequentemente, procura de outro hospital em situação nitidamente aflitiva. Dano social. Contratos de seguro-saúde, a propósito de hipóteses reiteradamente analisadas e decididas. Indenização com caráter expressamente punitivo, no valor de um milhão de reais, que não se confunde com a destinada ao segurado, revertida ao Hospital das Clínicas de São Paulo. Litigância de má-fé. Configuração pelo caráter protelatório do recurso. Aplicação de multa. Recurso da seguradora desprovido e do segurado provido em parte" (TJSP, Apelação 0027158-41.2010.8.26.0564, 4.ª Câmara de Direito Privado, São Bernardo do Campo, Rel. Des. Teixeira Leite, j. julho de 2013).

Frise-se que o aresto reconheceu o dano moral individual suportado pela vítima, indenizando-a em R$ 50.000,00, em cumulação com o relevante valor mencionado, a título de danos sociais. Quanto ao último montante, consta do voto vencedor, com maestria, "que uma acentuada importância em dinheiro pode soar como alta a uma primeira vista, mas isso logo se dissipa se comparada ao lucro exagerado que a seguradora obtém negando coberturas e obrigando seus contratados, enquanto pacientes, a buscar na Justiça o que o próprio contrato lhes garante. Aliás, não só se ganha ao regatear e impor recusas absurdas, como ainda agrava o sistema de saúde pública, obrigando a busca de alternativas nos hospitais não conveniados e que cumprem missão humanitária, fazendo com que se desdobrem e gastem mais para curar doentes que possuem planos de assistência médica. Portanto, toda essa comparação permite, e autoriza, nessa demanda de um segurado, impor uma indenização punitiva de cunho social que será revertida a uma das instituições de saúde mais atuantes, o que, quem sabe, irá servir para despertar a noção de cidadania da seguradora". Tive a honra de ter sido citado no julgamento, fundamentando grande parte das suas deduções jurídicas.

O valor da indenização social foi fixado *de ofício* pelos julgadores, o que pode ocorrer em casos tais, por ser a matéria de ordem pública. Como fundamento legal para tanto, por se tratar de questão atinente a direitos dos consumidores, cite-se o art. 1.º do Código de Defesa do Consumidor, que dispõe ser a Lei n. 8.078/1990 norma de ordem pública e interesse social. Sendo assim, toda a proteção constante da Lei Consumerista pode ser reconhecida de ofício pelo julgador, inclusive o seu art. 6.º, inc. VI, que trata dos danos morais coletivos e dos danos sociais ou difusos, consagrando o *princípio da reparação integral dos danos* na ótica consumerista.

Por oportuno, anote-se que, quando da VI Jornada de Direito Civil, realizada em 2013, foi feita proposta de enunciado doutrinário com o seguinte teor: "é legítimo ao juiz reconhecer a existência de interesse coletivo amplo em ação individual, condenando o réu a pagar, a título de dano moral e em benefício coletivo, valor de desestímulo correspondente à prática lesiva reiterada de que foi vítima o autor da ação". A proposta, formulada pelo Procurador de Justiça no Rio Grande do Sul e Professor Adalberto Pasqualotto, não foi aprovada por uma pequena margem de votos, infelizmente. Apesar dessa não aprovação, acredita-se que o seu teor pode ser perfeitamente aplicável na atualidade, sendo o tema dos danos sociais uma das atuais vertentes de avanço da matéria de responsabilidade civil.

De toda sorte, já havia reiterado entendimento da Segunda Seção do Superior Tribunal de Justiça pela impossibilidade do conhecimento de ofício dos danos sociais ou difusos em demandas em curso no Juizado Especial Cível. Nos termos de um dos acórdãos em reclamação perante o Tribunal da Cidadania:

> "Na espécie, proferida a sentença pelo magistrado de piso, competia à Turma Recursal apreciar e julgar o recurso inominado nos limites da impugnação e das questões efetivamente suscitadas e discutidas no processo. Contudo, ao que se percebe, o acórdão reclamado valeu-se de argumentos jamais suscitados pelas partes, nem debatidos na instância de origem, para impor ao réu, de ofício, condenação por dano social. Nos termos do Enunciado n. 456 da *V Jornada de Direito Civil* do CJF/STJ, os danos sociais, difusos, coletivos e individuais homogêneos devem ser reclamados pelos legitimados para propor ações coletivas. Assim, ainda que o autor da ação tivesse apresentado pedido de fixação de dano social, há ausência de legitimidade da parte para pleitear, em nome próprio, direito da coletividade" (STJ, Rcl 13.200/GO, 2.ª Seção, Rel. Min. Luis Felipe Salomão, j. 08.10.2014, *DJe* 14.11.2014).

Essa posição ficava em xeque nos casos julgados por órgãos colegiados comuns, como ocorreu naquela decisão do Tribunal paulista. De todo modo, infelizmente, aquela decisão paulista foi reformada no Superior Tribunal de Justiça, no final de 2019, quanto à fixação dos danos morais coletivos, seguindo-se o entendimento de que haveria uma decisão *ultra petita,* além do que foi pedido, e citados outros precedentes, expostos a seguir. Vejam trecho da ementa:

> "Conforme jurisprudência pacífica desta Corte, é permitido ao magistrado extrair dos autos o provimento jurisdicional que mais se adeque à pretensão autoral, sanando eventual impropriedade técnica da parte autora ao formular os pedidos, o que, decerto, não o autoriza a aumentar ou cumular o pleito realizado com aqueles que sequer foram trazidos para debate e que não é decorrência lógica do primeiro, fugindo dos limites objetivos da demanda. Nos termos do Enunciado 456 da *V Jornada de Direito Civil* do CJF/STJ, os danos sociais, difusos, coletivos e individuais homogêneos devem ser reclamados pelos legitimados para propor ações coletivas" (STJ, AgInt no REsp 1.598.709/SP, 4.ª Turma, Rel. Min. Maria Isabel Gallotti, j. 10.09.2019, *DJe* 02.10.2019).

Assim, a impossibilidade de fixação dos danos sociais de ofício é realidade consolidada no âmbito do Tribunal da Cidadania, e em todas as demandas, devendo essa posição ser considerada para os demais fins práticos.

Essa realidade demonstra a necessidade de alteração do Código Civil, com a inclusão da *indenização pedagógica* ou *de desestímulo* a ser fixada pelo julgador para o danos extrapatrimonial, nos termos da proposta constante da Reforma do Código Civil (proposta de novo art. 944-A, §§ 2.º a 6.º, do Código Civil).

Partindo para outro exemplo, do ano de 2016, merece destaque *decisum* do STJ que condenou empresa de cigarro por publicidade abusiva dirigida ao público infantojuvenil. O julgado faz menção a danos morais coletivos, quando na verdade trata de danos sociais ou difusos, pois os valores são direcionados ao fundo de proteção dos direitos dos consumidores do Distrito Federal. Além dessa confusão categórica, lamenta-se a redução do *quantum debeatur*, de R$ 14.000.000,00 – conforme condenação no TJDF – para *apenas* R$ 500.000,00. Vejamos trecho da longa ementa:

> "Os fatos que ensejaram a presente demanda ocorreram anteriormente à edição e vigência da Lei n.º 10.167/2000 que proibiu, de forma definitiva, propaganda de cigarro por rádio e televisão. Com efeito, quando da veiculação da propaganda vigorava a Lei n.º 9.294/96, cuja redação original restringia entre 21h00 e 06h00 a publicidade do produto. O texto legal prescrevia, ainda, que a publicidade deveria ser ajustada a princípios básicos, não podendo, portanto, ser dirigida a crianças ou adolescentes nem conter a informação ou sugestão de que o produto pudesse trazer bem-estar ou benefício à saúde dos seus consumidores. Isso consta dos incisos II e VI do § 1.º, art. 3.º da referida lei. (...). A teor dos artigos 36 e 37 do CDC, nítida a ilicitude da propaganda veiculada. A uma, porque feriu o princípio da identificação da publicidade. A duas, porque revelou-se enganosa, induzindo o consumidor a erro porquanto se adotasse a conduta indicada pela publicidade, independente das consequências, teria condições de obter sucesso em sua vida. Além disso, a modificação do entendimento lançado no v. acórdão recorrido, o qual concluiu, após realização de contundente laudo pericial, pela caracterização de publicidade enganosa e, por conseguinte, identificou a responsabilidade da ora recorrente pelos danos suportados pela coletividade, sem dúvida demandaria a exegese do acervo fático-probatório dos autos, o que é vedado pelas Súmulas 5 e 7 do STJ. Em razão da inexistência de uma mensagem clara, direta que pudesse conferir ao consumidor a sua identificação imediata (no momento da exposição) e fácil (sem esforço ou capacitação técnica), reputa-se que a publicidade ora em debate, de fato, malferiu a redação do art. 36 do CDC e, portanto, cabível e devida a reparação dos danos morais coletivos. (...)" (STJ, REsp 1.101.949/DF, 4.ª Turma, Rel. Min. Marco Buzzi, j. 10.05.2016, *DJe* 30.05.2016).

Em outro aresto mais recente, percebe-se igualmente a confusão entre os danos morais coletivos e os danos sociais. Trata-se de caso envolvendo prejuízos causados aos consumidores de Cuiabá, Mato Grosso, por *infidelidade de bandeira* praticada por posto de combustíveis, naquela cidade. São reconhecidas, no *decisum*, a publicidade enganosa e as fraudes cometidas pelo réu:

> "O Ministério Público do Estado de Mato Grosso ajuizou ação civil pública em face de revendedor de combustível automotivo, que, em 21.01.2004, fora autuado pela Agência Nacional de Petróleo, pela prática da conduta denominada 'infidelidade de bandeira', ou seja, o ato de ostentar marca comercial de uma distribuidora (Petrobras – BR) e, não obstante, adquirir e revender produtos de outras (artigo 11 da Portaria ANP 116/2000), o que se revelou incontroverso na origem. Deveras, a conduta ilícita perpetrada pelo réu não se resumiu à infração administrativa de conteúdo meramente técnico sem amparo em qualquer valor jurídico fundamental. Ao ostentar a marca de uma distribuidora e comercializar combustível adquirido de outra, o revendedor expôs todos os consumidores à prática comercial ilícita expressamente combatida pelo código consumerista, consoante se infere dos seus artigos 30,

31 e 37, que versam sobre a oferta e a publicidade enganosa. A relevância da transparência nas relações de consumo, observados o princípio da boa-fé objetiva e o necessário equilíbrio entre consumidores e fornecedores, reclama a inibição e a repressão dos objetivos mal disfarçados de esperteza, lucro fácil e imposição de prejuízo à parte vulnerável" (STJ, REsp 1487046/MT, 4.ª Turma, Rel. Min. Luis Felipe Salomão, j. 28.03.2017, DJe 16.05.2017).

No que diz respeito aos prejuízos suportados, consta da última ementa que "o dano moral coletivo é aferível *in re ipsa*, ou seja, sua configuração decorre da mera constatação da prática de conduta ilícita que, de maneira injusta e intolerável, viole direitos de conteúdo extrapatrimonial da coletividade, revelando-se despicienda a demonstração de prejuízos concretos ou de efetivo abalo moral". Ao final, é fixada uma indenização de R$20.000,00 – mais uma vez longe do almejado fim pedagógico ou desestímulo, com o devido respeito –, destinando-se o montante ao Fundo de Defesa dos Direitos Difusos e Coletivos do Mato Grosso (STJ, REsp 1.487.046/MT, 4.ª Turma, Rel. Min. Luis Felipe Salomão, j. 28.03.2017, DJe 16.05.2017).

O destino do valor demonstra confusão entre os danos morais coletivos e os danos sociais ou difusos, pois no caso do primeiro a indenização é destinada às vítimas. Com o devido respeito, o caso parece ser de danos sociais, e não de danos morais coletivos.

Louva-se, contudo, nesse julgamento mais recente a tentativa de busca de critérios para a quantificação dos danos sociais. O Ministro Salomão utilizou-se da doutrina de Xisto Medeiros Neto, para quem a quantificação dos danos em questão reclama o exame das peculiaridades do caso concreto, sendo necessário observar: *a)* a relevância do interesse transindividual lesado; *b)* a gravidade e a repercussão da lesão; *c)* a situação econômica do ofensor e o proveito obtido com a conduta ilícita; *d)* o grau da culpa ou do dolo do agente, se presentes; e *e)* a verificação da reincidência e o grau de reprovabilidade social da conduta.[74] Penso que tais critérios servem igualmente tanto para os danos morais coletivos quanto para os danos sociais.

Em 2021, a busca de tais critérios foi repetida em outro aresto, relacionado à alienação de terrenos a consumidores de baixa renda em loteamento irregular. Houve a veiculação anterior de publicidade enganosa, sobre a existência de autorização do órgão público e de registro no Cartório de Registro de Imóveis, o que não era verdadeiro, deduzindo os julgadores pela configuração de lesão aos direito da coletividade. Vejamos a sua ementa:

> "Recurso especial. Ação civil pública. Dano moral coletivo. Alienação de terrenos a consumidores de baixa renda em loteamento irregular. Publicidade enganosa. Ordenamento urbanístico e defesa do meio ambiente ecologicamente equilibrado. Concepção objetiva do dano extrapatrimonial transindividual. 1. O dano moral coletivo caracteriza-se pela prática de conduta antijurídica que, de forma absolutamente injusta e intolerável, viola valores éticos essenciais

---

[74] MEDEIROS NETO, Xisto Tiago de. *Dano moral coletivo*. 2. ed. São Paulo: LTr, 2007. p. 163-165.

da sociedade, implicando um dever de reparação, que tem por finalidade prevenir novas condutas antissociais (função dissuasória), punir o comportamento ilícito (função sancionatório-pedagógica) e reverter, em favor da comunidade, o eventual proveito patrimonial obtido pelo ofensor (função compensatória indireta). 2. Tal categoria de dano moral – que não se confunde com a indenização por dano extrapatrimonial decorrente de tutela de direitos individuais homogêneos – é aferível *in re ipsa*, pois dimana da lesão em si a interesses essencialmente coletivos (interesses difusos ou coletivos *stricto sensu*) que 'atinja um alto grau de reprovabilidade e transborde os lindes do individualismo, afetando, por sua gravidade e repercussão, o círculo primordial de valores sociais' (REsp 1.473.846/SP, Rel. Ministro Ricardo Villas Bôas Cueva, Terceira Turma, julgado em 21.02.2017, *DJe* 24.02.2017), revelando-se despicienda a demonstração de prejuízos concretos ou de efetivo abalo à integridade psicofísica da coletividade. 3. No presente caso, a pretensão reparatória de dano moral coletivo, deduzida pelo Ministério Público estadual na ação civil pública, tem por causas de pedir a alienação de terrenos em loteamento irregular (ante a violação de normas de uso e ocupação do solo) e a veiculação de publicidade enganosa a consumidores de baixa renda, que teriam sido submetidos a condições precárias de moradia. 4. As instâncias ordinárias reconheceram a ilicitude da conduta dos réus, que, utilizando-se de ardil e omitindo informações relevantes para os consumidores/adquirentes, anunciaram a venda de terrenos em loteamento irregular – com precárias condições urbanísticas – como se o empreendimento tivesse sido aprovado pela municipalidade e devidamente registrado no cartório imobiliário competente; nada obstante, o pedido de indenização por dano moral coletivo foi julgado improcedente. 5. No afã de resguardar os direitos básicos de informação adequada e de livre escolha dos consumidores – protegendo-os, de forma efetiva, contra métodos desleais e práticas comerciais abusivas –, o CDC procedeu à criminalização das condutas relacionadas à fraude em oferta e à publicidade abusiva ou enganosa (artigos 66 e 67), tipos penais de mera conduta voltados à proteção do valor ético-jurídico encartado no princípio constitucional da dignidade humana, conformador do próprio conceito de Estado Democrático de Direito, que não se coaduna com a permanência de profundas desigualdades, tal como a existente entre o fornecedor e a parte vulnerável no mercado de consumo. 6. Nesse contexto, afigura-se evidente o caráter reprovável da conduta perpetrada pelos réus em detrimento do direito transindividual da coletividade de não ser ludibriada, exposta à oferta fraudulenta ou à publicidade enganosa ou abusiva, motivo pelo qual a condenação ao pagamento de indenização por dano extrapatrimonial coletivo é medida de rigor, a fim de evitar a banalização do ato reprovável e inibir a ocorrência de novas e similares lesões. 7. Outrossim, verifica-se que o comportamento dos demandados também pode ter violado o objeto jurídico protegido pelos tipos penais descritos na Lei 6.766/1979 (que dispõe sobre o parcelamento do solo para fins urbanos), qual seja: o respeito ao ordenamento urbanístico e, por conseguinte, a defesa do meio ambiente ecologicamente equilibrado, valor ético social – intergeracional e fundamental – consagrado pela Constituição de 1988 (artigo 225), que é vulnerado, de forma grave, pela prática do loteamento irregular (ou clandestino). 8. A quantificação do dano moral coletivo reclama o exame das peculiaridades de cada caso concreto, observando-se a relevância do interesse transindividual lesado, a gravidade e a repercussão da lesão, a situação econômica do ofensor, o proveito obtido com a conduta ilícita, o grau da culpa ou do dolo (se presente), a verificação da reincidência e o grau de reprovabilidade social (MEDEIROS NETO, Xisto Tiago de. Dano moral coletivo. 2. ed. São Paulo: LTr, 2007, p. 163-165). O *quantum* não deve destoar, contudo, dos postulados da equidade e da razoabilidade nem olvidar os fins almejados pelo sistema jurídico com a tutela dos interesses injustamente violados. 9. Suprimidas as circunstâncias específicas da lesão a direitos individuais de conteúdo extrapatrimonial, revela-se possível o emprego do método bifásico para a quantificação do dano moral coletivo a fim de garantir o arbitramento equitativo da quantia indenizatória, valorados o interesse jurídico lesado e as circunstâncias do caso. 10. Recurso especial provido para, reconhecendo o cabimento do dano moral coletivo, arbitrar a indenização em R$ 30.000,00 (trinta mil reais), com a incidência de juros de mora desde o evento danoso" (STJ, REsp 1.539.056/MG, 4.ª Turma, Rel. Min. Luis Felipe Salomão, j. 06.04.2021, *DJe* 18.05.2021).

Para encerrar os exemplos sobre os danos sociais, merece destaque acórdão da mesma Corte Superior, publicada no seu *Informativo* n. 618, segundo o qual "a conduta de emissora de televisão que exibe quadro que, potencialmente, poderia criar situações discriminatórias, vexatórias, humilhantes às crianças e aos adolescentes configura lesão ao direito transindividual da coletividade e dá ensejo à indenização por dano moral coletivo". Nota-se mais uma vez a utilização do termo *dano moral coletivo*, quando o certo seria falar em dano social, pois toda a coletividade foi atingida.

Trata-se de condenação da TV e Rádio Jornal do Commercio Ltda., de Pernambuco, pelo programa *Bronca Pesada*, veiculado pela emissora local, apresentado pelo jornalista e radialista Cardinot. Em tal programa policialesco, um quadro denominado "Investigação de Paternidade", em que a dignidade de crianças e adolescentes era atingida por falas do apresentador. Consta dos autos que "o citado apresentador expunha os menores 'ao ridículo por não ter a paternidade reconhecida e, ato contínuo, os menosprezava dizendo ser filho de *tiquim,* não apenas expondo-os à discriminação e à crueldade do escárnio público, como também, e até mais propriamente, induzindo, incentivando e veiculando novas formas de discriminação social, pela difusão de expressões de baixo nível vestidas com o manto da comédia". Reconheceu-se, assim, a presença de um *bullying* coletivo.

A ementa do *decisum*, de conteúdo trágico, porém elucidativo do ponto de vista técnico-jurídico – especialmente pelo fato de mencionar a presença de danos presumidos –, foi publicada da seguinte forma:

"Recurso especial. Ação civil pública. Dignidade de crianças e adolescentes ofendida por quadro de programa televisivo. Dano moral coletivo. Existência. 1. O dano moral coletivo é aferível *in re ipsa*, ou seja, sua configuração decorre da mera constatação da prática de conduta ilícita que, de maneira injusta e intolerável, viole direitos de conteúdo extrapatrimonial da coletividade, revelando-se despicienda a demonstração de prejuízos concretos ou de efetivo abalo moral. Precedentes. 2. Na espécie, a emissora de televisão exibia programa vespertino chamado 'Bronca Pesada', no qual havia um quadro que expunha a vida e a intimidade de crianças e adolescentes cuja origem biológica era objeto de investigação, tendo sido cunhada, inclusive, expressão extremamente pejorativa para designar tais hipervulneráveis. 3. A análise da configuração do dano moral coletivo, na espécie, não reside na identificação de seus telespectadores, mas sim nos prejuízos causados a toda a sociedade, em virtude da vulnerabilização de crianças e adolescentes, notadamente daqueles que tiveram sua origem biológica devassada e tratada de forma jocosa, de modo a, potencialmente, torná-los alvos de humilhações e chacotas pontuais ou, ainda, da execrável violência conhecida por *bullying*. 4. Como de sabença, o artigo 227 da Constituição da República de 1988 impõe a todos (família, sociedade e Estado) o dever de assegurar às crianças e aos adolescentes, com absoluta prioridade, o direito à dignidade e ao respeito e de lhes colocar a salvo de toda forma de discriminação, violência, crueldade ou opressão. 5. No mesmo sentido, os artigos 17 e 18 do ECA consagram a inviolabilidade da integridade física, psíquica e moral das crianças e dos adolescentes, inibindo qualquer tratamento vexatório ou constrangedor, entre outros. 6. Nessa perspectiva, a conduta da emissora de televisão – ao exibir quadro que, potencialmente, poderia criar situações discriminatórias, vexatórias, humilhantes às crianças e aos adolescentes – traduz flagrante dissonância com a proteção universalmente conferida às pessoas em franco desenvolvimento físico, mental, moral, espiritual e social, donde se extrai a evidente intolerabilidade da lesão ao direito transindividual da coletividade, configurando-se, portanto, hipótese de dano moral coletivo indenizável, razão pela qual não merece reforma o acórdão recorrido. 7. *Quantum* indenizatório arbitrado em R$ 50.000,00 (cinquenta mil reais). Razoabilidade e proporcionalidade reconhecidas. 8. Recurso especial não provido" (STJ, REsp 1.517.973/PE, 4.ª Turma, Rel. Min. Luis Felipe Salomão, j. 16.11.2017, *DJe* 1.º.02.2018).

Lamenta-se novamente apenas o valor que foi fixado a título de reparação, que poderia ser bem maior para atender à função social da responsabilidade civil e ao caráter pedagógico dos danos sociais. Destaque-se que, em segunda instância, o Tribunal de Pernambuco havia fixado a indenização em R$1.000.000,00, o que, em minha opinião, deveria ter sido mantido.

Demonstrada a confusão entre os institutos e com o fito de esclarecer o estudo de tais categorias coletivas de danos, pode ser elaborado o seguinte quadro para diferenciar os danos morais coletivos dos danos sociais:

Danos morais coletivos	Danos sociais ou difusos
Atingem vários direitos da personalidade.	Causam um rebaixamento no nível de vida da coletividade (Junqueira).
Direitos individuais homogêneos ou coletivos em sentido estrito – vítimas determinadas ou determináveis.	Direitos difusos – vítimas indeterminadas. Toda a sociedade é vítima da conduta.
Indenização é destinada para as próprias vítimas.	Indenização para um fundo de proteção ou instituição de caridade.

Como palavras finais deste tópico, pontue-se que não há qualquer óbice para a cumulação dos danos morais coletivos e dos danos sociais ou difusos em uma mesma ação. Isso foi reconhecido pela Quarta Turma do Superior Tribunal de Justiça, no julgamento do Recurso Especial 1.293.606/MG, em setembro de 2014. Conforme o Relator Ministro Luis Felipe Salomão, "as tutelas pleiteadas em ações civis públicas não são necessariamente puras e estanques. Não é preciso que se peça, de cada vez, uma tutela referente a direito individual homogêneo, em outra ação uma de direitos coletivos em sentido estrito e, em outra, uma de direitos difusos, notadamente em se tratando de ação manejada pelo Ministério Público, que detém legitimidade ampla no processo coletivo. Isso porque, embora determinado direito não possa pertencer, a um só tempo, a mais de uma categoria, isso não implica dizer que, no mesmo cenário fático ou jurídico conflituoso, violações simultâneas de direitos de mais de uma espécie não possam ocorrer".

Nota-se, portanto, que não são apenas os danos individuais que admitem cumulação.

7. DANOS POR PERDA DE UMA CHANCE

Está estabilizado na doutrina e na jurisprudência nacional o reconhecimento dos danos decorrentes da perda de uma chance. Na doutrina brasileira, destacam-se três importantes trabalhos, publicados pelos juristas Sérgio Savi, Rafael Peteffi da Silva e Daniel Carnaúba.[75] Também no âmbito doutrinário, consigne-se que na *V Jornada de Direito Civil*, realizada em novembro de 2011, foi aprovado enunciado doutrinário, proposto por Rafael Peteffi, admitindo a sua ampla reparação, como dano material ou imaterial (Enunciado n. 444).

A perda de uma chance está caracterizada quando a pessoa vê frustrada uma expectativa, uma oportunidade futura, que, dentro da lógica do razoável, ocorreria se as coisas seguissem o seu curso normal. A partir dessa ideia, como expõem os autores citados, essa chance deve ser séria e real. As lições de Rafael Peteffi merecem destaque:

> "A teoria da perda de uma chance encontra o seu limite no caráter de certeza que deve apresentar o dano reparável. Assim, para que a demanda do réu seja digna de procedência, a chance por este perdida deve representar muito mais do que simples esperança subjetiva. Como bem apontou Jacques Boré, pode-se imaginar um paciente vitimado por uma doença incurável, mas que ainda mantenha as esperanças de sobreviver. Objetivamente, todavia, não existe qualquer chance apreciável de cura. A propósito, 'a observação da seriedade e da realidade das chances perdidas é o critério mais utilizado pelos tribunais franceses para separar os danos potenciais e prováveis e, portanto, indenizáveis dos danos puramente eventuais e hipotéticos cuja reparação deve ser rechaçada'. Os ordenamentos da *Common Law* também demonstraram a sua preocupação em evitar demandas levianas, exigindo a demonstração da

---

[75] Vejamos as fontes desses três trabalhos, de referência na doutrina brasileira: SAVI, Sérgio. *Responsabilidade civil por perda de uma chance*. São Paulo: Atlas, 2006; SILVA, Rafael Peteffi da. *Responsabilidade civil pela perda de uma chance*. São Paulo: Atlas, 2007; CARNAÚBA, Daniel Amaral. *Responsabilidade civil por perda de uma chance*. A álea e a técnica. São Paulo: GEN/Método, 2013.

seriedade das chances perdidas. Em *Hotson v. Fitzgerald*, o voto vencedor requeria a existência da perda de uma chance 'substancial'. A decisão citada, com rara ousadia, chega a afirmar que as demandas das vítimas que perderam menos de vinte e cinco por cento de chances de auferir a vantagem esperada devem ser encaradas com rigor redobrado, já que demandas de natureza especulativa não devem ser encorajadas".[76]

Em apresentação ao trabalho de Rafael Peteffi, ensina Judith Martins-Costa que os critérios para a perda de uma chance "partem da constatação da existência de 'chances sérias e reais', pois 'a teoria da perda de uma chance encontra o seu limite no caráter de certeza que deve apresentar o dano reparável'. Por essa razão, a chance perdida deve representar 'muito mais que uma simples esperança subjetiva', cabendo ao réu a sua prova e ao juiz o dever de averiguar quão foi efetivamente perdida a chance com base na ciência estatística, recorrendo ao auxílio de perícia técnica. Além do mais, a sua quantificação segue uma regra fundamental – obedecida também nas espécies de dano moral pela *perte d'une chance* –, qual seja: a reparação da chance perdida pela vítima, não devendo ser igualada à vantagem em que teria resultado esta chance, caso ela tivesse se realizado, pois nunca a chance esperada é igual a certeza realizada".[77]

Buscando critérios para a aplicação da teoria e seguindo o modelo italiano, que tende à objetividade, Sérgio Savi leciona que a perda da chance estará caracterizada quando a probabilidade da oportunidade for superior a 50%).[78] Sendo assim, para que se efetive a reparação, entram em cena a estatística e a perícia técnica, a fim de determinar se a chance perdida é mesmo séria e real.

Em sentido oposto, Rafael Peteffi, na linha dos franceses, entende que não cabe a busca de percentuais fixos para a determinação da chance reparável. Por isso, o teor da sua proposta aprovada na *V Jornada de Direito Civil*, por meio do Enunciado doutrinário n. 444, *in verbis*: "A responsabilidade civil pela perda de chance não se limita à categoria de danos extrapatrimoniais, pois, conforme as circunstâncias do caso concreto, a chance perdida pode apresentar também a natureza jurídica de dano patrimonial. A chance deve ser séria e real, não ficando adstrita a percentuais aprioristicos". Além do destaque ao trecho final da ementa, nota-se que a sua primeira parte acaba por reconhecer que os danos por perda de uma chance têm autonomia com os danos materiais e morais.

Partindo para a exemplificação, para Regina Beatriz Tavares da Silva, o corredor Vanderlei Cordeiro de Lima sofreu essa perda irreparável na Olimpíada de Atenas (2004), ao ser barrado pelo misterioso Cornelius Horan, na prova da maratona, que encerrou o evento:

"Bem diferente esse exemplo do caso sob análise, em que se evidencia a perda de uma chance. Como dizem os doutrinadores franceses, a reparação

---

[76] SILVA, Rafael Peteffi da. *Responsabilidade civil pela perda de uma chance*, cit., p. 134.
[77] MARTINS-COSTA, Judith. Apresentação à obra de Rafael Peteffi da Silva. *Responsabilidade civil pela perda de uma chance*, cit., p. XX.
[78] SAVI, Sérgio. *Responsabilidade civil por perda de uma chance*, cit., p. 33.

da 'pert d'une chance' fundamenta-se numa probabilidade e numa certeza: a probabilidade de que haveria o ganho e a certeza de que da vantagem perdida resultou um prejuízo (Caio Mário da Silva Pereira, ob. cit., p. 42). A certeza da perda da chance é tanto maior quanto mais o dano esteja próximo da ação ilícita. Bem próximo do evento lesivo estava o dano futuro no caso apresentado. O atleta brasileiro não era um simples coelho, assim chamado aquele que dispara na frente numa corrida de longa distância para atrapalhar os adversários de um determinado competidor ou somente porque não tem o treinamento exigido para evoluir na corrida com o ritmo adequado. Vanderlei havia se submetido a treinamento rigoroso, de cerca de quatro anos voltados à Olimpíada; sua *performance* na parte final da prova demonstrava ser um verdadeiro atleta; mesmo após a violência sofrida, voltou à prova e terminou em terceiro lugar".[79]

De fato, Vanderlei Cordeiro de Lima acabou ganhando apenas a medalha de bronze naquela ocasião. Todavia, posteriormente, veio a receber a medalha Barão *Pierre de Coubertin,* a maior honraria olímpica. Em 2016, o corredor foi o incumbido de acender a pira olímpica no Rio de Janeiro, outra grande honraria. Fica a dúvida: o corredor Vanderlei mais perdeu ou ganhou com o evento? A pergunta coloca em dúvida a essência da perda da chance, como se verá a seguir.

Na jurisprudência, a indenização pela chance perdida foi anteriormente adotada pelo extinto Segundo Tribunal de Alçada Civil do Estado de São Paulo, em um dos primeiros precedentes estaduais sobre o assunto. No caso em questão, um advogado foi condenado a pagar indenização por danos morais a um cliente por ter ingressado intempestivamente com uma ação trabalhista. Vejamos o teor da ementa do julgado:

"Mandato. Indenização. Dano moral. Advogado. Ajuizamento intempestivo de ação trabalhista para a qual havia sido contratado. Hipótese de perda de uma chance para o cliente. Desídia profissional. Caracterização. Cabimento. Advogado que, contratado para ajuizar reclamação trabalhista, não o faz a tempo, causando ao seu contratante a perda da chance de que seu pleito fosse conhecido, responde pelo prejuízo moral decorrente de sua conduta desidiosa" (2.º TACSP, Ap. c/ Rev. 648.037-00/9, 5.ª Câmara, Rel. Juiz Dyrceu Cintra, j. 11.12.2002).

Na mesma esteira, existem outros acórdãos responsabilizando advogados pela perda da chance de seus clientes, havendo a *perda de oportunidade de vitória judicial.* Compartilhando dessa ideia, pode ser transcrita a seguinte ementa do Tribunal de Justiça de Rio Grande do Sul:

"Apelação cível. Responsabilidade civil. Perda de uma chance. Advogado. Mandato. Decisiva contribuição para o insucesso em demanda indenizatória. Dever de indenizar caracterizado. Tendo a advogada, contratada para a propositura e acompanhamento de demanda indenizatória por acidente de

---

[79] TAVARES DA SILVA, Regina Beatriz. Perda de uma chance. Disponível em: <www.flaviotartuce.adv.br>. Artigos de convidados. Acesso em: 26 maio 2017.

trânsito, deixado de atender o mandante durante o transcorrer da lei, abandonando a causa sem atender às intimações nem renunciando ao mandato, contribuindo de forma decisiva pelo insucesso do mandante na demanda, deve responder pela perda da chance do autor de obtenção da procedência da ação indenizatória. Agir negligente da advogada que ofende o art. 1.300 do CCB/1916" (TJRS, Apelação Cível 70005473061, 9.ª Câmara Cível, Rel. Adão Sérgio do Nascimento Cassiano, j. 10.12.2003).

Anote-se que a aplicação da tese da perda da chance aos advogados chegou ao Superior Tribunal de Justiça (STJ, AgRg-Ag 932.446/RS, Processo 2007/0167882-9, 3.ª Turma, Rel. Min. Fátima Nancy Andrighi, j. 06.12.2007, *DJU* 18.12.2007, p. 274). Posteriormente, foi publicado o seguinte acórdão no *Informativo* n. 456 do STJ, em que se analisam os limites para a aplicação da teoria da perda da chance com relação ao advogado:

"Responsabilidade civil. Advogado. Perda. Chance. A teoria de perda de uma chance (*perte d'une chance*) dá suporte à responsabilização do agente causador, não de dano emergente ou lucros cessantes, mas sim de algo que intermedeia um e outro: a perda da possibilidade de buscar posição jurídica mais vantajosa que muito provavelmente alcançaria se não fosse o ato ilícito praticado. Dessa forma, se razoável, séria e real, mas não fluida ou hipotética, a perda da chance é tida por lesão às justas expectativas do indivíduo, então frustradas. Nos casos em que se reputa essa responsabilização pela perda de uma chance a profissionais de advocacia em razão de condutas tidas por negligentes, diante da incerteza da vantagem não experimentada, a análise do juízo deve debruçar-se sobre a real possibilidade de êxito do processo eventualmente perdida por desídia do causídico. Assim, não é só porque perdeu o prazo de contestação ou interposição de recurso que o advogado deve ser automaticamente responsabilizado pela perda da chance, pois há que ponderar a probabilidade, que se supõe real, de que teria êxito em sagrar seu cliente vitorioso. Na hipótese, de perda do prazo para contestação, a pretensão foi de indenização de supostos danos materiais individualizados e bem definidos na inicial. Por isso, possui causa de pedir diversa daquela acolhida pelo tribunal *a quo*, que, com base na teoria da perda de uma chance, reconheceu presentes danos morais e fixou o *quantum* indenizatório segundo seu livre-arbítrio. Daí é forçoso reconhecer presente o julgamento *extra petita*, o que leva à anulação do acórdão que julgou a apelação. Precedentes citados: REsp 1.079.185/MG, *DJe* 04.08.2009, e REsp 788.459/BA, *DJ* 13.03.2006" (STJ, REsp 1.190.180/RS, Rel. Min. Luis Felipe Salomão, j. 16.11.2010).

Na seara médica, o pioneiro Tribunal do Rio Grande do Sul responsabilizou um hospital por morte de recém-nascido, havendo a *perda de chance de viver*:

"Responsabilidade civil. Preliminar. Hospital. Legitimidade passiva. Morte de recém-nascido. Médica. Imprudência. Culpa caracterizada. Danos morais. Ocorrência. *Quantum*. Manutenção. Em caso de ação indenizatória por erro médico é o hospital parte legítima para figurar no polo passivo da ação quando o atendimento é feito pelo SUS, que o remunera para tal, máxime quando a escolha da plantonista parte de seu corpo clínico. Preliminar rejeitada. No mérito, trata-se de ação de indenização por erro médico que resultou na morte de recém-nascido. Situação em que restou evidente a imprudência praticada pela profissional que optou por aguardar o agravamento de uma situação que já era grave para realizar a cesariana. Aplicável ao caso, ainda, a teoria da perda de uma chance, oriunda do direito francês, pela qual, se a cesariana tivesse sido realizada logo, talvez o nefasto evento morte não ocorresse. Os danos são evidentes, pois estão *in re ipsa*, isto é, estão intrínsecos à própria ocorrência do evento danoso. O valor da indenização arbitrado em primeiro grau, sopesadas as peculiaridades do caso concreto e os parâmetros balizados pela Câmara, deve ser mantido" (TJRS, Processo 70013036678, 10.ª Câmara Cível, Caxias do Sul, Rel. Juiz Luiz Ary Vessini de Lima, j. 22.12.2005).

Ainda na área médica, há ampla invocação da teoria, principalmente nos casos de *perda da chance de cura*, pelo emprego de uma técnica malsucedida pelo profissional da área de saúde. Importante julgado do Superior Tribunal de Justiça analisou a questão, em acórdão com a seguinte publicação:

"A teoria da perda de uma chance pode ser utilizada como critério para a apuração de responsabilidade civil ocasionada por erro médico na hipótese em que o erro tenha reduzido possibilidades concretas e reais de cura de paciente que venha a falecer em razão da doença tratada de maneira inadequada pelo médico. De início, pode-se argumentar ser impossível a aplicação da teoria da perda de uma chance na seara médica, tendo em vista a suposta ausência de nexo causal entre a conduta (o erro do médico) e o dano (lesão gerada pela perda da vida), uma vez que o prejuízo causado pelo óbito da paciente teve como causa direta e imediata a própria doença, e não o erro médico. Assim, alega-se que a referida teoria estaria em confronto claro com a regra insculpida no art. 403 do CC, que veda a indenização de danos indiretamente gerados pela conduta do réu. Deve-se notar, contudo, que a responsabilidade civil pela perda da chance não atua, nem mesmo na seara médica, no campo da mitigação do nexo causal. A perda da chance, em verdade, consubstancia uma modalidade autônoma de indenização, passível de ser invocada nas hipóteses em que não se puder apurar a responsabilidade direta do agente pelo dano final. Nessas situações, o agente não responde pelo resultado para o qual sua conduta pode ter contribuído, mas apenas pela chance de que ele privou a paciente. A chance em si – desde que seja concreta, real, com alto grau de probabilidade de obter um benefício ou de evitar um prejuízo – é considerada um bem autônomo e perfeitamente reparável. De tal modo, é direto o nexo causal entre a conduta (o erro médico) e o dano (lesão gerada pela perda de bem jurídico autônomo: a chance). Inexistindo, portanto, afronta à regra inserida no art. 403 do CC, mostra-se aplicável a teoria da perda de uma chance aos casos em que o erro médico tenha reduzido chances concretas e reais que poderiam ter sido postas à disposição da paciente" (STJ, REsp 1.254.141/PR, Rel. Min. Nancy Andrighi, j. 04.12.2012, publicado no seu *Informativo* n. 513).

Em outro campo, o Tribunal de Justiça do Rio Grande do Sul igualmente responsabilizou um curso preparatório para concursos públicos que assumiu o compromisso de transportar o aluno até o local da prova. Entretanto, houve atraso no transporte, o que gerou a *perda da chance de disputa em concurso público*, surgindo daí o dever de indenizar. Vejamos:

> "Ação de indenização. Autor que contratou com a demandada serviços de ensino nos quais incluído transporte para realização de concurso público. Atraso decorrente de má prestação dos serviços, que importou em perda de horário para ingresso no prédio onde se realizariam as provas. Perda de uma chance configurada. Indenização arbitrada com moderação. Responsabilidade da recorrente firmada em razão de ter sido através dela promovida a contratação do transporte. Recurso improvido. Sentença confirmada por seus próprios fundamentos" (TJRS, Processo 71000889238, 2.ª Turma Recursal Cível, Cruz Alta, Rel. Juiz Clovis Moacyr Mattana Ramos, j. 07.06.2006).

De toda sorte, em caso também envolvendo concurso público, o Superior Tribunal de Justiça entendeu pela não incidência da teoria, pois a chance do candidato que teve a sua expectativa frustrada não era séria e real. Vejamos a ementa publicada no recente *Informativo* n. 466 daquele Tribunal:

> "Teoria. Perda. Chance. Concurso. Exclusão. A Turma decidiu não ser aplicável a teoria da perda de uma chance ao candidato que pleiteia indenização por ter sido excluído do concurso público após reprovação no exame psicotécnico. De acordo com o Ministro Relator, tal teoria exige que o ato ilícito implique perda da oportunidade de o lesado obter situação futura melhor, desde que a chance seja real, séria e lhe proporcione efetiva condição pessoal de concorrer a essa situação. No entanto, salientou que, *in casu*, o candidato recorrente foi aprovado apenas na primeira fase da primeira etapa do certame, não sendo possível estimar sua probabilidade em ser, além de aprovado ao final do processo, também classificado dentro da quantidade de vagas estabelecidas no edital" (STJ, AgRg no REsp 1.220.911/RS, Rel. Min. Castro Meira, j. 17.03.2011).

Igualmente em sede de Superior Tribunal de Justiça, a teoria da perda de uma chance, supostamente, foi aplicada em conhecido julgado envolvendo o programa "Show do Milhão", do SBT. Trata-se do precedente superior mais citado nos meios acadêmicos e obras sobre o tema.

Uma participante do programa, originária do Estado da Bahia, chegou à última pergunta, a "pergunta do milhão", que, se respondida corretamente, geraria o prêmio de um milhão de reais. A pergunta então formulada foi a seguinte: "A Constituição reconhece direitos dos índios de quanto do território brasileiro? 1) 22%; 2) 2%; 3) 4% ou 4) 10%".

A participante não quis responder à questão, levando R$ 500 mil como prêmio. Mas, na verdade, a Constituição Federal não trata de tal reserva, tendo a participante constatado que a pergunta formulada estava totalmente errada. Foi então a juízo requerendo os outros R$ 500 mil, tendo obtido êxito em primeira e segunda instâncias, ação que teve curso no Tribunal de Justiça da Bahia. O Tribunal da Cidadania confirmou em parte as decisões anteriores, reduzindo o valor para R$ 125 mil, ou seja, os R$ 500 mil divididos pelas quatro assertivas, sendo essa a sua real chance de acerto. Eis a ementa do julgado:

"Recurso especial. Indenização. Impropriedade de pergunta formulada em programa de televisão. Perda da oportunidade. 1. O questionamento, em programa de perguntas e respostas, pela televisão, sem viabilidade lógica, uma vez que a Constituição Federal não indica percentual relativo às terras reservadas aos índios, acarreta, como decidido pelas instâncias ordinárias, a impossibilidade da prestação por culpa do devedor, impondo o dever de ressarcir o participante pelo que razoavelmente haja deixado de lucrar, pela perda da oportunidade. 2. Recurso conhecido e, em parte, provido" (STJ, REsp 788.459/BA, 4.ª Turma, Rel. Min. Fernando Gonçalves, j. 08.11.2005, *DJ* 13.03.2006, p. 334).

Com o devido respeito, penso que o cálculo da indenização foi feito de forma equivocada. Em um primeiro momento, o julgado deveria ter analisado qual seria a chance de acertar a questão que, de forma simples, seria de 25%. Como não se trata de chance séria e real, na minha visão, a indenização deveria ser afastada.

Do ano de 2012 cumpre destacar outra decisão do STJ, que responsabilizou rede de supermercados pela chance perdida de consumidora em ganhar prêmio anunciado em campanha publicitária. Vejamos a didática publicação no *Informativo* n. 495 da Corte:

"Danos materiais. Promoção publicitária de supermercado. Sorteio de casa. Teoria da perda de uma chance. A Turma, ao acolher os embargos de declaração com efeitos modificativos, deu provimento ao agravo e, de logo, julgou parcialmente provido o recurso especial para condenar o recorrido (supermercado) ao pagamento de danos materiais à recorrente (consumidora), em razão da perda de uma chance, uma vez que não lhe foi oportunizada a participação em um segundo sorteio de uma promoção publicitária veiculada pelo estabelecimento comercial no qual concorreria ao recebimento de uma casa. Na espécie, a promoção publicitária do supermercado oferecia aos concorrentes novecentos vales-compra de R$ 100,00 e trinta casas. A recorrente foi sorteada e, ao buscar seu prêmio – o vale-compra –, teve conhecimento de que, segundo o regulamento, as casas seriam sorteadas àqueles que tivessem sido premiados com os novecentos vales-compras. Ocorre que o segundo sorteio já tinha sido realizado sem a sua participação, tendo sido as trinta casas sorteadas entre os demais participantes. De início, afastou a Ministra Relatora a reparação por dano moral sob o entendimento de que não houve publicidade enganosa. Segundo afirmou, estava claro no bilhete do sorteio que seriam sorteados 930 ganhadores – novecentos receberiam vales-compra no valor de R$ 100,00, e outros trinta, casas na importância de R$ 40.000,00, a ser depositado em caderneta de poupança. Por sua vez, reputou devido o ressarcimento pelo dano material, caracterizado pela perda da chance da recorrente de concorrer entre os novecentos participantes a uma das trinta casas em disputa. O acórdão reconheceu o fato incontroverso de que a recorrente não foi comunicada pelos promotores do evento e sequer recebeu o bilhete para participar do segundo sorteio, portanto ficou impedida de concorrer, efetivamente, a uma das trinta casas. Conclui-se, assim, que a reparação deste dano material deve corresponder ao pagamento do valor de 1/30 do prêmio, ou seja, 1/30 de R$ 40.000,00, corrigidos à época do segundo sorteio" (STJ, EDcl no AgRg no Ag 1.196.957/DF, Rel. Min. Maria Isabel Gallotti, j. 10.04.2012).

Como outra ilustração interessante, do ano de 2018, transcreve-se didática ementa do STJ que reconheceu indenização em favor de investidor que perdeu ganhos em relação a ações de determinado banco, pois foram vendidas sem a sua autorização em dia anterior à sua valorização no mercado acionário:

"Recurso especial. Ações em bolsa de valores. Venda promovida sem autorização do titular. Responsabilidade civil. Perda de uma chance. Dano consistente na impossibilidade de negociação das ações com melhor valor, em momento futuro. Indenização pela perda da oportunidade. 1. 'A perda de uma chance é técnica decisória, criada pela jurisprudência francesa, para superar as insuficiências da responsabilidade civil diante das lesões a interesses aleatórios. Essa técnica trabalha com o deslocamento da reparação: a responsabilidade retira sua mira da vantagem aleatória e, naturalmente, intangível, e elege a chance como objeto a ser reparado' (CARNAÚBA, Daniel Amaral. A responsabilidade civil pela perda de uma chance: a técnica na jurisprudência francesa. In: *Revista dos Tribunais*, São Paulo, n. 922, ago. 2012). 2. Na configuração da responsabilidade pela perda de uma chance não se vislumbrará o dano efetivo mencionado, sequer se responsabilizará o agente causador por um dano emergente, ou por eventuais lucros cessantes, mas por algo intermediário entre um e outro, precisamente a perda da possibilidade de se buscar posição mais vantajosa, que muito provavelmente se alcançaria, não fosse o ato ilícito praticado. 3. No lugar de reparar aquilo que teria sido (providência impossível), a reparação de chances se volta ao passado, buscando a reposição do que foi. É nesse momento pretérito que se verifica se a vítima possuía uma chance. É essa chance, portanto, que lhe será devolvida sob a forma de reparação. 4. A teoria da perda de uma chance não se presta a reparar danos fantasiosos, não servindo ao acolhimento de meras expectativas, que pertencem tão somente ao campo do íntimo desejo, cuja indenização é vedada pelo ordenamento jurídico, mas sim um dano concreto (perda de probabilidade). A indenização será devida, quando constatada a privação real e séria de chances, quando detectado que, sem a conduta do réu, a vítima teria obtido o resultado desejado. 5. No caso concreto, houve venda de ações sem a autorização do titular, configurando o ato ilícito. O dano suportado consistiu exatamente na perda da chance de obter uma vantagem, qual seja a venda daquelas ações por melhor valor. Presente, também, o nexo de causalidade entre o ato ilícito (venda antecipada não autorizada) e o dano (perda da chance de venda valorizada), já que a venda pelo titular das ações, em momento futuro, por melhor preço, não pode ocorrer justamente porque os papéis já não estavam disponíveis para serem colocados em negociação. 6. Recurso especial a que se nega provimento" (STJ, REsp 1.540.153/RS, 4.ª Turma, Rel. Min. Luis Felipe Salomão, j. 17.04.2018, *DJe* 06.06.2018).

Como outra importante concreção da perda da chance, em hipótese fática muito próxima ao caso do "Show do Milhão", em 2019, a Terceira Turma do Superior Tribunal de Justiça indenizou ex-participante do programa *Amazônia*, da TV Record, que foi excluído injustamente por uma falha da contagem da pontuação. Foi mantida a condenação de segunda instância, por danos materiais pela perda da chance, em R$ 125 mil, valor que corresponderia a 25% do total do prêmio de R$ 500 mil. Além disso, foi fixada uma indenização de R$ 25 mil pelos danos morais. Vejamos a ementa do *decisum*:

> "Recurso especial. Responsabilidade civil. Ação de indenização por danos. *Reality show*. Fase semifinal. Contagem dos pontos. Erro. Eliminação. Ato ilícito. Indenização. Dano material. Perda de uma chance. Cabimento. Danos morais demonstrados. (...). 2. Cinge-se a controvérsia a discutir o cabimento de indenização por perda de uma chance na hipótese em que participante de *reality show* é eliminado da competição por equívoco cometido pelos organizadores na contagem de pontos. 3. A teoria da perda de uma chance tem por objetivo reparar o dano decorrente da lesão de uma legítima expectativa que não se concretizou porque determinado fato interrompeu o curso normal dos eventos e impediu a realização do resultado final esperado pelo indivíduo. 4. A reparação das chances perdidas tem fundamento nos artigos 186 e 927 do Código Civil de 2002 e é reforçada pelo princípio da reparação integral dos danos, consagrado no art. 944 do CC/2002. 5. Deve ficar demonstrado que a chance perdida é séria e real, não sendo suficiente a mera esperança ou expectativa da ocorrência do resultado para que o dano seja indenizado. 6. Na presente hipótese, o Tribunal de origem demonstrou que ficaram configurados os requisitos para reparação por perda de uma chance, tendo em vista (i) a comprovação de erro na contagem de pontos na rodada semifinal da competição, o que tornou a eliminação do autor indevida, e (ii) a violação das regras da competição que asseguravam a oportunidade de disputar rodada de desempate. 7. O acolhimento da pretensão recursal, no sentido de afastar a indenização por danos morais ou de reduzir o valor arbitrado, demandaria o revolvimento do acervo fático-probatório dos autos (Súmula n.º 7/STJ). 8. O montante arbitrado a título de indenização por danos morais (R$ 25.000,00 – vinte e cinco mil reais) encontra-se em conformidade com os parâmetros adotados por esta Corte, não se mostrando excessivo diante das particularidades do caso concreto. 9. Recursos especiais não providos" (STJ, REsp 1.757.936/SP, 3.ª Turma, Rel. Min. Ricardo Villas Bôas Cueva, j. 20.08.2019).

Como outro exemplo importante mais atual, do ano de 2022, cite-se o aresto da Terceira Turma do STJ, que afastou a responsabilização pela perda de chance no caso de uma empresa que deixou de apresentar seus livros societários em prazo hábil, a fim de subsidiar impugnação de alegada doação inoficiosa por um de seus sócios. Entendeu-se não restar comprovado o nexo de causalidade entre o extravio dos livros e as chances de vitória na demanda judicial. Nos seus exatos termos, "os pressupostos para o reconhecimento da responsabilidade civil por perda de uma chance foram bem sintetizados no acórdão recorrido: 'no caso concreto, para que se possa indenizar a chance perdida do ajuizamento de ação judicial, imprescindível verificar os seguintes pressupostos: (i) a viabilidade e a probabilidade de sucesso de futura ação declaratória de nulidade de doações inoficiosas; (ii) a viabilidade e a probabilidade de sucesso de futura ação de sonegados; (iii) a existência de nexo de causalidade entre o extravio de dois livros e as chances de vitória nas demandas judiciais'". Nesse contexto, julgou-se que foi "escorreita análise fática feita pelo acórdão recorrido da não demonstração dos pressupostos necessários ao reconhecimento da chance perdida pelas demandantes, ora recorrentes, de ajuizamento de ação judicial" (STJ, REsp 1.929.450/SP, 3.ª Turma, Rel. Min. Paulo de Tarso Sanseverino, j. 18.10.2022, DJe 27.10.2022).

Expostos todos esses exemplos, que interessam para a prática da responsabilidade civil, reitero que a minha opinião doutrinária atuais a respeito dos danos por perda da chance como categoria autônoma continua sendo no sentido de sua inadmissão. Para que ela seja possível, penso que é necessário alterar a lei, no caso, o Código Civil, para nele inserir tratamento do tema, como está sendo proposto pela Comissão de Juristas encarregada da Reforma do Código Civil, ora em tramitação no Congresso Nacional.

Entendo que atualmente as situações tidas como de perda da chance até são reparáveis, como danos materiais ou morais, mas não como categoria autônoma. O enquadramento na última hipótese faz com que os danos sejam, em muitos casos, hipotéticos ou eventuais, sendo certo que os arts. 186 e 403 do Código Civil brasileiro exigem o dano presente e efetivo. A perda de uma chance, na verdade, trabalha com suposições, com o *se*.

Em complemento, em alguns casos concretos de sua incidência, a suposta *perda* fica em dúvida, como aconteceu na situação envolvendo o corredor Vanderlei Cordeiro de Lima que, apesar de não ganhar a medalha de ouro nas Olimpíadas de 2004, recebeu honrarias muito maiores pelo que lhe ocorreu, como antes exposto.

Outra objeção que merece ser pontuada diz respeito à sua aplicação em face de profissionais liberais, caso de médicos e advogados, o que acaba transformando o seu dever contratual em uma obrigação de resultado, o que não pode ser admitido se isso não restou convencionado.

Além disso, a perda de uma chance pode representar barreiras intransponíveis para a vítima, que ficará sem o valor indenizatório se não provar que a chance é séria e real, como no caso do "Show do Milhão", na linha do que foi defendido. Em muitos casos, as categorias dos danos materiais e dos morais parecem ser mais adequadas para a resolução do caso concreto, reparando-se integralmente o dano sofrido pelo ofendido.

De todo modo, entendo que, com a necessária alteração legislativa e a inclusão da indenização pela perda da chance no Código Civil, todos essas dúvidas e contestações serão afastadas.

Isso é almejado pelo projeto de Reforma do Código Civil, em curso no Congresso Nacional, que trata a perda da chance como categoria autônoma de dano reparável, ao lado do dano patrimonial e do extrapatrimonial. A proposição consta da nova redação do art. 944-B, segundo o qual, em seu *caput*, "a indenização será concedida, se os danos forem certos, sejam eles diretos, indiretos, atuais ou futuros". Sobre o instituto em estudo, o projetado § 1.º enunciará que "a perda de uma chance, desde que séria e real, constitui dano reparável". Adota-se, portanto, a posição majoritária da doutrina e da jurisprudência aqui expostas, bem como a necessidade do cálculo da probabilidade da chance ser efetivada, consoante o proposto § 2.º do art. 944-B: "a indenização relativa à perda de uma chance deve ser calculada levando-se em conta a fração dos interesses que essa chance proporcionaria, caso concretizada, de acordo com as probabilidades envolvidas".

Segundo as justificativas da subcomissão de Responsabilidade Civil, "a par do debate doutrinário, optamos por considerar que a perda de uma chance não se constitui em autêntica situação de causalidade probabilística, tratando-se de uma manifestação de figura autônoma de dano que se faz presente mesmo nos casos em que não se afirme a responsabilidade direta do agente pelo dano final (neste sentido o STJ deliberou no REsp 1.254.141-PR, Rel. Min. Nancy Andrighi, Informativo 513, 06.03.2013)". E mais, "a inserção da perda de uma chance como dano autônomo – lateralmente aos danos emergentes e lucros cessantes – reforça a sua condição de um *tertium genus* e não espécie de uma ou outra. A valorização de sua autonomia dogmática auxilia a superar as insuficiências da responsabilidade civil diante de lesões a interesses aleatórios. A ideia é deferir a mais ampla proteção à integridade dos bens jurídicos patrimoniais da vítima".

Como Relator Geral nomeado para o trabalho de Reforma, acabei cedendo a minha posição doutrinária de ressalvas, tendo a ciência de que a perda de uma chance hoje é admitida pela maioria da doutrina e da jurisprudência. Assim, entendo que é imperiosa e necessária a alteração legislativa para a inclusão da perda de uma chance expressamente no Código Civil.

8. DANOS PELA PERDA DO TEMPO

Como antes destaquei, parte da doutrina tem sustentado que a perda do tempo deve ser tida como nova modalidade de dano reparável, separado do dano moral. Algumas vezes é utilizada a expressão *perda do tempo útil*, sendo pertinente a crítica a feita por Marcos Catalan em suas palestras e exposições sobre o tema, sobre a possibilidade de existência de um *tempo inútil*. Todo o tempo é útil, segundo ele, com razão. Muitas vezes, o tempo mais inútil é o que nos dá mais prazer e satisfação...

Com grande influência para a admissão dos danos que decorrem da perda do tempo, cabe destacar o trabalho de Marcos Dessaune, sobre o *desvio produtivo do consumidor*.[80] A conclusão de vários trechos da obra é no sentido de ser o tempo um bem jurídico merecedor de tutela. O autor fala em *tempo vital, existencial* ou *produtivo*, como um dos objetos do direito fundamental à vida, sustentado pelo valor fundamental da dignidade humana, retirado do art. 1.º, inc. III, da Constituição Federal, e do rol aberto dos direitos da personalidade.[81] Conforme se retira da introdução à segunda edição da obra do autor, em resumo ao seu trabalho:

---

[80] DESSAUNE, Marcos. *Teoria aprofundada do desvio produtivo do consumidor*. O prejuízo do tempo desperdiçado e da vida alterada, cit.; DESSAUNE, Marcos. *Desvio produtivo do consumidor*. O prejuízo do tempo desperdiçado. São Paulo: RT, 2011.

[81] DESSAUNE, Marcos. *Teoria aprofundada do desvio produtivo do consumidor*. O prejuízo do tempo desperdiçado e da vida alterada, cit., p. 247.

"A minha tese é que o fornecedor, ao atender mal, criar um problema de consumo potencial ou efetivamente danoso e se esquivar da responsabilidade de saná-lo espontânea, rápida e efetivamente, induz o consumidor em estado de carência e condição de vulnerabilidade a incorrer em um dano extrapatrimonial de natureza existencial, que deve ser indenizado *in re ipsa* pelo fornecedor que o causou, independentemente da existência de culpa. O desvio produtivo do consumidor, portanto, é um fato ou evento danoso que não se amolda à jurisprudência tradicional, segundo a qual represente 'mero dissabor, aborrecimento, percalço ou contratempo normal na vida do consumidor'".[82]

Nas conclusões da sua obra, Dessaune apresenta sete requisitos ou pressupostos necessários para a configuração da responsabilidade civil por desvio produtivo do consumidor que, em regra, é objetiva, pela incidência das regras do Código de Defesa do Consumidor.[83] O primeiro requisito é o consumo potencial ou efetivamente danoso ao consumidor. O segundo é a prática abusiva do fornecedor de se esquivar da responsabilidade pelo problema de consumo. O terceiro requisito constitui o fato ou evento danoso de desvio produtivo do consumidor, representado pelo "dispêndio de tempo vital do consumidor, pelo adiamento ou supressão das suas atividades existenciais planejadas ou desejadas, pelo desvio de suas competências dessas atividades e, muitas vezes, pela assunção de deveres e custos do fornecedor".[84] O quarto requisito é a relação de causalidade entra a prática abusiva e o evento danoso dela resultante. Como quinto requisito, destaca Dessaune o dano extrapatrimonial, de natureza existencial sofrido pelo consumidor, tido como um dano existencial e presumido ou *in re ipsa*. O sexto elemento essencial é o dano emergente ou lucro cessante sofrido pelo consumidor, ou seja, podem estar presentes também danos patrimoniais. Por fim, o sétimo requisito é o dano coletivo, que também pode estar presente na situação descrita.[85]

Como antes destacado, outro defensor do reconhecimento de que a perda do tempo ou *dano temporal* deve gerar a reparação de danos, como nova modalidade é Vitor Guglinski. Vejamos suas palavras, já partindo para exemplos concretos:

"Ora, se o consumidor necessita de solucionar uma demanda dessa natureza, quase sempre é obrigado a falar com um atendente virtual ou, na melhor das hipóteses, com atendentes de *Call Centers* e SACs que, como afirmamos, são extremamente despreparados (de propósito) para solucionar essas demandas. O que resta ao consumidor? Ora, queixar-se ao juiz, obviamente, ao invés de se queixar ao Bispo. Sob esse aspecto, a culpa da falta de diálogo é de

---

[82] DESSAUNE, Marcos. *Teoria aprofundada do desvio produtivo do consumidor*. O prejuízo do tempo desperdiçado e da vida alterada, cit., p. 32.
[83] DESSAUNE, Marcos. *Teoria aprofundada do desvio produtivo do consumidor*. O prejuízo do tempo desperdiçado e da vida alterada, cit., p. 250-251.
[84] DESSAUNE, Marcos. *Teoria aprofundada do desvio produtivo do consumidor*. O prejuízo do tempo desperdiçado e da vida alterada, cit., p. 250.
[85] DESSAUNE, Marcos. *Teoria aprofundada do desvio produtivo do consumidor*. O prejuízo do tempo desperdiçado e da vida alterada, cit., p. 250-251.

quem? Ninguém acorda querendo contratar; ao contrário, o estado natural do consumidor é o de não contratar! E a coisa se torna pior quando, por exemplo, o serviço prestado é fornecido em regime de monopólio, como o fornecimento de água e coleta de esgoto, energia elétrica etc., aos quais o consumidor simplesmente é forçado a aderir, pois são essenciais. Consequentemente, também é forçado a aceitar os péssimos SACs disponibilizados pelas empresas, e o resultado estamos vendo agora, com o surgimento da tese que enxerga a perda do tempo útil como uma ofensa aos direitos da personalidade".[86]

Na mesma linha entende Pablo Stolze Gagliano, em artigo muito citado sobre o tema. De acordo com suas lições, "é justo que, em nossa atual conjuntura de vida, determinados prestadores de serviço ou fornecedores de produtos imponham-nos um desperdício inaceitável do nosso próprio tempo? A perda de um turno ou de um dia inteiro de trabalho – ou até mesmo a privação do convívio com a nossa família – não ultrapassaria o limiar do mero percalço ou aborrecimento, ingressando na seara do dano indenizável, na perspectiva da função social? Em situações de comprovada gravidade, pensamos que esta tese é perfeitamente possível e atende ao aspecto não apenas compensatório, mas também punitivo ou pedagógico da própria responsabilidade civil".[87]

A ilustrar como caso que envolve a perda do tempo, da jurisprudência superior, tem-se entendido que uma longa espera na fila do banco deixa de ser um mero aborrecimento, configurando um dano moral indenizável, diante dessa perda do tempo. Assim julgando, colaciono o seguinte acórdão do STJ:

"Ação de indenização. Espera em fila de banco por mais de uma hora. Tempo superior ao fixado por legislação local. Insuficiência da só invocação legislativa aludida. Padecimento moral, contudo, expressamente assinalado pela sentença e pelo acórdão, constituindo fundamento fático inalterável por esta Corte (Súmula 7/STJ). Indenização de R$ 3.000,00, corrigida desde a data do ato danoso (Súmula 54/STJ). 1. A espera por atendimento em fila de banco quando excessiva ou associada a outros constrangimentos, e reconhecida faticamente como provocadora de sofrimento moral, enseja condenação por dano moral. 2. A só invocação de legislação municipal ou estadual que estabelece tempo máximo de espera em fila de banco não é suficiente para desejar o direito à indenização, pois dirige a sanções administrativas, que podem ser provocadas pelo usuário. 3. Reconhecidas, pela sentença e pelo Acórdão, as circunstâncias fáticas do padecimento moral, prevalece o julgamento da origem (Súmula 7/STJ). 4. Mantém-se, por razoável, o valor de 3.000,00, para desestímulo à conduta, corrigido monetariamente desde a data do evento danoso (Súmula 54/STJ), ante as forças econômicas do banco responsável e, inclusive, para desestímulo à recorribilidade, de menor monta, ante aludidas forças econômicas. 5. Recurso especial improvido" (STJ, REsp 1.218.497/MT, 3.ª Turma, Rel. Min. Sidnei Beneti, j. 11.09.2012, *DJe* 17.09.2012).

---

[86] GUGLINSKI, Vitor Vilela. Danos morais pela perda do tempo útil: uma nova modalidade, cit.
[87] GAGLIANO, Pablo Stolze. Responsabilidade civil pela perda do tempo. *Jus Navigandi*, Teresina, ano 18, n. 3540, 11 mar. 2013. Disponível em: <https://jus.com.br/artigos/23925>. Acesso em: 27 maio 2017.

Cumpre anotar que a posição constante do julgado acima é relativamente nova na Corte, que vinha concluindo pela presença de meros aborrecimentos em casos similares, cabendo transcrever, de data mais recente: "é entendimento desta Corte Superior que, 'Quando for excessiva, a espera por atendimento em fila de banco é capaz de ensejar reparação por dano moral' (AgInt nos EDcl no AREsp 1.618.776/GO, Relatora Ministra Nancy Andrighi, Terceira Turma, julgado em 24/8/2020, *DJe* de 27/8/2020)" (STJ, Ag. Int. no AREsp 2.025.883/RN, 4.ª Turma, Rel. Min. Raul Araújo, j. 03.10.2022, *DJe* 21.10.2022).

Em 2024, a questão relativa ao tempo de espera em banco como geradora de dano moral presumido ou *in re ipsa* foi julgada no âmbito da Segunda Seção da Corte, em sede de recursos repetitivos (Tema n. 1156). Ao final, foi vencedora a seguinte tese, que passa a ser aplicada para a prática: "o simples descumprimento do prazo estabelecido em legislação específica para a prestação de serviço bancário não gera por si só dano moral *in re ipsa*". Ademais, sobre o caso concreto posto em julgamento, entendeu-se que "é necessário que, além do ato ilícito, estejam presentes também o dano e o nexo de causalidade, tendo em vista serem elementos da responsabilidade civil. Na hipótese, o autor não demonstrou como a espera na fila do banco lhe causou prejuízos, circunstância que não ultrapassou a esfera do mero aborrecimento cotidiano" (STJ, REsp 1.962.275/GO, 2.ª Seção, Rel. Min. Ricardo Villas Bôas Cueva, j. 24.04.2024, *DJe* 29.04.2024).

Com o devido respeito, estava filiado à tese proposta pela Ministra Nancy Andrighi, que acabou não prevalecendo e com ressalvas importantes, a saber: "1. O simples descumprimento do prazo estabelecido em legislação específica para a prestação de serviços bancários não gera dano moral *in re ipsa*. 2. O descumprimento do prazo, quando comprovado que foi prolongado, reiterado, acompanhado de outros constrangimentos, ou quando envolver consumidor hipervulnerável, além da perda do tempo, pode resultar em dano moral". De todo modo, a posição anterior, sem as exceções ou ressalvas finais, é que acabou prevalecendo, devendo ser aplicada na prática.

Nota-se que o acórdão não considerou a perda do tempo como geradora de uma modalidade autônoma de dano, mas inserido no dano moral, como pretende o projeto de Reforma do Código Civil, mas dentro do dano extrapatrimonial, com critérios quantitativos do valor devido na proposta de novo art. 944-A.

Seguindo as concretizações, o mesmo Tribunal de Cidadania já se posicionou no sentido de ser cabível a reparação de danos morais quando o consumidor de veículo zero quilômetro necessita retornar à concessionária por diversas vezes para reparar defeitos apresentados no veículo adquirido. Essa posição se consolidou de tal forma que passou a compor a Edição n. 42 da ferramenta *Jurisprudência em Teses da Corte* (premissa número 5). São citados como precedentes: AgRg no AREsp 692.459/SC, 4.ª Turma, Rel. Min. Luis Felipe Salomão, j. 16.06.2015, *DJe* 23.06.2015; AgRg no AREsp 453.644/PR, 4.ª Turma, Rel. Min. Raul Araújo, j. 21.05.2015, *DJe* 22.06.2015; AgRg no AREsp 672.872/PR, 3.ª Turma, Rel. Min. Marco Aurélio Bellizze, j. 26.05.2015, *DJe* 10.06.2015; AgRg no AREsp 533.916/RJ, 3.ª Turma, Rel. Min. João Otávio de Noronha, j. 05.05.2015, *DJe* 11.05.2015;

AgRg no REsp 1.368.742/DF, 4.ª Turma, Rel. Min. Antonio Carlos Ferreira, j. 17.03.2015, DJe 24.03.2015; AgRg no AREsp 38.5994/MS, 4.ª Turma, Rel. Min. Maria Isabel Gallotti, j. 25.11.2014, DJe 10.12.2014; REsp 1.443.268/DF, 3.ª Turma, Rel. Min. Sidnei Beneti, j. 03.06.2014, DJe 08.09.2014. Eis outra situação em que se superou a ideia do mero aborrecimento.

Anoto que entre 2017 e 2018 surgiram no Tribunal da Cidadania os primeiros arestos citando expressamente a tese do *desvio produtivo*, todas em decisões monocráticas, com o seguinte resumo dos fatos e merecendo destaque:

a) Responsabilização de um banco por lançamento indevido de encargos, "porque resultantes exclusivamente de falha operacional do banco. Situação que extrapolou o mero aborrecimento do cotidiano ou dissabor por insucesso negocial. Recalcitrância injustificada da casa bancária em cobrar encargos bancários resultantes de sua própria desídia, pois não procedeu ao débito das parcelas na contracorrente da autora, nas datas dos vencimentos, exigindo, posteriormente, de forma abusiva, os encargos resultantes do pagamento com atraso. Decurso de mais de três anos sem solução da pendência pela instituição financeira. Necessidade de ajuizamento de duas ações judiciais pela autora. Adoção, no caso, da teoria do Desvio Produtivo do Consumidor, tendo em vista que a autora foi privada de tempo relevante para dedicar-se ao exercício de atividades que melhor lhe aprouvesse, submetendo-se, em função do episódio em cotejo, a intermináveis percalços para a solução de problemas oriundos de má prestação do serviço bancário. Danos morais indenizáveis configurados. Preservação da indenização arbitrada, com moderação, em cinco mil reais" (STJ, Ag. no REsp 1.260.458/ SP, Rel. Min. Marco Aurélio Bellizze, j. 25.04.2018).

b) Reconhecimento do dever de indenizar de montadora e revendedora de veículos pela demora em resolver problema relativo a automóvel zero quilômetro: "Frustração em desfavor do consumidor. Aquisição de veículo com vício sério, cujo reparo não torna indene o périplo anterior ao saneamento. Violação de elemento integrante da moral humana, constituindo dano indenizável. Desvio produtivo do consumidor que não merece passar impune. Inteligência dos artigos 186 e 927 do Código Civil. 'Quantum' arbitrado de acordo com a extensão do dano e dos paradigmas jurisprudenciais. Artigo 944 do Código Civil. R$15.000,00" (STJ, Ag. no REsp 1.241.259/SP, Rel. Min. Antonio Carlos Ferreira, j. 27.03.2018).

c) Responsabilização de empresa responsável pela manutenção de *site* e de *e-mail corporativo*, que não resolveu de imediato sérios problemas que atingiam a prestação de serviços essenciais para a autora, "também devida, como forma de recompor os danos causados pelo afastamento da consumidora da sua seara de competência para tratar do assunto que deveria ter sido solucionado de pronto pela fornecedora" (STJ, Ag. no REsp 1.132.385/SP, Rel. Min. Paulo de Tarso Sanseverino, j. 03.10.2017).

Em 2019, a Corte Superior passou a aplicar o desvio produtivo como gerador também de danos coletivos. Como se retira de importante acórdão da Terceira Turma, "no dano moral coletivo, a função punitiva – sancionamento exemplar ao ofensor – é, aliada ao caráter preventivo – de inibição da reiteração da prática ilícita – e ao princípio da vedação do enriquecimento ilícito do agente, a fim de que o eventual proveito patrimonial obtido com a prática do ato irregular seja revertido em favor da sociedade. O dever de qualidade, segurança, durabilidade e desempenho que é atribuído aos fornecedores de produtos e serviços pelo art. 4.º, II, *d*, do CDC, tem um conteúdo coletivo implícito, uma função social, relacionada à otimização e ao máximo aproveitamento dos recursos produtivos disponíveis na sociedade, entre eles, o tempo. O desrespeito voluntário das garantias legais, com o nítido intuito de otimizar o lucro em prejuízo da qualidade do serviço, revela ofensa aos deveres anexos ao princípio boa-fé objetiva e configura lesão injusta e intolerável à função social da atividade produtiva e à proteção do tempo útil do consumidor. Na hipótese concreta, a instituição financeira recorrida optou por não adequar seu serviço aos padrões de qualidade previstos em lei municipal e federal, impondo à sociedade o desperdício de tempo útil e acarretando violação injusta e intolerável ao interesse social de máximo aproveitamento dos recursos produtivos, o que é suficiente para a configuração do dano moral coletivo" (STJ, REsp 1.737.412/SE, 3.ª Turma, Rel. Min. Nancy Andrighi, j. 05.02.2019, *DJe* 08.02.2019).

Em dezembro de 2020, porém, surgiu acórdão no âmbito da Quarta Turma do Superior Tribunal de Justiça no sentido de que o dano moral deve estar atrelado a interesses existenciais da vítima, afastando-se a indenização por mera frustração do consumidor. O julgamento se deu no Recurso Especial n. 1.406.245, tendo sido relator o Ministro Luis Felipe Salomão. Segundo ele, "como bem adverte a doutrina especializada, é recorrente o equívoco de se tomar o dano moral em seu sentido natural, e não jurídico, associando-o a qualquer prejuízo incalculável, como figura receptora de todos os anseios, dotada de uma vastidão tecnicamente insustentável, e mais comumente correlacionando-o à dor, ao aborrecimento, ao sofrimento e à frustração". E mais, haveria um risco de se considerar que meros aborrecimentos triviais podem caracterizar o dano moral, "visto que, a par dos evidentes reflexos de ordem econômico-social deletérios, isso tornaria a convivência social insuportável e poderia ser usado contra ambos os polos da relação contratual". Por fim, entendeu que "o uso da reparação dos danos morais como instrumento para compelir o banco e a vendedora do veículo a fornecer serviço de qualidade desborda do fim do instituto" (STJ, REsp. 1.406.245/RS, 4.ª Turma, Rel. Min. Luis Felipe Salomão, j. 03.12.2020, *DJ* 10.02.2021). Em certo sentido, parece-me que o *decisum* colocou em dúvida a tese da perda do tempo e do desvio produtivo.

De todo modo, parece-me que o seu debate está consolidado na Corte, seja para o reconhecimento ou não da caracterização do dano moral, como se retira do julgado da Segunda Seção, de 2024, sobre a espera em fila de banco (STJ, REsp 1.962.275/GO, 2.ª Seção, Rel. Min. Ricardo Villas Bôas Cueva, j. 24.04.2024, *DJe* 29.04.2024).

Ainda no que diz respeito à jurisprudência, no âmbito estadual podem ser encontrados vários julgamentos que fazem menção expressa à tese do desvio produtivo, em mais de uma centena de acórdãos, o que demonstra que a categoria desenvolvida por Marcos Dessaune, de fato, tem tido a devida aplicação prática. Vejamos três dessas ementas, somente para ilustrar, dentre as mais recentes:

"Telefonia. Vício na prestação do serviço. Atendimento desrespeitoso. Expressões injuriosas. Fato não contestado. Protocolos para obtenção da gravação da ligação não atendidos, mesmo diante da formulação de reclamação perante o Procon. Revelia. Reconhecimento dos respectivos efeitos. Veracidade dos fatos. Danos morais caracterizados. Fatos que extrapolam a normalidade de descumprimento contratual. Indenização devida também pelo desvio produtivo do consumidor. Apelação parcialmente provida" (TJSP, Apelação 1001164-40.2016.8.26.0028, Acórdão 10928587, 33.ª Câmara de Direito Privado, Aparecida, Rel. Des. Sá Moreira de Oliveira, j. 30.10.2017, *DJESP* 08.11.2017, p. 2319).

"Apelação cível. Relação de consumo. Ação indenizatória por dano material e moral. Alega a autora que em seu benefício previdenciário, que recebe junto ao primeiro réu, vem sofrendo descontos indevidos realizados pelo segundo réu. Sentença de parcial procedência dos pedidos para: 'Condenar a segunda ré a pagar à parte autora a quantia equivalente ao dobro de tudo o que foi descontado pela segunda ré, valor este acrescido de correção monetária e juros de um por cento ao mês, a contar da citação. Condeno a segunda ré ao pagamento de custas e honorários de sucumbência, que fixo em dez por cento do valor da condenação. Julgo improcedente o pedido em face da primeira ré'. Irresignação da parte autora quanto ao não reconhecimento do dano moral. Falha na prestação do serviço incontroversa diante da ausência de recurso da ré. Infere-se evidente a frustração da legítima expectativa do consumidor, que ultrapassa o mero aborrecimento cotidiano, além de ter perdido seu tempo livre em razão da conduta abusiva praticada pela Ré, da qual resulta o dever de indenizar, com base na responsabilidade objetiva atrelada à teoria do risco do empreendimento. Perda do tempo livre do autor. Desvio produtivo do consumidor apto a configurar danos morais. Dá-se provimento parcial ao recurso" (TJRJ, Apelação 0008556-87.2014.8.19.0036, 24.ª Câmara Cível Consumidor, Nilópolis, Rel. Desig. Des. Ana Célia Montemor Soares Rios Gonçalves, *DORJ* 05102017, p. 580).

"Direito do Consumidor. Apelação cível. Ação de indenização. Fila de instituição bancária. Demora no atendimento. Lei estadual. Tempo superior ao fixado por legislação. Desvio produtivo do consumidor. Perda de tempo útil. Dano moral. Caracterização. Sentença reformada. Apelação a que se dá provimento. 1. Hipótese na qual restou comprovada a espera excessiva em fila de banco de mais de 1h e 20, contrariando a Lei estadual que estipula 30 (trinta) minutos com prazo máximo de atendimento. 2. O desvio produtivo do consumidor configura-se quando este, diante de uma situação de mau atendimento, é obrigado desperdiçar o seu tempo útil e desviar-se de seus afazeres, gerando o direito à reparação civil. 3. Quanto ao arbitramento da indenização, deve o magistrado tomar todas as cautelas para que o valor não seja fonte de enriquecimento sem causa, ao mesmo tempo que não seja meramente simbólica. 4. Desta feita, o *quantum* indenizatório deve ser fixado em R$ 2.000,00, por atender às balizas da razoabilidade e da proporcionalidade no intuito de retribuir o dano moral sofrido pelo apelante. 5. Apelação a que se dá provimento à unanimidade" (TJPE, Apelação 0103190-74.2013.8.17.0001, 4.ª Câmara Cível, Rel. Des. Francisco Eduardo Gonçalves Sertório Canto, j. 17.11.2016, *DJEPE* 06.12.2016).

Voltando-se ao âmbito doutrinário, cabe ressaltar que o tema dos danos pela perda do tempo foi objeto de proposta de enunciado quando da *VI Jornada de Direito Civil*, em 2013, formulada por Wladimir Alcebíades Marinho Falcão Cunha e que contou com o meu forte apoio. A proposição tinha o seguinte teor: "as microlesões do dia a dia, relacionadas à alteração da rotina e/ou do curso natural da vida do indivíduo em situações cotidianas do tráfego jurídico-econômico comum (labor, consumo, lazer etc.), vindo a ocasionar aborrecimentos relevantes e não meros aborrecimentos, integram a acepção lata de dano, pois também significam lesão a interesses ou bens jurídicos ligados à personalidade humana, ainda que em escala menos grave do que nos danos extrapatrimoniais. Como tal, tais lesões constituem danos extrapatrimoniais residuais e devem também ser indenizadas". Infelizmente, por uma pequena margem de votos, a proposta não foi aprovada naquele evento. Em 2015 e 2018, na *VII e VIII Jornada de Direito Civil*, novas propostas foram feitas, com sentidos muito próximos, que acabaram não sendo aprovadas, mais uma vez lamentavelmente.

Reitero que a questão deve ser refletida pela comunidade jurídica nacional, uma vez que o *filtro* relativo aos meros aborrecimentos tem afastado muitos pedidos justos de reparação imaterial. A propósito, na prática, podem ser encontrados vários arestos estaduais que mencionam a perda do tempo como geradora de reparação imaterial. Nesse sentido, vejamos três ementas:

"Apelação cível. Consumidor. Recursos com fundamento no NCPC. Compra de veículo automotor usado que apresentou diversos defeitos. Substituição do veículo por outros que, igualmente, apresentaram defeitos. Último veículo dado em substituição que foi apreendido por falta de documentação. Revelia decretada. Ausência de impugnação. Venda realizada por preposto da ré. Alegação de venda particular. Violação ao dever de informação ao consumidor. Teoria da aparência. Legitimidade passiva. Teoria da asserção. Responsabilidade objetiva da ré. Vícios redibitórios. Violação à legítima expectativa do consumidor. Perda do tempo útil. Devolução dos valores comprovadamente pagos pelo consumidor. Danos morais configurados. *Quantum* arbitrado em R$ 3.000,00 (três mil reais). Atenção aos princípios da proporcionalidade e razoabilidade. Precedente. Inversão dos ônus sucumbenciais. Recurso da ré ao qual se nega provimento. Recurso do autor ao qual se dá parcial provimento" (TJRJ, Apelação 0001745-50.2015.8.19.0045, 26.ª Câmara Cível, Rel. Des. Sandra Santarem Cardinali, j. 18.05.2017, *DORJ* 22.05.2017).

"Apelação. CDC. Fila de banco. Demora no atendimento. Responsabilidade civil com base na teoria da perda do tempo útil. Dano moral configurado. Apelo provido. À unanimidade. A Apelante chegou a agência bancária às 10:53, sendo atendida apenas às 12:10, uma hora e dezessete minutos depois, o que extrapola muito o previsto na legislação estadual, que estabelece o prazo máximo de trinta minutos. Presente a responsabilidade civil pela teoria da perda do tempo útil, haja vista que o fornecedor do serviço impõe ao consumidor a perda de considerável parcela de seu tempo, impedindo-o de realizar outras atividades em decorrência da intervenção alheia. Violação ao Código de Defesa do Consumidor, devido a falha na prestação do serviço, configurando-se a responsabilidade civil, independentemente da existência de culpa. A perda do tempo útil, no caso concreto, ultrapassa os limites de razoabilidade, caracterizando abuso, causando constrangimentos diversos, privando a Apelante de realizar outras atividades de seu interesse, o que gera o dever de indenizar. A reparação deve ser arbitrada em consonância com as circunstâncias de cada caso, tendo em vista as posses do ofensor e a situação pessoal do ofendido, evitando-se que se converta em fonte de enriquecimento ou se torne inexpressiva. Indenização fixada em R$2.000,00 (dois mil reais), de acordo com os princípios da razoabilidade e proporcionalidade. (...)" (TJPE, Apelação 0029487-76.2014.8.17.0001, 3.ª Câmara Cível, Rel. Des. Itabira de Brito Filho, j. 09.03.2017, *DJEPE* 24.03.2017).

"Apelações cíveis. Ação indenizatória. Falha na prestação de serviço. Evento esportivo. Impossibilidade de ingressar no estádio. Dano material configurado. Dano moral. Perda do tempo útil do consumidor. Valor. Proporcionalidade. Sentença reformada parcialmente. O art. 13-A, I, do Estatuto do Torcedor elenca o ingresso como condição de acesso ao estádio. Adquirido o ingresso e frustrada a presença no jogo, a falha na prestação de serviços equivale ao inadimplemento total, razão pela qual se impõe a devolução do valor do ingresso. Embora consagrada a orientação de que o inadimplemento contratual não revela ocorrência de dano moral, a falha no serviço que provoca a perda considerável do tempo útil do consumidor enseja reparação por dano extrapatrimonial" (TJMG, Apelação 1.0452.13.001988-1/001, Rel. Des. José Marcos Vieira, j. 17.11.2016, *DJEMG* 02.12.2016).

Em verdade, há uma tendência crescente de menção à perda do tempo e ao desvio produtivo nos julgamentos concretos. Todavia, como se pode notar, os acórdãos reconhecem a situação como geradora de danos morais, e não como danos em separado. Sigo igualmente essa posição, no momento. Com o devido respeito, não consigo vislumbrar que o dano em questão tenha obtido sua *emancipação* como categoria autônoma, separada do dano moral, como ocorreu com o dano estético. Quem sabe um dia isso se efetive na civilística nacional, sobretudo no âmbito legislativo.

Reitere-se que o próprio Marcos Dessaune, criador da teoria, entende que o desvio produtivo pode estar relacionado à reparação de um dano extrapatrimonial e existencial.[88] Já demonstrei minhas ressalvas atuais quanto ao termo *dano extrapatrimonial,* apesar de ter cedido para a sua inclusão no projeto de Reforma do Código Civil. Quanto ao *dano existencial,* tratarei no último tópico deste capítulo.

Por fim, no que diz respeito às alterações legislativas, como exaustivamente demonstrado neste livro, o projeto de Reforma do Código Civil não pretende dar autonomia ao dano pela perda do tempo, tratando-o dentro dos danos patrimoniais ou extrapatrimoniais, com critérios únicos de quantificação do valor dos últimos, no projetado art. 944-A.

De toda sorte, há proposta legislativa específica, também em curso no Congresso Nacional, que pretende tratar da categoria no âmbito das relações

---

[88] DESSAUNE, Marcos. *Teoria aprofundada do desvio produtivo do consumidor. O prejuízo do tempo desperdiçado e da vida alterada,* cit., p. 278.

de consumo e do CDC, incluindo-se os arts. 25-A a 25-F na Lei n. 8.078/1990 (Projeto de Lei n. 2.856/2022).

Insere-se uma nova seção na Lei Consumerista, com o título "da Responsabilidade pelo Desvio Produtivo do Consumidor". De início, o tempo é considerado "bem jurídico essencial para o desenvolvimento das atividades existenciais do consumidor, sendo assegurado o direito à reparação integral dos danos patrimoniais e extrapatrimoniais decorrentes de sua lesão" (art. 25-A). Assim, pela proposta, a lesão ao tempo passará a gerar, nas relações de consumo, danos patrimoniais e extrapatrimoniais, o que dialoga perfeitamente com o projeto de Reforma do Código Civil.

Ademais, insere-se previsão segundo a qual "o fornecedor de produtos ou serviços deverá empregar todos os meios e esforços para prevenir e evitar lesão ao tempo do consumidor" (art. 25-B); outra norma que dialoga com a Reforma do Código Civil, sobretudo com as medidas preventivas previstas no projetado art. 927-A, aqui antes estudado.

As condutas do fornecedor que impliquem perda indevida do tempo do consumidor são consideradas práticas abusivas pelo projetado art. 25-C do CDC. A mesma norma enuncia que se considera também abusiva a prática de disparar, reiterada ou excessivamente, mensagens eletrônicas, robochamadas ou ligações telefônicas pessoais para o consumidor sem o seu consentimento prévio e expresso, ou após externado o seu incômodo ou recusa (parágrafo único). Reconhece-se, portanto, o *spam* como abuso de direito, como defendi anteriormente nesta obra.

Seguindo com a análise do projeto de lei sobre o desvio produtivo, o projetado art. 25-D do CDC traz critérios específicos para quantificação dos prejuízos decorrentes do desvio produtivo, a saber, "na apuração dos danos patrimoniais e extrapatrimoniais decorrentes da lesão ao tempo do consumidor, deverão ser consideradas as seguintes circunstâncias, entre outras: I – o descumprimento, pelo fornecedor, do tempo máximo para atendimento presencial e virtual ao consumidor, conforme estabelecido pela legislação e normas administrativas específicas; II – o descumprimento, pelo fornecedor, do prazo legal ou contratual para sanar o vício do produto ou serviço, bem como para responder a demanda do consumidor; III – a inobservância, pelo fornecedor, de prazo compatível com a essencialidade, a utilidade ou a característica do produto ou do serviço, quando não existir prazo legal ou contratual para o fornecedor resolver o problema de consumo ou responder a demanda do consumidor; IV – o tempo total durante o qual o consumidor ficou privado do uso ou consumo do produto ou serviço com vício ou defeito; V – o tempo total gasto pelo consumidor na resolução da sua demanda administrativa, judicial ou apresentada diretamente ao fornecedor".

Ao contrário do que julgou o STJ no seu Tema n. 1.156 de repercussão geral, o dano extrapatrimonial decorrente da lesão ao tempo do consumidor é considerado presumido ou *in re ipsa*, pela proposta de art. 25-E do CDC ("Considera-se presumido o dano extrapatrimonial decorrente da lesão ao tempo do consumidor, podendo sua reparação, em tutela individual ou coletiva, ocorrer concomitantemente com a indenização de dano material ou moral").

Reconhece-se igualmente a configuração de danos coletivos, novamente como entendeu o Tribunal da Cidadania, em acórdão aqui transcrito. Anoto que, caso aprovado o projeto de Reforma do Código Civil, será necessário retirar menção ao dano moral.

Por fim, de acordo com o sugerido art. 25-F do CDC, "a reparação do dano extrapatrimonial decorrente da lesão ao tempo do consumidor deverá ser quantificada de modo a atender às funções compensatória, preventiva e punitiva da responsabilidade civil". Penso que não há necessidade dessa proposta, pois cabe à doutrina a conclusão das funções da responsabilidade civil. Além disso, como exaustivamente demonstrado, prefiro a função pedagógica à punitiva, mesmo em se tratando de relação de consumo.

De todo modo, parece-me útil a proposta de parágrafo único do art. 25-F do CDC, segundo a qual "a reparação prevista no *caput* deste artigo deverá ser majorada quando envolver qualquer das seguintes situações, entre outras: I – produto ou serviço essencial; II – consumidor hipervulnerável; III – fornecedor de grande porte; IV – demandas repetitivas contra o mesmo fornecedor ou sua figuração reiterada em cadastro de reclamações fundamentadas mantido pelos órgãos públicos de defesa do consumidor". O seu conteúdo, penso eu, pode ser inserido como parágrafo único do projetado art. 25-D do CDC, que traz critérios para a quantificação dos danos decorrentes do desvio produtivo e da perda do tempo do consumidor.

Em suma, penso que o projeto de lei sobre o desvio produtivo do consumidor deve ser aprovado, com alguns poucos reparos, *dialogando* com o projeto de Reforma do Código Civil.

9. DANOS PELO LUCRO ILÍCITO OU LUCRO DA INTERVENÇÃO

Outra categoria que tem despontado como nova modalidade de dano é o *lucro ilícito* ou *lucro da intervenção*. O instituto foi desenvolvido por Sérgio Savi, em sua tese de doutoramento defendida na Faculdade de Direito da Universidade Estadual do Rio de Janeiro.[89] Segundo o jurista, "ao intervir na esfera jurídica alheia, normalmente usando, consumindo ou dispondo dos bens e direitos de outrem, o interventor pode vir a obter um lucro, denominado doutrinariamente de lucro da intervenção. Este benefício econômico pode ou não decorrer de um ato que também cause, simultaneamente, danos ao titular do direito. Quando a intervenção não causar danos ou, causando danos, o lucro obtido pelo ofensor for superior aos danos causados, as regras da responsabilidade civil, isoladamente, não serão suficientes enquanto sanção pela violação de um interesse merecedor de tutela".[90]

Dando um passo determinante para o debate do tema no Brasil, e para a sua admissão, na *VIII Jornada de Direito Civil*, evento promovido pelo Conselho

---

[89] Publicada em forma de livro em: SAVI, Sérgio. *Responsabilidade civil e enriquecimento sem causa. O lucro da intervenção*. São Paulo: Atlas, 2012.
[90] SAVI, Sérgio. *Responsabilidade civil e enriquecimento sem causa*, cit., p. 143.

da Justiça Federal em abril de 2018, aprovou-se a seguinte proposta doutrinária, que contou com a minha defesa e apoio, tanto na comissão de Obrigação quanto na plenária final: "a obrigação de restituir o lucro da intervenção, entendido como a vantagem patrimonial auferida a partir da exploração não autorizada de bem ou direito alheio, fundamenta-se na vedação do enriquecimento sem causa" (Enunciado n. 620). Como se pode notar, o instituto foi tratado no âmbito do Direito das Obrigações e do enriquecimento sem causa, e não da responsabilidade civil extracontratual.

Desse modo, especialmente nos casos em que houver somente lucro indevido para o beneficiado, sem prejuízo para a vítima, será necessário procurar socorro às regras da vedação do enriquecimento sem causa, especialmente ao que consta do art. 884 do Código Civil, *in verbis*: "aquele que, sem justa causa, se enriquecer à custa de outrem, será obrigado a restituir o indevidamente auferido, feita a atualização dos valores monetários".

Consigne-se, na linha das lições doutrinárias seguidas, que existem *quatro elementos clássicos* para a configuração do enriquecimento sem causa, ato unilateral vedado pelo ordenamento jurídico brasileiro.[91] O primeiro deles é o enriquecimento do *accipiens*, daquele que recebe a atribuição patrimonial injustificada. O segundo é o empobrecimento do *solvens* ou da outra parte, que paga ou constata o ganho patrimonial alheio às suas custas. Terceiro, deve haver uma relação de causalidade entre o enriquecimento e o empobrecimento. Como quarto elemento, há a inexistência de causa jurídica prevista por convenção das partes ou pela lei para o locupletamento sem razão, para a atribuição patrimonial injustificada. Além desses elementos, destaque-se a inexistência de ação específica, sendo reconhecido o caráter subsidiário da demanda fundada no enriquecimento sem causa, retirado do art. 886 do Código Civil, dispositivo a seguir analisado.

Cabe destacar, todavia, que, de acordo com o Enunciado n. 35, aprovado na *I Jornada de Direito Civil* do Conselho da Justiça Federal, em 2002, "a expressão se enriquecer à custa de outrem do art. 884 do novo Código Civil não significa, necessariamente, que deverá haver empobrecimento". A doutrina atual vem, portanto, afastando tal clássico requisito, o que é acompanhado pelo presente parecerista. Por todos, vejamos as palavras de Giovanni Ettore Nanni, para quem "o novo Código Civil brasileiro não situa o empobrecimento como um requisito específico para a configuração do enriquecimento sem causa, condicionando-o à obtenção à custa de outrem. Esse termo, como visto, pode ou não, dependendo da circunstância, tipificar o empobrecimento, sem prejuízo da pretensão citada".[92]

Entendo que o *lucro da intervenção* mantém íntima relação com a dispensa do empobrecimento para que o enriquecimento sem causa esteja presente. Isso porque é cabível a ação fundada na categoria diante dos ganhos do interventor, sem que a outra parte tenha sofrido prejuízos diretos. A propósito dessa

---

[91] Expondo muito bem sobre tais elementos caracterizadores do enriquecimento sem causa, entre os contemporâneos: NANNI, Giovanni Ettore. *Enriquecimento sem causa*. São Paulo: Saraiva, 2004. p. 233-276.
[92] NANNI, Giovanni Ettore. *Enriquecimento sem causa*, cit., p. 250.

afirmação, em vários trechos de seu trabalho, Sérgio Savi defende a utilização desse instituto para resolver o problema, e não dos conceitos jurídicos relativos à responsabilidade civil, insuficientes e incorretos para tal solução, caso dos danos morais e de outros danos extrapatrimoniais. Nesse contexto, em casos em que o lucro da intervenção estiver presente, não se aplica a regra do art. 886 do Código Civil, que reconhece o caráter subsidiário da ação de enriquecimento sem causa, nos seguintes termos: "não caberá a restituição por enriquecimento, se a lei conferir ao lesado outros meios para se ressarcir do prejuízo sofrido".

Para Cristiano Chaves de Farias, Nelson Rosenvald e Felipe Braga Netto, é preciso intensificar o debate do tema no País, admitindo-se o lucro ilícito como dano reparável no Brasil. Os autores citam o exemplo envolvendo o caso da veiculação da publicidade de sósia da atriz Bettie Midler pela Ford, uma vez que a contratação da original restou infrutífera.[93] Os juristas mencionam, ainda, o uso do artifício do *disgorgement* (restituição), comum no Direito inglês, que vem a ser o "acesso a todo o proveito ilicitamente obtido pelo lesante, de valor bem superior aos danos compensados à vítima, considerada a vantagem econômica que conseguiu ao violar o direito alheio. Enfim, há uma restituição coativa de todo o ganho ilícito".[94]

Caso similar ao da atriz foi julgado no Brasil, relacionado ao apresentador Cazé Peçanha, havendo condenação do curso de línguas a indenizar o apresentador de televisão no montante de R$ 20.000,00, pelo uso de sua imagem por meio de sósia. Conforme decidiu o Tribunal de Justiça de São Paulo: "Utilização simulada de imagem do autor em publicidade. Dano moral configurado. Adequação do valor dos danos morais" (TJSP, Apelação 994.03.015985-0, Acórdão 4402991, 9.ª Câmara de Direito Privado, São Paulo, Rel. Des. Antonio Vilenilson, j. 02.02.2010, *DJESP* 22.04.2010).

O aresto acabou por aplicar o teor do art. 18 do Código Civil, que veda a utilização de nome alheio sem autorização, em publicidade, bem como o Enunciado n. 278 da *IV Jornada de Direito Civil*, segundo o qual "a publicidade que divulgar, sem autorização, qualidades inerentes a determinada pessoa, ainda que sem mencionar seu nome, mas sendo capaz de identificá-la, constitui violação a direito da personalidade".

A propósito, o enquadramento do que seria lucro ilícito como danos morais é comum e corriqueiro no Brasil, como ocorre com a Súmula n. 403 do Superior Tribunal de Justiça, que reconhece danos morais presumidos ou *in re ipsa* nas hipóteses de uso indevido da imagem do titular, com fins econômicos ou comerciais. Em uma análise apurada das situações concretas, de fato, não nos parece que os casos sejam propriamente de danos imateriais, mas de lucro da intervenção pelo uso indevido.

---

[93] FARIAS, Cristiano Chaves; ROSENVALD, Nelson; BRAGA NETTO, Felipe Peixoto. *Novo tratado de responsabilidade civil*. 2. ed. São Paulo: Saraiva, 2017. p. 280.

[94] FARIAS, Cristiano Chaves; ROSENVALD, Nelson; BRAGA NETTO, Felipe Peixoto. *Novo tratado de responsabilidade civil*, cit., p. 281.

Outro exemplo que pode ser citado, e que me foi levado à consulta para parecer jurídico, diz respeito à hipótese em que alguém deixa de substituir uma garantia conforme pactuado em contrato, eis que a não substituição poderá lhe trazer ganhos patrimoniais consideráveis pela possibilidade de se trabalhar, dentro do mercado financeiro, com um lucro derivado do uso dessas garantias em um ou outro negócio. A situação concreta me pareceu ser de lucros ilícitos indenizáveis, no âmbito material.

Surge então o grande desafio relativo ao lucro ilícito, que tem o condão de afastar definitivamente a possibilidade de sua admissão entre nós. Como se sabe, a indenização é fixada pela extensão do dano (art. 944, *caput,* do CC), e não de acordo com o ganho patrimonial sofrido pelo ofensor. Em outras palavras, a indenização tem natureza compensatória pelo dano sofrido pela vítima e não lucrativa pelos ganhos recebidos pelo agente.

Para afastar esse argumento, anote-se que a legislação brasileira acaba por trazer algumas indicações para a possibilidade de fixação do *quantum* conforme os lucros auferidos pelo interventor. Nesse contexto, a lei que protege os direitos intelectuais (Lei n. 9.279/1996), prescreve em seu art. 210 que os lucros cessantes do prejudicado por conduta alheia serão determinados pelo critério mais favorável ao prejudicado, dentre os seguintes: *a)* os benefícios que o prejudicado teria auferido se a violação não tivesse ocorrido; ou *b)* os benefícios que foram auferidos pelo autor da violação do direito; ou *c)* a remuneração que o autor da violação teria pago ao titular do direito violado pela concessão de uma licença que lhe permitisse legalmente explorar o bem. Nota-se, entretanto, que o enquadramento das situações delineadas diz respeito a lucros cessantes, danos materiais, e não a danos autônomos.

Cabe citar ainda, trazendo outra indicação de reparação da hipótese de lucro ilícito, mas mais uma vez como lucros cessantes, o art. 103 da Lei de Direitos Autorais (Lei n. 9.610/1998). Conforme o dispositivo, aquele que editar obra literária, artística ou científica, sem autorização do titular, perderá para este os exemplares que se apreenderem e pagar-lhe-á o preço dos que tiver vendido.

Outra dúvida sobre a categoria é relativa ao destino do montante da suposta indenização. Sérgio Savi pontua que "a primeira questão que se coloca no estudo do lucro da intervenção é, portanto, a de decidir quem deve ficar com aquele lucro. Conforme restou demonstrado ao longo deste livro, a retenção integral do lucro pelo interventor é inaceitável à luz do ordenamento jurídico brasileiro, devendo o mesmo ser transferido ao titular do direito, pelos motivos enumerados a seguir".[95]

Em seguida, o autor demonstra que a manutenção do lucro no patrimônio do interventor contribuiria para uma competição desmedida em busca do lucro, o que justifica a possibilidade de fixação de uma indenização:

"E isso vai de encontro ao projeto de uma sociedade livre, justa e solidária, almejado pela carta constitucional. O princípio constitucional da solidarie-

---

[95] SAVI, Sérgio. *Responsabilidade civil e enriquecimento sem causa,* cit., p. 143.

dade atua, nos casos de lucro da intervenção, como limitador da liberdade individual, a fim de evitar que o sujeito pratique atos egoístas, que ignorem interesses de outras pessoas consideradas dignas de tutela. Não podendo ficar no patrimônio do interventor, o lucro da intervenção deve, em regra, ser transferido ao titular do bem ou direito objeto da intervenção. Essa transferência encontra fundamento na teoria do conteúdo de destinação dos bens, segundo a qual os direitos não se esgotam na mera possibilidade de excluir outros de um domínio reservado, mas atribuem ou conferem ao seu titular um conteúdo positivo, a destinação de um bem ou de uma utilidade. O titular do direito faz jus, portanto, a toda a potencialidade econômica dos bens ou direitos integrantes do seu patrimônio".[96]

Constata-se, assim, que a vedação do lucro da intervenção ou do lucro ilícito está fundamentada em princípios maiores, relativos à própria concepção do Direito como um todo. Acrescento que, tratando-se de uma relação contratual, esse enriquecimento sem causa contraria frontalmente os princípios da boa-fé objetiva e da função social do contrato, retirados dos arts. 422 e 421 do Código Civil, respectivamente. A conduta contraria a boa-fé objetiva pela existência de um comportamento desleal, longe da cooperação que deve guiar as relações negociais em todas as suas fases. O desrespeito à função social do contrato está evidenciado pela inexistência de trocas úteis e justas, conforme se depreende do Enunciado n. 22 da *I Jornada de Direito Civil*: "a função social do contrato, prevista no art. 421 do novo Código Civil, constitui cláusula geral, que reforça o princípio de conservação do contrato, assegurando trocas úteis e justas".

No âmbito da jurisprudência, não se pode negar que é crescente o surgimento de julgados que aplicam a categoria expressamente. Do Tribunal paulista, reconhecendo o ganho ilícito como agravante da conduta do agente, a aumentar o *quantum debeatur*:

> "Confessa violação do dever de higidez do produto com evidente descaso na satisfação do contrato. Atraso de quase dez meses para a transferência regular da documentação do veículo alienado. Responsabilidade civil que tem o condão de punir condutas ilícitas, especialmente quando reiteradamente adotadas por justificativas econômicas ('lucro ilícito'). 'Tese do 'desvio produtivo do consumidor'. Valor de acordo com a extensão do dano (art. 944 do Código Civil) e de acordo com os paradigmas jurisprudenciais" (TJSP, Apelação 0006881-56.2014.8.26.0081, Acórdão 10097994, 27.ª Câmara Extraordinária de Direito Privado, Adamantina, Rel. Des. Maria Lúcia Pizzotti, j. 13.01.2017, *DJESP* 24.01.2017).

Nota-se que o aresto aplica também a premissa do dano decorrente da perda do tempo e do desvio produtivo do consumidor, desenvolvida no tópico anterior do capítulo. Alerte-se que existem muitas outras decisões, de mesma Corte e Relatoria, no mesmo sentido.

---

[96] SAVI, Sérgio. *Responsabilidade civil e enriquecimento sem causa*, cit., p. 144.

Com grande relevância prática, no âmbito do Superior Tribunal de Justiça, cite-se julgado do ano de 2018, publicado no seu *Informativo* n. 628, nos seguintes termos a respeito do instituto em estudo:

"A doutrina vem estudando o problema da repetição de indébito decorrente de mútuo feneratício celebrado com instituição financeira sob a ótica do tema do 'lucro da intervenção', que é o 'lucro obtido por aquele que, sem autorização, interfere nos direitos ou bens jurídicos de outra pessoa e que decorre justamente desta intervenção'. Esse lucro também pode ser vislumbrado na hipótese da presente afetação, pois, como os bancos praticam taxas de juros bem mais altas do que a taxa legal, a instituição financeira acaba auferindo vantagem dessa diferença de taxas, mesmo restituindo o indébito à taxa legal. Nesse sentido, a instituição financeira teria que ser condenada não somente a reparar o dano causado ao mutuário, mas também a restituir o lucro que obteve com a cláusula abusiva. Por um lado, o lucro da intervenção é um *plus* em relação à indenização, no sentido de que esta encontra limite na extensão dos danos experimentados pela vítima (função indenitária do princípio da reparação integral), ao passo que o lucro da intervenção pode extrapolar esse limite. Por outro lado, o referido lucro é um *minus* em relação ao *punitive damage*, uma vez que este, tendo simultaneamente funções punitiva e preventiva, não está limitado ao lucro ou ao dano. Propõe-se, no presente repetitivo, uma tese menos abrangente, apenas para eliminar a possibilidade de se determinar a repetição com base nos mesmos encargos praticados pela instituição financeira, pois esses encargos não correspondem ao dano experimentado pela vítima, tampouco ao lucro auferido pelo ofensor" (STJ, REsp 1.552.434/GO, 2.ª Seção, Rel. Min. Paulo de Tarso Sanseverino, j. 13.06.2018, *DJe* 21.06.2018).

A tese fixada no julgamento foi de afastar a repetição do indébito em favor do correntista com os mesmos encargos do contrato colocados em benefício do banco. Porém, deixou-se em aberto a possibilidade de reconhecer a indenização pelo lucro da intervenção em casos futuros julgados pela Corte Superior.

Isso se deu efetivamente em outro julgado do Tribunal Superior do mesmo ano de 2018, que admitiu a indenização pelo lucro da intervenção em favor de famosa atriz que teve a sua imagem e o seu nome indevidamente utilizados por uma empresa de cosméticos. Nos termos da ementa do *decisum*, que cita expressamente o Enunciado n. 620 da *VIII Jornada de Direito Civil*, "o dever de restituição do denominado lucro da intervenção encontra fundamento no instituto do enriquecimento sem causa, atualmente positivado no art. 884 do Código Civil. O dever de restituição daquilo que é auferido mediante indevida interferência nos direitos ou bens jurídicos de outra pessoa tem a função de preservar a livre disposição de direitos, nos quais estão inseridos os direitos da personalidade, e de inibir a prática de atos contrários ao ordenamento jurídico. A subsidiariedade da ação de enriquecimento sem causa não impede que se promova a cumulação de ações, cada qual disciplinada por um instituto específico do Direito Civil, sendo perfeitamente plausível a formulação de pedido de reparação dos danos mediante a aplicação das regras próprias da responsabilidade civil, limitado ao efetivo prejuízo suportado pela vítima, cumulado com o pleito de restituição do indevidamente auferido, sem justa causa, às custas do demandante" (STJ, REsp 1.698.701/RJ, 3.ª Turma, Rel. Min. Ricardo Villas Bôas Cueva, j. 02.10.2018, *DJe* 08.10.2018).

Sobre a fixação do *quantum* em favor da vítima, uma das grandes dificuldades a respeito da categoria, como antes se expôs, o julgado remete a sua análise para a fase de liquidação de sentença, com a necessidade de observância dos seguintes critérios: *a)* apuração do *quantum debeatur* com base no lucro patrimonial do ofensor; *b)* delimitação do cálculo em relação ao período no qual se verificou a indevida intervenção no direito de imagem da autora; *c)* aferição do grau de contribuição de cada uma das partes para o evento danoso; e *d)* distribuição do lucro obtido com a intervenção proporcionalmente à contribuição de cada participante da relação jurídica. O acórdão é louvável, pelo grau de profundidade e de fundamentação, como se exige atualmente do Poder Judiciário.

A admissão do lucro ilícito ou lucro da intervenção como dano reparável em nosso País deve ser incrementada nos próximos anos, pela doutrina e jurisprudência, apesar de todos os desafios apontados, especialmente se a categoria deve ou não ser tratada em separado dos danos tradicionais. Como se retira do Enunciado n. 620, aprovado na *VIII Jornada de Direito Civil*, em 2018, é o momento de se admitir o instituto entre nós, que merece ser devidamente debatido e aprofundado. Quem sabe, em um futuro próximo, surja no Brasil uma norma específica que traga uma cláusula geral de sua reparação, no Código Civil ou fora dele.

A esse propósito, o projeto de Reforma do Código Civil, ora em tramitação no Congresso Nacional, pretende tratar do instituto em dois dispositivos.

No primeiro deles, a ser aplicado ao âmbito das relações contratuais e à responsabilidade civil contratual, o art. 884 receberá um novo § 2.º, prevendo a citada cláusula geral, a saber: "a obrigação de restituir o lucro da intervenção, assim entendida como a vantagem patrimonial auferida a partir da exploração não autorizada de bem ou de direito alheio, fundamenta-se na vedação do enriquecimento sem causa e rege-se pelas normas deste Capítulo". Adota-se, portanto, a ideia constante do Enunciado n. 620, aprovado na *VIII Jornada de Direito Civil,*

Além disso, no âmbito da responsabilidade extracontratual, insere-se um § 2.º no art. 944, prevendo que, "em alternativa à reparação de danos patrimoniais, a critério do lesado, a indenização compreenderá um montante razoável correspondente à violação de um direito ou, quando necessário, a remoção dos lucros ou vantagens auferidos pelo lesante em conexão com a prática do ilícito".

A subcomissão de Responsabilidade Civil – formada pelo Professor Nelson Rosenvald, pela Juíza Patrícia Carrijo e pela Ministra Maria Isabel Gallotti – apresentou quatro argumentos para esse tratamento, que merecem ser destacados:

"Contudo, a inserção de remédios restitutórios no interno da responsabilidade civil, tal qual se dá no direito europeu (diretivas e atos legislativos) e não no âmbito do enriquecimento injustificado se deve a quatro argumentos:

Primeiro: A repressão à ilicitude lucrativa na esfera civil pela via remedial do resgate dos benefícios indevidos não é adequada ao terreno residual do enriquecimento injustificado. Ao contrário, amolda-se à responsabilidade civil, como uma das possíveis eficácias de um ato ilícito (reverso da compensação de danos!) que será ativada não apenas pela constatação de um qualquer comportamento antijurídico, porém aquela qualificada pelo resultado lucrativo, independente da aferição de um comportamento ultrajante do ofensor (requisito de um ilícito de eficácia punitiva). Aliás, a constatação do cinismo ou da inocência do infrator repercutirá exclusivamente na intensidade do remédio restitutório, que partirá da resposta mais suave da indenização pelo preço razoável da obtenção do consentimento para o acesso ao direito violado (*reasonable fee*) e, eventualmente, alcançará a pretensão mais ampla da remoção dos lucros proporcionados pela conduta ilícita (*disgorgement*);

Segundo: o enriquecimento injustificado é modelo obrigacional de enriquecimento independentemente da aferição da existência ou não de um ato ilícito do demandado, aplicável aos casos em que o demandante consciente e equivocadamente participa do enriquecimento, mediante uma transferência voluntária ao demandado. Em contrapartida, na responsabilidade civil a antijuridicidade do comportamento do demandado (sem qualquer participação do demandante) é um pressuposto fundamental para a ativação da remoção de benefícios indevidos. Deslocamentos patrimoniais involuntários descolados de um fato ilícito serão sancionados exclusivamente pela via reparatória dos danos;

Terceiro: a doutrina da atribuição como fundamento para o lucro da intervenção por intromissão em direitos alheios apenas propicia fundamento dogmático à resposta da restituição do preço do uso inconsentido do bem (*reasonable fee*), enriquecimento objetivo a ser apreciado conforme o valor de mercado da faculdade dominial que foi indevidamente deslocada da esfera do demandante em benefício do infrator. Contudo, a teoria atributiva não é capaz de justificar a expropriação de ganhos ilícitos – *disgorgement*. Para sanar esta deficiência, a doutrina alemã concilia o enriquecimento injustificado por intromissão com o modelo legislativo da gestão imprópria de negócios, quando tudo se encaixaria de forma natural se conduzida a polêmica ao território da responsabilidade civil.

Quarto: o princípio da reparação integral merece ressignificação. Requer-se uma funcionalização do conceito de indenização, no sentido de que possa atender da melhor forma a dimensão relacional que inspira o princípio da reparação integral. O objetivo de 'reconstituição' hipotética das partes ao estado anterior ao ilícito, demanda uma análise bilateral, que, para além do ofensor, compreenda a posição do agente. Na medida em que o ofensor obtéve um lucro ilícito ou economizou despesas com a violação de uma certa posição jurídica, naturalmente a 'melhor indenização' terá que incluir dentre os seus critérios alternativos a restituição ou o resgate de benefícios econômicos, sob pena de violentarmos a justiça corretiva que anima a *restitutio in integro*. Em comum, *disgorgement* e *restitutionary damages* se alinham à justiça corretiva, pois seja o foco nas perdas como nos lucros, a restauração da situação existente encontra acolhimento na dimensão relacional da obrigação de indenizar, restrita à bilateralidade das razões correlatas às partes".

A Relatoria Geral da Comissão de Juristas concluiu que é possível e viável esse duplo tratamento do lucro da intervenção, tendo sido ele proposital. Caso não seja, caberá ao Congresso Nacional fazer uma escolha por uma das duas propostas, sendo hoje necessário positivar na lei a sua admissão.

10. DANOS EXISTENCIAIS E DANOS AO PROJETO DE VIDA

Para encerrar o estudo do dano, outra suposta modalidade de dano que vem sendo debatida no Brasil é o dano existencial, com amplo amparo no âmbito trabalhista, como ainda será desenvolvido no Capítulo 11 deste livro. Tanto isso é verdade que a recente Reforma Trabalhista, ao tratar dos danos extrapatrimoniais sofridos pelos trabalhadores, reconhece no novo art. 223-B da CLT que "causa dano de natureza extrapatrimonial a ação ou omissão que ofenda a esfera moral ou existencial da pessoa física ou jurídica, as quais são as titulares exclusivas do direito à reparação".

O instituto foi desenvolvido no Direito Italiano, uma vez que o dano moral, na Itália, ainda é associado a sentimentos humanos desagradáveis, como dor e tristeza. Em artigo publicado no Brasil, os juristas peruanos Carlos Antonio Agurto Gonzáles e Sonia Lidia Quequejana Mamani, da Universidad Nacional Mayor de San Marcos, Lima, demonstram a origem da categoria entre os italianos:

> "Com efeito, o dano existencial, como nova subespécie de dano à pessoa, corresponde a lesão que afeta a plena esfera do 'valor homem' compreendido em sua complexidade, tese que nasce e se desenvolve a partir dos anos 90 do século XX enquanto produto da Escola Jurídica que tem seu centro em Trieste e cujo expoente é o Prof. Paolo Cendon. Não obstante, um setor da doutrina italiana sustenta que a categoria do dano existencial não é exatamente nova como adjetivo, mas que tem sido frequente no léxico da doutrina e da jurisprudência de épocas anteriores, e que a novidade se encontraria mais no fato de apresentar-se como categoria autônoma, em respeito tanto ao dano biológico como ao dano moral. Paolo Cendon recorda que a ideia do dano existencial fora proposta em algumas resenhas de jurisprudência, publicadas na *Rivista trimestrale di diritto e procedura civile*, no início dos anos 90, por ele, Luigi Gaudino e Patrizia Ziviz. Com efeito, a categoria em referência aflorou progressivamente nas diversas resenhas elaboradas. Estas evidenciavam, mais frequentemente, novas tipologias de danos que: (a) não teriam relação com o fazer ou com um atentado à saúde, (b) se apresentavam, no que diz respeito às suas repercussões, como situações que não eram enquadráveis na área patrimonial, como o dano moral. Porém, a história oficial do dano existencial remonta a 1994, quando Patrizia Ziviz publicou notável trabalho que veio a ser reconhecido como ponto de partida do debate sobre a categoria. No ensaio relata um interessante caso no qual em 1974 mulher se dirigiu a hospital buscando se submeter a uma cistoscopia. O exame médico foi praticado de maneira negligente e implicou uma série de consequências negativas para a vítima exigindo a extirpação de seu útero. A lesada exigiu judicialmente a reparação que, evidentemente, lhe correspondia, ao resultar prejudicada sua integridade física. Não obstante, não somente ingressou com a demanda a vítima, mas também seu esposo, alegando que o evento danoso

lhe havia ocasionado dano que se manifestava na impossibilidade de manter relações sexuais normais com sua esposa, a partir da situação. Ao concluir o processo, o direito do esposo à reparação foi reconhecido pela Corte de Cassação italiana. Esta declarou que 'o comportamento doloso ou culposo do terceiro que causa a uma pessoa casada uma impossibilidade para ter relações sexuais é imediata e diretamente lesiva ao suprimir o direito do cônjuge a estas relações, direito-dever recíproco, inerente à pessoa, que compõe relação conjugal. A supressão do referido direito, ao prejudicar a *vida familiar* do cônjuge, é passível de tutela como modo de reparação da lesão'".[97]

Além da escola de Trieste, os autores destacam a adoção à categoria pela Escola de Turim. Entre os expoentes da última linha de pensamento italiano, leciona Pier Giuseppe Monateri, em artigo publicado na língua espanhola em que analisa as decisões da Corte de Cassação italiana sobre o tema, que o dano existencial é aquele que se refere ao prejuízo causado à esfera não econômica do sujeito, que altera os seus costumes de vida, as relações que lhe eram próprias, induzindo-o a escolhas de vida diferentes a respeito da realização da sua personalização perante o mundo externo.[98] O dano existencial, assim, está presente em duas situações. A primeira delas tem relação com o *dano projeto de vida* da pessoa humana, que vem a ser frustrado. O segundo é o *dano à vida em relação*, presente quando há interferência nas interações íntimas da vítima com outras pessoas, caso de seus familiares.

O tema do dano ao projeto de vida foi desenvolvido, no Peru, pelo saudoso jurista Carlos Fernández Sessarego, outro grande expoente sobre o tema, não só na América Latina, mas com reconhecimento no continente europeu.[99] Penso ser ele o grande percursor mundial da tese.

Em texto publicado na Itália, o *Maestro*, como era conhecido, fundamenta o dano ao projeto de vida como uma lesão à *liberdade fenomênica*. Conforme o seu entendimento, em tradução livre, a liberdade é sinônimo de projeto, ou seja, o ser humano é livre enquanto projeta, e projeta para viver.

---

[97] GONZÁLES, Carlos Antonio Agurto; MAMANI, Sonia Lidia Quequejana Mamani. O dano existencial como contribuição da cultura jurídica italiana. *Revista Eletrônica Direito e Sociedade (REDES)*, Programa de mestrado da Faculdade de Direito da Unilassalle, Canoas, Rio Grande do Sul, v. 6, n. 1, 2018.

[98] MONATERI, Pier Giuseppe. El prejuicio existencial como voz del daño no patrimonial. Disponível em: <https://www.academia.edu/22167973/EL_PERJUICIO_EXISTENCIAL_COMO_VOZ_DEL_DA%C3%91O_NO_PATRIMONIAL>. Acesso em: 20 nov. 2017.

[99] Veja-se, sobre o tema: SESSAREGO, Carlos Fernández. Recientes decisiones de los tribunales internacionales de derechos humanos: reparación "del daño al proyecto de vida". *Revista Peruana de Jurisprudencia*, Trujillo, año 7, n. 52, jun. 2005; y en *Anuario de Derecho Europeo*, Sevilla, Universidad de Sevilla, n. 4, 2004. SESSAREGO, Carlos Fernández. El "daño a la libertad fenoménica" o "daño al proyecto de vida" en el escenario jurídico contemporâneo. *JUS Doctrina & Práctica*, Lima, Grijley, n. 6, jun. 2007; *Responsabilidad civil*. Buenos Aires: Rubinzal-Culzoni, 2007; en *APECC. Revista de Derecho*, año IV, Lima, Asociación Peruana de Ciencias Jurídicas y Conciliación, n. 6, abr. 2008; en la *Revista de Responsabilidad Civil y Seguros*, Buenos Aires, La Ley, año XI, n. IX, set. 2009; en la *Revista Electrónica de Derecho Existencial Persona*, Buenos Aires, n. 73; in traducción al italiano, en *La responsabilità civile*, Torino, UTET, año V, n. 6, jun. 2008 y, del autor, en *El derecho a imaginar el derecho*. Lima: IDEMSA, 2011.

Ainda segundo ele, a pessoa é livre para projetar uma maneira de vida, o destino pessoal ou um simples acontecimento do seu cotidiano. A vocação própria da liberdade ontológica é aquela de realizar, no mundo exterior, a sua vida diária. Trata-se da liberdade de viver de um ou outro modo, por meio de atos, condutas e comportamentos, que configuram a vida cotidiana da existência e forma um projeto de vida liberalmente escolhido.[100] Também como quer Sessarego, o projeto de vida correspondente à exigência existencial pela qual cada ser humano deve dar um fim à própria vida deve encontrar uma razão para existir. O ser humano cumpre uma missão durante a sua existência, define metas, traça um destino.[101]

Em outro texto, agora publicado no próprio Peru, Sessarego faz uma análise de casos julgados pela Corte Interamericana de Direitos Humanos, com o fito de exemplificar as hipóteses em que o dano ao projeto de vida está presente. Vejamos suas palavras, que ora merecem destaque, em espanhol, que podem ser compreendidas pelo leitor:

"La Corte Interamericana de Derechos Humanos, a partir de 1998, reconoce y repara el 'daño al proyecto de vida'. La primera oportunidad en la que se le alude es en la sentencia de reparaciones del conocido caso 'María Elena Loayza Tamayo'. En el apartado 147 de este histórico fallo se expresa, con precisión y claridad conceptual, 'que el denominado proyecto de vida atiende a la realización integral de la persona afectada, considerando su vocación, aptitudes, circunstancias, potencialidades y aspiraciones, que le permiten fijarse razonablemente determinadas expectativas y acceder a ellas'. En el apartado 148 del mencionado pronunciamiento se destaca, con acierto, el valor de las opciones u oportunidades que 'el sujeto puede tener para conducir su vida y alcanzar el destino que se propone. Por ello, su cancelación o menoscabo implican la reducción objetiva de la libertad y la pérdida de su valor que no puede ser ajeno a la observación de esta Corte'. En el parágrafo 150 del fallo se reafirma este concepto cuando se expresa que 'el daño al proyecto de vida, entendido como una expectativa razonable y accesible en el caso concreto, implica la pérdida o el grave menoscabo de oportunidades de desarrollo personal, de forma irreparable o difícilmente reparable'.

Antonio Cançado Trindade, Presidente de la Corte en el momento que se produce la mencionada sentencia, así como el juez Alirio Abreu Burelli, en el apartado 15 de su voto razonado conjunto, expresan que: 'Entendemos que el proyecto de vida se encuentra indisolublemente vinculado a la libertad, como derecho de cada persona a elegir su propio destino'.

En el apartado 16 del citado voto razonado conjunto, al confirmar los referidos magistrados la aceptación que les merece la teoría del 'daño al proyecto de vida', advierten que hay que 'reorientar y enriquecer la jurisprudencia internacional en materia de reparaciones con el enfoque y el aporte propios del Derecho Internacional de los Derechos Humanos. De ahí la importancia – continúan manifestando – que atribuimos al reconocimiento, en la pre-

---

[100] SESSAREGO, Carlos Fernández. Il risarcimento del "danno al progetto di vita". *La responsabilitá civile*. Milano: UTET, 2009. p. 871.
[101] SESSAREGO, Carlos Fernández. Il risarcimento del "danno al progetto di vita", cit., p. 871.

sente sentencia de la Corte Interamericana, del daño al proyecto de vida de la víctima, como un primer paso en esa dirección y propósito'. Y concluyen preguntándose que: 'Si no hubiera una determinación de la ocurrencia del daño al proyecto de vida, ¿cómo se lograría la *restitutio in integrum* como forma de reparación? ¿Cómo se procedería a la rehabilitación de la víctima como forma de reparación? ¿Cómo se afirmaría de modo convincente la garantía de no-repetición de los hechos lesivos en el marco de las reparaciones?'. Por su parte, en la mencionada sentencia el juez de la Corte, Carlos Vicente de Roux Rengifo, en su voto parcialmente disidente expresa que: 'La Corte ha dado un paso adelante al considerar el daño al proyecto de vida como un rubro por tener en cuenta en ciertos casos de violación de los derechos humanos y ha presentado una buena base conceptual para dar soporte a este paso'".[102]

No Brasil, um dos primeiros trabalhos sobre o tema foi desenvolvido por Flaviana Rampazzo Soares para quem o dano existencial pode ser tido como "a lesão ao complexo de relações que auxiliam no desenvolvimento normal da personalidade do sujeito, abrangendo a ordem pessoal ou a ordem social".[103] Em outras palavras, tal modalidade de dano "acarreta um sacrifício nas atividades realizadoras da pessoa, ocasionando uma mudança na relação da pessoa com o que a circunda".[104]

Merece também realce doutrinário a tese de doutorado de Marli Aparecida Saragioto, defendida na Faculdade Autônoma de Direito, onde antes eu lecionava, em 19 de dezembro de 2017, sob a minha orientação, em que se propõe o dano existencial como modalidade autônoma de dano imaterial, dentro do Direito Civil brasileiro.[105] Assim como Sessarego, a Professora da Unicesumar, em Maringá, Estado do Paraná, sustenta que a liberdade de escolha individual constitui o núcleo para o reconhecimento do dano existencial como categoria em separado. Vejamos suas palavras, em destaque:

"A liberdade é um bem jurídico, protegido em vários aspectos que são considerados essenciais à personalidade humana como '(...) a locomoção, o pensamento e sua expressão, o culto, a comunicação em geral' e acrescente-se a possibilidade de se escolher o próprio destino. O direito à liberdade é assegurado, inclusive, em nível internacional, nas Declarações que se referem aos direitos humanos. Pode ser compreendida como faculdade de fazer, ou deixar de fazer, aquilo que à ordem jurídica se coadune. Ou seja, '(...) é a prerrogativa que tem a pessoa de desenvolver, sem obstáculos, suas atividades no mundo das relações', uma vez que '(...) o homem é livre por necessidade ontológica', e qualquer tentativa de fugir dessa condição é uma forma de aquietar a própria natureza humana. É de Sartre uma das citações

---

[102] SESSAREGO, Carlos Fernández. El "daño a la libertad fenoménica" o "daño al proyecto de vida" en el escenario jurídico contemporâneo, cit.
[103] SOARES, Flaviana Rampazzo. *Responsabilidade civil por dano existencial*. Porto Alegre: Livraria do Advogado, 2009. p. 44.
[104] SOARES, Flaviana Rampazzo. *Responsabilidade civil por dano existencial*, cit., p. 45.
[105] SARAGIOTO, Marli Aparecida. *O dano existencial como modalidade autônoma de dano imaterial*. 2017. Tese (Doutorado) – Fadisp, São Paulo.

que melhor define a necessidade de uma redimensão da existência: '(...) o homem está condenado a ser livre'. Condenado, porque não criou a si próprio e, no entanto, livre, porque, uma vez lançado ao mundo, é responsável por tudo quanto fizer. Este passa a ser um dos principais valores existencialistas: a liberdade para assumir a totalidade dos próprios atos que, se contrários à ordem jurídica, acarretam no campo civil o dever de ressarcir o dano. No caso do dano existencial, a reparação deve ser apta a possibilitar que a vítima retome o seu projeto de vida ou recomponha a sua vida de relação que foi afetada pelo dano.

Assim, à medida que o homem é livre para decidir seu destino, a partir de suas escolhas, exercita a própria dignidade e torna-se o único responsável por estas e, livre, é-lhe vedada a autoindulgência. Entretanto, essa liberdade é condicionada, limitada pela sociedade com as suas regras de convivência, às quais o indivíduo deve se submeter para viver em comunidade.

A liberdade é condição implícita à existência humana, isto é, ou o homem é livre para realizar as suas escolhas ou lhe faltará um requisito da própria humanidade, o que o impediria de atingir o grau máximo de completude".[106]

Ao final, Marli Saragioto separa o dano existencial do dano moral, tendo como fundamento principal uma lesão a mais à pessoa humana e o reconhecimento de novos danos. Suas lições, novamente, merecem ser destacadas, para a devida contra-argumentação, pois ainda entendo que não se trata de um dano autônomo:

"Dito de outra forma, avaliar o dano existencial, como dano moral, e valer-se apenas do critério da extensão do dano, para reparar os danos ao projeto de vida e os danos à vida de relação, não é solução que se coaduna com o momento contemporâneo que se vivencia, pautado pela centralidade do ser humano e consequentemente da sua ampla proteção que demanda a reparação integral dos danos injustos (danos à pessoa) que possam interferir no seu bem-estar, na sua felicidade. De acordo com a teoria da reparação integral do dano, a aplicabilidade do dano existencial, no Sistema Jurídico brasileiro, possibilitaria: a) a avaliação do dano em toda a sua extensão; b) a fixação de valores mais expressivos para as indenizações.

Não se repara o dano existencial avaliando-se as lesões ao projeto de vida e a vida de relação segundo o critério da extensão do dano (art. 944 do CC), na modalidade dano moral, por uma simples razão: o dano não é avaliado por inteiro, mas apenas uma parcela do mesmo, a que se refere à espécie dano moral e, não sendo avaliado, não poderá ser indenizado. Dito de outra forma, é uma questão de definição do objeto, do conteúdo e da modalidade de dano para uma posterior quantificação da indenização, segundo o critério da extensão do respectivo dano analisado, e não de outro. Isso equivale a dizer que o *quantum* indenizatório será consequência da análise de toda a extensão do dano de acordo com as peculiaridades do dano sofrido, especificamente.

---

[106] SARAGIOTO, Marli Aparecida. *O dano existencial como modalidade autônoma de dano imaterial*, cit., p. 244-245.

Do exposto pode surgir a seguinte indagação: Que diferença faz? E a resposta é que avaliar o dano existencial, de forma autônoma, possibilitaria aproximação maior da reparação integral do dano e a majoração do *quantum* indenizatório, uma vez que pode e deve ser um valor maior, proporcional à gravidade que representa o dano ao projeto de vida e à vida de relação, comparativamente ao dano moral.

Nunca é demais lembrar o que pensa Carlos Fernándes Sessarego sobre o dano ao projeto de vida, ideia que dividimos com o mencionado autor, para quem o projeto de vida é '(...) o dano mais grave que se pode causar a uma pessoa', distinguindo entre o 'projeto de vida', no singular, e os 'projetos de vida', no plural (que o homem costuma ter ao longo da vida). Acrescente-se que pelo menos um é fundamental para a sua existência, e, uma vez violado, compromete todo o seu ser, é aquele em que se joga o destino e que outorga sentido a sua vida".[107]

Partindo para os casos concretos, o dano existencial e o dano ao projeto de vida geralmente são associados ao *caso Perruche*, julgado pela Corte de Cassação francesa, em que uma criança com deficiência ingressou com uma ação de reparação de danos em face do Estado francês, por ter nascido, em vez de ter sido abortada, como pretendeu anteriormente a sua mãe. Fala-se, assim, em nascimento errado ("Wrongful birth") ou em vida errada ("Wrongful life"), utilizando-se expressões debatidas no Direito norte-americano.

No Brasil, além dos julgados trabalhistas, que ainda serão aqui abordados (Capítulo 11), existem arestos estaduais que reconhecem a reparação do dano existencial e do dano ao projeto de vida como categoria autônoma ao dano moral, na linha da doutrina aqui exposta.

Em um primeiro aresto, do Tribunal do Rio Grande do Sul, em caso envolvendo preso político torturado durante o período militar e a correspondente responsabilidade objetiva do Estado, a Corte concluiu que, "no caso concreto, a prova documental revelou que o autor foi preso por motivos políticos em duas oportunidades, esteve recolhido em instalações do DOPS, e enquanto encarcerado foi vítima de torturas, maus-tratos e diversas humilhações. (...). Os elementos de provas dos autos evidenciaram que o autor foi preso injustamente e submetido a tortura e maus-tratos durante o regime militar ditatorial". Ao final consta da ementa, com reconhecimento dos danos existenciais o seguinte:

> "Violação de direitos da personalidade verificada. Dano existencial. Comprometimento do projeto de vida. *In casu*, o autor amargou danos existenciais, pois teve sua vida significativamente alterada para pior, pois experimentou alterações de comportamento e danos psíquicos diretamente relacionados às torturas e perseguição política. Conforme parecer psiquiátrico que embasou o pleito na via administrativa, depois de preso e torturado o autor passou a apresentar 'alterações de memória, com hipomnésia e amnésia lacunar, bem como na área da afetividade, evidenciados pelo humor depressivo, sentimen-

---

[107] SARAGIOTO, Marli Aparecida. *O dano existencial como modalidade autônoma de dano imaterial*, cit., p. 414-415.

tos de ruína e desesperança, labilidade emocional, e, também, na função do pensamento, manifestados por ideias de prejuízo, de referência e de conteúdo persecutório'. E, segundo conclusão do mesmo laudo, tornou-se portador de transtorno mental classificado como 'alteração permanente de personalidade após experiência catastrófica (Cid-10, f. 62.0). Em virtude das sequelas, tornou-se incapaz para desempenhar diversas atividades profissionais que tentou exercer após libertado do cárcere, porquanto refratário à iluminação artificial e a variações de luminosidade. Também não pôde concluir curso iniciado na Alemanha, ante a constatação de que já sem condições de assimilar o material didático. Arbitramento do *quantum* indenizatório. Majoração. Montante da indenização majorado para R$ 100.000,00 (cem mil reais), em atenção aos critérios da proporcionalidade e razoabilidade, bem assim às peculiaridades do caso concreto e parâmetros adotados pelo colegiado em situações análogas" (TJRS, Apelação Cível 0169294-84.2016.8.21.7000, 9.ª Câmara Cível, Porto Alegre, Rel. Des. Miguel Ângelo da Silva, j. 24.05.2017, *DJERS* 10.07.2017).

Pontue-se que a mesma conclusão que consta do acórdão se repete no Tribunal Gaúcho em muitos outros julgamentos, na mesma Câmara e com mesma relatoria.

Do Tribunal Fluminense merece ser destacado o acórdão que reconheceu a reparação de danos existenciais pela morte da esposa e mãe de uma criança, diante do tratamento inadequado oferecido por um hospital. Consta do julgamento que a paciente procurou atendimento no pronto-socorro do Hospital Alcides Carneiro, em Petrópolis, por apresentar falta de ar, tosse, dor no peito e febre, tendo sido informada que se curaria sem qualquer receita médica, ocasião em que foi liberada. Dois dias depois, como os sintomas estavam agravados, foi novamente atendida no mesmo hospital, onde foi diagnosticada com sinusite, receitados alguns remédios e novamente liberada.

No dia seguinte, pela manhã, com os sintomas ainda mais aguçados, voltou ao mesmo hospital, sendo receitados novos medicamentos, com o diagnóstico de pneumonia, mas não sendo requisitada a internação da paciente. Nesse mesmo dia, à tarde, a paciente retornou ao mesmo hospital, constando do boletim de atendimento que "já esteve no HAC pela manhã sendo diagnosticada PNM e já foi prescrita medicação". Em nenhum momento foi requisitada a internação da paciente.

Alguns dias depois, a paciente foi levada ao pronto-socorro de outro hospital, onde foi imediatamente requerida a sua internação, vindo a óbito, então, com 18 anos de idade. À época, era notória a existência de uma epidemia de vírus H1N1 no Estado do Rio de Janeiro, e, "pelo conjunto probatório acostado nos autos, notadamente a prova documental apresentada pela parte autora, houve falha na prestação do serviço do hospital". Nesse contexto de triste realidade, além do dano moral para o marido e para a filha da vítima, o aresto reconhece que "houve a chamada perda de chance de ter um diagnóstico correto, o que poderia ter evitado o agravamento do estado de saúde da paciente, que conduziu até o óbito". No tocante ao dano existencial, reconhece-se que "atual ordem jurídica-constitucional assegura à criança, mesmo recém-nascida, indenização por danos imateriais, visto que ficou privada da assistência moral e afetiva materna, o que se qualifica como dano existencial relevante na formação da sua personalidade moral. Dessa forma, considerando as peculiaridades do caso concreto, notadamente a extensão do dano" (TJRJ, Apelação 0030406-58.2009.8.19.0042, 22.ª Câmara Cível, Rel. Des. Marcelo Lima Buhatem, j. 29.07.2014, *DORJ* 31.07.2014).

Apesar dessas louváveis tentativas de separação da categoria, porém, em muitos casos, com maior ceticismo, a categorização em separado tem sido afastada, como nos seguintes:

"Ação de indenização por ato ilícito. Acidente de trânsito. Pedido parcialmente procedente. Insurgência do autor. (a) Lucros cessantes. Incapacidade laboral do autor pelo período de três meses. Remuneração líquida decorrente de vínculo empregatício. Manutenção da indenização fixada em conformidade com estes parâmetros. Art. 402 do Código Civil. Suposta prestação de serviços para terceiros em horário distinto da jornada de trabalho. Não comprovação. Espécie de dano que pressupõe probabilidade objetiva de perda de rendimentos. (b) Dano existencial. Ausência de demonstração de qualquer circunstância e/ou dano excepcional de efeito permanente. Alegações genéricas. Delimitação do pleito à indenização por dano moral. (c) Dano moral. Controvérsia apenas sobre o valor da indenização. Majoração desta de quatro mil para vinte mil reais. Observância da condição econômica das partes, ao abalo psicológico sofrido pelo autor e ao caráter pedagógico e punitivo da medida. Julgados desta corte em casos semelhantes. Recurso parcialmente provido" (TJPR, Apelação Cível 1646015-0, 8.ª Câmara Cível, Curitiba, Rel. Des. Luiz Cezar Nicolau, j. 13.07.2017, *DJPR* 24.07.2017, p. 189).

"Apelação cível. Responsabilidade civil. Cobrança de parcelas do financiamento supostamente atrasadas. Inscrição em cadastro de maus pagadores. Indevida. Dano moral *in re ipsa* configurado. Sentença condenando no valor de R$ 200.000,00 (duzentos mil reais). Existência de coisa julgada. Mesmas partes, causa de pedir e pedido. Preliminar acolhida. Provimento parcial do apelo. Apelo adesivo. Seguimento negado. Extinção do feito. Tendo havido a condenação a título de danos morais no importe de R$ 60.000,00 (sessenta mil reais) naquela ação, não vislumbro a possibilidade de se indenizar os Apelados em razão dos alegados danos existenciais, tal como entendido pelo Juízo *a quo*, que condenou o Banco Recorrente a indenizar os Apelados no valor de R$ 200.000,00 (duzentos mil reais). Neste sentido, não se cumulam as indenizações a título de danos morais e danos existenciais, pois decorrentes do mesmo fato gerador, haja vista que estes últimos se inserem naquele. Ou seja, o dano extrapatrimonial, comumente denominado de dano moral, é um instituto amplo, no qual é possível abranger o dano existencial, uma vez que este se caracteriza por ser um dano oriundo da frustração, que obsta a realização pessoal do indivíduo, causando prejuízos à sua qualidade de vida. Preliminar de coisa julgada acolhida. Apelo provido parcialmente. Seguimento negado ao apelo adesivo" (TJBA, Apelação 0384679-85.2013.8.05.0001, 4.ª Câmara Cível, Salvador, Rel. Des. Gardenia Pereira Duarte, j. 14.03.2017, *DJBA* 17.03.2017, p. 339).

Com o devido respeito, especialmente à minha orientanda de doutorado Marli Saragioto, estou filiado à última forma de julgar. Pela atual realidade jurídica do dano moral no Brasil, ampliado sobremaneira para qualquer lesão a direito da personalidade, não veja o dano existencial ou o dano ao projeto de vida como categoria em separado. Na verdade, o que deveria ser empreendido na realidade brasileira, conforme antes destacado, é um aumento nos valores de indenização moral, e não a separação em outras categorias.

A propósito, não se olvide que no próprio sistema italiano, em que a categoria jurídica surgiu, existem críticas fortes à categoria, formuladas notadamente pelos professores da Universidade de Pisa, cujos expoentes são Francisco Donato Busnelli, Giulio Ponzanelli e Giovanni Comandè. A *Escola Pisiana* chega a afirmar que o dano existencial está fundamentado na "fábula de uma felicidade perdida, que consagra o Direito Constitucional dos Estados Unidos, mas que não está reconhecida pelas normas italianas".[108]

As críticas formuladas por essa vertente são fundamentadas em seis premissas, com aplicação perfeita à realidade brasileira.[109] Como primeiro argumento, a indenização dos danos existenciais busca reparar todo e qualquer prejuízo, dispensando a presença de um direito ou de um interesse reconhecido pelo ordenamento jurídico italiano. A segunda afirmação de negativa é no sentido de que a categoria dos danos existenciais é tão somente uma *metacategoria*, genérica e não homogênea.

O terceiro argumento é que a ressarcibilidade do dano existencial representaria um custo insuportável para a coletividade, transformando o sistema de responsabilidade civil em um sistema de seguridade social. Como quarta premissa de negação, a configuração do dano existencial representa o resultado final de um *direito ocioso*, "tanto por parte dos estudiosos quanto dos juízes: tanto uns quanto os outros utilizam débeis argumentos retóricos, em vez de utilizar os materiais normativos concretos no que diz respeito à coerência sistemática".[110]

Como quinto argumento, os críticos do instituto sustentam que o verdadeiro problema não é introduzir outro "polo reparatório", mas racionalizar a regra da *bipolaridade* do ordenamento italiano, fundada na distinção entre dano patrimonial e dano não patrimonial. Em suma, assim como ocorre no Brasil, a última categoria – no nosso caso, o dano moral – pode absorver as situações relativas ao chamado dano existencial. Por fim, afirma-se como sexta objeção que o fim desse *sistema bipolar*, na Itália, conduziria a uma hipertrofia do dano à pessoa.[111]

Voltando-se à realidade brasileira, afastando-se uma inevitável comparação, no caso do dano estético penso haver atualmente uma lesão a mais à pessoa humana, pelo fato de a Constituição Federal mencionar o dano à imagem como categoria separada do dano moral (art. 5.º, inc. V), o que não ocorre com a categoria do dano existencial, pelo menos por enquanto. Por isso, é justo e correto

---

[108] Conforme: GONZÁLES, Carlos Antonio Agurto; MAMANI, Sonia Lidia Quequejana Mamani. O dano existencial como contribuição da cultura jurídica italiana, cit.

[109] Argumentos retirados de: GONZÁLES, Carlos Antonio Agurto; MAMANI, Sonia Lidia Quequejana Mamani. O dano existencial como contribuição da cultura jurídica italiana, cit.

[110] GONZÁLES, Carlos Antonio Agurto; MAMANI, Sonia Lidia Quequejana Mamani. O dano existencial como contribuição da cultura jurídica italiana, cit.

[111] GONZÁLES, Carlos Antonio Agurto; MAMANI, Sonia Lidia Quequejana Mamani. O dano existencial como contribuição da cultura jurídica italiana, cit.

tecnicamente o destacamento categórico feito pela jurisprudência brasileira dos danos estéticos com relação aos danos morais, realidade que não existe quanto aos chamados *danos existenciais*.

Além disso, vejo certa confusão entre o dano ao projeto de vida e o dano por perda de uma chance, parecendo ser a primeira categoria uma frustração ampla da perda da chance de ser feliz, a partir do exercício da liberdade de escolha. Como exposto, o julgado do Tribunal do Rio de Janeiro aqui colacionado acabou por reconhecer a cumulação das duas categorias, que parecem estar ali fundidas. E, como tenho resistências para os danos por perda da chance, a conclusão deve ser a mesma para o dano existencial.

De todo modo, como se verá no Capítulo 11 deste livro, o instituto tem uma aplicação enorme no âmbito das relações de trabalho, tendo a recente *Reforma Trabalhista*, instituída pela malfadada Lei n. 13.467/2017, o claro intuito de reunir ou fundir todos os danos extrapatrimoniais sofridos pelos trabalhadores e tabelá-los, o que nos parece ser inconstitucional, repise-se. Voltaremos ao assunto do dano existencial, adiante, portanto. A minha posição doutrinária, com ressalvas, já está devidamente esclarecida.

Para encerrar o capítulo, cabe relembrar que, no projeto de Reforma do Código Civil, igualmente, não se reconhece a autonomia do dano existencial como nova modalidade de dano, mas apenas como componente dos danos extrapatrimoniais.

O proposto e tão mencionado art. 944-A, ao tratar da sua quantificação, menciona o dano ao projeto de vida como critério que deve ser considerado pelo julgador na fixação do valor devido (*quantum debeatur*). Assim, quanto à extensão do dano e na segunda fase da aplicação do *método bifásico*, deve ele considerar as peculiaridades do caso concreto, em confronto com outros julgamentos que possam justificar a majoração ou a redução do valor da indenização (§ 1.º, inc. II). Em tais situações, podem ser observados pelo juiz os seguintes parâmetros, com destaque para o primeiro deles: "I – nível de afetação em projetos de vida relativos ao trabalho, lazer, âmbito familiar ou social; II – grau de reversibilidade do dano; e III – grau de ofensa ao bem jurídico".

Apesar das minhas ressalvas a respeito da retirada do tratamento do dano moral da Lei Civil, não se pode negar que as propostas afastam a proliferação desenfreada de novos danos, trazendo segurança, previsibilidade e estabilidade jurídica para o tratamento do tema.

O TRATAMENTO ESPECÍFICO DA RESPONSABILIDADE CIVIL NO CÓDIGO CIVIL (ARTS. 927 A 954). ANÁLISE DA CLÁUSULA GERAL DE RESPONSABILIDADE OBJETIVA E DOS CASOS PONTUAIS RELATIVOS AO DEVER DE INDENIZAR NA CODIFICAÇÃO MATERIAL

Sumário: 1. A responsabilidade civil sem culpa em termos gerais. Análise do art. 927, parágrafo único, do Código Civil. A cláusula geral de responsabilidade objetiva – 2. Aplicações concretas da *cláusula geral de responsabilidade objetiva* na experiência brasileira do Código Civil de 2002 – 3. O tratamento específico da responsabilidade objetiva no Código Civil de 2002. Análise das hipóteses legais: 3.1. A responsabilidade civil objetiva por atos de terceiros ou responsabilidade civil indireta; 3.2. A responsabilidade civil objetiva por danos causados por animal; 3.3. A responsabilidade civil objetiva por danos causados por ruína de prédio; 3.4. A responsabilidade civil objetiva por danos oriundos de coisas lançadas dos prédios; 3.5. A responsabilidade civil objetiva com relação a dívidas – 4. Outras regras importantes quanto à fixação da indenização prevista no Código Civil de 2002.

1. A RESPONSABILIDADE CIVIL SEM CULPA EM TERMOS GERAIS. ANÁLISE DO ART. 927, PARÁGRAFO ÚNICO, DO CÓDIGO CIVIL. A CLÁUSULA GERAL DE RESPONSABILIDADE OBJETIVA

Como não poderia ser diferente, o Código Civil passou a admitir a responsabilidade objetiva expressamente, pela regra constante do seu art. 927, parágrafo único. Para fins didáticos, cumpre transcrever todo o comando legal, visando aos devidos aprofundamentos técnicos:

> "Art. 927. Aquele que, por ato ilícito (arts. 186 e 187), causar dano a outrem, fica obrigado a repará-lo. Parágrafo único. Haverá obrigação de reparar o dano, independentemente de culpa, nos casos especificados em lei, ou quando a atividade normalmente desenvolvida pelo autor do dano implicar, por sua natureza, risco para os direitos de outrem".

O dispositivo é claramente inspirado no art. 2.050 do *Codice Civile* italiano, de 1942, que trata da *esposizione al pericolo* (exposição ao perigo) e que tem a seguinte redação: "chiunque cagiona danno ad altri nello svolgimento di un'attività pericolosa, per sua natura o per la natura dei mezzi adoperati, e tenuto al risarcimento, se non prova di avere adottato tutte le misure idonee a evitare il danno". Em tradução livre, a norma estabelece que aquele que causa dano a outrem no desenvolvimento de uma atividade perigosa, por sua natureza ou pela natureza dos meios adotados, é obrigado ao ressarcimento, se não provar ter tomado todas as medidas idôneas para evitar o dano.

Todavia, há claras diferenças em relação ao sistema italiano. De início, porque neste, segundo parte considerável da doutrina clássica italiana, foi utilizado modelo de presunção relativa de culpa pela menção da exclusão de responsabilidade quando os meios idôneos e diligentes forem adotados pelo autor do dano, o que se denomina *prova liberatória da responsabilidade*.

Como leciona Giovanni Iudica em seu estudo de comparação, o art. 927, parágrafo único, do Código Civil brasileiro representa um avanço em relação ao art. 2.050 do *Codice* justamente porque evita introduzir um elemento de tipo subjetivo ou culposo, tratando-se de verdadeira hipótese de responsabilidade objetiva, sem culpa.[1] Também podem ser citados, pelo modelo de responsabilidade subjetiva por presunção de culpa, as obras de Cendon, De Cupis, Monateri, Cian e Trabucchi.[2] Entre os brasileiros, Anderson Schreiber, na sua leitura

---

[1] IUDICA, Giovanni. Profili della responsabilità extracontrattuale secondo il nuovo Código Civil brasileiro. In: CALDERARE, Alfredo (a cura di). *Il Nuovo Codice Civile brasiliano*. Milano: Giuffrè, 2003. p. 300.

[2] A respeito de ter sido adotado o modelo de culpa presumida pelo art. 2.050 do *Codice,* ver: CENDON, Paolo. *Commentario al Codice Civile,* cit., p. 2087; CIAN, G.; TRABUCCHI, Alberto. *Commentario breve al Codice Civile,* cit., p. 1692-1693. Giuseppe Monateri afirma ter sido adotado um modelo de culpa por presunção (MONATERI, Píer Giuseppe. *Illecito e responsabilità civile.* Diretto da Mario Bessone. Torino: G. Giappichelli, 2002. t. II: Trattato di diritto privato, p. 84). Essa já era a opinião de Adriano de Cupis (DE CUPIS, Adriano. *Commentario del Codice Civile.* A cura di Antonio Scialoja e Giuseppe Branca. Libro Quarto. Delle Obbligazioni. Art. 1992-2059. Ristampa della prima edizione. Roma: Soc. Ed. Del Foro Italiano, 1964. p. 330).

do dispositivo e conforme tese de doutoramento defendida na Itália, também conclui pelo modelo de presunção de culpa.[3]

Consigne-se, entretanto, que há resistências no entendimento em relação à norma italiana, pois muitos doutrinadores afirmam que a norma consagra a responsabilidade objetiva ou sem culpa, o que é tema de enorme discussão naquele sistema jurídico.[4] Massimo Franzoni, em obra acurada sobre o tema, demonstra que existem debates contundentes a respeito da natureza da responsabilidade decorrente do art. 2.050 do Código italiano, prevalecendo na visão clássica a tese da presunção de culpa. Todavia, cita ele autores como Paccioni e Trimarchi, que sustentam a adoção da ausência de culpa, fundada no risco, sendo essa a tendência doutrinária na Itália. A conclusão pessoal do jurista citado é por um modelo intermediário, entre a culpa e uma mera relação de causalidade.[5]

Em obra mais recente, amplamente utilizada pelos estudantes de Direito na Itália, Chiné, Fratini e Zoppini demonstram três correntes a respeito da interpretação do art. 2.050 do *Codice*.[6]

A primeira corrente, considerada tradicional, entende que o dispositivo adotou um modelo de culpa presumida, estando fundada na antiga máxima nenhuma responsabilidade sem culpa (*nessuna responsabilità senza colpa*).[7]

A segunda vertente, intermediária, enxerga no comando a adoção de um modelo entre a culpa e a relação de causalidade, na linha do defendido por Franzoni, baseada substancialmente na culpa levíssima. Essa ideia foi adotada pela Corte de Cassação italiana no Julgamento 7.298/2003, em que se afirmou que o comando está no "último limite e próximo àquele modelo da responsabilidade objetiva".[8]

Por fim, pela última corrente, que segundo os autores prevalece na Corte de Cassação no momento, a responsabilidade prevista no art. 2.050 é objetiva, sendo possível afastá-la somente com a prova de uma excludente de nexo de causalidade, quais sejam o fato da vítima, o fato de terceiro, o caso fortuito e a força maior (o julgamento emblemático mencionado é o de número 8.457/2004).[9] Como se vê, portanto, os debates são intensos naquele sistema pela falta de clareza do legislador. No caso brasileiro, não restam dúvidas de que foi adotado o modelo de responsabilidade sem culpa ou objetiva.

Como outra diferença, o Código italiano menciona uma *atividade perigosa*, que é mais do que uma *atividade de risco*, diante de uma intensidade maior. A

---

[3] SCHREIBER, Anderson. *Novos paradigmas da responsabilidade civil*, 2. ed., cit., p. 22.
[4] Essa é a opinião, por exemplo, de Francesco Galgano (*Diritto privato*. 3. ed. Padova: Cedam, 1985. p. 351).
[5] FRANZONI, Massimo. *La responsabilità oggettiva II. Il danno da cose, da esercizio di attività pericolose, da circolazione di veicoli*. Padova: Cedam, 1995.
[6] CHINÉ, Giuseppe; FRATINI, Marco; ZOPPINI, Andrea. *Manuale di diritto civile*, cit., p. 2280-2283.
[7] CHINÉ, Giuseppe; FRATINI, Marco; ZOPPINI, Andrea. *Manuale di diritto civile*, cit., p. 2280.
[8] CHINÉ, Giuseppe; FRATINI, Marco; ZOPPINI, Andrea. *Manuale di diritto civile*, cit., p. 2281.
[9] CHINÉ, Giuseppe; FRATINI, Marco; ZOPPINI, Andrea. *Manuale di diritto civile*, cit., p. 2282.

clara diferença com relação aos conceitos de risco e perigo foi observada com precisão, no Brasil, por Ney Maranhão, merecendo destaque suas palavras:

> "Todavia, no caso brasileiro, houve um importante desprendimento, um traço mesmo de audácia, já que, no enunciado legal, percebe-se haver um deliberado desvencilhar com relação à clássica ideia de perigo, porquanto em nosso dispositivo há simplesmente referência textual à figura do risco, medida importante e que suscita considerável ampliação da moldura legal. Nessa esteira – já até dissemos –, o conceito de atividade de risco há de ser compreendido não apenas como atividade perigosa, mas, indo bem mais longe, também deve abarcar toda atividade que induza risco, fator que diferencia a cláusula pátria das demais do mundo – salvo quanto à suíça, que contém disposição semelhante".[10]

Como se afirma entre os italianos, a periculosidade deve consistir em uma potencialidade lesiva de grau superior ao normal, o que foi muito bem desenvolvido por Pier Giuseppe Monateri.[11] Segundo o jurista, dois critérios concorrentes devem ser considerados para tanto: *a)* levar em consideração a quantidade de danos habitualmente causados pela atividade em questão; *b)* ter-se em conta igualmente a gravidade dos prejuízos ameaçados. Em síntese, diz Monateri que a atividade será perigosa quando, por cálculos estatísticos, provocar muitos incidentes e trazer ameaças de prejuízos muitos graves.[12] A ideia tem sido igualmente desenvolvida no Brasil, como se verá a seguir.

De acordo com as lições de Massimo Franzoni, a caracterização da atividade perigosa deve ser *preferencialmente quantitativa*, servindo como critério *a quantidade de risco ou perigo que se gera*.[13] Todavia, entram em cena, do mesmo modo, *critérios qualitativos*, como a magnitude e a gravidade do dano causado.[14] Aduz o jurista italiano que uma atividade pode causar um grande número de acidentes e nem por isso ser perigosa. Ilustra que outra atividade pode ser considerada perigosa porque *potencialmente* pode causar destruições gravíssimas, apesar de a probabilidade de acidentes ser reduzida, como ocorre com as atividades nucleares.[15]

Em reforço, o perigo, segundo a doutrina clássica italiana de Cian e Trabucchi, deve ser objetivamente ínsito à atividade desenvolvida.[16] Na mesma linha, da obra organizada por Paolo Cendon extrai-se que isso significa que atividades normalmente não perigosas podem se tornar perigosas, diante dos instrumentos utilizados, sempre que tal periculosidade seja estritamente intrínseca, como é

---

[10] MARANHÃO, Ney Stany Morais. *Responsabilidade civil objetiva pelo risco da atividade*. São Paulo: GEN/Método, 2010. p. 273.
[11] MONATERI, Píer Giuseppe. *Illecito e responsabilità civile*, cit., p. 95.
[12] MONATERI, Píer Giuseppe. *Illecito e responsabilità civile*, cit., p. 95.
[13] FRANZONI, Massimo. *La responsabilità oggettiva II*, cit., p. 142.
[14] FRANZONI, Massimo. *La responsabilità oggettiva II*, cit., p. 142-143.
[15] FRANZONI, Massimo. *La responsabilità oggettiva II*, cit., p. 142-143.
[16] CIAN, G.; TRABUCCHI, Alberto. *Commentario breve al Codice Civile*, cit., p. 1693.

comum nas atividades fabris.[17] Partilhando do mesmo raciocínio, afirma Massimo Bianca que se o perigo não é intrínseco à atividade ou aos meios adotados, derivando ocasionalmente da negligente modalidade do seu exercício, a atividade não deve ser qualificada como perigosa, não incidindo a comentada norma.[18]

Partindo para a efetividade prática, podem ser citados como exemplos jurisprudenciais italianos as concreções que envolvem a caça, o serviço de teleférico, a atividade futebolística, a produção e a distribuição de gás em botijões e de energia elétrica, a atividade de construção de edifícios, as operações portuárias e a produção de medicamentos.[19] No sistema italiano também acabou por se entender que a norma do art. 2.050 não se aplica à circulação de veículos, conclusão semelhante à atual realidade brasileira, como está desenvolvido no Capítulo 12 deste livro.[20]

Discorrendo sobre o dispositivo italiano, Giselda Maria Fernandes Novaes Hironaka vislumbra no comando um fundamento para a sua *responsabilidade pressuposta*, a partir da ideia de *mise en danger*, desenvolvida por Geneviève Schamps.[21] De acordo com as palavras da Professora Titular da Faculdade de Direito da Universidade de São Paulo, "a *mise en danger*, assim, e sob o foco do legislador que concebeu a regra do art. 2.050, corresponde ao exercício de uma atividade perigosa para terceiros, em razão de sua natureza ou da natureza dos meios empregados. A realização desta *mise en danger* traduz-se pelos danos sofridos por pessoas estranhas ao exercício desta atividade. Só esta realização dos danos – e não a *mise en danger*, em si, e enquanto tal – é que se demonstra suscetível de indenização, incumbida ao agente empreendedor".[22]

Mais à frente, citando novamente Geneviève Schamps, Giselda Hironaka demonstra a dúvida doutrinária referente do art. 2.050 do Código italiano, a respeito de se tratar de uma hipótese de responsabilidade subjetiva ou objetiva. E conclui que o legislador italiano preferiu uma solução intermediária, de culpa presumida, uma vez que "manteve a culpa como fundamento da responsabilidade, mas deixou a cargo do agente a prova liberatória da imputação estabelecida, ampliando, com isso, a própria carga de dever que lhe foi imposta, pela inversão do ônus que determinou".[23]

---

[17] CENDON, Paolo. *Commentario al Codice Civile*, cit., p. 2091.
[18] BIANCA, Massimo C. *Diritto civile*, v. 5, cit., p. 705.
[19] CIAN, G.; TRABUCCHI, Alberto. *Commentario breve al Codice Civile*, cit., p. 1693; BIANCA, Massimo C. *Diritto civile*, v. 5, cit., p. 705-706.
[20] DE CUPIS, Adriano. *Commentario del Codice Civile*, cit., p. 330; CIAN, G.; TRABUCCHI, Alberto. *Commentario breve al Codice Civile*, cit., p. 1.693; MONATERI, Píer Giuseppe. *Illecito e responsabilità civile*, cit., p. 90. A conclusão foi nessa esteira, uma vez que há um dispositivo específico a tratar da responsabilidade pela circulação de veículos, qual seja o art. 2.054 do *Codice*, que também adotou um sistema de presunção da culpa.
[21] "Geneviève Schamps descreve que este dispositivo do Código Civil italiano, o art. 2.050, apreendeu a noção de *mise en danger* – a sua concepção de critério padrão de caracterização do dever de indenizar – na conotação geral" (HIRONAKA, Giselda Maria Fernandes. *Responsabilidade pressuposta*, cit., p. 286).
[22] HIRONAKA, Giselda Maria Fernandes. *Responsabilidade pressuposta*, cit., p. 291.
[23] HIRONAKA, Giselda Maria Fernandes. *Responsabilidade pressuposta*, cit., p. 293.

Contudo, não se olvidem as críticas da autora belga e a evolução jurisprudencial com relação ao art. 2.050 do Código Civil italiano, no sentido de se tratar não mais de uma culpa presumida, mas, sim, de uma responsabilidade presumida ou pressuposta. De acordo com suas lições literais, "como se uma espécie de responsabilidade pressuposta. Nem fundada na culpa, nem derivada do risco. Objetivada, mas com precauções. Os freios de expansão bem puxados, controlando os casos de aplicação e restringindo a esfera de abrangência".[24] Conforme restou evidenciado, a discussão sempre existiu e continua presente na temática do Direito Privado italiano.

Em suma, a conclusão é a de que o nosso comando legal foi apenas *influenciado* pelo dispositivo estrangeiro citado, mas não se afigura como reprodução do dispositivo da *Bota*. Pode-se até afirmar a existência de uma falsa impressão ou de um *falso cognato*, conforme se diz em meios de estudos linguísticos. De qualquer sorte, parece correto dizer que o art. 927, parágrafo único, do Código Civil brasileiro é o *ponto de partida* para o reconhecimento de uma responsabilidade pressuposta no futuro, como quer Giselda Hironaka, diante de todas as evoluções que podem nascer de suas interpretações e discussões, teóricas e práticas.

Voltando definitivamente à análise do comando brasileiro, percebe-se que a responsabilidade objetiva independe de culpa e é fundada na *teoria do risco*, em uma de suas modalidades. Vejamos as suas cinco principais vertentes.

A primeira delas é a *teoria do risco administrativo*, adotada nos casos de responsabilidade objetiva do Estado, que ainda será estudada, no Capítulo 10 (art. 37, § 6.º, da CF/1988). Como se verá, há quem entenda que a responsabilidade objetiva comporta exceções, incidindo a responsabilidade com culpa nos casos de omissão estatal.

A segunda vertente é a *teoria do risco criado*, presente nos casos em que o agente cria o risco, decorrente de outra pessoa ou de uma coisa. Cite-se, com primeira ilustração, a previsão do art. 938 do Código Civil, que trata da responsabilidade do ocupante do prédio pelas coisas que dele caírem ou forem lançadas em local indevido (*defenestramento*). Mencionando tal teoria, cite-se, a respeito de ato de vandalismo que resultou no rompimento de cabos elétricos de vagão de trem e que não excluiu a responsabilidade da concessionária do serviço de transporte, o seguinte aresto superior: "para a responsabilidade objetiva da teoria do risco criado, adotada pelo art. 927, parágrafo único, do CC/02, o dever de reparar exsurge da materialização do risco – da inerente e inexorável potencialidade de qualquer atividade lesionar interesses alheios – em um dano; da conversão do perigo genérico e abstrato em um prejuízo concreto e individual. Assim, o exercício de uma atividade obriga a reparar um dano, não na medida em que seja culposa (ou dolosa), porém na medida em que tenha sido causal" (STJ, REsp 1.786.722/SP, 3.ª Turma, Rel. Min. Nancy Andrighi, j. 09.06.2020, *DJe* 12.06.2020).

---

[24] HIRONAKA, Giselda Maria Fernandes. *Responsabilidade pressuposta*, cit., p. 295-296.

A terceira variação é a *teoria do risco da atividade ou risco profissional*, evidenciada quando a atividade desempenhada cria riscos a terceiros, aos direitos de outrem, nos moldes do que consta da segunda parte do art. 927, parágrafo único, do CC/2002.

Como quarta modalidade de destaque, cite-se a *teoria do risco-proveito*, adotada nas situações em que o risco decorre de uma atividade lucrativa, ou seja, o agente retira um proveito do risco criado, como nos casos envolvendo os riscos de um produto, relacionados com a responsabilidade objetiva decorrente do Código de Defesa do Consumidor. Dentro da ideia de risco-proveito estão os *riscos de desenvolvimento*. Exemplificando, deve uma empresa farmacêutica responder por um novo produto que coloca no mercado ou que ainda esteja em fase de testes, caso de um medicamento ou de uma vacina, mesmo que seja ela emergencial, como se viu em debate ocorrido em meio à pandemia de Covid-19.

Por fim, há a *teoria do risco integral*, evidenciada nas situações em que não há excludente de nexo de causalidade ou responsabilidade civil a ser alegada, como nos casos de danos ambientais, segundo os autores ambientalistas e a posição da jurisprudência superior brasileira. (art. 14, § 1.º, da Lei n. 6.938/1981).

Pois bem, pelo que se retira do art. 927, parágrafo único, do atual Código Privado, haverá responsabilidade independentemente de culpa nos casos previstos em lei *ou* quando a atividade desempenhada criar riscos aos direitos de outrem.

Em suma, duas são as hipóteses gerais de responsabilidade objetiva. A primeira delas decorre expressamente da lei; a segunda da tão comentada *cláusula geral de responsabilidade objetiva*, que aqui merecerá uma análise interna mais apurada, sem qualquer contaminação estrangeira.

Com relação aos casos estabelecidos em lei, como primeiro exemplo, cite-se a responsabilidade objetiva dos fornecedores de produtos e prestadores de serviços perante os consumidores, prevista no Código de Defesa do Consumidor (Lei n. 8.078/1990). Como segunda concreção de relevo, a responsabilidade civil ambiental, consagrada pela Lei da Política Nacional do Meio Ambiente (art. 14, § 1.º, da Lei n. 6.938/1981). O terceiro exemplo a ser mencionado é a Lei n. 12.846, de 1.º.08.2013, que dispõe sobre a responsabilização administrativa e civil de pessoas jurídicas, pela prática de atos contra a administração pública, especialmente por corrupção. De acordo com o art. 2.º da última norma, as pessoas jurídicas serão responsabilizadas objetivamente, nos âmbitos administrativo e civil, pelos atos lesivos elencados no seu texto, praticados em seu interesse ou benefício, exclusivos ou não.

Em continuidade, percebe-se que há casos de responsabilidade civil objetiva que não estão previstos em lei, o que abre a possibilidade de doutrina e jurisprudência *criarem* outras hipóteses de responsabilidade objetiva. O Código Civil de 2002 representa, assim, um notável avanço, pois, na vigência da codificação anterior, a responsabilidade sem culpa apenas decorria do termo expresso da norma jurídica. Consagrou-se, portanto, a *cláusula geral de responsabilidade objetiva*, conforme expressão difundida por Gustavo Tepedino.[25]

A fim de se de compreender o alcance prático do dispositivo, é preciso *desmontar* a segunda parte do art. 927, parágrafo único, do Código Civil brasileiro, por meio da exposição dos requisitos de sua incidência, bem como dos casos em que ele pode subsumir.[26]

Para começar, o artigo em comento utiliza o termo "atividade", que vem a ser uma soma de atos humanos, e não uma atuação isolada. De outro modo, pode-se dizer que vários atos que mantêm entre si uma correlação temporal e lógica, de forma coordenada, geram a atividade. Assim, como observado pela doutrina nacional relativa ao tema, os atos isolados, não coordenados entre si, estão fora da esfera de aplicação do art. 927, parágrafo único, segunda parte, do Código Civil brasileiro de 2002. Em suma, exige-se a coordenação de atos na atividade.[27]

A discussão do devido enquadramento do que seja uma "atividade" não é nova no Direito brasileiro, eis que, pelo que consta do art. 3.º, *caput*, da Lei n. 8.078/1990, somente será fornecedor aquele que desempenhar uma *atividade*, entre outras, de produção, montagem, criação, construção, transformação, importação, exportação, distribuição ou comercialização de produtos ou prestação de serviços. Alguém que assim atue, de modo isolado, não pode ter contra si a aplicação do Código de Defesa do Consumidor, como na hipótese de quem vende bens pela primeira vez, ou esporadicamente, com ou sem o intuito concreto de lucro.[28]

Em reforço à experiência legal, para a caracterização do empresário consta do art. 966 do Código Civil o requisito do exercício da atividade econômica. Na doutrina empresarial, merecem atenção os comentários no sentido de que não se pode falar em atividade quando há o ato ocasional de alguém, mas, sim, com relação àquele que atua "de modo sazonal ou mesmo periódico, porquanto, neste caso, a regularidade dos intervalos temporais permite que se entreveja configurada a habitualidade".[29] A conclusão deve ser semelhante no que toca ao requisito da atividade constante da segunda parte do parágrafo único do art. 927 da mesma codificação.

A propósito, observa Antonio Junqueira de Azevedo, comentando o último preceito, que atividade, noção pouco trabalhada pela doutrina, segundo ele, não é um ato, mas sim um conjunto de atos:

---

[25] TEPEDINO, Gustavo. A evolução da responsabilidade civil no direito brasileiro e suas controvérsias na atividade estatal, cit., p. 195.
[26] Fazendo esse *desmonte* de forma satisfatória, na doutrina nacional, confira-se: MARANHÃO, Ney Stany Morais. *Responsabilidade civil objetiva pelo risco da atividade*, cit., p. 253-286.
[27] O elemento coordenação na atividade é muito bem observado em: GODOY, Claudio Luiz Bueno de. *Responsabilidade civil pelo risco da atividade*. São Paulo: Saraiva, 2009. p. 55-57.
[28] Ver, por todos: SIMÃO, José Fernando. *Vícios do produto no novo Código Civil e no Código de Defesa do Consumidor*. São Paulo: Atlas, 2003. p. 38.
[29] FONSECA, Priscila M. P. Corrêa da; SZTAJN, Rachel. In: AZEVEDO, Álvaro Villaça (Coord.). *Código Civil comentado*. São Paulo: Atlas, 2008. t. XI, p. 84.

"'Atividade' foi definida por Tulio Ascarelli como a 'série de atos coordenáveis entre si, em relação a uma finalidade comum' (Corso di diritto commerciale. 3. ed. Milano: Giuffrè, 1962. p. 147). Para que haja atividade, há necessidade: (i) de uma pluralidade de atos; (ii) de uma finalidade comum que dirige e coordena os atos; (iii) de uma dimensão temporal, já que a atividade necessariamente se prolonga no tempo. A atividade, ao contrário do ato, não possui destinatário específico, mas se dirige *ad incertam personam* (ao mercado ou à coletividade, por exemplo), e sua apreciação é autônoma em relação aos atos que a compõem".[30]

As lições são precisas, conforme será desenvolvido na análise de vários exemplos no decorrer deste livro e em outros capítulos da obra. Fica, portanto, em destaque a conclusão: ato ou atos isolados não formam atividade a ensejar a aplicação da chamada cláusula geral de responsabilidade objetiva.

Voltando-se ao *desmonte* ou *destrinche* do art. 927, parágrafo único, utiliza-se o termo "normalmente desenvolvida" para qualificar a atividade do autor do dano. Isso deixa claro que o que se desenvolve não é anormal, ou seja, pode-se pensar em uma atividade lícita, regulamentada e permitida pelo ordenamento jurídico.

Constata-se, assim, uma primeira hipótese de responsabilização civil por atos que podem se revelar, em um primeiro momento, lícitos, como é o caso da atividade de uma empresa. Essa responsabilização por atos lícitos não é nova na codificação nacional, eis que o Código Civil de 1916 previa a responsabilização daquele que agiu em estado de necessidade ou para remover um perigo iminente – prestes a acontecer –, o que foi reproduzido pela atual codificação privada, tema ainda a ser desenvolvido, em tópico próprio, relativo às excludentes de responsabilidade civil (Capítulo 18).

O Código de Defesa do Consumidor igualmente parece consagrar a responsabilidade civil por atos lícitos, oferecidos no mercado de consumo. Para ilustrar, a atividade de colocar um brinquedo no mercado é lícita; todavia, se esse brinquedo apresentar um problema de mau funcionamento, estará presente o vício de qualidade do produto, respondendo o fabricante e o comerciante solidariamente nos termos do art. 18, *caput*, da Lei n. 8.078/1990.

Ainda a título de exemplo, essa mesma atividade relativa ao brinquedo pode ocasionar danos morais e estéticos às crianças ou a outros consumidores, presente o *fato do produto*, respondendo, portanto, o fabricante, nos termos do art. 12, *caput*, da citada norma consumerista. Nas duas situações expostas, a atividade desempenhada de forma lícita em um primeiro momento gerou o ilícito pelo dano e pela lesão de direito alheio. Esse é o mesmo *espírito* do art. 927, parágrafo único, do Código Privado, quando menciona a atividade normalmente desenvolvida ou desempenhada.

---

[30] AZEVEDO, Antonio Junqueira de. Parecer. Responsabilidade civil ambiental. Reestruturação societária do grupo integrado pela sociedade causadora do dano. Obrigação solidária do causador indireto do prejuízo e do controlador de sociedade anônima. Limites objetivos dos contratos de garantia e de transação. Competência internacional e conflito de leis no espaço. Prescrição na responsabilidade civil ambiental e nas ações de regresso. *Novos pareceres e estudos de direito privado*. São Paulo: Saraiva, 2009. p. 400.

Repise-se que o próprio Código Civil de 2002 trata da responsabilidade civil pelos atos que se manifestam como lícitos em outra norma, pela vedação do abuso de direito e sua equiparação a ilícito puro, nos termos dos seus arts. 187 e 927, *caput*. Conforme se demonstrou, a partir das lições de Rubens Limongi França, *o abuso de direito é lícito pelo conteúdo e ilícito pelas consequências*. Em outras palavras, conclui-se que a ilicitude está na forma de sua execução, ou seja, ela se manifesta em um posterior momento. Em suma, responde-se por algo que é lícito, como é o caso de uma situação de abuso do exercício da propriedade em uma relação de vizinhança.

Seguindo a análise do preceito, o art. 927, parágrafo único, do Código Civil disciplina que essa atuação deve "implicar, por sua natureza, risco para os direitos de outrem". Eis o ponto fulcral de estudo para a aplicação da norma privada de 2002. Necessário concluir que o risco é criado a direitos de todos os tipos ou modalidades, sejam materiais ou imateriais. Pode-se haver risco, assim, a uma lesão material ou imaterial.

Ilustrando, o risco pode ser de destruição de um imóvel alheio ou de clara lesão irreversível a um direito de personalidade, caso da honra e da boa fama. Nessa linha, merece destaque o teor do Enunciado n. 555 da *VI Jornada de Direito Civil*, promovido pelo Conselho da Justiça Federal em 2013, segundo o qual "os direitos de outrem' mencionados no parágrafo único do art. 927 do Código Civil devem abranger não apenas a vida e a integridade física, mas também outros direitos, de caráter patrimonial ou extrapatrimonial".

Ato contínuo, note-se que o risco decorre da própria natureza da atividade, da sua própria essência. É o caso do risco derivado da atividade de uma indústria que fabrica fogos de artifício ou daquele que atua no âmbito empresarial e coloca no meio social um produto ou serviço potencialmente perigoso, ciente disso, por exemplo, o cigarro. Cite-se ainda a hipótese de serviços de diversão de alto risco, como pular de paraquedas, voar de asa-delta ou brincar no *bungee-jump*, um verdadeiro *ioiô humano*. Por igual, ilustre-se com os esportes arriscados por excelência, como são as artes marciais e o ciclismo. Ainda nesse sentido, as cirurgias médicas, em geral, representam uma forma de risco para o paciente.

Deve ficar claro que o risco é o *conceito mínimo*. Por óbvio, as atividades perigosas, mais do que arriscadas, estão abarcadas pelo dispositivo aqui estudado. Se o menos – o risco – gera a responsabilização objetiva, o mais – o perigo – também o faz.[31] Em suma, o risco é o *piso mínimo* para incidência da norma. A conclusão não seria essa se o Código Civil brasileiro tivesse adotado a mesma expressão – *perigo* – que consta do Código Privado italiano (art. 2.050).

Por certo, caso se responda objetivamente pelo perigo – conceito maior e mais agravado –, não se pode deduzir que se responda da mesma forma pelo risco, que é conceito menor e menos agravado. Claudio Luiz Bueno de Godoy, seguindo essa linha, fala em *risco perigo*, lembrando uma vez que se sustentava, antes mesmo do projeto do atual Código Civil brasileiro, que o risco estaria

---

[31] GODOY, Claudio Luiz Bueno de. *Responsabilidade civil pelo risco da atividade*, cit., p. 77-78.

fundado na ideia de perigo.[32] Compartilhando essa forma de pensar, leciona Antonio Junqueira de Azevedo que atividade de risco não é o mesmo que atividade perigosa. E arremata, com exemplos: "a atividade pode ser normal e, ainda assim, criar risco de dano a direito alheio (por exemplo, infecção quanto aos hospitais, pagamento de cheque com assinatura falsa quanto aos bancos, efeitos colaterais de remédio quanto à indústria farmacêutica etc. Não são atividades perigosas, as dos hospitais, bancos, indústrias em geral, etc., mas são atividades que criam risco para direitos alheios)".[33]

No entanto, a grande dúvida que surge é: qual risco concreto ao direito de outrem é capaz de gerar a responsabilidade civil objetiva? A melhor tese parece ser aquela que aponta a existência de um *risco excepcional ou extraordinário*, acima da situação corriqueira de normalidade. Em outras palavras, como quer Claudio Luiz Bueno de Godoy, pode-se falar em um "risco diferenciado, especial, particular, destacado, afinal, se toda e qualquer prática organizada de atos em maior ou menor escala o produz".[34]

Seguindo essa linha de pensamento, primeiramente na *I Jornada de Direito Civil* do Conselho da Justiça Federal, em 2002, a comissão de obrigações aprovou o Enunciado n. 38, o qual dispõe que "a responsabilidade fundada no risco da atividade, como prevista na segunda parte do parágrafo único do art. 927 do novo Código Civil, configura-se quando a atividade normalmente desenvolvida pelo autor do dano causar a pessoa determinada um ônus maior do que aos demais membros da coletividade".

Exemplificando, nos grandes centros, sobretudo na cidade de São Paulo, todos esses parâmetros apontam para o fato de que a atividade desempenhada por um *motoboy* é arriscada ou, mais do que isso, perigosa. Assim, a construção constante do enunciado doutrinário é interessante e se justifica porque analisa o conceito de responsabilidade civil de acordo com a coletividade, ou seja, segundo a ideia de função social, da finalidade do instituto perante o meio que o cerca.

Outras ciências auxiliares podem entrar em cena para a determinação do risco, como é o caso da matemática, da física e da estatística. Igualmente, podem ser utilizadas as máximas de experiência e a análise do contexto social. Mais uma vez merece destaque a doutrina de Claudio Luiz Bueno de Godoy, que foi um dos primeiros a entender dessa forma, com base na experiência italiana aqui antes destacada.[35]

O jurista propôs enunciado nesse sentido quando da *V Jornada de Direito Civil*, em 2011, que contou com o meu total apoio, nos seguintes termos: "a regra do artigo 927, parágrafo único, segunda parte, do CC/2002 aplica-se sempre que

---

[32] GODOY, Claudio Luiz Bueno de. *Responsabilidade civil pelo risco da atividade*, cit., p. 97.

[33] AZEVEDO, Antonio Junqueira de. Parecer. Responsabilidade civil ambiental. Reestruturação societária do grupo integrado pela sociedade causadora do dano. Obrigação solidária do causador indireto do prejuízo e do controlador de sociedade anônima. Limites objetivos dos contratos de garantia e de transação. Competência internacional e conflito de leis no espaço. Prescrição na responsabilidade civil ambiental e nas ações de regresso, cit., p. 400.

[34] GODOY, Claudio Luiz Bueno de. *Responsabilidade civil pelo risco da atividade*, cit., p. 97.

[35] GODOY, Claudio Luiz Bueno de. *Responsabilidade civil pelo risco da atividade*, cit., p. 97-99.

a atividade normalmente desenvolvida, mesmo sem defeito e não essencialmente perigosa, induza, por sua natureza, risco especial e diferenciado aos direitos de outrem. São critérios de avaliação desse risco, entre outros, a estatística, a prova técnica e as máximas de experiência" (Enunciado n. 448).

Anote-se que, em prol da segurança jurídica, o projeto de Reforma do Código Civil, ora em tramitação no Congresso Nacional, pretende inserir no novo art. 927-B, que equivale, ao atual parágrafo único do art. 927, o teor do citado enunciado doutrinário. No *caput* da norma, passará a se prever que "haverá obrigação de reparar o dano independentemente de culpa, nos casos especificados em lei, ou quando a atividade desenvolvida pelo autor do dano implicar, por sua natureza, risco para os direitos de outrem". E, consoante o seu projetado § 1.º, que trará mais clareza e efetividade à cláusula geral, na minha opinião, "a regra do *caput* se aplica à atividade que, mesmo sem defeito e não essencialmente perigosa, induza, por sua natureza, risco especial e diferenciado aos direitos de outrem. São critérios para a sua avaliação, entre outros, a estatística, a prova técnica e as máximas de experiência".

Também se almeja, para a verificação da presença da atividade de risco que sejam levados em conta a classificação feita pelo Poder Público ou por agência reguladora, o que igualmente virá em boa hora: "§ 2.º Para a responsabilização objetiva do causador do dano, bem como para a ponderação e a fixação do valor da indenização deve também ser levada em conta a existência ou não de classificação do risco da atividade pelo poder público ou por agência reguladora, podendo ela ser aplicada tanto a atividades desempenhadas em ambiente físico quanto digital".

Em complemento da análise atual da *cláusula geral*, quando da *III Jornada de Direito Civil*, do ano de 2004, foi proposto enunciado com conteúdo interessante, que sempre dividiu a doutrina. O teor da proposta foi o seguinte: "no art. 927, parágrafo único, do CC, o fator de imputação da obrigação de indenizar é a atividade de risco, e não o risco da atividade". O seu autor foi Adalberto de Souza Pasqualotto, procurador de justiça e professor da PUCRS.

O enunciado doutrinário não foi aprovado naquela oportunidade diante da divergência de seu conteúdo. Justificou o autor da proposta que "risco é toda exposição de terceiro à possibilidade de dano. Mas não basta esse conceito genérico. A correta interpretação da norma exige a delimitação do seu alcance". Assim, defendia o destacado professor gaúcho uma interpretação mais restrita do dispositivo, o que demandaria "a verificação do núcleo do preceito, que apresenta dois elementos, um objetivo: atividade que, por sua natureza, é criadora de risco; outro, subjetivo: atividade normalmente desenvolvida pelo autor do dano". E arrematou: "assim, restam afastadas do conceito aquelas atividades em que o risco, embora eventualmente presente, não é necessário. O risco deve ser inseparável do exercício da atividade. Essa constatação nos remete ao conceito de natureza das coisas, um dos fundamentos da segunda teoria do direito natural".

Concluiu o autor da proposta doutrinária que a aclamada *cláusula geral de responsabilidade objetiva* em nada inovaria, pois os casos envolvendo o risco já estavam todos tratados em lei como de responsabilidade sem culpa. Na ocasião daquela *Jornada*, não me filiei à proposta, notadamente por esse aspecto final.

Muito ao contrário, na presente obra, pretende-se demonstrar pelo menos uma aplicação da referida cláusula geral, independentemente do que consta da lei.

Seguindo os debates doutrinários, na *V Jornada de Direito Civil*, realizada em novembro de 2011, aprovou-se outra ementa propondo uma interpretação sociológica do comando, no seguinte sentido: "a responsabilidade civil prevista na segunda parte do parágrafo único do art. 927 do Código Civil deve levar em consideração não apenas a proteção da vítima e a atividade do ofensor, mas também a prevenção e o interesse da sociedade" (Enunciado n. 446). A proposta de enunciado foi feita por Roger Silva Aguiar, sendo fruto de sua tese de doutorado, defendida na Universidade Gama Filho, do Rio de Janeiro.[36] Trata-se de interessante interpretação que possibilita o enquadramento futuro de novas situações de risco, que surgirem do uso de novas técnicas pela humanidade. Como exemplo futuro, cogita-se a tecnologia que utiliza micro-organismos robóticos, conhecida como *nanotecnologia*.

A encerrar o presente tópico, seguem algumas interpretações ilustrativas minhas sobre a citada *cláusula geral*, desenvolvidas desde a minha tese de doutoramento, defendida na Faculdade de Direito da USP em 2010.[37] Esclareça-se que os exemplos expostos não se enquadram na primeira parte do art. 927, parágrafo único, do CC/2002, ou seja, em casos de responsabilidade objetiva previstos em lei. Não restam dúvidas de que é preciso dar efetividade ou operabilidade ao dispositivo para que ele realmente tenha relevância na realidade privada nacional. Ademais, em alguns dos casos efetivos há mais do que mero risco, mas verdadeiro perigo.

A atividade de dirigir, em regra, não parece ser arriscada. Trata-se de uma atividade normal, da contemporaneidade. Dirigir, por exemplo, em uma rodovia do Estado de São Paulo é até um privilégio, apesar dos pedágios. As pistas são duplicadas, há postos avançados de fiscalização, socorro 24 horas por dia e até telefones para chamar a emergência. Todavia, em algumas unidades da federação não há esse privilégio: as pistas são esburacadas, há até falta de pista, o mato avança, não há policiamento e os assaltos são constantes. Nessas localidades, a atividade de dirigir pode ser considerada arriscada.

Os meios de transporte merecem uma anotação à parte no tocante ao risco, notadamente diante dos recentes acidentes aéreos ocorridos no Brasil, dos quais destaco três: um primeiro envolvendo a empresa Gol no ano de 2006; um segundo da empresa TAM, na cidade de São Paulo, em 2007; e um terceiro da *Air France*, no ano de 2009.

Também merece menção o acidente envolvendo a equipe de futebol profissional da Chapecoense, ocorrido na Colômbia no final de 2016. Fica claro que se tem aumentado o risco de voar, o que foi amplamente debatido pelos órgãos de imprensa nacionais e internacionais após os eventos citados.

---

[36] AGUIAR, Roger Silva. *Responsabilidade civil*. A culpa, o risco e o medo. São Paulo: Atlas, 2011.

[37] E, reitere-se, publicada como livro no ano seguinte: TARTUCE, Flávio. *Responsabilidade objetiva e risco*. A teoria do risco concorrente. São Paulo: GEN/Método, 2011.

Mesmo com tal realidade, o risco de voar é menor do que o de dirigir ou o de andar na rua. A revista *Época*, de 15.06.2009, com base em estudos da agência norte-americana *National Safety Council*, expõe que o risco de acidente de avião é de um em 502 mil, enquanto o risco de acidente de carro é de um em 20 mil. Já o risco de ser atropelado na rua é de um em 49 mil.[38]

A reportagem, que examina a questão do risco de voar após o acidente com o voo 447 da Air France, demonstra outros cálculos interessantes daquela agência: *a)* risco de afogar-se na banheira: um em 862 mil; *b)* risco de tomar um choque elétrico fazendo a barba: um em 1 milhão; *c)* risco de levar uma queda na escada: um em 175 mil; *d)* risco de ataque de cachorro na calçada: um em 9,9 milhões; *e)* risco de ser assaltado à mão armada no caixa do banco: um em 24 mil. A notícia também analisa quais são os aviões mais arriscados quanto ao voo, levando-se em conta o histórico de acidentes e as decolagens. Os cinco mais perigosos segundo a reportagem são o 707/720, o DC-8, o F-28, o MD-11 e o A-310. Entre os modelos que geram menos risco, podem ser citados o A340, o A330, o 777, o 717 e o CRJ-700/9000.

Como outra reflexão, observo que sair à noite para diversão em uma cidade do interior ou em uma cidade pequena não é algo arriscado, pois a violência generalizada não chegou de forma consolidada (ainda) até esses centros urbanos. No entanto, nas grandes cidades brasileiras – por exemplo, São Paulo e Rio de Janeiro –, não se pode fazer a mesma afirmação. O risco aumenta conforme do tipo de diversão que se busca, podendo haver brigas generalizadas, rixas, assaltos, trocas de tiros ou agressões. Por óbvio, um restaurante ou um cinema é menos arriscado do que uma danceteria ou uma casa noturna. Também há maior risco quando se busca diversão em um jogo de futebol, sendo certo que os estádios brasileiros são ambientes potencialmente perigosos.

Trabalhar, em regra, não é uma atividade arriscada. Mais do que um fato corriqueiro, é uma necessidade da pessoa humana. Entretanto, em algumas situações, o trabalhador é exposto ao risco. Nas grandes cidades, repise-se o caso dos *motoboys*, que pilotam como loucos as suas motocicletas, eis que ganham por entrega e por produção. No meio urbano, ainda, a atividade de segurança privada é arriscada, suscetível a trocas de tiros e a lutas físicas.

No meio rural pode ser ilustrado o caso dos *boias-frias*, os quais trabalham na colheita de cana, uma atividade árdua e pesada, além de sujeita a acidentes como cortes de facão e picadas de cobras ou insetos. Ainda em tal ambiente, outra atividade arriscada é a do vaqueiro, que sai pelo sertão nordestino para cuidar do gado e buscar as reses que se perdem no meio da mata.

Como será desenvolvido no tópico a seguir, em muitas dessas hipóteses tem-se enquadrado a citada *cláusula geral de responsabilidade objetiva*, especialmente no âmbito trabalhista. Vejamos a sua projeção prática e jurisprudencial nesses mais de quinze anos de vigência do Código Civil de 2002.

---

[38] REVISTA ÉPOCA. Edição n. 578. Rio de Janeiro: Editora Globo, p. 86-87, 15 jun. 2009.

2. APLICAÇÕES CONCRETAS DA *CLÁUSULA GERAL DE RESPONSABILIDADE OBJETIVA* NA EXPERIÊNCIA BRASILEIRA DO CÓDIGO CIVIL DE 2002

Partindo para as tentativas concretas de preenchimento da *cláusula geral* de responsabilidade objetiva, como primeiro exemplo, na *V Jornada de Direito Civil*, de novembro de 2011, merece relevo o Enunciado n. 447, que propõe a responsabilidade objetiva dos clubes de futebol, pelos atos praticados por torcidas organizadas: "as agremiações esportivas são objetivamente responsáveis por danos causados a terceiros pelas torcidas organizadas, agindo nessa qualidade, quando, de qualquer modo, as financiem ou custeiem, direta ou indiretamente, total ou parcialmente".

Trata-se de outra proposta formulada pelo jurista Adalberto Pasqualotto, sendo certo que o enquadramento dessa responsabilidade objetiva estaria justamente na atividade de risco descrita pelo parágrafo único do art. 927, o que também contou com o meu apoio.

Na prática, adotando a premissa constante do enunciado, bem como a responsabilidade objetiva tratada pelo Código de Defesa do Consumidor, cabe transcrever, do Tribunal de Justiça do Rio Grande do Sul:

"Apelação cível. Responsabilidade civil. Agressão e roubo perpetrados em estádio de futebol por torcida organizada. Falha na segurança. Dano moral caracterizado. 1. Agravo retido. (...). 2. A implementação de planos de ação referentes a segurança do evento, capazes de evitar a ocorrência de agressões como as sofridas pelo autor, é de responsabilidade da agremiação detentora do mando de campo, dela não se desincumbindo sob o argumento de que a segurança estaria a cargo do Poder Público. Tal responsabilidade, tratando--se de prejuízos causados pela falha na segurança, é objetiva, ensejando a aplicação do disposto nos arts. 12 a 14 do CDC, que atribui ao fornecedor a responsabilidade por defeitos no fornecimento de produtos ou na prestação de serviço. 3. Inadmissível a hipótese de culpa de terceiro ou força maior, já que a entidade demandada, responsável pela segurança dos torcedores, não adotou as cautelas necessárias para resguardar a incolumidade do público, considerando, ainda, o fato de que a torcida organizada Garra Tricolor recebe benefícios da agremiação, esta a causadora indireta do dano, devendo responder pelos danos praticados pelos integrantes da torcida. 4. Inequívoca, ainda, a responsabilidade do clube demandado pelas declarações inverídicas de preposta à imprensa, a qual admitiu publicamente que o agredido estaria assaltando nas dependências do estádio, motivo pelo qual teria sido agredido por integrantes da torcida. (...)" (TJRS, Apelação Cível 70018527150, 6.ª Câmara Cível – Regime de Exceção, Porto Alegre, Rel. Des. Odone Sanguiné, j. 13.11.2007, *DOERS* 10.01.2008, p. 22).

Destaco que no mesmo sentido concluiu o Superior Tribunal de Justiça no ano de 2022. Conforme aresto publicado no *Informativo* n. 474 da Corte, "em partida de futebol, se houver tumulto causado por artefatos explosivos jogados contra a torcida visitante, o time mandante deve responder pelos danos causados aos torcedores". No caso concreto, nos termos do acórdão, o clube mandante do jogo "deve responder pelos danos causados aos torcedores o time mandante que não se desincumbiu adequadamente do dever de minimizar os riscos da partida, deixando de fiscalizar o porte de artefatos explosivos nos arredores do estádio e de organizar a segurança de forma a evitar tumultos na saída da partida" (STJ, REsp 1.773.885/SP, 3.ª Turma, Rel. Min. Ricardo Villas Bôas Cueva, j. 30.08.2022, *DJe* 05.09.2022).

De todo modo, não se pode negar que essa primeira incidência tem se revelado muito tímida até o presente momento. Talvez o seu incremento poderia dar à responsabilidade civil a sua esperada finalidade de desestímulo, especialmente em relação ao arriscado ambiente dos estádios de futebol e seus entornos.

Partindo para outra concretização da norma – a sua principal incidência até o presente momento –, o art. 927, parágrafo único, segunda parte, do CC/2002 tem sido amplamente aplicado à responsabilidade direta do empregador, podendo haver, dependendo da atividade desempenhada pelo empregado, a responsabilidade objetiva do primeiro.

Como é notório, a matéria de *responsabilidade civil direta do empregador* está prevista na Constituição Federal, em seu art. 7.º, inc. XXVIII, com regra pela qual é assegurado ao trabalhador "seguro contra acidentes de trabalho, a cargo do empregador, sem excluir a indenização a que este está obrigado, quando incorrer em dolo ou culpa". Apesar da dicção do preceito, há muito tempo tem-se sustentado que tal dispositivo traz a responsabilidade subjetiva do patrão como regra indeclinável, em casos de desrespeito às normas de segurança e medicina do trabalho, entendimento este que vinha sendo acompanhado, quase que cegamente, pela doutrina e pela jurisprudência, até a emergência do Código Civil de 2002.

No entanto, passou-se a entender, paulatinamente, que poderá o julgador, dependendo do caso concreto, concluir pela *responsabilidade direta objetiva* do empregador quando a sua atividade produzir claros riscos ao empregado. Em artigo muito bem fundamentado, escrito nos anos iniciais de vigência da codificação de 2002, o doutrinador e juiz do trabalho Rodolfo Pamplona Filho expôs que não seria tão simples apontar, *às cegas*, que a responsabilidade direta do empregador dependerá do elemento culpa em todos os casos. Vejamos as suas palavras:

> "De fato, não há como negar que, como regra geral, indubitavelmente a responsabilidade civil do empregador, por danos decorrentes de acidente de trabalho, é subjetiva, devendo ser provada alguma conduta culposa de sua parte, em alguma das modalidades possíveis, incidindo de forma independente do seguro acidentário, pago pelo Estado. Todavia, parece-nos inexplicável admitir a situação de um sujeito que:
> – Por força de lei, assume os riscos da atividade econômica;
> – Por exercer uma determinada atividade (que implica, por sua própria natureza, risco para os direitos de outrem), responde objetivamente pelos danos causados.
>
> Ainda assim, em relação aos seus empregados, tenha o direito subjetivo de somente responder, pelos seus atos, se os hipossuficientes provarem culpa...

A aceitar tal posicionamento, vemo-nos obrigados a reconhecer o seguinte paradoxo: o empregador, pela atividade exercida, responderia objetivamente pelos danos por si causados, mas, em relação a seus empregados, por causa de danos causados justamente pelo exercício da mesma atividade que atraiu a responsabilização objetiva, teria um direito a responder subjetivamente. Desculpe-nos, mas é muito para nosso fígado".[39]

Ainda no âmbito doutrinário, essa foi a conclusão a que chegaram os juristas que participaram da *IV Jornada de Direito Civil*, em 2006, com a aprovação do Enunciado n. 377 do Conselho da Justiça Federal, *in verbis*: "o art. 7.º, XXVIII, da Constituição Federal não é impedimento para a aplicação do disposto no art. 927, parágrafo único, do Código Civil quando se tratar de atividade de risco". Exatamente no mesmo sentido, o Enunciado n. 37, da *I Jornada de Direito Material e Processual do Trabalho*, realizada pela Associação Nacional dos Magistrados do Trabalho (ANAMATRA), no ano de 2007.

Da minha parte, há tempos venho defendendo a mesma tese, o que ocorreu, a primeira vez, em texto publicado no ano de 2003.[40] Penso que há um claro conflito entre o art. 7.º, inc. XXVIII, da CF/1988 e o art. 927, parágrafo único, do CC/2002. Isso porque, analisando o primeiro dispositivo, chega-se à conclusão de responsabilização direta subjetiva do empregador, sempre e em todos os casos. Já pela segunda norma, a responsabilidade do empregador, havendo riscos pela atividade desenvolvida, pode ser tida como objetiva, independentemente de culpa. De outra forma, pelo primeiro preceito o trabalhador ou empregado deve comprovar a culpa do empregador para fazer *jus* à indenização, o mesmo não se podendo dizer pela leitura do segundo comando legal privado, que facilita o caminho a ser percorrido pelo autor da demanda, o trabalhador ou empregado.

Na verdade, a regra contida na Constituição Federal não é específica a respeito da responsabilidade civil, tratando, sim, de regra de seguro contra acidente do trabalho como direito inerente à condição do empregado, sem excluir a indenização a que o empregador estará obrigado na hipótese em que incorrer em culpa ou dolo. Aliás, apesar de ser norma criada a favor do empregado, sempre foi utilizada a favor do empregador, ao revés e de forma até absurda, com o perdão do uso do termo.

Nessa linha de pensamento, o dispositivo constitucional não traz regra pela qual a responsabilidade do empregador seja *sempre* subjetiva, mas somente prevê, na sua segunda parte, que o direito ao seguro não exclui o de reparação civil nos casos de dolo ou culpa. Sendo norma geral, é também norma hierarquicamente superior em relação ao Código Civil, por constar na norma fundamental brasileira.

---

[39] PAMPLONA FILHO, Rodolfo. Responsabilidade civil nas relações de trabalho e o novo Código Civil. In: DELGADO, Mário Luiz; ALVES, Jones Figueirêdo (Org.). *Questões controvertidas no novo Código Civil*. São Paulo: Método, 2003. p. 251.

[40] TARTUCE, Flávio; OPROMOLLA, Márcio Araújo. Direito Civil e Constituição. In: TAVARES, André Ramos; FERREIRA, Olavo A. V. Alves; LENZA, Pedro (Coord.). *Constituição Federal – 15 anos*. Mutação e evolução. São Paulo: Método, 2003.

Por outra via, o art. 927, parágrafo único, do CC/2002, apesar de ser norma inferior, constitui regra específica de responsabilidade civil sem culpa, inserida que está na seção que trata dessa fonte do direito obrigacional. Observa-se, portanto, um conflito entre uma *norma geral superior* (art. 7.º, inc. XXVIII, da CF/1988) e uma *norma especial inferior* (art. 927, parágrafo único, do CC/2002). Presente esse choque, essa antinomia, qual das duas normas vai se sobrepor? Trata-se de uma antinomia de segundo grau, envolvendo os critérios *hierárquico* e da *especialidade*, seguindo-se as lições de Maria Helena Diniz, transmitidas no curso de mestrado na PUCSP, há mais de quinze anos.[41]

O conflito envolvendo tais critérios, hierárquico e da especialidade, é exemplo típico de *antinomia real*, em que a solução não está nos metacritérios propostos, desenvolvidos por Bobbio.[42] Vale lembrar que a própria especialidade consta da Constituição Federal brasileira na segunda parte do princípio da isonomia, retirada do seu art. 5.º, *caput*, eis que a lei deve tratar de maneira igual os iguais, *e de maneira desigual os desiguais*.

Mais uma vez com base na doutrina de Maria Helena Diniz, havendo antinomia real, duas são as possíveis soluções.[43] A *primeira* é a solução do Poder Legislativo com a edição de uma terceira norma apontando qual das duas regras em conflito deve ser aplicada, ou seja, qual deve se sobrepor. Como não há no momento essa terceira norma, não seria o caso de adotar esse caminho. A *segunda solução* é a do Poder Judiciário, a que interessa diretamente aos aplicadores do Direito, com a escolha, pelo juiz da causa, de uma das duas normas, aplicando os arts. 4.º e 5.º da Lei de Introdução às Normas do Direito Brasileiro.

Por esse caminho, o magistrado ou julgador deve buscar socorro na analogia, costumes, princípios gerais do direito, fim social da norma e bem comum. Serve como fundamento complementar o art. 8.º do Código de Processo Civil de 2015, segundo o qual, "ao aplicar o ordenamento jurídico, o juiz atenderá aos fins sociais e às exigências do bem comum, resguardando e promovendo a dignidade da pessoa humana e observando a proporcionalidade, a razoabilidade, a legalidade, a publicidade e a eficiência".

Aplicando a analogia, o magistrado poderá entender pela responsabilidade objetiva, como fez Rodolfo Pamplona Filho, ao subsumir os arts. 932, inc. III, e 933 do CC/2002, no seu texto antes aqui mencionado. Pelos costumes, o juiz pode concluir que a responsabilidade é subjetiva, pois assim vinha julgando os nossos Tribunais, em sua maioria. Deve-se lembrar que a prática judiciária faz parte do elemento costume, como fonte formal secundária do Direito. Pela aplicação do princípio geral de interpretação mais favorável ao empregado, um dos ditames do Direito do Trabalho, a responsabilidade é objetiva. O mesmo se diz pela aplicação do fim social da norma e do bem comum, consubstanciando a regra *suum cuique tribuere* – dar a cada um o que é seu – o preceito máximo de justiça.

---

[41] Conforme desenvolvido em: DINIZ, Maria Helena. *Conflito de normas*. 5. ed. São Paulo: Saraiva, 2003.
[42] BOBBIO, Norberto. *Teoria do ordenamento jurídico*, cit., p. 91-110.
[43] Conforme desenvolvido em: DINIZ, Maria Helena. *Conflito de normas*, 5. ed., cit., p. 53-60.

O juiz igualmente entenderá pela responsabilidade objetiva se aplicar a proteção da dignidade humana (art. 1.º, inc. III, da CF/1988 e art. 8.º do CPC/2015) e a solidariedade social (art. 3.º, inc. I, da CF/1988) em prol do trabalhador ou empregado. Anote-se que, para corrente respeitável da doutrina, a quem me filio, esses princípios têm aplicação nas relações privadas, e de forma imediata, ou seja, *eficácia horizontal*.[44] O fundamento para essa aplicação imediata está no art. 5.º, § 1.º, da CF/1988, segundo o qual "as normas definidoras dos direitos e garantias fundamentais têm aplicação imediata". Fez o mesmo o outrora citado art. 8.º do CPC em vigor ao mencionar a incidência da dignidade humana sem qualquer restrição. Para mim, esse último é o melhor caminho a ser percorrido.

A jurisprudência nacional evoluiu muito nesse sentido, até o Supremo Tribunal Federal ter resolvido definitivamente a questão no ano de 2019, em julgamento com repercussão geral, que encerrou o debate e enterrou a corrente em contrário. Antes, somente o dolo ou a culpa grave poderiam acarretar a responsabilidade do empregador.

Daí passou-se a aceitar juridicamente a responsabilização do empregador quando presente a culpa em qualquer grau. Com a emergência do Código Civil de 2002, passou-se a admitir a possibilidade de o magistrado apontar para a responsabilização objetiva da empresa empregadora, quando existirem riscos criados ao trabalhador ou empregado. Essa é a posição que tem prevalecido há tempos não só nos julgamentos do Tribunal Superior do Trabalho, como nos do Superior Tribunal de Justiça.

Assim, no âmbito trabalhista superior, entre 2008 e 2009 surgiram os primeiros arestos no Tribunal Superior do Trabalho fazendo incidir o art. 927, parágrafo único, do Código Civil nas relações de trabalho, presente a atividade de risco. De início, destaque-se decisão da 6.ª Turma do TST, de relatoria do Ministro Mauricio Godinho Delgado, que merece ser colacionada:

> "Agravo de instrumento. Recurso de revista. Dano moral. Acidente de trabalho. Responsabilidade objetiva (art. 927, parágrafo único, CC). Inexistência de culpa exclusiva da vítima (fato da vítima). Demonstrado no agravo de instrumento que o recurso de revista preenchia os requisitos do art. 896 da CLT, ante a constatação de violação do art. 927, parágrafo único, do CC. Agravo de instrumento provido. Recurso de revista. Dano moral. Acidente de trabalho. Responsabilidade objetiva (art. 927, parágrafo único, CC). Inexistência de culpa exclusiva da vítima (fato da vítima). A regra geral do ordenamento jurídico, no tocante à responsabilidade civil do autor do dano, mantém-se com a noção da responsabilidade subjetiva (arts. 186 e 927, *caput*, CC). Contudo, tratando-se de atividade empresarial, ou de dinâmica laborativa (independentemente da atividade da empresa), fixadoras de risco acentuado para os trabalhadores envolvidos, desponta a exceção ressaltada pelo parágrafo único do art. 927 do CC, tornando objetiva a responsabilidade empresarial por danos acidentários (responsabilidade em face do risco). Nou-

---

[44] Ver, por todos, com grande influência ao meu pensamento: SARLET, Ingo Wolfgang. *A eficácia dos direitos fundamentais*. Porto Alegre: Livraria do Advogado, 2004; e SARMENTO, Daniel. *Direitos fundamentais e relações privadas*, cit.

tro norte, a caracterização da culpa exclusiva da vítima é fator de exclusão do elemento do nexo causal para efeito de inexistência de reparação civil no âmbito laboral quando o infortúnio ocorre por causa única decorrente da conduta do trabalhador, sem qualquer ligação com o descumprimento das normas legais, contratuais, convencionais, regulamentares, técnicas ou do dever geral de cautela por parte do empregador. Se, com base nos fatos relatados pelo Regional, se conclui que a conduta da vítima do acidente não se revelou como causa única do infortúnio, afasta-se a hipótese excludente da responsabilização da empregadora pelo dano causado. Recurso conhecido e provido" (TST, Recurso de Revista 850/2004-021-12-40.0, 6.ª Turma, Rel. Min. Mauricio Godinho Delgado, j. 03.06.2009, *DEJT* 12.06.2009).

Mencione-se, em complemento, acórdão da 1.ª Turma do Tribunal Superior do Trabalho, fazendo incidir o art. 927, parágrafo único, do CC/2002 na atividade de motorista: TST, Agravo de Instrumento em Recurso de Revista 267/2007-007-18-40.2, 1.ª Turma, Rel. Min. Luiz Philippe Vieira de Mello Filho, j. 27.05.2009, *DEJT* 05.06.2009. Em reforço, na 3.ª Turma do TST, há outros julgados conhecidos, inclusive com citação à tese aqui antes desenvolvida, publicada em outras obras de minha autoria, anteriores a esta (TST, Recurso de Revista 1132/2007-030-04-00.3, 3.ª Turma, Rel. Min. Rosa Maria Weber, j. 20.05.2009, *DEJT* 12.06.2009; Recurso de Revista 2135/2005-032-02-00.6, 3.ª Turma, Rel. Min. Rosa Maria Weber Candiota da Rosa, j. 29.04.2009, *DEJT* 22.05.2009; Recurso de Revista 644/2006-008-23-00.7, 3.ª Turma, Rel. Min. Rosa Maria Weber Candiota da Rosa, j. 04.02.2009, *DEJT* 13.03.2009; Recurso de Revista 729/2004-023-09-00.2, 3.ª Turma, Rel. Min. Rosa Maria Weber Candiota da Rosa, j. 12.11.2008, *DEJT* 12.12.2008; Embargos de Declaração em Agravo de Instrumento em Recurso de Revista 1949/2005-007-08-40.5, 3.ª Turma, Rel. Min. Rosa Maria Weber Candiota da Rosa, j. 25.06.2008, *DJ* 08.08.2008).

Na verdade, entendo que os Ministros Maurício Godinho e Rosa Maria Weber – hoje no Supremo Tribunal Federal – foram os grandes responsáveis pela mudança de pensamento no Tribunal Superior Tribunal, em que até então eram encontradas duras resistências quanto à aplicação do art. 927, parágrafo único, do Código Civil para as relações de trabalho. O tema voltará a ser estudado, com maiores aprofundamentos, no Capítulo 11, que trata da responsabilidade civil trabalhista.

No Tribunal da Cidadania, a conclusão já não era diferente, especialmente naqueles arestos prolatados em casos com sentenças já proferidas no âmbito cível, a afastar o deslocamento para a justiça especializada, o que foi determinado pelas alterações provocadas no Texto Maior pela Emenda Constitucional n. 45. Nessa esteira, por todos: "A empresa que desempenha atividade de risco e, sobretudo, colhe lucros desta, deve responder pelos danos que eventualmente ocasione a terceiros, independentemente da comprovação de dolo ou culpa em sua conduta. Os riscos decorrentes da geração e transmissão de energia elétrica, atividades realizadas em proveito da sociedade, devem, igualmente, ser repartidos por todos, ensejando, por conseguinte, a responsabilização da coletividade, na figura do Estado e de suas concessionárias, pelos danos ocasionados" (STJ, REsp 896.568/CE, 4.ª Turma, Rel. Min. Fernando Gonçalves, Rel. p/ Acórdão Min. Luis Felipe Salomão, j. 19.05.2009, *DJe* 30.06.2009).

Na mesma linha, mais recentemente, tratando da atividade de cobrador de ônibus, transcreve-se acórdão sempre citado em minhas aulas e exposições sobre o tema:

"O art. 7.º da Constituição Federal, como consta de seu *caput*, constitui tipo aberto, resguardando os direitos mínimos do trabalhador, mas autorizando, ao mesmo tempo, o reconhecimento de outros direitos que visem à melhoria de sua condição social. Sob essa perspectiva, nas hipóteses em que a atividade empresarial expõe o obreiro a risco exacerbado, impondo-lhe um ônus maior que aos demais trabalhadores, a jurisprudência trabalhista vem reconhecendo a responsabilidade do empregador não sob o enfoque do dolo e da culpa, mas com base no risco da atividade econômica. Estando a integridade física do empregado exposta a maiores riscos em prol da obtenção de lucro para a sociedade empresária empregadora, deve esta arcar com os riscos dessa maior exposição, nos termos do art. 2.º da Consolidação das Leis do Trabalho, respondendo objetivamente pelos danos sofridos pelo operário, passando o fato de terceiro a se caracterizar como fortuito interno" (STJ, REsp 1.083.023/MG, 4.ª Turma, Rel. Min. Marco Buzzi, Rel. p/ Acórdão Min. Raul Araújo, j. 03.03.2015, *DJe* 08.05.2015).

Entre os casos julgados, de subsunção do comando e da correspondente *cláusula geral de atividade de risco*, podem ser citadas as atividades de segurança, *motoboy*, mecânico, cobrador de ônibus, caldeireiro, motorista, trabalhador da construção de civil e vaqueiro. Os julgados do TST sobre tais atividades, e outras, estão citados e analisados no Capítulo 11 deste livro.

Em setembro de 2019, o Supremo Tribunal Federal julgou a questão, em sede de repercussão geral (Tema n. 932). Vejamos trecho da publicação conforme consta do *Informativo* n. *950* da Corte:

"A regra do Direito brasileiro é a da responsabilidade civil subjetiva. Portanto, aquele que, por ato ilícito, causar dano a outrem fica obrigado a repará-lo. Entretanto, para se evitar injustiças, previu que haverá obrigação de reparar o dano, independentemente de culpa, nos casos especificados em lei, quando esta já prevê atividade perigosa, na hipótese de atividade com risco diferenciado ou quando a atividade normalmente desenvolvida pelo autor do dano implicar, por sua natureza, riscos maiores, inerentes à própria atividade. Além disso, o Código Civil estabeleceu a regra geral da responsabilidade civil e previu a responsabilidade objetiva no caso de risco para os direitos de outrem. 'Outrem' abrange terceiros que não tenham qualquer tipo de vínculo com o empregador. Por conseguinte, seria absolutamente incoerente que, na mesma situação em relação ao trabalhador, a responsabilidade fosse subjetiva, e, em relação a terceiros, fosse objetiva. A Constituição estabeleceu um sistema em que o empregador recolhe seguro (CF, art. 7.º, XXVIII). Havendo acidente de trabalho, o sistema de previdência social irá pagar o benefício e o salário. Além do seguro que o empregado tem direito, há também a garantia de indenização, quando o empregador tenha incorrido em dolo ou culpa. Portanto, a Constituição, de uma maneira inequivocamente clara, previu a responsabilidade subjetiva.

Entretanto, o *caput* do art. 7.º da CF, ao elencar uma série de direitos dos trabalhadores urbanos e rurais, assenta a possibilidade de instituição 'de outros que visem à melhoria de sua condição social'. Dessa forma, é certo que a Constituição assegurou a responsabilidade subjetiva (CF, art. 7.º, XXVIII), mas não impediu que os direitos dos trabalhadores pudessem ser ampliados por normatização infraconstitucional. Assim, é possível à legislação ordinária estipular outros direitos sociais que melhorem e valorizem a vida do trabalhador. Em decorrência disso, o referido dispositivo do CC é plenamente compatível com a CF.

No caso concreto, a atividade exercida pelo recorrido já está enquadrada na Consolidação das Leis Trabalhistas (CLT) como atividade perigosa [CLT, art. 193, II]. Não há dúvida de que o risco é inerente à atividade do segurança patrimonial armado de carro-forte.

O Ministro Roberto Barroso sublinhou que, em caso de atividade de risco, a responsabilidade do empregador por acidente de trabalho é objetiva, nos termos do art. 7.º, *caput*, da CF, combinado com o art. 927, parágrafo único, do CC, sendo que se caracterizam como atividades de risco apenas aquelas definidas como tal por ato normativo válido, que observem os limites do art. 193 da CLT" (STF, RE 828.040, Tribunal Pleno, Rel. Min. Alexandre de Moraes, julgado em setembro de 2019).

Foram vencidos os Ministros Marco Aurélio e Luiz Fux, que compreendiam a temática de forma contrária, pela prevalência pura e simples da Constituição Federal. A tese final exarada para os fins de repercussão geral foi a seguinte: "O art. 927, parágrafo único, do Código Civil é compatível com o art. 7º, XXVIII, da Constituição Federal, sendo constitucional a responsabilização objetiva do empregador por danos decorrentes de acidentes de trabalho nos casos especificados em lei ou quando a atividade normalmente desenvolvida, por sua natureza, apresentar exposição habitual a risco especial, com potencialidade lesiva, e implicar ao trabalhador ônus maior do que aos demais membros da coletividade" (Tema n. 932 do STF).

Dessa forma, o entendimento de aplicação da cláusula geral de responsabilidade objetiva à relação de trabalho consolidou-se na doutrina e na jurisprudência nacionais, devendo ser levado em conta para os devidos fins práticos. Eis o principal exemplo de aplicação da segunda parte do art. 927, parágrafo único, do CC, tendo sido sendo fundamental a contribuição da Justiça do Trabalho para tal conclusão.

Cabe arrematar que, em tal interpretação, há uma concepção social da responsabilidade civil, até regulamentando a *responsabilidade pressuposta*, pois há uma primaz preocupação de reparação das vítimas do evento danoso e com a exposição ao risco, surgindo uma responsabilidade objetiva, em uma revisão conceitual relevante.

Como terceiro exemplo de incidência do art. 927, parágrafo único, segunda parte, do CC/2002, ilustre-se, em minha opinião, os ambientes virtuais de relacionamento, responsabilizando-se a empresa que mantém o sítio digital. A responsabilidade pode ser configurada como objetiva, pois tais ambientes enquadram-se como de potencial risco de lesão a direitos da personalidade.

Nesse sentido, de início, transcreve-se pioneiro acórdão do Tribunal de Minas Gerais, ainda sobre a comunidade do Orkut, ora *falecida:*

"Apelação cível. Ação indenizatória. Dano moral. Ofensas através de *site* de relacionamento. Orkut. Preliminar. Ilegitimidade passiva. Rejeição. Responsabilidade civil objetiva. Aplicação obrigatória. Dever de indenizar. Reconhecimento. *Quantum* indenizatório. Fixação. Prudência e moderação. Observância necessária. Majoração indevida. Restando demonstrado nos autos que a apelante (Google Brasil) atua como representante da Google inc., no Brasil, fazendo parte do conglomerado empresarial responsável pelo *site* de relacionamento denominado 'Orkut', compete-lhe diligenciar no sentido de evitar que mensagens anônimas e ofensivas sejam disponibilizadas ao acesso público, pois, abstendo-se de fazê-lo, responderá por eventuais danos à honra e dignidade dos usuários decorrentes da má utilização dos serviços disponibilizados. Desinfluente, no caso, a alegação de que o perfil difamatório teria sido criado por terceiro, pois a empresa ré, efetivamente, não conseguiu identificá-lo, informando, apenas, um endereço de *e-mail*, também supostamente falso, restando inafastável a sua responsabilidade nos fatos narrados nestes autos e o reconhecimento de sua legitimidade para figurar no polo passivo da lide. Aplica-se à espécie o art. 927, parágrafo único, do Código Civil, que adota a teoria da responsabilidade civil objetiva, estabelecendo que haverá obrigação de reparar o dano, independentemente de culpa, quando a atividade normalmente desenvolvida implicar, por sua natureza, risco para os direitos de outrem. No arbitramento do valor da indenização por dano moral devem ser levados em consideração a reprovabilidade da conduta ilícita e a gravidade do dano impingido, de acordo com os princípios da razoabilidade e proporcionalidade, cuidando-se para que ele não propicie o enriquecimento imotivado do recebedor, bem como não seja irrisório a ponto de se afastar do caráter pedagógico inerente à medida" (TJMG, Apelação Cível 1.0024.08.041302-4/0011, 17.ª Câmara Cível, Belo Horizonte, Rel. Des. Luciano Pinto, j. 18.12.2008, *DJEMG* 06.03.2009).

Na mesma linha, há outra remota decisão, do Tribunal Gaúcho, responsabilizando objetivamente a provadora pela conduta de um usuário que incluiu afirmações e fotos ofensivas de outra pessoa, que veio a demandá-la:

"Dano moral. Responsabilidade do provedor de hospedagem configurada. Hipótese dos autos em que um usuário assinante dos serviços da provedora criou uma página eletrônica contendo fotos e informações de cunho difamatório que atingiram a imagem da lesada. Na espécie, a provedora detinha os elementos de prova capazes de identificar o usuário assinante que criou o *site* depreciativo, pois o criador da página eletrônica forneceu à provedora os seus dados pessoais, bem como adquiriu os serviços comercializados pela provedora, através de 'e-commerce'. De outro vértice, a provedora agiu de maneira manifestamente desidiosa e negligente, haja vista que não suprimiu, imediatamente, após ter sido notificada pela ofendida, o *site* contendo as informações caluniosas. Situação que expôs a autora a situação vexatória e humilhante perante seus colegas de trabalho, familiares e conhecidos da sua comunidade. Dano moral configurado. Inteligência do art. 927, parágrafo único, do Código Civil cumulado com o art. 5.º, inciso IV, da Constituição

Federal, mormente porque a atividade desenvolvida pela provedora de *hosting* implica, por sua natureza, riscos à esfera jurídica de terceiros. A provedora deve adotar as cautelas necessárias para possibilitar a identificação de seus usuários, especial porque, no caso concreto, se trata de servidor de hospedagem que disponibiliza espaço em seu domínio a assinantes que oferecem uma contraprestação financeira pelo serviço de hospedagem" (TJRS, Acórdão 70026684092, 9.ª Câmara Cível, Caxias do Sul, Rel. Des. Tasso Caubi Soares Delabary, j. 29.04.2009, *DOERS* 14.05.2009, p. 61).

Anote-se que, apesar dos julgados transcritos – que contam com o meu apoio doutrinário –, outras decisões superiores surgiram, afastando a incidência do art. 927, parágrafo único, do CC/2002 para os ambientes virtuais. Assim, acórdão precedente do Superior Tribunal de Justiça, anterior ao Marco Civil da Internet, deduziu que: "o dano moral decorrente de mensagens com conteúdo ofensivo inseridas no *site* pelo usuário não constitui risco inerente à atividade dos provedores de conteúdo, de modo que não se lhes aplica a responsabilidade objetiva prevista no art. 927, parágrafo único, do CC/2002" (STJ, REsp 1186616/MG, 3.ª Turma, Rel. Min. Nancy Andrighi, j. 23.08.2011, *DJe* 31.08.2011).

Portanto, ao contrário da minha posição, vinha-se entendendo na jurisprudência superior pela necessidade de comprovação da culpa da empresa que mantém o *site*, em regra, para que surja o dever de indenizar, respondendo esta apenas se, comunicada extrajudicialmente das mensagens ofensivas, não toma as devidas providências para afastar o dano.

Tal solução foi parcialmente modificada com o surgimento do Marco Civil da Internet, a Lei n. 12.965, de abril de 2014. De acordo com o art. 18 da norma, o provedor de conexão à internet não será responsabilizado civilmente por danos decorrentes de conteúdo gerado por terceiros. Em complemento, estabelece o seu art. 19 que, com o intuito de assegurar a liberdade de expressão e impedir a censura, o provedor de aplicações de internet somente poderá ser responsabilizado civilmente por danos decorrentes de conteúdo gerado por terceiros se, após ordem judicial específica, não tomar as providências para, no âmbito e nos limites técnicos do seu serviço, e dentro do prazo assinalado, tornar indisponível o conteúdo apontado como infringente. Isso ressalvadas as disposições legais em contrário.

Parece-me que foi adotada pelo malfadado Marco Civil uma *responsabilidade subjetiva agravada*, somente existente no caso de desobediência de ordem judicial. Lamentam-se os exatos termos do texto legal, que acaba *judicializando* as contendas quando a tendência é justamente a oposta.

Em suma, parece ter sido afastada até aqui a possibilidade de aplicação da responsabilidade objetiva para os ambientes virtuais. Diante desses problemas técnicos – e também de outros –, há pendência de julgamento da inconstitucionalidade desse comando no Supremo Tribunal Federal, para fins de repercussão geral (Tema 987, no âmbito do RE 1.037.396/SP, relatado pelo Ministro Dias Toffoli).

Da mesma forma, o projeto de Reforma do Código Civil pretende revogar expressamente o malfadado art. 19 do Marco Civil da Internet, cuja experiência não tem sido justa e efetiva, de uma quase ausência total de responsabilidade civil dos provedores da internet, sendo notória a enforma profusão de condutas danosas no ambiente digital.

Pela projeção elaborada pela Comissão de Juristas, a responsabilidade civil digital passará a ser submetida à codificação privada, como deve ser, com a regra da responsabilidade subjetiva e a exceção da responsabilidade objetiva ou sem culpa, podendo a sua cláusula geral ser aplicada aos ambientes digitais, como se retira da antes comentada proposição de art. 927-B, especialmente de seu § 2.º, que menciona o ambiente digital.

Além disso, haverá por parte das plataformas digitais de grande alcance um dever de gerenciamento de riscos. Nos termos de proposta constante do novo livro de Direito Civil Digital, mais do que necessária, "as plataformas digitais de grande alcance devem identificar, analisar e avaliar, ao menos uma vez por ano, os seguintes riscos sistêmicos decorrentes da concepção ou do funcionamento de seu serviço: I – a difusão de conteúdos ilícitos por meio de seus serviços; II – os efeitos reais ou previsíveis em direitos de personalidade dos usuários, como consagrados pela Constituição da República Federativa do Brasil, por este Código Civil e por tratados internacionais de que o Brasil seja signatário; III – os efeitos reais ou previsíveis que possam acarretar nos processos eleitorais e no discurso cívico; IV – os efeitos reais ou previsíveis em relação à proteção da saúde e da segurança pública".

Ademais, outra proposta considera "como plataforma digital de grande alcance os serviços de hospedagem virtual que tenham como funcionalidade principal o armazenamento e a difusão de informações ao público, cujo número médio de usuários mensais no Brasil seja superior a dez milhões, tais como as redes sociais, ferramentas de busca e provedores de mensagens instantâneas". Retomarei ao tema no Capítulo 15 deste livro, específico sobre essa temática.

Voltando-se à jurisprudência, ressalte-se que, em 2015, o Superior Tribunal de Justiça aplicou a responsabilidade objetiva prevista no Código de Defesa do Consumidor para empresa jornalística mantida na internet. O julgado tem conteúdo bem interessante e acaba por seguir parcialmente a tese a que estou filiado. Vejamos a sua ementa:

"Recurso especial. Direito Civil e do Consumidor. Responsabilidade civil. Internet. Portal de notícias. Relação de consumo. Ofensas postadas por usuários. Ausência de controle por parte da empresa jornalística. Defeito na prestação do serviço. Responsabilidade solidária perante a vítima. Valor da indenização. 1. Controvérsia acerca da responsabilidade civil da empresa detentora de um portal eletrônico por ofensas à honra praticadas por seus usuários mediante mensagens e comentários a uma notícia veiculada. 2. Irresponsabilidade dos provedores de conteúdo, salvo se não providenciarem a exclusão do conteúdo ofensivo, após notificação. Precedentes. 3. Hipótese em que o provedor de conteúdo é empresa jornalística, profissional da área de comunicação, ensejando a aplicação do Código de Defesa do Consumidor. 4. Necessidade de controle efetivo, prévio ou posterior, das postagens divulgadas pelos usuários junto à página em que publicada a notícia. 5. A ausência de controle configura defeito do serviço. 6. Responsabilidade solidária da empresa gestora do portal eletrônica perante a vítima das ofensas. 7. Manutenção do 'quantum' indenizatório a título de danos morais por não se mostrar exagerado (Súmula 07/STJ). 8. Recurso especial desprovido" (STJ, REsp 1.352.053/AL, 3.ª Turma, Rel. Min. Paulo de Tarso Sanseverino, j. 24.03.2015, *DJe* 30.03.2015).

Acrescente-se que o relator do *decisum* acabou por seguir a classificação dos provedores de serviços de internet, desenvolvida pela Ministra Nancy Andrighi naquela Corte Superior, a saber: "(i) provedores de *backbone* (espinha dorsal), que detêm estrutura de rede capaz de processar grandes volumes de informação. São os responsáveis pela conectividade da Internet, oferecendo sua infraestrutura a terceiros, que repassam aos usuários finais acesso à rede; (ii) provedores de acesso, que adquirem a infraestrutura dos provedores *backbone* e revendem aos usuários finais, possibilitando a estes conexão com a Internet; (iii) provedores de hospedagem, que armazenam dados de terceiros, conferindo-lhes acesso remoto; (iv) provedores de informação, que produzem as informações divulgadas na Internet; e (v) provedores de conteúdo, que disponibilizam na rede as informações criadas ou desenvolvidas pelos provedores de informação".

Nos casos dos dois últimos, conclui o aresto pela incidência da responsabilidade objetiva consumerista. E arremata o Ministro Relator: "consigne-se, finalmente, que a matéria poderia também ter sido analisada na perspectiva do art. 927, parágrafo único, do Código Civil, que estatuiu uma cláusula geral de responsabilidade objetiva pelo risco, chegando-se à solução semelhante a alcançada mediante a utilização do Código de Defesa do Consumidor" (STJ, REsp 1.352.053/AL, 3.ª Turma, Rel. Min. Paulo de Tarso Sanseverino, j. 24.03.2015, *DJe* 30.0.2015). Penso que esse acórdão representa uma correta e saudável mitigação do que está previsto no Marco Civil da Internet. O tema será retomado e novamente analisado, com maiores aprofundamentos, no Capítulo 15 deste livro.

Como *quarto exemplo* de aplicação da cláusula geral de responsabilidade objetiva prevista na segunda parte do art. 927, parágrafo único, do Código Civil, cite-se a sua incidência para o executor e administrador dos registros de nome de domínio na internet (.br). Essa aplicação foi reconhecida pelo Superior Tribunal de Justiça em ação indenizatória proposta pela atriz Carolina Ferraz, diante da utilização indevida de seu nome para criação de *site* com conteúdo pornográfico (STJ, REsp 1.695.778/RJ, 3.ª Turma, Rel. Min. Nancy Andrighi, Rel. p/ Acórdão Min. Paulo de Tarso Sanseverino, j. 26.06.2018, *DJe* 24.08.2018). Vejamos trecho da ementa do acórdão:

"Controvérsia em torno da responsabilidade solidária do recorrente, Núcleo de Informação e Coordenação do Ponto BR – NIC.BR, pelos danos causados à honra e à imagem da recorrida, decorrentes do uso indevido de seus serviços de registro de nome de domínio na Internet. Efetivação de registro de nome de domínio idêntico ao nome artístico da recorrida, solicitado por pessoa jurídica sem a devida autorização, veiculando neste endereço eletrônico conteúdo pornográfico. Atividades de execução e administração dos registros de nomes de domínio sob o código-país brasileiro ('.br') que foram atribuídas ao NIC.br por delegação do Comitê Gestor da Internet no Brasil – CGI.br (...) Sistema de concessão de domínios que é potencialmente apto a gerar danos a elevado número de pessoas, pois possibilita constantes violações ao direito marcário, empresarial, autoral e à honra e à imagem de terceiros, ante a falta de um exame adequado sobre a registrabilidade do nome requerido. Ausência de análise prévia pelo NIC.br acerca da conveniência e legítimo interesse sobre o nome de domínio escolhido, que é feita exclusivamente pelo usuário. Riscos de um registro impróprio que devem ser alocados ao NIC.br por serem intrínsecos à sua atividade de controlador exclusivo dos registros de nome de domínio no Brasil sob o '.br', ensejando a sua responsabilidade civil objetiva e solidária pelos danos morais causados à recorrida. Aplicação da teoria do risco da atividade estatuída no 'parágrafo único' do art. 927 do Código Civil. Recorrente que possui condições de mitigar os riscos de danos advindos da sua atividade de forma eficiente, providenciando filtragem em seu sistema com aptidão para controlar as vedações à escolha de nomes de domínio estabelecidas pelo próprio CGI.br, a fim de garantir padrões mínimos de idoneidade e autenticidade" (STJ, REsp 1.695.778/RJ, 3.ª Turma, Rel. Min. Nancy Andrighi, Rel. p/ Acórdão Min. Paulo de Tarso Sanseverino, j. 26.06.2018, *DJe* 24.08.2018).

Também nesse caso foi afastada a aplicação da orientação jurisprudencial sobre a necessidade de notificação prévia do provedor para retirada de conteúdo, bem como o conteúdo do Marco Civil da Internet, o que me parece preciso e correto, demonstrando a incidência da citada cláusula geral de responsabilidade objetiva para os ambientes virtuais e digitais. O julgado fortalece a necessidade de revisão do sistema de responsabilidade civil digital hoje vigente.

Como *quinto e último exemplo* de incidência da cláusula geral de responsabilidade objetiva, em 2022, a Terceira Turma do Superior Tribunal de Justiça a fez incidir para situação concreta envolvendo acidente automobilístico que vitimou jornalista, convidado por montadora de veículos para fazer a cobertura do lançamento de um novo produto. Consoante a tese firmada, "a empresa que expede convites a jornalistas para a cobertura e divulgação de seu evento, ou seja, em benefício de sua atividade econômica, e se compromete a prestar o serviço de transporte destes, responde objetivamente pelos prejuízos advindos de acidente automobilístico ocorrido quando de sua prestação" (STJ, REsp 1.717.114/SP, 3.ª Turma, Rel. Min. Marco Aurélio Bellizze, j. 29.03.2022, v.u.).

Como constou de sua ementa, "a posição jurídica da montadora é, a toda evidência, de tomadora do serviço de transporte de pessoas, contratado no interesse e em benefício de sua atividade econômica. Em face disso, ressai inafastável a sua responsabilidade objetiva pelos danos advindos do acidente automobilístico ocorrido quando de sua prestação, com esteio na teoria do risco, agasalhada pela cláusula geral (de responsabilidade objetiva) inserta no parágrafo único do art. 927 do Código Civil" (REsp 1.717.114/SP).

Essa última aplicação da aqui estudada *cláusula geral de responsabilidade objetiva* demonstra tendência de ampliação de sua subsunção, muito além das situações que foram apontadas pela doutrina no passado.

3. O TRATAMENTO ESPECÍFICO DA RESPONSABILIDADE OBJETIVA NO CÓDIGO CIVIL DE 2002. ANÁLISE DAS HIPÓTESES LEGAIS

3.1. A responsabilidade civil objetiva por atos de terceiros ou responsabilidade civil indireta

3.1.1. *Das hipóteses legais e da superação do modelo de culpa presumida*

O art. 932 do Código Civil traz hipóteses de responsabilidade civil por atos praticados por terceiros, também denominada *responsabilidade civil objetiva indireta* ou *por atos de outrem*. Trata-se de exceção à regra de responsabilização por ato ou conduta própria, como antes se destacou.

Conforme o seu inc. I, os pais são responsáveis pelos atos praticados pelos filhos menores que estiverem sob sua autoridade e em sua companhia. O tutor e o curador são responsáveis pelos pupilos e curatelados que estiverem nas mesmas condições anteriores, ou seja, sob a sua autoridade e sua companhia (inc. II).

Seguindo, o empregador ou comitente são responsáveis pelos atos de seus empregados, serviçais e prepostos, no exercício do trabalho ou em razão dele (art. 932, inc. III). Para caracterização dessa responsabilidade, não há sequer necessidade de prova do vínculo de emprego, bastando o que se denomina como *relação de pressuposição*, baseada na confiança existente na relação jurídica estabelecida entre as partes, que pode ser contratual ou não.

Conforme o inc. IV do preceito, os donos de hotéis, hospedarias, casas ou estabelecimentos onde se albergue por dinheiro, mesmo para fins de educação, são responsáveis pelos atos danosos praticados pelos seus hóspedes, moradores e educandos.

Por fim, está estabelecido que também são responsáveis todos aqueles que contribuírem gratuitamente nos produtos de crime, até a concorrência da respectiva quantia (art. 932, inc. V).

Com tom complementar fundamental, enuncia o art. 933 do Código Civil que a responsabilidade das pessoas acima elencadas independe de culpa, tendo sido adotada no comando, e para os casos anteriores, a *teoria do risco*, conforme aqui antes desenvolvido. Assim, as pessoas arroladas, ainda que não haja culpa de sua parte, responderão pelos atos praticados pelos terceiros ali referidos. Entretanto, para que essas pessoas respondam, é necessário provar a culpa daqueles pelos quais são responsáveis. Por isso a responsabilidade é denominada *objetiva indireta* ou *objetiva impura*, conforme a doutrina de Álvaro Villaça Azevedo, eis que há culpa da outra parte, por quem se é responsável.[45]

Esclarecendo, para que os pais respondam objetivamente, é preciso comprovar a culpa dos filhos; para que os tutores ou curadores respondam, é preciso comprovar a culpa dos tutelados ou curatelados; para que os empregadores respondam, é preciso comprovar a culpa dos empregados; e assim sucessivamente, em

---

[45] AZEVEDO, Álvaro Villaça. *Teoria geral das obrigações*, 8. ed., cit., p. 280.

regra. Nessa linha, no que diz respeito à primeira hipótese, de responsabilidade dos pais por atos dos filhos, aprovou-se enunciado na *VII Jornada de Direito Civil*, evento promovido pelo Conselho da Justiça Federal em 2015, segundo o qual a responsabilidade dos pais pelos atos dos filhos menores, prevista no art. 932, inc. I, do Código Civil, não obstante objetiva, pressupõe a demonstração de que a conduta imputada ao menor, caso o fosse ao agente imputável, seria hábil para a sua responsabilização (Enunciado n. 590).

Desse modo, é fundamental deixar afirmado novamente que não se pode mais falar em culpa presumida, nas modalidades de culpa *in vigilando* ou culpa *in eligendo*, nas hipóteses apontadas, mas em *responsabilidade sem culpa*, de natureza objetiva. Em outras palavras, reitere-se que os casos de presunção relativa de culpa foram banidos do ordenamento jurídico brasileiro em situações tais, diante de um importante *salto evolutivo*.

A evolução do sistema brasileiro foi percebida, em Portugal, por Maria da Graça Trigo, para quem o Código Civil brasileiro de 2002, ao consolidar a responsabilidade objetiva por atos de outrem, "passa a constituir um dos regimes mais amplos de responsabilidade objectiva. Que só não representará uma verdadeira 'revolução' em matéria de responsabilidade civil no direito brasileiro pelo facto de se saber que, ainda na vigência do CC anterior, a doutrina e a jurisprudência interpretavam de forma muito 'progressista' os preceitos normativos".[46]

Assim sendo, com o devido respeito, reitere-se que deve ser tida como cancelada a Súmula n. 341 do Supremo Tribunal Federal, do remoto ano de 1964, pela qual seria presumida a culpa do empregador por ato de seu empregado. A responsabilidade do empregador por ato do seu empregado, que causa dano a terceiro, independe de culpa, o que é subsunção direta dos arts. 932, inc. III, e 933 do Código Civil. Nesse sentido, repita-se, por toda a doutrina que assim entende, o enunciado aprovado na *V Jornada de Direito Civil*, seguindo proposta por mim formulada naquele evento de 2011 e estabelecendo que "a responsabilidade civil por ato de terceiro funda-se na responsabilidade objetiva ou independentemente de culpa, estando superado o modelo de culpa presumida" (Enunciado n. 451 do CJF).

Não discrepa a posição do Superior Tribunal de Justiça. Entre os arestos mais recentes, destaque-se: "a jurisprudência desta Corte firmou o entendimento de que o empregador responde objetivamente pelos atos culposos de seus empregados e prepostos praticados no exercício do trabalho que lhes competir, ou em razão dele (arts. 932, III, e 933 do CC). Precedentes" (STJ, AgRg no AREsp 803.495/PR, 3.ª Turma, Rel. Min. Moura Ribeiro, j. 28.03.2017, *DJe* 07.04.2017). Ou, ainda, somente com o fito de evidenciar que essa é a posição atual da Corte: "nos termos da jurisprudência do STJ, o empregador responde objetivamente pelos atos culposos de seus empregados e prepostos praticados no exercício do trabalho que lhes competir, ou em razão dele (arts. 932, III, e 933 do Código Civil)" (STJ, AgRg no Ag 1.162.578/DF, 4.ª Turma, Rel. Min. Maria Isabel Gallotti, j. 03.03.2016, *DJe* 09.03.2016).

---

[46] TRIGO, Maria da Graça. *Responsabilidade civil delitual por facto de terceiro*, cit., p. 98.

Cabe relembrar, por fim, quanto ao tema, que a necessidade de cancelamento, ou de revisão da Súmula n. 341 pela Corte máxima brasileira é imperiosa, uma vez que as súmulas dos Tribunais posteriores passaram a ter força vinculativa pelo CPC/2015, especialmente pelo que consta dos seus arts. 332, inc. I, 489, § 1.º, incs. V e VI, 926 e 927, entre outros comandos. A vinculação atinge advogados, juízes de primeira e segunda instância, pelo que consta do texto legal instrumental. Nessa realidade, pode haver, na prática, grande confusão, entre a responsabilidade objetiva do empregador – retirada do Código Civil (arts. 932, III, e 933) – e a sua culpa presumida, abstraída da remota e superada Súmula n. 341 do STF.

Feitas tais considerações, passa-se ao estudo de casos pontuais que envolvem os incisos do art. 932 do Código Civil, com o fim de demonstrar sua abrangência e aplicações práticas.

3.1.2. Da responsabilidade civil dos pais pelos filhos menores

Quanto ao inc. I do art. 932 do CC/2002, na minha opinião, para que o pai ou a mãe responda pelos danos causados pelo filho, deve ter o último sob sua autoridade e companhia, nos exatos termos do que enuncia o texto legal. A par dessa conclusão, o pai que não tem a guarda efetiva do filho não poderá responder. Nesse sentido, entendeu, no passado, o Tribunal de Justiça de Goiás (TJGO, Apelação Cível 92.479-0/188 – 200502256367, *DJ* 03.03.2006).

De qualquer maneira, a questão não é pacífica, e foi amplamente debatida com outros professores, tanto na *I Jornada Paulista de Direito Civil*, promovida pela Escola Paulista de Direito em São Paulo, quanto no *V Congresso Brasileiro de Direito de Família*, promovido pelo IBDFAM em Belo Horizonte. Ambos os eventos ocorreram em outubro de 2005, ou seja, nos anos iniciais de vigência do Código Civil em vigor.

A partir desses debates acadêmicos, ficou constatado que o entendimento aqui esposado é seguido por Gustavo Tepedino, Heloísa Helena Barboza e José Fernando Simão – este último, conforme tese de doutorado defendida na USP, tratando da responsabilidade civil do incapaz.[47] Entretanto, Giselda Maria Fernandes Novaes Hironaka, Maria Berenice Dias e Giselle Groeninga, por exemplo, entendem que aquele que não tem a guarda deve responder, pois também é responsável pela educação do filho.

A última corrente fundamenta a sua conclusão na responsabilidade que decorre do exercício do poder familiar, previsto no art. 1.634 do Código Civil. Adotando o último entendimento, na *V Jornada de Direito Civil*, evento de 2011, foi aprovado o seguinte enunciado: "considerando que a responsabilidade dos pais pelos atos danosos praticados pelos filhos menores é objetiva, e não por culpa presumida, ambos os genitores, no exercício do poder familiar, são, em regra, solidariamente responsáveis por tais atos, ainda que estejam separados;

---

[47] SIMÃO, José Fernando. *Responsabilidade civil do incapaz*, cit.

ressalvado o direito de regresso em caso de culpa exclusiva de um dos genitores" (Enunciado n. 450).

Todavia, em acórdão publicado em 2016, o Superior Tribunal de Justiça acabou por adotar a posição contrária ao último enunciado doutrinário citado, seguindo o entendimento ao qual estou filiado. Vejamos a ementa desse *decisum*:

"Direito Civil. Responsabilidade civil. Acidente de trânsito envolvendo menor. Indenização aos pais do menor falecido. Entendimento jurisprudencial. Revisão. Art. 932, I, do Código Civil. 1. A responsabilidade dos pais por filho menor – responsabilidade por ato ou fato de terceiro –, a partir do advento do Código Civil de 2002, passou a embasar-se na teoria do risco para efeitos de indenização, de forma que as pessoas elencadas no art. 932 do Código Civil respondem objetivamente, devendo-se comprovar apenas a culpa na prática do ato ilícito daquele pelo qual são os pais responsáveis legalmente. Contudo, há uma exceção: a de que os pais respondem pelo filho incapaz que esteja sob sua autoridade e em sua companhia; assim, os pais, ou responsável, que não exercem autoridade de fato sobre o filho, embora ainda detenham o poder familiar, não respondem por ele, nos termos do inciso I do art. 932 do Código Civil. 2. Na hipótese de atropelamento seguido de morte por culpa do condutor do veículo, sendo a vítima menor e de família de baixa renda, é devida indenização por danos materiais consistente em pensionamento mensal aos genitores do menor falecido, ainda que este não exercesse atividade remunerada, visto que se presume haver ajuda mútua entre os integrantes dessas famílias. 3. Recurso especial conhecido parcialmente e, nessa parte, provido também parcialmente" (STJ, REsp 1.232.011/SC, 3.ª Turma, Rel. Min. João Otávio de Noronha, j. 17.12.2015, DJe 04.02.2016).

No entanto, posteriormente, em 2017, a Quarta Turma do Tribunal da Cidadania posicionou-se na mesma linha da proposta doutrinária. Conforme o trecho final da ementa, que teve como relator o Ministro Luis Felipe Salomão, "o art. 932, I do CC, ao se referir a autoridade e companhia dos pais em relação aos filhos, quis explicitar o poder familiar (a autoridade parental não se esgota na guarda), compreendendo um plexo de deveres como proteção, cuidado, educação, informação, afeto, entre outros, independentemente da vigilância investigativa e diária, sendo irrelevante a proximidade física no momento em que os menores venham a causar danos" (STJ, REsp 1.436.401/MG, 4.ª Turma, Rel. Min. Luis Felipe Salomão, j. 02.02.2017, DJe 16.03.2017).

Em suma, constata-se que a questão é bem controvertida na doutrina e deve ser pacificada pela jurisprudência superior, em especial pela Segunda Seção do Superior Tribunal de Justiça, para que não pairem dúvidas sobre a abrangência da norma.

O Projeto de Reforma do Código Civil pretende resolver o dilema, adotando a ideia que basta a autoridade parental para a responsabilização dos pais, tirando do inc. I do art. 932 a expressão "e companhia".

Além disso, abre-se a possibilidade de que o responsável que não tinha o filho em companhia ingresse com ação regressiva contra aquele que a detinha, diante do novo art. 932-A, *in verbis*: "para ressarcirem-se do que pagaram à vítima do dano, os responsáveis apontados nos incs. I a IV do artigo antecedente podem se voltar contra aqueles em cuja companhia estava o incapaz, se provada culpa grave ou dolo para a ocorrência do fato". A norma também terá incidência nos casos de tutela, curatela e de pessoas que estejam sob a guarda de outrem.

A tutela e a curatela serão estudadas a seguir, sendo certo que o art. 932 receberá um novo inciso, mais aberto, prevendo a responsabilidade objetiva ou independentemente de culpa dos "os guardiões, por fatos das pessoas sob sua guarda" (inc. IV).

Apesar de não concordar doutrinariamente com a solução, reconheço tratar-se de adoção do constante do Enunciado n. 450, da *V Jornada de Direito Civil* e em julgados superiores, resolvendo-se definitivamente a divergência e trazendo estabilidade e segurança jurídica para a temática.

Ainda no que diz respeito à tal previsão legal, é importante trazer à tona o teor do Enunciado n. 682, aprovado na *IX Jornada de Direito Civil*, em maio de 2002, segundo o qual "o consentimento do adolescente para o tratamento de dados pessoais, nos termos do art. 14 da LGPD, não afasta a responsabilidade civil dos pais ou responsáveis pelos atos praticados por aquele, inclusive no meio digital".

Conforme o citado comando da Lei n. 13.709/2018, o tratamento de dados pessoais de crianças e de adolescentes deverá ser realizado em seu melhor interesse, com a necessidade de consentimento específico e em destaque dado por pelo menos um dos pais ou pelo responsável legal. Porém, essa autorização não afasta a eventual responsabilização civil dos pais por danos causados pelos filhos no âmbito eletrônico da internet, sobretudo por adolescentes, por aplicação do inc. I do art. 932 do Código Civil. A ementa doutrinária tem conteúdo correto, contando com o meu total apoio e voto na plenária da *Jornada*.

A Comissão de Juristas encarregada da Reforma do Código Civil também inseriu regras a respeito da proteção de crianças e adolescentes no ambiente virtual, na linha do último enunciado doutrinário. Assim, de acordo com uma das propostas do novo livro de Direito Civil Digital, "é garantida a proteção integral de crianças e adolescentes no ambiente digital, observado o seu melhor e superior interesse, nos termos do estatuto que os protege e deste Código, estabelecendo-se, no ambiente digital, um espaço seguro e saudável para sua utilização".

Além da eventual responsabilização dos pais, uma outra proposta trata da imposição de deveres aos provedores de serviços digitais, a saber: *a)* implementar sistemas eficazes de verificação da idade do usuário para garantir que conteúdos inapropriados não sejam acessados por crianças e adolescentes; *b)* proporcionar meios para que pais e responsáveis tenham condições efetivas de limitar e monitorar o acesso de crianças e adolescentes a determinados conteúdos e funcionalidades dispostos no ambiente digital; *c)* assegurar a proteção de dados pessoais de crianças e adolescentes, na forma da LGPD; e *d)* proteger os direitos das crianças e adolescentes desde o *design* do ambiente digital, garantindo que, em todas as etapas relativas ao desenvolvimento, fornecimento, regulação, gestão de comunidades, comunicação e divulgação de seus produtos e serviços, o melhor e superior interesse da criança e do adolescente sejam observados. Vale lembrar que as proposições do novo livro de Direito Civil Digital não foram numeradas.

Para fechar o tópico, sobre a hipótese fática do *bullying*, outra situação concreta que envolve o preceito, veremos a seguir, quando do estudo do inciso IV do art. 932 da codificação material.

3.1.3. Da responsabilidade civil dos tutores e curadores por seus tutelados e curatelados

Com relação ao inciso II do art. 932 da codificação material, tem ele aplicação bem limitada, quanto aos casos de tutela e curatela, devendo ser observadas, quanto à última, as mudanças provocadas pelo Estatuto da Pessoa com Deficiência, na teoria das incapacidades. Vale lembrar, nesse propósito, que apenas são absolutamente incapazes os menores de dezesseis anos, não mais havendo maiores de idade que sejam enquadrados como tal (art. 3.º do CC/2002).

Como relativamente incapazes, a norma passou a tratar dos menores entre dezesseis e dezoito anos (art. 4.º, inc. I); dos ébrios habituais e viciados em tóxicos (art. 4.º, inc. II), das pessoas que por causa transitória ou definitiva não puderem exprimir vontade (art. 4.º, inc. III, antiga previsão do art. 3.º, inc. III) e dos pródigos (art. 4.º, inc. IV). As pessoas com deficiência de algum tipo, em regra, devem ser consideradas como plenamente capazes, não estando mais sob o regime de curatela, que deve ser excepcional e apenas para os casos negociais patrimoniais (arts. 84 e 85 do Estatuto da Pessoa com Deficiência).

A tutela e a curatela constituem, assim, institutos de direito assistencial para a defesa dos interesses dos incapazes, visando à realização de atos civis em seu nome. A diferença substancial entre as duas figuras é que a tutela resguarda os interesses de menores não emancipados ou não sujeitos ao poder familiar, com o intuito de protegê-los. Por seu turno, a curatela é categoria assistencial para a defesa dos interesses de maiores incapazes, agora somente relativamente incapazes.

Sobre a primeira categoria, enuncia o art. 1.728 do Código Civil que os filhos menores são postos sob tutela com o falecimento dos pais, ou sendo estes julgados ausentes ou em caso de os pais decaírem do poder familiar. Conforme leciona Maria Helena Diniz, há na tutela um *munus* público, ou seja, uma atribuição imposta pelo Estado para atender a interesses públicos e sociais.[48] Sem prejuízo do que consta do Código Civil, o Estatuto da Criança e do Adolescente (Lei n. 8.069/1990), consagra no seu art. 28 que a tutela é uma das formas de inserção da criança e do adolescente em família substituta. São partes da tutela: o tutor, aquele que exerce o *munus* público; e o tutelado ou pupilo, menor a favor de quem os bens e interesses são administrados.

Como é notório, não se pode confundir a tutela com a representação e a assistência. A tutela tem sentido genérico, sendo prevista para a administração geral dos interesses de menores, sejam eles absolutamente (menores de 16 anos, art. 3.º do CC) ou relativamente incapazes (menores entre 16 e 18 anos, art. 4.º,

---

[48] DINIZ, Maria Helena. *Código Civil anotado*, cit., p. 1229.

inc. I, do CC). Por outra via, a representação é o instituto que busca atender aos interesses dos menores de 16 anos em situações específicas, para a prática de determinados atos da vida civil. Assim também o é a assistência, mas com relação aos menores entre 16 e 18 anos. Premissa fundamental que deve ser sempre reafirmada é a conclusão de que a tutela e o poder familiar não podem coexistir, eis que a tutela visa justamente substituí-lo.

Quanto à origem, a tutela é dividida em três categorias. A primeira delas é a *tutela testamentária*, instituída por ato de última vontade, por testamento, legado ou mesmo por codicilo (art. 1.729, parágrafo único, do CC/2002). Essa nomeação de tutor compete aos pais, em conjunto, devendo constar em testamento ou em qualquer outro documento autêntico. Há nulidade absoluta da tutela testamentária se feita por pai ou mãe que não tinha o poder familiar no momento da sua morte (art. 1.730 do CC).

Como segunda categoria, a *tutela legítima* é a concretizada na falta de tutor nomeado pelos pais, nos termos do art. 1.731 do CC/2002; incumbe-a aos parentes consanguíneos do menor, por esta ordem: 1.º) aos ascendentes, preferindo o de grau mais próximo ao mais remoto; 2.º) aos colaterais até o terceiro grau (irmãos, tios e sobrinhos), preferindo os mais próximos aos mais remotos, e, no mesmo grau, os mais velhos aos mais moços. Em uma dessas situações, o juiz escolherá entre eles o mais apto a exercer a tutela em benefício do menor, tendo em vista o princípio do melhor ou maior interesse da criança.

Por fim, há a *tutela dativa*, presente na falta de tutela testamentária ou legítima, e preceituando o art. 1.732 do Código Civil que o juiz nomeará tutor idôneo e residente no domicílio do menor. Essa mesma forma de tutela é prevista para os casos de exclusão do tutor, escusa da tutela ou quando removidos os tutores legítimos ou testamentários por não serem idôneos.

Analisadas as regras gerais a respeito da tutela, a curatela igualmente é instituto de direito assistencial, para a defesa dos interesses de maiores incapazes. Assim como ocorre com a tutela, há um múnus público atribuído pela lei. São partes da curatela o curador e o curatelado.

Estão sujeitos à curatela os maiores incapazes. Como visto, não existem mais absolutamente incapazes maiores, por força das alterações feitas no art. 3.º do Código Civil pelo Estatuto da Pessoa com Deficiência (Lei n. 13.146/2015). Sendo assim, a curatela somente incide nos maiores relativamente incapazes que, na nova redação do art. 4.º da codificação material, são os ébrios habituais – no sentido de alcoólatras –, os viciados em tóxicos, as pessoas que por causa transitória ou definitiva não puderem exprimir vontade e os pródigos. Também como observei, não há mais a menção às pessoas com discernimento mental reduzido e aos excepcionais, tidos agora como plenamente capazes pelo sistema, diante da emergência do EPD, que tem o fim de incluir e igualar as pessoas com alguma deficiência.

Apesar dessas constatações, fica a dúvida se não seria interessante retomar alguma previsão a respeito de maiores absolutamente incapazes, especialmente para as pessoas que não têm qualquer condição de exprimir vontade e que não são necessariamente pessoas deficientes. Entendo que sim, havendo proposição nesse sentido no anterior Projeto de Lei n. 757/2015, originário do Senado Federal, com o meu apoio e parecer; bem como no Projeto de Reforma do Código Civil, passando o art. 3.º, inc. II, da codificação privada a expressar, na última proposição, "aqueles que por nenhum meio possam expressar sua vontade, em caráter temporário ou permanente".

Cite-se, a esse propósito, a pessoa que se encontra em coma profundo, sem qualquer condição de exprimir o que pensa. No atual sistema, será enquadrada como relativamente incapaz, o que parece não ter sentido, fático ou jurídico; o que deve ser sanado por alteração legislativa.

Em verdade, é preciso adequar a responsabilidade civil dos curadores por atos dos curatelados às mudanças efetivadas pelo Estatuto da Pessoa com Deficiência. Nesse sentido, na mesma *IX Jornada de Direito Civil*, foi aprovado o Enunciado n. 662, prevendo que "a responsabilidade civil indireta do curador pelos danos causados pelo curatelado está adstrita ao âmbito de incidência da curatela tal qual fixado na sentença de interdição, considerando o art. 85, *caput* e § 1.º, da Lei n. 13.146/2015". Vejamos as suas justificativas:

> "Com o advento da Lei Brasileira de Inclusão (LBI) – Lei n. 13.146/2015, a curatela foi reestruturada para atender aos comandos da Convenção sobre os Direitos da Pessoa com Deficiência (Decreto n. 6.949/2009). Dentre as alterações, teve o seu âmbito de incidência restrito aos atos pertinentes aos interesses patrimoniais (art. 85, LBI), sem alcançar o direito ao próprio corpo, à sexualidade, ao matrimônio, à privacidade, à educação, à saúde, ao trabalho e ao voto (art. 85, § 1.º, LBI). A capacidade jurídica da pessoa com deficiência, em igualdade com as demais, foi estabelecida pelo art. 12 da CDPD e arts. 6.º e 84 da LBI. A par disso e conforme o art. 1.767 e art. 4.º, III, do CC, o Superior Tribunal de Justiça decidiu que a pessoa sob curatela pode ser considerada relativamente incapaz e não absolutamente incapaz (RE 1.927.423-SP). Portanto, deve ser redefinida a responsabilidade civil indireta do curador fixada pelo art. 932, II, do CC. Como o curador tem os limites do seu múnus fixados em sentença, sua responsabilidade civil indireta sobre os danos causados pelo curatelado deve ser apurada de modo equivalente".

Como não poderia ser diferente, estou totalmente filiado à ementa doutrinária aprovada na *IX Jornada de Direito Civil*. Como se verá a seguir, há proposta no mesmo sentido, no projeto de Reforma do Código Civil.

De toda sorte, reafirme-se, como dito quanto à tutela, que a curatela não se confunde com a representação e com a assistência por ser instituto geral de administração de interesses de outrem. A curatela também não se confunde com a tutela, pois a última visa à proteção de interesses de menores, enquanto a primeira, à proteção dos maiores.

Sobre a hipótese legal em questão, de responsabilização do tutor ou curador por ato culposo do seu tutelado ou curatelado, importante trazer a lume interessante aresto do Tribunal fluminense, que responsabilizou filho de administrador de um sítio que figurava como curador do pai, ora interditado, pelo fato de ter o último, sem ser autorizado, levado consigo os semoventes que tinha no local

(TJRJ, Apelação Cível 0001837-41.2012.8.19.0010, 9.ª Câmara Cível, Rel. Des. Luiz Felipe Francisco, j. 14.03.2017, *DORJ* 16.03.2017).

Cite-se, também, aresto que afastou a responsabilidade civil da pessoa sob curatela por afirmações ofensivas, por entender que ela não teria discernimento para tanto, atribuindo o encargo ao curador:

> "O interditado, por não ser responsável por seus atos, não pode ser condenado a indenizar quem se sentiu por ele ofendido moralmente. Nos termos do art. 932, inciso II, do Código Civil, o curador é responsável pelos danos praticados pelo curatelado, devendo ser condenado a indenizar tais danos, se figurou no polo passivo do processo" (TJMG, Apelação Cível 1.0024.07.451456-3/003, Rel. Des. Guilherme Luciano Baeta Nunes, j. 29.01.2013, *DJEMG* 04.02.2013).

Como palavras finais para o tópico, o projeto de Reforma do Código Civil, ora em tramitação no Congresso Nacional, pretende aprimorar o tratamento do tema no art. 932 do CC, na linha dos meus comentários.

Assim, o inc. II passará a expressar a responsabilidade indireta do "tutor, por fatos dos tutelados que se acharem nas mesmas condições"; no caso do inc. I. De forma separada e mais didática, o inc. III preverá a responsabilização do "curador por fatos dos curatelados, adstrita a responsabilidade ao âmbito de incidência da curatela e sua finalidade de proteção do curatelado". Assim, limita-se a responsabilidade do curador nos limites da curatela, exatamente como está no Enunciado n. 662, da *IX Jornada de Direito Civil*.

Além disso, o art. 932, em boa hora, recebe um parágrafo único, segundo o qual, "nas hipóteses dos incisos II, III e IV, ao fixar o valor da indenização por danos, o juiz levará em consideração o grau da contribuição causal do tutor, do curador ou do guardião, para a sua ocorrência". Objetiva-se também levar em conta a atuação do tutor e do curador, valorizando-as.

Consoante as corretas justificativas da subcomissão de Responsabilidade Civil, "apesar da incidência da responsabilidade objetiva, tutores, curadores e guardiões não podem ser colocados em posição de plena equivalência jurídica com os pais para fins de fixação da indenização, considerando-se a afetividade ínsita à relação entre pais e filhos, bem como a incidência do binômio liberdade/responsabilidade. O mesmo não ocorre com os responsáveis por tutelados, curatelados e pessoas sob guarda, designados judicialmente, exercitando um múnus – frequentemente sem contrapartida em termos de relação de afeto. Assim, é correto distinguir a incidência da causalidade em *fattispecies* que recebem fundamentos diversos".

Os argumentos são plausíveis, estando muito bem fundamentados, razão pela qual apoiei integralmente a proposta, como Relator Geral do anteprojeto e perante a Comissão de Juristas.

3.1.4. Da responsabilidade civil dos empregados ou comitentes por seus empregados ou prepostos

Partindo-se para o inc. III do preceito, está ali previsto que também é responsável pela reparação civil "o empregador ou comitente, por seus empregados, serviçais e prepostos, no exercício do trabalho que lhes competir, ou em razão dele". A norma representa reprodução parcial do art. 1.521, inc. III, do Código Civil de 1916, segundo o qual haveria uma responsabilidade civil do "patrão, amo ou comitente, por seus empregados, serviçais e prepostos, no exercício do trabalho que lhes competir, ou por ocasião deles". Como se percebe, como alterações, foi retirada a menção às palavras *patrão* – substituída pelo termo *empregador*, melhor tecnicamente, e *amo* – com a conotação de um poder exagerado e indesejado.

Como parte da doutrina, lamento a manutenção do termo *serviçal* que, mais do que exagerado, tem um tom de *rebaixamento existencial da pessoa humana*.[49] Por todos, como pontuam Pablo Stolze Gagliano e Rodolfo Pamplona Filho, "injustificável, porém, é a permanência, no Código Civil brasileiro de 2002, da expressão serviçal, como sujeito praticamente do ato lesivo. (...). A expressão 'serviçal', antepondo-se a amo, poderia plenamente se justificar para o Código Civil brasileiro de 1916, fruto de um projeto de Beviláqua de 1899, quando ainda engatinhávamos na construção de uma sociedade capitalista. Naquela época, recém-saídos do regime escravocrata, em que não era concebida a profissionalização das relações de trabalho, admitir relações de servidão poderia ser algo aceitável socialmente. Hoje, definitivamente, não!". A propósito, sobre essa responsabilidade indireta do empregador, por ato do empregado, será tratada em capítulo específico, relativo à responsabilidade trabalhista (Capítulo 11).

Ainda sobre o comando, foi aprovado o Enunciado n. 191 do CJF/STJ, na *III Jornada de Direito Civil*, de 2004, pelo qual "a instituição hospitalar privada responde, na forma do art. 932, III, do CC, pelos atos culposos praticados por médicos integrantes de seu corpo clínico". Esse entendimento era aplicado parcialmente pela doutrina e pela jurisprudência, mas havia uma pequena divergência na jurisprudência quanto à responsabilização indireta das instituições privadas. Nesse sentido, é interessante transcrever o parecer da autora da proposta, Maria Isabel Pezzi Klein, juíza federal no Rio Grande do Sul:

"A indagação de fundo relaciona-se à proteção constitucional da saúde, nos termos do art. 196 e do art. 197 da CF/1988. De fato, a saúde é um direito de todos e um dever do Estado, portanto são de relevância pública as respectivas ações e serviços, executáveis, diretamente, pelo Poder Público e, também, por pessoa física e por pessoa jurídica de direito privado. Nesta última hipótese, o Estado mantém, do mesmo modo, poder direto de regulamentação, fiscalização e controle. Essa é a vontade do legislador constituinte. Ora, sendo assim, a interpretação integrada do texto constitucional nos remete à dicção do § 6.º do art. 37, segundo o qual, as pessoas jurídicas – de direito público e as de direito privado –, quando prestadoras de serviços públicos, devem responder pelos danos que seus agentes, nessa qualidade, causarem a terceiros. Tal exigência, a meu ver, fica maximizada, afinal, trata-se da saúde da população, bem, por si mesmo, essencial. Vale lembrar que o próprio art. 933 do novo Código Civil estabelece a responsabilidade, com ou sem culpa,

---

[49] GAGLIANO, Pablo Stolze; PAMPLONA FILHO, Rodolfo. *Novo curso de Direito Civil*. Responsabilidade civil, 9. ed., cit., p. 205.

dos empregadores, pelos atos dos seus empregados. Além da responsabilidade contratual, inerente ao 'termo de internação', os hospitais, mesmo que não auferissem benefícios diretos (coisa que não ocorre, pois eles exploram os serviços de hotelaria e fornecimento de medicamentos), devem responder como garantidores, isso sem falar no risco criado pela própria atividade. No caso de o médico atuar, no hospital, mediante vínculo de emprego, a questão da reparação civil, independentemente de culpa, recaindo sobre a instituição, não me parece muito difícil de resolver juridicamente. Mas as polêmicas surgem quando o profissional, por exemplo, que foi escolhido pelo paciente, não integra o corpo clínico da instituição. Ou quando, escolhido ou não, trata-se de um médico credenciado. Ou, ainda, um médico-residente. Os artigos 949 e 950 do NCC preveem os casos de indenização por lesão ou outra ofensa à saúde, sendo que o art. 951 estende a indenização aos danos causados, por culpa, no exercício de atividade profissional. Por certo, por culpa, o médico responde (art. 14, § 4.º, do Código de Defesa do Consumidor). Mas e quando não houver culpa?".

Desse modo, de acordo com o enunciado doutrinário em debate, quando não houver culpa do médico, não há que se falar em responsabilidade indireta do hospital, posicionamento por mim compartilhado.

No plano jurisprudencial, o Superior Tribunal de Justiça tem assim resolvido as demandas relativas aos danos causados pelos médicos no interior dos hospitais, no exercício de sua atividade. Vejamos trecho de importante ementa sobre o assunto, que traz a posição que prevalece na Corte:

"(...). A responsabilidade das sociedades empresárias hospitalares por dano causado ao paciente-consumidor pode ser assim sintetizada: (i) as obrigações assumidas diretamente pelo complexo hospitalar limitam-se ao fornecimento de recursos materiais e humanos auxiliares adequados à prestação dos serviços médicos e à supervisão do paciente, hipótese em que a responsabilidade objetiva da instituição (por ato próprio) exsurge somente em decorrência de defeito no serviço prestado (art. 14, *caput*, do CDC); (ii) os atos técnicos praticados pelos médicos sem vínculo de emprego ou subordinação com o hospital são imputados ao profissional pessoalmente, eximindo-se a entidade hospitalar de qualquer responsabilidade (art. 14, § 4.º, do CDC), se não concorreu para a ocorrência do dano; (iii) quanto aos atos técnicos praticados de forma defeituosa pelos profissionais da saúde vinculados de alguma forma ao hospital, respondem solidariamente a instituição hospitalar e o profissional responsável, apurada a sua culpa profissional. Nesse caso, o hospital é responsabilizado indiretamente por ato de terceiro, cuja culpa deve ser comprovada pela vítima de modo a fazer emergir o dever de indenizar da instituição, de natureza absoluta (arts. 932 e 933 do CC), sendo cabível ao juiz, demonstrada a hipossuficiência do paciente, determinar a inversão do ônus da prova (art. 6.º, VIII, do CDC). (...)" (STJ, REsp 1.145.728/MG, 4.ª Turma, Rel. Min. João Otávio de Noronha, Rel. p/ Acórdão Min. Luis Felipe Salomão, j. 28.06.2011, *DJe* 08.09.2011).

Como segundo exemplo de concreção da norma, penso que os arts. 932, inc. III, 933 e 942 do CC/2002 servem perfeitamente para justificar o teor da

Súmula n. 492 do STF, *in verbis:* "a empresa locadora de veículos responde, civil e solidariamente, com o locatário, pelos danos por este causados a terceiro, no uso do carro locado". Na verdade, pode-se dizer que o vínculo de confiança existente entre locadora e locatário está fundamentado no art. 932, inc. III, do CC/2002.

Outro argumento para justificar a súmula seria o princípio da solidariedade, previsto no art. 7.º do CDC. De qualquer forma, há ainda quem não veja a súmula com bons olhos, pois a solidariedade contratual não se presume, advém de lei ou do contrato (art. 265 do CC). Esse é o entendimento, por exemplo, de Álvaro Villaça Azevedo, na obra aqui outrora citada.

Como outra concreção importante, entendeu o Superior Tribunal de Justiça no ano de 2021 que "a conduta do empregado do condomínio demandado que, mesmo fora do seu horário de expediente, mas em razão do seu trabalho, resolve dirigir o veículo de um dos condôminos, causando o evento danoso, constitui causa adequada ou determinante para a ocorrência dos prejuízos sofridos pela vítima demandante". Ainda de acordo com o aresto, "o empregador é responsável pelos atos ilícitos praticados por seus empregados ou prepostos no exercício do trabalho ou em razão dele, conforme o disposto no art. 932, inciso III, do Código Civil". Na sequência, a ementa evidencia a superação da culpa presumida nessas hipóteses, como exaustivamente demonstrado nesta obra, uma vez que, "no Código Civil de 2002, em face do disposto no art. 933 do Código, não se cogita mais das figuras da culpa *in vigilando* ou da culpa *in eligendo*, na responsabilidade do empregador, por ser esta objetiva (independente de culpa) pelos atos ilícitos praticados por seus empregados ou prepostos no exercício do trabalho ou em razão dele" (STJ, REsp 1.787.026/RJ, 3.ª Turma, Rel. Min. Paulo de Tarso Sanseverino, j. 26.10.2021, *DJe* 05.11.2021). O aresto é preciso e correto tecnicamente, tendo o meu total apoio.

Frise-se que a incidência do inciso III do art. 932 independe da existência de uma relação de emprego ou de trabalho, bastando a presença de uma relação jurídica baseada na confiança, denominada *relação de pressuposição*.

Por isso, entendo que, em caso de empréstimo de veículo a outrem, havendo um acidente de trânsito que cause danos a terceiros, haverá responsabilidade do comodante-proprietário por ato do comodatário. Nesse sentido, merece destaque trecho de decisão do Superior Tribunal de Justiça, segundo o qual, "o proprietário do veículo que o empresta a terceiros responde solidariamente pelos danos decorrentes de sua utilização" (STJ, AgRg-Ag 823.567/DF, 4.ª Turma, Rel. Min. Isabel Gallotti, *DJe* 1.º.10.2015).

De todo modo, ressalte-se que o tema é controverso tanto na doutrina quanto na jurisprudência. Concluindo de forma contrária, cabe trazer a colação, por todos:

> "Suficiente a prova de que o veículo emprestado à vítima pelo irmão do proprietário, não possuindo ele, no momento do acidente, poder de fato sobre a coisa, não há como lhe atribuir sua responsabilidade pelo pagamento de indenização por danos materiais e morais aos pais da vítima, morta no acidente para o qual contribuiu de forma exclusiva. Na hipótese, ainda que se considerasse que tal empréstimo foi feito pelo proprietário, sua culpa

ficaria de qualquer modo afastada pelo simples fato de o condutor, vítima fatal, tratar-se de pessoa maior e aparentemente habilitada para conduzir motocicletas, tanto que era proprietário de um veículo semelhante" (TJMG, Apelação Cível 1.0280.09.027728-4/001, Rel. Des. Batista de Abreu, j. 07.08.2013, *DJEMG* 19.08.2013).

A propósito, para elucidar bem a chamada *relação de pressuposição* prevista no inciso III do art. 932, cabe citar o exemplo apresentado por Marco Aurélio Bezerra de Melo, para quem "a situação do entregador de pizza pode nos elucidar de forma mais clara a noção de vínculo preposicional para fins de responsabilidade civil, pois pode existir um vínculo trabalhista com a pizzaria ou então uma prestação de serviços de entrega de modo eventual. Em um e outro caso, o dano causado culposamente e durante o serviço responsabilizará objetivamente a pessoa jurídica que exerce a empresa de pizzaria. No primeiro caso, porque o entregador é empregado e no segundo, a despeito de não ser empregado, é um prestador de serviços que age no interesse e mediante instruções do tomador de serviço".[50]

Filia-se integralmente às palavras do Desembargador do Tribunal de Justiça do Rio de Janeiro e coautor do nosso *Código Civil comentado*, publicado por esta mesma casa editorial, que demonstram outra ilustração concreta de aplicação da responsabilidade objetiva indireta na atualidade.

Para encerrar o tema, também em relação a esse inciso do art. 932 da codificação privada e suas decorrências, o projeto de Reforma do Código Civil pretende trazer alterações, para afastar dúvidas hoje existentes, na teoria e na prática.

Como primeira proposta, são sanados os problemas de linguagem atualmente presentes na norma, e antes aludidos, passando o inc. III do comando a expressar "o empregador, o comitente e o tomador de serviços, por fatos daqueles que estiverem sob suas ordens, no exercício do ofício que lhes competir ou em razão deles". Amplia-se, portanto, a ideia da *relação da pressuposição*, a gerar a responsabilidade indireta daquele que confiou em outrem.

Com o mesmo sentido, a proposição de se incluir um novo inc. VIII no art. 932 do CC, com a responsabilização civil objetiva e indireta daqueles "que desenvolverem e coordenarem atividades ilícitas ou irregulares, no ambiente físico, virtual ou com o uso de tecnologias, por quaisquer danos sofridos por outrem em consequência dessas atividades". As menções ao ambiente virtual e o uso de novas tecnologias, a atrair a responsabilidade objetiva, é salutar. Cite-se, o caso de uma empresa que pratica ilicitudes na internet, por meio de prepostos que são por ela contratados.

Além disso, a subcomissão de Responsabilidade Civil sugeriu a inclusão de um novo dispositivo, que passará a prever o seguinte: "Art. 933-A. A pessoa jurídica é responsável por danos causados por aqueles que a dirigem ou administram no exercício de suas funções. Parágrafo único. O administrador responde

---

[50] MELO, Marco Aurélio Bezerra de. *Curso de Direito Civil*. Responsabilidade civil, cit., p. 273.

regressivamente nos casos em que agir: I – no exercício de suas atribuições ou poderes, com culpa ou dolo; II – em violação legal ou estatutária".

Consoante as suas justificativas, "esse dispositivo está em linha com recentes posições encontradas na doutrina especializada, no direito comparado e em inovações legislativas, como a promovida pela Lei n. 14.195, de 26 de agosto de 2021 (Lei sobre a Melhoria no Ambiente de Negócios no Brasil), que revogou o parágrafo único do art. 1.015 do CC, eliminando do acervo de normas do CC a Teoria *Ultra Vires Societatis*, que no caso do CC previa certas situações em que a sociedade não era responsabilizada por ato de administradores. Na perspectiva dos *stakeholders*, tal dispositivo, ainda, é justificado porque atende, internamente, à demanda da doutrina especializada que via na aplicação da chamada *Teoria Ultra Vires* prejuízo ao fluxo dos negócios, fragilização do terceiro de boa-fé e à segurança jurídica. Enfim, a norma visa à melhor proteção dos sujeitos afetados pela atividade desenvolvida pela pessoa jurídica".

Entendo que a norma passará a tratar de uma disciplina geral a respeito da responsabilização da pessoa jurídica por atos de seus administradores e diretores, submetendo-a ao sistema de responsabilidade objetiva, prevista nos comandos anteriores, sobretudo no art. 932.

Todavia, deverão ser considerados, ainda, os dispositivos específicos que não forem alterados ou revogados, caso da Lei das Sociedades Anônimas (Lei n. 6.404/1976). O art. 158 dessa norma estabelece que o administrador dessa modalidade de empresa não é pessoalmente responsável pelas obrigações que contrair em nome da sociedade e em virtude de ato regular de gestão. Responde, porém, civilmente, pelos prejuízos que causar, quando proceder: *a)* dentro de suas atribuições ou poderes, com culpa ou dolo; *b)* com violação da lei ou do estatuto. Há, portanto, uma responsabilidade subjetiva que deve ser mantida no sistema, mesmo com a alteração do Código Civil prevendo ainda, o § 1.º desse preceito que "o administrador não é responsável por atos ilícitos de outros administradores, salvo se com eles for conivente, se negligenciar em descobri-los ou se, deles tendo conhecimento, deixar de agir para impedir a sua prática. Exime-se de responsabilidade o administrador dissidente que faça consignar sua divergência em ata de reunião do órgão de administração ou, não sendo possível, dela dê ciência imediata e por escrito ao órgão da administração, no conselho fiscal, se em funcionamento, ou à assembleia-geral".

Também deverá ser tida como mantida a responsabilidade solidária dos administradores com a pessoa jurídica, consagrada no § 2.º do art. 158 da Lei da SAs: "os administradores são solidariamente responsáveis pelos prejuízos causados em virtude do não cumprimento dos deveres impostos por lei para assegurar o funcionamento normal da companhia, ainda que, pelo estatuto, tais deveres não caibam a todos eles". Diga-se o mesmo quanto ao previsto nas previsões subsequentes da lei ordinária, com destaque para o seu § 5.º: "responderá solidariamente com o administrador quem, com o fim de obter vantagem para si ou para outrem, concorrer para a prática de ato com violação da lei ou do estatuto".

Defendo que, com a aprovação da Reforma do Código Civil, todos esses comandos serão mantidos, tendo o novo art. 933-A um caráter geral a respeito da responsabilidade da pessoa jurídica por seus administradores e diretores, o que visa trazer maior segurança jurídica, afastando-se dúvidas hoje existentes.

3.1.5. Da responsabilidade civil dos donos de hotéis e afins por seus hóspedes e dos donos de estabelecimentos de ensino por seus educandos. A responsabilidade civil pelo bullying

O inc. IV do art. 932 do Código Civil estabelece duas hipóteses de responsabilidade civil por ato de terceiro, sem qualquer conexão entre elas. A primeira previsão diz respeito ao dever de indenizar dos donos de hotéis, hospedarias, casas ou estabelecimentos onde se albergue por dinheiro por seus hóspedes e moradores. Apesar de a lei mencionar os "donos" de tais estabelecimentos, não se pode negar que o dever de indenizar recai sobre as empresas que exploram os serviços de turismo, sujeitas também à responsabilidade objetiva prevista no Código de Defesa do Consumidor, eis que são prestadoras de serviços de lazer.

Todavia, como bem esclarecem Cristiano Chaves de Farias, Felipe Braga Netto e Nelson Rosenvald, no caso tratado, "quem causa dano não é hotel, por um serviço defeituoso (chuveiro que queima o hóspede), ou um empregado seu (mensageiro que furta bagagem do hóspede). Nesses casos, meramente exemplificativos, a responsabilidade, induvidosamente, rege-se pelo Código de Defesa do Consumidor. Diferente, contudo, a hipótese do Código Civil. Nessa, o dano é causado pelo hóspede".[51] Assim, aproveitando o exemplo acima, e acrescentando outro, quem furta os bens é quem se hospeda e quem agride outro morador temporário é aquele que está dividindo a habitação.

Justamente para corrigir o texto da lei, que hoje está distante da realidade consumerista, o projeto de Reforma do Código Civil traz um novo texto para o inc. VI do art. 932, que passará a prever que responderão independentemente de culpa "ressalvada a incidência da legislação consumerista, os donos de estabelecimentos educacionais e de hospedagem, pelos danos causados por seus educandos e hóspedes, no período em que se encontrarem sob seus cuidados e vigilância".

Seguindo os exemplos, e partindo para caso concreto julgado pelo Tribunal Paulista, se uma criança se acidenta no hotel por falha na prestação de serviços, não é o caso de se subsumir o art. 932, inc. IV, do Código Civil, mas o art. 14 do CDC, que trata da responsabilidade objetiva do prestador de serviços. Nos termos do aresto:

> "Menor que se acidenta na porta de vidro que divide a recepção e a entrada do hotel, sofrendo lesões em todo o corpo. Prova dos autos que demonstra ter ocorrido culpa da requerida, ao deixar de tomar os cuidados necessários para evitar choques com porta de vidro e ao usar vidros que se estilhaçam

---

[51] FARIAS, Cristiano Chaves; ROSENVALD, Nelson; BRAGA NETTO, Felipe. *Novo tratado de responsabilidade civil*, 2. ed., cit., p. 634-635.

com choque de pessoas. Dever de zelar pela segurança e integridade física do hóspede, assumindo os riscos decorrentes do serviço prestado. Aplicabilidade do art. 14 do CDC. Dano moral evidenciado, mantendo-se a indenização fixada cm favor do menor acidentado e de seus pais" (TJSP, Apelação 9077899-43.2008.8.26.0000, Acórdão 5066952, 35.ª Câmara de Direito Privado, Osasco, Rel. Des. Manoel Justino Bezerra Filho, j. 28.03.2011, *DJESP* 15.06.2011).

O mesmo se diga em caso de acidente causado por cavalo conduzido por um empregado do hotel-fazenda, respondendo o estabelecimento objetivamente pelo que consta do Código Consumerista. A essa conclusão chegou o Superior Tribunal de Justiça em 2016, constando da ementa que "a responsabilidade civil por defeito na prestação de serviço de hotelaria (hóspede atropelado por cavalo conduzido por funcionário do hotel) é contratual, incidindo, na hipótese, o artigo 405 do Código Civil" (STJ, REsp 1.429.610/RN, 3.ª Turma, Rel. Min. Paulo de Tarso Sanseverino, *DJe* 10.08.2016).

Voltando à essência do art. 932, inc. IV, do Código Civil, os últimos juristas citados mencionam três situações de lesões por atos de hóspedes: *a)* danos causados a outro hóspede; *b)* danos causados a funcionários do hotel; e *c)* danos causados a terceiros, como um transeunte da via pública que é atingido por algo lançado por um morador.[52] Da prática jurisprudencial, vejamos aresto que reconheceu o dever de reparar do hotel por agressão praticada pelo hóspede contra empregado de serviço terceirizado:

"Apelação cível. Ação de indenização por danos morais. Estabelecimento hoteleiro. Lavanderia. Prestador de serviço. Retirada das roupas diretamente no quarto do hóspede. Conduta não comum em estabelecimento dessa natureza. Agressões violentas praticadas pelo hóspede contra o prestador de serviço. Lesões que quase culminaram no óbito. Responsabilidade objetiva do hotel por atos praticados por seus hóspedes. Inteligência dos arts. 932, IV, e 933 do Código Civil. Abalo moral configurado. Dever de compensar. *Quantum* compensatório. Critérios da razoabilidade e da proporcionalidade na fixação. Adequação necessária. Redução para R$ 30.000,00 (trinta mil reais). Recurso parcialmente provido. São responsáveis pela reparação civil os donos de hotéis, hospedarias, casas ou estabelecimentos onde se albergue por dinheiro, mesmo para fins de educação, pelos seus hóspedes, moradores e educandos (art. 932, IV, do Código Civil). Diante da relação contratual entre hóspede e hospedeiro, este se torna responsável pela ocorrência de qualquer dano causado dentro do seu estabelecimento, seja entre hóspedes ou pelo hóspede a um terceiro, o que só o exime do dever de reparar se ficar comprovado que os fatos ocorridos não poderiam ser evitados (caso fortuito ou força maior). (...)" (TJSC, Apelação 0814047-95.2014.8.24.003, 3.ª Câmara de Direito Civil, Joinville, Rel. Des. Ernani Palma Ribeiro, *DJSC* 25.08.2016, p. 151).

A respeito do furto de objetos dentro das dependências do hotel, sem que seja possível apontar quem realizou o ato – se hóspede, funcionário ou

---

[52] FARIAS, Cristiano Chaves; ROSENVALD, Nelson; BRAGA NETTO, Felipe. *Novo tratado de responsabilidade civil*, 2. ed., cit., p. 634-636.

terceiro –, conclui corretamente a jurisprudência pela presença do dever de indenizar do estabelecimento, assegurado o direito de regresso contra o culpado. Assim deduzindo:

> "Em qualquer contrato de hospedagem remunerado, o proprietário do estabelecimento é tido como depositário das bagagens e dos pertences do hóspede. Cuida-se de um acentuado dever de proteção ao patrimônio dos clientes, que se estende a qualquer espécie de pousada ou abrigo transitório capaz de acolher o público em geral. Aquele que aufere o proveito econômico pela pousada (bônus) assume os riscos inerentes aos danos causados aos hóspedes (ônus), seja pelos seus empregados, seja pelas demais pessoas que compartilham o mesmo espaço, conforme dispõe o inciso IV do artigo 932 do Código Civil. Diante da responsabilidade objetiva da recorrente pelo furto ocorrido no interior do quarto em que estava hospedado o recorrido e da caracterização do dano material, explicitado nos documentos de fls. 08/11, surge o dever de indenizar" (TJDF, Recurso 2012.07.1.018554-5, Acórdão 673.245, 2.ª Turma Recursal dos Juizados Especiais do Distrito Federal, Rel. Juiz João Fischer, *DJDFTE* 08.05.2013, p. 220).

Como se percebe, o julgado analisou a questão também sob a perspectiva da existência de um dever de guarda decorrente do depósito, prevista no art. 649 do Código Civil, *in verbis*: "Aos depósitos previstos no artigo antecedente é equiparado o das bagagens dos viajantes ou hóspedes nas hospedarias onde estiverem. Parágrafo único. Os hospedeiros responderão como depositários, assim como pelos furtos e roubos que perpetrarem as pessoas empregadas ou admitidas nos seus estabelecimentos". Com conclusão semelhante, destaque-se o seguinte acórdão:

> "O depósito de bens do hóspede é regulado pelo art. 649, do Código Civil, respondendo o hospedeiro como depositário, inclusive pelos furtos e roubos que perpetrarem as pessoas empregadas ou admitidas nos seus estabelecimentos, tratando-se, pois, de um contrato de guarda. Ao ofertar a hospedagem aos expositores de feira de exposição e venda de joias, era dever do hotel garantir a segurança e controlar com maior rigor o ingresso e acesso de pessoas à área dos quartos dos hóspedes. Comprovado o arrombamento do quarto em que se hospedavam as representantes de empresa que ali estavam em razão de evento de exposição e venda de joias, é devida a indenização pelos prejuízos sofridos. Apelação cível parcialmente provida" (TJRS, Apelação Cível 0295356-09.2015.8.21.7000, 9.ª Câmara Cível, Canela, Rel. Des. Carlos Eduardo Richinitti, j. 11.11.2015, *DJERS* 16.11.2015).

Feitas tais considerações, a outra hipótese tratada no inc. IV do art. 932 diz respeito à responsabilidade civil dos estabelecimentos de ensino por atos culposos praticados por seus educandos. A norma tem incidência direta nos casos que dizem respeito ao *bullying*. Do dicionário de tradução inglês-português extrai-se que o verbo *to bully* significa amedrontar, intimidar. Além disso, *bully* quer dizer brigão, valentão. *Bullying*, no gerúndio, é o ato de intimidar outrem em um ambiente de convivência. A sua prática pode ocorrer na escola, em casa, na rua, em *shopping centers*, em clubes, em academias, em parques, ou seja, em qualquer local público ou privado em que convivem crianças e adolescentes.

A Lei n. 13.185/2015, que institui o programa de combate a essa infeliz prática, denomina-a como *intimidação sistemática*. Conforme o seu art. 2.º, caracteriza-se a intimidação sistemática (*bullying*) quando há violência física ou psicológica em atos de intimidação, humilhação ou discriminação e, ainda: *a)* ataques físicos; *b)* insultos pessoais; *c)* comentários sistemáticos e apelidos pejorativos; *d)* ameaças por quaisquer meios; *e)* grafites depreciativos; *f)* expressões preconceituosas; *g)* isolamento social consciente e premeditado; e *h)* pilhérias, que significa fazer piadas sobre uma pessoa. Conforme o mesmo preceito, há intimidação sistemática na rede mundial de computadores (*cyberbullying*), quando se usarem os instrumentos que lhe são próprios para depreciar, incitar a violência, adulterar fotos e dados pessoais com o intuito de criar meios de constrangimento psicossocial.

O art. 3.º da mesma norma classifica a intimidação sistemática ou *bullying* em cinco formas, conforme as ações praticadas. Assim, pode ele ser *verbal*, quando há a prática de insultar, de xingar e de apelidar pejorativamente alguém. Pode ser, também, *moral*, por difamar, caluniar e disseminar rumores. O *bullying sexual* está presente no assédio, na indução e no abuso dessa ordem. Já pelo *bullying social* há o ato de ignorar, desprezar, isolar ou excluir alguém. A *intimidação psicológica* está presente por atos como perseguir, amedrontar, aterrorizar, intimidar, dominar, manipular, chantagear e infernizar. A sexta forma é o *bullying físico*, pelas condutas de socar, chutar e bater na outra pessoa. Existe também o de *natureza material*, quando alguém furta, roubar ou destrói pertences de outrem. E, por fim, tem-se o *cyberbullying ou bullying virtual*: "depreciar, enviar mensagens intrusivas da intimidade, enviar ou adulterar fotos e dados pessoais que resultem em sofrimento ou com o intuito de criar meios de constrangimento psicológico e social".

Pois bem, não há como encarar o fenômeno com as figuras tradicionais do Direito Civil, mormente sem uma apurada análise de questões sociais e psicológicas. Por igual não é possível encarar o *bullying* apenas trabalhando com o Código Civil, em especial com a responsabilidade civil por atos de outrem. Ao lado dessa lei, entra em cena a responsabilidade civil tratada pelo Código de Defesa do Consumidor e pela Constituição Federal de 1988, em especial no que concerne ao dever de reparar do Estado.

O *bullying* não é algo novo na realidade social; o fenômeno sempre ocorreu. Como a pós-modernidade traz como consequência a complexidade crescente, há um incremento dos atos de violência, notadamente em ambientes em que eles não poderiam ou deveriam ocorrer, quais sejam os ambientes de ensino e de educação. Há uma realidade paradoxal, uma vez que a violência vem a explodir nos locais em que mais é rejeitada, pelo menos em tese e no plano teórico. Os fatos sociais relativos ao *bullying* foram e continuam sendo retratados por filmes, sejam estrangeiros, sejam nacionais.

Nas escolas, a prática de amedrontar tem início a partir da infância, no momento em que a criança já apresenta certa agressividade. Por volta dos dez anos de idade – ou mesmo antes disso –, começam as disputas físicas entre as crianças, o que inclui questões esportivas. Na pré-adolescência há um aumento das manifestações de afeto negativo pelo início das alterações hormonais. O problema se agrava à medida que chega a adolescência, ficando ainda mais explosivas as convivências entre os jovens. Nesse período, a partir dos treze e até os dezessete anos, são comuns as expressões como: *pego você na rua, vamos resolver isso lá fora, arrebento a sua cara, vou bater em você*, entre outras. Ainda, são conhecidas as constantes brigas, inclusive por meio de grupos ou *tribos*, que ocorrem nesse período.

O problema da intimidação não para com a entrada na vida adulta, pois mesmo nos meios universitários são costumeiros os atos violentos de amedrontamento e de humilhação, principalmente dos veteranos com relação aos calouros, denominados *bichos*, com o intuito de rebaixamento moral. O próprio trote – ainda muito comum nos meios estudantis superiores – representa um ato de intimidação contra aqueles que ingressam no ambiente universitário.

A respeito da violência praticada nos momentos de infância e adolescência nas escolas – o que mais interessa ao presente trabalho –, é fundamental diferenciar dois ambientes. O primeiro deles é compartilhado por pessoas de melhores condições financeiras. Imagine-se um colégio privado, localizado em um bairro de classe alta ou média alta em uma grande cidade. O outro ambiente é aquele em que convivem alunos de classes sociais mais desprovidas. Pode ser pensado um colégio público, situado em um bairro periférico, ou mesmo em um bairro de classe média ou média alta de um centro urbano. Logicamente, os atos de violência notados nesses ambientes tão discrepantes são diferentes.

Seja em um ou outro ambiente, o *bullying* manifesta-se por jogos de humilhação, de colocação da vítima em situação vexatória. Para ilustrar, é comum a brincadeira de colar um bilhete nas costas da vítima dizendo "chute-me" para que outros colegas a golpeiem. Ou aquela de montar uma *cama de gato*, em que alguém distrai a vítima para que um colega se coloque atrás agachado, sendo a vítima empurrada e, no chão, tornando-se alvo de risos. Ainda, há a prática de amarrar os cadarços do calçado da vítima na cadeira da sala de aula, para que ela caia ao se levantar. Sem falar nos apelidos relativos a questões físicas ou de outra ordem, que humilham as vítimas das piadas. Também são comuns os preconceitos envolvendo gênero, orientação religiosa ou mesmo a cor da pele das vítimas ou de pessoas de sua família. No último contexto surge, por exemplo, o *bullying* diante da homossexualidade dos pais.

O meu entendimento doutrinário é que, se o *bullying* ocorrer no ambiente escolar, responderá a escola, pelo que consta do art. 932, inc. IV, do Código Civil. Se ocorrer fora desse ambiente, responderão os pais que tenham a autoridade sobre o filho, conforme o inc. I do mesmo art. 932. Em complemento, como se verá adiante, o art. 942, parágrafo único, do Código Civil de 2002 dispõe que há solidariedade passiva legal nas hipóteses elencadas pelo art. 932 da mesma codificação privada.

A grande dúvida a respeito da norma é se a solidariedade atinge apenas os incisos isoladamente, ou se é possível combiná-los. Exemplificando, se uma criança causa um dano a um colega quando está na escola, seria possível combinar, pela solidariedade, os incisos I e IV do art. 932 do Código Civil, atribuindo-se responsabilidade solidária entre pais que têm autoridade e companhia e entidade escolar?

Entendo que a resposta deve ser positiva, o que confirma a responsabilização objetiva dos envolvidos. Na doutrina contemporânea, tratando da responsabilização compartilhada, é a opinião de Silvano Andrade de Bomfim, que utiliza como argumento os dispositivos constitucionais relativos à educação:

> "No tocante aos casos de *bullying* ocorridos nas dependências dos educandários, é de suma importância uma nova reflexão, capaz de permitir a responsabilidade solidária dos pais do menor agressor, a fim de que com a escola respondam pelos danos por seu filho causados. Isso porque compete à família – primordialmente aos pais – o dever primário de educação e formação do infante. A Constituição Federal estabelece em seu art. 227 ser dever da família 'assegurar à criança e ao adolescente, com absoluta prioridade, o direito à educação'. O art. 205 da mesma Carta Constitucional assevera que a educação é dever da família, 'visando ao pleno desenvolvimento da pessoa, seu preparo para o exercício da cidadania'. Todavia, é no art. 229 da Magna Carta que se encontra o sagrado dever dos pais em assistir, criar e educar os filhos menores, sendo que as funções exercidas pelos pais importam em verdadeiro *múnus público*. Igualmente, a Lei n. 8.096/90, que instituiu o vigente Estatuto da Criança e do Adolescente, com vistas à proteção integral dos menores, em seu art. 4.º também determina ser dever da família assegurar 'com absoluta prioridade' a efetivação do direito à educação. Outrossim, o art. 22 da referida lei dispõe que aos pais incumbe o dever de sustento, guarda e educação. Ora, o dever de sustento não está acima do dever de guarda ou educação, e, nesse aspecto, a expressão educação não se limita simplesmente à educação escolar do infante, mas deve ser entendida em seu mais amplo sentido, como anteriormente mencionado".[53]

Deve ser feita a ressalva de que é cabível juridicamente a responsabilidade civil direta do incapaz, seja ele absoluta ou relativamente, nos termos da novidade introduzida pelo art. 928 do Código Civil de 2002, que ainda será comentada e aprofundada no presente capítulo, logo a seguir. Feitos esses esclarecimentos, seguindo o que aqui foi proposto, fazendo incidir o inciso IV do art. 932 para os casos de *bullying* ocorrido nas dependências da escola, colaciona-se:

> "Apelação cível. Responsabilidade civil. Responsabilidade do estabelecimento do ensino. Agressão entre menores. Falta de cuidado da educadora e da escola. Agravo retido. Denunciação da lide. Tratando de responsabilidade fundada no artigo 932, inciso IV, do Código Civil, não procede a denunciação da lide, haja vista a inexistência de direito de regresso do estabelecimento de ensino contra os pais do causador do dano. Ilegitimidade passiva da professora. Sendo

---

[53] BOMFIM, Silvano Andrade de. Bullying *e responsabilidade civil*: uma nova visão do direito de família à luz do Direito Civil Constitucional. *Revista Brasileira de Direito das Famílias*, Porto Alegre: LexMagister; Belo Horizonte: IBDFAM, v. 22, p. 63-65, jun.-jul. 2011.

a educadora responsável pela vigilância aos menores que se envolveram na agressão, tem legitimidade para responder por danos decorrentes do evento. Tendo a educadora e a escola faltado com o cuidado necessário na guarda dos alunos de turma maternal, cujos antecedentes indicavam a presença de um aluno com histórico de brigas, devem responder pelos danos causados pela agressão (e não agressividade) verificada. Dano moral puro. Ausente sistema de tarifamento, a fixação do montante indenizatório ao dano extrapatrimonial está adstrita ao prudente arbítrio do juiz. Valor da condenação reduzido. Preliminar rejeitada. Apelações providas, em parte. Agravo retido desprovido. Decisão unânime" (TJRS, Acórdão 70024551392, 10.ª Câmara Cível, Porto Alegre, Rel. Des. Jorge Alberto Schreiner Pestana, j. 28.05.2009, *DOERS* 24.07.2009, p. 55).

Em sentido próximo, o Superior Tribunal de Justiça manteve condenação de faculdade, reconhecida anteriormente pelo Tribunal paulista, em montante de cinquenta salários mínimos, pelos danos sofridos por aluna por *trotes* praticados por colegas. O julgamento em decisão monocrática do Ministro Luis Salomão, quando da análise do Recurso Especial 1.496.238/SP, ocorreu em junho de 2017. Como consta da louvável decisão, houve "total incúria na gestão de mecanismo preventivo, sendo inaceitável permitir a exposição de alunos a agressões perpetradas em cerimônia de trote, a ré foi corretamente condenada por dano moral e o *quantum* arbitrado, a esse título, tomando quantia equivalente a cinquenta salários mínimos, à data da sentença, não avançou limites de razoabilidade, seja para compensar o trauma experimentado pela autora, também para que a tutela cumpra finalidade pedagógica". Em complemento, atribuindo-se igualmente a responsabilidade civil aos pais pelo *bullying* e voltando à Corte gaúcha:

"Apelação cível. Responsabilidade civil. Danos morais e materiais. Adolescentes que desferiram socos e pontapés contra colega de colégio. Fratura de osso nasal. (...). Restou demonstrado que os filhos dos demandados desferiram socos e pontapés contra o autor, culminando na fratura de osso nasal. Ainda que houvesse injusta provocação do demandante, os meios utilizados para defesa foram desproporcionais em relação à suposta agressão. (...). Embora as agressões tenham sido perpetradas pelos filhos dos réus, os demandados respondem de forma objetiva pelos prejuízos por eles causados. Nestes lindes, o artigo 932 do Código Civil dispõe que são também responsáveis pela reparação civil os pais pelos filhos menores que estiverem sob sua autoridade e em sua companhia" (TJRS, Acórdão 70017515677, 6.ª Câmara Cível – Regime de Exceção, Veranópolis, Rel. Des. Odone Sanguiné, j. 17.09.2008, *DOERS* 29.09.2008, p. 36).

Além de todos esses comandos civis que podem subsumir para as hipóteses de *bullying*, para a responsabilização das entidades de ensino, notadamente privadas, pode incidir a responsabilidade objetiva consagrada pelo Código de Defesa do Consumidor, havendo uma prestação de serviços enquadrada nos arts. 2.º e 3.º da Lei n. 8.078/1990. Em síntese, aplica-se o art. 14 do Código Consumerista, pelo qual "o fornecedor de serviços responde, independentemente da existência de culpa, pela reparação dos danos causados aos consumidores por defeitos relativos à prestação dos serviços, bem como por informações insuficientes ou inadequadas sobre sua fruição e riscos".

Não tem sido diferente a conclusão da jurisprudência nacional. Para dar início às ilustrações, merece destaque decisão do Juizado Especial Cível do Tribunal de Justiça do Distrito Federal aplicando o CDC para ato de violência sexual praticado em escola privada localizada dentro de *shopping center:*

"Restando comprovada a ocorrência de violência sexual de aluna em um dos banheiros disponíveis aos alunos no mesmo andar das suas dependências, deve a instituição de ensino responder objetivamente, nos termos do art. 14 do Código de Defesa do Consumidor. A circunstância de a lesão à integridade moral da aluna ter ocorrido fora do horário das aulas não afasta o dever de indenizar, porque o estabelecimento de ensino permite o acesso dos alunos antes do horário regulamentar. A prestação de segurança à integridade física do consumidor é inerente à atividade comercial desenvolvida pelo estabelecimento de ensino, principalmente quando instalado em *shopping center*, porquanto a principal diferença existente entre estes estabelecimentos e os centros tradicionais reside justamente na criação de um ambiente seguro para a realização de compras e afins, capaz de atrair alunos a tais praças privilegiadas" (TJDF, Recurso 2008.03.1.010538-8, Acórdão 346.402, 1.ª Turma Recursal dos Juizados Especiais Cíveis e Criminais, Rel. Juíza Maria de Fátima Rafael de Aguiar Ramos, *DJDFTE* 16.03.2009, p. 208).

No mesmo sentido, merecem destaque as seguintes ementas, igualmente aplicando o Código de Defesa do Consumidor para os atos de intimidação e constrangimentos praticados em escolas privadas, seja por colegas, seja por professores:

"Direito Civil e Processual Civil. Responsabilidade civil. Ação de indenização por danos morais e materiais. Responsabilidade objetiva da instituição de ensino. Ofensa (*bullying*) praticada por alunos e professor demonstrada. Dano moral configurado. Sentença de procedência mantida. Dano material. *Quantum* mantido. 1. O serviço de ensino prestado pela escola demandada está submetido às disposições do CDC, eis que esta se enquadra no conceito legal de fornecedor e o autor no de consumidor, conforme arts. 2.º e 3.º do referido diploma. Sendo assim, o estabelecimento de ensino responde objetivamente pelos danos causados aos consumidores independentemente da eventual ausência de culpa. 2. O conjunto probatório revela consistência para formar convicção de ocorrência do próprio evento danoso descrito, bem como os elementos probatórios permitem concluir que a direção da escola não adotou todas as providências necessárias para minimizar os prejuízos decorrentes do molestamento sofrido pelo autor. 3. Autor reúne meio de prova apto a demonstrar o *bullying* e a repercussão moralmente danosa. 4. 1.º Apelo conhecido e improvido. 2.º Apelo conhecido e improvido" (TJMA, Apelação 017124/2016, 3.ª Câmara Cível, Rel. Des. Jamil de Miranda Gedeon Neto, j. 15.12.2016, *DJEMA* 09.01.2017).

"Civil. Consumidor. Estabelecimento de ensino. *Bullying*. Ocorrência. Indenização devida. *Quantum* fixado em patamar razoável. Sentença mantida.

1. A situação dos autos não apresenta desentendimento entre alunos, mas em comportamento abusivo por parte de um professor, que, sendo adulto, e exercendo posição de autoridade, deve agir dentro dos mais estritos limites da civilidade, especialmente cuidando para não proceder de forma a expor os alunos a situações vexatórias, individual ou coletivamente. Dessa maneira, indisfarçável a ocorrência do ato ilícito, responde a instituição de ensino empregadora do professor que causou o dano, decorrência da responsabilidade objetiva derivada da relação de consumo entre as partes. 2. A dinâmica relatada e comprovada nos autos não revela um caso particularmente sério de violação ao patrimônio imaterial do menor, de forma a causar-lhe profundo e insuportável sofrimento, embora certamente tenha experimentado um constrangimento identificável como ato ilícito, tendo sido bem arbitrada a indenização no patamar de R$ 4.000,00. 3. Recursos improvidos" (TJSP, Apelação 0000385-94.2015.8.26.0042, Acórdão 9898112, 35.ª Câmara de Direito Privado, Altinópolis, Rel. Des. Artur Marques, j. 17.10.2016, *DJESP* 24.10.2016).

"Apelação cível. Ação ordinária ajuizada por menor absolutamente incapaz, integrante do corpo discente do ora apelado. Alegação de *bullying*, consubstanciado em sucessivas agressões ao demandante por parte de outros alunos. Inércia da instituição de ensino. Relação de consumo. Responsabilidade objetiva. Manifesto defeito na prestação de serviço, ante a falta de providências garantidoras da segurança do aluno nas dependências do Colégio. Incidência à espécie do artigo 14, § 1.º do Código de Defesa do Consumidor. Dano moral configurado. Dever de indenizar. Pretensão deduzida, no entanto, julgada improcedente. Razões recursais aptas à reforma parcial da sentença, para acolher-se o pedido relativamente ao dano imaterial, visto que o dano material não restou suficientemente provado (...)" (TJRJ, Apelação 0031581-78.2011.8.19.0087, 11.ª Câmara Cível, Rel. Des. Claudio de Mello Tavares, j. 20.05.2015, *DORJ* 22.05.2015).

Nos casos envolvendo escolas públicas, a responsabilidade objetiva do Estado justifica-se pela aplicação da própria Lei n. 8.078/1990, conforme decidiu pioneiramente o Tribunal gaúcho (TJRS, Acórdão 70022516512, 9.ª Câmara Cível, Encantado, Rel. Des. Odone Sanguiné, j. 16.04.2008, *DOERS* 23.09.2008, p. 27; TJRS, Apelação 70019324268, 6.ª Câmara Cível – Regime de Exceção, Cachoeirinha, Rel. Des. Odone Sanguiné, j. 04.12.2007, *DOERS* 18.02.2008, p. 26).

Anote-se que, nos termos do art. 22 do Código do Consumidor, os serviços públicos podem ser abrangidos pela norma protetiva. De toda sorte, a responsabilidade objetiva estatal também está justificada pela incidência do art. 37, § 6.º, da Constituição Federal de 1988. Na minha opinião, a norma não faz qualquer distinção entre os atos positivos ou negativos dos agentes estatais, consagrando uma responsabilização independentemente da culpa do Estado para todas as hipóteses.

Conforme será exposto no Capítulo 10 deste livro, parece ser inconsistente e injusta a corrente que prega a responsabilidade subjetiva do Estado nos casos de omissão. Havendo ato de violência na escola, seja por envolver um ato concreto ou não de um agente do Estado, deve o ente público responder, sem qualquer diferenciação que eventualmente prejudicaria a vítima com relação ao seu direito de ser indenizada. De todo modo, reconhecendo a responsabilidade estatal, seja por um ou outro comando incidente ao *bullying*, cabe transcrever:

"Responsabilidade civil. Agressão em escola municipal. Lesões corporais. Dano moral. Obrigação de indenizar. Comprovação do nexo de causalidade. Omissão estatal demonstrada. Ausência de prequestionamento. Súmulas 282 do STF e 211 do STJ. Reexame do contexto fático-probatório. Súmula 7/STJ. 1. É inviável a apreciação, em sede de Recurso Especial, de matéria sobre a qual não se pronunciou o tribunal de origem, porquanto indispensável o requisito do prequestionamento. Neste sentido, os Enunciados Sumulares ns. 282/STF e 211/STJ, respectivamente: 'é inadmissível o recurso extraordinário, quando não ventilada na decisão recorrida, a questão federal suscitada'. 'Inadmissível recurso especial quanto à questão que, a despeito da oposição de embargos declaratórios, não foi apreciada pelo Tribunal *a quo*'. 2. *In casu*, o juízo sentenciante, bem como o Tribunal de origem, concluíram pela comprovação do fato alegado na inicial, qual seja, a agressão de jovem em escola municipal, bem como a existência do nexo causal entre a omissão estatal e o evento danoso, cuja análise revolve matéria fático-probatória, defesa em sede de recurso especial, ante a *ratio essendi* da Súmula n. 07/STJ, *verbis*: 'A pretensão de simples reexame de prova não enseja Recurso Especial'. 3. Precedentes: AgRg no REsp 723893/RS, *DJ* 28.11.2005; AgRg no Ag 556897/RS, *DJ* 09.05.2005; REsp 351764/RJ, *DJ* 28.10.2002. 4. Recurso especial não conhecido" (STJ, REsp 871.388/RJ, 1.ª Turma, Rel. Min. Luiz Fux, j. 06.05.2008, *DJe* 18.06.2008).

"Apelação cível. Direito Administrativo. Responsabilidade civil do Estado. Indenização por danos materiais e morais. *Bullying* e agressões sofridos em escola pública. Conduta omissiva de ente público. Demonstrado o nexo causal entre a conduta omissiva daquele a quem incumbia o poder-dever de zelar pela incolumidade psíquica e física do menor, confiado à instituição de ensino pública, surge o dever de indenizar. Sentença que, afastando o dano material, reconheceu o dano moral, fixando o valor indenizatório de forma razoável e proporcional às circunstâncias do caso, à idade do menor, o qual possuía 7 (sete) anos de idade à época dos fatos, bem como aos desdobramentos do ocorrido. (...). Os fatos restaram fartamente demonstrados e a fixação do valor da indenização afigura-se razoável e proporcional à ofensa, servindo de medida pedagógica para impor no ente público a necessidade de revisão de seus procedimentos na identificação e redução dos casos de *bullying*. (...)" (TJRJ, Apelação 0031338-96.2014.8.19.0001, 6.ª Câmara Cível, Rel. Des. Claudia Pires, j. 26.04.2017, *DORJ* 03.05.2017).

Seguindo na análise jurídica, pode surgir no caso do *bullying* a responsabilidade de terceiros envolvidos com a prática de forma direta e indireta. Para ilustrar, representando outra ocorrência contemporânea, cite-se a hipótese de discriminação de colega escolar praticada pela internet, por meio de *site de relacionamentos*, ou de páginas pessoais, que se tornaram verdadeiras febres entre crianças e adolescentes nos últimos anos. Trata-se do antes citado *cyberbullying* ou *bullying digital*.

Concluindo o presente tópico, de busca dos comandos legais a serem aplicados à questão do *bullying*, deve ficar claro que é imperioso um diálogo de complementaridade – orientado pela *teoria do diálogo das fontes* – entre o Código Civil, o Código de Defesa do Consumidor e a Constituição Federal, a fim de identificar a responsabilização civil das pessoas envolvidas direta ou indiretamente com a infeliz prática.

Nesse contexto, de reconhecimento dos responsáveis, deve-se verificar se há contribuição de coautoria por ação ou omissão entre os envolvidos, respondendo todos em conformidade com a solidariedade passiva prevista no art. 942, *caput*, do Código Civil de 2002 e no art. 7.º, parágrafo único, do Código de Defesa do Consumidor.

Como última nota, destaco que, apesar de o projeto de Reforma do Código Civil não tratar expressamente do *"bullying"*, manterá não só a responsabilidade dos pais, tutores e curadores, como também dos provedores de *internet*, tendo em vista as normas incluídas no novo livro de Direito Civil Digital, a respeito da proteção e tutela das crianças e adolescentes no ambiente digital ("Capítulo VI – A Presença e a Identidade de Crianças e Adolescentes no Ambiente Digital").

Relembro, ademais, a nova previsão proposta como inc. VIII do art. 932, que consagra a responsabilização objetiva ou sem culpa daqueles que desenvolverem e coordenarem atividades ilícitas ou irregulares, no ambiente físico, virtual ou com o uso de tecnologias, por quaisquer danos sofridos por outrem em consequência dessas atividades. Em muitas situações, penso que essa previsão terá encaixe perfeito para a infeliz prática do *"bullying"*, o que confirma a enorme utilidade de sua inclusão na codificação privada.

3.1.6. Da responsabilidade civil dos que contribuírem para o produto de crime

O quinto e último inciso do art. 932 do Código Civil trata da responsabilidade civil daqueles que contribuírem para produto de crime, mesmo que de forma gratuita. Estou filiado à doutrina que entende estar a previsão mal colocada, sem nenhuma relação com os incisos anteriores. Primeiro, pelo fato de que as regras antecedentes tratam de relações lícitas internamente, mas que vieram a causar prejuízos a terceiro. Segundo, pois não se afigura neste inciso hipótese de responsabilidade indireta, como pontua Claudio Luiz Bueno de Godoy, "mas, verdadeiramente, de um dever de reembolso que evita o enriquecimento ilícito. (...). De resto, nas anteriores hipóteses, o dado fundamental que justifica o nexo de imputação aos responsáveis indiretos, como se viu, é o poder de direção sobre a conduta alheia, que lhe é afeto".[54] Neste último comando, não há o citado poder de direção.

De todo modo, a ilustrar a aplicação desse inciso, na *VI Jornada de Direito Civil*, evento de 2013, foi aprovado o Enunciado n. 558 do CJF/STJ, segundo o qual são solidariamente responsáveis pela reparação civil, com os agentes públicos que praticaram atos de improbidade administrativa, as pessoas, inclusive as jurídicas, que para eles concorreram ou deles se beneficiaram direta ou indiretamente.

---

[54] GODOY, Claudio Luiz Bueno de. *Código Civil comentado*. Coordenação de Cezar Peluso. 4. ed. São Paulo: Manole, 2010. p. 930.

Na Comissão de Juristas encarregada da Reforma do Código Civil, apesar das minhas ressalvas, prevaleceu a posição pela sua manutenção no art. 932, com a responsabilização objetiva ou independentemente de culpa dos "que gratuitamente houverem participado dos produtos do crime, até a concorrente quantia" (novo inc. VII).

3.1.7. *Do direito de regresso (art. 934 do CC), da solidariedade passiva legal como regra na responsabilidade indireta e a responsabilidade civil do incapaz. Estudo do art. 928 do Código Civil*

Feitas tais considerações a partir do estudo dos incisos do art. 932 do Código Civil e da abordagem de exemplos concretos, aquele que ressarcir o dano causado por outrem pode reaver o que houver pago daquele por quem pagou, salvo se o causador do dano for seu descendente, absoluta ou relativamente incapaz (art. 934 do CC). Ilustrando, o empregador que indeniza terceiro tem direito de regresso contra o empregado culpado. No entanto, o pai não tem direito de regresso contra o seu filho menor, pois seria imoral pensar em uma ação regressiva entre pais e filhos, o que justificou a parte final do preceito.

Nessa linha de exemplificação, determina o Enunciado n. 44 do CJF, aprovado na *I Jornada de Direito Civil* (2002), que, "na hipótese do art. 934, o empregador e o comitente somente poderão agir regressivamente contra o empregado ou o preposto se estes tiverem causado o dano com dolo ou culpa".

Anote-se que o projeto de Reforma do Código Civil pretende inserir no art. 934, como seu parágrafo único, o teor do enunciado doutrinário em questão, passando a norma a prever que "o empregador, o comitente e o tomador de serviços poderão agir regressivamente contra o empregado, preposto ou prestador de serviços, mediante a comprovação de dolo ou culpa".

Em continuidade, reitero que pela previsão do art. 942, parágrafo único, do CC/2002 haverá solidariedade entre todos os sujeitos elencados em todos os incisos do art. 932 da atual codificação privada. Desse modo, reconhecida a solidariedade com relação à vítima, "na via regressiva, a indenização atribuída a cada agente será fixada proporcionalmente à sua contribuição para o evento danoso" (Enunciado n. 453, aprovado na *V Jornada de Direito Civil*).

Também aqui há proposta de se incluir no Código Civil o que é reconhecido em sede doutrinária, no projeto de Reforma do Código Civil. Nesse contexto, o seu art. 942 receberá um novo § 2.º, expressando, em boa hora, que, "havendo solidariedade, aquele que efetivar o pagamento ao prejudicado poderá exercer o direito de regresso contra os demais responsáveis, na proporção da sua participação para a causa do evento danoso".

Dúvida teórica e prática importante surge sobre o tratamento daqueles que são responsáveis por atos praticados pelos incapazes, pelo que consta nos arts. 932, incs. I e II, 934 e 942 da codificação, aqui analisados e, particularmente, no art. 928 do CC/2002, cuja redação segue:

"Art. 928. O incapaz responde pelos prejuízos que causar, se as pessoas por ele responsáveis não tiverem obrigação de fazê-lo ou não dispuserem de meios suficientes. Parágrafo único. A indenização prevista neste artigo, que deverá ser equitativa, não terá lugar se privar do necessário o incapaz ou as pessoas que dele dependam".

Esse comando legal, sem correspondente na codificação anterior, contempla uma novidade criticada por alguns, que é a responsabilização civil do incapaz. Os críticos interrogam: como poderia uma pessoa que não tem capacidade plena responder? Isso seria totalmente ilógico para parte da doutrina. Assinalam Jones Figueirêdo Alves e Mário Luiz Delgado que, mesmo diante dessas críticas, o dispositivo representa notável avanço, estando de acordo com os mais modernos diplomas legais do mundo, como o BGB alemão, o Código Civil francês, o Código Civil português e o Código Civil italiano.[55]

Fazendo uma rápida comparação, o § 828 do Código Civil alemão associa a responsabilidade dos menores ao seu grau de instrução ou de discernimento. De início, está ali estabelecido que qualquer pessoa que não completou o sétimo ano do primário não pode responder por um dano causado a terceiro. Em continuidade, se essa mesma pessoa tiver atingido o sétimo ano, mas não ainda a idade de dez anos, estando envolvido com algum acidente de veículo de transporte, igualmente não haverá responsabilidade, a não ser que tenha causado a lesão intencionalmente, ou seja, com dolo. Por fim, para os demais casos, aquele que ainda não tenha atingido a idade de dezoito anos somente terá responsabilidade civil pelo prejuízo causado, se demonstrar ter compreensão de seus próprios atos.

No Código Civil italiano, enuncia o art. 2.047 que, no caso de dano causado por pessoa incapaz de entender e de querer, o ressarcimento é devido por quem tem o dever de vigilância desse incapaz, salvo se provar que não poderia evitar o fato. Em complemento, a norma ainda prescreve que, no caso de a vítima não poder obter a indenização daquele que tinha o dever de vigilância, o juiz, em consideração às condições econômicas das partes, pode condenar o autor do dano a uma indenização equitativa.

Pela clara influência do sistema brasileiro, assim como ocorre com o *Codice*, prevê o art. 489 do Código Civil português que, se o ato causador dos danos tiver sido praticado por pessoa não imputável, pode esta, por motivo de equidade, ser condenada a repará-los, total ou parcialmente, desde que não seja possível obter a devida compensação das pessoas a quem incumbe a sua vigilância. Ainda de acordo com o preceito, a indenização será, todavia, calculada de forma a não privar a pessoa não imputável dos alimentos necessários, conforme o seu estado e condição, nem dos meios indispensáveis para cumprir os seus deveres legais de alimentos.

Voltando ao sistema nacional, José Fernando Simão fala em *risco dependência* na responsabilização dos incapazes, eis que, conforme o doutrinador, "a criação

---

[55] ALVES, Jones Figueirêdo; DELGADO, Mário Luiz. *Código Civil anotado*, cit., p. 401.

deu-se de maneira inédita na História do Direito Brasileiro, porque se estima a responsabilidade pessoal e direta do incapaz, mas de maneira subsidiária. De início, a responsabilidade integral recai sobre os representantes legais, independentemente de sua culpa. É a teoria do risco na modalidade dependência".[56] A expressão *dependência* é justificada pela relação existente entre pais e filhos, entre curadores e curatelados, entre tutores e curateladas, e assim sucessivamente.

Ademais, haveria uma aparente contradição nos comandos analisados anteriormente. Isso porque, pelos arts. 932, incs. I e II, e 942, parágrafo único, da codificação brasileira de 2002, haveria responsabilidade dos pais, tutores e curadores pelos filhos menores, tutelados e curatelados de forma solidária. A discussão vale ainda para os donos de estabelecimentos de ensino que respondem pelos educandos menores que estiverem sob sua autoridade. É fundamental lembrar que, nos casos de ascendentes responsáveis por descendentes incapazes, não há o direito de regresso, dos primeiros contra os segundos (art. 934 do CC).

Por outro lado, interpretando o art. 928, essa responsabilidade seria subsidiária, respondendo o incapaz em duas hipóteses. A primeira delas diz respeito às situações em que os pais, tutores e curadores não respondem por seus filhos, tutelados e curatelados, pois os últimos não estão sob sua autoridade e companhia. Cite-se, a título de ilustração, a situação concreta de um filho com menos de dezoito anos que fugiu de casa, estando envolvido com a criminalidade, caso do tráfico de drogas. A segunda hipótese é relacionada aos casos em que os responsáveis não tenham meios econômicos suficientes para arcar com os prejuízos daquele por quem se é responsável.

Então, como fica a responsabilidade dos pais, tutores e curadores pelos incapazes? Seria solidária ou teriam os últimos o benefício da subsidiariedade? A aparente solução para tais casos, indicando para a responsabilidade subsidiária e excepcional do incapaz, pode ser retirada da leitura do Enunciado n. 40, aprovado na *I Jornada de Direito Civil*, do ano de 2002, cuja redação é a seguinte: "o incapaz responde pelos prejuízos que causar de maneira subsidiária ou excepcionalmente, como devedor principal, na hipótese do ressarcimento devido pelos adolescentes que praticarem atos infracionais, nos termos do art. 116 do Estatuto da Criança e do Adolescente, no âmbito das medidas socioeducativas ali previstas".

O enunciado doutrinário é tido como correto pela doutrina que se especializou no tema, caso do Professor da Universidade de São Paulo José Fernando Simão.[57] Como bem explica Marco Aurélio Bezerra de Melo, "tem-se nesse exato ponto uma situação excepcional em que o incapaz, que se situe na faixa etária entre doze e dezoito anos, poderá vir a experimentar uma responsabilidade civil principal, direta, de modo diverso, portanto, da disciplina dos artigos 928 e 932, I e II, do Código Civil, que cuidam da responsabilidade subsidiária do incapaz e

---

[56] SIMÃO, José Fernando. *Responsabilidade civil do incapaz*, cit., p. 249.
[57] SIMÃO, José Fernando. *Responsabilidade civil do incapaz*, cit., p. 157-158.

da responsabilidade indireta dos representantes legais por atos danosos de seus representados, respectivamente".[58]

Também na *I Jornada de Direito Civil* foi aprovado o Enunciado n. 41, preceituando que "a única hipótese em que poderá haver responsabilidade solidária do menor de 18 anos com seus pais é ter sido emancipado nos termos do art. 5.º, parágrafo único, I, do novo Código Civil". A regra trata da emancipação *voluntária*, por escritura pública, pela concessão dos pais – ou de um deles na falta do outro –, independentemente de homologação judicial, se o menor tiver dezesseis anos completos.

Esse último enunciado sempre recebeu críticas contundentes da doutrina porque, ao prever que os pais só respondem solidariamente em caso de emancipação voluntária dos filhos, acaba por presumir a má-fé dos primeiros pelo ato de emancipar outrem, o que é inadmissível em uma codificação que abraça como um dos princípios fundamentais a boa-fé objetiva. Ilustrando, imagine-se o caso em que pais têm um filho menor que é um delinquente contumaz. Não se pode pensar que eventual emancipação voluntária será feita apenas para afastar a responsabilidade desses pais, o que conduziria à responsabilidade solidária. Em síntese, deve-se concluir que, "diante da sistemática do novo Código Civil, quer seja a pessoa relativamente ou absolutamente incapaz, sua responsabilidade será subsidiária sempre que seus representantes tiverem o dever de indenizar os danos por ela causados, bem como dispuserem de meios para fazê-lo".[59]

Em razão desse problema, e de outros, na *IX Jornada de Direito Civil*, realizada em maio de 2022, esse enunciado doutrinário foi cancelado, pelo Enunciado n. 660: "suprime-se o Enunciado 41 da *I Jornada de Direito Civil* do Conselho da Justiça Federal. ('A única hipótese em que poderá haver responsabilidade solidária do menor de 18 anos com seus pais é ter sido emancipado nos termos do art. 5º, parágrafo único, inc. I, do novo Código Civil')". Consoante as suas corretas justificativas, haveria também contradição com o Enunciado n. 40, aqui antes estudado, pois o último "reconhece que o menor é devedor principal no caso de atos infracionais com medida protetiva de reparação do dano. Ademais, havendo mais de um causador do dano, e sendo o adolescente também devedor principal, este deve ser considerado devedor solidário, conforme art. 942, parte final, do Código Civil".

Feita essa nota de atualização doutrinária, esclareça-se, por oportuno, ainda a respeito da responsabilidade civil do incapaz, outra solução para aquela aparente contradição seria aplicar o entendimento doutrinário e jurisprudencial anterior de que a responsabilidade do absolutamente incapaz seria subsidiária em relação ao seu representante, enquanto a do relativamente incapaz teria natureza solidária. Nesse sentido, vejamos acórdão prolatado na vigência do Código Civil de 1916, relacionado com a responsabilidade solidária dos relativamente incapazes em relação aos seus representantes:

---

[58] MELO, Marco Aurélio Bezerra de. *Curso de Direito Civil*. Responsabilidade civil, cit., p. 64.
[59] SIMÃO, José Fernando. *Responsabilidade civil do incapaz*, cit., p. 223.

"Ilegitimidade *ad causam*. Responsabilidade civil. Acidente de trânsito. Vítima menor relativamente incapaz. Participação na lide de seus pais. Admissibilidade. Art. 1.521, inc. I, do CC. Requisitos do fato danoso, autoridade parental e comunidade de habitação presentes. Responsabilidade solidária caracterizada. Legitimidade passiva reconhecida. Recurso improvido" (1.º TACSP, Processo 0951036-7, 8.ª Câmara, São Paulo, Rel. Franklin Nogueira, j. 04.04.2001).

Apesar de respeitar esse último entendimento, com ele não se pode concordar. Concluo, assim como a maioria da doutrina, que a responsabilidade do incapaz é subsidiária, pela dicção do art. 928 do CC/2002.

Em todos os casos, adotando-se um posicionamento ou outro, não se pode se esquecer da regra contida no parágrafo único do art. 928, pela qual não se pode privar o incapaz ou os seus dependentes do mínimo para que vivam com dignidade, à luz do art. 1.º, inc. III, da CF/1988. Há relação direta entre o comando legal em questão e o *Estatuto do Patrimônio Mínimo*, emblemática tese do Ministro Luiz Edson Fachin, que visa a assegurar à pessoa um *piso mínimo de direitos*, dentro da ideia de *personalização do Direito Privado*.[60]

Em complemento ao texto legal, prevê o Enunciado n. 39, também aprovado na *I Jornada de Direito Civil*: "a impossibilidade de privação do necessário à pessoa, prevista no art. 928, traduz um dever de indenização equitativa, informado pelo princípio constitucional da proteção à dignidade da pessoa humana. Como consequência, também os pais, tutores e curadores serão beneficiados pelo limite humanitário do dever de indenizar, de modo que a passagem ao patrimônio do incapaz se dará não quando esgotados todos os recursos do responsável, mas se reduzidos estes ao montante necessário à manutenção de sua dignidade".

Ademais, na *V Jornada de Direito Civil* foi aprovado o Enunciado n. 449, estabelecendo que "a indenização equitativa a que se refere o art. 928, parágrafo único, do Código Civil, não é necessariamente reduzida, sem prejuízo do Enunciado n. 39 da *I Jornada de Direito Civil*". Desse modo, pode o juiz da causa entender que não é o caso de reduzir o valor da indenização, quando o montante não privar o incapaz do *mínimo vital*. Em algumas situações, deve-se pensar também na vítima, visando a sua reparação integral.

De todo modo, mesmo com essas supostas soluções doutrinárias e jurisprudenciais, o art. 928 do CC/2002 era objeto de um projeto de alteração apresentado à Câmara dos Deputados originalmente pelo Deputado Ricardo Fiuza, por meio do antigo Projeto n. 6.960/2002, posteriormente o Projeto n. 699/2011, pretendendo atribuir-lhe a seguinte redação: "Art. 928. O incapaz responde pelos prejuízos que causar, observado o disposto no art. 932 e no parágrafo único do art. 942".

Portanto, a responsabilidade deixaria de ser subsidiária e passaria a ser solidária. Segundo o autor da proposta, "para evitar eventual conflito entre o 'caput' do art. 928, em sua redação atual, e o art. 942, que estabelece a responsabilidade solidária dos incapazes e das pessoas designadas no art. 932, ou

---

[60] FACHIN, Luiz Edson. *Estatuto jurídico do patrimônio mínimo*. 2. ed. Rio de Janeiro: Renovar, 2006.

seja, dos pais e dos filhos, do tutor e do tutelado, do curador e do curatelado, estamos propondo a alteração da parte final do 'caput' do art. 928".[61]

No Projeto de Reforma do Código Civil, ora em tramitação, mantém-se a responsabilidade subsidiária, de forma mais clara, passando o *caput* do art. 928 a prever que "o incapaz responde subsidiariamente pelos prejuízos que causar, se as pessoas por ele responsáveis não tiverem obrigação de fazê-lo ou não dispuserem de meios suficientes". Além disso, na linha dos meus comentários doutrinários, o parágrafo único passará a mencionar a proteção do *patrimônio mínimo* do incapaz, na linha da proteção constante do projetado art. 391-A, aqui já comentado: "a indenização prevista neste artigo não terá lugar, se ocorrerem as hipóteses previstas no art. 391-A, deste Código" (art. 928, parágrafo único, do Projeto).

Como é notório, o último dispositivo passará a tutelar expressamente os bens que compõem o patrimônio mínimo ou o mínimo existencial da pessoa humana ("Art. 391-A. Salvo para cumprimento de obrigação alimentar, o patrimônio mínimo existencial da pessoa, da família e da pequena empresa familiar é intangível por ato de excussão do credor. § 1.º Além do salário mínimo, a qualquer título recebido, bem como dos valores que a pessoa recebe do Estado, para os fins de assistência social, considera-se, também, patrimônio mínimo, guarnecido por bens impenhoráveis: I – a casa de morada onde habitam o devedor e sua família, se única em seu patrimônio; II – o módulo rural, único do patrimônio do devedor, onde vive e produz com a família; III – a sede da pequena empresa familiar, guarnecida pelos bens que a lei processual considera como impenhoráveis, se coincidir com o único local de morada do devedor ou de sua família; § 2.º Considera-se bem componente do patrimônio mínimo da pessoa deficiente ou incapaz, além dos mencionados nas alíneas do parágrafo anterior, também aqueles que viabilizarem sua acessibilidade e superação de barreiras para o exercício pleno de direitos, em posição de igualdade. § 3.º A casa de morada de alto padrão pode vir a ser excutida pelo credor, até a metade de seu valor, remanescendo a impenhorabilidade sobre a outra metade, considerado o valor do preço de mercado do bem, a favor do devedor executado e de sua família"). A proposição desse último preceito, de caráter humanista inafastável, foi feita pela Relatora Geral Professora Rosa Maria de Andrade Nery, tendo o meu total apoio.

Sendo assim, continuo aguardando qual o destino que será dado ao comando legal em questão; sendo a última proposta a melhor, na minha opinião doutrinária.

Pelo estágio atingido pela doutrina e pela jurisprudência nacionais, acredito que a melhor solução é a responsabilidade subsidiária do incapaz, pela dicção do art. 928 do Código Civil. Ilustrando, com tal conclusão, pode ser colacionado o seguinte julgado do Tribunal paulista:

---

[61] FIUZA, Ricardo. *O novo Código Civil e as propostas de aperfeiçoamento.* São Paulo: Saraiva, 2003.

"Ressarcimento de danos. Pichação de muros de escola municipal. Ato infracional praticado por menores. Ação proposta em face de incapazes. Inobservância das condições do art. 928 do Código Civil. As consequências civis dos atos danosos praticados pelo incapaz devem ser imputadas primeiramente aos pais. Extinção do processo sem resolução do mérito" (TJSP, Apelação 994.09.025881-9, Acórdão 4547396, 13.ª Câmara de Direito Público, São José do Rio Preto, Rel. Des. Ferraz de Arruda, j. 09.06.2010, *DJESP* 20.09.2010).

Na mesma esteira, confirmando a *responsabilidade subsidiária do incapaz*, julgou o Superior Tribunal de Justiça em 2013 da seguinte maneira:

"O Código Civil, no seu art. 932, trata das hipóteses em que a responsabilidade civil pode ser atribuída a quem não seja o causador do dano, a exemplo da responsabilidade dos genitores pelos atos cometidos por seus filhos menores (inciso I), que constitui modalidade de responsabilidade objetiva decorrente do exercício do poder familiar. É certo que, conforme o art. 942, parágrafo único, do CC, 'são solidariamente responsáveis com os autores, os coautores e as pessoas designadas no art. 932'. Todavia, o referido dispositivo legal deve ser interpretado em conjunto com os arts. 928 e 934 do CC, que tratam, respectivamente, da responsabilidade subsidiária e mitigada do incapaz e da inexistência de direito de regresso em face do descendente absoluta ou relativamente incapaz. Destarte, o patrimônio do filho menor somente pode responder pelos prejuízos causados a outrem se as pessoas por ele responsáveis não tiverem obrigação de fazê-lo ou não dispuserem de meios suficientes. Mesmo assim, nos termos do parágrafo único do art. 928, se for o caso de atingimento do patrimônio do menor, a indenização será equitativa e não terá lugar se privar do necessário o incapaz ou as pessoas que dele dependam. Portanto, deve-se concluir que o filho menor não é responsável solidário com seus genitores pelos danos causados, mas, sim, subsidiário" (STJ, REsp 1.319.626/MG, Rel. Min. Nancy Andrighi, j. 26.02.2013, publicado no seu *Informativo* n. 515).

Ainda no que concerne à responsabilidade civil do incapaz, vale lembrar que o recente Estatuto da Pessoa com Deficiência (Lei n. 13.146/2015) alterou substancialmente a teoria das incapacidades. Como é notório, pela novel legislação, somente são considerados absolutamente incapazes os menores de 16 anos (art. 3.º do Código Civil). Como relativamente incapazes, o art. 4.º elenca: *a)* os maiores de 16 anos e menores de 18 anos; *b)* os ébrios habituais (alcoólatras) e viciados em tóxicos; *c)* as pessoas que por causa transitória ou definitiva não puderem exprimir vontade; e *d)* os pródigos.

Nota-se, assim, a retirada do sistema da previsão relativa aos enfermos e deficientes mentais sem discernimento para a prática dos atos da vida civil (antigo art. 3.º, inc. II, do CC). Com relação às pessoas que, por causa transitória ou definitiva, não puderem exprimir vontade, deixaram de ser absolutamente incapazes (anterior art. 3.º, inc. III, do CC) e passaram a ser relativamente incapazes (novo art. 4.º, inc. III).

Além disso, não há mais menção no último artigo das pessoas com discernimento reduzido (inciso II) e dos excepcionais sem desenvolvimento mental completo (inciso III), caso do portador da síndrome de *Down*.

Em suma, diante dessas mudanças, as pessoas com deficiência passam a ser plenamente capazes, como regra, respondendo civilmente como qualquer outro sujeito e não se aplicando mais o art. 928 da codificação material, mas as regras gerais de responsabilidade civil, a que estão sujeitas qualquer pessoa.

3.2. A responsabilidade civil objetiva por danos causados por animal

De acordo com o art. 936 da atual codificação privada, em sua atual redação, o dono ou detentor do animal ressarcirá o dano por este causado, se não provar culpa da vítima ou força maior. Houve aqui alteração importante na redação do dispositivo, eis que o art. 1.527 do CC/1916, seu correspondente, previa outras excludentes de responsabilidade civil a favor do dono ou detentor, a saber: *a)* que o guardava e vigiava com cuidado preciso; *b)* que o animal foi provocado por outro; *c)* que houve imprudência do ofendido; *d)* que o fato resultou de caso fortuito ou força maior.

Como o Código Civil de 2002 traz somente duas excludentes do dever de indenizar, quais sejam a culpa exclusiva da vítima e a força maior, fica evidenciado, como antes desenvolvido no Capítulo 4, que o caso é de típica responsabilidade objetiva, independentemente de culpa. Deve ficar claro que entendo ser também excludente o caso fortuito, conceituado como o evento totalmente imprevisível, que é *mais* do que a força maior, evento previsível, mas inevitável, obstando ou quebrando o nexo de causalidade. Além disso, se considerarmos o caso fortuito como sinônimo de força maior, assim como faz parte da doutrina e da jurisprudência – inclusive do Superior Tribunal de Justiça –, o primeiro também é excludente de responsabilidade em casos tais.

Desse modo, conforme demonstrado em outras oportunidades até de forma exaustiva, não se pode mais falar em culpa *in custodiendo*, antiga denominação utilizada para a culpa presumida em casos tais. Compartilhando dessa premissa, foi aprovado o seguinte enunciado doutrinário na *V Jornada de Direito Civil*, do ano de 2011: "a responsabilidade civil do dono ou detentor do animal é objetiva, admitindo a excludente do fato exclusivo de terceiro" (Enunciado n. 452).

Além de prever expressamente a responsabilidade objetiva, o enunciado ainda esclarece que a culpa exclusiva de terceiro é fator que obsta a responsabilidade civil do dono ou detentor do animal, merecendo o meu apoio. Pontue-se que não se deve cogitar se o animal causa ou não risco a outrem, sendo tal fato irrelevante para a incidência do art. 936 do Código Civil. Se houve dano, o risco era inerente, por óbvio.

Ainda no que diz respeito à existência de uma responsabilidade sem culpa, precisas são as lições de Bruno Miragem, para quem "a lei consagra a responsabilidade objetiva nesses casos, desonerando-se o dono ou o detentor apenas se demonstrar a quebra do nexo de causalidade mediante a prova da culpa da vítima ou força maior. Observe-se que o critério para a imputação de responsabilidade se dá pela razão de que alguém seja o proprietário do animal. A lei refere-se ao dono ou detentor justamente para chamar a atenção de que o responsável, de fato, trata-se do guardião do animal – que é quem terá poder de direção, controle e uso do animal".[62]

Também quanto à existência de responsabilidade objetiva no caso de fato ou guarda de animal, aponta Sergio Cavalieri Filho para essa mudança de posição justamente diante do atual Código Civil, pois "o art. 936 não mais admite ao dono ou detentor do animal afastar sua responsabilidade provando que o guardava e vigiava com cuidado preciso, ou seja, provando que não teve culpa. Agora, a responsabilidade só poderá ser afastada se o dono ou detentor do animal provar fato exclusivo da vítima ou força maior. Temos, destarte, uma responsabilidade objetiva tão forte que ultrapassa os limites da teoria do risco criado ou do risco-proveito".[63]

Em reforço à tese da responsabilidade objetiva por animal, é plausível a conclusão de incidência do Código de Defesa do Consumidor. Isso porque a Lei n. 8.078/1990 pode ser aplicada a casos de serviços de lazer, como circos, hotéis que disponibilizam cavalos para passeio, parques de diversões, rodeios, entre outros, como se verá a seguir.

Para esclarecer, e ilustrar, que a responsabilidade pelo animal é objetiva, é interessante transcrever dois julgados que mencionam a aplicação do Código Civil de 2002:

"Agravo legal. Responsabilidade objetiva inversão do ônus da prova. Não incidência no contexto probatório do nexo de causalidade pretensão de inversão do ônus probatório ao fundamento de responsabilidade do dono do animal nos casos de não comprovação da culpa da vítima ou força maior. O art. 936 do Código Civil dispõe que o dono, ou detentor do animal, ressarcirá o dano por este causado. Hipótese de responsabilidade objetiva, somente afastada por certas causas de exclusão do nexo causal. A proprietária do animal afirma inexistência do nexo de causalidade. Nesse ponto, não incide a inversão do ônus da prova. Negado provimento ao recurso" (TJRJ, Agravo de Instrumento 2007.002.02756, 17.ª Câmara Cível, Rel. Des. Edson Aguiar de Vasconcelos, j. 28.02.2007).

"Responsabilidade civil. Animal. Lesões corporais. O dono do animal é civilmente responsável pela reparação dos danos provocados por ele (CC, art. 936), salvo se provar a culpa da vítima ou motivo de força maior. Caso em que o cachorro bravo e de porte morde a perna de quem passa na carona de motocicleta, em passagem de acesso à moradia de terceiro, enseja dever de indenizar os danos materiais pela vítima da lesão corporal. Recurso desprovido. Unânime" (TJRS, Processo 71000605717, 1.ª Turma Recursal Cível, Estrela, Rel. Juiz João Pedro Cavalli Júnior, j. 20.12.2004).

---

[62] MIRAGEM, Bruno. *Direito Civil*. Responsabilidade civil, cit., p. 328.
[63] CAVALIERI FILHO, Sergio. *Programa de responsabilidade civil*, 12. ed., cit., p. 310. Ver, ainda, o desenvolvimento da matéria realizada por: FARIAS, Cristiano Chaves, ROSENVALD, Nelson; BRAGA NETTO, Felipe Peixoto. *Curso de Direito Civil*. Responsabilidade civil, 2. ed., cit., p. 544-545.

No entanto, do mesmo Tribunal de Justiça do Rio Grande do Sul pode ser extraída ementa que conclui pela culpa presumida, o que comprova que a questão ainda gera divergência na jurisprudência nacional:

"Responsabilidade civil. Dano causado por fato de animal. Culpa presumida do dono ou detentor, apenas afastada pela comprovação de culpa exclusiva da vítima ou força maior. Inocorrência. Danos materiais indenizáveis. Lucros cessantes não comprovados. Danos morais e estéticos. 1. Ação de indenização por fato de animal. Réu que deixou o portão de sua casa aberto enquanto retirava o veículo da garagem, momento em que seu cão fugiu e assustou o autor – mesmo sem atacá-lo –, que passava pelo local, vindo a desequilibrar-se em razão do susto, a cair e a fraturar o antebraço direito. 2. Os fatos são incontroversos. O autor não foi atacado pelo animal, apenas assustou-se com ele, mesmo sendo animal uma cadela dócil. 3. De fato, o presente caso não se assemelha àqueles mais graves que constam na jurisprudência, referentes à responsabilidade civil pelo ataque de animais ferozes. O que não afasta, contudo, o nexo de causalidade entre o fato e o dano. 4. Indenização pelos danos materiais, no valor de R$ 6.884,66 mantida, pois comprovado documentalmente o prejuízo. 5. Afastada a condenação quanto às 'demais despesas' tidas com o tratamento e lucros cessantes, pois inexistente qualquer comprovação nos autos quanto a eles. O encaminhamento à liquidação de sentença pressupõe que os danos, na medida do possível, tenham sido comprovados na ação de conhecimento, restando para a fase liquidatória apenas sua determinação, o que inocorreu no presente. 6. Danos morais e estéticos não configurados" (TJRS, Processo 70008035057, 9.ª Câmara Cível, Gramado, Rel. Juiz Marilene Bonzanini Bernardi, j. 16.06.2004).

Aprofundando a matéria, vejamos outro caso prático. Um cão, de raça violenta e sem focinheira, está na posse de preposto do dono, tutor ou guardião (*v.g.*, adestrador, treinador ou *personal dog*). O último se distrai e o cachorro ataca um terceiro. De quem será a responsabilidade? No problema em questão, deve-se concluir que haverá responsabilidade solidária entre o dono e o adestrador, pela aplicação conjunta dos arts. 932, inc. III, 933, 936 e 942, parágrafo único, do Código Civil brasileiro. Esclareça-se que a responsabilidade do preposto é objetiva por fato do animal (art. 936), enquanto a do dono é objetiva indireta, desde que comprovada a culpa do seu preposto (arts. 932, III, e 933 do CC). A falta da focinheira no caso descrito demonstra a presença desse elemento subjetivo.

Em outro caso, o próprio preposto pode sofrer o dano causado por animal. Vejamos outro julgado interessante, do Tribunal Gaúcho, em que um animal de um zoológico causou danos a um empregado do estabelecimento:

"Ação de indenização. Danos materiais e morais. Acidente do trabalho. Ferimentos produzidos por animal (macaco) fugitivo ao ser capturado por empregado de zoológico. Culpa do empregador pelo evento danoso ocorrido devidamente demonstrada. Demais elementos que compõem a responsabilidade também positivados nos autos. Dano moral reconhecido, incluído o estético. Dever de indenizar proclamado. Dano material, porém, inexistente. Indenização a título de danos morais majorada" (TJRS, Processo 70006938252, 9.ª Câmara Cível, Passo Fundo, Rel. Juiz Pedro Celso Dal Pra, j. 12.05.2004).

Com relação aos julgados que aplicam o Código de Defesa do Consumidor a acidentes relacionados com animais, a jurisprudência superior tem responsabilizado as empresas administradoras de estradas de rodagem pelos fatos causados pelos animais que invadem a pista, ocorrendo colisão com veículos e danos a terceiros nas rodovias que foram objeto de concessão. Vejamos, nesse sentido, três ementas:

"Agravo regimental no agravo de instrumento. Ação de reparação de danos causados a viatura policial que trafegava em rodovia mantida por concessionária de serviço público. Acidente de trânsito. Atropelamento de animal na pista. Relação consumerista. Falha na prestação do serviço. Responsabilidade objetiva da concessionária. Incidência do Código de Defesa do Consumidor. Precedentes. Inexistência de excludente de responsabilização. Agravo regimental improvido" (STJ, AgRg no Ag 1.067.391/SP, 4.ª Turma, Rel. Min. Luis Felipe Salomão, j. 25.05.2010, *DJe* 17.06.2010).

"Acidente. Rodovia. Animal na pista. Responsabilidade da empresa concessionária. 1. A responsabilidade da agravante no evento foi verificada ante a interpretação do contrato e das circunstâncias fáticas referentes ao desenvolvimento de sua atividade. O reexame desses pontos esbarra nos óbices das Súmulas 5 e 7/STJ. O Código de Defesa do Consumidor aplica-se às relações existentes entre os usuários das rodovias e às concessionárias dos serviços rodoviários. 2. Agravo regimental desprovido" (STJ, AGA 522.022/RJ (200300840510), 537.398 Agravo Regimental no Agravo de Instrumento, 3.ª Turma, Rel. Min. Carlos Alberto Menezes Direito, j. 17.02.2004, *DJ* 05.04.2004, p. 256, Veja: STJ, REsp 467.883/RJ).

"Recurso especial. Acidente em estrada. Animal na pista. Responsabilidade objetiva da concessionária de serviço público. Código de Defesa do Consumidor. Precedentes. Conforme jurisprudência desta Terceira Turma, as concessionárias de serviços rodoviários, nas suas relações com os usuários, estão subordinadas à legislação consumerista. Portanto, respondem, objetivamente, por qualquer defeito na prestação do serviço, pela manutenção da rodovia em todos os aspectos, respondendo, inclusive, pelos acidentes provocados pela presença de animais na pista. Recurso especial provido" (STJ, REsp 647.710/RJ, 3.ª Turma, Rel. Min. Castro Filho, j. 20.06.2006, *DJ* 30.06.2006, p. 216).

Além dessas hipóteses fáticas, outro julgado do Tribunal da Cidadania responsabilizou objetiva e solidariamente, com base no Código do Consumidor, *shopping center* e circo, por trágico acidente ocorrido nas suas dependências, decorrente de ataque de leões que vitimou criança. Vejamos o que constou da sua ementa:

"Está presente a legitimidade passiva das litisconsortes, pois o acórdão recorrido afirmou que o circo foi apenas mais um serviço que o condomínio do *shopping*, juntamente com as sociedades empresárias rés, integrantes de um mesmo grupo societário, colocaram à disposição daqueles que frequentam o local, com o único objetivo de angariar clientes potencialmente consumidores e elevar os lucros. (...). No caso em julgamento – trágico acidente ocorrido durante apresentação do Circo Vostok, instalado em estacionamento de *shopping center*, quando menor de idade foi morto após ataque por leões –, o art. 17 do Código de Defesa do Consumidor estende o conceito de consumidor àqueles que sofrem a consequência de acidente de consumo. Houve vício de qualidade na prestação do serviço, por insegurança, conforme asseverado pelo acórdão recorrido. Ademais, o Código Civil admite a responsabilidade sem culpa pelo exercício de atividade que, por sua natureza, representa risco para outrem, como exatamente no caso em apreço" (STJ, REsp 1.100.571/PE, 4.ª Turma, Rel. Min. Luis Felipe Salomão, j. 07.04.2011, DJe 18.08.2011).

Como se pode extrair do preciso *decisum*, foi aplicada a ideia de consumidor equiparado ou *bystander* para os pais do menor, falecido quando do acidente, confirmando a responsabilidade objetiva. Subsumiu-se, em reforço, a responsabilidade sem culpa decorrente da cláusula geral descrita na segunda parte do art. 927, parágrafo único, do CC/2002. Em suma, por vários argumentos, fez-se justiça, como se espera nos julgamentos relativos à matéria.

Para encerrar o tópico, importante verificar quais as propostas da Reforma do Código Civil para a responsabilidade civil por fato do animal. De início, ressalto que pelo projeto em curso os animais mudam o seu *status*, deixando de ser tratados como meras coisas ou bens e passando a ser *seres sencientes*, ou seja, *seres que sentem*.

A Parte Geral do Código Civil recebe uma nova seção, tratando "Dos Animais" (Seção VI), prevendo o novo art. 91-A que "os animais são seres vivos sencientes e passíveis de proteção jurídica própria, em virtude da sua natureza especial". Não se trata, ao contrário do que pensam alguns, do reconhecimento da personalidade dos animais, mas de um tratamento como *seres passíveis de sentir*. Nos termos do § 1.º do novo preceito, a proteção jurídica dos animais será regulada por lei especial, a qual disporá sobre o tratamento físico e ético adequado aos animais. Ademais, até que sobrevenha lei especial, são aplicáveis, subsidiariamente, aos animais as disposições relativas aos bens, desde que não sejam incompatíveis com a sua natureza, considerando a sua sensibilidade (§ 2.º do novo art. 91-A).

Assim, para os fins do Direito Civil, reitere-se que os animais não serão mais tratados como coisas, sendo certo que o dispositivo relativo à responsabilidade civil também deverá ser alterado, para enunciar a responsabilidade do seu guardião: "Art. 936. O proprietário, o guardião ou o detentor do animal será responsável, independentemente de culpa, pelo dano por este causado, salvo se provar fato exclusivo da vítima, de terceiro, caso fortuito ou força maior".

Além da inclusão dessa expressão, mais adequada ao novo *status* jurídico dos animais, o dispositivo passará a prever expressamente a responsabilidade objetiva, além de mencionar de forma textual as excludentes do fato exclusivo da vítima, do fato exclusivo de terceiro, do caso fortuito e da força maior, ajustes que são necessários, de acordo com tudo o que desenvolvi no presente tópico.

3.3. A responsabilidade civil objetiva por danos causados por ruína de prédio

Pelo art. 937 do Código Civil de 2002, o dono de edifício ou construção responde pelos danos que resultarem de sua ruína, se esta provier de falta de reparos, cuja necessidade fosse manifesta. Trata-se de mais um caso de responsabilidade objetiva, diante de um risco criado ou risco-proveito, o que depende do caso concreto. Na doutrina clássica, Silvio Rodrigues destaca o caráter *propter rem* existente no dever de indenizar em casos tais, eis que "o proprietário é sempre responsável pela reparação do dano causado a terceiro pela ruína do edifício ou construção de seu domínio, sendo indiferente saber se a culpa pelo ocorrido é do seu antecessor na propriedade, do construtor do prédio ou do inquilino que o habitava. Ele é réu na ação de ressarcimento".[64]

No entanto, para que a responsabilidade tenha essa natureza, há quem entenda que deve estar evidenciado o mau estado de conservação do edifício ou da construção, nos termos literais do trecho final do art. 937 da codificação material.[65] Caso contrário, a responsabilidade tem natureza subjetiva, necessitando da prova de culpa, nos termos do art. 186 da atual codificação. Surge controvérsia quanto a essa questão, também em virtude da aplicação do Código de Defesa do Consumidor. Isso porque, diante da Lei n. 8.078/1990, os danos causados aos consumidores geram responsabilidade objetiva, como visto. No tocante a terceiros, também se pode entender pela responsabilização independentemente de culpa, diante do conceito de consumidor equiparado ou *bystander* (art. 17 do CDC).

Estou filiado à corrente pela qual a responsabilidade será sempre objetiva quando ruir o prédio ou construção, seja com relação ao consumidor ou a terceiros. Isso porque, havendo relação jurídica de consumo, deve-se adotar a interpretação legislativa mais favorável ao consumidor, seja ele um consumidor-padrão ou equiparado.

Trata-se de conclusão retirada da incidência da aclamada tese do *diálogo das fontes*, de Erik Jayme e Claudia Lima Marques, à responsabilidade civil. Confirmando a premissa, no Enunciado n. 556 da *VI Jornada de Direito Civil* (2013), proposto por mim: "a responsabilidade civil do dono do prédio ou construção por sua ruína, tratada pelo art. 937 do CC, é objetiva". Como assinala Marco Aurélio Bezerra de Melo, "a forma mais eficaz de vencer o dano com a reparação necessária, nesse caso, é o reconhecimento de que a responsabilidade do proprietário é objetiva".[66] A doutrina majoritária segue essa visão, dispensando a prova da necessidade de reparos manifesta.[67]

No mesmo sentido, decisão monocrática do Ministro Paulo de Tarso Sanseverino, do Superior Tribunal de Justiça, que cita a incidência da *teoria da responsabilidade guardiã*, com base em Aguiar Dias. Vejamos as suas palavras:

"Em tema de responsabilidade civil pelo fato da coisa, a doutrina mais abalizada já havia firmado compreensão quanto a ser objetiva a responsabilidade

---

[64] RODRIGUES, Silvio. *Direito Civil*. Responsabilidade civil. 19. ed. São Paulo: Saraiva, 2000. v. 4, p. 126.
[65] Posição defendida, entre outros, por Maria Helena Diniz (*Código Civil anotado*, cit., p. 636).
[66] MELO, Marco Aurélio Bezerra de. *Curso de Direito Civil*. Responsabilidade civil, cit., p. 284.
[67] Assim concluindo: GAGLIANO, Pablo Stolze; PAMPLONA FILHO, Rodolfo. *Novo curso de Direito Civil*, 14. ed., cit., p. 240; FARIAS, Cristiano Chaves, ROSENVALD, Nelson; BRAGA NETTO, Felipe Peixoto. *Curso de Direito Civil*. Responsabilidade civil, 2. ed., cit., p. 547. CAVALIERI FILHO, Sergio. *Programa de responsabilidade civil*, 12. ed., cit., p. 310-313; VENOSA, Sílvio de Salvo. *Código Civil interpretado*, cit., p. 891-892; GONÇALVES, Carlos Roberto. *Direito Civil brasileiro*, 5. ed., cit., p. 192-193.

do proprietário do edifício prevista no artigo 1.528 do Código Civil de 1916, e atualmente reproduzida pelo artigo 937 do Código Civil de 2002. (...). Deveras, não pairando controvérsia quanto a ser das requeridas a propriedade do muro cuja queda em via pública vitimou a jovem Schananda, sendo, pois, à luz da teoria da Responsabilidade Guardiã, objetiva sua responsabilização, não têm qualquer relevância para o deslinde da causa as alegações de defesa voltadas à demonstração da conservação do muro, regularidade da construção, ou quaisquer outras voltadas as sustentar a tese de inexistência de culpa, até porque, consoante já advertia Aguiar Dias, 'A prova de que a falta de reparos era manifesta decorre da própria circunstância de haver ruído o edifício ou construção: tanto necessitava de reparos que ruiu' (apud CAVALIERI FILHO, 2009, p. 222)" (Decisão monocrática proferida no julgamento do Agravo em Recurso Especial 605.955/ES, em 17.10.2016).

Feita essa ressalva sobre tema muito debatido, destaque-se que, se o prédio ainda estiver em construção, responderá a construtora, sem prejuízo de regras específicas, como aquelas previstas para a empreitada no Código Civil e também no Código de Defesa do Consumidor, que traz a responsabilidade objetiva nas relações entre profissionais e destinatários finais.

Sobre o tema, ficaram notórios na jurisprudência os julgados do Tribunal de Justiça do Rio de Janeiro condenando conhecida construtora pela queda de edifício na cidade do Rio de Janeiro (*Caso Palace II*). Vejamos uma dessas ementas do notório acontecimento:

"Responsabilidade do incorporador/construtor. Defeitos da obra. Solidariedade passiva entre o incorporador e o construtor. Incidência do Código do Consumidor. Desconsideração da personalidade jurídica. Incorporador, consoante definição legal, é não somente o que compromissa ou efetiva a venda de frações ideais de terrenos objetivando a vinculação de tais frações a unidades autônomas, como também, e principalmente, o construtor e o proprietário do terreno destinado ao empreendimento. Essa vinculação legal entre todos os que participam da incorporação decorre do fato de ser a edificação o seu objeto final, de sorte que, quando o incorporador celebra, posteriormente, contrato de empreitada com o construtor, está, na realidade, se fazendo substituir por este. E quem se faz substituir é responsável, solidariamente, com o substituído, pelos danos que este vier a causar. Em face do conceito claro e objetivo constante do art. 3.º, § 1.º, do Código do Consumidor, o incorporador é um fornecedor de produtos, pois quando vende e constrói unidades imobiliárias assume uma obrigação de dar coisa certa, e isso é a própria essência do conceito de produtos. E quando essa obrigação é assumida com alguém que se coloca no último elo do ciclo produtivo, alguém que adquire essa unidade para dela fazer a sua residência e da sua família, está fechada a relação de consumo, tornando-se impositiva a disciplina do CDC, cujas normas são de ordem pública. Sendo assim, nenhuma das partes – quer o incorporador, quer o comprador – pode invocar em seu favor cláusulas contratuais que, à luz do Código do Consumidor, são abusivas e nulas de pleno direito. A desconsideração da personalidade jurídica, à luz do art. 28 do CDC, pode ter lugar não apenas no caso de falência ou estado de insolvência da sociedade, mas também, e principalmente, quando esta estiver sendo utilizada abusivamente, em detrimento do consumidor, para infração da lei ou prática de ato ilícito. Configurados esses pressupostos, pode e deve o Juiz desconsiderar a pessoa jurídica em qualquer fase do processo em garantia da efetividade do provimento jurisdicional. Destarte, sendo público e notório que as empresas responsáveis pela tragédia imobiliária do Palace II integram um mesmo grupo, a propiciar a atuação do sócio principal no ramo da construção civil, que as utilizava para encobrir e mascarar os seus abusos, impõe-se a desconsideração da personalidade jurídica para buscar o verdadeiro e principal responsável pelos danos, como se a pessoa jurídica não existisse. Reforma parcial da sentença" (TJRJ, Apelação Cível 2001.001.21725, Data de Registro 13.03.2002, folhas: 33949/33957, 5.ª Câmara Cível, Capital, Rel. Des. Sergio Cavalieri Filho, j. 22.11.2001, v.u., *Ementário* 10/2002, n. 22, 18.04.2002).

Nesse primeiro aresto, aplicou-se o Código de Defesa do Consumidor, inclusive a regra de solidariedade entre todos os envolvidos com a construção, bem como a desconsideração da personalidade jurídica da empresa (art. 28 do CDC), a fim de responsabilizar civilmente os sócios da construtora.

Tecnicamente, esse primeiro julgado é perfeito, tendo sido o seu relator o doutrinador Sergio Cavalieri Filho. Ademais, diante do desabamento, outros prédios também foram atingidos indiretamente pela queda do *Palace II*, gerando desvalorização da área, o que também acarretou a responsabilidade dos envolvidos com a construção:

"Responsabilidade civil. Desabamento parcial e implosão do Edifício Palace II. Reflexos no Edifício Palace I, ocasionando a interdição do prédio e provocando clara desvalorização das suas unidades imobiliárias. Obras de recuperação estrutural que ainda hoje demandam permanente controle de manutenção. Desvalorização do imóvel pertencente aos autores que deve ter em conta o preço de mercado do mesmo, e não o valor pelo qual foi adquirido, pois este não corresponde ao valor atual do bem. Extinção da obrigação de pagar as parcelas restantes do preço do imóvel, uma vez apurado que o valor total das mesmas supera o do bem, devolvendo-se o que exceder. Danos morais configurados, ante o sofrimento, angústia e aflição impostos aos autores, ao se virem obrigados a desocupar seu apartamento e constatarem a desvalorização do mesmo. Verba reparatória fixada pela sentença, em atenção aos critérios da razoabilidade e da proporcionalidade" (TJRJ, Apelação Cível 2003.001.30517, 17.ª Câmara Cível, Capital, Rel. Des. Fabricio Bandeira Filho, j. 10.12.2003, v.u., *Ementário* 14/2004, n. 18, 20.05.2004).

Mais recentemente, do mesmo Tribunal Estadual, em hipótese em que parte do teto de gesso de um prédio atingiu o veículo da vítima, citando o enunciado doutrinário antes mencionado:

"Vale lembrar que, a teor do art. 937 do Código Civil, 'o dono de edifício ou construção responde pelos danos que resultarem de sua ruína, se esta provier de falta de reparos, cuja necessidade fosse manifesta'. E, não há dúvidas de que essa responsabilidade pelo fato da coisa é objetiva, conforme se extrai do Enunciado n. 556 da *VI Jornada de Direito Civil*: 'A responsabilidade civil do dono do prédio ou construção por sua ruína, tratada pelo art. 937 do CC, é objetiva'. Doutrina e precedentes. Frise-se que o réu não se desincumbiu do ônus de comprovar a presença de alguma das excludentes do dever de indenizar, que lhe competia por força do disposto no art. 373, inciso II, do CPC/2015" (TJRJ, Apelação 0034947-92.2016.8.19.0203, 14.ª Câmara Cível, Rio de Janeiro, Rel. Des. José Carlos Paes, *DORJ* 26.06.2020, p. 398).

Ainda a ilustrar, o art. 937 do Código Civil foi aplicado pela jurisprudência paulista, por analogia, a fim de responsabilizar condomínio pela queda de elevador em poço, causando a morte de morador do edifício. Vejamos a ementa publicada:

"Nada obstante controvérsia acerca das causas e pormenores de noticiada falha de funcionamento do elevador, bem se vê que a responsabilidade civil do condomínio réu decorre de interpretação do art. 937 do Código Civil, estendendo a expressão 'ruína' a situações em que, por defeito decorrente de abertura da porta de acesso ao elevador sem que ele estivesse no andar solicitado, permitiu que usuário movimentasse em direção ao espaço à sua frente e sofresse queda livre no poço do elevador e subsequente morte em razão das lesões sofridas. Há responsabilidade objetiva do condomínio pelo fato da coisa e com fundamento na teoria do risco" (TJSP, Apelação 1013412-87.2014.8.26.0002, Acórdão, 32.ª Câmara de Direito Privado, São Paulo, Rel. Des. Kioitsi Chicuta, j. 29.09.2016, *DJESP* 06.10.2016).

Houve também a responsabilização solidária e objetiva da empresa responsável pela manutenção dos elevadores, com base no Código de Defesa do Consumidor.

Concluindo, como se pode notar, a responsabilidade é do dono do edifício ou da construção, no caso da construtora, não se confundindo esse comando legal com a regra do art. 938 do CC/2002, que trata de objetos lançados dos prédios. Aliás, deve-se entender que, no caso de ruir parte do prédio, aplica-se o mesmo art. 937 da codificação material, respondendo o proprietário, o construtor ou o edificador.

Nessa linha, interessante trazer a lume conclusão recente do Tribunal do Rio Grande do Sul, que analisou o desabamento da cobertura metálica de edificação sobre o passeio público. Vejamos trecho do acórdão:

"Os proprietários do imóvel respondem solidariamente e de forma objetiva pelos danos advindos da ruína de edifício ou construção. 'É cediço que compete ao proprietário do imóvel confrontante com o passeio público tomar todas as providências necessárias para a conservação da calçada que circunda seu imóvel, bem como a colocação de placas de sinalização a fim de alertar os transeuntes quanto à existência de obstáculos na via de passeio' (trecho da ementa do acórdão da Apelação Cível n. 70061121729)" (TJRS, Apelação Cível 0018539-19.2014.8.21.7000, 9.ª Câmara Cível, São Borja, Rel. Des. Miguel Ângelo da Silva, j. 29.04.2015, *DJERS* 05.05.2015).

Os casos, entretanto, podem gerar confusão, servindo o próximo tópico para esclarecer eventuais dúvidas sobre o tema.

Por fim, quanto ao projeto de Reforma do Código Civil, mais uma vez são propostos ajustes pontuais na norma, passando o art. 937 do Código Civil a prever expressamente a responsabilidade objetiva ou independentemente de culpa, retirando-se, ainda, o trecho final a respeito da necessidade de reparos, e encerrando-se o debate exposto no desenvolvimento do tema. Assim, o dispositivo passará a expressar o seguinte: "O titular do prédio ou do edifício, o dono da construção, bem como os titulares de direito real de uso, habitação e usufruto respondem objetiva e solidariamente pelos danos que resultarem de sua ruína, total ou parcial".

Em boa hora, o comando também passará a mencionar a responsabilidade sem culpa do titular do prédio ou mesmo de direitos reais de gozo ou fruição sobre o imóvel, bem com a solidariedade entre todos eles, caso presentes, o que visa a melhor tutelar os interesses das vítimas.

3.4. A responsabilidade civil objetiva por danos oriundos de coisas lançadas dos prédios

Prescreve o Código Civil que aquele que habitar uma casa ou parte dela responde pelos danos provenientes das coisas, sólidas ou líquidas, que dela caírem ou forem lançadas em lugar indevido (art. 938). Trata-se da responsabilidade civil por *defenestramento* ou por *effusis et dejectis*.[68] A expressão *defenestrar* significa jogar fora pela janela. Esclareça-se que *finestra*, em italiano, quer dizer janela, ou em alemão *Fenster*, o que demonstra a origem do termo entre nós.

Da mesma forma como ocorre nas situações anteriores, sigo a corrente doutrinária que entende que não importa que o objeto líquido (*effusis*) ou sólido (*dejectis*) tenha caído acidentalmente, pois ninguém pode colocar em risco a segurança alheia, o que denota a responsabilidade objetiva do ocupante diante de um *risco criado*. Conforme os comentários de Claudio Luiz Bueno de Godoy, "tem-se aí, já mesmo de acordo com o que se vinha entendendo acerca de igual previsão no CC/1916, responsabilidade sem culpa, pelo mesmo fundamento do preceito anterior, qual seja o dever de segurança que deve permear a guarda do que guarnece uma habitação".[69] Outros doutrinadores posicionam-se na mesma linha, o que é compartilhado por mim, sem qualquer ressalva.[70]

No caso de cessão do prédio, responderão o locatário ou o comodatário, não sendo o caso de imputar responsabilidade ao locador ou ao comodante, eventuais proprietários do imóvel. Em regra, não há responsabilidade solidária

---

[68] Expressão latina utilizada diante da origem na *actio* existente no Direito Romano, em situações tais como as aqui descritas.
[69] GODOY, Claudio Luiz Bueno de. *Código Civil comentado*, cit., 2007, p. 782.
[70] Essa é opinião de: MELO, Marco Aurélio Bezerra de. *Curso de Direito Civil*. Responsabilidade civil, cit., p. 384; FARIAS, Cristiano Chaves; ROSENVALD, Nelson; BRAGA NETTO, Felipe Peixoto. *Curso de Direito Civil*. Responsabilidade civil, 2. ed., cit., p. 548-549; DINIZ, Maria Helena. *Código Civil anotado*, cit., p. 637; CAVALIERI FILHO, Sergio. *Programa de responsabilidade civil*, 12. ed., cit., p. 316-317; VENOSA, Sílvio de Salvo. *Código Civil interpretado*, cit., p. 893.

daquele que cedeu o bem, a não ser em casos de coautoria, em participação efetiva para o ilícito, o que se retira do art. 942, parágrafo único, da codificação material. De acordo com Jones Figueirêdo Alves e Mário Luiz Delgado, juristas que participaram da fase final de elaboração do Código Civil de 2002, o "dispositivo aqui, ao referir-se a prédio no lugar de casa, foi mais feliz que o correspondente art. 1.529 do CC/1916, afastando a controvérsia sobre a extensão da regra para os casos em que a coisa é lançada ou cai de prédio comercial. Quando se refere ao habitante do prédio, o novo Código Civil está se referindo ao guardião do imóvel, ou seja, aquele que é o responsável pela sua guarda e manutenção do mesmo, quer seja proprietário, quer seja inquilino, quer seja o morador, quer seja mero ocupante".[71]

Em hipótese relativa a prédio de escritórios ou apartamentos (condomínio edilício), não sendo possível identificar de onde a coisa foi lançada, é forçoso concluir que haverá responsabilidade do condomínio. Isso sem prejuízo da ação regressiva do condomínio contra o autor do dano, nos termos do art. 934 do Código Civil. Exatamente nessa linha concluiu o Superior Tribunal de Justiça em julgado remoto:

> "Responsabilidade civil. Objetos lançados da janela de edifícios. A reparação dos danos é responsabilidade do condomínio. A impossibilidade de identificação do exato ponto de onde parte a conduta lesiva impõe ao condomínio arcar com a responsabilidade reparatória por danos causados a terceiros. Inteligência do art. 1.529 do Código Civil brasileiro. Recurso não conhecido" (STJ, REsp 64.682/RJ, 4.ª Turma, Rel. Min. Bueno de Souza, j. 10.11.1998, *DJ* 29.03.1999, p. 180).

Da jurisprudência estadual mais recente destaque-se, com consequências para o seguro feito pelo condomínio: "o condomínio edilício é responsável pelos danos decorrentes de coisas que dele caírem ou forem lançadas, conforme inteligência do art. 938 do Código Civil, hipótese em que se tem por caracterizada a ocorrência do risco segurado" (TJPR, Apelação Cível 1548004-3, 9.ª Câmara Cível, Curitiba, Rel. Des. Coimbra de Moura, j. 16.03.2017, *DJPR* 03.04.2017, p. 307). Ou, ainda: "lançamento de objetos (lixo) por condôminos de edifício lindeiro à propriedade do autor. Conduta antissocial. Responsabilidade do condomínio. Art. 938 do Código Civil. Danos materiais configurados. Mantida condenação à obrigação de não fazer" (TJRS, Recurso Cível 0047547-55.2014.8.21.9000, 3.ª Turma Recursal Cível, Porto Alegre, Rel. Des. Lusmary Fatima Turelly da Silva, j. 09.07.2015, *DJERS* 13.07.2015).

Por fim, quanto aos exemplos de julgados: "em caso de arremesso de coisa inanimada proveniente de edifício condominial, a responsabilidade do Condomínio é objetiva (art. 938 do Código Civil), bastante a demonstração do fato e do dano, conforme se verificou na hipótese" (TJSP, Apelação 0075667-29.2009.8.26.0114, Acórdão 7039009, 35.ª Câmara de Direito Privado, Campinas, Rel. Des. Mendes Gomes, j. 23.09.2013, *DJESP* 27.09.2013).

---

[71] ALVES, Jones Figueirêdo; DELGADO, Mário Luiz. *Código Civil anotado*, cit., p. 406.

Consolidando essa forma de pensar no âmbito doutrinário, o Enunciado n. 557 da *VI Jornada de Direito Civil* (2013), seguindo outra proposta formulada por mim: "nos termos do art. 938 do CC, se a coisa cair ou for lançada de condomínio edilício, não sendo possível identificar de qual unidade, responderá o condomínio, assegurado o direito de regresso". A ementa doutrinária confirma a premissa de que a responsabilidade civil, em casos tais, é objetiva, sendo o seu conteúdo compartilhado por muitos doutrinadores.[72]

Dúvidas surgem, nesse último caso, quanto à responsabilização dos condôminos que estão do lado oposto de onde caiu a coisa. Entendo, como Sílvio de Salvo Venosa, que todo o condomínio deve ser responsabilizado, não interessando de onde exatamente caiu o objeto. Para justificar seu posicionamento, o doutrinador fala em *pulverização dos danos na sociedade*, ensinando que, "assim, quando o dano é praticado por um membro não identificado de um grupo, todos os seus integrantes devem ser chamados para a reparação".[73]

Em complemento às lições transcritas, afirmo que o caso também é de aplicação da *responsabilidade pressuposta*, que busca, antes de qualquer discussão, reparar a vítima diante de uma exposição ao perigo ou ao risco. Em síntese e como palavras finais, repise-se que o condomínio deve reparar todos os prejuízos suportados pela pessoa atingida pelo objeto. Após a vítima estar devidamente reparada, está assegurado o direito de regresso do condomínio contra o eventual culpado. Essa posição, sem dúvida, preocupa-se muito mais com a vítima do que com o ofensor, devendo prevalecer.

Como outra questão prática de relevo, nada adiantam, do ponto de vista jurídico, os avisos constantes nos prédios no sentido de que o condomínio não responde pelas coisas que dele caírem, mesmo nos casos em que tal previsão conste da convenção de condomínio ou foi aprovada em assembleia. O art. 938 do Código Civil é norma de ordem pública, eis que trata de hipótese de responsabilidade civil extracontratual, sendo inoperante a cláusula de não indenizar em tais hipóteses. Concluindo desse modo: "ineficácia da convenção de condomínio perante a terceira prejudicada, evidente afronta ao dever de indenizar baseado no artigo 938 do Código Civil" (TJSP, Apelação 1005922-87.2014.8.26.0010, Acórdão 9988267, 27.ª Câmara Extraordinária de Direito Privado, São Paulo, Rel. Des. Maria Lúcia Pizzotti, j. 22.11.2016, *DJESP* 1.º.12.2016).

Em conclusão, como se pode perceber, o dever ou não de indenizar por defenestramento somente pode decorrer da subsunção da lei, e não de acordo, estabelecimento ou convenção entre os envolvidos, sendo o conteúdo do art. 938 do CC uma norma cogente ou de ordem pública.

Para encerrar o tópico, o projeto de Reforma do Código Civil pretende aprimorar o conteúdo do dispositivo, para que passe a mencionar expressa-

---

[72] Repetimos, aqui, as obras utilizadas nas justificativas da proposta de enunciado: DINIZ, Maria Helena. *Código Civil anotado*, cit., p. 637; GODOY, Claudio Luiz Bueno de. *Código Civil comentado*, 2007, cit., p. 782; CAVALIERI FILHO, Sergio. *Programa de responsabilidade civil*, 7. ed., cit., p. 215-216; VENOSA, Sílvio de Salvo. *Código Civil interpretado*, cit., p. 893; GAGLIANO, Pablo Stolze; PAMPLONA FILHO, Rodolfo. *Novo curso de Direito Civil*. 10. ed. São Paulo: Saraiva, 2012. v. III, p. 230.

[73] VENOSA, Sílvio de Salvo. *Código Civil interpretado*, cit., p. 894.

mente a responsabilidade objetiva ou independentemente de culpa, bem como o dever de indenizar do condomínio nos casos aqui relatados, em que não se pode identificar de onde a coisa caiu ou foi lançada.

Assim, o comando passará a prever o seguinte: "Art. 938. Aquele que habitar ou ocupar prédio ou parte dele será responsável, independentemente de culpa, pelos danos provenientes das coisas que dele caírem ou forem lançadas em lugar indevido. Parágrafo único. Se a coisa cair ou for lançada de prédio com muitas habitações, sem que se possa identificar de onde proveio, responderá o condomínio, assegurado o direito de regresso".

Sem dúvida, as propostas são necessárias, tendo sido unânime a concordância com o seu teor na Comissão de Juristas nomeada no âmbito do Congresso Nacional.

3.5. A responsabilidade civil objetiva com relação a dívidas

No capítulo de responsabilidade civil, o Código Civil de 2002 traz três dispositivos que se referem às dívidas, os arts. 939, 940 e 941. Com o devido respeito aos elaboradores da codificação material, melhor seria que tais comandos legais estivessem inseridos na seção da codificação que trata do pagamento indevido ou do enriquecimento sem causa. Cumpre anotar que o Código de Processo Civil de 2015 traz regra com conteúdo muito próximo ao tratado nesses diplomas civis no seu art. 776, a saber: "o exequente ressarcirá ao executado os danos que este sofreu, quando a sentença, transitada em julgado, declarar inexistente, no todo ou em parte, a obrigação que ensejou a execução". A norma equivale ao art. 574 do CPC/1973, havendo substituição dos termos "credor" e "devedor" por "exequente" e "executado", respectivamente.

Partindo para o estudo dos diplomas materiais privados, prevê o art. 939 do Código Civil que "o credor que demandar o devedor antes de vencida a dívida, fora dos casos em que a lei o permita, ficará obrigado a esperar o tempo que faltava para o vencimento, a descontar os juros correspondentes, embora estipulados, e a pagar as custas em dobro". Pelo art. 940 do CC/2002, "aquele que demandar por dívida já paga, no todo ou em parte, sem ressalvar as quantias recebidas ou pedir mais do que for devido, ficará obrigado a pagar ao devedor, no primeiro caso, o dobro do que houver cobrado e, no segundo, o equivalente do que dele exigir, *salvo se houver prescrição*" (com destaque).

A propósito da parte final e destacada do art. 940 do CC/2002, aponte-se que ela já não havia sido modificada pela Lei n. 11.280/2006, que, revogando o art. 194 do mesmo Código Privado e alterando o então art. 219, § 5.º, do CPC/1973, passou a prever que o juiz deve conhecer de ofício a prescrição. Isso porque tem prevalecido, em uma visão técnica na doutrina, o posicionamento pelo qual, antes de conhecer de ofício a prescrição, o juiz deve dar oportunidade para que o réu se manifeste, inclusive com a possibilidade de renúncia à prescrição.

Como é notório, o CPC/2015 confirmou a possibilidade de conhecimento de ofício da prescrição, especialmente no seu art. 487, inc. II. Apesar de polêmica que pode surgir sobre a viabilidade de julgamento liminar do pedido no reconhecimento da prescrição de ofício, nos termos do art. 332 do mesmo *Codex*, acredito que ainda será necessário ouvir a parte contrária para que a prescrição seja pronunciada.

O fundamento principal para tal tese é o art. 10 do CPC/2015, que consagra a boa-fé objetiva processual, segundo o qual "o juiz não pode decidir, em grau algum de jurisdição, com base em fundamento a respeito do qual não se tenha dado às partes oportunidade de se manifestar, ainda que se trate de matéria sobre a qual deva decidir de ofício". Isso foi confirmado por enunciado aprovado na *VII Jornada de Direito Civil*, em 2015, de acordo com o qual a decretação *ex officio* da prescrição ou da decadência deve ser precedida de oitiva das partes (Enunciado n. 581).

Pois bem, o primeiro dispositivo, art. 939 do CC/2002, trata de hipótese em que o credor se precipita, respondendo perante o devedor pelas custas do processo em dobro. No segundo caso, art. 940 do Código Civil, presume-se a má-fé do credor que pretende receber dívida já paga ou que pede mais do que lhe é devido. Se pretender receber dívidas já pagas, arcará com o dobro que houver cobrado. Se pedir a mais, responderá exatamente com o valor que pretende receber.

Nota-se que a lei civil exige, nas duas hipóteses, a existência de uma ação judicial visando à cobrança indevida, pois utiliza o termo "demandar".

As situações previstas no Código Civil diferem, portanto, do que consta do art. 42, parágrafo único, do Código de Defesa do Consumidor, segundo o qual "o consumidor cobrado em quantia indevida tem direito à repetição do indébito, por valor igual ao dobro do que pagou em excesso, acrescido de correção monetária e juros legais, salvo hipótese de engano justificável".

Nessa previsão específica exige-se apenas a cobrança do consumidor, para que ele tenha direito à repetição do indébito que pagou em dobro. A propósito dessa diferenciação entre o sistema civil e o consumerista, julgou recentemente o Superior Tribunal de Justiça:

> "Os artigos 940 do Código Civil e 42, parágrafo único, do Código de Defesa do Consumidor possuem pressupostos de aplicação diferentes e incidem em hipóteses distintas. A aplicação da pena prevista no parágrafo único do art. 42 do CDC apenas é possível diante da presença de engano justificável do credor em proceder com a cobrança, da cobrança extrajudicial de dívida de consumo e de pagamento de quantia indevida pelo consumidor. O artigo 940 do CC somente pode ser aplicado quando a cobrança se dá por meio judicial e fica comprovada a má-fé do demandante, independentemente de prova do prejuízo. No caso, embora não estejam preenchidos os requisitos para a aplicação do art. 42, parágrafo único, do CDC, visto que a cobrança não ensejou novo pagamento da dívida, todos os pressupostos para a aplicação do art. 940 do CC estão presentes. Mesmo diante de uma relação de consumo, se inexistentes os pressupostos de aplicação do art. 42, parágrafo único, do CDC, deve ser aplicado o sistema geral do Código Civil, no que couber. O art. 940 do CC é norma complementar ao art. 42, parágrafo único, do CDC e, no caso, sua aplicação está alinhada ao cumprimento do mandamento constitucional de proteção do consumidor" (STJ, REsp 1.645.589/MS, 3.ª Turma, Rel. Min. Ricardo Villas Bôas Cueva, j. 04.02.2020, *DJe* 06.02.2020).

A questão relativa à má-fé como pressuposto para aplicação dos comandos civis ainda será analisada neste tópico.

Nas duas situações descritas no Código Civil, assim, o devedor poderá exigir a indenização por meio de ação autônoma ou reconvenção, segundo vinham entendendo a doutrina e a jurisprudência majoritárias.[74]

Entretanto, o mesmo Superior Tribunal de Justiça tem dispensado a reconvenção ou uma ação autônoma para o exercício de tal direito, posição que deve ser mantida sob a égide do CPC/2015, especialmente porque o aresto a seguir diz respeito a julgamento em incidente de recursos repetitivos, com força vinculativa:

> "Recursos especiais. Demanda postulando a declaração de incidência de correção monetária sobre as parcelas pagas a consórcio e a respectiva restituição dos valores. Acórdão estadual que considerou incidentes juros de mora, sobre os valores remanescentes a serem devolvidos aos autores, desde o 31.º dia após o encerramento do grupo consorcial, bem como aplicou a sanção prevista no artigo 1.531 do Código Civil de 1916 (atual artigo 940 do Código Civil de 2002) em detrimento do demandante que não ressalvara os valores recebidos. 1. Insurgência dos consorciados excluídos do grupo. 1.1. Controvérsia submetida ao rito dos recursos repetitivos (artigo 543-C do CPC): A aplicação da sanção civil do pagamento em dobro por cobrança judicial de dívida já adimplida (cominação encartada no artigo 1.531 do Código Civil de 1916, reproduzida no artigo 940 do Código Civil de 2002) pode ser postulada pelo réu na própria defesa, independendo da propositura de ação autônoma ou do manejo de reconvenção, sendo imprescindível a demonstração de má-fé do credor. 1.2. Questão remanescente. Apesar de o artigo 1.531 do Código Civil de 1916 não fazer menção à demonstração da má-fé do demandante, é certo que a jurisprudência desta Corte, na linha da exegese cristalizada na Súmula 159/STF, reclama a constatação da prática de conduta maliciosa ou reveladora do perfil de deslealdade do credor para fins de aplicação da sanção civil em debate. Tal orientação explica-se à luz da concepção subjetiva do abuso do direito adotada pelo *Codex* revogado. Precedentes. 1.3. Caso concreto. 1.3.1. A Corte estadual considerou evidente a má-fé de um dos autores (à luz das circunstâncias fáticas constantes dos autos), aplicando-lhe a referida sanção civil e pugnando pela prescindibilidade de ação autônoma ou reconvenção. 1.3.2. Consonância entre o acórdão recorrido e a jurisprudência desta Corte acerca da via processual adequada para pleitear a incidência da sanção civil em debate. Ademais, para suplantar a cognição acerca da existência de má-fé do autor especificado, revelar-se-ia necessária a incursão no acervo fático-probatório dos autos, providência inviável no âmbito do julgamento de recurso especial, ante o óbice da Súmula 7/STJ. (...)" (STJ, REsp 1.111.270/PR, 2.ª Seção, Rel. Min. Marco Buzzi, j. 25.11.2015, *DJe* 16.02.2016).

Em outro julgamento recente de grande importância, aliás, o Superior Tribunal de Justiça concluiu, novamente no âmbito de sua Segunda Seção, que a

---

[74] Por todos, essa posição era sustentada por Maria Helena Diniz, citando Carlos Roberto Gonçalves e julgados anteriores: *RJTJSP* 106/136 e *RT* 467/198 (DINIZ, Maria Helena. *Código Civil anotado*, cit., p. 638-639).

imposição das penalidades do art. 940 do CC/2002 – equivalente ao art. 1.531 do CC/1916, citado no aresto –, pode se dar até de ofício pelo julgador. Conforme trecho de sua ementa, que conta com o meu apoio doutrinário, "o art. 1.531 do CC/16 sanciona a cobrança indevida de valores punindo o demandante ora com o dobro da quantia pleiteada, no caso de cobrança de dívida já paga, ora com a quantia equivalente a exigida, na hipótese de cobrança de valor maior do que o devido. A lei estabeleceu indenização especial, previamente liquidada, para o caso de cobrança indevida. A jurisprudência do STJ tem se posicionado no sentido da possibilidade da imposição da sanção civil prevista no art. 1.531 do CC/16 até mesmo de ofício porque ela configura um exercício abusivo do direito de ação, assim como ocorre na litigância de má-fé" (STJ, EREsp 1.106.999/SC, 2.ª Seção, Rel. Min. Moura Ribeiro, j. 27.02.2019, *DJe* 13.03.2019). Ressalve-se, novamente, que, antes do conhecimento dessa matéria de ofício, é necessário ouvir as partes, nos termos do antes citado art. 10 do CPC/2015.

Em complemento, preconiza o art. 941 do CC que as penas previstas nos arts. 939 e 940 não se aplicarão quando o autor desistir da ação antes de contestada a lide, *salvo ao réu o direito de haver indenização por algum prejuízo que prove ter sofrido*. A parte final do preceito, ora destacada, consagra a *última chance* dada ao credor, a fim de evitar a sua responsabilidade. A expressão realçada não constava do art. 1.532 do CC/1916, seu correspondente. Esse destaque é fundamental diante de uma controvérsia doutrinária e jurisprudencial importante. Mais uma vez são pertinentes os esclarecimentos de Jones Figueirêdo Alves e Mário Luiz Delgado, que participaram da assessoria do Deputado Fiuza na elaboração final do vigente Código Civil e que anotam sobre o art. 941 do CC/2002:

"O acréscimo da cláusula final, ao que parece, espanca a controvérsia anteriormente existente no que tange à necessidade de se provar o dolo ou a má-fé do autor da ação e ainda o prejuízo sofrido pelo réu, para que sejam aplicadas as penas dos artigos 939 e 940, conforme vinha se firmando a jurisprudência dominante. Esses dispositivos, na verdade, apenas prefixam o valor da indenização decorrente da prática de um ato ilícito, consistente na cobrança indevida de dívida que ainda não se venceu ou que já foi paga. Essa responsabilidade do autor da ação é subjetiva, fundada na culpa em sentido amplo, que tanto engloba o dolo como a culpa em sentido estrito. Assim, para a aplicação pura e simples dos artigos 939 e 940, não há necessidade de se provar o dolo do autor da ação, nem muito menos o prejuízo do réu, evidente e manifesto nesses casos, até mesmo sob o aspecto moral, sendo suficiente a prova da culpa estrita (negligência, imprudência ou imperícia). Entretanto, para cumulação dessas sanções com a indenização ampla, por perdas e danos, é imprescindível a comprovação do prejuízo efetivamente sofrido".[75]

Concordo totalmente que, com a propositura da demanda, nos termos do art. 940 do CC/2002, presume-se a conduta maliciosa do agente. Entretanto, por uma questão lógica a responsabilidade não seria subjetiva, mas objetiva

---

[75] ALVES, Jones Figueirêdo; DELGADO, Mário Luiz. *Código Civil anotado*, cit., p. 407.

quando a ação é proposta. Primeiro, porque o credor assume um risco quando promove a demanda. Segundo, porque é flagrante o seu abuso de direito, nos termos do art. 187 do CC/2002, pois promove lide temerária, violando a boa-fé objetiva, inclusive de natureza processual. É importante lembrar que, conforme o Enunciado n. 37 do CJF, a responsabilidade decorrente desse exercício irregular de direito é objetiva. A doutrina contemporânea mais atenta tem feito essa relação.[76] Terceiro, pois pode estar configurada a relação de consumo em casos tais, o que também faz gerar a responsabilidade sem culpa, conforme entendeu o Tribunal paulista no seguinte aresto:

> "Apelação. Indenização. Cobrança indevida. Repetição de indébito. Aplicabilidade do CDC em detrimento do artigo 940 do Código Civil. Perfeito enquadramento das partes no conceito de consumidora e fornecedora. Concessionária de Serviço Público presta serviço tarifado e de utilização facultativa, constituindo relação do consumo, consoante precedentes do STJ. Responsabilidade objetiva pela prestação de serviço defeituoso e abuso do direito de cobrança. Repetição de indébito plausível, nos termos do artigo 42, parágrafo único, do CDC. Sentença mantida integralmente. Recurso improvido" (TJSP, Apelação 7288401-4, Acórdão 3400644, 37.ª Câmara de Direito Privado, São Paulo, Rel. Des. Eduardo Almeida Prado Rocha de Siqueira, j. 26.11.2008, *DJESP* 09.01.2009).

De qualquer forma, a posição por mim seguida ainda está longe de ser a majoritária. Como estou filiado à tese da objetivação, o tema está abordado na presente seção do capítulo, relativa à responsabilidade objetiva prevista no Código Civil de 2002. Entretanto, nos termos da posição que ainda prevalece, sem a ação ou a demanda, não há como presumir tal fato, conforme entendem os nossos Tribunais estaduais.

Assim concluindo, por todos os arestos mais remotos e exigindo a malícia do autor da ação: "inaplicabilidade da pena prevista no art. 940 do Código Civil de 2002 (art. 1.531 do Código Civil de 1916). É inviável a condenação indenizatória pretendida pela administradora, uma vez que não houve demanda por dívida já paga. As penas previstas no art. 940 do Código Civil exigem a conduta maliciosa do demandante, que no caso não ocorreu" (2.º TACSP, Ap. s/ Rev. 691.360-00/5, 11.ª Câmara, Rel. Juiz Melo Bueno, j. 13.12.2004). Mais recentemente:

> "Para que aquele que é cobrado indevidamente faça jus a receber em dobro o que pagou, mister que demonstre a má-fé do autor. A imposição da pena prevista no artigo 940 do Código Civil exige prova de que o credor agiu maliciosamente, ou seja, que agia de forma consciente de não ter direito à quantia pretendida. A litigância de má-fé exige prova inequívoca de seu elemento subjetivo, sob pena de se configurar em óbice indireto ao acesso ao judiciário e afronta ao artigo 5.º, XXXV, da Constituição Federal de 1988" (TJMG, Apelação Cível 0046968-32.2003.8.13.0621, 16.ª Câmara Cível, São Gotardo, Rel. Des. Sebastião Pereira de Souza, j. 28.04.2011, *DJEMG* 20.05.2011).

---

[76] GODOY, Claudio Luiz Bueno. *Código Civil comentado*, 2007, cit., p. 783-785.

A simples cobrança, portanto, não tem o condão de gerar a responsabilidade, conforme reconhece a remota Súmula n. 159 do STF, pela qual a "cobrança excessiva, mas de boa-fé, não dá lugar às sanções do art. 1.531 do Código Civil" (art. 940 do CC/2002). Essa súmula vinha sendo aplicada pelo Superior Tribunal de Justiça antes da entrada em vigor do Código de 2002 (STJ, AgRg no REsp 130.854/SP, 2.ª Turma, Rel. Min. Nancy Andrighi, j. 23.05.2000, *DJ* 26.06.2000, p. 140). Em tempos mais recentes, a posição foi mantida, cabendo colacionar, por todos: "é pacífica a orientação da Corte e da doutrina especializada no sentido de que o art. 940 do Código Civil – que dispõe acerca da obrigação de reparar daquele que demandar por dívida já paga – só tem aplicação quando (i) comprovada a má-fé do demandante e (ii) tal cobrança se dê por meio judicial" (STJ, AgRg no REsp 1.535.596/RN, 3.ª Turma, Rel. Min. Ricardo Villas Bôas Cueva, j. 15.10.2015, *DJe* 23.10.2015).

Acrescente-se que julgado superior ainda mais recente reiterou tal posição, mas acabou por entender pela atuação maliciosa do exequente, pelo fato de ter demandado o valor do título da obrigação "após o julgamento de mérito da demanda revisional, deixando de informar acerca de sua existência, bem como omitindo-se quanto ao valor incontroverso depositado judicialmente e colocado à sua disposição em virtude da prévia demanda de consignação em pagamento. À evidência da conduta maliciosa, configura-se a má-fé, impondo-se o pagamento em dobro da quantia não ressalvada" (STJ, REsp 1.529.545/PE, 3.ª Turma, Rel. Min. Marco Aurélio Bellizze, j. 1.º.12.2016, *DJe* 19.12.2016).

De todo modo, mesmo com a última dedução e com o devido respeito, reitere-se que tal posição prevalecente deve ser revista, uma vez que os casos tratados nos dispositivos legais em análise configuram abuso do direito de demandar, situação típica de abuso no processo, o que conduziria à responsabilidade objetiva, por incidência do art. 187 do Código Civil e do que consta do Enunciado n. 37 da *I Jornada de Direito Civil*.

Como outro aspecto importante, é importante apontar o que anota a Professora Maria Helena Diniz quanto à possibilidade de cumulação das penalidades previstas nos arts. 939 e 940 do CC/2002 com as que constam dos arts. 79 a 81 do CPC/2015, correspondentes aos arts. 16 a 18 do CPC/1973, uma vez que as primeiras têm natureza material e as segundas, natureza processual. São suas palavras: "Logo, não há absorção do art. 940 do Código Civil pelos arts. 16 a 18 do Código de Processo Civil. Há uma relação de complementaridade entre esses artigos, pois eles não se excluem, mas se completam, pois fixam a forma de reparação das perdas e danos".[77]

Em suma, há de reconhecer, sobre a matéria, um *diálogo das fontes* entre o Código Civil e o Código de Processo Civil, posição a ser mantida com a emergência do CPC/2015 (arts. 79 a 81, correspondentes aos arts. 16 a 18 do CPC/1973).

Por fim, para findar o tópico e o estudo do tema, a Comissão de Juristas encarregada da Reforma do Código Civil propõe alterações para os arts. 939,

---

[77] DINIZ, Maria Helena. *Código Civil anotado*, cit., p. 638-639.

940 e 941, na linha de todo o desenvolvido e de uma aproximação com o tratamento constante do CDC.

Sobre o art. 939 do CC, sugere-se incluir o termo "cobrar", de "demandar", passando a norma a expressar o seguinte: "o credor que cobrar ou demandar o devedor antes de vencida a dívida, fora dos casos em que a lei o permita, ficará obrigado a esperar o tempo que faltava para o vencimento, a descontar os juros correspondentes, ainda que estipulados e a pagar as custas em dobro". Trata-se, portanto, de ajuste redacional, que amplia a aplicação do comando.

Quanto ao art. 940 do CC, passará ele a expressar também a dívida inexistente, bem como o pagamento de um valor compensatório complementar, quando as dívidas são módicas: "aquele que demandar por dívida inexistente ou já paga, no todo ou em parte, sem ressalvar as quantias recebidas ou pedir mais do que for devido, ficará obrigado a pagar ao devedor, no primeiro caso, o dobro do que houver cobrado e, no segundo, o equivalente do que dele exigir, sem prejuízo de arbitramento de valor compensatório complementar, caso as quantias cobradas sejam de módico valor". Retira-se, ainda, a menção à prescrição, por todas as polêmicas antes expostas.

Por fim, em boa hora, o art. 941 passará a mencionar o abuso de direito que, em aproximação com o CDC e na linha do que sustentei, passará a gerar uma responsabilidade objetiva. Assim, de forma mais técnica, o *caput* do comando preceituará que "não se aplicarão as penas previstas nos arts. 939 e 940 quando o autor desistir da ação antes de oferecida a contestação, ressalvado o direito do réu de haver indenização por algum prejuízo que prove ter sofrido. Consoante o seu novo e necessário parágrafo único, "a desistência da ação não afasta o direito do demandado de exigir, por ação própria, a imputação de dano por exercício abusivo do direito". Como não poderia ser diferente, fui e sou totalmente favorável às propostas, que têm origem na subcomissão de Responsabilidade Civil.

4. OUTRAS REGRAS IMPORTANTES QUANTO À FIXAÇÃO DA INDENIZAÇÃO PREVISTA NO CÓDIGO CIVIL DE 2002

Para findar o presente Capítulo, além dos arts. 944 e 945 do Código Civil brasileiro, é necessário comentar outros dispositivos da atual codificação privada, que tratam da fixação da indenização (Capítulo II do Título IX, *Da indenização*). A crítica muitas vezes ouvida é a de que o Código Civil de 2002 é deficiente no tratamento dessa quantificação. Vejamos se essa conclusão está correta ou não.

De início, enuncia o art. 946 do Código Civil que, se a obrigação for indeterminada, e não houver na lei ou no contrato disposição fixando a indenização devida pelo inadimplente, apurar-se-á o valor das perdas e danos na forma que a lei processual determinar. Ao contrário do que alguns possam defender, deve-se compreender que tal dispositivo não traz tarifação ou tabelamento ao dano moral. Isso porque, conforme exaustivamente comentado até este ponto da obra, não é possível tarifar o dano moral, mesmo por lei, o que traria lesão ao princípio constitucional da isonomia (art. 5.º, *caput*, da CF/1988). O tema será retomado e aprofundado no Capítulo 11 deste livro pois, infelizmente, a Reforma Trabalhista acabou por incluir na CLT a possibilidade de tabelamento da indenização imaterial (art. 223-G).

Fazendo a devida confrontação, anote-se que o Código Civil anterior, no seu art. 1.553, só se referia à liquidação por arbitramento, sendo certo que o seu correspondente atual, ora comentado, faz menção às outras formas de liquidação da sentença, consagradas no Código de Processo Civil.

Como é notório, a obrigação ilíquida é aquela incerta quanto à existência e indeterminada quanto ao conteúdo e valor. Para que seja cobrada, é necessário antes que seja transformada em líquida, geralmente por um processo de conhecimento. Após esse processo de conhecimento, é preciso realizar a liquidação da sentença nas formas previstas no Código de Processo Civil. No CPC/1973, tais formas de liquidação estavam no seu art. 475, alterado pela Lei n. 11.232/2005, que revogou os então antigos arts. 603 a 611 do Estatuto Processual em vigor à época.

O art. 475 do Código de Processo Civil de 1973, ora revogado, com as suas diversas letras, equivale aos arts. 509, 510, 512, 513, 515, 516, 520, 521, 523, 524, 525 e 533 do CPC/2015. Interessante, neste ponto da obra, expor quais são essas formas de liquidação.

A primeira delas é a *liquidação por cálculo aritmético*, realizada mediante a apresentação de uma memória discriminada e atualizada do cálculo (art. 509, § 2.º, do CPC/2015, equivalente ao art. 475-B do CPC/1973).

A segunda é a *liquidação por arbitramento*, mediante a nomeação de um perito, que deverá apresentar um laudo apontando qual o montante devido. O arbitramento pode caber ao próprio juiz, no caso de fixação, na sentença, do valor devido a título de danos morais (arts. 509 e 510 do CPC/2015, correspondentes aos arts. 475-C e 475-D do CPC/1973). Vale pontuar que, no CPC em vigor, a realização da perícia tem caráter subsidiário, pois o seu art. 510 estabelece que, na liquidação por arbitramento, o juiz intimará inicialmente as partes para a apresentação de pareceres ou documentos elucidativos, no prazo que fixar. Eventualmente, caso não possa decidir de plano, nomeará perito, observando-se, no que couber, o procedimento da prova pericial.

Por fim, há a *liquidação por artigos*, feita quando, para se determinar o valor da condenação, houver a necessidade de alegar e provar fato novo. Quanto a essa forma de liquidação, deve-se seguir o procedimento comum (art. 509, inc. II, do CPC/2015, correspondente aos arts. 475-E e 475-F do CPC). Deve ser elucidado que é vedado, na liquidação, discutir nova lide ou modificar a sentença que a julgou (art. 509, § 4.º, do CPC/2015 e art. 475-G do CPC/1973).

Sem prejuízo do tratamento processual, de forma alguma o dispositivo material em comento possibilita que uma lei nova traga tarifação de danos morais, mas tão somente dos danos patrimoniais. Como antes exposto, frise-se que qualquer tentativa de *tabelar* ou tarifar os danos morais é inconstitucional, por lesão à isonomia, no sentido de tratar de maneira desigual os desiguais, consagração da especialidade constitucional.

No projeto de Reforma do Código Civil, sugere-se apenas que a menção do comando seja sobre a lei, de qualquer natureza, e não necessariamente a norma processual, retirando-se a sua menção ao final, sem modificação do seu conteúdo: "Art. 946. Se a obrigação de reparar o dano for indeterminada e não houver no contrato disposição fixando a indenização devida pelo agente, apurar-se-á o valor das perdas e danos na forma que a lei determinar".

Seguindo o estudo do texto atual da codificação material de 2002, prevê o seu art. 947 que, se o devedor não puder cumprir a prestação na espécie ajustada, haverá a substituição pelo seu valor em moeda corrente. O dispositivo merece aplicação naqueles casos envolvendo danos imateriais em que não é possível retornar ao estado anterior. Nessas situações, deverá ser fixada uma indenização em moeda nacional corrente, de acordo com o *princípio do nominalismo*, aplicável a todo o Direito das Obrigações. Vale repetir que, quanto ao dano moral, tornou-se comum a sua fixação em salários mínimos.

No projeto de Reforma do Código Civil, o dispositivo recebe ajustes, para também tratar da reparação *in natura* do dano extrapatrimonial, tema tratado no último capítulo deste livro. Ademais, o *caput* passará a mencionar a reparação integral e a volta da vítima ao estado anterior ao ilícito, prevendo que "a reparação dos danos deve ser integral com a finalidade de restituir o lesado ao estado anterior ao fato danoso". Segundo as justificativas da subcomissão de Responsabilidade Civil, a proposição "segue o art. 566 do CC de Portugal, cuja redação enfatiza a ideia fundamental da precedência da restauração do estado de coisas afetado pelo dano, seja em matéria de danos individuais ou coletivos. Sempre que impossível ou insuficiente a restauração em espécie, terá lugar a fixação da indenização pecuniária, em moeda corrente". E essa será a regra do novo § 1.º do art. 947: "a indenização será fixada em dinheiro, sempre que a reconstituição natural não seja possível, não repare integralmente os danos ou seja excessivamente onerosa para o devedor". No tocante à reparação *in natura*, prevista nos novos §§ 2.º e 3.º, o tema já foi aqui analisado.

Com relação ao art. 948 do CC/2002, que trata da fixação da indenização no caso de homicídio, o dispositivo já foi estudado de forma exaustiva no capítulo anterior da obra, para onde se remetem aqueles que queiram maiores aprofundamentos (Capítulo 6).

De acordo com o art. 949 da atual codificação civil, havendo lesão ou outra ofensa à saúde, o agressor indenizará o ofendido das despesas do tratamento e dos lucros cessantes até o fim da convalescença, além de outro prejuízo que o ofendido provar ter sofrido. Esse *outro* prejuízo pode ser o dano moral, mencionado no art. 186 do CC/2002, bem como o dano estético, conforme o atual entendimento do Superior Tribunal de Justiça (Súmula n. 387), aqui também antes abordado.

Novamente, o projeto de Reforma do Código Civil sugere ajustes na norma, para que mencione também outras lesões à vítima, bem como o ressarcimento de valores relativos a consultas e o seu tratamento, além de outros danos, caso dos extrapatrimoniais, que passará a abarcar os danos morais, estéticos e outros, como visto: "Art. 949. No caso de lesão ou outra ofensa à integridade física, psíquica ou psicológica do ofendido, o ofensor indenizará o ofendido das despesas de consultas e tratamentos prescritos e dos lucros cessantes até ao fim da convalescença, além de outros danos reparáveis".

Nos termos do art. 950 do Código Civil de 2002, se da ofensa resultar defeito pelo qual o ofendido não possa exercer o seu ofício ou profissão, ou se lhe diminuir a capacidade de trabalho, a indenização, além das despesas do tratamento e lucros cessantes até o fim da convalescença, incluirá uma pensão correspondente à importância do trabalho para o qual se inabilitou, ou da depreciação por ele sofrida. Entendo que tal indenização poderá ser pleiteada pelo prejudicado de uma só vez, desde que provados todos os prejuízos, ônus que cabe ao autor da ação reparatória.

Anotam Jones Figueirêdo Alves e Mário Delgado que esse último comando equivale "ao art. 1.539 do Código Civil anterior, com pequena melhoria de redação e inclusão de parágrafo único, tratando de ofensa à integridade física causadora de defeito que impede ou restringe a capacidade de trabalho da vítima, estabelecendo indenização pelos danos sofridos, que deve abranger as despesas hospitalares e pós-hospitalares, bem como os lucros cessantes durante o período em que a vítima esteve inabilitada, e ainda pensão alimentar proporcional ao valor da remuneração recebida pelo trabalho para o qual se inabilitou ou teve reduzida a capacidade laboral".[78] Esse é o correto raciocínio, mais uma vez, sem exclusão dos danos morais e estéticos.

Nesse sentido, preconiza o Enunciado n. 48 do CJF/STJ da *I Jornada de Direito Civil* (2002) que "o parágrafo único do art. 950 do novo Código Civil institui direito potestativo do lesado para exigir pagamento da indenização de uma só vez, mediante arbitramento do valor pelo juiz, atendido ao disposto nos artigos 944 e 945 e à possibilidade econômica do ofensor".

Completando-o, na *IV Jornada de Direito Civil* (2006), foi aprovado o Enunciado n. 381 do CJF/STJ, referente ao mesmo artigo, dispondo que "o lesado pode exigir que a indenização, sob a forma de pensionamento, seja arbitrada e paga de uma só vez, salvo impossibilidade econômica do devedor, caso em que o juiz poderá fixar outra forma de pagamento, atendendo à condição financeira do ofensor e aos benefícios resultantes do pagamento antecipado". Como se nota, o juiz deve analisar o caso concreto, a fim de determinar, do ponto de vista social, qual o melhor momento para o pagamento da indenização.

De qualquer maneira, apesar desse forte entendimento doutrinário no sentido de que a indenização pode ser pleiteada de uma só vez ou de forma sucessiva pela vítima, o STJ tem julgado de forma contrária, em acórdãos mais recentes. Conforme se retira de algumas dessas decisões, só existiria a segunda opção em favor da vítima em determinados casos concretos. Assim concluindo, aresto publicado no *Informativo* n. 561 do Tribunal da Cidadania:

> "Nos casos de responsabilidade civil derivada de incapacitação para o trabalho (art. 950 do CC), a vítima não tem o direito absoluto de que a indenização

---

[78] ALVES, Jones Figueirêdo; DELGADO, Mário Luiz. *Código Civil anotado*, cit., p. 416.

por danos materiais fixada em forma de pensão seja arbitrada e paga de uma só vez, podendo o magistrado avaliar, em cada caso concreto, sobre a conveniência da aplicação da regra que autoriza a estipulação de parcela única (art. 950, parágrafo único, do CC), a fim de evitar, de um lado, que a satisfação do crédito do beneficiário fique ameaçada e, de outro, que haja risco de o devedor ser levado à ruína. (...). Embora a questão não seja pacífica, tem prevalecido na doutrina e na jurisprudência o entendimento de que a regra prevista no parágrafo único não deve ser interpretada como direito absoluto da parte, podendo o magistrado avaliar, em cada caso concreto, sobre a conveniência de sua aplicação, considerando a situação econômica do devedor, o prazo de duração do pensionamento, a idade da vítima etc., para só então definir pela possibilidade de que a pensão seja ou não paga de uma só vez, antecipando-se as prestações vincendas que só iriam ser creditadas no decorrer dos anos. Ora, se a pensão mensal devida em decorrência de incapacidade total ou parcial para o trabalho é vitalícia, como então quantificar o seu valor se, a princípio, não se tem o marco temporal final? A propósito, a Terceira Turma do STJ, em caso versando sobre pagamento de pensão a aluna baleada em *campus* universitário que ficou tetraplégica, decidiu que, 'no caso de sobrevivência da vítima, não é razoável o pagamento de pensionamento em parcela única, diante da possibilidade de enriquecimento ilícito, caso o beneficiário faleça antes de completar sessenta e cinco anos de idade' (REsp 876.448/RJ, *DJe* 21.09.2010)" (STJ, REsp 1.349.968/DF, Rel. Min. Marco Aurélio Bellizze, j. 14.04.2015, *DJe* 04.05.2015).

Na linha do que foi comentado sobre o art. 948 do Código Civil, não me filio ao último julgado, por entender que a forma de pagamento da reparação é uma opção a ser exercida pelas vítimas.

Voltando às *Jornadas de Direito Civil*, na *III Jornada* do mesmo Conselho da Justiça Federal, em 2004, aprovou-se outro enunciado doutrinário com relação ao art. 950 e ao art. 949 do CC, pelo qual "os danos oriundos das situações previstas nos arts. 949 e 950 do Código Civil de 2002 devem ser analisados em conjunto, para o efeito de atribuir indenização por perdas e danos materiais, cumulada com o dano moral e estético" (Enunciado n. 192).

Esse enunciado também conduz à nova leitura da Súmula n. 37 do STJ, pela *tripla cumulação indenizatória*, englobando atualmente os danos materiais, morais e estéticos, exaustivamente referenciada no Capítulo 6 deste livro. Como visto, atualmente não há mais necessidade dessa leitura, diante da atual Súmula n. 387 do STJ que admite os danos estéticos como modalidade à parte de dano reparável.

No que diz respeito ao âmago da fixação da indenização por perda da capacidade laborativa, a título de exemplo, visando a analisar os critérios para a quantificação dos danos materiais e da pensão a ser paga em casos tais, sugere-se a leitura do seguinte julgado do STJ:

"Responsabilidade civil. Pensão. Amputação. Dedos. Retorno. Trabalho. O trabalhador, ao manipular uma prensa carente de peça essencial à sua segurança, sofreu a redução de 30% de sua capacidade laborativa em consequência da perda de vários dedos da mão. Sucede que retornou ao trabalho ao exercer sua antiga função, com melhor remuneração, em várias empresas, até na mesma em que havia sofrido a lesão irreversível. Esse fato levou o Tribunal *a quo*, apesar de majorar a verba correspondente aos danos morais e estéticos, a negar seu pleito de indenização (pensionamento) referente ao dano patrimonial (lucros cessantes), ao fundamento, em suma, da falta de prejuízo. Diante desse panorama, ao retomar o julgamento e lastrear-se na jurisprudência do STJ, a Turma firmou que a melhor interpretação a ser dada ao art. 1.539 do CC/1916 não permite a vinculação da redução da capacidade laborativa aos salários percebidos pelo trabalhador após o sinistro. Anotou ser evidente a depreciação de sua aptidão para o trabalho, o que o leva a despender maior esforço físico e mental, maior sacrifício, para execução das tarefas que lhe são habituais, fato que, no futuro, pode acarretar-lhe decesso. Por fim, conheceu do recurso e aplicou o direito à espécie (art. 257 do RISTJ), ao fixar o pensionamento mensal e vitalício da vítima em 30% do salário que recebia à época do infortúnio, acrescidos de juros moratórios de 6% ao ano e correção monetária, além de determinar a constituição de capital para a garantia de pagamento nos termos da recente Súm. 313-STJ. O Min. Jorge Scartezzini, em minucioso voto-vista, no qual discorre sobre as classificações dos danos, acompanhou a Turma, porém ressalvou seu posicionamento pessoal de que, no caso, há que se comprovarem, efetivamente, os danos patrimoniais ou econômicos surgidos da ofensa à integridade corporal para que seja cabível a indenização, em razão da configuração de dano material emergente (*v.g.*, perda de emprego, rebaixamento salarial, alijamento da função), pois não se deve ressarcir a redução eventual da capacidade laboral, pretensamente, a título de lucro cessante, já que das amputações não se pode concluir a certeza da perda de trabalho ou redução salarial, ou, em realidade, a título de dano hipotético, diante da suposição de que haverá maior sacrifício no cumprimento dos trabalhos, visto que a lesão física, em si mesma considerada, já constitui dano estético e, como tal, deve ser remunerada. Precedentes citados: REsp 402.833/SP, *DJ* 07.04.2003; REsp 478.796/RJ, *DJ* 16.02.2004, e REsp 588.649/RS, *DJ* 08.11.2004" (STJ, REsp 536.140/RS, Rel. Min. Barros Monteiro, j. 14.02.2006).

O que se percebe, em realidade, é que a perda da capacidade laborativa deve ser analisada caso a caso, a fim de determinar qual o real dano sofrido pela vítima. Muitas vezes, o melhor caminho é a prova pericial para o estabelecimento do percentual de perda suportado. Eventualmente, se houver a perda total e permanente da capacidade de trabalhar, é possível a fixação de uma pensão vitalícia à vítima, na linha da mesma jurisprudência do STJ (ver: REsp 130.206/PR, *DJ* 15.12.1997; e REsp 280.391/RJ, *DJ* 27.09.2004, citados como precedentes em REsp 1.278.627/SC, Rel. Min. Paulo de Tarso Sanseverino, j. 18.12.2012). O tema será retomado no Capítulo 11 deste livro.

A Comissão de Juristas encarregada da Reforma do Código Civil também propõe ajustes no art. 950, para que mencione no *caput* a ofensa psicológica, além de menção expressa à indenização pela perda da capacidade laborativa e por outros danos reparáveis, novamente a incluir os danos extrapatrimoniais. Nesse contexto, passará a prever o seguinte: "se da ofensa física ou psicológica resultar defeito pelo qual o ofendido não possa exercer o seu ofício ou profissão ou se lhe diminua a capacidade de trabalho, a indenização, além das despesas do tratamento e lucros cessantes até ao fim da convalescença, incluirá pensão correspondente à importância do trabalho para que se inabilitou ou da depreciação que ele sofreu, além de outros danos reparáveis".

Além disso, no parágrafo único do art. 950 do CC, é incluído no texto legal o teor do Enunciado n. 381, da *IV Jornada de Direito Civil*: "o lesado pode exigir que a indenização sob a forma de pensionamento seja arbitrada e paga de uma só vez, salvo impossibilidade econômica do devedor, caso em que o juiz poderá fixar outra forma de pagamento, atendendo à condição financeira do ofensor e aos benefícios resultantes do pagamento antecipado".

O art. 951 do atual Código Civil brasileiro é o que regulamenta a responsabilidade subjetiva dos profissionais liberais da área da saúde em geral, caso dos médicos, dentistas, enfermeiros, auxiliares de enfermagem, entre outros, prevendo que as regras anteriores aplicam-se "no caso de indenização devida por aquele que, no exercício de atividade profissional, por negligência, imprudência ou imperícia, causar a morte do paciente, agravar-lhe o mal, causar-lhe lesão, ou inabilitá-lo para o trabalho".

Quanto aos direitos do paciente, não se pode esquecer o art. 15 do CC/2002, pelo qual ninguém pode ser constrangido a tratamento médico ou intervenção cirúrgica que implicar risco de vida ou a integridade física do paciente. Essa última norma consagra o *princípio da beneficência* e o *princípio da não maleficência*, regramentos médicos que ganharam *status* de princípios jurídicos pelo Código Civil de 2002.

Com relação ao profissional que presta serviços a consumidor, a responsabilidade subjetiva está consagrada no art. 14, § 4.º, da Lei n. 8.078/1990, o que constitui exceção à regra geral da responsabilização objetiva prevista no CDC, conforme ainda será analisado de forma aprofundada no próximo capítulo desta obra e em outro, que trata da responsabilidade civil profissional (Capítulo 14). Tal estudo levará em conta a divisão das obrigações dos profissionais liberais em obrigação de meio e de resultado. Também serão ali analisadas as propostas feitas pela Comissão de Juristas para a reforma do art. 951 do CC.

Segundo o art. 952 do Código Civil, havendo usurpação ou esbulho de coisa alheia, além da sua restituição, a indenização consistirá em pagar o valor das suas deteriorações e o que for devido a título de lucros cessantes. Se a coisa faltar, o esbulhador deverá indenizar o prejudicado pelo valor correspondente à coisa perdida, tendo em vista a eventual afeição que a pessoa possa ter pela coisa (*valor de afeição*). Nesse último valor, devem também ser incluídos os lucros cessantes, na esteira do Enunciado n. 561 do CJF, da *VI Jornada de Direito Civil* (2013).

Esclarecendo, presente um bem de alta estimação, caberá até eventual indenização por danos morais, havendo um *dano em ricochete*. Como um animal de estimação ainda é considerado, atualmente, coisa pelo Direito Civil brasileiro, tornou-se comum na jurisprudência a indenização por danos imateriais diante da sua perda:

"A morte de animal de estimação por ato voluntário de outrem constitui ilicitude e gera o dever de indenizar. Em se tratando de danos morais, o montante da indenização deve ser suficiente para compensar o dano e a injustiça que a vítima sofreu, proporcionando-lhe uma vantagem com a qual poderá atenuar parcialmente seu sofrimento. A reparação moral tem função compensatória e punitiva. A primeira, compensatória, deve ser analisada sob os prismas da extensão do dano e das condições pessoais da vítima. A finalidade punitiva, por sua vez, tem caráter pedagógico e preventivo, pois visa desestimular o ofensor a reiterar a conduta ilícita. A fixação do *quantum* indenizatório deve ser feita com prudente arbítrio, observadas as circunstâncias do caso, para que não haja enriquecimento à custa do empobrecimento alheio, mas também para que o valor não seja irrisório" (TJMG, Apelação Cível 1.0145.11.045642-6/001, Rel. Des. Edison Feital Leite, j. 22.01.2015, *DJEMG* 30.01.2015).

"Recurso inominado. Reparação de danos. Morte do animal de estimação. Cão que, encaminhado ao estabelecimento réu para cirurgia, veio a falecer após uma parada cardiorrespiratória em virtude de aplicação de anestesia geral. Hipótese em que a clínica demandada não comprovou a realização de exames pré-operatórios. Falha na prestação dos serviços evidenciada. Dano moral ocorrente. *Quantum* mantido. 1. O valor da condenação por dano moral deve observar como balizadores o caráter reparatório e punitivo da condenação. Não há de que incorrer em excesso que leve ao enriquecimento sem causa, tampouco em valor que descure do caráter pedagógico-punitivo da medida. 2. *Quantum* indenizatório fixado (R$ 3.500,00), que vai mantido, pois quantia que se mostra adequada e razoável ao abalo suportado no caso em tela. Recurso improvido" (TJRS, Recurso Cível 0021184-94.2015.8.21.9000, 1.ª Turma Recursal Cível, Porto Alegre, Rel. Des. Mara Lúcia Coccaro Martins Facchini, j. 1.º.10.2015, *DJERS* 06.10.2015).

"Responsabilidade civil. Fuga de animal sob a guarda de clínica veterinária. Culpa *in vigilando*. Danos materiais e morais. Valoração adequada. Possibilidade de cumulação (Súmula 37, STJ). Sucumbência proporcional. Dano moral. Valor estimativo. Honorários proporcionais (art. 20, § 3.º, c/c o art. 21, *caput*, do CPC). 1. Comprovada a culpa *in vigilando*, cabível a indenização dos danos suportados pela parte requerente. 2. Possibilidade de cumulação de danos materiais e morais, inteligência e aplicação da Súmula 37 do Superior Tribunal de Justiça. 3. O valor da indenização pedido na inicial, por ser meramente estimativo, não resulta em sucumbência do pedido, uma vez que não importa no decaimento do pedido. 4. Os honorários devem ser fixados proporcionalmente à vitória de derrota de cada parte. Interpretação do artigo 20, § 3.º, cumulado com o 21, *caput*, do Código de Processo Civil" (TACPR, Apelação Cível 0189202-6, Ac. 167718, 9.ª Câmara Cível, Cascavel, Juiz Nilson Mizuta, j. 25.03.2003, publicação 25.04.2003).

Entretanto, há quem entenda de modo diverso, podendo ser colacionadas as seguintes ementas, afastando os danos morais pela morte do animal doméstico:

"Consumidor e processo civil. Apelação cível. Animal de estimação. Morte. Nexo de causalidade. Dano material. Ausência de dano moral. Obrigação contratual. Juros de mora. Termo inicial. 1. A morte de animal, em razão da ausência de indicação adequada do cuidado pós-operatório pelo hospital veterinário, enseja o ressarcimento por danos materiais ao proprietário. 2. Os direitos de personalidade da autora não são violados com a morte do animal doméstico. 3. Nos casos de responsabilidade contratual contam-se os juros de mora desde a citação. 4. Recurso parcialmente provido" (TJDF, Apelação Cível 2011.01.1.178945-9, Acórdão 946.448, 2.ª Turma Cível, Rel. Des. Mário-Zam Belmiro Rosa, j. 1.º.06.2016, *DJDFTE* 13.06.2016).

"Indenização. Morte de cão de estimação. Dano moral indevido. Por mais estimado que seja o animal doméstico, não pode se equiparar a sua morte à perda de um filho, sendo o dano moral em razão da morte do animal, mesmo que decorrente de ato ilícito, indevido" (TACMG, Acórdão 0379911-1, Apelação Cível, 6.ª Câmara Cível, Belo Horizonte/Siscon, Rel. Juiz Valdez Leite Machado, j. 19.12.2002, unânime).

Acredito que somente quem já teve ou tem um animal de estimação sabe muito bem sobre o sentimento de apego que o convívio constante pode desenvolver. Fica claro, portanto, que me filio ao primeiro entendimento, sendo pertinente lembrar que a atuação do magistrado acaba sendo influenciada por questões valorativas.

Também compreendo que a dor pela perda de um animal doméstico não é como a morte de um filho, mas não se trata de mero aborrecimento, constituindo verdadeiro dano moral, em muitos casos. Deve o juiz da causa analisar as circunstâncias da situação concreta para a determinação da indenização.

Com a aprovação da Reforma do Código Civil, não restarão mais dúvidas quanto à possibilidade de se pleitear danos extrapatrimoniais, a incluir os danos morais, por morte ou por maus-tratos de animais de estimação. Além do antes citado reconhecimento dos animais como *seres sencientes* (novo art. 91-A), propõe-se a inclusão de um comando, no capítulo dos direito da personalidade, que reconhece a afetividade da pessoa humana em relação aos seus animais domésticos e de estimação.

Trata-se da nova redação que será atribuída ao art. 19 da codificação privada, *in verbis*: "a afetividade humana também se manifesta por expressões de cuidado e de proteção aos animais que compõem o entorno sociofamiliar da pessoa". Ao contrário do que sustentaram alguns, não trata o preceito do reconhecimento da *família multiespécie*, de seres humanos com animais, mas apenas de um dispositivo que, ao reconhecer a relação de afeto, terá o condão de beneficiar os donos e tutores dos animais domésticos com as medidas preventivas e reparatórias para a proteção dos direitos da personalidade, previstas no art. 12 do Código Civil.

Com isso, a citada indenização será destinada para as pessoas que mantêm essa relação de afeto, e não para os animais, o que chegou a ser defendido nas audiências púbicas preliminares à citada reforma e não aceito pela Comissão de Juristas, no texto final do projeto apresentado ao Senado Federal.

Relativamente à indenização por injúria, difamação ou calúnia, crimes contra a honra, o art. 953 do Código Civil adota a possibilidade de reparação, podendo o dano atingir tanto a honra subjetiva – autoestima – quanto a honra objetiva –

repercussão social da honra – de alguém. Caso o ofendido não possa provar o prejuízo material, caberá ao juiz fixar, equitativamente, o valor da indenização, na conformidade das circunstâncias do caso (art. 953, parágrafo único, do CC).

Na doutrina, Regina Beatriz Tavares da Silva sempre sustentou a inconstitucionalidade desse parágrafo único, apresentando na Câmara dos Deputados uma proposta de alteração desse dispositivo por meio do antigo Projeto n. 6.960/2002 , para a retirada dessa ressalva. Vejamos as palavras do Deputado Ricardo Fiuza, autor do projeto, citando a doutrinadora:

> "O dispositivo estabelece a reparação dos danos por violação à honra, que é direito da personalidade composto de dois aspectos: objetivo – consideração social – e subjetivo – autoestima. Entretanto, o dispositivo constante do parágrafo único pode acarretar interpretação pela qual, diante de ofensa à honra, somente o dano material é, a princípio, indenizável, sendo cabível o dano moral somente em face da inexistência de dano material. A possibilidade de cumulação da indenização do dano moral com o dano material está pacificada em nosso direito, inclusive por meio da Súmula 37 do Superior Tribunal de Justiça, pela qual 'São cumuláveis as indenizações por dano material e dano moral oriundos do mesmo fato'. Com a consagração constitucional da indenizabilidade do dano moral, inclusive cumulado com o dano material, não pode remanescer qualquer dúvida quanto à cumulatividade das duas indenizações (CF, art. 5.º, incisos V e X). Saliente-se que o art. 5.º, inciso V, da Constituição Federal assegura precisamente a indenizabilidade dos danos morais e materiais por ofensa à honra, de modo que o parágrafo único deste artigo deve ser considerado inconstitucional. Por esta razão, deve-se suprimir o parágrafo único, em preservação da indenizabilidade dos danos morais e materiais resultantes de ofensa à honra".[79]

Sempre concordei com tal proposta de alteração, que afastava dúvidas e esclarece o tratamento do tema, assunto que será analisado, mais à frente, em capítulo próprio, que trata da responsabilidade civil na transmissão das informações (Capítulo 15).

De todo modo, no projeto de Reforma do Código Civil, diante desses problemas e de outros, sobretudo tendo em vista a desatualização do seu conteúdo, a Comissão de Juristas propõe a revogação expressa do art. 953 do Código Civil.

No caso de ofensa à liberdade pessoal, a indenização consistirá no pagamento das perdas e danos que sobrevierem ao ofendido (art. 954 do CC). Contudo, não havendo possibilidade de prova do prejuízo, aplicar-se-á o art. 953, parágrafo único, da codificação material. Mais uma vez, cabe a alegação de inconstitucionalidade também desse dispositivo, inclusive por lesão à proteção da dignidade da pessoa.

Por fim, por esse mesmo art. 954, parágrafo único, do CC, devem ser considerados atos ofensivos da liberdade pessoal: *a)* o cárcere privado; *b)* a prisão por queixa ou denúncia falsa e de má-fé; *c)* a prisão ilegal. O dispositivo tem

---

[79] FIUZA, Ricardo. *O novo Código Civil e as propostas de aperfeiçoamento*, cit.

grande aplicação prática, notadamente nos casos de prisão ilegal. A jurisprudência tem sido implacável na condenação de agentes e do próprio Estado em situações tais, o que será abordado no Capítulo 10 desta obra.

Importante pontuar que pelo antigo Projeto n. 6.960/2002, foi elaborada uma proposta de modificação do art. 954 da atual codificação nos seguintes pontos: 1) no *caput*, que deixará de condicionar a reparabilidade do dano moral à existência do dano material, como faz o *caput* ao referir-se ao parágrafo único do artigo antecedente (art. 953 do CC); e 2) no parágrafo único desse comando legal, para deixar claro que o rol constante desse comando legal tem caráter meramente exemplificativo, e não taxativo.[80]

A redação projetada pelo antigo Projeto Fiuza era a seguinte: "Art. 954. A indenização por ofensa à liberdade pessoal consistirá no pagamento dos danos que sobrevierem ao ofendido. Parágrafo único. Consideram-se, dentre outros atos, ofensivos à liberdade pessoal: I – o cárcere privado; II – a prisão por queixa ou denúncia falsa e de má-fé; III – a prisão ilegal".

Mais uma vez, sempre estive filiado à proposta de alteração formulada pelo Deputado Fiuza, pois ela deixava em aberto a ampla reparação dos danos, particularmente aqueles que surgirem da evolução da responsabilidade civil, na perspectiva de admissão de novos danos.

Mais uma vez, no projeto de Reforma do Código Civil, diante dos problemas expostos, a Comissão de Juristas propõe a revogação expressa do art. 954 do Código Civil.

Como palavras finais para este capítulo, de fato, o Código Civil traz muitas deficiências e insuficiências no tratamento da indenização, não consagrando critérios seguros para a sua fixação, sem falar nas inconstitucionalidades e desatualizações por último citadas.

Por isso, têm razão as críticas formuladas no âmbito doutrinário, havendo a necessidade de rever a codificação privada nesse tratamento da responsabilidade civil, o que está sendo proposto, de forma ampla, pela Comissão de Juristas encarregada da Reforma do Código Civil, ora em trâmite no Congresso Nacional.

---

[80] ALVES, Jones Figueirêdo; DELGADO, Mário Luiz. *Código Civil anotado*, cit., p. 420.

8

RESPONSABILIDADE CIVIL NO CÓDIGO DE DEFESA DO CONSUMIDOR[1]

Sumário: 1. A unificação da responsabilidade civil pelo Código de Defesa do Consumidor. A responsabilidade civil objetiva e solidária como regra do Código do Consumidor. A responsabilidade subjetiva dos profissionais liberais como exceção – 2. Análise dos casos específicos de responsabilidade civil pelo Código de Defesa do Consumidor: 2.1. As quatro hipóteses tratadas pela Lei n. 8.078/1990 com relação ao produto e ao serviço. Vício *versus* fato (defeito). Panorama geral e a questão da solidariedade; 2.2. Responsabilidade civil pelo vício do produto; 2.3. Responsabilidade civil pelo fato do produto ou defeito; 2.4. Responsabilidade civil pelo vício do serviço; 2.5. Responsabilidade civil pelo fato do serviço ou defeito – 3. O consumidor equiparado e a responsabilidade civil. Aprofundamentos quanto ao tema e confrontações com o art. 931 do Código Civil – 4. Excludentes de responsabilidade civil pelo Código de Defesa do Consumidor: 4.1. As excludentes da não colocação do produto no mercado e da ausência de defeito; 4.2. A excludente da culpa ou fato exclusivo de terceiro; 4.3. A excludente da culpa ou fato exclusivo do próprio consumidor; 4.4 O enquadramento do caso fortuito e da força maior como excludentes da responsabilidade civil consumerista; 4.5. Os riscos do desenvolvimento como excludentes de responsabilidade pelo Código de Defesa do Consumidor – 5. O fato concorrente do consumidor como atenuante da responsabilidade civil dos fornecedores e prestadores – 6. A responsabilidade civil pelo cigarro e o Código de Defesa do Consumidor – 7. A responsabilidade civil pelo Código de Defesa do Consumidor e o *recall* – 8. Da responsabilidade civil decorrente da oferta ou publicidade regulada pelo Código de Defesa do Consumidor: 8.1. Panorama geral sobre a tutela da informação e o Código de Defesa do Consumidor; 8.2. A força vinculativa da oferta no art. 30 da Lei n. 8.078/1990; 8.3. O conteúdo da oferta e a manutenção

---

[1] Este capítulo é reprodução de grande parte dos Capítulos 4, 6 e 8 do meu *Manual de Direito do Consumidor. Volume Único*, escrito em coautoria com Daniel Amorim Assumpção Neves (13. ed. São Paulo: Método, 2024). Porém, as pesquisas e posições anteriores foram revistas, atualizadas e ampliadas. Cabe também ressaltar que aqueles capítulos foram desenvolvidos isoladamente por mim, sem a participação do coautor da outra obra.

de sua integralidade; 8.4. A responsabilidade civil objetiva e solidária decorrente da oferta; 8.5. A publicidade no Código de Defesa do Consumidor. Princípios informadores. Publicidades vedadas ou ilícitas – 9. Responsabilidade civil do Código do Consumidor e cadastro de inadimplentes – 10. Responsabilidade civil dos bancos.

1. A UNIFICAÇÃO DA RESPONSABILIDADE CIVIL PELO CÓDIGO DE DEFESA DO CONSUMIDOR. A RESPONSABILIDADE CIVIL OBJETIVA E SOLIDÁRIA COMO REGRA DO CÓDIGO DO CONSUMIDOR. A RESPONSABILIDADE SUBJETIVA DOS PROFISSIONAIS LIBERAIS COMO EXCEÇÃO

Como exposto no Capítulo 1 deste livro, desde os primórdios do Direito Romano, convencionou-se classificar a responsabilidade civil, quanto à origem, em contratual ou negocial e extracontratual ou *aquiliana*, a última devido à sua origem na *Lex Aquilia de Damno*. Essa divisão, consagradora de um *modelo dualista ou binário de responsabilidade civil*, acabou por influenciar a elaboração das codificações privadas modernas, e pode ser retirada da organização tanto do Código Civil de 1916 com do Código Civil de 2002.

Apesar da consolidação dessa *setorização* ou *summa divisio* no sistema nacional, pelo menos em regra, o Código Brasileiro de Defesa do Consumidor representa uma superação desse *modelo dual* anterior, unificando a responsabilidade civil.

Na verdade, pela Lei Consumerista, pouco importa se a responsabilidade civil decorre de um contrato ou não, pois o tratamento diferenciado se refere apenas aos produtos e serviços, enquadrando-se nos últimos a veiculação de informações pela oferta e publicidade.[2]

Por oportuno, destaque-se que, sem qualquer distinção a respeito da responsabilidade civil, a Lei n. 8.078/1990 aplica-se à atual problemática dos *contratos coligados* e dos deveres deles decorrentes, tão comuns no mercado de consumo.

Tais negócios estão interligados por um ponto ou nexo de convergência, seja direto ou indireto, presentes, por exemplo, nos contratos de plano de saúde, na incorporação imobiliária ou outros negócios imobiliários, bem como em contratos eletrônicos ou digitais.[3]

Como já demonstrado exaustivamente neste livro, o Código Brasileiro de Defesa do Consumidor consagra como regra a responsabilidade objetiva e solidária dos fornecedores de produtos e prestadores de serviços, perante os

---

[2] A tentativa de unificação da responsabilidade civil pelo CDC é apresentada, entre outros, por: CALIXTO, Marcelo Junqueira. *A culpa na responsabilidade civil*. Estrutura e função, cit., p. 81; SANSEVERINO, Paulo de Tarso Vieira. *Responsabilidade civil no Código do Consumidor e a defesa do fornecedor*, 2. ed., cit.
[3] Sobre o tema dos contratos coligados: HIRONAKA, Giselda Maria Fernandes Novaes. Contratos atípicos e contratos coligados: características fundamentais e dessemelhança. *Direito Civil*: estudos. Belo Horizonte: Del Rey, 2000. p. 135; LEONARDO, Rodrigo Xavier. *Redes contratuais no mercado habitacional*. São Paulo: Saraiva, 2003; MARINO, Francisco Paulo de Crescenzo. *Contratos coligados no direito brasileiro*. São Paulo: Saraiva, 2009.

consumidores. Essa opção visa a facilitar a tutela dos direitos do consumidor em prol da *reparação integral dos danos,* constituindo um aspecto material do acesso à justiça.

Desse modo, não tem o consumidor o ônus de comprovar a culpa dos réus nas hipóteses de vícios ou defeitos dos produtos ou serviços. Trata-se de hipótese de responsabilidade independentemente de culpa, prevista expressamente em lei, nos moldes do que preceitua a primeira parte do art. 927, parágrafo único, do Código Civil, conforme analisado no capítulo anterior do livro.

Deve ficar bem claro que, como a *responsabilidade objetiva consumerista* é especificada em lei, não se debate a existência ou não de uma atividade de risco, nos termos da segunda parte do comando, que consagra a chamada *cláusula geral de responsabilidade objetiva*.

Na verdade, o CDC adotou expressamente a ideia da *teoria do risco-proveito,* aquele que gera a responsabilidade sem culpa justamente por trazer benefícios, ganhos ou vantagens.

Em outras palavras, aquele que expõe ao risco outras pessoas, determinadas ou não, por dele tirar um benefício, direto ou não, deve arcar com as consequências da situação de agravamento. Uma dessas decorrências é justamente a responsabilidade objetiva e solidária dos agentes envolvidos com a prestação ou fornecimento.

A par dessa forma de pensar, José Geraldo Brito Filomeno apresenta os seguintes pontos fundamentais para justificar a responsabilidade objetiva prevista na Lei n. 8.078/1990: *a)* a produção em massa; *b)* a vulnerabilidade do consumidor; *c)* a insuficiência da responsabilidade subjetiva para resolver adequadamente as demandas fundadas no consumo; *d)* a existência de antecedentes legislativos, ainda que limitados a certas atividades; *e)* o fato de que o fornecedor tem de responder pelos riscos que seus produtos acarretam, já que lucra com a venda.[4] Relativamente ao último fator, leciona o jurista, mencionando a sua origem romana: "como já de resto diziam os romanos, 'ubi emolumentum ibi onus, ubi commoda, ibi incommoda', ou seja, quem lucra com determinada atividade que representa um risco a terceiro deve também responder pelos danos que a mesma venha a acarretar".[5]

Consigne-se que várias decisões jurisprudenciais fazem menção à tal máxima e à concepção do *risco-proveito* (por todos: STJ, REsp 1.606.360/SC, 3.ª Turma, Rel. Min. Nancy Andrighi, j. 19.10.2017, *DJe* 30.10.2017; STJ, EDcl no REsp 1.127.403/SP, 4.ª Turma, Rel. Min. Marco Buzzi, j. 04.11.2014, *DJe* 14.11.2014; TJDF, Recurso Inominado 0731579-80.2015.8.07.0016, 3.ª Turma Recursal dos Juizados Especiais, Rel. Juiz Asiel Henrique de Sousa, j. 20.09.2016, *DJDFTE* 27.09.2016; TJRS, Apelação Cível 0306485-11.2015.8.21.7000, 9.ª Câmara Cível, Sananduva, Rel. Des. Eugênio Facchini Neto, j. 25.11.2015; TJSP, Apelação 4002586-41.2013.8.26.0533, Acórdão 8959634, 24.ª Câmara de Direito Privado,

---

[4] FILOMENO, José Geraldo Brito. *Manual de Direito do Consumidor.* 9. ed. São Paulo: Atlas, 2007. p. 171.
[5] FILOMENO, José Geraldo Brito. *Manual de Direito do Consumidor,* cit., p. 171.

Santa Bárbara d'Oeste, Rel. Des. Ferreira da Cruz, j. 05.11.2015, *DJESP* 17.11.2015; TJMG, Apelação Cível 5253483-86.2008.8.13.0702, 14.ª Câmara Cível, Uberlândia, Rel. Des. Rogério Medeiros, j. 03.02.2011, *DJEMG* 15.03.2011; TJSP, Apelação com Revisão 554.789.4/0, Acórdão 3578545, 3.ª Câmara de Direito Privado, Santos, Rel. Des. Egidio Giacóia, j. 07.04.2009, *DJESP* 08.05.2009; e TJRJ, Apelação Cível 2006.001.48011, 4.ª Câmara Cível, Rel. Des. Sidney Hartung, j. 13.03.2007).

Essa responsabilidade objetiva gera uma inversão automática e legal do ônus da prova, não havendo necessidade de o consumidor demonstrar o dolo ou a culpa do fornecedor ou prestador. Nesse sentido, aliás, ementa publicada pelo Superior Tribunal de Justiça por meio da ferramenta *Jurisprudência em Teses* (Edição n. 39), em 2015, segundo a qual, "em demanda que trata da responsabilidade pelo fato do produto ou do serviço (arts. 12 e 14 do CDC), a inversão do ônus da prova decorre da lei (*ope legis*), não se aplicando o art. 6.º, inciso VIII, do CDC". Como se nota, não é preciso buscar socorro na inversão do ônus da prova quanto ao elemento culpa, pois essa inversão já é automática.

O Código de Defesa do Consumidor, ao adotar a premissa geral de responsabilidade objetiva, quebra a regra da responsabilidade subjetiva prevista pelo Código Civil de 2002, fundada na culpa *lato sensu*, que engloba o dolo (intenção de causar prejuízo por ação ou omissão voluntária) e a culpa *stricto sensu* (desrespeito a um dever preexistente, seja ele legal, contratual ou social). Vejamos o quadro com essa confrontação, o que é fundamental para a compreensão inicial a respeito do tema:

Código Civil de 2002	Código de Defesa do Consumidor
Regra: Responsabilidade civil subjetiva, fundada na culpa *lato sensu* ou em sentido amplo (arts. 186 e 927, parágrafo único, do CC).	**Regra:** Responsabilidade civil objetiva dos fornecedores de produtos e prestadores de serviços (arts. 12, 14, 18, 19 e 20 do CDC).
Exceção: Responsabilidade civil objetiva, nos casos especificados em lei ou presente a atividade de risco (art. 927, parágrafo único, do CC). O próprio Código Civil consagra várias hipóteses de responsabilidade objetiva, como nos casos de ato de terceiro (arts. 932 e 933), fato do animal (art. 936) e fato da coisa (arts. 937 e 938).	**Exceção:** Responsabilidade civil subjetiva dos profissionais liberais (art. 14, § 4.º, do CDC).

Conforme se retira da exposição acima, a regra da responsabilidade objetiva do Código Consumerista é quebrada com relação aos profissionais liberais que prestam serviço, uma vez que somente respondem mediante a prova de culpa, consagrada a sua responsabilidade subjetiva. Enuncia o art. 14, § 4.º, da Lei n. 8.078/1990 que "a responsabilidade pessoal dos profissionais liberais será apurada mediante a verificação da culpa". Para caracterização desse profissional liberal, preciosas são as lições de Rizzatto Nunes, no sentido de que devem estar presentes as seguintes características: *a)* autonomia profissional, sem subordinação; *b)* prestação pessoal dos serviços; *c)* elaboração de regras pessoais de atendimento; *d)* atuação lícita e eticamente admitida.[6]

A norma é justificada, visto que os profissionais liberais individuais, assim como os consumidores, estão muitas vezes em posição de vulnerabilidade ou hipossuficiência. Além disso, quando o serviço é prestado por um profissional liberal, há um caráter personalíssimo ou *intuitu personae* na relação jurídica estabelecida, conforme expõe Zelmo Denari.[7]

Desse modo, a título de exemplo, a responsabilidade pessoal de advogados, dentistas e médicos somente existe no âmbito consumerista se provada a sua culpa, ou seja, o seu dolo – intenção de causar prejuízo –, ou a sua culpa, por imprudência (falta de cuidado + ação), negligência (falta de cuidado + omissão) ou imperícia (falta de qualificação geral para desempenho de uma atribuição).

Também se utiliza como justificativa para a responsabilidade subjetiva dos profissionais liberais a premissa da *assunção de uma obrigação de meio ou de diligência*. Nas hipóteses envolvendo os profissionais da área de saúde, caso dos médicos, a responsabilidade subjetiva é expressa pelo art. 951 do Código Civil, cuja transcrição é pertinente, mais uma vez, para a visualização completa do tema: "o disposto nos arts. 948, 949 e 950 aplica-se ainda no caso de indenização devida por aquele que, no exercício de atividade profissional, por negligência, imprudência ou imperícia, causar a morte do paciente, agravar-lhe o mal, causar-lhe lesão, ou inabilitá-lo para o trabalho".

No entanto, há uma questão relevante, controvertida e profunda relativa à obrigação assumida pelos profissionais liberais, notadamente pelos médicos, o que tem relação com a classificação das obrigações quanto ao conteúdo.

Essa classificação, em *obrigações de meio e de resultado*, é atribuída a Demogue, conforme aponta a doutrina civilista brasileira.[8] Nesse contexto, de acordo com Washington de Barros Monteiro, na obrigação de resultado "obriga-se o devedor a realizar um fato determinado, adstringe-se a alcançar certo objetivo". Já na obrigação de meio "o devedor obriga-se a empregar diligência, a conduzir-se com prudência, para atingir a meta colimada pelo ato".[9]

Como consequência lógica dessa conclusão conceitual, sustenta-se que a obrigação de meio gera responsabilidade subjetiva, enquanto a de resultado ocasiona a responsabilidade objetiva ou a culpa presumida.[10] Em certo sentido, a afirmação, no caso brasileiro, parece decorrer da evolução a respeito do contrato de transporte, desde o Decreto-lei n. 2.681, de 1912, que trata da responsabili-

---

[6] RIZZATTO NUNES, Luiz Antonio. *Comentários ao Código de Defesa do Consumidor*. 3. ed. São Paulo: Saraiva, 2007. p. 230-231.
[7] DENARI, Zelmo. *Código de Defesa do Consumidor*. Comentado pelos autores do anteprojeto. 8. ed. Rio de Janeiro: Forense Universitária, 2004. p. 196-197.
[8] BARROS MONTEIRO, Washington de. *Curso de Direito Civil*. Direito das obrigações. 1.ª parte. 32. ed. atual. por Carlos Alberto Dabus Maluf. São Paulo: Saraiva, 2003. v. 4, p. 56.
[9] BARROS MONTEIRO, Washington de. *Curso de Direito Civil*. Direito das obrigações, 32. ed., cit., p. 56.
[10] Por todos, entre os civilistas: DINIZ, Maria Helena. *Curso de Direito Civil brasileiro*. Teoria geral das obrigações, 24. ed., cit., p. 206-207; GAGLIANO, Pablo Stolze; PAMPLONA FILHO, Rodolfo. *Novo curso de Direito Civil*, 8. ed., cit., p. 96-97. Os últimos autores falam em culpa presumida.

dade das empresas de estradas de ferro e que passou a ser aplicada por analogia a todos os tipos de transporte.

A citada norma previa a culpa presumida das transportadoras, havendo evolução para a responsabilidade sem culpa ou objetiva. Diante da *cláusula de incolumidade* presente no transporte, relativa a uma obrigação de resultado de levar a pessoa ou a coisa até o destino com segurança, a afirmação que relaciona a obrigação de resultado à responsabilidade sem culpa ganhou força no cenário brasileiro.

Do transporte, passou a premissa teórica relativa às obrigações de resultado a atingir os médicos que assumem obrigação de fim, mais especificamente os médicos-cirurgiões plásticos estéticos, no caso de cirurgia embelezadora, conforme várias decisões de nossos Tribunais (por todos: TJSP, Apelação com Revisão 238.350.4/2, Acórdão 3423421, 10.ª Câmara de Direito Privado, São Paulo, Rel. Des. Octavio Helena, j. 02.12.2008, *DJESP* 19.02.2009; TJRS, Acórdão 70022772537, 9.ª Câmara Cível, São Borja, Rel. Des. Tasso Caubi Soares Delabary, j. 10.09.2008, *DOERS* 16.09.2008, p. 42; TJMG, Apelação Cível 2.0000.00.495907-9/0001, 13.ª Câmara Cível, Lavras, Rel. Des. Fábio Maia Viani, j. 1.º.11.2007, *DJEMG* 1.º.12.2007; TJPR, Apelação Cível 0241611-3, 5.ª Câmara Cível, Londrina, Rel. Juiz Convocado Sérgio Luiz Patitucci, *DJPR* 07.12.2007, p. 124; TJRJ, Acórdão 2007.001.08531, 17.ª Câmara Cível, Rel. Des. Maria Inês da Penha Gaspar, j. 21.03.2007; TJDF, Apelação Cível 19990110286579, Acórdão 141243, 5.ª Turma Cível, Rel. Des. Haydevalda Sampaio, j. 11.06.2001, *DJU* 15.08.2001, p. 70). Do Superior Tribunal de Justiça pode ser destacada a seguinte ementa:

> "Civil e processual. Cirurgia estética ou plástica. Obrigação de resultado (responsabilidade contratual ou objetiva). Indenização. Inversão do ônus da prova. I – Contratada a realização da cirurgia estética embelezadora, o cirurgião assume obrigação de resultado (responsabilidade contratual ou objetiva), devendo indenizar pelo não cumprimento da mesma, decorrente de eventual deformidade ou de alguma irregularidade. II – Cabível a inversão do ônus da prova. III – Recurso conhecido e provido" (STJ, REsp 81.101/PR, 3.ª Turma, Rel. Min. Waldemar Zveiter, j. 13.04.1999, *DJ* 31.05.1999, p. 140).

Ademais, cumpre anotar que existem decisões que concluem que o médico tem culpa presumida ao assumir a obrigação de resultado, ou seja, posiciona-se na transição para a responsabilidade sem culpa. Nessa linha, sem prejuízo de julgados dos Tribunais estaduais no mesmo sentido:

> "Cirurgia estética. Danos morais. Nos procedimentos cirúrgicos estéticos, a responsabilidade do médico é subjetiva com presunção de culpa. Esse é o entendimento da Turma que, ao não conhecer do apelo especial, manteve a condenação do recorrente – médico – pelos danos morais causados ao paciente. Inicialmente, destacou-se a vasta jurisprudência desta Corte no sentido de que é de resultado a obrigação nas cirurgias estéticas, comprometendo-se o profissional com o efeito embelezador prometido. Em seguida, sustentou-se que, conquanto a obrigação seja de resultado, a responsabilidade do médico permanece subjetiva, com inversão do ônus da prova, cabendo-lhe comprovar

que os danos suportados pelo paciente advieram de fatores externos e alheios a sua atuação profissional. Vale dizer, a presunção de culpa do cirurgião por insucesso na cirurgia plástica pode ser afastada mediante prova contundente de ocorrência de fator imponderável, apto a eximi-lo do dever de indenizar. Considerou-se, ainda, que, apesar de não estarem expressamente previstos no CDC o caso fortuito e a força maior, eles podem ser invocados como causas excludentes de responsabilidade dos fornecedores de serviços. No caso, o tribunal *a quo*, amparado nos elementos fático-probatórios contidos nos autos, concluiu que o paciente não foi advertido dos riscos da cirurgia e também o médico não logrou êxito em provar a ocorrência do fortuito. Assim, rever os fundamentos do acórdão recorrido importaria necessariamente no reexame de provas, o que é defeso nesta fase recursal ante a incidência da Súm. n. 7/STJ" (STJ, REsp 985.888/SP, Rel. Min. Luis Felipe Salomão, j. 16.02.2012, publicado no *Informativo* n. *491* do STJ).

"Civil. Processual civil. Recurso especial. Responsabilidade civil. Nulidade dos acórdãos proferidos em sede de embargos de declaração não configurada. Cirurgia plástica estética. Obrigação de resultado. Dano comprovado. Presunção de culpa do médico não afastada. Precedentes. 1. Não há falar em nulidade de acórdão exarado em sede de embargos de declaração que, nos estreitos limites em que proposta a controvérsia, assevera inexistente omissão do aresto embargado, acerca da especificação da modalidade culposa imputada ao demandado, porquanto assentado na tese de que presumida a culpa do cirurgião plástico em decorrência do insucesso de cirurgia plástica meramente estética. 2. A obrigação assumida pelo médico, normalmente, é obrigação de meios, posto que objeto do contrato estabelecido com o paciente não é a cura assegurada, mas sim o compromisso do profissional no sentido de um prestação de cuidados precisos e em consonância com a ciência médica na busca pela cura. 3. Apesar de abalizada doutrina em sentido contrário, este Superior Tribunal de Justiça tem entendido que a situação é distinta, todavia, quando o médico se compromete com o paciente a alcançar um determinado resultado, o que ocorre no caso da cirurgia plástica meramente estética. Nesta hipótese, segundo o entendimento nesta Corte Superior, o que se tem é uma obrigação de resultados e não de meios. 4. No caso das obrigações de meio, à vítima incumbe, mais do que demonstrar o dano, provar que este decorreu de culpa por parte do médico. Já nas obrigações de resultado, como a que serviu de origem à controvérsia, basta que a vítima demonstre, como fez, o dano (que o médico não alcançou o resultado prometido e contratado) para que a culpa se presuma, havendo, destarte, a inversão do ônus da prova. 5. Não se priva, assim, o médico da possibilidade de demonstrar, pelos meios de prova admissíveis, que o evento danoso tenha decorrido, por exemplo, de motivo de força maior, caso fortuito ou mesmo de culpa exclusiva da 'vítima' (paciente). 6. Recurso especial a que se nega provimento" (STJ, REsp 236.708/MG, 4.ª Turma, Rel. Min. Carlos Fernando Mathias (Juiz Federal Convocado do TRF 1.ª Região), j. 10.02.2009, *DJe* 18.05.2009).

De toda sorte, deve-se fazer uma ressalva com relação ao *médico-cirurgião plástico reparador*, que não assume obrigação de resultado, mas de meio, sujeitando-se à responsabilidade subjetiva. A atuação de tais profissionais é comum nos casos de acidentes, surgindo a necessidade de prova de culpa para a sua responsabilidade, conforme a melhor jurisprudência (a ilustrar: TJSP, Apelação com Revisão 317.053.4/2, Acórdão 3248005, 3.ª Câmara de Direito Privado, Campinas, Rel. Des. Jesus de Nazareth Lofrano, j. 16.09.2008, *DJESP* 10.10.2008; TJMG, Acórdão 1.0024.03.038091-9/001, 17.ª Câmara Cível, Belo Horizonte, Rel. Des. Eduardo Mariné da Cunha, j. 03.08.2006, *DJMG* 31.08.2006).

Na mesma linha, as palavras de Pablo Stolze Gagliano e Rodolfo Pamplona Filho, para quem, "em se tratando de cirurgia plástica estética, haverá, segundo a melhor doutrina, obrigação de resultado. Entretanto, se se tratar de cirurgia plástica reparadora (decorrente de queimaduras, por exemplo), a obrigação do médico será reputada de meio, e a sua responsabilidade excluída, se não conseguir recompor integralmente o corpo do paciente, a despeito de haver utilizado as melhores técnicas disponíveis".[11]

Por fim, quanto às ilustrações, existem outras interpretações jurisprudenciais relativas à obrigação de resultado dos dentistas e de outros profissionais da área da saúde (quanto ao dentista estético: TJRS, Acórdão 70006078000, 9.ª Câmara Cível, São Leopoldo, Rel. Des. Adão Sergio do Nascimento Cassiano, j. 17.11.2004).

A jurisprudência superior já concluiu pela presença da obrigação de resultado na atuação do médico responsável pela ultrassonografia, em decisão que encerra polêmica quando exposta:

> "Agravo regimental no agravo de instrumento. Ação de indenização. Erro médico. Diagnóstico de gestação gemelar. Existência de um único nascituro. Dano moral configurado. Exame. Obrigação de resultado. Responsabilidade objetiva. Agravo regimental improvido. I – O exame ultrassonográfico para controle de gravidez implica obrigação de resultado, caracterizada pela responsabilidade objetiva. II – O erro no diagnóstico de gestação gemelar, quando existente um único nascituro, resulta em danos morais passíveis de indenização. Agravo regimental improvido" (STJ, AgRg no Ag 744.181/RN, 3.ª Turma, Rel. Min. Sidnei Beneti, j. 11.11.2008, *DJe* 26.11.2008).

Mais uma vez, é pertinente esclarecer a diferença prática entre a culpa presumida e a responsabilidade objetiva, tema que sempre gerou dúvidas entre os aplicadores do Direito. Respondendo a tal profunda questão técnica, em comum, tanto na culpa presumida como na responsabilidade objetiva inverte-se o ônus da prova, ou seja, o autor da ação não necessita provar a culpa do réu.

Todavia, como diferença fulcral entre as categorias, na culpa presumida, hipótese de responsabilidade subjetiva, se o réu provar que não teve culpa, não responderá. Por seu turno, na responsabilidade objetiva, essa comprovação não basta para excluir o dever de reparar do agente, que somente é afastado se comprovada uma das excludentes de nexo de causalidade, a seguir estudadas (culpa ou fato exclusivo da vítima, culpa ou fato exclusivo de terceiro, caso fortuito ou força maior). Vejamos mais um quadro comparativo, a fim de elucidar didaticamente os institutos:

---

[11] GAGLIANO, Pablo Stolze; PAMPLONA FILHO, Rodolfo. *Novo curso de Direito Civil*. Responsabilidade civil. 9. ed. São Paulo: Saraiva, 2011. v. III, p. 249.

Culpa presumida	Responsabilidade objetiva
A responsabilidade é subjetiva, fundada na culpa, que se presume de forma relativa (presunção *iuris tantum*).	A responsabilidade é sem culpa ou independentemente de culpa. Em outras palavras, não se cogita a culpa do ofensor.
Se o réu provar que não teve culpa, não responderá.	Se o réu provar que não teve culpa, responderá mesmo assim. Para não responder, deverá comprovar uma excludente de nexo de causalidade (culpa ou fato exclusivo da vítima, culpa ou fato exclusivo de terceiro, caso fortuito ou força maior).

Feito tal esclarecimento, apesar de uma suposta *consolidação* de posicionamento na doutrina e na jurisprudência a respeito do tema, há uma tendência de reverter tal forma de pensar a respeito do *dueto obrigação de resultado* e *responsabilidade objetiva*. Isso porque não há qualquer conclusão plausível ou lógico-intuitiva que chegue à dedução de que a obrigação de resultado deve gerar uma responsabilidade sem culpa.

A propósito, há quem entenda que não se pode presumir que o médico-cirurgião estético oferece uma obrigação de resultado. Percorrendo o último caminho, vejamos as palavras da Professora Titular da Faculdade de Direito da USP Giselda Maria Fernandes Novaes Hironaka:

"Cada um de nós sabe – sem sombra de dúvida – que o valor humano relativo ao padrão de beleza é um valor que gera uma expectativa, e até uma esperança, que não pode ser totalmente satisfeita. Dificilmente alguém se reconhece plenamente satisfeito acerca de seu próprio perfil estético; ora o tipo de cabelo, ora a cor dos olhos, ora o contorno da face... sempre há um certo aspecto que gostaríamos de alterar, se possível. E isto gera o sonho. E o sonho, a expectativa. E a expectativa, a decisão pela cirurgia. E dela, em tantas vezes, a frustração em face do resultado obtido, ainda que tudo tenha se dado dentro dos perfeitos parâmetros da eficiência técnica e da diligência médica. O que fazer, num caso assim, em sede de responsabilidade civil do cirurgião? Ele é responsável pela frustração do paciente, ainda quando o tenha preparado convenientemente e tenha, principalmente, dedicado sua maior e melhor atuação técnica.

Nesse passo, já há uma parte da doutrina e jurisprudência posicionando-se em sentido diverso, ou seja, entendendo configurar-se em obrigação de meio este tipo de atividade médica, a cirurgia estética.

Caminhar-se-á, quiçá, por um mar de injustiças caso o comportamento da jurisprudência não se altere, permanecendo predominante a tese da responsabilidade (independente de culpa) do cirurgião plástico e do anestesista, pois cada caso é um caso, e cada paciente apresenta um histórico e um quadro clínico distinto de outro, o que inadmite, no meu sentir, a generalização do assunto pela objetivação da responsabilidade".[12]

---

[12] HIRONAKA, Giselda Maria Fernandes Novaes. Cirurgia plástica e responsabilidade civil do médico: para uma análise jurídica da culpa do cirurgião plástico. Disponível em: <www.flaviotartuce.adv.br>. Acesso

Da mesma forma, propondo a revisão da antiga tese, alude Paulo Luiz Netto Lôbo que "é irrelevante que a obrigação profissional liberal classifique-se como de meio ou de resultado. Pretendeu-se que, na obrigação de meio, a responsabilidade dependeria da demonstração antecipada da culpa; na obrigação de resultado, a inversão do ônus da prova seria obrigatória. Não há qualquer fundamento para tal discriminação, além de prejudicar o contratante, que estaria com o ônus adicional de demonstrar ser de resultado a obrigação do profissional".[13]

Ainda em sede doutrinária, destaque-se o excelente trabalho monográfico de Pablo Renteria, fruto de sua dissertação de mestrado defendida na Faculdade de Direito da UERJ, propondo uma revisitação crítica dos conceitos expostos.[14] O tema será aprofundado no Capítulo 14 deste livro, que trata da responsabilidade profissional.

Na jurisprudência podem ser encontrados julgados que concluem que, mesmo havendo obrigação de resultado, a responsabilidade do médico continua sendo subjetiva, por incidência dos termos expressos da norma jurídica. Do Superior Tribunal de Justiça ementa recente:

> "Recurso especial. Responsabilidade civil. Erro médico. Art. 14 do CDC. Cirurgia plástica. Obrigação de resultado. Caso fortuito. Excludente de responsabilidade. 1. Os procedimentos cirúrgicos de fins meramente estéticos caracterizam verdadeira obrigação de resultado, pois neles o cirurgião assume verdadeiro compromisso pelo efeito embelezador prometido. 2. Nas obrigações de resultado, a responsabilidade do profissional da medicina permanece subjetiva. Cumpre ao médico, contudo, demonstrar que os eventos danosos decorreram de fatores externos e alheios à sua atuação durante a cirurgia. 3. Apesar de não prevista expressamente no CDC, a eximente de caso fortuito possui força liberatória e exclui a responsabilidade do cirurgião plástico, pois rompe o nexo de causalidade entre o dano apontado pelo paciente e o serviço prestado pelo profissional. 4. Age com cautela e conforme os ditames da boa-fé objetiva o médico que colhe a assinatura do paciente em 'termo de consentimento informado', de maneira a alertá-lo acerca de eventuais problemas que possam surgir durante o pós-operatório. Recurso especial a que se nega provimento" (STJ, REsp 1.180.815/MG, 3.ª Turma, Rel. Min. Nancy Andrighi, j. 19.08.2010, *DJe* 26.08.2010).

De fato, em termos gerais, a responsabilidade objetiva somente pode decorrer de lei ou de uma atividade de risco desempenhada pelo autor do dano, o que é retirado do art. 927, parágrafo único, do CC/2002, antes transcrito. Definitivamente, a responsabilidade objetiva dos profissionais médicos e afins, pelos termos do CC/2002 e do CDC – em *diálogo das fontes* –, é subjetiva, e não objetiva.

---

em: 7 abr. 2009. Trata-se do conteúdo de palestra proferida na VII Reunião Anual dos Dermatologistas do Estado de São Paulo, na cidade de Santos (SP), em 30.11.2002, promovida pela Sociedade Brasileira de Dermatologia – Regional São Paulo.

[13] LÔBO, Paulo Luiz Netto. *Direito Civil*. Obrigações, cit., p. 39.
[14] RENTERIA, Pablo. *Obrigações de meios e de resultado*. Análise crítica. São Paulo: GEN/Método, 2011.

Nesse contexto, não há como enquadrá-los na primeira parte do art. 927, parágrafo único, do Código Civil. Nesse sentido, resta a dúvida se os profissionais que desenvolvem obrigação de resultado podem ser incluídos na segunda parte do comando legal, ou seja, na aclamada *cláusula geral de responsabilidade objetiva*, em decorrência de uma atividade de risco *normalmente* desempenhada. Há quem entenda por tal subsunção, como é o caso de Claudio Luiz Bueno de Godoy.[15]

Todavia, a construção jurídica merece ressalva, mormente nas situações em que há cirurgia plástica estética, uma vez que a iniciativa do risco não é do profissional, mas do paciente. Em outras palavras, é o último quem procura a situação arriscada, geralmente por uma questão de satisfação pessoal.

Em reforço, a realização de uma intervenção médica não é um ato *normal*, podendo-se dizer que, em regra, o risco está na busca pela cirurgia plástica estética. A depender das condições gerais da pessoa a ser operada, esse risco pode ser acentuado, fato que pode configurar o perigo. Em todos os casos, repise-se, por iniciativa do próprio paciente, consumidor.

De qualquer maneira, a persistir a conclusão da responsabilidade sem culpa, o novo enquadramento está na atividade de risco, e não na obrigação de resultado, sendo esse um caminho melhor a ser percorrido tecnicamente. Em suma, o médico-cirurgião plástico estético vai responder pelo risco da atividade, e não pelo risco profissional.

A encerrar o presente tópico, aquelas antigas deduções antes fixadas a respeito das obrigações de meio e de resultado merecem mesmo um novo dimensionamento, com novas reflexões pela doutrina e pela jurisprudência. Reitere-se que a temática é abordada novamente no Capítulo 14 deste livro, que trata da responsabilidade civil profissional, com os necessários aprofundamentos.

2. ANÁLISE DOS CASOS ESPECÍFICOS DE RESPONSABILIDADE CIVIL PELO CÓDIGO DE DEFESA DO CONSUMIDOR

2.1. As quatro hipóteses tratadas pela Lei n. 8.078/1990 com relação ao produto e ao serviço. Vício *versus* fato (defeito). Panorama geral e a questão da solidariedade

Como antes exposto, o Código de Defesa do Consumidor concentra a abordagem da responsabilidade civil no produto e no serviço. Nesse contexto, surgem a responsabilidade pelo vício ou pelo fato, sendo o último também denominado de *defeito*. Desse modo, *quatro* são as situações básicas de responsabilidade civil tratadas pela Lei Consumerista: *a)* responsabilidade pelo vício do produto; *b)* responsabilidade civil pelo fato do produto (defeito); *c)* responsabilidade civil pelo vício do serviço; *d)* responsabilidade civil pelo fato do serviço (defeito).

Tal divisão é fundamental para compreender a responsabilidade civil dos fornecedores de produtos e prestadores de serviços, podendo ser encontrada

---

[15] GODOY, Claudio Luiz Bueno de. *Código Civil comentado*, 2007, cit., p. 766-767.

nas páginas da doutrina.[16] Cumpre relevar, de imediato, que existem diferenças bem claras a respeito dos seus efeitos e das atribuições de responsabilidades.

Antes de demonstrar tais consequências jurídicas, é preciso diferenciar o *vício* do *fato* ou *defeito*. No *vício* – seja do produto ou do serviço –, o problema fica adstrito aos limites do bem de consumo, sem outras repercussões (*prejuízos intrínsecos*).

Por outra via, no *fato ou defeito* – seja também do produto ou serviço –, há outras decorrências, como é o caso de outros danos materiais, de danos morais e dos danos estéticos (*prejuízos extrínsecos*). Anote-se que as expressões destacadas são utilizadas com tom didático interessante por Leonardo de Medeiros Garcia.[17]

De outra forma, pode-se dizer que, quando o dano permanece *nos limites* do produto ou serviço, existe o vício. Se o problema *extrapola os seus limites*, há fato ou defeito, presente, no último caso, o acidente de consumo propriamente dito. Ou, ainda: o vício envolve um problema interno; o fato ou defeito algo externo ao produto ou serviço. Vejamos alguns exemplos concretos, que geralmente utilizo em minhas aulas e exposições sobre a matéria.

De início, determinado consumidor compra um ferro de passar roupas. Certo dia, passando uma camisa em sua casa, o aparelho explode, não atingindo nada nem ninguém. Nesse caso, está presente o *vício do produto*. Por outra via, se o mesmo eletrodoméstico explode, causando danos físicos no consumidor, há *fato do produto* ou *defeito*.

Como segunda ilustração, alguém para o seu veículo em uma ladeira. No entanto, o sistema de frenagem do automóvel apresenta problemas e este desce a ladeira, sem atingir nada ou ninguém (vício do produto). Se o veículo descer a ladeira e atingir uma pessoa ao final da descida, está presente o fato do produto ou defeito.

Ainda a concretizar, alguém contrata um jardineiro para cortar a grama de sua casa. Se o serviço não for prestado a contento, apresentando falhas, é evidente o vício do serviço. Se o jardineiro matar o cão de estimação do consumidor, ou destruir outro bem daquele que o contratou como destinatário final, flagrante o fato do serviço ou defeito.

Como quarto exemplo, um consumidor contrata um encanador para um conserto em sua casa. Se o problema não é sanado, há vício do serviço. Se o encanador falhar, causando um grave dano na residência do consumidor, com prejuízos a utensílios e eletrodomésticos que estão dentro do imóvel do contratante, presente o fato do serviço ou defeito.

---

[16] Veja-se, por todos: RIZZATTO NUNES, Luiz Antonio. *Comentários ao Código de Defesa do Consumidor*, cit., p. 171-234; MARQUES, Claudia Lima; BENJAMIN, Antonio Herman V.; BESSA, Leonardo Roscoe. *Manual de Direito do Consumidor*. 3. ed. São Paulo: RT, 2010. p. 137-210; GARCIA, Leonardo de Medeiros. *Direito do Consumidor*. Código comentado e jurisprudência. 3. ed. Niterói: Impetus, 2007. p. 54-95; GAGLIANO, Pablo Stolze; PAMPLONA FILHO, Rodolfo. *Novo curso de Direito Civil*. Responsabilidade civil, 9. ed., cit., p. 309-322.

[17] GARCIA, Leonardo de Medeiros. *Direito do Consumidor*. Código comentado e jurisprudência, cit., p. 107-124.

Por fim a respeito das ilustrações, o caso concreto criado por Rizzatto Nunes para a diferenciação das categorias pode até parecer surreal. Todavia, há uma forte carga didática na ilustração, tanto que a utilizo há mais de uma década em sala de aula.[18] Dois consumidores adquirem dois liquidificadores em uma loja de departamentos e resolvem utilizar o produto para fazer um bolo. Quando o primeiro liga o aparelho, o motor estoura, fazendo com que a pá de liquidificação fure o copo e atinja a barriga do consumidor, que é hospitalizado. Na situação, está presente o fato do produto ou defeito. A segunda consumidora liga o seu aparelho e os mesmos fatos acontecem. Contudo, a pá do liquidificador fura o copo, mas não atinge o consumidor, estando evidenciado o vício do produto. Então, arremata o jurista: "No primeiro caso, ele sofreu acidente de consumo. É defeito. No segundo, ela nada sofreu. Apenas o liquidificador deixou de funcionar. É vício".[19]

Como contribuição, repise-se que basta imaginar que a pá é o problema referente ao bem de consumo. Se o problema permanece nos limites do produto, há vício. Se romper as suas esferas limítrofes, há fato ou defeito, caracterizador do acidente de consumo.

Feitas tais elucidações por meio de concreções, a primeira diferença entre o vício e o fato refere-se às pessoas legitimadas a responder as situações correspondentes. Como já ficou claro, o Código de Defesa do Consumidor adota a regra geral da solidariedade presumida entre os envolvidos no fornecimento dos produtos e na prestação de serviços. De início, lembre-se que essa solidariedade pode ser retirada do art. 7.º, parágrafo único, da Lei n. 8.078/1990, como expõe a melhor doutrina.[20]

A ideia de solidariedade é ainda abstraída do sentido dos arts. 14, 18, 19 e 20 da Lei Consumerista, eis que o Código do Consumidor brasileiro, como visto, representa uma das principais rupturas do *modelo dual de responsabilidade*, fundada na contratual e na extracontratual. Sendo assim, a solidariedade é a regra, no contrato ou fora dele, em caso de haver uma relação jurídica de consumo, conforme reconhecem várias decisões do Superior Tribunal de Justiça (para ilustrar, sem prejuízo de outros acórdãos: STJ, REsp 547.794/PR, 4.ª Turma, Rel. Min. Maria Isabel Gallotti, j. 15.02.2011, DJe 22.02.2011; STJ, AgRg no REsp 1.124.566/AL, 4.ª Turma, Rel. Min. Aldir Passarinho Junior, j. 23.11.2010, DJe 06.12.2010; STJ, REsp 1.190.772/RJ, 4.ª Turma, Rel. Min. Luis Felipe Salomão, j. 19.10.2010, DJe 26.10.2010).

---

[18] A criação do exemplo está em: RIZZATTO NUNES, Luiz Antonio. *Comentários ao Código de Defesa do Consumidor*, cit., 238-239.

[19] RIZZATTO NUNES, Luiz Antonio. *Comentários ao Código de Defesa do Consumidor*, cit., p. 239.

[20] A *solidariedade passiva legal* como regra consumerista é observada por autores como Nelson Nery Jr. e Rosa Maria de Andrade Nery (*Leis civis comentadas*, cit., p. 193); Luiz Antonio Rizzatto Nunes (*Comentários ao Código de Defesa do Consumidor*, cit., p. 159); Sergio Cavalieri Filho (*Programa de responsabilidade civil*. 8. ed. São Paulo: Atlas, 2008. p. 248); Leonardo de Medeiros Garcia (*Direito do Consumidor*. Código comentado e jurisprudência, cit., p. 47-48); Claudia Lima Marques, Antonio Herman Benjamin e Bruno Miragem (*Comentários ao Código de Defesa do Consumidor*, cit., p. 223). Os últimos foram citados no Capítulo 2 deste livro.

Fazendo a devida comparação, no *sistema civil puro*, fora das relações consumeristas, o art. 265 do CC/2002 incide na responsabilidade civil contratual, enquanto o art. 942 na codificação para a responsabilidade civil extracontratual. O art. 265 do Código dispõe que a solidariedade não se presume, decorre da lei (solidariedade legal) ou da vontade das partes (solidariedade convencional).

Por outra via, de acordo com o art. 942 da codificação, os bens do responsável pela ofensa ou violação do direito de outrem ficam sujeitos à reparação do dano causado. Pela mesma norma, se a ofensa tiver mais de um autor, todos responderão solidariamente pela reparação. Em complemento, de acordo com o seu parágrafo, são solidariamente responsáveis com os autores os coautores do ato e as pessoas designadas no art. 932 da codificação.

Insta saber se a última regra traz uma presunção de solidariedade, assim como o Código do Consumidor, e a resposta é negativa. Isso porque, em regra, ao contrário do que ocorre com as relações consumeristas, não há na relação civil uma cadeia de *partes hiperssuficientes*, em detrimento do consumidor vulnerável.

Pois bem, como visto, quatro são as hipóteses de responsabilidade civil previstas pelo Código de Defesa do Consumidor: *a)* responsabilidade pelo vício do produto; *b)* responsabilidade pelo fato do produto ou defeito; *c)* responsabilidade pelo vício do serviço; e *d)* responsabilidade pelo fato do serviço ou defeito.

Em três delas, há a solução da solidariedade, respondendo todos os envolvidos com o fornecimento ou a prestação. Em uma delas, a solidariedade não se faz presente. A diferenciação não é claramente difundida perante o público jurídico nacional. Tanto isso é verdade que muitos erros são cometidos na prática, sendo ouvidos com frequência nas salas de aula.

A exceção à solidariedade atinge o *fato do produto* ou *defeito*, pelo que consta dos arts. 12 e 13 da Lei n. 8.078/1990. Isso porque ambos os comandos consagram a *responsabilidade imediata do fabricante* – ou de quem o substitua nesse papel – e a *responsabilidade subsidiária do comerciante*. É a redação do *caput* do primeiro comando legal:

> "Art. 12. O fabricante, o produtor, o construtor, nacional ou estrangeiro, e o importador respondem, independentemente da existência de culpa, pela reparação dos danos causados aos consumidores por defeitos decorrentes de projeto, fabricação, construção, montagem, fórmulas, manipulação, apresentação ou acondicionamento de seus produtos, bem como por informações insuficientes ou inadequadas sobre sua utilização e riscos".

O comerciante tem responsabilidade mediata, somente respondendo nas hipóteses previstas no art. 13 da Lei n. 8.078/1990, *in verbis:* "O comerciante é igualmente responsável, nos termos do artigo anterior, quando: I – o fabricante, o construtor, o produtor ou o importador não puderem ser identificados; II – o produto for fornecido sem identificação clara do seu fabricante, produtor, construtor ou importador; III – não conservar adequadamente os produtos perecíveis". Vejamos tais hipóteses consagradas em lei, sucessivamente.

A primeira situação prevista refere-se ao fato de o fabricante ou o seu substituto não poder ser identificado, transferindo-se a responsabilidade ao comerciante. Como bem aponta Luiz Antonio Rizzatto Nunes, a norma tem incidência para as hipóteses em que há venda de produtos a granel, nas feiras e nos supermercados: "o feirante adquire no atacadista – que já é outro comerciante, distribuidor, vulgarmente chamado de atravessador –, quilos de batatas, de diversas origens e os coloca à venda. Elas podem inclusive ser vendidas misturadas. O mesmo acontece com praticamente todos os produtos hortifrutigranjeiros".[21]

A segunda hipótese trata da situação em que o produto é fornecido sem a identificação clara de quem seja o fabricante ou o seu substituto. Aqui, a lesão ao dever de informar relacionado à boa-fé objetiva transfere a responsabilidade ao comerciante, diante de uma relação de confiança estabelecida entre as partes envolvidas.

Por fim, o terceiro caso é aquele em que o comerciante não conserva de forma adequada os produtos perecíveis, clara situação de culpa, por desrespeito a um dever legal ou contratual, ou seja, de responsabilidade subjetiva do comerciante, o que gera novamente a transferência do dever de indenizar.

Ilustrando, imagine-se que um supermercado tem o mau costume de desligar as suas geladeiras para economizar energia, gerando estrago dos alimentos que serão consumidos e, consequentemente, problemas de saúde nos consumidores. Na hipótese descrita, a responsabilidade, sem dúvida, será do comerciante, do supermercado.

Destaque-se, diante de sua grande importância prática, que o entendimento majoritário da doutrina parece ser no sentido de sustentar a responsabilidade subsidiária do comerciante, assim posicionando-se, por exemplo, Zelmo Denari, Leonardo de Medeiros Garcia, Gustavo Tepedino, Maria Helena Diniz, Sergio Cavalieri Filho, Roberto Senise Lisboa, Pablo Stolze Gagliano e Rodolfo Pamplona Filho, Cristiano Heineck Schmitt, Paulo Roque Khouri, Paulo de Tarso Sanseverino, Carlos Roberto Gonçalves e Sílvio de Salvo Venosa.[22]

A jurisprudência nacional do mesmo modo tem aplicado esse sentido de forma constante, em julgados que reconhecem a ilegitimidade passiva do comerciante em ações contra ele propostas diretamente, em hipóteses de não enquadramento no art. 13 do CDC. Para ilustrar, por todos os numerosos julgados, transcrevo os seguintes:

---

[21] RIZZATTO NUNES, Luiz Antonio. *Comentários ao Código de Defesa do Consumidor*, cit., p. 199.

[22] Vejamos as fontes: DENARI, Zelmo. *Código de Defesa do Consumidor*. Comentado pelos autores do anteprojeto, cit., p. 192; GARCIA, Leonardo de Medeiros. *Direito do Consumidor*. Código comentado e jurisprudência, cit., p. 47-48; TEPEDINO, Gustavo. A responsabilidade civil por acidente de consumo na ótica civil-constitucional. In: TEPEDINO, Gustavo (Coord.). *Temas de Direito Civil*. 3. ed. Rio de Janeiro: Renovar, 2004. p. 275; DINIZ, Maria Helena. *Curso de Direito Civil brasileiro*. Responsabilidade civil. 21. ed. São Paulo: Saraiva, 2007. v. 7, p. 452); CAVALIERI FILHO, Sergio. *Programa de responsabilidade civil*, 7. ed., cit., p. 467; LISBOA, Roberto Senise. *Responsabilidade civil nas relações de consumo*, cit.; GAGLIANO, Pablo Stolze; PAMPLONA FILHO, Rodolfo. *Novo curso de Direito Civil*. Responsabilidade civil, 9. ed., cit., p. 310; SCHMITT, Cristiano Heineck. *Responsabilidade civil*. Porto Alegre: Verbo Jurídico, 2010. p. 149-151; KHOURI, Paulo R. Roque. *Direito do Consumidor*. 2. ed. São Paulo: Atlas, 2005. p. 161; SANSEVERINO, Paulo de Tarso Vieira. *Responsabilidade civil no Código do Consumidor e a defesa do fornecedor*, 2. ed., cit., p. 176-177; GONÇALVES, Carlos Roberto. *Direito Civil brasileiro*. Responsabilidade civil. 2. ed. São Paulo: Saraiva, 2007. v. IV, p. 262; VENOSA, Sílvio de Salvo. *Direito Civil*. Responsabilidade civil, 5. ed., cit., p. 219.

"Apelação cível. Responsabilidade civil. Explosão de bateria de celular. Acidente de consumo. Fato do produto. Ilegitimidade passiva da ré comerciante. Reconhecimento. Em se tratando de acidente de consumo pelo fato do produto, o comerciante só pode ser responsabilizado diretamente em casos específicos, pois não se enquadra no conceito de fornecedor (art. 12 do CDC), para fins de responsabilidade solidária. Como vem defendendo a esmagadora doutrina especializada, a responsabilidade do comerciante é subsidiária, e não solidária, tal como estabelecido na sentença. Ilegitimidade passiva do comerciante reconhecida, já que identificado o fornecedor do produto defeituoso. Apelação provida" (TJRS, Acórdão 70026053116, 9.ª Câmara Cível, Porto Alegre, Rel. Des. Marilene Bonzanini Bernardi, j. 11.03.2009, DOERS 19.03.2009, p. 43).

"Indenizatória. Defeitos em veículo. Responsabilidade pelo fato do produto. (...) Ilegitimidade *ad causam*. Indenizatória. Defeitos em veículo. Ação ajuizada contra comerciante, vendedor do automóvel com vício de fabricação. Responsabilidade pelo fato do produto. Art. 13 do Código de Defesa do Consumidor. Inocorrência das hipóteses em que o comerciante responde solidariamente. Ilegitimidade passiva reconhecida. Recurso provido para tal fim" (1.º TACSP, Recurso 1066838-7, 10.ª Câmara, Rel. Juiz Ary Bauer, j. 26.03.2002).

"Comerciante. Responsabilidade. Código de Defesa do Consumidor. Fato do produto. Diferenciação entre fato do produto e vício do produto. Hipótese em que o fabricante está identificado e em que não se alegou falha na conservação. Ilegitimidade passiva. Agravo provido para extinguir o processo. Como nesta ação a autora, alegando ter adquirido e consumido iogurtes impróprios para o consumo, pede indenização pelos gastos médicos e danos morais sofridos, é o fato do produto quem a fundamenta. Nela, portanto, o comerciante somente se responsabiliza se não identificado o fabricante ou se suceder falha na conservação do produto. Não sucedida a primeira hipótese e não alegada a segunda, não se verifica sequer em tese a responsabilidade do agravante, impondo-se a extinção do processo em relação a ela sem julgamento do mérito" (TJSP, Agravo de Instrumento 190.164-4, 10.ª Câmara de Direito Privado, Osasco, Rel. Des. Mauricio Vidigal, j. 20.03.2001).

Entretanto, a questão está longe de ser unânime, entendendo alguns doutrinadores pela existência da solidariedade também no fato do produto. Nesse sentido, opina Claudia Lima Marques que, "considerando que o *caput* do art. 13 impõe a aplicação do art. 12 também para o comerciante, podemos concluir que, nestes casos, a sua responsabilidade solidária é a mesma do fabricante, oriunda de uma imputação objetiva, dependendo somente do defeito e do nexo causal entre defeito e dano".[23] Do mesmo modo entende Rizzatto Nunes.[24] Deve ficar claro, todavia, que esta última conclusão não é a majoritária no sistema nacional consumerista.

---

[23] MARQUES, Claudia; BENJAMIN, Antonio Herman V.; MIRAGEM, Bruno. *Comentários ao Código de Defesa do Consumidor*, cit., p. 412. O trecho foi desenvolvido por Claudia Lima Marques. De toda sorte, insta verificar que Bruno Miragem, em obra solitária, sustenta ser a responsabilidade da comerciante subsidiária ou supletiva no fato do produto (MIRAGEM, Bruno. *Curso de Direito do Consumidor*. 2. ed. São Paulo: RT, 2010. p. 395).

[24] RIZZATTO NUNES, Luiz Antonio. *Comentários ao Código de Defesa do Consumidor*, cit., p. 199.

Da minha parte, ao analisar a realidade legal brasileira, não há dúvida de que foi adotada a responsabilidade subsidiária com relação aos comerciantes no fato do produto. De toda sorte, mesmo concluindo-se que há lesão ao princípio do protecionismo dos consumidores – extraído do art. 1.º da Lei n. 8.078/1990 e do art. 5.º, inc. XXXII, da CF/1988 –, nota-se que foi uma opção do legislador retirar a responsabilidade direta dos comerciantes, uma vez que, na maioria das vezes, os defeitos referem-se à fabricação, e não à comercialização. Deve ficar consignado, *de lege ferenda*, que essa não parece ser a solução mais justa em muitas hipóteses, mormente se houver dificuldade de prova quanto ao fato danoso, o que pode representar uma *prova maligna* ou *diabólica*.

A ilustrar tal dificuldade, imagine-se que um consumidor comprou um iogurte estragado e, ao ingeri-lo, teve uma intoxicação, ficando internado por vários dias. Está presente, no caso descrito, o fato do produto ou defeito. Contra quem deve ser proposta a demanda? Em um primeiro momento, contra o fabricante, nos termos do art. 12 do CDC.

Entretanto, pode o fabricante provar que houve culpa exclusiva do comerciante, o supermercado, que não armazenou o iogurte de forma adequada, excluindo a sua responsabilidade (art. 12, § 3.º, inc. III, da Lei n. 8.078/1990). Se a ação for proposta na Justiça Comum – não no Juizado Especial Cível –, a sentença de improcedência gerará a condenação do consumidor pelos ônus da sucumbência. O fim atingido pela demanda será semelhante na hipótese de propositura contra ambos – fabricante e comerciante –, sendo a ação julgada procedente apenas contra um deles.

Observe-se, portanto, que, dentro da técnica processual, o melhor caminho exposto ao consumidor no caso de dúvida é ingressar com uma demanda para produção antecipada da prova, nos termos do art. 381 do Código de Processo Civil de 2015.[25]

Isso dificulta em muito a sua vitória judicial, ferindo o próprio espírito da Lei Consumerista, que veio para facilitar o caminho processual dos vulneráveis negociais. Tanto isso é verdade que a Lei Protetiva veda a denunciação da lide nas hipóteses de fato do produto, nos termos do seu art. 88, que assim determina: "na hipótese do art. 13, parágrafo único deste código, a ação de regresso poderá ser ajuizada em processo autônomo, facultada a possibilidade de prosseguir-se nos mesmos autos, vedada a denunciação da lide".

Superado esse ponto, vejamos as consequências pontuais e efeitos presentes em cada uma das hipóteses de responsabilidade civil ora apresentadas, o que inclui os prazos correspondentes para se pleitearem os direitos.

---

[25] Essa já era a conclusão de Daniel Amorim Assumpção Neves, ao discorrer em sua tese de doutorado defendida na Universidade de São Paulo antes da vigência do Novo CPC, sobre a possibilidade das *ações probatórias autônomas* (ASSUMPÇÃO NEVES, Daniel Amorim. *Ações probatórias autônomas*. São Paulo: Saraiva, 2008. Coleção Theotônio Negrão).

2.2. Responsabilidade civil pelo vício do produto

Como primeira das quatro hipóteses, há responsabilidade por *vício do produto* (art. 18 da Lei n. 8.078/1990), presente quando existe um problema oculto ou aparente no bem de consumo, que o torna impróprio para uso ou diminui o seu valor, tido como um *vício por inadequação*. Em casos tais, repise-se, não há repercussões fora do produto, não se podendo falar em responsabilização por outros danos materiais – além do valor da coisa –, morais ou estéticos. Em suma, lembre-se de que no vício o problema permanece no produto, não rompendo os seus limites.

A título de ilustração, o § 6.º do art. 18 do CDC lista algumas situações em que o vício do produto está presente, em rol exemplificativo, pois os bens são considerados impróprios para uso e consumo os produtos cujos prazos de validade estejam vencidos, o que atinge os produtos perecíveis adquiridos em mercados e lojas do gênero; aqueles deteriorados, alterados, adulterados, avariados, falsificados, corrompidos, fraudados, nocivos à vida ou à saúde, perigosos; ou, ainda, aqueles em desacordo com as normas regulamentares de fabricação, distribuição ou apresentação.

Por fim, a lei menciona os produtos que, por qualquer motivo, se revelem inadequados ao fim a que se destinam. Como exemplo da última hipótese, cite--se um brinquedo que pode causar danos às crianças.

Deve ficar claro que o vício do produto não se confunde com as deteriorações normais decorrentes do uso da coisa. Para a caracterização ou não do vício deve ser considerada a *vida útil* do produto que está sendo adquirido. A esse propósito, vejamos o que se extrai de trecho de publicação constante do *Informativo* n. 506 do STJ:

> "O fornecedor responde por vício oculto de produto durável decorrente da própria fabricação, e não do desgaste natural gerado pela fruição ordinária, desde que haja reclamação dentro do prazo decadencial de noventa dias após evidenciado o defeito, ainda que o vício se manifeste somente após o término do prazo de garantia contratual, devendo ser observado como limite temporal para o surgimento do defeito o critério de vida útil do bem. O fornecedor não é, *ad aeternum,* responsável pelos produtos colocados em circulação, mas sua responsabilidade não se limita, pura e simplesmente, ao prazo contratual de garantia, o qual é estipulado unilateralmente por ele próprio" (STJ, REsp 984.106/SC, Rel. Min. Luis Felipe Salomão, j. 04.10.2012).

No mesmo sentido, vale destacar julgado do Tribunal de Justiça do Rio Grande do Norte, com tom didático e com citação de outra obra de minha autoria:

> "Também a moderna doutrina consumerista (Flávio Tartuce, Bruno Miragem, Leonardo Roscoe Bessa, Antônio Herman de Vasconcellos e Benjamin e Claudia Lima Marques) compreende que para a caracterização ou não do vício deve ser considerada a vida útil do produto que está sendo adquirido. Assim, o fornecedor deve responsabilizado pelo vício por período além da garantia contratual, levando-se em consideração critério da vida útil do bem. Logo, o fornecedor permanece responsável por garantir o desempenho do produto ou bem durante todo o período de sua vida útil estimada, segundo

as regras de experiência e o caso concreto, de modo que, se o vício oculto se manifestar nesse ínterim (vida útil do bem), mesmo após o término do prazo da garantia contratual, poderá o consumidor exigir, à sua escolha, uma das alternativas que lhe são postas à disposição pelo art. 18, § 1.º, do CDC – vide TJSP, AC 0258813-21.2009.8.26.0002, Relator Desembargador Gomes Varjão, j. 24.03.2014" (TJRN, Apelação Cível 2016.005840-2, 2.ª Vara Cível, Natal, Rel. Des. João Rebouças, j. 16.08.2016).

A título de exemplo, não pode o comprador de um veículo alegar que o pneu está careca após cinco anos de uso, não havendo vício do produto em casos tais. Anote-se que o PL n. 283/2012, em curso no Congresso Nacional, pretende incluir norma a respeito da *vida útil*, acrescentando novo parágrafo no art. 26, no sentido de esse critério ser considerado para os devidos fins de enquadramento dos vícios do produto ou do serviço.

Uma importante decorrência que deve ser depurada a respeito do *tempo de vida útil* diz respeito à chamada *obsolescência programada*, hipótese em que o produto é preparado previamente com a intenção de durar por tempo limitado, bem menos do que o esperado pelo consumidor. A prática é evidenciada sucessivamente nos casos de produtos eletrônicos que usam novas tecnologias, caso de *smartphones, tablets,* impressoras e computadores. Sendo demonstrada ou evidente tal situação no caso concreto, entendo haver vício do produto, aplicando-se as consequências analisadas neste tópico.

Como bem lecionam Cildo Giolo Júnior e Paulo Agesípolis Gomes Duarte, "a chamada obsolescência programada ou obsolescência planejada é uma estratégia utilizada pelos fornecedores com o intuito de estimular a aquisição de novos produtos em um curto período de tempo, fazendo com que os produtos adquiridos se tornem ultrapassados, perdendo o valor econômico em relação ao preço pago na compra. Graças a esta prática usual, há um considerável aumento da venda de produtos de forma periódica e o consequente lucro aos fornecedores, graças a uma diminuição na vida útil do produto".[26] Além da ocorrência do vício do produto, os autores demonstram, com razão, estar presente uma prática abusiva. Sem falar nos amplos prejuízos ambientais que a *obsolescência programada* ocasiona.

No âmbito da jurisprudência, pode ser encontrado o seguinte julgado estadual, do pioneiro Tribunal gaúcho, que reconhece a situação como vício do produto:

> "Direito do Consumidor. Vício do produto. Celular. Prazo de garantia contratual expirado. Defeito surgido dois meses após. Conceito de vida útil e obsolescência programada. Condicionamento do conserto a depósito de valor considerável. Dever de devolução do preço pago. Complexidade da causa inexistente. Dano moral não configurado. Recurso provido em parte" (TJRS, Recurso Cível 0001334-83.2017.8.21.9000, 3.ª Turma Recursal Cível, Capão da Canoa, Rel. Des. Cleber Augusto Tonial, j. 09.03.2017, *DJERS* 15.03.2017).

---

[26] GIOLO JÚNIOR, Cildo; GOMES DUARTE, Paulo Agesípolis. A vulnerabilidade do consumidor diante da obsolescência programada. Disponível em: <http://www.publicadireito.com.br/artigos/?cod=7a1bb1ae4894617e>. Acesso em: 15 out. 2017. Texto publicado no XXII Congresso Nacional do CONPEDI/UNINOVE, em 2013.

No entanto, em sentido contrário, entendendo não haver demonstração da prática ou mesmo a presença de qualquer ilicitude na conduta:

"Consumidor. Telefonia móvel. Migração de tecnologia. CDMA para GSM. Pretensão a manter tecnologia obsoleta. Improcedência do pedido. Sentença mantida. 1. O autor requereu continuar com seu aparelho ou que a operadora ré fornecesse um valor maior do que R$ 99,00 para a troca do aparelho. 2. Não há nos autos referência a qualquer problema advindo da instalação da nova tecnologia adotada pela ré e, invariavelmente, pelas demais concorrentes. 3. Os aparelhos celulares, como todo equipamento eletrônico, e quase a maioria dos bens de consumo modernos, sujeitam-se ao fenômeno da 'obsolescência programada', tornando-se descartáveis com o passar do tempo diante do advento de novas tecnologias. Daí por que não há fundamento válido a justificar que o investimento feito em sua compra foi considerável e que apenas por isso teria o consumidor direito a alguma retribuição. 4. Em que pese não seja imune às críticas, esse modo de funcionamento do mundo capitalista não é ilícito, nem ilegal, de modo que não se pode compelir a fornecedora a atender os reclames do consumidor. Recurso desprovido" (TJRS, Recurso Cível 49446-25.2013.8.21.9000, 3.ª Turma Recursal Cível, Santo Antônio da Patrulha, Rel. Des. Cleber Augusto Tonial, j. 30.01.2014, *DJERS* 04.02.2014).

Não estou filiado à última forma de julgar, uma vez que, evidenciada a programação prévia de desgaste, abaixo do esperado tempo útil do produto, estará presente o seu vício, a ensejar pelo menos a troca do aparelho.

Merece relevo, ainda, um terceiro aresto da mesma Corte Estadual, que entendeu que a prática somente pode ser imputada ao fabricante, e não ao prestador de serviços responsável pelo reparo de aparelho celular. Vejamos os termos do julgado:

"Descabe ao autor pretender o valor equivalente do aparelho quando incontroverso nos autos que não foi o requerido quem deu causa à necessidade de reparo do bem. O aparelho foi encaminhado ao demandado para reparação da tela do visor justamente porque tinha problemas. A impossibilidade de reparo do aparelho pela inexistência de peças para reposição não pode ser atribuída ao requerido. Obsolescência programada da tecnologia imputável aos fabricantes e decorrente da constante atualização tecnológica. Cabia ao demandante fazer prova cabal da ocorrência de danos morais e materiais decorrentes de qualquer ação ou omissão do requerido. Ônus que lhe cabia, a teor do art. 373, I, do CPC. A ausência de falha na prestação do serviço, igualmente desacompanhada de prova concreta dos danos materiais ou de abalos psicológicos, impõe a improcedência da demanda" (TJRS, Recurso Cível 0052644-02.2015.8.21.9000, 1.ª Turma Recursal Cível, Quaraí, Rel. Des. José Ricardo de Bem Sanhudo, j. 28.06.2016, *DJERS* 1.º.07.2016).

A possibilidade de inversão do ônus da prova prevista no CDC coloca a conclusão do julgamento em xeque.

Feita essa importante anotação categórica, cujo debate deve ser intensificado nos próximos anos, não se pode esquecer que no vício do produto há *solida-*

riedade entre todos os envolvidos com o fornecimento, caso do fabricante, do produtor e do comerciante.

Nessa linha, correto o entendimento do Superior Tribunal de Justiça que responsabiliza a instituição financeira com a construtora, por vícios na construção do imóvel, cuja obra foi financiada com recursos do Sistema Financeiro de Habitação:

> "Recurso especial. Sistema financeiro da habitação. Vícios na construção de imóvel cuja obra foi financiada. Legitimidade do agente financeiro. 1. Em se tratando de empreendimento de natureza popular, destinado a mutuários de baixa renda, como na hipótese em julgamento, o agente financeiro é parte legítima para responder, solidariamente, por vícios na construção de imóvel cuja obra foi por ele financiada com recursos do Sistema Financeiro da Habitação. Precedentes. 2. Ressalva quanto à fundamentação do voto-vista, no sentido de que a legitimidade passiva da instituição financeira não decorreria da mera circunstância de haver financiado a obra nem de se tratar de mútuo contraído no âmbito do SFH, mas do fato de ter a CEF provido o empreendimento, elaborado o projeto com todas as especificações, escolhido a construtora e o negociado diretamente, dentro de programa de habitação popular. 3. Recurso especial improvido" (STJ, REsp 738.071/SC, 4.ª Turma, Rel. Min. Luis Felipe Salomão, j. 09.08.2011, *DJe* 09.12.2011).

A conclusão deveria ser a mesma no tocante à instituição financeira que financia contrato para a aquisição de veículo por consumidor. Entretanto, infelizmente, há julgado da mesma Corte que exclui a sua responsabilidade pelo vício do produto, na seguinte linha:

> "Por certo que o banco não está obrigado a responder por defeito de produto que não forneceu tão somente porque o consumidor adquiriu-o com valores obtidos por meio de financiamento bancário. Se o banco fornece dinheiro, o consumidor é livre para escolher o produto que lhe aprouver. No caso de o bem apresentar defeito, o comprador ainda continua devedor da instituição financeira. Não há relação de acessoriedade entre o contrato de compra e venda de bem de consumo e o de financiamento que propicia numerário ao consumidor para aquisição de bem que, pelo registro do contrato de alienação fiduciária, tem sua propriedade transferida para o credor" (STJ, REsp 1.014.547/DF, 4.ª Turma, Rel. Min. João Otávio de Noronha, j. 25.08.2009, *DJe* 07.12.2009).

Há uma clara contradição entre os arestos – este e o anterior –, sendo certo que o primeiro entendimento deve prevalecer como aplicação direta da solidariedade consumerista. Quanto à falta de acessoriedade mencionada pelo último acórdão, parece-me tratar de um equívoco, eis que sem o financiamento, por certo, o negócio não se realizaria.

De toda sorte, pontue-se que a questão não é pacífica naquela Corte Superior, pois alguns arestos, mais recentes, consideram a responsabilidade do "banco da montadora", que financia a aquisição do veículo. Vejamos, nesse sentido, dois acórdãos do Tribunal da Cidadania, estes sim com o meu total apoio doutrinário:

"Agravo regimental no agravo em recurso especial. Responsabilidade por vício do produto. Veículo novo defeituoso. Responsabilidade solidária do 'banco da montadora' integrante da cadeia de consumo. Legitimidade passiva do banco. 1. Demanda movida por consumidor que visa a resolução do contrato de compra e venda e de financiamento do bem móvel defeituoso. 2. Responsabilidade solidária da instituição financeira vinculada à concessionária do veículo ('banco da montadora'), pois parte integrante da cadeia de consumo. Legitimidade passiva do banco da montadora presente. 3. Agravo regimental a que se nega provimento" (STJ, AgRg no AREsp 712.368/SP, 3.ª Turma, Rel. Min. Moura Ribeiro, j. 23.02.2016, *DJe* 04.03.2016).

"Recurso especial. Consumidor. Responsabilidade por vício do produto. Veículo novo defeituoso. Responsabilidade solidária do 'banco da montadora' integrante da cadeia de consumo. Aplicação do art. 18 do CDC. Votos vencidos. 1. Demanda movida por consumidor postulando a rescisão de contrato de compra e venda de um automóvel (Golf) em razão de vício de qualidade, bem como de arrendamento mercantil firmado com o 'banco da montadora' para financiamento do veículo. 2. Responsabilidade solidária da instituição financeira vinculada à concessionária do veículo ('banco da montadora'), pois parte integrante da cadeia de consumo. 3. Distinção em relação às instituições financeiras que atuam como 'banco de varejo', apenas concedendo financiamento ao consumidor para aquisição de um veículo novo ou usado sem vinculação direta com o fabricante. 4. Aplicação do art. 18 do CDC. 5. Recurso especial a que se nega provimento por maioria, com dois votos vencidos" (STJ, REsp 1.379.839/SP, 3.ª Turma, Rel. Min. Nancy Andrighi, Rel. p/ Acórdão Min. Paulo de Tarso Sanseverino, j. 11.11.2014, *DJe* 15.12.2014).

O último acórdão demonstra a divergência existente na Corte, que deve pacificar o tema em breve, em sua Segunda Seção, dando mais estabilidade ao Direito do Consumidor brasileiro. Fico com a última posição colacionada, substancialmente pela ideia de *risco-proveito*. Ora, se as instituições bancárias, componentes do mesmo grupo econômico, têm bônus com a contratação da aquisição financiada do veículo, devem também suportar os eventuais ônus e as responsabilidades decorrentes do negócio jurídico.

Seguindo os exemplos, o próprio Superior Tribunal de Justiça publicou ementa em setembro de 2015, por meio da ferramenta *Jurisprudência em Teses*, Edição n. 42, segundo a qual "a constatação de defeito em veículo zero-quilômetro revela hipótese de vício do produto e impõe a responsabilização solidária da concessionária e do fabricante" (acórdãos precedentes: AgRg no AREsp 661.420/ES, 3.ª Turma, Rel. Min. Marco Aurélio Bellizze, j. 26.05.2015, *DJe* 10.06.2015; EDcl no REsp 567.333/RN, 4.ª Turma, Rel. Min. Raul Araújo, j. 20.06.2013, *DJe* 28.06.2013; REsp 611.872/RJ, 4.ª Turma, Rel. Min. Antonio Carlos Ferreira, j. 02.10.2012, *DJe* 23.10.2012 e REsp 547.794/PR, 4.ª Turma, Rel. Min. Maria Isabel Gallotti, j. 15.02.2011, *DJe* 22.02.2011). Pertinente esclarecer que tais arestos não tratam da responsabilidade do agente que financia a compra, mas apenas da solidariedade entre o fabricante e a concessionária que vende o veículo, o que parece ser bem claro e cristalino.

Vistas tais concretizações, ressalte-se que a lei estabelece duas exceções internas bem específicas a respeito da solidariedade no vício do produto, o que deve ser considerado para os devidos fins práticos.

A *primeira exceção* tem relação com os produtos fornecidos *in natura*, respondendo perante o consumidor o fornecedor imediato, exceto quando identificado claramente seu produtor (art. 18, § 5.º, do CDC). Para concretizar a norma, se alguém adquire uma maçã estragada em uma feira livre, a responsabilidade, em regra, será do feirante. No entanto, se na maçã constar o selo do produtor, o que é bem comum na prática, o último responderá pelo vício.

Como *segunda exceção*, determina o § 2.º do art. 19 do CDC que o fornecedor imediato – no caso, o comerciante – será responsável pelo vício de quantidade quando fizer a pesagem ou a medição e o instrumento utilizado não estiver aferido segundo os padrões oficiais. O desrespeito à lealdade negocial, à boa-fé objetiva, acaba por gerar a sua responsabilidade pessoal, afastando o dever de reparar o fabricante. A título de exemplo, se há um problema na balança do mercado, que está adulterada, a responsabilidade será do comerciante, e não do produtor ou fabricante.

Estabelece o art. 18, *caput,* do CDC que os fornecedores de produtos de consumo duráveis ou não duráveis respondem *solidariamente* pelos *vícios de qualidade* ou quantidade que os tornem impróprios ou inadequados ao consumo a que se destinam ou lhes diminuam o valor, assim como por aqueles decorrentes da disparidade, com as indicações constantes do recipiente, da embalagem, rotulagem ou mensagem publicitária, respeitadas as variações resultantes de sua natureza, podendo o consumidor exigir a substituição das partes viciadas.

Como se nota, tal comando consagra e descreve os chamados *vícios de qualidade do produto*. Ilustre-se com a hipótese de um veículo que não funciona de forma adequada, como espera o consumidor (STJ, REsp 991.985/PR, 2.ª Turma, Rel. Min. Castro Meira, j. 18.12.2007, *DJ* 11.02.2008, p. 84). Pode ainda ser citada a situação do imóvel adquirido de um profissional que apresente sério problema no encanamento, pois utilizado material diverso do esperado (TJRS, Recurso Cível 71001577337, 1.ª Turma Recursal Cível, Porto Alegre, Rel. Des. Heleno Tregnago Saraiva, j. 17.07.2008, *DOERS* 22.07.2008, p. 104).

Mas não é só, uma vez que o art. 19 da Lei n. 8.078/1990 trata dos *vícios de quantidade*, do mesmo modo a gerar a solidariedade, enunciando que "os fornecedores respondem *solidariamente* pelos *vícios de quantidade do produto* sempre que, respeitadas as variações decorrentes de sua natureza, seu conteúdo líquido for inferior às indicações constantes do recipiente, da embalagem, rotulagem ou de mensagem publicitária" (com meus destaques).

A título de exemplo, podem ser citados a lata de goiabada que tem menos conteúdo do que consta da embalagem ou o pacote com rolos de papel higiênico com menor metragem do que o previsto. Ainda, a situação de uma máquina de lavar roupas que suporta menos do que os dez quilos acordados (TJRS, Recurso Cível 71002590800, 3.ª Turma Recursal Cível, Porto Alegre, Rel. Des. Jerson Moacir Gubert, j. 29.07.2010, *DJERS* 06.08.2010).

Nos casos de vícios de qualidade, prevê o § 1.º do art. 18 do CDC que, não sendo o vício sanado no prazo máximo de trinta dias pelo fornecedor, pode o consumidor ingressar em juízo para exercício das opções dadas pela norma, e que ainda serão estudadas. Observa-se que a própria lei concede ao fornecedor o direito de sanar o problema em trinta dias da sua reclamação.

Trata-se de um dos poucos dispositivos no Código Consumerista que traz um suposto direito fundamental do fornecedor de produtos. O prazo previsto tem natureza decadencial, caducando o direito ao final do transcurso do tempo.

Surge indagação importante a respeito desse dispositivo: quais são as consequências caso o consumidor não respeite tal suposto direito do fornecedor? Na doutrina, em profundo estudo, José Fernando Simão aponta que a corrente majoritária, à qual estão filiados Odete Novais Carneiro Queiroz, Alberto do Amaral Jr., Zelmo Denari, Jorge Alberto Quadros de Carvalho Silva e Luiz Antonio Rizzatto Nunes, reconhece que, se o consumidor não respeitar tal prazo de trinta dias, não poderá fazer uso das medidas previstas nos incisos do comando legal, caso da opção de resolução do contrato.[27]

De modo muito próximo, esclarece Leonardo Roscoe Bessa que o art. 18, § 1.º, do Código Consumerista tem ampla aplicação nos casos em que se configura o abuso de direito por parte do consumidor.[28] Nessa linha, tem aplicação em face do consumidor o art. 187 do CC/2002, segundo o qual também comete ato ilícito o titular de um direito que, ao exercê-lo, excede manifestamente os limites impostos pelo seu fim econômico e social, pela boa-fé objetiva e pelos bons costumes. Em um sadio *diálogo* entre as normas, civil e consumerista, nota-se que o consumidor que não respeita tal prazo não atenta para o dever de colaboração negocial decorrente da boa-fé objetiva.

Na jurisprudência, o prazo de trinta dias é também apontado como um direito do fornecedor (por todos: TJSP, Agravo de Instrumento 1102616000, Rel. Rocha de Souza, j. 17.05.2007, registro 17.05.2007). Existem julgados concluindo pela carência de ação, por falta de adequação e interesse processual, em casos em que o consumidor não respeita esse prazo de trinta dias para a solução do vício. Nesse sentido, parecendo ser a melhor solução a ser mantida na vigência do CPC/2015 (art. 485, inc. VI):

"Consumidor. Vício do produto. Faculdade do fornecedor de sanar o vício no prazo de 30 dias. Impossibilidade no caso concreto do uso imediato pelo consumidor das alternativas postas à disposição pelo art. 18, § 1.º, do CDC. Ausência de prova mínima quanto ao fato de ter sido oportunizado o conserto. Sentença mantida. Carência de ação. Recurso improvido" (TJRS, Recurso Cível 71002384907, 2.ª Turma Recursal Cível, Rio Pardo, Rel. Des. Vivian Cristina Angonese Spengler, j. 14.07.2010, *DJERS* 22.07.2010).

---

[27] SIMÃO, José Fernando. *Vícios do produto no novo Código Civil e no Código de Defesa do Consumidor*, cit., p. 102.
[28] BESSA, Leonardo Roscoe; MARQUES, Claudia Lima; BENJAMIN, Antonio Herman V. *Manual de Direito do Consumidor*, cit., p. 183-184.

"Consumidor. Vício do produto. Omissão de pedido de conserto na assistência técnica. Hipótese em que não foi conferida ao fornecedor a possibilidade de sanar o vício. Carência de ação decretada. Extinção do processo sem resolução do mérito. Recurso provido" (TJRS, Recurso Cível 71001106194, 2.ª Turma Recursal Cível, Guaíba, Rel. Mylene Maria Michel, j. 24.01.2007).

Consigne-se que a jurisprudência também reconhece ser o caso de improcedência, entrando no mérito da questão e afastando o direito material à resolução contratual ou à troca do produto pelo vício:

"Indenizatória c/c obrigação de fazer. Direito do Consumidor. Vício do produto. Autora que pretende a troca por um produto de outra marca. Concretamente, não se discutiu a veracidade dos fatos narrados ou mesmo a ocorrência de defeito no aparelho de DVD que foi adquirido pela autora. Na verdade, o fundamento que embasou a sentença de improcedência, ora recorrida, foi a não concessão por parte da autora de oportunidade para que as rés sanassem o defeito. O Código de Defesa do Consumidor estabelece alguns direitos aos fornecedores de bens e serviços, suficientes e necessários a evitar um desequilíbrio exagerado em desfavor dos mesmos. O § 1.º, do art. 18, do CODECON concede um prazo de trinta dias para que o comerciante ou o fabricante sane o defeito apresentado pelo bem colocado no mercado, garantindo ao consumidor, depois de expirado o referido prazo, a substituição do produto ou a devolução do valor pago, entre outras medidas. Portanto, correto o fundamento adotado pelo sentenciante monocrático, no sentido de que os pedidos formulados pela autora somente seriam cabíveis depois de concedido o prazo da Lei para a solução dos defeitos. Apelo improvido" (TJRJ, Apelação 2009.001.05283, 15.ª Câmara Cível, Rel. Des. Celso Ferreira Filho, j. 14.04.2009, *DORJ* 30.04.2009, p. 172).

"Consumidor. Pleito de restituição das quantias pagas. Alegada publicidade enganosa. Aquisição de máquina de fazer pão. Produto que não apresentou funcionamento de acordo com sua publicidade. O Código de Defesa do Consumidor, em seu art. 18, § 1.º, estabelece o prazo máximo de 30 dias para que o comerciante/fornecedor possa sanar o vício existente no produto. Não tendo o consumidor encaminhado o produto para a assistência técnica, a fim de verificar a real existência do defeito alegado, descabe o pedido de restituição do valor do mesmo. Recurso desprovido" (TJRS, Recurso Cível 71001132851, 3.ª Turma Recursal Cível, Porto Alegre, Rel. Eugênio Facchini Neto, j. 12.12.2006).

Com o devido respeito, não estou filiado ao entendimento esposado nas duas últimas ementas, pois elas afastam um direito material do consumidor ao ingressarem no mérito da questão. Na verdade, a melhor solução é mesmo a carência de ação, dando-se nova oportunidade para o consumidor prejudicado demandar em juízo. Reafirmo que essa posição deve ser mantida na vigência do CPC de 2015, concluindo-se pela falta de interesse processual (art. 485, inc. VI, do CPC/2015).

De todo modo, apesar da comum afirmação no sentido de que o art. 18, § 1.º, do CDC consagra um direito do fornecedor, recente julgado do STJ concluiu que, "como a defesa do consumidor foi erigida a princípio geral da atividade econômica pelo art. 170, V, da Constituição Federal, é ele – consumidor – quem deve escolher a alternativa que lhe parece menos onerosa ou embaraçosa para exercer seu direito de ter sanado o vício em 30 dias – levar o produto ao comerciante, à assistência técnica ou diretamente ao fabricante –, não cabendo ao fornecedor impor-lhe a opção que mais convém" (STJ, REsp 1.634.851/RJ, 3.ª Turma, Rel. Min. Nancy Andrighi, j. 12.09.2017, *DJe* 15.02.2018). Na minha interpretação do aresto, há sim um direito do fornecedor. Todavia, cabe ao consumidor escolher se a outra parte terá ou não a prerrogativa de exercê-lo.

Anote-se, contudo, que se há essa *opção* em relação ao consumidor, tem-se julgado que há um *dever* quanto ao fornecedor, o que inclui o comerciante: "por estar incluído na cadeia de fornecimento do produto, quem o comercializa, ainda que não seja seu fabricante, fica responsável, perante o consumidor, por receber o item que apresentar defeito e encaminhá-lo à assistência técnica, independente do prazo de 72 horas da compra, sempre observado o prazo decadencial do art. 26 do CDC. Precedente recente da Terceira Turma desta Corte" (STJ, REsp 1.568.938/RS, 3.ª Turma, Rel. Min. Moura Ribeiro, j. 25.08.2020, *DJe* 03.09.2020).

Outro ponto relevante refere-se à devolução do produto pelo fornecedor dentro do prazo de trinta dias, mas sem a resolução do problema. Ora, em situações tais, considera-se o vício não sanado como um novo, não estando prejudicado qualquer Direito do Consumidor.[29] A situação descrita é muito comum em casos concretos relativos a automóveis, repetindo-se na prática a hipótese em que a concessionária entrega o veículo ainda com vício, ou com outro problema.

Superados esses importantes aspectos, nos termos do § 2.º do art. 18 do CDC, podem as partes convencionar a redução ou ampliação do prazo decadencial previsto no parágrafo anterior, não podendo ser inferior a sete nem superior a cento e oitenta dias. Nos contratos de adesão, aqueles com conteúdo imposto por uma das partes, a *cláusula de prazo* deverá ser convencionada em separado, por meio de manifestação expressa do consumidor.

Em algumas hipóteses, não há necessidade de o consumidor respeitar o prazo de trinta dias, podendo fazer uso imediato das opções dadas em lei. Vejamos essas três hipóteses:

1.ª) Quando, em razão da extensão do vício, a substituição das partes viciadas puder comprometer a qualidade ou as características do produto. Exemplo: problema atinge um componente de um veículo que somente pode ser substituído pelo fabricante.

2.ª) Diante da extensão do vício, a substituição das partes viciadas puder gerar a diminuição substancial do valor da coisa. Exemplo: um problema atingiu o veículo e ele não mais funciona, tornando-se um bem de consumo imprestável.

---

[29] Nessa linha, veja-se: BESSA, Leonardo Roscoe; MARQUES, Claudia Lima; BENJAMIN, Antonio Herman V. *Manual de Direito do Consumidor*, cit., p. 185.

3.ª) Quando se tratar de produto essencial. Exemplo: o veículo é usado como instrumento de trabalho por um taxista. Ainda para ilustrar, cite-se o caso do eletrodoméstico comprado especialmente para ser utilizado pelo consumidor quando de suas férias (TJRS, Recurso Cível 71002225001, 2.ª Turma Recursal Cível, Porto Alegre, Rel. Des. Fernanda Carravetta Vilande, j. 21.10.2009, *DJERS* 03.11.2009, p. 96). Ato contínuo de exposição, o Ministério Público Federal entende que o aparelho celular é um bem essencial, o que realmente parece ser o correto (Enunciado n. 8 da 3.ª Câmara de Coordenação e Revisão do Ministério Público Federal). Na minha opinião doutrinária, a expressão *produto essencial* merece interpretação extensiva, de acordo com a realidade social brasileira, sempre visando à tutela efetiva dos direitos dos consumidores.

As opções judiciais a que tem direito o consumidor nos casos de vícios do produto constam dos arts. 18 e 19 da Lei n. 8.078/1990. Como reconheceu recente julgado do Superior Tribunal de Justiça, trata-se de efetivas *opções* do consumidor, que tem o direito de escolher a melhor alternativa para reparar o vício no produto, de acordo com os seus interesses (STJ, REsp 1.634.851/RJ, 3.ª Turma, Rel. Min. Nancy Andrighi, j. 24.10.2017).

O primeiro dispositivo citado consagra tais prerrogativas havendo *vício de qualidade*, podendo o consumidor exigir, alternativamente, de acordo com a sua livre escolha:

I) A substituição do produto por outro da mesma espécie, em perfeitas condições de uso. Tendo o consumidor optado por essa alternativa, e não sendo possível a substituição do bem, poderá haver substituição por outro de espécie, marca ou modelo diversos, mediante complementação ou restituição de eventual diferença de preço (art. 18, § 4.º, do CDC). Exemplo: o veículo apresenta vício no seu funcionamento. Pode o consumidor pleitear outro veículo da concessionária onde o adquiriu. Não havendo unidade do mesmo modelo, poderá pleitear um equivalente, tendo direito a eventual diferença no preço.

II) A restituição imediata da quantia paga, monetariamente atualizada, sem prejuízo de eventuais perdas e danos. A solução é pela resolução do negócio celebrado, com a devolução do valor pago, o que compõe as perdas e danos, nos termos do art. 402 do CC/2002 (pela menção ao que efetivamente se perdeu). Impropriamente, a norma faz menção às perdas e danos em separado, o que deve ser visto com ressalvas, pois, presentes outros prejuízos, haverá fato do produto, e não vício. Na ilustração que está sendo analisada, em havendo a resolução do contrato de compra de veículo, com a restituição dos montantes pagos, por óbvio que o bem deve ser devolvido à concessionária ou à vendedora, sob pena de se caracterizar o enriquecimento sem causa do comprador. Nessa linha, citando a minha posição: "o art. 18, § 1º, do Código de Defesa do Consumidor, confere ao consumidor, nas hipóteses de constatação de vício que torne o bem adquirido inadequado ao uso a que se destina, três alternativas, dentre as quais, a restituição imediata da quantia paga, monetariamente atualizada, sem prejuízo de eventuais perdas e danos. Acolhida a pretensão redibitória, rescinde-se o contrato de compra e venda, retornando as partes à situação anterior à sua celebração ('status quo ante'), sendo uma das consequências automáticas da sentença a sua eficácia restitutória, com a restituição atualizada do preço pelo vendedor e devolução da coisa adquirida pelo comprador. Concreção dos princípios da boa-fé objetiva (art. 422) e da vedação do enriquecimento sem causa positivados pelo Código Civil de 2002 (art. 884)" (STJ, REsp 1.823.284/SP, 3.ª Turma, Rel. Min. Paulo de Tarso Sanseverino, j. 13.10.2020, *DJe* 15.10.2020).

III) O abatimento proporcional do preço. Exemplo: se houve um problema estrutural no automóvel e o consumidor fez a opção por consertá-lo por conta própria, terá direito ao valor que teve que desembolsar pelo reparo. Cite-se, ainda, o abatimento pelo conserto do encanamento do apartamento adquirido em negócio de consumo.

Presente o *vício de quantidade*, as alternativas judiciais do consumidor são muito próximas, nos termos do art. 19 do CDC, podendo o consumidor exigir, mais uma vez, alternativamente e de acordo com a sua livre escolha:

I) O abatimento proporcional do preço.

II) A complementação do peso ou medida.

III) A substituição do produto por outro da mesma espécie, marca ou modelo, sem os aludidos vícios. Mais uma vez, não sendo possível a substituição do bem, poderá haver substituição por outro de espécie, marca ou modelo diversos, mediante complementação ou restituição de eventual diferença de preço (art. 19, § 1.º, que manda aplicar o art. 18, § 4.º, do CDC).

IV) A restituição imediata da quantia paga, monetariamente atualizada, sem prejuízo de eventuais perdas e danos. Novamente, a hipótese é de resolução do negócio com a devolução das quantias pagas, valores que compõem as perdas e danos. Repise-se que a norma faz menção às perdas e danos em separado, o que deve ser visto com ressalvas, pois, presentes outros prejuízos, haverá fato do produto, e não vício.

Para ilustrar a incidência do vício de quantidade, entendeu o Superior Tribunal de Justiça que, "ainda que haja abatimento no preço do produto, o fornecedor responderá por vício de quantidade na hipótese em que reduzir o volume da mercadoria para quantidade diversa da que habitualmente fornecia no mercado, sem informar na embalagem, de forma clara, precisa e ostensiva, a diminuição do conteúdo" (STJ, REsp 1.364.915/MG, Rel. Min. Humberto Martins, j. 14.05.2013, publicado no seu *Informativo* n. *524*). O acórdão conclui que a informação adequada constitui um direito básico do consumidor, conferindo a ele uma escolha consciente e permitindo que suas expectativas do produto ou serviço sejam de fato atingidas (*consentimento informado* ou *vontade qualificada*).

Os prazos para reclamar o vício do produto – seja ele de qualidade ou de quantidade – são decadenciais, nos termos do art. 26 do CDC, eis que as ações correspondentes são constitutivas negativas. Desse modo, escoados os prazos, ocorrerá a extinção da ação proposta, com resolução do mérito, nos termos do art. 487, II, do CPC/2015, correspondente ao art. 269, IV, do CPC/1973 (por todos: STJ, AgRg no REsp 1.171.635/MT, 3.ª Turma, Rel. Min. Vasco Della Giustina (Desembargador Convocado do TJRS), j. 23.11.2010, *DJe* 03.12.2010).

De início, a lei consagra prazo decadencial de trinta dias, tratando-se de fornecimento de produtos não duráveis, que são aqueles que desaparecem facilmente com o consumo (bens consumíveis faticamente, nos termos do art. 86, primeira parte, do CC/2002). Como exemplo, citem-se os gêneros alimentícios.

Por seu turno, há o prazo decadencial de noventa dias, tratando-se de fornecimento produtos duráveis, que são aqueles que não desaparecem facilmente com o consumo (*bens inconsumíveis faticamente*, nos termos do art. 86, primeira parte, do CC/2002). Aqui podem ser mencionados automóveis, imóveis comprados na planta ou não, aparelhos celulares e eletrodomésticos em geral.

De imediato – o que servirá para outras situações de vícios expostas a seguir –, ressalte-se a louvável proposta de ampliação dos prazos do art. 26 do CDC, para sessenta e cento e oitenta dias, nos casos de bens não duráveis e duráveis, respectivamente (PL n. 283/2012). A projeção, que conta com o meu total apoio, representa mais uma feliz ampliação dos direitos consumeristas em nosso país, estando mais bem adaptada à realidade social brasileira.

Voltando à legislação em vigor, em caso de dúvida, ou seja, se não restar claro se o produto é durável ou não, deve-se entender pela aplicação do prazo maior de noventa dias, o que é incidência do princípio do protecionismo do consumidor, retirado do art. 1.º da Lei n. 8.078/1990 e do art. 5.º, inc. XXXII, da CF/1988.

A propósito dessa diferenciação, recente aresto do Superior Tribunal de Justiça traz elementos que podem auxiliar o intérprete na correta conclusão sobre o enquadramento dos bens duráveis e não duráveis. Pontue-se que o julgado diz respeito a um vestido de noiva, tratado como bem durável e sujeito ao prazo decadencial de noventa dias. Vejamos trecho relevante do *decisum*:

> "Entende-se por produto durável aquele que, como o próprio nome consigna, não se extingue pelo uso, levando certo tempo para se desgastar, que variará conforme a qualidade da mercadoria, os cuidados que lhe são emprestados pelo usuário, o grau de utilização e o meio ambiente no qual inserido. Portanto, natural que um terno, um eletrodoméstico, um automóvel ou até mesmo um livro, à evidência exemplos de produtos duráveis, se desgastem com o tempo, já que a finitude é, de certo modo, inerente a todo bem. Por outro lado, os produtos não duráveis, tais como alimentos, os remédios e combustíveis, em regra *in natura*, findam com o mero uso, extinguindo-se em um único ato de consumo. Assim, por consequência, nos produtos não duráveis o desgaste é imediato. Diante disso, o vestido de noiva deve ser classificado como um bem durável, pois não se extingue pelo mero uso, sendo notório que, por seu valor sentimental, há quem o guarde para a posteridade, muitas vezes com a finalidade de vê-lo reutilizado em cerimônias de casamento por familiares (filhas, netas e bisnetas) de uma mesma estirpe. Há pessoas, inclusive, que mantêm o vestido de noiva como lembrança da escolha de vida e da emoção vivenciada no momento do enlace amoroso, enquanto há aquelas que o guardam para uma possível reforma, seja por meio de aproveitamento do material (normalmente valioso), do tingimento da roupa (cujo tecido, em regra, é de alta qualidade) ou, ainda, para extrair lucro econômico, por meio de aluguel (negócio rentável e comum atualmente)" (STJ, REsp 1.161.941/DF, Rel. Min. Ricardo Villas Bôas Cueva, j. 05.11.2013, publicado no seu *Informativo* n. 533).

Feito tal fulcral esclarecimento sobre o início da contagem dos prazos, se o vício for aparente ou de fácil constatação, dar-se-á da entrega efetiva do produto ou tradição real (art. 26, § 1.º, do CDC). A ilustrar, cite-se a falta de peças de um faqueiro adquirido, perceptível de imediato.

Entretanto, no caso de vício oculto, o prazo inicia-se no momento em que ficar evidenciado o problema (art. 26, § 3.º, do CDC). Como ilustração da última hipótese, cite-se o caso em que o barulho do veículo somente pode ser percebido após uma determinada velocidade atingida. Nessa linha, do STJ, "conforme premissa de fato fixada pela corte de origem, o vício do produto era oculto. Nesse sentido, o *dies a quo* do prazo decadencial de que trata o art. 26, § 3.º, do Código de Defesa do Consumidor é a data em ficar evidenciado o aludido vício, ainda que haja uma garantia contratual, sem abandonar, contudo, o critério da vida útil do bem durável, a fim de que o fornecedor não fique responsável por solucionar o vício eternamente" (STJ, REsp 1.123.004/DF, 2.ª Turma, Rel. Min. Mauro Campbell Marques, j. 1.º.12.2011, *DJe* 09.12.2011).

Nos termos literais do que consta do art. 26, § 2.º, do CDC, tais prazos podem ser *obstados*. Trata-se de uma exceção à regra segundo a qual o prazo decadencial não pode ser impedido, suspenso ou interrompido, como consta do art. 207 do CC/2002. Diverge a doutrina se tal *obstação* constituiria uma suspensão ou uma interrupção.[30]

A questão é importante, pois, na suspensão, o prazo para e depois continua de onde parou. Já na interrupção o prazo para e volta ao seu início. A divergência é muito bem exposta por Leonardo de Medeiros Garcia, que demonstra as duas correntes doutrinárias fundamentais existentes sobre o tema.

Para a primeira corrente, à qual estão filiados Zelmo Denari e Fabio Ulhoa Coelho, a hipótese é de suspensão do prazo. Para a segunda, liderada por Claudia Lima Marques, Luiz Edson Fachin e Odete Novais Carneiro Queiroz, a hipótese é de interrupção, entendendo do mesmo modo o doutrinador citado.[31]

Contribuindo para a pesquisa realizada, anote-se que Rizzatto Nunes defende uma terceira conclusão, segundo a qual não se trata de suspensão nem de interrupção, mas da constituição de um direito a favor do consumidor.[32]

Entendo que a hipótese é de uma *suspensão especial*, que decorre de uma atuação do consumidor. Para a devida argumentação técnica, fazemos nossas as palavras de José Fernando Simão, professor da Faculdade de Direito da USP:

> "Em que pese o Código Civil realmente incluir entre as causas de interrupção da prescrição atos do interessado, em momento algum esse diploma fixa o término do período de 'interrupção', como faz o CDC. Por outro lado, ao tratar da causa de suspensão da prescrição, o Código Civil expressamente

---

[30] GARCIA, Leonardo de Medeiros. *Direito do Consumidor*. Código comentado e jurisprudência, cit., p. 100.
[31] GARCIA, Leonardo de Medeiros. *Direito do Consumidor*. Código comentado e jurisprudência, cit., p. 101.
[32] RIZZATTO NUNES, Luiz Antonio *Comentários ao Código de Defesa do Consumidor*, cit., p. 361.

determina o período durante o qual essa não correrá, utilizando as expressões como 'na constância do matrimônio' (art. 197, I) e 'durante o poder familiar' (art. 197, II).

Ora, tais expressões têm significado idêntico àquelas utilizadas pela legislação no art. 26 do CDC e levam-nos a concluir se tratar realmente de suspensão, e não de interrupção da decadência".[33]

A par dessa forma de pensar, o prazo já contado deve ser considerado quando de sua volta, premissa seguida por muitos julgados (por todos: TJSP, Apelação 9191745-04.2009.8.26.0000, Acórdão 5021282, 29.ª Câmara de Direito Privado, São Paulo, Rel. Des. Pereira Calças, j. 23.03.2011, *DJESP* 11.04.2011; TJMG, Apelação Cível 5688694-84.2009.8.13.0702, 18.ª Câmara Cível, Uberlândia, Rel. Des. Guilherme Luciano Baeta Nunes, j. 1.º.02.2011, *DJEMG* 18.02.2011; e TJDF, Recurso 2007.10.1.011291-4, Acórdão 327.139, 1.ª Turma Recursal dos Juizados Especiais Cíveis e Criminais, Rel. Juiz Esdras Neves, *DJDFTE* 29.10.2008, p. 225).

De qualquer modo, cabe ressaltar que o PL n. 283/2012 pretende encerrar a polêmica, utilizando a expressão "interrompem a decadência" no art. 26 do CDC. A proposta está fundada na premissa de que a interrupção, como regra, é melhor para a tutela dos direitos do consumidor.

Feita tal constatação, voltando à legislação aplicável no momento, duas são as hipóteses em que ocorre tal *obstação*, nos termos da norma consumerista vigente. A primeira delas diz respeito à reclamação comprovadamente formulada pelo consumidor ao fornecedor, até a respectiva resposta, o que deve ocorrer de forma inequívoca.

Deve ficar claro que tal norma prevalece sobre o art. 18, § 1.º, do CDC, ou seja, se o fornecedor não responde quanto à solução do problema, o prazo permanecerá obstado. Entender que o prazo volta a correr após os trinta dias sem a resposta do fornecedor coloca em desprestígio todo o sistema consagrado para a proteção do vulnerável negocial.

Igualmente obsta a decadência a instauração do inquérito civil pelo Ministério Público até o seu encerramento. Nos termos do art. 8.º da Lei da Ação Civil Pública (Lei n. 7.347/1985), o inquérito civil é um procedimento administrativo que visa a investigar ou a dirimir situações de lesão a direitos coletivos, caso dos direitos dos consumidores. Enuncia o comando legal citado que o Ministério Público poderá instaurar, sob sua presidência, inquérito civil, ou requisitar, de qualquer organismo público ou particular, certidões, informações, exames ou perícias.

Além dessas situações previstas na Lei Consumerista, atente-se ao fato de que os prazos de decadência do art. 26 do CDC ficaram suspensos entre os dias 12 de junho e 30 de outubro de 2020, por força da Lei n. 14.010/2020, que instituiu Regime Jurídico Emergencial e Transitório das relações jurídicas

---

[33] SIMÃO, José Fernando. Vícios do produto. Questões controvertidas. In: MORATO, Antonio Carlos; NÉRI, Paulo de Tarso (Org.). *20 anos do Código de Defesa do Consumidor*. Estudos em homenagem ao Professor José Geraldo Brito Filomeno. São Paulo: Atlas, 2010. p. 410.

de Direito Privado (RJET) no período da pandemia do coronavírus (Covid-19). Nos termos do seu art. 3.º, *caput*, "os prazos prescricionais consideram-se impedidos ou suspensos, conforme o caso, a partir da entrada em vigor desta Lei até 30 de outubro de 2020". Quanto à suspensão dos prazos decadenciais, foi instituída regra específica no seu § 2.º.

Seguindo o estudo da matéria, não se olvide da edição em 2012, pelo STJ, de sumular estabelecendo que "a decadência do art. 26 do CDC não é aplicável à prestação de contas para obter esclarecimentos sobre cobrança de taxas, tarifas e encargos bancários" (Súmula n. 477). Consultando-se os precedentes que geraram ementa, constata-se que a Corte Superior entende pela aplicação de prazo previsto no Código Civil para a hipótese da citada prestação de contas. Como no caso há geralmente uma ação de repetição de indébito, é forçoso deduzir pela aplicação do prazo geral de dez anos, estabelecido pelo art. 205 da codificação civil privada.

Vistos tais aspectos, não se pode deixar de fazer um paralelo entre os vícios do produto e os chamados *vícios redibitórios*, previstos nos arts. 441 a 446 do CC/2002, uma vez que a presente obra pretende trazer uma visão *dialogal* entre as duas normas.

Os vícios redibitórios, com grande aplicação na esfera contratual, têm a mesma natureza dos vícios do produto quanto à origem, constituindo vícios que atingem o objetivo do negócio, e não a vontade da parte, como é comum nos vícios do consentimento. A respeito de tal diferenciação, no tocante ao erro, colaciona-se ementa do STJ, que serviria como luva também para a hipótese de vícios do produto:

> "Direito Civil. Vício de consentimento (erro). Vício redibitório. Distinção. venda conjunta de coisas. Art. 1.138 do CC/1916 (art. 503 do CC/2002). Interpretação. Temperamento da regra. O equívoco inerente ao vício redibitório não se confunde com o erro substancial, vício de consentimento previsto na Parte Geral do Código Civil, tido como defeito dos atos negociais. O legislador tratou o vício redibitório de forma especial, projetando inclusive efeitos diferentes daqueles previstos para o erro substancial. O vício redibitório, da forma como sistematizado pelo CC/1916, cujas regras foram mantidas pelo CC/2002, atinge a própria coisa, objetivamente considerada, e não a psique do agente. O erro substancial, por sua vez, alcança a vontade do contratante, operando subjetivamente em sua esfera mental. O art. 1.138 do CC/1916, cuja redação foi integralmente mantida pelo art. 503 do CC/2002, deve ser interpretado com temperamento, sempre tendo em vista a necessidade de se verificar o reflexo que o defeito verificado em uma ou mais coisas singulares tem no negócio envolvendo a venda de coisas compostas, coletivas ou de universalidades de fato. Recurso especial a que se nega provimento" (STJ, REsp 991.317/MG, 3.ª Turma, Rel. Min. Nancy Andrighi, j. 03.12.2009, *DJe* 18.12.2009).

Todavia, existem algumas diferenciações fundamentais a respeito das categorias dos vícios do produto e dos vícios redibitórios, às quais se devem atentar, para os devidos preenchimentos categóricos, teóricos e práticos.

Como *primeira diferença*, destaque-se que os vícios redibitórios, pela literalidade do art. 441 do CC/2002, seriam apenas nos *vícios ocultos* que acometem o objeto do contrato. Por outra via, os vícios do produto podem ser aparentes ou ocultos, como antes exposto. De toda sorte, deve ficar claro que entendo que os vícios redibitórios do bem podem ser aparentes ou ocultos, pela diferenciação de prazos para reclamação que constam do art. 445 do CC/2002, conforme a seguir está demonstrado.

Constituindo uma *segunda diferença*, nos contratos de natureza civil não se pode falar em solidariedade entre fornecedores, não havendo responsabilidade além daquela pessoa que firmou o contrato, pela decorrência lógica do princípio da relatividade dos efeitos contratuais (*res inter alios*).

A *terceira diferença* refere-se aos prazos decadenciais para reclamar os vícios. Os prazos previstos no CDC admitem obstação, ou seja, uma suspensão especial no entendimento que sigo. Por outra via, os prazos decadenciais do CC/2002 não podem ser suspensos ou interrompidos, pela regra do seu art. 207. Assim, o sistema do CDC é muito mais vantajoso do que o sistema do CC/2002 em tal aspecto.

Como *quarta diferença*, vejamos os prazos em si. Os prazos decadenciais para reclamar os vícios redibitórios estão estabelecidos pelo art. 445 do CC/2002. O *caput* do comando consagra prazos de trinta dias se a coisa for móvel e um ano para o imóvel, contados da entrega efetiva da coisa, em regra.

Entretanto, se o vício, por sua natureza, somente pode ser percebido mais tarde, os prazos são de cento e oitenta dias para móveis e um ano para imóveis, contado do conhecimento do vício (art. 445, § 1.º, do CC/2002). Anote-se que, ao contrário do Código Consumerista, o Código Civil não adota como critério a *durabilidade* ou *consuntibilidade física* dos bens adquiridos, mas sim a sua mobilidade.

No presente momento, surge uma questão de controvérsia. Como os prazos do Código Civil são maiores do que os prazos de trinta e noventa dias do art. 26 do CDC, poderia o consumidor utilizá-los como aplicação da tese do *diálogo das fontes*?

Como não poderia ser diferente, Claudia Lima Marques, Herman Benjamin e Bruno Miragem respondem que sim, sendo suas palavras: "a jurisprudência brasileira tem sido muito receptiva ao uso da teoria de Erik Jayme sobre o diálogo das fontes para aplicar o prazo mais favorável ao consumidor em matéria de decadência e prescrição como autoriza o art. 7.º do CDC".[34] Concluindo desse modo, subsumindo os prazos maiores do Código Civil, a ilustrar: TJPR, Apelação Cível 0497436-3, 8.ª Câmara Cível, Mandaguari, Rel. Des. João Domingos Kuster Puppi, *DJPR* 1.º.08.2008, p. 95.

O entendimento pode parecer justo, sem dúvida, apesar de afastar-se da pura técnica. Todavia, não se pode esquecer que, quanto à possibilidade de o

---

[34] MARQUES, Claudia Lima; BENJAMIN, Antonio Herman; MIRAGEM, Bruno. *Comentários ao Código de Defesa do Consumidor*, cit., p. 594.

prazo poder ser suspenso, a proteção constante do CDC é muito mais favorável ao consumidor do que consta do CC/2002, uma vez que no sistema civil o prazo de decadência não pode ser suspenso. Então, a aplicação das normas relativas aos vícios redibitórios pode constituir uma *armadilha* contra o consumidor.

No que concerne ao eventual prazo de *garantia contratual* dado pelo fornecedor como uma decadência convencional, o art. 50 do CDC é muito claro, no sentido de não prejudicar os prazos estabelecidos em lei. Conforme o texto legal, a garantia contratual é complementar à legal e será conferida mediante termo escrito.

A norma também preceitua, em seu parágrafo único, que o termo de garantia ou equivalente deve ser padronizado e esclarecer, de maneira adequada em que consiste a mesma garantia, bem como a forma, o prazo e o lugar em que pode ser exercitada e os ônus a cargo do consumidor. Deve ainda ser entregue, devidamente preenchido pelo fornecedor ao consumidor, no ato do fornecimento, acompanhado de manual de instrução, de instalação e uso do produto em linguagem didática, com ilustrações.

O caráter de complementaridade da garantia contratual com relação à legal é muito bem explorado por Rizzatto Nunes, que apresenta a sua correta interpretação, no sentido de que "complementar significa que se soma o prazo de garantia ao prazo contratual".[35] Apresenta então o magistrado mais um didático exemplo, que auxilia em muito na compreensão da categoria consumerista: "portanto, não se deve confundir prazo de reclamação com garantia legal de adequação. Se o fornecedor dá *prazo* de garantia contratual (até a Copa de 2002, um, dois anos etc.), *dentro* do tempo garantido até o fim (inclusive último dia), o produto não pode apresentar vício. Se *apresentar,* o consumidor tem o direito de reclamar, que se estende até 30 ou 90 dias após o término da garantia. Se o fornecedor não dá prazo, então os 30 ou 90 dias correm do dia da aquisição ou término do serviço. Claro que sempre haverá, como vimos, a hipótese de *vício oculto,* que gera início do prazo para reclamar apenas quando ocorre".[36]

Fica clara, portanto, a ideia de *soma dos prazos (garantia contratual + garantia legal),* conforme igualmente defendem Claudia Lima Marques, Herman Benjamin e Bruno Miragem.[37]

Anote-se que julgado do Superior Tribunal de Justiça deu outra interpretação para a hipótese, entendendo não se tratar de soma dos prazos, mas de aplicação analógica e em complemento do art. 26 do CDC. Na verdade, a solução, ao final, foi exatamente a mesma. Transcreve-se a ementa, que reproduz um bom resumo a respeito dos problemas referentes às garantias no sistema consumerista:

"Consumidor. Responsabilidade pelo fato ou vício do produto. Distinção. Direito de reclamar. Prazos. Vício de adequação. Prazo decadencial. Defeito

---

[35] RIZZATTO NUNES, Luiz Antonio. *Comentários ao Código de Defesa do Consumidor,* cit., p. 574-575.
[36] RIZZATTO NUNES, Luiz Antonio. *Comentários ao Código de Defesa do Consumidor,* cit., p. 574-575.
[37] MARQUES, Claudia Lima; BENJAMIN, Antonio Herman; MIRAGEM, Bruno. *Comentários ao Código de Defesa do Consumidor,* cit., p. 930.

de segurança. Prazo prescricional. Garantia legal e prazo de reclamação. Distinção. Garantia contratual. Aplicação, por analogia, dos prazos de reclamação atinentes à garantia legal. No sistema do CDC, a responsabilidade pela qualidade biparte-se na exigência de adequação e segurança, segundo o que razoavelmente se pode esperar dos produtos e serviços. Nesse contexto, fixa, de um lado, a responsabilidade pelo fato do produto ou do serviço, que compreende os defeitos de segurança; e de outro, a responsabilidade por vício do produto ou do serviço, que abrange os vícios por inadequação. Observada a classificação utilizada pelo CDC, um produto ou serviço apresentará vício de adequação sempre que não corresponder à legítima expectativa do consumidor quanto à sua utilização ou fruição, ou seja, quando a desconformidade do produto ou do serviço comprometer a sua prestabilidade. Outrossim, um produto ou serviço apresentará defeito de segurança quando, além de não corresponder à expectativa do consumidor, sua utilização ou fruição for capaz de adicionar riscos à sua incolumidade ou de terceiros. O CDC apresenta duas regras distintas para regular o direito de reclamar, conforme se trate de vício de adequação ou defeito de segurança. Na primeira hipótese, os prazos para reclamação são decadenciais, nos termos do art. 26 do CDC, sendo de 30 (trinta) dias para produto ou serviço não durável e de 90 (noventa) dias para produto ou serviço durável. A pretensão à reparação pelos danos causados por fato do produto ou serviço vem regulada no art. 27 do CDC, prescrevendo em 5 (cinco) anos. A garantia legal é obrigatória, dela não podendo se esquivar o fornecedor. Paralelamente a ela, porém, pode o fornecedor oferecer uma garantia contratual, alargando o prazo ou o alcance da garantia legal. A lei não fixa expressamente um prazo de garantia legal. O que há é prazo para reclamar contra o descumprimento dessa garantia, o qual, em se tratando de vício de adequação, está previsto no art. 26 do CDC, sendo de 90 (noventa) ou 30 (trinta) dias, conforme seja produto ou serviço durável ou não. Diferentemente do que ocorre com a garantia legal contra vícios de adequação, cujos prazos de reclamação estão contidos no art. 26 do CDC, a lei não estabelece prazo de reclamação para a garantia contratual. Nessas condições, uma interpretação teleológica e sistemática do CDC permite integrar analogicamente a regra relativa à garantia contratual, estendendo-lhe os prazos de reclamação atinentes à garantia legal, ou seja, a partir do término da garantia contratual, o consumidor terá 30 (bens não duráveis) ou 90 (bens duráveis) dias para reclamar por vícios de adequação surgidos no decorrer do período desta garantia. Recurso especial conhecido e provido" (STJ, REsp 967.623/RJ, 3.ª Turma, Rel. Min. Nancy Andrighi, j. 16.04.2009, *DJe* 29.06.2009).

Destaque-se a existência de outro julgado do STJ, publicado no seu *Informativo* n. 463, que parece dar a correta interpretação da soma dos prazos, como se depreende da seguinte publicação. Vejamos:

"Prazo. Decadência. Reclamação. Vícios. Produto. A Turma reiterou a jurisprudência deste Superior Tribunal e entendeu que o termo *a quo* do prazo de decadência para as reclamações de vícios no produto (art. 26 do CDC), no caso, um veículo automotor, dá-se após a garantia contratual. Isso acontece em razão de que o adiamento do início do referido prazo, em tais casos, justifica-se pela possibilidade contratualmente estabelecida de que seja sanado o defeito apresentado durante a garantia. Precedente citado: REsp 1.021.261/RS, *DJe* 06.05.2010" (STJ, REsp 547.794/PR, Rel. Min. Maria Isabel Gallotti, j. 15.02.2011).

Em resumo, conforme se retira de ementa publicada pelo próprio Superior Tribunal de Justiça pela ferramenta *Jurisprudência em Teses*, em setembro de 2015, "o início da contagem do prazo de decadência para a reclamação de vícios do produto (art. 26 do CDC) se dá após o encerramento da garantia contratual". Em suma, de fato, os citados prazos devem ser somados.

No que diz respeito à garantia legal de adequação do produto, esta independe de termo escrito ou expresso, incidindo *ex vi lege*, sendo vedada a exoneração contratual do fornecedor (art. 24 do CDC). Frise-se que há proposta de inclusão de preceito complementar à norma atual, por meio do Projeto de Lei n. 283/2012.

A projeção visa ao art. 24-A, com a seguinte dicção: "o fornecedor é responsável perante o consumidor por qualquer vício do produto ou serviço, durante o prazo mínimo de dois anos, a contar da data efetiva da entrega ou prestação. Parágrafo único. Presumem-se como vícios de fabricação, construção ou produção aqueles apresentados no prazo de seis meses a partir da entrega do produto ou realização do serviço, exceto se for apresentada prova em contrário ou da quebra do nexo causal for comprovada culpa exclusiva do consumidor ou de terceiro". A proposição é louvável, ampliando, mais uma vez, a tutela dos direitos dos consumidores. Desse modo, como outras propostas, espera-se a sua aprovação.

Voltando ao sistema vigente, a citada *cláusula de não indenizar* é ainda proibida pelo art. 25 do CDC, segundo o qual "é vedada a estipulação contratual de cláusula que impossibilite, exonere ou atenue a obrigação de indenizar prevista nesta e nas seções anteriores". A solidariedade entre fornecedores é reforçada pelo § 1.º do dispositivo, pois, havendo mais de um responsável pela causação do dano, todos responderão solidariamente pela reparação prevista nesta e nas seções anteriores. Além disso, prevê o § 2.º do art. 25 que, sendo o dano causado por componente ou peça incorporada ao produto ou serviço, são responsáveis solidários seu fabricante, construtor ou importador e o que realizou a incorporação.

A encerrar o estudo do vício do produto, deve ficar clara a intenção da norma, ao preceituar que a ignorância do fornecedor sobre os vícios de qualidade por inadequação dos produtos não o exime de responsabilidade (art. 23 do CDC).

Dessa forma, há um dever legal do fornecedor em evitar o vício, sendo irrelevante o fator culposo ou subjetivo para que surja a correspondente responsabilidade, uma vez que o Código Consumerista adota um sistema objetivo de deveres negociais.[38] Em outras palavras, pensar o contrário seria a volta a um modelo clássico e superado de Direito Privado, fundado em boas ou más intenções. Fazendo incidir tal ideia, vejamos exemplar julgado do Tribunal de Justiça do Paraná:

---

[38] Nesse sentido, por todos: MARQUES, Claudia Lima; BENJAMIN, Antonio Herman; MIRAGEM, Bruno. *Comentários ao Código de Defesa do Consumidor*, cit., p. 570.

"Apelação cível. Ação declaratória de nulidade de título de crédito e cautelar de sustação de protesto. Locação de automóvel. Relação de consumo. Dano no motor. Bem que teria sido entregue em perfeitas condições de uso. Argumento afastado. Vício oculto que não exime a responsabilidade do fornecedor. Art. 23 do CDC. Nível de óleo e água no radiador. Verificação que é ônus da apelante. Descumprimento de dever inerente à sua função. Locatário que notificou a ocorrência. Inexistência de violação contratual pelo apelado. Sentença mantida. Recurso desprovido" (TJPR, Apelação Cível 0558126-6, 11.ª Câmara Cível, Curitiba, Rel. Des. Augusto Lopes Cortes, *DJPR* 06.04.2009, p. 193).

Como não poderia ser diferente, o conteúdo do aresto tem o meu apoio doutrinário, pois perfeito tecnicamente, analisando corretamente a extensão e o conteúdo do art. 23 do Código de Defesa do Consumidor.

2.3. Responsabilidade civil pelo fato do produto ou defeito

Como antes exposto, no fato do produto ou defeito estão presentes outras consequências além do próprio bem, outros danos suportados pelo consumidor, a gerar a responsabilidade objetiva direta e imediata do fabricante (art. 12 do CDC). Como antes destacado, há a responsabilidade subsidiária ou mediata do comerciante ou de quem o substitua em casos tais (art. 13 da Lei n. 8.078/1990).

Presente o fato do produto, a Lei Consumerista assegura o direito de regresso daquele que ressarciu o dano contra o culpado, ou de acordo com as participações para o evento danoso (art. 13, parágrafo único, do CDC). Entretanto, como visto, nas ações propostas pelo consumidor envolvendo os arts. 12 e 13 da Lei n. 8.078/1990, é vedada a denunciação da lide para o exercício desse direito de regresso (art. 88 do CDC).

Nos termos da norma, o direito de regresso pode ser exercido em processo autônomo, sendo facultada ainda a possibilidade de prosseguir nos mesmos autos da ação proposta pelo próprio consumidor. Isso em momento posterior ao recebimento pelo consumidor do que lhe é devido, em prol da economia processual. Tal dispositivo não foi atingido pelo Código de Processo Civil de 2015, merecendo plena subsunção na sua vigência.

A respeito da vedação da denunciação da lide, anotam com precisão Nelson Nery Jr. e Rosa Maria de Andrade Nery, estendendo a conclusão para o chamamento ao processo, nas hipóteses de solidariedade:

"O sistema do CDC veda a utilização da denunciação da lide e do chamamento ao processo, ambas condenatórias, porque o direito de indenização do consumidor é fundado na responsabilidade objetiva. Embora esteja mencionada como vedada a denunciação da lide na hipótese do CDC 13, parágrafo único, na verdade o sistema do CDC não admite a denunciação da lide nas ações versando lides de consumo. Seria injusto discutir-se, por denunciação da lide ou chamamento ao processo, a conduta do fornecedor ou de terceiro (dolo ou culpa), que é elemento da responsabilidade subjetiva, em detrimento do consumidor que tem o direito de ser ressarcido em face da responsabilidade objetiva do fornecedor, isto é, sem que se discuta dolo ou culpa".[39]

Apesar de ser esse o entendimento mais justo e correto, em prol da proteção dos consumidores, a jurisprudência superior vinha entendendo que a vedação da denunciação da lide somente atingiria as hipóteses dos arts. 12 e 13 do CDC, e não outras situações, como aquelas relativas a problemas no serviço. Nessa linha de pensamento, da jurisprudência superior, merecem destaque:

"Civil e processual. Ação de indenização. Danos morais. Inscrição em cadastros de devedores. Cheques roubados da empresa responsável pela entrega dos talonários. Denunciação da lide. Rejeição com base no art. 88 do CDC. Vedação restrita à responsabilidade do comerciante (CDC, art. 13). Fato do serviço. Ausência de restrição com base na relação consumerista. Descabimento. Abertura de contencioso paralelo. I – A vedação à denunciação à lide disposta no art. 88 da Lei 8.078/1990 restringe-se à responsabilidade do comerciante por fato do produto (art. 13), não alcançando o defeito na prestação de serviços (art. 14). II – Precedentes do STJ. III – Impossibilidade, contudo, da denunciação, por pretender o réu inserir discussão jurídica alheia ao direito da autora, cuja relação contratual é direta e exclusiva com a instituição financeira, contratante da transportadora terceirizada, ressalvado o direito de regresso. IV – Recurso especial não conhecido" (STJ, REsp 1.024.791/SP, 4.ª Turma, Rel. Min. Aldir Passarinho Junior, j. 05.02.2009, DJe 09.03.2009).

"Civil e processual. Ação de indenização. Danos morais. Travamento de porta de agência bancária. Denunciação à lide da empresa de segurança. Rejeição com base no art. 88 do CDC. Vedação restrita à responsabilidade do comerciante (CDC, art. 13). Fato do serviço. Ausência de restrição com base na relação consumerista. Hipótese, todavia, que deve ser apreciada à luz da lei processual civil (art. 70, III). Anulação do acórdão. Multa. Afastamento. Súmula 98-STJ. I – A vedação à denunciação à lide disposta no art. 88 da Lei 8.078/1990 restringe-se à responsabilidade do comerciante por fato do produto (art. 13), não alcançando o defeito na prestação de serviços (art. 14), situação, todavia, que não exclui o exame do caso concreto à luz da norma processual geral de cabimento da denunciação, prevista no art. 70, III, da lei adjetiva civil. II – Anulação do acórdão estadual, para que a Corte *a quo* se manifeste sobre o pedido de denunciação à lide, nos termos acima. III – Precedentes do STJ. IV – 'Embargos de declaração manifestados com notório propósito de prequestionamento não têm caráter protelatório' (Súmula 98 do STJ). V – Recurso especial conhecido e parcialmente provido" (STJ, REsp 439.233/SP, 4.ª Turma, Rel. Min. Aldir Passarinho Junior, j. 04.10.2007, DJ 22.10.2007, p. 277).

Todavia, houve uma feliz mudança na posição do Superior Tribunal de Justiça, o que é salutar para a efetiva defesa dos direitos dos consumidores. Conforme ementa publicada em setembro de 2015, por meio da ferramenta *Jurisprudência em Teses* (Edição n. 39, Consumidor I), daquela Corte: "a vedação à denuncia-

---

[39] NERY JR., Nelson; NERY, Rosa Maria de Andrade. *Código Civil anotado*, cit., p. 981.

ção da lide prevista no art. 88 do CDC não se restringe à responsabilidade de comerciante por fato do produto (art. 13 do CDC), sendo aplicável também nas demais hipóteses de responsabilidade civil por acidentes de consumo (arts. 12 e 14 do CDC)". Como precedentes para a tese foram citados os seguintes acórdãos: AgRg no AREsp 619.161/PR, 4.ª Turma, Rel. Min. Luis Felipe Salomão, j. 07.04.2015, *DJe* 13.04.2015; AgRg no AgRg no AREsp 546.629/SP, 4.ª Turma, Rel. Min. Antonio Carlos Ferreira, j. 03.03.2015, *DJe* 11.03.2015; EDcl no Ag 1.249.523/RJ, 4.ª Turma, Rel. Min. Raul Araújo, j. 05.06.2014, *DJe* 20.06.2014; REsp 1.286.577/SP, 3.ª Turma, Rel. Min. Nancy Andrighi, j. 17.09.2013, *DJe* 23.09.2013; REsp 1.165.279/SP, 3.ª Turma, Rel. Min. Paulo de Tarso Sanseverino, j. 22.05.2012, *DJe* 28.05.2012).

Pelas mesmas premissas anteriores, a própria Corte Superior ainda admite o chamamento ao processo em lides de consumo, na contramão do posicionamento doutrinário antes esposado e da sua última tendência quanto à denunciação da lide do mesmo Tribunal da Cidadania. Por todos, vejamos a seguinte decisão:

> "Responsabilidade civil. Direito do Consumidor. Transporte coletivo. Seguro. Chamamento ao processo. Processo sumário. Consoante já decidiu a Eg. Quarta Turma, 'é possível o chamamento ao processo da seguradora da ré (art. 101, II, do CDC), empresa de transporte coletivo, na ação de responsabilidade promovida pelo passageiro, vítima de acidente de trânsito causado pelo motorista do coletivo, não se aplicando ao caso a vedação do art. 280, I, do CPC' (REsps 178.839/RJ e 214.216/RJ). Achando-se a causa, porém, em fase avançada (realização de perícia médico-legal), a anulação do feito, além de importar em sério tumulto processual, ainda acarretaria prejuízo ao consumidor, autor da ação. Hipótese em que, ademais, a ré não sofre a perda do seu direito de regresso contra a empresa seguradora. Recurso especial não conhecido" (STJ, REsp 313.334/RJ, 4.ª Turma, Rel. Min. Barros Monteiro, j. 05.04.2001, *DJ* 25.06.2001, p. 197).

Com o devido respeito, entendo que as modalidades de intervenção de terceiros, em regra, tumultuam o processo, dificultando o caminho judicial dos consumidores, já tormentosos, conclusão que gerou uma mudança na posição do Superior Tribunal de Justiça a respeito da denunciação da lide.

Desse modo, o melhor direcionamento jurídico, sem dúvidas, é o seu afastamento, dando primazia ao recebimento dos direitos devidos pelo consumidor e assegurando-se o direito de regresso em posterior momento. Por isso, estou filiado ao posicionamento de Nelson Nery Jr. e Rosa Maria de Andrade Nery, antes exposto.

Superado tal aspecto processual, o § 1.º do art. 12 do CDC estabelece alguns parâmetros ilustrativos da caracterização do produto defeituoso, preconizando que haverá tal enquadramento quando o bem de consumo não oferece a segurança que dele legitimamente se espera, levando-se em consideração as circunstâncias relevantes, entre as quais: *a)* sua apresentação; *b)* o uso e os riscos que razoavelmente dele se esperam; *c)* a época em que foi colocado em circulação. Como se extrai da obra de Bruno Miragem, três são as modalidades de defeitos que podem ser retiradas desse comando legal.[40]

Os primeiros são os *defeitos de projeto* ou de *concepção*, aqueles que atingem a própria apresentação ou essência do produto, que gera danos independentemente de qualquer fator externo. Exemplo citado pelo jurista é o do remédio talidomida, "cujo uso em pacientes grávidas, para minorar efeitos de indisposição, deu causa a deformações físicas da criança".[41] Como exemplo, podem ser invocados os fogos de artifício e o caso do cigarro, tema que ainda será aprofundado no presente capítulo.

Os segundos são os *defeitos de execução, produção ou fabricação*, relativos a falhas do dever de segurança quando da colocação do produto ou serviço no meio de consumo. A título de ilustração, cite-se a hipótese em que o veículo é comercializado com um problema no seu cinto de segurança, sendo necessário convocar os consumidores para o reparo (*recall*).

Pode ser mencionada, ainda, a situação concreta julgada pelo STJ, em que se reconheceu o fato do produto, pois o *air bag* do veículo não funcionou, agravando o dano quando do acidente. Consta da ementa que "considera-se o produto como defeituoso quando não fornece a segurança que o consumidor dele se espera, levando-se em consideração a época e o modo em que foi prestado, e, no que mais importa para a espécie, os riscos inerentes a sua regular utilização. O fato da utilização do *air bag*, como mecanismo de segurança de periculosidade inerente, não autoriza que as montadoras de veículos se eximam da responsabilidade em ressarcir danos fora da normalidade do uso e os riscos que razoavelmente dele se esperam' (art. 12, § 1.º, II, do CDC)" (STJ, REsp 1.656.614/SC, 3.ª Turma, Rel. Min. Nancy Andrighi, j. 23.05.2017, *DJe* 02.06.2017).

Como terceira e última categoria, podem estar presentes os *defeitos de execução, produção ou fabricação* que, segundo Bruno Miragem, são "aqueles decorrentes da apresentação ou informações insuficientes ou inadequadas sobre a sua fruição ou riscos". Para concretizar, imagine-se a hipótese em que um brinquedo foi comercializado como dirigido para uma margem de idade inadequada, podendo causar danos às crianças.[42]

Esclareça-se que tais modalidades também servem para o fato ou defeito do serviço, uma vez que os mesmos critérios para o fato ou defeito do serviço constam do art. 14, § 1.º, do Código Consumerista. Por outra via, o produto não é considerado defeituoso pelo fato de outro de melhor qualidade ter sido colocado no mercado (art. 12, § 2.º, do CDC).

A ilustrar, o fato de se introduzir no mercado um veículo com nova estrutura ou *design* não significa que o modelo anterior tinha um defeito (TJPB, Apelação Cível 888.2004.010463-9/001, 3.ª Câmara Cível, João Pessoa, Rel. Des. João Antônio de Moura, j. 15.03.2005, *DJPB* 29.03.2005). Do mesmo modo, a

---

[40] MIRAGEM, Bruno. *Curso de Direito do Consumidor*, cit., p. 366-370.
[41] MIRAGEM, Bruno. *Curso de Direito do Consumidor*, cit., p. 366.
[42] MIRAGEM, Bruno. *Curso de Direito do Consumidor*, cit., p. 370.

hipótese em que o sabor de uma bebida – uma cerveja, suco ou refrigerante – é aperfeiçoado pelo fabricante, levando em conta o paladar do brasileiro.

Evidenciado o fato do produto ou defeito, o consumidor prejudicado pode manejar uma ação de reparação de danos contra o agente causador do prejuízo, o que é decorrência direta do *princípio da reparação integral*. Tal demanda condenatória está sujeita ao prazo prescricional de cinco anos, previsto pelo art. 27 da Lei n. 8.078/1990 para o acidente de consumo.

O dispositivo estabelece, de forma justa e correta, que o prazo será contado da ocorrência do evento danoso *ou* do conhecimento de sua autoria, o que por último suceder. Adota-se, assim, a teoria da *actio nata*, em sua faceta subjetiva, segundo a qual o prazo deve ter início não a partir da ocorrência do fato danoso, mas sim da ciência do prejuízo. Quebra-se então a regra geral do Direito Civil, do nascimento da pretensão no momento da violação do direito subjetivo, por interpretação do art. 189 do CC/2002.

Além desse claro benefício ao consumidor, cumpre destacar que o CDC consagra um prazo maior do que aquele consagrado pelo Código Civil de 2002 para os casos de reparação civil, que é de três anos (art. 206, § 3.º, inc. V, do CC/2002).

Por oportuno, com todo o respeito a eventual posicionamento em contrário, entendo que poderão ser aplicadas às situações de acidente de consumo as regras relacionadas com a suspensão e interrupção da prescrição previstas no Código Civil Brasileiro (arts. 197 a 204), em *diálogo das fontes*.

A fim de ilustrar e de fixar a aplicação do prazo, vejamos tudo o que aqui foi exposto, tomando como exemplo aquele caso do ferro de passar roupas que explode quando manejado pelo seu adquirente. Se o ferro explode, mas não atinge nem fere ninguém, está presente o vício do produto.

Nessa hipótese, o consumidor poderá pleitear do comerciante ou do fabricante (solidariedade) um eletrodoméstico novo. O prazo para tanto é decadencial de noventa dias, nos termos do art. 26 do CDC. Entretanto, se nessa mesma situação o eletrodoméstico explode e atinge o consumidor, causando-lhe danos morais e estéticos, está presente o fato do produto ou defeito. Na situação descrita, a ação indenizatória deverá ser proposta, em regra, em face do fabricante e no prazo prescricional de cinco anos a partir da ocorrência do fato ou da ciência de uma séria deformidade pelo consumidor (art. 27 do CDC).

Atente-se ainda ao fato de que esse prazo prescricional de cinco anos ficou suspenso no período entre 12 de junho e 30 de outubro de 2020, por força do art. 3.º da Lei n. 14.010/2020, que instituiu o Regime Jurídico Emergencial e Transitório das relações jurídicas de Direito Privado (RJET) no período da pandemia de Covid-19.

Para encerrar o estudo do fato do produto, podem ser colacionados outros exemplos de incidência do prazo prescricional de cinco anos pela melhor jurisprudência. De início, julgado do Tribunal Gaúcho relativo a uma faixa térmica que superaqueceu, causando danos materiais e estéticos ao consumidor:

"Responsabilidade civil. Consumidor. Fato do produto. Prescrição. Faixa térmica. Superaquecimento e combustão. Danos ao patrimônio e à saúde do consumidor. Inversão do ônus da prova *ope legis*. Alegação de mau uso do produto. Direito de informação. Juntada de documentos em sede de recurso, por alegação de fato novo. Conhecimento da matéria pela Turma. Direito à restituição do valor pago pelo produto. Indenização por danos morais. A autora adquiriu uma faixa térmica da ré, fato confirmado pela juntada da respectiva nota fiscal. A consumidora colocou o produto em uso sob cobertor, vindo a causar superaquecimento, o que acarretou danos a seu patrimônio (queima do colchão) e à sua saúde (queimaduras leves). Correta a decisão que não acolheu a arguição de decadência, pois, a se tratar de fato do produto, o prazo prescricional é de cinco anos, *ex vi* do art. 27 do CDC. A ré alega que, diante do depoimento pessoal da autora, que admitiu ter usado o produto sob cobertor, surgiu fato novo. Diante disso, juntou, em sede de razões recursais, o manual do usuário do produto, o qual adverte para que este não seja abafado. Em sede de Juizados Especiais, diante do princípio da informalidade, é possível conhecer de documento juntado em sede de recurso, excepcionalmente, desde que se possibilite o contraditório à parte contrária. A alegação de mau uso do produto não pode ser aceita, uma vez que o dever de informação ao consumidor dos riscos à sua saúde, mesmo que decorrentes do manejo inadequado do equipamento, não foi cumprido (art. 12, § 1.º, II, do CDC). Isso porque o manual do usuário refere apenas que o produto nunca deverá ser abafado, por baixo de roupas de cama, pois poderá ocasionar superaquecimento, danificando o produto. Essa advertência não é suficiente para informar o consumidor dos riscos à sua saúde. Restaram provados a aquisição e os danos, daí por que, invertido o ônus da prova em virtude da Lei (art. 12, *caput*, do CDC), cumpria à ré demonstrar a culpa exclusiva do consumidor e que o defeito inexiste. Não se desincumbiu de tal mister, pois, malferido o dever de informação, o produto é defeituoso, pois não se poderia esperar risco à saúde do consumidor de tal gravidade apenas em função do uso inadequado do produto. Sentença mantida por seus próprios fundamentos. Recurso improvido" (TJRS, Recurso Cível 71002419166, 1.ª Turma Recursal Cível, Porto Alegre, Rel. Des. Fábio Vieira Heerdt, j. 15.07.2010, *DJERS* 23.07.2010).

Do Tribunal de Justiça de São Paulo acórdão que determinou o dever de indenizar da empresa fabricante pela explosão de uma garrafa de refrigerante, aplicando-se o prazo prescricional do art. 27 do CDC:

"Indenização. Danos morais e materiais. Sentença que condenou a empresa, uma vez comprovada a ocorrência do nexo de causalidade entre o fato e dano decorrente de fato do produto. Explosão de garrafa de refrigerante. Hipótese, contudo, de prescrição da ação nos termos do art. 27 do CDC. Ausência de elementos para uma interpretação mais favorável ao consumidor. Dano de caráter imediato cujo agravamento não transfere o termo inicial de contagem desse prazo. Recurso, nesse sentido, acolhido" (TJSP, Apelação Cível 297.806.4/6, Acórdão 2638058, 4.ª Câmara de Direito Privado, São Paulo, Rel. Des. Teixeira Leite, j. 29.05.2008, *DJESP* 20.06.2008).

Do Superior Tribunal de Justiça colaciona-se acórdão que aplicou o prazo em comento para defeito em herbicida, que prejudicou toda a safra do consumidor:

"Responsabilidade civil. Alegação de dano por fato do produto, e não de vício do produto. Ineficácia de herbicida. Prejuízo à safra. Prazo decadencial. Cinco anos. Art. 27 do Código de Defesa do Consumidor. Recurso provido para afastar a decadência prosseguindo-se no exame do mérito no tribunal de origem. 1. Diante do fundamento da inicial de ocorrência do fato do produto, e não vício, no mau funcionamento de herbicida que, por não combater as ervas daninhas, enseja prejuízo à safra e, consequentemente, ao patrimônio do usuário, o prazo decadencial é de 5 (cinco) anos (CDC, art. 27). 2. Recurso especial provido para afastar preliminar de decadência, devendo o Tribunal de origem prosseguir no julgamento de mérito" (STJ, REsp 953.187/MT, 3.ª Turma, Rel. Min. Sidnei Beneti, j. 23.06.2009, DJe 29.06.2009).

Do ano de 2015 concluiu o mesmo Tribunal da Cidadania, em aresto publicado no seu *Informativo* n. 557 e com clara didática. Vejamos trecho de sua ementa, de grande relevo prático:

"O aparecimento de grave vício em revestimento (pisos e azulejos), quando já se encontrava devidamente instalado na residência do consumidor, configura fato do produto, sendo, portanto, de cinco anos o prazo prescricional da pretensão reparatória (art. 27 do CDC). Nas relações de consumo, consoante entendimento do STJ, os prazos de 30 dias e 90 dias estabelecidos no art. 26 referem-se a vícios do produto e são decadenciais, enquanto o quinquenal, previsto no art. 27, é prescricional e se relaciona à reparação de danos por fato do produto ou serviço (REsp 411.535/SP, 4.ª Turma, DJ de 30.09.2002). O vício do produto, nos termos do art. 18 do CDC, é aquele correspondente ao não atendimento, em essência, das expectativas do consumidor no tocante à qualidade e à quantidade, que o torne impróprio ou inadequado ao consumo ou lhe diminua o valor. Assim, o vício do produto restringe-se ao próprio produto e não aos danos que ele pode gerar para o consumidor, sujeitando-se ao prazo decadencial do art. 26 do CDC. O fato do produto, por sua vez, sobressai quando esse vício for grave a ponto de ocasionar dano indenizável ao patrimônio material ou moral do consumidor, por se tratar, na expressão utilizada pela lei, de defeito. É o que se extrai do art. 12 do CDC, que cuida da responsabilidade pelo fato do produto e do serviço. Ressalte-se que, não obstante o § 1.º do art. 12 do CDC preconizar que produto defeituoso é aquele desprovido de segurança, doutrina e jurisprudência convergem quanto à compreensão de que o defeito é um vício grave e causador de danos ao patrimônio jurídico ou moral. Desse modo, a eclosão tardia do vício do revestimento, quando já se encontrava devidamente instalado na residência do consumidor, determina a existência de danos materiais indenizáveis e relacionados com a necessidade de, no mínimo, contratar serviços destinados à substituição do produto defeituoso, caracterizando o fato do produto, sujeito ao prazo prescricional de 5 anos" (STJ, REsp 1.176.323/SP, Rel. Min. Villas Bôas Cueva, j. 03.03.2015, DJe 16.03.2015).

O último acórdão tem grande relevância prática pelo fato de que os problemas relativos a pisos e azulejos são bem comuns no Brasil.

Cumpre destacar que o mesmo Superior Tribunal de Justiça tem subsumido o prazo do art. 27 do CDC e a teoria da *actio nata* em sua faceta subjetiva ou viés subjetivo, para as hipóteses dos males decorrentes do tabagismo. Nessa linha, entre os julgados mais recentes, citando os precedentes anteriores:

> "Agravo regimental. Recurso especial. Negativa de prestação jurisdicional. Não ocorrência. Responsabilidade civil. Relação de consumo. Fato do produto. Tabagismo. Prescrição quinquenal. Início da contagem do prazo. Conhecimento do dano e de sua autoria. Precedente da E. Segunda Seção desta A. Corte. Incidência do Enunciado 83/STJ. Agravo regimental improvido. I – A e. Segunda Seção desta a. Corte, por ocasião do julgamento do Recurso Especial 489.895/SP, Rel. Min. Fernando Gonçalves, *DJe* 23.04.2010, reiterando a jurisprudência desta a. Corte, considerou que, em se tratando de ação que objetiva a reparação dos danos causados pelo tabagismo, por se tratar de dano causado por fato do produto ou do serviço prestado, a prescrição é quinquenal, regida pelo art. 27 do Código de Defesa do Consumidor, norma especial que afasta a incidência da regra geral, contida no CC/1916. II – Agravo regimental improvido" (STJ, AgRg-REsp 1.081.784/RS, 3.ª Turma, Rel. Min. Massami Uyeda, j. 07.12.2010, *DJe* 03.02.2011).

De qualquer maneira, como se verá mais adiante, apesar de o Superior Tribunal de Justiça aplicar tal prazo e o próprio Código do Consumidor, para os danos do tabagismo, tem afastado a responsabilidade das empresas que exploram o setor.

Como última concreção ilustrativa, em acórdão do final do ano de 2017, publicado no *Informativo* n. 616 do Tribunal da Cidadania, concluiu a Corte que "as pretensões indenizatórias decorrentes do furto de joias, objeto de penhor em instituição financeira, prescrevem em 5 (cinco) anos, de acordo com o disposto no art. 27 do CDC". Segundo o *decisum*, com precisão, o furto constitui falha ou fato do serviço prestado pela instituição financeira, o que atrai a aplicação do prazo citado e previsto na Lei n. 8.078/1990 (STJ, REsp 1.369.579/PR, 4.ª Turma, Rel. Min. Luis Felipe Salomão, j. 24.10.2017, *DJe* 23.11.2017). Não incide, portanto, qualquer um dos prazos de prescrição elencados no art. 206 do Código Civil.

Superado o estudo dos aspectos relativos ao produto, passa-se à abordagem do serviço, iniciando-se pelo vício, de forma detalhada e pontual.

2.4. Responsabilidade civil pelo vício do serviço

Para começar o tópico, é necessário mais uma vez frisar que, nas hipóteses envolvendo o serviço, tem-se o mesmo tratamento legal, conforme aqui construído, presente a mesma diferenciação concreta entre o chamado *vício do serviço* e o *fato do serviço*, sendo o último o defeito a gerar o acidente de consumo.

Iniciando-se pelo vício do serviço, aplica-se a regra de solidariedade, entre todos os envolvidos com a prestação. Em outras palavras, se um serviço contratado tiver sido mal prestado, responderão todos os envolvidos. Nos termos do § 2.º do art. 20 do CDC, são considerados como impróprios os serviços que se mostrem inadequados para os fins que razoavelmente deles se esperam, bem como aqueles que não atendam as normas regulamentares de prestabilidade.

Em casos tais, enuncia o *caput* do mesmo preceito legal que o prestador de serviços responde pelos vícios de qualidade que os tornem impróprios ao consumo ou lhes diminuam o valor, assim como por aqueles decorrentes da disparidade com as indicações constantes da oferta ou mensagem publicitária. Como se pode notar, o vício do serviço acaba por englobar os problemas resultantes da oferta ou publicidade, assunto tema que ainda será aqui abordado.

Imagine-se então as hipóteses em que os serviços prestados por profissionais liberais, como médicos, dentistas, jardineiros, marceneiros, mecânicos, encanadores e reformadores em geral são mal prestados, sem outras repercussões, além do próprio bem de consumo.

Em situações tais, o consumidor prejudicado pode exigir, alternativamente, e de acordo com a sua livre escolha, nos termos do já citado art. 20 do CDC:

I) A reexecução dos serviços, sem custo adicional e quando cabível. A título de exemplo, se o conserto de um eletrodoméstico foi mal feito, poderá ser pleiteado que o serviço seja realizado novamente. Nos termos do § 1.º do art. 20 do CDC, a reexecução dos serviços poderá ser confiada a terceiros devidamente capacitados, por conta e risco do fornecedor. Tal atribuição a terceiro poderá ocorrer no plano judicial ou extrajudicial. Na última hipótese, o consumidor pode, dentro do bom senso, pagar o serviço a terceiro habilitado e cobrar do prestador original.

II) A restituição imediata da quantia paga, monetariamente atualizada, sem prejuízo de eventuais perdas e danos. Trata-se da resolução do negócio, voltando-se à situação anterior. Mais uma vez, a menção às perdas e danos deve ser vista com ressalvas, eis que, havendo outros prejuízos além do valor do bem, estará presente o fato do serviço ou defeito.

III) O abatimento proporcional do preço, nos casos em que do serviço se tem menos do que se espera.

Reitere-se a premissa da solidariedade passiva, no vício do serviço, respondendo todos os envolvidos com a prestação. A título de exemplo, respondem solidariamente o franqueado e o franqueador pelo atraso na entrega de um colchão, como decidiu o Tribunal de Justiça do Rio Grande do Sul:

"Consumidor. Compra e venda de colchão. Produto pago e não entregue. Inexecução contratual que ultrapassa o limite do razoável. Dano moral configurado. *Quantum* mantido. Afastada preliminar de ilegitimidade passiva. É legítima para figurar no polo passivo do feito a franqueada, em face da solidariedade do fabricante por vício do serviço, porque parte integrante da cadeia de fornecedores (art. 3.º c/c art. 7.º, parágrafo único, do CDC). Sentença mantida. Recurso desprovido" (TJRS, Recurso Cível 71002428852, 3.ª

Turma Recursal Cível, São Leopoldo, Rel. Des. Carlos Eduardo Richinitti, j. 14.10.2010, *DJERS* 21.10.2010).

Na mesma linha, decisão do Tribunal do Distrito Federal, em hipótese de intermediação de serviços de seguro por uma fornecedora de produtos:

"Civil. Processo civil. CDC. Legitimidade passiva. Empresa vendedora do produto financiado intermedeia seguro das prestações. Omissão de informações na contratação do seguro. Solidariedade passiva. Inversão do ônus da prova. Sentença mantida. 1. Se a empresa vendedora de produto – cujo preço é financiado – negocia, através de preposto seu, no interior de sua loja, a venda de seguro-prestação a ser garantido por seguradora com ela conveniada, é parte legítima passiva a responder por eventual vício do serviço. 2. Ademais, se não presta as devidas e indispensáveis informações sobre as cláusulas e condições securitárias à adquirente, pessoa inculta e leiga, deve responder pela sua omissão, mormente quando não apresenta prova suficiente a elidir a verossímil versão autoral da hipossuficiente consumidora (inc. VIII do art. 6.º do CDC). 3. Recurso conhecido e improvido" (TJDF, Recurso 20020110519145, Acórdão 167.467, 2.ª Turma Recursal dos Juizados Especiais Cíveis e Criminais, Rel. Des. Benito Augusto Tiezzi, j. 04.12.2002, *DJU* 10.02.2003, p. 41).

A encerrar a exposição de exemplos, para demonstrar a efetivação da solidariedade no vício do serviço, decisão do Tribunal fluminense que atribui a responsabilidade civil à instituição financeira por problemas relativos a cartão de crédito:

"Cartão de crédito bancário. Instituição financeira. Legitimidade passiva. Solidariedade. Reconhecimento. Cartão de crédito. Parceria comercial com banco. Solidariedade. Legitimação passiva *ad causam* do banco. A prática comercial evidencia uma indiscutível parceria entre empresas de cartão de crédito e bancos, tanto assim que estes últimos, além de captarem seus clientes para serem usuários de determinado cartão, emitem correspondência, debitam fatura em conta-corrente, suspendem o uso do cartão, fazem cobrança etc. Ora, se prestam serviços conjuntamente, há entre eles solidariedade, à luz dos arts. 7.º, parágrafo único, e 25, § 1.º, do CDC, fazendo do banco legitimado para figurar no polo passivo de ação de responsabilidade por dano causado por fato ou vício do serviço. Provimento parcial do recurso" (TJRJ, Apelação Cível 19127/1999, 2.ª Câmara Cível, Rio de Janeiro, Rel. Des. Sergio Cavalieri Filho, j. 29.02.2000).

Nos casos de serviços que tenham por objetivo a reparação ou o conserto de qualquer produto, deve ser considerada implícita a obrigação do fornecedor de empregar componentes de reposição originais adequados e novos, ou que mantenham as especificações técnicas do fabricante (art. 21 do CDC). Isso, salvo quanto aos últimos, se houver autorização em contrário do consumidor.

A título de exemplo, se uma concessionária de veículo está incumbida de reparar um automóvel, deverá empregar as suas peças originais. Havendo demora na obtenção dessas peças, caberá à concessionária reembolsar o consumidor por todas as despesas. Nessa linha, do extinto Primeiro Tribunal de Alçada Civil de São Paulo, vejamos remota ementa, com importante relevância prática:

> "Responsabilidade civil. Ação indenizatória por danos materiais e morais decorrentes da falta de peça para reposição de veículo importado. Direito do Consumidor. Responsabilidade da empresa concessionária e da importadora que deve ser reconhecida quanto aos gastos tidos pela demandante com a compra de um pneu dianteiro, com o alinhamento e balanceamento dos pneus dianteiros, com o reparo realizado em outra concessionária e com a locação de automóvel. Arts. 21, 32 e 18, § 1.º, do CDC. Ocorrência de dano moral não configurada no caso. Ação que deve ser julgada parcialmente procedente. Recurso provido em parte para tanto" (1.º TACSP, Agravo de Instrumento 824304-1, 5.ª Câmara, Rel. Juiz Sebastião Thiago de Siqueira, j. 08.08.2001).

Mais uma vez, também no vício do serviço, a ignorância do fornecedor quanto a tais problemas não o exime de responsabilidade, pelos mesmos fundamentos antes expostos (art. 23 do CDC). Ato contínuo, a garantia legal de adequação do serviço independe de termo expresso, sendo vedada a exoneração contratual do fornecedor ou a cláusula que afaste a citada solidariedade (arts. 24 e 25 do CDC). Sendo convencionada a garantia contratual, esta é complementar à legal, na esteira do art. 50 do CDC, dispositivo que será aprofundado no próximo capítulo.

Os prazos para reclamação dos vícios do serviço são aqueles decadenciais tratados pelo art. 26 do CDC. Desse modo, os prazos serão de trinta dias, no caso de serviços não duráveis, e de noventa dias para os serviços duráveis.

Esses prazos serão contados da execução do serviço (vício aparente) ou do seu conhecimento (vício oculto). Concretizando a norma, fazendo incidir tais prazos a problemas referentes à prestação de serviços de turismo ou lazer:

> "Responsabilidade civil. Turismo. A ação promovida pelos autores diz respeito a vícios de qualidade de serviço, aparentes e de fácil constatação, e não a fato de serviços, envolvendo acidente de consumo. Aplicação do prazo do art. 26 do CDC para a decadência. Ação foi proposta mais de três meses após o recebimento da resposta inequívoca negativa da requerida, e, portanto, em prazo superior àquele previsto no art. 26, I, e § 2.º, I, do CDC, aplicável à espécie, por se tratar de pedido fundado na responsabilidade por vício do serviço, aparente e de fácil constatação. Recurso desprovido" (TJSP, Apelação Cível 991.99.060357-2, Acórdão 4249458, 12.ª Câmara de Direito Privado, São Paulo, Rel. Des. Rebello Pinheiro, j. 25.11.2009, *DJESP* 28.01.2010).

Na prática, muitas vezes haverá certa dificuldade ao apontar se o serviço é durável ou não. Em casos tais, aplicando-se a interpretação mais favorável ao consumidor e o princípio do protecionismo, o prazo a ser computado é de noventa dias (*in dubio pro consumidor*).

A ilustrar, o serviço de lavagem de carro é considerado um serviço não durável, estando submetido ao prazo decadencial de trinta dias. O conserto do carro é considerado um serviço durável, estando submetido ao prazo de noventa dias. A respeito da perolização e cristalização da pintura do veículo, há grande dúvida a respeito da natureza do serviço, subsumindo-se o prazo maior, que é de noventa dias.

Para findar o estudo do vício do serviço, os citados prazos decadenciais podem ser *obstados* – na esteira do que foi comentado quanto ao vício do produto – quando houver reclamação comprovadamente formulada pelo consumidor, até a respectiva resposta inequívoca do prestador, bem como a instauração do inquérito civil pelo Ministério Público. Em outras palavras, incide plenamente o previsto no art. 26, § 2.º, da Lei n. 8.078/1990.

Subsumindo muito bem o texto legal, do Tribunal Gaúcho, em hipótese em que o prestador de serviços não deu resposta quanto à solução do problema, vejamos o seguinte acórdão:

"Relação de consumo. Ação de reparação de danos. Prestação de serviço de mecânica. Conserto de motor. Vício do serviço. Dever de indenizar. Dano moral inexistente. Decadência não implementada. 1. Não se verifica a decadência, prevista no art. 26, inc. II, do Código de Defesa do Consumidor se, alguns dias depois do conserto, já houve a reclamação, a qual, a teor do disposto no art. 26, § 2.º, inc. I, do CDC, obsta a fluência do prazo, não tendo recomeçado a fluir, pois a ré não recusou de forma inequívoca a reparação dos problemas verificados. 2. A prova dos autos demonstra ter havido má prestação do serviço de conserto do motor da caminhonete do autor, surgindo para a ré o dever de indenizar. Quantia esta arbitrada em consonância com o depoimento do mecânico, sendo descontado o valor ainda devido pelo autor. 3. Não havendo qualquer violação a atributo de personalidade, inexistente o dano moral. Recurso parcialmente provido" (TJRS, Recurso Cível 71001594662, 1.ª Turma Recursal Cível, São Leopoldo, Rel. Des. Ricardo Torres Hermann, j. 05.06.2008, *DOERS* 10.06.2008, p. 114).

Abordado o vício do serviço, vejamos a última hipótese de responsabilidade civil específica do Código de Defesa do Consumidor, qual seja o fato do serviço ou defeito.

2.5. Responsabilidade civil pelo fato do serviço ou defeito

O *fato do serviço* ou *defeito* está tratado pelo art. 14 do CDC, gerando a responsabilidade civil objetiva e solidária entre todos os envolvidos com a prestação, pela presença de outros danos, além do próprio serviço como bem de consumo.

Reitere-se que, no fato do serviço, a responsabilidade civil dos profissionais liberais somente existe se houver culpa de sua parte (responsabilidade subjetiva), conforme preconiza o sempre citado art. 14, § 4.º, da Lei n. 8.078/1990.

Assim como ocorre com o produto, o serviço é defeituoso quando não fornece a segurança que o consumidor dele pode esperar, levando-se em consideração as circunstâncias relevantes, entre as quais o modo de seu fornecimento; o resultado e os riscos que razoavelmente dele se esperam e a época em que foi fornecido (art. 14, § 1.º, da Lei n. 8.078/1990). Valem os mesmos comentários feitos sobre as modalidades de defeitos no produto, na linha das lições de Bruno Miragem antes expostas.

Por outra via, estabelece o § 2.º do art. 14 do CDC que o serviço, assim como ocorre com o produto, não é considerado defeituoso pela adoção de novas técnicas. Dessa forma, se uma empresa passa a utilizar uma nova técnica para desentupimento, isso não quer dizer que há o reconhecimento de que as medidas anteriores eram ruins ou defeituosas.

Deve-se atentar que, no fato do serviço ou defeito, há evidente solidariedade entre todos os envolvidos na prestação, não havendo a mesma diferenciação prevista para o fato do produto, na esteira do que consta dos arts. 12 e 13 do CDC. Isso porque é difícil diferenciar quem é o prestador direto e o indireto na cadeia de prestação, dificuldade que não existe no fato do produto, em que a figura do fabricante é bem clara. Sobre tal dedução, vejamos as palavras conjuntas de Claudia Lima Marques, Antonio Herman Benjamin e Bruno Miragem: "a organização da cadeia de fornecimento de serviços é responsabilidade do fornecedor (dever de escolha, de vigilância), aqui pouco importando a participação eventual do consumidor na escolha de alguns dos muitos possíveis. No sistema do CDC é impossível transferir aos membros da cadeia responsabilidade exclusiva, nem impedir que o consumidor se retrate, em face da escolha posterior de um membro novo da cadeia".[43]

Na verdade, a tarefa de identificação de quem seja o prestador direto ou não poderia trazer a impossibilidade de tutela jurisdicional da parte vulnerável. Aqui, é interessante transcrever as lições de Roberto Senise Lisboa, para quem "a responsabilidade do fornecedor de serviços pelo acidente de consumo é objetiva, ou seja, independe da existência de culpa, a menos que o agente causador do prejuízo moral puro ou cumulado com o patrimonial seja profissional liberal, caso em que a sua responsabilidade poderá ser subjetiva (vide, a respeito do tema, o art. 14, *caput*, e § 4.º). Qualquer fornecedor de serviços, em princípio, responde objetivamente pelos danos sofridos pelo consumidor, salvo o profissional liberal. Assim, tanto a pessoa física como a pessoa jurídica de direito público ou privado que atuam como fornecedores de serviços no mercado de consumo podem vir a responder sem culpa".[44]

Tais conclusões, sem dúvida, ampliam muito a responsabilidade dos *parceiros de prestação*, ou seja, dos envolvidos na cadeia de prestação de serviço.

Como primeira ilustração, vejamos decisão do Superior Tribunal de Justiça, que responsabiliza uma instituição bancária pelo serviço mal prestado por empresa terceirizada, o que acabou por acarretar a inscrição do nome do correntista em cadastro de inadimplentes. Pela presença dos danos morais, o caso é exemplo típico de fato do serviço, como se retira da ementa do aresto:

---

[43] MARQUES, Claudia Lima; BENJAMIN, Antonio Herman; MIRAGEM, Bruno. *Comentários ao Código de Defesa do Consumidor*, cit., p. 422.
[44] LISBOA, Roberto Senise. *Responsabilidade civil nas relações de consumo*, cit., p. 241.

"Recurso especial. Extravio de talões de cheque. Empresa terceirizada. Uso indevido dos títulos por terceiros. Inscrição indevida em cadastro de proteção de crédito. Responsabilidade do banco. Dano moral. Presunção. Valor da indenização excessivo – Redução. Recurso especial parcialmente provido. 1. Em casos de inscrição indevida em órgãos de proteção ao crédito, não se faz necessária a prova do prejuízo. 2. Restou caracterizada a legitimidade passiva do Banco recorrente, o qual é responsável pela entrega dos talões de cheque ao cliente, de forma segura, de modo que, optando por terceirizar esse serviço, assume eventual defeito na sua prestação, mediante culpa *in eligendo*, por defeito do serviço, nos termos do art. 14 do Código de Defesa do Consumidor, que disciplina a responsabilidade objetiva pela reparação dos danos (REsp 640.196, 3.ª Turma, Rel. Min. Castro Filho, *DJ* 1.º.08.2005). 3. Firmou-se entendimento nesta Corte Superior que, sempre que desarrazoado o valor imposto na condenação, impõe-se sua adequação, evitando-se assim o injustificado locupletamento da parte vencedora. 4. Recurso especial conhecido em parte e nela parcialmente provido" (STJ, REsp 782.898/MT, 4.ª Turma, Rel. Min. Hélio Quaglia Barbosa, j. 21.11.2006, *DJ* 04.12.2006, p. 328).

Em caso próximo, essa forma de julgar foi confirmada em acórdão superior mais recente, publicado no *Informativo* n. 542 da Corte, também relativo a serviços bancários:

"Prescreve em cinco anos a pretensão de correntista de obter reparação dos danos causados por instituição financeira decorrentes da entrega, sem autorização, de talonário de cheques a terceiro que, em nome do correntista, passa a emitir várias cártulas sem provisão de fundos, gerando inscrição indevida em órgãos de proteção ao crédito. Na hipótese, o serviço mostra-se defeituoso, na medida em que a instituição financeira não forneceu a segurança legitimamente esperada pelo correntista. Isso porque constitui fato notório que os talonários de cheques depositados em agência bancária somente podem ser retirados pelo próprio correntista, mediante assinatura de documento atestando a sua entrega, para possibilitar o seu posterior uso. O banco tem a posse desse documento, esperando-se dele um mínimo de diligência na sua guarda e entrega ao seu correntista. A Segunda Seção do STJ, a propósito, editou recentemente enunciado sumular acerca da responsabilidade civil das instituições financeiras, segundo o qual as 'instituições financeiras respondem objetivamente pelos danos gerados por fortuito interno relativo a fraudes e delitos praticados por terceiros no âmbito de operações bancárias' (Súmula 479). Sendo assim, em face da defeituosa prestação de serviço pela instituição bancária, não atendendo à segurança legitimamente esperada pelo consumidor, tem-se a caracterização de fato do serviço, disciplinado pelo art. 14 do CDC. O STJ, aliás, julgando um caso semelhante – em que os talões de cheque foram roubados da empresa responsável pela entrega de talonários –, entendeu tratar-se de hipótese de defeito na prestação do serviço, aplicando o art. 14 do CDC (REsp 1.024.791/SP, 4.ª Turma, *DJe* 09.03.2009). Ademais, a doutrina, analisando a falha no serviço de banco de dados, tem interpretado o CDC de modo a enquadrá-la, também, como fato do serviço. Ante o exposto, incidindo o art. 14 do CDC, deve ser aplicado, por consequência, o prazo prescricional previsto no art. 27 do mesmo estatuto legal, segundo o qual prescreve em cinco anos a pretensão à reparação pelos danos causados por fato do serviço, iniciando-se a contagem do prazo a partir do conhecimento do dano e de sua autoria" (STJ, REsp 1.254.883/PR, Rel. Min. Paulo de Tarso Sanseverino, j. 03.04.2014).

Daquela mesma Corte Superior consigne-se ainda aresto que aplicou o fato do serviço em hipótese de devolução de cheque por motivo diverso à realidade dos fatos. Vejamos a ementa de publicação no *Informativo* n. 507 do STJ:

"É cabível a indenização por danos morais pela instituição financeira quando cheque apresentado fora do prazo legal e já prescrito é devolvido sob o argumento de insuficiência de fundos. Considerando que a Lei n. 7.357/1985 diz que 'a existência de fundos disponíveis é verificada no momento da apresentação do cheque para pagamento' (art. 4.º, § 1.º) e, paralelamente, afirma que o título deve ser apresentado para pagamento em determinado prazo (art. 33), impõe-se ao sacador (emitente), de forma implícita, a obrigação de manter provisão de fundos somente durante o prazo de apresentação do cheque. Com isso, evita-se que o sacador fique obrigado em caráter perpétuo a manter dinheiro em conta para o seu pagamento. Por outro lado, a instituição financeira não está impedida de proceder à compensação do cheque após o prazo de apresentação se houver saldo em conta. Contudo, não poderá devolvê-lo por insuficiência de fundos se a apresentação tiver ocorrido após o prazo que a lei assinalou para a prática desse ato. Ademais, de acordo com o Manual Operacional da Compe (Centralizadora da Compensação de Cheques), o cheque deve ser devolvido pelo 'motivo 11' quando, em primeira apresentação, não tiver fundos e, pelo 'motivo 12', quando não tiver fundos em segunda apresentação. Dito isso, é preciso acrescentar que só será possível afirmar que o cheque foi devolvido por falta de fundos quando ele podia ser validamente apresentado. No mesmo passo, vale destacar que o referido Manual estabelece que o cheque sem fundos [motivos 11 e 12] somente pode ser devolvido pelo motivo correspondente. Diante disso, se a instituição financeira fundamentou a devolução de cheque em insuficiência de fundos, mas o motivo era outro, resta configurada uma clara hipótese de defeito na prestação do serviço bancário, visto que o banco recorrido não atendeu a regramento administrativo baixado de forma cogente pelo órgão regulador; configura-se, portanto, sua responsabilidade objetiva pelos danos deflagrados ao consumidor, nos termos do art. 14 da Lei n. 8.078/1990. Tal conclusão é reforçada quando, além de o cheque ter sido apresentado fora do prazo, ainda se consumou a prescrição" (STJ, REsp 1.297.353/SP, Rel. Min. Sidnei Beneti, j. 16.10.2012).

Como se pode perceber, muitos casos de fato do serviço analisados pela jurisprudência superior dizem respeito a sérios problemas que acometem os contratos bancários e financeiros.

Seguindo as ilustrações, destaque-se que algumas conclusões desta obra foram adotadas em recente julgado do Tribunal de Justiça de São Paulo, aplicando a solidariedade no fato do serviço:

"Apelação. Extravio de talonários de cheques. Empresa de Correios. Responsabilidade do banco. Uso indevido de títulos por terceiros. Ajuizamento de ação executiva em face da autora. Incidentes que, por certo, infringiram a imagem e honra subjetiva da empresa autora. Dano moral caracterizado e quantificado respeitando as peculiaridades do caso, bem como os princípios da razoabilidade e proporcionalidade" (TJSP, Apelação 000040055.2011.8.26.0575, 22.ª Câmara de Direito Privado, São José do Rio Pardo, Rel. Des. Roberto Mac Cracken, j. 08.03.2012).

Igualmente incidindo a solidariedade em decorrência do serviço, acórdão do Superior Tribunal de Justiça do ano de 2012 concluiu o seguinte:

"Operadora de plano de saúde é solidariamente responsável pela sua rede de serviços médico-hospitalar credenciada. Reconheceu-se sua legitimidade passiva para figurar na ação indenizatória movida por segurado, em razão da má prestação de serviço por profissional conveniado. Assim, ao selecionar médicos para prestar assistência em seu nome, o plano de saúde se compromete com o serviço, assumindo essa obrigação, e por isso tem responsabilidade objetiva perante os consumidores, podendo em ação regressiva averiguar a culpa do médico ou do hospital. Precedentes citados: AgRg no REsp 1.037.348-SP, *DJe* 17.08.2011; AgRg no REsp 1.029.043-SP, *DJe* 08.06.2009, e REsp 138.059-MG, *DJ* 11.06.2001" (STJ, REsp 966.371/RS, Rel. Min. Raul Araújo, j. 27.03.2012, publicado no seu *Informativo* n. 494).

Exatamente no mesmo sentido, a assertiva n. 7, da Edição n. 160 da ferramenta *Jurisprudência em Teses*, do Tribunal da Cidadania: "a operadora do plano de saúde, na condição de fornecedora de serviço, responde solidariamente perante o consumidor pelos defeitos em sua prestação, seja quando os fornece por meio de hospital próprio e médicos contratados ou por meio de médicos e hospitais credenciados".

Seguindo com julgados do Superior Tribunal de Justiça, no ano de 2021 entendeu-se pela presença do fato do serviço em razão de a empresa de transporte aéreo ter entregue passageiro menor desacompanhado, após horas de atraso, em cidade diversa da previamente contratada. Julgou-se pela presença de danos morais nessa situação concreta, fixando-se a indenização em R$ 10.000,00 (dez mil reais) (STJ, REsp 1.733.136/RO, 3.ª Turma, Rel. Min. Paulo de Tarso Sanseverino, j. 21.09.2021, *DJe* 24.09.2021).

Ou ainda, destaque-se outra ementa superior, julgando do mesmo modo no que concerne à responsabilização de seguradora pelo mau serviço prestado por oficina mecânica por ela indicada:

"A Turma, aplicando o Código de Defesa do Consumidor decidiu que a seguradora tem responsabilidade objetiva e solidária pela qualidade dos serviços executados no automóvel do consumidor por oficina que indicou ou credenciou. Ao fazer tal indicação, a seguradora, como fornecedora de serviços, amplia a sua responsabilidade aos consertos realizados pela oficina credenciada" (STJ, REsp 827.833/MG, Rel. Min. Raul Araújo, j. 24.04.2012, *Informativo* n. 496 da Corte).

Da criação doutrinária, cumpre destacar enunciado aprovado na *V Jornada de Direito Civil*, evento de 2011, segundo o qual os profissionais liberais devem responder objetiva e solidariamente pelos defeitos existentes em equipamentos utilizados em sua atividade, presente um *misto* de fato do serviço e fato do produto.

Vejamos o teor do Enunciado n. 460, proposto pelo jurista Adalberto Pasqualotto, e que contou com o meu total apoio: "a responsabilidade subjetiva do profissional da área da saúde, nos termos do art. 951 do Código Civil e do art. 14, § 4.º, do Código de Defesa do Consumidor, não afasta a sua responsabilidade objetiva pelo fato da coisa da qual tem a guarda, em caso de uso de aparelhos ou instrumentos que, por eventual disfunção, venham a causar danos a pacientes, sem prejuízo do direito regressivo do profissional em relação ao fornecedor do aparelho e sem prejuízo da ação direta do paciente, na condição de consumidor, contra tal fornecedor". Como se debateu naquele evento, o fato do serviço estaria configurado pela má escolha do equipamento utilizado.

De toda sorte, cabe esclarecer que o Código de Defesa do Consumidor não se aplica na relação entre o médico e a empresa que vendeu o equipamento, pois, na espécie, o objeto adquirido é utilizado na principal atividade do profissional liberal. Nesse sentido, vejamos ementa publicada no *Informativo* n. 556 do Tribunal da Cidadania:

"Não há relação de consumo entre o fornecedor de equipamento médico-hospitalar e o médico que firmam contrato de compra e venda de equipamento de ultrassom com cláusula de reserva de domínio e de indexação ao dólar americano, na hipótese em que o profissional de saúde tenha adquirido o objeto do contrato para o desempenho de sua atividade econômica. Com efeito, consumidor é toda pessoa física ou jurídica que adquire ou utiliza, como destinatário final, produto ou serviço oriundo de um fornecedor. Assim, segundo a teoria subjetiva ou finalista, adotada pela Segunda Seção do STJ, destinatário final é aquele que ultima a atividade econômica, ou seja, que retira de circulação do mercado o bem ou o serviço para consumi-lo, suprindo uma necessidade ou satisfação própria. Por isso, fala-se em destinatário final econômico (e não apenas fático) do bem ou serviço, haja vista que não basta ao consumidor ser adquirente ou usuário, mas deve haver o rompimento da cadeia econômica com o uso pessoal a impedir, portanto, a reutilização dele no processo produtivo, seja na revenda, no uso profissional, na transformação por meio de beneficiamento ou montagem ou em outra forma indireta. Desse modo, a relação de consumo (consumidor final) não pode ser confundida com relação de insumo (consumidor intermediário). Na hipótese em foco, não se pode entender que a aquisição do equipamento de ultrassom, utilizado na atividade profissional do médico, tenha ocorrido sob o amparo do CDC" (STJ, REsp 1.321.614/SP, Rel. originário Min. Paulo de Tarso Sanseverino, Rel. para acórdão Min. Ricardo Villas Bôas Cueva, j. 16.12.2014, *DJe* 03.03.2015).

Como se verá no Capítulo 14 deste livro, há proposta de inclusão dessas soluções no art. 951 da codificação privada, pelo projeto de Reforma do Código Civil, ora em tramitação no Congresso Nacional.

Feitas tais considerações, e partindo para outra situação fática, pela incidência das mesmas regras de solidariedade, a jurisprudência superior responsabiliza a empresa de turismo pelo atraso do voo objeto do pacote vendido e outros problemas enfrentados na viagem. Vejamos duas ementas:

"Civil. Responsabilidade civil. Agência de turismo. Se vendeu 'pacote turístico', nele incluindo transporte aéreo por meio de voo fretado, a agência de turismo responde pela má prestação desse serviço. Recurso especial não conhecido" (STJ, REsp 783.016/SC, 3.ª Turma, Rel. Min. Ari Pargendler, j. 16.05.2006, DJ 05.06.2006, p. 279).

"Responsabilidade civil. Agência de turismo. Pacote turístico. Serviço prestado com deficiência. Dano moral. Cabimento. Prova. *Quantum*. Razoabilidade. Recurso provido. I – A prova do dano moral se satisfaz, na espécie, com a demonstração do fato que o ensejou e pela experiência comum. Não há negar, no caso, o desconforto, o aborrecimento, o incômodo e os transtornos causados pela demora imprevista, pelo excessivo atraso na conclusão da viagem, pela substituição injustificada do transporte aéreo pelo terrestre e pela omissão da empresa de turismo nas providências, sequer diligenciando em avisar os parentes que haviam ido ao aeroporto para receber os ora recorrentes, segundo reconhecido nas instâncias ordinárias. II – A indenização por danos morais, como se tem salientado, deve ser fixada em termos razoáveis, não se justificando que a reparação enseje enriquecimento indevido, com manifestos abusos e exageros. III – Certo é que o ocorrido não representou desconforto ou perturbação de maior monta. E que não se deve deferir a indenização por dano moral por qualquer contrariedade. Todavia, não menos certo igualmente é que não se pode deixar de atribuir à empresa-ré o mau serviço prestado, o descaso e a negligência com que se houve, em desrespeito ao direito dos que com ela contrataram" (STJ, REsp 304.738/SP, 4.ª Turma, Rel. Min. Sálvio de Figueiredo Teixeira, j. 08.05.2001, DJ 13.08.2001, p. 167).

Do mesmo modo, em julgado mais antigo, o mesmo Tribunal Superior responsabilizou a agência de viagens por um incêndio que atingiu a embarcação de transporte, objeto do serviço comercializado:

"Responsabilidade civil. Agência de viagens. Código de Defesa do Consumidor. Incêndio em embarcação. A operadora de viagens que organiza pacote turístico responde pelo dano decorrente do incêndio que consumiu a embarcação por ela contratada. Passageiros que foram obrigados a se lançar ao mar, sem proteção de coletes salva-vidas, inexistentes no barco. Precedente (REsp 287.849/SP). Dano moral fixado em valor equivalente a 400 salários mínimos. Recurso não conhecido" (STJ, REsp 291.384/RJ, 4.ª Turma, Rel. Min Ruy Rosado de Aguiar, j. 15.05.2001, DJ 17.09.2001, p. 169).

A questão consolidou-se de tal forma que, em setembro de 2015, o Superior Tribunal de Justiça publicou ementa por meio da ferramenta *Jurisprudência em Teses* (Edição n. 42 de 2015), segundo a qual "a agência de turismo que comercializa pacotes de viagens responde solidariamente, nos termos do art. 14 do CDC, pelos defeitos na prestação dos serviços que integram o pacote".

Alguns profissionais que atuam no setor de turismo veem exageros em tais conclusões, pleiteando o mesmo tratamento diferenciado existente para o produto, constante dos arts. 12 e 13 do CDC. Aliás, a questão não é pacífica no Superior Tribunal de Justiça, podendo ser encontrado julgado que afasta a responsabilidade da agência de viagens por problemas encontrados no trajeto objeto do pacote turístico (STJ, REsp 797.836/MG, 4.ª Turma, Rel. Min. Jorge Scartezzini, j. 02.05.2006, *DJ* 29.05.2006, p. 263). No entanto, tal diferenciação não existe no produto, estando os acórdãos anteriormente transcritos em conformidade com a melhor técnica interpretativa da Lei Consumerista.

Em 2022, surgiu um outro acórdão, que intensificou a polêmica, concluindo que a empresa que comercializa as passagens aéreas pela *internet* não pode responder pela perda da bagagem, por ausência de relação de causalidade entre qualquer conduta sua e o prejuízo causado. Consoante o aresto, que utiliza as ideias constantes dos arts. 12 e 13 do CDC:

"A vendedora de passagem aérea não responde solidariamente pelos danos morais experimentados pelo passageiro em razão do extravio de bagagem. A venda da passagem aérea, muito embora possa constituir antecedente necessário do dano, não representa, propriamente, uma de suas causas. O nexo de causalidade se estabelece, no caso, exclusivamente em relação à conduta da transportadora aérea. Uma leitura sistemática dos arts. 12, 13 e 14 do CDC exclui a responsabilidade solidária do comerciante não apenas pelos fatos do produto, mas também pelos fatos do serviço" (STJ, REsp 1.994.563/MG, 3.ª Turma, Rel. Min. Nancy Andrighi, j. 25.10.2022).

Essa posição foi confirmada em 2023, em novo *decisum*, em que se afirmou que "a vendedora de passagem aérea não responde solidariamente com a companhia aérea pelos danos morais e materiais experimentados pelo passageiro em razão do cancelamento do voo" (STJ, REsp 2.082.256/SP, 3.ª Turma, Rel. Min. Marco Aurélio Bellizze, j. 12.09.2023, *DJe* 21.09.2023, m.v.). Há, assim, uma divergência instalada no STJ, que deve ser sanada, para os fins de que a jurisprudência se mantenha íntegra e coerente, nos termos do art. 926, *caput,* do CPC.

Aguardemos se esse entendimento será consolidado na atual composição da Corte, em sua Segunda Seção, alterando a sua posição anterior.

Anote-se a existência anterior de projeto de lei anterior com o objetivo de trazer um tratamento diferenciado para as empresas que vendem os pacotes, afastando incidência da solidariedade do Código do Consumidor (Projeto de Lei n. 5.120/2001, convertido na Lei n. 12.974/2014). Estabelecia o art. 12 da norma projetada que as agências de turismo responderiam objetivamente pelos danos causados por defeitos nos serviços prestados diretamente ou contratados de terceiros e por estes prestados ou executados. Porém, a agência de viagens que intermediar a contratação de serviços turísticos organizados e prestados por terceiros, inclusive os oferecidos por operadoras turísticas, não responderiam pela sua prestação ou execução, salvo nos casos de culpa (art. 13 do projeto).

Além disso, nos termos do art. 14 do projeto de lei, ressalvados os casos de comprovada força maior, razão técnica ou expressa responsabilidade legal de outras entidades, a agência de viagens e turismo promotora e organizadora de serviços turísticos seria a responsável pela prestação efetiva dos mencionados serviços e pelo reembolso devido aos consumidores por serviços não prestados, conforme convencionado. Por fim, a projeção estabelecia que agências de viagens e turismo não responderiam diretamente por atos e fatos decorrentes da participação de prestadores de serviços específicos cujas atividades estivessem sujeitas à legislação especial, ou tratados internacionais de que o Brasil seja signatário, ou dependam de autorização, permissão ou concessão (art. 15 do projeto).

Entretanto, essa tentativa de limitar a responsabilidade civil das empresas de turismo acabou não prosperando, uma vez que todas essas propostas foram vetadas quando da emergência da Lei n. 12.974/2014. Isso faz com que a responsabilidade dessas empresas esteja vinculada ao CDC, especialmente à solidariedade nele prevista.

Como última nota a respeito do tema do turismo, destaque-se o surgimento da Lei n. 14.046/2020, originária da Medida Provisória n. 948, dispondo sobre o adiamento e o cancelamento de serviços, de reservas e de eventos dos setores de turismo e de cultura em razão da pandemia de Covid-19.

A norma teve claro intuito protetivo das empresas, em detrimento dos direitos e interesses dos consumidores, assim como outras normas que surgiram nesse mesmo período de crise, caso da que trata do transporte aéreo (Lei n. 14.034/2020).

Sucessivamente, pontue-se que foi editada nova MP, de n. 1.036, depois convertida na Lei n. 14.186/2021, renovando os prazos previstos nas normas anteriores, até 31 de dezembro de 2021. Ainda, em 2022, surgiu a Lei n. 14.390, prorrogando novamente esse prazo até 31 de dezembro de 2022.

Entre as suas regras, o art. 2.º do primeiro comando estabelecia que, na hipótese de adiamento ou de cancelamento de serviços, de reservas e de eventos, incluídos *shows* e espetáculos, em razão da pandemia, o prestador de serviços ou a sociedade empresária não seriam obrigados a reembolsar os valores pagos pelo consumidor, desde que assegurassem: *a)* a remarcação dos serviços, das reservas e dos eventos adiados; ou *b)* a disponibilização de crédito para uso ou abatimento na compra de outros serviços, reservas e eventos disponíveis nas respectivas empresas.

Conforme o § 1.º desse comando, tais operações se dariam sem custo adicional, taxa ou multa ao consumidor, em qualquer data e a partir de 1.º de janeiro de 2020, e estender-se-ão pelo prazo de cento e vinte dias, contado da comunicação do adiamento ou do cancelamento dos serviços, ou, trinta dias antes da realização do evento, o que ocorrer antes. Se o consumidor não fizesse essa solicitação no prazo assinalado de cento e vinte dias, por motivo de falecimento, de internação ou de força maior, o prazo seria restituído em proveito da parte, do herdeiro ou do sucessor, a contar da data de ocorrência do fato impeditivo da solicitação (§ 2.º).

Como última regra a ser destacada, mais uma vez excessivamente protetiva das empresas de turismo – e também de espetáculos –, o art. 5.º da Lei n. 14.046/2020 trouxe previsão de que eventuais cancelamentos ou adiamentos dos contratos de natureza consumerista regidos pela norma caracterizam hipótese de caso fortuito ou de força maior, "e não são cabíveis reparação por danos morais, aplicação de multas ou imposição das penalidades previstas no art. 56 da Lei nº 8.078, de 11 de setembro de 1990, ressalvadas as situações previstas no § 7º do art. 2º e no § 1º do art. 4º desta Lei, desde que caracterizada má-fé do prestador de serviço ou da sociedade empresária".

Lamenta-se o teor da norma, generalizando os adiamentos como eventos imprevisíveis e inevitáveis, e decretando-se uma indesejada moratória ampla e irrestrita, em detrimento dos interesses dos consumidores. Isso acabou ocorrendo em alguns setores da economia, infelizmente.

Superadas essas intrincadas ilustrações e suas consequências, sabe-se que incide o prazo prescricional de cinco anos para a ação de reparação de danos decorrentes do fato do serviço ou defeito (acidente de consumo), iniciando-se a sua contagem a partir do conhecimento do dano e de sua autoria (art. 27 do CDC).

A ilustrar o fato do serviço, um consumidor vai até um restaurante na cidade de São Paulo em seu automóvel. O estabelecimento oferece serviço de estacionamento ou *valet* na porta. O dono do veículo entrega as chaves ao manobrista, que se descuida, e o carro é furtado.

No caso em questão, há fato do serviço diante do prejuízo do valor do veículo, presente a responsabilidade solidária entre o restaurante, a empresa prestadora do serviço de estacionamento e o próprio manobrista. Os dois primeiros têm responsabilidade objetiva, enquanto o último tem responsabilidade subjetiva, porque se trata de profissional liberal (art. 14, § 4.º, da Lei n. 8.078/1990). O prazo para a ação condenatória é de cinco anos, a contar do evento danoso, no caso.

A verdade é que existem grandes debates jurisprudenciais a respeito do enquadramento do evento como vício ou fato do serviço e do correspondente prazo para exercício do direito. Para a correta diferenciação, valem as lições inaugurais deste capítulo. A título de exemplo, se estiverem presentes danos morais em decorrência do atraso no serviço de transporte, a hipótese é de fato do serviço, subsumindo-se o prazo prescricional de cinco anos:

"Juizados especiais. Direito do Consumidor. Vício na prestação de serviço de transporte terrestre que enseja fato do serviço. Prescrição. Dano moral. 1. Em caso de vício do produto ou serviço, aplicável se mostra o art. 26 do Código de Defesa do Consumidor; no presente caso, o vício do serviço teve desdobramentos, consistentes no atraso da viagem por mais de três horas, o que configura fato do serviço, sendo aplicável o disposto no art. 27 do mesmo Código, não tendo ainda transcorrido o prazo de cinco anos legalmente previsto. 2. O atraso em viagem empreendida por empresa de transporte terrestre, superior a três horas, decorrente de defeitos mecânicos apresentados pelo ônibus, deixando os passageiros à míngua, tendo que suportar fome, calor, mau cheiro e desconforto do veículo durante a noite, consubstancia dano moral, ultrapassando os meros dissabores e aborrecimentos do cotidiano e dando ensejo à reparação pleiteada. 3. O valor fixado a título de indenização por danos morais (R$ 3.000,00) guarda pertinência com o quadro fático evidenciado, obedecendo aos princípios da razoabilidade e da proporcionalidade, especialmente considerando-se a natureza, gravidade e extensão do dano. 4. Recorrente condenado ao pagamento de custas processuais e honorários advocatícios, fixados em 10% (dez por cento) sobre o valor da condenação. 5. Recurso conhecido e improvido. Sentença mantida por seus próprios fundamentos, nos termos do art. 46 da Lei 9.099/1995" (TJDF, Recurso 2009.07.1.035079-2, Acórdão 484.675, 1.ª Turma Recursal dos Juizados Especiais Cíveis e Criminais, Rel. Juíza Rita de Cassia de Cerqueira Lima Rocha, *DJDFTE* 04.03.2011, p. 252).

A cobrança indevida de um serviço que causa dano moral também se enquadra no fato do serviço, subsumindo-se mais uma vez o citado prazo legal. Por todos:

"Apelação cível. Responsabilidade civil. Contrato de telefonia. Decadência. Inocorrência. Cobrança indevida de serviço não contratado. Não comprovada a solicitação. Dano moral. Pessoa jurídica. Não demonstrado. Repetição em dobro. Possibilidade. Ônus sucumbencial. 1. Não se aplica ao caso o prazo decadencial do art. 26, II, do CDC, uma vez que reclama a autora a inexigibilidade dos débitos por serviço supostamente não contratado; não se trata de vício de serviço, mas sim de reparação de danos por fato do serviço, que prevê prazo prescricional de cinco anos, nos termos do art. 27 da legislação consumerista. 2. Caracterizada a ilicitude da parte ré, uma vez que inseriu serviços de telefonia na fatura mensal da autora sem que esta tivesse requisitado. Contudo, mesmo sendo possível a caracterização do dano moral para pessoa jurídica, este não restou devidamente comprovado. Sequer demonstrou a autora o cadastro de seu nome nos órgãos de proteção ao crédito, sendo que os aborrecimentos, em razão das dificuldades para solucionar o caso, não configuram, por si sós, situação geradora de dano moral. 3. Nos termos do parágrafo único do art. 42 do CDC, é devida a repetição do indébito apenas da quantia efetivamente paga e comprovada. 4. Sucumbência redimensionada. Apelo parcialmente provido. Unânime" (TJRS, Apelação Cível 70037229648, 9.ª Câmara Cível, Santa Rosa, Rel. Des. Íris Helena Medeiros Nogueira, j. 15.09.2010, *DJERS* 23.09.2010).

A encerrar as ilustrações do fato do serviço, em caso recente e também bem peculiar, o Superior Tribunal de Justiça confirmou a existência de fato do serviço porque pastor de igreja evangélica agrediu fiel durante *sessão de descarrego*, causando-lhe danos morais, decorrentes de prejuízos físicos e emocionais. Consta do julgado que a autora, idosa, foi empurrada pelo pastor e que a queda decorrente da agressão lhe ocasionou ferimentos físicos e sequelas emocionais, "causados em sessão de 'exorcismo' da qual não concordou em participar, sendo que não lhe foi prestado qualquer tipo de socorro por aquela entidade religiosa ou seu Pastor, à ocasião". Ainda nos termos da curiosa ementa, "embora tenha considerado a responsabilidade da instituição religiosa como sendo objetiva, o Tribunal de Justiça adentrou no exame da culpabilidade pela omissão dos membros da congregação em evitar o acidente que envolveu a recorrida, reconhecendo a culpa, o que torna irrelevante o debate acerca do tipo de responsabilidade incidente na espécie, se objetiva ou subjetiva" (STJ, Ag. Int. no REsp 1.285.789/GO, 4.ª Turma, Rel. Min. Raul Araújo, j. 20.04.2017, *DJe* 11.05.2017).

Finalizado o estudo das quatro situações específicas de responsabilidade consumerista, parte-se para a abordagem aprofundada do conceito de consumidor por equiparação, para os fins de responsabilização privada.

3. O CONSUMIDOR EQUIPARADO E A RESPONSABILIDADE CIVIL. APROFUNDAMENTOS QUANTO AO TEMA E CONFRONTAÇÕES COM O ART. 931 DO CÓDIGO CIVIL

Como é notório, o CDC ampliou substancialmente o conceito de consumidor, ao consagrar o enquadramento do consumidor equiparado, por equiparação ou *bystander*. Consagra o art. 17 da Lei n. 8.078/1990 que todos os prejudicados pelo evento de consumo, ou seja, todas as vítimas, mesmo não tendo relação direta de consumo com o prestador ou fornecedor, podem ingressar com ação fundada no Código de Defesa do Consumidor, visando à responsabilização objetiva do agente causador do dano.

Como bem aponta a melhor doutrina, "basta ser 'vítima' de um produto ou serviço para ser privilegiado com a posição de consumidor legalmente protegido pelas normas sobre responsabilidade objetiva pelo fato do produto presentes no CDC".[45]

Entendo que essa construção merece louvor diante dos riscos decorrentes da prestação ou fornecimento na sociedade de consumo de massa. Quebra-se, assim, a ideia de imediatismo da clássica responsabilidade civil, ampliando-se o nexo causal, pela relação de solidariedade quanto aos terceiros prejudicados. Comparativamente, o Código Civil de 2002 não tem regra semelhante, constituindo esse conceito do Código de Defesa do Consumidor um interessante desdobramento da *teoria do risco.*

A título de ilustração, imagine-se o caso de compra de um eletrodoméstico, de uma televisão. Várias pessoas estão na residência do consumidor-comprador assistindo a um filme, quando, de repente, o aparelho explode, atingindo todos os que estão à sua volta.

Pois bem, não só o comprador do aparelho, que manteve a relação contratual direta com o fabricante, mas todos aqueles prejudicados pelo evento danoso poderão pleitear indenização daquele, eis que são *consumidores por equiparação* ou *bystanders* (art. 17 da Lei n. 8.078/1990).

O raciocínio jurídico é que, se um produto inseguro foi colocado no mercado, deve existir a responsabilidade, conquanto a empresa que o produziu dele retirou lucros e riqueza (*risco-proveito*). Se a sua colocação no mercado gera riscos à coletividade, a empresa fornecedora ou prestadora deverá assumir os ônus deles decorrentes (*risco criado*).

---

[45] MARQUES, Claudia Lima; BENJAMIN, Antonio Herman; MIRAGEM, Bruno. *Comentários ao Código de Defesa do Consumidor*, cit., p. 471.

Tratando exatamente da ilustração anterior, que há muito tempo me acompanha em aulas e palestras sobre o tema, decidiu a 8.ª Câmara de Direito Privado do Tribunal de Justiça de São Paulo, em julgamento de janeiro de 2015 e de relatoria do Desembargador Luiz Ambra:

> "Explosão de televisor em residência, adquirido três dias antes. Ferimentos na mãe e filhos menores, a genitora vindo a falecer cerca de vinte dias depois. Fatos bem demonstrados, presumindo-se a culpa do fabricante de acordo com norma expressa do Código do Consumidor. Indenização corretamente estabelecida, improvido o apelo da ré, provido em parte o dos autores para majorar a indenização, nos termos do acórdão" (Apelação 0004338-05.2010.8.26.0604, Sumaré).

O acórdão bem aplica o conceito de consumidor equiparado, lamentando-se apenas a menção à culpa presumida e não à responsabilidade objetiva. Quanto ao valor da indenização extrapatrimonial, pontue-se que corretamente foi fixada em cerca de R$ 200.000,00 (duzentos mil reais).

Partindo para outras ilustrações, o Superior Tribunal de Justiça reconheceu como consumidor equiparado o proprietário de um imóvel sobre o qual caiu um avião. Vejamos trecho da ementa do acórdão:

> "Resta caracterizada relação de consumo se a aeronave que caiu sobre a casa das vítimas realizava serviço de transporte de malotes para um destinatário final, ainda que pessoa jurídica, uma vez que o artigo 2.º do Código de Defesa do Consumidor não faz tal distinção, definindo como consumidor, para os fins protetivos da lei, '(...) toda pessoa física ou jurídica que adquire ou utiliza produto ou serviço como destinatário final'. Abrandamento do rigor técnico do critério finalista. Em decorrência, pela aplicação conjugada com o artigo 17 do mesmo diploma legal, cabível, por equiparação, o enquadramento do autor, atingido em terra, no conceito de consumidor. Logo, em tese, admissível a inversão do ônus da prova em seu favor" (STJ, REsp 540.235/TO, 3.ª Turma, Rel. Min. Castro Filho, *DJ* 06.03.2006).

Mais recentemente concluiu o Tribunal da Cidadania no mesmo sentido, em julgado similar, relativo ao acidente da TAM ocorrido no Aeroporto de Congonhas em 1996. O acórdão foi assim publicado no seu *Informativo* n. 525:

> "Direito do Consumidor. Prazo de prescrição da pretensão de ressarcimento por danos decorrentes da queda de aeronave. É de cinco anos o prazo de prescrição da pretensão de ressarcimento de danos sofridos pelos moradores de casas atingidas pela queda, em 1996, de aeronave pertencente a pessoa jurídica nacional e de direito privado prestadora de serviço de transporte aéreo. Isso porque, na hipótese, verifica-se a configuração de um fato do serviço, ocorrido no âmbito de relação de consumo, o que enseja a aplicação do prazo prescricional previsto no art. 27 do CDC. Com efeito, nesse contexto, enquadra-se a sociedade empresária no conceito de fornecedor estabelecido no art. 3.º do CDC, enquanto os moradores das casas atingidas pela queda da aeronave, embora não tenham utilizado o serviço como destinatários finais, equiparam-se a consumidores pelo simples fato de serem vítimas do evento

(*bystanders*), de acordo com o art. 17 do referido diploma legal. Ademais, não há dúvida de que o evento em análise configura fato do serviço, pelo qual responde o fornecedor, em consonância com o disposto do art. 14 do CDC. Importante esclarecer, ainda, que a aparente antinomia entre a Lei 7.565/1986 – Código Brasileiro de Aeronáutica –, o CDC e o CC/1916, no que tange ao prazo de prescrição da pretensão de ressarcimento em caso de danos sofridos por terceiros na superfície, causados por acidente aéreo, não pode ser resolvida pela simples aplicação das regras tradicionais da anterioridade, da especialidade ou da hierarquia, que levam à exclusão de uma norma pela outra, mas sim pela aplicação coordenada das leis, pela interpretação integrativa, de forma a definir o verdadeiro alcance de cada uma delas à luz do caso concreto. Tem-se, portanto, uma norma geral anterior (CC/1916) – que, por sinal, sequer regulava de modo especial o contrato de transporte – e duas especiais que lhe são posteriores (CBA/1986 e CDC/1990). No entanto, nenhuma delas expressamente revoga a outra, é com ela incompatível ou regula inteiramente a mesma matéria, o que permite afirmar que essas normas se interpenetram, promovendo um verdadeiro diálogo de fontes. A propósito, o CBA regula, nos arts. 268 a 272, a responsabilidade do transportador aéreo perante terceiros na superfície e estabelece, no seu art. 317, II, o prazo prescricional de dois anos da pretensão de ressarcimento dos danos a eles causados. Essa norma especial, no entanto, não foi revogada, como já afirmado, nem impede a incidência do CDC quando evidenciada a relação de consumo entre as partes envolvidas. Destaque-se, por oportuno, que o CBA não se limita a regulamentar apenas o transporte aéreo regular de passageiros, realizado por quem detenha a respectiva concessão, mas todo serviço de exploração de aeronave, operado por pessoa física ou jurídica, proprietária ou não, com ou sem fins lucrativos. Assim, o CBA será plenamente aplicado, desde que a relação jurídica não esteja regida pelo CDC, cuja força normativa é extraída diretamente da CF (art. 5.º, XXXII). Ademais, não há falar em incidência do art. 177 do CC/1916, diploma legal reservado ao tratamento das relações jurídicas entre pessoas que se encontrem em patamar de igualdade, o que não ocorre na hipótese" (STJ, REsp 1.202.013/SP, Rel. Min. Nancy Andrighi, j. 18.06.2013).

Como se percebe, o acórdão traz importante debate sobre a incidência do prazo prescricional para a demanda de responsabilidade civil proposta pelos familiares das vítimas, concluindo pela incidência do prazo de cinco anos, tratado pelo art. 27 do Código Consumerista. A tese do *diálogo das fontes* pode ser retirada da ementa, pelas menções ao Código Brasileiro da Aeronáutica e ao Código Civil de 1916, prevalecendo o CDC por ser mais favorável aos prejudicados pelo evento danoso, no caso concreto.

Seguindo as ilustrações concretas, do mesmo Tribunal Superior, serve o exemplo das vítimas atingidas pela explosão de uma fábrica de fogos de artifício, consideradas consumidoras equiparadas:

"Processual civil. Ação civil pública. Explosão de loja de fogos de artifício. Interesses individuais homogêneos. Legitimidade ativa da Procuradoria de Assistência Judiciária. Responsabilidade pelo fato do produto. Vítimas do evento. Equiparação a consumidores. I – Procuradoria de assistência judiciária tem legitimidade ativa para propor ação civil pública objetivando indenização por danos materiais e morais decorrentes de explosão de estabelecimento que explorava o comércio de fogos de artifício e congêneres, porquanto, no que se refere à defesa dos interesses do consumidor por meio de ações coletivas, a intenção do legislador pátrio foi ampliar o campo da legitimação ativa, conforme se depreende do art. 82 e incisos do CDC, bem assim do art. 5.º, inc. XXXII, da Constituição Federal, ao dispor expressamente que incumbe ao Estado promover, na forma da lei, a defesa do consumidor. II – Em consonância com o art. 17 do Código de Defesa do Consumidor, equiparam-se aos consumidores todas as pessoas que, embora não tendo participado diretamente da relação de consumo, vêm a sofrer as consequências do evento danoso, dada a potencial gravidade que pode atingir o fato do produto ou do serviço, na modalidade vício de qualidade por insegurança. Recurso especial não conhecido" (STJ, REsp 181.580/SP, 3.ª Turma, Rel. Min. Castro Filho, j. 09.12.2003, *DJ* 22.03.2004, p. 292).

Anote-se que o Superior Tribunal de Justiça também concluiu serem consumidores todos os prejudicados pela explosão de uma barragem, conforme ementa a seguir transcrita:

"Agravo regimental. Ação de indenização. Rompimento de barragem. Equiparação ao consumidor. Inversão do ônus da prova. Matéria de prova. Reexame. Inviabilidade. Súmula 7/STJ. Decisão agravada mantida. Improvimento. 1. Consumidor por equiparação, aplicação do art. 17 do CDC. 2. Houve o reconhecimento da hipossuficiência do consumidor, assim como da verossimilhança de suas alegações, julgando atendidas as exigências encartadas no art. 6.º, VIII, do CDC. A inversão do ônus da prova foi concedida após a apreciação de aspectos ligados ao conjunto fático-probatório dos autos. O reexame de tais elementos, formadores da convicção do juiz da causa, não é possível na via estreita do recurso especial por exigir a análise e matéria de prova. 3. A pretensão recursal esbarra na Súmula 7/STJ. 4. Agravo improvido com aplicação de multa" (STJ, AgRg-Ag 1.321.999/MG, 4.ª Turma, Rel. Min. Luis Felipe Salomão, j. 19.10.2010, *DJe* 04.11.2010).

Em complemento a este último *decisum*, e representante de uma clara evolução a respeito do tema, a mesma Corte Superior, em 2022, aplicou a construção do consumidor *bystander* à hipótese de danos ambientais, em um sadio diálogo entre a Lei n. 6.938/1981 e o CDC, ambos consagradores da responsabilidade objetiva. Consoante trecho do acórdão, "na hipótese de danos individuais decorrentes do exercício de atividade empresarial poluidora destinada à fabricação de produtos para comercialização, é possível, em virtude da caracterização do acidente de consumo, o reconhecimento da figura do consumidor por equiparação, o que atrai a incidência das disposições do Código de Defesa do Consumidor" (STJ, REsp 2.009.210/RS, 3.ª Turma, Rel. Min. Nancy Andrighi, j. 29.09.2022).

A afirmação da tese se repetiu em 2023, em um novo caso envolvendo uma barragem de uma hidrelétrica. Entendeu-se na Segunda Seção da Corte, em síntese, que "é possível o reconhecimento da figura do consumidor por equiparação na hipótese de danos individuais decorrentes do exercício de atividade de exploração de potencial hidrenergético causadora de impacto ambiental, em virtude da caracterização do acidente de consumo" (STJ, REsp 2.018.386/BA, 2.ª Seção Rel. Min. Nancy Andrighi, j. 10.05.2023, *DJe* 12.05.2023, v.u.). Como o julgamento reuniu todos os julgadores do Tribunal da Cidadania responsáveis pelos casos de Direito Privado na Corte, parece indicar uma tendência inafastável de novos entendimentos na mesma linha.

Em rumorosa decisão do ano de 2011, retome-se o julgado que considerou como consumidores equiparados os pais de uma criança que foi atacada por animais em um circo. Considerou-se ainda a solidariedade entre todos os envolvidos com a prestação de serviço, incluindo o *shopping center* onde se encontrava o circo (STJ, REsp 1.100.571/PE, Rel. Min. Luis Felipe Salomão, j. 07.04.2011).

Cite-se também hipótese do pneu de um veículo que explode, sendo considerado consumidor o prejudicado correspondente (TJPR, Recurso 167271-7, Acórdão 5298, 8.ª Câmara Cível, Ponta Grossa, Rel. Des. Rafael Augusto Cassetari, j. 11.08.2005). Em sentido semelhante, julgado paulista que entendeu ser consumidor equiparado a vítima atingida pelo botijão de gás que explodiu (TJSP, Apelação 9133219-54.2003.8.26.0000, Acórdão 4866894, 9.ª Câmara de Direito Privado, São Paulo, Rel. Des. Antonio Vilenilson, j. 28.09.2010, *DJESP* 24.01.2011). Ou, ainda, o consumidor que foi atingido em um supermercado por uma cadeira de bebê defeituosa (TJDF, Recurso 2007.01.1.137336-6, Acórdão 490.960, 1.ª Turma Cível, Rel. Des. Flavio Rostirola, *DJDFTE* 30.03.2011, p. 147). Por fim, mencione-se interessante decisão do Tribunal Fluminense, que reputou consumidor por equiparação a pessoa atingida por vigilantes da transportadora de valores em perseguição a criminosos na via pública (TJRJ, Apelação Cível 2009.001.70719, 5.ª Câmara Cível, Rel. Des. Katya Monnerat, j. 08.07.2010, *DORJ* 12.07.2010, p. 185).

A construção *bystander* não é aplicada somente para os fins de uma responsabilização extracontratual, mas também em decorrência do contrato de consumo, eis que o CDC rompeu com o sistema dual de responsabilidade civil, como exposto no início do presente capítulo. Dessa feita, é comum a incidência da ideia para os casos de *cliente bancário clonado*.

Imagine-se a hipótese de alguém que tem toda a documentação furtada ou roubada. O criminoso ou um terceiro, munido desses documentos, vai até um banco e abre uma conta-corrente em nome da vítima, emitindo vários cheques sem fundos, fazendo com que o seu nome seja inscrito em cadastro de inadimplentes. O *clonado*, na situação descrita, poderá ingressar com demanda em face da instituição bancária, subsumindo-se a responsabilidade objetiva com base no art. 17 do CDC (a título de exemplo: TJMG, Apelação Cível 0324980-05.2010.8.13.0145, 12.ª Câmara Cível, Juiz de Fora, Rel. Des. Domingos Coelho, j. 02.03.2011, *DJEMG* 21.03.2011; TJDF, Recurso 2009.01.1.145985-8, Acórdão 477.397, 1.ª Turma Recursal dos Juizados Especiais Cíveis e Criminais, Rel. Juíza Rita de Cassia de Cerqueira Lima Rocha, *DJDFTE* 04.02.2011, p. 242; TJRS, Apelação Cível 70024134561, 9.ª Câmara Cível, Getúlio Vargas, Rel. Des. Íris Helena Medeiros Nogueira, j. 09.07.2008, *DOERS* 17.07.2008, p. 28; e TJES,

Apelação Cível 35020208357, 1.ª Câmara Cível, Rel. Des. Carlos Henrique Rios do Amaral, *DJES* 19.11.2009, p. 20).

Na mesma linha, o Superior Tribunal de Justiça, em julgamento de incidente de recursos repetitivos, acabou por concluir pela responsabilização da instituição bancária nesses casos. Com tom elucidativo, vejamos a publicação no *Informativo* n. *481* daquele Tribunal Superior:

> "Repetitivo. Fraude. Terceiros. Abertura. Conta-corrente. Trata-se, na origem, de ação declaratória de inexistência de dívida cumulada com pedido de indenização por danos morais ajuizada contra instituição financeira na qual o recorrente alega nunca ter tido relação jurídica com ela, mas que, apesar disso, teve seu nome negativado em cadastro de proteção ao crédito em razão de dívida que jamais contraiu, situação que lhe causou sérios transtornos e manifesto abalo psicológico. Na espécie, o tribunal *a quo* afastou a responsabilidade da instituição financeira pela abertura de conta-corrente em nome do recorrente ao fundamento de que um terceiro a efetuou mediante a utilização de documentos originais. Assim, a Seção, ao julgar o recurso sob o regime do art. 543-C do CPC c/c a Res. n. 8/2008-STJ, entendeu que as instituições bancárias respondem objetivamente pelos danos causados por fraudes ou delitos praticados por terceiros – por exemplo, a abertura de conta-corrente ou o recebimento de empréstimos mediante fraude ou utilização de documentos falsos –, uma vez que tal responsabilidade decorre do risco do empreendimento. Daí a Seção deu provimento ao recurso e fixou a indenização por danos morais em R$ 15 mil com correção monetária a partir do julgamento desse recurso (Súm. n. 362-STJ) e juros de mora a contar da data do evento danoso (Súm. n. 54-STJ), bem como declarou inexistente a dívida e determinou a imediata exclusão do nome do recorrente dos cadastros de proteção ao crédito, sob pena de multa de R$ 100,00 por dia de descumprimento" (STJ, REsp 1.197.929/PR, Rel. Min. Luis Felipe Salomão, j. 24.08.2011).

Reitere-se que a questão se consolidou de tal forma que, no ano de 2012, foi editada a Súmula n. 479 daquela Corte Superior, com tom ampliado, abrangendo outras hipóteses de fraudes bancárias praticadas por terceiros: "as instituições financeiras respondem objetivamente pelos danos gerados por fortuito interno relativo a fraudes e delitos praticados por terceiros no âmbito de operações bancárias". De toda sorte, a ementa mereceria um reparo, eis que todas as fraudes bancárias praticadas por terceiros configuram fortuitos internos, no meu entendimento. A súmula parece demonstrar que alguns eventos podem ser tidos como externos, o que é um equívoco pensar.

Superados esses exemplos, deve ficar claro que, segundo o entendimento majoritário, o conceito de consumidor equiparado somente se refere às hipóteses de fato do produto ou do serviço, e não ao vício, o que visa a restringir a aplicação do conceito. Nessa linha de pensamento, colaciona-se decisão do STJ:

> "Civil e processual civil. Ação de indenização. Extravio de bagagens do preposto contendo partituras a serem executadas em espetáculo organizado pela empresa autora. Legitimidade ativa *ad causam*. Equiparação ao consumidor. Impossibilidade. Teoria da asserção. Empresa autora beneficiária do contrato

havido entre o maestro e a ré. Responsabilidade extracontratual. 1. Em caso de defeito de conformidade ou vício do serviço, não cabe a aplicação do art. 17, CDC, pois a Lei somente equiparou as vítimas do evento ao consumidor nas hipóteses dos arts. 12 a 16 do CDC. 2. A teoria da asserção, adotada pelo nosso sistema legal, permite a verificação das condições da ação com base nos fatos narrados na petição inicial. 3. No caso em exame, como causa de pedir e fundamentação jurídica, a autora invocou, além do Código de Defesa do Consumidor, também o Código Civil e a teoria geral da responsabilidade civil. 4. Destarte, como o acórdão apreciou a causa apenas aplicando o art. 17, CDC, malferindo o dispositivo legal, o que, como examinado, por si só, no caso concreto, não implica ilegitimidade passiva da autora, a melhor solução para a hipótese é acolher em parte o recurso da ré, apenas para cassar o acórdão, permitindo que novo julgamento seja realizado, apreciando-se todos os ângulos da questão, notadamente o pedido com base na teoria geral da responsabilidade civil. 5. Recurso especial parcialmente conhecido e, na extensão, provido" (STJ, REsp 753.512/RJ, 4.ª Turma, Rel. Min. João Otávio de Noronha, Rel. p/ Acórdão Min. Luis Felipe Salomão, j. 16.03.2010, *DJe* 10.08.2010).

Particularmente quanto aos negócios jurídicos, o conceito de consumidor *bystander* mantém relação com o princípio da função social dos contratos, constituindo exceção à relatividade dos efeitos contratuais, nos termos do que consta do Enunciado n. 21 do CJF/STJ, aprovado na *I Jornada de Direito Civil*, *in verbis*: "a função social do contrato, prevista no art. 421 do novo Código Civil, constitui cláusula geral a impor a revisão do princípio da relatividade dos efeitos do contrato em relação a terceiros, implicando a tutela externa do crédito". Trata-se de aplicação do princípio da função social do contrato em sua eficácia externa, ou seja, para além das partes contratantes.

Pois bem, há uma forte interação entre o conceito de consumidor equiparado e a regra do art. 931 do Código Civil de 2002, dispositivo que merece transcrição para os devidos aprofundamentos:

"Art. 931. Ressalvados outros casos previstos em lei especial, os empresários individuais e as empresas respondem independentemente de culpa pelos danos causados pelos produtos postos em circulação".

Como se pode observar, o comando em destaque consagra a responsabilidade objetiva das empresas que fornecem produtos ao mercado de consumo. O grande debate que existe no campo doutrinário reside em saber se a norma constitui ou não uma novidade no sistema de responsabilidade civil.

Penso que a melhor conclusão é a de que tal dispositivo privado não revogou o que estabelece a Lei n. 8.078/1990 a respeito da responsabilidade civil pelo fato do produto, sendo certo que somente foi mantido esse comando na nova codificação porque, quando da sua elaboração, o Código de Defesa do Consumidor ainda não existia em nosso ordenamento jurídico.

Não se trata, assim, de uma novidade introduzida pelo CC/2002, pois o CDC já atingia os empresários individuais e empresas, nas relações que estes mantinham com os destinatários finais – pelo que consta dos arts. 2.º e 3.º da Lei Consumerista –, bem como nas relações com outras empresas, como consumidores equiparados (arts. 17 e 29).

De qualquer maneira, há corrente doutrinária respeitável que sustenta ser o dispositivo uma novidade no sistema, pois o seu conteúdo não tinha tratamento no Código Protetivo. Essa é a opinião de Maria Helena Diniz, no seguinte sentido:

> "Logo, o artigo *sub examine* terá aplicação nas hipóteses que não configurarem relação de consumo, visto que esta recai sob a égide da Lei 8.078/1990, que continuará regendo os casos de responsabilidade civil pelo fato ou vício do produto. Assim, esse dispositivo consagra a responsabilidade civil objetiva de empresa ou empresário pelo risco advindo da sua atividade empresarial, provocado por produto, colocado em circulação junto ao público, p. ex., a terceiro (montador de veículo), lesado pelo seu produto (peça de automóvel contendo grave defeito de fabricação) posto em circulação. O mesmo se diga de companhia distribuidora de gás, que responderá pelo dano causado a terceiro (transeunte) pela explosão de botijão que transporta".[46]

A opinião sustentada, portanto, é que o comando tem incidência na *relação interna* entre fornecedores, quando o produto posto em circulação pelo primeiro causa dano a um segundo fornecedor, o que é compartilhado por Gustavo Tepedino.[47] No mesmo sentido, dispõe o Enunciado n. 42 do Conselho da Justiça Federal, aprovado na *I Jornada de Direito Civil*, que "o art. 931 amplia o conceito de fato do produto existente no art. 12 do Código de Defesa do Consumidor, imputando responsabilidade civil à empresa e aos empresários individuais vinculados à circulação dos produtos". Na mesma linha, o Enunciado n. 378 do CJF/STJ, da *IV Jornada de Direito Civil*, pelo qual, "aplica-se o art. 931 do Código Civil, haja ou não relação de consumo".

Com o devido respeito, a lógica de extensão de responsabilidades já poderia ser abstraída do art. 17 do CDC, o que afasta a tese da *novidade*. Aliás, para beneficiar o empresário consumidor equiparado, pode ser perfeitamente utilizado o sistema consumerista. Da mesma forma quanto ao consumidor-padrão, retirado do art. 2.º da Lei n. 8.078/1990.

Partilhando dessas ideias, em contradição com o enunciado doutrinário anterior, o Enunciado n. 190, da *III Jornada de Direito Civil*, com a seguinte redação: "a regra do art. 931 do CC não afasta as normas acerca da responsabilidade pelo fato do produto previstas no art. 12 do CDC, que continuam mais favoráveis ao consumidor lesado". Vejamos as justificativas do enunciado apresentadas naquele evento pelo saudoso Ministro do STJ, Paulo de Tarso Sanseverino:

---

[46] DINIZ, Maria Helena. *Código Civil anotado*, 15. ed., cit., p. 630.
[47] TEPEDINO, Gustavo. Liberdade de escolha, dever de informar, defeito do produto e boa-fé objetiva nas ações de indenização contra os fabricantes de cigarros. In: LOPEZ, Teresa Ancona (Coord.). *Estudos e pareceres sobre livre-arbítrio, responsabilidade e produto de risco inerente. O paradigma do tabaco. Aspectos civis e processuais*. Rio de Janeiro: Renovar, 2009. p. 237.

"Na realidade, a norma do art. 931 não pode ser interpretada na sua literalidade, sob pena de inviabilização de diversos setores da atividade empresarial (*v.g.*, fabricantes de facas).

A mais razoável é uma interpretação teleológica, conforme preconiza Sergio Cavalieri Filho (*Programa de responsabilidade civil*, São Paulo: Malheiros, 2003, p. 187), conjugando a norma do art. 931 do CC com a do § 1.º do art. 12 do CDC e exigindo-se que o produto não apresente a segurança legitimamente esperada por seu usuário.

Com essa interpretação do art. 931 do CC, que é necessária para se evitar a ocorrência de exageros, verifica-se que o sistema de responsabilidade pelo fato do produto (acidentes de consumo) constante do CDC continua mais favorável ao consumidor lesado.

Em primeiro lugar, o CDC acolhe o princípio da reparação integral do dano sofrido pelo consumidor no seu art. 6.º, VI, sem qualquer restrição. Isso impede a aplicação do art. 944, parágrafo único, do CC, que permite a redução da indenização na medida da culpabilidade.

Em segundo lugar, o prazo de prescrição do CDC continua em cinco anos (art. 27), enquanto o do CC foi reduzido para apenas três anos nas ações de reparação de danos (art. 206, § 3.º, V).

Em terceiro lugar, o sistema de responsabilidade por acidentes de consumo do CDC (arts. 12 a 17), que inclui o fato do produto e o fato do serviço, apresenta-se mais completo na proteção do consumidor do que aquele constante do CC, como fazem a limitação das hipóteses de exoneração da responsabilidade civil (§ 3.º do art. 12) e ampliação do conceito de consumidor para abranger todas as vítimas de acidentes de consumo (art. 17).

Portanto, essas breves considerações denotam que o regime de responsabilidade pelo fato do produto do CDC continua mais vantajoso ao consumidor do que o do CC".

Vislumbrando mais um exemplo prático, imagine-se uma farmácia de uma cidade do interior que comercializa um lote de remédios estragados, assim entregues por fato do fabricante. Os consumidores ingressam com demandas contra a farmácia com base no vício do produto. No entanto, após a notícia, a farmácia fica com péssima imagem perante o mercado local, sofrendo danos materiais e morais. Ingressará então a pessoa jurídica com demanda em face do fabricante dos medicamentos. Ora, é perfeitamente possível enquadrá-la como consumidora equiparada, nos termos do art. 17 do CDC, incidindo toda a proteção da norma consumerista.

Com tom subsidiário, pode ser também utilizado o art. 931 do CC/2002. Destaque-se que esse efeito subsidiário do dispositivo privado foi reconhecido por acórdão do Tribunal mineiro, em demanda envolvendo um consumidor-padrão:

"Consumidor. Fornecedor de produtos. Vícios de qualidade. Responsabilidade objetiva. Causa excludente. Danos materiais e morais. 1. A responsabilidade do fornecedor de produtos pelos defeitos destes é objetiva, conforme previsto no art. 12 do Código de Defesa do Consumidor, bem como na regra subsidiária contida no art. 931 do Código Civil. 2. Em casos de imputação objetiva do dever de indenizar, compete à vítima provar a ocorrência do fato e que dele adveio um dano. Por outro lado, o agente pode se eximir da responsabilidade em algumas hipóteses, entre as quais se destacam aquelas expressamente contempladas no art. 12, § 3.º, do Código de Defesa do Consumidor. 3. Não provada qualquer causa excludente do dever de indenizar, impõe-se a responsabilização do agente. 4. Os danos materiais emergentes consistem naquilo que a vítima efetivamente perdeu pelo inadimplemento de uma obrigação que incumbia ao agente. Demonstrados os danos, é procedente o pedido. 5. Não se exige a comprovação efetiva do dano moral. No entanto, é necessário que a vítima demonstre a violação ao *neminem laedere* e que a argumentação por ela trazida convença o julgador de sua existência. Em regra, o descumprimento contratual não enseja condenação por danos morais. Meros dissabores, aborrecimentos, percalços do dia a dia, não são suficientes à caracterização do dever de indenizar. Recurso provido em parte" (TJMG, Apelação Cível 1.0471.05.045078-5/0011, 16.ª Câmara Cível, Pará de Minas, Rel. Des. Wagner Wilson, j. 03.12.2008, *DJEMG* 16.01.2009).

À luz da teoria do *diálogo das fontes*, que procura uma interação de complementaridade entre os dois Códigos, essa parece ser a melhor conclusão, o que faz com que a discussão perca relevo. Isso é muito bem observado por Bruno Miragem, a quem estou filiado, que ensina em precisas lições: "parece claro que o art. 931 do CC não pode afastar o regime legal do CDC. Mas pode somar-se a este. A presença do defeito e, de certo modo, da presunção de defeito, por ocasião do dano causado por produtos ou serviços (cabe ao fornecedor demonstrar sua inexistência), é requisito necessário para fazer incidir a responsabilidade civil com fundamento no CDC. Isto não exclui que, por intermédio do diálogo das fontes, se encontre um efeito útil para a norma, sobretudo em vista na finalidade da responsabilidade objetiva por danos causados por produtos, que em primeiro plano é a proteção do consumidor no mercado de consumo".[48]

A propósito, seguindo essa lógica de interação entre as duas leis mais importantes para o Direito Privado brasileiro, na *VI Jornada de Direito Civil*, realizada em 2013, aprovou-se o Enunciado n. 562 do CJF/STJ, segundo o qual "aos casos do art. 931 do Código Civil aplicam-se as excludentes da responsabilidade objetiva". Em suma, o preceito civil deve ser interpretado de acordo com as excludentes de responsabilidade civil tratadas pelo CDC, tema abordado no tópico a seguir, que merecerá os devidos aprofundamentos.

Na *IX Jornada de Direito Civil*, realizada em maio de 2022, foi aprovado o Enunciado n. 661, estabelecendo que "a aplicação do art. 931 do Código Civil para a responsabilização dos empresários individuais e das empresas pelos danos causados pelos produtos postos em circulação não prescinde da verificação da antijuridicidade do ato". Assim, para que haja dever de indenizar, é necessário demonstrar a existência de um ato ilícito praticado por tais sujeitos, nos termos dos arts. 186 e 927 do Código Civil.

---

[48] MIRAGEM, Bruno. *Curso de Direito do Consumidor*, cit., p. 397.

Para encerrar a análise do dispositivo e o tópico, no projeto de Reforma do Código Civil, a Relatoria Geral da Comissão de Juristas – formada por mim e pela Professora Rosa Maria de Andrade Nery –, sugeriu a revogação expressa do dispositivo, para que todas essas polêmicas fossem afastadas.

Porém, em *emenda de consenso* com a subcomissão de responsabilidade civil, resolveu-se manter o dispositivo, mencionando o fabricante e os defeitos no *caput*, e com a inclusão de um parágrafo único. Nesse contexto, sugere-se a seguinte nova redação para o comando: "Art. 931. Ressalvados outros casos previstos em lei especial, o fabricante responde independentemente de culpa pelos danos causados por defeitos nos produtos postos em circulação. Parágrafo único. O produto é considerado defeituoso quando não oferece a segurança que dele legitimamente se espera no momento em que é posto em circulação".

Sobre a proposta do *caput*, de acordo com as justificativas da citada subcomissão, "o art. 931 deve ser explícito quanto à ampliação do conceito de fato do produto existente no CDC. A ressalva é importante, pois a regra não afasta as normas acerca da responsabilidade pelo fato do produto previstas no art. 12 do Código de Defesa do Consumidor, que continuam mais favoráveis ao consumidor lesado (*III Jornada de Direito Civil* – Enunciado n. 190). A seguir, corrige-se o equívoco constante da redação atual ao se referir a 'empresários individuais e as empresas', a qual termina por destacar a atividade exercida ('empresas') ao invés de se referir a quem a exerce ('empresários' e 'sociedades empresárias'). Em seu lugar, propõe-se a adoção da expressão 'fabricante', entendido como aquele que transforma a matéria-prima em produto final, sendo o verdadeiro introdutor do produto defeituoso no mercado (sobre o tema seja consentido remeter a Marcelo Junqueira CALIXTO, *Responsabilidade Civil do Fornecedor de Produtos pelos Riscos do Desenvolvimento*, Rio de Janeiro, Renovar, 2004). O dispositivo proposto também busca esclarecer que a responsabilidade civil, de natureza objetiva, do fabricante não se fundamenta no 'risco da atividade' ou no 'risco do negócio' e sim na existência de um defeito no produto". Assim, o sentido passará a ser, de fato, de complementar o que já está consagrado no CDC.

No tocante ao parágrafo único, justificaram os juristas da mesma subcomissão que "o parágrafo único ora proposto esclarece que o momento relevante para a aferição do caráter defeituoso do produto é aquele contemporâneo à sua introdução no mercado. Em consequência, o fabricante não poderá ser demandado pelo fato de seus produtos terem passado a apresentar novos itens de segurança, desde que, ao tempo da introdução no mercado, o produto, embora desprovido de tais itens, fosse considerado seguro. Tal solução, portanto, equipara-se àquela já constante do art. 12, § 2.º, do CDC. Por outro lado, o fabricante poderá ser responsabilizado por um defeito já existente no produto, ao tempo de sua introdução no mercado, e que só veio a ser descoberto mais tarde, por força do desenvolvimento do conhecimento científico, os chamados 'riscos do desenvolvimento'".

Sobre o último tema, a propósito, ainda tratarei no presente capítulo, no seu tópico 4.5.

4. EXCLUDENTES DE RESPONSABILIDADE CIVIL PELO CÓDIGO DE DEFESA DO CONSUMIDOR

Como destacado em outros trechos deste livro, a Lei n. 8.078/1990 consagra excludentes próprias de responsabilidade civil nos seus arts. 12, § 3.º, e 14, § 3.º, que, para afastar o dever de indenizar, devem ser provadas pelos fornecedores e prestadores, ônus que sempre lhes cabe. O primeiro dispositivo é aplicado às hipóteses de responsabilidade pelo produto, estabelecendo o preceito que o fabricante, o construtor, o produtor ou importador só não será responsabilizado quando provar: *a)* que não colocou o produto no mercado; *b)* que, embora haja colocado o produto no mercado, o defeito inexiste; e *c)* a culpa exclusiva do consumidor ou de terceiro.

Ato contínuo de estudo, o segundo comando citado trata das excludentes do dever de reparar que decorre de serviço, enunciando que o fornecedor de serviços só não será responsabilizado quando provar: *a)* que, tendo prestado o serviço, o defeito inexiste; e *b)* a culpa exclusiva do consumidor ou de terceiro.

Para o Superior Tribunal de Justiça, como não poderia ser diferente, cabe ao fornecedor ou prestador o ônus de provar a presença de tais excludentes. Como se retira de decisão do ano de 2021, da sua Terceira Turma, "o fornecedor responde, independentemente de culpa, pela reparação dos danos causados aos consumidores por defeitos do produto (art. 12 do CDC). O defeito, portanto, se apresenta como pressuposto especial à responsabilidade civil do fornecedor pelo acidente de consumo. Todavia, basta ao consumidor demonstrar a relação de causa e efeito entre o produto e o dano, que induz à presunção de existência do defeito, cabendo ao fornecedor, na tentativa de se eximir de sua responsabilidade, comprovar, por prova cabal, a sua inexistência ou a configuração de outra excludente de responsabilidade consagrada no § 3.º do art. 12 do CDC" (STJ, REsp 1.955.890/SP, 3.ª Turma, Rel. Min. Nancy Andrighi, j. 05.10.2021, *DJe* 08.10.2021).

Vejamos tais excludentes expostas de forma separada e pontual.

4.1. As excludentes da não colocação do produto no mercado e da ausência de defeito

Como primeira excludente, a lei menciona a não colocação do produto no mercado (art. 12, § 3.º, inc. I) e a ausência de defeito no produto ou no serviço (art. 12, § 3.º, inc. II, e art. 14, § 3.º, inc. I). Em suma, não haverá dever de indenizar por parte dos fornecedores e prestadores, se não houver dano reparável. Como é notório, ausente o dano, inexistente a responsabilidade civil, dedução que pode ser retirada, entre outros, do art. 927, *caput*, do CC/2002.

A verdade é que a ausência de dano não constitui propriamente uma excludente de responsabilidade civil, mas falta de um de seus pressupostos, pecando o legislador consumerista por falta de melhor técnica nesse aspecto.

A título de exemplificação, cumpre destacar que muitos julgados apontam a inexistência de defeito como excludente da responsabilidade civil das empresas de cigarro, pois um produto perigoso não é defeituoso (por todos: TJRJ, Apelação Cível 3531/2002, 6.ª Câmara Cível, Rio de Janeiro, Rel. Des. Luiz Zveiter, j. 21.05.2002).

O tema ainda será aprofundado no presente capítulo. Todavia, já fica clara a minha opinião, no sentido de que há, no cigarro, um defeito na sua própria concepção, surgindo daí o dever de reparar das empresas tabagistas.

Também para ilustrar, concluiu o Tribunal de Justiça de Minas Gerais que, "não sendo demonstrada a existência de defeito no princípio ativo do contraceptivo fabricado pela ré e o nexo causal entre a gravidez da autora e o uso do produto, não há se falar em dever de indenizar" (TJMG, Apelação Cível 0901337-22.2003.8.13.0433, 16.ª Câmara Cível, Montes Claros, Rel. Des. Wagner Wilson, j. 20.10.2010, *DJEMG* 19.11.2010).

A alegação de ausência de defeito pode, do mesmo modo, ser utilizada em casos de serviços médicos prestados a contento, não havendo qualquer equívoco na atuação do profissional, o que serve para afastar o dever de reparar do médico e do hospital (veja-se: TJPR, Apelação Cível 0698808-7, 10.ª Câmara Cível, Curitiba, Rel. Juiz Convocado Albino Jacomel Guerios, *DJPR* 15.10.2010, p. 516; TJRS, Apelação Cível 70023295231, 10.ª Câmara Cível, Santa Cruz do Sul, Rel. Des. Paulo Roberto Lessa Franz, j. 09.10.2008, *DOERS* 23.10.2008, p. 52; e TJRS, Apelação Cível 70013749148, 10.ª Câmara Cível, Porto Alegre, Rel. Des. Paulo Roberto Lessa Franz, j. 26.01.2006).

Sobre a ausência de dano, deve ser feito um aparte, notadamente a respeito dos danos morais, os danos imateriais que atingem direitos da personalidade do consumidor. Isso porque são comuns no Brasil as *demandas frívolas*, em que se pleiteia a indenização imaterial sem qualquer fundamento para tanto. A expressão "demandas frívolas" é de Anderson Schreiber, que abordou muito bem o tema em sua notável obra, fruto de tese de doutoramento defendida na Itália. Logo no início do capítulo é citada expressão da obra de Tim Maia: "Não quero dinheiro".[49]

Também em sede doutrinária, como bem decidido quando da *III Jornada de Direito Civil*, "o dano moral, assim compreendido todo o dano extrapatrimonial, não se caracteriza quando há mero aborrecimento inerente a prejuízo material" (Enunciado n. 159 do CJF/STJ). Partindo para os casos concretos envolvendo as relações de consumo, vejamos acórdão do Superior Tribunal de Justiça que afastou a indenização pela aquisição de um pacote de bolachas com um objeto metálico, que não foi ingerido:

> "Responsabilidade civil. Produto impróprio para o consumo. Objeto metálico cravado em bolacha do tipo 'água e sal'. Objeto não ingerido. Dano moral inexistente. 1. A simples aquisição de bolachas do tipo 'água e sal', em pacote no qual uma delas se encontrava com objeto metálico que a tornava imprópria para o consumo, sem que houvesse ingestão do produto, não acarreta dano moral apto a ensejar reparação. Precedentes. 2. Verifica-se, pela moldura

---

[49] SCHREIBER, Anderson. *Novos paradigmas da responsabilidade civil*. 3. ed. São Paulo: Atlas, 2011. p. 187-215.

fática apresentada no acórdão, que houve inequivocamente vício do produto que o tornou impróprio para o consumo, nos termos do art. 18, *caput*, do CDC. Porém, não se verificou o acidente de consumo, ou, consoante o art. 12 do CDC, o fato do produto, por isso descabe a indenização pretendida. 3. De ofício, a Turma determinou a expedição de cópias à agência sanitária reguladora para apurar eventual responsabilidade administrativa. 4. Recurso especial principal provido e adesivo prejudicado" (STJ, REsp 1131139/SP, 4.ª Turma, Rel. Min. Luis Felipe Salomão, j. 16.11.2010, *DJe* 1.º.12.2010).

Como visto, aquele Tribunal Superior vinha entendendo que, no caso de não ingestão do produto com problemas, não há que falar em dano moral, conclusão adotada para o caso de refrigerante com um inseto no seu interior (STJ, REsp 747.396/DF, 4.ª Turma, Rel. Min. Fernando Gonçalves, j. 09.03.2010, *DJe* 22.03.2010). Por outra via, se o produto fosse ingerido, caberia indenização por dano moral (STJ, REsp 1.239.060/MG, Rel. Min. Nancy Andrighi, j. 10.05.2011). De todo modo, foi pacificado na Segunda Seção da Corte o seguinte, como já demonstrado em outros trechos deste livro:

"A presença de corpo estranho em alimento industrializado excede aos riscos razoavelmente esperados pelo consumidor em relação a esse tipo de produto, sobretudo levando-se em consideração que o Estado, no exercício do poder de polícia e da atividade regulatória, já valora limites máximos tolerados nos alimentos para contaminantes, resíduos tóxicos outros elementos que envolvam risco à saúde. Dessa forma, à luz do disposto no art. 12, *caput* e § 1.º, do CDC, tem-se por defeituoso o produto, a permitir a responsabilização do fornecedor, haja vista a incrementada – e desarrazoada – insegurança alimentar causada ao consumidor. Em tal hipótese, o dano extrapatrimonial exsurge em razão da exposição do consumidor a risco concreto de lesão à sua saúde e à sua incolumidade física e psíquica, em violação do seu direito fundamental à alimentação adequada. É irrelevante, para fins de caracterização do dano moral, a efetiva ingestão do corpo estranho pelo consumidor, haja vista que, invariavelmente, estará presente a potencialidade lesiva decorrente da aquisição do produto contaminado. Essa distinção entre as hipóteses de ingestão ou não do alimento insalubre pelo consumidor, bem como da deglutição do próprio corpo estranho, para além da hipótese de efetivo comprometimento de sua saúde, é de inegável relevância no momento da quantificação da indenização, não surtindo efeitos, todavia, no que tange à caracterização, a *priori*, do dano moral" (STJ, REsp 1.899.304/SP, 2.ª Seção, Rel. Min. Nancy Andrighi, j. 25.08.2021, *DJe* 04.10.2021).

Reitere-se, portanto, que essa é a posição a ser considerada para os devidos fins práticos.

Ainda para ilustrar a respeito dos transtornos, do *Informativo* n. 463 do STJ extrai-se ementa segundo a qual o envio ao consumidor de cartão pré-pago não gera dano moral, havendo apenas uma má prestação de serviços, sem maiores repercussões no campo de prejuízos:

"Dano moral. Cartão megabônus. O envio ao consumidor do denominado cartão megabônus (cartão pré-pago vinculado a programa de recompensas) com informações que levariam a crer tratar-se de verdadeiro cartão de crédito não dá ensejo à reparação de dano moral, apesar de configurar, conforme as instâncias ordinárias, má prestação de serviço ao consumidor. Mesmo constatado causar certo incômodo ao contratante, o envio não repercute de forma significativa na esfera subjetiva do consumidor. Também assim, a tentativa de utilizar o cartão como se fosse de crédito não vulnera a dignidade do consumidor, mostrando-se apenas como mero dissabor. Anote-se haver multiplicidade de ações que buscam essa reparação (mais de 60 mil) e que já foi editada a Súm. 149-TJRJ, do mesmo teor deste julgamento. Precedentes citados: REsp 1.072.308/RS, *DJe* 10.06.2010; REsp 876.527/RJ, *DJe* 28.04.2008; REsp 338.162/MG, *DJ* 18.02.2002; REsp 590.512/MG, *DJ* 17.12.2004, e REsp 403.919/MG, *DJ* 04.08.2003" (STJ, REsp 1.151.688/RJ, Rel. Min. Luis Felipe Salomão, j. 17.02.2011).

Na mesma linha, tem-se entendido, naquela Corte Superior, que o mero lançamento de valor incorreto na cobrança do cartão de crédito, por si só, não gera dano moral indenizável. Nesse sentido, colaciona-se aresto publicado no seu *Informativo* n. 579, que elenca várias situações que servem de ilustração:

"Não há dano moral *in re ipsa* quando a causa de pedir da ação se constitui unicamente na inclusão de valor indevido na fatura de cartão de crédito de consumidor. Assim como o saque indevido, também o simples recebimento de fatura de cartão de crédito na qual incluída cobrança indevida não constitui ofensa a direito da personalidade (honra, imagem, privacidade, integridade física); não causa, portanto, dano moral objetivo, *in re ipsa*. Aliás, o STJ já se pronunciou no sentido de que a cobrança indevida de serviço não contratado, da qual não resultara inscrição nos órgãos de proteção ao crédito, ou até mesmo a simples prática de ato ilícito não têm por consequência a ocorrência de dano moral (AgRg no AREsp 316.452/RS, 4.ª Turma, *DJe* 30.09.2013; e AgRg no REsp 1.346.581/SP, 3.ª Turma, *DJe* 12.11.2012). Além disso, em outras oportunidades, entendeu o STJ que certas falhas na prestação de serviço bancário, como a recusa na aprovação de crédito e bloqueio de cartão, não geram dano moral *in re ipsa* (AgRg nos EDcl no AREsp 43.739-SP, 4.ª Turma, *DJe* 04.02.2013; e REsp 1.365.281/SP, 4.ª Turma, *DJe* 23.08.2013). Portanto, o envio de cobrança indevida não acarreta, por si só, dano moral objetivo, *in re ipsa*, na medida em que não ofende direito da personalidade. A configuração do dano moral dependerá da consideração de peculiaridades do caso concreto, a serem alegadas e comprovadas nos autos. Com efeito, a jurisprudência tem entendido caracterizado dano moral quando evidenciado abuso na forma de cobrança, com publicidade negativa de dados do consumidor, reiteração da cobrança indevida, inscrição em cadastros de inadimplentes, protesto, ameaças descabidas, descrédito, coação, constrangimento, ou interferência malsã na sua vida social, por exemplo (REsp 326.163/RJ, 4.ª Turma, *DJ* 13.11.2006; e REsp 1.102.787/PR, 3.ª Turma, *DJe* 29.03.2010). Esse entendimento é mais compatível com a dinâmica atual dos meios de pagamento, por meio de cartões e internet, os quais facilitam a circulação de bens, mas, por outro lado, ensejam fraudes, as quais, quando ocorrem, devem ser coibidas, propiciando-se o ressarcimento do lesado na exata medida do prejuízo" (STJ, REsp 1.550.509/RJ, Rel. Min. Maria Isabel Gallotti, j. 03.03.2016, *DJe* 14.03.2016).

Ainda sobre o assunto, em 2021 a Segunda Seção da Corte Superior fixou a tese segundo a qual "o atraso, por parte de instituição financeira, na baixa de gravame de alienação fiduciária no registro de veículo não caracteriza, por si só, dano moral *in re ipsa*" (STJ, REsp 1.881.453/RS, 2.ª Seção, Rel. Min. Marco Aurélio Bellizze, j. 30.11.2021, *DJe* 07.12.2021).

O que se concluiu, acertadamente, é que o mero descumprimento do negócio de consumo ou a má prestação do serviço, por si, não geram dano moral ao consumidor. Pelo bom senso, pela equidade e pelas máximas de experiência, deve estar evidenciada a lesão aos direitos da personalidade, para que se possa falar em dano imaterial reparável. Isso para que o nobre instituto do dano moral não caia em desprestígio.

Um caso em que a lesão a direito da personalidade parece estar presente diz respeito à situação concreta em que o consumidor envia uma carta registrada que não atinge o seu destinatário. Como bem pontuou a Segunda Seção do Superior Tribunal de Justiça, em acórdão publicado no ano de 2015:

> "A contratação de serviços postais oferecidos pelos Correios, por meio de tarifa especial, para envio de carta registrada, que permite o posterior rastreamento pelo próprio órgão de postagem revela a existência de contrato de consumo, devendo a fornecedora responder objetivamente ao cliente por danos morais advindos da falha do serviço quando não comprovada a efetiva entrega. É incontroverso que o embargado sofreu danos morais decorrentes do extravio de sua correspondência, motivo pelo qual o montante indenizatório fixado em R$ 1.000,00 (mil reais) pelas instâncias ordinárias foi mantido pelo acórdão proferido pela Quarta Turma, porquanto razoável, sob pena de enriquecimento sem causa" (STJ, EREsp 1.097.266/PB, Rel. Min. Ricardo Villas Bôas Cueva, 2.ª Seção, j. 10.12.2014, *DJe* 24.02.2015).

Lamenta-se apenas o valor fixado a título de reparação imaterial, irrisório para o caso concreto.

Assim, deve-se atentar novamente para a louvável ampliação dos casos de dano moral, em que está presente um *aborrecimento relevante*, notadamente pela *perda do tempo*. O tema foi tratado no Capítulo 6 deste livro, sendo aplicável em vários casos concernentes *às* relações de consumo, como ali se desenvolveu.

Reitere-se que a questão deve ser refletida pela comunidade jurídica nacional, uma vez que o *filtro* relativo aos meros aborrecimentos muitas vezes tem afastado pedidos justos de reparação imaterial de direitos dos consumidores.

4.2. A excludente da culpa ou fato exclusivo de terceiro

A culpa ou fato exclusivo de terceiro é fator obstante do nexo de causalidade, constituindo uma das excludentes da responsabilidade civil consumerista. Não se pode se esquecer de que o nexo de causalidade constitui a relação de causa e efeito entre a conduta do agente e o dano causado, tema exaustivamente tratado no Capítulo 5 deste livro. Assim sendo, as excludentes de nexo servem para qualquer modalidade de responsabilidade, seja ela subjetiva ou objetiva.

Apesar de a lei mencionar a *culpa* exclusiva de terceiro, seria melhor utilizar o termo *fato* exclusivo de terceiro, uma vez que a responsabilidade civil pelo CDC, em regra, independe de culpa, o que pode gerar a confusão. Na verdade, a expressão fato exclusivo é concebida em sentido amplo, a englobar a culpa – desrespeito a um dever preexistente – e o risco assumido por outrem, considerado como uma conduta acima da situação de normalidade, uma iminência de perigo que pode causar dano. Muitos acórdãos, acertadamente, preferem a expressão ampla (por todos: TJSP, Apelação 9059293-06.2004.8.26.0000, Acórdão 4978699, 24.ª Câmara de Direito Privado, Bauru, Rel. Des. Rômolo Russo, j. 24.02.2011, *DJESP* 23.03.2011; TJRS, Recurso Cível 71002709756, 1.ª Turma Recursal Cível, Porto Alegre, Rel. Des. Leandro Raul Klippel, j. 26.08.2010, *DJERS* 02.09.2010; TJRJ, Apelação 2009.001.05440, 1.ª Câmara Cível, Rel. Des. Camilo Ribeiro Ruliere, j. 27.05.2009, *DORJ* 14.07.2009, p. 55; e TJPR, Apelação Cível 0473497-4, 10.ª Câmara Cível, Foz do Iguaçu, Rel. Des. Marcos de Luca Fanchin, *DJPR* 08.08.2008, p. 113).

Deve ficar claro que esse *terceiro* deve ser pessoa totalmente estranha à relação jurídica estabelecida. Se houver qualquer *relação de confiança* ou *de pressuposição* entre tal terceiro e o fornecedor ou prestador, o último responderá.

Anote-se que, nos casos envolvendo a oferta ou publicidade, há norma específica a respeito da relação de pressuposição dos envolvidos com a publicidade, no art. 34 da Lei n. 8.078/1990. Por razões óbvias, o comerciante não pode ser considerado um *terceiro* no caso de um defeito que atinge o produto. Por todos os julgados, colaciona-se:

"Direito do Consumidor. Recurso especial. Ação de indenização por danos morais e materiais. Consumo de produto colocado em circulação quando seu prazo de validade já havia transcorrido. 'Arrozina Tradicional' vencida que foi consumida por bebês que tinham apenas três meses de vida, causando-lhes gastroenterite aguda. Vício de segurança. Responsabilidade do fabricante. Possibilidade. Comerciante que não pode ser tido como terceiro estranho à relação de consumo. Não configuração de culpa exclusiva de terceiro. Produto alimentício destinado especificamente para bebês exposto em gôndola de supermercado, com o prazo de validade vencido, que coloca em risco a saúde de bebês com apenas três meses de vida, causando-lhe gastroenterite aguda, enseja a responsabilização por fato do produto, ante a existência de vício de segurança previsto no art. 12 do CDC. O comerciante e o fabricante estão inseridos no âmbito da cadeia de produção e distribuição, razão pela qual não podem ser tidos como terceiros estranhos à relação de consumo. A eventual configuração da culpa do comerciante que coloca à venda produto com prazo de validade vencido não tem o condão de afastar o direito de o consumidor propor ação de reparação pelos danos resultantes da ingestão da mercadoria estragada em face do fabricante. Recurso especial não provido" (STJ, REsp 980.860/SP, 3.ª Turma, Rel. Min. Nancy Andrighi, j. 23.04.2009, *DJe* 02.06.2009).

Do mesmo Superior Tribunal de Justiça cite-se o acórdão a respeito da morte ocorrida em *micareta,* o que ingressa no risco-proveito do serviço de lazer prestado, não cabendo a excludente do fato de terceiro:

"Processual civil e consumidor. Recurso especial. Ação de compensação por danos morais. Falecimento de menor em bloco participante de micareta. Negativa de prestação jurisdicional. Inexistência. Atuação de advogado sem procuração nos autos em audiência de oitiva de testemunhas. Prequestionamento. Ausência. Existência de fundamento inatacado. Deficiência na prestação do serviço de segurança oferecido pelo bloco constatada. Não ocorrência da culpa exclusiva de terceiro. Não há violação ao art. 535 do CPC quando ausentes omissão, contradição ou obscuridade no acórdão recorrido. O prequestionamento dos dispositivos legais tidos por violados constitui requisito específico de admissibilidade do recurso especial. É inadmissível o recurso especial se existe fundamento inatacado suficiente para manter a conclusão do julgado recorrido quanto ao ponto. Súmula 283/STF. Nos termos do art. 14, § 1.º, CDC, considera-se defeituoso o serviço que não fornece a segurança que o consumidor dele pode esperar. Nas micaretas, o principal serviço que faz o associado optar pelo bloco é o de segurança, que, uma vez não oferecido da maneira esperada, como ocorreu na hipótese dos autos, em que não foi impedido o ingresso de pessoa portando arma de fogo no interior do bloco, apresenta-se inequivocamente defeituoso. Recurso especial não conhecido" (STJ, REsp 878.265/PB, 3.ª Turma, Rel. Min. Fátima Nancy Andrighi, j. 02.10.2008, *DJE* 10.12.2008).

Nota-se, na prática e na grande maioria das vezes, que o argumento da culpa ou fato exclusivo de terceiro não prospera, justamente pela existência da relação de pressuposição pelo produto ou serviço. Cite-se novamente a comum situação em que a instituição bancária ou financeira alega que a fraude relativa ao *cliente clonado* foi causada por um terceiro totalmente estranho à relação, argumento que não acaba vingando (por todos: STJ, REsp 703.129/SP, 3.ª Turma, Rel. Min. Carlos Alberto Menezes Direito, j. 21.08.2007, *DJ* 06.11.2007, p. 169).

Por fim, deve-se lembrar de que no transporte de pessoas – em regra, um negócio de consumo –, a excludente da culpa ou fato exclusivo de terceiro não é cabível. Estabelece o art. 735 do Código Civil – que reproduz a antiga Súmula n. 187 do STF – que "a responsabilidade contratual do transportador por acidente com o passageiro não é elidida por culpa de terceiro, contra o qual tem ação regressiva". Como se pode notar, a subsunção do Código Civil é melhor para os consumidores do que a aplicação do Código do Consumidor, devendo ser buscada a primeira norma pela festejada tese do *diálogo das fontes*.

Então, naquele famoso caso do avião que caiu na região Centro-Oeste do Brasil, por ter sido atingido por um jatinho, presente a culpa exclusiva de terceiros, a empresa aérea deve indenizar os familiares, consumidores por equiparação, pela incidência da norma civil. Por incrível que pareça, se fosse incidente o Código do Consumidor, isoladamente, a empresa aérea não responderia.

4.3. A excludente da culpa ou fato exclusivo do próprio consumidor

A culpa exclusiva do próprio consumidor representa a culpa exclusiva da vítima, outro *fator obstativo* do nexo causal, a excluir a responsabilidade civil, seja ela objetiva ou subjetiva. Tem-se, na espécie, a autoexposição da própria vítima ao risco ou ao dano, por ter ela, por conta própria, assumido as consequências de sua conduta, de forma consciente ou inconsciente. Mais uma vez, por razões óbvias de ampliação, prefere-se o termo *fato exclusivo do consumidor*, a englobar a culpa e o risco, o que também é acompanhado pela melhor jurisprudência (veja-se: TJPR, Apelação Cível 0640090-8, 10.ª Câmara Cível, Curitiba, Rel. Juiz Convocado Albino Jacomel Guerios, *DJPR* 16.04.2010, p. 270; TJRJ, Apelação 2009.001.16031, 8.ª Câmara Cível, Rel. Des. Gabriel Zéfiro, *DORJ* 15.06.2009, p. 151; e TJMG, Apelação Cível 1.0701.03.039127-3/001, 11.ª Câmara Cível, Uberaba, Rel. Designado Des. Maurício Barros, j. 22.05.2006, *DJMG* 21.07.2006).

Concretizando-se, tem-se inicialmente a culpa ou o fato exclusivo do consumidor quando ele desrespeita as normas regulares de utilização do produto constantes do seu manual de instruções, muitas vezes por sequer ter lido o seu conteúdo. Outro caso típico em que há *risco exclusivo* assumido pelo consumidor, e que deve ser retomado, ocorre no *surfismo ferroviário*, prática que foi muito comum em São Paulo e no Rio de Janeiro, presente quando alguém, por ato de aventura ou desafio, viaja em cima do vagão do trem, o que exclui a responsabilidade objetiva do transportador, típica prestação de serviço (nesse sentido: STJ, REsp 160.051/RJ, 3.ª Turma, Rel. Min. Antônio de Pádua Ribeiro, j. 05.12.2002, *DJ* 17.02.2003, p. 268; e STJ, REsp 261.027/RJ, 4.ª Turma, Rel. Min. Barros Monteiro, j. 19.04.2001, *DJ* 13.08.2001, p. 164).

No que toca à culpa exclusiva da vítima, por violação de norma regulamentar contratual, é comum a sua adoção para afastar a responsabilidade civil do médico, quando o paciente não toma as devidas medidas para a sua recuperação ou para o sucesso da intervenção. A título de exemplo, vejamos interessante julgado do Tribunal Gaúcho, que aplicou a premissa diante do uso do tabaco por parte da paciente médica de cirurgia plástica estética ou embelezadora:

> "Apelação cível. Ação monitória. Realização de cirurgia plástica embelezadora. Obrigação de resultado. Ausência de nexo causal. Culpa exclusiva da paciente. Uso indiscriminado de tabaco. Não havendo o reconhecimento na ação indenizatória (n. 1.06.0000582-0) proposta pela parte demandada (paciente) de defeito na prestação do serviço prestado por parte do autor (médico) e diante da prova inequívoca da realização de cirurgia e do acerto do valor da mesma entre as partes, justo se faz o pagamento da dívida existente por parte da ora apelante. Apelo desprovido. Unânime" (TJRS, Apelação Cível 70036200970, 5.ª Câmara Cível, Bagé, Rel. Des. Gelson Rolim Stockerm, j. 28.05.2010, *DJERS* 09.06.2010).

Pelo mesmo caminho, quando um frequentador de casa noturna causa exclusivamente a confusão que gera a agressão física, não há que falar em responsabilidade civil do prestador de serviços de lazer:

> "Apelação cível. Responsabilidade civil. Danos morais. Tumulto em casa noturna. Retirada do autor. Agressão física. Legítima defesa demonstrada. Relação de consumo. Culpa exclusiva da vítima. Improcedência do pedido que se impõe. A responsabilidade civil dos prestadores de serviços por falha na prestação de serviços se sujeita aos preceitos do art. 14 do CDC, sendo certo o dever

de indenizar se ele não provar a ocorrência de alguma causa excludente da responsabilidade objetiva, como a culpa exclusiva do consumidor ou de terceiro, ou que inexiste o defeito ou falha na prestação do serviço. Tendo em vista que o conjunto fático-probatório dos autos comprovou que a parte autora causou tumulto em casa noturna, e que, por isso, foi retirado do local pelos seguranças, não há falar em conduta imotivada dos prepostos do réu. Se da prova testemunhal colhida demonstrou, também, que o autor investiu contra o chefe de segurança da ré, que, para se defender, deferiu-lhe um golpe, a solução de rigor é a improcedência do pedido, haja vista a demonstração de que os fatos se deram por culpa exclusiva do requerente, e, sob a ótica do CDC, presente a excludente de responsabilidade do prestador de serviços" (TJMG, Apelação Cível 4997061-38.2009.8.13.0024, 17.ª Câmara Cível, Belo Horizonte, Rel. Des. Luciano Pinto, j. 13.01.2011, *DJEMG* 1.º.02.2011).

Do mesmo modo, entende-se que, se o correntista bancário não guardar devidamente o seu cartão magnético, ficará evidente a sua culpa exclusiva, a excluir eventual responsabilidade por vício ou fato do serviço. Do Tribunal de São Paulo, transcreve-se:

"Responsabilidade civil. Danos morais e materiais. Saques em conta-corrente. Cartão magnético e senha utilizados por terceiro. Furto ocorrido na residência dos autores. Culpa exclusiva da vítima. Em que pese, regra geral, a incidência do Código de Defesa do Consumidor sobre a relação jurídica travada entre instituição financeira e correntista, o dever de indenizar é afastado se o substrato probatório e fático dos autos comprovar que o correntista não zelou pela guarda segura de seu cartão e de sua senha pessoal, oportunizando, com isto, a atuação de terceiro fraudador. Ação improcedente. Recurso não provido" (TJSP, Apelação 990.10.263689-5, Acórdão 4815381, 21.ª Câmara de Direito Privado, Itápolis, Rel. Des. Itamar Gaino, j. 10.11.2010, *DJESP* 07.12.2010).

Igualmente a título de ilustração, se o próprio consumidor fizer instalações irregulares e em desacordo com a legislação vigente, a causar refluxo no esgoto e danificando móveis e utensílios, presente está a culpa exclusiva da vítima, a afastar o dever de indenizar do prestador do serviço correspondente (TJSP, Apelação 992.05.060392-1, Acórdão 4355202, 32.ª Câmara de Direito Privado, Bauru, Rel. Des. Walter Zeni, j. 04.03.2010, *DJESP* 31.03.2010). A dedução deve ser a mesma se o consumidor fraudar o serviço público, caso da energia elétrica (popular *gato*). Todavia, deve ficar claro que o ônus de tal comprovação cabe ao prestador do serviço (por todos: TJBA, Recurso Cível 0004662-71.2008.805.0079-1, 3.ª Turma Recursal, Rel. Juiz Baltazar Miranda Saraiva, *DJBA* 28.10.2010).

Como último exemplo contemporâneo relativo à culpa ou fato exclusivo do consumidor, no caso de existência de dívida, é perfeitamente lícita a inscrição do nome do devedor em cadastro de inadimplentes, o que constitui exercício regular de direito por parte do credor. Como tal excludente não consta expressamente do Código de Defesa do Consumidor, ao contrário do que ocorre com o Código Civil (art. 188, inc. II, do CC), o caminho de conclusão pela improcedência da demanda passa pela verificação da culpa exclusiva da própria vítima.

Superado o estudo das excludentes de responsabilidade civil previstas expressamente pelo CDC, cumpre analisar o enquadramento de outros fatores obstativos, caso dos eventos extraordinários. Parte-se então para o estudo de uma das principais polêmicas do sistema de responsabilidade consumerista, pela falta de previsão expressa a respeito do caso fortuito e da força maior.

4.4. O enquadramento do caso fortuito e da força maior como excludentes da responsabilidade civil consumerista

Questão das mais convertidas refere-se a saber se o caso fortuito e a força maior são excludentes de responsabilidade civil no sistema consumerista, uma vez que a lei não trouxe previsão expressa sobre tais eventos. O tema já foi exaustivamente tratado no Capítulo 5 da obra, mas é necessário retomá-lo, com as necessárias adaptações para o âmbito consumerista.

Nessa seara, é forte a corrente doutrinária no sentido de que o rol de excludentes é taxativo (*numerus clausus*), não se admitindo outros fatores obstativos do nexo de causalidade ou da ilicitude.[50] Todavia, há outra visão, de que os eventos imprevisíveis e inevitáveis podem ser considerados excludentes da responsabilidade no sistema do Código do Consumo, visto que constituem fatores obstativos gerais do nexo de causalidade, aplicáveis tanto à responsabilidade subjetiva quanto à objetiva. Esse é o entendimento compartilhado por mim.

Pela mesma trilha, essa é a opinião do saudoso Ministro do Superior Tribunal de Justiça, Paulo de Tarso Vieira Sanseverino, em sua dissertação de mestrado defendida na Universidade Federal do Rio Grande do Sul, nos seguintes termos: "o caso fortuito e a força maior enquadram-se, portanto, como causas de exclusão da responsabilidade civil do fornecedor, embora não previstas expressamente no Código de Defesa do Consumidor. O fundamental é que o acontecimento inevitável ocorra fora da esfera de vigilância do fornecedor, via de regra, após a colocação do produto no mercado, tendo força suficiente para romper a relação de causalidade".[51]

Antes de aprofundar o tema, insta anotar, mais uma vez, que se segue o entendimento de Orlando Gomes, segundo o qual o caso fortuito é o evento totalmente imprevisível, enquanto a força maior é o evento previsível, mas inevitável.[52] Ressalto que, entre os contemporâneos, Sergio Cavalieri Filho, Pablo Stolze Gagliano e Rodolfo Pamplona Filho seguem a mesma divisão conceitual.[53]

---

[50] Nessa linha de pensamento: Claudia Lima Marques, Antonio Herman V. Benjamin e Bruno Miragem (*Comentários ao Código de Defesa do Consumidor*, cit., p. 383); Rizzatto Nunes (*Comentários ao Código de Defesa do Consumidor*, cit., p. 195); Nelson Nery Jr. e Rosa Maria de Andrade Nery (*Leis civis comentadas*, cit., p. 195); e Roberto Senise Lisboa (*Responsabilidade civil nas relações de consumo*, cit., p. 270).

[51] SANSEVERINO, Paulo de Tarso Vieira. *Responsabilidade civil no Código do Consumidor e a defesa do fornecedor*, 2. ed., cit., p. 312.

[52] GOMES, Orlando. *Obrigações*. 11. ed. atualizada por Humberto Theodoro Júnior. Rio de Janeiro: Forense, 1997. p. 148.

[53] CAVALIERI FILHO, Sergio. *Programa de responsabilidade civil*, 7. ed., cit., p. 65; GAGLIANO, Pablo Stolze; PAMPLONA FILHO, Rodolfo. *Novo curso de Direito Civil*. Responsabilidade civil, 9. ed., cit., p. 152-153.

Concluindo dessa forma, não há que diferenciar a presença de uma conduta humana de um ato de terceiro, o que pode gerar choques de pensamento. O caso fortuito *é mais* do que a força maior, pois é um fato que não se espera, o que constitui algo raro na atualidade, uma vez que, no mundo pós-moderno, tudo pode acontecer.

Voltando-se à temática consumerista, Zelmo Denari, um dos autores do anteprojeto que gerou o Código Brasileiro de Defesa do Consumidor, admite o caso fortuito e a força maior como excludentes do dever de reparar na ótica do consumidor, sendo pertinente destacar as suas lições:

"As hipóteses de caso fortuito e força maior, descritas no art. 393 do Código Civil como eximentes da responsabilidade na ordem civil, não estão elencadas entre as causas excludentes da responsabilidade civil pelo fato do produto.

Mas a doutrina mais atualizada já advertiu que esses acontecimentos – ditados por forças físicas da natureza ou que, de qualquer forma, escapam ao controle do homem – tanto podem ocorrer antes como depois da introdução do produto no mercado de consumo.

Na primeira hipótese, instalando-se na fase de concepção ou durante o processo produtivo, o fornecedor não pode invocá-la para se subtrair à responsabilidade por danos.

[...]

Por outro lado, quando o caso fortuito ou força maior se manifesta após a introdução do produto no mercado de consumo, ocorre a ruptura do nexo de causalidade que liga o defeito ao evento danoso. Nem tem cabimento qualquer alusão ao defeito do produto, uma vez que aqueles acontecimentos, na maior da parte imprevisíveis, criam obstáculos de tal monta que a boa vontade do fornecedor não pode suprir. Na verdade, diante do impacto do acontecimento, a vítima sequer pode alegar que o produto se ressentia de defeito, vale dizer, fica afastada a responsabilidade dos fornecedores pela inocorrência dos respectivos pressupostos".[54]

Mais à frente, o jurista chega à mesma conclusão sobre a prestação de serviços, ou seja, de que o caso fortuito e a força maior devem ser considerados excludentes da responsabilidade civil.[55] Em sede de superior instância, já se inferiu desse modo, expressamente (por todos: "Consumidor. Responsabilidade civil. Nas relações de consumo, a ocorrência de força maior ou de caso fortuito exclui a responsabilidade do fornecedor de serviços. Recurso especial conhecido e provido" (STJ, REsp 996.833/SP, 3.ª Turma, Rel. Min. Ari Pargendler, j. 04.12.2007, *DJ* 1.º.02.2008, p. 1). Mais remotamente, do mesmo Tribunal da Cidadania:

"Ação de indenização. Estacionamento. Chuva de granizo. Vagas cobertas e descobertas. Art. 1.277 do Código Civil. Código de Defesa do Consumidor.

---

[54] DENARI, Zelmo. *Código de Defesa do Consumidor*. Comentado pelos autores do anteprojeto, cit., p. 190.
[55] DENARI, Zelmo. *Código de Defesa do Consumidor*. Comentado pelos autores do anteprojeto, cit., p. 195.

Precedente da Corte. 1. Como assentado em precedente da Corte, o 'fato de o art. 14, § 3.º, do Código de Defesa do Consumidor não se referir ao caso fortuito e à força maior, ao arrolar as causas de isenção de responsabilidade do fornecedor de serviços, não significa que, no sistema por ele instituído, não possam ser invocadas. Aplicação do art. 1.058 do Código Civil' (REsp n. 120.647/SP, Relator o Senhor Ministro Eduardo Ribeiro, DJ 15.05.2000). 2. Havendo vagas cobertas e descobertas é incabível a presunção de que o estacionamento seria feito em vaga coberta, ausente qualquer prova sobre o assunto. 3. Recurso especial conhecido e provido" (STJ, REsp 330.523/SP, 3.ª Turma, Rel. Min. Carlos Alberto Menezes Direito, j. 11.12.2001, DJ 25.03.2002, p. 278).

A verdade é que a omissão legislativa gerou um grande debate jurídico. Na jurisprudência prevalecem os julgados que admitem a alegação do caso fortuito e da força maior como excludentes da responsabilização dos fornecedores de produtos e prestadores de serviços (por todos os numerosos acórdãos: STJ, REsp 402.708/SP, 2.ª Turma, Rel. Min. Eliana Calmon, j. 24.08.2004, DJ 28.02.2005, p. 267; STJ, REsp 241.813/SP, 4.ª Turma, Rel. Min. Sálvio de Figueiredo Teixeira, j. 23.10.2001, DJU 04.02.2002, p. 372; TJDF, Recurso 2004.09.1.005206-5, Acórdão 308.873, 5.ª Turma Cível, Rel. Des. Lecir Manoel da Luz, DJDFTE 19.06.2008, p. 183; TJSC, Acórdão 2007.041167-5, Xanxerê, Rel. Des. Nelson Juliano Schaefer Martins, DJSC 17.12.2007, p. 88; TJMG, Acórdão 1.0024.03.073463-6/001, 14.ª Câmara Cível, Belo Horizonte, Rel. Des. Renato Martins Jacob, j. 06.09.2006, DJMG 23.10.2006; TJRJ, Acórdão 23301/2003, 5.ª Câmara Cível, Rio de Janeiro, Rel. Des. Henrique de Andrade Figueira, j. 21.10.2003; 1.º TACSP, Agravo de Instrumento 834719-5, 4.ª Câmara, Rel. Juiz Paulo Roberto de Santana, j. 21.08.2002).

Na minha opinião doutrinária, assim como se desenvolveu no Capítulo 5, a conclusão deve levar em conta a relação que o fato tido como imprevisível ou inevitável tem com o fornecimento do produto ou a prestação de serviço, ou seja, com o chamado *risco do empreendimento*, tão caro aos italianos.[56] O debate traz à tona aquela antiga diferenciação entre *fortuito interno* e *fortuito externo*, bem desenvolvida, entre os clássicos, por Agostinho Alvim.[57] Vejamos essa diferenciação novamente, para que não seja necessário retomar a leitura daquele outro capítulo da obra.

O primeiro – *fortuito interno* – é aquele que tem relação com o negócio desenvolvido, não excluindo a responsabilização civil. O segundo – *fortuito externo* – é totalmente estranho ou alheio ao negócio, excluindo o dever de indenizar. Conforme enunciado doutrinário aprovado na *V Jornada de Direito Civil*, evento de 2011, "o caso fortuito e a força maior somente serão considerados como excludentes da responsabilidade civil quando o fato gerador do dano não for conexo à atividade desenvolvida" (Enunciado n. 443).

---

[56] Sobre o tema, do risco do empreendimento, entre os italianos: ALPA, Guido; BESSONE, Mario. *La responsabilità civile*, cit.; ALPA, Guido; BESSONE, Mario. *Trattato di diritto privato*, cit.

[57] ALVIM, Agostinho. *Da inexecução das obrigações*. 4. ed. São Paulo: Saraiva, 1980. p. 314-315.

Em outras palavras, deve-se atentar para os riscos que envolvem a atividade a partir da ideia de *proveito* ao vulnerável da relação estabelecida. Como bem aponta Anderson Schreiber, "a conclusão acerca da incidência ou não da teoria do fortuito interno parece, antes, vinculada a um juízo valorativo acerca de *quem* deve suportar o ônus representado por certo dano. Reconhece-se certo fato como inevitável, mas se entende que tal fatalidade não deve ser suportada pela vítima. Daí a aplicação da teoria do fortuito interno ser mais intensa no campo da responsabilidade objetiva, onde é de praxe atribuir ao responsável certos riscos que, embora não tenham sido causados pela sua atividade em si, não devem recair tampouco sobre a vítima".[58]

Anote-se que é preciso adaptar as construções à diferenciação seguida por mim, ou seja, também devem ser consideradas a *força maior interna* e a *força maior externa*. Isso porque estou filiado à construção de que o caso fortuito é o evento totalmente imprevisível, e a força maior, o evento previsível, mas inevitável, conforme outrora demonstrado. Assim, *ambas as categorias podem ser internas ou externas*.

A diferenciação entre eventos internos e externos vem sendo seguida por parcela considerável da doutrina nacional.[59] Em sede de Superior Tribunal de Justiça, reitere-se que, se aplicada essa categorização a casos que envolvem assalto à mão armada a ônibus, concluindo o Tribunal tratar-se de *fortuito externo*, pois não é essencial ao negócio a segurança ao passageiro, de modo a impedir o evento (STJ, REsp 726.371/RJ, 4.ª Turma, Rel. Min. Hélio Quaglia Barbosa, j. 07.12.2006, *DJU* 05.02.2007, p. 244).

Do ano de 2012 acórdão do mesmo Superior Tribunal de Justiça considerou que o roubo no caso do serviço prestado pelos correios constitui um evento externo, a excluir a responsabilidade civil do prestador de serviços (STJ, REsp 976.564/SP, Rel. Min. Luis Felipe Salomão, j. 20.09.2012). A decisão foi publicada no *Informativo* n. 505 daquela Corte Superior, podendo ser encontrado outro julgamento na mesma publicação, concluindo pela subsunção do Código de Defesa do Consumidor ao serviço de correio (STJ, REsp 1.210.732/SC, Rel. Min. Luis Felipe Salomão, j. 02.10.2012).

Todavia, reitere-se que a mesma Corte entende que, se o assalto ocorrer dentro de uma agência dos correios que oferece o serviço de *banco postal*, estará presente um evento interno, a gerar a responsabilização civil do prestador de serviços (STJ, REsp 1.183.121/SC, Rel. Min. Luis Felipe Salomão, j. 24.02.2015, *DJe* 07.04.2015).

---

[58] SCHREIBER, Anderson. Flexibilização do nexo causal em relações de consumo. In: MARTINS, Guilherme Magalhães (Coord.). *Temas de direito do Consumidor*. Rio de Janeiro: Lumen Juris, 2010. p. 38-39.

[59] Da doutrina nacional, podem ser citados como seguidores da divisão: CAVALIERI FILHO, Sergio. *Programa de responsabilidade civil*, 7. ed., cit. VENOSA, Sílvio de Salvo. *Direito Civil. Responsabilidade civil*. 10. ed. São Paulo: Atlas, 2010. v. IV, p. 272-273: GONÇALVES, Carlos Roberto. *Direito Civil brasileiro. Responsabilidade civil*, 5. ed., cit., p. 287; GAGLIANO, Pablo Stolze; PAMPLONA FILHO, Rodolfo. *Novo curso de Direito Civil. Responsabilidade civil*, 9. ed., cit., p. 156-157; GARCIA, Leonardo de Medeiros. *Direito do Consumidor. Código comentado e jurisprudência*, cit., p. 57-58.

Por outro lado, entende-se naquela superior instância que o assalto a um banco não constitui um evento externo, pois ingressa no *risco do negócio*, não afastando o dever de reparar da instituição respectiva, o que está em plena sintonia com a ideia de risco-proveito do Código do Consumidor. Assim, com variações na argumentação desenvolvida: STJ, REsp 1093617/PE, 4.ª Turma, Rel. Min. João Otávio de Noronha, j. 17.03.2009, *DJe* 23.03.2009; STJ, REsp 787.124/RS, 1.ª Turma, Rel. Min. José Delgado, j. 20.04.2006, *DJ* 22.05.2006, p. 167; STJ, REsp 694.153/PE, 4.ª Turma, Rel. Min. Cesar Asfor Rocha, j. 28.06.2005, *DJ* 05.09.2005, p. 429; e STJ, REsp 613.036/RJ, 3.ª Turma, Rel. Min. Castro Filho, j. 14.06.2004, *DJ* 1.º.07.2004, p. 194).

Em outro julgado, do ano de 2012, a mesma Corte Superior concluiu que o banco responde pelo assalto ocorrido até o seu estacionamento, conveniado ou não, não havendo dever de indenizar por eventos a partir desse ambiente, em especial pelo fato social conhecido como "saidinha de banco" (STJ, REsp 1.284.962/MG, Rel. Min. Nancy Andrighi, j. 11.12.2012).

No que diz respeito ao estacionamento do banco, ressalte-se que essa forma de julgar foi confirmada pelo STJ em setembro de 2015 com a publicação de ementa por meio de sua ferramenta *Jurisprudência em Teses* (Edição n. 42), estabelecendo que "o roubo no interior de estacionamento de veículos, pelo qual seja direta ou indiretamente responsável a instituição financeira, não caracteriza caso fortuito ou motivo de força maior capaz de desonerá-la da responsabilidade pelos danos suportados por seu cliente vitimado, existindo solidariedade se o estacionamento for explorado por terceiro".

Do ano de 2013, cabe destacar o julgamento superior no sentido de que os estacionamentos em geral, excluídos os relativos às instituições bancárias, não respondem por assaltos à mão armada, mas apenas por furtos, pelo fato de serem os primeiros estranhos ao risco do negócio ou risco do empreendimento. Vejamos parte do conteúdo da publicação do aresto, de mesma relatoria:

"Não é possível atribuir responsabilidade civil a sociedade empresária responsável por estacionamento particular e autônomo – independente e desvinculado de agência bancária – em razão da ocorrência, nas dependências daquele estacionamento, de roubo à mão armada de valores recentemente sacados na referida agência e de outros pertences que o cliente carregava consigo no momento do crime. Nesses casos, o estacionamento em si consiste na própria atividade-fim da sociedade empresária, e não num serviço acessório prestado apenas para cativar os clientes de instituição financeira. Consequentemente, não é razoável impor à sociedade responsável pelo estacionamento o dever de garantir a segurança individual do usuário e a proteção dos bens portados por ele, sobretudo na hipótese em que ele realize operação sabidamente de risco consistente no saque de valores em agência bancária, uma vez que essas pretensas contraprestações não estariam compreendidas por contrato que abranja exclusivamente a guarda de veículo. Nesse contexto, ainda que o usuário, no seu subconsciente, possa imaginar que, parando o seu veículo em estacionamento privado, estará protegendo, além do seu veículo, também a si próprio, a responsabilidade do estabelecimento não pode ultrapassar o dever contratual de guarda do automóvel, sob pena de se extrair do instrumento consequências que vão além do contratado, com clara violação do *pacta sunt servanda*. Não se trata, portanto, de resguardar os interesses da parte hipossuficiente da relação de consumo, mas sim de assegurar ao consumidor apenas aquilo que ele legitimamente poderia esperar do serviço contratado. Além disso, deve-se frisar que a imposição de tamanho ônus aos estacionamentos de veículos – de serem responsáveis pela integridade física e patrimonial dos usuários – mostra-se temerária, inclusive na perspectiva dos consumidores, na medida em que a sua viabilização exigiria investimentos que certamente teriam reflexo direto no custo do serviço, que hoje já é elevado" (STJ, REsp 1.232.795/SP, Rel. Min. Nancy Andrighi, j. 02.04.2013, publicado no seu *Informativo* n. *521*).

Em 2019, esse último entendimento foi consolidado no âmbito da Segunda Seção da Corte, com a seguinte tese: "o roubo à mão armada em estacionamento gratuito, externo e de livre acesso configura fortuito externo, afastando a responsabilização do estabelecimento comercial" (STJ, EREsp 1.431.606/SP, 2.ª Seção, Rel. Min. Maria Isabel Gallotti, j. 27.03.2019, *DJe* 02.05.2019).

Como se nota, é imperioso verificar onde se localiza o estacionamento para se concluir se o roubo é ou não um evento externo, que está fora do risco do empreendimento, a caracterizar o caso fortuito e a força maior.

A demonstrar que essa é a posição consolidada da Corte, em 2017 foi publicada a seguinte premissa na Edição n. 74 da sua ferramenta Jurisprudência em Teses: "é objetiva a responsabilidade civil das instituições financeiras pelos crimes ocorridos no interior do estabelecimento bancário por se tratar de risco inerente à atividade econômica" (tese n. 5, Consumidor III). Na verdade, não se trata apenas de responsabilização objetiva, mas de reconhecimento consolidado do dever de indenizar em casos tais.

Ainda sobre esse problema social, conclui-se em sede de STJ que o assalto a *shopping center* e a grandes supermercados ingressa na proteção de riscos esperada pelos consumidores, não sendo a hipótese de configuração do caso fortuito ou força maior. Na esfera do que aqui se discute, haveria, portanto, um fortuito interno (STJ, REsp 582.047/RS, 3.ª Turma, Rel. Min. Massami Uyeda, j. 17.02.2009, *DJe* 04.08.2009). A respeito dos estacionamentos localizados nos interiores dos *shoppings*, conforme se extrai de acórdão mais recente, o *shopping center* deve reparar o cliente pelos danos morais decorrentes de tentativa de roubo, não consumado (STJ, REsp 1.269.691/PB, Rel. originária Min. Isabel Gallotti, Rel. para acórdão Min. Luis Felipe Salomão, j. 21.11.2013).

Em 2023, essa responsabilização civil do *shopping center* foi afirmada mesmo no caso de o assalto ocorrer na cancela de entrada do seu estacionamento, ocorrência tida novamente como um evento ou fortuito interno, que ingressa no risco da sua atividade, diante da expectativa de segurança gerada nos clientes consumidores. Consoante a tese do acórdão da Terceira Turma do STJ, o "*shopping center* e o estacionamento vinculado a ele podem ser responsabilizados por roubo à mão armada ocorrido na cancela para ingresso no estabelecimento comercial, em via pública" (STJ, REsp 2.031.816/RJ, 3.ª Turma, Rel. Min. Nancy Andrighi, j. 14.03.2023, v.u.). E mais: "a única razão para que o consumidor permaneça desprotegido, aguardando a abertura da cancela, é, justamente, para ingressar no estabelecimento do fornecedor. Logo, não pode o *shopping center* buscar afastar sua responsabilidade por aquilo que criou para se beneficiar e que também lhe incumbe proteger, sob pena de violar até mesmo o comando da boa-fé objetiva e o princípio da proteção contratual do consumidor" (REsp 2.031.816/RJ). Como não poderia ser diferente, estou totalmente filiado à conclusão do acórdão, por todas as suas razões, que são inafastáveis.

Todavia, não deve o estabelecimento responder pelo assalto ocorrido além do seu estacionamento, como na via pública ou em estacionamento gratuito, por tratar-se de problema relativo à segurança pública:

"Em casos de roubo, a jurisprudência desta Corte tem admitido a interpretação extensiva da Súmula n.º 130/STJ para entender configurado o dever de indenizar de estabelecimentos comerciais quando o crime for praticado no estacionamento de empresas destinadas à exploração econômica direta da referida atividade (hipótese em que configurado fortuito interno) ou quando esta for explorada de forma indireta por grandes *shopping centers* ou redes de hipermercados (hipótese em que o dever de reparar resulta da frustração de legítima expectativa de segurança do consumidor). No caso, a prática do crime de roubo, com emprego inclusive de arma de fogo, de cliente de atacadista, ocorrido em estacionamento gratuito, localizado em área pública em frente ao estabelecimento comercial, constitui verdadeira hipótese de caso fortuito (ou motivo de força maior) que afasta da empresa o dever de indenizar o prejuízo suportado por seu cliente (art. 393 do Código Civil)" (STJ, REsp 1.642.397/DF, 3.ª Turma, Rel. Min. Ricardo Villas Bôas Cueva, j. 20.03.2018, *DJe* 23.03.2018).

Ato contínuo de retomada de estudo, cabe lembrar que a mesma Corte julgou que o ataque de psicopata no cinema do *shopping*, metralhando as pessoas que ali se encontravam, constitui um evento externo, a excluir a responsabilidade do prestador de serviços. Trata-se do caso Mateus da Costa Meira, ocorrido em 03.11.1999, no cinema do Morumbi Shopping, em São Paulo (STJ, REsp 1.164.889/SP, Rel. Min. Honildo Amaral de Mello Castro (Desembargador Convocado do TJAP), j. 04.05.2010. Ver, ainda, no mesmo sentido: REsp 1.384.630/SP, 3.ª Turma, Rel. Min. Paulo de Tarso Sanseverino, Rel. p/ Acórdão Min. Ricardo Villas Bôas Cueva, j. 20.02.2014, *DJe* 12.06.2014; e REsp 1.133.731/SP, 4.ª Turma, Rel. Min. Marco Buzzi, j. 12.08.2014, *DJe* 20.08.2014).

As decisões superiores reformaram entendimento do Tribunal paulista, que, muitas vezes, julga pela responsabilidade do *shopping center* e da empresa de cinema: "Indenização por danos morais e materiais. Homicídio ocorrido em cinema localizado dentro de *shopping center*. Responsabilidade solidária do empreendedor e do lojista decorrente da relação de consumo estabelecida entre o consumidor e aquelas pessoas. Estabelecimentos que angariam frequentadores em razão da segurança que oferecem. Verba fixada, entretanto, que se mostra exagerada quanto a um aspecto. Recursos das rés e das autoras parcialmente providos" (TJSP, Apelação com Revisão 3850464300, 7.ª Câmara de Direito Privado, Rel. Arthur Del Guércio, j. 23.11.2006).

Com o devido respeito, nessa última forma de julgar há uma ampliação exagerada da responsabilidade dos entes privados quando, na verdade, quem deveria responder seriam os entes públicos, pela flagrante falta de segurança. A questão passa por uma necessária revisão da responsabilidade civil estatal, diante da falsa premissa da responsabilidade subjetiva estatal, por omissão dos entes e agentes públicos, tema que ainda será abordado neste livro, em capítulo próprio.

Superado esse interessante e atual debate, ilustre-se que o conceito de fortuito externo é aplicado para afastar o dever de reparar em casos de eventos da natureza sem relação com o objetivo do fornecimento ou prestação. Nessa linha, decisão do Tribunal Paulista, em situação envolvendo danos a consumidor equiparado ou *bystander*:

> "Queda de painel publicitário diante de vendaval. O fortuito externo exclui a obrigação de indenizar e, no caso, não se constatou que a queda do objeto se deu em virtude de falha de sustentação, mas, sim, de força anormal e inevitável de fenômeno da natureza. Vítimas que sofreram danos de natureza leve. Improcedência mantida. Não provimento, prejudicado o agravo retido" (TJSP, Apelação 482.081.4/0, Acórdão 3334021, 4.ª Câmara de Direito Privado, Osasco, Rel. Des. Ênio Santarelli Zuliani, j. 16.10.2008, *DJESP* 17.12.2008).

Por outra via, a ideia de *fortuito interno* vem sendo aplicada pela inteligência jurisprudencial para não excluir a responsabilidade civil, mormente em fatos concretos de *negativação* do nome do consumidor em cadastro de inadimplentes:

> "Dano moral. Nítida a hipossuficiência do consumidor, que não tem como fazer a prova de que não contratou com a ré. Indevida negativação de nome de consumidor junto a banco de dados de proteção ao crédito. Ocorrência de fortuito interno, que se incorpora ao risco da atividade de fornecimento de serviços de massa. Danos morais *in re ipsa* decorrentes da negativação. Critérios para mensuração. Funções punitiva e ressarcitória. Montante fixado em patamar razoável. Recurso provido em parte, apenas para alterar o índice de correção monetária do valor indenizatório" (TJSP, Apelação Cível 490.260.4/0, Acórdão 3509627, 4.ª Câmara de Direito Privado, São Paulo, Rel. Des. Francisco Loureiro, j. 05.03.2009, *DJESP* 30.03.2009).

Do Superior Tribunal de Justiça pode ainda ser destacado julgado que concluiu pelo fortuito interno em caso de acidente ocorrido em excursão do colégio. A ementa é interessante por revelar uma hipótese que muito acontece na prática. Vejamos:

> "Civil e processual civil. Acidente ocorrido com aluno durante excursão organizada pelo colégio. Existência de defeito. Fato do serviço. Responsabilidade objetiva. Ausência de excludentes de responsabilidade. 1. É incontroverso no caso que o serviço prestado pela instituição de ensino foi defeituoso, tendo em vista que o passeio ao parque, que se relacionava à atividade acadêmica a cargo do colégio, foi realizado sem a previsão de um corpo de funcionários compatível com o número de alunos que participava da atividade. 2. O Tribunal de origem, a pretexto de justificar a aplicação do art. 14 do CDC,

impôs a necessidade de comprovação de culpa da escola, violando o dispositivo ao qual pretendia dar vigência, que prevê a responsabilidade objetiva da escola. 3. Na relação de consumo, existindo caso fortuito interno, ocorrido no momento da realização do serviço, como na hipótese em apreço, permanece a responsabilidade do fornecedor, pois, tendo o fato relação com os próprios riscos da atividade, não ocorre o rompimento do nexo causal. 4. Os estabelecimentos de ensino têm dever de segurança em relação ao aluno no período em que estiverem sob sua vigilância e autoridade, dever este do qual deriva a responsabilidade pelos danos ocorridos. 5. Em face das peculiaridades do caso concreto e dos critérios de fixação dos danos morais adotados por esta Corte, tem-se por razoável a condenação da recorrida ao pagamento de R$ 20.000,00 (vinte mil reais) a título de danos morais. 6. A não realização do necessário cotejo analítico dos acórdãos, com indicação das circunstâncias que identifiquem as semelhanças entre o aresto recorrido e os paradigmas, implica o desatendimento de requisitos indispensáveis à comprovação do dissídio jurisprudencial. 7. Recursos especiais conhecidos em parte e, nesta parte, providos para condenar o réu a indenizar os danos morais e materiais suportados pelo autor" (STJ, REsp 762.075/DF, 4.ª Turma, Rel. Min. Luis Felipe Salomão, j. 16.06.2009, *DJe* 29.06.2009).

O fortuito interno ainda foi aplicado em julgados acerca do *apagão aéreo* que atingiu o País no passado, trazendo a conclusão de responsabilidade da empresa aérea, pois se ingressa nos *riscos do empreendimento* (veja-se: TJSP, Apelação 991.09.028950-2, Acórdão 4753638, 18.ª Câmara de Direito Privado, São Paulo, Rel. Des. Rubens Cury, j. 28.09.2010, *DJESP* 04.11.2010; TJSP, Apelação 7256443-5, Acórdão 3462329, 24.ª Câmara de Direito Privado, São Paulo, Rel. Des. Antônio Ribeiro Pinto, j. 22.01.2009, *DJESP* 25.02.2009; e TJDF, Recurso 2007.09.1.014464-0, Acórdão 317.416, 2.ª Turma Recursal dos Juizados Especiais Cíveis e Criminais, Rel. Designado Juiz Alfeu Machado, *DJDFTE* 22.08.2008, p. 106).

Porém, com a emergência da Lei n. 14.034/2020 – que, surgiu para socorrer as empresas aéreas em tempos de pandemia de Covid-19 –, esse entendimento sobre o "apagão aéreo" tende a ser alterado para os fatos que eventualmente ocorrerem no futuro, uma vez que foram incluídas novas excludentes de responsabilidade civil dessas empresas, caracterizadoras de caso fortuito ou força maior, ou seja, de eventos externos. O tema está tratado e aprofundado no Capítulo 12 desta obra.

Em suma, pode-se concluir que os mergulhos nos eventos *internos* e *externos* estão consolidados na civilística nacional, seja no campo teórico ou prático. Todos os exemplos demonstram que, realmente, o rol dos arts. 12, § 3.º, e 14, § 3.º, da Lei n. 8.078/1990 não é taxativo (*numerus clausus*), mas exemplificativo (*numerus apertus*), admitindo-se outras excludentes, dentro, por óbvio, do bom senso.

A questão envolve a equidade, a justiça do caso concreto, prevista expressamente como fonte consumerista pelo *caput* do art. 7.º do Código do Consumidor. Resumindo a análise de tais eventos, pode ser elaborado o seguinte quadro comparativo dos eventos *internos* e *externos*, agora para o devido enquadramento dos casos concretos que dizem respeito às relações de consumo:

Caso fortuito externo e força maior externa	Caso fortuito interno e força maior interna
Não têm relação com o fornecimento do produto ou a prestação de serviços.	Têm relação com o fornecimento do produto e a prestação de serviços (ingressam no risco-proveito ou no risco do empreendimento).
São excludentes de responsabilidade.	Não são excludentes de responsabilidade.

Superado esse ponto, vejamos o eventual enquadramento dos *riscos do desenvolvimento* como excludentes da responsabilidade consumerista.

4.5. Os riscos do desenvolvimento como excludentes de responsabilidade pelo Código de Defesa do Consumidor

Outra questão que merece ser debatida nesta obra está relacionada aos *riscos do desenvolvimento* como excludentes do sistema do consumidor. Trata-se de um dos temas mais atuais da responsabilidade civil. Os *riscos do desenvolvimento*, segundo Marcelo Junqueira Calixto, são aqueles que não são conhecidos pelas ciências quando da colocação do produto no mercado, vindo a ser descobertos posteriormente, após a utilização do produto e diante dos avanços científicos.[60]

Ilustrando, mencione-se o problema que já surge a respeito dos alimentos transgênicos, decorrentes de modificação genética. Imagine-se se, no futuro, for descoberto e comprovado cientificamente que tais alimentos causam doenças, como o câncer. Consigne-se que a matéria foi regulada, no Brasil, timidamente e de forma insatisfatória, pela Lei n. 11.105, de 2005, denominada Lei de Biossegurança. No tocante à responsabilidade civil, foi inserida norma prevendo a responsabilidade objetiva das empresas que desenvolvem atividades de transformação genética, em regime próximo à responsabilidade ambiental, que ainda será estudada (art. 20).

Como outro tema de grande relevo para os tempos de pandemia que vivemos, pode ser citado o emprego de medicamentos e de vacinas para combater a Covid-19. E se for comprovado que tais medicamentos, notadamente aqueles pregados como forma de tratamento precoce, na verdade não só não trazem a prevenção ou a cura, como também geram danos consideráveis aos seus consumidores? E o que dizer quanto a vacinas que podem trazer riscos aos consumidores?

Sobre as vacinas, a Lei n. 14.125, de 10 de março de 2021, dispunha sobre a responsabilidade civil relativa a eventos adversos pós-vacinação contra a

---

[60] CALIXTO, Marcelo Junqueira. *A responsabilidade civil pelo fornecedor de produtos pelos riscos do desenvolvimento*. Rio de Janeiro: Renovar, 2004. p. 176.

Covid-19, e também sobre a aquisição e distribuição de vacinas por pessoas jurídicas de Direito Privado.

A respeito da responsabilização civil, o seu art. 1º transferia os riscos para os entes públicos, prevendo o seu *caput* que "enquanto perdurar a Emergência em Saúde Pública de Importância Nacional (Espin), declarada em decorrência da infecção humana pelo novo coronavírus (SARS-CoV-2), ficam a União, os Estados, o Distrito Federal e os Municípios autorizados a adquirir vacinas e a assumir os riscos referentes à responsabilidade civil, nos termos do instrumento de aquisição ou fornecimento de vacinas celebrado, em relação a eventos adversos pós-vacinação, desde que a Agência Nacional de Vigilância Sanitária (Anvisa) tenha concedido o respectivo registro ou autorização temporária de uso emergencial".

Em complemento, nos termos do seu § 1º, para os fins dessa responsabilização e da cobertura desses riscos, os entes públicos poderiam constituir garantias ou contratar seguro privado, nacional ou internacional, em uma ou mais apólices. Essa assunção dos riscos, ademais, restringia-se às aquisições feitas pelo respectivo ente público (art. 1º, § 2º, da Lei n. 14.125/2021).

Diante da mudança da realidade pandêmica, a Lei n. 14.466/2022 revogou expressamente a Lei n. 14.125/2021, notadamente diante do desaparecimento da situação de emergência em saúde pública em virtude da pandemia, não estando mais o texto anterior em vigor em nosso País.

Seja como for, a grande dúvida relativa à lei anterior dizia respeito ao fato de ser a assunção de risco nela prevista total ou não, ou seja, se ela excluiria a eventual responsabilização dos fabricantes das vacinas, com base no Código de Defesa do Consumidor, que consagra a sua responsabilidade objetiva e solidária, em vários de seus comandos aqui estudados.

A priori, a minha resposta é negativa, até porque tem-se entendido que os riscos do desenvolvimento não são excludentes do dever de indenizar e da correspondente responsabilidade civil pela Lei n. 8.078/1990. De todo modo, é necessário aguardar novos argumentos doutrinários em contrário e a eventual posição das Cortes Brasileiras, até porque a pandemia trouxe uma situação de expressa gravidade, nunca vista pelos atuais aplicadores do Direito.

O tema dos *riscos do desenvolvimento* é amplamente debatido no Velho Continente, particularmente diante da Diretiva n. 85/374/CEE, da Comunidade Europeia, de 25.07.1985, relativa "à aproximação das disposições legislativas, regulamentares e administrativas dos Estados-Membros em matéria de responsabilidade decorrente dos produtos defeituosos". O art. 7.º da referida Diretiva Internacional enuncia as hipóteses em que a empresa não responde pelo produto colocado no mercado.

O primeiro caso de exclusão da responsabilidade diz respeito à hipótese de prova do produtor de que não colocou o produto em circulação, situação em que o dano não se faz presente. Ademais, pode-se falar em ausência de nexo de causalidade em casos tais, não havendo a necessária relação de causa e efeito entre uma eventual conduta e o dano presente. A segunda hipótese de exclusão da reparação refere-se ao caso de o produtor provar que, tendo em conta as circunstâncias, se pode considerar que o defeito não existia no momento em que o produto foi posto em circulação ou que esse defeito surgiu posteriormente. Tal definição tem relação com os *riscos do desenvolvimento*.

Igualmente, não haverá responsabilidade do fabricante no sistema europeu se ele provar que produto não foi fabricado para venda ou para qualquer outra forma de distribuição com um fim econômico por parte do produtor, nem fabricado ou distribuído no âmbito da sua atividade profissional. A quarta situação é se o defeito, bem como o consequente dano ao consumidor, são devidos à conformidade do produto com normas imperativas estabelecidas pelas autoridades públicas.

Como quinta previsão, o produtor não responde se o estado dos conhecimentos científicos e técnicos no momento da colocação em circulação do produto não lhe permitiu detectar a existência do defeito, excludente do mesmo modo interativa aos *riscos do desenvolvimento*. Por fim, o produtor não responde pelo defeito imputável à concepção do produto no qual foi incorporada a parte componente ou às instruções dadas pelos fabricantes.

No sistema português, a referida Diretiva foi recepcionada pelo Decreto-lei n. 383, de 06.11.1989, alterado, posteriormente, pelo Decreto-lei n. 131, de 24.04.2001. As previsões sobre os riscos do desenvolvimento recebem críticas contundentes da doutrina, eis que estariam mais próximas de um sistema de responsabilidade subjetiva fundada na culpa. Leciona Menezes Leitão, professor catedrático da Universidade de Lisboa, que "esta exoneração foi, porém, subordinada através do art. 15.º da Directiva a um procedimento de *stand-still* comunitário para aumentar, se possível, o nível de proteção da Comunidade de modo uniforme, tendo-se previsto expressamente uma eventual revisão da Directiva, neste ponto, após o estudo de sua utilização pelos tribunais".[61]

A questão não é pacífica entre os lusitanos, uma vez que a comissão elaboradora do anteprojeto do Código do Consumidor português pretende reproduzir a norma da Diretiva, com a menção dos *riscos do desenvolvimento* como excludente da responsabilidade do produtor.[62] Relembre-se que a comissão elaboradora é presidida pelo professor catedrático da Universidade de Coimbra António Pinto Monteiro, contando com vários acadêmicos em seus quadros.[63]

---

[61] LEITÃO, Luís Manuel Teles de Menezes. *Direito das obrigações*. 5. ed. Coimbra: Almedina, 2006. v. I, p. 392.

[62] CÓDIGO DO CONSUMIDOR. Anteprojecto. Comissão do Código Consumidor. Ministério da Economia e da Inovação. Secretaria de Estado do Comércio, Serviços e Defesa do Consumidor. Lisboa: Instituto do Consumidor, 2006. p. 174.

[63] Além de Pinto Monteiro, são integrantes da Comissão: Professor Doutor Carlos Ferreira de Almeida (Universidade Nova de Lisboa), Professor Doutor Paulo Cardoso Correia Mota Pinto (Juiz Conselheiro do Tribunal Constitucional e professor da Universidade de Coimbra), Dr. Manuel Tomé Soares Gomes (Desembargador do Tribunal de Relação de Lisboa), Maria Manuela Flores Ferreira (Procuradora-geral do Tribunal Central de Lisboa), Mestre Mário Paulo da Silva Tenreiro (Chefe da Unidade da Comissão Europeia, em Bruxelas, sobre política dos consumidores), Professor José Eduardo Tavares de Souza (Universidade do Porto), Professor Doutor Augusto Silva Dias (Universidade de Lisboa e Universidade Lusíada) e Professora Doutora Maria da Glória Ferreira Pinto Dias Garcia (Universidade de Lisboa e Universidade Católica Portuguesa).

Ainda em Portugal, todo o debate relativo a essa Diretiva levou Carlos Ferreira de Almeida, professor da Universidade Nova de Lisboa, a afirmar que "o balanço acerca das virtualidades da Directiva é muito desequilibrado, sendo raras as vozes favoráveis ao seu conteúdo. Nenhuma directiva comunitária é porventura tão criticada e tão mal-amada como esta".[64]

O tema dos riscos do desenvolvimento é discutido por igual na Itália, precisamente porque houve uma alteração legislativa no tocante à Diretiva Europeia. Conforme aponta Guido Alpa, o risco do desenvolvimento (*rischio dello sviluppo*) exclui a responsabilidade do produtor do sistema italiano. Entretanto, a empresa deverá responder se, depois da sua colocação do mercado, conhecia ou deveria conhecer a sua periculosidade, omitindo-se em adotar as medidas idôneas para evitar o dano, principalmente aquelas relacionadas à informação do público.[65] As conclusões do jurista são de incidência da responsabilidade do Código Civil italiano em situações tais, nos termos do seu art. 2.050, da exposição ao perigo a gerar a responsabilidade por culpa presumida.

No caso brasileiro, pode-se dizer que o tema divide a doutrina, havendo uma propensão a afirmar que os *riscos do desenvolvimento* não excluem o dever de indenizar, apesar de fortes resistências. Nessa linha de raciocínio foi a opinião dos juristas presentes na *I Jornada de Direito Civil*, com a aprovação do Enunciado n. 43, dispondo que "a responsabilidade civil pelo fato do produto, prevista no art. 931 do novo Código Civil, também inclui os riscos do desenvolvimento".

Em apurado estudo, ao expor toda a controvérsia doutrinária relativa ao assunto e filiar-se à corrente da responsabilização, lecionam Silmara Juny de Abreu Chinelato e Antonio Carlos Morato, professores da Faculdade de Direito da Universidade de São Paulo:

"Considerando, ainda, que o risco do desenvolvimento relaciona-se com o fato do produto, com sua segurança, envolvendo direito à vida, à integridade física e psíquica do consumidor, direitos da personalidade de grande relevância, somente poderia ser admitido no ordenamento jurídico de modo expresso, como ocorre nos países europeus que adotaram a Diretiva 85/374, e jamais implícito.

A opção do legislador foi clara no sentido de não acolher tal excludente de responsabilidade, não havendo margem à dúvida quanto à interpretação taxativa do rol do § 3.º do art. 12 do CDC, no qual o risco do desenvolvimento não se inclui".[66]

De fato, seja no sistema civilista ou, principalmente, consumerista, a melhor conclusão é a de que o fornecedor responde pelos *riscos do desenvolvimento*, servindo como alento as ideias de risco-proveito e de risco do empreendimento.

---

[64] ALMEIDA, Carlos Ferreira de. *Direito do consumo*. Coimbra: Almedina, 2005. p. 173.
[65] ALPA, Guido. *Il diritto dei consumatori*. 3. ed. Roma: Laterza, 2002. p. 404.
[66] CHINELATO, Silmara Juny de Abreu; MORATO, Antonio Carlos. O risco do desenvolvimento nas relações de consumo. In: NERY, Rosa Maria de Andrade; DONNINI, Rogério. *Responsabilidade civil*. Estudos em homenagem ao professor Rui Geraldo Camargo Viana. São Paulo: RT, 2009. p. 57-58.

Ademais, a responsabilidade, na proporção do risco presente, pode ser retirada do art. 10 da Lei n. 8.078/1990, eis que o fornecedor não poderá colocar no mercado produto que sabia ou deveria saber tratar-se de perigoso.

Em reforço, subsume-se o imperativo do art. 8.º do Código Consumerista, no sentido de que os produtos colocados no mercado de consumo não acarretarão riscos à saúde ou à segurança dos consumidores, exceto os considerados normais e previsíveis em decorrência de sua natureza e fruição, obrigando-se os fornecedores, em qualquer situação, a disponibilizar as informações necessárias e adequadas a seu respeito.

Na mesma linha, opina Bruno Miragem que os riscos do desenvolvimento ingressam na garantia de efetividade do Direito do Consumidor, ao adotar um sistema de responsabilidade objetiva que engloba os riscos colocados no mercado de consumo.[67] Por bem, a jurisprudência nacional tem chegado à mesma conclusão, cabendo destacar:

> "Plano de saúde. Recusa da seguradora em custear o tratamento de quimioterapia sob alegação de que se trata de medicamento experimental. Sentença procedente. Dano moral configurado. Prevendo o contrato cobertura para a quimioterapia, não poderia a primeira apelante negar o custeio para o tratamento correlato, através de nova técnica, mais eficaz e indicada para o paciente. Ademais, de acordo com o denominado risco do desenvolvimento, é de serem imputados aos fornecedores de serviço não só as novas técnicas, mas também os efeitos colaterais que a ciência só veio a conhecer posteriormente, caso em que a nova descoberta é incorporada aos serviços. Danos morais reduzidos ao patamar de R$ 8.000,00, com juros moratórios a contar da citação. Quanto à restituição da quantia de R$ 4.120,81, deve ser na forma simples, e não em dobro, uma vez que, além de o pagamento não ter sido realizado diretamente em favor do réu (fls. 77), não houve cobrança indevida, mas apenas a recusa da cobertura securitária, não sendo, assim, aplicável o art. 42 da Lei 8.078/1990. Provimento parcial de ambos os recursos" (TJRJ, Apelação 2009.001.19443, 4.ª Câmara Cível, Rel. Des. Mônica Tolledo de Oliveira, j. 15.09.2009, *DORJ* 21.09.2009, p. 137).

Mais recentemente, do Tribunal Gaúcho, concluiu-se que "a relação de consumo havida entre as partes resta evidenciada em razão do atendimento, ainda que gratuito, que possibilita a formação dos discentes que remuneram a instituição ré. Do dever de indenizar. Sendo a responsabilidade da clínica demandada objetiva, pois inerente ao risco do desenvolvimento do negócio, deve ela responder pelos danos causados aos seus assistidos, notadamente o alojamento de corpo estranho na mandíbula do autor, decorrente da fratura de agulha durante anestesia odontológica" (TJRS, Apelação Cível 0158692-05.2014.8.21.7000, 9.ª Câmara Cível, Cachoeira do Sul, Rel. Des. André Luiz Planella Villarinho, j. 15.10.2014, *DJERS* 22.10.2014).

---

[67] MIRAGEM, Bruno. *Curso de Direito do Consumidor*, cit., p. 392.

CAP. 8 • RESPONSABILIDADE CIVIL NO CÓDIGO DE DEFESA DO CONSUMIDOR

Pelo mesmo caminho de inclusão dos riscos do desenvolvimento na responsabilidade civil, vejamos julgado do Superior Tribunal de Justiça que determinou a responsabilidade da empresa de medicamento pelo produto que, posteriormente, descobriu-se ser de uso limitado ou restritivo:

"Direito do Consumidor. Consumo de Survector, medicamento inicialmente vendido de forma livre em farmácias. Posterior alteração de sua prescrição e imposição de restrição à comercialização. Risco do produto avaliado posteriormente, culminando com a sua proibição em diversos países. Recorrente que iniciou o consumo do medicamento à época em que sua venda era livre. Dependência contraída, com diversas restrições experimentadas pelo paciente. Dano moral reconhecido. É dever do fornecedor a ampla publicidade ao mercado de consumo a respeito dos riscos inerentes a seus produtos e serviços. A comercialização livre do medicamento Survector, com indicação na bula de mero ativador de memória, sem efeitos colaterais, por ocasião de sua disponibilização ao mercado, gerou o risco de dependência para usuários. A posterior alteração da bula do medicamento, que passou a ser indicado para o tratamento de transtornos depressivos, com alto risco de dependência, não é suficiente para retirar do fornecedor a responsabilidade pelos danos causados aos consumidores. O aumento da periculosidade do medicamento deveria ser amplamente divulgado nos meios de comunicação. A mera alteração da bula e do controle de receitas na sua comercialização não são suficientes para prestar a adequada informação ao consumidor. A circunstância de o paciente ter consumido o produto sem prescrição médica não retira do fornecedor a obrigação de indenizar. Pelo sistema do CDC, o fornecedor somente se desobriga nas hipóteses de culpa exclusiva do consumidor (art. 12, § 3.º, do CDC), o que não ocorre na hipótese, já que a própria bula do medicamento não indicava os riscos associados à sua administração, caracterizando culpa concorrente do laboratório. A caracterização da negligência do fornecedor em colocar o medicamento no mercado de consumo ganha relevo à medida que, conforme se nota pela manifestação de diversas autoridades de saúde, inclusive a OMC, o cloridrato de amineptina, princípio ativo do Survector, foi considerado um produto com alto potencial de dependência e baixa eficácia terapêutica em diversas partes do mundo, circunstâncias que inclusive levaram a seu banimento em muitos países. Deve ser mantida a indenização fixada, a título de dano moral, para o paciente que adquiriu dependência da droga. Recurso especial conhecido e provido" (STJ, REsp 971.845/DF, 3.ª Turma, Rel. Min. Humberto Gomes de Barros, Rel. p/ Acórdão Min. Nancy Andrighi, j. 21.08.2008, *DJe* 1.º.12.2008).

Em 2020, no mesmo sentido de responsabilização, julgou o Superior Tribunal de Justiça:

"O risco do desenvolvimento, entendido como aquele que não podia ser conhecido ou evitado no momento em que o medicamento foi colocado em circulação, constitui defeito existente desde o momento da concepção do produto, embora não perceptível *a priori*, caracterizando, pois, hipótese de fortuito interno. Embora a bula seja o mais importante documento sanitário de veiculação de informações técnico-científicas e orientadoras sobre um medicamento, não pode o fabricante se aproveitar da tramitação administrativa do pedido de atualização junto a Anvisa para se eximir do dever de dar, prontamente, amplo conhecimento ao público – pacientes e profissionais da área de saúde –, por qualquer outro meio de comunicação, dos riscos inerentes ao uso do remédio que fez circular no mercado de consumo. Hipótese em que o desconhecimento quanto à possibilidade de desenvolvimento do jogo patológico como reação adversa ao uso do medicamento SIFROL subtraiu da paciente a capacidade de relacionar, de imediato, o transtorno mental e comportamental de controle do impulso ao tratamento médico ao qual estava sendo submetida, sobretudo por se tratar de um efeito absolutamente anormal e imprevisível para a consumidora leiga e desinformada, especialmente para a consumidora portadora de doença de Parkinson, como na espécie" (STJ, REsp 1.774.372/RS, 3.ª Turma, Rel. Min. Nancy Andrighi, j. 05.05.2020, *DJe* 18.05.2020).

Pontuo que o julgado afastou a alegação de culpa ou fato concorrente do consumidor.

Sem dúvida, os riscos do desenvolvimento constituem um dos temas mais delicados na ótica consumerista, devendo ser debatidos com grande profundidade pela doutrina e pela jurisprudência nacionais, no presente e no futuro, notadamente diante das consequências da pandemia de Covid-19 e de outras doenças que podem ainda surgir entre nós.

5. O FATO CONCORRENTE DO CONSUMIDOR COMO ATENUANTE DA RESPONSABILIDADE CIVIL DOS FORNECEDORES E PRESTADORES

Superado o estudo das excludentes de responsabilidade consumerista, cumpre expor o fato concorrente do consumidor como atenuante da responsabilidade civil dos fornecedores de produtos e prestadores de serviços. O tema, como outros do presente capítulo, foi estudado por ocasião da defesa da minha tese de doutorado na Faculdade de Direito da Universidade de São Paulo.[68] Apesar de seu desenvolvimento em capítulos anteriores deste livro, é preciso retomá-lo, diante de sua grande importância para o Direito do Consumidor.

Como visto de forma exaustiva neste livro, o Código Civil estabeleceu um sistema de responsabilidade civil baseado na extensão do dano e no grau de culpa dos envolvidos com o evento (art. 944). Assim, havendo excessiva desproporção entre o grau de culpa do agente e o dano, poderá o juiz reduzir equitativamente a indenização. Mais do que isso, consagra-se a culpa concorrente da vítima como atenuante da responsabilidade civil (art. 945 do CC/2002). Questão importante reside em saber se tais parâmetros têm incidência também na responsabilidade civil objetiva, notadamente para a responsabilidade civil prevista pela Lei n. 8.078/1990.

Como estudado outrora, a indagação foi inicialmente respondida quando da *I Jornada de Direito Civil* (2002), com a aprovação do Enunciado n. 46, cuja redação original era a seguinte: "a possibilidade de redução do montante

---

[68] TARTUCE, Flávio. *Responsabilidade civil objetiva e risco*. A teoria do risco concorrente, cit.

da indenização em face do grau de culpa do agente, estabelecida no parágrafo único do art. 944 do novo Código Civil, deve ser interpretada restritivamente, por representar uma exceção ao princípio da reparação integral do dano, *não se aplicando às hipóteses de responsabilidade objetiva*" (grifos meus).

Entretanto, quando da *IV Jornada de Direito Civil* (2006), por proposição formulada por mim, a parte em destaque da ementa doutrinária foi excluída pelo Enunciado n. 380 da *IV Jornada de Direito Civil* ("atribui-se nova redação ao Enunciado n. 46 da *I Jornada de Direito Civil*, com a supressão da parte final: não se aplicando às hipóteses de responsabilidade objetiva"). Na *V Jornada de Direito Civil* (2011), a questão concretizou-se pela aprovação do Enunciado n. 459, também proposto por mim: "a conduta da vítima pode ser fator atenuante do nexo de causalidade na responsabilidade civil objetiva".

Isso porque tem-se admitido amplamente o *fato concorrente da vítima* como atenuante da responsabilidade objetiva. A expressão deve ser entendida em sentido amplo, a englobar a *culpa concorrente* e o *risco concorrente* do próprio consumidor. Na ótica do Direito do Consumidor, o problema é muito bem enfrentado por Sergio Cavalieri Filho:

> "Muitos autores não admitem a culpa concorrente nas relações de consumo por considerarem incompatível a concorrência de culpa na responsabilidade objetiva. Como falar em culpa concorrente onde não há culpa? Por esse fundamento, todavia, a tese é insustentável porque, na realidade, o problema é de concorrência de causas, e não de culpa, e o nexo causal é pressuposto fundamental em qualquer espécie de responsabilidade. Entendemos, assim, que, mesmo em sede de responsabilidade objetiva, é possível a participação da vítima (culpa concorrente) na produção do resultado, como, de resto, tem admitido a jurisprudência em casos de responsabilidade civil no Estado".[69]

Ora, na esteira das palavras transcritas, o fato concorrente da vítima constitui uma atenuante que reduz a *calibração* do nexo de causalidade, diminuindo o *quantum debeatur*. Essa é a opinião de Caitlin Sampaio Mulholland que, em tese de doutorado defendida na UERJ, resolve o problema a partir do estudo da *concausalidade (soma de causas)*, que pode estar presente em casos envolvendo o produto ou o serviço. Vejamos suas palavras:

> "O segundo caso é, *a contrario sensu*, o de uma pessoa que assume o risco de sofrer um dano através de conduta perigosa, quando tinha capacidade de antever a realização do resultado. Aqui a vítima conhecia e previa a possibilidade do evento danoso e aceita o risco do dano, como se fosse um blefe (culpa consciente). Mesmo nessa hipótese não pode haver a exclusão da responsabilidade por parte do agente. Primeiramente, porque não é possível inferir-se a existência de um contrato tácito de assunção de riscos e exclusão da responsabilidade. E, em segundo lugar, porque o dano ocasionado teve como causa a conduta de um agente. Contudo, nesse caso, existe uma diminuição do *quantum* indenizatório, na medida em que existe

---

[69] CAVALIERI FILHO, Sergio. *Programa de Direito do Consumidor*. São Paulo: Atlas, 2008. p. 254.

a concorrência de causas. Um exemplo deste último caso é de uma pessoa que invade um depósito de produtos pirotécnicos e o da empresa que não utilizou os meios para promover a segurança do local. Outro exemplo é o da pessoa que atravessa a rua em local permitido, com sinal aberto para ela, mas um carro, em alta velocidade e visivelmente mostrando sinais de que não vai parar a tempo de impedir o dano, a atropela. Há concorrência de culpas, pois o pedestre assumiu os riscos de sua atitude, por mais que fosse lícita, de gerar o dano ocasionado".[70]

Trata-se de incidência da máxima da equidade, retirada da isonomia constitucional e do bom senso (art. 5.º, *caput*, da CF/1988). Deve ficar bem claro que o fato concorrente da vítima não é fator excludente da responsabilidade do fornecedor, mas simplesmente um fator de diminuição do dever de reparar. Desse modo, a indenização será fixada com razoabilidade, de acordo com as contribuições dos envolvidos, seja por culpa, fato ou risco assumido.

Na mesma linha de análise da concausalidade, reitere-se que o próprio proponente do Enunciado n. 46 do Conselho da Justiça Federal, da *I Jornada de Direito Civil*, Paulo de Tarso Sanseverino, mudou seu entendimento sobre a redação original da proposta anterior. Em artigo que sintetiza a sua tese de doutorado, defendida na Universidade Federal do Rio Grande do Sul, o jurista expõe, ao comentar o enunciado, que, "voltando a refletir, com maior profundidade, a respeito do tema por ocasião da elaboração da presente tese, convenci-me, após aprofundar a pesquisa, da possibilidade da incidência da cláusula geral de redução também na responsabilidade objetiva, revisando posição anteriormente sustentada".[71] O saudoso Ministro do STJ recomendava que a interpretação de acordo com a *gravidade da culpa* seja substituída pela interpretação segundo a *relevância da causa*.[72] Uma das causas relevantes que este estudo propõe é justamente a assunção do risco pelas partes envolvidas com o evento danoso.

Destaque-se que, como argumento para as proposições quando das *IV e V Jornadas de Direito Civil*, aduzi que, em casos de responsabilidade objetiva fundada no Código de Defesa do Consumidor, pode o réu alegar a culpa exclusiva do consumidor ou de terceiro, visando afastar *totalmente* a sua responsabilidade. Para tal fim, citei os arts. 12, § 3.º, e 14, § 3.º, ambos da Lei n. 8.078/1990, que preveem tais excludentes.

Argumentei, ainda, que, se o suposto agente pode *o mais*, que é alegar a excludente total de responsabilidade para afastar a indenização, pode *o menos*, que é atestar a conduta concorrente, visando diminuir o *quantum* indenizatório.

Em reforço, juntei, nas ocasiões, notório julgado do Superior Tribunal de Justiça, o qual admitiu a discussão de culpa concorrente em ação de responsabilidade objetiva fundada no Código Consumerista. Trata-se do famoso *caso do*

---

[70] MULHOLLAND, Caitlin Sampaio. *A responsabilidade civil por presunção de causalidade*, cit., p. 24.

[71] SANSEVERINO, Paulo de Tarso Vieira. Indenização e equidade no Código Civil de 2002. In: CARVALHO NETO, Inácio de (Coord.). *Novos direitos*. Após seis anos de vigência do Código Civil de 2002. Curitiba: Juruá, 2009. p. 103.

[72] SANSEVERINO, Paulo de Tarso Vieira. Indenização e equidade no Código Civil de 2002, cit., p. 103-104.

escorregador, normalmente utilizado como fundamento para a tese da concausalidade consumerista, diante dos riscos assumidos pelo próprio consumidor:

> "Código de Defesa do Consumidor. Responsabilidade do fornecedor. Culpa concorrente da vítima. Hotel. Piscina. Agência de viagens. Responsabilidade do hotel, que não sinaliza convenientemente a profundidade da piscina de acesso livre aos hóspedes. Art. 14 do CDC. A culpa concorrente da vítima permite a redução da condenação imposta ao fornecedor. Art. 12, § 2.º, III, do CDC. A agência de viagens responde pelo dano pessoal que decorreu do mau serviço do hotel contratado por ela para a hospedagem durante o pacote de crédito turismo. Recursos conhecidos e providos em parte" (STJ, REsp 287.849/SP, 4.ª Turma, Rel. Min. Ruy Rosado de Aguiar, j. 17.04.2001, *DJ* 13.08.2001, p. 165).

Na verdade, julgados mais recentes do STJ reconhecem o fato concorrente do consumidor como fator atenuante da responsabilidade civil: "na responsabilidade objetiva é desnecessário discutir a culpa do agente, uma vez que sua responsabilidade independe de culpa; entretanto, pode-se discutir a culpa concorrente ou exclusiva da vítima. Agravo regimental improvido" (STJ, AgRg no Ag 852.683/RJ, 4.ª Turma, Rel. Min. Luis Felipe Salomão, j. 15.02.2011, *DJe* 21.02.2011). Na mesma linha, em lide relativa à fraude bancária praticada por meio de cheque furtado, em que ficou devidamente comprovada a falta de cuidado por parte do consumidor:

> "Consumidor. Recurso especial. Cheque furtado. Devolução por motivo de conta encerrada. Falta de conferência da autenticidade da assinatura. Protesto indevido. Inscrição no cadastro de inadimplentes. Dano moral. Configuração. Culpa concorrente. A falta de diligência da instituição financeira em conferir a autenticidade da assinatura do emitente do título, mesmo quando já encerrada a conta e ainda que o banco não tenha recebido aviso de furto do cheque, enseja a responsabilidade de indenizar os danos morais decorrentes do protesto indevido e da inscrição do consumidor nos cadastros de inadimplentes. Precedentes. Consideradas as peculiaridades do processo, caracteriza-se hipótese de culpa concorrente quando a conduta da vítima contribui para a ocorrência do ilícito, devendo, por certo, a indenização atender ao critério da proporcionalidade. Recurso especial parcialmente conhecido e nessa parte provido" (STJ, REsp 712.591/RS, 3.ª Turma, Rel. Min. Nancy Andrighi, j. 16.11.2006, *DJ* 04.12.2006, p. 300).

Cabe repisar, ainda, que, em aresto de 2013, o mesmo Tribunal da Cidadania aplicou a ideia de *risco concorrente* em caso envolvendo a responsabilidade objetiva bancária, fundada no Código de Defesa do Consumidor. Houve a redução do valor reparatório pela conduta da vítima, uma pessoa jurídica consumidora, que contribuiu para o próprio prejuízo pela falta de diligência na emissão de títulos de crédito (STJ, REsp 1.349.894/SP, 3.ª Turma, Rel. Min. Sidnei Beneti, j. 04.04.2013, *DJe* 11.04.2013). Esse precedente sobre o risco concorrente já foi devidamente estudado no Capítulo 4 deste livro.

Em outro acórdão a ser destacado, do ano de 2023, concluiu a Corte Superior em hipótese de fato do produto de um veículo, cujo pneu esvaziou subitamente, por problema de fabricação, que "o excesso de velocidade e a não utilização de cinto de segurança, em acidente automobilístico com resultado morte, são elementos que conduzem ao reconhecimento da culpa concorrente da vítima" (STJ, Ag, Int. no REsp 1.651.663/SP, 4.ª Turma, Rel. Min. Marco Buzzi, j. 23.03.2023, v.u.). Como afirma o relator, ao analisar o art. 12 do CDC e demonstrar a posição consolidada do Tribunal, "a culpa concorrente da vítima não é excludente da responsabilidade civil, matéria disciplinada nesse dispositivo do CDC, mas, sim, atenuante dessa responsabilidade".

Anote-se, mais uma vez, que o próprio codificador civil brasileiro admitiu a discussão da culpa concorrente da vítima, ou melhor, tecnicamente, de fato concorrente da vítima, em um caso de responsabilidade objetiva, a saber, na responsabilidade do transportador de pessoas. O dispositivo em questão, art. 738 do Código Civil, enuncia, em seu *caput,* que a pessoa transportada deve sujeitar-se às normas estabelecidas pelo transportador, constantes no bilhete ou afixadas à vista dos usuários.

Ato contínuo, deve abster-se de quaisquer atos que causem incômodo ou prejuízo aos passageiros, danifiquem o veículo, dificultem ou impeçam a execução normal do serviço. A norma é completada pelo seu parágrafo único, segundo o qual, se o prejuízo sofrido pela pessoa transportada for atribuível à transgressão de normas e instruções regulamentares, o juiz reduzirá equitativamente a indenização, na medida em que a vítima houver concorrido para a ocorrência do dano. Na jurisprudência, vários são os acórdãos que reconhecem o fato concorrente da vítima como atenuante da responsabilidade do transportador, que é submetida ao CDC.

Cite-se novamente o entendimento relativo ao *pingente de trem,* aquele passageiro que vai pendurado do lado de fora do vagão, podendo ser geralmente notado por quem opera a máquina. Por vezes, fica ele pendurado por pura diversão, mas, em algumas situações, faze-o por necessidade, pelo fato de o vagão estar lotado. Deve ficar claro que a sua atitude não se confunde com a do *surfista* de trem, aquele que viaja em cima do vagão.

A respeito do *pingente,* o Superior Tribunal de Justiça tem entendido pela presença da culpa concorrente da vítima, não se excluindo totalmente a responsabilidade da empresa férrea, mas atenuando-a (STJ, REsp 226.348/SP, 3.ª Turma, Rel. Min. Castro Filho, j. 19.09.2006, DJ 23.10.2006, p. 294; e STJ, REsp 324.166/SP, 4.ª Turma, Rel. Min. Ruy Rosado de Aguiar, j. 18.10.2001, DJ 18.02.2002, p. 455). Existem decisões de Tribunais Estaduais na mesma linha, julgando pela contribuição das condutas (ilustrando: TJRJ, Acórdão 2006.001.54574, 16.ª Câmara Cível, Rel. Des. Conv. Pedro Freire Raguenet, j. 09.01.2007).

Pode até parecer que a admissão do fato concorrente do consumidor constitui um argumento contrário à tutela de seus direitos, violando a proteção constitucional constante do art. 5.º, inc. XXXII, do Texto Maior. Trata-se de um engano, uma vez que, em algumas situações, o fato ou o risco concorrente constitui um argumento para proteção dos vulneráveis negociais, pela divisão justa dos custos sociais da responsabilidade civil. Isso pode ser percebido pelo próximo tópico deste capítulo, que enfrenta o problema da responsabilidade civil que surge do tabagismo.

6. A RESPONSABILIDADE CIVIL PELO CIGARRO E O CÓDIGO DE DEFESA DO CONSUMIDOR[73]

Seguindo o estudo da responsabilidade consumerista, cumpre analisar um dos principais problemas da responsabilidade civil contemporânea, qual seja o dever de indenizar das empresas tabagistas pelo uso do cigarro. O tema está no cerne das discussões sociais e jurídicas dos tempos atuais, cabendo relevar as fortes restrições legislativas ao uso do cigarro, especialmente em locais fechados, por uma questão de saúde pública e interesse social.

Após a entrada em vigor, no Estado de São Paulo, da Lei n. 13.541/2009, outras unidades da federação resolveram copiar a iniciativa dessa proibição, como é o caso do Rio de Janeiro (Lei n. 5.517/2009). O que se pode dizer, até o presente momento, é que a citada *lei antifumo* passou a ter ampla aplicação na cidade de São Paulo. Muito mais do que a fiscalização por parte dos órgãos públicos, os cidadãos e as entidades privadas têm colaborado para sua efetivação. Isso porque a proibição ou o não uso do cigarro parecem estar impregnados no senso comum não só no Brasil, mas em todo o planeta.

A demonstrar tal evidência, a revista *Veja* publicou notícia, em sua edição de 25.11.2009, com o título "A morte lenta do cigarro".[74] A reportagem inicia-se com a seguinte constatação mundial, após tratar da realidade brasileira de restrições ao cigarro:

> "A constatação dos tempos atuais é inequívoca: a moda contra o cigarro, que agora se espalha pelo Brasil, pegou. Pegou nas democracias do Ocidente e, em certos casos, até mesmo em países mais pobres. Em alguns, as restrições são ousadas (Irlanda, 2004: o cigarro é banido até do símbolo nacional, os *pubs*). E outros são proibições ainda tímidas (República Checa, 2006: começou o veto ao cigarro nas escolas). Há países onde a lei funciona perfeitamente bem (Suécia, 2005: o cigarro sumiu dos locais públicos). Há outros em que é ignorada (Paquistão, 2003: fuma-se até dentro dos órgãos públicos). Apesar das diferenças de ritmo e de intensidade o banimento do cigarro parece inexorável no Ocidente. O melhor exemplo talvez seja a França, a Paris dos cafés, dos maços de Gauloises colocados com o elmo alado dos gauleses outrora invencíveis. Em 1991, entrou em vigor uma lei que bania o cigarro dos locais públicos e exigia que os restaurantes criassem áreas para não fumantes.

---

[73] Estudo originalmente feito em: TARTUCE, Flávio. *Responsabilidade civil objetiva e risco*. A teoria do risco concorrente, cit. Resolveu-se repetir aqui a publicação do estudo, diante da amplitude maior desta obra quanto ao público jurídico. O estudo também consta do nosso *Manual de Direito do Consumidor*, também publicado pelo Grupo GEN. O objetivo dessa difusão é mudar o entendimento jurisprudencial que existe sobre a temática.

[74] REVISTA VEJA. São Paulo: Abril, Edição 2.140, ano 42, n. 47, p. 163-166, 25 nov. 2009. Reportagem assinada pelo jornalista André Petry, de Nova York, Estados Unidos da América.

Foi francamente ignorada. No ano passado, uma nova lei, mas rígida que a anterior, pegou. O cigarro é a droga mais popular do século XX. Teve a mais espetacular trajetória de um produto no surgimento da sociedade de massas. No apogeu, era símbolo das mais instintivas ambições humanas: a riqueza, o poder, a beleza. No ocaso, virou câncer, dor e morte".[75]

Na verdade, parece-me que a permissão para o uso totalmente livre e indiscriminado do cigarro foi um erro histórico da humanidade, por óbvio influenciado por questões econômicas e pelo poderio político latente das empresas de tabaco. Trata-se de um erro que necessita ser corrigido. A afirmação pode parecer forte, sobretudo para as pessoas que compõem as gerações anteriores. Entretanto, para as gerações sucessivas, o erro é perfeitamente perceptível, em especial se for considerada a cultura contemporânea da saúde e do bem-estar de vida (*wellness life*).

Tal engano da humanidade foi constatado pelo sociólogo Sérgio Luís Boeira, em sua obra *Atrás da cortina de fumaça*.[76] Ao analisar a questão histórica, o pesquisador aponta para o fato de que a "expansão da manufatura de tabaco acentua globalmente após a Independência dos EUA. Primeiro, porque mesmo durante a guerra de independência os europeus incrementam a importação de fumo da América Latina e do Caribe e promovem o cultivo em outras regiões – como Áustria, Alemanha, Itália e Indonésia. Segundo, porque após a libertação estadunidense, a Inglaterra perde o monopólio da fabricação de pastilhas, rapé, cigarros e tabaco de pipa. Este fato provoca o surgimento de fábricas, ainda que rudimentares, baseadas na manufatura, e não em máquinas".[77]

Mais à frente, demonstra o sociólogo que o cigarro tornou-se substancialmente popular na segunda metade do século XIX, estimulado o seu uso pela urbanização e pelo ritmo de vida da modernidade e do capitalismo, fortemente influenciado pelo modo de vida norte-americano (*American way of life*). A respeito desse período, expõe o sociólogo: "Fumar cigarros torna-se mais prático do que fumar charuto ou cachimbo, o que induz muitos à experimentação e possivelmente ao hábito ou vício".[78] No século XX, incrementou-se o desenvolvimento concreto e efetivo das indústrias de tabaco, sobretudo americanas e britânicas, ocorrendo também, nesse período, o surgimento dos primeiros estudos relativos aos seus males.[79]

---

[75] REVISTA VEJA. São Paulo: Abril, Edição 2.140, ano 42, n. 47, p. 163, 25 nov. 2009.
[76] BOEIRA, Sérgio Luís. *Atrás da cortina de fumaça*. Tabaco, tabagismo e meio ambiente. Estratégias da indústria e dilemas da crítica. 2002. Tese (Doutorado) – Universidade Federal de Santa Catarina, Itajaí. Trata-se de tese de doutorado da área de ciências humanas, defendida perante a Universidade Federal de Santa Catarina.
[77] BOEIRA, Sérgio Luís. *Atrás da cortina de fumaça*. Tabaco, tabagismo e meio ambiente. Estratégias da indústria e dilemas da crítica, cit., p. 48.
[78] BOEIRA, Sérgio Luís. *Atrás da cortina de fumaça*. Tabaco, tabagismo e meio ambiente. Estratégias da indústria e dilemas da crítica, cit., p. 51.
[79] BOEIRA, Sérgio Luís. *Atrás da cortina de fumaça*. Tabaco, tabagismo e meio ambiente. Estratégias da indústria e dilemas da crítica, cit., p. 56.

O pesquisador destaca que os movimentos antitabagistas e antifumo cresceram significativamente na segunda metade do século, encontrando o seu apogeu na virada para o século XXI e no seu início, conforme já demonstrado. Na década de 1990, as entidades públicas de saúde descobriram que as próprias empresas de cigarro haviam documentado os graves males do produto, não revelando tais dados, por óbvio, para a sociedade:

> "Em meados da década de 1990, os órgãos públicos de saúde descobrem que desde a década de 1950 há, nos laboratórios das empresas fumageiras, pesquisa científica sigilosa e em profundidade sobre os efeitos do tabagismo. Obra capital neste sentido é *The Cigarette Papers*, que tende a ser reconhecida como um marco na história da luta antitabagista – embora seja limitada teórica e metodologicamente pelo paradigma disjuntor-redutor. O que Glanz e sua equipe chamam de irresponsabilidade e maneira enganosa é basicamente o fato de que a indústria mantém em segredo pesquisas científicas que contrariam frontalmente os seus próprios discursos públicos, tendo sido comprovadas alterações e supressões de trechos considerados perigosos para a imagem pública das empresas. Tais documentos da BAT e Brown & Williamson reconhecem que o tabagismo é causa determinante de uma variedade de doenças – e por isso mesmo, durante vários anos, os empresários investiram em pesquisas para identificar e remover toxinas específicas encontradas na fumaça de cigarros".[80]

Não se olvide que as denúncias relativas aos documentos da Brown & Williamson estão relatadas no filme de Michael Mann, *O informante* (1999). É interessante pontuar que muitos julgadores utilizam a existência de tais documentos como argumento para as decisões, apesar de os *cultuadores do cigarro* ignorarem ou negarem a concretização desses estudos.

Para demonstrar a magnitude desse grave *engano humano*, Sérgio Luís Boeira faz profunda análise dos efeitos biomédicos e epidemiológicos do consumo do cigarro, o que não deixa qualquer dúvida a respeito dos males do produto, diante das inúmeras fontes interdisciplinares pesquisadas.[81] Assim, a partir das conclusões divulgadas pela Organização Mundial da Saúde, evidencia-se que o cigarro constitui um *fator de risco de danos à saúde*.[82] O entendimento das entidades médicas é no sentido de que *não existe consumo regular de tabaco isento de risco à saúde*.[83] Os estudos demonstram que há 4.720 substâncias tóxicas na composição do cigarro, sendo 70 delas causadoras de câncer. E mais, a respeito dessa doença: "a participação do tabagismo como fator de risco é bastante elevada, em alguns

---

[80] BOEIRA, Sérgio Luís. *Atrás da cortina de fumaça*. Tabaco, tabagismo e meio ambiente. Estratégias da indústria e dilemas da crítica, cit., p. 426.

[81] BOEIRA, Sérgio Luís. *Atrás da cortina de fumaça*. Tabaco, tabagismo e meio ambiente. Estratégias da indústria e dilemas da crítica, cit., p. 79-91.

[82] BOEIRA, Sérgio Luís. *Atrás da cortina de fumaça*. Tabaco, tabagismo e meio ambiente. Estratégias da indústria e dilemas da crítica, cit., p. 80.

[83] BOEIRA, Sérgio Luís. *Atrás da cortina de fumaça*. Tabaco, tabagismo e meio ambiente. Estratégias da indústria e dilemas da crítica, cit., p. 82.

casos, inclusive tornando ineficaz a quase totalidade dos tratamentos médicos que excluam a superação do vício".[84]

Há duas tabelas bem interessantes apresentadas por Sérgio Luís Boeira em sua obra. A primeira demonstra os tipos de câncer mais comuns e o percentual de doentes que são fumantes. Vejamos: câncer de pulmão, 80% a 90% são fumantes; câncer nos lábios, 90%; na bochecha, 87%; na língua, 95%; no estômago, 80%; nos rins, 90%; no tubo digestivo (da boca ao ânus), 80%. A segunda tabela expõe os principais tipos de câncer no mundo, destacando-se em negrito aqueles que têm relação com o tabagismo, a saber: 1.º) câncer de pulmão; 2.º) câncer de estômago; 3.º) intestino; 4.º) fígado; 5.º) mama; 6.º) esôfago; 7.º) boca; 8.º) colo do útero; 9.º) próstata; 10.º) bexiga.[85]

Essa tabela comparativa exposta tem condições técnicas de afastar a tese da impossibilidade de prova do nexo de causalidade nas ações de responsabilidade civil fundadas no câncer decorrente do tabagismo, conforme prega parte considerável da doutrina e da jurisprudência, cujos argumentos serão devidamente rebatidos. Nos casos dos males destacados, não há dúvida de que é possível estabelecer uma relação de causa e efeito entre a colocação de um produto tão arriscado no mercado – no caso, o cigarro – e os danos causados aos seus consumidores.

Como forte e contundente tática ao consumo utilizada pelas empresas de tabaco, destaca-se sobremaneira o papel que a publicidade e os meios de *marketing* sempre exerceram para *seduzir* ao uso do produto, levando as pessoas à experimentação e, consequentemente, ao vício. Para a devida pesquisa, compareci à exposição *Propagandas de cigarro – como a indústria do fumo enganou você*, com mostra de cartazes e vídeos relativos à publicidade do cigarro nos séculos XIX e XX.

A exposição foi realizada na cidade de São Paulo, na Livraria Cultura do Conjunto Nacional, entre os dias 15 e 26 de outubro de 2009. Entre as diversas peças das campanhas publicitárias da época, de início, cumpre destacar aquelas que têm relações com os temas familiares e a criança. Não deixa de chocar o cartaz em que aparece um bebê de colo dizendo à mãe: "Nossa, mamãe, você certamente aprecia o seu Marlboro!".[86] Na mostra, foram expostas também peças de publicidade em que crianças distribuem caixas de maços de cigarro aos pais. Ainda no que concerne a temas da família, produtos como o *Lucky Strike*, o *Pall Mall* e o *Murad* associavam as suas marcas à figura do Papai Noel, que aparecia fumando em suas campanhas de vendas.

Todas as campanhas publicitárias foram veiculadas em momentos históricos em que ainda não estavam amplamente difundidos os terríveis males do cigarro.

---

[84] BOEIRA, Sérgio Luís. *Atrás da cortina de fumaça*. Tabaco, tabagismo e meio ambiente. Estratégias da indústria e dilemas da crítica, cit., p. 86.

[85] BOEIRA, Sérgio Luís. *Atrás da cortina de fumaça*. Tabaco, tabagismo e meio ambiente. Estratégias da indústria e dilemas da crítica, cit., p. 86.

[86] Imagem disponível em: <http://lane.stanford.edu/tobacco/index.html>. Acesso em: 18 dez. 2009.

E as empresas de tabaco aproveitaram-se muito bem desse fato, introduzindo o ato de fumar no *DNA social* de algumas gerações.

Atualmente, tais campanhas contrastam com a obrigatoriedade de propagação de ideias antitabagistas, que constam dos maços, o que inclui o Brasil. Na contemporaneidade, podem ser notadas nos maços fotos e imagens de doentes terminais de câncer, de fetos mortos, de pessoas com membros amputados, de mulheres com peles envelhecidas, de homens inconformados com a impotência sexual, entre outros – tudo com relação causal com o hábito de fumar. O Ministério da Saúde brasileiro há tempos adverte sobre os males do cigarro, conforme orientação do art. 220, § 4.º, da Constituição Federal de 1988.

Deve ficar claro que não há qualquer dúvida sobre incidência do Código de Defesa do Consumidor no cigarro, tido tipicamente como um produto colocado no mercado de consumo, nos termos dos arts. 2.º e 3.º da Lei n. 8.078/1990. A empresa que fabrica e distribui o cigarro é uma fornecedora, atuando profissionalmente no mercado de consumo. O fumante é destinatário final fático e econômico do produto, e dos males que dele advêm. Já os familiares do fumante que falece são considerados consumidores equiparados ou *bystander*, subsumindo-se o art. 17 do CDC, conforme as lições destacadas em outro tópico do presente capítulo.

No âmbito jurisprudencial, as decisões a respeito do tema no Brasil começaram a surgir na última década do século passado, notadamente em ações propostas pelos próprios fumantes ou por seus familiares, em casos de morte. Esses julgados anteriores – e que ainda predominam – são no sentido de excluir a responsabilidade civil das empresas de cigarros pelos males causados aos fumantes, por meio de vários argumentos.

Para ilustrar, do Tribunal de Justiça do Rio de Janeiro, do ano de 1999, ao aplicar a prescrição quinquenal do Código de Defesa do Consumidor, bem como a culpa exclusiva da vítima, a afastar o dever de reparar da empresa tabagista:

"Responsabilidade civil de fabricante. Tabagismo. Doença incurável. Dano moral. Pedido genérico. Prescrição quinquenal. Extinção da ação. Indenização. Dano moral e estético. Laringectomia decorrente de uso de cigarro. Agravo de instrumento contra decisão, proferida em audiência, que rejeitou as preliminares de inépcia da inicial e de prescrição, como também indeferiu expedição de ofícios aos hospitais e médicos que trataram do autor e designou prova pericial médica. Provimento. Nas ações de indenização por dano moral, o pedido há de ser certo e determinado, assim como o valor da causa deve ser declarado pelo autor. Vulnerabilidade do princípio do contraditório pelo entendimento contrário. Hipótese que não encontra amparo para formulação de pedido genérico. Inteligência do CPC, art. 286. Aplicação do CPC, art. 284. Prescrição. Pedido baseado na Lei 8.078/1990. Prescrição quinquenal. Aplicação do art. 27, CDC. *Dies a quo* contado do dano e do conhecimento do autor dele. Fato notório, há mais de cinco anos da propositura da ação, de que o tabagismo é um dos maiores responsáveis pelo câncer na laringe. Extinção do processo, com julgamento do mérito. Aplicação do CPC, art. 269, IV" (TJRJ, Agravo de Instrumento 3350/1999, 13.ª Câmara Cível, Rio de Janeiro, Rel. Des. Julio Cesar Paraguassu, j. 25.11.1999).

Ou, ainda, do mesmo Tribunal, concluindo pela inexistência de nexo de causalidade, diante da licitude da atividade da empresa que desenvolve a atividade: TJRJ, Acórdão 58/1998, 10.ª Câmara Cível, Rio de Janeiro, Rel. Des. João Spyrides, j. 23.03.1999.

Os julgados de improcedência reproduziram-se de modo significativo na entrada do século XXI, sendo pertinente destacar alguns de seus argumentos para que sejam devidamente rebatidos por mim, pois proponho a aplicação da concausalidade e da *teoria do risco concorrente* para a problemática do cigarro. Existem decisões que expressam a inexistência de nexo de causalidade entre o consumo do produto e os danos à saúde suportados, sendo esse o principal argumento acolhido pelos julgadores (TJSC, Acórdão 2005.034931-6, Câmara Especial Temporária de Direito Civil, Criciúma, Rel. Des. Domingos Paludo, *DJSC* 18.12.2009, p. 453; TJMG, Apelação Cível 1.0596.04.019579-1/0011, 18.ª Câmara Cível, Santa Rita do Sapucaí, Rel. Des. Unias Silva, j. 16.09.2008, *DJEMG* 07.10.2008; TJRJ, Acórdão 34198/2004, 8.ª Câmara Cível, Rio de Janeiro, Rel. Des. Helena Bekhor, j. 22.03.2005; TJSP, Acórdão com Revisão 268.911-4/8-00, 5.ª Câmara de Direito Privado, Itápolis, Rel. Des. Maury Ângelo Bottesini, j. 28.11.2005; TJRS, Acórdão 70005752415, 5.ª Câmara Cível (Reg. Exceção), Porto Alegre, Rel. Des. Marta Borges Ortiz, j. 04.11.2004).

Também são encontrados acórdãos de improcedência da demanda que apontam para a ausência de ilicitude ao se comercializar o cigarro, havendo um exercício regular de direito por parte das empresas, o que não constitui ato ilícito, pelas dicções do art. 188, I, do CC/2002 e do art. 160, I, do CC/1916 (TJDF, Recurso 2001.01.1.012900-6, Acórdão 313.218, 2.ª Turma Cível, Rel. Des. Fábio Eduardo Marques, *DJDFTE* 14.07.2008, p. 87; e TJSP, Acórdão 283.965-4/3-00, 6.ª Câmara de Direito Privado, São Paulo, Rel. Des. Justino Magno Araújo, j. 15.12.2005).

Podem ser colacionados ainda os tão mencionados julgamentos que atribuem culpa exclusiva à vítima, a excluir a responsabilidade do fornecedor (TJRJ, Acórdão 2005.001.40350, 4.ª Câmara Cível, Rel. Des. Mario dos Santos Paulo, j. 07.02.2006; TJPR, Apelação Cível 0569832-6, 9.ª Câmara Cível, Curitiba, Rel. Des. José Augusto Gomes Aniceto, *DJPR* 25.09.2009, p. 369; e TJSC, Acórdão 2005.021210-5, 4.ª Câmara de Direito Civil, Criciúma, Rel. Des. José Trindade dos Santos, *DJSC* 02.06.2008, p. 109).

Em complemento ao último argumento, há decisões de rejeição do pedido reparatório que se fundam no *livre-arbítrio de fumar* ou de parar de fumar (TJSC, Acórdão 2005.029372-7, 2.ª Câmara de Direito Civil, Criciúma, Rel. Des. Newton Janke, *DJSC* 27.11.2008, p. 72; TJSP, Apelação com Revisão 270.309.4/0, Acórdão 4012392, 6.ª Câmara de Direito Privado, Cotia, Rel. Des. Sebastião Carlos Garcia, j. 20.08.2009, *DJESP* 14.09.2009; e TJRS, Acórdão 70022248215, 10.ª Câmara Cível, Porto Alegre, Rel. Des. Paulo Antônio Kretzmann, j. 28.02.2008, *DOERS* 27.05.2008, p. 30).

Por óbvio, também existem julgados anteriores de condenação das empresas de cigarros, sendo certo que decisões nesse sentido tiveram um crescimento neste século que se inicia em nosso país. Entre as decisões de procedência, cumpre destacar a notória e primeva decisão do Tribunal Gaúcho, do ano de 2003, com ementa bastante elucidativa, inclusive a respeito de questões históricas relativas ao cigarro:

> "Apelação cível. Responsabilidade civil. Danos materiais e morais. Tabagismo. Ação de indenização ajuizada pela família. Resultado danoso atribuído a empresas fumageiras em virtude da colocação no mercado de produto sabidamente nocivo, instigando e propiciando seu consumo, por meio de propaganda enganosa. Ilegitimidade passiva, no caso concreto, de uma das corrés. Caracterização do nexo causal quanto à outra codemandada. Culpa. Responsabilidade civil subjetiva decorrente de omissão e negligência, caracterizando-se a omissão na ação. Aplicação, também, do CDC, caracterizando-se, ainda, a responsabilidade objetiva. Indenização devida" (TJRS, Acórdão 70000144626, 9.ª Câmara Cível (Reg. Exceção), Santa Cruz do Sul, Rel. Des. Ana Lúcia Carvalho Pinto Vieira, j. 29.10.2003).

Como fortes e contundentes argumentos sociológicos e jurídicos, constam do corpo da decisão:

> "É fato notório, cientificamente demonstrado, inclusive reconhecido de forma oficial pelo próprio Governo Federal, que o fumo traz inúmeros malefícios à saúde, tanto à do fumante como à do não fumante, sendo, por tais razões, de ordem médico-científica, inegável que a nicotina vicia, por isso que gera dependência química e psíquica, e causa câncer de pulmão, enfisema pulmonar, infarto do coração, entre outras doenças igualmente graves e fatais. A indústria de tabaco, em todo o mundo, desde a década de 1950, já conhecia os males que o consumo do fumo causa aos seres humanos, de modo que, nessas circunstâncias, a conduta das empresas em omitir a informação é evidentemente dolosa, como bem demonstram os arquivos secretos dessas empresas, revelados nos Estados Unidos em ação judicial movida por Estados norte-americanos contra grandes empresas transnacionais de tabaco, arquivos esses que se contrapõem e desmentem o posicionamento público das empresas, revelando-o falso e doloso, pois divulgado apenas para enganar o público, e demonstrando a real orientação das empresas, adotada internamente, no sentido de que sempre tiveram pleno conhecimento e consciência de todos os males causados pelo fumo. E tal posicionamento público, falso e doloso, sempre foi historicamente sustentado por maciça propaganda enganosa, que reiteradamente associou o fumo a imagens de beleza, sucesso, liberdade, poder, riqueza e inteligência, omitindo, reiteradamente, ciência aos usuários dos malefícios do uso, sem tomar qualquer atitude para minimizar tais malefícios e, pelo contrário, trabalhando no sentido da desinformação, aliciando, em particular os jovens, em estratégia dolosa para com o público, consumidor ou não" (TJRS, Acórdão 70000144626, 9.ª Câmara Cível (Reg. Exceção), Santa Cruz do Sul, Rel. Des. Ana Lúcia Carvalho Pinto Vieira, j. 29.10.2003).

Tal *decisum* concluiu pelo nexo de causalidade entre a atividade de se colocar o produto no mercado e os danos sofridos pela vítima e por seus familiares, "porquanto fato notório que a nicotina causa dependência química e psicológica e que o hábito de fumar provoca diversos danos à saúde, entre os quais o câncer e o enfisema pulmonar, males de que foi acometido o falecido, não comprovando, a ré, qualquer fato impeditivo, modificativo ou extintivo do direito dos autores". A decisão atribui culpa à empresa pela omissão e negligência na informação, nos termos do art. 159 do CC/1916 (responsabilidade subjetiva). Ato contínuo, deduz ser a sua conduta violadora dos deveres consubstanciados nas máximas latinas de *neminem laeder* e *suum cuique tribuere* – "não lesar a ninguém" e "dar a cada um o que é seu" –, bem como no princípio da boa-fé objetiva.

O julgado considera, ainda, não ser relevante a tese de licitude da atividade de comercialização do cigarro perante as leis do Estado, sendo do mesmo modo impertinente para o mérito a dependência ou voluntariedade no uso ou consumo, com o intuito de afastar a responsabilidade. Em suma, a questão do livre-arbítrio foi descartada pela decisão. No que tange aos argumentos jurídicos de procedência da demanda, foi aplicada a responsabilidade objetiva do Código de Defesa do Consumidor, sendo o cigarro considerado um produto defeituoso, não só com relação aos fumantes (consumidores-padrão), como no tocante aos não fumantes ou fumantes passivos (consumidores equiparados), "uma vez que não oferece a segurança que dele se pode esperar, considerando-se a apresentação, o uso e os riscos que razoavelmente dele se esperam (art. 12, § 1.º, do CDC)".

A culpa exclusiva do consumidor foi tida como não caracterizada, uma vez que "o ato voluntário do uso ou consumo não induz culpa e, na verdade, no caso, sequer há opção livre de fumar ou não fumar, em decorrência da dependência química e psíquica e diante da propaganda massiva e aliciante, que sempre cultuou os malefícios do cigarro, o que afasta em definitivo qualquer alegação de culpa concorrente ou exclusiva da vítima" (TJRS, Acórdão 70000144626, 9.ª Câmara Cível (Reg. Exceção), Santa Cruz do Sul, Rel. Des. Ana Lúcia Carvalho Pinto Vieira, j. 29.10.2003).

Os valores indenizatórios fixados foram bem elevados. A título de danos materiais, foram reparados a venda de imóvel e de bovinos (para tratar a vítima), as despesas médicas e hospitalares comprovadas, a hospedagem de acompanhantes durante a internação, os gastos com o funeral e o luto da família (danos emergentes).

Ainda foram ressarcidos os prejuízos decorrentes do fechamento do minimercado da vítima, desde a época da constatação da doença até a data em que o falecido completaria setenta anos de idade, conforme a expectativa de vida dos gaúchos (lucros cessantes). Como reparação pelos danos morais, foi fixada a quantia de seiscentos salários mínimos para a esposa, de quinhentos salários mínimos para cada um dos quatro filhos e de trezentos salários mínimos para cada um dos genros, totalizando os danos imateriais três mil e duzentos salários mínimos.

Além dessa até então inédita e excelente decisão, igualmente concluindo pela procedência de ação proposta por uso de cigarros, há acórdão do Tribunal de Justiça de São Paulo que do mesmo modo enfrentou o problema sob a perspectiva da responsabilidade objetiva do Código do Consumidor. A ação foi proposta pela própria fumante – que pleiteou danos materiais e morais pela perda de membros inferiores como consequência do tabagismo – e julgada procedente em primeira instância, condenando-se a empresa Souza Cruz S.A. a indenizá-la em R$ 600.000,00. A ementa do julgado foi a seguinte:

> "Responsabilidade civil. Indenização por danos morais e materiais. Tabagismo. Amputação dos membros inferiores. Vítima acometida de tromboangeíte aguda obliterante. Nexo causal configurado. Incidência do Código de Defesa do Consumidor. Responsabilidade objetiva decorrente da teoria do risco assumida com a fabricação e comercialização do produto. Omissão dos resultados das pesquisas sobre o efeito viciante da nicotina. Dever de indenizar. Recurso improvido" (TJSP, Apelação com Revisão 379.261.4/5, Acórdão 3320623, 8.ª Câmara de Direito Privado, São Paulo, Rel. Des. Joaquim Garcia, j. 08.10.2008, *DJESP* 13.11.2008).

Em sua relatoria, o Desembargador José Garcia concluiu pela incidência da responsabilidade sem culpa da Lei n. 8.078/1990, aduzindo que "as indústrias de produtos derivados do tabaco, apesar de atuarem dentro da lei vigente, não se eximem da responsabilidade objetiva, dada a teoria do risco, pelos efeitos nocivos causados aos indivíduos pelo uso ou consumo de seus produtos colocados à venda no mercado legitimamente, máxime à luz do Código de Defesa do Consumidor, cujas normas de ordem pública atingem fatos ainda não consolidados antes de sua vigência". Em reforço, o julgador menciona, assim como consta do inédito julgado do Tribunal Gaúcho, a existência de estudos secretos das próprias empresas de cigarro comprovando os males do produto.

O relator analisou ainda as questões relativas à exploração publicitária do passado, bem como os baixos índices de fumantes que conseguem se livrar do vício – cerca de 5% dos usuários, segundo os estudos médicos que constam do acórdão. De forma interdisciplinar, o voto do relator enfrentou questões psicológicas e sociais, aduzindo que, "com o uso regular de cigarros, estabelece-se um condicionamento que faz com que a pessoa passe a ter o fumo integrado à sua rotina. Além disso, o cigarro é também utilizado como um tipo de modulador de emoções, o que faz com que seu uso se amplie significativamente e não esteja associado apenas à necessidade fisiológica de reposição periódica da droga" (TJSP, Apelação com Revisão 379.261.4/5, Acórdão 3320623, 8.ª Câmara de Direito Privado, São Paulo, Rel. Des. Joaquim Garcia, j. 08.10.2008, *DJESP* 13.11.2008).

Analisando a questão fática, o Desembargador Joaquim Garcia reconhece a existência de inúmeros julgados de improcedência no País por ausência de nexo de causalidade entre o ato de fumar e os males existentes. No entanto, de outra forma, concluiu o magistrado que a autora padecia de tromboangeíte obliterante (doença de Buerger), "cuja literatura médica a respeito é praticamente unânime ao afirmar que a doença manifesta-se somente em fumantes, ou seja, o tabagismo é condição *sine qua non* para o desenvolvimento da moléstia contraída". Comprovado o nexo de causalidade e reconhecida a possibilidade de se responder também por atos lícitos, os danos materiais comprovados foram indenizados. A respeito do sempre invocado livre-arbítrio, entendeu o relator que "não se revela hábil para afastar o dever de indenizar dessas companhias, pelas mesmas razões que não se presta a justificar a descriminação das drogas".

Relativamente à questão da prova do uso de determinada marca de cigarro, fez incidir na inversão do ônus da prova, de forma correta e esperada. Por fim, o magistrado entendeu pela presença de danos morais presumidos (*in re ipsa*), diante da amputação dos membros inferiores da autora. Em suma, votou pela confirmação da sentença ora atacada, negando provimento ao recurso de apelação.

Pelo mesmo caminho de não provimento do recurso votou o Desembargador Caetano Lagrasta, cuja decisão merece destaque especial. No início do seu voto, o magistrado já salienta que: "Julgar-se questão de tamanha envergadura para a Saúde Pública e Defesa da Cidadania e do Consumidor, implica que se adentre em fatores sociais, e até, na vivência do próprio julgador, iniciado na senda do consumo de cigarros, desde os 14 anos, e dele afastado, há aproximadamente onze anos". Nas páginas seguintes do voto são expostos com detalhes os aprofundamentos esperados, bem como um histórico a respeito da publicidade, comercialização e uso cultural do cigarro, desde o final dos anos 20 do século XX. O seguinte trecho do seu voto merece ser transcrito:

"A partir do final dos anos 20, dificilmente seria possível ingressar num cinema ou teatro onde público, personagens e atores não se apresentassem fumando, numa atitude de 'glamour' e de conduta social adequada. Mesmo as fotografias de propaganda mostravam os astros e estrelas fazendo uso de cigarros, como condição de sucesso, segurança e integração social. Este comportamento restou generalizado, independente do país de origem dos espetáculos. Por outro lado, os jovens contavam com o cigarro como elemento de ingresso no mundo adulto e fator de segurança para frequentar os ambientes sociais e mundanos. [...] Desde logo, há que se concluir que o prolongamento desta propaganda não se interrompe em 1950, ao contrário, prossegue nas programações, na projeção de filmes de época, reiteradamente repetidos pelas empresas de televisão 'abertas' e 'por assinatura'. E, somente após longa batalha é que vem sendo possível impedir a propaganda escancarada ou subliminar (*outdoors*, carros de corrida, revistas, jornais, fotonovelas, telenovelas etc.). Estas, além de outras circunstâncias, infernizaram a vida dos adolescentes, pois deviam apresentar-se nos bailes e festas portando cigarros, se possível de qualidade (na época o 'Columbia', muito mais caro do que os do tipo 'Mistura Fina' ou 'Petit Londrinos', que eram consumidos por operários, encanadores, eletricistas, pedreiros etc.), ainda que não os fumassem, mas que se prestavam a causar impacto às mocinhas.

(...)

Assim, o prolatado arbítrio do jovem ou, mesmo, da criança, ou o do doente-dependente, por facilmente cooptáveis, não resistiria, como não resistiu, ao assédio massacrante da propaganda, ainda que lhes atribua, em elevado grau, comportamento consciente, para que se sentissem partícipes de uma espécie de vida em sociedade, desde logo empunhando o cigarro como manifestação de 'status' ou de segurança, 'auxílio' no enfrentamento dos desafios dessa mesma sociedade, a partir da saída para o recreio, ao cinema ou às festas da vida escolar, e no ínvio caminho, em direção à morte" (TJSP, Apelação com Revisão 379.261.4/5, Acórdão 3320623, 8.ª Câmara de Direito Privado, São Paulo, Rel. Des. Joaquim Garcia, j. 08.10.2008, *DJESP* 13.11.2008).

Ao mergulhar nos fatos em espécie, o magistrado aponta para o fato de que a doença que atingiu a autora da ação – tromboangeíte obliterante – é um mal exclusivo dos fumantes, a atestar a existência de nexo causal com os produtos colocados no mercado. Ato contínuo, de forma corajosa, o julgador conclui que o Estado tem papel de participação para os danos sociais decorrentes do tabagismo, por não elevar os preços dos produtos e não tomar medidas para impedir o contrabando e a falsificação dos cigarros.

O voto também expõe a existência de estudos médicos mais recentes, os quais atestam que grupos internacionais de cientistas identificaram um conjunto de variações genéticas que aumentam o risco de câncer no pulmão dos fumantes. A questão da publicidade enganosa não passou despercebida, diante de práticas sucessivas por meio dos anos de omissão de informações a respeito dos males do cigarro.

Sem prejuízo dessas teses, o que mais se destaca no voto do Desembargador Caetano Lagrasta são as premissas para afastar a alegação de que a atividade de comercialização do cigarro é plenamente lícita, *in verbis*: "Também é sofístico o argumento de que a empresa requerida planta, industrializa e comercializa objeto lícito. O problema não está no plantio, antes nos ingredientes agregados ao fumo na fase de industrialização e que vêm sendo regularmente combatidos mundialmente, em nome da Saúde Pública. E este seria o limite para o exercício regular de um direito (fl. 1217), ante as circunstâncias que enfatizam os riscos da atividade, salvo se a indústria do fumo se mostre infensa a estes, quando da fabricação, e não aos da eclosão das doenças, quando denunciadas".

Por fim, a respeito desse instigante voto, chama a atenção a força das palavras que afastam o argumento do *livre-arbítrio*, chegando o juiz a insinuar a existência de um "dogma de alguma estranha e impossível religião do vício" (TJSP, Apelação com Revisão 379.261.4/5, Acórdão 3320623, 8.ª Câmara de Direito Privado, São Paulo, Rel. Des. Joaquim Garcia, j. 08.10.2008, *DJESP* 13.11.2008).

Encerrando o estudo desse importante acórdão do Tribunal Paulista, deve ser comentado o voto vencido do Desembargador Sílvio Marques Neto, que deu provimento ao recurso, julgando improcedente a ação. O voto está amparado nas conhecidas premissas outrora mencionadas, sobretudo em duas: *a)* ausência de nexo de causalidade entre o fumo e os males da autora, por insuficiência de prova; e *b)* a autora não desconhecia os males do cigarro – foi devidamente informada pela cartela do produto – e fumou porque assim o quis (livre-arbítrio). O magistrado demonstra que o entendimento jurisprudencial consolidado até aquele momento seria no sentido de improcedência das demandas fundadas no tabagismo.

De toda sorte, apesar desses julgados estaduais de procedência, insta destacar que prevalecem na jurisprudência nacional superior as decisões afastando a condenação das empresas de tabaco diante dos fumantes.

No ano de 2010, surgiram definitivas decisões nesse sentido no Superior Tribunal de Justiça, as quais declinam o dever de reparar das empresas por vários e já conhecidos argumentos. Os resumos dos julgamentos encontram-

-se publicados nos *Informativos* n. *432* e n. *436* daquele Tribunal. De início, coleciona-se a primeira decisão:

> "Responsabilidade civil. Cigarro. O falecido, tabagista desde a adolescência (meados de 1950), foi diagnosticado como portador de doença broncopulmonar obstrutiva crônica e de enfisema pulmonar em 1998. Após anos de tratamento, faleceu em decorrência de adenocarcinoma pulmonar no ano de 2001. Então, seus familiares (a esposa, filhos e netos) ajuizaram ação de reparação dos danos morais contra o fabricante de cigarros, com lastro na suposta informação inadequada prestada por ele durante décadas, que omitia os males possivelmente decorrentes do fumo, e no incentivo a seu consumo mediante a prática de propaganda tida por enganosa, além de enxergar a existência de nexo de causalidade entre a morte decorrente do câncer e os vícios do produto, que alegam ser de conhecimento do fabricante desde muitas décadas. Nesse contexto, há que se esclarecer que a pretensão de ressarcimento dos autores da ação em razão dos danos morais, diferentemente da pretensão do próprio fumante, surgiu com a morte dele, momento a partir do qual eles tinham ação exercitável a ajuizar (*actio nata*) com o objetivo de compensar o dano que lhes é próprio, daí não se poder falar em prescrição, porque foi respeitado o prazo prescricional de cinco anos do art. 27 do CDC. Note-se que o cigarro classifica-se como produto de periculosidade inerente (art. 9.º do CDC) de ser, tal como o álcool, fator de risco de diversas enfermidades. Não se revela como produto defeituoso (art. 12, § 1.º, do mesmo Código) ou de alto grau de nocividade ou periculosidade à saúde ou segurança, esse último de comercialização proibida (art. 10 do mesmo diploma). O art. 220, § 4.º, da CF/1988 chancela a comercialização do cigarro, apenas lhe restringe a propaganda, ciente o legislador constituinte dos riscos de seu consumo. Já o CDC considera defeito a falha que se desvia da normalidade, capaz de gerar frustração no consumidor, que passa a não experimentar a segurança que se espera do produto ou serviço. Destarte, diz respeito a algo que escapa do razoável, que discrepa do padrão do produto ou de congêneres, e não à capacidade inerente a todas as unidades produzidas de o produto gerar danos, tal como no caso do cigarro. Frise-se que, antes da CF/1988 (gênese das limitações impostas ao tabaco) e das legislações restritivas do consumo e publicidade que a seguiram (notadamente, o CDC e a Lei 9.294/1996), não existia o dever jurídico de informação que determinasse à indústria do fumo conduta diversa daquela que, por décadas, praticou. Não há como aceitar a tese da existência de anterior dever de informação, mesmo a partir de um ângulo principiológico, visto que a boa-fé (inerente à criação desse dever acessório) não possui conteúdo *per se*, mas, necessariamente, insere-se em um conteúdo contextual, afeito à carga histórico-social. Ao se considerarem os fatores legais, históricos e culturais vigentes nas décadas de cinquenta a oitenta do século anterior, não há como cogitar o princípio da boa-fé de forma fluida, sem conteúdo substancial e contrário aos usos e costumes por séculos preexistentes, para concluir que era exigível, àquela época, o dever jurídico de informação. De fato, não havia norma advinda de lei, princípio geral de direito ou costume que impusesse tal comportamento. Esses fundamentos, por si sós, seriam suficientes para negar a indenização pleiteada, mas se soma a eles o fato de que, ao considerar a teoria do dano direto e imediato acolhida no Direito Civil brasileiro (art. 403 do CC/2002

e art. 1.060 do CC/1916), constata-se que ainda não está comprovada pela Medicina a causalidade necessária, direta e exclusiva entre o tabaco e câncer, pois ela se limita a afirmar a existência de fator de risco entre eles, tal como outros fatores, como a alimentação, o álcool e o modo de vida sedentário ou estressante. Se fosse possível, na hipótese, determinar o quanto foi relevante o cigarro para o falecimento (a proporção causal existente entre eles), poder-se-ia cogitar o nexo causal juridicamente satisfatório. Apesar de reconhecidamente robustas, somente as estatísticas não podem dar lastro à responsabilidade civil em casos concretos de morte supostamente associada ao tabagismo, sem que se investigue, episodicamente, o preenchimento dos requisitos legais. Precedentes citados do STF: RE 130.764/PR, *DJ* 19.05.1995; do STJ: REsp 489.895/SP, *DJe* 23.04.2010; REsp 967.623/RJ, *DJe* 29.06.2009; REsp 1.112.796/PR, *DJ* 05.12.2007, e REsp 719.738/RS, *DJe* 22.09.2008" (STJ, REsp 1.113.804/RS, Rel. Min. Luis Felipe Salomão, j. 27.04.2010).

Ato contínuo de exposição do tema, do *Informativo* n. 436 do STJ, igualmente afastando o dever de indenizar da empresa de cigarro:

"Dano moral. Fumante. Mostra-se incontroverso, nos autos, que o recorrido, autor da ação de indenização ajuizada contra a fabricante de cigarros, começou a fumar no mesmo ano em que as advertências sobre os malefícios provocados pelo fumo passaram a ser estampadas, de forma explícita, nos maços de cigarro (1988). Isso, por si só, é suficiente para afastar suas alegações acerca do desconhecimento dos males atribuídos ao fumo; pois, mesmo diante dessas advertências, optou, ao valer-se de seu livre-arbítrio, por adquirir, espontaneamente, o hábito de fumar. Outrossim, nos autos, há laudo pericial conclusivo de que não se pode, no caso, comprovar a relação entre o tabagismo desenvolvido pelo recorrido e o surgimento de sua enfermidade (tromboangeíte obliterante – TAO ou doença de Buerger). Assim, não há falar em direito à indenização por danos morais, pois ausente o nexo de causalidade da obrigação de indenizar. Precedentes citados: REsp 325.622/RJ, *DJe* 10.11.2008; REsp 719.738/RS, *DJe* 22.09.2008; e REsp 737.797/RJ, *DJ* 28.08.2006" (STJ, REsp 886.347/RS, Rel. Min. Honildo Amaral de Mello Castro (Desembargador Convocado do TJAP), j. 25.05.2010).

Em maio de 2018, essa posição pela improcedência foi reafirmada pela Corte Superior, em julgado que cita o meu entendimento defendido na tese de doutoramento mencionada no início deste tópico, mas a ela não adere. O caso envolvia a tromboangeíte obliterante que acometeu a vítima, tendo a ação sido proposta por familiares do fumante que veio a falecer. Houve reforma de decisão do Tribunal de Justiça do Rio Grande do Sul, que condenou a empresa de cigarros. Vejamos o trecho principal da ementa:

"1. Caso concreto em que a recorrente foi responsabilizada objetivamente pelos danos morais sofridos pelos familiares de fumante, diagnosticado com tromboangeíte obliterante, sob o fundamento de que a morte decorreu do consumo, entre 1973 e 2002, dos cigarros fabricados pela empresa. (...). 4. Controvérsia jurídica de mérito exaustivamente analisada pela Quarta Turma nos *leading cases* REsp nº 1.113.804/RS e REsp nº 886.347/RS. Resumo das teses firmadas, pertinentes à hipótese dos autos: (i) periculosidade inerente do cigarro; (ii) licitude da atividade econômica explorada pela indústria tabagista, possuindo previsão legal e constitucional; (iii) impossibilidade de aplicação retroativa dos parâmetros atuais da legislação consumerista a fatos pretéritos; (iv) necessidade de contextualização histórico-social da boa-fé objetiva; (v) livre-arbítrio do indivíduo ao decidir iniciar ou persistir no consumo do cigarro; e (vi) imprescindibilidade da comprovação concreta do nexo causal entre os danos e o tabagismo, sob o prisma da necessariedade, sendo insuficientes referências genéricas à probabilidade estatística ou à literatura médica. 5. A configuração da responsabilidade objetiva nas relações de consumo prescinde do elemento culpa, mas não dispensa (i) a comprovação do dano, (ii) a identificação da autoria, com a necessária descrição da conduta do fornecedor que violou um dever jurídico subjacente de segurança ou informação e (iii) a demonstração do nexo causal. 6. No que se refere à responsabilidade civil por danos relacionados ao tabagismo, é inviável imputar a morte de fumante exclusiva e diretamente a determinada empresa fabricante de cigarros, pois o desenvolvimento de uma doença associada ao tabagismo não é instantâneo e normalmente decorre do uso excessivo e duradouro ao longo de todo um período, associado a outros fatores, inclusive de natureza genética. (...). 8. Na hipótese, não há como afirmar que os produto(s) consumido(s) pelo falecido ao longo de aproximadamente 3 (três) décadas foram efetivamente aqueles produzidos ou comercializados pela recorrente. Prova negativa de impossível elaboração. 9. No caso, não houve a comprovação do nexo causal, sob o prisma da necessariedade, pois o acórdão consignou que a doença associada ao tabagismo não foi a causa imediata do evento morte e que o paciente possuía outros hábitos de risco, além de reconhecer que a literatura médica não é unânime quanto à tese de que a tromboangeíte obliterante se manifesta exclusivamente em fumantes. 10. Não há como acolher a responsabilidade civil por uma genérica violação do dever de informação diante da alteração dos paradigmas legais e do fato de que o fumante optou por prosseguir no consumo do cigarro em período no qual já havia a divulgação ostensiva dos malefícios do tabagismo e após ter sido especificamente alertado pelos médicos a respeito dos efeitos da droga em seu organismo, conforme expresso no acórdão recorrido. 11. Aquele que, por livre e espontânea vontade, inicia-se no consumo de cigarros, propagando tal hábito durante certo período de tempo, não pode, doravante, pretender atribuir a responsabilidade de sua conduta a um dos fabricantes do produto, que exerce atividade lícita e regulamentada pelo Poder Público. Tese análoga à firmada por esta Corte Superior acerca da responsabilidade civil das empresas fabricantes de bebidas alcóolicas" (STJ, REsp 1.322.964/RS, 3.ª Turma, Rel. Min. Ricardo Villas Bôas Cueva, j. 22.05.2018, *DJe* 1.º.06.2018).

Como antes exposto e com o devido respeito ao entendimento da jurisprudência superior brasileira, reafirmo que a minha opinião doutrinária é no sentido de distribuição justa e equitativa dos riscos assumidos pelas partes, a fixar o *quantum indenizatório* de acordo com a ideia do risco concorrente. Assim, não se filia aos julgados do STJ transcritos, muito menos aos entendimentos doutrinários que buscam afastar a indenização contra as empresas que comercializam o cigarro.

No campo da doutrina, destaque-se a obra coletiva intitulada *Estudos e pareceres sobre livre-arbítrio, responsabilidade e produto de risco inerente. O paradigma do tabaco. Aspectos civis e processuais*. O livro é coordenado pela Professora Titular da Universidade de São Paulo Teresa Ancona Lopez, contando com artigos e pareceres de Ada Pellegrini Grinover, Adroaldo Furtado Fabrício, Álvaro Villaça Azevedo, Arruda Alvim, Cândido Rangel Dinamarco, Eduardo Ribeiro, Fábio Ulhoa Coelho, Galeno Lacerda, Gustavo Tepedino, José Carlos Moreira Alves, José Ignácio Botelho de Mesquita, Judith Martins-Costa, Maria Celina Bodin de Moraes, Nelson Nery Jr., René Ariel Dotti, Ruy Rosado de Aguiar Júnior, além da própria coordenadora.[87]

Seja por um caminho ou outro, os pareceres procuram afastar a responsabilidade da empresa tabagista, enfrentando questões como nexo de causalidade, a culpa exclusiva da vítima, a inexistência de defeito no produto fumígero, o atendimento da boa-fé pela publicidade do cigarro, a incidência da prescrição, a questão da prova a ser construída na ação pelo fumante, entre outros.

De início, a respeito da ausência do nexo de causalidade, na maioria das vezes estará presente o elo entre os danos provados pelos consumidores de cigarro e o uso do produto.[88] Conforme outrora exposto, existem doenças exclusivas decorrentes do tabagismo, por exemplo, a doença de Buerger, e, nesses casos, o nexo causal é bem evidente e incontestável. Destaque-se que nenhum dos pareceres e estudos constantes da obra coletiva que se analisa enfrentou a questão dessa patologia, sendo os artigos e pareceres direcionados somente para os mais diversos tipos de câncer. Nota-se, contudo, que a decisão de improcedência publicada no *Informativo* n. 436 do STJ menciona tal doença.

Cumpre relembrar que quadros comparativos, como o exposto por Sérgio Luís Boeira, têm plenas condições de demonstrar que as doenças cancerígenas são causadas pelo uso do cigarro. Além disso, provas médicas e testemunhais têm o condão de comprovar qual era a marca utilizada pela vítima.

A título de exemplo, cite-se que, muitas vezes, consta das certidões de óbito elaboradas por médicos que a causa da morte foi o uso continuado do cigarro. Por fim, a estatística de mercado pode determinar com grau razoável de probabilidade qual era a marca consumida pelo falecido ou doente.

A respeito do nexo causal, insta deixar bem claro que a responsabilidade civil das empresas de tabaco é objetiva, diante da comum aplicação do Código de Defesa do Consumidor. De maneira subsidiária, em *diálogo das fontes*, pode ainda ser utilizado o art. 931 do Código Civil, que trata da responsabilidade objetiva referente aos produtos colocados em circulação. Desse modo, não restam dúvidas de que o cigarro é um produto defeituoso, eis que não oferece

---

[87] LOPEZ, Teresa Ancona. *Estudos e pareceres sobre livre-arbítrio, responsabilidade e produto de risco inerente. O paradigma do tabaco. Aspectos civis e processuais*. Rio de Janeiro: Renovar, 2009.
[88] Entendendo pela ausência de nexo causal na questão relativa aos danos decorrentes do uso do cigarro, ver, naquela obra coletiva, as posições de Gustavo Tepedino, José Carlos Moreira Alves, Galeno Lacerda e Nelson Nery Jr. (LOPEZ, Teresa Ancona. *Estudos e pareceres sobre livre-arbítrio, responsabilidade e produto de risco inerente*, cit.).

segurança aos seus consumidores, levando-se em conta os perigos à saúde (art. 12, § 1.º, da Lei n. 8.078/1990).

Em reforço, podem ainda ser subsumidos os dispositivos consumeristas que tratam da proteção da saúde e da segurança dos consumidores (arts. 8.º a 10 da Lei n. 8.078/1990). Pela simples leitura atenta dos dispositivos aventados e pelo senso comum, nota-se que são totalmente inconsistentes os argumentos de inexistência de defeito no cigarro, como parte da doutrina considera.[89] Talvez a questão até seja cultural, chocando-se, nesse sentido, o modo de agir e o pensamento de gerações distintas.

Nesse contexto de contraponto, não se pode negar que o produto perigoso é defeituoso quando causa danos ao consumidor. Essa é a essência contemporânea do conceito de defeito: o dano causado ao consumidor. Pensar ao contrário, ou seja, verificar o problema a partir da conduta, representa uma volta ao modelo subjetivo ou culposo no sistema consumerista. Em reforço, é imperioso relembrar que, nos casos de responsabilidade objetiva, o nexo causal pode ser formado pela lei, que qualifica a conduta que causou o dano (imputação objetiva).

Seguindo na abordagem do tema, pode-se dizer que está presente no caso do cigarro um *defeito de criação*, o qual afeta "as características gerais da produção em consequência de erro havido no momento da elaboração de seu projeto ou de sua fórmula".[90] Em casos tais, "o fabricante responde pela concepção ou idealização de seu produto que não tenha a virtude de evitar os riscos à saúde e segurança, não aceitáveis pelos consumidores, dentro de determinados 'standards'".[91]

Isso me parece claro e evidente, em especial pela perda de pessoas próximas pelo uso do cigarro e pela farta bibliografia médica que condena essa prática. Há gerações que não conseguiram vencer a luta pela vida contra o cigarro. Outras até hoje lutam contra os seus males, com algumas vitórias, dada a evolução da medicina. E para aqueles que pensam o contrário seria interessante interrogarem-se se seria aceitável o incentivo do uso do tabaco aos próprios filhos.

Conforme aponta a doutrina mais atenta, pode-se falar em defeitos ocultos, pelo problema quanto ao acesso à informação dos males do cigarro, principalmente se forem levados em conta aqueles que começaram a fumar antes do início da veiculação de informações sobre os males do produto.[92] Para que o argumento da ausência de nexo de causalidade fique devidamente afastado, cite-se, ainda, a correta aplicação da teoria da presunção de nexo de causalidade, utilizada em

---

[89] Considerando inexistente o defeito no cigarro, com o principal argumento de que o produto perigoso não é defeituoso, naquela obra coletiva; Adroaldo Furtado Fabrício, Álvaro Villaça Azevedo, Galeno Lacerda, Nelson Nery Jr., Ruy Rosado de Aguiar Jr. e Teresa Ancona Lopez.

[90] ALVIM, Arruda; ALVIM, Thereza; ALVIM, Eduardo Arruda; MARINS, James. *Código do Consumidor comentado*. 2. ed. 2. tir. São Paulo: RT, 1995. p. 103.

[91] ALVIM, Arruda; ALVIM, Thereza; ALVIM, Eduardo Arruda; MARINS, James. *Código do Consumidor comentado*, cit., p. 103.

[92] MORAES, Carlos Alexandre. *Responsabilidade civil das empresas tabagistas*. Curitiba: Juruá, 2009. p. 165.

alguns julgados, que tem relação direta com a *pressuposição de responsabilidade pela colocação das pessoas em risco pelo produto*.[93]

Voltando-se mais uma vez ao argumento do defeito, de fato, se o uso do cigarro não causar males à pessoa pelo seu uso continuado, o que até acontece, não há que falar em defeito. Por outra via, presente o prejuízo, o produto perigoso é elevado à condição de produto defeituoso, surgindo, então, a responsabilidade civil.

Sobre a questão do exercício regular de direito e da licitude da atividade desenvolvida cumpre destacar que o Direito Civil brasileiro admite a responsabilidade civil por atos lícitos.[94]

De início, cite-se a hipótese de legítima defesa putativa, em que o agente pensa que está tutelando imediatamente um direito seu, ou de terceiro, o que não é verdade. Conforme o art. 188, inc. I, do Código Civil, a legítima defesa não constitui ato ilícito. Concluindo pelo dever de indenizar, presente a legítima defesa putativa: "a legítima defesa putativa supõe negligência na apreciação dos fatos, e por isso não exclui a responsabilidade civil pelos danos que dela decorram" (STJ, REsp 513.891/RJ, 3.ª Turma, Rel. Min. Ari Pargendler, j. 20.03.2007, *DJ* 16.04.2007, p. 181).

Além da legítima defesa putativa, admite-se a responsabilidade civil decorrente do *estado de necessidade agressivo*. O art. 188, inc. II, do Código Civil enuncia que não constitui ato ilícito a deterioração ou destruição da coisa alheia, ou a lesão à pessoa, a fim de remover perigo iminente (estado de necessidade). Todavia, nos termos do art. 929 da atual codificação privada, se a pessoa lesada ou o dono da coisa, em casos tais, não for culpado do perigo, assistir-lhe-á direito à indenização do prejuízo que sofreu.

O exemplo clássico é o de um pedestre que vê uma criança gritando em meio às chamas que atingem uma casa. O pedestre arromba a porta da casa, apaga o incêndio e salva a criança. Nos termos dos dispositivos visualizados, se quem causou o incêndio não foi o dono da casa, o pedestre-herói terá que indenizá-lo, ressalvado o direito de regresso contra o real culpado (art. 930 do Código Civil).

Ora, seria irrazoável imaginar um sistema que ordena que uma pessoa em ato heroico tenha o dever de reparar, enquanto as empresas de tabaco, em condutas nada heroicas, tão somente lucrativas, sejam excluídas de qualquer responsabilidade pelos produtos perigosos postos em circulação.

Apesar desses argumentos, insta verificar que, muitas vezes, principalmente para os fumantes das décadas mais remotas, a questão do cigarro pode ser resolvida pela figura do abuso de direito. Isso porque as empresas não informavam dos males causados pelo produto, enganando os consumidores. Assim, estaria

---

[93] Sobre essa presunção do nexo causal na questão do cigarro, com a citação de outras decisões jurisprudenciais: MULHOLLAND, Caitlin Sampaio. *A responsabilidade civil por presunção de causalidade*, cit., p. 248-257.

[94] Argumentando pela licitude do ato de vender de cigarros na obra coletiva abordada: Adroaldo Furtado Fabrício, Ruy Rosado de Aguiar Jr. e Teresa Ancona Lopez.

configurada a publicidade enganosa, nos termos do art. 37, § 1.º, da Lei n. 8.078/1990, o que gera o seu dever de indenizar. Conforme dispõe o art. 187 do Código Civil de 2002, pode-se falar ainda em quebra da boa-fé, pela falsidade da informação, o que é muito bem exposto por Claudia Lima Marques em excelente e corajoso parecer sobre a questão.[95] Em suma, comercializar cigarros pode até ser considerado lícito, diante de um erro histórico cometido pela humanidade. Entretanto, comercializar o produto sem as corretas informações de seus males – já conhecidos pelas próprias empresas –, gerando danos, configura um ilícito por equiparação (art. 927, *caput*, do Código Civil), conforme bem aponta Lúcio Delfino.[96] Não nos fazem mudar de opinião os argumentos contrários, apesar dos grandes esforços da doutrina de escol.[97]

No que concerne à questão da publicidade, o parecer de Judith Martins-Costa quase chega a convencer, em especial pelos *argumentos realeanos*. Aduz a jurista:

> "Traduzindo esses dados para as categorias teóricas do tridimensionalismo de Miguel Reale, observaremos que o *fato* da consciência social acerca dos malefícios do cigarro tem permanecido, através dos tempos, relativamente o mesmo; porém esse fato (a consciência social) *recebe diferentes valorações sociais e jurídicas no curso dos tempos*, resultando, então, em diferentes recepções normativas por parte do Direito. Quando a consciência social dos males do fumo convivia com a sua 'glamourização' sociocultural, havia uma ampla tolerância jurídica; porém passa-se, progressivamente, à 'desglamourização' sociocultural do fumo, em virtude da ascensão ao *status* de valor social do culto à saúde. Então, verifica-se uma relativa intolerância jurídica, expressa nas leis e medidas administrativas restritivas ao fumo e na regulação da propaganda de cigarros".[98]

A conclusão a que chega mais à frente, quanto à oferta e à boa-fé, é a de que não é possível interpretar as situações jurídicas do passado com a realidade social do presente e vice-versa. Assim, alega que houve equívoco do julgador do Tribunal gaúcho ao condenar a empresa Souza Cruz, eis que agiu "trazendo a pré-compreensão e interpretação *hoje devidas* ao princípio da boa-fé objetiva para selecionar, filtrar, apreciar e, finalmente, julgar fatos ocorridos nas longínquas décadas de 40 e 50 do século passado, deixando de lado os dados contextuais e ignorando a circunstancialidade em que o conhecimento das concretas situações

---

[95] MARQUES, Claudia Lima. Violação do dever de boa-fé, corretamente, nos atos negociais omissivos afetando o direito/liberdade de escolha. Nexo causal entre a falha/defeito de informação e defeito de qualidade nos produtos de tabaco e o dano final morte. Responsabilidade do fabricante do produto, direito a ressarcimento dos danos materiais e morais, sejam preventivos, reparatórios ou satisfatórios. *Revista dos Tribunais*, São Paulo: RT, n. 835, p. 74-133, 2005.

[96] DELFINO, Lúcio. *Responsabilidade civil e tabagismo*. Curitiba: Juruá, 2008. p. 265-325.

[97] Excluindo a responsabilidade das empresas pela questão da publicidade que não pode ser tida como enganosa ou abusiva, naquela obra coletiva: Fábio Ulhoa Coelho, Adroaldo Furtado Fabrício e Gustavo Tepedino.

[98] MARTINS-COSTA, Judith. Ação indenizatória. Dever de informar do fabricante sobre os riscos do tabagismo. In: LOPEZ, Teresa Ancona (Coord.). *Estudos e pareceres sobre livre-arbítrio, responsabilidade e produto de risco inerente*. O paradigma do tabaco. Aspectos civis e processuais. Rio de Janeiro: Renovar, 2009. p. 284.

de vida relativas ao tratamento jurídico dos riscos do tabagismo efetivamente se processa".[99] Anote-se que os fortes argumentos da jurista foram utilizados no julgamento do Superior Tribunal de Justiça publicado no seu *Informativo* n. *432*.

As lições da doutrinadora, na verdade, servem em parte para a premissa jurídica que aqui se propõe. A boa-fé objetiva, a veiculação da oferta do cigarro e as experiências sociais do passado devem ser levadas em conta para a fixação do *quantum debeatur*, por interação direta com a assunção dos riscos pelas empresas e fumantes.

Todavia, não se pode dizer que tais deduções sociais servem para excluir totalmente a responsabilidade ou a ilicitude das condutas das empresas de tabaco, inclusive na questão da publicidade, como quer a jurista gaúcha. Não se pode colocar totalmente o peso do risco em cima dos consumidores, como se pretende. Em verdade, a boa-fé objetiva e o dever de informar servem para calibrar as condutas, influindo diretamente na ponderação e na fixação das responsabilidades de cada uma das partes envolvidas.

No que toca ao argumento do *livre-arbítrio*, esse já foi exaustivamente rebatido. Cumpre discorrer sobre ele um pouco mais, eis que farta doutrina partidária da conclusão da irreparabilidade utiliza-o.[100] Na realidade pós-moderna, não há o citado *livre-arbítrio*, conceito essencialmente liberal da modernidade, modelo no qual algumas gerações de juristas se formou. O que existe na contemporaneidade é uma inafastável e irresistível tendência de intervenção estatal, de dirigismo negocial, a fim de proteger partes vulneráveis (consumidores, trabalhadores, aderentes, mulheres sob violência, crianças e adolescentes, além de outras questões subjetivas) e valores fundamentais (moradia, saúde, segurança, função social, vedação do enriquecimento sem causa e da onerosidade excessiva, entre outros aspectos de valoração objetiva).

Eis mais uma ideia que conflita gerações no Direito. Em reforço, cumpre lembrar as palavras do Desembargador Caetano Lagrasta, em julgado do Tribunal de São Paulo, no sentido de que o argumento do livre-arbítrio parece fundamentar uma pretensa religião que cultua o cigarro. Em reforço, fica a dúvida se realmente havia um *livre e irrestrito arbítrio* relativamente aos fumantes do passado remoto.

Quanto a argumentos acessórios atinentes à liberdade e à autonomia privada, caso da vedação do comportamento contraditório, insta deixar claro que a máxima do *venire contra factum proprium* não consegue vencer valores fundamentais, caso da tutela da saúde, que está no art. 6.º da Constituição Federal (*técnica de ponderação*, adotada expressamente pelo art. 489, § 2.º, do CPC/2015).[101]

---

[99] MARTINS-COSTA, Judith. Ação indenizatória. Dever de informar do fabricante sobre os riscos do tabagismo, cit., p. 289.

[100] Discorrendo de forma profunda sobre o livre-arbítrio e a liberdade do fumante, em uma visão liberal, naquela obra coletiva: Teresa Ancona Lopez, Álvaro Villaça Azevedo, Galeno Lacerda, Nelson Nery Jr., Maria Celina Bodin de Moraes e René Ariel Dotti.

[101] Na citada obra coletiva, enquadrando o fumante que pleiteia a indenização na vedação do comportamento contraditório que decorre da boa-fé: Teresa Ancona Lopez, Nelson Nery Jr. e Gustavo Tepedino.

Por fim, o argumento principal a ser rebatido é o da culpa exclusiva da vítima. Esse parece ser o maior *sofisma jurídico* pregado por parte da doutrina e da jurisprudência, que concluem pela inexistência de dever de indenizar os fumantes ou seus familiares, ferindo a lógica do razoável. Não se pode admitir que a carga de culpa fique somente concentrada no consumidor, sobretudo se as empresas de cigarro assumem um risco-proveito, altamente lucrativo. O argumento é por completo inócuo nos casos de fumantes passivos, caso, por exemplo, de trabalhadores de locais em que o fumo vem – ou vinha – a ser permitido (*v.g.*, casas noturnas e restaurantes), que acabam se enquadrando no conceito de consumidor por equiparação ou *bystander* (art. 17 do CDC). Há até o cúmulo das vozes argumentativas que pregam que a pessoa fuma para depois pleitear indenização ou para que seus familiares o façam. Quem já vivenciou os últimos dias de um fumante sabe muito bem como o argumento é descabido, seja do ponto de vista fático ou social.

A minha conclusão é a de que o problema do cigarro deve ser resolvido pela *teoria do risco concorrente*. Na linha das lições de Judith Martins-Costa antes esposadas, dois momentos distintos devem ser imaginados para duas soluções do mesmo modo discrepantes. Atente-se para o fato de que as soluções são de divisões diferentes das responsabilidades, sem a atribuição do ônus de forma exclusiva a apenas um dos envolvidos.

De início, para aqueles que começaram a fumar antes da publicidade e da propaganda de alerta, o fator de assunção do risco deve ser diminuído ou até excluído, eis que não tinham conhecimento – ou não deveriam ter – de todos os males causados pelo fumo. Muitas dessas pessoas foram enganadas anos a fio. Aqui se enquadram os que passaram a consumir cigarros antes do início do século XXI e que são justamente os personagens principais das demandas em curso perante o Poder Judiciário brasileiro.

O maior índice de risco assumido, por óbvio, está na conduta dos fabricantes e comerciantes de cigarros, até porque sabiam ou deveriam saber dos males do produto. É possível deduzir ainda que, diante do grau de instrução do brasileiro comum, não se pode atribuir qualquer índice de riscos aos consumidores, aplicando-se a reparação integral dos danos. Entretanto, aumentando o grau de esclarecimento do fumante, a ponderação deve ser diversa.

Para ilustrar, se uma pessoa altamente esclarecida começou a fumar nos anos 1980, sendo razoável que ela sabia dos males do cigarro, o grau de risco assumido deve ser em torno de 10% ou 20%, enquanto os outros 90% ou 80% correm por conta da empresa de tabaco. Na mesma hipótese, mas envolvendo um analfabeto sem instrução cultural, o grau de risco será de 100% por parte da empresa.

Por outra via, para aqueles que iniciaram o hábito mais recentemente – devidamente informados, sabendo e conhecendo os males do cigarro – a situação é diferente. Inverte-se o raciocínio, uma vez que a maior carga de risco assumido se dá por parte do fumante. Nesse contexto, pode-se imaginar 90% de risco por parte do fumante e 10% pela empresa; 80% de risco pelo fumante e 20% pela empresa, e assim sucessivamente, o que depende da análise caso a caso pelo aplicador do Direito. Contudo, mesmo em casos tais não se pode admitir a culpa ou o fato exclusivo da vítima, havendo, na verdade, um risco concorrente. Eis mais um exemplo de que a resolução do problema pela concausalidade pode ser favorável ao consumidor, pois em circunstâncias normais poder-se-ia falar em culpa exclusiva do consumidor, como faz parte da doutrina e da jurisprudência, muitas vezes amparada no livre-arbítrio.

Concluindo, a indenização deve ser fixada de acordo com os riscos assumidos pelas partes, aplicando-se a equidade e buscando-se o critério máximo de justiça. Um sistema justo, equânime e ponderado de responsabilidade civil é aquele que procura dividir os custos do dever de indenizar de acordo com os seus participantes e na medida dos riscos assumidos por cada um deles.

7. A RESPONSABILIDADE CIVIL PELO CÓDIGO DE DEFESA DO CONSUMIDOR E O *RECALL*

O *recall*, *rechamada* ou *convocação* tornou-se um acontecimento constante no mercado de consumo. A palavra *recall* está assim traduzida no *Dicionário Aulete*, um dos poucos em que o verbete é encontrado: "Convocação. Em países de língua inglesa e no Brasil, nome do procedimento em que o fornecedor convoca, por meio de anúncios veiculados na imprensa, os compradores de seu produto, quando constatado um defeito de fabricação, a fim de corrigi-lo antes que cause acidente, prejuízo, dano etc. ao consumidor".[102]

Todos os anos, milhares de empresas convocam os seus consumidores para a troca de peças ou mesmo de todo o produto, visando afastar eventuais danos futuros. Na *mass consumption society* ou sociedade de consumo de massa, as trocas mais comuns são de peças de veículos e de brinquedos infantis.

Não se pode negar que o ato dos fornecedores de convocar os consumidores é uma ação movida pela boa-fé objetiva, em especial na fase pós-contratual ou pós-consumo. Agem assim os fabricantes movidos pela orientação constante do art. 4.º, inc. III, e do art. 6.º, inc. II, da Lei n. 8.078/1990. Não olvidam, do mesmo modo, as normas que vedam aos fornecedores manter no mercado de consumo produtos que saibam ser perigosos (arts. 8.º e 10 da Lei Consumerista), bem como o comando que enuncia o dever de informar a respeito dos riscos e perigos relativos aos bens de consumo (art. 9.º do CDC). Anote-se que o dever de retirar do mercado produto perigoso ou nocivo constava expressamente do art. 11 da Lei n. 8.078/1990, norma que foi vetada pelo então Presidente da República.

Era a redação da norma vetada: "Art. 11. O produto ou serviço que, mesmo adequadamente utilizado ou fruído, apresenta alto grau de nocividade ou periculosidade será retirado imediatamente do mercado pelo fornecedor, sempre às suas expensas, sem prejuízo da responsabilidade pela reparação de eventuais danos". Foram razões do veto:

---

[102] Dicionário disponível para os assinantes do sítio *Universo On-Line* em: <http://aulete.uol.com.br>. Acesso em: 10 maio 2018.

"O dispositivo é contrário ao interesse público, pois, ao determinar a retirada do mercado de produtos e serviços que apresentem 'alto grau de nocividade ou periculosidade', mesmo quando 'adequadamente utilizados', impossibilita a produção e o comércio de bens indispensáveis à vida moderna (*e.g.* materiais radioativos, produtos químicos e outros). Cabe, quanto a tais produtos e serviços, a adoção de cuidados especiais, a serem disciplinados em legislação específica".

Deve ficar claro que tal veto não prejudica o dever de se fazer o *recall*, prática que se mostrou até mais efetiva do que a simples retirada do produto. O que se verifica no *recall* é um ato de convocação dos fornecedores para que os consumidores ajam em colaboração ou cooperação, um dos ditames da boa-fé objetiva. Não restam dúvidas de que há um paralelo entre a responsabilidade pós-contratual ou *post pactum finitum* e a prática do *recall*, aplicando-se o princípio da boa-fé nessa fase negocial. Tal interação é muito bem delineada por Rogério Ferraz Donnini, sendo pertinente destacar suas palavras:

"O *recall* evita que o fornecedor suporte uma gama enorme de ações de indenização daqueles que eventualmente sofreriam prejuízos, desde que a substituição do produto nocivo ou perigoso seja realizada de maneira apropriada. O *recall*, assim, não caracteriza uma culpa do fornecedor após a extinção do contrato firmado com o consumidor. Ao contrário. Trata-se de expediente preventivo. Há, em verdade, a antecipação do fornecedor para que o fato que provavelmente sucederia (dano) não se concretize. Embora essa substituição de produto ocorra normalmente após extinto o contrato, inexiste culpa do fornecedor. Não há, destarte, responsabilidade civil do fornecedor, haja vista que o prejuízo ainda não ocorreu. Desde que seja feita a troca da peça avariada de forma adequada, foram os deveres acessórios cumpridos".[103]

De fato, se há a troca, o dano não estará presente, não se cogitando o dever de indenizar do fornecedor. Nessa linha vem decidindo a jurisprudência nacional. A título de exemplo, do Tribunal do Distrito Federal: "Ação coletiva. CDC. Alegação de riscos a consumidores. Exposição a produtos viciados ou defeituosos que foram objeto de *recall*. Danos morais. Inocorrência. O recolhimento preventivo de brinquedo (*recall*) em face de defeito na concepção ou de componente nocivo à saúde, não gera, por si só, danos morais. Precedentes do STJ" (TJDF, Recurso 2007.01.1.110169-4, Acórdão 329.335, 2.ª Turma Cível, Rel. Des. Carmelita Brasil, *DJDFTE* 12.11.2008, p. 77). Na mesma perspectiva, do Tribunal do Rio Grande do Sul:

"Indenização. Danos morais e materiais. Convocação para troca de equipamentos através de *recall*. Impossibilidade de reparação de dano hipotético ou potencial. Não há se falar em dano moral ou material em decorrência de convocação da autora para troca de equipamentos em seu veículo através de *recall* pela simples preocupação advinda com a ciência do defeito ou

---

[103] DONNINI, Rogério Ferraz. *Responsabilidade pós-contratual no Código Civil e no Código de Defesa do Consumidor*. São Paulo: Saraiva, 2004. p. 125.

pelo não abatimento do valor do carro no momento da compra. Não existe reparação de dano hipotético ou potencial. Além do mais, não há se falar em danos materiais se o preço de venda do veículo foi superior ao preço de compra. Não é qualquer dissabor, ou qualquer incômodo, que dá ensejo à indenização por abalo moral. É preciso se ter em conta, sempre, que não se pode estimular a proliferação da chamada 'indústria do dano moral'. Apelo improvido" (TJRS, Acórdão 70004786117, 5.ª Câmara Cível, Porto Alegre, Rel. Des. Marco Aurélio dos Santos Caminha, j. 25.09.2003).

Por outra via, se o problema na coisa é anterior ao *recall*, a convocação posterior para a troca evidencia o vício, surgindo a obrigação de reparar do fabricante, com base no Código de Defesa do Consumidor, conforme reconhecido pelo Superior Tribunal de Justiça na ementa a seguir colacionada:

"Civil. Processual civil. Recurso especial. Direito do Consumidor. Veículo com defeito. Responsabilidade do fornecedor. Indenização. Danos morais. Valor indenizatório. Redução do *quantum*. Precedentes desta Corte. 1. Aplicável à hipótese a legislação consumerista. O fato de o recorrido adquirir o veículo para uso comercial – táxi – não afasta a sua condição de hipossuficiente na relação com a empresa-recorrente, ensejando a aplicação das normas protetivas do CDC. 2. Verifica-se, *in casu*, que se trata de defeito relativo à falha na segurança, de caso em que o produto traz um vício intrínseco que potencializa um acidente de consumo, sujeitando-se o consumidor a um perigo iminente (defeito na mangueira de alimentação de combustível do veículo, propiciando vazamento causador do incêndio). Aplicação da regra do art. 27 do CDC. 3. O Tribunal *a quo*, com base no conjunto fático-probatório trazido aos autos, entendeu que o defeito fora publicamente reconhecido pela recorrente, ao proceder ao *recall* com vistas à substituição da mangueira de alimentação do combustível. A pretendida reversão do *decisum* recorrido demanda reexame de provas analisadas nas instâncias ordinárias. Óbice da Súmula 7/STJ. 4. Esta Corte tem entendimento firmado no sentido de que, 'quanto ao dano moral, não há que se falar em prova, deve-se, sim, comprovar o fato que gerou a dor, o sofrimento, sentimentos íntimos que o ensejam. Provado o fato, impõe-se a condenação' (Cf. AGA 356.447/RJ, *DJ* 11.06.2001). 5. Consideradas as peculiaridades do caso em questão e os princípios de moderação e da razoabilidade, o valor fixado pelo Tribunal *a quo*, a título de danos morais, em 100 (cem) salários mínimos, mostra-se excessivo, não se limitando à compensação dos prejuízos advindos do evento danoso, pelo que se impõe a respectiva redução a quantia certa de R$ 5.000,00 (cinco mil reais). 6. Recurso conhecido parcialmente e, nesta parte, provido" (STJ, REsp 575.469/RJ, 4.ª Turma, Rel. Min. Jorge Scartezzini, j. 18.11.2004, *DJ* 06.12.2004, p. 325).

Do ano de 2021, transcrevo o seguinte aresto superior, que confirmou o entendimento a inferior instância, em situação concreta de *recall* em veículo: "na hipótese, as provas demonstraram tratar-se de defeito de fabricação do produto, acarretando a responsabilidade do fabricante, que independe de culpa, conforme disposto no Código Consumerista. (...). No caso concreto, os danos morais restaram caracterizados, pois o acidente, decorrente do defeito apresentado pelo produto, já é causa suficiente para configurar abalo moral devido à angústia, dor e sofrimento ao consumidor. Acolher as teses de ausência de inexistência de defeito no veículo e de ausência do dever de indenizar demandaria exceder os fundamentos do acórdão atacado e adentrar no exame das provas, procedimentos vedados em recurso especial em virtude do disposto na Súmula nº 7/STJ" (STJ, Ag. Int no REsp 1.861.275/MA, 3.ª Turma, Rel. Min. Ricardo Villas Bôas Cueva, j. 01.03.2021, *DJe* 09.03.2021).

Na mesma linha, podem ser colacionadas duas decisões do Tribunal Paulista, entre os numerosos arestos estaduais que chegam à mesma conclusão:

"Apelação digital. Responsabilidade civil. Indenização por dano moral e material. Cerceamento de defesa. Inocorrência. Irresignação da corré Ford quanto à sua responsabilização e consequente condenação em danos morais (R$ 10.000,00) e da Autora quanto à não condenação em danos materiais (franquia), além da busca pela majoração do valor da indenização por danos morais. Acidente ocasionado pela falha no sistema de frenagem do veículo. Problema no sistema de freios que demandou inclusive o *recall* do veículo da Autora. Alegada culpa da consumidora pela ocorrência do acidente que deveria ser demonstrado pela corré (art. 12, § 3.º, III, do CDC), no que não se mostrou diligente. Autora que teve sua vida e integridade física colocadas em risco e ainda ficou privada de seu veículo até o efetivo reparo. Dano moral configurado. Dever de indenizar caracterizado. Valor arbitrado em R$ 10.000,00 que se mostra razoável. Congruência entre as funções ressarcitória e punitiva. Dano material não comprovado. Termo inicial para a incidência dos juros de mora a partir da citação, por se tratar de relação contratual e não do evento danoso (art. 240 do CPC). Sentença de parcial procedência mantida, inclusive a sucumbência. Recurso adesivo da Autora não provido e parcialmente provido o recurso da corré Ford" (TJSP, Apelação 1004841-27.2015.8.26.0606, Ac. 9888398, 37.ª Câmara de Direito Privado, Suzano, Rel. Des. João Pazine Neto, j. 11.10.2016, *DJESP* 20.10.2016).

"Indenização. Dano moral. Acidente de veículo com evento morte. Cinto de segurança traseiro. Defeito de fabricação. *Recall* posterior ao evento. Ônus da prova do fabricante. Considerações sobre a Teoria da carga dinâmica da prova. Dano moral configurado. Sentença reformada. Recurso provido, por maioria" (TJSP, Apelação 0281461-98.2009.8.26.0000, 8.ª Câmara de Direito Privado, Registro, Rel. Des. Caetano Lagrasta, j. 15.08.2012).

Entretanto, situação mais intrincada se faz presente quando o consumidor – avisado ou não – não troca o produto com defeito, vindo a ocorrer o evento danoso. A primeira questão a ser esclarecida é a de que, em casos tais, haverá responsabilidade do fornecedor diante do produto nocivo ou que apresenta riscos. A questão da informação, aqui, é importante para se atenuar a responsabilidade deste. Consigne-se que pode ser encontrada decisão que responsabilizou exclusivamente componente da cadeia de consumo – no caso, o comerciante – por não ter atendido à clara convocação dos consumidores para a troca de produtos:

"Consumidor. Fato do produto. Ingestão de produto (*toddynho*) que resultou em problemas estomacais. *Recall* publicado para a substituição do produto, não atendido pelo supermercado, o qual possui responsabilidade objetiva. Nexo de causalidade presente. Dano moral *in re ipsa*. Lesão à saúde do consumidor. Dever de indenizar. Dano material representado pelas despesas de aquisição do produto e gastos com atendimento. Sentença de improcedência reformada. Deram provimento ao recurso" (TJRS, Recurso Cível 71001416346, 1.ª Turma Recursal Cível, Porto Alegre, Rel. Des. Heleno Tregnago Saraiva, j. 15.05.2008, *DOERS* 20.05.2008, p. 106).

Ora, se o consumidor não foi devidamente informado – pois os meios de comunicação da *convocação* foram insuficientes ou equivocados –, a responsabilidade do fornecedor será integral pela soma da colocação de um produto perigoso no mercado com a falha na informação. Com base em norma que consta da Lei n. 8.078/1990, alerte-se que o ônus da prova a respeito da comunicação cabe ao fornecedor (art. 38).

Temática ainda mais complicada está relacionada à hipótese em que o consumidor é devidamente comunicado do *recall*, o que é provado pelo fornecedor ou decorre das circunstâncias e do bom senso, mas não o atende, vindo a ocorrer o infortúnio. A título de exemplo, uma montadora de veículos convoca os consumidores de determinado modelo *popular* a fazerem um reforço no engate do cinto de segurança que, segundo estudos técnico-científicos, apresenta riscos de se soltar em casos de freadas bruscas. Diante da enorme quantidade de unidades do automóvel, o *recall* é anunciado na TV aberta, em jornais, no rádio e na *internet*.

Atendendo ao seu dever de informar, a montadora envia cartas para todos os seus consumidores com aviso de recebimento e mensagens eletrônicas com certificação de leitura pelos destinatários. Determinado consumidor, que foi devidamente avisado do *recall*, conforme prova que pode ser construída pelo fornecedor, resolve não atender à convocação, assumindo os riscos de utilizar o veículo problemático.

Em certa ocasião, o consumidor, ao dirigir o seu veículo, freia bruscamente e o cinto de segurança não consegue segurar o impacto, vindo o motorista a chocar o seu rosto contra o para-brisa. A colisão causa-lhe danos materiais, morais e estéticos, o que faz a vítima ingressar com ação indenizatória em face do fabricante do veículo, pela presença do fato do produto (art. 12 do Código de Defesa do Consumidor).

Em situações tais, não se pode afastar o dever de indenizar do fabricante, presente o defeito do produto colocado em circulação. Entretanto, a vítima, ao não atender o *recall*, assumiu o risco, devendo a indenização ser reduzida razoavelmente, de acordo com as circunstâncias. Incidem, na espécie, as normas dos arts. 944 e 945 do Código Civil e a *teoria do risco concorrente*. Verifica-se, desse modo, que o risco assumido é a construção mais adequada, uma vez que não se pode atribuir culpa exclusiva ao consumidor ao não atender a convocação. Isso porque não se pode falar em desrespeito a um dever principal legal ou contratual.

Em verdade, é até possível alegar violação de um dever anexo por parte do consumidor, no caso, do dever de colaboração ou cooperação. No entanto, entendo que a ideia de risco concorrente tem melhor *encaixe* no tipo descrito.

Na concreção exposta, entende-se que o percentual de risco é maior por parte do consumidor e em menor montante por parte do fornecedor, que procurou minorar as consequências da exposição de outrem ao perigo.

Pode-se ainda trabalhar com algumas variações, tais como 70% de risco do consumidor e 30% de risco do fornecedor. Exemplificando, se a vítima pleiteia no problema descrito reparação integral de R$ 10.000,00 (dez mil reais), esta será fixada em valor próximo a R$ 3.000,00 (três mil reais). Evidencie-se, mais uma vez, que não se pode afirmar que a conclusão pela *teoria do risco concorrente* é contrária aos interesses dos consumidores, pois alguns julgadores poderiam apontar que, na problematização ora descrita, houve culpa exclusiva da vítima ou do consumidor.

A encerrar o presente tópico, nota-se que a tese da concausalidade pelos riscos demonstra ter efetiva aplicação prática. Mais do que isso, mostra ser razoável e equânime, na linha do preceito máximo de justiça de "dar a cada um o que é seu". Valem as palavras no sentido de que não se pode atribuir a uma das partes, em hipóteses tais, o papel isolado de único causador do evento danoso, o que acaba sendo uma visão maniqueísta e superada, a qual procura dividir a responsabilidade civil em *heróis* e *vilões*.

Sintetizando, no caso do *recall*, é possível dividir as responsabilidades de acordo com as contribuições dos envolvidos no caso concreto, notadamente pelos riscos assumidos.

8. DA RESPONSABILIDADE CIVIL DECORRENTE DA OFERTA OU PUBLICIDADE REGULADA PELO CÓDIGO DE DEFESA DO CONSUMIDOR

8.1. Panorama geral sobre a tutela da informação e o Código de Defesa do Consumidor

O Código Brasileiro de Defesa do Consumidor tem um cuidado especial com a valorização da boa-fé objetiva e da aparência, trazendo um Direito Privado mais concreto e efetivo, e menos formalizado. Esse caminho de escolha fica evidenciado pelo estudo da proteção relativa à oferta e à publicidade.

Além da relação com o princípio da boa-fé objetiva, o amplo amparo da oferta interage com o princípio da transparência ou da confiança. O mundo contemporâneo é caracterizado pela enorme velocidade e volume crescente de informações, *armas de sedução* utilizadas pelos fornecedores e prestadores para atraírem os consumidores à aquisição de produtos e serviços.

O tópico relativo ao tema no CDC (arts. 30 a 38) serve para proteger o vulnerável negocial, exposto a tais artifícios de atração. Lembre-se, igualmente, que, com o passar dos tempos, novas informações surgiram, o que não significa que houve a distribuição igualitária de dados entre as pessoas, eis que tais informações ficam inicialmente em poder de uma parcela de indivíduos, os *hipersuficientes da relação jurídica*.

Deve ser esclarecido que o termo *oferta* é genérico, devendo ser visto em sentido amplo (*lato sensu*), a englobar qualquer forma de comunicação ou transmissão da vontade que visa a seduzir ou a atrair o consumidor para a aquisição de bens. A construção, portanto, inclui a publicidade, principal artifício utilizado para fins de prestação de serviços ou fornecimento de produtos. Nesse contexto de definição, vejamos as palavras ilustrativas de Nelson Nery Jr. e Rosa Maria de Andrade Nery: "denomina-se oferta qualquer informação ou publicidade sobre preços e condições de produtos ou serviços, suficientemente precisa, veiculada por qualquer forma. Pode haver oferta por anúncio ou informação em vitrine, gôndola de supermercados, jornais, revistas, rádio, televisão, cinema, Internet, videotexto, fax, telex, catálogo, mala-direta, *telemarketing, outdoors,* cardápios de restaurantes, lista de preços, guias de compras, prospectos, folhetos, panfletos etc.".[104]

Do ponto de vista técnico-terminológico, não se pode confundir a *publicidade*, que tem fins de consumo e de circulação de riquezas, com a *propaganda*, que tem finalidades políticas, ideológicas ou sociais. Isso, apesar da existência de alguns doutrinadores que entendem que as expressões são sinônimas do ponto de vista jurídico, caso de Rizzatto Nunes.[105] Anote-se que também no Superior Tribunal de Justiça podem ser encontradas decisões entendendo pela sinonímia entre os termos (veja-se, sem prejuízo de outros acórdãos que ainda serão transcritos: REsp 1.151.688/RJ, 4.ª Turma, Rel. Min. Luis Felipe Salomão, j. 17.02.2011, *DJe* 22.02.2011; e STJ, REsp 1057828/SP, 2.ª Turma, Rel. Min. Eliana Calmon, j. 02.09.2010, *DJe* 27.09.2010).

Para os corretos fins de distinção, como bem esclarece Antonio Herman Benjamin, "os termos publicidade e propaganda são utilizados indistintamente no Brasil. Não foi esse, contudo, o caminho adotado pelo Código de Defesa do Consumidor. Não se confundem publicidade e propaganda, embora, no dia a dia do mercado, os dois termos sejam utilizados um pelo outro. A publicidade tem um objetivo comercial, enquanto a propaganda visa a um fim ideológico, religioso, filosófico, político, econômico ou social. Fora isso, a publicidade, além de paga, identifica seu patrocinador, o que nem sempre ocorre com a propaganda".[106] As diferenças apontadas constam do quadro a seguir:

Publicidade	Propaganda
Tem fins comerciais, de consumo e circulação de riquezas.	Tem fins políticos, sociais, culturais e ideológicos.
Envolve uma remuneração direta, diante de seu intuito de lucro.	Não tem intuito de lucro.
Tem sempre um patrocinador.	Nem sempre tem um patrocinador.
Exemplo: anúncio publicitário de uma loja de eletrodomésticos ou de uma montadora de veículos.	Exemplo: propaganda do governo para uso de preservativo no carnaval.

---

[104] NERY JR., Nelson; NERY, Rosa Maria de Andrade. *Código Civil anotado*, cit., p. 932.
[105] RIZZATTO NUNES, Luiz Antonio *Comentários ao Código de Defesa do Consumidor*, cit., p. 418-419.
[106] BENJAMIN, Antonio Herman. V.; MARQUES, Claudia Lima; BESSA, Leonardo Roscoe. *Manual de Direito do Consumidor*, cit., p. 229.

A partir do quadro exposto, constata-se, como outro exemplo prático, que, como não há propaganda para os fins de venda de produtos ou serviços, não existe a figura do "*garoto propaganda*", sendo o termo correto "*garoto publicidade*".

Feitos tais esclarecimentos técnicos, cumpre destacar que a oferta e a publicidade envolvem a formação do contrato de consumo, notadamente a sua fase pré-contratual. Nesse contexto, o Código de Defesa do Consumidor, ao contrário do Código Civil de 2002 (arts. 427 a 435 e 462 a 466), não especifica, com riqueza de detalhes, regras sobre a formação do contrato de consumo.

Isso faz com que seja possível, eventualmente, buscar socorro nas regras comuns de Direito Privado quando houver dúvida a respeito da constituição da obrigação de natureza consumerista, particularmente tendo em vista a festejada teoria do *diálogo das fontes*, normalmente invocada (*diálogo de complementaridade*). Essa interação entre as leis serve também para resolver os problemas relativos à formação dos contratos digitais ou eletrônicos, celebrados pela internet.

Vejamos as regras relativas ao tema no Código Consumerista, entre os arts. 30 a 38 da Lei n. 8.078/1990, sem prejuízo de outros regramentos igualmente aplicáveis à fase pré-negocial, ou seja, às tratativas iniciais para a formação do pacto de consumo.

8.2. A força vinculativa da oferta no art. 30 da Lei n. 8.078/1990

O art. 30 da Lei Consumerista traz em seu conteúdo os princípios da boa-fé objetiva e da transparência, ao vincular o produto, o serviço e o contrato ao meio de proposta e à publicidade, demonstrando que a conduta proba deve estar presente na fase pré-contratual do negócio de consumo. Enuncia o *caput* do comando que "toda informação ou publicidade, suficientemente precisa, veiculada por qualquer forma ou meio de comunicação com relação a produtos e serviços oferecidos ou apresentados, obriga o fornecedor que a fizer veicular ou dela se utilizar e integra o contrato que vier a ser celebrado".

Nas palavras do Ministro Herman Benjamin, o dispositivo traz um novo princípio, qual seja o *princípio da vinculação*, uma vez que o art. 30 do CDC dá caráter vinculante à informação e à publicidade, atuando de duas maneiras: "primeiro, obrigando o fornecedor, mesmo que se negue a contratar; segundo, introduzindo-se (e prevalecendo) em contrato eventualmente celebrado, inclusive quando seu texto o diga de modo diverso, pretendendo afastar o caráter vinculativo".[107]

Dessa forma, para se efetivar a vinculação, cabem as medidas de tutela específica previstas para as obrigações de fazer e não fazer, caso da busca e apreensão e da fixação de multa ou *astreintes* (art. 84 do CDC). Preceitua o importante art. 35 do Código Consumerista que, se o fornecedor de produtos ou serviços recusar o cumprimento à oferta, apresentação ou publicidade, o consumidor poderá, alternativamente e à sua livre escolha: *a)* exigir o cumprimento forçado

---

[107] BENJAMIN, Antonio Herman. V.; MARQUES, Claudia Lima; BESSA, Leonardo Roscoe. *Manual de Direito do Consumidor*, cit., p. 215.

da obrigação, nos termos da oferta, apresentação ou publicidade; *b)* aceitar outro produto ou prestação de serviço equivalente; *c)* rescindir o contrato, com direito à restituição de quantia eventualmente antecipada, monetariamente atualizada, e a perdas e danos (resolução do negócio com a consequente responsabilização civil). Em suma, efetiva-se sobremaneira a possibilidade de o consumidor fazer respeitar *a palavra dada* pelo fornecedor ou prestador quando de sua oferta prévia.

Deve ficar claro que, por uma questão de *escolha principiológica*, prefiro associar o art. 30 do CDC aos princípios da boa-fé e da função social do contrato, sendo certo que a norma em comento representa uma das mais fortes mitigações da força obrigatória da convenção (*pacta sunt servanda*) em todo o sistema jurídico nacional. Nesse contexto, não há a necessidade de criação de mais um princípio jurídico para justificar a norma, como preferem alguns juristas.

Constata-se que o art. 30 do CDC tem o condão de fazer prevalecer a oferta com relação às cláusulas contratuais. Então, simbolicamente, é como se o conteúdo do contrato fosse *rasgado* ou inutilizado e depois substituído pelo teor da informação prestada quando do início da contratação. Em outras palavras, todos os elementos que compõem a oferta passam a integrar automaticamente o conteúdo do negócio celebrado.

Fazendo-se o devido *diálogo* com o Código Civil de 2002, a força vinculativa da proposta consta do seu art. 427, sendo pertinente lembrar que são suas partes integrantes o proponente ou policitante – aquele que faz a proposta –, e o oblato ou policitado – aquele que recebe a proposta. Entretanto, ressalte-se que o texto privado não tem expressamente toda a força vinculante do texto consumerista.

Além disso, insta verificar que o Código Civil também trata da oferta ao público, no seu art. 429, dispondo o seu *caput* que "a oferta ao público equivale a proposta quando encerra os requisitos essenciais ao contrato, salvo se o contrário resultar das circunstâncias ou dos usos". Não restam dúvidas de que o último comando foi fortemente influenciado pelo CDC, sendo possível aplicar as duas leis em muitas situações, como naquelas envolvendo os contratos eletrônicos, em que há oferta geral de produtos ou serviços na *web*.

De toda sorte, ressalve-se que o Código Civil de 2002 estabelece em seu art. 428 algumas hipóteses em que a proposta não é obrigatória, não tendo força vinculativa. Como primeira exceção, deixa de ser obrigatória a proposta se, feita sem prazo a pessoa presente, não foi imediatamente aceita, o que é denominado *contrato com declaração consecutiva* (art. 428, inc. I, do CC).[108]

Igualmente, deixa de ser obrigatória a proposta originária se, feita sem prazo a pessoa ausente, tiver decorrido tempo suficiente para chegar a resposta ao conhecimento do proponente, chamado *contrato com declarações intervaladas* (art. 428, inc. II, do CC).[109] Ato contínuo de estudo do tema, a proposta não

---

[108] Cf. DINIZ, Maria Helena. *Curso de Direito Civil brasileiro*. Teoria geral das obrigações contratuais e extracontratuais. 25. ed. São Paulo: Saraiva, 2009. v. 3, p. 54.

[109] Cf. DINIZ, Maria Helena. *Curso de Direito Civil brasileiro*. Teoria geral das obrigações contratuais e extracontratuais, cit., p. 54-55.

será obrigatória se, feita a pessoa ausente, não tiver sido expedida a resposta dentro do prazo dado (art. 428, inc. III, do CC). Por fim, a obrigatoriedade da proposta é afastada se, antes dela, ou simultaneamente a ela, chegar ao conhecimento do oblato a retratação feita do proponente (art. 428, inc. IV, do CC).

Com o devido respeito, na minha opinião, tais previsões não se coadunam com o profundo sistema de proteção do CDC, não se aplicando aos contratos de consumo. Ademais, os preceitos civis expostos têm remota origem, estando superados, pois criados para outra realidade de comunicação. Por isso é necessária a alteração imediata dos dispositivos civis, para tratar dos contratos formados com o uso de novas tecnologias, o que está sendo almejado pelo projeto de Reforma do Código Civil, ora em tramitação no Congresso Nacional.

Na verdade, a diferenciação entre contratos entre presentes e entre ausentes que consta do Código Civil de 2002 ainda leva em conta o modelo de *contrato epistolar* (por cartas), no que concerne à comunicação a distância. Ficam as palavras de Bruno Miragem, com base em Claudia Lima Marques, no sentido de ter a oferta tratada pelo Código Civil consagrado a teoria da vontade, enquanto a oferta do CDC adotou a teoria da declaração, o que justifica as diferenças de tratamento.[110]

Superados tais *diálogos entre as fontes*, como não poderia ser diferente, várias são as decorrências práticas do art. 30 da Lei n. 8.078/1990 na jurisprudência nacional, inclusive com a adoção de medidas para fazer cumprir os exatos termos da oferta preliminar.

Um dos principais exemplos envolve a hipótese em que as empresas de plano de saúde são obrigadas a cumprir o informado pela mídia ou por instrumentos publicitários quanto à ausência de prazo de carência para a prestação serviços (plano *carência zero*). Vejamos duas das ementas que concluem desse modo, trazendo solução no plano da responsabilidade civil:

> "Responsabilidade civil. Plano de saúde. Injusta recusa do fornecedor de serviços de permitir a internação de emergência do consumidor, sob a alegação de que não havia sido ainda cumprido o prazo de carência. Ainda que esteja registrado no contrato de adesão a previsão de prazo de carência, a oferta veiculada ao consumidor prevalece sobre as limitações previstas no contrato de adesão. Incidência do disposto no art. 30 do CDC. Além disso, não merece prosperar o argumento do recorrente no sentido de que o consumidor teria agido de má-fé ao omitir o fato de ser portador de doença preexistente. Aplicação da teoria do risco do empreendimento, segundo o qual aquele que aufere os bônus tem que suportar os ônus. Se não teve o apelante o cuidado de saber com quem estava a contratar, ainda mais se for considerado o fato de ser o segurado tetraplégico e portador de deficiência mental, não tendo o mesmo, por óbvio, condições de ocultar seu peculiar e frágil estado de saúde, há de ser rechaçada a alegação de ter o mesmo agido de má-fé no momento da contratação. À míngua de recurso por parte do consumidor, deve restar mantida na íntegra a sentença atacada. Recurso conhecido e desprovido"

---

[110] MIRAGEM, Bruno. *Curso de Direito do Consumidor*, cit., p. 164.

(TJRJ, Apelação 2009.001.19028, 17.ª Câmara Cível, São Gonçalo, Rel. Des. Maria Ines da Penha Gaspar, j. 22.04.2009, *DORJ* 14.05.2009, p. 179).

"Ação de indenização. Contrato de seguro-saúde. Responsabilização por despesas de internação e tratamento. Ausência de exame pré-admissional para avaliação de doenças preexistentes. Carência 'zero' difundida através da mídia. Prestação de serviços subordinada ao Código de Defesa do Consumidor. Sistema privado de saúde, que complementa o público e assume os riscos sociais de seu mister. Direito absoluto à vida e à saúde que se sobrepõe ao direito obrigacional. Recurso não provido" (TJSP, Apelação Cível 104.633-4/SP, 3.ª Câmara de Direito Privado de julho/2000, Rel. Juiz Carlos Stroppa, j. 1.º.08.2000, v.u.).

Do mesmo modo, se uma instituição de ensino vincula previamente a possibilidade de descontos em caso de matrículas em determinado período, tal declaração passa a compor o contrato, cabendo medidas concretas para a efetivação da publicidade e, se for o caso, eventual indenização (TJDF, Recurso 2009.04.1.002085-9, Acórdão 497.239, 5.ª Turma Cível, Rel. Des. Angelo Passareli, *DJDFTE* 20.04.2011, p. 108; TJDF, Recurso 2009.04.1.002471-6, Acórdão 497.367, 5.ª Turma Cível, Rel. Des. Angelo Passareli, *DJDFTE* 20.04.2011, p. 108; e TJDF, Recurso 2005.01.1.101420-8, Acórdão 452.239, 1.ª Turma Cível, Rel. Des. Lécio Resende, *DJDFTE* 08.10.2010, p. 83).

Do Superior Tribunal de Justiça merece destaque o acórdão que concluiu pela responsabilidade solidária, por vício de qualidade do automóvel adquirido, do fabricante de veículos automotores que participa de publicidade, garantindo com a sua marca a excelência dos produtos ofertados por revendedor de veículos usados. Conforme consta do aresto, publicado no *Informativo* n. 562 do Tribunal da Cidadania:

"O princípio da vinculação da oferta reflete a imposição da transparência e da boa-fé nos métodos comerciais, na publicidade e nos contratos, de forma que esta exsurge como princípio máximo orientador, nos termos do art. 30 do CDC. Realmente, é inequívoco o caráter vinculativo da oferta, integrando o contrato, de modo que o fornecedor de produtos ou serviços se responsabiliza também pelas expectativas que a publicidade venha a despertar no consumidor, mormente quando veicula informação de produto ou serviço com a chancela de determinada marca. Trata-se de materialização do princípio da boa-fé objetiva, exigindo do anunciante os deveres anexos de lealdade, confiança, cooperação, proteção e informação, sob pena de responsabilidade" (STJ, REsp 1.365.609/SP, Rel. Min. Luis Felipe Salomão, j. 28.04.2015, *DJe* 25.05.2015).

A questão relativa à responsabilidade solidária que surge da vinculação da oferta ainda será aprofundada no presente capítulo.

Outra interessante ilustração, de acórdão do Tribunal paulista, é sobre a publicidade veiculada pelos órgãos de imprensa, envolvendo um famoso cantor sertanejo, segundo a qual haveria o sorteio de dois carros. Como houve apenas o sorteio de um automóvel, a empresa veiculadora foi obrigada a realizar o do outro, conforme a promessa anterior. Vejamos a curiosa ementa do julgado:

"Ação de obrigação de fazer. Divulgação enganosa de promoções. Em uma, 'Desculpe, mas eu vou chorar', seriam sorteados 700 ingressos do *show* de Leonardo e entre os ganhadores um carro; na outra, 'Promoção do Dia das Mães e do Dia dos Namorados', seriam sorteados 1.100 ingressos para assistir ao *show* de Leonardo e um carro. Sorteio de apenas um veículo, e não de dois carros como se extrai da divulgação das promoções. Propaganda que não atende os requisitos dos arts. 30 e 31 do CDC, motivo pelo qual o fornecedor deve ser compelido a cumprir a oferta. Recurso desprovido" (TJSP, Apelação 9130212-54.2003.8.26.0000, Acórdão 5019797, 7.ª Câmara de Direito Privado, São Paulo, Rel. Des. Pedro Baccarat, j. 23.03.2011, *DJESP* 13.04.2011).

Da mesma Corte Estadual, seguindo os exemplos, colaciona-se intrigante julgado que fez a oferta prevalecer nos moldes da simbologia antes exposta, mitigando fortemente a força obrigatória de uma convenção para a aquisição de um imóvel:

"Compromisso de compra e venda. Ação de cobrança julgada improcedente, dando-se por procedente a reconvenção. Material publicitário que ofertava o imóvel pelo preço de R$ 36.500,00, a ser financiado com instituição financeira. Contratado o financiamento com o ente financeiro, a construtora outorgou ao adquirente a escritura do imóvel, mas passou a exigir fosse firmada segunda promessa de venda e compra, prevendo financiamento suplementar, no valor de R$ 10.000,00. Impressos de publicidade que integram o contrato, gerando uma fonte de obrigação para o fornecedor (art. 30 do CDC). Abusividade manifesta da exigência de financiamento suplementar, que não prevalece (art. 51, IV, do CDC). Ademais, uma vez transferida a propriedade do imóvel aos compradores, esvaziou-se de objeto o segundo compromisso. Ação improcedente, procedente a reconvenção. Recurso improvido" (TJSP, Apelação 9094745-43.2005.8.26.0000, Acórdão 4884384, 1.ª Câmara de Direito Privado, São Paulo, Rel. Des. Paulo Eduardo Razuk, j. 30.11.2010, *DJESP* 14.03.2011).

Com precisão teórica, Herman Benjamin demonstra que o art. 30 do CDC não merece incidência nas situações de *simples exagero* ou *puffing*, que não obriga o fornecedor. Cita o jurista expressões exageradas permitidas, como "o melhor sabor", "o mais bonito", "o maravilhoso".[111] Obviamente, tais exageros são utilizados em um sentido genérico para atrair o consumidor, que não pode exigir que o produto seja o melhor de todos do mundo, segundo o seu gosto pessoal.

Para encerrar, algumas palavras devem ser ditas a respeito do *erro crasso, grosseiro* ou patente na vinculação da notícia, como nas hipóteses em que um determinado modelo de veículo é anunciado em jornais por preço muito menor, correspondente a 10% do seu valor de mercado. O tema é bem enfrentado por Rizzatto Nunes, para quem, em regra, não pode a empresa veiculadora da informação alegar o engano, a não ser "se a mensagem, ela própria, deixar patente o

---

[111] BENJAMIN, Antonio Herman. V; MARQUES, Claudia Lima; BESSA, Leonardo Roscoe. *Manual de Direito do Consumidor*, cit., p. 215.

erro, pois caso contrário o fornecedor sempre poderia alegar que agiu em erro para negar-se a cumprir a oferta".[112]

Como se tem entendido no plano jurisprudencial, o anúncio, para não vincular o declarante, deve trazer uma patente onerosidade excessiva, uma declaração de valor irrisório em relação ao valor real de mercado, perceptível de plano. Deduz-se, corretamente, que a boa-fé objetiva exigida do fornecedor ou prestador também vale para o consumidor. Nessa linha, da jurisprudência estadual:

> "Apelação cível. Direito do Consumidor. Ação de obrigação de fazer. Oferta veiculada em jornal. Pretendida aquisição de automóvel pelo preço anunciado. R$ 1.500,00 (mil e quinhentos reais). Erro de digitação do periódico anunciante. Errata publicada prontamente. Valor anunciado extremamente abaixo do preço de mercado. R$ 13.500,00 (treze mil e quinhentos reais). Improcedência em primeiro grau. Inconformismo. Publicidade enganosa. Inocorrência. Enriquecimento ilícito flagrante. Pretensão contrária à boa-fé objetiva. Sentença mantida. Recurso conhecido e desprovido. O Código do Consumidor contém regras que devem ser aplicadas com proporção e razoabilidade. A literalidade do disposto nos arts. 30 e 35, I, da Lei 8.078/1990 não se presta ao locupletamento ilícito e esperteza do consumidor, em ofensa a todo e qualquer referencial de boa-fé. 'A boa-fé objetiva é elemento negocial que se exige do consumidor tanto quanto do fornecedor. Recurso provido, para julgar improcedente a ação' (TJRS, Rel. Mylene Maria Michel, *in* Recurso Cível n. 71000727123, j. 24.08.2005)" (TJSC, Apelação Cível 2005.024478-6, 1.ª Câmara de Direito Civil, Criciúma, Rel. Des. Carlos Adilson Silva, *DJSC* 24.09.2009, p. 61).

> "Entrega de coisa certa. Direito do Consumidor. Mercadoria com valor anunciado de forma errada. Fato que evidencia erro, e não dolo do comerciante. Desproporção entre o preço real e o anunciado. Enriquecimento ilícito. Não cabimento. O art. 30, do CDC, consagra o princípio da boa-fé, que deve vigorar nas relações de consumo desde a fase pré-contratual, obrigando o fornecedor a cumprir o prometido em sua propaganda. No entanto, não se pode obrigar o fornecedor a vender mercadoria pelo preço anunciado, se não se vislumbra a existência de dolo, mas sim de evidente erro na informação, denunciado pela grande desproporção entre o preço real do equipamento e o anunciado. A boa-fé, que a Lei exige do fornecedor, também é exigida do consumidor. 'Assim, na hipótese de equívoco flagrante e disparatado presente em informação ou publicidade, não se pode consentir na vinculação obrigacional do fornecedor almejada por consumidor animado pelo propósito do enriquecimento ilícito' (OLIVEIRA, James Eduardo. *Código de Defesa do Consumidor anotado e comentado*, Ed. Atlas, p. 201)" (TJMG, Apelação Cível 1.0701.05.133023-4/001, 14.ª Câmara Cível, Uberaba, Rel. Des. Elias Camilo, j. 27.06.2007, *DJMG* 23.07.2007).

No âmbito do Superior Tribunal de Justiça, em 2020, firmou-se a tese segundo a qual "o erro sistêmico grosseiro no carregamento de preços e a rápida comunicação ao consumidor podem afastar a falha na prestação do serviço e o

---
[112] RIZZATTO NUNES, Luiz Antonio. *Comentários ao Código de Defesa do Consumidor*, cit., p. 389-390.

princípio da vinculação da oferta". No caso julgado, os consumidores fizeram a reserva de bilhetes aéreos para a Holanda, a preço muito abaixo do praticado por outras empresas aéreas, não tendo ocorrido a emissão dos bilhetes eletrônicos que pudesse formalizar a compra. Também não houve os débitos nos respectivos cartões de crédito dos compradores. Nesse contexto fático, concluiu-se, de forma correta no meu entender, que "diante da particularidade dos fatos, em que se constatou inegável erro sistêmico grosseiro no carregamento de preços, não há como se admitir que houve falha na prestação de serviços por parte das fornecedoras, sendo inviável a condenação das recorridas à obrigação de fazer pleiteada na inicial, relativa à emissão de passagens aéreas em nome dos recorrentes nos mesmos termos e valores previamente disponibilizados". E mais, "o real escopo da legislação consumerista que, reitera-se, não tem sua razão de ser na proteção ilimitada do consumidor – ainda que reconheça a sua vulnerabilidade –, mas sim na promoção da harmonia e equilíbrio das relações de consumo" (STJ, REsp 1.794.991/SE, 3.ª Turma, Rel. Min. Nancy Andrighi, j. 05.05.2020, *DJe* 11.05.2020).

Deve ficar claro que o Direito Civil tem superado a discussão a respeito da escusabilidade ou não do erro, ou seja, se o engano deve ser justificável ou não. Procura-se, assim, resolver os casos concretos a partir do princípio da boa-fé, um dos baluartes do sistema privado nacional. Nesse sentido, na *I Jornada de Direito Civil*, aprovou-se o Enunciado n. 12 do Conselho da Justiça Federal e Superior Tribunal de Justiça, *in verbis*: "na sistemática do art. 138 do Código Civil, é irrelevante ser ou não escusável o erro, porque o dispositivo adota o princípio da confiança". O teor do enunciado tem o meu total apoio doutrinário.

Como palavras finais deste tópico, penso que se o erro crasso constante da oferta trouxer justas expectativas ao consumidor, pelo fato de que o preço ali fixado não está muito distante das *regras de tráfego*, do que é habitual não só nas vendas do anunciante, mas também de seus concorrentes, restará mantida a força vinculativa da oferta. A afirmação vale mesmo se o valor estiver abaixo de 10% do *preço cheio* do bem que está sendo anunciado.

8.3. O conteúdo da oferta e a manutenção de sua integralidade

A complementar o sentido do seu dispositivo antecedente, o art. 31 da Lei n. 8.078/1990 estabelece que a oferta e a apresentação de produtos ou serviços devem assegurar informações corretas, claras, precisas, ostensivas e em língua portuguesa sobre suas características, qualidades, quantidade, composição, preço, garantia, prazos de validade e origem, entre outros dados, bem como sobre os riscos que apresentam à saúde e segurança dos consumidores.

Em suma, o conteúdo relativo à oferta deve ser completo, de modo que o consumidor seja devidamente informado a respeito daquilo que está sendo adquirido. Em todas as situações, deve-se levar em conta um nível de informações compatíveis com o *brasileiro médio*, ou seja, deve-se facilitar ao máximo a compreensão do conteúdo. Tal dever de informar mantém interação indeclinável com relação à boa-fé objetiva e à transparência exigidas na fase pré-negocial.[113]

Como todo o sistema consumerista, os elementos constantes na tabela são meramente exemplificativos (*numerus apertus*), e não exaustivos (*numerus clausus*), pois o que é valorizado é o conhecimento do objeto da oferta pelo consumidor. Tanto isso é verdade que o art. 33 do CDC, em um sentido suplementar, determina que, em caso de oferta ou de venda por telefone ou reembolso postal, devem constar o nome do fabricante e endereço na embalagem, publicidade e em todos os impressos utilizados na transação comercial. Como não poderia ser diferente, a última norma tem incidência para a contratação eletrônica celebrada pela internet na sociedade da informação.

Consigne-se que foi acrescido um parágrafo único no último preceito, pela Lei n. 11.800/2008, enunciando expressamente que é proibida a publicidade de bens e serviços por telefone, quando a chamada for onerosa ao consumidor que a origina. A última norma visou a afastar a atuação desenfreada das empresas de *telemarketing* que muitas vezes atuam em abuso de direito, com os fins de benefícios diretos ou indiretos.

Ainda no que concerne ao tema, deve ser mencionado o teor da Lei n. 10.962/2004, que dispõe sobre a oferta e as maneiras de afixação de preços de produtos e serviços para o consumidor. Conforme o seu art. 2.º, são admitidas as seguintes formas de afixação de preços em vendas a varejo para o consumidor: *a)* no comércio em geral, por meio de etiquetas ou similares afixados diretamente nos bens expostos à venda, e em vitrines, mediante divulgação do preço à vista em caracteres legíveis; *b)* em autosserviços, supermercados, hipermercados, mercearias ou estabelecimentos comerciais onde o consumidor tenha acesso direto ao produto, sem intervenção do comerciante, mediante a impressão ou afixação do preço do produto na embalagem, ou a afixação de código referencial, ou ainda, com a afixação de código de barras; e *c)* no comércio eletrônico, mediante divulgação ostensiva do preço à vista, junto à imagem do produto ou descrição do serviço, em caracteres facilmente legíveis com tamanho de fonte não inferior a doze (incluída a última previsão pela Lei n. 13.543/2017). Em complemento, prevê a mesma norma que, nos casos de utilização de código referencial ou de barras, o comerciante deverá expor, de modo claro e legível, com os itens expostos, informação relativa ao preço à vista do produto, suas características e código.

Pontue-se que houve a inclusão de um art. 2.º-A nesse diploma, por força da Lei n. 13.175/2015, prescrevendo que, na venda a varejo de produtos fracionados em pequenas quantidades, o comerciante deverá informar, na etiqueta contendo o preço ou com os itens expostos, além do preço do produto à vista, o preço correspondente a uma das seguintes unidades fundamentais de medida: capacidade, massa, volume, comprimento ou área, de acordo com a forma habi-

---

[113] Conforme reconhece o próprio *autor* da norma: BENJAMIN, Antonio Herman. V.; MARQUES, Claudia Lima; BESSA, Leonardo Roscoe. *Manual de Direito do Consumidor*, cit., p. 221.

tual de comercialização de cada tipo de produto. Ademais, o mesmo comando enuncia que essas regras não se aplicam à comercialização de medicamentos.

Deve ficar claro que o desrespeito a tal dever de informar, previsto em todos esses dispositivos, gera amplas consequências para o fornecedor ou prestador, como a responsabilização civil e a imposição de sanções administrativas, tratadas a partir do art. 55 da Lei n. 8.078/1990.

A título ilustrativo, analisando a estrutura e a função do art. 31 do CDC, o Superior Tribunal de Justiça, em acórdãos recentes, concluiu que as contas telefônicas que não trazem detalhadamente a quantidade de pulsos utilizados violam o dever de informação, sujeitando-se as empresas correspondentes às penalidades previstas em lei. Houve divergência apenas quanto à extensão temporal de tal exigência, conforme se depreende de uma das ementas, a seguir transcrita:

> "Administrativo. Consumidor. Telefonia fixa. Pulsos. Detalhamento. Ressalva do relator. 1. A Primeira Seção do Superior Tribunal de Justiça, ao apreciar demanda sob o rito dos recursos repetitivos (art. 543-C do CPC), decidiu que: *a)* a discriminação de todas as ligações locais, dentro ou fora da franquia, passou a ser exigido a partir de 1.º de agosto de 2007; e *b)* o fornecimento da fatura detalhada é ônus da concessionária. 2. Ressalva do ponto de vista do Relator sobre o tema, no sentido de que, mesmo antes da edição do Decreto 4.733/2003 e da Resolução ANATEL 432/2006, a falta, na conta telefônica, das referidas exigências macula a prestação do serviço com o vício de qualidade por inadequação, conforme os arts. 6.º, III, 20, 22 e 31 do CDC. 3. Agravos regimentais não providos" (STJ, AgRg-AgRg-Ag 1.337.817/PR, 2.ª Turma, Rel. Min. Herman Benjamin, j. 15.03.2011, *DJe* 25.04.2011).

O conteúdo do art. 31, do mesmo modo, foi analisado por aquela Corte Superior no julgamento envolvendo a necessidade de informações nos alimentos relativas ao glúten, de mesma relatoria. A ementa de conclusão, com diversas menções ao dispositivo, é longa, deduzindo pela necessidade da prestação da informação, merecendo transcrição o seu trecho inicial e principal:

> "Direito do Consumidor. Administrativo. Normas de proteção e defesa do consumidor. Ordem pública e interesse social. Princípio da vulnerabilidade do consumidor. Princípio da transparência. Princípio da boa-fé objetiva. Princípio da confiança. Obrigação de segurança. Direito à informação. Dever positivo do fornecedor de informar, adequada e claramente, sobre riscos de produtos e serviços. Distinção entre informação-conteúdo e informação-advertência. Rotulagem. Proteção de consumidores hipervulneráveis. Campo de aplicação da Lei do Glúten (Lei 8.543/1992, ab-rogada pela Lei 10.674/2003) e eventual antinomia com o art. 31 do Código de Defesa do Consumidor. Mandado de segurança preventivo. Justo receio da impetrante de ofensa à sua livre-iniciativa e à comercialização de seus produtos. Sanções administrativas por deixar de advertir sobre os riscos do glúten aos doentes celíacos. Inexistência de direito líquido e certo. Denegação da segurança. (...)" (STJ, REsp 586.316/MG, 2.ª Turma, Rel. Min. Herman Benjamin, j. 17.04.2007, *DJe* 19.03.2009).

Ainda para concretizar o comando consumerista, do Superior Tribunal de Justiça cabe também colacionar julgado publicado no seu *Informativo* n. 468, que responsabilizou entidade bancária pelo desrespeito às informações previamente mal prestadas. Vejamos o teor da publicação:

"Responsabilidade. Redirecionamento. Aplicações financeiras. O recorrente fez aplicações em fundo gerido pela instituição financeira recorrida, do qual era correntista. Sucede que ela redirecionou suas aplicações para outro banco alheio à relação contratual que, após, sofreu intervenção do Bacen, o que ocasionou a indisponibilidade dos valores aplicados. Diante disso, o recorrente pretende a responsabilização da recorrida pelos danos materiais causados ao fundamento de violação do art. 31 do CDC. Mesmo ao se considerar que os fundos de investimentos comportam contratos de risco, aleatórios e, geralmente, dependentes do acaso, é certo que o investidor (consumidor) que se utiliza dos préstimos de fornecedor de serviços bancários está albergado pelas normas do CDC, além do princípio da boa-fé e seus deveres anexos, o que impõe ao banco a exigência de fornecer informações adequadas, suficientes e específicas a respeito do serviço prestado ao investidor. Assim, na hipótese, o redirecionamento das aplicações do recorrente configura operação realizada pela recorrida fora de seu compromisso contratual e legal, o que, sem dúvida, extrapola a *alea* inerente a esse contrato. Dessarte, não há que se comparar a hipótese aos casos referentes ao risco da desvalorização do real diante do dólar americano (em que há precedente da Terceira Turma pela não responsabilização do banco) ou mesmo aos de ações que perdem abruptamente seu valor na bolsa de valores, pois está presente na espécie o elemento volitivo (a escolha da própria recorrida), com o qual o conceito de risco que poderia desonerar a instituição bancária de sua responsabilidade, por revestir-se de incerteza, é incompatível. Assim, ausente a *alea*, a mera presunção de conhecimento ou a anuência quanto aos riscos não são fundamentos a desonerar a recorrida de ressarcir ao recorrente os valores aplicados, pois aquela não se desincumbiu de comprovar que o recorrente lhe concedera expressa autorização, devendo, assim, arcar com a má escolha operada supostamente em nome do cliente. Esse entendimento foi acolhido pela maioria dos componentes da Turma no prosseguimento do julgamento. Precedentes citados: REsp 1.003.893/RJ, *DJe* 08.09.2010, e REsp 747.149/RJ, *DJ* 05.12.2005" (STJ, REsp 1.131.073/MG, Rel. Min. Nancy Andrighi, j. 05.04.2011).

Seguindo as ilustrações, o Tribunal de São Paulo entendeu pelo desrespeito ao art. 31 do CDC pelo fato de o hipermercado ter colocado pescado à venda em momento próximo ao prazo de vencimento, sem que isso tivesse sido ostensivamente informado aos consumidores. No caso em apreço, ficaram evidenciados os danos ao consumidor, a justificar até a reparação imaterial:

"Apelação. Ação de indenização por danos morais. Alimento deteriorado. Compra de pescado exposto em bancada de gelo. Prazo de validade de um dia. Letra minúscula. Informação insuficiente. Falta de informação de que o alimento não poderia ser congelado. Art. 31 do CDC. Dever de informação não observado pelo hipermercado fornecedor. Risco à saúde do consumidor. Configuração. Dano moral. Tipificação. Conduta inadequada ou insuficiente do fornecedor pondo em risco a saúde do consumidor, atributo da personalidade. Reparabilidade do dano moral. Sentença. Improcedência. Reforma parcial. Indenização fixada em R$ 10.000,00 (dez mil reais) para cada demandante. Apelação provida parcialmente" (TJSP, Apelação 9157713-41.2007.8.26.0000, Acórdão 4798366, 25.ª Câmara de Direito Privado, Santo André, Rel. Des. Amorim Cantuária, j. 09.11.2010, *DJESP* 11.01.2011).

Continuando o estudo da norma, o parágrafo único do art. 31 do CDC, incluído pela Lei n. 11.989/2009, prescreve que "As informações de que trata este artigo, nos produtos refrigerados oferecidos ao consumidor, serão gravadas de forma indelével". O dispositivo tem incidência, por exemplo, para carnes, massas e derivados do leite. A expressão *indelével* quer dizer "indestrutível, inapagável, justamente para evitar o desaparecimento de dados essenciais sem os quais o consumidor pode estar sujeito a um consumo que o exponha a intoxicação".[114]

Em complemento ao preceito geral a respeito do conteúdo das informações previamente prestadas, o art. 32 da Lei n. 8.078/1990 preceitua que os fabricantes e os importadores deverão assegurar a oferta de componentes e peças de reposição enquanto não cessar a fabricação ou importação do produto. Se terminadas a produção ou a importação, a oferta deverá ser mantida por período razoável de tempo, na forma da lei.

Esse tempo razoável, por óbvio, deve-se levar em conta a *vida útil média* do produto, bem como a sua difusão no mercado de consumo. A norma visa justamente a fazer cumprir a oferta anterior, quando da aquisição originária do produto, mantendo a sua integralidade. O desrespeito ao preceito faz com que esteja caracterizado o vício de qualidade no produto, cabendo as opções previstas no art. 18 da Lei n. 8.078/1990.

Como exemplo concreto de desrespeito ao preceito pode ser citado o caso da montadora de veículos russa Lada. Os veículos começaram a ser importados e vendidos no Brasil no ano de 1991 e, sete anos depois, diante da diminuição das vendas, a montadora parou de atuar no País. Como consequência, milhares de consumidores ficaram sem as peças de reposição dos veículos, o que gerou enormes prejuízos. A grande maioria dos veículos está em ferros velhos ou parados em casas e oficinas. Alguns ainda rodam, principalmente entre os *jipeiros* que conseguiram substituir as peças por outras de montadoras diversas, fazendo adaptações no veículo.

Em casos mais recentes, a jurisprudência tem entendido pela possibilidade de rescisão do contrato de aquisição do bem por desrespeito ao preceito do art. 32 do CDC. Como primeiro exemplo, vejamos decisão do Tribunal gaúcho nesse sentido, relativa a problema em *home theater*:

"Reparação de danos. Defeito no produto. *Deceiver* para *home theater*. Ausência de peça no mercado para efetuar o conserto do bem. Carência do componente menos de quatro anos após a aquisição. Período que não pode ser considerado razoável diante da vida útil prevista para o *deceiver*. Hipótese em que o produto adquirido não satisfez a legítima expectativa do consumidor.

---

[114] MORAIS, Ezequiel. *Código de Defesa do Consumidor comentado*. São Paulo: RT, 2010. p. 182.

Desatendimento do art. 32 do Código de Defesa do Consumidor. Restituição do valor pago pelo produto. Sentença mantida. Recurso desprovido. Unânime" (TJRS, Recurso 9525-30.2011.8.21. 9000, 3.ª Turma Recursal Cível, Teutônia, Rel. Des. Elaine Maria Canto da Fonseca, j. 14.04.2011, *DJERS* 26.04.2011).

Com conclusão muito próxima, vejamos outra decisão do mesmo Tribunal, referente a problema em peça de televisor, em que se fez uma correta interpretação do prazo razoável previsto no parágrafo único do art. 32, levando-se em conta o tempo médio de uso do eletrodoméstico:

"Consumidor. Aparelho televisor. Defeito. Ausência de peça de reposição para o conserto. Desatendimento do art. 32 do Código de Defesa do Consumidor. Inocorrência de dano moral. 1. Sendo a vida útil de um aparelho televisor entre 10 e 20 anos e tendo o mesmo apresentado defeito com menos de três anos de uso, não tendo sido consertado em virtude da inexistência de peça no mercado, faz jus o autor à restituição do valor pago, pois presente a responsabilidade da demandada, nos termos do art. 32 do Código de Defesa do Consumidor. 2. No caso, o período razoável de oferta de componentes e peças de reposição mencionado no parágrafo único do art. 32 do Código de Defesa do Consumidor não se exauriu. Hipótese em que o produto adquirido não satisfez a legítima expectativa do consumidor. 3. Dano moral não configurado pelo simples descumprimento contratual, sem estar agregada qualquer lesão a atributo de personalidade do consumidor. Recurso parcialmente provido" (TJRS, Recurso Cível 71002661379, 3.ª Turma Recursal Cível, Caxias do Sul, Rel. Des. Ricardo Torres Hermann, j. 09.11.2010, *DJERS* 19.11.2010).

A encerrar o presente tópico, como exposto a respeito do *caso Lada*, é comum que o problema de reposição esteja relacionado a peças de automóveis, sendo necessária a sua importação. Em casos tais, além da possibilidade de resolução do negócio, é viável que o consumidor permaneça com o veículo, sendo indenizado por outros prejuízos, como os danos emergentes da necessidade de locar outro automóvel para uso próprio (TJRJ, Apelação Cível 8656/1997, 4.ª Câmara Cível, Rio de Janeiro, Rel. Des. Semy Glanz, j. 17.03.1998).

8.4. A responsabilidade civil objetiva e solidária decorrente da oferta

Como não poderia ser diferente, em sintonia com o sistema adotado pelo CDC, a responsabilidade civil que decorre da vinculação da oferta e da publicidade é de natureza objetiva, em regra. Como ensina o Ministro Herman Benjamin, "sem dúvida alguma, a responsabilidade dos arts. 30 e 35 é objetiva, pois seu texto em nada alude à culpa do anunciante, razão pela qual não pode o intérprete agregá-la, muito menos num contexto em que, seja pela vulnerabilidade da parte protegida (o consumidor), seja pelas características do fenômeno regrado (a publicidade), o direito, antes mesmo da interferência do legislador, já se encaminhava na direção da objetivação da responsabilidade civil".[115]

---

[115] BENJAMIN, Antonio Herman V.; MARQUES, Claudia Lima; BESSA, Leonardo Roscoe. *Manual de Direito do Consumidor*, cit., p. 219.

Para o entendimento da responsabilidade objetiva como regra, contribui sobremaneira a parte final do art. 14 do CDC, que estabelece a responsabilidade independentemente de culpa nos casos de informações insuficientes ou inadequadas sobre a fruição e riscos do serviço. Além disso, não se pode se esquecer de que a quebra da confiança e da boa-fé objetiva gera uma responsabilidade sem culpa (Enunciado n. 363 do CJF/STJ), o que, via de regra, está presente com relação à oferta ou publicidade. No plano jurisprudencial, várias são as ementas de julgados que trazem tais conclusões de afastamento do modelo culposo ou subjetivo na oferta (TJBA, Recurso 0155094-84.2004.805.0001-1, 4.ª Turma Recursal, Rel. Juíza Eloisa Matta da Silveira Lopes, *DJBA* 24.11.2010; TJCE, Recurso Cível 2004.0004.3352-0/1, 6.ª Turma Recursal dos Juizados Especiais, Rel. Des. Heraclito Vieira de Sousa Neto, *DJCE* 19.02.2009, p. 184; TJDF, Recurso 2007.11.1.002268-6, Acórdão 324.616, 2.ª Turma Recursal dos Juizados Especiais Cíveis e Criminais, Rel. Juiz Alfeu Machado, *DJDFTE* 20.10.2008, p. 147; TJMG, Apelação Cível 1.0024.05.786808-5/0031, 16.ª Câmara Cível, Belo Horizonte, Rel. Des. Batista de Abreu, j. 26.03.2008, *DJEMG* 26.04.2008; TJRJ, Apelação Cível 9348/2003, 9.ª Câmara Cível, Rio de Janeiro, Rel. Des. Laerson Mauro, j. 17.06.2003; e 1.º TACSP, Recurso 952708-2, 4.ª Câmara, Rel. Juiz Luiz Antonio Rizzatto Nunes, j. 29.11.2000).

Imperioso verificar a natureza da responsabilidade civil do profissional liberal em relação à oferta e à publicidade, se objetiva ou subjetiva. Por incidência do § 4.º do art. 14 do CDC – que, como visto, serve para completar o sentido da responsabilidade pela oferta –, a responsabilidade é subjetiva, devendo ser provada a sua culpa. A título de exemplo, cite-se a hipótese envolvendo o dever de reparar pessoal do publicitário responsável pelo conteúdo das informações ou da celebridade que relaciona o seu nome ao produto, como se verá.

Além da responsabilidade objetiva como regra, a Lei n. 8.078/1990 estabelece a solidariedade entre todos os envolvidos na veiculação da oferta. Preconiza o *caput* do seu art. 34 que "o fornecedor do produto ou serviço é solidariamente responsável pelos atos de seus prepostos ou representantes autônomos". Trata-se de uma decorrência normal do regime de solidariedade retirado do art. 7.º, parágrafo único, do CDC. Ademais, como bem expõe a doutrina consumerista, adotou-se um modelo de *responsabilidade solidária por relação de pressuposição*, nos moldes do que consta dos arts. 932, inc. III, e 942, parágrafo único, do Código Civil de 2002.[116]

Reconhecendo a citada solidariedade quanto à publicidade enganosa, merece destaque a premissa n. 18, constante da Edição n. 74 da ferramenta *Jurisprudência em Teses*, do STJ (Consumidor III, de 2017): "é solidária a responsabilidade entre aqueles que veiculam publicidade enganosa e os que dela se aproveitam na comercialização de seu produto ou serviço". São citados como principais acórdãos-paradigmas para a tese, sem prejuízo de outros: REsp 1.365.609/SP,

---

[116] MARQUES, Claudia Lima; BENJAMIN, Antonio Herman; MIRAGEM, Bruno. *Comentários ao Código de Defesa do Consumidor*, cit., p. 708; MORAIS, Ezequiel; CARAZAI, Marcos Marins; PODESTÁ, Fábio Henrique. *Código de Defesa do Consumidor comentado*. São Paulo: RT, 2010. p. 185.

4.ª Turma, Rel. Min. Luis Felipe Salomão, j. 28.04.2015, *DJe* 25.05.2015; REsp 1.391.084/RJ, 3.ª Turma, Rel. Min. Paulo de Tarso Sanseverino, j. 26.11.2013, *DJe* 25.02.2014; e REsp 1.3649.15/MG, 2.ª Turma, Rel. Min. Humberto Martins, j. 14.05.2013, *DJe* 24.05.2013.

Compare-se que a responsabilidade pelo ato do preposto é objetiva, com a diferença substancial de que, no sistema consumerista, não há necessidade de provar a culpa do último, do preposto. Tal confrontação é importante, pois, no sistema civil, a doutrina majoritária entende pela responsabilidade objetiva do empregador ou comitente, desde que provada a culpa do empregado ou preposto, o que é interpretação do art. 933 da codificação privada; tema tratado no Capítulo 7 desta obra. Como ali se desenvolveu, trata-se daquilo que Álvaro Villaça Azevedo denomina uma *responsabilidade objetiva impura*, pela presença de culpa da outra parte.[117]

Como bem expõe Bruno Miragem, no sistema consumerista é possível que a empresa também responda por culpa de seu preposto, assegurado o direito de regresso em face do culpado, nos termos do art. 934 do CC/2002, após ter sido satisfeito o consumidor nos seus direitos.[118] De toda sorte, o teor de extensão do art. 34 do CDC é visto com reservas pela doutrina e pela jurisprudência. Como esclarece Herman Benjamin, o consumidor somente pode demandar o anunciante da oferta, em regra. Vejamos suas lições:

"Tal limitação passiva do princípio traz, como consequência, a impossibilidade de o consumidor acionar, exceto em circunstâncias especiais, a agência e o veículo. Vale dizer, caso ao fornecedor fosse dado o direito de exigir sua responsabilidade a pretexto de que o equívoco no anúncio foi causado pela agência ou pelo veículo, o consumidor, não podendo acionar nenhum dos sujeitos envolvidos com o fenômeno publicitário, ficaria sem recurso jurídico disponível, ou seja, haveria de arcar sozinho com o seu prejuízo. Se a desconformidade no anúncio decorrer de falha da agência ou do veículo, só o anunciante, e não o consumidor, dispõe dos recursos – inclusive contratuais –, para evitá-los, controlá-los e cobrá-los. A escolha e contratação da agência e do veículo são efetuados pelo próprio anunciante e só por ele. É ele quem os paga, os repreende e, eventualmente, por rompimento contratual, os aciona".[119]

Essa impossibilidade de o consumidor demandar a agência e o veículo de comunicação, como regra, tem sido a conclusão do Superior Tribunal de Justiça, conforme ementas a seguir:

"Civil e processual. Ação de cobrança, cumulada com indenização por danos morais. Contratação de empréstimo junto a instituição financeira. Depósito de importância a título de primeira prestação. Crédito mutuado não concedido. Atribuição de responsabilidade civil ao prestador do serviço e à rede

---

[117] AZEVEDO, Álvaro Villaça. *Teoria geral das obrigações*. Responsabilidade civil, 10. ed., cit., p. 284.
[118] MIRAGEM, Bruno. *Curso de Direito do Consumidor*, cit., p. 167.
[119] BENJAMIN, Antonio Herman V.; MARQUES, Claudia Lima; BESSA, Leonardo Roscoe. *Manual de Direito do Consumidor*, cit., p. 220.

de televisão que, em programa seu, apresentara propaganda do produto e serviço. 'Publicidade de palco'. Características. Finalidade. Ausência de garantia, pela emissora, da qualidade do bem ou serviço anunciado. Mera veiculação publicitária. Exclusão da lide. Multa procrastinatória aplicada pela instância ordinária. Propósito de prequestionamento. Exclusão. Súmula 98-STJ. CDC, arts. 3.º, 12, 14, 18, 20, 36, parágrafo único, e 38; CPC, art. 267, VI. I – A responsabilidade pela qualidade do produto ou serviço anunciado ao consumidor é do fornecedor respectivo, assim conceituado nos termos do art. 3.º da Lei 8.078/1990, não se estendendo à empresa de comunicação que veicula a propaganda por meio de apresentador durante programa de televisão, denominada 'publicidade de palco'. II – Destarte, é de se excluir da lide, por ilegitimidade passiva *ad causam*, a emissora de televisão, por não se lhe poder atribuir corresponsabilidade por apresentar publicidade de empresa financeira, também ré na ação, que teria deixado de fornecer o empréstimo ao telespectador nas condições prometidas no anúncio. III – 'Embargos de declaração manifestados com notório propósito de prequestionamento não têm caráter protelatório' (Súmula n. 98/STJ). IV – Recurso especial conhecido e provido" (STJ, REsp 1.157.228/RS, 4.ª Turma, Rel. Min. Aldir Passarinho Junior, j. 03.02.2011, *DJe* 27.04.2011).

"Recurso especial. Prequestionamento. Inocorrência. Súmula 282/STF. Falta de combate aos fundamentos do acórdão. Aplicação analógica da Súmula 182. Princípio da dialeticidade recursal. Ação civil pública. Consumidor. Veículos de comunicação. Eventual propaganda ou anúncio enganoso ou abusivo. Ausência de responsabilidade. CDC, art. 38. Fundamentos constitucionais. I – Falta prequestionamento quando o dispositivo legal supostamente violado não foi discutido na formação do acórdão recorrido. II – É inviável o recurso especial que não ataca os fundamentos do acórdão recorrido. Inteligência da Súmula 182. III – As empresas de comunicação não respondem por publicidade de propostas abusivas ou enganosas. Tal responsabilidade toca aos fornecedores-anunciantes, que a patrocinaram (CDC, arts. 3.º e 38). IV – O CDC, quando trata de publicidade, impõe deveres ao anunciante – não às empresas de comunicação (art. 3.º, CDC). V – Fundamentação apoiada em dispositivo ou princípio constitucional é imune a recurso especial" (STJ, REsp 604.172/SP, 3.ª Turma, Rel. Min. Humberto Gomes de Barros, j. 27.03.2007, *DJ* 21.05.2007, p. 568).

Nos Tribunais estaduais podem ser encontradas várias decisões na mesma linha, colacionando-se, por todas, a seguinte ementa, do Tribunal de Minas Gerais, excluindo a responsabilidade do veículo de comunicação:

"Ação de indenização. Danos materiais e morais. Publicidade enganosa. Empresa de radiodifusão. Mera veiculadora. Ausência de responsabilidade. A empresa de radiodifusão que veicula publicidade ou propaganda posteriormente verificada como enganosa ou abusiva não possui responsabilidade pelo seu conteúdo. Cabe ao autor demonstrar que a empresa de comunicação extrapolou a sua função de veicular o conteúdo apresentado pelo fornecedor-anunciante, induzindo os consumidores a erro, bem como o nexo causal com os danos sofridos, sob pena de indeferimento dos pedidos de indenização" (TJMG, Apelação Cível 1335800-81.2006.8.13.0056, 12.ª Câmara Cível, Barbacena, Rel. Des. Alvimar de Ávila, j. 30.03.2011, *DJEMG* 02.05.2011).

Com o devido respeito ao próprio *autor* do dispositivo legal e à jurisprudência, essa não parece ser a melhor conclusão, por contrariar todo o sistema de proteção e de responsabilização objetiva do CDC. A atribuição de responsabilidade a apenas uma das pessoas da cadeia publicitária afasta-se da presunção de solidariedade adotada pela Lei Consumerista, representando uma volta ao sistema subjetivo de investigação de culpa. Além disso, há uma total declinação da boa-fé objetiva e da teoria da aparência que também compõem a Lei n. 8.078/1990.

Ademais, a publicidade parece entrar no *risco-proveito* ou no *risco do empreendimento* da agência e do veículo, que devem responder solidariamente pela comunicação. Por fim, deveria ser aplicado, por analogia, o entendimento constante da antiga Súmula n. 221 do próprio STJ, que trata da responsabilidade civil dos órgãos de imprensa, *in verbis*: "são civilmente responsáveis pelo ressarcimento de dano, decorrente de publicação pela imprensa, tanto o autor do escrito quanto o proprietário do veículo de divulgação".

Por tais argumentos, entendo que, havendo uma publicidade ou oferta que causou danos aos consumidores, em regra e sem qualquer distinção, respondem solidariamente o veículo de comunicação, a empresa que a patrocinou e todos os responsáveis pelo seu conteúdo (agência de publicidade e seus profissionais). Destaque-se que essa também é a posição de Luiz Antonio Rizzatto Nunes, citando o art. 45 do Código Brasileiro de Autorregulamentação Publicitária.[120] Transcreve-se o último dispositivo para as devidas reflexões:

> "A responsabilidade pela observância das normas de conduta estabelecidas neste Código cabe ao anunciante e à sua agência, bem como ao veículo, ressalvadas no caso deste último as circunstâncias específicas que serão abordadas mais adiante, neste artigo: a. o anunciante assumirá responsabilidade total por sua publicidade; b. a agência deve ter o máximo cuidado na elaboração do anúncio, de modo a habilitar o cliente anunciante a cumprir sua responsabilidade, com ele respondendo solidariamente pela obediência aos preceitos deste Código; c. este Código recomenda aos veículos que, como medida preventiva, estabeleçam um sistema de controle na recepção de anúncios. Poderá o veículo: c.1) recusar o anúncio, independentemente de decisão do Conselho Nacional de Autorregulamentação Publicitária – CONAR, quando entender que o seu conteúdo fere, flagrantemente, princípios deste Código, devendo, nesta hipótese, comunicar sua decisão ao Conselho Superior do CONAR que, se for o caso, determinará a instauração de processo ético; c.2) recusar anúncio que fira a sua linha editorial, jornalística ou de programação; c.3) recusar anúncio sem identificação do patrocinador, salvo o caso de campanha que se enquadre no parágrafo único do art. 9.º (*teaser*); c.4) recusar anúncio de polêmica ou denúncia sem expressa autorização de fonte conhecida que responda pela autoria da peça; d. o controle na recepção de anúncios, preconizado na letra *c* deste artigo, deverá adotar maiores precauções em relação à peça apresentada sem a intermediação de agência, que, por ignorância ou má-fé do anunciante, poderá transgredir

---

[120] RIZZATTO NUNES, Luiz Antonio. *Comentários ao Código de Defesa do Consumidor*, cit., p. 436-437.

princípios deste Código; e. a responsabilidade do veículo será equiparada à do anunciante sempre que a veiculação do anúncio contrariar os termos de recomendação que lhe tenha sido comunicada oficialmente pelo Conselho Nacional de Autorregulamentação Publicitária – CONAR".

Apesar de a norma ter um caráter administrativo, não nos parece que haja qualquer problema em adotar as mesmas premissas para a responsabilidade civil da agência de publicidade e do veículo de comunicação ante os consumidores, o que é dedução direta da aplicação da teoria do *diálogo das fontes*, em benefício do vulnerável negocial.

Feita tal ressalva teórica e prática, partindo-se para a exposição de julgados sobre a amplitude do art. 34 do CDC, os Tribunais estaduais têm responsabilizado empresas de capitalização por informações errôneas prestadas por seus propostos, que induzem os consumidores a pensar que estão adquirindo veículos ou a casa própria. Por todos, do Tribunal Paulista:

"Responsabilidade civil. Danos morais e materiais. Título de capitalização. Publicidade enganosa que fez o consumidor acreditar que se tratava de contrato para aquisição de veículo. art. 37, § 1.º, do CDC. Direito do Consumidor à informação clara e precisa violado. Arts. 6.º, III e IV, e 46 do CDC. Ré que responde por atos dos corretores que oferecem seus produtos aos consumidores. Devolução dos valores pagos devida. Art. 34 do CDC. Ré que, ainda, não propiciou o pagamento das parcelas, frustrando as expectativas do autor. Danos morais caracterizados que devem ser reparados. Fixação em R$ 5.000,00 que atende aos objetivos da reparação civil de danos. Pretensão do autor-apelante de indenização em perdas e danos e aplicação de sanção contratual suplementar. Inadmissibilidade. Recurso do autor parcialmente provido e da ré improvido" (TJSP, Apelação 0061580-22.2009.8.26.0000, Acórdão 4914902, 23.ª Câmara de Direito Privado, Campinas, Rel. Des. J. B. Franco de Godoi, j. 15.12.2010, *DJESP* 10.02.2011).

"Apelação. Título de capitalização. Ausência de informações suficientes que possibilitassem o conhecimento prévio de todo o conteúdo do contrato. Ofensa ao princípio da transparência (art. 46 do CDC). Publicidade enganosa vinculava a contratação dos títulos a aquisição de imóvel, gerando expectativas que não correspondem à realidade (art. 37, § 1.º, do CDC). Dano moral configurado diante do constrangimento e vergonha experimentados pelo apelante, que teve frustrada sua expectativa de aquisição de casa própria. Responsabilidade solidária configurada (art. 34 do CDC). Sucumbência. Ônus deverá ser suportado pelas apeladas diante do acolhimento do pleito recursal. Recurso provido" (TJSP, Apelação 991.09.004905-6, Acórdão 4484395, 37.ª Câmara de Direito Privado, Paraguaçu Paulista, Rel. Des. Tasso Duarte de Melo, j. 02.09.2009, *DJESP* 18.06.2010).

Do Superior Tribunal de Justiça colaciona-se importante decisão que responsabilizou empresa nacional pelos vícios do produto da empresa multinacional, adquirido no exterior. Em vez do caminho da responsabilização solidária do art. 18 do CDC, percorreu-se a dedução pela teoria da aparência e pela responsabilidade decorrente da publicidade (no julgado, tratada como sinônimo de propaganda):

> "Direito do Consumidor. Filmadora adquirida no exterior. Defeito da mercadoria. Responsabilidade da empresa nacional da mesma marca ('Panasonic'). Economia globalizada. Propaganda. Proteção ao consumidor. Peculiaridades da espécie. Situações a ponderar nos casos concretos. Nulidade do acórdão estadual rejeitada, porque suficientemente fundamentado. Recurso conhecido e provido no mérito, por maioria. I – Se a economia globalizada não mais tem fronteiras rígidas e estimula e favorece a livre concorrência, imprescindível que as leis de proteção ao consumidor ganhem maior expressão em sua exegese, na busca do equilíbrio que deve reger as relações jurídicas, dimensionando-se, inclusive, o fator risco, inerente à competitividade do comércio e dos negócios mercantis, sobretudo quando em escala internacional, em que presentes empresas poderosas, multinacionais, com filiais em vários países, sem falar nas vendas hoje efetuadas pelo processo tecnológico da informática e no forte mercado consumidor que representa o nosso País. II – O mercado consumidor, não há como negar, vê-se hoje 'bombardeado' diuturnamente por intensa e hábil propaganda, a induzir a aquisição de produtos, notadamente os sofisticados de procedência estrangeira, levando em linha de conta diversos fatores, dentre os quais, e com relevo, a respeitabilidade da marca. III – Se empresas nacionais se beneficiam de marcas mundialmente conhecidas, incumbe-lhes responder também pelas deficiências dos produtos que anunciam e comercializam, não sendo razoável destinar-se ao consumidor as consequências negativas dos negócios envolvendo objetos defeituosos. IV – Impõe-se, no entanto, nos casos concretos, ponderar as situações existentes. V – Rejeita-se a nulidade arguida quando sem lastro na lei ou nos autos" (STJ, REsp 63.981/SP, 4.ª Turma, Rel. Min. Aldir Passarinho Junior, Rel. p/ Acórdão Min. Sálvio de Figueiredo Teixeira, j. 11.04.2000, *DJ* 20.11.2000, p. 296).

Ainda para exemplificar, confirmando julgado aqui antes transcrito, têm-se responsabilizado solidariamente a montadora de automóveis e a concessionária correspondente pelas informações mal prestadas quando da veiculação das informações em veículo de comunicação. Assim deduzindo, do Tribunal de Justiça do Distrito Federal:

> "Processo civil. Propaganda enganosa. Concessionária (revenda). Montadora (fabricante). Responsabilidade solidária. Reconhecimento da legitimidade passiva. Direito do Consumidor. Descumprimento da oferta veiculada em revista de âmbito nacional. Consequências estabelecidas no Código de Defesa do Consumidor. Dano moral não configurado. Nos termos do art. 30 do Código de Defesa do Consumidor, a concessionária de veículos é responsável solidária pela publicidade veiculada pela respectiva montadora em revista com circulação nacional, daí por que se rejeita a alegação de ilegitimidade passiva. Tendo em vista que as partes debateram sobre a questão de mérito e a prova resume-se à análise dos documentos juntados pelas partes e sua subsunção às normas legais, rejeitada a alegação de ilegitimidade passiva, é possível avançar e decidir o próprio mérito da demanda nos termos do § 3.º do art. 515 do Código de Processo Civil. A publicidade enganosa, consistente em eventual discrepância entre as características do veículo anunciado e aquele

que foi adquirido, não enseja a compensação por dano moral, a menos que se comprove a exposição a alguma situação capaz de atingir a integridade física e psíquica do consumidor, haja vista que o Código de Defesa do Consumidor, em seu art. 35, estabelece as consequências próprias desse inadimplemento, quais sejam o cumprimento forçado da oferta, a entrega de outro produto equivalente, ou rescisão do contrato, com as consequências financeiras daí advindas, a critério do consumidor. Recurso conhecido e provido para reconhecer a legitimidade passiva da ré, mas, no mérito, julgar improcedente o pedido contido na inicial" (TJDF, Recurso 2007.01.1.123989-4, Acórdão 353.651, 2.ª Turma Recursal dos Juizados Especiais Cíveis e Criminais, Rel. Juiz César Loyola, *DJDFTE* 05.05.2009).

Ampliando sobremaneira o sentido do art. 34 do CDC, como deve ser, e fazendo incidir a *teoria da aparência*, o Tribunal de Justiça do Rio Grande do Sul responsabilizou solidariamente o Poder Público Municipal diante da frustração de curso de informática, em hipótese de participação da administração na veiculação das notícias:

"Administrativo. Ação coletiva. Frustração de curso de informática. Candidatos inscritos prejudicados. Participação do Poder Público Municipal e sua responsabilidade. Constatando-se da prova dos autos que sem a participação do Município, inclusive com a utilização do nome da Secretaria de Educação, na propaganda veiculada, não teria ocorrido a confiança daqueles que se inscreveram em frustrado curso de informática, não há como afastar a responsabilidade solidária do ente público com os demais agentes da malsinada arregimentação de candidatos que se viram financeiramente prejudicados. Obrigação de fazer. Publicação do dispositivo sentencial. Razoabilidade. Multa e Poder Público. A publicação do dispositivo sentencial, em duas edições semanais dos dois jornais locais, considerando a necessidade de dar ciência aos interessados, afigura-se inteiramente razoável, assumindo seus custos os obrigados solidários. A multa, como efetiva coerção patrimonial, apresenta-se como mecanismo inteiramente cabível à espécie, inclusive em face do Poder Público, não se apresentando o valor definido em sentença – R$ 1.000,00 por dia de atraso – como desproporcional, ante a facilidade de atendimento da obrigação de fazer, representando seu descumprimento manifesta desconsideração com o interesse público" (TJRS, Apelação 70037103249, 21.ª Câmara Cível, Jaguarão, Rel. Des. Arminio José Abreu Lima da Rosa, j. 15.09.2010, *DJERS* 1.º.10.2010).

Igualmente para elucidar o campo da norma, vejamos curiosa decisão do Tribunal do Rio de Janeiro, que responsabilizou solidariamente empresa de aluguel de roupas e um motel pela publicidade enganosa veiculada, a gerar danos morais a um casal de noivos:

"Direito Civil. Responsabilidade civil. Descumprimento de cortesia oferecida por empresa de aluguel de roupas consistente em diária para os nubentes em suíte presidencial de motel. Responsabilidade solidária do motel e da loja de roupas. Comprovadas a propaganda enganosa e a situação vexatória a que foi submetido o casal (arts. 14 e 37 do CDC). Recursos. Primeira apelação. Pedido de reforma total da sentença. Descabimento. Provada nos autos a responsabilidade civil do hotel. Segunda apelação. Preliminar de ilegitimidade. Pedido de reforma da sentença. Descabimento. Demonstrada a cortesia oferecida pela loja, inclusive com fotos de *outdoors* mostrando a propaganda referente ao motel, juntadas aos autos pela própria empresa de aluguel de roupas. Recurso adesivo. Pedido de majoração da verba reparatória. Cabimento. Aplicação dos princípios da proporcionalidade e razoabilidade. Não resta dúvida de que os noivos passaram por situações constrangedoras e degradantes, somando-se ao fato de que tudo se sucedeu num momento especial de suas vidas, e a noite que era para ser de intensa felicidade e amor tornou-se uma estressante aventura dantesca, entremeada de decepções e aborrecimentos. Desprovimento do primeiro e do segundo apelo, e provimento do recurso adesivo" (TJRJ, Apelação Cível 2005.001.41779, 6.ª Câmara Cível, Rel. Des. Nagib Slaibi, j. 07.02.2006).

Ato contínuo de estudo, deve-se concluir – com relação ao prazo prescricional para se pleitear os danos em decorrência da oferta – pela incidência do art. 27 do CDC, diante de uma equiparação ao vício do serviço. Desse modo, o prazo para a reparação de danos pelo consumidor é de cinco anos, a contar da ocorrência do dano ou de sua autoria (*actio nata*, em sua faceta subjetiva).

Encerrando o presente item, cumpre trazer a lume questão de debate relativa à responsabilidade civil das celebridades, artistas, atletas e outras pessoas com notoriedade que atrelam o seu nome a de produtos e serviços no meio de oferta ou publicidade, os chamados *garotos-propaganda*, ou melhor, *garotos-publicidade*.

A tese de responsabilização de tais pessoas era defendida pelo saudoso Magistrado e Professor Paulo Jorge Scartezzini Guimarães, contando com o apoio de outros doutrinadores, caso de Herman Benjamin e Fábio Henrique Podestá, especialmente quando as celebridades recebem porcentagem pelas vendas realizadas.[121] A premissa teórica igualmente conta com meu apoio doutrinário, pois a tese representa outra importante aplicação da teoria da aparência, valorizando-se mais uma vez a boa-fé objetiva nas relações de consumo, em prol dos consumidores. Não se olvide que, muitas vezes, os vulneráveis adquirem produtos e serviços diante da confiança depositada em tais artistas ou celebridades.

8.5. A publicidade no Código de Defesa do Consumidor. Princípios informadores. Publicidades vedadas ou ilícitas

Conforme demonstrado, a publicidade pode ser conceituada como qualquer forma de transmissão difusa de dados e informações com o intuito de motivar a aquisição de produtos ou serviços no mercado de consumo. Como bem

---

[121] GUIMARÃES, Paulo Jorge Scartezzini. *A publicidade ilícita e a responsabilidade civil das celebridades que dela participam*. São Paulo: RT, 2003; BENJAMIN, Antonio Herman V.; MARQUES, Claudia Lima; BESSA, Leonardo Roscoe. *Manual de Direito do Consumidor*, cit., p. 217; MORAIS, Ezequiel; PODESTÁ, Fábio Henrique; CARAZAI, Marcos Marins. *Código de Defesa do Consumidor comentado*, cit., p. 187.

expõe Guido Alpa, nos últimos anos, a publicidade teve o seu papel alterado, de *mecanismo de informação* para *mecanismo de persuasão dos consumidores*.[122]

Em termos gerais, a tutela da informação pode ser retirada do art. 6.º, inc. III, da Lei n. 8.078/1990, que reconhece como direito básico do consumidor "a informação adequada e clara sobre os diferentes produtos e serviços, com especificação correta de quantidade, características, composição, qualidade e preço, bem como sobre os riscos que apresentem". Ato contínuo, o inciso seguinte estabelece também como direito fundamental dos vulneráveis negociais "a proteção contra a publicidade enganosa e abusiva, métodos comerciais coercitivos ou desleais, bem como contra práticas e cláusulas abusivas ou impostas no fornecimento de produtos e serviços" (art. 6.º, inc. IV, do CDC).

Os dispositivos consumeristas complementam o teor do art. 220 da Constituição Federal de 1988, segundo o qual a manifestação do pensamento, a criação, a expressão e a informação, sob qualquer forma, processo ou veículo não sofrerão qualquer restrição, observado o disposto no próprio Texto Maior. Em reforço, estabelece o § 4.º que a propaganda comercial – leia-se corretamente publicidade – de tabaco, bebidas alcoólicas, agrotóxicos, medicamentos e terapias estará sujeita a restrições legais, e conterá, sempre que necessário, advertência sobre os malefícios decorrentes de seu uso. Como bem expõe Adolfo Mamoru Nishiyama, "a Constituição Federal traça controle da publicidade no Brasil e o mesmo ocorre com o CDC. Mas esses controles, constitucional e legal, não visam eliminar a publicidade, pelo contrário, a finalidade é evitar abusos. O sistema de controle da publicidade adotado no Brasil é misto, conjugando a autorregulamentação e a participação da administração e do Poder Judiciário (art. 5.º, XXXV)".[123]

Pois bem, a respeito dos princípios informadores da atuação publicitária, Antonio Herman V. Benjamin, *autor* do anteprojeto que gerou o CDC, enumera os seguintes: *a)* princípio da identificação da publicidade, pois não se admite a publicidade clandestina ou subliminar; *b)* princípio da vinculação contratual da publicidade, diante da regra estampada no art. 30 do CDC, já estudada; *c)* princípio da veracidade da publicidade, pela vedação da publicidade enganosa; *d)* princípio da não abusividade da publicidade, pela proibição da publicidade abusiva, tida também como ilícita; *e)* princípio da inversão do ônus da prova, diante da regra do art. 38 do CDC, segundo a qual o conteúdo da publicidade deve ser provado por quem a patrocina; *f)* princípio da transparência da fundamentação da publicidade – a publicidade deve estar sintonizada com a boa-fé objetiva e a lealdade negocial; *g)* princípio da correção do desvio publicitário, além da reparação civil, presente o desvio, cabem medidas administrativas e penais, bem como a necessidade de veiculação de uma contrapropaganda (art. 56, inc. XII, do CDC); *h)* princípio da lealdade publicitária, retirado do art. 4.º, inc. VI, do CDC que dispõe como fundamento da Política Nacional das Relações

---

[122] ALPA, Guido. *Il diritto dei consumatori*, cit., p. 114.
[123] NISHIYAMA, Adolfo Mamoru. *A proteção constitucional do consumidor*. 2. ed. São Paulo: Atlas, 2010. p. 214-215.

de Consumo a "coibição e repressão eficientes de todos os abusos praticados no mercado de consumo, inclusive a concorrência desleal e utilização indevida de inventos e criações industriais das marcas e nomes comerciais e signos distintivos, que possam causar prejuízos aos consumidores"; *i)* princípio da identificação publicitária, pela vedação da publicidade mascarada ou simulada/dissimulada.[124]

Anote-se que, em sentido próximo, e com maior simplicidade, Bruno Miragem apresenta três princípios fundamentais para a publicidade, a saber: *a)* princípio da identificação; *b)* princípio da veracidade; e *c)* princípio da vinculação.[125] Fixadas tais premissas básicas, vejamos os tipos de publicidades vedadas pelo Código do Consumidor, tidas como ilícitas e eventualmente geradoras de responsabilidade civil.

8.5.1. *A vedação da publicidade mascarada, clandestina, simulada ou dissimulada (art. 36 do CDC)*

Determina o *caput* do art. 36 da Lei n. 8.078/1990 que "A publicidade deve ser veiculada de tal forma que o consumidor, fácil e imediatamente, a identifique como tal". Trata-se da vedação, por ilicitude, da *publicidade mascarada*, tida também com *publicidade simulada ou dissimulada*. É aquela transmissão de informações que parece que não é publicidade, mas é publicidade. Pode ser feito um paralelo com a simulação, vício social típico do Direito Civil (art. 167 do CC/2002), pois, nos dois casos, há uma discrepância entre a vontade interna e a vontade manifestada, isto é, entre aparência e essência.

Em tom didático, leciona Fábio Ulhoa Coelho que "publicidade simulada é a que procura ocultar o seu caráter de propaganda". E ilustra: "são exemplos de publicidade simulada a inserção, em jornais e periódicos, de propaganda com aparência externa de reportagem, ou a subliminar, captável pelo inconsciente, mas imperceptível ao consciente".[126] Como se nota, o jurista segue a linha de sinonímia entre publicidade e propaganda.

Rizzatto Nunes prefere utilizar o termo *publicidade clandestina,* o que está em sintonia com o art. 9.º do Código Brasileiro de Autorregulamentação Publicitária, o qual preceitua que toda publicidade deve ser ostensiva: "aqui no *caput* do art. 36 a lei determina que, além de ostensivo, o anúncio publicitário deve ser claro e passível de identificação imediata pelo consumidor. É a proibição da chamada publicidade clandestina. A conhecida técnica de *merchandising* – que é especialmente praticada em programas e filmes transmitidos pela televisão ou projetados em filmes no cinema – afronta diretamente essa norma. O *merchandising* é a técnica utilizada para veicular produtos e serviços de forma indireta por meio de inserções em produtos e filmes".[127]

---

[124] BENJAMIN, Antonio Herman V.; MARQUES, Claudia Lima; BESSA, Leonardo Roscoe. *Manual de Direito do Consumidor*, cit., p. 234-236.
[125] MIRAGEM, Bruno. *Curso de Direito do Consumidor*, cit., p. 172-176.
[126] COELHO, Fábio Ulhoa. *Manual de Direito Comercial*. Direito de empresa, cit., p. 103.
[127] RIZZATTO NUNES, Luiz Antonio. *Comentários ao Código de Defesa do Consumidor*, cit., p. 453.

Esse tipo de publicidade ilícita não interessa tanto à responsabilidade civil consumerista, mas sim à imposição de multas administrativas pelos órgãos competentes. Em outras palavras, a categoria está mais próxima da tutela administrativa do que da tutela material do consumidor.

Por derradeiro quanto ao tema, o parágrafo único do art. 36 estabelece que o fornecedor, na publicidade de seus produtos ou serviços, manterá, em seu poder, para informação dos legítimos interessados, os dados fáticos, técnicos e científicos que dão sustentação à mensagem.

Na verdade, o dispositivo deveria completar não o art. 36, mas o art. 38 da Lei Consumerista, pois o seu teor tem mais relação com a prova da veracidade das informações publicitárias veiculadas que, de forma automática, cabe à empresa que as patrocina.

8.5.2. A vedação da publicidade enganosa (art. 37, § 1.º, do CDC)

O *caput* do art. 37 da Lei n. 8.078/1990 proíbe expressamente a publicidade enganosa, aquela que induz o consumidor ao engano. Em tom de conceituação, define o § 1.º da norma que é enganosa qualquer modalidade de informação ou comunicação de caráter publicitário, inteira ou parcialmente falsa, ou, por qualquer outro modo, mesmo que por omissão, tenha a capacidade de induzir a erro o consumidor a respeito da natureza, características, qualidade, quantidade, propriedades, origem, preço e quaisquer outros dados sobre os produtos e os serviços.

Apesar da menção ao engano, ao erro, não se pode esquecer que o ato de indução representa dolo, ou seja, uma atuação maliciosa praticada com intuito de enganar outrem e ter benefício próprio. Então, o paralelo deve ser feito, em *diálogo das fontes*, com relação ao tratamento desse vício do consentimento, tratado entre os arts. 145 a 150 do CC/2002. Como se extrai do próprio comando transcrito, a publicidade enganosa pode ser por *ação* ou por *omissão*.

Na *publicidade enganosa por ação*, há um dolo positivo, uma atuação comissiva do agente. Cite-se como exemplo a campanha publicitária que afirma que determinado veículo tem um acessório, o que não é verdade. O mesmo pode ocorrer com relação a um eletrodoméstico, como no seguinte caso:

> "Tendo em vista que o consumidor foi induzido em erro ao pensar que estava adquirindo uma câmera capaz de gravar vídeos com áudio, quando, em realidade, o produto não possuía tal função, ficou comprovada a publicidade enganosa autorizadora de rescisão contratual, com devolução do valor pago pelo bem" (TJRS, Recurso 38878-52.2010.8.21.9000, 1.ª Turma Recursal Cível, Campo Bom, Rel. Des. Ricardo Torres Hermann, j. 14.04.2011, *DJERS* 25.04.2011).

Na *publicidade enganosa por omissão* há um dolo negativo, com atuação omissiva. Conforme o § 3.º do art. 37 do CDC, a publicidade é enganosa por omissão quando deixar de informar sobre dado essencial do produto ou serviço. Pode ser traçado um paralelo com relação ao art. 147 do CC, que trata do silêncio intencional como dolo negativo: "Nos negócios jurídicos bilaterais, o silêncio intencional de uma das partes a respeito de fato ou qualidade que a outra parte haja ignorado constitui omissão dolosa, provando-se que sem ela o negócio não se teria celebrado". A título de exemplo, cite-se a hipótese em que uma empresa de refrigerantes lança uma campanha publicitária, mas deixa de informar aos consumidores que os prêmios constam das suas tampinhas (STJ, REsp 327.257/SP, 3.ª Turma, Rel. Min. Nancy Andrighi, j. 22.06.2004, *DJ* 16.11.2004, p. 272).

Ou, mais recentemente, sobre o § 3.º do art. 37 do CDC, a mesma Corte Superior firmou a tese segundo a qual "esclarecimentos posteriores ou complementares desconectados do conteúdo principal da oferta (informação disjuntiva, material ou temporalmente) não servem para exonerar ou mitigar a enganosidade ou abusividade". Na hipótese fática julgada, a empresa fornecedora foi autuada por ter iniciado "campanha publicitária divulgando promoção na qual reduzia o valor de um de seus principais produtos, a coxinha Habib's, para o valor de R$ 0,49 a unidade, caso fosse adquirida uma quantidade mínima de 30 (trinta) unidades. Entretanto, no caso concreto, desponta estreme de dúvida que o principal atrativo da publicidade do preço da coxinha não foi acompanhado por um aviso objetivo, claro e induvidoso das unidades participantes, ensejando que o consumidor considerasse, em princípio, todas as unidades como participantes, levando-o a flagrante equívoco" (STJ, REsp 1.802.787/SP, 2.ª Turma, Rel. Min. Herman Benjamin, j. 08.10.2019, *DJe* 11.09.2020). De forma correta, no meu entender, julgou do seguinte modo:

> "Consoante o art. 31, *caput*, do CDC, a obrigação de informação, com maior razão a que possa atingir pessoas de baixa renda, exige, do fornecedor, comportamento eficaz, pró-ativo e leal. O Código rejeita tanto a regra *caveat emptor* como a subinformação, as patologias do silêncio total e parcial. No exame da enganosidade de oferta, publicitária ou não, o que vale – inclusive para fins de exercício do poder de polícia de consumo – é a capacidade de indução do consumidor em erro acerca de quaisquer 'dados sobre produtos e serviços', dados esses que, na hipótese de omissão (mas não na de oferta enganosa comissiva) reclamam a qualidade da essencialidade (CDC, art. 37, §§ 1º e 3º)". E mais: "Esclarecimentos posteriores ou complementares desconectados do conteúdo principal da oferta (= informação disjuntiva, material ou temporalmente) não servem para exonerar ou mitigar a enganosidade ou abusividade. Viola os princípios da vulnerabilidade, da boa-fé objetiva, da transparência e da confiança prestar informação por etapas e, assim, compelir o consumidor à tarefa impossível de juntar pedaços informativos esparramados em mídias, documentos e momentos diferentes. Em rigor, cada ato de informação é analisado e julgado em relação a si mesmo, pois absurdo esperar que, para cada produto ou serviço oferecido, o consumidor se comporte como Sherlock Holmes improvisado e despreparado à busca daquilo que, por dever *ope legis* inafastável, incumbe somente ao fornecedor. Seria transformar o destinatário-protegido, à sua revelia, em protagonista do discurso mercadológico do fornecedor, atribuindo e transferindo ao consumidor missão inexequível de vasculhar o universo inescrutável dos meios de comunicação, invertendo tanto o ônus do dever legal como a ratio e o âmago do próprio microssistema consumerista" (STJ, REsp 1.802.787/SP, 2.ª Turma, Rel. Min. Herman Benjamin, j. 08.10.2019, *DJe* 11.09.2020, publicado no *Informativo* n. 679 da Corte).

Além dessas concretizações, vejamos como as Cortes Julgadoras têm apreciado o problema da publicidade enganosa – tratada, muitas vezes, como sinônimo de propaganda enganosa –, para os devidos fins de ilustração. De início, colaciona-se ementa do próprio STJ, que consagrou a responsabilidade objetiva diante da veiculação de publicidade enganosa relativa a celular:

"Civil e processual. Agravo regimental. Responsabilidade. Relação de consumo. Propaganda enganosa. Consumidora atraída. Celular. Modificação contratual. Dano moral. Comprovado. Valor indenizatório. Redução. Patamar razoável. Intervenção do STJ. Necessidade. Agravo regimental improvido" (STJ, AgRg no Ag 1.045.667/RJ, 4.ª Turma, Rel. Min. Aldir Passarinho Junior, j. 17.03.2009, *DJe* 06.04.2009).

Igualmente do Tribunal da Cidadania aresto do ano de 2015, publicado no seu *Informativo* n. 573, considerou que é "enganosa a publicidade televisiva que omite o preço e a forma de pagamento do produto, condicionando a obtenção dessas informações à realização de ligação telefônica tarifada". Após citar toda a legislação consumerista, conclui o Ministro Relator:

"A hipótese em análise é exemplo de publicidade enganosa por omissão, pois suprime algumas informações essenciais sobre o produto (preço e forma de pagamento), as quais somente podem ser conhecidas pelo consumidor mediante o ônus de uma ligação tarifada, mesmo que a compra não venha a ser concretizada. Além do mais, a liberdade de escolha do consumidor, direito básico previsto no inciso II do artigo 6.º do CDC, está vinculada à correta, fidedigna e satisfatória informação sobre os produtos e os serviços postos no mercado de consumo. De fato, a autodeterminação do consumidor depende essencialmente da informação que lhe é transmitida, pois esta é um dos meios de formar a opinião e produzir a tomada de decisão daquele que consome. Logo, se a informação é adequada, o consumidor age com mais consciência; se a informação é falsa, inexistente ou omissa, retira-se-lhe a liberdade de escolha consciente. De mais a mais, o dever de informação do fornecedor tem importância direta no surgimento e na manutenção da confiança por parte do consumidor. Isso porque a informação deficiente frustra as legítimas expectativas do consumidor, maculando sua confiança. Na hipótese aqui analisada, a falta de informação suprime a liberdade do consumidor de, previamente, recusar o produto e escolher outro, levando-o, ainda que não venha a comprar, a fazer uma ligação tarifada para, só então, obter informações essenciais atinentes ao preço e à forma do pagamento, burlando-lhe a confiança e onerando-o" (STJ, REsp 1.428.801/RJ, Rel. Min. Humberto Martins, j. 27.10.2015, *DJe* 13.11.2015).

Seguindo os exemplos, no âmbito do STJ entendeu-se flagrante a publicidade enganosa em caso envolvendo o oferecimento de *produto milagroso*, que traria a cura do câncer, o *cogumelo do sol*. A presença de uma oferta ilícita foi dimensionada como ato grave pelo fato de o produto ser oferecido a consumidores idosos, tidos como *hipervulneráveis*, gerando a correspondente responsabilização civil por danos morais do fornecedor. Vejamos trecho da ementa do acórdão:

"Cuida-se de ação por danos morais proposta por consumidor ludibriado por propaganda enganosa, em ofensa a direito subjetivo do consumidor de obter informações claras e precisas acerca de produto medicinal vendido pela recorrida e destinado à cura de doenças malignas, entre outras funções. O Código de Defesa do Consumidor assegura que a oferta e apresentação de produtos ou serviços propiciem informações corretas, claras, precisas e ostensivas a respeito de características, qualidades, garantia, composição, preço, garantia, prazos de validade e origem, além de vedar a publicidade enganosa e abusiva, que dispensa a demonstração do elemento subjetivo (dolo ou culpa) para sua configuração. A propaganda enganosa, como atestado pelas instâncias ordinárias, tinha aptidão a induzir em erro o consumidor fragilizado, cuja conduta subsume-se à hipótese de estado de perigo (art. 156 do Código Civil). A vulnerabilidade informacional agravada ou potencializada, denominada hipervulnerabilidade do consumidor, prevista no art. 39, IV, do CDC, deriva do manifesto desequilíbrio entre as partes. O dano moral prescinde de prova e a responsabilidade de seu causador opera-se *in re ipsa* em virtude do desconforto, da aflição e dos transtornos suportados pelo consumidor. Em virtude das especificidades fáticas da demanda, afigura-se razoável a fixação da verba indenizatória por danos morais no valor de R$ 30.000,00 (trinta mil reais)" (STJ, REsp 1.329.556/SP, 3.ª Turma, Rel. Min. Ricardo Villas Bôas Cueva, j. 25.11.2014, *DJe* 09.12.2014).

Do Tribunal do Distrito Federal destaque-se brilhante acórdão que, em *diálogo das fontes*, aplica os conceitos da função social do contrato, da boa-fé objetiva e da dignidade humana, para concluir pela presença de publicidade enganosa na venda de produto para emagrecer pela *internet*:

"Civil. CDC. Publicidade enganosa. Danos morais e materiais suportados. Produto ofertado como remédio para emagrecimento. Compra do produto. Ineficácia. Indução do consumidor a erro. Enganosidade. Quebra da boa-fé contratual. Art. 422 do Código Civil brasileiro de 2002. Abuso de direito. Caráter vinculativo da proposta. Arts. 30 e 37 do Código de Defesa do Consumidor. Lei 8.078/1990. Proteção do consumidor. Responsabilidade civil objetiva. Produto considerado como alimento com publicidade suspensa pela ANVISA. Publicidade via internet. Nexo causal e dano configurados. Oferta. Publicidade. Promessa de efeitos não evidenciados. Violação do art. 5.º, incs. V e X, da CF/1988 c/c art. 12 c/c arts. 30, 35, III, 37 e 39, IV, 47, do CDC, Lei 8.078/1990. Inversão do ônus da prova. Art. 38 da Lei 8.078/1990, além de considerar *in casu* a hipossuficiência técnica evidente. Vulnerabilidade do consumidor à luz do art. 6.º, VIII, do CDC. Devolução do produto. Restituição do valor pago que se impõe. Dano moral caracterizado. Constrangimento, abalo moral, frustração, angústia e indução a erro aproveitando-se da fragilidade e da boa-fé de consumidora hipossuficiente. Princípio da dignidade da pessoa humana. Fixação do *quantum* em atenção aos critérios reguladores da matéria, sob o balizamento dos princípios da razoabilidade e proporcionalidade. Precedentes das Turmas Recursais. Recurso conhecido e provido. Sentença reformada. Unânime. [...]. Função social do contrato e interpretação do contrato de maneira mais favorável ao consumidor (art. 47, do CDC – Lei 8.078/1990). 5. Constitui publicidade enganosa (art. 37, § 1.º, do CDC) o anúncio de empresa que oferta produto para emagrecer na internet, desconsiderando proibição da Agência Nacional de Vigilância Sanitária (suspensão determinada), fazendo promessas de perda de dois quilos por semana. Resultado proclamado não obtido após cumprimento das orientações previstas. Angústia, constrangimento, frustração e indignação anormais, que excedem o que se entende como naturais, regulares por força da vida em coletividade. Quebra da boa-fé. O art. 30 do CDC consagra o princípio da boa-fé que deve vigorar nas relações de consumo desde a fase pré-contratual, visando tal norma coibir os abusos praticados por intermédio do chamado *marketing*, obrigando o fornecedor a cumprir o prometido em sua propaganda. (...) Sentença reformada. Unânime" (TJDF, Acórdão 2007.07.1.003002-4, 2.ª Turma Recursal, Rel. Juiz Alfeu Machado, *DJU* 24.09.2007, p. 113).

Retornando à jurisprudência do Superior Tribunal de Justiça, merece ser citado aresto que diz respeito à venda de um empreendimento divulgado e comercializado como um hotel, mas que, na verdade, era um residencial com serviços e que veio a ser interditado pela municipalidade:

"O princípio da vinculação da publicidade reflete a imposição da transparência e da boa-fé nos métodos comerciais, na publicidade e nos contratos, de modo que o fornecedor de produtos ou serviços obriga-se nos exatos termos da publicidade veiculada, sendo certo que essa vinculação estende-se também às informações prestadas por funcionários ou representantes do fornecedor. Se a informação se refere a dado essencial capaz de onerar o consumidor ou restringir seus direitos, deve integrar o próprio anúncio, de forma precisa, clara e ostensiva, nos termos do art. 31 do CDC, sob pena de configurar publicidade enganosa por omissão. No caso concreto, desponta estreme de dúvida que o principal atrativo do projeto foi a sua divulgação como um empreendimento hoteleiro – o que se dessume à toda vista da proeminente reputação que a R. M. ostenta nesse ramo –, bem como foi omitida a falta de autorização do Município para que funcionasse empresa dessa envergadura na área, o que, a toda evidência, constitui publicidade enganosa, nos termos do art. 37, *caput* e § 3.º, do CDC, rendendo ensejo ao desfazimento do negócio jurídico, à restituição dos valores pagos, bem como à percepção de indenização por lucros cessantes e por dano moral" (STJ, REsp 1.188.442/RJ, 4.ª Turma, Rel. Min. Luis Felipe Salomão, j. 06.11.2012, *DJe* 05.02.2013).

Do mesmo Tribunal da Cidadania, em 2014, entendeu-se pela presença de publicidade enganosa na veiculação da "Tele Sena Dia das Mães". A autora da demanda alegou que seria impossível matematicamente atingir os pontos necessários para o ganho do título de capitalização que havia adquirido. Consta da ementa que "enganosa é a mensagem falsa ou que tenha aptidão a induzir a erro o consumidor, que não conseguiria distinguir natureza, características, quantidade, qualidade, preço, origem e dados do produto ou serviço contratado. No caso concreto, extrai-se dos autos que dados essenciais do produto ou serviço adquirido foram omitidos, gerando confusão para qualquer consumidor médio, facilmente induzido a erro" (STJ, REsp 1.344.967/SP, 3.ª Turma, Rel. Min. Ricardo Villas Bôas Cueva, j. 26.08.2014, *DJe* 15.09.2014).

Seguindo as elucidações práticas, em muitas situações a jurisprudência confirma que o simples fato do engano pela publicidade, por si só, não gera dano moral, que deve decorrer das circunstâncias fáticas e das máximas de experiência. Por todos, do Tribunal da Cidadania:

"Processual civil. Embargos de declaração recebidos como agravo regimental. Propaganda promocional. Adesão dos consumidores. Serviço não prestado. Frustração. Dano moral caracterizado. Reexame do conjunto fático-probatório. Súmula 7 do STJ. Violação aos arts. 458 e 535 do CPC. Inexistência. *Quantum* indenizatório. Razoável. Agravo improvido. I – Não procede a alegação de ausência de fundamentação no acórdão recorrido, quando está o mesmo completo, motivado e com os requisitos necessários à formação de uma sentença. II – O STJ recebe o quadro probatório tal como delineado pelo Tribunal estadual e o reexame de provas encontra o óbice da Súmula 7 desta Corte. III – Agravo regimental improvido" (STJ, AgRg no Ag 796.675/RS, 4.ª Turma, Rel. Min. Aldir Passarinho Junior, j. 13.11.2007, *DJ* 17.12.2007, p. 185).

Do Tribunal paulista é interessante o acórdão que aplicou o conceito de publicidade enganosa em face de instituição de ensino superior, diante do engano causado pelo não reconhecimento do curso, o que fez gerar danos morais pela frustração causada nos alunos:

"Responsabilidade civil. Conduta imprópria de entidade de ensino. Cooptação de alunos, expondo-lhes à formatura, sem a necessária regularização do curso. Publicidade enganosa, capaz de induzir em erro o consumidor. Dano moral. Dever reparatório. Inteligência do art. 5.º, V e X, da Constituição Federal; art. 186 do Código Civil; arts. 6.º, III e IV, 14, *caput* e § 1.º, 31 e 37, § 1.º, da Lei 8.078/1990. Apelo da autora. Provimento. Recurso da ré, a que se nega provimento" (TJSP, Apelação 9081234-70.2008.8.26.0000, Acórdão 5069055, 30.ª Câmara de Direito Privado, Votuporanga, Rel. Des. Carlos Russo, j. 13.04.2011, *DJESP* 28.04.2011).

Do mesmo modo, entende-se que há publicidade enganosa no caso de oferta de condições bem vantajosas para a compra de veículo que entra em conflito com o teor do contrato, aplicando-se, em casos tais, os já estudados arts. 30 e 35 do CDC. Nesse contexto de dedução, vejamos interessante ementa do Tribunal de Minas Gerais:

"A publicidade exerce hodiernamente papel fundamental nas relações de consumo, influenciando sobremaneira o comportamento do consumidor, quando não o determinando, de maneira que sua disciplina deve ter equivalência contratual, com direcionamento pautado na ética, boa-fé e dirigismo contratuais. Nesse contexto é que o legislador estatuiu como direito básico do consumidor a proteção contra a publicidade enganosa e abusiva, métodos comerciais coercitivos ou desleais, bem como contra práticas e cláusulas abusivas ou impostas no fornecimento de produtos e serviços (art. 6.º, IV, CDC). É enganosa a publicidade se as condições de financiamento de veículo ofertadas em campanha publicitária feita através de impressos/encartes não são mantidas por ocasião do fechamento do negócio" (TJMG, Apelação Cível

0437539-56.2009.8.13.0106, Cambuí, 16.ª Câmara Cível, Rel. Des. Sebastião Pereira de Souza, j. 06.10.2010, *DJEMG* 29.11.2010).

Na prática, a publicidade não pode fazer promessas concretas mirabolantes, sob pena de caracterização do dolo publicitário enganoso. Nessa linha, decisão do Tribunal gaúcho que afastou a configuração do mero exagero tolerável (*puffing*):

"Consumidor. Publicidade enganosa. Anúncio de curso de 'leitura dinâmica' garantindo resultados inatingíveis. Direito à restituição dos valores pagos pelo curso. Dano moral caracterizado. Sendo legítima a expectativa do autor de que obtivesse, através de programa integral de leitura oferecido pelo réu, condições de ler 2.000 palavras por minuto, com 100% de retenção, e vendo frustrada tal expectativa pela inatingibilidade da meta prometida, responde o réu pelos prejuízos causados. Publicidade enganosa, prometendo a leitura de '200 páginas em 20 minutos com 100% de compreensão e retenção'. Indenização dos danos materiais equivalentes aos valores despendidos com o curso e fixação da indenização dos danos morais em quantia módica (ementa extraída do Recurso Inominado n. 71002666576, de relatoria do eminente Dr. Ricardo Torres Hermann). Recurso desprovido" (TJRS, Recurso 32258-24.2010.8.21.9000, 3.ª Turma Recursal Cível, Porto Alegre, Rel. Des. Leandro Raul Klippel, j. 27.01.2011, *DJERS* 08.02.2011).

Como bem esclarece Rizzatto Nunes, "se o *puffing* puder ser medido objetivamente, e, de fato, não corresponder à verdade, será, então, enganoso. Assim, por exemplo, se o anúncio diz que aquela pilha é 'a pilha que mais dura', tem de poder provar. Se é o 'isqueiro' que acende mais vezes, também. Se é o 'carro mais econômico da categoria', da mesma forma etc.".[128] Todavia, vale a ressalva de Fábio Ulhoa Coelho, no sentido de que "o fantasioso (necessariamente falso) nem sempre induz ou é capaz de induzir o consumidor em erro. A promoção, por exemplo, de *drops*, através da apresentação de filme com pessoas levitando ao consumi-lo, implica veiculação de informações falsas (a guloseima não tem o efeito apresentado), mas evidentemente insuscetível de enganar o consumidor".[129]

Como outra ilustração interessante, a propósito dessas afirmações doutrinárias, em julgado de 2023, concluiu a Quarta Turma do Superior Tribunal de Justiça que "a publicidade do tipo *puffing*, cuja mensagem enaltece o fato de um aparelho de ar-condicionado ser 'silencioso', não tem aptidão para ser fonte de dano difuso, pois não ostenta qualquer gravidade intolerável em prejuízo dos consumidores em geral" (STJ, REsp 1.370.677/SP, 4.ª Turma, Rel. Min. Raul Araújo, j. 17.10.2023, v.u.).

Sem prejuízo do *puffing*, cumpre tecer algumas palavras a respeito da prática do *teaser*, que vem a ser a utilização de artifícios de atração, para que o consumidor tenha um primeiro contato com um produto ou serviço a ser adquirido. Cite-se, a título de exemplo, campanha publicitária do *Limão*, empresa

---

[128] RIZZATTO NUNES, Luiz Antonio. *Comentários ao Código de Defesa do Consumidor*, cit., p. 464.
[129] COELHO, Fábio Ulhoa. *Manual de Direito Comercial*. Direito de empresa, cit., p. 104.

do grupo Estado (www.limao.com.br). Ou, ainda, publicidade de veículo que usa a expressão "ele está chegando", sem apontar qual o modelo. Assim, como ocorre com os exageros publicitários, tais artifícios, em regra, são permitidos, desde que não configure publicidade enganosa ou abusiva, servindo o Código Consumerista como mecanismo de controle.

Por fim, na ótica do CDC, deve ser visto com ressalvas o conceito de *dolus bonus* ou dolo bom, aquele que não prejudica a parte, ou até a beneficia. Como bem esclarece Carlos Ferreira de Almeida, jurista português, a construção do *dolus bonus* foi colocada em xeque no sistema lusitano, por contrariar o preceito máximo de lealdade na contratação e o direito à informação consagrados pela norma consumerista.[130]

A conclusão deve ser a mesma no sistema brasileiro. Portanto, se a conduta publicitária for capaz de causar qualquer tipo de engano, mesmo que indireto, a gerar prejuízos mediatos ao consumidor, ficará configurada a publicidade ilícita. Caso não haja prejuízo, não se pode falar em publicidade enganosa. Concluindo da última forma, do Tribunal do Rio Grande do Sul:

> "Apelação cível. Responsabilidade civil. Propaganda enganosa. Danos morais. Não verificação. Improcedência do pedido. Manutenção. Não configura propaganda enganosa a divulgação, por parte da financeira, de que opera com as melhores taxas do mercado. Tal mensagem publicitária, para qualquer cidadão com o mínimo de discernimento, apenas exerce a força atrativa a que se propõe toda propaganda, jamais tendo o condão de ludibriar o consumidor ou gerar vício no consentimento. Outrossim, o *dolus bonus*, evidentemente presente na hipótese, não vicia o negócio, sendo aceito socialmente. Trata-se de mecanismo muito utilizado como técnica de publicidade, inexistindo qualquer ilicitude no realce do produto, com finalidade de atrair os clientes. Improcedência do pedido mantida. Apelo desprovido" (TJRS, Apelação Cível 500846-04.2010.8.21.7000, 9.ª Câmara Cível, Igrejinha, Rel. Des. Marilene Bonzanini Bernardi, j. 13.04.2011, *DJERS* 20.04.2011).

Verifica-se no último aresto uma interessante interação entre as normas do Código de Defesa do Consumidor e os conceitos clássicos do Direito Civil.

8.5.3. *A vedação da publicidade abusiva (art. 37, § 2.º, do CDC). Breve análise sobre o instituto da publicidade comparativa*

Diferentemente da publicidade enganosa, que induz o consumidor a erro, a publicidade abusiva é aquela ilícita por trazer como conteúdo o abuso de direito, tema que será aprofundado no próximo capítulo. Dispõe o art. 37, § 2.º, da Lei n. 8.078/1990, em tom mais uma vez exemplificativo, que são abusivas, entre outras, as seguintes práticas: *a)* a publicidade discriminatória de qualquer natureza; *b)* a publicidade que incita à violência; *c)* a publicidade que explora o medo ou a superstição; *d)* a publicidade que se aproveita da deficiência de julgamento e experiência da criança; *e)* a publicidade que desrespeita valores

---
[130] ALMEIDA, Carlos Ferreira de. *Direito do consumo*, cit., p. 102.

ambientais; e *f)* a publicidade que seja capaz de induzir o consumidor a se comportar de forma prejudicial ou perigosa à sua saúde ou segurança.

Como explica Fábio Ulhoa Coelho, a publicidade abusiva é aquela que *agride os valores sociais*, presente uma conduta socialmente reprovável de abuso. E ilustra: "o fabricante de armas não pode promover o seu produto reforçando a ideologia da violência como meio de solução dos conflitos, ainda que esta solução resultasse suficiente, em termos mercadológicos, junto a determinados segmentos da sociedade, inclusive os consumidores de armamentos. Também é abusiva a publicidade racista, sexista, discriminatória e lesiva ao meio ambiente".[131] Deve ficar claro que, para a caracterização da publicidade abusiva, levam-se em conta os valores da comunidade e o senso geral comum.

Diante do seu conteúdo, muitas vezes agressivo, a publicidade abusiva pode gerar a responsabilidade civil das pessoas envolvidas, nos moldes das premissas já expostas. Isso sem falar das penalidades administrativas, como a imposição de pesadas multas pelos órgãos legitimados ou a necessidade de a empresa fazer a *contrapublicidade,* tratada pela lei como *contrapropaganda*. Estipula o *caput* do art. 60 do CDC que a imposição de contrapropaganda será cominada quando o fornecedor incorrer na prática de publicidade enganosa ou abusiva, sempre às expensas do infrator. Em complemento, prevê a mesma norma que a contrapropaganda será divulgada pelo responsável da mesma forma, frequência e dimensão e, preferencialmente no mesmo veículo, local, espaço e horário, de forma capaz de desfazer o malefício da publicidade enganosa ou abusiva (art. 60, § 1.º).

A título de ilustração, cite-se julgado notório do Egrégio Tribunal de Justiça do Estado de São Paulo, o qual considerou abusiva uma publicidade que incitava as crianças à destruição de tênis velhos, os quais deveriam ser substituídos por outros novos, situação tida como incentivadora da violência, abusando da inocência das crianças (TJSP, Apelação Cível 241.337-1, 3.ª Câmara de Direito Público, São Paulo, Rel. Ribeiro Machado, j. 30.04.1996, v.u.).

Houve um enquadramento da prática como um *mau costume*, conceito que mantém relação íntima com o texto encontrado no art. 187 do CC/2002, que traz os elementos configuradores do abuso de direito. Como se percebe, como a publicidade envolve valores coletivos em sentido amplo, cabe o manejo das medidas de tutela pela ação civil pública, inclusive com a atribuição de indenização por danos morais coletivos ou difusos.

Em 2016, surgiu precedente importante sobre a publicidade infantil no Superior Tribunal de Justiça. A Corte entendeu pela sua proibição, pelo fato de vincular a aquisição de brindes ao consumo exagerado do produto. Nos termos do aresto:

> "A hipótese dos autos caracteriza publicidade duplamente abusiva. Primeiro, por se tratar de anúncio ou promoção de venda de alimentos direcionada, direta ou indiretamente, às crianças. Segundo, pela evidente 'venda casada',

---

[131] COELHO, Fábio Ulhoa. *Manual de Direito Comercial*. Direito de Empresa, cit., p. 104.

ilícita em negócio jurídico entre adultos e, com maior razão, em contexto de *marketing* que utiliza ou manipula o universo lúdico infantil (art. 39, I, do CDC). *In casu*, está configurada a venda casada, uma vez que, para adquirir/comprar o relógio, seria necessário que o consumidor comprasse também 5 (cinco) produtos da linha 'Gulosos'" (STJ, REsp 1.558.086/SP, 2.ª Turma, Rel. Min. Humberto Martins, j. 10.03.2016, *DJe* 15.04.2016).

Entendo que tal posição deve se repetir naquela Corte Superior, o que trará um novo tratamento para a publicidade e para a oferta dirigidas ao público infantil. Aplicada a mesma premissa, não serão mais possíveis os meios de oferta que atraem as crianças por meio de brindes ou brinquedos, comuns em grandes redes de lanchonetes e de restaurantes.

Deve ficar claro que, segundo o entendimento majoritário antes transcrito, ao qual não se filia, entende-se que o veículo de comunicação não responde pela publicidade abusiva. Nesse sentido, vejamos decisão do STJ a respeito de *publicidade estelionatária*:

"Civil. Recurso especial. Ação de reparação por danos materiais. Publicação de anúncio em classificados de jornal. Ocorrência de crime de estelionato pelo anunciante. Incidência do CDC. Responsabilidade do jornal. 1. O recorrido ajuizou ação de reparação por danos materiais, em face da recorrente (empresa jornalística), pois foi vítima de crime de estelionato praticado por meio de anúncio em classificados de jornal. 2. Nos contratos de compra e venda firmados entre consumidores e anunciantes em jornal, as empresas jornalísticas não se enquadram no conceito de fornecedor, nos termos do art. 3.º do CDC. 3. A responsabilidade pelo dano decorrente do crime de estelionato não pode ser imputada à empresa jornalística, visto que essa não participou da elaboração do anúncio, tampouco do contrato de compra e venda do veículo. 4. O dano sofrido pelo consumidor deu-se em razão do pagamento por um veículo que não foi entregue pelo anunciante, e não pela compra de um exemplar do jornal. Ou seja: o produto oferecido no anúncio (veículo) não tem relação com o produto oferecido pela recorrente (publicação de anúncios). 5. Assim, a empresa jornalística não pode ser responsabilizada pelos produtos ou serviços oferecidos pelos seus anunciantes, sobretudo quando dos anúncios publicados não se infere qualquer ilicitude. 6. Destarte, inexiste nexo causal entre a conduta da empresa e o dano sofrido pela vítima do estelionato. 7. Recurso especial conhecido e provido" (STJ, REsp 1.046.241/SC, 3.ª Turma, Rel. Min. Nancy Andrighi, j. 12.08.2010, *DJe* 19.08.2010).

Por outra via, servindo de exemplo de outro caminho adotado pelas Cortes, entende-se que não há discriminação geradora de publicidade abusiva no caso de uma publicidade que limita a aquisição de um bem de consumo a um determinado número de exemplares compatível ao uso familiar. Concluindo desse modo, do Tribunal do Rio de Janeiro:

"Compra e venda de mercadoria. Propaganda comercial. Restrição ao direito. Direito do Consumidor. Inocorrência. Apelação cível. Consumidor. Publicidade que veicula vantagens na aquisição de produto a determinados setores do comércio, reservando-os em estoque e limitando a compra a um aparelho por cliente. Alegação de infringência a Direito do Consumidor, por propaganda abusiva e discriminatória. Inocorrência. Critério de discrímen razoável e proporcional, considerando-se o ramo de atividade comercial escolhido. Publicidade lícita e regular nos moldes do CDC. Manutenção da sentença. Improvimento do recurso" (TJRJ, Apelação Cível 16259/2004, 16.ª Câmara Cível, Rio de Janeiro, Rel. Des. Gerson Arraes, j. 13.07.2004).

Como se pode notar pelas últimas decisões transcritas, a verdade é que a configuração da publicidade abusiva dificilmente ocorre na prática, pois houve um aumento de conscientização das empresas patrocinadoras, nos últimos tempos, com relação à sua vedação. De toda sorte, se presente o abuso de direito, devem ser impostas as amplas sanções estabelecidas pelo Código Brasileiro de Defesa do Consumidor, especialmente a responsabilidade objetiva e solidária nela tratada.

Destaque-se que o Superior Tribunal de Justiça entende não ser abusiva, pelo menos em regra, a chamada *publicidade comparativa*, aquela que procura analisar, de forma confrontada, as características e qualidades de produtos ou serviços diferentes. A campanha analisada dizia respeito à comparação de duas pilhas, a Duracell e a Rayovac, tendo a segunda mencionado a primeira em suas embalagens e em publicidades veiculadas por meios de comunicação. No entendimento dos julgadores, a publicidade comparativa constitui o "método ou técnica de confronto empregado para enaltecer as qualidades ou o preço de produtos ou serviços anunciados em relação a produtos ou serviços de um ou mais concorrentes, explícita ou implicitamente, com o objetivo de diminuir o poder de atração da concorrência frente ao público consumidor". E mais, "a despeito da ausência de abordagem legal específica acerca da matéria, a publicidade comparativa é aceita pelo ordenamento jurídico pátrio, desde que observadas determinadas regras e princípios concernentes ao Direito do Consumidor, ao direito marcário e ao direito concorrencial, sendo vedada a veiculação de propaganda comercial enganosa ou abusiva, que denigra a imagem da marca comparada, que configure concorrência desleal ou que cause confusão no consumidor" (STJ, REsp 1.668.550/RJ, 3.ª Turma, Rel. Min. Nancy Andrighi, j. 23.05.2017, *DJe* 26.05.2017).

A conclusão final do julgamento foi no sentido de que a publicidade comparativa presente no caso concreto não violou a boa-fé, tendo sido realizada com mero propósito de informação e trazendo benefícios ao consumidor. Entendeu-se, ainda, que não ficou constatada a presença de ilicitude, tampouco de condutas que tenham rebaixado socialmente a imagem dos produtos da empresa concorrente. Assim também penso a respeito da temática, sendo vedada a publicidade comparativa apenas nos casos de engano dos consumidores ou se for ela abusiva, conforme os parâmetros ora estudados.

Como último julgado a ser citado, em 2023, o mesmo Tribunal Superior concluiu que a publicidade comparativa somente gera o dever de indenizar se estiverem presentes danos aos consumidores: "no contexto de propaganda comparativa ofensiva, não é viável impor a obrigação de indenização por danos materiais sem a devida demonstração de prejuízo" (STJ, Ag. Int. nos EDcl. no

REsp 1.770.411/RJ, 4.ª Turma, Rel. Min. João Otávio de Noronha, Rel. para acórdão Ministro Raul Araújo, j. 14.02.2023, *DJe* 05.07.2023, m.v.). Afastou-se a presença, por si só, do dano *in re ipsa* ou presumido, em virtude da citada publicidade, o que me parece correto.

9. RESPONSABILIDADE CIVIL DO CÓDIGO DO CONSUMIDOR E CADASTRO DE INADIMPLENTES

Os bancos de dados e cadastros de consumidores assumem atualmente no Brasil um papel social indiscutível, sendo institutos de grande aplicabilidade no contexto nacional. Como é notório, o *brasileiro médio* deixou de ser um poupador e passou a ser alguém dependente de crédito no mercado, algo como um *homo creditus*. Essa tendência desenfreada é um dos fatores a gerar o *superendividamento, tema que passou a ser tratado pela Lei 14.181/2021*, norma que veio em boa hora, diante da grave crise gerada pela pandemia. Na esteira da doutrina, utiliza-se o termo *arquivos de consumo* em sentido amplo ou como gênero, do qual são espécies os *bancos de dados* e os *cadastros de consumidores*.[132]

Os bancos de dados e cadastros dos consumidores lidam com um dos mais importantes direitos da personalidade, qual seja o *nome*, sinal que representa a pessoa perante o meio social. Na perspectiva de ampla proteção, o art. 16 do CC/2002 enuncia que toda pessoa tem direito ao nome, nele compreendidos o prenome e o sobrenome. Ato contínuo, determina a lei civil que o nome da pessoa não pode ser empregado por outrem em publicações ou representações que a exponham ao desprezo público, ainda quando não haja intenção difamatória (art. 17 do CC/2002).

Em casos de desrespeito a tal preceito, cabem os mecanismos tratados pelo art. 12, *caput,* da norma geral civil, incidindo os princípios da *prevenção* e da *reparação integral de danos*. Conforme a norma, "pode-se exigir que cesse a ameaça, ou a lesão, a direito da personalidade, e reclamar perdas e danos, sem prejuízo de outras sanções previstas em lei".

Para a *prevenção*, cabem as medidas de tutela específica consagradas pelo Estatuto Processual, e pelo próprio CDC (art. 84) caso da fixação da multa ou *astreintes*. Sobre a possibilidade de fixação de *astreintes* em casos tais, cite-se a premissa 10, publicada na Edição n. 59 da ferramenta *Jurisprudência em Teses*, do STJ. Conforme o seu teor, "é cabível a aplicação de multa diária como meio coercitivo para o cumprimento de decisão judicial que determina a exclusão ou impede a inscrição do nome do devedor em cadastro de restrição de crédito". A fixação dessa multa independe da prova de culpa ou de dano, conforme está previsto no art. 497, parágrafo único, do CPC/2015.

Para a ampla reparação, possível a ação de indenização por todos os danos materiais e imateriais sofridos pelo consumidor, o que inclui até os danos coletivos, de determinados grupos de consumidores. O caminho, pela Lei Consumerista, é

---
[132] GARCIA, Leonardo Medeiros. *Direito do Consumidor*. Código comentado e jurisprudência, cit., p. 155.

exatamente o mesmo, pela incidência dos seus arts. 84 – para a prevenção – e 6.º, inc. VI – para a reparação integral.

No que concerne à natureza jurídica dos cadastros e bancos de dados, é claro o art. 43, § 4.º, da Norma Protetiva no sentido de que são considerados entidades de caráter público. Como se extrai da obra conjunta de Claudia Lima Marques, Herman Benjamin e Bruno Miragem, apesar dessa natureza pública, podem os cadastros em sentido amplo ser mantidos por entidades públicas (BACEN/CADIN) ou privadas (SPC), chamadas de *arquivistas*.[133] Além de toda a exposição acima demonstrada, amparada na proteção da pessoa humana e das informações, a natureza pública está justificada pelo *princípio do protecionismo*, retirado do art. 1.º da Lei n. 8.078/1990.

Em reforço, como observa Renato Afonso Gonçalves, em sua dissertação de mestrado defendida na PUCSP, "O 'caráter público' constitucional, cujo sentido acompanhou o CDC (§ 4.º, art. 43), advém da gênese dos órgãos que manipulam as informações, de sua própria essência. Ora, a garantia constitucional do *habeas data*, como veremos em capítulo próprio, em perfeita consonância com o art. 1.º, II e III, e art. 5.º, X, da Constituição Federal, tem o condão de salvaguardar para o cidadão suas informações pessoais, ou melhor, as informações relativas à sua pessoa (impetrante). Como as demais garantias constitucionais, visa proteger o cidadão contra o Estado atuando na esfera das liberdades públicas".[134]

A enfatizar o interesse coletivo de tais cadastros, a Lei n. 13.146/2015, que instituiu o Estatuto da Pessoa com Deficiência, incluiu um § 6.º no art. 43 do CDC, enunciando que "todas as informações de que trata o *caput* deste artigo devem ser disponibilizadas em formatos acessíveis, inclusive para a pessoa com deficiência, mediante solicitação do consumidor". O objetivo é a inclusão de consumidores com deficiência, tidos como *hipervulneráveis*, e que merecem uma especial e qualificada proteção do Estado.

Em complemento, conforme se retira de recente aresto do Superior Tribunal de Justiça, julgado por sua Segunda Seção em incidente de recursos repetitivos, tais cadastros gozam de presunção de veracidade, especialmente quando reproduzem o que é informado pelos Cartórios de Protestos. Vejamos trecho de destaque constante da publicação constante do *Informativo* n. 554 do Tribunal da Cidadania:

> "Diante da presunção legal de veracidade e publicidade inerente aos registros de cartório de protesto, a reprodução objetiva, fiel, atualizada e clara desses dados na base de órgão de proteção ao crédito – ainda que sem a ciência do consumidor – não tem o condão de ensejar obrigação de reparação de danos. Nos termos da CF, o direito de acesso à informação encontra-se consagrado no art. 5.º, XXXIII, que preceitua que todos têm direito a receber dos órgãos públicos informações de seu interesse particular, ou de interesse

---

[133] MARQUES, Claudia Lima; BENJAMIN, Antonio Herman V.; MIRAGEM, Bruno. *Comentários ao Código de Defesa do Consumidor*, cit., p. 831-832.
[134] GONÇALVES, Renato Afonso. *Bancos de dados nas relações de consumo*. São Paulo: Max Limonad, 2002. p. 49-50.

coletivo ou geral, que serão prestadas no prazo da lei, sob pena de responsabilidade, ressalvadas aquelas cujo sigilo seja imprescindível à segurança da sociedade e do Estado. Além disso, o art. 37, *caput*, da CF estabelece ser a publicidade princípio que informa a administração pública, e o cartório de protesto exerce serviço público. Nesse passo, observa-se que o art. 43, § 4.º, do CDC disciplina as atividades dos cadastros de inadimplentes, estabelecendo que os bancos de dados e cadastros relativos a consumidores, os serviços de proteção ao crédito e congêneres são considerados entidades de caráter público. Nessa linha de intelecção, consagrando o princípio da publicidade imanente, o art. 1.º, c/c art. 5.º, III, ambos da Lei 8.935/1994 (Lei dos Cartórios), estabelecem que os serviços de protesto são destinados a assegurar a publicidade, autenticidade e eficácia dos atos jurídicos. Ademais, por um lado, a teor do art. 1.º, *caput*, da Lei 9.492/1997 (Lei do Protesto) e das demais disposições legais, o protesto é o ato formal e solene pelo qual se prova a inadimplência e o descumprimento de obrigação (ou a recusa do aceite) originada em títulos e outros documentos de dívida. Por outro lado, o art. 2.º do mesmo diploma esclarece que os serviços concernentes ao protesto são garantidores da autenticidade, publicidade, segurança e eficácia dos atos jurídicos. Com efeito, o registro do protesto de título de crédito ou outro documento de dívida é de domínio público, gerando presunção de veracidade do ato jurídico, dado que deriva do poder certificante que é conferido ao oficial registrador e ao tabelião. A par disso, registre-se que não constitui ato ilícito o praticado no exercício regular de um direito reconhecido, nos termos do art. 188, I, do CC. Dessa forma, como os órgãos de sistema de proteção ao crédito exercem atividade lícita e relevante ao divulgar informação que goza de fé pública e domínio público, não há falar em dever de reparar danos, tampouco em obrigatoriedade de prévia notificação ao consumidor (art. 43, § 2.º, do CDC), sob pena de violação ao princípio da publicidade e mitigação da eficácia do art. 1.º da Lei 8.935/1994, que estabelece que os cartórios extrajudiciais se destinam a conferir publicidade aos atos jurídicos praticados por seus serviços" (STJ, REsp 1.444.469/DF, 2.ª Seção, Rel. Min. Luis Felipe Salomão, j. 12.11.2014, *DJe* 16.12.2014).

Mais recentemente, em 2016, essa presunção de veracidade foi igualmente reconhecida por afirmação constante da Edição n. 59 da ferramenta *Jurisprudência em Teses*, do Tribunal da Cidadania. Conforme a tese 11, "diante da presunção legal de veracidade e publicidade inerente aos registros do cartório de distribuição judicial e cartório de protesto, a reprodução objetiva, fiel, atualizada e clara desses dados na base de órgão de proteção ao crédito – ainda que sem a ciência do consumidor –, não tem o condão de ensejar obrigação de reparação de danos".

Feitos tais esclarecimentos, é preciso traçar as diferenças existentes entre as construções jurídicas dos *bancos de dados* e dos *cadastros de consumidores*. Da tese de doutoramento de Antônio Carlos Efing, também defendida na PUCSP, podem ser retirados sete critérios de distinção, expostos no *quadro-resumo* a seguir:[135]

---

[135] EFING, Antônio Carlos. *Bancos de dados e cadastro de consumidores*. São Paulo: RT, 2002. p. 30-36.

I) Diferenciação quanto à forma de coleta dos dados armazenados:
   a) Bancos de dados – têm caráter aleatório, sendo o seu objetivo propiciar a máxima quantidade de coletas de dados. Não há um interesse particularizado.
   b) Cadastro de consumidores – o consumidor tem necessariamente uma relação jurídica estabelecida com o arquivista (*especificidade subjetiva*). Assim sendo, não há um caráter aleatório na coleta das informações, mas sim um interesse particularizado.
II) Diferenciação quanto à organização dos dados armazenados:
   a) Bancos de dados – as informações têm uma *organização mediata*, pois visam a uma utilização futura, ainda não concretizada.
   b) Cadastro de consumidores – as informações têm uma *organização imediata*, qual seja a relação jurídica estabelecida entre o arquivista dos dados e o consumidor.
III) Diferenciação quanto à continuidade da coletiva e da divulgação:
   a) Bancos de dados – como são aleatórios, há a necessidade de sua conservação permanente, no máximo de tempo possível.
   b) Cadastro de consumidores – como não há interesse por parte do fornecedor em manter o cadastro do consumidor que com ele não tem relação jurídica, o cadastro tende a não ser contínuo.
IV) Diferenciação quanto à existência de requerimento do cadastramento:
   a) Bancos de dados – não há consentimento do consumidor, que, muitas vezes, sequer tem conhecimento do registro.
   b) Cadastro de consumidores – há consentimento por parte dos consumidores e, algumas situações, presente está o seu requerimento de abertura dos dados ao arquivista.
V) Diferenciação quanto à extensão dos dados postos à disposição:
   a) Bancos de dados – como há o objetivo de transmissão de informações a terceiros, é proibido o juízo de valor em relação ao consumidor. Existem apenas dados objetivos e não valorativos.
   b) Cadastro de consumidores – é possível a presença de juízo de valor sobre o consumidor, com informações internas para orientação exclusivamente dos negócios jurídicos do arquivista.
VI) Diferenciação quanto à função das informações obtidas:
   a) Bancos de dados – não apresentam a finalidade de utilização subsidiária. As informações constituem o conteúdo fundamental da existência do banco de dados.
   b) Cadastro de consumidores – os dados são utilizados com a finalidade de controle interno sobre as possibilidades de realização de negócios jurídicos por parte do fornecedor-arquivista (utilização subsidiária).
VII) Diferenciação quanto ao alcance da divulgação das informações:
   a) Bancos de dados – a divulgação é externa e continuada a terceiros, sendo essa a sua principal finalidade social.
   b) Cadastro de consumidores – a divulgação é apenas interna, no interesse subjetivo do fornecedor-arquivista.

A partir das *sete diferenciações* apontadas, é possível exemplificar, no plano concreto, quais são as situações envolvendo as duas categorias. De início, há bancos de dados nos *cadastros negativos* do SERASA – empresa privada originalmente ligada aos bancos – e do SPC – serviço de proteção ao crédito de associações de comerciantes. Tais cadastros são os que têm a maior efetividade prática no Brasil, na linha do exposto no início deste capítulo, almejando a prestação de informações à coletividade, ao mercado de consumo.

Cite-se, ainda e conforme reconhecido em 2019 pelo Superior Tribunal de Justiça, ser lícita a manutenção do banco de dados conhecido como "cadastro de passagem" ou "cadastro de consultas anteriores", desde que subordinado às exigências previstas no art. 43 do CDC, que será aqui estudado. Como consta do aresto, que explica o funcionamento desses cadastros:

"O 'cadastro de passagem' ou 'cadastro de consultas anteriores' é um banco de dados de consumo no qual os comerciantes registram consultas feitas a respeito do histórico de crédito de consumidores que com eles tenham realizado tratativas ou solicitado informações gerais sobre condições de financiamento ou crediário. A despeito de ser lícita a manutenção do cadastro de passagem, que é banco de dados de natureza neutra, ela está subordinada, como ocorre com todo e qualquer banco de dados ou cadastro de consumo, às exigências previstas no art. 43 do CDC. A disponibilização das informações constantes de tal banco de dados – que ali foram inseridas sem prévia solicitação das pessoas a elas relacionadas – só é permitida, a teor do que expressamente dispõe o § 2.º do art. 43 do CDC, após ser comunicado por escrito o consumidor de sua respectiva inclusão cadastral" (STJ, REsp 1.726.270/BA, 3.ª Turma, Rel. Min. Nancy Andrighi, Rel. p/ Acórdão Min. Ricardo Villas Bôas Cueva, j. 27.11.2018, *DJe* 07.02.2019).

Acrescente-se que, no ano de 2014 e com grande divergência, o Superior Tribunal de Justiça concluiu que o Sistema de Informações do Banco Central (SISBACEN) tem essa mesma natureza, de *bancos de dados com intuito negativo ou restritivo* (REsp 1.365.284/SC, 4.ª Turma, julgado em setembro de 2014). Conforme o voto prevalecente do Ministro Luis Felipe Salomão, "com a massificação do mercado, surgiu a necessidade de uma maior organização de suas práticas, emergindo daí os bancos de dados de proteção ao crédito. (...) O BACEN mantém bancos de dados com informações positivas e negativas, o que o caracteriza como um 'sistema múltiplo', sendo que em seu viés negativo atua de forma similar a qualquer órgão restritivo. (...) Apesar da natureza de cadastro público, é legítimo arquivo de consumo para concessão de crédito". Em 2016, tal afirmação também passou a compor a Edição n. 59 da ferramenta *Jurisprudência em Teses*, da Corte, a saber: "o Sistema de Informações de Crédito do Banco Central – Sisbacen possui natureza semelhante aos cadastros de inadimplentes, tendo suas informações potencialidade de restringir a concessão de crédito ao consumidor" (tese 16).

Por outro lado, presentes estão os cadastros de consumidores na coleta de dados particularizados no interesse de fornecedores ou prestadores, como nos programas internos de pontuação das empresas em geral. Repise-se que tais cadastros não visam a negativação do nome do consumidor com o fim de informação ao público, mas apenas o incremento das atividades e negócios das empresas.

Pois bem, do art. 43 da Lei n. 8.078/1990 podem ser extraídas três situações concretas relativas aos dados dos consumidores: *a)* a inscrição ou registro; *b)* a retificação ou correção das informações; *c)* o cancelamento da inscrição.

Em todas as hipóteses citadas, diante dos princípios da transparência e da confiança, o consumidor terá acesso às informações existentes em cadastros, fichas, registros e dados pessoais e de consumo arquivados sobre ele, bem como sobre as suas respectivas fontes (art. 43, *caput*). Ademais, os cadastros e dados de consumidores devem ser objetivos, claros, verdadeiros e em linguagem de fácil compreensão (art. 43, § 1.º). Vejamos, pontualmente, as interpretações relativas às três situações descritas, notadamente a que vem sendo dada pela jurisprudência do Superior Tribunal de Justiça, quanto à responsabilidade civil, acompanhada das devidas críticas.

No que diz respeito à inscrição ou registro do nome dos consumidores, enuncia o § 2.º do art. 43 do CDC que a abertura de cadastro, ficha, registro e dados pessoais e de consumo deverá ser comunicada por escrito ao consumidor, quando não solicitada por ele. A par desse comando, no que interessa aos *cadastros negativos*, Rizzatto Nunes demonstra os requisitos para a negativação do nome do consumidor, a saber: *a)* existência da dívida; *b)* vencimento da dívida; *c)* a dívida há de ser líquida (certa quanto à existência, determinada quanto ao valor); *d)* não pode haver oposição por parte do consumidor com relação à dívida.[136] Apesar da exposição do último elemento, como se verá, a jurisprudência superior tem entendido que a simples oposição pelo consumidor não é motivo para a não inscrição.

A respeito da comunicação da inscrição, o Superior Tribunal de Justiça aprovou a Súmula n. 359, *in verbis*: "cabe ao órgão que mantém o cadastro de proteção ao crédito a notificação do devedor antes de proceder à inscrição". A ementa representa correta aplicação dos preceitos consumeristas, em prol da boa-fé objetiva. Como se extrai de um dos precedentes que gerou a súmula: "A comunicação sobre a inscrição nos registros de proteção ao crédito é obrigação do órgão responsável pela manutenção do cadastro, e não do credor" (STJ, AgRg no REsp 617801/RS, 3.ª Turma, Rel. Min. Humberto Gomes de Barros, j. 09.05.2006, *DJ* 29.05.2006, p. 231). Em outro precedente, constata-se que a falta dessa comunicação pode gerar o Direito do Consumidor à indenização pelos danos morais sofridos (STJ, REsp 442.483/RS, 4.ª Turma, Rel. Min. Barros Monteiro, j. 05.09.2002, *DJ* 12.05.2003, p. 306).

Apesar da interessante amplitude da ementa, perfeita do ponto de vista teórico e prático, outra súmula do STJ, mais recente, diminuiu o seu alcance, merecendo uma crítica contundente e cortante. Dispõe a Súmula n. 404 do Superior Tribunal de Justiça que é dispensável o Aviso de Recebimento (AR) na carta de comunicação ao consumidor sobre a negativação. Desse modo, basta ao

---

[136] RIZZATTO NUNES, Luiz Antonio. *Comentários ao Código de Defesa do Consumidor*, cit., p. 527.

órgão que mantém o cadastro comprovar que enviou a comunicação por carta ao endereço do devedor fornecido, não havendo necessidade de ser evidenciado que o último foi efetivamente comunicado. Nesse sentido, vejamos duas decisões que geraram a citada súmula:

> "Processual civil. Agravo regimental no agravo de instrumento. Reexame de prova. Súmula 7/STJ. Notificação. Comprovação. Art. 43, § 2.º, CDC. 1. Aplica-se a Súmula 7 do STJ na hipótese em que a tese versada no recurso especial reclama a análise dos elementos probatórios produzidos ao longo da demanda. 2. A responsabilidade pela comunicação ao devedor de que trata o art. 43, § 2.º, do CDC, objetivando a inscrição no cadastro de inadimplentes, se consuma com a notificação enviada via postal. 3. Não há exigência legal de que a comunicação de que trata o art. 43, § 2.º, do CDC deva ser feita com aviso de recebimento. 4. Agravo regimental desprovido" (STJ, AgRg no Ag 1.036.919/RJ, 4.ª Turma, Rel. Min. João Otávio de Noronha, j. 07.10.2008, *DJe* 03.11.2008).

> "Inscrição. Cadastro de proteção ao crédito. Notificação. Endereço. 1. O órgão de proteção ao crédito tem o dever de notificar previamente o devedor a respeito da inscrição promovida pelo credor (art. 43, § 2.º, CDC). 2. A notificação deve ser enviada ao endereço fornecido pelo credor. 3. Não comete ato ilícito o órgão de proteção ao crédito que envia a notificação ao devedor no endereço fornecido pelo credor" (STJ, REsp 893.069/RS, 3.ª Turma, Rel. Min. Humberto Gomes de Barros, j. 23.10.2007, *DJ* 31.10.2007, p. 331).

Com o devido respeito, trata-se de um verdadeiro ultraje ao conceito de boa-fé objetiva, a tirar parte da eficácia da Súmula n. 359 do próprio Tribunal da Cidadania. Por óbvio, diante de um sistema de inversão do ônus da prova, existente a favor do consumidor, no Código de Defesa do Consumidor, deveria o órgão que mantém o cadastro provar que houve a cientificação concreta do consumidor, o que não é acompanhado pela lamentável Súmula n. 404, que deveria ser cancelada. A boa-fé objetiva deve ser tida como concreta e efetiva, e não baseada em mera ficção ou suposição, como o era no passado, o que demonstra que um marco evolutivo do Direito Privado não foi acompanhado pela Súmula n. 404 do STJ.

A propósito dessa crítica, trazendo ressalva ao teor da malfadada sumular, no final de 2016 o próprio Tribunal da Cidadania concluiu que pode gerar responsabilidade civil a atuação do órgão mantenedor de cadastro negativo que, a despeito da prévia comunicação do consumidor solicitando que futuras notificações fossem remetidas ao endereço por ele indicado, envia a notificação de inscrição para endereço diverso. O acórdão deduz que o órgão que mantém o cadastro negativo não está obrigado, em regra, a investigar a veracidade das informações prestadas pelo credor. Entretanto, conclui pela inaplicabilidade do conteúdo da súmula ao caso concreto, "em face de prévia comunicação enviada pelo consumidor ao órgão mantenedor do cadastro para que futuras notificações fossem remetidas a endereço por ele indicado ante a existência de fraudes praticadas com seu nome". Reconheceu, por fim, o nexo causal entre os danos sofridos pelo consumidor e o defeito do serviço prestado pelo mantenedor do cadastro, a ensejar a reparação civil (STJ, REsp 1.620.394/SP, 3.ª Turma, Rel. Min. Paulo de Tarso Sanseverino, j. 15.12.2016, *DJe* 06.02.2017). A conclusão é perfeita diante da necessária valorização do dever de informação, retirado do princípio da boa-fé objetiva.

Outra importante questão decidida pela Corte, em 2023, diz respeito à insuficiência do envio de SMS ou outras mensagens eletrônicas, para suprir a comunicação do consumidor em seu endereço. Consoante a tese firmada, que tem o meu total apoio, "a notificação do consumidor acerca da inscrição de seu nome em cadastro restritivo de crédito exige o prévio envio de correspondência ao seu endereço, sendo vedada a notificação exclusiva por meio de e-mail ou mensagem de texto de celular (SMS)" (STJ, REsp 2.056.285/RS, 3.ª Turma, Rel. Min. Nancy Andrighi, j. 25.04.2023, *DJe* 27.04.2023, v.u.).

Porém, em 2024, admitiu a Quarta Turma da Corte Superior que esse envio da notificação seja feito por *e-mail*, com a afirmação da seguinte assertiva: "é válida a comunicação remetida por e-mail para fins de notificação do consumidor acerca da inscrição de seu nome em cadastro de inadimplentes, desde que comprovado o envio e entrega da comunicação ao servidor de destino" (STJ, REsp 2.063.145/RS, 4.ª Turma, Rel. Min. Maria Isabel Gallotti, j. 14.03.2024, m.v.). Há clara contradição entre os dois julgamentos, controvérsia que deve ser sanada pela Segunda Seção do Tribunal da Cidadania, sobretudo sobre a viabilidade de uso das novas tecnologias para essa notificação.

Em continuidade de estudo, consigne-se que o Tribunal da Cidadania editou, em 2016, a Súmula n. 572, segundo a qual o Banco do Brasil, na condição de gestor do Cadastro de Emitentes de Cheques sem Fundos, não tem a responsabilidade de notificar previamente o devedor acerca da sua inscrição no aludido cadastro. Pela mesma sumular, o Banco também não tem legitimidade passiva para as ações de reparação de danos fundadas na ausência de prévia comunicação, porque o citado dever e a consequente responsabilidade civil recaem sobre o órgão que mantém o cadastro, na linha da exposta Súmula n. 359, da mesma Corte Superior.

Em complemento à sumula, a mesma Corte entende de forma consolidada que a legitimidade passiva para responder pela falta de comunicação da inscrição é sempre do órgão que mantém o cadastro. Nesse sentido, a afirmação 5, constante da Edição n. 59 da sua ferramenta *Jurisprudência em Teses*, in verbis: "os órgãos mantenedores de cadastros possuem legitimidade passiva para as ações que buscam a reparação dos danos morais e materiais decorrentes da inscrição, sem prévia notificação, do nome de devedor em seus cadastros restritivos, inclusive quando os dados utilizados para a negativação são oriundos do CCF do Banco Central ou de outros cadastros mantidos por entidades diversas". Como precedentes da tese, são citados os seguintes arestos: AgRg no REsp 1.526.114/SP, 3.ª Turma, Rel. Min. Moura Ribeiro, j. 18.08.2015, *DJe* 28.08.2015; AgRg no REsp 1.367.998/RS, 4.ª Turma, Rel. Min. Raul Araújo, j. 05.06.2014, *DJe* 27.06.2014; AgRg no AREsp 502.716/RS, 4.ª Turma, Rel. Min. Maria Isabel Gallotti, j. 05.06.2014, *DJe* 18.06.2014; EDcl no AREsp 379.471/CE, 4.ª Turma, Rel. Min. Luis Felipe Salomão, j. 19.09.2013, *DJe* 24.09.2013; AgRg no REsp

628.205/RS, 3.ª Turma, Rel. Min. Ricardo Villas Bôas Cueva, j. 04.10.2012, *DJe* 09.10.2012; e AgRg no REsp 1.133.717/RS, 3.ª Turma, Rel. Min. Sidnei Beneti, j. 28.09.2010, *DJe* 21.10.2010.

No que diz respeito à retificação ou reparo dos dados relativos ao consumidor, estatui o § 3.º do art. 43 que o consumidor, sempre que encontrar inexatidão nos seus dados e cadastros, poderá exigir sua imediata correção. Em casos tais, deve o arquivista, no prazo de cinco dias úteis, comunicar a alteração aos eventuais destinatários das informações incorretas, caso dos credores da dívida nas hipóteses de negativação. O prazo é exíguo para evitar maiores danos aos direitos da personalidade do consumidor.

Em acórdão de 2012, o Superior Tribunal de Justiça concluiu que esse prazo de cinco dias úteis deve ser aplicado para o dever do credor de retirar o nome do devedor de cadastro negativo. O prazo é contado da quitação, representando aplicação do princípio da boa-fé objetiva na fase pós-contratual. Vejamos a publicação desse importante julgado no *Informativo* n. *501* da Corte Superior:

"Cadastro de inadimplentes. Baixa da inscrição. Responsabilidade. Prazo. O credor é responsável pelo pedido de baixa da inscrição do devedor em cadastro de inadimplentes no prazo de cinco dias úteis, contados da efetiva quitação do débito, sob pena de incorrer em negligência e consequente responsabilização por danos morais. Isso porque o credor tem o dever de manter os cadastros dos serviços de proteção ao crédito atualizados. Quanto ao prazo, a Ministra Relatora definiu-o pela aplicação analógica do art. 43, § 3.º, do CDC, segundo o qual o consumidor, sempre que encontrar inexatidão nos seus dados e cadastros, poderá exigir sua imediata correção, devendo o arquivista, no prazo de cinco dias úteis, comunicar a alteração aos eventuais destinatários das informações incorretas. O termo inicial para a contagem do prazo para baixa no registro deverá ser do efetivo pagamento da dívida. Assim, as quitações realizadas mediante cheque, boleto bancário, transferência interbancária, ou outro meio sujeito a confirmação, dependerão do efetivo ingresso do numerário na esfera de disponibilidade do credor. A Ministra Relatora ressalvou a possibilidade de estipulação de outro prazo entre as partes, desde que não seja abusivo, especialmente por tratar-se de contratos de adesão. Precedentes citados: REsp 255.269/PR, *DJ* 16.04.2001; REsp 437.234/PB, *DJ* 29.09.2003; AgRg no Ag 1.094.459/SP, *DJe* 1.º.06.2009; e AgRg no REsp 957.880/SP, *DJe* 14.03.2012" (STJ, REsp 1.149.998/ES, Rel. Min. Nancy Andrighi, j. 07.08.2012).

Essa forma de pensar o Direito foi confirmada em 2014, em julgamento de incidente de recursos repetitivos pela Segunda Seção da mesma Corte Superior, conforme publicação constante do seu *Informativo* n. *548,* a seguir transcrita:

"Diante das regras previstas no CDC, mesmo havendo regular inscrição do nome do devedor em cadastro de órgão de proteção ao crédito, após o integral pagamento da dívida, incumbe ao credor requerer a exclusão do registro desabonador, no prazo de cinco dias úteis, a contar do primeiro dia útil subsequente à completa disponibilização do numerário necessário à quitação do débito vencido. A jurisprudência consolidada do STJ perfilha o entendimento de que, quando se trata de inscrição em bancos de dados restritivos de crédito (Serasa, SPC, entre outros), tem-se entendido ser do credor, e não do devedor, o ônus da baixa da indicação do nome do consumidor, em virtude do que dispõe o art. 43, § 3.º, combinado com o art. 73, ambos do CDC. No caso, o consumidor pode 'exigir' a 'imediata correção' de informações inexatas – não cabendo a ele, portanto, proceder a tal correção (art. 43, § 3.º) –, constituindo crime 'deixar de corrigir imediatamente informação sobre consumidor constante de cadastro, banco de dados, fichas ou registros que sabe ou deveria saber ser inexata' (art. 73). Quanto ao prazo, como não existe regramento legal específico e como os prazos abrangendo situações específicas não estão devidamente amadurecidos na jurisprudência do STJ, faz-se necessário o estabelecimento de um norte objetivo, o qual se extrai do art. 43, § 3.º, do CDC, segundo o qual o 'consumidor, sempre que encontrar inexatidão nos seus dados e cadastros, poderá exigir sua imediata correção, devendo o arquivista, no prazo de cinco dias úteis, comunicar a alteração aos eventuais destinatários das informações incorretas'. Ora, para os órgãos de sistema de proteção ao crédito, que exercem a atividade de arquivamento de dados profissionalmente, o CDC considera razoável o prazo de cinco dias úteis para, após a investigação dos fatos referentes à impugnação apresentada pelo consumidor, comunicar a retificação a terceiros que deles recebeu informações incorretas. Assim, evidentemente, esse mesmo prazo também será considerado razoável para que seja requerida a exclusão do nome do outrora inadimplente do cadastro desabonador por aquele que promove, em exercício regular de direito, a verídica inclusão de dado de devedor em cadastro de órgão de proteção ao crédito" (REsp 1.424.792/BA, Rel. Min. Luis Felipe Salomão, j. 10.09.2014).

Em outubro de 2015, essa maneira de julgar consolidou-se de tal forma que se transformou na Súmula n. 548 do Superior Tribunal de Justiça, segundo a qual "incumbe ao credor a exclusão do registro da dívida em nome do devedor no cadastro de inadimplentes no prazo de cinco dias úteis, a partir do integral e efetivo pagamento do débito".

Cabe aqui trazer algumas considerações a respeito da retirada do nome do devedor de cadastro de inadimplentes em casos de ação proposta pelo consumidor-devedor, para revisão ou discussão da dívida. Na linha das palavras de Rizzatto Nunes, antes transcritas, a jurisprudência superior entendia que a mera contestação do consumidor-devedor, por meio da propositura de demanda, já era motivo para a medida de retificação temporária. Por todas as ementas anteriores, veja-se:

"Processo civil. Recurso especial. Agravo regimental. Contrato bancário. Retirada do nome do devedor dos cadastros de restrição ao crédito. Obrigação de fazer. Descumprimento. Cominação de multa. Possibilidade. Valor da multa. Matéria fática. Súmula 7/STJ. Desprovimento. 1. A jurisprudência do STJ entende que a fixação de multa para o caso de descumprimento de decisão judicial, expressa no dever da instituição financeira de proceder à retirada do nome do devedor de cadastros de proteção ao crédito, encontra previsão no art. 461, §§ 3.º e 4.º, do CPC, haja vista a decisão se fundar em uma obrigação de fazer. Precedentes. 2. A discussão sobre o valor da multa implica reexame de matéria fático-probatória, hipótese que atrai a aplicação da Súmula 7/STJ. Precedentes. 3. Agravo regimental desprovido" (STJ, AgRg no REsp 681.080/RS, 4.ª Turma, Rel. Min. Jorge Scartezzini, j. 05.10.2006, *DJ* 20.11.2006, p. 314).

Entretanto, houve uma lamentável reviravolta na jurisprudência superior. Em notório julgamento de incidente de recursos repetitivos, relativo à revisão de contratos bancários, consolidou-se o entendimento no STJ no sentido de que, para a retirada do nome do devedor do cadastro, é necessário o depósito da parte incontroversa da obrigação, ou prestação de caução. Além disso, o devedor precisa comprovar a verossimilhança de suas alegações com base na jurisprudência superior, a fim de obter a decisão temporária de retirada do cadastro, por meio de tutela antecipada, ou liminar em cautelar. Transcreve-se a longa ementa na íntegra, para as devidas reflexões:

"Direito Processual Civil e bancário. Recurso especial. Ação revisional de cláusulas de contrato bancário. Incidente de processo repetitivo. Juros remuneratórios. Configuração da mora. Juros moratórios. Inscrição/manutenção em cadastro de inadimplentes. Disposições de ofício. Delimitação do julgamento. Constatada a multiplicidade de recursos com fundamento em idêntica questão de direito, foi instaurado o incidente de processo repetitivo referente aos contratos bancários subordinados ao Código de Defesa do Consumidor, nos termos da ADI 2.591-1. Exceto: cédulas de crédito rural, industrial, bancária e comercial; contratos celebrados por cooperativas de crédito; contratos regidos pelo Sistema Financeiro de Habitação, bem como os de crédito consignado. Para os efeitos do § 7.º do art. 543-C do CPC, a questão de direito idêntica, além de estar selecionada na decisão que instaurou o incidente de processo repetitivo, deve ter sido expressamente debatida no acórdão recorrido e nas razões do recurso especial, preenchendo todos os requisitos de admissibilidade. Neste julgamento, os requisitos específicos do incidente foram verificados quanto às seguintes questões: (i) juros remuneratórios; (ii) configuração da mora; (iii) juros moratórios; (iv) inscrição/manutenção em cadastro de inadimplentes; e (v) disposições de ofício. Preliminar: O Parecer do MPF opinou pela suspensão do recurso até o julgamento definitivo da ADI 2.316/DF. Preliminar rejeitada ante a presunção de constitucionalidade do art. 5.º da MP 1.963-17/00, reeditada sob o n.º 2.170-36/01. I – Julgamento das questões idênticas que caracterizam a multiplicidade. Orientação 1: Juros remuneratórios. a) As instituições financeiras não se sujeitam à limitação dos juros remuneratórios estipulada na Lei de Usura (Decreto 22.626/1933), Súmula 596/STF; b) A estipulação de juros remuneratórios superiores a 12% ao ano, por si só, não indica abusividade; c) São inaplicáveis aos juros remuneratórios dos contratos de mútuo bancário as disposições do art. 591 c/c o art. 406 do CC/2002; d) É admitida a revisão das taxas de juros remuneratórios em situações excepcionais, desde que caracterizada a relação de consumo e que a abusividade (capaz de colocar o consumidor em desvantagem exagerada – art. 51, § 1.º, do CDC) fique cabalmente demonstrada, ante as peculiaridades do julgamento em concreto. Orientação 2: Configuração da mora. a) O reconhecimento da abusividade nos encargos exigidos no período da normalidade contratual (juros remuneratórios e capitalização) descaracteriza a mora; b) Não descaracteriza a mora o ajuizamento isolado de ação revisional, nem mesmo quando o reconhecimento de abusividade incidir sobre os encargos inerentes ao período de inadimplência contratual. Orientação 3: Juros moratórios. Nos contratos bancários, não regidos por legislação específica, os juros moratórios poderão ser convencionados até o limite de 1% ao mês. Orientação 4: Inscrição/manutenção em cadastro de inadimplentes. a) A abstenção da inscrição/manutenção em cadastro de inadimplentes, requerida em antecipação de tutela e/ou medida cautelar, somente será deferida se, cumulativamente: (i) a ação for fundada em questionamento integral ou parcial do débito; (ii) houver demonstração de que a cobrança indevida se funda na aparência do bom direito e em jurisprudência consolidada do STF ou STJ; (iii) houver depósito da parcela incontroversa ou for prestada a caução fixada conforme o prudente arbítrio do juiz; b) A inscrição/manutenção do nome do devedor em cadastro de inadimplentes decidida na sentença ou no acórdão observará o que for decidido no mérito do processo. Caracterizada a mora, correta a inscrição/manutenção. Orientação 5: Disposições de ofício. É vedado aos juízes de primeiro e segundo graus de jurisdição julgar, com fundamento no art. 51 do CDC, sem pedido expresso, a abusividade de cláusulas nos contratos bancários. Vencidos quanto a esta matéria a Ministra Relatora e o Min. Luis Felipe Salomão. II – Julgamento do recurso representativo (REsp 1.061.530/RS). A menção a artigo de lei, sem a demonstração das razões de inconformidade, impõe o não conhecimento do recurso especial, em razão da sua deficiente fundamentação. Incidência da Súmula 284/STF. O recurso especial não constitui via adequada para o exame de temas constitucionais, sob pena de usurpação da competência do STF. Devem ser decotadas as disposições de ofício realizadas pelo acórdão recorrido. Os juros remuneratórios contratados encontram-se no limite que esta Corte tem considerado razoável e, sob a ótica do Direito do Consumidor, não merecem ser revistos, porquanto não demonstrada a onerosidade excessiva na hipótese. Verificada a cobrança de encargo abusivo no período da normalidade contratual, resta descaracterizada a mora do devedor. Afastada a mora: (i) é ilegal o envio de dados do consumidor para quaisquer cadastros de inadimplência; (ii) deve o consumidor permanecer na posse do bem alienado fiduciariamente; e (iii) não se admite o protesto do título representativo da dívida. Não há qualquer vedação legal à efetivação de depósitos parciais, segundo o que a parte entende devido. Não se conhece do recurso quanto à comissão de permanência, pois deficiente o fundamento no tocante à alínea 'a' do permissivo constitucional e também pelo fato de o dissídio jurisprudencial não ter sido comprovado, mediante a realização do cotejo entre os julgados tidos como divergentes. Vencidos quanto ao conhecimento do recurso a Ministra Relatora e o Min. Carlos Fernando Mathias. Recurso especial parcialmente conhecido e, nesta parte, provido, para declarar a legalidade da cobrança dos juros remuneratórios, como pactuados, e ainda decotar do julgamento as disposições de ofício. Ônus sucumbenciais redistribuídos" (STJ, REsp 1.061.530/RS, 2.ª Seção, Rel. Min. Nancy Andrighi, j. 22.10.2008, *DJe* 10.03.2009).

Cumpre destacar que, do julgamento, surgiram quatro súmulas do STJ a respeito da matéria: "a estipulação de juros remuneratórios superiores a 12% ao ano, por si só, não indica abusividade" (Súmula n. 382); "nos contratos bancários, é vedado ao julgador conhecer, de ofício, da abusividade das cláusulas" (Súmula n. 381); "A simples propositura da ação de revisão de contrato não inibe a caracterização da mora do autor" (Súmula n. 380); "nos contratos bancários não regidos por legislação específica, os juros moratórios poderão ser convencionados até o limite de 1% ao mês" (Súmula n. 379).

Em complemento, nota-se que as exigências expostas passaram a compor a ferramenta *Jurisprudência em Teses*, do STJ, que em sua Edição n. 59 trata do Cadastro de Inadimplentes (publicada em 2016). Conforme a sua premissa 12, "a abstenção da inscrição/manutenção em cadastro de inadimplentes, requerida em antecipação de tutela e/ou medida cautelar, somente será deferida se, cumulativamente: a) a ação for fundada em questionamento integral ou parcial do débito; b) houver demonstração de que a cobrança indevida se funda na aparência do bom direito e em jurisprudência consolidada do STF ou STJ; c) houver depósito da parcela incontroversa ou for prestada a caução fixada conforme o prudente arbítrio do juiz".

Sem prejuízo de outras críticas aqui antes demonstradas, as ementas transcritas representam um excesso de proteção das entidades bancárias em detrimento dos consumidores, demonstrando um retrocesso do Tribunal Superior a respeito desses temas correlatos.

Relativamente à retirada do nome do devedor do cadastro, o retrocesso, do mesmo modo, é flagrante. Pela leitura do resumo do julgamento, constata-se que a jurisprudência exige uma soma de elementos que, por muitas vezes, é inalcançável (ação judicial de questionamento do débito + demonstração de que a cobrança indevida se funda na aparência do bom direito e em jurisprudência consolidada do STF ou STJ + depósito da parcela incontroversa ou prestação de caução pelo juiz).

No que tange ao depósito da parte incontroversa, a questão passou a ser tratada pelo Código de Processo Civil de 1973, tendo sido inserido o art. 285-B no Estatuto Processual anterior, pela Lei n. 12.810/2013. De acordo com o dispositivo, nos litígios que tivessem por objeto obrigações decorrentes de empréstimo, financiamento ou arrendamento mercantil, o autor deveria discriminar na petição inicial, dentre as obrigações contratuais, aquelas que pretendesse controverter, quantificando o valor incontroverso. Além disso, a norma prescrevia que o valor incontroverso deveria continuar sendo pago no tempo e modo contratados.

O CPC em vigor repetiu a regra e até a ampliou, impondo expressamente a pena de inépcia da petição inicial, no caso de seu desrespeito. Conforme o art. 330, § 2.º, do CPC/2015, "nas ações que tenham por objeto a revisão de obrigação decorrente de empréstimo, de financiamento ou de alienação de bens, o autor terá de, sob pena de inépcia, discriminar na petição inicial, dentre as obrigações contratuais, aquelas que pretende controverter, além de quantificar o valor incontroverso do débito". O § 3.º do comando complementa esse tratamento, na linha do anterior, prescrevendo que o valor incontroverso deverá continuar a ser pago no tempo e modo contratados. A ilustrar a exigência de tais requisitos para a retirada do nome do devedor em cadastros negativos, cabe destacar:

"É lícita a inscrição dos nomes de consumidores em cadastros de proteção ao crédito por conta da existência de débitos discutidos judicialmente em processos de busca e apreensão, cobrança ordinária, concordata, despejo por falta de pagamento, embargos, execução fiscal, falência ou execução comum na hipótese em que os dados referentes às disputas judiciais sejam públicos e, além disso, tenham sido repassados pelos próprios cartórios de distribuição de processos judiciais às entidades detentoras dos cadastros por meio de convênios firmados com o Poder Judiciário de cada estado da Federação, sem qualquer intervenção dos credores litigantes ou de qualquer fonte privada. Os dados referentes a processos judiciais que não correm em segredo de justiça são informações públicas nos termos dos art. 5.º, XXXIII e LX, da CF, visto que publicadas na imprensa oficial, portanto de acesso a qualquer interessado, mediante pedido de certidão, conforme autoriza o parágrafo único do art. 155 do CPC. Sendo, portanto, dados públicos, as entidades detentoras de cadastros de proteção ao crédito não podem ser impedidas de fornecê-los aos seus associados, sob pena de grave afronta ao Estado Democrático de Direito, que prima, como regra, pela publicidade dos atos processuais. Deve-se destacar, nesse contexto, que o princípio da publicidade processual existe para permitir a todos o acesso aos atos do processo, exatamente como meio de dar transparência à atividade jurisdicional. Além disso, o fato de as entidades detentoras dos cadastros fornecerem aos seus associados informações processuais representa medida menos burocrática e mais econômica tanto para os associados, que não precisarão se dirigir, a cada novo negócio jurídico, ao distribuidor forense para pedir uma certidão em nome daquele com quem se negociará, quanto para o próprio Poder Judiciário, que emitirá um número menor de certidões de distribuição, o que implicará menor sobrecarga aos funcionários responsáveis pela tarefa. O STJ, ademais, tem o entendimento pacificado de que a simples discussão judicial da dívida não é suficiente para obstacularizar ou remover a negativação de devedor em banco de dados. Por fim, ressalve-se que, em se tratando de inscrição decorrente de dados públicos, como os de cartórios de protesto de títulos ou de distribuição de processos judiciais, sequer se exige a prévia comunicação do consumidor. Consequentemente, a ausência de precedente comunicação nesses casos não enseja dano moral. Precedente citado: REsp 866.198/SP, 3.ª Turma, *DJe* 05.02.2007" (STJ, REsp 1.148.179/MG, Rel. Min. Nancy Andrighi, j. 26.02.2013).

Em suma, entendo que a soma de tais requisitos afasta-se da ampla tutela esperada em benefício do consumidor, tornando praticamente impossível a revisão de negócios abusivos e a retirada do nome do devedor do cadastro negativo em muitos casos concretos.

Quanto ao cancelamento da inscrição no banco de dados ou cadastro, o § 1.º do art. 43 do CDC determina em sua parte final que não podem os cadastros conter informações negativas referentes a período superior a cinco anos. Em outras palavras, após cinco anos da inscrição ocorrerá a sua caducidade, sendo o referido prazo de natureza decadencial do direito potestativo de inscrição. Em complemento ao dispositivo legal, o teor da Súmula n. 323 do Superior Tribunal de Justiça, de 2009, a saber: "a inscrição do nome do devedor pode ser mantida nos serviços de proteção ao crédito até o prazo máximo de cinco anos, independentemente da prescrição da execução".

A menção à prescrição ao final da ementa sumular representa incidência do § 5.º do art. 43, segundo o qual, consumada a prescrição relativa à cobrança de débitos do consumidor, não serão fornecidas, pelos respectivos sistemas de proteção ao crédito, quaisquer informações que possam impedir ou dificultar novo acesso ao crédito dos fornecedores.

Desse modo, havendo prescrição do débito correspondente, o nome do devedor deve ser retirado imediatamente do cadastro, sob as penas da lei. Se o prazo prescricional do débito for maior do que os cinco anos, mesmo assim deve ocorrer o cancelamento, pelo respeito ao *teto temporal quinquenal* estabelecido na norma consumerista em prol dos vulneráveis negociais.

Em complemento, conforme reconhece a jurisprudência superior nos precedentes que geraram a última súmula, "o prazo prescricional referido no art. 43, § 5.º, do CDC é o da ação de cobrança, não o da ação executiva" (STJ, REsp 676.678/RS, 4.ª Turma, Rel. Min. Jorge Scartezzini, j. 18.11.2004, *DJ* 06.12.2004, p. 338; STJ, REsp 631.451/RS, 3.ª Turma, Rel. Min. Carlos Alberto Menezes Direito, j. 26.08.2004, *DJ* 16.11.2004, p. 278). A título ilustrativo, o prazo prescricional para a execução de um cheque é de seis meses após a sua apresentação (art. 59 da Lei do Cheque, Lei n. 7.357/1985).

Todavia, mesmo sendo um título de crédito abstrato, o cheque pode estar estribado em um instrumento público ou particular de confissão de dívida que encerra uma obrigação líquida, sujeito a um prazo prescricional de cobrança de cinco anos, que vale para fins de interpretação do comando consumerista (art. 206, § 5.º, inc. I, do CC/2002). Esclareça-se, para os devidos fins, que o prazo prescricional de três anos, previsto na codificação privada para a cobrança de valores constantes em títulos de crédito, somente tem incidência para os títulos atípicos, aqueles sem tratamento legal específico (arts. 206, § 3.º, inc. VIII, e 903 do CC/2002). De toda sorte, há julgados que aplicam o último prazo, por ser mais favorável ao consumidor:

> "Sistema de proteção ao crédito. Inscrição em cadastro de inadimplentes. Cancelamento. Prazo. Exclusão do registro após cinco anos, já em fase recursal o processo. O prazo para cancelamento de registro em cadastro de inadimplentes é de três anos a contar da inscrição, quando a obrigação esteja representada por título cambial (CDC, art. 43, §§ 1.º e 5.º), prazo mais favorável que se presume em proveito do consumidor na ausência de prova em contrário (CDC, art. 6.º, inc. VIII). Inteligência da Súmula 13 do TJRS. Cheques. Prazo da ação executiva. Fluídos mais de seis meses previstos legalmente, viável a ação que visa cancelamento do registro. Não há falar em falta de interesse de recorrer se, após a sentença de improcedência, o autor recorre e, entrementes, há o cancelamento administrativo do registro, pelo decurso do prazo de cinco anos. Hipótese em que não se altera o interesse de agir, reconhecendo-se o direito buscado na inicial. Imposição à recorrida dos ônus da sucumbência. Apelação provida" (TJRS, Apelação Cível 70008066425, 19.ª Câmara Cível, Porto Alegre, Rel. Des. Jorge Adelar Finatto, j. 18.05.2004).

Outra questão de relevo diz respeito ao início dessa contagem dos cinco anos. Sobre o tema, vejamos aresto publicado no *Informativo* n. 588 do Tribunal da Cidadania, em 2016:

"O termo inicial do prazo de permanência de registro de nome de consumidor em cadastro de proteção ao crédito (art. 43, § 1.º, do CDC) inicia-se no dia subsequente ao vencimento da obrigação não paga, independentemente da data da inscrição no cadastro. Quanto ao início da contagem do prazo de 5 anos a que se refere o § 1.º do art. 43 do CDC, vale ressaltar que – não obstante mencionada, em alguns julgados do STJ, a indicação de que esse prazo passaria a contar da 'data da inclusão' do nome do devedor (conforme constou, por exemplo, da decisão monocrática proferida no REsp 656.110/RS, *DJ* 19.08.2004) ou 'após o quinto ano do registro' (expressão que aparece no REsp 472.203/RS, 2.ª Seção, *DJ* 23.06.2004) – o termo inicial do prazo previsto no § 1.º do art. 43 nunca foi o cerne da discussão desses precedentes, merecendo, portanto, melhor reflexão. É verdade que não constou do § 1.º do art. 43 do CDC regra expressa sobre o início da fluência do prazo relativo ao 'período superior a cinco anos'. Entretanto, mesmo em uma exegese puramente literal da norma, é possível inferir que o legislador quis se referir, ao utilizar a expressão 'informações negativas referentes a período superior a cinco anos', a 'informações relacionadas, relativas, referentes a fatos pertencentes a período superior a cinco anos', conforme ressalta entendimento doutrinário. E, sendo assim, em linha doutrinária, conclui-se que 'o termo inicial de contagem do prazo deve ser o da data do ato ou fato que está em registro, e não a data do registro, eis que, se assim fosse, aí sim a lei estaria autorizando que as anotações fossem perpétuas', pois 'bastaria que elas passassem de um banco de dados para outro ou para um banco de dados novo'".

Tal interpretação, segundo o Relator do voto prevalecente, também decorre do fato de ser o CDC norma de ordem pública que orienta uma interpretação mais favorável ao consumidor (STJ, REsp 1.316.117/SC, Rel. Min. João Otávio de Noronha, Rel. para acórdão Min. Paulo de Tarso Sanseverino, j. 26.04.2016, *DJe* 19.08.2016). Na mesma linha, em julgado da Quarta Turma, confirmou a Corte que "a inscrição e manutenção do nome do devedor em cadastros de inadimplentes está adstrita ao prazo de cinco anos contados do primeiro dia seguinte à data de vencimento da dívida, que deverá estar inserida no banco de dados da administradora do cadastro" (STJ, REsp 2.095.414/SP, 4.ª Turma, Rel. Min. Antonio Carlos Ferreira, j. 11.06.2024, *DJe* 18.06.2024, m.v.). Aqui tem acertado totalmente o Tribunal Superior, merecendo os julgamentos o meu apoio.

Porém, se o nome do devedor for mantido inscrito no cadastro após os prazos analisados, configurado está o ilícito consumerista, a gerar a responsabilização civil do órgão mantenedor por todos os prejuízos suportados pelo consumidor, sejam eles materiais ou morais (manutenção indevida). A responsabilidade, como não poderia ser diferente, é objetiva ou independentemente de culpa, o que está em sintonia com o sistema adotado pela Lei n. 8.078/1990 (como exemplos: TRF da 5.ª Região, Apelação Cível 400813, Processo 2003.82.00.009398-0, 1.ª Turma, Paraíba, Rel. Des. Fed. Rogério Fialho Moreira, *DJETRF5* 18.05.2010; TJDF, Recurso 2010.09.1.011785-7, Acórdão 458.307, 1.ª Turma Recursal dos

Juizados Especiais Cíveis e Criminais, Rel. Juíza Sandra Reves Vasques Tonussi, *DJDFTE* 03.11.2010, p. 208).

Reitere-se que, no caso de pagamento da dívida ou acordo entre as partes, cabe ao credor tomar as medidas para a retirada do nome do devedor de cadastro de inadimplentes, sob pena de sua responsabilização civil. A hipótese representa clara aplicação da boa-fé objetiva na fase pós-contratual, presente a violação positiva da obrigação, por quebra do dever anexo de colaboração, caso o credor não tome as medidas cabíveis (responsabilidade *post pactum finitum*).[137]

Nesse contexto, da jurisprudência superior: "constitui obrigação do credor providenciar, junto ao órgão cadastral de dados, a baixa do nome do devedor após a quitação da dívida que motivou a inscrição, sob pena de, assim não procedendo em tempo razoável, responder pelo ato moralmente lesivo, indenizando o prejudicado pelos danos morais causados" (STJ, REsp 870.582/SP, 4.ª Turma, Rel. Min. Aldir Passarinho Junior, j. 23.10.2007, *DJ* 10.12.2007, p. 380).

Na mesma linha, o antigo Enunciado n. 26 dos Juizados Especiais Cíveis do Estado de São Paulo, que assim dispõe: "O cancelamento de inscrição em órgãos restritivos de crédito após o pagamento deve ser procedido pelo responsável pela inscrição, em prazo razoável, não superior a dez dias, sob pena de importar em indenização por dano moral". Como visto anteriormente, o STJ entende que esse prazo é de cinco dias úteis, o que deve ser considerado para os devidos fins práticos (REsp 1.149.998/ES e Súmula n. 548 da Corte).

Matéria de grande relevância prática é a relativa à inscrição indevida do nome do devedor nos cadastros negativos. Apesar de sua notória caracterização como ilícito puro, entendo que o melhor enquadramento da hipótese é como abuso de direito, por quebra da boa-fé objetiva e da função social. Serve *como luva*, portanto, o art. 187 do CC/2002, em *diálogo das fontes*.

A inscrição do nome do devedor por parte do credor, quando a dívida efetivamente existe, constitui exercício regular de direito, a afastar o ilícito civil (art. 188, inc. I, do CC/2002). Daí decorre a correta dedução de que, se a dívida inexiste e a inscrição é feita, presente está o *exercício irregular do direito de crédito*. Consigne-se que várias decisões jurisprudenciais aplicam corretamente o conceito de abuso de direito em casos tais (ver: TJMG, Apelação Cível 0189607-96.2009.8.13.0028, 18.ª Câmara Cível, Andrelândia, Rel. Desig. Des. Arnaldo Maciel, j. 23.11.2010, *DJEMG* 13.12.2010; TJRS, Apelação Cível 70035809540, 16.ª Câmara Cível, Porto Alegre, Rel. Des. Paulo Sergio Scarparo, j. 24.06.2010, *DJERS* 1.º.07.2010; TJBA, Recurso 59714-7/2002-1, 2.ª Turma Recursal, Rel. Juíza Sandra Inês Moraes Rusciolelli Azevedo, *DJBA* 09.10.2009; TJRJ, Apelação 2009.001.15841, 17.ª Câmara Cível, Rel. Des. Raul Celso Lins e Silva, *DORJ* 29.04.2009, p. 204; TJDF, Apelação Cível 2007.06.1.002814-8, Acórdão 281232, 2.ª Turma Recursal dos Juizados Especiais, Rel. Juiz Alfeu Machado, *DJU* 18.09.2007, p. 150).

A configuração da hipótese como abuso de direito serve para reforçar a responsabilidade objetiva ou sem culpa no caso de inscrição indevida, além da

---

[137] Sobre o tema, por todos: DONNINI, Rogério Ferraz. *Responsabilidade civil pós-contratual*. 3. ed. São Paulo: Saraiva, 2011.

incidência de vários preceitos do CDC. A propósito da natureza dessa responsabilização, na *VI Jornada de Direito Civil* (2013), aprovou-se o Enunciado n. 553 do CJF/STJ, *in verbis*: "nas ações de responsabilidade civil por cadastramento indevido nos registros de devedores inadimplentes realizados por instituições financeiras, a responsabilidade civil é objetiva".

Feita tal pontuação, na esteira dos acórdãos antes citados, vale dizer que a *inscrição indevida* não está caracterizada somente nas hipóteses em que a dívida inexiste ou é inválida, mas também quando não há a comunicação prévia por parte do órgão que mantém o cadastro, em desrespeito à citada Súmula n. 359 do STJ.

Há que falar igualmente em *manutenção indevida* do nome em cadastro, quando a dívida é paga ou quando expirado o prazo máximo de conservação do nome por cinco anos, conforme antes estudado. Em resumo, pode-se dizer que a inscrição indevida estará presente sempre que não houver um justo motivo ou fundamento como alicerce da atuação.

Em todos os casos, como os cadastros de consumidores lidam com o nome, direito da personalidade com proteção fundamental, é correto entender que os danos imateriais presentes são presumidos ou *in re ipsa*. A presunção é relativa, cabendo prova em contrário, por parte do fornecedor ou prestador (inversão do ônus da prova automática). Com relação aos danos materiais sofridos, devem eles ser provados, nos termos do art. 402 do CC/2002, salvo os casos em que há pedido de inversão do ônus da prova por parte do consumidor, nos termos do art. 6.º, inc. VIII, do CDC.

No que concerne à presença de danos morais presumidos no caso de inscrição indevida, podem ser encontrados vários julgados do Superior Tribunal de Justiça, inclusive recentes, que fazem incidir a presunção tanto sobre pessoas físicas quanto jurídicas. Por todos, a fim de ilustrar:

"Agravo regimental no agravo de instrumento. Fundamentos insuficientes para reformar a decisão agravada. Danos morais. Inscrição indevida em cadastros restritivos de crédito. Caracterização *in re ipsa* dos danos. Valor irrisório. Majoração. Possibilidade. 1. A agravante não trouxe argumentos novos capazes de infirmar os fundamentos que alicerçaram a decisão agravada, razão que enseja a negativa de provimento ao agravo regimental. 2. Consoante entendimento consolidado desta Corte Superior, nos casos de inscrição indevida em cadastros de inadimplentes, os danos caracterizam-se *in re ipsa*, isto é, são presumidos, prescindem de prova (Precedente: REsp 1059663/MS, Rel. Min. Nancy Andrighi, DJe 17.12.2008). 3. Na via especial, somente se admite a revisão do valor fixado pelas instâncias de ampla cognição, a título de indenização por danos morais, quando estes se revelem nitidamente ínfimos ou exacerbados, extrapolando, assim, os limites da razoabilidade. Na hipótese dos autos, o valor de R$ 1.000,00 (um mil reais), fixado pelo Tribunal de origem, apresenta-se nitidamente irrisório, justificando a excepcional intervenção desta Corte Superior. *Quantum* majorado para R$ 7.500,00 (sete mil e quinhentos reais), montante que se mostra mais adequado para confortar moralmente a ofendida e desestimular a empresa ofensora de práticas desta natureza. 4. Agravo regimental a que se nega provimento" (STJ, AgRg no Ag

1.152.175/RJ, 3.ª Turma, Rel. Des. Conv. Vasco Della Giustina, j. 03.05.2011, *DJe* 11.05.2011).

"Agravo regimental no agravo de instrumento. Responsabilidade civil. Inscrição indevida em órgãos de proteção ao crédito. Dívida oriunda de lançamento de encargos em conta-corrente inativa. Dano moral. Valor da condenação. 1. Inviável rever a conclusão a que chegou o Tribunal *a quo*, a respeito da existência de dano moral indenizável, em face do óbice da Súmula 7/STJ. 2. É consolidado nesta Corte Superior de Justiça o entendimento de que a inscrição ou a manutenção indevida em cadastro de inadimplentes gera, por si só, o dever de indenizar e constitui dano moral *in re ipsa*, ou seja, dano vinculado à própria existência do fato ilícito, cujos resultados são presumidos. 3. A quantia fixada não se revela excessiva, considerando-se os parâmetros adotados por este Tribunal Superior em casos de indenização decorrente de inscrição indevida em órgãos de proteção ao crédito. Precedentes. 4. Agravo regimental a que se nega provimento" (STJ, AgRg no Ag 1.379.761/SP, 4.ª Turma, Rel. Min. Luis Felipe Salomão, j. 26.04.2011, *DJe* 02.05.2011).

A questão consolidou-se de tal forma que passou a compor a ferramenta *Jurisprudência em Teses*, do Tribunal da Cidadania. Conforme a premissa 1, publicada na sua Edição n. 59, que trata do *Cadastro de Inadimplentes*, "a inscrição indevida em cadastro de inadimplentes configura dano moral *in re ipsa*". No entanto, conforme a tese 19, publicada no mesmo canal e com importante ressalva, não existindo a anotação irregular nos órgãos de proteção ao crédito, a mera cobrança indevida de serviços ao consumidor não gera danos morais presumidos ou *in re ipsa*. No mesmo sentido, a tese n. 7, constante da Edição n. 84 da mesma ferramenta, do ano de 2017 (Consumidor III).

Pelo sistema de presunção existente, sempre causou grande estranheza a Súmula n. 385 daquela Corte Superior, segundo a qual, "Da anotação irregular em cadastro de proteção ao crédito, não cabe indenização por dano moral, quando preexistente legítima inscrição, ressalvado o direito ao cancelamento". A súmula está estabelecendo que, se a pessoa, física ou jurídica, já tiver uma inscrição anterior, de valor devido, não caberá indenização imaterial pela inscrição indevida, o que representa uma volta ao sistema de investigação da presença do dano imaterial.

Como bem aponta Claudia Lima Marques, "a Súmula 385 acabou por criar excludente para o fornecedor que efetivamente erra e ainda uma escusa de antemão de todos os erros dos fornecedores e da abertura de cadastros irregulares (que ficam sem qualquer punição), caso o consumidor tenha um – e somente um – problema anterior, em que se considerou 'legítima' a inscrição 'preexistente'".[138] Em complemento às suas palavras, imagina-se pela súmula que a pessoa que já teve o nome inscrito nunca mais terá direito à indenização, pois, como devedor que foi, perdeu a sua personalidade moral.

---

[138] MARQUES, Claudia Lima; BENJAMIN, Antonio Herman; MIRAGEM, Bruno. *Comentários ao Código de Defesa do Consumidor*, cit., p. 833.

A lamentável Súmula n. 385 do STJ acaba, assim, por incentivar a prática do abuso de direito pelos fornecedores, prestadores e órgãos que mantêm os bancos de dados. Em reforço, como pontua Ezequiel Morais, "a Súmula 385 torna lícito um ato ilícito apenas porque já preexistia outro registro negativo do nome do consumidor – e sem levar em consideração que o registro negativo preexistente pode ser irregular, indevido!".[139]

Como se nota, não há qualquer ressalva na ementa sumular, que tem grau altamente generalizante, o que pode trazer graves danos aos consumidores, como vem acontecendo no campo prático. Imagine-se, por exemplo, que um consumidor devia um valor *legítimo*, ocorrendo a inscrição do seu nome no cadastro negativo. Cinco anos após a inscrição, o seu nome não é retirado do banco de dados (*manutenção indevida*), sendo feitas inscrições ilegítimas posteriores. Pelo teor da súmula, não caberá a indenização moral, pois a inscrição anterior foi legítima. O que não foi legítima foi a não retirada do nome do devedor do cadastro.

Como outro exemplo, o consumidor teve uma inscrição legítima. Entretanto, um banco, que com o vulnerável não teve qualquer relação jurídica, realiza centenas ou milhares de inscrições ilegítimas. Pela Súmula n. 385 do STJ, mais uma vez, não haverá direito a qualquer reparação por parte do consumidor, o que representa um absurdo que deve ser revisto.

Sem falar, em continuidade, que a Súmula n. 385 entra em conflito com a Súmula n. 370 do mesmo STJ, segundo a qual cabe indenização por dano moral no caso de depósito antecipado de cheque pré ou pós-datado. Imagine-se que o consumidor já teve o nome inscrito por uma dívida regular, surgindo uma inscrição posterior indevida em decorrência do citado depósito antecipado. Pela Súmula n. 385, não caberá a indenização moral; pela Súmula n. 370, a resposta é positiva, em contrariedade à ementa anterior.

Em suma, esperava-se que mais esse entendimento sumulado fosse cancelado ou revisto pelo Tribunal Superior responsável pelo julgamento das demandas consumeristas em última instância no Brasil.

Reafirme-se que, com a emergência do CPC de 2015, essa modificação torna-se ainda mais imperiosa, diante da necessidade de os juízes de primeira e segunda instância seguirem as súmulas do Superior Tribunal de Justiça, o que é retirado de vários de seus dispositivos, sobretudo do art. 489, § 1.º, inc. VI ("não se considera fundamentada qualquer decisão judicial, seja ela interlocutória, sentença ou acórdão, que: (...) deixar de seguir enunciado de súmula, jurisprudência ou precedente invocado pela parte, sem demonstrar a existência de distinção no caso em julgamento ou a superação do entendimento").

Em 2016, a Segunda Seção do Tribunal da Cidadania rediscutiu o teor da sumular, por iniciativa do Ministro Paulo de Tarso Sanseverino. No entanto, lamentavelmente, não só confirmou o seu teor, como também ampliou a sua aplicação aos credores, sendo certo que os seus precedentes somente diziam respeito aos órgãos mantenedores de cadastros. Vejamos a publicação constante do *Informativo* n. 583 da Corte:

---

[139] MORAIS, Ezequiel; PODESTÁ, Fábio Henrique; CARAZAI, Marcos Marins. *Código de Defesa do Consumidor comentado*, cit., p. 223.

CAP. 8 • RESPONSABILIDADE CIVIL NO CÓDIGO DE DEFESA DO CONSUMIDOR

"A inscrição indevida comandada pelo credor em cadastro de proteção ao crédito, quando preexistente legítima inscrição, não enseja indenização por dano moral, ressalvado o direito ao cancelamento. A Súmula n. 385 do STJ prevê que 'Da anotação irregular em cadastro de proteção ao crédito, não cabe indenização por dano moral, quando preexistente legítima inscrição, ressalvado o direito ao cancelamento'. O fundamento dos precedentes da referida súmula – 'quem já é registrado como mau pagador não pode se sentir moralmente ofendido por mais uma inscrição do nome como inadimplente em cadastros de proteção ao crédito' (REsp 1.002.985/RS, 2.ª Seção, *DJe* 27.08.2008) –, embora extraídos de ações voltadas contra cadastros restritivos, aplica-se também às ações dirigidas contra supostos credores que efetivaram inscrições irregulares. Ressalte-se, todavia, que isso não quer dizer que o credor não possa responder por algum outro tipo de excesso. A anotação irregular, já havendo outras inscrições legítimas contemporâneas, não enseja, por si só, dano moral. Mas o dano moral pode ter por causa de pedir outras atitudes do suposto credor, independentemente da coexistência de anotações regulares, como a insistência em uma cobrança eventualmente vexatória e indevida, ou o desleixo de cancelar, assim que ciente do erro, a anotação indevida. Portanto, na linha do entendimento consagrado na Súmula n. 385, o mero equívoco em uma das diversas inscrições não gera dano moral indenizável, mas apenas o dever de suprimir a inscrição indevida" (STJ, REsp 1.386.424/MG, 2.ª Seção, Rel. Min. Paulo de Tarso Sanseverino, Rel. para acórdão Min. Maria Isabel Gallotti, j. 27.04.2016, *DJe* 16.05.2016).

Em suma, a ementa de resumo, além de ser confirmada, recebeu uma interpretação ampliativa, devendo assim ser considerada para os devidos fins práticos, infelizmente.

Todavia, em 2020, importante julgado superior trouxe uma mitigação do teor da ementa, concluindo o seguinte:

"Até o reconhecimento judicial definitivo acerca da inexigibilidade do débito, deve ser presumida como legítima a anotação realizada pelo credor junto aos cadastros restritivos, e essa presunção, via de regra, não é ilidida pela simples juntada de extratos comprovando o ajuizamento de ações com a finalidade de contestar as demais anotações. Admite-se a flexibilização da orientação contida na súmula 385/STJ para reconhecer o dano moral decorrente da inscrição indevida do nome do consumidor em cadastro restritivo, ainda que não tenha havido o trânsito em julgado das outras demandas em que se apontava a irregularidade das anotações preexistentes, desde que haja nos autos elementos aptos a demonstrar a verossimilhança das alegações. Hipótese em que apenas um dos processos relativos às anotações preexistentes encontra-se pendente de solução definitiva, mas com sentença de parcial procedência para reconhecer a irregularidade do registro, tendo sido declarada a inexistência dos demais débitos mencionados nestes autos, por meio de decisão judicial transitada em julgado. Compensação do dano moral arbitrada em R$ 5.000,00 (cinco mil reais)" (STJ, REsp 1.704.002/SP, 3.ª Turma, Rel. Min. Nancy Andrighi, j. 11.02.2020, *DJe* 13.02.2020).

Como sou um dos críticos da sumular, concordo totalmente com essa sua flexibilização, que aliás passou a compor a Edição n. 160 da ferramenta *Jurisprudência em Teses*, da Corte, publicada em 2020 (Consumidor IV). Nos termos da sua assertiva n. 4, "é possível a flexibilização da orientação contida na Súmula n. 385/STJ, para reconhecer dano moral decorrente de inscrição indevida do nome do consumidor em cadastro restritivo de crédito, quando existentes nos autos elementos aptos a demonstrar a ilegitimidade da preexistente anotação".

A encerrar o presente tópico, é interessante verificar qual o prazo que tem o consumidor para pleitear a reparação de danos pela inscrição indevida em cadastro negativo. *Prima facie,* poder-se-ia pensar na aplicação do prazo prescricional de cinco anos do art. 27 do CDC, caracterizando-se, em casos tais, um fato do serviço. Muitos arestos julgam desse modo (por todos: TJRS, Apelação Cível 555907-44.2010.8.21.7000, 23.ª Câmara Cível, Canoas, Rel. Des. Niwton Carpes da Silva, j. 11.09.2012, *DJERS* 24.09.2012; TJPE, Processo 0020495-37.2011.8.17.0000, 5.ª Câmara Cível, Rel. Des. Itabira de Brito Filho, j. 30.11.2011, *DJEPE* 07.12.2011, p. 962; TJSP, Apelação 0148630-14.2008.8.26.0100, Acórdão 4853747, 20.ª Câmara de Direito Privado, São Paulo, Rel. Des. Rebello Pinheiro, j. 22.11.2010, *DJESP* 13.01.2011; TJMG, Apelação Cível 0510996-23.2009.8.13.0074, 16.ª Câmara Cível, Bom Despacho, Rel. Desig. Des. José Marcos Vieira, j. 20.10.2010, *DJEMG* 03.12.2010).

Não obstante tal visão, o Superior Tribunal de Justiça concluiu anteriormente pela aplicação do prazo geral de prescrição de dez anos do Código Civil para a hipótese de inscrição indevida, subsumindo o art. 205 da codificação privada:

"Direito Civil e do Consumidor. Recurso especial. Relação entre banco e cliente. Consumo. Celebração de contrato de empréstimo extinguindo o débito anterior. Dívida devidamente quitada pelo consumidor. Inscrição posterior no SPC, dando conta do débito que fora extinto por novação. Responsabilidade civil contratual. Inaplicabilidade do prazo prescricional previsto no artigo 206, § 3.º, V, do Código Civil. 1. O defeito do serviço que resultou na negativação indevida do nome do cliente da instituição bancária não se confunde com o fato do serviço, que pressupõe um risco à segurança do consumidor, e cujo prazo prescricional é definido no art. 27 do CDC. 2. É correto o entendimento de que o termo inicial do prazo prescricional para a propositura de ação indenizatória é a data em que o consumidor toma ciência do registro desabonador, pois, pelo princípio da 'actio nata', o direito de pleitear a indenização surge quando constatada a lesão e suas consequências. 3. A violação dos deveres anexos, também intitulados instrumentais, laterais, ou acessórios do contrato – tais como a cláusula geral de boa-fé objetiva, dever geral de lealdade e confiança recíproca entre as partes –, implica responsabilidade civil contratual, como leciona a abalizada doutrina com respaldo em numerosos precedentes desta Corte, reconhecendo que, no caso, a negativação caracteriza ilícito contratual. 4. O caso não se amolda a nenhum dos prazos específicos do Código Civil, incidindo o prazo prescricional de dez anos previsto no artigo 205 do mencionado Diploma. 5. Recurso especial não provido" (STJ, REsp 1.276.311/RS, 4.ª Turma, Rel. Min. Luis Felipe Salomão, j. 20.09.2011, *DJe* 17.10.2011).

Como se pode perceber, o aresto considera a inscrição indevida como defeito do serviço e violação dos deveres anexos relativos à boa-fé objetiva, que não se enquadrariam no tipo descrito pelo art. 27 do Código Consumerista. Ademais, reputou como termo inicial do prazo a data da ciência da informação desabonadora, o que é correta aplicação da teoria da *actio nata*, em sua faceta subjetiva.

A busca de um prazo maior, previsto no Código Civil, para demanda proposta pelo consumidor, constitui exemplo típico de incidência do *diálogo das fontes*, inicialmente pela ausência de regulamentação no CDC. Segue-se a clara tendência de se tutelar o vulnerável negocial, dando-lhe um prazo mais favorável.

Contudo, em anos mais recentes o Superior Tribunal de Justiça mudou sua posição anterior, passando a entender pela aplicação do prazo de reparação civil de três anos, previsto no art. 206, § 3.º, inc. V, do Código Civil. Nos termos da premissa 18 publicada na Edição n. 59 da ferramenta *Jurisprudência em Teses* da Corte, "a ação de indenização por danos morais decorrente da inscrição indevida em cadastro de inadimplentes não se sujeita ao prazo quinquenal do art. 27 do CDC, mas ao prazo de 3 (três) anos previsto no art. 206, § 3.º, V, do CC/2002". São citados como precedentes da tese os seguintes acórdãos: AgRg no REsp 1.365.844/RS, 3.ª Turma, Rel. Min. Marco Aurélio Bellizze, j. 03.12.2015, *DJe* 14.12.2015; AgRg no REsp 1.303.012/RS, 4.ª Turma, Rel. Min. Raul Araújo, j. 24.06.2014, *DJe* 1.º.08.2014; e AgRg no AREsp 127.346/RS, 4.ª Turma, Rel. Min. Maria Isabel Gallotti, j. 06.05.2014, *DJe* 16.05.2014). Em 2017, a afirmação foi republicada na Edição n. 74 da mesma ferramenta (Consumidor III, tese n. 8). Com o devido respeito, trata-se de mais um retrocesso percebido no Tribunal da Cidadania sobre o tema.

Louva-se, todavia, a manutenção da afirmação de que o prazo deve ser contado da ciência da inscrição indevida, como consta da tese n. 17, publicada na mesma ferramenta da Corte. Conforme o seu teor, que adota a teoria da *actio nata* em viés subjetivo, "a data em que o consumidor tem ciência do registro indevido de seu nome nos cadastros de inadimplentes é o termo inicial da prescrição para o ajuizamento da demanda indenizatória" (Edição n. 59, que trata do Cadastro de Inadimplentes, de 2016).

10. RESPONSABILIDADE CIVIL DOS BANCOS

Para encerrar o presente capítulo, o mais longo de todo o livro – o que ressalta a importância do Código de Defesa do Consumidor para a responsabilidade civil –, será abordada a responsabilidade civil dos bancos, assunto que foi já analisado não só nesta seção do livro, como também em capítulos anteriores, com a exposição de hipóteses fáticas em que se tem reconhecido o dever de indenizar dessas instituições.

Não se pode negar que, pelo menos em regra e na grande maioria das vezes, a Lei n. 8.078/1990 tem plena incidência para as relações jurídicas mantidas entre os bancos e seus clientes, sendo os últimos destinatários finais fáticos e econômicos dos serviços prestados pelos primeiros. Quanto ao serviço bancário, o art. 3.º, § 2.º, do CDC é claro ao incluí-lo no seu campo de subsunção, ao lado dos serviços financeiros e de crédito. Em outras palavras, os contratos celebrados entre bancos e correntistas para administração e transmissão de capitais financeiros, e os serviços afins, são abrangidos pela Lei Consumerista, como consta da Súmula n. 297 do STJ. Nessa mesma linha posicionou-se o Supremo Tribunal Federal na Ação Declaratória de Inconstitucionalidade 2.591, conhecida como "*ADIn dos Bancos*", cuja longa ementa merece transcrição:

"Código de Defesa do Consumidor. Art. 5.º, XXXII, da CF/1988. Art. 170, V, da CF/1988. Instituições financeiras. Sujeição delas ao Código de Defesa do Consumidor, excluídas de sua abrangência a definição do custo das operações ativas e a remuneração das operações passivas praticadas na exploração da intermediação de dinheiro na economia [art. 3.º, § 2.º, do CDC]. Moeda e taxa de juros. Dever-poder do Banco Central do Brasil. Sujeição ao Código Civil. 1. As instituições financeiras estão, todas elas, alcançadas pela incidência das normas veiculadas pelo Código de Defesa do Consumidor. 2. 'Consumidor', para os efeitos do Código de Defesa do Consumidor, é toda pessoa física ou jurídica que utiliza, como destinatário final, atividade bancária, financeira e de crédito. 3. O preceito veiculado pelo art. 3.º, § 2.º, do Código de Defesa do Consumidor deve ser interpretado em coerência com a Constituição, o que importa em que o custo das operações ativas e a remuneração das operações passivas praticadas por instituições financeiras na exploração da intermediação de dinheiro na economia estejam excluídos da sua abrangência. 4. Ao Conselho Monetário Nacional incumbe a fixação, desde a perspectiva macroeconômica, da taxa-base de juros praticável no mercado financeiro. 5. O Banco Central do Brasil está vinculado pelo dever-poder de fiscalizar as instituições financeiras, em especial na estipulação contratual das taxas de juros por elas praticadas no desempenho da intermediação de dinheiro na economia. 6. Ação direta julgada improcedente, afastando-se a exegese que submete às normas do Código de Defesa do Consumidor [Lei n. 8.078/1990] a definição do custo das operações ativas e da remuneração das operações passivas praticadas por instituições financeiras no desempenho da intermediação de dinheiro na economia, sem prejuízo do controle, pelo Banco Central do Brasil, e do controle e revisão, pelo Poder Judiciário, nos termos do disposto no Código Civil, em cada caso, de eventual abusividade, onerosidade excessiva ou outras distorções na composição contratual da taxa de juros. Art. 192 da CF/1988. Norma-objetivo. Exigência de lei complementar exclusivamente para a regulamentação do Sistema Financeiro. 7. O preceito veiculado pelo art. 192 da Constituição do Brasil consubstancia norma-objetivo que estabelece os fins a serem perseguidos pelo sistema financeiro nacional, a promoção do desenvolvimento equilibrado do País e a realização dos interesses da coletividade. 8. A exigência de lei complementar veiculada pelo art. 192 da Constituição abrange exclusivamente a regulamentação da estrutura do sistema financeiro. Conselho Monetário Nacional. Art. 4.º, VIII, da Lei 4.595/1964. Capacidade normativa atinente à Constituição, funcionamento e fiscalização das instituições financeiras. Ilegalidade de resoluções que excedem essa matéria. 9. O Conselho Monetário Nacional é titular de capacidade normativa – a chamada capacidade normativa de conjuntura – no exercício da qual lhe incumbe regular, além da constituição e fiscalização, o funcionamento das instituições financeiras, isto é, o desempenho de suas atividades no plano do sistema financeiro. 10. Tudo o quanto exceda esse desempenho não pode ser objeto de regulação por ato normativo produzido pelo Conselho Monetário Nacional. 11. A produção de atos normativos pelo Conselho Monetário Nacional, quando não respeitem ao funcionamento das instituições financeiras, é abusiva, consubstanciando afronta à legalidade" (STF, ADI 2.591/DF, Tribunal Pleno, Rel. Min. Carlos Velloso, Rel. p/ Acórdão Min. Eros Grau, j. 07.06.2006).

Podem ser citados, assim, os contratos de conta-corrente, conta poupança, depósito bancário de quantias e bens, mútuo bancário e negócios de investimentos. A propósito, com precisão técnica, julgado do ano de 2014, do Tribunal da Cidadania, aduz que "o CDC é aplicável aos contratos referentes a aplicações em fundos de investimento firmados entre as instituições financeiras e seus clientes, pessoas físicas e destinatários finais, que contrataram o serviço da instituição financeira para investir economias amealhadas ao longo da vida" (STJ, REsp 656.932/SP, Rel. Min. Antonio Carlos Ferreira, j. 24.04.2014, publicado no seu *Informativo* n. 541).

Deve ser feita a ressalva de que, se uma grande empresa adquire valores para fomentar sua atividade produtiva, não há uma relação de consumo. Contudo, na minha opinião doutrinária, tratando-se de uma pequena empresa ou de um empresário individual de pequeno ou médio porte, justifica-se a incidência do CDC pela patente vulnerabilidade ou hipossuficiência, incidindo a *teoria finalista aprofundada* ou a *teoria maximalista*.[140]

De todo modo, a jurisprudência superior hoje se orienta no sentido de não haver relação de consumo sempre quando uma empresa, seja qual for o seu porte econômico, celebra contratos de empréstimo para utilizar em sua máquina produtiva, como capital de giro. Conforme a assertiva n. 5, publicada na Edição n. 161 da ferramenta *Jurisprudência em Teses* da Corte, do final do ano de 2020 (Consumidor V), "não há relação de consumo entre a instituição financeira e a pessoa jurídica que busca financiamento bancário ou aplicação financeira para ampliar o capital giro ou fomentar atividade produtiva". Entre os seus precedentes, destacam-se: Ag. Int. no REsp 1.667.374/MA, 4.ª Turma, Rel. Min. Luis Felipe Salomão, j. 20.08.2019, *DJe* 23.08.2019; Ag. Int. no AREsp 555.083/SP, Quarta Turma, Rel. Min. Antonio Carlos Ferreira, j. 25.06.2019, *DJe* 01.07.2019; e Ag. Int. no AREsp 1.331.871/SC, 3.ª Turma, Rel. Min. Marco Aurélio Bellizze, j. 18.03.2019, *DJe* 22.03.2019.

Em data mais recente, a confirmar a permanência da força da tese, julgou o STJ, em 2023, "é que pacífica a jurisprudência desta Corte no sentido de que não são aplicáveis as disposições do Código de Defesa do Consumidor ao mútuo obtido com o propósito de fomentar a atividade produtiva. O Tribunal de origem consignou a impossibilidade de dação em pagamento e de compensação, justificando pela carência de liquidez, ao aduzir que o recorrido manifestou desinteresse em aceitar as ações do Banco do Estado de Santa Catarina (BESC) como forma de dação em pagamento, bem como não haveria a existência da

---

[140] Sobre o tema, ver: TARTUCE, Flávio; ASSUMPÇÃO NEVES, Daniel. *Manual de Direito do Consumidor*. Direito material e processual. 7. ed. São Paulo: Método, 2018. volume único, Capítulo 3.

mútua de credor e devedor para que houvesse a possibilidade de compensação. Dessa forma, firmou-se a inviabilidade de compensação" (STJ, Ag. Int. EDcl no REsp 2.027.383/TO, 3.ª Turma, Rel. Min. Marco Aurélio Bellizze; *DJe* 13.03.2023).

Diante de tais afirmações, via de regra, os bancos estão sujeitos ao regime de responsabilidade objetiva e solidária, aplicável aos casos de vício e ao fato do serviço, conforme vários exemplos expostos não só neste capítulo, como nos anteriores.

Resumindo os casos em que se tem a responsabilidade civil bancária, tem sido ela reconhecida nas seguintes hipóteses:

- Os bancos respondem pelos vícios apresentados na construção de imóveis feitas pelo Sistema Financeiro da Habitação, o que representa aplicação da ideia de risco-proveito, alinhada com a solidariedade prevista no CDC (STJ, REsp 738.071/SC, 4.ª Turma, Rel. Min. Luis Felipe Salomão, j. 09.08.2011, *DJe* 09.12.2011).

- Pelas mesmas razões acima, os bancos devem responder pelas falhas apresentadas por veículos, quando tiverem a mesma bandeira da marca do automóvel, presente a figura do "banco da montadora". A responsabilidade solidária é reconhecida também por ser o banco parte integrante da cadeia de consumo (STJ, AgRg no AREsp 712.368/SP, 3.ª Turma, Rel. Min. Moura Ribeiro, j. 23.02.2016, *DJe* 04.03.2016).

- É reiterado o entendimento no sentido de responderem os bancos pelos assaltos praticados no seu interior ou no seu estacionamento, próprio ou conveniado, direta ou indiretamente administrado pela instituição (STJ, AgRg no AREsp 613.850/SP, 3.ª Turma, Rel. Min. Ricardo Villas Bôas Cueva, j. 23.06.2015, *DJe* 05.08.2015). Tem-se entendido, na mesma linha, pela sua responsabilização nos casos de assalto a cofres bancários (STJ, Ag. Int. no REsp 1.415.230/SP, 3.ª Turma, Rel. Min. Ricardo Villas Bôas Cueva, j. 24.10.2017, *DJe* 31.10.2017).

- Nos termos da Súmula n. 479 do STJ, os bancos respondem pelas fraudes praticadas por terceiros no âmbito de suas atividades, caso da fraude com cheques, clonagem do cartão, clonagem do próprio cliente bancário e ilícitos de subtração de valores pela internet. Ressalve-se novamente que, segundo a Corte Superior, não há que se reconhecer a responsabilidade do banco em casos em que a fraude é praticada com o próprio cartão e com a senha do cliente: "de acordo com a jurisprudência do Superior Tribunal de Justiça, a responsabilidade da instituição financeira deve ser afastada quando o evento danoso decorre de transações que, embora contestadas, são realizadas com a apresentação física do cartão original e mediante uso de senha pessoal do correntista" (STJ, REsp 1.633.785/SP, 3.ª Turma, Rel. Min. Ricardo Villas Bôas Cueva, j. 24.10.2017, *DJe* 30.10.2017). Na mesma linha, a assertiva n. 8, publicada na Edição n. 161 da ferramenta *Jurisprudência em Teses* da Corte, de 2020 (Consumidor V): "as instituições financeiras são responsáveis por reparar os danos sofridos pelo consumidor que tenha o cartão de crédito roubado, furtado ou extraviado e que venha a ser utilizado indevidamente, ressalvada as hipóteses de culpa exclusiva do consumidor ou de terceiros". De toda sorte e com o devido respeito, tenho dúvidas se mesmo a utilização do cartão e da senha pessoais também não ingressam no risco do empreendimento do banco, tema que ainda será analisado no presente capítulo, dependendo das circunstâncias que envolvem a demanda. Em 2019, surgiu outra ressalva à sumular na Corte, de que a instituição bancária não pode responder por fraudes em boletos no caso de intermediação de contrato entre particulares. Conforme trecho do acórdão, "o banco recorrido não pode ser considerado um fornecedor da relação de consumo que causou prejuízos à recorrente, pois não se verifica qualquer falha na prestação de seu serviço bancário, apenas por ter emitido o boleto utilizado para pagamento. Não pertencendo à cadeia de fornecimento em questão, não há como responsabilizar o banco recorrido pelos produtos não recebidos. Ademais, também não se pode considerar esse suposto estelionato como uma falha no dever de segurança dos serviços bancários prestados pelo recorrido" (STJ, REsp 1.786.157/SP, 3.ª Turma, Rel. Min. Nancy Andrighi, j. 03.09.2019, *DJe* 05.09.2019). No caso descrito, de fato, não há uma relação de consumo entre as partes, a afastar a aplicação da sumular. Em 2023, reafirmou-se o mesmo entendimento em caso envolvendo o uso do cartão com o chip do correntista, agora em relação de consumo: "não se pode responsabilizar instituição financeira em caso de transações realizadas mediante a apresentação de cartão físico com chip e a senha pessoal do correntista, sem indícios de fraude" (STJ, REsp 1.898.812/SP, 4.ª Turma, Rel. Min. Maria Isabel Gallotti, j. 15.08.2023, v.u.). Com o devido respeito, tenho dúvidas se mesmo a utilização do cartão, do chip e da senha pessoais também não ingressam no risco do empreendimento do banco, dependendo das circunstâncias que envolvem a demanda. O próprio STJ, a propósito, tem julgado que o banco deve responder em caso de golpes dados por estelionatários no âmbito de suas atividades: "a instituição financeira responde objetivamente por falha na prestação de serviços bancários ao permitir a contratação de empréstimo por estelionatário" (STJ, REsp 2.052.228/DF, 3.ª Turma, Rel. Min. Nancy Andrighi, j. 12.09.2023, *DJe* 15.09.2023, v.u.). Eis, portanto, um tema que precisa ser pacificado com clareza pelo Tribunal da Cidadania.

- Como demonstrado no Capítulo 5 da obra, há remota sumular do Supremo Tribunal Federal, do ano de 1963, que reconhece a responsabilidade civil do estabelecimento bancário pelo pagamento de cheque falso, ressalvadas as hipóteses de culpa exclusiva ou concorrente do correntista (Súmula n. 28 do STF). Tal entendimento continua sendo aplicado pela jurisprudência superior. A propósito, no caso de cheque falsificado com adulteração sofisticada ("falso hábil"), o STJ mantém esse entendimento, com base na sua Súmula n. 479. Como consta de recente julgado, "no que tange ao 'falso hábil', assim entendido aquele cuja falsidade é perceptível 'somente com aparelhos especializados de grafotécnica, por meio de gramafenia em que se detectem, *e.g.*, morfogêneses gráficas, inclinações axiais, dinamismos gráficos (pressão e velocidade), pontos de ataque e remate, valores angulares e curvilíneos' (ALVES, Vilson Rodrigues. Responsabilidade civil dos estabelecimentos bancários. Campinas: Editora Servanda, 2005, v.1, p. 284), abrem-se três possibilidades: (i) a inexistência de culpa do correntista; (ii) culpa exclusiva do cliente; (iii) culpa concorrente. 'As instituições bancárias respondem objetivamente pelos danos causados por fraudes ou delitos praticados por terceiros – como, por exemplo, abertura de conta-corrente ou recebimento de empréstimos mediante fraude ou utilização de documentos falsos –, porquanto tal responsabilidade decorre do risco do empreendimento, caracterizando-se como fortuito interno' (REsp 1.199.782/PR, Rel. Ministro Luis Felipe Salomão, julgado pela 2.ª Seção, em 24.08.2011 sob o rito previsto no art. 543-C do CPC, *DJe* 12.09.2011). No caso, não há se afastar a responsabilidade objetiva da instituição financeira quando inexistente culpa do correntista, por se tratar de caso fortuito interno, assistindo à recorrente o direito à indenização por danos materiais e morais" (STJ, REsp 1.093.440/PR, 4.ª Turma, Rel. Min. Luis Felipe Salomão, j. 02.04.2013, DJe 17.04.2013).

- Além da fraude, o banco deve também responder pelo extravio de talão de cheque, que ocasiona a inscrição do cliente em cadastro de inadimplentes (STJ, REsp 705.688/RS, 4.ª Turma, Rel. Min. Jorge Scartezzini, j. 18.10.2005, DJ 14.11.2005, p. 340). Mais recentemente, e explicando bem a situação concreta, bem como o ônus probatório exigido em casos tais: "trata-se de extravio de cheques pela instituição antes de sua entrega ao autor-recorrido, que vieram a ser posteriormente subscritos por terceiro e apresentados ao banco-recorrente. A devolução dos cheques por alínea 21 ensejou a inclusão do nome do recorrido nos cadastros restritivos de crédito e permitiu-se o protesto indevido. O Banco não apresentou documentos que comprovassem o recebimento dos talonários por parte do autor, tampouco o seu desbloqueio, nem que tivesse feito Boletim de Ocorrência, providência esta que seria do próprio Banco, sabedor do extravio, e não do correntista. Outrossim, procedeu ao lançamento indevido de taxas e tarifas relativas à devolução de cheques desses talonários extraviados" (STJ, AgRg no AREsp 482.722/SP, 4.ª Turma, Rel. Min. Raul Araújo, j. 02.12.2014, DJe 19.12.2014).

- O banco deve responder pelo ato do seu funcionário que deposita um cheque em conta-corrente, como se fosse dinheiro, causando prejuízo ao correntista na transação (STJ, AgRg no REsp 246.687/PE, 3.ª Turma, Rel. Min. Vasco Della Giustina (Desembargador Convocado do TJRS), j. 04.05.2010, DJe 14.05.2010).

- A instituição bancária, como endossatária-mandatária, deve responder pelo protesto indevido de título de crédito, desde que caracterizada a sua negligência (STJ, AgRg no Ag 990.599/RS, 3.ª Turma, Rel. Min. Ari Pargendler, j. 02.09.2008, DJe 11.11.2008). Ou, ainda: "no endosso-mandato, não é exigido do banco averiguar a causa de emissão da duplicata ou regularidade do protesto, razão pela qual somente pode responder por fraudes relativas ao título de crédito quando comprovada a prática de ato próprio" (STJ, AgRg no Ag 1213920/SP, 3.ª Turma, Rel. Min. Paulo de Tarso Sanseverino, j. 27.09.2011, DJe 06.10.2011). A questão foi pacificada em sede de julgamento de recursos repetitivos, no seguinte acórdão: "para efeito do art. 543-C do CPC: Só responde por danos materiais e morais o endossatário que recebe título de crédito por endosso-mandato e o leva a protesto se extrapola os poderes de mandatário ou em razão de ato culposo próprio, como no caso de apontamento depois da ciência acerca do pagamento anterior ou da falta de higidez da cártula" (STJ, REsp 1.063.474/RS, 2.ª Seção, Rel. Min. Luis Felipe Salomão, j. 28.09.2011, DJe 17.11.2011). Com o devido respeito, essa exigência de negligência ou ato próprio, ou seja, da culpa do banco afasta-se da responsabilidade objetiva consagrada pelo CDC, sendo passível de críticas e não contando com o meu apoio doutrinário. Como outra ressalva a ser pontuada, que foi aplicada a caso envolvendo pessoa natural, mas que se aplica também à responsabilidade bancária nas hipóteses de endosso, concluiu a Quarta Turma do STJ que "o protesto de título de crédito realizado enquanto ainda existe a possibilidade (pretensão) de cobrança relativa ao crédito referente ao negócio jurídico subjacente não gera danos morais ao devedor". Isso porque, consoante o *decisum*, "o autor permanece inadimplente e tenta valer-se de irregularidade do protesto para obter compensação de alegados 'danos' morais; todavia, por ocasião do apontamento a protesto, ainda remanescia incontroverso débito e a possibilidade de o credor se valer de uma possível sentença condenatória em ação de cobrança dos cheques, inclusive para igualmente promover um futuro apontamento do nome do devedor a protesto. Ainda, se o protesto tivesse sido realizado no prazo para execução cambial do cheque, permaneceria hígido a igualmente ocasionar o alegado 'dano moral', sem que se pudesse cogitar no seu cancelamento, considerando-se também que o art. 27 da Lei n. 9.492/1997 dispõe que o tabelião de protesto expedirá certidões 'que abrangerão o período mínimo dos cinco anos anteriores, contados da data do pedido'. Não só não houve efetivo dano ocasionado, como é certo que o autor não nega que deve, tampouco manifesta intenção de adimplir o débito. Sendo assim, o art. 187 do Código Civil estabelece que comete ato ilícito o titular de um direito que, ao exercê-lo, excede manifestamente os limites impostos pelo seu fim econômico ou social, pela boa-fé ou pelos bons costumes" (STJ, REsp 1.536.035/PR, 4.ª Turma, Rel. Min. Luis Felipe Salomão, j. 26.10.2021, *DJe* 17.12.2021).

Cumpre observar que a relação exposta é apenas exemplificativa a respeito da responsabilidade civil dos bancos.

Muitos outros casos em que se reconhece o dever de indenizar de tais instituições existem e podem surgir sucessivamente na prática, na medida em que os bancos ampliam o âmbito de sua atuação, sendo certo que todas elas, pelo menos em regra, devem estar sujeitas à responsabilidade objetiva consagrada pelo Código de Defesa do Consumidor.

Entre os novos casos que estão hoje em discussão, podem ser citados os golpes pelo *pix* e da falsa central de atendimento, devendo o banco responder toda vez em que exista um movimento atípico na conta do consumidor.

Sobre a falsa central, a propósito, a Terceira Turma do STJ já concluiu, no julgamento do Recurso Especial n. 2.052.228/DF, em setembro de 2023, que a mesma lógica da Súmula n. 479 do STJ deve ser aplicada "à hipótese em que o falsário, passando-se por funcionário da instituição financeira e após ter instruído o consumidor a aumentar o limite de suas transações, contrata mútuo com o banco e, na mesma data, vale-se do alto montante contratado e dos demais valores em conta corrente para quitar obrigações relacionadas, majoritariamente, a débitos fiscais de ente federativo diverso daquele em que domiciliado o consumidor". No caso concreto, "o consumidor é pessoa idosa (75 anos – imigrante digital), razão pela qual a imputação de responsabilidade há de ser feita sob as luzes do Estatuto do Idoso e da Convenção Interamericana sobre a Proteção dos Direitos Humanos dos Idosos, considerando a sua peculiar situação de consumidor hipervulnerável".

Penso que a solução do aresto é perfeita e deve orientar novos julgamentos sobre o tema no futuro.

9

RESPONSABILIDADE CIVIL NO DIREITO DE FAMÍLIA[1]

Sumário: 1. Primeiras palavras sobre a interação entre o Direito de Família e a responsabilidade civil – 2. Os danos reparáveis no âmbito das relações conjugais e convivenciais – 3. A possibilidade de discussão da reparação de danos em sede de ação de separação judicial, divórcio e de dissolução de união estável. A contribuição do art. 356 do CPC/2015 – 4. Reparação dos danos por quebra da fidelidade ou lealdade (antigo adultério) – 5. A infidelidade virtual e o *revenge porn* como geradores de responsabilidade civil no âmbito do Direito de Família – 6. A reparação dos danos por conduta violenta entre os cônjuges ou companheiros. A incidência da Lei Maria da Penha e seus mecanismos de tutela – 7. A teoria da perda de uma chance e as relações familiares – 8. O abuso de direito e sua incidência na relação casamentária ou convivencial. Os casos dos maridos ou companheiros enganados pela gravidez da mulher – 9. Responsabilidade pré-negocial no casamento. A quebra de promessa de casamento. A aplicação da boa-fé objetiva – 10. Responsabilidade civil por abandono afetivo. Responsabilidade civil na parentalidade – 11. Responsabilidade civil por alienação parental. Outra hipótese de responsabilidade civil na parentalidade.

1. PRIMEIRAS PALAVRAS SOBRE A INTERAÇÃO ENTRE O DIREITO DE FAMÍLIA E A RESPONSABILIDADE CIVIL

Na pós-modernidade jurídica é constante a existência de diálogos científicos interdisciplinares. Nesse contexto, a interdisciplinaridade propõe uma interação entre as ciências, sendo considerada, conforme ensina Lídia Reis de Almeida Prado, a mais recente tendência da teoria do conhecimento. Essa tendência visa a

---

[1] Parte das posições e pesquisas constantes deste capítulo foi retirada de: TARTUCE, Flávio. *Direito Civil*. 15. ed. Rio de Janeiro: Forense, 2020. v. 5. Direito de Família. Porém, o texto foi ampliado, revisto e atualizado.

possibilitar que, na produção do saber, não incida o radical cientificismo formalista (objetivismo) ou o exagerado humanismo (subjetivismo), caracterizando-se por ser obtida a partir de uma predisposição para um encontro entre diferentes pontos de vista, oriundos das mais diversas variantes científicas. A par dessa visão, resume a doutrinadora que a interdisciplinaridade leva, de forma criativa, à transformação da realidade.[2]

Defende-se a tese das interações entre as diversas ciências sociais, como o Direito e a Sociologia; o Direito e a Filosofia; o Direito e a Psicologia. A relação desses diálogos interdisciplinares com a teoria tridimensional do Direito, desenvolvida, entre outros, por Miguel Reale, fica clara, pois se clama que o aplicador do Direito seja, do ponto de vista dos fatos, um sociólogo; do ponto de vista dos valores, um filósofo; do ponto de vista das normas, um jurista.[3] Na *visão realeana*, tais fatores podem se influir de forma recíproca, de maneira conjetural, diante das mudanças fatuais, valorativas e normativas da sociedade.[4]

No próprio Direito são constantes as manifestações no sentido de uma complementaridade entre os vários ramos jurídicos, como é o caso do Direito Civil e do Direito Constitucional, surgindo daí o caminho hermenêutico do Direito Civil Constitucional, exposto no Capítulo 1 desta obra. Como uma das marcas da pós-modernidade é a abundância de fontes legislativas, são investigadas possibilidades de *diálogos* entre as manifestações jurídicas, a orientar o aplicador e cientista do Direito, o que representa aplicação da festejada tese do *diálogo das fontes*, por vezes aqui mencionada neste livro.

As *interfaces*, as interligações mutualistas, entre os diversos ramos do Direito Civil também são constantes na contemporaneidade. As mais marcantes são as interações entre o Direito de Família e o Direito das Obrigações. Ilustrando, surgem trabalhos que pregam a aplicação de princípios próprios do Direito Contratual para o Direito de Família, caso da boa-fé objetiva.[5] Na mesma linha, a responsabilidade civil tem incidido nas relações familiares, seja nas relações de parentalidade ou de conjugalidade. Entre pais e filhos, um dos temas mais debatidos pela civilística nacional refere-se à *tese do abandono afetivo, abandono paterno-filial* ou *teoria do desamor*. Entra em discussão jurídica, amplamente, se o pai que não convive com o filho, dando-lhe afeto ou amor, pode ser condenado a indenizá-lo por danos morais. Como não poderia ser diferente, essa responsabilidade civil existente na parentalidade será analisada em tópico próprio.

Nas relações conjugais, o tema da responsabilidade civil na conjugalidade e nas relações de convivência tem permeado as manifestações jurisprudenciais, com uma quantidade enorme de variações, como se verá pela análise deste capítulo. Pretende-se, assim, investigar algumas das hipóteses de incidência do dever de

---

[2] PRADO, Lídia Reis de Almeida. *O juiz e a emoção*: aspectos da lógica da decisão judicial, cit., p. 3.
[3] REALE, Miguel. *Teoria tridimensional do direito*: situação atual, cit., p. 57.
[4] REALE, Miguel. *Teoria tridimensional do direito*: situação atual, cit., p. 152.
[5] Ver: SCHREIBER, Anderson. O princípio da boa-fé objetiva no direito de família, cit., p. 125-143; FARIAS, Cristiano Chaves. A tutela jurídica da confiança aplicada ao direito de família, cit., p. 241-271; ALVES, Jones Figueirêdo. Abuso de direito no direito de família, cit., p. 481-505.

indenizar no casamento e na união estável, bem como algumas nuances teóricas e práticas relativas ao tema.⁶

De início, procurar-se-á estudar os danos reparáveis que podem surgir de uma relação entre marido e mulher. Ato contínuo, será analisada a possibilidade de discussão da reparação de danos em sede de ação de separação, de divórcio ou de dissolução de união estável, tema que divide tanto os civilistas quanto os processualistas. Logo em seguida, com tom mais específico, merecerá leitura a reparação dos danos por quebra da fidelidade, o antigo adultério. Nesse plano, entrará em cena o atual assunto da *infidelidade virtual*. A reparação dos danos por conduta violenta entre os cônjuges, com a comum incidência da Lei Maria da Penha (Lei n. 11.340/2006), é o tema seguinte. Também será analisada incidência da teoria da perda de uma chance ao casamento e do abuso de direito, com a eventual aplicação do art. 187 do Código Civil aos cônjuges.

Após o estudo de tais situações, serão abordadas a responsabilidade civil por quebra de noivado e, por fim, a responsabilidade civil na parentalidade, justamente em decorrência do abandono afetivo e do assédio moral. Para a análise de todo esse temário, *quatro premissas fundamentais* devem ser aqui fixadas.

A *primeira premissa* refere-se à normal incidência das regras relativas à responsabilidade civil ao Direito de Família. Não se pode mais admitir a antiga separação entre os direitos patrimoniais – caso dos temas de Direito das Obrigações – e os direitos existenciais – como é propriamente o Direito de Família. É cediço que também os institutos obrigacionais e contratuais têm como cerne a pessoa humana, surgindo normas protetivas de ordem pública, como aquelas relacionadas com os princípios sociais contratuais. No entanto, dentro do Direito de Família, há normas de cunho patrimonial, de ordem privada, que até podem ser contrariadas pela autonomia privada dos envolvidos por serem dispositivas. Por tal conclusão, não se pode admitir a ideia de que os princípios do Direito das Obrigações não possam influenciar o Direito de Família, ou vice-versa. Diante de tal conclusão, discorda-se totalmente da manifestação do então Ministro Asfor Rocha quando do julgamento do Recurso Especial 757.411/MG, do ano de 2005, primeiro precedente relativo ao abandono afetivo. Foram as suas palavras:

> "Sr. Presidente, é certo que o Tribunal de Justiça de Minas Gerais pontificou que o recorrido teria sofrido em virtude do abandono paterno; são fatos que não podem ser desconstituídos. E é justamente com base nesses fatos que aprecio o que está ora posto. Penso que o direito de família tem princípios próprios que não podem receber influências de outros princípios que são atinentes exclusivamente ou – no mínimo – mais fortemente – a outras ramificações do Direito. Esses princípios do direito de família não permitem que as relações familiares, sobretudo aquelas atinentes a pai e filho, mesmo aquelas referentes a patrimônio, a bens e responsabilidades materiais, a ressarcimento, a tudo quanto disser respeito a pecúnia, sejam disciplinadas pelos princípios próprios

---

[6] Não se pode deixar de citar a obra pioneira de Inácio de Carvalho Neto, que serviu de roteiro para o presente desenvolvimento (CARVALHO NETO, Inácio. *Responsabilidade civil no direito de família*. 2. ed. Curitiba: Juruá, 2004. v. IX. Série Pensamento jurídico).

do Direito das Obrigações. Destarte, tudo quanto disser respeito às relações patrimoniais e aos efeitos patrimoniais das relações existentes entre parentes e entre os cônjuges só podem ser analisadas e apreciadas à luz do que está posto no próprio direito de família. Essa compreensão decorre da importância que tem a família, que é alçada à elevada proteção constitucional como nenhuma outra entidade vem a receber, dada a importância que tem a família na formação do próprio Estado. Os seus valores são e devem receber proteção muito além da que o Direito oferece a qualquer bem material. Por isso é que, por mais sofrida que tenha sido a dor suportada pelo filho, por mais reprovável que possa ser o abandono praticado pelo pai – o que, diga-se de passagem, o caso não configura – a repercussão que o pai possa vir a sofrer, na área do Direito Civil, no campo material, há de ser unicamente referente a alimentos; e, no campo extrapatrimonial, a destituição do pátrio poder, no máximo isso. Com a devida vênia, não posso, até repudio essa tentativa, querer quantificar o preço do amor. Ao ser permitido isso, com o devido respeito, iremos estabelecer gradações para cada gesto que pudesse importar em desamor: se abandono por uma semana, o valor da indenização seria 'x'; se abandono por um mês, o valor da indenização seria 'y', e assim por diante".

Ao contrário das palavras transcritas, os diálogos são salutares mesmo no âmbito do próprio Direito Civil, sendo necessário sempre reconhecer a influência conceitual e categórica entre livros distintos do Código Civil em vigor.

A *segunda premissa* relaciona-se ao conceito de culpa, primaz para a intersecção que aqui se propõe, um conceito unificador do sistema de responsabilidade civil. Como antes desenvolvido, a culpa em sentido amplo, ou *lato sensu*, ainda consta como fundamento do ato ilícito, previsto no art. 186 do atual Código Civil, pelo qual este é cometido por aquele que por ação ou omissão voluntária (dolo), negligência ou imprudência (culpa em sentido estrito, ou *stricto sensu*), violar direito e causar dano a outrem, ainda que exclusivamente moral. A responsabilidade civil também está, em geral, fundada na culpa, pela menção ao ato ilícito que consta do art. 927, *caput*, do Código de 2002.

Relativamente ao Direito de Família e ao casamento, a culpa continua prevista expressamente no Código Civil como um dos motivos da separação judicial litigiosa, conceituada como *separação-sanção*. De acordo com o *caput* do art. 1.572 da atual codificação privada, "qualquer dos cônjuges poderá propor a ação de separação judicial, imputando ao outro qualquer ato que importe grave violação dos deveres do casamento e torne insuportável a vida em comum". Os deveres do casamento, no sistema vigente, constam do art. 1.566 do Código Civil, a saber: *a)* fidelidade recíproca; *b)* vida em comum, no domicílio conjugal; *c)* mútua assistência; *d)* sustento, guarda e educação dos filhos; *e)* respeito e consideração mútuos.

A novidade parcial do atual Código Civil, perante o seu antecessor, está no tão criticado art. 1.573, que traz um rol exemplificativo, ou *numerus apertus*, de fatos que podem caracterizar a insuportabilidade da vida em comum.[7]

---

[7] CC/2002: "art. 1.573. Podem caracterizar a impossibilidade da comunhão de vida a ocorrência de algum dos seguintes motivos: I – adultério; II – tentativa de morte; III – sevícia ou injúria grave; IV –

O dispositivo é realmente curioso. De início, parece indicar um rol taxativo, fechado (*numerus clausus*). No entanto, o seu parágrafo único prevê que o juiz pode considerar outros fatos que caracterizam a impossibilidade da comunhão plena de vida (rol exemplificativo ou *numerus apertus*). Causam certo espanto algumas das previsões do comando legal, como a do adultério, extinto como tipo penal pela Lei n. 11.106/2005; e a do abandono do lar conjugal somente por um ano contínuo, como se esse tempo fosse o mínimo a ensejar a referida impossibilidade.[8]

Consigne-se que, não obstante o atual Código Privado ter expressado a culpa, a doutrina contemporânea sempre criticou a sua previsão, uma vez que a sua investigação tornaria dificultosa a separação do casal, muitas vezes transformando a ação de separação em um *processo de vingança*.[9] Nessa linha de pensamento, a jurisprudência vinha mitigando a análise da culpa, principalmente nos casos de difícil investigação ou de culpa recíproca. Por todos os julgados, do Superior Tribunal de Justiça colaciono dois:

> "Separação. Ação e reconvenção. Improcedência de ambos os pedidos. Possibilidade da decretação da separação. Evidenciada a insuportabilidade da vida em comum, e manifestado por ambos os cônjuges, pela ação e reconvenção, o propósito de se separarem, o mais conveniente é reconhecer esse fato e decretar a separação, sem imputação da causa a qualquer das partes. Recurso conhecido e provido em parte" (STJ, REsp 467.184/SP, 4.ª Turma, Rel. Min. Ruy Rosado de Aguiar, j. 05.12.2002, *DJ* 17.02.2003, p. 302).

> "Direito Civil. Família. Ação de separação judicial. Pedidos inicial e reconvencional fundados na culpa. Não comprovação. Insuportabilidade da vida em comum. Decretação da separação sem atribuição de causa. Possibilidade. Verificada a insuportabilidade da vida conjugal, em pedidos de separação com recíproca atribuição de culpa, por meio de ação e reconvenção, e diante da ausência de comprovação dos motivos apresentados conforme posto no acórdão impugnado, convém seja decretada a separação do casal, sem imputação de causa a nenhuma das partes. Ressalte-se que, após a sentença de improcedência dos pedidos de separação com culpa, as partes formularam petição conjunta pleiteando a dissolução do vínculo conjugal, com fundamento no art. 1.573 do CC/02, e mesmo assim não alcançaram o desiderato em 2.º

---

abandono voluntário do lar conjugal, durante um ano contínuo; V – condenação por crime infamante; VI – conduta desonrosa. Parágrafo único. O juiz poderá considerar outros fatos que tornem evidente a impossibilidade da vida em comum".

[8] Criticando o citado dispositivo, pelo seu caráter dúbio: CARVALHO NETO, Inácio. *Responsabilidade civil no direito de família*, cit., p. 220; TAVARES DA SILVA, Regina Beatriz (Coord.). *Código Civil comentado*, 6. ed., cit., p. 1704.

[9] Por todos: FACHIN, Luiz Edson. Direito de família. Elementos críticos à luz do novo Código Civil brasileiro, cit., p. 204; LÔBO, Paulo Luiz Netto. *Famílias*, cit., p. 139; DIAS, Maria Berenice. *Manual de direito das famílias*. 4. ed. São Paulo: RT, 2007. p. 283-285; MADALENO, Rolf. *Curso de direito de família*. Rio de Janeiro: Forense, 2008. p. 240; FARIAS, Cristiano Chaves; ROSENVALD, Nelson. *Direito das famílias*. Rio de Janeiro: Lumen Juris, 2008. p. 330-332; MOREIRA ALVES, Leonardo Barreto. *O fim da culpa na separação judicial*: uma perspectiva histórica-jurídica. Belo Horizonte: Del Rey, 2007; SARTORI, Fernando. A culpa como causa de separação e seus efeitos. Disponível em: <http://www.flaviotartuce.adv.br/secoes/artigosc/Sartori_Culpa.doc>. Acesso em: 14 jun. 2017.

grau de jurisdição. Dessa forma, havendo o firme propósito de dissolução do vínculo matrimonial, nada obsta que o decreto de separação-sanção seja modificado para o de separação-remédio. Recurso especial conhecido e provido" (STJ, REsp 783.137/SP, 3.ª Turma, Rel. Min. Nancy Andrighi, j. 25.09.2006, *DJ* 09.10.2006, p. 298).

Com a Emenda do Divórcio (EC n. 66/2010), que alterou o art. 226, § 6.º, da Constituição Federal, não mais mencionando a separação judicial, sempre forte a corrente doutrinária que afasta a possibilidade de debate da culpa para dissolver o casamento, mesmo que seja na ação de divórcio. Essa é a posição que prevalece entre os juristas que compõem o Instituto Brasileiro de Direito de Família (IBDFAM). Assim, posicionam-se, por exemplo, Rodrigo da Cunha Pereira, Maria Berenice Dias, Giselda Maria Fernandes Novaes Hironaka, Rolf Madaleno, Pablo Stolze Gagliano e Rodolfo Pamplona Filho.

Esses mesmos juristas entendem que a separação de direito, a englobar tanto a separação judicial como a extrajudicial – feita por escritura pública no Tabelionato de Notas –, não mais subsiste no sistema jurídico nacional. Essa é também a opinião de Paulo Luiz Netto Lôbo, merecendo destaque as suas lições:

"A nova redação da norma constitucional tem a virtude de pôr cobro à exigência de comprovação da culpa do outro cônjuge e de tempo mínimo. O divórcio, em que se convertia a separação judicial litigiosa, contaminava-se dos azedumes e ressentimentos decorrentes da imputação de culpa ao outro cônjuge, o que comprometia inevitavelmente o relacionamento pós-conjugal, em detrimento sobretudo da formação dos filhos comuns. O princípio do melhor interesse da criança e do adolescente, incorporado ao ordenamento jurídico brasileiro, como 'absoluta prioridade' (art. 227 da Constituição), dificilmente consegue ser observado, quando a arena da disputa é alimentada pelas acusações recíprocas, que o regime de imputação de culpa propicia. O divórcio sem culpa já tinha sido contemplado na redação originária do § 6.º do art. 226, ainda que dependente do requisito temporal. A nova redação vai além, quando exclui a conversão da separação judicial, deixando para trás a judicialização das histórias pungentes dos desencontros sentimentais. O direito deixa para a história da família brasileira essa experiência decepcionante de alimentação dos conflitos, além das soluções degradantes proporcionadas pelo requisito da culpa. Os direitos legítimos eram aviltados em razão da culpa do cônjuge pela separação: os filhos tinham limitado o direito à convivência com os pais considerados culpados; o poder familiar era reduzido em razão da culpa; os alimentos eram suprimidos ao culpado, ainda que deles necessitasse para sobreviver; a partilha dos bens comuns era condicionada à culpa ou inocência. O Código Civil de 2003 reduziu bastante esses efeitos, mas não conseguiu suprimi-los de todo: o culpado perde o direito ao sobrenome do outro (art. 1.578); os alimentos serão apenas o necessário à subsistência para o culpado (art. 1.694); o direito sucessório é afetado se o cônjuge sobrevivente for culpado da separação de fato (art. 1.830). Frise-se que o direito brasileiro atual está a demonstrar que a culpa na separação conjugal gradativamente perdeu as consequências jurídicas que provocava: a guarda dos filhos não pode mais ser negada ao culpado pela separação, pois o melhor interesse deles é quem dita a escolha judicial; a partilha dos bens independe da culpa de qualquer dos cônjuges; os alimentos devidos aos filhos não são calculados em razão da culpa de seus pais e até mesmo o cônjuge culpado tem direito a alimentos 'indispensáveis à subsistência'; a dissolução da união estável independe de culpa do companheiro".[10]

Em reforço à corrente, destaque-se que Rolf Madaleno foi um dos pioneiros na defesa da premissa de impossibilidade de discussão da culpa no casamento, para os fins de sua dissolução.[11] Entre os civilistas que me são contemporâneos, Pablo Stolze Gagliano e Rodolfo Pamplona Filho entendem, comentando a Emenda Constitucional n. 66/2010, que, "com o fim do instituto da separação, desaparecem também tais causas objetivas e subjetivas para a dissolução da sociedade conjugal. E já vão tarde... Afinal, conforme já anotamos ao longo deste trabalho, não cabe ao juiz buscar as razões do fim de um matrimônio. Se o afeto acabou, esse motivo é, por si só, suficiente".[12] A premissa fundamental dessa corrente, repise-se, é que, quando da extinção do casamento por divórcio, torna-se inadmissível o debate de culpa, por gerar uma injustificada demora processual em colocar fim ao vínculo.

Em outras palavras, a discussão da culpa impede a extinção célere do vínculo conjugal e sujeita, desnecessariamente, os cônjuges a uma dilação probatória das mais lentas e sofridas. Todavia, destaque-se que, entre os juristas citados, alguns entendem que a culpa somente pode ser debatida em sede de ação de alimentos ou de demanda de responsabilidade civil entre os cônjuges. Assim pensam Cristiano Chaves de Farias, Nelson Rosenvald e José Fernando Simão.

Sigo essa última visão, sendo certo que, como *segunda premissa*, é imperiosa a conclusão no sentido de que a culpa do ato ilícito e da responsabilidade civil é a mesma culpa motivadora do fim do casamento. Ambas trazem a concepção do desrespeito a um dever preexistente, o que está inspirado no clássico conceito de Chironi.[13] Pode-se também utilizar a construção de Von Thur, que visualiza a culpa, em sentido amplo, como um comportamento reprovado pela lei, caracterizando a violação de um contrato ou o cometimento de um ato ilícito. Deixa claro o autor que o que a norma jurídica reprova é a vontade maligna ou negligente do indivíduo.[14]

Por tal conclusão, no sentido de que as duas culpas são as mesmas, surge um contraponto com relação àqueles que pretendem a extinção total da culpa nas ações de dissolução do casamento e da união estável. Se a culpa será analisada para os fins de responsabilização civil – como se verificará neste capítulo –, também o pode ser para colocar fim à sociedade conjugal. Seria ilógico pensar

---

[10] LÔBO, Paulo Luiz Netto. Divórcio: Alteração constitucional e suas consequências. Disponível em: <http://www.ibdfam.org.br/?artigos&artigo=629>. Acesso em: 14 jun. 2017.
[11] MADALENO, Rolf. *Conduta conjugal culposa*. Direito de família. Aspectos polêmicos. Porto Alegre: Livraria do Advogado, 1998.
[12] GAGLIANO, Pablo Stolze; PAMPLONA FILHO, Rodolfo. *Novo curso de Direito Civil*. Direito de família. São Paulo: Saraiva, 2011. v. VI, p. 549.
[13] CHIRONI, G. P. *La colpa nel diritto civile odierno*. Colpa contratualle, cit., p. 5.
[14] VON THUR, A. *Tratado de las obligaciones*, cit., p. 275.

em *metade da culpa* somente para a imputação da responsabilidade civil, e não para findar a comunhão plena de vida.

A corrente a que estou filiado é justamente a que reconhece que a culpa pode ser mitigada em alguns casos, como naqueles em que é recíproca, mas nem sempre. O caso é de sua relativização, mas não de sua morte, fim ou desaparecimento, como se quer afirmar. Nos casos aqui em análise, a culpa pode imputar o dever de indenizar e, ao mesmo tempo, pôr fim à sociedade entre os cônjuges.

Como *terceira premissa* para a interação entre responsabilidade civil e Direito de Família, tenho a convicção de que a responsabilidade civil que surge nas relações de conjugalidade ou de convivência é, essencialmente, uma responsabilidade extracontratual. Em uma visão contratual que ainda persiste, moderna ou clássica, não se pode admitir que o casamento ou a união estável seja um contrato, uma vez que este é relacionado a um conteúdo patrimonial, como se retira, por exemplo, do art. 1.321 do Código Civil italiano.

Por certo que já surgem conceitos pós-modernos de contratos, como aquele exposto por Paulo Nalin, que relacionam o contrato a conteúdos existenciais. Segundo ele, "a relação jurídica subjetiva, nucleada na solidariedade constitucional, destinada à produção de efeitos jurídicos existenciais e patrimoniais, não só entre os titulares subjetivos da relação, como também perante terceiros".[15] Entretanto, tal visão ainda não prevalece na realidade do Direito Civil Brasileiro.

Aliás, se persistir no futuro, todo o Direito Civil se resumirá aos contratos – em um claro *neocontratualismo expansivo* –, surgindo os contratos de Direito das Coisas, contratos de Direito de Família, e assim sucessivamente.[16] Reforçando a natureza extracontratual, mesmo aqueles que veem no casamento um contrato de natureza especial entendem que não se pode admitir aos cônjuges que cometem atos ilícitos, violando direitos alheios, o desrespeito de cláusulas decorrentes da autonomia privada.[17] Havendo um ato ilícito extracontratual, deve servir como norte o tão citado art. 186 do Código Civil, pelo qual o ato ilícito exige a presença de dois elementos: *a)* a violação de um direito, essencialmente de natureza subjetiva ou pessoal; e *b)* um dano que pode ser material ou imaterial.

Encerrando esta introdução, como última e *quarta premissa* fundamental para o presente capítulo, é necessária a aplicação das regras básicas da responsabilidade civil para as relações casamentárias e convivenciais, para que o diálogo que aqui se propõe seja viável metodológica e juridicamente. Assim, não se pode se esquecer dos elementos clássicos da responsabilidade civil aqui antes desenvolvidos, que são, em geral: *a)* a conduta humana; *b)* a culpa *lato sensu*, ou em sentido amplo; *c)* o nexo de causalidade; *d)* o dano ou prejuízo.

---

[15] NALIN, Paulo. *Do contrato:* conceito pós-moderno. Curitiba: Juruá, 2005. p. 255.

[16] Como bem exposto por: PENTEADO, Luciano de Camargo. *Efeitos contratuais perante terceiros.* São Paulo: Quartier Latin, 2007. p. 89.

[17] CARVALHO NETO, Inácio. *Responsabilidade civil no direito de família*, cit., p. 277.

Como decorrência lógica dessa quarta premissa, não se podem olvidar as tendências contemporâneas da responsabilidade civil, os novos paradigmas que surgem e que, de forma direta ou indireta, são abordados neste livro.

2. OS DANOS REPARÁVEIS NO ÂMBITO DAS RELAÇÕES CONJUGAIS E CONVIVENCIAIS

Para que o ato ilícito esteja presente, o dano deve estar caracterizado, o que pode ser retirado do sempre mencionado art. 186 do atual Código Civil Brasileiro. Nesse aspecto, reitere-se que houve uma sensível mudança estrutural no que concerne à ilicitude civil, uma vez que a sua fórmula pressupõe a existência do dano somada à violação de um direito alheio. No Código Civil anterior, o dano não era tido como elemento imprescindível do ato ilícito, uma vez que o seu art. 159 o previa pela presença da citada lesão ou pela existência do dano.

No caso do surgimento do dever de indenizar, o art. 927 da codificação privada em vigor enuncia o dano como pressuposto objetivo da responsabilidade civil. A norma está orientada pelo art. 5.º, inc. V, da Constituição Federal, que assegura a todos o direito de resposta, na proporção do agravo, além da indenização por dano material, moral ou à imagem.

Juridicamente, reitere-se que o dano pode ser tido como um prejuízo, que gera, como derivativo, o dever de reparar ou indenizar.[18] Em sentido equânime, conforme Rubens Limongi França, o dano é uma perda, um "depauperamento calcado na raiz da, proveniente do antigo particípio *dare*, indicando uma certa abdicação infligida (Lucio Bove, Danno, in *Novíssimo Digesto Italiano*, v. 5, p. 144)".[19] Como outrora exposto nesta obra, os primeiros danos aceitos como reparáveis foram os danos materiais, decorrentes de perdas patrimoniais.

Como evolução do tema, foi demonstrado que os ordenamentos jurídicos passaram a admitir os danos imateriais, sobretudo os danos morais. No caso brasileiro, as discussões atinentes à reparabilidade foram encerradas com a Constituição Federal de 1988, pelas previsões do art. 5.º, incs. V e X. Em 1992, o Superior Tribunal de Justiça editou a ementa da Súmula n. 37, admitindo a cumulação dos danos materiais e morais, decorrentes do mesmo fato e em uma mesma ação.

Também conforme exposto nesta obra, a tendência doutrinária e jurisprudencial é de ampliar os danos reparáveis, o que o projeto de Reforma do Código Civil pretende brecar, com o novo tratamento dos danos extrapatrimoniais, sobretudo no projetado art. 944-A. Com isso, já são reconhecidos há tempos os danos estéticos como cumuláveis com os danos materiais e morais, conforme a tão comentada Súmula n. 387 do Tribunal da Cidadania. Ademais, são admitidos danos coletivos, danos por perda da chance e outros danos que foram tratados no Capítulo 6 desta obra. O que interessa no presente ponto do livro é analisar

---

[18] AGUIAR DIAS, José de. *Da responsabilidade civil*, cit., p. 284-285.
[19] LIMONGI FRANÇA, Rubens. *Enciclopédia Saraiva de Direito*, cit., p. 220.

os danos que podem decorrer da relação de conjugalidade ou de convivência, ensejadores do dever de indenizar, ao lado da violação do direito alheio.

De início, pode-se falar em danos materiais em decorrência da responsabilidade civil casamentária ou convivencial, incidindo plenamente as regras referentes às perdas e danos, tratadas entre os arts. 402 a 404 do Código Civil. Em suma, são reparáveis os danos emergentes – o que efetivamente se perdeu – e os lucros cessantes – o que razoavelmente se deixou de lucrar.

Como exemplo de danos emergentes no âmbito familiar podem ser citados os males que o marido causar à esposa, fazendo com que ela tenha que realizar tratamento psicológico para se recuperar. Esses prejuízos também estão presentes nos casos em que um cônjuge ou companheiro sonega bens que deveriam ser partilhados por força do regime de bens adotado no casamento ou na união estável. Reconhecendo essa situação, entre numerosos julgamentos:

> "Imóveis não partilhados por ocasião do divórcio. A sobrepartilha não está condicionada a ser o bem desconhecido no momento da partilha, sob pena de enriquecimento sem causa e ofensa ao direito de propriedade decorrente do regime de bens. Imóveis adquiridos na constância do casamento. Sonegação em relação a um dos imóveis diante da alegação do varão de ser mero locatário e omissão em relação ao outro imóvel. Partilha devida em proporções iguais" (TJSP, Apelação 4003555-24.2013.8.26.0576, Acórdão 10110146, 2.ª Câmara de Direito Privado, São José do Rio Preto, Rel. Des. Alcides Leopoldo e Silva Júnior, j. 27.01.2017, *DJESP* 1.º.02.2017).

Ilustrando os lucros cessantes, pode-se imaginar a hipótese fática em que o dano causado por um cônjuge ao outro impede que o último desenvolva a sua atividade produtiva ou profissional. Da realidade jurisprudencial, o Tribunal de Justiça do Rio Grande do Sul entendeu pela presença de danos materiais em caso em que o marido não cumpriu com obrigação assumida na separação judicial, fazendo com que o veículo da esposa fosse apreendido judicialmente pela presença de alienação fiduciária em garantia não adimplida. Vejamos a ementa do *decisum*:

> "O réu deve responder pelos danos causados à autora em decorrência de inadimplemento de obrigação assumida na ação de separação consensual (pagamento das prestações oriundas de financiamento de veículo que estava alienado fiduciariamente), que culminou na busca e apreensão do carro. Danos materiais, impossibilidade de restituição do valor integral do automóvel como pretendido pela autora, pena de se estar onerando duplamente o requerido, que já havia adimplido parte considerável do valor do bem. Danos morais *in re ipsa* arbitrados em consonância com as peculiaridades do caso concreto" (TJRS, Acórdão 70024207490, 10.ª Câmara Cível, Horizontina, Rel. Des. Luiz Ary Vessini de Lima, j. 28.08.2008, *DOERS* 08.09.2008, p. 39).

Anote-se que o julgado também reconheceu a presença de danos morais presumidos ou *in re ipsa*, tão somente pelo descumprimento da obrigação assumida pelo marido, o que é bastante controverso.

No mesmo sentido, reconhecendo a presença de danos materiais em decorrência de descumprimento de acordo firmado em separação judicial por ex-marido, vejamos remoto acórdão do Tribunal de Justiça do Distrito Federal:

"Civil. Ressarcimento. Acordo de separação judicial homologado. Uso indevido do plano de saúde do ex-marido. Demora injustificada na alienação de imóvel pertencente ao casal. Danos materiais causados. Ressarcimento. 1. Homologado acordo de separação judicial, os atos que extrapolam o ali avençado e que redundem em prejuízos de um ao outro ex-cônjuge, devem, por aquele que lhes deu causa, ser ressarcidos ao que os suportou. 2. Não constando a permanência da ex-esposa como dependente do ex-marido e tendo os ex-cônjuges dispensado, reciprocamente, a prestação de alimentos entre si, o uso, por parte daquela, do plano de saúde do ex-marido, é indevido, justificando a pretensão indenizatória deste, para se ressarcir de prejuízo daí decorrente. 3. Ficando evidenciada a injustificada demora na alienação do imóvel do casal, por quem ficou na posse, uso e gozo deste bem, beneficiando-se unilateralmente de sua utilização, em detrimento do ex-consorte, deve arcar com o ônus decorrente de seu abuso, ressarcindo o prejuízo causado. 4. Recurso conhecido e improvido parcialmente, para manter íntegra a r. Sentença recorrida" (TJDF, Recurso 20000710142942, Acórdão 145453, 2.ª Turma Recursal dos Juizados Especiais Cíveis e Criminais, Rel. Des. Benito Augusto Tiezzi, j. 02.10.2001, *DJU* 29.10.2001, p. 59).

No que tange aos danos morais, como se verá, vários são os casos da jurisprudência reconhecendo a sua reparação na relação entre os cônjuges, havendo até casos curiosos de discussão acerca da responsabilização de um pela inscrição do nome do outro em cadastro de inadimplentes (TJRS, Agravo de Instrumento 70018969071, 9.ª Câmara Cível, Rel. Iris Helena Medeiros Nogueira, j. 27.03.2007). Na mesma linha, julgando caso de acordo em divórcio, concluiu o Tribunal de Justiça do Distrito Federal que "o réu deve ser condenado ao pagamento de indenização por danos morais quando sua mora em regularizar o contrato imobiliário culminou na inclusão do nome da autora no cadastro de inadimplentes. Os danos morais suportados decorrem diretamente da ofensa e independem de demonstração, ou seja, são *in re ipsa*, uma vez que a simples inscrição do nome da autora nos cadastros de proteção ao crédito é suficiente para gerar o dano imaterial" (TJDF, Apelação 2015.01.1.022637-3, Acórdão 967.402, 8.ª Turma Cível, Rel. Des. Diaulas Costa Ribeiro, j. 22.09.2016, *DJDFTE* 28.09.2016).

Ou, ainda, é possível a presença de danos morais da companheira pelo fato de ter o outro convivente deixado de efetuar a transferência da titularidade de veículo, conforme obrigação assumida no acordo das partes, fazendo com que a primeira sofresse cobrança de multas e tivesse o direito de dirigir suspenso. Acórdão do Tribunal paulista fixou os danos extrapatrimoniais em R$ 3.000,00, em virtude dessa situação (TJSP, Apelação 1023409-57.2014.8.26.0564, Acórdão 9852742, 36.ª Câmara de Direito Privado, São Bernardo do Campo, Rel. Des. Milton Carvalho, j. 28.09.2016, *DJESP* 05.10.2016).

De todo modo, a jurisprudência tem seguido a velha lição pela qual os danos morais não se confundem com os meros aborrecimentos ou transtornos suportados pela pessoa em seu cotidiano, premissa que incide também nas relações familiares. A exemplificar:

"Apelação cível. Ação indenizatória por danos morais. Alegação de calúnia. Conflitos existentes entre autor e requerida decorrente de ação de divórcio e guarda. Ausência de comprovação de danos passíveis de serem indenizados. Desavenças mútuas. Rompimento do nexo causal. Ausência do dever de indenizar. Meros aborrecimentos. Sentença mantida. Recurso desprovido" (TJPR, Apelação Cível 1407783-1, 10.ª Câmara Cível, Apucarana, Rel. Des. Ângela Khury Munhoz da Rocha, j. 17.03.2016, *DJPR* 12.05.2016, p. 116).

"Indenização. Dano moral. Separação judicial. Agressão física. Dever de indenizar. *Quantum*. Fixação a critério do julgador. Danos materiais. Prova. Ônus do requerente. Para que se possa impor a responsabilidade da reparação do dano, é necessário que a culpa imputada ao ofensor esteja robustamente demonstrada, sendo indispensável que a vítima demonstre cabalmente a ocorrência dos três elementos caracterizadores da responsabilidade civil, quais sejam: o dano, a culpa e o nexo de causalidade. Os aborrecimentos e mágoas decorrentes de separação judicial não têm o condão de por si só causar dano ao patrimônio moral da parte e acarretar a respectiva indenização. Se a parte alega que sofreu prejuízos materiais, a ela incumbe a prova, eis que fato constitutivo do seu direito, nos termos do art. 333, I, do CPC. Para a fixação do montante indenizatório, deve ser levada em consideração a dupla finalidade da reparação, qual seja, a de punir o causador do dano, buscando um efeito repressivo e pedagógico e de propiciar à vítima uma satisfação, sem que isto represente um enriquecimento sem causa, devendo o valor da indenização ser hábil à reparação dos dissabores experimentados pela vítima" (TJMG, Apelação Cível 1.0024.04.520720-6/0011, 15.ª Câmara Cível, Belo Horizonte, Rel. Des. José Affonso da Costa Côrtes, j. 15.05.2008, *DJEMG* 11.06.2008).

Seguindo o estudo dos prejuízos reparáveis no campo do Direito de Família, reitere-se que os danos estéticos já são tidos como terceira modalidade de dano pelo Superior Tribunal de Justiça desde o início da década passada, cumuláveis com os danos morais e materiais. Em 2009, a questão consolidou-se por meio da Súmula n. 387 da Corte, que admite a *cumulação tripla* de danos reparáveis. No que diz respeito à legislação, o art. 5.º da Lei n. 11.340, de 2006 (Lei Maria da Penha) prevê expressamente que haverá violência doméstica contra a mulher nos casos de lesão ou violência física. Nos conflitos conjugais, podem ser encontradas decisões de reparação de danos morais, em decorrência de agressões praticadas por ex-marido à ex-mulher. A título de exemplo, colaciona-se:

"Direito Civil. Apelação cível. Ação de indenização por danos morais. Agressões físicas à ex-esposa. Ato ilícito. Dano moral configurado. *Quantum* compensatório. Valor arbitrado mantido. 1. Resultando da prova contida nos autos ter sido a esposa submetida à injusta agressão física praticada pelo ex-cônjuge, correta a condenação em danos morais. 2. A indenização deve proporcionar à vítima satisfação na justa medida do abalo sofrido, sem enriquecimento sem causa, produzindo no causador do mau impacto suficiente para dissuadi-lo de igual e semelhante atentado. 3. Apelações conhecidas, mas não providas. Unânime" (TJDF, Recurso 2013.01.1.107152-7, Acórdão 910.120, 3.ª Turma Cível, Rel. Des. Fátima Rafael, *DJDFTE* 09.12.2015, p. 181).

"Responsabilidade civil. Ex-cônjuge. Lesão corporal. Condenação criminal. Sentença transitada em julgado. Dano moral. Indenização. Fixação do valor. Responsabilidade civil por danos morais decorrentes de lesões corporais cometidas pelo ex-marido contra a mulher. Condenação criminal com trânsito em julgado e consequente inviabilidade de reabertura de discussão sobre a existência do fato e a autoria (art. 1.525 do Código Civil). Configuração de dano moral. Direito da mulher, separada judicialmente do marido, ao ressarcimento do dano moral acarretado por agressão pelo mesmo praticado, resultando lesões corporais com alteração do equilíbrio psicofísico e vulneração dos valores da personalidade. Valoração do dano moral com atenção aos princípios da razoabilidade e proporcionalidade. Recurso adesivo da autora, objetivando majoração da verba honorária. Fixação da mesma na conformidade dos parâmetros estabelecidos no art. 20, § 3.º, do CPC. Improvimento dos apelos principal e adesivo" (TJRJ, Acórdão 13.223/2000, 3.ª Câmara Cível, Rio de Janeiro, Rel. Des. Luiz Fernando de Carvalho, j. 29.03.2001).

Obviamente que tais danos podem incluir os estéticos, na esteira da consolidação jurisprudencial. Nesse contexto, pode-se afirmar, sem maiores dúvidas ou divagações, que cabe atualmente a *cumulação tripla* de danos em casos envolvendo a responsabilidade civil relacionada ao Direito Civil, englobando os danos materiais, os danos morais e os danos estéticos. Em todos os casos, a indenização mede-se pela extensão do dano, conforme a regra enunciada pelo *caput* do art. 944 do Código Civil. Todavia, havendo excessiva desproporção entre a gravidade da culpa e o dano, poderá o juiz reduzir a indenização por equidade (art. 944, parágrafo único, do CC), principalmente se houver culpa concorrente da própria vítima para o próprio evento-prejuízo (art. 945 do CC). Entendendo desse modo, transcrevo:

"Indenização por danos morais, materiais e estéticos Agressão física entre ex-cônjuges. Procedência decretada. Insurgência do ex-cônjuge condenado no pagamento das três indenizações. Os desentendimentos do casal atravessaram o campo da discussão civilizada, ingressando na seara da agressão, ocasionando lesões físicas e morais, com sofrimento exacerbado de um dos cônjuges. Dano material comprovado e mantido. Ausente prova de sequela. Dano estético afastado. Dano moral mantido, mas minorado aos parâmetros da Corte para R$ 10.000,00. Recurso parcialmente provido" (TJSP, Apelação 0002401-07.2010.8.26.0071, Acórdão 7198013, 7.ª Câmara de Direito Privado, Bauru, Rel. Des. Miguel Brandi, j. 27.11.2013, *DJESP* 09.12.2013).

Na trilha do que foi desenvolvido no Capítulo 6, a tendência é de reconhecimento de novas categorias de danos reparáveis, propriamente daquelas que conduzem à coletivização dos prejuízos. Penso que o futuro deve revelar situações de danos morais coletivos ou mesmo de danos difusos ou sociais relativos às relações de família. Os danos por perda de uma chance são realidade na doutrina e jurisprudência nacional, conforme será visto adiante.

3. A POSSIBILIDADE DE DISCUSSÃO DA REPARAÇÃO DE DANOS EM SEDE DE AÇÃO DE SEPARAÇÃO JUDICIAL, DIVÓRCIO E DE DISSOLUÇÃO DE UNIÃO ESTÁVEL. A CONTRIBUIÇÃO DO ART. 356 DO CPC/2015

Tema de grande relevância, que sempre dividiu os civilistas e processualistas, é o relativo à possibilidade de discussão da reparação de danos em sede de ação de separação, de divórcio ou de dissolução de união estável, bem como a necessidade de uma ação específica para tanto. Como primeira anotação, entendo há tempos que a Emenda do Divórcio (EC n. 66/2010) baniu do ordenamento jurídico a figura da separação de direito, a englobar tanto a separação judicial quanto a extrajudicial.

Todavia, alguns juristas vinham entendendo de forma contrária, até porque o Código de Processo Civil de 2015 trata da ação de separação judicial em vários de seus preceitos. Há, inclusive, um capítulo que estabelece os procedimentos especiais para as Ações de Família que assumam faceta contenciosa (arts. 693 a 699-A). E, conforme o primeiro comando processual citado, "as normas deste Capítulo aplicam-se aos processos contenciosos de divórcio, separação, reconhecimento e extinção de união estável, guarda, visitação e filiação".

A propósito desse intenso debate, existente desde o ano de 2010, em contestado aresto do ano de 2017, a Quarta Turma do Superior Tribunal de Justiça acabou por concluir que o instituto da separação judicial remanesceria no ordenamento jurídico nacional. Conforme a ementa, "a separação é modalidade de extinção da sociedade conjugal, pondo fim aos deveres de coabitação e fidelidade, bem como ao regime de bens, podendo, todavia, ser revertida a qualquer momento pelos cônjuges (Código Civil, arts. 1.571, III, e 1.577). O divórcio, por outro lado, é forma de dissolução do vínculo conjugal e extingue o casamento, permitindo que os ex-cônjuges celebrem novo matrimônio (Código Civil, arts. 1.571, IV, e 1.580). São institutos diversos, com consequências e regramentos jurídicos distintos. A Emenda Constitucional n.º 66/2010 não revogou os artigos do Código Civil que tratam da separação judicial" (STJ, REsp 1.247.098/MS, 4.ª Turma, Rel. Min. Maria Isabel Gallotti, j. 14.03.2017, DJe 16.05.2017).

Como não poderia ser diferente, sempre me filiei ao voto vencido do Ministro Salomão, em especial pelas citações à nossa posição e de muitos outros juristas como Luiz Edson Fachin, Paulo Luiz Netto Lôbo, Rolf Madaleno, Zeno Veloso, Álvaro Villaça Azevedo, Maria Berenice Dias, Cristiano Chaves, Nelson Rosenvald, Pablo Stolze Gagliano, Rodolfo Pamplona Filho e Daniel Amorim Assumpção Neves; este último com o forte argumento de que o Novo CPC não poderia ter *repristinado* a separação de direito.

Cerca de cinco meses depois, mais uma vez lamentavelmente, fez o mesmo a Terceira Turma da Corte, ao julgar que "a dissolução da sociedade conjugal pela separação não se confunde com a dissolução definitiva do casamento pelo divórcio, pois versam acerca de institutos autônomos e distintos. A Emenda à Constituição n.º 66/2010 apenas excluiu os requisitos temporais para facilitar o divórcio. O constituinte derivado reformador não revogou, expressa ou tacitamente, a legislação ordinária que cuida da separação judicial, que remanesce incólume no ordenamento pátrio, conforme previsto pelo Código de Processo Civil de 2015 (arts. 693, 731, 732 e 733 da Lei n. 13.105/2015). A opção pela separação faculta às partes uma futura reconciliação e permite discussões subjacentes e laterais ao rompimento da relação. A possibilidade de eventual arrependimento durante o período de separação preserva, indubitavelmente, a autonomia da vontade das partes, princípio basilar do direito privado. O atual sistema brasileiro se amolda ao sistema dualista opcional que não condiciona o divórcio à prévia separação judicial ou de fato" (STJ, REsp 1.431.370/SP, 3.ª Turma, Rel. Min. Ricardo Villas Bôas Cueva, j. 15.08.2017, *DJe* 22.08.2017). Essa votação foi unânime.

Apesar do surgimento desses acórdãos, mantive a minha posição até o presente momento defendida. Até porque o tema pendia de análise pelo Supremo Tribunal Federal que, nos autos do Recurso Extraordinário n. 1.167.478/RJ, reconheceu a repercussão geral de questão constitucional, o que se deu em junho de 2019, tendo como Relator o Ministro Luiz Fux (Tema n. 1.053).

Em novembro de 2023, a questão foi julgada no âmbito da Suprema Corte, que reconhece o fim da separação de direito, desde a Emenda do Divórcio. Consoante a tese final prolatada para os fins de repercussão geral, "após a promulgação da EC n. 66/2010, a separação judicial não é mais requisito para o divórcio nem subsiste como figura autônoma no ordenamento jurídico. Sem prejuízo, preserva-se o estado civil das pessoas que já estão separadas, por decisão judicial ou escritura pública, por se tratar de ato jurídico perfeito (art. 5.º, XXXVI, da CF)" (Tema n. 1.053). Apesar de a tese mencionar apenas a separação judicial, a premissa igualmente se aplica para a separação extrajudicial.

Em suma, apesar dos recentes arestos do STJ, sempre compartilhei do entendimento de extinção da separação de direito no Direito de Família Brasileiro, debate que se encerrou no Brasil, com o citado julgamento do STF, com repercussão geral, saindo vencedora a doutrina majoritária, a qual me filiava.

Assim sendo, com pouco mais de dois anos de sua entrada em vigor, perdeu também efetividade a separação de direito por escritura pública, pela via administrativa, estando revogados nessa parte a anterior Lei n. 11.441/2007 e o art. 1.124-A do Código de Processo Civil de 1973, pois incompatíveis com o Texto Constitucional, que no art. 226, § 6.º, deixou de fazer menção à separação judicial.

O mesmo vale para os dispositivos do Código de Processo Civil que se referem expressamente à separação de direito, a englobar tanto a separação judicial como a extrajudicial, por escritura pública.

Feita tal pontuação, e partindo para a análise da responsabilidade civil nas ações que dizem respeito à dissolução do vínculo conjugal ou convivencial, Yussef Said Cahali foi um dos pioneiros a enfrentar o assunto, filiando-se entre aqueles que admitem a reparação civil na própria ação de separação judicial. Conforme as suas palavras, "dependendo da causa que tiver determinado a dissolução culposa da sociedade conjugal, também a reparabilidade dos danos morais consequentes em tese poderia ser admitida, ainda que à base do direito comum, conforme já nos manifestamos a respeito".[20]

---

[20] CAHALI, Yussef Said. *Separação e divórcio*. 11. ed. São Paulo: RT, 2005. p. 821.

Em sintonia com tal entendimento, Rolf Madaleno admite a referida cumulação, desde que a propositura da demanda ocorra logo após o evento danoso, sob pena de incidência do perdão tácito, não havendo qualquer incompatibilidade de ritos processuais.²¹ Regina Beatriz Tavares da Silva é outra autora favorável à cumulação dos danos morais na própria ação de separação, conforme sua tese de doutorado defendida na Faculdade de Direito da Universidade de São Paulo.²²

No entanto, analisando a questão processual, Inácio de Carvalho Neto não se diz favorável à cumulação de demandas, diante do que constava do art. 292 do Código de Processo Civil de 1937, uma vez que o pedido reparatório seria de competência da Vara Cível, enquanto o de separação de competência da Vara da Família.²³

O dispositivo do Estatuto Processual anterior estabelecia que "é permitida a cumulação, num único processo, contra o mesmo réu, de vários pedidos, ainda que entre eles não haja conexão. § 1.º São requisitos de admissibilidade da cumulação: I – que os pedidos sejam compatíveis entre si; II – que seja competente para conhecer deles o mesmo juízo; III – que seja adequado para todos os pedidos o tipo de procedimento". No CPC de 2015, a mesma regra consta do art. 327, havendo apenas a substituição do termo "é permitida a cumulação" por "é lícita a cumulação". Sendo assim, a sua conclusão não muda no novo sistema instrumental.

Na jurisprudência paulista, podem ser encontradas decisões anteriores, de datas remotas, no sentido de impossibilidade da citada cumulação, diante das diversidades dos pedidos e das consequentes repercussões. Nessa linha:

> "Interposição contra decisão de indeferimento de pretensão de cumulação, no juízo especializado de família e sucessões, de pedidos de separação judicial e de indenização por dano moral, ambos fundados na conduta ilícita imputada ao réu. Comunhão da causa de pedir, mas com repercussões jurídicas diferentes nos campos do direito de família e das obrigações. Diferença que repercute, por sua vez, da definição da competência do juízo. Inviabilidade da cumulação, ante o contido no inciso II, § 1.º, do artigo 292 do Código de Processo Civil. Recurso não provido" (TJSP, Agravo de Instrumento 128.863-4, 6.ª Câmara de Direito Privado, São Paulo, Rel. Des. Antônio Carlos Marcato, j. 06.04.2000).

Seguindo essa forma de julgar, já na vigência do CPC de 2015 e citando as regras de organização judiciária, do Tribunal do Distrito Federal: "em que pese o juízo agravado encampar as competências cível e de família, verifica-se que os pedidos constantes da inicial não são aptos a ser cumulados na mesma demanda. A Lei n. 11.697/2008, que dispõe sobre a organização judiciária do Distrito Federal e dos territórios, elenca as competências atinentes ao juízo

---

²¹ MADALENO, Rolf. *Curso de direito de família*, cit., p. 294-296.
²² PAPA DOS SANTOS, Regina Beatriz Tavares da Silva. *Reparação civil na separação e no divórcio*. São Paulo: Saraiva, 1999. p. 175.
²³ CARVALHO NETO, Inácio. *Responsabilidade civil no direito de família*, cit., p. 275.

da vara de família, restando claro, da leitura do seu artigo 27, que os pedidos referentes aos danos morais e à obrigação de fazer não são contemplados em suas hipóteses taxativas" (TJDF, Recurso 2015.00.2.021412-7, Acórdão 918.246, 6.ª Turma Cível, Rel. Des. Carlos Rodrigues, *DJDFTE* 17.02.2016, p. 241).

Entretanto, sempre existiram julgados estaduais em sentido oposto, pela cumulação, uma vez que existe compatibilidade entre os ritos ou procedimentos da ação de separação judicial ou de divórcio e de responsabilidade civil. A título de exemplo, entendendo pelo processamento na Vara da Família:

"Apelação cível. Família. Divórcio c/c indenização por danos morais. Dispensa de alimentos. Excepcionalidade do pensionamento. Binômio necessidade *versus* possibilidade. Não comprovação. Danos morais. Conexão por prejudicialidade. Competência da vara de família. (...). 2. É possível a cumulação de pedidos de alimentos e danos morais no juízo da Vara de Família, em razão da conexão por prejudicialidade, pois, apesar de se discutirem relações jurídicas diversas, há evidente ligação entre elas pela mesma causa de pedir comum alegada pela autora: a dissolução do vínculo afetivo-familiar. 3. Para que seja possível a reparação civil, necessária a conjugação de três elementos: culpa, nexo causal e dano. A simples alegação de constrangimento não dá azo, por si só, à indenização por danos morais, notadamente se não houve prejuízo ou ofensa à imagem e aos demais direitos de personalidade da autora" (TJMG, Apelação Cível 1.0024.12.031780-5/003, Rel. Des. Rogério Coutinho, j. 10.07.2014, *DJEMG* 21.07.2014).

"Separação judicial litigiosa. Cumulação com indenização por dano moral. Admissibilidade, em tese. Ritos procedimentais idênticos. Recurso provido" (TJSP, Agravo de Instrumento 435.183-4/6-00, 9.ª Câmara de Direito Privado, São Paulo, Rel. Des. José Luiz Gavião de Almeida, j. 14.02.2006).

O Superior Tribunal de Justiça, em importante precedente, admitiu a cumulação dos danos morais entre os cônjuges na ação de separação judicial. Vejamos a publicação desse primeiro aresto, do ano de 2001:

"Separação judicial. Proteção da pessoa dos filhos (guarda e interesse). Danos morais (reparação). Cabimento. 1. O cônjuge responsável pela separação pode ficar com a guarda do filho menor, em se tratando de solução que melhor atenda ao interesse da criança. Há permissão legal para que se regule por maneira diferente a situação do menor com os pais. Em casos tais, justifica-se e se recomenda que prevaleça o interesse do menor. 2. O sistema jurídico brasileiro admite, na separação e no divórcio, a indenização por dano moral. Juridicamente, portanto, tal pedido é possível: responde pela indenização o cônjuge responsável exclusivo pela separação. 3. Caso em que, diante do comportamento injurioso do cônjuge varão, a Turma conheceu do especial e deu provimento ao recurso, por ofensa ao art. 159 do Código Civil, para admitir a obrigação de se ressarcirem danos morais" (STJ, REsp 37.051/SP, 3.ª Turma, Rel. Min. Nilson Naves, j. 17.04.2001, *DJ* 25.06.2001, p. 167).

No âmbito das ações de dissolução da união estável o debate também existe, apesar de prevalecerem mais amplamente as conclusões pela cumulação com os danos imateriais. Nesse sentido, do próprio Tribunal do Distrito Federal, contrariando a posição existente a respeito da ação de separação judicial ou de divórcio:

"A discussão verbal quando ultrapassa o limite da razoabilidade pode configurar ato ilícito e gerar danos na esfera moral. É patente a violação da dignidade e da honra da mulher quando agredida fisicamente e ameaçada pelo companheiro. Despeito da notória deterioração do relacionamento havido entre as partes, nenhuma circunstância justifica agressões à esfera moral, não obstante a natural dor experimentada pelo rompimento do vínculo afetivo. As lesões contusas decorrentes de violência doméstica e familiar contra a mulher (Lei n. 11.340/2006) atingiram de forma grave a integridade física e psicológica da autora, alcançando expressiva violação à sua dignidade e à sua honra. O dano moral está configurado e o dever de indenizar desponta, tudo nos termos dos arts. 186 e 927 do Código Civil. (...). Recurso adesivo da autora conhecido e parcialmente provido, para condenar o ex-companheiro ao pagamento de indenização por danos morais no valor de R$30.000,00 (trinta mil reais)" (TJDF, Apelação Cível 2015.11.1.001590-9, Acórdão 979.343, 2.ª Turma Cível, Rel. Des. Sandra Tonussi, j. 09.11.2016, *DJDFTE* 16.11.2016).

Para completar as ilustrações, vejamos mais dois arestos estaduais que trazem mesma conclusão:

"Apelação cível. Reparação civil. Danos morais e materiais. Briga em restaurante. Ex-companheiros. Danos em veículo adquirido na constância da união estável. Questão a ser dirimida na partilha dos bens. Danos morais. Ato ilícito. Dever de reparar. *Quantum*. Princípios da proporcionalidade e da razoabilidade. Adequação. O art. 186 do CC dispõe que, aquele que, por ação ou omissão voluntária, negligência ou imprudência, violar direito e causar dano a outrem, ainda que exclusivamente moral, comete ato ilícito. Por sua vez, o art. 927 do mesmo diploma prevê que aquele que, por ato ilícito, causar dano a outrem fica obrigado a repará-lo. A agressão a pessoa que acompanha o requerente em discussão exacerbada promovida pela requerida em estabelecimento comercial na presença de terceiros constitui ato ilícito a ensejar a reparação civil por danos morais. O valor indenizatório deve ser arbitrado em atenção aos princípios da razoabilidade e da proporcionalidade, sendo necessária a adequação quando deixar de levar em conta as questões de fato e as condições das partes. A correção monetária incide a partir do arbitramento e os juros de mora são contados a partir do evento danoso. Se o veículo danificado é propriedade comum dos litigantes, a questão relativa aos prejuízos deve ser resolvida na ação de dissolução de sociedade e partilha dos bens comuns" (TJMG, Apelação Cível 1.0188.10.001027-4/001, Rel. Des. Manoel dos Reis Morais, j. 09.08.2016, *DJEMG* 26.08.2016).

"Indenização. Decisão que determinou a emenda da inicial para que seja requerido o reconhecimento e a dissolução da união estável afastando a análise do pedido de indenização por danos morais. Inadmissibilidade. Juízo da família que também poderá analisar o pedido de indenização por danos materiais e morais, caso a agravante efetue a emenda da inicial pleiteando o reconhecimento e dissolução da união estável. Princípio da economia e celeridade processual. Recurso provido em parte" (TJSP, Agravo de Instrumento

2022586-75.2015.8.26.0000, Acórdão 8305634, 4.ª Câmara de Direito Privado, São Paulo, Rel. Des. Fábio Quadros, j. 12.03.2015, *DJESP* 26.03.2015).

Estou filiado à última corrente, ou seja, não há qualquer problema jurídico na cumulação do pedido de reparação de danos, principalmente os danos morais, em sede de ação de separação judicial, divórcio ou dissolução de união estável. Parece-me que o juízo da Vara da Família é, sim, competente para apreciar a responsabilidade civil que decorre da conjugalidade, estando devidamente preparado, técnica e estruturalmente, para tanto.

A *fattispecie* da demanda tem como elemento imprescindível a existência da comunhão plena de vida, surgindo da convivência matrimonial ou convivencial o fato gerador do ilícito em sentido amplo. Se assim não fosse, não seria o referido foro competente para apreciar questões patrimoniais de partilha relativas ao casamento ou a união estável, inclusive aquelas realizadas após o divórcio, nos termos do que consta do art. 1.581 do Código Civil.

Na doutrina, Fredie Didier Jr. também se filia à corrente que conclui pela competência da Vara da Família para apreciar as ações de responsabilidade civil decorrentes de danos morais oriundos da relação familiar. Com precisão, e com mesmo raciocínio, aduz o doutrinador o seguinte:

> "Sendo o palco do conflito a entidade familiar, é evidente que o juízo mais apto para compreender e avaliar a gravidade dos fatos dos quais decorre a reparação moral é o juízo de família. Nesse caso, portanto, o juiz natural é aquele que é competente pela *matéria* envolvida no litígio, porque aí a regra de competência é lida na perspectiva do meio mais rente às necessidades evidenciadas pelas particularidades do caso concreto. Uma solução para o problema que leve em consideração o direito ao devido processo legal necessariamente conduz a essa solução: competência das varas de família para conhecer e julgar as causas envolvendo pedidos de dano moral oriundo de relações familiares. Mas, não bastasse esses argumentos, de ordem geral, ainda há outro. A ação de responsabilidade civil por dano moral oriundo de relação familiar tem como elemento de sua causa de pedir remota a existência de uma relação jurídica de família. Curiosamente, a existência da relação jurídica familiar é elemento do suporte fático do direito à indenização e, nessa condição, compõe a causa de pedir remota".[24]

A propósito, a cumulação pela compatibilidade do foro é muito bem explicada por Cristiano Chaves de Farias e Nelson Rosenvald, que sempre fizeram interessante comparação: "em se tratando de separação sanção, a cumulabilidade, sob o prisma processual, será possível, inclusive, porque o juízo de família é competente para processar e julgar o pedido reparatório, uma vez que a responsabilidade civil decorre de uma relação casamentária. Aliás, mesmo que o pedido ressarcitório seja ajuizado autonomamente, através de ação indenizatória,

---

[24] DIDIER JR., Fredie. Competência para o processamento e julgamento da ação de responsabilidade civil por dano moral oriundo de relação familiar. In: MADALENO, Rolf; BARBOSA, Eduardo (Coord.). *Responsabilidade civil no direito de família*. São Paulo: Atlas, 2015. p. 204.

a competência (absoluta) será da vara de família, em face da matéria tratada. Situação, por sinal, bem semelhante ao que se tem no âmbito da relação trabalhista, na qual o dano sofrido pelo empregado, na relação laboral, dever ser pleiteado na Justiça do Trabalho".[25]

Em complemento, opino que o Código de Processo Civil de 2015 contribuiu sobremaneira para a cumulação de pedido de reparação de danos com a dissolução do vínculo conjugal ou convivencial, correndo a demanda perante a Vara da Família. Isso porque Estatuto Processual emergente, como feliz inovação, acabou por consagrar a possibilidade do julgamento antecipado parcial do mérito. Conforme o seu art. 356, o julgamento parcial é possível quando um ou mais dos pedidos formulados ou parcela deles: *a)* mostrar-se incontroverso; e *b)* estiver em condições de imediato julgamento, por não haver a necessidade de produção de provas ou por ter ocorrido à revelia.

Cite-se justamente o caso em que o divórcio se mostra incontroverso, podendo a demanda seguir para o debate de outras questões, como alimentos, guarda de filhos e reparação de danos imateriais. Seguindo a premissa, conforme correto enunciado aprovado na *VII Jornada de Direito Civil*, de setembro de 2015, "transitada em julgado a decisão concessiva do divórcio, a expedição do mandado de averbação independe do julgamento da ação originária em que persista a discussão dos aspectos decorrentes da dissolução do casamento" (Enunciado n. 602).

No mesmo sentido, o Enunciado n. 18 do IBDFAM, aprovado no seu *X Congresso Brasileiro* (2015), em outubro do mesmo ano e conforme proposta formulada por mim: "nas ações de divórcio e de dissolução da união estável, a regra deve ser o julgamento parcial do mérito (art. 356 do Novo CPC), para que seja decretado o fim da conjugalidade, seguindo a demanda com a discussão de outros temas".

Na prática, existem julgamentos que seguem essa solução. A título de exemplo, do Tribunal Gaúcho:

> "Situação em que o autor ingressou com ação de conversão de separação judicial em divórcio, requerendo, cumulativamente, a revisão de alimentos e regulamentação de visita, optando pelo procedimento comum. O provimento deste recurso limita-se à desconstituição da sentença no que diz com a extinção do feito relativamente às pretensões cumuladas (item 'a' do dispositivo sentencial). Resta, porém, subsistente o Decreto de divórcio (item 'b' do dispositivo sentencial). Tal solução é agora autorizada pelo art. 356, I, do CPC, na medida em que não há controvérsia quanto ao pedido de divórcio" (TJRS, Apelação Cível 0005725-67.2017.8.21.7000, 8.ª Câmara Cível, Canoas, Rel. Des. Luiz Felipe Brasil Santos, j. 23.03.2017, *DJERS* 30.03.2017).

Do Tribunal Catarinense, exatamente no mesmo caminho: "de acordo com o art. 356, I, do CPC, se um dos pedidos for incontroverso, é possível o julgamento antecipado parcial de mérito. Tal disposição é aplicável às ações que

---

[25] FARIAS, Cristiano Chaves; ROSENVALD, Nelson. *Direito das famílias*, cit., p. 353.

envolvem direito de família, podendo, nesses termos, ser decretado o divórcio sem prejuízo do prosseguimento da ação para o debate das demais questões, tal como guarda dos filhos e alimentos" (TJSC, Agravo de Instrumento 4016783-97.2016.8.24.0000, 1.ª Câmara de Direito Civil, Criciúma, Rel. Des. Domingos Paludo, *DJSC* 23.03.2017, p. 83).

De datas mais próximas, na mesma linha, destaco os seguintes arestos, havendo uma crescente na aplicação da tese aqui defendida nas nossas Cortes Estaduais:

"Direito de família. Direito processual civil. Agravo de instrumento. Ação de divórcio litigioso cumulada com partilha, guarda, regulamentação de convivência e alimentos. Cônjuge citado. Julgamento parcial do mérito. Decretação do divórcio. Possibilidade. Recurso provido. Em ação de divórcio litigioso, na qual também se discute partilha de bens, após a citação, é cabível, com base no artigo 356 do Código de Processo Civil, o julgamento parcial do processo em relação ao pedido de decretação do divórcio, pois tal pleito independe da produção de prova, bastando a formação da relação processual" (TJMG, Agravo de instrumento n. 1045426-44.2024.8.13.0000, 4.ª Câmara Cível Especializada, Rel. Des. Moreira Diniz, j. 27.06.2024, *DJEMG* 01.07.2024).

"Apelação cível. Direito de família. Ação de divórcio com pedido de partilha de bens. Sentença que decretou o divórcio e determinou que a partilha de bens fosse resolvida pela via própria. A possibilidade de decretação do divórcio sem a prévia partilha de bens não impede que ambos os pedidos sejam formulados na mesma demanda. Cumulação de pedidos. Inteligência dos arts. 327 e 356 do Código de Processo Civil. Desnecessidade do ajuizamento de nova demanda para a partilha de bens. Pedidos compatíveis entre si, juízo de origem competente para ambos e observância do procedimento comum. Princípios da eficiência, celeridade e economia processuais. Precedentes jurisprudenciais deste egrégio tribunal de Justiça Estadual. Dado provimento do recurso" (TJRJ, Apelação n. 0043911-72.2019.8.19.0008, Belford Roxo, 6.ª Câmara de Direito Privado, Rel. Des. Guaraci de Campos Vianna, *DORJ* 04.09.2023, p. 501).

"Agravo de instrumento. Direito de família e direito processual civil. Ação de divórcio, guarda, visitação e alimentos. Recurso interposto contra decisão que, julgando antecipadamente parte do mérito, condenou a agravante ao pagamento de alimentos à filha. Alimentos que, fixados em favor da criança e não do agravado, integram-se aos pedidos cumulados na ação, ensejando a aplicação da novel técnica do julgamento antecipado parcial do mérito, conforme prevê o art. 356 do CPC/2015. Inconformismo que, contudo, prevalece quanto ao patamar em que fixados os alimentos, que se revelam desproporcionais. Decisão parcialmente reformada. Agravo de instrumento provido em parte para redução no valor dos alimentos. Sem condenação em encargos de sucumbência" (TJSP, Agravo de instrumento 2204342-70.2022.8.26.0000, Acórdão n. 16481127, Barretos, 9.ª Câmara de Direito Privado, Rel. Des. Valentino Aparecido de Andrade, j. 22.02.2023, *DJESP* 27.02.2023, p. 2658).

Em complemento, estabelece o Estatuto Processual em vigor que a decisão que julgar parcialmente o mérito poderá reconhecer a existência de obrigação líquida – certa quanto à existência e determinada quanto ao valor –, ou mesmo ilíquida – que não preenche tais requisitos (art. 356, § 1.º, do CPC/2015). A parte poderá liquidar ou executar, desde logo, a obrigação reconhecida na decisão que julgar parcialmente o mérito, independentemente de caução ou garantia, ainda que haja recurso contra essa interposto (art. 356, § 2.º, do CPC/2015).

Na hipótese dessa execução, se houver trânsito em julgado da decisão, a execução será definitiva (art. 356, § 3.º, do CPC/2015). Além disso, a liquidação e o cumprimento da decisão que julgar parcialmente o mérito poderão ser processados em autos suplementares, a requerimento da parte ou a critério do juiz (art. 356, § 4.º, do CPC/2015). Por fim, está previsto na norma emergente que a decisão proferida com base nesse artigo é impugnável por agravo de instrumento (art. 356, § 5.º, do CPC/2015). No campo processual, anote-se que essa já era a posição da doutrina especializada.[26]

A encerrar o estudo do tema, alguns julgados recentes, prolatados após a emergência da Emenda do Divórcio, têm seguido a solução de decretar o fim da união e seguir o debate da responsabilidade civil da mesma demanda. Nesse trilhar, do Tribunal de Minas Gerais:

"Apelação cível. Ação de divórcio c/c alimentos e indenização por danos morais. Cumulação. Artigo 292 do CPC. Requisitos presentes. Extinção prematura do feito. Sentença cassada. Inexiste óbice à cumulação do pedido de divórcio com o de indenização por danos morais quando este tem por causa de pedir a suposta violação dos deveres matrimoniais pelo cônjuge requerido, competindo ao Juízo de Família a deliberação sobre a integralidade da lide instaurada" (TJMG, Apelação Cível 1.0433.12.019285-4/001, Rel. Des. Afrânio Vilela, j. 19.02.2013, *DJEMG* 1.º.03.2013).

O Tribunal do Paraná, igualmente, julgou da mesma maneira, sendo pertinente colacionar a ementa também desse *decisum*:

"Agravo de instrumento. Ação de divórcio. Cumulação com pedido de arrolamento de bens e indenização por danos morais. Possibilidade. Inexistência de incompatibilidade entre as pretensões. Evidente relação de pertinência entre os pedidos. Adoção do procedimento ordinário. Competência do juízo de família. Observância dos requisitos previstos no artigo 292 do Código de Processo Civil. Decisão reformada. Recurso provido" (TJPR, Agravo de Instrumento 0809738-1, 12.ª Câmara Cível, Curitiba, Rel. Des. Clayton Camargo, *DJPR* 1.º.03.2012, p. 297).

Por fim, a confirmar essa tese proposta, preciso acórdão do Tribunal do Rio Grande do Sul esclarece que "a circunstância de ter sido feito acordo no que diz com o pleito de divórcio (resultado da transformação consensual do pedido original de separação judicial), não afasta as demais pretensões inicialmente deduzidas, dentre elas a de indenização por dano moral. Não há qualquer

---

[26] TARTUCE, Fernanda. *Processo civil aplicado ao direito de família*. São Paulo: GEN/Método, 2012. p. 253.

incompatibilidade lógica entre o acordo efetuado quanto à pretensão principal (divórcio) e o prosseguimento do feito quanto às pretensões acessórias. O fato de ser ou não acolhida essa pretensão é matéria de mérito, cuja análise deve ocorrer ao final, em sentença, após regular dilação probatória" (TJRS, Agravo 147192-44.2011.8.21.7000, 8.ª Câmara Cível, Porto Alegre, Rel. Des. Luiz Felipe Brasil Santos, j. 05.05.2011, *DJERS* 13.05.2011).

Reafirme-se que o que era uma tese passou a ser adotado expressamente pelo Código de Processo Civil de 2015. Sendo assim, acredita-se que as últimas soluções jurisprudenciais, de admissão da cumulação da ação de divórcio com reparação de danos, e competência da Vara da Família, sejam necessárias e incrementadas nos próximos anos, na vigência do Estatuto Processual ora em vigor.

4. REPARAÇÃO DOS DANOS POR QUEBRA DA FIDELIDADE OU LEALDADE (ANTIGO ADULTÉRIO)

O dever de fidelidade é o primeiro a ser descrito no atual Código Civil de 2002 como um dos deveres do casamento (art. 1.566, inc. I). Assim era também no Código Civil de 1916 (art. 231, inc. I). Na visão clássica, a fidelidade é a "qualidade de quem é fiel; lealdade, firmeza, exatidão nos compromissos, probidade, honestidade nos deveres e obrigações contraídos – origina-se do vocábulo latino *fidelitas, atis* – em que se pode ter confiança (de *fidelis, e*), que provém de *fides, ei*, significando fé, lealdade, sinceridade, firmeza, segurança, retidão, honestidade, integridade, proteção, arrimo, assistência, socorro etc.".[27] No sistema brasileiro, a monogamia é princípio do casamento, uma vez que não podem se casar as pessoas já casadas (art. 1.521, inc. VI, do CC), o que justifica plenamente o citado dever de ser fiel.

Com relação à união estável, o primeiro dos deveres previstos no art. 1.724 da codificação material é o da lealdade. Pelo senso comum, conforme tenho defendido em aulas e escritos, a lealdade engloba a fidelidade, mas não necessariamente. Em outras palavras, os conviventes podem ser leais sem ser fiéis.

Imagine-se, nesse contexto, um relacionamento de maior liberdade entre os companheiros, em que ambos informam previamente que há a possibilidade de traição. Assim, abre-se a possibilidade, como ocorre em alguns países nórdicos, de uma *cláusula de férias* do relacionamento. Essa cláusula pode ser invocada, por exemplo, nos casos de crises entre os companheiros, gerando um distanciamento físico e afetivo de ambos no período invocado.

Na hipótese de uma união estável, parece-me que tal questão até pode ser regulamentada pelos conviventes, por meio do contrato firmado entre as partes. No casamento, não há essa possibilidade, uma vez que a fidelidade é, expressamente, um dever imposto aos cônjuges por norma de ordem pública. Essa maior *abertura* na união estável serve para diferenciar substancialmente as duas entidades familiares, o que é salutar em um sistema que valoriza a pluralidade das famílias.

---

[27] LIMONGI FRANÇA, Rubens. *Enciclopédia Saraiva de Direito*, cit., p. 185.

Ademais, consigne-se que, na contemporaneidade, há uma tendência aos relacionamentos plurais, ao *poliamorismo*, pregando alguns que a monogamia é um mito, criado para o devido controle social.[28] Entretanto, não é esse o objeto do presente trabalho, visto que aqui se pretende analisar justamente as consequências da quebra da fidelidade ou da lealdade para a responsabilidade civil existente entre cônjuges e companheiros. Esclareça-se: *infidelidade, e não mais adultério*, porque esse tipo penal desapareceu no Brasil pela revogação contida na Lei n. 11.106/2005, atingindo o art. 240 do Código Penal.

Inicialmente, cabe analisar se a mera infidelidade, sem maiores repercussões, pode gerar, por si só, o dever de reparar danos ou prejuízos. A jurisprudência estadual tem respondido há tempos de forma negativa, posição que é por mim compartilhada. Vejamos duas ementas, de momentos distintos:

"Responsabilidade civil. Pedido de indenização por danos morais. Alegação de adultério. Fato que, por si só, não gera o dever de indenizar. Ausência de circunstâncias extraordinárias que caracterizem o dano moral. Sentença de improcedência mantida. Recurso desprovido" (TJSP, Apelação 0007813-15.2012.8.26.0663, Acórdão 9488184, 6.ª Câmara de Direito Privado, Votorantim, Rel. Des. José Roberto Furquim Cabella, j. 02.06.2016, *DJESP* 14.06.2016).

"Infidelidade. Dano moral. Descabimento. A apelante pretende a condenação do apelado ao pagamento de indenização por danos morais, em razão da conduta ilícita do apelado: infidelidade, isto é, relação extraconjugal do apelado com a mãe e tia da apelante. Esta Corte entende que a quebra de um dos deveres inerentes ao casamento, a fidelidade, não gera o dever de indenizar. Além disso, não evidenciada a ocorrência dos alegados danos morais, porque os fatos delituosos de infidelidade não são recentes, nem são a causa direta do divórcio movido pelo apelado. A apelante somente veio alegar os danos decorrentes da infidelidade do apelado, em reconvenção, na ação de divórcio direto ajuizada pelo apelado, quando já está separada de fato do apelado há mais de três anos e já convivendo com outro companheiro. Preliminar rejeitada, e agravo retido e recurso de apelação desprovidos" (TJRS, Acórdão 70023479264, 7.ª Câmara Cível, Santa Maria, Rel. Des. Ricardo Raupp Ruschel, j. 16.07.2008, *DOERS* 22.07.2008, p. 34).

Demonstrando essa afirmação que representa mudança de rumo e de perspectiva anterior, Paulo Luiz Netto Lôbo assevera que "os valores hoje dominantes não reputam importante para a manutenção da sociedade conjugal esse dever, que faz do casamento não uma comunhão de afetos e interesses maiores de companheirismo e colaboração, mas um instrumento de repressão sexual e de represália de um contra o outro, quando o relacionamento chega ao fim".[29] Em certo sentido, tem razão o jurista, sendo pertinente concluir que a quebra

---

[28] LIPTON, Judith Eve; BARASH, David P. *O mito da monogamia*. Lisboa: Sinais de Fogo Publicações, 2002. Com interessante análise jurídica sobre os relacionamentos plurais, ver: PIANOVISK, Carlos Eduardo. Famílias simultâneas e monogamia. In: PEREIRA, Rodrigo da Cunha (Coord.). *Anais do V Congresso Brasileiro de Direito de Família*. Belo Horizonte, IBDFAM, 2006. p. 193-221.

[29] LÔBO, Paulo Luiz Netto. *Famílias*, cit., p. 120.

da fidelidade, por si só, não gera o dever de reparar danos. Na mesma esteira, afirma Maria Celina Bodin de Moraes o seguinte:

> "O mesmo se diga acerca do descumprimento do chamado débito conjugal e da infidelidade, circunstâncias normalmente intoleráveis para a manutenção da vida em comum. Qual seria o remédio jurídico para tais violações de deveres conjugais? Caberia dano moral puro, como de tantas se sustenta? Acredito que o único remédio cabível seja a separação do casal em razão da ruptura da vida em comum. É evidente que se vierem acompanhadas de violência física ou moral, de humilhação contínua diante de terceiros ou dos próprios filhos, nos encontraremos no âmbito do ilícito e haverá responsabilização pelo dano moral infligido".[30]

Em textos mais recentes, a afirmação de que a infidelidade, por si mesma, não gera ato ilícito ou dano moral é retirada de textos de João Ricardo Brandão Aguirre e Marcelo Truzzi Otero.[31]

Contudo, em algumas situações de maior gravidade, justifica-se a incidência das regras da responsabilidade civil desde que preenchidos os seus requisitos: a conduta humana; a culpa em sentido amplo – a englobar o dolo e a culpa em sentido estrito; o nexo de causalidade e o dano ou prejuízo.

A ilustrar, o Tribunal Paulista concluiu pela existência de danos morais quando se comprova a traição, bem como a existência de uma filha extraconjugal, gerando graves repercussões sociais e desequilíbrio familiar. Vejamos:

> "Adultério demonstrado, inclusive com o nascimento de uma filha de relacionamento extraconjugal. Conduta desonrosa e insuportabilidade do convívio que restaram patentes. Separação do casal por culpa do autor-reconvindo corretamente decretada. Caracterização de dano moral indenizável. Comportamento do autor-reconvindo que se revelou reprovável, ocasionando à ré-reconvinte sofrimento e humilhação, com repercussão na esfera moral. Indenização fixada em R$ 45.000,00" (TJSP, Apelação com Revisão 539.390.4/9, Acórdão 2.644.741, 1.ª Câmara de Direito Privado, São Paulo, Rel. Des. Luiz Antonio de Godoy, j. 10.06.2008, *DJESP* 23.06.2008).

Entretanto, não é pacífica a aceitação de reparação imaterial em casos tais, pelo simples fato da existência de filho havido fora do casamento. Conforme acórdão do Tribunal mineiro, "a fixação da responsabilidade indenizatória pressupõe a existência de ato ilícito, dano efetivo e nexo de causalidade entre a conduta ilícita e o alegado dano. A mera constatação de adultério e da existência de filho gerado na relação extraconjugal não acarreta o dever de reparação de

---

[30] MORAES, Maria Celina Bodin de. Danos morais e relações de famílias, cit., p. 411.
[31] AGUIRRE, João Ricardo Brandão. O dano moral por infidelidade. In: MADALENO, Rolf; BARBOSA, Eduardo (Coord.). *Responsabilidade civil no direito de família*. São Paulo: Atlas, 2015. p. 246; OTERO, Marcelo Truzzi. Responsabilidade civil pela dissolução conjugal. In: MADALENO, Rolf; BARBOSA, Eduardo (Coord.). *Responsabilidade civil no direito de família*. São Paulo: Atlas, 2015. p. 280-281.

ordem moral" (TJMG, Apelação Cível 1.0637.11.004348-5/001, Rel. Des. Alberto Diniz Junior, j. 27.05.2015, *DJEMG* 08.06.2015).

Entendo que a situação demanda análise de acordo com as circunstâncias do caso concreto. Em regra, não se pode atribuir a presença de um ilícito pelo fato de existir um filho havido fora da relação. Todavia, conforme se retira de outro julgamento pelo Tribunal Bandeirante:

> "Possível a condenação, ao menos em tese, caso se demonstre que a infidelidade ganhou dimensão pública e vexaminosa. Situação excepcional, contudo não constatada no caso dos autos. Descumprimento de dever de fidelidade que, por si só, não basta para ensejar responsabilização do cônjuge adúltero. Conduta imoral, pelos réus. E especialmente pelo corréu, que traiu companheira durante gravidez de risco de seu próprio filho –, que, contudo, não se mostra suficiente para atentar contra a honra e a dignidade da companheira traída" (TJSP, Apelação 0083902-77.2012.8.26.0114, Acórdão 8362509, 6.ª Câmara de Direito Privado, Campinas, Rel. Des. Ana Lúcia Romanhole Martucci, j. 09.04.2015, *DJESP* 17.04.2015).

Nos casos de violência física entre os cônjuges, como antes se demonstrou pela transcrição de julgados, incidem as premissas que tocam à responsabilização civil. Inácio de Carvalho Neto cita as situações de atentado contra a vida do outro cônjuge e de sevícias ou maus-tratos, conforme a previsão dos incs. II e III do art. 1.573 do Código Civil.[32] Relativamente aos últimos, menciona o doutrinador se tratar de hipótese bastante comum nas relações conjugais, que convém ser combatida, uma vez que os casais se devem respeito mútuo.[33]

Outra grave situação relativa à responsabilidade civil na conjugalidade envolve a transmissão, entre os cônjuges, de moléstia grave, capaz de gerar o comprometimento da saúde do consorte ou mesmo de sua prole. Por óbvio que, na maioria das ocasiões, a doença é adquirida pelo ato de infidelidade.

Entre os clássicos, Aguiar Dias citava o exemplo do cônjuge que transmitia ao consorte moléstia contagiosa, "hipótese em que é indiferente, para aparecimento do dever de reparação, que a moléstia tenha ou não sido comunicada intencionalmente, bastando para a caracterização da responsabilidade a simples negligência ou imprudência".[34] Como se vê, não importa se a transmissão da doença se deu por dolo ou culpa, havendo sempre o dever de reparar os danos. Em verdade, havendo culpa leve ou levíssima do ofensor, a consequência é a redução do *quantum*, nos termos dos arts. 944 e 945 do atual Código Civil, o que não afasta totalmente o dever de indenizar.

Eis um caso em que não se pode falar em mitigação da culpa, devendo ela ser atribuída não só para findar a sociedade conjugal, mas também para gerar o dever de reparação. Na prática, a maioria das hipóteses envolve as doenças sexualmente transmissíveis (DSTs) de maior ou menor gravidade. Consigne-se

---

[32] CARVALHO NETO, Inácio. *Responsabilidade civil no direito de família*, cit., p. 286-289.
[33] CARVALHO NETO, Inácio. *Responsabilidade civil no direito de família*, cit., p. 287.
[34] AGUIAR DIAS, José de. *Da responsabilidade civil*, cit., t. 1, p. 390-391.

que algumas demandas são reputadas improcedentes por falta de demonstração da culpa e do nexo de causalidade. Assim concluindo: "para que houvesse a responsabilização civil em decorrência da transmissão de doença venérea ao companheiro, seria imperativa a demonstração de maneira inequívoca dos pressupostos informadores do dever de indenizar, quais sejam, ação ou omissão (dolo ou culpa), nexo causal e resultado de dano. Ausência de comprovação de agir culposo ou doloso" (TJRS, Apelação Cível 70018814897, 9.ª Câmara Cível, Rel. Odone Sanguiné, j. 25.04.2007).

No entanto, em sentido contrário, julgando pela presença da responsabilidade civil do cônjuge ou companheiro traidor, que transmitiu doença ao outro consorte, entre as várias ementas estaduais:

"Embargos de declaração separação litigiosa c.c. alimentos. Omissão quanto ao pedido de condenação do réu a custear plano de saúde à autora, eis que lhe transmitiu HIV sabendo ser portador. Condenação ao custeio em definitivo de plano com internação hospitalar. O *quantum* indenizatório da compensação moral leva em conta aspectos subjetivos como o sofrimento presumido e objetivos como a condição do responsável e o arbitramento em casos similares. A culpa pela separação não implica automaticamente a condenação em alimentos. Embargos parcialmente acolhidos" (TJSP, Embargos de Declaração 9114025-58.2009.8.26.0000, 2.ª Câmara de Direito Privado, Rel. Des. José Carlos Ferreira Alves, j. 29.01.2013, data de publicação 30.01.2013).

"União estável. Danos morais. Relacionamentos extraconjugais explícitos. Transmissão à convivente de doença sexual. Indenização devida. Diante do notório comportamento desregrado do réu que mantinha relacionamentos extraconjugais explícitos, tendo a autora contraído doença sexualmente transmissível, evidente se mostra a ofensa moral suportada, a qual dá ensejo à indenização em valor compatível com o sofrimento da varoa e as condições econômicas do requerido" (TJMS, Acórdão 2007.029666-4/0000-00, 4.ª Turma Cível, Paranaíba, Rel. Des. Elpídio Helvécio Chaves Martins, *DJEMS* 18.08.2008, p. 32).

Em importante precedente do Superior Tribunal de Justiça sobre o tema, do ano de 2019, entendeu-se pela responsabilização civil do companheiro, pela transmissão de AIDS à sua companheira, fixando-se a indenização moral em R$120.000,00 (cento e vinte mil reais), sem prejuízo dos danos materiais. Por óbvio que a conclusão deve ser exatamente a mesma quanto ao casamento. Vejamos os trechos principais da ementa, que cita o meu entendimento doutrinário, constante da primeira edição deste livro e traz importantes conclusões sobre a *função promocional da família*:

"A família deve cumprir papel funcionalizado, servindo como ambiente propício para a promoção da dignidade e a realização da personalidade de seus membros, integrando sentimentos, esperanças e valores, servindo como alicerce fundamental para o alcance da felicidade. No entanto, muitas vezes este mesmo núcleo vem sendo justamente o espaço para surgimento de intensas angústias e tristezas dos entes que o compõem, cabendo ao aplicador do direito a tarefa de reconhecer a ocorrência de eventual ilícito e o correspondente dever de indenizar. O parceiro que suspeita de sua condição soropositiva, por ter adotado comportamento sabidamente temerário (vida promíscua, utilização de drogas injetáveis, entre outros), deve assumir os riscos de sua conduta, respondendo civilmente pelos danos causados. A negligência, incúria e imprudência ressoam evidentes quando o cônjuge/companheiro, ciente de sua possível contaminação, não realiza o exame de HIV (o Sistema Único de Saúde – SUS disponibiliza testes rápidos para a detecção do vírus nas unidades de saúde do País), não informa o parceiro sobre a probabilidade de estar infectado nem utiliza métodos de prevenção, notadamente numa relação conjugal, em que se espera das pessoas, intimamente ligadas por laços de afeto, um forte vínculo de confiança de uma com a outra. Assim, considera-se comportamento de risco a pluralidade de parceiros sexuais e a utilização, em grupo, de drogas psicotrópicas injetáveis, e encontram-se em situação de risco as pessoas que receberam transfusão de sangue ou doações de leite, órgãos e tecidos humanos. Essas pessoas integram os denominados 'grupos de risco' em razão de seu comportamento facilitar a sua contaminação. Na hipótese dos autos, há responsabilidade civil do requerido, seja por ter ele confirmado ser o transmissor (já tinha ciência de sua condição), seja por ter assumido o risco com o seu comportamento, estando patente a violação a direito da personalidade da autora (lesão de sua honra, de sua intimidade e, sobretudo, de sua integridade moral e física), a ensejar reparação pelos danos morais sofridos" (STJ, REsp 1.760.943/MG, 4.ª Turma, Rel. Min. Luis Felipe Salomão, j. 19.03.2019).

Superados esses exemplos práticos, deve ser alertado que, em todos os casos, a culpa exclusiva da vítima – no caso do cônjuge – afasta o dever de indenizar por obstar o nexo de causalidade entre a conduta do agente e o dano causado. A demonstrar caso que mantém relação com o casamento, o Tribunal de Justiça do Rio de Janeiro julgou demanda em que a ex-esposa pedia indenização por dano moral ao *cúmplice* ou parceiro da infidelidade por um suposto assédio sexual. Foi atribuída culpa exclusiva à própria vítima, o que culminou com a total improcedência da ação. Vejamos essa interessante ementa:

"Assédio sexual. Médico. Separação judicial. Culpa da mulher. Detetive. Ressarcimento dos danos. Lide temerária. Ação ordinária de perdas e danos morais e materiais. Cirurgia plástica. Assédio sexual. Segredo de Justiça. Não pode a mulher pretender se ressarcir do que o ex-marido teria pago a detetive particular para aferir sua própria infidelidade. Também não lhe é devida indenização por dano moral se a ruptura de seu casamento se deu com sua própria cumplicidade, ao aceitar o alegado assédio, se é que ocorreu, ao invés de denunciá-lo ao marido ou ao órgão que disciplina a conduta médica. Sendo maior, capaz e experiente, não poderia a autora ignorar as ruinosas consequências para a estabilidade de seu casamento, que sua conduta geraria, ao acompanhar o réu a motéis e aceitar o seu assédio. Correta a aplicação da pena por litigância temerária. Preliminar de deserção repelida, para que não se alegue cerceamento de defesa. Desprovimento do apelo" (TJRJ, Acórdão 8.392/1996, 10.ª Câmara Cível, Rel. Des. Sylvio Capanema, j. 21.05.1997).

As hipóteses fáticas envolvendo amante ou concubino vêm sendo debatidas amplamente pela doutrina nacional, especialmente no âmbito da responsabilidade civil do Direito de Família. Haveria dever de indenizar do amante ou cúmplice do adultério, pelo fato de colaborar com a traição? A jurisprudência do Superior Tribunal de Justiça responde negativamente, o que acaba por influenciar as Cortes Estaduais. O principal argumento é no sentido de inexistir dever legal de fidelidade por parte do terceiro, não sendo possível imputar-lhe a presença do ato ilícito. O dever de fidelidade, como não poderia ser diferente, somente se impõe ao cônjuge ou companheiro. Assim concluindo, por todos:

"Recurso especial. Direito Civil e Processual. Danos materiais e morais. Alimentos. Irrepetibilidade. Descumprimento do dever de fidelidade. Omissão sobre a verdadeira paternidade biológica de filho nascido na constância do casamento. Dor moral configurada. Redução do valor indenizatório. (...). O dever de fidelidade recíproca dos cônjuges é atributo básico do casamento e não se estende ao cúmplice de traição a quem não pode ser imputado o fracasso da sociedade conjugal por falta de previsão legal. O cônjuge que deliberadamente omite a verdadeira paternidade biológica do filho gerado na constância do casamento viola o dever de boa-fé, ferindo a dignidade do companheiro (honra subjetiva) induzido a erro acerca de relevantíssimo aspecto da vida que é o exercício da paternidade, verdadeiro projeto de vida" (STJ, REsp 922.462/SP, 3.ª Turma, Rel. Min. Ricardo Villas Bôas Cueva, j. 04.04.2013, *DJe* 13.05.2013).

"Responsabilidade civil. Dano moral. Adultério. Ação ajuizada pelo marido traído em face do cúmplice da ex-esposa. Ato ilícito. Inexistência. Ausência de violação de norma posta. 1. O cúmplice de cônjuge infiel não tem o dever de indenizar o traído, uma vez que o conceito de ilicitude está imbricado na violação de um dever legal ou contratual, do qual resulta dano para outrem, e não há no ordenamento jurídico pátrio norma de direito público ou privado que obrigue terceiros a velar pela fidelidade conjugal em casamento do qual não faz parte. 2. Não há como o Judiciário impor um 'não fazer' ao cúmplice, decorrendo disso a impossibilidade de se indenizar o ato por inexistência de norma posta legal e não moral – que assim determine. O réu é estranho à relação jurídica existente entre o autor e sua ex-esposa, relação da qual se origina o dever de fidelidade mencionado no art. 1.566, inciso I, do Código Civil de 2002. 3. De outra parte, não se reconhece solidariedade do réu por suposto ilícito praticado pela ex-esposa do autor, tendo em vista que o art. 942, *caput* e parágrafo único, do CC/02 (art. 1.518 do CC/16) somente tem aplicação quando o ato do coautor ou partícipe for, em si, ilícito, o que não se verifica na hipótese dos autos. 4. Recurso especial não conhecido" (STJ, REsp 1.122.547/MG, 4.ª Turma, Rel. Min. Luis Felipe Salomão, j. 10.11.2009, *DJe* 27.11.2009).

A encerrar o presente tópico, tema correlato importante refere-se à injusta imputação ou acusação de infidelidade. Em decisão curiosa, o Tribunal fluminense determinou que uma ex-esposa pagasse indenização a uma suposta amante, a quem atribuiu indevidamente ser concubina de seu marido. Conforme o *decisum,* "tem direito à reparação dos danos causados à sua honra, mulher solteira que, em seu local de trabalho, e diante de colegas e clientes, é acusada por outra de manter relação de adultério com seu marido, em motel da cidade, ainda mais em se tratando de comunidade pequena, interiorana, em que tais fatos têm muito maior repercussão. Quanto ao marido, que a tudo assistiu, mas permaneceu calado, não cabe indenizar, pois não se provou ter confirmado a acusação" (TJRJ, Acórdão 2767/1995, 3.ª Câmara Cível, Três Rios, Rel. Des. Sylvio Capanema, j. 17.10.1995).

Em casos semelhantes, penso que é viável juridicamente até se invocar a aplicação do conceito de abuso de direito, nos termos do art. 187 do Código Civil, tema que será analisado no presente capítulo do livro, aplicável a âmbito familiar.

5. A INFIDELIDADE VIRTUAL E O *REVENGE PORN* COMO GERADORES DE RESPONSABILIDADE CIVIL NO ÂMBITO DO DIREITO DE FAMÍLIA

O Direito Digital ou Eletrônico ainda está em vias de formação, como qualquer ciência relacionada à grande rede, a *internet*.[35] Tanto isso é verdade que o projeto de Reforma do Código Civil pretende nele incluir um novo livro, denominado "Direito Civil Digital".

A via digital repercute diretamente na órbita civil, influenciando os contratos, o direito de propriedade, a responsabilidade civil e, por óbvio, as relações familiares que constituem a base da sociedade, conforme enunciado no art. 226 da Constituição Federal. No direito matrimonial, tema que ganha relevância na pós-modernidade, é a *infidelidade virtual* abordada há tempos por Maria Helena Diniz nos seguintes termos:

"Diante do fato de haver possibilidade do internauta casado participar, por meio de programa de computador, como o ICQ, de *chats*, de *mirc* e sala de bate-papo voltados a envolvimentos amorosos geradores de laços afetivo-eróticos virtuais, pode surgir, na Internet, infidelidade, por *e-mail* e contatos sexuais imaginários com outra pessoa, que não seja seu cônjuge, dando origem não ao adultério, visto faltar conjunção carnal, mas à conduta desonrosa. Deveras os problemas do dia a dia podem deteriorar o relacionamento conjugal, passando, em certos casos, o espaço virtual a ser uma válvula de escape por possibilitar ao cônjuge insatisfeito a comunicação com outra pessoa, cuja figura idealizada não enfrenta o desgaste da convivência. Tal laço erótico-afetivo platônico com pessoa sem rosto e sem identidade, visto que o internauta pode fraudar dados pessoais, p. ex., usando apelido (*nickname*) e mostrar caracteres diferentes do seu real comportamento, pode ser mais forte do que o relacionamento real, violando a obrigação de respeito e consideração que se deve ter em relação ao seu consorte".[36]

Diante das palavras da Professora da PUCSP, essa nova modalidade de infidelidade estaria configurada mediante contatos entre os envolvidos pela

---

[35] Sobre o tema: PINHEIRO, Patrícia Peck. *Direito digital*, cit., p. 29.
[36] DINIZ, Maria Helena. *Curso de Direito Civil brasileiro*. Direito de família. 28. ed. São Paulo: Saraiva, 2013. v. 5, p. 320-321.

internet, o que, por si só, configuraria uma conduta desonrosa a ensejar a separação judicial litigiosa por sanção, por combinação dos arts. 1.572 e 1.573, inc. VI, do Código Civil. Além dos casos citados pela doutrinadora, podem ser mencionados os contatos realizados por redes sociais que surgiram posteriormente, como o *Twitter*, o *Instagram*, o *TikTok*, o *Facebook* e o *WhatsApp*, sem falar nos já antigos sistemas *MSN* e *Skype*. Mencionem-se ainda declarações em *blogs* ou *sites* pessoais ou mesmo por meio de plataformas de encontros e reuniões cujo uso cresceu em meio à pandemia, como o *Zoom e o Teams*. Não há um contato físico, uma *infidelidade real*, mas meros contatos cibernéticos ou *internéticos*, uma *infidelidade virtual*.

Essas condutas cibernéticas podem gerar a responsabilidade civil do cônjuge ou companheiro? Entendo que a resposta é positiva, principalmente naquelas situações em que há maiores repercussões, com lesão à personalidade do consorte.

Ao tratar da responsabilidade civil no Direito Digital, aponta Patrícia Peck Pinheiro que um dos pontos mais importantes é a reparabilidade pelo teor do conteúdo divulgado na grande rede. Isso porque o conteúdo da declaração é o que atrai as pessoas para o mundo digital, devendo, assim, estar ele submetido a valores morais da coletividade, a um padrão geral de conduta que deve ser respeitado.[37] Em termos próximos, Antonio Jeová dos Santos afirma que a proteção da intimidade e da vida privada precisa ser efetiva na internet, sob pena de aplicação dos mecanismos da reparação privada.[38] A responsabilidade civil das empresas que mantêm os *sites* e redes sociais ainda será abordada no Capítulo 15 deste livro, com a análise da proposta de inclusão do novo livro de "Direito Civil Digital", no Código Civil.

No que diz respeito à infidelidade virtual, é conhecida e ainda muito comentada no meio civilístico brasileiro a sentença proferida pelo Juiz Jansen Fialho de Almeida, do Tribunal de Justiça do Distrito Federal, em 21.05.2008, condenando um marido a pagar indenização por danos morais à esposa pela prática do que se convencionou denominar *sexo virtual*. Trata-se de uma das primeiras decisões brasileiras sobre o assunto, merecendo ser analisada. A ementa da sentença foi a seguinte:

> "Direito Civil. Ação de indenização. Dano moral. Descumprimento dos deveres conjugais. Infidelidade. Sexo virtual (internet). Comentários difamatórios. Ofensa à honra subjetiva do cônjuge traído. Dever de indenizar. Exegese dos arts. 186 e 1.566 do Código Civil de 2002. Pedido julgado precedente" (TJDF, Sentença proferida pelo Juiz Jansen Fialho de Almeida, j. 21.05.2008).

No caso concreto, a esposa promoveu a demanda alegando a quebra dos deveres conjugais e pleiteou indenização no valor de R$ 50.000,00. Alegou a autora da ação que foi casada durante nove anos com o réu, separando-se de fato em maio de 2000, diante de uma grave crise que acometia o relacionamento. Sustentou, ainda, que acreditava que o casamento ainda poderia dar certo, uma

---

[37] PINHEIRO, Patrícia Peck. *Direito digital*, cit., p. 298.
[38] SANTOS, Antonio Jeová. *Dano moral na internet*. São Paulo: Método, 2001. p. 184-185.

vez que o marido dizia não querer a separação. Contudo, certo dia, descobriu a esposa, no computador do marido, uma correspondência eletrônica trocada entre ele e outra mulher, a demonstrar a existência de um relacionamento paralelo com uma amante ou concubina.

Conforme a decisão, a esposa descreveu que, "por viajar muito para Goiânia, para encontrar com sua amante, o requerido passou a faltar com a assistência material e imaterial devida a ela e ao filho, na constância do casamento, o que a fez passar por diversas crises financeiras. Acresce que na constância do casamento não continuou seu estudo, abrindo mão da carreira profissional para que o marido pudesse fazer seu curso de mestrado, uma vez que a renda dos dois não era suficiente para financiar a melhoria cultural de ambos (...). Aduz que, nos 'e-mails' trocados, ele relata para a amante a sua vida íntima com a autora e de seu filho, violando o direito à privacidade. Tais atitudes lhe fizeram sofrer, tendo que passar por acompanhamento psicológico, por atingirem sua honra subjetiva, e seus direitos personalíssimos, o que enseja o pagamento de indenização pelos ilícitos cometidos".

O marido alegou em sua defesa que a prova obtida digitalmente era ilícita, uma vez que foram subtraídas sem a sua devida autorização. Refutou também o argumento da quebra de assistência material, pois, conforme reconhecido pela própria autora na ação de divórcio por ele ajuizada, após sair de casa passou a contribuir, inicialmente, com R$ 1.200,00 mensais a título de pensão alimentícia. Em seguida, passou a R$ 1.000,00 e depois a R$ 900,00, uma vez que pagaria outras três pensões alimentícias. O marido, réu da ação, ainda argumentou que durante a vida em comum os dois tinham uma "cumplicidade salutar, segura, amorosa. Eram inegavelmente pobres e lutaram com dificuldades para elevarem seu nível social, tendo ocorrido a deterioração da relação, e que jamais fez qualquer declaração em público que pudesse denegrir a imagem da autora. Esclarece ser a própria quem mostra as correspondências às outras pessoas, fazendo-se de vítima e denegrindo sua imagem perante a sociedade".

Como o marido não negou a existência do relacionamento paralelo e das mensagens eletrônicas, concluiu o julgador pelo desrespeito ao dever de fidelidade recíproca. Além disso, entendeu que, como o computador seria de uso da família, poderia a esposa acessá-lo, não se podendo falar em prova ilícita ou ilegal. E arrematou:

> "Logo, se o autor gravou os 'e-mails' trocados com sua amante em arquivos no computador de uso comum, não se importava de que outros tivessem acesso ao seu conteúdo, ou, no mínimo, não teve o cuidado necessário (...). Ainda que se imagine que a autora acessou o próprio correio eletrônico do requerido, só poderia tê-lo feito mediante o uso de senha. Se a possuía, é porque tinha autorização de seu ex-marido. Cumpria-lhe ter provado que os arquivos não estavam no computador da família; que ela não possuía senha de acesso ao seu correio eletrônico; ou, ainda, que obteve por meio de invasão aos seus arquivos sigilosos, para configurar a quebra de sigilo. Não o fez. Aplica-se o princípio do ônus da prova, estipulado no art. 333, II, do CPC".

Ao analisar a *infidelidade virtual*, concluiu o magistrado que ela, por si só, atinge a honra do cônjuge traído, sendo o caso de falar em danos morais, nos termos do que enuncia o art. 186 do Código Civil. No caso em tela, o juiz entendeu que a situação descrita nos *e-mails* superestimaria o dano imaterial, aumentando a extensão do prejuízo. Merece destaque o seguinte trecho da decisão:

"De igual forma, mesmo que não tenha sido comprovado o adultério, na sua forma tradicional, a infidelidade virtual ficou claramente demonstrada, inclusive pela troca de fantasias eróticas de um com o outro (sexo virtual). Transcrevo excerto dos 'e-mails' que comprovam a infidelidade: 'RRM – 05.08.99 'Será que acaba? Já se foi um ano... (muito tempo pra se ter uma ideia) e ainda nem sequer deu mostras de diminuir... Muito ao contrário... Ser acordado por você pra fazer amor.... Hummmmmmm. (...). MCMP – com minhas pernas entrelaçadas no teu corpo. RRM – é... me abraçando com as pernas. (...)'. (fls. 22). A situação dos autos agrava-se quando o requerido sugere à outra mulher, tendo em vista o seu desempenho sexual, que a autora seria uma pessoa 'fria' na cama (fl. 32). Se a traição, por si só, já causa abalo psicológico ao cônjuge traído, no caso em tela, tenho que a honra subjetiva da autora foi muito mais agredida, em saber que seu marido, além de traí-la, não a respeitava, fazendo comentários difamatórios quanto à sua vida íntima, perante sua amante. O abalo psicológico ficou claramente demonstrado, pelo depoimento da testemunha G.C.F.C., ao declarar: 'que quando a autora descobriu no computador os fatos narrados na ação, a depoente estava consigo e verificou que a mesma se descontrolou no sentido de não ter aceito seu marido fazer aquilo, que jamais esperava tal atitude' (fl. 111). Forçoso reconhecer, portanto, que o caso em apreço não é de simples desgaste da relação conjugal, como alegado pelo requerido, mas de quebra dos deveres conjugais, passíveis de indenização (...). Na espécie, tenho que o conhecimento das trocas de fantasias eróticas e os comentários difamatórios feitos pelo requerido, à sua amante, geram uma situação altamente vexatória para a autora".

Mencionando o duplo caráter da indenização por danos morais (natureza principal reparatória + natureza acessória pedagógica ou punitiva), a vedação do enriquecimento sem causa e outros critérios já conhecidos para fixação do *quantum*, o julgador estipulou a indenização em R$ 20.000,00.

Alguns comentários pontuais devem ser feitos sobre essa interessante decisão. Para começar, a sentença conclui que a regra é a proteção da intimidade, mesmo na relação entre os cônjuges, o que é premissa louvável. Todavia, segundo a decisão, em alguns casos justifica-se a quebra dessa proteção, em particular naqueles em que há autorização do titular do direito da personalidade. Por certo, é a *ponderação* dos direitos fundamentais, prevista no art. 489, § 2.º, do CPC/2015, de acordo com as circunstâncias fáticas do caso concreto, que vai determinar qual o melhor caminho a ser tomado. Nesse ponto, a conclusão merece ser elogiada, valendo a ressalva de que uma pequena alteração nos fatores fáticos poderia gerar uma ponderação totalmente distinta.

De qualquer maneira, parece que o magistrado acabou por confundir a *infidelidade virtual* com a *infidelidade real*. No caso em análise, estiveram presentes os dois tipos de infidelidade. Nas duas hipóteses de infidelidade, como já foi firmada a posição, entendo que não há que falar em danos morais ou em reparação imaterial pela simples conduta do infiel. Entretanto, as declarações do marido no caso descrito geraram, sim, um prejuízo moral, principalmente pelos termos empregados nas mensagens eletrônicas a que teve acesso a esposa, conotando um relacionamento sexual. Apesar de percorrer outra trilha, a conclusão foi louvável, sendo correta a sentença na fixação do valor da indenização.

Após tal decisão, outros julgados surgiram a respeito do tema. Em sentido totalmente oposto à sentença analisada, destaque-se *decisum* do Tribunal Gaúcho, que afastou o dever de indenizar em casos de infidelidade virtual, pelo argumento da inexistência do ato ilícito, eis que a simples infidelidade do cônjuge não tem o condão de gerar o dever de indenizar. Além disso, o julgado ponderou de forma favorável à intimidade, deduzindo que a prova obtida era ilícita:

> "Apelação cível. Responsabilidade civil. Ação de indenização por danos morais. Infidelidade virtual. Descumprimento do dever do casamento. Prova obtida por meio ilícito. Princípio da proporcionalidade. Preponderância do direito à intimidade e à vida privada. O dever de reparar o dano advindo da prática de ato ilícito, tratando-se de ação baseada na responsabilidade civil subjetiva, regrada pelo art. 927 do Código Civil, exige o exame da questão com base nos pressupostos da matéria, quais sejam, a ação/omissão, a culpa, o nexo causal e o resultado danoso. Para que obtenha êxito na sua ação indenizatória, ao autor impõe-se juntar aos autos elementos que comprovem a presença de tais elementos caracterizadores da responsabilidade civil subjetiva. Ainda que descumprido o dever fidelidade do casamento, a comprovação de tal situação não pode ocorrer a qualquer preço, sobrepondo-se aos direitos fundamentais garantidos constitucionalmente, devendo cada caso submeter-se a um juízo ponderação, sob pena de estar preterindo bem jurídico de maior valia, considerado no contexto maior da sociedade. A prova, a princípio considerada ilícita, poderá ser admitida no processo civil e utilizada, tanto pelo autor quanto pelo réu, desde que analisada à luz o princípio da proporcionalidade, ponderando-se os interesses em jogo na busca da justiça do caso concreto. E procedendo-se tal exame na hipótese versada nos autos, não há como admitir-se como lícita a prova então coligida, porquanto viola direito fundamental à intimidade e à vida privada dos demandados. Precedentes do STF e do STJ. Apelo desprovido" (TJRS, Apelação Cível 12159-82.2011.8.21.7000, 9.ª Câmara Cível, Erechim, Rel. Des. Leonel Pires Ohlweiler, j. 30.03.2011, *DJERS* 12.04.2011).

Em data mais próxima, o Tribunal de Justiça de São Paulo afastou a indenização pretendida por um dos cônjuges pela infidelidade virtual, justamente porque a traição, por si só, não configura ilicitude civil, como antes desenvolvido. Vejamos a sua ementa:

> "Apelação cível. Divórcio litigioso e partilha de bens, cumulada com indenização por danos morais por infidelidade virtual atribuída à esposa. Reconvenção visando à fixação de alimentos. Sentença de parcial procedência da ação principal e da reconvenção para decretar divórcio do casal, determinar partilha de bens e fixar alimentos em favor da ré no importe de 1/3 (um terço) sobre rendimentos líquidos do autor, limitado ao período de 1 (um)

ano. Apelo do autor. Pretensão à reparação moral pelo adultério e afastar alimentos em favor de pessoa infiel. Aplicação do princípio *tantum devolutum quantum apellatum*. Cerceamento defesa. Não ocorrência. Prova documental colacionada aos autos suficiente para o deslinde da questão em debate. Questão que se confunde com o mérito e com este será analisado. Danos morais. Prática de adultério atribuída à esposa. O adultério, por si só, não gera o dever de indenizar. Decisão mantida. Alimentos ex-esposa (por um ano). Partes casadas por 24 anos, sem que a ré exercesse atividade laborativa, contando com 49 anos, atualmente em tratamento médico. Pensionamento indispensável à subsistência. Não evidenciada incapacidade financeira do autor em suportar encargo alimentar fixado em observância ao binômio necessidade-possibilidade. Limitação temporal do pensionamento mantido. Decisão mantida. Motivação do decisório adotado como julgamento em segundo grau. Honorários recursais. Aplicação da regra do artigo 85, § 11, CPC/2015. Resultado. Preliminares rejeitadas. Recurso não provido" (TJSP, Apelação cível 1006877-93.2020.8.26.0597, Acórdão 15411033, Sertãozinho, 9.ª Câmara de Direito Privado, Rel. Des. Edson Luiz de Queiroz, j. 18.02.2022, *DJESP* 23.02.2022, p. 2025).

Entre uma e outra decisão, como é comum nos casos relativos à responsabilidade civil, recomenda-se a análise casuística, de acordo com os direitos em colisão, não sendo possível responder aprioristicamente se a indenização está ou não presente.

Outro tema correlato ao Direito Digital e à responsabilidade civil existente no âmbito familiar é o *revenge porn*, em tradução literal *vingança pornográfica*. Tal conduta está presente quando um dos cônjuges ou companheiro expõe em ambientes virtuais vídeos ou fotos da intimidade do casal, com o objetivo de vingança pelo fim do relacionamento. Cite-se, também, a situação em que um dos consortes filma o momento da traição, como aconteceu no caso conhecido como do "Gordinho da Saveiro". Outra situação fática que se tornou comum é a propagação de *nudes*, do ex-cônjuge ou ex-companheiro, após o fim da relação.

Trata-se de grave desrespeito à intimidade, que deve ser punido com o dever de indenizar, inclusive com o seu caráter de desestímulo. Como se sabe, a Lei n. 12.737/2012, conhecida como *Lei Carolina Dieckmann*, trata de tipos penais presentes em situações similares às descritas. A norma introduziu o art. 154-A no Código Penal, estabelecendo que é crime o ato de invadir dispositivo informático alheio, conectado ou não à rede de computadores, mediante violação indevida de mecanismo de segurança e com o fim de obter, adulterar ou destruir dados ou informações sem autorização expressa ou tácita do titular do dispositivo ou instalar vulnerabilidades para obter vantagem ilícita. A pena prevista para tal conduta é de reclusão, de um a quatro anos, e multa.

O § 1.º do comando estabelece que na mesma pena incorre quem produz, oferece, distribui, vende ou difunde dispositivo ou programa de computador com o intuito de permitir a prática da conduta acima mencionada. Além disso, aumenta-se a pena de um terço a dois terços se da invasão resulta prejuízo econômico (art. 154-A, § 2.º, do CP). Se da invasão houver a obtenção de conteúdo de comunicações eletrônicas privadas, segredos comerciais ou industriais, informações sigilosas, assim definidas em lei, ou o controle remoto não autorizado do dispositivo invadido, a pena passa a ser de reclusão de dois anos a cinco anos, e multa (art. 154-A, § 3.º, do CP). Também está ali previsto que a pena é aumentada de um a dois terços se houver divulgação, comercialização ou transmissão a terceiro, a qualquer título, dos dados ou informações obtidos (art. 154-A, § 4.º, do CP). Por derradeiro, aumenta-se a pena de um terço à metade se o crime for praticado contra: *a)* Presidente da República, governadores e prefeitos; *b)* Presidente do Supremo Tribunal Federal; *c)* Presidente da Câmara dos Deputados, do Senado Federal, de Assembleia Legislativa de Estado, da Câmara Legislativa do Distrito Federal ou de Câmara Municipal; ou *d)* dirigente máximo da administração direta e indireta federal, estadual, municipal ou do Distrito Federal.

Sabe-se que a responsabilidade civil independe da criminal, conforme enuncia o art. 935 do Código Civil, tema abordado no Capítulo 17 desta obra, que trata da ação *ex delicto*. Todavia, a lei penal pode servir como roteiro para a configuração inicial das condutas ilícitas, pela violação de deveres legais. Presente o dano, há o enquadramento privado nos arts. 186 e 927 do Código Civil, surgindo daí o dever de indenizar. Tratando de situações similares, não relacionadas ao casamento ou à união estável, mas com mesma conclusão sobre a responsabilidade civil, vejamos três ementas estaduais:

"Apelação cível. Ação de indenização por danos morais. Divulgação de fotografias íntimas. Provados a conduta ilícita, a autoria, o dano e o nexo de causalidade, há de ser mantida a sentença que condenou o apelante ao pagamento da indenização arbitrada em favor da autora, em razão da divulgação indevida de fotos íntimas" (TJMG, Apelação 1.0180.11.004047-4/001, Rel. Des. Wagner Wilson, j. 13.11.2013, *DJEMG* 22.11.2013).

"Responsabilidade civil. Danos morais Partes que tiveram relacionamento amoroso Hipótese em que o réu passou a ameaçar a autora, publicando mensagens desabonadoras na internet, fotos íntimas do casal e espalhando panfletos pelo bairro, afirmando que a autora era garota de programa. Fato de ter a autora tornado público o relacionamento entre as partes, na constância do casamento do réu, que configura risco originado da conduta do próprio réu. Danos morais devidos. Fixação da indenização em R$ 10.000,00. Valor razoável, que não merece sofrer redução. Decisão mantida por seus próprios fundamentos, nos termos do art. 252 do novo Regimento Interno deste Tribunal. Recurso desprovido" (TJSP, Apelação 0003141-93.2007.8.26.0224, Acórdão 7138060, 1.ª Câmara de Direito Privado, Guarulhos, Rel. Des. Rui Cascaldi, j. 29.10.2013, *DJESP* 19.11.2013).

"Apelação cível e recurso adesivo. Responsabilidade civil. Reconvenção. Divulgação de fotos íntimas de relação sexual dos autores. Réu ex-namorado da autora. Prova da propagação das informações por ato do demandado. Procedência do pleito indenizatório. Critérios de fixação da indenização por danos morais. Majoração. Adequação aos parâmetros normalmente observados pela câmara. Apelação cível desprovida. Recurso adesivo provido" (TJRS, Apelação Cível 341337-66.2012.8.21.7000, 9.ª Câmara Cível, Tramandaí, Rel. Des. Marilene Bonzanini Bernardi, j. 14.11.2012, *DJERS* 21.11.2012).

Mais recentemente, já abordando a questão do *revenge porn*, cabe colacionar, dos Tribunais Estaduais:

> "Apelação cível. Responsabilidade civil. Divulgação de vídeo íntimo. *Revenge porn*. Pedido de indenização de danos morais. Procedência. Inconformismo do réu. Pretensão recursal de exclusão ou redução dos danos morais. Recurso adesivo da parte autora. Pedido de alteração da data de fluência dos encargos legais e fixação de juros moratórios na forma composta. Pedido autoral de pagamento de indenização de danos morais decorrentes da divulgação de vídeo capturando um momento de intimidade sexual entre as partes. Sentença de procedência. Condenação ao pagamento de indenização no valor de R$ 50.000,00 (cinquenta mil reais) para compensar os danos morais sofridos pela parte autora. Pedido recursal de exclusão da condenação ou, ainda, sua redução. Réu/apelante que insiste em negar a autoria do envio do vídeo para o grupo na rede social conectada pelo aplicativo 'Whatsapp'. Recorrente que admite ter a mensagem partido de seu aparelho celular, apesar de não ter visto ninguém além da autora na ocasião em que a mensagem foi enviada. Elementos de prova conclusivos no sentido de que o apelante empreendeu esforços para tentar camuflar a realidade e assim esquivar-se de sua responsabilidade, chegando a noticiar falsamente – como depois veio a admitir – o roubo de seu celular (responde o apelante pelo crime de falsidade ideológica nos autos do Processo n.º 0000302-66.2016.8.19.0033). Autoria suficientemente demonstrada. Presentes os demais elementos da responsabilidade civil subjetiva, notadamente a lesão, que na espécie é eminentemente extrapatrimonial. Recorrida que se viu submetida a intensa exposição, consequência que se exaspera, tendo em vista que a autora trabalha no comércio (ou seja, com atendimento ao público) numa cidade pequena, onde sobra pouco espaço para o anonimato e os vínculos com a coletividade tendem a assumir importância maior. Prova oral convincente no sentido de que o vídeo foi compartilhado até entre grupos de adolescentes, gerando irreversível processo difamatório de repercussão devastadora na vida da apelada. (...)" (TJRJ, Apelação 0000445-89.2015.8.19.0033, 21.ª Câmara Cível, Miguel Pereira, Rel. Des. André Emilio Ribeiro von Melentovytch, *DORJ* 25.08.2017, p. 574).

O último julgado traz em sua fundamentação comentários sobre a realidade de um "sensacionalismo machista", que supostamente atuaria como um mecanismo de pressão social e coletiva, na censura à liberdade sexual da mulher. Dessa forma, essa suposta sanção social "definitivamente lesou a recorrida, que se viu prejudicada em inúmeros setores de sua vida pessoal, do familiar ao profissional". Reconheceu-se, assim, a existência do nexo de causalidade entre a gravação do vídeo e suas replicações e os prejuízos imateriais suportados pela autora. Como igualmente consta do voto do Relator, houve uma "reprovabilidade do ato que se acentua na medida em que o recorrente, no intuito único de dar vazão à sua fanfarronice, traiu a confiança depositada pela recorrida ao se deixar registrar num momento de intimidade, destruindo a reputação dela com a divulgação do vídeo". Há, por fim, menção ao caráter punitivo da indenização moral fixada em R$50.000,00, reitere-se (TJRJ, Apelação 0000445-89.2015.8.19.0033, 21.ª Câmara

Cível, Miguel Pereira, Rel. Des. André Emilio Ribeiro Von Melentovytch, *DORJ* 25.08.2017, p. 574).

Outro acórdão, ainda mais recente, considera haver violência moral contra a mulher nos casos de divulgação de material íntimo, a gerar a aplicação da Lei Maria da Penha, o que é um caminho jurídico correto na minha opinião, a gerar a competência da Vara de Violência Doméstica:

> "Civil e processual civil. Ação de indenização. Gratuidade de justiça. Recolhimento de preparo. Preclusão lógica. Divulgação de fotos íntimas via WhatsApp e Facebook. Dano moral. Configuração. Valor da indenização. Redução indevida. Sentença mantida. (...). A divulgação via WhatsApp e Facebook para conhecidos e desconhecidos, de imagens de companheira nua consubstancia violência moral contra a mulher no âmbito de relação íntima de afeto, a qual foi prevista pelo legislador nacional no art. 5.º, III, c/c art. 7.º, V, da Lei n.º 11.340/2006 (Lei Maria da Penha), ensejando a reparação por dano moral *in re ipsa*. (...). Reconhecido o dever de indenizar, o Juiz deve fixar o montante da reparação atendo-se à reprovabilidade da conduta, à intensidade e à duração do sofrimento da vítima e à capacidade econômica das partes, podendo, ainda, aplicar indenização punitiva quando o comportamento do agressor se revelar particularmente censurável. Assim, o *quantum* indenizatório arbitrado na sentença mostra-se adequado aos parâmetros anteriormente mencionados. Apelação cível desprovida" (TJDF, Apelação Cível 2016.16.1.009786-5, Acórdão 108.2311, 5.ª Turma Cível, Rel. Des. Ângelo Passareli, j. 14.03.2018, *DJDFTE* 20.03.2018).

No âmbito do Superior Tribunal de Justiça, merece ser destacado o julgado que reconheceu a imperiosa necessidade do provedor de *internet* retirar o conteúdo ofensivo do ar, uma vez que a pornografia de vingança representa grave violação aos direitos da personalidade e violência de gênero:

> "A 'exposição pornográfica não consentida', da qual a 'pornografia de vingança' é uma espécie, constituiu uma grave lesão aos direitos de personalidade da pessoa exposta indevidamente, além de configurar uma grave forma de violência de gênero que deve ser combatida de forma contundente pelos meios jurídicos disponíveis. A única exceção à reserva de jurisdição para a retirada de conteúdo infringente da internet, prevista na Lei 12.965/2014, está relacionada a 'vídeos ou de outros materiais contendo cenas de nudez ou de atos sexuais de caráter privado', conforme disposto em seu art. 21 ('O provedor de aplicações de internet que disponibilize conteúdo gerado por terceiros será responsabilizado subsidiariamente pela violação da intimidade decorrente da divulgação, sem autorização de seus participantes, de imagens, de vídeos ou de outros materiais contendo cenas de nudez ou de atos sexuais de caráter privado quando, após o recebimento de notificação pelo participante ou seu representante legal, deixar de promover, de forma diligente, no âmbito e nos limites técnicos do seu serviço, a indisponibilização desse conteúdo'). Nessas circunstâncias, o provedor passa a ser subsidiariamente responsável a partir da notificação extrajudicial formulada pelo particular interessado na remoção desse conteúdo, e não a partir da ordem judicial com esse comando. Na hipótese em julgamento, a adolescente foi vítima de 'exposição pornográfica não consentida' e, assim, é

cabível para sua proteção a ordem de exclusão de conteúdos (indicados por URL) dos resultados de pesquisas feitas pelos provedores de busca, por meio de antecipação de tutela" (STJ, REsp 1.679.465/SP, 3.ª Turma, Rel. Min. Nancy Andrighi, j. 13.03.2018, *DJe* 19.03.2018).

Outro aspecto importante a ser destacado é que o acórdão reconhece a responsabilidade subsidiária do provedor de conteúdo. Em 2020, o Superior Tribunal de Justiça voltou a concluir exatamente da mesma forma, acrescentando o seguinte:

"Não há como descaracterizar um material pornográfico apenas pela ausência de nudez total. Na hipótese, a recorrente encontra-se sumariamente vestida, em posições com forte apelo sexual. O fato de o rosto da vítima não estar evidenciado nas fotos de maneira flagrante é irrelevante para a configuração dos danos morais na hipótese, uma vez que a mulher vítima da pornografia de vingança sabe que sua intimidade foi indevidamente desrespeitada e, igualmente, sua exposição não autorizada lhe é humilhante e viola flagrantemente seus direitos de personalidade" (STJ, REsp 1.735.712/SP, 3.ª Turma, Rel. Min. Nancy Andrighi, j. 19.05.2020, *DJe* 27.05.2020).

Entendo que em situações de pornografia de vingança relacionadas às entidades familiares, a competência para apreciar tais danos deve ser da Vara da Família, ou mesmo da Vara de Violência Doméstica, por todos os argumentos aqui antes aduzidos. No entanto, tratando-se de mero relacionamento fugaz – como no caso de "ficantes" ou com "amizade colorida", por exemplo –, de um namoro ou noivado, a competência para apreciar a demanda reparatória por pornografia de vingança é da Vara Cível.

A propósito, outra hipótese fática contemporânea, situação já analisada pela jurisprudência, diz respeito ao envio de fotos íntimas na iminência do casamento, o que gerou a sua não realização e a responsabilidade civil do noivo:

"Violação da intimidade. Apelante que enviou *e-mails*, inclusive com conversas e fotos íntimas, a diversas pessoas do círculo dos apelados, em data próxima ao casamento destes. Teorias dos círculos concêntricos. Violação da intimidade. Esfera íntima da vida privada que merece proteção. Notório intuito desabonador" (TJSP, Apelação 0015045-05.2012.8.26.0073, Acórdão 8848480, 2.ª Câmara de Direito Privado, Avaré, Rel. Des. Rosangela Telles, j. 29.09.2015, *DJESP* 06.10.2015).

Reitero que, como não há ainda uma entidade familiar consolidada, a competência para demandas como essa deve ser da Vara Cível. O tema da responsabilidade civil no noivado ainda será analisado no presente capítulo.

Como palavras finais, pontue-se que o envio de *nudes*, por fotos ou vídeos, tornou-se uma prática corriqueira e perigosa entre as gerações mais novas. Cientes disso, alguns julgadores têm resolvido a questão da propagação de fotos e vídeos pela *internet* a partir da presença da culpa exclusiva da vítima, como se extrai da seguinte ementa:

"A propagação de imagens que violam a intimidade da parte é capaz de ensejar indenização por danos morais, quando não há autorização para tanto, nos termos do artigo 20 do CC. O fato de a parte ter produzido e remetido a foto íntima para outrem caracteriza sua culpa exclusiva pela propagação das imagens acostadas nos autos" (TJMT, Apelação 105148/2015, Barra do Garças, Rel. Des. Maria Helena Gargaglione Póvoas, j. 13.04.2016, *DJMT* 20.04.2016, p. 99).

Talvez, como a prática é *geracional*, essa forma de julgar seja alterada substancialmente no futuro.

6. A REPARAÇÃO DOS DANOS POR CONDUTA VIOLENTA ENTRE OS CÔNJUGES OU COMPANHEIROS. A INCIDÊNCIA DA LEI MARIA DA PENHA E SEUS MECANISMOS DE TUTELA

Conforme demonstrado neste capítulo, são comuns as trágicas situações de agressões nas relações conjugais e convivenciais. Diante desse infeliz fato social e pelo clamor coletivo, entrou em vigor no Brasil a Lei n. 11.340/2006, denominada *Lei Maria da Penha*, em homenagem à farmacêutica cearense Maria da Penha Maia Fernandes, vítima de violência doméstica, símbolo da luta das mulheres contra esse mal familiar, que se tornou paraplégica diante de um tiro dado pelo então marido.[39] Conforme aponta Maria Berenice Dias, a norma supriu uma grave omissão legislativa, uma vez que o legislador infraconstitucional, até então, vinha deixando de cumprir a ordem constitucional de coibir a violência familiar, nos termos do que dispõe o art. 226, § 8.º, da Constituição Federal de 1988.[40]

A Lei n. 11.340/2006 é claro exemplo de *norma de tutela dos vulneráveis*, realidade corriqueira na pós-modernidade, sendo tratadas como tais as mulheres que estão sob violência doméstica. Trata-se de comando legal que se situa na segunda parte da isonomia constitucional, na especialidade, retirada da máxima pela qual *a lei deve tratar de maneira desigual os desiguais, de acordo com as suas desigualdades*.

Nesse contexto, não há qualquer inconstitucionalidade na norma, que vem recebendo da jurisprudência superior uma interpretação extensiva, a incluir, além das pessoas casadas ou que vivem em união estável, os namorados. Pontue-se que a constitucionalidade dessa lei foi reconhecida pelo Supremo Tribunal Federal, em 2012, no julgamento da ADC 17, que teve como relator o Ministro Marco Aurélio.

Pois bem, é fato que, ao lado de medidas que repercutem no Direito Penal, a Lei Maria da Penha também traz remédios civis relativos à responsabilização civil do agressor, amparando o *princípio da reparação integral dos danos* pelo qual todos os prejuízos suportados pela vítima da violência doméstica devem ser reparados.

---

[39] CUNHA, Rogério Sanches; PINTO, Ronaldo Batista. *Violência doméstica* – Lei Maria da Penha (Lei n. 11.340/2006) comentada artigo por artigo. 2. ed. São Paulo: RT, 2008. p. 21-23.

[40] DIAS, Maria Berenice. *Manual de direito das famílias*, cit., p. 103.

No tocante à questão processual, para assegurar o direito à reparação civil, prevê o art. 13 da Lei n. 11.340/2006 que ao processo, ao julgamento e à execução das causas cíveis decorrentes da prática de violência doméstica e familiar contra a mulher devem ser aplicadas as normas do Código de Processo Civil e da legislação específica relativa à criança, ao adolescente e ao idoso que com ela não conflitarem. O dispositivo possibilita a aplicação da norma mais favorável, o que pode facilitar a tutela reparatória da mulher sob violência. Ilustrando, pode ser mencionada a possibilidade de citação por correio, nos termos do previsto no Estatuto Processual.[41]

A criação dos Juizados de Violência Doméstica e Familiar contra a Mulher, órgãos da justiça ordinária com competência cível e criminal, está prevista no art. 14 da Lei Maria da Penha, visando ao julgamento e à execução das causas de reparação civil decorrentes da prática de violência doméstica e familiar contra a mulher.

Esse dispositivo recebeu um art. 14-A, por força da Lei n. 13.894/2019, segundo o qual a ofendida tem a opção de propor ação de divórcio ou de dissolução de união estável no Juizado de Violência Doméstica e Familiar contra a Mulher. Essa ação, como antes apontado, pode estar cumulada com pedido de reparação civil, sendo de competência da justiça especializada, caso haja violência doméstica a ensejar esse pedido. Todavia, exclui-se da competência dos Juizados de Violência Doméstica e Familiar contra a Mulher a pretensão relacionada à partilha de bens (§ 1.º). Ademais, iniciada a situação de violência doméstica e familiar após o ajuizamento da ação de divórcio ou de dissolução de união estável, a ação terá preferência no juízo onde estiver (§ 2.º do novo art. 14-A da Lei n. 11.340/2006).

Todavia, não obstante a criação desse juizado especial, há decisões anteriores no sentido de que este somente seria competente para apreciar as medidas estabelecidas na nova lei, como aquelas de afastamento do ofensor, e não a ação de responsabilidade civil, cuja competência seria do juízo cível comum (TJES, Conflito de Competência 100070015969, 1.ª Câmara Criminal, Rel. Des. Sérgio Bizzotto Pessoa de Mendonça, j. 05.09.2007, *DJES* 02.10.2007, p. 53). Essa forma de julgar parece equivocada, pois penso que pode a mulher ofendida optar entre os juízos, escolhendo aquele que lhe parece mais favorável.

Como típica norma de proteção de vulneráveis, o art. 15 da Lei Maria da Penha trouxe à mulher o foro privilegiado, prevendo a competência, por opção da ofendida, para os processos cíveis: *a)* do Juizado do seu domicílio ou de sua residência; *b)* do lugar do fato em que se baseou a demanda; ou *c)* do domicílio do agressor. A norma também deve ser aplicada às demandas reparatórias, uma vez que a responsabilização civil decorre da violência praticada em sede familiar. A Lei n. 13.894/2019 incluiu no art. 53 do CPC/2015 previsão de competência do foro de domicílio da vítima de violência doméstica e familiar, para as ações de divórcio ou dissolução de união estável, que podem estar cumuladas com

---

[41] CUNHA, Rogério Sanches; PINTO, Ronaldo Batista. *Violência doméstica*, cit., p. 98.

pedidos de reparação civil, como antes exposto; sem prejuízo da competência da justiça especializada, como há pouco se destacou.

Além da reparação dos danos, a Lei n. 11.340/2006 traz à disposição da mulher medidas de urgência para afastar o agressor, mecanismos que se cumulam sem afastar a possibilidade de responsabilização civil (art. 22). A primeira medida, que muito se justifica, é a suspensão da posse ou restrição do porte de armas, com comunicação ao órgão competente (art. 22, inc. I, da Lei n. 11.340/2006). Ademais, cabe o afastamento do lar, domicílio ou local de convivência com a ofendida (art. 22, inc. II).

A lei também proíbe determinadas condutas, tais como: *a)* a aproximação da ofendida, de seus familiares e das testemunhas; *b)* o contato com a ofendida, seus familiares e testemunhas por qualquer meio de comunicação; *c)* o ato de frequentar determinados lugares, a fim de preservar a integridade física e psicológica da ofendida; *d)* a restrição ou a suspensão de visitas aos dependentes menores, ouvida a equipe de atendimento multidisciplinar ou serviço similar; *e)* prestação de alimentos provisionais ou provisórios; *f)* comparecimento do agressor a programas de recuperação e reeducação; e *g)* acompanhamento psicossocial do agressor, por meio de atendimento individual e/ou em grupo de apoio (art. 22, incs. III a VII), tendo sido as duas últimas previsões incluídas pela Lei n. 13.984/2020.

Para o cumprimento dessas medidas, que constituem obrigações de fazer e de não fazer, incide a tutela específica prevista no art. 497 do CPC/2015 – correspondente ao art. 461 do CPC/1973 –, com a possibilidade de fixação, pelo juiz, de uma multa contra o agressor (*astreintes*). Como a questão envolve lesão a direitos da personalidade e ordem pública, é perfeitamente possível que tal medida seja fixada até de ofício pelo magistrado, conforme está expresso no Enunciado n. 140, aprovado na *III Jornada de Direito Civil*, promovida pelo Conselho da Justiça Federal em 2003.

As medidas protetivas de urgência a favor da mulher ofendida constam, inicialmente, no art. 23 da Lei Maria da Penha, podendo o juiz: *a)* encaminhar a ofendida e seus dependentes a programa oficial ou comunitário de proteção ou de atendimento; *b)* determinar a recondução da ofendida e a de seus dependentes ao respectivo domicílio, após afastamento do agressor; *c)* determinar o afastamento da ofendida do lar, sem prejuízo dos direitos relativos a bens, guarda dos filhos e alimentos; *d)* determinar a separação de corpos; *e)* determinar a matrícula dos dependentes da ofendida em instituição de educação básica mais próxima do seu domicílio, ou a transferência deles para essa instituição, independentemente da existência de vaga (incluído pela Lei n. 13.882/2019); e *f)* conceder à ofendida auxílio-aluguel, com valor fixado em função de sua situação de vulnerabilidade social e econômica, por período não superior a seis meses (incluído pela Lei n. 14.674/2023).

Para a proteção patrimonial dos bens da sociedade conjugal ou daqueles de propriedade particular da mulher, o que diretamente interessa ao tema da responsabilidade civil, prevê o art. 24 da norma que o juiz poderá ordenar, liminarmente, a restituição de bens indevidamente subtraídos pelo agressor à ofendida.

Em reforço, cabe proibição temporária para a celebração de atos e contratos de compra, venda e locação de propriedade em comum, salvo expressa autorização judicial. A previsão é importante, pois impede que o marido violento cometa fraudes ou ilícitos contratuais, visando a prejudicar a meação ou a própria esposa. Com os mesmos fins, cabe a suspensão das procurações conferidas pela ofendida ao agressor. Por derradeiro, a lei prevê a prestação de caução provisória, mediante depósito judicial, por perdas e danos materiais decorrentes da prática de violência doméstica e familiar contra a ofendida, o que tem um caráter de prevenção quanto aos prejuízos que a mulher possa vir a sofrer.

Ademais, a Lei n. 13.871/2019 inclui três novos parágrafos no art. 9.º da Lei Maria da Penha prevendo expressamente o direito a ressarcimento de valores à mulher que sofre violência doméstica. Nos termos do seu *caput*, "a assistência à mulher em situação de violência doméstica e familiar será prestada de forma articulada e conforme os princípios e as diretrizes previstos na Lei Orgânica da Assistência Social, no Sistema Único de Saúde, no Sistema Único de Segurança Pública, entre outras normas e políticas públicas de proteção, e emergencialmente quando for o caso".

Conforme o novo § 4.º, aquele que, por ação ou omissão, causar lesão, violência física, sexual ou psicológica e dano moral ou patrimonial à mulher fica obrigado a reparar todos os danos causados, inclusive ressarcir o Sistema Único de Saúde (SUS), de acordo com a tabela SUS, dos custos relativos aos serviços de saúde prestados para o total tratamento das vítimas em situação de violência doméstica e familiar, recolhidos os recursos assim arrecadados ao Fundo de Saúde do ente federado responsável pelas unidades de saúde que prestarem os serviços. Nota-se que, ao contrário do art. 186 do Código Civil, o novo dispositivo não menciona a omissão voluntária (dolo), a negligência ou imprudência (culpa), sendo possível sustentar que esse dever de ressarcir o SUS independe da culpa em sentido amplo, ou seja, está relacionado à responsabilidade objetiva.

Também os dispositivos de segurança destinados ao uso em caso de perigo iminente e disponibilizados para o monitoramento das vítimas de violência doméstica ou familiar amparadas por medidas protetivas terão seus custos ressarcidos pelo agressor (art. 9.º, § 5.º, da Lei Maria da Penha, incluído pela Lei n. 13.871/2019).

Como essas medidas de segurança, podem ser citadas as previstas no art. 26 da mesma Lei n. 11.340/2006, cabíveis por atuação do Ministério Público, quais sejam a requisição de força policial, de serviços públicos de saúde, de educação, de assistência social e de segurança, bem como o uso de mecanismos para fiscalizar os estabelecimentos públicos e particulares onde a mulher se encontra, como câmeras de segurança, "botão do pânico" a ser por ela acionado em casos de emergência e o uso de tornozeleiras eletrônicas pelo agressor. Os custos de todos esses mecanismos devem ser arcados pelo último, de acordo com a nova lei, frise-se.

A nova norma ainda estatui que esses ressarcimentos materiais não poderão importar ônus de qualquer natureza ao patrimônio da mulher e dos seus dependentes, caso dos filhos, nem configurar atenuante ou ensejar possibilidade de substituição da pena aplicada ao agressor, seja de natureza penal ou civil (art. 9.º, § 6.º, da Lei Maria da Penha, incluído pela Lei n. 13.871/2019). As últimas alterações legislativas são salutares e espera-se um aumento da efetividade na proteção dos direitos das mulheres, atendendo-se inclusive à função pedagógica da responsabilidade civil.

Merece importante destaque o art. 37 da Lei n. 11.340/2006, pelo qual a defesa dos interesses e direitos transindividuais previstos na norma poderá ser exercida, concorrentemente, pelo Ministério Público e por associação de atuação na área, regularmente constituída há pelo menos um ano, nos termos da legislação civil. O comando possibilita que sejam tomadas medidas coletivas em casos em que mulheres, em larga escala e em conjunto, sofrem violência por quem quer que seja (*tutela de direitos individuais homogêneos*). Além das medidas de prevenção, é plenamente possível a reparação civil coletiva, com a indenização, por exemplo, dos danos morais coletivos.

Superada a análise desses importantes dispositivos da Lei Maria da Penha, fundamentais para a defesa dos direitos das esposas, companheiras, noivas e namoradas, na jurisprudência podem ser encontrados vários exemplos de condenação de homens pela violência praticada.

Sem prejuízo dos arestos aqui transcritos, do Tribunal Mineiro, cite-se outro julgado que reconheceu o direito à indenização por danos materiais, morais e estéticos, diante das cíclicas agressões domésticas (*tripla reparação*). Os danos foram causados em sede de união estável, mas o raciocínio é praticamente o mesmo para os casos envolvendo o casamento. Vejamos a sua publicação:

"Ação de indenização por danos materiais, estéticos e morais. Responsabilidade civil. Comprovação do dano moral e estético. Queimaduras de segundo e terceiro graus por grande extensão do corpo. Ato ilícito e nexo causal. Elementos dos autos. Histórico de violência doméstica. A responsabilidade civil era regulamentada pelo Código Civil de 1916. Aplicável ao caso sob julgamento, uma vez que o acidente ocorreu em 08.12.2001, anterior, portanto, à vigência do CC/2002, mais precisamente em seu art. 159, ao dispor que 'aquele que, por ação ou omissão voluntária, negligência, ou imprudência, violar direito, ou causar prejuízo a outrem, fica obrigado a reparar o dano'. Assim, se estiverem presentes todos os requisitos da responsabilidade civil subjetiva, quais sejam, o ato ilícito, o dano, a culpa do agente e o nexo de causalidade entre o dano suportado pela vítima e o ato ilícito praticado, impõe-se a obrigação de indenizar. Sabe-se que a agressão contra a mulher se desenvolve de forma cíclica, com a sucessão de discussões e agressões – essas cada vez mais graves –, são seguidas por uma fase de reconciliação, na qual o ofensor alega arrependimento ou muda temporariamente seu comportamento, passando a ser mais carinhoso. Tal contexto envolve geralmente uma relação psicológica complexa entre as partes que não se pode perder de vista. Uma vez que o contexto da relação de união estável demonstra um histórico de violência doméstica, reputam-se demonstrados, à luz dos demais elementos de convencimento, a culpa do agente, o ilícito praticado e o nexo causal" (TJMG, Apelação Cível 1.0145.06.301317-4/0011, 18.ª Câmara Cível, Juiz de Fora, Rel. Des. Elpídio Donizetti, j. 17.06.2008, *DJEMG* 03.07.2008).

No âmbito do Superior Tribunal de Justiça podem ser encontrados acórdãos que aplicam o art. 387, inc. IV, do Código de Processo Penal, fixando a mínima indenização civil no âmbito da ação penal. Conforme julgado recente, que cita outro precedente: "considerando que a norma não limitou nem regulamentou como será quantificado o valor mínimo para a indenização e considerando que a legislação penal sempre priorizou o ressarcimento da vítima em relação aos prejuízos sofridos, o juiz que se sentir apto, diante de um caso concreto, a quantificar, ao menos o mínimo, o valor do dano moral sofrido pela vítima, não poderá ser impedido de fazê-lo (REsp 1.585.684/DF, 6.ª Turma, Rel. Min. Maria Thereza de Assis Moura, j. 09.08.2016, *DJe* 24.08.2016)" (STJ, AgRg no REsp 1.663.470/MS, 5.ª Turma, Rel. Min. Reynaldo Soares da Fonseca, j. 09.05.2017, *DJe* 15.05.2017). O tema está aprofundado no Capítulo 17 desta obra.

Por fim, reitere-se que, cessado o casamento ou a sociedade conjugal, não se podem tolerar agressões impetradas pelo ex-cônjuge, entrando em cena a responsabilidade civil para a consequente imputação civil do dever de reparar. Nesse sentido, podem ser encontradas outras decisões estaduais. A ilustrar, dos Tribunais Paulista e Fluminense:

> "Indenização. Ato ilícito. Dano moral. Agressão física (ex-marido). Configuração. Dever de indenizar inequívoco (art. 186, Código Civil). Valor adequado ao fato. Recurso desprovido" (TJSP, Apelação com Revisão 520.648.4/3, Acórdão 2630326, 1.ª Câmara de Direito Privado, Itápolis, Rel. Des. Vicentini Barroso, j. 13.05.2008, *DJESP* 13.06.2008).

> "Direito da mulher, separada judicialmente do marido, ao ressarcimento do dano moral acarretado por agressão, pelo mesmo praticada, resultando lesões corporais com alteração do equilíbrio psicofísico e vulneração dos valores da personalidade. Valoração do dano moral com atenção aos princípios da razoabilidade e proporcionalidade" (TJRJ, Acórdão 13.223/2000, 3.ª Câmara Cível, Rio de Janeiro, Rel. Des. Luiz Fernando de Carvalho, j. 29.03.2001).

Como não poderia ser diferente, estou totalmente filiado ao conteúdo dos arestos, que representam correta aplicação técnica do conteúdo da Lei Maria da Penha.

7. A TEORIA DA PERDA DE UMA CHANCE E AS RELAÇÕES FAMILIARES

Como desenvolvido no Capítulo 6 desta obra, os danos decorrentes da perda da chance representam um dos temas de maior destaque na civilística nacional atualmente. De acordo com a teoria *perte d'une chance*, de origem francesa, são reparáveis os prejuízos que decorrem da frustração de uma oportunidade, de uma expectativa, de um fato que possivelmente ocorreria, dentro das circunstâncias normais, no futuro. A indenização somente é cabível desde que a chance seja séria e real, o que deve ser analisado de acordo com as circunstâncias do caso concreto (Enunciado n. 444 da *V Jornada de Direito Civil*).

Na doutrina contemporânea nacional surge interessante tentativa de aplicar a teoria da perda da chance ao Direito de Família, em particular ao casamento. Como pioneiros no tema, Cristiano Chaves de Farias e Nelson Rosenvald citam como primeiro exemplo prático, da jurisprudência francesa, o *dano sexual*, "consistente na frustração de um cônjuge pela perda da capacidade sexual do outro convivente (afora o dano moral e/ou material devido à pessoa prejudicada)".[42] Para eles, "os contornos da indenização são, sem dúvida, os mesmos da perda de uma chance".[43]

Os doutrinadores mencionam também a hipótese do dano causado pela genitora que não informa ao pai o nascimento de um filho seu, o que somente em casos excepcionais pode ser imaginado como incidente em um casamento. Ilustram, ainda, o caso de um aborto feito unilateralmente sem o consentimento do outro genitor, o que geraria a *perda da chance de ser pai*.[44]

Com o devido respeito que merecem essas louváveis tentativas, aqui já manifestei as minhas resistências quanto à reparação civil pela perda de uma chance, como categoria autônoma de dano reparável; até que o tema seja incluído na lei, como se almeja no projeto de Reforma do Código Civil.

Isso porque tais danos, na maioria das vezes e sem amparo na norma, constituem prejuízos hipotéticos ou eventuais, sendo certo que os arts. 186 e 927 do Código Civil brasileiro exigem o dano presente e efetivo para que surjam o ilícito indenizante e o correspondente dever de reparar.

A perda de uma chance, reitere-se o meu pensamento atual, sem lei que a ampare, trabalha com suposições, com o *se*. Além disso, no caso brasileiro, ampliou-se em muito o conceito de dano moral, visualizado como uma lesão a direitos da personalidade ou uma lesão à dignidade humana. Assim, muitos dos exemplos citados enquadrar-se-iam perfeitamente na ideia de prejuízo moral. Em outras situações, como no citado julgado do programa televisivo, os lucros cessantes são categoria segura para o enquadramento do que convém denominar danos por perda de uma chance.

Os próprios Cristiano Chaves e Nelson Rosenvald reconhecem que "há que se estabelecer um limite na aplicação da teoria em sede familiarista. É que não caracterizam a perda de uma chance rupturas de vínculos afetivos, decorrentes de manifestações volitivas das partes. Dar e receber afeto é ato de vontade (aliás, da mais pura vontade!), não se podendo falar em frustração de suposta vantagem pela simples retração do desejo de bem-querer e manter projetos de vida comum".[45] Realmente, nesse ponto, têm total razão os doutrinadores, o que gera uma barreira intransponível para a aplicação da teoria da chance séria e

---

[42] FARIAS, Cristiano Chaves; ROSENVALD, Nelson. *Direito das famílias*, cit., p. 81.
[43] FARIAS, Cristiano Chaves; ROSENVALD, Nelson. *Direito das famílias*, cit., p. 81.
[44] FARIAS, Cristiano Chaves; ROSENVALD, Nelson. *Direito das famílias*, cit., p. 81.
[45] FARIAS, Cristiano Chaves; ROSENVALD, Nelson. *Direito das famílias*, cit., p. 82.

real. Citam, a seguir, o exemplo da quebra de promessa de casamento, o que poderia ser visto como uma hipótese de *perda da chance de casar*.[46]

Como será exposto, a simples quebra da promessa de casamento, por si só, não gera a responsabilidade civil, uma vez que é simples decorrência da relação afetiva. Entretanto, em algumas hipóteses, de maior gravidade, o dano pode estar presente, mormente naqueles em que há repercussões pessoais e sociais da quebra às vésperas da cerimônia e do ato nupcial. Esse raciocínio será desenvolvido a partir do abuso de direito, conforme se verá a seguir.

Por fim, quanto à teoria da perda de uma chance, as grandes dificuldades estão na definição do que é uma *chance séria e real*, para que a premissa teórica incida, no momento, sem previsão na lei.

Vimos no Capítulo 6 deste livro que Sérgio Savi apresenta a solução de um valor superior a 50% de probabilidade.[47] Ora, como definir, no caso concreto relativo ao Direito de Família, tal parâmetro? Como seria possível aplicá-lo em um mundo de grandes probabilidades em que tudo pode acontecer, especialmente no âmbito familiar? Como se percebe, em muitos casos, não há que falar em dano presente e efetivo, ou seja, em um dano reparável. E sem a presença do dano, como já exposto até exaustivamente, não se pode cogitar a presença de um ato ilícito ou do correspondente dever de indenizar.

8. O ABUSO DE DIREITO E SUA INCIDÊNCIA NA RELAÇÃO CASAMENTÁRIA OU CONVIVENCIAL. OS CASOS DOS MARIDOS OU COMPANHEIROS ENGANADOS PELA GRAVIDEZ DA MULHER

O abuso de direito está tratado no importante art. 187 do Código Civil, analisado em vários capítulos anteriores desta obra. Conforme o seu teor, que merece ser mais uma vez transcrito, "também comete ato ilícito o titular de um direito que, ao exercê-lo, excede manifestamente os limites impostos pelo seu fim econômico ou social, pela boa-fé ou pelos bons costumes". Trata-se da tão festejada e comentada consagração do *abuso de direito* ou *abuso do direito* como ato ilícito equiparado, dispositivo que sofreu claras influências do art. 334.º do Código Civil de Portugal, *in verbis*: "é ilegítimo o exercício de um direito, quando o titular exceda manifestamente os limites impostos pela boa fé, pelos bons costumes ou pelo fim social ou econômico desse direito".

Apesar das semelhanças, pode ser percebida uma nítida diferença entre os dispositivos, uma vez que o Código Civil brasileiro acabou por equiparar o abuso de direito ao ato ilícito, ao contrário do dispositivo lusitano, que menciona a existência de um ato ilegítimo. Concernente ao conceito de abuso de direito, reitere-se a precisa construção de Rubens Limongi França, no sentido de que o abuso de direito constitui uma categoria de conteúdo próprio, entre

---

[46] FARIAS, Cristiano Chaves; ROSENVALD, Nelson. *Direito das famílias*, cit., p. 82-84.

[47] SAVI, Sérgio. *Responsabilidade civil por perda de uma chance*, cit., p. 33.

o ato lícito e o ilícito, ou seja, de que o *abuso de direito é lícito pelo conteúdo e ilícito pelas consequências*.[48]

A mencionada equiparação de ambos os conceitos – ato ilícito e abuso de direito –, para os fins da responsabilidade civil extracontratual, consta do já evocado e transcrito art. 927, *caput*, do atual Código Civil brasileiro, que, entre parênteses, faz menção aos arts. 186 e 187 da mesma codificação. Fundamental verificar novamente que o conceito de abuso de direito é construído a partir de conceitos legais indeterminados ou cláusulas gerais, que são as expressões fim social e econômico, boa-fé – no caso, aquela de natureza objetiva – e bons costumes, presentes no art. 187 do Código. Por óbvio que essas locuções, abertas e dinâmicas, devem ser preenchidas caso a caso, o que amplia em muito o conceito, com incidência nos mais diversos ramos jurídicos. A par dessa situação, frise-se que a doutrina majoritária tem afirmado que foi adotado pelo dispositivo um critério objetivo-finalístico a conduzir a uma responsabilidade objetiva ou sem culpa daquele que age em abuso de direito (Enunciado n. 37 da *I Jornada de Direito Civil*).

Existem trabalhos nacionais importantes que pretendem a incidência do art. 187 do Código Civil nas relações familiares, entre os quais se destaca outro livro de Inácio de Carvalho Neto.[49] Cita ele vários exemplos de incidência do abuso do direito nas relações familiares, tais como: *a)* abuso de direito pelo marido na escolha do domicílio conjugal; *b)* abuso do direito de visita dos avós que passam a ter os netos em sua companhia; *c)* mudança abusiva de domicílio do cônjuge separado ou divorciado que detém a guarda dos filhos menores ou inválidos, obstando a convivência do outro genitor; *d)* abuso de direito processual no pedido de separação judicial culposa; *e)* abuso do direito de impedir o casamento dos filhos menores; *f)* incidência da teoria do abuso nos atos de prodigalidade do cônjuge; *g)* abuso de direito na utilização do nome do ex-cônjuge, com claro intuito de lesioná-lo.[50]

Outra incidência da construção parece dizer respeito às esposas ou companheiras que enganam os maridos ou companheiros quanto à parentalidade (*engano quanto à prole*). Como já afirmei, inspirado na jornalista Ruth de Aquino, são as atitudes das *Capitus pós-modernas*, pois acredito que o livro *Dom Casmurro* revele uma situação de traição.[51] O caso é de aplicação da boa-fé objetiva para o reconhecimento de filhos, subsumindo-se a cláusula geral constante do art. 187 da codificação privada, podendo o homem enganado pleitear indenização por danos, se o engano gerar um prejuízo imaterial ou mesmo psíquico.

---

[48] LIMONGI FRANÇA, Rubens. *Enciclopédia Saraiva de Direito*, cit., p. 45.
[49] CARVALHO NETO, Inácio. *Abuso do direito*, cit., p. 225-233. Merece ser citado, ainda, o trabalho de Marcos Jorge Catalan, *Primeiras reflexões sobre o abuso de direito nas relações familiares*, apresentado no *VI Congresso Brasileiro de Direito de Família*, em Belo Horizonte, no ano de 2007, publicado nos Anais do evento.
[50] CARVALHO NETO, Inácio. *Abuso do direito*, cit., p. 225-233.
[51] Conforme desenvolvi anteriormente em: TARTUCE, Flávio. As verdades parentais e a ação vindicatória de filho, cit., p. 29-49.

Nessa esteira, a jurisprudência do Superior Tribunal de Justiça tem entendido pela possibilidade de os maridos enganados pleitearem reparação por danos morais pelo grave engano. Como primeiro precedente sobre o assunto, colaciona-se:

"Responsabilidade civil. Dano moral. Marido enganado. Alimentos. Restituição. A mulher não está obrigada a restituir ao marido os alimentos por ele pagos em favor da criança que, depois se soube, era filha de outro homem. A intervenção do Tribunal para rever o valor da indenização pelo dano moral somente ocorre quando evidente o equívoco, o que não acontece no caso dos autos. Recurso não conhecido" [STJ, REsp 412.684/SP (200200032640), REsp 463.280, 4.ª Turma, Rel. Min. Ruy Rosado de Aguiar, j. 20.08.2002, data da publicação 25.11.2002, veja: (Pensão alimentícia. Irrepetibilidade e incompensabilidade) STJ, REsp 25.730/SP (*RT* 697/202)].

Como se extrai da ementa transcrita, a reparação por danos morais acaba sendo uma alternativa para os casos em que o enganado pagou alimentos àquele que não era o seu filho. Por certo, não poderá pleitear os alimentos pagos, pois eles são irrepetíveis, não cabendo a ação de repetição de indébito (*actio in rem verso*), uma vez que são os alimentos fundados em matéria de ordem pública e "não há lugar, em caso algum, à restituição dos alimentos provisórios recebidos".[52]

Contudo, sem dúvida, como a esposa age de *má-fé objetiva* – sabendo, na maioria das vezes, que o marido não é o pai do seu filho –, entra em cena a incidência do conceito de abuso de direito, com a consequente reparação civil. No mesmo sentido, vejamos outros dois arestos do Tribunal da Cidadania, com mesma conclusão, pela reparação civil do homem enganado:

"Recurso especial. Direito Civil e Processual. Danos materiais e morais. Alimentos. Irrepetibilidade. Descumprimento do dever de fidelidade. Omissão sobre a verdadeira paternidade biológica de filho nascido na constância do casamento. Dor moral configurada. Redução do valor indenizatório. 1. Os alimentos pagos a menor para prover as condições de sua subsistência são irrepetíveis. 2. O elo de afetividade determinante para a assunção voluntária da paternidade presumidamente legítima pelo nascimento de criança na constância do casamento não invalida a relação construída com o pai socioafetivo ao longo do período de convivência. 3. O dever de fidelidade recíproca dos cônjuges é atributo básico do casamento e não se estende ao cúmplice de traição a quem não pode ser imputado o fracasso da sociedade conjugal por falta de previsão legal. 4. O cônjuge que deliberadamente omite a verdadeira paternidade biológica do filho gerado na constância do casamento viola o dever de boa-fé, ferindo a dignidade do companheiro (honra subjetiva) induzido a erro acerca de relevantíssimo aspecto da vida que é o exercício da paternidade, verdadeiro projeto de vida. 5. A família é o centro de preservação da pessoa e base mestra da sociedade (art. 226, CF/88) devendo-se preservar no seu âmago a intimidade, a reputação e a autoestima dos seus membros. 6. Impõe-se a redução do valor fixado a título de danos morais por representar solução coerente com o sistema. 7. Recurso

---

[52] CAHALI, Yussef Said. *Dos alimentos*. 5. ed. São Paulo: RT, 2006. p. 106.

especial do autor desprovido; recurso especial da primeira corré parcialmente provido e do segundo corréu provido para julgar improcedente o pedido de sua condenação, arcando o autor, neste caso, com as despesas processuais e honorários advocatícios" (REsp 922.462/SP, 3.ª Turma, Rel. Min. Ricardo Villas Bôas Cueva, j. 04.04.2013, *DJe* 13.05.2013).

"Direito Civil e Processual Civil. Recursos especiais interpostos por ambas as partes. Reparação por danos materiais e morais. Descumprimento dos deveres conjugais de lealdade e sinceridade recíprocos. Omissão sobre a verdadeira paternidade biológica. Solidariedade. Valor indenizatório. Exige-se, para a configuração da responsabilidade civil extracontratual, a inobservância de um dever jurídico que, na hipótese, consubstancia-se na violação dos deveres conjugais de lealdade e sinceridade recíprocos, implícitos no art. 231 do CC/16 (correspondência: art. 1.566 do CC/02). Transgride o dever de sinceridade o cônjuge que, deliberadamente, omite a verdadeira paternidade biológica dos filhos gerados na constância do casamento, mantendo o consorte na ignorância. Desconhecimento do fato de não ser o pai biológico dos filhos gerados durante o casamento atinge a honra subjetiva do cônjuge, justificando a reparação pelos danos morais suportados. A procedência do pedido de indenização por danos materiais exige a demonstração efetiva de prejuízos suportados, o que não ficou evidenciado no acórdão recorrido, sendo certo que os fatos e provas apresentados no processo escapam da apreciação nesta via especial (...)" (STJ, REsp 742.137/RJ, 3.ª Turma, Rel. Min. Nancy Andrighi, j. 21.08.2007, *DJ* 29.10.2007, p. 218).

O desrespeito à boa-fé é flagrante pela aplicação do conceito parcelar da máxima *tu quoque*, apontada pelo Direito Comparado como fórmula que veda que a pessoa crie uma situação para dela tirar proveito.[53] A *tu quoque* ainda é relacionada pela doutrina com a *regra de ouro*, que enuncia: não faça com o outro o que você não faria contra si mesmo.[54]

A questão merece ser debatida diante da entrada em vigor da Lei n. 11.804, de 05.11.2008, conhecida como *Lei dos Alimentos Gravídicos*, disciplinando o direito de alimentos da mulher gestante (art. 1.º). Os citados *alimentos gravídicos*, nos termos da lei, devem compreender os valores suficientes para cobrir as despesas adicionais do período de gravidez e que sejam dela decorrentes, da concepção ao parto, inclusive as referentes a alimentação especial, assistência médica e psicológica, exames complementares, internações, parto, medicamentos e demais prescrições preventivas e terapêuticas indispensáveis, a juízo do médico, além de outras que o juiz considere como pertinentes (art. 2.º). Em verdade, a norma emergente em nada inova, diante dos vários julgados anteriores que deferiam alimentos durante a gravidez ao nascituro (por todos: TJMG, Agravo 1.0000.00.207040-7/000, 4.ª Câmara Cível, Araxá, Rel. Des. Almeida Melo, j. 1.º.03.2001, *DJMG* 05.04.2001).

---

[53] "A fórmula *tu quoque* traduz, com generalidade, o aflorar de uma regra pela qual a pessoa que viole uma norma jurídica poderia, sem abuso, exercer a situação jurídica que essa mesma norma lhe tivesse atribuído" (MENEZES CORDEIRO, António Manuel da Rocha. *A boa-fé no Direito Civil*, cit., p. 837).

[54] GODOY, Claudio Luiz Bueno de. *Função social do contrato*. De acordo com o novo Código Civil, cit., p. 88.

Destacam-se também as manifestações doutrinárias de tutela dos direitos do nascituro, como é o caso da pioneira Silmara Juny Chinellato.[55] A professora da Universidade de São Paulo, uma das maiores especialistas no assunto em língua portuguesa, critica a criação do neologismo *alimentos gravídicos*, merecendo destaque as suas palavras para as devidas reflexões: "a recente Lei n. 11.804, de 5 de novembro de 2008, que trata dos impropriamente denominados 'alimentos gravídicos' – desnecessário e inaceitável neologismo, pois alimentos são fixados para uma pessoa, e não para um estado biológico da mulher –, desconhece que o titular do direito a alimentos é o nascituro, e não a mãe, partindo de premissa errada, o que repercute no teor da lei".[56]

Tem razão a jurista, uma vez que a norma novel despreza toda a evolução científica e doutrinária no sentido de reconhecer os direitos do nascituro, principalmente aqueles de natureza existencial, fundados na sua personalidade. Desse modo, seria melhor que a lei fosse denominada *lei dos alimentos do nascituro*, ou algo próximo. O projeto de Reforma do Código Civil pretende incluir na codificação privada esse tratamento, com a denominação "dos alimentos devidos ao nascituro e à gestante" (novos arts. 1.701-A a 1.701-C).

Para os fins deste livro, que trata da responsabilidade civil, merece comentários o veto da previsão projetada no art. 10 para a lei, que assim dispunha: "em caso de resultado negativo do exame pericial de paternidade, o autor responderá, objetivamente, pelos danos materiais e morais causados ao réu. Parágrafo único. A indenização será liquidada nos próprios autos".

O comando proposto foi vetado pelo Presidente da República, uma vez que criaria, supostamente de forma inconveniente, uma nova hipótese de responsabilidade objetiva, ou seja, sem culpa, da mulher que engana o homem quanto à paternidade.[57]

Por todo o raciocínio aqui exposto, entendo que o veto em nada muda a solução que deve ser dada aos casos de enganos cientes na gravidez, mormente das esposas com relação aos seus maridos. Pela violação da boa-fé objetiva e pelo flagrante abuso de direito, haverá o seu dever de indenizar. E, conforme já mencionado, segundo a melhor doutrina, o abuso de direito gera uma responsabilidade objetiva, sem culpa do *agente abusador*, pois essa deve ser a consequência quando a boa-fé objetiva não é atendida ou respeitada.

Entretanto, não se olvide que há posição contrária, pois muitos doutrinadores sustentam haver necessidade de prova de culpa ou dolo daquela que engana o marido ou companheiro quanto à paternidade. Por todos, aduz Pablo Stolze Gagliano que "é inequívoca a possibilidade de haver responsabilidade civil

---

[55] CHINELLATO, Silmara Juny de Abreu. *A tutela civil do nascituro*. São Paulo: Saraiva, 2001.
[56] CHINELLATO, Silmara Juny de Abreu (Coord.). *Código Civil interpretado*. 2. ed. São Paulo: Manole, 2009. p. 29.
[57] Razões do veto: "Trata-se de norma intimidadora, pois cria hipótese de responsabilidade objetiva pelo simples fato de se ingressar em juízo e não obter êxito. O dispositivo pressupõe que o simples exercício do direito de ação pode causar dano a terceiros, impondo ao autor o dever de indenizar, independentemente da existência de culpa, medida que atenta contra o livre exercício do direito de ação".

decorrente da falsa imputação da paternidade, verificada no âmbito judicial ou não, desde que demonstrada a atuação dolosa do sujeito infrator. Trata-se de responsabilidade subjetiva, e que, se ocorrida no bojo de uma demanda, caracterizará má-fé processual".[58] Como se pode notar, o jurista posiciona-se de forma totalmente oposta ao que aqui defendi, pois haveria a necessidade de prova do dolo da pessoa que engana outrem.

9. RESPONSABILIDADE PRÉ-NEGOCIAL NO CASAMENTO. A QUEBRA DE PROMESSA DE CASAMENTO. A APLICAÇÃO DA BOA-FÉ OBJETIVA

Seguindo o estudo da responsabilidade civil aplicada ao âmbito familiar, será exposta e debatida a *responsabilidade pré-negocial no casamento*, ou seja, sobre a quebra de promessa de casamento como fato gerador do dever de indenizar, inclusive por danos morais. A quebra dessa promessa ocorre, muitas vezes, quando se estabelece um compromisso de noivado, de modo a fazer surgir o *dever de indenizar nos esponsais*, matéria, aliás, tratada pelo Código Civil alemão (BGB), nos seus §§ 1.297 a 1.302 (*Verlöbnis*).

A possibilidade de reparação nesse caso vem sendo abordada pela doutrina e pela jurisprudência também no Brasil, havendo posicionamentos em ambos os sentidos. De todo modo, cabe esclarecer que não se trata de indenização pretendida em decorrência de vínculo familiar, pois, no caso de noivado, este ainda não existe. Apesar dessa afirmação, entendo que o melhor capítulo para tratar o tema é este.

Entre os que são favoráveis à indenização nessas situações, pode ser citado Inácio de Carvalho Neto, que lembra o fato de que nosso "Código, ao contrário dos Códigos alemão, italiano, espanhol, peruano e canônico, não regula sequer os efeitos do descumprimento da promessa". No entanto, para esse autor, "isto não impede que se possa falar em obrigação de indenizar nestes casos, com base na regra geral da responsabilidade civil. Como afirma Yussef Cahali, optou-se por deixar a responsabilidade civil pelo rompimento da promessa sujeita à regra geral do ato ilícito".[59] Na esteira das palavras transcritas, entendo ser plenamente possível a indenização de danos morais em decorrência da quebra da promessa de casamento futuro por um dos noivos.

Em sentido contrário, Maria Berenice Dias considera que, em casos tais, são indenizáveis somente os danos emergentes, os prejuízos diretamente causados pela quebra do compromisso. Para essa doutrinadora, não há que falar em danos morais ou mesmo em lucros cessantes. São suas palavras:

> "Falando em dano moral e ressarcimento pela dor do fim do sonho acabado, o término de um namoro também poderia originar responsabilidade por dano moral. Porém, nem a ruptura do noivado, em si, é fonte de responsabilidade.

---

[58] GAGLIANO, Pablo Stolze. A responsabilidade civil pela falsa imputação de paternidade. In: MADALENO, Rolf; BARBOSA, Eduardo (Coord.). *Responsabilidade civil no direito de família*. São Paulo: Atlas, 2015. p. 345.

[59] CARVALHO NETO, Inácio de. *Responsabilidade civil no direito de família*, cit., p. 401.

O noivado recebia o nome de esponsais e era tratado como uma promessa de contratar, ou seja, a promessa do casamento, que poderia ensejar indenização. Quando se dissolve o noivado, com alguma frequência é buscada a indenização não só referente aos gastos feitos com os preparativos do casamento, que se frustrou, mas também aos danos morais. Compete à parte demonstrar as circunstâncias prejudiciais em face das providências porventura tomadas em vista da expectativa do casamento. Não se indenizam lucros cessantes, mas tão somente os prejuízos diretamente causados pela quebra do compromisso, a outro título que não o de considerar o casamento como um negócio, uma forma de obter o lucro ou vantagem. Esta é a postura que norteia a jurisprudência".[60]

O que se percebe é que há forte corrente doutrinária que entende não se poder falar em responsabilidade civil por danos morais nas relações familiares. De fato, não se pode afirmar que o casamento é fonte de lucro, conforme aduz a doutrinadora gaúcha por último citada. Sendo assim, não há como ressarcir lucros cessantes.

Todavia, ao contrário, reafirmo ser viável a reparação dos danos morais nos casos que envolvem a quebra da promessa de casamento. Mais uma vez, a complexidade das relações pessoais recomenda a análise caso a caso.

Especificamente sobre a quebra de promessa de casamento futuro, é forçoso concluir que, no Código Civil de 2002, o dever de indenizar surge não com base no art. 186, que trata do *ato ilícito puro*, mas com fundamento no art. 187, que disciplina o abuso de direito como ilícito equiparado. Esse é o ponto de divergência entre o meu posicionamento e o da maioria da doutrina, que reconhece o dever de indenizar nessas situações em decorrência do ato ilícito propriamente dito.

Partindo para a prática, na jurisprudência, podem ser encontrados julgados que apontam para a reparabilidade dos danos morais em casos tais. Por todos, colaciono os seguintes:

"Apelação cível. Ação de indenização por danos materiais e morais em razão de rompimento de promessa de casamento. Pretensão acolhida somente quanto ao pleito referente aos danos extrapatrimoniais. Irresignação do réu buscando a repartição das despesas relacionadas ao casamento não realizado. Falta de alegação e comprovação das despesas exclusivamente suportadas. Impossibilidade. Danos materiais. Necessidade de comprovação. Inexistência de prova. Recurso conhecido e improvido. Decisão unânime. I – *In casu*, é fato incontroverso que foi o requerido quem deu causa, voluntariamente, ao rompimento do noivado, devendo, pois, ser responsabilizado pelos prejuízos sofridos pela parte autora, os quais restaram devidamente comprovados nos autos. II – Outrossim, não tendo o réu/apelante apontado quais despesas pagou sozinho e que deveriam ser repartidas, improcede o reclamo recursal, posto que é sabido que o dano material tem que ser devidamente provado e não presumido. III – Vencido em parte no processo de conhecimento, o recorrente teve seu recurso de apelação desprovido, restando mantida a deci-

---

[60] DIAS, Maria Berenice. *Manual de direito das famílias*, cit., p. 118.

são impugnada. Cabível, por certo, a majoração dos honorários advocatícios, nos termos do art. 85, § 11, do CPC" (TJSE, Apelação Cível 201600824870, Acórdão 23957/2016, 2.ª Câmara Cível, Rel. Des. Alberto Romeu Gouveia Leite, j. 06.12.2016, *DJSE* 13.12.2016).

"Apelação cível. Ação de indenização por danos morais e materiais c.c. extinção de condomínio. Sentença *ultra petita*. Ruptura de noivado. Enganação. Danos morais configurados. Imóvel financiado. Interesse da Caixa Econômica Federal. Extinção de condomínio prejudicada. É defeso ao juiz proferir sentença decidindo além do pedido inicial, sob pena de nulidade parcial da sentença. A ruptura do noivado, embora cause sofrimento e angústia ao nubente, por si só, não gera o dever de indenizar, pois, não havendo mais o vínculo afetivo, não faz sentido que o casal dê prosseguimento ao relacionamento. Todavia, se o rompimento do noivado ocorreu de forma extraordinária, em virtude de enganação, por meio de promessas falsas e mentiras desprezíveis, causando dor e humilhação na noiva abandonada, configuram-se os danos morais. (...)" (TJMG, Apelação Cível 1.0701.12.031001-9/001, Rel. Des. Rogério Medeiros, j. 16.06.2016, *DJEMG* 24.06.2016).

"Responsabilidade civil. Rompimento de noivado às vésperas do casamento. Falta de motivo justo, gerando responsabilidade e indenização. Dano moral. Configuração. Valor da indenização fixado moderadamente. Reconvenção improcedente em face da culpa do réu pelo rompimento. Recurso da apelante provido e do apelado desprovido. O noivado não tem sentido de obrigatoriedade. Pode ser rompido de modo unilateral até o momento da celebração do casamento, mas a ruptura imotivada gera responsabilidade civil, inclusive por dano moral, cujo valor tem efeito compensatório e repressivo, por isto deve ser em quantia capaz de representar justa indenização pelo dano sofrido" (TJPR, Acórdão 4.651, Apelação Cível, 3.ª Vara Cível, 5.ª Câmara Cível, Londrina, Rel. Des. Antonio Gomes da Silva, Publicação 13.03.2000).

Também foram encontradas decisões que afastam totalmente a possibilidade de reparação dos danos morais por quebra de noivado:

"Apelação. Ação de indenização. Fim de noivado. Dano material e moral. Não comprovação. Segundo dispõe o artigo 333, inciso I, do Código de Processo Civil, incumbe ao autor o ônus de provar o fato constitutivo do direito pleiteado. Ausentes os requisitos do art. 186 do Código Civil, não é o caso de incidência de danos morais e materiais, ainda mais quando a parte autora não se incumbiu de provar os fatos alegados. Meros dissabores e frustrações advindas do rompimento do noivado não ensejam a condenação em indenização" (TJMG, Apelação Cível 1.0024.10.124748-4/001, Rel. Des. Pedro Aleixo, j. 16.02.2017, *DJEMG* 06.03.2017).

"Ilegitimidade de parte. Ativa. Ocorrência. Dano material. Prejuízo relativo a despesas realizadas em virtude da celebração do matrimônio da autora suportadas pelo seu progenitor. Hipótese em que deve ser proposta demanda em nome próprio. Recurso do réu provido. Indenização. Responsabilidade civil. Dano moral. Inocorrência. Autora que se iludiu com promessa de casamento. Caso de mera suscetibilidade, que não traduz dano. Ausência de ilicitude do comportamento. Verba indevida. Sentença reformada. Recurso do réu provido, prejudicado o da autora. Sucumbência. Recíproca. Ação e reconvenção julgadas improcedentes. Aplicação do artigo 21 do CPC. Repartição das custas e honorários. Recurso do réu provido, prejudicado o da autora" (TJSP, Apelação com Revisão 676.082.4/3, Acórdão 4204065, 6.ª Câmara de Direito Privado, Maracaí, Rel. Des. Vito Guglielmi, j. 19.11.2009, *DJESP* 18.12.2009).

"Responsabilidade civil. Danos morais e materiais. Rompimento de noivado. Os atos do noivo não evidenciaram vontade contrária ao de contrair matrimônio, sendo obrigado a ressarcir a noiva nos gastos efetuados com a cerimônia religiosa. A promessa de casamento, baseada no compromisso amoroso entre o homem e a mulher, é eivada de subjetivismo e riscos, sendo que a sua ruptura não pode acarretar dano moral indenizável. Recurso parcialmente provido" (TJSP, Apelação 386.368.4/0, Acórdão 3596890, 9.ª Câmara de Direito Privado, São Paulo, Rel. Des. José Luiz Gavião de Almeida, j. 14.04.2009, *DJESP* 09.06.2009).

Em continuidade, alguns arestos reconhecem apenas os danos materiais decorrentes da não realização do casamento, como as despesas com a festa, que acabou não ocorrendo. Nesse sentido, por todos:

"Responsabilidade civil. Indenização por danos materiais e morais. Rompimento do noivado pelo réu dez dias antes da celebração do casamento. Danos materiais. Ressarcimento. Admissibilidade. Exclusão dos supostos gastos realizados pelo varão com o cartão de crédito da autora, não demonstrados e divisão igualitária das despesas efetivamente já adiantadas. Danos morais. Afastamento. Direito do noivo de repensar sua vida antes de contrair matrimônio. Pequeno período de duração do namoro. Ausência de situação vexatória, ou humilhante. Apelo parcialmente provido" (TJSP, Apelação 0005378-26.2011.8.26.0462, Acórdão 8107600, 9.ª Câmara de Direito Privado, Poá, Rel. Des. Galdino Toledo Junior, j. 16.12.2014, *DJESP* 20.01.2015).

Por fim, há ementas que afastam o dever de indenizar em casos determinados, em que os danos não estão evidenciados, mas reconhecem a reparabilidade dos danos morais por quebra de promessa de noivado, especialmente se o fato ocorrer às vésperas da cerimônia, causando humilhação à outra parte:

"Apelação cível. Rompimento de noivado. Indenização por danos materiais e morais. Não cabimento. Ausência de dano moral. Falta de prova de dano material. A simples ruptura de um noivado não pode ser causa capaz de configurar dano moral indenizável, salvo em hipóteses excepcionais, em que o rompimento ocorra de forma anormal e que ocasione, realmente, à outra pessoa uma situação vexatória, humilhante e desabonadora de sua honra, o que, no caso dos autos, como visto, não ocorreu. Não se há de falar em indenização por dano material, no caso de rompimento de noivado, se não há prova nos autos de culpa de quem quer que seja pelo rompimento havido e sequer das despesas realmente feitas com a preparação da cerimônia" (TJMG, Apelação Cível 1.0480.12.016815-2/001, Rel. Des. Evandro Lopes da Costa Teixeira, j. 03.12.2015, *DJEMG* 15.12.2015).

"Noivado. Rompimento. Dano moral e material. Descaracterização. Somente se caracteriza a ocorrência do dano moral indenizável em decorrência de rompimento de noivado, quando este se verifica às vésperas da data do casamento. Não se configura a ocorrência de danos materiais decorrentes de despesas contraídas em virtude da declaração da data do casamento, quando, após o rompimento, os bens adquiridos permaneceram de posse da parte autora. Recurso não provido" (TAMG, Acórdão 0382351-0, Apelação Cível, 2002, 2.ª Câmara Cível, Belo Horizonte/Siscon, Rel. Juiz Alberto Aluizio Pacheco de Andrade, j. 20.05.2003, dados de publicação: não publicada, unânime).

Conforme pesquisa realizada para esta obra, o que se tem percebido, na prática jurisprudencial, é a prevalência de julgados que afastam a reparação dos danos morais nos casos de quebra de promessa de casamento. Na verdade, diante da casuística, é preciso conciliar todos esses entendimentos jurisprudenciais para chegar a uma conclusão plausível dentro das circunstâncias fáticas a ser analisadas. Em suma, a questão não pode ser generalização, como ocorre muitas vezes na prática, infelizmente.

Repise-se que, para a primeira corrente exposta, é possível a reparação de danos morais, se a não celebração do casamento prometido causar lesão psicológica ao noivo ou ao namorado, especialmente se a ruptura ocorrer às vésperas da cerimônia. A propósito, quando de sua exposição no *V Congresso Brasileiro do IBDFAM* no dia 27.10.2005, Jones Figueirêdo Alves, ao discorrer sobre o abuso de direito, utilizou uma expressão que, aqui, serve como uma luva: *estelionato do afeto*.[61]

Concorda-se com a afirmação segundo a qual a mera quebra da promessa não gera, por si só, o dano moral. Ademais, não há confundir o dano moral com os meros aborrecimentos que a pessoa sofre no seu dia a dia. No entanto, em alguns casos, os danos morais podem estar configurados, principalmente naqueles em que a pessoa é substancialmente enganada pela outra parte envolvida, a qual desrespeita toda a confiança depositada sobre si. Cite-se, a esse propósito, o rumoroso caso julgado pelo Tribunal de Minas Gerais a seguir colacionado:

"Apelação cível. Indenização por danos materiais e morais. Noivado desfeito às vésperas do casamento. Traição. Danos materiais e morais caracterizados. Dever de indenizar. A vida em comum impõe aos companheiros restrições que devem ser seguidas para o bom andamento da vida do casal e do relacionamento, sendo inconteste o dever de fidelidade mútua. O término de relacionamento amoroso, embora seja fato natural da vida, gerará dever de indenizar por danos materiais e morais, conforme as circunstâncias que ensejaram o rompimento. São indenizáveis danos morais e materiais causados pelo noivo flagrado pela noiva mantendo relações sexuais com outra mulher, na casa em que moravam, o que resultou no cancelamento do casamento marcado para dias depois e dos serviços contratados para a cerimônia. Recurso não provido" (TJMG, Apelação Cível 5298117-04.2007.8.13.0024, 10.ª Câmara Cível, Belo Horizonte, Rel. Des. Mota e Silva, j. 31.08.2010, *DJEMG* 21.09.2010).

---

[61] Sobre o tema: ALVES, Jones Figueirêdo. Abuso de direito no direito de família, cit.

Em outra hipótese fática, pode gerar dano moral a situação em que o noivo transmite à noiva uma doença sexualmente transmissível, sendo esse o motivo da ruptura? Sem dúvida, estará presente o seu dever de indenizar, na linha de outros arestos aqui transcritos, que dizem respeito à responsabilidade civil na conjugalidade.

Imagine-se, ainda, outra situação que há tempos utilizo em minhas aulas: em uma pacata cidade do interior de Minas Gerais, Tício namora Madalena há cerca de dez anos, típico namoro longo de uma cidade do interior. Depois de muito tempo, Tício resolve fazer a promessa de casamento. As famílias fazem uma grande festa de noivado, em que Tício pede oficialmente a *mão* da namorada e marca o casamento para um ano depois. Todos os preparativos são feitos, o pai da noiva paga todas as despesas da festa e da celebração do casamento, os convites são distribuídos para todos os amigos das famílias, os padrinhos são convocados, os presentes são entregues.

No dia e no local marcado para a celebração das núpcias, toda a comunidade local comparece: autoridades, familiares, padrinhos, imprensa, colunistas sociais. A Igreja Matriz da cidade está toda decorada. Na iminência do casamento, no mesmo dia, o noivo manda um mensageiro com um bilhete assinado dizendo que não vai mais casar, pois não ama a noiva, mas outra mulher. Nessa situação, o noivo não terá o dever de reparar o dano sofrido? Não estará caracterizado o dano moral à noiva, além dos danos materiais suportados por seu pai? Acredito que sim. Na situação extrema, o dano moral será reparável sempre.

Além dessas ilustrações, muitas outras poderiam surgir. Por isso recomenda-se a análise caso a caso, à luz da boa-fé objetiva, da eticidade. De qualquer forma, merece destaque a ressalva anterior sobre o fundamento jurídico da reparação moral em casos tais. Com todo o respeito, reitere-se, não se segue o entendimento pelo qual a reparação está motivada no art. 186 do atual Código Civil, dispositivo que conceitua o ato ilícito.

Isso porque não há falar em lesão ou violação de direitos quando alguém não celebra o casamento prometido, pois a promessa de casamento não vincula a sua celebração futura. Assim, não há um ato ilícito indenizante propriamente dito. O dever de indenizar, em casos tais, decorre do abuso de direito, pelo desrespeito à boa-fé objetiva. Portanto, o dever de indenizar, nos moldes do art. 927, *caput*, do CC/2002, tem por fundamento o art. 187 da codificação material. Dessa forma, a conduta de abuso gera uma *responsabilidade pré-negocial casamentária* em virtude do desrespeito aos deveres anexos na fase anterior ao casamento. Trata-se de mais uma aplicação do princípio da boa-fé objetiva aos institutos familiares.

Aliás, se fosse adepto da corrente que aponta ser o casamento um contrato, defenderia que a quebra da promessa de noivado gera uma espécie de *responsabilidade pré-contratual,* conforme sustentam Pablo Stolze Gagliano e Rodolfo Pamplona Filho, chegando à conclusão pela reparação civil em casos tais.⁶² Lembro, a propósito, que o abuso de direito é *lícito pelo conteúdo e ilícito pelas consequências*, conforme conceituava Rubens Limongi França. No caso em questão, percebe-se que a promessa de um casamento futuro é perfeitamente lícita. No entanto, se a parte promitente abusar desse direito, ao desrespeitar os deveres que decorrem da boa-fé, presente estará o seu dever de indenizar.

Isso gera, sem dúvida, uma mudança de paradigma. Anote-se que a regra a respeito do dever de indenizar o ato ilícito continua sendo a responsabilização mediante culpa em sentido amplo, que engloba o dolo e a culpa estrita. Entretanto, como se sabe, em caso de abuso de direito ou de quebra dos deveres anexos, a responsabilidade não depende de culpa, pelo que consta do sempre citado Enunciado n. 37 do Conselho da Justiça Federal, aprovado na *I Jornada de Direito Civil*. É justamente isso que pode ocorrer na quebra da promessa de noivado ou de casamento futuro em algumas situações.

Concluindo, vislumbra-se que a boa-fé objetiva dá um novo tratamento à matéria, pois a quebra de promessa de casamento futuro deve ser encarada como uma quebra do dever de lealdade, que é inerente a qualquer negócio jurídico celebrado, inclusive ao casamento.

10. RESPONSABILIDADE CIVIL POR ABANDONO AFETIVO. RESPONSABILIDADE CIVIL NA PARENTALIDADE

Como antes desenvolvido, a responsabilidade civil no Direito de Família projeta-se para além das relações de casamento ou de união estável, sendo possível a sua incidência na parentalidade, ou seja, nas relações entre pais e filhos. Uma das situações em que isso ocorre diz respeito à responsabilidade civil por *abandono afetivo*, também denominado *abandono paterno-filial* ou *teoria do desamor*.

Trata-se de aplicação do princípio da solidariedade social ou familiar, previsto no art. 3.º, inc. I, da Constituição Federal, de forma imediata, a uma relação privada. Como explica Rodrigo da Cunha Pereira, precursor da tese que admite tal indenização, "o exercício da paternidade e da maternidade – e, por conseguinte, do estado de filiação – é um bem indisponível para o Direito de Família, cuja ausência propositada tem repercussões e consequências psíquicas sérias, diante das quais a ordem legal/constitucional deve amparo, inclusive, com imposição de sanções, sob pena de termos um Direito acéfalo e inexigível".⁶³ O jurista também fundamenta a eventual reparabilidade pelos danos sofridos em casos tais na dignidade da pessoa humana:

> "O Direito de Família somente estará em consonância com a dignidade da pessoa humana se determinadas relações familiares, como o vínculo entre pais e filhos, não forem permeadas de cuidado e de responsabilidade, independentemente da relação entre os pais, se forem casados, se o filho nascer de

---

⁶² GAGLIANO, Pablo Stolze; PAMPLONA FILHO, Rodolfo. Novo *curso de Direito Civil*. Direito de família, cit., p. 137.
⁶³ PEREIRA, Rodrigo da Cunha. Responsabilidade civil por abandono afetivo. In: MADALENO, Rolf; BARBOSA, Eduardo (Coord.). *Responsabilidade civil no direito de família*. São Paulo: Atlas, 2015. p. 401.

uma relação extraconjugal, ou mesmo se não houver conjugalidade entre os pais, se ele foi planejado ou não. (...). Em outras palavras, afronta o princípio da dignidade humana o pai ou a mãe que abandona seu filho, isto é, deixa voluntariamente de conviver com ele".[64]

Para ele, acrescente-se, além da presença de danos morais, pode-se cogitar uma indenização suplementar, pela presença da perda da chance de convivência com o pai.[65]

O doutrinador e presidente Nacional do IBDFAM atuou na primeira ação judicial em que se reconheceu a indenização extrapatrimonial por abandono filial, conhecida como *caso Alexandre Fortes*. Na ocasião, o então Tribunal de Alçada de Minas Gerais condenou um pai a pagar indenização de duzentos salários mínimos a título de danos morais ao filho, por não ter com ele convivido. A ementa dessa emblemática decisão foi assim publicada:

"Indenização. Danos morais. Relação paterno-filial. Princípio da dignidade da pessoa humana. Princípio da afetividade. A dor sofrida pelo filho, em virtude do abandono paterno, que o privou do direito à convivência, ao amparo afetivo, moral e psíquico, deve ser indenizável, com fulcro no princípio da dignidade da pessoa humana" (Vistos, relatados e discutidos estes autos de Apelação Cível 408.550-5 da Comarca de Belo Horizonte. Acorda, em Turma, a Sétima Câmara Cível do Tribunal de Alçada do Estado de Minas Gerais dar provimento. Presidiu o julgamento o Juiz José Affonso da Costa Côrtes e dele participaram os Juízes Unias Silva, relator, D. Viçoso Rodrigues, revisor, e José Flávio Almeida, vogal).

Filiando-se ao julgado mineiro e à possibilidade de indenização em casos semelhantes está a Professora Giselda Maria Fernandes Novaes Hironaka, uma das maiores juristas deste país na atualidade, expoente não só do Direito de Família, mas também da Responsabilidade Civil. Vejamos as suas lições:

"A responsabilidade dos pais consiste principalmente em dar oportunidade ao desenvolvimento dos filhos, consiste principalmente em ajudá-los na construção da própria liberdade. Trata-se de uma inversão total, portanto, da ideia antiga e maximamente patriarcal de pátrio poder. Aqui, a compreensão baseada no conhecimento racional da natureza dos integrantes de uma família quer dizer que não há mais fundamento na prática da coisificação familiar (...). Paralelamente, significa dar a devida atenção às necessidades manifestadas pelos filhos em termos, justamente, de afeto e proteção. Poder-se-ia dizer, assim, que uma vida familiar na qual os laços afetivos são atados por sentimentos positivos, de alegria e amor recíprocos, em vez de tristeza ou ódio recíprocos, é uma vida coletiva em que se estabelece não só a autoridade parental e a orientação filial, como especialmente a liberdade paterno-filial".[66]

---

[64] PEREIRA, Rodrigo da Cunha. Responsabilidade civil por abandono afetivo, cit., p. 406.
[65] PEREIRA, Rodrigo da Cunha. Responsabilidade civil por abandono afetivo, cit., p. 406-408.
[66] HIRONAKA, Giselda Maria Fernandes Novaes. Os contornos jurídicos da responsabilidade afetiva nas relações entre pais e filhos – Além da obrigação legal de caráter material. Disponível em: <www.flaviotartuce.adv.br>. Acesso em: 21 jun. 2017.

Entretanto, como se sabe, o Superior Tribunal de Justiça reformou essa decisão anterior do Tribunal de Minas Gerais, afastando o dever de indenizar no caso em questão, diante da ausência de ato ilícito, pois o pai não seria obrigado a amar o filho. A ementa do acórdão igualmente merece destaque:

> "Responsabilidade civil. Abandono moral. Reparação. Danos morais. Impossibilidade. 1. A indenização por dano moral pressupõe a prática de ato ilícito, não rendendo ensejo à aplicabilidade da norma do art. 159 do Código Civil de 1916 o abandono afetivo, incapaz de reparação pecuniária. 2. Recurso especial conhecido e provido" (STJ, REsp 757.411/MG (2005-0085464-3), Rel. Min. Fernando Gonçalves, votou vencido o Ministro Barros Monteiro, que dele não conhecia. Os Ministros Aldir Passarinho Junior, Jorge Scartezzini e Cesar Asfor Rocha votaram com o Ministro relator. Brasília, 29.11.2005, data de julgamento).

De qualquer modo, tal decisão do STJ não encerrou o debate quanto à indenização por *abandono afetivo*, que permanece na doutrina. No meu entendimento doutrinário, há que falar no dever de indenizar em casos tais, especialmente se houver um dano psíquico ensejador de dano moral, a ser demonstrado por prova psicanalítica. O desrespeito ao dever de convivência é muito claro, eis que o art. 1.634 do Código Civil impõe como atributos do poder familiar a direção da criação dos filhos e o dever de ter os filhos em sua companhia. Além disso, o art. 229 da Constituição Federal é cristalino ao estabelecer que os pais têm o dever de assistir, criar e educar os filhos menores. A redação da norma superior é a seguinte: "os pais têm o dever de assistir, criar e educar os filhos menores, e os filhos maiores têm o dever de ajudar e amparar os pais na velhice, carência ou enfermidade". Violado esse dever e sendo causado o dano, estar-se-á configurado o ato ilícito, nos exatos termos do que estabelece o art. 186 do Código Civil em vigor.

A propósito, demonstrando evolução quanto ao tema, surgiu, no ano de 2012, outra decisão do Superior Tribunal de Justiça em revisão à ementa anterior, ou seja, admitindo a reparação civil pelo abandono afetivo (caso *Luciane Souza*). A ementa foi assim publicada por esse Tribunal Superior (*Informativo* n. *496* da Corte):

> "Civil e processual civil. Família. Abandono afetivo. Compensação por dano moral. Possibilidade. 1. Inexistem restrições legais à aplicação das regras concernentes à responsabilidade civil e o consequente dever de indenizar/compensar no Direito de Família. 2. O cuidado como valor jurídico objetivo está incorporado no ordenamento jurídico brasileiro não com essa expressão, mas com locuções e termos que manifestam suas diversas desinências, como se observa do art. 227 da CF/1988. 3. Comprovar que a imposição legal de cuidar da prole foi descumprida implica reconhecer a ocorrência de ilicitude civil, sob a forma de omissão. Isso porque o *non facere*, que atinge um bem juridicamente tutelado, leia-se, o necessário dever de criação, educação e companhia – de cuidado –, importa em vulneração da imposição legal, exsurgindo, daí, a possibilidade de se pleitear compensação por danos morais por abandono psicológico. 4. Apesar das inúmeras hipóteses que minimizam

a possibilidade de pleno cuidado de um dos genitores em relação à sua prole, existe um núcleo mínimo de cuidados parentais que, para além do mero cumprimento da lei, garantam aos filhos, ao menos quanto à afetividade, condições para uma adequada formação psicológica e inserção social. 5. A caracterização do abandono afetivo, a existência de excludentes ou, ainda, fatores atenuantes – por demandarem revolvimento de matéria fática – não podem ser objeto de reavaliação na estreita via do recurso especial. 6. A alteração do valor fixado a título de compensação por danos morais é possível, em recurso especial, nas hipóteses em que a quantia estipulada pelo Tribunal de origem revela-se irrisória ou exagerada. 7. Recurso especial parcialmente provido" (STJ, REsp 1.159.242/SP, 3.ª Turma, Rel. Min. Nancy Andrighi, j. 24.04.2012, *DJe* 10.05.2012).

Em sua relatoria, a julgadora ressalta, de início, ser admissível aplicar o conceito de dano moral nas relações familiares, sendo despiciendo qualquer tipo de discussão a esse respeito, pelos naturais diálogos entre livros diferentes do Código Civil de 2002. Desse modo, supera-se totalmente a posição firmada no primeiro julgado superior sobre o tema, especialmente o que foi desenvolvido pelo então Ministro Asfor Rocha, conforme o trecho transcrito no início deste capítulo.

Para a Ministra Nancy Andrighi, tal dano moral estaria presente diante de uma obrigação inescapável dos pais de dar auxílio psicológico aos filhos. Aplicando a ideia do cuidado como valor jurídico, a julgadora deduz pela presença do ilícito e da culpa do pai pelo abandono afetivo, expondo a frase que passou a ser repetida nos meios sociais e jurídicos: "amar é faculdade, cuidar é dever". Concluindo pelo nexo causal entre a conduta do pai que não reconheceu voluntariamente a paternidade de filha havida fora do casamento e o dano a ela causado pelo abandono, a magistrada entendeu por reduzir o *quantum* reparatório fixado pelo Tribunal de Justiça de São Paulo, de R$ 415.000,00 para R$ 200.000,00.

Penso que esse último acórdão proferido pelo Superior Tribunal de Justiça representa correta concretização jurídica do princípio da solidariedade, sem perder de vista a função pedagógica que deve ter a responsabilidade civil. Espera-se, dessa forma, que esse último posicionamento prevaleça na nossa jurisprudência, visando a evitar que outros pais abandonem os seus filhos. No âmbito jurisprudencial, há ainda certa vacilação, com a existência de julgados que concluem pela presença de ato ilícito em casos tais, especialmente quando o dano estiver evidenciado. Todavia, existem muitos outros em sentido contrário, afastando a presença do ato ilícito e do dever de indenizar.

A título de exemplo, entendendo pela possibilidade de indenização, entre os acórdãos estaduais: "o pai apelante admitiu ter interrompido contato com a filha. Descumprimento do dever de convivência. Dano e nexo causal comprovado por estudo psicossocial. Abandono afetivo configurado. Reparação reduzida de dez para quatro mil reais, à luz do relativamente pequeno período de não abandono (a partir de fins de 2013) e da renda do pai apelante" (TJSP, Apelação 1001096-83.2014.8.26.0344, Acórdão 9941180, 7.ª Câmara de Direito

Privado, Marília, Rel. Des. Luiz Antonio Costa, j. 31.10.2016, *DJESP* 07.11.2016). Em complemento, cite-se interessante julgado que reconheceu indenização por *abandono materno-filial*:

> "O desfazimento da afetividade ao longo dos anos, independentemente dos motivos que lhe deram origem, fez com que a ré não só manejasse ação negatória de maternidade c/c anulação de registro civil, mas passasse a rejeitar e a tratar o autor desigualmente e com inferioridade, quer tentando excluí-lo da herança, seu objetivo maior; quer tentando retirar-lhe a maternidade e romper, por completo, o vínculo que existiu durante décadas. Tal conduta consubstancia, sem sombra de dúvidas, o ato ilícito" (TJSE, Apelação Cível 2012217038, Acórdão 15421/2013, 2.ª Câmara Cível, Rel. Des. Iolanda Santos Guimarães, j. 14.10.2013, *DJSE* 17.10.2013).

Entretanto, em sentido contrário, seguindo a primeira orientação do Tribunal da Cidadania: "por não haver nenhuma possibilidade de reparação a que alude o art. 186 do CC, que pressupõe prática de ato ilícito, não há como reconhecer o abandono afetivo como dano passível de reparação" (TJMG, Apelação Cível 1.0647.15.013215-5/001, Rel. Des. Saldanha da Fonseca, j. 10.05.2017, *DJEMG* 15.05.2017). Na mesma linha, sem prejuízo de muitas outras ementas: "a pretensão de indenização pelos danos sofridos em razão da ausência do pai não procede, haja vista que para a configuração do dano moral faz-se necessário prática de ato ilícito. Beligerância entre os genitores" (TJRS, Apelação Cível 0048476-69.2017.8.21.7000, 7.ª Câmara Cível, Teutônia, Rel. Des. Jorge Luís Dall'Agnol, j. 26.04.2017, *DJERS* 04.05.2017).

Na verdade, em pesquisa recente realizada por mim parecem prevalecer, no âmbito estadual, os julgamentos que afastam a indenização por abandono afetivo, em especial pela ausência de prova do dano e do nexo de causalidade. Por todos, transcrevo os seguintes:

> "A jurisprudência pátria vem admitindo a possibilidade de dano afetivo suscetível de ser indenizado, desde que bem caracterizada violação aos deveres extrapatrimoniais integrantes do poder familiar, configurando traumas expressivos ou sofrimento intenso ao ofendido. Inocorrência na espécie. Depoimentos pessoais e testemunhais altamente controvertidos. Necessidade de prova da efetiva conduta omissiva do pai em relação à filha, do abalo psicológico e do nexo de causalidade. Alegação genérica não amparada em elementos de prova. *Non liquet*, nos termos do artigo 373, I, do Código de Processo Civil, a impor a improcedência do pedido" (TJSP, Apelação 0006195-03.2014.8.26.0360, Acórdão 9689092, 10.ª Câmara de Direito Privado, Mococa, Rel. Des. J. B. Paula Lima, j. 09.08.2016, *DJESP* 02.09.2016).

Para afastar tal conclusão, recomendo que os pedidos sejam bem formulados, inclusive com a instrução ou realização de prova psicossocial do dano suportado pelo filho.

Acrescente-se que no próprio Superior Tribunal de Justiça existem acórdãos recentes que não admitem a reparação de danos por abandono afetivo antes do reconhecimento da paternidade. Desse modo, julgando: "alegada ocorrência de abandono afetivo antes do reconhecimento da paternidade. Não caracterização de ilícito. Precedentes" (STJ, AREsp 1.071.160/SP, 3.ª Turma, Rel. Min. Moura Ribeiro, *DJe* 19.06.2017) e "a Terceira Turma já proclamou que antes do reconhecimento da paternidade, não há se falar em responsabilidade por abandono afetivo" (STJ, Agravo Regimento no AREsp 766.159/MS, 3.ª Turma, Rel. Min. Moura Ribeiro, *DJe* 09.06.2016). Com o devido respeito, não me filio a tal forma de julgar, pois entendo que a indenização seria cabível também nessas hipóteses.

Na verdade, a jurisprudência do Superior Tribunal de Justiça, em sua atual composição, até tem entendido pela possibilidade de reparação dos danos morais por abandono afetivo, desde que comprovado o prejuízo imaterial suportado pela vítima. Conforme a afirmação n. 7, constante da Edição n. 125 da ferramenta *Jurisprudência em Teses* da Corte, publicada em 2019 e relativa ao dano moral, "o abandono afetivo de filho, em regra, não gera dano moral indenizável, podendo, em hipóteses excepcionais, se comprovada a ocorrência de ilícito civil que ultrapasse o mero dissabor, ser reconhecida a existência do dever de indenizar". Além disso, reafirme-se que somente se tem admitido o dano moral por abandono afetivo após o reconhecimento da paternidade, e não antes da sua ocorrência, como está na tese n. 8 da mesma publicação.

Outro *filtro* que tem sido utilizado pelo Tribunal Superior é a prescrição de três anos, prevista no art. 206, § 3.º, inc. V, do CC/2002, a contar da maioridade, como se extrai do seguinte acórdão, por todos: "hipótese em que a ação foi ajuizada mais de três anos após atingida a maioridade, de forma que prescrita a pretensão com relação aos atos e omissões narrados na inicial durante a menoridade. Improcedência da pretensão de indenização pelos atos configuradores de abandono afetivo, na ótica do autor, praticados no triênio anterior ao ajuizamento da ação" (STJ, REsp 1.579.021/RS, 4.ª Turma, Rel. Min. Maria Isabel Gallotti, j. 19.10.2017, *DJe* 29.11.2017).

Com o devido respeito, não estou filiado a essa forma de julgar, pois os danos decorrentes do abandono afetivo são continuados, não sendo o caso de falar em prescrição, por ausência de um termo inicial para a contagem do prazo. O tema é retomado no último capítulo deste livro.

Apesar dessas ressalvas verificadas na prática e voltando ao caso emblemático julgado pelo Superior Tribunal de Justiça no Recurso Especial 1.159.242/SP, e que admitiu a tese que aqui se expõe, conforme entrevista dada ao jornal *Folha de S. Paulo*, de 05.05.2012, a autora da ação, Luciane Souza, pretendia apenas um mínimo de atenção de seu pai, o que nunca foi alcançado. Diante das perdas imateriais irreparáveis que sofreu, não restava outro caminho que não o da indenização civil. Nas palavras de José Fernando Simão, "a indenização muito representa para Luciane e para muitas outras pessoas abandonadas afetivamente. Para Luciane, compensa-se um vazio, já que os danos que sofreu são irreparáveis. O dinheiro não preenche o vazio, mas dá uma sensação de que a conduta lesiva não ficou impune. Para outros filhos abandonados, nasce a esperança de que poderão receber do Poder Judiciário uma decisão que puna os maus pais, já que o afeto não receberam e nunca receberão".[67] Concordo integralmente com as palavras do jurista.

Como última nota sobre o abandono afetivo, ressalto que em 2021 surgiu outro acórdão da Terceira Turma do STJ admitindo a sua reparação, novamente sob a relatoria da Ministra Nancy Andrighi. Vejamos trecho da sua ementa:

> "É juridicamente possível a reparação de danos pleiteada pelo filho em face dos pais que tenha como fundamento o abandono afetivo, tendo em vista que não há restrição legal para que se apliquem as regras da responsabilidade civil no âmbito das relações familiares e que os arts. 186 e 927, ambos do CC/2002, tratam da matéria de forma ampla e irrestrita. Precedentes específicos da 3ª Turma. A possibilidade de os pais serem condenados a reparar os danos morais causados pelo abandono afetivo do filho, ainda que em caráter excepcional, decorre do fato de essa espécie de condenação não ser afastada pela obrigação de prestar alimentos e nem tampouco pela perda do poder familiar, na medida em que essa reparação possui fundamento jurídico próprio, bem como causa específica e autônoma, que é o descumprimento, pelos pais, do dever jurídico de exercer a parentalidade de maneira responsável" (STJ, REsp 1.887.697/RJ, 3.ª Turma, Rel. Min. Nancy Andrighi, j. 21.09.2021, DJe 23.09.2021).

Como se percebe, a reparação foi confirmada, mesmo havendo o cumprimento da obrigação de alimentos, tendo sido a indenização fixada, pelas peculiaridades do caso concreto, em R$ 30.000,00 (trinta mil reais).

11. RESPONSABILIDADE CIVIL POR ALIENAÇÃO PARENTAL. OUTRA HIPÓTESE DE RESPONSABILIDADE CIVIL NA PARENTALIDADE

Outra situação concreta que pode gerar a responsabilidade civil na parentalidade diz respeito a *alienação parental* ou *implantação das falsas memórias*. Sobre o tema, ensina há tempos Maria Berenice Dias:

> "A evolução dos costumes, que levou a mulher para fora do lar, convocou o homem a participar das tarefas domésticas e a assumir o cuidado com a prole. Assim, quando da separação, o pai passou a reivindicar a guarda da prole, o estabelecimento da guarda conjunta, a flexibilização de horários e a intensificação das visitas. No entanto, muitas vezes a ruptura da vida conjugal gera na mãe sentimento de abandono, de rejeição, de traição, surgindo uma tendência vingativa muito grande. Quando não consegue elaborar adequadamente o luto da separação, desencadeia um processo de destruição, de desmoralização, de descrédito do ex-cônjuge. Ao ver o interesse do pai em preservar a convivência com o filho, quer vingar-se, afastando este do genitor. Para isso cria uma série de situações visando a dificultar ao máximo ou a impedir a visitação. Leva o filho a rejeitar o pai, a odiá-lo. A este processo

---
[67] SIMÃO, José Fernando. De Alexandre a Luciane – da cumplicidade pelo abandono ao abandono punido! Disponível em: <http://www.cartaforense.com.br/Materia.aspx?id=8800>. Acesso em: 18 jun. 2017.

o psiquiatra americano Richard Gardner nominou de 'síndrome de alienação parental': programar uma criança para que odeie o genitor sem qualquer justificativa. Trata-se de verdadeira campanha para desmoralizar o genitor. O filho é utilizado como instrumento da agressividade direcionada ao parceiro".[68]

Com tom profundo e contundente, explica Caetano Lagrasta Neto que a "alienação parental é definida como imposição pelo alienador ao alienado (criança ou adolescente) de falsas memórias, dirigidas também contra o igualmente alienado (genitor, cônjuge, companheiro, responsável, tutor etc.), incutindo nos primeiros sentimentos de ódio ou repúdio. Nessa condição o alienador promove verdadeiros atos de tortura, em geral devidos a seu desequilíbrio emocional ou doença mental, colocando-se duplo dilema: como tratar o doente? Como conseguir a prisão por tortura do alienador? De todo modo, a criança e o adolescente acabam por sofrer agressão física ou psíquica que além de moldar-lhes a personalidade, relevam sequelas crônicas, merecendo seja buscada a responsabilidade civil do alienador e a devida reparação".[69]

Além da perda da guarda do filho, em algumas situações, a jurisprudência nacional vinha reconhecendo, antes do tratamento legal do instituto, que a utilização desses mecanismos também poderia provocar a entrada em cena de eventual ação em que se discutiria a destituição do poder familiar (TJRS, Agravo de Instrumento 70015224140, 7.ª Câmara de Direito Privado, Rel. Maria Berenice Dias, j. 12.06.2006).

Acompanhando a posição firmada pela doutrina e pela jurisprudência, foi promulgada a Lei n. 12.318, de 26.08.2010, conhecida como *Lei da Alienação Parental*. Nos termos do art. 2.º da nova norma, "considera-se ato de alienação parental a interferência na formação psicológica da criança ou do adolescente promovida ou induzida por um dos genitores, pelos avós ou pelos que tenham a criança ou adolescente sob a sua autoridade, guarda ou vigilância para que repudie genitor ou que cause prejuízo ao estabelecimento ou à manutenção de vínculos com este".

O comando exemplifica algumas situações concretas de alienação parental: *a)* realizar campanha de desqualificação da conduta do genitor no exercício da paternidade ou maternidade; *b)* dificultar o exercício da autoridade parental; *c)* dificultar contato de criança ou adolescente com genitor; *d)* dificultar o exercício do direito regulamentado de convivência familiar; *e)* omitir deliberadamente a genitor informações pessoais relevantes sobre a criança ou adolescente, inclusive escolares, médicas e alterações de endereço; *f)* apresentar falsa denúncia contra genitor, contra familiares deste ou contra avós, para obstar ou dificultar a convivência deles com a criança ou adolescente; e *g)* mudar o domicílio para

---

[68] DIAS, Maria Berenice. Síndrome da alienação parental. O que é isso? Disponível em: <www.mariaberenice.com.br>. Acesso em: 21 jun. 2016.

[69] LAGRASTA NETO, Caetano. A responsabilidade civil por abuso físico e psicológico da criança e do adolescente. In: MADALENO, Rolf; BARBOSA, Eduardo (Coord.). *Responsabilidade civil no direito de família*. São Paulo: Atlas, 2015. p. 64.

local distante, sem justificativa, visando a dificultar a convivência da criança ou adolescente com o outro genitor, com familiares deste ou com avós.

Enuncia-se, ainda, que a prática de ato de alienação parental fere direito fundamental da criança ou do adolescente de convivência familiar saudável, prejudica a realização de afeto nas relações com genitor e com o grupo familiar, constitui abuso moral contra a criança ou o adolescente e descumprimento dos deveres inerentes à autoridade parental ou decorrentes de tutela ou guarda (art. 3.º da Lei n. 12.318/2010). Desse modo, não há dúvida de que, além das consequências para o poder familiar, a alienação parental pode gerar a responsabilidade civil do alienador, por abuso de direito (art. 187 do CC). Tal responsabilidade tem natureza objetiva, independendo de culpa, nos termos do sempre citado Enunciado n. 37 da *I Jornada de Direito Civil*.

Em sentido semelhante, opina Ana Carolina Carpes Madaleno que a alienação parental atrai a incidência da teoria objetiva na responsabilização civil, que prescinde de culpa ou dolo, estando o abuso de direito do alienador presente pelo fato de ele ultrapassar os limites impostos pelo art. 227 da Constituição Federal e pelo art. 1.589 do Código Civil.[70] O dispositivo constitucional citado consagra o dever da família de assegurar à criança, ao adolescente e ao jovem, com absoluta prioridade, o direito à vida, à saúde, à alimentação, à educação, ao lazer, à profissionalização, à cultura, à dignidade, ao respeito, à liberdade e à convivência familiar e comunitária; colocando-os a salvo de toda forma de negligência, discriminação, exploração, violência, crueldade e opressão. Já o comando civil citado estabelece que o pai ou a mãe, em cuja guarda não estejam os filhos, poderá visitá-los e tê-los em sua companhia, segundo o que acordar com o outro cônjuge, ou for fixado pelo juiz, tendo também o direito de fiscalizar a sua manutenção e a sua educação.

A propósito do enquadramento da alienação parental como abuso de direito, em precedente importante sobre o tema, julgou o Superior Tribunal de Justiça no ano de 2021 pela possibilidade de reparação de danos morais diante de uma série de condutas praticadas por um homem contra a sua ex-mulher e seus filhos, notadamente por atos de ameaças e perseguições. Nos termos do acórdão, que reafirma o que sustentei no início deste capítulo, "a dignidade e o afeto são valores que devem receber prestígio em todas as relações jurídicas, especialmente às de ordem familiar, em que se deve primar pela proteção integral de seus membros, em dimensão individual e social, respeitadas as diferenças e as vulnerabilidades, sob pena de a conduta lesiva gerar o dever de reparar o dano. Está superada, portanto, a visão de que não se aplicam os princípios da responsabilidade civil às relações familiares". Sobre os fatos em si, restou demonstrado que:

> "As provas delineadas, no acervo probatório constante nos autos, dão conta da profunda tristeza dos recorridos, ao relatar os diversos episódios que

---

[70] MADALENO, Ana Carolina Carpes. Indenização pela prática da alienação parental e imposição de falsas memórias. In: MADALENO, Rolf; BARBOSA, Eduardo (Coord.). *Responsabilidade civil no direito de família*. São Paulo: Atlas, 2015. p. 29-30.

sofreram ao longo dos anos, em razão do clima de beligerância que se estendeu por cerca de nove anos, desde o processo de separação, de forma que foram atribuídos ao recorrente os seguintes fatos, além da própria concessão de medida protetiva em favor dos autores, na esfera criminal: a) foi diversas vezes ao colégio, às aulas de espanhol e a instituições religiosas frequentadas pelos filhos, entrando de forma violenta em tais locais, produzindo escândalos diuturnamente; b) perseguiu constantemente os recorridos; c) ameaçou a ex-mulher e os filhos; d) produziu situação vexatória na frente da aula de karatê do filho menor; e) esmurrou a porta da empresa do ex-casal em Arapongas/PR, causando pânico na filha. Dessa forma, a ação volitiva do recorrente causou abjeto transtorno aos recorridos, razão pela qual incide, na hipótese vertente, o dever de compensar o dano moral sofrido, já que presentes os elementos da responsabilidade civil, quais sejam conduta ilícita, nexo de causalidade e dano" (STJ, REsp 1.841.953/PR, 3.ª Turma, Rel. Min. Nancy Andrighi, j. 25.11.2021, *DJe* 29.11.2021).

Consoante a relatoria do *decisum* superior, "o acórdão recorrido traduz-se em uma verdadeira míriade de condutas abusivas perpetradas contra os recorridos, com inúmeras situações vexatórias, algumas registradas em boletim de ocorrência, outras declaradas em documento" (REsp 1.841.953/PR). Assim, parece-me que a conclusão foi pela presença do abuso de direito, afirmação que igualmente vale para atos de alienação parental.

Declarado indício de ato de alienação parental, a requerimento ou de ofício, em qualquer momento processual, em ação autônoma ou incidentalmente, o processo terá tramitação prioritária, e o juiz determinará, com urgência, ouvido o Ministério Público, as medidas provisórias necessárias para preservação da integridade psicológica da criança ou do adolescente (art. 4.º da Lei n. 12.318/2010). Isso, inclusive, para assegurar sua convivência com genitor ou viabilizar a efetiva reaproximação entre ambos, se for o caso.

Ainda nos termos da legislação, recentemente alterada pela Lei 14.340/2022, deve-se assegurar à criança ou ao adolescente e ao genitor a garantia mínima de visitação assistida no Fórum em que tramita a ação ou em entidades conveniadas com o Poder Judiciário. Ficam ressalvados os casos em que há iminente risco de prejuízo à integridade física ou psicológica da criança ou do adolescente, atestado por profissional eventualmente designado pelo juiz para acompanhamento das visitas (art. 4.º, parágrafo único, da Lei 12.318/2010).

Em havendo indício da prática de ato de alienação parental, em ação autônoma ou incidental, o juiz, se necessário, determinará perícia psicológica ou biopsicossocial (art. 5.º, *caput*, da Lei n. 12.318/2010).

O laudo pericial terá base em ampla avaliação psicológica ou biopsicossocial, conforme o caso, compreendendo, inclusive, entrevista pessoal com as partes, exame de documentos dos autos, histórico do relacionamento do casal e da separação, cronologia de incidentes, avaliação da personalidade dos envolvidos e exame da forma como a criança ou adolescente se manifesta acerca de eventual acusação contra genitor (§ 1.º). A perícia será realizada por profissional ou equipe multidisciplinar habilitados, exigida, em qualquer caso, aptidão comprovada por histórico profissional ou acadêmico para diagnosticar atos de alienação parental (§ 2.º). O perito ou equipe multidisciplinar designada para verificar a ocorrência de alienação parental terá prazo de 90 dias para apresentação do laudo, prorrogável exclusivamente por autorização judicial baseada em justificativa circunstanciada (§ 3.º).

Foi incluído um § 4.º no comando, pela Lei 14.340/2022, estabelecendo que, na ausência ou insuficiência de serventuários responsáveis pela realização de estudo psicológico, biopsicossocial ou qualquer outra espécie de avaliação técnica exigida pela norma, ou por determinação judicial, a autoridade judiciária poderá proceder à nomeação de perito com qualificação e experiência pertinentes ao tema.

Essa última norma específica é completada pelo art. 699 do CPC/2015, segundo o qual, quando o processo envolver discussão sobre fato relacionado a abuso ou a alienação parental, o juiz, ao tomar o depoimento do incapaz, deverá estar acompanhado por especialista.

No plano concreto, estabelece o art. 6.º da Lei da Alienação Parental que, estando caracterizada essa ou qualquer conduta que dificulte a convivência de criança ou adolescente com genitor, em ação autônoma ou incidental, poderá o juiz, cumulativamente ou não, sem prejuízo da decorrente responsabilidade civil ou criminal e da ampla utilização de instrumentos processuais aptos a inibir ou atenuar seus efeitos, segundo a gravidade do caso: *a)* declarar a ocorrência de alienação parental e advertir o alienador; *b)* ampliar o regime de convivência familiar em favor do genitor alienado; *c)* estipular multa ao alienador, o que já vem sendo aplicado pela melhor jurisprudência nacional (TJMG, Agravo de Instrumento 10105120181281001, 4.ª Câmara Cível, Rel. Dárcio Lopardi Mendes, j. 23.01.2014); *d)* determinar acompanhamento psicológico e/ou biopsicossocial; *e)* determinar a alteração da guarda para guarda compartilhada ou sua inversão; e *f)* determinar a fixação cautelar do domicílio da criança ou adolescente.

Anote-se que a Lei n. 14.340/2022 retirou da norma a sanção da suspensão da autoridade parental, prevista no inc. VII, do preceito, por considerá-la uma medida drástica.

A encerrar, quanto à responsabilização civil do alienador, existem vários julgados que a reconhecem. Por todos, vejamos duas, com conteúdo interessante para a prática:

"Apelação cível. Ação de indenização por danos morais em face de suposta alienação parental. Alienação parental comprovada. Relatórios sociais e psicológicos que atestam a alienação. Ocorrências apontadas pela apelada em face do apelante (genitor) comprovadas. Ofensa a dignidade através de constantes atos hostis à figura materna. Abalos psicológicos comprovados. Crianças comprovadamente ansiosas. Mãe abalada psicologicamente diante da situação em que se encontram seus filhos que são submetidos há anos às inconstâncias emocionais do seu genitor. Relatos da psicóloga que atestam a gravidade a que são submetidos os menores. Configuração de ato ilícito. Dano moral existente. Dever de indenizar. Manutenção do *quantum* indenizatório em R$ 10.000,00 (dez mil reais). Sentença mantida. Recurso conhecido e improvido.

Decisão unânime. 1. *In casu*, ficou demonstrado o dano moral sofrido. Foi atribuído ao apelante o cometimento de alienação parental em relação aos menores, quando o mesmo imputava condutas hostis em relação à genitora dos menores, restando ao final provado através do laudo psicossocial e demais provas colhidas nos autos. 2. O objetivo do apelante era retirar da apelada a guarda exclusiva dos menores, para isso excedeu o exercício do direito de visitas, utilizando-se desses momentos para fazer afirmações infundadas com relação à genitora, causando aos menores temor e ansiedade. 3. Fatos que vazaram as cercas do processo e chegaram ao conhecimento do meio social da apelada. Testemunhas que presenciaram situações exorbitantes de estresse emocional das crianças. 4. Mãe que presencia comportamentos agressivos e ansiedade exacerbada dos menores decorrentes da alienação parental paterna, esta vastamente comprovada no decorrer do processo" (TJSE, Apelação Cível 201600707665, Acórdão 12591/2016, 1.ª Câmara Cível, Rel. Des. Ruy Pinheiro da Silva, j. 18.07.2016, *DJSE* 21.07.2016).

"Apelação cível. Ação de indenização por danos morais. Relação familiar dissidente das partes, irmãs entre si, em relação à genitora. Elementos análogos à alienação parental em razão do estado de vulnerabilidade e doença da genitora. Ponderação dos deveres, direitos e pressupostos das relações familiares. Utilização arbitrária de abusos análogos a medidas restritivas, sem amparo em decisão judicial. Responsabilidade civil. Pressupostos configurados. Dano moral reconhecido. Recurso desprovido. Incontroverso entre as partes, apenas que a genitora sofria de uma série de problemas de saúde, incluindo a degenerativa doença de Alzheimer. Diante do contexto, é de certa forma compreensível a distorção de percepções entre as partes sobre as vontades da genitora. É que a doença, específica, debilita o enfermo de tal forma que, sabidamente, é comum que este seja facilmente sugestionável ou convencido. Disto, é de se mitigar as acusações mútuas, de que as partes, cada uma, considera-se a legítima defensora dos reais interesses da genitora. Tendo em vista o estado de vulnerabilidade da genitora e a patologia específica, o caso não deixa de se parecer com aquele da alienação parental, ao inverso. Em verdade, o que se observa são medidas, próprias daquelas protetivas do direito de família, como interdição, tomadas de forma arbitrária e ao arrepio da Lei e dos ditames que regem as relações familiares. O ato de privar a irmã do contato com a genitora, *sponte sua*, independentemente de autorização judicial e dadas as circunstâncias do caso, gera dano moral indenizável" (TJSC, Apelação 0006690-70.2012.8.24.000, 1.ª Câmara de Direito Civil, Balneário Camboriú, Rel. Des. Dionísio Jenczak, *DJSC* 08.09.2016, p. 142).

Como se percebe, o último aresto tem conteúdo peculiar por reconhecer a alienação parental praticada por uma irmã contra a outra. Como consta do julgado, trata-se do que se pode denominar de *alienação parental ao inverso*, igualmente ensejadora do dever de indenizar.

De todo modo, para que essa responsabilização civil esteja presente, há necessidade de comprovação do dano sofrido pelo filho, com a realização de estudos psicossociais com essa finalidade. Nessa linha, vejamos o que se retira de correto julgamento do Tribunal do Distrito Federal:

"Para a caracterização da síndrome de alienação parental, faz-se imprescindível a realização de estudos psicossociais com a criança, a fim de permitir uma avaliação detalhada do seu estado psíquico (existência, ou não, de um processo de destruição, de desmoralização, de descrédito da figura paterna). Não obstante a parte tenha acostado aos autos o parecer crítico, convém ressaltar que tal documentação fora produzida unilateralmente, cuja parcialidade é manifesta, razão pela qual o seu conteúdo é irrelevante para fins de reparação por danos morais. A intensidade dos problemas vivenciados pelos ex-conviventes, com reflexos diretos em relação à filha, inclusive, envolvendo órgãos públicos, revelam a necessidade das partes de reavaliarem suas condutas. O dano moral não pode operar como mecanismo para a censura comportamental que poderia ter sido resolvida com uma boa conversa sem interferência estatal" (TJDF, Recurso Cível 2012.01.1.086732-2, Acórdão 649.855, 1.ª Turma Cível, Rel. Des. Alfeu Machado, *DJDFTE* 04.02.2013, p. 267).

O trecho final chama a atenção, pois de fato a indenização por danos morais não pode ter a finalidade ali aludida.

Como palavras derradeiras do tópico e do capítulo, para que surja a responsabilidade civil do alienador, é necessária a prova do nexo de causalidade entre o prejuízo suportado e a sua conduta. A propósito desse nexo, como decidiu o Tribunal Gaúcho, que "o fato de o alimentante ter atrasado o encargo alimentar por inúmeras vezes não caracteriza a alegada alienação parental" (TJRS, Apelação 0174674-88.2016.8.21.7000, 7.ª Câmara Cível, Uruguaiana, Rel. Des. Sérgio Fernando de Vasconcellos Chaves, j. 26.10.2016, *DJERS* 04.11.2016).

No que diz respeito ao dolo e à culpa, reafirmo minha filiação à incidência da teoria objetiva em casos tais, pela presença de abuso de direito na alienação parental, tratado pelo art. 187 do Código Civil de 2002. Por isso, a sua prova é dispensável, na minha opinião doutrinária.

10

RESPONSABILIDADE CIVIL DO ESTADO

Sumário: 1. Responsabilidade objetiva do Estado e risco administrativo. A responsabilidade subjetiva estatal por atos omissivos e sua análise crítica – 2. Análise técnica do art. 37, § 6.º, da Constituição Federal e do art. 43 do Código Civil – 3. Principais aplicações jurisprudenciais da responsabilidade do Estado e suas polêmicas.

1. RESPONSABILIDADE OBJETIVA DO ESTADO E RISCO ADMINISTRATIVO. A RESPONSABILIDADE SUBJETIVA ESTATAL POR ATOS OMISSIVOS E SUA ANÁLISE CRÍTICA

A responsabilidade objetiva dos entes públicos é realidade que apresenta certo grau de maturação no Brasil. Conforme outrora exposto, na realidade nacional, a responsabilidade sem culpa do Estado foi introduzida pelo art. 194 da Constituição Federal de 1946.[1] Como pode ser retirado da obra clássica de Amaro Cavalcanti, a *responsabilidade do Estado decorre do seu dever de proteção*, eis que há uma "obrigação inerente ao Estado para com os seus súditos e corresponde aos deveres específicos de obediência e fidelidade e aos ônus ou encargos públicos, aos quais os súditos se sujeitam para com o Estado".[2] Entre os contemporâneos, assinala Fernanda Marinela que "as funções estatais rendem ensejo à produção de danos mais intensos que os suscetíveis de serem gerados pelos particulares. Isso

---

[1] Como aponta, por todos: BANDEIRA DE MELLO, Celso Antônio. *Curso de Direito Administrativo*, cit., p. 995.

[2] CAVALCANTI, Amaro. *Responsabilidade civil do Estado*. Rio de Janeiro: Borsoi, 1957. t. I, p. 304-305. Destaque-se a obra de complemento, em que há apurada análise comparada e histórica sobre o tema, inclusive no âmbito jurisprudencial da época em que escrita (CAVALCANTI, Amaro. *Responsabilidade civil do Estado*, t. I, cit.).

porque a função estatal é bastante ampla e engloba serviços e ações essenciais à coexistência pacífica dos seres em sociedade e à sua própria manutenção, portanto, quanto maior o risco, mais cuidado deve ser despendido e menor o nível de aceitação nas falhas, implicando consequente responsabilização".[3]

Ainda conforme a última autora, em breve análise histórica apontada pela maioria dos *administrativistas*, "no primeiro momento da história, no direito comparado, aplicava-se para o Estado a Teoria da Irresponsabilidade do Estado. Nesse momento, o dirigente era quem ditava a verdade, que dizia o certo e o errado, portanto jamais ele iria admitir uma falha, agindo segundo a máxima americana 'the king can do no wrong' (o rei não erra nunca). Assim o Estado se desenvolveu por muitos anos".[4]

Entretanto, sucessivamente, a responsabilidade civil começou a ganhar força, "e o Estado, que agia irresponsavelmente diante de seus atos, passa a ser responsável em situações pontuais. No Brasil, o reconhecimento dessa responsabilidade ocorreu com o surgimento do Tribunal de Conflitos, em 1873, entretanto ela não era nem geral, nem absoluta, disciplinando-se por regras específicas. E mais uma vez a responsabilidade evoluiu passando a se basear na teoria subjetiva, prevista no Código Civil de 1916, em seu art. 15".[5] Fernanda Marinela também demonstra que a teoria objetiva quanto à responsabilidade estatal é reconhecida desde a Constituição Federal de 1946, o que foi repetido pelos Textos de 1967 e 1969, culminando com a Carta Fundamental de 1988.[6]

Desse modo, nota-se que o art. 37, § 6.º, da Constituição em vigor foi na mesma esteira, consagrando a *teoria do risco administrativo*, segundo a qual haverá dever de indenizar o dano em virtude do ato lesivo e injusto causado ao cidadão pelo Poder Público. Para tanto, não se deve cogitar a culpa *lato sensu* da administração ou dos seus agentes ou prepostos.[7]

Para ilustrar, se um policial causa um acidente de trânsito com uma viatura, o Estado responderá pelos danos causados, independentemente de sua culpa ou do policial. Todavia, está assegurado o direito de regresso do ente estatal contra o agente, nos termos do que estatui o citado comando constitucional. Essa linha de pensamento é, há muito tempo, aplicada pela jurisprudência nacional (por todos os primeiros arestos: STF, RE 116.333/RJ, 2.ª Turma, Rel. Min. Carlos Madeira, j. 30.06.1988).

Anote-se, contudo, que há forte corrente doutrinária que sustenta ter sido adotada a *teoria do risco integral* – a ser ainda abordada –, pela qual o Estado deve responder pela conduta comissiva do agente em qualquer hipótese, não se admitindo qualquer excludente de nexo de causalidade, uma vez que se

---

[3] MARINELA, Fernanda. *Direito Administrativo*. 6. ed. Niterói: Impetus, 2012. p. 962.
[4] MARINELA, Fernanda. *Direito Administrativo*, cit., p. 962.
[5] MARINELA, Fernanda. *Direito Administrativo*, cit., p. 963.
[6] MARINELA, Fernanda. *Direito Administrativo*, cit., p. 964-965.
[7] Como se vê desenvolvido em: MEIRELLES, Hely Lopes. *Direito Administrativo brasileiro*. 24. ed. atualizada por Eurico Andrade Azevedo, Délcio Balestero Aleixo e José Emmanuel Burle Filho. São Paulo: Malheiros, 1999. p. 585.

exige apenas a prova do prejuízo ao cidadão. Nesse sentido, entre os civilistas, posiciona-se Maria Helena Diniz, citando o entendimento similar de Washington de Barros Monteiro.[8] Entre os autores de Direito Administrativo, opina Maria Sylvia Zanella Di Pietro que a maioria da doutrina não faz distinção entre a teoria do risco administrativo e a do risco integral, podendo ambas ser consideradas sinônimas.[9]

Em regra, não é o que me parece, com o devido respeito. A *teoria do risco integral* é teorema drástico, que somente pode ser aplicado em casos excepcionais. Como se verá no Capítulo 13 deste livro, a sua incidência somente se justificaria, segundo os doutrinadores ambientalistas e a jurisprudência dominante do Superior Tribunal de Justiça, quando estiverem presentes os danos ambientais, diante dos interesses difusos relativos ao *Bem Ambiental*.

Como bem assinala Fernanda Marinela, "quanto à possibilidade de exclusão da responsabilidade objetiva, duas teorias devem ser admitidas: a teoria do risco integral, que não admite a exclusão da responsabilidade, e a teoria do risco administrativo, que admite a sua exclusão. O Brasil adota como regra a teoria do risco administrativo, em que é possível afastar a responsabilidade e a sua exclusão ocorre com a ausência de qualquer de seus elementos definidores. Estando presentes os elementos definidores da responsabilidade não há evasão possível".[10] Como se percebe, não é pacífica a afirmação de sinonímia entre risco administrativo e risco integral.

Superada essa questão teórica fundamental, merece revisão crítica a corrente que sustenta a responsabilidade subjetiva estatal quando houver omissão da administração ou de seus prepostos. A responsabilidade dependeria de culpa, diante da incidência das teorias da *culpa anônima* ou da *falta do serviço*. Ademais, haveria a necessidade de comprovação da *omissão genérica* – dever geral do Estado de evitar o fato –, bem como da *omissão específica* – qual seja a falta da conduta esperada, em si.

Essa visão, na doutrina, é atribuída, entre outros, a Celso Antônio Bandeira de Mello e ao seu pai, Oswaldo Aranha de Mello, amplamente citado pelo primeiro.[11] No entanto, muito antes deles, já sustentava Amaro Cavalcanti que "na omissão, porém, a coisa é sabidamente diversa. Não há uma violação positiva por meio de ato ou fato: ao contrário, há a ausência destes. Daqui a necessidade de adotar critério diferente na averiguação da responsabilidade, que porventura exista, quanto à suposta ou alegada lesão do alheio direito. E ésse critério, outra não poderia ser senão a prova da negligência ou da culpa na omissão do ato, que deveria ser praticado, isto é, o Estado só deve responder pelo dano alegado

---

[8] DINIZ, Maria Helena. *Curso de Direito Civil brasileiro*. Responsabilidade civil, 21. ed., cit., p. 619.
[9] DI PIETRO, Maria Sylvia Zanella. *Direito Administrativo*. 13. ed. São Paulo: Atlas, 2001. p. 515-516.
[10] MARINELA, Fernanda. *Direito Administrativo*, cit., p. 981.
[11] BANDEIRA DE MELLO, Celso Antônio. *Curso de Direito Administrativo*, cit., p. 976-981. No mesmo sentido, posiciona-se Lúcia Valle Figueiredo (*Curso de Direito Administrativo*. 2. ed. São Paulo: Malheiros, 1995. p. 176).

em caso de omissão, quando se houver verificado que a omissão do seu representante fôra proposital, culposa ou dolosa".[12]

Igualmente na mesma linha, seguindo as lições semelhantes de José Cretella Júnior, Maria Sylvia Zanella Di Pietro entende que "isto significa dizer que, para responsabilidade decorrente de omissão, tem que haver o dever de agir por parte do Estado e a possibilidade de agir para evitar o dano. A lição supratranscrita, de José Cretella Júnior, é incontestável. A culpa está embutida na ideia de omissão. Não há como falar em responsabilidade objetiva em caso de inércia do agente público que tinha o dever de agir e não agiu, sem que para isso houvesse uma razão aceitável".[13] Todavia, a autora reconhece que "a dificuldade da teoria diz respeito à possibilidade de agir; tem que tratar de uma conduta que seja exigível da Administração e que seja possível. Essa possibilidade só pode ser examinada diante de cada caso concreto. Tem aplicação, no caso, o princípio da reserva do possível, que constitui aplicação do princípio da razoabilidade: o que seria razoável exigir do Estado para impedir o dano".[14]

Também entre os contemporâneos, como destaca Fernanda Marinela, "hoje a responsabilidade objetiva é a regra no país, acatada como padrão a teoria do risco administrativo. Entretanto, a doutrina e a jurisprudência admitem ser possível compatibilizá-la com a responsabilidade subjetiva, nos casos de danos decorrentes de atos omissivos, seguindo, nesse caso, a teoria da culpa do serviço. Portanto, atualmente subsistem as duas teorias de forma harmônica, apesar de preferencialmente, em razão da proteção à vítima, reconhecer-se a teoria objetiva".[15]

Com máximo respeito, não contesto toda a contribuição dos eminentes juristas para a construção do Direito Administrativo Brasileiro. Apenas proponho, na atual e infeliz realidade brasileira, que a tese seja repensada e refletida diante daquilo que vivemos. Por óbvio, o Estado não é a *cura de todos os males*, mas deve assumir o mínimo de suas obrigações, de acordo com a ideia de Estado Social, o que não vem ocorrendo. Há, na verdade, um *Estado Ausente e Assistencialista*, nada mais do que isso. Não se prega um *Estado Segurador Universal*, mas um Estado que cumpra com os seus deveres mínimos perante a sociedade.

A propósito, em dissertação de mestrado defendida na Faculdade de Direito da USP no ano de 2018, e que contou com a minha participação na banca final de avaliação, Luciana Yoshida defende a teoria da responsabilidade subjetiva nos atos omissivos.[16] Entretanto, demonstra a autora do trabalho, com intensa pesquisa, a existência de *três correntes* sobre o assunto, que resume muito bem a divergência que há sobre o assunto. Vejamos as suas palavras:

"Dentre os doutrinadores que se filiam à corrente subjetivista em caso de omissão do Estado, podemos citar Rui Stoco, Celso Antônio Bandeira de

---

[12] CAVALCANTI, Amaro. *Responsabilidade civil do Estado*, t. I, cit., p. 350.
[13] DI PIETRO, Maria Sylvia Zanella. *Direito Administrativo*. 30. ed. Rio de Janeiro: Forense, 2017. p. 828.
[14] DI PIETRO, Maria Sylvia Zanella. *Direito Administrativo*, 30. ed., cit., p. 828.
[15] MARINELA, Fernanda. *Direito Administrativo*, cit., p. 966.
[16] YOSHIDA, Luciana. *Responsabilidade civil extracontratual do Estado por omissão do Poder Executivo*. 2018. 237 f. Dissertação (Mestrado) – Faculdade de Direito da Universidade de São Paulo, São Paulo.

Mello e Maria Sylvia Zanella Di Pietro. Essa corrente defende que o Estado poderá ser responsabilizado objetivamente pelos danos causados pelos atos comissivos de seus agentes, ao passo que, se o dano for causado por ato omissivo, a natureza da responsabilidade será outra, devendo o Estado responder subjetivamente pelo dano.

Em contraposição a essa corrente estão os defensores da corrente objetivista. Dentre os autores que defendem a responsabilidade objetiva do Estado tanto nos casos de conduta comissiva quanto omissiva, podemos citar, Gustavo Tepedino, Yussef Said Cahali, Odete Medauar, Celso Ribeiro Bastos e Hely Lopes Meirelles. Tal corrente fundamenta o seu ponto de vista a partir da análise do artigo 37, parágrafo 6.º, da Constituição Federal, concluindo que em nenhum momento é mencionado que deverá ser conferido tratamento diverso à conduta omissiva estatal.

Além disso, iremos tratar à parte algumas teses que não se enquadram perfeitamente em nenhuma das correntes doutrinárias mencionadas acima, como por exemplo a defendida por Sergio Cavalieri Filho. Esse autor afirma que o artigo constitucional deve ser aplicado tanto aos atos comissivos quanto a determinados atos omissivos do Estado. O autor defende que a omissão pode ser dividida entre os atos omissivos genéricos e os atos omissivos específicos. Para os primeiros, deve ser aplicada a teoria subjetivista, ao passo que para os atos omissivos específicos deve ser adotada a teoria objetivista".[17]

Do ponto de vista prático, a construção da teoria subjetiva, com o devido respeito, parece absurda, diante da triste realidade brasileira dos assaltos, dos *sequestros relâmpagos* seguidos de mortes e das *balas perdidas*, em que se sustenta a responsabilidade subjetiva do Estado por omissão, diante da falta de segurança.

Sobre as *balas perdidas*, Maurício Mota realizou estudo específico, concluindo que é preciso entender, em algumas situações, pela responsabilidade objetiva do Estado por tais eventos.[18] O artigo do professor fluminense enfrenta um problema social e jurídico que acomete as grandes cidades brasileiras, sobretudo o Rio de Janeiro. O seu estudo é louvável por abordar problemática genuinamente nacional, o que muitas vezes é esquecido pela nossa doutrina.

No citado estudo, de início, é abordada a situação de danos resultantes de ação de marginais em caso fortuito e imprevisível, como em assaltos em vias públicas. Em casos tais, argumenta o doutrinador que, em regra, não há dever de indenizar do Estado, pela presença de uma omissão genérica, que não conduz ao dever de reparar estatal.[19] Todavia, pode estar presente o *fortuito interno*, aquele relacionado com os riscos da atividade estatal, quando não são tomadas as medidas para evitar o evento. Presente essa omissão específica, conclui, o Estado deve responder.[20]

---

[17] YOSHIDA, Luciana. *Responsabilidade civil extracontratual do Estado por omissão do Poder Executivo*, cit., p. 14-15.
[18] MOTA, Maurício. Responsabilidade civil do Estado por balas perdidas. In: MOTA, Maurício. *Questões de Direito Civil contemporâneo*. Rio de Janeiro: Elsevier/Campus Jurídico, 2008. p. 511-549.
[19] MOTA, Maurício. Responsabilidade civil do Estado por balas perdidas, cit., p. 520-521.
[20] MOTA, Maurício. Responsabilidade civil do Estado por balas perdidas, cit., p. 522-523.

Como segunda hipótese, vislumbra-se o dano resultante de ação do agente do Estado, em troca de tiros com marginais, situação em que um projétil da arma do preposto atinge terceiro. Nesse ponto, defende Maurício Mota que o Estado tem, sim, o dever de reparar, pela presença do nexo de causalidade entre a conduta do agente e o dano causado ao cidadão. Aduz também que devem ser considerados irrelevantes os argumentos de conduta lícita do agente, até porque é possível que ele responda por tais atuações. Para as suas deduções, o jurista colaciona julgados interessantes.[21]

Ato contínuo, é investigado no estudo o dano resultante de confronto entre policiais e marginais sem que se saiba de onde partiu o disparo que atingiu a vítima. Tal hipótese tornou-se comum na cidade do Rio de Janeiro após o incremento da política de enfrentamento do Estado com relação ao crime organizado. Apesar das divergências doutrinárias e jurisprudenciais, Maurício Mota utiliza como premissa para concluir pela responsabilidade estatal o princípio impositivo do *dever de cuidado*, que pode ser retirado do art. 5.º, inc. X, da Constituição Federal. Por meio desse princípio, acaba deduzindo que "a falta de diligência e prudência do lesante em todo dano injusto resulta implícita na ação (em ato ilícito ou lícito) violadora da norma jurídica impositiva do dever de cuidado (*neminem laedere*) de forma evidente ou verossímil *ipso facto* implicando a inexorável reversão da prova em caso de excepcional existência de causa de exclusão da responsabilidade civil, sob pena de se deflagrar a obrigação de reparar os prejuízos".[22]

Mais à frente, o doutrinador utiliza como argumento jurisprudencial a atividade de risco do Estado quando de tais operações, o que pode ser retirado do art. 927, parágrafo único, do Código Civil, dispositivo aqui analisado, no Capítulo 7 desta obra.[23]

A propósito, citando este entendimento e também a presente obra, cumpre colacionar julgado do Tribunal de Justiça do Rio Grande do Sul, concluindo pela responsabilidade objetiva do Estado por atropelamento de terceiro não envolvido com a ocorrência, em virtude de perseguição policial:

"Apelação cível. Responsabilidade civil em acidente de trânsito. Perseguição policial. Atropelamento. Nexo de causalidade. Fato de terceiro. Causa obstativa para indenização não constatada. Julgamento de improcedência modificado. Ação parcialmente procedente. Pensionamento. Pertinência no caso concreto. Interpretação do art. 37, § 6.º, da Constituição da República Federativa do Brasil favoravelmente ao cidadão. Precedentes do STF e do STJ aplicáveis ao presente caso. Princípio impositivo do dever de cuidado. Art. 5.º, X, da CF/1988. O Ente Estatal submete-se a regime de responsabilidade objetiva, por força do disposto no art. 37, § 6.º, da Constituição da República, e tem responsabilidade pelos danos causados pelos seus agentes, ainda que no estrito cumprimento do dever legal. Em que pese o regime da objetividade

---

[21] MOTA, Maurício. Responsabilidade civil do Estado por balas perdidas, cit., p. 529-532.
[22] MOTA, Maurício. Responsabilidade civil do Estado por balas perdidas, cit., p. 535.
[23] MOTA, Maurício. Responsabilidade civil do Estado por balas perdidas, cit., p. 537.

derivado da regra acima referida não redunde na adoção da Teoria do Risco Integral, porque o entendimento consolidado das Cortes Superiores a respeito do tema pauta-se no sentido de que está o Estado sujeito à Teoria do Risco Administrativo, tal situação, ao contrário do sustentado na tese defensiva, não constitui causa obstativa para o acolhimento dos pedidos indenizatórios ventilados nesta contenda. Com efeito, o fato de terceiro, em casos como o presente – perseguição policial, tiroteio em vias públicas –, não deve se mostrar como situação bastante a elidir a responsabilidade do Ente Estatal. Em virtude da responsabilidade objetiva a que está submetido o Estado, e, igualmente, em razão do risco inerente à atividade que pratica, deve o Poder Público, ao exercê-la, fazê-lo com absoluta segurança, sobretudo quando extremamente perigosa, como é a atividade policial, de modo a garantir a incolumidade dos cidadãos. Precisamente por isso se entende prosperar a pretensão recursal porque em que pese, na presente contenda, por um lado, tenham os policiais agido no estrito cumprimento do dever legal, é igualmente incontroverso, por outro, que, ao fazê-lo, causaram danos – no presente caso, a morte da filha da autora – a terceiro não criador da situação de perigo, tampouco partícipe da agressão. Vale dizer, não há espaço para o acolhimento da tese defensiva, o que se dá como consectário direto e imediato do 'lamentável resultado da operação deflagrada pela Brigada Militar', conforme relatado pelo Juízo *a quo*. Ao fim e ao cabo, por um princípio de igualdade na distribuição de ônus e encargos públicos, as vítimas da atividade do Ente Estatal deverão ser indenizadas e o Estado deverá suportar tal ônus. É que o Ente Estatal, no exercício de suas atividades, melhor dizendo, no cumprimento de sua função social, não pode ser eximido de reparar os danos cujo causador foi um de seus agentes, ainda que agindo no estrito cumprimento do dever legal. Precisamente por isso não pode a indenização a que faz *jus* a família da vítima restar obstada por fato de terceiro, quando a circunstância em que ocorrido o evento danoso tiver por contribuição o agir, ainda que lícito, do Ente Estatal. Reconhecida a responsabilidade do Estado, na forma da regra do art. 37, § 6.º, da CF/1988, cuja interpretação, pontua-se, deve se dar de maneira favorável ao cidadão, e não em seu desfavor" (TJRS, Apelação 70077969574, 2.ª Câmara Cível, Rel. Des. Uberto Guaspari Sudbrack, j. 26.04.2019).

Voltando-se à doutrina, encerrando seu texto, Maurício Mota traz à baila o dano resultante em confronto unicamente entre marginais em áreas de reiterada conflagração armada, caso de favelas altamente perigosas, como é o Complexo do Alemão, no Rio de Janeiro. Conclui que, em tais situações, está presente a omissão do Estado, outra situação visualizada na prática e julgada pelo Tribunal de Justiça do Rio de Janeiro.

Para o doutrinador, apesar das decisões em sentido contrário, o Estado deve responder, uma vez provada a sua omissão específica de nada fazer contra tais confrontos. A prova deve ser feita por testemunhas, perícias de balas alojadas nas paredes das casas e edifícios, configurações balísticas de linhas de tiro, desvalorização do preço dos imóveis situados em áreas de risco e reclamações reiteradas feitas à polícia.[24]

---

[24] MOTA, Maurício. Responsabilidade civil do Estado por balas perdidas, cit., p. 543-546.

Para concluir a análise desse importante artigo, destaque-se que os argumentos do jurista são bem interessantes. Realmente, ele propõe uma revisão teórica fundamental a respeito do tema. O aumento da criminalidade e as balas perdidas são problemas genuinamente brasileiros. Assim, não se deve analisar a questão a partir de fórmulas gerais provenientes do Direito Comparado. É necessário analisar casuisticamente, como fez Maurício Mota em sua obra.

Além do âmbito doutrinário, a tese de aplicação da responsabilidade culposa do Estado a tais ocorrências acabou sendo repensada no âmbito da jurisprudencial, onde acabava prevalecendo. A propósito, por todos os julgados anteriores, transcrevo o seguinte, do Supremo Tribunal Federal, que concluía pela ausência de responsabilidade civil em caos tais:

"Constitucional. Administrativo. Civil. Responsabilidade civil das pessoas públicas. Ato omissivo do poder público. Latrocínio praticado por apenado fugitivo. Responsabilidade subjetiva. Culpa publicizada. Falta do serviço. CF, art. 37, § 6.º. I – Tratando-se de ato omissivo do poder público, a responsabilidade civil por tal ato é subjetiva, pelo que exige dolo ou culpa, esta numa de suas três vertentes, a negligência, a imperícia ou a imprudência, não sendo, entretanto, necessário individualizá-la, dado que pode ser atribuída ao serviço público, de forma genérica, a falta do serviço. II – A falta do serviço – *faute du service* dos franceses – não dispensa o requisito da causalidade, vale dizer, do nexo de causalidade entre a ação omissiva atribuída ao poder público e o dano causado a terceiro. III – Latrocínio praticado por quadrilha da qual participava um apenado que fugira da prisão tempos antes: neste caso, não há falar em nexo de causalidade entre a fuga do apenado e o latrocínio. Precedentes do STF: Recurso extraordinário n. 172.025/RJ, Ministro Ilmar Galvão, *DJ* de 19.12.1996; Recurso extraordinário n. 130.764/PR, Relator Ministro Moreira Alves, *RTJ* 143/270. IV – Recurso extraordinário conhecido e provido" (STF, Recurso Extraordinário 369.820/RS, 2.ª Turma, Rel. Min. Carlos Velloso, j. 04.11.2003).

Em especial no tocante às balas perdidas, o que se via, infelizmente, eram julgados apontando para a não reparação dos danos delas advindos, pela ausência de nexo de causalidade, casos dos seguintes:

"Responsabilidade civil do Estado. Indenização por danos materiais e morais em razão de lesão ocasionada por bala perdida. Alegação de que o disparo foi realizado por policial militar em perseguição. Existência do ato comissivo do agente estatal e nexo de causalidade não comprovados. Ação improcedente. Recurso não provido" (TJSP, Apelação 1002840-79.2015.8.26.0053, Acórdão 11043882, 1.ª Câmara de Direito Público, São Paulo, Rel. Des. Luís Francisco Aguilar Cortez, j. 06.12.2017, *DJESP* 13.12.2017, p. 3.166).

"Apelação. Ação de responsabilidade civil. Autora atingida por 'bala perdida'. Sentença de improcedência. Inconformismo da autora/apelante que não merece prosperar. Disparo de arma de fogo de origem desconhecida. Ausência de provas a corroborar as alegações das autoras. Nexo causal não demonstrado. Inexistência de conduta de agente do Estado a ensejar o dever de indenizar. Impossibilidade de responsabilização da administração pública. Precedentes jurisprudenciais. Manutenção da sentença. Desprovimento do recurso" (TJRJ, Apelação 0282167-68.2012.8.19.0001, 19.ª Câmara Cível, Rel. Des. Valeria Dacheux, j. 19.07.2016, *DORJ* 27.07.2016).

"Administrativo. Responsabilidade patrimonial do Estado. Bala perdida. Mulher que é alvejada na cabeça por projétil de arma de fogo dito proveniente da troca de tiros entre a polícia militar e meliantes da favela Roquete Pinto, vindo a falecer. Ausência de prova a corroborar que a bala que ceifou a vida da vítima é proveniente de arma da polícia judiciária do ERJ. Comunicação do comandante do batalhão da localidade no sentido de que não houve operação policial na comunidade no dia alegado na inicial. Parte autora que não logrou produzir a prova mínima capaz de comprovar a tese de que houve inércia ou atividade comissiva estatal apta a inaugurar e concluir o nexo de causalidade. Responsabilidade do Estado corretamente afastada em sede singular, ante a ausência dos pressupostos da responsabilidade objetiva do Estado contidos no art. 37, § 6.º, da CRFB (dano e nexo de causalidade deste com a atividade do Estado). A assertiva em contrário importaria em atribuir ao Estado a condição de segurador universal. Precedentes. Recurso conhecido e desprovido. Unânime" (TJRJ, Apelação 0010652-98.2005.8.19.0001, 13.ª Câmara Cível, Rel. Des. Gabriel Zefiro, j. 04.02.2015, *DORJ* 09.02.2015).

Em alguns casos, todavia e felizmente, *fazia-se justiça*, aplicando-se a regra da responsabilização objetiva, independentemente de culpa do Estado, seja por ação ou por omissão. Vejamos três julgados nessa linha:

"Administrativo. Recurso especial. Responsabilidade civil do Estado por omissão. Morte em decorrência de disparo de arma de fogo no interior de hospital público. Ausência de vigilância. Falha específica no dever de agir. Excludente de ilicitude. Não ocorrência. 1. A responsabilidade civil estatal é, em regra, objetiva, uma vez que decorre do risco administrativo, em que não se exige perquirir sobre existência de culpa, conforme disciplinado pelos arts. 14 do Código de Defesa do Consumidor; 186, 192 e 927 do Código Civil; e 37, § 6.º, da Constituição Federal. 2. O Superior Tribunal de Justiça, alinhando-se ao entendimento do Excelso Pretório, firmou compreensão de que o Poder Público, inclusive por atos omissivos, responde de forma objetiva quando constatada a precariedade/vício no serviço decorrente da falha no dever legal e específico de agir. 3. A atividade exercida pelos hospitais, por sua natureza, inclui, além do serviço técnico-médico, o serviço auxiliar de estadia e, por tal razão, está o ente público obrigado a disponibilizar equipe/pessoal e equipamentos necessários e eficazes para o alcance dessa finalidade. 4. A análise da responsabilidade civil, no contexto desafiador dos tempos modernos, em que se colocam a julgamento as consequências impactantes das omissões estatais, impõe ao julgador o ônus preponderante de examinar os dispositivos civis referidos, sob o olhar dos direitos e garantias fundamentais do cidadão. 5. Logo, é de se concluir que a conduta do hospital que deixa de fornecer o mínimo serviço de segurança e, por conseguinte, despreza o dever de zelar pela incolumidade física dos pacientes, contribuiu de forma determinante e específica para o homicídio praticado em suas dependências, afastando-se a alegação da excludente de ilicitude, qual seja, fato de terceiro. 6. Recurso especial provido para restabelecer a indenização, pelos danos morais e materiais, fixada na sentença" (STJ, REsp 1.708.325/RS, 2.ª Turma, Rel. Min. Og Fernandes, j. 24.05.2022, *DJe* 24.06.2022).

"Administrativo e processual civil. Responsabilidade civil do Estado. Perseguição policial. Morte de criança atingida por bala perdida deflagrada pelo agente estatal. Indenização por danos morais. Argumento que visa a afastar o nexo de causalidade. Reexame de matéria fática. Impossibilidade. Súmula n. 7/STJ. 1. A Corte de origem, amparada no acervo probatório dos autos, asseverou que o nexo de causalidade entre a conduta do agente estatal e os danos morais suportados pelo pai da vítima estava configurado. Nesse contexto, a revisão de tal conclusão ensejaria o reexame de matéria fática, providência vedada no âmbito do Recurso Especial, nos termos da Súmula n. 7/STJ. 2. Agravo interno a que se nega provimento" (STJ, AgInt-AREsp 936.073/PB, 1.ª Turma, Rel. Min. Sérgio Kukina, *DJe* 27.04.2017).

"Embargos infringentes em apelação cível. Responsabilidade civil do Estado. Artigo 37, § 6.º da CF. Tiroteio. Vítima atingida por bala perdida. Confronto entre policiais militares e traficantes, resultando na amputação da perna direita da autora. Ao contrário do sustentado pelo embargante revela-se demasiado exigir da parte autora a prova material indicativa da arma de fogo de onde teria partido o projétil, sendo suficiente a demonstração do confronto. Comprovação do fato, do dano e do nexo de causalidade. Danos morais fixados em R$ 52.000,00 (cinquenta e dois mil reais). Manutenção do acórdão pelos seus próprios e judiciosos fundamentos. Conhecimento dos recursos para negar provimento" (TJRJ, Processo 2005.005.00486, 16.ª Câmara Cível, Des. Siro Darlan de Oliveira, j. 21.02.2006).

Essa última tendência, que acabou se ampliando e se consolidando na jurisprudência superior, como se verá, teve como ponto de partida decisão em tutela antecipada proferida pelo Supremo Tribunal Federal, que acabou por rever a antiga tese da responsabilidade subjetiva por omissão, concluindo pela responsabilidade sem culpa do Estado de Pernambuco, que deve arcar com os custos de tratamento de um cidadão vítima de assalto e atingido por um projétil na via pública.

A decisão foi assim publicada no *Informativo n. 502* do Supremo Tribunal Federal, representando importante precedente de mudança de pensamento e, por isso, merecendo transcrição integral neste livro:

"Tutela antecipada e responsabilidade civil objetiva do Estado – 1. O Tribunal, por maioria, deu provimento a agravo regimental interposto em suspensão de tutela antecipada para manter decisão interlocutória proferida por desembargador do Tribunal de Justiça do Estado de Pernambuco, que concedera parcialmente pedido formulado em ação de indenização por perdas e danos morais e materiais para determinar que o mencionado Estado-membro pagasse todas as despesas necessárias à realização de cirurgia de implante de Marcapasso Diafragmático Muscular – MDM no agravante, com o profissional por este requerido. Na espécie, o agravante, que teria ficado tetraplégico em decorrência de assalto ocorrido em via pública, ajuizara a ação indenizatória, em que objetiva a responsabilização do Estado de Pernambuco pelo custo decorrente da referida cirurgia, que devolverá ao autor a condição de respirar sem a dependência do respirador mecânico" (STA 223, AgR/PE, Rel. orig. Min. Ellen Gracie, Rel. para o acórdão Min. Celso de Mello, 14.04.2008). "Tutela antecipada e responsabilidade civil objetiva do Estado – 2. Entendeu-se que restaria configurada uma grave omissão, permanente e reiterada, por parte do Estado de Pernambuco, por intermédio de suas corporações militares, notadamente por parte da polícia militar, em prestar o adequado serviço de policiamento ostensivo, nos locais notoriamente passíveis de práticas criminosas violentas, o que também ocorreria em diversos outros Estados da Federação. Em razão disso, o cidadão teria o direito de exigir do Estado, o qual não poderia se demitir das consequências que resultariam do cumprimento do seu dever constitucional de prover segurança pública, a contraprestação da falta desse serviço. Ressaltou-se que situações configuradoras de falta de serviço podem acarretar a responsabilidade civil objetiva do Poder Público, considerado o dever de prestação pelo Estado, a necessária existência de causa e efeito, ou seja, a omissão administrativa e o dano sofrido pela vítima, e que, no caso, estariam presentes todos os elementos que compõem a estrutura dessa responsabilidade. Além disso, aduziu-se que entre reconhecer o interesse secundário do Estado, em matéria de finanças públicas, e o interesse fundamental da pessoa, que é o direito à vida, não haveria opção possível para o Judiciário, senão de dar primazia ao último. Concluiu-se que a realidade da vida tão pulsante na espécie imporia o provimento do recurso, a fim de reconhecer ao agravante, que inclusive poderia correr risco de morte, o direito de buscar autonomia existencial, desvinculando-se de um respirador artificial que o mantém ligado a um leito hospitalar depois de meses em estado de coma, implementando-se, com isso, o direito à busca da felicidade, que é um consectário do princípio da dignidade da pessoa humana" (STA 223, AgR/PE, Rel. orig. Min. Ellen Gracie, Rel. para o acórdão Min. Celso de Mello, 14.04.2008). "Tutela Antecipada e Responsabilidade Civil Objetiva do Estado – 3. Vencida a Min. Ellen Gracie, Presidente, que mantinha os fundamentos da decisão agravada, por reputar devidamente demonstrada, no caso, a ocorrência de grave lesão à ordem pública, considerada em termos de ordens jurídico--constitucional e jurídico-processual. A Ministra asseverava que a decisão em tela, ao determinar, monocrática e incidentalmente, o imediato pagamento da importância teria violado o que dispõe o art. 100 da CF, bem como estaria em confronto com o estabelecido pelo art. 2.º-B da Lei 9.494/1997, que proíbe a execução provisória de julgados contra o Poder Público. Aduzia, também, que a aludida decisão representaria grave lesão à ordem pública, considerada em termos de ordem administrativa, já que permitiria a realização de cirurgia de alto custo não contemplada no Sistema Único de Saúde, sem que tivesse ocorrido instauração de um procedimento administrativo ou avaliação médica credenciada para tanto" (STA 223, AgR/PE, Rel. orig. Min. Ellen Gracie, Rel. para Acórdão Min. Celso de Mello, 14.04.2008).

Ora, não há como compreender a razão do tratamento diferenciado entre o ambiente público e o privado. O primeiro seria *maldito* e o segundo *abençoado*? De fato, esse tratamento discrepante entre o espaço público e o privado parece conduzir a um *drama brasileiro*, como afirma o Ministro Luís Roberto Barroso.[25]

---

[25] BARROSO, Luís Roberto. *Curso de Direito Constitucional contemporâneo*. Os conceitos fundamentais e a construção do novo modelo, cit., p. 68.

Na doutrina do Direito Administrativo, podem ser citados autores que demonstram a infeliz parcialidade do Direito Público, da herança lusitana até nós, sendo necessário rever antigos dogmas e conceitos nessa seara. Em Portugal, podem ser citadas as obras de Vasco Manuel Pascoal Dias Pereira da Silva e de Maria João Estorninho.[26]

No Brasil, Gustavo Binenbojm destaca-se ao propor uma revisão constitucional das premissas fundamentais do Direito Público, merecendo especial relevo a sua tese de doutoramento defendida na Universidade Estadual do Rio de Janeiro.[27] Ainda, na mesma linha, pode ser citada a dissertação de mestrado de Rafael Carvalho Resende Oliveira, defendida na Pontifícia Universidade Católica do Rio de Janeiro.[28]

Relativamente aos ambientes privados, como visto em outros trechos deste livro, há um superdimensionamento das responsabilidades, diante da comum incidência da responsabilidade civil objetiva prevista no Código de Defesa do Consumidor. Têm-se responsabilizado entes privados pelos assaltos ocorridos no interior de suas dependências, como em bancos e até em estacionamentos de supermercados.

Em tom de exagero, em sede de Tribunal de Justiça de São Paulo, até se imputou o dever de indenizar ao *shopping center* e à empresa cinematográfica, pela conhecida ação de um então estudante de medicina que adentrou no interior da sala de cinema e metralhou as pessoas que ali se encontravam. Por todos, transcrevo os seguintes:

> "Indenização por danos morais e materiais. Homicídio ocorrido em cinema localizado dentro de *shopping center*. Responsabilidade solidária do empreendedor e do lojista decorrente da relação de consumo estabelecida entre o consumidor e aquelas pessoas. Estabelecimentos que angariam frequentadores em razão da segurança que oferecem. Verba fixada, entretanto, que se mostra exagerada quanto a um aspecto. Recursos das rés e das autoras parcialmente providos" (TJSP, Apelação com Revisão 3850464300, 7.ª Câmara de Direito Privado, Rel. Arthur Del Guércio, data do registro 23.11.2006).

No entanto, como demonstrei, o Superior Tribunal de Justiça acabou por rever tal forma de julgar (como primeiro precedente: STJ, REsp 1.164.889/SP, Rel. Min. Honildo Amaral de Mello Castro [Desembargador convocado do TJ-AP], j. 04.05.2010). Ora, por que essa distinção entre ambos os ambientes? Parece-me que ela fere a razoabilidade, o bom senso, o *fim social da norma e do Direito* descrito no art. 5.º da Lei de Introdução.

---

[26] SILVA, Vasco Manuel Pascoal Dias Pereira da. *Em busca do acto administrativo perdido*. Coimbra: Almedina, 2003; ESTORNINHO, Maria João. *A fuga para o direito privado*. Contributo para o estudo da actividade de direito privado da Administração Pública. 2. reimpr. Coimbra: Almedina, 2009.

[27] BINENBOJM, Gustavo. *Uma teoria do Direito Administrativo*. Direitos fundamentais, democracia e constitucionalização. 2. ed. Rio de Janeiro: Renovar, 2008.

[28] OLIVEIRA, Rafael Carvalho Resende. *A constitucionalização do Direito Administrativo*. Rio de Janeiro: Lumen Juris, 2009.

Não haveria um exagero de interpretação a beneficiar o poder estatal pela tese da responsabilidade subjetiva por omissão? Não há certo sentido político e ideológico na criação da teoria, a tornar o Estado um ente irresponsável? As respostas são positivas, eis que a diferenciação acaba por trazer a conclusão de que, iniciado um tiroteio na rua, é melhor procurar abrigo em algum local privado, pois ali se está protegido pela responsabilidade sem culpa. Em reforço, partindo para uma análise técnica, na *doutrina administrativista*, Hely Lopes Meirelles sustentava, há tempos, que a responsabilidade do Estado deveria ser sempre objetiva, por ação ou omissão, não se presumindo do Texto Constitucional em vigor qualquer diversidade de tratamento entre os dois casos.[29]

Mais recentemente, em lúcido artigo, Jones Figueirêdo Alves argumenta que a responsabilidade do Estado é objetiva, havendo ação ou omissão, pois o que realmente interessa são o dano injusto e o fato lesivo.[30] Em tom prático e efetivo, o Desembargador do Tribunal de Pernambuco analisa questões que envolvem a omissão prejudicial ao direito à saúde, a omissão de garantia à incolumidade física e a omissão no fornecimento de segurança adequada, concluindo que "uma dogmática jurídica brasileira de responsabilidade civil do Estado por omissão deve ser construída por uma percepção realística do caso concreto, capaz de aferir os graus de comprometimento da inação estatal em causação dos danos contra o administrado".[31]

De fato, não se pode interpretar a Constituição da República de maneira prejudicial ao cidadão, que terá o pesadíssimo fardo de provar a culpa do ente estatal nos casos de omissão, uma prova perversa, diabólica, até impossível. Por exemplo, como demonstrar que a bala perdida saiu do revólver do policial? Como provar que o agente não policiou as ruas devidamente ou que houve falha no comando do policiamento? Exigir tal ônus é algo totalmente irrazoável, desproporcional.

Para essa forma coerente de se pensar a responsabilidade civil do Estado, sempre objetiva pela *teoria do risco administrativo*, entra em cena o conceito de *responsabilidade pressuposta*, de Giselda Maria Fernandes Novaes Hironaka.[32] Pela pressuposição da responsabilidade é preciso visualizar novos horizontes para o dever de reparação, muito além da discussão de culpa (responsabilidade subjetiva) ou da existência de riscos (responsabilidade objetiva).

Nesse contexto, deve-se pensar, antes e em primeiro lugar, em indenizar as vítimas, para, depois, verificar, em um segundo plano, quem foi o culpado ou quem assumiu os riscos de sua atividade. A responsabilidade já nasce pelo ato de *ser Estado* e, como tal, de criar riscos pela atividade desempenhada aos cidadãos. Em suma, a responsabilidade pública deve ser sempre objetiva, havendo ação ou omissão do Estado.

---

[29] MEIRELLES, Hely Lopes. *Direito Administrativo brasileiro*, cit., p. 589.
[30] ALVES, Jones Figueirêdo. Responsabilidade civil e omissão de socorro público. In: ALVES, Jones Figueirêdo; DELGADO, Mário Luiz (Coord.). *Questões controvertidas no novo Código Civil*. Responsabilidade civil. São Paulo: Método, 2006. v. 5, p. 322.
[31] ALVES, Jones Figueirêdo. Responsabilidade civil e omissão de socorro público, cit., p. 341.
[32] HIRONAKA, Giselda Maria Fernandes. *Responsabilidade pressuposta*, cit.

A par de todos esses argumentos, e de outros, a jurisprudência do Supremo Tribunal Federal alterou sua posição anterior, julgando definitivamente o tema das balas perdidas em casos de operações policiais, e em sede de repercussão geral, em abril de 2024 (Tema n. 1.237). Ao final, por maioria de votos, foram editadas as seguintes premissas de tese, a influenciar os julgamentos da inferior instância: "1. O Estado é responsável, na esfera cível, por morte ou ferimento decorrente de operações de segurança pública, nos termos da Teoria do Risco Administrativo. 2. É ônus probatório do ente federativo demonstrar eventuais excludentes de responsabilidade civil. 3. A perícia inconclusiva sobre a origem de disparo fatal durante operações policiais e militares não é suficiente, por si só, para afastar a responsabilidade civil do Estado, por constituir elemento indiciário".

Apesar de não se tratar de um julgamento que diz respeito a todos os casos de bala perdida, não se pode negar que houve uma verdadeira reviravolta no entendimento anterior. Ademais, apesar de não se mencionar a responsabilidade objetiva, essa é retirada da inversão do ônus da prova quanto à demonstração de uma das excludentes da responsabilidade civil. Essa é a posição a ser considerada para os devidos fins práticos.

2. ANÁLISE TÉCNICA DO ART. 37, § 6.º, DA CONSTITUIÇÃO FEDERAL E DO ART. 43 DO CÓDIGO CIVIL

Como exposto, as pessoas jurídicas de Direito Público e as de Direito Privado prestadoras de serviços públicos – concessionárias e permissionárias –, têm responsabilidade civil independentemente de culpa, respondendo pelos danos causados pela atividade administrativa desempenhada pelos seus funcionários e prepostos, no exercício da atividade pública. É o que está previsto no art. 37, § 6.º, da Constituição Federal de 1988, comando que tem a seguinte redação:

> "Art. 37. (...). § 6.º As pessoas jurídicas de direito público e as de direito privado prestadoras de serviços públicos responderão pelos danos que seus agentes, nessa qualidade, causarem a terceiros, assegurado o direito de regresso contra o responsável nos casos de dolo ou culpa".

Interpretando o comando constitucional, Maria Sylvia Zanella Di Pietro leciona que a expressão correta a ser usada é *responsabilidade civil extracontratual do Estado*, e não da Administração Pública. Nas suas palavras, "trata-se de dano resultante de comportamentos do Executivo, do Legislativo ou do Judiciário, a responsabilidade é do Estado, pessoa jurídica; por isso é errado falar em responsabilidade da Administração Pública, já que esta não tem personalidade jurídica, não é titular de direitos e obrigações na ordem civil. A capacidade é do Estado e das pessoas jurídicas públicas ou privadas que o representam no exercício de parcela de atribuições estatais. E a responsabilidade é sempre civil, ou seja, de ordem pecuniária".[33] E acrescenta que a responsabilidade patrimonial do Estado pode originar-se tanto de atos jurídicos, como de atos ilícitos,

---

[33] DI PIETRO, Maria Sylvia Zanella. *Direito Administrativo*, 30. ed., cit., p. 815.

ou mesmo de comportamentos materiais ou de omissão do Poder Público: "o essencial é que haja um dano causado a terceiro por comportamento omissivo ou comissivo de agente do Estado".[34]

Quanto ao art. 43 do CC/2002, estabelece a norma, em sua redação atual, que "as pessoas jurídicas de direito público interno são civilmente responsáveis por atos dos seus agentes que nessa qualidade causem danos a terceiros, ressalvado direito regressivo contra os causadores do dano, se houver, por parte destes, culpa ou dolo". Como se pode perceber, os dois dispositivos têm redação muito próxima, merecendo uma análise em conjunto, devidamente confrontada.

Entre os civilistas, Jones Figueirêdo Alves e Mário Luiz Delgado criticam a última previsão, dando razão à anterior proposta de alteração constante do antigo Projeto n. 6.960/2002 (Projeto Ricardo Fiúza). São suas palavras:

> "A atual redação do art. 43 restringe a Lei Maior, pois não menciona as prestadoras de serviços públicos, e só se refere às pessoas jurídicas de direito público interno, excluindo, aparentemente, as pessoas jurídicas de direito público externo. Por não poder limitar a norma fundamental, o dispositivo do CC já nasce sem aplicação, razão pela qual o Deputado Ricardo Fiuza propôs, através do PL 6.960 de 2002, a sua alteração, a fim de adequá-lo à Constituição Federal. Nos termos propostos pelo parlamentar, o art. 43 ganharia a seguinte redação: 'Art. 43. As pessoas jurídicas de direito público e as de direito privado prestadoras de serviços públicos responderão pelos danos que seus agentes, nessa qualidade, causarem a terceiros, inclusive aqueles decorrentes da intervenção estatal no domínio econômico, assegurado o direito de regresso contra o responsável nos casos de dolo ou culpa'".[35]

Como se pode notar, a proposta visava a adequar a norma civil ao comando constitucional. Conforme as justificativas do projeto de alteração do Deputado Ricardo Fiuza, "a presente proposta de alteração tem a finalidade de tentar fazer com que esqueçamos que o Estado, no Brasil, existiu antes da nação, com a vinda de D. João VI, e que a esdrúxula aliança entre militares e tecnocratas durante o regime de exceção, a partir de 1964, geradora de brutal hipertrofia estatal, nos remeteu a Hobbes, no seu Leviatã. Onde fica a sociedade civil no Brasil? Entre Locke e Rousseau que vão às raízes da cidadania, da liberdade como construção civilizatória ou entre Hobbes e seu Estado leviatânico? A cidadania é também uma instituição. É, sobretudo, um conjunto de direitos comuns a todos os membros da sociedade. Se além dos direitos, a cidadania implica deveres e obrigações, estes não podem, de maneira alguma, ser condições para os direitos da cidadania. Os direitos da cidadania são direitos incondicionais que transcendem e contêm as forças do mercado" (PL n. 6.960, de 12.06.2002, atual PL n. 699/2011).

No projeto de Reforma do Código Civil, segue-se exatamente a mesma linha, havendo proposta para que a norma passe a ter a seguinte redação que,

---

[34] DI PIETRO, Maria Sylvia Zanella. *Direito Administrativo*, 30. ed., cit., p. 815.
[35] ALVES, Jones Figueirêdo; DELGADO, Mário Luiz. *Código Civil anotado*, cit., p. 44.

espera-se, seja aprovada no Congresso Nacional: "Art. 43. As pessoas jurídicas de direito público e as de direito privado prestadoras de serviços públicos são civilmente responsáveis, independentemente de culpa, por atos dos seus agentes que, nessa qualidade, causem danos a terceiros, por ação ou omissão, ressalvado direito regressivo contra os causadores do dano, se houver, por parte destes, culpa ou dolo". A menção ao direito de regresso também é salutar.

De qualquer modo, mesmo com a atual redação do art. 43 do CC/2002, as pessoas jurídicas de Direito Privado prestadoras de serviço público não estão isentas de responsabilidade objetiva por seus agentes e prepostos, justamente pela previsão do art. 37, § 6.º, da CF/1988.

Voltando especificamente à responsabilidade do Estado, reitere-se que se trata de responsabilização objetiva, não se discutindo sequer se houve culpa do funcionário, agente ou preposto do Poder Público. Há, assim, uma diferença fundamental entre a responsabilidade indireta do Estado e a responsabilidade indireta presente no âmbito privado, retirada do art. 932, inc. III, do Código Civil.

No último caso, como visto, para que uma empresa responda é necessário comprovar a culpa ou dolo do seu empregado ou preposto, realidade jurídica que não se aplica à relação entre o Estado e seus funcionários. Na verdade, na responsabilidade civil do Poder Público a culpa do agente serve apenas para fixar o direito de regresso do Estado contra o responsável direto pelo evento, nos termos da parte final do que consta do dispositivo constitucional.

Importante lembrar que vigora a *teoria do risco administrativo*, que gera uma responsabilidade objetiva mitigada, uma vez que pode ser afastada ou diminuída pela culpa exclusiva ou concorrente da vítima, o que não ocorre na responsabilidade objetiva plena ou integral (*teoria do risco integral*). Como explica Fernanda Marinela, "é interessante distinguir a culpa exclusiva da vítima que é hipótese de exclusão da responsabilidade da culpa concorrente, hipótese em que o dever de indenizar não fica afastado, mas a indenização deve ser reduzida. Nessa hipótese, uma arca com os prejuízos decorrentes de sua atuação e, não sendo possível auferir, a jurisprudência orienta que a indenização seja reduzida pela metade. Portanto, na culpa concorrente, o Estado tem que indenizar; não é excludente de responsabilidade".[36] No entanto se o Estado é o responsável pelo dano ambiental, alguns julgados chegam a cogitar a incidência do risco integral, como está desenvolvido no Capítulo 13 deste livro. Em situações tais, não há direito de regresso do ente público contra o seu agente.

Especificamente a respeito da responsabilidade do Estado, o Supremo Tribunal Federal já entendeu que para a responsabilização do Estado sequer se exige que o agente esteja no exercício de suas funções quando da ocorrência do dano. Nesse sentido, vejamos, do STF:

> "Responsabilidade objetiva do Estado. Acidente de trânsito envolvendo veículo oficial. Responsabilidade pública que se caracteriza, na forma do § 6.º do art. 37 da Constituição Federal, ante danos que agentes do ente estatal, nessa

---

[36] MARINELA, Fernanda. *Direito Administrativo*, cit., p. 983.

qualidade, causarem a terceiros, não sendo exigível que o servidor tenha agido no exercício de suas funções. Precedente" (STF, RE 294.440-AgR, Rel. Min. Ilmar Galvão, *DJ* 02.08.2002).

Ademais, quanto ao tema, conforme premissa publicada na Edição n. 61 da ferramenta *Jurisprudência em Teses* do STJ, do ano de 2016, e que trata da responsabilidade do Estado, "há responsabilidade civil do Estado nas hipóteses em que a omissão de seu dever de fiscalizar for determinante para a concretização ou o agravamento de danos ambientais" (tese 6). São citados como precedentes os seguintes arestos da Corte Superior: AgRg no REsp 1.497.096/RJ, 2.ª Turma, Rel. Min. Mauro Campbell Marques, j. 15.12.2015, *DJe* 18.12.2015; AgRg no REsp 1.001.780/PR, 1.ª Turma, Rel. Min. Teori Albino Zavascki, j. 27.09.2011, *DJe* 04.10.2011; REsp 1.071.741/SP, 2.ª Turma, Rel. Min. Herman Benjamin, j. 24.03.2009, *DJe* 16.12.2010; e REsp 1.113.789/SP, 2.ª Turma, Rel. Min. Castro Meira, j. 16.06.2009, *DJe* 29.06.2009. No primeiro dos precedentes citados, concluiu o Tribunal da Cidadania, com razão, o seguinte:

> "A Administração é solidária, objetiva e ilimitadamente responsável, nos termos da Lei 6.938/1981, por danos urbanístico-ambientais decorrentes da omissão do seu dever de controlar e fiscalizar, na medida em que contribua, direta ou indiretamente, tanto para a degradação ambiental em si mesma, como para o seu agravamento, consolidação ou perpetuação. Precedentes. Existência de dano à coletividade, em razão do descumprimento da legislação local que regulamenta a ocupação dos passeios públicos" (STJ, AgRg no REsp 1497096/RJ, 2.ª Turma, Rel. Min. Mauro Campbell Marques, j. 15.12.2015, *DJe* 18.12.2015).

Exatamente na mesma linha, mas com ressalva quanto à execução, em dezembro de 2021 o Tribunal editou a sua Súmula 652, segundo a qual "a responsabilidade civil da Administração Pública por danos ao meio ambiente, decorrente de sua omissão no dever de fiscalização, é de caráter solidário, mas de execução subsidiária". O tema será aprofundado no capítulo que trata da responsabilidade civil ambiental.

Além disso, conforme exposto, segundo o entendimento majoritário, havendo omissão do Estado ou do seu agente, haverá responsabilidade subjetiva, devendo o lesado provar o dolo ou a culpa, o que representa incidência da *teoria da culpa anônima do Estado ou teoria da falta do serviço*.

Aliás, da mesma edição da ferramenta *Jurisprudência em Teses* do STJ, extrai-se que "a responsabilidade civil do Estado por condutas omissivas é subjetiva, devendo ser comprovados a negligência na atuação estatal, o dano e o nexo de causalidade" (tese 5, acórdãos: AgRg no AREsp 501.507/RJ, 2.ª Turma, Rel. Min. Humberto Martins, j. 27.05.2014, *DJe* 02.06.2014; REsp 1.230.155/PR, 2.ª Turma, Rel. Min. Eliana Calmon, j. 05.09.2013, *DJe* 17.09.2013; AgRg no AREsp 118.756/RS, 2.ª Turma, Rel. Min. Herman Benjamin, j. 07.08.2012, *DJe* 22.08.2012; REsp 888.420/MG, 1.ª Turma, Rel. Min. Luiz Fux, j. 07.05.2009, *DJe* 27.05.2009; e AgRg no Ag 1.014.339/MS, 2.ª Turma, Rel. Min. Mauro Campbell Marques, j. 21.08.2008, *DJe* 24.09.2008).

Todavia, como visto, entendo que essa teoria de responsabilização mediante culpa do Estado, em caso de omissão, deve ser revista, principalmente nos casos envolvendo falta de segurança, como acabou julgando o STF, em sede de repercussão geral, nos casos de operações policiais (Tema n. 1.237).

Ainda sobre as balas perdidas, a propósito, a própria jurisprudência do STJ acabou por rever a posição anterior da jurisprudência. Nos termos da premissa 8 publicada na Edição n. 61 da ferramenta *Jurisprudência em Teses* do STJ, com a seguinte redação: "é objetiva a responsabilidade civil do Estado pelas lesões sofridas por vítima baleada em razão de tiroteio ocorrido entre policiais e assaltantes". A transcrição e a leitura de dois dos precedentes que geraram a tese são necessárias, diante da grande repercussão prática do tema:

> "Civil e administrativo. Recurso especial. Ação ordinária. Responsabilidade civil do Estado. Disparos de arma de fogo provocados por policiais militares. Legítima defesa putativa reconhecida na esfera penal. Falecimento da vítima. Danos morais suportados pelo cônjuge supérstite. Responsabilidade objetiva do Estado pelos danos civis. 1. Segundo a orientação jurisprudencial do STJ, a Administração Pública pode ser condenada ao pagamento de indenização pelos danos cíveis causados por uma ação de seus agentes, mesmo que consequentes de causa excludente de ilicitude penal: REsp 884.198/RO, 2.ª Turma, Rel. Min. Humberto Martins, DJ 23.04.2007; REsp 111.843/PR, 1.ª Turma, Rel. Min. José Delgado, DJ 09.06.1997. 2. Logo, apesar da não responsabilização penal dos agentes públicos envolvidos no evento danoso, deve-se concluir pela manutenção do acórdão origem, já que eventual causa de justificação (legítima defesa) reconhecida em âmbito penal não é capaz de excluir responsabilidade civil do Estado pelos danos provocados indevidamente a ora recorrida. 3. Recurso especial não provido" (STJ, REsp 1.266.517/PR, 2.ª Turma, Rel. Min. Mauro Campbell Marques, j. 04.12.2012, DJe 10.12.2012).

> "Administrativo e processual civil. Responsabilidade civil do Estado. Disparos em via pública efetuados em perseguição policial. 'Bala perdida' que atingiu adolescente. Danos estéticos. Julgamento *extra petita*. Não ocorrência. Nexo de causalidade. Prova testemunhal e circunstâncias do caso concreto. Perícia técnica inexistente. *Venire contra factum* próprio. Inadmissível. Alteração do acórdão. Impossibilidade. Reexame fático-probatório. Súmula 07/STJ. Valor da indenização por danos morais e estéticos. Razoabilidade. 1. Cuida-se, na origem, de ação de indenização proposta pela ora recorrida em face do Estado do Espírito Santo, em decorrência de evento ocorrido em 15 de abril de 1982, que a deixou gravemente ferida após confronto entre policiais civis daquele Estado e um fugitivo. 2. Os recursos de apelação interpostos pelas partes devolveram ao Tribunal de Justiça do Estado do Espírito Santo o conhecimento de toda a matéria discutida nos autos. Com isso, essa Corte pôde reexaminar o ponto atinente à indenização por danos estéticos, de modo que não há que se cogitar de julgamento *extra petita* no caso concreto. 3. Ao efetuar incontáveis disparos em via pública, ainda que em virtude de perseguição policial, os agentes estatais colocaram em risco a segurança dos transeuntes, e, por isso, em casos assim, devem responder objetivamente pelos danos causados. (...) (STJ, REsp 1.236.412/ES, 2.ª Turma, Rel. Min. Castro Meira, j. 02.02.2012, DJe 17.02.2012).

Como outra ilustração relevante, e na mesma linha, em 2020, a mesma Corte Superior aplicou a *cláusula geral de responsabilidade objetiva*, prevista na segunda parte do art. 927, parágrafo único, do Código Civil, para concluir que o Estado deve responder pelo falecimento de advogado nas dependências do Fórum, diante de morte causada por disparos de arma de fogo efetuados por réu em ação criminal. Conforme o acórdão, que merece colação:

"Aplica-se igualmente ao Estado a prescrição do art. 927, parágrafo único, do Código Civil, de responsabilidade civil objetiva por atividade naturalmente perigosa, irrelevante seja a conduta comissiva ou omissiva. O vocábulo 'atividade' deve ser interpretado de modo a incluir o comportamento em si e bens associados ou nele envolvidos. Tanto o Estado como os fornecedores privados devem cumprir com o dever de segurança, ínsito a qualquer produto ou serviço prestado. Entre as atividades de risco 'por sua natureza' incluem-se as desenvolvidas em edifícios públicos, estatais ou não (p. ex., instituição prisional, manicômio, delegacia de polícia e fórum), com circulação de pessoas notoriamente investigadas ou condenadas por crimes, e aquelas outras em que o risco anormal se evidencia por contar o local com vigilância especial ou, ainda, com sistema de controle de entrada e de detecção de metal por meio de revista eletrônica ou pessoal" (STJ, REsp 1.869.046/SP, 2.ª Turma, Rel. Min. Herman Benjamin, j. 09.06.2020, *DJe* 26.06.2020).

No caso concreto, ficou demonstrado que a porta do Fórum com detector de metal estava avariada e que não havia seguranças na entrada do estabelecimento público que pudessem inspecionar as pessoas que adentrassem no local. Assim, foi reconhecida a relação de causalidade entre essas ações e omissões e o dano causado, gerando o correto dever de indenizar do Estado de São Paulo.

Toda essa mudança de posição, reitere-se, tem origem no *decisum* do STF aqui antes citado, publicado no *Informativo* n. *505* da Corte, que culminou com o julgamento do seu Tema n. 1.237 de repercussão geral. Trata-se de louvável mudança de posição, apesar de o Superior Tribunal de Justiça ainda manter seu entendimento de que, havendo omissão, a responsabilidade estatal depende da prova de dolo ou culpa o que, salvo melhor juízo, deveria ser revisto pela Corte, uma vez que a legislação não faz distinção entre os atos comissivos ou omissivos do Estado e de seus agentes.

Como palavras finais para este tópico, por óbvio que o Estado somente terá o dever de indenizar se estiverem presentes danos no caso concreto, sejam eles materiais ou imateriais, o que inclui os danos morais e estéticos que atingem determinado particular. Como corretamente explica Fernanda Marinela, "para reconhecer o dever de indenizar, em qualquer circunstância, é imprescindível a presença de um dano. Pressupõe-se que a indenização é a recomposição de um prejuízo, portanto, para admitir a responsabilidade civil do Estado, a vítima deve demonstrar de forma clara o dano sofrido, sob pena de caracterizar enriquecimento ilícito e pagamento sem causa por parte do Estado".[37] A doutrinadora

---

[37] MARINELA, Fernanda. *Direito Administrativo*, cit., p. 977.

também afirma que não basta a existência de um prejuízo econômico, devendo estar presente uma lesão maior a um interesse legítimo ou atributo da vítima.

Cita Marinela o exemplo de um museu situado em um Município, em que, no entorno, abriram vários estabelecimentos comerciais, que sobrevivem de sua visitação: "se o Poder Público decidir mudar o museu de endereço, com certeza o comércio do entorno vai sofrer sérios prejuízos com a perda da clientela. A questão é a seguinte: esses prejuízos geram para o Estado o dever de indenizar? A resposta é negativa, considerando que os prejuízos financeiros sofridos pelos comerciantes representam dano econômico, mas não jurídico. Não há lesão a um direito, considerando que eles não tinham direito à manutenção do museu naquele endereço. Dessa forma, não há para o Estado o dever de indenizar; o dano econômico não é suficiente".[38] Em suma, como palavras derradeiras, para que exista o dever de indenizar estatal, deve haver um dano-resultado, um prejuízo que atinge um interesse legítimo do cidadão, caso dos seus direitos da personalidade.

3. PRINCIPAIS APLICAÇÕES JURISPRUDENCIAIS DA RESPONSABILIDADE DO ESTADO E SUAS POLÊMICAS

Superadas as análises técnicas dos dispositivos que tratam da responsabilidade civil do Estado, vejamos as principais polêmicas a respeito do tema, notadamente as que constam da Edição n. 61 da ferramenta *Jurisprudência em Teses*, do Superior Tribunal de Justiça, dedicada ao assunto.

O primeiro debate diz respeito à discussão jurisprudencial existente quanto à necessidade de o Estado denunciar à lide o seu agente, na própria ação indenizatória promovida pelo cidadão. A denunciação da lide está amparada no art. 125, II, do Código de Processo Civil de 2015, segundo o qual é admissível a denunciação da lide, promovida por qualquer das partes, àquele que estiver obrigado, por lei ou pelo contrato, a indenizar, em ação regressiva, o prejuízo de quem for vencido no processo. O dispositivo equivale parcialmente ao art. 70, inc. III, do CPC/1973, que estabelecia, literalmente, a obrigatoriedade da denunciação da lide em casos tais.

Concorda-se com o entendimento adotado há tempos pelo Superior Tribunal de Justiça quanto à desnecessidade ou mesmo impossibilidade dessa intervenção de terceiro. Em suma, a denunciação da lide nessas hipóteses não é recomendável, especialmente por dificultar a satisfação da indenização pela vítima.

Primus, porque a responsabilidade do agente – subjetiva – tem natureza distinta da responsabilidade do Estado – objetiva –, o que dificultaria a discussão em uma mesma ação. Ademais, o dolo ou culpa do agente somente serve para o exercício do direito de regresso por parte do Estado.

Secundus, e até principalmente, porque a responsabilidade objetiva constitui um aspecto material do acesso à Justiça, tendo em vista que as provas a serem produzidas pelo autor são menos complexas que aquelas exigidas caso o funda-

---

[38] MARINELA, Fernanda. *Direito Administrativo*, cit., p. 977-978.

mento da demanda fosse a responsabilidade subjetiva. Se a denunciação da lide fosse admitida, o processo seria muito mais complexo, impedindo, dessa forma, o acesso à Justiça ao cidadão que demanda o ente público e a sua reparação em um espaço de tempo menor.

Tercius, porque a denunciação em questão não é obrigatória, desde a interpretação que era feita do art. 70, inc. III, do CPC/1973. O CPC/2015 encerrou definitivamente o debate anterior, consagrando expressamente o seu caráter facultativo. Assim sendo, mesmo ausente a denunciação da lide, está assegurado o direito regressivo do Estado por meio de ação própria e autônoma. Nesse sentido, é primaz colacionar as seguintes ementas anteriores do Tribunal da Cidadania:

"Processual civil e administrativo. Acidente de trânsito. Indenização. Responsabilidade civil. Denunciação à lide do servidor causador do dano. Ação regressiva garantida. I – Admite-se que o Estado promova a denunciação da lide envolvendo agente seu nas ações de responsabilidade civil, no entanto, tal denunciação não é obrigatória, podendo o Estado, em ação própria, exercer o seu direito de regresso em face do agente causador do dano. II – Assim, entende esta Corte Superior que, em observância aos princípios da economia e da celeridade processuais, o indeferimento da denunciação da lide ao preposto estatal não seria causa de nulidade do processo já iniciado. III – Precedentes. IV – Agravo regimental a que se nega provimento" (STJ, AGREsp 313.886/RN (200100353894), 1.ª Turma, Rel. Min. Francisco Falcão, j. 18.02.2003).

"Processual civil. Ação de indenização. Responsabilidade objetiva do Estado. Denunciação à lide do agente causador do dano. Não obrigatoriedade. Possibilidade de ajuizamento de ação regressiva. Divergência jurisprudencial não comprovada. RISTJ, art. 255 e parágrafos. Precedentes da 1.ª Seção. Fundando-se a ação em responsabilidade objetiva, o juiz pode rejeitar a denunciação da lide sem acarretar nulidade do processo, pois o preponente, podendo acionar regressivamente o seu preposto, não sofre qualquer prejuízo. Entendimento consagrado pela 1.ª Seção. Divergência jurisprudencial que desatende a determinações legais não se presta ao fim proposto. Recurso especial não conhecido" (STJ, REsp 328.284/RJ, 2.ª Turma, Rel. Min. Francisco Peçanha Martins, j. 26.04.2005, *DJ* 06.06.2005, p. 245).

"Recurso especial. Processual civil. Indenização. Responsabilidade objetiva do Estado. Dispositivo constitucional. Não conhecimento. Ausência de omissão no acórdão. Denunciação à lide. Desnecessidade. Possibilidade de ação regressiva. 1. Recurso não conhecido quanto à alegada violação do art. 5.º, inciso LV, bem como do art. 37, § 6.º, ambos da Constituição Federal. A competência do Superior Tribunal de Justiça refere-se à matéria infraconstitucional, e a discussão sobre preceitos da Carta Maior cabe à Suprema Corte. 2. Não resta evidenciada a alegada violação do art. 535 do CPC, pois a prestação jurisdicional foi dada na medida da pretensão deduzida, conforme se depreende da análise do acórdão recorrido. 3. Em observância aos princípios da economia e celeridade processuais, a não denunciação à lide de servidor público causador de dano decorrente de acidente de veículo não causa nulidade ao processo. Precedentes. Recurso especial conhecido em parte e improvido" (STJ, REsp 850.251/SC, 2.ª Turma, Rel. Min. Humberto Martins, j. 27.02.2007, *DJ* 09.03.2007, p. 300).

Na mesma esteira, cite-se a afirmação 18, publicada na Edição n. 61 da ferramenta *Jurisprudência em Teses*, do STJ, a saber: "nas ações de responsabilidade civil do Estado, é desnecessária a denunciação da lide ao suposto agente público causador do ato lesivo", com menção a outros julgados, ainda mais recentes: REsp 1.501.216/SC, 1.ª Turma, Rel. Min. Olindo Menezes (Desembargador convocado do TRF-1.ª Região), j. 16.02.2016, *DJe* 22.02.2016; AgRg no REsp 1.444.491/PI, 2.ª Turma, Rel. Min. Og Fernandes, j. 27.10.2015, *DJe* 12.11.2015; AgRg no AREsp 574.301/PE, 1.ª Turma, Rel. Min. Napoleão Nunes Maia Filho, j. 15.09.2015, *DJe* 25.09.2015; AgRg no REsp 1.230.008/RS, 1.ª Turma, Rel. Min. Regina Helena Costa, j. 18.08.2015, *DJe* 27.08.2015; AgRg no AREsp 729.071/PE, 1.ª Turma, Rel. Min. Sérgio Kukina, j. 18.08.2015, *DJe* 27.08.2015; AgRg no AREsp 534.613/SC, 2.ª Turma, Rel. Min. Herman Benjamin, j. 18.12.2014, *DJe* 02.02.2015.

Esclareça-se que essa posição pela não obrigatoriedade da denunciação da lide acabou por ser adotada pelo CPC de 2015. De início, o *caput* do seu art. 125 não expressa mais ser essa forma de intervenção de terceiros obrigatória, mas apenas *admissível*. Em complemento, não deixa dúvidas o § 1.º do comando, eis que "o direito regressivo será exercido por ação autônoma quando a denunciação da lide for indeferida, deixar de ser promovida ou não for permitida". Em suma, a norma admite que a denunciação não seja promovida, o que não afasta o direito de regresso.

O dispositivo não tinha correspondente no CPC/1973, encerrando a polêmica anterior sobre a temática, na minha visão. No âmbito doutrinário, como bem explica Maria Sylvia Zanella Di Pietro, citando a posição do Supremo Tribunal Federal, "a Lei n. 8.112/1990 determina, no artigo 122, § 2.º, que, 'tratando-se de dano causado a terceiros, responderá o servidor perante a Fazenda Pública, em ação regressiva', afastando quer a denunciação à lide quer o litisconsórcio. Também o Supremo Tribunal Federal vem decidindo que a ação deve ser proposta contra pessoa jurídica e não contra o agente público, nem mesmo em litisconsórcio".[39]

Partindo-se para outra temática, conforme a afirmação 9 da mesma Edição n. 61 de *Jurisprudência em Teses* do STJ, "o Estado possui responsabilidade objetiva nos casos de morte de custodiado em unidade prisional". Em complemento, a tese 10, *in verbis*: "O Estado responde objetivamente pelo suicídio de preso ocorrido no interior de estabelecimento prisional". Por fim, vinha-se entendendo na Corte que "o Estado não responde civilmente por atos ilícitos praticados por foragidos do sistema penitenciário, salvo quando os danos decorrem direta ou imediatamente do ato de fuga" (tese 11).

Os entendimentos estão baseados na afirmação de que o Estado tem um dever de vigilância sobre os presos, surgindo o seu dever de reparar caso esse não seja bem exercido. Sobre o tema, a questão foi julgada também pelo STF, em repercussão geral e no ano de 2016, com a afirmação da seguinte tese, com tom geral: "em caso de inobservância do seu dever específico de proteção previsto no art. 5.º, inc. XLIX, da Constituição Federal, o Estado é responsável pela morte de detento" (Tema n. 592).

---

[39] DI PIETRO, Maria Sylvia Zanella. *Direito Administrativo*, 30. ed., cit., p. 839.

Essas teses trazem os temas ainda mais controversos da atualidade a respeito da responsabilidade civil do Estado, até porque as circunstâncias fáticas nelas mencionadas trazem visões diferentes a respeito das atribuições da Administração Pública. O Estado deveria mesmo responder por tais ocorrências? É correto entender que o Estado responde pelo preso encarcerado e não responde por balas perdidas ou por crimes causados pelos criminosos que fugiram das prisões? As perguntas revelam que mais tenho dúvidas do que opinião definitivamente formada sobre tais tristes situações fáticas, que trazem grandes desafios para o aplicador do Direito.

A propósito dessa temática, em dois artigos publicados no *site Consultor Jurídico*, o Professor Guilherme Henrique Lima Reinig, da Universidade Federal de Santa Catarina, analisou a responsabilidade civil do Estado por crime praticado por fugitivo.[40] Os textos têm como base julgado do Supremo Tribunal Federal, do ano 1992, quando da apreciação do Recurso Extraordinário 130.764. Como anota, "o aresto versava sobre a responsabilidade civil do Estado por crime praticado por fugitivo. Trata-se de uma decisão paradigmática, o que se deve não apenas ao profundo saber jurídico de seu relator, o ministro Moreira Alves, mas também ao interesse teórico que a questão desperta e à relevância prática desta ante a precariedade do sistema penitenciário brasileiro. Além disso, a atualidade dessa discussão jurídica é confirmada pelo fato de o STF haver reconhecido a sua repercussão geral no RE 608.880, relativo a um caso de latrocínio cometido por fugitivo alguns meses após a sua evasão, contando o criminoso com histórico de reiteradas fugas seguidas da prática de delitos".[41]

Nesse julgamento, o Supremo Tribunal Federal deu provimento ao recurso extraordinário e, aplicando a teoria do dano direto e imediato, entendeu pela ausência de nexo de causalidade entre a omissão atribuída ao Estado e o dano sofrido pelos autores. Tal forma de julgado, segundo demonstra Guilherme Reinig, foi repetida em outros julgamentos da Corte, em que o crime foi praticado meses após a fuga do criminoso do presídio (RE 172.025 e RE 369.820). Na minha visão, tais arestos acabaram por influenciar a tese 11 da Edição n. 61 da ferramenta *Jurisprudência em Teses* do STJ ("o Estado não responde civilmente por atos ilícitos praticados por foragidos do sistema penitenciário, salvo quando os danos decorrem direta ou imediatamente do ato de fuga").

Entretanto, ainda segundo o Professor Guilherme Reinig, havia certa insegurança e instabilidade na abordagem do tema, diante de hesitações do próprio STF no julgamento de hipóteses fáticas muito próximas. Vejamos as suas palavras, em destaque:

---

[40] REINIG, Guilherme Henrique Lima. Responsabilidade civil do Estado por crime praticado por fugitivo (parte 1). Disponível em: <https://www.conjur.com.br/2017-jun-26/direito-civil-atual-responsabilidade--civil-estado-crime-praticado-fugitivo-parte>. Acesso em: 2 jan. 2018; e REINIG, Guilherme Henrique Lima. Responsabilidade civil do Estado por crime praticado por fugitivo (parte 2). Disponível em: <https://www.conjur.com.br/2017-jul-03/direito-civil-atual-responsabilidade-estado-crime-praticado--fugitivo-parte>. Acesso em: 2 jan. 2018.

[41] REINIG, Guilherme Henrique Lima. Responsabilidade civil do Estado por crime praticado por fugitivo (parte 1), cit.

"Todavia, o STF nem sempre indica as circunstâncias decisivas para não responsabilizar o Estado, ensejando insegurança quanto à orientação jurisprudencial.

Por exemplo, no AgRg no AI 463.531 não fica claro se o roubo praticado foi realizado 'dentro dos contornos da fuga', como alegado pelos autores da ação. De fato, a fundamentação deste julgado é concisa, cingindo-se à referência a precedentes.

O cenário jurisprudencial revela-se ainda mais complexo em razão da existência de alguns arestos, mais recentes, no sentido da responsabilização do Estado.

No RE 409.203, oriundo do Rio Grande do Sul, decidiu-se, por maioria, haver responsabilidade por estupro cometido por fugitivo. O voto vencedor demonstra acentuada cautela quanto à diferenciação das circunstâncias desse litígio em relação aos enfrentados nos julgados citados acima: 'Na maioria dos casos em que é afastada a responsabilidade estatal, há sempre um elemento sutil a descaracterizar a causalidade direta: ora o elemento tempo, ora a circunstância de ter sido o crime praticado por condenado fugitivo em parceria com outros delinquentes fugitivos'.

O criminoso encontrava-se submetido ao regime aberto, mas à noite não retornou à prisão, quando, então, invadiu a casa das vítimas, exigindo-lhes dinheiro. Não atendido em sua exigência, passou a ameaçá-las, terminando por estuprar uma criança de 12 anos de idade.

Após consignar que o apenado encontrava-se 'em situação de fuga', o STF entendeu que o nexo de causalidade seria 'patente': 'Se a lei de execução penal houvesse sido aplicada com um mínimo de rigor, o condenado dificilmente teria continuado a cumprir a pena nas mesmas condições que originalmente lhe foram impostas. Por via de consequência, não teria tido a oportunidade de evadir-se pela oitava vez e cometer o bárbaro crime que cometeu, num horário em que deveria estar recolhido ao presídio'.

Não fica claro, todavia, se a circunstância das reiteradas evasões, sem alteração do regime prisional, foi determinante para a responsabilização, pois foi registrado no acórdão que o apenado estava 'em situação de fuga', o que também consta na ementa do acórdão recorrido".[42]

O jurista esperava que a questão fosse pacificada quando do julgamento da repercussão geral pelo próprio Supremo Tribunal Federal (RE 608.880), concluindo, em seu segundo texto, que deve prevalecer a orientação firmada nas primeiras decisões da Corte – e também pelo STJ –, no sentido de não responsabilização do Estado, em regra, por presos fugitivos:

"Nem a ocorrência de fugas reiteradas nem o fato de o crime haver sido cometido sem a concorrência de outros criminosos justifica, por si, a responsabilização do Estado. Apesar de os julgados mais recentes apontarem no sentido contrário, a manutenção da orientação inicial do STF, iniciada com o RE 130.764, deveria ser reafirmada. Ela oferece uma solução adequada ao problema. A reiteração de fugas, embora traduza uma acentuada ineficiência

---

[42] REINIG, Guilherme Henrique Lima. Responsabilidade civil do Estado por crime praticado por fugitivo (parte 1), cit.

do Poder Público, não justifica, em si, a responsabilização. A falha do Estado, ainda que frequente, lamentável e grave, consiste num problema de natureza coletiva que afeta a todos genérica e indistintamente. Portanto, não se legitima uma dispersão social do risco concretizado mediante a concessão de indenização à vítima, para o que é necessário um critério de imputação mais específico".[43]

Pois bem, a questão foi pacificada pelo Supremo Tribunal Federal em setembro de 2020, justamente no sentido de se seguir a conclusão já consolidada no âmbito do Superior Tribunal de Justiça e na linha do apontado pelo jurista citado. Vejamos a tese final, fixada para os fins de repercussão geral:

"Nos termos do artigo 37, § 6.º, da Constituição Federal, não se caracteriza a responsabilidade civil objetiva do Estado por danos decorrentes de crime praticado por pessoa foragida do sistema prisional, quando não demonstrado o nexo causal direto entre o momento da fuga e a conduta praticada" (Tema n. 362).

Seguiu-se, por maioria, o voto do Ministro Alexandre de Moraes, que reafirmou a necessidade da comprovação de causalidade direta e imediata entre a omissão do Estado e o crime praticado, para que surja a correspondente responsabilidade civil. No caso concreto, observou que a fuga do presidiário e o cometimento do crime três meses depois, sem qualquer relação direta com essa fuga, não permitiria a imputação da responsabilidade objetiva ao Estado.

Foi acompanhado, assim, pelos Ministros Roberto Barroso, Luiz Fux, Ricardo Lewandowski, Gilmar Mendes e Dias Toffoli. Restaram vencidos os Ministros Marco Aurélio, Edson Fachin, Cármen Lúcia e Rosa Weber, que concluíram de forma contrária, encerrando-se a votação em seis votos a quatro (Recurso Extraordinário 608.880, com repercussão geral – tema 362). Essa é, portanto, a afirmação jurídica a ser considerada para os devidos fins práticos.

Demonstrada toda a divergência que sempre existiu a respeito do tema, agora solucionada para os demais casos concretos, e voltando ao estudo das premissas afirmadas na Edição n. 61 da ferramenta *Jurisprudência em Teses* do STJ, a premissa n. 1 preceitua que os danos morais decorrentes da responsabilidade civil do Estado somente podem ser revistos em sede de recurso especial quando o valor arbitrado é exorbitante ou irrisório, afrontando os princípios da proporcionalidade e da razoabilidade.

A afirmação é a mesma quanto aos demais casos que envolvem os danos morais, tendo como fundamento a Súmula n. 7 da própria Corte, que afasta a análise de questão fática pela instância superior. Como exemplo concreto da tese, nos termos de um dos seus acórdãos-paradigma:

---

[43] REINIG, Guilherme Henrique Lima. Responsabilidade civil do Estado por crime praticado por fugitivo (parte 2), cit.

"Em relação aos danos morais, é assente nesta Corte que somente é possível a reavaliação do *quantum* arbitrado a título de reparação por danos morais nos casos em que se afigure exorbitante ou irrisório, o que não se configura no caso dos autos, no qual o Tribunal *a quo*, por entender grave o erro médico em questão, que levou a óbito a paciente contaminada durante a transfusão sanguínea pelo vírus HIV, majorou para R$ 200.000,00 (duzentos mil reais) o montante da indenização. Rever tal entendimento demanda o revolvimento de matéria fática, inviável, na via eleita, em razão do óbice contido na Súmula 7/STJ" (STJ, AgRg no AREsp 810.277/SC, 1.ª Turma, Rel. Min. Benedito Gonçalves, j. 07.04.2016, *DJe* 15.04.2016).

Quanto à prescrição nas ações indenizatórias propostas contra o Estado, a Corte tem entendimento consolidado de aplicação do lapso temporal de cinco anos, previsto no art. 1.º do Decreto n. 20.910/1932, tendo como termo *a quo*, em regra, a data do ato ou fato do qual originou a lesão ao patrimônio material ou imaterial (tese n. 4 da Edição n. 61 de *Jurisprudência em Teses*).

Como exemplo, entendeu o Tribunal da Cidadania que "o termo *a quo* do prazo prescricional para ajuizar Ação de Indenização por danos materiais e morais contra ato do Estado é regido pelo princípio da *actio nata*, ou seja, o curso do prazo prescricional apenas tem início com a efetiva lesão do direito tutelado. *In casu*, a suposta lesão ocorreu com a publicação dos Decretos 1.498/1995 e 1.499/1995, que suspenderam a readmissão do agravante ao funcionalismo público. Logo, o marco inicial para a contagem do prazo prescricional é o da publicação desses Decretos. Precedentes: AgRg no AREsp 704.006/RS, Rel. Min. Regina Helena Costa, Primeira Turma, *DJe* 06.11.2015 e AgRg no AREsp 658.526/RS, Rel. Min. Humberto Martins, Segunda Turma, *DJe* 26.08.2015. Considerando que a referida ação somente foi ajuizada em 2003, quando já decorridos os cinco anos previstos no prazo prescricional, é inafastável a prescrição do fundo de direito" (STJ, AgRg no REsp 1386190/SE, 2.ª Turma, Rel. Min. Herman Benjamin, j. 17.12.2015, *DJe* 05.02.2016).

Como exceção à regra, a tese n. 2 publicada na mesma Edição n. 61 da ferramenta preceitua que o termo inicial da prescrição para o ajuizamento de ações de responsabilidade civil em face do Estado por ilícitos praticados por seus agentes é a data do trânsito em julgado da sentença penal condenatória, havendo ação penal anterior. Como outra ressalva, aqui antes exposta, as ações indenizatórias decorrentes de violações a direitos fundamentais ocorridas durante o regime militar são imprescritíveis, não se aplicando o prazo quinquenal previsto no art. 1.º do Decreto n. 20.910/1932 (tese n. 3 da Edição n. 61 da ferramenta *Jurisprudência em Teses e Súmula 647 do STJ*). Voltarei à temática no último capítulo desta obra.

Outra afirmação importante prevê que a Administração Pública pode responder civilmente pelos danos causados por seus agentes, ainda que estes estejam amparados por causa excludente de ilicitude penal (tese n. 7 da Edição n. 61 da ferramenta *Jurisprudência em Teses*). Isso porque os elementos do ilícito civil são diferentes dos requisitos do ilícito penal, sendo ambas as responsabilidades independentes (art. 935 do CC/2002). Desse modo, eventual reconhecimento de legítima defesa praticada pelo agente do Estado não é capaz de excluir a responsabilidade civil estatal (STJ, REsp 1.266.517/PR, 2.ª Turma, Rel. Min. Mauro Campbell Marques, j. 04.12.2012, *DJe* 10.12.2012). Ou, ainda, a absolvição de agentes da polícia no juízo em razão do estrito cumprimento do dever legal (art. 65 do CPP), não afasta a responsabilidade civil do Estado (STJ, REsp 884.198/RO, 2.ª Turma, Rel. Min. Humberto Martins, j. 10.04.2007, *DJ* 23.04.2007, p. 247).

No que diz respeito à responsabilização civil do Estado pelos acidentes ocorridos em linhas férreas, tema já exposto no Capítulo 4 deste livro, o Superior Tribunal de Justiça entende que "a despeito de situações fáticas variadas no tocante ao descumprimento do dever de segurança e vigilância contínua das vias férreas, a responsabilização da concessionária é uma constante, passível de ser elidida tão somente quando cabalmente comprovada a culpa exclusiva da vítima" (tese n. 12 da Edição n. 61 da ferramenta *Jurisprudência em Teses*).

Em complemento, a Corte também entende que no caso de atropelamento de pedestre em via férrea, configura-se a concorrência de causas, impondo a redução da indenização por dano moral pela metade, quando: (i) a concessionária do transporte ferroviário descumpre o dever de cercar e fiscalizar os limites da linha férrea, mormente em locais urbanos e populosos, adotando conduta negligente no tocante às necessárias práticas de cuidado e vigilância tendentes a evitar a ocorrência de sinistros; e (ii) a vítima adota conduta imprudente, atravessando a via férrea em local inapropriado (tese n. 13 da Edição n. 61 da ferramenta *Jurisprudência em Teses*).

As duas premissas foram fixadas em julgamentos em incidente de recursos repetitivos, tendo força vinculativa para decisões de primeira e segunda instância, e contando com o meu apoio, especialmente por tudo o que se desenvolveu neste livro a respeito da culpa, fato ou risco concorrente da vítima.

No que diz respeito à responsabilidade civil do Banco Central (BACEN), o mesmo Superior Tribunal de Justiça conclui que não há nexo de causalidade entre o prejuízo sofrido por investidores em decorrência de quebra de instituição financeira e a suposta ausência ou falha na fiscalização realizada por esse no mercado de capitais (tese n. 14 da Edição n. 61 da ferramenta *Jurisprudência em Teses*). Com o devido respeito, não se filia a tal forma de julgar.

Isso porque não me convence o argumento de que o BACEN não é um fornecedor ou prestador de serviços, pelo fato de apenas fiscalizar as atividades bancárias e financeiras de outros entes que atuam no mercado. Penso ser perfeitamente incidente, no feito, a construção relativa ao conceito de *fornecedor equiparado* ou *por equiparação*. A partir das lições do jurista Leonardo Bessa, tal figura seria um intermediário na relação de consumo, com *posição de auxílio* ao lado do fornecedor de produtos ou prestador de serviços, caso das empresas que mantêm e administram bancos de dados dos consumidores.[44]

---

[44] BESSA, Leonardo Roscoe. Fornecedor equiparado. *Revista de Direito do Consumidor*, São Paulo, v. 61, p. 127, jan.-mar. 2007.

A nova categoria conta com o apoio da nossa melhor doutrina, caso de Claudia Lima Marques, que cita o exemplo do estipulante profissional ou empregador dos seguros de vida em grupo e leciona: "a figura do fornecedor equiparado, aquele que não é fornecedor do contrato principal de consumo, mas é intermediário, antigo terceiro, ou estipulante, hoje é o 'dono' da relação conexa (e principal) de consumo, por deter uma posição de poder na relação outra com o consumidor. É realmente uma interessante teoria, que será muito usada no futuro, ampliando – e com justiça – o campo de aplicação do CDC".[45]

No caso do Banco Central, o conceito de *fornecedor equiparado* serve como luva diante do reconhecimento expresso na lei de que um serviço público pode ser abrangido pelo Código de Defesa do Consumidor, em especial pelo que consta do seu art. 22, *in verbis*: "Os órgãos públicos, por si ou suas empresas, concessionárias, permissionárias ou sob qualquer outra forma de empreendimento, são obrigados a fornecer serviços adequados, eficientes, seguros e, quanto aos essenciais, contínuos". A norma tem incidência com relação à citada autarquia, que deve prestar os seus serviços de fiscalização de forma eficiente.

Em suma, presente a relação de consumo quanto ao Banco Central, devem ser subsumidas todas as regras previstas na Lei 8.078/1990, especialmente aquelas relativas à responsabilidade objetiva do fornecedor, da proteção contratual do consumidor e da inversão do ônus da prova, nos casos de hipossuficiência. Assim sendo, incidindo a responsabilidade sem culpa, deve haver o dever de indenizar da citada instituição pelas falhas de sua fiscalização quanto às instituições bancárias e financeiras que atuam no mercado, estando evidenciado o nexo de causalidade pelo que consta do citado art. 22 do CDC.

Conforme a tese n. 15, da mesma Edição n. 61 da ferramenta *Jurisprudência em Teses* do STJ, a existência de lei específica que rege a atividade militar (Lei n. 6.880/1980) não isenta a responsabilidade do Estado pelos danos morais causados em decorrência de acidente sofrido durante as atividades militares. Em outras palavras, cabe a indenização imaterial pelo Estado mesmo não havendo qualquer previsão nessa norma. A fim de esclarecer o seu significado, é importante aqui trazer os conteúdos julgados em precedentes que geraram a conclusão.

No primeiro deles, concluiu a Corte que, "com relação às lesões sofridas por militar em decorrência de acidente ocorrido durante sessão de treinamento, tais prejuízos somente gerarão direito à indenização por dano moral quando comprovado que ele foi submetido a condições de risco que ultrapassem àquelas consideradas razoáveis ao contexto ao qual se insere" (STJ, AgRg no REsp 1.160.922/PR, 5.ª Turma, Rel. Min. Marco Aurélio Bellizze, j. 05.02.2013, *DJe* 15.02.2013). Ou, em complemento: "é cabível a responsabilidade do Estado por danos físicos causados em decorrência de acidente sofrido durante atividades castrenses. Precedentes" (STJ, AgRg no REsp 1.213.705/RS, 2.ª Turma, Rel. Min. Eliana Calmon, j. 23.04.2013, *DJe* 07.05.2013).

---

[45] MARQUES, Claudia Lima; BENJAMIN, Antonio Herman V.; BESSA, Leonardo Roscoe. *Manual de Direito do Consumidor*, cit., p. 105.

Quanto à responsabilidade civil do Estado por rompimento de barragem, entende a mesma Corte Superior ser possível a comprovação de prejuízos de ordem material por prova exclusivamente testemunhal, diante da impossibilidade de produção ou utilização de outro meio probatório (tese n. 16 da ferramenta *Jurisprudência em Teses* – Edição n. 61). A afirmação traz implícito o reconhecimento de que o Estado deve responder em casos tais, diante da ausência do dever de fiscalização, conclusão que é perfeitamente correta.

Contudo, na verdade, parece-me que todo o debate que gravitou em torno dos precedentes que conduziram à tese perdeu objeto diante da emergência do Código de Processo Civil de 2015. Isso porque o Estatuto Processual emergente, em seu art. 1.072, inc. II, revogou expressamente o art. 227 do Código Civil, que tinha a seguinte redação: "salvo os casos expressos, a prova exclusivamente testemunhal só se admite nos negócios jurídicos cujo valor não ultrapasse o décuplo do maior salário mínimo vigente no País ao tempo em que foram celebrados". Assim, diante da busca da eficiência processual e da instrumentalidade, a prova testemunhal passou a ser admitida em demanda de qualquer valor.

Merece destaque, ainda, a tese n. 17 da mesma Edição n. 61 de *Jurisprudência em Teses*, segundo a qual "é possível a cumulação de benefício previdenciário com indenização decorrente de responsabilização civil do Estado por danos oriundos do mesmo ato ilícito". Há, assim, o afastamento da afirmação do *bis in idem*, assim como ocorre com o teor da Súmula n. 229 do STF, segundo a qual a indenização acidentária não exclui a de direito comum. Vejamos o teor de um dos precedentes que gerou a afirmação, relativo à morte de policial militar em atividade e em ação proposta por seus familiares:

"A jurisprudência desta Corte é disposta no sentido de que o benefício previdenciário é diverso e independente da indenização por danos materiais ou morais, porquanto têm origens distintas. O primeiro assegurado pela Previdência; e a segunda, pelo direito comum. A indenização por ato ilícito é autônoma em relação a qualquer benefício previdenciário que a vítima receba. Precedentes. Configurada a possibilidade de cumulação da pensão previdenciária e os danos materiais, bem como a dependência econômica das filhas e viúva em relação ao *de cujus*, afirmada no acórdão recorrido, o valor da pensão mensal deve ser fixado em 2/3 (dois terços) do soldo da vítima, deduzindo que o restante seria gasto com seu sustento próprio, e é devida às filhas menores desde a data do óbito até o limite de 25 (vinte e cinco) anos de idade. Precedentes. Quanto à viúva, a pensão mensal de 2/3 do soldo da vítima à época do evento danoso deverá ser repartida entre as filhas e a viúva, sendo que para as filhas deverá ser pago até a data em que elas completarem 25 anos de idade cada uma, e para a viúva, em consonância com a jurisprudência do Superior Tribunal de Justiça, até a data em que a vítima (seu falecido cônjuge) atingiria idade correspondente à expectativa média de vida do brasileiro, prevista na data do óbito, segundo a tabela do IBGE. Precedentes. Também é pacífico nesta Corte o entendimento jurisprudencial de ser possível acrescer as cotas das filhas, ao completarem 25 anos, à cota da mãe. Precedentes" (STJ, AgRg no REsp 1.388.266/SC, 2.ª Turma, Rel. Min. Humberto Martins, j. 10.05.2016, *DJe* 16.05.2016).

Como se pode notar, o julgado reconhece o pagamento de alimentos indenizatórios à viúva e filhas do falecido, em interpretação do art. 948, inc. II, do Código Civil. Conforme foi exposto no Capítulo 6 deste livro, trata-se de lucros cessantes, fixados de acordo com os critérios de idade, dependência e valores recebidos pelo falecido.

Como outro tema de relevo a ser exposto, debate-se a responsabilização das concessionárias de serviços públicos pelo roubo ou furto praticados em rodovias ou no metrô. Concluindo positivamente, do STJ cumpre destacar julgados que confirmam o entendimento das inferiores instâncias:

"Processual civil e consumidor. Agravo regimental no agravo em recurso especial. Serviço de transporte metroviário. Assalto às bilheterias. Menor vitimado. Conduta negligente da concessionária. Nexo de causalidade e dano comprovados. Dever de indenizar. Dissídio jurisprudencial. Similitude fática. Ausência. Decisão mantida. 1. Na linha dos precedentes do STJ, a circunstância de o consumidor ser vítima de roubo não é, por si só, suficiente para caracterizar fortuito externo apto a ilidir a responsabilidade de indenizar do fornecedor de produtos ou serviços. Precedentes. 2. No caso dos autos, as instâncias ordinárias afirmaram que o cenário envolvido no crime era propício a esse tipo de delito, pois envolvia movimentação de alta quantia de dinheiro. Nesse contexto, concluíram ter ficado devidamente comprovada a negligência da concessionária com a segurança. Portanto, é de rigor a responsabilização da empresa pelos danos causados à parte autora. 3. Nos termos dos arts. 255, §§ 1.º e 2.º, do RISTJ e 541, parágrafo único, do CPC, é indispensável que haja, para a comprovação do dissídio jurisprudencial, similitude fática entre os casos comparados, circunstância não verificada na hipótese. 4. Agravo regimental improvido" (STJ, AgRg no AREsp 218.394/RJ, 4.ª Turma, Rel. Min. Antonio Carlos Ferreira, j. 01.10.2015, *DJe* 16.10.2015).

"Processual civil. Agravo regimental no agravo em recurso especial. Indenização por danos morais. Assalto na praça do pedágio. Responsabilidade da concessionária. Falha na prestação do serviço. Reexame do conjunto fático-probatório dos autos. Inadmissibilidade. Súmula n. 7/STJ. Decisão mantida. (...). No caso concreto, o Tribunal de origem examinou as peculiaridades fáticas do caso para concluir pela responsabilidade da parte recorrente pelo fato ocorrido. Alterar esse entendimento demandaria o reexame das provas produzidas nos autos, o que é vedado em recurso especial" (STJ, AgRg no AREsp 451.742/RS, 4.ª Turma, Rel. Min. Antonio Carlos Ferreira, j. 10.06.2014, *DJe* 17.06.2014).

Entretanto, em sentido contrário, entendendo pela presença de um evento externo no caso envolvendo assalto nas dependências do Metrô de São Paulo:

"Nos termos da jurisprudência firmada nesta Corte Superior, a responsabilidade do transportador em relação aos passageiros é objetiva, somente podendo ser elidida por fortuito externo, força maior, fato exclusivo da vítima ou por fato doloso e exclusivo de terceiro – quando este não guardar conexidade com a atividade de transporte. Não está dentro da margem de previsibilidade e de risco da atividade de transporte metroviário o óbito de consumidor por equiparação (*bystander*) por golpes de arma branca desferidos por terceiro com a intenção de subtrair-lhe quantia em dinheiro, por se tratar de fortuito externo com aptidão de romper o nexo de causalidade entre o dano e a conduta da transportadora" (STJ, REsp 974.138/SP, 4.ª Turma, Rel. Min. Raul Araújo, j. 22.11.2016, *DJe* 09.12.2016).

Do Supremo Tribunal Federal merece destaque decisão da Primeira Turma, prolatada em maio de 2018, no julgamento do Recurso Extraordinário 598.356/SP, cuja relatoria foi do Ministro Marco Aurélio. O acórdão reconheceu a responsabilidade civil da concessionária de serviço público por furto ocorrido em posto de pesagem, localizado em rodovia sob concessão. Como consta da publicação no *Informativo* n. *901* da Corte, foi reconhecido o nexo de causalidade entre a conduta omissiva da empresa prestadora de serviços, "que deixou de agir com o cuidado necessário quanto à vigilância no posto de pesagem, por ocasião do estacionamento obrigatório do veículo para lavratura do auto de infração, e o dano causado ao recorrente".

Desse modo, entendeu-se como caracterizada a falha na prestação e na organização dos serviços, não se podendo afastar a responsabilidade objetiva da concessionária, ainda que por fato omissivo, na linha como ora defendemos. Como igualmente constou da publicação do acórdão, o que conta com o meu total apoio, "a responsabilidade objetiva do Estado tem por fundamento a proteção do cidadão, que se encontra em posição de subordinação e está sujeito aos danos provenientes da ação ou omissão do Estado, o qual deve suportar o ônus de suas atividades" (STF, RE 598.356/SP, 1.ª Turma, Rel. Min. Marco Aurélio, j. 08.05.2018).

Porém, voltando-se ao Superior Tribunal de Justiça, julgou-se que a concessionária de rodovia não responde por roubo e por sequestro ocorridos nas dependências de estabelecimento por ela mantido para a utilização de usuários; hipótese fática que merece análise diferente do que se dá com o furto. Consoante o acórdão:

> "O fato de terceiro pode romper o nexo de causalidade, exceto nas circunstâncias que guardar conexidade com as atividades desenvolvidas pela concessionária de serviço público. Na hipótese dos autos, é impossível afirmar que a ocorrência do dano sofrido pelos recorridos guarda conexidade com as atividades desenvolvidas pela recorrente. A ocorrência de roubo e sequestro, com emprego de arma de fogo, é evento capaz e suficiente para romper com a existência de nexo causal, afastando-se, assim, a responsabilidade da recorrente" (STJ, REsp 1.749.941/PR, 3.ª Turma, Rel. Min. Nancy Andrighi, j. 04.12.2018, *DJe* 07.12.2018).

Essa mesma afirmação foi confirmada pela Corte em 2022, ao concluir que "a concessionária de rodovia não deve ser responsabilizada por roubo com emprego de arma de fogo cometido contra seus usuários em posto de pedágio". Isso porque "a causa do evento danoso – roubo com emprego de arma de fogo – não apresenta qualquer conexão com a atividade desempenhada pela concessionária, estando fora dos riscos assumidos na concessão da rodovia, que diz respeito apenas à manutenção e administração da estrada, sobretudo porque a segurança pública é dever do Estado" (STJ, REsp 1.872.260/SP, 3.ª Turma, Rel. Min. Marco Aurélio Bellizze, j. 04.10.2022, *DJe* 07.10.2022, v.u.).

Outra questão que merece ser exposta é a relativa à plena possibilidade de cumulação da indenização por dano moral em face do Estado, com a reparação econômica prevista na Lei n. 10.559/2002 (Lei da Anistia Política). Isso é retirado da Súmula n. 624 do Superior Tribunal de Justiça, editada em dezembro de 2018. Entre os precedentes que geraram a ementa, tem-se a confirmação da imprescritibilidade da pretensão por atos de tortura praticados durante a ditadura militar, como se retira do seguinte acórdão:

> "Administrativo e processual civil. Recurso especial. Anistiado político. Ofensa ao art. 535 do CPC. Inocorrência. Responsabilidade civil do Estado. Perseguição política ocorrida durante o regime militar instaurado em 1964. Prazo prescricional. Inaplicabilidade do art. 1.º do Decreto 20.910/32. Violação de direitos humanos fundamentais. Imprescritibilidade. Precedentes. Art. 16 da Lei n.º 10.559/02. Reparação econômica no âmbito administrativo que não inibe a reivindicação de danos morais pelo anistiado na via judicial. Juros e correção incidentes sobre o valor da condenação. Aplicabilidade do art. 1.º-F da Lei n.º 9.494/97 com a redação dada pela Lei n.º 11.960/09. Recurso da União parcialmente acolhido. 1. Não ocorre ofensa ao art. 535 do CPC, quando a Corte de origem dirime, fundamentadamente, as questões que lhe são submetidas, apreciando integralmente a controvérsia posta nos autos 2. Conforme jurisprudência do STJ, a prescrição quinquenal, disposta no art. 1.º do Decreto 20.910/1932, não se aplica aos danos decorrentes de violação de direitos fundamentais, os quais são imprescritíveis, principalmente quando ocorreram durante o Regime Militar, época em que os jurisdicionados não podiam deduzir a contento suas pretensões' (AgRg no AREsp 302.979/PR, Rel. Ministro Castro Meira, Segunda Turma, *DJe* 5.6.2013). 3. Mesmo tendo conquistado na via administrativa a reparação econômica de que trata a Lei n.º 10.559/02, e nada obstante a pontual restrição posta em seu art. 16 (dirigida, antes e unicamente, à Administração e não à Jurisdição), inexistirá óbice a que o anistiado, embora com base no mesmo episódio político, mas porque simultaneamente lesivo à sua personalidade, possa reivindicar e alcançar, na esfera judicial, a condenação da União também à compensação pecuniária por danos morais. 4. Nas hipóteses de condenação imposta à Fazenda Pública, como regra geral, a atualização monetária e a compensação da mora devem observar os critérios previstos no art. 1.º-F da Lei n.º 9.494/97, com a redação dada pela Lei n.º 11.960/09. Acolhimento, nesse específico ponto, da insurgência da União. 5. Recurso especial a que se dá parcial provimento" (STJ, REsp 1.485.260/PR, 1.ª Turma, Rel. Min. Sérgio Kukina, j. 05.04.2016, *DJe* 19.04.2016).

A propósito, sobre esses atos de tortura, a mesma Corte Superior pacificou-se no sentido de que "os sucessores possuem legitimidade para ajuizar ação de reparação de danos morais em decorrência de perseguição, tortura e prisão, sofridos durante a época do regime militar". Essa afirmação consta como premissa n. 6 da Edição n. 125 da ferramenta *Jurisprudência em Teses* do STJ, dedicada à responsabilidade civil e ao dano moral, publicada no ano de 2019.

Assunto também de grande importância, amplamente debatido no presente momento, relaciona-se às políticas econômicas equivocadas efetivadas pelo Estado Brasileiro nos últimos anos. Conforme a tese afirmada em recente acórdão superior:

> "Não se verifica o dever do Estado de indenizar eventuais prejuízos financeiros do setor privado decorrentes da alteração de política econômico-tributária, no caso de o ente público não ter se comprometido, formal e previamente, por meio de determinado planejamento específico". Nos termos do acórdão, que não conta com o meu apoio, pelo fato de se poder sim atribuir a responsabilidade do Estado por tais falhas de gestão, "com finalidade extrafiscal, a Portaria MF n. 492, de 14 de setembro de 1994, ao diminuir para 20% a alíquota do imposto de importação para os produtos nela relacionados, fê-lo em conformidade com o art. 3.º da Lei n. 3.244/1957 e com o DL n. 2.162/1984, razão pela qual não há falar em quebra do princípio da confiança. O impacto econômico-financeiro sobre a produção e a comercialização de mercadorias pelas sociedades empresárias causado pela alteração da alíquota de tributos decorre do risco da atividade próprio da álea econômica de cada ramo produtivo. Inexistência de direito subjetivo da recorrente, quanto à manutenção da alíquota do imposto de importação (*status quo ante*), apto a ensejar o dever de indenizar" (STJ, REsp 1.492.832/DF, 1.ª Turma, Rel. Min. Gurgel de Faria, j. 04.09.2018, *DJe* 1.º.10.2018).

Com relação à responsabilidade civil do Estado, esses são os pontos polêmicos mais interessantes no âmbito da jurisprudência superior brasileira, sendo certo que a matéria interessa tanto ao Direito Civil quanto ao Direito Administrativo.

RESPONSABILIDADE CIVIL NAS RELAÇÕES DE TRABALHO[1]

Sumário: 1. Visão geral sobre o tema – 2. Da responsabilidade civil direta do empregador. Revendo o conflito entre o art. 7.º, XXVIII, da Constituição e o art. 927, parágrafo único, do Código Civil – 3. Da responsabilidade indireta do empregador (arts. 932, III, 933, 934 e 942, parágrafo único, do CC). A responsabilidade civil na terceirização – 4. Das excludentes de responsabilidade civil trabalhista. O debate sobre a incidência da teoria do risco integral – 5. Da concausalidade na responsabilidade civil trabalhista – 6. Danos reparáveis no âmbito trabalhista. A questão do assédio moral e outros danos suportados pelo empregado: 6.1. Danos materiais sofridos pelos trabalhadores. Danos emergentes e lucros cessantes. A perda de capacidade laborativa; 6.2. Danos morais sofridos pelo empregado; 6.3. Danos estéticos suportados pelo trabalhador; 6.4. Danos existenciais na relação de trabalho; 6.5. Danos por perda da chance e contrato de trabalho; 6.6. Danos coletivos e Direito do Trabalho – 7. Análise do tratamento do dano extrapatrimonial constante da reforma trabalhista. Análise da decisão do Supremo Tribunal Federal sobre o tema.

1. VISÃO GERAL SOBRE O TEMA

Como não poderia ser diferente, a responsabilidade civil desde há muito tempo interage com o Direito do Trabalho, o que é objeto de muitas obras no Brasil, não só de civilistas como também de trabalhistas. Na verdade, até a emergência da Lei n. 13.467/2017, conhecida como *Reforma Trabalhista*, a Consolidação das Leis do Trabalho não havia tratado do tema, o que acabou

---

[1] Agradeço à minha esposa, Gracileia Monteiro Tartuce Silva, pela pesquisa doutrinária e jurisprudencial realizada para a composição deste capítulo, parte dela como fruto de sua monografia de pós-graduação *lato sensu* apresentada no curso de especialização em Direito e Processo do Trabalho na Escola Paulista de Direito.

ocorrendo somente quanto aos danos extrapatrimoniais. A responsabilidade civil nas relações do trabalho, até então, estava regulamentada pela Constituição Federal, pelo Código Civil e pela legislação extravagante, o que ainda ocorre no tocante às regras de atribuição de responsabilidades.

Nesse contexto, para iniciar o presente capítulo, merecem destaque as palavras de Pablo Stolze Gagliano e Rodolfo Pamplona Filho, sendo certo que o segundo autor, além de civilista, é um profundo estudioso do Direito do Trabalho, atuando como magistrado trabalhista no Estado da Bahia:

> "Uma das relações jurídicas mais complexas da sociedade moderna é, sem sobra de qualquer dúvida, a relação de trabalho subordinado. Isso porque não há uma relação com tal 'eletricidade social' no nosso meio, tendo em vista que o próprio ordenamento jurídico reconhece a desigualdade fática entre os sujeitos, em uma situação em que um deles se subordina juridicamente, de forma, absoluta, independentemente da utilização ou não da energia colocada à disposição. Por tal razão, o sistema normativo destina ao polo hipossuficiente uma proteção maior na relação jurídica de direito material trabalhista, concretizando, no plano ideal, o princípio da isonomia, desigualando os desiguais na medida em que se desigualam. Todavia, a questão se torna ainda mais complexa quando tratamos da aplicação das regras de responsabilidade civil nesse tipo de relação jurídica especializada. Tal 'complexidade agregada' se dá pelo fato de que não é possível aplicar isoladamente as regras de Direito Civil em uma relação de emprego, sem observar a disciplina própria de tais formas de contratação".[2]

De fato, muitas vezes, a citada *eletricidade* dessas relações jurídicas acaba muitas vezes por explodir, causando danos de grandes proporções, não só individuais como coletivos. Além disso, concordo que é preciso analisar as regras tradicionais da responsabilidade civil de acordo com a principiologia própria do Direito do Trabalho.

Entretanto, não se pode perder ou abandonar totalmente a técnica, como muitas vezes ocorre nos julgados que analisam o tema. A par dessa realidade, o presente capítulo trará a visão de um civilista a respeito do tema, muitas vezes em tom crítico, sendo certo que há muito tempo estudo e leciono sobre essas necessárias interações entre o Direito Civil e o Direito do Trabalho.

No presente capítulo, veremos de início a regulamentação relativa à responsabilidade direta do empregador, tratada pelo art. 7.º, inc. XXVIII, da Constituição Federal, com a retomada da necessária revisão desse comando superior, diante da emergência da cláusula geral de responsabilidade objetiva, retirada da segunda parte do art. 927, parágrafo único, do Código Civil de 2002.

Na sequência, será abordada a responsabilidade civil indireta do empregador, já visualizada inicialmente no Capítulo 7 deste livro, com tratamento nos arts. 932, inc. III, 933, 934 e 942, parágrafo único, do Código Civil.

---

[2] GAGLIANO, Pablo Stolze; PAMPLONA FILHO, Rodolfo. *Novo curso de Direito Civil*. Responsabilidade civil, 10. ed., cit., p. 285.

Sucessivamente, estudaremos as excludentes de responsabilidade civil aplicada ao âmbito trabalhista.

O tópico seguinte diz respeito à contribuição causal do empregado para o dano sofrido, seja fundada ou não na culpa. O capítulo também trará uma análise dos danos sofridos pelo empregado, notadamente o tema do assédio moral, fechando-se com uma análise crítica dos do capítulo inserido na CLT pela Reforma Trabalhista sobre os danos extrapatrimoniais suportados pelos trabalhadores.

2. DA RESPONSABILIDADE CIVIL DIRETA DO EMPREGADOR. REVENDO O CONFLITO ENTRE O ART. 7.º, XXVIII, DA CONSTITUIÇÃO E O ART. 927, PARÁGRAFO ÚNICO, DO CÓDIGO CIVIL

Como palavras iniciais sobre o tema da responsabilidade civil do empregador, é preciso diferenciar a sua responsabilidade direta da indireta. A primeira se dá pelo desrespeito às normas relativas ao Direito do Trabalho. Já a segunda diz respeito à responsabilidade do empregador por ato de seu empregado ou preposto, nos termos do citado art. 932, inc. III, do Código Civil.

A título de exemplos, a responsabilidade direta do empregador está presente nos casos de doenças ocupacionais e no desrespeito às normas de segurança do ambiente do trabalho. Podem ser citados, ainda, os casos de clara imprudência ou negligência do empregador, como nas hipóteses em que não os treina, não oferece equipamentos de segurança para os seus trabalhadores ou em que esses atuam sem as condições mínimas de labor previstas na legislação sobre o tema.

Todas essas hipóteses estão tratadas pelo art. 7.º, inc. XXVIII, da Constituição Federal de 1988, segundo o qual "são direitos dos trabalhadores urbanos e rurais, além de outros que visem à melhoria de sua condição social: (...). XXVIII – seguro contra acidentes de trabalho, a cargo do empregador, sem excluir a indenização a que este está obrigado, quando incorrer em dolo ou culpa". Como antes exposto, pela dicção constitucional, sempre se afirmou que a responsabilidade direta do empregador seria subjetiva, fundada no seu dolo ou culpa. Em outras palavras, no plano processual, para que o empregado – ou sua família, em caso de morte do trabalhador – fizesse *jus* à indenização pretendida deveria comprovar o dolo ou a culpa do réu.

Essa sempre foi a orientação dominante, como antes se destacou. Todavia, a entrada em vigor do Código Civil de 2002 trouxe uma mudança de pensamento doutrinária e sobretudo jurisprudencial, tendo em vista a redação do seu art. 927, parágrafo único, *in verbis*: "haverá obrigação de reparar o dano, independentemente de culpa, nos casos especificados em lei, ou quando a atividade normalmente desenvolvida pelo autor do dano implicar, por sua natureza, risco para os direitos de outrem". Como foi exposto no Capítulo 7 desta obra, o dispositivo civil prevê duas origens para a responsabilidade objetiva ou independentemente de culpa.

A primeira delas é a lei, sendo sempre citadas a responsabilidade objetiva dos fornecedores de produtos e prestadores de serviços tratada pelo Código de

Defesa do Consumidor (arts. 12 a 20 da Lei n. 8.078/1990) e a responsabilidade objetiva ambiental (art. 14, § 1.º, da Lei n. 6.938/1981). A segunda origem é a presença de uma *atividade de risco* normalmente desempenhada pelo autor do dano, gerando o que se convencionou denominar de *cláusula geral de responsabilidade objetiva*.[3] Também conforme ora destacado, questão que muito se debateu, nos anos iniciais de vigência do Código Civil, era se a responsabilidade do empregador poderia ser objetiva se houvesse essa atividade de risco.

Aprofunde-se que muitos autores se manifestaram, de imediato, em sentido negativo sobre essa aplicação. Por todos, devem ser colacionadas as lições de Enéas de Oliveira Matos, para quem "a norma que dispõe sobre a responsabilidade do empregador por acidentes do trabalho é constitucional, [...] não se deve torcer o texto constitucional para se conformar ao texto inferior; o contrário é devido: devem todos textos normativos se conformarem com o texto constitucional, operando-se uma interpretação conforme a Constituição, que tem dentre seus limites, o teor literal dos dispositivos constitucionais, que, no caso, é claro no sentido de que a responsabilidade do empregador por acidentes do trabalho é por 'culpa ou dolo', ou seja, depende de prova de culpa sua, nos termos do art. 7.º, inciso XXVIII, da CF/1988".[4]

Por outra via, Rodolfo Pamplona Filho foi um dos primeiros juristas a sustentar o contrário, como antes aqui apontado. Segundo o doutrinador, não há razão plausível para se afirmar que, enquanto a responsabilidade indireta do empregador é objetiva, a direta deve ser tida sempre como subjetiva.[5]

Essa última também é a opinião que defendo há tempos, havendo citação do meu entendimento em arestos do Tribunal Superior do Trabalho. A primeira ocasião em que defendi a premissa foi em artigo publicado em 2003, em coautoria com Márcio Araújo Opromolla.[6] Pude desenvolver melhor o tema em minha tese de doutoramento, defendida na Faculdade de Direito da Universidade de São Paulo no final de 2010, publicada no ano seguinte.[7] Como ali abordei o tema, três são as *teses* viáveis para se chegar a essa conclusão. Vejamos, novamente, o desenvolvimento dessa afirmação jurídica, para os devidos aprofundamentos.

O art. 927, parágrafo único, do Código Civil mitiga a regra da responsabilidade civil subjetiva do empregador, *supostamente* retirada do art. 7.º, inc. XXVIII, da Constituição Federal. *Supostamente*, porque a norma foi criada para proteger o empregado – depois o trabalhador, a partir da Emenda Constitucional n. 45, que fez essa substituição (empregado por trabalhador) – e, ao revés,

---

[3] Sobre o tema, sem prejuízo dos autores antes citados, ver: COSTA FILHO, Venceslau Tavares. A cláusula geral de responsabilidade objetiva do Código Civil de 2002: elementos para uma tentativa de identificação dos pressupostos para a aplicação do parágrafo único do art. 927 do CC 2002. *Revista Brasileira de Direito Civil Constitucional e Relações de Consumo*, São Paulo, v. 2, abr.-jun. 2009.

[4] MATOS, Enéas de Oliveira. A responsabilidade objetiva no novo Código Civil e os acidentes de trabalho. Disponível em: <http://jus2.uol.com.br/doutrina/texto.asp?id=7251>. Acesso em: 3 dez. 2015.

[5] PAMPLONA FILHO, Rodolfo. Responsabilidade civil nas relações de trabalho e o novo Código Civil, cit., p. 250-251.

[6] TARTUCE, Flávio; OPROMOLLA, Márcio Araújo. Direito Civil e Constituição, cit.

[7] TARTUCE, Flávio. *Responsabilidade objetiva e risco*. A teoria do risco concorrente, cit.

sempre foi utilizada para a infeliz conclusão de que a responsabilidade direta do empregador seria sempre subjetiva.

Ora, o art. 7.º, inc. XXVIII, da Constituição é norma que trata do seguro como um direito do trabalhador, e não um dispositivo que traz a cega conclusão de que a responsabilidade direta do empregador é sempre subjetiva. O art. 927, parágrafo único, do Código Civil entra em cena, portanto, para corrigir um erro histórico de interpretação.

Três são as *premissas teóricas* ou entendimentos que podem ser invocados para a correta conclusão de mitigação da regra da responsabilidade subjetiva do empregador, concluindo-se que este também pode responder objetivamente, quando o trabalhador estiver sujeito, por uma atividade normal sua, a riscos aos seus direitos patrimoniais ou extrapatrimoniais.

A *primeira tese* pode ser retirada da redação do *caput* do art. 7.º da Constituição Federal, o qual determina que os direitos ali elencados estão em rol exemplificativo (*numerus apertus*), e não em rol taxativo (*numerus clausus*), pois não excluem outros direitos que visam à melhoria de sua condição social. Por esse caminho, um dos direitos que o trabalhador tem é o de alegar a responsabilidade objetiva do empregador, com base no art. 927, parágrafo único, do Código Civil.

Reitere-se que esse argumento prevaleceu na *IV Jornada de Direito Civil*, com a aprovação do Enunciado n. 377 do Conselho da Justiça Federal e Superior Tribunal de Justiça, cuja redação é a seguinte: "o art. 7.º, inc. XXVIII, da Constituição Federal não é impedimento para a aplicação do disposto no art. 927, parágrafo único, do Código Civil quando se tratar de atividade de risco". Na mesma linha, quando da *I Jornada de Direito Material e Processual na Justiça do Trabalho,* promovida pela Associação Nacional dos Magistrados da Justiça do Trabalho (ANAMATRA) e pelo Tribunal Superior do Trabalho em 2007, foi aprovado o Enunciado n. 37, prevendo que "aplica-se o art. 927, parágrafo único, do Código Civil nos acidentes do trabalho. O art. 7.º, XXVIII, da Constituição da República não constitui óbice à aplicação desse dispositivo legal, visto que seu *caput* garante a inclusão de outros direitos que visem à melhoria da condição social dos trabalhadores".

A *segunda tese*, por sua vez, está estribada nos critérios clássicos de solução das antinomias, quais sejam os critérios hierárquico (norma superior prevalece sobre norma inferior), da especialidade (norma especial prevalece sobre norma geral) e cronológico (norma posterior prevalece sobre norma anterior), desenvolvidos na doutrina clássica por Norberto Bobbio. Existe um claro conflito entre o art. 7.º, XXVIII, da CF/1988 e o art. 927, parágrafo único, do CC/2002.

Isso porque, analisando o primeiro dispositivo, chega-se à conclusão da responsabilização direta subjetiva do empregador; pela segunda norma, a responsabilidade do empregador, havendo riscos pela atividade desenvolvida, pode ser tida como objetiva, independentemente de culpa. Dessa forma, pelo primeiro preceito, o trabalhador ou empregado deve comprovar a culpa do empregador para fazer jus à indenização, o que não se pode depreender pela leitura do segundo comando legal privado, o qual facilita o caminho a ser percorrido pelo autor da demanda, o trabalhador ou empregado. Observa-se, portanto, um conflito entre uma norma geral superior (art. 7.º, inc. XXVIII, da CF/1988) e uma norma especial inferior (art. 927, parágrafo único, do CC/2002).

Trata-se de uma *antinomia de segundo grau*, a qual abrange os critérios hierárquico e da especialidade. A partir das lições de Maria Helena Diniz, em situação de conflito envolvendo tais critérios – hierárquico e da especialidade –, há um caso típico de *antinomia real*, em que a solução não está nos metacritérios clássicos de Bobbio, quais sejam a hierarquia, a especialidade e a cronologia. Consigne-se que a *especialidade* consta da Constituição Federal, na segunda parte do princípio da isonomia (art. 5.º da CF/1988), eis que a lei deve tratar de maneira igual os iguais e de maneira desigual os desiguais.

Ainda de acordo com a doutrina de Maria Helena Diniz, em havendo essa *antinomia real*, duas são as possíveis soluções. A primeira é relativa ao Poder Legislativo, com a edição de uma terceira norma apontando qual das duas regras em conflito deve ser aplicada, ou seja, qual deve se sobrepor. Como não há no momento essa terceira norma, não é o caso desse meio de solução. A segunda refere-se ao Poder Judiciário, com a escolha, pelo juiz da causa, de uma das duas normas, aplicando os arts. 4.º e 5.º da Lei de Introdução (Decreto-lei n. 4.657/1942), na busca de um preceito máximo de justiça. Por esses caminhos, o magistrado deve socorrer-se na analogia, nos costumes, nos princípios gerais do direito, no fim social da norma e na busca do bem comum.

Vejamos os possíveis caminhos para a conclusão pelo aplicador do Direito. A partir da analogia, o magistrado poderá entender pela responsabilidade objetiva, como fez Rodolfo Pamplona Filho, ao aplicar os arts. 932, inc. III, e 933 do CC/2002, que tratam da responsabilidade objetiva indireta do empregador. Todavia, pelo costume judiciário, o juiz pode entender que a responsabilidade é subjetiva, pois assim vinham entendendo os Tribunais brasileiros, em sua maioria. Consigne-se, contudo, que essa interpretação parece ser equivocada, ferindo a intenção do legislador de proteger o trabalhador constante do art. 7.º do Texto Maior. Por fim, pela aplicação do princípio geral de interpretação mais favorável ao empregado, um dos ditames do Direito do Trabalho, a responsabilidade é objetiva. Semelhante assertiva decorre da aplicação do fim social da norma e do bem comum, consubstanciando a regra *suum cuique tribuere* (dar a cada um o que é seu), o preceito máximo de justiça, retirado das Institutas de Justiniano. O juiz ainda entenderá pela responsabilidade objetiva se aplicar a proteção da dignidade humana (art. 1.º, inc. III, da CF/1988) e a solidariedade social (art. 3.º, inc. I, da CF/1988), em prol do trabalhador ou empregado.

Na *terceira tese* ou entendimento de incidência do art. 927, parágrafo único, segunda parte, do Código Civil, a relação de trabalho está sintonizada com a aplicação das normas de Direito Ambiental à responsabilidade civil do empregador, em mais um diálogo interdisciplinar entre as fontes. São invocados, nesse contexto, além do art. 927 do Código Civil, o art. 225 da Constituição Federal e o art. 14, § 1.º, da Lei n. 6.938/1981, como ainda será desenvolvido. A incidência se dá principalmente nos casos de atividades insalubres e perigosas, podendo os adicionais trabalhistas servir como parâmetro para tal. Essa tese, a exemplo das anteriores, coloca em descrédito a premissa de que o Direito Civil é mera fonte subsidiária do Direito do Trabalho, conforme preconiza o art. 8.º da Consolidação das Leis do Trabalho.[8]

Na doutrina do Direito do Trabalho, a premissa é encampada por Raimundo Simão de Melo.[9] Com a mesma posição, opina José Affonso Dallegrave Neto que "é possível concluir que toda espécie de sinistro, ocorrido em determinado setor empresarial, que se encontra dentro de faixa estatística acima da média na tabela de notificações acidentárias do INSS, será considerada como decorrente de 'atividade normal de risco', de que trata o parágrafo único do art. 927 do Código Civil".[10]

Por tudo isso, deve-se entender que a responsabilidade direta do empregador é, em regra, subjetiva, nos termos do art. 7.º, inc. XXVIII, da Constituição Federal. Eventualmente, presente uma atividade de risco, a que está submetido o empregado, a responsabilidade do empregador poderá ser configurada como objetiva, tratada na segunda parte do art. 927, parágrafo único, do Código Civil.

Essa parece ser a posição majoritária há tempos na jurisprudência do Tribunal Superior do Trabalho, apesar de resistências iniciais na Corte. Sem prejuízo dos julgados aqui transcritos no Capítulo 7, entende-se que a atividade de *motoboy* ou de entregador que utiliza motocicletas é de risco, o que não deixa dúvidas. Julgando desse modo, transcrevo o seguinte acórdão da jurisprudência superior trabalhista:

> "O entendimento dominante no egrégio TST é no sentido de que, quando a atividade do empregado é exercida com a utilização de motocicleta e ocorre acidente de trânsito, a responsabilização do empregador é objetiva, não dependendo de demonstração de culpa ou dolo. O risco a que está ordinariamente submetido o trabalhador no desempenho de suas funções, deslocando-se constantemente no trânsito com o uso de motocicleta é justamente o de ser abalroado por outro veículo" (TST, AIRR 0002205-15.2013.5.03.0106, 2.ª Turma, Rel. Des. Conv. Cláudio Armando Couce de Menezes, *DEJT* 27.11.2015, p. 1.010).

No mesmo sentido sobre o *motoboy*, citando expressamente a minha posição doutrinária:

> "Recurso de revista. Acidente do trabalho. 'Motoboy'. Dano moral e estético. Responsabilidade objetiva. Teoria do risco da atividade. 1. Tese regional, fulcrada na exegese dos artigos 2.º da CLT e 927, parágrafo único, do Código Civil, a afirmar a responsabilidade objetiva, nas atividades em que um dos contratantes exponha o outro a risco, bem como a assunção, pelo empregador, dos riscos da atividade econômica. 2. Prevalecendo nesta Corte

---

[8] TARTUCE, Flávio. *Responsabilidade objetiva e risco. A teoria do risco concorrente*, cit., p. 288-294.
[9] MELO, Raimundo Simão de. *Direito Ambiental do Trabalho e a saúde do trabalhador*. 3. ed. São Paulo: LTr, 2008. p. 284.
[10] DALLEGRAVE NETO, José Affonso. *Responsabilidade civil no Direito do Trabalho*. 3. ed. São Paulo: LTr, 2008. p. 208.

compreensão mais ampla acerca da exegese da norma contida no *caput* do art. 7.º da Constituição da República, revela-se plenamente admissível a aplicação da responsabilidade objetiva à espécie, visto que o acidente automobilístico de que foi vítima o trabalhador – que laborava na função de 'motoboy' –, ocorreu no exercício e em decorrência da atividade desempenhada para a reclamada, notadamente considerada de risco. Precedentes. 3. Inviolados os arts. 7.º, XXVIII, da Constituição da República e 186 e 927 do Código Civil. Inespecífico o aresto paradigma coligido. Aplicação das Súmulas 23 e 296 do TST" (TST, Recurso de Revista 59300-11.2005.5.15.0086, 3.ª Turma, Rel. Min. Rosa Maria Weber, j. 03.08.2011).

Aliás, tem-se percebido naquela Corte Superior a aplicação do art. 927, parágrafo único, do Código Civil para qualquer atividade de motorista. Nesse sentido, por todos:

"A jurisprudência predominante da SBDI-1 do TST reconhece que não há antinomia ou incompatibilidade em se admitir, de um lado, que a responsabilidade patronal por dano moral ou material advindo de acidente de trabalho, em regra, é subjetiva (baseada na culpa. Inciso XXVIII do art. 7.º da Constituição Federal) e, por exceção, se o infortúnio sobrevier em atividade de risco, essa responsabilidade independe de culpa do empregador (parágrafo único do art. 927 do Código Civil). Assim, pacificou-se o entendimento de que a parte final do art. 927 do Código Civil (atividade de risco) aplica-se à função de motorista, em razão da maior exposição a acidente automobilístico na estrada, configurando, portanto, a responsabilidade civil objetiva do empregador" (TST, AIRR 0001115-88.2011.5.18.0052, 4.ª Turma, Rel. Min. João Oreste Dalazen, *DEJT* 27.11.2015, p. 1.430).

A mesma dedução tem sido aplicada para os casos de transporte de valores, não só com relação ao motorista, mas também quanto aos seguranças do carro-forte (TST, RR 0001263-40.2011.5.05.0027, 3.ª Turma, Rel. Des. Conv. Cláudio Soares Pires, *DEJT* 20.11.2015, p. 1.403).

Seguindo os exemplos, entende-se o mesmo a respeito dos seguintes trabalhos e atividades, sem prejuízo de muitas outras ilustrações que poderiam ser trazidas à colação:

- Trabalho de manutenção da rede elétrica (TST, AIRR 0020169-46.2013.5.04.0121, 5.ª Turma, Rel. Des. Conv. Tarcísio Régis Valente, *DEJT* 27.11.2015, p. 1.634);
- Atividade de cortes de carnes em frigorífico (TST, AIRR 0002600-67.2012.5.18.0221, 7.ª Turma, Rel. Min. Cláudio Mascarenhas Brandão, *DEJT* 27.11.2015, p. 2.446);
- Atividade de segurança em estabelecimentos comerciais (TST, RR 0000607-50.2011.5.19.0009, 7.ª Turma, Rel. Min. Cláudio Mascarenhas Brandão, *DEJT* 27.11.2015, p. 2.221);
- Operador de caldeira ou caldeireiro (TST, RR 0074200-03.2007.5.17.0141, 5.ª Turma, Rel. Des. Conv. Marcelo Lamego Pertence, *DEJT* 12.12.2014);

- Trabalhador da construção civil, caso do pedreiro e seus assistentes (TST, ARR 0164500-08.2009.5.01.0037, 3.ª Turma, Rel. Min. Alberto Bresciani, *DEJT* 18.09.2015, p. 1.550);

- Carreteiro (TST, AIRR 0024867-66.2014.5.24.0004, 3.ª Turma, Rel. Min. Mauricio Godinho Delgado, *DEJT* 24.11.2017, p. 1.856);

- Coletor de lixos em vias públicas (TST, AIRR 0024867-66.2014.5.24.0004, 3.ª Turma, Rel. Min. Mauricio Godinho Delgado, *DEJT* 24.11.2017, p. 1.856);

- Técnico em enfermagem que trabalho em hospitais (TST, AIRR 0024867-66.2014.5.24.0004, 3.ª Turma, Rel. Min. Mauricio Godinho Delgado, *DEJT* 24.11.2017, p. 1.856);

- Estivador (TST, AgR-E-ED-RR 0138800-10.2008.5.17.0008, Subseção I Especializada em Dissídios Individuais, Rel. Min. Alexandre de Souza Agra, *DEJT* 31.10.2017, p. 2.525);

- Vaqueiro (TST, Ag-AIRR 0000329-21.2013.5.18.0231, 1.ª Turma, Rel. Min. Hugo Carlos Scheuermann, *DEJT* 28.10.2016, p. 1.171).

Reitere-se que, em setembro de 2019, o Supremo Tribunal Federal julgou de forma definitiva a questão, em sede de repercussão geral. Vejamos trecho da publicação constante do *Informativo* n. *950* da Corte:

"A regra do Direito brasileiro é a da responsabilidade civil subjetiva. Portanto, aquele que, por ato ilícito, causar dano a outrem fica obrigado a repará-lo. Entretanto, para se evitar injustiças, previu que haverá obrigação de reparar o dano, independentemente de culpa, nos casos especificados em lei, quando esta já prevê atividade perigosa, na hipótese de atividade com risco diferenciado ou quando a atividade normalmente desenvolvida pelo autor do dano implicar, por sua natureza, riscos maiores, inerentes à própria atividade. Além disso, o Código Civil estabeleceu a regra geral da responsabilidade civil e previu a responsabilidade objetiva no caso de risco para os direitos de outrem. 'Outrem' abrange terceiros que não tenham qualquer tipo de vínculo com o empregador. Por conseguinte, seria absolutamente incoerente que, na mesma situação em relação ao trabalhador, a responsabilidade fosse subjetiva, e, em relação a terceiros, fosse objetiva. A Constituição estabeleceu um sistema em que o empregador recolhe seguro (CF, art. 7.º, XXVIII). Havendo acidente de trabalho, o sistema de previdência social irá pagar o benefício e o salário. Além do seguro que o empregado tem direito, há também a garantia de indenização, quando o empregador tenha incorrido em dolo ou culpa. Portanto, a Constituição, de uma maneira inequivocamente clara, previu a responsabilidade subjetiva.

Entretanto, o *caput* do art. 7.º da CF, ao elencar uma série de direitos dos trabalhadores urbanos e rurais, assenta a possibilidade de instituição 'de outros que visem à melhoria de sua condição social'. Dessa forma, é certo que a Constituição assegurou a responsabilidade subjetiva (CF, art. 7.º, XXVIII), mas não impediu que os direitos dos trabalhadores pudessem ser ampliados por normatização infraconstitucional. Assim, é possível à legislação ordinária estipular outros direitos sociais que melhorem e valorizem a vida do trabalhador. Em decorrência disso, o referido dispositivo do CC é plenamente compatível com a CF.

No caso concreto, a atividade exercida pelo recorrido já está enquadrada na Consolidação das Leis Trabalhistas (CLT) como atividade perigosa [CLT, art.

193, II]. Não há dúvida de que o risco é inerente à atividade do segurança patrimonial armado de carro-forte.

O Ministro Roberto Barroso sublinhou que, em caso de atividade de risco, a responsabilidade do empregador por acidente de trabalho é objetiva, nos termos do art. 7.º, *caput*, da CF, combinado com o art. 927, parágrafo único, do CC, sendo que se caracterizam como atividades de risco apenas aquelas definidas como tal por ato normativo válido, que observem os limites do art. 193 da CLT" (STF, RE 828.040, Tribunal Pleno, Rel. Min. Alexandre de Moraes, julgado em setembro de 2019).

Foram vencidos os Ministros Marco Aurélio e Luiz Fux, que concluíram de forma contrária, pela aplicação pura e simples do texto constitucional. Dessa maneira, repise-se que o entendimento de aplicação da cláusula geral de responsabilidade objetiva à relação de trabalho consolidou-se na doutrina e na jurisprudência nacionais, devendo ser levado em conta para os devidos fins práticos.

A tese final, para os fins de repercussão geral, foi a seguinte, a influenciar os demais Tribunais Brasileiros, para a mesma conclusão: "o art. 927, parágrafo único, do Código Civil é compatível com o art. 7.º, XXVIII, da Constituição Federal, sendo constitucional a responsabilização objetiva do empregador por danos decorrentes de acidentes de trabalho nos casos especificados em lei ou quando a atividade normalmente desenvolvida, por sua natureza, apresentar exposição habitual a risco especial, com potencialidade lesiva, e implicar ao trabalhador ônus maior do que aos demais membros da coletividade" (Tema n. 932 do STF). Como antes pontuei, eis o principal exemplo de aplicação da segunda parte do art. 927, parágrafo único, do CC, tendo sido sendo fundamental a contribuição da Justiça do Trabalho para tal conclusão.

Em suma, convém concluir que a responsabilidade direta do empregador pode ser objetiva, caso esteja presente a atividade de risco prescrita no art. 927, parágrafo único, do Código Civil.

Como importante complementaridade, entendo, como José Affonso Dallegrave Neto, citando a tese de Cláudio Brandão, que servem como apoio as tabelas de risco do INSS, com o fim de determinar a presença dessa qualificação jurídica.[11] A título de ilustração, se o empregado receber adicionais de periculosidade e insalubridade, tal fato já tem o condão de chamar a incidência desse preceito civil que, sem dúvidas, corrigiu erro histórico de se afirmar ser sempre subjetiva a responsabilidade direta do empregador.

3. DA RESPONSABILIDADE INDIRETA DO EMPREGADOR (ARTS. 932, III, 933, 934 E 942, PARÁGRAFO ÚNICO, DO CC). A RESPONSABILIDADE CIVIL NA TERCEIRIZAÇÃO

Como antes exposto, a *responsabilidade indireta do empregador* consta do art. 932, inc. III, do Código Civil brasileiro, pelo qual é responsável pela reparação

---

[11] DALLEGRAVE NETO, José Affonso. *Responsabilidade civil no Direito do Trabalho*, cit., p. 272-273.

civil o empregador ou comitente, por seus empregados, serviçais e prepostos, no exercício do trabalho que lhes competir, ou em razão dele.

Trata-se de uma reprodução em parte do art. 1.521, inc. III, do Código Civil de 1916, segundo o qual haveria uma responsabilidade civil do "patrão, amo ou comitente, por seus empregados, serviçais e prepostos, no exercício do trabalho que lhes competir, ou por ocasião deles". Como modificações, retirou-se a menção às palavras *patrão* – substituída pelo termo *empregador*, melhor tecnicamente – e *amo* – com a conotação de um poder exagerado e indesejado. Como parte da doutrina pontua, lamenta-se novamente a manutenção do termo *serviçal* que, mais do que exagerado, traz um claro conteúdo de rebaixamento da pessoa humana, remontando ao período de escravidão no Brasil.[12] Como antes pontuei, o projeto de Reforma do Código Civil pretende suprir esse equívoco, retirando a expressão.

Reitere-se, ainda, que para a incidência da norma não há a necessidade da presença de um vínculo de emprego para que a responsabilidade por ato alheio esteja configurada, bastando o que se denomina como *relação de pressuposição*, baseada na subordinação ou na confiança existente entre os envolvidos. Comentando esse art. 932, inc. III, do Código Civil de 2002, leciona Sílvio de Salvo Venosa que "a lei embaraça qualquer situação de direção, com subordinação hierárquica ou não. Desse modo, é irrelevante que na relação jurídica entre o autor material e o responsável exista um vínculo trabalhista ou de hierarquia. Aquele que desempenha uma função eventual para outrem também responsabiliza o terceiro".[13] De toda sorte, com interesse direto para este capítulo da obra, merece destaque a aplicação do dispositivo para as situações relativas à relação de trabalho ou, mais especificamente, para a relação de emprego, a gerar a responsabilidade indireta do empregador por ato do seu empregado.

Partindo para os exemplos dessa responsabilidade indireta do empregador, cabe destacar *decisum* do Tribunal Superior do Trabalho que condenou a empresa empregadora a indenizar o empregado pelo acidente causado culposamente pela própria vítima e outros dois colegas de profissão, que, por ato de imprudência, empurraram o caminhão utilizado na atividade laboral indevidamente:

> "Na hipótese dos autos, restou incontroverso que o acidente de trabalho sofrido pelo autor decorreu de manobra imprudente desenvolvida por ele e outros três colegas de trabalho, os quais, ao tentarem empurrar um caminhão de lixo que enguiçara, acabaram por lesionar a mão esquerda do autor, que teve amputado seu dedo indicador e retraídos outros dois dedos. Em face disso, emerge a responsabilidade do empregador, independentemente de culpa, por ato de seus empregados, serviçais ou prepostos, nos termos do art. 932, III, do referido diploma legal, pois deve o empregador, em face do citado dispositivo de Lei, arcar com os resultados oriundos de condutas culposas daqueles que por ele são eleitos para prestar-lhe serviços. Recurso de revista

---

[12] Conforme a crítica de: GAGLIANO, Pablo Stolze; PAMPLONA FILHO, Rodolfo. *Novo curso de Direito Civil*. Responsabilidade civil, 9. ed., cit., p. 205.
[13] VENOSA, Sílvio de Salvo. *Código Civil interpretado*, cit., p. 872.

conhecido e provido" (TST, RR 410400-65.2005.5.12.0004, 1.ª Turma, Rel. Min. Vieira de Mello Filho, *DEJT* 16.09.2011, p. 192).

Também pode ser mencionado julgamento do mesmo TST, que reconheceu a culpa de colega de trabalho por ter colocado um objeto em local indevido, o que gerou danos consideráveis à vítima. Essa decisão é interessante, por diferenciar a *responsabilidade civil indireta* – por ato de empregado (art. 932, inc. III) – da *responsabilidade civil direta*, amparada na atividade de risco tratada pela segunda parte do art. 927, parágrafo único, do Código Civil, tema estudado no último tópico deste trabalho:

> "Responsabilidade objetiva do empregador pelos atos dos seus prepostos. Art. 932, III, do Código Civil. Ocorrência na hipótese dos autos. Na hipótese dos autos, restou incontroverso que o acidente de trabalho sofrido pela autora decorreu de negligência de sua colega de trabalho, que colocou um estrado vazio ao lado do local em que a empregada exercia as suas atividades, o que ocasionou o tombo lesivo à sua integridade física. Em face disso, não se há de falar na responsabilidade objetiva do empregador oriunda do risco de sua atividade (art. 927, parágrafo único, do Código Civil), e sim na sua responsabilização independentemente de culpa, por ato de seu preposto, nos termos do art. 932, III, do referido diploma legal, pois deve o empregador, em face do citado dispositivo de Lei, arcar com os resultados oriundos de condutas culposas daqueles que a ele disponibilizam a sua força de trabalho. Recurso de revista não conhecido" (TST, RR 63300-11.2007.5.04.0791, 1.ª Turma, Rel. Min. Vieira de Mello Filho, *DEJT* 01.07.2011, p. 722).

Mais recentemente, o mesmo Tribunal Superior do Trabalho afastou a responsabilidade civil do empregador por agressão praticada por empregado no ambiente de trabalho, por entender que a atitude não teria qualquer relação com o trabalho desempenhado. Vejamos o julgado:

> "A responsabilidade objetiva do empregador, prevista no artigo 932, III, do CCB, depende de ato do empregado, no exercício do trabalho que lhe competir ou em razão dele, o que não se verificou no caso dos autos. Recurso de revista não conhecido" (TST, RR 0000985-19.2011.5.01.0005, 3.ª Turma, Rel. Min. Alberto Bresciani, *DEJT* 17.04.2015, p. 1.406).

Tenho dúvidas quanto à conclusão final do julgado, pois penso que deveria o empregador fiscalizar devidamente o ambiente, para que a agressão física não ocorresse.

Para o Superior Tribunal de Justiça, não há necessidade de que o evento danoso ocorra obrigatoriamente no ambiente ou durante a jornada de trabalho, sendo possível a existência de responsabilidade civil do empregador sempre que haja uma relação de causa e efeito direta, entre o fato praticado e a relação mantida entre os empregados. Vejamos, a esse propósito, um exemplo concreto de aplicação da ideia de causalidade adequada:

"Responde o preponente, se o preposto, ao executar serviços de dedetização, penetra residência aproveitando-se para conhecer os locais de acesso e fuga, para – no dia seguinte – furtar vários bens. A expressão 'por ocasião dele' (art. 1.521, III, do Código Beviláqua) pode alcançar situações em que a prática do ilícito pelo empregado ocorre fora do local de serviço ou da jornada de trabalho. Se o ilícito foi facilitado pelo acesso do preposto à residência, em função de serviços executados, há relação causal entre a função exercida e os danos. Deve o empregador, portanto, responder pelos atos do empregado" (STJ, REsp 623.040/MG, 3.ª Turma, Rel. Min. Humberto Gomes de Barros, j. 16.11.2006, *DJ* 04.12.2006, p. 296).

Expostas essas concreções práticas, devemos analisar, mais uma vez e para as devidas elucidações técnicas, a natureza da responsabilidade civil constante desse art. 932, inc. III, do Código Civil. Na verdade, o grande impacto trazido pela codificação material de 2002 diz respeito ao teor do art. 933 do Código Civil, que tem a seguinte dicção, mais uma vez com necessária transcrição: "as pessoas indicadas nos incisos I a V do artigo antecedente, ainda que não haja culpa de sua parte, responderão pelos atos praticados pelos terceiros ali referidos".

Como se percebe, o Código Civil passou a estabelecer, expressamente e sem margem de dúvidas, a responsabilidade objetiva das primeiras pessoas elencadas no art. 932, por atos dos segundos mencionados. Assim como ocorre com o Código de Defesa do Consumidor, penso que o fundamento dessa mudança está na ideia de *risco-proveito*, como afirma Dallegrave Neto, entre os especialistas do âmbito trabalhista.[14]

Essa é uma das principais inovações da norma confrontada com o art. 1.523 do Código Civil de 1916, preceito que não deixava clara a opção pela responsabilidade sem culpa. Previa esse último artigo, ora revogado, que "excetuadas as do art. 1.521, n. V, só serão responsáveis as pessoas enumeradas nesse e no art. 1.522, provando-se que elas concorreram para o dano por culpa, ou negligência de sua parte".

Na linha da doutrina civilista, nota-se a adoção do que se denomina como *responsabilidade objetiva impura*, segundo as lições do jurista Álvaro Villaça Azevedo. Isso porque, para que os empregadores respondam objetivamente, há necessidade de prova das culpas dos seus empregados ou prepostos. Segundo o próprio Villaça, a responsabilidade objetiva impura é aquela que "tem, sempre, como substrato, a culpa de terceiro, que está vinculado à atividade do indenizador".[15]

Esclareça-se que essa afirmação tem prevalecido na doutrina brasileira contemporânea, em interpretação ao art. 932 do Código Civil de 2002. Opinando dessa forma, podem ser citados, entre outros civilistas, Gustavo Tepedino, Heloísa

---

[14] DALLEGRAVE NETO, José Affonso. *Responsabilidade civil no Direito do Trabalho*, cit., p. 194-195.
[15] AZEVEDO, Álvaro Villaça. *Teoria geral das obrigações*. Responsabilidade civil, 10. ed., cit., p. 284.

Helena Barboza, Maria Celina Bodin de Moraes, Sílvio de Salvo Venosa, Sergio Cavalieri Filho, Regina Beatriz Tavares da Silva e Carlos Roberto Gonçalves.[16]

Voltando-se à doutrina especializada sobre a responsabilidade civil trabalhista, pontua Dallegrave Neto que "a responsabilidade por ato de terceiro encerra um plano objetivo e outro subjetivo. O primeiro, objetivo, serve de base epistemológica da responsabilidade do empregador em face de seu empregado, e o segundo, subjetivo, para justificar o direito à indenização do terceiro que só terá êxito caso prove a culpa do agente-empregado".[17] Como se percebe, o jurista segue a mesma linha trilhada pelos civilistas ora citados.

Feito tal esclarecimento, a principal observação a ser feita no que diz respeito à natureza da responsabilidade indireta do empregador é que foi superado o modelo da culpa presumida pela eleição (*culpa in eligendo*), substituída pela responsabilidade sem culpa ou objetiva. Essa conclusão decorre da simples leitura do art. 933 do Código Civil, que não deixa dúvidas sobre essa opção do legislador civil.

A respeito de tal aspecto, sem prejuízo dos autores aqui antes citados, vejamos as palavras de Jones Figueirêdo Alves e Mário Luiz Delgado, juristas que participaram do processo de elaboração final do Código Civil de 2002: "o art. 933 altera completamente o regramento da responsabilidade por fato de terceiro, ao dispor que as pessoas elencadas no art. 932 responderão independentemente de culpa, convertendo a responsabilidade de subjetiva a objetiva. Pelo CC/1916 essa responsabilidade era subjetiva (com culpa *in eligendo*, no caso dos empregados ou *in vigilando* quanto aos filhos), muito embora já firmado no sentido de responsabilizar o empregado independentemente de culpa".[18]

Também Maria Helena Diniz é firme quanto a essa mudança, anotando que "a responsabilidade do representante legal (pais, tutor ou curador) será objetiva por não existir presunção *juris tantum* de culpa. O mesmo se diga da responsabilidade de empregador por ato de empregado; do dono de hotel ou de estabelecimento de ensino, pelo ato lesivo de hóspede e educando, que não será subjetiva, por não mais haver presunção de culpa *in vigilando*, *in instruendo* e *in eligendo*, que provocava a reversão do ônus da prova, fazendo com que tais pessoas tivessem de comprovar que não tiveram culpa alguma. Todavia, a jurisprudência já havia entendido que a presunção não era *juris tantum*, mas *legis et de lege* equipolente à responsabilidade objetiva".[19]

Adotando tal entendimento, praticamente consolidado na doutrina contemporânea nacional, foi aprovado enunciado na *V Jornada de Direito Civil*, evento

---

[16] Vejamos as fontes: TEPEDINO, Gustavo; BARBOZA, Heloísa Helena; MORAES, Maria Celina Bodin de. *Código Civil interpretado*, v. II, cit., p. 832; DINIZ, Maria Helena. *Curso de Direito Civil brasileiro*. Responsabilidade civil, 21. ed., cit., p. 519; VENOSA, Sílvio de Salvo. *Código Civil interpretado*, cit., p. 872; CAVALIERI FILHO, Sergio. *Programa de responsabilidade civil*, 7. ed., cit., p. 175; TAVARES DA SILVA, Regina Beatriz (Coord.). *Código Civil comentado*, 6. ed., cit., p. 897; GONÇALVES, Carlos Roberto. *Responsabilidade civil*, 9. ed., cit., p. 131.
[17] DALLEGRAVE NETO, José Affonso. *Responsabilidade civil no Direito do Trabalho*, cit., p. 196.
[18] ALVES, Jones Figueirêdo; DELGADO, Mário Luiz. *Código Civil anotado*, cit., p. 404.
[19] DINIZ, Maria Helena. *Código Civil anotado*, cit., p. 653.

do Conselho da Justiça Federal do ano de 2011, seguindo proposta formulada por mim com a seguinte redação: "a responsabilidade civil por ato de terceiro funda-se na responsabilidade objetiva ou independente de culpa, estando superado o modelo de culpa presumida" (Enunciado n. 451).

Como visto, o projeto de Reforma do Código Civil pretende expressar no *caput* do art. 932 se tratar de responsabilidade as hipóteses nele previstas de responsabilidade objetiva ("responderão independentemente de culpa, ressalvadas as hipóteses previstas em leis especiais").

Com esse caminho apontado pela doutrina, na jurisprudência, deve ser revista imediatamente a antiga Súmula n. 341 do Supremo Tribunal Federal, de 13 de dezembro de 1963, com a seguinte dicção: "é presumida a culpa do empregador ou comitente por ato culposo do empregado ou preposto". Diante da falta de revisão da sumular pelo próprio Tribunal até o presente momento, o caso não é de culpa presumida, mas, sim, de responsabilidade objetiva. Ora, o enunciado correto da citada súmula, pelo que consta dos arts. 932, inc. III, e 933 do Código Civil de 2002, deve ser: "é objetiva a responsabilidade do empregador ou comitente por ato culposo do empregado ou preposto".

Frise-se com contundência que a Súmula n. 341 do STF deve ser imediatamente cancelada ou alterada pelo Supremo Tribunal Federal, diante das confusões que pode causar na doutrina e na jurisprudência. Vale lembrar que o Código de Processo Civil de 2015 estabelece que os juízes devem seguir os entendimentos constantes das súmulas dos Tribunais Superiores (art. 489, § 1.º), sob pena de nulidade de suas decisões (art. 11), o que agrava a necessidade de sua revisão imediata.

Em verdade, podem ser encontradas decisões superiores corretas, que afastam o conteúdo da citada súmula. Entre elas, vejamos *decisum* do Superior Tribunal de Justiça, com o seguinte trecho: "o novo Código Civil (art. 933), seguindo evolução doutrinária, considera a responsabilidade civil por ato de terceiro como objetiva, aumentando sobejamente a garantia da vítima. Malgrado a responsabilização objetiva do empregador, esta só exsurgirá se, antes, for demonstrada a culpa do empregado ou preposto, à exceção, por evidência, da relação de consumo" (STJ, REsp 1.135.988/SP, 4.ª Turma, Rel. Min. Luis Felipe Salomão, j. 08.10.2013, *DJe* 17.10.2013).

No entanto, ainda existe muita confusão conceitual no âmbito da doutrina e da jurisprudência trabalhistas, podendo ser encontradas posições segundo as quais as concepções de culpa presumida e responsabilidade objetiva são iguais ou sinônimas. Como antes se expôs, há um ledo engano nesse baralhamento. Em comum, tanto na culpa presumida quanto na responsabilidade objetiva inverte-se o ônus da prova, ou seja, o autor da ação não tem o ônus de provar a culpa do réu. Contudo, na culpa presumida a responsabilidade é subjetiva e, se o réu provar que não teve culpa, não estará presente o seu dever de indenizar.

Por seu turno, na responsabilidade objetiva, ou sem culpa, se o réu apenas comprovar que não teve culpa, será responsabilizado civilmente. Para que este não responda, no último caso, deverá demonstrar a presença de uma das excludentes de nexo de causalidade, quais sejam a culpa ou o fato exclusivo da vítima, a culpa ou o fato exclusivo de terceiro, o caso fortuito ou a força maior.

Seguindo o estudo do tema, o art. 934 do Código Civil assegura o direito de regresso do responsável contra o culpado, com uma exceção, uma vez que o ascendente não tem direito de regresso contra o descendente incapaz. Assim, em regra e na grande maioria dos casos, o empregador tem direito de regresso contra o empregado que tenha agido com dolo ou culpa. A única excepcionalidade diz respeito à hipótese em que o empregador seja ascendente do empregado, e que esse último seja absoluta ou relativamente incapaz, como na hipótese do pai que emprega o filho menor de idade.

Além da citada ação de regresso, tem razão a corrente que sustenta a possibilidade de se compensar tais prejuízos por meio de descontos salariais, desde que isso tenha sido acordado entre as partes ou se houver dolo do empregado na prática do ato ilícito (art. 462, § 1.º, da CLT). A norma não trata expressamente de responsabilidade civil, mas pode ser aplicada aos seus casos, assim como afirmam Dallegrave Neto e João Oreste Dalazen.[20] Utilizando a ideia, da jurisprudência do Tribunal Superior do Trabalho, colaciono importante decisão:

"Agravo em agravo de instrumento em recurso de revista interposto antes da vigência da Lei n. 13.015/2014. I. Horas extras. Compensação semanal. Alegação de violação do art. 5.º, II, LIV e LV, da CF/1988. Inexistência de violação literal de normas constitucionais. Conforme devidamente informado na decisão agravada, não se constata a violação direta e literal do art. 5.º, II, LIV e LV, da CF/1988, na forma do art. 896, c, da CLT, tendo em vista que os referidos dispositivos não tratam sobre a compensação de jornada, tampouco sobre os limites da lide, restando impertinente ao caso dos autos. Se afronta houvesse, seria meramente indireta ou reflexa, o que não se coaduna com os termos do dispositivo consolidado. Não se constatam, assim, as violações alegadas ao texto constitucional. II. Descontos indevidos. Súmula n. 126/TST. O e. TRT, com fulcro na moldura fática delineada nos autos, consignou que o reclamante se envolveu em dois acidentes automobilísticos, o primeiro em horário de trabalho e o outro quando utilizava o veículo para fins pessoais. Em relação ao primeiro acidente, não há qualquer prova nos autos de culpa do reclamante, o que afasta a incidência da cláusula 5.ª do contrato de trabalho, acima descrita, sendo indevido o desconto de R$ 80,00 efetuado no acerto rescisório (ID 628764 e ID 628777). Já no tocante ao segundo acidente, como bem declinou o juízo de origem, devido o desconto efetuado pela ré, uma vez que o autor utilizou o veículo fora do horário de trabalho. Observa-se, portanto, que no que se refere ao desconto considerado indevido, não foi identificada culpa do reclamante pelo acidente. Assim, para que se reconheça o dolo do empregado, em relação a ambos os acidentes, seria necessário novo exame dos fatos e provas carreados aos autos, procedimento obstado neste grau recursal extraordinário pelo disposto na Súmula n. 126 do TST. Dessa forma, não se trata meramente de proceder ao reenquadramento jurídico

---

[20] DALLEGRAVE NETO, José Affonso. *Responsabilidade civil no Direito do Trabalho*, cit., p. 200; DALAZEN, João Oreste. Indenização civil de empregado e empregador. *Revista de Direito do Trabalho*, São Paulo, n. 77, p. 47, 1992.

dos fatos registrados pelo TRT, mas de revolver o contexto fático-probatório, a fim de alcançar conclusão diversa daquela registrada pelo Tribunal local. Agravo conhecido e desprovido" (TST, Ag-AIRR 0010086-26.2014.5.03.0165, 3.ª Turma, Rel. Min. Alexandre de Souza Agra, *DEJT* 02.06.2017, p. 1.565).

A propósito, questão que gera debate prático diz respeito à responsabilização do empregador por ato doloso ou intencional do empregado. Essa discussão atingiu a Itália, diante da regra constante do art. 2.049 do *Codice*, segundo o qual os patrões e comitentes são responsáveis pelos danos causados por fatos ilícitos dos seus empregados e comissários, no exercício das incumbências que lhes são atribuídas.

Predomina naquele país a conclusão pela qual deve haver a devida responsabilização dos patrões pelos citados atos intencionais. Nesse sentido, entre os clássicos, a afirmação feita por Cian e Trabucchi, para quem a responsabilidade do comitente subsiste também no caso de dolo do preposto, sempre que este último tenha agido no âmbito das tarefas a ele confiadas.[21] Entre os contemporâneos, Chinè, Fratini e Zoppini seguem a mesma linha, apontando que o pressuposto da operatividade do art. 2.049 é a existência de um fato ilícito do empregado ou preposto, que pode ser culposo ou doloso.[22]

A solução é a mesma no caso brasileiro, diante da regra constante do antes citado art. 462, § 1.º, da CLT. Nos termos do seu *caput*, ao empregador é vedado efetuar qualquer desconto nos salários do empregado, salvo quando esse resultar de adiantamentos, de dispositivos de lei ou de contrato coletivo. Como exceção, o seu primeiro parágrafo preceitua expressamente que, "em caso de dano causado pelo empregado, o desconto será lícito, desde que esta possibilidade tenha sido acordada ou na ocorrência de dolo do empregado". Entretanto, não se pode se esquecer do conteúdo constante da parte final do art. 932, III, do Código Civil, segundo a qual o empregador somente responde pelo empregado no exercício do trabalho que lhe competir, ou em razão dele. Essa razão pode ser direta ou indireta, ou seja, imediata ou mediata, mas deve sempre estar presente.

Partindo para outro exemplo concreto, se um empregado foi vítima de homicídio doloso praticado por colega no ambiente de trabalho, é de se reconhecer a responsabilidade civil indireta do empregador, conforme o seguinte aresto do TST:

> "Agravo de instrumento. Recurso de revista. Danos morais e materiais. Morte no ambiente de trabalho. Homicídio. Disparo de arma de fogo por colega de trabalho. Caso fortuito. Ausência de nexo causal e culpa do empregador. A tese de violação do artigo 932, III, do Código Civil, justifica o processamento do recurso de revista para melhor exame. Agravo provido. (Com ressalva de entendimento pessoal). II. Recurso de revista. Acidente de trabalho. Homicídio cometido por colega de trabalho. Crime ocorrido quando autor e vítima se encontravam em serviço. Responsabilidade civil do empregador.

---

[21] CIAN, Giorgio; TRABUCCHI, Alberto. *Commentario breve al Codice Civile*, cit., p. 1691.
[22] CHINÉ, Giuseppe; FRATINI, Marco; ZOPPINI, Andrea. *Manuale di diritto civile*, cit., p. 2.275.

1. Segundo se extrai do acórdão recorrido, o presente caso envolve a ocorrência de crime de homicídio que resultou em morte do empregado, vítima de disparos de arma de fogo perpetrados por colega de trabalho, cometido no local e em horário de trabalho. 2. Nessa hipótese, a responsabilidade da empresa empregadora é objetiva, ante os exatos termos dos arts. 932, III, e 933 do Código Civil, segundo os quais o empregador é responsável pelos atos lesivos praticados por seus empregados no exercício da função ou em razão dela, ainda que não tenha concorrido com culpa para a ocorrência do evento danoso. Precedentes. Recurso de revista conhecido e provido" (TST, RR 0070100-82.2006.5.13.0001, 2.ª Turma, Rel. Min. Renato de Lacerda Paiva, *DEJT* 23.10.2015, p. 847).

Seguindo o estudo do tema, não se pode se esquecer de que há também responsabilidade solidária entre o empregador e o empregado. Essa conclusão é abstraída do art. 942, parágrafo único, do Código Civil de 2002: "são solidariamente responsáveis com os autores os coautores e as pessoas designadas no art. 932". A situação é de *solidariedade passiva legal,* havendo a aclamada *opção de demanda* por parte daquele que sofreu o dano. Nesse contexto, nos casos envolvendo o art. 932, III, do CC/2002 é possível demandar o empregador, o empregado ou ambos.

Por uma questão de tática, o que geralmente se recomenda é que a ação indenizatória seja proposta apenas contra um dos responsáveis, aquele que tem melhor condição financeira para o pagamento da indenização: o empregador, como regra. Não se pode esquecer que o art. 942, parágrafo único, do Código Civil traz regra aplicável para a responsabilidade extracontratual ou *aquiliana,* originária do ato ilícito ou do abuso do direito (arts. 186 e 187 do CC/2002). Para a responsabilidade contratual, relativa ao inadimplemento de uma obrigação, o tratamento da solidariedade consta do art. 265 do Código Civil, segundo o qual a solidariedade não se presume, devendo decorrer da lei ou do contrato.

Todavia, diante da recente Reforma Trabalhista, que introduziu o art. 223-E da CLT, esse panorama mudou quanto aos danos extrapatrimoniais, pois a norma parece ter quebrado com a regra de solidariedade até então prevista. Conforme os termos do novo comando, são responsáveis pelo dano extrapatrimonial todos os que tenham colaborado para a ofensa ao bem jurídico tutelado, "na proporção da ação ou da omissão".

Foi adotada, assim, a ideia de *responsabilidade fracionada,* de acordo com a contribuição de cada um dos agentes para os eventos danosos. Como se estudará no último tópico deste capítulo, vejo inconstitucionalidades nessa nova previsão.

De qualquer modo, deve-se entender que essa responsabilidade civil extracontratual solidária existe igualmente nos casos relativos à terceirização, em especial quando houver danos causados aos empregados ou trabalhadores. Ressalve-se o teor da Súmula n. 331 do Tribunal Superior do Trabalho, com destaque para o que consta do seu item 4. Vejamos a sua redação completa e devidamente atualizada:

"Súmula n. 331 do TST. I – A contratação de trabalhadores por empresa interposta é ilegal, formando-se o vínculo diretamente com o tomador dos serviços, salvo no caso de trabalho temporário (Lei n. 6.019, de 03.01.1974). II – A contratação irregular de trabalhador, mediante empresa interposta, não gera vínculo de emprego com os órgãos da administração pública direta, indireta ou fundacional (art. 37, II, da CF/1988). III – Não forma vínculo de emprego com o tomador a contratação de serviços de vigilância (Lei n. 7.102, de 20.06.1983) e de conservação e limpeza, bem como a de serviços especializados ligados à atividade-meio do tomador, desde que inexistente a pessoalidade e a subordinação direta. IV – O inadimplemento das obrigações trabalhistas, por parte do empregador, implica a responsabilidade subsidiária do tomador de serviços quanto àquelas obrigações, desde que haja participado da relação processual e conste também do título executivo judicial. V – Os entes integrantes da administração pública direta e indireta respondem subsidiariamente, nas mesmas condições do item IV, caso evidenciada a sua conduta culposa no cumprimento das obrigações da Lei n. 8.666/1993, especialmente na fiscalização do cumprimento das obrigações contratuais e legais da prestadora de serviço como empregadora. A aludida responsabilidade não decorre de mero inadimplemento das obrigações trabalhistas assumidas pela empresa regularmente contratada. VI – A responsabilidade subsidiária do tomador de serviços abrange todas as verbas decorrentes da condenação referentes ao período da prestação laboral".

Vale dizer que os dois últimos itens foram incluídos pelo TST no ano de 2011, realçando que a responsabilidade subsidiária apenas alcança as verbas decorrentes da condenação. Em casos de acidente de trabalho, sem dúvida, deve-se reconhecer a responsabilidade solidária, pela aplicação do art. 942, parágrafo único, do Código Civil. Seguindo essa forma de pensar, na *I Jornada de Direito do Trabalho*, evento promovido em 2007 pelo Tribunal Superior do Trabalho e pela Associação Nacional dos Magistrados da Justiça do Trabalho (ANAMATRA), foram aprovados importantes enunciados doutrinários sobre o tema.

De início, o Enunciado n. 10 da ANAMATRA e TST preceitua que a terceirização somente será admitida na prestação de serviços especializados, de caráter transitório, desvinculados das necessidades permanentes da empresa, mantendo-se, de todo modo, a responsabilidade solidária entre as empresas.

Entretanto, a Lei n. 13.429/2017 passou a estabelecer que o contrato de trabalho temporário, pela via da terceirização, pode versar sobre o desenvolvimento de atividades-meio ou de atividades-fim a serem executadas na empresa tomadora de serviços (art. 9.º, § 3.º, da Lei n. 6.019/1974). Assim, fica prejudicado o enunciado doutrinário citado na parte que mencionava a desvinculação da terceirização de atividades permanentes, ou seja, atividades-fim.

Nota-se que a mesma lei estabelece que a contratante dos serviços temporários é subsidiariamente responsável pelas obrigações trabalhistas referentes ao período em que ocorrer o trabalho temporário, conforme já era reconhecido pela Súmula n. 331 do TST (art. 10, § 7.º, da Lei n. 6.019/1974 com redação dada pela Lei n. 13.429/2017). Não há qualquer menção à responsabilidade civil por acidente de trabalho que continua sendo solidária, nos termos do que consta do art. 942, parágrafo único, do Código Civil.

Exatamente nesse sentido, estabelece o Enunciado n. 44, aprovado na mesma *I Jornada de Direito do Trabalho* da ANAMATRA e TST, que, em caso de terceirização de serviços, o tomador e o prestador respondem solidariamente pelos danos causados à saúde dos trabalhadores, nos termos do último comando citado da Norma Regulamentadora 4 (Portaria n. 3.214/1978 do Ministério do Trabalho e Emprego). Destaque-se que tais posicionamentos vêm sendo aplicados amplamente pelo Tribunal Superior do Trabalho, o que motivou os citados enunciados. Entre todos, merece relevo o aresto a seguir colacionado:

"Recurso de revista. Responsabilidade solidária. Terceirização de serviços. Indenização por danos morais. Acidente de trabalho. Diante dos termos do v. Acórdão regional que concluiu pela responsabilidade solidária das reclamadas ao pagamento de indenização por danos morais, em razão de o empregado ter sofrido acidente de trabalho nas dependências e em prol da recorrente, não se vislumbra violação dos arts. 186, 264 e 942 do CC. Recurso de revista não conhecido. Indenização por danos morais. Acidente de trabalho. Explosão de tanque de combustível. Comprovada a culpa das reclamadas pelo acidente de trabalho ocorrido nas dependências da reclamada, decorrente da explosão de um tanque provocada pelas fagulhas da solda utilizada em uma atividade de manutenção, em razão da ausência de efetivas medidas de segurança, incumbe-lhes, pois, o dever de indenizar, em face da responsabilidade pelos eventos danosos. Para se chegar à conclusão diversa, seria necessário adentrar no reexame da prova, procedimento vedado nesta fase recursal pela Súmula n. 126 do C. TST. Recurso de revista não conhecido. Dano moral. Acidente de trabalho. Valor arbitrado à indenização. Nos termos do julgado regional, a fixação do valor ao pagamento de indenização por danos morais decorrente de acidente de trabalho em R$ 30.000,00 (trinta mil reais), levou em consideração os danos físicos irreversíveis. Não houve demonstração de divergência jurisprudencial sobre a matéria. Óbice da Súmula n. 296 do c. TST. Recurso de revista não conhecido. Juros de mora. Termo inicial. O momento de incidência dos juros de mora, em se tratando de indenização por danos morais, é o ajuizamento da reclamação trabalhista. Exegese dos artigos 39, § 1.º, da Lei n. 8.177/1991 e 883 da CLT. Recurso de revista conhecido e desprovido" (TST, RR 158300-65.2008.5.04.0221, 6.ª Turma, Rel. Min. Aloysio Corrêa da Veiga, *DEJT* 18.11.2011, p. 1.627).

Concluindo, esse é o panorama geral existente a respeito da responsabilidade indireta do empregador, por ato do seu empregado. Em apertada síntese, há uma responsabilidade objetiva do empregador pelo ato culposo do empregado e também uma solidariedade entre ambos havendo acidente de trabalho. A Súmula n. 331 do TST não incide para os danos causados, mas apenas quanto ao pagamento de verbas trabalhistas.

De todo modo, como se verá ainda de forma mais aprofundada no último tópico deste capítulo, a regra da solidariedade foi quebrada para o caso dos chamados danos extrapatrimoniais sofridos pelo empregado, nos termos do art. 223-E da CLT, introduzido pela recente e malfadada Reforma Trabalhista. Entretanto, o meu entendimento é de que a nova norma é inconstitucional.

4. DAS EXCLUDENTES DE RESPONSABILIDADE CIVIL TRABALHISTA. O DEBATE SOBRE A INCIDÊNCIA DA TEORIA DO RISCO INTEGRAL

A doutrina especializada no tema da responsabilidade civil no Direito do Trabalho aponta que o Direito Civil acabou por inspirar a concepção das excludentes de responsabilidade nesse âmbito, destacando quatro causas: *a)* cláusula de não indenizar; *b)* culpa ou fato exclusivo da vítima; *c)* culpa ou fato exclusivo de terceiro; e *d)* caso fortuito e força maior.[23] Repise-se que as quatro últimas são excludentes de nexo de causalidade, como desenvolvido no Capítulo 5 deste livro.

Essa mesma doutrina afasta a cláusula de não indenizar para o âmbito trabalhista, reconhecendo a sua nulidade absoluta, por ofensa ao constante do art. 7.º, inc. XXVIII, da Constituição Federal.[24] Sempre foi citada como argumento complementar a redação final do *caput* do art. 444 da CLT, segundo o qual "as relações contratuais de trabalho podem ser objeto de livre estipulação das partes interessadas em tudo quanto não contravenha às disposições de proteção ao trabalho, aos contratos coletivos que lhes sejam aplicáveis e às decisões das autoridades competentes".

Todavia, o debate tende a ser aprofundado, pois a Reforma Trabalhista inclui um parágrafo único na norma estabelecendo que essa livre estipulação se aplica às hipóteses previstas no art. 611-A da própria CLT, com a mesma eficácia legal e preponderância sobre os instrumentos coletivos, no caso de empregado portador de diploma de nível superior e que perceba salário mensal igual ou superior a duas vezes o limite máximo dos benefícios do Regime Geral de Previdência Social.

O último preceito não traz referência expressa à cláusula de não indenizar, como previsão lícita e legítima de pactuação entre empregadores e empregados, por meio de convenção coletiva. Contudo, o inciso VI do novo art. 611-A da CLT trata do chamado *regulamento empresarial*, que vem a ser uma lista de condutas impostas aos empregados pelo empregador.

Imagine-se, então, que consta de tal regulamento uma previsão expressa de não pagamento de indenização por parte da empregadora, sendo tal cláusula admitida por convenção entre empregadores e empregados. Seria essa previsão possível juridicamente, em especial se for levada em conta a premissa geral da Reforma, segundo a qual o clausulado prevalece sobre o legislado? Entendo que não, pelo fato de haver previsão constitucional de responsabilidade dos empregadores, no citado art. 7.º, inc. XXVIII, da Constituição Federal, norma que é

---

[23] DALLEGRAVE NETO, José Affonso. *Responsabilidade civil no Direito do Trabalho*, cit., p. 274.
[24] DALLEGRAVE NETO, José Affonso. *Responsabilidade civil no Direito do Trabalho*, cit., p. 274.

inafastável por convenção entre as partes, pelo fato de enunciar direito social e fundamental dos trabalhadores.

O mesmo se diga quanto à regra contratual que pretenda afastar a incidência do art. 927, parágrafo único, do Código Civil para as atividades de risco, pois o último preceito é norma de ordem pública, que não pode ser declinada, sob pena de nulidade absoluta, por fraude à lei imperativa (art. 166, inc. VI, do Código Civil).

Descartando-se, portanto, a validade da cláusula de não indenizar no âmbito trabalhista, a primeira excludente a ser admitida nessa seara é a culpa ou fato exclusivo da vítima. Advirta-se, mais uma vez, que a excludente aplica-se tanto aos casos de responsabilidade subjetiva como de responsabilização objetiva do empregador, consoante se extrai de correto aresto do Tribunal Superior do Trabalho:

> "A imputação de responsabilidade civil ao empregador, em qualquer de suas modalidades (objetiva ou subjetiva), depende da demonstração do nexo causal entre o dano sofrido e as atividades desempenhadas pelo empregado, conforme se depreende dos arts. 186 e 927 do Código Civil. Portanto, caso comprovada a culpa exclusiva do empregado pelo dano provocado, não incide a responsabilidade objetiva do empregador, ante o evidente rompimento do nexo de causalidade entre o evento danoso e o trabalho executado" (TST, RR 0001506-49.2012.5.03.0109, 4.ª Turma, Rel. Min. João Oreste Dalazen, *DEJT* 08.09.2017, p. 1.317).

Imagine-se, então, a hipótese fática em que o acidente de trabalho foi pura e exclusivamente causado pelo empregado, pelo fato de ele ter desrespeitado as normas de segurança e proteção. Nessas circunstâncias fáticas, não se deve admitir o dever de reparar do empregador, por obstação do nexo de causalidade. Como leciona Vólia Bomfim Cassar, "não tem direito à indenização se o acidente de trabalho ocorreu por culpa exclusiva do empregado. Isto se aplica porque nesse caso o patrão não praticou qualquer ato ilícito ou abusivo".[25]

Partindo-se para os exemplos concretos, o Tribunal Superior do Trabalho afastou a responsabilidade da empregadora diante do fato de o empregado, contratado para a função de eletricista, não ter observado os cuidados mínimos necessários para a troca de um fusível, com o desligamento da chave de energia no painel do equipamento. A agravar a sua culpa ou fato exclusivo, não utilizou ele a ferramenta adequada, afastando-se o dever de reparar do seu empregador (TST, AIRR 0001125-95.2010.5.15.0135, 5.ª Turma, Rel. Des. Conv. José Rêgo Júnior, *DEJT* 05.06.2015, p. 1.073). Da mesma Corte, a culpa exclusiva do empregado foi evidenciada pelos seguintes fatos:

> "a) Arrogou-se o autor em atribuição que sabia, de antemão, ser da responsabilidade de outros profissionais da recorrida; b) havia a presença constante dos subordinados, dos encarregados para o atendimento e manutenção preventiva

---
[25] CASSAR, Vólia Bomfim. *Direito do Trabalho*. 3. ed. Niterói: Impetus, 2009. p. 716.

e corretiva dos problemas eventualmente surgidos no maquinário operado à época do acidente; c) não eram exigíveis da empregadora treinamento e equipamentos de proteção individual destinados e concedidos apenas aos encarregados/mecânicos; d) a prova testemunhal dá conta de que o comportamento do autor foi um fato isolado, sem precedente na empresa, de modo que não se pode exigir que o empregador já tivesse advertido o autor por tal conduta que foi tomada isoladamente naquele momento; e) até mesmo a CIPA conclui que após a averiguação dos fatos, do local de trabalho e da função do colaborador acidentado, constatamos que o mesmo realizou referida tarefa sem autorização do seu superior, pois não lhe competia subir no silo e muito menos promover qualquer tipo de manutenção do mesmo, já que existe pessoa responsável para a manutenção dos equipamentos" (TST, AIRR 0001667-23.2011.5.12.0019, 3.ª Turma, Rel. Min. Alexandre de Souza Agra, *DEJT* 24.04.2015, p. 1.152).

Em aresto de 2017, a Corte Superior afastou o dever de reparar do empregador, pois o acidente que resultou na morte do empregado não teve relação com o trabalho desenvolvido pelo falecido, contratado como motorista, "visto que foi atropelado em razão de ter atravessado autopista para confraternizar com outros motoristas. O infortúnio se deu por culpa exclusiva do empregado, que optou por atravessar aquela rodovia, fora do horário de trabalho, sem nenhuma interferência do empregador ou de sua profissão (motorista) para a iniciativa" (TST, RR 0000081-47.2014.5.04.0801, 6.ª Turma, Rel. Min. Aloysio Corrêa da Veiga, *DEJT* 12.05.2017, p. 1.980).

Igualmente tratando da presença da culpa ou fato exclusivo do empregado, que exerça a função de motorista, colaciona-se, com didáticas afirmações a respeito da exclusão do nexo de causalidade, conforme antes aqui desenvolvido:

"Agravo de instrumento em recurso de revista. Acidente do trabalho. Responsabilidade civil. Culpa exclusiva do empregado. Independentemente do sistema de responsabilidade civil que se adote (objetivo ou subjetivo), o nexo causal deve sempre estar presente, a fim de que haja o dever de indenizar. Na hipótese, o Tribunal Regional, com supedâneo no conjunto fático-probatório dos autos, concluiu que o reclamante teve culpa exclusiva no acidente sofrido, pois guiando de forma imprudente (no fundo de um coletivo), ao tentar desviar do ônibus, invadiu a faixa de ultrapassagem proibida, ocasionando a colisão com o outro veículo envolvido. Em face disso, não se pode atribuir ao trabalho na empresa, e sim à imprudência do próprio autor, o acidente por ele sofrido. A culpa exclusiva do autor afasta o nexo causal necessário ao pagamento da indenização por danos morais e materiais postulada. Agravo de instrumento desprovido" (TST, AIRR 0000034-02.2011.5.05.0009, 7.ª Turma, Rel. Min. Vieira de Mello Filho, *DEJT* 15.04.2016, p. 1.864).

Outro exemplo interessante julgado pelo TST envolveu a atividade de vaqueiro. Reconheceu-se a culpa exclusiva da vítima, pois o obreiro deixou de cumprir determinação do empregador de tosar os cavalos apenas no tronco, realizando essa atribuição de forma diversa, tendo sofrido acidente pela queda do animal, que caiu sobre sua perna esquerda, causando-lhe grave lesão (TST,

AIRR 0000931-37.2011.5.23.0071, 5.ª Turma, Rel. Des. Conv. Marcelo Lamego Pertence, *DEJT* 11.12.2015, p. 2.399).

Como última concreção a ser citada, entre os julgamentos do Tribunal Superior do Trabalho, a culpa exclusiva do trabalhador foi reconhecida em situação em que, não obstante todo o seu treinamento para limpar uma máquina, não desligou o equipamento objeto de seu labor, sofrendo a perda parcial do dedo médio (TST, AIRR 0007600-13.2005.5.02.0262, 7.ª Turma, Rel. Min. Douglas Alencar Rodrigues, *DEJT* 28.08.2015, p. 3.011).

Não se olvide que as situações de atribuição de culpa ou fato exclusivo da vítima são raros, pois, em muitos casos, evidencia-se o desrespeito às normas de segurança pelo empregador. Vale lembrar, a propósito, que, havendo culpa, fato ou risco concorrente do empregado, ou seja, participação para o próprio prejuízo sofrido, não se exclui o nexo de causalidade, sendo este apenas atenuado. Como consequência, a indenização deve ser reduzida e não afastada totalmente, como ainda será aqui desenvolvido.

Adiante-se que as situações relativas à falta de uso de equipamento de segurança por parte do empregado não caracterizam, por si sós, o fato exclusivo da vítima, pois deve-se analisar não só a disponibilização devida de tais equipamentos, como também a fiscalização feita pela empresa empregadora. De imediato, vejamos interessante acórdão a respeito do uso necessário de capacete, do Tribunal Superior do Trabalho:

"A ausência de capacete não é circunstância suficiente para afastar o nexo de causalidade, uma vez que o acidente de moto ocorreu em razão do trânsito tumultuado. O acidente de trabalho teria ocorrido independentemente da utilização de capacete pelo empregado. Registra-se que a reclamada não se desincumbiu do ônus de comprovar a regular orientação e fiscalização do uso do capacete pelo empregado. Além disso, tratando-se de acidente de trabalho ocorrido no exercício de atividade de risco acentuado, como é o caso dos autos, caracterizada está a culpa presumida da empresa reclamada. Isso se mostra ainda mais evidente quando se está diante de atividade de motoboy, considerada de risco acentuado, ou seja, um risco mais elevado que aquele inerente às atividades de risco em geral, diante da maior potencialidade de ocorrência do sinistro, o que configura o dano moral *in re ipsa* (decorrente do próprio fato em si). Com efeito, a Corte regional, ao desconsiderar a aplicação da teoria da responsabilidade objetiva do empregador, mesmo tratando-se de atividade laboral considerada de risco desenvolvida pelo autor (motoboy), decidiu em desacordo com a jurisprudência predominante nesta Corte superior e em afronta ao artigo 927, parágrafo único, do Código Civil. Recurso de revista conhecido e provido" (TST, RR 0001776-84.2012.5.08.0125, 2.ª Turma, Rel. Min. José Roberto Freire Pimenta, *DEJT* 28.08.2015, p. 1.108).

Como se percebe, o aresto merece um reparo, pois traz a infeliz confusão entre culpa presumida e responsabilidade objetiva, como antes aqui destacado. A atuação do *motoboy*, como antes desenvolvido, não envolve presunção de culpa, mas responsabilidade objetiva ou sem culpa, consagrada no art. 927, parágrafo único, segunda parte, do Código Civil (*cláusula geral de responsabilidade objetiva*).

Seguindo o estudo do tema, a segunda excludente de nexo é a culpa ou fato exclusivo de terceiro totalmente estranho à relação jurídica. Igualmente, podem ser encontrados vários acórdãos que afastam o dever de indenizar do empregador em casos tais.

Advirta-se, mais uma vez, que esse terceiro não pode ter qualquer relação com a atividade desenvolvida pelo empregador. Assim, por exemplo, "a Corte *a quo*, soberana na análise do conjunto fático-probatório (Súmula n. 126 do TST), concluiu que o fatídico infortúnio, ocorrido quando o ex-empregado se deslocava para o local de prestação de serviços, teve, exclusivamente, origem na conduta de um terceiro. Logo, diante da caracterização da culpa exclusiva de terceiro, não há como se vislumbrar nexo causal entre o acidente e o trabalho prestado. O acidente decorreu de uma causa inevitável e imprevisível, não estando ao alcance do empregador evitá-lo" (TST, ARR 0000492-90.2013.5.12.0029, 4.ª Turma, Rel. Min. Maria de Assis Calsing, *DEJT* 06.11.2015, p. 1.315).

Anote-se que numerosos julgados superiores chegam à mesma conclusão em casos de acidentes de trânsito causados por terceiros, estranhos à relação de trabalho, e quanto à responsabilidade civil do empregador ter natureza subjetiva. No entanto, em muitos outros julgados, tem-se entendido de forma contrária, quando o empregado desenvolve atividade de risco, a chamar a aplicação da *cláusula geral de responsabilidade objetiva*. Por todos:

"Recurso de revista interposto sob a vigência da Lei n. 13.015/2014. 1. Acidente de trabalho. Incidente automobilístico ocorrido em veículo fornecido pela empregadora. Responsabilidade civil objetiva. A responsabilização da empresa pelos danos decorrentes do acidente ocorrido com seu veículo é objetiva, na forma do art. 927 do Código Civil, pois a empregadora assume o ônus e o risco desse transporte, ainda que tenha sido demonstrada a culpa exclusiva de terceiro pelo infortúnio, como no caso, pois, o fato de terceiro apenas autoriza a reclamada a exercer o direito de regresso, não elidindo a pretensão reparatória. Precedentes. Recurso de revista conhecido e provido" (TST, RR 0001179-33.2011.5.07.0011, 2.ª Turma, Rel. Min. Delaide Miranda Arantes, *DEJT* 30.06.2017, p. 1.824).

"Recurso de revista. Indenização por dano moral e material. Acidente do trabalho. Atividade externa. Agente de limpeza urbana. Pintura de ciclovia em avenida movimentada. Acidente de trânsito. Motocicleta. Culpa exclusiva de terceiro. Responsabilidade objetiva da empresa. O acidente de trânsito sofrido pelo reclamante quando da realização de atividade profissional em favor da reclamada, que envolvia o contato bastante próximo com veículos em circulação em vias movimentadas da cidade, por se tratar de atividade de manutenção e pintura de ruas, enseja o reconhecimento da responsabilidade objetiva do empregador, nos termos do art. 927, parágrafo único, do Código Civil c/c art. 2.º da CLT, a qual, em face da teoria do risco, independe da comprovação de culpa ou de ato ilícito a ser atribuído à empresa. Precedentes. Recurso de revista conhecido e provido" (TST, ARR 0000362-46.2014.5.08.0007, 6.ª Turma, Rel. Min. Aloysio Corrêa da Veiga, *DEJT* 19.12.2016, p. 5.894).

"Da responsabilidade objetiva. Responsabilidade do empregador. O envolvimento em acidentes automobilísticos nestes casos, principalmente nos dias de hoje, configura risco inerente à atividade do profissional em questão, ainda que o acidente seja causado por terceiro. Por essa razão, o acidente relaciona-se com o risco assumido pela reclamada, devendo ela ser responsabilizada pela indenização de danos morais e materiais. Recurso de revista conhecido e provido" (TST, RR 1264001220085120037, 7.ª Turma, Rel. Min. Delaíde Miranda Arantes, j. 28.09.2011, *DEJT* 07.10.2011).

Como se pode perceber, muitos dos julgados do TST, ao aplicarem a cláusula geral de responsabilidade objetiva, acabam até por descartar a admissão da excludente da culpa exclusiva de terceiro, em um sistema de *responsabilidade civil objetiva agravada*, similar ao que ocorre com o transporte de pessoas, havendo acidente com o passageiro (art. 735 do Código Civil). Chega-se a afirmar que, em casos tais, a culpa exclusiva de terceiro não afasta a responsabilidade patronal (TST, ED-AIRR 0000238-66.2010.5.15.0150, 6.ª Turma, Rel. Min. Augusto Cesar Leite de Carvalho, *DEJT* 15.04.2016, p. 161).

Seguindo outro caminho, tem-se entendido que, "fixada a premissa fática de que a ofensa moral que acometeu o reclamante foi ocasionada por culpa exclusiva de terceiro, não há falar em responsabilidade subjetiva ou objetiva do empregador. Por outro lado, uma vez reconhecido que a suposta ofensa moral não partiu de qualquer preposto patronal, mas de terceiro vinculado ao tomador de serviço, não há falar em rescisão indireta nos moldes do artigo 483, alínea *e*, da CLT. Precedentes. Recurso de revista não conhecido" (TST, RR 0001749-19.2012.5.03.0068, 5.ª Turma, Rel. Min. Emmanoel Pereira, *DEJT* 28.08.2015, p. 2.254). Na verdade, esta última forma de julgar é que está correta tecnicamente, pois, reafirme-se, que a culpa ou fato exclusivo de terceiro é fator obstativo do nexo de causalidade tanto na responsabilidade subjetiva como na objetiva. O grande desafio está em investigar se o fato é ou não de terceiro.

Nos casos relativos aos assaltos, mormente quando a atividade desenvolvida pelo empregado não é de risco e a responsabilidade do empregador de natureza subjetiva, tem-se entendido pela presença da culpa ou fato exclusivo de terceiro. A título de ilustrações, nas hipóteses envolvendo atendentes de farmácias e de outras lojas do varejo, transcreve-se:

"Indenização por danos morais. Assalto no estabelecimento varejista de móveis residenciais, escolares e de escritórios. Culpa exclusiva de terceiro. Reexame de fatos e provas. Na hipótese, o TRT consignou que não houve culpa por parte da reclamada no alegado dano moral sofrido pela empregada em decorrência de assalto ao estabelecimento comercial destinado à venda de móveis residenciais, escolares e de escritórios, concluindo pela culpa exclusiva de terceiro. Foi registrado, ainda, que a empregadora adotou medidas de cautela para evitar esses assaltos. Entender de forma diversa da esposada pelo Regional implicaria necessariamente o revolvimento de fatos e provas, inadmissível nessa instância de natureza extraordinária, diante do óbice da Súmula n. 126/TST. Incólume, pois, o art. 5.º, V e X, da CF/1988. Agravo de instrumento não provido" (TST, AIRR 0057400-86.2009.5.05.0035, 2.ª Turma, Rel. Min. Maria Helena Mallmann, *DEJT* 14.10.2016, p. 438).

"Diante do consignado no acórdão regional, não houve culpa por parte da Reclamada no alegado dano moral sofrido pela empregada em decorrência de assalto à farmácia, durante o seu turno de trabalho, mormente se considerado que foi registrado que a empregadora adotou medidas de cautela para evitar esses assaltos" (TST, RR 12054920135090029, 4.ª Turma, Rel. Maria de Assis Calsing, j. 11.11.2015, *DEJT* 13.11.2015).

Por fim, obsta a configuração do nexo de causalidade e da responsabilidade civil do empregador a presença de caso fortuito e de força maior, tratados pelo art. 393 do Código Civil. Como antes desenvolvido, segue-se a corrente doutrinária segundo a qual o caso fortuito é o evento totalmente imprevisível, enquanto a força maior é o evento previsível, mas inevitável. A propósito do âmbito trabalhista, a última definição consta do art. 501 da CLT, segundo o qual "entende-se como força maior todo acontecimento inevitável, em relação à vontade do empregador, e para a realização do qual este não concorreu, direta ou indiretamente".

Reitere-se que o caso fortuito e a força maior devem ser analisados de acordo com o risco da atividade ou do empreendimento, estando caracterizados apenas se estiverem fora desses limites, ou seja, se forem eventos externos.

São adotadas, portanto, as mesmas premissas quando do desenvolvimento do tema das excludentes de nexo de causalidade no âmbito civil e consumerista, servindo como base doutrinária para tanto o Enunciado n. 443, aprovado pelos civilistas na sua *V Jornada de Direito Civil*, realizada em 2011: "o caso fortuito e a força maior somente serão considerados como excludentes da responsabilidade civil quando o fato gerador do dano não for conexo à atividade desenvolvida".

Vale lembrar, pela sua relevância, que o projeto de Reforma do Código Civil, ora em tramitação no Congresso Nacional, pretende incluir regra segunda a qual "o caso fortuito ou a força maior somente exclui a responsabilidade civil quando o fato gerador do dano não for conexo à atividade desenvolvida pelo autor do dano" (§ 3.º do art. 927-B).

Citando expressamente esse enunciado doutrinário, da jurisprudência do TST: "convém esclarecer que o curto circuito ocorrido no caso enquadra-se como um fortuito interno, inerente à atividade desenvolvida pela reclamada, não se prestando, pois, a afastar a responsabilidade da ré, *ex vi* do Enunciado n. 443 aprovado pela *V Jornada de Direito Civil* (...)" (TST, RR 0076600-79.2005.5.02.0463, 1.ª Turma, Rel. Min. Hugo Carlos Scheuermann, *DEJT* 24.03.2017, p. 1.139).

Entretanto, não se pode negar que, pelo risco inerente à condição de empregador, há um maior aprofundamento da sua responsabilidade civil, sendo o caso fortuito e a força maior admitidos em casos raríssimos. Veja-se, por exemplo, a hipótese fática de assalto a ônibus, entendido pela jurisprudência do STJ como um fato externo, a excluir a responsabilidade civil das empresas transportadoras: "a morte decorrente de assalto à mão armada, dentro de ônibus, por se apresentar como fato totalmente estranho ao serviço de transporte (força maior), constitui-se em causa excludente da responsabilidade da empresa concessionária do serviço público. Entendimento pacificado pela Segunda Seção" (STJ, REsp 783.743/RJ, 4.ª Turma, Rel. Min. Fernando Gonçalves, j. 12.12.2005, *DJ* 1.º.02.2006, p. 571).

Como antes destacado, a jurisprudência trabalhista tem uma visão totalmente oposta a respeito do assalto a ônibus, concluindo pela responsabilidade civil das empresas transportadoras, diante dos danos causados por tais eventos aos motoristas e cobradores. Diante disso, o debate não se encontra na seara do fato de terceiro, curiosamente, ao contrário de arestos aqui antes transcritos.

Repise-se, como antes desenvolvido e em complemento, que se tem entendido essas atividades como de risco, a chamar a subsunção da responsabilidade objetiva prevista na segunda parte do art. 927, parágrafo único, do Código Civil. Nesse sentido, pelos vários e numerosos arestos do TST:

"Agravo de instrumento. Recurso de revista. Motorista de ônibus. Indenização por dano moral. Assaltos sofridos durante o trabalho. Responsabilidade civil do empregador. Atividade de risco. Precedentes. I. O Tribunal regional consignou que o reclamante foi vítima de assaltos no local de trabalho, os quais desencadearam sua doença e, por essa razão, reconheceu a responsabilidade civil do empregador e manteve a indenização por danos morais fixada na sentença. II. A jurisprudência do TST considera objetiva a responsabilidade por danos morais resultantes do evento assalto, relativamente a empregados que exerçam atividade de alto risco, tais como bancários, motoristas de carga, motoristas de transporte coletivo e outros (art. 927, parágrafo único, do CCB). III. Estando a decisão regional em conformidade com a jurisprudência atual desta Corte Superior, inviável o processamento do recurso de revista. IV. Agravo de instrumento de que se conhece e a que se nega provimento" (TST, AIRR 0000215-09.2012.5.02.0443, 4.ª Turma, Rel. Des. Conv. Cilene Ferreira Amaro Santos, *DEJT* 27.11.2015, p. 1.359).

"Recurso de revista. Apelo interposto na vigência da Lei n. 13.015/2014. Indenização por dano moral. Responsabilidade civil do empregador. Assalto a ônibus. Cobrador. Responsabilidade objetiva. A regra geral no Direito brasileiro é a responsabilidade subjetiva, que pressupõe a ocorrência concomitante do dano, do nexo causal e da culpa do empregador. Sem a conjugação de todos esses requisitos, não há de se falar em responsabilidade. É o que se extrai da exegese do art. 186 do Código Civil. Constatado, no entanto, que o risco é inerente à atividade executada pelo empregado na empresa, isto é, que há grande probabilidade de que ocorra o infortúnio, há de se aplicar a responsabilidade objetiva (independentemente de culpa), conforme se extrai do parágrafo único do art. 927 do Código Civil. No caso em tela, o Reclamante, cobrador de ônibus, trabalhava em situação de risco acentuado, o que possibilita a aplicação do parágrafo único do art. 927 do Código Civil. Precedentes da Corte. Recurso de revista conhecido e não provido" (TST, RR 0000764-47.2013.5.04.0663, 4.ª Turma, Rel. Min. Maria de Assis Calsing, *DEJT* 13.11.2015, p. 1.342).

"Embargos. Indenização por morais. Acidente de trabalho. Assalto à mão armada. Transporte coletivo. Auxiliar de viagem. Teoria do risco. Responsabilidade objetiva do empregador. Recurso de revista do autor conhecido e provido. Todas as atividades desenvolvidas pelo empregador que tragam riscos físicos ou psicológicos aos seus empregados, ainda que potenciais, impõem-lhe o dever de preveni-los. A abstenção ou omissão do empregador implica sua responsabilidade objetiva pelos eventos danosos. *In casu*, a reclamada atua no ramo de transporte coletivo. O reclamante, cobrador do ônibus, foi vítima de assalto que lhe gerou prejuízo moral em razão das situações aflitivas vivenciadas. Configura-se, pois, a responsabilidade civil do empregador, que é objetiva, em face da configuração do dano apresentado. Embargos conhecidos e desprovidos" (TST, E-RR 0010191-31.2013.5.03.0167, Subseção I Especializada em Dissídios Individuais, Rel. Min. Aloysio Corrêa da Veiga, *DEJT* 06.11.2015, p. 333).

Importante também reiterar que o Superior Tribunal de Justiça tem a mesma conclusão, guiada pelo entendimento da jurisprudência superior trabalhista: "estando a integridade física do empregado exposta a maiores riscos em prol da obtenção de lucro para a sociedade empresária empregadora, deve esta arcar com os riscos dessa maior exposição, nos termos do art. 2.º da Consolidação das Leis do Trabalho, respondendo objetivamente pelos danos sofridos pelo operário, passando o fato de terceiro a se caracterizar como fortuito interno. Precedentes do eg. Tribunal Superior do Trabalho – TST" (STJ, REsp 1.083.023/MG, 4.ª Turma, Rel. Min. Marco Buzzi, Rel. p/ Acórdão Min. Raul Araújo, j. 03.03.2015, *DJe* 08.05.2015). Vale lembrar que, por interpretação da competência trazida pela Emenda Constitucional n. 45, a justiça comum deve continuar a julgar os casos de acidente de trabalho quando já houver sentença prolatada em seu âmbito.

Com o fim de demonstrar como a divisão entre *eventos internos e externos* e o *risco do empreendimento* têm uma análise diferenciada quanto à responsabilidade civil do empregador, trarei aqui uma ilustração que sempre utilizo em minhas aulas e exposições sobre o tema.

Imagine-se que um criminoso assalte um ônibus e, em um momento de fúria, dispare a sua arma de fogo no interior do coletivo. A mesma bala do seu revólver atinge e atravessa o corpo do cobrador, vindo também a atingir um passageiro que se encontra sentado atrás da posição do obreiro. Os dois ocupantes do ônibus vêm a falecer, a motivar duas demandas judiciais de responsabilidade civil propostas por seus familiares. A ação proposta pelos familiares do consumidor e passageiro, chegando ao STJ, terá a conclusão segundo a qual o evento é externo, não respondendo a empresa de ônibus. Quanto à outra demanda, proposta pelos familiares do empregado, terá julgamento em sentido contrário, pelo TST.

Em suma, nota-se que casos semelhantes, ocorridos no mesmo ambiente, terão conclusões diferentes, pois o risco da atividade é analisado de forma distinta pelas duas instâncias, civil-consumerista e trabalhista. Ademais, não se pode negar que, no plano da responsabilidade civil, os trabalhadores têm recebido uma tutela de proteção maior do que os consumidores. Os julgados trabalhistas dão um dimensionamento diferente ao risco do empregador, aprofundando-o sobremaneira, o que novamente demonstra a grande variação de tratamento a respeito dessas excludentes do nexo de causalidade.

Partindo-se para outro exemplo concreto julgado pelo TST, foi confirmado o afastamento do dever de reparar de posto de combustível que oferecia o serviço de lavagem de carros, pelo fato de ter sido o empregado atropelado pelo consumidor do serviço, um idoso de 72 anos de idade que passou mal quando conduzia o veículo. A posição firmada foi pela presença de caso fortuito. Vejamos trecho do acórdão:

> "Hipótese em que o Tribunal Regional registrou que o empregado falecido trabalhava como lavador de carros em posto de combustível, quando foi atropelado por condutor veicular que sofreu mal súbito. Consignou que, conforme inquérito policial, o evento que vitimou o empregado decorreu de caso fortuito, tendo em vista que o acidente foi motivado pela perda de sentido de idoso de 72 anos, ante a existência de infecção pulmonar, detectada no hospital em que foi encaminhado após o acidente. Diante da moldura fática supracitada, inafastável nesta instância recursal, não há como se concluir pela caracterização do dever de indenizar, em face da não comprovação do nexo de causalidade, bem como da culpa da Reclamada pelo acidente, uma vez que o acidente não guarda qualquer relação com a atividade desenvolvida pelo empregado falecido em benefício do empregador" (TST, AIRR 0000230-33.2011.5.05.0021, 7.ª Turma, Rel. Min. Douglas Alencar Rodrigues, *DEJT* 18.08.2017, p. 2.694).

Na mesma linha, entendeu-se pela presença do caso fortuito por acidente que vitimou empregada, que não desempenhava atividade de risco, pelo fato de ter ela escorregado em uma pequena pedra, vindo a cair e a se machucar gravemente. Nos termos do julgamento, o acidente ocorrido no local de trabalho, *in casu*, "escapa à possibilidade de prevenção por parte do empregador, de forma a caracterizar caso fortuito e elidir a responsabilização pelo evento danoso" (TST, AIRR 0000192-24.2013.5.02.0089, 4.ª Turma, Rel. Min. João Oreste Dalazen, *DEJT* 29.04.2016, p. 1.338).

Como exemplo final, concluiu-se pela presença da força maior diante de fortes chuvas que causaram alagamento na garagem oferecida aos funcionários, causando danos aos seus veículos. De início, observou-se que, se o empregador, por ato de liberalidade, disponibiliza a garagem aos seus empregados, mesmo não sendo obrigado pela lei ou pelo contrato, não há como responsabilizá-lo pelo fato, o que parece ser correto tecnicamente. Em seguida, o julgamento aponta a ilicitude na conduta patronal, concluindo que se trata de uma força maior externa, que exclui o nexo de causalidade quanto ao dever de indenizar do empregador. E arremata: "decisão em contrário, de resto, constituiria enganosa forma de proteção, na medida em que altamente contraproducente: desencorajaria o empregador a prosseguir propiciando o uso gracioso da garagem e, portanto, prejudicaria os próprios empregados" (TST, RR 0001060-28.2010.5.10.0010, 4.ª Turma, Rel. Min. João Oreste Dalazen, *DEJT* 09.10.2015, p. 1.495).

Expostos alguns exemplos concretos a respeito do tema, a encerrar o presente tópico, é preciso discorrer sobre a aplicação da teoria do risco integral ao ambiente de trabalho, por força da incidência da mesma tese desenvolvida a respeito dos danos ambientais, por força do art. 14, § 1.º, da Lei n. 6.938/1981. Como está desenvolvido no Capítulo 13 deste livro, prevalece entre os ambientalistas a premissa de que a responsabilidade civil por danos ambientais não admite qualquer excludente de responsabilidade civil.

No âmbito trabalhista, o tema foi desenvolvido inicialmente por Raimundo Simão de Melo que, após discorrer sobre a aplicação do risco integral para os danos ambientais em geral, leciona: "se tais palavras foram consideradas em face do meio ambiente em geral, e, em especial, do meio ambiente natural, maior é a sua razão quando se fala em degradação do meio ambiente do trabalho, cujas consequências, como temos insistido, atingem diretamente a pessoa humana do trabalhador, tirando-lhe a vida, mutilando-o ou deixando-o incapacitado para o trabalho e, em certos casos, até para os atos mais simples da vida civil".[26] Em trabalho mais recente, o Juiz do Trabalho Raphael Jacob Brolio igualmente sustenta a proteção de um meio ambiente do trabalho sustentável: "o Direito Ambiental do Trabalho está revestido de princípios, incorporados a partir do Direito Ambiental".[27] A tese é sedutora, sendo amplamente adotada por Procuradores do Trabalho no Brasil.

Na seara da jurisprudência especializada superior, a afirmação não tem sido adotada, apesar de existirem decisões inferiores em sentido contrário. Entre os vários e recentes julgados trabalhistas que invocam a legislação ambiental e o art. 927, parágrafo único, do Código Civil, em diálogos, ver: TRT 9.ª Região, Processo 78221-2006-670-09-00-8, Acórdão 15825-2009, 2.ª Turma, Rel. Des. Rosemarie Diedrichs Pimpão, *DJPR* 26.05.2009; TRT 12.ª Região, Recurso Ordinário 02288-2004-039-12-00-2, 1.ª Turma, Rel. Juiz Jorge Luiz Volpato, j. 28.04.2009, *DOESC* 11.05.2009; TRT 12.ª Região, Recurso Ordinário 00201-2007-012-12-00-6, 1.ª Turma, Rel. Juiz Jorge Luiz Volpato, j. 14.04.2009, *DOESC* 22.04.2009; TRT 2.ª Região, Recurso Ordinário 02995-2005-073-02-00-5, Acórdão 2009/0203989, 2.ª Turma, Rel. Des. Fed. Francisco Ferreira Jorge Neto, *DOESP* 14.04.2009, p. 88; TRT 15.ª Região, Recurso Ordinário 131-2007-075-15-00-2, Acórdão 76110/08, 10.ª Câmara, Rel. Des. José Antonio Pancotti, *DOESP* 21.11.2008, p. 118.

No entanto, no âmbito do TST, admitindo-se a sua aplicação somente para os danos nucleares: "em casos tais, não há dever de reparar, uma vez que inaplicável à seara trabalhista a teoria do risco integral, salvo nos casos constitucionalmente previstos, como os danos nucleares (artigos 21, XXIII, *d*, e 225, § 3.º, da Constituição Federal)" (TST, ARR 0005400-83.2008.5.17.0141, 5.ª Turma, Rel. Min. Guilherme Augusto Caputo Bastos, *DEJT* 19.08.2016, p. 1.866). Ou, ainda, a respeito da aplicação da responsabilidade subsidiária do tomador do serviço:

> "Ao contrário do alegado pela embargante, esta colenda turma, ao aplicar o item IV da Súmula n. 331 à presente hipótese, não lhe atribuiu responsabilidade objetiva na modalidade do risco integral, mas, na verdade, imputou-lhe responsabilidade subjetiva, de forma subsidiária" (TST, ED-AIRR 45940-08.2007.5.01.0028, 2.ª Turma, Rel. Min. Guilherme Augusto Caputo Bastos, *DEJT* 05.08.2011, p. 519).

---

[26] MELO, Raimundo Simão de. *Direito Ambiental do Trabalho e a saúde do trabalhador*, cit., p. 323.
[27] BROLIO, Raphael Jacob. *O meio ambiente do trabalho juridicamente sustentável*. Análise dos acidentes do trabalho à luz dos princípios de Direito Ambiental. Rio de Janeiro: Lumen Juris, 2016. p. 204.

Estou filiado a essa forma de julgar, pelo menos em parte, na premissa geral de não se aplicar a responsabilidade civil sem excludentes. Conforme desenvolvo no Capítulo 13 deste livro, tenho sérias ressalvas quanto à teoria do risco integral e penso que ela não pode ser admitida mesmo no âmbito dos danos ambientais e dos danos nucleares. Aplicá-la de forma extensiva ou por analogia seria até mais temário.

Como palavras finais para este tópico, ressalto que devem ser reconhecidos como excludentes do dever de indenizar no âmbito trabalhista: *a)* a culpa ou fato exclusivo da vítima; *b)* a culpa ou fato exclusivo de terceiro totalmente estranho à relação; e *c)* o caso fortuito e a força maior, somente em casos excepcionais, havendo um maior aprofundamento a respeito do risco da atividade do empregador.

5. DA CONCAUSALIDADE NA RESPONSABILIDADE CIVIL TRABALHISTA

Conforme visto nos Capítulos 4 e 5 desta obra, no âmbito da responsabilidade por acidente de trabalho tem-se igualmente reconhecido a incidência dos arts. 944 e 945 do Código Civil, fixando a indenização, seja ela material ou imaterial, de acordo com o grau de culpa do agente e a contribuição causal da vítima, dentro da realidade jurídica do que se denomina como *concausalidade*. Como pontua Vólia Bomfim Cassar, explicando a situação do empregador e do empregado, "se, todavia, os dois concorreram com culpa ou dolo, a reparação deve ser reduzida e proporcional à culpa de cada um".[28] Continua explicando a doutrinadora e Desembargadora do Trabalho, mais à frente e a respeito do tema, que "o acidente de trabalho, as doenças profissionais e as do trabalho, isto é, as doenças ocupacionais, podem derivar de mais de uma causa, relacionadas ou não com o trabalho, ofício ou profissão. Nesse sentido, a concausa caracteriza-se pela concorrência de diversas circunstâncias que agravam ou atenuam o dano. Não tem o condão de, por si só, produzir o dano ou de excluir o nexo causal provocado pela conduta principal".[29]

Na mesma linha, Dallegrave Neto aponta a distinção entre a culpa exclusiva da vítima e a sua culpa concorrente, ponderando que "esta, ao contrário daquela, não exclui a indenização, mas apenas autoriza a sua redução proporcional, conforme dispõe o art. 945 do CC".[30] Em suma, conforme essas lições, atenua-se o nexo de causalidade pela conduta da vítima, na linha da ideia de culpa, fato ou risco concorrente da vítima, desenvolvida em vários trechos deste livro. Tal atenuação é aplicada tanto aos casos de responsabilidade subjetiva como objetiva do empregador.

Não discrepa a posição do Tribunal Superior do Trabalho quanto ao tema. Como primeiro exemplo, entendeu-se pela presença da contribuição causal, por

---
[28] CASSAR, Vólia Bomfim. *Direito do Trabalho*, 3. ed., cit., p. 716.
[29] CASSAR, Vólia Bomfim. *Direito do Trabalho*, 3. ed., cit., p. 716.
[30] DALLEGRAVE NETO, José Affonso. *Responsabilidade civil no Direito do Trabalho*, cit., p. 278.

culpa concorrente do empregado que caiu de um andaime, sem estar utilizando equipamento de segurança, vindo a falecer.

"Recurso de revista. Acidente do trabalho. Queda de andaime. Ausência de uso do equipamento de segurança. Falecimento do empregado. Culpa concorrente. Discute-se, no caso, a existência do dever de reparação em virtude de dano (morte) causado por acidente do trabalho. A sentença afastou a tese da responsabilidade objetiva e assentou não ter havido culpa da reclamada na ocorrência do fatídico evento. O Tribunal Regional, por sua vez, reconheceu o nexo causal e o próprio dano, mas afastou o citado dever, em virtude de apontar a ocorrência de culpa exclusiva da vítima. No caso, o empregado caiu do andaime em que trabalhava, porque não estava usando o cinto de segurança. O Tribunal Regional registrou que a empresa orientava os trabalhadores quanto ao uso desse equipamento de segurança e que também havia fiscalização nesse sentido. Não obstante, outros elementos completam o quadro fático: a) vítima e testemunha trabalhavam juntas na carpintaria; b) no dia do acidente, ambas subiram ao segundo andar; c) por estar ventando muito, a testemunha disse à vítima que iria descer para pegar os cintos, o que revela estar ela também sem o equipamento de segurança mencionado. Portanto, ainda que a reclamada cumprisse a primeira parte da obrigação contida no artigo 157, I, da CLT (fornecer o cinto), efetivamente, era em número insuficiente e não fiscalizava o seu efetivo uso (parte final da regra contida no mesmo dispositivo indicado). É dever do empregador fiscalizar o cumprimento das atividades realizadas no ambiente de trabalho e, a partir dessa premissa, detém responsabilidade por todos os danos causados aos seus empregados quando do desempenho do labor, ainda que tenha fornecido os equipamentos de proteção individual, mormente porque é seu dever verificar a efetiva utilização destes e coibir os comportamentos faltosos, se for o caso, com a aplicação de punições. No caso em tela, ainda que, quando constatada a ausência do uso, o encarregado mandasse que o empregado descesse, inexistia qualquer rotina ou prática interna que impedisse o efetivo acesso ao local de trabalho em andar superior, sem o uso do equipamento, descumprindo outra regra de segurança prevista na NR-18 (item 18.1.3), segundo a qual é vedado o ingresso no canteiro de obras, sem que haja o efetivo emprego das medidas de proteção. Feitas tais considerações, impende salientar que as condutas patronais de descumprimento das normas de saúde e segurança do trabalho também foram aliadas à imprudência do empregado que, ciente da proibição expressa para que executasse o labor sem o equipamento mencionado, conforme atesta a prova oral, a descumpriu. Registre-se, por oportuno, que a desobediência, no particular, constitui ato faltoso, na forma insculpida no art. 158, parágrafo único, *b*, da CLT, o que não afasta o dever atribuído ao empregador de cumprir e fazer cumprir as normas de segurança e medicina do trabalho (art. 157, inc. I, Consolidado). A empresa, ainda assim, não cuidou de coibir eficazmente a prática de subir ao segundo andar para realização do trabalho, de modo que sua responsabilidade tem, indubitavelmente, lastro nos arts. 186 e 927 do CC. Por outro lado, o nexo causal não pode ser analisado à luz dos acontecimentos imediatos ao evento (condições inseguras e atos inseguros). A doutrina tem apontado como instrumento eficaz, sobretudo no que se refere à prevenção, a utilização do método denominado árvore das causas, que abandona a análise fragmentada derredor das circunstâncias que o ocasionaram e busca desvendar o papel desempenhado pelas variações e pelas tentativas de recuperação das perturbações que afetaram o curso da tarefa normal. Não há, portanto, que se falar na excludente de responsabilidade invocada pelas recorridas. A obrigação patronal não se limita a entregar os equipamentos de proteção necessários, mas orientar os empregados sobre o seu correto uso, e, ainda, sobre as medidas de proteção necessárias, em função do risco a que está ele submetido, além de fiscalizar o efetivo cumprimento, ainda que se trate de empregado com experiência, como no caso do reclamante. Portanto, ainda que se reconheça a participação do falecido, o risco criado não elidiu o nexo causal a ponto de lhe atribuir, com exclusividade, a responsabilidade pelo funesto evento. O caso é de culpa concorrente" (TST, RR 0007813-93.2010.5.12.0026, 7.ª Turma, Rel. Min. Douglas Alencar Rodrigues, *DEJT* 20.11.2015, p. 2.875).

Na linha do outrora exposto, anote-se que a jurisprudência superior trabalhista, com razão, entende que a não utilização de equipamento por parte do empregado não basta para a configuração da culpa ou fato exclusivo da vítima, diante do dever de fiscalizar do empregador, a conduzir para a concausalidade. No mesmo sentido, apontando outros fatores que podem contribuir para a concausalidade, por culpa concorrente, entendeu aquela Corte Superior Trabalhista:

"Na hipótese dos autos, é incontroverso o acidente típico de trabalho sofrido pelo autor. Amputação da falange distal do dedo mínimo da mão direita. O Tribunal *a quo* manteve a r. sentença, que concluiu pela existência de culpa concorrente para o acidente. Segundo o TRT, a cota de culpa do obreiro consistiu na prática de ato inseguro ao não colocar o equipamento em modo manual para efetuar o reparo. Cinge-se, portanto, a controvérsia à análise da culpa da reclamada. O Tribunal regional assentou que a culpa da reclamada emergiu da conduta negligente em relação ao dever de cuidado à saúde, higiene, segurança e integridade física do trabalhador (arts. 6.º e 7.º, XXII, da CF, 186 do CC/2002), deveres anexos ao contrato de trabalho, ante os seguintes fundamentos: (i) condição insegura do maquinário operado pelo autor, bem como a ausência de comprovação quanto à manutenção regular dele; (ii) orientação para que o operador efetuasse pequenos reparos antes de solicitar a manutenção da máquina, assim como a ausência de comprovação quanto à realização de cursos específicos para a operação de cada maquinário; (iii) cobranças relacionadas à produtividade e a demora da equipe de manutenção em atender à solicitação do autor no dia do acidente. Logo, constatados o dano, o nexo causal e a culpa concorrente, há o dever de indenizar por danos moral e estético" (TST, AIRR 0001111-89.2011.5.09.0670, 3.ª Turma, Rel. Min. Mauricio Godinho Delgado, *DEJT* 09.10.2015, p. 1.194).

Igualmente, merece relevo acórdão superior em que o empregado tentou retirar uma massa de biscoito presa no rolo da máquina que operava, vindo a sofrer danos que lhe causaram amputação de dedos e redução de mobilidade. O *decisum* reforma julgado inferior, que concluiu pela presença da culpa exclusiva da vítima, merecendo destaque o seguinte trecho:

"Os dados fáticos lançados no acórdão revelam que não se pode atribuir ao Reclamante culpa exclusiva pelo acidente ocorrido. Consta na fundamentação da decisão recorrida que o perito do Juízo verificou que havia falha na segurança da proteção das partes móveis da máquina em que aconteceu o infortúnio com o Autor, uma vez que não era suficiente para evitar que o empregado tivesse contato com os rolos moldadores. Depreende-se, também, do teor do laudo pericial, que o Autor não passou por um efetivo treinamento de prevenção de acidentes de trabalho, contando com apenas um pouco mais de dois meses de serviço na empresa quando da ocorrência do infortúnio. Ora, cabendo ao empregador o dever de organizar a prestação de serviços e o funcionamento do maquinário com o máximo de diligência preventiva quanto à saúde e segurança laborais (art. 157, CLT; Súmula n. 289, TST), resulta-lhe o dever legal de informar, cuidar e capacitar o trabalhador, além de proceder à efetiva fiscalização do procedimento, de modo a evitar acidentes como o ocorrido com o Autor. Nesse sentido, de fato, a falha na segurança da máquina, a falta de treinamento, assim como o pouco tempo de serviço no maquinário, por certo contribuíram para a ocorrência do acidente, não se podendo reputar ao Obreiro culpa exclusiva pelo ato acidentário. Presente, pois, a culpa da Reclamada na ocorrência do acidente, ainda que não isolada. De outro lado, o Reclamante também contribuiu para a ocorrência do infortúnio, ao ultrapassar sua mão pela grade de proteção, o que também é fator determinante para a atribuição de responsabilidades, em vista da dimensão de culpa de cada sujeito laboratorial. Demonstrada, então, a culpa concorrente das Partes para a ocorrência do evento danoso, não se há falar em isenção da Ré pela responsabilidade que lhe cabe. Recurso de revista conhecido e parcialmente provido no tema. (...)" (TST, RR 0000652-21.2012.5.09.0325, 3.ª Turma, Rel. Min. Mauricio Godinho Delgado, *DEJT* 14.08.2015, p. 990).

Do Superior Tribunal de Justiça percorreu-se o mesmo caminho em hipótese fática em que o empregado sofreu acidente de trabalho por ter inserido um talher na prensa que operava, fazendo que a máquina disparasse e esmagasse três dedos da sua mão direita. Nos termos do julgado:

"No mínimo, também ele negligenciou a própria segurança. A negligência da empresa deve ser avaliada juntamente com os cuidados do próprio trabalhador, maior interessado na sua segurança e integridade física. Assim, no caso, deve ser reconhecida a existência de culpa concorrente da vítima a impor a obrigação da empresa demandada de ressarcir somente metade dos valores pagos pelo INSS a título de benefício previdenciário" (STJ, AgRg-AREsp 761.507/RS, 2.ª Turma, Rel. Min. Herman Benjamin, *DJe* 20.11.2015).

Em suma, como se pode notar, nos Tribunais Superiores tem-se aplicado amplamente a culpa concorrente da vítima em casos de responsabilidade subjetiva do empregador. A conclusão tem sido a mesma no âmbito da responsabilidade objetiva trabalhista, seja ela direta – fundada no art. 927, parágrafo único, do Código Civil – ou indireta – por força dos arts. 932, inc. III e 933 do CC/2002 –, considerando-se a conduta do empregado como um fator atenuante do nexo causal.

Reitere-se que os civilistas debateram a finco, no passado, a possibilidade de incidência das premissas constantes dos arts. 944 e 945 do Código Civil para os casos de responsabilidade objetiva. De início, os civilistas brasileiros responderam negativamente quanto a essa possibilidade, pelo fato de os dispositivos tratarem de responsabilidade subjetiva, pela menção à culpa. Assim, na I *Jornada de Direito Civil*, promovida pelo Conselho da Justiça Federal em 2002, foi aprovado o Enunciado n. 46, com o seguinte teor: "a possibilidade de redução do montante da indenização em face do grau de culpa do agente, estabelecida no parágrafo único do art. 944 do novo Código Civil, deve ser interpretada restritivamente, por representar uma exceção ao princípio da reparação integral do dano, não se aplicando às hipóteses de responsabilidade objetiva".

Como exaustivamente evidenciado nesta obra, o enunciado doutrinário tem duas partes. Na sua primeira parte, está exposto que a redução equitativa da indenização é exceção ao princípio da reparação integral dos danos, o que foi bem demonstrado em capítulos anteriores deste livro. Na segunda parte, expressa-se a não incidência da redução equitativa fundada na culpa para os casos de responsabilidade objetiva.

Frise-se que na *IV Jornada de Direito Civil*, em 2006, suprimiu-se a segunda parte do enunciado, por força do Enunciado n. 380, conforme proposta por mim formulada. Por fim, na *V Jornada*, em 2011, foi aprovado o Enunciado n. 459, também oriundo de uma sugestão formulada por mim, segundo o qual "a conduta da vítima pode ser fator atenuante do nexo de causalidade na responsabilidade civil objetiva". Esses dois enunciados resumem a minha tese de doutorado defendida na USP, tratando da *teoria do risco concorrente na responsabilidade objetiva*.

Em sentido complementar ao último enunciado, na *VIII Jornada de Direito Civil*, realizada nos últimos dias de abril de 2018, aprovou-se o Enunciado n. 630, com a seguinte redação:

> "Culpas não se compensam. Para os efeitos do art. 945 do Código Civil, cabe observar os seguintes critérios: (i) há diminuição do *quantum* da reparação do dano causado quando, ao lado da conduta do lesante, verifica-se ação ou omissão do próprio lesado da qual resulta o dano, ou o seu agravamento, desde que (ii) reportadas ambas as condutas a um mesmo fato, ou ao mesmo fundamento de imputação, conquanto possam ser simultâneas ou sucessivas, devendo-se considerar o percentual causal do agir de cada um".

O início e o fim do enunciado têm importantes funções práticas. Ao afirmar que as culpas não se compensam, a ementa doutrinária procura concentrar o debate sobre o art. 945 do Código Civil no nexo de causalidade, o que é perfeito tecnicamente. Também é louvável a menção à análise do percentual de contribuição de cada um dos envolvidos, vítima e ofensor, conforme desenvolvo a seguir. Todavia, as menções a respeito das condutas dos envolvidos me parecem já abarcadas pelo Enunciado n. 459, da *V Jornada de Direito Civil*.

Enfatizo que o Código Civil de 2002 trata da concausalidade ao prever que, presente mais de um autor para o evento danoso, todos respondem solidariamente (art. 942, parágrafo único). Essa realmente deve ser a regra, em especial se não for possível verificar qual a contribuição de cada um dos envolvidos para o evento danoso. Todavia, nos termos dos arts. 944 e 945 do Código Civil, é possível distribuir a responsabilidade civil de acordo com as respectivas contribuições causais, em percentuais ou frações.

Ademais, no projeto de Reforma do Código Civil essas ideias foram encampadas na proposta de novo art. 945 do Código Civil, que expressará no seu *caput* e no seu § 1.º o seguinte: "Se a vítima tiver concorrido para o evento danoso, a sua indenização será fixada tendo-se em conta a sua participação para o resultado em comparação com a participação do autor e de eventuais coautores do dano. § 1.º Nos casos deste artigo, todas as circunstâncias do caso concreto devem ser levadas em consideração, em particular a conduta de cada uma das partes, inclusive nas hipóteses de responsabilidade objetiva ou subjetiva". A menção à responsabilidade objetiva, no trecho final transcrito, encerrará o debate sobre o tema.

De todo modo, mesmo no sistema atual, é viável juridicamente atribuir a culpa ou o fato concorrente com relação aos agentes, levando-se em conta as concorrências efetivas do agente e da própria vítima. Se houver responsabilidade objetiva, fala-se em *risco concorrente*, sendo o verbete principal da minha tese: a responsabilidade civil objetiva deve ser atribuída e fixada de acordo com os riscos assumidos pelas partes, seja em uma situação contratual ou extracontratual. Em sede de Direito Comparado, a fixação da indenização de acordo com as contribuições causais é utilizada em países como Alemanha, Itália, Portugal, Espanha e Argentina.[31]

Naquele trabalho, oriundo da minha tese de doutorado, demonstro vários julgados trabalhistas que aplicam essa ideia, todos anteriores ao seu desenvolvimento, ou seja, até o ano de 2010. Vejamos alguns desses julgados e retomemos alguns exemplos que ali desenvolvi.

De início, julgado do Tribunal Regional do Trabalho da 4.ª Região, de forma precisa, aplicou a culpa concorrente do trabalhador que – embora treinado para determinada atuação – agiu em imprudência na escolha do local para troca das rodas, o que veio a lhe ocasionar lesão no joelho. Nos seus termos exatos, "empregado que teve torção no joelho direito, com lesão de menisco e ligamento cruzado, durante o exercício da atividade laboral. Acidente do trabalho do qual restaram sequelas funcionais. Danos material e moral configurados. Culpa concorrente do empregado que se revela na imprudência na escolha do local para a operação de aperto das rodas, embora devidamente treinado para a tarefa, reduzindo os montantes das indenizações devidas. Recursos do reclamante e da reclamada a que se dá provimento parcial" (TRT 4.ª Região, Recurso Ordinário 00040-2006-030-04-00-5, 1.ª Turma, Rel. Juíza Convocada Maria da Graça Ribeiro Centeno, j. 06.11.2008, *DJERS* 18.03.2009, p. 4). Interessante verificar que não se atribuiu a culpa ou o fato exclusivo à vítima, o que, para alguns, poderia até ser a solução mais correta.

---

[31] TARTUCE, Flávio. *Responsabilidade objetiva e risco*. A teoria do risco concorrente, cit., p. 388.

Nos casos expostos, não se poderia dizer que o próprio empregado assumiu o risco ao fazer a referida troca, de forma indevida, em sincronia com o risco da atividade da empresa? Sem dúvida que a resposta é positiva, incidindo o risco concorrente como atenuante do dever de indenizar. Não necessariamente a solução é contrária ao trabalhador, pois, por meio da culpa, o raciocínio poderia ser pela exclusividade da conduta do empregado, ou seja, em seu desfavor. Esse ponto deve ficar bem esclarecido, pois, repise-se, pode surgir crítica contundente às conclusões deste estudo, no sentido de serem elas prejudiciais aos vulneráveis, caso dos trabalhadores, o que não é verdade.

Outro julgado, desta vez do Tribunal Regional do Trabalho da 23.ª Região, constrói todo esse raciocínio de concausalidade para deixar evidenciado que o fato concorrente do empregado não serve para excluir totalmente a responsabilidade do empregador, mas apenas para atenuá-la (TRT 23.ª Região, Recurso Ordinário 01228.2008.066.23.00-9, Rel. Des. Osmair Couto, *DJMT* 10.07.2009, p. 17). O julgamento aduz o fato de que, mesmo havendo culpa ou assunção do risco por parte do empregador, deve o magistrado julgar, munido pela equidade, de acordo com as circunstâncias do caso concreto e segundo as assunções por condutas. Merece atenção a questão processual de que o ônus da prova a respeito da culpa ou do risco concorrente do empregado cabe ao empregador, aplicação da máxima *in dubio pro operario*.

A propósito, nos casos descritos, verificou-se que os empregados foram treinados para o desempenho de uma função, mas agiram em desconformidade com as orientações que receberam, ficando evidenciada a *conduta concorrente*, que pode decorrer de um risco assumido. Nas hipóteses de ausência de treinamento para uma atividade, ou sendo este totalmente insuficiente, não há que falar em culpa ou risco concorrente, mas em *culpa ou risco exclusivo pelo empregador*, que deverá, assim, assumir todos os ônus e responsabilidades dessa sua conduta omissiva.

Ainda a título de exemplificação, imagine-se a hipótese, muito comum na realidade brasileira, de um trabalhador rural de uma usina de cana-de-açúcar que, não treinado para tal atuação, é incumbido de apagar um incêndio no canavial. Exercendo sua atuação de forma indevida – eis que não recebeu o devido treinamento para tanto –, vem a se acidentar e a falecer no local. Por óbvio, no caso descrito, não se pode admitir a premissa da culpa ou fato concorrente da vítima, mas, sim, a responsabilização integral do próprio empregador. Não se pode pensar em risco assumido, pois o empregado estava submetido às ordens hierárquicas do empregador, pela sua própria permanência na situação de trabalhador, uma verdadeira necessidade social da contemporaneidade.

Retomadas as reflexões que fiz quando da defesa da tese de doutorado, cabe frisar que, mesmo posteriormente ao trabalho, a jurisprudência do Tribunal Superior do Trabalho tem entendido da mesma forma. De início, tratando de responsabilidade direta, em caso de subsunção do art. 927, parágrafo único, do Código Civil:

> "Responsabilidade objetiva. Teoria do risco. Culpa concorrente da vítima. Valor da indenização. A medida da indenização por dano material a ser

paga, tanto nas hipóteses de responsabilidade civil subjetiva como objetiva, encontra disciplina a partir do art. 944 do Código Civil e não no art. 927, parágrafo único, do mesmo diploma legal. Recurso de revista não conhecido. 2. Acidente de trabalho fatal. Danos materiais. Indenização. Lucros cessantes. Cumulação com o benefício previdenciário. Possibilidade. A indenização por danos materiais e o benefício previdenciário não se confundem e possuem naturezas distintas, estando a cargo de titulares diversos. Não há óbice à sua cumulação. Recurso de revista conhecido e provido. 3. Acidente de trabalho fatal. Dano material. Valor da indenização. Redução. Circunstância fática não ventilada em primeira instância e no recurso ordinário. Efeito devolutivo. Extensão. Princípio dispositivo. Princípio do contraditório. Como a questão levada em consideração pela Corte regional para reduzir a quantia da reparação não foi suscitada ou discutida em primeira instância e não constituiu fundamento da petição inicial ou da defesa, não poderia ser considerada pelo colegiado revisor para redução do valor devido à reclamante. Nessa hipótese, não há que se falar em efeito devolutivo em profundidade, que encontra disciplina no art. 515, §§ 1.º e 2.º, do CPC. Recurso de revista conhecido e provido" (TST, ARR 0164500-08.2009.5.01.0037, 3.ª Turma, Rel. Min. Alberto Bresciani, *DEJT* 18.09.2015, p. 155).

Percebe-se que muitos arestos ainda falam em culpa concorrente da vítima, quando o certo seria mencionar o *risco concorrente*, o que atua diretamente no nexo causal, atenuando-o. Em complemento, não se pode se esquecer de que a divisão das condutas não será obrigatoriamente na metade, podendo haver outros percentuais de contribuição, além dos 50% e 50%. Fazendo a correta aplicação das premissas expostas, vejamos outro acórdão do TST, agora tratando de hipótese de responsabilidade indireta do empregador, por ato do seu empregado:

"Agravo de instrumento em recurso de revista. Acidente de trabalho. Responsabilidade civil. Dano material e dano moral. Violação aos arts. 5.º, V, e 7.º, XXII, da Constituição Federal, e arts. 944, do Código Civil. Provimento do apelo. Ante a razoabilidade da tese de violação aos arts. 5.º, V, 7.º, XXII, da Constituição Federal; art. 944, do Código Civil, nos termos da alínea c do artigo 896 da CLT, impõe-se o provimento do agravo de instrumento para o processamento do recurso de revista. Agravo de instrumento conhecido e provido. Recurso de revista. Acidente de trabalho. Responsabilidade civil. Dano material e dano moral. Amputação do polegar direito e perda funcional grave dos movimentos dos dedos da mão direita com redução de capacidade funcional em 80%. Culpa concorrente. Responsabilidade objetiva da ré pela má conduta do preposto e culpa do autor, que assumiu parcela do risco. Violação aos arts. 5.º, V, e 7.º, XXII, da Constituição Federal; e art. 944, do Código Civil configuradas. Provimento parcial do apelo. No presente caso, o acórdão regional manteve a sentença que indeferiu o pleito de indenizações por dano moral, material e estético em face de acidente típico de trabalho que teve como consequência a amputação do polegar direito do autor. Das premissas fáticas elencadas pela decisão regional, depreende-se que o acidente de trabalho ocorreu quando o autor trabalhava em horário noturno e procurou, por conta própria, consertar defeito no elevador que era utilizado para colocar massa no silo pequeno que, por sua vez, despejava esse produto no forno. O próprio reclamante esclarece, por meio de seu depoimento pessoal, ter agido deliberadamente para procurar corrigir defeito mecânico no elevador do qual não tinha capacitação técnica para tanto. Em razão desse quadro fático, digo que os depoimentos das demais testemunhas ouvidas não foram suficientes para desconstituir o fato de que o reclamante descumpriu normas de segurança e determinações da empresa, assumindo o risco, deliberadamente, pelo acidente de trabalho, que terminou por vitimá-lo. Por outro lado, a responsabilidade do empregador é objetiva em relação aos atos do preposto, e, como resta delineado no Acórdão Regional, o acidente ocorreu também porque o colega de trabalho do Autor, que, neste caso, agiu como preposto, acionou indevidamente o elevador mecânico no momento em que o Autor o estava consertando. O empregador, neste caso, responde objetivamente pelos erros, pela má conduta do seu empregado (arts. 932, III, e 933, do Código Civil). Assim, estamos diante de hipótese de culpa concorrente, razão pela qual entendo como violados os dispositivos legais e constitucionais invocados pelo Autor, mas, ante a reciprocidade de condutas do Autor e da Ré, para a verificação do dano, rejeito a pretensão de pagamento de pensão vitalícia e arbitro o valor da indenização por dano moral em R$ 50.000,00 (cinquenta mil reais). Recurso de Revista conhecido e parcialmente provido" (TST, RR 0001361-06.2012.5.06.0401, 2.ª Turma, Rel. Des. Conv. Cláudio Armando Couce de Menezes, *DEJT* 07.08.2015, p. 316).

A encerrar o presente tópico, constata-se que a doutrina e a jurisprudência no Brasil evoluíram para a admissão da conduta da vítima, no caso do empregado, como fator de atenuante do nexo causal também nos casos de responsabilidade objetiva do empregador, por acidente de trabalho.

6. DANOS REPARÁVEIS NO ÂMBITO TRABALHISTA. A QUESTÃO DO ASSÉDIO MORAL E OUTROS DANOS SUPORTADOS PELO EMPREGADO

Como demonstrado em vários outros trechos do livro, houve uma inversão de papéis com relação aos elementos da responsabilidade civil, passando o dano do *papel coadjuvante* ao *papel principal*, na análise do tema objeto desta obra. Essa mudança pode ser evidenciada pelo surgimento de novas situações danosas em que cabe a reparação, até então não admitidas, e também pela emergência de *novas categorias de dano*, o que atingiu o âmbito trabalhista de maneira bem profunda, até mais do que outras searas.

Sobre as novas situações de dano, destaque-se o assédio moral. Segundo José Affonso Dallegrave Neto, citando Maria-France Hirigoyen, "por assédio moral no local de trabalho compreenda-se toda e qualquer conduta abusiva manifestada, sobretudo, por comportamentos, palavras, atos, gestos e escritos que possam trazer dano à personalidade, à dignidade ou à integridade física ou psíquica de uma pessoa ou pôr em perigo seu emprego ou, em última análise, degradar o ambiente de trabalho". Ainda segundo o jurista, na prática, são quatro as principais formas de assédio moral: *a)* a provocação do isolamento da vítima no ambiente de trabalho; *b)* o cumprimento rigoroso do trabalho como pretexto para maltratar psicologicamente o empregado; *c)* a existência de referências indiretas negativas à intimidade da vítima; e *d)* a ausência de justificativa para discriminar negativamente a vítima, o que denomina como *gratuidade*.³²

Ainda no que tange à conceituação do instituto, conforme se retira de recente aresto superior, "o assédio moral se caracteriza pela exposição dos trabalhadores a situações humilhantes e constrangedoras, repetitivas e prolongadas durante a jornada de trabalho e no exercício de suas funções, oriundas de condutas abusivas atentatórias à dignidade psíquica do indivíduo. Definitivamente, constitui clara conduta assediadora e ofensiva à personalidade e aos direitos fundamentais assegurados ao autor. O que está em jogo é o menosprezo, o descaso com a condição humana. Submeter o empregado a vexame, ainda que restrito ao ambiente de trabalho, mostra comportamento típico de assédio moral, perfeitamente indenizável" (TST, RR 0243100-17.2009.5.09.0006, 7.ª Turma, Rel. Min. Cláudio Mascarenhas Brandão, *DEJT* 24.11.2017, p. 2.529). Como se percebe, é necessária a reiteração da conduta atentatória à dignidade do empregado ou trabalhador.

Tornou-se comum classificar o assédio moral em duas modalidades, quanto ao modo como é praticado. De início, haverá *assédio moral vertical* quando a prática decorre diretamente de conduta do empregador, notadamente quando este for pessoa natural. Este pode ser *ascendente* ou *descendente*. Haverá *assédio moral vertical ascendente* quando exercido pelo empregado contra o chefe ou superior hierárquico. No *assédio moral vertical descendente* o superior pratica a conduta com o subordinado.

Por outra via, no *assédio moral horizontal*, tem-se a reiteração de condutas ilícitas efetivadas por outro empregado, por um colega de profissão, o que gera a aplicação dos arts. 932, inc. III, e 933 do Código Civil. Há, assim, a responsabilização objetiva do empregador por ato culposo de seu empregado ou preposto.

Partindo para a prática, vários são os exemplos – alguns até curiosos – sobre a caracterização do assédio moral. Como primeiro exemplo, entre os mais recentes acórdãos do Tribunal Superior do Trabalho, cite-se:

> "Prova testemunhal revela que restou caracterizado o assédio moral por parte do supervisor hierárquico, no tratamento grosseiro com xingamentos, que, muitas vezes, levavam a autora a chorar. A função reparatória da indenização por dano moral tem como finalidade oferecer compensação à vítima e, assim, atenuar o seu sofrimento, recaindo em montante razoável do patrimônio do ofensor, de tal modo que ele não persista na conduta ilícita, havendo de existir equilíbrio entre o dano e o ressarcimento. No caso, o Tribunal Regional manteve a sentença que fixara indenização por danos morais no valor de R$ 4.992,00 (quatro mil, novecentos e noventa e dois reais), considerando o período de convivência da autora com o agressor e o salário recebido. O valor fixado pela Corte Regional guarda proporcionalidade com a gravidade do dano sofrido pela autora, com a capacidade econômica da empresa e com o caráter pedagógico da medida. Ilesos os artigos 5.º, V e X, da Constituição Federal e 944 do Código Civil" (TST, AIRR 0000559-53.2011.5.14.0002, 3.ª Turma, Rel. Min. Alexandre de Souza Agra, *DEJT* 28.08.2015, p. 1.417).

---

³² DALLEGRAVE NETO, José Affonso. *Responsabilidade civil no Direito do Trabalho*, cit., p. 208.

Situação comum ensejadora do assédio moral diz respeito à imposição agressiva de cumprimento de metas pelo empregado, por parte de empregadores e de seus prepostos, com múltiplas situações analisadas pelo Poder Judiciário. Como primeiro exemplo interessante, tratando da chamada *gestão por estresse*, destaque-se:

"Embora a livre iniciativa seja reconhecida pela Constituição (art. 1.º, IV, *in fine*; art. 5.º, XXIII; art. 170, *caput*, II e IV, CF/1988), os instrumentos para alcance de melhor e maior produtividade do trabalho têm como limites os princípios e regras constitucionais tutelares da dignidade da pessoa humana (art. 1.º, III; 170, *caput*, CF/1988), da valorização do trabalho e do emprego (art. 1.º, IV, *ab initio*; art. 170, *caput* e VIII, CF/1988), da segurança e do bem-estar (preâmbulo da Constituição; 3.º, IV, *ab initio*; art. 5.º, *caput*; art. 5.º, III, *in fine*; art. 6.º; art. 193, CF/1988) e da saúde da pessoa humana trabalhadora (art. 5.º, *caput*; art. 6.º; art. 7.º, XXII, CF/1988). A adoção de métodos, técnicas e práticas de fixação de desempenho e de realização de cobranças tem de se compatibilizar com os princípios e regras constitucionais prevalecentes, sob pena de causar dano, que se torna reparável na forma prevista pela ordem jurídica (art. 5.º, V e X, CF/88; art. 159, CCB/1916; art. 186, CCB/2002). Ademais, a adoção de métodos, técnicas e práticas de motivação de pessoal que fustigam as fronteiras conferidas por princípios e regras constitucionais da proporcionalidade e da razoabilidade. Tal como a chamada gestão por estresse. Implica a incidência da obrigação de reparar as lesões perpetradas. É fundamental que o poder empregatício se atualize e se renove, adotando critérios e técnicas motivacionais e de críticas compatíveis com a modernidade jurídica instaurada pela Constituição de 1988. Na hipótese, o Tribunal Regional consignou que a reclamada obrigava o reclamante a realizar vendas de seus produtos a clientes que estavam no interior da loja com intuito de quitar suas prestações e, portanto, sem qualquer intenção de adquirir bens ofertados pelo autor, diminuindo-lhe, por óbvio, a percepção das comissões. Assim, diante do quadro fático desvelado pelo TRT, verifica-se que a reclamada, em abuso de seu poder diretivo, expôs o reclamante a ambiente vexatório, em evidente situação humilhante, o que resultou na agressão ao seu direito de personalidade, conferindo-lhe o direito à indenização por danos morais. O dano e o sofrimento psicológico vivenciados pelo trabalhador, nas circunstâncias relatadas, é manifesto, cuidando-se de verdadeiro dano decorrente do próprio fato, sendo dispensável, no presente caso, a comprovação de sua extensão" (TST, RR 0088900-67.2009.5.03.0055, 3.ª Turma, Rel. Min. Mauricio Godinho Delgado, *DEJT* 03.10.2014).

Tratando de situação próxima, mais recentemente, confirmando a fixação da indenização imaterial em R$ 10.000,00, repetida em muitas hipóteses fáticas relativas ao assédio moral pela imposição de metas, colaciona-se:

"O acórdão do Tribunal Regional revela que a reclamada submetia o reclamante a tratamento ofensivo no ambiente de trabalho, mediante conduta agressiva e constrangedora dos superiores hierárquicos, especialmente na cobrança de metas individuais e coletivas. Demonstrado o dano moral em face do tratamento ofensivo dirigido deliberadamente ao reclamante pelos seus superiores, surge o dever de reparação. Ante os fatos soberanamente analisados pela Corte de origem, o valor de R$ 10.000,00 (dez mil reais) não se mostra desproporcional, considerando-se a gravidade do dano, bem como as condições da vítima e do ofensor, de modo a atingir sua dupla função: reparatória e penalizante, motivo pelo qual não se justifica a excepcional intervenção desta Corte no feito" (TST, RR 2108900-33.2009.5.09.0008, 2.ª Turma, Rel. Min. Delaide Miranda Arantes, *DEJT* 07.12.2017, p. 1.400).

Ainda no âmbito do Tribunal Superior do Trabalho, tem-se entendido, novamente de forma reiterada, que dirigir ao empregado palavras depreciativas, por razões relacionadas à produtividade, já é motivo suficiente caracterizar o assédio moral, entendido o dano como presumido ou *in re ipsa* (TST, RR 0008100-87.2009.5.01.0029, 2.ª Turma, Rel. Min. Maria Helena Mallmann, *DEJT* 17.11.2017, p. 1.580). Ainda, a posição da Corte é no sentido de que submeter o empregado a vexame, ainda que restrito ao ambiente de trabalho, mostra comportamento típico de assédio moral (TST, RR 0216200-45.2007.5.02.0011, 7.ª Turma, Rel. Min. Cláudio Mascarenhas Brandão, *DEJT* 22.09.2017, p. 3.021).

Por outra via, não se olvide que a mesma jurisprudência especializada, muitas vezes, tem afastado a caracterização do assédio moral por parte do empregador, concluindo pela presença de um mero aborrecimento ou dissabor no caso concreto. A título de ilustração, tem-se entendido que "a simples instauração de processo disciplinar administrativo não configura o assédio moral, se não houver intenção deliberada de prejudicar o empregado" (TRT 20.ª Região, RO 0001423-52.2013.5.20.0003, 2.ª Turma, Rel. Des. Maria das Graças Monteiro Melo, *DEJTSE* 27.11.2015). Em complemento, conforme correto aresto do Tribunal Superior do Trabalho, a mera exposição do nome do empregado em um *ranking* de vendas e a utilização de técnicas de convencimento para angariar donativos, não geram, por si, a presença do assédio moral ou de lesão a direito da personalidade (TST, RR 0000964-22.2012.5.04.0006, 7.ª Turma, Rel. Des. Conv. Arnaldo Boson Paes, *DEJT* 04.05.2015, p. 2.284).

Julga-se ainda que, havendo relação de amizade entre sócio da empregadora e seu empregado, sendo comuns as brincadeiras entre eles, não há que reconhecer o assédio moral, quando as jocosas afirmações não extrapolam o razoável (TST, RR 0001154-20.2013.5.11.0017, 1.ª Turma, Rel. Min. Hugo Carlos Scheuermann, *DEJT* 11.09.2017, p. 324). Como último exemplo de afastamento do assédio moral, com tom até jocoso, do Tribunal Regional do Trabalho da 3.ª Região, localizado em Minas Gerais: "a imposição patronal de o empregado pedir autorização para ir ao banheiro fora do intervalo concedido para lanche, sem restringir esse acesso, não representa dano à honra ou à integridade moral do empregado a ensejar direito à reparação pecuniária" (TRT 3.ª Região, RO 387-38.2013.5.03.0135, Rel. Des. Paulo Roberto de Castro, *DJEMG* 13.12.2013, p. 113).

Seguindo o estudo do assédio moral, não se pode confundi-lo com o dano moral, pois o primeiro representa a prática de um ilícito, que pode gerar espécies diferentes de dano, sendo a mais comum o dano moral, configurado como lesão a direito da personalidade, como antes aqui apontei.

Também não se pode confundir o *assédio moral* com o *assédio sexual*. Como bem leciona Rodolfo Pamplona Filho em obra específica sobre o tema, "de fato, qualquer uma das formas de assédio (tanto sexual, quanto moral) traz, em seu conteúdo, a ideia de cerco. Todavia, a diferença essencial entre as duas modalidades reside na esfera de interesses tutelados, uma vez que o assédio sexual atenta contra liberdade sexual, enquanto o assédio moral fere a dignidade psíquica do ser humano".[33]

O mesmo Pamplona Filho, categorizando muito bem o instituto, apresenta quatro elementos para a configuração do assédio sexual: *a)* sujeitos: agente (assediador) e destinatário (assediado); *b)* conduta de natureza sexual; *c)* rejeição à conduta do agente; e *d)* reiteração da conduta.[34] No que diz respeito à comparação entre as duas categorias e o dano moral, na linha do que defendo, pondera o jurista que "o assédio, seja sexual ou moral, é uma conduta humana, com elemento caracterizador indispensável da responsabilidade civil, que gera potencialmente danos, que podem ser materializados como extrapatrimoniais".[35]

A jurisprudência trabalhista, como não poderia ser diferente, tem analisado o assédio sexual praticado pelo próprio empregador ou por seu preposto, concluindo que, presente esse, caberá a correspondente reparação imaterial. Entre os numerosos arestos, vejamos dois que abordam a questão, apenas para ilustrar:

> "Responsabilidade civil do empregador. Danos morais causados ao empregado. Caracterização. Assédio sexual. Na hipótese, ficou registrado não só o comportamento inoportuno do assediador e a exposição da autora perante os colegas, mas até mesmo o oferecimento de supostas vantagens em troca dos pretendidos favores sexuais. Ainda que o Tribunal Regional tenha se equivocado na qualificação da espécie de dano (afirmando tratar-se de assédio moral, mas não sexual), é certo que houve a lesão extrapatrimonial, da qual surge o dever de reparação. Friso, finalmente, que, na espécie, a responsabilidade do empregador é objetiva, já que se trata de ato praticado por outro empregado, nos exatos termos preconizados pelos artigos 932, III, e 933 do Código Civil. Agravo de instrumento a que se nega provimento" (TST, AIRR 0144700-88.2006.5.01.0072, 7.ª Turma, Rel. Min. Cláudio Mascarenhas Brandão, *DEJT* 13.10.2017, p. 1.983).

> "Recurso de revista. Indenização por dano moral. Assédio sexual. Configuração. Hipótese em que o Tribunal Regional manteve a sentença que indeferiu o pedido de indenização por danos morais decorrentes do assédio sexual, eis que o empregador dispensou imediatamente o assediador, não se podendo lhe imputar culpa (fl. 133). Entretanto, o v. acórdão explicitou que, a toda evidência, as provas sobejam a existência do fato assédio sexual por intimidação. Ora, o assédio sexual fere o princípio da dignidade da pessoa humana estabelecida pela Carta Magna em seu art. 1.º, inciso III. Este princípio é uma das cláusulas pétreas essenciais para a condição humana de cada cidadão, valor pelo qual é objeto de respeito e proteção garantidos pelo Estado. O assédio,

---

[33] PAMPLONA FILHO, Rodolfo. *O assédio sexual na relação de emprego*. 2. ed. São Paulo: LTr, 2011. p. 39.
[34] PAMPLONA FILHO, Rodolfo. *O assédio sexual na relação de emprego*, cit., p. 40.
[35] PAMPLONA FILHO, Rodolfo. *O assédio sexual na relação de emprego*, cit., p. 39.

seja moral ou sexual, torna o ambiente de trabalho hostil e provoca enorme constrangimento e até mesmo doenças ao assediado, gerando consequências drásticas nas empresas como a queda da produtividade e a alta rotatividade da mão de obra. Na hipótese, constatado o assédio sexual por intimidação, entendo que a dispensa do assediador, por si só, não elide a responsabilização da reclamada, eis que o empregador é também responsável pela reparação civil dos atos de seus prepostos (art. 932, III, do CCB). Assim, é devida a indenização por danos morais quando demonstrado o comportamento absolutamente impróprio do representante legal da reclamada que, em evidente abuso de autoridade e valendo-se de sua posição hierarquicamente superior, intimidava o empregado. Por conseguinte, arbitro o valor de R$ 15 mil reais a título de indenização por danos morais decorrentes do assédio sexual, eis que atendidos os princípios da razoabilidade e da proporcionalidade. Recurso de revista conhecido e provido" (TST, RR 0001086-06.2012.5.08.0012, 2.ª Turma, Rel. Min. Maria Helena Mallmann, *DEJT* 12.08.2016, p. 325).

Feitas tais anotações sobre essa hipótese de dano reparável, vejamos, separadamente, as categorias de danos que podem ser suportados pelos trabalhadores.

6.1. Danos materiais sofridos pelos trabalhadores. Danos emergentes e lucros cessantes. A perda de capacidade laborativa

Partindo para a abordagem específica sobre as categorias de danos reconhecidos no âmbito trabalhista, o empregado pode sofrer danos materiais, nas categorias antes estudadas dos danos emergentes – prejuízo já suportado – e lucros cessantes – frustração de lucro –, conforme estabelece o art. 402 do Código Civil, exigindo ambos prova concreta e efetiva do dano suportado pelo empregado.

A título de danos emergentes, podem ser citados os valores que foram desembolsados indevidamente pelo empregado, causando-lhe prejuízos e o enriquecimento sem causa do empregador, como no caso de exigência de que o empregado faça um curso de capacitação relacionado às atividades que ele desempenha. Mencionem-se, ainda, no caso de acidente de trabalho que causou perdas físicas, os valores desembolsados pelo trabalhador com despesas médicas, hospitalares, realização de exames e medicamentos (ver, por todos, e entre os mais recentes: TST, ARR 0114600-68.2010.5.17.0007, 5.ª Turma, Rel. Min. Guilherme Augusto Caputo Bastos, *DEJT* 1.º.12.2017, p. 2.958; e TST, RR 0040600-86.2009.5.05.0033, 8.ª Turma, Rel. Min. Marcio Eurico Vitral Amaro, *DEJT* 16.10.2017, p. 441).

Como lucros cessantes, podem ser citados os valores que o empregado deixou de receber diante de um injusto procedimento administrativo, que veio a ser anulado. Recente aresto superior acaba reconhecendo não são só tais modalidades de danos em decorrência dessa situação, mas também danos emergentes. Vejamos o teor dessa interessante ementa:

> "Anulação de processo administrativo disciplinar. Pena de suspensão. Óbice à progressão funcional. Dano material. Danos emergentes e lucros cessantes.

Artigos 402 e 403 do Código Civil. O princípio da restituição integral estabelece que os danos materiais ensejam a reparação correspondente ao dano emergente e ao lucro cessante, ou seja, inclui, além daquilo que a vítima perdeu, o que deixou de ganhar. Isso porque a correta reparação civil objetiva o restabelecimento do patrimônio do vitimado ao mesmo patamar existente antes do infortúnio. Nesse sentido, os artigos 402 e 403 do Código Civil. O dano emergente sofrido pelo reclamante representa o prejuízo imediato e mensurável, causador da redução do seu patrimônio (a progressão funcional que deixou de ser efetivada em razão da suspensão no processo administrativo). Os lucros cessantes representam a frustração de aumento patrimonial que normalmente adviria ou os ganhos futuros, os quais o reclamante ficou obstado de auferir em razão do dano lhe causado (diferenças salariais entre o cargo que o empregado deveria ocupar se não tivesse sofrido pena no processo administrativo e o que está ocupando). Trata-se de indenização decorrente de promoções na carreira, pelo critério de antiguidade e merecimento, previstas em plano de cargos e salários da reclamada, que deixaram de ser efetivadas em decorrência da aplicação da sanção disciplinar. Relativamente ao direito à progressão horizontal por antiguidade, é dispensável a deliberação da diretoria da empresa para a concessão dessa vantagem, em face do seu caráter objetivo de preenchimento do requisito temporal no exercício do cargo ou função pelo empregado. Esse é o entendimento que se pacificou no âmbito desta Corte superior, conforme se extrai do teor da Orientação Jurisprudencial Transitória n. 71 da SBDI-1 do TST, direcionada à Empresa Brasileira de Correios e Telégrafos, aplicável por analogia: 'a deliberação da diretoria da Empresa Brasileira de Correios e Telégrafos, ECT, prevista no Plano de Carreira, Cargos e Salários como requisito necessário para a concessão de progressão por antiguidade, por se tratar de condição puramente potestativa, não constitui óbice ao deferimento da progressão horizontal por antiguidade aos empregados, quando preenchidas as demais condições dispostas no aludido plano'. Contudo, quanto à progressão horizontal por merecimento, esse precedente não se aplica, visto que possui natureza diversa da progressão por antiguidade, na medida em que se trata de vantagem de caráter eminentemente subjetivo, ligada à apuração e à avaliação do mérito obtido pelo empregado" (TST, ARR 0068400-70.2011.5.21.0002, 2.ª Turma, Rel. Min. Renato de Lacerda Paiva, *DEJT* 04.08.2017, p. 688).

O principal exemplo de lucros cessantes no âmbito trabalhista diz respeito à perda de capacidade laborativa sofrida pelo empregado, que pode ser temporária ou permanente. Como leciona Dallegrave Neto, "a incapacidade temporária é aquela que ocorre durante o tratamento e desaparece após esse período pela convalescença ou pela consolidação das lesões, sem sequelas incapacitantes ou depreciativas; é, pois, o caso de lesões corporais leves. Distingue-se, portanto, da incapacidade permanente, a qual decorre de acidentes mais graves e por isso deixam sequelas incapacitantes após o tratamento, as quais podem ser totais e parciais, para o trabalho".[36] As duas modalidades estão tratadas pelo Código Civil nos arts. 949 e 950, respectivamente.

---

[36] DALLEGRAVE NETO, José Affonso. *Responsabilidade civil no Direito do Trabalho*, cit., p. 320-321.

Nos termos do primeiro comando, art. 949 do Código Civil, no caso de lesão ou outra ofensa à saúde, o ofensor indenizará o ofendido das despesas do tratamento, tidos como danos emergentes, e dos lucros cessantes até o fim da convalescença, além de algum outro prejuízo que o ofendido prove haver sofrido, caso de danos estéticos, que ainda serão aqui abordados.

Já a segunda norma, art. 950 da codificação material, estabelece que, se da ofensa resultar defeito pelo qual o ofendido não possa exercer o seu ofício ou profissão, ou se lhe diminua a capacidade de trabalho, a indenização, além das despesas do tratamento e lucros cessantes até o fim da convalescença, incluirá pensão correspondente à importância do trabalho para que se inabilitou, ou da depreciação que ele sofreu.

Essa indenização pode ser exigida pelo empregado de uma só vez ou de forma parcelada, havendo uma opção dada ao empregado. Cabe ao julgador, analisando as circunstâncias do caso concreto, fixar a indenização da melhor forma condizente com a realidade dos fatos. Assim concluindo:

"O julgador, diante da análise de cada caso concreto, atentando para os fatos e circunstâncias constantes dos autos – tais como as condições econômicas e financeiras do devedor e o interesse social concernente à proteção da vítima –, poderá, de forma fundamentada, deferir ou indeferir a pretensão de pagamento em parcela única, sempre que restar evidenciada a conveniência, ou não, de tal medida. Nesse aspecto, a jurisprudência desta Corte tem entendido que o juiz pode atuar com relativa discricionariedade para escolher o critério da condenação concernente aos danos materiais, de modo que sua decisão corresponda ao equilíbrio entre a efetividade da jurisdição e a equidade entre as partes" (TST, ARR 0002119-42.2012.5.02.0030, 3.ª Turma, Rel. Min. Mauricio Godinho Delgado, *DEJT* 11.12.2017, p. 710).

Também de acordo com as peculiaridades do caso concreto, a perda da capacidade laborativa pode ser parcial ou total. Nos dois casos, a realização de perícia médica é fundamental, sendo importante relembrar que os danos materiais devem ser provados por quem os alega, somente se presumindo em hipóteses excepcionais, o que não é o caso.

Nas hipóteses de perda de capacidade laborativa parcial, geralmente é apontado um percentual relativo à lesão sofrida pelo trabalhador, com base na tabela da SUSEP, fixado com base no salário recebido pelo trabalhador. Como primeiro exemplo, vejamos hipótese envolvendo perda de capacidade laborativa parcial suportada por bancário:

"Agravo de instrumento. Recurso de revista. Reclamante. Acidente de trabalho. Indenização por danos materiais. Lucros cessantes. Pensão mensal. Deve ser provido o agravo de instrumento para melhor exame do recurso de revista quanto à alegada ofensa ao art. 950 do CC. Agravo de instrumento a que se dá provimento. II. Recurso de revista. Reclamante. Acidente de trabalho. Indenização por danos materiais. Lucros cessantes. Pensão mensal. 1. As premissas fáticas constantes no acórdão recorrido são as seguintes: a) o reclamante, bancário, foi acometido de tenossinovite, e outras patologias congêneres em razão do desempenho de suas funções; b) o reclamante permaneceu afastado do trabalho, mediante a percepção de benefício previdenciário, por longos períodos, às vezes por mais de dois anos, sem regressão do seu quadro de saúde; c) o reclamante passou por dois processos de reabilitação; d) o reclamante informou ao perito na ação acidentária que, após a alta, passou a trabalhar no setor de retaguarda em atividades mais leves; e) à época da perícia na ação acidentária foi constatada a incapacidade total temporária para o trabalho; f) não havendo outros parâmetros nos autos, utilizou-se a tabela da SUSEP, com base na qual se fixou a perda da capacidade para o trabalho em 20%. 2. A tese jurídica do TRT foi a seguinte: a) a indenização por danos materiais teria a finalidade de ressarcir os prejuízos remuneratórios oriundos da perda da capacidade para o trabalho; b) no caso concreto, ainda não haveria prejuízos remuneratórios, pois foi determinada a reintegração no emprego com o mesmo padrão remuneratório; c) será devida a pensão mensal equivalente a 20% da remuneração somente se no futuro houver a rescisão contratual, o afastamento previdenciário ou a aposentadoria; d) enquanto perdurar o contrato de trabalho, indevida a pensão mensal equivalente a 20% da remuneração, a qual teria cabimento somente no caso de rescisão ou suspensão do contrato de trabalho, enquanto durar essa situação. 3. Deve ser reformado o acórdão recorrido. 4. A indenização por danos materiais, oriunda de acidente de trabalho, tem a finalidade de reparar a perda ou a redução da capacidade de trabalho, e não o prejuízo remuneratório. No caso dos autos está claro que o reclamante, embora tenha ficado parcialmente incapacitado para o trabalho, ficou totalmente incapacitado para a função exercida, tanto que foi readaptado, o que dá direito a pensão mensal equivalente a 100% da remuneração. Por outro lado, sendo considerada temporária a incapacidade, a pensão mensal é devida desde o primeiro afastamento previdenciário até a convalescença, conforme se observe no juízo de execução continuada. 5. Recurso de revista a que se dá provimento" (TST, RR 0242100-55.2006.5.02.0014, 6.ª Turma, Rel. Min. Kátia Magalhães Arruda, *DEJT* 24.11.2017, p. 2.450).

Ou, ainda, tratando de perda auditiva, o que é muito comum em casos de exposição do empregado a excesso de ruídos, e anotando a respeito do art. 950 do Código Civil:

"Do teor do dispositivo transcrito, verifica-se que o fato de o trabalhador não estar totalmente incapacitado para o trabalho não anula a efetiva perda da capacidade laborativa, não afastando, pois, o direito ao pagamento de indenização por danos materiais decorrentes de doença ocupacional, visto que cabível em decorrência tanto da perda total como parcial da capacidade de trabalho. No caso em tela, foi comprovado o nexo de causalidade entre o trabalho prestado às reclamadas e a lesão sofrida pelo reclamante, ao se expor a níveis elevados de ruído, havendo consequente diminuição da capacidade laborativa do reclamante, uma vez que se mostra incapacitado para as atividades que lhe exigiriam a perfeição do aparelho auditivo. Na hipótese, ficou evidenciado que as reclamadas foram responsáveis pela perda da ordem de 30% da capacidade auditiva do reclamante, o que lhe acarretou incapacidade bilateral, parcial e permanente para exposição a ruídos. Logo, mesmo voltando a trabalhar, é certo que o reclamante encontrará dificuldades na busca por melhores condições de trabalho e de remuneração na mesma empresa ou no mercado de trabalho, circunstância que enseja a condenação das reclamadas ao pagamento de indenização por danos materiais decorrentes de doença ocupacional" (TST, ARR 0071000-92.2007.5.02.0015, 2.ª Turma, Rel. Min. José Roberto Freire Pimenta, *DEJT* 07.12.2017, p. 1.335).

Conforme se extrai do trecho final da ementa, acrescente-se que é plenamente possível atribuir uma indenização material por perda de capacidade laborativa parcial continuando o empregado a exercer atividade remunerada, inclusive para a própria ré. Por todos os numerosos acórdãos, merece destaque o seguinte:

> "O preceito contido no art. 950 do Código Civil não isenta ou excepciona o dever de indenizar na hipótese de o ofendido continuar exercendo atividade profissional. Isso porque a indenização nele prevista tem por escopo o ato ilícito praticado pelo ofensor, e está associada à compensação pela perda ou redução da capacidade laborativa da vítima, ainda que temporária, e não à reposição salarial. Na hipótese, infere-se do acórdão recorrido que a reclamante, em decorrência do acidente de trabalho, teve redução permanente de sua capacidade para desempenhar as atividades de digitadora. A Corte Regional, não obstante reconhecer a responsabilidade civil da reclamada (daí o deferimento da indenização por dano moral, pelo mesmo fato), ao rejeitar o pedido de pensão mensal vitalícia, sob o fundamento de que a limitação apresentada não a impede de exercer outras atividades, além de divergir da jurisprudência desta Corte Superior, proferiu acórdão que violou a literalidade do art. 950 do Código Civil, que prevê indenização se da ofensa resultar a diminuição da capacidade de trabalho da vítima" (TST, RR 0002218-47.2010.5.02.0041, 1.ª Turma, Rel. Min. Walmir Oliveira da Costa, *DEJT* 11.12.2017, p. 427).

Além disso, a indenização por perda de capacidade laborativa parcial deve ser fixada enquanto durar a situação incapacitante, outra interpretação feita do mesmo comando civil: "conforme se depreende da redação do referido preceito legal, a pensão, no caso de redução da capacidade laborativa, não encontra limites temporais, sendo, portanto, devida enquanto perdurar a situação fática de incapacidade" (TST, RR 0334700-48.2005.5.01.0341, 4.ª Turma, Rel. Min. Maria de Assis Calsing, *DEJT* 07.04.2017, p. 740).

Quanto à perda de *capacidade laborativa total*, em que o empregado não pode mais desempenhar qualquer atividade, a indenização é fixada de forma vitalícia, levando-se em conta o último salário recebido pelo empregado e o momento da ciência da lesão, como termo inicial ou *a quo*. Nesse sentido, entre os milhares de julgados especializados, transcrevo os seguintes, entre os mais recentes:

> "Marco inicial do pensionamento mensal. Data do acidente do trabalho. Valor mensal da pensão. Último salário recebido pelo reclamante. Observância do comando exequendo. Inexistência de violação à coisa julgada. Com relação ao marco inicial do pensionamento mensal, não se constata ofensa à coisa julgada, pois o Regional consignou que o título executivo se reportou ao fato de ser devido o pensionamento a partir do acidente. Vale enfatizar que, na linha da jurisprudência pacífica deste Tribunal Superior do Trabalho, o marco inicial

para o pagamento da pensão mensal decorrente da indenização por dano material é, de fato, a data da ciência da lesão, e não o trânsito em julgado da decisão, como pretende a executada. Por sua vez, no tocante ao valor mensal da pensão na sentença liquidanda, ficou estabelecido que 'é devida, portanto, a pensão mensal vitalícia (em face da incapacidade total e permanente para a profissão que o reclamante exerce) no valor correspondente ao último salário recebido, antes do acidente, acrescido pela média mensal de parcelas salariais variáveis dos últimos doze meses' (grifou-se). Dessa forma, a Corte *a quo*, ao concluir que não se estipulou no julgado o cálculo pela média dos últimos doze meses de remuneração do autor, mas sim no valor correspondente ao último salário recebido antes do acidente, nada mais fez do que resguardar a intangibilidade da coisa julgada decorrente do título exequendo formado. Incólume, pois, o artigo 5.º, inciso XXXVI, da Constituição Federal" (TST, AIRR 0059700-44.2005.5.15.0112, 2.ª Turma, Rel. Min. José Roberto Freire Pimenta, *DEJT* 23.06.2017, p. 900).

"Pensão vitalícia. Aposentadoria por invalidez. Valor fixado. 1. À luz do art. 950 do Código Civil, em caso de incapacidade laboral permanente oriunda de doença ocupacional a que houver dado causa culposamente o empregador, a vítima também faz jus à pensão mensal. 2. A jurisprudência assente do TST sobre a matéria firmou-se no sentido de que a inabilitação para o ofício, no qual o empregado sofreu acidente de trabalho ou adquiriu doença ocupacional, implica o pagamento de pensão mensal no importe de 100% da última remuneração percebida quando em atividade. 3. Recurso de revista da Reclamante de que se conhece, no aspecto, e a que se dá provimento" (TST, RR 0000244-12.2010.5.05.0034, 4.ª Turma, Rel. Min. João Oreste Dalazen, *DEJT* 03.03.2017, p. 1.148).

A encerrar o tópico, frise-se, na linha do que antes foi exposto, que, se houve *concausa* do empregado quanto ao prejuízo por ele suportado – por fato, culpa ou risco concorrente –, a pensão vitalícia deve ser reduzida proporcionalmente, na medida em que houve a contribuição da própria vítima. Mais uma vez, por todos os julgamentos do tema:

"O Regional, ao determinar o pagamento de pensão mensal correspondente a 50% do salário base devido, levou em consideração a concausa reconhecida na perícia, bem como a incapacidade total e momentânea do Reclamante. Assim, examinou as circunstâncias específicas do caso, como a extensão e duração das consequências e a concausa identificada pelo Perito. O fato de a indenização ser estabelecida pela extensão do dano não afasta a observância da proporcionalidade entre a gravidade da culpa e o dano. Se o dano não foi totalmente causado pelo Reclamado, ele não pode suportar toda a responsabilidade. Por esse motivo, não há de se falar em pensionamento no percentual de 100%, uma vez que, conforme determina o parágrafo único do artigo 944 do Código Civil, a indenização deve ser proporcional à gravidade da culpa. Recurso de Revista não conhecido" (TST, ARR 0001008-16.2014.5.09.0658, 4.ª Turma, Rel. Min. Maria de Assis Calsing, *DEJT* 01.12.2017, p. 2.496).

Sendo esses os aspectos fundamentais a respeito dos danos materiais suportados pelos trabalhadores, passa-se ao estudo do dano moral.

6.2. Danos morais sofridos pelo empregado

Como exposto em vários trechos deste livro, entendo os danos morais como lesões aos direitos da personalidade suportados pela pessoa, o que, obviamente, pode atingir o empregado, como no caso da prática ilícita conhecida como assédio moral, cujo estudo abre o presente capítulo. Os fundamentos legais para a reparação, também no âmbito trabalhista, encontram-se no art. 5.º, incs. V e X, da Constituição Federal e no art. 186 do Código Civil.

Entretanto, não é só essa a situação que enseja a presença de prejuízos imateriais suportados pelos trabalhadores. Em obra específica sobre o tema, o Professor Enoque Ribeiro dos Santos expõe uma série de hipóteses fáticas em que o empregado pode sofrer prejuízos à sua personalidade.[37] Pela excelência do seu trabalho, achei por bem aqui reproduzi-las: *a)* comunicação feita pelo empregador a órgão de imprensa de abandono de emprego pelo empregado, mesmo tendo ciência do seu endereço; *b)* assédio para fins libidinosos, ou seja, o antes exposto assédio sexual; *c)* anotação em carteira de trabalho da razão de despedida do empregado; *d)* tornar públicos costumes e vícios do empregado; *e)* espalhar boatos contra o empregado; *f)* tratamento desrespeitoso do empregado ou de seus prepostos, em especial os vexatórios; *g)* fazer acusações infundadas ou mentirosas sobre o empregado; *h)* emprego de guardas privados, que fazem devassa na vida particular dos trabalhadores; *i)* fazer alteração no contrato de trabalho que provoque prejuízo moral ao obreiro, caso de um rebaixamento hierárquico que acarreta humilhação; *j)* difusão de listas de maus empregados; *k)* fazer acusação infundada de conduta do trabalhador, como furto ou roubo de bens; *l)* demora na entrega de documentação para a aposentadoria do empregado; *m)* realização de revistas íntimas, de maneira desrespeitosa e indigna; *n)* prestação de informações desabonadoras do empregado a terceiros; *o)* prestação de informações inadequadas para abertura de crédito do empregado, denegrindo a sua imagem; e *p)* prática de crimes de injúria, calúnia e difamação contra o trabalhador.[38]

Em sentido próximo, Vólia Bomfim Cassar destaca que o maior patrimônio do empregado é a sua capacidade laborativa e, sendo assim, geram dano moral os seguintes atos e condutas dos empregadores: *a)* não dar trabalho ao empregado no curso do contrato, mantendo ele sempre à espera de serviço; *b)* diminuir a capacidade laborativa do empregado por meio de comentários maliciosos; *c)* dispensar o empregado por imputação de crime e divulgar as informações sobre tal fato; e *d)* impedir nova colocação do empregado faltoso.[39] E acrescenta: "em suma, é abusivo o empregador lançar dúvidas sobre o empregado, seja durante o contrato, antes (pré-contratual) ou em ruptura, a pecha ou descrédito sobre

---

[37] SANTOS, Enoque Ribeiro dos. *O dano moral na dispensa do empregado*. 3. ed. São Paulo: LTr, 2008. p. 124-126.
[38] SANTOS, Enoque Ribeiro dos. *O dano moral na dispensa do empregado*, cit., p. 124-126.
[39] CASSAR, Vólia Bomfim. *Direito do Trabalho*. 8. ed. São Paulo: GEN/Método, 2013. p. 906-907.

honestidade, moralidade, competência, diligência e responsabilidade no exercício das atribuições profissionais".[40]

No âmbito da jurisprudência superior, existem muitos debates interessantes a respeito da presença ou não desses prejuízos imateriais sofridos pelos trabalhadores. Quanto ao uso indevido de imagem do trabalhador ou ex-empregado, o Tribunal Superior do Trabalho tem seguido a mesma orientação constante da Súmula n. 403 do STJ, no sentido de serem os danos presumidos ou *in re ipsa* quando há sua utilização com fins econômicos ou comerciais.

Desse modo, não há necessidade de prova de sentimentos humanos desagradáveis no caso concreto, como dor ou tristeza, ou de situações vexatórias ao trabalhador. Por todos os arestos, colaciona-se, entre os mais recentes:

"Responsabilidade civil do empregador. Danos morais causados ao empregado. Caracterização. Professor. Uso da imagem. Manutenção do nome do ex-empregado no site da empresa. (...). No caso, o quadro fático registrado pelo Tribunal Regional revela que a reclamada utilizou o nome do autor em seu sítio eletrônico, atribuindo-lhe a condição de coordenador do curso de pós-graduação em gestão industrial, mesmo após a sua dispensa. O uso não autorizado da imagem das pessoas, ainda que não lhe atinja a honra, a boa fama ou a respeitabilidade, impõe indenização por danos, nos termos do artigo 5.º, X, da Constituição Federal e artigo 20 do Código Civil de 2002, caso se destine a fim comercial, e independe de prova do prejuízo experimentado, de acordo com a Súmula n. 403 do STJ. Evidenciado o dano, assim como a conduta culposa do empregador e o nexo causal entre ambos, deve ser mantido o acórdão regional que condenou a reclamada a indenizá-lo. Recurso de revista de que não se conhece" (TST, RR 0071700-30.2009.5.17.0161, 7.ª Turma, Rel. Min. Cláudio Mascarenhas Brandão, *DEJT* 24.11.2017, p. 2.520).

"Agravo de instrumento de que se conhece e, no mérito, a que se dá provimento recurso de revista. Dano moral pelo uso indevido da imagem. 1. Esta Corte Superior firmou posicionamento no sentido de que a obrigatoriedade da utilização de uniforme com logomarcas de produtos comercializados pela empresa, sem autorização expressa do empregado, caracteriza uso indevido da imagem do trabalhador e fere seu direito de imagem, o que gera direito à reparação. 2. Assim, demonstrado o ato ilícito e o dano à imagem da empregada, devida a indenização correspondente (art. 5.º, V, da Constituição Federal e artigos 20 e 186 do Código Civil), independentemente de prova do prejuízo, nos termos da Súmula n. 403, do Superior Tribunal de Justiça. Precedentes desta Corte. 3. Ante os princípios da proporcionalidade e razoabilidade previstos na CF, considerada a gravidade da ilicitude praticada e atentando-se a que o valor arbitrado cumpra as finalidades compensatória (para o ofendido) e pedagógica (para o ofensor), reputa-se razoável fixar o valor da indenização por danos morais em R$ 5.000,00 (cinco mil reais), pois guarda proporção com o ilícito e não acarreta enriquecimento sem justo motivo à Reclamante" (TST, RR 0001554-27.2012.5.01.0056, 4.ª Turma, Rel. Des. Conv. Rosalie Michaele Bacila Batista, *DEJT* 14.08.2015, p. 1.230).

---

[40] CASSAR, Vólia Bomfim. *Direito do Trabalho*, 8. ed., cit., p. 907.

Imperioso, porém, fazer uma pontuação sobre o último julgado, que, na linha de muitos outros, reconhece danos morais pelo fato de o empregado ser obrigado a utilizar uniforme com logomarcas do empregador ou de produtos comercializados por ele, sem a autorização expressa do primeiro. A Reforma Trabalhista incluiu na CLT o novo art. 456-A, prevendo que "cabe ao empregador definir o padrão de vestimenta no meio ambiente laboral, sendo lícita a inclusão no uniforme de logomarcas da própria empresa ou de empresas parceiras e de outros itens de identificação relacionados à atividade desempenhada". Assim, a nova lei traz solução oposta da jurisprudência trabalhista consolidada.

No entanto, quando da realização da *II Jornada de Direito Material e Processual do Trabalho*, promovida pela Associação Nacional dos Magistrados da Justiça do Trabalho (ANAMATRA) em outubro de 2017, aprovou-se enunciado concluindo pela necessidade de se impor limites à nova norma, sob pena de sua inconstitucionalidade. Vejamos a redação do Enunciado n. 21, aprovado naquele evento:

"Padrões de vestimenta e de logomarcas impostas pelo empregador: limite. Art. 456-A da CLT. Padrões impositivos de vestimentas e logomarcas. Limites a direitos fundamentais. A prerrogativa do empregador de definir padrão de vestimenta, bem como outras formas de identificação de propaganda, encontra limites nos direitos fundamentais dos trabalhadores. Assim, a definição de uniformes, logomarcas e outros itens de identificação deve preservar direitos individuais, tais como os relacionados a privacidade, honra e pudor pessoal, e não se exclui a aplicação do art. 20 do Código Civil".

Vale lembrar que o último dispositivo citado no enunciado doutrinário tutela justamente a imagem da pessoa, seja a *imagem-retrato* – a fisionomia –, como a *imagem-atributo* – a reputação social.

Outra hipótese em que o dano moral está presente diz respeito aos acidentes que causam lesões físicas. Como se verá, em casos tais, é possível a cumulação com danos estéticos. Novamente com o fim de ilustrar, vejamos duas ementas recentes do TST:

"Recurso de revista. Acidente de trabalho. Servente. Soterramento. Debilidade na perna. Lesão consolidada. Incapacidade parcial para o trabalho e total para atividades que exijam esforço e deambulação frequente. Danos morais. Montante. Valor irrisório. 1. Discute-se o valor da indenização por danos morais devida ao trabalhador em razão das lesões que sofreu por ser vítima de soterramento no trabalho. 2. O Tribunal Regional reduziu o valor da indenização por danos morais, de R$ 70.000,00 (setenta mil reais) para R$ 10.000,00 (dez mil reais), sob o fundamento de que a incapacidade do obreiro é apenas parcial, acarretando limitações apenas para as funções que requeiram esforços, deambulação frequente e de que existe debilidade de membro e não existe inutilização, nem perda de membro. 3. Acerca do *quantum* indenizatório em compensação pelos danos morais sofridos, o entendimento desta Corte é no sentido de que a revisão do montante arbitrado na origem dá-se, tão somente, em hipóteses em que é nítido o caráter irrisório ou exorbitante da condenação, de modo tal que sequer seja capaz de atender aos objetivos estabelecidos pelo ordenamento para o dever de indenizar. 4. Consideradas as circunstâncias do caso concreto, retratadas no acórdão regional, especialmente a extensão do dano, que revela a incapacidade do trabalhador para exercer funções que requeiram esforços e deambulação frequente, sobressai a alegada desproporcionalidade do *quantum* indenizatório fixado no acórdão recorrido, em violação do art. 5.º, V, da Constituição da República. 5. Indenização que se fixa em R$ 40.000,00 (quarenta mil reais). Recurso de revista conhecido e provido, no tema" (TST, RR 0172300-05.2006.5.05.0030, 1.ª Turma, Rel. Min. Hugo Carlos Scheuermann, *DEJT* 11.12.2017, p. 439).

"No caso, o reclamante sofreu acidente de trabalho típico e teve esmagamento da mão dominante (mão esquerda), com perda total e permanente de capacidade laboral para o ofício que exercia, encontrando-se aposentado por invalidez, bem como com acentuado grau de comprometimento de cunho estético. No tocante às circunstâncias em que ocorrido o acidente, enfatizadas, no acórdão regional, falhas no sistema de segurança das prensas, sendo constatadas diversas irregularidades no que diz respeito à adequação dos dispositivos de segurança existentes às normas técnicas aplicáveis, independentemente da ação humana, a evidenciar o nexo causal e a conduta culposa da reclamada e, por conseguinte, o dever de indenizar. (...). Igualmente emerge o dever de indenizar o dano moral, pois é induvidoso o sofrimento e a angústia provocados pela mutilação física comprovada. A indenização por dano moral pode ser cumulada com a do dano estético, pois a primeira visa a compensar o abalo psicológico e a segunda à deformidade física sofrida pelo empregado, entendimento prevalecente nesta Corte Superior. Quanto à indenização por danos morais ao núcleo familiar, consistente em R$ 20.000,00 à esposa e R$ 10.000,00 a cada um dos filhos menores do casal, totalizando o valor de R$ 40.000,00, deve ser mantida, porquanto presumíveis os danos aos familiares que diretamente suportaram as restrições físicas, dores e desgastes emocionais vivenciados pelo pai e provedor da família, em concretização aos princípios da razoabilidade e da proporcionalidade no arbitramento de tais valores. Quanto aos valores arbitrados ao próprio trabalhador acidentado, que teve esmagamento da mão dominante (esquerda) e lesões que geraram a incapacidade total e permanente para o ofício que detinha, além de acentuado grau de deformação estética, R$ 200.000,00 de danos morais e R$ 100.000,00 de danos estéticos" (TST, RR 0001903-85.2011.5.03.0031, 1.ª Turma, Rel. Min. Hugo Carlos Scheuermann, *DEJT* 24.11.2017, p. 695).

O conteúdo do último *decisum* merece destaque pelo fato de reconhecer a presença de danos morais indiretos ou em ricochete aos familiares do acidentado, pelo fato de ter ele sofrido a lesão física. O tema dos danos indiretos ainda será abordado no presente tópico, na análise dos danos morais por morte do trabalhador.

Exatamente como ocorre com todos os contratos, é preciso pontuar que o mero inadimplemento ou descumprimento do contrato de trabalho, notadamente das obrigações legais, não gera, por si só, o dano moral indenizável, sendo necessária a presença do dano-resultado, ou seja, do prejuízo em si. Igualmente, a mesma despedida do empregado sem justa causa não ocasiona o dano imaterial. Nesse sentido, vejamos as precisas lições da Desembargadora Federal do Trabalho do Rio de Janeiro Vólia Bomfim Cassar:

"Normalmente, o mero descumprimento de obrigações legais e contratuais não causa dano moral. Desta forma, o empregador que demite sem pagar saldo de salário e parcelas de rescisão não causou prejuízos à moral do trabalhador. Aí o dano foi meramente patrimonial, passível de exata quantificação legal. Não pagar horas extras, não assinar a CTPS do empregado, não depositar o FGTS ou deixar de pagar salários constituem motivos para o empregado aplicar a justa causa no empregador – art. 483, *d,* da CLT e não se qualificam como dano moral e sim patrimonial. Também não causa dano moral a revista pessoal quando necessária, desde que aleatória, com critérios e feitas por pessoas de mesmo sexo; ou monitoramento por aparelho eletrônico do trabalho do empregado, salvo quando houver abuso ou desvirtuação da finalidade da fiscalização.

Não é qualquer sofrimento íntimo que causa dano moral, pois cada ser humano tem um grau de sensibilidade diferente do outro. A simples despedida sem justa causa, mesmo quando o empregador quita todos os débitos tempestivamente pode levar determinado trabalhador mais sensível à depressão, ao sofrimento e constrangimento, não só por estar desempregado, mas também porque não poderá honrar seus débitos na praça. A despedida se constitui um direito potestativo do empregador e sua prática não enseja dano moral, salvo quando for por justa causa divulgada".[41]

Todavia, deve ser feita a ressalva para os casos em que há clara lesão a direito fundamental, como consta do Enunciado n. 411, aprovado na *V Jornada de Direito Civil*. Nessa linha, já entendeu o TST o seguinte:

"Atenta contra o princípio da dignidade e do direito fundamental ao trabalho a conduta do empregador que mantém o empregado em eterna indefinição em relação à sua situação jurídica contratual, sem recebimento de benefício previdenciário, por recusa do INSS e impedido de retornar ao trabalho. Não é possível admitir que o empregado deixe de receber os salários quando se encontra em momento de fragilidade em sua saúde, sendo o papel da empresa zelar para que possa ser readaptado no local de trabalho ou mantido em benefício previdenciário. O descaso do empregador não impede que o empregado receba os valores de salários devidos desde a alta previdenciária, já que decorre de sua inércia em recepcionar o trabalhador" (TST, ARR 0078900-60.2012.5.17.0007, 3.ª Turma, Rel. Min. Alexandre de Souza Agra, *DEJT* 11.12.2017, p. 920).

A conclusão deve ser a mesma quando o empregado labora sem as mínimas condições de higiene no ambiente de trabalho, outra situação em que o dano moral indenizável faz-se presente. Nesse sentido, por todos, colaciona-se:

"Indenização por danos morais. Condições precárias de higiene e alimentação. Desrespeito aos princípios fundamentais da dignidade da pessoa humana, da inviolabilidade psíquica (além da física) da pessoa humana, do bem-estar individual (além do social) do ser humano, todos integrantes do patrimônio

---

[41] CASSAR, Vólia Bomfim. *Direito do Trabalho*. 14. ed. São Paulo: GEN/Método, 2017. p. 900.

moral da pessoa física. Dano moral caracterizado. Incidência, ademais, da Súmula n. 126/TST, relativamente aos fatos explicitados no acórdão. A conquista e afirmação da dignidade da pessoa humana não mais podem se restringir à sua liberdade e intangibilidade física e psíquica, envolvendo, naturalmente, também a conquista e afirmação de sua individualidade no meio econômico e social, com repercussões positivas conexas no plano cultural. O que se faz, de maneira geral, considerado o conjunto mais amplo e diversificado das pessoas, mediante o trabalho e, particularmente, o emprego. O direito à indenização por dano moral encontra amparo no art. 5.º, V e X, da Constituição da República e no art. 186 do CCB/2002, bem como nos princípios basilares da nova ordem constitucional, mormente naqueles que dizem respeito à proteção da dignidade humana, da inviolabilidade (física e psíquica) do direito à vida, do bem-estar individual (e social), da segurança física e psíquica do indivíduo, além da valorização do trabalho humano. O patrimônio moral da pessoa humana envolve todos os bens imateriais, consubstanciados em princípios. Afrontado esse patrimônio moral, em seu conjunto ou em parte relevante, cabe a indenização por dano moral, deflagrada pela Constituição de 1988. Na hipótese, o Tribunal Regional, com alicerce no conjunto fático-probatório produzido nos autos, manteve a sentença que acolheu o pleito reparatório, por constatar a omissão culposa patronal quanto ao cumprimento da NR n. 31. Desse modo, consoante consignado pela Corte Regional, as condições de trabalho a que se submeteu o reclamante, de fato, atentaram contra a sua dignidade, a sua integridade psíquica e o seu bem-estar individual. Bens imateriais que compõem seu patrimônio moral protegido pela Constituição, ensejando a reparação moral, conforme autorizam o inciso X do art. 5.º da Constituição Federal e os arts. 186 e 927, *caput*, do CCB/2002" (TST, AIRR 0011950-89.2015.5.15.0146, 3.ª Turma, Rel. Min. Mauricio Godinho Delgado, *DEJT* 11.12.2017, p. 859).

Muitos julgados superiores também reconhecem o dano moral individual quando o empregado trabalha em situação análoga à de escravo, nos termos do que veda o art. 149 do Código Penal da seguinte forma: "reduzir alguém a condição análoga à de escravo, quer submetendo-o a trabalhos forçados ou a jornada exaustiva, quer sujeitando-o a condições degradantes de trabalho, quer restringindo, por qualquer meio, sua locomoção em razão de dívida contraída com o empregador ou preposto". Dessa forma concluindo:

"Dano moral. Caracterização. O TRT assentou que o contrato de trabalho do autor sempre foi conduzido de forma abusiva e unilateral pela reclamada que, por diversos meios, atentou contra os valores sociais do trabalho. A Turma ressaltou que a reclamada, de forma abrupta e, em total descompasso com a boa-fé que deve ser observada em qualquer relação contratual, suprimiu verbas que há anos vinha pagando, que em desprezo à normativa de segurança, saúde e higiene, tolheu o pagamento do adicional de periculosidade sem que existissem provas da cessação das condições perigosas e que colocando em risco inúmeros direitos fundamentais atrasou a verba alimentar salarial do empregado. O Regional acrescentou que o autor era obrigado ao cumprimento de jornadas extenuantes sem que fossem observados os períodos de descanso, intrajornada ou entre jornadas e que sequer usufruiu folga entre os dias 07.05.2007 a 30.06.2007, ou seja, trabalhou 54 dias sem descanso. O Colegiado sublinhou que é impossível se interpretar de outra forma a situação a que se viu posto o autor senão a de coisa, de mercadoria e reiterou que o reclamante teve negado inúmeros direitos essenciais a garantia de sua dignidade humana e trabalhou como máquina, sem descanso e sem intervalos, ou com intervalos reduzidos, durante 54 dias, excluído do convívio familiar e social, como se um ser desprovido de qualquer sentimento, vontade ou autonomia. Ao contrário do que afirma a recorrente, a realidade descrita no acórdão escapa do mero descumprimento de uma ou de outra obrigação do contrato de trabalho. Na verdade, ainda que o Tribunal não tenha feito expressa referência, o quadro fático por ele desenhado denota situação que poderia até mesmo ser entendida como redução do trabalhador a condição análoga à de escravo, nos termos do artigo 149 do CP" (TST, RR 0000626-25.2011.5.09.0562, 3.ª Turma, Rel. Min. Alexandre de Souza Agra, *DEJT* 11.12.2017, p. 549).

"Indenização por dano moral. Jornada exaustiva. (...). Valor arbitrado à indenização por dano moral. (...). No que se refere ao valor arbitrado à condenação por dano moral, na aferição do que sejam valores irrisórios ou excessivos, não é levada em conta a expressão monetária considerada em si mesma, mas sim o critério de proporcionalidade entre os montantes fixados e a gravidade dos fatos ocorridos em cada caso concreto. Considerando as premissas fáticas definidas no acórdão do Regional (que a jornada condenada nos faz concluir que existem indícios do cometimento do crime tipificado no art. 149 [Reduzir alguém a condição análoga à de escravo, quer submetendo-o a trabalhos forçados ou a jornada exaustiva, quer sujeitando-o a condições degradantes de trabalho, quer restringindo, por qualquer meio, sua locomoção em razão de dívida contraída com o empregador ou preposto] do Código Penal, sendo certo que o tipo penal não elenca o que venha a ser uma jornada exaustiva, mas, se considerarmos que a CLT limita a quantidade de horas extras em duas [art. 59 da CLT] e que o reclamante laborou, alguns dias, por até 15 horas, outra conclusão não se pode chegar exceto o da existência de indícios da prática criminosa; desta sorte, constatando-se a conduta ilícita do empregador), verifica-se que as razões jurídicas por ele apresentadas não conseguem demonstrar a falta de proporcionalidade entre o montante fixado nas instâncias percorridas por dano moral (R$ 20.000,00) e os fatos dos quais resultaram o pedido" (TST, AIRR 0001638-43.2014.5.06.0145, 6.ª Turma, Rel. Min. Kátia Magalhães Arruda, *DEJT* 02.09.2016, p. 2.150).

Filio-me à afirmação de que a situação descrita no art. 149 do Código Penal gera danos presumidos ou *in re ipsa* ao trabalhador. Além dos danos morais individuais, a hipótese ali descrita enseja também danos morais coletivos e danos sociais ou difusos, categorias que ainda serão aqui abordadas, quanto à incidência ao contrato de trabalho. Lamenta-se, contudo, os valores irrisórios de reparação fixados em muitos casos, como o constante do segundo julgado, muito distante do caráter pedagógico ou de desestímulo que deve ter a reparação imaterial.

Outra hipótese fática que tem gerado muitas demandas propostas por trabalhadores em face dos empregadores é a revista íntima, conduta vedada pelo art. 373-A, inc. VI, da CLT quanto às mulheres ("Ressalvadas as disposições legais destinadas a corrigir as distorções que afetam o acesso da mulher ao mercado de trabalho e certas especificidades estabelecidas nos acordos trabalhistas, é vedado: (...). VI – proceder o empregador ou preposto a revistas íntimas nas empregadas ou funcionárias").

A Lei n. 13.271/2016 prevê o mesmo, estabelecendo ainda uma multa de R$ 20.000,00 (vinte mil reais), que pode dobrar em caso de reincidência do empregador, e sem prejuízo da indenização material e imaterial cabível. Conforme o art. 1.º da última norma, "as empresas privadas, os órgãos e entidades da administração pública, direta e indireta, ficam proibidos de adotar qualquer prática de revista íntima de suas funcionárias e de clientes do sexo feminino".

Como não poderia ser diferente, a norma incide também sobre os homens e outros gêneros, sob pena de sua inconstitucionalidade, como bem observa Vólia Bomfim Cassar.[42] A esse propósito, vejamos o que se retira de vários julgados do TST:

> "A revista pessoal viola a dignidade da pessoa humana e a intimidade do trabalhador, direitos fundamentais de primeira geração que, numa ponderação de valores, têm maior intensidade sobre os direitos de propriedade e de autonomia da vontade empresarial. Além disso, é evidente a opção axiológica adotada pelo constituinte de 1988 da primazia do SER sobre o TER; da pessoa sobre o patrimônio; do homem sobre a coisa" (TST, AIRR 0000710-09.2014.5.05.0311, 7.ª Turma, Rel. Min. Cláudio Mascarenhas Brandão, *DEJT* 24.11.2017, p. 2.486).

Muitos acórdãos e decisões reconhecem o dano moral decorrente da revista íntima pelo contato físico praticado pelo próprio empregador ou seus prepostos. Entretanto, esse não se faz necessário. Nessa linha, transcrevo outro preciso *decisum* do TST:

> "A constatação de ofensa à intimidade não pressupõe necessariamente o contato físico entre o empregado vistoriado e o vigilante, sendo suficiente a realização do procedimento abusivo atinente à revista visual, em que o trabalhador é constrangido a exibir partes do corpo, dia após dia, pois, ainda que parcial, existe a exposição do corpo do empregado, caracterizando, portanto, invasão à sua intimidade. Assim, ao obrigar que o empregado levantasse a camisa, dia após dia, a reclamada o tratou como se ali estivesse apenas um ente animado que prestava serviço e se incluía entre aqueles que estariam aptos a furtar mercadorias de sua empresa, diferenciando-se nessa medida. Deixava-o vexado, longe estava de considerá-lo em sua dimensão humana. É permitido ao empregador utilizar todos os meios necessários à fiscalização de seu patrimônio, desde que não invada a intimidade dos empregados" (TST, RR 1001406-88.2014.5.02.0221, 6.ª Turma, Rel. Min. Augusto Cesar Leite de Carvalho, *DEJT* 10.11.2017, p. 5.268).

Ressalve-se, contudo, que o mesmo Tribunal Superior entende que "a revista, praticada pelo empregador, consistente na verificação do conteúdo de bolsas, mochilas e sacolas dos empregados, efetuada sem contato físico ou revista íntima,

---

[42] CASSAR, Vólia Bomfim. *Direito do Trabalho*, 14. ed., cit., p. 901.

não caracteriza, por si só, ofensa à honra ou à intimidade da pessoa, capaz de gerar dano moral passível de reparação" (TST, RR 0001694-34.2011.5.09.0651, 5.ª Turma, Rel. Min. João Batista Brito Pereira, *DEJT* 15.12.2017, p. 2.744).

Outro tema que foi debatido pela Corte, no ano de 2017, e pela Seção de Dissídios Individuais 1 diz respeito à reparação moral do empregado no caso de ser revertida a sua demissão por justa causa. Por maioria apertada, seis votos a cinco, a conclusão final foi no sentido de que o dano moral por reversão da justa causa em juízo somente está presente quando se atribui ao empregado ato de improbidade, o que não é o caso da sua mera desídia. O julgamento traz de volta o debate sobre a diferenciação entre o dano moral e os meros aborrecimentos cotidianos, tendo o TST entendido pela presença dos últimos, nas situações descritas.

Tema igualmente de debate diz respeito à possibilidade de o empregador fiscalizar o *e-mail* corporativo colocado à disposição do empregado, tema que envolve o conteúdo do art. 21 do Código Civil, segundo o qual "a vida privada da pessoa natural é inviolável, e o juiz, a requerimento do interessado, adotará as providências necessárias para impedir ou fazer cessar ato contrário a esta norma". A problemática também diz respeito à recente Lei Geral de Proteção de Dados, a LGPD (Lei n. 13.709/2018), em vigor no Brasil desde setembro de 2020.

Em julgados anteriores, o TST vinha entendendo pela legitimidade de o empregador fiscalizar o citado *e-mail* corporativo. Entre os primeiros precedentes, cite-se:

"Prova ilícita. *E-mail* corporativo. Justa causa. Divulgação de material pornográfico. Os sacrossantos direitos do cidadão à privacidade e ao sigilo de correspondência, constitucionalmente assegurados, concernem à comunicação estritamente pessoal, ainda que virtual (*e-mail* particular). Assim, apenas o *e-mail* pessoal ou particular do empregado, socorrendo-se de provedor próprio, desfruta da proteção constitucional e legal de inviolabilidade. 2. Solução diversa impõe-se em se tratando do chamado *e-mail* corporativo, instrumento de comunicação virtual mediante o qual o empregado louva-se de terminal de computador e de provedor da empresa, bem assim do próprio endereço eletrônico que lhe é disponibilizado igualmente pela empresa. Destina-se este a que nele trafeguem mensagens de cunho estritamente profissional. Em princípio, é de uso corporativo, salvo consentimento do empregador. Ostenta, pois, natureza jurídica equivalente à de uma ferramenta de trabalho proporcionada pelo empregador ao empregado para a consecução do serviço. 3. A estreita e cada vez mais intensa vinculação que passou a existir, de uns tempos a esta parte, entre Internet e/ou correspondência eletrônica e justa causa e/ou crime exige muita parcimônia dos órgãos jurisdicionais na qualificação da ilicitude da prova referente ao desvio de finalidade na utilização dessa tecnologia, somando-se em conta, inclusive, o princípio da proporcionalidade e, pois, os diversos valores jurídicos tutelados pela lei e pela Constituição Federal. A experiência subministrada ao magistrado pela observação do que ordinariamente acontece revela que, notadamente o *e-mail* corporativo, não raro sofre acentuado desvio de finalidade, mediante a utilização abusiva ou ilegal, de que é exemplo envio de fotos pornográficas. Constitui, assim, em última análise, expediente pelo qual o empregado pode provocar expressivo prejuízo ao empregador. 4. Se se cuida de *e-mail* corporativo, declaradamente destinado somente para assuntos e matérias afetas ao serviço, o que está em jogo, antes de tudo, é o exercício do direito de propriedade do empregador sobre o computador capaz de acessar à Internet e sobre o próprio provedor. Insta estar presente também a responsabilidade do empregador, perante terceiros, pelos atos de seus empregados em serviço (Código Civil, art. 932, III), bem como que está em xeque o direito à imagem do empregador, igualmente merecedor de tutela constitucional. Sobretudo, imperativo considerar que o empregado, ao receber uma caixa de *e-mail* de seu empregador para uso corporativo, mediante ciência prévia de que nele somente podem transitar mensagens profissionais, não tem razoável expectativa de privacidade quanto a esta, como se vem entendendo no Direito Comparado (EUA e Reino Unido). 5. Pode o empregador monitorar e rastrear a atividade do empregado no ambiente de trabalho, em *e-mail* corporativo, isto é, checar suas mensagens, tanto do ponto de vista formal quanto sob o ângulo material ou de conteúdo. Não é ilícita a prova assim obtida, visando a demonstrar justa causa para a despedida decorrente do envio de material pornográfico a colega de trabalho. Inexistência de afronta ao art. 5.º, incisos X, XII e LVI, da Constituição Federal. 6. Agravo de Instrumento do Reclamante a que se nega provimento" (TST, RR 613/2000-013-10-00, 1.ª Turma, Rel. João Oreste Dalazen, *DJ* 10.06.2005).

Essa posição, contudo, divide a comunidade jurídica. Fica clara a aplicação da *técnica de ponderação*, prevista expressamente no art. 489, § 2.º, do CPC/2015. Alguns entendem que deve prevalecer o direito à intimidade do empregado, outros que prevalece o direito de propriedade do empregador. Ressalte-se que tanto a privacidade quanto a propriedade são protegidas pela Constituição Federal.

Ademais, a LGPD estabelece, no seu art. 2.º, a ampla proteção da privacidade e da intimidade, como seus fundamentos principais. A questão é delicada justamente por envolver a ponderação entre direitos fundamentais. Alterando-se os fatores fáticos, obviamente a ponderação deve ser feita de forma distinta, na esteira das lições de Robert Alexy a respeito do tema.

Demonstrando como a questão é realmente controversa e como os fatores fáticos podem alterar a ponderação, em 2012, o mesmo Tribunal Superior do Trabalho confirmou a premissa da possibilidade de fiscalização. Todavia, asseverou o novo precedente o seguinte:

"Equipamentos de computador, de propriedade do empregador, incluído o correio eletrônico da empresa, podem ser fiscalizados, desde que haja proibição expressa de utilização para uso pessoal do equipamento, nos regulamentos da empresa. Nesta hipótese, temos a previsão do poder diretivo, com base no bom senso e nos estritos termos do contrato de trabalho, com respeito à figura do empregado como pessoa digna e merecedora de ter seus direitos personalíssimos irrenunciáveis e inalienáveis, integralmente resguardados pelo Estado Democrático de Direito. Ainda a título de ilustração, registramos que a doutrina tem entendido que o poder diretivo do empregador decorre do direito de propriedade (art. 5.º, XXII, da CF). Este poder, no entanto, não é absoluto, encontra limitações no direito à intimidade do empregado (art.

5.º, X, da CF), bem como na inviolabilidade do sigilo de correspondência, comunicações telegráficas, de dados e telefonemas (art. 5.º, XII, da CF), igualmente garantias constitucionais, das quais decorre o direito de resistência a verificação de sua troca de dados e navegação eletrônica" (TST, RR 183240-61.2003.5.05.0021, 2.ª Turma, Rel. Min. Renato de Lacerda Paiva, j. 05.09.2012).

Como no caso analisado em que a reclamada apropriou-se de computador de seu domínio – que se encontrava mediante comodato, sob a guarda e responsabilidade de empregado seu, que exercia poderes especiais em nome do empregador –, julgou-se que houve excesso por parte do empregador, que "agiu com abuso de direito, não respeitando o bem jurídico 'trabalho', a função social da propriedade, a função social do contrato do trabalho, dentre outros valores contemplados pela Constituição Federal de 1988". *In casu*, o empregado foi indenizado em R$ 60.000,00 pelos prejuízos imateriais sofridos em decorrência do ato do empregador, o que me pareceu correto, pelas peculiaridades da situação fática.

Seguindo o estudo dos danos morais decorrentes do contrato de trabalho, como não poderia diferente, é possível que os familiares do empregado falecido, morto por fato correlato à atividade que desempenhava, pleiteiem a indenização imaterial, nos termos do que consta do art. 948 do Código Civil, presente um dano moral indireto ou *em ricochete*, como desenvolvido no Capítulo 6 desta obra.

Após longo debate no âmbito do STF restou pacificado, no ano de 2008, que a competência para apreciação dessa demanda é da Justiça do Trabalho, por interpretação do art. 114, VI, do Texto Maior (por todos: STF, CC 7.545, RE 541.755 e AgRg no RE 507.159). Na mesma linha, reconhecendo tal competência da justiça especializada, o STJ acabou por cancelar, em 2009, a sua Súmula n. 366, segundo a qual seria da justiça estadual a competência para julgar ação indenizatória proposta por viúva e filhos de empregado falecido em acidente de trabalho.

Além do art. 948 do CC/2002, tem-se utilizado como fundamento técnico para tal pretensão o art. 12, parágrafo único, do Código Civil, que reconhece a legitimidade de familiares do morto para os casos de lesões aos seus direitos da personalidade (lesados indiretos). Reitere-se que a lei ali faz referência ao cônjuge sobrevivente, aos descendentes, aos ascendentes e aos colaterais até o quarto grau (irmãos, sobrinhos, tios, primos, sobrinhos-netos e tios-avós). Diante da proteção constitucional da união estável – e da equiparação processual feita pelo Novo CPC –, é necessário incluir igualmente entre os legitimados o companheiro ou convivente, como estabelece o Enunciado n. 275, aprovado na *IV Jornada de Direito Civil*.

Os julgados mencionam, ainda, o art. 943 do Código Civil, segundo o qual "o direito de exigir reparação e a obrigação de prestá-la transmitem-se com a herança". O TST tem reconhecido a legitimidade para tal demanda não só aos familiares elencados no art. 12, parágrafo único, do Código Civil, ou seja, aos herdeiros do falecido, mas também ao espólio, ente despersonalizado formado com o falecimento do obreiro. Por todos, colaciona-se:

"Discute-se, no tópico, a legitimidade do espólio para pleitear crédito derivado do contrato de trabalho, qual seja, indenização por danos morais e materiais decorrentes de acidente do trabalho cujo resultado vitimou o trabalhador. Ressalte-se que o espólio não pleiteia para si qualquer indenização decorrente do falecimento do trabalhador (direito próprio), mas sim em face do acidente que ele sofreu no curso do contrato de trabalho, indenização esta que o próprio empregado pleitearia caso o acidente lhe tivesse causado apenas incapacidade e não o evento morte. Assim, ante a leitura dos arts. 1.784, 943 e 12, parágrafo único, do Código Civil e na esteira da jurisprudência desta Corte, há que se concluir que o espólio tem legitimidade ativa *ad causam*, tendo em vista que o pedido de indenização por danos morais e materiais decorre do contrato de trabalho havido entre o empregador e o *de cujus*. Ora, o pedido de indenização por danos morais e materiais configura direito patrimonial transmissível por herança, nos termos do citado art. 943 do Código Civil. Para a hipótese dos autos, o espólio efetivamente postula a reparação por dano extrapatrimonial sofrido em vida pelo *de cujus*, razão pela qual é parte legítima para figurar no polo ativo da lide. Por essa razão, a decisão regional pela qual se manteve a legitimidade do espólio para propor a presente ação não merece reforma. Nesse cenário, não há que se falar em afronta aos arts. 12, V, do CPC de 1973 (art. 75, VII, do NCPC) e 12, parágrafo único, do Código Civil ou mesmo em divergência com os arestos transcritos, à luz do artigo 896, § 7.º, da CLT e da Súmula n. 333 do TST. Recurso de revista não conhecido" (TST, RR 0019000-24.2010.5.21.0002, 3.ª Turma, Rel. Min. Alexandre de Souza Agra, *DEJT* 11.12.2017, p. 872).

Em complemento, acrescente-se que muitos julgados do TST reconhecem a natureza civil de tais danos indiretos ou em ricochete, o que afasta a aplicação da prescrição trabalhista de cinco anos, prevista no art. 7.º, inc. XXIX, da CF/1988, e faz incidir o prazo prescricional trienal, previsto no art. 206, § 3.º, V, do Código Civil:

"No caso, os reclamantes postulam, em nome próprio, danos morais e materiais decorrentes do falecimento do ente familiar (marido e pai dos autores) em razão de suposta doença profissional. Nesse caso, não se discute direitos eminentemente trabalhistas, mas sim direitos civis, cuja lesão tem origem em atos ilícitos cometidos pelo empregador do *de cujus,* ainda que de forma indireta ou reflexa. É o que a doutrina e jurisprudência chamam de dano indireto ou em ricochete. Por essa razão, a regra de prescrição aplicável é a trienal prevista no art. 206, § 3.º, V, do Código Civil" (TST, RR 0010248-50.2016.5.03.0165, 2.ª Turma, Rel. Min. Delaide Miranda Arantes, *DEJT* 29.09.2017, p. 1.523).

Resta saber – tema que ainda será debatido neste capítulo – se o tratamento relativo aos danos extrapatrimoniais inserido na CLT pela Reforma Trabalhista abrange os danos morais indiretos ou em ricochete. Adiante-se que minha resposta é negativa, até porque acredito que o novo tratamento seja inconstitucional. A questão pende de análise do Supremo Tribunal Federal, nas ADIs 6.050, 6.069 e 6.082. A segunda delas foi proposta pelo Conselho Federal da OAB, tendo sido juntado parecer por mim elaborado, pela tese da inconstitucionalidade, e reproduzindo entendimentos que estão neste livro.

A encerrar as ilustrações relativas aos danos morais suportados pelo empregado tem-se reconhecido danos imateriais nas fases pré-contratual e pós-contratual do contrato de trabalho, o que representa aplicação da boa-fé objetiva, retirada dos arts. 113, 187 e 422 do Código Civil, incidente sobre todas as fases do negócio jurídico.

Sobre a fase pré-contratual, como explica Enoque Ribeiro dos Santos, "esta fase refere-se ao momento inicial das conversações entre o empregador, ou seus prepostos e o empregado, ocorrendo, portanto, anteriormente à assinatura do contrato de trabalho, i. e., abrange todo o processo de seleção do empregado. Trata-se, na verdade, do procedimento prévio à efetiva contratação do empregado".[43]

Um exemplo geralmente citado sobre a presença de danos imateriais nessa fase diz respeito ao caso em que o futuro empregador gera justas expectativas na outra parte e frustra a sua contratação. Como será exposto, parte considerável da doutrina e da jurisprudência trabalhistas entende também pela presença de danos por perda de uma chance no *abuso ao não contratar o empregado*. Tratando dos danos morais, transcrevem-se, por todos:

"Recurso de revista interposto sob a égide da Lei n. 13.015/2014. Indenização por danos morais. Expectativa de contratação. Promessa de emprego. Admissão frustrada após fase pré-contratual. I – Acha-se consolidado nesta Corte entendimento no sentido de que enseja a reparação por danos morais a frustração de forte expectativa gerada no trabalhador acerca da efetivação do pacto laboral. II – Tal se dá em homenagem ao princípio da boa-fé objetiva, que deve nortear as relações trabalhistas, ainda que na fase pré-contratual, à luz do artigo 422 do Código Civil. Precedentes. III – Na hipótese dos autos, ficou consignado no acórdão regional que a reclamante fez uma entrevista na sede da empresa e recebeu *e-mail* com a notícia de que teria sido escolhida para a vaga. Ficou evidenciado, ainda, que neste *e-mail* havia o registro de boas-vindas à equipe, bem como a ficha de cadastro a ser preenchida e os documentos a serem entregues até o dia 25.04.2016 para que o acesso ao sistema da empresa fosse liberado. IV – O Tribunal local registrou, ainda, que no dia 25.04.2016 a reclamante pediu demissão do seu antigo emprego, sendo que, ao entrar em contato com a empresa, foi informada que o processo seletivo tinha sido suspenso. V – Dessa forma, concluiu a Corte local que a reclamante criou uma expectativa real e verdadeira quanto à vaga de emprego ofertada pela reclamada, tendo em vista que recebeu a notícia de que seria contratada. VI – Diante das premissas fáticas delineadas no acórdão recorrido no sentido de que a certeza de contratação da reclamante fora frustrada pela reclamada, sabidamente inamovíveis em sede de cognição extraordinária, a teor da Súmula n. 126 do TST, avulta a convicção de ter o Tribunal Regional, ao manter a indenização por dano moral, dirimido a controvérsia em conformidade com a iterativa, notória e atual jurisprudência desta Corte. VII – Constata-se, assim, que recurso de revista não desafia processamento, quer

---

[43] SANTOS, Enoque Ribeiro dos. *O dano moral na dispensa do empregado*, cit., p. 130.

à guisa de violação legal, quer a título de divergência pretoriana, ante o óbice do artigo 896, § 7.º, da CLT e da Súmula n. 333/TST. VIII – Recurso não conhecido" (TST, RR 0000922-13.2016.5.12.0037, 7.ª Turma, Rel. Des. Conv. Roberto Nobrega de Almeida Filho, *DEJT* 10.11.2017, p. 5.394).

"Agravo de instrumento em recurso de revista. Procedimento sumaríssimo. Indenização por danos morais. Período pré-contratual. Valor arbitrado. Consta da decisão recorrida ser incontroversa a existência de efetiva promessa de contratação por parte da reclamada, havendo, inclusive, uma série de etapas cumpridas pela reclamante, como entrevista e exames médicos, as quais geraram expectativas na recorrida, e foram frustradas por ato da empresa de forma injustificada, de maneira a ofender a boa-fé esperada em qualquer negociação preliminar contratual, nos termos do artigo 422 do Código Civil. Diante do quadro fático delineado, cujo teor é insuscetível de reexame nesta instância superior, nos termos da Súmula n. 126 do TST, verifica-se que a decisão regional coaduna-se com o entendimento prevalecente nesta Corte, segundo o qual, em prestígio à boa-fé objetiva, as partes comprometem-se ao cumprimento das obrigações concernentes à fase do pré-contrato desde o momento em que vislumbrada a formação do vínculo contratual, sob pena de configurar dano moral passível de indenização. Ademais, consignou o Tribunal *a quo* que o valor fixado à indenização revela-se condizente com a extensão do dano sofrido e o caráter punitivo da medida, de forma a desestimular que a conduta ofensiva ocorra novamente. Ileso, portanto, o art. 5.º, V, da CF. Agravo de instrumento conhecido e não provido" (TST, AIRR 0010857-04.2016.5.03.0013, 8.ª Turma, Rel. Min. Dora Maria da Costa, *DEJT* 22.09.2017, p. 3.148).

Outro tema correlato à responsabilização pré-contratual do empregador em 2017 foi analisado pela Seção de Dissídios Individuais 1 do TST (SDI-1) qual seja a exigência de apresentação de certidão de antecedentes criminais pelos candidatos ao emprego (ver, por todos: TST, E-RR 0250000-57.2013.5.13.0008, Subseção I Especializada em Dissídios Individuais, Rel. Min. Augusto Cesar Leite de Carvalho, *DEJT* 24.11.2017, p. 527). Tal conduta, por si só, geraria dano moral ao empregado?

Conforme a primeira das teses firmadas, não é legítima e caracteriza lesão a direito da personalidade a exigência de certidão de antecedentes criminais de candidato a emprego, quando essa exigência traduzir tratamento discriminatório ou não se justificar em razão de previsão de lei, natureza do ofício ou do grau especial de fidúcia exigido.

Além disso, ficou estabelecido que a exigência de certidão de antecedentes criminais de candidato a emprego é legítima e não caracteriza lesão imaterial quando amparada em expressa previsão legal ou justificada em razão da natureza do ofício ou do grau especial de fidúcia exigido, a exemplo de empregados domésticos, cuidadores de crianças, idosos e deficientes, motoristas rodoviários de carga, empregados do setor de agroindústria, de manejo de ferramentas ou trabalho perfurocortante, bancários e afins, trabalhadores que atuam com substâncias tóxicas, entorpecentes e armas, trabalhadores que atuam com informações sigilosas.

Por derradeiro, o Tribunal decidiu, como terceira e última tese, que a exigência de certidão de antecedentes criminais quando ausente alguma das justificativas de que trata o item dois caracteriza dano moral *in re ipsa* ou presumido, passível de indenização independentemente de o candidato a emprego ter ou não sido admitido. Como não poderia ser diferente, concordo com todas as conclusões do TST, que parecem ser impecáveis tecnicamente (TST, E-RR 0250000-57.2013.5.13.0008, Subseção I Especializada em Dissídios Individuais, Rel. Min. Augusto Cesar Leite de Carvalho, *DEJT* 24.11.2017, p. 527).

No que concerne à aplicação dos danos morais presentes na fase pós-contratual, mais uma vez seguindo Enoque Ribeiro dos Santos, mencione-se a *despedida injuriosa*: "ocorrendo a perpetração de ato ilícito após o momento em si do despedimento do obreiro, mesmo que seja no mesmo dia ou hora em que este tenha deixado seu local de trabalho, se por iniciativa do empregador, teremos a figura da despedida injuriosa. (...). O caráter abusivo da despedida imediata pode se referir às condições humilhantes e vexatórias em que ela se processou, de natureza a comprometer a reputação do empregado, não apenas no seio da organização, como da própria comunidade em que ele vive com sua família".[44]

Outra concreção dessa responsabilização *post pactum finitum,* ou seja, após o fim do contrato de trabalho, diz respeito à prestação de informações desabonadoras ou depreciativas por parte do empregador depois do término da relação jurídica estabelecida entre as partes. Utiliza-se também o termo *elaboração de listas negras ou de listas sujas de empregados.*

Trata-se de conduta que atinge a capacidade laborativa do obreiro, que forma o núcleo principal dos direitos dos trabalhadores. As Cortes Trabalhistas têm posição reiterada de que o dano é presumido em tais situações. Por todos, diante da excelência da atuação do Relator:

> "O fato de a empresa fornecer informações desabonadoras sobre o ex-empregado, divulgando, inclusive, a propositura de reclamação trabalhista pelo obreiro, com a clara intenção de prejudicá-lo na recolocação no mercado de trabalho, assemelha-se à prática da chamada lista negra e, igualmente, configura ilícito sujeito à indenização por danos morais, independentemente do resultado que dele tenha advindo. O dano moral, nesse caso, é presumido (*in re ipsa*), pois deriva de ofensa a direitos da personalidade do trabalhador, prescindindo, portanto, da prova de sua ocorrência" (TRT 17.ª Região, RO 0001148-61.2016.5.17.0010, 3.ª Turma, Rel. Des. Carlos Henrique Bezerra Leite, *DOES* 13.09.2017, p. 2.604).

Na mesma esteira vem entendendo o Tribunal Superior do Trabalho, cabendo a transcrição dos seguintes arestos, mais uma vez por todos:

> "Por fim, no presente caso, fica evidente que a caracterização do dano moral independe da comprovação do efetivo abalo experimentado pelo ofendido, decorrendo da simples violação aos bens imateriais tutelados pelos seus direitos

---

[44] SANTOS, Enoque Ribeiro dos. *O dano moral na dispensa do empregado,* cit., p. 143.

personalíssimos. Logo, para sua configuração, é necessária apenas a demonstração da conduta potencialmente lesiva aos direitos da personalidade e a sua conexão com o fato gerador, sendo prescindível a comprovação do prejuízo, uma vez que presumível na presente hipótese (presunção *hominis*). Recurso de revista de que não se conhece. Compensação por danos morais. *Quantum debeatur*. Inclusão do nome do autor em lista negra. (Matéria comum). Os direitos da personalidade violados em decorrência do dano moral sofrido são imateriais e, assim, destituídos de conteúdo econômico, razão pela qual a compensação oferece à vítima quantia em dinheiro como forma de proporcionar um lenitivo pelo sofrimento suportado, bem como detém finalidade pedagógica e inibitória para desestimular condutas ofensivas aos mencionados direitos. A fixação do *quantum debeatur* deve orientar-se pelos princípios da proporcionalidade e da razoabilidade, considerando-se, também, outros parâmetros, como o ambiente cultural dos envolvidos, as exatas circunstâncias do caso concreto, o grau de culpa do ofensor, a situação econômica deste e da vítima, a gravidade e a extensão do dano. Assim, tenho que o valor ora fixado de R$ 8.000,00 (oito mil reais), a título de compensação por dano moral, revela-se consentâneo com os princípios e parâmetros acima referidos. Recursos de revista dos quais não se conhece" (TST, RR 0000583-80.2010.5.09.0091, 5.ª Turma, Rel. Min. Guilherme Augusto Caputo Bastos, *DEJT* 19.08.2016, p. 1.650).

"A inclusão do nome de ex-empregado em lista suja, impropriamente, constitui procedimento discriminatório, que fere o princípio da isonomia. Evidenciada tal conduta, a configuração de lesão moral prescinde de comprovação do efetivo prejuízo suportado pelo empregado, uma vez que flagrante a ofensa à dignidade e à imagem do empregado. Recurso de revista interposto pelo reclamante de que se conhece e a que se dá provimento para julgar procedente o pedido de indenização por lesão moral" (TST, ARR 0001204-77.2010.5.09.0091, 4.ª Turma, Rel. Min. João Oreste Dalazen, *DEJT* 21.08.2015, p. 1.726).

Destaque-se que a mesma Corte Superior tem entendimento reiterado de que a anotação referente ao ajuizamento de reclamação trabalhista na Carteira de Trabalho (CTPS) não constitui, por si só, informação desabonadora ou *lista negra*. Entretanto, esses mesmos acórdãos concluem da seguinte forma, caso do seguinte:

"Não se há negar o efeito dissuasivo gerado na vida profissional do trabalhador, o qual poderá encontrar, potencialmente, dificuldades de ser reinserido no mercado de trabalho. Deve-se atentar para o fato de que a CTPS registra toda a vida profissional do empregado, mas apenas a vida profissional, nela não se incluindo o exercício do direito de ação. Anotações deliberadamente dissuasórias, como a que ocorreu no caso em concreto, podem prejudicar a obtenção de novo emprego e implicar graves consequências de ordem social, moral e econômica para a vítima, o suficiente para configurar ato ilícito" (TST, RR 0000783-02.2014.5.06.0101, 6.ª Turma, Rel. Min. Augusto Cesar Leite de Carvalho, *DEJT* 26.02.2016, p. 1.641).

Demonstradas todas essas múltiplas ilustrações e incidências práticas – sem prejuízo de outras que poderiam aqui ser expostas, pois o tema é praticamente inesgotável –, cabe encerrar o presente tópico com a análise dos critérios que são utilizados pela jurisprudência do TST para quantificação dos danos morais.

Como se verá a seguir, apesar de a Reforma Trabalhista (Lei n. 13.467/2017) ter introduzido no art. 223-G da CLT parâmetros legais para tanto, o STF julgou que eles não são obrigatórios, mas facultativos, na aplicação pelos juízes do trabalho (STF, ADI 6.082, ADI 6.050 e ADI 6.069 – Tribunal Pleno, Rel. Min. Gilmar Mendes, julgado em junho de 2023).

Na doutrina, esses critérios são expostos, entre outros, por Enoque Ribeiro dos Santos, José Affonso Dallegrave Neto, Sebastião Geraldo de Oliveira e Vólia Bomfim Cassar, sendo próximos aos critérios utilizados pelo Superior Tribunal de Justiça.

O primeiro doutrinador anota os seguintes: *a)* condições econômicas, sociais e culturais das partes envolvidas; *b)* a intensidade do sofrimento do ofendido; *c)* a gravidade da repercussão da ofensa; *d)* a posição do ofendido; *e)* a intensidade do dolo ou o grau de culpa do responsável; *f)* um possível arrependimento do ofensor evidenciado por fatos concretos; *g)* a retratação espontânea e cabal; *h)* a equidade; *i)* as máximas de experiência e do bom senso; *j)* a situação econômica do País e dos litigantes; e *k)* o discernimento da vítima e do ofensor.[45]

Dallegrave Neto segue os critérios desenvolvidos por Sebastião Geraldo de Oliveira, a saber: *a)* fixação de uma indenização que compense a dor sofrida pela vítima e que combata a impunidade, sendo essas as suas duas finalidades básicas; *b)* grau de culpa do empregador e gravidade dos efeitos do acidente para a vítima e seus familiares; *c)* vedação do enriquecimento sem causa da vítima; *d)* fixação da indenização com prudência pelo julgador, fugindo-se de valores irrisórios ou de montantes exagerados; *e)* situação econômica das partes; e *f)* caráter pedagógico da indenização imaterial.[46]

Vólia Bomfim Cassar cita os seguintes requisitos para a quantificação: *a)* extensão do fato socialmente; *b)* permanência temporal do dano (demora no sofrimento); *c)* intensidade do ato (venal, doloso, culposo, abusivo); *d)* antecedentes do agente; *e)* capacidade econômica do agressor e do ofendido; *f)* razoabilidade; e *g)* indenização que não gere o enriquecimento sem causa do ofendido, mas que represente uma pena exemplar do agressor.[47]

No âmbito do TST, muitos desses parâmetros ou critérios eram repetidos nos acórdãos anteriores à Reforma Trabalhista de 2017, com pequenas variações, e com destaque às menções à razoabilidade, à proporcionalidade, à extensão do dano, ao grau de culpa do agente, às condições econômicas dos envolvidos e ao caráter pedagógico da indenização. Assim, para ilustrar:

> "Diante da ausência de critérios objetivos norteando a fixação do *quantum* devido a título de indenização por danos morais, cabe ao julgador arbitrá--lo de forma equitativa, pautando-se nos princípios da razoabilidade e da proporcionalidade, bem como nas especificidades de cada caso concreto, tais

---

[45] SANTOS, Enoque Ribeiro dos. *O dano moral na dispensa do empregado*, cit., p. 191.
[46] DALLEGRAVE NETO, José Affonso. *Responsabilidade civil no Direito do Trabalho*, cit., p. 338; OLIVEIRA, Sebastião Geraldo de. *Indenizações por acidente do trabalho ou doença ocupacional*. 2. ed. São Paulo: LTr, 2006. p. 197.
[47] CASSAR, Vólia Bomfim. *Direito do Trabalho*, 14. ed., cit., p. 907.

como: a situação do ofendido, a extensão e gravidade do dano suportado e a capacidade econômica do ofensor" (TST, AIRR 0183200-35.2009.5.02.0027, 1.ª Turma, Rel. Min. Lelio Bentes Corrêa, *DEJT* 15.12.2017, p. 1.600).

Ou, ainda: "considerando ter sido reconhecida a existência do dano moral pela primeira vez nos autos, cabe fixar o valor da indenização, balizando-se pelos critérios da extensão do dano, da capacidade econômica do ofensor, do grau de culpa do empregador e do caráter pedagógico e punitivo da condenação" (TST, RR 0002431-08.2013.5.02.0022, 5.ª Turma, Rel. Min. João Batista Brito Pereira, *DEJT* 15.12.2017, p. 2.767). Por fim, sem prejuízo de milhares de arestos que seguem a mesma linha:

"Não há na legislação pátria delineamento da importância a ser fixada a título de dano moral. Caberá ao juiz fixá-lo, equitativamente, sem se afastar da máxima cautela e sopesando todo o conjunto probatório constante dos autos. Contudo, considerados os elementos expostos no acórdão regional, tais como o dano (lesão do ligamento colateral ulnar do polegar esquerdo e fratura de dentes artificiais das próteses parciais, removíveis, superior e inferior), a gravidade da lesão (redução parcial e temporária da capacidade laboral), o nexo causal, o período de afastamento previdenciário (de 01.02.2012 a 03.09.2012), o grau de culpa do ofensor e a sua condição econômica, o não enriquecimento indevido do ofendido, o caráter pedagógico da medida, e os parâmetros fixados nesta Turma para situações congêneres, tem-se que o valor arbitrado em sentença e mantido na decisão recorrida mostra-se módico, devendo, portanto, ser rearbitrado para um montante que se considera mais adequado para a reparação do dano sofrido pelo obreiro" (TST, RR 0000761-85.2012.5.04.0030, 3.ª Turma, Rel. Min. Mauricio Godinho Delgado, *DEJT* 11.12.2017, p. 574).

Como palavras derradeiras para este tópico, e para as devidas confrontações práticas, adiante-se que o antes citado art. 223-G da CLT, introduzido pela Reforma Trabalhista, estabelece que, ao apreciar o pedido formulado pelo reclamante da ação de reparação de danos imateriais existentes na relação de trabalho, o juízo considerará: *a)* a natureza do bem jurídico tutelado; *b)* a intensidade do sofrimento ou da humilhação; *c)* a possibilidade de superação física ou psicológica; *d)* os reflexos pessoais e sociais da ação ou da omissão; *e)* a extensão e a duração dos efeitos da ofensa; *f)* as condições em que ocorreu a ofensa ou o prejuízo moral; *g)* o grau de dolo ou culpa; *h)* a ocorrência de retratação espontânea; *i)* o esforço efetivo para minimizar a ofensa; *j)* o perdão, tácito ou expresso; *k)* a situação social e econômica das partes envolvidas; e *l)* o grau de publicidade da ofensa. No último tópico do capítulo, farei uma análise depurada e crítica de tais critérios e como o STF julgou o seu conteúdo.

6.3. Danos estéticos suportados pelo trabalhador

Como está demonstrado no Capítulo 6 desta obra, a doutrina civilista e a jurisprudência do Superior Tribunal de Justiça acabaram por percorrer o caminho de separar os danos estéticos dos danos morais, reconhecendo os primeiros como terceira categoria de danos reparáveis, cumuláveis com os prejuízos materiais e morais. Consolidando tal posição, em 2009, o Tribunal da Cidadania acabou por editar a sua Súmula n. 387, segundo a qual "é lícita a cumulação das indenizações de dano estético e dano moral". O argumento principal utilizado para tal entendimento é que o dano estético representa uma lesão a mais à pessoa humana, por prejuízo à sua imagem, nos termos do que consta do art. 5.º, V, da Constituição Federal de 1988.

No mesmo sentido tem se posicionado a doutrina especializada do Direito do Trabalho. Como pondera Vólia Bomfim Cassar, "o dano estético está relacionado à imagem, porém corresponde ao defeito físico".[48] Para Raimundo Simão de Melo, o dano estético diferencia-se do dano moral pelo fato de poder ser interno ou externo, enquanto o último é apenas interno. O autor ainda associa o dano moral a sentimentos humanos desagradáveis, ideia que, no âmbito do Direito Civil, está superada:

> "O dano estético diferencia-se do dano moral, que é de ordem puramente psíquica, e, por isso, causa à vítima sentimento mental, aflição, angústia, vergonha, etc. Enquanto o dano moral é psíquico, o dano estético é interno ou externo, porque concretizado pela deformidade corporal do ser humano. O dano estético, portanto, deixa marca corporal na pessoa, causa dor no seu íntimo e gera sofrimento social no lesado perante as demais pessoas. O dano estético provoca sentimentos físicos e morais no lesando, acarretando prejuízos de ordem estética e funcional, conforme o caso, impedindo o ser humano, em muitas situações, do normal convívio social, da prática de lazer e de atividades profissionais".[49]

Igualmente no âmbito do TST, muitos arestos seguem a linha de separar os danos estéticos dos danos morais. Os primeiros julgados encontrados sobre o tema são de 2006 e 2007, ou seja, têm mais de dez anos (por todos: TST, RR 765.319/2001.0, 2.ª Turma, Rel. Min. José Simpliciano Fontes de Faria Fernandes, *DJU* 24.08.2007, p. 1.144; e TST, RR 52/2003-019-12-00.6, 4.ª Turma, Rel. Min. Antônio José de Barros Levenhagen, *DJU* 06.10.2006, p. 1.117). Mais recentemente, a afirmação da *cumulação tripla* é repetida em muitos acórdãos. Vejamos apenas dois, para ilustrar a obra:

> "Agravo em agravo de instrumento em recurso de revista. Estivador. Acidente do trabalho. Amputação da falange distal. Responsabilidade objetiva. Danos morais. Dano *in re ipsa*. Indenização. Matéria fática. 1. O Tribunal Regional delineia o quadro fático de que o autor, no exercício da atividade profissional de estivador, sofreu acidente do trabalho típico ao auxiliar o operador de guindastes no encaixe de contêineres, do qual resultaram as sequelas físicas descritas no laudo como amputação da falange distal do 5.º e 4.º quirodáctilos e anquilose parcial do 3.º quirodáctilo. Registrou que o reclamante não dispunha de outro meio para executar suas atividades, já que

---

[48] CASSAR, Vólia Bomfim. *Direito do Trabalho*, 14. ed., cit., p. 905.
[49] MELO, Raimundo Simão de. *Direito Ambiental do Trabalho e a saúde do trabalhador*, cit., p. 413.

o navio, mesmo atracado, não para de adernar e, em consequência, a carga, sendo içada por guindaste, também se mantém em constante movimento, contexto no qual, aplicando a teoria da responsabilidade objetiva, condenou as rés, solidariamente, ao pagamento de indenização por danos morais no valor de R$ 70.000,00 (setenta mil reais) e indenização por danos estéticos fixada em R$ 70.000,00 (setenta mil reais), além de indenização por danos materiais, consubstanciado no pagamento de pensão vitalícia, equivalente a 34% (percentual de perda da capacidade laboral apurada pela perícia) do salário mensal do autor, parcelas vencidas desde a data da citação, e vincendas, até a idade de 70 anos. Firmada a tese da responsabilidade objetiva, a qual prescinde de prova, o dano moral oriundo de acidente de trabalho se dá *in re ipsa*, sendo, no caso, suficiente, para fins de atribuição de responsabilidade, a demonstração do evento e do nexo de causalidade. Precedentes" (TST, Ag--AIRR 0082200-64.2007.5.02.0446, 3.ª Turma, Rel. Min. Alexandre de Souza Agra, *DEJT* 15.12.2017, p. 2.507).

"Danos morais e estéticos. Valor da indenização. Arbitramento. Princípio da proporcionalidade. Ainda que se busque criar parâmetros norteadores para a conduta do julgador, certo é que não se pode elaborar uma tabela de referência para a reparação do dano moral. A lesão e a reparação precisam ser avaliadas caso a caso, a partir de suas peculiaridades. Isso porque, na forma prevista no *caput* do artigo 944 do Código Civil, a indenização mede-se pela extensão do dano. O que se há de reparar é o próprio dano em si e as repercussões dele decorrentes na esfera jurídica do ofendido. Na hipótese, o Tribunal Regional reduziu a indenização por danos morais de R$ 25.000,00 para 20.000,00, com base nos seguintes aspectos: afastamento da autora do trabalho por seis meses e readaptação para outra função; ausência de incapacidade para o trabalho nem para a atividade cotidiana e culpa grave da reclamada, a qual permitiu que a reclamante laborasse em atividade para a qual não recebeu treinamento. Quanto aos danos estéticos, diminuiu o *quantum* indenizatório de R$ 20.000,00 para R$ 5.000,00, pois considerou que a lesão estética da autora é discreta e de grau baixo, conforme apontado no laudo pericial (grau II de uma escala de VII pontos). Verifica-se que o valor arbitrado pela Corte de origem mostra-se proporcional à própria extensão do dano (acidente de trabalho que ocasionou redução parcial e permanente da capacidade funcional da autora em 2% e danos estéticos no grau II de uma escala de VII pontos). Recurso de revista de que não se conhece" (TST, RR 0001336-35.2011.5.09.0242, 7.ª Turma, Rel. Min. Cláudio Mascarenhas Brandão, *DEJT* 13.10.2017, p. 1.942).

Como se pode notar da leitura dos dois julgados que foram colacionados com intuito ilustrativo, o grande problema a respeito do dano estético se repete no âmbito trabalhista, como delineado no Capítulo 6 deste livro, qual seja de fixar o *quantum debeatur*. Muitos julgadores apenas repetem os valores fixados a título de danos morais, utilizando para os danos estéticos os mesmos critérios para a quantificação desses.

Entretanto, como está desenvolvido no último *decisum*, penso que os critérios devem ser diferentes, uma vez que a fixação dos danos estéticos passa, obrigatoriamente, pelo arbitramento conforme a perícia médica que é realizada no processo. Valem, portanto, as anotações que fiz naquele capítulo anterior da obra, citando a correta doutrina de Enéas de Oliveira Matos. Lembro, como última nota sobre o tema, que o projeto de Reforma do Código Civil pretende tratar os danos estéticos dentro dos danos extrapatrimoniais, e ao lado do danos morais, com critério únicos para a sua quantificação (proposta de art. 944-A do Código Civil).

6.4. Danos existenciais na relação de trabalho

Como demonstrado no Capítulo 6 desta obra, há uma tendência doutrinária e jurisprudencial crescente em se reconhecer o dano existencial como categoria autônoma de dano reparável, dentro da tendência de *novos danos*. No âmbito legislativo, essa tendência também é verificada, tanto que a Reforma Trabalhista (Lei n. 13.467/2017), ao tratar dos danos extrapatrimoniais sofridos pelos trabalhadores, reconhece que "causa dano de natureza extrapatrimonial a ação ou omissão que ofenda a esfera moral ou existencial da pessoa física ou jurídica, as quais são as titulares exclusivas do direito à reparação" (art. 223-B da CLT).

Ademais, no projeto de Reforma do Código Civil, reitero que o dano existencial, pelo dano ao projeto de vida, será tratado dentro do dano extrapatrimonial, sendo parâmetro para a sua quantificação, nos termos do projetado art. 944-A, § 2.º, inc. I, do CC, que menciona o "nível de afetação em projetos de vida relativos ao trabalho, lazer, âmbito familiar ou social".

Reitere-se que a categoria foi desenvolvida no Direito Italiano, uma vez que o dano moral, naquele País, ainda é associado a sentimentos humanos desagradáveis, como dor, amargura e depressão. Nesse contexto de restrição e taxatividade do dano moral, o dano existencial está presente em duas situações. A primeira delas diz respeito ao *dano a projeto de vida* da pessoa humana, que vem a ser frustrado. O segundo é o *dano à vida em relação*, presente quando há interferência nas interações íntimas da vítima com outras pessoas, caso de seus familiares.

Na América Latina, o grande expoente no assunto é o jurista peruano Carlos Fernández Sessarego.[50] Frise-se que o *Maestro* entende tal prejuízo como uma lesão à *liberdade fenomênica*. De acordo com suas lições, reitere-se, a liberdade é sinônima de projeto, ou seja, o ser humano é livre enquanto projeta; e projeta para viver. Pontua, ainda, que a pessoa é livre para projetar uma maneira de vida, o destino pessoal ou um simples acontecimento do seu cotidiano. A vocação própria da liberdade ontológica é aquela de realizar, no mundo exterior, a sua vida diária. Trata-se da liberdade de viver de um ou outro modo, através de

---

[50] Por todos os trabalhos do *Maestro,* cite-se novamente: El "daño a la libertad fenoménica" o "daño al proyecto de vida" en el escenario jurídico contemporâneo, cit.; *JUS Doctrina & Práctica*, Lima, n. 6, jun. 2007; *Responsabilidad civil*, Buenos Aires: Rubinzal-Culzoni, 2007; *APECC. Revista de Derecho*, Lima, año IV, n. 6, Lima, abr. 2008; *Revista de Responsabilidad Civil y Seguros*, Buenos Aires, año XI, n. IX, sept. 2009; *Persona* – revista electrónica de derecho existencial, Buenos Aires, n. 73; *La responsabilità civile*, Torino, anno V, n. 6, giugno 2008.

atos, condutas e comportamentos, que configuram a vida cotidiana da existência e formam um projeto de vida liberalmente escolhido.[51]

Para Sessarego, o projeto de vida correspondente à exigência existencial pela qual cada ser humano deve dar um fim à própria vida, deve encontrar uma razão para existir, uma vez que o ser humano cumpre uma missão durante a sua existência, define metas, traça um destino.[52]

Do Brasil, utilizarei novamente como referência teórica a tese de doutorado de Marli Aparecida Saragioto, defendida na Faculdade Autônoma de Direito em 19 de dezembro de 2017, sob a minha orientação, em que se propõe o dano existencial como modalidade autônoma de dano imaterial.[53] Apesar de não ter me convencido, até o presente momento, de que o dano existencial deve ser separado do dano moral, o trabalho que orientei trouxe-me reflexões profundas sobre o instituto. A propósito, quando da realização das duas bancas de doutorado – de qualificação e definitiva –, a argumentação desenvolvida por Saragioto acabou por convencer os Professores Mário Luiz Delgado, Giselda Maria Fernandes Novaes Hironaka e Débora Brandão.

Especificamente quanto ao contrato de trabalho, ilustra Marli Saragioto que "são várias as condutas praticadas pelo empregador que podem causar dano existencial ao empregado: a) não concessão de férias; b) não concessão de intervalo intrajornada e interjornada, da forma como a lei determina; c) trabalho sobrejornada superior a 2 horas diárias; d) assédio moral por parte do empregador ou de alguém a quem o empregado deva obediência; e) assédio sexual, entre outras".[54] Segundo ela, tais danos podem atingir não só o empregado, mas também pessoas de sua família, outra hipótese de *dano indireto* ou *em ricochete* presente no âmbito trabalhista.

O dano existencial também está presente, segundo Saragioto, nos casos de jornadas de trabalho excessivas, pois o empregado tem um "direito de 'desconexão', ou seja, ter um período para 'não fazer' (conforme art. 138 da CLT), com a preservação da bilateralidade do contrato de trabalho e de receber pelo período de férias".[55] A norma citada estabelece que, durante as férias, o empregado não poderá prestar serviços a outro empregador, salvo se estiver obrigado a fazê-lo em virtude de contrato de trabalho regularmente mantido com aquele.

No plano da jurisprudência trabalhista, milhares são os julgados que reconhecem o dano existencial, especialmente para os casos de jornada exaustiva ou excessiva. Por todos, transcrevo os seguintes, do TST:

---

[51] SESSAREGO, Carlos Fernández. Il risarcimento del "danno al progetto di vita". *La Responsabilità civile*. Milano: UTET, 2009. p. 871.

[52] SESSAREGO, Carlos Fernández. Il risarcimento del "danno al progetto di vita", cit., p. 871.

[53] SARAGIOTO, Marli Aparecida. *O dano existencial como modalidade autônoma de dano imaterial*. 2017. Tese (Doutorado) – Faculdade Autônoma de Direito de São Paulo, São Paulo.

[54] SARAGIOTO, Marli Aparecida. *O dano existencial como modalidade autônoma de dano imaterial*, cit., p. 318.

[55] SARAGIOTO, Marli Aparecida. *O dano existencial como modalidade autônoma de dano imaterial*, cit., p. 320.

"Indenização por danos morais. Jornada excessiva. Este Tribunal Superior tem entendido que a submissão à jornada excessiva ocasiona dano existencial, em que a conduta da empresa limita a vida pessoal do empregado, inibindo-o do convívio social e familiar, além de impedir o investimento de seu tempo em reciclagem profissional e estudos. No caso concreto, reconhecida pelo Tribunal Regional a jornada excessiva no tópico das horas extras – de novembro/2009 até janeiro/2012, o reclamante laborava em jornada muito superior ao limite legal (06 às 23h, com intervalo de 20 min, de segunda à sexta-feira) –, faz *jus* o reclamante à reparação por danos morais, o qual, como é de conhecimento amplo, não precisa ser provado, pois se diz *in re ipsa*, ou seja, deriva da própria natureza do fato. Precedentes. Recurso de revista conhecido e provido" (TST, RR 0000046-97.2014.5.07.0027, 2.ª Turma, Rel. Min. Delaide Miranda Arantes, *DEJT* 15.12.2017, p. 1.648).

"Indenização por dano moral. Jornada abusiva. Trabalho por vinte dias consecutivos. Dano moral *in re ipsa*. Presunção *hominis*. A controvérsia cinge-se à caracterização ou não do dano moral no caso de cumprimento de jornada exaustiva pelo empregado. O Regional reconheceu que o autor se ativava em turnos ininterruptos de revezamento de 08 horas, alternados a cada 02 ou 03 dias, com apenas 30 minutos de intervalo, além de 02 horas extras diárias durante 07 dias corridos por mês, sem contar o labor extraordinário em outros dias, bem como nos dias destinados às folgas, tendo acontecido até mesmo do reclamante laborar por 20 dias seguidos, situação que demonstra labor em jornada exaustiva e abuso do poder diretivo do empregador. Diante disso, a Corte *a quo* consignou que a jornada exigida pela reclamada é abusiva, condenando-a ao pagamento de R$ 5.000,00 (cinco mil reais) a título de indenização por danos morais. Esta Corte tem entendido que a submissão habitual dos trabalhadores à jornada excessiva de labor ocasiona-lhes dano existencial, modalidade de dano imaterial e extrapatrimonial em que os empregados sofrem limitações em sua vida pessoal por força de conduta ilícita praticada pelo empregador, exatamente como na hipótese dos autos, importando em confisco irreversível de tempo que poderia legitimamente destinar-se a descanso, convívio familiar, lazer, estudos, reciclagem profissional e tantas outras atividades, para não falar em recomposição de suas forças físicas e mentais, naturalmente desgastadas por sua prestação de trabalho. Portanto, o ato ilícito praticado pela reclamada acarreta dano moral *in re ipsa*, que dispensa comprovação da existência e da extensão, sendo presumível em razão do fato danoso. Agravo de instrumento desprovido. *Quantum* indenizatório. Danos morais. R$ 5.000,00 (cinco mil reais)" (TST, AIRR 0010947-69.2014.5.15.0038, 2.ª Turma, Rel. Min. José Roberto Freire Pimenta, *DEJT* 01.12.2017, p. 1.179).

De todo modo, como se pode notar, os julgados colacionados – e essa é a posição que parece prevalecer no TST – reconhecem a presença do dano existencial pelas jornadas excessivas, mas indenizam a vítima por danos morais suportados, ou seja, não tratam a categoria como modalidade autônoma de dano imaterial reparável, o que é, de fato muito controverso. Reitero, nesse contexto, a minha posição, já manifestada no Capítulo 6 desta obra, no sentido de que as situações descritas como de dano existencial são, na verdade, de danos morais, presentes lesões a direitos da personalidade.

Na mesma linha, em artigo publicado no jornal *Carta Forense*, José Fernando Simão aponta ser a categoria do dano existencial um *desvio categórico*. Para chegar a tal conclusão, o jurista utiliza como parâmetro o seguinte *decisum* do Tribunal Superior do Trabalho:

"O dano existencial consiste em espécie de dano extrapatrimonial cuja principal característica é a frustração do projeto de vida pessoal do trabalhador, impedindo a sua efetiva integração à sociedade, limitando a vida do trabalhador fora do ambiente de trabalho e o seu pleno desenvolvimento como ser humano, em decorrência da conduta ilícita do empregador" (TST, RR 10347420145150002, publicado em 13.11.2015).

Suas contundentes palavras de crítica, com precisa análise técnica, merecem destaque:

"A categoria foi criada como verdadeira solução à limitação das hipóteses de dano moral previstas no *Codice Civile* italiano. É apenas um verdadeiro *bypass* que a doutrina italiana dá ao sistema de 1942, que tipificava as hipóteses de danos morais indenizáveis.

A figura significa apenas o alargamento das hipóteses de danos morais indenizáveis e nada mais. Aliás, foi o que fez muitos séculos antes a *Lex Aquilia de Damno* quando rompeu com o sistema tipificado do *ius civile* para ampliar as hipóteses de dano indenizáveis que eram pouquíssimas. O Direito Romano passa a admitir o *damnum iniuria datum* (dano contra o direito). É verdade que não se chegou a uma ampliação dos danos indenizáveis tão grande como a atual, mas houve um aumento sensível das hipóteses.

Em suma, a importação da figura denota o servilismo de parte da doutrina brasileira que não consegue fazer uma verdadeira comparação de sistemas. Basta se verificar que, em um sistema aberto, a criação de um 'novo dano' carece de base teórica suficiente para a autonomia da categoria.

Passamos a responder, então, duas perguntas importantes quando da importação de figuras estrangeiras. 1. Há peculiaridades no sistema italiano que exigem a figura do dano existencial? Sim, a restrição às hipóteses de dano moral indenizável. 2. Essas peculiaridades se verificam no Brasil? Não, porque as hipóteses de direito da personalidade que existem no Código Civil são exemplificativas e não taxativas, e todas as hipóteses de dor e sofrimento permitem a indenização por dano moral no Brasil.

A resposta à pergunta formulada no início do presente escrito é, portanto, negativa. Trata-se de um gênero e não de uma espécie autônoma. A Justiça do Trabalho, de maneira pouco técnica e simplesmente injustificada, buscou no Direito italiano tal categoria que, para um civilista, denota 'política judiciária' e vazio axiológico.

A 'frustração do projeto de vida', sabe-se lá o que isso significa, se gerar sofrimento ou dor, é causa para indenização por dano moral, ou seja, algo que impeça a efetiva integração de um indivíduo à sociedade, quer seja em relações pessoais, quer seja em relações profissionais, gera tão somente dano moral ou material.

(...).

O 'dano existencial' é decorrência da pobreza e da falta de políticas públicas para esse empregado. A falta de tempo para seu 'pleno desenvolvimento' decorre de um sistema cruel e socialmente injusto e é regra para grande parte da população brasileira. Transformar isso em categoria jurídica, em um país como o Brasil, seria triste, se não fosse trágico".[56]

Essa também é a minha visão parcial, diante do sistema legal ora em vigor, notadamente no sentido de que as situações tidas como de danos existenciais enquadram-se como danos morais, categoria que está tratada não só na Constituição Federal (art. 5.º, incs. V e X), como em várias leis ordinárias, caso do Código Civil de 2002 (art. 186).

Na verdade, como se verá no último tópico deste capítulo, a Reforma Trabalhista de 2017 acabou por percorrer o caminho inverso ao reconhecimento do dano existencial como categoria autônoma, uma vez que concentrou todos os danos imateriais em um mesmo instituto denominado como dano extrapatrimonial, e tentou tabelar ou tarifar esse seu montante global. Esse infeliz tratamento será por mim analisado, mais à frente.

6.5. Danos por perda da chance e contrato de trabalho

Como estudado mais uma vez no Capítulo 6 deste livro, os danos decorrentes da perda da chance também têm gozado de grande prestígio doutrinário e jurisprudencial. Cabe repetir que, de acordo com a teoria *perte d'une chance*, de origem francesa, são reconhecidos como reparáveis os prejuízos oriundos da perda de uma oportunidade, de uma expectativa, de um fato que possivelmente ocorreria, em circunstâncias normais.

Como pondera Rafael Peteffi da Silva, repise-se, "a teoria da perda de uma chance encontra o seu limite no caráter de certeza que deve apresentar o dano reparável. Assim, para que a demanda do réu seja digna de procedência, a chance por este perdida deve representar muito mais do que simples esperança subjetiva".[57] Em suma, a indenização mencionada somente é cabível desde que a chance seja séria e real, de acordo com as circunstâncias do caso concreto.

Nesse sentido, o Enunciado n. 444, aprovado na *V Jornada de Direito Civil*, de autoria do próprio Professor Peteffi: "a responsabilidade civil pela perda de chance não se limita à categoria de danos extrapatrimoniais, pois, conforme as circunstâncias do caso concreto, a chance perdida pode apresentar também a natureza jurídica de dano patrimonial. A chance deve ser séria e real, não ficando adstrita a percentuais apriorísticos".

No projeto de Reforma do Código Civil, também é importante relembrar, há proposta de inclusão da perda da chance, como uma terceira modalidade de dano reparável – ao lado do dano patrimonial e do extrapatrimonial –, no

---

[56] SIMÃO, José Fernando. Reforma trabalhista. Dano extrapatrimonial. Parte 1. O artigo também está publicado no meu *site*. Disponível em: <http://www.flaviotartuce.adv.br/artigos_convidados>. Acesso em: 24 dez. 2017.

[57] SILVA, Rafael Peteffi da. *Responsabilidade civil pela perda de uma chance*, cit., p. 134.

novo art. 944-B. Nos termos do seu § 1.º, "a perda de uma chance, desde que séria e real, constitui dano reparável". E mais, consoante o projetado § 2.º do dispositivo, "a indenização relativa à perda de uma chance deve ser calculada levando-se em conta a fração dos interesses que essa chance proporcionaria, caso concretizada, de acordo com as probabilidades envolvidas". Lembro, ainda, que fiz concessões doutrinárias, ciente de que a maioria é a favor do instituto, e concordei com a sua inclusão no projeto.

Sobre a aplicação da teoria da perda da chance no âmbito trabalhista, destacam-se há tempos os escritos de Raimundo Simão de Melo. Entre os seus artigos sobre o assunto, merece relevo o seguinte, já considerado um *clássico* sobre o tema:

> "Nas relações de trabalho a teoria da responsabilidade pela perda de chances encontra campo fértil, assim como vem ocorrendo no tocante às indenizações por dano moral *lato sensu*. No campo das doenças e acidentes de trabalho, maiores ainda são as possibilidades da ocorrência de danos pela perda de uma chance.
>
> Imagine-se a situação de um trabalhador que, em perfeitas condições de higidez física e psíquica, na busca de melhoria profissional, está se preparando e ao mesmo tempo prestando concurso público, mas, em razão de um evento acidentário, perde a oportunidade de concluir um certame de que está participando, quando, para conseguir o seu desiderato, precisava apenas se submeter à última das fases eliminatórias do concurso.
>
> Não se trata, como se observa, de lucro cessante nem de dano emergente, porque o candidato não foi ainda aprovado no concurso. O que ele tinha era uma expectativa de atingir o resultado esperado, ou seja, de concretizar aquele direito ainda em expansão.
>
> Outra hipótese pode ocorrer em relação ao funcionário que, conforme as normas internas da empresa, estava prestes a obter uma promoção, a qual não se concretizou por conta de perseguições e de assédio moral praticados pelo chefe do mesmo. A pessoa assediada pode ter sido demitida ou pedido demissão do emprego porque não suportou o assédio. Nesse caso, há possibilidade de se discutir o pagamento de indenização pela perda de oportunidade de obtenção da promoção, que poderia ser efetivada não fosse aquele injusto dano contra ele assacado.
>
> A solução para se aferir o dano e fixar a indenização, dependendo da situação, não é tarefa fácil para o Juiz, que não pode confundir uma mera e hipotética probabilidade com uma séria e real chance de atingimento da meta esperada. Mas, é claro, a reparação da perda de uma chance não pode repousar na certeza de que esta seria realizada e que a vantagem perdida resultaria em prejuízo. Trabalha-se no campo das probabilidades. Nessa linha, consagrou o Código Civil (art. 402) o princípio da razoabilidade, caracterizando, no caso, o lucro cessante como aquilo que razoavelmente a vítima deixou de lucrar, o que se aplica a essa terceira espécie de dano, que para aquilatá-lo deve o juiz agir com bom senso, segundo um juízo de probabilidade, embasado nas experiências normais da vida e em circunstâncias especiais do caso concreto. A probabilidade deve ser séria e objetiva em relação ao futuro da vítima, em face da diminuição do benefício patrimonial legitimamente esperado. Mas,

além disso, a reparação buscada pode ter por fundamento, como consequência, um dano moral à vítima do ato ilícito".[58]

Com tom mais específico sobre a responsabilidade civil por perda de uma chance, ao analisar a responsabilidade civil que surge na quebra das tratativas do contrato de trabalho, Vólia Bomfim Cassar leciona o seguinte:

"As negociações preliminares não geram, por si sós, a perda de uma chance (do emprego em si), não acarretando indenização por esse motivo. Todavia, se o pretenso candidato ao emprego perdeu uma chance real de realizar outro ato, não relacionado com aquele emprego, como por exemplo, a última fase de um concurso a outro emprego ou cargo público, porque durante a reunião realizada para as negociações sofreu acidente dentro da empresa, por culpa desta ou ficou preso (trancado) numa sala dessa mesma empresa, poderá ocorrer a perda da chance. Nesse caso, o intérprete deve analisar as chances sérias e reais de que o pretenso trabalhador poderia ser aprovado no concurso ou na seleção do outro emprego ou cargo. De qualquer forma, as hipóteses acima de perda de uma chance não se inserem diretamente na responsabilidade civil decorrente das negociações preliminares, mas sim de ato culposo praticado por um agente contra um candidato ao emprego. Entendemos que a competência para a solução dessas lides é da Justiça do Trabalho, ante o disposto na EC 45/2004, mesmo não havendo a relação de emprego entre as partes".[59]

Partindo para a exposição de julgados, mais uma vez do Tribunal Superior do Trabalho, conclui-se, pelas circunstâncias do caso concreto "que incorreu o empregador em ato ilícito, haja vista que sequer cumpriu com as suas obrigações, na forma pactuada, vindo a causar prejuízos financeiros à reclamante, que faz *jus* à respectiva reparação, pela perda da chance à obtenção de melhores condições de remuneração pela conclusão de sua especialização. Não há dúvida, portanto, de que no caso dos autos houve o preenchimento dos requisitos justificadores da reparação civil, inclusive a lesão, material, pela perda da oportunidade de obter melhores condições salariais, bem como, moral, por violação à dignidade e à honra da empregada, submetida a imposições unilaterais e desproporcionais aos benefícios ofertados pela empresa, que sequer chegou a implementá-los" (TST, AIRR 0001792-35.2012.5.11.0002, 1.ª Turma, Rel. Des. Conv. Luíza Lomba, *DEJT* 23.10.2015, p. 564).

Também fazendo incidir a teoria da perda de uma chance, existem muitos acórdãos que, na linha da doutrina aqui citada, indenizam ex-futuros empregados pela frustração de uma contratação, presente ainda a quebra da boa-fé objetiva por parte daquele que faz a proposta. Assim concluindo, por todos, as ementas:

---

[58] MELO, Raimundo Simão de. Indenização pela perda de uma chance. Disponível em: <http://www.ambito-juridico.com.br/site/index.php?n_link=revista_artigos_leitura&artigo_id=1745>. Acesso em: 26 dez. 2017.
[59] CASSAR, Vólia Bomfim. *Direito do Trabalho*, 14. ed., cit., p. 500.

"Recurso ordinário patronal. Indenização por dano moral pré-contratual. Manutenção. A reclamada principal gerou no autor falsa expectativa de contratação. Mesmo após este ter sido submetido a processo de seleção, exame admissional e ser considerado apto para o trabalho, tendo inclusive sido retida sua CTPS, a reclamada, sem justo motivo, não o contratou, em cristalina conduta abusiva e em ofensa à boa-fé consagrada no art. 422 do Código Civil, gerando a obrigação de indenizar o empregado pela falsa expectativa criada. Registre-se que, em observância à boa-fé objetiva é que as partes comprometem-se ao cumprimento das obrigações concernentes à fase do pré-contrato, desde o momento em que vislumbrada a formação do vínculo contratual. Logo, restou correto o juízo de base em ter concedido indenização por danos morais ao reclamante, em face de sua não contratação, da retenção injustificada da CTPS, da perda da chance de trabalhar para outra empregadora na época da safra e das condições degradantes do alojamento em que o reclamante aguardou, por dia, o início dos trabalhos, cabendo-se mencionar que foram observados os princípios da razoabilidade e da proporcionalidade, quando da fixação do *quantum* indenizatório, não tendo havido mácula aos arts. 5.º, V e X, da CRFB, e 944 do Código Civil. Apelo improvido" (TRT 19.ª Região, RO 0002222-11.2014.5.19.0061, 2.ª Turma, Rel. Des. Marcelo Vieira, j. 03.09.2015, *DEJTAL* 09.09.2015, p. 551).

"Promessa de contratação. Ato ilícito. Indenização por danos morais e materiais. No âmbito das relações de trabalho, ao empregador é facultado, antes da formalização do contrato, submeter o candidato a processo seletivo, o qual poderá ocorrer em uma única oportunidade ou desdobrar-se em várias etapas. Escolhida essa via, o empregado tinha apenas expectativa de contratação. Entretanto, ultrapassada a fase pré-contratual, com adoção de procedimento para uma efetiva contratação, criou-se uma fundada expectativa no candidato, pelo que a frustração imprevista excede o poder diretivo, configurando-se ato ilícito (art. 187 do CC), trazendo a frustração pela perda da chance de emprego na empresa, o que enseja pagamento de indenização por danos morais, além de prejuízos materiais decorrentes do aguardo para o início do trabalho, deixando o obreiro de receber os salários do período entre a data da realização do exame médico admissional e a data do término do contrato de experiência que restou frustrado" (TRT 3.ª Região, RO 0001552-41.2013.5.03.0129, Rel. Juíza Conv. Rosemary de O. Pires, *DJEMG* 04.02.2015, p. 84).

Além dessa situação de *abuso ao não contratar*, a jurisprudência trabalhista tem reconhecido a aplicação da perda de uma chance para as hipóteses em que o empregado, por ato do empregador, deixa de receber uma aposentadoria mais vantajosa. Mais uma vez por todos, colaciona-se:

"Indenização pela perda de uma chance. A teoria da perda da chance consiste na responsabilidade do autor do dano quando obsta outra pessoa de auferir vantagem ou simplesmente a impede de evitar prejuízos, revelando-se, assim, a superveniência de chance séria e real. No presente caso, ficou demonstrado que o reclamado retirou do reclamante as possibilidades de cumprimento das condições para aposentadoria integral, que culminaria no recebimento de uma aposentadoria de maior valor, persistindo o dever de indenizar" (TST,

ARR 0092300-94.2010.5.17.0013, 6.ª Turma, Rel. Min. Augusto Cesar Leite de Carvalho, *DEJT* 01.12.2017, p. 3.179).

Seguindo os exemplos jurisprudenciais, a teoria da perda da chance tem sido aplicada para os casos em que o empregador, por conduta ilícita, retira do empregado a chance de obter uma remuneração melhor: "estando configurada a ilicitude do ato que preteriu o trabalhador do sistema de escala em rodízio das fainas, chefia e fiscalização, deve o OGMO indenizar o reclamante pelos prejuízos suportados, consistentes na perda da chance de aferir melhor remuneração, nos termos dos arts. 186 e 927, do CC. Precedentes" (TST, RR 0001206-23.2011.5.09.0411, 2.ª Turma, Rel. Min. Maria Helena Mallmann, *DEJT* 25.08.2017, p. 522). Na mesma linha, merece destaque, pela análise que traz a respeito da incidência da perda da chance para o âmbito laboral, o seguinte acórdão:

"O OGMO, ao não promover a capacitação profissional do autor para o desempenho de atividade na faina de célula em altura, que exige maior qualificação e proporciona melhor remuneração, e ao privá-lo do direito de participar, de forma igualitária, do sistema de rodízio para escalação nessa faina, justamente pela ausência de capacitação específica para tanto, cometeu ato ilícito passível de indenização, e, assim, deve responder pelos prejuízos causados ao autor, consistente na perda da chance de aferir melhor remuneração. Salienta-se que a teoria da responsabilidade pela perda de uma chance preconiza que o autor do dano é responsabilizado civilmente quando priva alguém de obter uma vantagem relevante, ou seja, não é a perda pura e simples de um determinado negócio jurídico, mas a efetiva frustração de expectativa de obtenção de uma determinada vantagem. Na hipótese, é evidente que, caso o OGMO tivesse oferecido ao autor curso de qualificação profissional e, por conseguinte, tivesse garantido a sua participação no rodízio de escalação para o exercício de atividade nas fainas de célula em alturas, teria possibilitado ao autor a obtenção da vantagem almejada (precedentes)" (TST, RR 0000870-22.2011.5.09.0022, 2.ª Turma, Rel. Min. José Roberto Freire Pimenta, *DEJT* 12.05.2017, p. 589).

Expostos os exemplos jurisprudenciais, reitero as minhas ressalvas feitas com relação à teoria da perda da chance. Com o devido respeito, atualmente, as situações tidas como de perda da chance até são reparáveis, como danos materiais ou morais, mas não como categoria autônoma, como quer parte considerável da doutrina e da jurisprudência. O enquadramento na nova categoria faz que os danos sejam, em muitos casos, hipotéticos ou eventuais, sendo certo que os arts. 186 e 403 do Código Civil brasileiro exigem o dano presente e efetivo. A perda de uma chance, na verdade, trabalha com suposições, com o *se*. Penso ser necessária a sua inclusão na lei, como categoria autônoma de dano reparável, para que esses entraves sejam superados, exatamente como está sendo proposto no projeto de Reforma do Código Civil.

Além disso, em algumas situações de sua incidência, a suposta *perda* fica em dúvidas, como nos casos em que o empregado deixa de receber uma aposentadoria melhor. Como trabalhar com a probabilidade em um mundo onde tudo pode acontecer ou mudar repentinamente?

Por derradeiro, a perda de uma chance pode representar barreiras intransponíveis para a vítima, que ficará sem o valor indenizatório se não provar que a chance é séria e real. Em muitos casos, as categorias dos danos materiais e dos danos morais parecem ser mais adequadas para a resolução do caso concreto, reparando-se integralmente o dano sofrido pelo ofendido, no caso, o trabalhador.

6.6. Danos coletivos e Direito do Trabalho

Como outrora exposto, tem-se admitido amplamente a reparação de danos coletivos em sentido amplo nas relações civis e de consumo, diante da regra expressa do art. 6.º, inc. VI, do Código de Defesa do Consumidor.

Como visto no Capítulo 6 deste livro, tenho a posição doutrinária no sentido de que os danos morais coletivos envolvem interesses individuais homogêneos ou coletivos em sentido estrito, em que as vítimas são determinadas ou determináveis. Por isso, a indenização é destinada para elas, as vítimas, atingidas em seus direitos da personalidade, sem que exista a necessidade obrigatória de sentimentos humanos desagradáveis, como dor e tristeza. Por seu turno, nos danos difusos ou sociais, toda a sociedade é atingida, ou seja, as vítimas são indeterminadas, novamente sem a necessidade da presença de sentimentos negativos. Diante dessa realidade, a indenização é destinada para um fundo de proteção – de acordo com o Direito lesado – ou para uma instituição de caridade, a critério do juiz.

Também foi demonstrado que há grande confusão conceitual entre as duas categorias no âmbito do Superior Tribunal de Justiça, realidade que acaba se repetindo na seara trabalhista.

Na doutrina especializada do Direito do Trabalho, a mesma hesitação percebida, até de forma mais confusa, pela falta de separação conceitual. Raimundo Simão de Melo é um dos autores que não faz a diferenciação entre danos morais coletivos e danos difusos, concebendo apenas os primeiros como "uma lesão significante, com reflexo e prejuízo na esfera de valores coletivos socialmente concebidos e protegidos juridicamente".[60]

Vólia Bomfim Cassar, por sua vez, procura dividir as situações, na mesma linha que fazemos, em que há lesão a interesses individuais homogêneos, coletivos em sentido estrito ou difusos. Como exemplo dos primeiros, cita a submissão de um grupo de empregados ao trabalho escravo ou à prática de atos vexatórios pelo não atendimento de metas fixadas pela empresa.

Como ilustração de lesão a direitos coletivos em sentido estrito cita a jurista o anúncio discriminatório de contratação de empregados (por cor, idade, sexo ou religião). Quanto às lesões difusas, menciona as fraudes em concursos públicos de contratação. No entanto, acaba ela por concluir, na mesma linha, que os

---

[60] MELO, Raimundo Simão de. *Direito Ambiental do Trabalho e a saúde do trabalhador*, cit., p. 329.

danos morais coletivos trabalhistas abrangem todas essas situações, concebidos como hipótese em que "é titular a coletividade abstratamente analisada".⁶¹ Em suma, essa é a posição que parece prevalecer no âmbito trabalhista, ou seja, de uma *fusão de conceitos*.

No Tribunal Superior do Trabalho essa confusão é igualmente verificada, havendo julgados que reconhecem os danos morais coletivos e destinam os valores não só às vítimas como também ao FAT (Fundo de Amparo ao Trabalhador) ou a instituições de caridade. Assim, concluindo, e tratando do desrespeito às normas de segurança e de saúde do Direito do Trabalho:

"Agravo de instrumento em recurso de revista interposto pela reclamada. Legitimidade ativa *ad causam*. Ministério Público do Trabalho. Ação civil pública. Direitos individuais homogêneos. Coisa julgada. Não configuração. 3. Jornada de trabalho. Prorrogação. Dano moral coletivo. Descumprimento das normas relativas à jornada de trabalho. Configuração. Indenização. Redução. Não há como assegurar o processamento do recurso de revista quando o agravo de instrumento interposto não desconstitui a decisão denegatória. Agravo de instrumento conhecido e não provido. Agravo de instrumento em recurso de revista interposto pelo MPT. Dano moral coletivo. Indenização. Majoração. (...). Danos morais coletivos. Indenização. Destinação. Fundo de Amparo ao Trabalhador (FAT). Nos termos do artigo 13 da Lei n. 7.347/1985, a jurisprudência desta Corte firmou-se no sentido de que as indenizações a título de danos morais coletivos devem ser revertidas ao Fundo de Amparo ao Trabalhador (FAT). Precedentes. Recurso de revista não conhecido" (TST, ARR 646-12.2014.5.09.0594, 8.ª Turma, Rel. Min. Dora Maria da Costa, *DEJT* 20.10.2017).

"Recurso de revista interposto pelo Ministério Público do Trabalho da 5.ª Região. Dano moral coletivo. Obrigações de fazer e de não fazer. Normas relativas à saúde, à segurança e ao meio ambiente do trabalho. O descumprimento dessas normas causa lesão à comunidade. A Corte regional apontou que, na hipótese, constatou a existência de 'irregularidades de falta de utilização de EPI; falta de realização de exames médicos periódicos; prorrogação da jornada normal de trabalho além do limite legal de duas horas; desrespeito ao limite mínimo de onze horas interjornada; não pagamento das horas extras laboradas; supressão do descanso semanal remunerado; descumprimento do PCMSO – Programa de Controle Médico de Saúde Ocupacional – e descumprimento do PPRA – Programa de Prevenção de Riscos Ambientais', bem como que, a título meramente exemplificativo, apontou a existência de prova nos autos que demonstraram o caso de 'um trabalhador que afirmou laborar na Ré por mais de 10 anos sem realizar um exame periódico sequer', além do 'labor de um empregado durante 30 dias seguidos sem a concessão de folga compensatória'. O Tribunal *a quo* registrou que 'o próprio Ministério Público realizou inspeções nos locais de trabalho e entrevistou trabalhadores que confirmaram as denúncias e o desrespeito à legislação trabalhista, como se infere nos documentos adunados às fls. 19/169' e que 'a Acionada, por outro lado, não logrou se desincumbir do ônus de provar o cumprimento e

---

⁶¹ CASSAR, Vólia Bomfim. *Direito do Trabalho*, 14. ed., cit., p. 910-914.

o respeito à legislação, nos termos do art. 818 da CLT e art. 333, II, do CPC'. (...). Não obstante o Tribunal *a quo* ter registrado as irregularidades praticadas pela reclamada, entendeu ser indevida a condenação por dano moral coletivo, na medida em que 'não vislumbramos que a violação à regra de proteção trabalhista em relação a um determinado e restrito grupo de empregados caracterize violação a um direito coletivo deste mesmo grupo', tendo concluído, assim, que a 'simples violação de direitos individuais, relativos ao registro da jornada, ao pagamento de horas extras e ao descanso determinado e outros, de um grupo de empregados, portanto, não caracteriza o dano moral coletivo'. Discute-se, pois, se a ré, ao deixar de cumprir as normas trabalhistas relativas à saúde, à segurança e ao meio ambiente do trabalho, afrontou toda a coletividade, para ser condenada ao pagamento de indenização por dano moral coletivo. A recepção à proteção aos interesses coletivos difusos encontra-se prevista especificamente no artigo 129 da Constituição Federal, quando prevê o ajuizamento de ação civil pública para defesa dos interesses sociais e coletivos. Salienta-se que o dever de indenizar não está restrito ao indivíduo lesado, mas à coletividade. Contudo, há diferença entre os âmbitos de abrangência da indenização individual, que cada trabalhador eventualmente poderá obter da indenização por dano moral coletivo, que é mais amplo. A tutela coletiva ora em exame abrange não apenas os direitos individuais homogêneos desses trabalhadores como também os direitos difusos de todos os membros da sociedade e também os direitos coletivos, em sentido estrito, não só daqueles que se encontram nesta situação especial mas também daqueles que poderão vir a se encontrar nessa condição futuramente, caso essa conduta ilícita não seja coibida. Visando à cessação da conduta reiterada da reclamada, portanto, é também necessária a condenação ao pagamento dessa indenização por danos morais coletivos. Como se sabe, essa condenação não tem cunho somente meramente indenizatório, mas também reparatório dos danos causados ao conjunto da sociedade ou aos demais trabalhadores em geral, além de conteúdo suasório, de induzimento, quase que coercitivo, a uma postura não contrária ao ordenamento jurídico. Ademais, embora se admita a indenização por danos morais coletivos e difusos, não é nenhum atentado aos interesses de um grupo que pode vir a acarretar esse tipo de dano, resultando na responsabilidade civil. Dessa forma, não apenas a pessoa individualmente considerada, mas também a coletividade é titular de interesses juridicamente protegidos. Assim, o entendimento jurisprudencial predominante desta Corte é o de que a prática de atos antijurídicos e discriminatórios, em completo desvirtuamento do que preconiza a legislação pátria – desrespeito das normas de proteção à saúde, à segurança e ao meio ambiente do trabalho –, além de causar prejuízos individuais aos empregados da ré, configura ofensa ao patrimônio moral coletivo, sendo, portanto, passível de reparação por meio da indenização respectiva, nos termos dos artigos 5.º, inciso X, da Constituição Federal e 186 do Código Civil. Assim, ao contrário da tese adotada pelo Tribunal *a quo*, o descumprimento das normas de segurança e saúde dos trabalhadores causa dano à coletividade. Impõe-se, pois, restabelecer a sentença, em que se condenou da ré ao pagamento da indenização por dano moral coletivo no valor de R$ 200.000,00 (duzentos mil reais), a ser revertido ao Fundo de Amparo ao Trabalhador" (TST, ARR 7023720115050311, 2.ª Turma, Rel. José Roberto Freire Pimenta, j. 29.11.2017, *DEJT* 15.12.2017).

Como se pode notar da leitura do último aresto, é plenamente admitida, na jurisprudência trabalhista, a cumulação de indenização por lesão a direitos individuais homogêneos e a direitos difusos, tratados na mesma categoria dos danos morais coletivos.

Tem-se admitido, ainda, a cumulação de danos individuais suportados pelos trabalhadores – como os existenciais e os morais –, com os prejuízos coletivos. Assim, por exemplo, reconhece-se que:

"A Reclamada descumpriu de forma reiterada inúmeros dispositivos ligados à duração de trabalho, configurando manifesto dano existencial dos empregados da Ré. Ora, o excesso de jornada extraordinária, para muito além das duas horas previstas na Constituição e na CLT, sem a concessão dos intervalos intrajornadas e intervalos interjornadas, cumprido de forma habitual e por longo período, tipifica, em tese, o dano existencial, por configurar manifesto comprometimento do tempo útil de disponibilidade que todo indivíduo livre, inclusive o empregado, ostenta para usufruir de suas atividades pessoais, familiares e sociais. (...). Desse modo, laborando os empregados em jornadas de trabalho excessivas, ultrapassando sobremaneira o limite extraordinário de duas horas diárias do art. 59 da CLT, sem a concessão dos intervalos intrajornadas e intervalos interjornadas, compreende-se que as condições de trabalho a que se submeteram os empregados atentaram contra a sua dignidade, a sua integridade psíquica e o seu bem-estar individual, bens imateriais que compõem seu patrimônio moral protegido pela Constituição, ensejando a reparação moral, conforme autorizam o inciso X do art. 5.º da Constituição Federal e os arts. 186 e 927, *caput*, do CCB/2002. Nesse contexto, configura-se o dano moral coletivo" (TST, RR 0034800-83.2009.5.02.0446, 3.ª Turma, Rel. Min. Mauricio Godinho Delgado, *DEJT* 11.12.2017, p. 907).

Além de todas essas hipóteses, os danos morais coletivos também são reconhecidos em casos de greves abusivas, por desrespeito ao que consta do art. 9.º, § 2.º, da Constituição Federal. Reitere-se, como exemplo, o julgado citado no Capítulo 6 desta obra, que condenou o Sindicato dos Metroviários de São Paulo por um movimento grevista que parou a cidade de São Paulo (TRT 2.ª Região, Dissídio coletivo de greve, Processo 20288-2007-000-02-00-2, Acórdão 2007001568, Rel. Sonia Maria Prince Franzini, Rev. Marcelo Freire Gonçalves, j. 28.06.2007, data de publicação: 10.07.2007).

Reconhecem-se também os danos morais coletivos quando o empregador retira dos empregados o direito fundamental à greve, por *conduta antissindical*. Por todos, com o fito de ilustrar mais amplamente o tema:

"Na hipótese, o Tribunal Regional manteve a sentença que deferiu a indenização por danos morais coletivos, pois comprovado nos autos a adoção, pela reclamada, de medidas com vistas a constranger os empregados que aderiram ao movimento grevista para que retornassem ao trabalho em clara afronta ao direito de greve previsto nos artigos 9.º, *caput*, da Constituição Federal e 1.º, *caput*, da Lei n. 7.783/1989. Não se discute, portanto, apenas eventual lesão provocada em cada indivíduo em razão da conduta antijurídica adotada pela reclamada. Exsurge como interesse coletivo a ser tutelado a garantia do livre exercício do direito de greve constitucionalmente protegido, cuja vulneração causa indignação concebida numa dimensão coletiva, para além da esfera individual, o que demanda resposta também sob o viés da responsabilidade. Some-se a isso a finalidade precípua de revelar à própria sociedade que a lei é feita para todos e por todos deve ser cumprida, o que pode servir de estímulo para moldar o comportamento de qualquer um frente ao sistema jurídico. Nesse contexto, a caracterização do dano moral coletivo dispensa a prova do efetivo prejuízo financeiro ou do dano psíquico dele decorrente, pois a lesão decorre da própria conduta ilícita, configurada pelo desrespeito ao direito de greve garantido aos trabalhadores. Caracterizada a lesão a direitos e interesses transindividuais, relativa ao exercício do direito de greve, tem-se por configurada a ofensa a patrimônio jurídico da coletividade, que necessita ser recomposto" (TST, AIRR 0091200-50.2008.5.01.0036, 7.ª Turma, Rel. Min. Cláudio Mascarenhas Brandão, *DEJT* 21.10.2016, p. 2.218).

Em todas as hipóteses apontadas, reitere-se, têm-se denominado os prejuízos transindividuais como danos morais coletivos, não importando quais os interesses envolvidos – se individuais homogêneos, coletivos ou difusos –, ou seja, sem a devida diferenciação categórica que ora proponho.

7. ANÁLISE DO TRATAMENTO DO DANO EXTRAPATRIMONIAL CONSTANTE DA REFORMA TRABALHISTA. ANÁLISE DA DECISÃO DO SUPREMO TRIBUNAL FEDERAL SOBRE O TEMA

Como destacado em vários trechos deste trabalho, a Reforma Trabalhista, instituída por meio da Lei n. 13.467/2017, introduziu na Consolidação das Leis do Trabalho (CLT) o Título II-A, tratando do dano extrapatrimonial sofrido pelos trabalhadores (arts. 223-A a 223-G). Sabe-se que a citada Reforma vinha, e ainda vem, recebendo críticas e ressalvas por vários estudiosos e julgadores do âmbito trabalhista, notadamente pelo fato de trazer enorme retrocesso quanto aos direitos sociais e fundamentais consagrados pela Constituição Federal de 1988 e, aqui, a realidade não é diferente.[62]

A propósito, quando da realização da *II Jornada de Direito Material e Processual do Trabalho*, promovida pela Associação Nacional dos Magistrados da Justiça do Trabalho (ANAMATRA), em outubro de 2017, chegou-se a aprovar enunciado doutrinário segundo o qual "a Lei 13.467/2017 é ilegítima, nos sentidos formal e material". Eram, e ainda são, conhecidas várias ações propostas perante o STF, em que se pleiteava e ainda se pleiteia a declaração de inconstitucionalidade da Lei n. 13.467/2017, uma delas intentada pelo Ministério Público Federal.

Sobre o tema ora em estudo, repito que a questão estava pendente de análise de constitucionalidade pelo Supremo Tribunal Federal, nas ADIs 6.050, 6.069 e 6.082. A segunda delas foi proposta pelo Conselho Federal da OAB, tendo

---

[62] Falando em retrocesso, especificamente no tratamento do dano moral por todos, ver: ZANETTI, Fátima. In: MONTEIRO, Carlos Augusto de Oliveira; GRANCONATO, Márcio (Coord.). *Reforma trabalhista*. São Paulo: Foco, 2017. p. 96.

sido juntado parecer por mim elaborado, pela tese da inconstitucionalidade dos dispositivos a seguir analisados.

Critica-se, de imediato, o fato de ter sido inserido um capítulo que somente se aplica aos prejuízos suportados pelos empregados, em decorrência de acidentes de trabalho, conforme consta do novo art. 223-A da CLT, segundo o qual "aplicam-se à reparação de danos de natureza extrapatrimonial decorrentes da relação de trabalho apenas os dispositivos deste Título".

A constitucionalidade desse tratamento exclusivo foi colocada à prova quando da realização da mesma *II Jornada de Direito Material e Processual do Trabalho* com a aprovação do Enunciado n. 18, *in verbis*:

> "Dano extrapatrimonial: exclusividade de critérios. Aplicação exclusiva dos novos dispositivos do Título II-A da CLT à reparação de danos extrapatrimoniais decorrentes das relações de trabalho: inconstitucionalidade. A esfera moral das pessoas humanas é conteúdo do valor da dignidade humana (art. 1.º, III, da CF) e, como tal, não pode sofrer restrição à reparação ampla e integral quando violada, sendo dever do Estado a respectiva tutela na ocorrência de ilicitudes causadoras de danos extrapatrimoniais nas relações laborais. Devem ser aplicadas todas as normas existentes no ordenamento jurídico que possam imprimir, no caso concreto, a máxima efetividade constitucional ao princípio da dignidade da pessoa humana (art. 5.º, V e X, da CF). A interpretação literal do art. 223-A da CLT resultaria em tratamento discriminatório injusto às pessoas inseridas na relação laboral, com inconstitucionalidade por ofensa aos arts. 1.º, III; 3.º, IV; 5.º, *caput* e incisos V e X e art. 7.º, *caput*, todos da Constituição Federal".

Concordando com o teor do enunciado em questão, Lenio Luiz Streck pondera que "como bem assinalado no Enunciado 18 da 2.ª Jornada da Anamatra, a previsão é aberrantemente inconstitucional. Não há como uma lei infraconstitucional, ainda que harmônica aos interesses dos estamentos dominantes da sociedade brasileira, imunizar-se à aplicação da própria Constituição. Desse modo, cabe fazer uma declaração de inconstitucionalidade com redução de texto do artigo 223-A da CLT, com a redação da Lei 13.467/2017, para excluir a expressão 'apenas' (é uma das seis hipóteses de minha teoria da decisão). No mesmo sentido, é inconstitucional a tarifação indenizatória refletida no parágrafo 1.º do artigo 223-G da CLT, bastando, para tanto, consultar a jurisprudência do STF (como no caso da Lei de Imprensa, RE 315.297 – e, cabe indagar, alguém teria a desfaçatez de propor a extinção do STF ou a extinção do controle de constitucionalidade por contrariar uma tal lei? Cartas para a coluna)".[63] As palavras do jurista também são as minhas, sendo certo que sempre sustentei a inconstitucionalidade de todo esse tratamento exclusivo.

Na realidade, penso que o problema da Reforma Trabalhista no tratamento que ora se estuda não está apenas na *chegada*, ou seja, no tratamento relativo à

---

[63] STRECK, Lenio Luiz. Como usar a jurisdição constitucional na reforma trabalhista. *Coluna Senso Incomum*. Disponível em: <https://www.conjur.com.br/2017-nov-02/senso-incomum-usar-jurisdicao-constitucional-reforma-trabalhista>. Acesso em: 27 dez. 2017.

tarifação dos danos imateriais suportados pelos trabalhadores, mas na *partida*, no raciocínio adotado de desenvolvimento de um tratamento em separado, o que coloca os empregados em clara situação discriminatória, violando a isonomia ou igualdade material, prevista no art. 5.º, *caput*, da CF/1988, como consta do Enunciado n. 18 da *II Jornada* da ANAMATRA.

Sem prejuízo dessa forte argumentação, reitere-se o que foi dito no Capítulo 6 a respeito do uso do termo "dano extrapatrimonial" em si, eis que a expressão "dano moral" coaduna-se melhor com a tradição jurídica do Direito Privado Brasileiro, tendo sido consolidada após uma longa evolução e incansáveis debates sobre a sua admissão.

Além de ser essa a expressão utilizada pela Constituição Federal de 1988 (art. 5.º, incs. V e X), consta ela do Código de Defesa do Consumidor (art. 6.º, incs. VI e VII), do Código Civil de 2002 (art. 186) e do Código de Processo Civil de 2015 (art. 292, inc. V). Exatamente nesse sentido, merecem destaque, novamente, as lições de Cristiano Chaves de Farias, Nelson Rosenvald e Felipe Peixoto Braga Netto, para quem "apesar de reconhecermos a forte carga semântica do vocábulo 'moral' – que se presta pela sua amplitude a uma polissemia –, temos de nos curvar à força dos fatos. A expressão dano moral não apenas é consagrada no texto constitucional, como também em nossa tradição e cultura jurídica, tendo sido ela uma das principais facetas de afirmação da dignidade da pessoa humana no Direito Civil, chegando ao ponto de ser a ela vinculada conceitualmente. A distinção entre danos extrapatrimoniais e danos morais pode apenas fazer sentido em países como a Itália que possuem sistemas fechados (típicos) de reparação".[64]

Em complemento, reitero que sigo a ideia segundo a qual o patrimônio pode ser corpóreo ou incorpóreo, o que igualmente coloca em dúvidas o uso do termo "extrapatrimonial", no atual sistema, apesar de o projeto de Reforma do Código Civil pretender incluí-lo na Lei Geral Privada. Por todos esses aspectos, residia outro fundamento para a inconstitucionalidade do novo tratamento constante da CLT, pois foi utilizado termo categórico diferente do que consta do Texto Maior.

Diante desses argumentos – e também por outros –, pendiam no Supremo Tribunal Federal os julgamentos de ações que contestavam a constitucionalidade desse novo tratamento dos danos extrapatrimoniais na CLT (ADI 6.082, ADI 6.050 e ADI 6.069). Acreditava que a conclusão da Corte Suprema Brasileira seria pela inconstitucionalidade de toda essa regulamentação, o que já vinha sendo reconhecido por algumas decisões dos Tribunais Regionais do Trabalho. Nesse sentido, transcrevo as seguintes, apenas para ilustrar:

> "Assédio moral. Valor arbitrado à condenação. Tarifação. O instituto da tarifação da indenização por dano moral, previsto no artigo 223-G da CLT, foi declarado inconstitucional pelo Supremo Tribunal Federal, ao julgar a ADPF 130/DF, em que analisou a Lei de Imprensa. Afastada, portanto, a pretensão do reclamado nesse sentido. Quanto ao valor fixado à condenação, este

---

[64] FARIAS, Cristiano Chaves; ROSENVALD, Nelson; BRAGA NETTO, Felipe Peixoto. *Curso de Direito Civil. Responsabilidade civil*, 2. ed., cit., p. 270.

colegiado tem se manifestado pela condenação em indenização por assédio moral para situações mais simples, como a que se verifica nestes autos, de valor de uma remuneração percebida pelo empregado. Uma vez que o valor arbitrado na origem não está condizente com o que a turma tem estabelecido em casos análogos, necessária parcial reforma da sentença para a majoração do valor, correspondente à remuneração da reclamante (R$ 1.111,00). Recursos ordinário e adesivo conhecidos. Recursos conhecidos. Parcialmente provido o recurso da reclamante. Não provido o recurso do reclamado" (TRT da 10.ª Região, ROT 0000641-91.2018.5.10.0021, 3.ª Turma, Rel. Des. Cilene Ferreira Amaro Santos, *DEJTDF* 13.12.2019, p. 2.450).

"Arguição de inconstitucionalidade. Controle difuso de constitucionalidade. Art. 223-G, § 1º, I a IV, da CLT. Limitação para o arbitramento de indenização por dano extrapatrimonial. Incompatibilidade material com a CR/88. Inconstitucionalidade. É inconstitucional a limitação imposta para o arbitramento dos danos extrapatrimoniais na seara trabalhista pelo § 1º, incisos I a IV, do art. 223-G da CLT, por ser materialmente incompatível com os princípios constitucionais da isonomia e da dignidade da pessoa humana, acabando por malferir também os intuitos pedagógico e de reparação integral do dano, em cristalina ofensa ao art. 5º, V e X, da CR/88" (TRT da 23.ª Região, Arg. Inc. 0000239-76.2019.5.23.0000, Tribunal Pleno, Rel. Des. Tarcisio Valente, j. 09.09.2019, *DEJTMT* 01.10.2019, p. 8).

Advirta-se, contudo, que outros arestos trabalhistas vinham aplicando a norma sem qualquer ressalva. Assim, por exemplo:

"O montante da condenação deve representar, primordialmente, dupla função, satisfativa-punitiva. Satisfativa ao não compensar apenas a aflição, angústia e a dor do lesado, mas também punitiva, para servir de pena ao ofensor, alertando-o de que a prática do gênero não deverá se repetir. Temos que a indenização por danos morais deva ser arbitrada de forma equânime, não só para compensar a dor, mas em especial para estabelecer uma forma de respeito ao acervo de bens morais, tais como a dignidade, a honra, a honestidade, o respeito e outros sentimentos nobres da personalidade do homem. Todavia, há de ser observada a parametrização disposta no artigo 223-G da CLT, acrescentado pela Lei nº 13.467/2017, com vigência a partir de 11/11/2017, para as ações ajuizadas a partir da vigência da Reforma Trabalhista" (TRT da 1.ª Região, ROR. Sum 0100752-68.2018.5.01.0301, 10.ª Turma, Rel. Des. Flávio Ernesto Rodrigues Silva, j. 25.05.2020, *DEJT* 24.06.2020).

Ou, ainda: "outrossim, diante do conteúdo narrado, percebe-se que a ofensa teve natureza leve e está consolidada nos termos do art. 223-G, § 1º, da CLT, não comportando majoração" (TRT 1.ª Região, ROT 0100485-89.2019.5.01.0001, 4.ª Turma, Rel. Des. Marcos Pinto da Cruz, j. 11.02.2020, *DEJT* 14.02.2020).

A questão, portanto, precisava ser pacificada no âmbito do Supremo Tribunal Federal, o que acabou ocorrendo em junho de 2023, como exposto em outros trechos deste livro. Assim, o pleno do STF acabou concluindo que não há inconstitucionalidade no tratamento dos danos extrapatrimoniais previsto na Reforma Trabalhista, trazendo a lei meros parâmetros não obrigatórios, que podem ou não ser aplicados pelos julgadores (STF, ADI 6.082, ADI 6.050 e ADI 6.069).

As premissas fundamentais então afirmadas, em julgamento que cita a minha posição doutrinária, foram os seguintes: "As redações conferidas aos arts. 223-A e 223-B, da CLT, não excluem o direito à reparação por dano moral indireto ou dano em ricochete no âmbito das relações de trabalho, a ser apreciado nos termos da legislação civil (...). Os critérios de quantificação de reparação por dano extrapatrimonial previstos no art. 223-G, *caput* e § 1.º, da CLT deverão ser observados pelo julgador como critérios orientativos de fundamentação da decisão judicial. É constitucional, porém, o arbitramento judicial do dano em valores superior aos limites máximos dispostos nos incs. I a IV do § 1.º do art. 223-G, quando consideradas as circunstâncias do caso concreto e os princípios da razoabilidade, da proporcionalidade e da igualdade". Essas são, portanto, as posições que devem ser aplicadas, para os devidos fins práticos.

Feitas tais importantes notas de crítica e de atualização do livro, observe-se que os comandos seguintes, também inseridos pela Reforma Trabalhista, trazem sérios problemas técnicos em seus conteúdos em si.

Conforme o art. 223-B da CLT, "causa dano de natureza extrapatrimonial a ação ou omissão que ofenda a esfera moral ou existencial da pessoa física ou jurídica, as quais são as titulares exclusivas do direito à reparação". Como se nota do comando transcrito, os danos extrapatrimoniais incluem os danos morais e os existenciais.

Entretanto, ao contrário do que se possa imaginar, não houve um reconhecimento em separado da última categoria, mas a sua reunião, ao lado do dano moral, dentro dos chamados danos extrapatrimoniais.

A intenção do legislador é clara: reunir todos os prejuízos imateriais suportados pelos empregados e tabelá-los, sob um mesmo manto categórico, com claro intuito de prejudicar as vítimas – os empregados –, e beneficiar os ofensores – os empregadores. Aqui, novamente, pode-se falar em inconstitucionalidade da norma, por afastar o direito de reparação dos danos sofridos pelos empregados, nos termos do que estabelece o art. 7.º, XXVIII, da Constituição Federal.

Como outro aspecto importante sobre a norma em comento, o Enunciado n. 20, aprovado na *II Jornada de Direito Material e Processual do Trabalho*, estabelece que o art. 223-B da CLT, inserido pela Lei n. 13.467, não exclui a reparação de danos sofridos por terceiros (danos em ricochete), bem como a de danos extrapatrimoniais ou morais coletivos, aplicando-se, quanto a estes as disposições previstas na Lei da Ação Civil Pública (Lei n. 7.347/1985) e no Código de Defesa do Consumidor, em *diálogo das fontes*.

Sobre os danos indiretos, ou em ricochete, a Medida Provisória n. 808, de 14 de novembro de 2017, conhecida como *Reforma da Reforma*, introduziu um § 5.º no art. 223-G da CLT, prevendo que a tarifação ali tratada não teria incidência para os danos extrapatrimoniais decorrentes de morte do empregado, que são justamente os citados danos reflexos. O afastamento dessa tarifação pela MP acabava por confirmar o teor do citado Enunciado n. 20 da ANAMATRA. Todavia, por não ter sido convertida em lei, a MP perdeu sua eficácia, não podendo ser invocada como força legal ou similar. Contudo, o seu conteúdo apontava uma tendência a ser seguida sobre o tema, tendo o STF concluído da mesma forma, como exposto.

Quanto aos danos morais coletivos, o enunciado doutrinário em estudo rechaça a posição de alguns juristas no sentido de que a Reforma Trabalhista, por meio do art. 223-B da CLT, acabou por afastar a possibilidade de indenização por danos morais coletivos, o que é sustentado, por exemplo, por Vólia Bomfim Cassar, para quem "agora, não mais haverá reparação por dano moral coletivo".[65] Com o devido respeito, não tendo sido reconhecida a sua constitucionalidade, penso que o tratamento constante da norma diz respeito apenas aos danos individuais, suportados pelo próprio empregado.

Seguindo a análise dos comandos inseridos pela Lei n. 13.467/2017, o art. 223-C da CLT elenca alguns direitos da personalidade do empregado, em rol que não pode ser considerado como taxativo *(numerus clausus)*, mas exemplificativo *(numerus apertus)*. Nesse sentido, pela existência de um rol meramente ilustrativo, o Enunciado n. 19 da *II Jornada de Direito Material e Processual do Trabalho*, realizada em 2017: "é de natureza exemplificativa a enumeração dos direitos personalíssimos dos trabalhadores constantes do novo art. 223-C da CLT, considerando a plenitude da tutela jurídica à dignidade da pessoa humana, como assegurada pela Constituição Federal (artigos 1.º, III; 3.º, IV, 5.º, *caput* e § 2.º)". No mesmo sentido, em interpretação ao art. 11 do Código Civil, o Enunciado n. 274 da *IV Jornada de Direito Civil* (2006) prevê que os direitos da personalidade, elencados de maneira não exaustiva pela codificação privada, são expressões da cláusula geral de tutela da pessoa humana, retirada do art. 1.º, III, da CF/1988.

Como bem expõe José Fernando Simão, outro duro crítico da Reforma Trabalhista entre os civilistas, "a reforma trabalhista inclui na CLT dispositivos óbvios, preocupantes e insuficientes sobre o tema. Óbvios, pois não dizem nada de novo; preocupantes, pois algum leitor desavisado pode imaginar que a CLT passou a trazer um rol taxativo de direitos da personalidade; e insuficientes, pois não há menção expressa sobre o dano estético, o que seria positivo pela máxima *quod abundat non nocet*".[66]

Essa norma também em questão chegou a ser alterada pela Medida Provisória n. 808, que acabou não sendo convertida em lei e perdeu sua aplicação: "A etnia, a idade, a nacionalidade, a honra, a imagem, a intimidade, a liberdade de ação, a autoestima, o gênero, a orientação sexual, a saúde, o lazer e a integridade física são os bens juridicamente tutelados inerentes à pessoa natural". Como se observa, foram incluídas as menções à etnia, à idade, à nacionalidade, ao gênero, à orientação sexual – em substituição à sexualidade – e à saúde.

A norma em si, bem como a tentativa de alteração, revelam-se inúteis, diante da posição doutrinária e também jurisprudencial – representada pelos

---

[65] CASSAR, Vólia Bomfim. *Direito do Trabalho*, 14. ed., cit., p. 910.
[66] SIMÃO, José Fernando. Reforma trabalhista. Dano extrapatrimonial. Parte III. Disponível em: <www.flaviotartuce.adv.br>. Acesso em: 27 dez. 2017.

dois enunciados citados –, no sentido de que os direitos assegurados à pessoa não podem ser enquadrados em qualquer relação fechada. Em suma, essa forma de legislar os direitos da personalidade já se encontra há muito tempo superada.

O mesmo deve ser dito quanto ao art. 223-D da CLT, que elenca alguns direitos da personalidade da pessoa jurídica, na linha do que consagra o art. 52 do Código Civil e do que prevê a Súmula n. 227 do STJ, a última quanto à admissão do dano moral da pessoa jurídica. Conforme o dispositivo, "a imagem, a marca, o nome, o segredo empresarial e o sigilo da correspondência são bens juridicamente tutelados inerentes à pessoa jurídica". Assim como ocorre com o seu antecessor, os direitos elencados estão em relação aberta, duvidando-se da eficácia de sua prática.

O outrora exposto, e previamente analisado, art. 223-E da CLT traz sério problema técnico na sua parte final, ao prever que "são responsáveis pelo dano extrapatrimonial todos os que tenham colaborado para a ofensa ao bem jurídico tutelado, na proporção da ação ou da omissão".

O problema, como visto, está no estabelecimento de uma *responsabilidade fracionária*, divisível e proporcional a respeito dos danos imateriais, quebrando-se a regra, consolidada no nosso Direito, no sentido de ser a responsabilidade solidária em casos de contribuição causal, em que vários agentes são causadores do dano.

Conforme enuncia o art. 942 do Código Civil, sempre aplicado aos acidentes de trabalho, seja aos danos materiais ou morais, os bens do responsável pela ofensa ou violação do direito de outrem ficam sujeitos à reparação do dano causado; e, se a ofensa tiver mais de um autor, todos responderão solidariamente pela reparação. Em complemento, o seu parágrafo único, com grande incidência para os casos de responsabilidade indireta trabalhista, prevê que são solidariamente responsáveis com os autores os coautores e as pessoas designadas no art. 932.

Eis outra norma flagrantemente inconstitucional, na minha opinião doutrinária, por representar sério entrave para a reparação integral dos danos sofridos pelos trabalhadores, conforme estabelece o art. 7.º, inc. XXVIII, do Texto Maior. Sem falar, mais uma vez, na flagrante quebra da isonomia, retirada do art. 5.º, *caput*, da CF/1988, pela colocação dos trabalhadores em situação de excessivo desprivilégio, na contramão do que foi consolidado pela Carta Fundamental.

Constata-se que, para os danos imateriais suportados pelas vítimas em outras searas, como no âmbito das relações de consumo ou das relações civis, a regra continua sendo a solidariedade passiva legal de todos os envolvidos com o prejuízo. Mesmo com relação aos danos materiais suportados pelo empregado, a solidariedade, com a consequente opção de demanda em favor da vítima, continua sendo a premissa geral. Todavia, a afirmação deixaria de valer para os danos imateriais ou, como quis o legislador, para os danos extrapatrimoniais. Há uma quebra total da lógica do razoável, um descompasso com toda a legislação civil e trabalhista.

Além disso, imagine-se, processualmente, que em uma ação com pedidos cumulados, por danos materiais e morais sofridos, quanto aos primeiros poderá constar como réu qualquer um dos agentes causadores da lesão: todos eles, um ou outro.

Com relação aos últimos danos, o empregado deverá incluir todos os ofensores no polo passivo, demonstrando qual foi a contribuição de cada um para o prejuízo que sofreu. Eis uma situação de claro *caso processual*, e que, definitivamente, não pode ser admitida. Tecnicamente, penso que o principal problema técnico da Reforma Trabalhista está nesse malfadado art. 223-E da CLT.

Acrescente-se que todas essas falhas foram muito bem observadas por José Fernando Simão, mais uma vez em tom crítico, para quem "a CLT rompe com essa regra e cria a divisibilidade da obrigação de indenizar de acordo com a 'proporção da ação ou omissão'. Isso significa que o dever de reparar passa a ser obrigação divisível e não mais solidária e, pior, que caberá à vítima provar essa proporção".[67] O Professor da USP apresenta mais um exemplo que evidencia toda a problemática da nova regra, referente a um trabalhador que tenha dois empregos, atuando em duas UTI oncológicas em hospitais distintos, ficando sujeito à exposição de radiação, o que lhe causa uma determinada patologia. Qual dos dois empregadores deve responder? – interroga.

Ainda segundo ele, "no sistema do Código Civil, ambos respondem solidariamente. Para a CLT, com a nova sistemática, cada um responde na proporção de sua conduta. Imaginemos que a jornada seja dividida do seguinte modo: 30% em um hospital e 70% no outro. A divisão da responsabilidade, portanto, se daria em partes desiguais de acordo com a proporção da conduta".[68]

Com o intuito de tentar afastar a citada responsabilidade fracionada, Simão recomenda que o empregado invoque o art. 818, § 1.º, da CLT, que trata da carga dinâmica da prova: "assim, nos casos em que houver impossibilidade ou excessiva dificuldade de produzir a prova ou se houver maior facilidade de produção da prova do fato contrário, o juízo poderá atribuir o ônus da prova de modo diverso ao tradicional. Considerando ainda o princípio da hipossuficiência do trabalhador, esse dispositivo acabará por suavizar esse efeito da reforma".[69] E arremata, em verdadeiro *desabafo jurídico,* que também é meu: "em suma, a vítima do dano extrapatrimonial, com a reforma trabalhista, passa a ser uma vítima de segunda classe, que terá não só um ônus da prova distinto daquele das demais vítimas, como ainda as decorrências da obrigação divisível", evidenciando-se mais um retrocesso da malfadada Reforma.[70]

A propósito, em caso bem peculiar de contribuição causal, o Tribunal Superior do Trabalho acabou por confirmar a responsabilidade solidária entre todos os

---

[67] SIMÃO, José Fernando. Reforma trabalhista. Dano extrapatrimonial: dano moral, estético e existencial? Parte 4. Disponível em: <www.flaviotartuce.adv.br. Artigos de convidados>. Acesso em: 10 jan. 2018.
[68] SIMÃO, José Fernando. Reforma trabalhista. Dano extrapatrimonial: dano moral, estético e existencial? Parte 4, cit.
[69] SIMÃO, José Fernando. Reforma trabalhista. Dano extrapatrimonial: dano moral, estético e existencial? Parte 4, cit.
[70] SIMÃO, José Fernando. Reforma trabalhista. Dano extrapatrimonial: dano moral, estético e existencial? Parte 4, cit.

envolvidos com os danos causados ao trabalhador, afastando a responsabilidade fracionada. Vejamos a ementa desse importante *decisum*:

"Processo anterior à Lei n.º 13.467/2017. Agravo regimental. Agravo de instrumento. Recurso de revista. Indenização por dano moral e material indireto ou em ricochete decorrente de acidente do trabalho. Competência da Justiça do Trabalho. No caso, conforme se depreende dos autos, a segunda ré vendeu um produto destinado exclusivamente à alimentação de ruminantes, altamente tóxico e letal para o consumo humano, fora da embalagem original e sem qualquer identificação ou informação quanto ao seu uso, para a primeira ré, e este produto foi confundido com fubá de milho e utilizado para o preparo de um bolo. O empregado da primeira ré, ao consumir o bolo, sentiu-se mal e, após alguns dias, veio a falecer. Com efeito, as pretensões deduzidas pela autora têm sua origem na relação de emprego mantida entre o seu pai e a primeira ré, sua empregadora, cujo comportamento negligente e imprudente, ao adquirir o produto e mantê-lo em lugar inadequado, somado ao comportamento igualmente negligente e imprudente da segunda ré, ao vender o produto fora da embalagem original e sem qualquer identificação ou informação quanto à sua forma de utilização, resultou na condenação de ambas, de forma solidária, ao pagamento de indenização por danos morais e materiais à autora. A saúde e a vida do trabalhador são bens extrapatrimoniais constitucionalizados. As ofensas respectivas, quando dirigidas ao trabalhador, sujeitam solidariamente os participantes do ato ilícito pela responsabilidade. Se já havia norma civil subsidiariamente aplicável prevendo a hipótese, ela agora está expressa no art. 223-E da CLT. Mais do que 'causaram', diz a novel norma que são responsáveis pelo evento danoso todos os que para ele 'colaboraram'. No caso, a cooperativa sabia que o fornecimento da mercadoria era destinado ao uso dos trabalhadores da empresa à qual vinculados. Desse modo, ainda que entre as rés possa ter se estabelecido mera relação de consumo, a causa da formação do conflito trabalhista (acidente do trabalho) foram os atos conjuntos da cooperativa e da empresa, levando à morte do trabalhador, pelo que o dever de indenizar os danos derivados de acidente de trabalho decorreu de ato imputável a ambas as rés. Nesse contexto, de ação oriunda da relação de trabalho por acidente do trabalho causado pela cooperativa fornecedora e pelo empregador, não há como se afastar, diante da *vis atrativa*, a competência desta Justiça Especializada para processar e julgar a presente lide, nos termos do art. 114, VI, da Constituição Federal. No mais, o recurso não se viabiliza por divergência jurisprudencial, a teor da Orientação Jurisprudencial 111 da SBDI-1 do TST. Assim, tendo em vista que a parte não trouxe, nas razões de agravo, nenhum argumento capaz de infirmar a decisão denegatória do agravo de instrumento, há que ser mantida a decisão. Agravo regimental conhecido e desprovido" (TST, AgR-AIRR-16100-15.2009.5.03.0096, 3.ª Turma, Rel. Min. Alexandre de Souza Agra Belmonte, *DEJT* 20.04.2018).

Seguindo o estudo dos novos dispositivos legais, o art. 223-F da CLT traz obviedades há muito tempo consolidadas na doutrina e na jurisprudência, inclusive no âmbito trabalhista. Nos termos do seu *caput*, "a reparação por danos extrapatrimoniais pode ser pedida cumulativamente com a indenização por danos materiais decorrentes do mesmo ato lesivo". Ora, a prevista *cumulação dupla* (danos materiais + danos morais) é reconhecida desde a Súmula n. 37 do STJ, que data do ano de 1992. Não havia a necessidade de a lei trazer regra expressa nesse sentido.

A falta de menção aos danos estéticos, amplamente reconhecidos pela jurisprudência trabalhista como aqui foi exposto, gera a conclusão de que eles não estão elencados pelo novo tratamento legislativo, inclusive porque não mencionados no art. 223-B da mesma CLT. Não se pode concluir, todavia, que a falta de sua menção afasta a sua reparação, mais uma vez por incompatibilidade com o Texto Maior, eis que o art. 5.º, inc. V, da CF/1988 reconhece a reparação por danos à imagem, enquadrando-se nessa previsão os danos estéticos.

A título de ilustração desse entendimento, julgado do Tribunal Regional do Trabalho da 2.ª Região reconheceu o dano estético a trabalhador, separado do dano moral, mas não aplicou o texto do art. 223-G para a sua quantificação:

> "O dano moral ocasiona lesão na esfera personalíssima do titular, violando sua intimidade, vida privada, honra e imagem, implicando numa indenização compensatória ao ofendido (art. 5º, incisos V e X, CF). O Reclamante sofreu lesão à integridade psicofísica. A dor sentida, os reflexos na vida familiar e social são circunstâncias que caracterizam o dano moral. Friso que o dano moral decorrente de acidente do trabalho é presumido, não se exigindo prova cabal do sofrimento suportado pela vítima, conforme previsão do art. 374, I, CPC. Devida, portanto, a indenização pleiteada. Adoto como critérios para a sua fixação o grau de culpa da reclamada (art. 944, parágrafo único do Código Civil), a extensão do dano (art. 223-G, § 1º, IV, da CLT), o caráter pedagógico da condenação, a fim de que a empresa reveja seus procedimentos, a razoabilidade e o intuito de amenizar o sofrimento ocasionado. Com base em tais parâmetros, fixo o valor indenizatório em R$ 5.000,00 (cinco mil reais), a ser corrigido e atualizado na forma da Súmula nº 439 do C. TST. Em razão da natureza indenizatória da parcela, ela não está sujeita a contribuições fiscais e previdenciárias. Esclareço que o dano estético deferido não se confunde com o dano moral *lato sensu*" (TRT da 2.ª Região, ROT 1000408-08.2018.5.02.0019, 4.ª Turma, Rel. Des. Ivani Contini Bramante, *DEJTSP* 21.08.2020, p. 15.429).

Porém, em sentido contrário, demonstrando divergência a respeito do tema, outra que emerge da Reforma Trabalhista: "cumprindo as funções pedagógica, compensatória e repressiva, e considerada a situação financeira do ofensor e da vítima; utilizando-se os critérios do art. 223-G da CLT, de manter-se o valor arbitrado a título de indenização por danos morais e majorar o valor da indenização por dano estético, classificando o dano como ofensa de natureza grave (art. 223-G, inciso III, até 20 [vinte] vezes o valor do último salário contratual), de modo a que, no caso concreto, cada uma das indenizações (danos morais e danos estéticos) corresponda a 17,19 (dezessete vírgula dezenove) vezes o valor da última remuneração do reclamante" (TRT da 7.ª Região, ROT 0000484-02.2018.5.07.0022, 1.ª Turma, Rel. Des. Maria Roseli Mendes Alencar, *DEJTCE* 27.10.2020, p. 676).

Em continuidade de estudo, o art. 223-F prevê, em seu § 1.º, que, se houver cumulação de pedidos, o juízo, ao proferir a decisão, discriminará os valores das indenizações a título de danos patrimoniais e das reparações por danos de natureza extrapatrimonial. Eis mais um dispositivo óbvio e até inútil, sendo comum, na nossa tradição judiciária, a atribuição em separado.

O mesmo deve ser dito quanto ao § 2.º do art. 223-F, segundo o qual a composição das perdas e danos, assim compreendidos os lucros cessantes e os danos emergentes, não interfere na avaliação dos danos extrapatrimoniais.

Surge questão de debate interessante, que envolve o Código de Processo Civil de 2015. Conforme o seu art. 292, inc. V, o valor da causa constará da petição inicial ou da reconvenção e será na ação indenizatória, inclusive a fundada em dano moral, o valor pretendido. Há, assim, uma suposta obrigatoriedade na fixação da indenização imaterial na petição inicial.

A subsunção da norma processual para o âmbito trabalhista pode ser contestada por três razões. Primeiro, porque a CLT passou a fazer uso do termo "dano extrapatrimonial". Segundo, pelo fato de que essa quantificação na inicial pode representar sérios prejuízos à pretensão dos trabalhadores, afastando o seu acesso à Justiça, inclusive pela possibilidade de condenação dos danos morais. Terceiro, porque a malfadada Reforma nada disse sobre a necessidade dessa fixação.

A encerrar o presente tópico e este capítulo da obra, o dispositivo que mais recebe críticas no novo tratamento da responsabilidade civil consagrado pela Reforma é o art. 223-G da CLT.

De início, o seu *caput* consagrou os antes mencionados *doze critérios* para a quantificação dos danos extrapatrimoniais, que são os seguintes: I – a natureza do bem jurídico tutelado; II – a intensidade do sofrimento ou da humilhação; III – a possibilidade de superação física ou psicológica; IV – os reflexos pessoais e sociais da ação ou da omissão; V – a extensão e a duração dos efeitos da ofensa; VI – as condições em que ocorreu a ofensa ou o prejuízo moral; VII – o grau de dolo ou culpa; VIII – a ocorrência de retratação espontânea; IX – o esforço efetivo para minimizar a ofensa; X – o perdão, tácito ou expresso; XI – a situação social e econômica das partes envolvidas; e XII – o grau de publicidade da ofensa.

Como apontei no Capítulo 6 deste livro, os critérios ficam em xeque pelo fato de o mesmo comando, logo em seguida, tarifar ou tabelar os danos imateriais suportados pelos empregados, de acordo com o tipo de lesão e os valores recebidos pelo empregado. Ora, se existem valores já determinados, qual a razão de a lei trazer critérios, ou mesmo parâmetros? Parece haver um contrassenso jurídico total, em clara contradição da lei consigo mesma, o que levou o STF a concluir que esses parâmetros não são obrigatórios, mas meramente facultativos, aos julgadores.

Quanto ao estudo dos critérios em si, podemos dividi-los em dois grupos. No primeiro deles, temos aqueles parâmetros que já eram consagrados pela lei, pela doutrina e pela jurisprudência, que são *sete*. Entre esses, está a natureza do bem jurídico tutelado (inciso I), que tem relação com a extensão do dano, prevista no art. 944 do Código Civil. O mesmo se diga a respeito da possibilidade de superação física ou psicológica do dano, a duração dos efeitos da ofensa e o seu grau de publicidade, que também ingressam na magnitude do prejuízo suportado pela vítima (incisos III, IV e XII), todos com sentido bem aberto.

Ainda no primeiro grupo, também já eram reconhecidos, notadamente pela jurisprudência, os reflexos pessoais e sociais do prejuízo (inciso IV), as condições em que ocorreu a ofensa ou o prejuízo moral (inciso VI) e a situação social e econômica das partes envolvidas (inciso XI). Com relação ao último, valem as críticas que fizemos a respeito da análise da situação econômica da vítima, o que pode conduzir a conclusões discriminatórias, caso da seguinte afirmação: "a vítima é pobre, razão pela qual uma indenização baixa terá o condão de satisfazê-la". Reitere-se, a esse propósito, o conteúdo do Enunciado n. 558, aprovado na *VII Jornada de Direito Civil*, evento de 2015, segundo o qual o patrimônio do ofendido não pode funcionar como parâmetro preponderante para o arbitramento de indenização por dano extrapatrimonial.

No segundo grupo, estão os critérios com sérios problemas técnicos, os outros *cinco*. Quanto à intensidade do sofrimento ou da humilhação (inciso II), foi demonstrado em vários trechos desta obra que os danos morais prescindem da prova de sentimentos humanos desagradáveis, tendo sido a faceta psicológica do prejuízo há muito tempo superada, penso que não é critério para a quantificação do prejuízo.

No que concerne ao inciso VII, há um problema grave, pois a lei menciona "o grau de dolo ou culpa". Ora, como exposto no Capítulo 4 deste livro, somente a culpa é classificada quanto ao grau – em *lata, leve* ou *levíssima* –, afirmação que não serve para o dolo, pelo fato de não estar submetido à mesma divisão. Assim, o legislador deveria ter mencionado o "dolo e o grau de culpa", parâmetros que são retirados do parágrafo único do art. 944 do Código Civil.

Quanto à ocorrência de retratação espontânea (inciso VIII), com o devido respeito, não penso ser, por si só, critério para a quantificação ou diminuição da indenização imaterial, o que apenas pode influenciar na opção da vítima de, por exemplo, fazer ou não um acordo para diminuir o *quantum* que lhe é devido. O mesmo deve ser dito quanto ao esforço efetivo para minimizar a ofensa, o que apenas influencia na atribuição do nexo causal (inciso IX).

Por fim, o perdão ou remissão feita pela vítima, seja de forma expressa ou tácita, consagrado pelo inc. X do art. 223-G da CLT, também é questionável juridicamente, pelo fato de serem os direitos da personalidade irrenunciáveis e intransmissíveis, afirmação que ganha especial relevo em casos envolvendo vulneráveis, como são os empregados.

Também a colocar em dúvida esses critérios, o legislador resolveu classificar a ofensa sofrida pela vítima em leve, média, grave ou gravíssima, estando aqui a tão criticada e inconstitucional tarifação (art. 223-G, § 1.º, da CLT). Originalmente, a norma utilizava como parâmetro o último salário recebido pelo empregado.

Diante de numerosas críticas, pelo fato de *medir a pessoa pelo que ela recebe*, em uma nefasta discriminação econômica, a Medida Provisória n. 808 – que acabou por não ser convertida em lei, perdendo a sua eficácia –, passou a expressar os benefícios do Regime Geral de Previdência Social. De todo modo, não me parece que tal mudança alteraria o panorama de inconstitucionalidade do tabelamento da indenização imaterial. De toda sorte, reafirme-se que o STF julgou não haver inconstitucionalidade nas previsões, apesar de não ser obrigatória a sua aplicação pelos julgadores.

Pelo texto da MP, se estivesse presente uma ofensa de natureza leve, a indenização seria fixada em até três vezes o valor do limite máximo dos benefícios do Regime Geral de Previdência Social. Se a ofensa fosse de natureza média, em até cinco vezes o valor do limite máximo dos benefícios do Regime Geral de Previdência Social. Havendo ofensa de natureza grave, em até vinte vezes o valor do limite máximo dos benefícios do Regime Geral de Previdência Social.

Por fim, presente a ofensa de natureza gravíssima, o *quantum* seria fixado em até cinquenta vezes o valor do limite máximo dos benefícios do Regime Geral de Previdência Social. A utilização de um *teto* deixava claro que não se tratava propriamente de parâmetros, mas de um tabelamento com valor máximo. Reitere-se, de todo modo, que a citada Medida Provisória não foi convertida em lei, perdendo sua aplicação concreta.

Em complemento, a norma trabalhista em vigor estatui que, se o ofendido for pessoa jurídica, a indenização será fixada com observância dos mesmos parâmetros estabelecidos, mas com relação ao salário contratual do ofensor (art. 223-G, § 2.º, da CLT). Constata-se, portanto, que, além de tarifar a indenização imaterial devida às pessoas naturais, foi feito o mesmo quanto às pessoas jurídicas.

Na reincidência entre partes idênticas, o juízo pode elevar ao dobro o valor da indenização (§ 3.º do art. 223-G). A não convertida MP n. 808 chegou a incluir previsão no sentido de se considerar a reincidência se ocorresse ofensa idêntica no prazo de até dois anos, contado do trânsito em julgado da decisão condenatória (§ 4.º do mesmo art. 223-G). No entanto, a norma perdeu eficácia, pela não conversão em lei.

Reitere-se que a clara tendência seria o reconhecimento da inconstitucionalidade dessas previsões pelo Supremo Tribunal Federal, como foi feito com relação ao tabelamento da indenização moral prevista na Lei de Imprensa (ver julgamento publicado no *Informativo* n. 544 da Corte). O mesmo caminho deveria ser percorrido pelo TST, como fez o Superior Tribunal de Justiça ao editar a Súmula n. 281: "a indenização por dano moral não está sujeita à tarifação prevista na Lei de Imprensa". O tema está exposto no Capítulo 15 deste livro, sendo clara a influência do art. 53 da malfadada Lei de Imprensa – editada à época da ditadura militar e em total descompasso com a atual ordem constitucional – ao art. 223-G da CLT.

De todo modo, reafirme-se que, ao julgar as ADIs 6.050, 6.069 e 6.082, o STF concluiu, seguindo por maioria o voto do Ministro Gilmar Mendes, que "os critérios de quantificação de reparação por dano extrapatrimonial previstos no art. 223-G, *caput* e § 1.º, da CLT deverão ser observados pelo julgador como critérios orientativos de fundamentação da decisão judicial. É constitucional, porém, o arbitramento judicial do dano em valores superior aos limites máximos dispostos nos incs. I a IV do § 1.º do art. 223-G, quando consideradas as circunstâncias do caso concreto e os princípios da razoabilidade, da proporcionalidade e da igualdade".

Foram vencidos os Ministros Luiz Edson Fachin e Rosa Weber, que, na mesma linha do meu parecer dado no processo, entenderam pela inconstitucionalidade das previsões. Para o Ministro Fachin, em seu voto, as normas afrontariam o princípio constitucional da isonomia, ao estabelecer limites apenas ao juiz do trabalho, não previstos para o juiz comum na fixação das mesmas indenizações decorrentes de relações civis e privadas.

Seja como for, o tema encontrará, com a decisão do STF, a necessária estabilidade, em prol da certeza, da previsibilidade e da segurança jurídica, devendo ser ela aplicada pelos juízes trabalhistas, de primeira e segunda instâncias, por sua notória eficácia vinculativa.

12

RESPONSABILIDADE CIVIL E MOBILIDADE: TRANSPORTE E ACIDENTES DE TRÂNSITO

Sumário: 1. Responsabilidade civil no transporte: 1.1. Regras fundamentais quanto ao contrato de transporte; 1.2. Responsabilidade civil no transporte de pessoas. Regras fundamentais; 1.3. Responsabilidade civil no transporte de coisas. Regras fundamentais – 2. Da responsabilidade civil por acidentes de trânsito: 2.1. Regras fundamentais aplicáveis para os acidentes de trânsito. O debate sobre a incidência do art. 927, parágrafo único, do Código Civil; 2.2. Dos danos reparáveis nos acidentes de trânsito. Exemplos jurisprudenciais; 2.3. Principais infrações previstas no Código de Trânsito e suas aplicações à responsabilidade civil. A tese da *culpa contra a legalidade*.

1. RESPONSABILIDADE CIVIL NO TRANSPORTE

1.1. Regras fundamentais quanto ao contrato de transporte

O contrato de transporte passou a ser tipificado pelo Código Civil de 2002 entre os seus arts. 730 a 756. Trata-se do contrato pelo qual alguém – o transportador – obriga-se, mediante uma determinada remuneração, a transportar de um local para outro pessoas ou coisas, por meio terrestre – rodoviário e ferroviário –, aquático – marítimo, fluvial e lacustre –, ou aéreo.

A codificação em vigor acabou assim *ordenando* as regras de transporte, de forma parcial, como prevê a Constituição Federal. Segundo o art. 178 da CF/1988, "a lei disporá sobre a ordenação dos transportes aéreo, aquático e terrestre, devendo, quanto à ordenação do transporte internacional, observar os acordos firmados pela União, atendido o princípio da reciprocidade. Parágrafo único. Na ordenação do transporte aquático, a lei estabelecerá as condições em que o transporte de mercadorias na cabotagem e a navegação interior poderão ser feitos por embarcações estrangeiras". Analisando o Código Civil de 2002, pode-se afirmar que o legislador atendeu a esse mandamento constitucional e de forma bem satisfatória.

Filia-se às afirmações de Carlos Roberto Gonçalves, para quem, embora seja o transporte um dos negócios jurídicos mais comuns na prática, não havia uma legislação tão específica na qual se mencionasse, com riqueza de detalhes, as regras basilares do contrato de transporte, o que se deu com o Código Civil de 2002.[1] Também se concorda com a afirmação do autor de que o Código Civil de 1916 era deficiente no seu tratamento, pois não regulamentava tal espécie de contrato.

Ensina ainda o jurista que o antigo Código Comercial, de forma sucinta e escassa, foi a primeira norma a disciplina-lo, tratando "dos condutores de gênero e comissário de transportes" novamente de forma insuficiente, entre os seus arts. 99 a 118. Posteriormente ao Código Comercial, veio a regulamentação do transporte ferroviário (Decreto n. 2.681/1912), que se estendeu por analogia a todos os meios de transporte.[2] Não restam dúvidas de que se encontra revogado o Código Comercial no que concerne a esse negócio, diante da unificação parcial do Direito Privado, e pela norma expressa do art. 2.045 do CC/2002, *in verbis*: "revogam-se a Lei n. 3.071, de 1.º de janeiro de 1916 – Código Civil e a Parte Primeira do Código Comercial, Lei n. 556, de 25 de junho de 1850".

No que tange ao tratamento previsto na codificação privada de 2002, houve uma subdivisão em três seções. A primeira traz regras gerais para o contrato em questão, as demais versam sobre o *transporte de pessoas* e o *transporte de coisas*, respectivamente. Essa divisão metodológica também orientará o presente capítulo, com a análise das principais regras relativas à responsabilidade civil quanto a esse importante contrato.

O conceito de contrato de transporte consta do art. 730 do Código Civil, segundo o qual, pelo contrato de transporte, alguém se obriga, mediante remuneração, a transportar de um lugar para outro, pessoas ou coisas. Aquele que realiza o transporte, como antes apontado, é o *transportador*, a pessoa transportada é o *passageiro* ou *viajante*, enquanto a pessoa que entrega a coisa a ser transportada é o *expedidor*.

Em seu conteúdo, o que identifica o contrato é uma obrigação de resultado do transportador, diante da *cláusula de incolumidade* de levar a pessoa ou a coisa ao destino, com total segurança. Diante da presença de obrigação dessa natureza, tem-se reconhecido há tempos a correspondente responsabilidade objetiva do transportador. Assim concluindo, por todos os arestos superiores:

> "Embargos de divergência. Recurso especial. Responsabilidade civil. Processual civil. Transporte oneroso de passageiros. Excludentes da obrigação reparatória.

---

[1] GONÇALVES, Carlos Roberto. *Direito Civil*. Contratos e atos unilaterais. 13. ed. São Paulo: Saraiva, 2016. v. 3, p. 477.

[2] GONÇALVES, Carlos Roberto. *Direito Civil*. Contratos e atos unilaterais, cit., p. 477.

Aresto embargado: acidente de trânsito provocado por ato culposo de terceiro. Fortuito interno. Responsabilidade do transportador configurada. Acórdão paradigma: pedra arremessada contra ônibus. Ato doloso de terceiro. Força maior. Fortuito externo. Responsabilidade afastada. Divergência jurisprudencial não demonstrada. Ausência de similitude fática entre os acórdãos confrontados. Embargos de divergência não conhecidos. 1. Conforme concordam doutrina e jurisprudência, a responsabilidade decorrente do contrato de transporte de pessoas é objetiva, sendo obrigação do transportador a reparação do dano causado ao passageiro quando demonstrado o nexo causal entre a lesão e a prestação do serviço, pois o contrato de transporte acarreta para o transportador a assunção de obrigação de resultado, impondo ao concessionário ou permissionário do serviço público o ônus de levar o passageiro incólume ao seu destino. É a chamada cláusula de incolumidade, que garante que o transportador irá empregar todos os expedientes que são próprios da atividade para preservar a integridade física do passageiro, contra os riscos inerentes ao negócio, durante todo o trajeto, até o destino final da viagem. 2. Nos moldes do entendimento uníssono desta Corte, com suporte na doutrina, o ato culposo de terceiro, conexo com a atividade do transportador e relacionado com os riscos próprios do negócio, caracteriza o fortuito interno, inapto a excluir a responsabilidade do transportador. Por sua vez, o ato de terceiro que seja doloso ou alheio aos riscos próprios da atividade explorada, é fato estranho à atividade do transportador, caracterizando-se como fortuito externo, equiparável à força maior, rompendo o nexo causal e excluindo a responsabilidade civil do fornecedor. 3. O conhecimento dos embargos de divergência pressupõe a existência de similitude das circunstâncias fáticas e a diversidade das soluções jurídicas aplicadas nos acórdãos recorrido e paradigma, circunstâncias inexistentes no caso vertente, em que as hipóteses fáticas confrontadas são díspares. 4. O acórdão embargado assevera que os corriqueiros acidentes automotivos, mesmo que causados exclusivamente por ato culposo de terceiro, são considerados fortuitos internos, incapazes de excluir a responsabilidade civil do transportador quanto à incolumidade do passageiro. 5. Por sua vez, o aresto paradigma afirma que o arremesso de pedra contra ônibus, fato doloso atribuído a terceiro que não se encontrava no veículo de transporte coletivo, constitui fortuito externo, caracterizando motivo de força maior que exclui a responsabilidade do transportador pela reparação dos danos causados ao passageiro. 6. Embargos de divergência não conhecidos" (STJ, EREsp 1.3180.95/MG, 2.ª Seção, Rel. Min. Raul Araújo, j. 22.02.2017, DJe 14.03.2017).

"Recurso especial. Direito do Consumidor. Ação indenizatória. Companhia aérea. Contrato de transporte. Obrigação de resultado. Responsabilidade objetiva. Danos morais. Atraso de voo. Superior a quatro horas. Passageiro desamparado. Pernoite no aeroporto. Abalo psíquico. Configuração. Caos aéreo. Fortuito interno. Indenização devida. 1. Cuida-se de ação por danos morais proposta por consumidor desamparado pela companhia aérea transportadora que, ao atrasar desarrazoadamente o voo, submeteu o passageiro a toda sorte de humilhações e angústias em aeroporto, no qual ficou sem assistência ou informação quanto às razões do atraso durante toda a noite. 2. O contrato de transporte consiste em obrigação de resultado, configurando o atraso manifesta prestação inadequada. 3. A postergação da viagem superior a quatro horas constitui falha no serviço de transporte aéreo contratado e gera o direito à devida assistência material e informacional ao consumidor lesado, independentemente da causa originária do atraso. 4. O dano moral decorrente de atraso de voo prescinde de prova e a responsabilidade de seu causador opera-se *in re ipsa* em virtude do desconforto, da aflição e dos transtornos suportados pelo passageiro. 5. Em virtude das especificidades fáticas da demanda, afigura-se razoável a fixação da verba indenizatória por danos morais no valor de R$ 10.000,00 (dez mil reais)" (STJ, REsp 1.280.372/SP, 3.ª Turma, Rel. Min. Ricardo Villas Bôas Cueva, j. 07.10.2014, *DJe* 10.10.2014).

Ao contrato de transporte aplica-se o Código Civil e, havendo uma relação jurídica de consumo, como é comum, o Código de Defesa do Consumidor (Lei n. 8.078/1990). Desse modo, deve-se buscar um *diálogo das fontes* entre as duas leis no que tange a esse contrato, sobretudo o *diálogo de complementaridade*. Além disso, não se pode excluir a aplicação de leis específicas importantes, como é o caso do Código Brasileiro de Aeronáutica (Lei n. 7.565/1986), incidente para o transporte aéreo.

Outra norma recente que deve ser aplicada ao transporte é o Estatuto da Pessoa com Deficiência (Lei n. 13.146/2015), que reconhece o direito das pessoas com deficiência à acessibilidade. Conforme o seu art. 3.º, inc. I, essa é conceituada como a "possibilidade e condição de alcance para utilização, com segurança e autonomia, de espaços, mobiliários, equipamentos urbanos, edificações, transportes, informação e comunicação, inclusive seus sistemas e tecnologias, bem como de outros serviços e instalações abertos ao público, de uso público ou privados de uso coletivo, tanto na zona urbana como na rural, por pessoa com deficiência ou com mobilidade reduzida". Em complemento, o art. 53 do EPD expressa que a acessibilidade visa a garantir à pessoa o direito de viver de forma independente e exercer os seus direitos de cidadania e de participação social.

A título de exemplo de sua incidência, essas normas emergentes protetivas foram aplicadas pelo Superior Tribunal de Justiça para responsabilizar empresa de transporte público diante dos atos de seus motoristas que não paravam os ônibus no ponto para transportar cadeirante, que tinha até que se esconder para conseguir o acesso ao veículo. Vejamos trecho do acórdão, que demonstra outros problemas no transporte, no Brasil:

> "A acessibilidade no transporte coletivo é de nodal importância para a efetiva inclusão das pessoas com deficiência, pois lhes propicia o exercício da cidadania e dos direitos e liberdades individuais, interligando-as a locais de trabalho, lazer, saúde, dentre outros. Sem o serviço adequado e em igualdade de oportunidades com os demais indivíduos, as pessoas com deficiência ficam de fora dos espaços urbanos e interações sociais, o que agrava ainda mais a segregação que historicamente lhes é imposta. (...). Consoante destacou o acórdão recorrido, houve sucessivas falhas na prestação do serviço, a exemplo do não funcionamento do elevador de acesso aos ônibus e do tratamento discriminatório dispensado ao usuário pelos prepostos da concessionária. A renitência da recorrente em fornecer o serviço ao recorrido é de tal monta que se chegou à inusitada situação de o usuário 'precisar se esconder e pedir

a outra pessoa dar o sinal, pois o motorista do ônibus não pararia se o visse no ponto". Nesse cenário, o dano moral, entendido como lesão à esfera dos direitos da personalidade do indivíduo, sobressai de forma patente. As barreiras físicas e atitudinais impostas pela recorrente e seus prepostos repercutiram na esfera da subjetividade do autor-recorrido, restringindo, ainda, seu direito à mobilidade" (STJ, REsp 1.733.468/MG, 3.ª Turma, Rel. Min. Nancy Andrighi, j. 19.06.2018, *DJe* 25.06.2018).

Pontue-se que, no caso concreto destacado, a indenização imaterial foi mantida em R$ 25.000,00 (vinte e cinco mil reais). Esse julgado confirma novamente a tese de que é possível a indenização por danos morais em decorrência do descumprimento de um contrato, conforme estatui o Enunciado n. 411, da *V Jornada de Direito Civil*, originário de proposta formulada por mim.

Quanto à sua natureza jurídica, o que traz consequências importantes para a responsabilidade civil, o contrato de transporte é bilateral ou *sinalagmático*, pois gera direitos e deveres proporcionais para ambas as partes. Existem deveres recíprocos tanto para o transportador, que deverá conduzir a coisa ou pessoa de um lugar para outro, quanto para o passageiro ou expedidor, que terá a obrigação de pagar a remuneração convencionada entre as partes.

O contrato é consensual, pois tem aperfeiçoamento com a manifestação de vontades dos contraentes, independentemente da entrega da coisa ou do embarque do passageiro. O contrato é ainda comutativo, porque as partes já sabem de imediato quais são as suas prestações. A *álea* não é fator determinante do contrato de transporte, apesar de sempre existente o risco.

Na grande maioria das vezes, o contrato constitui-se em um típico contrato de adesão, por não estar presente a plena discussão das suas cláusulas. O transportador acaba por impor o conteúdo do negócio, restando à outra parte duas opções: aceitar ou não os seus termos (*take it or leave it*, como se afirma nos países de língua inglesa). Assumindo o contrato essa forma, deverão ser aplicadas as normas de proteção do aderente constantes do Código Civil em vigor (arts. 423 e 424), consagradores dos princípios da equivalência material e da função social dos contratos, em sua eficácia interna. Tal afirmação, como ainda se verá, traz consequências importantes para a responsabilidade civil que surge desse negócio. Entretanto, em alguns casos excepcionais, principalmente quando o expedidor de uma coisa for uma empresa, o contrato pode ser plenamente discutido, assumindo a forma paritária ou negociada.

Reitere-se que, sendo o transportado ou o expedidor destinatário final do serviço em questão, preenchendo-se os requisitos dos arts. 2.º e 3.º da Lei n. 8.078/1990, aplica-se o Código de Defesa do Consumidor, visando à proteção da parte vulnerável, o que é comum na jurisprudência brasileira (por todos, três julgados, de diferentes épocas: STJ, REsp 1.654.971/RJ, 2.ª Turma, Rel. Min. Herman Benjamin, j. 06.04.2017, *DJe* 25.04.2017; AgRg no Ag 1.402.694/RS, 3.ª Turma, Rel. Min. Ricardo Villas Bôas Cueva, j. 20.10.2011, *DJe* 26.10.2011; e STJ, REsp 286.441/RS, 3.ª Turma, Rel. Min. Antônio de Pádua Ribeiro, Rel. p/ Acórdão Min. Carlos Alberto Menezes Direito, j. 07.11.2002, *DJ* 03.02.2003, p. 315).

Não se olvide, em complemento, de que, em alguns casos, o contrato de transporte pode não ser de consumo, como ocorre no transporte de mercadorias ou de insumos para a atividade produtiva de uma empresa. Nessa esteira, recente aresto superior aduziu sobre "controvérsia acerca da aplicabilidade do Código de Defesa do Consumidor a um contrato internacional de transporte de insumos. Não caracterização de relação de consumo no contrato de compra e venda de insumos para a indústria de autopeças (teoria finalista). Impossibilidade de se desvincular o contrato de compra e venda de insumo do respectivo contrato de transporte. Inaplicabilidade do Código de Defesa do Consumidor à espécie, impondo-se o retorno dos autos ao Tribunal de origem" (STJ, REsp 1.442.674/PR, 3.ª Turma, Rel. Min. Paulo de Tarso Sanseverino, j. 07.03.2017, *DJe* 30.03.2017).

Superadas a conceituação do transporte e a análise de sua natureza jurídica, cabe analisar as regras gerais quanto ao contrato em questão, incidentes tanto para o transporte de pessoas como de coisas, tratados na sequência.

De início, preconiza o art. 731 do CC/2002 que "o transporte exercido em virtude de autorização, permissão ou concessão, rege-se pelas normas regulamentares e pelo que foi estabelecido naqueles atos, sem prejuízo do disposto neste Código". A norma está sintonizada com o art. 175 da CF/1988, pelo qual incumbe ao Poder Público, na forma da lei, diretamente ou sob o regime de concessão ou permissão, sempre através de licitação, a prestação de serviços públicos.

Pelo teor do comando, haverá a aplicação concomitante das normas de Direito Administrativo, particularmente aquelas relacionadas à concessão do serviço público, com as normas previstas no Código Civil de 2002. Anote-se, ademais, que o serviço público também é considerado um serviço de consumo, nos termos do art. 22 do CDC. A título de exemplo, haverá relação de consumo entre passageiro e empresa privada prestadora do serviço público de transporte de ônibus, conforme a reiterada manifestação jurisprudencial. Seguindo tal afirmação:

"Ação civil pública. Recurso especial. Transporte público. Sistema de bilhetagem eletrônica. Legitimidade do Ministério Público. Relação de consumo. Violação do direito básico do consumidor à informação adequada. (...). O Ministério Público tem legitimidade ativa para a propositura de ação civil pública que visa à tutela de direitos difusos, coletivos e individuais homogêneos, conforme inteligência dos arts. 129, III, da Constituição Federal, arts. 81 e 82 do CDC e arts. 1.º e 5.º da Lei n. 7.347/1985. A responsabilidade de todos os integrantes da cadeia de fornecimento é objetiva e solidária. Arts. 7.º, parágrafo único, 20 e 25 do CDC. A falta de acesso à informação suficiente e adequada sobre os créditos existentes no bilhete eletrônico utilizado pelo consumidor para o transporte público, notadamente quando essa informação foi garantida pelo fornecedor em propaganda por ele veiculada, viola o disposto nos arts. 6.º, III e 30 do CDC. Na hipótese de algum consumidor ter sofrido concretamente algum dano moral ou material em decorrência da falta de informação, deverá propor ação individual para pleitear a devida reparação" (STJ, REsp 1.099.634/RJ, 3.ª Turma, Rel. Min. Nancy Andrighi, j. 08.05.2012, *DJe* 15.10.2012).

Além dessa relação com o Direito Administrativo, o Código Civil consagra uma relação com o Direito Internacional. Segundo o art. 732 do CC/2002, serão aplicadas as normas previstas na legislação especial e em tratados e convenções internacionais ao contrato de transporte, desde que esses preceitos não contrariem o que consta da codificação vigente. Ilustrando, no caso de transporte aéreo, pode ser aplicado o Código Brasileiro de Aeronáutica (CBA – Lei 7.565/1986), desde que o mesmo não entre em conflito com o Código Civil em vigor.

A exemplificar outra aplicação desse comando legal, cabe lembrar a questão envolvendo a Convenção de Varsóvia e a Convenção de Montreal, tratados internacionais dos quais nosso País é signatário e que preveem limitações de indenização em casos de perda ou atraso de voo e extravio de bagagem no transporte aéreo internacional.

A Convenção de Varsóvia, que sempre teve entre nós força de lei ordinária, era – e continua sendo – utilizada pelas companhias aéreas como justificativa para a redução das indenizações pretendidas pelos passageiros. Anote-se que o Brasil é signatário ainda da Convenção de Montreal e esta entrou em vigor no País no ano de 2006, em substituição ao primeiro tratado.

Como é cediço, o art. 6.º, incs. VI e VIII, da Lei n. 8.078/1990 consagra o *princípio da reparação integral de danos*, pelo qual tem direito o consumidor ao ressarcimento integral pelos prejuízos materiais e imateriais causados pelo fornecimento de produtos, prestação de serviços ou má informação a eles relacionados.

Essa também é a lógica interpretativa decorrente dos arts. 18, 19 e 20 do CDC, que trazem a previsão das *perdas e danos* para os casos de mau fornecimento ou má prestação de um serviço. Ora, não há dúvida de que no caso de viagem aérea, seja nacional ou internacional, haverá relação de consumo, nos termos dos arts. 2.º e 3.º do CDC.

Em um primeiro momento, existindo danos materiais no caso concreto, nas modalidades de *danos emergentes* – aqueles já suportados pelo prejudicado, o que a pessoa efetivamente perdeu –, ou *lucros cessantes* – tudo aquilo que o lesado, razoavelmente, deixou de lucrar –, terá o consumidor direito à integral reparação, sendo vedado qualquer tipo de tarifação prevista, seja pelo entendimento jurisprudencial, seja por Convenção Internacional. Seguindo essa linha, o Superior Tribunal de Justiça vinha concluindo que a Convenção de Varsóvia não deveria prevalecer sobre o CDC. Por todos os julgados, transcrevo os seguintes:

"Civil e processual. Ação de indenização. Atraso de voo internacional. Indenização. Ilegitimidade passiva da empresa aérea. 'Contrato de compartilhamento'. Revisão. Impossibilidade. Súmulas 5 e 7-STJ. Dano moral. Valor. Convenção de Varsóvia. CDC. Prevalência. Tarifação não mais prevalente. Valor ainda assim excessivo. Redução. I – A questão acerca da transferência da responsabilidade para outra transportadora, que opera trecho da viagem, contrariamente ao entendimento das instâncias ordinárias, enfrenta o óbice das Súmulas 5 e 7-STJ. II – Após o advento do Código de Defesa do Consumidor, não mais prevalece, para efeito indenizatório, a tarifação prevista tanto na Convenção de Varsóvia, quanto no Código Brasileiro de

Aeronáutica, segundo o entendimento pacificado no âmbito da 2.ª Seção do STJ. Precedentes do STJ. III – Não obstante a infraestrutura dos modernos aeroportos ou a disponibilização de hotéis e transporte adequados, tal não se revela suficiente para elidir o dano moral quando o atraso no voo se configura excessivo, a gerar pesado desconforto e aflição ao passageiro, extrapolando a situação de mera vicissitude, plenamente suportável. IV – Não oferecido o suporte necessário para atenuar tais situações, como na hipótese dos autos, impõe-se sanção pecuniária maior do que o parâmetro adotado em casos análogos, sem, contudo, chegar-se a excesso que venha a produzir enriquecimento sem causa. V – Recurso especial parcialmente conhecido e provido em parte, para reduzir a indenização a patamar razoável" (STJ, REsp 740.968/RS, 4.ª Turma, Rel. Min. Aldir Passarinho Junior, j. 11.09.2007, *DJ* 12.11.2007, p. 221).

"Civil e processual. Ação de indenização. Transporte aéreo. Extravio de mercadoria. Cobertura securitária. Reembolso. Tarifação afastada. Incidência das normas do CDC. I – Pertinente a aplicação das normas do Código de Defesa do Consumidor para afastar a antiga tarifação na indenização por perda de mercadoria em transporte aéreo, prevista na Convenção de Varsóvia e no Código Brasileiro de Aeronáutica. II – Precedentes do STJ. III – 'A pretensão de simples reexame de prova não enseja recurso especial' – Súmula 7/STJ. IV – A ausência de prequestionamento torna o recurso especial carecedor do requisito da admissibilidade. V – Agravo improvido" (STJ, AGA 252.632/SP, 4.ª Turma, Rel. Min. Aldir Passarinho Junior, j. 07.08.2001, *DJ* 04.02.2002, p. 373). Veja também: STJ, REsp 209.527/RJ (*JBCC* 189/200), REsp 257.699/SP, REsp 257.298/SP.

Essa também era a posição anterior do Supremo Tribunal Federal, cabendo a seguinte transcrição de ementa, por todas, pelo fato de mencionar que a aplicação dos citados tratados internacionais não pode implicar retrocesso social:

"Recurso extraordinário. Danos morais decorrentes de atraso ocorrido em voo internacional. Aplicação do Código de Defesa do Consumidor. Matéria infraconstitucional. Não conhecimento. 1. O princípio da defesa do consumidor se aplica a todo o capítulo constitucional da atividade econômica. 2. Afastam-se as normas especiais do Código Brasileiro da Aeronáutica e da Convenção de Varsóvia quando implicarem retrocesso social ou vilipêndio aos direitos assegurados pelo Código de Defesa do Consumidor. 3. Não cabe discutir, na instância extraordinária, sobre a correta aplicação do Código de Defesa do Consumidor ou sobre a incidência, no caso concreto, de específicas normas de consumo veiculadas em legislação especial sobre o transporte aéreo internacional. Ofensa indireta à Constituição da República. 4. Recurso não conhecido" (STF, RE 351.750-3/RJ, 1.ª Turma, Rel. Min. Carlos Britto, j. 17.03.2009, *DJE* 25.09.2009, p. 69).

De toda sorte, cabe ressaltar que a questão a respeito das Convenções de Varsóvia e de Montreal alterou-se no âmbito da jurisprudência superior nacional, uma vez que, em maio de 2017, o Pleno do Supremo Tribunal Federal acabou por concluir pelas suas prevalências sobre o Código de Defesa do Consumidor, lamentavelmente (Recurso Extraordinário 636.331 e Recurso Extraordinário no

Agravo 766.618). Com destaque, vejamos a publicação constante do *Informativo* n. 866 da Corte, referente a tal mudança de posição, que se refere ao Tema n. 210 de repercussão geral:

> "Nos termos do art. 178 da Constituição da República, as normas e os tratados internacionais limitadores da responsabilidade das transportadoras aéreas de passageiros, especialmente as Convenções de Varsóvia e Montreal, têm prevalência em relação ao Código de Defesa do Consumidor. (...). No RE 636.331/RJ, o Colegiado assentou a prevalência da Convenção de Varsóvia e dos demais acordos internacionais subscritos pelo Brasil em detrimento do CDC, não apenas na hipótese de extravio de bagagem. Em consequência, deu provimento ao recurso extraordinário para limitar o valor da condenação por danos materiais ao patamar estabelecido na Convenção de Varsóvia, com as modificações efetuadas pelos acordos internacionais posteriores. Afirmou que a antinomia ocorre, a princípio, entre o art. 14 do CDC, que impõe ao fornecedor do serviço o dever de reparar os danos causados, e o art. 22 da Convenção de Varsóvia, que fixa limite máximo para o valor devido pelo transportador, a título de reparação. Afastou, de início, a alegação de que o princípio constitucional que impõe a defesa do consumidor [Constituição Federal (CF), arts. 5.º, XXXII, e 170, V] impediria a derrogação do CDC por norma mais restritiva, ainda que por lei especial. Salientou que a proteção ao consumidor não é a única diretriz a orientar a ordem econômica. Consignou que o próprio texto constitucional determina, no art. 178, a observância dos acordos internacionais, quanto à ordenação do transporte aéreo internacional. Realçou que, no tocante à aparente antinomia entre o disposto no CDC e na Convenção de Varsóvia – e demais normas internacionais sobre transporte aéreo –, não há diferença de hierarquia entre os diplomas normativos. Todos têm estatura de lei ordinária e, por isso, a solução do conflito envolve a análise dos critérios cronológico e da especialidade" (STF, RE 636.331/RJ, Rel. Min. Gilmar Mendes, j. 25.05.2017, *Informativo* n. 866).

A solução pelos critérios da especialidade e cronológico é que conduziu à prevalência das duas Convenções sobre o Código de Defesa do Consumidor, infelizmente. Foram vencidos apenas os Ministros Marco Aurélio e Celso de Mello, que entenderam de forma contrária, pois a Lei n. 8.078/1990 teria posição hierárquica superior. Todos os demais julgadores votaram seguindo os Relatores das duas ações, Ministros Gilmar Mendes e Roberto Barroso.

Sucessivamente, surgiu decisão do Superior Tribunal de Justiça aplicando essa solução da Corte Constitucional brasileira, com destaque para o seguinte trecho de sua ementa: "no julgamento do RE n. 636.331/RJ, o Supremo Tribunal Federal, reconhecendo a repercussão geral da matéria (Tema 210/STF), firmou a tese de que, 'nos termos do art. 178 da Constituição da República, as normas e os tratados internacionais limitadores da responsabilidade das transportadoras aéreas de passageiros, especialmente as Convenções de Varsóvia e Montreal, têm prevalência em relação ao Código de Defesa do Consumidor'" (STJ, REsp 673.048/RS, 3.ª Turma, Rel. Min. Marco Aurélio Bellizze, j. 08.05.2018, *DJe* 18.05.2018).

Com o devido respeito, penso se tratar de um enorme retrocesso quanto à tutela dos consumidores, pelos argumentos outrora expostos, de prevalência da reparação integral dos danos em favor do consumidor. Nota-se, portanto, que o próprio STF acabou por concretizar o retrocesso social que havia sido apontado no julgamento do RE 351.750-3/RJ, ora transcrito.

Em complemento, cabe lembrar que o Código de Defesa do Consumidor é *norma principiológica*, tendo posição hierárquica superior frente às demais leis ordinárias, caso das duas Convenções Internacionais citadas, diante da previsão constitucional de tutela dos consumidores como direito fundamental (art. 5.º, inc. XXII, da CF/188). Porém, infelizmente, esse entendimento, muito comum entre os consumeristas, não foi adotado pela maioria dos julgadores.

Esclareça-se, por oportuno, que o *decisum* apenas diz respeito à limitação tabelada de danos materiais, não atingindo danos morais e outros danos extrapatrimoniais. Porém, em decisão monocrática prolatada em abril de 2018, no âmbito do Recurso Extraordinário 351.750, o Ministro Roberto Barroso determinou que um processo que envolvia pedido de indenização por danos morais em razão de atraso em voo internacional fosse novamente apreciado pela instância de origem, levando-se em consideração a citada decisão do Tribunal Pleno.

Se tal posição prevalecesse, com o devido respeito, o retrocesso seria ainda maior, pois as Cortes Superiores brasileiras não admitem o tabelamento do dano moral, por entenderem que isso contraria o princípio da isonomia constitucional (art. 5.º, *caput*, da CF/1998), especialmente no sentido de *tratar de maneira desigual os desiguais*.

Felizmente, de forma correta, em 2020, surgiu aresto no âmbito do Superior Tribunal de Justiça limitando a conclusão a respeito da tarifação apenas aos danos materiais, não incidindo para os danos morais:

"O STF, no julgamento do RE nº 636.331/RJ, com repercussão geral reconhecida, fixou a seguinte tese jurídica: 'Nos termos do artigo 178 da Constituição da República, as normas e os tratados internacionais limitadores da responsabilidade das transportadoras aéreas de passageiros, especialmente as Convenções de Varsóvia e Montreal, têm prevalência em relação ao Código de Defesa do Consumidor'. Referido entendimento tem aplicação apenas aos pedidos de reparação por danos materiais. As indenizações por danos morais decorrentes de extravio de bagagem e de atraso de voo não estão submetidas à tarifação prevista na Convenção de Montreal, devendo-se observar, nesses casos, a efetiva reparação do consumidor preceituada pelo CDC" (STJ, REsp 1.842.066/RS,3.ª Turma, Rel. Min. Moura Ribeiro, j. 09.06.2020, *DJe* 15.06.2020).

Sucessivamente, em janeiro de 2023, o STF completou a sua Tese n. 210 de repercussão geral, afastando a sua aplicação aos danos morais ou extrapatrimoniais. Conforme a nova tese, "não se aplicam as Convenções de Varsóvia e Montreal às hipóteses de danos extrapatrimoniais decorrentes de contrato de transporte aéreo internacional". Assim, a questão se consolidou na Corte, resolvendo o dilema exposto.

A esse propósito dessa controvérsia, anote-se que o projeto de Reforma do Código Civil pretende incluir um art. 732-A na codificação privada, prevendo que "as normas e tratados internacionais limitadores da responsabilidade das transportadoras aéreas de passageiros serão aplicados exclusivamente aos danos materiais decorrentes de transporte internacional de pessoas". Desse modo, pelo texto proposto, serão excluídos expressamente da norma os danos extrapatrimoniais, o que virá em boa hora.

Feitas tais considerações, ainda pode surgir outra dúvida quanto ao dispositivo da codificação material em estudo: qual a relação entre o CDC e o CC, uma vez que o art. 732 do Código Civil estabelece que os tratados não podem prevalecer sobre o Código Civil, o mesmo ocorrendo quanto às leis especiais?

Essa relação decorre da aplicação da tese do *diálogo das fontes*, que busca uma complementaridade entre as duas leis, principalmente visando a proteger o consumidor, a parte vulnerável do contrato. Como se sabe, houve uma forte aproximação principiológica entre as duas leis, no que tange aos contratos, eis que ambas são incorporadoras de uma nova teoria geral dos contratos (Enunciado n. 167 do CJF/STJ). Essa aproximação ocorre em virtude dos princípios sociais contratuais, caso da função social dos contratos e da boa-fé objetiva, que podem ser invocados contra eventual pedido de limitação da indenização pelo causador do dano, constante da Convenção de Varsóvia ou de Montreal, visando, dessa forma, à busca da *justiça contratual*.

Em suma, o art. 732 do Código Civil igualmente não prejudica a aplicação do CDC, havendo uma relação jurídica de consumo no contrato de transporte. Nesse sentido, na *IV Jornada de Direito Civil* foi aprovado o Enunciado n. 369 do CJF/STJ, com a seguinte redação: "diante do preceito constante no art. 732 do Código Civil, teleologicamente e em uma visão constitucional de unidade do sistema, quando o contrato de transporte constituir uma relação de consumo, aplicam-se as normas do Código de Defesa do Consumidor que forem mais benéficas a este".

Em complemento, merece destaque a argumentação desenvolvida por Marco Fábio Morsello em sua tese de doutoramento defendida na Faculdade de Direito da USP, no sentido de que a norma consumerista sempre deve prevalecer, por seu caráter mais especial, tendo o que ele denomina como *segmentação horizontal*.[3] De outra forma, sustenta que toda a matéria relativa ao Direito do Consumidor é agrupada pela função e não pelo objeto.[4]

Por fim, para a prevalência do CDC, é interessante a sua tese no sentido de que a proteção dos consumidores tem força normativa constitucional, pela previsão do art. 5.º, inc. XXII, da CF/1988.[5] Nota-se que os argumentos do Professor Morsello servem perfeitamente para a manutenção da supremacia do CDC sobre a Convenção de Montreal, ao contrário do que entendeu o STF, em claro retrocesso, repise-se.

Ainda quanto à aplicação do art. 732 do CC/2002, especificamente no tocante às leis especiais, Araken de Assis traz outros exemplos interessantes:

---

[3] MORSELLO, Marco Fábio. *Responsabilidade civil no transporte aéreo*. São Paulo: Atlas, 2006. p. 419.
[4] MORSELLO, Marco Fábio. *Responsabilidade civil no transporte aéreo*, cit., p. 419.
[5] MORSELLO, Marco Fábio. *Responsabilidade civil no transporte aéreo*, cit., p. 419.

"Por conseguinte, as disposições da Lei 7.565/1986 incompatíveis com os princípios da responsabilidade civil consagrada (*v.g.*, a exigência de culpa grave ou dolo para afastar a avaliação a *forfait* do dano: art. 248), no contrato de transporte, nos arts. 734 a 736, se encontram revogadas. Da responsabilidade civil cuidou, principalmente, o diploma civil. Não se encontra recepcionado, nesta linha de raciocínio, o art. 22 da Lei 9.611/1998, que estipula o exíguo prazo de um ano para ação de responsabilidade, 'contado da data da entrega da mercadoria no ponto de destino ou, caso isso não ocorra, do nonagésimo dia após o prazo referido para a referida entrega'. O art. 206, § 3.º, V, do CC estabelece prazo de três anos para a prescrição da 'pretensão de reparação civil'. A legislação especial tem caráter residual e supletivo em aspectos secundários. Por exemplo, vigoram os requisitos do conhecimento de transporte aéreo (art. 235, I a XIII, da Lei 7.565/1986). É claro que, tratando-se de relação de consumo, aplica-se a Lei 8.078/1990, e não o Código Civil vigente.

Esta orientação se estende à Lei 9.432/1997, que ordena o transporte aquaviário; à Lei 9.611/1998, que reestrutura o transporte multimodal de cargas; à Lei 10.233/2001, que reestrutura o transporte terrestre e aquaviário; à Lei 9.478/1997, relativamente aos arts. 56 a 59, que contemplaram o transporte de petróleo; ao Dec. 1.832/1996, que regulamenta o transporte ferroviário; ao Dec. 96.044/1988, que regulamenta o transporte rodoviário de transportes perigosos; ao Dec. 98.973/1990, relativo ao transporte ferroviário destes últimos produtos, e quaisquer outros diplomas análogos".[6]

O que o último doutrinador quer dizer é que o Código Civil de 2002 é imperativo no sentido da sua prevalência. E, pelo que consta do art. 732 do CC, não se aplica o critério da especialidade, que prevalece sobre o cronológico, a guiar a conclusão de que as normas especiais anteriores continuam em vigor, prevalecendo sobre as normas gerais posteriores.

Reconhece-se, na verdade, que as normas constantes da atual codificação também são especiais, razão de sua prevalência. Entretanto, o Código Civil não pode afastar a aplicação do Código de Defesa do Consumidor nas situações em que a última lei foi mais favorável aos consumidores nos contratos de transporte.

Encerrando as regras gerais, o art. 733 do Código Civil trata do *transporte cumulativo*, ou seja, aquele em que vários transportadores se obrigam a cumprir o contrato por um determinado percurso. Em tom suplementar, o art. 756 do Código Civil prevê que no transporte cumulativo todos os transportadores respondem solidariamente. A regra deve ser aplicada tanto para o transporte de pessoas quanto de coisas, o que pode ser retirado da análise do próprio art. 733 do CC/2002.

Em casos tais, havendo danos a pessoas ou a coisas, haverá responsabilidade objetiva, pois a obrigação de cada transportador é de resultado (*cláusula de incolumidade*). Para essa responsabilização independente de culpa ainda pode ser invocado o Código de Defesa do Consumidor, em *diálogo das fontes*. Caso esteja presente dano resultante do atraso ou da interrupção da viagem, este

---

[6] ASSIS, Araken de. *Contratos nominados*. Estudos em homenagem ao Professor Miguel Reale. São Paulo: RT, 2005. p. 310. (Coleção Biblioteca de Direito Civil.)

será determinado em razão da totalidade do percurso, diante da indivisibilidade da obrigação dos transportadores (art. 733, § 1.º, do CC). Ocorrendo a substituição de um transportador por outro nessa mesma forma de contratação, a responsabilidade solidária também será estendida ao substituto (art. 733, § 2.º, do CC). Nesse último caso, há o que a doutrina denomina como *contratação de subtransporte*.

O projeto de Reforma do Código Civil pretende pequenos reparos no dispositivo, passando o *caput* do art. 733 a prever que, "nos contratos de transporte cumulativo unimodal ou multimodal, cada transportador se obriga a cumprir o contrato relativamente ao respectivo percurso, respondendo todos de forma solidária pelos danos causados a pessoas e coisas". Assim, inclui-se na norma as menções expressas às modalidades unimodal e multimodal, o que vem em boa hora, para deixá-la mais técnica.

Superada a análise das regras gerais previstas para o contrato em questão, passa-se ao estudo específico do transporte de pessoas e de coisas, com a abordagem das principais regras que interessam à responsabilidade civil.

1.2. Responsabilidade civil no transporte de pessoas. Regras fundamentais

O transporte de pessoas é aquele pelo qual o transportador se obriga a levar uma pessoa e a sua bagagem até o destino, com total segurança, mantendo incólumes os seus aspectos físicos e patrimoniais.

São partes no contrato o *transportador*, que é aquele que se obriga a realizar o transporte, e o *passageiro*, aquele que contrata o transporte, ou seja, aquele que será transportado mediante o pagamento do preço ou remuneração, denominado *passagem*.

Como decorre da nossa tradição civilística, a obrigação assumida pelo transportador é sempre de resultado, justamente diante dessa *cláusula de incolumidade*, o que fundamenta a sua responsabilização independentemente de culpa ou objetiva, em caso de prejuízo. Nesse sentido ensina o *clássico* Washington de Barros Monteiro que "é dever do transportador levar o passageiro são e salvo a seu destino, e responderá pelos danos a ele causados, bem como à sua bagagem. Em todo contrato de transporte está implícita a cláusula de incolumidade. Ora, se um passageiro contrata uma empresa para levá-lo ao Rio de Janeiro, subentende-se que ele quer chegar ao seu destino por inteiro e não 'em tiras'".[7]

Caio Mário da Silva Pereira chega a essa mesma conclusão interpretando o teor do Decreto-lei n. 2.681, de 1912, que tratava da responsabilidade civil das empresas de estradas de ferro e que, por analogia, passou a ser aplicado para todos os tipos de transporte terrestre. Segundo o jurista, "recebendo o passageiro a sua bagagem, ou a mercadoria, a empresa assume a obrigação de conduzir uma ou outra do ponto de embarque ao ponto de destino, em toda

---

[7] BARROS MONTEIRO, Washington de. *Curso de Direito Civil*. Direito das obrigações. 2.ª parte. 34. ed. atual. por Carlos Alberto Dabus Maluf e Regina Beatriz Tavares da Silva. São Paulo: Saraiva, 2003. v. 5, p. 326.

incolumidade".[8] Em outro trecho de seu belo trabalho, Caio Mário pontua que o transporte está baseado na *teoria do risco*, o que justifica a incidência da responsabilidade sem culpa ou objetiva.[9]

No sistema atual, essa responsabilidade contratual e objetiva também pode decorrer da natural e corriqueira aplicação do Código de Defesa do Consumidor para os contratos de transporte, como antes destacado, estabelecendo o seu art. 14, incidente na espécie, que o prestador de serviços, no caso o transportador, "responde, independentemente da existência de culpa, pela reparação dos danos causados aos consumidores por defeitos relativos à prestação dos serviços, bem como por informações insuficientes ou inadequadas sobre sua fruição e riscos".

Some-se, na contemporaneidade civilística, que essa responsabilidade objetiva também pode ser evidenciada pelo art. 734 do Código Civil de 2002, que prevê que o transportador somente não responde nas hipóteses de força maior, evento previsível, mas inevitável. Na diferenciação que sigo, o caso fortuito, evento totalmente imprevisível, por ser um acontecimento com *efeitos desvinculativos superiores* à força maior e com vistas à exclusão do nexo de causalidade, também deve ser admitido como fator obstativo da relação causal.

Sem prejuízo dessas afirmações, como apontado no Capítulo 5 desta obra, existe corrente considerável, inclusive na jurisprudência superior, que considera tais eventos como sinônimos. Seguindo essa tendência de equalização dessas excludentes, em casos de transporte de cargas, assunto ainda a ser depurado neste capítulo:

> "O Poder Judiciário, amparado na jurisprudência desta Corte Superior, sufragou o entendimento no sentido de que o roubo de cargas, em regra, caracteriza-se como caso fortuito ou força maior, acarretando a exclusão da responsabilidade do transportador, desde que adotadas todas as cautelas necessárias à condução segura da mercadoria" (STJ, REsp 1.314.318/SP, 4.ª Turma, Rel. Min. Luis Felipe Salomão, j. 28.06.2016, *DJe* 06.09.2016).

Vale relembrar aqui a questão ventilada também no Capítulo 5, a respeito do assalto à mão armada como excludente de responsabilidade do transportador de pessoas, no caso das empresas de ônibus. Como visto naquele momento da obra, o Superior Tribunal de Justiça acabou por considerar o assalto como fato desconexo ao contrato de transporte de passageiros, a excluir a responsabilidade da transportadora.

Em suma, consolidou-se o entendimento de que o assalto está fora do risco do negócio ou do risco do empreendimento das empresas que exploram esses serviços, notadamente das empresas de ônibus que fazem o transporte municipal. Entre os acórdãos de pacificação do tema, gosto sempre de citar o seguinte, do ano de 2006:

---

[8] PEREIRA, Caio Mário da Silva. *Responsabilidade civil*, 5. ed., cit., p. 210.
[9] PEREIRA, Caio Mário da Silva. *Responsabilidade civil*, 5. ed., cit., p. 209.

"Civil. Indenização. Transporte coletivo (ônibus). Assalto à mão armada seguido de morte de passageiro. Força maior. Exclusão da responsabilidade da transportadora. 1. A morte decorrente de assalto à mão armada, dentro de ônibus, por se apresentar como fato totalmente estranho ao serviço de transporte (força maior), constitui-se em causa excludente da responsabilidade da empresa concessionária do serviço público. 2. Entendimento pacificado pela Segunda Seção. 3. Recurso especial conhecido e provido" (STJ, REsp 783.743/RJ, 4.ª Turma, Rel. Min. Fernando Gonçalves, j. 12.12.2005, *DJ* 1.º.02.2006, p. 571).

Estão, assim, superados os julgados anteriores que apontavam para o dever de indenizar do transportador nos casos de assaltos à mão armada em transporte coletivo em determinadas regiões em que tais lamentáveis eventos se transformaram em fatos corriqueiros, caso do seguinte aresto: "tendo se tornado fato comum e corriqueiro, sobretudo em determinadas cidades e zonas tidas como perigosas, o assalto no interior do ônibus já não pode mais ser genericamente qualificado como fato extraordinário e imprevisível na execução do contrato de transporte, ensejando maior precaução por parte das empresas responsáveis por esse tipo de serviço, a fim de dar maior garantia e incolumidade aos passageiros" (STJ, REsp 232.649/SP, 4.ª Turma, Rel. Min. Barros Monteiro, Rel. p/ Acórdão Min. Cesar Asfor Rocha, j. 15.08.2002, *DJ* 30.06.2003, p. 250).

Reitero a minha posição no sentido de que esse entendimento anterior do Superior Tribunal de Justiça, de não exclusão de responsabilidade da transportadora em alguns casos, fugia da lógica do razoável, pois exigia das empresas uma série de medidas que tornariam os serviços prestados praticamente inviáveis. Entendo que quem deve zelar pela segurança pública é o Estado e não os entes privados nas situações descritas.

Outro debate prático interessante a respeito de caso fortuito e força maior no transporte diz respeito aos atos de assédio sexual ou libidinosos praticados no interior de trens e em outros meios de transporte coletivo.

Um primeiro julgado superior, da Terceira Turma do STJ, concluiu tratar-se de evento interno, que entra no risco da atividade desenvolvida pela concessionária do serviço. Vejamos a sua publicação, constante do *Informativo* n. *628* do Tribunal da Cidadania:

"Em reforço à responsabilidade objetiva do transportador, não se pode olvidar que a legislação consumerista preceitua que o fornecedor de serviços responde pela reparação dos danos causados, independentemente da existência de culpa, decorrente dos defeitos relativos à prestação destes serviços, nos termos do art. 14, §§ 1.º e 3.º, do CDC. Ademais, a cláusula de incolumidade é ínsita ao contrato de transporte, implicando obrigação de resultado do transportador, consistente em levar o passageiro com conforto e segurança ao seu destino, salvo se demonstrada causa de exclusão do nexo de causalidade, notadamente o caso fortuito, a força maior ou a culpa exclusiva da vítima ou de terceiro. O fato de terceiro, conforme se apresente, pode ou não romper o nexo de causalidade. Exclui-se a responsabilidade do transportador quando a conduta praticada por terceiro, sendo causa única do evento danoso, não guarda relação com a organização do negócio e os riscos da atividade de transporte, equiparando-se a fortuito externo. De outro turno, a culpa de terceiro não é apta a romper o nexo causal quando se mostra conexa à atividade econômica e aos riscos inerentes à sua exploração, caracterizando fortuito interno. Por envolver, necessariamente, uma grande aglomeração de pessoas em um mesmo espaço físico, aliados à baixa qualidade do serviço prestado, incluído a pouca quantidade de vagões ou ônibus postos à disposição do público, a prestação do serviço de transporte de passageiros vem propiciando a ocorrência de eventos de assédio sexual. Em outros termos, mais que um simples cenário ou ocasião, o transporte público tem concorrido para a causa dos eventos de assédio sexual. Em tal contexto, a ocorrência desses fatos acaba sendo arrastada para o bojo da prestação do serviço de transporte público, tornando-se assim mais um risco da atividade, da qual todos os passageiros, mas especialmente as mulheres, tornam-se vítimas" (STJ, REsp 1.662.551/SP, 3.ª Turma, Rel. Min. Nancy Andrighi, j. 15.05.2018, por maioria, *DJe* 25.06.2018).

Porém, a questão não era pacífica na Corte, pois na Quarta Turma existiam acórdãos em sentido oposto, concluindo pela presença de um evento externo, fora do risco da atividade ou do empreendimento da empresa transportadora, e também um fato de terceiro. Assim, por exemplo, em caso relativo a assédio praticado dentro do metrô de São Paulo:

"Nos termos da jurisprudência desta Corte Superior, não há responsabilidade da empresa de transporte coletivo em caso de ilícito alheio e estranho à atividade de transporte, pois o evento é considerado caso fortuito ou força maior, excluindo-se, portanto, a responsabilidade da empresa transportadora. Precedentes do STJ. Não pode haver diferenciação quanto ao tratamento da questão apenas à luz da natureza dos delitos. Na hipótese, sequer é possível imputar à transportadora eventual negligência, pois, como restou consignado pela instância ordinária, o autor do ilícito foi identificado e detido pela equipe de segurança da concessionária de transporte coletivo, tendo sido, inclusive, conduzido à Delegacia de Polícia, estando apto, portanto, a responder pelos seus atos penal e civilmente" (STJ, REsp 1.748.295/SP, 4.ª Turma, Rel. Min. Luis Felipe Salomão, Rel. p/ Acórdão Min. Marco Buzzi, j. 13.12.2018, *DJe* 13.02.2019).

Em dezembro de 2020, a questão se pacificou no âmbito da Segunda Seção, no julgamento do REsp 1.833.722 e do REsp 1.853.361, na linha da segunda conclusão e por cinco votos a quatro. Prevaleceu o voto do Ministro Raul Araújo, no sentido de que "não há meio de se evitar tal repugnante crime onde quer que ocorra", observando-se que se trata de comportamento "covarde" e "oportunista", praticado em "uma fração de segundos". E mais, segundo o Relator, "é sempre inevitável. Quando muito consegue-se prender o depravado, o opressor. Era inevitável, quando muito previsível em tese. Por mais que se saiba da possibilidade de sua ocorrência, não se sabe quando, nem onde, nem quem o praticará. Como acontece com os assaltos à mão armada. São inevitáveis, não estão ao alcance do transportador. E na vida muita coisa é assim, infelizmente". Seguiram essa posição os Ministros Marco Buzzi, Antonio Carlos Ferreira, Villas Bôas Cueva e Marco Antonio Bellizze. Foram vencidos os Ministros Nancy Andrighi, Luis Felipe Salomão, Paulo de Tarso Sanseverino e Moura Ribeiro.

Com o devido respeito à posição que prevaleceu no STJ, entendo que o assédio sexual ou o ato libidinoso, praticado no interior de vagões de trens ou do metrô, constitui fato corriqueiro e plenamente evitável, o que o coloca dentro do risco da atividade ou do empreendimento. Isso porque a empresa transportadora pode tomar medidas preventivas de proteção, como a colocação de câmeras, o emprego de seguranças e mesmo a separação de vagões. Sendo assim, espero que a questão seja pacificada no âmbito da Segunda Seção da Corte Superior no sentido de reconhecer a responsabilização civil.

Como última ilustração a respeito dos debates sobre a presença de eventos externos e internos no transporte de passageiros, julgado do STJ do ano de 2022 considerou que é fortuito externo "a queda de passageiro em via férrea de metrô, por decorrência de mal súbito, não ensejando o dever de reparação do dano por parte da concessionária de serviço público, mesmo considerando que não houve adoção, por parte do transportador, de tecnologia moderna para impedir o trágico evento". Foi considerado como irrelevante, portanto, o não emprego da técnica "portas de plataforma" ("platform screen doors" – PSD), pois o fato essencial e relevante para o evento danoso foi o mal súbito sofrido pelo passageiro, o que fugiria do risco da atividade da transportadora (STJ, REsp 1.936.743/SP, 4.ª Turma, Rel. Min. Luis Felipe Salomão, j. 14.06.2022, m.v.).

Feitas essas notas a respeito de casos concretos comuns na realidade brasileira, ainda quanto ao art. 734, *caput*, do CC/2002, o dispositivo não considera como excludente a *cláusula de não indenizar* ou *cláusula de irresponsabilidade*, previsão contratual inserida no instrumento do negócio que exclui a responsabilidade da transportadora. A norma, na verdade, apenas confirma o entendimento jurisprudencial anterior, consubstanciado na Súmula n. 161 do STF, segundo a qual: "em contrato de transporte, é inoperante a cláusula de não indenizar".

Uma das razões do surgimento da súmula e do dispositivo legal está relacionada ao fato de ser o contrato de transporte um negócio de adesão, pelo menos em regra, não se admitindo há tempos a validade da cláusula de não indenizar quando imposta ao aderente. No sistema atual, tal conclusão é retirada do art. 424 do Código Civil, segundo o qual haverá nulidade, nos contratos de adesão, da cláusula de renúncia antecipada do aderente a direito resultante da natureza do negócio.

A Súmula n. 161 do STF pode até parecer desnecessária atualmente, mas não o é, podendo ser invocada para os casos de transporte de coisas, uma vez que o art. 734 do Código Privado trata do transporte de pessoas. Conclui-se que a cláusula de não indenizar deve ser considerada nula também para o transporte de mercadorias. Para tanto, podem igualmente ser invocados os arts. 25 e 51, inc. I, do CDC e o art. 424 do CC, eis que o contrato em questão é de consumo e de adesão, na grande maioria das vezes.

A nulidade dessa cláusula é evidente, pois o emitente renuncia a um direito que lhe é assegurado como parte contratual, qual seja, o direito à segurança, inerente à cláusula de incolumidade e à obrigação de resultado assumida pelo transportador. Acrescente-se que, para o Superior Tribunal de Justiça, em contrato de transporte, a cláusula limitativa do dever de indenizar – aquela que reduz previamente o *quantum debeatur* –, é tão inoperante quanto a cláusula de não indenizar (STJ, REsp 32.578/RJ, 3.ª Turma, Rel. Min. Nilson Naves, j. 27.04.1993, *DJ* 31.05.1993, p. 10.663).

O parágrafo único do art. 734 do CC/2002 merece maiores digressões, *in verbis*: "é lícito ao transportador exigir a declaração do valor da bagagem a fim de fixar o limite da indenização". O dispositivo visa à valorização da boa-fé objetiva no contrato de transporte, particularmente quanto ao dever do passageiro de informar o conteúdo da sua bagagem para que o transportador possa prefixar eventual valor indenizatório.

Dúvida resta quanto à incompatibilidade desse dispositivo com relação ao CDC na hipótese de existir relação de consumo no contrato de transporte, uma vez que o art. 6.º, incs. VI e VIII, consagram o *princípio da reparação integral de danos*, que afasta qualquer possibilidade de tarifação da indenização, principalmente por força de contrato.

Inicialmente, deve-se entender que o art. 734 do Código Civil, em sua redação atual, não torna obrigatória ao consumidor-passageiro a referida declaração. Na verdade, o dispositivo enuncia que é lícito exigir a declaração do valor da bagagem, visando a facilitar a prova do prejuízo sofrido em eventual demanda. Não sendo feita a referida declaração, torna-se difícil comprovar o que está dentro da bagagem. Para tanto, pode o consumidor utilizar-se da inversão do ônus da prova, nos termos do art. 6.º, inc. VIII, do CDC? O Superior Tribunal de Justiça vem entendendo que sim, ou seja, pela aplicação dessa inversão em casos tais:

> "Processo civil. Civil. Recurso especial. Indenização por danos materiais e morais. Extravio de bagagem. Empresa aérea. Danos materiais comprovados e devidos. Inversão do ônus da prova. Art. 6.º, VIII, do CDC. Danos morais. Ocorrência. Indenização. Razoabilidade do *quantum* fixado. 1. Divergência jurisprudencial comprovada, nos termos do art. 541, parágrafo único, do CPC, e art. 255 e parágrafo, do Regimento Interno desta Corte. 2. Com base nos documentos comprobatórios trazidos aos autos, tanto a r. sentença singular quanto o eg. Tribunal de origem, tiveram por verossímil as alegações do autor – uma vez que a relação dos bens extraviados mostra-se compatível com a natureza e duração da viagem – aplicando, então, a regra do art. 6.º, VIII, do CDC, invertendo-se o ônus da prova. 3. A inversão do ônus da prova, de acordo com o art. 6.º, VIII, do CDC, fica subordinada ao critério do julgador, quanto às condições de verossimilhança da alegação e de hipossuficiência, segundo as regras da experiência e de exame fático dos autos. Tendo o Tribunal *a quo* julgado que tais condições se fizeram presentes, o reexame deste tópico é inviável nesta via especial. Óbice da Súmula 07 desta Corte. 4. Como já decidiram ambas as Turmas que integram a Segunda Seção desta Corte, somente é dado, ao STJ, em sede de recurso especial, alterar o *quantum* da indenização por danos morais, quando ínfimo ou exagerado o valor. 5. Considerando-se as peculiaridades fáticas assentadas nas instâncias ordinárias e os parâmetros adotados nesta Corte em casos semelhantes a este,

de extravio de bagagem em transporte aéreo, o valor fixado pelo Tribunal de origem, a título de indenização por danos morais, mostra-se excessivo, não se limitando à compensação dos prejuízos advindos do evento danoso, pelo que se impõe a respectiva redução a R$ 4.000,00 (quatro mil reais). 6. Recurso conhecido e provido" (STJ, REsp 696.408/MT, 4.ª Turma, Rel. Min. Jorge Scartezzini, j. 07.06.2005, *DJ* 29.05.2006, p. 254).

"Responsabilidade civil. Extravio de bagagem. Danos materiais e morais. Aplicação do Código de Defesa do Consumidor. Retorno ao local de residência. Precedente da Terceira Turma. 1. Já está assentado na Seção de Direito Privado que o Código de Defesa do Consumidor incide em caso de indenização decorrente de extravio de bagagem. 2. O fato de as notas fiscais das compras perdidas em razão do extravio estarem em língua estrangeira, não desqualifica a indenização, considerando a existência de documento nacional de reclamação com a indicação dos artigos perdidos ou danificados que menciona os valores respectivos, cabendo à empresa provar em sentido contrário, não combatida a inversão do ônus da prova acolhida na sentença. 3. Precedente da Terceira Turma decidiu que não se justifica a 'reparação por dano moral apenas porque a passageira, que viajara para a cidade em que reside, teve o incômodo de adquirir roupas e objetos perdidos' (REsp 158.535/PB, Relator para o acórdão o Senhor Min. Eduardo Ribeiro, *DJ* 09.10.2000). 4. Recurso especial conhecido e provido, em parte" (STJ, REsp 488.087/RJ, 3.ª Turma, Rel. Min. Carlos Alberto Menezes Direito, j. 18.09.2003, *DJ* 17.11.2003, p. 322; *RT* 823/171). Veja (Bagagem – Transporte aéreo – Aplicação – Código de Defesa do Consumidor): STJ, REsp 300.190/RJ (*RT* 803/177), REsp 169.000/RJ (*RDR* 18/291), REsp 173.526/SP, REsp 209.527/RJ (*JBCC* 189/200, *RDTJRJ* 50/106), REsp 154.943/DF (*RSTJ* 143/274); (Descabimento – Indenização – Dano moral – Passageiro): STJ, REsp 158.535/PB (*RJADCOAS* 20/104, *JBCC* 185/346).

Seguindo essa linha de raciocínio favorável ao consumidor, percebe-se que o art. 734, parágrafo único, do Código Civil, em certo sentido, entra em colisão com a proteção do destinatário final do serviço, ao estabelecer que ele tem o dever de declarar o conteúdo de sua bagagem, sob pena de perder o direito à indenização. Apesar de o dispositivo não dizer isso expressamente, poder-se-ia supor dessa forma. Trata-se de uma mera suposição, uma vez que o passageiro, como consumidor, tem direito à indenização integral. Assim deve ser interpretada a suposta controvérsia.

De qualquer forma, um entendimento contrário poderia sustentar que o art. 734, parágrafo único, do Código Civil deveria se sobrepor à Lei n. 8.078/1990, segundo o que ordena o art. 732 da mesma codificação material, outrora comentado (prevalência do Código Civil). Esse argumento pode ser afastado pela aplicação da tese do *diálogo das fontes* e diante dos princípios da função social dos contratos e da boa-fé objetiva, que conduzem a uma interpretação contratual mais favorável à parte vulnerável da relação negocial, no caso, o passageiro.

Além disso, para ficar bem claro, cumpre mais uma vez transcrever o Enunciado n. 369 do CJF aprovado na *IV Jornada de Direito Civil*, e que resolve o dilema de modo favorável ao passageiro-consumidor: "diante do preceito constante no art. 732 do Código Civil, teleologicamente e em uma visão constitucional de unidade do sistema, quando o contrato de transporte constituir uma relação de consumo, aplicam-se as normas do Código de Defesa do Consumidor que forem mais benéficas a este".

Isso vale com relação aos danos materiais, particularmente quanto ao valor da coisa em si. No que concerne aos danos morais, no caso de a coisa ser de estima, eventual reparação não pode ser tarifada nem mesmo por lei. A tarifação ou *tabelamento do dano moral*, como sustentado em vários trechos deste livro, entra em conflito com o princípio da especialidade, que consta da segunda parte da isonomia constitucional (*a lei deve tratar de maneira igual os iguais, e de maneira desigual os desiguais* – art. 5.º, *caput*, da CF/1988).

De qualquer modo, vale o alerta constante da parte final da última ementa transcrita, no sentido de que o STJ vinha entendendo que a mera perda da bagagem não geraria, por si só, o dano moral. Nesse ponto, é preciso provar a lesão a direito da personalidade pelo extravio do conteúdo da bagagem ou que ali estava um objeto de estima. Entretanto, ressalte-se que o mesmo Tribunal da Cidadania já entendeu pela existência de danos morais por perda de bagagem em inúmeros casos. Por todos, ilustre-se, confirmando-se a votação da segunda instância:

"Transporte aéreo. Extravio temporário e violação de bagagens. Danos morais. Fixação. Razoabilidade e proporcionalidade verificadas. Revisão. Reexame de prova. Inadmissibilidade. Se o valor fixado a título de danos morais atende aos critérios da razoabilidade e da proporcionalidade, não se admite a revisão do montante em sede de recurso especial, por ser aplicável à espécie a Súmula n. 7/STJ" (STJ, AgRg no Ag 538.459/RJ, 3.ª Turma, Rel. Min. Nancy Andrighi, j. 06.11.2003, *DJ* 09.12.2003, p. 288).

Aliás, em sede desta Corte, há até julgados presumindo o dano moral no caso de perda de bagagem por grande lapso temporal. Cumpre lembrar que, muitas vezes, o passageiro chega ao destino sem a sua mala, onde estão as suas roupas, os seus bens de uso pessoal e de higiene íntima. Nesse sentido, transcrevo a seguinte decisão:

"Ação de indenização. Extravio de bagagem. Dano moral caracterizado. O extravio de bagagem por longo período traz, em si, a presunção da lesão moral causada ao passageiro, atraindo o dever de indenizar. Não se configurando valor abusivo no *quantum* fixado a título de ressarcimento, desnecessária a excepcional intervenção do STJ a respeito" (STJ, REsp 686.384/RS, 4.ª Turma, Rel. Min. Aldir Passarinho Junior, j. 26.04.2005, *DJ* 30.05.2005, p. 393).

De toda sorte, anote-se o teor da Lei n. 14.034/2020, que consagrou regras emergenciais para a aviação civil brasileira, em razão da pandemia de Covid-19. Ao contrário da Lei n. 14.010/2020, a norma emergente trouxe regras definitivas, muito além do reembolso do valor das passagens que foram canceladas em virtude da pandemia, no longo prazo de doze meses, contados da data do voo cancelado (art. 3.º).

Entre os preceitos permanentes, foi incluído um art. 251-A no Código Brasileiro de Aeronáutica, exigindo a prova efetiva do dano moral – chamado na norma de dano extrapatrimonial, de forma atécnica, conforme crítica constante em outros capítulos deste livro –, em virtude de falha na execução do contrato de transporte, o que inclui o atraso de voo e o extravio de bagagem. Trata-se de um claro retrocesso na tutela dos consumidores, diante justamente dos julgados que vinham concluindo pela presença de danos presumidos ou *in re ipsa* em casos tais.

Para encerrar o estudo do art. 734, anoto que no projeto de Reforma do Código Civil existem propostas no sentido de deixar o comando mais técnico, passando a norma a prever, em boa hora, em seu *caput*, que "o transportador responde pelos danos causados às pessoas transportadas e suas bagagens, salvo motivo de caso fortuito ou força maior, sendo nula de pleno direito qualquer cláusula excludente da responsabilidade". Ademais, sobre o parágrafo único, com o fim de resolver o dilema antes exposto, o seu conteúdo somente será aplicado aos contratos paritários – negociados pelas partes: "em contratos paritários, é lícito ao transportador exigir a declaração do valor da bagagem, a fim de fixar o limite da indenização".

Seguindo o estudo das questões de responsabilidade civil relativas ao contrato de transporte, estabelece o art. 735 da atual codificação material que "a responsabilidade contratual do transportador por acidente com o passageiro não é elidida por culpa de terceiro contra qual tem ação regressiva". Essa redação acompanha a Súmula n. 187 do Supremo Tribunal Federal, que previa o mesmo, ou seja, que a culpa exclusiva de terceiro não é excludente do dever de indenizar do transportador, assegurado o direito de regresso da transportadora em face desse terceiro. Há, assim, uma *responsabilidade objetiva agravada*, diante do *descarte* de uma das excludentes do nexo de causalidade.

Aqui surge uma importante questão de dúvida prática, pois o art. 735 do Código Civil e a Súmula n. 187 do STF parecem fundamentar o entendimento pelo qual a transportadora responderia pelo assalto à mão armada, enquadrado como fato ou culpa de terceiro. Surge a indagação: pagando a indenização, a empresa transportadora terá ação regressiva contra a quadrilha de assaltantes? Fica claro ser um absurdo pensar dessa maneira. Não seria o caso de o Estado ser responsabilizado pela falta de segurança? Reafirmo que entendo que sim.

O art. 735 do CC/2002 e a Súmula n. 187 do STF servem também para responsabilizar as empresas aéreas por acidentes que causam a morte de passageiros. Mesmo havendo culpa exclusiva de terceiros, inclusive de agentes do Estado, as empresas que exploram o serviço devem indenizar os familiares das vítimas, tendo ação regressiva contra os responsáveis. O que se nota, assim, é que a aplicação do Código Civil de 2002 é até mais favorável aos consumidores do que o próprio CDC, eis que a Lei n. 8.078/1990 consagra a culpa exclusiva de terceiro como excludente de responsabilização, havendo prestação de serviços (art. 14, § 3.º).

A título de exemplo, cite-se o célebre caso do acidente aéreo da GOL, causado substancialmente por pilotos americanos de outra aeronave, respondendo a companhia aérea em face das vítimas e assegurado o seu direito de regresso contra os terceiros. Analisando tal situação fática, podem ser colacionados os seguintes arestos jurisprudenciais:

"Agravo regimental. Responsabilidade civil objetiva. Acidente aéreo envolvendo o avião Boeing 737-800, da Gol Linhas Aéreas, e o jato Embraer/Legacy 600, da Excel Air Service. Dano moral. Irmã da vítima falecida. Cabimento. Precedentes. 1. Os irmãos possuem legitimidade ativa *ad causam* para pleitear indenização por danos morais em razão do falecimento de outro irmão. Precedentes. 2. Restou comprovado, no caso ora em análise, conforme esclarecido pelo Tribunal local, que a vítima e a autora (sua irmã) eram ligadas por fortes laços afetivos. 3. Ante as peculiaridades do caso, reduzo o valor indenizatório para R$ 120.000,00 (cento e vinte mil reais), acrescido de correção monetária, a partir desta data (Súmula n. 362/STJ), e juros moratórios, a partir da citação. 4. Agravo regimental parcialmente provido" (STJ, AgRg-Ag 1.316.179/RJ, 4.ª Turma, Rel. Min. Luis Felipe Salomão, j. 14.12.2010, *DJe* 1.º.02.2011).

"Apelação cível. Ação de indenização. Acidente aéreo Gol *x* Legacy. Dano moral. Indenização a irmão de vítima fatal. Possibilidade. Majoração ou redução do *quantum* indenizatório. Responsabilidade objetiva da empresa aérea. Juros e correção monetária. Termo *a quo* de incidência. Sentença mantida. O irmão de vítima fatal em acidente aéreo é parte legítima para postular indenização por dano moral pela perda do ente querido. Valor da indenização, a ser paga ao irmão da vítima, pelo dano moral decorrente de acidente aéreo fatal deve ser estabelecido segundo critérios do julgador, de acordo com a noção da dor que a perda prematura e abrupta de um ente querido pode gerar no psiquismo do requerente, do quão próximos, psicologicamente, eram os entes etc. A fixação de juros de mora e de correção monetária, nas ações de indenização por dano moral, deve obedecer aos parâmetros efetivamente utilizados no julgamento de mérito, de forma que, se se considerar que a responsabilidade é contratual, os juros de mora incidem a partir da citação, mas, por outro lado, se se considerar que a responsabilidade é extracontratual, os juros de mora incidem a partir do evento danoso. Como é vedada a reforma do *decisum* em prejuízo da parte apelante, em caso de não provimento das razões de apelação, deve-se manter a forma de cálculo anteriormente fixada, ainda que em desacordo com o parâmetro que, em tese, deveria ser aplicado, sob pena de violação à proibição da *reformatio in pejus*. Recursos conhecidos e não providos" (TJDF, Recurso 2012.01.1.093449-7, Acórdão 642.944, 3.ª Turma Cível, Rel. Des. Cesar Laboissiere Loyola, *DJDFTE* 10.01.2013, p. 231).

Surge controvérsia sobre a admissão da culpa ou fato exclusivo de terceiro como excludente do dever de indenizar no transporte de coisas. A jurisprudência superior tem respondido positivamente, equiparando o fato exclusivo de terceiro aos eventos externos, ou seja, ao caso fortuito ou à força maior. Nesse sentido:

"Agravo regimental no agravo em recurso especial. Transporte de cargas. Seguro. Ação regressiva da seguradora contra a transportadora. Conclusão das instâncias ordinárias, à luz da prova dos autos, de que a colisão entre os veículos, de que resultou a perda da mercadoria transportada, foi causada por culpa exclusiva de terceiro, equiparável a caso fortuito e, portanto, excludente de responsabilidade do transportador. Revisão do julgado. Impossibilidade.

Necessidade de reexame do conjunto fático-probatório dos autos. Incidência da Súmula 7/STJ. Agravo regimental improvido. 1. No caso, o Tribunal de origem, com base na prova dos autos, concluiu que o transportador tomou todas as medidas necessárias para evitar a perda de carga que transportava, bem como que ficou comprovado que a falha na entrega das mercadorias se deveu a caso fortuito, circunstância alheia ao controle do transportador e excludente de sua responsabilidade" (STJ, AgRg no AREsp 827.458/SP, 3.ª Turma, Rel. Min. Marco Aurélio Bellizze, j. 20.09.2016, *DJe* 30.09.2016).

O tema será desenvolvido mais à frente, com o debate a respeito dos assaltos que atingem os transportes de mercadorias, tão comuns em nosso País.

Também sobre o art. 735, o projeto de Reforma do Código Civil pretende pequenas correções, para que ele também expresse, de forma mais técnica, o fato exclusivo de terceiro: "a responsabilidade contratual do transportador por acidente com o passageiro não é afastada por culpa ou fato de terceiro, contra o qual tem ação regressiva". Ademais, a expressão "elidida" é trocada por "afastada", mais compreensível.

Relativamente ao transporte feito de forma gratuita, por amizade ou cortesia, popularmente denominado *carona*, não se subordina às normas do contrato de transporte (art. 736, *caput*, do CC/2002). O dispositivo está sintonizado com a Súmula n. 145 do Superior Tribunal de Justiça, do remoto ano de 1995, segundo a qual: "no transporte desinteressado, de simples cortesia, o transportador só será civilmente responsável por danos causados ao transportado quando incorrer em dolo ou culpa grave".

Observe-se, nesse contexto, que no transporte por cortesia não há responsabilidade contratual objetiva daquele que dá a carona. Entendo que a responsabilidade deste é extracontratual, subjetiva, dependendo da prova de culpa. Forçoso concluir, com tal dedução jurídica, que a parte final da referida súmula deve ser revista, pois, segundo os arts. 944 e 945 do CC/2002, que expressam a *teoria da causalidade adequada*, não se exige como essencial a existência de culpa grave ou dolo para a reparação civil.

Na realidade, como desenvolvi no Capítulo 4 deste livro, o dolo ou a culpa grave somente servem como parâmetros para a fixação da indenização. Todavia, infelizmente, o Tribunal da Cidadania ainda vem aplicando a súmula em sua redação original, com a exigência do dolo ou culpa grave daquele que dá a carona. Por todos:

"Responsabilidade civil. Acidente de trânsito. Transporte de simples cortesia ou benévolo em carroceria aberta, sem proteção. Culpa grave (modalidade culpa consciente) configurada. Valor da condenação. Redução. Impossibilidade. Incidência da Súmula 284/STF. 1. Em se tratando de transporte desinteressado, de simples cortesia, só haverá possibilidade de condenação do transportador se comprovada a existência de dolo ou culpa grave (Súmula 145/STJ). 2. Resta configurada a culpa grave do condutor de veículo que transporta gratuitamente passageiro, de forma irregular, ou seja, em carroceria aberta, uma vez que previsível a ocorrência de graves danos, ainda que haja a crença de que eles não irão acontecer. 3. Não é possível o conhecimento da pretensão de redução da condenação, pois o recorrente não apontou qualquer lei que teria sido vulnerada pelo acórdão recorrido. Aplica-se, por analogia, na espécie, o disposto na Súmula 284 do STF: É inadmissível o recurso extraordinário, quando a deficiência na sua fundamentação não permitir a exata compreensão da controvérsia. 4. Recurso especial desprovido" (STJ, REsp 685.791/MG, 3.ª Turma, Rel. Min. Vasco Della Giustina [Desembargador Convocado do TJRS], j. 18.02.2010, *DJe* 10.03.2010).

"Civil. Transporte de cortesia (carona). Morte do único passageiro. Indenização. Responsabilidade objetiva. Não cabimento. Súmula 145-STJ. 1. 'No transporte desinteressado, de simples cortesia, o transportador só será civilmente responsável por danos causados ao transportado quando incorrer em dolo ou culpa grave' (Súmula 145-STJ). 2. Na espécie, padece o acórdão recorrido de flagrante dissídio com o entendimento desta Corte quando, firmando-se na tese da responsabilidade objetiva, despreza a aferição de culpa *lato sensu* (dolo e culpa grave). 3. Recurso especial conhecido e provido" (STJ, REsp 153.690/SP, 4.ª Turma, Rel. Min. Fernando Gonçalves, j. 15.06.2004, *DJ* 23.08.2004, p. 238).

Não se olvide, contudo, da crítica feita à sumular pela Ministra Fátima Nancy Andrighi, o que pode ser retirado, entre outros acórdãos, do voto constante do julgamento do Recurso Especial 577.902/DF, de junho de 2006. A julgadora vai até mais longe, entendendo que a responsabilidade civil daquele que dá a carona deve ser tratada como independentemente de culpa ou objetiva. Suas palavras merecem destaque:

"Realmente, o proprietário do automóvel é a pessoa que tem a guarda jurídica da coisa, isto é, aquele quem exerce um poder de comando em relação à coisa, de direção intelectual, de dar ordens, relativamente à coisa. Nessa linha de entendimento, se o proprietário se descura da guarda de seu veículo – que é, repise-se, instrumento potencialmente muito perigoso –, entregando a sua direção à pessoa sem condições de utilizá-lo e que acaba causando um acidente, deve responder solidariamente com essa pessoa, seja o transporte gratuito ou oneroso.

Isso porque, não há justificativa científica pela qual se possa admitir a diferenciação quanto à responsabilidade no transporte gratuito e no oneroso, porquanto o fato físico é um só em ambos, qual seja, o transporte motorizado de pessoas que, independentemente de ser gratuito ou oneroso, expõe, da mesma forma, a vida das pessoas a inúmeros riscos. Por isso que a gratuidade, o desinteresse e a cortesia não podem ser causas legítimas de exclusão da responsabilidade do proprietário de coisa tão potencialmente lesiva, como o é o automóvel, sob pena de se deixar desamparada a vítima e se incorrer em graves injustiças.

Além disso, a diferença de responsabilidade no transporte gratuito e no oneroso acaba por limitar o alcance da garantia disposta no inciso V do art. 5.º da Constituição Federal; o que não é admissível, diante do princípio da máxima efetividade da Constituição, que estabelece que se deve dar às normas a interpretação que garanta a maior eficácia possível das determinações constitucionais. A reparação ampla, portanto, homenageia o princípio da máxima efetividade das garantias constitucionais. Avalia-se não a gratuidade do transporte ou o alegado lucro que poderia ter o transportador, mas a amplitude da reparação de quem sofreu danos reais durante o transporte em veículo automotor.

Por essas razões, creio que o momento seja de reflexão quanto à aplicabilidade do entendimento contido na Súmula n.º 145, que tem mais de 10 anos, e, a meu ver, não é mais adequado para regular a responsabilidade civil automobilística na atualidade, em que se busca, como dito, a socialização do direito e a deslocação do eixo de gravitação da responsabilidade civil, da culpa para o risco" (STJ, REsp 577.902/DF, 3.ª Turma, Rel. Min. Antônio de Pádua Ribeiro, Rel. p/ Acórdão Min. Nancy Andrighi, j. 13.06.2006, *DJ* 28.08.2006, p. 279).

Apesar das palavras transcritas, a verdade é que não houve a superação do entendimento constante da ementa pelo Superior Tribunal de Justiça, que continua aplicando o seu conteúdo, sem qualquer ressalva.

Exposta mais uma controvérsia, a título de ilustração, vejamos três acórdãos estaduais mais recentes, que aplicam a atual redação do art. 736 do Código Civil, ingressando no debate aqui apresentado e aplicando a Súmula n. 145 do STJ em sua integralidade:

"Indenização. Ilegitimidade passiva. Acidente de trânsito. Transporte desinteressado (carona). Responsabilidade civil. Súmula 145 do STJ. Culpa grave. Pensão mensal. Dano moral. Valoração. I – Diante da celebração de contrato de compra e venda do veículo anteriormente ao acidente, fica evidenciada a legitimidade passiva do atual proprietário. Acolhida, de ofício, a ilegitimidade passiva das rés. II – O fato de o réu-condutor do veículo ter conhecimento prévio sobre o defeito no acionamento dos faróis e ainda assim optar por dirigir em estrada de terra à noite, com os faróis apagados, caracteriza sua culpa grave pelo acidente e sua responsabilidade pelos danos causados à autora. Súmula 145 do e. STJ. III – O exercício de atividade remunerada pela autora e a sua incapacidade para o desempenho de qualquer ofício ou profissão não ficaram demonstrados nos autos, sendo improcedente o pedido referente à pensão mensal. IV – A lesão corporal sofrida pela autora afetou a sua integridade física e psíquica, por isso procede a pretensão indenizatória por danos morais e estéticos. V – A valoração da compensação moral deve observar o princípio da razoabilidade, a gravidade e a repercussão dos fatos, a intensidade e os efeitos da lesão. A sanção, por sua vez, deve observar a finalidade didático-pedagógica, evitar valor excessivo ou ínfimo, e objetivar sempre o desestímulo à conduta lesiva. VI – Apelação parcialmente provida" (TJDF, Apelação Cível 20120910096143, 6.ª Turma Cível, Rel. Vera Andrighi, j. 28.01.2015, Data de Publicação: 10.02.2015, p. 292).

"Apelação cível. Responsabilidade civil em acidente de trânsito. Transporte de cortesia (carona). Vítima fatal. Incidência da regra esculpida na Súmula 145 do STJ: 'no transporte desinteressado, de simples cortesia, o transportador só será civilmente responsável por danos causados ao transportado quando incorrer em dolo ou culpa grave'. Não caracterizada nenhuma das hipóteses. Sentença de improcedência mantida. Unânime. Apelo desprovido. (...)" (TJRS, Apelação Cível 70061548517, 11.ª Câmara Cível, Rel. Des. Katia Elenise Oliveira da Silva, j. 1.º.10.2014).

"Acidente de veículo. Indenização por danos materiais e morais. Transporte gratuito (carona). Acidente causado pelo condutor do outro automóvel. Ausência de dolo ou culpa grave pelo réu. Improcedência do pedido mantida. (...). Na medida em que a responsabilidade objetiva do transportador não se aplica às hipóteses de transporte gratuito (art. 736 do Código Civil) e, não tendo sido comprovada a incidência do réu em dolo ou culpa grave (mesmo porque, conforme anotado pela própria autora, o acidente foi causado pelo condutor do outro automóvel, que inobservou a luz semafórica vermelha), de rigor é a improcedência do pedido inicial. (...)" (TJSP, Apelação 0507216-09.2010.8.26.0000, Acórdão 6607881, 35.ª Câmara de Direito Privado, São Paulo, Rel. Des. José Malerbi, j. 25.03.2013, *DJESP* 02.04.2013).

A questão igualmente não é pacífica na doutrina contemporânea. José Fernando Simão, por exemplo, entende que aquele que deu a carona apenas responde nos casos de dolo ou culpa grave, nos exatos termos da citada Súmula n. 145 do STJ. Isso porque a hipótese da carona continua sendo de responsabilidade civil contratual e, havendo um negócio jurídico gratuito, somente há o dever de reparar do caronista nos casos de sua atuação com dolo, conforme o art. 392 do CC/2002. Em complemento, como a culpa grave a esta se equipara, mantém-se a integralidade da sumular do Tribunal da Cidadania.

O jurista traz um argumento a ser considerado, qual seja, a *função social da carona*, pontuando que "a carona deve ser estimulada e não punida. Já que o transporte público é ineficiente, a carona é uma das formas de reduzir o número de carros nas ruas, e com isso, reduzir o trânsito e melhorar o meio ambiente, sem poluição. É ato de solidariedade e que faz bem ao meio ambiente".[10]

De fato, os fundamentos nos interesses coletivos são plausíveis. Porém, a minha posição de ressalva à parte final da súmula está mantida até o presente momento pelo fato de que a dispensa do dolo e da culpa grave, para que surja o dever de indenizar, traz uma preocupação maior com a vítima, do que com aquele que deu a carona.

Complementando, não se considera gratuito o transporte quando, embora feito sem remuneração, trouxer ao transportador *vantagens indiretas* (art. 736, parágrafo único, do CC/2002). Nesses casos, a responsabilidade daquele que transportou outrem volta a ser contratual objetiva. Podem ser citados como *vantagens indiretas auferidas* os pagamentos de combustível ou pedágio por aquele que é transportado.

Cite-se em complemento, o transporte cedido pelo empregador aos seus empregados, sem remuneração direta, tendo ele vantagens indiretas pelo fato de levar os seus trabalhadores até o local de desempenho de suas funções. Nessa linha, concluindo pela responsabilidade objetiva do tomador do serviço:

"Apelação cível. Acidente de trânsito no percurso para o trabalho. Transporte fornecido pelo empregador. Morte do empregado. Responsabilidade objetiva

---

[10] SIMÃO, José Fernando. Quem tem medo de dar carona? Disponível em: <www.flaviotartuce.adv.br>. Acesso em: 6 fev. 2018.

do empregador que somente pode ser afastada por culpa exclusiva da vítima, caso fortuito ou força maior. Excludentes não verificadas na hipótese. Culpa de terceiro insuficiente para excluir o dever de indenizar. Alegação de transporte gracioso. Insubsistência" (TJSP, Apelação Cível 00015364720098240047, 5.ª Câmara Cível, Rel. Cláudia Lambert de Faria, j. 11.07.2017).

"O transporte de empregado efetivado pelo empregador não pode ser considerado gratuito, já que há nítido interesse, ainda que indireto, por parte deste último, no que tange à prestação do serviço. Sendo assim, aplicam-se as regras do contrato de transporte, previstas no Código Civil, segundo as quais a responsabilidade do transportador só é elidida se verificados motivos de força maior, fortuito externo e culpa exclusiva da vítima, sendo certo que a culpa de terceiro não afasta o seu dever de indenizar" (TJMG Apelação Cível 100430701247550021, Rel. Des. Eduardo Mariné da Cunha, j. 17.09.2009, Data de Publicação: 06.10.2009).

Como outra ilustração, quando da *IV Jornada de Direito Civil* foi proposto enunciado de conteúdo interessante pelo juiz federal do TRF da 5.ª Região, Bruno Leonardo Câmara Carrá: "Diante da regra do parágrafo único do art. 736 do Código Civil, é contratual a responsabilidade no transporte de pessoas que resulta da aquisição de bilhete de passagem em decorrência de sorteios em campanhas publicitárias ou programas de acúmulo de milhagens ofertados no mercado de consumo". Foram as suas justificativas para o enunciado doutrinário então apresentado:

"O Código Civil de 2002, embora não empregando a nomenclatura tradicional da doutrina italiana, firmou no parágrafo único do art. 736 a distinção entre o contrato de transporte gratuito (que é equiparado ao contrato de transporte de pessoas e é sempre oneroso) e o benévolo/de mera cortesia (que não possui feição contratual). Portanto, somente se pode qualificar como desinteressado, ou mais propriamente benévolo, o transporte que se realiza sem qualquer pretensão de lucro ou vantagem. Apenas 'o transporte de mera cortesia, a carona altruística, por amizade ou outro sentimento íntimo'. Assim nas chamadas promoções ou campanhas publicitárias, onde se oferecem viagens ou passeios aos contemplados, o transporte realizado como premiação tem feição puramente contratual. Também dentro desse conceito se incluiriam os prêmios (bilhetes de passagem) obtidos através de programas de milhagem. Em ambas, haverá um contrato de transporte de natureza gratuita (equiparado para todos os efeitos, como acima afirmado, ao contrato oneroso). O fundamento em tal assimilação reside no fato de que há um evidente ganho publicitário capitaneado pela empresa patrocinadora do evento ou que lançou o projeto de aquisição de milhas, com a maior divulgação de seu produto no mercado de consumo e, de conseguinte, com o aumento de clientela (aumento da venda de bilhetes de passagem e de carga conduzida). Muito dificilmente essas situações deixarão de ser regidas pelo Código de Defesa do Consumidor, o que permitirá, também, que a entidade que projeta o evento publicitário (quando não seja a própria empresa de transporte) seja solidariamente responsabilizada nos termos do art. 25, § 1.º, do CDC. Relativamente ao transporte aéreo, incumbe registrar ainda que o Código Brasileiro de Aeronáutica, para fins de responsabilidade civil, já considerava equiparada qualquer hipótese de transporte gratuito efetuado dentro dos denominados serviços aéreos públicos (voos de carreira), não importando a que título fosse".

Filiei-me integralmente ao teor da proposta que, infelizmente, não foi discutida na *IV Jornada de Direito Civil* por falta de tempo e excesso de trabalho. Na *VI Jornada de Direito Civil*, realizada em 2013, o tema voltou a ser debatido. Felizmente, um bom enunciado sobre a matéria foi aprovado, com o seguinte teor: "no transporte aéreo, nacional e internacional, a responsabilidade do transportador em relação aos passageiros gratuitos, que viajarem por cortesia, é objetiva, devendo atender à integral reparação de danos patrimoniais e extrapatrimoniais" (Enunciado n. 559 do CJF).

Acrescente-se que há julgados que aplicam o mesmo raciocínio para o transporte entre aeroportos ofertado pelas companhias áreas, presentes as citadas vantagens indiretas, a ensejar a aplicação das regras do transporte e a consequente responsabilidade objetiva. Por todos, transcreve-se o seguinte trecho de acórdão, que reconheceu o direito à indenização pelos danos suportados pelos passageiros no trajeto realizado por ônibus:

"A companhia responde pelos danos ocorridos ao longo da cadeia de serviços, colocados à disposição dos consumidores e não apenas pelo serviço típico de transporte aéreo. Ao eleger como base operacional o aeroporto de Viracopos, na região metropolitana de Campinas, a fim de atrair consumidores de outras localidades, a companhia aérea colocou à disposição serviço de ônibus para transporte terrestre de passageiros entre a Capital e aquele aeroporto. Ainda que não fosse remunerado direta e separadamente, o preço do serviço estava incluído no custo operacional da companhia. Destarte, existindo vantagens direta e indireta da companhia, não seria justificável tecnicamente a alegação de ausência de responsabilidade. Não é por outro motivo que o parágrafo único do artigo 736 do Código Civil, estabelece não se considerar gratuito o transporte quando – embora efetuado sem remuneração – o transportador auferir vantagens indiretas" (TJSP, Apelação 00109086920128260011, 24.ª Câmara de Direito Privado, Rel. Des. Silvia Maria Facchina Esposito Martinez, j. 15.09.2016, Data de Publicação: 29.09.2016).

Superado esse ponto, é importante ressaltar que o *transporte gratuito* não se confunde com o *transporte clandestino*, tendo implicações diversas no campo da responsabilidade civil. Como explica Sílvio de Salvo Venosa, "no transporte clandestino, o transportador não sabe que está levando alguém ou alguma mercadoria. Lembre-se da hipótese de clandestinos que viajam em compartimento de carga não pressurizado de aeronaves e vêm a falecer, assim como clandestinos em caminhões e navios. Provada a clandestinidade, não há responsabilidade do transportador nem do prisma da responsabilidade contratual, nem do da responsabilidade *aquiliana*".[11]

---

[11] VENOSA, Sílvio de Salvo. *Direito Civil*. Responsabilidade civil, 12. ed., cit., p. 184.

Cabe esclarecer que, na minha opinião, apesar da pendência de uma legislação específica, o UBER e outras formas de *transporte compartilhado* não se enquadram como transporte clandestino, diante da não regulamentação, mas como modalidades de carona, com vantagens indiretas.

Assim, deve-se aplicar o parágrafo único do art. 736 do Código Civil, com a incidência das regras de transporte e da correspondente responsabilidade civil objetiva, sem prejuízo da subsunção do Código de Defesa do Consumidor, em *diálogos das fontes*.

Nessa linha, o Enunciado n. 686, aprovado na *IX Jornada de Direito Civil*, promovida em maio de 2022, estabelece que "aplica-se o sistema de proteção e defesa do consumidor, conforme disciplinado pela Lei n. 8.078, de 11 de setembro de 1990, às relações contratuais formadas entre os aplicativos de transporte de passageiros e os usuários dos serviços correlatos". Isso faz que não só o transportador eventualmente responda por danos causados ao passageiro, mas também a empresa que administra o aplicativo, presente um *risco-proveito* desta última.

Como última observação a respeito do art. 736, o projeto de Reforma do Código Civil pretende suprir algumas das lacunas aqui expostas, passando ele a prever, em seu § 1.º, que supera a necessidade de culpa grave para que surja a responsabilidade na carona nos termos da Súmula n. 145 do STJ, como antes defendi: "nos casos do *caput*, a responsabilidade daquele que transportou outrem somente se dá nos casos de dolo ou culpa".

Ademais, o novo § 2.º passará a tratar justamente dos programas de pontuação e de incentivo das companhias aéreas, na linha do citado Enunciado n. 559, da *VI Jornada de Direito Civil*: "não se considera gratuito o transporte quando, embora feito sem remuneração, o transportador auferir vantagens indiretas, como nos casos de programas de incentivo, realizados inclusive em meios virtuais".

O transportador está sujeito aos horários e itinerários previstos, sob pena de responder por perdas e danos, salvo motivo de força maior. Essa é a regra constante do art. 737 do Código Civil, que fundamenta eventual indenização no caso de atraso do transportador, o que faz com que o passageiro perca um compromisso remunerado que tinha no destino. O dispositivo reforça a tese pela qual o transportador assume obrigação de resultado, a gerar a sua responsabilidade objetiva, conforme a posição que prevalece no Direito Privado brasileiro. O dever de pontualidade do transportador, aliás, já constava há muito tempo do art. 24 do Decreto-lei n. 2.681/1912, que tratava da responsabilidade civil das empresas de estradas de ferro.

Complementando o art. 737 do CC/2002, os arts. 229 a 231 da Lei n. 7.565/1986 (Código Brasileiro de Aeronáutica – CBA) consagram esse mesmo dever, prevendo que, se houver atraso de partida de voo por mais de quatro horas, o transportador deverá providenciar o embarque do passageiro, em outro voo, que ofereça serviço equivalente para o mesmo destino, ou restituirá de imediato, se o passageiro preferir, o valor do bilhete de passagem.

Além disso, todas as despesas correrão por conta do transportador, tanto no caso de atraso quanto no de suspensão do voo, tais como alimentação e hospedagem, sem prejuízo da indenização que couber, inclusive por danos morais. Na doutrina, Araken de Assis analisa a questão com interessante enfoque social:

> "Essas considerações se aplicam ao cumprimento do horário. Nos aeroportos centrais das grandes cidades brasileiras, homens e mulheres atazanados, à beira do histerismo coletivo, aguardam transladação ao seu destino, no qual se desincumbiriam de reuniões previamente agendadas. Não importa, neste caso, chegar ao destino. É inútil chegar depois do horário previsto: a viagem está arruinada. O art. 256, II, da Lei 7.565/1986 prevê, explicitamente, a responsabilidade do transportador aéreo pelo atraso. O dever existe para qualquer contrato de transporte, seja qual for o meio (rodoviário, ferroviário e aquaviário). Mas acontece de as condições atmosféricas, quer no ponto de partida, quer no de destino, impedirem decolagens e pousos. Tal fato, bem como outros similares, elide a responsabilidade do transportador".[12]

O doutrinador refere-se, ao final da sua explanação, ao *fechamento de aeroportos* diante de péssimas condições climáticas, nas hipóteses em que *não há teto para voo*. Trata-se de uma força maior (evento previsível, mas inevitável), a obstar o nexo de causalidade entre a conduta e o dano. Portanto, não se poderia cogitar, nessa situação, a responsabilidade da transportadora aérea.

Lembra também o jurista que a Lei n. 7.565/1986 compara à força maior a determinação de autoridade aeronáutica para que o voo não ocorra, o que exclui a responsabilização da transportadora. Todavia, caso não preste toda a assistência assegurada em lei aos passageiros, há que falar em responsabilização civil da empresa aérea.

O debate também existe no tocante aos atrasos de voos diante do que se denominou como *operação-padrão*, movimento dos operadores no sistema de tráfego aéreo, que se tornou comum nos últimos tempos de caos aéreo, ou "apagão" no setor.

Considerando-se que o fato é uma força maior, não haveria responsabilidade das empresas aéreas, pelo que consta do Código Civil. Entretanto, parece-me que a ocorrência está mais próxima da culpa exclusiva de terceiros, o que não elide a responsabilização das empresas aéreas.

Pelo último caminho, portanto, entendo que há responsabilidade das empresas que exploram o setor, assegurado o direito de regresso contra os efetivamente responsáveis, no caso, o Estado. Nesse contexto, insta colacionar julgados que responsabilizam as empresas pelo chamado "apagão aéreo". A primeira decisão trata o evento como um *fortuito interno*, com relação direta com o risco da atividade desenvolvida pela empresa aérea (risco do negócio ou risco do empreendimento):

> "Responsabilidade civil. Transporte aéreo. Danos morais e materiais. Apagão aéreo. Atraso no voo. Cliente que, para honrar compromisso, seguiu para o destino no seu próprio carro, depois de ficar muitas horas na sala de embar-

---

[12] ASSIS, Araken de. *Contratos nominados*, cit., p. 339.

que, sem explicação ou atendimento adequados. Caso fortuito ou força maior. Não reconhecimento da excludente. 'Fortuito interno'. Falha na prestação de serviço por omissão. Incidência do CDC. Reparação moral fixada em R$ 3.800,00, valor equivalente a dez salários mínimos. Manutenção. Princípios da razoabilidade e proporcionalidade atendidos. Valores relativos aos danos patrimoniais que devem ser corrigidos da data do prejuízo. Súmula n. 43 do Superior Tribunal de Justiça. Juros de mora. Termo inicial da citação. Honorários advocatícios mantidos. Respeito ao art. 20, § 3.º, do CPC. Recurso do autor parcialmente provido, não provido o da ré" (TJSP, Apelação 7256443-5, Acórdão 3462329, 24.ª Câmara de Direito Privado, São Paulo, Rel. Des. Antônio Ribeiro Pinto, j. 22.01.2009, *DJESP* 25.02.2009).

"Transporte aéreo. Voo nacional. Atraso por cerca de seis horas, no chamado período do 'apagão aéreo'. Dano moral. Cabimento. Fixação, porém, em valor razoável e proporcional. Recurso parcialmente provido. É cabível compensação por danos morais a passageiros obrigados a suportar atraso de voo por várias horas, gerando situação de indiscutível desconforto e aflição. Mas o valor deve ser fixado com moderação, em termos razoáveis e proporcionais, evitando que a reparação enseje enriquecimento indevido, com manifestos abusos e exageros" (TJSP, Apelação 7322839-8, Acórdão 3480714, 11.ª Câmara de Direito Privado, São Paulo, Rel. Des. Gilberto dos Santos, j. 05.02.2009, *DJESP* 12.03.2009).

Com a emergência da Lei n. 14.034/2020 – que, como visto, surgiu para socorrer as empresas aéreas em tempos de pandemia de Covid-19 –, esse entendimento sobre o "apagão aéreo" tende a ser alterado para os fatos que eventualmente ocorrerem no futuro, uma vez que foram incluídas novas excludentes de responsabilidade civil dessas empresas, caracterizadoras de caso fortuito ou força maior ou de eventos externos, que estão fora do risco da atividade das empresas.

Nos termos do novo § 3.º do art. 256 do Código Brasileiro de Aeronáutica, incluído pelo diploma, constitui caso fortuito ou força maior, para fins de análise do atraso do voo, a ocorrência de um ou mais dos seguintes eventos, desde que supervenientes, imprevisíveis e inevitáveis: *a)* restrições ao pouso ou à decolagem decorrentes de condições meteorológicas adversas impostas por órgão do sistema de controle do espaço aéreo; *b)* restrições ao pouso ou à decolagem decorrentes de indisponibilidade da infraestrutura aeroportuária, podendo aqui ser enquadrado o citado "apagão aéreo"; *c)* restrições ao voo, ao pouso ou à decolagem decorrentes de determinações da autoridade de aviação civil ou de qualquer outra autoridade ou órgão da Administração Pública, que será responsabilizada, podendo aqui também ser incluído o caos aéreo; e *d)* a decretação de pandemia ou publicação de atos de Governo que dela decorram, com vistas a impedir ou a restringir o transporte aéreo ou as atividades aeroportuárias, hipótese, essa sim, que tem relação com a crise decorrente da Covid-19, objeto da Lei n. 14.034/2020.

Entendo que foram incluídas na lei excludentes que antes não eram admitidas, pois ingressavam no risco do empreendimento ou no risco do negócio das empresas de transporte aéreo, o que representa outro retrocesso na tutela e na proteção dos passageiros-consumidores, além da antes citada necessidade de prova efetiva do dano moral.

Feitas tais anotações de atualização da obra, o respeito aos horários previstos é um dever que também se impõe ao passageiro. Dessa forma, caso este perca a viagem por sua própria desídia, não se cogita o dever de reparar da parte contrária, presente a culpa ou fato exclusivo da vítima. Assim deduzindo, julgou o Superior Tribunal de Justiça, em 2015:

"Responsabilidade Civil. Recurso Especial. Transporte Interestadual de Passageiros. Usuário Deixado em Parada Obrigatória. Culpa Exclusiva do Consumidor. 1. A responsabilidade decorrente do contrato de transporte é objetiva, nos termos do art. 37, § 6.º, da Constituição da República e dos arts. 14 e 22 do Código de Defesa do Consumidor, sendo atribuído ao transportador o dever reparatório quando demonstrado o nexo causal entre o defeito do serviço e o acidente de consumo, do qual somente é passível de isenção quando houver culpa exclusiva do consumidor ou uma das causas excludentes de responsabilidade genéricas (arts. 734 e 735 do Código Civil). 2. Deflui do contrato de transporte uma obrigação de resultado que incumbe ao transportador levar o transportado incólume ao seu destino (art. 730 do CC), sendo certo que a cláusula de incolumidade se refere à garantia de que a concessionária de transporte irá empreender todos os esforços possíveis no sentido de isentar o consumidor de perigo e de dano à sua integridade física, mantendo-o em segurança durante todo o trajeto, até a chegada ao destino final. 3. Ademais, ao lado do dever principal de transladar os passageiros e suas bagagens até o local de destino com cuidado, exatidão e presteza, há o transportador que observar os deveres secundários de cumprir o itinerário ajustado e o horário marcado, sob pena de responsabilização pelo atraso ou pela mudança de trajeto. 4. Assim, a mera partida do coletivo sem a presença do viajante não pode ser equiparada automaticamente à falha na prestação do serviço, decorrente da quebra da cláusula de incolumidade, devendo ser analisadas pelas instâncias ordinárias as circunstâncias fáticas que envolveram o evento, tais como, quanto tempo o coletivo permaneceu na parada; se ele partiu antes do tempo previsto ou não; qual o tempo de atraso do passageiro; e se houve por parte do motorista a chamada dos viajantes para reembarque de forma inequívoca. 5. O dever de o consumidor cooperar para a normal execução do contrato de transporte é essencial, impondo-se-lhe, entre outras responsabilidades, que também esteja atento às diretivas do motorista em relação ao tempo de parada para descanso, de modo a não prejudicar os demais passageiros (art. 738 do CC). 6. Recurso especial provido" (STJ, REsp 1.354.369/RJ, 4.ª Turma, Rel. Min. Luis Felipe Salomão, j. 05.05.2015, *DJe* 25.05.2015).

Encerrando o estudo do art. 737, o projeto de Reforma do Código Civil pretende inserir na norma a menção ao caso fortuito, premissa que orientou a Comissão de Juristas, diante de uma necessária equiparação dos institutos, para os fins de tratamento como excludentes da responsabilidade civil: "o transportador está sujeito aos horários e itinerários previstos, sob pena de responder por perdas e danos, salvo motivo de caso fortuito ou força maior".

Seguindo o estudo das principais regras a respeito da responsabilidade civil no transporte de pessoas, o art. 738 do Código Civil em vigor dispõe que a pessoa transportada deve sujeitar-se às normas estabelecidas pelo transportador, constantes no bilhete ou afixadas à vista dos usuários, abstendo-se da prática de quaisquer atos que causem incômodo ou prejuízo, danifiquem o veículo, dificultem ou impeçam a execução normal de serviço.

O comando legal em questão, portanto, traz deveres impostos ao passageiro. A título de exemplo, se os prepostos da transportadora perceberem que o passageiro pode oferecer riscos à viagem, haverá possibilidade de impedir a sua entrada no meio de transporte. Concretizando, é o caso de passageiros bêbados que pretendem ingressar em voos nacionais ou internacionais.

Pode-se afirmar, assim, a existência de um dever de colaboração ou cooperação por parte do passageiro para o cumprimento do negócio que, se quebrado, pode ocasionar a configuração da culpa ou fato exclusivo da vítima.

Nesse sentido, destaque-se interessante *decisum* do Tribunal de Justiça do Paraná que afastou o dever de indenizar da empresa de ônibus pelo fato de não ter o passageiro observado o seu tempo de parada. Conforme consta da ementa do acórdão, "apesar do dever de incolumidade e da obrigação de resultado impostos ao transportador, impõe-se ao passageiro cooperar com a execução do contrato de transporte, atentando às recomendações para a correta e adequada utilização do serviço, designadamente no tocante ao tempo de parada para descanso. No caso dos autos, o autor deixou claro que fora cientificado do tempo de parada e, apesar disso, não se preocupou em marcar o início da fluência do prazo previsto. Resta caracterizada, portanto, a culpa exclusiva da vítima por haver sido deixada para trás quando ultimado o tempo fixado para reembarque" (TJPR, Apelação Cível 1625050-9, 10.ª Câmara Cível, Londrina, Rel. Des. Domingos Ribeiro da Fonseca, j. 22.06.2017, *DJPR* 25.07.2017, p. 191).

Na mesma linha, merece ser citado julgado paulista que entendeu, com base no art. 738 da codificação material, pela presença da culpa exclusiva de um passageiro do Metrô que, "ao ingressar na composição, ficou de costas para a porta automática e, colocando o braço para cima, apoiou-se com a mão na parte acrílica superior dela, sem dar conta de que no local onde introduziu o polegar era passagem de abertura e fechamento. Porta que ao fechar, após regular apito sonoro, vem a pegar seu polegar, torcendo-o" (TJSP, Apelação 0010987-26.2013.8.26.0007, Acórdão 9293403, 11.ª Câmara de Direito Privado, São Paulo, Rel. Des. Gilberto dos Santos, j. 10.03.2016, *DJESP* 29.03.2016).

Se o prejuízo sofrido por pessoa transportada for atribuível à transgressão de normas pelo próprio passageiro, mas sem a presença do fato exclusivo da vítima, o juiz reduzirá equitativamente a indenização, na medida em que a vítima houver concorrido para a ocorrência do dano (art. 738, parágrafo único, do CC/2002). A norma em questão baseia-se nos arts. 944 e 945 do Código Privado em vigor e na aplicação da *teoria da causalidade adequada*, pela qual a indenização deve ser adequada às condutas dos envolvidos (Enunciado n. 47 do Conselho da Justiça Federal, aprovado na I *Jornada de Direito Civil*).

Além disso, reitere-se que o art. 738, parágrafo único, do Código Civil traz a ideia de culpa, fato ou risco concorrente da vítima, que também pode ser discutido em casos de responsabilidade objetiva, visando a atenuar a responsabilidade do agente, diminuindo o valor do *quantum* indenizatório. Reitere-se que, nesse sentido, na *IV Jornada de Direito Civil*, em 2006, foi aprovado enunciado a partir de proposta por mim formulada, pelo qual deveria ser suprimida a parte final do Enunciado n. 46 da *I Jornada de Direito Civil*, que previa a não aplicação do art. 944 do CC/2002 para os casos de responsabilidade objetiva (Enunciado n. 380). Em complemento e mais recentemente, na *V Jornada de Direito Civil*, do ano de 2011, aprovou-se o Enunciado n. 459, também proposto por mim, segundo o qual a conduta da vítima pode ser fator atenuante do nexo de causalidade na responsabilidade civil objetiva.

Na linha dos enunciados doutrinários em questão, repise-se que a jurisprudência do Superior Tribunal de Justiça tem admitido a discussão de culpa concorrente da vítima no contrato de transporte, particularmente nos casos envolvendo o "pingente", aquele que viaja pendurado no trem ou no ônibus. Assim, havendo a contribuição causal da própria vítima, operar-se-á a redução do *quantum debeatur*. Nessa linha, vejamos dois arestos da Corte, um mais recente e outro de data remota:

> "Agravo interno no recurso especial. Civil. Processual civil. Acidente ferroviário. Vítima fatal. Culpa concorrente. Precedentes. Danos morais. Juros de mora. Incidência a partir do evento danoso. Precedentes. 1. Ao imputar à companhia de trens a responsabilidade pelo acidente ocorrido, a decisão primeva, dentre os diversos precedentes colacionados para embasar o *decisum*, trouxe precedente idêntico ao caso sob exame, que figurou, inclusive, na ementa da decisão monocrática. 2. A jurisprudência do STJ firmou entendimento no sentido de que há culpa concorrente entre a concessionária do transporte ferroviário e a vítima, seja pelo atropelamento desta por composição ferroviária, hipótese em que a primeira tem o dever de cercar e fiscalizar os limites da linha férrea, mormente em locais de adensamento populacional, seja pela queda da vítima que, adotando um comportamento de elevado risco, viaja como 'pingente'. Em ambas as circunstâncias, concomitantemente à conduta imprudente da vítima, está presente a negligência da concessionária de transporte ferroviário, que não se cerca das práticas de cuidado necessário para evitar a ocorrência de sinistros. (REsp 1.034.302/RS, Rel. Ministra Nancy Andrighi, Terceira Turma, julgado em 12.04.2011, *DJe* 27.04.2011 – grifou-se). 3. Na hipótese dos autos, a responsabilidade civil é extracontratual, motivo pelo qual devem os juros de mora incidir a partir do evento danoso (Súmula 54/STJ). Precedentes. 4. Agravo interno não provido" (STJ, Ag. Int. nos EDcl. no REsp 1.175.601/SP, 4.ª Turma, Rel. Min. Luis Felipe Salomão, j. 16.11.2017, *DJe* 23.11.2017).

> "Recurso especial. Responsabilidade civil. Transporte ferroviário. 'Pingente'. Culpa concorrente. Precedentes da corte. I – É dever da transportadora preservar a integridade física do passageiro e transportá-lo com segurança até o seu destino. II – A responsabilidade da companhia de transporte ferroviário não é excluída por viajar a vítima como 'pingente', podendo ser atenuada se demonstrada a culpa concorrente. Precedentes. Recurso especial parcialmente provido" (STJ, REsp 226.348/SP, 3.ª Turma, Rel. Min. Castro Filho, j. 19.09.2006, *DJ* 23.10.2006, p. 294).

Também há proposta de uma pequena e necessária inclusão no texto do art. 738 no Projeto de Reforma do Código Civil, na linha dos meus comentários, para que ele receba um novo § 2.º, excluindo a responsabilidade civil do transportador no caso de culpa, fato ou risco exclusivo da própria pessoa transportada: "se o prejuízo sofrido for atribuível, exclusivamente, à pessoa transportada, não caberá qualquer reparação de danos".

O transportador não pode recusar passageiros, sob pena de sua responsabilidade civil. A norma traz ressalvas para os casos previstos nos regulamentos, ou se as condições de higiene e de saúde do interessado o justificarem (art. 739 do CC/2002).

Como há, na grande maioria das vezes, uma relação de consumo, recorde-se aqui o teor do art. 39, inc. II, do CDC, que considera prática abusiva não atender às demandas dos consumidores. A título de exemplo, transcrevem-se as anotações de Maria Helena Diniz quanto a esse dispositivo, "assim sendo, se o viajante estiver fedendo, ante a sua sujeira corporal, ou afetado por moléstia contagiosa ou em estado de enfermidade física ou mental, que possa causar incômodo aos demais viajantes, o transportador poderá recusá-lo se impossível for conduzi-lo em compartimento separado. Da mesma forma permitida está em transporte interestadual a recusa de viajante incapaz sem estar devidamente autorizado para efetuar a viagem".[13] Também servem para elucidar as ilustrações do saudoso Mestre Zeno Veloso:

> "Embora este artigo não mencione expressamente, devem ser incluídas outras situações, como a do passageiro que se encontre em trajes menores, indecentemente, ou o que está completamente embriagado ou drogado, ou que porta, na cintura, de modo ostensivo, arma branca ou de fogo. Isso para não falar no viajante que forçou a entrada em ônibus interurbano, na rodovia Transamazônica, trazendo uma serpente enrolada no braço, alegando que a cobra venenosa era seu animal de estimação e que tinha de viajar em sua companhia".[14]

Partindo-se para a exposição de hipótese fática analisada pela jurisprudência nacional, de incidência do art. 739 do Código Civil, já se entendeu que a negativa de embarque de uma passageira gestante, que precisou de atendimento médico, não configura ato ilícito da transportadora, mas exercício regular de direito da empresa aérea, a afastar o seu dever de indenizar (TJRS, Apelação Cível 0316091-29.2016.8.21.7000, 11.ª Câmara Cível, Taquara, Rel. Des. Katia Elenise Oliveira da Silva, j. 26.10.2016, *DJERS* 03.11.2016). Casos de negativa de embarque de passageiros bêbados também podem ser encontrados na jurisprudência estadual (por todos: TJRS, Apelação Cível 70024790578, 12.ª Câmara Cível, Uruguaiana, Rel. Des. Judith dos Santos Mottecy, j. 18.12.2008, *DOERS* 19.01.2009, p. 24).

O art. 740 da atual codificação material privada trata da possibilidade de rescisão, ou mais especificamente, de resilição unilateral do contrato de transporte pelo passageiro. Essa extinção por iniciativa de uma das partes será possível antes da viagem, desde que feita a comunicação ao transportador em tempo de a passagem poder ser renegociada. Anote-se que parte da doutrina entende que

---

[13] DINIZ, Maria Helena. *Código Civil anotado*, cit., p. 526.
[14] VELOSO, Zeno. *Código Civil comentado*. 10. ed. São Paulo: Saraiva, 2016. p. 668.

se trata de um direito de arrependimento assegurado ao passageiro pela lei.[15] De qualquer forma, o comando deixa dúvidas, pois é utilizado o termo "rescindir", que tem relação com a resilição unilateral, nos termos do *caput* do art. 473 do próprio Código Civil. Entendo que essa última intepretação, no sentido de se tratar de hipótese de resilição, é a que deve prevalecer.

Mesmo depois de iniciada a viagem, ou seja, no meio do percurso, é facultado ao passageiro desistir do transporte, tendo direito à restituição do valor correspondente ao trecho não utilizado, desde que fique provado que outra pessoa haja sido transportada em seu lugar no percurso faltante (art. 740, § 1.º, do CC/2002). Entretanto, se o usuário não embarcar, não terá direito, por regra, ao reembolso do valor da passagem, salvo se conseguir provar que outra pessoa foi transportada em seu lugar, caso em que lhe será restituído o valor do bilhete não utilizado (art. 740, § 2.º, do CC/2002).

Fica a ressalva, contudo, de que nas hipóteses de resilição unilateral o transportador terá direito à retenção de até cinco por cento (5%) da importância a ser restituída ao passageiro, a título de multa compensatória (art. 740, § 3.º, do CC/2002). Como se trata de cláusula penal compensatória, sendo esta exagerada – o que será difícil de ocorrer na prática, diga-se de passagem –, pode-se aplicar a redução equitativa da multa constante do art. 413 do CC/2002, como corolário da eficácia interna do princípio da função social dos contratos.

Existe polêmica sobre a possibilidade do último comando para o transporte aéreo, podendo ser encontrados julgados que respondem positivamente. Assim concluindo, transcrevo o seguinte acórdão:

"Direito do Consumidor. Transporte aéreo de passageiros. Desistência e ressarcimento. Multa. Percentual. (...). Transporte aéreo. Desistência e ressarcimento. O passageiro tem direito a rescindir o contrato de transporte antes de iniciada a viagem, sendo-lhe devida a restituição do valor da passagem, desde que feita a comunicação ao transportador em tempo de ser renegociada (art. 740 do Código Civil). Cláusula penal. Limite. A multa por cancelamento, no transporte aéreo de passageiros, não pode ser superior a 5% do valor a ser restituído (art. 740, § 3.º, do Código Civil). Sentença que se confirma pelos seus próprios fundamentos" (TJDF, Recurso Inominado 0709521-15.2017.8.07.0016, 1.ª Turma Recursal dos Juizados Especiais, Rel. Juiz Aiston Henrique de Sousa, j. 28.09.2017, *DJDFTE* 17.10.2017, p. 604).

"Recurso inominado. Reparação de danos. Transporte aéreo. Perda de passagens. Direito sobre o trecho de volta quando não utilizado o de ida. *No show*. Interpretação do art. 740 do Código Civil. Dever de reembolso simples. Danos morais inocorrentes, mero descumprimento contratual. Recurso parcialmente provido" (TJRS, Recurso Cível 0035517-17.2016.8.21.9000, 3.ª Turma Recursal Cível, Rel. Des. Cleber Augusto Tonial, Erechim, j. 26.01.2017, *DJERS* 30.01.2017).

---

[15] Por todos: GODOY, Claudio Luiz Bueno de. In: PELUSO, Cezar (Coord.). *Código Civil comentado*. 4. ed. São Paulo: Manole, 2010. p. 755.

A minha posição é a mesma dos julgados, devendo incidir, ainda e em *diálogo das fontes*, o art. 49 do Código de Defesa do Consumidor, nos casos de passagens aéreas compradas pela internet, ou seja, fora do estabelecimento empresarial. Desse modo, pelo último comando, o prazo de desistência para o consumidor é de sete dias após a compra das passagens, ou seja, da celebração do contrato; não devendo incidir qualquer multa diante do exercício desse direito de arrependimento.

Não se olvide a existência de projetos de lei para aperfeiçoar a última norma, contando-se o prazo do início da viagem. Porém, no sistema atual, pela melhor técnica, deve-se entender na linha do exposto, podendo ser transcritos os seguintes arestos, que seguem tal forma de pensar o Direito Privado:

"Direito Civil. Direito do Consumidor. Aquisição de passagem aérea pela internet. Desistência e ressarcimento. Compra pela internet. Dano moral. (...). Contrato de transporte. Aquisição de passagem aérea pela internet. Desistência. A faculdade de desistir das compras fora do estabelecimento do fornecedor, prevista no art. 49 do CDC, aplica-se aos contratos de transporte aéreo, concluídos por meio da internet. Ademais, o exercício do direito de arrependimento, por constituir faculdade do consumidor não o sujeita a aplicação de multa. Precedentes (Acórdão n. 935671, 07253718020158070016). Devido, pois, o reembolso do valor integral das passagens adquiridas pelos autores, cujo cancelamento foi solicitado um dia após a aquisição" (TJDF, Recurso Inominado 0710179-73.2016.8.07.0016, 1.ª Turma Recursal dos Juizados Especiais, Rel. Juiz Aiston Henrique de Sousa, j. 30.03.2017, *DJDFTE* 10.04.2017, p. 618).

"Apelação cível. Contrato de transporte. Transporte de pessoas. Ação de indenização por danos morais c/c repetição de indébito simples. Aquisição de passagem aérea. Cancelamento. Direito de arrependimento. Considerando que o demandante requereu o cancelamento da passagem aérea, na forma do art. 49 do CDC, resta reconhecido o dever de ver restituído integralmente o valor pago pelo bilhete aéreo. Impossibilidade de aplicação da norma prevista no art. 42, parágrafo único, do CDC, uma vez que a restituição dos valores decorre do exercício do direito de arrependimento pelo autor, não sendo hipótese de cobrança indevida. Hipótese em que não se evidencia a configuração de dano moral indenizável, sendo descabida a pretensão indenizatória" (TJRS, Apelação Cível 0137561-66.2017.8.21.7000, 11.ª Câmara Cível, Porto Alegre, Rel. Des. Luiz Roberto Imperatore de Assis Brasil, j. 13.09.2017, *DJERS* 21.09.2017).

"Compra de passagem aérea pela internet. Cancelamento no dia seguinte da aquisição. Direito de arrependimento previsto no art. 49 do CDC. Devolução do valor total da passagem, de forma simples, sem qualquer ônus ou multa contratual. Indenização por dano moral indevida" (TJSP, Apelação 1025522-14.2014.8.26.0554, Acórdão 9921879, 17.ª Câmara de Direito Privado, Santo André, Rel. Des. Afonso Bráz, j. 25.10.2016, *DJESP* 03.11.2016).

Como restou evidenciado, pois foi mencionado várias vezes no presente capítulo, o contrato de transporte traz como conteúdo uma obrigação de resultado do transportador. Na esteira dessa afirmação jurídica, preceitua o art. 741 do Código Civil que, interrompendo-se a viagem por qualquer motivo alheio à vontade do transportador, ainda que em consequência de evento imprevisível, fica ele obrigado a concluir o transporte contratado em outro veículo da mesma categoria, ou, com a anuência do passageiro, por modalidade diferente, à sua custa.

Corre também por conta do transportador as despesas de estada e alimentação do usuário, durante a espera de novo transporte. A título de exemplo, se em uma viagem de São Paulo a Passos, Minas Gerais, o ônibus *quebra* por problemas no motor, a empresa transportadora será obrigada a disponibilizar aos passageiros outro ônibus para concluir o transporte. Não sendo isso possível de imediato, deverá arcar com todas as despesas de estada e alimentação que os passageiros tiverem enquanto o novo ônibus não é disponibilizado.

Em casos de transporte aéreo, como dito, os arts. 229 a 231 do Código Brasileiro de Aeronáutica preveem que havendo atraso de partida de voo por mais de quatro horas, o transportador deverá providenciar o embarque do passageiro, em outro voo, que ofereça serviço equivalente para o mesmo destino, ou restituirá de imediato, se o passageiro preferir, o valor do bilhete de passagem. Além disso, todas as despesas correrão por conta do transportador, tanto no caso de atraso quanto no de suspensão do voo, tais como alimentação e hospedagem, sem prejuízo da indenização que couber, inclusive por danos morais.

A ilustrar a incidência concreta do art. 741 do CC para o transporte aéreo, *decisum* do Tribunal do Distrito Federal aduziu o seguinte:

> "Na forma do art. 737 do Código Civil, o transportador está sujeito aos horários e itinerários previstos, sob pena de responder por perdas e danos. A responsabilidade do transportador não se encerra com o endosso do bilhete para outra companhia, mas subsiste até o efetivo cumprimento do contrato. O cancelamento de voo de retorno obriga o transportador a ressarcir as despesas de estada e alimentação do usuário, na forma do art. 741 do Código Civil, bem como dos demais danos, na forma do art. 475 do mesmo diploma. A reparação civil deve abranger os danos morais decorrentes dos transtornos decorrentes de um dia a mais de viagem não programada. A indenização fixada em R$ 6.000,00 para os dois autores está em conformidade com as circunstâncias do caso e com a necessidade de compensação e prevenção dos danos" (TJDF, Recurso 2011.01.1.204996-5, Acórdão 617.589, 2.ª Turma Recursal dos Juizados Especiais do Distrito Federal, Rel. Juiz Aiston Henrique de Sousa, *DJDFTE* 13.09.2012, p. 184).

Ou, ainda, do Tribunal do Rio de Janeiro, tratando-se de situação bem comum na prática:

> "Apelação cível. Relação de consumo. Transporte aéreo. Responsabilidade objetiva. Transferência pela ré do autor para outro aeroporto em razão de péssimas condições climáticas no local da decolagem. Atraso do voo de 12 (doze) horas, acarretando perda de um dia de viagem. Demora de 02 (duas) horas na localização da bagagem. Sentença de procedência. Apelo recursal do autor buscando majoração dos danos morais, apontando inconformismo no valor fixado diante da ausência de assistência material não prestada ao passageiro, infringindo, pois, o disposto no art. 741 do Código Civil. Inquestionável a sensação de revolta do apelante diante da situação, causando

frustração perante a conduta da fornecedora e o desrespeito causado ao passageiro quanto ao excesso de demora na prestação de serviço contrato de viagem e de assistência, configurando o dano moral. Mostra-se razoável e proporcional a majoração da verba indenizatória a título de dano moral no importe de R$ 5.000,00 (cinco mil reais), atendendo, assim, à finalidade compensatória (art. 944, *caput*, do Código Civil), bem como ao componente punitivo-pedagógico que visa a impulsionar à sociedade empresária na melhoria de seus serviços. Precedentes desta corte. Provimento parcial do recurso" (TJRJ, Apelação 0015270-20.2014.8.19.0212, 27.ª Câmara Cível e do Consumidor, Niterói, Rel. Desig. Des. Fernanda Fernandes Coelho Arrabida Paes, j. 12.07.2017, *DORJ* 17.07.2017, p. 559).

Entendo que o atraso de voo, especialmente nos casos de viagens internacionais, gera dano moral e de natureza presumida ou *in re ipsa*. Isso porque há clara perda do tempo do consumidor, que muito antecipadamente planeja e se organiza para fazer a viagem. Porém, em sentido contrário, julgado da Terceira Turma do STJ do ano de 2018 considerou que, "na específica hipótese de atraso de voo operado por companhia aérea, não se vislumbra que o dano moral possa ser presumido em decorrência da mera demora e eventual desconforto, aflição e transtornos suportados pelo passageiro. Isso porque vários outros fatores devem ser considerados a fim de que se possa investigar acerca da real ocorrência do dano moral, exigindo-se, por conseguinte, a prova, por parte do passageiro, da lesão extrapatrimonial sofrida". O acórdão ainda traz o seguinte conteúdo, a ser considerado para os fins de julgamento da questão:

"Sem dúvida, as circunstâncias que envolvem o caso concreto servirão de baliza para a possível comprovação e a consequente constatação da ocorrência do dano moral. A exemplo, pode-se citar particularidades a serem observadas: i) a averiguação acerca do tempo que se levou para a solução do problema, isto é, a real duração do atraso; ii) se a companhia aérea ofertou alternativas para melhor atender aos passageiros; iii) se foram prestadas a tempo e modo informações claras e precisas por parte da companhia aérea a fim de amenizar os desconfortos inerentes à ocasião; iv) se foi oferecido suporte material (alimentação, hospedagem etc.) quando o atraso for considerável; v) se o passageiro, devido ao atraso da aeronave, acabou por perder compromisso inadiável no destino, dentre outros. Na hipótese, não foi invocado nenhum fato extraordinário que tenha ofendido o âmago da personalidade do recorrente. Via de consequência, não há como se falar em abalo moral indenizável" (STJ, REsp 1.584.465/MG, 3.ª Turma, Rel. Min. Nancy Andrighi, j. 13.11.2018, *DJe* 21.11.2018).

Anote-se que outros recentes julgados superiores têm seguido a mesma linha. Todavia, reitere-se que, no meu entendimento, nos casos de atraso de voo internacional a perda do tempo mostra-se flagrante, sendo necessário concluir pela presença de danos morais *in re ipsa*.

Encerrando a análise das regras de impacto para a responsabilidade civil no transporte de pessoas, o art. 742 do Código Civil traz, a favor do transportador, o direito de retenção sobre a bagagem de passageiro e outros objetos pessoais deste, para garantir-se do pagamento do valor da passagem que não tiver sido feito no início ou durante o percurso. Quanto à natureza jurídica do instituto em questão, não se trata de um penhor legal, mas somente de um direito pessoal colocado à disposição da parte contratual para o cumprimento da avença.[16]

Por fim, de forma necessária, o projeto de Reforma do Código Civil pretende incluir na norma uma exceção, para os "seus documentos, pertences de higiene pessoal, medicamentos e outros pertences necessários para garantia do bem-estar do passageiro inadimplente". Por óbvio, que esses itens não podem ser retidos, sendo fundamental inclui-los no texto legal.

1.3. Responsabilidade civil no transporte de coisas. Regras fundamentais

Pelo contrato de transporte de coisas, o expedidor ou remetente entrega bens corpóreos ou mercadorias ao transportador, para que o último os leve até um destinatário, com pontualidade e segurança. Cabe ressalvar que o destinatário pode ser o próprio expedidor dos bens corpóreos ou um terceiro.

A remuneração devida ao transportador, nesse caso, é denominada *frete*. Como ocorre com o transporte de pessoas, o transportador de coisas assume uma obrigação de resultado, o que justifica a sua responsabilidade contratual objetiva, normalmente reconhecida pela civilística e pela jurisprudência nacionais.

A coisa, entregue ao transportador, deve necessariamente estar caracterizada pela sua natureza, valor, peso e quantidade, e o que mais for necessário para que não se confunda com outras. Também o destinatário deverá ser indicado ao menos pelo nome e endereço (art. 750 do CC/2002). Tais requisitos são necessários para o cumprimento do contrato, ou seja, para a esperada satisfação obrigacional.

Dispõe o art. 744 do Código Civil que ao receber a coisa o transportador emitirá conhecimento com a menção dos dados que a identifique, obedecendo ao disposto em lei especial. Trata-se do *conhecimento de frete* ou *de carga*, que comprova o recebimento da coisa e a obrigação de transportá-la. Esse documento é um título de crédito atípico, inominado ou impróprio, devendo ser aplicadas a eles as normas previstas no atual Código Privado, a partir do seu art. 887.

Ainda quanto ao conhecimento de frete, o transportador poderá exigir que o remetente lhe entregue, devidamente assinada, a relação discriminada das coisas a serem transportadas, em duas vias, uma das quais, por ele devidamente autenticada, fará parte integrante do conhecimento (art. 744, parágrafo único, do CC). Essa regra, que decorre do dever de informar relacionado com a boa-fé objetiva, pretende evitar que o expedidor pleiteie eventual indenização sobre a qual não tem direito.

Com vistas justamente a flexibilizar as exigências de elementos ou requisitos para o conhecimento de transporte, a Comissão de Juristas nomeada no Senado Federal para a Reforma do Código Civil sugere alterações no art. 744, para

---

[16] Nesse sentido, por todos: VENOSA, Sílvio de Salvo. *Código Civil interpretado*, cit., p. 697.

incluir a sua viabilidade pelo meio digital. Assim, o *caput* do comando passará a estabelecer que, "ao receber a coisa, o transportador emitirá, físico ou digital, conhecimento de transporte, com a menção de dados que a identifiquem, obedecido o disposto em lei especial". Ademais, sugere-se um novo § 2.º prevendo a dispensa das formalidades do § 1.º, "nos casos de conhecimento de transporte digital, cabendo apenas aquilo que as partes pactuaram como necessário para a sua comprovação".

O art. 745 do Código Civil apresenta problema técnico, merecendo transcrição destacada:

> "Art. 745. Em caso de informação inexata ou falsa descrição no documento a que se refere o artigo antecedente, será o transportador indenizado pelo prejuízo que sofrer, devendo a ação respectiva ser ajuizada no prazo de cento e vinte dias, a contar daquele ato, sob pena de decadência".

Como se pode perceber, o dispositivo prevê que o transportador terá um direito subjetivo de pleitear indenização por perdas e danos, se o contratante prestar falsa informação no conhecimento de frete. Para essa ação condenatória, o comando legal prevê prazo decadencial de 120 dias, contados da data em que foi prestada a informação inexata.

O problema aqui é que o dispositivo entra em conflito com a tese de Agnelo Amorim Filho, adotada pela codificação privada quanto à prescrição e decadência. Como se sabe, esse autor relacionou o prazo de prescrição a ações condenatórias e os prazos decadenciais a ações constitutivas positivas ou negativas, caso das ações anulatórias de negócio jurídico (*v.g.*, arts. 178 e 179 do Código Civil).[17]

Ora, a ação indenizatória referenciada no art. 745 do Código Civil é condenatória, não se justificando o prazo decadencial que nele consta. Trata-se de um descuido do legislador, um sério *cochilo*, eis que foi sua intenção concentrar todos os prazos de prescrição nos arts. 205 e 206 do Código Civil de 2002, em prol do princípio da operabilidade, que busca a facilitação do Direito Privado. Aqui, a regra é quebrada, infelizmente, e de forma *atécnica*. Desse modo, filia-se integralmente a Nelson Nery Jr. e Rosa Maria de Andrade Nery quando esses autores afirmam, com veemência, que não obstante a lei referenciar que o prazo é decadencial, trata-se de prazo prescricional, diante da natureza condenatória da ação prevista na norma.[18]

Com o fim de corrigir esse problema técnico e metodológico a respeito de o prazo de prescrição estar colocado na Parte Especial do Código Civil, a Comissão de Juristas encarregada da Reforma do Código Civil sugere retirar menção a ele, passando o art. 745 a prever somente o seguinte: "em caso de informação inexata ou falsa descrição no documento a que se refere o artigo antecedente, será o transportador indenizado pelo prejuízo que sofrer". Na verdade, o prazo

---

[17] Ver em: AMORIM FILHO, Agnelo de. Critério científico para distinguir a prescrição da decadência e para identificar as ações imprescritíveis, cit., p. 7.

[18] NERY JR., Nelson; NERY, Rosa Maria de Andrade. *Código Civil comentado*, cit., p. 1073.

que antes era de cento e vinte dias é deslocado para o art. 206, § 1.º, inc. VII, passando a ser de um ano. Por esse novo comando projetado, prescreve nesse lapso temporal, a pretensão "para o transportador indenizar-se pelos prejuízos que sofrer, em decorrência de informação inexata ou falsa descrição aposta no conhecimento de transporte, a contar de 60 (sessenta) dias após o desembarque". Portanto, após sessenta dias após o desembarque das mercadorias, o expedidor terá o início do prazo prescricional de um ano para a correspondente ação e eventual ação reparatória de danos por problemas de descrição no comprovante de transporte.

Superado esse ponto de controvérsia, prescreve o art. 746 do Código Civil que poderá o transportador recusar a coisa cuja embalagem for inadequada, bem como a que possa pôr em risco a saúde das pessoas envolvidas no transporte, danificar o veículo ou outros bens. Tais circunstâncias devem ser consideradas como motivos para a rescisão ou resolução do contrato celebrado, uma vez que, entre os objetivos da norma está a proteção dos prepostos e empregados do próprio transportador. O seu caráter preventivo no tocante à responsabilidade civil é, assim, inquestionável.

Também é possível estabelecer uma relação do comando com o dever de evitar ou mitigar o próprio prejuízo ("*duty to mitigate the loss*"), reconhecido como um conceito parcelar decorrente da boa-fé objetiva. Conforme estabelece o Enunciado n. 169 da *III Jornada de Direito Civil*, "o princípio da boa-fé objetiva deve levar o credor a evitar o agravamento do próprio prejuízo". Concretamente, caso o transportador deixe de vistoriar a mercadoria, o que acaba por afastar a aplicação do comando em questão, poderá a ele ser imputado o correspondente dever de indenizar, caso seja evidenciado algum dano ou avaria nos bens transportados. Nesse sentido, da jurisprudência estadual:

"Responsabilidade civil. Transporte rodoviário de mercadoria. Avarias das mercadorias transportadas. Responsabilidade objetiva do transportador. Reconhecimento. Artigo 749, do Código Civil. Obrigação de resultado e ausência de prova de causa excludente (caso fortuito ou força maior excludente de responsabilidade. Artigo 393 do Código Civil e 12, V, da Lei n. 11.442/2007). Risco da atividade e não recusa do transporte por irregularidade na embalagem da carga. Artigo 746, do Código Civil. Dever de indenização integral afirmado" (TJSP, Apelação 1008930-88.2017.8.26.0003, Acórdão 11139152, 18.ª Câmara de Direito Privado, São Paulo, Rel. Des. Henrique Rodriguero Clavisio, j. 05.02.2018, *DJESP* 08.02.2018, p. 2.157).

"Civil. Processual civil. Apelação. Reparação de danos materiais. Agravo retido. Conhecido e rejeitado. Contrato de transporte de coisas. Embalagem inadequada. Não exercício da faculdade de enjeitar a coisa. art. 746 do CC/2002. Responsabilidade objetiva. Obrigação de resultado. Cláusula de incolumidade. Art. 749 do CC. Súmula n. 161/STF. Recurso conhecido e improvido. Sentença mantida. (...). No contrato de transporte de coisas, o expedidor ou remetente entrega bens corpóreos ou mercadorias ao transportador, para que este os leve até um destinatário, com pontualidade e segurança. A coisa transportada deve estar caracterizada pela sua natureza, valor, peso e quantidade, posto que cabe ao transportador transportá-la adequadamente de acordo com as suas características (art. 743 do CC). Uma vez identificada a carga a ser transportada, poderá o transportador, nos termos do art. 746 do CC, recusar o transporte da coisa cuja embalagem seja inadequada, ou que possa pôr em risco a saúde das pessoas, ou danificar o veículo e outros bens. A doutrina entende que, não exercida a faculdade que lhe cabe, ou seja, de enjeitar a coisa cuja embalagem seja inadequada, o acondicionamento da mercadoria fica ao encargo do transportador, que assume o compromisso pelos estragos ou perdas que possam ocorrer. Não enjeitando a coisa cuja embalagem seja inadequada, a aceitação do transporte faz incidir a cláusula de incolumidade prevista no art. 749 do CC, a qual, nos dizeres de Flávio Tartuce, fundamenta a responsabilidade objetiva do transportador; pois, desde o recebimento da coisa, este assume uma obrigação de resultado, incumbindo-lhe exercer a guarda com desvelo e em conformidade com suas características, de forma a entregá-la no mesmo estado que a recebeu" (TJDF, Recurso 2013.01.1.191682-4, Acórdão 857.714, 3.ª Turma Cível, Rel. Des. Alfeu Machado, *DJDFTE* 31.03.2015, p. 227).

Na Reforma do Código Civil, ora em tramitação, há proposta de incluir menção ao risco ao meio ambiente no *caput* do art. 746, como fundamento para a recusa ao transporte, o que vem em boa hora, *in verbis*: "poderá o transportador recusar a coisa cuja embalagem seja inadequada, bem como a que possa pôr em risco a saúde das pessoas, o meio ambiente ou que possa danificar o veículo e outros bens". E mais, para proteger não só o transportador, como também os interesses do expedidor e de terceiros, caso dos consumidores dos produtos transportados, ao final, sugere-se um parágrafo único no comando, com os seguintes dizeres: "em nenhum caso, o transportador poderá aceitar o transporte de mercadoria com embalagem inadequada, se o conteúdo da coisa transportada colocar em risco a salubridade de pessoas ou o meio ambiente ou se o poder público fixar normas específicas de como devam ser transportadas". A tutela da saúde e da segurança dos consumidores atende ao previsto nos art. 10 do Código de Defesa do Consumidor (Lei n. 8.078/1990), segundo o qual o fornecedor não poderá colocar no mercado de consumo produto ou serviço que sabe ou deveria saber apresentar alto grau de nocividade ou periculosidade à saúde ou segurança.

A norma em estudo é complementada pela sua sucessora na codificação, pela qual o transportador deverá obrigatoriamente recusar a coisa cujo transporte ou a comercialização não sejam permitidos, ou que venha desacompanhada dos documentos exigidos por lei ou regulamento (art. 747 do CC/2002). Trata-se de mais um dever legal imposto ao transportador, exigindo-se a licitude das coisas a serem transportadas, sob pena de sua responsabilização nos âmbitos civil, criminal e administrativo.

Aplicando o último preceito, entendeu o Tribunal Paulista pela responsabilidade civil de empresa de transporte aéreo pelo fato de terem sido as mercadorias apreendidas por autoridades fiscais locais, "uma vez que a negligência da ré em transportar mercadorias desacompanhadas da documentação necessária constitui falha de serviço, nos termos do art. 747 do Código Civil de 2002. Comprovado o valor da carga, incontroverso que estas foram apreendidas pelas Autoridades

Fiscais que aplicaram-lhe pena de perdimento, afastada a indenização tarifada, e provado que a parte ré transportadora foi a causadora do dano, de rigor, a manutenção da r. sentença, na parte em que condenou a parte ré transportadora a indenizar a autora, pelo valor R$ 26.148,63, com incidência a partir de novembro de 2013, data em que realizado o transporte em questão" (TJSP, Apelação 4002165-65.2013.8.26.0011, Acórdão 9838995, 20.ª Câmara de Direito Privado, São Paulo, Rel. Des. Rebello Pinheiro, j. 26.09.2016, *DJESP* 11.10.2016).

Da mesma forma como ocorre no transporte de pessoas, é facultado ao remetente, até a entrega da coisa, desistir do transporte e pedi-la de volta. Pode, ainda, ordenar que a coisa seja entregue a outro destinatário, pagando, em ambos os casos, os acréscimos de despesas decorrentes da contraordem, mais as perdas e danos que houver (art. 748 do CC/2002).

Se a última informação for prestada a tempo, não poderá o transportador, sem a devida justificativa, negar o serviço, sob pena de sua responsabilização civil. A norma tem aplicação inclusive nas situações de necessidade de transporte complementar, com trecho adicional, como reconhece outro aresto do Tribunal Bandeirante, a seguir colacionado em destaque:

> "Transporte. Contrato. Carga de milho a ser levada de Itaporã (MS) a Palmital (SP). Inclusão de novo trecho, daquela cidade a Itapetininga (SP). Possibilidade de alteração, com base no art. 748 do Código Civil. Recusa injustificada do transportador, que retornou a seu domicílio, em Lupércio (SP), com a carga, causando prejuízo ao contratante. Conduta inadmissível. Provas, ademais, que não afastam a responsabilidade do condutor em vista de sua obstinação em recusar o novo trecho. Sentença mantida. Recurso desprovido e, por ser a sentença publicada já na vigência do NCPC, são majorados os honorários advocatícios de 10% para 15% do valor da condenação (art. 85, § 11, do NCPC)" (TJSP, Apelação 0000889-11.2015.8.26.0201, Acórdão 10619394, 15.ª Câmara de Direito Privado, Garça, Rel. Des. Mendes Pereira, j. 25.07.2017, *DJESP* 02.08.2017, p. 1947).

No projeto de Reforma do Código Civil, a Subcomissão de Direito dos Contratos fez propostas de alteração do art. 748, a fim de se atender ao dinamismo do setor de transporte e de logística. Como pontuaram, "não é difícil que o embarcador tenha interesse que a carga seja imediatamente desembarcada para ser destinada a outro objetivo, por vezes até com melhor resultado econômico. Essa previsão de desembarque imediato era prevista no Decreto 19.473, de 1930, art. 7.º, revogado pelo Decreto Sem Número de 25.04.1991, e, na atualidade, é uma possibilidade bastante útil para o proprietário da mercadoria transportada que, para usufruir deverá assumir os custos decorrentes da mudança do contrato".

Para se atender a essa finalidade, propõe-se mudanças no texto do *caput* do preceito, que passará a prescrever o seguinte: "até a entrega da coisa, pode o remetente desistir do transporte e pedi-la de volta, inclusive com desembarque imediato ou ordenar seja entregue a outro destinatário, pagando, em todos os casos, os acréscimos de despesas decorrentes da contraordem, mais perdas e danos se houver" (art. 748 do CC).

A Relatoria Geral acrescentou parâmetros necessários para se efetivar desembarque imediato, com a inclusão de um parágrafo único no art. 748 do CC, prevendo que "as condições para desembarque imediato da coisa a ser transportada deve especificamente constar do conhecimento de transporte, fixando-se o prazo até quando a providência possa vir a ser reclamada pelo proprietário da mercadoria".

Como regra fundamental a respeito da responsabilidade civil no transporte de coisas, prevê o art. 749 da codificação material que o transportador conduzirá a coisa ao seu destino, tomando todas as cautelas necessárias para mantê-la em bom estado e entregá-la no prazo ajustado ou previsto. Esse é o dispositivo que traz, substancialmente, a tão citada *cláusula de incolumidade* especificamente no transporte de coisas, a fundamentar a responsabilidade objetiva, exaustivamente citada no presente capítulo.

Repise-se, a confirmar essa responsabilidade sem culpa, que a *cláusula de não indenizar* é inoperante também no transporte de mercadorias (Súmula n. 161 do STF). Sem prejuízo dos julgados antes transcritos com essa conclusão, transcrevem-se mais três ementas estaduais:

"Contrato de transporte. Mudança. Avaria. Demanda indenizatória. Danos materiais e morais. Responsabilidade objetiva. Obrigação de resultado. (...). O transportador assume uma obrigação de resultado, e sua prestação se encerra com a entrega dos bens ao seu destino no mesmo estado que recebeu (art. 749 do Código Civil), sob pena de responder pelas perdas e avariais diagnosticadas no produto transportado, havidas durante o seu deslocamento. Trata-se de uma responsabilidade objetiva, à luz do art. 750 do Código Civil. (...). Quanto aos danos morais, o extravio parcial e a ausência de entrega de bens móveis na realização de mudança constituem falha na prestação de serviço (art. 14, CDC) e resultam em indenização por danos morais, em decorrência dos sentimentos de angústia e frustração que ultrapassam a esfera do mero dissabor. Com relação ao *quantum* indenizatório de R$ 3.000,00 (três mil reais) deferido pela decisão de origem, entende-se que deve ser mantido, já que atende aos princípios da razoabilidade e da proporcionalidade, bem como aos padrões utilizados pela segunda turma recursal no julgamento de casos análogos. Sentença mantida. Recurso improvido" (TJRS, Recurso Cível 0020632-95.2016.8.21.9000, 2.ª Turma Recursal Cível, Porto Alegre, Rel. Des. Vivian Cristina Angonese Spengler, j. 26.10.2016, *DJERS* 03.11.2016).

"Transporte de cargas. Avaria. Pretensão da ré de que seja afastada sua responsabilidade pelos danos verificados na carga transportada. Descabimento. Hipótese em que a responsabilidade pela reparação dos danos causados a pessoas ou coisas no contrato de transporte é objetiva, decorrendo da obrigação de resultado que é assumida, por força da cláusula de incolumidade prevista no artigo 749 do Código Civil. Ausência nos autos do processo de prova da culpa exclusiva da vítima" (TJSP, Apelação 0003079-27.2013.8.26.0003, Acórdão 8575378, 13.ª Câmara de Direito Privado, São Paulo, Rel. Des. Ana de Lourdes, j. 25.06.2015, *DJESP* 07.07.2015).

"Direito Civil. Responsabilidade civil. Transporte de carga. Acidente. Perda da mercadoria. Desvio de animal na pista. Estado de necessidade. Excludente de responsabilidade não caracterizada. Dever de indenizar o dano. I. De acordo com o artigo 749 do Código Civil, a transportadora de carga assume obrigação de resultado que só pode ser elidida por alguma excludente de responsabilidade. II. Em face da natureza objetiva da responsabilidade do transportador, uma vez não entregue a coisa na forma contratada, o dever de reparação independe da existência de culpa e só pode ser elidido em face de alguma excludente de responsabilidade, consoante se depreende do artigo 12 da Lei n. 11.442/2007, que dispõe sobre o transporte rodoviário de cargas por conta de terceiros e mediante remuneração. III. A transportadora cujo motorista, ante a presença de animal na rodovia, desvia o veículo para evitar o choque e acaba danificando ou perdendo a carga transportada, responde civilmente pelos danos provocados àquele que a contratou. IV. Segundo a inteligência dos artigos 188, inciso II, 929 e 930 do Código Civil, o estado de necessidade ou o fato de terceiro, conquanto retirem o caráter ilícito da conduta, não eximem o agente de reparar o dano diretamente provocado, sem prejuízo do direito de regresso contra o autor da situação de perigo. V. Recurso conhecido e desprovido" (TJDF, Recurso 2013.01.1.157320-6, Acórdão 813.599, 4.ª Turma Cível, Rel. Des. James Eduardo Oliveira, *DJDFTE* 04.09.2014, p. 193).

A *cláusula de incolumidade*, e a correspondente responsabilidade sem culpa do transportador, é retirada ainda do art. 750 do Código Civil em vigor, pois a responsabilidade do transportador limita-se ao valor constante do conhecimento. Essa responsabilidade tem início no momento em que ele ou os seus prepostos recebem a coisa e somente termina quando é entregue ao destinatário ou depositada em juízo, se o destinatário não for encontrado.

Quanto à limitação constante desse último dispositivo, concorda-se integralmente com a Professora Maria Helena Diniz, quando anota que o limite da responsabilidade ao valor atribuído pelo contratante somente se refere aos casos de perda e avaria, uma vez que "o transportador responderá pelas perdas e danos que remetente, destinatário ou terceiro vierem a sofrer com o transporte, em razão de atraso, desvio de itinerário, etc., sem qualquer limitação ao valor contido no conhecimento de frete".[19]

Sem prejuízo dessa afirmação, se o expedidor for consumidor, haverá prestação de serviço regida pelo CDC, não se aplicando a referida limitação aos demais danos sofridos, tendo em vista a aplicação do *princípio da reparação integral* constante da Lei Consumerista (art. 6.º, V, da Lei n. 8.078/1990). A propósito, valem os mesmos comentários sobre a cláusula de não indenizar que foram feitos quando do estudo do transporte de pessoas.

Questão polêmica a ser retomada a respeito da responsabilidade civil no transporte de mercadorias, notadamente no transporte de cargas, diz respeito aos assaltos e roubos, tão comuns em nosso País.

Como visto, a jurisprudência superior majoritária tem enquadrado o fato, pelo menos em regra, como caso fortuito ou força maior, presente um acontecimento desconexo à atividade desenvolvida pela transportadora. Em outras

---

[19] DINIZ, Maria Helena. *Código Civil anotado*, cit., p. 531.

palavras, tem-se entendido pela presença de um *evento externo,* fora do risco do negócio ou do empreendimento. Assim concluindo, por todos:

> "Agravo regimental no recurso especial. Transporte de cargas. Roubo. Força maior. Excludente de responsabilidade. 1. Consagrou-se na jurisprudência do Superior Tribunal de Justiça o entendimento de que o roubo de cargas, em regra, caracteriza-se como caso fortuito ou de força maior, excludente de responsabilidade do transportador. 2. Agravo regimental não provido" (STJ, AgRg no REsp 1.374.460/SP, 3.ª Turma, Rel. Min. Ricardo Villas Bôas Cueva, j. 02.06.2016, *DJe* 09.06.2016).

> "Responsabilidade civil. Recurso especial. Correios. Roubo de cargas. Responsabilidade civil objetiva. Exclusão. Motivo de força maior. (...). A força maior deve ser entendida, atualmente, como espécie do gênero fortuito externo, do qual faz parte também a culpa exclusiva de terceiros, os quais se contrapõem ao chamado fortuito interno. O roubo, mediante uso de arma de fogo, em regra é fato de terceiro equiparável a força maior, que deve excluir o dever de indenizar, mesmo no sistema de responsabilidade civil objetiva. Com o julgamento do REsp 435.865/RJ, pela Segunda Seção, ficou pacificado na jurisprudência do STJ que, se não for demonstrado que a transportadora não adotou as cautelas que razoavelmente dela se poderia esperar, o roubo de carga constitui motivo de força maior a isentar a sua responsabilidade" (STJ, REsp 976.564/SP, 4.ª Turma, Rel. Min. Luis Felipe Salomão, j. 20.09.2012, *DJe* 23.10.2012).

Como se retira dos arestos, a Segunda Seção do Tribunal da Cidadania pacificou, no ano de 2003, a tese segundo a qual, "constitui causa excludente da responsabilidade da empresa transportadora o fato inteiramente estranho ao transporte em si, como é o assalto ocorrido no interior do coletivo. Precedentes" (STJ, REsp 435.865/RJ, 2.ª Seção, Rel. Min. Barros Monteiro, j. 09.10.2002, *DJ* 12.05.2003, p. 209). A afirmação deve ser considerada como majoritária para os devidos fins práticos, inclusive com força vinculativa para decisões de primeira e segunda instância, nos termos do que consta do art. 489, § 1.º, V e VI, do CPC/2015.

Entretanto, deve ser feita a ressalva, na linha do que consta dos acórdãos colacionados, de que a transportadora deve tomar as medidas que razoavelmente dela se esperam para evitar o evento. No caso de transporte de bens de alto valor, pensamos que a transportadora deve efetivar medidas como a possível mudança de rotas, o rastreamento de veículos e a escolta armada. Nas hipóteses relativas ao transporte de valores, os veículos devem ser também blindados, como é comum ocorrer. Se tais medidas não forem tomadas, há que reconhecer a responsabilidade da empresa que realiza o transporte, no meu entender.

Todavia, o debate sobre a adoção dessas drásticas medidas de possível prevenção não é pacífico. Como se retira do penúltimo acórdão transcrito, e também de outro aresto superior de mesma relatoria, não é razoável exigir que as transportadoras de cargas alcancem uma absoluta segurança contra os roubos, eis que a segurança pública é um dever do Estado e não dos entes privados:

"Não é cabível o reconhecimento da culpa da transportadora, apenas por não ter alterado unilateralmente a rota habitual, sendo certo que, na relação jurídica mercantil existente entre a segurada e a transportadora, aquela poderia, se necessário, ter proposto a sua alteração, porquanto, apesar dos roubos, foram pactuados sucessivos novos contratos de transporte de mercadoria. Ademais, a Corte local apurou que os roubos normalmente eram efetuados por bandos fortemente armados e com mais de seis componentes, de modo que não se constata, objetivamente, negligência da transportadora, a ponto de caracterizar sua responsabilidade pelos eventos. Igualmente, não há imposição legal obrigando as empresas transportadoras a contratarem escoltas ou rastreamento de caminhão e, sem parecer técnico especializado, dadas as circunstâncias dos assaltos, nem sequer é possível presumir se, no caso, a escolta armada, sugerida pela Corte local, seria eficaz para afastar o risco ou se, pelo contrário, o agravaria pelo caráter ostensivo do aparato" (STJ, REsp 927.148/SP, 4.ª Turma, Rel. Min. Luis Felipe Salomão, j. 04.10.2011, *DJe* 04.11.2011).

A temática, sem dúvidas, é polêmica e complicada, cabendo ainda outra reflexão técnica. O assalto ou roubo poderia ser perfeitamente enquadrado como fato de terceiro, e aplicando-se por analogia o art. 735 do Código Civil – que afasta essa excludente no transporte de pessoas –, a responsabilidade civil dos transportadores deveria ser reconhecida. Todavia, como se nota, a jurisprudência prefere situar tais acontecimentos na discussão sobre a presença ou não do caso fortuito e da força maior, notadamente na divisão entre eventos internos e externos.

Quanto ao furto de cargas, este não tem recebido a mesma solução do roubo ou assalto, pois evidencia-se por vezes a negligência da transportadora e de seus prepostos, conclusão que parece ser perfeita, a ensejar a responsabilização civil da transportadora. Assim concluindo, por todos:

"Civil. Ação indenizatória transporte de carga. Furto de mercadorias. Força maior. Art. 1.058 do Código Civil de 1916. Inevitabilidade não caracterizada. Art. 104 do Código Comercial. Dever de vigilância da transportadora. I. O entendimento uniformizado na Colenda 2.ª Seção do STJ é no sentido de que constitui motivo de força maior, a isentar de responsabilidade a transportadora, o roubo da carga sob sua guarda (REsp n. 435.865 – RJ, Rel. Min. Barros Monteiro, por maioria, julgado em 09.10.2002). II. Contudo, difere a figura do furto, quando comprovada a falta de diligência do preposto da transportadora na vigilância do veículo e carga suprimidos. III. Recurso especial conhecido, mas desprovido" (STJ, REsp 899.429/SC, 4.ª Turma, Rel. Min. Aldir Passarinho Junior, j. 14.12.2010, *DJe* 17.12.2010).

Como última nota sobre o dispositivo, como primeira proposta de aprimoramento do texto, no projeto de Reforma do Código Civil, sugere-se a menção ao depósito judicial ou extrajudicial da mercadoria no *caput* do art. 750: "a responsabilidade do transportador, limitada ao valor constante do conhecimento, começa quando ele ou seus prepostos recebam a coisa; termina quando é entregue ao destinatário ou depositada, judicial ou extrajudicialmente, se aquele não for encontrado". Esse depósito extrajudicial poderá ser feito, no meu entender, em qualquer local seguro indicado pelo transportador.

Além disso, a Subcomissão de Direito Contratual sugere um parágrafo único no comando, prevendo que, "se o conhecimento não estiver preenchido com o valor da carga transportada, caberá ao embarcador a prova do valor da mercadoria, para os fins de responsabilização civil do transportador". De acordo com as suas justificativas, que contaram com o total apoio dos membros da Comissão de Juristas, "a emissão do conhecimento de transporte é de responsabilidade do transportador a partir dos dados fornecidos pelo embarcador da mercadoria. Assim, com fundamento no princípio da equidade, se o transportador emite o conhecimento sem fazer constar o valor da mercadoria porque não tinha a informação ou porque cometeu uma falha e, o embarcador aceita a omissão desse valor, caberá a ele provar quando necessário o valor da mercadoria para efeito de caracterizar o limite de responsabilidade do transportador".

Seguindo no estudo dos dispositivos do Código Civil sobre o transporte de coisas, preceitua o seu art. 751 que a coisa depositada ou guardada nos armazéns do transportador, em virtude de contrato de transporte, rege-se, no que couber, pelas disposições relativas ao contrato de depósito (arts. 627 a 652 da própria codificação).

Ato contínuo de estudo, preconiza o art. 752 do CC/2002 que, "desembarcadas as mercadorias, o transportador não é obrigado a dar aviso ao destinatário, se assim não foi convencionado, dependendo também de ajuste a entrega a domicílio, e devem constar do conhecimento de embarque as cláusulas de aviso ou de entrega a domicílio". Apesar de a norma ser clara, não se filia definitivamente ao teor da inovação, que não constava do Código Civil de 1916, particularmente com a primeira parte do dispositivo.

Isso porque o comando legal entra em conflito com o princípio da boa-fé objetiva, particularmente com o dever anexo de informar, ao prever que, em regra, o transportador não é obrigado a avisar ao destinatário que o contrato foi cumprido. Ora, trata-se de um dever anexo, ínsito a qualquer negócio patrimonial, não havendo sequer a necessidade de previsão no instrumento.

Ressalte-se que a regra tem origem nos costumes do transporte marítimo, tendo relação, na prática, com o instituto do *adicional de sobre-estadia* e da *demurrage*. Aplicando o seu conteúdo, colaciona-se, da jurisprudência estadual:

> "Apelação cível. Ação de cobrança de sobre-estadias de containers. *Demurrages*. Natureza jurídica de indenização. Greve dos auditores fiscais. Retenção das mercadorias nos portos. Caso fortuito ou força maior. Excludente do pagamento da taxa. Ausência de comprovação. Descarga. Início do *free time*. Desnecessidade de notificação do importador sobre a chegada da mercadoria. Art. 752 do Código Civil. Fim da responsabilidade do transportador. Entrega da coisa no destino. Invalidade dos contratos. Impossibilidade no cumprimento dos prazos. Inconsistência do argumento. Entraves burocráticos que não se comprovaram. Sentença mantida. 1. As *demurrages* têm natureza jurídica de indenização, paga ao armador (dono do container) pelo fato deste não poder se utilizar do equipamento para outro contrato. Não se constitui cláusula penal, afastando, então a incidência do art. 412 do Código Civil. 2. A *demurrage* é devida independentemente de expressa previsão contratual. 3. A alegação de existência de greve de categoria indispensável ao desembaraço

de mercadorias importadas deve vir efetivamente acompanhada de prova contundente e suficiente para dar lastro ao pedido de exclusão da obrigação de pagar a taxa de sobre-estadia. Na falta dessa prova, o argumento se apresenta estéril. 4. O período de livre utilização (*free time*) inicia na data em que ocorre o desembarque da mercadoria transportada, considerando que a partir dele que a carga fica à disposição do réu. 5. Não é necessária notificação prévia ao importador sobre a chegada do navio, a teor do art. 752 do Código Civil. 6. A responsabilidade do transportador cessa quando a coisa transportada é entregue ao destinatário (art. 750, CC). 7. Em sendo o devedor importador regular e que contrata com frequência os serviços do armador proprietário dos *containers*, e ainda ciente dos procedimentos de desembaraço existentes nas aduanas brasileiras, não é consistente o argumento de que não havia como cumprir os prazos de livre utilização (*free time*) fixados nos compromissos de reentrega dos *containers* vazios" (TJPE, Apelação 0033714-61.2004.8.17.0001, 4.ª Câmara Cível, Rel. Des. Eurico de Barros Correia Filho, j. 08.06.2017, *DJEPE* 06.07.2017).

"Transporte marítimo internacional. Adicional de sobrestadia (*demurrage*) pelo atraso na devolução de contêiner, depois do transcurso do prazo de carência (*free time*). Cerceamento de defesa não verificado. Ação proposta no foro competente. Incidência da regra do art. 100, IV, *d*, do Código de Processo Civil. Contraprestação devida pela indisponibilidade do equipamento. Infração convencional implícita, com presunção de culpa. Reparação civil pela privação do uso. Ciência inequívoca da data do desembarque atestada pelo mandatário, dispensando a interpelação. Vinculação eficaz, art. 752 do Código Civil. Ausência de prova de quitação da obrigação, com a subsistência da responsabilidade solidária do transportador, importador, despachante aduaneiro, consignatário e do comissário perante o arrendador, agente, armador proprietário ou arrendatário da unidade de carga. Recursos não providos" (TJSP, Apelação 0035582-78.2010.8.26.0562, Acórdão 7347386, 38.ª Câmara de Direito Privado, Santos, Rel. Des. Cesar Santos Peixoto, j. 12.02.2014, *DJESP* 20.02.2014).

Apesar de ser essa a prática do transporte marítimo, fica em xeque a eficiência da norma em relação às demais modalidades de transporte, notadamente no rodoviário e no aéreo, mais uma vez, repise-se, diante da transparência que se espera nas relações contratuais, em decorrência da boa-fé objetiva.

Como a atual previsão do art. 752 é passível de críticas, por estar distante do dever de informação relacionado à boa-fé objetiva, são propostas mudanças radicais no seu teor, em prol da eticidade – um dos fundamentos da atual codificação privada – e passando o seu *caput* a prever que "as partes deverão definir previamente o endereço e o prazo de entrega da mercadoria e qualquer alteração deverá ser informada pelos meios habituais de comunicação entre elas, inclusive digitais e virtuais".

Além disso, consoante o projetado parágrafo único do comando, "devem constar do conhecimento de embarque, ainda que por forma abreviada, conhecida e estabelecida pelo usos e costumes, as cláusulas relativas ao aviso de desembarque, ao local da entrega da coisa ou pessoa ou quanto à sua entrega em domicílio". Como corretamente justificaram os juristas que compuseram a

Subcomissão de Direito dos Contratos, "as partes contratantes têm dever de boa-fé e, em consequência dele, dever de informar e de colaborar para que o contrato atenda plenamente os objetivos convencionados. Todos os dados relevantes para garantia do correto cumprimento do contrato deverão ser pactuados anteriormente ao transporte e o dever de informar será daquele que for detentor da informação, a quem caberá utilizar os meios normalmente utilizados pelas partes para contato, seja por telefone, mensagem eletrônica, mensagem de texto por aplicativo ou qualquer outro disponível". Como não poderia ser diferente, as projeções estão bem fundamentadas, não tendo o texto atual do art. 752 do CC qualquer argumento plausível para a sua manutenção.

Se o transporte não puder ser feito ou sofrer longa interrupção, em razão de obstrução de vias, conflitos armados, manifestações populares, suspensão do tráfego diante de queda de barreira, entre outras causas, o transportador solicitará, de imediato, instruções do remetente sobre como agir. Ademais, zelará pela coisa, por cujo perecimento ou deterioração responderá, salvo caso fortuito e força maior (art. 753 do CC).

Como se pode perceber, ao contrário do dispositivo anterior, este traz como conteúdo o dever anexo de informar. O Código Civil, aqui, entra em contradição consigo mesmo, em um sério *cochilo* do legislador, que poderá ser corrigido com a alteração do conteúdo do art. 752, como está sendo proposto no projeto de Reforma do Código Civil.

Se esse impedimento perdurar, sem culpa do transportador e o remetente não se manifestar, poderá o transportador depositar a coisa em juízo, ou posteriormente vendê-la, logicamente obedecidos os preceitos legais e regulamentares ou os costumes (art. 753, § 1.º, do CC). No entanto, se o impedimento decorrer de responsabilidade do transportador, este poderá depositar a coisa por sua conta e risco. Nesse último caso, a coisa somente poderá ser vendida se for perecível (art. 753, § 2.º, do CC). Em ambos os casos, havendo culpa ou não do transportador, tem ele o dever de informar o remetente sobre a realização do depósito ou da eventual venda. Curiosamente, e de forma correta, o § 3.º do art. 753 volta a trazer o dever anexo de informar, contradizendo o antes criticado art. 752 da codificação.

Se o transportador mantiver a coisa depositada em seus próprios armazéns, continuará a responder pela sua guarda e conservação, sendo-lhe devida, porém, uma remuneração pela custódia. Essa remuneração pode ser ajustada por contrato ou será fixada pelos usos adotados em cada sistema de transporte (art. 753, § 4.º, do CC). Nesta hipótese, haverá uma coligação de contratos decorrente de lei, envolvendo o transporte e o depósito, aplicando-se as regras de ambos.

Ao final do percurso, as mercadorias deverão ser entregues ao destinatário, ou a quem apresente o conhecimento de frete endossado. Essa pessoa tem o dever de conferi-las e apresentar as reclamações que tiver, sob pena de decadência dos direitos (art. 754 do CC). O dispositivo traz o *dever de vistoria* por parte do destinatário, que pode ser o próprio emitente. Aplicando a última norma ao transporte marítimo, para ilustrar, colaciona-se acórdão do Tribunal de Justiça de São Paulo:

"Seguro. Transporte internacional marítimo de mercadoria a granel. Ação regressiva de seguradora contra a dona do navio. Constatação de falta de parte da carga que supera o percentual de perda costumeiramente tolerável. Ausência, todavia, de reclamação em tempo hábil, conforme exigido no disposto no art. 754 do Código Civil, com as necessárias ressalvas. Vistoria unilateral feita mais de seis meses após o desembarque. Improcedência da ação por tais motivos que não afronta o direito a inversão ao ônus da prova em razão do CDC. Decisão mantida. Apelação improvida" (TJSP, Apelação 7302745-5, Acórdão 3516458, 14.ª Câmara de Direito Privado, Santos, Rel. Des. José Tarcisio Beraldo, j. 18.02.2009, *DJESP* 03.04.2009).

O parágrafo único desse art. 754 da codificação determina que, havendo avaria ou perda parcial da coisa transportada não perceptível à primeira vista, o destinatário conservará a sua ação contra o transportador, desde que denuncie o dano em dez dias, a contar da entrega. Conjugando-se os dois comandos, percebe-se, mais uma vez, um equívoco do legislador ao prever prazo de natureza decadencial para a ação indenizatória.

Como da vez anterior, em comentários ao art. 745 do Código Civil, filia-se a Nelson Nery Jr. e Rosa Maria de Andrade Nery, apesar de o art. 754 tratar expressamente de decadência, havendo ação indenizatória, o prazo deverá ser reconhecido como de prescrição.[20] Não se olvide, contudo, que continua tendo aplicação a Súmula n. 109 do STJ, pela qual "o reconhecimento do direito à indenização, por falta de mercadoria transportada via marítima, independe de vistoria". Isso porque o art. 754 do CC/2002 equivale parcialmente ao art. 109 do revogado Código Comercial de 1850, tendo sido a súmula editada na vigência deste último dispositivo. Em conclusão, nada mudou a respeito do tempo.

Mais uma vez para se manter a técnica e a metodologia adotada pela vigente codificação, será necessário, via projeto de Reforma do Código Civil retirar a menção ao prazo de dez dias que deve ser remetido para o art. 206 do Código Civil, diante da natureza reparatória da pretensão a ele relacionada. Também não há qualquer razão para o *caput* mencionar decadência de direitos, uma vez que não se trata de uma ação constitutiva negativa, mas de demanda indenizatória.

Por isso, a Comissão de Juristas propõe que o *caput* do art. 754 do Código Civil passe a ter a seguinte redação: "as mercadorias devem ser entregues ao destinatário ou a quem apresentar o conhecimento endossado, devendo aquele que as receber conferi-las e apresentar as reclamações que tiver de imediato, tendo início a partir deste momento o prazo prescricional para reparação dos danos se constatados". Em complemento, o parágrafo único ficará assim mais bem escrito: "igual pretensão indenizatória tem o dono da mercadoria ou o destinatário delas, em caso de perda parcial ou de avaria da coisa transportada, não perceptíveis à primeira vista".

---

[20] NERY JR., Nelson; NERY, Rosa Maria de Andrade. *Código Civil comentado*, cit., p. 1078.

O prazo para a correspondente ação de reparação de danos passará a ser de um ano, sendo deslocado para o inc. VI do § 1.º do art. 206, segundo o qual prescreve nesse lapso, "a pretensão para o dono da mercadoria postular indenização sobre perdas e avarias das coisas transportadas, a contar de 60 (sessenta) dias após o desembarque". Mais uma vez, com vistas a trazer mais segurança jurídica, o prazo prescricional de um ano somente terá início depois de sessenta dias do desembarque das mercadorias.

Em havendo dúvida acerca de quem seja o destinatário da coisa, o transportador tem o dever de depositar a mercadoria em juízo, desde que não lhe seja possível obter informações do emissor ou remetente. No entanto, se a demora do depósito puder provocar a deterioração da coisa, o transportador deverá vendê-la, depositando o valor obtido em juízo (art. 755 do CC).

O outrora comentado art. 756 do CC traz a solidariedade entre todos os transportadores no transporte cumulativo. Porém, deve ser ressalvada a apuração final da responsabilidade entre eles, de modo que o ressarcimento recaia, por inteiro, ou mesmo proporcionalmente, naquele em cujo percurso houver ocorrido o dano. Como se constata, o transportador não culpado que pagar a indenização ao remetente sub-roga-se nos direitos de credor com relação a eventual culpado. Concluindo, reconhece-se o direito de regresso em face do responsável pelo evento danoso.

Encerrando o estudo das regras relativas ao transporte de mercadorias, cumpre destacar que a Lei n. 11.442/2007, revogando a Lei n. 6.813/1980, trata do transporte rodoviário de cargas, realizado em vias públicas, no território nacional, por conta de terceiros e mediante remuneração. Em consonância com o Código Civil e o Código de Defesa do Consumidor, a lei traz a responsabilidade objetiva do transportador, seja por ato próprio ou de preposto.

Vale dizer que o seu art. 18 consagra prazo prescricional de um ano para a pretensão à reparação pelos danos relativos a esses contratos de transporte, iniciando-se a contagem do prazo a partir do conhecimento do dano pela parte interessada. A lei, assim, adotou a teoria da *actio nata subjetiva*, pela qual o prazo prescricional deve ter início a partir do conhecimento da lesão ao direito subjetivo e não da lesão em si.

2. DA RESPONSABILIDADE CIVIL POR ACIDENTES DE TRÂNSITO

2.1. Regras fundamentais aplicáveis para os acidentes de trânsito. O debate sobre a incidência do art. 927, parágrafo único, do Código Civil

Outro assunto com interesse direto para a responsabilidade civil decorrente da mobilidade é o acidente de trânsito, grande mal que acomete a sociedade brasileira há alguns anos. Segundo dados do Ministério da Saúde, o número de mortos em acidentes de trânsito no País está entre trinta e quarenta mil por ano. Assim, só nos últimos três anos, foram mais de cem mil óbitos em decorrência desses lamentáveis infortúnios.

Sem prejuízo da responsabilidade penal e administrativa que decorre de tais eventos, a responsabilidade civil relativa aos acidentes de trânsito está sujeita às regras previstas no Código Civil e também aos preceitos previstos no Código de Trânsito Brasileiro, a Lei n. 9.503/1997. Conforme o seu art. 1.º, *caput*, essa norma jurídica especial tem incidência ao trânsito de qualquer natureza nas vias terrestres do território nacional, abertas à circulação.

A lei considera como *trânsito* a utilização das vias por pessoas, veículos e animais, isolados ou em grupos, conduzidos ou não, para fins de circulação, parada, estacionamento e operação de carga ou descarga (art. 1.º, § 1.º, da Lei n. 9.503/1997). Como um dos seus princípios fundamentais, o comando legal prevê o *trânsito seguro* como um direito de todos os membros da sociedade brasileira, o que está muito distante da nossa realidade, infelizmente (art. 1.º, § 2.º, da Lei n. 9.503/1997).

Alguns autores, como Carlos Roberto Gonçalves, preferem falar em *responsabilidade civil automobilística*, destacando o autor que "o automóvel assumiu posição de tanto relevo na vida do homem que já se cogitou até de reconhecer a existência de um direito automobilístico, que seria constituído de normas sobre responsabilidades decorrentes da atividade automobilística, normas reguladoras dos transportes ferroviários de pessoas e cargas e regras de trânsito".[21] Com o devido respeito, penso que é um exagero sustentar que os transportes e eventuais acidentes têm o condão de gerar o nascimento de um novo ramo jurídico.

No que diz respeito às regras aplicáveis no Código Civil, muitos dos preceitos antes estudados nesta obra subsumem-se diretamente aos casos de acidentes de trânsito. O primeiro deles é o art. 186 do Código Civil, que define o *ato ilícito civil indenizante*, estabelecendo um modelo culposo na violação de um direito alheio que causa dano a outrem. Como é notório, as hipóteses de acidente de trânsito são geradoras da responsabilidade civil extracontratual ou *aquiliana*.

Adiante-se que uma das hipóteses em que a última norma é comumente aplicada diz respeito à embriaguez do condutor de veículos que causa o prejuízo a outrem, de natureza material ou imaterial. Pela aplicação geral desse dispositivo, considera-se como regra a responsabilidade civil subjetiva daquele que supostamente causa o acidente. Assim, o autor da ação terá o ônus de provar o dolo ou a culpa do réu, no último caso a sua imprudência, negligência ou imperícia.

Em importante diálogo com o art. 186 do Código Civil, o Código de Trânsito Brasileiro consagra normas gerais de circulação e de conduta, que devem ser respeitadas pelas pessoas que atuam no trânsito. Conforme o seu art. 26, os usuários das vias terrestres devem: *a)* abster-se de todo ato que possa constituir perigo ou obstáculo para o trânsito de veículos, de pessoas ou de animais, ou ainda causar danos a propriedades públicas ou privadas; e *b)* abster-se de obstruir o trânsito ou torná-lo perigoso, atirando, depositando ou abandonando na via objetos ou substâncias, ou nela criando qualquer outro obstáculo. Ademais, antes de colocar o veículo em circulação nas vias públicas, o condutor deverá verificar a existência e as boas condições de funcionamento dos equipamentos de

---

[21] GONÇALVES, Carlos Roberto. *Responsabilidade civil*, 17. ed., cit., p. 687.

uso obrigatório, bem como assegurar-se da existência de combustível suficiente para chegar ao local de destino (art. 27 da Lei n. 9.503/1997). O desrespeito aos comandos faz que fique caracterizada a imprudência ou imperícia do condutor.

Em seguida, o CTB preceitua que o condutor deverá, a todo momento, ter domínio de seu veículo, dirigindo-o com atenção e cuidados indispensáveis à segurança do trânsito (art. 28). O dispositivo seguinte, art. 29 da Lei n. 9.503/1997, é um dos mais importantes dessa lei especial, elencando as *doze regras* ou normas fundamentais a respeito da condução de veículos, a saber:

1.ª) A circulação far-se-á pelo lado direito da via, admitindo-se as exceções devidamente sinalizadas.

2.ª) O condutor deverá guardar distância de segurança lateral e frontal entre o seu e os demais veículos, bem como em relação ao bordo da pista, considerando-se, no momento, a velocidade e as condições do local, da circulação, do veículo e as condições climáticas. O desrespeito dessa regra gera uma das mais importantes presunções aplicáveis ao âmbito da responsabilidade civil, relativa ao choque na traseira do veículo que segue à frente.

3.ª) Quando veículos, transitando por fluxos que se cruzem, se aproximarem de local não sinalizado, terá preferência de passagem: *a)* no caso de apenas um fluxo ser proveniente de rodovia, aquele que estiver circulando por ela; *b)* no caso de rotatória, aquele que estiver circulando por ela; e *c)* nos demais casos, o que vier pela direita do condutor.

4.ª) Quando uma pista de rolamento comportar várias faixas de circulação no mesmo sentido, são as da direita destinadas ao deslocamento dos veículos mais lentos e de maior porte, quando não houver faixa especial a eles destinada, e as da esquerda, destinadas à ultrapassagem e ao deslocamento dos veículos de maior velocidade.

5.ª) O trânsito de veículos sobre passeios, calçadas e nos acostamentos, só poderá ocorrer para que se adentre ou se saia dos imóveis ou áreas especiais de estacionamento.

6.ª) Os veículos precedidos de batedores terão prioridade de passagem, respeitadas as demais normas de circulação.

7.ª) Os veículos destinados a socorro de incêndio e salvamento, os de polícia, os de fiscalização e operação de trânsito e as ambulâncias, além de prioridade no trânsito, gozam de livre circulação, estacionamento e parada, quando em serviço de urgência, de policiamento ostensivo ou de preservação da ordem pública, observadas as seguintes disposições: *a)* quando os dispositivos regulamentares de alarme sonoro e iluminação intermitente estiverem acionados, indicando a proximidade dos veículos, todos os condutores deverão deixar livre a passagem pela faixa da esquerda, indo para a direita da via e parando, se necessário; *b)* os pedestres, ao ouvirem o alarme sonoro ou avistarem a luz intermitente, deverão aguardar no passeio e somente atravessar a via quando o veículo já tiver passado pelo local; *c)* o uso de dispositivos de alarme sonoro e de iluminação vermelha intermitente só poderá ocorrer quando da efetiva prestação de serviço de urgência; *d)* a prioridade de passagem na via e no cruzamento deverá se dar com velocidade reduzida e com os devidos cuidados de segurança; *e)* as prerrogativas de livre circulação e de parada serão aplicadas somente quando os veículos estiverem identificados por dispositivos regulamentares de alarme sonoro e iluminação intermitente; e *f)* a prerrogativa de livre estacionamento será aplicada somente quando os veículos estiverem identificados por dispositivos regulamentares de iluminação intermitente. Essas regras foram alteradas pela recente Lei n. 14.071/2020, que incluiu as duas últimas previsões, entrando em vigor no Brasil cento e oitenta dias após a sua promulgação, em abril de 2021.

8.ª) Os veículos prestadores de serviços de utilidade pública, quando em atendimento na via, gozam de livre parada e estacionamento no local da prestação de serviço, desde que devidamente sinalizados, devendo estar identificados na forma estabelecida pelo Conselho Nacional de Trânsito.

9.ª) A ultrapassagem de outro veículo em movimento deverá ser feita pela esquerda, obedecida a sinalização regulamentar e as demais normas estabelecidas no CTB, exceto quando o veículo a ser ultrapassado estiver sinalizando o propósito de entrar à esquerda.

10.ª) Todo condutor deverá, antes de efetuar uma ultrapassagem, certificar-se de que: *a)* nenhum condutor que venha atrás haja começado uma manobra para ultrapassá-lo; *b)* quem o precede na mesma faixa de trânsito não haja indicado o propósito de ultrapassar um terceiro; e *c)* a faixa de trânsito que vai tomar esteja livre numa extensão suficiente para que sua manobra não ponha em perigo ou obstrua o trânsito que venha em sentido contrário.

11.ª) Todo condutor ao efetuar a ultrapassagem deverá indicar com antecedência a manobra pretendida, acionando a luz indicadora de direção do veículo – a famosa *seta* –, ou por meio de gesto convencional de braço. Deverá também afastar-se do usuário ou usuários aos quais ultrapassa, de tal forma que deixe livre uma distância lateral de segurança. Por fim, impõe-se que o condutor retome, após a efetivação da manobra, a faixa de trânsito de origem, acionando a luz indicadora de direção do veículo ou fazendo gesto convencional de braço, e adotando os cuidados necessários para não pôr em perigo ou obstruir o trânsito dos veículos que ultrapassou.

12.ª) Os veículos que se deslocam sobre trilhos terão preferência de passagem sobre os demais, respeitadas as normas de circulação.

Feita essa importante interação de *diálogo* entre o Código de Trânsito e o Código Civil, quebrando-se em parte com a premissa geral da culpa, também tem plena e comum incidência para os casos de acidente de trânsito o art. 932, inc. III, do Código Civil, que consagra a responsabilidade do empregador ou comitente por ato culposo do seu empregado ou preposto.

Como visto, nos termos do art. 933 do Código Civil, essa responsabilidade do empregador ou comitente tem natureza objetiva, ou independentemente de culpa, desde que comprovada a culpa do empregado ou preposto. Em complemento, o art. 934 da codificação assegura o direito de regresso do responsável contra o culpado. Outro comando que tem especial destaque para o tema que ora se estuda é o art. 942, parágrafo único, da codificação privada, que estabelece a responsabilidade solidária de todos os envolvidos – empregador ou comitente e empregado ou preposto –, em casos tais.

Para que todos esses preceitos tenham aplicação aos acidentes de trânsito, há necessidade de prova de relação de subordinação entre os envolvidos. Nesse sentido, da recente jurisprudência superior:

"Recurso especial: responsabilidade civil. Art. 535 do CPC/1973 não violado. Responsabilidade por ato de terceiro. Relação de preposição. Subordinação. Imprescindibilidade. Indenização por danos morais. (...). Entre as modalidades de responsabilidade por fato de terceiro, previstas no Código Civil de 1916, destaca-se a responsabilidade atribuída aos empregadores ou comitentes pelos atos de seus empregados, serviçais e prepostos, como modalidade de responsabilidade complexa e que compreende as prestações de serviços caracterizadas pelo vínculo de preposição. A responsabilidade solidária da empresa, por danos causados aos familiares de vítima fatal de acidente automobilístico, pressupõe, além da culpa do condutor do veículo, relação de preposição entre este e a empresa, configurada principalmente pela subordinação. A subordinação, ainda que sem estabelecimento de vínculo empregatício, é imprescindível ao reconhecimento da preposição, haja vista ser o traço característico de tal instituto a imposição de ordens, com sua respectiva obediência, nascendo, por consequência, o dever de indenizar insculpido no art. 1.521, III do Código Civil. No caso dos autos, ausente a prova de subordinação entre condutor do veículo onde viajava a vítima e a empresa contratante de seus serviços de arquitetura, não há como reconhecer a responsabilidade civil da empresa pelo evento danoso" (STJ, REsp 1.428.206/RJ, 4.ª Turma, Rel. Min. Luis Felipe Salomão, j. 02.02.2017, *DJe* 16.03.2017).

Como hipótese prática de incidência atual do art. 932, inc. III, do Código Civil, vale lembrar o teor da Súmula n. 492 do Supremo Tribunal Federal, segundo a qual a empresa locadora de veículos responde solidariamente pelos danos causados pelo locatário no uso do carro locado. Muito além do teor da ementa da súmula, com aplicação corriqueira em nossos Tribunais, o Superior Tribunal de Justiça tem entendido que "'em acidente automobilístico, o proprietário do veículo responde objetiva e solidariamente pelos atos culposos de terceiro que o conduz, pouco importando que o motorista não seja seu empregado ou preposto, uma vez que, sendo o automóvel um veículo perigoso, o seu mau uso cria a responsabilidade pelos danos causados a terceiros. Provada a responsabilidade do condutor, o proprietário do veículo fica solidariamente responsável pela reparação do dano, como criador do risco para os seus semelhantes' (REsp 577.902/DF, 3.ª Turma, Rel. Min. Antônio de Pádua Ribeiro, Rel. p/ Acórdão Min. Nancy Andrighi, j. 13.06.2006, *DJ* 28.08.2006)" (STJ, REsp 1.354.332/SP, 4.ª Turma, Rel. Min. Luis Felipe Salomão, j. 23.08.2016, *DJe* 21.09.2016).

Esse entendimento é aplicado, assim, para as hipóteses de comodato de veículo, diante de uma relação de confiança ou pressuposição estabelecida entre as partes. Nesse sentido: "o proprietário do veículo que o empresta a terceiros responde solidariamente pelos danos decorrentes de sua utilização. Precedentes" (STJ, AgRg no Ag 823.567/DF, 4.ª Turma, Rel. Min. Maria Isabel Gallotti, j. 22.09.2015, *DJe* 1.º.10.2015).

De fato, não poderia ser diferente, pois a entrega de um automóvel a outrem, mesmo que de forma gratuita, gera a incidência da norma em comento. Essa conclusão de responsabilização civil do proprietário do veículo envolvido no acidente tem plena incidência para as infrações de trânsito, como se verá do último tópico deste capítulo.

Outro inciso do art. 932 do CC/2002 que tem comum subsunção aos casos de acidente de trânsito é o primeiro, que trata da responsabilidade civil dos pais por seus filhos menores, que estiverem sob sua autoridade e companhia. Novamente, trata-se de responsabilidade objetiva dos pais, conforme o art. 933 da própria codificação privada, desde que comprovada a culpa do filho menor. Porém, conforme desenvolvi no Capítulo 7 deste livro, a responsabilidade civil do incapaz, no caso o filho menor, é subsidiária, pois, nos termos do art. 928 do Código Civil de 2002, o incapaz somente responderá civilmente se os seus pais não tiverem obrigação de fazê-lo ou não dispuserem dos meios econômicos suficientes.

Quebra-se, portanto, a regra da solidariedade, abstraída do art. 942, parágrafo único, do CC/2002. A título de ilustração, cite-se a hipótese de um menor que fugiu de casa e que se dedica a atividades ilícitas, tendo condições financeiras de suportar a indenização pelos danos que venha a causar a terceiros em um acidente com um veículo. Nesse caso, não há que reconhecer a responsabilidade civil dos seus pais.

Não se pode se esquecer, em complemento, de que, de acordo com o parágrafo único do art. 928, a indenização fixada contra o incapaz deve ser equitativa, a fim de não o privar, nem os seus dependentes, do mínimo para que vivam com dignidade. Importante repisar, ainda, que o art. 934 do Código Civil, ao assegurar o direito de regresso do responsável indireto contra o culpado, traz uma ressalva, uma vez que o ascendente – no caso o pai ou a mãe –, não tem direito de regresso contra o descendente incapaz – filho ou filha. No âmbito da jurisprudência, podem ser encontrados vários arestos que tratam de danos causados por acidente de trânsito causado pelo filho menor com o automóvel dos pais. Do Superior Tribunal de Justiça aplicando as afirmações ora desenvolvidas, transcrevo o seguinte acórdão:

> "Direito Civil. Responsabilidade civil. Acidente de trânsito envolvendo menor. Indenização aos pais do menor falecido. Entendimento jurisprudencial. Revisão. Art. 932, I, do Código Civil. 1. A responsabilidade dos pais por filho menor – responsabilidade por ato ou fato de terceiro –, a partir do advento do Código Civil de 2002, passou a embasar-se na teoria do risco para efeitos de indenização, de forma que as pessoas elencadas no art. 932 do Código Civil respondem objetivamente, devendo-se comprovar apenas a culpa na prática do ato ilícito daquele pelo qual são os pais responsáveis legalmente. Contudo, há uma exceção: a de que os pais respondem pelo filho incapaz que esteja sob sua autoridade e em sua companhia; assim, os pais, ou responsável, que não exercem autoridade de fato sobre o filho, embora ainda detenham o poder familiar, não respondem por ele, nos termos do inciso I do art. 932 do Código Civil. 2. Na hipótese de atropelamento seguido de morte por culpa do condutor do veículo, sendo a vítima menor e de família

de baixa renda, é devida indenização por danos materiais consistente em pensionamento mensal aos genitores do menor falecido, ainda que este não exercesse atividade remunerada, visto que se presume haver ajuda mútua entre os integrantes dessas famílias. 3. Recurso especial conhecido parcialmente e, nessa parte, provido também parcialmente" (STJ, REsp 1.232.011/SC, 3.ª Turma, Rel. Min. João Otávio de Noronha, j. 17.12.2015, *DJe* 04.02.2016).

Como exemplificação complementar, cabe trazer à leitura julgamento do Tribunal Paulista que concluiu também pela responsabilização solidária de irmã de menor, junto com os seus pais, por ser a proprietária do veículo conduzido indevidamente:

"Ação de indenização por acidente de trânsito. Acidente causado por menor, filho do correquerido, que apanhou a chave reserva do automóvel pertencente à sua irmã e corré. Ao deparar-se com viaturas da polícia militar, evadiu-se em alta velocidade, no intuito de não ser abordado, vindo a atropelar o autor. Em se tratando de responsabilidade civil extracontratual, objetiva e indireta, por fato de outrem, a única possibilidade de os pais se exonerarem é quando suspenso ou extinto o poder de direção sobre o filho menor, o que não restou demonstrado nos autos. Inteligência do art. 932, inc. I, CC. Art. 933 do Código Civil. Em relação à corré, esta, na qualidade de proprietária do veículo, responde objetivamente pelos danos que o bem de sua propriedade vier a causar a outrem, seja por ato próprio (responsabilização direta) ou por fato de terceiro (responsabilidade indireta, caso dos autos). Pensão mensal por inabilitação para o trabalho devida, relativamente ao interregno compreendido entre a data do acidente e a data do óbito da vítima. Na fixação da pensão, há que se levar em conta a remuneração efetiva do lesado na época do acidente ou, à míngua de prova neste sentido, o valor do salário mínimo vigente. Precedentes do C. STJ. Dano moral puro, cuja comprovação é dispensável em razão da própria situação evidenciada nos autos. Valor da indenização que se afigura razoável e guarda pertinência com as circunstâncias do caso concreto. Sentença mantida. Recurso improvido" (TJSP, Apelação 0025457-48.2011.8.26.0002, Acórdão 10123280, 29.ª Câmara de Direito Privado, São Paulo, Rel. Des. Neto Barbosa Ferreira, j. 1.º.02.2017, *DJESP* 09.02.2017).

Como exposto igualmente no Capítulo 7 deste livro, são comuns as situações de acidentes de trânsito causados por animais que invadem a pista de estradas, rodovias e vias públicas nas cidades. Assim, nos termos do art. 936 do Código Civil, outro comando amplamente aplicado ao tema, há que reconhecer a responsabilidade objetiva do dono ou detentor do animal em situações tais. Nesse sentido, entre os arestos superiores mais recentes, confirmando *decisum* de segunda instância:

"A Corte de origem, mediante o exame dos elementos informativos da demanda, concluiu que a *causa mortis* da vítima foi a colisão da motocicleta por ela conduzida com o animal, de propriedade do agravante, solto na rodovia. A alteração das conclusões do julgado para reconhecer a existência de culpa exclusiva da vítima, como ora postulada, demandaria o revolvimento do suporte fático-probatório dos autos, o que encontra óbice na Súmula 7 do Superior Tribunal de Justiça" (STJ, Ag. Int. no AREsp 903.973/MG, 4.ª Turma, Rel. Min. Raul Araújo, j. 04.04.2017, *DJe* 24.04.2017).

Entretanto, reitere-se que a jurisprudência tem julgado pela responsabilização das empresas concessionárias de rodovias por esses danos, subsumindo as regras do Código de Defesa do Consumidor. Entendendo dessa forma, mais uma vez por todos os julgamentos superiores:

"A jurisprudência desta Corte tem entendimento firmado no sentido de que: 'Cabe às concessionárias de rodovia zelar pela segurança das pistas, respondendo civilmente, de consequência, por acidentes causados aos usuários em razão da presença de animais na pista' (REsp 573.260/RS, Rel. Ministro Aldir Passarinho Junior, Quarta Turma, julgado em 27.10.2009, *DJe* 09.11.2009). Deve ser mantido o entendimento do acórdão recorrido por se encontrar em harmonia com jurisprudência pacífica desta Corte, incidindo ao caso a Súmula 83/STJ, aplicável por ambas as alíneas autorizadoras" (STJ, AgRg no Ag 1.35.9459/RS, 3.ª Turma, Rel. Min. Vasco Della Giustina (Desembargador Convocado do TJRS), j. 17.02.2011, *DJe* 24.02.2011).

Como outro comando civil importante para as hipóteses de acidente de trânsito – e como será desenvolvido no Capítulo 19 da obra –, o art. 188 da codificação material elenca os atos que não são considerados como ilícitos, ou seja, os atos lícitos, a saber: *a)* a legítima defesa; *b)* o exercício regular de direito e *c)* o estado de necessidade ou remoção de perigo iminente. Desses três institutos, o primeiro e o terceiro aparecem em muitos debates práticos e em casos analisados pelo Poder Judiciário, relativos aos acidentes de trânsito.

Quanto à legítima defesa, nos termos do art. 25, *caput*, do Código Penal, trata-se do uso moderado, dos meios necessários, para repelir injusta agressão, atual ou iminente, contra direito próprio ou de terceiro. Se eventualmente houver abuso ou excesso no exercício dessa defesa (*aberratio ictus*) ou mesmo legítima defesa putativa – que somente existe na imaginação do agente –, há que reconhecer a responsabilidade civil. Imagine como ilustração da última categoria, a hipótese de alguém que causa um acidente de trânsito pensando estar sendo perseguido, o que não é verdade. Presente a legítima defesa putativa, conforme aprofundado no Capítulo 19, caracteriza-se a responsabilidade civil por ato lícito, na linha da doutrina e da jurisprudência.

A respeito do estado de necessidade, esse se verifica quando alguém pratica o ato para salvar de perigo atual, que não provocou por sua vontade, nem podia de outro modo evitar, direito próprio ou alheio, cujo sacrifício, nas circunstâncias, não era razoável exigir-se (art. 24 do Código Penal). Novamente, a lei considera essa atuação como uma conduta lícita. Imagine-se a hipótese em que alguém atinge veículo alheio para não atropelar uma criança ou várias pessoas que se encontram em um ponto de ônibus.

Ressalte-se, contudo, que, se a pessoa que sofreu o dano não for a causadora do perigo que ocasionou o fato e o prejuízo, poderá pleitear indenização do agente que atuou em estado de necessidade. Nos termos do art. 929 da codificação material, "se a pessoa lesada, ou o dono da coisa, no caso do inciso II do art. 188, não forem culpados do perigo, assistir-lhes-á direito à indenização do prejuízo que sofreram". Trata-se da figura do *estado de necessidade agressivo*, outra hipótese que gera a responsabilidade civil por ato lícito. A norma seguinte, abrandando o seu teor, assegura o direito de regresso do agente que atuou em estado de necessidade contra o real culpado do perigo e do dano (art. 930 do Código Civil).

Em casos de acidentes de trânsito, vejamos duas ementas estaduais que reconhecem o dever de indenizar por condutas guiadas com vistas à remoção do perigo iminente, sem prejuízo de outros exemplos analisados no Capítulo 19 desta obra:

"Acidente de veículo. Reparação de dano. Interceptação da trajetória. Confissão para a invasão da pista. Falta de cuidado indispensável à segurança do trânsito. Culpa do apelante. Ainda que reconhecido o estado de necessidade em razão do atropelamento de eventual animal que estava na pista, não se afasta a obrigação de indenização. Ressalvado eventual direito de regresso. Dever de indenizar. Sem questionamento para a comprovação dos danos e da respectiva extensão deles. Trânsito em julgado para o capítulo da r. sentença que fixou o montante da indenização para os danos materiais e os morais. Apelação não provida" (TJSP, Apelação 1002690-28.2016.8.26.0453, Acórdão 11035778, 33.ª Câmara de Direito Privado, Pirajuí, Rel. Des. Sá Moreira de Oliveira, j. 27.11.2017, *DJESP* 07.12.2017, p. 2498).

"Apelações cíveis. Ação de responsabilidade civil. Acidente de trânsito. Veículo particular que se encontrava parado no acostamento da Rodovia Presidente Dutra, a fim de que seu condutor prestasse os primeiros socorros às vítimas de um acidente envolvendo uma motocicleta, momento no qual uma viatura descaracterizada da polícia civil deste Estado, ao desviar da motocicleta envolvida no acidente, chocou-se contra a lateral esquerda do veículo do autor. (...). Recurso da parte autora pleiteando a condenação do réu ao pagamento de indenização por dano imaterial e recurso da parte ré pugnando a reforma da sentença com a improcedência do pleito autoral. Responsabilidade Civil objetiva, seja em decorrência da atividade de risco que constitui a utilização de veículo automotor (parágrafo único do artigo 927 do Código Civil), seja pelo fato de o acidente ter sido provocado no exercício de serviço público estatal (artigo 37, parágrafo 6.º da Constituição Federal), seja pela responsabilidade que provém dos danos causados por força do estado de necessidade estabelecida no artigo 929 do Código Civil. Demonstração do fato, do dano e do nexo causal" (TJRJ, Apelação 0046198-38.2013.8.19.0066, 12.ª Câmara Cível, Volta Redonda, Rel. Des. José Acir Lessa Giordani, *DORJ* 18.08.2017, p. 403).

Outro dispositivo a ser mencionado, diante de sua notória subsunção à responsabilidade civil que decorre dos acidentes no trânsito, é o art. 935 da codificação material que, ao reconhecer a independência entre as esferas civil e penal em matéria de responsabilidade, estabelece que a responsabilidade civil é independente da criminal. Porém, de acordo com a mesma norma civil, apesar dessa separação de juízos, não se pode questionar mais sobre a existência do fato, ou sobre quem seja o seu autor, no âmbito cível, quando estas questões se acharem decididas no juízo criminal.

A concretizar, havendo prova da existência do acidente de trânsito e de quem o causou, no âmbito penal, não caberá questionar tais aspectos na esfera cível. Porém, isso não quer dizer que o eventual agente seja culpado civilmente pelo evento e que, portanto, deve automaticamente responder pela indenização correspondente. A jurisprudência superior tem entendido que somente o reconhecimento, no âmbito criminal, da não ocorrência do fato ou a negativa de autoria vincula o juízo cível, igualmente para os fins de exclusão da responsabilidade civil (STJ, AgRg no AREsp 835.843/SP, 3.ª Turma, Rel. Min. Moura Ribeiro, j. 20.09.2016, *DJe* 03.10.2016).

A Corte também tem a firme posição no sentido de que "a responsabilidade civil é independente da criminal, não interferindo no andamento da ação de reparação de danos que tramita no juízo cível eventual absolvição por sentença criminal que, a despeito de reconhecer a culpa exclusiva da vítima pelo acidente, não ilide a autoria ou a existência do fato" (STJ, AgRg no REsp 1.483.715/SP, 3.ª Turma, Rel. Min. Moura Ribeiro, *DJe* 15.05.2015). Os temas ainda serão abordados em seção própria, mais à frente (Capítulo 19).

O reconhecimento da contribuição causal da vítima – tema tratado substancialmente no Capítulo 5, quando do estudo do nexo de causalidade –, tem enorme aplicação para os casos de acidente de trânsito, o que é retirado dos arts. 944 e 945 do Código Civil. Nos termos do primeiro comando, como premissa regra, a indenização mede-se pela extensão de dano, o que é consagrador do *princípio da reparação integral do dano*.

Como exceção a essa regra, havendo desproporção entre a gravidade da culpa e o dano, poderá o juiz reduzir equitativamente a indenização. E, em complemento, presente a contribuição da vítima, por culpa, fato ou risco concorrente, a indenização igualmente será reduzida, confrontando-se essa conduta do próprio prejudicado com a culpa ou contribuição do agente causador do dano (art. 945 do CC).

Sem prejuízo dos vários exemplos expostos naquela oportunidade, vejamos outros, relativos a acidentes de trânsito, em decisões recentes proferidas por Tribunais Estaduais.

Em situação bem comum, se um acidente de trânsito é causado também por conduta da vítima, que estaciona o seu veículo no acostamento sem sinalizar devidamente a via, a indenização deve ser reduzida na proporção dessa contribuição ou colaboração de causa. Nessa esteira, vejamos aresto do Tribunal de Justiça do Distrito Federal, com análise pontual das circunstâncias fáticas:

> "Os elementos do processo indicam que o autor, ao trocar de faixa, colidiu no veículo do réu, que estava parado na via em razão de problemas mecânicos. O fato de o veículo estar parado estava sem sinalização de advertência de imobilização temporária (art. 46 do CTB), conforme alegado, não isenta o autor de atentar-se para as condições da via antes de efetuar a manobra (art. 34 do CTB). Ademais, verifica-se que a velocidade máxima da via era de 50 Km/h, o que é suficiente para observar a presença de um carro parado,

mesmo sem sinalização. Portanto, restam caracterizadas a falta do dever de cuidado pelo autor e também a negligência do réu. Responsabilidade civil. Culpa concorrente. Na forma do art. 945 do Código Civil, a culpa concorrente é fator determinante para a redução do valor da indenização, mediante a análise do grau de culpa de cada um dos litigantes no resultado danoso. Este resulta da conduta culposa das partes nele envolvidas, devendo a indenização medir-se conforme a extensão do dano e o grau de cooperação de cada uma das partes à sua eclosão" (TJDF, Processo 0722.53.7.362017-8070016, Acórdão 107.2472, 1.ª Turma Recursal dos Juizados Especiais Cíveis e Criminais, Rel. Juiz Aiston Henrique de Sousa, j. 05.02.2018, *DJDFTE* 21.02.2018).

Tem-se igualmente a culpa ou fato concorrente da própria vítima nos casos em que ela dirige embriagada. Porém, pode estar configurada a culpa da outra parte, por trafegar acima da velocidade permitida ou com o veículo em estado precário. Assim entendendo, acórdão do Tribunal de Justiça do Paraná:

"Acidente de trânsito. Colisão entre caminhão e motocicleta. Via estreita, sem iluminação. Caminhão em estado precário, sem luz do farol esquerdo. Dificuldade de desvio por parte do condutor da motocicleta, inclusive porque estava embriagado. Culpa concorrente. Configurada. Responsabilidade mitigada. Artigo 945, do Código Civil. Aplicação" (TJPR, Apelação Cível 1726793-5, 10.ª Câmara Cível, Campo Mourão, Rel. Des. Ângela Khury Munhoz da Rocha, j. 14.12.2017, *DJPR* 07.02.2018, p. 23).

A mesma conclusão vale para os casos em que a vítima trafega à noite com as luzes da lanterna do veículo apagadas, o que colabora substancialmente para o acidente: "presente o nexo de causalidade quando o motorista de ônibus de transporte escolar da rede municipal confirma a colisão com o veículo do autor, embora alegue que essa ocorreu porque o automóvel do mesmo estaria com as luzes apagadas, o que configura a culpa concorrente" (TJMG, Apelação Cível 10351110053243001, 4.ª Câmara Cível, Rel. Des. Ana Paula Caixeta, j. 08.08.2013, Data de Publicação: 14.08.2013).

Na mesma linha, aplicando muito bem o teor do art. 945 do Código Civil, julgou-se que "age com culpa o motorista que, trafegando no perímetro urbano de Rodovia, em velocidade incompatível para o local, com ampla sinalização acerca da travessia de pedestres, não adota meios eficazes para evitar o atropelamento". Entretanto, foi feita a ressalva de que "restando demonstrado que a vítima deixou de tomar as precauções necessárias à sua segurança no momento da travessia da rodovia movimentada, à noite, mesmo com as luzes do caminhão acesas, evidente que atentou contra as mais elementares regras de segurança, o que importa no reconhecimento da culpa concorrente da vítima pelo evento fatídico, donde justificável a redução proporcional do valor indenizatório, consoante artigo 945 do Código Civil" (TJPR, Apelação Cível 7260491, 10.ª Câmara Cível, Rel. Des. Luiz Lopes, j. 17.03.2011).

A atribuição de culpa ou fato concorrente da vítima é comum em casos envolvendo acidentes com bicicletas, pelo comum desrespeito a normas por seus condutores, caso do que foi reconhecido no seguinte acórdão:

"Apelação cível. Responsabilidade civil. Acidente de trânsito, ocorrido no ano de 2013, envolvendo um ônibus e uma bicicleta, que levou a vítima, que circulava de bicicleta, a óbito. (...). O laudo de exame pericial oficial conclui, como causa provável do atropelamento a conduta indevida dos dois condutores, uma vez que no momento anterior ao atropelamento não dispuseram da atenção e cuidados indispensáveis à segurança no trânsito, tanto o condutor do ônibus ao realizar mudança de faixa sem a devida atenção e ao ciclista ao trafegar à esquerda da pista de bordo esquerda e não atentar para a manobra do ônibus à sua frente, o que agregado ao conjunto fático probatório constante nos autos impõe reconhecer a existência de culpa concorrente da vítima e da Apelada, com consequente arbitramento de indenização de forma proporcional, nos termos do art. 945, do Código Civil: (...). A vítima, companheiro da Apelante, e a Apelada contribuíram simultaneamente para o evento. Assim, atendendo às circunstâncias do caso em comento, bem como aos princípios da razoabilidade e proporcionalidade, fixa-se a indenização em danos morais no valor de R$ 20.000,00 (vinte mil reais)" (TJBA, Apelação 0961272-82.2015.8.05.0113, 3.ª Câmara Cível, Salvador, Rel. Des. José Cícero Landin Neto, j. 14.03.2017, *DJBA* 23.03.2017, p. 212).

O mesmo se diga às hipóteses fáticas de atropelamento, em que há falta de cuidado do pedestre, cabendo a transcrição das decisões a seguir, para ilustrar:

"Recurso. Apelação cível. Acidente de trânsito. Atropelamento. Responsabilidade civil. Reparação de danos materiais e morais. Cobrança. Acidente de trânsito. Atropelamento. Sentença de improcedência da ação dada a culpa exclusiva da vítima. Inadmissibilidade. Culpa concorrente configurada. Hipótese que não afasta o dever de indenizar refletindo apenas no seu *quantum*. 1. Danos materiais. (...). 2. Danos morais e corporais evidenciados. A autora, menor de idade vítima do atropelamento, sofreu traumatismo craniano entre outras lesões, permanecendo em coma. Circunstância que transcende a hipótese de mero aborrecimento ou dissabor do cotidiano. Indenização devida a título de danos morais. Procedência. Sentença parcialmente reformada. Recurso de apelação da autora em parte provido" (TJSP, Apelação 00384069720118260554, 25.ª Câmara de Direito Privado, Rel. Des. Marcondes D'Angelo, j. 16.03.2016, Data de Publicação: 21.03.2016).

"Acidente de trânsito. Atropelamento. Vítima fatal. Culpa concorrente do condutor do veículo atropelador e da vítima. Pensão mensal devida. Dano moral. Fixação com prudente arbítrio. Age com culpa o condutor do veículo que, estando a desenvolver velocidade acima da permitida para o local, tem o pneu furado e perde o controle do veículo. A vítima que estaciona o veículo em rotatória no meio da rodovia contribui para a ocorrência do evento fatídico. Tendo o condutor do veículo atropelador e a vítima contribuído para a ocorrência do acidente, conclui-se que houve culpa recíproca. O fato de ter ocorrido culpa concorrente não impede o deferimento de pensão mensal a ser paga pelo corresponsável pelo evento aos familiares da vítima, mas a verba terá seu valor fixado levando-se em conta o fato de que a vítima também contribuiu para o evento danoso" (TJMG, Apelação Cível 10702095862281001, 9.ª Câmara Cível, Rel. Des. Pedro Bernardes, j. 10.09.2013, Data de Publicação: 16.09.2013).

"Apelação cível. Danos morais. Suspensão do processo. Ação penal. Descabimento. Acidente de trânsito. Atropelamento. Vítima fatal. Velocidade excessiva e incompatível com o local. Culpa configurada. Ausência de cautela da vítima. Culpa concorrente. Redução proporcional da indenização. (...) Velocidade excessiva e incompatível com o local, uma via urbana, configura culpa do condutor do veículo por acidente de trânsito. A culpa concorrente de que trata o art. 945 do Código Civil é a da vítima do evento danoso, não eventual culpa de quem postula judicialmente a indenização. Concorre com culpa a vítima que atravessa a pista sem tomar todas as cautelas devidas, ainda que para socorrer outras vítimas de acidente. Configurada a culpa concorrente da vítima do evento danoso, a indenização por danos morais deve ser reduzida proporcionalmente ao grau de culpa do réu" (TJMG, Apelação Cível 10145110141440001, 10.ª Câmara Cível, Rel. Des. Gutemberg da Mota e Silva, j. 02.04.2013, Data de Publicação: 26.04.2013).

Muitos dos julgados analisados acabam por atribuir a proporção de cinquenta por cento ou a metade para a conduta de cada um dos envolvidos nos acidentes de trânsito – vítima e agente causador, autor e réu –, sendo pertinente retomar a crítica formulada no Capítulo 5 deste livro.

Isso porque os percentuais ou frações podem ser diferentes, de acordo com as circunstâncias do caso concreto. Fazendo uma salutar análise da colaboração de cada uma das partes envolvidas, colaciona-se, por todos:

"Apelação cível. Responsabilidade civil em acidente de trânsito. Colisão frontal. Ponte em pista única. Velocidade excessiva. Culpa concorrente. Danos materiais. 1. Responsabilidade civil: caso concreto em que a prova dos autos demonstra ter o autor agido com culpa ao posicionar seu veículo na cabeceira da ponte pela qual trafegava o caminhão, com preferência de passagem. No entanto, com maior imprudência agiu o caminhoneiro, que imprimia 75 km/h em via cuja máxima permitida era de 30 km/h, dando causa, em maior proporção, à colisão frontal. Culpa concorrente, quantificada em 70% para o réu, que leva ao abatimento proporcional das verbas indenizatórias, na forma dos artigos 944 e 945 do CC/2002. 2. Danos materiais: Ao requerido incumbe reparar os prejuízos havidos pelo demandante na proporção de sua culpa. Prova dos autos que se mostra suficiente a demonstrar a existência de despesas com conserto do veículo modelo VW/JETTA e contratação de guincho. 3. Ônus sucumbenciais: Ônus sucumbenciais redistribuídos. Apelação parcialmente provida. Unânime" (TJRS, Apelação Cível 0346283-08.2017.8.21.7000, 12.ª Câmara Cível, Sapucaia do Sul, Rel. Des. Umberto Guaspari Sudbrack, j. 23.11.2017, *DJERS* 28.11.2017).

Para encerrar o presente tópico, é preciso discorrer sobre a tese que propõe a aplicação da *cláusula geral de responsabilidade objetiva*, prevista na segunda parte do art. 927, parágrafo único, do Código Civil, para os acidentes de trânsito, em especial para os casos de atropelamento. Como antes exposto, o dispositivo em questão prevê a responsabilidade objetiva nos casos de desenvolvimento de uma atividade de risco. O ato de dirigir enquadra-se nessa hipótese? Há corrente doutrinária que responde positivamente. De início, merecem destaque os trabalhos acadêmicos desenvolvidos por Marcelo Marques Cabral e Wesley Louzada Bernardo.[22]

O último autor destaca que é possível aplicar aos casos de acidentes fatais a *teoria do risco criado*, em especial para os casos de atropelamento ou colisão com veículos estacionados. Segundo ele, foi opção legislativa do codificador de 2002 tratar das atividades perigosas, como é o ato de dirigir. O doutrinador ainda aponta que o sistema de responsabilidade subjetiva, fundada na culpa, é insuficiente para lidar com os graves acidentes de veículos que atingem a vida de milhares de pessoas no nosso País.[23]

Os trabalhos acadêmicos citados não representam posição isolada. Carlos Roberto Gonçalves aponta a tendência de a responsabilidade civil automobilística caminhar da *culpa ao risco*, citando arestos antigos nesse sentido.[24] Na mesma esteira, Maria Celina Bodin de Moraes segue essa mesma corrente, afirmando que a solução é adotada em outros sistemas, como em Portugal, na Argentina e na França.[25]

Na *VII Jornada de Direito Civil*, promovida pelo Conselho da Justiça Federal aprovou-se enunciado adotando esse caminho na comissão de responsabilidade civil, proposta que acabou sendo vetada na plenária desse evento de 2015. Vale lembrar, como argumento de relevo para a afirmação da responsabilidade objetiva, que a propriedade que se tem sobre um veículo gera o pagamento de um seguro obrigatório, justamente diante de uma suposta atividade de risco.

Há quem negue essa visão de forma peremptória, caso de Bruno Augusto Fuga, em livro monográfico sobre o tema. Segundo ele, criticando a tese de Wesley Louzada Bernardo, "*data venia* ao entendimento exposto pelo doutrinador, diga-se sem amparo pelo ordenamento jurídico ou precedentes judiciais, a responsabilidade, em regra, deve ser a subjetiva, salvo os casos já descritos de responsabilidade objetiva aqui já explorados. Afirma o doutrinador ser necessário proteger a vítima, porém de maior importância é um equilíbrio conforme já descrevemos no início dos nossos estudos".[26]

Existe, ainda, uma *terceira via*, que considera possível aplicar a culpa presumida aos acidentes de trânsito, em especial nas hipóteses de atropelamento. O fundamento está na tese da *culpa contra a legalidade*, por desrespeito às normas de trânsito, assunto que será retomado mais à frente, ainda neste capítulo.

---

[22] O trabalho de Marcelo Marques Cabral é fruto de dissertação de mestrado defendida na Faculdade de Direito da Universidade Federal de Pernambuco (CABRAL, Marcelo Marques. *Da responsabilidade civil do condutor de veículo automotor*. São Paulo: GEN/Método, 2013). Já a obra de Wesley Louzada é decorrente de tese de doutorado apresentada na Universidade Estadual do Rio de Janeiro (BERNARDO, Wesley de Oliveira Louzada. *Responsabilidade civil automobilística*: por um sistema fundado na proteção à pessoa. São Paulo: Atlas, 2009).

[23] BERNARDO, Wesley de Oliveira Louzada. *Responsabilidade civil automobilística*, cit., p. 99-101.

[24] GONÇALVES, Carlos Roberto. *Responsabilidade civil*, 17. ed., cit., p. 688-690.

[25] MORAES, Maria Celina Bodin de. Risco, solidariedade e responsabilidade objetiva. *Revista dos Tribunais*, São Paulo, v. 856, p. 10-13, 2006.

[26] FUGA, Bruno Augusto Sampaio. *Acidentes de trânsito*. Responsabilidade civil e danos decorrentes. Birigui: Boreal, 2015. p. 51-52.

De todo modo, esclareça-se que essa vertente também exclui a possibilidade de subsunção da cláusula geral de responsabilidade objetiva, retirada do art. 927, parágrafo único, do Código Civil. Essa é a posição de Marco Aurélio Bezerra de Melo, sendo pertinente transcrever suas palavras:

> "A despeito das estatísticas citadas acima e que são verdadeiramente assustadoras, não nos parece que dirigir veículos automotores pode ser considerada uma atividade normalmente desenvolvida que imponha risco para a sociedade a ponto de justificar a cláusula geral de responsabilidade objetiva. Se a pessoa se utilizar do veículo automotor de acordo com as regras de segurança no trânsito previstas na Lei 9.503/1997 não vemos como o ato de dirigir veículos pode ser considerado como potencialmente perigoso.
>
> (...).
>
> A situação aqui tratada é diferente daquela que objetiva o parágrafo único do art. 927, do Código Civil, pois o que a norma disciplina é a proteção dos membros da sociedade diante de práticas perigosas que, mesmo com toda a cautela, poderão acarretar dano a alguém. É assim no exemplo citado da empresa de fogos de artifício e também no caso dos amigos que jogam frescobol em alto nível perto dos banhistas. Em ambos os casos, a atividade realizada cria o risco. Na direção de um veículo automotor, não".[27]

Neste momento, estou filiado à última corrente, apesar de ser a tese da incidência da responsabilidade objetiva uma corrente sedutora. Além do pagamento do DPVAT, diante de uma atividade supostamente perigosa, vale lembrar que uma das aplicações do art. 927, parágrafo único, segunda parte, do Código Civil diz respeito aos acidentes de trabalho que envolvem motoristas.

Em reforço, não se pode dizer que dirigir uma carreta ou um grande caminhão com frequência não representa qualquer risco aos direitos de outrem. Sinceramente, ainda preciso refletir mais para justificar uma mudança de posição definitiva sobre o tema. O assunto é difícil e controverso, o que motivou a não aprovação de enunciado doutrinário seguindo a tese da responsabilidade objetiva quando da *VII Jornada de Direito Civil*, no ano de 2015.

Acrescente-se que a jurisprudência majoritária ainda é firme no entendimento de se exigir e de se debater a culpa como elemento da responsabilidade civil nos acidentes de trânsito, podendo ela ser presumida em algumas hipóteses, pelo desrespeito às leis de trânsito. Nessa linha, do Superior Tribunal de Justiça:

> "Agravo regimental. Acidente de trânsito. Atropelamento. Culpa concorrente. Há culpa concorrente em acidente quando ambos – condutor do veículo e vítima – estavam em flagrante violação das leis de trânsito. Agravo regimental desprovido" (STJ, AgRg no AREsp 334.401/PE, 1.ª Turma, Rel. Min. Ari Pargendler, j. 1.º.10.2013, *DJe* 15.10.2013).

> "Ação de indenização por danos materiais e morais. Atropelamento automobilístico fatal. Condutor condenado na esfera criminal. Responsabilidade do

---

[27] MELO, Marco Aurélio Bezerra de. *Curso de Direito Civil*. Responsabilidade civil, cit., p. 311.

proprietário do veículo. Pretensão de reapreciação das provas carreadas aos autos. Impossibilidade. Súmula 7/STJ. (...). O Tribunal de origem, utilizando-se dos elementos da ação criminal ajuizada contra o condutor do veículo, concluiu pela sua responsabilidade do atropelamento fatal, decorrente da sua imprudência em desenvolver velocidade incompatível com a quantidade de pedestres e baixa iluminação no local. (...)" (STJ, AgRg no AREsp 182.399/MS, 4.ª Turma, Rel. Min. Luis Felipe Salomão, j. 10.09.2013, DJe 17.09.2013).

"Responsabilidade civil. Ação de indenização. Acidente de trânsito. Atropelamento. I – Não há presunção de culpa do motorista em virtude do simples fato de o atropelamento ocorrer em perímetro urbano. II – Recurso especial conhecido e provido" (STJ, REsp 169.937/RS, 3.ª Turma, Rel. Min. Antônio de Pádua Ribeiro, j. 17.06.2004, DJ 20.09.2004, p. 280).

"Responsabilidade civil. Acidente de trânsito. Indenização. Danos materiais. Recurso especial. Prova da culpa. Súmula 7/STJ. Nos processos de reparação de danos decorrente de acidente de trânsito, a avaliação quanto à responsabilidade pelo ocorrido não pode ser dissociada da análise das peculiaridades de cada caso concreto, a partir da própria dinâmica do sinistro, dos depoimentos testemunhais e dos envolvidos, cujo reexame não se mostra consentâneo com a natureza excepcional da via eleita, dada a impossibilidade de serem reexaminadas no especial as questões fático-probatórias em que assentada a conclusão do acórdão, em consonância com o que dispõe o enunciado n. 7 da Súmula deste Tribunal. Agravo a que se nega provimento" (STJ, AgRg no Ag 499.275/SP, 3.ª Turma, Rel. Min. Castro Filho, j. 09.12.2003, DJ 02.02.2004, p. 334).

Nota-se, em complemento, que a análise da presença ou não de culpa pela instância superior esbarra no teor da Súmula n. 7 do STJ, impedindo a sua reapreciação em muitos casos julgados pelo Tribunal da Cidadania, afirmação que restará evidenciada pela leitura do presente capítulo.

Não discrepa a posição dos Tribunais Estaduais no sentido de entender pela necessidade da prova de culpa ou de sua presunção no caso concreto, afastando-se a responsabilidade objetiva fundada na segunda parte do art. 927, parágrafo único, da codificação privada. A título de exemplo, pela necessidade de sua prova:

"Conforme preceitua o art. 373, I, do NCPC/15, o ônus da prova incumbe ao autor, quando ao fato constitutivo do seu direito Nos casos de responsabilidade subjetiva é dever do autor, comprovar a ocorrência da conduta, comissiva ou omissiva, do nexo causal, do dano e da culpa em sentido amplo daquele ao qual se imputa a responsabilidade. A conduta do pedestre em promover a travessia de uma rodovia com fluxo de trânsito liberado para veículos, sem se preocupar em utilizar a faixa de pedestre, que estava a poucos metros de distância da vítima, caracteriza sua imprudência, sobretudo quando não resta evidenciado nos autos o fato de o condutor do veículo estar trafegando em velocidade superior à permitida" (TJDF, Apelação Cível 2009.06.1.011700-2, Acórdão 980.707, 3.ª Turma Cível, Rel. Des. Maria de Lourdes Abreu, j. 26.10.2016, DJDFTE 21.11.2016).

Ou ainda, em caso de atropelamento de ciclista em rodovia, posição que é repetida em numerosos acórdãos do Tribunal Paulista: "não demonstração da culpa do condutor do automóvel que impede a sua condenação em indenizar. Ônus probatório que cabia ao autor. Inteligência do art. 333, I, do CPC" (TJSP, Apelação 00604082620108260577, 28.ª Câmara de Direito Privado, Rel. Des. Dimas Rubens Fonseca, j. 21.07.2015, Data de Publicação: 22.07.2015).

Reafirmando a culpa, mas entendendo pela sua presunção em hipótese de atropelamento, tema que ainda será aqui mais bem desenvolvido:

"Acidente de trânsito. Indenização. Caminhão veículo grande e pesado que obstruiu a via. Deslocamento em marcha a ré atropelamento presunção relativa de culpa do condutor do caminhão inversão do ônus probatório. A manobra em ré, porque excepcional, somente pode ser realizada com certeza de sua segurança, devendo o condutor acautelar-se em dobro, sob pena de responder pelos danos causados a terceiros por sua negligência. Exegese dos arts. 28 e 34 do CTB" (TJSP, Apelação 155960220098260554, 35.ª Câmara de Direito Privado, Rel. Des. Clóvis Castelo, j. 26.11.2012, Data de Publicação: 26.11.2012).

"Acidente de trânsito. Indenização caminhão de lixo. Deslocamento em marcha a ré. Atropelamento de pedestre. Presunção relativa de culpa do condutor. Inversão do ônus probatório. De conformidade com os arts. 34 e 39 do CTB, nas vias urbanas, a operação de retorno deve ser efetuada nos locais para isso determinadas. A manobra em ré, porque excepcional, somente pode ser realizada com certeza de sua segurança, devendo o condutor acautelar-se em dobro, sob pena de responder pelos danos causados a terceiros por sua negligência" (TJSP, Apelação 778852520088260224, 35.ª Câmara de Direito Privado, Rel. Des. Clóvis Castelo, j. 29.08.2011, Data de Publicação: 03.09.2011).

"Acidente de trânsito. Reparação de danos materiais e morais. Atropelamento de pedestre. Manobra de marcha à ré. Presunção de culpa do condutor do veículo motorizado. Dever de preservar a incolumidade do pedestre. Danos materiais não provados. Danos morais presumidos ante a gravidade das lesões sofridas. Indenização arbitrada em 60 salários mínimos (R$ 30.600,00). Recurso parcialmente provido" (TJSP, Apelação 992080512517/SP, 30.ª Câmara de Direito Privado, Rel. Des. Edgard Rosa, j. 1.º.12.2010, Data de Publicação: 16.12.2010).

Todavia, a posição não é pacífica, cabendo retomar aresto do Tribunal do Rio de Janeiro, segundo o qual estaria presente, no caso concreto, a responsabilidade civil objetiva do condutor do veículo, "seja em decorrência da atividade de risco que constitui a utilização de veículo automotor (parágrafo único do artigo 927 do Código Civil), seja pelo fato de o acidente ter sido provocado no exercício de serviço público estatal (artigo 37, parágrafo 6.º da Constituição Federal), seja pela responsabilidade que provém dos danos causados por força do estado de necessidade estabelecida no artigo 929 do Código Civil" (TJRJ, Apelação 0046198-38.2013.8.19.0066, 12.ª Câmara Cível, Volta Redonda, Rel. Des. José Acir Lessa Giordani, *DORJ* 18.08.2017, p. 403). Ou, ainda, do Tribunal de Justiça de Santa Catarina, igualmente com menção expressa ao art. 927, parágrafo único, do Código Civil:

"Apelações cíveis. Ação de reparação de danos causados em acidente de trânsito. Queda de carga (bobina de aço) do caminhão requerido em rodovia federal (BR 101). Morte do esposo, esposa, pai e mãe dos autores. Sentença de parcial procedência. Indenização por danos materiais afastada. Recursos dos requeridos. (...). Responsabilidade civil objetiva. Exegese do art. 927, parágrafo único, do Código Civil. Acondicionamento defeituoso da carga (bobina de aço) que se desprende do caminhão e atinge veículo que trafegava normalmente na pista contrária de direção causando a morte do motorista e passageira. Atividade de risco. Dever do transportador dispor de meios de segurança que impeçam o desprendimento da carga sobre a rodovia. Inteligência do artigo 102, do Código de Trânsito Brasileiro. Ausência de qualquer prova indicando a existência de força maior ou caso fortuito. Dever de indenizar caracterizado" (TJSC, Apelação Cível 2010.054924-2, 1.ª Câmara de Direito Civil, Criciúma, Rel. Des. Denise Volpato, j. 07.05.2013, *DJSC* 13.05.2013, p. 156).

Como se observa, eis mais um tema divergente e desafiador no âmbito da responsabilidade civil, tanto do ponto de vista teórico quanto jurisprudencial.

2.2. Dos danos reparáveis nos acidentes de trânsito. Exemplos jurisprudenciais

Quanto aos danos reparáveis nos acidentes de trânsito, todos os prejuízos suportados pela vítima devem ser indenizados, dentro da ideia de *reparação integral dos danos*, retirada do art. 944, *caput*, do Código Civil.

Partindo para a sua análise pontual, como danos materiais, têm-se os danos emergentes ou danos positivos – o que a pessoa efetivamente perdeu –, quanto ao estrago no automóvel. Sempre foi comum no meio jurídico a juntada de três orçamentos quanto aos seus gastos com tais reparos, adotando-se o valor médio, intermediário.

Tal entendimento tem relação com a escolha no *gênero intermediário* presente nas obrigações de dar coisa incerta. Conforme o art. 244 da codificação privada, nas coisas determinadas pelo gênero e pela quantidade, a escolha pertence ao devedor, se o contrário não resultar do título da obrigação; mas ele não poderá dar a coisa pior, nem será obrigado a prestar a melhor. Mantém-se assim um ponto de equilíbrio na relação jurídica mantida entre as partes, entendimento que é por mim seguido.

Não se olvide, contudo, de que existem acórdãos que trazem a conclusão segundo a qual deve ser adotado o orçamento de menor valor, com uma interpretação contrária àquele que a apresenta, beirando à presunção de má-fé (TJSP, Apelação 1008377-78.2016.8.26.0196, Acórdão 11146335, 38.ª Câmara Extraordinária de Direito Privado, Franca, Rel. Des. Hugo Crepaldi, j. 07.02.2018, *DJESP* 15.02.2018, p. 2.206; TJRJ, Apelação 0027496-45.2009.8.19.0208, 6.ª Câmara Cível, Rio de Janeiro, Rel. Des. Benedicto Abicair, *DORJ* 06.02.2018, p. 231; TJDF, Processo 0707.39.1.162016-8070007, Acórdão 106.6730, 1.ª Turma Recursal dos Juizados Especiais Cíveis e Criminais, Rel. Juíza Soníria Rocha Campos Dassunção, j. 12.12.2017, *DJDFTE* 20.12.2017).

Interessante anotar que algumas decisões recentes seguem o entendimento pela desnecessidade da juntada dos três orçamentos, por ausência de previsão legal. Nesse sentido, por todos:

"Apelações cíveis. Ação de indenização por danos materiais e morais. Acidente de trânsito. Morte do filho. Culpa concorrente caracterizada. Excesso de velocidade de um condutor e não observância do fluxo pelo outro motorista. Indenização material. Reparo do veículo. Juntada de três orçamentos. Desnecessidade. Despesas de funeral. Presunção. Obrigações devidas. Juros de mora incidentes a partir do evento danoso e correção monetária a contar do efetivo prejuízo. Pensionamento mensal. Cabimento. Valor adequadamente fixado. DPVAT. Abatimento. Possibilidade. Danos morais. Ocorrência *in re ipsa*. *Quantum* razoável e proporcional. Seguradora. Condenação direta e solidária nos termos da apólice. Possibilidade. Recurso dos autores desprovido. Recurso da ré desprovido. Recurso da seguradora parcialmente provido. (...). É desnecessária a juntada de três orçamentos visando o reparo de veículo, ausente previsão legal para tanto (v. STJ, AREsp 916.134/SP)" (TJMS, Apelação 0049873-39.2012.8.12.0001, 5.ª Câmara Cível, Rel. Des. Luiz Tadeu Barbosa Silva, *DJMS* 09.02.2018, p. 140).

"Inexistindo previsão legal que ampare a necessidade de juntada de três orçamentos, pois é orientação que decorre de orientação jurisprudencial, a nota fiscal comprovando o prejuízo, quando a quantia já foi desembolsada, é o documento hábil a embasar o valor indenizatório. Valor do dano material apurado a partir das notas fiscais juntadas aos autos que comprovam os gastos da autora, cuja idoneidade deve ser presumida. Cabia à demandada demonstrar que os valores lançados são excessivos, bem como que o tratamento de fisioterapia não foi decorrente do acidente, o que poderia ter feito mediante a oitiva da autora e do profissional responsável pela indicação do tratamento. Recurso desprovido. Unânime" (TJRS, Recurso Cível 0049486-02.2016.8.21.9000, 2.ª Turma Recursal Cível, Encantado, Rel. Juiz Roberto Behrensdorf Gomes da Silva, j. 21.06.2017, *DJERS* 27.06.2017).

Cabe observar que o primeiro julgado transcrito menciona decisão do Superior Tribunal de Justiça. Trata-se de decisão monocrática do Ministro Gurgel de Faria, em sede do Agravo em Recurso Especial n. 916.134/SP, proferida em 27.06.2017. Entretanto, fazendo a sua leitura, nota-se que há um trecho segundo o qual, "a indenização pelos danos materiais deve ficar restrita aos valores necessários ao conserto do veículo, comprovados nos autos, pelo menor orçamento apresentado, destacando-se a desnecessidade da exigência de três orçamentos, conforme ocorre na Justiça Estadual, em caso de acidente de trânsito, ou da comprovação do gasto efetivo com o conserto, diante da ausência de previsão legal para tanto. Precedentes jurisprudenciais". Trata-se de parte do acórdão do Tribunal Regional Federal da 3.ª Região, relativo a ações de responsabilidade civil propostas em face da União. Porém, no mérito, tal questão não é analisada pelo STJ, ou seja, não se pode dizer que essa é a posição consolidada da Corte.

Da minha parte, ressalto que sigo o entendimento pela necessidade de juntada dos três orçamentos, em clara conduta de boa-fé do autor da demanda, material e processual, colaborando ou cooperando com o feito e com os outros componentes do processo, nos termos do que consta do art. 6.º do CPC/2015. Em complemento, deve-se adotar o valor intermediário, o que tem fundamento, por analogia, no antes citado art. 244 do Código Civil, visando a manter o ponto de equilíbrio da relação obrigacional.

Como dano emergente, no caso de *perda total* do veículo em acidente de trânsito, a jurisprudência tem determinado o seu pagamento conforme a tabela FIPE, em valor da realidade à época do evento, parâmetro também utilizado para os seguros de responsabilidade civil em geral (por todos: TJDF, Processo 0001.34.0.142017-8070001, Acórdão 107.3503, 7.ª Turma Cível, Rel. Des. Fábio Eduardo Marques, j. 07.02.2018, *DJDFTE* 22.02.2018; TJRJ, Apelação 0004625-42.2014.8.19.0209, 9.ª Câmara Cível, Rio de Janeiro, Rel. Des. Carlos Azeredo de Araújo, *DORJ* 15.02.2018, p. 422; TJRS, Apelação Cível 0251948-94.2017.8.21.700, 12.ª Câmara Cível, Camaquã, Rel. Des. Pedro Luiz Pozza, j. 06.02.2018; *DJERS* 14.02.2018; TJSP, Apelação 1002238-88.2014.8.26.0032, Acórdão 11137481, 37.ª Câmara Extraordinária de Direito Privado, Araçatuba, Rel. Des. Azuma Nishi, j. 05.02.2018, *DJESP* 09.02.2018, p. 2.266; TJSC, Apelação Cível 0002258-21.2007.8.24.0025, 6.ª Câmara de Direito Civil, Gaspar, Rel. Des. Stanley Braga, *DJSC* 02.02.2018, p. 104; e TJPE, Apelação 0038122-17.2012.8.17.0001, 5.ª Câmara Cível, Rel. Des. Agenor Ferreira de Lima, j. 29.11.2017, *DJEPE* 14.12.2017).

Muitos julgados recentes também debatem o enquadramento da perda de um celular ou a sua destruição como danos emergentes cabendo à parte autora comprovar a existência de tal prejuízo, bem como o valor do dano, nos termos dos arts. 402 e 403 do Código Civil. Assim entendendo: "Danos materiais devidos. Despesas médicas comprovadas e devidas. Danos ao aparelho celular não comprovados e indevidos, a teor do art. 373, I do NCPC" (TJRS, Recurso Cível 0022586-45.2017.8.21.9000, 4.ª Turma Recursal Cível, Alvorada, Rel. Juíza Glaucia Dipp Dreher, j. 13.06.2017, *DJERS* 28.06.2017). Em complemento, reconhecendo o direito à indenização no caso concreto: "Ré deve pagar a reparação da motocicleta, além dos lucros cessantes, bem demonstrados. Indenização do aparelho celular que se impõe em face dos documentos apresentados" (TJSP, Apelação 1010614-56.2014.8.26.0196, Acórdão 9510065, 12.ª Câmara Extraordinária de Direito Privado, Franca, Rel. Des. Ramon Mateo Júnior, j. 10.06.2016, *DJESP* 21.06.2016).

Ainda no que diz respeito aos danos emergentes, é muito comum a aplicação do art. 948, inc. I, do Código Civil aos acidentes de trânsito, diante da grande quantidade de homicídios que deles decorrem em nosso País. Desse modo, devem ser indenizados os valores gastos com o tratamento da vítima (*v.g.*, despesas hospitalares, ambulatoriais, médicas e com medicamentos), seu funeral e luto da família.

Quanto às despesas com o tratamento da vítima, há necessidade de sua comprovação por aquele que faz o desembolso, geralmente um familiar do falecido. Os montantes podem não ser devidos, como nos casos em que a vítima tinha plano de saúde, que cobriu as despesas, ou recebeu o tratamento em hospital público, mantido pelo Sistema Único de Saúde (SUS). De todo modo, reconhecendo o dever de pagamento em favor de esposa do falecido em acidente de trânsito, colaciona-se:

> "Despesas médicas devidamente comprovadas. Recibos e notas em nome da demandante (...). Ressarcimento deferido. Incomprovação de que houvessem tais dispêndios sido cobertos por plano de saúde" (STJ, REsp 604.758/RS, 3.ª Turma, Rel. Min. Humberto Gomes de Barros, j. 17.10.2006, *DJ* 18.12.2006, p. 364).

Entendo que o desembolso de tais quantias demanda uma prova mínima por parte do autor da ação, diante de uma presunção de boa-fé da parte, movida por ato de solidariedade com vistas a manter o bem supremo da pessoa humana, que é a vida do ente querido.

No que diz respeito às despesas de funeral, que incluem caixão, enterro e cremação, o Tribunal da Cidadania tem entendimento segundo o qual há desnecessidade de sua comprovação, "para a obtenção do ressarcimento dos causadores do sinistro, em face da certeza do fato, da modicidade da verba quando dentro dos parâmetros previstos pela Previdência Social e da imperiosidade de se dar proteção e respeito à dignidade humana. Precedentes do STJ" (STJ, REsp 625.161/RJ, 4.ª Turma, Rel. Min. Aldir Passarinho Junior, j. 27.11.2007, *DJ* 17.12.2007, p. 177). Assim, somente valores exorbitantes requeridos devem ser afastados ou mesmo revistos.

Quanto ao luto da família como danos emergentes, valores que dizem respeito, por exemplo, à celebração de missa ou de culto para velarem pela alma do falecido, tem-se exigido a sua cabal demonstração pela família do *de cujus*, sob pena de improcedência. A ilustrar, seguindo essa linha, do Tribunal Paulista:

> "No que concerne ao pleito de condenação ao pagamento de valor a título de luto de família, que os apelantes estimam em pelo menos cinco salários mínimos, não existe base probatória para a sua fixação. Nota-se que já se encontram inseridos na reparação as despesas relacionadas ao sepultamento e não há razão para inserir qualquer outro valor, diante da falta de demonstração de efetiva ocorrência de gastos, não podendo haver fixação de valores mediante simples presunção. E a compensação pelo sofrimento havido já se encontra considerada no contexto da indenização pelo dano moral" (TJSP, Apelação 00000848420068260165, 31.ª Câmara de Direito Privado, Rel. Des. Antonio Rigolin, j. 23.07.2013, Data de Publicação: 23.07.2013).

Entendo que a menção ao luto da família no inciso I do art. 948 do Código Civil não diz respeito a danos morais, mas a prejuízos materiais. Os danos imateriais são retirados do *caput* do mesmo comando, da sua locução final a respeito de "outras reparações".

Como exemplo final de danos emergentes que derivam dos acidentes de trânsito, nos casos de lesão ou outra ofensa à saúde, o ofensor indenizará o ofendido das despesas com o seu tratamento (art. 949 do Código Civil). Conforme recente *decisum* superior sobre o tema, "é obrigação do ofensor e de seus responsáveis custear as despesas com tratamento médico da vítima até a recuperação de sua saúde, consoante preconiza o art. 949 do CC/2002" (STJ, REsp 1.637.884/SC, 3.ª Turma, Rel. Min. Nancy Andrighi, j. 20.02.2018, *DJe* 23.02.2018, p. 668).

Na jurisprudência estadual, podem ser encontrados entendimentos que atribuem ao culpado pelo acidente de trânsito o dever de custear todas as despesas para plena recuperação física da vítima. Assim, para ilustrar:

"Em decorrência do acidente de trânsito, o autor foi acometido de lesão física (fratura de vértebras cervicais), tal como constou de seus exames e relatórios médicos, foi submetido à internação e tratamentos, sendo certa sua exclusão de suas atividades cotidianas, pois permaneceu incapacitado e submetido a tratamento por tempo superior 03 (três) meses, período que esteve sujeito ao auxílio doença" (TJSP, Apelação 1003363-35.2015.8.26.0007, Acórdão 10982796, 34.ª Câmara de Direito Privado, São Paulo, Rel. Des. Kenarik Boujikian, j. 17.11.2017, *DJESP* 23.11.2017, p. 230).

Ou, ainda, também do Tribunal de Justiça de São Paulo:

"Apelante, que está obrigada a indenizar o apelado pelos desembolsos realizados em decorrência do acidente, nos termos do artigo 949 do Código Civil. Quantificação da indenização diferida para liquidação de sentença" (TJSP, Apelação 0022290-70.2010.8.26.0224, Acórdão 9478613, 34.ª Câmara de Direito Privado, Guarulhos, Rel. Des. Kenarik Boujikian, j. 1.º.06.2016, *DJESP* 08.06.2016).

Em complemento, conclui-se, com razão, que "o art. 949 do Código Civil não estabelece o dever, ao ofendido, de buscar atendimento em hospital público, como condição de indenização pelas despesas de tratamento" (TJDF, Apelação Cível 016.07.1.009373-5, Acórdão 105.6434, 4.ª Turma Cível, Rel. Des. Luís Gustavo Barbosa de Oliveira, j. 18.10.2017, *DJDFTE* 31.10.2017).

Entendo que a vítima tem o direito de buscar o melhor tratamento, entre aqueles oferecidos por hospitais, clínicas e médicos privados. Entretanto, o julgador deve sempre analisar com prudência e razoabilidade os valores que são pleiteados pela vítima.

Partindo para os lucros cessantes ou danos negativos, ainda no que diz respeito aos casos de homicídio decorrentes de acidentes de trânsito, o art. 948, inc. II, do Código Civil consagra os *alimentos indenizatórios* ou de *ato ilícito*, devidos aos dependentes do morto, levando-se em conta a duração provável da vida da vítima. O instituto foi exaustivamente estudado no Capítulo 6 desta obra, valendo todos os comentários que foram ali desenvolvidos.

De toda sorte, cumpre lembrar que a indenização destinada aos familiares que comprovarem a situação de dependência quanto ao *de cujus* é fixada em 2/3 dos rendimentos deste por mês, acrescidos de férias, 13.º salário e FGTS – se a vítima tinha carteira assinada –, até o limite de vida provável conforme tabela de expectativa de vida do IBGE (atualmente em 74 anos). Nesse sentido, por todos os arestos superiores recentes e somente a título de exemplo complementar:

"A dependência econômica da esposa e das filhas de vítima morta em acidente automobilístico é presumida, sendo perfeitamente razoável que em favor destas seja arbitrado pensionamento mensal equivalente a 2/3 (dois terços) dos proventos que eram recebidos em vida por seu genitor/esposo, como forma de repará-las pelo prejuízo material inequívoco resultante da perda da contribuição deste para o custeio das despesas domésticas. A jurisprudência desta Corte consolidou-se no sentido de que, no caso de morte resultante de acidente automobilístico, perdura a obrigação de pensionamento da viúva por aquele que deu causa ao evento até a data em que a vítima (seu falecido cônjuge) atingiria idade correspondente à expectativa média de vida do brasileiro, prevista na data do óbito, segundo a tabela do IBGE" (STJ, AgRg no REsp 1.401.717/RS, 3.ª Turma, Rel. Min. Ricardo Villas Bôas Cueva, j. 21.06.2016, *DJe* 27.06.2016).

Além disso, repise-se, que não cabe prisão pela falta de pagamento desses alimentos, penalidade que somente atingem os alimentos devidos em decorrência do Direito de Família (STJ, HC 182.228/SP, 4.ª Turma, Rel. Min. João Otávio de Noronha, j. 1.º.03.2011, *DJe* 11.03.2011). Também é pertinente citar de novo a Súmula n. 246 do Superior Tribunal de Justiça, segundo a qual o valor do seguro obrigatório deve ser deduzido da indenização judicialmente fixada, a título de responsabilidade civil.

Outrossim, lembro que cabe a indenização por alimentos indenizatórios nos casos de morte de filho menor, ainda que ele não exerça trabalho remunerado, nos termos da Súmula n. 491 do Supremo Tribunal Federal.

Como visto, tem-se aplicado o teor do enunciado sumular nos casos de famílias de baixa renda, presumindo-se os lucros cessantes. Entre os numerosos acórdãos superiores, destaque-se o seguinte, relativo a acidente de trânsito, e que expõe a forma como a Corte Superior tem realizado o cálculo dos danos negativos, tema igualmente analisado no Capítulo 6 deste livro:

"Responsabilidade civil. Acidente de trânsito com morte. Ação de indenização por danos materiais e morais proposta pelos pais da vítima. Recurso especial dos autores. 1. Majoração do valor da indenização por danos morais. Possibilidade. 2. Pensionamento. Termo final. 3. Responsabilidade extracontratual. Juros moratórios. Termo inicial. Data do evento danoso. Súmula 54/STJ. Recurso especial do réu. 4. Independência das esferas criminal e civil. 5. Provimento do recurso dos autores. 1. Trata-se de ação de indenização por danos materiais e morais decorrentes do falecimento de filho dos autores, vítima de acidente de trânsito causado por culpa do réu, caso em que a condenação por danos morais deve ser majorada, observando-se os princípios da proporcionalidade e da razoabilidade. 2. Segundo a jurisprudência deste Tribunal, é devido o pensionamento aos pais, pela morte de filho, nos casos de família de baixa renda, equivalente a 2/3 do salário mínimo ou do valor de sua remuneração, desde os 14 até os 25 anos de idade e, a partir daí, reduzido para 1/3 até a data correspondente à expectativa média de vida da vítima, segundo tabela do IBGE na data do óbito ou até o falecimento dos beneficiários, o que ocorrer primeiro. No caso, tendo os recorrentes formulado pedido para que o valor seja pago até a data em que o filho completaria 65 (sessenta e cinco) anos, o recurso deve ser provido nesta extensão, sob pena de julgamento *ultra petita*. 3. Na hipótese de responsabilidade extracontratual, os juros de mora são devidos desde a data do evento danoso (óbito), nos termos da Súmula 54 deste Tribunal. 4. Consoante a jurisprudência desta Corte, a absolvição no juízo criminal, diante da relativa independência entre as instâncias cível e criminal, apenas vincula o juízo cível quando for reconhecida a inexistência do fato ou ficar demonstrado que o demandado não foi seu autor. 5. Recurso especial dos autores provido e improvido o do réu" (STJ, REsp 1.421.460/PR, 3.ª Turma, Rel. Min. Marco Aurélio Bellizze, j. 18.06.2015, *DJe* 26.06.2015).

Seguindo os exemplos de danos negativos e frustração de ganhos, voltando-se às hipóteses em que o acidente de trânsito causa lesão ou ofensa à saúde, o art. 949 do Código Civil menciona que são devidos lucros cessantes até ao fim da convalescença. Aqui entram os prejuízos decorrentes da perda de capacidade laborativa, o que é completado pelo art. 950 da própria codificação, segundo o qual "se da ofensa resultar defeito pelo qual o ofendido não possa exercer o seu ofício ou profissão, ou se lhe diminua a capacidade de trabalho, a indenização, além das despesas do tratamento e lucros cessantes até ao fim da convalescença, incluirá pensão correspondente à importância do trabalho para que se inabilitou, ou da depreciação que ele sofreu". Como analisado em outros trechos desta obra, a fixação dessa perda de capacidade será feita a partir de uma perícia, indenizando-se a vítima em percentual de prejuízo que recaia sobre os rendimentos do ofendido.

Caso a perda da capacidade laborativa seja total e permanente, em decorrência do acidente de trânsito, fixa-se uma pensão vitalícia, novamente de acordo com os valores recebidos pelo acidentado. Nessa esteira, tratando de acidente de trânsito: "o pensionamento mensal devido à vítima de acidente automobilístico incapacitante deve servir à reparação pela efetiva perda de sua capacidade laborativa, mas deve ser limitado ao pedido certo e determinado eventualmente formulado pela parte autora em sua petição inicial" (STJ, REsp 1.591.178/RJ, 3.ª Turma, Rel. Min. Ricardo Villas Bôas Cueva, j. 25.04.2017, *DJe* 02.05.2017).

Como outro acórdão de relevo: "é cabível do arbitramento de pensão vitalícia àqueles que sofreram lesão permanente e parcial à sua integridade física, resultando em redução de sua capacidade laborativa/profissional, consoante interpretação dada ao artigo 1.539 do Código Civil de 1916, atual artigo 950 do Código Civil de 2002. Precedentes. O Tribunal de origem fixou a tese de que, na ausência de comprovação de remuneração auferida pela atividade laboral/profissional pelo lesionado, adota-se o valor de 1 (um) salário mínimo, como base de cálculo inicial para fixação da proporção da perda de sua capacidade remuneratória, em sintonia com precedentes desta Corte, na forma do AgRg nos EREsp 1.076.026/DF, Rel. Ministro João Otávio de Noronha, Segunda Seção, julgado em 22.06.2011, *DJe* 30.06.2011" (STJ, AgRg no AREsp 636.383/GO, 4.ª Turma, Rel. Min. Luis Felipe Salomão, j. 03.09.2015, *DJe* 10.09.2015).

Ressalve-se que, para o mesmo Tribunal Superior, não sendo comprovada a perda específica da capacidade para a atividade laboral desempenhada pela vítima, não são devidos esses lucros cessantes. Em outro aresto relativo a acidente de trânsito, assim, como os anteriores, concluiu a Corte o seguinte:

> "O artigo 1.539 do Código Civil de 1916 estabelecia que, no caso de ofensa à saúde de outrem que viesse a ceifar ou a diminuir sua capacidade laborativa, a indenização abrangeria uma pensão correspondente ao trabalho pelo qual havia se inabilitado. Por sua vez, o entendimento firmado pela jurisprudência deste e de outros tribunais inclinou-se no sentido de conferir direito de pensionamento àquele que teve a capacidade laboral futura prejudicada. Assim, na hipótese como a dos autos, em que a acidentada desenvolvia atividade meramente intelectual, apurando-se que a perda do braço esquerdo em nada prejudicou suas atividades profissionais, indevido é o pensionamento pretendido" (STJ, REsp 799.989/PR, 4.ª Turma, Rel. Min. João Otávio de Noronha, j. 26.08.2008, *DJe* 08.09.2008).

Nota-se que o acórdão afastou os danos materiais, mas não os imateriais, o que demonstra como é sempre importante a análise do caso concreto nas situações envolvendo acidente de trânsito.

A respeito dos danos imateriais, vários são os julgamentos que reconhecem a sua presença em decorrência de morte de familiar, nos termos do *caput* do art. 948 do Código Civil, ou por lesão causada por acidente de trânsito. Sobre os casos de morte de filho menor, o Superior Tribunal de Justiça já se pronunciou que "para compensar parcialmente a dor pela morte de um filho em acidente de trânsito, este Tribunal tem entendido como razoável a quantia de 300 salários-mínimos. Precedentes" (STJ, REsp 703.194/SC, 2.ª Turma, Rel. Min. Mauro Campbell Marques, j. 19.08.2008, *DJe* 16.09.2008). Não se olvide que existem julgados que fixam montantes menores ou mesmo maiores que esse, inclusive em casos que envolvem outras pessoas da família.

A posição por último transcrita parece prevalecer na Segunda Turma do Superior Tribunal de Justiça. Entretanto, nas turmas que julgam matérias essencialmente de Direito Privado, como vimos, tem prevalecido o parâmetro de 500 salários mínimos nos casos de falecimento, o que inclui o acidente de trânsito. Entre os julgados recentes, transcreve-se o seguinte trecho do julgamento:

> "O valor fixado a título de compensação por danos morais [...] (100 salários mínimos) não se revela excessivo a ponto de justificar a excepcional intervenção deste Superior Tribunal de Justiça, haja vista ser proporcional ao abalo sofrido pela agravada em razão da morte de seu filho de 26 anos de idade. Esta Corte, nas hipóteses em que ocorre a perda de um ente familiar, tem considerado razoável a fixação do 'quantum' compensatório em até 500 salários mínimos, patamar que se distancia, e muito, do valor fixado nos autos" (STJ, Ag. Int. no AREsp 947.547/SP, 3.ª Turma, Rel. Min. Nancy Andrighi, j. 09.03.2017, *DJe* 23.03.2017).

De todo modo, interessante observar que o valor da indenização foi fixado em 100 salários mínimos, bem abaixo dos dois parâmetros destacados, na minha opinião doutrinária.

Ademais, é firme o entendimento jurisprudencial no sentido de que um acidente de trânsito, sem vítimas ou prejuízos externos, não gera danos morais presumidos ou *in re ipsa*. Por todos os arestos que assim concluem:

"Não caracteriza dano moral *in re ipsa* os danos decorrentes de acidentes de veículos automotores sem vítimas, os quais normalmente se resolvem por meio de reparação de danos patrimoniais. A condenação à compensação de danos morais, nesses casos, depende de comprovação de circunstâncias peculiares que demonstrem o extrapolamento da esfera exclusivamente patrimonial, o que demanda exame de fatos e provas" (STJ, REsp 1.653.413/RJ, 3.ª Turma, Rel. Min. Marco Aurélio Bellizze, j. 05.06.2018, *DJe* 08.06.2018).

Em 2021, na mesma linha, o Tribunal reafirmou tal entendimento, ao considerar que a omissão de socorro à vítima de acidente de trânsito, por si só, não configura hipótese de dano moral *in re ipsa*. Nos seus termos, "em que pese a alta reprovabilidade da conduta do recorrente, em tese podendo configurar o crime previsto nos arts. 135 do Código Penal, 304 e 305 do Código de Trânsito Brasileiro, a indenização por danos morais somente é devida quando, em exame casuístico, o magistrado conclui haver sido ultrapassado o mero aborrecimento e atingido substancialmente um dos direitos da personalidade da vítima do evento. A omissão de socorro, por si, não configura hipótese de dano moral *in re ipsa*" (STJ, REsp 1.512.001/SP, 4.ª Turma, Rel. Min. Antonio Carlos Ferreira, j. 27.04.2021, *DJe* 30.04.2021). Essas formas de julgar têm o meu apoio doutrinário.

Além dos danos materiais e morais, a jurisprudência superior mostra-se consolidada no reconhecimento em separado dos danos estéticos nos casos de acidente de trânsito, na linha da antes citada Súmula n. 387 do STJ. Por todos os arestos, anterior à edição da sumular, merece destaque:

"Responsabilidade civil. Dano pessoal. Atropelamento. Pensão mensal. Dano moral. Dano estético. Cirurgias reparadoras. Honorários. Indenização. Má-fé. 1. A pensão mensal devida pela incapacidade parcial e permanente para o trabalho deve ser paga parceladamente, pois se trata de obrigação duradoura, com prestação diferida, e não imposta para ser paga de uma só vez, no valor certo já determinado. Para a garantia do cumprimento dessa obrigação, a empresa devedora constituirá capital. 2. Os honorários advocatícios não devem incidir sobre a totalidade da condenação, atingindo também prestações vincendas além de um ano, e sim sobre o que já desde logo é exigível, e mais um ano das vincendas, excluído desse cálculo o capital dado em garantia. 3. É possível a cumulação da indenização por dano moral e dano estético. Precedentes. 4. A necessidade de cirurgias reparadoras durante alguns anos justifica o deferimento de verba para custear essas despesas, mas sem a imediata execução do valor para isso arbitrado, uma vez que o numerário necessário para cada operação deverá ser antecipado pela empresa-ré sempre que assim for determinado pelo juiz, de acordo com a exigência médica. A devedora constituirá um fundo para garantir a exigibilidade dessa parcela. 5. O valor do dano estético, que na verdade foi deferido para cobrir as despesas com as cirurgias a que necessariamente será submetida a pequena vítima, fica mantido. Recurso conhecido em parte e provido" (STJ, REsp 347.978/RJ, 4.ª Turma, Rel. Min. Ruy Rosado de Aguiar, j. 18.04.2002, *DJ* 10.06.2002, p. 217).

Como se retira do último julgado, o dano estético que deriva de um acidente de trânsito, além de gerar a reparação de danos morais, diante da lesão causada à vítima, ocasiona o ressarcimento de danos materiais, caso das despesas para realização de sucessivas e necessárias cirurgias reparadoras.

Entre os mais recentes acórdãos, retome-se o seguinte, com preciosas lições sobre a presença de danos estéticos e morais em decorrência do infortúnio automobilístico:

"A reparabilidade do dano estético exsurge, tão somente, da constatação da deformidade física sofrida pela vítima. Para além do prejuízo estético, a perda parcial de um braço atinge a integridade psíquica do ser humano, trazendo-lhe dor e sofrimento, com afetação de sua autoestima e reflexos no próprio esquema de vida idealizado pela pessoa, seja no âmbito das relações profissionais, como nas simples relações do dia a dia social. É devida, portanto, compensação pelo dano moral sofrido pelo ofendido, independentemente de prova do abalo extrapatrimonial" (STJ, REsp 1.637.884/SC, 3.ª Turma, Rel. Min. Nancy Andrighi, j. 20.02.2018, *DJe* 23.02.2018).

Voltando a outro tema tratado no Capítulo 6 desta obra, existem decisões que reconhecem a indenização por perda de uma chance em decorrência de acidentes de trânsito. Em voto com profunda análise técnica, o Ministro Paulo de Tarso Sanseverino destaca que o pagamento de indenização por morte de filho menor, nos termos da tão comentada Súmula n. 491 do STF e nos casos de famílias de baixa renda, representa a aplicação da teoria que admite a indenização pela frustração de uma oportunidade. Vejamos as suas palavras:

"Após a CF/1988, que consagrou a indenizabilidade do dano moral, a jurisprudência, especialmente do STJ, não apenas continua admitindo essa modalidade de pensionamento em favor das famílias de baixa renda, presumindo o auxílio futuro da vítima menor de idade, como também aceita a sua cumulação com a indenização por danos morais. Esse posicionamento tem sido objeto de crítica doutrinária, pois, após a consagração da indenização por dano moral, não se justificaria mais essa cumulação de parcelas indenizatórias. Cavalieri Filho critica enfaticamente essa posição jurisprudencial, considerando insustentável a concessão de pensionamento aos pais a título de dano patrimonial e afirmando constituir sofisma falar-se em valor econômico potencial e expectativa de alimentos. A crítica não tem procedência, pois o que se está a reparar, em última análise, é a perda de uma chance, visto que o direito à indenização somente é reconhecido em favor de famílias de baixa renda em que a contribuição econômica dos filhos aos pais, em sua velhice, não apenas é fato corriqueiro, mas é necessária à sua manutenção. Não se repara o dano final, mas a chance perdida pelos pais com a morte precoce do filho, o que é uma realidade nas famílias de baixa renda. Mostra-se, assim, em conformidade com a teoria da perda de uma chance a orientação jurisprudencial dominante ainda hoje no STJ no sentido da concessão de pensão aos pais do menor precocemente falecido, sendo também condizente com o princípio da reparação integral o valor fixado a título de pensionamento, bem como quando se reconhece a possibilidade de cumulação com indenização por danos morais" (STJ, REsp 1197284/AM, 3.ª Turma, Rel. Min. Paulo de Tarso Sanseverino, j. 23.10.2012, *DJe* 30.10.2012).

De todo modo, parece prevalecer o enquadramento jurisprudencial da hipótese citada no aresto como de presunção de lucros cessantes, na dicção do art. 948, inc. II, do Código Civil. Frise-se, contudo, que não se pode negar uma grande proximidade entre a perda de uma chance e a presunção de ganhos suportados pela vítima.

Em complemento de ilustração, são encontrados arestos estaduais que admitem a cumulação dos danos que decorrem da perda de uma chance com os prejuízos materiais e morais. A título de exemplo, entendeu o Tribunal de Justiça do Paraná que "a teoria da perda de uma chance somente tem aplicabilidade quando a probabilidade de obter um proveito foi obstada única e exclusivamente pelo ato ilícito de terceiro. Restando demonstrado que, em razão do acidente, a demandante deixou de assumir o cargo de professora, através de processo seletivo simplificado, no qual obtivera aprovação, é devida indenização a este título". Além disso, quanto aos danos morais, merece destaque o seguinte trecho do acórdão:

"No caso, irrefutável o abalo moral sofrido pela suplicante, caracterizando-se no sofrimento a que foi submetida, vez que em razão do acidente ficou inconsciente e teve convulsões, tendo sido encaminhada ao hospital onde foi diagnosticada com traumatismo cranioencefálico grave, se submetendo a tratamento cirúrgico, permanecendo na UTI do nosocômio por 03 dias, além de ter sofrido fratura no polegar da mão direita, trauma com contusões nos joelhos e contusão com laceração de perna esquerda com comprometimento muscular e escoriações generalizadas, ficando demonstrado, ainda, que a autora era atleta amadora, e que disputava corridas de rua de curta distância, e que deixou de exercer atividades físicas após o acidente, em razão de dores na perna esquerda" (TJPR, Apelação Cível 1452134-3, 10.ª Câmara Cível, Maringá, Rel. Des. Luiz Lopes, j. 04.08.2016, *DJPR* 30.08.2016, p. 195).

Com conclusão semelhante, do Tribunal Paulista, a respeito de danos sofridos por militar em decorrência de acidente de trânsito e a não obtenção de promoção na carreira:

"Atraso na obtenção de promoção a cargo de cabo. Perda de uma chance. Conduta culposa do réu. Danos materiais emergentes e morais caracterizados. Indenizações exigíveis. Arbitramento da indenização por danos morais em harmonia com o artigo 944 do Código Civil. Apelação desprovida" (TJSP, Apelação 0024933-71.2009.8.26.0309, Acórdão 9354760, 29.ª Câmara de Direito Privado, Jundiaí, Rel. Des. Carlos Henrique Miguel Trevisan, j. 13.04.2016, *DJESP* 20.04.2016).

No entanto, devem ser reiteradas as dificuldades existentes na prova de que a chance era séria, concreta e real, o que representa grande entrave para o reconhecimento dessa suposta nova categoria, na linha do que demonstrei no Capítulo 6 da obra. Evidenciando essa afirmação, do Superior Tribunal de Justiça e do Tribunal de Justiça do Paraná:

"Recursos especiais. Direito Civil e Processual Civil. Responsabilidade civil. Art. 535 do CPC/1973. Violação. Não configuração. Art. 538 do CPC/1973. Agravo de instrumento. Multa. Prévio recolhimento. Apelação. Conhecimento não condicionado. Acidente automobilístico. Atropelamento. Danos materiais, morais e estéticos. Gravidade das sequelas. Culpa exclusiva do condutor do veículo. Responsabilidade solidária. Proprietário do veículo. Cônjuge. Ausência de responsabilidade. Capacidade laborativa da vítima. Redução permanente. Pensionamento mensal devido. Limites. Pedido certo e determinado. Danos estéticos. Indenização. Arbitramento. Inaplicabilidade do art. 1.538, § 1.º, do Código Civil de 1916. Lucros cessantes. Não comprovação. Teoria da perda de uma chance. Inaplicabilidade no caso. Despesas médico-hospitalares. Ressarcimento e custeio. Limitação. Pedido inicial certo e determinado. Reexame de provas. Impossibilidade. Súmula n. 7/STJ. Denunciação da lide. Resistência da seguradora litisdenunciada. Honorários advocatícios sucumbenciais. Cabimento. Indenizações por danos morais e estéticos. Redução. Impossibilidade. Razoabilidade na fixação. Súmula n. 7/STJ. Juros de mora. Termo inicial. Súmula n. 54/STJ. 1. Ação indenizatória por danos materiais, morais e estéticos suportados por vítima de atropelamento por veículo automotor resultante da ação culposa de seu condutor. Vítima que passou a se locomover com ajuda de aparelhos, sendo acometido de sequelas permanentes em membros superiores e inferiores esquerdos, além de lesão cerebral causadora de falta de atenção e desvio de personalidade. (...). 6. A jurisprudência desta Corte admite a responsabilidade civil e o consequente dever de reparação de possíveis prejuízos com fundamento na denominada teoria da perda de uma chance, desde que séria e real a possibilidade de êxito, o que afasta qualquer reparação no caso de uma simples esperança subjetiva ou mera expectativa aleatória. 7. A simples inscrição do autor em concurso público ou o fato de estar, no momento do acidente, bem posicionado em lista classificatória parcial do certame, não indicam existir situação de real possibilidade de êxito capaz de autorizar a aplicação, no caso, da teoria da perda de uma chance, não havendo falar, portanto, na existência de lucros cessantes a serem indenizados. (...)" (STJ, REsp 1.591.178/RJ, 3.ª Turma, Rel. Min. Ricardo Villas Boas Cueva, *DJe* 02.05.2017).

"Apelação cível. Ação indenizatória. Acidente de trânsito. Sentença de parcial procedência. Reconhecimento da culpa do motorista requerido pelo sinistro. (...). Indenização pela perda de uma chance. Alegação de que a carreira do *de cujus* estava em ascensão, bem como que ele ia firmar contrato para realização de vários campos de futebol. Inexistência de elementos que evidenciem a probabilidade de realização de novos contratos. Chance perdida que não pode ser demais hipotética, exigindo elementos de prova da probabilidade" (TJPR, Apelação Cível 1583508-8, 10.ª Câmara Cível, Cascavel, Rel. Des. Guilherme Freire de Barros Teixeira, j. 26.10.2017, *DJPR* 20.11.2017, p. 223).

O mesmo se diga com relação ao dano existencial, categoria que recebe o meu *ceticismo categórico*. No âmbito dos acidentes de trânsito, a verdade é que os poucos julgados que trazem debate sobre a sua existência acabam afastando a sua reparação. Nessa linha: "considerando que o dano existencial consiste na violação dos direitos fundamentais da pessoa, direitos estes garantidos pela CF, não vislumbro a ocorrência na espécie, pelo simples fato de o ciclista, em tese, não mais poder desempenhar as mesmas atividades anteriores executadas, ou mesmo que lograria êxito em todas as futuras competições" (TJPB, Apelação 0001949-55.2013.815.0731, 1.ª Câmara Especializada Cível, Rel. Des. Carlos Eduardo Leite Lisboa, *DJPB* 17.10.2017, p. 13).

Encerrado o estudo dos danos reparáveis em decorrência dos acidentes de trânsito, passa-se à abordagem das principais infrações previstas no Código Brasileiro de Trânsito, com as suas aplicações ao âmbito da responsabilidade civil.

2.3. Principais infrações previstas no Código de Trânsito e suas aplicações à responsabilidade civil. A tese da *culpa contra a legalidade*

Como antes exposto, além do Código Civil de 2002, o Código de Trânsito Brasileiro (CTB, Lei n. 9.503/1997) representa um marco legislativo fundamental para as hipóteses de acidente de trânsito, ao definir quais são as infrações administrativas que podem ser cometidas pelos agentes que atuam no trânsito. Não se pode negar que a responsabilidade civil não se confunde com a administrativa, mas uma conduta praticada no último âmbito pode perfeitamente trazer reflexos para a ordem jurídica das indenizações.

O art. 161 do CTB, alterado pela Lei n. 14.071/2020, estabelece que constitui infração de trânsito a inobservância de qualquer um dos seus preceitos ou da legislação complementar, sujeitando-se o infrator às punições correspondentes. Não há mais menção às resoluções do CONTRAN (Conselho Nacional de Trânsito), tendo sido essa parte suprida pela nova norma.

Na verdade, o Supremo Tribunal Federal julgou, em abril de 2019, a inconstitucionalidade de o CONTRAN instituir tais penalidades, por afronta ao princípio da reserva da legalidade. Isso se deu no âmbito da ADIN 2.998/DF, com a seguinte conclusão: "é inconstitucional o estabelecimento de sanção por parte do Conselho Nacional de Trânsito – CONTRAN. Ação julgada procedente quanto ao parágrafo único do art. 161". O último comando previa o seguinte: "as infrações cometidas em relação às resoluções do CONTRAN terão suas penalidades e medidas administrativas definidas nas próprias resoluções", tendo também sido revogado expressamente pela norma emergente.

Sobre as infrações, o CTB divide as infrações em gravíssimas, graves e leves, com penalidades e pontuações diferentes aos que desrespeitarem os padrões de condutas fixados em seu conteúdo. Entendo que essa diferenciação quanto às penalidades pode gerar a caracterização da culpa em grave e leve, o que é importante para a fixação do *quantum debeatur*, nos termos do antes mencionado art. 944 do Código Civil.

Assim sendo, presente uma infração gravíssima ou grave do condutor, essa induz à presunção de culpa civil grave. A infração leve ocasiona a caracterização da culpa leve, em regra. É possível, ainda, e isso é bem comum, que haja contribuição causal da própria vítima, pela presença de uma infração de trânsito da sua parte, colaborando para o evento danoso, a ensejar igualmente a redução do valor da indenização, pela presença da culpa, fato ou risco concorrente do prejudicado (art. 945 do Código Civil).

Surge, diante da violação das regras de trânsito, a concepção da *culpa contra a legalidade*, presente todas as vezes em que for flagrante o desrespeito a uma determinada norma jurídica. Desse modo, haverá *culpa contra a legalidade* nas situações em que a violação de um dever jurídico resulta claramente do não atendimento da lei. Reitere-se que, entre os civilistas clássicos, Wilson Melo da Silva pontifica sobre a categoria que "tão somente que o fato do desrespeito ou da violação de uma determinação regulamentar implicaria, *per se*, independente do mais, uma verdadeira culpa, sem a necessidade da demonstração, quanto a ela, de ter havido por parte do agente, qualquer imprevisão, imprudência, etc. O só fato da transgressão de uma norma regulamentária, materializaria, assim, uma culpa *tout court*. O motorista, por exemplo, ao abusar da velocidade além dos limites estabelecidos pelos ordenamentos das leis do Trânsito, em determinados locais, ocasionando acidentes, só pelo fato da transgressão da norma fixadora do limite máximo da velocidade para esses locais, teria incidido em culpa que o levaria a indenizar pelo *eventus damni*, daí defluente".[28]

Entre os contemporâneos, segundo Carlos Roberto Gonçalves, "a teoria chamada 'contra a legalidade' considera que a simples inobservância de regra expressa em lei ou em regulamento serve para configurar a culpa do agente, sem a necessidade de outras indagações".[29] Para Sergio Cavalieri Filho, a mera infração da norma regulamentar é fator determinante da responsabilidade civil, uma vez que cria em desfavor do agente uma presunção de ter agido culposamente, incumbindo-lhe o difícil ônus de provar o contrário.[30]

Na esteira das lições transcritas, diante da presença de uma culpa presumida, como pontuado no Capítulo 4 deste livro, inverte-se o ônus da prova, pois o réu, suposto causador do acidente de trânsito, é quem passa a ter o dever de provar que não agiu com culpa, diante da norma supostamente violada. Importante esclarecer que se trata de uma culpa presumida ou *iuris tantum*, que admite prova em sentido contrário, o que muitas vezes é debatido nos casos práticos. É cabível, ainda, a comprovação de que a violação à norma de trânsito não foi o fator determinante para a responsabilidade civil, quebrando-se o nexo de causalidade. É viável, assim, a alegação das excludentes do nexo de causalidade, como a culpa ou fato exclusivo da vítima, a culpa ou fato exclusivo de terceiro, o caso fortuito e a força maior. Em suma, o simples desrespeito da norma administrativa não acarreta, por si só, a responsabilidade civil do infrator.

---

[28] SILVA, Wilson Melo da. A culpa contra a legalidade, a culpa comum e a responsabilidade civil automobilística nos transportes de passageiros, cit. Disponível em: <http://www.direito.ufmg.br/revista/index.php/revista/article/view/724/677FMG>. Acesso em: 8 set. 2016.
[29] GONÇALVES, Carlos Roberto. *Direito Civil brasileiro*. Responsabilidade civil, 9. ed., cit., p. 330.
[30] CAVALIERI FILHO, Sergio. *Programa de responsabilidade civil*, 12. ed., cit., p. 61. Ver, em sentido próximo: MELO, Marco Aurélio Bezerra de. *Curso de Direito Civil*. Responsabilidade civil, cit., p. 54.

Como primeiro exemplo, alguém conduz um veículo totalmente embriagado, parando em um sinal vermelho. Outro motorista, que não consumiu bebida alcoólica, mas dirigindo em alta velocidade e sem o devido cuidado, atinge a traseira do primeiro automóvel, sendo essa conduta a única causadora do acidente. Apesar de operar a presunção de culpa contra o motorista embriagado, não se pode atribuir a ele a responsabilização civil pelo acidente, ou mesmo a culpa ou fato concorrente para o evento danoso.

Voltando ao cerne da questão técnica, está assim justificada a presença de uma presunção de culpa nos casos de atropelamento, e não de responsabilidade objetiva, conforme desenvolvido outrora. Na verdade, pode até ser que o reconhecimento dessa culpa presumida para os acidentes de trânsito represente um *salto evolutivo parcial*, até que se chegue, no futuro, à incidência da cláusula geral de responsabilidade objetiva, retirada da segunda parte do art. 927, parágrafo único, do Código Civil de 2002. Vejamos, assim, as principais infrações de trânsito que constam do Código de Trânsito Brasileiro, acompanhadas de algumas aplicações jurisprudenciais.

Para começar, o art. 162 do CTB expressa que constitui infração administrativa gravíssima o ato de dirigir o veículo: *a)* sem possuir carteira nacional de habilitação, permissão para dirigir ou autorização para conduzir ciclomotor; *b)* com carteira nacional de habilitação, permissão para dirigir ou autorização para conduzir ciclomotor cassada ou com suspensão do direito de dirigir; *c)* com carteira nacional de habilitação ou permissão para dirigir de categoria diferente da do veículo que esteja conduzindo, como no caso de alguém que tem autorização para dirigir automóveis e conduz um caminhão; *d)* com validade da carteira nacional de habilitação vencida há mais de trinta dias; *e)* sem usar lentes corretoras de visão, aparelho auxiliar de audição, de prótese física ou as adaptações do veículo impostas por ocasião da concessão ou da renovação da licença para conduzir; e *f)* sem possuir os cursos especializados ou específicos obrigatórios (incluído pela Lei n. 14.440/2022).

Além da configuração como penalidade gravíssima, com a inserção de sete pontos na carteira de motorista e multa de valor considerável, o CTB impõe a retenção do veículo, até que a infração seja resolvida. Ademais, os arts. 163 e 164 da mesma norma preveem que é igualmente infração gravíssima entregar a direção do veículo a pessoa nessas condições ou permitir que a pessoa nessas condições tome posse do veículo automotor e passe a conduzi-lo na via.

Frise-se, na linha do último exemplo que expus, que o simples fato de alguém dirigir com a carteira de motorista cassada, vencida ou com algum problema administrativo, não gera, por si só, o dever de indenizar decorrente da responsabilidade civil. Deve-se analisar, no caso concreto, qual foi o fator determinante para o acidente de trânsito, ou seja, quem foi o seu culpado. Conforme se extrai de ementa do Superior Tribunal de Justiça, "a ausência de carteira de habilitação é falta punida com a penalidade indicada no Código Brasileiro de Trânsito, mas, na hipótese dos autos, não foi a causa do acidente, não obstando a que o autor seja indenizado em decorrência do evento para o qual não concorreu" (STJ, REsp 919.697/RN, 1.ª Turma, Rel. Min. Francisco

Falcão, j. 24.04.2007, *DJ* 24.05.2007, p. 341). Na mesma linha, entre os arestos mais próximos:

> "Nos termos do art. 945 do CC, para a configuração de culpa concorrente, exige-se a comprovação (I) de uma conduta culposa (imprudente, negligente ou imperita) praticada pela vítima; e (II) do nexo de causalidade entre essa conduta e o evento danoso. Segundo a jurisprudência desta Corte, a ausência de carteira de habilitação da vítima não acarreta, por si só, a sua culpa concorrente, sendo imprescindível, para tanto, a comprovação da relação de causalidade entre a falta de habilitação e o acidente, o que não ocorreu na hipótese em julgamento" (STJ, REsp 1.986.488/BA, 3.ª Turma, Rel. Min. Nancy Andrighi, j. 05.04.2022, *DJe* 07.04.2022).

Entende-se na mesma Corte, e de forma correta, que tais problemas administrativos, por si sós, não ensejam a configuração da culpa ou fato concorrente da vítima, ou seja, a sua contribuição causal. Julgando desse modo, conclui-se que "não é possível reconhecer a existência de culpa concorrente da vítima pelo simples fato de que esta dirigia com a carteira de habilitação vencida. Muito embora tal fato seja, por si, um ilícito, não há como presumir a participação culposa da vítima no evento apenas com base em tal assertiva, pois essa presunção é frontalmente dissociada, na presente hipótese, das circunstâncias fáticas narradas nos autos e admitidas como verdadeiras pelo acórdão recorrido" (STJ, REsp 604.758/RS, 3.ª Turma, Rel. Min. Humberto Gomes de Barros, Rel. p/ Acórdão Min. Nancy Andrighi, j. 17.10.2006, *DJ* 18.12.2006, p. 364). Cabe ressalvar que o ilícito mencionado no julgado é administrativo, e não um *ilícito civil indenizante*, aquele que gera o dever de indenizar.

Sobre o ato de se entregar o veículo para a pessoa inabilitada (arts. 163 e 164 do CTB), vale a mesma observação feita acima. De toda sorte, havendo culpa do motorista, responderá objetivamente o proprietário do veículo na forma dos arts. 932, III, e 933 do Código Civil; assegurado o direito de regresso do último contra o primeiro. Ademais, não se pode se esquecer de que a responsabilidade civil, nesses casos, é solidária (art. 942, parágrafo único, do CC/2002).

Como outra infração gravíssima a ser destacada, o art. 165 do Código de Trânsito Brasileiro menciona o ato de dirigir sob a influência de álcool ou de qualquer outra substância psicoativa que determine dependência, caso de psicotrópicos, o que gera a suspensão do direito de dirigir por doze meses. Reitero que se trata de uma das infrações mais comuns na realidade nacional, responsável por grande quantidade dos acidentes de trânsito no Brasil. Novamente, se o consumo de álcool ou de substância proibida for determinante para o acidente, identifica-se a responsabilidade do condutor. Caso contrário, sendo provada a culpa exclusiva da própria vítima ou de terceiro, mesmo estando o suposto agente causador do dano embriagado, não há que reconhecer o seu dever de indenizar. É necessário, assim, investigar a relação de causalidade entre o ato de beber e o infortúnio.

Partindo-se para as ilustrações jurisprudenciais, analisando hipótese em que a embriaguez foi determinante para o evento danoso, sem prejuízo de outros fatos: "age com culpa exclusiva o condutor de motocicleta com habilitação suspensa que, à noite, trafega embriagado e com o farol desligado, impedindo a sua visualização pelo condutor do automóvel, causando acidente de trânsito" (TJRS, Apelação Cível 0386721-13.2016.8.21.7000, 11.ª Câmara Cível, Porto Xavier, Rel. Des. Luiz Roberto Imperatore de Assis Brasil, j. 17.05.2017, *DJERS* 23.05.2017). E, reconhecendo a presença de danos morais, a despeito da ausência de danos físicos ou estéticos:

> "Réu que conduzia veículo embriagado e colidiu com o veículo do autor, que estava parado. Embora o autor não tenha sofrido lesões físicas, as circunstâncias do acidente são suficientes para a configuração de danos morais no caso concreto. Indenização fixada em valor modesto e compatível com a extensão do dano (R$ 3.000,00)" (TJSP, Apelação 1006190-97.2016.8.26.0002, Acórdão 10923971, 38.ª Câmara Extraordinária de Direito Privado, São Paulo, Rel. Des. Milton Carvalho, j. 26.10.2017, *DJESP* 07.11.2017, p. 2.746).

No âmbito do Superior Tribunal de Justiça, em 2019 surgiu julgado aplicando a tese da culpa contra a legalidade justamente no caso de embriaguez do condutor, citando esta obra. Vejamos o teor da sua ementa, que representa importante precedente sobre o tema:

> "Recurso especial. Ação de indenização em razão de acidente de trânsito. Condução de motocicleta sob estado de embriaguez. Atropelamento em local com baixa luminosidade. Instrução probatória inconclusiva se a vítima encontrava-se na calçada ou à margem da calçada, ao bordo da pista de rolamento. Recurso especial improvido. 1. Em relação à responsabilidade civil por acidente de trânsito, consigna-se haver verdadeira interlocução entre o regramento posto no Código Civil e as normas que regem o comportamento de todos os agentes que atuam no trânsito, prescritas no Código de Trânsito Brasileiro. A responsabilidade extracontratual advinda do acidente de trânsito pressupõe, em regra, nos termos do art. 186 do Código Civil, uma conduta culposa que, a um só tempo, viola direito alheio e causa ao titular do direito vilipendiado prejuízos, de ordem material ou moral. E, para o específico propósito de se identificar a conduta imprudente, negligente ou inábil dos agentes que atuam no trânsito, revela-se indispensável analisar quais são os comportamentos esperados – e mesmo impostos – àqueles, estabelecidos nas normas de trânsito, especificadas no CTB. 2. A inobservância das normas de trânsito pode repercutir na responsabilização civil do infrator, a caracterizar a culpa presumida do infrator, se tal comportamento representar, objetivamente, o comprometimento da segurança do trânsito na produção do evento danoso em exame; ou seja, se tal conduta, contrária às regras de trânsito, revela-se idônea a causar o acidente, no caso concreto, hipótese em que, diante da inversão do ônus probatório operado, caberá ao transgressor comprovar a ocorrência de alguma excludente do nexo da causalidade, tal como a culpa ou fato exclusivo da vítima, a culpa ou fato exclusivo de terceiro, o caso fortuito ou a força maior. 3. Na hipótese, o ora insurgente, na ocasião do acidente em comento, em local de pouca luminosidade, ao conduzir sua motocicleta em estado de embriaguez (o teste de alcoolemia acusou o resultado de 0,97 mg/l – noventa e sete miligramas de álcool por litro de ar) atropelou a de-

mandante. Não se pôde apurar, com precisão, a partir das provas produzidas nos autos, se a vítima se encontrava na calçada ou à margem, próxima da pista. 3.1 É indiscutível que a condução de veículo em estado de embriaguez, por si, representa o descumprimento do dever de cuidado e de segurança no trânsito, na medida em que o consumo de álcool compromete as faculdades psicomotoras, com significativa diminuição dos reflexos; enseja a perda de autocrítica, o que faz com que o condutor subestime os riscos ou os ignore completamente; promove alterações na percepção da realidade; enseja déficit de atenção; afeta os processos sensoriais; prejudica o julgamento e o tempo das tomadas de decisão; entre outros efeitos que inviabilizam a condução de veículo automotor de forma segura, trazendo riscos, não apenas a si, mas também aos demais agentes que atuam no trânsito, notadamente aos pedestres, que, por determinação legal (§ 2.º do art. 29 do CTB), merecem maior proteção e cuidado dos demais. 3.2 No caso dos autos, afigura-se, pois, inarredável a conclusão de que a conduta do demandado de conduzir sua motocicleta em estado de embriaguez, contrária às normas jurídicas de trânsito, revela-se absolutamente idônea à produção do evento danoso em exame, consistente no atropelamento da vítima que se encontrava ou na calçada ou à margem, ao bordo da pista de rolamento, em local e horário de baixa luminosidade, após a realização de acentuada curva. Em tal circunstância, o condutor tem, contra si, a presunção relativa de culpa, a ensejar a inversão do ônus probatório. Caberia, assim, ao transgressor da norma jurídica comprovar a sua tese de culpa exclusiva da vítima, incumbência em relação à qual não obteve êxito. 4. Recurso especial improvido" (STJ, REsp 1.749.954/RO, 3.ª Turma, Rel. Min. Marco Aurélio Bellizze, j. 26.02.2019, *DJe* 15.03.2019).

Não se negue que a embriaguez da vítima, seja ela pedestre ou motorista, pode gerar a configuração da culpa, fato ou risco exclusivo da própria vítima ou da sua contribuição causal para o evento, obstando o nexo de causalidade ou diminuindo o *quantum debeatur*. Concluindo desse modo, respectivamente:

"Apelação cível. Responsabilidade civil em acidente de trânsito. Ação de indenização. Danos materiais e morais. Colisão entre veículo e trator. Culpa exclusiva do condutor do veículo no qual estava a vítima preponderante no contexto probatório. Sentença de parcial procedência reformada. Precedentes. Decorre da análise da prova carreada aos autos que a responsabilidade pela ocorrência do sinistro deve ser debitada com exclusividade ao condutor do veículo no qual estava o autor como passageiro. O motorista conduzia o automóvel desenvolvendo velocidade excessiva e comprovadamente embriagado quando do choque com o trator, o que se deu de forma repentina, tornando inevitável o acidente. Incomprovada a suposta imprudência ou imperícia do condutor do trator, cujo ônus cabia ao autor e do qual não se desincumbiu, impositiva a reforma da sentença de parcial procedência, porquanto não configurada conduta ilícita a ser imputada ao réu. Inteligência do art. 333, I, do CPC. Culpa exclusiva da vítima pelo evento danoso que elide o nexo causal e, corolário lógico, referenda a isenção da responsabilidade do demandado, não havendo falar em reparação de danos, a que alude o art. 186 do novel Código Civil. Apelação do réu provida. Apelação do autor prejudicada" (TJRS, Apelação Cível 0132064-42.2015.8.21.7000, 12.ª Câmara Cível, Santa Rosa, Rel. Des. Alexandre Kreutz, j. 13.12.2016, *DJERS* 19.12.2016).

"Acidente de trânsito (atropelamento) logo após a conclusão do transporte do autor em coletivo urbano, em razão da sua queda após descer do mesmo, vindo o veículo a iniciar a marcha de passar com a roda sobre (ou prensar) seu braço esquerdo, ocasionando-lhe lesões de grande extensão e com dano estético permanente. Pedido de indenização de danos morais e estéticos, em R$ 40.000,00 (quarenta mil reais) cada, bem como material pela incapacidade ao trabalho. Contestação apontando culpa exclusiva da vítima, por se encontrar embriagada na ocasião, razão da sua queda logo após descer do coletivo. (...). Pretensão acolhida parcialmente em primeiro grau de jurisdição, arbitrando-se tão somente danos morais de R$ 8.000,00 (oito mil reais) em razão da culpa concorrente de ambas as partes, e sem sequela funcional incapacitante ao trabalho, como apurado em perícia médica. (...). Hipótese nos autos de evidente culpa concorrente (artigo 945 do Código Civil), eis que o autor estava embriagado e deu causa à queda, e o condutor do coletivo não se assegurou de iniciar a marcha quando o casco do veículo estivesse fora do alcance de passageiros desembarcados. Redução pela metade da base de cálculo que seria de R$ 20.000,00 (dano moral e estético). Fixação final em R$ 10.000,00 (dez mil reais). Sentença ajustada nesse particular" (TJSP, Apelação 0034311-80.2011.8.26.0309, Acórdão 11076193, 12.ª Câmara de Direito Privado, Jundiaí, Rel. Des. Jacob Valente, j. 06.12.2017, *DJESP* 19.12.2017, p. 2.802).

Mais uma vez, como tem sido comum nas afirmações doutrinárias feitas nesta obra, é o caso concreto que vai determinar se o fato de vítima ter bebido contribuiu de forma substancial ou não para o prejuízo por ela mesmo sofrido.

Seguindo o estudo das infrações administrativas, o art. 166 do mesmo Código de Trânsito, completa o sentido do seu antecessor, ao enunciar ser ilícito administrativo gravíssimo o ato de confiar ou entregar a direção de veículo a pessoa que, mesmo habilitada, por seu estado físico ou psíquico, não estiver em condições de dirigi-lo com segurança, caso de pessoas bêbadas ou drogadas. Mais uma vez, tal conduta enseja a responsabilidade objetiva e solidária do dono do veículo, seja ele pessoa física ou jurídica, por força dos sempre citados arts. 932, inc. III, 933 e 942, parágrafo único, da codificação privada. Entendendo desse modo, do Tribunal da Cidadania, vejamos trecho de importante acórdão:

"Quando as provas dos autos demonstram que a culpa pela morte da criança foi a colisão violenta do caminhão com o veículo, causada pela má condução do motorista que estava embriagado, empresa não pode se eximir de suas responsabilidades, pelo ato ilícito de seu preposto, na forma do art. 932, III, do CPC" (STJ, AgRg no AREsp 698.596/DF, 3.ª Turma, Rel. Min. Ricardo Villas Bôas Cueva, j. 02.08.2016, *DJe* 08.08.2016).

Como a responsabilidade daquele que entrega o veículo é objetiva, não se exige dolo ou culpa no ato de entrega do bem móvel, instrumento do ilícito.

Constitui infração grave, punível com multa e com retenção do veículo o ato de deixar o condutor ou passageiro de usar o cinto de segurança (art. 167 do CTB). Para os casos de acidente de trânsito, tal conduta do condutor e do passageiro tem o condão de gerar a configuração da culpa, fato ou risco concorrente da vítima, em uma correta leitura do tão comentado art. 945 do Código Civil:

> "Direito do Consumidor e processual civil. Apelação cível. Ação de indenização por danos materiais e morais. Contratação de pacote turístico. Acidente de trânsito ocorrido durante o traslado. Responsabilização de empresa diversa daquela com a qual realizada a contratação. Ausência de comprovação de participação na prestação dos serviços. Impossibilidade. Ônus da prova. Fato constitutivo do direito do autor. Inteligência do artigo 333, inciso I, do Código de Processo Civil de 1973. Culpa concorrente da vítima. Caracterização. Não utilização de cinto de segurança. Conduta agravadora das consequências do evento danoso. Redução do montante da reparação, proporcional ao grau de culpa. Necessidade. Dano estético. Configuração. Dano moral. *Quantum* indenizatório. Critérios de fixação. Razoabilidade e proporcionalidade. (...). Caracteriza-se a culpa concorrente da vítima quando, em acidente de trânsito envolvendo ônibus, as consequências danosas dele naturalmente decorrentes sejam agravadas pela inobservância do dever legal de utilizar cinto de segurança, disponível no veículo. Nos termos do art. 945 do Código Civil, a parte que, vítima de acidente de trânsito, teve culpa concorrente, mas não determinante, para a ocorrência dos danos sofridos, tem direito a indenização pelos danos sofridos, porém reduzida de forma proporcional à sua participação. (...)" (TJMG, APCV 1.0024.12.223288-7/001, Rel. Des. Márcio Idalmo Santos Miranda, j. 14.03.2017, *DJEMG* 05.04.2017).

> "Apelações cíveis. Responsabilidade em acidente de trânsito. Colisão. Cruzamento sinalizado. Preferência do veículo da parte autora. Afora a sinalização, mesmo que ausente esta, ainda assim a preferência no cruzamento seria de quem se desloca pela direita em relação ao outro, nos termos dispostos no art. 29, III, *c*, do CTB. Sentença de parcial procedência ratificada. Cruzamento com sinalização de 'pare'. Preferência de tráfego da parte autora. Mesmo que se tratasse de cruzamento sem sinalização, a preferência seria do autor, pois que trafega pela direita. Art. 29, III, 'c', do CTB. Culpa concorrente, devido ao fato do autor não estar usando cinto de segurança, circunstância que agravou o resultado 'lesões'. Sentença confirmada, pois em consonância com a prova dos autos. Danos estéticos e danos morais corroborados. Honorários advocatícios inalterados. Apelações improvidas" (TJRS, Apelação Cível 0291744-29.2016.8.21.7000, 12.ª Câmara Cível, Porto Alegre, Rel. Des. Guinther Spode, j. 10.11.2016, *DJERS* 16.11.2016).

Existe polêmica sobre os danos causados ao passageiro, pois alguns julgados concluem haver um dever do condutor quanto à fiscalização e imposição do uso do cinto de segurança, pela regra constante do art. 65 do CTB. Assim concluindo, da jurisprudência estadual:

> "Condutor do veículo que deveria fiscalizar o uso do cinto de segurança. Precedentes. Dever de indenizar. Danos materiais, morais e estéticos configurados. *Quantum* mantido. Juros de mora. Data do evento danoso" (TJPR, Apelação Cível 1709994-8, 8.ª Câmara Cível, Capanema, Rel. Des. Gilberto Ferreira, j. 30.11.2017, *DJPR* 15.12.2017, p. 93).

"A responsabilidade pelo transporte de passageiro sem o cinto de segurança é do condutor do veículo, nos termos do art. 65 do Código de Trânsito Brasileiro, de modo a afastar a caracterização da culpa concorrente da vítima" (TJMG, Apelação Cível 1.0145.12.073614-8/001, Rel. Des. José Flávio de Almeida, j. 07.06.2017, *DJEMG* 13.06.2017).

"Culpa concorrente da autora pela ausência de cinto de segurança. Não configurada. Causa primária do evento. Ultrapassagem em local proibido. Lucros cessantes caracterizados. Dever de indenizar presente. Pensão mensal vitalícia. Perda da capacidade total e permanente para o labor. Dano moral e estético. Manutenção do *quantum* indenizatório. A realização de ultrapassagem em local proibido, em noite chuvosa, atingindo veículo que trafegava em sua pista de rolagem constituiu a causa principal e preponderante do acidente, não havendo que se falar em culpa corrente da autora" (TJPR, Apelação Cível 1600602-7, 9.ª Câmara Cível, Pato Branco, Rel. Des. Coimbra de Moura, j. 04.05.2017, *DJPR* 23.05.2017, p. 259).

Com o devido respeito, fico com a posição anterior, para todos os tipos de transporte, sendo o caso de se atribuir à conduta do passageiro em idade adulta que não usa o cinto de segurança uma autorresponsabilidade, a diminuir o *quantum debeatur*, nos termos não só do art. 945 do Código Civil, como também do que consta do art. 738, parágrafo único, da mesma codificação privada, aqui antes estudado.

Contudo, em caso de passageiro menor de idade, como o condutor do veículo deve zelar por sua integridade, sendo por ele responsável na condução do veículo, haverá uma responsabilização integral na hipótese de não uso do cinto de segurança ou de algum equipamento que a lei considera como essencial ao transporte, conforme a seguir está desenvolvido.

De toda sorte, pelo que antes foi desenvolvido, não se pode dizer que o simples fato de dirigir sem o cinto de segurança é fator determinante para causar o acidente, não se imputando a responsabilidade civil ao suposto agente só por essa conduta. Nessa linha:

"Hipótese em que os autores não estavam usando o cinto de segurança quando da ocorrência do evento. Fato que contribuiu para as proporções do acidente. Sentença mantida no ponto. Dano moral. *Quantum* arbitrado na sentença mantido, pois em concordância com as peculiaridades da lide. Juros de mora sobre os valores devidos a título de reparação de dano moral a contar do evento danoso. Disposição de ofício. À unanimidade, negaram provimento aos recursos e, de ofício, alteraram o marco inicial de aplicação de juros de mora" (TJRS, Apelação Cível 0387510-75.2017.8.21.7000, 11.ª Câmara Cível, Cachoeira do Sul, Rel. Des. Katia Elenise Oliveira da Silva, j. 21.02.2018, *DJERS* 28.02.2018).

"O acidente só ocorreu devido à imperícia do acusado que cruzou a pista de rolagem, sem o devido cuidado, vindo a colidir com o veículo em que estava a vítima e que estava na preferencial. O requerido efetuou conversão em local proibido, causando, assim, o acidente. Em nada contribui a alegação de não utilização de cinto de segurança, cuidado que não se qualifica como fundamental para a ocorrência do acidente. Os fatos vivenciados pela autora compreendem dor e padecimento físico e psicológico, ultrapassando o mero aborrecimento, saltando óbvio que as dores e as lesões físicas causaram repercussão no seu comportamento psicológico, merecendo ressarcimento. A autora sofreu fraturas do lado esquerdo da bacia, braço direito, além de corte no queixo, sendo submetida a tratamento cirúrgico, permanecendo 25 dias na UTI, parte deles em coma. É inegável que a experiência pela qual passou não se enquadra como mero aborrecimento, fazendo jus à indenização por danos morais. A quantificação dos danos morais e estéticos observa o princípio da lógica do razoável, ou seja, deve a indenização ser proporcional aos danos e compatível com transtornos experimentados pela vítima, a capacidade econômica do causador dos danos e as condições sociais do ofendido. A fixação em R$ 70.000,00 revela-se excessiva e deve ser reduzida para R$ 20.000,00" (TJSP, Apelação 1000340-65.2015.8.26.0368, Acórdão 11064069, 32.ª Câmara de Direito Privado, Monte Alto, Rel. Des. Kioitsi Chicuta, j. 13.12.2017, *DJESP* 19.12.2017, p. 3.336).

O art. 168 do CTB reconhece ser uma infração gravíssima transportar crianças em veículo automotor sem observância das normas de segurança especiais estabelecidas na própria lei, notadamente no seu art. 64, que foi alterado pela Lei n. 14.071/2020. Conforme o último dispositivo, na sua redação atual, em vigor desde abril de 2021, "as crianças com idade inferior a 10 (dez) anos que não tenham atingido 1,45 m (um metro e quarenta e cinco centímetros) de altura devem ser transportadas nos bancos traseiros, em dispositivo de retenção adequado para cada idade, peso e altura, salvo exceções relacionadas a tipos específicos de veículos regulamentadas pelo Contran. Parágrafo único. O Contran disciplinará o uso excepcional de dispositivos de retenção no banco dianteiro do veículo e as especificações técnicas dos dispositivos de retenção a que se refere o *caput* deste artigo".

A norma anterior previa que as crianças com idade inferior a dez anos deveriam ser transportadas nos bancos traseiros, sem menção à altura, salvo exceções regulamentadas pelo CONTRAN.

Entendo ser possível, no âmbito da responsabilidade civil, reconhecer a culpa ou fato exclusivo da vítima, caso o acidente vitime a criança que não esteja utilizando o equipamento de segurança, caso do bebê que é transportado por seus pais fora da cadeirinha ou do *bebê conforto*.

Entretanto, se a conduta da outra parte for essencial para o evento danoso, pode-se falar em culpa, fato ou risco concorrente, nos termos do sempre citado art. 945 do Código Civil. Seguindo o último caminho, do Tribunal de Justiça do Estado de Goiás:

"Apelação cível. Ação de indenização por danos materiais, morais, estéticos e pensão vitalícia por morte. Acidente de trânsito. Caminhão que adentra na pista de rolamento de rodovia sem a observância dos cuidados necessários. Motorista de veículo de passeio (vítima) que conduzia o automóvel em velocidade superior à máxima permitida. Criança menor de 10 (dez) anos transportada no banco dianteiro. Culpa concorrente pelo evento danoso (morte do companheiro e filho da autora). Danos estéticos na vítima sobrevivente. Cicatrizes permanentes. Redução do *quantum* indenizatório, em virtude da concorrência de culpas. Pensão vitalícia pela morte do companheiro da autora. Utilização do salário mínimo como parâmetro. Redução da quantia, em razão da culpa concorrente. Denunciação da lide. Procedente. Limitação da responsabilidade da seguradora denunciada aos limites contidos na apólice de seguro. Honorários advocatícios. Sucumbência recíproca. 1. Age com culpa o condutor de veículo automotor (caminhão) que adentra a pista de rolamento de rodovia, sem observar as cautelas de segurança necessária. Desse modo, ao adentrar na via, sem ater-se para a presença de veículos na pista de rolamento, provocando o acidente fatal (colisão da frente do automóvel com a traseira do caminhão), deverá responder pelos danos advindos de sua conduta negligente. 2. É concorrente a culpa do condutor de veículo automotor que trafega em velocidade superior à máxima permitida para o local. Assim, embora não tenha dado início à conduta que provocou o acidente de trânsito, para ele concorreu, na medida em que, ao trafegar em velocidade superior à máxima permitida, contribuiu para o agravamento do resultado danoso. 3. Havendo culpa concorrente do condutor do caminhão, que ingressa na pista de rolamento, sem a obediência aos cuidados necessários, e o condutor do automóvel de passeio, que trafega em velocidade superior à máxima permitida, deverá haver o abatimento do valor da indenização. (...). 6. Em relação à condenação por danos morais em decorrência da morte do filho da apelante, entendo que esta deverá levar em consideração a culpa concorrente do condutor do veículo ômega, que trafegava em velocidade superior à permitida para o local, bem como o fato de que o menor se encontrava no banco dianteiro do automóvel. Assim, os apelados possuem uma responsabilidade equivalente a 33,33% (trinta e três inteiros e trinta e três centésimos por cento), motivo pelo qual, considerando os parâmetros indenizatórios fixados por este tribunal, mostra-se acertada a referida condenação, em R$ 16.600,00 (dezesseis mil e seiscentos reais). (...)" (TJGO, Apelação Cível 0388820-52.2013.8.09.0029, 5.ª Câmara Cível, Catalão, Rel. Des. Francisco Vildon José Valente, *DJGO* 19.06.2015, p. 313).

O Código de Trânsito Brasileiro considera infração o ato de dirigir sem atenção ou sem os cuidados indispensáveis à segurança, o que é um ilícito administrativo de natureza leve (art. 169). No campo da responsabilidade civil, tal conduta gera uma presunção relativa de imprudência do infrator, ocasionando o dever de indenizar, nos termos do art. 186 do Código Civil.

Não se olvide, contudo, de que algumas condutas de desrespeito à segurança são tidas como graves, caso das descritas no art. 252 do próprio CTB, de dirigir o veículo: *a)* com o braço do lado de fora; *b)* transportando pessoas, animais ou volume à sua esquerda ou entre os braços e pernas; *c)* com incapacidade física ou mental temporária que comprometa a segurança do trânsito, caso do motorista que está muito cansado para dirigir; *d)* usando calçado que não se firme nos pés ou que comprometa a utilização dos pedais, caso de chinelos ou sapatos de salto alto; *e)* com apenas uma das mãos, exceto quando deva fazer sinais regulamentares de braço, mudar a marcha do veículo, ou acionar equipamentos e acessórios do veículo; *f)* utilizando-se de fones nos ouvidos conectados a aparelhagem sonora ou de telefone celular. No último caso, aliás, haverá infração gravíssima caso o condutor esteja segurando ou manuseando telefone celular (parágrafo único do art. 252 do CTB, incluído pela Lei n. 13.281, de 2016).

No âmbito da responsabilidade civil, novamente, é preciso verificar qual a contribuição causal dessas infrações para o evento, uma vez que geram presunção relativa ou *iuris tantum*. A título de ilustração, quanto ao uso de celular, muitos arestos reconhecem a presença de culpa dos condutores, agente e a própria vítima, quando esse fato é relevante o suficiente para contribuir ao prejuízo suportado pela outra parte ou por si próprio. São encontrados julgados que analisam casos em que o veículo está em movimento ou parado indevidamente na via. Nesse sentido, vejamos três julgados estaduais, somente para exemplificar:

"Recurso inominado. Acidente de trânsito. Ação de reparação de danos materiais. Veículo que, ao realizar manobra para saída de estacionamento abalroa automóvel que seguia o fluxo e veículo estacionado à sua frente. Pedido procedente em parte. Necessidade de reforma. Culpa concorrente caracterizada tanto do condutor que pratica manobra excepcional de saída de estacionamento sem as devidas cautelas, quanto do condutor que segue na via falando ao celular. Sentença parcialmente reformada. Recurso provido em parte" (TJRS, Recurso Cível 0047922-22.2015.8.21.9000, 1.ª Turma Recursal Cível, Erechim, Rel. Des. Fabiana Zilles, j. 22.03.2016, *DJERS* 28.03.2016).

"Ação indenizatória por danos materiais e morais. Acidente de trânsito envolvendo veículos Celta (GM), parado, com o motorista falando no celular, em acostamento, e Fox (VW). R. sentença de procedência, com apelo só da requerida, condutora do Fox. Conjunto probatório que permite reconhecer a culpa concorrente ou recíproca. Dá-se parcial provimento ao apelo da ré, para julgar parcialmente procedente a ação, rejeitada a preliminar, com sucumbência recíproca" (TJSP, Apelação 9000005-39.2010.8.26.0220, Acórdão 8175223, 27.ª Câmara de Direito Privado, Guaratinguetá, Rel. Des. Campos Petroni, j. 03.02.2015, *DJESP* 27.02.2015).

"Acidente de veículo. Reparação de dano. Interceptação da trajetória de motoneta. Condutora do veículo que se utilizava de telefone celular. Falta de cuidado indispensável à segurança do trânsito. Obrigação do veículo maior de zelar pela segurança do veículo menor. Culpa da apelante. Lucros cessantes demonstrados. Possibilidade de apuração em liquidação. Dano moral caracterizado. Dever de indenizar. Sentença mantida. Apelação não provida" (TJSP, Apelação 0160863-19.2003.8.26.0100, Acórdão 7809293, 36.ª Câmara de Direito Privado, São Paulo, Rel. Des. Sá Moreira de Oliveira, j. 28.08.2014, *DJESP* 04.09.2014).

O ato de dirigir ameaçando os pedestres que estejam atravessando a via pública, ou os demais veículos é considerado infração gravíssima pelo art. 170 do CTB, o que ocasiona, além da multa, a suspensão do direito de dirigir. Caso essas ameaças se concretizem, culminando com o acidente, há que reconhecer a culpa grave ou mesmo o dolo do condutor, a ensejar o pagamento de indenização integral, como nos casos de motoristas que jogam os seus veículos sobre uma grande quantidade de pessoas. Isso já ocorreu no Brasil com relação a ciclistas, manifestantes ou pessoas que iam se divertir em ruas fechadas para eventos culturais.

Se o condutor do veículo arremessar sobre os pedestres ou veículos água ou detritos, estará presente uma infração média, punível apenas com multa (art. 171 do CTB). A previsão lembra o teor do art. 938 do Código Civil, que consagra a responsabilidade civil do habitante do prédio por *defenestramento*, ou seja, pelas coisas que dele forem lançadas em local indevido.

Todavia, no caso da norma civil tem-se a responsabilização objetiva do habitante do prédio ou mesmo do condomínio, enquanto o arremesso de objeto do veículo que causa dano a outrem gera uma presunção relativa de culpa, diante da culpa contra a legalidade. Cite-se, para ilustrar, a hipótese de jovens que arremessam garrafas ou latas de bebidas alcoólicas nos pedestres, causando danos físicos a estes.

Utilizar o veículo para racha ou corrida é uma das infrações mais graves previstas no Código de Trânsito (art. 173). Nos termos do dispositivo seguinte, é gravíssimo promover, na via pública, competição, eventos organizados, exibição e demonstração de perícia em manobra de veículo, ou deles participar, como condutor, sem permissão da autoridade de trânsito com circunscrição sobre a via (art. 174 do CTB).

Também é infração gravíssima utilizar-se de veículo para demonstrar ou exibir manobra perigosa, mediante arrancada brusca, derrapagem ou frenagem com deslizamento ou arrastamento de pneus (art. 175 da Lei n. 9.503/1997). Essas condutas, como não poderia ser diferente, induzem o dolo ou culpa grave do condutor e ensejam a reparação integral dos danos. Entendendo desse modo:

"Apelação cível. Responsabilidade civil em acidente de trânsito. Hipótese em que evidenciada a culpa exclusiva do autor condutor no evento danoso, pois trafegava em altíssima velocidade na prática de 'racha'. Apelo não provido. Unânime" (TJRS, Apelação Cível 0119000-91.2017.8.21.7000, 11.ª Câmara Cível, Caxias do Sul, Rel. Des. Antônio Maria Rodrigues de Freitas Iserhard, j. 27.09.2017, *DJERS* 05.10.2017).

"Responsabilidade civil. Acidente de trânsito. Perda do controle do veículo em velocidade excessiva que, desgovernado, bate contra proteção da pista e depois vai de encontro a outro veículo. Prova testemunhal no sentido de que se tratava de disputa de 'racha'. Culpa grave do réu motorista que exclui a concorrência de culpa em relação à falta de utilização do cinto de segurança pela vítima (fato que em nada concorreu ao acidente). Danos emergentes e lucros cessantes. Prova a respeito. Danos morais configurados. Lesões à integridade física de natureza grave. Indenização majorada para R$ 40.000,00. Exclusão da concorrência causal, pois o acidente foi provocado, exclusivamente, pelo motorista do veículo em alta velocidade. Sentença reformada, para deferir a reparação dos danos materiais (pessoais): Despesas com fisioterapia e lucros cessantes (perda de rendimentos no período de inatividade). Sucumbência dos réus" (TJSP, Apelação 0014202-48.2011.8.26.0114, Acórdão 9028114, 25.ª Câmara de Direito Privado, Campinas, Rel. Des. Edgard Rosa, j. 26.11.2015, *DJESP* 10.12.2015).

Entretanto, na linha do que estou destacando desde o início do estudo dos acidentes de trânsito, é necessário levar em conta também a contribuição da vítima, caso ela esteja envolvida no racha:

"Para fixação do valor indenizatório nas hipóteses de morte por acidente de trânsito de menor que voluntariamente estava no interior de veículo participando de 'racha' ou 'brincadeiras', em afronta às normas de trânsito, deve-se sopesar a responsabilidade da vítima falecida em razão da inconsequência de sua própria decisão de participar ativamente" (STJ, REsp 1.3025.99/SP, 3.ª Turma, Rel. Min. João Otávio de Noronha, j. 26.04.2016, DJe 06.05.2016).

A omissão de socorro está tratada pelo art. 176 do Código de Trânsito Brasileiro. Conforme esse comando, constitui infração gravíssima a ensejar o recolhimento da habilitação e a suspensão do direito de dirigir: *a)* deixar o condutor envolvido em acidente com vítima de prestar ou providenciar socorro à vítima, podendo fazê-lo; *b)* deixar de adotar providências, podendo fazê-lo, no sentido de evitar perigo para o trânsito no local; *c)* deixar de preservar o local, de forma a facilitar os trabalhos da polícia e da perícia; *d)* deixar de adotar providências para remover o veículo do local, quando determinadas por policial ou agente da autoridade de trânsito; e *e)* deixar de identificar-se ao policial e de lhe prestar informações necessárias à confecção do boletim de ocorrência. A norma é completada pelo dispositivo que segue tal comando, que considera infração grave deixar o condutor de prestar socorro à vítima de acidente de trânsito quando solicitado pela autoridade e seus (art. 177).

Não se pode se esquecer, conforme desenvolvido no Capítulo 4 deste livro, de que para que o agente responda pela omissão é necessário provar que deveria praticar o ato, bem como a omissão em si. Sendo ele o causador do evento, e não tendo adotado as medidas previstas e cabíveis, o que vem a ocasionar a morte da vítima, há que reconhecer o seu dever de indenizar pela regra da reparação integral dos danos, inclusive como caráter pedagógico ou educativo. Todavia, a simples omissão de socorro não ocasiona a presunção de culpa pelo acidente (TJMG, Apelação Cível 1.0024.12.333654-7/001, Rel. Des. Domingos Coelho, j. 27.04.2016, *DJEMG* 04.05.2016; e TJDF, Recurso 2011.01.1.199499-0, Acórdão 847.694, 1.ª Turma Cível, Rel. Des. Simone Lucindo, *DJDFTE* 13.02.2015, p. 96).

Transitar pela contramão da direção é outra infração grave, nos termos do art. 186 do CTB, presente na hipótese em que o condutor transita em vias com duplo sentido de circulação, exceto para ultrapassar outro veículo, apenas pelo tempo necessário e respeitada a preferência do veículo que transitar em sentido contrário. Sobre essa conduta, valem as mesmas observações feitas anteriormente, sobre as demais infrações administrativas.

A norma é completada pelo art. 203 do próprio Código de Trânsito que considera infração gravíssima, geradora até de suspensão do direito de dirigir, ultrapassar pela contramão outro veículo: *a)* nas curvas, aclives e declives, sem visibilidade suficiente; *b)* nas faixas de pedestre; *c)* nas pontes, viadutos ou túneis; *d)* parado em fila junto a sinais luminosos, porteiras, cancelas, cruzamentos ou qualquer outro impedimento à livre circulação; e *e)* onde houver marcação viária longitudinal de divisão de fluxos opostos do tipo linha dupla contínua ou simples contínua amarela.

Pelos comandos expostos, o ato de dirigir ou ultrapassar pela contramão gera a presunção de culpa grave do condutor, a ocasionar o dever de reparação integral dos danos. Por todos os acórdãos nesse sentido, colaciona-se:

"Apelação. Responsabilidade civil. Acidente de trânsito. Ilegitimidade de parte reconhecida em relação à locadora de veículos que provou, por documentos, que o veículo, embora ainda registrado em seu nome ao tempo do acidente, havia sido vendido em leilão para o réu antes da data do evento. Extinção mantida. Colisão frontal. Contramão de direção. Prova conclusiva. Culpa grave do condutor configurada. Danos materiais. Perda total do veículo. Indenização. Valor da tabela FIPE. Danos morais. Lesão à integridade física. Indenização majorada para R$ 35.000,00. Ação julgada parcialmente procedente. Sentença reformada. Recurso do autor provido em parte. Recurso adesivo do réu prejudicado" (TJSP, Apelação 0016522-91.2013.8.26.0602, Acórdão 10943363, 25.ª Câmara de Direito Privado, Sorocaba, Rel. Des. Edgard Rosa, j. 26.10.2017, *DJESP* 17.11.2017).

Tendo sido o ato de dirigir pela contramão praticado por preposto ou empregado, há que reconhecer a responsabilização objetiva e solidária do comitente ou empregador, nos termos dos arts. 932, inc. III, 933 e 942, parágrafo único, do Código Civil. Assim entendendo, do Superior Tribunal de Justiça:

"No caso, ficou demonstrada a responsabilidade civil da parte ora recorrente no acidente que causou a morte da filha e irmã dos recorridos, em virtude da comprovação de imprudência do preposto que dirigia caminhão na contramão" (STJ, AgRg no AREsp 751.389/RJ, 4.ª Turma, Rel. Min. Raul Araújo, j. 03.09.2015, *DJe* 1.º.10.2015). A conduta tem ainda o condão de gerar a configuração da culpa ou fato exclusivo da própria vítima, afastando qualquer dever de indenizar (STJ, AgRg no AREsp 590.207/RS, 4.ª Turma, Rel. Min. Raul Araújo, j. 18.06.2015, *DJe* 03.08.2015).

Com grande aplicação prática, constitui infração grave deixar de guardar distância de segurança lateral e frontal entre o seu veículo e os demais, bem como com relação ao bordo da pista, considerando-se, no momento, a velocidade, as condições climáticas do local da circulação e do veículo (art. 192 do CTB).

A respeito do veículo que segue na frente, uma das presunções de culpa mais conhecidas nos acidentes de trânsito diz respeito à colisão traseira, que traz a dedução de que o evento foi causado pelo veículo que se choca com aquele que está na sua frente.

Como todas as presunções aqui expostas, trata-se de presunção relativa ou *iuris tantum*, que admite prova ao contrário no âmbito da responsabilidade civil. Contudo, na prática, prevalecem os julgados que não afastam a afirmação do dever de indenizar pela colisão traseira. Nesse sentido, por todos os numerosos acórdãos, vejamos apenas três, do Tribunal da Cidadania:

"Processual civil. Agravo interno no agravo em recurso especial. Acidente de trânsito. Colisão traseira. Responsabilidade. Reexame do conjunto fático-probatório dos autos. Inadmissibilidade. Súmula n. 7/STJ. Decisão mantida.

1. 'Aquele que sofreu a batida na traseira de seu automóvel tem em seu favor a presunção de culpa do outro condutor, ante a aparente inobservância do dever de cautela pelo motorista, nos termos do inciso II do art. 29 do Código de Trânsito Brasileiro. Precedentes' (STJ, Ag. Int. no AREsp n. 483.170/SP, Relator Ministro Marco Buzzi, Quarta Turma, julgado em 19.10.2017, *DJe* 25.10.2017). (...). No caso dos autos, o Tribunal de origem concluiu que a agravante não conseguiu produzir provas aptas ao afastamento da presunção de que o acidente ocorreu por sua culpa. Para entender de modo contrário, seria necessário o reexame dos elementos fáticos, incabível no especial. Agravo interno a que se nega provimento" (STJ, Ag. Int. no AREsp 1.162.733/RS, 4.ª Turma, Rel. Min. Antonio Carlos Ferreira, j. 12.12.2017, *DJe* 19.12.2017).

"Civil. Responsabilidade civil. Acidente de trânsito. Colisão na traseira do veículo. Presunção de culpa. De acordo com a jurisprudência do Superior Tribunal de Justiça, 'culpado, em linha de princípio, é o motorista que colide por trás, invertendo-se, em razão disso, o *onus probandi*, cabendo a ele a prova de desoneração de sua culpa' (REsp n. 198.196, RJ, relator o eminente Ministro Sálvio de Figueiredo Teixeira, publicado no *DJ* de 12.04.1999). Agravo regimental não provido" (STJ, AgRg no REsp 535.627/MG, 3.ª Turma, Rel. Min. Ari Pargendler, j. 27.05.2008, *DJe* 05.08.2008).

"Civil. Responsabilidade civil. Acidente de trânsito. Colisão pela traseira. Presunção de culpa do motorista que abalroa por trás. Inversão do ônus da prova. Doutrina. Reexame de prova. Inocorrência. Recurso provido. Culpado, em linha de princípio, é o motorista que colide por trás, invertendo-se, em razão disso, o 'onus probandi', cabendo a ele a prova de desoneração de sua culpa" (STJ, REsp 198.196/RJ, 4.ª Turma, Rel. Min. Sálvio de Figueiredo Teixeira, j. 18.02.1999, *DJ* 12.04.1999, p. 164).

Acrescente-se, a propósito, que a premissa é aplicada aos casos de engavetamento de veículos, como se retira do seguinte *decisum*, que confirma a posição da inferior instância:

"Aquele que sofreu a batida na traseira de seu automóvel tem em seu favor a presunção de culpa do outro condutor, ante a aparente inobservância do dever de cautela pelo motorista, nos termos do inciso II do art. 29 do Código de Trânsito Brasileiro. Precedentes. Tribunal de origem que consignou a falta de atenção do motorista e a culpa pela colisão traseira que ensejou o engavetamento. Impossibilidade de revolvimento da matéria fática probatória dos autos. Incidência da Súmula 7/STJ" (STJ, AgInt no AREsp 483.170/SP, 4.ª Turma, Rel. Min. Marco Buzzi, j. 19.10.2017, *DJe* 25.10.2017).

Em sentido de afastar a citada presunção relativa, de grande incidência prática, cite-se aresto do mesmo Tribunal da Cidadania que veio a confirmar análise fática feita pelo Tribunal de Justiça do Distrito Federal no seguinte sentido:

"O réu não procurou um local seguro para parar o carro, optou por, de forma repentina e desmotivada, diminuir a velocidade do veículo, chegando a quase parar, na via de rolamento, ao invés, de conduzir o carro automotor para um local seguro, qual seja, o acostamento. [...]. Não obstante, apesar de o apelante/réu ter afirmado que se sentiu mal, a testemunha apresentada por ele não corroborou a sua tese, fato que facilmente poderia ter sido feito, uma vez que a testemunha estava ao seu lado dentro do carro no momento do sinistro. Destaco, por oportuno, que o fato de o condutor do veículo abalroado ter ligado o pisca-alerta no momento em que parou o carro no meio da faixa de rolamento não afasta a sua responsabilidade, pois a parada foi inesperada e de forma abrupta, ou seja, a sinalização não foi capaz de permitir ao outro motorista o alerta necessário para evitar o acidente. Nesse cenário, as provas colhidas nos autos são a favor da autora-apelada. Assim, o afastamento da presunção de culpa decorrente da colisão traseira é medida que se impõe" (STJ, AgRg no AREsp 804.761/DF, 3.ª Turma, Rel. Min. Marco Aurélio Bellizze, j. 17.12.2015, *DJe* 02.02.2016).

A operar de forma contrária à presunção de culpa pela colisão traseira, vale lembrar que constitui infração grave transitar em marcha a ré, salvo na distância necessária a pequenas manobras e de forma a não causar riscos à segurança (art. 194 do CTB). No mesmo sentido de afastar a mesma presunção relativa, em outra hipótese fática, concluiu a Corte o seguinte:

"A presunção de culpa por colisão na parte traseira do veículo foi afastada pelo Tribunal de origem devido a circunstâncias peculiares ao caso, notadamente em razão de o acidente ter envolvido outros veículos, e não apenas o do pai dos autores e o do réu, não tendo sido possível por esse motivo e pela ausência de provas, constatar o que realmente ocorreu no dia dos fatos, qual foi a causa da colisão, tampouco individualizar a participação de cada um dos condutores, a fim de se apurar se o acidente fatal decorreu efetivamente da imprudência do requerido, daí a observação do relator do acórdão recorrido de que o 'acidente pode ter sido causado por qualquer um dos condutores'" (STJ, EDcl nos EDcl no AgRg no AREsp 426.286/SP, 3.ª Turma, Rel. Min. Marco Aurélio Bellizze, j. 16.10.2014, *DJe* 22.10.2014).

Muitas outras infrações podem ser aqui citadas, a gerar a citada presunção de culpa do condutor. Vejamos apenas algumas delas, as que considero principais, em relação exemplificativa:

- Transitar com o veículo em calçadas, passeios, passarelas, ciclovias, ciclofaixas, ilhas, refúgios, ajardinamentos, canteiros centrais e divisores de pista de rolamento, acostamentos, marcas de canalização, gramados e jardins públicos. Trata-se de uma infração gravíssima, nos termos do art. 193 do CTB.
- Deixar de indicar com antecedência, mediante gesto regulamentar de braço ou luz indicadora de direção do veículo, o início da marcha, a realização da manobra de parar o veículo, a mudança de direção ou de faixa de circulação (art. 196 do CTB, infração grave).
- Deixar de deslocar, com antecedência, o veículo para a faixa mais à esquerda ou mais à direita, dentro da respectiva mão de direção, quando for manobrar para um desses lados (art. 197 do CTB, infração considerada média).
- Nos termos do art. 198 do CTB, deixar de dar passagem pela esquerda, quando solicitado (infração média).

- Ultrapassar pela direita, salvo quando o veículo da frente estiver colocado na faixa apropriada e der sinal de que vai entrar à esquerda, o que é uma infração média (art. 199 do CTB).

- Ultrapassar pela direita veículo de transporte coletivo ou de escolares, parado para embarque ou desembarque de passageiros, salvo quando houver refúgio de segurança para o pedestre (art. 200 do CTB, infração gravíssima).

- Deixar de guardar a distância lateral de um metro e cinquenta centímetros ao passar ou ultrapassar bicicleta, o que é uma infração média (art. 201 do CTB).

- Ultrapassar outro veículo pelo acostamento ou em interseções e passagens de nível, infração considerada gravíssima (art. 202 do CTB).

- Deixar de parar o veículo no acostamento à direita, para aguardar a oportunidade de cruzar a pista ou entrar à esquerda, onde não houver local apropriado para operação de retorno, infração considerada grave pelo art. 204 do Código de Trânsito.

- Conforme o art. 205 é infração leve ultrapassar veículo em movimento que integre cortejo, préstito, desfile e formações militares, salvo com autorização da autoridade de trânsito ou de seus agentes.

- Estabelece o art. 206 da Lei n. 9.503/1997 que representa uma infração gravíssima executar operação de retorno: *a)* em locais proibidos pela sinalização; *b)* nas curvas, aclives, declives, pontes, viadutos e túneis; *c)* passando por cima de calçada, passeio, ilhas, ajardinamento ou canteiros de divisões de pista de rolamento, refúgios e faixas de pedestres e nas de veículos não motorizados; *d)* nas interseções, entrando na contramão de direção da via transversal; e *e)* com prejuízo da livre circulação ou da segurança, ainda que em locais permitidos. Em muitos casos, havendo atropelamento de pedestres, há que reconhecer a culpa grave civil do condutor.

- Executar operação de conversão à direita ou à esquerda em locais proibidos pela sinalização (infração grave, art. 207 do CTB).

- Avançar o sinal vermelho do semáforo ou o de parada obrigatória, em regra (infração gravíssima, art. 208 do CTB). A Lei n. 14.071/2020 inclui ressalva para os locais onde houver sinalização que permita a livre conversão à direita prevista no novo art. 44-A do CTB ("É livre o movimento de conversão à direita diante de sinal vermelho do semáforo onde houver sinalização indicativa que permita essa conversão, observados os arts. 44, 45 e 70 deste Código").

- Transpor, sem autorização, bloqueio viário com ou sem sinalização ou dispositivos auxiliares, deixar de adentrar nas áreas destinadas à pesagem de veículos ou evadir-se para não efetuar o pagamento do pedágio (infração grave, art. 209 do CTB).

- Transpor, sem autorização, bloqueio viário policial (infração gravíssima, art. 210 do CTB).

- Conforme o art. 211 do Código de Trânsito constitui infração grave ultrapassar veículos em fila, parados em razão de sinal luminoso, cancela, bloqueio viário parcial ou qualquer outro obstáculo, com exceção dos veículos não motorizados.

- Constitui infração gravíssima, nos termos do art. 213 da Lei n. 9.503/1997, deixar de parar o veículo sempre que a respectiva marcha for interceptada por agrupamento de pessoas, como préstitos, passeatas, desfiles e outros. Se a mesma conduta estiver relacionada a agrupamento de veículos, como cortejos, formações militares e outros, a infração é tida como grave.

- Também constitui infração gravíssima deixar de dar preferência de passagem a pedestre e a veículo não motorizado, caso de bicicletas: *a)* que se encontre na faixa a ele destinada; *b)* que não haja concluído a travessia mesmo que ocorra sinal verde para o veículo; ou *c)* nos casos de portadores de deficiência física, crianças, idosos e gestantes. O mesmo art. 214 do Código de Trânsito elenca como infração grave deixar de dar preferência a pedestre ou veículo não motorizado: *a)* quando houver iniciado a travessia mesmo que não haja sinalização a ele destinada; ou *b)* que esteja atravessando a via transversal para onde se dirige o veículo.

- O art. 218 do CTB trata das infrações relativas ao excesso de velocidade. Quando a velocidade for superior à máxima em até 20% (vinte por cento) haverá uma infração média. Se a velocidade for superior à máxima em mais de 20% (vinte por cento) até 50% (cinquenta por cento), presente estará uma infração grave. Entretanto, quando a velocidade for superior à máxima em mais de 50% (cinquenta por cento) tem-se uma infração gravíssima, que ocasiona a suspensão imediata do direito de dirigir e a apreensão do documento de habilitação. Muitos julgados reconhecem que o excesso de velocidade gera uma presunção de culpa do condutor, causador do acidente ou atropelamento, diante do desrespeito à legalidade, a caracterizar da imprudência do motorista. Nesse sentido, por todos: "*In casu*, o tribunal *a quo* condenou os recorridos ao pagamento de indenização no valor de 10 salários mínimos a cada uma das litisconsortes, pela morte do pai e esposo das mesmas que foi vítima fatal de atropelamento pela imprudência de motorista que transitava em excesso de velocidade pelo acostamento de rodovia, o que, considerando os critérios utilizados por este STJ, se revela extremamente ínfimo. Dessa forma, considerando-se as peculiaridades do caso, bem como os padrões adotados por esta Corte na fixação do *quantum* indenizatório a título de danos morais, impõe-se a majoração da indenização total para o valor de R$ 100.000,00 (cem mil reais), o que corresponde a R$ 25.000,00 (vinte e cinco mil reais) por autora" (STJ, REsp 210.101/PR, 4.ª Turma, Rel. Min. Carlos Fernando Mathias [Juiz Federal Convocado do TRF 1.ª Região], j. 20.11.2008, *DJe* 09.12.2008).

- Transitar com o veículo em velocidade inferior à metade da velocidade máxima estabelecida para a via, retardando ou obstruindo o trânsito, a menos que as condições de tráfego e meteorológicas não o permitam, salvo se estiver na faixa da direita, também constitui uma infração de trânsito, de natureza média (art. 219 do CTB). A norma tem sua razão de ser, pelos riscos de acidentes que o ato de dirigir vagarosamente pode gerar.

- Outro dispositivo importante a respeito da velocidade é o art. 220 do CTB. Conforme o seu teor, o motorista não pode deixar de reduzir a velocidade do veículo de forma compatível com a segurança do trânsito: *a)* quando se aproximar de passeatas, aglomerações, cortejos, préstitos e desfiles (infração gravíssima); *b)* nos locais onde o trânsito esteja sendo controlado pelo agente da autoridade de trânsito, mediante sinais sonoros ou gestos (infração grave); *c)* ao aproximar-se da guia da calçada, meio-fio ou acostamento (infração grave);

d) ao aproximar-se de ou passar por interseção não sinalizada (infração grave); *e)* nas vias rurais cuja faixa de domínio não esteja cercada (infração grave); *f)* nos trechos em curva de pequeno raio (infração grave); *g)* ao aproximar-se de locais sinalizados com advertência de obras ou trabalhadores na pista (infração grave); *h)* sob chuva, neblina, cerração ou ventos fortes (infração grave); *i)* quando houver má visibilidade (infração grave); *j)* quando o pavimento se apresentar escorregadio, defeituoso ou avariado (infração grave); *k)* à aproximação de animais na pista (infração grave); *l)* em declive (infração grave); *m)* ao ultrapassar ciclista (infração gravíssima) ou *n)* nas proximidades de escolas, hospitais, estações de embarque e desembarque de passageiros ou onde haja intensa movimentação de pedestres (infração gravíssima).

- Como última infração a ser comentada, o art. 225 trata de outra hipótese de omissão, ao lado da de socorro, qual seja, o ato de deixar de sinalizar a via, de forma a prevenir os demais condutores e, à noite, não manter acesas as luzes externas ou omitir-se quanto a providências necessárias para tornar visível o local. As previsões são aplicáveis às situações em que o condutor tiver de remover o veículo da pista de rolamento ou permanecer no acostamento. Menciona-se também a hipótese em que a carga do veículo for derramada sobre a via e não puder ser retirada imediatamente. Trata-se de infrações tidas como graves. Como se pode perceber, a lei estabelece a necessidade dos citados comportamentos, bastando se comprovar o seu enquadramento no caso concreto, bem como a omissão em si.

Expostas as principais infrações administrativas de trânsito, que geram a presunção de culpa do condutor, ou da própria vítima, diante da ideia de *culpa contra a legalidade*, interessante comentar dois aspectos finais a respeito dos acidentes de trânsito.

O primeiro deles diz respeito a outra presunção aplicada aos casos de responsabilidade civil, segundo a qual o veículo de maior porte é o responsável pelo de menor porte, os motorizados pelos não motorizados e os veículos em geral pelos pedestres. Em outras palavras, os *maiores são responsáveis pelos menores*, o que encerra outra presunção relativa ou *iuris tantum* de responsabilização. Como consta do art. 29, § 2.º, do Código de Trânsito Brasileiro, "respeitadas as normas de circulação e conduta estabelecidas neste artigo, em ordem decrescente, os veículos de maior porte serão sempre responsáveis pela segurança dos menores, os motorizados pelos não motorizados e, juntos, pela incolumidade dos pedestres".

Aplicando essas premissas, entendeu-se no âmbito do Superior Tribunal de Justiça:

"Em um cruzamento não sinalizado, em princípio, a preferência é do veículo que vem da direita, consoante determina o art. 29, III, 'c' do CTB. Contudo, se as vias têm fluxo de trânsito muito distinto, como ocorre entre ruas e avenidas, a regra de experiência determina que o veículo que trafega pela rua dê preferência ao veículo que trafega pela avenida, independentemente da sinalização. Se o condutor de um ônibus, cruzando uma avenida a partir de uma rua, para seu veículo a fim de observar o fluxo na avenida, duas consequências podem ser extraídas: primeiro, a de que ele reconheceu uma regra costumeira no sentido de dar a preferência, independentemente da sinalização; segundo, que transmitiu, à motocicleta que trafegava pela avenida a justa expectativa de que permaneceria parado, agravando, com isso, por sua conduta, o risco de acidente. A regra geral do art. 29, § 2.º, do CTB é expressa em determinar a responsabilidade dos veículos maiores pela segurança dos veículos menores no trânsito, o que incrementa o dever de cuidado dos motoristas de veículos pesados" (STJ, REsp 1.069.446/PR, 3.ª Turma, Rel. Min. Nancy Andrighi, j. 20.10.2011, *DJe* 03.11.2011).

A premissa parece ter sido adotada em outro julgamento da mesma Terceira Turma do Tribunal da Cidadania. No caso concreto, uma motocicleta tentou efetuar a ultrapassagem pelo meio do *corredor* dos veículos, vindo a colidir com a porta de um automóvel que foi aberta por um taxista, sem o devido cuidado. Nos termos da ementa, "de acordo com o art. 49 do CTB, o condutor e os passageiros não deverão abrir a porta do veículo, deixá-la aberta ou descer do veículo sem antes se certificarem de que isso não constitui perigo para eles e para outros usuários da via". Sobre o fato de os motociclistas trafegarem pelo citado *corredor*, pontuou a Ministra Relatora que "a par das diversas críticas, a conduta de circular livremente pelo 'corredor de veículos', apesar de irresponsável e censurável, não viola as normas de trânsito deste país (veto ao art. 56 do CTB), desde que, obviamente, respeitados os limites e padrões exigidos a todos os tipos de veículos motorizados, tais quais, velocidade, prudência, utilização dos equipamentos de segurança obrigatórios, porte de habilitação, etc. As lesões corporais sofridas, as três cirurgias pelas quais se submeteu o recorrente, a sequela permanente havida em seu fêmur – não obstante consolidada anatomicamente e sem complicações locais – são situações, de fato, capazes de gerar angústia quanto à completa convalescença, além da alteração da rotina e das atividades habituais e laborais, não representando mero dissabor cotidiano" (STJ, REsp 1.635.638/SP, 3.ª Turma, Rel. Min. Nancy Andrighi, j. 04.04.2017, *DJe* 10.04.2017).

Com o devido respeito, apesar de não haver infração de trânsito no caso concreto, penso que deveria ter sido considerada a culpa ou fato concorrente da vítima, ou mesmo a assunção de risco da sua parte, pelo fato de ter conduzido a motocicleta no citado *corredor*. Por isso, apesar de não mencionada a regra de interpretação de responsabilidade *do maior pelo menor*, entendo que ela acabou sendo aplicada.

Para encerrar o presente capítulo, como segundo aspecto prático de relevo, importante lembrar que a jurisprudência superior tem posição consolidada no sentido de que a tradição ou entrega de veículo automotor, independentemente do registro da transferência para o novo proprietário no órgão de trânsito, afasta a responsabilidade do alienante pelos fatos posteriores decorrentes da utilização do bem (Súmula n. 132 do Superior Tribunal de Justiça, do ano de 1995). Conforme um dos precedentes que gerou a ementa, a alienação do veículo pode ser perfeitamente provada por outros meios (STJ, REsp 34.276/GO, 3.ª Turma, Rel. Min. Eduardo Ribeiro, j. 18.05.1993, *DJ* 07.06.1993, p. 11.260).

Não se pode negar que esse entendimento também é retirado das regras de trânsito, uma vez que a responsabilidade civil deve ser atribuída ao condutor, pelo menos em regra. Como visto, como importante exceção, também é viável juridicamente a responsabilização daquele que entrega o veículo de sua propriedade a outrem, em uma das previsões contidas no art. 932 do Código Civil.

Entretanto, não se pode atribuir a responsabilidade civil ao proprietário que transmitiu a posse e o domínio do veículo, apesar de não ter tomado as devidas providências formais após a alienação. Não se pode esquecer, contudo, que não sendo comprovada essa alienação antes do acidente, por algum meio, a responsabilidade civil do proprietário há que ser reconhecida (por todos: STJ, AgRg no AREsp 41.476/SC, 3.ª Turma, Rel. Min. Ricardo Villas Bôas Cueva, j. 09.12.2014, *DJe* 15.12.2014).

13

RESPONSABILIDADE CIVIL AMBIENTAL

Sumário: 1. Princípios do Direito Ambiental e suas repercussões para a responsabilidade civil – 2. Do conceito de poluição. Os danos ambientais reparáveis – 3. Da responsabilidade civil objetiva consagrada pela Lei n. 6.938/1981 (Lei da Política Nacional do Meio Ambiente). A adoção da teoria do risco integral para os danos ambientais – 4. Casos específicos de responsabilidade civil ambiental – 5. Do dever de recuperação ambiental pelos novos proprietários dos imóveis. Uma questão de responsabilidade civil? – 6. Da responsabilidade civil pelo dano ambiental enorme.

1. PRINCÍPIOS DO DIREITO AMBIENTAL E SUAS REPERCUSSÕES PARA A RESPONSABILIDADE CIVIL

A Conferência das Nações Unidas sobre o Ambiente Humano, promovida em Estocolmo (Suécia) no remoto ano de 1972 é considerada um marco para a matéria objeto deste capítulo, por ter reconhecido o direito ao meio ambiente como um direito fundamental da pessoa humana, o que foi confirmado pela Declaração do Rio sobre o Meio Ambiente, em 1992. Conforme a primeira norma, "o homem tem o direito fundamental à liberdade, à igualdade, e ao desfrute de condições de vida adequadas em um meio cuja qualidade lhe permita levar uma vida digna e gozar de bem-estar e tem a solene obrigação de proteger e melhorar esse meio para as gerações presentes e futuras".

Sucessivamente, foi afirmado no Rio de Janeiro que os seres humanos estão no centro das preocupações relacionadas com o desenvolvimento sustentável, tendo direito a uma vida saudável e produtiva em harmonia com o meio ambiente. Todas essas preocupações hoje se fazem muito intensamente presentes diante das consequências das mudanças climáticas percebidas nos últimos anos.

No caso brasileiro, tais premissas foram confirmadas pela Constituição Federal de 1988 que, entre outros dispositivos, reconhece o direito das pessoas ao Bem Ambiental, associado ao meio ambiente ecologicamente equilibrado, que visa à sadia qualidade de vida das presentes e futuras gerações (art. 225).

Antes disso, a Lei da Política Nacional do Meio Ambiente, Lei n. 6.938/1981, já trazia os conceitos fundamentais a respeito do Direito Ambiental, na linha das Convenções Internacionais citadas, sendo o verdadeiro Estatuto Jurídico do tema em nosso País.

Sobre o *Bem Ambiental*, há tempos sigo o conceito desenvolvido pelo Professor Rui Carvalho Piva, segundo o qual trata-se de "um bem difuso, um bem protegido por um direito que visa assegurar um interesse transindividual, de natureza indivisível, de que sejam titulares pessoas indeterminadas e ligadas por circunstâncias de fato".[1] Ainda de acordo com o jurista, "há um reconhecimento geral no sentido de que o direito ao meio ambiente ecologicamente equilibrado é considerado um bem de uso comum do povo. Aliás, o disposto no artigo 225 da Constituição Federal não deixa dúvidas quanto a isto. Se é de uso comum, não há titularidade plena, pois, como o próprio nome está a dizer, o uso não é individual. É de todos".[2] Tais ideias serão fundamentais para algumas das conclusões expostas neste capítulo, que aborda a responsabilidade civil ambiental.

Percebe-se, a partir dessa concepção, a necessidade de preocupação dos entes públicos e privados com a manutenção dos ecossistemas, do meio ambiente natural e artificial, pela sua inafastável repercussão para a concepção e desenvolvimento da vida humana.

Cumpre lembrar que a própria Constituição no seu art. 5.º, LXXIII, prevê que qualquer cidadão é parte legítima para propor ação popular que vise a anular ato lesivo ao meio ambiente. Como defende há tempos Édis Milaré, trata-se de uma ordem "transcendental de todo o ordenamento jurídico ambiental, ostentando, a nosso ver, o *status* de verdadeira cláusula pétrea".[3] Vale citar, em complemento, a consagração expressa da função socioambiental da propriedade pelo art. 1.228 do Código Civil de 2002, estabelecendo o seu § 1.º que "o direito de propriedade deve ser exercido em consonância com as suas finalidades econômicas e sociais e de modo que sejam preservados, de conformidade com o estabelecido em lei especial, a flora, a fauna, as belezas naturais, o equilíbrio ecológico e o patrimônio histórico e artístico, bem como evitada a poluição do ar e das águas".

Tais normas trazem repercussões importantes no tocante à responsabilização civil dos causadores de danos ambientais, ao lado de princípios fundamentais que regem o tema.[4] Como aponta Celso Antonio Pacheco Fiorillo, "aludidos

---

[1] PIVA, Rui Carvalho. *Bem ambiental*. São Paulo: Max Limonad, 2000. p. 109-142.
[2] PIVA, Rui Carvalho. *Bem ambiental*, cit., p. 109-142.
[3] MILARÉ, Édis. *Direito do ambiente*. São Paulo: RT, 2000. p. 96.
[4] Serviram-nos como base para a análise dos princípios do Direito Ambiental: FIORILLO, Celso Antonio Pacheco. *Curso de Direito Ambiental brasileiro*. 10. ed. São Paulo: Saraiva, 2009. p. 26-60; MACHADO, Paulo Affonso Leme. *Direito Ambiental brasileiro*. 12. ed. São Paulo: Malheiros, 2004. p. 47-92.

princípios constituem pedras basilares dos sistemas político-jurídicos dos Estados civilizados, sendo adotados internacionalmente como fruto da necessidade de uma ecologia equilibrada e indicativos do caminho adequado para a proteção ambiental, em conformidade com a realidade social e os valores culturais de cada Estado".[5] Vejamos alguns deles.

O primeiro regramento do Direito Ambiental a ser destacado é o princípio da natureza pública da proteção ambiental, retirado do art. 2.º, inc. I, da Lei n. 6.938/1981. Conforme está ali estabelecido, a Política Nacional do Meio Ambiente tem por objetivo a preservação, melhoria e recuperação da qualidade ambiental propícia à vida, visando a assegurar, no País, condições ao desenvolvimento socioeconômico, aos interesses da segurança nacional e à proteção da dignidade da vida humana.

Para tanto, devem ser incentivadas as atuações governamentais com o intuito de manter o equilíbrio ecológico, considerando-se o meio ambiente como um patrimônio público a ser necessariamente assegurado e protegido, tendo em vista o seu uso e interesse coletivo. Visa-se à especialização concreta do princípio da supremacia da ordem pública sobre o interesse privado, situando-se a proteção ambiental como finalidade da atividade estatal. No âmbito do Direito Ambiental, tem-se, portanto, um encaixe de interesses públicos e coletivos, o que vai muito além da dicotomia *público e privado*. Em suma, devem prevalecer os interesses da coletividade, privilegiando-se os interesses da sociedade na proteção e defesa do meio ambiente.

Como outro regramento fundamental, o princípio do poluidor-pagador (*"polluter pays principle"*) visa a imputar ao poluidor as consequências e custos sociais decorrentes da poluição por ele gerada. Cabe esclarecer que alguns autores, como Paulo Affonso Leme Machado, preferem utilizar o termo *usuário-pagador*, que englobaria o *poluidor-pagador*.[6] Como explica Fabiano Melo, o primeiro conceito completa o segundo, sendo "decorrente da necessidade de valorização econômica dos recursos naturais, de quantificá-los economicamente evitando o que se denomina 'custo zero', que é a ausência de cobrança pela sua utilização".[7] De toda sorte, preferirei aqui utilizar a expressão *poluidor-pagador*, que parece prevalecer no âmbito ambiental, seja na doutrina seja na jurisprudência, tendo um impacto maior para explicar a reparação civil cabível em casos tais.

O sentido do poluidor-pagador pode ser retirado, sem prejuízo de outros comandos, do art. 14, § 1.º, da Lei n. 6.938/1981, o mais importante preceito para o presente capítulo. Conforme a sua previsão, "é o poluidor pagador obrigado, independentemente de existência de culpa, a indenizar ou reparar os danos causados ao meio ambiente e a terceiros, afetados por sua atividade". Trata-se da regra consagradora da responsabilidade civil objetiva por danos ambientais. Como pontua Ramon Martin Mateo, o princípio em questão não tem como objetivo aceitar a poluição mediante uma simples remuneração posterior, mas,

---

[5] FIORILLO, Celso Antonio Pacheco. *Curso de Direito Ambiental brasileiro*, cit., p. 27.
[6] MACHADO, Paulo Affonso Leme. *Direito Ambiental brasileiro*, cit., p. 53.
[7] MELO, Fabiano. *Direito Ambiental*. 2. ed. São Paulo: Método, 2017. p. 114.

sim, evitar que o dano ao meio ambiente se concretize. A indenização não perde o seu caráter disciplinador, somado à sua natureza de reparação.[8] Tal entendimento foi adotado pelo Supremo Tribunal Federal, quando do julgamento da ADIN 3.378-6/DF, no ano de 2008, que debateu a constitucionalidade da compensação ambiental nas unidades de conservação. Ressalte-se, contudo, que o aresto menciona a expressão *princípio do usuário-pagador*.

A ideia de poluidor-pagador, no Direito brasileiro, extrapola as regras previstas em algumas construções do Direito Comparado, eis que há a previsão de uma punição multidisciplinar, com repercussões não só para a responsabilidade civil. Nessa linha, vejamos as palavras sempre atuais de Álvaro Luiz Valery Mirra:

> "Dessa forma, sem negligenciar a extraordinária relevância da prevenção das degradações, é preciso admitir que um sistema completo de preservação e conservação do meio ambiente supõe necessariamente a responsabilização dos causadores de danos ambientais e da maneira mais ampla possível, envolvendo as esferas civil, penal e administrativa.
>
> Note-se que essa amplitude pretendida encontra reflexo, por exemplo, na autonomia e independência entre os três sistemas de responsabilidade apontados, os quais poderão ser sempre utilizados cumulativamente, levando um poluidor, por um mesmo ato de poluição, a ser responsabilizado simultaneamente nas esferas civil, penal e administrativamente; na consagração da responsabilidade civil objetiva, isto é, independentemente da existência de culpa, do degradador pelos danos ambientais e na responsabilização penal das pessoas jurídicas".[9]

Vale lembrar que o princípio do poluidor-pagador também encontra respaldo no art. 225, § 3.º da CF/1988, que prevê a possibilidade jurídica de cumulação de responsabilidades em todas as esferas. Percebe-se o duplo caráter da norma jurídica, qual seja a reparação abraçada à punição no *autorizamento* da lei constitucional.

Como se afirma amplamente entre os doutrinadores do Direito Ambiental, deve-se buscar um equilíbrio entre a ideia de *poluidor-pagador* e os princípios da prevenção e da precaução, que devem ser diferenciados. A prevenção constitui outra regra vital para essa disciplina jurídica, justamente pelo fato de serem muitos dos danos à natureza totalmente irreversíveis, constituindo "a prioridade que deve ser dada às medidas que evitem o nascimento de atentados ao ambiente, de molde a reduzir ou eliminar as causas de ações suscetíveis de alterar a sua qualidade".[10] Como pontua Paulo Affonso Leme Machado, "prevenir a degradação do meio ambiente no plano nacional e internacional é concepção que passou a ser aceita no mundo contemporâneo nas últimas três décadas".[11]

---

[8] MATEO, Ramon Martin. *Tratado de derecho ambiental*. Madrid: Trivium, 1991. p. 240.
[9] MIRRA, Álvaro Luiz Valery. Fundamentos do Direito Ambiental no Brasil. *Revista dos Tribunais*, São Paulo, v. 706, p. 7, 2004.
[10] MILARÉ, Édis. *Direito do ambiente*, cit., p. 102.
[11] MACHADO, Paulo Affonso Leme. *Direito Ambiental brasileiro*, cit., p. 55.

Com didática e objetividade, Fabiano Melo explica que a prevenção trabalha com o *risco conhecido*, sendo esse o que pode ser "identificado por meio de pesquisas, dados e informações ambientais ou ainda porque os impactos são conhecidos em decorrência dos resultados de intervenções anteriores. (...). É a partir do risco conhecido que se procura adotar medidas antecipatórias de mitigação dos possíveis impactos ambientais".[12] Nesse ponto, há diferenças com relação ao princípio da precaução, pois a última trabalha com a *incerteza científica*. Na precaução, "o que se configura é a ausência de informações ou pesquisas científicas conclusivas sobre a potencialidade e os efeitos de determinada intervenção sobre o meio ambiente e a saúde humana. Ele atua como um mecanismo de gerenciamento de riscos ambientais, notadamente para as atividades e empreendimentos marcados pela ausência de estudos e pesquisas objetivas sobre as consequências para o ambiente a saúde humana".[13] A precaução é aplicada, por exemplo, para as hipóteses envolvendo os organismos geneticamente modificados (OGMs), ainda não conhecidos pela comunidade científica local ou mundial.

Com o Princípio 15 da Declaração do Rio de Janeiro sobre Meio Ambiente e Desenvolvimento, de 1992, a precaução passou a ser compromisso assumido pelos países, prevendo a norma que: "para proteger o meio ambiente medidas de precaução devem ser largamente aplicadas pelos Estados segundo suas capacidades. Em caso de risco de danos graves ou irreversíveis, a ausência de certeza científica absoluta não deve servir de pretexto para procrastinar a adoção de medidas efetivas visando a prevenir a degradação do meio ambiente". Pelos riscos da degradação, atingindo todas as pessoas e a sociedade, a prevenção e a precaução acabam sendo mais importantes do que a própria punição, eis que muitos dos eventos danosos são incuráveis, reitere-se. Não há dano maior ao interesse coletivo, no Direito Ambiental, do que a degradação da natureza, sendo a prevenção e a precaução regras basilares para o sustento dos recursos renováveis e não renováveis.

Ao lado das atividades públicas de prevenção e de precaução, a preservação deve ser promovida pela conscientização da população, através da educação ambiental. Com o incremento dessa consciência, percebe-se, na opinião pública, inclusive de empresas, o aumento na busca da proteção, conservação e recuperação do ambiente. Por outro lado, crescem também as exigências da sociedade para a existência de políticas privadas de proteção, a busca coletiva pelo chamado *desenvolvimento sustentável*, considerado como outro princípio do Direito Ambiental. Como explica Celso Pacheco Fiorillo, "o princípio do desenvolvimento sustentável tem por conteúdo a manutenção das bases vitais para a produção e reprodução do homem e de suas atividades, garantindo igualmente uma relação satisfatória entre os homens e destes com o ambiente, para que as futuras gerações também tenham oportunidade de desfrutar os mesmos recursos que temos hoje à nossa disposição".[14] Vale lembrar que o desenvolvimento

---

[12] MELO, Fabiano. *Direito Ambiental*, cit., p. 108.
[13] MELO, Fabiano. *Direito Ambiental*, cit., p. 109.
[14] FIORILLO, Celso Antonio Pacheco. *Curso de Direito Ambiental brasileiro*, cit., p. 29.

sustentável tem relação direta com a função social da propriedade, seja urbana seja agrária, como se retira de praticamente todos os incisos do art. 186 da Constituição Federal brasileira.

Sem dúvida, há um conflito inevitável entre os ganhos ambientais e os ganhos econômicos, por um conceito ainda pregado entre muitas empresas e doutrinadores da área, no sentido de que o agente econômico procura sempre o lucro, com base na seleção de alternativas do custo mínimo de produção, sem levar em conta os danos ambientais ou de outra natureza.

Pela criação desse novo âmbito de normatização ambiental, esse antigo paradigma foi substituído por uma nova realidade. Poder Público e entes privados passaram a buscar meios de proteção, imputando aos poluidores que buscam o lucro a qualquer preço a punição integral pelos danos causados ao ambiente. Cresce na opinião pública, gradativamente, a consciência de que é necessária a intervenção do Estado para proteção, conservação e recuperação da natureza, sobretudo diante dos problemas advindos do aquecimento global e das mudanças climáticas, caso de desastres e catástrofes ambientais que assolam todo o mundo.

Em contraste, aumentam também as exigências da sociedade para o aumento da riqueza e dos níveis de renda e de emprego. No atual estágio da economia mundial, um dos grandes desafios é o ponto de equilíbrio entre esses dois anseios da coletividade. A superação desse paradoxo constitui a essência da busca do *desenvolvimento sustentável*.

Entes públicos e privados sabem que deverão pagar um preço pela sua conquista do desenvolvimento sustentável. O problema é minimizar também esses custos, dividindo-os entre os países e cidadãos do mundo globalizado. Toda vez em que uma agência ambiental ou um governo impõe determinado padrão de controle da poluição que atinge a produção, onerando custos, as reações da indústria e do mercado são imediatas. O mesmo ocorre quando os consumidores exigem a implementação de programas de rotulagem ambiental, por exemplo.

Como é cediço, o art. 170, inc. VI, da Constituição Federal estabelece como princípio inerente à ordem econômica a defesa do meio ambiente, constituindo a busca do desenvolvimento sustentável norma principiológica do ordenamento jurídico brasileiro. Assim, pela própria colocação topográfica da última norma, dentro do capítulo relativo ao desenvolvimento econômico, o que se tem percebido é um incremento dos debates para a busca de políticas públicas e iniciativas privadas que valorizam o meio ambiente, sem prejuízo do crescimento econômico. Aqui, podemos citar as reuniões anuais celebradas na Organização das Nações Unidas, que possui órgão próprio para debate dessas questões, a *United Nations Conference on Trade and Development* (UNCTAD).

Encerrando este primeiro tópico introdutório, interessante discorrer brevemente sobre a natureza jurídica do Direito Ambiental. Colocaria este ramo dogmático a pessoa humana no centro dos conceitos (visão antropocêntrica) ou visaria o mesmo à proteção do ecossistema, em uma visão biocêntrica? Entendo que o direito à proteção ao meio ambiente é inerente à própria concepção da pessoa humana, como restou claro até aqui.

Sendo assim, atingindo a pessoa natural em primeiro momento, não restam dúvidas de que a preservação do meio ambiente é de interesse da coletividade humana. O caráter *antropocêntrico* do Direito Ambiental, a propósito, consta do Princípio n. 1 da Declaração do Rio de Janeiro sobre Meio Ambiente e Desenvolvimento, aqui antes citado e transcrito. Assim, a visão antropocêntrica é aquela que prevalece no Brasil, pois, nos dizeres de Fabiano Melo, "conforme os documentos internacionais e a Constituição Federal, a proteção é de natureza antropocêntrica".[15]

Dar ao meio ambiente uma natureza antropocêntrica pode até parecer um ato egoístico, eis que há uma busca constante de proteção da biosfera, do ambiente natural e dos bens ambientais. Contudo, é oportuno lembrar que as leis protetivas, como as que imputam o dever de indenizar nos casos de danos ambientais, foram feitas pelas pessoas e para elas. Sendo a proteção e conservação do ambiente norma principiológica em todos os países que buscam o desenvolvimento econômico, político, social, cultural e tecnológico, não se pode afastar o caráter antropocêntrico do Direito Ambiental.

Como palavras derradeiras, acredito ser essa discussão mais acadêmica do que prática, pela proximidade dos conceitos e pelo fato de que as duas visões se complementam. A visão biocêntrica centraliza seu olhar no meio instrumental, qual seja o ambiente natural. Já a antropocêntrica visualiza o fim, a tutela da pessoa humana. Forma-se um círculo contínuo e de complementaridade, eis que, pela teoria geral do Direito Ambiental, um – a pessoa – não vive sem o outro – o meio ambiente.

Como pontua novamente Fabiano Melo, pode-se falar em um *antropocentrismo alargado*, "que conjuga a interação da espécie humana com os demais seres vivos como garantia de sobrevivência e dignidade do próprio ser humano, assim como o reconhecimento que a proteção da fauna e da flora é indeclinável para a equidade intergeracional, para salvaguardar as futuras gerações".[16] Essa é uma visão que também me seduz, devendo ser seguida.

2. DO CONCEITO DE POLUIÇÃO. OS DANOS AMBIENTAIS REPARÁVEIS

O conceito de poluição é fundamental para a incidência do princípio do poluidor-pagador e para a correspondente responsabilidade civil deste, com a imputação dos danos reparáveis na seara do Direito Ambiental.

De início, percebe-se a prevenção contra poluição como norte do art. 4.º, incs. VI e VII, da Lei n. 6.938/1981, sendo fundamental a preservação e a restauração dos recursos ambientais com vistas à sua utilização racional e disponibilidade permanente, concorrendo para a manutenção do equilíbrio ecológico propício à vida. Consagra-se expressamente a imposição, ao poluidor e ao predador, da obrigação de recuperar ou indenizar os danos causados e, ao usuário, da contribuição pela utilização de recursos ambientais com fins econômicos.

---

[15] MELO, Fabiano. *Direito Ambiental*, cit., p. 10.
[16] MELO, Fabiano. *Direito Ambiental*, cit., p. 10.

Em complemento, pela simples leitura do art. 225 da Constituição Federal de 1988 percebe-se o intuito da norma fundamental em afastar a poluição, havendo menção a ela no seu § 1.º, particularmente nos incisos V e VII. Conforme essas previsões, incumbe ao Poder Público controlar a produção, a comercialização e o emprego de técnicas, métodos e substâncias que comportem risco para a vida, a qualidade de vida e o meio ambiente. Também é imposta a necessidade de os entes estatais protegerem a fauna e a flora, sendo vedadas, na forma da lei, as práticas que coloquem em risco sua função ecológica, provoquem a extinção de espécies ou submetam os animais à crueldade.

Merece ser citada, ainda, a Lei n. 7.347/1985 que traz no seu art. 5.º, § 6.º, a possibilidade de prevenção, via ação coletiva, de contaminação do solo, ar e água, por substâncias nocivas ao ambiente natural. Como antes destaquei, regramento importantíssimo para a tentativa de construção de uma *teoria da responsabilidade civil ambiental,* o princípio do poluidor-pagador visa a imputar ao agente causador do dano consequências e custos sociais decorrentes da poluição por ele gerada.

Não se olvide, contudo, que, pelos grandes riscos decorrentes da degradação, atingindo a própria pessoa humana, a prevenção acaba sendo mais importante do que a punição. No entanto, qual seria o conceito de poluição, tido como o *grande vilão* do Direito Ambiental, evitado até os últimos esforços, mesmo que isso aumente os custos e diminua a produção, segundo a ideia de desenvolvimento sustentável?

Pelo art. 3.º, inc. III, da Lei n. 6.938/1981, a poluição constitui a degradação da qualidade ambiental resultante de atividades que direta ou indiretamente: *a)* prejudiquem a saúde, a segurança e o bem-estar da população; *b)* criem condições adversas às atividades sociais e econômicas; *c)* afetem desfavoravelmente a biota (conjunto de seres vivos que vivem em um determinado espaço); *d)* afetem as condições estéticas ou sanitárias do meio ambiente; *e)* lancem matérias ou energia em desacordo com os padrões ambientais estabelecidos.

Percebe-se no dispositivo ora comentado a confirmação da visão antropocêntrica do Direito Ambiental, uma vez que as letras *a* e *b* tendem à proteção humana, como bem é o objetivo da lei protetiva ao meio ambiente. Nota-se, ainda, o intuito econômico e social das previsões, uma vez que a poluição é atividade que interfere no desenvolvimento humano de toda uma comunidade. Não se pode negar, contudo, que as letras *c, d* e *e* do mencionado diploma legal trazem a visão biocêntrica do Direito Ambiental, apontando para a proteção dos recursos naturais em sentido amplo. Por isso é que se utiliza justamente a expressão *antropocentrismo alargado,* antes exposta. Como destaquei, as duas ideias são complementares no âmbito ambiental, sendo certo que uma não exclui a outra.

Na norma em questão há um subjetivismo ampliador, eis que as construções podem variar quanto ao tempo e local, especialmente nas menções a práticas que "afetem desfavoravelmente a biota" ou que estejam em "desacordo com os padrões ambientais estabelecidos".

Como bem apontado pela doutrina especializada, o rol do art. 3.º da Lei n. 6.938/1981 deve ser tido como meramente exemplificativo (*numerus apertus*),e não taxativo (*numerus clausus*). Nas palavras de Celso Antonio Pacheco Fiorillo, "o rol trazido pelo art. 3.º da Lei n. 6.938/1981 é exemplificativo, embora seja difícil a existência de uma atividade poluente não prevista dentro das alíneas do inciso III. De qualquer modo, havendo uma atividade poluente que não possa ser encartada nas hipóteses legais, é possível ao aplicador da norma a utilização do conceito de degradação ambiental, desde que exista uma atividade direta ou indireta que cause alteração adversa da qualidade do meio ambiente. Isso fará surgir o dever de reparar o dano ambiental causado".[17]

Como se percebe, o conceito de poluição tem relação direta com os danos reparáveis na seara ambiental. Concebe-se, assim, um *dano ambiental em sentido amplo,* conceituado por Édis Milaré como a "modalidade de gravosidade própria da sociedade industrial" e que "tem características próprias que acabam por orientar o tratamento que as várias ordens jurídicas a conferem".[18]

Conforme ainda ensina o doutrinador, o grande problema dessa modalidade de dano é a sua difícil reparação e o seu caráter muitas vezes irreversível, como é a morte de um ente querido da família. Entre os civilistas, e em obra em que demonstra temas contemporâneos, Caio Mário da Silva fala em *dano ecológico*, com sendo aquele com "vistas à poluição ambiental".[19] De todo modo, ficarei, inicialmente, com a primeira expressão, *dano ambiental em sentido amplo*, que é mais satisfatória e abrangente para resolver os problemas relativos à poluição.

Celso Antonio Pacheco Fiorillo classifica o dano ambiental em sentido amplo como lesão aos bens ambientais, em três modalidades, quais sejam o dano material ambiental, o dano moral ambiental e o dano à imagem.[20] A primeira categoria atinge os bens materiais de qualquer brasileiro e estrangeiro, de forma individual ou coletiva. O segundo instituto "consiste em uma lesão que venha a ofender determinado interesse que não seja corpóreo", que também pode ser individual ou coletivo.[21] Por fim, no dano à imagem, atinge-se interesse relativo à reprodução física das pessoas humanas, também com as duas extensões, constituído "pela ofensa de valores tutelados pela Carta Magna ligados às pessoas antes referidas e que de alguma forma afetem a representação da forma ou do aspecto de ser de qualquer brasileiro ou estrangeiro residente no País".[22]

Entendo que a melhor classificação no Direito brasileiro sobre o dano ambiental é a desenvolvida por José Rubens Morato Leite, que classifica o dano ambiental mediante quatro critérios distintos, a saber: *a)* quanto à amplitude do bem protegido; *b)* quanto à reparabilidade e o interesse envolvido; *c)* quanto à

---

[17] FIORILLO, Celso Antonio Pacheco. *Curso de Direito Ambiental brasileiro*, cit., p. 47.
[18] MILARÉ, Edis. *Direito do ambiente*, cit., p. 334.
[19] PEREIRA, Caio Mário da Silva. *Direito Civil*. Alguns aspectos da sua evolução. Rio de Janeiro: Forense, 2001. p. 130.
[20] FIORILLO, Celso Antonio Pacheco. *Curso de Direito Ambiental brasileiro*, cit., p. 51-52.
[21] FIORILLO, Celso Antonio Pacheco. *Curso de Direito Ambiental brasileiro*, cit., p. 51.
[22] FIORILLO, Celso Antonio Pacheco. *Curso de Direito Ambiental brasileiro*, cit., p. 53.

extensão do dano; e *d)* quanto aos interesses objetivados.²³ Vejamos essa divisão, com grande pertinência teórica e prática.

No tocante ao primeiro critério, *quanto à amplitude*, o jurista leva em conta os conceitos restrito, amplo e parcial de Bem Ambiental, surgindo três categorias distintas. O *dano ambiental lato sensu* segue a concepção ampla do Bem Ambiental, abrangendo todos os componentes do meio ambiente, inclusive o ambiente cultural. O *dano individual ambiental ou reflexo* constitui um dano individual que atinge interesse próprio de alguém (*microbem ambiental*), estando o Bem Ambiental de interesse coletivo atingido de forma reflexa ou indireta (em ricochete). Por fim, o *dano ecológico puro* é construção restrita, relativa aos componentes naturais do ambiente.²⁴

O segundo critério aborda a *obrigação de reparar o dano de forma direta ou indireta*, considerando se o interesse lesado é *micro* ou *macro*. No caso do *dano ambiental de reparabilidade direta* indeniza-se o interessado que sofreu a lesão, estando relacionado a direitos individuais homogêneos (*microinteresse)*. No *dano ambiental de reparabilidade indireta* estão envolvidos interesses difusos e coletivos, prejuízos que atingem toda uma coletividade (*macrointeresse*).²⁵

Como terceiro critério, entram em cena a *extensão do dano* e a lesividade verificada no Bem Ambiental. O prejuízo pode ser, assim e em tal contexto, um *dano ambiental patrimonial* ou um *dano moral extrapatrimonial ou moral*.²⁶ O primeiro atinge interesses corpóreos, materiais ou tangíveis, das vítimas e da sociedade. O segundo, interesses incorpóreos, imateriais ou intangíveis.

Por derradeiro, a partir dos *interesses objetivados*, surgem as últimas categorias de danos ambientais. No *dano ambiental de interesse da coletividade*, há um interesse público na sua preservação e reparação dos prejuízos. No *dano moral de interesse individual*, há interesses relacionados a determinadas pessoas, especialmente quanto às suas propriedades. Destaque-se, ainda, o *dano ambiental de interesse subjetivo fundamental*, quando há um interesse particular em proteger um *macrobem*, de todos, caso do ambiente ecológico de uma região.²⁷

De fato, trata-se de uma classificação completa e precisa, que deve ser levada em conta para o estudo e aplicação da responsabilidade civil decorrente de danos ambientais. Da minha parte, e em termos gerais, prefiro doutrinariamente seguir na atualidade a divisão apontada no Capítulo 6 desta obra, separando os prejuízos em materiais, morais, estéticos, coletivos e sociais ou difusos.²⁸

Mesmo nos casos em que há danos ambientais em sentido amplo, como está ali desenvolvido, prefiro utilizar as duas últimas expressões, conforme a

---

[23] LEITE, José Rubens Morato. *Dano ambiental*: do individual ao coletivo extrapatrimonial. 2. ed. São Paulo: RT, 2003. p. 93-100.
[24] LEITE, José Rubens Morato. *Dano ambiental*: do individual ao coletivo extrapatrimonial, cit., p. 95.
[25] LEITE, José Rubens Morato. *Dano ambiental*: do individual ao coletivo extrapatrimonial, cit., p. 96-97.
[26] LEITE, José Rubens Morato. *Dano ambiental*: do individual ao coletivo extrapatrimonial, cit., p. 97-98.
[27] LEITE, José Rubens Morato. *Dano ambiental*: do individual ao coletivo extrapatrimonial, cit., p. 98.
[28] De todo modo, como ali foi desenvolvido, a Reforma do Código Civil pretende incluir na codificação privada o tratamento dos danos extrapatrimoniais, a englobar os danos morais e estéticos (art. 944-A); tendo os danos por perda de uma chance um tratamento separado (art. 944-B).

identificação ou não das vítimas. De todo modo, não posso deixar de afirmar que a divisão criada por Morato Leite tem prevalecido entre os estudiosos do Direito Ambiental, devendo ser considerada como um argumento de autoridade nesse ramo.[29]

Oportuno pontuar que se têm reconhecido danos morais ambientais individuais, como no caso envolvendo o derramamento de substâncias tóxicas na baía de Paranaguá por navio da Petrobras, o que trouxe prejuízos de diversas ordens para os pescadores locais. A questão foi analisada em julgamentos de incidentes de recursos repetitivos pelo STJ. Merece destaque o primeiro deles, que traz conclusão a respeito dos prejuízos suportados no sentido de que "patente o sofrimento intenso de pescador profissional artesanal, causado pela privação das condições de trabalho, em consequência do dano ambiental, é também devida a indenização por dano moral, fixada, por equidade, em valor equivalente a um salário mínimo" (STJ, REsp 1.114.398/PR, 2.ª Seção, Rel. Min. Sidnei Beneti, j. 08.02.2012, *DJe* 16.02.2012). Lamenta-se apenas a fixação ínfima do *quantum* reparatório, em um salário mínimo, um tanto quanto irrisório. Posterior a tal julgamento, reconhecendo tal pleito reparatório, entre vários arestos superiores:

> "Agravo regimental no agravo (art. 544 do CPC). Ação indenizatória por dano moral e material. Acidente ambiental causado por derramamento de óleo na Baía do Paranaguá por navio de propriedade da Petrobras. Decisão monocrática que negou provimento ao agravo. Insurgência da ré. (...). Acórdão recorrido que se encontra em conformidade com a orientação firmada nesta Corte, de que, devida a indenização por dano moral e lucro cessante aos pescadores artesanais das Baías de Antonina e Paranaguá/PR, em virtude de poluição ambiental decorrente de dois acidentes ocorridos em 2001, de responsabilidade da empresa Petróleo Brasileiro S.A. – Petrobras. Incidência do óbice contido na Súmula 83 desta Casa. A Corte local, ao manter os fundamentos alusivos aos critérios da fixação do valor indenizatório, o fez com base na análise aprofundada da prova constante dos autos, conforme amplamente apreciado pela decisão ora atacada, sendo que a pretensão da ora agravante não se limita à revaloração da prova apreciada do aresto estadual, mas, sim, pelo seu revolvimento por esta Corte Superior, o que é inviável, sob pena de violação do enunciado da súmula 7/STJ" (STJ, AgRg no AREsp 249.208/PR, 4.ª Turma, Rel. Min. Marco Buzzi, j. 18.12.2012, *DJe* 07.02.2013).

Como também foi desenvolvido naquele Capítulo 6, vale retomar aqui o debate a respeito da reparação do dano ambiental imaterial ou moral coletivo no âmbito do Superior Tribunal de Justiça. Como ali destaquei, em um precedente polêmico, a Primeira Turma da Corte, competente para apreciar questões de Direito Público, entendeu não ser indenizável o dano moral coletivo em situação envolvendo prejuízos ao meio ambiente. A ementa do julgado, proferida em sede de ação civil pública, merece nova transcrição:

---

[29] A divisão é seguida, a título de exemplo, por: MELO, Fabiano. *Direito Ambiental*, cit., p. 374-377.

"Processual civil. Ação civil pública. Dano ambiental. Dano moral coletivo. Necessária vinculação do dano moral à noção de dor, de sofrimento psíquico, de caráter individual. Incompatibilidade com a noção de transindividualidade (indeterminabilidade do sujeito passivo e indivisibilidade da ofensa e da reparação). Recurso especial improvido" (STJ, REsp 598.281/MG, 1.ª Turma, Rel. Min. Luiz Fux, Rel. p/ Acórdão Min. Teori Albino Zavascki, j. 02.05.2006, DJ 1.º.06.2006, p. 147).

Assim, esse *decisum,* por maioria de votos, concluiu pela impossibilidade de aferição objetiva do dano ambiental moral coletivo e de determinação do *quantum* indenizatório. Reitere-se que a lide teve origem no Estado de Minas Gerais, em decorrência de danos ambientais causados pela Municipalidade de Uberlândia e por uma empresa de empreendimentos imobiliários, diante de um loteamento irregular. A ação foi proposta pelo Ministério Público estadual, com condenação em primeira instância por danos morais coletivos, em cinquenta mil reais. A decisão foi reformada pelo Tribunal de Justiça de Minas Gerais, no sentido de não ser possível tal reparação, justamente pelo fato de ainda se exigir no dano moral a presença de sentimentos humanos desagradáveis, o que seria incompatível com os danos coletivos. As afirmações foram confirmadas em máxima instância, em total descompasso com a análise atual do dano moral individual, superando os meros sentimentos desagradáveis, como igualmente desenvolvo no Capítulo 6 deste livro.

Apesar de esse ter sido o entendimento majoritário no julgamento, é pertinente ressaltar que, naquela ocasião, houve voto divergente do Ministro Luiz Fux, atualmente no Supremo Tribunal Federal, que concluiu ser reparável o dano moral coletivo em casos de lesões ambientais:

"O meio ambiente integra inegavelmente a categoria de interesse difuso, posto inapropriável *uti singuli*. Consectariamente, a sua lesão, caracterizada pela diminuição da qualidade de vida da população, pelo desequilíbrio ecológico, pela lesão a um determinado espaço protegido, acarreta incômodos físicos ou lesões à saúde da coletividade, revelando lesão ao patrimônio ambiental, constitucionalmente protegido. Deveras, os fenômenos, analisados sob o aspecto da repercussão física ao ser humano e aos demais elementos do meio ambiente, constituem dano patrimonial ambiental. O dano moral ambiental caracterizar-se-á quando, além dessa repercussão física no patrimônio ambiental, sucede ofensa ao sentimento difuso ou coletivo – *v.g.*: o dano causado a uma paisagem causa impacto no sentimento da comunidade de determinada região, quer como *v.g.*: a supressão de certas árvores na zona urbana ou localizadas na mata próxima ao perímetro urbano. Consectariamente, o reconhecimento do dano moral ambiental não está umbilicalmente ligado à repercussão física no meio ambiente, mas, ao revés, relacionado à transgressão do sentimento coletivo, consubstanciado no sofrimento da comunidade, ou do grupo social, diante de determinada lesão ambiental. Deveras, o dano moral individual difere do dano moral difuso e *in re ipsa* decorrente do sofrimento e emoção negativa. Destarte, não se pode olvidar que o meio ambiente pertence a todos, porquanto a Carta Magna de 1988 universalizou este direito, erigindo-o como um bem de uso comum do povo.

Desta sorte, em se tratando de proteção ao meio ambiente, podem coexistir o dano patrimonial e o dano moral, interpretação que prestigia a real exegese da Constituição em favor de um ambiente sadio e equilibrado" (STJ, REsp 598.281/MG, julgado em junho de 2006).

Filio-me a tais afirmações, na linha do que foi desenvolvido no início deste capítulo a respeito do conceito de Bem Ambiental e do conteúdo do art. 225 da CF/1988. A verdade é que, também no âmbito ambiental, a posição anterior acabou por ser superada, sendo a posição jurisprudencial hoje amplamente majoritária a que admite a reparação de danos morais coletivos em casos de prejuízos ao meio ambiente. Seguindo esse entendimento, transcreve-se, com citação de outro precedente:

"Processo civil. Ambiental. Poluição do Rio Sergipe/SE. Derramamento de dejetos químicos. Mortandade de toneladas de animais marinhos. Dano moral coletivo. Alegativa de litispendência. Súmula 7/STJ. Observância do princípio da congruência. Caracterização do dano. Alegativa de caso fortuito afastada. Revisão. Reexame de elementos probatórios. Impossibilidade. Redução do valor da indenização. Descabimento. Sucumbência mínima. Fundamento intacado. Súmula 283/STF. A demanda foi ajuizada em virtude do derramamento de amônia ocorrido no Rio Sergipe/SE, ocasionado pela obstrução de uma das canaletas da caixa de drenagem química da Fábrica de Fertilizantes Nitrogenados da Cidade de Maruim/SE, unidade operacional da sociedade empresária ora recorrente, o que acarretou o vazamento de rejeitos químicos que contaminaram as águas daquele rio, resultando na mortandade de aproximadamente seis toneladas de peixes, alevinos, crustáceos e moluscos. (...). O STJ já reconheceu o cabimento da aplicação cumulativa da indenização por danos morais coletivos com a condenação ao cumprimento de obrigações de fazer e não fazer no âmbito da ação civil pública, inclusive, com fundamento no art. 3.º da Lei n. 7.347/1985. Confira-se: REsp 1.269.494/MG, Rel. Ministra Eliana Calmon, Segunda Turma, julgado em 24.9.2013, *DJe* 1º.10.2013. O aresto recorrido afastou a alegativa de caso fortuito, sob o fundamento de que o acidente decorreu de fatos internos à própria unidade industrial, relacionados com a deficiência do projeto de drenagem dos dejetos químicos e a precária manutenção das respectivas canaletas. A revisão dessas conclusões, contudo, não é cabível no âmbito do recurso especial, por implicar o revolvimento das provas dos autos, nos termos da Súmula 7/STJ. O Tribunal *a quo* reduziu o valor da condenação estipulada na sentença a título de danos morais coletivos para fixá-la em R$ 150.000,00 (cento e cinquenta mil reais), a partir da análise das circunstâncias fáticas na lide, a exemplo da repercussão do dano e das condições econômicas do infrator. A revaloração desses elementos, por seu turno, mormente quando não demonstrado o caráter manifestamente excessivo da indenização, atrai a incidência da Súmula 7/STJ" (STJ, REsp 1.355.574/SE, 2.ª Turma, Rel. Min. Diva Malerbi [Desembargadora Convocada do TRF 3.ª Região], j. 16.08.2016, *DJe* 23.08.2016).

Em complemento, como se retira de outro importante acórdão sobre poluição sonora, "tratando-se de poluição sonora, e não de simples incômodo restrito aos lindeiros de parede, a atuação do Ministério Público não se dirige à tutela de direitos individuais de vizinhança, na acepção civilística tradicional, e, sim, à defesa do meio ambiente, da saúde e da tranquilidade pública, bens de natureza difusa". E mais, ainda de acordo com o mesmo aresto do STJ:

> "'O dano moral coletivo, assim entendido o que é transindividual e atinge uma classe específica ou não de pessoas, é passível de comprovação pela presença de prejuízo à imagem e à moral coletiva dos indivíduos enquanto síntese das individualidades percebidas como segmento, derivado de uma mesma relação jurídica-base. (...) O dano extrapatrimonial coletivo prescinde da comprovação de dor, de sofrimento e de abalo psicológico, suscetíveis de apreciação na esfera do indivíduo, mas inaplicável aos interesses difusos e coletivos'. Nesse sentido: REsp 1.410.698/MG, Rel. Ministro Humberto Martins, Segunda Turma, julgado em 23.06.2015, DJe 30.06.2015; REsp 1.057.274/RS, Rel. Ministra Eliana Calmon, Segunda Turma, julgado em 1.º.12.2009, DJe 26.02.2010". O valor da indenização coletiva foi fixado em R$ 50.000,00 (STJ, AgRg no AREsp 737.887/SE, 2.ª Turma, Rel. Min. Humberto Martins, j. 03.09.2015, DJe 14.09.2015).

Nota-se igualmente no âmbito ambiental uma confusão entre as categorias dos danos morais coletivos e dos danos sociais ou difusos, pois muitas vezes utiliza-se a primeira denominação e os valores reparatórios são destinados para um fundo de proteção.

Reitero a minha posição no sentido de que os danos morais coletivos envolvem direitos individuais homogêneos e coletivos em sentido estrito, em que as vítimas são determinadas ou determináveis, devendo a indenização ser destinada para elas, as vítimas. Nos casos de danos sociais ou difusos, como toda a sociedade é atingida, o valor será destinado para um fundo de proteção.

Pontue-se que a jurisprudência tem admitido a cumulação da reparação civil ambiental com a imposição de obrigação de fazer e de não fazer, o que consta da Súmula n. 629 do Superior Tribunal de Justiça, editada no final de 2018, *in verbis*: "quanto ao dano ambiental, é admitida a condenação do réu à obrigação de fazer ou à de não fazer cumulada com a de indenizar". Podem ser citadas, a título de exemplo, as obrigações de realizar a recuperação ambiental e a de não construir em determinado terreno.

Além disso, como última nota sobre o dano ambiental, conforme se retira de outra recente Súmula do STJ, de número 618 e de outubro de 2018, a inversão do ônus da prova aplica-se às ações de degradação ambiental. Essa inversão, por óbvio, pode estar relacionada à prova do dano ou do risco de prejuízo, devendo o poluidor provar que ele inexistiu. Nessa linha, como se retira de um dos acórdãos que gerou a sumular, "o princípio da precaução, aplicável ao caso dos autos, pressupõe a inversão do ônus probatório, transferindo para a concessionária o encargo de provar que sua conduta não ensejou riscos ao meio ambiente e, por consequência, aos pescadores da região" (STJ, AgInt no AREsp 1.311.669/SC, 3.ª Turma, Rel. Min. Ricardo Villas Bôas Cueva, j. 03.12.2018, DJe 06.12.2018).

Como não poderia ser diferente, tal entendimento tem o meu total apoio doutrinário.

3. DA RESPONSABILIDADE CIVIL OBJETIVA CONSAGRADA PELA LEI N. 6.938/1981 (LEI DA POLÍTICA NACIONAL DO MEIO AMBIENTE). A ADOÇÃO DA TEORIA DO RISCO INTEGRAL PARA OS DANOS AMBIENTAIS

Como afirmei, a Lei da Política Nacional do Meio Ambiente, conhecida pelas iniciais LPNM, acabou unificando o tratamento que já ocorria quanto aos danos ambientais em outras leis específicas anteriores, como no caso da Lei n. 4.771/1965 – antigo Código Florestal – e da Lei n. 6.453/1977 – que consagra a responsabilidade civil por danos relacionados com atividades nucleares. Deve-se entender que é possível buscar fundamento para a responsabilidade objetiva por danos ambientais, em sentido genérico e consolidado, somente na Lei n. 6.938/1981. De todo modo, a norma que trata dos danos nucleares também será abordada neste capítulo do livro, em alguns de seus aspectos.

A propósito, aponte-se que essa Lei n. 6.453/1977 consagra prazos prescricionais para se pleitear a indenização em casos de danos nucleares, prazos esses que ainda devem ser aplicados. Conforme o seu art. 12, tal direito de pleitear indenização prescreve em dez anos, contados da data do acidente nuclear. Eventualmente, se o acidente for causado por material subtraído, perdido ou abandonado, o prazo prescricional contar-se-á do acidente, mas não excederá a vinte anos contados da data da subtração, perda ou abandono. Advirta-se que como a norma em questão é especial e anterior, continua em vigor, não tendo sido revogada pelo Código Civil de 2002.

De toda sorte, muitos julgados têm concluído que a ação fundada no dano ambiental não se sujeita a qualquer prazo. Nesse sentido, a assertiva n. 5 publicada na Edição n. 119 da ferramenta *Jurisprudência em Teses* do STJ, dedicada à responsabilidade civil por dano ambiental, do ano de 2019: "é imprescritível a pretensão reparatória de danos ao meio ambiente". Como se retira de um dos seus precedentes, "não existe prescrição, pois a manutenção das construções na área de preservação ambiental impede que a vegetação se regenere, prolongando-se, assim, os danos causados ao meio ambiente. No caso em tela, a lesão perpetuou-se, recriando ou renovando a cada dia a pretensão jurídica do titular do direito ofendido. Não há que se falar de prescrição em ações de natureza ambiental decorrentes de dano permanente, ao menos enquanto se perpetuar o dano ambiental" (STJ, REsp 1.081.257/SP, 2.ª Turma, Rel. Min. Og Fernandes, j. 05.06.2018, *DJe* 13.06.2018).

Não se pode se esquecer, ainda, de que a Emenda Constitucional n. 49, de 08.02.2006, introduziu a letra *d* ao inciso XXIII do art. 21 da CF/1988, prevendo expressamente que a responsabilidade civil por danos nucleares independe de culpa (responsabilidade objetiva). Na verdade, esse já era o tratamento legal pela Lei da Política Nacional do Meio Ambiente.

Partindo-se para a abordagem específica da responsabilidade civil ambiental, retome-se a ideia de que a tutela do Bem Ambiental envolve a proteção das presentes e futuras gerações, a consagrar a presença dos chamados *direitos intergeracionais* ou *transgeracionais*, como bem ensina Lucas Abreu Barroso:

"Cumpre lembrar que agora a obrigação de indenizar deve também encarar um novel desafio, o de satisfazer as expectativas das futuras gerações, haja vista a inserção do princípio da equidade intergeracional no texto da Constituição (art. 225, *caput*), ainda que isso importe em 'algumas novidades no esquema de instrumentos jurídicos' – contudo, sem relegar os postulados da juridicidade estatal. Resulta, então, que as relações jurídicas obrigacionais, tradicionalmente pensadas ao redor do consentimento (acordo de vontades), devem cambiar seu enfoque para o interesse protegido. Somente assim será possível garantir às futuras gerações os direitos que desde logo lhes são assegurados, dentro de um critério de igualdade com os atuais participantes das obrigações civis".[30]

Partilhando essa forma de pensar, julgado do Supremo Tribunal Federal enfatiza que "o direito à integridade do meio ambiente – típico direito de terceira geração – constitui prerrogativa jurídica de titularidade coletiva, refletindo, dentro do processo de afirmação dos direitos humanos, a expressão significativa de um poder atribuído não ao indivíduo identificado em sua singularidade, mas, num sentido verdadeiramente mais abrangente, a própria coletividade social" (STF, MS 22.164, Rel. Min. Celso de Mello, *DJ* 17.11.1995. No mesmo sentido: STF, RE 134.297, 22.09.1995).

Sobre a previsão expressa a respeito da responsabilidade civil que decorre dos danos ambientais, enuncia o sempre citado art. 14, § 1.º, da Lei n. 6.938/1981 que o poluidor é obrigado, independentemente da existência de culpa, a indenizar ou reparar os danos causados ao meio ambiente e a terceiros, afetados por sua atividade. A norma também reconhece a legitimidade para o Ministério Público da União e dos Estados promoverem a ação de responsabilidade civil por danos causados ao meio ambiente.

Além de objetiva, a responsabilidade também é considerada como solidária, entre todos os envolvidos com o dano ambiental, seja na doutrina ambientalista majoritária como na jurisprudência superior. Seguindo essa afirmação, por todos os arestos superiores: "é remansosa a jurisprudência do Superior Tribunal de Justiça pela impossibilidade de que qualquer dos envolvidos alegue, como forma de se isentar do dever de reparação, a não contribuição direta e própria para o dano ambiental, considerando justamente que a degradação ambiental impõe, entre aqueles que para ela concorrem, a solidariedade da reparação integral do dano" (STJ, REsp 880.160/RJ, 2.ª Turma, Rel. Min. Mauro Campbell Marques, j. 04.05.2010, *DJe* 27.05.2010).

Acrescento que a afirmação de uma reparação integral e solidária dos envolvidos com o dano ambiental tem sido repetida pela Corte Superior. Em 2022, julgou-se, em caso de reforma de decisão inferior que havia determinado a responsabilização fracionada das empresas envolvidas com o dano que

"A irresignação recursal da União quanto à porcentagem do faturamento para fins indenizatórios merece acolhida, uma vez que a indenização deve

---

[30] BARROSO, Lucas Abreu. Novas fronteiras da obrigação de indenizar, cit., p. 365.

abranger a totalidade dos danos causados ao ente federal, sob pena de frustrar o caráter pedagógico-punitivo da sanção e incentivar a impunidade de empresa infratora, que praticou conduta grave com a extração mineral irregular, fato incontroverso nos autos. Precedentes: AREsp 1676242/SC, Rel. Ministro Francisco Falcão, Segunda Turma, *DJe* 01/12/2020; AREsp 1520373/SC, Rel. Ministro Francisco Falcão, Segunda Turma, *DJe* 13/12/2019)" (STJ, REsp 1.923.855/SC, 2.ª Turma, Rel. Min. Francisco Falcão, j. 26.04.2022, *DJe* 28.04.2022).

Como nesta obra igualmente foi destacado, tem-se entendido, de forma majoritária na doutrina ambientalista e também na jurisprudência superior, que o comando adotou, além da solidariedade, a *teoria do risco integral*, que não admite qualquer excludente de responsabilidade civil. Não se cogitam, assim, os fatos que excluem a ilicitude, como aqueles previstos no art. 188 do Código Civil, caso da legítima defesa, do estado de perigo, da remoção de perigo iminente ou do exercício regular de direito.

Outrossim, não cabem as excludentes de nexo de causalidade, como a culpa ou fato exclusivo da vítima; a culpa ou fato exclusivo de terceiro; o caso fortuito e a força maior. Como ensina Sergio Cavalieri Filho, "a teoria do risco integral é uma modalidade extremada da doutrina do risco destinada a justificar o dever de indenizar até nos casos de inexistência de nexo causal. Mesmo na responsabilidade objetiva, conforme já enfatizado, embora dispensável o elemento culpa, a relação de causalidade é indispensável. Pela teoria do risco integral, todavia, o dever de indenizar se faz presente tão só em face do dano, ainda nos casos de culpa exclusiva da vítima, fato de terceiro, caso fortuito e força maior".[31] Na sequência, o autor cita vários exemplos relativos a danos ambientais em que haveria a incidência dessa teoria do risco integral, sem excludentes de responsabilidade civil, ou seja, sem a possibilidade de defesa pelo réu.

Com efeito, verifica-se que a teoria do risco integral gera uma *responsabilidade civil objetiva agravada*, como quer Fernando Noronha.[32] Agravada justamente porque não são admitidas as excludentes gerais da responsabilidade ou de nexo de causalidade, como são a culpa ou o fato exclusivo da vítima e a culpa ou o fato exclusivo de terceiro. Como meu contributo doutrinário, os termos *responsabilidade objetiva aumentada* ou *responsabilidade objetiva superdimensionada* parecem servir para explicar o fenômeno.

Para a devida confrontação teórica, no Direito italiano, com sentido diferente, o tema é bem trabalhado por Massimo Bianca, que diferencia a *responsabilidade objetiva* da *agravada*. Isso porque admite esta última a excludente do caso fortuito, um argumento que vence a presunção do dever de indenizar.[33] Desse modo, a responsabilidade agravada, na Itália, está relacionada a hipóteses em que a atividade ou a coisa criam um perigo que poderia ser afastado com a

---

[31] CAVALIERI FILHO, Sergio. *Programa de responsabilidade civil*, 12. ed., cit., p. 218.
[32] NORONHA, Fernando. *Direito das obrigações*, cit., p. 638.
[33] BIANCA, Massimo C. *Diritto civile*. La responsabilità, cit., p. 686.

adoção das cautelas adequadas.[34] Se não forem empregadas as diligências normais, haverá dever de reparar o dano. Caso todas as cautelas sejam tomadas e ainda assim o dano se fizer presente, não há que falar em dever de indenizar.

Voltando ao caso brasileiro, repise-se que a teoria do risco integral é geralmente mencionada pelos autores de Direito Ambiental para a responsabilização objetiva dos agentes causadores de danos nessa seara, sem a admissão de qualquer uma das excludentes de nexo de causalidade. Como se afirmou há pouco, o réu da demanda, o suposto causador do dano, não tem defesa que lhe socorra. Seguindo esse entendimento, podem ser citados Édis Milaré, Lucas Abreu Barroso, Marcos Jorge Catalan, Luís Paulo Sirvinskas, Fabiano Melo e Patrícia Faga Iglecias.[35]

Entre todos os juristas, merecem destaque as lições do primeiro, pelo pioneirismo, ao apontar que "nos casos de dano ao meio ambiente, diversamente, a regra é a responsabilidade civil objetiva – ou nas palavras do próprio legislador, 'independentemente de existência de culpa' –, sob a modalidade do risco integral, que não admite quaisquer excludentes de responsabilidade".[36] Para o doutrinador, é totalmente irrelevante a ocorrência de caso fortuito, força maior ou fato de terceiro, porque "com a teoria do risco integral ambiental o poluidor, na perspectiva de uma sociedade solidarista, contribui – nem sempre de maneira voluntária – com a reparação do dano ambiental, mesmo quando presente o caso fortuito, a força maior ou o fato de terceiro. É o poluidor assumindo todo o risco que sua atividade acarreta: o simples fato de existir a atividade somado à existência do nexo causal entre essa atividade e o dano produz o dever de reparar".[37] Para o autor, o único argumento cabível em casos tais seria a ausência de dano que não representa uma excludente de responsabilidade civil, mas a falta de pressuposto do dever de indenizar.

Como fundamentos para a incidência da teoria do risco integral, que flexibiliza em muito o nexo de causalidade, presumindo a sua presença, tem-se associado essa responsabilidade objetiva, solidária e sem excludentes com a tão citada proteção do Bem Ambiental, retirada do art. 225, *caput*, da Constituição Federal de 1988. Como se trata de um bem difuso, envolve interesses que não podem ser determinados em um primeiro momento, ou seja, os interesses públicos e os privados ao mesmo tempo, o que justificaria a responsabilização ampliada.[38] Há uma preocupação com os citados interesses transgeracionais ou intergeracionais relativos a esse bem de todos, pela proteção das gerações suces-

---

[34] BIANCA, Massimo C. *Diritto civile. La responsabilità*, cit., p. 687.
[35] Vejamos as fontes: MILARÉ, Édis. *Direito do ambiente*, cit., p. 341; BARROSO, Lucas Abreu. *A obrigação de indenizar e a determinação da responsabilidade civil por dano ambiental*. Rio de Janeiro: Forense, 2006. p. 86; CATALAN, Marcos Jorge. *Proteção constitucional do meio ambiente e seus mecanismos de tutela*. São Paulo: Método, 2008. p. 83; SIRVINSKAS, Luís Paulo. *Manual de Direito Ambiental*. São Paulo: Saraiva, 2002. p. 98; MELO, Fabiano. *Direito Ambiental*, cit., p. 387; LEMOS, Patrícia Faga Iglecias. *Meio ambiente e responsabilidade civil do proprietário*. Análise do nexo causal. São Paulo: RT, 2008. p. 96.
[36] MILARÉ, Édis. *Direito do ambiente*, cit., p. 338.
[37] MILARÉ, Édis. *Direito do ambiente*, cit., p. 341.
[38] PIVA, Rui Carvalho. *Bem ambiental*, cit., p. 114.

sivas, aquelas que ainda virão (*equidade intergeracional*).³⁹ Como decorrência de tais premissas teóricas, o direito ao equilíbrio no Bem Ambiental é considerado um direito fundamental, reitere-se.⁴⁰

Ainda a respeito da argumentação sobre a teoria do risco integral, o Bem Ambiental é relacionado a um conjunto de coisas, que, além do interesse econômico, tem um interesse jurídico coletivo em sentido amplo, com previsão constitucional. Surge aí uma espécie de bem especial, enquadrado em normas próprias e protegido pela Norma Fundamental.

O planeta Terra é a residência de toda a humanidade, havendo a proteção de um *domicílio difuso*, não prevista apenas na legislação ordinária de determinados países, mas também nas respectivas Constituições. Esse é, inclusive, o compromisso assumido de todos os Estados Democráticos e soberanos, conforme se depreende das antes citadas Conferência das Nações Unidas sobre o Ambiente Humano de 1972 e Declaração do Rio sobre o Meio Ambiente, de 1992.

Argumenta-se, ainda e em reforço, que, no caso de dano ambiental, os prejudicados são todos os que vivem no ambiente planeta Terra, pela própria concepção do meio ambiente como bem difuso. Há, portanto, um prejuízo coletivo que atinge a todos os seres vivos, humanos ou não.

Entretanto, o grande problema ou a grande dificuldade é justamente a prova ou presunção desse nexo de causalidade. Por essa dificuldade, e lembrando que a responsabilidade objetiva é relacionada com o próprio acesso à justiça, conclui-se que o nexo causal nos danos ambientais é visualizado pela simples atividade desenvolvida, explorada pela empresa ou pessoa natural poluidora.

A adoção da teoria do risco integral também tem sido seguida pela jurisprudência do Superior Tribunal de Justiça, o que traz a conclusão de se tratar do entendimento majoritário. Reitere-se, a propósito e seguindo esse entendimento, o julgamento do Tribunal da Cidadania a respeito dos dejetos lançados na baía de Paranaguá, com o destaque do seguinte trecho:

> "Inviabilidade de alegação de culpa exclusiva de terceiro, ante a responsabilidade objetiva. A alegação de culpa exclusiva de terceiro pelo acidente em causa, como excludente de responsabilidade, deve ser afastada, ante a incidência da teoria do risco integral e da responsabilidade objetiva ínsita ao dano ambiental (art. 225, § 3.º, da CF e do art. 14, § 1.º, da Lei n. 6.938/1981), responsabilizando o degradador em decorrência do princípio do poluidor-pagador" (STJ, REsp 1.114.398/PR, 2.ª Seção, Rel. Min. Sidnei Beneti, j. 08.02.2012, *DJe* 16.02.2012).

A tese do risco integral foi reafirmada em outro julgamento de recursos repetitivos, relativo ao acidente ambiental ocorrido em janeiro de 2007, nos municípios mineiros de Miraí e Muriaé. Vejamos as teses finais encartadas:

---

³⁹ BARROSO, Lucas Abreu. Novas fronteiras da obrigação de indenizar e da determinação da responsabilidade civil, cit., p. 365.
⁴⁰ LEMOS, Patrícia Faga Iglecias. *Meio ambiente e responsabilidade civil do proprietário*, cit., p. 96.

"a) A responsabilidade por dano ambiental é objetiva, informada pela teoria do risco integral, sendo o nexo de causalidade o fator aglutinante que permite que o risco se integre na unidade do ato, sendo descabida a invocação, pela empresa responsável pelo dano ambiental, de excludentes de responsabilidade civil para afastar sua obrigação de indenizar; b) em decorrência do acidente, a empresa deve recompor os danos materiais e morais causados e c) na fixação da indenização por danos morais, recomendável que o arbitramento seja feito caso a caso e com moderação, proporcionalmente ao grau de culpa, ao nível socioeconômico do autor, e, ainda, ao porte da empresa, orientando-se o juiz pelos critérios sugeridos pela doutrina e jurisprudência, com razoabilidade, valendo-se de sua experiência e bom senso, atento à realidade da vida e às peculiaridades de cada caso, de modo que, de um lado, não haja enriquecimento sem causa de quem recebe a indenização e, de outro, haja efetiva compensação pelos danos morais experimentados por aquele que fora lesado" (STJ, REsp 1.374.284/MG, 2.ª Seção, Rel. Min. Luis Felipe Salomão, j. 27.08.2014, *DJe* 05.09.2014).

Seguindo o mesmo entendimento, pelo risco integral, existem vários outros julgamentos superiores de destaque, cabendo a transcrição dos seguintes, por todos:

"Recurso especial. Responsabilidade civil. Dano ambiental privado. Resíduo industrial. Queimaduras em adolescente. Reparação dos danos materiais e morais. 1. Demanda indenizatória movida por jovem que sofreu graves queimaduras nas pernas ao manter contato com resíduo industrial depositado em área rural. 2. A responsabilidade civil por danos ambientais, seja por lesão ao meio ambiente propriamente dito (dano ambiental público), seja por ofensa a direitos individuais (dano ambiental privado), é objetiva, fundada na teoria do risco integral, em face do disposto no art. 14, § 10, da Lei n. 6.938/1981. 3. A colocação de placas no local indicando a presença de material orgânico não é suficiente para excluir a responsabilidade civil. 4. Irrelevância da eventual culpa exclusiva ou concorrente da vítima. 5. *Quantum* indenizatório arbitrado com razoabilidade pelas instâncias de origem. Súmula 07/STJ. 6. Alteração do termo inicial da correção monetária (Súmula 362/STJ). 7 – Recurso especial parcialmente provido" (STJ, REsp 1.373.788/SP, 3.ª Turma, Rel. Min. Paulo de Tarso Sanseverino, j. 06.05.2014, *DJe* 20.05.2014).

"Civil e processual civil. Agravo regimental no agravo em recurso especial. Julgamento antecipado da lide. Cerceamento de defesa. Valor da condenação em danos materiais. Súmula 7/STJ. Honorários sucumbenciais. Responsabilidade civil. Petrobras. Rompimento do poliduto 'Olapa' e vazamento de óleo combustível. Dano ambiental. Teoria do risco integral. Responsabilidade objetiva. Precedente da Segunda Seção, em sede de recurso repetitivo. (...). Aplica-se perfeitamente à espécie a tese contemplada no julgamento do REsp 1.114.398/PR (Relator Ministro Sidnei Beneti, j. 08.02.2012, *DJe* 16.02.2012), sob o rito do art. 543-C do CPC, no tocante à teoria do risco integral e da responsabilidade objetiva ínsita ao dano ambiental (arts. 225, § 3.º, da CF, e 14, § 1.º, da Lei 6.938/1981). É irrelevante, portanto, o questionamento sobre a diferença entre as excludentes de responsabilidade civil suscitadas na defesa de cada caso. Precedentes. 4. Agravo regimental desprovido" (STJ,

AgRg no AREsp 273.058/PR, 4.ª Turma, Rel. Min. Antonio Carlos Ferreira, j. 09.04.2013, *DJe* 17.04.2013).

"Administrativo. Dano ambiental. Sanção administrativa. Imposição de multa. Execução fiscal. (...). O poluidor, por seu turno, com base na mesma legislação, art. 14 – 'sem obstar a aplicação das penalidades administrativas' é obrigado, 'independentemente da existência de culpa', a indenizar ou reparar os danos causados ao meio ambiente e a terceiros, 'afetados por sua atividade'. Depreende-se do texto legal a sua responsabilidade pelo risco integral, por isso que em demanda infensa a administração poderá, *inter partes*, discutir a culpa e o regresso pelo evento" (STJ, REsp 442.586/SP, 1.ª Turma, Rel. Min. Luiz Fux, j. 26.11.2002, *DJ* 24.02.2003, p. 196).

A posição é tão consolidada no Tribunal da Cidadania que forma a premissa n. 1 da Edição n. 119 da ferramenta *Jurisprudência em Teses* da Corte Superior, publicada no ano de 2019 e dedicada à responsabilidade civil por dano ambiental, a saber: "a responsabilidade por dano ambiental é objetiva, informada pela teoria do risco integral, sendo o nexo de causalidade o fator aglutinante que permite que o risco se integre na unidade do ato, sendo descabida a invocação, pela empresa responsável pelo dano ambiental, de excludentes de responsabilidade civil para afastar sua obrigação de indenizar".

Sobre a não admissão de culpa ou fato exclusivo de terceiro como excludente do dever de indenizar, a propósito, consta da tese n. 4 da mesma ferramenta: "a alegação de culpa exclusiva de terceiro pelo acidente em causa, como excludente de responsabilidade, deve ser afastada, ante a incidência da teoria do risco integral e da responsabilidade objetiva ínsita ao dano ambiental (art. 225, § 3.º, da CF e do art. 14, § 1.º, da Lei n.º 6.938/81), responsabilizando o degradador em decorrência do princípio do poluidor-pagador".

Exatamente no mesmo sentido, de aresto de 2020 da Corte Superior, extrai-se que "a exoneração da responsabilidade pela interrupção do nexo causal é admitida na responsabilidade subjetiva e em algumas teorias do risco, que regem a responsabilidade objetiva, mas não pode ser alegada quando se tratar de dano subordinado à teoria do risco integral. Os danos ambientais são regidos pela teoria do risco integral, colocando-se aquele que explora a atividade econômica na posição de garantidor da preservação ambiental, sendo sempre considerado responsável pelos danos vinculados à atividade, descabendo questionar sobre a exclusão da responsabilidade pelo suposto rompimento do nexo causal (fato exclusivo de terceiro ou força maior). Precedentes". Assim, sobre o caso concreto, entendeu-se que "mesmo que se considere que a instalação do posto de combustíveis somente tenha ocorrido em razão de erro na concessão da licença ambiental, é o exercício dessa atividade, de responsabilidade da recorrente, que gera o risco concretizado no dano ambiental, razão pela qual não há possibilidade de eximir-se da obrigação de reparar a lesão verificada" (STJ, REsp 1.612.887/PR, 3.ª Turma, Rel. Min. Nancy Andrighi, j. 28.04.2020, *DJe* 07.05.2020).

Todavia, advirta-se que, conforme a tese n. 3 publicada no mesmo canal, "o reconhecimento da responsabilidade objetiva por dano ambiental não dispensa a demonstração do nexo de causalidade entre a conduta e o resultado". Esses temas serão retomados mais à frente, ainda no presente capítulo.

Além desses julgados e teses superiores, podem ser encontradas várias decisões estaduais que fazem menção ao risco integral, sem a admissão de qualquer excludente de responsabilidade civil, respondendo todos os envolvidos com a atividade causadora do dano, direta ou indiretamente. Assim entendo, somente para exemplificar, sem prejuízo de milhares de julgamentos na mesma linha: TJPR, Apelação Cível 1674825-7, 5.ª Câmara Cível, Curitiba, Rel. Des. Leonel Cunha, j. 24.04.2018, *DJPR* 09.05.2018, p. 561; TJSP, Apelação 0006060-62.2008.8.26.0566, Acórdão 11338600, 1.ª Câmara Reservada ao Meio Ambiente, São Carlos, Rel. Des. Nogueira Diefenthaler, j. 05.04.2018, *DJESP* 24.04.2018, p. 2.542; TJPA, Apelação 0002177-47.2007.8.14.0028, Acórdão 187686, 1.ª Turma de Direito Público, Marabá, Rel. Des. Maria Elvina Gemaque Taveira, j. 26.03.2018; *DJPA* 02.04.2018; TJMT, Apelação 176477/2016, Paranatinga, Rel. Des. Maria Erotides Kneip Baranjak, *DJMT* 10.05.2017, p. 29; TJSC, Apelação Cível 0500714-17.2013.8.24.0061, 5.ª Câmara de Direito Civil, São Francisco do Sul, Rel. Des. Henry Petry Junior, *DJSC* 09.03.2017; TJDF, Apelação 2015.01.1.074887-4, Acórdão 935232, 5.ª Turma Cível, Rel. Des. Maria Ivatônia, *DJDFTE* 27.04.2016; TJPR, Apelação Cível 0529991-8, 10.ª Câmara Cível, Paranaguá, Rel. Des. Arquelau Araujo Ribas, *DJPR* 30.03.2009, p. 222; TJMG, Apelação Cível 1.0079.04.127579-7/0011, 5.ª Câmara Cível, Contagem, Rel. Des. Mauro Soares de Freitas, j. 08.11.2007, *DJEMG* 27.11.2007; TJRJ, Acórdão 2006.001.47026, 10.ª Câmara Cível, Rel. Des. Wany Couto, j. 28.02.2007.

Confirmando a aplicação da teoria do risco integral, sobre o caso envolvendo o rompimento da barragem da Samarco, em Mariana (Minas Gerais), entre os vários julgados estaduais que adotam a teoria do risco integral, merecem ser colacionados, com o fim de ilustração de julgamento sobre o maior desastre ambiental que atingiu o nosso País, com repercussões em outras unidades da federação:

> "Interrupção do fornecimento de água, em virtude do rompimento de barragem da mineradora Samarco que contaminou a água do Rio Doce, gera dano moral *in re ipsa*. Precedentes deste Egrégio Tribunal de Justiça. *In casu*, em razão do rompimento de barragem da mineradora Samarco, restou interrompido o fornecimento de água na cidade de Colatina e, para minimizar os efeitos do aludido dano, o Recorrido forneceu 02 (dois) litros de água por pessoa que se encontrava na fila, evidenciando o nexo de causalidade entre o dano ambiental e o dano moral sofrido, resultante de violação ao princípio da dignidade da pessoa humana. O valor destinado à reparação do dano moral deve atender a dois fatores: à penalização do agente e à compensação da vítima pela dor sentida com o dano, sem que se cause o seu enriquecimento ilícito. Danos morais fixados em R$ 1.000,00 (mil reais)" (TJES, Apelação 0005175-75.2016.8.08.0014, 2.ª Câmara Cível, Rel. Des. Namyr Carlos de Souza Filho, j. 20.03.2018, *DJES* 04.05.2018).

> "Caso concreto em que configurado o nexo causal entre o rompimento da barragem de Fundão, operada pela empresa apelada, e a degradação das águas e do ecossistema do Rio Doce a partir de 05.11.2015; e, por conseguinte,

entre a conduta da apelada e o resultado danoso consistente na suspensão do serviço essencial de fornecimento de água à população da cidade de Colatina-ES. O autor demonstrou por meio de sua certidão de nascimento a condição de menor impúbere ao tempo dos fatos e que naquela ocasião a unidade residencial em que presumivelmente vivia com seu genitor em Colatina-ES possuía ligação com a rede de fornecimento de água operada pela companhia Sanear – Serviço Colatinense de Meio Ambiente e Saneamento Ambiental. O dano moral suportado pelo autor em razão do corte no abastecimento de água ficou demonstrado, já que o fato alterou a continuidade na prestação de serviço público essencial, o que presumidamente afetou a esfera subjetiva dele com intensidade suficiente para configurar tal espécie de lesão. Em atenção aos critérios sugeridos pela doutrina e pela jurisprudência para a fixação do valor da indenização por dano imaterial, sobretudo às condições socioeconômicas da vítima e, ainda, à conduta da ré Samarco, que, apesar da gravidade da omissão que levou ao rompimento da barragem, buscou mitigar a extensão do dano com a distribuição de água mineral à população dos municípios afetados, é razoável e proporcional a quantia de R$ 2.000,00 (dois mil reais) para reparar o dano moral sofrido pelo apelante" (TJES, Apelação 0019331-68.2016.8.08.0014, 3.ª Câmara Cível, Rel. Des. Dair José Bregunce de Oliveira, j. 10.04.2018, *DJES* 20.04.2018).

A grande dúvida é saber se a incidência da teoria do risco integral é unânime na doutrina teórica e na prática jurisprudencial brasileira. E a resposta é negativa. Como aponta José Rubens Morato Leite, os avanços da responsabilidade civil ambiental dão sinais de progresso, mas ainda há necessidade de constante aperfeiçoamento e mutação do sistema tradicional da responsabilização civil.[41] Um ponto de interrogação que surge a respeito dessa mutação refere-se justamente à aplicação do risco integral.

Além da Lei da Política Nacional do Meio Ambiente e da Constituição Federal, merece ser abordada a Lei n. 6.453/1977, que trata da responsabilização por danos nucleares ou atômicos. Esses prejuízos, nos termos da própria norma, constituem danos pessoais ou materiais produzidos "como resultado direto ou indireto das propriedades radioativas, da sua combinação com as propriedades tóxicas ou com outras características dos materiais nucleares, que se encontrem em instalação nuclear, ou dela procedentes ou a ela enviados" (art. 1.º, inc. VII). Como se nota, há uma questão ambiental fundamental, pois os prejuízos são, sobretudo, ao meio ambiente.

O art. 4.º da Lei n. 6.453/1977 consagra a responsabilidade objetiva do operador da instalação que seja o causador do dano. Conforme o seu conteúdo, será exclusiva do operador da instalação nuclear e independentemente da existência de culpa, a responsabilidade civil pela reparação de dano nuclear causado por acidente nuclear:

"I – ocorrido na instalação nuclear; II – provocado por material nuclear procedente de instalação nuclear, quando o acidente ocorrer: *a)* antes que o

---

[41] LEITE, José Rubens Morato. *Dano ambiental*: do individual ao coletivo extrapatrimonial, cit., p. 132.

operador da instalação nuclear a que se destina tenha assumido, por contrato escrito, a responsabilidade por acidentes nucleares causados pelo material; *b)* na falta de contrato, antes que o operador da outra instalação nuclear haja assumido efetivamente o encargo do material; III – provocado por material nuclear enviado à instalação nuclear, quando o acidente ocorrer: *a)* depois que a responsabilidade por acidente provocado pelo material lhe houver sido transferida, por contrato escrito, pelo operador da outra instalação nuclear; *b)* na falta de contrato, depois que o operador da instalação nuclear houver assumido efetivamente o encargo do material a ele enviado".

Por conseguinte, havendo mais de um operador do sistema, a lei impõe a solidariedade passiva entre eles, consoante o seu art. 5.º: "Quando responsáveis mais de um operador, respondem eles solidariamente, se impossível apurar-se a parte dos danos atribuível a cada um, observado o disposto nos artigos 9.º a 13". A norma em questão admite expressamente excludentes de responsabilidade, caso da culpa exclusiva da vítima, afastando o dever de reparar com relação a ele, prejudicado. Conforme o art. 6.º da Lei n. 6.453/1977, "uma vez provado haver o dano resultado exclusivamente de culpa da vítima, o operador será exonerado, apenas em relação a ela, da obrigação de indenizar".

Seguindo-se na análise dos danos nucleares e atômicos, determinadas hipóteses de caso fortuito e força maior do mesmo modo excluem a responsabilização, como descrito no seu art. 8.º. São elas: *a)* conflito armado; *b)* hostilidades; *c)* guerra civil; *d)* insurreição; e *e)* excepcional fato da natureza.

Pela análise da lei, percebe-se que não foi adotada, em casos tais, a teoria do risco integral, pois são admitidos fatores obstativos do nexo causal. Essa é a conclusão retirada da simples leitura da norma, apesar de críticas contundentes da doutrina ambientalista. Celso Antonio Pacheco Fiorillo, por exemplo, afirma que "em relação à responsabilidade civil pelos danos causados por atividades nucleares, será aferida pelo sistema da responsabilidade objetiva, como preceitua o art. 21, XXIII, *c*, da Constituição Federal. Com isso, consagraram-se a inexistência de qualquer tipo de exclusão da responsabilidade (incluindo caso fortuito ou força maior), a ausência de limitação no tocante ao valor da indenização e à solidariedade da responsabilidade".[42]

Em verdade, mesmo levando-se em conta a Lei n. 6.938/1981, é preciso admitir a existência de excludentes da responsabilidade ambiental, em casos excepcionais. Em suma, é fato que a teoria do risco integral, no sentido total e absoluto, não se pode cogitar, merecendo destaque as palavras de Erik Frederico Gramstrup nesse sentido:

> "A rigor, não há hipóteses de risco integral no direito brasileiro, nem mesmo do Direito Ambiental. Essa afirmação, feita assim, cruamente, certamente escandalizará os espíritos mais convencionais, mas é necessário explicar o que efetivamente se quer dizer. Estamos definindo risco integral como a situação em que o pretenso responsável não possa valer-se de nenhuma

---

[42] FIORILLO, Celso Antonio Pacheco. *Curso de Direito Ambiental brasileiro*, cit., p. 282.

escusa; e essa conceituação muito singela visa a evitar as discórdias que o emprego impreciso daquela expressão levanta. Por exemplo, há quem se reporte à responsabilidade por 'risco integral' do Estado, quando na verdade quer dizer 'risco administrativo', já que essa mesma pessoa está disposta a afastar aquela responsabilidade quando houver fato exclusivo da vítima. Ora, pelo menos essa exonerante é aceita pelos defensores mais radicais de um sistema rigoroso no Direito Ambiental. E também nós pensamos que deva ser rígido e exigente, em vista do valor transcendente dos bens jurídicos envolvidos. Mas, sem embargo disso tudo, a expressão 'risco integral' é, sem dúvida, utilizada um tanto levianamente por nossa doutrina".[43]

Na mesma linha, entre os ambientalistas, cite-se a posição de Paulo Affonso Leme Machado, que admite o caso fortuito e a força maior como excludentes da responsabilidade ambiental e apresenta exemplos, desde que comprovados pela parte que os alega: "trata-se de responsabilidade civil objetiva, conforme o art. 14, § 1.º, da Lei 6.938, de 31.8.1981. Quem alegar o caso fortuito e a força maior deve produzir a prova de que era impossível evitar ou impedir os efeitos do fato necessário – terremoto, raio, temporal, enchente".[44]

Seguindo essas lições, vejamos a análise das questões relativas às conhecidas excludentes de nexo causal tradicionais, abordadas no Capítulo 5 deste livro, agora projetadas para os danos ambientais. De imediato, não se pode admitir, em regra, a culpa ou fato exclusivo da vítima, eis que vítimas dos danos ambientais somos todos nós, integrantes e componentes do planeta Terra, conclusão que tem relação direta com a concepção de Bem Ambiental outrora estudada. Como exceção, no caso de dano ambiental nuclear, aceita-se essa excludente com relação aos danos suportados pelo próprio prejudicado (art. 6.º da Lei n. 6.453/1977).

Como antes se demonstrou, a culpa ou fato exclusivo de terceiro igualmente não deve ser admitida como fator excludente, até porque, na maioria das vezes, há uma relação de preposição entre aquele que desenvolve a atividade poluidora e esse terceiro.

Ademais, admitir essa excludente feriria o espírito de solidariedade retirado do art. 14, § 1.º, da Lei n. 6.938/1981, até porque essa lei, ao contrário do Código do Consumidor, não trata expressamente do fato de terceiro como obstativo de nexo. Em reforço à argumentação, por analogia, seria ilógico admitir que não se cogita culpa de terceiro no contrato de transporte de pessoas, no caso de acidente com o passageiro (art. 735 do CC/2002), enquanto no dano ambiental a excludente deve ser admitida. Afastando a alegação dessa excludente, repise-se a afirmação n. 4, publicada na Edição n. 119 da ferramenta *Jurisprudência em Teses* do STJ, dedicada à responsabilidade civil por dano ambiental, do ano de 2019.

No que toca ao caso fortuito e força maior, pode e deve ter incidência a diferenciação entre eventos internos e externos, de acordo com o risco da

---

[43] GRAMSTRUP, Erik Frederico. Responsabilidade objetiva na cláusula geral codificada e nos microssistemas. In: DELGADO, Mário Luiz; ALVES, Jones Figueirêdo (Coord.). *Questões controvertidas no novo Código Civil*. São Paulo: Método, 2006. p. 136.

[44] MACHADO, Paulo Affonso Leme. *Direito Ambiental brasileiro*, cit., p. 344-345.

atividade ou risco do empreendimento, já aqui antes desenvolvida em capítulos diferentes desta obra. Assim, o caso fortuito externo e a força maior externa excluem a responsabilidade ambiental, enquanto o caso fortuito externo e a forma maior interna não.

Em sentido muito próximo, leciona Motauri Ciocchetti de Souza que "vezes há, no entanto, em que a força maior ou o caso fortuito excluem a própria ação, ou seja, teremos um resultado lesivo, mas não podemos identificar uma ação humana positiva ou negativa como seu causador".[45] Essa hipótese por ele descrita é justamente do evento externo.

A ilustração do doutrinador é bem interessante, em que cita o caso de dois raios que caem em dois morros, formados por rochas, causando a queda destas. No primeiro, há exploração de minérios, uma pedreira. No segundo, não há qualquer exploração pelo proprietário. Nos dois terrenos, pelas quedas das rochas correspondentes, são causados danos ambientais. Como devem ser diferenciados os eventos pelas atividades exercidas, diante do agravamento dos danos em decorrência do negócio, o proprietário do primeiro morro responderá civilmente. A mesma conclusão não vale para o proprietário do segundo morro. O raciocínio é lógico, sintonizado com os princípios constitucionais da proporcionalidade e da razoabilidade, abstraídos da isonomia constitucional (art. 5.º, *caput*, da CF/1988).

Em suma, os eventos totalmente externos ao negócio ou à atividade desenvolvida devem ser admitidos como excludentes do nexo e da responsabilidade ambiental. Por isso, verifica-se que o sistema nacional não adotou o risco integral, mesmo na responsabilidade por danos ao ambiente, eis que algumas excludentes são admitidas. Por exemplo, prevalecendo o risco integral, um eventual bom proprietário, que sempre conservou determinada área verde, seria punido por um raio que destruísse uma das árvores.[46] A conclusão, como se vê, é totalmente absurda, ferindo a lógica do razoável.

Entendo, assim, que a questão ambiental deve ser resolvida pela teoria do risco-proveito, pelo risco criado, pelo risco administrativo – se o dano for causado pelo Estado ou por um dos seus agentes –, ou até pelo risco profissional.[47] No entanto, a teoria do risco integral, sem a admissão de excludentes do nexo de causalidade, deve ser afastada, pois o que se teria seria uma presunção absoluta da presença do nexo, a gerar a aplicação da teoria do histórico dos antecedentes, descartada da realidade brasileira pelo que desenvolvemos no Capítulo 5 deste livro.

Pode-se observar, portanto, nas hipóteses de danos causados ao meio ambiente, que a solução não é fixa, mas variável, de acordo com as mais diversas

---

[45] SOUZA, Motauri Ciocchetti. *Interesses difusos em espécie*. São Paulo: Saraiva, 2000. p. 44.
[46] O exemplo é de José Fernando Simão, transmitido em conversa informal.
[47] Concluindo pela aplicação do risco criado, diante de uma atividade assumida pelo agente quanto ao exercício, e não do risco integral, ver: PEDROSA, Lauricio Alves Carvalho. Breve análise acerca do nexo causal na responsabilidade civil ambiental. *Revista do Programa de Pós-Graduação em Direito da Faculdade de Direito da Universidade Federal da Bahia*, n. 14, 2007.

teorias relativas ao risco. De qualquer forma, nota-se uma *responsabilidade objetiva agravada* ou *aumentada* pela não admissibilidade de excludentes, como o fato exclusivo de terceiro e o fato exclusivo da vítima.

Insta ainda observar que julgados superiores mais recentes têm entendido que a aplicação do risco integral não pode gerar a presunção *iure et de iure* ou absoluta da relação de causalidade, como acabo de destacar e como está na assertiva n. 3 publicada na Edição n. 119 da ferramenta *Jurisprudência em Teses* do STJ, antes transcrita. Nesse sentido, vejamos outro julgamento em demanda de incidente de recursos repetitivos do Tribunal da Cidadania, envolvendo o acidente na baía de Paranaguá:

"Recurso especial repetitivo. Negativa de prestação jurisdicional. Não ocorrência. Responsabilidade civil ambiental. Ação indenizatória. Danos extrapatrimoniais. Acidente ambiental. Explosão do navio Vicuña. Porto de Paranaguá. Pescadores profissionais. Proibição temporária de pesca. Empresas adquirentes da carga transportada. Ausência de responsabilidade. Nexo de causalidade não configurado. 1. Ação indenizatória ajuizada por pescadora em desfavor apenas das empresas adquirentes (destinatárias) da carga que era transportada pelo navio tanque Vicuña no momento de sua explosão, em 15.11.2004, no Porto de Paranaguá. Pretensão da autora de se ver compensada por danos morais decorrentes da proibição temporária da pesca (2 meses) determinada em virtude da contaminação ambiental provocada pelo acidente. 2. Acórdão recorrido que concluiu pela improcedência do pedido ao fundamento de não estar configurado, na hipótese, nexo de causal capaz de vincular o resultado danoso ao comportamento de empresas que, sendo meras adquirentes da carga transportada, em nada teriam contribuído para o acidente, nem sequer de forma indireta. 3. Consoante a jurisprudência pacífica desta Corte, sedimentada inclusive no julgamento de recursos submetidos à sistemática dos processos representativos de controvérsia (arts. 543-C do CPC/1973 e 1.036 e 1.037 do CPC/2015), 'a responsabilidade por dano ambiental é objetiva, informada pela teoria do risco integral, sendo o nexo de causalidade o fator aglutinante que permite que o risco se integre na unidade do ato' (REsp n. 1.374.284/MG). 4. Em que pese a responsabilidade por dano ambiental seja objetiva (e lastreada pela teoria do risco integral), faz-se imprescindível, para a configuração do dever de indenizar, a demonstração da existência de nexo de causalidade apto a vincular o resultado lesivo efetivamente verificado ao comportamento (comissivo ou omissivo) daquele a quem se repute a condição de agente causador. 5. No caso, inexiste nexo de causalidade entre os danos ambientais (e morais a eles correlatos) resultantes da explosão do navio Vicuña e a conduta das empresas adquirentes da carga transportada pela referida embarcação. 6. Não sendo as adquirentes da carga responsáveis diretas pelo acidente ocorrido, só haveria falar em sua responsabilização – na condição de poluidora indireta – acaso fosse demonstrado: (i) o comportamento omissivo de sua parte; (ii) que o risco de explosão na realização do transporte marítimo de produtos químicos adquiridos fosse ínsito às atividades por elas desempenhadas ou (iii) que estava ao encargo delas, e não da empresa vendedora, a contratação do transporte da carga que lhes seria destinada. (...)" (STJ, REsp 1.596.081/PR, 2.ª Seção, Rel. Min. Ricardo Villas Bôas Cueva, j. 25.10.2017, *DJe* 22.11.2017).

Apesar da expressa menção à teoria do risco integral no corpo do acórdão, entendo que ela acabou sendo descartada, admitindo-se a presença de um evento externo, fora do risco da atividade dos adquirentes das cargas transportadas, como excludente da responsabilidade civil. Houve, assim, um caminhar para a linha por nós seguida e destacada no presente tópico.

Acrescente-se que o acidente em questão foi contemplado por duas afirmações constantes da Edição n. 119 da ferramenta *Jurisprudência em Teses* do STJ, do ano de 2019, e dedicada à responsabilidade civil ambiental. De acordo com a tese n. 10, "o pescador profissional é parte legítima para postular indenização por dano ambiental que acarretou a redução da pesca na área atingida, podendo utilizar-se do registro profissional, ainda que concedido posteriormente ao sinistro, e de outros meios de prova que sejam suficientes ao convencimento do juiz acerca do exercício dessa atividade". Ou, ainda, conforme a tese n. 11, "é devida a indenização por dano moral patente o sofrimento intenso do pescador profissional artesanal, causado pela privação das condições de trabalho, em consequência do dano ambiental". Como não poderia ser diferente, estou filiado às duas premissas do Tribunal da Cidadania.

Para encerrar o tópico, acrescente-se que o projeto de Reforma do Código Civil pretende inserir na codificação privada tratamento a respeito da responsabilidade civil ambiental. Adota-se um modelo de responsabilidade objetiva, para os entes públicos e privados, admitindo-se apenas a excludente do fato exclusivo de terceiro, na linha de todas as divergências que aqui foram expostas.

Trata-se da proposta do novo art. 952-A do Código Civil, segundo o qual, em seu *caput*, "as pessoas naturais ou jurídicas, de Direito Público ou Direito Privado, terão a obrigação de reparar integralmente os danos causados ao meio ambiente, por sua atividade, independentemente da existência de culpa". Em complemento, o seu § 1.º preverá, como única excludente da responsabilidade civil ambiental, que "a responsabilidade prevista neste artigo pode ser afastada em caso de fato exclusivo de terceiro". Ademais, a responsabilidade civil ambiental será solidária: "a responsabilidade prevista no *caput* deste artigo tem caráter solidário, devendo ser atribuída a todos que, direta ou indiretamente, contribuíram para o evento danoso" (§ 2.º).

Como se pode notar, trata-se de inclusão de norma necessária, que retoma o *protagonismo* do Código Civil para os temas relevantes de Direito Privado, como é a responsabilidade civil ambiental.

4. CASOS ESPECÍFICOS DE RESPONSABILIDADE CIVIL AMBIENTAL

Com o fim de tornar o estudo do tema da responsabilidade civil ambiental mais claro e didático, vejamos alguns casos específicos em que se deve imputar o correspondente dever de indenizar por tais prejuízos, utilizando-se como roteiro a obra de Fabiano Melo, que traz a análise de previsões legais e julgados sobre sete hipóteses fáticas, quais sejam: *a)* responsabilidade do Estado por danos ambientais; *b)* responsabilidade civil por agrotóxicos; *c)* responsabilidade civil por danos nucleares; *d)* responsabilidade civil por rejeitos radioativos; *e)* responsabilidade civil por atividades com organismos geneticamente modificados e derivados; *f)* responsabilidade civil pós-consumo; e *g)* responsabilidade por mineração.[48]

Sobre a *primeira hipótese*, relativa à responsabilidade civil do Estado por danos ambientais, o autor separa duas situações. Na primeira delas, presente está o dano ambiental provocado pelo próprio Poder Público ou por meio de concessionária de serviço público. A segunda situação diz respeito aos danos decorrentes da omissão do Poder Público no exercício do poder de polícia.[49] Os fundamentos para a imputação do dever de indenização nos dois casos estão no art. 37, § 6.º, da Constituição Federal e no art. 3.º, inc. IV, da Lei n. 6.938/1981, que considera poluidor também a pessoa jurídica de Direito Público que causa a degradação ambiental.

Na primeira das situações apontadas, não há dúvidas quanto à responsabilização objetiva do Estado. Contudo, no caso de omissão no exercício do poder de polícia, como ocorre com a responsabilidade comum estatal, há uma divisão quanto à responsabilidade subjetiva e objetiva. Entendendo pela responsabilidade subjetiva, o autor cita o julgamento do Superior Tribunal de Justiça no Recurso Especial n. 647.493/SC, de 2007, com a seguinte dicção: "a responsabilidade civil do Estado por omissão é subjetiva, mesmo em se tratando de responsabilidade por dano ao meio ambiente, uma vez que a ilicitude no comportamento omissivo é aferida sob a perspectiva de que deveria o Estado ter agido conforme estabelece a lei".[50]

No entanto, ressalta ele que os julgados mais recentes da Corte Superior seguem o caminho da responsabilização objetiva na omissão estatal que causa danos ambientais, o que é compartilhado por mim, pois reafirmo que a responsabilidade do Estado sempre independe de culpa, como desenvolvo no Capítulo 10 deste livro. Fabiano Melo cita os julgamentos no Recurso Especial 1.071.741/SP (2011) e no Recurso Especial 1.236.863 (2012). Confirmando esse entendimento, acrescento os seguintes, mais recentes:

> "Processual civil e ambiental. Ação civil pública. Loteamento clandestino. Área de preservação permanente. Dever de fiscalização do Estado. Omissão. Responsabilidade objetiva e solidária. Reexame dos elementos de cognição dos autos. Descabimento. Súmula 7/STJ. 1. Cuida-se, na origem, de Ação Civil Pública ajuizada pelo Ministério Público do Estado de São Paulo contra Antonio Cardoso da Rosa, Estado de São Paulo, Município de São Bento do Sapucaí e diversas pessoas físicas, em razão de loteamento clandestino efetuado por Antonio Cardoso da Rosa, que alienou lotes, para os outros corréus, de imóvel situado em Área de Preservação Permanente, sem prévia anuência dos órgãos competentes. (...). O Superior Tribunal de Justiça firmou o entendimento de que o ente federado tem o dever de fiscalizar e preservar o meio ambiente e combater a poluição (Constituição Federal, art.

---

[48] MELO, Fabiano. *Direito Ambiental*, cit., p. 388-393.
[49] MELO, Fabiano. *Direito Ambiental*, cit., p. 388.
[50] MELO, Fabiano. *Direito Ambiental*, cit., p. 389.

23, VI, e art. 3.º da Lei 6.938/1981), podendo sua omissão ser interpretada como causa indireta do dano (poluidor indireto), o que enseja sua responsabilidade objetiva. Precedentes: AgRg no REsp 1.286.142/SC, Rel. Ministro Mauro Campbell Marques, Segunda Turma, *DJe* 28.02.2013; AgRg no Ag 822.764/MG, Rel. Ministro José Delgado, Primeira Turma, *DJ* 02.08.2007; REsp 604.725/PR, Rel. Ministro Castro Meira, Segunda Turma, *DJ* 22.08.2005. Tendo a Corte de origem, à luz dos elementos fático-probatórios dos autos, consignado que o Estado de São Paulo, ora recorrente, falhou no dever de prestação do serviço público ao incorrer em omissão, tornando possível a implantação de loteamento clandestino, rever tal entendimento demanda o reexame dos elementos de cognição dos autos, o que esbarra no óbice da Súmula 7/STJ" (STJ, REsp 1.666.027/SP, 2.ª Turma, Rel. Min. Herman Benjamin, j. 19.10.2017, *DJe* 1.º.02.2018).

"Administrativo. Ambiental. Ação civil pública. Dano ambiental. Legitimidade passiva. Responsabilidade civil do Estado. Ibama. Dever de fiscalização. Omissão caracterizada. 1. Tratando-se de proteção ao meio ambiente, não há falar em competência exclusiva de um ente da federação para promover medidas protetivas. Impõe-se amplo aparato de fiscalização a ser exercido pelos quatro entes federados, independentemente do local onde a ameaça ou o dano estejam ocorrendo. 2. O Poder de Polícia Ambiental pode – e deve – ser exercido por todos os entes da Federação, pois se trata de competência comum, prevista constitucionalmente. Portanto, a competência material para o trato das questões ambiental é comum a todos os entes. Diante de uma infração ambiental, os agentes de fiscalização ambiental federal, estadual ou municipal terão o dever de agir imediatamente, obstando a perpetuação da infração. 3. Nos termos da jurisprudência pacífica do STJ, a responsabilidade por dano ambiental é objetiva, logo responderá pelos danos ambientais causados aquele que tenha contribuído apenas que indiretamente para a ocorrência da lesão. Agravo regimental improvido" (STJ, AgRg no REsp 1.417.023/PR, 2.ª Turma, Rel. Min. Humberto Martins, j. 18.08.2015, *DJe* 25.08.2015).

Aprofunde-se, contudo, como faz o mesmo Fabiano Melo, que apesar de se reconhecer como solidária a responsabilidade do Estado, a execução é tida como subsidiária, o que é uma atenuação dos seus impactos nos cofres públicos.[51] Além do Recurso Especial 1.236.863/ES, de 2012, por ele citado, transcrevo o seguinte julgamento do mesmo STJ:

"Administrativo. Agravo interno no recurso especial. Ambiental. Ação civil pública. Dano ambiental e urbanístico. Construções irregulares. Dever de fiscalização. Omissão. Responsabilidade civil do Estado. Caráter solidário, mas de execução subsidiária. Precedentes. 1. A responsabilidade do Estado por dano ao meio ambiente decorrente de sua omissão no dever de fiscalização é de caráter solidário, mas de execução subsidiária, na condição de devedor-reserva. Precedentes. 2. Há responsabilidade do Estado ainda que, por meios apenas indiretos, contribua para a consolidação, agravamento ou perpetuação dos danos experimentados pela sociedade. Hipótese que não

---

[51] MELO, Fabiano. *Direito Ambiental*, cit., p. 390.

se confunde com a situação de garantidor universal. 3. No caso dos autos, ainda que o acórdão recorrido tenha entendido pela inexistência de omissão específica, os fatos narrados apontam para o nexo claro entre a conduta do Estado e o dano, constituído pela edição de normativos e alvarás autorizando as construções violadoras do meio ambiente e não implementação das medidas repressivas às obras irregulares especificadas em lei local. Ressalte-se, os danos permanecem sendo experimentados pela comunidade há mais de duas décadas e foram declarados pelo próprio ente público como notórios. 4. O reconhecimento da responsabilização solidária de execução subsidiária enseja que o Estado somente seja acionado para cumprimento da obrigação de demolição das construções irregulares após a devida demonstração de absoluta impossibilidade ou incapacidade de cumprimento da medida pelos demais réus, diretamente causadores dos danos, e, ainda, sem prejuízo de ação regressiva contra os agentes públicos ou particulares responsáveis. 5. Agravo interno a que se nega provimento" (STJ, Ag. Int. no REsp 1.326.903/DF, 2.ª Turma, Rel. Min. Og Fernandes, j. 24.04.2018, *DJe* 30.04.2018).

Na mesma linha, em dezembro de 2021 o Superior Tribunal de Justiça editou a sua Súmula n. 652, consolidando tal posição, segundo a qual "a responsabilidade civil da Administração Pública por danos ao meio ambiente, decorrente de sua omissão no dever de fiscalização, é de caráter solidário, mas de execução subsidiária".

Com o devido respeito, esse entendimento causa estranheza, pois a execução subsidiária quebra com a solidariedade consagrada para o âmbito ambiental. Ou se é devedor solidário ou subsidiário. Não se pode ser devedor solidário na atribuição da responsabilidade e subsidiário em sua execução. Com o devido respeito, a jurisprudência superior acabou por criar uma figura atípica, sem precedentes na tradição do Direito Privado, com claro intuito de, novamente, proteger o Estado.

De toda sorte, essa posição deve ser considerada hoje como majoritária, para os devidos fins práticos. Porém, com a aprovação do projeto de Reforma do Código Civil, essa ideia deverá ser revista, pois a responsabilidade ambiental passará a ser solidária, tanto em relação aos entes públicos como aos privados, mencionados no projetado *caput* do art. 952-A. Além disso, como visto, o § 2.º da nova norma enunciará que "a responsabilidade prevista no *caput* deste artigo tem caráter solidário, devendo ser atribuída a todos que, direta ou indiretamente, contribuíram para o evento danoso".

Outra questão importante diz respeito à aplicação ou não da teoria do risco integral em face do Estado nos danos ambientais, afastando-se a admissão de qualquer excludente de nexo de causalidade, como exceção à teoria do risco administrativo, geralmente utilizada para a responsabilidade civil estatal. Aplicando o risco integral em face do Estado, vejamos duas ementas relativas a danos ambientais ocorridos na cidade do Rio de Janeiro:

"(...). Responsabilidade do Estado do Rio de Janeiro, do município do Rio de Janeiro, da Cedae e da empresa F. Ab. Zona Oeste S.A. Ausência de saneamento básico que está intrinsecamente relacionado às condições de saúde da população local. Exigência constitucional, a teor do disposto no art. 225. Dever do poder público de defender e preservar o meio ambiente ecologicamente equilibrado. Inequívoco e comprovado dano ambiental, bem como comprometimento da saúde da população, implicando em violação ao princípio da dignidade da pessoa humana, insculpido no artigo 1.º, inciso III, da CR/1988. Responsabilidade ambiental objetiva, informada pela teoria do risco integral. Dano moral ambiental. Fundamento no artigo 14 da Lei n. 6.938/1981 e art. 13 da Lei n. 7.347/1985. Fixação do valor que deve considerar a lesão perpetrada contra aquela comunidade local e o valor transindividual representado pelo meio ambiente afetado. Acolhimento dos embargos de declaração com atribuição de efeitos infringentes para julgar procedente o pedido e condenar a Cedae, o Estado do Rio de Janeiro e o município do Rio de Janeiro a indenizar os danos ambientais consumados, em valor a ser revertido para o fundo estadual de conservação ambiental e desenvolvimento urbano, FECAM/RJ, a serem apurados em liquidação de sentença, bem como condenar o Estado do Rio de Janeiro, o município do Rio de Janeiro e a F. Ab. Zona oeste S. A., solidariamente, na obrigação de fazer consistente em implementar e concluir as obras e serviços necessários de saneamento básico nas ruas Vasco Lima, Antônio Pires, Professor Souza Pinto e Pereira Neto, em Pedra de Guaratiba, no prazo máximo de 360 dias, sob pena de multa diária no valor de R$ 50.000,00. Sem ônus sucumbencial" (TJRJ, Apelação 0416962-74.2013.8.19.0001, 6.ª Câmara Cível, Rel. Des. Inês da Trindade Chaves de Melo, *DORJ* 13.03.2018, p. 213).

"Ação civil pública. Projeto Via Parque. Início das obras. Licença do Município. Degradação ambiental significativa. Zona costeira e área de preservação permanente. Manguezal e restinga. Legitimidade passiva do Município. Existência de prova do dano. Inexistência das licenças ambientais devidas. Condenação em obrigação de fazer e não fazer. Condenação em pagamento de indenização. Cumulação. Possibilidade. A ação civil pública se originou a partir do procedimento administrativo MPFRJ/RJ n. 08120.001882/99-15, no qual se apurou que a realização da obra do projeto viário 'Via Parque', situada na faixa marginal da lagoa da Tijuca, atrás do empreendimento Downtown, próximo à Avenida das Américas n. 500, causou dano ambiental em área de preservação permanente. De restinga e manguezal. O município que, na qualidade de ente federativo competente para o planejamento urbano e paisagístico, cabendo-lhe o desenvolvimento de planos, programas e projetos ou atividades que resultem em interferências no meio ambiente, elaborou o projeto da 'Via Parque' e concedeu a licença para o início das obras, tendo, inclusive, imposto como condição ao licenciamento do empreendimento Downtown a execução do respectivo projeto tem pertinência subjetiva com a relação de direito material objeto da lide. O dano ambiental restou comprovado já que a obra iniciada 'avançou sobre vegetação de restinga e em pequeno trecho (20 m) houve espalhamento de material até a vegetação de mangue', conforme vistorias do Ibama e da Feema realizadas no local. (...). A responsabilidade pelo dano causado ao meio ambiente é objetiva, informada pela teoria do risco integral, sendo suficiente que o prejuízo tenha sido acarretado pelo exercício de determinada atividade, ou seja, o nexo causal, não sendo necessária a demonstração da culpa. (...)" (TRF da 2.ª Região, Apelação Cível 0064130-64.1999.4.02.5101, 6.ª Turma Especializada, Rel. Des. Fed. Frederico Gueiros, *DEJF* 26.06.2012, p. 159).

Com o devido respeito, reitero a minha posição no sentido de não ser possível admitir uma responsabilidade civil integral, mesmo que por danos ambientais, sendo cabíveis a alegação de excludentes de nexo relativas a eventos externos, totalmente fora do risco da atividade desenvolvida, mesmo que do Estado, especialmente do seu dever de fiscalização. Assim, reafirmo que a questão da responsabilidade ambiental do Estado deve ser resolvida pelo risco administrativo e não pelo risco integral.

Como *segunda hipótese* de responsabilização civil por danos ambientais, Fabiano Melo cita a responsabilidade civil por agrotóxicos, tratada pelo art. 14 da Lei n. 7.802/1999, que consagra, com claro intuito protetivo das empresas do setor, um modelo culposo de responsabilidade civil.[52]

Conforme o seu conteúdo, as responsabilidades administrativa, civil e penal pelos danos causados à saúde das pessoas e ao meio ambiente, quando a produção, comercialização, utilização, transporte e destinação de embalagens vazias de agrotóxicos, seus componentes e afins, não cumprirem o disposto na legislação pertinente, cabem: *a)* ao profissional, quando comprovada receita errada, displicente ou indevida; *b)* ao usuário ou ao prestador de serviços, quando proceder em desacordo com o receituário ou as recomendações do fabricante e órgãos registrantes e sanitário-ambientais; *c)* ao comerciante, quando efetuar venda sem o respectivo receituário ou em desacordo com a receita ou recomendações do fabricante e órgãos registrantes e sanitário-ambientais; *d)* ao registrante que, por dolo ou por culpa, omitir informações ou fornecer informações incorretas; *e)* ao produtor, quando produzir mercadorias em desacordo com as especificações constantes do registro do produto, do rótulo, da bula, do folheto e da propaganda, ou não der destinação às embalagens vazias em conformidade com a legislação pertinente; e *f)* ao empregador, quando não fornecer e não fizer manutenção dos equipamentos adequados à proteção da saúde dos trabalhadores ou dos equipamentos na produção, distribuição e aplicação dos produtos.

Como se nota, tal responsabilização subjetiva atinge os profissionais que produzem, comercializam ou registram os agrotóxicos. Entretanto, "se o usuário de agrotóxicos, vier a contaminar o meio ambiente, é de se aplicar a regra geral da responsabilidade civil insculpida no art. 14, § 1.º, da Lei n. 6.938/1981 (responsabilidade objetiva). Eventual exceção criaria um permissivo perigoso em uma das áreas de riscos mais sensíveis para a saúde humana e o meio ambiente".[53]

A *terceira hipótese* destacada pelo doutrinador a respeito dos casos específicos em que os danos ambientais estão presentes diz respeito aos danos nucleares, nos termos do art. 21, XXIII, letra *d*, da Constituição Federal e da Lei n. 6.453/1977, aqui antes mencionados e devidamente estudados.[54]

Em complemento a essa lei, a *quarta hipótese* relativa aos danos ambientais é atinente aos danos que decorrem de rejeitos radioativos, como ocorreu no célebre caso do Césio-137, em Goiânia, que originou a elaboração da Lei

---

[52] MELO, Fabiano. *Direito Ambiental*, cit., p. 390-391.
[53] MELO, Fabiano. *Direito Ambiental*, cit., p. 391.
[54] MELO, Fabiano. *Direito Ambiental*, cit., p. 391.

n. 10.308/2001.[55] Em compasso e sincronia com a Lei da Política Nacional do Meio Ambiente, criou-se nessa norma um modelo de responsabilização objetiva, independentemente de dolo e de culpa. Nos termos do seu art. 19, nos depósitos iniciais, a responsabilidade civil por danos radiológicos pessoais, patrimoniais e ambientais causados por rejeitos radioativos neles depositados, independentemente de culpa ou dolo, é do titular da autorização para operação daquela instalação. A responsabilidade objetiva também se aplica para os depósitos intermediários e finais, sendo, porém, atribuída à Comissão Nacional de Energia Nuclear – CNEM (art. 20 da Lei n. 10.308/2001).

Em relação aos transportes de depósitos iniciais de produtos radioativos para os depósitos intermediários ou de depósitos iniciais para os depósitos finais, a responsabilidade civil por danos radiológicos pessoais, patrimoniais e ambientais causados por rejeitos radioativos é do titular da autorização para operação da instalação que contém o depósito inicial; novamente com natureza objetiva (art. 21).

Por outra via, no transporte de rejeitos dos depósitos intermediários para os depósitos finais, a responsabilidade civil objetiva por danos radiológicos pessoais, patrimoniais e ambientais causados por rejeitos radioativos é novamente da CNEN (art. 22).

No caso do Césio-137, na cidade de Goiânia, não se aplicou a norma em questão, pelo fato de ser posterior ao acidente, ocorrido no ano de 1987. Como se extrai do julgado a seguir, por todos, a responsabilização objetiva e solidária recaiu sobre o Estado de Goiás e sobre a União, com base na Lei n. 6.938/1981 e em outros preceitos legais:

"Administrativo. Direito nuclear. Responsabilidade civil objetiva do Estado. Acidente radioativo em Goiânia. Césio 137. Abandono do aparelho de radioterapia. Dever de fiscalização e vigilância sanitário-ambiental de atividades com aparelhos radioativos. Responsabilidade solidária da União e dos Estados. Legitimidade passiva. 1. A vida, saúde e integridade físico-psíquica das pessoas é valor ético-jurídico supremo no ordenamento brasileiro, que sobressai em relação a todos os outros, tanto na ordem econômica, como na política e social. 2. O art. 8.º do Decreto 81.394/1975, que regulamenta a Lei 6.229/1975, atribuiu ao Ministério da Saúde competência para desenvolver programas de vigilância sanitária dos locais, instalações, equipamentos e agentes que utilizem aparelhos de radiodiagnóstico e radioterapia. 3. Cabe à União desenvolver programas de inspeção sanitária dos equipamentos de radioterapia, o que teria possibilitado a retirada, de maneira segura, da cápsula de Césio 137, que ocasionou a tragédia ocorrida em Goiânia em 1987. 4. Em matéria de atividade nuclear e radioativa, a fiscalização sanitário-ambiental é concorrente entre a União e os Estados, acarretando responsabilização solidária, na hipótese de falha de seu exercício. 5. Não fosse pela ausência de comunicação do Departamento de Instalações e Materiais Nucleares (que integra a estrutura da Comissão Nacional de Energia Nucelar – CNEN, órgão federal) à Secretaria de Saúde do Estado de Goiás, o grave acidente que

---

[55] MELO, Fabiano. *Direito Ambiental*, cit., p. 391.

vitimou tantas pessoas inocentes e pobres não teria ocorrido. Constatação do Tribunal de origem que não pode ser reapreciada no STJ, sob pena de violação da Súmula 7. 6. Aplica-se a responsabilidade civil objetiva e solidária aos acidentes nucleares e radiológicos, que se equiparam para fins de vigilância sanitário-ambiental. 7. A controvérsia foi solucionada estritamente à luz de violação do Direito Federal, a saber, pela exegese dos arts. 1.º, I, 'j', da Lei 6.229/1975; 8.º do Decreto 81.384/1978; e 4.º da Lei 9.425/1996. 8. Recurso Especial não provido" (STJ, REsp 1.180.888/GO, 2.ª Turma, Rel. Min. Herman Benjamin, j. 17.06.2010, *DJe* 28.02.2012).

A *quinta hipótese* de reconhecimento dos danos ambientais diz respeito às atividades com Organismos Geneticamente Modificados (OGM) e derivados, tratados pela Lei de Biossegurança (Lei n. 11.105/2005). Como não poderia ser diferente, novamente aqui houve a previsão expressa a respeito da responsabilidade objetiva e solidária. Conforme o seu art. 20, "sem prejuízo da aplicação das penas previstas nesta Lei, os responsáveis pelos danos ao meio ambiente e a terceiros responderão, solidariamente, por sua indenização ou reparação integral, independentemente da existência de culpa". Como sustenta o autor que está nos servindo como referência: "na ocorrência de danos ao meio ambiente e a terceiros, a reparação dar-se-á pela reparação integral ou indenização, em convergência com a sistemática ordinária da responsabilização civil ambiental".[56]

A *sexta situação concreta* de danos ambientais a ser considerada é atinente à responsabilidade pós-consumo, relativa aos resíduos sólidos, tratados pela Lei n. 12.305/2010.[57] A norma em questão considera como resíduo sólido qualquer material, substância, objeto ou bem descartado resultante de atividades humanas em sociedade, a cuja destinação final se procede, se propõe proceder ou se está obrigado a proceder, nos estados sólido ou semissólido. Também são considerados como tal os gases contidos em recipientes e líquidos cujas particularidades tornem inviável o seu lançamento na rede pública de esgotos ou em corpos d'água, ou exijam para isso soluções técnica ou economicamente inviáveis em face da melhor tecnologia disponível (art. 3.º, inc. XVI).

Sobre a correspondente responsabilização civil que decorre desses resíduos, há uma *responsabilidade compartilhada* pelo ciclo de vida dos produtos, o que conduz a uma responsabilização solidária de todos os envolvidos com o bem, direta ou indiretamente (art. 4.º, inc. VII). Adotando a ideia da *VI Jornada de Direito Civil*, merece destaque o Enunciado n. 565, *in verbis*: "não ocorre a perda da propriedade por abandono de resíduos sólidos, que são considerados bens socioambientais, nos termos da Lei n. 12.305/2010".

No projeto de Reforma do Código Civil, a propósito, inclui-se um novo parágrafo no art. 1.276 do Código Civil, que trata do abandono da propriedade, prevendo que "§ 4.º A perda da propriedade por abandono de resíduos sólidos não elimina a responsabilidade do antigo proprietário, nos termos do que está

---

[56] MELO, Fabiano. *Direito Ambiental*, cit., p. 392.
[57] MELO, Fabiano. *Direito Ambiental*, cit., p. 392.

previsto na Lei n. 12.305, de 2 de agosto de 2012". A proposição foi influenciada pelo citado enunciado doutrinário.

Entretanto, a respeito dos resíduos sólidos familiares, o seu gerador tem cessada sua responsabilidade com a disponibilização adequada para a coleta ou, se for o caso, com a sua devolução ao fabricante, como ocorre com pilhas, baterias e pneus (art. 28 da Lei n. 12.305/2010). Ademais, cabe ao Poder Público atuar, subsidiariamente, com vistas a minimizar ou cessar o dano, logo que tome conhecimento de evento lesivo ao meio ambiente ou à saúde pública relacionado ao gerenciamento de resíduos sólidos (art. 29).

Além do teor do art. 14, § 1.º, da Lei n. 6.938/1981, a responsabilidade objetiva pelos resíduos sólidos é retirada do art. 51 da Lei n. 12.305/2010, segundo a qual "sem prejuízo da obrigação de, independentemente da existência de culpa, reparar os danos causados, a ação ou omissão das pessoas físicas ou jurídicas que importe inobservância aos preceitos desta Lei ou de seu regulamento sujeita os infratores às sanções previstas em lei, em especial às fixadas na Lei n. 9.605, de 12 de fevereiro de 1998, que 'dispõe sobre as sanções penais e administrativas derivadas de condutas e atividades lesivas ao meio ambiente, e dá outras providências', e em seu regulamento".

Para encerrar o tópico, a *sétima e última hipótese* de danos ambientais destacada por Fabiano Melo diz respeito à mineração, que está prevista expressamente no § 2.º do art. 225 da Constituição Federal: "Aquele que explorar recursos minerais fica obrigado a recuperar o meio ambiente degradado, de acordo com solução técnica exigida pelo órgão público competente, na forma da lei".

Todavia, como ele destaca, não há previsão específica no Decreto-lei n. 227/1967, que regulamenta a atividade, sobre a natureza da responsabilidade civil ambiental, aplicando-se a regra geral da responsabilidade objetiva, com fulcro no art. 14 da Lei da Política Nacional do Meio Ambiente, com a correspondente teoria do risco integral.[58] Sobre danos causados nessa seara, podem ser citados os célebres casos envolvendo as barragens de Fundão, em Mariana, e em Brumadinho, ambas mantidas pela empresa Vale, e que vieram a se romper, causando danos ambientais de grande monta.

Como aqui se demonstrou, existem numerosos julgados estaduais, notadamente do Tribunal de Justiça do Espírito Santo, responsabilizando objetivamente as empresas envolvidas pelo primeiro desastre ambiental citado, um dos mais graves da nossa história.

5. DO DEVER DE RECUPERAÇÃO AMBIENTAL PELOS NOVOS PROPRIETÁRIOS DOS IMÓVEIS. UMA QUESTÃO DE RESPONSABILIDADE CIVIL?

Tema que merece ser aqui abordado diz respeito ao surgimento, no Direito brasileiro, da tese de responsabilização do novo proprietário do imóvel pela sua recuperação ambiental da área, mesmo não sendo o causador do dano. A

---

[58] MELO, Fabiano. *Direito Ambiental*, cit., p. 392.

questão que se coloca é a seguinte: essa afirmação tem alguma relação com a responsabilidade civil existente nessa seara?

Nos âmbitos doutrinário e jurisprudencial, há quem entenda que sim, caso da Professora Patrícia Faga Iglecias, em tese de livre-docência defendida na Faculdade de Direito da USP.[59] Para ela, o entendimento, adotado inicialmente pelo Superior Tribunal de Justiça nos primeiros precedentes sobre o tema, representaria uma aplicação da responsabilidade objetiva e pelo risco integral, flexibilizando o nexo de causalidade em casos tais. Fazendo essa correlação, entre os citados precedentes do STJ, merecem destaque:

"Administrativo e processual civil. Reserva florestal. Novo proprietário. Legitimidade passiva. 1. Em se tratando de reserva florestal legal, a responsabilidade por eventual dano ambiental ocorrido nessa faixa é objetiva, devendo o proprietário, ao tempo em que conclamado para cumprir obrigação de reparação ambiental, responder por ela. 2. O novo adquirente do imóvel é parte legítima para responder ação civil pública que impõe obrigação de fazer consistente no reflorestamento da reserva legal, pois assume a propriedade com ônus restritivo. 3. Recurso especial conhecido e provido" (STJ, REsp 195.274/PR, 2.ª Turma, Rel. Min. João Otávio de Noronha, j. 07.04.2005, *DJ* 20.06.2005, p. 179).

"Embargos de declaração contra acórdão proferido em agravo regimental. Danos ambientais. Ação civil pública. Responsabilidade. Adquirente. Terras rurais. Recomposição. Matas. 1. A Medida Provisória 1.736-33 de 11.02.1999, que revogou o art. 99 da Lei 8.171/1999, foi revogada pela MP 2.080-58, de 17.12.2000. 2. Em matéria de dano ambiental a responsabilidade é objetiva. O adquirente das terras rurais é responsável pela recomposição das matas nativas. 3. A Constituição Federal consagra em seu art. 186 que a função social da propriedade rural é cumprida quando atende, seguindo critérios e graus de exigência estabelecidos em lei, a requisitos certos, entre os quais o de 'utilização adequada dos recursos naturais disponíveis e preservação do meio ambiente'. 4. A Lei 8.171/1991 vigora para todos os proprietários rurais, ainda que não sejam eles os responsáveis por eventuais desmatamentos anteriores. Na verdade, a referida norma referendou o próprio Código Florestal (Lei 4.771/1965) que estabelecia uma limitação administrativa às propriedades rurais, obrigando os seus proprietários a instituírem áreas de reservas legais, de no mínimo 20% de cada propriedade, em prol do interesse coletivo. 5. Embargos de Declaração parcialmente acolhidos para negar provimento ao Recurso Especial" (STJ, EDcl. no AgRg no REsp 255.170/SP, 1.ª Turma, Rel. Min. Luiz Fux, j. 01.04.2003, *DJ* 22.04.2003, p. 197).

Com o devido respeito, na linha do que consta parcialmente do último julgado, entendo que o fundamento para a conclusão exposta não está na responsabilidade civil objetiva ambiental, mas em outra categoria. Reitero novamente que quando se fala em danos ambientais, deve-se conceber a expressão em sentido amplo, englobando tanto o dano ao ambiente natural – denominado como dano

---

[59] LEMOS, Patrícia Faga Iglecias. *Meio ambiente e responsabilidade civil do proprietário*, cit., p. 157-160.

ecológico –, quanto o dano ao ambiente artificial, cultural ou artístico, atingindo toda a coletividade, como expressão da função socioambiental da propriedade, nos termos do art. 1.228, § 1.º, do Código Civil.

O dano ambiental, assim, constitui um dano social, eis que o Bem Ambiental é um bem difuso, relacionado com pessoas indeterminadas ou indetermináveis. Isso justifica o fundamento principal da tese do dever do novo proprietário na previsão constante dos arts. 5.º, inc. XXIII, 186 e 225 da Constituição Federal de 1988, que tratam da tão aclamada função social e socioambiental da propriedade.

Não se negue que julgados mais recentes do Superior Tribunal de Justiça têm associado o dever de recuperação ambiental do novo proprietário à existência de uma obrigação *propter rem,* própria da coisa ou ambulatória, que persegue o bem com quem quer que ele esteja. Assim deduzindo, por todos, com menção a outros julgamentos:

"Processual civil e ambiental. Código Florestal (Lei 4.771, de 15 de setembro de 1965). Reserva legal. Mínimo ecológico. Obrigação *propter rem* que incide sobre o novo proprietário. Dever de medir, demarcar, especializar, isolar, recuperar com espécies nativas e conservar a reserva legal. Responsabilidade civil ambiental. Art. 3.º, incisos II, III, IV e V, e art. 14, § 1.º, da Lei da Política Nacional do Meio Ambiente (Lei 6.938/1981). 1. Hipótese em que há dissídio jurisprudencial entre o acórdão embargado, que afasta o dever legal do adquirente de imóvel de recuperar a área de Reserva Legal (art. 16, 'a', da Lei 4.771/1965) desmatada pelo antigo proprietário, e os paradigmas, que o reconhecem e, portanto, atribuem-lhe legitimidade passiva para a correspondente Ação Civil Pública. 2. O Código Florestal, ao ser promulgado em 1965, incidiu, de forma imediata e universal, sobre todos os imóveis, públicos ou privados, que integram o território brasileiro. Tal lei, ao estabelecer deveres legais que garantem um mínimo ecológico na exploração da terra – patamar básico esse que confere efetividade à preservação e à restauração dos 'processos ecológicos essenciais' e da 'diversidade e integridade do patrimônio genético do País' (Constituição Federal, art. 225, § 1.º, I e II) –, tem na Reserva Legal e nas Áreas de Preservação Permanente dois de seus principais instrumentos de realização, pois, nos termos de tranquila jurisprudência do Superior Tribunal de Justiça, cumprem a meritória função de propiciar que os recursos naturais sejam 'utilizados com equilíbrio' e conservados em favor da 'boa qualidade de vida' das gerações presentes e vindouras (RMS 18.301/MG, Rel. Min. João Otávio de Noronha, *DJ* de 03.10.2005. No mesmo sentido, REsp 927.979/MG, Rel. Min. Francisco Falcão, *DJ* 31.05.2007; RMS 21.830/MG, Rel. Min. Castro Meira, *DJ* 1º.12.2008). 3. As obrigações ambientais ostentam caráter *propter rem,* isto é, são de natureza ambulante, ao aderirem ao bem, e não a seu eventual titular. Daí a irrelevância da identidade do dono – ontem, hoje ou amanhã –, exceto para fins de imposição de sanção administrativa e penal. 'o adquirir a área, o novo proprietário assume o ônus de manter a preservação, tornando-se responsável pela reposição, mesmo que não tenha contribuído para o desmatamento' (REsp 926.750/MG, Rel. Min. Castro Meira, *DJ* 04.10.2007. No mesmo sentido, REsp 343.741/PR, Rel. Min. Franciulli Netto, *DJ* 07.10.2002; REsp 264.173/PR, Rel. Min. José Delgado, *DJ* 02.04.2001; REsp 282.781/PR, Rel. Min. Eliana Calmon, *DJ* 27.05.2002). 4. A especialização da Reserva Legal configura-se 'como dever do proprietário ou adquirente do imóvel rural, independentemente da existência de florestas ou outras formas de vegetação nativa na gleba' (REsp 821.083/MG, Rel. Min. Luiz Fux, *DJe* 09.04.2008. No mesmo sentido, RMS 21.830/MG, Rel. Min. Castro Meira, *DJ* 01.12.2008; RMS 22.391/MG, Rel. Min. Denise Arruda, *DJe* 03.12.2008; REsp 973.225/MG, Rel. Min. Eliana Calmon, *DJe* 03.09.2009). 5. Embargos de divergência conhecidos e providos" (STJ, EREsp 218.781/PR, 1.ª Seção, Rel. Min. Herman Benjamin, j. 09.12.2009, *DJe* 23.02.2012).

Exatamente na mesma linha a afirmação n. 2 constante da Edição n. 119 da ferramenta *Jurisprudência em Teses* da Corte, dedicada à responsabilidade civil por dano ambiental: "causa inequívoco dano ecológico quem desmata, ocupa, explora ou impede a regeneração de Área de Preservação Permanente – APP, fazendo emergir a obrigação *propter rem* de restaurar plenamente e de indenizar o meio ambiente degradado e terceiros afetados, sob o regime de responsabilidade civil objetiva". Como se pode notar, a afirmação ratifica o entendimento de que se trata também de questão afeita à responsabilidade civil, ao contrário do que defendo.

Essa forma de pensar a situação descrita gerou a norma prevista no art. 2.º, § 2.º, do vigente Código Florestal; como já constava parcialmente do art. 44 do Código Florestal anterior. Conforme o novo preceito da Lei n. 12.651/2012, "as obrigações previstas nesta Lei têm natureza real e são transmitidas ao sucessor, de qualquer natureza, no caso de transferência de domínio ou posse do imóvel rural".

No âmbito do Superior Tribunal de Justiça, em 2018, foi editada a sua Súmula n. 623, com a seguinte redação: "as obrigações ambientais possuem natureza *propter rem*, sendo admissível cobrá-las do proprietário ou possuidor atual e/ou dos anteriores, à escolha do credor".

Novamente com o devido respeito, essa solução não me convence e parece estar apegada a uma categoria clássica do Direito Civil. Reitero que o principal argumento para a responsabilização do novo proprietário é a função socioambiental da propriedade, que acabe trazendo uma gravação sobre a coisa, como se fosse uma *hipoteca social*.

Os equívocos das associações ora combatidas também são comentados por Maurício Bunazar, para quem, "se nem tudo que ocorre posteriormente no tempo é consequência de um determinado evento anterior, pode-se afirmar com toda certeza que um evento posterior não pode ter dado causa a um evento anterior. É justamente nesta incoerência que se incide quando se afirma que a causação do dano ambiental anterior à aquisição do imóvel rural está unida por nexo de causalidade à conduta omissiva do seu adquirente".[60]

Para ele, a obrigação de recuperar a degradação ambiental é uma simples obrigação do proprietário, exatamente como a visualizo, a partir da concepção de função social e socioambiental da propriedade.[61]

---

[60] BUNAZAR, Maurício. *Obrigação* propter rem. São Paulo: Atlas, 2014. p. 96.
[61] BUNAZAR, Maurício. *Obrigação* propter rem, cit., p. 97.

6. DA RESPONSABILIDADE CIVIL PELO DANO AMBIENTAL ENORME

Para encerrar o presente capítulo relativo à responsabilidade civil ambiental, vejamos um breve estudo sobre o dano ambiental enorme, aquele com grandes proporções, especialmente quanto à sua definição e atribuição das responsabilidades.

Para a análise do tema, levaremos em conta a obra de Romualdo Baptista dos Santos, fruto de sua tese de doutorado defendida na Faculdade de Direito da USP, que contou com a minha honrosa participação na banca de avaliação.[62] Farei, nesse contexto, um *diálogo doutrinário* com a obra do Professor e Procurador do Estado de São Paulo.

Sobre o conceito de dano enorme, Romualdo Baptista dos Santos o define como "um dano extraordinário, no sentido de que escapa à normalidade dos casos comuns tratados pela teoria e pela prática da responsabilidade civil. Essa excepcionalidade se manifesta pelas proporções catastróficas de suas consequências, que não atingem apenas os grupos e indivíduos isoladamente considerados, mas afetam uma coletividade de pessoas ou até mesmo a sociedade inteira, provocando grande comoção social".[63] Ainda segundo ele, "o dano enorme se caracteriza pela multiplicidade, difusão ou indeterminação de suas causas, à semelhança do que ocorre com os danos ambientais. Se o agente causador do dano pode ser singularizado, não há razão para falar em diluição da causalidade, devendo-se impor ao agente causador o dever de evitar que o dano aconteça ou de promover a respectiva reparação".[64] São citados como exemplos com repercussão para o meio ambiente, o sempre citado caso do rompimento da barragem em Mariana, terremotos e tsunamis.

O doutrinador propõe algumas alterações do Código Civil, para que a responsabilidade civil, em casos tais, deixe de ser solidária, e passe a ser proporcional, de acordo com a contribuição de cada um dos envolvidos para o dano enorme, inclusive aquele de natureza ambiental.

De início, há uma preocupação com o desenvolvimento de uma atividade de risco, propondo o autor a inclusão de um art. 927-A no Código Civil, segundo o qual "aquele que causar dano a outrem em razão de atividade de risco fica obrigado à reparação, independentemente da comprovação de culpa e a despeito das eventuais medidas precautórias adotadas. § 1.º Consideram-se atividades de risco aquelas assim definidas em lei e aquelas que, em razão de sua natureza, implicarem risco para os bens e interesses de terceiros. § 2.º Cabe ao poder público proceder à classificação das atividades de risco, de grau leve, médio e grave, para fins de autorização, restrição ou vedação a seu desempenho, bem como para a imposição das medidas precautórias pertinentes, valendo essa classificação como presunção relativa de que a atividade constitui fator de risco".

---

[62] A tese de doutorado foi publicada em: SANTOS, Romualdo Baptista. *Responsabilidade civil por dano enorme*. Curitiba: Juruá, 2018.
[63] SANTOS, Romualdo Baptista. *Responsabilidade civil por dano enorme*, cit., p. 201.
[64] SANTOS, Romualdo Baptista. *Responsabilidade civil por dano enorme*, cit., p. 203.

Aqui já cabem algumas críticas, feitas quando da banca de doutoramento e que devem ser repetidas, para os devidos fins de *diálogos*. Com o devido respeito, entendo que o controle sobre a qualificação da atividade de risco não deve ser feito apenas pela lei ou pelo Poder Público. Melhor a solução que consta do atual art. 927, parágrafo único, da codificação material, que atribuiu aos julgadores esse enquadramento, dentro da ideia de *cláusula geral de responsabilidade objetiva*.

Outra sugestão feita por Romualdo Baptista dos Santos é de inclusão de um art. 927-B no Código Civil, que teria a seguinte dicção:

> "Aquele que desempenha atividade de risco fica obrigado a adotar medidas de prevenção e de precaução, a fim de evitar que os danos potenciais se concretizem, bem como de assegurar a reparação das vítimas quanto aos danos que se concretizarem a despeito das medidas precautórias. § 1.º Sem prejuízo das medidas precautórias determinadas pelo poder público, aquele que se encontrar na iminência de sofrer dano relacionado com atividade de risco desempenhada por outrem pode requerer ao juiz que o responsável seja obrigado a adotar outras medidas destinadas à proteção de seus bens e interesses. § 2.º Havendo várias atividades na linha de causalidade do dano potencial, o juiz poderá distribuir proporcionalmente a responsabilidade pelas medidas de prevenção e de precaução. § 3.º Na ausência de disposição legal ou de classificação de risco pelo poder público, o demandante deverá fazer prova do risco da atividade".[65]

A menção de que sejam efetivadas medidas de prevenção e de precaução – na linha dos dois regramentos do Direito Ambiental aqui antes estudados –, é louvável. No entanto, trata-se de uma mera recomendação legislativa, longe de ser efetiva. Outrossim, o grande problema da proposta parece ser a responsabilidade proporcional, já criticada quando da abordagem da recente Reforma Trabalhista, no Capítulo 11 desta obra.

Com o devido respeito, trata-se de solução que privilegia os agentes causadores do dano, em detrimento das vítimas. A melhor solução para o dano enorme, adotada no presente modelo, é a solidariedade de todos os envolvidos, tidos como autores e coautores do evento danoso, nos termos do atual art. 942, parágrafo único, do Código Civil. Assim sendo, não se filia definitivamente à proposição de mudança do art. 945, novamente feita por Romualdo Baptista dos Santos, a seguir destacada:

> "Art. 945. Se a vítima houver concorrido para dar causa ao evento danoso, a sua indenização será fixada tendo-se em conta a gravidade de sua contribuição em confronto com a do autor do dano.
>
> Parágrafo único. Havendo vários causadores do dano, mediante condutas ou atividades autônomas, o juiz poderá distribuir equitativamente os encargos da reparação proporcionalmente à contribuição de cada um para a produção do resultado".[66]

---

[65] SANTOS, Romualdo Baptista. *Responsabilidade civil por dano enorme*, cit., p. 237-238.
[66] SANTOS, Romualdo Baptista. *Responsabilidade civil por dano enorme*, cit., p. 257.

Há uma falsa sensação de que a responsabilidade civil proporcional traz um senso de justiça, dividindo os ônus de forma equânime entre os ofensores. Entretanto, tal ideia esquece da situação das vítimas, que terão um grande (ou enorme) encargo de demonstrar qual foi a contribuição de cada um dos envolvidos para o evento danoso. Como palavras derradeiras, reafirmo ser necessária a manutenção do atual sistema de responsabilidade solidária. Havendo dano enorme, inclusive de natureza ambiental, com vários envolvidos direta ou indiretamente, presente estará a solidariedade entre todos eles.

A vítima tem opção de demanda, podendo ingressar com a ação reparatória em face de qualquer um dos envolvidos, ou seja, contra um, alguns ou todos os devedores (art. 275 do Código Civil). Após essa satisfação obrigacional, por parte daquele que foi demandado, na relação interna e via regressiva entre os devedores, haverá a possibilidade de divisão do *quantum*, de acordo com a contribuição de cada um para o evento danoso. Nesse sentido, vejamos novamente o teor do Enunciado n. 453, da *V Jornada de Direito Civil* (2011): "na via regressiva, a indenização atribuída a cada agente será fixada proporcionalmente à sua contribuição para o evento danoso".

Essa a melhor solução para o dano enorme ambiental, novamente centrada na figura da vítima e nas funções sancionatória e preventiva da responsabilidade civil, apontadas ao final do Capítulo 1 desta obra. Essa a posição que foi por mim externada quando da banca de doutorado do Professor Romualdo Baptista dos Santos e que aqui deve ser repetida.

14

RESPONSABILIDADE CIVIL PROFISSIONAL

Sumário: 1. Da concepção jurídica de profissional liberal e as normas gerais aplicadas à sua responsabilização civil – 2. A divisão entre obrigações de meio e de resultado. Visão crítica da dicotomia – 3. Responsabilidade civil dos advogados – 4. Responsabilidade civil dos juízes e membros do Ministério Público – 5. Responsabilidade civil dos notários, registradores e tabeliães de protesto – 6. Responsabilidade civil dos profissionais da área da saúde. Médicos, dentistas e enfermeiros – 7. Responsabilidade civil dos engenheiros civis e arquitetos.

1. DA CONCEPÇÃO JURÍDICA DE PROFISSIONAL LIBERAL E AS NORMAS GERAIS APLICADAS À SUA RESPONSABILIZAÇÃO CIVIL

A responsabilidade civil profissional é tema que representa grande interesse prático para o objeto desta obra, até porque o termo "profissionais liberais" foi utilizado pelo Código de Defesa do Consumidor, pela previsão que consta do seu art. 14, § 4.º.

Mas quem é o profissional liberal? Quais os requisitos para a presença de atividade desenvolvida por esse no caso concreto? Esse conceito é suficiente para especificar a responsabilidade civil das pessoas individuais?

Em instigante texto, publicado em ótima obra coletiva sobre o assunto que é analisado neste capítulo – e que nos servirá de contínua referência –, Maria Celina Bodin de Moraes e Gisela Sampaio da Cruz demonstram que a origem do termo "liberal", no Direito Romano, tem relação com o fato de os serviços serem desempenhados "se não constituíssem objeto de contrato de trabalho remunerado (*locatio condutio operarum*)".¹ Também segundo as doutrinadoras, no período de transição entre a Idade Média e a Idade Moderna, a expressão "profissional liberal" passou a ser utilizada para denotar "aquelas pessoas que se libertavam das corporações e passavam a exercer ditas profissões livres. A liberdade era, portanto, adquirida pelos aprendizes quando se desvinculavam de suas corporações de ofício, deixando, assim, de se subordinar ao comando de seus mestres".² Emerge, nesse contexto, a ideia de autonomia, como "pedra angular para o desenvolvimento do conceito de profissional liberal, o elemento distintivo entre o profissional dito liberal e um 'não liberal'".³

Outros elementos surgiram com a evolução do Direito, ao lado da citada autonomia, para a configuração da atuação de um profissional liberal, também apontado pelas autoras, como: *a)* o conhecimento técnico; *b)* a formação específica, muitas vezes obtida com uma certificação (caso do diploma universitário); *c)* a existência de órgão representativo e regulamentador da atividade; e *d)* a relação personalíssima ou *intuitu personae* entre o profissional e o seu cliente.⁴ Após analisar tais elementos, Bodin de Moraes e Sampaio da Cruz assim definem o profissional liberal: "é o profissional que exerce a atividade regulamentada, com conhecimento técnico-científico comprovado por diploma universitário, cujo exercício realizado mediante subordinação, desde que esta não comprometa sua independência técnica e a relação de confiança que o vincula ao destinatário do serviço".⁵

Igualmente na linha das lições das juristas, o profissional liberal não se confunde com o profissional autônomo, pois o primeiro é espécie do segundo. Ademais, "a definição de autônomo envolve toda e qualquer atividade/profissão que seja exercida, no mais das vezes, com poder de direção e com base no risco"; enquanto o profissional liberal exige as condições expostas.⁶

Os consumeristas também desenvolveram bem a ideia de profissional liberal, por conta do já citado § 4.º do art. 14 da Lei n. 8.078/1990, segundo o qual "a responsabilidade pessoal dos profissionais liberais será apurada mediante a verificação de culpa". Zelmo Denari, como exposto no Capítulo 8 deste livro, entende que o que fundamenta o comando é a existência de uma relação personalíssima ou *intuitu personae*, sendo ela bastante para justificar a aplicação do

---

[1] MORAES, Maria Celina Bodin de; GUEDES, Gisela Sampaio da Cruz. À guisa de introdução: o multifacetado conceito de profissional liberal. In: MORAES, Maria Celina Bodin de; GUEDES, Gisela Sampaio da Cruz (Coord.). *Responsabilidade civil de profissionais liberais*. Rio de Janeiro: Forense, 2016. p. 1.

[2] MORAES, Maria Celina Bodin de; GUEDES, Gisela Sampaio da Cruz. À guisa de introdução: o multifacetado conceito de profissional liberal, cit., p. 2.

[3] MORAES, Maria Celina Bodin de; GUEDES, Gisela Sampaio da Cruz. À guisa de introdução: o multifacetado conceito de profissional liberal, cit., p. 2.

[4] MORAES, Maria Celina Bodin de; GUEDES, Gisela Sampaio da Cruz. À guisa de introdução: o multifacetado conceito de profissional liberal, cit., p. 3-7.

[5] MORAES, Maria Celina Bodin de; GUEDES, Gisela Sampaio da Cruz. À guisa de introdução: o multifacetado conceito de profissional liberal, cit., p. 7.

[6] MORAES, Maria Celina Bodin de; GUEDES, Gisela Sampaio da Cruz. À guisa de introdução: o multifacetado conceito de profissional liberal, cit., p. 7.

preceito.⁷ Fábio Schwartz vai além, pontuando que "profissional liberal é aquele que exerce sua tarefa de forma pessoal, lícita e eticamente admitida. Necessita fazê-lo, ainda, com autonomia, sem subordinação técnica. (...). Portanto, não é mandatório que estejamos diante de profissão regulamentada, assim, um pedreiro e/ou marceneiro, por exemplo, podem ser considerados profissionais liberais para os termos da lei consumerista".⁸

Como está evidenciado, o último autor, ao contrário do sustentado por Maria Celina Bodin de Moraes e Gisela Sampaio da Cruz, entende não haver a necessidade de uma formação específica e com diploma universitário para que se configure a atividade desenvolvida pelo profissional liberal, pelo menos para os fins de aplicação do Código de Defesa do Consumidor.

Fico inicialmente com essa última posição, o que motiva a adesão apenas parcial ao conceito antes exposto pelas doutrinadoras citadas. No entanto, são as juristas precisas nas menções a respeito da autonomia e da não obrigatoriedade da ausência de subordinação.

De todo modo, para não entrar no mérito desse debate, preferi dar o título ao capítulo com o termo "responsabilidade civil profissional", a fim de escapar dessa discussão, e com o fito de tratar também do dever de indenizar de pessoas que, *a priori*, não estariam abrangidas pelo conceito de profissional *liberal*, como juízes e tabeliães. Sigo, assim, o exemplo de Maria Helena Diniz, que faz o mesmo em sua coleção de Direito Civil.⁹ Na mesma linha, apontam Pablo Stolze Gagliano e Rodolfo Pamplona Filho que, "toda vez que se utilizar a expressão 'atividade profissional', entenda-se o desempenho da atividade do trabalhador, reservando-se o termo 'atividade econômica' para o empreendimento empresarial".¹⁰

Além do Código de Defesa do Consumidor, outras normas do Código Civil são aplicáveis aos profissionais em geral. Como não poderia ser diferente, aplica-se a regra relativa ao ato ilícito indenizante, prevista no art. 186 do Código Civil, segundo o qual aquele que por ação ou omissão voluntária, imprudência ou negligência, violar direito e causar dano a outrem, ainda que exclusivamente moral, comete ato ilícito.

Como exaustivamente demonstrado neste livro, o preceito adota um modelo culposo ou de responsabilização subjetiva, o que acaba sendo confirmado por outros comandos legais específicos quanto aos profissionais liberais, e que serão estudados no presente capítulo.

Nesse contexto de confirmação, vale lembrar a regra relativa aos profissionais da área de saúde, também prevista na codificação privada. Nos termos do art.

---

⁷ DENARI, Zelmo. *Código de Defesa do Consumidor*. Comentado pelos autores do anteprojeto, cit., p. 196-197.
⁸ SCHWARTZ, Fabio. *Manual de Direito do Consumidor*. Tópicos & controvérsias. Rio de Janeiro: Processo, 2018. p. 169.
⁹ DINIZ, Maria Helena. *Curso de Direito Civil brasileiro*. Responsabilidade civil, 27. ed., cit., p. 313.
¹⁰ GAGLIANO, Pablo Stolze; PAMPLONA FILHO, Rodolfo. *Novo curso de Direito Civil*. Responsabilidade civil, 14. ed., cit., p. 272.

951 do Código Civil brasileiro, "o disposto nos arts. 948, 949 e 950 aplica-se ainda no caso de indenização devida por aquele que, no exercício de atividade profissional, por negligência, imprudência ou imperícia, causar a morte do paciente, agravar-lhe o mal, causar-lhe lesão, ou inabilitá-lo para o trabalho". Novamente, afirma-se a culpa em sentido amplo como elemento essencial para a responsabilização de profissionais liberais que atuam nesse campo, o que conduz à regra da responsabilidade subjetiva. Como se verá a seguir, assunto que será retomado, existem quebras a essa regra, tratando-se de obrigação de resultado desempenhada pelo profissional liberal.

Sem prejuízo da consagração da responsabilidade subjetiva pelos dispositivos citados, é perfeitamente possível aplicar aos profissionais liberais o conteúdo do art. 187 do Código Civil, que trata do abuso de direito, na seguinte dicção: "também comete ato ilícito o titular de um direito que, ao exercê-lo, excede manifestamente os limites impostos pelo seu fim econômico ou social, pela boa-fé ou pelos bons costumes". A título de ilustração, cite-se o caso de um jornalista que excede os parâmetros previstos na norma na veiculação da notícia, causando danos a outrem. A esse propósito de afirmação, vejamos correta decisão do Tribunal do Distrito Federal, que analisa a categoria em questão:

> "Segundo a teoria do abuso do direito, cujo regramento se encontra no artigo 187 do CC/2002, configura ato ilícito a prática de uma conduta inicialmente tida como lícita, mas que pelo seu exercício o titular excede manifestamente os limites impostos pelo seu fim econômico ou social, pela boa-fé ou pelos bons costumes. *In casu*, fica evidenciado que o teor das gravações telefônicas, interceptadas pela Polícia Federal, entre o autor e terceira pessoa, foi desvirtuado pelos réus em matéria jornalística, ultrapassando o estrito *animus narrandi*, colocando de forma tendenciosa o autor como interlocutor direto de esquema criminoso, responsável por 'plantar' na mídia informações que beneficiem empresas do referido esquema, quando, em verdade, as gravações dão conta apenas de tratativas que se encerram dentro dos parâmetros de uma relação jornalista-fonte" (TJDF, Recurso 2013.01.1.024442-9, Acórdão 874.990, 1.ª Turma Cível, Rel. Des. Romulo de Araujo Mendes, *DJDFTE* 26.06.2015, p. 105).

Advirta-se que a responsabilidade civil dos jornalistas está tratada no Capítulo 15 deste livro, que trata da responsabilidade civil decorrente da informação, por razões didáticas e metodológicas. De todo modo, conforme exposto em vários trechos deste livro, presente o abuso de direito, admite-se a responsabilidade objetiva ou sem culpa do agente, pelo simples ato de violação dos parâmetros estabelecidos no art. 187 do Código Civil. Concluindo dessa forma, por toda a doutrina majoritária que assim entende, repise-se o teor do Enunciado n. 37 do CJF, aprovado na *I Jornada de Direito Civil*: "a responsabilidade civil decorrente do abuso do direito independe de culpa e fundamenta-se somente no critério objetivo-finalístico".

Como está claro pela citação aos últimos dispositivos, a responsabilidade civil dos profissionais pode se enquadrar na modalidade extracontratual ou *aquiliana*, quando o dano causado extrapola o que foi contratado. No entanto, há que reconhecer, em outras hipóteses fáticas, que a responsabilidade civil profissional é contratual, mormente quando o serviço que foi contratado não foi desempenhado conforme o pactuado, incidindo, em casos tais, os dispositivos do Código Civil relacionados ao inadimplemento obrigacional (arts. 389 a 420).

Expostos os principais comandos gerais que podem ser aplicados à responsabilidade civil dos profissionais liberais, é preciso retomar o estudo a respeito da assunção da obrigação de resultado, o que, para muitos, também conduziria à responsabilidade sem culpa do profissional. Retomemos, então, a dicotomia relativa às obrigações de meio e de resultado.

2. A DIVISÃO ENTRE OBRIGAÇÕES DE MEIO E DE RESULTADO. VISÃO CRÍTICA DA DICOTOMIA

Como visto em outros capítulos deste livro, notadamente no Capítulo 8, a classificação das obrigações quanto ao conteúdo, em *obrigações de meio e de resultado,* é atribuída ao jurista francês Demogue, conforme aponta a doutrina clássica brasileira. Como se extrai da obra de Washington de Barros Monteiro, um dos primeiros a difundir essa classificação no Brasil, na obrigação de resultado ou de fim "obriga-se o devedor a realizar um fato determinado, adstringe-se a alcançar certo objetivo". Já na obrigação de meio ou de diligência, "o devedor obriga-se a empregar diligência, a conduzir-se com prudência, para atingir a meta colimada pelo ato".[11] Em outra obra, de defesa de sua titularidade na Faculdade de Direito da USP, o *clássico* jurista explica com outras palavras que na obrigação de resultado "exige-se um resultado útil para o credor; a obrigação não se tem por adimplida enquanto não atinge o fim colimado".[12] Por sua vez, na obrigação de meio, "o devedor somente se obriga a usar de prudência ou diligência normais, para chegar àquele resultado".[13]

Muito próxima é a ideia de Rubens Limongi França, que afirma: "obrigações de meio são aquelas que o devedor se obriga a 'diligenciar' honestamente a realizar um fim, com os meios que dispõe". Por seu turno, nas obrigações de resultado "o devedor se obriga a realizar determinado fim, independentemente da cogitação dos meios".[14]

Como decorrência lógica dessa conclusão conceitual, tornou-se comum afirmar que a *obrigação de meio gera responsabilidade subjetiva, enquanto a de resultado, responsabilidade objetiva ou culpa presumida.*[15] Como mais uma vez

---

[11] BARROS MONTEIRO, Washington de. *Curso de Direito Civil.* Direito das obrigações, 1.ª parte, 32. ed., cit., p. 56.

[12] BARROS MONTEIRO, Washington de. *Das modalidades de obrigações.* 1959. Dissertação (Cátedra de Direito Civil) – Faculdade de Direito da Universidade de São Paulo, São Paulo, p. 62.

[13] BARROS MONTEIRO, Washington de. *Das modalidades de obrigações,* cit., p. 62.

[14] LIMONGI FRANÇA, Rubens. *Enciclopédia Saraiva de Direito,* cit., p. 291-292.

[15] Consulte-se, por exemplo: GONÇALVES, Carlos Roberto. *Direito Civil brasileiro.* Direito das obrigações, 13. ed., p. 192-193; MELO, Marco Aurélio Bezerra de. *Curso de Direito Civil.* Responsabilidade civil, cit., p. 365-367; DINIZ, Maria Helena. *Curso de Direito Civil brasileiro.* Direito das obrigações, 24. ed., cit., p. 206-207; GAGLIANO, Pablo Stolze; PAMPLONA FILHO, Rodolfo. *Novo curso de Direito Civil.* Direito das obrigações, 8. ed., cit., p. 96-97. Em Portugal, com estudo profundo a respeito da matéria, ver SILVA,

se retira da célebre tese de Washington de Barros Monteiro, quando há obrigação de resultado "a simples verificação material do inadimplemento basta para determinar a responsabilidade do devedor"; ao passo que na obrigação de meio "verificada a inexecução, cumpre examinar o procedimento da obrigação, para se averiguar se o mesmo deve ou não ser responsabilizado". Como bem adverte, "em matéria probatória, a referida classificação tem, pois, capital relevância".[16]

Reitere-se que as afirmações parecem decorrer da evolução a respeito do contrato de transporte, desde o Decreto-lei n. 2.681, de 1912, que trata da responsabilidade das empresas de estradas de ferro e que passou a ser aplicada por analogia a todos os tipos de transporte. Como está desenvolvido em capítulos distintos deste livro, a citada norma prevê originalmente a culpa presumida das transportadoras, havendo evolução para a responsabilidade sem culpa.

Diante da *cláusula de incolumidade* presente no transporte, relativa a uma obrigação de resultado de levar a pessoa ou a coisa até o destino com segurança, a afirmação que relaciona a obrigação de resultado à responsabilidade sem culpa ganhou força no cenário brasileiro. Após a devida pesquisa, o entendimento a que chego é o de que a associação *resultado-risco da atividade* está mais presente na jurisprudência do que nas páginas da doutrina, que tem criticado essa dicotomia, como influenciadora do tipo de responsabilidade civil, como se verá.

Do transporte a premissa teórica relativa às obrigações de resultado passou a atingir os médicos que assumem obrigação de fim, mais especificamente os médicos-cirurgiões plásticos estéticos, como ainda será aqui demonstrado, com a exposição e análise de julgados sobre o tema. Existem decisões em instância superior que concluem que o médico tem culpa presumida ao assumir a obrigação de resultado, ou seja, posicionam-se na transição para a responsabilidade sem culpa.

Contudo, não se olvide de que na mesma instância podem ser encontradas ementas de consolidação expressa à responsabilidade objetiva. Também no âmbito do Superior Tribunal de Justiça há julgado que conclui pela responsabilidade objetiva no erro de diagnóstico de ultrassom, havendo, do mesmo modo, uma obrigação de resultado (STJ, AgRg no Ag 744.181/RN, 3.ª Turma, Rel. Min. Sidnei Beneti, j. 11.11.2008, *DJe* 26.11.2008).

Com o devido respeito, este é o momento de propor a revisão das conclusões sobre o tema. Anote-se que há corrente respeitável pela qual o médico-cirurgião plástico estético assume obrigação de meio, somente respondendo se provada a sua culpa. Nesse diapasão, conclui Giselda Maria Fernandes Novaes Hironaka, merecendo transcrição destacada novamente as suas lições:

"Cada um de nós sabe – sem sombra de dúvida – que o valor humano relativo ao padrão de beleza é um valor que gera uma expectativa, e até uma esperança, que não pode ser totalmente satisfeita. Dificilmente alguém se

---

Manuel Gomes da. *O dever de prestar e o dever de indemnizar.* Lisboa: Faculdade de Direito de Lisboa, 1944. v. I, p. 235-248.

[16] BARROS MONTEIRO, Washington de. *Das modalidades de obrigações*, cit., p. 62-63.

reconhece plenamente satisfeito acerca de seu próprio perfil estético; ora o tipo de cabelo, ora a cor dos olhos, ora o contorno da face... sempre há um certo aspecto que gostaríamos de alterar, se possível. E isto gera o sonho. E o sonho, a expectativa. E a expectativa, a decisão pela cirurgia. E dela, em tantas vezes, a frustração em face do resultado obtido, ainda que tudo tenha se dado dentro dos perfeitos parâmetros da eficiência técnica e da diligência médica. O que fazer, num caso assim, em sede de responsabilidade civil do cirurgião? Ele é responsável pela frustração do paciente, ainda quando o tenha preparado convenientemente e tenha, principalmente, dedicado sua maior e melhor atuação técnica.

Nesse passo, já há uma parte da doutrina e jurisprudência posicionando-se em sentido diverso, ou seja, entendendo configurar-se em obrigação de meio este tipo de atividade médica, a cirurgia estética.

Caminhar-se-á, quiçá, por um mar de injustiças caso o comportamento da jurisprudência não se altere, permanecendo predominante a tese da responsabilidade (independente de culpa) do cirurgião plástico e do anestesista, pois cada caso é um caso, e cada paciente apresenta um histórico e um quadro clínico distinto de outro, o que inadmite, no meu sentir, a generalização do assunto pela objetivação da responsabilidade".[17]

De fato, em termos gerais, a responsabilidade objetiva somente pode decorrer de lei ou de uma atividade de risco desempenhada pelo autor do dano, o que é retirado do art. 927, parágrafo único, da codificação privada. Definitivamente, a responsabilidade objetiva dos profissionais médicos e afins, pelos termos da lei, é subjetiva, e não objetiva, pelo que consta, principalmente, do art. 14, § 4.º, do CDC. Assim, não há como enquadrá-los na primeira parte do art. 927, parágrafo único, do Código Civil.

Feita tal declinação ou objeção, resta a dúvida se os profissionais que desenvolvem obrigação de resultado podem ser enquadrados na segunda parte do comando legal, ou seja, na aclamada *cláusula geral de responsabilidade objetiva*, em decorrência de uma atividade de risco *normalmente* desempenhada. Há quem entenda por tal subsunção, como é o caso de Claudio Luiz Bueno de Godoy.[18]

Todavia, a construção jurídica merece ser refletida, mormente nos casos em que há cirurgia plástica estética, uma vez que a iniciativa do risco não é do profissional, mas do paciente. Em outras palavras, é o último que procura a situação arriscada, geralmente por uma questão de satisfação pessoal.

Em reforço, a busca pela cirurgia não é *normal*, podendo-se dizer que, em regra, o risco está na busca pela cirurgia plástica estética. A depender das condições gerais da pessoa a ser operada, esse risco pode ser acentuado, fato que pode configurar o perigo. Em todos os casos, repise-se, por iniciativa do paciente.

---

[17] HIRONAKA, Giselda Maria Fernandes Novaes. *Cirurgia plástica e responsabilidade civil do médico:* para uma análise jurídica da culpa do cirurgião plástico, cit. Trata-se do conteúdo de palestra proferida na VII Reunião Anual dos Dermatologistas do Estado de São Paulo, na cidade de Santos (SP), em 30.11.2002, promovida pela Sociedade Brasileira de Dermatologia – Regional São Paulo.
[18] GODOY, Claudio Luiz Bueno de. In: PELUSO, Cezar (Coord.). *Código Civil comentado*, cit., p. 920.

De qualquer maneira, a persistir a conclusão da responsabilidade sem culpa, o novo enquadramento está na atividade de risco, e não na obrigação de resultado, sendo esse um caminho melhor a ser percorrido tecnicamente. Em suma, o médico-cirurgião plástico estético vai responder pelo risco da atividade, e não pelo risco profissional.

Também em tom de crítica a respeito dessa dicotomia, merece destaque a dissertação de mestrado de Pablo Renteria, defendida na Faculdade de Direito da UERJ, que prefere utilizar o termo *obrigação de meios*, no plural, como outros doutrinadores. Segundo ele, essa *divisio* revelou-se demasiadamente voluntarista, dependente da autonomia privada, e por tal razão mostrou-se insuficiente na própria realidade francesa, onde surgiu.[19] De todo modo, o autor sustenta que a divisão ainda é útil para a caracterização do inadimplemento da parte. E arremata: "a maioria das críticas se volta contra o entusiasmo exasperado de alguns autores que chegam a considerar aludida classificação como a mais importante de todas, atribuindo-lhe importância descomedida. No entanto, uma vez afastadas as teses excessivamente ambiciosas, deve-se reconhecer, a bem da verdade, que não há nada que justifique o abandono puro e simples desta distinção".[20]

Em sentido próximo, Maria Celina Bodin de Moraes e Gisela Sampaio da Cruz apontam que no Direito francês foi reconhecido tratar-se de uma *divisão diabólica (diabolica divisio)* que, segundo elas, apresenta certa utilidade para a delimitação da prestação devida pelos profissionais liberais e para a definição do correspondente inadimplemento.[21] Todavia, segundo as autoras tal dicotomia não deve repercutir na natureza da responsabilidade civil, se subjetiva ou objetiva; ao contrário do que se vê na prática.

Por fim, com tom mais duro, merecem ser citadas novamente as palavras de Paulo Luiz Netto Lôbo, no sentido de que a dicotomia traz prejuízos para a vítima, em claro tratamento desigual e inconstitucional, notadamente quanto ao ônus probatório:

> "Tal distinção doutrinária não mais se sustenta, pois contradiz um dos principais fatores de transformação da responsabilidade civil, ou seja, a primazia do interesse da vítima. Por outro lado, estabelece uma inaceitável desigualdade na distribuição da carga da prova entre as duas espécies: na obrigação de meio, a vítima não apenas tem de provar os requisitos da responsabilidade civil para a reparação (dano, fato causador, nexo de causalidade, imputabilidade), mas que o meio empregado foi tecnicamente inadequado ou sem a diligência requerida, o que envolve informações especializadas, que o autor do dano dispõe e ela não; na obrigação de resultado, basta a prova dos requisitos. O tratamento desigual para danos reais, em virtude da qualificação do conteúdo da obrigação como de meio ou de resultado, conflita com o princípio constitucional da igualdade, que é uma das conquistas modernas da responsabilidade civil.

---

[19] RENTERIA, Pablo. *Obrigações de meios e de resultados*, cit., p. 132.
[20] RENTERIA, Pablo. *Obrigações de meios e de resultados*, cit., p. 134.
[21] MORAES, Maria Celina Bodin de; GUEDES, Gisela Sampaio da Cruz. À guisa de introdução: o multifacetado conceito de profissional liberal, cit., p. 17-18.

Essa orientação dominante resultou em dificuldades quase intransponíveis para as vítimas de prejuízos causados pelos profissionais liberais, quando não conseguem provar que a obrigação por eles contraída é de resultado. No caso dos profissionais liberais, a configuração de sua obrigação como de resultado era e é quase impossível. Assim, restam os danos sem indenização, na contramão da evolução da responsabilidade civil, no sentido de plena reparação".[22]

Como se pode perceber, por diversas e diferentes razões, todas bem plausíveis e fundamentadas, existem objeções contundentes a respeito das repercussões que a dicotomia obrigação de meio e de resultado ocasiona para o âmbito da responsabilidade civil.

Contudo, na jurisprudência nacional, como se verá, a tese tem recebido muito prestígio e acatamento pelas Cortes Brasileiras. O tema, assim, será retomado mais à frente, ainda no presente capítulo, em momentos distintos de análise específica da responsabilidade profissional, o que será feito a partir de agora.

3. RESPONSABILIDADE CIVIL DOS ADVOGADOS

Um aspecto inicial de debate a respeito da responsabilidade civil dos advogados diz respeito à possibilidade de aplicação ou não do Código de Defesa do Consumidor às relações estabelecidas entre eles e seus clientes. Como é notório, há uma norma legal específica que trata das atividades advocatícias, a Lei n. 8.906/1994, conhecida como Estatuto da Advocacia. A grande dúvida diz respeito à possibilidade de a Lei n. 8.078/1990 *dialogar* ou não com o último diploma específico.

Como é notório, prevalece em larga escala, em sede de Superior Tribunal de Justiça, o entendimento de não aplicação da Lei n. 8.078/1990 às relações entre advogados e clientes. *Primeiro*, pela existência da citada específica (Lei n. 8.906/1994). *Segundo*, porque as atividades do advogado encontram fortes limitações éticas, não sendo possível enquadrá-las como atividade fornecida no *mercado de consumo*, conforme consta do art. 3.º, § 2.º, do CDC. Essa última tese é defendida pelo Conselho Federal da OAB, conforme relata Claudia Lima Marques.[23] Concluindo desse modo, por todos, vejamos ementa de acórdão superior que menciona outras duas decisões:

> "Civil e processual civil. Contrato de prestação de serviços advocatícios. Foro de eleição. Possibilidade. Precedentes. Exceção de competência. Efeito suspensivo. Decisão definitiva do Tribunal de origem. Precedentes. Recurso especial não conhecido. 1. As relações contratuais entre clientes e advogados são regidas pelo Estatuto da OAB, aprovado pela Lei 8.906/1994, a elas não se aplicando o Código de Defesa do Consumidor. Precedentes (REsp 539077/ MS – Quarta Turma – Rel. Min. Aldir Passarinho Junior – j. 26.04.2005 – *DJ* 30.05.2005, p. 383; REsp 914105/GO – Quarta Turma – Rel. Min. Fernando

---

[22] LÔBO, Paulo Luiz Netto. *Teoria geral das obrigações*, cit., p. 34-35.
[23] MARQUES, Claudia Lima; BENJAMIN, Antonio Herman V.; BESSA, Leonardo Roscoe. *Manual de Direito do Consumidor*, cit., p. 100-101.

Gonçalves – j. 09.09.2008 – *DJe* 22.09.2008). 2. O Superior Tribunal de Justiça entende que a exceção de competência suspende o curso do processo até a decisão definitiva na origem, subsistindo, somente, o efeito devolutivo ao recurso especial. 3. Recurso especial não conhecido" (STJ, REsp 1.134.889/PE, 4.ª Turma, Rel. Min. Honildo Amaral de Mello Castro [Desembargador Convocado do TJAP], j. 23.03.2010, *DJe* 08.04.2010).

Por outra via, afastando todo esse raciocínio desenvolvido, há decisões da mesma Corte Superior que concluem pela subsunção do Código de Defesa do Consumidor às relações entre advogados e clientes:

"Código de Defesa do Consumidor. Incidência na relação entre advogado e cliente. Precedentes da Corte. 1. Ressalvada a posição do Relator, a Turma já decidiu pela incidência do Código de Defesa do Consumidor na relação entre advogado e cliente. 2. Recurso especial conhecido, mas desprovido" (STJ, REsp 651.278/RS, 3.ª Turma, Rel. Min. Carlos Alberto Menezes Direito, j. 28.10.2004, *DJ* 17.12.2004, p. 544; *REPDJ* 1.º.02.2005, p. 559).

"Prestação de serviços advocatícios. Código de Defesa do Consumidor. Aplicabilidade. I. Aplica-se o Código de Defesa do Consumidor aos serviços prestados por profissionais liberais, com as ressalvas nele contidas. II. Caracterizada a sucumbência recíproca devem ser os ônus distribuídos conforme determina o art. 21 do CPC. III. Recursos especiais não conhecidos" (STJ, REsp 364.168/SE, 3.ª Turma, Rel. Min. Antônio de Pádua Ribeiro, j. 20.04.2004, *DJ* 21.06.2004, p. 215).

Todavia, conforme publicado na ferramenta *Jurisprudência em Teses*, em sua Edição n. 39/2015 (premissa n. 10), do mesmo STJ, parece prevalecer naquela Corte, no momento, a posição de que "não se aplica o Código de Defesa do Consumidor à relação contratual entre advogados e clientes, a qual é regida pelo Estatuto da Advocacia e da OAB – Lei n. 8.906/1994" (precedentes citados: AgRg nos EDcl no REsp 1.474.886/PB, 4.ª Turma, Rel. Min. Antonio Carlos Ferreira, j. 18.06.2015, *DJe* 26.06.2015; REsp 1.134.709/MG, 4.ª Turma, Rel. Min. Maria Isabel Gallotti, j. 19.05.2015, *DJe* 03.06.2015; REsp 1.371.431/RJ, 3.ª Turma, Rel. Min. Ricardo Villas Bôas Cueva, j. 25.06.2013, *DJe* 08.08.2013; REsp 1.150.711/MG, 4.ª Turma, Rel. Min. Luis Felipe Salomão, j. 06.12.2011, *DJe* 15.03.2012; e REsp 1.123.422/PR, 4.ª Turma, Rel. Min. João Otávio de Noronha, j. 04.08.2011, *DJe* 15.08.2011).

A polêmica, por óbvio, se repete em sede de Tribunais Estaduais (constata-se a oscilação em: TJDF, Recurso 2010.00.2.006496-3, Acórdão 431.834, 1.ª Turma Cível, Rel. Des. Lécio Resende, *DJDFTE* 07.07.2010, p. 46; TJRS, Recurso Cível 71002742492, 1.ª Turma Recursal Cível, Triunfo, Rel. Des. Ricardo Torres Hermann, j. 28.10.2010, *DJERS* 05.11.2010; TJMG, Embargos Infringentes 1.0024.03.985985-5/0041, 11.ª Câmara Cível, Belo Horizonte, Rel. Des. Duarte de Paula, j. 25.03.2009, *DJEMG* 18.05.2009; TJPR, Apelação Cível 356945-9, Acórdão 6422, 7.ª Câmara Cível, Curitiba, Rel. Des. José Mauricio Pinto de Almeida, j. 26.09.2006, *DJPR* 20.10.2006; 2.º TACSP, Agravo de Instrumento 873.636-00/4, 6.ª Câmara, Rel. Des. Andrade Neto, j. 23.02.2005).

Entendo que a relação entre advogado e cliente é, sim, uma relação de consumo, pela presença de uma prestação de serviços realizada a um destinatário final fático e econômico, que é o cliente. Ademais, trata-se também de uma relação de trabalho, quando prestado por pessoa individual. A tese de existência de uma lei específica é afastada pela *teoria do diálogo das fontes*, desenvolvida por Erik Jayme e Claudia Lima Marques, e por mim seguida. Com o devido respeito, não se pode conceber o sistema jurídico como algo inerte e fechado, mas em constante interação.

Além disso, enquadrar a atividade do advogado como *oferecida no mercado de consumo* não a torna uma atividade mercantil, o que é vedado pelo Estatuto da Advocacia em vários de seus preceitos. O sentido de *mercado de consumo*, em interpretação ao CDC, é aquele da sociedade de consumo em massa (*mass consumption society*), sem que haja efetivamente um fim comercial de lucro direto, na trilha de exemplos antes demonstrados.

Ainda a título de argumentação, o Estado, do mesmo modo, presta tais serviços, de forma direta ou indireta, sem que esteja presente o intuito de lucro. Isso também ocorre com pessoas jurídicas ou naturais prestadoras de serviços públicos por concessão e delegação.

Não se olvide, por fim, de que a atividade do advogado é essencial e indispensável à administração da Justiça, como expressa o art. 133 da Constituição Federal. Eventual enquadramento de sua atividade como de consumo não representa qualquer lesão quanto ao objeto do comando superior. Na verdade, só há um reforço da norma, eis que as responsabilidades do advogado são aumentadas, pela incidência dos justos preceitos consumeristas, como no caso da norma que prevê a inversão do ônus da prova (art. 6.º, inc. VIII, do CDC).

De todo modo, não se pode negar que, mesmo sendo aplicado o Código de Defesa do Consumidor, a responsabilidade do advogado continuaria sendo enquadrada na regra do dolo ou da culpa, ou seja, como uma responsabilidade subjetiva. Isso porque aplica-se o teor do art. 14, § 4.º, que estabelece a responsabilidade subjetiva do profissional liberal no caso de danos decorrentes do serviço prestado.

No mesmo sentido, consagrando a sua responsabilidade subjetiva, prevê o art. 32 do Estatuto da Advocacia que "o advogado é responsável pelos atos que, no exercício profissional, praticar com dolo ou culpa". Frise-se, contudo, que a posição pela aplicação do CDC é minoritária na realidade jurídica brasileira, não prevalecendo na prática.

A complementar a última norma, e confirmando a responsabilidade subjetiva do advogado, prevê o art. 31, *caput*, do mesmo Estatuto da Advocacia que o advogado deve proceder de forma que o torne merecedor de respeito e que contribua para o prestígio da classe e da advocacia. Deve ele, ainda, no exercício da profissão, manter independência em qualquer circunstância (art. 31, § 1.º, da Lei n. 8.906/1994). O advogado não pode ter o receio de desagradar a magistrado ou a qualquer autoridade, ou mesmo de incorrer em impopularidade, quando do exercício da profissão (art. 31, § 2.º, da Lei n. 8.906/1994).

Vale pontuar que o projeto de Reforma do Código Civil pretende nele incluir um novo art. 953-A, a confirmar a responsabilidade subjetiva do advogado privado, e também do membro da advocacia pública, além de prever se tratar de uma responsabilidade subsidiária e dependente de dolo ou fraude: "o membro da advocacia pública ou privada será civil e regressivamente responsável quando agir com dolo ou fraude no exercício de suas funções e atividades profissionais". Com a proposta aprovada, penso que não haverá mais a responsabilidade por simples culpa do advogado no sistema, sendo necessário revogar os dispositivos que hoje preveem o contrário. Conforme se verá do próximo tópico, o objetivo da proposição é equiparar a responsabilidade civil dos advogados a dos juízes e a dos membros do Ministério Público.

O art. 33 do Estatuto da Advocacia, também consolidando hoje a responsabilização civil do advogado fundada no dolo ou culpa, estabelece a sua obrigação de cumprir rigorosamente os deveres consignados no Código de Ética e Disciplina. Esses deveres existem para com a comunidade, para com o cliente e em relação aos outros profissionais do Direito. A norma enuncia, ainda, o dever de assistência e o dever geral de agir com urbanidade.

Os outros deveres estão expostos no art. 2.º do Código de Ética e Disciplina, segundo o qual é o advogado indispensável à administração da Justiça, defensor do Estado Democrático de Direito, dos direitos humanos e garantias fundamentais, da cidadania, da moralidade, da Justiça e da paz social, "cumprindo-lhe exercer o seu ministério em consonância com a sua elevada função pública e com os valores que lhe são inerentes".

O comando elenca expressamente como deveres a serem observados: *a)* preservar, em sua conduta, a honra, a nobreza e a dignidade da profissão, zelando pelo caráter de essencialidade e indispensabilidade da advocacia; *b)* atuar com destemor, independência, honestidade, decoro, veracidade, lealdade, dignidade e boa-fé; *c)* velar por sua reputação pessoal e profissional; *d)* empenhar-se, permanentemente, no aperfeiçoamento pessoal e profissional; *e)* contribuir para o aprimoramento das instituições, do Direito e das leis; *f)* estimular, a qualquer tempo, a conciliação e a mediação entre os litigantes, prevenindo, sempre que possível, a instauração de litígios; *g)* desaconselhar lides temerárias, a partir de um juízo preliminar de viabilidade jurídica; *h)* abster-se de utilizar de influência indevida, em seu benefício ou do cliente; *i)* abster-se de vincular seu nome a empreendimentos sabidamente escusos; *j)* abster-se de emprestar concurso aos que atentem contra a ética, a moral, a honestidade e a dignidade da pessoa humana; *k)* abster-se de se entender diretamente com a parte adversa que tenha patrono constituído, sem o assentimento deste; *l)* abster-se de ingressar ou atuar em pleitos administrativos ou judiciais perante autoridades com as quais tenha vínculos negociais ou familiares; *m)* abster-se de contratar honorários advocatícios em valores aviltantes; *n)* pugnar pela solução dos problemas da cidadania e pela efetivação dos direitos individuais, coletivos e difusos; *o)* adotar conduta consentânea com o papel de elemento indispensável à administração da Justiça; *p)* cumprir os encargos assumidos no âmbito da Ordem dos Advogados do Brasil ou na representação da classe; *q)* zelar pelos valores institucionais da OAB e da advocacia; e *r)* ater-se, quando no exercício da função de defensor público, à defesa dos necessitados.

Sobre o ingresso de *lide temerária*, o art. 32, parágrafo único, do Estatuto da Advocacia consagra a responsabilidade solidária do advogado com o seu cliente, desde que coligado com este para lesar a parte contrária, o que será apurado em ação própria. Apesar da comum aplicação do abuso de direito, e da correspondente responsabilidade objetiva com relação à parte que ingressa com tal demanda, em claro abuso no processo, entende-se que a responsabilidade do advogado permanece subjetiva. A minha posição, contudo, é que, havendo abuso de direito, a responsabilidade do advogado deve ser tida como objetiva.

Em tom exemplificativo e didático, Maria Helena Diniz expõe dezenove hipóteses concretas em que haverá a responsabilização civil do advogado, muitas delas descritas no art. 34 do Estatuto da Advocacia, que trata das infrações disciplinares, a saber:

1) Quando age em erro de direito, desde que seja grave, o que pode acarretar a invalidade processual.
2) Pelos erros de fato presentes em sua atuação.
3) Pelas omissões de providências necessárias para proteger os direitos do seu constituinte.
4) Pela perda de prazo para cumprir determinação ou manifestar-se no processo.
5) Pela desobediência às instruções de seu cliente, alterando-as ou excedendo os poderes nelas contidos.
6) Pelos conselhos dados ao cliente, sob a forma de pareceres que sejam contrários à lei, à jurisprudência e à doutrina.
7) Pela omissão de conselho, fazendo com que o constituinte perca seu direito ou obtenha um resultado desfavorável ou prejudicial, quando uma outra solução seria possível.
8) Por violação do segredo profissional em virtude de imposição por ordem pública.
9) Pelo dano causado a terceiros, de forma excepcional, como na hipótese em que um advogado, por conta própria, associa na defesa da causa por ele patrocinada um outro advogado, sendo responsável perante terceiros pelos atos prejudiciais causados por este seu colega.
10) Pelo fato de não representar o cliente nos dez dias seguintes à notificação da sua renúncia, nos termos do que consta do art. 34, XI, do Estatuto da Advocacia.
11) Pelo ato de publicar na imprensa alegações forenses ou relativas a causas pendentes.
12) Por ter atuado como testemunha em processo no qual atua ou deveria atuar, ou sobre fato relacionado com a pessoa do seu cliente, mesmo quando autorizado ou solicitado por ele, bem como sobre fato sobre o qual recaia o dever de sigilo.
13) Pelo ato de reter ou extraviar valores de clientes ou autos que se encontravam em seu poder.

14) Pela imputação, em nome do cliente e sem a anuência deste, a terceiro de fato definido como crime.

15) Pelo locupletamento ou enriquecimento indevido à custa do cliente ou da parte adversa, direta ou indiretamente.

16) Pela recusa injustificada a prestar contas ao cliente a respeito das quantias recebidas.

17) Pela omissão de informações sobre vantagens ou desvantagens das medidas propostas.

18) Pela conduta culposa que resultou em perda da chance de seu constituinte.

19) Pelo patrocínio infiel, em traição ao dever profissional e em desrespeito à boa-fé objetiva.[24]

Partindo-se para os julgados que analisam o tema, merece destaque, de início, aresto do Superior Tribunal de Justiça que reconheceu a responsabilidade civil de advogado por sua desídia na atuação perante o cliente, uma vez que não interpôs o recurso que era cabível (STJ, REsp 596.613/RJ, 4.ª Turma, Rel. Min. Cesar Asfor Rocha, j. 19.02.2004, *DJ* 02.08.2004, p. 411). Como o caso é antigo, ainda não traz o debate a respeito da responsabilidade civil por perda da chance, o que se tornou comum na atualidade.

Outro *decisum* superior que merece ser citado abordou responsabilidade civil de advogado que mantinha vínculo empregatício com o seu constituinte. Nos termos de trecho da ementa, "o advogado, ainda que submetido à relação de emprego, deve agir de conformidade com a sua consciência profissional e dentro dos parâmetros técnicos e éticos que o regem" (STJ, REsp 983.430/ES, 4.ª Turma, Rel. Min. Luis Felipe Salomão, Rel. p/ Acórdão Min. Fernando Gonçalves, j. 1.º.12.2009, *DJe* 08.03.2010).

Destaque-se, ainda no âmbito do Tribunal da Cidadania, o correto entendimento segundo o qual a responsabilização civil do advogado-mandatário por abuso de poder independe da prévia anulação judicial do ato praticado. Vejamos trecho da ementa de importante julgado, em que a indenização foi fixada em R$ 10.000,00 (dez mil reais):

"O fato de o advogado-mandatário ostentar procuração com poderes para transigir não afasta a responsabilidade pelos prejuízos causados por culpa sua ou de pessoa para quem substabeleceu, nos termos dos arts. 667 do Código Civil e 32, *caput*, do Estatuto da Advocacia. A responsabilidade pelos danos decorrentes do abuso de poder pelo mandatário independe da prévia anulação judicial do ato praticado, pois o prejuízo não decorre de eventual nulidade, mas, sim, da violação dos deveres subjacentes à relação jurídica entre o advogado e o assistido" (STJ, REsp 1.750.570/RS, 3.ª Turma, Rel. Min. Ricardo Villas Bôas Cueva, j. 11.09.2018, *DJe* 14.09.2018).

---

[24] DINIZ, Maria Helena. *Curso de Direito Civil brasileiro*. Responsabilidade civil, 27. ed., cit., p. 317-320.

Do ano de 2022, pode ser colacionado o *decisum* que concluiu pela responsabilização civil do advogado pelo fato de ter feito uso de expressões deselegantes e em tom jocoso. Consoante a tese firmada pela Terceira Turma do STJ neste julgamento, "excessos cometidos pelo advogado não podem ser cobertos pela imunidade profissional, sendo em tese possível a responsabilização civil ou penal do causídico pelos danos que provocar no exercício de sua atividade" (STJ, REsp 1.731.439/DF, 3.ª Turma, Rel. Min. Paulo de Tarso Sanseverino, j. 05.04.2022, *DJe* 08.04.2022, v.u.).

Partindo-se para exemplos das Cortes Estaduais, muitos acórdãos reconhecem a necessidade de comprovação da culpa do advogado, para que surja a correspondente responsabilidade civil, na linha do que consta da legislação antes citada. Não sendo comprovado tal elemento subjetivo, portanto, não há que reconhecer o dever de indenizar do causídico. Assim deduzindo, por todos os numerosos julgamentos no mesmo sentido:

"Responsabilidade civil do Advogado no exercício de sua atividade profissional que tem natureza subjetiva e depende da comprovação de culpa ou dolo na conduta do mandatário, além de nexo de causalidade com os danos reclamados, *ex vi* do artigo 32, *caput*, da Lei n. 8.906/1994. Prova dos autos que não demonstra, com segurança, a contratação dos Advogados demandados para a distribuição de três (3) Ações Monitórias reclamadas pelo autor, mas sim para a defesa em Cautelar de Sustação de Protesto e Declaratória de Inexigibilidade de Débito. Monitórias que, embora julgadas prescritas, foram ajuizadas por outro Causídico. Prova dos autos que não autoriza atribuir aos requeridos a culpa pelo reconhecimento da prescrição. Ausência de prova de negligência do Advogado. Improcedência que era de rigor. Sentença mantida. Recurso não provido" (TJSP, Apelação 0006366-91.2013.8.26.0554, Acórdão 11248844, 27.ª Câmara de Direito Privado, Santo André, Rel. Des. Daise Fajardo Nogueira Jacot, j. 06.03.2018, DJESP 20.03.2018, p. 2.114).

"A responsabilidade civil do advogado está jungida à teoria subjetiva da culpa e aos parâmetros das obrigações de meio. Ou seja, na hipótese de dano causado ao cliente na prestação de serviços advocatícios, somente é possível falar em indenização se restar devidamente comprovada conduta culposa do advogado ou em caso de erro grosseiro, o que não é o caso dos autos. Quando o recebimento dos honorários contratuais estiver condicionado ao êxito da ação, não há que se falar cobrança em caso de insucesso na demanda. Não restando demonstrado que a dimensão dos fatos e sua repercussão na esfera das partes litigantes não extrapolaram os limites do tolerável, não há que se falar em direito à reparação por danos morais" (TJDF, Processo 0004.63.8.482016-8070001, Acórdão 107.6397, 7.ª Turma Cível, Rel. Des. Gislene Pinheiro, j. 22.02.2018, DJDFTE 1.º.03.2018).

"Apelação cível. Ação de indenização por danos morais e materiais. Advogado. Ausência de preparo. Perda de prazo. Obrigação de meio. Teoria da perda de uma chance. Mero dano hipotético. Reparação. Descabimento. A obrigação do advogado perante o seu cliente é de meio e não de resultado. Ao aceitar a causa, o advogado obriga-se a conduzi-la com toda a diligência. Não se obriga, contudo, a resultado certo. A responsabilidade civil do advogado por atos praticados na defesa dos interesses de seus clientes é subjetiva e depende da demonstração do dano, da culpa, e do nexo de causalidade entre a conduta e o prejuízo. A teoria da perda de uma chance preconiza que quando houver uma probabilidade suficiente de ganho da causa, o responsável pela frustração deve indenizar o interessado. A chance deve ser real, e não uma simples esperança de reverter a condenação em eventual provimento do recurso" (TJMG, Apelação Cível 1.0699.15.001544-3/001, Rel. Des. Marcos Henrique Caldeira Brant, j. 07.02.2018, *DJEMG* 23.02.2018).

O último aresto – além de demonstrar toda a problemática relativa à responsabilização do advogado pela perda de uma chance – traz a correta afirmação segundo a qual a obrigação do advogado é de meio, e não de resultado, o que confirma a necessidade de comprovação do seu dolo ou culpa para que surja o correspondente dever de indenizar, caso seguida a *dicotomia* antes apontada, o que é comum na prática.

Questão interessante diz respeito à hipótese em que o advogado, por força do contrato, assume uma obrigação de resultado, como no caso de um tributarista que faz a afirmação de que ganhará a tese de recuperação de valores ou de um advogado trabalhista que assume o compromisso de obter a improcedência da demanda em favor de uma empresa. Essa assunção de uma obrigação de resultado faz com que a responsabilidade do advogado seja por culpa presumida ou objetiva, aplicando-se a tese de Demogue?

Entendo que é preciso analisar a natureza jurídica do contrato e da consequente responsabilidade civil para responder a tal indagação. Quanto à responsabilidade extracontratual do advogado, por envolver ordem pública, penso que não é possível ampliá-la, pois sujeita aos preceitos legais. Assim, tal assunção somente geraria efeitos para o âmbito da responsabilidade contratual do advogado.

Em complemento, para que essa cláusula de ampliação de responsabilidade seja válida é necessário que o contrato seja paritário, ou seja, que não seja de adesão e imposto ao advogado pelo cliente. Ao contrário, haverá nulidade da cláusula por aplicação do art. 424 do Código Civil, segundo o qual é nula a cláusula inserida em contrato de adesão que represente a renúncia antecipada a direito resultante da natureza do negócio. O direito renunciado, no caso, é o benefício da responsabilidade subjetiva.

Como outro assunto de relevo para a temática, vale relembrar, conforme desenvolvido no Capítulo 6 deste livro, que muitos advogados têm sido responsabilizados pela teoria da perda de uma chance, notadamente quando deixam de apresentar peça processual relevante para a demanda, caso de um recurso.

Aplica-se, assim, a ideia de *perda da chance de vitória judicial,* desde que a chance de ganho da demanda seja séria e real. Sem prejuízo dos arestos que foram ali colacionados, e muitos outros acórdãos estaduais sobre o tema e no mesmo sentido, merecem destaque:

"Civil e processual civil. Embargos de declaração no recurso especial. Recebimento com agravo regimental. Responsabilidade civil. Danos morais. Conduta omissiva e culposa do advogado. Teoria da perda de uma chance. Razoabilidade do valor arbitrado. Decisão mantida. 1. Responsabilidade civil do advogado, diante de conduta omissiva e culposa, pela impetração de mandado de segurança fora do prazo e sem instruí-lo com os documentos necessários, frustrando a possibilidade da cliente, aprovada em concurso público, de ser nomeada ao cargo pretendido. Aplicação da teoria da 'perda de uma chance'. 2. Valor da indenização por danos morais decorrentes da perda de uma chance que atende aos princípios da razoabilidade e da proporcionalidade, tendo em vista os objetivos da reparação civil. Inviável o reexame em recurso especial. 3. Embargos de declaração recebidos como agravo regimental, a que se nega provimento" (STJ, EDcl no REsp 1.321.606/MS, 4.ª Turma, Rel. Min. Antonio Carlos Ferreira, j. 23.04.2013, *DJe* 08.05.2013).

"Responsabilidade civil. Recurso especial. Dano moral. Perda de prazo por advogado. Teoria da perda de uma chance. Decisão denegatória de admissibilidade do recurso especial na questão principal que analisou as próprias razões recursais, superando a alegação de intempestividade. Dano moral inexistente. 1. É difícil antever, no âmbito da responsabilidade contratual do advogado, um vínculo claro entre a alegada negligência do profissional e a diminuição patrimonial do cliente, pois o que está em jogo, no processo judicial de conhecimento, são apenas chances e incertezas que devem ser aclaradas em juízo de cognição. 2. Em caso de responsabilidade de profissionais da advocacia por condutas apontadas como negligentes, e diante do aspecto relativo à incerteza da vantagem não experimentada, as demandas que invocam a teoria da 'perda de uma chance' devem ser solucionadas a partir de detida análise acerca das reais possibilidades de êxito do postulante, eventualmente perdidas em razão da desídia do causídico. Precedentes. 3. O fato de o advogado ter perdido o prazo para contestar ou interpor recurso – como no caso em apreço –, não enseja sua automática responsabilização civil com base na teoria da perda de uma chance, fazendo-se absolutamente necessária a ponderação acerca da probabilidade – que se supõe real – que a parte teria de se sagrar vitoriosa ou de ter a sua pretensão atendida. 4. No caso em julgamento, contratado o recorrido para a interposição de recurso especial na demanda anterior, verifica-se que, não obstante a perda do prazo, o agravo de instrumento intentado contra a decisão denegatória de admissibilidade do segundo recurso especial propiciou o efetivo reexame das razões que motivaram a inadmissibilidade do primeiro, consoante se dessume da decisão de fls. 130-134, corroborada pelo acórdão recorrido (fl. 235), o que tem o condão de descaracterizar a perda da possibilidade de apreciação do recurso pelo Tribunal Superior. 5. Recurso especial não provido" (STJ, REsp 993.936/RJ, 4.ª Turma, Rel. Min. Luis Felipe Salomão, j. 27.03.2012, *DJe* 23.04.2012).

Igualmente como desenvolvido no Capítulo 6, a minha opinião doutrinária a respeito dos danos por perda da chance como categoria autônoma de dano reparável continua sendo no sentido de sua inadmissão, até que ela seja inserida na lei, como almeja o projeto de Reforma do Código Civil, com a proposta de um novo art. 944-B. Penso que, na atualidade, as situações tidas como de perda da chance até são reparáveis, como danos materiais ou morais, mas não como categoria autônoma.

O enquadramento na última hipótese faz com que os danos sejam, em muitos casos, hipotéticos ou eventuais, sendo certo que os arts. 186 e 403 do Código Civil brasileiro exigem o dano presente e efetivo. A perda de uma chance, na verdade, trabalha com suposições, com o *se*. No caso da responsabilização do advogado, como comprovar que a ação seria vitoriosa? Nomeando um especialista em ações judiciais para a realização de uma perícia? Quem seria esse especialista, um jurista ou um julgador aposentado? As perguntas nos parecem insuperáveis e, mesmo havendo súmulas ou entendimentos consolidados sobre o tema analisado na ação perdida, a jurisprudência pode alterar-se ou não aplicar o citado entendimento no caso concreto, por concluir não ser o caso.

Outra objeção que merece ser pontuada diz respeito à sua aplicação em face de profissionais liberais, caso de médicos e advogados, o que acaba transformando o seu dever contratual em uma obrigação de resultado, o que não pode ser admitido se isso não restou convencionado ou decorrer da própria natureza da obrigação assumida. Não restam dúvidas, quanto ao advogado, a aplicação da perda da chance traz a ideia implícita de que ele deveria ganhar a ação. Caso contrário, a responsabilidade civil não lhe seria imputada.

Por derradeiro sobre o tema, reitero, ainda atualmente, que a perda de uma chance pode representar barreiras intransponíveis para a vítima, que ficará sem o valor indenizatório se não provar que a chance perdida era séria e real, na linha dos arestos expostos. Em muitos casos, as categorias dos danos materiais e dos morais parecem ser mais adequadas para a resolução do caso concreto, reparando-se integralmente o dano sofrido pelo ofendido.

De todo modo, não se pode negar que a teoria da perda da chance tem sido amplamente aplicada para o reconhecimento do dever de reparar dos advogados, amplamente reconhecida não só pela jurisprudência, como também pela doutrina nacional.

4. RESPONSABILIDADE CIVIL DOS JUÍZES E MEMBROS DO MINISTÉRIO PÚBLICO

A responsabilidade civil dos juízes está tratada pelo art. 143 do Código de Processo Civil de 2015, dispositivo que equivale ao art. 133 do Código de Processo Civil de 1973. Vejamos a redação dos dispositivos, para uma necessária análise comparada:

Código de Processo Civil de 2015	Código de Processo Civil de 1973
"Art. 143. O juiz responderá, civil e regressivamente, por perdas e danos quando:	"Art. 133. Responderá por perdas e danos o juiz, quando:
I – no exercício de suas funções, proceder com dolo ou fraude;	I – no exercício de suas funções, proceder com dolo ou fraude;
II – recusar, omitir ou retardar, sem justo motivo, providência que deva ordenar de ofício ou a requerimento da parte.	II – recusar, omitir ou retardar, sem justo motivo, providência que deva ordenar de ofício, ou a requerimento da parte.
Parágrafo único. As hipóteses previstas no inciso II somente serão verificadas depois que a parte requerer ao juiz que determine a providência e o requerimento não for apreciado no prazo de 10 (dez) dias".	Parágrafo único. Reputar-se-ão verificadas as hipóteses previstas no n. II só depois que a parte, por intermédio do escrivão, requerer ao juiz que determine a providência e este não lhe atender o pedido dentro de 10 (dez) dias".

Acrescente-se, por oportuno, que o art. 133 do CPC/1973 foi repetido pelo art. 49 da Lei Complementar n. 35/1979, conhecida como Lei Orgânica da Magistratura Nacional (LOMAN), nos seus exatos termos, que não foi revogado expressamente pelo CPC de 2015.

Duas são as alterações feitas no Estatuto Processual em vigor, em face do seu antecessor, ambas retiradas do *caput* do novo comando.[25]

A primeira é a indicação expressa no sentido de que a norma trata da responsabilidade civil do juiz, conclusão que já era extraída da anterior menção às perdas e danos, o que não representa grande mudança prática.

A segunda, mais importante, diz respeito à *responsabilidade regressiva do juiz*, que passaria a ser a regra com a entrada em vigor do Código de Processo Civil de 2015, uma vez que "a partir da sua entrada em vigor, a parte ou o terceiro prejudicado não se acharão mais autorizados a ajuizar demanda reparatória direta e exclusivamente contra o juiz, devendo acionar o Estado, a quem caberá voltar-se em regresso contra o magistrado a quem se atribua a responsabilidade pelo dano decorrente das condutas indicadas nos incs. I e II do art. 143, combinado com o seu parágrafo único".[26] No mesmo sentido é a posição do magistrado Fernando de Fonseca Gajardoni, que fala em *responsabilidade regressiva e subsidiária*, merecendo transcrição as suas lições:

"Seguindo a tendência jurisprudencial formada a partir da interpretação antes existente do art. 133 do CPC/1973, e do art. 49 e incisos da Lei Orgânica da Magistratura Nacional (art. 49 da LC 35/1979), o art. 143 do CPC/2015 explicita que a responsabilização do magistrado se dá, apenas, de modo regressivo (STF, 2.ª T., RE 228.977-2/SP, Rel. Min. Néri da Silveira, j. 05.03.2002, *DJ* 12.04.2002). Trata-se de interpretação que objetiva, à luz das garantias constitucionais da magistratura (art. 95 da CF), proteger os juízes contra investidas temerárias das partes e advogados, eventualmente prejudicados por decisões proferidas. Exigindo-se que, primeiramente, a ação civil de responsabilização seja dirigida contra a União (magistrados federais e do Distrito Federal) e Estados (magistrados estaduais), na forma do art. 37, § 6.º, da CF/1988, tem-se um filtro que possibilita aos juízes julgarem com independência, cientes de que só serão responsabilizados civilmente caso o Poder Público tenha condições de afirmar que a conduta se enquadra nas duas situações do art. 143 do CPC/2015. Note-se, assim, que o art. 1.744 do CC (que responsabiliza o juiz, direta e pessoalmente, quando não houver nomeado tutor), está superado".[27]

---

[25] Conforme destacado por: ALMEIDA, Roberto Sampaio Contreiras de. In: WAMBIER, Teresa Arruda Alvim; DIDIER JR., Fredie; TALAMINI, Eduardo; DANTAS, Bruno (Coord.). *Breves comentários ao novo Código de Processo Civil*. São Paulo: RT, 2015. p. 464.

[26] ALMEIDA, Roberto Sampaio Contreiras de. In: WAMBIER, Teresa Arruda Alvim; DIDIER JR., Fredie; TALAMINI, Eduardo; DANTAS, Bruno (Coord.). *Breves Comentários ao Novo Código de Processo Civil*, cit., p. 464.

[27] GAJARDONI, Fernando de Fonseca. In: CABRAL, Antonio do Passo; CRAMER, Ronaldo (Coord.). *Comentários ao Novo Código de Processo Civil*. Rio de Janeiro: Forense, 2015. p. 266.

Essa posição, contudo, não é pacífica. Nelson Nery Jr. e Rosa Maria de Andrade Nery, por exemplo, continuam a defender a possibilidade de propositura de ação diretamente contra o juiz: "verificado o procedimento faltoso do magistrado de acordo com as hipóteses previstas no CPC 143, deverá indenizar os prejuízos que sua atitude causar a parte ou interessado. A este cabe o direito de ajuizar demanda reparatória autônoma, em face do poder público (CF 37 § 6.º) ou do próprio magistrado".[28] Em sentido próximo, Daniel Amorim Assumpção Neves sustenta que "o prejudicado pode ingressar com ação de indenização e formar um litisconsórcio entre o juiz e o Estado; caso prefira demandar somente o Estado, a essa caberá ação regressiva contra o juiz, que só será constatado dolo ou fraude".[29]

Parece-me que, de fato, o objetivo do legislador foi de consagrar uma responsabilidade regressiva, subsidiária e excepcional do juiz. Entretanto, tal opção é altamente prejudicial aos direitos das vítimas, diante das comuns dificuldades de demandar o Estado.

Os casos de reconhecimento do dever de indenizar de magistrados são raríssimos, especialmente diante da adoção de um modelo fundado em atos dolosos dos julgadores. Já aplicando a ideia de responsabilidade regressiva, cumpre transcrever os seguintes arestos estaduais:

"Apelação cível. Responsabilidade civil. Ação de indenização por danos morais movida contra a magistrada por atos jurisdicionais. Ilegitimidade passiva. Pretensão a ser deduzida contra o ente público. I – O Juiz, como agente público, somente pode ser responsabilizado pelo Estado em ação regressiva, e não em demanda proposta diretamente pelo lesado. II – Tratando-se de ato praticado no exercício da função típica jurisdicional, o entendimento dominante na doutrina e na jurisprudência é de não aplicação da responsabilidade objetiva, mas sim da subjetiva, exigindo-se, ainda, a verificação do dolo ou fraude no agir do magistrado, conforme o art. 49 da LOMAN e o art. 143 do NCPC. III – De qualquer modo, aquele que sofre dano em razão do exercício da atividade jurisdicional ou em virtude de erro judiciário praticado pelo Estado-juiz, deve ajuizar a pretensão indenizatória diretamente contra o Estado *lato sensu*, descabendo incluir o magistrado no polo passivo da lide. Precedentes do STF e do TJRS. Sentença que extinguiu o feito, ante a ilegitimidade passiva, mantida. Apelação desprovida" (TJRS, Apelação Cível 0392667-29.2017.8.21.7000, 10.ª Câmara Cível, Casca, Rel. Des. Catarina Rita Krieger Martins, j. 1.º.03.2018, *DJERS* 13.03.2018).

"A responsabilidade civil do juiz por perdas e danos, prevista no artigo 143 do Código de Processo Civil, prescinde de ação autônoma, de forma que a parte prejudicada deve acionar, primeiramente, o Estado, a quem caberá voltar-se em regresso contra o magistrado responsável, nas hipóteses de dolo ou culpa. Desse modo, incabível a apreciação do intento por meio do recurso de apelação" (TJDF, Apelação Cível 2017.07.1.000876-3, Acórdão 107.5437, 1.ª Turma Cível, Rel. Des. Simone Lucindo, j. 07.02.2018, *DJDFTE* 28.02.2018).

---

[28] NERY JR., Nelson; NERY, Rosa Maria de Andrade. *Comentários ao Código de Processo Civil*, cit., p. 593.
[29] ASSUMPÇÃO NEVES, Daniel Amorim. *Novo CPC comentado*. Salvador: Juspodivm, 2016. p. 238.

Como se nota pelos comandos citados e pelos julgados colacionados, foi mantida a premissa indeclinável de somente responsabilizar o juiz pelos atos de especial gravidade, o que também visa a proteger a atividade jurisdicional e o próprio Poder Judiciário. Não se responsabiliza os julgadores por simples atos culposos, mas apenas quando agirem com dolo (ato intencional), fraude ou deixar de efetivar medida que foi expressamente solicitada pela parte.

Conclusão idêntica é retirada de outros dispositivos da Lei Orgânica da Magistratura (Lei Complementar n. 35/1979), além do já citado art. 49. Conforme o art. 40, a atividade dos Tribunais em geral é exercida com o resguardo devido à dignidade e à independência do magistrado, o que igualmente motiva o afastamento da responsabilidade por simples culpa. Além disso, prevê o art. 41 da LOMAN que, salvo os casos de impropriedade ou excesso de linguagem, o magistrado não pode ser punido ou prejudicado pelas opiniões que manifestar ou pelo teor das decisões que proferir.

Sobre a aplicação dos comandos citados, não aplicados no caso concreto, cumpre colacionar, do Superior Tribunal de Justiça, afastando a responsabilidade civil do Estado, na forma do art. 37, § 6.º, da Constituição Federal, por atos praticados pelo juiz:

> "Processual civil. Agravo regimental no agravo de instrumento. Responsabilidade civil do estado. Ato judicial. Alegada violação dos arts. 162, 458, II, e 535, I e II, do CPC. Não ocorrência. Dissídio pretoriano. Ausência de similitude fática. Inadmissibilidade (CPC, art. 541, parágrafo único; RISTJ, art. 255, §§ 1.º e 2.º). Precedentes. Agravo desprovido. 1. A incidência dos arts. 41 e 49 da LOMAN – ao contrário do que sustenta o agravante – foi rejeitada de maneira motivada, pelos seguintes fundamentos: (I) inexistência de dolo do agente, ou seja, não restou configurada sua intenção de caluniar, difamar ou injuriar; (II) as palavras, termos e expressões supostamente ofensivas foram proferidas no estrito contexto da causa em julgamento; (III) não houve impropriedade ou excesso de linguagem passível de ensejar a responsabilidade civil do magistrado. 2. Não resta caracterizada a suposta violação dos arts. 165, 458, II, e 535, I e II, do CPC, porquanto o TRF da 1.ª Região, mesmo sem ter examinado individualmente cada um dos argumentos apresentados pelo vencido, adotou, entretanto, fundamentação suficiente para decidir de modo integral a lide. 3. A divergência jurisprudencial, além da similitude fático-jurídica, deve ser devidamente demonstrada e comprovada (CPC, art. 541, parágrafo único; RISTJ, art. 255, §§ 1.º e 2.º), sob pena de não conhecimento. 4. Agravo regimental desprovido" (STJ, AgRg no Ag 805.344/DF, 1.ª Turma, Rel. Min. Denise Arruda, j. 27.03.2007, *DJ* 03.05.2007, p. 222).

Ou, ainda, como se retira de julgamento prolatado no âmbito do Tribunal de Justiça de São Paulo, que também analisou as responsabilidades de membro do Ministério Público e da Polícia:

> "A responsabilidade civil do Magistrado somente se configura quando tenha ele agido por dolo ou fraude, hipótese não ocorrida *in casu*. Presença de excludente de responsabilidade objetiva, qual seja, exercício regular de direito por agente estatal. Inexistência de ilegalidade no inquérito policial,

que respeitou trâmite regular, sem abuso de poder, dolo ou culpa imputável a membros da Polícia, Ministério Público ou Judiciário. Precedentes desta C. Câmara. Ausência de comprovação de que os requeridos Mário e Emílio tenham promovido falsa acusação em face dos autores. Improcedência da demanda de rigor. Recurso parcialmente provido" (TJSP, Apelação Cível 0017882-59.2013.8.26.0053, Acórdão 9585841, 9.ª Câmara de Direito Público, São Paulo, Rel. Des. Carlos Eduardo Pachi, j. 06.07.2016, *DJESP* 19.07.2016).

Não se olvide, seguindo o estudo do tema, de que o simples fato de o juiz decidir segundo o seu livre convencimento motivado, mas contrariando aos interesses de determinada parte, não conduz à sua responsabilidade pessoal. Como consta expressamente de outro aresto estadual, "a responsabilidade civil do magistrado não é objetiva", e somente se reconhece o dever de indenizar se comprovados os requisitos previstos em lei (TJMG, Apelação Cível 1.0024.11.272836-5/002, Rel. Des. Marcia de Paoli Balbino, j. 07.11.2013, *DJEMG* 19.11.2013). O debate nessa demanda referia-se a liminar em ação de despejo, supostamente concedida de forma descabida, o que não foi reconhecido.

Como não poderia ser diferente, todo esse raciocínio deve ser aplicado à arbitragem, uma vez que seguimos a corrente que sustenta tratar-se de forma de jurisdição, encabeçada por Carlos Alberto Carmona.[30] Ademais, não deixa dúvidas o teor do art. 14 da Lei n. 9.307/1996, segundo o qual "estão impedidos de funcionar como árbitros as pessoas que tenham, com as partes ou com o litígio que lhes for submetido, algumas das relações que caracterizam os casos de impedimento ou suspeição de juízes, aplicando-se-lhes, no que couber, os mesmos deveres e responsabilidades, conforme previsto no Código de Processo Civil". Quando a Lei de Arbitragem menciona as responsabilidades traz a conclusão de incidência do atual art. 143 do CPC/2015, ou seja, o árbitro somente pode responder por dolo, fraude ou por deixar de efetivar medida que foi expressamente solicitada pela parte. Trazendo essa conclusão, transcrevo, do Tribunal Paulista:

"Nulidade de sentença arbitral. Responsabilidade civil do árbitro. Julgamento *citra petita*. Sentença que reconheceu a decadência do pedido de nulidade da sentença arbitral. Irresignação do autor. 1. Decadência da declaração de nulidade da sentença arbitral. Decadência não configurada. Termo inicial do prazo decadencial no dia seguinte ao da notificação eletrônica da sentença, conforme previsão do regulamento da câmara arbitral. Termo inicial que deve ser excluído da contagem do prazo, com base no artigo 224 do Código de Processo Civil/2015. Termo final decadencial em 22 de outubro de 2014. Decadência não configurada. 2. Responsabilidade civil do árbitro. Pretensão independente da eventual nulidade da sentença arbitral. Pretensão prescritível em três anos, na forma do artigo 206, § 3.º, inciso V, do Código Civil. Responsabilidade civil do árbitro na forma do artigo 143 do CPC/2015, aplicado por analogia. Pretensão independente da eventual nulidade do ato

---

[30] CARMONA, Carlos Alberto. *Arbitragem e processo*. Um comentário à Lei 9.307/1996. 3. ed. São Paulo: Atlas, 2009. p. 26.

processual de sentença do julgador. Ausência de apreciação dessa pretensão na sentença recorrida. Julgamento *citra petita* (arts. 141 e 492, CPC/2015). Sentença reformada, para que os autos tornem ao primeiro grau, por inaplicabilidade do artigo 1.013, §§ 3.º e 4.º, do CPC/2015. Recurso provido" (TJSP, Apelação 1018710-47.2014.8.26.0071, Acórdão 10021606, 3.ª Câmara de Direito Privado, Bauru, Rel. Des. Carlos Alberto de Salles, j. 29.11.2016, *DJESP* 06.12.2016).

Resta saber se a responsabilidade do árbitro também será apenas regressiva. Se a resposta for positiva, o que acredito ser o correto, em interpretação ao art. 143 do CPC/2015, a responsabilidade imediata será do órgão arbitral julgador, da Câmara Arbitral, que responderá objetivamente por seus atos dolosos, nos termos do que consta dos arts. 932, III, e 933 do Código Civil; assegurando-se o direito de regresso, nos termos do art. 934 da mesma codificação privada.

Exposto o tratamento relativo à responsabilidade civil dos juízes, nota-se que a responsabilidade civil dos membros do Ministério Público está sujeita às mesmas premissas expostas. Conforme o art. 181 do CPC/2015, "o membro do Ministério Público será civil e regressivamente responsável quando agir com dolo ou fraude no exercício de suas funções". Houve menção expressa à responsabilidade regressiva, o que não constava do art. 85 do CPC/1973.

As previsões quanto ao dolo e à fraude são exatamente as mesmas. Desse modo, assim como ocorre com a responsabilidade civil dos magistrados, "o dever de reparação de tais servidores surgirá apenas em regresso, não sendo diretamente responsáveis perante terceiros. Nessa linha, cumpre salientar que o texto legal parece ter incorporado entendimento já adotado pelo Supremo Tribunal Federal em matéria de responsabilidade civil dos servidores públicos, cuidando-se, pois, de aplicação concreta de tal posicionamento aos membros do Ministério Público".[31]

Como visto, o projeto de Reforma do Código Civil pretende seguir esse mesmo modelo para os advogados, por equiparação aos juízes e promotores, com o novo art. 953-A: "o membro da advocacia pública ou privada será civil e regressivamente responsável quando agir com dolo ou fraude no exercício de suas funções e atividades profissionais".

Relevante saber se o juiz ou o promotor de justiça também deve responder por culpa grave que, há muito tempo, é equiparada ao dolo no âmbito da responsabilidade civil, para fins diversos (*culpa lata dolus aequiparatur*). Entendemos que tal equiparação deve ser feita também para os fins estudados neste tópico, ou seja, o juiz ou o promotor também deve responder por culpa grave, na ação regressiva proposta pelo Estado.

Cumpre destacar que vários julgados responsabilizam o Estado por tais condutas dos julgadores, cabendo transcrever, por todos, o seguinte aresto que resume muito bem o tema:

---

[31] RODRIGUES, Marco Antonio; FONSECA, Fernando de. In: CABRAL, Antonio do Passo; CRAMER, Ronaldo (Coord.). *Comentários ao Novo Código de Processo Civil*, cit., p. 306.

"A regra geral é a irresponsabilidade do Estado por atos praticados pelo juiz na sua função típica, a não ser nos casos expressamente previstos em Lei, a saber: a) erro judiciário em condenação penal, a teor do artigo 5.º, LXXV, da Constituição da República; b) prisão de condenado para além do tempo fixado na sentença, também nos termos do artigo 5.º, LXXV, da CR; c) hipóteses do artigo 133 do CPC/1973, isto é, demonstrado dolo, fraude ou culpa grave na conduta do magistrado, sendo este o entendimento do Supremo Tribunal Federal (AI 803831 AgR/SP e ARE 752938 AgR/RS)" (TRF da 2.ª Região, Apelação Cível 0007950-66.2015.4.02.5101, 7.ª Turma Especializada, Rel. Des. Fed. Luiz Paulo S. Araujo Filho, j. 14.03.2018, *DEJF* 23.03.2018).

Se o ente estatal responde pelas condutas movidas por culpa grave, seria totalmente ilógico não se reconhecer a responsabilidade regressiva em casos tais.

Como último tema a ser destacado, em 2019 foi promulgada a *Lei de Abuso de Autoridade*, Lei n. 13.869, que define os crimes de abuso de autoridade cometidos por agente público, servidor ou não, que, no exercício de suas funções ou a pretexto de exercê-las, abuse do poder que lhe tenha sido atribuído, o que, por óbvio, atinge juízes e promotores.

Apesar de ser uma lei penal, o seu art. 6.º estabelece que "as penas previstas nesta Lei serão aplicadas independentemente das sanções de natureza civil ou administrativa cabíveis. Parágrafo único. As notícias de crimes previstos nesta Lei que descreverem falta funcional serão informadas à autoridade competente com vistas à apuração". Especificamente sobre a responsabilidade civil, assim como consta do art. 935 do Código Civil, o art. 7.º da Lei n. 13.869/2019 prevê que as responsabilidades civil e administrativa são independentes da criminal, não se podendo mais questionar sobre a existência ou a autoria do fato, quando essas questões tenham sido decididas no juízo criminal.

Ademais, faz coisa julgada em âmbito cível, assim como no administrativo-disciplinar, a sentença penal que reconhecer ter sido o ato praticado em estado de necessidade, em legítima defesa, em estrito cumprimento de dever legal ou no exercício regular de direito (art. 8.º da norma, claramente influenciado pelo art. 65 do Código de Processo Penal).

As relações entre a responsabilidade civil e a penal estão tratadas no Capítulo 17 deste livro, sendo certo que essas interpelações passam a valer para a responsabilidade civil de juízes e membros do Ministério Público que incorrem em abuso de autoridade.

5. RESPONSABILIDADE CIVIL DOS NOTÁRIOS, REGISTRADORES E TABELIÃES DE PROTESTO

Assim como ocorre com a relação entre advogado e cliente, debate-se nos meios jurídicos a possibilidade de incidência da Lei n. 8.078/1990 para as atividades de notários e registradores. Como é notório, tais atividades são exercidas por delegação do Poder Público, nos termos do art. 236 da Constituição Federal, o que seria um suposto entrave para a subsunção da Norma Consumerista.

Com o devido respeito, a tese não me convence, notadamente pela plena possibilidade de aplicação do CDC para os serviços públicos, diretos ou indiretos, pelo que consta do seu art. 22: "os órgãos públicos, por si ou suas empresas, concessionárias, permissionárias ou sob qualquer outra forma de empreendimento, são obrigados a fornecer serviços adequados, eficientes, seguros e, quanto aos essenciais, contínuos".

Também se argumenta pela existência de estatutos normativos próprios, a afastar a Lei Consumerista, caso da Lei n. 6.015/1973 (Lei de Registros Públicos) e da Lei n. 8.935/1994 (Lei dos Serviços Notariais e de Registro). Mais uma vez, a premissa de interação legislativa apregoada pela festejada teoria do *diálogo das fontes* afasta mansamente tal assertiva teórica. Todavia, conhecido acórdão do Superior Tribunal de Justiça, por maioria de votos, acabou afastando a subsunção da Lei do Consumidor às atividades notariais, pelos argumentos de declinação acima expostos:

"Processual. Administrativo. Constitucional. Responsabilidade civil. Tabelionato de Notas. Foro competente. Serviços notariais. A atividade notarial não é regida pelo CDC. (Vencidos a Ministra Nancy Andrighi e o Ministro Castro Filho.) O foro competente a ser aplicado em ação de reparação de danos, em que figure no polo passivo da demanda pessoa jurídica que presta serviço notarial, é o do domicílio do autor. Tal conclusão é possível seja pelo art. 101, I, do CDC, ou pelo art. 100, parágrafo único do CPC, bem como segundo a regra geral de competência prevista no CPC. Recurso especial conhecido e provido" (STJ, REsp 625.144/SP, 3.ª Turma, Rel. Min. Nancy Andrighi, j. 14.03.2006, *DJ* 29.05.2006, p. 232).

Ressalve-se que a questão não é pacífica no próprio STJ, havendo julgado posterior com o seguinte teor da ementa: "o Código de Defesa do Consumidor aplica-se à atividade notarial" (STJ, REsp 1.163.652/PE, 2.ª Turma, Rel. Min. Herman Benjamin, j. 1.º.06.2010, *DJe* 1.º.07.2010). Esse último julgado traz a conclusão segundo a qual, "conforme decidido pela Segunda Turma no julgamento do Recurso Especial 1.087.862/AM, em caso de danos resultantes de atividade estatal delegada pelo Poder Público, há responsabilidade objetiva do notário, nos termos do art. 22 da Lei 8.935/1994, e apenas subsidiária do ente estatal. Precedentes do STJ".

As mesmas premissas de debate valem para o registro público delegado pelo Estado, sendo certo que, na minha opinião doutrinária, perfeitamente possível enquadrar a atividade como de consumo, o que melhora substancialmente a prestação desse serviço, público em sua essência.

Resta saber, assim como desenvolvi a respeito da responsabilidade civil do advogado, se a aplicação do CDC faz com que a responsabilidade civil dos notários e registradores passe a ser objetiva, diante da subsunção da Lei n. 8.078/1990. Para tanto, é preciso verificar o tratamento do assunto na legislação específica.

A responsabilidade civil dos notários e oficiais está prevista no art. 22 da Lei n. 8.935/1994 (Lei dos Serviços Notariais e de Registro), que passou por alterações recentes. Originalmente, a norma estabelecia que "os notários e oficiais de registro responderão pelos danos que eles e seus prepostos causem a terceiros, na prática de atos próprios da serventia, assegurado aos primeiros direito de regresso no caso de dolo ou culpa dos prepostos". O seu conteúdo seguia, assim, o que consta do art. 28, *caput,* da Lei de Registros Públicos (Lei n. 6.015/1973), segundo o qual, "além dos casos expressamente consignados, os oficiais são civilmente responsáveis por todos os prejuízos que, pessoalmente, ou pelos prepostos ou substitutos que indicarem, causarem, por culpa ou dolo, aos interessados no registro".

As redações dos comandos, especialmente da primeira norma, traziam dúvidas quanto à natureza jurídica da responsabilidade civil dos notários e registradores, surgindo cinco correntes sobre o tema, como bem aponta Demades Mario Castro, Tabelião no Estado de São Paulo, que há tempos se dedica ao estudo do tema.[32]

Pela *primeira corrente*, a responsabilidade civil dos notários e registradores seria objetiva, diante da aplicação do art. 37, § 6.º, da Constituição Federal, não sendo considerado o teor do texto da Lei n. 8.935/1994. Entre os partidários dessa visão, são citados Yussef Said Cahali, Sergio Cavalieri Filho, Ivan Sartori, Ricardo Chimenti, Luis Manuel Fonseca Pires, Jairo Vasconcelos Rodrigues Carmo e Irene Patrícia Nohara.[33]

A *segunda corrente*, por sua vez, entendia, por interpretação ao texto original da norma, que a responsabilidade seria direta e objetiva, fundada no *risco* e em *paralelismo* com a mesma norma superior citada, versão liderada por José Renato Nalini, Luis Paulo Aliende Ribeiro, Claudio António Soares Levada, Paulo Valério Dal Pai Moraes, Renato Luís Benucci e Bianca Sant'anna Della Giustina.[34] Essa também era a minha posição, antes da mudança do texto superior.

A *terceira corrente* via a responsabilidade dos notários e registradores como direta e objetiva, diante da teoria da culpa do serviço (*faute du service*), o que era defendido por Venicio Antonio de Paula Salles.[35]

Para a *quarta corrente*, também seguida por poucos, haveria uma responsabilidade direta e objetiva, conclusão retirada da simples literalidade do texto anterior, "em contraposição à exigência do elemento subjetivo exigido para o

---

[32] CASTRO, Demades Mario. A responsabilidade civil dos notários e registradores e a edição da Lei 13.286, de 10 de maio de 2016. *Revista de Direito Imobiliário*, São Paulo, ano 39, n. 81, p. 337-361, jul.-dez. 2016. Vale também consultar a dissertação de mestrado defendida pelo autor na Faculdade de Direito da USP: CASTRO, Demades Mario. *Responsabilidade civil na atividade notarial e registral.* Disponível em: <http://www.teses.usp.br/teses/disponiveis/2/2131/tde-06112015-160939/pt-br.php>. Acesso em: 4 abr. 2018.
[33] CASTRO, Demades Mario. A responsabilidade civil dos notários e registradores e a edição da Lei 13.286, de 10 de maio de 2016, cit., p. 343-344.
[34] CASTRO, Demades Mario. A responsabilidade civil dos notários e registradores e a edição da Lei 13.286, de 10 de maio de 2016, cit., p. 344.
[35] CASTRO, Demades Mario. A responsabilidade civil dos notários e registradores e a edição da Lei 13.286, de 10 de maio de 2016, cit., p. 345.

exercício do direito de regresso em face do preposto", posição encabeçada por Luiz Guilherme Loureiro.[36]

Por derradeiro, a *quinta corrente* sempre se mostrou como a majoritária, sustentando a responsabilidade direta e subjetiva, fundada na culpa, o que era defendido, entre outros, por Rui Stoco, José de Aguiar Dias, Carlos Roberto Gonçalves, Décio Antonio Erpen, Ricardo Dip, Gabriel Zefiro, Maria Helena Diniz, Sílvio de Salvo Venosa, Walter Ceneviva, Hércules Benício, Arnaldo Rizzardo, Sonia Marilda Péres Alves, Letícia Franco Maculan Assumpção, Henrique Bolzani, Elaine Garcia Ferreira, Marcelo Antonio Guimarães Flach, Carlos Roberto Teixeira Guimarães, Augusto Lermen Kindel e Karin Regina Rick Rosa.[37]

O debate existente no campo da doutrina repetia-se na jurisprudência, podendo ser encontrados arestos anteriores que afirmavam que a responsabilidade civil direta dos notários e registradores, antes das mudanças legislativas, era objetiva. Assim entendendo, colaciono os seguintes arestos do STJ:

> "Agravo interno no recurso especial. Responsabilidade civil cartorária. Indenização por dano causado. Lei 8.935/1994. 1. Responsabilidade objetiva na época do fato. precedentes. 2. Reconhecimento, ademais, no acórdão recorrido da existência de atos negligentes e imperitos, os quais não podem ser objeto de revisão junto a esta Corte Superior. Atração do Enunciado 7/STJ. 3. Responsabilidade extracontratual. Termo inicial. Evento danoso. Súmula 54/STJ. 4. Pretensão de discussão de tema pacificado nesta Corte Superior. Manifesta improcedência do recurso. Aplicação de multa. 5. Agravo interno desprovido, com aplicação de multa" (STJ, Ag. Int. no REsp 1.471.168/RJ, 3.ª Turma, Rel. Min. Paulo de Tarso Sanseverino, j. 12.09.2017, *DJe* 18.09.2017).

> "Direito Civil. Responsabilidade civil do registrador público. Lavratura de assento de nascimento com informações inverídicas. Falha na prestação do serviço. Filha privada do convívio materno. Danos morais. Valor da compensação. Majoração. 1. A doutrina e a jurisprudência dominantes configuram-se no sentido de que os notários e registradores devem responder direta e objetivamente pelos danos que, na prática de atos próprios da serventia, eles e seus prepostos causarem a terceiros. Precedentes. 2. Da falta de cuidado do registrador na prática de ato próprio da serventia resultou, inequivocamente, a coexistência de dois assentos de nascimento relativos à mesma pessoa, ambos contendo informações falsas. Essa falha na prestação do serviço, ao não se valer o registrador das cautelas e práticas inerentes à sua atividade, destoa dos fins a que se destinam os registros públicos, que são os de 'garantir a publicidade, autenticidade, segurança e eficácia dos atos jurídicos', assim como previsto no art. 1.º da Lei n. 8.935, de 1994. 3. O dano moral configurou-se ao ser privada a vítima, ao longo de sua infância, adolescência e início da vida adulta, do direito personalíssimo e indisponível ao reconhecimento do seu estado de filiação, conforme disposto no art. 27 do ECA, desrespeitando-se a necessidade psicológica que toda a pessoa tem

---

[36] CASTRO, Demades Mario. A responsabilidade civil dos notários e registradores e a edição da Lei 13.286, de 10 de maio de 2016, cit., p. 345.
[37] CASTRO, Demades Mario. A responsabilidade civil dos notários e registradores e a edição da Lei 13.286, de 10 de maio de 2016, cit., p. 345-346.

de conhecer a sua verdade biológica. Consequentemente, foi despojada do pleno acesso à convivência familiar, o que lhe tolheu, em termos, o direito assegurado no art. 19 do ECA, vindo a lhe causar profunda lacuna psíquica a respeito de sua identidade materno-filial. 4. É da essência do dano moral ser este compensado financeiramente a partir de uma estimativa que guarde alguma relação necessariamente imprecisa com o sofrimento causado, justamente por inexistir fórmula matemática que seja capaz de traduzir as repercussões íntimas do evento em um equivalente financeiro. Precedente. 5. Para a fixação do valor da compensação por danos morais, são levadas em consideração as peculiaridades do processo, a necessidade de que a compensação sirva como espécie de recompensa à vítima de sequelas psicológicas que carregará ao longo de toda a sua vida, bem assim o efeito pedagógico ao causador do dano, guardadas as proporções econômicas das partes e considerando-se, ainda, outros casos assemelhados existentes na jurisprudência. Precedentes. 6. Recurso especial provido" (STJ, REsp 1.134.677/PR, 3.ª Turma, Rel. Min. Nancy Andrighi, j. 07.04.2011, DJe 31.05.2011).

No entanto, em sentido contrário, julgando pela responsabilização subjetiva, no sistema anterior, antes das recentes alterações que serão a seguir demonstradas, por todos:

"Processo civil. Administrativo. Responsabilidade civil do estado. Notários e oficiais de registro. Certidão contendo informações inverídicas. Responsabilidade subjetiva. Análise acerca do dolo ou culpa. Impossibilidade. Incidência do Enunciado Sumular n. 7/STJ. Divergência jurisprudencial. Cotejo analítico. Não realização. 1. Pretende o Recorrente provar não ter agido nem com dolo, nem com culpa, o que é inviável em sede de recurso especial. Para proceder a tal análise, faz-se necessário o revolvimento de matéria fático-probatória, sabidamente obstado pelo enunciado n. 7 da Súmula desta Corte de Justiça. 2. O Recorrente não cuidou de realizar o necessário cotejo analítico entre os arestos, ou colacionar aos autos a cópia integral dos acórdãos, em evidente desconformidade com o disposto no parágrafo único do artigo 541 do CPC e no artigo 255 do RISTJ, que exigem a comprovação e a demonstração da divergência, com o devido cotejo analítico entre a situação concreta e o acórdão paradigma. 3. Recurso Especial não conhecido" (STJ, REsp 817.856/MG, 2.ª Turma, Rel. Min. Carlos Fernando Mathias [Juiz Convocado do TRF 1.ª Região], j. 03.06.2008, DJe 19.06.2008).

"Responsabilidade civil. Ação de indenização por danos materiais em face do Tabelião de Notas e outros arrolados na inicial Inteligência do art. 22 da Lei n. 8.935/1994 e art. 38 da Lei n. 9.492/1997. Hipótese de responsabilidade civil subjetiva que exige prova de dolo ou culpa do agente público ou particular em exercício de atividade pública. Ausência de nexo de causalidade entre o dano sofrido pelo Autor e a conduta do Tabelião. (...). (TJSP, Apelação 0006617-14.2008.8.26.0028, Acórdão 7528130, 9.ª Câmara de Direito Público, Aparecida, Rel. Des. Carlos Eduardo Pachi, j. 30.04.2014, DJESP 08.05.2014).

Toda essa divergência e falta de clareza sobre a natureza da responsabilidade civil motivaram alterações no texto legal. De início, com a Lei n. 13.137, de 2015, a norma foi inicialmente alterada, passando a prever que "os notários e oficiais de registro, temporários ou permanentes, responderão pelos danos que eles e seus prepostos causem a terceiros, inclusive pelos relacionados a direitos e encargos trabalhistas, na prática de atos próprios da serventia, assegurado aos primeiros direito de regresso no caso de dolo ou culpa dos prepostos". Como se pode perceber, mesmo com a mudança, a norma não esclarecia a natureza da responsabilidade civil dos notários e registradores, tendo sido apenas incluída a menção a respeito dos direitos e encargos trabalhistas.

Entretanto, com a Lei n. 13.286/2016 houve nova mudança no texto, que passou a ter a seguinte redação, inclusive com a menção a prazo prescricional a respeito do exercício da pretensão reparatória por parte de terceiros prejudicados:

> "Art. 22. Os notários e oficiais de registro são civilmente responsáveis por todos os prejuízos que causarem a terceiros, por culpa ou dolo, pessoalmente, pelos substitutos que designarem ou escreventes que autorizarem, assegurado o direito de regresso. Parágrafo único. Prescreve em três anos a pretensão de reparação civil, contado o prazo da data de lavratura do ato registral ou notarial".

Desse modo, não restam dúvidas de que foi colocado fim à controvérsia anterior e que foi adotada, quanto à responsabilidade direta e pessoal do notário ou registrador, a quinta corrente antes exposta, ou seja, a sua responsabilidade será subjetiva, mediante dolo ou culpa.

Como bem explica Demades Mario Castro, "com fundamento nesta nova redação fica estabelecida por lei, taxativa e expressamente, que a responsabilidade civil dos notários e registradores é subjetiva, ou seja, fundada no dolo ou culpa (em qualquer uma de suas modalidades) por ato próprio ou por ato de seus prepostos (responsabilidade civil por ato de terceiros)".[38] Em sentido próximo, Hércules Alexandre da Costa Benício pontua que a nova lei deixa clara a opção pelo critério subjetivo, na linha "(i) do tratamento dedicado aos tabeliães de protesto brasileiros, (ii) de alguns precedentes do STJ (tal como visto acima), (iii) de expresso posicionamento doutrinário e, de resto, (iv) do método de responsabilização de notários predominante em âmbito mundial".[39]

Os dois doutrinadores, a propósito, sustentam que se o CDC for aplicado às atividades notariais e registrais não se pode negar a subsunção das regras específicas, como essa que trata da responsabilização civil fundada na culpa. Como afirma Demades Mario Castro, a responsabilização também seria subjetiva pelo enquadramento do notário e registrador como profissional liberal nos termos do art. 14, § 4.º, do CDC.[40] Hércules Benício utiliza a tese do *diálogo das fontes* para chegar à conclusão de subsunção da Lei n. 8.078/1990 a essas atividades,

---

[38] CASTRO, Demades Mario. A responsabilidade civil dos notários e registradores e a edição da Lei 13.286, de 10 de maio de 2016, cit., p. 349.
[39] BENÍCIO, Hércules Alexandre da Costa. A responsabilidade civil dos notários e registradores sob a égide da Lei 13.286/2016. *Revista de Direito Imobiliário*, São Paulo, ano 39, n. 81, p. 367-368, jul.-dez. 2016.
[40] CASTRO, Demades Mario. A responsabilidade civil dos notários e registradores e a edição da Lei 13.286, de 10 de maio de 2016, cit., p. 342-343.

com as ressalvas do tratamento específico, o que inclui o prazo prescricional de três anos, consagrado pela nova lei.[41]

Os doutrinadores têm razão, em parte e em certo sentido. A minha posição também é pela possibilidade de aplicação do CDC a tais atividades, repise-se. Entretanto, diante da clareza do novo texto, a responsabilidade direta ou pessoal do notário ou registrador é de natureza subjetiva, sendo necessária a comprovação do seu dolo ou culpa, para que surja o correspondente dever de indenizar a favor do prejudicado pela atividade desenvolvida.

Também quanto ao prazo prescricional, pela previsão específica, será de três anos, a contar o prazo da data de lavratura do ato registral ou notarial. Não devem ser aplicados, portanto, o prazo de cinco anos, previsto no art. 27 do CDC, ou qualquer outro prazo previsto no Código Civil, caso da regra geral de dez anos prevista no seu art. 205.

Contudo, não me filio à afirmação de que a responsabilidade indireta do notário ou registrador, por ato de seu preposto ou empregado é subjetiva. Como se pode perceber do novo texto do art. 22 da Lei n. 8.935/1994, a expressão "culpa ou dolo" encontra-se antes do termo "pessoalmente", estando restrita ao âmbito da responsabilidade direta e pessoal.

No que diz respeito à responsabilidade civil dos notários e registradores pelos substitutos que designarem ou escreventes que autorizarem, incide o disposto nos arts. 932, inc. III, e 933 do Código Civil. Sendo assim, os primeiros terão responsabilidade objetiva, desde que provado o dolo ou a culpa dos últimos (*responsabilidade civil objetiva impura*).

Isso fica claro pela menção ao direito de regresso que consta da norma específica, na mesma linha do disposto no art. 934 do Código Civil. Além disso, é forçoso reconhecer que a responsabilidade de todos os envolvidos – notários, registradores, prepostos e empregados – será solidária, presente a opção de demanda em favor da vítima, pela dicção do art. 942, parágrafo único, da mesma codificação privada.

No âmbito prático, não se olvide a existência de julgados que aplicam a nova lei. De início, acórdão do Tribunal do Distrito Federal analisou hipótese envolvendo compra e venda celebrada com procuração falsa. Ao tratar da responsabilidade do tabelião, o *decisum* considera que essa tem natureza subjetiva, não tendo havido prova suficiente da sua presença:

> "A responsabilidade civil dos tabeliães de notas é subjetiva, dependendo da comprovação do dolo ou da culpa pessoal ou de seus prepostos. Se com a causa de pedir o autor afirma conduta culposa do oficial de notas primitivo, dizendo que obrou sem as necessárias cautelas inerentes ao ato notarial, cumpre a este comprovar o fato modificativo, extintivo ou impeditivo do direito afirmado pelo autor. E se não traz nenhuma prova para atestar a regularidade do ato, é de se presumir que agiu negligentemente ao assentar notas revestidas de falsidade ideológica, consubstanciada em declarações

---

[41] BENÍCIO, Hércules Alexandre da Costa. A responsabilidade civil dos notários e registradores sob a égide da Lei 13.286/2016, cit., p. 374-375.

fraudulentas de quem não tinha poderes para a outorga" (TJDF, Apelação 2016.01.1.066233-6, Acórdão 108.1051, 6.ª Turma Cível, Rel. Des. Carlos Rodrigues, j. 07.03.2018, *DJDFTE* 14.03.2018).

Releve-se, ainda, julgamento proferido pelo Tribunal de Justiça de Minas Gerais expressando o seguinte:

"Hoje, a responsabilidade do tabelião de protestos é subjetiva, ou seja, por culpa ou dolo, segundo a atual Lei n. 13.286, de 2016, que deu nova redação ao art. 22 da Lei n. 8.935, de 1994. É importante distinguir, no entanto, o que seja dano decorrente do exercício de atividade típica do tabelião, ou seja, instrumentalizar a vontade das partes de modo a gerar eficácia, da atividade atípica, tanto no serviço registral como no notarial. Apenas no tocante à primeira aplicam-se as regras do art. 22 da Lei n. 8.935/1994 (responsabilidade subjetiva). Entretanto, se o dano ocorre no âmbito da relação de consumo, entre o serventuário, prestador de serviço e o consumidor do serviço, as regras são, sem dúvida alguma, as da responsabilidade objetiva, na forma do art. 14 do Código de Defesa do Consumidor" (TJMG, EDcl 1.0209.14.000817-5/004, Rel. Des. Wander Paulo Marotta Moreira, j. 30.03.2017, DJEMG 04.04.2017).

A decisão traz uma ressalva interessante sobre a aplicação da responsabilidade objetiva do CDC para as relações estabelecidas entre os serventuários do cartório e os consumidores dos serviços, o que, sem dúvida, deve ser considerado.

Com o devido respeito, há um pequeno problema na última conclusão, uma vez que a responsabilidade civil dos tabeliães de protesto é regida por outra norma, a Lei n. 9.492/1997. Vale lembrar que o art. 1.º desse dispositivo conceitua o protesto como o ato formal e solene pelo qual se provam a inadimplência e o descumprimento de obrigação originada em títulos e outros documentos de dívida.

Ademais, o mesmo diploma estabelece que competem privativamente ao Tabelião de Protesto de Títulos, na tutela dos interesses públicos e privados, a protocolização, a intimação, o acolhimento da devolução ou do aceite, o recebimento do pagamento, do título e de outros documentos de dívida. Cabe também a ele a incumbência de lavrar e registrar o protesto ou acatar a desistência do credor em relação ao mesmo, proceder às averbações, prestar informações e fornecer certidões relativas a todos os atos praticados (art. 3.º da Lei n. 9.492/1997).

Sobre a responsabilidade civil, o art. 38 da mesma Lei do Protesto enuncia que "os Tabeliães de Protesto de Títulos são civilmente responsáveis por todos os prejuízos que causarem, por culpa ou dolo, pessoalmente, pelos substitutos que designarem ou Escreventes que autorizarem, assegurado o direito de regresso". Como se pode perceber, esse diploma parece ter influenciado a nova redação do art. 22 da Lei n. 8.935/1994, não havendo grandes polêmicas quanto ao fato de consagrar a responsabilidade pessoal como subjetiva.[42]

---

[42] Como bem observado por: CASTRO, Demades Mario. A responsabilidade civil dos notários e registradores e a edição da Lei 13.286, de 10 de maio de 2016, cit., p. 346-347.

Persiste o debate sobre responsabilidade indireta, por ato de empregado ou preposto, sendo a minha posição, na linha do antes defendido, pela responsabilidade objetiva, nos termos dos arts. 932 e 933 do Código Civil.

Outro aspecto importante a ser destacado é a natureza jurídica da atividade notarial e registral, que é desempenhada pelo notário e registrador como pessoa natural, não se reconhecendo a personalidade jurídica ao cartório em si. Tal constatação faz com que incida para o tabelião e registrador o disposto no art. 14, § 4.º, do CDC, uma vez que ele atua como profissional liberal. Ademais, afasta-se a legitimidade do cartório para responder pela ação de responsabilidade civil ou de obrigação de fazer proposta pelo usuário do serviço, devendo responder o titular do cartório à época dos fatos ou evento danoso.

Nesse sentido, na *I Jornada de Direito Notarial e Registral*, promovida pelo Conselho da Justiça Federal em agosto de 2022, aprovou-se enunciado doutrinário segundo o qual "as atividades notariais e de registros públicos são desempenhadas em caráter privado, sendo pessoal a responsabilidade civil e criminal do tabelião e ou do registrador por seus atos e omissões, de modo que as serventias extrajudiciais não possuem capacidade processual e são desprovidas de personalidade jurídica". Na mesma linha, da jurisprudência superior, colaciono o seguinte acórdão:

> "Agravo regimental no agravo em recurso especial. Alegação de violação a dispositivo constitucional. Não cabimento. Falta de prequestionamento. Incidência das Súmulas 282 e 356 do STF. Responsabilidade civil. Tabelionato. Ausência de personalidade jurídica. Responsabilidade do titular do cartório à época dos fatos. Jurisprudência consolidada deste STJ. Agravo regimental desprovido" (STJ, AgRg no AREsp 277.313/RS, 3.ª Turma, Rel. Min. Paulo de Tarso Sanseverino, j. 20.02.2014, *DJe* 06.03.2014).

> "Recurso especial. Negativa de prestação jurisdicional. Não ocorrência. Serviços notariais e de registro. Natureza jurídica. Organização técnica e administrativa destinados a garantir a publicidade, autenticidade, segurança e eficácia dos atos jurídicos. Protesto. Pedido de cancelamento. Obrigação de fazer. Tabelionato. Ilegitimidade de parte passiva reconhecida. Ausência de personalidade. Recurso improvido. (...). Segundo o art. 1.º da Lei n. 8.935/1994, que regulamentou o art. 236 da Constituição Federal, os serviços notariais e de registro são conceituados como 'organização técnica e administrativa destinados a garantir a publicidade, autenticidade, segurança e eficácia dos atos jurídicos'. Dispõe, ainda, referida Lei que os notários e oficiais de registro gozam de independência no exercício de suas atribuições, além de que estão sujeitos às penalidades administrativas previstas nos arts. 32, 33, 34 e 35, no caso de infrações disciplinares previstas no art. 31 da mesma Lei. Os cartórios extrajudiciais – incluindo o de Protesto de Títulos – são instituições administrativas, ou seja, entes sem personalidade, desprovidos de patrimônio próprio, razão pela qual, bem de ver, não possuem personalidade jurídica e não se caracterizam como empresa ou entidade, afastando-se, dessa forma, sua legitimidade passiva *ad causam* para responder pela ação de obrigação de fazer" (REsp 1.097.995/RJ, 3.ª Turma, Rel. Min. Massami Uyeda, j. 21.09.2010, *DJe* 06.10.2010).

"Processo civil. Cartório de notas. Pessoa formal. Ação indenizatória. Reconhecimento de firma falsificada. Ilegitimidade passiva. O tabelionato não detém personalidade jurídica ou judiciária, sendo a responsabilidade pessoal do titular da serventia. No caso de dano decorrente de má prestação de serviços notariais, somente o tabelião à época dos fatos e o Estado possuem legitimidade passiva. Recurso conhecido e provido" (STJ, REsp 545.613/MG, 4.ª Turma, Rel. Min. Cesar Asfor Rocha, j. 08.05.2007, *DJ* 29.06.2007, p. 630).

É possível, ainda, responsabilizar civilmente e de forma direta o preposto que praticou o ato irregular ou mesmo o registrador que não atuava como titular do cartório, mas como oficial substituto quando o evento danoso ocorreu. Nessa linha, da mesma jurisprudência superior, concluiu a Corte o seguinte:

"Em princípio, a responsabilidade dos titulares de Cartórios Extrajudiciais é pessoal e intransmissível. Contudo, o art. 22 da Lei 8.935/1994 assegura o exercício, por estes, do direito de regresso em face de seus prepostos nas hipóteses de dolo ou culpa. Se um preposto do Cartório, na qualidade de Oficial Substituto, atesta a regularidade de uma matrícula e, posteriormente, ao assumir a titularidade do Cartório, cancela a mesma matrícula cuja legitimidade atestara, é possível que o prejudicado ajuíze diretamente em face dele uma ação para apurar sua responsabilidade civil. Isso porque, nas hipóteses em que haja dolo ou culpa, seria dele, de todo modo, a responsabilidade final pelo incidente" (STJ, REsp 1.270.018/MS, 3.ª Turma, Rel. Min. Massami Uyeda, Rel. p/ Acórdão Min. Nancy Andrighi, j. 19.06.2012, *DJe* 28.06.2012).

Para encerrar o estudo do tema, cabe analisar a responsabilidade civil do Estado pelos atos praticados pelos notários e registradores, o que tem sido reconhecido por força do que consta do art. 37, § 6.º, da Constituição, uma vez que eles desempenham uma função pública, nos termos do art. 236 do mesmo Texto Maior.

Conforme o último preceito, reitere-se, os serviços notariais e de registro são exercidos em caráter privado, por delegação do Poder Público. São encontrados arestos que trazem o reconhecimento da responsabilização estatal, de forma direta ou solidária, sendo pertinente transcrever, por todos e do Tribunal da Cidadania:

"Administrativo. Responsabilidade civil do Estado. Dano causado por titular de serventia extrajudicial não oficializada. Legitimidade passiva do Estado de Goiás. 1. Cuida-se de ação de indenização proposta por Isaías Braga contra o Estado de Goiás com o objetivo de ser ressarcido de prejuízos decorrentes de anulação de registro de imóvel por ele adquirido, em razão de existência de cancelamento da cadeia dominial do referido bem, anos antes, sem que o Cartório fizesse constar qualquer averbação de sentença. 2. O Tribunal de Justiça do Estado de Goiás entendeu pela ilegitimidade passiva do Estado, em razão de que o oficial de registro público é responsável civilmente por seus atos registrais, nos termos do art. 28 da Lei n. 6.015/1973. 3. A jurisprudência desta Corte vem reconhecendo a responsabilidade do Estado em decorrência de defeitos na prestação no serviço notarial, já que se trata de serviço público delegado, portanto, sujeito aos preceitos do artigo 37, § 6.º, da CF. 4. 'Embora seja o preposto estatal também legitimado para responder pelo dano, sendo diferentes as suas responsabilidades, a do Estado objetiva e a do preposto subjetiva, caminhou a jurisprudência por resolver em primeiro lugar a relação jurídica mais facilmente comprovável, ressalvando-se a ação de regresso para apurar-se a responsabilidade subjetiva do preposto estatal'. (REsp 489.511/SP, Rel. Min. Eliana Calmon, Segunda Turma, julgado em 22.6.2004, *DJ* 4.10.2004 p. 235.) 5. 'A função eminentemente pública dos serviços notariais configura a natureza estatal das atividades exercidas pelos serventuários titulares de cartórios e registros extrajudiciais. RE 209.354/PR' (RE 551.156 AgR, Relator(a): Min. Ellen Gracie, Segunda Turma, julgado em 10.03.2009, *DJe*-064 divulg. 02.04.2009 public. 03.04.2009). Agravo regimental improvido" (STJ, AgRg no REsp 1.005.878/GO, 2.ª Turma, Rel. Min. Humberto Martins, j. 28.04.2009, *DJe* 11.05.2009).

A questão, contudo, não era pacífica, pois alguns outros arestos superiores concluíram que o Estado somente teria responsabilização subsidiária, como se retira da seguinte decisão:

"A jurisprudência do Superior Tribunal de Justiça tem assentado que o exercício de atividade notarial delegada (art. 236, § 1.º, da CF/1988) deve se dar por conta e risco do delegatário, de modo que é do notário a responsabilidade objetiva por danos resultantes dessa atividade delegada (art. 22 da Lei 8.935/1994), cabendo ao Estado apenas a responsabilidade subsidiária. Precedentes do STJ e do STF" (STJ, AgRg no AREsp 474.524/PE, 2.ª Turma, Rel. Min. Herman Benjamin, j. 06.05.2014, *DJe* 18.06.2014).

A temática pendia de pacificação pelo Supremo Tribunal Federal, que a analisou em sede de repercussão geral que havia sido reconhecida no ano de 2014, no Recurso Extraordinário 842.846/SC, tendo como Relator o Ministro Luiz Fux. A hipótese fática disse respeito à ação proposta diretamente contra o Estado de Santa Catarina, diante de prejuízos causados por Oficial do Registro Civil.

O julgado foi prolatado em fevereiro de 2019, com a publicação da seguinte tese, para fins de repercussão geral: "o Estado responde, objetivamente, pelos atos dos tabeliães e registradores oficiais que, no exercício de suas funções, causem dano a terceiros, assentado o dever de regresso contra o responsável, nos casos de dolo ou culpa, sob pena de improbidade administrativa" (STF, RE 842.846, Tribunal Pleno, Rel. Min. Luiz Fux, j. 27.02.2019 – Tema 777).

Concordo integralmente com a tese fixada, sendo necessário reconhecer a responsabilidade objetiva solidária do ente estatal com o notário ou registrador, com fundamento na primazia da vítima e no princípio da reparação integral dos danos, retirado do Código Civil de 2002 e do Código de Defesa do Consumidor.

6. RESPONSABILIDADE CIVIL DOS PROFISSIONAIS DA ÁREA DA SAÚDE. MÉDICOS, DENTISTAS E ENFERMEIROS

Como já exposto nos tópicos iniciais deste capítulo, existem duas regras fundamentais aplicáveis à responsabilidade civil dos profissionais liberais da área da saúde, conduzindo à sua responsabilização subjetiva, fundada na culpa.

A primeira delas é o art. 951 do Código Civil, segundo o qual "o disposto nos arts. 948, 949 e 950 aplica-se ainda no caso de indenização devida por aquele que, no exercício de atividade profissional, por negligência, imprudência ou imperícia, causar a morte do paciente, agravar-lhe o mal, causar-lhe lesão, ou inabilitá-lo para o trabalho".

A responsabilidade subjetiva fica clara pela menção à negligência, à imprudência e à imperícia. Vale lembrar, ademais, que os dispositivos citados tratam do dever de indenizar em casos de morte e lesão física, inclusive a capaz de reduzir perda de capacidade laborativa.

A segunda regra que merece destaque é o art. 14, § 4.º, do Código de Defesa do Consumidor, aqui exaustivamente citado, consagrador da responsabilidade subjetiva dos profissionais liberais, caso das pessoas que atuam na área da saúde, médicos, enfermeiros, técnicos de enfermagem e dentistas.

Também foi destacado outrora que se tem aplicado amplamente à responsabilidade civil dos profissionais liberais a tese de Demogue, relacionada à divisão ou dicotomia entre obrigação de meio e de resultado assumida por tais profissionais.

Vale repetir que a obrigação de meio ou de diligência é aquela em que o devedor só é obrigado a empenhar-se para perseguir um resultado, mesmo que este não seja alcançado. De acordo com a construção de Demogue, na sua leitura feita no Brasil, aqueles que assumem obrigação de meio só respondem se provada a sua culpa genérica, ou seja, o seu dolo ou culpa estrita (imprudência, negligência ou imperícia). Por conseguinte, em tese, haverá responsabilidade civil subjetiva daquele que assumiu tal obrigação, o que tem fundamento nos últimos dispositivos citados.

Por outra via, na obrigação de resultado ou de fim, a prestação só é cumprida com a obtenção de um resultado, geralmente oferecido pelo devedor previamente. Aqueles que assumem obrigação de resultado respondem independentemente de culpa ou por culpa presumida, invertendo-se o ônus da prova nos dois casos, conforme já entendiam doutrina e jurisprudência muito antes da entrada em vigor do Código Civil de 2002. Por todos os remotos julgados superiores, transcrevo o seguinte:

> "Contratada a realização da cirurgia estética embelezadora, o cirurgião assume obrigação de resultado (Responsabilidade contratual ou objetiva), devendo indenizar pelo não cumprimento da mesma, decorrente de eventual deformidade ou de alguma irregularidade. Cabível a inversão do ônus da prova" (STJ, REsp 81.101/PR, 3.ª Turma, Rel. Min. Waldemar Zveiter, j. 13.04.1999, *DJ* 31.05.1999, p. 140).

Vislumbrando-se exemplos práticos, assumem obrigação de resultado, no âmbito que ora se estuda, o médico ultrassonografista, o médico-cirurgião plástico estético, o dentista estético e o anestesista. Apesar das críticas antes destacadas, a respeito dessa *divisio* e de suas repercussões quanto à responsabilidade civil que ocasiona, a verdade é que ela tem grande prestígio no âmbito jurisprudencial brasileiro, notadamente no Superior Tribunal de Justiça, o que é acompanhado por nossos Tribunais Estaduais.

Partindo para a exposição e análise dos julgados, sobre o médico ultrassonografista, ramo da radiologia, é interessante expor novamente o acórdão superior a seguir, que reconheceu a responsabilidade civil objetiva por erro de diagnóstico de gestação de gêmeos, o que não era a realidade fática, pois a gravidez era de um único nascituro:

> "Agravo regimental no agravo de instrumento. Ação de indenização. Erro médico. Diagnóstico de gestação gemelar. Existência de um único nascituro. Dano moral configurado. Exame. Obrigação de resultado. Responsabilidade objetiva. Agravo regimental improvido. I – O exame ultrassonográfico para controle de gravidez implica em obrigação de resultado, caracterizada pela responsabilidade objetiva. II – O erro no diagnóstico de gestação gemelar, quando existente um único nascituro, resulta em danos morais passíveis de indenização. Agravo regimental improvido" (STJ, AgRg no Ag. 744.181/RN, 3.ª Turma, Rel. Min. Sidnei Beneti, j. 11.11.2008, *DJe* 26.11.2008).

Como se pode perceber, o acórdão estabelece a relação entre responsabilidade objetiva do profissional e obrigação de resultado, o que já foi tendência na Corte. Em outro julgado, até mais recente, concluiu-se, a respeito de exame médico para se descobrir um câncer, que "este Tribunal Superior já se manifestou no sentido de que configura obrigação de resultado, a implicar responsabilidade objetiva, o diagnóstico fornecido por exame médico. Precedentes" (STJ, AgRg no REsp 1.117.146/CE, 4.ª Turma, Rel. Min. Raul Araújo, j. 05.09.2013, *DJe* 22.10.2013).

Apesar do último aresto, na minha leitura sobre o tema, os primeiros acórdãos que estabeleceram tal relação, resolviam a questão sob o prisma da culpa presumida, ou seja, da responsabilização subjetiva, mas com inversão do ônus da prova. Sucessivamente, houve um caminhar para a responsabilidade sem culpa, representada pelo último aresto, entre outros e, depois, uma volta ao modelo de presunção, que é a realidade atual, na composição existente hoje no Superior Tribunal de Justiça.

Como destacado, a correlação entre obrigação de resultado e atividade médica é feita nas hipóteses envolvendo a atividade do médico-cirurgião plástico estético, sendo pertinente colacionar, por todos, e sem prejuízo dos acórdãos já expostos neste livro:

> "O STJ tem entendimento firmado no sentido de que quando o médico se compromete com o paciente a alcançar um determinado resultado, o que ocorre no caso da cirurgia plástica meramente estética, o que se tem é uma obrigação de resultados e não de meios. (...)" (STJ, AgRg no REsp 846.270/SP, 4.ª Turma, Rel. Min. Luis Felipe Salomão, j. 22.06.2010, *DJe* 30.06.2010).

> "Agravo regimental. Ação de indenização. Erro médico. Cirurgia plástica. Obrigação de resultado. Julgamento em sintonia com os precedentes desta Corte. Culpa do profissional. Fundamento inatacado. Danos morais. *Quantum* indenizatório. R$ 20.000,00 (vinte mil reais). Razoabilidade. I – A jurisprudência desta Corte orienta que a obrigação é de resultado em procedimentos

cirúrgicos para fins estéticos" (STJ, AgRg no Ag. 1.132.743/RS, 3.ª Turma, Rel. Min. Sidnei Beneti, j. 16.06.2009, *DJe* 25.06.2009).

"A relação entre médico e paciente é contratual e encerra, de modo geral (salvo cirurgias plásticas embelezadoras), obrigação de meio, sendo imprescindível para a responsabilização do referido profissional a demonstração de culpa e de nexo de causalidade entre a sua conduta e o dano causado, tratando-se de responsabilidade subjetiva" (STJ, REsp 1.104.665/RS, 3.ª Turma, Rel. Min. Massami Uyeda, j. 09.06.2009, *DJe* 04.08.2009).

"Civil. Processual civil. Recurso especial. Responsabilidade civil. Nulidade dos acórdãos proferidos em sede de embargos de declaração não configurada. Cirurgia plástica. Estética. Obrigação de resultado. Dano comprovado. Presunção de culpa do médico não afastada. Precedentes. (...). A obrigação assumida pelo médico, normalmente, é obrigação de meios, posto que objeto do contrato estabelecido com o paciente não é a cura assegurada, mas sim o compromisso do profissional no sentido de uma prestação de cuidados precisos e em consonância com a ciência médica na busca pela cura. Apesar de abalizada doutrina em sentido contrário, este Superior Tribunal de Justiça tem entendido que a situação é distinta, todavia, quando o médico se compromete com o paciente a alcançar um determinado resultado, o que ocorre no caso da cirurgia plástica meramente estética. Nesta hipótese, segundo o entendimento nesta Corte Superior, o que se tem é uma obrigação de resultados e não de meios" (STJ, REsp 236.708/MG, 4.ª Turma, Rel. Min. Carlos Fernando Mathias [Juiz Federal Convocado do TRF 1.ª Região], j. 10.02.2009, *DJe* 18.05.2009).

Deve ficar claro que o médico-cirurgião plástico *reparador* assume obrigação de meio ou diligência, somente respondendo se provada a sua culpa em sentido amplo, o que engloba o dolo e a culpa em sentido estrito.

A par dessa afirmação, não está correta a afirmação de o *médico-cirurgião plástico* responder independentemente de culpa. Isso somente ocorre para o *médico-cirurgião plástico estético*. Nas palavras de Pablo Stolze Gagliano e Rodolfo Pamplona Filho, "se se tratar de cirurgia plástica reparadora (decorrente de queimaduras, por exemplo), a obrigação do médico será reputada de meio, e a sua responsabilidade será excluída, se não conseguir recompor integralmente o corpo do paciente, a despeito de haver utilizado as melhores técnicas disponíveis".[43] Trazendo essa conclusão, interessante transcrever as seguintes decisões:

"Apelação cível. Indenização. Cirurgia estético-reparadora. Erro médico. Obrigação de meio e de resultado. Responsabilidade subjetiva. Inversão do ônus da prova. Danos morais. Razoabilidade e proporcionalidade. A responsabilidade civil por erro médico ocorrido em cirurgia plástica depende da análise do objetivo do procedimento. A cirurgia plástica de caráter puramente estético enseja uma obrigação de resultado, na qual o médico se obriga a atingir o resultado pretendido, sob pena de inadimplemento da obrigação. Por outro lado, a cirurgia plástica de caráter reparador configura uma obrigação de

---

[43] GAGLIANO, Pablo Stolze; PAMPLONA FILHO, Rodolfo. *Novo curso de Direito Civil*. Responsabilidade civil, 14. ed., cit., p. 273.

meio, na qual o profissional médico assume a obrigação de se valer de todos os métodos, em consonância com a técnica e a ética admitida pela ciência médica para alcançar determinado resultado, sem, contudo, responsabilizar-se pela ocorrência deste. Embora as cirurgias de caráter estético configurem uma obrigação de resultado para o profissional médico, a responsabilidade deste é subjetiva, na qual se verifica a existência de dolo ou culpa na conduta do agente. Contudo, nestas hipóteses, o ônus probatório é invertido, de modo que cabe ao médico demonstrar a ocorrência de fatores externos alheios à sua atuação que possam afastar a sua responsabilidade civil. No caso dos autos, tendo a cirurgia caráter estético, não tendo sido alcançado o resultado prometido e tampouco restando demonstrados fatos que possam afastar a responsabilidade civil do médico, patente é o seu dever de indenizar os danos materiais e morais experimentados pelo paciente. O critério para a fixação de indenização pelo dano moral é subjetivo e meramente estimativo. Deve-se ter como norte, contudo, a razoabilidade e a proporcionalidade, bem assim as condições do ofensor e as do ofendido, além da natureza do direito violado" (TJDF, Apelação Cível 2011.07.1.030361-2, Acórdão 107.7345, 6.ª Turma Cível, Rel. Des. Esdras Neves, j. 21.02.2018, *DJDFTE* 28.02.2018).

"Indenização. Responsabilidade civil. Dano moral. Suposto erro ocorrido em cirurgia de reconstrução de mamas a que foi submetida a autora, consistente em tratamento negligente e inadequado, a acarretar dano estético. Cirurgia que, no caso, foi realizada após diagnóstico de câncer de mama e realização de mastectomia radical, caracterizando cirurgia plástica reparadora, e não meramente estética. Obrigação que, desse modo, é de meio e não de resultado. Ausência de comprovação de qualquer conduta culposa por parte dos profissionais que realizaram o procedimento cirúrgico. Perícia que reputou adequado o tratamento realizado até o momento e concluiu pela ausência de dano. Demandante que não logrou trazer à instrução quaisquer elementos a infirmar a conclusão pericial. Sentença mantida. Recurso desprovido" (TJSP, Apelação 1014537-59.2014.8.26.0562, Acórdão 9652435, 6.ª Câmara de Direito Privado, Santos, Rel. Des. Vito Guglielmi, j. 02.08.2016, *DJESP* 05.08.2016).

"Apelação cível. Responsabilidade civil. Erro médico. Cirurgia plástica reparadora. Obrigação de meio. Responsabilidade subjetiva. Não configuração do dever de indenizar. 1. A obrigação decorrente de procedimento cirúrgico plástico reparador é de meio, sendo atribuída ao médico, portanto, nestes casos, responsabilidade civil subjetiva, em atenção ao disposto no artigo 14, § 4.º, do Código de Defesa do Consumidor. 2. Considerando que o procedimento adotado pelo demandado foi correto, e inexistindo elementos probatórios capazes de corroborar a tese da parte autora de que o serviço não tenha sido realizado, pelo contrário, tem-se que o demandado não agiu culposamente ao prestar seus serviços médico-profissionais, afastando-se assim o dever de indenizar" (TJRS, Apelação Cível 70037995644, 9.ª Câmara Cível, Sapucaia do Sul, Rel. Des. Íris Helena Medeiros Nogueira, j. 15.09.2010, *DJERS* 24.09.2010).

Em complemento, entendeu o Superior Tribunal de Justiça que presente uma obrigação de meio e de resultado ao mesmo tempo (obrigação mista), deve-se fazer uma análise fracionada, para os fins de atribuição da correspondente responsabilidade civil. Vejamos a publicação no *Informativo* n. 484 da Corte Superior, com o acórdão que traz esse entendimento:

> "Responsabilidade civil. Médico. Cirurgia estética e reparadora. Na espécie, trata-se de ação de indenização por danos morais e materiais ajuizada pela recorrida em desfavor dos recorrentes. É que a recorrida, portadora de hipertrofia mamária bilateral, foi submetida à cirurgia para redução dos seios – operação realizada no hospital e pelo médico, ora recorrentes. Ocorre que, após a cirurgia, as mamas ficaram com tamanho desigual, com grosseiras e visíveis cicatrizes, além de ter havido retração do mamilo direito. O acórdão recorrido deixa claro que, no caso, o objetivo da cirurgia não era apenas livrar a paciente de incômodos físicos ligados à postura, mas também de resolver problemas de autoestima relacionados à sua insatisfação com a aparência. Assim, cinge-se a lide a determinar a extensão da obrigação do médico em cirurgia de natureza mista – estética e reparadora. Este Superior Tribunal já se manifestou acerca da relação médico-paciente, concluindo tratar-se de obrigação de meio, e não de resultado, salvo na hipótese de cirurgias estéticas. No entanto, no caso, trata-se de cirurgia de natureza mista – estética e reparadora – em que a responsabilidade do médico não pode ser generalizada, devendo ser analisada de forma fracionada, conforme cada finalidade da intervenção. Numa cirurgia assim, a responsabilidade do médico será de resultado em relação à parte estética da intervenção e de meio em relação à sua parte reparadora. A Turma, com essas e outras considerações, negou provimento ao recurso" (STJ, REsp 1.097.955/MG, Rel. Min. Nancy Andrighi, j. 27.09.2011).

Com tom suplementar a todos os julgados transcritos, reitere-se que a posição recente do Tribunal da Cidadania parece ser no sentido de que a obrigação de resultado assumida pelos médicos-cirurgiões plásticos estéticos ocasiona a culpa presumida dos profissionais. Nessa esteira, concluiu o Superior Tribunal de Justiça em importante aresto que "os procedimentos cirúrgicos de fins meramente estéticos caracterizam verdadeira obrigação de resultado, pois neles o cirurgião assume verdadeiro compromisso pelo efeito embelezador prometido. Nas obrigações de resultado, a responsabilidade do profissional da medicina permanece subjetiva. Cumpre ao médico, contudo, demonstrar que os eventos danosos decorreram de fatores externos e alheios à sua atuação durante a cirurgia" (STJ, REsp 1.180.815/MG, 3.ª Turma, Rel. Min. Nancy Andrighi, j. 19.08.2010, *DJe* 26.08.2010). Mais recentemente, confirmando a afirmação, colaciona-se acórdão publicado no *Informativo* n. 491 da Corte:

> "Nos procedimentos cirúrgicos estéticos, a responsabilidade do médico é subjetiva com presunção de culpa. Esse é o entendimento da Turma que, ao não conhecer do apelo especial, manteve a condenação do recorrente – médico – pelos danos morais causados ao paciente. Inicialmente, destacou-se a vasta jurisprudência desta Corte no sentido de que é de resultado a obrigação nas cirurgias estéticas, comprometendo-se o profissional com o efeito embelezador prometido. Em seguida, sustentou-se que, conquanto a obrigação seja de resultado, a responsabilidade do médico permanece subjetiva, com inversão do ônus da prova, cabendo-lhe comprovar que os danos suportados pelo paciente advieram de fatores externos e alheios a sua atuação profissional" (STJ, REsp 985.888/SP, Min. Luis Felipe Salomão, j. 16.02.2012).

Todo esse debate se repete na análise da responsabilidade civil do dentista estético, mas de forma inversa. De início, destaque-se que o Superior Tribunal de Justiça tem aplicado as mesmas premissas relativas à obrigação de resultado para o dentista que faz tratamento ortodôntico, enquadrado na obrigação de resultado:

"Responsabilidade civil. Recurso especial. Tratamento odontológico. Apreciação de matéria constitucional. Inviabilidade. Tratamento ortodôntico. Em regra, obrigação contratual de resultado. Reexame de provas. Inadmissibilidade. 1. As obrigações contratuais dos profissionais liberais, no mais das vezes, são consideradas como 'de meio', sendo suficiente que o profissional atue com a diligência e técnica necessárias, buscando a obtenção do resultado esperado. Contudo, há hipóteses em que o compromisso é com o 'resultado', tornando-se necessário o alcance do objetivo almejado para que se possa considerar cumprido o contrato. 2. Nos procedimentos odontológicos, mormente os ortodônticos, os profissionais da saúde especializados nessa ciência, em regra, comprometem-se pelo resultado, visto que os objetivos relativos aos tratamentos, de cunho estético e funcional, podem ser atingidos com previsibilidade. 3. O acórdão recorrido registra que, além de o tratamento não ter obtido os resultados esperados, 'foi equivocado e causou danos à autora, tanto é que os dentes extraídos terão que ser recolocados'. Com efeito, em sendo obrigação 'de resultado', tendo a autora demonstrado não ter sido atingida a meta avençada, há presunção de culpa do profissional, com a consequente inversão do ônus da prova, cabendo ao réu demonstrar que não agiu com negligência, imprudência ou imperícia, ou mesmo que o insucesso se deu em decorrência de culpa exclusiva da autora. 4. A par disso, as instâncias ordinárias salientam também que, mesmo que se tratasse de obrigação 'de meio', o réu teria 'faltado com o dever de cuidado e de emprego da técnica adequada', impondo igualmente a sua responsabilidade. 5. Recurso especial não provido" (STJ, REsp 1.238.746/MS, 4.ª Turma, Rel. Min. Luis Felipe Salomão, j. 18.10.2011, *DJe* 04.11.2011).

Com a mesma conclusão sobre o tratamento ortodôntico e a existência de uma obrigação de resultado do dentista, das Cortes Estaduais e por todos os numerosos acórdãos:

"Aquele que se submete a procedimento de próteses ou implantes dentários está interessado diretamente no resultado. Laudo pericial elaborado pelo IMESC, por cirurgião-dentista. Conclusão pela falha na prestação de serviços, bem como existência de nexo causal entre os fatos narrados na inicial e os danos relatados pela autora. Devolução dos valores pagos às rés. Responsabilidade civil pelos danos morais e estéticos configurada. Indenização fixada em R$ 15.000,00 que não comporta reparos. Sentença mantida. Recurso desprovido" (TJSP, Apelação 1052613-52.2015.8.26.0002, Acórdão 11047793, 7.ª Câmara de Direito Privado, São Paulo, Rel. Des. Mary Grün, j. 07.12.2017, *DJESP* 14.12.2017, p. 2.090).

"Responsabilidade civil. Direito do Consumidor. Tratamento odontológico. Obrigação de resultado. Serviço que compreende vários elementos dentários, inclusive, a confecção de ponte fixa. Laudo pericial conclusivo. Defeito na prestação do serviço quanto à funcionalidade. Princípio da informação. Falha na comunicação entre paciente e o cirurgião-dentista. Dano moral. Ocorrência. Verba indenizatória. Fixação. Observância dos princípios da razoabilidade e proporcionalidade. Solidariedade entre o cirurgião-dentista e a operadora do plano odontológico. Precedentes do Superior Tribunal de Justiça. Desprovimento do primeiro e segundo recursos. Provimento parcial do terceiro" (TJRJ, Apelação 0157908-06.2009.8.19.0001, 1.ª Câmara Cível, Rio de Janeiro, Rel. Des. José Carlos Maldonado de Carvalho, j. 11.07.2017, *DORJ* 17.07.2017, p. 332).

Seguindo a posição de que a obrigação assumida pelo dentista pode ser de resultado, Pablo Stolze Gagliano e Rodolfo Pamplona Filho aduzem que "em nossa opinião, a atividade odontológica pode ser considerada de resultado, se tiver apenas fins estéticos. Entretanto, determinadas intervenções para o tratamento de patologias bucais deverão, por óbvias razões, ser enquadradas na categoria de 'obrigação de meios', dada a impossibilidade de garantir o restabelecimento completo dos pacientes".[44] Os doutrinadores demonstram que a responsabilidade civil dos dentistas estava tratada pelo art. 1.545 do Código Civil de 1916, que tinha a seguinte redação: "Os médicos, cirurgiões, farmacêuticos, parteiras e dentistas são obrigados a satisfazer o dano, sempre que da imprudência, negligência, ou imperícia, em atos profissionais, resultar morte, inabilitação de servir, ou ferimento". O dispositivo equivale ao art. 951 do Código Civil de 2002, mas sem menção aos dentistas, o que, para os autores, não afasta a possibilidade de enquadramento de tais profissionais no comando em vigor.

No entanto, com sentido mais amplo, são encontrados julgados que afirmam que a obrigação assumida pelo dentista, em regra, é de resultado, o que conduz à sua culpa presumida ou responsabilidade objetiva. Inverte-se, portanto, a regra relativa aos médicos. Assim entendendo, do Tribunal Gaúcho: "a obrigação assumida pelo cirurgião-dentista, em regra, é de resultado, sendo a responsabilidade subjetiva, com culpa presumida. Ou seja, é do profissional o ônus da prova no sentido de que não agiu com culpa" (TJRS, Apelação Cível 0157355-73.2017.8.21.7000, 9.ª Câmara Cível, Porto Alegre, Rel. Des. Eduardo Kraemer, j. 13.12.2017, *DJERS* 18.12.2017). Ou, ainda, da Corte Mineira, com forte afirmação:

> "Conforme disposto no art. 14, § 4.º, do CDC, a responsabilidade pessoal dos profissionais liberais será apurada mediante a verificação de culpa. As obrigações contratuais dos profissionais liberais, na maioria das vezes, são consideradas como 'de meio', sendo suficiente que o profissional atue com a diligência e técnica necessárias, buscando a obtenção do resultado esperado. Contudo, caracterizando-se os réus como profissionais da área da odontologia, tem-se difundido na doutrina e na jurisprudência que a obrigação dos dentistas é, substancialmente, de resultado" (TJMG, Apelação Cível 1.0024.12.083077-3/001, Rel. Des. Valdez Leite Machado, j. 02.02.2017, *DJEMG* 10.02.2017).

---

[44] GAGLIANO, Pablo Stolze; PAMPLONA FILHO, Rodolfo. *Novo curso de Direito Civil*. Responsabilidade civil, 14. ed., cit., p. 292.

Como se retira do último acórdão, a posição majoritária na doutrina pareceria indicar que a obrigação assumida pelo dentista, em regra, é de resultado, como se abstrai das lições de Sergio Cavalieri Filho:

"Convém, entretanto, ressaltar que, se em relação aos médicos, a regra é a obrigação de meio, no que respeita aos dentistas a regra é a obrigação de resultado. E assim, é porque os processos de tratamento dentário são mais regulares, específicos, e os problemas menos complexos. A obturação de uma cárie, o tratamento de um canal, a extração de um dente etc., embora exijam técnica específica, permitem assegurar a obtenção do resultado esperado.

Por outro lado, é mais frequente nessa área de atividade profissional a preocupação com a estética. A boca é uma das partes do corpo mais visíveis, e, na boca, os dentes. Ninguém desconhece o quanto influencia negativamente na estética a falta dos dentes, ou os defeitos neles existentes".[45]

Também Carlos Roberto Gonçalves aponta que, "no que tange aos cirurgiões-dentistas, embora em alguns casos se possa dizer que a sua obrigação é de meio, na maioria das vezes, apresenta-se como de 'resultado'".[46] E arremata: "a obrigação de resultado se torna mais evidente quando se trata de colocação da jaqueta, *pivot* e implantes, em que existe uma preocupação estética de parte do cliente".[47]

Em profundo artigo, Antônio Pedro Medeiros Dias demonstra que também entendem pela regra da obrigação de resultado dos dentistas Silvio Rodrigues, Aguiar Dias e Rui Stoco e pontua não haver posição majoritária na doutrina e na jurisprudência, uma vez que Caio Mário da Silva Pereira e Arnaldo Rizzardo, por exemplo, posicionam-se pela presença de uma obrigação de meio na atividade do dentista.[48] O autor do texto, contudo, na linha das coordenadoras da obra em que participa, aqui antes citadas, entende que tal distinção não pode influenciar na divisão da responsabilidade civil em subjetiva e objetiva: "não se pode atribuir responsabilidade objetiva ao dentista (e nem a qualquer outro profissional liberal), nem mesmo nas hipóteses em que tenha assumido uma obrigação de resultado".[49]

Essa também é a minha posição, *a priori*. Contudo, se for adotada uma solução de acordo com a divisão propugnada por Demogue, penso que tem razão a corrente que afirma assumir os dentistas uma obrigação de meio, como premissa geral, sendo a obrigação de resultado exceção.

Feitas tais considerações sobre a responsabilidade civil do dentista, e retornando-se à análise relativa aos médicos, outra situação prática em que se tem

---

[45] CAVALIERI FILHO, Sergio. *Programa de responsabilidade civil*, 12. ed., cit., p. 501.
[46] GONÇALVES, Carlos Roberto. *Direito Civil brasileiro. Responsabilidade civil*, 11. ed., cit., p. 279.
[47] GONÇALVES, Carlos Roberto. *Direito Civil brasileiro. Responsabilidade civil*, 11. ed., cit., p. 279.
[48] DIAS, Antônio Pedro Medeiros. Responsabilidade civil dos odontologistas. In: MORAES, Maria Celina Bodin de; GUEDES, Gisela Sampaio da Cruz (Coord.). *Responsabilidade civil de profissionais liberais*. Rio de Janeiro: Forense, 2016. p. 150-154.
[49] DIAS, Antônio Pedro Medeiros. Responsabilidade civil dos odontologistas, cit., p. 157.

atribuído a presença de uma obrigação de resultado, mesmo que com menor abrangência do que nos casos de cirurgia estética, diz respeito ao médico anestesista. Assim entendendo, por todos, do Tribunal de Justiça de Santa Catarina:

> "Erro médico. Responsabilidade civil. Aos atos dos médicos aplica-se a teoria clássica que instituiu no ordenamento jurídico a responsabilidade civil subjetiva, o que torna imprescindível para haver condenação a averiguação da seguinte trilogia: (1.º) a ação ou omissão dolosa ou culposa; (2.º) o prejuízo; e, (3.º) o liame de causalidade entre o dano e a conduta ilícita. Anestesiologista. Obrigação de resultado. O compromisso do anestesista nasce com a preparação do assistido e vai até que o estado de saúde deste seja restabelecido após a intervenção cirúrgica. Consequentemente, tal qual ocorre com os profissionais da área da medicina estética, o anestesista responde por uma obrigação de resultado, qual seja, trazer o paciente ao seu estado normal de saúde após a intervenção a que se submeteu. Cirurgia para retirada da adenoide em menor. Parada respiratória no pós-operatório imediato. Ausência de oxigenação no sangue averiguada, a despeito da vigilância do anestesista. Cuidado ineficiente. Obrigação de resultado descumprida. Sequelas irreversíveis. Encefalopatia hipóxico-isquêmica (morte das células neurais devido à baixa concentração de O_2 no cérebro). Quadro vegetativo instaurado. Dever de indenizar presente. O anestesista, como membro integrante da equipe médica, tem o dever de permanecer durante todo o tempo com o paciente até que este, na fase do pós-operatório, se recupere dos efeitos da anestesia que lhe foi ministrada. A parada cardíaca ocorrida no pós-operatório imediato por comprovada falta de oxigenação no sangue do paciente no transcurso da operação revela, estreme de dúvida, que o anestesista não monitorou adequadamente os sinais vitais do assistido. (...)" (TJSC, Apelação Cível 2010.079530-6, Capital, 2.ª Câmara de Direito Civil, Rel. Des. Gilberto Gomes de Oliveira, j. 06.12.2012, *DJSC* 12.12.2012, p. 125).

Reitero as críticas feitas anteriormente a respeito das ressalvas a respeito da dicotomia que traz o julgado. Entretanto, parece-me correta a posição do Superior Tribunal de Justiça no sentido de ter o anestesista certa autonomia durante os procedimentos cirúrgicos, o que tem o condão de afastar a responsabilidade civil objetiva do cirurgião-chefe por suas condutas, na forma do que consta do art. 932, III, do Código Civil.

O primeiro aresto a ser citado também confirma que a responsabilidade do anestesista é pessoal subjetiva, na forma do que consta do sempre citado art. 14, § 4.º, do CDC. Vejamos o seu teor:

> "Na Medicina moderna a operação cirúrgica não pode ser compreendida apenas em seu aspecto unitário, pois frequentemente nela interferem múltiplas especialidades médicas. Nesse contexto, normalmente só caberá a responsabilização solidária e objetiva do cirurgião-chefe da equipe médica quando o causador do dano for profissional que atue sob predominante subordinação àquele. No caso de médico anestesista, em razão de sua capacitação especializada e de suas funções específicas durante a cirurgia, age com acentuada autonomia, segundo técnicas médico-científicas que domina e suas convicções e decisões pessoais, assumindo, assim, responsabilidades próprias, segregadas, dentro da

equipe médica. Destarte, se o dano ao paciente advém, comprovadamente, de ato praticado pelo anestesista, no exercício de seu mister, este responde individualmente pelo evento" (STJ, EREsp 605.435/RJ, 2.ª Seção, Rel. Min. Nancy Andrighi, Rel. p/ Acórdão Min. Raul Araújo, j. 14.09.2011, *DJe* 28.11.2012).

Pontuo que em 2021 essa posição foi confirmada pela Corte Superior em outro acórdão (STJ, REsp 1.790.014/SP, 3.ª Turma, Rel. Min. Paulo de Tarso Sanseverino, Rel. p/ Acórdão Min. Marco Aurélio Bellizze, j. 11.05.2021, *DJe* 10.06.2021).

Analisada a aplicação da tão criticada dicotomia para as atividades médicas, cumpre trazer a debate, ainda no campo da responsabilidade médica, o Enunciado n. 460, aprovado na *V Jornada de Direito Civil*, proposto pelo Desembargador do Tribunal de Justiça do Rio Grande do Sul, Eugênio Facchini Neto. Conforme o seu texto, "a responsabilidade subjetiva do profissional da área da saúde, nos termos do art. 951 do Código Civil e do art. 14, § 4.º, do Código de Defesa do Consumidor, não afasta a sua responsabilidade objetiva pelo fato da coisa da qual tem a guarda, em caso de uso de aparelhos ou instrumentos que, por eventual disfunção, venham a causar danos a pacientes, sem prejuízo do direito regressivo do profissional em relação ao fornecedor do aparelho, e sem prejuízo da ação direta do paciente, na condição de consumidor contra tal fornecedor" (Enunciado n. 460).

Como se pode perceber, a ementa doutrinária propõe a responsabilidade objetiva e solidária do médico por danos ocasionados ao paciente pelo aparelho ou equipamento utilizado, caso de uma prótese que não tenha o funcionamento esperado. A tese é inovadora e bem interessante, enquadrando-se no fato do serviço tratado pelo Código de Defesa do Consumidor (art. 14 da Lei n. 8.078/1990).

Anoto que no projeto de Reforma do Código Civil pretende-se incluir regras que confirmam o enunciado doutrinário no novo texto do art. 951, o que é louvável, com vistas a tutelar vítimas de graves danos. Pelo novo *caput* do comando, de forma mais técnica, "o disposto nos arts. 948, 949 e 950 aplica-se ainda no caso de indenização devida por aquele que, no exercício de atividade profissional, em conformidade com protocolos, técnicas reconhecidas ou adotadas pela profissão, por negligência, imprudência ou imperícia, causar a morte do paciente, agravar-lhe o mal, causar-lhe lesão ou inabilitá-lo para o trabalho". Seguindo, de acordo com o novo § 1.º, que confirmará a aplicação do art. 932, inc. III, para qualquer relação de preposição pelo médico, respondendo, hospitais, clínicas e afins: "reconhecida a culpa do profissional, a entidade com a qual possua algum vínculo de emprego ou de preposição, responde objetivamente pelos danos por ele causados".

Especificamente em relação ao conteúdo do Enunciado n. 460 da *V Jornada de Direito Civil*, o projeto de § 2.º do art. 951 preverá que, "nos casos em que a lesão ou morte resultar de falha de equipamentos de manuseio médico-hospitalar, a responsabilidade civil será regida pela legislação específica, para que fabricantes, distribuidores e instituições de saúde envolvidas na adoção, utilização ou administração desses aparelhos respondam objetiva e solidariamente pelos danos causados". Por fim, prescreverá o seu § 3.º, com importante ressalva, que, "nas hipóteses do parágrafo anterior, fica excluída a responsabilidade do profissional liberal, quando chamado em regresso pelo responsável e não ficar demonstrada a sua culpa por lesão ou morte". Como não poderia ser diferente, fui um dos principais apoiadores das propostas, sendo importante a ressalva da responsabilidade subjetiva do médico, como já é no sistema atual.

De todo modo, não se pode negar que, havendo rejeição da prótese médica, por manifestação do próprio organismo do paciente, presente estará um evento externo, caracterizado por força maior, a excluir a responsabilidade civil do profissional liberal. Assim compreendendo a temática, do Tribunal do Distrito Federal:

> "Entendo que não há que se falar em dano moral decorrente da conduta do apelante que sempre agiu de forma diligente e satisfatória para sanar a intercorrência advinda da cirurgia da apelada, sendo certo que restou demonstrada a ausência de infecção e que estas intercorrências podem decorrer independentemente de erro médico, não se desconhecendo que o organismo é quem, em última análise, faz a cicatriz e que, no caso em tela, restou comprovada a rejeição da prótese por parte do organismo da apelada" (TJDF, Apelação Cível 2017.01.1.047228-0, Acórdão 107.0275, 3.ª Turma Cível, Rel. Des. Gilberto Pereira de Oliveira, j. 24.01.2018, *DJDFTE* 02.02.2018).

Se comprovado, ainda, que conduta do paciente contribuiu para tal rejeição, afasta-se a responsabilidade civil do profissional, pela culpa ou fato exclusivo da própria vítima.

Tema que ganhou grande debate em meio à pandemia de Covid-19, e que merece aqui pelo menos uma breve reflexão, diz respeito à indicação por médicos do chamado "tratamento precoce" contra a doença, até aqui sem a devida comprovação científica. Os medicamentos indicados, ademais, trazem efeitos colaterais graves aos pacientes, sendo possível, no meu entender, imputar a responsabilidade civil aos profissionais no futuro, notadamente no caso de desrespeito às orientações científicas. De todo modo, é preciso ainda aguardar os correspondentes estudos científicos, para se chegar a uma conclusão final sobre esse intricado assunto.

Outra questão que aqui deve ser exposta diz respeito à responsabilidade civil dos médicos residentes, o que, ao meu juízo, merece uma análise com ressalvas, notadamente no caso de residentes que estão nos anos iniciais de orientação, logo após a sua graduação. Sobre o tema, vejamos as palavras de Marcus Vinícius dos Santos Andrade, Desembargador do Tribunal de Justiça do Estado de São Paulo:

> "Quanto ao médico residente, há que considerar por primeiro a relação entre ele, médico recém-formado, e o hospital (geralmente hospital escola) que o contrata ou o admite, de acordo com as normas internas da instituição, prevendo regras e limites de atuação daquele. Portanto, primariamente a responsabilidade pelos atos culposos, que gerem prejuízos a pacientes, praticados pelos residentes, é do hospital contratante. A condição de residente isenta o

médico de responsabilidade, quer civil, quer criminal, e não lhe aproveita o argumento de que cumpriu ordem hierárquica".[50]

De fato, conforme dispõe o art. 1.º da Lei n. 6.932/1981, o médico residente deve sempre atuar sob a responsabilidade de outro profissional, tido como orientador ou preceptor: "a Residência Médica constitui modalidade de ensino de pós-graduação, destinada a médicos, sob a forma de cursos de especialização, caracterizada por treinamento em serviço, funcionando sob a responsabilidade de instituições de saúde, universitárias ou não, sob a orientação de profissionais médicos de elevada qualificação ética e profissional".

A par dessas previsões, entendo que, se, eventualmente, o médico residente atuar sozinho quando do evento danoso, sem qualquer orientação de um de seus professores ou superiores, mas recebendo ordens superiores, deve-se atribuir o dever de indenizar ao hospital e ao médico orientador ou preceptor.

Partindo para o âmbito jurisprudencial, cumpre transcrever trecho de julgado do Tribunal Regional Federal da 4.ª Região, que analisou a responsabilidade civil de médico-residente na linha do que defendemos:

"Responsabilidade da ré P. B. G. No tocante à ré P. B. G., não há, nos autos, elementos que atestem a sua negligência à assistência ao autor. Com efeito, cumpre referir que mencionada profissional, à época dos fatos controversos, se encontrava submetida ao regime de residência, no qual sua autonomia no tratamento de pacientes era mitigada, em face da submissão a um preceptor. Ademais, referida médica estava especializando-se na área de pediatria, sendo certo, segundo prova dos autos, que o retinopatia da prematuridade somente poderia ser detectada por oftalmologista. Transcrevo, a seguir, excertos de depoimentos de testemunhas que respaldam as considerações acima expendidas. Testemunha J. B. F. F. (fl. 845). (...) que na época dos fatos a Dra. P. era residente de Pediatria; que a neonatologia faz parte da Pediatria; (...) que em relação à situação da retinopatia, tem certeza de que não era o trabalho da Dra. P. naquele momento; que os pediatras não fazem exames oftalmológicos; (...) Testemunha M. S. A. B. (fls. 846/847). (...) que os residentes têm um sistema de ensino chamado trabalho tutelado; (...) que as condutas da residência eram determinadas pela rotina do serviço e pelo professor orientador (preceptor). Testemunha E. E. S. (fls. 848/849). (...) que o diagnóstico da retinopatia pode ser feito apenas por oftalmologistas; (...) que na época a depoente era colega da ré P., estavam no mesmo ano de residência; que todas as condutas realizadas pelos médicos residentes são supervisionadas pelo médico preceptor; que antes de prescrever medicamentos e exames, é feita uma reunião com o médico preceptor; (...) Testemunha M. M. M. (fls. 850/851). (...) que na residência em nenhum momento o médico residente possuía autonomia absoluta; que se o médico preceptor não estivesse presente, a supervisão era feita pelo médico contratado; que o encaminhamento do paciente a outras áreas também fazia parte da supervisão; que um médico

---

[50] ANDRADE, Marcus Vinícius dos Santos. Responsabilidade civil do médico. In: ALVIM, Arruda; CÉSAR, Joaquim Portes de Cerqueira; ROSAS, Roberto (Coord.). Aspectos Controvertidos do novo Código Civil. São Paulo: RT, 2003. p. 472.

residente em pediatria não teria condições de diagnosticar a retinopatia da prematuridade, o que só poderia ser feito por um oftalmologista; (...) Acresça-se a esses fatos a já mencionada inexistência, no HCPA, de uma rotina destinada à realização do diagnóstico de indigitada moléstia em recém-nascidos prematuros. Por tais razões, entendo que não restam configurados os requisitos da responsabilidade civil em face da ré P. B. G., devendo o feito, em relação a essa demandada, ser julgado improcedente" (TRF da 4.ª Região, Apelação Cível 2001.71.00.015571-5, 3.ª Turma, Rio Grande do Sul, Rel. Des. Fed. Carlos Eduardo Thompson Flores Lenz, j. 06.04.2010, *DEJF* 23.04.2010, p. 568).

Em sentido próximo, destaque-se acórdão do Superior Tribunal de Justiça, da lavra do saudoso Ministro Ruy Rosado de Aguiar Jr., apontando que o médico residente somente pode responder pelos atos para os quais estaria efetivamente habilitado. Reconhece a ementa transcrita que é preciso diferenciar a conduta do residente em relação ao médico totalmente formado. Vejamos esse importante precedente:

"Responsabilidade civil. Médico. Médico-residente. Acórdão. Falta de fundamentação. Embargos de declaração. Suficiente fundamentação do acórdão que estabeleceu a relação causal entre a atividade dos réus e o resultado morte da paciente. Responsabilização do médico-residente pelos atos que estava habilitado a praticar em razão de sua graduação. Diferença do grau de responsabilidade entre a dos residentes e a do médico orientador, que não se leva em conta porque já fixada a condenação no mínimo. – Embargos de declaração rejeitados, com aplicação de multa. Recurso especial não conhecido" (STJ, REsp 316.283/PR, 4.ª Turma, Rel. Min. Ruy Rosado de Aguiar, j. 18.12.2001, *DJ* 18.03.2002, p. 258).

Do corpo do julgado, trazendo essa conclusão, é importante transcrever:

"Na doutrina, já foi dito que 'para a lei no que diz respeito ao dever de indenizar nos casos de dano ao paciente (erro médico), ou responder por crime cometido (interesse público), não há qualquer distinção entre médicos. Residente ou não, clínico geral ou especialista, todos são iguais' (Jurandir Sebastião, *Responsabilidade Médica Civil, Criminal e Ética*, Del Rey, 1998, p. 53).

Não comungo da assertiva de que, para a lei, todos os médicos são iguais, pois sempre será necessário considerar as condições pessoais do médico e as circunstâncias de sua atuação, que serão muito distintas entre o único médico de um pequeno hospital do interior e o especialista que tem à sua disposição a sofisticada aparelhagem do hospital de referência.

Também é diferente a situação daquele que, embora sendo médico, não participa do ato cirúrgico, ao qual apenas assiste, como observador.

No que diz com o médico residente, o il. Professor Ricardo Luis Lorenzetti observou que ele não está capacitado por si mesmo para efetuar toda classe de atividades médicas, pois se submete a uma espécie de aprendizagem, e seus atos estão sujeitos à supervisão do médico titular do serviço (*Responsabilidad Civil de los Médicos*, 11/320). A partir dessa lição, podemos chegar a duas conclusões: o médico titular não se exime por ter sido o ato praticado pelo residente sob a sua orientação; de outra parte, existe a responsabilidade também do residente, ainda que de menor grau, se praticou com culpa ato médico a que o título de graduação o habilitava" (Min. Ruy Rosado de Aguiar Jr., no julgamento do Recurso Especial 316.283/PR).

Feitos todos esses esclarecimentos a respeito da responsabilidade civil do médico residente, no sentido de se afastar o seu dever de indenizar – ou de, no mínimo, mitigá-lo –, algumas palavras devem ser ditas a respeito da responsabilidade civil do enfermeiro. A sua atividade está tratada pela Lei n. 2.604/1955 e pela Lei n. 7.498/1986, prevendo o art. 2.º da última norma que "a enfermagem e suas atividades auxiliares somente podem ser exercidas por pessoas legalmente habilitadas e inscritas no Conselho Regional de Enfermagem com jurisdição na área onde ocorre o exercício".

As atividades de enfermagem estão descritas no art. 11 do mesmo comando, sendo importante esclarecer que o enfermeiro tem autonomia para o desempenho de suas atividades, enquanto os técnicos de enfermagem devem atuar somente sob a sua supervisão ou de um médico.

A respeito da responsabilidade civil do enfermeiro, como bem pontua Eduardo Nunes de Souza, não há diferença em relação ao tratamento relativo à responsabilidade civil do médico: "trata-se de responsabilidade subjetiva, dependente de culpa, aferível em hipóteses como o erro na quantidade ou identidade de medicamentos administrados, ou sua administração por via equivocada, bem como outras hipóteses de imperícia nos cuidados ao enfermeiro. Também se considera ilícito, podendo ensejar responsabilidade civil, o desvio de medicamentos e drogas sob poder do enfermeiro".[51]

De fato, a jurisprudência, além desses casos ilustrados pelo autor, tem sido guiada pela responsabilidade subjetiva do enfermeiro. No entanto, já se reconheceu a sua culpa presumida, ao lado do médico, sendo pertinente trazer outros exemplos, como nos casos a seguir:

"Responsabilidade civil. Indenização. Danos morais. Imobilização errada por várias horas de paciente agitado em pronto-socorro municipal, resultando em sequelas permanentes em membros superiores. Culpa do enfermeiro e do médico responsáveis pelo atendimento caracterizada, pela qual responde solidariamente a municipalidade de Piracicaba. Ação parcialmente procedente. Sentença confirmada" (TJSP, Apelação 0006380-06.2007.8.26.0451, Acórdão 7946325, 4.ª Câmara de Direito Público, Piracicaba, Rel. Des. Ricardo Feitosa, j. 13.10.2014, *DJESP* 24.10.2014).

"Responsabilidade civil. Autor que, no curso de tratamento de obstrução de artéria do pulmão, submete-se a inúmeras e sucessivas coletas de sangue, vindo a desenvolver síndrome compartimental e tendo de se sujeitar à cirurgia de fasciotomia. Pedido rejeitado. Insurgência do vencido. Conjunto probatório que

---

[51] SOUZA, Eduardo Nunes de. Responsabilidade civil dos médicos e dos profissionais da saúde. In: MORAES, Maria Celina Bodin de; GUEDES, Gisela Sampaio da Cruz (Coord.). *Responsabilidade civil de profissionais liberais*. Rio de Janeiro: Forense, 2016. p. 69-70.

demonstra ter havido erro de procedimento do enfermeiro à ocasião de uma das punções, o qual não estancou o sangramento como devia por dever do ofício. Omissão que rendeu ensejo ao surgimento da moléstia. Omissão grave do profissional, o qual deveria ter conhecimento de que o paciente encontrava-se sob os efeitos de fármacos anticoagulantes. Defeito na prestação do serviço caracterizado. Ato ilícito configurado. Pensão mensal. Incapacidade laboral não comprovada. Pedido refutado. Obrigação de indenizar os danos decorrentes da dor física, do sofrimento espiritual, do abalo psicológico e da deformidade física experimentados pelo autor. Arbitramento da indenização por dano moral em R$ 12.000,00 e danos estéticos em R$ 15.000,00. Juros moratórios e correção monetária. Incidência a partir do julgamento do apelo. Arts. 186, 394, 397, 407, 927 e 944 do CC, art. 14 do CDC e art. 333 do CPC. Redistribuição dos ônus sucumbenciais. Recurso parcialmente provido" (TJSC, Apelação Cível 2012.014501-9, 4.ª Câmara de Direito Civil, Jaraguá do Sul, Rel. Des. Subst. Jorge Luis Costa Beber, j. 04.10.2012, *DJSC* 10.10.2012, p. 118).

Feitas tais considerações, sem prejuízo de tudo o que foi desenvolvido no Capítulo 6 deste livro, vale retomar, pelo menos brevemente, os danos que devem ser indenizados pelos profissionais da área da saúde, frente ao paciente ou seus familiares.

De início, nos termos do que consta dos arts. 402 e 404 do Código Civil, o paciente prejudicado deve ser indenizado por danos emergentes e lucros cessantes. Como danos emergentes – o que a pessoa efetivamente perdeu –, podem ser citados os valores gastos para a realização de uma nova cirurgia ou tratamento médico e psicológico, em decorrência de um erro médico cometido (TJSC, Apelação Cível 0004466-90.2007.8.24.0020, 6.ª Câmara de Direito Civil, Criciúma, Rel. Des. Denise Volpato, *DJSC* 11.07.2017, p. 173).

Como lucros cessantes – o que a vítima razoavelmente deixou de lucrar –, reitere-se que o art. 951 do Código Civil faz menção à perda de capacidade laborativa, prevista na norma que a antecede. Assim entendendo, por todos, trazendo também situação de responsabilização estatal por serviço prestado por médico em hospital público:

> "Apelação. Indenização por danos morais e materiais. Amputação de membro inferior direito. Erro médico. Responsabilidade subjetiva do Município. Culpa. Imperícia comprovada por laudo elaborado pelo IMESC. Indenização por dano moral. *Quantum*. Valor fixado pela r. Sentença que se mostra razoável e condizente com o caso concreto. Indenização bem fixada pela r. sentença. Pensão mensal vitalícia. Pensionamento devido em razão da redução parcial e permanente da capacidade laborativa. Inteligência do art. 950, do Código Civil. Precedentes do E. STJ e desta C. Corte. Sentença reformada, nesse ponto. Recurso de apelação da Municipalidade desprovido, parcialmente provido o recurso de apelação do autor" (TJSP, Apelação 0016654-72.2011.8.26.0068, Acórdão 10967623, 2.ª Câmara de Direito Público, Barueri, Rel. Des. Renato Delbianco, j. 07.11.2017, *DJESP* 21.11.2017, p. 3.229).

> "Erro médico. Fratura de mão. Indenização por danos materiais e morais. Redução de capacidade laborativa. Sentença de parcial procedência, fixada indenização de danos materiais em um salário mínimo mensal, pensão devida até a data

de aposentadoria da autora, e danos morais de R$ 35.000,00 (trinta e cinco mil reais). Irresignação da autora e das rés. (...). Apelação das rés. Responsabilidade civil caracterizada. Alegação de exclusão de nexo de responsabilidade, por ato exclusivo da autora (art. 403, CC). Laudo pericial e documentos juntados que são conclusivos, quanto à falha das rés no tratamento médico. Laudo pericial expressamente conclui por ter sido o atraso do tratamento pelas rés o principal causador dos danos à autora. Responsabilidade das rés pelo erro médico (arts. 186 e 927, CC, e art. 14, CDC). Manutenção da sentença. Apelação da autora e das rés. Danos materiais. Fixação de pensão vitalícia, por ser indenização à própria vítima dos danos. Alimentos civis. Inteligência dos artigos 949 e 950 do Código Civil. Redução do valor da pensão. Laudo pericial que concluiu ser a perda laborativa de no máximo 15% (quinze por cento). Percentual que deve incidir sobre o valor do salário que auferia a autora ao tempo da lesão, com correção posterior, anual, pelo índice do salário mínimo. Fórmula de cálculo que observa a efetiva depreciação sofrida pela autora, nos termos do artigo 950 do Código Civil. (...)" (TJSP, Apelação 1017801-15.2014.8.26.0100, Acórdão 10105455, 3.ª Câmara de Direito Privado, São Paulo, Rel. Des. Carlos Alberto de Salles, j. 23.01.2017, *DJESP* 31.01.2017).

Em casos em que o erro médico gera a perda permanente da capacidade laborativa, fixa-se uma pensão total vitalícia, para manter o paciente até o fim de sua vida, o que foi confirmado pelo Superior Tribunal de Justiça no julgado a seguir:

"Administrativo e processual civil. Agravo interno no agravo em recurso especial. Responsabilidade civil do Estado. Erro médico durante a aplicação de medicamento, que causou sequelas permanentes em criança. Decisão proferida monocraticamente pela relatora. Eventual nulidade superada pela análise da questão, pelo colegiado. Pretendida redução do *quantum* indenizatório. Impossibilidade de revisão, na via especial. Súmula n. 7/STJ. Pensionamento. Controvérsia resolvida, pelo tribunal de origem, à luz das provas dos autos. Súmula n. 7/STJ. (...). Na origem, trata-se de ação ordinária proposta em desfavor do Município de Santo André, objetivando a sua condenação ao pagamento de indenização por danos materiais, morais e estéticos, decorrentes de erro médico, que causou sequelas permanentes em criança que, à época dos fatos, contava com 1 ano e três meses de idade. O Tribunal de origem manteve a sentença, na parte em que condenara o Município ao pagamento de indenização por danos morais, negando provimento ao recurso do réu, e deu parcial provimento ao recurso do autor, para acolher o pedido de pensionamento mensal, no valor de 1 (um) salário mínimo, a contar da data em que o menor completar 16 anos até 65 anos de idade. (...). No caso, o Tribunal de origem à luz das provas dos autos e em vista das circunstâncias fáticas do caso, manteve a indenização por danos morais em R$ 100.000,00 (cem mil reais), *quantum* que não se mostra excessivo, diante das peculiaridades da causa, expostas no acórdão recorrido. V – Na forma da jurisprudência do STJ, 'é cabível do arbitramento de pensão vitalícia àqueles que sofreram lesão permanente e parcial à sua integridade física, resultando em redução de sua capacidade laborativa/profissional, consoante interpretação dada ao artigo 1.539 do Código Civil de 1916, atual artigo 950 do Código Civil de 2002' (STJ, AGRG no AREsp 636.383/GO, Rel. Min. Luis Felipe

Salomão, Quarta Turma, *DJe* de 10.09.2015). No caso, o acórdão de origem, à luz das provas dos autos, concluiu pela procedência do pedido de pensão mensal, ressaltando que 'não há dúvidas de que não há prognóstico de cura para o autor que, para o resto da vida, sofrerá com o encurtamento de sua perna e dependerá do uso de uma órtese para amenizar o seu sofrimento e desconforto'" (...). (STJ, Ag. Int. no AREsp 1.136.381/SP, 2.ª Turma, Rel. Min. Assusete Magalhães, j. 27.02.2018, *DJe* 09.03.2018, p. 1.432).

Seguindo, não se olvide de que a atuação médica ou odontológica pode ocasionar a morte do paciente, a gerar a responsabilização das duas categorias de danos previstas no art. 948 do Código Civil, inclusive os alimentos indenizatórios, e sem prejuízo dos danos morais, conforme reconhecido pelos seguintes acórdãos superiores:

"Administrativo. Agravo regimental no recurso especial. Responsabilidade civil do Estado. Atendimento em hospital público. Erro médico. Morte do paciente. Dano moral. Verba indenizatória fixada com razoabilidade (R$ 100.000,00). Agravo regimental desprovido. 1. O *quantum* indenizatório fora estipulado em razão das peculiaridades do caso concreto, levando em consideração o grau da lesividade da conduta ofensiva e a capacidade econômica da parte pagadora, a fim de cumprir dupla finalidade: (a) amenização da dor sofrida pela vítima e (b) punição do causador do dano, evitando-se novas ocorrências. 2. Assim, a revisão do valor a ser indenizado somente é possível quando exorbitante ou irrisória a importância arbitrada, em violação dos princípios da razoabilidade e da proporcionalidade, o que não se observa *in casu* diante da quantia fixada em R$ 100.000,00 (cem mil reais). 3. Agravo regimental desprovido" (STJ, AgRg no REsp 1.395.716/RJ, 1.ª Turma, Rel. Min. Napoleão Nunes Maia Filho, j. 25.02.2014, *DJe* 10.03.2014).

"Processual civil. Recurso especial. Ação de compensação por danos morais. Negativa de prestação jurisdicional. Inexistente. Administração de medicação. Erro médico. Estado vegetativo irreversível. Óbito precoce da genitora. Dano moral em ricochete. Arbitramento. Súmula 7/STJ. Valor irrisório. Revisão. Possibilidade. (...). A responsabilidade civil por erro médico tem natureza contratual, pois era dever da instituição hospitalar e de seu corpo médico realizar o procedimento cirúrgico dentro dos parâmetros científicos. Entretanto, nas hipóteses em que ocorre o óbito da vítima e a compensação por dano moral é reivindicada pelos respectivos familiares, o liame entre os parentes e o causador do dano possui natureza extracontratual, nos termos do art. 927 do CC e da Súmula 54/STJ. Termo inicial dos juros de mora, portanto, é a data do evento danoso, ou seja, a data em que configurado o erro médico causador do dano. Hipótese em que o erro médico configurado no particular foi concausa para concretos elementos de aflição moral, tais como: i) a parada cardiorrespiratória na paciente, ii) período de internação hospitalar, em coma, de cento e cinquenta dias; iii) estado vegetativo irreversível; iv) quatro anos de cuidados ininterruptos em casa; iv) óbito precoce aos 58 anos de idade da genitora dos recorrentes. Compensação por danos morais fixada em 150 salários mínimos para cada recorrente. Recurso especial conhecido e parcialmente provido" (STJ, REsp 1.698.812/RJ, 3.ª Turma, Rel. Min. Nancy Andrighi, j. 13.03.2018, *DJe* 16.03.2018).

Como se retira do último aresto, se o paciente estiver em estado vegetativo, deve-se fixar em favor dele a reparação moral. Pode-se falar, também, em *dano moral em ricochete* ou indireto, a atingir os familiares do prejudicado, que terão que se dedicar ao seu tratamento e sofrerão psicologicamente pelos prejuízos imateriais que atingem o ente querido.

Além dos danos morais, reitere-se que o Superior Tribunal de Justiça, por meio da sua Súmula n. 387, admite ainda a cumulação de danos estéticos, entendidos como modalidade de dano separada dos danos morais. O tema está desenvolvido no Capítulo 6 desta obra, de onde podem ser extraídos exemplos, por aqueles que queiram aprofundar os seus estudos, para os devidos fins práticos.

Repise-se, ainda, na linha do que também foi ali desenvolvido, que a jurisprudência tem aplicado a teoria da perda da chance para a seara médica, o que foi reconhecido nos arestos a seguir transcritos, que tratam da *perda da chance de cura*:

"Recurso especial. Responsabilidade civil. Teoria da perda de uma chance. Hospital. Atuação negligente. Óbito. Indenização pela chance perdida. Valor da indenização. Razoabilidade. Súmula n. 7/STJ. (...). A teoria da perda de uma chance comporta duplo viés, ora justificando o dever de indenizar em decorrência da frustração da expectativa de se obter uma vantagem ou um ganho futuro, desde que séria e real a possibilidade de êxito (perda da chance clássica), ora amparando a pretensão ressarcitória pela conduta omissiva que, se praticada a contento, poderia evitar o prejuízo suportado pela vítima (perda da chance atípica). Hipótese em que a morte da paciente não resultou do posterior agravamento da enfermidade diagnosticada a destempo, mas de um traumatismo cranioencefálico resultante da queda de uma escada em sua própria residência um dia depois da última consulta médica realizada, não se podendo afirmar com absoluta certeza que o acidente doméstico ocorreu em razão das tonturas que ela vinha sentindo e que a motivou a procurar auxílio médico. À luz da teoria da perda de uma chance, o liame causal a ser demonstrado é aquele existente entre a conduta ilícita e a chance perdida, sendo desnecessário que esse nexo se estabeleça diretamente com o dano final. Existência de laudo pericial conclusivo quanto à efetiva concorrência da enfermidade extemporaneamente diagnosticada para o resultado morte, tendo em vista que a baixa contagem de plaquetas foi determinante para que não fosse possível estancar a hemorragia intracraniana da paciente. Atuação negligente dos profissionais médicos que retirou da paciente uma chance concreta e real de ter um diagnóstico correto e de alçar as consequências normais que dele se poderia esperar. Na responsabilidade civil pela perda de uma chance, o valor da indenização não equivale ao prejuízo final, devendo ser obtido mediante valoração da chance perdida, como bem jurídico autônomo. Ainda que estabelecidos os danos morais em R$ 50.000,00 (cinquenta mil reais) com base no sofrimento e na angústia do autor pela morte de sua esposa, não se mostra desarrazoada a quantia fixada a esse título, mesmo considerando que a indenização deve reparar apenas a chance perdida" (STJ, REsp 1.677.083/SP, 3.ª Turma, Rel. Min. Ricardo Villas Bôas Cueva, j. 14.11.2017, *DJe* 20.11.2017).

"Agravo regimental no agravo (art. 544 do CPC). Ação de indenização por danos materiais e morais. Erro médico. Responsabilidade objetiva do hospital. Decisão monocrática que negou provimento ao agravo. Insurgência da ré. É plenamente cabível, ainda que se trate de erro médico, acolher a teoria da perda de uma chance para reconhecer a obrigação de indenizar quando verificada, em concreto, a perda da oportunidade de se obter uma vantagem ou de se evitar um prejuízo decorrente de ato ilícito praticado por terceiro. (...)" (STJ, AgRg no AREsp 553.104/RS, 4.ª Turma, Rel. Min. Marco Buzzi, j. 1.º.12.2015, *DJe* 07.12.2015).

Não se pode se esquecer, conforme tenho insistido neste livro, de que a chance reparável deve ser séria e real para que a teoria incida, e não fundada em probabilidades remotas. Conforme se retira de outro julgado do Tribunal da Cidadania, aplicável à seara médica, "a teoria da perda de uma chance pode ser utilizada como critério para a apuração de responsabilidade civil, ocasionada por erro médico, na hipótese em que o erro tenha reduzido possibilidades concretas e reais de cura de paciente. Precedentes. A visão tradicional da responsabilidade civil subjetiva; na qual é imprescindível a demonstração do dano, do ato ilícito e do nexo de causalidade entre o dano sofrido pela vítima e o ato praticado pelo sujeito; não é mitigada na teoria da perda de uma chance. Presentes a conduta do médico, omissiva ou comissiva, e o comprometimento real da possibilidade de cura do paciente, presente o nexo causal". Todavia, o mesmo acórdão reconheceu o seguinte:

"A apreciação do erro de diagnóstico por parte do juiz deve ser cautelosa, com tônica especial quando os métodos científicos são discutíveis ou sujeitos a dúvidas, pois nesses casos o erro profissional não pode ser considerado imperícia, imprudência ou negligência". Diante dessa afirmação, no caso concreto julgado foi afastada a responsabilidade civil uma vez que "a perda de uma chance remota ou improvável de saúde da paciente que recebeu alta hospitalar, em vez da internação, não constitui erro médico passível de compensação, sobretudo quando constatado que a sua morte foi um evento raro e extraordinário ligado à ciência médica" (STJ, REsp 1.662.338/SP, 3.ª Turma, Rel. Min. Nancy Andrighi, j. 12.12.2017, *DJe* 02.02.2018).

Reitero mais uma vez minhas ressalvas a respeito da teoria da perda de uma chance, diante das dificuldades de se comprovar que a chance perdida era séria e real. Não desconheço que as situações descritas são reparáveis, mas muito ao contrário. Contudo, penso ser melhor enquadrá-las nas categorias dos danos materiais, morais e estéticos, até pelas dificuldades que a vítima terá em comprovar a probabilidade da chance. Contudo, reitero que, com a aprovação do projeto de Reforma do Código Civil e a inclusão da perda da chance no seu novo art. 953-B, esses problemas desaparecerão.

Ademais, a perda de uma chance, assim como ocorre com os advogados, parece transformar a obrigação do profissional da área da saúde em obrigação de resultado, trazendo, implicitamente, a ideia de que o resultado de cura deve ser obrigatoriamente atingido, o que não se pode admitir. O debate ficou ainda mais intenso tendo em vista a recente pandemia de Covid-19. Os médicos poderão ser responsabilizados porque indicaram ou não o chamado "tratamento precoce", no presente momento sem a devida comprovação científica? Essa é uma questão que ainda está em aberto neste momento.

Como palavras finais para o tópico, pontue-se que os médicos – e outros profissionais da área de saúde – têm o dever de informar e esclarecer o paciente sobre todos os procedimentos a que ele será submetido, o que atende a vários preceitos previstos no Código de Ética Médica, no Código de Defesa do Consumidor (*v.g.*, arts. 6.º, 30, 31, 46, 48 e 51) e também no Código Civil (arts. 113, 187 e 422), diante do princípio da boa-fé objetiva.

Como não poderia ser diferente, o não atendimento desse dever pode ocasionar a responsabilização do profissional, ou mesmo agravá-la. Fala-se em *consentimento informado ou esclarecido do paciente*, expressão comumente utilizada nos meios médicos e jurídicos que, nas lições de Bruno Miragem, situa-se "na fase pré-contratual, na qual cumpre o médico o atendimento do amplo dever de informação e esclarecimento do paciente".[52]

Ainda segundo ele, "o consentimento informado é o procedimento que se vincula ao adequado e regular exercício da autonomia do paciente. Cumpre a ele decidir sobre a submissão ou não aos procedimentos e tratamentos, mediante prévia afirmação e sua vinculação ao paciente. Por consentimento informado entende-se o procedimento pelo qual o paciente é esclarecido pelo profissional médico sobre todos os aspectos relevantes pertinentes ao tratamento, terapia ou procedimento a que será submetido, tais como riscos, efeitos colaterais, chances razoáveis de êxito, custos, e após o qual manifesta concordância expressa com sua realização, nos estritos termos das informações que lhe foram transmitidas".[53] Em suma, o consentimento esclarecido deve trazer as informações completas e precisas sobre os serviços profissionais, nos termos do que consta do art. 31 do Código do Consumidor.

Sobre a responsabilização civil que surge pela falta de esclarecimento, como já decidiu o Tribunal da Cidadania, com correção, "a Santa Casa, apesar de ser instituição sem fins lucrativos, responde solidariamente pelo erro do seu médico, que deixa de cumprir com a obrigação de obter consentimento informado a respeito de cirurgia de risco, da qual resultou a perda da visão da paciente" (STJ, REsp 467.878/RJ, 4.ª Turma, Rel. Min. Ruy Rosado de Aguiar, j. 05.12.2002, *DJ* 10.02.2003, p. 222).

Ou, de data mais próxima, conforme *decisum* da mesma Corte, "age com cautela e conforme os ditames da boa-fé objetiva o médico que colhe a assinatura do paciente em 'termo de consentimento informado', de maneira a alertá-lo acerca de eventuais problemas que possam surgir durante o pós-operatório" (STJ, REsp 1.180.815/MG, 3.ª Turma, Rel. Min. Nancy Andrighi, j. 19.08.2010, *DJe* 26.08.2010). No último caso, entendeu-se pela presença de força maior, diante do fato de formarem-se "queloide" no local da cirurgia, o que decorreu

---

[52] MIRAGEM, Bruno. *Direito Civil*. Responsabilidade civil, cit., p. 584.
[53] MIRAGEM, Bruno. *Direito Civil*. Responsabilidade civil, cit., p. 585.

de características pessoais da autora, alegação e prova que é comum na prática, notadamente nas cirurgias estéticas e dermatológicas.

Também a merecer destaque, do ano de 2018, demonstrando toda a relevância do dever de informação específico na atividade médica, não se admitindo a mera declaração genérica (*blanket consent*), transcreve-se trecho de importante julgado superior:

> "É uma prestação de serviços especial a relação existente entre médico e paciente, cujo objeto engloba deveres anexos, de suma relevância, para além da intervenção técnica dirigida ao tratamento da enfermidade, entre os quais está o dever de informação. O dever de informação é a obrigação que possui o médico de esclarecer o paciente sobre os riscos do tratamento, suas vantagens e desvantagens, as possíveis técnicas a serem empregadas, bem como a revelação quanto aos prognósticos e aos quadros clínico e cirúrgico, salvo quando tal informação possa afetá-lo psicologicamente, ocasião em que a comunicação será feita a seu representante legal. O princípio da autonomia da vontade, ou autodeterminação, com base constitucional e previsão em diversos documentos internacionais, é fonte do dever de informação e do correlato direito ao consentimento livre e informado do paciente e preconiza a valorização do sujeito de direito por trás do paciente, enfatizando a sua capacidade de se autogovernar, de fazer opções e de agir segundo suas próprias deliberações. Haverá efetivo cumprimento do dever de informação quando os esclarecimentos se relacionarem especificamente ao caso do paciente, não se mostrando suficiente a informação genérica. Da mesma forma, para validar a informação prestada, não pode o consentimento do paciente ser genérico (*blanket consent*), necessitando ser claramente individualizado. O dever de informar é dever de conduta decorrente da boa-fé objetiva e sua simples inobservância caracteriza inadimplemento contratual, fonte de responsabilidade civil *per se*. A indenização, nesses casos, é devida pela privação sofrida pelo paciente em sua autodeterminação, por lhe ter sido retirada a oportunidade de ponderar os riscos e vantagens de determinado tratamento, que, ao final, lhe causou danos, que poderiam não ter sido causados, caso não fosse realizado o procedimento, por opção do paciente. O ônus da prova quanto ao cumprimento do dever de informar e obter o consentimento informado do paciente é do médico ou do hospital, orientado pelo princípio da colaboração processual, em que cada parte deve contribuir com os elementos probatórios que mais facilmente lhe possam ser exigidos. A responsabilidade subjetiva do médico (CDC, art. 14, § 4.º) não exclui a possibilidade de inversão do ônus da prova, se presentes os requisitos do art. 6.º, VIII, do CDC, devendo o profissional demonstrar ter agido com respeito às orientações técnicas aplicáveis" (STJ, REsp 1.540.580/DF, 4.ª Turma, Rel. Min. Lázaro Guimarães (Desembargador convocado do TRF 5.ª Região), Rel. p/ Acórdão Min. Luis Felipe Salomão, j. 02.08.2018, *DJe* 04.09.2018).

Essas deduções foram confirmadas no ano de 2022, agora pela sua Terceira Turma, deduzindo-se que "o médico é civilmente responsável por falha no dever de informação acerca dos riscos de morte em cirurgia". Sobre as peculiaridades do caso concreto, entendeu-se o seguinte:

"A informação prestada pelo médico deve ser clara e precisa, não bastando que o profissional de saúde informe, de maneira genérica, as eventuais repercussões no tratamento, o que comprometeria o consentimento informado do paciente, considerando a deficiência no dever de informação. Com efeito, não se admite o chamado 'blanket consent', isto é, o consentimento genérico, em que não há individualização das informações prestadas ao paciente, dificultando, assim, o exercício de seu direito fundamental à autodeterminação. Na hipótese, da análise dos fatos incontroversos constantes dos autos, constata-se que os ora recorridos não conseguiram demonstrar o cumprimento do dever de informação ao paciente – irmão dos autores/recorrentes acerca dos riscos da cirurgia relacionada à apneia obstrutiva do sono. Em nenhum momento foi dito pelo Tribunal de origem, após alterar o resultado do julgamento do recurso de apelação dos autores, que houve efetivamente a prestação de informação clara e precisa ao paciente acerca dos riscos da cirurgia de apneia obstrutiva do sono, notadamente em razão de suas condições físicas (obeso e com hipertrofia de base de língua), que poderiam dificultar bastante uma eventual intubação, o que, de fato, acabou ocorrendo, levando-o a óbito" (STJ, REsp 1.848.862/RN, 3.ª Turma, Rel. Min. Marco Aurélio Bellizze, j. 05.04.2022, *DJe* 08.04.2022).

Esse entendimento, portanto, parece estar consolidado nas Turmas de Direito Privado do STJ, devendo ser considerado para os devidos fins práticos da responsabilidade civil.

Resta saber se a elaboração de um termo de consentimento informado ou esclarecido tem o condão de excluir ou atenuar a responsabilidade civil do profissional da área da saúde, por si só, mesmo nos casos de vícios ou defeitos do serviço.

A minha resposta é totalmente negativa, notadamente porque o erro médico situa-se além do contrato celebrado, no âmbito da responsabilidade civil extracontratual que, por envolver ordem pública, não pode ser afastada ou atenuada pelas partes, sejam elas quem forem.

Além disso, presente um contrato de consumo e de adesão, a cláusula de não indenizar – ou mesmo aquela que atenua a responsabilidade civil profissional –, é nula, por força do art. 51, inc. I, do CDC e do art. 424 do Código Civil. Em suma, trata-se o consentimento informado de um dever profissional, que não pode ter o fito de excluir ou reduzir a obrigação de reparar por si só.

7. RESPONSABILIDADE CIVIL DOS ENGENHEIROS CIVIS E ARQUITETOS

A respeito da responsabilidade civil dos engenheiros civis e arquitetos, suas atividades estão reguladas pela Lei n. 5.194/1966. Nos termos do seu art. 1.º, as profissões de engenheiro e arquiteto são caracterizadas pelas realizações de interesse social e humano que importem na realização dos seguintes empreendimentos: *a)* aproveitamento e utilização de recursos naturais; *b)* meios de locomoção e comunicações; *c)* edificações, serviços e equipamentos urbanos, rurais e regionais, nos seus aspectos técnicos e artísticos; *d)* instalações e meios de acesso a costas, cursos e massas de água e extensões terrestres; e *e)* desenvolvimento industrial e agropecuário. O trabalho desses profissionais é, na essência, um trabalho intelectual, com grande importância para toda a sociedade.

Mais à frente, tratando da autoria do projeto que elaboram e da responsabilidade que surge em decorrência dele, a lei em questão estatui que os direitos de autoria de um plano ou projeto de engenharia ou arquitetura, respeitadas as relações contratuais expressas entre o autor e outros interessados, são do profissional que os elaborar (art. 17 da Lei n. 5.194/1966). A mesma norma prevê, em seu parágrafo único, que cabem ao profissional que os tenha elaborado os prêmios ou distinções honoríficas concedidas a projetos, planos, obras ou serviços técnicos.

Com tom complementar, está previsto que as alterações do projeto ou plano original só poderão ser feitas pelo profissional que o tenha elaborado, o que ressalta o caráter autoral e personalíssimo de sua elaboração. Eventualmente, se estiver impedido ou recusando-se o autor do projeto ou plano original a prestar sua colaboração profissional, comprovada a solicitação, as alterações ou modificações dele poderão ser feitas por outro profissional habilitado, a quem caberá a responsabilidade pelo projeto ou plano modificado (art. 18 da Lei n. 5.194/1966). Assim, a obrigação de fazer até pode ser tida como fungível, dependendo das circunstâncias do caso concreto, notadamente pela convenção entre as partes.

Pelo comando seguinte, quando a concepção geral que caracteriza um plano ou projeto for elaborada em conjunto por profissionais legalmente habilitados, todos serão considerados coautores do projeto, com os direitos e deveres correspondentes, o que gera a responsabilização civil solidária pelos danos causados, nos termos do que está previsto no art. 942 do Código Civil.

Os profissionais ou organizações de técnicos especializados que colaborarem em uma parte do projeto deverão ser mencionados explicitamente como autores da parte que lhes tiver sido confiada, tornando-se necessário que todos os documentos, como plantas, desenhos, cálculos, pareceres, relatórios, análises, normas, especificações e outros documentos relativos ao projeto, sejam por eles assinados. Essa é previsão do art. 20 da Lei n. 5.194/1996, estando ali também estabelecido que a responsabilidade técnica pela ampliação, prosseguimento ou conclusão de qualquer empreendimento de engenharia ou arquitetura caberá ao profissional ou entidade registrada que aceitar esse encargo, sendo-lhe, também, atribuída a responsabilidade das obras e devendo o Conselho Federal dotar resolução quanto às responsabilidades das partes já executadas ou concluídas por outros profissionais.

Além disso, sempre que o autor do projeto convocar, para o desempenho do seu encargo, o concurso de profissionais da organização de profissionais, especializados e legalmente habilitados, serão estes havidos como corresponsáveis na parte que lhes diga respeito, o que novamente traz a aplicação da responsabilidade solidária de todos os envolvidos (art. 21 da Lei n. 5.194/1966).

Por fim, como última norma específica a ser destacada, o art. 22 da lei especial estabelece que ao autor do projeto ou a seus prepostos é assegurado o direito de acompanhar a execução da obra, de modo a garantir a sua realização de acordo com as condições, especificações e demais pormenores técnicos nele estabelecidos. Terão assegurados esses direitos os profissionais especializados que participarem, como corresponsáveis, na sua elaboração.

Como se pode perceber, apesar de haver ampla previsão sobre a responsabilidade solidária de todos os envolvidos no projeto, o que inclui os próprios engenheiros civis e arquitetos entre si e pelo mesmo trabalho, não há menção a respeito da natureza jurídica da sua responsabilidade. Por aplicação do art. 14, § 4.º, do Código de Defesa do Consumidor, tem-se entendido, com razão, que a responsabilidade civil desses profissionais é subjetiva, mediante dolo e culpa, se houver um fato do serviço. Entretanto, tratando-se de vício do serviço, conforme as explicações que foram feitas no Capítulo 8 desta obra, deve-se reconhecer como objetiva a responsabilidade do engenheiro civil ou arquiteto, pela regra geral retirada do *caput* do art. 14 do mesmo CDC.

Sobre a responsabilidade subjetiva do engenheiro, destaque-se o trabalho de Ivana Pedreira Coelho, que traz parâmetros importantes para se analisar a sua culpa, pontuando a autora que o Código de Ética (Resolução CONFEA 1.002/2002) também comporá o estatuto normativo para aferição da falta pelo engenheiro civil. A normativa estabelece os fundamentos éticos e os padrões de conduta mínimos necessários à prática dessa profissão, além de estabelecer direitos e deveres correlatos a seus profissionais.[54]

A doutrinadora também ressalta a importância da Lei n. 6.496/1977, ao estabelecer a exigência da anotação de responsabilidade técnica de todos os contratos, escritos ou verbais (ART).[55] Tais anotações são levadas em conta pelos julgadores, como se verá a seguir.

Para a responsabilização dos arquitetos, merece relevo, em complemento, a Lei n. 12.378/2010, que regulamenta o exercício da arquitetura e do urbanismo. Os arts. 14 e 15 dessa norma, na linha do que consta da Lei n. 5.194/1966, consagram a responsabilidade solidária de todos os envolvidos no projeto de arquitetura. Sobre a responsabilização subjetiva do arquiteto e urbanista – e também do engenheiro civil –, vejamos as corretas e importantes pontuações feitas por Thais Sêco:

> "De suma importância é compreender que, sendo subjetiva a responsabilidade do profissional liberal (art. 14, § 4.º, do CDC), só poderá responder o autor do projeto ou o responsável por sua execução na medida em que, por sua negligência, imprudência ou imperícia, tiveram dado causa ao dano sofrido pelo cliente, por terceiro ou, ainda, pela coletividade.
>
> Ocorrido o dano – seja ele um desabamento ou uma 'patologia na edificação' – um profissional habilitado poderá indicar sua origem que poderá ser exógena (como escavações de vizinhos, rebaixamento do lenço freático etc.) ou endógena (falhas do projeto, falhas de gerenciamento e execução destes, falhas de utilização ou deterioração natural). Fala-se, nesse último caso de

---

[54] COELHO, Ivana Pedreira. Responsabilidade civil dos engenheiros civis. In: MORAES, Maria Celina Bodin de; GUEDES, Gisela Sampaio da Cruz (Coord.). *Responsabilidade civil de profissionais liberais*. Rio de Janeiro: Forense, 2016. p. 273.

[55] COELHO, Ivana Pedreira. Responsabilidade civil dos engenheiros civis, cit., p. 274.

'falhas técnicas', que podem ser de concepção, quando dizem respeito ao projeto; de execução, quando dizem respeito à construção; ou de utilização, quando se referem à manutenção. Cada tipo de falha possui formas específicas de se manifestar, e os profissionais do campo de arquitetura e de engenharia civil produzem conhecimentos científicos especialmente voltados a essa identificação".[56]

A jurisprudência, igualmente, tem sido guiada pela responsabilização mediante dolo ou culpa pelos profissionais liberais em casos de danos que extrapolam a própria prestação do serviço (fato ou defeito). Sobre a responsabilidade civil do engenheiro civil, colaciona-se:

"Responsabilidade civil. Engenheiro civil. Erros em projeto estrutural. Prova pericial contundente. Culpa demonstrada. Dever de indenizar caracterizado. Resta caracterizado o dever de indenizar do engenheiro civil responsável pela confecção dos projetos e execução da edificação, quando cabalmente comprovado por prova pericial a ocorrência de sérios equívocos na concepção da proposta, os quais culminaram com a necessidade de parar a obra para serem realizadas custosas correções. (...)" (TJSC, Apelação Cível 0003532-98.2013.8.24.0125, 5.ª Câmara de Direito Civil, Itapema, Rel. Des. Luiz Cézar Medeiros, *DJSC* 27.03.2017, p. 182).

"Apelação. Dano material e moral. Requerido, engenheiro civil e autor do projeto, era também o diretor técnico da obra. Patente que houve omissão na direção técnica da obra para que o projeto fosse fielmente executado e não há como acolher que os danos foram causados por terceiros. Conclusão pericial no sentido de que 'as anomalias construtivas constadas na edificação indicam que a direção técnica não cumpriu sua função'. Conclusão pericial não abalada pelas críticas do apelante. Responsabilidade do requerido, como engenheiro civil e diretor técnico da obra, encontra-se determinada pela 'ART'. Anotação de responsabilidade técnica. Lançada no projeto. Responsabilidade civil determinada nos termos dos artigos 1.º e 2.º da Lei n. 6.496/1977. (...)" (TJSP, Apelação 0015919-05.2008.8.26.0566, Acórdão 9430500, 34.ª Câmara de Direito Privado, São Carlos, Rel. Des. Kenarik Boujikian, j. 11.05.2016, *DJESP* 23.05.2016).

Como se pode notar, o último acórdão leva em conta as anotações feitas pelo profissional na anotação de responsabilidade técnica (ART), o que sempre deve ser levado em conta para a aferição de culpa do profissional da construção.

Sobre a responsabilidade civil do arquiteto, igualmente tem-se entendido na prática que "a responsabilidade pessoal do profissional liberal, nos termos do artigo 14, § 4.º, do CDC, é subjetiva (imprudência, negligência ou imperícia). *In casu*, comprovado que a parte autora quem indicou o local da construção ao contratar serviços de construção para terreno, prévia e erroneamente aterrado, não há como se imputar a responsabilidade ao profissional arquiteto demandado"

---

[56] SÊCO, Thais. Arte e (cons)ciência dos espaços: arquitetura, urbanismo e paisagismo. In: MORAES, Maria Celina Bodin de; GUEDES, Gisela Sampaio da Cruz (Coord.). *Responsabilidade civil de profissionais liberais*. Rio de Janeiro: Forense, 2016. p. 304-305.

(TJRS, Apelação Cível 0270961-16.2016.8.21.7000, 17.ª Câmara Cível, Tramandaí, Rel. Des. Gelson Rolim Stocker, j. 15.12.2016, *DJERS* 24.01.2017).

Para a aferição dessa culpa, aliás, tem-se entendido pela necessidade de denunciação da lide do profissional liberal, sendo a intervenção de terceiro necessária, "na medida em que a responsabilidade civil dos profissionais liberais é apurada mediante a verificação da culpa, refletindo-se eventualmente na distribuição dos ônus indenizatórios" (TJPR, Agravo de instrumento 1655901-0, 9.ª Câmara Cível, Londrina, Rel. Des. Vilma Régia Ramos de Rezende, j. 08.06.2017, *DJPR* 05.07.2017, p. 425).

Do Tribunal Catarinense, reconhecendo o dever de indenizar do arquiteto, extrai-se o seguinte, em caso peculiar:

"Ao arquiteto aplica-se a teoria clássica que instituiu no ordenamento jurídico a responsabilidade civil subjetiva, o que torna imprescindível, para haver condenação, a averiguação da seguinte trilogia: (1.º) a ação ou omissão culposa; (2.º) o prejuízo; e, (3.º) o liame de causalidade entre o dano e a conduta ilícita. Existência de elementos nos autos que demonstram a negligência do arquiteto ao não fiscalizar o trabalho prestado pela empresa contratada para a fabricação e colocação das lajes pré-fabricadas. ART assinada pelo arquiteto que lhe impõe responsabilidade pelo projeto e execução da obra no todo. Laudo pericial confeccionado na cautelar em apenso que demonstra defeito no serviço prestado pelas empresas. Má qualidade. Desrespeito às normas" (TJSC, Apelação Cível 2015.093227-7, 3.ª Câmara de Direito Civil, Garopaba, Rel. Des. Gilberto Gomes de Oliveira, j. 12.04.2016, *DJSC* 15.04.2016, p. 207).

Como outro exemplo, do Tribunal Paulista, merece destaque, sobre o dever de fiscalização da obra dos arquitetos:

"O arquiteto é responsável pela fiscalização e execução de obras e serviços técnicos, e não apenas pela elaboração de projetos de engenharia e arquitetura, nos termos do art. 7.º, da LF 5.194/66, que regula o exercício das profissões de engenheiro e arquiteto. Reconhecimento de que a prestação de serviços contratada, relativa à reforma da residência da autora reconvinda, não foi realizada a contento, por culpa da ré reconvinte, que agiu com negligência quanto ao acompanhamento e fiscalização da obra e à visualização das diversas falhas apontadas na petição inicial, o que configura vício do serviço e ato ilícito. Configurado o inadimplemento da ré reconvinte, consistente na má execução do serviço de reforma da residência da autora reconvinda, e ausente prova de inadimplemento da autora dona da obra, de rigor, a manutenção da r. sentença, quanto à declaração de rescisão do contrato, por culpa da ré arquiteta, com base no art. 475, do CC. Responsabilidade civil. Configurado o vício do serviço, consistente na prestação de serviços impróprios na reforma da residência da autora reconvinda, por culpa da ré reconvinte, e não configurada nenhuma excludente de responsabilidade, de rigor, o reconhecimento da responsabilidade e a condenação da ré na obrigação de indenizar a parte autora pelos danos decorrentes do ilícito em questão" (TJSP, Apelação Cível 0048517-87.2009.8.26.0562, Acórdão 10191087, 20.ª Câmara de Direito Privado, Santos, Rel. Des. Rebello Pinheiro, j. 20.02.2017, *DJESP* 09.03.2017).

O último acórdão é exemplo de reconhecimento da presença de uma responsabilidade objetiva havendo vício do serviço que foi prestado pelo profissional liberal, seja arquiteto ou engenheiro, conforme o *caput* do art. 14 do CDC.

A propósito, sobre a natureza jurídica da responsabilidade civil desses profissionais liberais sob o prisma da dicotomia de Demogue, tão debatida neste capítulo, não é comum a sua análise na seara dos profissionais de projetos de construção, assim como ocorre com os médicos. Todavia, não se pode negar a existência de arestos que atribuem aos engenheiros e arquitetos uma obrigação de resultado, caso do seguinte:

> "Civil e processual civil. Apelação. Ação de indenização por danos morais e materiais. Inadequação do recurso principal. Não verificação. Deserção do recurso adesivo. Inexistência. Parte litigando sob o pálio da justiça gratuita. Não entrega de projeto de incêndio contratado. Mero descumprimento contratual. Dano moral. Inexistência. Engenheiro civil. Responsabilidade de fim. Aprovação e entrega do projeto. Não comprovação. Restituição dos valores pagos. Cabimento. Recurso principal não provido. Recurso adesivo não provido. (...). O engenheiro é responsável pela qualidade do projeto por ele desenvolvido e pela aprovação de tal projeto perante os órgãos responsáveis. Não comprovada a aprovação do projeto e sua entrega ao cliente é cabível a manutenção da sentença que determinou a restituição dos valores pagos. Preliminares rejeitadas. Recurso principal não provido. Recurso adesivo não provido" (TJMG, Apelação 1.0287.13.007965-3/001, Rel. Des. Marcia de Paoli Balbino, j. 21.01.2016, *DJEMG* 02.02.2016).

Da minha parte, valem as mesmas críticas a respeito dessa divisão e da consequente responsabilidade civil que dela surgiria, exposta em outros trechos deste capítulo.

Para encerrar o tópico, interessante comentar dispositivos do Código Civil que podem incidir nas hipóteses de responsabilização dos engenheiros civis e arquitetos, direta ou indiretamente. Alguns deles serão novamente analisados no Capítulo 16 do livro, que trata da responsabilidade civil na construção civil, no contexto do dever de reparar que decorre do contrato de empreitada.

O primeiro comando é o art. 610, § 2.º, da codificação material, segundo o qual o contrato para elaboração de um projeto não implica a obrigação de executá-lo, ou de fiscalizar-lhe a execução. Assim sendo, o engenheiro ou arquiteto, em regra, não será a mesma pessoa que conduzirá ou *tocará* a obra, não sendo responsável pela empreitada, nos termos do que consta da legislação. Entretanto, o contrato pode dispor o contrário, hipótese em que a responsabilidade do profissional será ampla.

Seguindo a análise dos comandos, conforme o art. 621 do Código Civil, sem a devida e expressa anuência de seu autor, não pode o proprietário da obra introduzir modificações no projeto por ele aprovado, ainda que a execução seja confiada a terceiros. A norma ressalta novamente o caráter autoral do projeto de engenharia ou arquitetura, trazendo a exceção, com possibilidade de alterações, se, por motivos supervenientes ou razões de ordem técnica, fique comprovada a inconveniência ou a excessiva onerosidade de execução do projeto em sua forma originária. Outra exceção está no parágrafo único do preceito, admitindo-se alterações no projeto de pouca monta, ressalvada sempre a unidade estética da obra projetada. Entendo que tais alterações afastam a responsabilidade civil do empreiteiro ou arquiteto, se o dano causado estiver relacionado justamente às modificações não aprovadas pelo seu autor.

Se a execução da obra for confiada a terceiros, a responsabilidade do autor do projeto respectivo, desde que não assuma a direção ou fiscalização daquela, ficará limitada aos danos resultantes de defeitos previstos no art. 618 da codificação material. É o que prevê o art. 622 do próprio Código Civil, que parece trazer a conclusão segundo a qual a regra de garantia legal de cinco anos quanto à estrutura do edifício ou obra de vulto sempre tem aplicação aos profissionais liberais de engenharia ou arquitetura. Concluindo desse modo, da jurisprudência estadual, e com precisão:

"Embargos de declaração. Responsabilidade civil. Ação de reparação de danos. Contrato de empreitada. Danos estruturais. Prazo de garantia. Art. 618 do Código Civil. Prazo de prescrição. Responsabilidade solidária. Arquiteto e empreiteiro. Dever de reparar. Danos morais. Ocorrência. Danos materiais. (...)" (TJRS, EDcl 0281413-51.2017.8.21.7000, 5.ª Câmara Cível, Ijuí, Rel. Des. Jorge Luiz Lopes do Canto, j. 25.10.2017, *DJERS* 03.11.2017).

"Ação de indenização por danos materiais e morais. Sentença de procedência. Insurgência do corréu, engenheiro da obra. Não acolhimento. Desabamento de sacada de edifício. Pleito de prescrição e/ou decadência do direito de ação. Inocorrência. Dicção do disposto no artigo 618, parágrafo único, do Código Civil. Perícia conclusiva. Erro de execução de obra. Engenheiro de projeto estrutural que deve responder de forma solidária pelos danos causados ao condomínio autor. Danos materiais devidos. Lesão anímica caracterizada. Sentença mantida. Recurso não provido. Ação de indenização por danos materiais e morais. Sentença de procedência. Insurgência dos réus (construtora, arquiteto representante da empresa e arquiteta que fez a vistoria antes do colapso estrutural da sacada). Não acolhimento. Pleito de prescrição e/ou decadência. Inocorrência. Desabamento ocorrido na vigência do Código Civil de 2002. Inteligência do disposto no artigo 618, parágrafo único, do referido Codex. Perícia realizada que levou em conta as observações contidas no laudo elaborado por engenheiro que esteve presente no local após o evento danoso, o que não altera a conclusão lançada no presente laudo. Responsabilidade solidária mantida com relação a arquiteta Flávia que realizou a vistoria atestando a superficialidade das rachaduras. Dever dos réus de reparar os gastos para a recuperação das sacadas. Danos morais configurados. Sentença mantida. Recurso não provido. Nega-se provimento aos recursos" (TJSP, Apelação 0038128-19.2004.8.26.0562, Acórdão 8927632, 20.ª Câmara Extraordinária de Direito Privado, Santos, Rel. Des. Marcia Dalla Déa Barone, j. 30.01.2017, *DJESP* 03.02.2017).

Sobre a análise do conteúdo e dos efeitos do art. 618 do Código Civil, será ela feita mais à frente nesta obra, no seu Capítulo 16. No presente momento, cabe apenas expor a conclusão segundo a qual a norma tem plena aplicação aos profissionais liberais que desenvolvem o projeto da obra, e que vem a apresentar algum problema estrutural.

15

RESPONSABILIDADE CIVIL E COMUNICAÇÃO. IMPRENSA E INTERNET

Sumário: 1. Da proteção da informação no direito brasileiro e sua importância para o mundo contemporâneo. O uso da técnica da ponderação. O chamado direito ao esquecimento – 2. Da responsabilidade civil dos meios de comunicação. Da imprensa: 2.1. Análise da Lei de Imprensa e do reconhecimento de sua inconstitucionalidade pelo Supremo Tribunal Federal; 2.2. Normas aplicáveis aos meios de comunicação na atualidade. Análise dos dispositivos do Código Civil e da Lei de Direito de Resposta e de Retificação (Lei n. 13.188/2015); 2.3. Abuso de direito na veiculação de notícia; 2.4. Da responsabilidade civil dos meios de comunicação e dos seus agentes. Responsabilidade civil dos jornalistas – 3. Responsabilidade civil na internet: 3.1. Principais aspectos do Marco Civil da Internet; 3.2. Responsabilidade civil nas redes sociais e lesões à intimidade na internet – 4. Análise da Lei Geral de Proteção de Dados e suas consequências para a responsabilidade civil (LGPD – Lei n. 13.709/2018).

1. DA PROTEÇÃO DA INFORMAÇÃO NO DIREITO BRASILEIRO E SUA IMPORTÂNCIA PARA O MUNDO CONTEMPORÂNEO. O USO DA TÉCNICA DA PONDERAÇÃO. O CHAMADO DIREITO AO ESQUECIMENTO

A informação e a sua consequente circulação social assumem grande importância no mundo contemporâneo, podendo-se falar, na atualidade, na existência de uma *sociedade da informação,* termo sempre utilizado pelo grande jurista português José de Oliveira Ascensão. Nesse contexto, os meios de comunicação em geral, notadamente a *internet,* assumem um papel central de difusão do conhecimento e de notícias e, como não poderia ser diferente, muitos são os ônus e deveres que decorrem dessas atividades.

Nos últimos anos, propagaram-se as notícias falsas, conhecidas como *Fake News*, que trazem preocupações a todos, inclusive aos juristas, por diversas razões, especialmente pelos danos que podem causar, individuais e coletivos.

Seja na imprensa, seja na internet, a agressividade nas manifestações agravou-se em todo o planeta nos últimos tempos, sendo esse o "Zeitgeist" ("espírito ou fantasma do tempo") em que vivemos, notadamente a polarização de opiniões, agravada pela pandemia e pelo próprio incremento do uso da *internet*, guiada muitas vezes pela *inteligência artificial* (IA).

Parece haver um painel tenebroso a respeito do futuro cibernético e do agravamento das correspondentes responsabilidades que decorrem da exteriorização da vontade no mundo real e virtual. Nesse sentido, a propósito sugiro ao leitor que veja o documentário *O dilema das redes*, do ano de 2020, ou que leia as obras de Byung-Chul Han, caso de *Sociedade do Cansaço*, *Não-Coisas* e *Infocracia*.

Como não poderia ser diferente, a Constituição Federal de 1988 traz uma preocupação com a tutela da informação e da liberdade de imprensa, em vários de seus dispositivos. De início, o inciso IV do art. 5.º do Texto Maior prevê que é livre a manifestação do pensamento, sendo vedado o anonimato. O inciso IX do mesmo comando, ao reconhecer outro direito fundamental, verdadeira cláusula pétrea, assegura que é livre a expressão da atividade intelectual, artística, científica e de comunicação, independentemente de censura ou licença. Ainda no âmbito dos direitos fundamentais encartados no art. 5.º da Norma Fundamental, o seu inciso XIV preceitua que é assegurado a todos o acesso à informação e resguardado o sigilo da fonte, quando necessário ao exercício profissional.

Mais à frente, a Carta de 1988 traz um capítulo relativo à comunicação social, merecendo destaque dois de seus comandos. O art. 220 da Constituição protege a manifestação do pensamento, a criação, a expressão e a informação, sob qualquer forma, assegurando que o processo ou o veículo de comunicação não sofrerão qualquer restrição. Ali também está previsto que nenhuma lei conterá dispositivo que possa constituir embaraço à plena liberdade de informação jornalística em qualquer veículo de comunicação social (§ 1.º). Ademais, é vedada toda e qualquer censura de natureza política, ideológica e artística (§ 2.º do art. 220 da Constituição Federal).

A Constituição da República também enuncia que a produção e a programação das emissoras de rádio e televisão atenderão aos seguintes princípios, no sentido de diretrizes de atuação: *a)* preferência a finalidades educativas, artísticas, culturais e informativas; *b)* promoção da cultura nacional e regional e estímulo à produção independente que objetive sua divulgação; *c)* regionalização da produção cultural, artística e jornalística, conforme percentuais estabelecidos em lei especial; e *d)* respeito aos valores éticos e sociais da pessoa e de todas as manifestações familiares (art. 221).

Na verdade, o direito à informação e à liberdade de imprensa ou de expressão tem sido reconhecido pelos julgadores das superiores instâncias no Brasil – especialmente do Supremo Tribunal Federal – como uma espécie de *superdireito*, a prevalecer, pelo menos em regra, sobre a tutela de outros direitos fundamentais ou da personalidade, caso da intimidade e da imagem, igualmente protegidos no art. 5.º do Texto Maior, nos seus incisos V e X. Em muitos casos tem-se adotado o mesmo caminho no âmbito também do Superior Tribunal de Justiça.

A título de exemplo da última Corte, seguindo esse caminho pela prevalência da liberdade de expressão, vale citar demanda proposta por Deputado Estadual e Ex-Promotor de Justiça em face de jornalista esportivo. Foi afastada a tutela inibitória, com multa diária, para que o cronista parasse com a realização de postagens na internet e com a elaboração de textos tidos como ofensivos ao autor. Conforme o acórdão superior:

"O deferimento da tutela inibitória, que procura impedir a violação do próprio direito material, exige cuidado redobrado, sendo imprescindível que se demonstre: (i) a presença de um risco concreto de ofensa do direito, evidenciando a existência de circunstâncias que apontem, com alto grau de segurança, para a provável prática futura, pelo réu, de ato antijurídico contra o autor; (ii) a certeza quanto à viabilidade de se exigir do réu o cumprimento específico da obrigação correlata ao direito, sob pena de se impor um dever impossível de ser alcançado; e (iii) que a concessão da tutela inibitória não irá causar na esfera jurídica do réu um dano excessivo" (STJ, REsp 1.388.994/SP, 3.ª Turma, Rel. Min. Nancy Andrighi, j. 19.09.2013, *DJe* 29.11.2013).

Com interesse direto para o que se expõe neste início de capítulo concluiu-se, com base no art. 220 do Texto Maior, que, "sopesados o risco de lesão ao patrimônio subjetivo individual do autor e a ameaça de censura à imprensa, o fiel da balança deve pender para o lado do direito à informação e à opinião". E mais: "mesmo que a repressão posterior não se mostre ideal para casos de ofensa moral, sendo incapaz de restabelecer por completo o *statu quo ante* daquele que teve sua honra ou sua imagem achincalhada, na sistemática criada pela CF/1988 prevalece a livre e plena circulação de ideias e notícias, assegurando-se, em contrapartida, o direito de resposta e todo um regime de responsabilidades civis e penais que, mesmo atuando após o fato consumado, têm condição de inibir abusos no exercício da liberdade de imprensa e de manifestação do pensamento. Mesmo para casos extremos como o dos autos – em que há notícia de seguidos excessos no uso da liberdade de imprensa – a mitigação da regra que veda a censura prévia não se justifica. Nessas situações, cumpre ao Poder Judiciário agir com austeridade, assegurando o amplo direito de resposta e intensificando as indenizações caso a conduta se reitere, conferindo ao julgado caráter didático, inclusive com vistas a desmotivar comportamentos futuros de igual jaez" (REsp 1.388.994/SP).

De todo modo, afastando essa prevalência como regra, o Enunciado n. 613 do CJF, aprovado na *VIII Jornada de Direito Civil*, em abril de 2018, estabelece que a liberdade de expressão não goza de posição preferencial com relação aos direitos da personalidade no ordenamento jurídico brasileiro. A proposta foi formulada pelo Professor Anderson Schreiber, amplamente citado no presente capítulo. No mesmo sentido, já como uma resistência jurisprudencial, a afirmação n. 3 constante da Edição n. 137 da ferramenta *Jurisprudência em Teses*, do STJ, dedicada aos direitos da personalidade e do ano de 2019: "a ampla liberdade de informação, opinião e crítica jornalística reconhecida constitucionalmente à imprensa não é um direito absoluto, encontrando limitações, tais como a preservação dos direitos da personalidade".

Feito esse esclarecimento inicial, reitere-se, como está desenvolvido no capítulo inaugural deste livro, que em casos de colisão entre tais direitos – liberdade de pensamento e direito à informação x proteção da intimidade e da imagem – é fundamental adotar a técnica de ponderação, artifício argumentativo desenvolvido na Alemanha, por Robert Alexy entre outros, adotada parcialmente e em *versão brasileira* pelo art. 489, § 2.º, do CPC/2015. Conforme o preceito instrumental, "no caso de colisão entre normas, o juiz deve justificar o objeto e os critérios gerais da ponderação efetuada, enunciando as razões que autorizam a interferência na norma afastada e as premissas fáticas que fundamentam a conclusão".

Trata-se de uma *ponderação à brasileira* pelo fato de que a versão original alemã limitou-se a tratar do conflito entre direitos fundamentais. No nosso caso, a ponderação é mais ampla, podendo incluir até o conflito entre normas e regras. Ressalte-se, por oportuno, que não se pode dizer que o direito à informação e à liberdade de expressão sempre prevalece sobre os demais direitos, sobretudo sobre os de personalidade, uma vez que os fatores fáticos são determinantes para que se efetue o correto e eficaz sopesamento.

Muito antes da previsão legislativa, os civilistas já admitiam e trabalhavam com a técnica da ponderação. Para amparar todas as lições doutrinárias, cite-se, de início, o Enunciado n. 274, aprovado na *IV Jornada de Direito Civil*, no ano de 2006, segundo o qual os direitos da personalidade estão elencados de forma não exaustiva no Código Civil de 2002 e, no caso de conflito entre eles, como nenhum pode prevalecer ou sobrelevar os demais, deve-se adotar a técnica da ponderação. Entre os civilistas partidários do uso da ponderação, podem ser citados Gustavo Tepedino, Luiz Edson Fachin, Cristiano Chaves de Farias, Nelson Rosenvald e Anderson Schreiber. Em complemento, vale lembrar, da mesma *IV Jornada*, destaque-se o Enunciado n. 279 que além de reafirmar a ponderação, traz alguns critérios para a sua incidência nos casos envolvendo o conflito em apreço: "a proteção à imagem deve ser ponderada com outros interesses constitucionalmente tutelados, especialmente em face do direito de amplo acesso à informação e da liberdade de imprensa. Em caso de colisão, levar-se-á em conta a notoriedade do retratado e dos fatos abordados, bem como a veracidade destes e, ainda, as características de sua utilização (comercial, informativa, biográfica), privilegiando-se medidas que não restrinjam a divulgação de informações".

Como se retira da parte final do último enunciado doutrinário, em casos de dúvidas, deve prevalecer a tutela da informação e da liberdade de pensamento, o que acaba por representar, indiretamente, o reconhecimento da *função social da imagem*. Advirta-se, contudo, a demonstrar evolução doutrinária a respeito do tema, o teor do enunciado aprovado na *VIII Jornada*, no sentido de que a liberdade de pensamento não pode sempre prevalecer sobre os direitos da personalidade (Enunciado n. 613).

Como afirmei no capítulo inaugural deste livro, e agora repito, a ponderação não é simples e demanda a análise de vários critérios, dependendo das circunstâncias fáticas e dos direitos e normas envolvidos no conflito, como realmente deve ser. Vários julgados superiores enfrentam esse problema de ponderar a tutela da imagem e da intimidade de um lado; e o direito à liberdade de imprensa e à informação do outro.

No projeto de Reforma do Código Civil, vale lembrar, há proposta de sua inclusão expressa no art. 11, § 3.º, do Código Civil, o que virá em boa hora, confirmando a sua plena incidência para as relações privadas: "a aplicação dos direitos da personalidade deve ser feita à luz das circunstâncias e exigências do caso concreto, aplicando-se a técnica da ponderação de interesses, nos termos exigidos pelo art. 489, § 2.º, da Lei n. 13.105, de 16 de março de 2015 (Código de Processo Civil)".

Parece não existir um caminho melhor para encontrar a solução adequada em tais profundos dilemas, que não seja a ponderação. Existem críticas a respeito da falta de segurança e de certeza que o uso da técnica da ponderação pode gerar, o que é bem salientado por Anderson Schreiber: "tal ponderação não é simples e seu resultado varia conforme as circunstâncias do caso concreto, o que desperta quase sempre temores de insegurança ou tratamento desigual. Daí a necessidade sempre sentida de se enumerarem parâmetros que possam servir de guia ao magistrado na difícil tarefa de ponderar".[1]

Aprofunde-se que o último doutrinador é crítico do uso dos parâmetros relativos ao "lugar público" e da "pessoa pública", comumente usados pela jurisprudência para afastar o argumento de tutela da imagem e da intimidade.[2] Com o devido respeito, penso que tais parâmetros podem sim ser utilizados, especialmente para atenuar ou afastar o dever de indenizar do suposto ofensor e divulgador da informação ou imagem, nos termos do que consta do Enunciado n. 279 da *IV Jornada de Direito Civil*, que menciona tais critérios implicitamente, ao expressar a notoriedade do retratado e a veracidade dos fatos correlatos.

Pontuo que o projeto de Reforma do Código Civil, ora em tramitação no Congresso Nacional, pretende incluir no seu art. 20 alguns critérios que devem ser levados em conta para os casos de ponderação relativos ao uso de imagem. Assim, igualmente corrigindo equívocos hoje percebidos no dispositivo, e que aqui já foram comentados e serão retomados, o seu *caput* passará a prever que, "salvo se autorizadas ou se necessárias à administração da justiça ou à manutenção da ordem pública, a divulgação de escritos, a transmissão da palavra ou a publicação, a exposição ou a utilização da imagem de alguém, em ambiente físico ou virtual, poderão ser proibidas, a seu requerimento e sem prejuízo da indenização que couber". Como se vê, além de uma necessária simplificação do comando, passará ele a tratar também do meio virtual, o que é urgente.

Seguindo, o novo § 1.º do art. 20 do CC expressará que, "quando houver ameaça ou lesão ao nome, à imagem e à privacidade de pessoa que exerça função pública, a aferição da potencialidade ofensiva da ameaça ou da lesão será definida, proporcionalmente, à autoridade que exerce, resguardado o direito de

---

[1] SCHREIBER, Anderson. *Direitos da personalidade*, cit., p. 105.
[2] SCHREIBER, Anderson. *Direitos da personalidade*, cit., p. 105-109.

informação e de crítica". Assim, o fato de a pessoa ser "pública" é algo que deverá ser considerado, expressamente pelo texto legal, na linha do que defendo.

Além disso, a norma preverá que "as medidas de prevenção e de reparação de danos das pessoas que, voluntariamente, expuserem a sua imagem ou privacidade em público, inclusive em ambiente virtual, com relação a danos ou possíveis danos causados por outrem, deverão ser sopesadas levando-se em conta os limites e a amplitude da publicação, os direitos à informação e os de crítica" (§ 2.º); outra norma que trará expressamente de critérios para a ponderação, sobretudo quando há exposição voluntária da própria pessoa, algo que já é considerado nos dias de hoje.

Por fim, § 3.º do art. 20 renovado preceituará que, "independentemente da fama, relevância política ou social da atividade desempenhada pela pessoa, lhe é reservado o direito de preservar a sua intimidade contra interferências externas". Assim, são assegurados o direito à privacidade, à intimidade e do segredo, em outra previsão de grande importância para a devida ponderação do julgador, sendo necessário sempre saber qual é a vontade da pessoa quanto ao uso de sua imagem.

Trazendo exatamente essa análise de critérios para a ponderação, notadamente do "lugar público", julgado do Superior Tribunal de Justiça, do ano de 2020, concluiu que "o uso da imagem de torcedor inserido no contexto de uma torcida não induz a reparação por danos morais quando não configurada a projeção, a identificação e a individualização da pessoa nela representada". Vejamos o que consta da publicação do acórdão:

> "Em regra, a autorização para uso da imagem deve ser expressa; no entanto, a depender das circunstâncias, especialmente quando se trata de imagem de multidão, de pessoa famosa ou ocupante de cargo público, há julgados do STJ em que se admite o consentimento presumível, o qual deve ser analisado com extrema cautela e interpretado de forma restrita e excepcional. De um lado, o uso da imagem da torcida – em que aparecem vários dos seus integrantes – associada à partida de futebol, é ato plenamente esperado pelos torcedores, porque costumeiro nesse tipo de evento; de outro lado, quem comparece a um jogo esportivo não tem a expectativa de que sua imagem seja explorada comercialmente, associada à propaganda de um produto ou serviço, porque, nesse caso, o uso não decorre diretamente da existência do espetáculo. (...). Hipótese em que, embora não seja possível presumir que o recorrente, enquanto torcedor presente no estádio para assistir à partida de futebol, tenha, tacitamente, autorizado a recorrida a usar sua imagem em campanha publicitária de automóvel, não há falar em dano moral porque o cenário delineado nos autos revela que as filmagens não destacam a sua imagem, senão inserida no contexto de uma torcida, juntamente com vários outros torcedores" (STJ, REsp 1.772.593/RS, 3.ª Turma, Rel. Min. Nancy Andrighi, j. 16.06.2020, DJe 19.06.2020).

A própria jurisprudência superior tem levado isso em conta, como está na tese n. 4 publicada na Edição n. 137 da ferramenta *Jurisprudência em Teses*, do STJ, com importante destaque a respeito da vedação do abuso de direito:

"no tocante às pessoas públicas, apesar de o grau de resguardo e de tutela da imagem não ter a mesma extensão daquela conferida aos particulares, já que comprometidos com a publicidade, restará configurado o abuso do direito de uso da imagem quando se constatar a vulneração da intimidade ou da vida privada".

Esclareço, portanto, que apesar dessa ressalva, filio-me aos outros critérios apresentados pelo sempre citado Anderson Schreiber para que a ponderação ora debatida seja efetuada, em dois grupos distintos.

Segundo o jurista, são parâmetros que devem ser levados em conta para verificar a realização do exercício da liberdade de informação: (i) o grau de consciência do retratado com relação à possibilidade de captação da sua imagem no contexto da imagem do qual foi extraída; (ii) o grau de identificação do retratado na imagem veiculada; (iii) a amplitude da exposição do retratado; e (iv) a natureza e o grau de repercussão do meio pelo qual se dá a divulgação.[3] De outra parte, para se comprovar a intensidade do sacrifício imposto à imagem, devem ser verificados: (i) o grau de utilidade para o público do fato informado por meio da imagem; (ii) o grau de atualidade da imagem; (iii) o grau de necessidade da veiculação da imagem para informar o fato; e (iv) o grau de preservação do contexto originário do qual a imagem foi colhida.[4] Esses critérios podem ser encontrados com menção expressa em julgados do Superior Tribunal de Justiça, inclusive com a identificação do seu autor (por todos: REsp 794.586/RJ, Rel. Min. Raul Araújo, j. 15.03.2012, publicado no *Informativo* n. 493 da Corte).

Sem prejuízo dos arestos expostos no Capítulo 1 deste livro, vejamos outros julgamentos superiores, mais atuais, que procuraram resolver o dilema do conflito entre informação e intimidade ou imagem, a partir da ponderação, expressamente mencionada ou implicitamente adotada. Como tenho dito, em obras que tratam da responsabilidade civil é fundamental a análise dos casos práticos analisados pelos Tribunais Brasileiros.

De início, cito caso envolvendo ex-funcionária de banco público, supostamente envolvida em escândalo político retratado pela revista *Veja* ("caso da quebra do sigilo do caseiro Francenildo"). Como consta dos autos, a autora da demanda alegou que deveria ser indenizada pelo veículo de comunicação por constar da revista que ela "aceitara responsabilizar-se pela quebra de um sigilo bancário, envolvendo fatos exaustivamente noticiados nos meios de comunicação, e que essa aceitação somente não se concretizou por circunstâncias diversas, alheias a sua vontade". O julgado superior concluiu que, "considerando-se a ponderação de princípios e os direitos em contraposição, deve-se reconhecer a ocorrência dos aludidos danos morais e, por consequência, a violação aos arts. 186 e 927 do CC/2002, pois a higidez da imagem da ora agravada, à época funcionária da instituição financeira envolvida no evento noticiado na matéria jornalística, foi atingida pela reportagem" (STJ, AgRg no REsp 1.343.287/DF, 4.ª Turma, Rel.

---

[3] SCHREIBER, Anderson. *Direitos da personalidade*, cit., p. 110.
[4] SCHREIBER, Anderson. *Direitos da personalidade*, cit., p. 110.

Min. Raul Araújo, j. 1.º.06.2017, *DJe* 14.06.2017). A indenização foi fixada em R$ 26.000,00 (vinte e seis mil reais).

Pontue-se, contudo, que o julgado não expõe com clareza quais os critérios utilizados na ponderação, sendo certo que o *decisum* acaba por reverter posição das instâncias inferiores, no sentido de não haver abuso na veiculação da notícia, mas apenas atendimento ao dever de informar.

Em outro acórdão superior, em que igualmente prevaleceu a proteção da imagem e da intimidade, analisou-se a situação fática de uma mulher que ajuizou ação de indenização por uso indevido de imagem contra a Editora Abril e o fotógrafo, diante da publicação de fotografia sua, sem autorização, na revista *Playboy*, de março de 2000. A foto foi tirada enquanto a autora se bronzeava na Praia da Barra da Tijuca, na cidade do Rio de Janeiro, expondo suas nádegas e com a seguinte legenda na publicação: "Música para os olhos (e o tato)".

O aresto concluiu pela presença de constrangimentos e humilhações à autora, que passou a ser chamada por pessoas próximas de sua convivência de "garota da *Playboy*", presente o uso indevido de imagem e os danos presumidos, por força da Súmula n. 403 do próprio Tribunal, aqui já estudada em vários capítulos diferentes. Vejamos a publicação da sua ementa:

"Recurso especial. Civil. Direito de imagem. Publicação de fotografia. Mulher de biquíni na praia. Exata individualização da pessoa. Autorização prévia ou posterior. Inexistência. Revista de conotação erótica. Proveito econômico. Uso indevido da imagem. Dano moral configurado (Súmula 403/STJ). Recurso provido. 1. No tocante à liberdade de imprensa, em situações como a do presente caso, há de ser feita a devida ponderação entre os direitos constitucionais em tensão, levando-se em consideração as premissas do caso concreto firmadas pelas instâncias ordinárias. Tem-se, de um lado, a livre expressão da atividade intelectual, artística e de comunicação e informação, com ampla liberdade de publicação e abordagem de temas, assuntos, notícias e imagens de interesse, inclusive recreativo, da coletividade (CF, art. 5.º, IX), e, de outro lado, o direito à intimidade, abrangendo a privacidade, a honra e a imagem da pessoa (CF, art. 5.º, X). 2. No caso, soma-se à circunstância da exposição, sem autorização, da imagem da pessoa em revista de conotação erótica, a exibição do corpo feminino em traje de praia, em ângulo provocante, com utilização de dizeres e linguagem ousada, compondo um contexto realmente constrangedor e violador dos direitos da personalidade. 3. Não se pode deduzir que a mulher formosa, que se apresente espontaneamente de biquíni na praia, ambiente adequado, esteja a concordar tacitamente com a divulgação de sua imagem em revista masculina de conteúdo erótico, e tenha ainda de considerar tal exposição como um 'elogio'. 4. De acordo com a Súmula 403/STJ: 'Independe de prova do prejuízo a indenização pela publicação não autorizada de imagem de pessoa com fins econômicos ou comerciais.' 5. Recurso especial provido" (STJ, REsp 1.243.699/RJ, 4.ª Turma, Rel. Min. Raul Araújo, j. 21.06.2016, *DJe* 22.08.2016).

Como consta do voto do Ministro Relator, alguns fatores fáticos foram decisivos para a ponderação e o entendimento final, a saber: "(I) não houve autorização prévia ou posterior da pessoa retratada para a divulgação da imagem;

(II) a imagem exibida na publicação permite a individualização da promovente; (III) a divulgação da imagem teve motivação econômica e conotação erótica, com utilização de legenda insinuativa e um tanto vulgar, com claro intuito de explorar os atributos físicos da autora, sempre sem autorização desta". O *quantum* reparatório, em valor próximo ao caso anterior, foi fixado em R$ 20.000,00 (REsp 1.243.699/RJ, de 2016).

Em muitos outros casos, tem prevalecido a proteção da liberdade de imprensa e de expressão, incluindo-se o direito à informação. Como primeira ilustração, merece ser citada demanda proposta por magistrado contra a Editora Três e seus jornalistas, por notícia veiculada na *Isto É*, com os seguintes dizeres: "Um juiz acima da Lei. Ex-presidente do TJ de Pernambuco investigado pelo MP e pela PF por encomendar aborto e sequestrar amante" (STJ, REsp 738.793/PE, 4.ª Turma, Rel. Min. Antonio Carlos Ferreira, Rel. p/ Acórdão Min. Marco Buzzi, j. 17.12.2015, *DJe* 08.03.2016).

O voto do Ministro Antonio Carlos Ferreira, acompanhado pelo Ministro Salomão, foi no sentido de haver abuso na veiculação da notícia, que extrapolou o razoável que dela se esperava. Vejamos posição manifestada pelo Relator:

"A amplitude do exercício dessa liberdade traz consigo, em igual dimensão, o peso da responsabilidade dos profissionais que atuam no palco midiático, de quem se espera rigorosa cautela no escopo de evitar a propagação de informações que, indevidamente, exponham a intimidade ou mesmo possam acarretar danos à honra e à imagem dos indivíduos, outrossim protegidos por normas de idêntico *status* (CF/1988, art. 5.º, V e X). Não há falar, assim, em direito absoluto. Nesse contexto, visto que o ordenamento jurídico constitucional, como louvável expressão do direito de acesso à informação, veda a censura prévia (CF/1988, arts. 5.º, IX, e 220, § 2.º), a extrapolação dos limites no exercício da liberdade jornalística pode dar ensejo à responsabilização civil do agente causador, pelos danos que dela resultem. Trata-se de hipótese que se qualifica como abuso de direito, do qual resulta o ônus da reparação, segundo o que preveem os arts. 927 e 187 da lei material civil. No caso concreto, o Tribunal local, com suporte no exame de elementos de fatos e provas dos autos, cuja análise é interditada na instância extraordinária, assentou de modo peremptório que os fatos praticados pela recorrente extrapolaram os limites da liberdade jornalística e de manifestação de pensamento, violando os direitos de personalidade do ora recorrido, causando-lhe danos" (REsp 738.793/PE).

No entanto, a maioria – formada pelos Ministros Raul Araújo e Maria Isabel Gallotti – acompanhou o Ministro Marco Buzzi, sendo pertinente destacar, para os devidos fins de estudos, trechos de argumentos que constam da ementa do acórdão, com a valorização do *animus narrandi* e *criticandi*, ou seja, da mera intenção de narrar os fatos e de criticar as condutas, o que é papel fundamental da imprensa:

"O mérito do recurso especial coloca em confronto a liberdade de imprensa (*animus narrandi e criticandi*) e os direitos da personalidade. A ampla liberdade de informação, opinião e crítica jornalística reconhecida constitucionalmente à imprensa não é um direito absoluto, encontrando limitações, tais como o compromisso com a veracidade da informação. Contudo, tal limitação não exige prova inequívoca da verdade dos fatos objeto da reportagem. Esta Corte tem reconhecido uma margem tolerável de inexatidão na notícia, a fim de garantir a ampla liberdade de expressão jornalística. Precedentes. Não se olvida, também, o fator limitador da liberdade de informação lastrado na preservação dos direitos da personalidade, nestes incluídos os direitos à honra, à imagem, à privacidade e à intimidade. Assim, a vedação está na veiculação de críticas com a intenção de difamar, injuriar ou caluniar. Da notícia veiculada, muito embora aluda a fatos graves, não se vislumbra outro ânimo que não o narrativo, visto que a reportagem se limita a afirmar que o recorrido estaria sendo 'investigado' pelas condutas tipificadas como crime ali descritas, o que, efetivamente, não se distancia do dever de veracidade, porquanto incontroversa a existência de procedimento investigativo. A forma que fora realizada a abordagem na matéria jornalística ora questionada está inserta nos limites da liberdade de expressão jornalística assegurada pela Constituição da República, a qual deve prevalecer quando em conflito com os direitos da personalidade, especialmente quando se trata de informações relativas a agente público. É sabido que quando se está diante de pessoas que ocupam cargos públicos, sobretudo aquelas que atuam como agentes do Estado, como é o caso dos autos, prevalece o entendimento de que há uma ampliação da liberdade de informação jornalística e, desse modo, uma adequação, dentro do razoável, daqueles direitos de personalidade. Com efeito, se a notícia limitou-se a tecer comentários, ainda que críticos, atribuindo a fatos concretamente imputados, por terceiras pessoas, estas identificadas e referidas como as autoras das informações divulgadas (*animus narrandi/criticandi*), inclusive ante episódios que renderam a instauração de procedimento de investigação, como é o caso dos autos, daí por que deve ser afastada a responsabilização civil da empresa que veiculou a matéria, por se tratar de exercício regular do direito de informar (liberdade de imprensa), bem como do acesso ao público destinatário da informação" (STJ, REsp 738.793/PE, 4.ª Turma, Rel. Min. Antonio Carlos Ferreira, Rel. p/ Acórdão Min. Marco Buzzi, j. 17.12.2015, *DJe* 08.03.2016).

Outro caso rumoroso que merece destaque novamente e de forma aprofundada neste capítulo, tendo sido muito comentado nos meios acadêmicos, diz respeito à notícia veiculada pelo jornal *Folha de S. Paulo*, pelo jornalista Elio Gaspari, a respeito de uma procuradora da Fazenda Nacional que, em contestação apresentada pela União em ação proposta por vítima da tortura praticada durante a ditadura militar, argumentou pela necessidade de se exigir a identificação dos responsáveis pelas nefastas práticas dentro da chamada "Casa da Morte", localizada em Petrópolis (STJ, AgRg no AREsp 127.467/SP, 4.ª Turma, Rel. Min. Marco Buzzi, Rel. p/ Acórdão Min. Luis Felipe Salomão, j. 17.05.2016, *DJe* 27.06.2016). Vejamos os trechos principais da notícia veiculada pelo famoso colunista, para as devidas reflexões e análise jurídica:

"O médico do DOI deixou uma aula para a procuradora Zandonade.

A procuradora da Fazenda Nacional Adriana Zandonade quer inaugurar um novo capítulo na história dos direitos humanos no Brasil. Ela meteu-se numa história comprida e vale a pena contá-la desde o início.

No dia 5 de maio de 1971 a cidadã Inês Etienne Romeu, quadro de chefia da organização terrorista VAR-Palmares, foi presa em São Paulo pelo delegado Sérgio Fleury. Três dias depois, tendo passado pelo Hospital Central do Exército, no Rio, foi levada para uma casa em Petrópolis (rua Artur Barbosa, 668, propriedade de Mario Lodders). Lá ficou até o dia 11 de agosto. Foi sistematicamente torturada e, por duas vezes, estuprada.

Tornou-se a única pessoa a sair viva daquilo que mais tarde viria a se chamar Casa da Morte. Era um aparelho clandestino do Centro de Informações do Exército, tripulado por oficiais no exercício burocrático de suas funções. Pelas contas de Inês, lá foram mortas pelo menos quatro pessoas.

Atualmente, Inês Etienne Romeu está na Justiça, pedindo que se reconheça que foi mantida em cárcere privado por torturadores a serviço do governo da época. Não quer mais nada. Não está pedindo indenização pelo que lhe fizeram.

A doutora Zandonade sustentou que a denúncia de tortura e cárcere privado não se sustenta porque Inês 'nem sequer identifica' as pessoas que a mantiveram em cativeiro. Foi clara: 'caberia à requerente indicar com clareza quem é o autor dos atos de tortura, incumbindo-lhe produzir a prova'.

Beleza. Nesse caso, não desapareceu ninguém na guerrilha do Araguaia.

Primeiro, porque o Exército jamais admitiu a sua existência. Segundo, porque os desaparecidos desapareceram. Da mesma forma, ninguém pode dizer que foi torturado no DOI-Codi, a menos que traga a identidade do torturador e o livro de ponto do calabouço.

Os procuradores são pagos para defender os interesses do Estado, mas qualquer vestibulando de direito sabe que isso não significa defender crimes praticados pelos governantes.

(...).

Uma coisa é certa. A doutora Zandonade conseguiu entrar para a pobre história dos direitos humanos nacionais. Não há por que duvidar de que ostentará a sua contestação ao caso de Inês Etienne como um indicador de sua competência profissional".

Também houve divergência na Corte sobre o direito de indenização a favor da procuradora federal nesse julgamento. O Ministro Buzzi entendeu que o recurso não mereceria prosperar, por não atender a requisitos procedimentais, o que geraria a confirmação da procedência da demanda. Porém, superados tais aspectos instrumentais, o Ministro Salomão concluiu pela ausência de ofensa a direito da personalidade, pois a crítica foi formulada dentro dos limites da garantia de liberdade de imprensa, tendo em vista o uso da técnica da ponderação. Como destaca em seu voto, afirmação que apoio, "as pessoas consideradas públicas estão sujeitas a maior exposição e suscetíveis a avaliações da sociedade e da mídia, especialmente os gestores públicos de todas as esferas de poder, mesmo quando envolvidos em processos judiciais – que, em regra, não correm em segredo de justiça – como partes, procuradores ou juízes" (STJ, AgRg no AREsp 127.467/SP, 4.ª Turma, Rel. Min. Marco Buzzi, Rel. p/ Acórdão Min. Luis Felipe Salomão, j. 17.05.2016, *DJe* 27.06.2016). Novamente, houve a valorização do papel da imprensa com mero *animus narrandi* e *criticandi*.

Os últimos acórdãos demonstram que o direito à liberdade de expressão tem sido tratado muitas vezes como um *superdireito*, afirmação confirmada com a leitura e análise do julgamento do Supremo Tribunal Federal sobre as biografias não autorizadas.

Como expliquei no Capítulo 1 desta obra, o que deve ser retomado, foi proposta uma ação direta de inconstitucionalidade perante o Supremo Tribunal Federal contra os arts. 20 e 21 do Código Civil, pela Associação Nacional dos Editores de Livros (ADIn 4.815, intentada em julho de 2012).

O pedido da ação era no sentido de ser reconhecida a inconstitucionalidade parcial dos arts. 20 e 21 do CC/2002, sem redução de texto, "para que, mediante interpretação conforme a Constituição, seja afastada do ordenamento jurídico brasileiro a necessidade do consentimento da pessoa biografada e, *a fortiori*, das pessoas retratadas como coadjuvantes (ou de seus familiares, em caso de pessoas falecidas) para a publicação ou veiculação de obras biográficas, literárias ou audiovisuais, elaboradas a respeito de pessoas públicas ou envolvidas em acontecimentos de interesse coletivo".

Em 10.06.2015, o Supremo Tribunal Federal, com unanimidade, julgou procedente a referida ação, fortalecendo sobremaneira a liberdade de expressão e afastando a censura prévia das biografias não autorizadas no Brasil. Conforme a decisão final da Relatora, Ministra Cármen Lúcia:

> "Pelo exposto, julgo procedente a presente ação direta de inconstitucionalidade para dar interpretação conforme à Constituição aos arts. 20 e 21 do Código Civil, sem redução de texto, para, a) em consonância com os direitos fundamentais à liberdade de pensamento e de sua expressão, de criação artística, produção científica, declarar inexigível o consentimento de pessoa biografada relativamente a obras biográficas literárias ou audiovisuais, sendo por igual desnecessária autorização de pessoas retratadas como coadjuvantes (ou de seus familiares, em caso de pessoas falecidas); b) reafirmar o direito à inviolabilidade da intimidade, da privacidade, da honra e da imagem da pessoa, nos termos do inciso X do art. 5.º da Constituição da República, cuja transgressão haverá de se reparar mediante indenização" (ADIn 4.815).

Julgou-se pela impossibilidade da censura prévia das obras, devendo os excessos ser resolvidos a partir do conceito de abuso de direito e da correspondente responsabilização civil do agente causador do dano (arts. 187 e 927 do Código Civil).

A Ministra Cármen Lúcia cunhou juridicamente o dito popular "Cala Boca já Morreu", entendendo que a análise das licitudes das biografias deve ser sempre *a posteriori* e não *a priori*, pois o contrário representaria ofensa ao art. 220 da Constituição Federal.

Como exemplo de extensão do *decisum* superior, sempre cito o caso envolvendo o livro *Lampião – o mata sete*, estudo histórico realizado pelo advogado e juiz aposentado Pedro de Moraes que afirma que Lampião era homossexual e constantemente traído por sua mulher, Maria Bonita. O livro é citado pelo Ministro Roberto Barroso em seu voto, que procurou resolver o então dilema a partir da técnica da ponderação. Em 10.04.2012, sentença de primeira instância da 7.ª Vara Cível de Aracaju, Sergipe, proibiu a veiculação da obra, em ação proposta pela única filha do casal, Expedida Ferreira Nunes. Concluiu o magistrado Aldo Albuquerque de Melo que por conjugação do art. 5.º, X, da Constituição Federal com o art. 20, parágrafo único do Código Civil, haveria ilicitude na conduta de veiculação da biografia sem autorização dos titulares do direito de imagem, caso da filha do retratado (Processo 201110701579).

A sentença foi reformada pelo Tribunal de Justiça de Sergipe, em acórdão da sua 2.ª Câmara Cível, prolatada em 30.09.2014. Conforme o relator Desembargador Siqueira Neto, a liberdade de expressão é valor fundamental na ordem democrática nacional. Sendo assim, não é papel do Poder Judiciário estabelecer padrões de conduta que impliquem restrição à divulgação das informações: "cabe, sim, impor indenizações compatíveis com ofensa decorrente de uma divulgação ofensiva". E arrematou, citando a doutrina de Marcelo Novelino: "as pessoas públicas, por se submeterem voluntariamente à exposição pública, abrem mão de uma parcela de sua privacidade, sendo menor a intensidade de proteção". A decisão do STF sobre as biografias não autorizadas confirma essa solução.

Em verdade, como antes pontuado, o art. 20 do Código Civil tem sérios problemas em sua redação, razão pela qual o projeto de Reforma do Código Civil, ora em tramitação no Congresso Nacional, pretende corrigi-lo, o que é mais do que necessário, sobretudo por trazer critérios para a ponderação.

Outro debate intenso a respeito do tema ora estudado diz respeito ao que se denomina como *direito ao esquecimento*. Vale lembrar, a propósito, que a técnica de ponderação surgiu na Alemanha a partir do *Caso Lebach*, que envolvia, pelo menos indiretamente, esse suposto direito. Como relata Robert Alexy, a emissora alemã ZDF pretendia exibir um documentário intitulado *O assassinato de soldados em Lebach*, que relatava o assassinato de quatro soldados alemães que faziam sentinela em um depósito, o que culminou com o roubo de munição do exército alemão no ano de 1969, em plena Guerra Fria.

Um dos condenados pelo crime estava prestes a ser solto às vésperas da veiculação do programa televisivo e, sabendo da intenção da emissora, ingressou com medida preventiva para que o documentário não fosse exibido, diante da afronta ao seu direito fundamental à imagem. O Tribunal Estadual na Alemanha rejeitou o pedido do autor, com fundamento na liberdade de expressão e de informar, o que foi confirmado pelo seu Tribunal Superior Estadual.[5]

A questão foi posteriormente julgada pela Suprema Corte alemã, e resolvida a partir da ponderação de princípios constitucionais. A argumentação do julgamento foi dividida em três etapas. Na primeira delas, demonstrou-se a colisão entre o direito à imagem ou à personalidade (*P1*) e a liberdade de informar (*P2*), dois valores constitucionalmente tutelados e de mesmo nível no sistema alemão, como ocorre no Brasil. A prevalência de *P1* levaria à proibição do programa, enquanto a prevalência de *P2*, à sua exibição.

---

[5] ALEXY, Robert. *Teoria dos direitos fundamentais*, cit., p. 100.

Na segunda etapa, o julgamento conclui inicialmente pela prevalência de *P2* sobre *P1*, em uma relação de procedência, diante dos interesses coletivos à solução de crimes. Contudo, na terceira etapa, julgou-se pela prevalência de *P1*, no sentido de que o documentário não deveria ser exibido. Dois fatores fáticos substanciais acabaram por influenciar o sopesamento: *a)* não haveria mais um interesse atual pela notícia do crime; *b)* haveria um risco para a ressocialização do autor da demanda.[6]

No campo doutrinário brasileiro, o direito ao esquecimento foi reconhecido pelo Enunciado n. 531, aprovado na *VI Jornada de Direito Civil*, realizada em 2013, com o seguinte teor: "a tutela da dignidade da pessoa humana na sociedade da informação inclui o direito ao esquecimento". De acordo com as justificativas da proposta, "os danos provocados pelas novas tecnologias de informação vêm se acumulando nos dias atuais. O direito ao esquecimento tem sua origem histórica no campo das condenações criminais. Surge como parcela importante do direito do ex-detento à ressocialização. Não atribui a ninguém o direito de apagar fatos ou reescrever a própria história, mas apenas assegura a possibilidade de discutir o uso que é dado aos fatos pretéritos, mais especificamente o modo e a finalidade com que são lembrados".

Ainda em sede doutrinária, e em complemento, na *VII Jornada de Direito Civil*, realizada pelo Conselho da Justiça Federal em setembro de 2015, foi aprovado o Enunciado n. 576, estabelecendo que o direito ao esquecimento pode ser assegurado por tutela judicial inibitória. Assim, nos termos do art. 12 do Código Civil, cabem medidas de tutela específica para evitar a lesão a esse direito, sem prejuízo da reparação dos danos suportados pela vítima.

Na jurisprudência do Superior Tribunal de Justiça, destaque-se decisão anterior prolatada pela sua Quarta Turma, no Recurso Especial 1.334.097/RJ, julgado em junho de 2013. O acórdão reconheceu o *direito ao esquecimento* de homem inocentado da acusação de envolvimento na *chacina da Candelária* e que foi retratado pelo extinto programa *Linha Direta*, da TV Globo, mesmo após a absolvição criminal. A emissora foi condenada a indenizar o autor da demanda, por danos morais, em R$ 50.000,00 (cinquenta mil reais).

De acordo com o relator do *decisum*, Ministro Luis Felipe Salomão, "muito embora tenham as instâncias ordinárias reconhecido que a reportagem mostrou-se fidedigna com a realidade, a receptividade do homem médio brasileiro a noticiários desse jaez é apta a reacender a desconfiança geral acerca da índole do autor, que, certamente, não teve reforçada sua imagem de inocentado, mas sim a de indiciado". Nesse contexto, aduz o julgador que "se os condenados que já cumpriram a pena têm direito ao sigilo de folha de antecedentes, assim também à exclusão dos registros da condenação no instituto de identificação, por maiores e melhores razões, aqueles que foram absolvidos não podem permanecer com esse estigma, conferindo-lhes a lei o mesmo direito de serem esquecidos" (REsp 1.334.097/RJ).

Outra hipótese fática julgada pelo Tribunal da Cidadania sobre o citado direito ao esquecimento, envolvendo o mesmo programa e a mesma emissora,

---

[6] ALEXY, Robert. *Teoria dos direitos fundamentais*, cit., p. 101-102.

disse respeito ao *Caso Aida Curi*, estuprada e assassinada no remoto ano de 1958. Os fatos foram revividos pelo "Linha Direta Justiça", o que motivou o ingresso de ação reparatória pelos irmãos da vítima. Sustentaram que o crime tinha sido esquecido com o passar do tempo, mas que a emissora acabou por "reabrir as antigas feridas dos autores, veiculando novamente a vida, a morte e a pós-morte de Aida Curi, inclusive explorando sua imagem". Buscaram, assim, a "a proclamação do seu direito ao esquecimento, de não ter revivida, contra a vontade deles, a dor antes experimentada por ocasião da morte de Aida Curi, assim também pela publicidade conferida ao caso décadas passadas" (STJ, REsp 1.335.153/RJ, 4.ª Turma, Rel. Min. Luis Felipe Salomão, j. 28.05.2013, *DJe* 10.09.2013).

Entretanto, ao contrário do que foi julgado no caso da *chacina da Candelária*, entendeu-se, no âmbito do STJ, pela ausência do dever de indenizar, novamente com base no uso da técnica da ponderação, sendo utilizados como critérios a atualidade e os interesses relativos aos fatos ocorridos. Merece relevo o seguinte trecho da ementa do acórdão, que demonstra os parâmetros adotados no caso concreto para a ponderação, nesse caso bem efetuada, segundo a minha opinião doutrinária:

> "Assim como os condenados que cumpriram pena e os absolvidos que se envolveram em processo-crime (REsp n. 1.334/097/RJ), as vítimas de crimes e seus familiares têm direito ao esquecimento – se assim desejarem –, direito esse consistente em não se submeterem a desnecessárias lembranças de fatos passados que lhes causaram, por si, inesquecíveis feridas. Caso contrário, chegar-se-ia à antipática e desumana solução de reconhecer esse direito ao ofensor (que está relacionado com sua ressocialização) e retirá-lo dos ofendidos, permitindo que os canais de informação se enriqueçam mediante a indefinida exploração das desgraças privadas pelas quais passaram. Não obstante isso, assim como o direito ao esquecimento do ofensor – condenado e já penalizado – deve ser ponderado pela questão da historicidade do fato narrado, assim também o direito dos ofendidos deve observar esse mesmo parâmetro. Em um crime de repercussão nacional, a vítima – por torpeza do destino – frequentemente se torna elemento indissociável do delito, circunstância que, na generalidade das vezes, inviabiliza a narrativa do crime caso se pretenda omitir a figura do ofendido. Com efeito, o direito ao esquecimento que ora se reconhece para todos, ofensor e ofendidos, não alcança o caso dos autos, em que se reviveu, décadas depois do crime, acontecimento que entrou para o domínio público, de modo que se tornaria impraticável a atividade da imprensa para o desiderato de retratar o caso Aida Curi, sem Aida Curi. É evidente ser possível, caso a caso, a ponderação acerca de como o crime tornou-se histórico, podendo o julgador reconhecer que, desde sempre, o que houve foi uma exacerbada exploração midiática, e permitir novamente essa exploração significaria conformar-se com um segundo abuso só porque o primeiro já ocorrera. Porém, no caso em exame, não ficou reconhecida essa artificiosidade ou o abuso antecedente na cobertura do crime, inserindo-se, portanto, nas exceções decorrentes da ampla publicidade a que podem se sujeitar alguns delitos. (...). No caso de familiares de vítimas de crimes passados, que só querem esquecer a dor pela qual passaram em determinado momento da vida, há uma infeliz constatação: na medida em que o tempo

passa e vai se adquirindo um 'direito ao esquecimento', na contramão, a dor vai diminuindo, de modo que, relembrar o fato trágico da vida, a depender do tempo transcorrido, embora possa gerar desconforto, não causa o mesmo abalo de antes. A reportagem contra a qual se insurgiram os autores foi ao ar 50 (cinquenta) anos depois da morte de Aida Curi, circunstância da qual se conclui não ter havido abalo moral apto a gerar responsabilidade civil. Nesse particular, fazendo-se a indispensável ponderação de valores, o acolhimento do direito ao esquecimento, no caso, com a consequente indenização, consubstancia desproporcional corte à liberdade de imprensa, se comparado ao desconforto gerado pela lembrança" (STJ, REsp 1.335.153/RJ, 4.ª Turma, Rel. Min. Luis Felipe Salomão, j. 28.05.2013, *DJe* 10.09.2013).

Mais recentemente, cite-se interessante aresto do Tribunal de Justiça de São Paulo, que reconheceu o direito ao esquecimento em favor de ex-participante do *Big Brother Brasil*, da TV Globo, que teve um dos maiores índices de rejeição do programa. O acórdão foi assim ementado:

"Dano moral – Direito à intimidade – Vida privada que deve ser resguardada – Participante do programa 'Big Brother Brasil – BBB', edição do ano de 2005, que em 2016 teria recusado o convite da Rede Globo, por meio de seu Departamento de Comunicação, para voltar a participar do Programa em sua versão atual e não autorizou qualquer divulgação de sua vida privada – Matéria divulgada relacionada à sua participação no Programa televisivo e sua atual vida pessoal e profissional – Autora que abdicou da vida pública, trabalha atualmente como carteira e se opôs a divulgação de fatos da vida privada, teve fotografias atuais reproduzidas sem autorização, extraídas de seu Facebook, sofrendo ofensa a sua autoestima, uma vez que a matéria não tinha interesse jornalístico atual, e não poderia ser divulgada sem autorização, caracterizando violação ao art. 5.º, incisos V e X, da Constituição Federal e arts. 186, 187 e 927 do Código Civil, uma vez que lhe desagrada a repercussão negativa de sua atuação no *Reality Show*, resultante da frustrada estratégia que engendrou, buscando alcançar a cobiçada premiação – Livre acesso às páginas do Facebook que não autoriza a livre reprodução de fotografias, por resguardo tanto do direito de imagem quanto do direito autoral – Obrigação de retirar as matérias de seus respectivos *sites*, mediante o fornecimento pela autora das URLs – O compartilhamento de matérias e fotografias nada mais é do que uma forma de 'publicação', qualificando-se apenas pelo fato de que seu conteúdo, no todo ou em parte, é extraído de outra publicação já existente – Quem compartilha também contribui para a disseminação de conteúdos pela rede social, devendo, portanto, responder pelos danos causados – Dano moral caracterizado – Responsabilidade solidária de quem publicou e compartilhou a matéria, com exclusão da provedora de hospedagem, que responde apenas pela obrigação de fazer – Recurso provido em relação à Empresa Baiana de Jornalismo, RBS – Zero Hora e Globo Comunicações e Participações e provido em parte no tocante a Universo On-line" (TJSP, Apelação 1024293-40.2016.8.26.0007, 2.ª Câmara de Direito Privado, São Paulo, Rel. Des. Alcides Leopoldo e Silva Júnior, j. 11.01.2018).

Como outro julgado importante sobre o assunto, voltando-se ao Superior Tribunal de Justiça, entendeu-se pelo *direito à desindexação no âmbito da internet*, com a retirada de conteúdos ofensivos relativos a dados do passado da pessoa. Vejamos o consta do acórdão, que teve profundo debate no âmbito da Terceira Turma do Tribunal:

> "A jurisprudência desta Corte Superior tem entendimento reiterado no sentido de afastar a responsabilidade de buscadores da internet pelos resultados de busca apresentados, reconhecendo a impossibilidade de lhe atribuir a função de censor e impondo ao prejudicado o direcionamento de sua pretensão contra os provedores de conteúdo, responsáveis pela disponibilização do conteúdo indevido na internet. Precedentes.
>
> Há, todavia, circunstâncias excepcionalíssimas em que é necessária a intervenção pontual do Poder Judiciário para fazer cessar o vínculo criado, nos bancos de dados dos provedores de busca, entre dados pessoais e resultados da busca, que não guardam relevância para interesse público à informação, seja pelo conteúdo eminentemente privado, seja pelo decurso do tempo. Nessas situações excepcionais, o direito à intimidade e ao esquecimento, bem como a proteção aos dados pessoais, deverá preponderar, a fim de permitir que as pessoas envolvidas sigam suas vidas com razoável anonimato, não sendo o fato desabonador corriqueiramente rememorado e perenizado por sistemas automatizados de busca. O rompimento do referido vínculo sem a exclusão da notícia compatibiliza também os interesses individual do titular dos dados pessoais e coletivo de acesso à informação, na medida em que viabiliza a localização das notícias àqueles que direcionem sua pesquisa fornecendo argumentos de pesquisa relacionados ao fato noticiado, mas não àqueles que buscam exclusivamente pelos dados pessoais do indivíduo protegido" (STJ, REsp 1.660.168/RJ, 3.ª Turma, Rel. Min. Nancy Andrighi, Rel. p/ Acórdão Min. Marco Aurélio Bellizze, j. 08.05.2018, *DJe* 05.06.2018).

O caso analisado envolvia a situação de promotora de justiça cujas notícias relacionavam-na com possível fraude em concursos públicos no passado, o que não restou comprovado, decidindo a Corte pela necessidade de retirada dessas informações.

Em 2019, a importância dada ao direito ao esquecimento passou a compor a Edição n. 137 da ferramenta *Jurisprudência em Teses*, do STJ, dedicada aos direitos da personalidade. Conforme a tese n. 10, que cita o antes destacado Enunciado n. 531 da *VI Jornada de Direito Civil*, "a tutela da dignidade da pessoa humana na sociedade da informação inclui o direito ao esquecimento, ou seja, o direito de não ser lembrado contra sua vontade, especificamente no tocante a fatos desabonadores à honra".

Apesar de todos esses julgamentos, merecem destaque as críticas feitas ao uso do termo por Anderson Schreiber para quem, "a expressão direito ao esquecimento talvez não seja a mais exata. Embora consagrada pelo uso doutrinário e jurisprudencial, tal expressão acaba por induzir em erro o jurista, sugerindo que haveria um direito de fazer esquecer, um direito de apagar os dados do passado ou suprimir referências a acontecimentos pretéritos. Não é disso, todavia, que se trata. O direito ao esquecimento consiste simplesmente no direito da pessoa humana de se defender contra uma recordação opressiva de fatos pretéritos, que se mostre apta a minar a construção e reconstrução da sua identidade pessoal, apresentando-a à sociedade sob falsas luzes (*sotto falsa luce*), de modo a fornecer ao público uma projeção do ser humano que não corresponde à sua realidade atual".[7]

A propósito, quando da *VIII Jornada de Direito Civil*, em abril de 2018, o doutrinador fez proposta de enunciado, que acabou sendo aprovada pela comissão de Parte Geral, com o seguinte texto: "inclui-se entre os direitos da personalidade o direito ao esquecimento, que consiste em direito da pessoa humana contra uma recordação pública de fatos pretéritos que apresente aquela pessoa perante a sociedade de modo desatualizado em relação a aspectos relevantes de sua personalidade. Trata-se de reflexo do direito à privacidade, cuja aplicação de colisão com a liberdade de informação, exige solução por meio da técnica da ponderação".

Entretanto, infelizmente, a proposta não foi aprovada na plenária daquele evento, apesar do nosso apoio. A principal crítica ali formulada disse respeito à definição dada ao direito ao esquecimento, o que era o cerne principal da proposição doutrinária.

Na mesma obra em que consta o texto de Schreiber, em *diálogo entre a doutrina e a jurisprudência*, o Ministro Ricardo Villa Bôas Cueva demonstra todo o arcabouço de proteção dos dados pessoais na internet – o que ainda será aqui desenvolvido – e cita a posição do professor fluminense, exposta quando da audiência pública sobre o tema ocorrida no âmbito do STF, para o julgamento da repercussão geral.[8] E desenvolve, fazendo preciso estudo dos dois casos ora citados, analisados pelo STJ:

> "O direito ao esquecimento não pode ser entendido como um direito absoluto. Algumas das limitações à sua aplicação são o interesse público, o direito e a liberdade de informação, o direito à memória e a vedação da censura e a liberdade de expressão. Tais limites foram discutidos na audiência pública realizada pelo Supremo Tribunal Federal no dia 12.07.2017, que teve por objeto o direito ao esquecimento na esfera civil, tema versado no Recurso Extraordinário 1.010.606/RJ, de relatoria do Ministro Dias Toffoli, com repercussão geral reconhecida, que impugna o acórdão do TJ/RJ no caso Aida Curi e já foi debatido pelo STJ no REsp 1.335.153/RJ.
>
> O interesse público deve preponderar sempre que se trate de fato genuinamente histórico, ou seja, que tenha preservado sua atualidade a despeito do decurso do tempo. Como ressaltado no voto condutor do aludido REsp 1.334.097/RJ,

---

[7] SCHREIBER, Anderson. Direito ao esquecimento. In: SALOMÃO, Luis Felipe; TARTUCE, Flávio (Coord.). *Direito Civil*. Diálogos entre a doutrina e a jurisprudência. São Paulo: Atlas, 2018. p. 69-70.

[8] CUEVA, Ricardo Villas Bôas. Evolução do direito ao esquecimento no Judiciário. In: SALOMÃO, Luis Felipe; TARTUCE, Flávio (Coord.). *Direito Civil*. Diálogos entre a doutrina e a jurisprudência. São Paulo: Atlas, 2018. p. 96.

a historicidade deve ser analisada em concreto e o interesse público e social dever ter sobrevivido à passagem do tempo".[9]

Devem ser mencionadas, ainda, as ressalvas feitas pelo Ministro Cueva no sentido de que não se pode confundir o *interesse público* com o *interesse do público* nos debates relativos ao uso de informações da pessoa, o que pode esconder interesses econômicos na divulgação de fatos que não tenham mais atualidade ou relevância.[10] De fato, os conceitos são distintos, o que merece uma especial atenção dos julgadores.

Apesar de todos esses debates doutrinários e jurisprudenciais, o Supremo Tribunal Federal, em fevereiro de 2021, ao julgar o caso Aida Curi, concluiu que o chamado *direito ao esquecimento* seria incompatível com a Constituição Federal de 1988 (Recurso Extraordinário 1.010.606/RJ. A tese fixada, para fins de repercussão geral, foi a seguinte:

"É incompatível com a Constituição a ideia de um direito ao esquecimento, assim entendido como poder de obstar, em razão da passagem do tempo, a divulgação de fatos ou dados verídicos e licitamente obtidos e publicados em meios de comunicação social analógicos ou digitais.

Eventuais excessos ou abusos no exercício de liberdade de expressão e de informação devem ser analisados caso a caso, a partir dos parâmetros constitucionais, especialmente os relativos à proteção da honra, da imagem, da privacidade e da personalidade em geral e as expressas e específicas previsões legais nos âmbitos penal e cível".

Segundo o Ministro Dias Toffoli, portanto, a previsão ou a aplicação de um direito ao esquecimento afrontaria a liberdade de expressão, não cabendo ao Poder Judiciário criar esse suposto direito. Oito Ministros seguiram o Relator, sendo vencidos apenas os Ministros Luiz Edson Fachin e Marco Aurélio.

Com o devido respeito, vejo certa contradição entre as duas partes da tese final, uma vez que os eventuais excessos e abusos cometidos serão resolvidos a partir da técnica de ponderação, com a possibilidade de imposição de sanções, inclusive com a correspondente responsabilidade civil. Não se pode utilizar o termo "direito ao esquecimento", o que não afasta eventual controle sobre a liberdade de expressão, mais uma vez reafirmada pelo Supremo Tribunal de Direito como uma espécie de *superdireito*, como antes afirmei.

Ainda sobre o tema, cabe pontuar que no projeto de Reforma do Código Civil pretende-se incluir, no novo livro de "Direito Civil Digital", regra específica sobre o *direito à desindexação*, fortemente influenciada pelo julgado anteriormente transcrito (STJ, REsp 1.660.168/RJ, 3.ª Turma, Rel. Min. Nancy Andrighi, Rel. p/ Acórdão Min. Marco Aurélio Bellizze, j. 08.05.2018, *DJe* 05.06.2018).

---

[9] CUEVA, Ricardo Villas Bôas. Evolução do direito ao esquecimento no Judiciário, cit., p. 95.
[10] CUEVA, Ricardo Villas Bôas. Evolução do direito ao esquecimento no Judiciário, cit., p. 96.

Consoante a proposta de novo artigo a ser inserido na codificação privada, ainda sem numeração como os demais dispositivos do novo livro, à pessoa é possível requerer a aplicação do direito à desindexação, que consiste na remoção do *link* que direciona a busca para informações inadequadas, não mais relevantes, abusivas ou excessivamente prejudiciais ao requerente e que não possuem utilidade ou finalidade para a exposição, de mecanismos de busca, *websites* ou plataformas digitais, permanecendo o conteúdo no *site* de origem.

Além disso, será incluído um parágrafo único no mesmo preceito, prevendo algumas hipóteses de remoção de conteúdo, entre outras, relativas à exposição de: *a)* imagens pessoais explícitas ou íntimas; *b)* a pornografia falsa involuntária envolvendo o usuário; *c)* informações de identificação pessoal dos resultados da pesquisa; *d)* conteúdo que envolva imagens de crianças e de adolescentes.

Também com sentido complementar à última norma, um novo dispositivo do mesmo livro preceituará que "os mecanismos de busca deverão estabelecer procedimentos claros e acessíveis para que os usuários possam solicitar a exclusão de seus dados pessoais ou daqueles que estão sob sua autoridade parental, tutela ou curatela".

Essas regras são inseridas no capítulo do livro dedicado à "Pessoa no Ambiente Digital", não havendo qualquer regra relativa ao direito ao esquecimento. Existe, na verdade, dispositivos relativos ao uso abusivo de informações da pessoa, na linha do que decidiu o STF sobre o tema.

Como primeira previsão sobre a temática desse capítulo, a propósito, o Código Civil preverá que "são direitos das pessoas, naturais ou jurídicas, no ambiente digital, além de outros previstos em lei ou em documentos e tratados internacionais de que o Brasil seja signatário: I – o reconhecimento de sua identidade, presença e liberdade no ambiente digital; II – a proteção de dados e informações pessoais, em consonância com a legislação de proteção de dados pessoais; III – a garantia dos direitos de personalidade, em todas as suas expressões, como a de dignidade, de honra, de privacidade e de seu livre desenvolvimento; III – a liberdade de expressão, de imprensa, de comunicação e de associação no ambiente digital; IV – o acesso a mecanismos de justa composição e de reparação integral dos danos em casos de violação de direitos no ambiente digital; V – outros direitos estabelecidos na legislação brasileira, aplicáveis ao ambiente digital". A ponderação entre esses direitos, nos termos do tão comentado projetado art. 11, § 3.º, do Código Civil, resolverá, na minha opinião sobre o projeto, a grande maioria dos casos de conflitos entre a liberdade de expressão e os direitos da personalidade, na linha do que é defendido neste livro, em vários de seus trechos.

O projeto de Reforma do Código Civil não trata do chamado direito ao esquecimento, mas apenas do direito de exclusão de dados pessoais e de dados pessoais sensíveis expostos sem finalidade justificada, nos termos da lei. A proposta desse dispositivo ainda prevê, em seu § 1.º, que são suscetíveis de exclusão, além de outros, os dados: *a)* pessoais que deixarem de ser necessários para a finalidade que motivou a sua coleta ou tratamento; *b)* pessoais cujo consentimento que autorizou seu tratamento tenha sido retirado, ainda que autorizado por lei; *c)* cujo tratamento foi ou veio a ser objeto de oposição por seu titular; *d)* pessoais tratados ilegalmente; *e)* que devam ser eliminados ao término de seu tratamento; e *f)* pessoais excessivamente expostos sem finalidade justificada.

Ainda de acordo com a mesma proposição, em seu § 2.º, esse direito à exclusão de dados pessoais e de dados pessoais sensíveis não pode ser exercido enquanto seu tratamento ou divulgação: *a)* forem relevantes ao exercício da liberdade de expressão; *b)* forem manifestamente públicos; *c)* decorrerem do cumprimento de dever legal; e *d)* forem considerados excluídos do rol daqueles que a lei considera passíveis de exclusão. Observe-se, portanto, outros critérios de ponderação que deverão ser levados em conta por entidades privadas – caso das plataformas digitais –, e também por entes públicos, como os integrantes do Poder Judiciário.

Como última proposta do livro de "Direito Civil Digital" a ser comentada, insere-se comando segundo o qual a pessoa poderá requerer a exclusão permanente de dados ou de informações a ela referentes, que representem lesão aos seus direitos de personalidade, diretamente no *site* de origem em que foi publicado. A mesma previsão considera como requisitos para a concessão do pedido, mais uma vez com importantes e necessários critérios, que devem ser seguidos por entidades privadas e pelos julgadores: *a)* a demonstração de transcurso de lapso temporal razoável da publicação da informação verídica; *b)* a ausência de interesse público ou histórico relativo à pessoa ou aos fatos correlatos; *c)* a demonstração de que a manutenção da informação em sua fonte poderá gerar significativo potencial de dano à pessoa ou aos seus representantes; *d)* a demonstração de que a manutenção da informação em sua fonte poderá gerar significativo potencial de dano à pessoa ou aos seus representantes legítimos e nenhum benefício para quem quer que seja; *e)* a presença de abuso de direito no exercício da liberdade de expressão e de informação; e *f)* a concessão de autorização judicial.

Eventualmente, caso seja provado pela pessoa interessada que a informação veio ao conhecimento de quem levou seu conteúdo a público, por erro, dolo, coação, fraude ou por outra maneira ilícita, o juiz deverá imediatamente ordenar sua exclusão, invertendo-se o ônus da prova para que o *site* no qual a informação se encontra indexada demonstre razão para sua manutenção. Por fim, como último parágrafo do dispositivo proposto, são considerados como obtidos ilicitamente, entre outros, os dados e as informações que tiverem sido extraídos de processos judiciais que correm em segredo de justiça, os obtidos por meio de hackeamento ilícito, os que tenham sido fornecidos por comunicação pessoal ou a respeito dos quais o divulgador tinha dever legal de mantê-los em sigilo.

Como se pode perceber, no sistema vigente e também no proposto para o futuro, grandes são os desafios para os aplicadores e estudiosos do Direito Privado revelados pelos temas abordados neste capítulo, que apenas está se iniciando.

Ao contrário de outras seções deste livro, em que os assuntos são mais técnicos e precisos, primando até por certa objetividade, a responsabilidade civil que decorre da veiculação de comunicação envolve temas suprajurídicos, afeitos a valores existenciais, filosóficos, sociológicos e até cibernéticos ou digitais, que sempre trazem dificuldades de aplicação e concretude.

Como bem explica Bruno Miragem, "a responsabilidade civil dos meios de comunicação social, contudo, exige uma precisão conceitual em relação aos deveres originários imputados aos profissionais e empresas que desempenham a atividade. Em especial, considerando o fundamento constitucional que legitima sua atuação – a liberdade de expressão e comunicação – e sua função institucional de preservação do Estado de Direito definido na Constituição".[11]

Além desse direito fundamental, outros de mesmo quilate e força são colocados à mesa para debate de prevalência, como se retira de vários trechos desta seção. Partimos, então, ao grande desafio de analisá-los.

2. DA RESPONSABILIDADE CIVIL DOS MEIOS DE COMUNICAÇÃO. DA IMPRENSA

2.1. Análise da Lei de Imprensa e do reconhecimento de sua inconstitucionalidade pelo Supremo Tribunal Federal

A liberdade de manifestação do pensamento e de informação estava (mal) tratada em nosso País pela Lei n. 5.250/1967, conhecida como Lei de Imprensa, norma que teve todo o seu conteúdo reconhecido como não recepcionado pela Constituição Federal em julgamento do Supremo Tribunal Federal prolatado na ADPF 130, em 2009. Na verdade, essa norma não deveria receber essa denominação, sendo mais adequado o termo "Lei da Censura".

Apesar do reconhecimento de inconstitucionalidade, o que faz que sejam aplicados aos casos correlatos os preceitos do Código Civil de 2002 e de outras normas, é preciso aqui verificar, por razões históricas e práticas, parte do seu conteúdo, explicando as razões que conduziram à inconstitucionalidade desse diploma.

Pois bem, o art. 1.º dessa lei específica dispunha ser livre a manifestação do pensamento e a procura, o recebimento e a difusão de informações ou ideias, por qualquer meio, e sem dependência de censura, respondendo cada um, nos termos da lei, pelos abusos que cometer. Todavia, cerceando essa mesma liberdade que era reconhecida pela norma, o § 1.º do mesmo comando preceituava, pecando por grave inconstitucionalidade, que não seria tolerada a propaganda de guerra, de processos de subversão da ordem política e social ou de preconceitos de raça ou classe.

O problema principal estava na menção às práticas subversivas, visando a atender os interesses do Estado de exceção que imperava no País quando de sua emergência. O mesmo se diga quanto ao § 2.º do art. 1.º da Lei de Imprensa, segundo o qual, "o disposto neste artigo não se aplica a espetáculos e diversões públicas, que ficarão sujeitos à censura, na forma da lei, nem na vigência do estado de sítio, quando o Governo poderá exercer a censura sobre

---

[11] MIRAGEM, Bruno. *Direito Civil*. Responsabilidade civil, cit., p. 637.

os jornais ou periódicos e empresas de radiodifusão e agências noticiosas nas matérias atinentes aos motivos que o determinaram, como também em relação aos executores daquela medida".

A prática da censura prévia, para atender aos anseios do regime militar ditatorial, era explícita no art. 2.º da Lei de Imprensa, segundo o qual seriam livres a publicação e a circulação, no território nacional, de livros e de jornais e outros periódicos, salvo se tidos como clandestinos ou quando atentassem contra a moral e os bons costumes. O art. 11 da Lei n. 5.250/1967 considerava como clandestino o jornal ou outra publicação periódica não registrada, ou de cujo registro não constem o nome e qualificação do diretor ou redator e do proprietário.

Com o mesmo intuito de atender aos interesses da ditadura militar, a lei vedava a propriedade de empresas jornalísticas, sejam políticas ou simplesmente noticiosas, a estrangeiros e a sociedade por ações ao portador (art. 3.º da Lei de Imprensa). Em complementaridade, o comando seguinte enunciava que caberia exclusivamente a brasileiros natos a responsabilidade e a orientação intelectual e administrativa dos serviços de notícias, reportagens, comentários, debates e entrevistas, transmitidos pelas empresas de radiodifusão. Tudo isso com o intuito de afastar influências externas, que não agradassem ao regime.

O anonimato no exercício da liberdade de expressão era vedado pelo art. 7.º da Lei de Imprensa, o que foi confirmado pela Constituição de 1988 (art. 5.º, inc. IV). Entretanto, assegurava-se o sigilo quanto às fontes ou origem de informações recebidas ou recolhidas por jornalistas, radiorrepórteres ou comentaristas, o que hoje é retirado do art. 5.º, inc. XIV, do mesmo Texto Maior.

No entanto, com o intuito de ampla responsabilização, o art. 7.º, § 1.º, da Lei de Imprensa estabelecia que todo jornal ou periódico seria obrigado a estampar, no seu cabeçalho, o nome do diretor ou redator-chefe, que deveria estar no gozo dos seus direitos civis e políticos, bem como indicar a sede da administração e do estabelecimento gráfico onde o jornal era impresso, sob pena de multa diária.

Com o mesmo fim de identificação dos responsáveis, ficaria sujeito à apreensão pela autoridade policial todo impresso que, por qualquer meio, circulasse ou fosse exibido em público sem estampar o nome do autor e editor, bem como a indicação da oficina onde foi impresso, sede da mesma e data da impressão (art. 7.º, § 2.º, da Lei de Imprensa).

A norma ainda previa que os programas de noticiário, reportagens, comentários, debates e entrevistas, nas emissoras de radiodifusão, deveriam enunciar, no princípio e ao final de cada um, o nome do respectivo diretor ou produtor (art. 7.º, § 3.º, da Lei n. 5.250/1967). O diretor ou principal responsável do jornal, revista, rádio e televisão era obrigado a manter, em livro próprio – que abriria e rubricaria em todas as folhas, para exibir em juízo, quando para isso fosse intimado –, o registro dos pseudônimos, seguidos da assinatura dos seus titulares, cujos trabalhos fossem ali divulgados (art. 7.º, § 4.º, da Lei n. 5.250/1967).

O *abuso na veiculação da notícia*, conceito amplamente utilizado nos dias de hoje para os fins de responsabilização civil dos órgãos e profissionais de imprensa, estava previsto no art. 12 da Lei de Imprensa. Conforme o seu teor, aqueles que, através dos meios de informação e divulgação, praticassem abusos no exercício da liberdade de manifestação do pensamento e informação ficariam sujeitos às penas da própria lei e responderiam pelos prejuízos que causassem. Todos os serviços noticiosos, incluindo os jornais e os veículos de radiodifusão, eram considerados meios de informação para os efeitos da norma.

Com tom complementar, o art. 27 elencava condutas que não constituiriam abuso no exercício da liberdade de manifestação do pensamento e de informação, a saber:

a) Dar opinião desfavorável de crítica, literária, artística, científica ou desportiva, salvo quando inequívoca a intenção de injuriar ou difamar.

b) A reprodução, integral ou resumida, desde que não constituísse matéria reservada ou sigilosa, de relatórios, pareceres, decisões ou atos proferidos pelos órgãos competentes das Casas legislativas.

c) Noticiar ou comentar, resumida ou amplamente, projetos e atos do Poder Legislativo, bem como debates e críticas a seu respeito.

d) A reprodução integral, parcial ou abreviada, a notícia, crônica ou resenha dos debates escritos ou orais, perante juízes e tribunais, bem como a divulgação de despachos e sentenças e de tudo quanto fosse ordenado ou comunicado por autoridades judiciais.

e) A divulgação de articulados, quotas ou alegações produzidas em juízo pelas partes ou seus procuradores.

f) A divulgação, a discussão e a crítica de atos e decisões do Poder Executivo e seus agentes, desde que não se tratasse de matéria de natureza reservada ou sigilosa.

g) A crítica às leis e a demonstração de sua inconveniência ou inoportunidade.

h) A crítica inspirada pelo interesse público.

i) A exposição de doutrina ou ideia.

O parágrafo único desse art. 27 da Lei n. 5.250/1967 afastava a configuração do abuso de direito nas situações de reprodução e noticiário que contivessem injúria, calúnia ou difamação se elas fossem fiéis e feitas de modo que não demonstrassem a má-fé. A norma causava perplexidade, chegando a motivar o ilícito civil, com base na chamada *exceção da prova da verdade*.

A Lei de Imprensa também previa o *direito de resposta* ou *retificação* àquele que se sentisse aviltado pela informação veiculada, reputada como inverídica ou errônea (art. 29). O pedido de resposta poderia ser formulado: *a)* pela própria pessoa ou seu representante legal; *b)* pelo cônjuge, ascendente, descendente e irmão, se o atingido estivesse ausente do País, se a divulgação fosse contra pessoa morta, ou se a pessoa visada tivesse falecido depois da ofensa recebida, mas antes de decorrido o prazo de decadência do direito de resposta.

Esse prazo de decadência era de sessenta dias, contados da data da publicação ou transmissão, não tendo sentido técnico na atualidade, pois as pretensões reparatórias, pelo que foi adotado pelo Código Civil de 2002, estão sujeitas a prazos de prescrição. Lembro, com o fim de esclarecer, que toda a Lei de Imprensa foi reconhecida como não recepcionada pela Constituição Federal de 1988, estando o direito de resposta tratado, no sistema atual, pela Lei n. 13.188/2015.

Conforme o art. 30 da Lei n. 5.250/1967, o direito de resposta poderia ser exercido por três caminhos. O primeiro deles seria a publicação da resposta ou retificação do ofendido, no mesmo jornal ou periódico, no mesmo lugar, em caracteres tipográficos idênticos ao escrito que lhe deu causa, e em edição e dia normais. O segundo caminho consistiria na transmissão da resposta ou retificação escrita do ofendido, na mesma emissora e no mesmo programa e horário em que foi divulgada a transmissão que lhe deu causa. Como terceira opção, a resposta poderia ser exercida por transmissão do ofendido, pela agência de notícias, a todos os meios de informação e divulgação a que foi transmitida a notícia que lhe deu causa.

No caso de jornal ou periódico, a resposta teria dimensão igual à do escrito de agressão, garantido o mínimo de cem linhas. Na hipótese de transmissão por instrumento de radiodifusão, deveria ocupar tempo igual ao da transmissão original, podendo durar no mínimo um minuto, ainda que aquela tivesse sido menor. Presente a transmissão por agência de notícias, a resposta deveria ter dimensão igual à da notícia incriminada (art. 30, § 1.º, da Lei de Imprensa). Esse pedido de resposta deveria ser atendido dentro de 24 horas, pelo jornal, emissora de radiodifusão ou agência de notícias; ou no primeiro número impresso, no caso de periódico que não fosse diário (art. 31 da Lei n. 5.250/1967).

Como regra fundamental a respeito da responsabilidade civil dos meios de comunicação, o art. 49 da Lei de Imprensa enunciava que aquele que, no exercício da liberdade de manifestação de pensamento e de informação, com dolo ou culpa, violasse direito ou causasse prejuízo a outrem, ficaria obrigado a reparar os danos suportados pela vítima.

Como se pode notar, o dispositivo era claramente influenciado pelo art. 159 do Código Civil de 1916, adotando um modelo culposo de responsabilização subjetiva, fundado no dolo ou culpa. Além disso, por inspiração daquela norma codificada anterior, havia menção à violação do direito *ou* à causação de prejuízo, com uma conjunção alternativa e não aditiva, como está no art. 186 do Código Civil de 2002. Estava, assim, desatualizada a previsão perante o conceito de ilícito adotado no sistema atual de responsabilidade civil.

O mesmo art. 49 da Lei n. 5.250/1967 mencionava os prejuízos que poderiam ser reparados à vítima, os danos morais e materiais, os primeiros notadamente nos casos de calúnia, difamação ou injúria. Admitia-se, nesse preceito e novamente, a *exceção da prova da verdade*, nos casos de calúnia e difamação, mas não na injúria, desde que o fato imputado, embora verdadeiro, não dissesse respeito à vida privada do ofendido e a divulgação não fosse motivada no interesse público (§ 1.º). Vale lembrar que a calúnia é a imputação falsa a outrem de fato criminoso (art. 138 do Código Penal). Já a difamação é a imputação de fato ofensivo à sua reputação, que não seja um ato criminoso (art. 139 do

Código Penal). Por fim, a injúria é qualquer ofensa à dignidade ou ao decoro, não associada à imputação de condutas (art. 140 do Código Penal).

Ademais, o § 2.º do art. 49 da Lei de Imprensa estabelecia que se a violação de direito ou o prejuízo ocorresse mediante a publicação ou a transmissão em jornal, periódico, ou serviço de radiodifusão, ou de agência noticiosa, responderia pela reparação do dano a pessoa natural ou jurídica que explorasse o meio de informação ou divulgação. Conforme o § 3.º do mesmo art. 49, se a violação ocorresse mediante publicação de impresso não periódico, responderia pela reparação do dano: *a)* o autor do escrito, se nele indicado; ou *b)* a pessoa natural ou jurídica que explorasse a oficina impressora, se do impresso não constasse o nome do autor.

Tais previsões inspiraram a Súmula n. 221 do STJ, do ano de 1999, segundo a qual são civilmente responsáveis pelo ressarcimento de dano, decorrente de publicação pela imprensa, tanto o autor do escrito quanto o proprietário do veículo de divulgação. Essa ementa jurisprudencial, com grande aplicação na atualidade, ainda será mais bem estudada no presente capítulo, tendo ainda aplicação, diante dos seus fundamentos na vigente codificação privada.

Eventualmente, se houvesse o reconhecimento da responsabilidade civil da empresa que explorasse o meio de informação ou divulgação, teria ela ação regressiva para haver do autor do escrito, transmissão ou notícia, ou do responsável por sua divulgação, a indenização que pagasse ao prejudicado, em virtude da responsabilidade civil prevista na norma específica em estudo (art. 50 da Lei n. 5.250/1967).

Quanto à responsabilidade civil do jornalista profissional que concorresse para o dano por negligência, imperícia ou imprudência – responsabilidade civil subjetiva –, o art. 51 da Lei de Imprensa previa que essa seria limitada, ou melhor, tabelada, em cada escrito, transmissão ou notícia: *a)* a dois salários mínimos da região, no caso de publicação ou transmissão de notícia falsa, ou divulgação de fato verdadeiro truncado ou deturpado; *b)* a cinco salários mínimos da região, nos casos de publicação ou transmissão que ofendesse a dignidade ou decoro de alguém; *c)* a dez salários mínimos da região, nos casos de imputação de fato ofensivo à reputação de alguém; *d)* a vinte salários mínimos da região, nos casos de falsa imputação de crime a alguém, ou de imputação de crime verdadeiro, nos casos em que a lei não admitisse a exceção da verdade. Essa indenização tarifada sempre foi objeto de críticas, por inconstitucionalidade frente ao Texto de 1988, o que tem o meu apoio e, como se verá, foi reconhecido pelo STJ e pelo STF.

Eram considerados como jornalistas para os fins dessa indenização tarifada ou tabelada aqueles que mantivessem relações de emprego com a empresa que explorasse o meio de informação ou divulgação ou que produzisse programas de radiodifusão.

Também eram considerados jornalistas os que, embora sem relação de emprego, produzissem regularmente artigos ou programas publicados ou transmitidos, em atuação *freelance*.

Por fim, consideravam-se como tais o redator, o diretor ou redator-chefe do jornal ou periódico, o editor ou produtor ou diretor de permissionário ou concessionário de serviço de radiodifusão, bem como o gerente e o diretor da agência noticiosa (art. 51, parágrafo único, da Lei de Imprensa).

Quanto à responsabilidade civil das empresas que explorassem o meio de informação ou divulgação, essa também era limitada quanto aos danos reparáveis, no montante de dez vezes as importâncias pagas pelos jornalistas, se o dever de indenizar resultasse de atos culposos – em sentido amplo –, dos seus prepostos (art. 52 da Lei n. 5.250/1967). Assim, o valor máximo a ser pago por tais empresas seria de duzentos salários mínimos.

O art. 53 da Lei de Imprensa previa critérios para a quantificação da indenização, o que não deixava de criar estranheza, já que os montantes eram tarifados, como antes se expôs. Os parâmetros, de toda forma, eram os seguintes:

a) A intensidade do sofrimento do ofendido, a gravidade, a natureza e repercussão da ofensa e a posição social e política do ofendido.

b) A intensidade do dolo ou o grau da culpa do responsável, sua situação econômica e sua condenação anterior em ação criminal ou cível fundada em abuso no exercício da liberdade de manifestação do pensamento e informação. A menção à intensidade do dolo causava estranheza, pois apenas a culpa admite classificações quanto ao grau.

c) A retratação espontânea e cabal, antes da propositura da ação penal ou cível, a publicação ou transmissão da resposta ou pedido de retificação, nos prazos previstos na lei e independentemente de intervenção judicial, e a extensão da reparação por esse meio obtida pelo ofendido.

Como se pode notar – e isso está desenvolvido no Capítulo 11 deste livro –, os critérios são muito próximos aos adotados pela Reforma Trabalhista, no tocante aos danos extrapatrimoniais suportados pelos trabalhadores, sendo clara a (má) influência da Lei de Imprensa para essa norma emergente.

Voltando ao âmago da lei anterior, a melhor interpretação feita das previsões destacadas era no sentido de que tais parâmetros e tarifações somente diziam respeito aos danos morais. De toda sorte, antes mesmo do reconhecimento de não recepção da Lei de Imprensa pelo Texto Constitucional – o que se deu em 2009, como se verá – o Superior Tribunal de Justiça já havia editado a sua Súmula n. 281, em 2004, segundo a qual "a indenização por dano moral não está sujeita à tarifação prevista na Lei de Imprensa". Como se retira de um dos precedentes que gerou a ementa, "conforme jurisprudência desta Corte, com o advento da Constituição de 1988 não prevalece a tarifação da indenização devida por danos morais" (STJ, REsp 168.945/SP, 3.ª Turma, Rel. Min. Antônio de Pádua Ribeiro, j. 06.09.2001, *DJ* 08.10.2001, p. 210). Ou, ainda, trazendo exemplo concreto:

"A pessoa entrevistada que fez afirmação injuriosa veiculada em programa televisivo, de que decorreu a ação indenizatória de dano moral promovida pelo que se julga ofendido em sua honra, tem legitimidade para figurar no seu polo passivo. A Constituição de 1988 afastou, para a fixação do valor da reparação do dano moral, as regras referentes aos limites tarifados previstas pela Lei de Imprensa, sobretudo quando, como no caso, as instâncias ordinárias constataram soberana e categoricamente o caráter insidioso da matéria de que decorreu a ofensa. Precedentes" (STJ, REsp 169.867/RJ, 4.ª Turma, Rel. Min. Cesar Asfor Rocha, j. 05.12.2000, *DJ* 19.03.2001, p. 112).

Sobre os danos materiais, a propósito, a máxima que orienta a sua reparação é a recomposição de todos os prejuízos suportados, sejam eles danos emergentes ou lucros cessantes. Tal constatação era retirada do art. 54 da Lei de Imprensa, segundo o qual, "a indenização do dano material tem por finalidade restituir o prejudicado ao estado anterior".

Outro sério e grave problema técnico da Lei de Imprensa dizia respeito ao prazo para exercício da pretensão reparatória, prevendo o art. 56 que esse seria decadencial de três meses, contados da data da publicação ou da transmissão que lhe desse causa.

Além de ser um prazo muito exíguo, estabelecido com intuito claro de amparar os veículos de comunicação protegidos pelo regime ditatorial, em detrimento das vítimas, reitere-se que os prazos para as pretensões reparatórias não podem ser decadenciais, mas prescricionais, pela teoria adotada tanto pelo Código Civil de 2002 quanto pelo CDC, atribuída a Agnelo Amorim Filho.

No entanto, os problemas do *caput* do art. 56 da Lei n. 5.250/1967 não paravam por aí, uma vez que ali estava estabelecido que a ação para se pleitear indenização por dano moral poderia ser separada da ação para haver reparação do dano material. Ora, desde a edição da Súmula n. 37 do STJ, do ano de 1992, tornou-se comum a cumulação do pedido de reparação por danos materiais e morais no mesmo feito, sendo as ações separadas uma medida contrária à sadia economia processual e à razoável duração do processo.

Se não bastasse tudo isso, havia ainda outro problema técnico no parágrafo único do art. 56, segundo o qual o exercício da ação cível independeria da ação penal. Todavia, estava ali previsto que, caso intentada a ação penal, se a defesa se baseasse na exceção da verdade e se tratasse de hipótese em que ela fosse admitida como excludente da responsabilidade civil ou em outro fundamento cuja decisão no juízo criminal fazia coisa julgada no cível, o juiz determinaria a instrução do processo cível até onde pudesse prosseguir, independentemente da decisão na ação penal.

Admitia-se, assim, a *exceção da verdade* como argumento a afastar a lesão a direito da personalidade, como excludente de responsabilidade civil, o que não é reconhecido por muitos civilistas, como é o meu caso.

Representando embaraço para as pretensões das vítimas, o art. 57 da Lei de Imprensa impunha que a petição inicial da ação para haver reparação de dano moral fosse instruída com o exemplar do jornal ou periódico que tivesse publicado o escrito ou notícia, ou com a notificação feita à empresa de radiodifusão. Deveria também indicar a exordial as provas e as diligências que o autor julgasse necessárias, arrolar testemunhas e ser acompanhada da prova documental em que se fundasse o pedido.

A petição inicial deveria ser apresentada em duas vias. Com a primeira e os documentos que a acompanhassem seria formado processo, e a citação inicial seria feita mediante a entrega da segunda via, a contrafé, o que é óbvio nos dias atuais. O juiz, assim, despacharia a petição inicial no prazo de 24 horas, e o oficial teria igual prazo para certificar o cumprimento do mandato de citação.

Pelo mesmo art. 57, na contestação, apresentada no prazo de cinco dias, o réu exerceria a malfadada exceção da verdade, se fosse o caso, indicaria as provas e diligências que julgasse necessárias e arrolaria as testemunhas. A contestação seria acompanhada da prova documental que pretendesse produzir.

Contestada a ação, seguia-se o rito ordinário, atual procedimento comum. Não havendo contestação, o juiz proferiria desde logo a sentença e, em caso contrário, observaria o procedimento ordinário. Na ação para haver reparação de dano moral, só se admitia reconvenção de igual ação.

Da sentença do juiz caberia recurso de apelação, o qual somente seria admitido mediante comprovação do depósito, pelo apelante, de quantia igual à importância total da condenação. Com a petição de interposição do recurso, o apelante pediria a expedição de guia para o depósito, sendo a apelação julgada deserta se, no prazo de sua interposição, não fosse comprovado o depósito. Esses eram os procedimentos detalhados sobre a ação de reparação civil fundada em danos causados pelos veículos de comunicação, pela imprensa.

Expostos os preceitos fundamentais a respeito da Lei de Imprensa – que nos interessam diretamente ao presente capítulo –, cabe demonstrar o reconhecimento de sua não recepção pela Constituição Federal de 1988, o que foi concretizado quando do julgamento da Arguição de Descumprimento de Preceito Fundamental 130, originária do Distrito Federal, pelo Pleno do Supremo Tribunal Federal.

O julgamento foi pronunciado em 30 de abril de 2009, tendo sido seu relator o Ministro Carlos Ayres Britto, em ação proposta pelo Partido Democrático Trabalhista, o PDT. Vejamos os principais argumentos constantes da publicação do acórdão, sem prejuízo dos problemas da norma antes anotados.

Como se retira da ementa do julgado, "a Constituição reservou à imprensa todo um bloco normativo, com o apropriado nome 'Da Comunicação Social' (capítulo V do título VIII). A imprensa como plexo ou conjunto de 'atividades' ganha a dimensão de instituição-ideia, de modo a poder influenciar cada pessoa *per se* e até mesmo formar o que se convencionou chamar de opinião pública. Pelo que ela, Constituição, destinou à imprensa o direito de controlar e revelar as coisas respeitantes à vida do Estado e da própria sociedade. A imprensa como alternativa à explicação ou versão estatal de tudo que possa repercutir no seio da sociedade e como garantido espaço de irrupção do pensamento crítico em qualquer situação ou contingência. Entendendo-se por pensamento crítico o que, plenamente comprometido com a verdade ou essência das coisas, se dota de potencial emancipatório de mentes e espíritos. O corpo normativo da Constituição brasileira sinonimiza liberdade de informação jornalística e liberdade de imprensa, rechaçante de qualquer censura prévia a um direito que é signo e penhor da mais encarecida dignidade da pessoa humana, assim como do mais evoluído estado de civilização" (ADPF 130).

O voto do Ministro Carlos Ayres Britto valoriza, assim, a livre manifestação do pensamento e o direito fundamental à informação o que, como julgou o STF, não foi consagrado pela Lei de Imprensa, diante de vários de seus preceitos que admitiam expressa ou implicitamente a censura. Nessa linha, vejamos outro trecho importante do julgamento:

"O art. 220 da Constituição radicaliza e alarga o regime de plena liberdade de atuação da imprensa, porquanto fala: a) que os mencionados direitos de personalidade (liberdade de pensamento, criação, expressão e informação) estão a salvo de qualquer restrição em seu exercício, seja qual for o suporte físico ou tecnológico de sua veiculação; b) que tal exercício não se sujeita a outras disposições que não sejam as figurantes dela própria, Constituição. A liberdade de informação jornalística é versada pela Constituição Federal como expressão sinônima de liberdade de imprensa. Os direitos que dão conteúdo à liberdade de imprensa são bens de personalidade que se qualificam como sobredireitos. Daí que, no limite, as relações de imprensa e as relações de intimidade, vida privada, imagem e honra são de mútua excludência, no sentido de que as primeiras se antecipam, no tempo, às segundas; ou seja, antes de tudo prevalecem as relações de imprensa como superiores bens jurídicos e natural forma de controle social sobre o poder do Estado, sobrevindo as demais relações como eventual responsabilização ou consequência do pleno gozo das primeiras. A expressão constitucional 'observado o disposto nesta Constituição' (parte final do art. 220) traduz a incidência dos dispositivos tutelares de outros bens de personalidade, é certo, mas como consequência ou responsabilização pelo desfrute da 'plena liberdade de informação jornalística' (§ 1.º do mesmo art. 220 da Constituição Federal). Não há liberdade de imprensa pela metade ou sob as tenazes da censura prévia, inclusive a procedente do Poder Judiciário, pena de se resvalar para o espaço inconstitucional da prestidigitação jurídica. Silenciando a Constituição quanto ao regime da internet (rede mundial de computadores), não há como se lhe recusar a qualificação de território virtual livremente veiculador de ideias e opiniões, debates, notícias e tudo o mais que signifique plenitude de comunicação" (STJ, ADPF 130/DF, Tribunal Pleno, Rel. Min. Carlos Ayres Britto, j. 30.04.2009).

O voto também menciona que o Texto Maior assegura "o gozo dos sobredireitos de personalidade em que se traduz a 'livre' e 'plena' manifestação do pensamento, da criação e da informação. Somente depois é que se passa a cobrar do titular de tais situações jurídicas ativas um eventual desrespeito a direitos constitucionais alheios, ainda que também densificadores da personalidade humana". Sobre os direitos de resposta e à reparação civil decorrentes da veiculação das notícias e informações, esses devem sempre ser exercidos *a posteriori*, com o intuito de inibir os eventuais abusos decorrentes do exercício da liberdade de imprensa.

Também foi destacado no julgamento que as indenizações excessivas são inibitórias da liberdade de imprensa, em violação ao princípio constitucional da proporcionalidade. Segundo consta expressamente do voto condutor, "a relação de proporcionalidade entre o dano moral ou material sofrido por alguém e a indenização que lhe caiba receber (quanto maior o dano maior a indenização) opera é no âmbito interno da potencialidade da ofensa e da concreta situação do ofendido. Nada tendo a ver com essa equação a circunstância em si da veiculação do agravo por órgão de imprensa, porque, senão, a liberdade de informação jornalística deixaria de ser um elemento de expansão e de robustez da liberdade de pensamento e de expressão *lato sensu* para se tornar um fator de contração e de esqualidez dessa liberdade". Nos casos de pessoas públicas, concluiu-se que as indenizações eventualmente fixadas devem ser módicas, uma vez que todo agente público está sob permanente vigília da cidadania: "e quando o agente estatal não prima por todas as aparências de legalidade e legitimidade no seu atuar oficial, atrai contra si mais fortes suspeitas de um comportamento antijurídico francamente sindicável pelos cidadãos" (STJ, ADPF 130/DF, Tribunal Pleno, Rel. Min. Carlos Ayres Britto, j. 30.04.2009).

Outras conclusões do *decisum* superior merecem destaque: *a)* há uma relação de mútua causalidade entre a liberdade de imprensa e a democracia, constituindo essa liberdade um patrimônio imaterial de todo o povo brasileiro; *b)* existe inerência entre pensamento crítico e a imprensa livre, sendo a última a instância natural de formação da opinião pública, como alternativa à versão oficial dos fatos; *c)* a liberdade plena de informar representa o "núcleo duro" da liberdade de imprensa e *d)* decorre do Texto Maior a autorregulação da imprensa, como mecanismo de permanente ajuste de limites da sua liberdade ao sentir-pensar da sociedade civil. A respeito do último aspecto, asseverou-se que o temor do abuso na veiculação das notícias não pode permitir o uso de uma liberdade de informação, prevista no art. 220, § 1.º, da Constituição da República como "plena".

Ao final, concluiu-se pela não recepção de toda a Lei de Imprensa pela ordem constitucional vigente. Entendeu-se, desse modo, que "são de todo imprestáveis as tentativas de conciliação hermenêutica da Lei 5.250/1967 com a Constituição, seja mediante expurgo puro e simples de destacados dispositivos da lei, seja mediante o emprego dessa refinada técnica de controle de constitucionalidade que atende pelo nome de 'interpretação conforme a Constituição'. A técnica da interpretação conforme não pode artificializar ou forçar a descontaminação da parte restante do diploma legal interpretado, pena de descabido incursionamento do intérprete em legiferação por conta própria" (STJ, ADPF 130/DF, Tribunal Pleno, Rel. Min. Carlos Ayres Britto, j. 30.04.2009).

Com a total procedência da arguição de descumprimento de preceito fundamental, entendeu-se pela necessidade de aplicação de todas as normas da legislação comum para os casos envolvendo a veiculação de notícias, em especial o Código Civil, o Código Penal, o Código de Processo Civil e o Código de Processo Penal.

Dessa forma, devem ser visualizadas as ações reparatórias de danos relativas à imprensa e aos meios de comunicação, com aplicação de preceitos da codificação material a respeito dos direitos de personalidade e da responsabilidade civil, abordados no próximo tópico.

2.2. Normas aplicáveis aos meios de comunicação na atualidade. Análise dos dispositivos do Código Civil e da Lei de Direito de Resposta e de Retificação (Lei n. 13.188/2015)

Começando com os dispositivos atinentes aos direitos da personalidade na codificação material, merece destaque inicial o seu art. 11, que prevê as suas características da intransmissibilidade, da irrenunciabilidade e da indisponibilidade, salvo as exceções previstas em lei ou fora dela. Conforme o texto, "com exceção dos casos previstos em lei, os direitos da personalidade são intransmissíveis e irrenunciáveis, não podendo o seu exercício sofrer limitação voluntária".

De todo modo, como tenho apontado em aulas e escritos sobre o tema, existe uma *parcela* dos direitos da personalidade, relacionada a aspectos patrimoniais, que é transmissível, renunciável e disponível. Nesse sentido, a propósito, o Enunciado n. 4, aprovado na I *Jornada de Direito Civil* (2002), segundo o qual, "o exercício dos direitos da personalidade pode sofrer limitação voluntária, desde que não seja permanente nem geral". O enunciado ganhou tanta importância na prática que passou a compor a Edição n. 137 da ferramenta *Jurisprudência em Teses* do Superior Tribunal de Justiça, dedicada aos direitos da personalidade e publicada em 2019 (Tese n. 1).

Aplicando o teor desse enunciado doutrinário, citem-se as hipóteses dos contratos assinados pelos participantes de *reality shows*, caso do programa *Big Brother Brasil*, veiculado pela TV Globo. Em programas dessa natureza, é comum a celebração de um contrato em que o participante renuncia ao direito a qualquer indenização a título de dano moral, em decorrência da edição de imagens. A previsão de renúncia é nula, sem dúvida, aplicação direta dos arts. 11 e 166, inc. VI, do CC/2002.

A propósito, entendo que esses programas, em si, não trazem qualquer lesão a direitos da personalidade pela sua própria concepção. No entanto, pode o participante ter a sua honra maculada pelo programa televisivo, dependendo da forma como as imagens são expostas, cabendo medidas judiciais de proteção em casos tais.

Também adotando os exatos termos do enunciado doutrinário concluiu o STJ, em aresto publicado no seu *Informativo* n. 606, que "o exercício dos direitos da personalidade pode ser objeto de disposição voluntária, desde que não permanente nem geral, estando condicionado à prévia autorização do titular e devendo sua utilização estar de acordo com o contrato estabelecido entre as partes" (REsp 1.630.851/SP, 3.ª Turma, Rel. Min. Paulo de Tarso Sanseverino, por unanimidade, j. 27.04.2017, *DJe* 22.06.2017). O acórdão diz respeito à indenização pelo uso de mensagem de voz em gravação de saudação telefônica, trazendo a correta conclusão segundo a qual a voz encontra proteção nos direitos da personalidade, garantidos pela Constituição Federal e protegidos pelo Código Civil de 2002. Essa proteção pode ser estendida para os casos envolvendo os meios de comunicação.

Em complemento, na *III Jornada de Direito Civil*, evento de 2004, foi aprovado outro enunciado doutrinário, de número 139, segundo o qual "os direitos da personalidade podem sofrer limitações, ainda que não especificamente previstas em lei, não podendo ser exercidos com abuso de direito de seu titular, contrariando a boa-fé objetiva e os bons costumes". Assim se enquadra, por exemplo, o exercício do direito de informar, verdadeiro direito da personalidade do informador, que não pode representar abuso de direito, tema que será objeto de tópico próprio neste capítulo.

Relembro que o projeto de Reforma do Código Civil pretende inserir no seu art. 11 o conteúdo desse enunciado doutrinário, passando o seu § 2.º, em boa hora, a prever que "os direitos da personalidade são intransmissíveis, irrenunciáveis e a limitação voluntária de seu exercício, somente será admitida, quando não permanente e específica, respeitando à boa-fé objetiva e não baseada em abuso de direito de seu titular".

Outro dispositivo fundamental a respeito dos casos envolvendo a divulgação de informações por veículos de comunicação e os danos que dela decorrem, é o art. 12 do Código Civil que consagra a *tutela geral da personalidade*, trazendo os *princípios da prevenção* e da *reparação integral de danos*, que podem ser exercidos por meios judiciais e extrajudiciais. É a redação do *caput* do dispositivo: "pode-se exigir que cesse a ameaça, ou a lesão, a direito da personalidade, e reclamar perdas e danos, sem prejuízo de outras sanções previstas em lei".

No que concerne à *prevenção*, prevê o Enunciado n. 140 do Conselho da Justiça Federal, aprovado na III *Jornada de Direito Civil* (2004), que "a primeira parte do art. 12 do Código Civil refere-se a técnicas de tutela específica, aplicáveis de ofício, enunciadas no art. 461 do Código de Processo Civil, devendo ser interpretada como resultado extensivo".

Desse modo, cabe multa diária, ou *astreintes*, em ação cujo objeto é uma obrigação de fazer ou não fazer, em prol dos direitos da personalidade. Essa medida será concedida de ofício pelo juiz (*ex officio*), justamente porque a proteção da pessoa envolve ordem pública.

Duas notas devem ser feitas com relação a esse último enunciado doutrinário com a emergência do CPC ora em vigor. A primeira delas é que o art. 461 do CPC/1973 equivale ao art. 497 do CPC/2015, tendo o último preceito a seguinte redação:

"Art. 497. Na ação que tenha por objeto a prestação de fazer ou de não fazer, o juiz, se procedente o pedido, concederá a tutela específica ou determinará providências que assegurem a obtenção de tutela pelo resultado prático equivalente.

Parágrafo único. Para a concessão da tutela específica destinada a inibir a prática, a reiteração ou a continuação de um ilícito, ou a sua remoção, é irrelevante a demonstração da ocorrência de dano ou da existência de culpa ou dolo".

A dispensa da presença do dano e da culpa *lato sensu* parece salutar, *objetivando* a proteção dos direitos da personalidade quanto às medidas preventivas de tutela.

A segunda nota é que o conhecimento de ofício dessa proteção representa clara aplicação do *Direito Processual Civil Constitucional*, retirado dos arts. 1.º e 8.º do

CPC/2015. A título de exemplo, se uma empresa de comunicações está utilizando indevidamente a imagem de uma celebridade, com intuito econômico e sem a devida autorização, caberá uma ação específica tanto para vedar novas veiculações quanto para retirar a veiculação da imagem (obrigação de fazer e de não fazer).

Nessa ação caberá a fixação de uma multa diária, ou de uma multa única, para evitar novas condutas. Tudo isso, repita-se, de ofício pelo juiz, sem a necessidade de pedido da parte e da presença de culpa, dolo e dano, nos termos do que consta do CPC/2015. No caso de lesão a tais direitos, continua merecendo aplicação a Súmula n. 37 do STJ, antes mencionada, com a cumulação de todos os danos suportados pelo ofendido em uma mesma demanda.

Como apontado no Capítulo 6, tema que deve ser retomado, o parágrafo único do art. 12 do CC/2002 reconhece direitos da personalidade ao morto, cabendo legitimidade para ingressar com a ação correspondente aos *lesados indiretos*: cônjuge, ascendentes, descendentes e colaterais até quarto grau. Conforme enunciado aprovado na *V Jornada de Direito Civil*, de autoria do Professor Gustavo Tepedino, tais legitimados agem por direito próprio nessas situações (Enunciado n. 400).

Reitero ser precisa e correta a conclusão segundo a qual a personalidade termina com a morte, o que é retirado do art. 6.º do Código Civil. Todavia, após a morte da pessoa restam *resquícios de sua personalidade*, que podem ser protegidos pelos citados *lesados indiretos*. Assim, havendo de lesão aos direitos da personalidade do morto, estão presentes *danos diretos* – aos familiares – e também *danos indiretos ou em ricochete* – que atingem o morto e repercutem naqueles que a lei considera legitimados.

Essa posição seguida pode ser tida como a majoritária no Brasil. Nesse sentido, cite-se novamente o artigo científico desenvolvido por Ney Rodrigo Lima Ribeiro, citado quando do julgamento do Recurso Especial 1.209.474/SP pela Terceira Turma do STJ, acórdão que teve como relator o Ministro Paulo de Tarso Sanseverino (10.09.2013). Como aponta o autor, existem três correntes de análise do tema dos direitos da personalidade do morto:

> "a) Sustentam que a personalidade cessa com a morte (art. 6.º do CC), ou seja, que é uma regra absoluta e, por conseguinte, a morte tudo resolve (*mors omnia solvit*), bem como não há extensão dos direitos de personalidade, os seguintes doutrinadores: Sílvio de Salvo Venosa; Cristiano Chaves; Pontes de Miranda e Silvio Romero Beltrão; b) defendem que a personalidade cessa com a morte (art. 6.º do CC), entretanto, é uma regra relativa e, por decorrência, o brocardo jurídico *mors omnia solvit* não é absoluto, há extensão dos direitos de personalidade após a morte e também é cabível a indenização diante de lesão à pessoa falecida, os seguintes autores: Álvaro Villaça, Silmara J. Chinellato; Rubens Limongi França; Ingo Wolfgang Sarlet; Gustavo Tepedino; Maria Helena Diniz; Flávio Tartuce; Paulo Lôbo; Francisco Amaral e José Rogério Cruz e Tucci; c) a doutrina brasileira é quase uníssona em afirmar que o princípio da dignidade da pessoa humana (art. 1.º, III, da CF/1988) é o sustentáculo de proteção das pessoas falecidas".[12]

---

[12] RIBEIRO, Ney Rodrigo Lima. Direitos da personalidade, cit.

Como visto naquele outro capítulo, injustificadamente, o art. 12, parágrafo único, do CC/2002 não faz referência ao companheiro ou convivente, que ali deve ser incluído por aplicação analógica do art. 226, § 3.º, da CF/1988. Justamente por isso, o Enunciado n. 275, da *IV Jornada de Direito Civil*, prevê que "o rol dos legitimados de que tratam os arts. 12, parágrafo único, e 20, parágrafo único, do Código Civil, também compreende o companheiro". Segundo o mesmo enunciado doutrinário, no caso específico de lesão à imagem do morto, o art. 20, parágrafo único, do CC/2002 do mesmo modo atribui legitimidade aos *lesados indiretos*, mas apenas faz menção ao cônjuge, aos ascendentes e aos descendentes, devendo ser incluído o companheiro pelas razões antes demonstradas.

Entretanto, pelo que consta expressamente da lei, os colaterais até quarto grau não teriam legitimação para a defesa da imagem do morto, pela ausência no art. 20, parágrafo único, da Lei Geral Privada. A respeito da confrontação entre os dois comandos em estudo, veja-se o teor do Enunciado n. 5 da *I Jornada de Direito Civil*:

> "Arts. 12 e 20: 1) as disposições do art. 12 têm caráter geral e aplicam-se inclusive às situações previstas no art. 20, excepcionados os casos expressos de legitimidade para requerer as medidas nele estabelecidas; 2) as disposições do art. 20 do novo Código Civil têm a finalidade específica de regrar a projeção dos bens personalíssimos nas situações nele enumeradas. Com exceção dos casos expressos de legitimação que se conformem com a tipificação preconizada nessa norma, a ela podem ser aplicadas subsidiariamente as regras instituídas no art. 12".

A posição adotada pela ementa doutrinária é controvertida, pois o conceito de imagem (incluindo a *imagem-retrato* e a *imagem-atributo*) encontra-se muito ampliado. Nesse contexto, haverá enormes dificuldades de enquadrar a situação concreta no art. 12 ou no art. 20 do Código Civil.

Não obstante essa constatação, pode-se até entender que os dispositivos trazem apenas relações exemplificativas dos legitimados extraordinariamente para os casos de lesão à personalidade do morto. Desse modo, é forçoso concluir que os arts. 12, parágrafo único, e 20, parágrafo único, comunicam-se entre si. Comentando o último comando, leciona Silmara Juny Chinellato, a quem se filia, que "anoto que a legitimação aqui é menos extensa do que naquele parágrafo, já que omite os colaterais. É sustentável admitir a legitimação também a eles, bem como aos companheiros, uma vez que o art. 12 se refere genericamente à tutela dos direitos da personalidade, entre os quais se incluem os previstos pelo art. 20".[13]

Por bem, adotando a flexibilidade da ordem prevista nos comandos, na *V Jornada de Direito Civil* (2011), aprovou-se enunciado doutrinário com o seguinte teor: "as medidas previstas no artigo 12, parágrafo único, do Código Civil, podem ser invocadas por qualquer uma das pessoas ali mencionadas de forma concorrente e autônoma" (Enunciado n. 398).

---

[13] CHINELLATO, Silmara Juny. *Código Civil interpretado*. 11. ed. São Paulo: Manole, 2018. p. 60.

Anote-se, mais uma vez, que o projeto de Reforma do Código Civil pretende resolver todos esses problemas e dilemas do seu art. 12. Assim, o *caput* do comando passará a prever, de modo mais técnico, que "pode-se exigir que cessem a ameaça ou a lesão a direito de personalidade, e pleitear-se a reparação de danos, sem prejuízo de outras sanções previstas em lei". Sobre a legitimidade, suprindo os equívocos anteriores, o seu § 1.º enunciará: "terão legitimidade para requerer a medida prevista neste artigo o cônjuge ou convivente sobreviventes ou parente do falecido em linha reta; na falta de qualquer um deles, passam a ser legitimados os colaterais de quarto grau". Por fim, de forma salutar e ainda no que diz respeito a essa legitimidade, o seu § 2.º preceituará que, "na hipótese de falta de acordo entre herdeiros, cônjuge ou convivente do falecido, quanto à pertinência da pretensão indenizatória os legitimados podem assumir, na ação ou no procedimento em trâmite, a posição de parte que melhor lhes convier".

Partindo para a prática, um dos julgados mais conhecidos a respeito da tutela da personalidade do morto é o relativo ao livro *Estrela solitária – um brasileiro chamado Garrincha*, também mencionado no Capítulo 6 deste livro, em que se tutelaram os direitos das filhas do jogador, reparando-as por danos morais sofridos em decorrência de afirmações feitas na publicação. Vejamos a ementa desse importante precedente:

"Civil. Danos morais e materiais. Direito à imagem e à honra de pai falecido. Os direitos da personalidade, de que o direito à imagem é um deles, guardam como principal característica a sua intransmissibilidade. Nem por isso, contudo, deixa de merecer proteção a imagem e a honra de quem falece, como se fossem coisas de ninguém, porque elas permanecem perenemente lembradas nas memórias, como bens imortais que se prolongam para muito além da vida, estando até acima desta, como sentenciou Ariosto. Daí por que não se pode subtrair dos filhos o direito de defender a imagem e a honra de seu falecido pai, pois eles, em linha de normalidade, são os que mais se desvanecem com a exaltação feita à sua memória, como são os que mais se abatem e se deprimem por qualquer agressão que lhe possa trazer mácula. Ademais, a imagem de pessoa famosa projeta efeitos econômicos para além de sua morte, pelo que os seus sucessores passam a ter, por direito próprio, legitimidade para postularem indenização em juízo, seja por dano moral, seja por dano material. Primeiro recurso especial das autoras parcialmente conhecido e, nessa parte, parcialmente provido. Segundo recurso especial das autoras não conhecido. Recurso da ré conhecido pelo dissídio, mas improvido" (STJ, REsp 521.697/RJ, 4.ª Turma, Rel. Min. Cesar Asfor Rocha, j. 16.02.2006, *DJ* 20.03.2006, p. 276).

Além do reconhecimento de danos reparáveis em favor das herdeiras do retratado, proibiu-se a veiculação da obra, entendimento que está superado frente à decisão do STF sobre as biografias não autorizadas, que concluiu pela impossibilidade de qualquer censura prévia na divulgação de tais escritos (ADIN 4.815).

Analisado o art. 12 do Código Civil, outro comando com aplicação direta para o tema da divulgação das informações é justamente o antes citado art. 20, *caput*, da mesma codificação privada, norma que tem uma redação bem truncada e com alcance prático duvidoso na tutela da imagem. Nos seus termos literais, repise-se, "salvo se autorizadas, ou se necessárias à administração da justiça ou à manutenção da ordem pública, a divulgação de escritos, a transmissão da palavra, ou a publicação, a exposição ou a utilização da imagem de uma pessoa poderão ser proibidas, a seu requerimento e sem prejuízo da indenização que couber, se lhe atingirem a honra, a boa fama ou a respeitabilidade, ou se se destinarem a fins comerciais".

Percebe-se, nesse contexto, que o último comando tutela o direito à imagem e os direitos a ele conexos, em um sentido amplo, confirmando a previsão anterior do art. 5.º, incs. V e X, da CF/1988, que asseguram o direito à reparação moral no caso de lesão à imagem. A respeito dos danos morais merece ser enfatizado que o Superior Tribunal de Justiça editou, em novembro de 2009, a Súmula n. 403, prevendo que "Independe de prova do prejuízo a indenização pela publicação não autorizada de imagem de pessoa com fins econômicos ou comerciais". Pelo seu teor, tem prevalecido a tese de que em casos tais, de uso indevido de imagem com fins econômicos, os danos morais são presumidos ou *in re ipsa*.

Em sentido complementar, tem-se entendido que o teor dessa Súmula n. 403 do STJ não se aplica nas hipóteses que envolvam fatos históricos de interesse social. No âmbito da própria jurisprudência superior, essa foi a conclusão do Tribunal da Cidadania em caso relativo a ação judicial proposta por Gloria Perez contra a Rede Record, pelo fato de a emissora ter veiculado um documentário a respeito do assassinato de sua filha. Como consta da ementa do *decisum*, julgada por maioria e com profundo debate sobre o assunto:

"É inexigível a autorização prévia para divulgação de imagem vinculada a fato histórico de repercussão social. Nessa hipótese, não se aplica a Súmula 403/STJ. Ao resgatar da memória coletiva um fato histórico de repercussão social, a atividade jornalística reforça a promessa em sociedade de que é necessário superar, em todos os tempos, a injustiça e a intolerância, contra os riscos do esquecimento dos valores fundamentais da coletividade. Eventual abuso na transmissão do fato, cometido, entre outras formas, por meio de um desvirtuado destaque da intimidade da vítima ou do agressor, deve ser objeto de controle sancionador. A razão jurídica que atribui ao portador da informação uma sanção, entretanto, está vinculada ao abuso do direito, e não à reinstituição do fato histórico. Na espécie, a Rádio e Televisão Record veiculou reportagem acerca de trágico assassinato de uma atriz, ocorrido em 1992, com divulgação de sua imagem, sem prévia autorização. De acordo com a conjuntura fática cristalizada pelas instâncias ordinárias, há relevância nacional na reportagem veiculada pela emissora, sem qualquer abuso na divulgação da imagem da vítima. Não há se falar, portanto, em ato ilícito passível de indenização" (STJ, REsp 1.631.329/RJ, 3.ª Turma, Rel. Min. Ricardo Villas Bôas Cueva, Rel. p/ Acórdão Min. Nancy Andrighi, j. 24.10.2017, *DJe* 31.10.2017).

Pelos mesmos argumentos e com o mesmo debate, a mesma Terceira Turma do STJ entendeu que "a simples representação da imagem de pessoa em obra biográfica audiovisual que tem por objeto a história profissional de terceiro não atrai a aplicação da Súmula n.º 403/STJ, máxime quando realizada sem nenhum propósito econômico ou comercial" (STJ, REsp 1.454.016/SP, 3.ª Turma, Rel. Min. Nancy Andrighi, Rel. p/ Acórdão Min. Ricardo Villas Bôas Cueva, j. 12.12.2017, *DJe* 12.03.2018). No caso, julgou-se ação de reparação de danos proposta por ex-goleiro do Santos Futebol Clube em virtude da veiculação indireta de sua imagem, reproduzida por um ator profissional contratado e sem prévia autorização, em cenas do documentário biográfico "Pelé Eterno".

Feitas essas anotações a respeito de aspectos práticos de incidência da Súmula n. 403, esclarecendo novamente a confusa redação do art. 20 da codificação material, para a utilização da imagem de outrem é necessária autorização, sob pena de aplicação dos princípios da prevenção e da reparação integral dos danos.

Entretanto, essa autorização é dispensável se a pessoa interessar à ordem pública ou à administração da justiça, pelos exatos termos da lei. Como antes destacado, devem ser acrescentadas as exceções relativas ao reconhecimento do amplo direito à informação e da liberdade de imprensa, analisada a questão a partir da colisão entre direitos fundamentais e o uso da técnica da ponderação (Enunciado n. 277 da *IV Jornada de Direito Civil*). Na verdade, tal comando já foi analisado com os devidos aprofundamentos em tópico anterior deste capítulo.

Todos esses problemas devem ser resolvidos com o projeto de Reforma do Código Civil, diante da nova redação que se propõe ao art. 20 e aqui antes exposta. Também merecem destaque as novas redações dos arts. 16, 16-A, e 17, que igualmente resolverão muitos dilemas hoje vistos na prática, a respeito dos direitos da personalidade.

O art. 16 do CC, em sua nova redação, tratará do direito à identidade da pessoa natural, prevendo que ela "se revela por seu estado individual, familiar e político, não se admitindo que seja vítima de qualquer discriminação, quanto a gênero, a orientação sexual ou a características sexuais". Sobre o nome, ele será tido, expressamente, como "expressão de individualidade e externa a maneira peculiar de alguém estar em sociedade" (§ 1.º). Ademais, "sem autorização do seu titular, o nome da pessoa não pode ser empregado por outrem em publicações ou representações que a exponham ao desprezo público, ou que tenham fins econômicos ou comerciais" (§ 2.º). O trecho final do comando representa melhor na atual redação do art. 17 do Código Civil e adota a Súmula n. 403 do STJ, projetada para a tutela do nome.

Seguindo, o § 3.º da nova versão do art. 16, de forma ampla, enunciará que "o pseudônimo, o heterônimo, o nome artístico, as personas, os avatares digitais e outras técnicas de anonimização adotados para atividades lícitas gozam da mesma proteção que se dá ao nome". Para os fins dessa proteção, "é vedada a adoção de técnicas ou estratégias de qualquer natureza que conduzam ao anonimato, que levem à impossibilidade de identificar agentes e lhes imputar responsabilidade". Amplia-se na codificação a tímida proteção hoje existente em relação ao pseudônimo (art. 19).

Também melhorando o texto do atual art. 18, o § 5.º do art. 16 preverá que "sem autorização, não se pode usar o nome alheio em publicidade, em marca, logotipo ou em qualquer forma de identificação de produto, mercadoria ou de atividade de prestação de serviços, tampouco em manifestações de caráter religioso ou associativo". Também estará expresso que "a mudança e a alteração do nome obedecerão à disciplina da legislação especial, sem que isso importe, por si só, alteração de estado civil" (§ 6.º). Por fim, a modificação do sobrenome de criança ou de adolescente por força de novo casamento ou união estável de seus ascendentes só poderá ocorrer a partir dos dezoito anos (novo art. 16, § 7.º).

Essa proteção da identidade também atingirá expressamente as pessoas jurídicas, prevendo o novo art. 16-A proposto pelo projeto de Reforma do Código Civil que "a pessoa jurídica tem direito à igual proteção jurídica de seu nome e marca, bem como de toda forma de identificação de sua atividade, serviços e produtos".

Ainda no que diz respeito à identidade pessoal, o sugerido art. 17 determinará que "toda pessoa tem direito ao reconhecimento e à preservação de sua identidade pessoal, composta pelo conjunto de atributos, características, comportamentos e escolhas que a distingam das demais". Além do nome, imagem, voz, integridade psicofísica, compõem também a identidade pessoal os aspectos que envolvam orientação ou expressão de gênero, sexual, religiosa, cultural e outros aspectos que lhe sejam inerentes (§ 1.º). Será considerado expressamente como ilícito o uso, a simples apropriação ou a divulgação não autorizada dos elementos de identidade da pessoa, bem como das peculiaridades capazes de identificá-la, ainda que sem se referir a seu nome, imagem ou voz (§ 2.º). Também nessa última proposição, adota-se o conteúdo da Súmula n. 403 do STJ.

Seguindo a análise dos comandos aplicados no momento para a veiculação de informações, merece ser mencionado, entre os dispositivos que tratam dos direitos da personalidade, o art. 21 do Código Civil, que tutela o direito à intimidade prescrevendo que a vida privada da pessoa natural é inviolável, conforme já se retirava do art. 5.º, inc. X, da CF/1988.

Também esse direito não é absoluto, devendo ser ponderado com outros, sobretudo os de índole constitucional, afirmação reconhecida no sempre citado julgamento do STF sobre as biografias não autorizadas, que também tinha como objeto o art. 21 do CC/2002 (ADIN 4.815). No âmbito doutrinário, como leciona Anderson Schreiber, "a norma diz pouco para o seu tempo. Como já se enfatizou em relação aos direitos da personalidade em geral, o desafio atual da privacidade não está na sua afirmação, mas na sua efetividade. A mera observação da vida cotidiana revela que, ao contrário da assertiva retumbante do art. 21, a vida privada da pessoa humana é violada sistematicamente. E, às vezes, com razão".[14] Logo a seguir, o jurista cita o exemplo da necessidade de se passar a bagagem de mão no raio X dos aeroportos, por razão de segurança.

Ainda no tocante ao art. 21 da codificação material, havendo lesão ou excesso na veiculação de dados relativos à intimidade, caberão medidas judiciais, devendo o Poder Judiciário adotar os instrumentos cabíveis visando a impedir ou cessar a lesão. Eventualmente caberá reparação civil integral, conforme o art. 12 do diploma civil e a Súmula n. 37 do STJ, anteriormente analisados. Em suma, o dispositivo também consagra a prevenção e a reparação integral dos danos.

---

[14] SCHREIBER, Anderson. *Direitos da personalidade*, cit., p. 136-137.

Não se pode se esquecer de que o conceito de intimidade não se confunde com o de vida privada, sendo o segundo maior e gênero, como demonstra Silmara Juny Chinellato. Assim sendo, de acordo com as lições da Professora Titular da USP, as categorias podem ser expostas por círculos concêntricos, havendo ainda um círculo menor constituído pelo *direito ao segredo*.[15]

Com relação ao direito ao segredo, conforme pontua Adriano De Cupis, esse "constitui um aspecto particular do direito ao resguardo. Certas manifestações da pessoa destinam-se a conservar-se completamente inacessíveis ao conhecimento de outros, quer dizer, secretas; não é apenas ilícito o divulgar tais manifestações, mas também o tomar delas conhecimento, e o revelá-las, não importa a quantas pessoas".[16] Todas essas afirmações devem ser levadas em conta para a teoria e a prática das demandas que envolvem a responsabilidade civil decorrente das informações.

Quanto aos dispositivos atinentes à responsabilidade civil aplicados à espécie, destaque-se, de início, o art. 186 do Código Civil, consagrador da responsabilização subjetiva para os casos de atos ilícitos indenizantes em geral, o que é a regra para os órgãos de comunicação, como será ainda aqui desenvolvido. Todavia, tem-se aplicado amplamente o conceito de abuso de direito, ilícito equiparado tratado pelo art. 187 da codificação material, a partir dos parâmetros ali previstos para a configuração do exercício irregular de direito, quais sejam a boa-fé, a função social e os bons costumes. Em ambos os casos, o dever de indenizar a vítima pelo ofensor está reconhecido pelo teor do art. 927 do CC/2002.

Podem ser citados, ainda, os comandos privados que tratam da responsabilidade objetiva indireta ou por atos de outrem, com destaque especial para o art. 932, inc. III, do Código de 2002, que consagra a responsabilidade civil do patrão ou comitente – no caso, os órgãos de imprensa, de comunicação ou assemelhados –, por seus empregados ou prepostos, aqui se enquadrando os jornalistas, blogueiros, repórteres, apresentadores e outros informadores do público. Reitere-se a clareza do art. 933 no sentido de ser a responsabilidade dos primeiros independente de culpa ou objetiva, desde que comprovadas as culpas dos segundos.

Não se esqueça, além disso, do direito de regresso daquele que responde por ato de terceiro contra o real culpado pelo evento danoso (art. 934). Ademais, por previsão expressa do art. 942, parágrafo único, do próprio Código Civil, tal responsabilidade é solidária, havendo a sempre citada opção de demanda da vítima contra qualquer um dos envolvidos com a divulgação de notícias ou informações.

Quanto ao dano suportado pela vítima, mencione-se novamente o art. 953 do Código Civil, que assegura a reparação material e imaterial por injúria, difamação ou calúnia. Reitere-se o que foi dito quanto ao parágrafo único do preceito, no sentido de que ele não afasta a cumulação dos danos reparáveis em casos tais, devendo ser lido de acordo com a ideia de reparação integral e da

---

[15] CHINELLATO, Silmara Juny. *Código Civil interpretado*, cit., p. 60.
[16] DE CUPIS, Adriano. *Os direitos da personalidade*. Tradução Adriano Vera Jardim e Antonio Miguel Caeiro. Lisboa: Morais Editora, 1961. p. 147.

cumulação dupla reconhecida pela antiga Súmula n. 37 do STJ. Esclareça-se que o dispositivo enuncia que, "se o ofendido não puder provar prejuízo material, caberá ao juiz fixar, equitativamente, o valor da indenização, na conformidade das circunstâncias do caso". Como se pode notar, não há qualquer menção à defesa da *exceção da verdade no preceito*.

Expostos os principais comandos do Código Civil aplicáveis para os danos oriundos dos meios de comunicação em geral, na linha do que consta do trecho final do julgamento do STF sobre a inconstitucionalidade da Lei de Imprensa (ADPF 130), merece ser estudada a Lei n. 13.188/2015, que trata do direito de resposta ou retificação do ofendido em matéria divulgada, publicada ou transmitida por veículo de comunicação social, conforme prevê o seu art. 1.º. Trata-se de norma que traz mecanismos de reparação *in natura* do dano suportado, como alternativas à reparação pecuniária, geralmente adotada.

Na linha do que foi desenvolvido em vários trechos deste capítulo, a jurisprudência brasileira tem entendido que, assim como ocorre com o pleito de indenização, também o direito de resposta deve ser analisado com base na técnica da ponderação, não podendo implicar censura prévia. Nesse sentido:

"Responsabilidade civil. Notícia veiculada pela imprensa. Colisão entre liberdade de imprensa e direito à honra e à vida privada. Lei de colisão e de ponderação. Homem público. Delegado de polícia. Relatividade dos direitos fundamentais. Direito de resposta apenas quanto ao excesso. As normas constitucionais pertinentes aos direitos fundamentais possuem o caráter de princípios. Ao contrário das regras, que se submetem à lógica do tudo ou nada, os princípios exigem sua aplicação da melhor maneira possível, por meio das possibilidades fáticas e jurídicas existentes. Enquanto se discute, em relação ao conflito de regras, a sua validade ou invalidade, quanto aos princípios se busca a melhor forma de otimizá-los por meio das chamadas Leis de colisão e de ponderação desenvolvidas por Robert Alexy. (...). A colisão dos princípios deve ser solucionada pela ponderação balizada na análise do caráter público da informação, bem como do limite interno da veracidade que conforma a liberdade de expressão e informação. Sendo as notícias divulgadas amparadas em denúncia feita pelo Sindicato dos Policiais, não podem ser consideradas excessivas, atendo-se a reportagem ao exercício da informação. Apenas quanto à prática de assédio sexual, que não consta nas denúncias oferecidas contra o autor, houve excesso da reportagem, devendo ser assegurado ao ofendido o direito de resposta. Preliminar rejeitada. Primeira apelação não conhecida. Segunda apelação não provida" (TJMG, Apelação Cível 1.0024.12.277925-9/002, Rel. Des. Cabral da Silva, j. 19.09.2017, *DJEMG* 29.09.2017).

"Recurso de apelação. Ação ordinária de direito de resposta c/c pedido de indenização por danos morais. Sentença de improcedência. 1. Arguição de nulidade da sentença. Rejeição da preliminar. Juízo *a quo* que observou a regra de congruência, enfrentando a situação fática trazida aos autos. 2. Mérito. Publicação de matéria jornalística supostamente ofensiva. Contraposição entre os direitos de inviolabilidade da honra e de liberdade de imprensa. Ausência de direitos absolutos. Necessidade de ponderação *in concreto*. Conteúdo difamatório, injurioso ou calunioso ausente. Notícia que divulgou a existência de auditoria junto ao TCE/PR, em face do autor. Abuso do direito de liberdade de imprensa não constatado. Pessoa que exerce cargo público sujeita a críticas públicas. Dever de indenização não configurado. Sentença mantida. 3. Pleito de minoração dos honorários advocatícios. Impossibilidade. Valor adequado às peculiaridades do caso. 4. Fixação de honorários recursais. Recurso de apelação conhecido e não provido" (TJPR, Apelação Cível 1645330-8, 10.ª Câmara Cível, Dois Vizinhos, Rel. Juíza Conv. Elizabeth de Fátima Nogueira, j. 20.04.2017, *DJPR* 07.06.2017, p. 155).

De acordo com o art. 2.º da Lei n. 13.188/2015, ao ofendido em matéria divulgada, publicada ou transmitida por veículo de comunicação social é assegurado o direito de resposta ou retificação, gratuito e proporcional ao agravo, conforme estabelece o Texto Maior.

Como *matéria divulgada* a lei define qualquer reportagem, nota ou notícia divulgada por veículo de comunicação social, independentemente do meio ou da plataforma de distribuição, publicação ou transmissão que utilize, cujo conteúdo atente, ainda que por equívoco de informação, contra a honra, a intimidade, a reputação, o conceito, o nome, a marca ou a imagem de pessoa física ou jurídica identificada ou passível de identificação (art. 2.º, § 1.º, da Lei n. 13.188/2015).

O art. 8.º da mesma lei específica estabelece que não será admitida a divulgação, publicação ou transmissão de resposta ou retificação que não tenha relação com as informações contidas na matéria a que pretende responder nem se enquadre no último comando.

Estão excluídos, pelo mesmo art. 2.º, os comentários realizados por usuários da internet nas páginas eletrônicas dos veículos de comunicação social, diante da sua regulação pelo *Marco Civil da Internet*, que ainda será aqui estudado (§ 2.º). Entretanto, em casos de divulgação de escritos, palavras ou informações por veículos ou profissionais da área da comunicação, a norma em estudo tem plena incidência. Apesar da falta de previsão expressa na lei, tem-se entendido que, se a ofensa envolver candidato, partido ou coligação política, o direito de resposta não será regido pela Lei n. 13.188/2015, mas sim pelos arts. 58 e 58-A da Lei n. 9.504/1997, conhecida como Lei das Eleições (TJSP, Apelação 1013199-84.2016.8.26.0625, Acórdão 10732189, 6.ª Câmara de Direito Privado, Taubaté, Rel. Des. Ana Maria Baldy, j. 24.08.2017, *DJESP* 1.º.09.2017, p. 2.200).

Com razão, está assegurado na norma específica que a retratação ou retificação espontânea, ainda que a elas sejam conferidos os mesmos destaque, publicidade, periodicidade e dimensão do agravo, não impedem o exercício do direito de resposta pelo ofendido nem prejudicam a ação de reparação por dano moral (art. 2.º, § 3.º, da Lei n. 13.188/2015). Assim, o direito de resposta, mesmo se concebido como uma reparação *in natura*, não afasta a ação de responsabilidade civil.

Anote-se que o Superior Tribunal de Justiça, em decisão de destaque, acabou por concluir de forma correta que "o direito à retratação e ao esclarecimento da verdade possui previsão na Constituição da República e na Lei Civil, não tendo sido afastado pelo Supremo Tribunal Federal no julgamento da ADPF n. 130/DF" (STJ, REsp 1.771.866/DF, 3.ª Turma, Rel. Min. Marco Aurélio Bellizze, j. 12.02.2019, *DJe* 19.02.2019).

O prazo para exercício do direito de resposta é decadencial de sessenta dias, contado da data de cada divulgação, publicação ou transmissão da matéria ofensiva, mediante correspondência com aviso de recebimento encaminhada diretamente ao veículo de comunicação social ou, inexistindo pessoa jurídica constituída, a quem por ele responda, independentemente de quem seja o responsável intelectual pelo agravo (art. 3.º, *caput*, da Lei n. 13.188/2015).

A jurisprudência tem entendido que se trata de um pressuposto de constituição e desenvolvimento válido e regular do processo que, se ausente, gera a extinção da posterior demanda sem resolução de mérito (TJSC, Apelação Cível 0310246-65.2016.8.24.0005, 5.ª Câmara de Direito Civil, Balneário Camboriú, Rel. Des. Luiz Cézar Medeiros, *DJSC* 22.03.2018, p. 241). Ademais, sendo o prazo decadencial não se interrompe ou se suspende, como está previsto no art. 207 do Código Civil (TJSP, Apelação Cível 0000330-59.2015.8.26.0555, Acórdão 11025249, 8.ª Câmara de Direito Privado, São Carlos, Rel. Des. Mônica de Carvalho, j. 30.11.2017, *DJESP* 06.12.2017, p. 2.778).

Como antes comentei sobre a malfadada Lei de Imprensa, causa estranheza a previsão de um prazo decadencial para hipótese relativa à ação de reparação civil, geralmente associada a prazos prescricionais. Nota-se, ademais, que foi mantido o prazo exíguo de sessenta dias, que mais protege o suposto ofensor do que a vítima. Havendo divulgação, publicação ou transmissão continuada e ininterrupta da mesma matéria ofensiva, o prazo decadencial de sessenta dias será contado da data em que se iniciou o agravo (art. 3.º, § 3.º, da Lei n. 13.188/2015).

Sobre esse prazo, aresto do Superior Tribunal de Justiça de 2021 trouxe a conclusão segundo a qual "não é cabível a condenação de empresa jornalística à publicação do resultado da demanda quando o ofendido não tenha pleiteado administrativamente o direito de resposta ou retificação de matéria divulgada, publicada ou transmitida por veículo de comunicação social no prazo decadencial estabelecido no artigo 3.º da Lei n. 13.188/2015, bem ainda, à adequação do montante indenizatório fixado" (STJ, REsp 1.867.286/SP, 4.ª Turma, Rel. Min. Marco Buzzi, j. 24.08.2021, *DJe* 18.10.2021). Sobre os fatos em si, vejamos o que se retira da ementa:

"O magistrado sentenciante acolheu o pedido formulado pela parte autora para a publicação da sentença, porém deu à condenação o viés do direito de resposta, o qual além de não ter sido pleiteado pelo acionante, sequer teria o interesse processual para o exercício de tal pretensão em juízo em virtude de não ter se utilizado do rito/procedimento específico estabelecido na Lei n.º 13.188/2015. Não se dessume da petição inicial qualquer pleito atinente a direito de resposta mas de mera publicação do teor da sentença com base em ressarcimento integral dos danos, motivo pelo qual não há falar na incidência da referida lei nova de 2015 ao caso dos autos, razão por que eventual condenação com amparo no referido normativo deve ser afastada. Ainda que a parte autora tivesse pleiteado eventual condenação em direito de resposta, essa não poderia ser acolhida já que, para o exercício de tal pretensão em juízo, afigura-se necessária e imprescindível a instauração de procedimento extrajudicial/administrativo prévio, no prazo decadencial de 60 dias, nos termos do artigo 3.º, o que efetivamente não fora promovido pelo acionante, faltando-lhe, portanto, o interesse processual para referido pleito em juízo, consoante estabelece o artigo 5.º. Ademais, ao condenar a empresa ré a publicar a sentença, houve contrariedade à jurisprudência desta Corte Superior assente no sentido de que o princípio da reparação integral do dano, por si só, não justifica a imposição do ônus de publicar o inteiro teor da sentença condenatória. Isso porque, da interpretação lógico-sistemática do próprio Código Civil, resulta evidente que a reparação por danos morais deve ser concretizada a partir da fixação equitativa, pelo julgador, de verba indenizatória, e não pela imposição ao causador do dano de obrigações de fazer não previstas em lei ou contrato" (STJ, REsp 1.867.286/SP, 4.ª Turma, Rel. Min. Marco Buzzi, j. 24.08.2021, *DJe* 18.10.2021).

Como se pode notar, há rigidez quanto ao respeito do citado prazo, para que se efetive o direito de resposta.

O direito de resposta ou retificação poderá ser exercido, de forma individualizada e pessoal, em face de todos os veículos de comunicação social que tenham divulgado, publicado, republicado, transmitido ou retransmitido o agravo original (art. 3.º, § 1.º, da Lei n. 13.188/2015). Trata-se, assim, na linha do que tem entendido a jurisprudência, de um *direito de réplica do ofendido* (TJSP, Apelação 1067011-30.2017.8.26.0100, Acórdão 11269174, 5.ª Câmara de Direito Privado, São Paulo, Rel. Des. Moreira Viegas, j. 14.03.2018, *DJESP* 26.03.2018, p. 2.527).

Quebrando com esse caráter personalíssimo, o preceito seguinte prevê que o direito de resposta ou retificação poderá ser exercido, também, conforme o caso: *a)* pelo representante legal do ofendido incapaz ou da pessoa jurídica; *b)* pelo cônjuge, descendente, ascendente ou irmão do ofendido que esteja ausente do País ou tenha falecido depois do agravo, mas antes de decorrido o prazo de decadência do direito de resposta ou retificação (art. 3.º, § 2.º, da Lei n. 13.188/2015).

Como se pode perceber, repetiu-se o que estava previsto na Lei de Imprensa, com certa *desobediência* à decisão do STF sobre a sua não recepção pelo Texto Maior. Não há previsão quanto à legitimidade do companheiro ou convivente na norma, em claro equívoco de omissão legislativa. Porém, diante da tendência de equalização processual dos institutos – reconhecida amplamente pelo vigente Código de Processo Civil –, deve-se incluir na relação prevista a união estável, aqui equiparada ao casamento.

A título de exemplo do último comando, cumpre citar julgamento do Tribunal Gaúcho, que afastou a legitimidade de policiais militares para pleitear, em nome próprio, direito de resposta em face de reportagem que teceu críticas ao 21.º Batalhão da Brigada Militar daquele Estado (TJRS, Apelação Cível 0343780-14.2017.8.21.7000, 9.ª Câmara Cível, Porto Alegre, Rel. Des. Tasso Caubi Soares Delabary, j. 13.12.2017, *DJERS* 18.12.2017).

Nos termos do art. 4.º da norma em estudo, a resposta ou retificação atenderá, quanto à forma e à duração, ao seguinte: *a)* se praticado o agravo em mídia escrita ou na internet, por órgão ou profissional da área da comunicação, terá a resposta ou retificação o destaque, a publicidade, a periodicidade e a dimensão da matéria que a ensejou; *b)* se praticado o agravo em mídia televisiva, terá a resposta ou retificação o destaque, a publicidade, a periodicidade e a duração da matéria que a ensejou; e *c)* praticado o agravo em mídia radiofônica, terá a resposta ou retificação o destaque, a publicidade, a periodicidade e a duração da matéria que a ensejou. Adota-se, assim, a ideia de *paridade de armas* no direito de resposta, o que é retirado do seguinte acórdão:

> "Direito de resposta. Lei n. 13.188/2015 e art. 5.º, V da CF. Apelante que foi vítima de afirmações falsas e ofensivas a seu respeito em quatro artigos veiculados em blog mantido pela editora apelada. Minuta com a resposta que o apelante pretende divulgar, que não atende às balizas legais (arts. 2.º, 4.º e 8.º da Lei n. 13.188/2015). Extensão do texto que não permite a publicação no mesmo formato e destaque dos artigos ofensivos, o que contraria a regra da paridade de armas. Conteúdo da minuta, ademais, que busca tratar de questões alheias àquelas versadas nos artigos impugnados, além de provocarem pessoalmente o seu autor e buscarem a autopromoção do apelante, o que não é de se admitir. Sentença de improcedência mantida. Recurso desprovido" (TJSP, Apelação 1008378-36.2016.8.26.0011, Acórdão 11082627, 4.ª Câmara de Direito Privado, São Paulo, Rel. Des. Teixeira Leite, j. 14.12.2017, *DJESP* 24.01.2018, p. 4.671).

Em complemento, se o agravo tiver sido divulgado, publicado, republicado, transmitido ou retransmitido em mídia escrita ou em cadeia de rádio ou televisão para mais de um Município ou Estado, será conferido proporcional alcance à divulgação da resposta ou retificação (art. 4.º, § 1.º, da Lei n. 13.188/2015). O ofendido poderá requerer que a resposta ou retificação seja divulgada, publicada ou transmitida nos mesmos espaços, dia da semana e horário do agravo (art. 4.º, § 2.º, da Lei n. 13.188/2015). A resposta ou retificação cuja divulgação, publicação ou transmissão não obedeça ao disposto na própria norma é considerada inexistente, não atendendo aos seus fins (art. 4.º, § 3.º, da Lei n. 13.188/2015). Na delimitação do agravo, deverá ser considerado o contexto da informação ou matéria que gerou a ofensa (art. 4.º, § 4.º, da Lei n. 13.188/2015).

Além disso, se o veículo de comunicação social ou quem por ele responda não divulgar, publicar ou transmitir a resposta ou retificação no prazo de sete dias, contado do recebimento do respectivo pedido, restará caracterizado o interesse jurídico para a propositura de ação judicial (art. 5.º da Lei n. 13.188/2015). A competência para conhecer o feito é do juízo do domicílio do ofendido ou, se este assim o preferir, aquele do lugar onde o agravo tenha apresentado maior repercussão (§ 1.º).

A demanda, de rito ou procedimento especial, será instruída com as provas do agravo e do pedido de resposta ou retificação não atendido, bem como com o texto da resposta ou retificação a ser divulgado, publicado ou transmitido, sob pena de inépcia da inicial, e processada no prazo máximo de trinta dias (§ 2.º). Nessa ação, são vedados: *a)* a cumulação de pedido com relação aos danos morais, por exemplo, o que deve ser exercido em ação própria; *b)* a reconvenção; *c)* o litisconsórcio, a assistência e a intervenção de terceiros, o que visa a afastar o tumulto processual (§ 2.º do art. 5.º da Lei n. 13.188/2015).

Ao proibir a cumulação com o pedido de reparação imaterial a norma afasta-se da celeridade e da razoável duração do processo, previstas no art. 4.º do CPC/2015 e no art. 5.º, LXXVIII, da Constituição Federal. Ainda sobre esse procedimento especial, conforme correto julgado do Tribunal do Distrito Federal, "havendo norma especial relativa ao procedimento do direito de resposta, no que esta for silente, aplicam-se supletivamente ao caso as disposições do Código de Processo Civil, consoante estabelecido no § 2.º do seu art. 1.046. Alegada, na contestação, ilegitimidade passiva, o juiz facultará ao autor, em 15 (quinze) dias, a alteração da petição inicial para substituição do réu, nos termos do art. 338 do CPC" (TJDF, Apelação Cível 2016.01.1.087324-0, Acórdão 101.5057, 8.ª Turma Cível, Rel. Des. Mario-Zam Belmiro Rosa, j. 27.04.2017, *DJDFTE* 23.05.2017).

Recebido o pedido de resposta ou retificação, o juiz, dentro de vinte e quatro horas, mandará citar o responsável pelo veículo de comunicação social para que, em igual prazo, apresente as razões pelas quais não o divulgou, publicou ou transmitiu. O prazo para oferecimento da contestação é exíguo, de apenas três dias. O agravo ou atentado consistente em injúria não admitirá a prova da verdade, o que é antiga lição. Como a norma não menciona a calúnia e a difamação, abre-se a possibilidade de se admitir a exceção da verdade em casos tais, o que também é afirmação consolidada.

No entanto, entendo que a exceção da verdade não cabe nos casos de demandas relativas à reparação civil, havendo crimes contra a honra, sendo a reparação integral em casos tais, conforme o art. 953 do Código Civil, que não menciona esse artifício de defesa. Todas essas regras procedimentais constam do art. 6.º da Lei n. 13.188/2015.

Seguindo os procedimentos, o juiz, nas vinte e quatro horas seguintes à citação, tenha ou não se manifestado o responsável pelo veículo de comunicação, conhecerá do pedido e, havendo prova capaz de convencer sobre a verossimilhança da alegação ou justificado receio de ineficácia do provimento final, fixará desde logo as condições e a data para a veiculação, em prazo não superior a dez dias, da resposta ou retificação (art. 7.º da Lei n. 13.188/2015). Conforme já reconhecido pela jurisprudência estadual, "não é possível a concessão do direito de resposta de forma antecipada quando o texto jornalístico não apresenta ofensa e a suposta inveracidade das informações contidas na reportagem demanda dilação probatória. O exercício imediato do direito de resposta resulta em satisfação da tutela, o que esgota o mérito da demanda, e, por isso, somente é admitido mediante prova cabal do direito" (TJDF, Processo 0703.22.9.962016-8070000, Acórdão 103.8246, 8.ª Turma Cível, Rel. Des. Ana Cantarino, j. 10.08.2017, *DJDFTE* 29.08.2017).

Se o agravo ou atentado contra a pessoa tiver sido divulgado ou publicado por veículo de mídia impressa cuja circulação seja periódica, a resposta ou retificação será divulgada na edição seguinte à da ofensa ou, ainda, excepcionalmente, em edição extraordinária, apenas nos casos em que o prazo entre a ofensa e a próxima edição indique desproporcionalidade entre a ofensa e a resposta ou retificação (art. 7.º, § 1.º). Essa medida antecipatória dos efeitos da decisão final poderá ser reconsiderada ou modificada a qualquer momento, em decisão fundamentada, não havendo preclusão no seu conteúdo (§ 2.º).

O juiz poderá, também, a qualquer tempo, impor multa diária ou *astreintes* ao réu, independentemente de pedido do autor, bem como modificar-lhe o valor ou a periodicidade, caso verifique que se tornou insuficiente ou excessiva (§ 3.º do art. 7.º da Lei n. 13.188/2015). A última regra consubstancia a tese constante do antes citado Enunciado n. 140 do Conselho da Justiça Federal, aprovado na *III Jornada de Direito Civil* (2004), segundo o qual o art. 12 do Código Civil refere-se a técnicas de tutela específica, aplicáveis de ofício. Para a efetivação dessa tutela específica, poderá o juiz, de ofício ou mediante requerimento, adotar as medidas cabíveis para o cumprimento da decisão, como apreensão de bens, caso de jornais e revistas (§ 4.º do art. 7.º da Lei n. 13.188/2015).

Com vistas à agilização dos procedimentos, o prazo para a prolatação da sentença é de, no máximo, trinta dias, contado do ajuizamento da ação, salvo na hipótese de conversão do pedido em reparação por perdas e danos, em que o prazo é maior (art. 9.º da Lei n. 13.188/2015). Também com o mesmo intuito, está ali estabelecido que as ações judiciais destinadas a garantir a efetividade do direito de resposta ou retificação processam-se durante as férias forenses e não se suspendem pela superveniência delas.

Das decisões proferidas nos processos submetidos ao rito ou procedimento especial estabelecido na lei em estudo poderá ser concedido efeito suspensivo pelo Tribunal competente, desde que constatadas, nos termos literais da norma, em juízo colegiado prévio, a plausibilidade do direito invocado e a urgência na concessão da medida (art. 10).

Sobre a lei em si e a respeito do último comando, o Supremo Tribunal Federal julgou as ADIs 5.418 e 5.436, em março de 2021, em que afirmou "a constitucionalidade dos arts. 2.º, § 3.º; 5.º, §§ 1.º e 2.º; 6.º e 7.º da Lei n.º 13.188/15". Entendeu, contudo, pela inconstitucionalidade da expressão "em juízo colegiado prévio", do art. 10 da Lei nº 13.188/2015, conferindo-se interpretação conforme a Constituição ao dispositivo, para "permitir ao magistrado integrante do tribunal respectivo decidir monocraticamente sobre a concessão de efeito suspensivo a recurso interposto em face de decisão proferida segundo o rito especial do direito de resposta, nos termos da liminar anteriormente concedida". A Relatoria foi do Ministro Dias Toffoli.

A gratuidade da resposta ou retificação divulgada pelo veículo de comunicação, em caso de ação temerária, não abrange as custas processuais nem exime o autor do ônus da sucumbência. Incluem-se entre os ônus da sucumbência os custos com a divulgação, publicação ou transmissão da resposta ou retificação, caso a decisão judicial favorável ao autor seja reformada em definitivo (art. 11 da Lei n. 13.188/2015).

O art. 12 da norma estabelece que os pedidos de reparação ou indenização por danos morais, materiais ou à imagem serão deduzidos em ação própria, salvo se o autor, desistindo expressamente da tutela específica de que trata a lei específica, os requerer, caso em que o processo seguirá pelo antigo rito ordinário, atual procedimento comum. O ajuizamento de ação cível ou penal contra o veículo de comunicação ou seu responsável com fundamento na divulgação, publicação ou transmissão ofensiva não prejudica o exercício administrativo ou judicial do direito de resposta ou retificação. A reparação ou indenização dar-se-á sem prejuízo da multa diária ou *astreintes*.

Expostos e analisados os comandos relativos a essa nova norma, nota-se que ela repetiu muito do que constava da inconstitucional Lei de Imprensa. A par dessa realidade, constata-se a existência de muitos problemas técnicos, a conduzir a uma reduzida aplicação prática da Lei n. 13.188/2015 até o presente momento.

Seja como for, como última nota sobre o tema, o projeto de Reforma do Código Civil pretende incluir o direito de resposta no seu art. 947. Assim, o *caput* do comando passará a prever que "a reparação dos danos deve ser integral com a finalidade de restituir o lesado ao estado anterior ao fato danoso". A indenização será fixada em dinheiro, sempre que a reconstituição natural não for possível, não reparar integralmente os danos ou for excessivamente onerosa para o devedor (§ 1.º). Há, portanto, uma prioridade para a reparação *in natura*, prevendo o seu novo § 2.º que, "nos casos de dano extrapatrimonial, admite-se, a critério da vítima, a reparação *in natura*, na forma de retratação pública, por meio do exercício do direito de resposta, da publicação de sentença ou de outra providência específica que atendam aos interesses do lesado". Espera-se a sua aprovação pelo Congresso Nacional, até para que o Código Civil retome o seu papel de protagonista legislativo nos temas de Direito Privado.

2.3. Abuso de direito na veiculação de notícia

Como outrora demonstrado em vários trechos desta obra, especialmente do Capítulo 2 e também no presente, o art. 187 do Código Civil, que consagra o abuso de direito como ilícito equiparado, tem grande aplicação para a veiculação das notícias, visando a eventual imputação do dever de indenizar. Vale lembrar que, nos seus termos, é tratado como *ilícito equiparado* o exercício imoderado de uma posição jurídica, diante do desrespeito aos parâmetros da função social e econômica do direito violado, da boa-fé e dos bons costumes.

Também é sempre importante lembrar que, na linha da posição doutrinária e jurisprudencial prevalecente, a norma adotou o modelo de responsabilização objetiva, independentemente de dolo ou culpa (Enunciado n. 37 da *I Jornada de Direito Civil*). Há, portanto, para os agentes de imprensa e comunicação a existência de um modelo dual de responsabilização civil – subjetiva (art. 186 do CC) e objetiva (art. 187 do CC) – a depender das peculiaridades das condutas praticadas no caso concreto.

Tendo sido a norma exaustivamente estudada no Capítulo 2 deste livro, vejamos algumas aplicações da categoria do abuso de direito ao âmbito da responsabilidade civil dos órgãos de imprensa, o que tem interesse direto para este tópico da obra.

Vale dizer que, muito além dos critérios para a configuração do abuso de direito, enunciados pelo art. 187 da codificação material, a jurisprudência tem utilizado os parâmetros existentes para a ponderação dos direitos e valores em colisão, exaustivamente expostos.

Para essa análise, trarei exemplos apenas de julgados do Superior Tribunal de Justiça, sem prejuízo de muitos outros arestos estaduais, que poderiam ser aqui mencionados e estudados.

Como primeiro aresto, destaque-se demanda proposta por ex-presidente da Companhia Siderúrgica Nacional contra editora e autor de obra bibliográfica, em que se alegou excesso no conteúdo, muito além do intuito informativo ou jornalístico, "por ter enveredado para a imputação de adjetivos ofensivos à pessoa do demandante, seja no texto do livro, seja na própria capa, na qual, ainda, foi estampada a sua foto". O Tribunal da Cidadania confirmou o entendimento da segunda instância, no sentido de que houve "excesso no exercício da liberdade de informação e do direito de crítica, mediante ofensas à honra e à imagem do demandante, caracterizando a ocorrência de abuso de direito" e, ainda, "manifesta a mácula à imagem e à honra do demandante, ensejando o nascimento da obrigação de indenizar os danos causados" (STJ, REsp 1.637.880/SP, 3.ª Turma, Rel. Min. Paulo de Tarso Sanseverino, j. 03.10.2017, *DJe* 19.10.2017).

Como segundo julgado de exemplo, cite-se a ação reparatória proposta pelo cantor Zezé Di Camargo em face da Globo Comunicações e do colunista Leonardo Dias, diante da publicação feita pelo Jornal *Extra*, em 12.03.2010, induzindo ao fato de ser ele o pai da filha da modelo Mariana Kupfer, então grávida de sete meses. Como constou expressamente da manchete: "Amigas de Mariana Kupfer dizem que ela está grávida de Zezé de Camargo" (STJ, REsp 1.582.069/RJ, 4.ª Turma, Rel. Min. Marco Buzzi, Rel. p/ Acórdão Min. Maria Isabel Gallotti, j. 16.02.2017, *DJe* 29.03.2017).

O voto do Ministro Buzzi foi na linha de que a nota publicada não encontraria amparo na liberdade de expressão, uma vez que não era possível extrair do seu teor qualquer manifestação de ideia, tese, pensamento do seu autor, mas apenas a veiculação de notícia especulativa sobre fato da vida íntima do cantor. Ainda segundo o julgador, a liberdade de imprensa tem freios na veracidade da notícia e na sua relevância pública. No entanto, acabou por entender o julgador o seguinte:

"Na espécie, a notícia fora veiculada em coluna específica, largamente conhecida e considerada de 'fofoca', sendo que tanto o articulista quanto a empresa jornalística se cercaram dos procedimentos reputados necessários para salvaguardar o direito de resposta aos envolvidos até mesmo antecipadamente à divulgação da nota, tanto que no próprio corpo da matéria já veicularam a não confirmação do fato segundo a versão do artista. Ainda que ocorra, de algum modo, a exposição da vida íntima de pessoa pública famosa, é inegável que o cantor em evidência é personalidade que, em razão da posição social ocupada, possui, sim, a esfera de sua vida privada sensivelmente reduzida. O artista que atua junto ao público, talvez mais do que qualquer outro profissional, sujeita-se a casuais indisposições/infortúnios decorrentes de boatos relacionados à sua carreira e vida privada face o interesse que o encanto pela sua personalidade exerce perante a sociedade, motivo pelo qual afigura-se inviável pressupor, à generalidade, eventual potencialidade ofensiva em afirmação notoriamente expedida à guisa de comentário acerca de falatório oriundo desse ambiente, visto que o dano moral deve ser constatado mediante a análise concreta da sua efetiva ocorrência" (STJ, REsp 1.582.069/RJ, 4.ª Turma, Rel. Min. Marco Buzzi, Rel. p/ Acórdão Min. Maria Isabel Gallotti, j. 16.02.2017, *DJe* 29.03.2017).

Entendeu-se, assim, que não haveria qualquer dano moral suportado pelo cantor, diante da presença de um simples boato.

A Ministra Maria Isabel Gallotti posicionou-se de forma contrária e, após citar o julgamento do Supremo Tribunal Federal sobre as biografias não autorizadas, concluiu pela presença do abuso de direito na veiculação da notícia, que acabou por prejudicar o longo casamento do cantor:

"Penso que o fato de essa revista se dedicar a entretenimento e haver curiosidade sobre a vida do cantor não justifica a publicação de fatos inverídicos, levianos. Isso não significa que tenha que haver um processo judicial com contraditório antes de se publicar qualquer notícia, mas o mínimo de cuidado que, no caso, se revelaria na atitude de ouvir a grávida. Ouvir o pai parece-me até menos importante, porque simplesmente ficou a versão dele, mas não teria sido ouvida a versão de quem poderia, de fato, confirmar quem seria o pai. Entendo que para se afirmar, como afirmou o voto vencido no julgamento dos embargos infringentes, que o casamento dele já estava deteriorado e, portanto, não teria sido prejudicado pela fofoca, já estaríamos entrando em reexame de matéria de fato, incabível no âmbito do recurso especial. Houve uma avaliação dos fatos na instância de origem, tanto que o julgamento foi dividido, majoritário, no julgamento da apelação; um Juiz entendeu que isso era irrelevante na vida daquele casal; e a Relatora, cujo voto ficou vencido, mas depois prevaleceu, ressaltou que era um casamento de 27 anos e que a vida familiar fora prejudicada pela circulação da fofoca" (STJ, REsp 1.582.069/RJ, 4.ª Turma, Rel. Min. Marco Buzzi, Rel. p/ Acórdão Min. Maria Isabel Gallotti, j. 16.02.2017, *DJe* 29.03.2017).

A maioria então se formou, seguindo essa última posição os Ministros Antonio Carlos Ferreira e Luis Felipe Salomão, sendo certo que o último retificou o seu voto. A indenização a favor de Zezé Di Camargo foi fixada em R$ 25.000,00, concluindo esse importante precedente, na linha da tão citada decisão do STF, que a análise da divulgação das informações deve ser sempre *a posteriori*, havendo excessos e ofensa a direito da personalidade. Como consta da ementa do *decisum*, com importante conclusão para a prática, "gera dano moral indenizável a publicação de notícia sabidamente falsa, amplamente divulgada, a qual expôs a vida íntima e particular dos envolvidos" (STJ, REsp 1.582.069/RJ, 4.ª Turma, Rel. Min. Marco Buzzi, Rel. p/ Acórdão Min. Maria Isabel Gallotti, j. 16.02.2017, *DJe* 29.03.2017).

Outro caso em que também se abordou a categoria do abuso de direito na veiculação da notícia envolveu a atriz Isis Valverde, em ação de indenização por uso indevido de imagem, novamente contra a Editora Abril. A demanda foi motivada pelo fato de a revista *Playboy* ter publicado imagem indevida, quando a atriz atuava em uma cena da novela *Paraíso Tropical*, na qual despencava dos

Arcos da Lapa, momento em que seus seios, por fato involuntário, ficaram à mostra. A revista publicou uma fotografia desse flagrante com a legenda: "Isis Valverde, no Rio, dá adeusinho e deixa escapar o cartão de boas-vindas".

Como consta do voto do relator, Ministro Salomão, "a imagem é forma de exteriorização da personalidade inserida na cláusula geral de tutela da pessoa humana (art. 1.º, III, da CF e Enunciado 274 das *Jornadas de Direito Civil*), com raiz na Constituição Federal e em diversos outros normativos federais, sendo intransmissível e irrenunciável (CC, art. 11), não podendo sofrer limitação voluntária, permitindo-se a disponibilidade relativa (limitada), desde que não seja de forma geral nem permanente (Enunciado 4 das *Jornadas de Direito Civil*)" (STJ, REsp 1.594.865/RJ, 4.ª Turma, Rel. Min. Luis Felipe Salomão, j. 20.06.2017, *DJe* 18.08.2017). Nesse contexto, concluiu-se que mesmo nas situações em que há alguma forma de mitigação da tutela da imagem. Vejamos:

> "Não é tolerável o abuso, estando a liberdade de expressar-se, exprimir-se, enfim, de comunicar-se, limitada à condicionante ética do respeito ao próximo e aos direitos da personalidade". Em complemento, no tocante às pessoas notórias, entendeu-se que "apesar de o grau de resguardo e de tutela da imagem não ter a mesma extensão daquela conferida aos particulares, já que comprometidos com a publicidade, restará configurado o abuso do direito de uso da imagem quando se constatar a vulneração da intimidade, da vida privada ou de qualquer contexto minimamente tolerável. Na hipótese, apesar de se tratar de pessoa famosa e de a fotografia ter sido retirada em local público, verifica-se que a forma em que a atriz foi retratada, tendo-se em conta o veículo de publicação, o contexto utilizado na matéria e o viés econômico, demonstra o abuso do direito da demandada, pois excedidos manifestamente os limites impostos pelo seu fim econômico ou social, pela boa-fé ou pelos bons costumes (CC, art. 187)" (REsp 1.594.865/RJ).

O julgado ainda deduz que a conduta da editora não observou os deveres assentados para a atividade de imprensa, reconhecidos pela jurisprudência da própria Corte Superior para os fins de afastar a ofensa à honra, quais sejam: *a)* o dever geral de cuidado; *b)* o dever de pertinência; e *c)* o dever de veracidade. Tais deveres têm sido utilizados de forma reiterada para a configuração ou não do abuso de direito de informar. Merece ser destacada, ainda, a afirmação no sentido de que não se exige a prova inequívoca da má-fé da publicação (*actual malice*), para ensejar a indenização nos casos de abuso de direito na veiculação, conclusão retirada da responsabilidade objetiva prevista em casos tais, na linha do sempre citado Enunciado n. 37 da *I Jornada de Direito Civil*. Quanto ao valor fixado a título de indenização, R$ 40.000,00, o julgado em estudo traz a exposição de outros casos importantes, que para esta obra e capítulo têm grande interesse didático e elucidativo:

> "Na espécie, o valor de R$ 40.000,00 (quarenta mil reais) não se revela abusivo, não destoando dos parâmetros adotados por esta Corte em casos análogos: REsp 1.374.177/GO, Rel. Ministro Luis Felipe Salomão, Quarta Turma, julgado em 05.09.2013, *DJe* 28.10.2013 – Em notícia jornalística que inclui deputado federal no rol de 'mensaleiros bons de renda', entendeu-se como não exor-

bitante a indenização arbitrada em R$ 22.800,00; AgRg no Ag 1.345.989/SP, Rel. Ministra Maria Isabel Gallotti, Quarta Turma, julgado em 13.03.2012, *DJe* 23.03.2012 – concluiu-se que a indenização pelo uso indevido de imagem de quatro jornalistas amplamente conhecidos do público em geral, em R$ 25 mil para cada um, não era excessiva; REsp 270.730/RJ, Rel. p/ Acórdão Ministra Nancy Andrighi, Terceira Turma, julgado em 19.12.2000, *DJ* 07.05.2001 – reconheceu-se, como razoável, o valor de R$ 50 mil em favor da atriz Maitê Proença, pela publicação desautorizada de imagem, pelo jornal carioca *Tribuna da Imprensa*, de uma foto extraída do ensaio fotográfico feito para a revista *Playboy*, em julho de 1996; REsp 1.082.878/RJ, Rel. Ministra Nancy Andrighi, Terceira Turma, julgado em 14.10.2008, *DJe* 18.11.2008 – Conclui-se, como proporcional, o valor dos danos morais arbitrados em R$ 5 mil em prol de ator de TV, casado, que teve publicada foto em diversas edições de revista de fofocas, tirada em local aberto, sem autorização, beijando mulher que não era sua cônjuge. Ressalta-se que o presente caso difere-se, um pouco, do REsp 1.200.482/RJ, de minha relatoria, em que fiquei parcialmente vencido (com relação ao dano material), no qual a atriz Danielle Winitskowski pleiteava indenização pelo uso indevido de sua imagem na revista 'Isto é', em que foram publicadas imagens da atriz, capturadas da cena televisiva, com dorso frontal desnudo, em meio absolutamente diferenciado daquele inicialmente concebido para o trabalho artístico. A Quarta Turma, naquela oportunidade, também reconheceu o dano moral da autora, mas, diferentemente do que ocorre aqui, como bem assinalado pela em. Min. Isabel Gallotti, não se tratava de exposição de um flagrante indevido da atriz em sua intimidade, já que, naquele caso, a imagem publicada realmente retratava o momento em que a atriz estava se exibindo de forma sensual em determinada minissérie televisiva, o que amenizou, de alguma forma, o seu dano moral, à época arbitrado em R$ 30 mil" (STJ, REsp 1.594.865/RJ, 4.ª Turma, Rel. Min. Luis Felipe Salomão, j. 20.06.2017, *DJe* 18.08.2017).

Sobre a *actual malice*, a propósito, a assertiva n. 11 publicada na Edição n. 138 da ferramenta *Jurisprudência em Teses*, do ano de 2019 e dedicada aos direitos da personalidade, preceitua que "não se exige a prova inequívoca da má-fé da publicação (*actual malice*), para ensejar a indenização pela ofensa ao nome ou à imagem de alguém".

Partindo para outro caso concreto, entendeu-se pela presença do abuso de direito na notícia veiculada pelo *Jornal de Brasília* e pelo conhecido colunista Cláudio Humberto, a respeito de um Conselheiro do Tribunal de Contas do Distrito Federal (STJ, Ag. Int. no AREsp 969.870/DF, 3.ª Turma, Rel. Min. Moura Ribeiro, j. 28.03.2017, *DJe* 11.04.2017). As três matérias jornalísticas, publicadas entre maio e junho de 2008, tiveram o seguinte teor:

> "TC com a oposição contra Arruda. Intriga os meios políticos o processo de pasta de cor-de-rosa que levado por Renato Rainha, espécie de líder da oposição ao governador José Roberto Arruda no Tribunal de Contas do DF, a uma reunião com o deputado Tadeu Filipelli (PMDB-DF), um dos principais adversários ao governo local, terça à noite, em uma pizzaria de Brasília. Eles são tão ligados que a mulher do conselheiro, d. Rose, trabalha com Filipelli".

"Quem controla o TC-DF? O Tribunal de Contas do Distrito Federal não tem mesmo uma corregedoria, para apurar o suposto envolvimento político do conselheiro Renato Rainha com a oposição ao governador. O TC-DF bem que poderia criar uma 'Inspetoria de Controle Interno'. Teria um trabalhão".

"Haja paciência. O Tribunal de Contas do DF julga finalmente hoje a licitação para acrescentar 350 micro-ônibus à frota da capital. Manobras protelatórias da bancada de oposição do TC DF 'seguram' a licitação desde setembro".

O Tribunal confirmou a presença de lesão a direitos da personalidade na veiculação das notícias, que foram feitas de forma abusiva, temerária e afrontosa, fixando a indenização em R$ 40.000,00 para a vítima.

Em outro caso envolvendo pessoa pública, o magistrado Marlan de Moraes Marinho promoveu ação de indenização por danos morais contra o jornalista Ricardo Noblat, o *Jornal do Brasil* e a Infoglobo Comunicações, diante de matéria do jornalista veiculada em canais de comunicação dos demais réus, pelo fato de lhe terem imputado a falta de parcialidade em sessão de julgamento, com objetivo de favorecer seu filho, advogado que teria interesse profissional na causa. Após condenação em primeira e segunda instâncias, o Superior Tribunal de Justiça afastou o direito reparatório, pela ausência do abuso de direito e pela presença de mero exercício do direito de informar.

Como argumento primordial para o afastamento do ilícito, entendeu-se que os direitos à honra e à privacidade devem ser mitigados perante o direito à livre manifestação do pensamento e da informação. Também segundo o Ministro Luis Felipe Salomão, houve uma simples intenção de narrar os fatos (*animus narrandi*), o que por si só não caracteriza o abuso de direito previsto no art. 187 do Código Civil. Vejamos trecho do acórdão:

> "Na hipótese, houve a narração fiel, com riqueza de detalhes, dos fatos ocorridos em sessão pública de julgamento na 14.ª Câmara do Tribunal de Justiça do Estado do Rio de Janeiro, sem nenhum juízo de valor, valendo-se de informações obtidas por meio lícito e não tendo sido imputado ao recorrido conduta ofensiva alguma, não se empregando nenhuma forma de adjetivação que o denegrisse, nem que extrapolasse, a meu juízo, o *animus narrandi*. Ademais, não se verificou nenhum abuso do direito por parte do jornalista, mas tão somente o exercício regular de um direito" (STJ, REsp 1.297.787/RJ, 4.ª Turma, Rel. Min. Luis Felipe Salomão, j. 17.03.2015, *DJe* 17.04.2015).

A afirmação a respeito da mera intenção de narrar os fatos é fundamental também para o afastamento da configuração da categoria em estudo.

No mesmo sentido, a respeito do *animus narrandi,* vale citar outro importante aresto superior, que igualmente analisou ação reparatória proposta por magistrado em face de veículo de comunicação, o antigo *Jornal da Tarde*, do grupo O Estado de S. Paulo. Como consta dos autos, o juiz argumentou que sua honra fora abalada pela publicação de matéria jornalística, de cunho sensacionalista, nesse veículo, que narrava que ele recebia "mesada de traficante" e que foi excluído dos quadros do Tribunal de Justiça de São Paulo por tal razão. Argumentou o demandante que a narração era inverídica, além de não ter sido exonerado do cargo de juiz, mas apenas colocado em disponibilidade pela Corte Bandeirante. Vejamos trecho do voto da Ministra Nancy Andrighi, com argumentos bem delineados:

> "A liberdade de informação deve estar atenta ao dever de veracidade, pois a falsidade dos dados divulgados manipula em vez de formar a opinião pública, bem como ao interesse público, pois nem toda informação verdadeira é relevante para o convívio em sociedade. A honra e imagem dos cidadãos não são violados quando se divulgam informações verdadeiras e fidedignas a seu respeito e que, além disso, são do interesse público. O veículo de comunicação exime-se de culpa quando busca fontes fidedignas, quando exerce atividade investigativa, ouve as diversas partes interessadas e afasta quaisquer dúvidas sérias quanto à veracidade do que divulgará. Quando a reportagem foi veiculada, as investigações mencionadas estavam em andamento e a pena administrativa havia sido aplicada pelo TJSP. (...). Não houve, por conseguinte, ilicitude na conduta do recorrido, devendo ser mantida a improcedência do pedido de compensação por danos morais" (STJ, REsp 1.269.841/SP, 3.ª Turma, Rel. Min. Nancy Andrighi, j. 17.10.2013, *DJe* 25.10.2013).

Como último exemplo, do ano de 2022 e com grande repercussão, cite-se o acórdão da Quarta Turma do STJ, que responsabilizou, por abuso na veiculação de notícia, o então membro do Ministério Público Federal Deltan Dallagnol, ex-integrante da operação Lava-Jato, pelo fato de ter feito uma ampla divulgação na imprensa a respeito da suposta organização criminosa liderada pelo Presidente Luiz Inácio Lula da Silva, no que ficou conhecido como o "caso do PowerPoint". Nos termos da tese de resumo de julgamento, "o excesso no exercício do direito de informar é capaz de gerar dano moral ao denunciado quando o membro do Ministério Público comete abusos ao divulgar, na mídia, o oferecimento da denúncia criminal" (STJ, REsp 1.842.613-SP, 4.ª Turma, Rel. Min. Luis Felipe Salomão, j. 22.03.2022, m.v.).

Vejamos a publicação da ementa, que imputou ao agente público o pagamento de uma indenização de R$ 75.000,00 (setenta e cinco mil reais):

> "Recurso especial. Ação de indenização por danos morais. Entrevista coletiva para informar o oferecimento de denúncia criminal. Ex-Presidente da República entre os denunciados. Divulgação comandada por Procurador da República. Entrevista destacada por narrativa ofensiva e não técnica. Utilização de PowerPoint. Declaração de crimes que não constavam da peça acusatória. Alegação de cerceamento de defesa. Ilegitimidade passiva do agente público causador do dano. Matéria de ordem pública decidida e não impugnada oportunamente. Preclusão. Assistência simples. Atuação em conformidade com a do assistido e nos seus limites. Acessoriedade. Teoria da asserção. Ilegitimidade alegada em contestação. Determinação após instrução probatória. Decisão meritória. STF. Tema n. 940. Conduta danosa que se identifica com a atividade funcional. Conduta danosa irregular, fora das atribuições funcionais. Agente pode ser o legitimado passivo. 1. É firme o entendimento do STJ no sentido de que o magistrado é o destinatário da prova, competindo, portanto,

às instâncias ordinárias exercer juízo acerca da imprescindibilidade daquelas que foram ou não produzidas, nos termos do art. 130 do CPC. 2. Não havendo a parte recorrida impugnado, oportunamente, o reconhecimento pelo Tribunal de origem de sua legitimidade passiva *ad causam*, consolidou-se a preclusão, sendo vedado o exame do tema por este Tribunal Superior. 3. As matérias de ordem pública estão sujeitas à preclusão *pro judicato*, de modo que não podem ser novamente analisadas se já tiverem sido objeto de anterior manifestação jurisdicional. Precedentes. 4. O assistente, mormente a espécie simples, não propõe nenhuma demanda ao intervir no processo, limitando-se a sustentar as razões de uma das partes. Sua atuação é complementar à do assistido e não poderá contradizê-lo. 5. Na linha dos precedentes desta Corte, à assistência simples impõe-se o regime de acessoriedade, cessando a intervenção do assistente caso o assistido não recorra. 6. As condições da ação são apuradas de acordo com a teoria da asserção. Assim, o reconhecimento da legitimidade das partes se dá com base nos argumentos apresentados na inicial, que devem possibilitar a dedução, em abstrato, de que o autor pode ser o titular da relação jurídica levada a juízo. 7. Na linha do julgamento pelo STF do RE n. 1.027.633/SP, nas ações de indenização, quando a conduta danosa derivar do exercício das funções públicas regulares, o autor prejudicado não possuirá mais a opção de escolher quem irá ocupar o polo passivo da demanda ressarcitória: se o próprio agente ou se a entidade estatal a que o agente seja vinculado ou se ambos. Nessa individualizada situação, a demanda, necessariamente, será ajuizada em face do Estado, que, em ação regressiva, poderá acionar o agente público. 8. Nas situações em que o dano causado ao particular é provocado por conduta irregular do agente público, compreendendo-se 'irregular' como conduta estranha ao rol das atribuições funcionais, a ação indenizatória cujo objeto seja a prática do abuso de direito que culminou em dano pode ser ajuizada em face do próprio agente. 9. Não é possível a declaração da revelia por inadequação da representação processual quando a regularidade daquela representação apenas se define após instrução probatória e análise do mérito da causa. 10. O direito é meio de ordenação racional e vinculativa de uma comunidade organizada e, nessa condição, estabelece regras, formas e cria instituições, apontando para a necessidade de garantias jurídico-formais capazes de evitar comportamentos arbitrários e irregulares de poderes políticos. 11. Age com abuso de direito, ofendendo direitos da personalidade, o sujeito que, a pretexto de divulgar o oferecimento de denúncia criminal em entrevista coletiva, utiliza-se de termos e adjetivações ofensivos ('comandante máximo do esquema de corrupção', 'maestro da organização criminosa') e marcados pelo desapego à técnica, assim como insinua a culpabilidade do denunciado por crimes antes que se realize o julgamento imparcial imparcial, referindo-se ainda a fatos e tipo penal que não constem da denúncia a que se dá publicidade. 12. É norma fundamental o dever de não prejudicar outrem. Essa 'regra de moral elementar', de conteúdo mais amplo do que o do princípio da liberdade individual, é, forçosamente, limitativa das faculdades que o exercício desta comporta. O abuso de direito é, na origem, ato jurídico de objeto lícito, mas cujo exercício, levado a efeito sem a devida regularidade, acarreta um resultado ilícito. 13. Abusar do direito é extravasar os seus limites quando de seu exercício. Assim, quando o agente, atuando dentro das prerrogativas que o ordenamento jurídico lhe confere, não observa a função social do direito subjetivo e, ao exercitá-lo, desconsideradamente, ocasiona prejuízo a outrem, estará configurado o abuso de direito. 14. Sempre que os limites socialmente aceitos forem ultrapassados, dando lugar a situações geradoras de perplexidade, espanto ou revolta decorrentes do exercício de direitos, a resposta do ordenamento só pode ser uma: a repulsa ao agir abusado, desarrazoado. 15. O processo é o alicerce sobre o qual se materializa a tutela jurisdicional e, nessa linha, o processo penal se revela como plataforma capaz de garantir segurança jurídica na apuração de um tipo criminal, apto à concretização das garantias e dos direitos fundamentais, sem se desviar de fundamentos éticos, trabalhando pela preponderância intensificada dos princípios do devido processo legal, contraditório e ampla defesa. 16. O oferecimento de uma denúncia deve orientar-se pelo princípio da dignidade da pessoa humana, impondo-se à sua formação a certeza, a densidade e a precisão, quanto à narração dos fatos, e a coerência, quanto à sua conclusão, além do mister de ser juridicamente fundamentada. 17. Assim como a peça acusatória deve ser o espelho das investigações nas quais se alicerça, sua divulgação deve ser o espelho de seu estrito teor, balizada pelos fatos que a acusação lhe imputou, sob pena de não somente vilipendiar direitos subjetivos, mas, também, com igual gravidade, desacreditar o sistema jurídico. 18. Para a fixação definitiva da indenização, ajustando-se às circunstâncias particulares do caso, considera-se a gravidade do fato, ofensa à honra e reputação da vítima, ex-Presidente da República, com base em imputações da prática de crimes que não foram objeto da denúncia e em qualificações não técnicas; os meios utilizados na divulgação, com convocação dos principais canais de TV para transmissão para o Brasil e outros países, com ampla repercussão; a responsabilidade do agente, Procurador da República, capaz tecnicamente de identificar os termos utilizados em seu discurso e a repercussão do que se propagava, com razoável capacidade financeira para suportar o pagamento. 19. Recurso especial parcialmente provido, para condenar o recorrido ao pagamento de indenização no valor de R$ 75.000,00 (setenta e cinco mil reais)" (STJ, REsp 1.842.613/SP, 4.ª Turma, Rel. Min. Luis Felipe Salomão, j. 22.03.2022, *DJe* 10.05.2022).

Do ponto de vista da técnica da responsabilidade civil, o acórdão me parece correto e bem fundamentado, sobretudo pela ação midiática praticada na situação fática pelo então componente do Ministério Público Federal, o que justifica a sua responsabilidade pessoal, por abuso de direito e nos termos do art. 187 do Código Civil. Ademais, existem questões processuais relevantes no *decisum*, que geraram essa responsabilização, novamente de forma precisa, no meu entender.

Expostos casos a respeito de pessoas públicas ou famosas, importante verificar como a jurisprudência tem analisado também situações de pessoas sem a mesma notoriedade perante o público.

Como primeiro processo reparatório a ser mencionado, destaque-se ação fundada em danos morais intentada em face do Jornal *Diário do Pará*, por matérias jornalísticas com relatos de fatos contidos em uma ação de separação judicial, tendo ocorrido violação ao segredo de justiça e fundamentação em versão de apenas uma das partes. Como consta da ementa, foi feito um juízo de valor negativo sobre o comportamento da autora, que acabou por perder o contato com a sua filha:

"O recorrente expôs ao conhecimento público situações desprovidas de justificativa factual ou documental, além de elementos obtidos de processos que se encontravam resguardados pelo segredo de justiça. Descreveu o acórdão que as notícias aludiram à prática de crime de subtração de incapazes pela recorrida, por haver supostamente fugido com a menor do País, insinuando o suborno de magistrado com o objetivo de alcançar tal desiderato. Narraram que a genitora não prestava a devida atenção à filha no exterior, expondo, ademais, aspectos inerentes à vida privada da recorrida, formulando juízo de valor negativo sobre a sua intimidade, o que motivou, por fim, a perda completa do contato da recorrida com sua filha, sendo necessário que viesse a se submeter a tratamento terapêutico. Além disso, as notícias tiveram como fonte apenas os depoimentos do pai da menor e dados obtidos na Ação de Separação Litigiosa. Dessa forma, nos moldes traçados no acórdão e na sentença, evidente o abuso no exercício do direito de informar e o consequente dever de indenizar" (REsp 1.380.701/PA, 3.ª Turma, Rel. Min. Marco Aurélio Bellizze, j. 07.05.2015, *DJe* 14.05.2015).

O Relator expôs que, no âmbito da imprensa, a regra geral é a liberdade de informação. Porém, essa não pode ser considerada como absoluta, tendo limitações na proteção dos direitos da personalidade: "daí fazer-se mister a identificação de limites à livre manifestação da imprensa, a partir da proteção dos direitos da personalidade, especialmente com fundamento na tutela da dignidade humana". A indenização fixada, diante da gravidade dos fatos, foi o correspondente a trezentos salários mínimos, ou seja, um montante muito maior do que se tem atribuído a pessoas famosas ou públicas. Não se pode negar que a gravidade dos fatos chamou um aumento do *quantum debeatur* diante dos precedentes antes demonstrados.

Também a respeito de pessoas anônimas, sem notoriedade social, o STJ manteve a condenação da Televisão Londrina, seu editor e de jornalista, pelo fato de terem veiculado notícia sobre o velório de menor de idade, informando ser ele um dos assaltantes mortos em um confronto com a polícia, mostrando a imagem do falecido e utilizando as palavras "assaltante" e "bandido". Cada um dos réus foi condenado a pagar, solidariamente, dez salários mínimos para a mãe do menor falecido.

Entendeu-se, naquele caso, pela *caracterização automática do abuso do direito de informar*, diante da violação ao princípio da proteção integral da criança e adolescente, positivado nos arts. 143 e 247 do ECA, sem prejuízo de outros comandos (STJ, AgRg no REsp 1.354.696/PR, 3.ª Turma, Rel. Min. Paulo de Tarso Sanseverino, j. 23.10.2014, *DJe* 31.10.2014).

Julgou-se, desse modo, pela presença do *animus injuriandi* e do *animus diffamandi*, que, muito além do *animus narrandi*, acarretam o dever de reparar, em decorrência do abuso de direito. Como se retira de outro acórdão, citado no último precedente, "tratando-se de matéria veiculada pela imprensa, a responsabilidade civil por danos morais exsurge quando o texto publicado extrapola os limites da informação, evidenciando a intenção de injuriar, difamar e caluniar terceiro" (STJ, REsp 1.390.560/SP, 3.ª Turma, Rel. Min. Ricardo Villas Bôas Cueva, j. 03.10.2013, *DJe* 14.10.2013). Eis outra afirmação fundamental para que o abuso de direito reste ou não configurado.

Voltando-se para casos mais antigos, gosto sempre de destacar remota decisão do Superior Tribunal de Justiça, que condenou jornal mineiro pela veiculação de notícia utilizando apelido com menção à opção sexual do retratado ("bicha"). A correta conclusão foi pela presença do abuso de direito jornalístico e também da lesão à opção sexual, direito que deve ser reconhecido como componente da personalidade. Como constou da sua ementa, "a simples reprodução, por empresa jornalística, de informações constantes na denúncia feita pelo Ministério Público ou no boletim policial de ocorrência consiste em exercício do direito de informar. Na espécie, contudo, a empresa jornalística, ao reproduzir na manchete do jornal o cognome – 'apelido' – do autor, com manifesto proveito econômico, feriu o direito dele ao segredo da vida privada, e atuou com abuso de direito, motivo pelo qual deve reparar os consequentes danos morais" (STJ, REsp 613.374/MG, 3.ª Turma, Rel. Min. Nancy Andrighi, j. 17.05.2005, *DJ* 12.09.2005, p. 321).

Pontuo que vários arestos superiores concluem pela ausência do abuso de direito presentes a veracidade dos fatos abordados e interesses coletivos nas notícias veiculadas.

Como ilustração a ser citada, cite-se o caso em que se noticiou que um funcionário público, motorista da Câmara Municipal, estaria embriagado. Como se extrai do acórdão, "não se exige a prova inequívoca da má-fé da publicação ('actual malice'), para ensejar a indenização. Contudo, dos fatos incontroversos, conclui-se que, ao irrogar ao autor o predicado de 'bêbado', o jornal agiu segundo essa margem tolerável de inexatidão, orientado, ademais, por legítimo juízo de aparência acerca dos fatos e por interesse público estreme de dúvidas, respeitando, por outro lado, o dever de diligência mínima que lhe é imposto. A pedra de toque para aferir-se legitimidade na crítica jornalística é o interesse público, observada a razoabilidade dos meios e formas de divulgação da notícia. A não comprovação do estado de embriaguez, no âmbito de processo disciplinar, apenas socorre o autor na esfera administrativa, não condiciona a atividade da imprensa, tampouco suaviza o desvalor da conduta do agente público, a qual, quando evidentemente desviante da moralidade administrativa, pode e deve estar sob as vistas dos órgãos de controle social, notadamente, os órgãos de imprensa. Com efeito, na reportagem objeto do dissenso entre as partes, vislumbra-se simples e regular exercício de direito, consubstanciado em crítica jornalística própria de estados democráticos, razão pela qual o autor deve, como preço módico a ser pago pelas benesses da democracia, conformar-se com os dissabores eventualmente experimentados" (STJ, REsp 680.794/PR, 4.ª Turma, Rel. Min. Luis Felipe Salomão, j. 17.06.2010, *DJe* 29.06.2010). A conclusão é correta e precisa, tendo o meu total apoio.

Para encerrar o tópico, importante pontuar que o projeto de Reforma do Código Civil não propõe qualquer modificação no seu importante art. 187, que deve ser integralmente mantido.

Todavia, no livro de "Direito Civil Digital", em proposta aqui já analisada, o abuso de direito no exercício da liberdade de expressão ou de informação passará a ser considerado como um importante critério para que a pessoa possa requerer a exclusão permanente de dados ou de informações a ela referentes, que representem lesão aos seus direitos de personalidade, diretamente no *site* de origem em que foram publicados.

Vale lembrar, ainda, a proposição de um novo § 2.º do art. 11, para que o abuso do exercício dos direitos da personalidade seja inserido expressamente na lei, resolvendo-se os dilemas práticos a partir da técnica da ponderação (novo § 3.º do dispositivo).

Para essa ponderação, sem prejuízo de outros comandos aqui abordados, também deverá ser considerado o novo art. 17-A, segundo o qual "o cerceamento abusivo da liberdade pessoal de ambulação, de expressão e de informação tem repercussão civil e enseja o exercício de pretensões de reparação por perdas e danos".

Sem dúvida alguma, e por tudo o que está sendo estudado no presente capítulo, as propostas são essenciais e necessárias, para o enfrentamento os desafios relativos à veiculação das informações, por meio físico ou virtual, e à responsabilidade civil que dela deriva.

2.4. Da responsabilidade civil dos meios de comunicação e dos seus agentes. Responsabilidade civil dos jornalistas

Como visto até aqui, têm-se responsabilizado não só os meios de comunicação, como também os seus agentes ou prepostos, caso dos jornalistas e editores, pelos danos causados pela veiculação das informações no mundo contemporâneo. Além da aplicação da técnica da ponderação, foi demonstrado que vários dispositivos do Código Civil, como o que trata do abuso de direito, têm sido utilizados para gerar o correspondente dever de indenizar de todos os envolvidos com a notícia.

Em tom complementar a tudo o que foi exposto neste capítulo, como consequência natural da responsabilidade civil indireta – dos empregadores e comitentes pelos atos de seus empregados e prepostos –, o Superior Tribunal de Justiça editou, no ano de 1999, a sua Súmula n. 221 do STJ, segundo o qual são civilmente responsáveis pelo ressarcimento de dano decorrente de publicação pela imprensa, tanto o autor do escrito quanto o proprietário do veículo de divulgação. Como um dos fundamentos normativos para gerar a ementa utilizou-se o art. 49, § 2.º, da Lei de Imprensa, que assim dispunha: "se a violação de direito ou o prejuízo ocorre mediante publicação ou transmissão em jornal, periódico, ou serviço de radiodifusão, ou de agência noticiosa, responde pela reparação do dano a pessoa natural ou jurídica que explora o meio de informação ou divulgação (art. 50)".

Como se retira dos precedentes da súmula, "o jornalista responsável pela veiculação de notícia ou *charge* em jornal, de que decorreu a ação indenizatória de dano moral promovida pelo que se julga ofendido em sua honra, tem legitimidade para figurar no seu polo passivo" (EREsp 154.837/RJ, 2.ª Seção, Rel. Min. Cesar Asfor Rocha, j. 09.09.1998, *DJ* 16.11.1998, p. 6). Em complemento, havendo ofensas publicadas, há a "possibilidade de o ofendido obter reparação de quem fez as declarações ao jornal ou concedeu a entrevista, não estando adstrito a buscá-la exclusivamente junto a quem as divulgou" (REsp 122.128/RJ, 3.ª Turma, Rel. Min. Eduardo Ribeiro, j. 10.03.1998, *DJ* 31.08.1998, p. 70). Ou, como primeiro precedente citado: "São civilmente responsáveis por danos morais e materiais em caso de ofensa pela imprensa, tanto o autor do escrito, quanto o proprietário do jornal que o veicula" (STJ, REsp 14.321/RS, 3.ª Turma, Rel. Min. Dias Trindade, j. 05.11.1991, *DJ* 02.12.1991, p. 17.538).

Resta saber se, com a declaração de inconstitucionalidade de toda a Lei de Imprensa, o que atingiu o dispositivo que deu fundamento à sumular, a conclusão nela exarada ainda pode ser aplicada, e qual a sua amplitude.

A resposta sempre me parece positiva, mantendo-se totalmente o teor da Súmula n. 221 do STJ, pois a responsabilidade do veículo de comunicação tem fundamento, no atual cenário legislativo, no art. 932, III, do Código Civil que trata da responsabilização fundada na pressuposição do empregador ou comitente.

A responsabilidade do órgão de imprensa, nesse contexto, deve ser reputada como objetiva, desde que comprovada a culpa do seu empregado ou preposto do veículo (art. 933). Não se pode esquecer, em complemento, do direito de regresso do veículo contra seu empregado ou preposto (art. 934). Ademais, deve-se reconhecer a solidariedade entre todos os envolvidos com a veiculação da notícia, conforme o parágrafo único do art. 942, também da atual codificação privada.

Seguindo esse entendimento, aplicando a Súmula n. 221, do próprio Tribunal da Cidadania com tom ampliativo para as empresas de rádio e após o reconhecimento da inconstitucionalidade da Lei de Imprensa, ou melhor, a sua não recepção pelo Texto Maior:

> "Recurso especial. Ação indenizatória. Responsabilidade civil. Danos morais. Imagem. Imprensa. Programa jornalístico. Dever de informação. Liberdade de imprensa. Limites. Ato ilícito. Comprovação. Reportagem com conteúdo ofensivo. Regular exercício de direito. Não configuração. Responsabilidade solidária da emissora e dos jornalistas. Súmula n. 221/STJ. Cerceamento de defesa. Não ocorrência. Magistrado como destinatário das provas. Independência das instâncias cível e criminal. Quantificação do dano extrapatrimonial. Desproporcionalidade. Não configuração. Reexame de provas. Inadmissibilidade. Súmula n. 7/STJ. 1. Enquanto projeção da liberdade de manifestação de pensamento, a liberdade de imprensa não se restringe aos direitos de informar e de buscar informação, mas abarca outros que lhes são correlatos, tais como os direitos à crítica e à opinião. Por não possuir caráter absoluto, encontra limitação no interesse público e nos direitos da personalidade, notadamente à imagem e à honra, das pessoas sobre as quais se noticia. (...). 3. A liberdade de radiodifusão não impede a punição por abusos no seu exercício, como previsto no Código Brasileiro de Telecomunicações, em disposição recepcionada pela nova ordem constitucional (art. 52 da Lei n. 4.117/1962). 4. Em se tratando de matéria veiculada pela imprensa, a responsabilidade civil por danos morais exsurge quando fica evidenciada a intenção de in-

juriar, difamar ou caluniar terceiro. (...). 5. Não configura regular exercício de direito de imprensa, para os fins do art. 188, I, do CC/2002, reportagem televisiva que contém comentários ofensivos e desnecessários ao dever de informar, apresenta julgamento de conduta de cunho sensacionalista, além de explorar abusivamente dado inverídico relativo à embriaguez na condução de veículo automotor, em manifesta violação da honra e da imagem pessoal das recorridas. 7. Na hipótese de danos decorrentes de publicação pela imprensa, são civilmente responsáveis tanto o autor da matéria jornalística quanto o proprietário do veículo de divulgação (Súmula n. 221/STJ). Tal enunciado não se restringe a casos que envolvam a imprensa escrita, sendo aplicável a outros veículos de comunicação, como rádio e televisão. Precedentes. (...). 14. Indenização arbitrada em R$ 50.000,00 (cinquenta mil reais) para cada vítima, que não se revela desproporcional ante a abrangência do dano decorrente de reportagem televisionada e disponibilizada na internet" (STJ, REsp 1.652.588/SP, 3.ª Turma, Rel. Min. Ricardo Villas Bôas Cueva, j. 26.09.2017, *DJe* 02.10.2017).

Como outro julgado de relevo sobre o tema, vale citar o caso da "Escola Base", em que houve falsa imputação de atos de pedofilia, o que acabou por destruir a vida dos donos do estabelecimento. Oportuno lembrar que a jurisprudência responsabilizou o Estado de São Paulo, ente público, por falhas nas investigações, com indenização exemplar de quinhentos salários mínimos para cada uma das vítimas, diretores da escola:

"Recurso especial interposto nos autos de ação de indenização envolvendo o caso relativo à 'Escola Base', decorrente de fatos ocorridos no Estado de São Paulo, amplamente noticiados na mídia, em que o Delegado de Polícia encarregado das investigações, embora desprovido de elementos minimamente consistentes, teria formulado de forma ininterrupta e por vários dias, em muitas entrevistas concedidas a diversos meios de comunicação, graves acusações contra os autores deste processo, que vieram a ser presos, pertinentes a abusos sexuais e exploração de crianças de 4 (quatro) anos e a formação de quadrilha destinada a produção e comércio de vídeos pornográficos. (...). O arbitramento de danos morais, para cada um dos autores, em valor equivalente a 500 (quinhentos) salários mínimos (R$ 175.000,00 na data do acórdão) não revela flagrante excessividade no caso concreto. Ao contrário, o acórdão recorrido e a sentença, mediante o relato dos fatos da causa, demonstram que os autores foram submetidos a (i) gravíssimos constrangimentos, (ii) acusados pública e incessantemente, por vários dias, da prática de abusos sexuais e de exploração de crianças, (iii) custodiados e (iv) expostos à mídia, notadamente por irresponsáveis e reiteradas declarações feitas por delegado de polícia, o que lhes causou danos morais e psicológicos de difícil ou impossível reparação. Após os terrores sofridos, é que veio o inquérito policial a ser arquivado por absoluta falta de elementos mínimos de convicção desfavoráveis aos investigados" (STJ, REsp 1.088.866/SP, 2.ª Turma, Rel. Min. Castro Meira, j. 04.12.2012, *DJe* 04.02.2013).

Além da responsabilização do Estado, existem julgados que atribuem o dever de indenizar aos órgãos de imprensa que veicularam as notícias inverídicas, como o julgado pelo STJ no ano de 2013, com o reconhecimento do dever de indenizar em face do Sistema Brasileiro de Televisão, em R$ 100.000,00 (cem mil reais), para cada um dos retratados nas notícias (STJ, REsp 1.215.294/SP, 3.ª Turma, Rel. Min. Ricardo Villas Bôas Cueva, j. 17.12.2013, *DJe* 11.02.2014).

A esse propósito, o Supremo Tribunal Federal, em julgamento prolatado em novembro de 2023 e para os fins de repercussão geral (Tema n. 995), não só confirmou o teor da Súmula n. 221 do STJ, na linha do que defendi, como fixou critérios para responsabilizar empresas jornalísticas por divulgação de acusações falsas ou "*fake news*" por entrevistados. Vejamos os termos das assertivas aprovadas pela Corte, que devem influenciar de forma definitiva a inferior instância:

> "1. A plena proteção constitucional à liberdade de imprensa é consagrada pelo binômio liberdade com responsabilidade, vedada qualquer espécie de censura prévia. Admite-se a possibilidade posterior de análise e responsabilização, inclusive com remoção de conteúdo, por informações comprovadamente injuriosas, difamantes, caluniosas, mentirosas, e em relação a eventuais danos materiais e morais. Isso porque os direitos à honra, intimidade, vida privada e à própria imagem formam a proteção constitucional à dignidade da pessoa humana, salvaguardando um espaço íntimo intransponível por intromissões ilícitas externas.
>
> 2. Na hipótese de publicação de entrevista em que o entrevistado imputa falsamente prática de crime a terceiro, a empresa jornalística somente poderá ser responsabilizada civilmente se: (i) à época da divulgação, havia indícios concretos da falsidade da imputação; e (ii) o veículo deixou de observar o dever de cuidado na verificação da veracidade dos fatos e na divulgação da existência de tais indícios" (STF, RE 1.075.412, Tribunal Pleno, Rel. Min. Edson Fachin, j. 29.11.2023, m.v., Tema n. 995).

Ainda a respeito da responsabilidade pessoal do jornalista, não se pode negar que, pelo menos em regra, deve ser reputada como fundada no dolo ou na culpa, geradora da responsabilidade subjetiva, nos termos da regra geral do art. 186 do Código Civil.[17] Vale lembrar que, diante da sua não recepção pela CF/1988, não se pode mais utilizar o fundamento constante do art. 49 da Lei de Imprensa, sendo necessário buscar o fundamento para tal conclusão na Lei Geral Privada.

Entendendo pela responsabilidade civil fundada na culpa, pela necessidade de prova de culpa em sentido amplo do jornalista, diante da essencialidade da atividade que ele desempenha, concluiu o STJ:

> "O jornalista tem um dever de investigar os fatos que deseja publicar. Isso não significa que sua cognição deva ser plena e exauriente à semelhança daquilo que ocorre em juízo. A elaboração de reportagens pode durar horas ou meses, dependendo de sua complexidade, mas não se pode exigir que a mídia só divulgue fatos após ter certeza plena de sua veracidade. Isso se dá, em primeiro lugar, porque os meios de comunicação, como qualquer outro

---

[17] Como bem observa e explica: MIRAGEM, Bruno. *Direito Civil*. Responsabilidade civil, cit., p. 677-680.

particular, não detêm poderes estatais para empreender tal cognição. Ademais, impor tal exigência à imprensa significaria engessá-la e condená-la à morte. O processo de divulgação de informações satisfaz verdadeiro interesse público, devendo ser célere e eficaz, razão pela qual não se coaduna com rigorismos próprios de um procedimento judicial" (STJ, REsp 984.803/ES, 3.ª Turma, Rel. Min. Nancy Andrighi, j. 26.05.2009, *DJe* 19.08.2009).

De todo modo, conforme desenvolvido no último tópico deste capítulo e na linha de todos os julgados ali citados, presente o abuso de direito na informação, pelo desrespeito aos parâmetros constantes do art. 187 do Código Civil e de balizas geralmente utilizadas para a ponderação dos interesses envolvidos, há que reconhecer a responsabilização objetiva do jornalista.

Como fundamento teórico para tanto, cite-se novamente o conteúdo do Enunciado n. 37 da *I Jornada de Direito Civil*, segundo o qual "a responsabilidade civil decorrente do abuso do direito independe de culpa e fundamenta-se somente no critério objetivo-finalístico". Em suma, a respeito da responsabilidade civil dos jornalistas, há a convivência dos modelos subjetivo e objetivo, o que depende da caracterização da conduta como ilícito puro ou equiparado e da análise das circunstâncias do caso concreto, como tem feito a jurisprudência brasileira, como se depreende dos julgados do Superior Tribunal de Justiça aqui expostos e devidamente analisados.

3. RESPONSABILIDADE CIVIL NA INTERNET

3.1. Principais aspectos do Marco Civil da Internet

Como pontuado no início do presente capítulo, a internet assume um papel fundamental no mundo contemporâneo, por mecanismos diversos que oferece aos seus usuários. Muito além de um mero fornecedor de conteúdo e de informações, a internet transformou-se em um ambiente de intensa convivência social, o que faz que muitas pessoas, em todo o mundo, prefiram mais viver no mundo digital, em detrimento do mundo real.

As gerações mais novas têm manifestado sua predileção pelo cotidiano e pela convivência virtual, o que traz transformações para as relações jurídicas, sobretudo para o âmbito da responsabilidade civil. Novamente, utilizando-se as palavras de Bruno Miragem, "o desenvolvimento da internet é um dos aspectos mais relevantes da veloz transformação social, política e econômica, que experimenta a sociedade contemporânea. Desde seu advento, a rede mundial de computadores se integra com a velocidade a inúmeras atividades do cotidiano, alterando profundamente o cotidiano das relações humanas".[18]

No que diz respeito ao eventual dever de indenizar que decorre de condutas praticadas nesses ambientes, há tempos venho entendendo pela aplicação da cláusula geral de responsabilidade objetiva, retirada do art. 927, parágrafo único, do Código Civil, por oferecer o mundo digital uma série de riscos aos usuários.

---

[18] MIRAGEM, Bruno. *Direito Civil*. Responsabilidade civil, cit., p. 677-680.

Entendendo da mesma forma, Guilherme Magalhães Martins pontua que, "mesmo nas relações privadas que não sejam de consumo, regidas pelo Código Civil, em muitos casos a atividade habitualmente desenvolvida é capaz por si só de ocasionar a responsabilidade por risco da atividade, nos termos do parágrafo único do art. 927 do Código Civil. Logo, dão causa a risco de danos a terceiros, aproximando-se 'sensivelmente do regime de responsabilidade por danos impostos aos fornecedores de serviço do Código de Defesa do Consumidor'".[19]

Ricardo Luis Lorenzetti, mesmo não concordando em absoluto com a premissa, aponta que alguns juristas sustentam que o computador é "uma coisa que representa riscos, ou que a atividade relativa à informática pode ser qualificada como tal"; afirmação que é por mim compartilhada.[20] Entre os autores que assim entendem, pode ser citada Patrícia Peck Pinheiro, que, ao tratar da *responsabilidade civil digital*, conclui que a teoria do risco atende melhor às questões virtuais do que a teoria da culpa.[21]

Do mesmo modo, compartilhando dessa forma de pensar, Renato Opice Blum e Marcos Gomes Bruno há tempos lecionam que "o Novo Código Civil introduziu, no parágrafo único do art. 927, a responsabilidade objetiva, decorrente do risco do negócio, o que significa dizer que, para determinadas atividades nas quais se devem assumir riscos implícitos a ela, o que pode se aplicar à quase totalidade das relações jurídicas que envolvem o meio virtual, haverá responsabilidade independentemente de culpa".[22] Claudio Luiz Bueno de Godoy, com razão, sustenta que, em algumas hipóteses, a atividade digital pode criar riscos especiais, particularmente no tocante a direitos da personalidade.[23]

Mesmo com essa forte posição, sempre houve duras resistências a respeito dessa aplicação na doutrina nacional, como o posicionamento de Marcel Leonardi, para quem "as atividades dos provedores de serviços de Internet não podem ser consideradas atividades de risco, nem atividades econômicas perigosas".[24]

Reitero a minha posição, no sentido de ser a teoria do risco a mais adequada para a solução dos problemas digitais, podendo, sim, incidir o art. 927, parágrafo único, do Código Civil. Todavia, não se pode dizer que manter um *lugar digital*, por si só, implica riscos. Ilustrando, não é possível afirmar que ter um *blog* para a veiculação de notícias representa riscos a outrem.

---

[19] MARTINS, Guilherme Magalhães. *Responsabilidade civil por acidente de consumo na* internet. 2. ed. São Paulo: RT, 2014. p. 364. No mesmo sentido, citado pelo último: MIRAGEM, Bruno. *Direito Civil.* Responsabilidade civil, cit., p. 816-817.

[20] LORENZETTI, Ricardo Luis. *Comércio eletrônico*. Tradução de Fabiano Menke. São Paulo: RT, 2004. p. 468.

[21] PINHEIRO, Patrícia Peck. *Direito digital*, cit., p. 298.

[22] BLUM, Renato Opice; BRUNO, Marcos Gomes. O novo Código Civil e o direito eletrônico. In: DELGADO, Mário Luiz; ALVES, Jones Figueirêdo (Coord.). *Questões controvertidas no novo Código Civil*. São Paulo: Método, 2003. p. 213-214.

[23] GODOY, Claudio Luiz Bueno de. *Responsabilidade civil pelo risco da atividade*, cit., p. 145-150.

[24] LEONARDI, Marcel. Determinação da responsabilidade civil pelos ilícitos na rede: os deveres dos provedores de serviços de internet. In: TAVARES DA SILVA, Regina Beatriz; SANTOS, Manoel J. Pereira dos (Coord.). *Responsabilidade civil na* internet *e nos demais meios de comunicação*. São Paulo: Saraiva, 2007. p. 73. (Série GV Law.)

No entanto, manter e administrar uma grande comunidade de relacionamentos ou uma rede social de grandes repercussões gera riscos de lesão à intimidade alheia. O risco fica superdimensionado no caso de se manter um *site* com material pornográfico tido como amador. Isso também deve ser dito com relação àquele que é provedor ou proprietário de um endereço eletrônico de vendas por quem não é profissional, o que foge da relação de consumo, em regra.

Alguns exemplos anteriores da jurisprudência nacional traziam tais enquadramentos da atividade digital na responsabilidade sem culpa. Como primeira ilustração, o Tribunal do Rio de Janeiro fez incidir a responsabilidade objetiva do CDC na comunidade Orkut, ao considerar consumidora por equiparação ou *bystander* uma mulher que teve um perfil falso montado por terceiro, oferecendo serviços sexuais.

Vejamos a publicação dessa ementa, que teve a relatoria do Professor e Desembargador Alexandre Freitas Câmara:

"Direito Civil. Demanda de obrigação de fazer com pedido de compensação por danos morais movida pela apelada em face da apelante, alegando, em síntese, ter sido surpreendida com a criação de um perfil falso no site de relacionamentos do réu – *Orkut* – no qual a demandante se intitularia como prostituta, com a atribuição de qualidades e comportamento de cunho pornográfico. O aludido perfil contava com fotos de sexo explícito, atribuindo à autora o comportamento ali descrito, de forma degradante, fazendo, inclusive, alusão ao trabalho desta. A partir de então, a autora – que soube do ocorrido através da sobrinha de quinze anos, que recebeu um convite para adicioná-la – passou a receber mensagens de pessoas querendo contratar seus serviços. Sentença de procedência, fixando a compensação a título de danos morais em R$ 12.000,00 (doze mil reais). Apelo do réu, alegando que a responsabilidade é subjetiva e que não foi provada sua culpa, aduzindo que, ainda que se considerasse que a responsabilidade é objetiva, há fato de terceiro, a excluir o nexo causal, sem embargo de sua atividade não se caracterizar como de risco. Relação de consumo. Apelante que se enquadra no conceito de fornecedor de serviços do CDC, e serviço é qualquer atividade fornecida no mercado de consumo, mediante remuneração. A remuneração, na hipótese, se caracteriza como indireta, ou seja, aquela que apresenta uma contraprestação escondida. Ré que, embora sustente prestar o serviço aos seus usuários gratuitamente, faz uso de parte do espaço para publicidade. Proveito comercial que reflete uma remuneração indireta pelo serviço prestado. Remuneração, que não se confunde com gratuidade, consoante precedente do STJ. Autora que se afigura como consumidora por equiparação, por ter sido vítima do evento. Dano moral arbitrado de forma módica, considerando a lesividade da conduta, mas que não pode ser majorado, sob pena de *reformatio in peius*. Réu que junta, após a apelação, os números de identificação de computadores atrelados ao perfil falso bloqueado, embora tenha sido instado a fazê-lo em decisão que concedeu a antecipação de tutela. Irrelevância. Manutenção da sentença. Recurso desprovido" (TJRJ, Apelação 2009.001.14165, 2ª Câmara Cível, Rel. Des. Alexandre Freitas Câmara, j. 08.04.2009, *DORJ* 15.04.2009, p. 86).

No entanto, merecem maiores destaques os antigos julgados estaduais que subsumiam o art. 927, parágrafo único, do Código Civil isoladamente, como foi o caso de pioneiro acórdão do Tribunal Mineiro, que concluiu pela responsabilidade objetiva de mantenedora de sítio de relacionamentos – a Google –, por danos à personalidade diante de afirmações ofensivas realizadas pela internet, novamente no Orkut. Vejamos o que constou do corpo da ementa que merece ser novamente destacada:

"Restando demonstrado nos autos que a apelante (Google Brasil) atua como representante da Google inc., no Brasil, fazendo parte do conglomerado empresarial responsável pelo site de relacionamento denominado 'orkut', compete-lhe diligenciar no sentido de evitar que mensagens anônimas e ofensivas sejam disponibilizadas ao acesso público, pois, abstendo-se de fazê-lo, responderá por eventuais danos à honra e dignidade dos usuários decorrentes da má utilização dos serviços disponibilizados. (...). Aplica-se à espécie o art. 927, parágrafo único, do Código Civil, que adota a teoria da responsabilidade civil objetiva, estabelecendo que haverá obrigação de reparar o dano, independentemente de culpa, quando a atividade normalmente desenvolvida implicar, por sua natureza, risco para os direitos de outrem" (TJMG, Apelação Cível 1.0024.08.041302-4/0011, 17.ª Câmara Cível, Belo Horizonte, Rel. Des. Luciano Pinto, j. 18.12.2008, *DJEMG* 06.03.2009).

Na mesma esteira, há decisão anterior de destaque, do Tribunal Gaúcho, responsabilizando objetivamente a provedora do sítio pela conduta de um usuário que incluiu afirmações e fotos ofensivas de outra pessoa:

"Inteligência do art. 927, parágrafo único, do Código Civil cumulado com o art. 5.º, inciso IV, da Constituição Federal, mormente porque a atividade desenvolvida pela provedora de 'hosting' implica, por sua natureza, em riscos à esfera jurídica de terceiros. A provedora deve adotar as cautelas necessárias para possibilitar a identificação de seus usuários, especial porque, no caso concreto, se trata de servidor de hospedagem que disponibiliza espaço em seu domínio a assinantes que oferecem uma contraprestação financeira pelo serviço de hospedagem" (TJRS, Acórdão 70026684092, 9.ª Câmara Cível, Caxias do Sul, Rel. Des. Tasso Caubi Soares Delabary, j. 29.04.2009, *DOERS* 14.05.2009, p. 61).

Entretanto, fazendo uma comparação importante, geralmente encontrada em obras sobre o tema, o sistema europeu traz conclusão totalmente diversa, afastando-se da configuração da atividade de ativo. Isso diante da Diretriz Europeia n. 00/31, a respeito da contratação eletrônica. O preceito consagra a *ausência de um dever geral de vigilância,* prevendo que os prestadores intermediários de serviços em rede não estão sujeitos a uma obrigação geral de verificar as informações que transmitem ou armazenam ou de investigar eventuais ilícitos praticados nos seus ambientes. Desse modo, no sistema europeu, não há que falar em responsabilidade objetiva dos sítios, mas apenas de uma responsabilização fundada na culpa.

Seguindo a ideia constante da norma comparada, apesar dos julgados estaduais transcritos, surgiram decisões do STJ posteriores às ementas colacionadas afastando a incidência do art. 927, parágrafo único, do CC/2002 para os ambientes virtuais. Cite-se, de imediato, acórdão-precedente da Corte, anterior ao Marco Civil da Internet, segundo o qual "o dano moral decorrente de mensagens com conteúdo ofensivo inseridas no *site* pelo usuário não constitui risco inerente à atividade dos provedores de conteúdo, de modo que não se lhes aplica a responsabilidade objetiva prevista no art. 927, parágrafo único, do CC/2002" (STJ, REsp 1.186.616/MG, 3.ª Turma, Rel. Min. Nancy Andrighi, j. 23.08.2011, *DJe* 31.08.2011).

A posição firmada no Tribunal, suplementarmente ao último acórdão, foi no sentido de que o provedor deve retirar imediatamente o conteúdo ofensivo, após ser notificado de modo extrajudicial pelo ofendido, sob pena de sua responsabilização: "ao ser comunicado de que determinado texto ou imagem possui conteúdo ilícito, deve o provedor agir de forma enérgica, retirando o material do ar imediatamente, sob pena de responder solidariamente com o autor direto do dano, em virtude da omissão praticada" (STJ, REsp 1.192.208/MG, 3.ª Turma, Rel. Min. Nancy Andrighi, j. 12.06.2012, *DJe* 02.08.2012).

Sucessivamente a esse acórdão surgiram muitos outros no Tribunal da Cidadania, merecendo colação os seguintes, por todos:

"Recurso especial. Direito do Consumidor. Provedor. Mensagem de conteúdo ofensivo. Retirada. Registro de número do IP. Dano moral. Ausência. Provimento. 1.- No caso de mensagens moralmente ofensivas, inseridas no site de provedor de conteúdo por usuário, não incide a regra de responsabilidade objetiva, prevista no art. 927, parágrafo único, do Cód. Civil/2002, pois não se configura risco inerente à atividade do provedor. Precedentes. 2.- É o provedor de conteúdo obrigado a retirar imediatamente o conteúdo ofensivo, pena de responsabilidade solidária com o autor direto do dano. 3.- O provedor de conteúdo é obrigado a viabilizar a identificação de usuários, coibindo o anonimato; o registro do número de protocolo (IP) dos computadores utilizados para cadastramento de contas na internet constitui meio de rastreamento de usuários, que ao provedor compete, necessariamente, providenciar. 4.- Recurso Especial provido. Ação de indenização por danos morais julgada improcedente" (STJ, REsp 1.306.066/MT, 3.ª Turma, Rel. Min. Sidnei Beneti, j. 17.04.2012, *DJe* 02.05.2012).

"Processual civil. Agravo regimental no agravo em recurso especial. Responsabilidade civil. Ação de indenização. Provedor de conteúdo da internet. Responsabilidade subjetiva. omissão. Súmula n. 7/STJ. 1. Os provedores de conteúdo da internet não se submetem ao art. 927 do CC/2002, que trata da responsabilidade objetiva, pois a inserção de mensagens com conteúdo ofensivo no site não constitui um risco inerente à atividade, nem tampouco ao art. 14 do CDC, por não se tratar de produto defeituoso. 2. Possuem responsabilidade subjetiva por omissão os provedores de internet que, após serem notificados sobre a existência de página com conteúdo ofensivo, permanecem inertes. (...)" (STJ, AgRg no AREsp 137.944/RS, 4.ª Turma, Rel. Min. Antonio Carlos Ferreira, j. 21.03.2013, *DJe* 08.04.2013).

"Agravo regimental no agravo (art. 544 do CPC). Ação indenizatória por dano moral. Criação de perfil falso em sítio de relacionamento (Orkut). Ausência de retirada imediata do material ofensivo. Desídia do responsável pela página na internet. Súmula n. 7 do STJ. Decisão monocrática negando provimento ao recurso. Insurgência da ré. 1. A jurisprudência desta Corte firmou-se no sentido de que 'o dano moral decorrente de mensagens com conteúdo ofensivo inseridas no site pelo usuário não constitui risco inerente à atividade dos provedores de conteúdo, de modo que não se lhes aplica a responsabilidade objetiva prevista no art. 927, parágrafo único, do CC/02' (REsp 1.308.830/RS, Rel. Ministra Nancy Andrighi, Terceira Turma, julgado em 08.05.2012, *DJe* 19.06.2012). Contudo, o provedor de internet responderá solidariamente com o usuário autor do dano se não retirar imediatamente o material moralmente ofensivo inserido em sítio eletrônico. 2. Revela-se impossível o exame da tese fundada na inexistência de desídia da recorrente ao não retirar o perfil denunciado como falso e com conteúdo ofensivo, porque demandaria a reanálise de fatos e provas, providência vedada a esta Corte em sede de recurso especial, nos termos da Súmula 7/STJ. 3. Agravo regimental desprovido" (STJ, AgRg no AREsp 308.163/RS, 4.ª Turma, Rel. Min. Marco Buzzi, j. 14.05.2013, *DJe* 21.05.2013).

Na linha do que consta das ementas superiores, reafirme-se que haveria a necessidade de o provedor retirar o conteúdo ofensivo após ser notificado extrajudicialmente para tanto, o que denota a responsabilização subjetiva.

Anote-se que outros arestos chegam a aplicar a ideia de *culpa por omissão* do provedor, caso não tomasse medidas para identificar os usuários dos seus serviços. Por todos, com esse entendimento:

"Ao oferecer um serviço por meio do qual se possibilita que os usuários divulguem livremente suas opiniões, deve o provedor de conteúdo ter o cuidado de propiciar meios para que se possa identificar cada um desses usuários, coibindo o anonimato e atribuindo a cada imagem uma autoria certa e determinada. Sob a ótica da diligência média que se espera do provedor, do dever de informação e do princípio da transparência, deve este adotar as providências que, conforme as circunstâncias específicas de cada caso, estiverem ao seu alcance para a individualização dos usuários do site, sob pena de responsabilização subjetiva por culpa *in omittendo*. Precedentes. Uma vez ciente do ajuizamento da ação e da pretensão nela contida – de obtenção dos dados de um determinado usuário – estando a questão *sub judice*, o mínimo de bom senso e prudência sugerem a iniciativa do provedor de conteúdo no sentido de evitar que essas informações se percam. Essa providência é condizente com a boa-fé que se espera não apenas dos fornecedores e contratantes em geral, mas também da parte de um processo judicial, nos termos dos arts. 4.º, III, do CDC, 422 do CC/02 e 14 do CPC. As informações necessárias à identificação do usuário devem ser armazenadas pelo provedor de conteúdo por um prazo mínimo de 03 anos, a contar do dia em que o usuário cancela o serviço" (STJ, REsp 1.417.641/RJ, 3.ª Turma, Rel. Min. Nancy Andrighi, j. 25.02.2014, *DJe* 10.03.2014).

De toda sorte, dessa mesma época anterior ao Marco Civil da Internet, há julgado que reconheceu a responsabilidade objetiva do provedor, fundada no CDC, diante de anúncios eróticos falsos publicados em *sites* de classificados na internet. Na situação concreta, os serviços eram prestados em cadeia, por mais de um fornecedor, pois um *site* hospedava o conteúdo do outro.

Melhor explicando, o nome do demandante foi anunciado nesses sítios, relacionando-o com a prestação de serviços de caráter erótico e homossexual, informando-se o telefone do local do seu trabalho, o que lhe causou danos imateriais de grande relevo. O *site* da rede mundial de computadores apontado pelo autor como o veiculador do anúncio difamante era de propriedade da TV Juiz de Fora, que mantinha relação contratual coligada com a empresa Mídia 1 Publicidade Propaganda e Marketing, proprietária do portal *O Click,* que se hospedava no *site* da primeira ré e foi o disseminador do anúncio. Como consta do julgado, o último responsabilizava-se contratualmente pela "produção de quaisquer dados ou informações culturais, esportivas, de comportamento, serviços, busca, classificados, webmail e outros serviços de divulgação" (STJ, REsp 997.993/MG, 4.ª Turma, Rel. Min. Luis Felipe Salomão, j. 21.06.2012, *DJe* 06.08.2012).

Entendeu a Corte Superior, ainda, pela existência de relação de consumo, a atrair a responsabilidade solidária de todos os provedores, uma vez que o site *O Click* "permitiu a veiculação de anúncio em que, objetivamente, comprometia a reputação do autor, sem ter indicado nenhuma ferramenta apta a controlar a idoneidade da informação. Com efeito, é exatamente no fato de o veículo de publicidade não ter se precavido quanto à procedência do nome, telefone e dados da oferta que veiculou, que reside seu agir culposo, uma vez que a publicidade de anúncios desse jaez deveria ser precedida de maior prudência e diligência, sob pena de se chancelar o linchamento moral e público de terceiros. Mostrando-se evidente a responsabilidade civil da empresa Mídia 1 Publicidade Propaganda e Marketing, proprietária do *site O Click*, configurada está a responsabilidade civil da TV Juiz de Fora, proprietária do site ipanorama.com, seja por imputação legal decorrente da cadeia de consumo, seja por culpa *in eligendo* (STJ, REsp 997.993/MG, 4.ª Turma, Rel. Min. Luis Felipe Salomão, j. 21.06.2012, *DJe* 06.08.2012).

O *quantum* reparatório para a vítima do anúncio foi fixado em R$ 30.000,00. Esse último acórdão, apesar da menção à culpa presumida, representava uma exceção no Tribunal da Cidadania quanto à responsabilidade subjetiva dos provedores, tido como regra consolidada até então.

Portanto, como se percebe, ao contrário do que sempre entendi e defendi, a jurisprudência superior vinha concluindo, pelo menos em regra, pela necessidade de comprovação da culpa em sentido amplo da empresa que mantém o *site*, para que surja o correspondente dever de indenizar por atos de terceiros; respondendo esta apenas se, comunicada extrajudicialmente das mensagens ofensivas, não toma as providências necessárias para afastar o dano.

Entretanto, o panorama jurídico alterou-se com a emergência da Lei n. 12.965, de abril de 2014, o tão citado e criticado *Marco Civil da Internet*. De acordo com o art. 18 da nova norma, o provedor de conexão à internet não será responsabilizado civilmente por danos decorrentes de conteúdo gerado por terceiros.

Em complemento, estabelece o seu art. 19, o dispositivo mais criticado de todos, que, com o intuito de assegurar a liberdade de expressão e impedir a censura, o provedor de aplicações de internet somente poderá ser responsabilizado civilmente por danos decorrentes de conteúdo gerado por terceiros se, após ordem judicial específica, não tomar as providências para, no âmbito e nos limites técnicos do seu serviço, e dentro do prazo assinalado, tornar indisponível o conteúdo apontado como infringente. Isso, ressalvadas as disposições legais em contrário.

O mesmo malfadado art. 19 do Marco Civil da Internet prevê que essa ordem judicial deverá conter, sob pena de nulidade processual, identificação clara e específica do conteúdo apontado como infringente, que permita a localização inequívoca do material (§ 1.º). A aplicação dessas regras para infrações a direitos de autor ou a direitos conexos depende de previsão legal específica, que ainda não existe, e que deverá respeitar a liberdade de expressão e demais garantias previstas no art. 5.º da Constituição Federal (§ 2.º).

A norma que rege o tema da proteção dos direitos autorais, reforçada a ausência dessa previsão especial a respeito da internet, é a Lei n. 9.610/1998. De toda sorte, há debates a respeito da incidência do seu conteúdo para os provedores, como ocorreu em acórdão do STJ que acabou por concluir pela sua não subsunção.

O aresto abordou a incidência dos arts. 102 a 104 da Lei n. 9.610/1998 para um provedor de conteúdo – novamente o Orkut –, sendo certo que tais preceitos atribuem responsabilidade civil por violação de direitos autorais a quem fraudulentamente reproduz, divulga ou de qualquer forma utiliza obra de titularidade de outrem; a quem edita obra literária, artística ou científica ou a quem vende, expõe a venda, oculta, adquire, distribui, tenha em depósito ou utilize obras reproduzidas com fraude, com a finalidade de vender, obter ganho, vantagem, proveito, lucro direto ou indireto, para si ou para outrem (STJ, REsp 1.512.647/MG, 2.ª Seção, Rel. Min. Luis Felipe Salomão, j. 13.05.2015, *DJe* 05.08.2015).

Ali também se entendeu que, "em se tratando de provedor de internet comum, como os administradores de rede social, não é óbvia a inserção de sua conduta regular em algum dos verbos constantes nos arts. 102 a 104 da Lei de Direitos Autorais. Há que investigar como e em que medida a estrutura do provedor de internet ou sua conduta culposa ou dolosamente omissiva contribuíram para a violação de direitos autorais" (REsp 1.512.647/MG).

Também foi enfatizado que, no Direito Comparado, a responsabilidade civil de provedores de internet por violações de direitos autorais praticadas por terceiros é reconhecida sob a perspectiva da *responsabilidade contributiva* e de *responsabilidade vicária*. A primeira é identificada nas situações em que há intencional induzimento ou encorajamento para que terceiros cometam o ilícito. A responsabilidade vicária, por sua vez, está presente nos casos em que há lucratividade com ilícitos praticados por outrem e o beneficiado se nega a exercer o poder de controle ou de limitação dos danos, quando poderia fazê-lo.

Há, assim, no último caso, o ressarcimento pelo lucro da intervenção ou lucro ilícito, tema já abordado neste livro, no seu Capítulo 6. Após tais afirmações, concluiu-se no aresto o seguinte:

> "No caso em exame, a rede social em questão não tinha como traço fundamental o compartilhamento de obras, prática que poderia ensejar a distribuição ilegal de criações protegidas. Conforme constatado por prova pericial, a arquitetura do Orkut não provia materialmente os usuários com os meios necessários à violação de direitos autorais. O ambiente virtual não constituía suporte essencial à prática de atos ilícitos, como ocorreu nos casos julgados no direito comparado, em que provedores tinham estrutura substancialmente direcionada à violação da propriedade intelectual. Descabe, portanto, a incidência da chamada responsabilidade contributiva. Igualmente, não há nos autos comprovação de ter havido lucratividade com ilícitos praticados por usuários em razão da negativa de o provedor exercer o poder de controle ou de limitação dos danos, quando poderia fazê-lo, do que resulta a impossibilidade de aplicação da chamada teoria da responsabilidade vicária" (STJ, REsp 1.512.647/MG, 2.ª Seção, Rel. Min. Luis Felipe Salomão, j. 13.05.2015, *DJe* 05.08.2015).

Com o devido respeito aos julgadores, entendo que, a despeito da ausência de norma específica, no presente momento, é possível sim aplicar os comandos da Lei n. 9.610/1998, não sendo o caso de buscar socorro nas normas de outros países.

Voltando ao Marco Civil da Internet, também está expresso no art. 19 da Lei n. 12.965/2014 que as causas que versem sobre ressarcimento – ou melhor, reparação –, por danos decorrentes de conteúdos disponibilizados na internet relacionados à honra, à reputação ou a direitos de personalidade, bem como sobre a indisponibilização desses conteúdos por provedores de aplicações de internet, poderão ser apresentadas perante os juizados especiais (§ 3.º).

Como último parágrafo do comando, estabelece-se que o juiz, inclusive no procedimento dos juizados especiais, poderá antecipar, total ou parcialmente, os efeitos da tutela pretendida no pedido inicial (tutela antecipada). Isso é possível desde que exista prova inequívoca do fato e considerado o interesse da coletividade na disponibilização do conteúdo na internet; desde que presentes os requisitos de verossimilhança da alegação do autor e de fundado receio de dano irreparável ou de difícil reparação, sempre exigidos nas tutelas provisórias de natureza antecedente (§ 4.º, da Lei n. 12.965/2014).

Parece-me que foi adotada pelo malfadado Marco Civil, quanto à responsabilidade civil dos provedores por atos de terceiros, uma *responsabilidade subjetiva agravada*, somente existente no caso de desobediência de ordem judicial.

Lamenta-se os exatos termos do texto legal, que acaba *judicializando* as contendas quando a tendência é justamente a oposta, de *extrajudicialização*. A responsabilidade pela fiscalização do conteúdo deveria ser dos provedores de *internet*, que têm lucros consideráveis com um atividade que gera hoje danos de grande monta, e não do Poder Judiciário.

Há assim um claro e lamentável retrocesso decorrente da lei, que claramente protege os provedores da internet, em detrimento dos interesses das vítimas, na contramão das tendências mais atuais da responsabilidade civil. Reitere-se que há pendência de julgamento da constitucionalidade desse comando no Supremo Tribunal Federal, para fins de repercussão geral (Tema 987, no âmbito do RE 1.037.396/SP, relatado pelo Ministro Dias Toffoli).

No projeto de Reforma do Código Civil, como já pontuei, há proposta de revogação expressa do art. 19 do Marco Civil da Internet, passando a matéria a ser tratada no Código Civil, com a regra da responsabilidade subjetiva, sem *agravamentos*, e com a eventual possibilidade de incidência da cláusula geral de responsabilidade objetiva; como sempre defendi, ao lado de outros doutrinadores, muitos aqui citados.

De acordo com o projetado, art. 927-B, em seu *caput*, "haverá obrigação de reparar o dano independentemente de culpa, nos casos especificados em lei, ou quando a atividade desenvolvida pelo autor do dano implicar, por sua natureza, risco para os direitos de outrem". Consoante o seu § 1.º, que adota o Enunciado n. 448 da *V Jornada de Direito Civil*, a citada *cláusula geral*, "se aplica à atividade que, mesmo sem defeito e não essencialmente perigosa, induza, por sua natureza, risco especial e diferenciado aos direitos de outrem. São critérios para a sua avaliação, entre outros, a estatística, a prova técnica e as máximas de experiência". E, em arremate, com previsão a incidir eventualmente para os provedores de internet, o seu § 2.º: "para a responsabilização objetiva do causador do dano, bem como para a ponderação e a fixação do valor da indenização deve também ser levada em conta a existência ou não de classificação do risco da atividade pelo poder público ou por agência reguladora, podendo ela ser aplicada tanto a atividades desempenhadas em ambiente físico quanto digital".

Ainda, no livro de "Direito Civil Digital", em boa hora, será incluído um dispositivo prevendo expressamente que "é dever de todos os provedores e usuários do ambiente digital: I – responder, de forma objetiva, segundo as disposições deste Código e de leis especiais, pelos danos que seus atos e atividades causarem a outras pessoas; II – respeitar os direitos autorais e a propriedade intelectual; III – agir com ética e responsabilidade, evitando práticas que possam causar danos a outros usuários, aos provedores ou à integridade e à segurança do ambiente digital; IV – observar as leis e os regulamentos aplicáveis às condutas e às transações realizadas no ambiente digital".

Espero a aprovação das propostas pelo Congresso Nacional, sendo o atual sistema de responsabilidade civil digital ineficiente, excessivamente protetivo dos provedores e de total abandono dos direitos das vítimas. Na verdade, esse sistema instituído pelo Marco Legal da Internet não teve a esperada funcionalidade, mas muito ao contrário.

Atualmente e de forma desproporcional, a responsabilização civil, retirada dos provedores, recai sobre aqueles que fazem as postagens na internet, ou sobre as pessoas que as compartilham, conforme ainda será aqui desenvolvido.

Nota-se, ademais, que o Marco Civil da Internet acabou por afastar maiores debates a respeito da aplicação da técnica da ponderação dos direitos no caso concreto, como ocorre nas demais situações relativas à divulgação das informações antes aqui estudadas, envolvendo a imprensa.

Aplicando a responsabilidade subjetiva do provedor de conteúdo, e o conteúdo do Marco Civil da Internet, por todos os recentes arestos superiores, colaciona-se, a respeito de ação de obrigação de fazer cumulada com pedido de reparação civil por danos morais:

"Recurso especial. Ação de obrigação de fazer com pedido de reparação por danos morais. Conteúdo ofensivo na internet. Responsabilidade subjetiva do provedor. Omissão do acórdão recorrido. Inexistência. Suficiente identificação da URL do conteúdo ofensivo. Indenização por danos morais. Cabimento. Redução do valor da multa pelo descumprimento de ordem judicial. Possibilidade no caso concreto. Recurso especial parcialmente provido. (...). 2. A exigência de indicação precisa da URL tem por finalidade a identificação do conteúdo que se pretende excluir, de modo a assegurar a liberdade de expressão e impedir censura prévia por parte do provedor de aplicações de internet. Todavia, nas hipóteses em que for flagrante a ilegalidade da publicação, com potencial de causar sérios gravames de ordem pessoal, social e profissional à imagem do autor, a atuação dos sujeitos envolvidos no processo (juiz, autor e réu) deve ocorrer de maneira célere, efetiva e colaborativa, mediante a conjunção de esforços que busque atenuar, ao máximo e no menor decurso de tempo, os efeitos danosos do material apontado como infringente. 3. Na espécie, sob essa perspectiva, verifica-se que a indicação das URLs, na petição inicial, assim como a ordem judicial deferida em antecipação dos efeitos da tutela continham elementos suficientes à exclusão do conteúdo difamatório da rede virtual, não havendo se falar, portanto, em retirada indiscriminada, a pretexto de que o seu conteúdo pudesse ser do interesse de terceiros. Diversamente, ficou configurado o descumprimento de determinação expressa, a ensejar a responsabilização da empresa ré por sua conduta omissiva. 4. A responsabilidade subjetiva e solidária do provedor de busca configura-se quando, apesar de devidamente comunicado sobre o ilícito, não atua de forma ágil e diligente para providenciar a exclusão do material contestado ou não adota as providências tecnicamente possíveis para tanto, assim como ocorreu na espécie. 5. O total fixado a título de *astreintes* somente poderá ser objeto de redução se fixada a multa diária em valor desproporcional e não razoável à própria prestação que ela objetiva compelir o devedor a cumprir; nunca em razão do simples valor integral da dívida, mera decorrência da demora e inércia do próprio devedor. Precedentes. 6. Recurso especial desprovido" (STJ, REsp 1.738.628/SE, 3.ª Turma, Rel. Min. Marco Aurélio Bellizze, j. 19.02.2019, REP, *DJe* 26.02.2019, *DJe* 25.02.2019).

Apesar da clareza da norma emergente e das conclusões constantes do acórdão, julgados posteriores do STJ reconhecem a possibilidade de incidência da responsabilidade objetiva prevista no CDC, notadamente para empresas jornalísticas mantidas na internet. Nesse sentido, vejamos acórdão com conteúdo bem interessante, que acaba por seguir parcialmente a tese a que estou filiado:

"Recurso especial. Direito Civil e do Consumidor. Responsabilidade civil. Internet. Portal de notícias. Relação de consumo. Ofensas postadas por usuários.

Ausência de controle por parte da empresa jornalística. Defeito na prestação do serviço. Responsabilidade solidária perante a vítima. Valor da indenização. 1. Controvérsia acerca da responsabilidade civil da empresa detentora de um portal eletrônico por ofensas à honra praticadas por seus usuários mediante mensagens e comentários a uma notícia veiculada. 2. Irresponsabilidade dos provedores de conteúdo, salvo se não providenciarem a exclusão do conteúdo ofensivo, após notificação. Precedentes. 3. Hipótese em que o provedor de conteúdo é empresa jornalística, profissional da área de comunicação, ensejando a aplicação do Código de Defesa do Consumidor. 4. Necessidade de controle efetivo, prévio ou posterior, das postagens divulgadas pelos usuários junto à página em que publicada a notícia. 5. A ausência de controle configura defeito do serviço. 6. Responsabilidade solidária da empresa gestora do portal eletrônico perante a vítima das ofensas. 7. Manutenção do 'quantum' indenizatório a título de danos morais por não se mostrar exagerado (Súmula 07/STJ). 8. Recurso especial desprovido" (STJ, REsp 1.352.053/AL, 3.ª Turma, Rel. Min. Paulo de Tarso Sanseverino, j. 24.03.2015, *DJe* 30.03.2015).

Acrescente-se que o Relator do *decisum* seguiu a classificação dos provedores de serviços de internet desenvolvida pela Ministra Nancy Andrighi naquela Corte Superior, a saber desenvolvidos:

"(i) Provedores de *backbone* (espinha dorsal), que detêm estrutura de rede capaz de processar grandes volumes de informação. São os responsáveis pela conectividade da Internet, oferecendo sua infraestrutura a terceiros, que repassam aos usuários finais acesso à rede; (ii) provedores de acesso, que adquirem a infraestrutura dos provedores *backbone* e revendem aos usuários finais, possibilitando a estes conexão com a Internet; (iii) provedores de hospedagem, que armazenam dados de terceiros, conferindo-lhes acesso remoto; (iv) provedores de informação, que produzem as informações divulgadas na Internet; e (v) provedores de conteúdo, que disponibilizam na rede as informações criadas ou desenvolvidas pelos provedores de informação".

Nos casos dos dois últimos provedores, conclui o aresto pela incidência da responsabilidade objetiva consumerista. E arrematou o Ministro Relator: "consigne-se, finalmente, que a matéria poderia também ter sido analisada na perspectiva do art. 927, parágrafo único, do Código Civil, que estatuiu uma cláusula geral de responsabilidade objetiva pelo risco, chegando-se a solução semelhante a alcançada mediante a utilização do Código de Defesa do Consumidor" (STJ, REsp 1.352.053/AL, 3.ª Turma, Rel. Min. Paulo de Tarso Sanseverino, j. 24.03.2015, *DJe* 30.03.2015).

Penso que esse acórdão representa uma correta, necessária e saudável *mitigação* do que está previsto no Marco Civil da Internet, devendo a tese prevalecer em julgados futuros. Segue-se, assim e em parte, a divisão defendida por Bruno Miragem, para quem existiram dois regimes de responsabilidade civil com o citado Marco Civil. O primeiro, é relativo aos danos causados por conteúdo tornado disponível pelo próprio provedor, elaborado por pessoas ou profissionais a ele vinculados, presente uma responsabilidade civil que atrai a incidência da responsabilidade objetiva do CDC ou do Código Civil (arts. 927, 932 e 933).[25] Todavia, tratando-se de conteúdo gerado por terceiros com quem não há vínculo direto e apenas divulgado pelo provedor, a responsabilidade civil é considerada subjetiva, diante das normas específicas ora estudadas e dependente de uma notificação judicial prévia.[26]

No que concerne à necessidade de notificação judicial prévia e o seu não atendimento pelo provedor como pressupostos para que surja o dever de indenizar, após intensos debates, foi fixada a premissa intertemporal na jurisprudência superior no seguinte sentido:

"Diante da ausência de disposição legislativa específica, este STJ havia firme jurisprudência segundo a qual o provedor de aplicação passava a ser solidariamente responsável a partir do momento em que fosse de qualquer forma notificado pelo ofendido. Com o advento da Lei 12.965/2014, o termo inicial da responsabilidade do provedor de aplicação foi postergado no tempo, iniciando-se tão somente após a notificação judicial do provedor de aplicação. A regra a ser utilizada para a resolução de controvérsias deve levar em consideração o momento de ocorrência do ato lesivo ou, em outras palavras, quando foram publicados os conteúdos infringentes: (i) para fatos ocorridos antes da entrada em vigor do Marco Civil da Internet, deve ser obedecida a jurisprudência desta Corte; (ii) após a entrada em vigor da Lei 12.965/2014, o termo inicial da responsabilidade solidária do provedor de aplicação, por força do art. 19 do Marco Civil da Internet, é o momento da notificação judicial que ordena a retirada de determinado conteúdo da internet" (STJ, REsp 1.642.997/RJ, 3.ª Turma, Rel. Min. Nancy Andrighi, j. 12.09.2017, *DJe* 15.09.2017).

Seguindo a análise do Marco Civil da Internet, o art. 20 preceitua que sempre que tiver informações de contato do usuário diretamente responsável pelo conteúdo ofensivo gerado por terceiros, caberá ao provedor comunicar-lhe os motivos e informações relativos à indisponibilização de conteúdo, gerando a sua baixa ou *takedown*. Essa comunicação deverá ser acompanhada de informações que permitam o contraditório e a ampla defesa em juízo, salvo expressa previsão legal ou expressa determinação judicial fundamentada em contrário.

Também de acordo com o mesmo diploma, quando solicitado pelo usuário que disponibilizou o conteúdo tornado indisponível, o provedor de aplicações de internet que exerce essa atividade de forma organizada, profissionalmente e com fins econômicos substituirá o conteúdo tornado indisponível pela motivação ou pela ordem judicial que deu fundamento à indisponibilização desse conteúdo (art. 20, parágrafo único, do Marco Civil da Internet).

Igualmente com grande repercussão prática, o art. 21 enuncia que o provedor de aplicações de internet que disponibilize conteúdo gerado por terceiros será responsabilizado subsidiariamente pela violação da intimidade decorrente da divulgação, sem autorização de seus participantes, de imagens, de vídeos ou de

---

[25] MIRAGEM, Bruno. *Direito Civil*. Responsabilidade civil, cit., p. 828.
[26] MIRAGEM, Bruno. *Direito Civil*. Responsabilidade civil, cit., p. 829.

outros materiais contendo cenas de nudez ou de atos sexuais de caráter privado quando, após o recebimento de notificação pelo participante ou seu representante legal, deixar de promover, de forma diligente, no âmbito e nos limites técnicos do seu serviço, a indisponibilização desse conteúdo.

Quebra-se, assim, com a premissa da responsabilidade solidária, que poderia decorrer da incidência do Código de Defesa do Consumidor. De todo modo, não se pode esquecer que muitos julgados entendem pela responsabilização solidária do provedor, com aquele que gerou o conteúdo ofensivo, caso, ao tomar conhecimento da lesão, não tome as providências devidas para a sua remoção. Julgado do STJ a seguir transcrito traz tal entendimento, sem prejuízo de outros (STJ, REsp 1.629.255/MG, 3.ª Turma, Rel. Min. Nancy Andrighi, *DJe* 25.08.2017).

Como outra exigência imposta à vítima, essa notificação deverá conter, sob pena de nulidade, elementos que permitam a identificação específica do material apontado como violador da intimidade do participante e a verificação da legitimidade para apresentação do pedido (art. 21, parágrafo único, da Lei n. 12.965/2014). Há, assim, a necessidade de identificação específica do local ou endereço eletrônico onde está ocorrendo a lesão aos direitos de outrem (localizador URL – "Universal Resource Locator").

O tema foi debatido quando da realização da *VI Jornada de Direito Civil*, promovida pelo Conselho da Justiça Federal no ano de 2013. Aprovou-se, com o nosso apoio e naquela ocasião, o Enunciado n. 554, segundo o qual independeria de indicação do local específico da informação a ordem judicial para que o provedor de hospedagem fizesse o bloqueio de determinado conteúdo ofensivo na internet. Foram as justificativas então apresentadas pelo proponente dessa importante ementa doutrinária:

> "A controvérsia é objeto de inúmeros precedentes, tendo sido recebida pelo STF como de repercussão geral (Recurso Extraordinário com Agravo n. 660861 – relator Ministro Luiz Fux, 09.04.2012). No Superior Tribunal de Justiça, o tema não é pacífico, havendo precedentes que reconhecem a desnecessidade de indicação específica do local onde a informação nociva à dignidade humana está inserida para que o provedor proceda à retirada. Ou seja, 'independentemente da indicação precisa, pelo ofendido, das páginas que foram veiculadas as ofensas (URL's)' (REsp n. 1.175.675/RS, relator Ministro Luis Felipe Salomão, Quarta Turma, julgado em 09.08.2011, *DJe* de 20.09.2011). Tal posicionamento visa primeiramente fazer cessar o dano, visto que a rapidez com que as informações são replicadas e disponibilizadas na internet pode tornar inútil a prestação jurisdicional futura. Além disso, visa também preservar a própria efetividade da jurisdição, principalmente quando envolve antecipações dos efeitos da tutela em que se determina o bloqueio da informação, e não apenas de um link específico. Portanto, propõe-se o enunciado para a sugestão de harmonização do tema, optando-se pela tutela da dignidade humana da vítima que procura o Judiciário para a satisfação da pretensão de bloqueio do conteúdo nocivo e que não pode ser incumbida do ônus de indicar em que local especificamente está disponibilizada a informação lesiva toda vez que o mesmo conteúdo é replicado e disponibilizado novamente por terceiros".

De todo modo, a jurisprudência do STJ acabou caminhando em sentido contrário, exigindo a identificação específica do endereço ou local onde ocorre a lesão, em interpretação ao art. 21 do Marco Civil da Internet. Tal orientação serve para eventual concessão de tutela inibitória ou mesmo para o reconhecimento da responsabilidade civil do provedor, por desobediência à ordem judicial. Assim entendendo, por todos:

"Civil e processual civil. Responsabilidade civil do provedor de aplicação. Rede social. Facebook. Obrigação de fazer. Remoção de conteúdo. Fornecimento de localizador URL. Comando judicial específico. Necessidade. Obrigação do requerente. Multa diária. Obrigação impossível. Descabimento. (...). Esta Corte fixou entendimento de que '(i) não respondem objetivamente pela inserção no *site*, por terceiros, de informações ilegais; (ii) não podem ser obrigados a exercer um controle prévio do conteúdo das informações postadas no site por seus usuários; (iii) devem, assim que tiverem conhecimento inequívoco da existência de dados ilegais no site, removê-los imediatamente, sob pena de responderem pelos danos respectivos; (iv) devem manter um sistema minimamente eficaz de identificação de seus usuários, cuja efetividade será avaliada caso a caso'. Sobre os provedores de aplicação, incide a tese da responsabilidade subjetiva, segundo a qual o provedor de aplicação torna-se responsável solidariamente com aquele que gerou o conteúdo ofensivo se, ao tomar conhecimento da lesão que determinada informação causa, não tomar as providências necessárias para a sua remoção. Necessidade de indicação clara e específica do localizador URL do conteúdo infringente para a validade de comando judicial que ordene sua remoção da internet. O fornecimento do URL é obrigação do requerente. Precedentes deste STJ. A necessidade de indicação do localizador URL não é apenas uma garantia aos provedores de aplicação, como forma de reduzir eventuais questões relacionadas à liberdade de expressão, mas também é um critério seguro para verificar o cumprimento das decisões judiciais que determinarem a remoção de conteúdo na internet. (...)" (STJ, REsp 1.629.255/MG, 3.ª Turma, Rel. Min. Nancy Andrighi, *DJe* 25.08.2017).

"Recurso especial. Obrigação de fazer e reparação civil. Danos morais e materiais. Provedor de serviços de internet. Rede social 'Orkut'. Responsabilidade subjetiva. Controle editorial. Inexistência. Apreciação e notificação judicial. Necessidade. Art. 19, § 1.º, da Lei n. 12.965/2014 (Marco Civil da Internet). Indicação da URL. Monitoramento da rede. Censura prévia. Impossibilidade. (...). 1. Cuida-se de ação de obrigação de fazer cumulada com indenização por danos morais e materiais, decorrentes de disponibilização, em rede social, de material considerado ofensivo à honra do autor. 2. A responsabilidade dos provedores de conteúdo de internet em geral depende da existência ou não do controle editorial do material disponibilizado na rede. Não havendo esse controle, a responsabilização somente é devida se, após notificação judicial para a retirada do material, mantiver-se inerte. Se houver o controle, o provedor de conteúdo torna-se responsável pelo material publicado independentemente de notificação. Precedentes do STJ. 3. Cabe ao Poder Judiciário ponderar os elementos da responsabilidade civil dos indivíduos, nos casos de manifestações de pensamento na internet, em conjunto com o princípio constitucional de liberdade de expressão (art. 220, § 2.º, da Constituição Federal). 4. A jurisprudência do STJ, em harmonia com o art. 19, § 1.º, da

Lei n. 12.965/2014 (Marco Civil da Internet), entende necessária a notificação judicial ao provedor de conteúdo ou de hospedagem para retirada de material apontado como infringente, com a indicação clara e específica da URL – Universal Resource Locator. 5. Não se pode impor ao provedor de internet que monitore o conteúdo produzido pelos usuários da rede, de modo a impedir, ou censurar previamente, a divulgação de futuras manifestações ofensivas contra determinado indivíduo (...)" (STJ, REsp 1.568.935/RJ, 3.ª Turma, Rel. Min. Ricardo Villas Bôas Cueva, j. 05.04.2016, *DJe* 13.04.2016).

Assim, como se pode notar, e isso precisa ser enfatizado e repetido, o panorama jurídico geral a respeito do sistema trazido pelo Marco Civil da Internet, e pela interpretação que se faz dessa lei, é de amparo aos interesses dos provedores, sob o argumento de tutela constitucional da liberdade de pensamento e de expressão. Afirmar o contrário, portanto, seria uma *censura*, sobretudo com o uso do instituto da responsabilidade civil.

Trata-se, na minha opinião doutrinária, de um *falso argumento*, o que acaba por representar mais um descuido com os direitos das vítimas e que pode conduzir a injustiças, com o devido respeito. Relembro, a propósito, o conteúdo de enunciado doutrinário aprovado na *VIII Jornada de Direito Civil*, em 2018, segundo o qual a liberdade de expressão não goza de posição preferencial em relação aos direitos da personalidade no ordenamento jurídico brasileiro (Enunciado n. 613). Espero que o entendimento constante em tal enunciado seja aplicado com mais intensidade nos próximos anos e, reitero, seja aprovado o mais do que necessário projeto de Reforma do Código Civil.

Por fim, sobre o argumento de ser a responsabilidade civil uma forma de *censura*, pontuo haver qualquer substrato teórico para essa afirmação, não tendo ela essa função, como se retira de outros trechos deste livro. Muito ao contrário, muitas empresas desrespeitam reiteradamente os direitos das pessoas, desrespeitando leis e contratos, cientes de indenizações irrisórias que são fixadas na prática. E continuam desrespeitando...

3.2. Responsabilidade civil nas redes sociais e lesões à intimidade na internet

Como desenvolvido, a responsabilidade civil dos provedores de internet por atos de terceiros está restrita às hipóteses em que há desobediência à ordem judicial, o que conduz a uma *responsabilidade subjetiva agravada*, que raramente gera o dever de indenizar dessas empresas que atuam no setor. Assim, como antes destacado, a responsabilidade civil acaba recaindo sobre as próprias pessoas que realizam as postagens ofensivas, respondendo elas por ato próprio e estando sujeitas aos preceitos gerais previstos no Código Civil, especialmente os seus arts. 186, 187 e 927.

Essa responsabilização pessoal tem sido verificada em muitas hipóteses que dizem respeito às redes sociais ou sites de relacionamento, que representaram uma grande revolução no ambiente virtual. Desde a primeira comunidade de relevo – o Orkut –, e chegando-se aos mais recentes Facebook, Twitter (X), Telegram, WhatsApp, TikTok e Instagram –, tem-se verificado uma crescente e intensa interação cibernética entre as pessoas que, muitas vezes, repise-se, relegam a sua vida física e pessoal para tais ambientes.

Vivemos quase que em uma *Matrix*, realidade muito bem delineada pelos irmãos Wachowski, em filme que faz sucesso desde o final da década de noventa, quando foi lançado. Na película, os homens perderam a batalha para as máquinas e foram aprisionados em "campos de cultivo", onde são conectados a uma realidade virtual quase perfeita, de um tempo próximo a hoje. Nessa realidade virtual, as pessoas são fortes, bonitas e poderosas, e desfrutam dos prazeres da vida intensamente, em situação bem diferente ao mundo real, pobre, fétido e obscuro, dominado que foi pelas máquinas.

A maioria das pessoas prefere o mundo virtual, vivendo de ilusão, a enfrentar os robôs no sombrio mundo real. Sem dúvida, guardadas as devidas proporções a respeito do domínio das máquinas, o filme demonstra uma realidade próxima do que se vê hoje em relação às redes sociais.

E, nesses ambientes virtuais de relacionamento, como não poderia ser diferente, muitas são as agressões e lesões praticadas pelos componentes das redes sociais, notadamente pela emissão de opiniões sobre a vida própria e sobre a alheia, o que foi intensificado pela bipolaridade política, cultural e social pela qual passa o mundo no momento. Lembro – e sempre gosto de lembrar – das afirmações do filósofo Umberto Eco feitas em 2015, um pouco antes de seu falecimento e quando do recebimento de um título acadêmico na Universidade de Turim, no sentido de que tais ambientes virtuais deram o direito à palavra a uma "legião de imbecis", que antes falavam apenas "em um bar e depois de uma taça de vinho, sem prejudicar a coletividade".

Ainda segundo ele, "normalmente, eles [os imbecis] eram imediatamente calados, mas agora eles têm o mesmo direito à palavra de um Prêmio Nobel". Criou-se, desse modo, a figura do "idiota da aldeia", que se sente em um patamar superior quando digita e posta: "o drama da internet é que ela promoveu o idiota da aldeia a portador da verdade".[27] Já naquele momento Eco pressentia o sério problema, intensificado depois das "Fake News", e aconselhou a imprensa a filtrar, com especialistas, as informações da web, porque ninguém seria mais capaz de saber se um *site* é confiável ou não. Reitero que, mais recentemente, em 2020, o documentário *O dilema das redes* expôs bem todos os problemas causados – e ainda por vir – pelas redes sociais. Os livros de Byung Chul-Han também trazem um tom crítico sobre o mau uso das redes sociais e suas nefastas consequências.

De fato, não se pode negar que as redes sociais incrementaram o exercício da liberdade de expressão. Houve também um expressivo aumento do acesso a uma quantidade maior de informações, e com uma velocidade jamais vista. Muitas vezes a notícia, por fotos e vídeos, é postada em uma rede social muito antes da sua veiculação por um órgão de imprensa. Sem dúvida, trouxeram as

---

[27] Informações disponíveis em: <https://noticias.uol.com.br/ultimas-noticias/ansa/2015/06/11/redes--sociais-deram-voz-a-legiao-de-imbecis-diz-umberto-eco.jhtm>. Acesso em: 4 maio 2018.

redes sociais muitos *bônus sociais*. Entretanto, também existem ônus, como aqueles relativos ao dever de indenizar que surge em decorrência dessas postagens.

Partindo para a análise de casos concretos em que se tem responsabilizado pessoalmente pelas postagens, vejamos duas ementas estaduais iniciais em que houve o reconhecimento desse dever de indenizar, diante das ofensas praticadas na grande rede, incidindo-se os dispositivos do Código Civil antes citados:

> "Apelação cível. Ação de indenização. Legitimidade ativa dos autores. Publicação de mensagens ofensivas. Postagens realizadas através do perfil da Ré na rede social. Ato ilícito praticado pela requerida. Verificação. Violação ao direito de personalidade dos Demandantes e interferência indevida no bem-estar da família. Caracterização. Responsabilidade civil da Ré, dever de indenizar e lesão extrapatrimonial. Configuração. Valor da condenação. Critérios de arbitramento. Em se tratando de ação reparatória, verificado que a parte Demandante é a possível titular do direito sustentado, deve ser reconhecida a sua legitimidade ativa. A Ré que age com imprudência e negligência ao fornecer a senha de sua página em site de relacionamento para outra pessoa, permitindo o acesso e uso impróprio do seu perfil na rede social por terceiros, assume os riscos da sua conduta desleixada e desidiosa e responde pelos prejuízos decorrentes e causados a outrem (arts. 186 e 927, do CCB/2002). A postagem de textos ofensivos, que maculam o nome, a imagem e a dignidade da filha dos Demandantes, em contexto que também incluiu os próprios Requerentes, viola o direito de personalidade dos Autores e configura interferência indevida no bem-estar da família, dando ensejo à reparação extrapatrimonial. A entidade familiar é a base da sociedade e, constitucional e legalmente, tem especial proteção do Estado. O valor da reparação por danos extrapatrimoniais deve ser fixado de forma proporcional às circunstâncias do caso, com razoabilidade e moderação, não devendo o *quantum* ser revisto quando arbitrado em quantia condizente com as conjunturas dos fatos e os parâmetros jurisprudenciais" (TJMG, Apelação Cível 1.0313.08.241666-7/002, Rel. Des. Roberto Vasconcellos, j. 15.03.2018, *DJEMG* 03.04.2018).

> "Apelação. Obrigação de fazer. Postagem em rede social. Responsabilidade civil. Dano moral. Ocorrência. A responsabilidade civil aquiliana tem por escopo a obrigação de reparar um dano advindo daquele que cometeu ato ilícito, consoante preveem os artigos 186 e 927 do CC. A postagem de comentários ofensivos em rede social pode abalar a credibilidade da empresa e de seus sócios, ainda mais quando se imputa a ela crime que não foi sequer investigado" (TJMG, Apelação Cível 1.0701.14.046237-8/001, Rel. Des. Antônio Bispo, j. 13.07.2017, *DJEMG* 21.07.2017).

Em outro caso que deve ser mencionado como ilustração, julgado pelo Tribunal de Justiça do Rio Grande do Sul, debateu-se a responsabilidade civil de uma mulher que fez postagem na rede social chamando outra de "sem vergonha, loka e sínica [sic]", o que não foi considerado como mero desabafo, mas como ato com intenção de ofender. Com interessante ponderação a respeito do uso das redes sociais e da liberdade de expressão, o Desembargador Relator, Eugênio Facchini Neto, pontua:

"A utilização das redes sociais deve ser feita de modo civilizado, com moderação, da mesma forma como devem ocorrer as relações pessoais. A humanidade transpôs um longo caminho até atingir o presente estado civilizatório, em que as inevitáveis divergências e desavenças que surgem do contato social devem ser resolvidas não pela força física, nem pelo destempero verbal. É tão criticável a conduta de quem se ergue acima do muro do vizinho para xingar-lhe aos berros, quanto a conduta de quem se esconde atrás de um computador ou de um I-phone para despejar no mundo virtual, em linguagem chula, sua raiva, frustração, indignação, ou qualquer outro sentimento negativo. Assim como a importante liberdade de expressão não foi consagrada apenas para permitir alguém livremente destratar, aos berros, os demais concidadãos, a facilidade aumentada de comunicação, através das redes sociais, não deve ser usada para destratar e humilhar pessoas" (TJRS, Apelação Cível 0386807-47.2017.8.21.7000, 9.ª Câmara Cível, Sapiranga, Rel. Des. Eugênio Facchini Neto, j. 21.03.2018, *DJERS* 26.03.2018).

De fato, alguns acórdãos estaduais recentes afastam a citada intenção de ofender quando os fatos caracterizam o mero desabafo daquele que fez a postagem, muitas vezes apenas relatando e informando sobre um fato desagradável, como no caso da aquisição de um produto com problemas, um mau atendimento feito pela outra parte ou uma briga corriqueira entre amigos ou familiares.

Presente esse ato de mero desabafo na postagem, não há que reconhecer o correspondente dever de indenizar, conforme consta dos seguintes arestos, por todos:

"Responsabilidade civil na internet. Indenização por danos morais. (...). Pedido de indenização por dano moral. Ré que, descontente do atendimento médico que o filho dela recebeu, realizou postagens na rede social Facebook, mormente contra a profissional que a atendeu. Ausência de controvérsias quanto à titularidade das publicações. Situação, porém, que não gera dano moral. Ausência de intenção de ofender. Postagem na própria página da usuária, denotando que sua intenção era expressar indignação por um atendimento que ela entendeu ruim ao filho dela. Caso em que não se extrapolou os limites da crítica e da livre manifestação de pensamento. Autora que ficou sabendo da postagem por terceiros. Ausência, no mais, de comprovação do dano moral pela autora. (...)" (TJSP, Apelação Cível 1008753-51.2014.8.26.0223, Acórdão 11065795, 3.ª Câmara de Direito Privado, Guarujá, Rel. Des. Carlos Alberto de Salles, j. 12.12.2017, *DJESP* 07.02.2018, p. 2.062).

"Ação de obrigação de fazer cumulada com indenização por danos morais e pedido de antecipação de tutela. Extinção dos pedidos de retratação e obrigação de fazer representada por exclusão da postagem tida por ofensiva à autora. Ausência de interesse processual considerando acordo firmado em sede de representação criminal. Inexistência de recurso. Preclusão. Pedido indenizatório. Não preenchimento dos requisitos caracterizadores da responsabilidade civil. Conflito familiar. Postagem em rede social que se assemelha a desabafo e tentativa de defesa de um dos membros da família (mãe). Teor da manifestação do réu que não pode ser considerado ofensivo se analisado isoladamente. Aborrecimento que não alcança a estatura de dano moral indenizável. Sentença de improcedência mantida. Recurso não provido" (TJSP, Apelação 0014177-98.2012.8.26.0114, Acórdão 9507566, 3.ª Câmara de Direito Privado, Campinas, Rel. Des. Marcia Dalla Déa Barone, j. 10.06.2016, *DJESP* 28.06.2016).

Todavia, é interessante destacar outro julgamento, do Tribunal do Distrito Federal, envolvendo duas redes sociais distintas, o WhatsApp e o Facebook. A autora da ação enviou a seguinte mensagem para uma cliente: "Vê [sic] a publicação de uma moça chamada Vanessa, a mesa é a mesma que a dela [sic], a minha tirei o modelo da dela [sic], foi a única publicação que escrevi do marinheiro". Em resposta à mensagem, tendo ciência do seu conteúdo, a ré veiculou em sua página do Facebook, no "Grupo Meus Desapegos Pós Festa DF" o seguinte: "Venho da um alerta [sic]!!!!.... Minha veio [sic] me alertar que uma moça estava usando minhas fotos para vender, lembrando que eu não vendo eu amigo [sic] meus kits. Gente atenção isso é calote a pessoa pegar uma foto e fazer anúncio sendo que não e dela para que isso é errado!!!!".

Entendeu-se no feito que a ré imputou adjetivos pejorativos à autora, especialmente pela menção ao perigo de calote. Não foi acatado o argumento do mero desabafo, "pois há que se ter parcimônia nas palavras utilizadas nas redes sociais. A reprovável conduta da ré e as palavras, ofensivas e desrespeitosas, proferidas por ela não configuram mero dissabor cotidiano à ofendida, além do que o fato teve razoável repercussão nos grupos da rede social" (TJDF, ACJ 2016.06.1.014600-4, Acórdão 101.7433, 3.ª Turma Recursal dos Juizados Especiais, Rel. Juiz Eduardo Henrique Rosas, j. 16.05.2017, *DJDFTE* 22.05.2017). A indenização foi fixada em R$ 2.000,00.

Tem-se afastado igualmente o dever de indenizar em casos de debates contínuos feitos na *internet*, que chegam a ser agressivos, mas não ofensivos, sendo essa diferenciação difícil de ser apontada, o que demanda a análise do caso concreto e das peculiaridades fáticas. Em muitas situações, penso que aquele que faz uma postagem com certa agressividade deve estar preparado para o contra-ataque, sendo esse um comportamento típico de quem participa dessas redes sociais. Em outras palavras, há um risco assumido pelo próprio usuário da rede social quanto a lesões aos seus direitos da personalidade, o que deve ser levado em conta nos pleitos reparatórios. Trata-se de uma "regra do jogo". Seguindo essa forma de pensar o tema, destaque-se trecho de outro aresto do Tribunal Gaúcho:

> "As manifestações do demandado, dentro do contexto de discussão e críticas que estavam ocorrendo em razão da postagem realizada pelo autor, não se afiguram capazes de causar ofensa aos atributos da personalidade do demandante. Não há dúvidas que a discussão envolvendo a postagem do autor tomou proporção maior do que se esperava. Contudo, esta é uma consequência da exposição nas redes sociais. As manifestações e a repercussão destas são consequências do conteúdo publicado pelo usuário das redes sociais. Tal fato é previsível e é necessário que a pessoa que publica um conteúdo esteja preparada para isso. Hipótese em que a publicação na rede social e os respectivos comentários não extrapolaram o direito à liberdade de expressão, não se mostrando possível que meros dissabores sejam rotulados como agressão

a atributos da personalidade, circunstância que afasta o dever de indenizar" (TJRS, Apelação Cível 0215713-31.2017.8.21.7000, 9.ª Câmara Cível, Passo Fundo, Rel. Des. Eduardo Kraemer, j. 13.12.2017, DJERS 18.12.2017).

Sobre o direito de resposta a ser exercido na internet, valem os comentários feitos antes neste capítulo, a respeito da ponderação dos direitos em conflito. Todavia, não se pode esquecer que não se aplica a tais manifestações a Lei n. 13.188/2015, por expressa previsão contida no seu art. 2.º, § 2.º. Como se tem entendido com precisão em alguns julgados, o reconhecimento da existência de um direito de resposta e o seu exercício não podem implicar censura prévia na *internet*:

"Colisão entre princípios constitucionais da liberdade de expressão e proteção da honra. Consumidora que após comprar carne em supermercado publica em página do seu Facebook comentários sobre a má qualidade do produto, com fotografia e retira tudo antes da citação. A empresa pretende exercer o seu direito de resposta nesse espaço para dar sua versão, inclusive de que a freguesa comprou carne de segunda. A sentença de improcedência deve ser preservada. É preciso cautela na interpretação de fatos dessa espécie para impedir que se monitore tudo o que se faz ou se fala e, principalmente, que se intervenha e exclua comentários que são próprios do cotidiano social. Perigo de censura velada" (TJSP, Apelação 1001376-33.2015.8.26.0663, Acórdão 11321766, 30.ª Câmara Extraordinária de Direito Privado, Votorantim, Rel. Des. Enio Santarelli Zuliani, j. 27.03.2018, DJESP 24.04.2018, p. 2.312).

Outro assunto que começa a ser intensamente debatido a respeito da responsabilidade civil nas redes sociais, diz respeito ao compartilhamento ("sharing") de conteúdos tidos como ofensivos, como MEMES, notícias falsas ("Fake News"), fotos e vídeos íntimos. Trazendo a análise de atos de compartilhamento, colaciona-se, de início:

"Apelação cível. Subclasse responsabilidade civil. Ação de indenização por compartilhamento não autorizado de imagem em grupo do WhatsApp. Reparação imaterial devida. Sentença de procedência mantida. (...). Ainda que dentre os hábitos comuns à sociedade contemporânea esteja o de amplamente divulgar nas redes sociais as imagens das pessoas, isso decorre de um exercício de autonomia da pessoa. De acordo com o princípio da autonomia privada, cabe a cada um decidir quando e de que forma quer ver suas imagens divulgadas. No caso em tela, o demandado resolveu tirar sua foto, sem que ela percebesse, dentro de um estabelecimento bancário e a postou no seu grupo de WhatsApp, constituído exclusivamente de homens, violando flagrantemente o seu direito à imagem. Assim, a autora deve ser reparada pelo dano extrapatrimonial sofrido já que teve sua imagem utilizada sem autorização. Apelação desprovida" (TJRS, Apelação Cível 0010327-67.2018.8.21.7000, 9.ª Câmara Cível, Vacaria, Rel. Des. Eugênio Facchini Neto, j. 21.03.2018, DJERS 26.03.2018).

"Apelação cível. Recurso adesivo. Ação indenizatória. Exposição de vídeo com imagens íntimas. Ofensa à intimidade e privacidade. Dano à imagem configurado. Verba indenizatória majorada. 1. Incontroverso nos autos a autoria do ato lícito atribuída à ré, pois admitida por ela a divulgação do vídeo com imagens íntimas da autora a terceira pessoa, por motivo de ciúmes do namorado. 2. Ainda que a autora tenha ingenuamente confiado em seu então namorado, deixando-se filmar em momentos íntimos, o fato é que não autorizou a divulgação das imagens assim captadas, não havendo qualquer justificativa possível para o compartilhamento das mesmas nas redes sociais. Condutas como essas, que infelizmente não são tão isoladas como se poderia imaginar, devem ser firmemente reprimidas, não podendo ser toleradas. 3. Responsabilidade solidária do ex-namorado da autora, que havia gravado as cenas íntimas e mantido o vídeo no seu celular, possibilitando que sua nova companheira dele tivesse conhecimento e fizesse sua divulgação. Sua conduta, ao manter o vídeo consigo em vez de deletá-lo, mesmo após o rompimento do relacionamento amoroso mantido com a autora, criou o risco de que acontecesse o ocorrido. 3. *Quantum* indenizatório majorado para R$ 20.000,00, valor que se tem por mais consentâneo com a gravidade e repugnância da conduta ilícita praticada, também considerando que são dois os réus e o efeito educativo/dissuasório da condenação. Apelação desprovida e recurso adesivo acolhido" (TJRS, Apelação Cível 0296401-14.2016.8.21.7000, 9.ª Câmara Cível, Antônio Prado, Rel. Des. Eugênio Facchini Neto, j. 23.11.2016, *DJERS* 28.11.2016).

Em casos tais, entendo que o compartilhamento gera a responsabilização civil solidária de todos os envolvidos no ato de espalhar o conteúdo, presente a coautoria mencionada no art. 942 do Código Civil.

Sendo identificado o autor inicial da postagem ou qualquer um dos envolvidos com a sua difusão, poderá a vítima demandar qualquer um deles. Concluindo desse modo, do Tribunal Paulista, e contando com o meu apoio doutrinário:

"O compartilhamento de matérias e fotografias nada mais é do que uma forma de publicação, qualificando-se apenas pelo fato de que seu conteúdo, no todo ou em parte, é extraído de outra publicação já existente. Quem compartilha também contribui para a disseminação de conteúdos pela rede social, devendo, portanto, responder pelos danos causados. Dano moral caracterizado. Responsabilidade solidária de quem publicou e compartilhou a matéria, com exclusão da provedora de hospedagem, que responde apenas pela obrigação de fazer" (TJSP, Apelação 1024293-40.2016.8.26.0007, Acórdão 11104350, 2.ª Câmara de Direito Privado, São Paulo, Rel. Des. Giffoni Ferreira, j. 12.01.2018, *DJESP* 24.01.2018, p. 4.592).

Em 2021, surgiu precedente importante no âmbito da Terceira Turma do STJ, firmando a premissa segundo a qual "a divulgação pelos interlocutores ou por terceiros de mensagens trocadas via WhatsApp pode ensejar a responsabilização por eventuais danos decorrentes da difusão do conteúdo" (STJ, REsp 1.903.273/PR, 3.ª Turma, Rel. Min. Nancy Andrighi, j. 24.08.2021, *DJe* 30.08.2021). Vejamos o voto da Ministra Relatora, em trecho que merece destaque:

"O sigilo das comunicações é corolário da liberdade de expressão e, em última análise, visa a resguardar o direito à intimidade e à privacidade, consagrados nos planos constitucional (art. 5.º, X, da CF/88) e infraconstitucional (arts.

20 e 21 do CC/02). No passado recente, não se cogitava de outras formas de comunicação que não pelo tradicional método das ligações telefônicas. Com o passar dos anos, no entanto, desenvolveu-se a tecnologia digital, o que culminou na criação da internet e, mais recentemente, da rede social WhatsApp, o qual permite a comunicação instantânea entre pessoas localizadas em qualquer lugar do mundo. Nesse cenário, é certo que não só as conversas realizadas via ligação telefônica, como também aquelas travadas através do WhatsApp são resguardadas pelo sigilo das comunicações. Em consequência, terceiros somente podem ter acesso às conversas de WhatsApp mediante consentimento dos participantes ou autorização judicial" (REsp 1.903.273/PR).

Por isso, julgou-se da seguinte maneira, em afirmações importantes sobre o tão utilizado *WhatsApp*:

"Nas hipóteses que em que o conteúdo das conversas enviadas via WhatsApp possa, em tese, interessar a terceiros, haverá um conflito entre a privacidade e a liberdade de informação, revelando-se necessária a realização de um juízo de ponderação. Nesse aspecto, há que se considerar que as mensagens eletrônicas estão protegidas pelo sigilo em razão de o seu conteúdo ser privado; isto é, restrito aos interlocutores. Ademais, é certo que ao enviar mensagem a determinado ou a determinados destinatários via WhatsApp, o emissor tem a expectativa de que ela não será lida por terceiros, quanto menos divulgada ao público, seja por meio de rede social ou da mídia. Assim, ao levar a conhecimento público conversa privada, além da quebra da confidencialidade, estará configurada a violação à legítima expectativa, bem como à privacidade e à intimidade do emissor, sendo possível a responsabilização daquele que procedeu à divulgação se configurado o dano. A ilicitude da exposição pública de mensagens privadas poderá ser descaracterizada, todavia, quando a exposição das mensagens tiver o propósito de resguardar um direito próprio do receptor. Na espécie, o recorrente divulgou mensagens enviadas pelo recorrido em grupo do WhatsApp sem o objetivo de defender direito próprio, mas com a finalidade de expor as opiniões manifestadas pelo emissor. Segundo constataram as instâncias ordinárias, essa exposição causou danos ao recorrido, restando caracterizado o nexo de causalidade entre o ato ilícito perpetrado pelo recorrente e o prejuízo experimentado pela vítima" (STJ, REsp 1.903.273/PR, 3.ª Turma, Rel. Min. Nancy Andrighi, j. 24.08.2021, *DJe* 30.08.2021).

Eis mais um julgado superior que resolveu o problema prático a partir da técnica da ponderação, tendo sido a indenização fixada em R$ 5.000,00 (cinco mil reais), valor que poderia ser superior, no meu entender, diante das circunstâncias fáticas.

Sobre a propagação de vídeo, fotos e outros conteúdos íntimos, reafirme-se que há um grave desrespeito à intimidade e à vida privada, que deve ser punido severamente com o dever de indenizar, inclusive com o seu caráter de desestímulo. Reitere-se que a Lei n. 12.737/2012, conhecida como *Lei Carolina Dieckmann*, trata de tipos penais presentes em situações similares às descritas.

A norma, originária da propagação de vídeos íntimos da atriz, introduziu o art. 154-A no Código Penal, prevendo que é crime o ato de invadir dispositivo informático alheio, conectado ou não à rede de computadores, mediante violação indevida de mecanismo de segurança e com o fim de obter, adulterar ou destruir dados ou informações sem autorização expressa ou tácita do titular do dispositivo ou instalar vulnerabilidades para obter vantagem ilícita. A pena prevista para tal conduta é de detenção de três meses a um ano, e multa.

O § 1.º do mesmo art. 154-A do CP estabelece que na mesma pena incorre quem produz, oferece, distribui, vende ou difunde dispositivo ou programa de computador com o intuito de permitir a prática da conduta acima mencionada. Além disso, aumenta-se a pena de um sexto a um terço se da invasão resulta prejuízo econômico (art. 154-A, § 2.º, do CP).

Eventualmente, se da invasão resultar a obtenção de conteúdo de comunicações eletrônicas privadas, segredos comerciais ou industriais, informações sigilosas, assim definidas em lei, ou o controle remoto não autorizado do dispositivo invadido, a pena passa a ser de reclusão de seis meses a dois anos, e multa, se a conduta não constitui crime mais grave (art. 154-A, § 3.º, do CP).

A pena é aumentada de um a dois terços se houver divulgação, comercialização ou transmissão a terceiro, a qualquer título, dos dados ou informações obtidos (art. 154-A, § 4.º, do CP). Aumenta-se a pena de um terço à metade se o crime for praticado contra: *a)* Presidente da República, governadores e prefeitos; *b)* Presidente do Supremo Tribunal Federal; *c)* Presidente da Câmara dos Deputados, do Senado Federal, de Assembleia Legislativa de Estado, da Câmara Legislativa do Distrito Federal ou de Câmara Municipal; ou *d)* dirigente máximo da administração direta e indireta federal, estadual, municipal ou do Distrito Federal.

Não se olvide de que a responsabilidade civil independe da criminal, conforme enuncia o art. 935 do Código Civil. Porém, tal afirmação categórica não afasta a possibilidade de a lei penal servir como roteiro para a configuração inicial das condutas ilícitas civis, pela violação de deveres legais. Presente o dano, há o enquadramento privado nos arts. 186 e 927 do Código Civil, surgindo daí o dever de indenizar.

Como exposto no Capítulo 9 desta obra, muitos casos que dizem respeito à citada lei envolvem a pornografia de vingança (*revenge porn*) praticada entre casais. Sem prejuízo do acórdão ali analisado, vejamos outro, do Tribunal do Distrito Federal sobre essa mesma conduta, com conteúdo que serve como exemplo, tendo sido a indenização fixada em R$ 15.000,00 (quinze mil reais):

> "Juizados especiais cíveis. Responsabilidade civil. Preliminar de nulidade rejeitada. Revelia confirmada. Divulgação não autorizada de vídeo íntimo na internet. Dano moral configurado. Indenização razoável e proporcional. Recurso conhecido e não provido. (...). No inquérito policial restou demonstrado que o réu, ora recorrente, após o rompimento de relacionamento amoroso que outrora manteve com a autora, divulgou em site especializado em vídeos eróticos na rede mundial de computadores, um vídeo íntimo que a autora havia enviado para o celular deste. A autoria da divulgação restou

confirmada, pois o *site* identificou o réu como *uploader* do vídeo, sendo que este utilizou um endereço de *e-mail* e uma conta no *site* www.xvideos.com, ambos de sua titularidade para postar o vídeo. O fato de o inteiro teor do vídeo não ter sido coligido aos presentes autos não afasta a materialidade e o nexo causal do ilícito praticado, eis que o próprio título e as *tags* da postagem, que utilizam o nome, sobrenome, nome de guerra, e local de trabalho da recorrida (N. T. Se masturbando), (CINDACTA I, -vadia, -puta, -corna, ex-namorada, -vazou); já possuem condão suficiente para ofender gravemente os atributos da personalidade da autora, gerando o dever de indenização (...)" (TJDF, Recurso Inominado 0717928-44.2016.8.07.0016, 2.ª Turma Recursal dos Juizados Especiais, Rel. Juiz João Luis Fischer Dias, j. 1.º.02.2017, *DJDFTE* 17.02.2017, p. 571).

Anote-se que a propagação de material íntimo pode ocorrer não só em decorrência de vínculos afetivos. Cite-se, como outra ilustração, a hipótese fática julgada pelo Tribunal de Justiça do Rio Grande do Sul, em que houve a exposição e veiculação em redes sociais de vídeo contendo imagens em banheiro localizado em festa noturna. A autora da demanda, junto com suas amigas, dirigiu-se ao estabelecimento da ré para fins de assistir a um show. A demandante foi até o banheiro e utilizou uma das cabines individuais, despindo-se. A porta do *box* era transparente, e sem o seu conhecimento, pessoas que estavam na fila filmaram-na em momento íntimo. Os vídeos foram compartilhados em vários grupos de *WhatsApp*, tendo o fato grande repercussão na cidade, gerando constrangimentos à autora e lesões à sua personalidade, que demandou o estabelecimento. Porém, a Corte afastou a sua responsabilização, uma vez que "em não satisfeitos os pressupostos que ensejam o dever de indenizar, não podendo ser imputada à empresa ré a responsabilidade pelo abalo sofrido, a improcedência da demanda é medida impositiva" (TJRS, Apelação Cível 0294456-89.2016.8.21.7000, 6.ª Câmara Cível, Venâncio Aires, Rel. Des. Sylvio José Costa da Silva Tavares, j. 20.07.2017, *DJERS* 26.07.2017).

Entendeu-se, assim, que o dever de indenizar seria das pessoas que fizeram os vídeos íntimos e os compartilharam. Com o devido respeito, entendo que houve sim participação do estabelecimento para o dano causado, pela colocação das portas translúcidas, o que não é nem deve ser comum em casas noturnas.

Como palavras finais para o tema, voltando-se à responsabilização dos provedores, tem-se entendido que, quanto ao material íntimo divulgado, os provedores de pesquisa não podem ser obrigados a eliminar do seu sistema os resultados derivados da busca de determinado termo ou expressão, tampouco os resultados que apontem para uma foto ou texto específico, independentemente da indicação da página onde este estiver inserido. Isso porque não há fundamento normativo para imputar aos provedores de aplicação de buscas na internet a obrigação de implementar o suposto direito ao esquecimento, exercendo a função *de censor digital* (STJ, Ag. Int. no REsp 1.593.873/SP, 3.ª Turma, Rel. Min. Nancy Andrighi, j. 10.11.2016, *DJe* 17.11.2016).

De todo modo, ressalte-se novamente que, após ser instado sobre material íntimo sem a devida autorização, deve o provedor de conteúdo retirá-lo imediatamente, sob pena de sua responsabilização civil. Em outro caso de relevo, mencione-se julgado do Tribunal de Justiça do Rio de Janeiro, de 2018, em que o ator Rômulo Arantes Neto foi indenizado pela Google em R$ 10 mil por dano moral, após demora na exclusão de vídeo íntimo. Essa foi a conclusão da 19.ª Câmara Cível da Corte Estadual, quando do julgamento do Processo 0392240-44.2011.8.19.0001, sob o seguinte argumento: "a atividade desempenhada pelo réu tem clara finalidade econômica, de modo que o seu desempenho deve ser realizado com a segurança necessária para que situações como esta tenham rápida solução. Logo, simplesmente alegar que não tem condições técnicas de identificar a URL apresenta-se pueril diante de sua capacidade técnica de localização dos conteúdos nele inseridos".

Lembrando sobre os fatos, no ano de 2011, o ator requereu ao provedor que retirasse da *internet*, em 24 horas, um vídeo íntimo gravado em ambiente que foi captado clandestinamente por terceiro e publicado na grande rede. Outros artistas e celebridades passaram pela mesma situação, em demandas que muitas vezes encontram-se individualizadas, para retirada do conteúdo e pleito de reparação imaterial. Acredito que as propagações de fotos e vídeos íntimos de celebridades se intensifiquem nos próximos anos, muitas vezes motivadas por atos dessas próprias pessoas.

4. ANÁLISE DA LEI GERAL DE PROTEÇÃO DE DADOS E SUAS CONSEQUÊNCIAS PARA A RESPONSABILIDADE CIVIL (LGPD – LEI N. 13.709/2018)

Como é notório, a proteção dos dados pessoais acabou por ser regulamentada pela Lei n. 13.709, de 14 de agosto de 2018, conhecida pelas iniciais LGPD, norma que trata do tema em sessenta e cinco artigos e que entrou em vigor no País em setembro de 2020, com exceção dos seus arts. 52, 53 e 54, que somente entraram em vigor em agosto de 2021, por força do art. 20 da Lei n. 14.010/2020. A nova lei sofreu claras influências do Regulamento Geral de Proteção de Dados Europeu, de maio de 2018, amparando sobremaneira a intimidade.

Em termos gerais, existe uma ampla preocupação com os dados e informações comercializáveis das pessoas naturais, inclusive nos meios digitais, e objetiva-se proteger os direitos fundamentais de liberdade e de privacidade, bem como o livre desenvolvimento da personalidade (art. 1.º).

Destaco, a propósito, que como louvável inovação, a Emenda Constitucional n. 115 de 2022 incluiu a proteção de dados como direito fundamental específico, no novo inciso LXXIX do art. 5º da Constituição Federal de 1988. Consoante o Enunciado n. 677, aprovado na *IX Jornada de Direito Civil* (2022), a identidade pessoal também encontra proteção no ambiente digital. Além disso, aprovou-se no evento ementa doutrinária segundo a qual a proteção da LGPD restringe-se às pessoas naturais, não se aplicando às pessoas jurídicas (Enunciado n. 693).

O projeto de Reforma do Código Civil pretende completar o que hoje é previsto nessa importante lei específica, no novo livro de "Direito Civil Digital", retomando o seu protagonismo legislativo para os temas centrais do Direito Privado. Há, na proposição, uma constante preocupação com os dados pessoais, na esteira do que hoje já é consagrado na LGPD.

Já nas suas disposições gerais, um dos primeiros dispositivos do projeto dispõe que "a tutela dos direitos de personalidade, como salvaguarda da dignidade humana, alcança outros direitos e deveres que surjam do progresso tecnológico, impondo aos intérpretes dos fatos que ocorram no ambiente digital atenção constante para as novas dimensões jurídicas deste avanço". Na norma seguinte, entre os fundamentos da nova disciplina "Direito Civil Digital", temos: *a)* o respeito à privacidade, à proteção de dados pessoais e patrimoniais, bem como à autodeterminação informativa; *b)* a liberdade de expressão, de informação, de comunicação e de opinião; *c)* a inviolabilidade da intimidade, da honra, da vida privada e da imagem da pessoa; *d)* o desenvolvimento e a inovação econômicos, científicos e tecnológicos, assegurando a integridade e a privacidade mental, a liberdade cognitiva, o acesso justo, a proteção contra práticas discriminatórias e a transparência algorítmica; *e)* a livre-iniciativa e a livre concorrência; f) a inclusão social, promoção da igualdade e da acessibilidade digital; e *g)* o efetivo respeito aos direitos humanos, ao livre desenvolvimento da personalidade e dignidade das pessoas e o exercício da cidadania pelas pessoas naturais.

Ademais, por outra proposta, o "Direito Civil Digital" preservará o pleno exercício da liberdade de informação, da liberdade de contratar, da liberdade contratual e do respeito à privacidade e à liberdade das pessoas, em harmoniosa relação com a regulação desses serviços. São parâmetros fundamentais para a interpretação dos fatos, atos, negócios e atividades civis que tiverem lugar no ambiente digital, para apuração de sua licitude e regularidade, os seguintes critérios que atendam aos princípios gerais de direito: *a)* o respeito à dignidade humana de todas as pessoas; *b)* o favorecimento à inclusão e à acessibilidade no ambiente digital, para a participação de todos, em igualdade de oportunidade e de condições, com acesso às tecnologias digitais; *c)* a garantia da segurança do ambiente digital, revelada pelos sistemas de proteção de dados, capazes de preservar os usuários contra investidas que lhes coarctem o discernimento, ainda que momentaneamente; *d)* a promoção de conduta ética no ambiente digital, respeitando os direitos autorais, preservando a informação, sua segurança e correção, bem como a integridade de dados; *e)* o combate à desigualdade digital; e *f)* o respeito aos direitos e à proteção integral de crianças e de adolescentes também no ambiente digital, que conta com uma proposta de normatização específica.

Em complemento, pela mesma proposição, "os princípios que informam e condicionam a eticidade das condutas, atos e atividades de todos os usuários e provedores no ambiente digital, bem como das entidades públicas e privadas que operem nesse ambiente, não excluem outros previstos no ordenamento jurídico pátrio, relacionados à matéria, ou nos tratados internacionais de que o Brasil seja signatário". Como visto, uma das premissas adotadas para a Reforma do Código Civil é a adoção da técnica da ponderação, para resolver colisões entre princípios e direitos, o que será fundamental para sanar alguns dos conflitos expostos neste capítulo.

O projeto também pretende incluir regras a respeito da citada *identidade digital*, "como meio oficial de identificação dos cidadãos em ambientes digitais". Assim, pela mesma proposição, ainda sem numeração, "os dados contidos na identidade digital corresponderão aos dados elencados na identificação civil da pessoa natural ou ao cadastro nacional da pessoa jurídica para garantir a integridade e a segurança dos atos praticados em ambientes digitais". Ademais, essa identidade digital será emitida pelo Poder Público, devendo ser única para cada pessoa e assegurada por tecnologias que garantam a proteção de dados pessoais e a privacidade; e não se confundindo com a assinatura digital".

Por outra proposta, a implementação e o uso da identidade digital deverão: *a)* observar altos padrões de segurança cibernética, incluindo o uso de criptografia de ponta-a-ponta e outras tecnologias de proteção de dados; *b)* garantir a interoperabilidade entre diferentes plataformas, sistemas e serviços, promovendo a integração e a eficiência dos serviços digitais disponibilizados aos cidadãos; e *c)* assegurar a inclusão digital, fornecendo meios acessíveis e compreensíveis para que todos os cidadãos possam obter e utilizar sua identidade digital.

Sugere-se que a regulamentação sobre a emissão, o uso e a gestão da identidade digital, bem como sobre a proteção de dados pessoais e a privacidade dos usuários, seja estabelecida por lei específica, em conformidade com os princípios estabelecidos no novo livro de "Direito Civil Digital", e com a legislação de proteção de dados, no caso a LGPD.

Voltando-se ao estudo da LGPD, nos termos do seu art. 2.º, a disciplina da proteção de dados pessoais tem como fundamentos: *a)* o respeito à privacidade; *b)* a autodeterminação informativa, com amparo na autonomia privada; *c)* a liberdade de expressão, de informação, de comunicação e de opinião; *d)* a inviolabilidade da intimidade, da honra e da imagem; *e)* o desenvolvimento econômico e tecnológico e a inovação; *f)* a livre-iniciativa, a livre concorrência e a defesa do consumidor; e *g)* os direitos humanos, o livre desenvolvimento da personalidade, a dignidade e o exercício da cidadania pelas pessoas naturais.

Como se pode notar, a norma influenciou claramente o projeto de Reforma do Código Civil.

O diploma tem incidência sobre qualquer operação de tratamento realizada por pessoa natural ou por pessoa jurídica de Direito Público ou Privado, independentemente do meio, do país de sua sede ou do país onde estejam localizados os dados (art. 3.º da Lei n. 13.709/2018).

Isso vale desde que a operação de tratamento seja realizada no território nacional, a sua atividade tenha por objetivo a oferta ou o fornecimento de bens ou serviços ou os dados pessoais objeto do tratamento tenham sido coletados no território nacional. Estão excluídos do âmbito da norma os tratamentos de dados feitos para fins acadêmicos, jornalísticos, artísticos ou relacionados a investigação de ilícitos em geral, entre outros (art. 4.º da Lei n. 13.709/2018).

Como tem sido comum na legislação mais recente, o seu art. 5.º traz conceitos fundamentais para fins de subsunção da norma, a saber:

- Dado pessoal: informação relacionada a pessoa natural identificada ou identificável.
- Dado pessoal sensível: dado pessoal sobre origem racial ou étnica, convicção religiosa, opinião política, filiação a sindicato ou a organização de caráter religioso, filosófico ou político, dado referente à saúde ou à vida sexual, dado genético ou biométrico, quando vinculado a uma pessoa natural.
- Dado anonimizado: relativo a titular que não possa ser identificado, considerando a utilização de meios técnicos razoáveis e disponíveis na ocasião de seu tratamento.
- Banco de dados: conjunto estruturado de dados pessoais, estabelecido em um ou em vários locais, em suporte eletrônico ou físico.
- Titular do dado: pessoa natural a quem se referem os dados pessoais que são objeto de tratamento.
- Controlador: pessoa natural ou jurídica, de Direito Público ou Privado, a quem competem as decisões referentes ao tratamento de dados pessoais. Prevê o Enunciado n. 680, da *IX Jornada de Direito Civil*, de 2022, que a LGPD não exclui a possibilidade de nomeação pelo controlador de pessoa jurídica, ente despersonalizado ou de mais de uma pessoa natural para o exercício da função de encarregado pelo tratamento de dados pessoais. Vale lembrar que, nos termos do art. 41 dessa lei, o controlador deverá indicar encarregado pelo tratamento de dados pessoais.
- Operador: pessoa natural ou jurídica, de Direito Público ou Privado, que realiza o tratamento de dados pessoais em nome do controlador.
- Encarregado: pessoa indicada pelo controlador e operador para atuar como canal de comunicação entre o controlador, os titulares dos dados e a Autoridade Nacional de Proteção de Dados (ANPD);
- Agentes de tratamento: o controlador e o operador.
- Tratamento: toda operação realizada com dados pessoais, como as que se referem a coleta, produção, recepção, classificação, utilização, acesso, reprodução, transmissão, distribuição, processamento, arquivamento, armazenamento, eliminação, avaliação ou controle da informação, modificação, comunicação, transferência, difusão ou extração.
- Anonimização: utilização de meios técnicos razoáveis e disponíveis no momento do tratamento, por meio dos quais um dado perde a possibilidade de associação, direta ou indireta, a um indivíduo.
- Consentimento: manifestação livre, informada e inequívoca pela qual o titular concorda com o tratamento de seus dados pessoais para uma finalidade determinada.
- Bloqueio: suspensão temporária de qualquer operação de tratamento, mediante guarda do dado pessoal ou do banco de dados.
- Eliminação: exclusão de dado ou de conjunto de dados armazenados em banco de dados, independentemente do procedimento empregado.
- Transferência internacional de dados: transferência de dados pessoais para país estrangeiro ou organismo internacional do qual o País seja membro.

- Uso compartilhado de dados: comunicação, difusão, transferência internacional, interconexão de dados pessoais ou tratamento compartilhado de bancos de dados pessoais por órgãos e entidades públicos no cumprimento de suas competências legais, ou entre esses e entes privados, reciprocamente, com autorização específica, para uma ou mais modalidades de tratamento permitidas por esses entes públicos, ou entre entes privados.
- Relatório de impacto à proteção de dados pessoais: documentação do controlador que contém a descrição dos processos de tratamento de dados pessoais que podem gerar riscos às liberdades civis e aos direitos fundamentais, bem como medidas, salvaguardas e mecanismos de mitigação de risco. Como está previsto no Enunciado n. 679, aprovado na *IX Jornada de Direito Civil*, esse Relatório de Impacto à Proteção de Dados Pessoais (RIPD) deve ser entendido como medida de prevenção e de *accountability* (responsabilização) para qualquer operação de tratamento de dados considerada de alto risco, tendo sempre como parâmetro o risco aos direitos dos titulares.
- Órgão de pesquisa: órgão ou entidade da administração pública direta ou indireta ou pessoa jurídica de direito privado sem fins lucrativos legalmente constituída sob as leis brasileiras, com sede e foro no País, que inclua em sua missão institucional ou em seu objetivo social ou estatutário a pesquisa básica ou aplicada de caráter histórico, científico, tecnológico ou estatístico.
- Autoridade nacional: órgão da administração pública indireta responsável por zelar, implementar e fiscalizar o cumprimento da lei em todo o território nacional.

Em suma, as categorias definidas pelo comando devem ser assim entendidas para a compreensão de sua incidência. Como outra regra importante, o art. 6.º da Lei n. 13.709/2018 consagra os princípios que devem guiar o tratamento dos dados pessoais.

O primeiro deles é o princípio da *boa-fé*, seja ela subjetiva – a que existe no plano intencional – ou objetiva – concretizada no plano da conduta. O segundo princípio é o da *finalidade*, com a realização do tratamento para propósitos legítimos, específicos, explícitos e informados ao titular, sem possibilidade de tratamento posterior de forma incompatível com essas finalidades. O terceiro regramento é o da *adequação*, compatibilizando-se o tratamento dos dados com as finalidades informadas ao titular, de acordo com o contexto do seu uso. Há ainda previsão quanto à *necessidade*, considerada como a limitação do tratamento ao mínimo necessário para a realização de suas finalidades, com abrangência dos dados pertinentes, proporcionais e não excessivos em relação aos objetivos do tratamento de dados.

O quinto princípio é o do *livre acesso*, visando a propiciar aos titulares a consulta facilitada e gratuita sobre a forma e a duração do tratamento, bem como sobre a integralidade de seus dados pessoais. A qualidade dos dados é entendida como a garantia, aos titulares, de exatidão, clareza, relevância e atualização dos dados, de acordo com a necessidade e para o cumprimento da finalidade de seu tratamento. Como desdobramento da boa-fé, assegura-se a *transparência*, com o amparo aos titulares de informações claras, precisas e facilmente acessíveis sobre a realização do tratamento e os respectivos agentes, observados os segredos comercial e industrial.

O sétimo princípio é o da *segurança*, com o uso de medidas técnicas e administrativas aptas a proteger os dados pessoais de acessos não autorizados e de situações acidentais ou ilícitas de destruição, perda, alteração, comunicação ou difusão.

Consagra-se também a *prevenção*, com a adoção de medidas para evitar a ocorrência de danos em virtude do tratamento de dados pessoais. O décimo princípio amparado pela lei é o da *não discriminação*, diante da impossibilidade de realização do tratamento para fins discriminatórios ilícitos ou abusivos, nos termos da isonomia consagrada pelo art. 5.º, *caput*, do Texto Maior.

Por fim, como décimo primeiro princípio, existe previsão a respeito da *responsabilização* e *prestação de contas*, com a demonstração, pelo agente, da adoção de medidas eficazes e capazes de comprovar a observância e o cumprimento das normas de proteção de dados pessoais e, inclusive, da eficácia dessas medidas.

O art. 7.º do comando prevê que o tratamento de dados pessoais somente poderá ser realizado nas seguintes hipóteses: *a)* mediante o fornecimento de consentimento pelo titular; *b)* para o cumprimento de obrigação legal ou regulatória pelo controlador; *c)* pela administração pública, para o tratamento e uso compartilhado de dados necessários à execução de políticas públicas previstas em leis e regulamentos ou respaldadas em contratos, convênios ou instrumentos congêneres; *d)* para a realização de estudos por órgão de pesquisa, garantida, sempre que possível, a anonimização dos dados pessoais; *e)* quando necessário para a execução de contrato ou de procedimentos preliminares relacionados a contrato do qual seja parte o titular, a pedido do titular dos dados; *f)* para o exercício regular de direitos em processo judicial, administrativo ou arbitral; *g)* para a proteção da vida ou da incolumidade física do titular ou de terceiro; *h)* para a tutela da saúde, em procedimento realizado por profissionais da área da saúde ou por entidades sanitárias; *i)* quando necessário para atender aos interesses legítimos do controlador ou de terceiro, exceto no caso de prevalecerem direitos e liberdades fundamentais do titular que exijam a proteção dos dados pessoais, regra que se aplica não só quanto às pessoas naturais ou jurídicas, mas também em relação a grupos ou coletividade, "para atividades de tratamento que sejam de seu interesse" (Enunciado n. 685 da *IX Jornada de Direito Civil*); ou *j)* para a proteção do crédito, inclusive quanto ao disposto na legislação pertinente, notadamente pelo que consta do art. 43 do CDC.

Entendo, salvo melhor juízo e com maiores reflexões, que essa previsão quanto à utilização dos dados pessoais não afasta a possibilidade de aplicação da técnica da ponderação em casos de conflitos entre direitos da personalidade ou fundamentais, de acordo com as circunstâncias do caso concreto, na linha do que foi aqui defendido.

Exatamente nesse sentido, merecem destaque dois outros enunciados aprovados na *IX Jornada de Direito Civil*, em 2022. O primeiro deles, de número 688, prevê que "a Lei de Acesso à Informação (LAI) e a Lei Geral de Proteção de Dados Pessoais (LGPD) estabelecem sistemas compatíveis de gestão e proteção de dados. A LGPD não afasta a publicidade e o acesso à informação nos termos da LAI, amparando-se nas bases legais do art. 7.º, II ou III, e art. 11, II, *a* ou *b*, da Lei Geral de Proteção de Dados". O segundo estabelece que "não há hierarquia entre as bases legais estabelecidas nos arts. 7.º e 11 da Lei Geral de Proteção de Dados (Lei n. 13.709/2018)" (Enunciado n. 689).

Outro dispositivo que merece ser comentado diz respeito à utilização dos dados sensíveis, entendidos como aqueles sobre origem racial ou étnica, convicção religiosa, opinião política, filiação a sindicato ou a organização de caráter religioso, filosófico ou político; dados referentes à saúde ou à vida sexual, dados genéticos ou biométricos, quando vinculados a uma pessoa natural.

O seu uso, conforme o art. 11 da nova norma e em regra, somente é possível quando o titular ou seu responsável legal consentir, de forma específica e destacada. Nos termos do mesmo preceito, a utilização de dados sensíveis sem o fornecimento de consentimento do titular somente é cabível nas hipóteses em que for indispensável para: *a)* cumprimento de obrigação legal ou regulatória pelo controlador; *b)* tratamento compartilhado de dados necessários à execução, pela administração pública, de políticas públicas previstas em leis ou regulamentos; *c)* realização de estudos por órgão de pesquisa, garantida, sempre que possível, a anonimização dos dados pessoais sensíveis; *d)* exercício regular de direitos, inclusive em contrato e em processo judicial, administrativo e arbitral; *e)* proteção da vida ou da incolumidade física do titular ou de terceiro; *f)* tutela da saúde, em procedimento realizado por profissionais da área da saúde ou por entidades sanitárias; ou *g)* garantia da prevenção à fraude e à segurança do titular, nos processos de identificação e autenticação de cadastro em sistemas eletrônicos. Sem prejuízo de muitas outras normas da recente Lei n. 13.709/2018 que aqui poderiam ser expostas e que, repise-se, somente entrarão em vigor no início de 2020, é imperioso fazer menção sobre o tratamento da responsabilidade civil que nela consta.

De todo modo, o correto Enunciado n. 681, igualmente aprovado na *IX Jornada de Direito Civil*, preceitua que "a existência de documentos em que há dados pessoais sensíveis não obriga à decretação do sigilo processual dos autos. Cabe ao juiz, se entender cabível e a depender dos dados e do meio como produzido o documento, decretar o sigilo restrito ao documento específico". Assim, outros valores e direitos não só podem como devem ser levados em consideração pelo julgador, que poderá fazer uso da antes estudada técnica da ponderação.

Sobre os dados de crianças e adolescentes, o art. 14 da LGPD estabelece que deverá ser realizado em seu melhor interesse, aplicando-se o princípio *best interest of child*. Em relação às crianças, o tratamento dos dados deve ser realizado com o consentimento específico e em destaque dado por pelo menos um dos pais ou pelo responsável legal (§ 1.º). Em casos tais, os controladores deverão manter pública a informação sobre os tipos de dados coletados, a forma de sua utilização e os procedimentos para o exercício dos direitos (§ 2.º).

Eventualmente, poderão ser coletados dados pessoais de crianças sem o consentimento dos pais ou responsáveis, quando essa coleta for necessária para contatar os pais ou o responsável legal, utilizados uma única vez e sem armazenamento, ou para sua proteção, e em nenhum caso poderão ser repassados a terceiro sem o esse consenso (§ 3.º). Ademais, os controladores não deverão condicionar a participação em jogos, aplicações de internet ou outras atividades ao fornecimento de informações pessoais além das estritamente necessárias à atividade (§ 4.º). O controlador deve, ainda, realizar todos os esforços razoáveis para verificar que o consentimento foi dado pelo responsável pela criança, consideradas as tecnologias disponíveis (§ 5.º).

O último parágrafo do art. 14 da LGPD ainda assevera que as informações sobre o tratamento desses dados deverão ser fornecidas de maneira simples, clara e acessível, consideradas as características físico-motoras, perceptivas, sensoriais, intelectuais e mentais do usuário, com uso de recursos audiovisuais quando adequado, de forma a proporcionar a informação necessária aos pais ou ao responsável legal e adequada ao entendimento da criança (§ 6.º).

Sobre o tema, foram aprovados três importantes enunciados doutrinários na *IX Jornada de Direito Civil*, em maio de 2022. Consoante o primeiro deles, de número 682, "o consentimento do adolescente para o tratamento de dados pessoais, nos termos do art. 14 da LGPD, não afasta a responsabilidade civil dos pais ou responsáveis pelos atos praticados por aquele, inclusive no meio digital". Essa responsabilidade dos pais pelos filhos menores, como visto em outros capítulos deste livro, é objetiva, nos termos dos arts. 932, incs. II e III, e 933 do Código Civil (*responsabilidade objetiva indireta*).

A segunda ementa doutrinária então aprovada enuncia que "o art. 14 da Lei n. 13.709/2018 (Lei Geral de Proteção de Dados – LGPD) não exclui a aplicação das demais bases legais, se cabíveis, observado o melhor interesse da criança" (Enunciado n. 684). Como base legal fundamental, destaque-se o Estatuto da Criança e do Adolescente.

Justamente por isso, o Enunciado n. 692 preceitua que "aplica-se aos conceitos de criança e adolescente, dispostos no art. 14 da Lei Geral de Proteção de Dados, o contido no art. 2.º do Estatuto da Criança e do Adolescente". Nos termos de suas corretas justificativas, "ao dispensar o consentimento de pelo menos um dos pais ou do responsável legal para que haja o tratamento de dados pessoais de adolescentes, a LGPD reconhece a redução gradual da autoridade parental face ao amadurecimento do menor. O dispositivo trazido acolhe a realidade fática de inserção digital precoce e reconhece a gradativa construção da personalidade do adolescente no meio digital. Assim, a Lei Geral de Proteção de Dados relativiza o regime das incapacidades do Código Civil, ao passo que faz prevalecer o entendimento de que à medida do crescimento, o adolescente adquire paulatinamente a capacidade de discernir e decidir, devendo ser respeitada a dimensão da responsabilidade consequente do ato a ser praticado".

Como não poderia ser diferente, o projeto de Reforma do Código Civil sofreu influências dessas regras da LGPD e das destacadas afirmações doutrinárias, havendo proposta de inclusão de um capítulo no novo livro do "Direito Civil Digital" sobre "a presença e a identidade de crianças e adolescentes no ambiente digital", em quatro comandos.

O primeiro deles preverá, em termos gerais, que "é garantida a proteção integral de crianças e adolescentes no ambiente digital, observado o seu melhor e superior interesse, nos termos do estatuto que os protege e deste Código, estabelecendo-se, no ambiente digital, um espaço seguro e saudável para sua utilização".

Nesse contexto, pela segunda norma proposta e para a efetivação dessa proteção integral, é dever de todos os provedores de serviços digitais: *a)* implementar sistemas eficazes de verificação da idade do usuário para garantir que conteúdos inapropriados não sejam acessados por crianças e adolescentes; *b)* proporcionar meios para que pais e responsáveis tenham condições efetivas de limitar e monitorar o acesso de crianças e adolescentes a determinados conteúdos e funcionalidades dispostos no ambiente digital; *c)* assegurar a proteção de dados pessoais de crianças e adolescentes, na forma da LGPD; e *d)* proteger os direitos das crianças e adolescentes desde o *design* do ambiente digital, garantindo que, em todas as etapas relativas a desenvolvimento, fornecimento, regulação, gestão de comunidades, comunicação e divulgação de seus produtos e serviços, o melhor e superior interesse da criança e do adolescente sejam observados.

A terceira regra proposta enuncia que os produtos ou serviços de tecnologia da informação destinados a crianças e a adolescentes serão concebidos, projetados, desenvolvidos, ofertados, comercializados, disseminados, compartilhados, transmitidos e operados considerando a garantia de sua proteção integral e a prevalência de seus interesses; norma que novamente dialoga com a proteção integral, retirada do art. 227 da Constituição Federal e do Estatuto da Criança e do Adolescente.

Ademais, pela mesma proposição, os criadores dos produtos ou serviços destinados a criança e adolescentes artigo devem: *a)* considerar os direitos, a capacidade e os limites das crianças e adolescentes a que se destinem, desde a sua concepção e projeto, e durante sua execução, disponibilização e utilização, devendo, por padrão, adotar opções que maximizem a proteção de sua privacidade e reduzam a coleta e utilização de dados pessoais; *b)* utilizar linguagem clara e concisa, compreensível e adequada, compatível com a idade das crianças e dos adolescentes a que se destinem; e *c)* garantir a privacidade e a segurança das crianças e dos adolescentes, conforme o ECA e o próprio Código Civil, bem como demais direitos assegurados na Constituição Federal, em Tratados e Convenções em que o Brasil seja signatário, tais como a Convenção dos Direitos da Criança das Nações Unidas.

Por fim, nos termos da quarta e última proposta, ficará expressamente vedada a veiculação de publicidade nos produtos ou serviços de tecnologia da informação destinados a crianças e a adolescentes. Confirma-se a atual posição do Superior Tribunal de Justiça, exposta no Capítulo 8 desta obra, por aplicação do CDC (por todos: STJ, REsp 1.558.086/SP, 2.ª Turma, Rel. Min. Humberto Martins, j. 10.03.2016, *DJe* 15.04.2016).

A nova previsão será aplicada a toda forma de exibição de produtos ou de serviços, ainda que gratuitos, destinados a crianças ou a adolescentes, inclusive por meio de plataformas de compartilhamento de vídeo, de redes sociais e de outros produtos ou serviços de tecnologia da informação; o que é salutar e urgente.

Feitas essas importantes notas de atualização, conforme o art. 42 da LGPD, o controlador ou o operador que, em razão do exercício de atividade de tratamento de dados pessoais, causar a outrem dano patrimonial, moral, individual ou coletivo, em violação à legislação de proteção de dados pessoais, é obrigado a repará-lo.

Para a efetiva reparação do dano, o mesmo preceito estabelece que o operador responde solidariamente pelos danos causados pelo tratamento quando descumprir as obrigações da legislação de proteção de dados ou quando não tiver seguido as instruções lícitas do controlador, hipótese em que o operador equipara-se ao controlador, salvo as exceções a seguir comentadas. Ademais, está previsto no mesmo comando que os controladores que estiverem diretamente envolvidos no tratamento do qual decorreram danos ao titular dos dados respondem solidariamente, novamente com as exceções a seguir listadas.

Ainda, conforme o § 2.º do art. 42 da Lei n. 13.709/2018, o juiz, no processo civil, poderá inverter o ônus da prova a favor do titular dos dados quando, a seu juízo, for verossímil a alegação, houver hipossuficiência para fins de produção de prova ou quando a produção de prova pelo titular resultar-lhe excessivamente onerosa.

Nota-se, aqui, uma clara influência da inversão do ônus da prova, já consagrada pelo CDC (art. 6.º, inc. VIII). Entendo que tal inversão é possível inclusive quanto ao elemento culpa, uma vez que a responsabilidade do controlador ou operador, pelo menos em regra, é subjetiva.

Aqui já se indica uma possibilidade de utilização da responsabilidade objetiva no âmbito da LGPD. As ações de reparação por danos coletivos que tenham por objeto essa responsabilização podem ser exercidas coletivamente em juízo, observado o disposto na legislação pertinente (§ 3.º do art. 42 da Lei n. 13.709/2018).

Eventualmente, como consequência da solidariedade, aquele que reparar o dano ao titular tem direito de regresso contra os demais responsáveis, na medida de sua participação no evento danoso (§ 3.º do art. 42 da Lei n. 13.709/2018). Adota-se, portanto, a mesma ideia constante do art. 942 do Código Civil, aqui antes estudado.

Além disso, o art. 43 da LGPD preceitua que os agentes de tratamento de dados só não serão responsabilizados quando provarem: *a)* que não realizaram o tratamento de dados pessoais que lhes é atribuído; *b)* que, embora tenham realizado o tratamento de dados pessoais que lhes é atribuído, não houve violação à legislação de proteção de dados; ou *c)* que o dano é decorrente de culpa exclusiva do titular dos dados ou de terceiro.

Como visto em outros trechos da obra, o fato de a lei apontar quais são as excludentes de responsabilização civil é próprio do modelo de responsabilidade objetiva, o que pode ser defendido a respeito do uso dos dados pessoais, como exceção ao regime de responsabilidade subjetiva previsto no Marco Civil da Internet, aqui antes estudado.

Existe intenso debate quanto a esse último comando, a respeito do ataque cibernético, havendo julgado do Tribunal Paulista que o enquadra como evento externo, fora do risco da atividade da empresa. Vejamos o que está no *decisum*:

"Invasão por *hacker* em sistema de informática da ré com eventual obtenção de informações acerca de dados pessoais de seus consumidores é evento extraordinário e fortuito externo, eis que decorrente de ação criminosa cibernética praticada por terceiros totalmente desatrelada do serviço prestado pela acionada, o que afasta a alegação de defeito do serviço e a responsabilidade civil da ré por eventuais danos por eles suportados. Ausência de prova ou de indícios de inobservância do artigo 46 da Lei n.º 13.709/18 ou de qualquer conduta ilícita que viabilize a indenização, nos termos dos arts. 42 e 43, inc. III, *in fine*, da Lei n.º 13.709/18 e, ainda, de que dados cadastrais (especialmente os sensíveis – art. 5.º, inc. II, da Lei supracitada) da autora não são sensíveis (artigo 5.º, II, da Lei n.º 13.709/18) da autora tenham sido vazados com a invasão dos *hackers*. Dano moral. Autora que não se desincumbiu do ônus da prova de que, em virtude do vazamento de seus dados pessoais, passou a receber mensagens indesejadas via celular, ligações de propaganda, *e-mails* indesejados ou boletos bancários falsos e, ainda, de efetiva exposição da imagem ou constrangimento, humilhação, dano a sua honra, a sua boa imagem ou que sua intimidade ou privacidade foram devassadas. Improcedência mantida" (TJSP, Apelação Cível 1000568-46.2021.8.26.0007, Acórdão 15268962, São Paulo, 20.ª Câmara de Direito Privado, Rel. Des. Correia Lima, j. 06.12.2021, *DJESP* 20.12.2021, p. 598).

Com o devido respeito, entendo que o citado ataque pode ser enquadrado como evento interno, se a empresa não toma medidas para evitá-lo a gerar a sua eventual responsabilização civil.

Feita essa importante nota prática, a norma ainda estabelece, no seu art. 44, que o tratamento de dados pessoais será irregular quando deixar de observar a legislação ou quando não fornecer a segurança que o titular dele pode esperar, consideradas as circunstâncias relevantes, entre as quais: *a)* o modo pelo qual é realizado; *b)* o resultado e os riscos que razoavelmente dele se esperam; e *c)* as técnicas de tratamento de dados pessoais disponíveis à época em que foi realizado.

Nos termos do seu parágrafo único, responde pelos danos decorrentes da violação da segurança dos dados o controlador ou o operador que, ao deixar de adotar as medidas de segurança previstas no art. 46 da própria lei, der causa ao dano. A menção ao risco parece indicar mais uma vez um modelo de responsabilização sem culpa, diante da cláusula geral de responsabilidade objetiva prevista no art. 927, parágrafo único, segunda parte, do Código Civil.

Como outra regra fundamental a ser estudada, o art. 45 da Lei n. 13.709/2018 prescreve que as hipóteses de violação do direito do titular no âmbito das relações de consumo permanecem sujeitas às regras de responsabilidade contidas na legislação pertinente, ou seja, à responsabilidade objetiva e solidária prevista no CDC.

Percebo um conflito entre a LGPD e o Marco Civil da Internet, que parecem ter adotado modelos diferentes de responsabilidade civil, eis que a primeira norma adotou um modelo de responsabilidade objetiva e a segunda de responsabilidade subjetiva *agravada*, como antes exposto. No âmbito doutrinário, não houve consenso na *IX Jornada de Direito Civil*, promovida pelo Conselho da Justiça Federal em maio de 2022, para a aprovação de enunciado afirmando a natureza da responsabilidade civil tratada pela LGPD.

A propósito dessa divergência e da necessidade de se pacificar a temática no âmbito da jurisprudência, em 2023 surgiu importante precedente da Terceira Turma do STJ, deduzindo que "a instituição financeira responde pelo defeito na prestação de serviço consistente no tratamento indevido de dados pessoais bancários, quando tais informações são utilizadas por estelionatário para facilitar a aplicação de golpe em desfavor do consumidor" (STJ, REsp 2.077.278/SP, 3.ª Turma, Rel. Min. Nancy Andrighi, j. 03.10.2023, *DJe* 09.10.2023, v.u.).

A posição firmada pelo Superior Tribunal de Justiça, portanto, foi pela correta responsabilização objetiva ou independentemente de culpa da instituição financeira pelo vazamento de dados dos consumidores, aplicando-se a mesma ideia constante da antes citada Súmula n. 479 da Corte e a concepção do fato do serviço (art. 14 do CDC), estudadas no presente capítulo.

Espero que outros julgados na mesma linha surjam, concluindo pela responsabilidade objetiva em situações semelhantes, em prol da justiça e da correta aplicação da legislação brasileira, sobretudo do CDC e da LGPD, em necessário *diálogo das fontes*.

Penso que a jurisprudência deve resolver esse conflito no futuro, até que alguma alteração legislativa seja aprovada, caso da Reforma do Código Civil, que pretende revogar o art. 19 do Marco Civil da Internet e tratar do tema dentro da codificação privada, como antes foi exposto.

Outro dilema a ser resolvido diz respeito aos danos morais suportados no âmbito da LGPD, especialmente pelo vazamento de dados, se seriam eles presumidos (*in re ipsa*) ou dependentes de prova pelo usuário que os alega. A jurisprudência tem feito uma distinção a respeito do tema entre os *dados pessoais sensíveis* e os *dados pessoais comuns*, entendendo que somente no primeiro caso os danos decorrentes do seus vazamento seriam presumidos ou *ir re ipsa*.

Como primeiro aresto que afastou a indenização por haver o vazamento de meros dados pessoais, apesar de reconhecer a responsabilização objetiva destaco:

"Lei Geral de Proteção de Dados Pessoais (LGPD) e direito do consumidor. Ação com preceitos condenatórios. Sentença de improcedência dos pedidos. Recurso de apelação da autora. Vazamento de pessoais não sensíveis da autora (nome completo, números de RG e CPF, endereço, endereço de *e-mail* e telefone), sob responsabilidade da ré. LGPD. Responsabilidade civil ativa ou proativa. Doutrina. Código de Defesa do Consumidor. Responsabilidade civil objetiva. Ausência de provas, todavia, de violação à dignidade humana da autora e seus substratos, isto é, liberdade, igualdade, solidariedade e integridade psicofísica. Autora que não demonstrou, a partir do exame do caso concreto, que, da violação a seus dados pessoais, houve a ocorrência de danos morais. Dados que não são sensíveis e são de fácil acesso a qualquer pessoa. Precedentes. Ampla divulgação da violação já realizada. Recolhimento dos dados.

Inviabilidade, considerando-se a ausência de finalização das investigações. Pedidos julgados parcialmente procedentes, todavia, com o reconhecimento da ocorrência de vazamento dos dados pessoais não sensíveis da autora e condenando-se a ré na apresentação de informação das entidades públicas e privadas com as quais realizou o uso compartilhado dos dados, fornecendo declaração completa que indique sua origem, a inexistência de registro, os critérios utilizados e a finalidade do tratamento, assim como a cópia exata de todos os dados referentes ao titular constantes em seus bancos de dados, conforme o art. 19, II, da LGPD. Determinação para envio de cópia dos autos à Autoridade Nacional de Proteção de Danos (art. 55-A da LGPD)" (TJSP, Apelação Cível 1000794-59.2021.8.26.0554, Acórdão 15239289, Santo André, 27.ª Câmara de Direito Privado, Rel. Des. Alfredo Attié, j. 30.11.2021, *DJESP* 14.12.2021, p. 1933).

Todavia, em hipótese envolvendo dados sensíveis, concluiu a mesma Corte Estadual:

"O vazamento do prontuário médico do requerente (fls. 31/35), ao indicar ser ele portador do vírus do HIV, gerou situação embaraçosa e degradante no ambiente de trabalho. A responsabilidade civil objetiva exige apenas a ocorrência do dano, a existência de nexo causal entre a conduta e este dano e a ausência de culpa excludente da vítima (art. 37, § 6.º CF). O sigilo dos dados pessoais ganha contornos cada vez mais sensíveis, sendo matéria cada dia mais regulada na seara legislativa. Eventuais vazamentos de dados particulares são evidentes fatos geradores de danos, seja de ordem moral ou material, e o legislador tende a protegê-los, especialmente quando digam respeito aos direitos de personalidade. Art. 5.º, X, Constituição Federal, art. 42 da Lei n.º 13.709/2018 (LGPD) e art. 4.º da Lei n.º 13.787/2018. Danos morais configurados. *Quantum* indenizatório majorado. Danos materiais não configurados. Ausência de prova de nexo de causalidade entre a exposição dos dados médicos e a efetiva demissão do autor" (TJSP, Apelação Cível 1016844-03.2020.8.26.0068, Acórdão 14798874, Barueri, 5.ª Câmara de Direito Público, Rel.ª Des.ª Heloísa Martins Mimessi, j. 05.07.2021, *DJESP* 14.07.2021, p. 3491).

Como se retira de um terceiro aresto do Tribunal Paulista, que traz a orientação apontada, "há a classificação dos dados em dados pessoais comuns, dados pessoais sensíveis e dados anonimizados. A divulgação de dados pessoais comuns sem consentimento da pessoa natural titular, apesar de configurar evidente falha no tratamento de dados pessoais, não configura dano moral presumido (*in re ipsa*). A parte autora, no caso, não demonstrou suficientemente como a divulgação do nome dela (dado pessoal comum), que permitiu a sua localização em rede social, acarretou dano moral. O pedido de indenização por dano moral fundado em eventual imputação de crime exige a análise não só do que foi dito, mas também do contexto. Na hipótese, eventual imputação de crime pela parte ré decorreu da interpretação incorreta dos fatos, equívoco em grande parte causado por terceiros, em uma conversa privada em rede social, conduta que, a princípio, não é apta a causar dano moral" (TJSP, Apelação cível

1002982-84.2022.8.26.0038, Acórdão 17077572, Araras, 31.ª Câmara de Direito Privado, Rel. Des. Adilson de Araujo, j. 23.08.2023, *DJESP* 28.08.2023, p. 2542).

Destaco que a Segunda Turma do Superior Tribunal de Justiça já seguiu a primeira solução, afirmando que "o vazamento de dados pessoais, a despeito de se tratar de falha indesejável no tratamento de dados de pessoa natural por pessoa jurídica, não tem o condão, por si só, de gerar dano moral indenizável. Ou seja, o dano moral não é presumido, sendo necessário que o titular dos dados comprove eventual dano decorrente da exposição dessas informações" (STJ, AREsp 2.130.619/SP, 2.ª Turma. Rel. Min. Francisco Falcão, j. 07.03.2023, *DJe* 10.03.2023).

De todo modo, ainda é oportuno aguardar qual será a posição das duas turmas de Direito Privado do Tribunal da Cidadania, a Terceira e a Quarta, a respeito dessa temática, sobretudo no caso de vazamento de dados sensíveis.

Aguardemos, portanto, novos posicionamentos dos nossos Tribunais a respeito de tão intrincada e atual situação fática.

16

RESPONSABILIDADE CIVIL NA CONSTRUÇÃO CIVIL

Sumário: 1. Contrato de empreitada e responsabilidade civil: 1.1. Conceito, modalidades e natureza jurídica da empreitada; 1.2. Regras específicas quanto à empreitada no Código Civil de 2002 e suas aplicações para a responsabilidade civil decorrente da construção civil – 2. Incorporação imobiliária e responsabilidade civil – 3. Outras hipóteses de responsabilidade civil decorrente da construção civil. Ruína do prédio e danos causados a terceiros.

1. CONTRATO DE EMPREITADA E RESPONSABILIDADE CIVIL

1.1. Conceito, modalidades e natureza jurídica da empreitada

Como não poderia ser diferente, um capítulo que pretende analisar a responsabilidade civil que decorre da construção civil necessita abordar o contrato de empreitada e o eventual dever de indenizar que surge na relação entre as partes, pelo descumprimento das obrigações por elas assumidas, fazendo surgir a correspondente *responsabilidade civil contratual.*

O contrato de empreitada, originário da expressão em latim *locatio operis*, sempre foi conceituado como uma forma especial ou espécie de prestação de serviço. Por meio desse negócio jurídico, uma das partes – o empreiteiro ou prestador – obriga-se a fazer ou a mandar fazer determinada obra, mediante uma determinada remuneração, a favor de outrem – o dono de obra ou tomador.

Mesmo sendo espécie de prestação de serviço, com esse contrato a empreitada não se confunde, principalmente quanto aos efeitos específicos, conforme poderá ser percebido a partir de então. Como se extrai da obra de Carlos Roberto Gonçalves, três são as diferenças fundamentais entre os dois contratos.

Primeiro, porque o objeto da prestação de serviços é a atividade do prestador, sendo a remuneração fixada de forma proporcional ao tempo trabalhado; enquanto na empreitada o objeto do negócio é a obra em si. Como *segunda diferença*, na prestação de serviços a sua execução é dirigida e fiscalizada pelo tomador; ao contrário da empreitada, em que o empreiteiro tem essa direção. Como *terceira diferença*, na prestação de serviços o tomador assume os riscos do negócio que na empreitada correm por conta do empreiteiro, pelo menos em regra.[1]

Interpretando o que há de melhor na doutrina, três são as modalidades de empreitada, tendo como fundamento o art. 610 do atual Código Civil, especialmente o seu *caput*, segundo o qual "o empreiteiro de uma obra pode contribuir para ela só com seu trabalho ou com ele e os materiais".[2]

A primeira delas é a *empreitada sob administração*, aquela em que o empreiteiro apenas administra as pessoas contratadas pelo dono da obra, que também fornece os materiais. Para muitos doutrinadores não seria uma empreitada, mas uma mera prestação de serviços.[3] No entanto, a minha posição é pelo enquadramento no contrato em questão.

A segunda modalidade é a *empreitada de mão de obra* ou *de lavor*, hipótese em que o empreiteiro fornece a mão de obra, contratando as pessoas que irão executar a obra. Os materiais, contudo, são fornecidos pelo dono da obra ou tomador, que acaba se responsabilizando por esses.

Por fim, na *empreitada mista* ou *de lavor e materiais*, o empreiteiro fornece tanto a mão de obra quanto os materiais, comprometendo-se a executar a obra inteira. Nesse caso, o empreiteiro assume *obrigação de resultado* perante o dono da obra, o que gera a sua responsabilização objetiva ou independente de culpa, segundo a visão que prevalece na civilística brasileira. Conforme o § 1.º do art. 610 do CC/2002, a obrigação de fornecer materiais não pode ser presumida, resultando da lei ou da vontade das partes.

No que concerne à natureza jurídica do negócio jurídico em questão, trata-se de um contrato bilateral (*sinalagmático*), oneroso, comutativo, consensual e informal. O que se percebe é que as suas características são as mesmas da prestação de serviço, diante da grande similaridade entre os dois negócios jurídicos, eis que a empreitada pode sim ser encarada como uma espécie de prestação de serviço.

Não se pode confundir o contrato de empreitada com o de elaboração de um simples projeto de uma obra, assumido por um engenheiro ou arquiteto. Nesse sentido, prescreve o § 2.º do art. 610 do Código Civil que o contrato

---

[1] GONÇALVES, Carlos Roberto. *Direito Civil brasileiro*. Contratos e atos unilaterais, cit., p. 368.
[2] Por todos: BARROS MONTEIRO, Washington de. *Curso de Direito Civil*. Direito das obrigações. 2.ª Parte, cit., p. 224; PEREIRA, Caio Mário da Silva. *Instituições de Direito Civil*. Contratos. 16. ed. Rio de Janeiro: Forense, 2012. v. III, p. 287; GONÇALVES, Carlos Roberto. *Direito Civil brasileiro*. Contratos e atos unilaterais, cit., p. 371-372; DINIZ, Maria Helena. *Código Civil anotado*, cit., p. 467.
[3] É o caso de Maria Helena Diniz que elenca apenas a empreitada mista e de lavor (DINIZ, Maria Helena. *Curso de Direito Civil brasileiro*. Teoria geral das obrigações contratuais e extracontratuais. 29. ed. São Paulo: Saraiva, 2013. v. 3, p. 328-329).

para elaboração de um projeto não implica a obrigação de executá-lo, ou de fiscalizar-lhe a execução. Na prática, portanto, a pessoa que elabora o projeto não é a mesma que desenvolve ou *toca a obra*, em regra. Isso reforça a tese de que a própria empreitada não pode ser presumida, devendo decorrer do acordo entre as partes e de forma inequívoca. Nas hipóteses em que um profissional executa esse projeto, haverá uma prestação de serviço, que pode ou não ser caracterizada como relação de consumo ou relação de trabalho, o que transfere a competência para a apreciação da Justiça do Trabalho, no último caso.

Superada essa análise preliminar, passa-se ao estudo específico das regras relacionadas com a empreitada previstas no Código Civil de 2002, bem como do impacto que esse contrato gera para a responsabilidade civil.

1.2. Regras específicas quanto à empreitada no Código Civil de 2002 e suas aplicações para a responsabilidade civil decorrente da construção civil

Partindo para o estudo das regras relativas à empreitada que repercutem para a responsabilidade civil, prescreve o art. 611 da norma geral privada em vigor que, na hipótese de o empreiteiro fornecer os materiais, correrão por sua conta os riscos até o momento da entrega da obra, a contento de quem a encomendou, se este não estiver em mora de receber. Mas se o dono da obra estiver em atraso no recebimento, por sua conta correrão os riscos. Complementando, estatui o art. 612 do Código Civil que, se o empreiteiro só forneceu mão de obra, todos os riscos em que não tiver culpa correrão por conta do dono.

Pela soma dos dois artigos, reitere-se que a obrigação do empreiteiro é de resultado quando a empreitada for mista. Por outro lado, sendo a empreitada de lavor, a obrigação do empreiteiro será de meio ou de diligência. Isso faz com que a responsabilidade do empreiteiro, em face do dono da obra, seja objetiva, na empreitada mista; e subjetiva, ou dependente de culpa, na empreitada de mão de obra.

Na verdade, a responsabilidade do empreiteiro em face do dono da obra já é objetiva pelo que consta do Código de Defesa do Consumidor, que trata da responsabilidade pelo vício e pelo fato do produto e do serviço, nos seus arts. 18 e 14. Para a subsunção dessas regras, porém, é preciso estar configurada a relação de consumo, ou seja, que o empreiteiro seja profissional na sua atividade e o dono da obra destinatário final do serviço, o que ocorre em muitos casos (ver, por todos: STJ, REsp 706.417/RJ, 3.ª Turma, Rel. Min. Nancy Andrighi, j. 13.02.2007, *DJ* 12.03.2007, p. 221).

Entretanto, cabe a ressalva de que, para a mesma Corte Superior, "o CDC não encontra aplicação para os contratos de empreitada celebrados entre a CEF, na condição de operacionalizadora do Programa de Arrendamento Residencial – PAR, e a empresa contratada para construir as residências que serão posteriormente objeto de contrato de arrendamento entre a mesma instituição financeira e as pessoas de baixa renda, para as quais o programa se destina" (STJ, REsp 1.073.962/PR, 3.ª Turma, Rel. Min. Nancy Andrighi, j. 20.03.2012, *DJe* 13.06.2012). Isso porque a última empresa não é destinatária final fática e econômica do produto que está sendo adquirido, no caso, os imóveis, que serão repassados a terceiros.

Ademais, na ótica do CDC, se o serviço for prestado por um profissional liberal, a sua responsabilidade é subjetiva no caso de fato do serviço (art. 14, § 4.º, do CDC). Contudo, exceção deve ser feita se o empreiteiro assumiu obrigação de resultado, sendo a empreitada mista. Essas conclusões foram retiradas da aplicação da tese do *diálogo das fontes* e da incidência da norma consumerista. Entendendo dessa forma, por interpretação de todos os comandos aqui citados, colaciona-se:

> "Prestação de serviços. Contrato de empreitada. Sentença de improcedência. Recurso da autora. Preliminares de cerceamento de defesa e de aplicação do CDC. Com inversão do ônus da prova. Acolhimento. Ausência de oportunidade de produção de prova e responsabilidade objetiva da prestadora de serviços caracterizada. Sentença anulada. Recurso parcialmente provido" (TJSP, Apelação 1025857-66.2016.8.26.0100, Acórdão 10555795, 38.ª Câmara de Direito Privado, São Paulo, Rel. Des. Achile Alesina, j. 21.06.2017, *DJESP* 11.07.2017, p. 1.922).

> "Responsabilidade civil. Defeito em construção. Contrato de empreitada mista. Responsabilidade objetiva do empreiteiro. Análise conjunta do CC e CDC. Diálogo das fontes. Sentença mantida. Recurso improvido" (TJSP, Apelação com Revisão 281.083.4/3, Acórdão 3196517, 8.ª Câmara de Direito Privado, Bauru, Rel. Des. Caetano Lagrasta, j. 21.08.2008, *DJESP* 09.09.2008).

Em complemento, determina o art. 617 do Código Civil que o empreiteiro é obrigado a pagar os materiais que recebeu, se por imperícia ou negligência os inutilizou, regra que se aplica à empreitada de mão de obra. O dispositivo traz hipótese de responsabilização mediante culpa, pela menção à imperícia e à negligência, conduzindo à responsabilidade subjetiva. Aplicando o seu teor, da jurisprudência estadual, e evidenciando a importância da prova técnica, para a demonstração dessa culpa:

> "Processual civil. Defeito em obra. Contrato de empreitada. Fornecimento somente da mão de obra. Perícia técnica. Imperícia na execução do serviço constatada. Responsabilidade do empreiteiro pelos materiais inutilizados. Devolução da contraprestação contratual. Danos materiais devidos. Restituição em dobro. Nos termos do artigo 617 do Código Civil, em contrato de empreitada em que o serviço contratado for apenas de mão de obra, o empreiteiro, se por imperícia ou negligência prestar serviço defeituoso, responderá pelas perdas dos materiais fornecidos pela contratante. Comprovada por prova técnica a imperícia na execução do serviço, sendo necessária a execução de nova obra para correção dos danos, deve o empreiteiro devolver o valor recebido pela obra. Configurada a relação de consumo, com vício no produto ou prestação do serviço, a restituição se dará na forma do artigo 18, o qual prevê a restituição de forma simples" (TJMG, Apelação Cível 1.0686.12.016851-9/001, Rel. Des. Vasconcelos Lins, j. 29.08.2017, *DJEMG* 31.08.2017).

"Vislumbra-se que as provas produzidas nos autos demonstraram de forma nítida que o contrato de prestação de serviço de empreitada foi rescindido antes do cumprimento integral da primeira etapa, além de que os serviços foram prestados de forma defeituosa, causando danos materiais ao autor, que inclusive já havia adiantado o valor da mão de obra correspondente. Note-se que no caso dos autos, não foi demonstrada a ocorrência de nenhuma das hipóteses legais para suspensão da obra previstas no art. 625 do Código Civil. Ao demais, aplica-se ao caso dos autos o art. 617 do Código Civil, o qual dispõe que o empreiteiro é obrigado a pagar os materiais que recebeu se por imperícia ou negligência os inutilizar. Precedente desta Corte: 'Se, conforme o contrato, o pagamento dos serviços obedeceria a um cronograma físico da obra, realizado o pagamento, mas restando incontroverso que a etapa correspondente não fora executada, a conclusão a que se chega é que os valores adiantados pelo dono da obra ao empreiteiro devem ser devolvidos'. (Acórdão 276718, 20060110565437ACJ, Relator José Guilherme de Souza, 1.ª Turma Recursal dos Juizados Especiais do Distrito Federal, *DJ* 27.07.2007 p. 173). Apelo improvido" (TJDF, Recurso 2011.05.1.000958-9, Acórdão 667.021, 5.ª Turma Cível, Rel. Des. João Egmont, *DJDFTE* 10.04.2013, p. 167).

Também quanto à responsabilidade do empreiteiro, sendo a empreitada unicamente de lavor (mão de obra), se a coisa perecer antes de ser entregue, sem mora do dono nem culpa do empreiteiro, este perderá a retribuição a que tem direito. No entanto, se o empreiteiro provar que a perda resultou de defeito dos materiais, e que em tempo reclamou contra a sua quantidade ou qualidade, não perderá a retribuição (art. 613 do CC).

Uma regra que sempre é debatida quanto à responsabilidade do empreiteiro com relação ao dono da obra é a constante do art. 618 do atual Código Civil, como transcrição em destaque:

"Art. 618. Nos contratos de empreitada de edifícios ou outras construções consideráveis, o empreiteiro de materiais e execução responderá, durante o prazo irredutível de cinco anos, pela solidez e segurança do trabalho, assim em razão dos materiais, como do solo. Parágrafo único. Decairá do direito assegurado neste artigo o dono da obra que não propuser a ação contra o empreiteiro, nos cento e oitenta dias seguintes ao aparecimento do vício ou defeito".

Como se pode perceber, o dispositivo traz dois prazos diferentes, tendo grande relevância prática, notadamente para a responsabilidade civil. No *caput* está previsto um prazo de garantia legal, específico para os casos de empreitada, a ser respeitado pelo empreiteiro. O prazo de cinco anos refere-se à estrutura do prédio, à sua solidez e à segurança do trabalho, tendo natureza decadencial.

Com relação ao parágrafo único, estou filiado à corrente doutrinária e jurisprudencial que aponta que o prazo específico para a resolução ou redibição do negócio celebrado é de 180 dias, contados do aparecimento do problema, desde que o direito esteja fundado na presença do vício mencionado no *caput*, ou seja, em um problema estrutural do prédio. Esse prazo é também decadencial, pois a ação redibitória é essencialmente constitutiva negativa, tendo-se no caso um vício redibitório que diz respeito à estrutura da obra realizada.

Por outra via, para que o dono da obra pleiteie perdas e danos em decorrência de alguma conduta lesiva provocada pelo empreiteiro, deve ser aplicado o art. 206, § 3.º, inc. V, do CC (prazo prescricional de três anos), em caso de sua responsabilidade extracontratual; ou mesmo o art. 27 do CDC (prazo prescricional de cinco anos), havendo relação jurídica de consumo. Compartilha-se, assim, do entendimento de José Fernando Simão, entre outros autores.[4] No mesmo sentido, prevê o Enunciado n. 181 CJF/STJ, aprovado na *III Jornada de Direito Civil*, que "o prazo referido no art. 618, parágrafo único, do CC refere-se unicamente à garantia prevista no *caput*, sem prejuízo de poder o dono da obra, com base no mau cumprimento do contrato de empreitada, demandar perdas e danos".

Assim, na minha opinião doutrinária, deve ser tida como superada a Súmula n. 194 do Superior Tribunal de Justiça, do ano 1997, que consagrava um prazo prescricional de vinte anos para se obter, do construtor, indenização por defeitos da obra. O prazo para tal fim, como se demonstrou, passou a ser decadencial de 180 dias.

Todavia, no que concerne ao prazo para se pleitear indenização por descumprimento contratual que ocasiona prejuízos ou perdas e danos, fundada na responsabilidade civil contratual, estou filiado à mais recente posição do STJ que aplica o prazo geral de dez anos, do art. 205 do Código Civil de 2002. Nos termos de correta ementa do Tribunal da Cidadania:

"Possibilidade de responsabilização do construtor pela fragilidade da obra, com fundamento tanto no art. 1.245 do CCB/1916 (art. 618 CCB/2002), em que a sua responsabilidade é presumida, ou com fundamento no art. 1.056 do CCB/1916 (art. 389 CCB/2002), em que se faz necessária a comprovação do ilícito contratual, consistente na má execução da obra. Enunciado n. 181 da *III Jornada de Direito Civil*. Na primeira hipótese, a prescrição era vintenária na vigência do CCB/1916 (cf. Súmula 194 do STJ), passando o prazo a ser decadencial de 180 dias por força do disposto no parágrafo único do art. 618 do CC/2002. Na segunda hipótese, a prescrição, que era vintenária na vigência do CCB/1916, passou a ser decenal na vigência do CCB/2002. Precedente desta Turma. O termo inicial da prescrição é a data do conhecimento das falhas construtivas, sendo que a ação fundada no art. 1.245 do CCB/1916 (art. 618 CCB/2002) somente é cabível se o vício surgir no prazo de cinco anos da entrega da obra. 6. Inocorrência de prescrição ou decadência no caso concreto" (STJ, REsp 1.290.383/SE, 3.ª Turma, Rel. Min. Paulo de Tarso Sanseverino, j. 11.02.2014, *DJe* 24.02.2014).

Na mesma linha, mais recentemente, merecem colação em destaque outros dois acórdãos superiores, que trazem interessante debate sobre a incidência de prazo decadencial previsto no Código de Defesa do Consumidor, no tratamento relativo aos vícios do produto, afastando a sua subsunção e fazendo incidir o prazo geral de dez anos do art. 205 do Código Civil:

---

[4] SIMÃO, José Fernando. Aspectos controvertidos da prescrição e da decadência na teoria geral dos contratos e contratos em espécie. In: DELGADO, Mário Luiz; ALVES, Jones Figueirêdo (Coord.). *Questões controvertidas no novo Código Civil*. São Paulo: Método, 2005. v. 4, p. 379.

"Recurso especial. Direito civil e processual civil. Incorporação imobiliária. Registro. Ausência. Multa. Artigo 35, § 5.º, da Lei n.º 4.591/1964. Ação do adquirente. Prazo prescricional decenal. Artigo 205 do Código Civil. Aplicabilidade. Artigo 27 do Código de Defesa do Consumidor. Não incidência. Prescrição. Não ocorrência. (...). 3. A jurisprudência desta Corte se firmou no sentido de que o prazo prescricional quinquenal do art. 27 do Código de Defesa do Consumidor não se aplica a qualquer hipótese de inadimplemento contratual em relações de consumo, restringindo-se às ações que buscam a reparação de danos causados por fato do produto ou do serviço, o que não é o caso. Precedentes. 4. Diante da falta de previsão legal específica na Lei de Incorporações Imobiliárias e no Código de Defesa do Consumidor, a ação do adquirente contra a incorporadora que visa a cobrança da multa prevista no art. 35, § 5.º, da Lei n.º 4.591/1964 se submete ao prazo prescricional geral do art. 205 do Código Civil, ou seja, 10 (dez) anos. 5. No caso concreto, tendo sido a ação ajuizada em 2012 e o negócio jurídico celebrado em 2006, não há falar em prescrição. 6. Recurso especial não provido" (STJ, REsp 1.497.254/ES, 3.ª Turma, Rel. Min. Ricardo Villas Bôas Cueva, j. 18.09.2018, *DJe* 24.09.2018).

"Direito Civil e do Consumidor. Recurso especial. Ação de indenização por danos materiais. Promessa de compra e venda de imóvel. Embargos de declaração. Omissão, contradição ou obscuridade. Ausência. Acórdão recorrido. Fundamentação adequada. Defeitos aparentes da obra. Metragem a menor. Prazo decadencial. Inaplicabilidade. Pretensão indenizatória. Sujeição à prescrição. Prazo decenal. Art. 205 do Código Civil. (...). É de 90 (noventa) dias o prazo para o consumidor reclamar por vícios aparentes ou de fácil constatação no imóvel por si adquirido, contado a partir da efetiva entrega do bem (art. 26, II e § 1.º, do CDC). No referido prazo decadencial, pode o consumidor exigir qualquer das alternativas previstas no art. 20 do CDC, a saber: a reexecução dos serviços, a restituição imediata da quantia paga ou o abatimento proporcional do preço. Cuida-se de verdadeiro direito potestativo do consumidor, cuja tutela se dá mediante as denominadas ações constitutivas, positivas ou negativas. Quando, porém, a pretensão do consumidor é de natureza indenizatória (isto é, de ser ressarcido pelo prejuízo decorrente dos vícios do imóvel) não há incidência de prazo decadencial. A ação, tipicamente condenatória, sujeita-se a prazo de prescrição. À falta de prazo específico no CDC que regule a pretensão de indenização por inadimplemento contratual, deve incidir o prazo geral decenal previsto no art. 205 do CC/2002, o qual corresponde ao prazo vintenário de que trata a Súmula 194/STJ, aprovada ainda na vigência do Código Civil de 1916 ('Prescreve em vinte anos a ação para obter, do construtor, indenização por defeitos na obra')" (STJ, REsp 1.534.831/DF, 3.ª Turma, Rel. Min. Ricardo Villas Bôas Cueva, Rel. p/ Acórdão Min. Nancy Andrighi, j. 20.02.2018, *DJe* 02.03.2018).

No tocante ao prazo prescricional oriundo dessas situações, deve-se entender que, em regra, no caso de relação civil, o seu início se dará a partir da ocorrência do evento danoso, ou seja, a partir da violação do direito subjetivo, conforme o Enunciado n. 14 do CJF/STJ, da *I Jornada de Direito Civil*. Todavia, também merece respaldo, na linha do último acórdão, a tese que determina que o prazo prescricional tem início do conhecimento da lesão ao direito subjetivo, ou seja, a teoria *actio nata* em sua feição subjetiva, que vem sendo aplicada pelo STJ nas relações civis, tema aprofundado no último capítulo desta obra.

No caso de relação de consumo, o prazo terá justamente início da ocorrência do fato ou do conhecimento de sua autoria (art. 27 do CDC), uma vez que a Lei n. 8.078/1990 adotou a teoria *actio nata subjetiva*. A título de exemplo, imagine-se o caso de um acidente decorrente da obra, que causou danos físicos ao seu próprio dono, que a estava inspecionando no momento do infortúnio. O prazo somente terá início com a ciência do laudo médico que demonstra quais foram esses danos suportados pela vítima.

Todas as observações expostas demonstram que o art. 618 do CC apresenta problemas técnicos, que não só podem como devem ser reparados no âmbito do legislativo, para deixar a norma mais efetiva. Por isso, a Comissão de Juristas nomeada para a Reforma do Código Civil, em trâmite no Congresso Nacional, propõe alguns ajustes na norma.

De acordo com novo projetado *caput* do comando, "nos contratos de empreitada de edifícios ou outras construções consideráveis, o empreiteiro de materiais e execução estará sujeito ao regime dos vícios ocultos, durante o prazo irredutível de cinco anos, respondendo pela solidez e segurança do trabalho, assim em razão dos materiais, como do solo". A menção aos "vícios ocultos" se deve às alterações feitas nos arts. 441 a 445 da própria codificação, que não usarão mais a nomenclatura "vícios redibitórios", pois a redibição é apenas um dos efeitos da sua presença.

Seguindo, o novo § 1.º preverá que "decairá do direito à garantia assegurada no *caput* dono de obra que não notificar o empreiteiro, judicial ou extrajudicialmente, no prazo decadencial de cento e oitenta dias, contados do aparecimento do vício". E mais, na linha dos meus comentários, o § 2.º enunciará que "a decadência do direito à garantia legal prevista neste artigo não extingue a pretensão de reparação de danos em face do empreiteiro, sujeita ao prazo geral previsto neste Código". De fato, as propostas são necessárias para superar todas as lacunas e dúvidas práticas hoje existentes quanto ao art. 618 do CC.

Não se pode se esquecer de que as regras analisadas até o momento são aplicadas na chamada *relação interna*, existente entre o empreiteiro e o dono da obra. No entanto, existem outras regras de responsabilidade civil previstas no Código Civil concernentes a danos causados a terceiros, que serão estudadas mais à frente, em tópico próprio.

Concluída a obra de acordo com o ajuste, ou o costume do lugar, o dono é obrigado a recebê-la. Essa é a regra constante do art. 615 do Código Civil de 2002 que prevê que o dono da obra poderá rejeitá-la, se o empreiteiro se afastou das instruções recebidas e dos planos dados, ou das regras técnicas em trabalhos de tal natureza. Nesses casos aplicam-se as regras consagradas para o inadimplemento da obrigação e da responsabilidade civil contratual, previstas entre os arts. 389 e 391 da atual codificação.

Eventualmente, poderá o dono da obra requerer abatimento proporcional no preço, caso o serviço não tenha sido prestado a contento pelo empreiteiro (art. 616 do CC). A norma tem relação direta com a vedação do enriquecimento sem causa (art. 884 do CC). Aplicando-a, pode ser transcrito o seguinte julgado, do Tribunal de Justiça do Paraná:

"Apelação cível. Cobrança de contrato de empreitada. As provas juntadas aos autos foram devidamente analisadas e valoradas pelo juiz sentenciante. Obra com defeitos na estrutura e no acabamento, responsabilidade do apelante pela má execução da obra. Abatimento no preço. Incidência do artigo 616, do Código Civil. Recurso desprovido. Sentença mantida" (TJPR, Apelação Cível 0483253-5, 7.ª Câmara Cível, Curitiba, Rel. Juiz Convocado Francisco Luiz Macedo Junior, *DJPR* 25.07.2008, p. 60).

Relativamente ao pagamento da remuneração, mais bem denominado como *preço*, expressa o art. 614 que "se a obra constar de partes distintas, ou for de natureza das que se determinam por medida, o empreiteiro terá direito a que também se verifique por medida, ou segundo as partes em que se dividir, podendo exigir o pagamento na proporção da obra executada". Essa é a empreitada por medida (*ad mensuram*) ou *marché sur devis*, em que a execução do serviço é pactuada pelo empreiteiro e pelo dono da obra em partes, de forma fracionada.

Sobre a categoria em questão, concluiu o Tribunal de Justiça de São Paulo:

"Sendo a empreitada contratada por unidade de medida (*ad mensuram*), o empreiteiro apenas pode exigir o pagamento na proporção da obra efetivamente executada. Aplicação do art. 614 do Código Civil. Inexigibilidade do saldo correspondente ao preço global da obra, estipulado como mera estimativa. Pagamentos parciais efetuados corretamente pelas rés, cujos valores, consoante apurado por perícia, foram calculados e lançados a partir das medições efetuadas mês a mês, nos termos do que foi estipulado pelas partes" (TJSP, Apelação 0008060-74.2008.8.26.0650, Acórdão 10668970, 23.ª Câmara Extraordinária de Direito Privado, Valinhos, Rel. Des. Edgard Rosa, j. 07.08.2017, *DJESP* 17.08.2017, p. 2.760).

Os dois parágrafos do art. 614 complementam o tratamento da matéria. O § 1.º prescreve que tudo o que se pagou presume-se verificado. De acordo com o seu § 2.º, o que se mediu presume-se verificado se, em trinta dias, a contar da medição, não forem denunciados os vícios ou defeitos pelo dono da obra ou por quem estiver incumbido da sua fiscalização. As presunções são relativas (*iuris tantum*), admitindo prova ou mesmo previsão em contrário no próprio instrumento negocial.

O preço da empreitada também pode ser estipulado para a obra inteira, ou seja, por *preço global*, não se levando em conta o fracionamento da atividade desenvolvida pelo empreiteiro ou o resultado da mesma. Em casos tais, está presente a empreitada *marché à forfait*. Ensina Caio Mário da Silva Pereira que "não é incompatível com o parcelamento dessas prestações, nem deixa de ser global ou forfaitário o preço pelo fato de ficar ajustado que determinado em função da obra como um conjunto".[5]

---

[5] PEREIRA, Caio Mário da Silva. *Instituições de Direito Civil*. Contratos, cit., p. 280.

O art. 619 do Código Civil em vigor trata da *empreitada com preço fixo absoluto* e da *empreitada com preço fixo relativo*. Prevê esse comando legal que, salvo estipulação em contrário, o empreiteiro que se incumbir de executar uma obra, segundo plano aceito por quem a encomendou, não terá direito a exigir acréscimo no preço (*empreitada com preço fixo absoluto*). Isso, mesmo que sejam introduzidas modificações no projeto, a não ser que estas resultem de instruções escritas do dono da obra (*empreitada com preço fixo relativo*). Aplicando a ideia de preço fixo absoluto em uma relação de consumo, cumpre transcrever interessante decisão do Tribunal de Minas Gerais:

> "Apelação cível. Ação de indenização. Danos materiais. Contrato de empreitada. Inexecução contratual. Dever de reparar os danos. Alteração do preço. Inadmissibilidade. Rescisão do contrato. Prova da inadimplência. Ônus da prova. Obriga-se a empreiteira contratada por preço certo e que assumiu o custeio da mão de obra e do material de construção, a entregar a obra nos termos ajustados. Cabe à construtora realizar previsão de custo utilizando os seus conhecimentos específicos da área, bem como da prática no mercado, para dar segurança ao consumidor acerca das despesas demandadas, sendo vedada a alteração ulterior do preço sob o fundamento de necessidade de acréscimo à obra ou aumento do custo do material ou da mão de obra, pois essas oscilações devem ser ponderadas pela empreiteira no momento da formação do ajuste. Entendimento que decorre do art. 619 do Código Civil em vigor. Incumbe à empreiteira o ônus de comprovar o inadimplemento do contratante, como motivo justificador de sua negativa em concluir a obra. Demonstrado o ilícito contratual, o dano e o nexo de causalidade, cabe o dever de indenizar, podendo ser diferido para cálculo em liquidação por artigos o valor da prestação devida para compensar o autor pelo pagamento total da obra que foi realizada apenas em parte" (TJMG, Acórdão 1.0024.05.694640-3/001, 14.ª Câmara Cível, Belo Horizonte, Rel. Des. Heloisa Combat, j. 18.08.2006, *DJMG* 11.10.2006).

Eventualmente, ainda que não tenha havido autorização escrita, o dono da obra é obrigado a pagar ao empreiteiro todos os aumentos e acréscimos da obra, segundo o que for arbitrado, se, sempre presente à obra, por continuadas visitas, não podia ignorar o que se estava passando, e nunca protestou (parágrafo único do art. 619 do CC). O objetivo da norma é de evitar a onerosidade excessiva, por meio da revisão contratual, aplicação da *teoria da quebra da base objetiva do negócio jurídico*, de Karl Larenz.

Entendo que o último dispositivo não trata da cláusula *rebus sic stantibus* ou da teoria da imprevisão, a justificar a revisão do contrato. Isso porque o comando legal não faz menção a eventos imprevisíveis ou extraordinários a motivar a dita revisão. Em suma, o art. 619, parágrafo único, do CC/2002 está mais próximo do art. 6.º, V, do CDC do que dos arts. 317 e 478 do próprio Código Civil. Todavia, em havendo relação civil, penso que é possível sustentar a necessidade de presença dos eventos imprevisíveis para essa revisão contratual.

Caso ocorra uma diminuição no preço do material ou da mão de obra superior a um décimo do preço global convencionado, poderá este ser revisto, a pedido do dono da obra, para que se lhe assegure a diferença apurada (art.

620 do CC). Trata-se de importante inovação, que não constava da codificação anterior, mais uma vez visando a equilibrar o negócio jurídico celebrado, mantendo a sua base estrutural, o *sinalagma obrigacional*.

No projeto de Reforma do Código Civil existe proposta de inclusão de um parágrafo único no último diploma, a fim de que a sua previsão possa ser afastada, nos casos de contratos paritários – com ampla negociação de conteúdo –, e simétricos – com partes em posição de igualdade, sem vulnerabilidades ou hipossuficiências. Nos termos da projeção, "em contrato simétrico e paritário que tratar de empreitada de edifícios, de construções consideráveis ou de obras complexas de engenharia, poderão as partes afastar o disposto no *caput*, contanto que o façam expressamente e por escrito". Segue-se a premissa de ampliação da liberdade e da amplitude da autonomia privada para os grandes contratos.

Diante da boa-fé objetiva, sem a anuência de seu autor, não pode o proprietário da obra introduzir modificações no projeto por ele aprovado, ainda que a execução seja confiada a terceiros. Exceção é feita diante da função social do contrato, quando, por motivos supervenientes ou razões de ordem técnica, ficar comprovada a inconveniência ou a excessiva onerosidade de execução do projeto em sua forma originária (art. 621 do CC).

Mais uma vez, como o dispositivo menciona *motivos supervenientes* e não *motivos imprevisíveis*, acredita-se que ele também está mais próximo do art. 6.º, V, do CDC, que consagra a revisão contratual por fato superveniente diante de simples onerosidade excessiva, do que dos arts. 317 e 478 do CC/2002, que trazem como conteúdo a revisão contratual por fato superveniente diante de uma imprevisibilidade somada a uma onerosidade excessiva, com origem na teoria da imprevisão.

Aplicando o art. 621 do Código Civil, concluiu o Tribunal de Justiça do Distrito Federal, pela ausência de prova dessa inconveniência ou onerosidade excessiva, que "deixando a parte ré de demonstrar que a alteração do projeto na adega do estabelecimento comercial da parte autora teria sido previamente autorizada pelo proprietário, mostra-se correta a sua condenação ao pagamento de indenização pelos danos materiais decorrentes da perda de funcionalidade do espaço" (TJDF, Apelação Cível 2011.01.1.093614-0, Acórdão 100.3484, 1.ª Turma Cível, Rel. Des. Nídia Corrêa Lima, j. 15.03.2017, *DJDFTE* 28.03.2017).

Em complemento, o parágrafo único do art. 621 estabelece que a proibição de modificações no projeto aprovado não abrange as alterações de pouca monta, ressalvada sempre a unidade estética da obra projetada. Para a conclusão do que seja *alteração de pouca monta* deve-se analisar caso a caso, de modo quantitativo e qualitativo, tendo como parâmetro a própria obra em si.

Como é notório, a execução da obra poderá ser transferida a terceiro. Isso ocorre, por exemplo, na empreitada de mão de obra ou de lavor, sendo denominada *subempreitada*, que pode ocorrer de forma total ou parcial. Entretanto, sendo a execução da obra confiada a terceiros, a responsabilidade do autor do projeto respectivo, desde que não assuma a direção ou fiscalização da obra, ficará limitada ao prazo de garantia de cinco anos pela solidez da obra. Essa é a previsão constante do art. 622 do Código Civil em vigor, que quebra com a regra geral do prazo de garantia de dez anos, constante do antes citado art. 618, da própria codificação.

A título de exemplo de sua aplicação, conforme concluiu com razão o Tribunal de Justiça de Santa Catarina, "a subempreitada (CC, art. 622) não obriga o dono da obra perante o terceiro (subcontratado), mas tão somente o próprio empreiteiro. A ciência daquele, portanto, acerca da subcontratação mostra-se irrelevante" (TJSC, Apelação Cível 0051039-75.2010.8.24.0023, 5.ª Câmara de Direito Civil, Florianópolis, Rel. Des. Henry Petry Junior, *DJSC* 21.07.2017, p. 116).

Ainda sobre o art. 622 do CC, há proposta de uma pequena correção no projeto de Reforma do Código Civil, para que ele deixe de mencionar a presença de defeitos e passe a mencionar os vícios. Nesse contexto, a norma passar a prever o seguinte: "se a execução da obra for confiada a terceiros, a responsabilidade do autor do projeto respectivo, desde que não assuma a direção ou fiscalização daquela, ficará limitada aos danos resultantes de vícios previstos no art. 618 e seus parágrafos".

Mesmo depois de iniciada a construção, poderá o dono da obra suspendê-la, desde que pague ao empreiteiro as despesas e lucros relativos aos serviços já feitos, mais o pagamento de uma indenização razoável, calculada em função do que ele teria ganho, se concluída a obra (art. 623 do CC). Esse dispositivo legal trata da *execução frustrada da obra por decisão do seu dono*, cumprindo-lhe indenizar o empreiteiro das despesas que teve, dos lucros relativos ao serviço já executado e dos lucros cessantes em face da não conclusão da obra. Ademais, trata-se de hipótese de extinção do contrato.

Prevê o art. 624 do atual Código Civil que, suspensa a execução da empreitada sem justa causa, responde o empreiteiro por perdas e danos. A respeito da expressão *justa causa*, podem ser aplicadas as regras previstas na CLT, por analogia, se o empreiteiro não for pessoa jurídica. Isso porque, como se sabe, em casos envolvendo empreitadas desenvolvidas por pessoas naturais, a competência para apreciar a empreitada pode ser da Justiça do Trabalho (nesse sentido, entre tantos julgados: TST, Agravo de Instrumento em Recurso de Revista 17.766/2002-014-09-40.1, 7.ª Turma, Rel. Min. Guilherme Augusto Caputo Bastos, *DJU* 20.06.2008, p. 291; TJRS, Recurso Cível 71002010700, 3.ª Turma Recursal Cível, Veranópolis, Rel. Des. Eduardo Kraemer, j. 30.06.2009, *DOERS* 08.07.2009, p. 134; TRT 3.ª Região, Recurso Ordinário 106/2009-080-03-00.1, 2.ª Turma, Rel. Des. Sebastião Geraldo de Oliveira, *DJEMG* 24.06.2009; TRT 14.ª Região, Recurso Ordinário 00877.2008.111.14.00-1, 1.ª Turma, Rel. Des. Elana Cardoso, *DJERO* 24.04.2009, p. 9).

Como último dispositivo a ser comentado, a suspensão da obra pelo empreiteiro está autorizada no art. 625 do Código Civil em três hipóteses. Nos três casos, há que afastar a sua responsabilidade civil perante o dono da obra.

Primeiro, se houver culpa do dono da obra ou motivo de força maior (evento previsível, mas inevitável), a tornar impossível a sua sequência (inciso I). Aplicando o preceito, concluiu o Tribunal de Justiça de Santa Catarina que se enquadra nessa previsão a conduta inadequada do dono da obra que impede a continuação dos trabalhos pelo empreiteiro (TJSC, Apelação Cível 0300178-

42.2015.8.24.0021, 5.ª Câmara de Direito Civil, Cunha Porã, Rel. Des. Cláudia Lambert de Faria, *DJSC* 01.12.2017, p. 174).

Além dessa ilustração, parece-me que consequências decorrentes da pandemia de Covid-19 também podem se enquadrar nessa previsão relativa à força maior, como o *lockdown* decretado em algumas cidades, interrompendo-se as obras por determinação estatal, e mesmo a falta de materiais de construção, que foi verificada logo após em vários locais do País, com a abertura gradual dos municípios.

Segundo, cabe a suspensão da obra quando, no decorrer dos serviços, se manifestarem *dificuldades imprevisíveis* de execução, resultantes de causas geológicas ou hídricas, ou outras semelhantes, de modo que torne a empreitada excessivamente onerosa, e o dono da obra se opuser ao reajuste do preço inerente ao projeto por ele elaborado (art. 625, II, do CC). Aqui, sim, tem-se a aplicação da *teoria da imprevisão*, pela menção a *dificuldades imprevisíveis*.

Terceiro, a obra pode ser suspensa se as modificações exigidas pelo dono da obra, por seu vulto e natureza, forem desproporcionais ao projeto aprovado, ainda que o dono se disponha a arcar com o acréscimo de preço (art. 625, III, do CC), nos casos previstos nesse último inciso.

Por derradeiro, cabe esclarecer que, se o empreiteiro suspender ou abandonar a obra, não estando presente qualquer uma das hipóteses previstas no art. 625 do Código Civil, caberá a resolução do contrato, com pagamento da devida indenização por todos os prejuízos ou perda e danos suportados pelo dono ou tomador.

2. INCORPORAÇÃO IMOBILIÁRIA E RESPONSABILIDADE CIVIL

A incorporação imobiliária é tratada como um negócio jurídico complexo a partir do art. 28 da Lei n. 4.591/1964. Apesar da comum afirmação de que é um contrato, entendo que a incorporação, por envolver também negócios jurídicos de natureza real, não se enquadra nessa categoria. Por isso melhor compreendê-la como um negócio jurídico complexo, existente a partir da coligação de várias relações jurídicas.

A sua definição legal consta do art. 28, parágrafo único, dessa norma, segundo o qual considera-se incorporação imobiliária a atividade exercida com o intuito de promover e realizar a construção, para alienação total ou parcial, de edificações ou conjunto de edificações compostas de unidades autônomas. Como se pode perceber, o núcleo da incorporação é formado pela instituição de um condomínio, o que afasta o enquadramento como um simples contrato.

A mesma lei considera como incorporador, no seu art. 29, a pessoa natural ou jurídica, comerciante ou não, que, embora não efetuando a construção, compromete-se ou efetiva a venda de frações ideais de terreno, objetivando a vinculação de tais frações a unidades autônomas, em edificações a serem construídas ou em construção, sob o regime condominial. Nota-se, portanto, que o incorporador pode ser o próprio construtor, mas não necessariamente.

Também é considerado incorporador, e pelo mesmo dispositivo, aquele que aceita propostas para a efetivação de tais transações, coordenando e levando a termo a incorporação e responsabilizando-se pela entrega das obras concluídas, conforme restou pactuado. Essa última obrigação prevista em lei tem enorme impactos práticos para o âmbito da responsabilidade civil contratual, como se verá a seguir.

Seguindo a análise das regras fundamentais a respeito da incorporação imobiliária, estabelece o art. 31 da Lei n. 4.591/1964 que a iniciativa e a responsabilidade das incorporações imobiliárias caberão ao incorporador, que somente poderá ser: *a)* o proprietário do terreno, o promitente comprador, o cessionário deste ou promitente cessionário do imóvel; *b)* o construtor; e *c)* o ente da Federação imitido na posse a partir de decisão proferida em processo judicial de desapropriação em curso ou o cessionário deste, conforme comprovado mediante registro no registro de imóveis competente.

Além do incorporador, no outro polo da relação jurídica tem-se o adquirente da unidade que, na grande maioria das vezes, enquadra-se como consumidor, ou seja, como destinatário final, fático e econômico, do imóvel que está sendo adquirido. Por isso, pelo menos em regra, aplica-se a responsabilidade objetiva prevista na Lei n. 8.078/1990. Diz-se *em regra* pois algumas ressalvas devem ser feitas, pelos debates existentes nos âmbitos da doutrina e da jurisprudência nacionais.

Como primeira dessas ressalvas, interessante pontuar que duas são as modalidades básicas de incorporação imobiliária, aquelas realizadas *em regime de empreitada* e as *em regime de construção por administração* (art. 48 da Lei n. 4.591/1964).

O art. 55 da Lei n. 4.591/1964 trata das incorporações em *regime de empreitada*, em que os adquirentes contratam a execução da obra por parte do empreiteiro. Como explica Rodrigo Toscano de Brito, "trata-se do ajuste pelo qual o construtor-empreiteiro, pessoa física ou jurídica habilitada a construir, obriga-se a executar determinada obra, com autonomia na condução dos trabalhos, assumindo todos os encargos econômicos do empreendimento, e o proprietário ou comitente-empreitador se compromete a pagar um preço fixo, ainda que reajustável, unitário ou global, e a receber a obra concluída, nas condições convencionadas".[6]

Nos termos do mesmo comando, essa modalidade, assim como ocorre com a empreitada, poderá ser a *preço fixo* ou a *preço reajustável*. Na modalidade a preço fixo, o valor ajustado da construção será irreajustável, independentemente das variações que sofrer o custo efetivo das obras e quaisquer que sejam suas causas (art. 55, § 1.º, da Lei n. 4.591/1964). Já na categoria de preço reajustável, o valor fixado no contrato será reajustado na forma e nas épocas nele expressamente previstas, em função da variação dos índices adotados, também previstos obrigatoriamente no contrato (art. 55, § 2.º, da Lei n. 4.591/1964).

---

[6] BRITO, Rodrigo Azevedo Toscano de. *Incorporação imobiliária à luz do Código de Defesa do Consumidor.* São Paulo: Saraiva, 2002. p. 216.

Por fim, a respeito do instituto, cabe destacar que se nomeia, nessa modalidade por empreitada, uma *comissão de representantes* dos adquirentes, que fiscalizará o andamento da obra, a obediência ao projeto e às especificações exercendo as demais obrigações inerentes à sua função representativa dos contratantes e fiscalizadora da construção (art. 55, § 3.º, da Lei n. 4.591/1964).

Pois bem, em havendo incorporação imobiliária no regime de empreitada, é pacífica a jurisprudência quanto à aplicação do CDC se o adquirente for destinatário final fático e econômico do imóvel, ou seja, se não obter lucro dessa transação. Nesse sentido, por todos, concluindo pela aplicação do CDC:

"Recurso especial. Incorporação imobiliária. Construção de edifício. Vícios e defeitos surgidos após a entrega das unidades autônomas aos adquirentes. Responsabilidade solidária do incorporador e do construtor. Recurso parcialmente conhecido e, nessa parte, desprovido. 1. O incorporador, como impulsionador do empreendimento imobiliário em condomínio, atrai para si a responsabilidade pelos danos que possam resultar da inexecução ou da má execução do contrato de incorporação, incluindo-se aí os danos advindos de construção defeituosa. 2. A Lei n. 4.591/1964 estabelece, em seu art. 31, que a 'iniciativa e a responsabilidade das incorporações imobiliárias caberão ao incorporador'. Acerca do envolvimento da responsabilidade do incorporador pela construção, dispõe que 'nenhuma incorporação poderá ser proposta à venda sem a indicação expressa do incorporador, devendo também seu nome permanecer indicado ostensivamente no local da construção', acrescentando, ainda, que 'toda e qualquer incorporação, independentemente da forma por que seja constituída, terá um ou mais incorporadores solidariamente responsáveis' (art. 31, §§ 2.º e 3.º). 3. Portanto, é o incorporador o principal garantidor do empreendimento no seu todo, solidariamente responsável com outros envolvidos nas diversas etapas da incorporação. Essa solidariedade decorre tanto da natureza da relação jurídica estabelecida entre o incorporador e o adquirente de unidades autônomas quanto de previsão legal, já que a solidariedade não pode ser presumida (CC/2002, *caput* do art. 942; CDC, art. 25, § 1.º; Lei 4.591/1964, arts. 31 e 43). 4. Mesmo quando o incorporador não é o executor direto da construção do empreendimento imobiliário, mas contrata construtor, fica, juntamente com este, responsável pela solidez e segurança da edificação (CC/2002, art. 618). Trata-se de obrigação de garantia assumida solidariamente com o construtor. 5. Recurso especial parcialmente conhecido e, nessa parte, desprovido" (STJ, REsp 884.367/DF, 4.ª Turma, Rel. Min. Raul Araújo, j. 06.03.2012, DJe 15.03.2012).

"Promessa de compra e venda. Empresa imobiliária. Incidência do Código de Defesa do Consumidor. Rege-se pela Lei 4.591/1964, no que tem de específico para a incorporação e construção de imóveis, e pelo CDC o contrato de promessa de compra e venda celebrado entre a companhia imobiliária e o promissário comprador. Recurso conhecido e provido" (STJ, REsp 299.445/PR, 4.ª Turma, Rel. Min. Ruy Rosado de Aguiar, j. 17.05.2001, DJ 20.08.2001, p. 477).

A aplicação do Código de Defesa do Consumidor em casos tais justifica a incidência das regras quanto à oferta ou publicidade previstas entre os arts.

30 e 38 da Lei n. 8.078/1990 para a atividade descrita no art. 56 da Lei de Incorporações. Conforme o último comando específico, em toda a publicidade escrita, destinada a promover a venda de incorporação com construção pelo regime de empreitada reajustável, em que conste preço, serão discriminados explicitamente o preço da fração ideal do terreno e o preço da construção, com indicação expressa da reajustabilidade.

Analisado o primeiro instituto, a segunda modalidade de incorporação é aquela sob o *regime de construção por administração* também denominada como *incorporação a preço de custo*. Conforme o art. 58 da Lei de Incorporações, nesse regime será de responsabilidade dos proprietários ou adquirentes o pagamento do custo integral da obra, que forma um condomínio com tal finalidade.

A mesma norma estabelece que todas as faturas, duplicatas, recibos e quaisquer documentos referentes às transações ou aquisições para construção, serão emitidos em nome do condomínio dos contratantes da construção. Além disso, todas as contribuições dos condôminos para qualquer fim relacionado com a construção serão depositadas em contas abertas em nome do condomínio dos contratantes, em estabelecimentos bancários, as quais serão movimentadas pela forma que for fixada no instrumento.

Nesse caso é formada uma comissão *de representantes*, responsável pelas revisões da estimativa de custos da obra, feitas ao menos semestralmente, em conjunto com o construtor (art. 60 da Lei n. 4.591/1964). Essa comissão também tem poderes para, em nome de todos os contratantes e na forma prevista no instrumento constitutivo: *a)* examinar os balancetes organizados pelos construtores, dos recebimentos e despesas do condomínio dos contratantes, aprová-los ou impugná-los, examinando a documentação respectiva; *b)* fiscalizar concorrências relativas às compras dos materiais necessários à obra ou aos serviços a ela pertinentes; *c)* contratar, em nome do condomínio, com qualquer condômino, modificações por ele solicitadas em sua respectiva unidade, a serem administradas pelo construtor, desde que não prejudiquem unidade de outro condômino e não estejam em desacordo com o parecer técnico do construtor; *d)* fiscalizar a arrecadação das contribuições destinadas à construção; e *e)* exercer as demais obrigações inerentes a sua função representativa dos contratantes e fiscalizadora da construção e praticar todos os atos necessários ao funcionamento regular do condomínio (art. 61 da Lei n. 4.591/1964).

A posição que prevalece na jurisprudência superior brasileira é que, em casos tais, não há uma relação de consumo entre as partes, uma vez que o *regime de construção por administração* se dá mediante uma mútua colaboração dos adquirentes, que atuam em regime de condomínio, contratando o construtor apenas para realizar a obra, recebendo esse último ordens e instruções do condomínio constituído pelos adquirentes. Nesse sentido, cumpre destacar:

"Agravo interno no recurso especial. Ação declaratória cumulada com rescisão contratual. Contrato de construção sob o regime de administração. Inadimplência de condômino. Leilão extrajudicial. Inaplicabilidade do Código de Defesa do Consumidor. Lei 4.591/1964. Precedentes. Súmula 83/STJ. Ilegitimidade passiva da construtora. Súmula 7/STJ. Agravo interno não provido.

1. No contrato de construção sob o regime de administração ou preço de custo, não há relação de consumo a ser tutelada pelo Código de Defesa do Consumidor, devendo a relação jurídica ser regida pela Lei de Condomínio e Incorporações Imobiliárias – Lei 4.591/1964. Precedentes. Súmula 83/STJ. 2. As instâncias ordinárias concluíram pela ilegitimidade passiva da construtora-ré, consignando que os pagamentos foram feitos diretamente ao condomínio, que ficou responsável pela administração da obra e procedeu à notificação da autora para purgar a mora e dar ciência da alienação extrajudicial da fração ideal. Rever tais conclusões demandaria a análise do conjunto fático-probatório, sendo que tal providência é vedada em recurso especial, nos termos da Súmula 7 do Superior Tribunal de Justiça. 3. Agravo interno a que se nega provimento" (STJ, Ag. Int. no REsp 1.042.687/PR, 4.ª Turma, Rel. Min. Raul Araújo, j. 27.09.2016, *DJe* 10.10.2016).

"Recurso especial. Civil. Incorporação imobiliária. Construção a preço de custo. Condôminos inadimplentes. Leilão das frações ideais. Restituição dos valores pagos. Recurso parcialmente provido. 1. Tratando-se de construção sob o regime de administração ou preço de custo, o construtor não pode ser considerado parte legítima para figurar no polo passivo de ação cujo escopo seja a restituição de parcelas pagas diretamente ao condomínio e por ele administradas para investimento na construção. 2. No caso em exame, os proprietários do terreno e os adquirentes das frações ideais formaram condomínio, ajustando a construção de edifício, sob o regime de preço de custo. Destarte, a relação jurídica estabeleceu-se entre os condôminos e o condomínio. Os primeiros ficavam responsáveis pelos custos da obra e o segundo por sua administração, fiscalização e pelos investimentos dos valores percebidos no empreendimento imobiliário. 3. Não há relação de consumo a ser tutelada pelo Código de Defesa do Consumidor. Na realidade, a relação jurídica, na espécie, é regida pela Lei de Condomínio e Incorporações Imobiliárias (Lei 4.591/1964). 4. O art. 63 dessa lei prevê a possibilidade de o condomínio alienar em leilão a unidade do adquirente em atraso, visando à recomposição de seu caixa e permitindo que a obra não sofra solução de continuidade. Todavia, a autorização de alienação do imóvel não pode ensejar o enriquecimento sem causa do condomínio, de maneira que o § 4.º estabelece que do valor arrematado deverão ser deduzidos: (I) o valor do débito; (II) as eventuais despesas; (III) 5% a título de comissão; e (IV) 10% de multa compensatória. E, havendo quantia remanescente, deverá ser devolvida ao condômino inadimplente" (STJ, REsp 860.064/PR, 4.ª Turma, Rel. Min. Raul Araújo, j. 27.03.2012, *DJe* 02.08.2012).

Como se pode perceber, além da não aplicação do Código de Defesa do Consumidor, a jurisprudência superior afasta a legitimidade passiva do construtor, para figurar no polo passivo de ação que visa à restituição de parcelas pagas diretamente ao condomínio.

A questão, porém, não é pacífica, podendo ser encontrados arestos estaduais que entendem pela aplicação do Código de Defesa do Consumidor em casos tais. Assim concluindo, destaco, do Tribunal de Justiça de São Paulo:

"Ação declaratória c.c. devolução de quantias pagas e indenização por danos morais e materiais. Agravos retidos não conhecidos, por descumprimento do disposto no art. 523, CPC. Sistema legal de incorporação e regime de construção por administração. Aplicação do CDC, nos pontos em que a legislação específica não vier a estabelecer tutela mais benéfica ao autor-comprador, que é consumidor por ser o destinatário final da unidade residencial, enquanto os três réus, todos envolvidos na atividade gerencial e operacional da construção, figuram como fornecedores. A injustificada demora na consecução da obra contratada constitui justa causa para a rescisão do contrato, por culpa dos requeridos, todos envolvidos no processo de edificação. Não estando configurado o abuso de direito na elaboração do contrato, inviável sustentar-se a nulidade das suas cláusulas. (...). Responsabilidade solidária entre os réus reconhecida, nos termos do art. 275, parágrafo único, do CC. Inviabilidade de indenização por danos materiais e/ou morais (...)" (TJSP, Apelação 990.10.397667-3, Acórdão 4796786, 3.ª Câmara de Direito Privado, Sorocaba, Rel. Des. Beretta da Silveira, j. 16.11.2010, *DJESP* 26.11.2010).

A divergência também é encontrada na doutrina. Rodrigo Toscano de Brito é jurista que encabeça a posição antes esposada, e adotada pelo STJ, no sentido de não haver relação de consumo na incorporação sob regime de construção por administração.[7] Em sentido contrário, Sergio Cavalieri Filho não faz distinção entre os dois regimes de incorporação, lecionando da seguinte forma:

"Respeitando as opiniões em contrário, não há como negar que o incorporador/construtor é um fornecedor de produtos ou serviços à luz dos conceitos claros e objetivos constantes do art. 3.º do CDC. Quando ele vende e constrói unidades, assume uma obrigação de dar coisa certa, e isso é da essência do conceito de produto; quando contrata a construção dessa unidade, quer por empreitada, quer por administração, assume uma obrigação de fazer, o que se ajusta ao conceito de serviço. E sendo essa obrigação assumida com alguém que se posiciona no último elo do ciclo produtivo, alguém que adquire essa unidade imobiliária como destinatário final, para fazer dela a sua moradia ou de sua família, está formada a relação de consumo que torna impositiva a aplicação do Código do Consumidor porque as suas normas são de ordem pública. Havendo circulação de produtos ou serviços entre fornecedor e consumidor, teremos relação de consumo regulada pelo Código do Consumidor".

Nesse embate doutrinário e jurisprudencial, ficamos com a segunda posição, pelos argumentos expostos por Cavalieri Filho. Ademais, estou filiado à afirmação de possibilidade de se aplicar o Código de Defesa do Consumidor naquilo que a Lei n. 4.591/1964 for omissa, em *diálogo das fontes,* para as duas modalidades de incorporação. Vale lembrar, por oportuno, a ideia de *consumidor por equiparação*, prevista nos arts. 17 e 29 do CDC, perfeitamente aplicada ao adquirente em casos tais, pois estão expostos a práticas comerciais desempenhadas pelos construtores como profissionais.

Nesse contexto, entendo que a responsabilidade civil do incorporador ou construtor será sempre objetiva, seja qual for o regime da incorporação, apli-

---

[7] BRITO, Rodrigo Azevedo Toscano de. *Incorporação imobiliária à luz do Código de Defesa do Consumidor*, cit., p. 220 e seguintes.

cando-se o capítulo próprio da Lei n. 8.078/1990 a respeito do tema (arts. 12 a 25). Além disso, como a responsabilidade civil é solidária, há que reconhecer a legitimidade passiva do construtor por problemas relativos à construção ou mesmo no caso de ação que visa à restituição de parcelas que foram pagas ao condomínio e por ele administradas para investimento na construção. A última conclusão é retirada da ideia de *risco-proveito*, desenvolvida no Capítulo 8 desta obra e adotada pelo CDC.

Como outra consequência, o capítulo próprio da Lei n. 8.078/1990 que trata da oferta e da publicidade deve completar também o sentido do art. 62 da Lei n. 4.591/1964. Conforme esse dispositivo, em toda publicidade escrita destinada a promover a venda de incorporação com construção pelo regime de administração em que conste preço, serão discriminados explicitamente o preço da fração ideal de terreno e o montante do orçamento atualizado do custo da construção, com a indicação do mês a que se refere o dito orçamento e do tipo padronizado a que ele se vincule.

Prevê o mesmo comando que as mesmas indicações deverão constar em todos os papéis utilizados para a realização da incorporação, tais como cartas, propostas, escrituras, contratos e documentos semelhantes. A norma, contudo, dispensa essa exigência nos anúncios classificados dos jornais, o que entra em conflito com o art. 31 do CDC, não podendo prevalecer.

Feita a primeira ressalva, de que o CDC não teria aplicação, segundo a posição que prevalece no STJ para os casos de *incorporação sob o regime de construção por administração*, o segundo caso de suposto afastamento da Lei n. 8.078/1990 se daria nas hipóteses em que o adquirente não é destinatário final do imóvel que está sendo comprado. Podem ser citados os casos em que o adquirente é uma pessoa natural ou jurídica que está comprando o imóvel para realizar investimentos, como profissional do mercado, vendendo ou locando os bens para terceiros.

O tema é amplamente debatido no âmbito de algumas Cortes Estaduais, caso do Tribunal de Justiça do Rio de Janeiro. Adotando a posição de que sempre haverá relação de consumo quando o bem é adquirido por pessoa natural, sendo indiferente o destino posterior do bem, transcreve-se:

> "Relação de consumo. Hipótese em que os autores, pessoas físicas, adquiriram a sala comercial para implemento de renda. Note-se que o Órgão Especial deste E. Tribunal de Justiça, em julgamento de caso análogo ao dos autos, assentou que o intuito de investimento não é suficiente para afastar o recurso da Câmara Especializada, já que 'não afeta a natureza consumerista da relação o fato de o imóvel se tratar de sala comercial'. Ademais, no caso a parte autora é técnica e economicamente vulnerável frente às rés, já que formada por pessoas físicas que atuam profissionalmente em ramo distinto da construção civil, sendo de todo presumível a dificuldade de contratar em condições de igualdade, figurando no contrato como mero aderente; o que atrai a aplicação do CDC" (TJRJ, Apelação Cível 0462249-89.2015.8.19.0001, 21.ª Câmara Cível, Rio de Janeiro, Rel. Des. Mônica Feldman de Mattos, *DORJ* 18.12.2017, p. 355).

Entretanto, em sentido contrário, afastando a aplicação do CDC em casos tais:

"Incorporação imobiliária. Autores adquiriram da ré três imóveis na planta. Transação imobiliária envolvendo terreno dos autores onde seria construído o empreendimento. Finalizada a construção, os autores contrataram a ré para venda das unidades imobiliárias. Unidades vendidas sem que a ré tenha repassado o pagamento aos autores. Autores que anteriormente ajuizaram ação pugnando pelo repasse de tais valores, mas, por erro material, não requereram indenização por dano moral. Sentença condenando a ré ao pagamento de indenização por dano moral no valor de R$ 70.000,00 para cada autor. Apelação da parte ré. Ausência de relação de consumo. Imóveis que não se destinam a moradia, mas a investimento. Autores que não são os destinatários finais. Competência Absoluta. Declínio de competência para uma das Câmaras Cíveis não especializadas" (TJRJ, Apelação 0015486-24.2013.8.19.0209, 26.ª Câmara Cível Consumidor, Rio de Janeiro, Rel. Desig. Des. Ricardo Alberto Pereira, j. 13.07.2017, *DORJ* 14.07.2017, p. 595).

Com o devido respeito, entendo que, entre uma e outra posição, a primeira é que deve prevalecer, havendo relação de consumo mesmo nos casos de aquisição de salas comerciais ou imóveis para investimento, em regra. Somente será afastada a sua caracterização se houver prova efetiva de que o adquirente tem como sua principal atividade econômica a atuação no mercado imobiliário, não sendo destinatário final fático e econômico do produto ou serviço. Sendo destinatário final fático, mas não econômico, como no caso de uma pessoa natural ou mesmo pessoa jurídica de pequeno porte que adquire os imóveis, mantendo a sua propriedade, mas os aluga para terceiros, e estando configurada a sua hipossuficiência no caso concreto, aplica-se o Código de Defesa do Consumidor, diante da *teoria finalista aprofundada*.

Feitas tais ressalvas, nota-se a ampla aplicação do Código de Defesa do Consumidor para a incorporação imobiliária, o que atrai a subsunção da responsabilidade objetiva do incorporador ou construtor pelos vícios de construção, muito comuns em nossa realidade jurídica. Conforme desenvolvido no Capítulo 8 desta obra, havendo um problema estrutural no imóvel, estará configurado o vício do produto, aplicando-se o teor do art. 18 da Lei n. 8.078/1990.

Anote-se que alguns julgados chegam à mesma conclusão pela responsabilidade sem culpa, com base no art. 12 do CDC (STJ, REsp 1.625.984/MG, 4.ª Turma, Rel. Min. Marco Buzzi, j. 25.10.2016, *DJe* 04.11.2016). No entanto, o último comando trata do fato do produto, presente nos casos de outros danos, como nas situações em que o adquirente sofre dano moral pelo atraso ou não entrega da obra.

Como se extrai de julgado aqui já transcrito, presentes vícios nas unidades autônomas após a sua entrega, há que reconhecer a responsabilidade solidária do incorporador e do construtor (STJ, REsp 884.367/DF, 4.ª Turma, Rel. Min. Raul Araújo, j. 06.03.2012, *DJe* 15.03.2012). O primeiro, o incorporador, como "impulsionador do empreendimento imobiliário em condomínio, atrai para si a responsabilidade pelos danos que possam resultar da inexecução ou da má execução do contrato de incorporação, incluindo-se aí os danos advindos de construção defeituosa", o que é retirado do art. 31 da Lei n. 4.591/1964. Ao final, reconhece-se que, "mesmo quando o incorporador não é o executor direto da construção do empreendimento imobiliário, mas contrata construtor, fica, juntamente com este, responsável pela solidez e segurança da edificação (CC/2002, art. 618). Trata-se de obrigação de garantia assumida solidariamente com o construtor. (...). Em que pese o contrato de incorporação ser regido pela Lei n. 4.591/1964, admite-se a incidência do Código de Defesa do Consumidor, devendo ser observados os princípios gerais do direito que buscam a justiça contratual, a equivalência das prestações e a boa-fé objetiva, vedando-se o locupletamento ilícito" (REsp 884.367/DF).

Vale lembrar, em complemento, conforme destacado no Capítulo 8 deste livro, que o Superior Tribunal de Justiça tem correto entendimento segundo o qual a instituição financeira que financia obra com recursos do Sistema Financeiro de Habitação deve responder pelos vícios que atingem as unidades: "em se tratando de empreendimento de natureza popular, destinado a mutuários de baixa renda, como na hipótese em julgamento, o agente financeiro é parte legítima para responder, solidariamente, por vícios na construção de imóvel cuja obra foi por ele financiada com recursos do Sistema Financeiro da Habitação. Precedentes" (STJ, REsp 738.071/SC, 4.ª Turma, Rel. Min. Luis Felipe Salomão, j. 09.08.2011, *DJe* 09.12.2011). Novamente, além da solidariedade prevista no CDC, a conclusão está fundada na ideia de *risco-proveito*.

Outra questão que tem sido debatida há tempos no âmbito da responsabilidade civil das incorporadoras e construtoras diz respeito ao atraso da entrega das unidades imobiliárias. Muitas vezes, as construtoras e incorporadoras alegam que tal mora se deu em decorrência de caso fortuito – evento imprevisível –, ou força maior – evento previsível, mas inevitável –, supostamente enquadrando-se em tais eventos fatores climáticos, excesso de chuva, problemas de saúde ou sociais dos trabalhadores da obra, greves dos empregados, crise e problemas econômicos na condução da obra, falta de entrega de materiais por fornecedores, dificuldades na obtenção de mão de obra e entraves burocráticos do Poder Público.

A jurisprudência raramente tem aceitado tal argumentação, pois os fatos descritos ingressam no risco da atividade do incorporador ou construtor (risco do empreendimento), não se configurando como caso fortuito ou força maior, nos termos do que dispõe o art. 393 do Código Civil. Confirmando a sua não configuração, podem ser encontrados arestos do Superior Tribunal de Justiça, que afastam o enquadramento de entraves burocráticos do Poder Público como fatores externos, a excluir o nexo de causalidade (REsp 1.654.843/SP, 3.ª Turma, Rel. Min. Ricardo Villas Bôas Cueva, j. 27.02.2018, *DJe* 06.03.2018).

Na mesma linha, não excluem a responsabilidade da construtora pelo atraso da entrega das unidades "dificuldades logísticas, especialmente na obtenção de mão de obra, como alguma espécie de circunstância de força maior, afinal, inseridas estão nas dificuldades esperáveis e inerentes ao empreendimento de construção imobiliária, sendo plenamente passíveis de previsão pelos responsáveis pelas obras" (STJ, Ag. Int. no REsp 1.676.685/SP, 4.ª Turma, Rel. Min. Antonio Carlos Ferreira, j. 21.11.2017, *DJe* 04.12.2017).

Por fim quanto às ilustrações, outro aresto superior conclui que a responsabilidade da construtora não pode ser afastada em razão da alegação de "falta de mão de obra", "da demora na entrega de materiais", ou mesmo da suposta demora de órgãos públicos ambientais em aprovar a obra; "tratando-se de risco próprio da atividade". Desse último acórdão merece destaque o seguinte trecho, que serve para praticamente todas as alegações que são feitas pelas incorporadoras e construtoras:

> "Com efeito, em relação ao atraso na entrega do imóvel, não se constata a presença de justificativa plausível para o descumprimento do prazo estabelecido no contrato, sendo certo que os riscos de eventuais intempéries próprias da atividade econômica exercida pela ré, ora agravante, integram a sua atividade empresarial, não podendo ser suportados pelo consumidor. Nesse contexto, não há espaço para as argumentações sobre a incidência de caso fortuito ou força maior, tendo em vista que tais intercorrências traduzem fatos próprios à álea natural das atividades da construtora e incorporadora, pois representam circunstâncias inerentes à construção civil" (STJ, Ag. Int. no AREsp 877.936/DF, 4.ª Turma, Rel. Min. Marco Buzzi, j. 19.09.2017, *DJe* 27.09.2017).

Entretanto, apesar de não se admitirem tais ocorrências como justificativas para a demora, cumpre esclarecer que a jurisprudência tem entendido há tempos como válida e eficaz a *cláusula de tolerância* pelo atraso da obra, fixada entre noventa e cento e oitenta dias do termo final inicialmente fixado no instrumento negocial para a sua entrega. Nesse sentido, do Superior Tribunal de Justiça:

> "Recurso especial. Civil. Promessa de compra e venda de imóvel em construção. Atraso da obra. Entrega após o prazo estimado. Cláusula de tolerância. Validade. Previsão legal. Peculiaridades da construção civil. Atenuação de riscos. Benefício aos contratantes. CDC. Aplicação subsidiária. Observância do dever de informar. Prazo de prorrogação. Razoabilidade. 1. Cinge-se a controvérsia a saber se é abusiva a cláusula de tolerância nos contratos de promessa de compra e venda de imóvel em construção, a qual permite a prorrogação do prazo inicial para a entrega da obra. 2. A compra de um imóvel 'na planta' com prazo e preço certos possibilita ao adquirente planejar sua vida econômica e social, pois é sabido de antemão quando haverá a entrega das chaves, devendo ser observado, portanto, pelo incorporador e pelo construtor, com a maior fidelidade possível, o cronograma de execução da obra, sob pena de indenizarem os prejuízos causados ao adquirente ou ao compromissário pela não conclusão da edificação ou pelo retardo injustificado na conclusão da obra (arts. 43, II, da Lei n. 4.591/1964 e 927 do Código Civil). 3. No contrato de promessa de compra e venda de imóvel em construção, além do período previsto para o término do empreendimento, há, comumente, cláusula de prorrogação excepcional do prazo de entrega da unidade ou de conclusão da obra, que varia entre 90 (noventa) e 180 (cento e oitenta) dias: a cláusula de tolerância. 4. Aos contratos de incorporação imobiliária, embora regidos pelos princípios e normas que lhes são próprios (Lei n. 4.591/1964), também se aplica subsidiariamente a legislação consumerista sempre que a unidade imobiliária for destinada a uso próprio do adquirente ou de sua família. 5. Não pode ser reputada abusiva a cláusula de tolerância no compromisso de

compra e venda de imóvel em construção desde que contratada com prazo determinado e razoável, já que possui amparo não só nos usos e costumes do setor, mas também em lei especial (art. 48, § 2.º, da Lei n. 4.591/1964), constituindo previsão que atenua os fatores de imprevisibilidade que afetam negativamente a construção civil, a onerar excessivamente seus atores, tais como intempéries, chuvas, escassez de insumos, greves, falta de mão de obra, crise no setor, entre outros contratempos. 6. A cláusula de tolerância, para fins de mora contratual, não constitui desvantagem exagerada em desfavor do consumidor, o que comprometeria o princípio da equivalência das prestações estabelecidas. Tal disposição contratual concorre para a diminuição do preço final da unidade habitacional a ser suportada pelo adquirente, pois ameniza o risco da atividade advindo da dificuldade de se fixar data certa para o término de obra de grande magnitude sujeita a diversos obstáculos e situações imprevisíveis. 7. Deve ser reputada razoável a cláusula que prevê no máximo o lapso de 180 (cento e oitenta) dias de prorrogação, visto que, por analogia, é o prazo de validade do registro da incorporação e da carência para desistir do empreendimento (arts. 33 e 34, § 2.º, da Lei n. 4.591/1964 e 12 da Lei n. 4.864/1965) e é o prazo máximo para que o fornecedor sane vício do produto (art. 18, § 2.º, do CDC). 8. Mesmo sendo válida a cláusula de tolerância para o atraso na entrega da unidade habitacional em construção com prazo determinado de até 180 (cento e oitenta) dias, o incorporador deve observar o dever de informar e os demais princípios da legislação consumerista, cientificando claramente o adquirente, inclusive em ofertas, informes e peças publicitárias, do prazo de prorrogação, cujo descumprimento implicará responsabilidade civil. Igualmente, durante a execução do contrato, deverá notificar o consumidor acerca do uso de tal cláusula juntamente com a sua justificação, primando pelo direito à informação. 9. Recurso especial não provido" (STJ, REsp 1.582.318/RJ, 3.ª Turma, Rel. Min. Ricardo Villas Bôas Cueva, j. 12.09.2017, *DJe* 21.09.2017).

Anote-se que a possibilidade de estabelecer a cláusula de tolerância de até 180 dias foi confirmada pela recente Lei n. 13.789/2018, conhecida como "Lei dos Distratos". Conforme o novo art. 43-A, *caput*, da Lei n. 4.591/1964, "a entrega do imóvel em até 180 (cento e oitenta) dias corridos da data estipulada contratualmente como data prevista para conclusão do empreendimento, desde que expressamente pactuado, de forma clara e destacada, não dará causa à resolução do contrato por parte do adquirente nem ensejará o pagamento de qualquer penalidade pelo incorporador".

De toda sorte, como se pode perceber da leitura da longa, mas importante ementa do STJ, o julgado considera que chuvas, escassez de insumos, greves, falta de mão de obra, crise no setor, entre outros contratempos, são fatores que acabam por justificar a elaboração da tão debatida cláusula. A pandemia de Covid-19, com o fechamento das cidades e a escassez de materiais de construção em muitas localidades, pode ser argumento a ser utilizado, para os mesmos fins.

Quanto aos fatos passados, na minha opinião doutrinária, há certa contradição entre a última posição e a anterior esposada, da mesma Corte, no sentido de que tais eventos entram no risco da atividade ou do empreendimento do construtor e incorporador.

Acrescente-se, contudo, que a grande maioria dos Tribunais Estaduais acabou por concluir do mesmo modo, ou seja, pela validade e eficácia da cláusula de tolerância, caso do Tribunal de Justiça de São Paulo. Como é notório, com o intuito de resolver milhares de demandas de uma só vez, o Código de Processo Civil criou o mecanismo do Incidente de Resolução de Demandas Repetitivas (IRDR), previsto entre os seus arts. 976 e 987.

Nessa nova realidade processual, o Tribunal Bandeirante analisou alguns temas relativos aos compromissos de compra e venda para aquisição de imóveis na planta quando do julgamento do IRDR 0023203-35.2016.8.26.0000, pela Turma Especializada Privado 1 do Tribunal Bandeirante, em agosto de 2017. De acordo com a tese 1 ali fixada, é válido o prazo de tolerância, não superior a cento e oitenta dias corridos, estabelecido no compromisso de venda e compra para entrega de imóvel em construção, desde que previsto em cláusula contratual expressa, clara e inteligível. Como se percebe, a conclusão segue a orientação acima transcrita do Superior Tribunal de Justiça, que foi citada pelos julgadores paulistas em suas conclusões. E, ao final, a mesma orientação acabou por constar da Lei n. 13.786/2018.

Apesar de ser esse o entendimento jurisprudencial consolidado, e também constar agora da lei a viabilidade jurídica da *cláusula de tolerância*, não me filio a tal posição, pelo fato de ferir o inciso IV do art. 51 do CDC, colocando o consumidor em posição de flagrante desequilíbrio (*cláusula lesão*). Para que a cláusula fosse válida, também deveria existir uma mesma previsão em favor do adquirente, o que não ocorre. Vale lembrar que, na grande maioria dos casos, o compromisso de compra e venda assume a forma de negócio de consumo e de adesão. E mesmo se isso não ocorrer, penso que a cláusula viola os princípios da função social do contrato e da boa-fé objetiva, previstos nos arts. 421 e 422 do Código Civil.

Feita essa análise crítica, muitos julgados superiores concluem, na linha do que está exposto em outros trechos deste livro, que o atraso na entrega do imóvel por longo período ou a sua não entrega definitiva, a ensejar o inadimplemento absoluto, ensejam, a favor do adquirente, o direito de pleitear indenização por danos morais. Sem prejuízo dos julgados aqui antes colacionados, vejamos mais dois, do Superior Tribunal de Justiça, sobre abandono da obra e atraso, respectivamente:

> "Direito Civil. Recurso especial. Ação de resolução contratual cumulada com devolução de quantia paga e compensação de danos morais. Abandono da obra por parte da construtora. Consequente ausência de entrega da unidade imobiliária. Dano moral configurado. (...). O propósito recursal é determinar se o abandono da obra de unidade imobiliária, objeto de contrato de compra e venda firmado entre as partes, gera danos morais à recorrida. Com o abandono da obra por parte da construtora, é perceptível o completo descaso desta para com aquela que adquiriu – e pagou devidamente – pelo imóvel, ressaltando-se a ausência de justificativa legal para tanto. D. De fato, o abandono da construção por parte da recorrente e a consequente ausência de entrega da unidade imobiliária ultrapassam o simples descumprimento contratual, fazendo prevalecer os sentimentos de injustiça e de impotência diante da situação, assim como os

de angústia e sofrimento. A frustração com a empreitada mostra-se inegável, de modo que o não recebimento do imóvel após o devido pagamento das parcelas acordadas não pode ser caracterizado como mero dissabor, evidenciando prejuízo de ordem moral à recorrida. (...)" (STJ, REsp 1.704.552/PE, 3.ª Turma, Rel. Min. Nancy Andrighi, j. 06.02.2018, *DJe* 09.02.2018).

"Recurso especial. Processo civil. Direito Civil. Incorporação imobiliária. Inexecução contratual. Dano moral. Ocorrência. Ausência de responsabilidade solidária na indenização por danos morais do proprietário do terreno. (...). A inexecução de contrato de promessa de compra e venda de unidade habitacional, em virtude da ausência de construção do empreendimento imobiliário pela incorporadora, transcorridos 09 (nove) anos da data aprazada para a entrega, causa séria e fundada angústia no espírito do adquirente, não se tratando, portanto, de mero dissabor advindo de corriqueiro inadimplemento de cláusula contratual, ensejando, assim, o ressarcimento do dano moral. Precedentes. A Lei de Incorporações (Lei 4.591/1964) equipara o proprietário do terreno ao incorporador, desde que aquele pratique alguma atividade condizente com a relação jurídica incorporativa, atribuindo-lhe, nessa hipótese, responsabilidade solidária pelo empreendimento imobiliário. Na hipótese vertente, todavia, a jurisdição ordinária consignou, mediante ampla cognição fático-probatória, que a ora recorrida limitou-se à mera alienação do terreno para a incorporadora, que tomou para si a responsabilidade exclusiva pela construção do referido empreendimento. Destarte, a questão relativa à existência de solidariedade entre a proprietária e a incorporadora mostra-se insindicável na estreita via do recurso especial, ante o teor da Súmula 07 do STJ" (STJ, REsp 830.572/RJ, 4.ª Turma, Rel. Min. Luis Felipe Salomão, j. 17.05.2011, *DJe* 26.05.2011).

Para mim, tal entendimento representa aplicação do teor do Enunciado n. 411, aprovado na *V Jornada de Direito Civil* do Conselho da Justiça Federal. Conforme essa ementa doutrinária, o descumprimento de um contrato pode gerar dano moral quando envolver valor fundamental protegido pela Constituição Federal de 1988. No caso, tem-se como lesado o direito à moradia, previsto no art. 6.º do Texto Maior. Não se pode esquecer, como apontado no Capítulo 6 deste livro, que o Superior Tribunal de Justiça somente tem admitido cabível a reparação imaterial quando o atraso for considerável, não sendo o caso de se indenizar o consumidor quando for de apenas alguns meses ou dentro do tão criticado prazo de tolerância.

Nessa linha, falando até em excepcionalidade dos danos morais em casos tais: "A jurisprudência do STJ vem evoluindo, de maneira acertada, para permitir que se observe o fato concreto e suas circunstâncias, afastando o caráter absoluto da presunção de existência de danos morais indenizáveis. A compensação por dano moral por atraso em entrega de unidade imobiliária só será possível em excepcionais circunstâncias que sejam comprovadas de plano nos autos, o que não restou configurado" (STJ, REsp 1.641.037/SP, 3.ª Turma, Rel. Min. Nancy Andrighi, j. 13.12.2016, *DJe* 19.12.2016).

De todo modo, entendo que a exigência dessas circunstâncias especiais não pode ser excessiva, sob pena de afastar a correta interpretação da extensão do direito fundamental à moradia, previsto no art. 6.º do Texto Maior.

Como outro tema a ser comentado a respeito da responsabilidade civil no âmbito da incorporação imobiliária, foi muito debatido, também no Superior Tribunal de Justiça, a possibilidade de cumulação de indenização de lucros cessantes, pela não fruição do imóvel, e cláusula penal moratória, em virtude da não entrega do imóvel no prazo fixado.

O debate foi intensificado pelo fato de a grande maioria dos contratos apenas prever a cláusula penal em face dos adquirentes e não contra as construtoras e incorporadoras, analisando-se a viabilidade da *inversão* ou *reversão da cláusula penal*, assunto exposto no Capítulo 3 deste livro e que aqui será retomado, para os devidos fins didáticos.

Concluindo pela possibilidade dessa cumulação, por todos os numerosos julgados anteriores, aqui transcritos por sua clareza: "a cláusula penal inserta em contratos bilaterais, onerosos e comutativos deve voltar-se aos contratantes indistintamente, ainda que redigida apenas em favor de uma das partes. É possível cumular a cláusula penal decorrente da mora com indenização por lucros cessantes pela não fruição do imóvel, pois aquela tem natureza moratória, enquanto esta tem natureza compensatória" (STJ, REsp 1.536.354/DF, 3.ª Turma, Rel. Min. Ricardo Villas Bôas Cueva, j. 07.06.2016, *DJe* 20.06.2016).

Em maio de 2017, a Segunda Seção do Superior Tribunal de Justiça suspendeu a tramitação de todos os processos sobre o tema, para o fim de afetação para julgamento pelo rito dos recursos repetitivos, conforme consta do art. 1.036 do Código de Processo Civil de 2015. A afetação se deu nos julgamentos dos Recursos Especiais 1.631.485 e 1.498.484, ambos originários do Distrito Federal, onde havia divergência sobre a questão, tendo como Relator o Ministro Luis Felipe Salomão. Vejamos a ementa da primeira decisão de afetação:

"Proposta de afetação. Recurso especial. Rito dos recursos especiais repetitivos. Compra e venda de imóveis na planta. Atraso na entrega do imóvel. Controvérsia acerca da possibilidade de cumulação da indenização por lucros cessantes com a cláusula penal. 1. Delimitação da controvérsia: Definir acerca da possibilidade de cumulação ou não da indenização por lucros cessantes com a cláusula penal, nos casos de inadimplemento do vendedor em virtude do atraso na entrega de imóvel em construção objeto de contrato ou promessa de compra e venda. 2. Recurso especial afetado ao rito do art. 1.036 CPC/2015" (STJ, Pro. AfR. no REsp 1.635.428/SC, 2.ª Seção, Rel. Min. Luis Felipe Salomão, j. 26.04.2017, *DJe* 03.05.2017).

Reitero que, em agosto de 2018, participei de audiência pública convocada pelo Superior Tribunal de Justiça, para os fins de pacificação da matéria em sede de julgamento de recursos repetitivos para os contratos imobiliários (Temas 970 e 971). A posição defendida – e compartilhada naquela ocasião pelo Professor Otávio Luiz Rodrigues – foi pela manutenção desse entendimento anterior, de *reversão ou inversão da cláusula penal* em face das construtoras inadimplentes, que atrasam a entrega das unidades, por três argumentos principais.

O primeiro deles diz respeito ao fato de a multa ser imposta unilateralmente pela construtora sem margem de negociação em contratos que são de adesão, o que contraria a função social do contrato. O segundo argumento está baseado na equidade contratual, concebida a partir do princípio da boa-fé objetiva, que exige um comportamento de lealdade dos participantes negociais (art. 422 do CC). Nota-se que a lei é omissa quanto ao tema, devendo a hipótese ser resolvida com base nos princípios citados, o que tem por fundamento o art. 4.º da Lei de Introdução e o art. 8.º do CPC/2015. Por fim, pela ideia de *sinalagma obrigacional*, de proporcionalidade das prestações em tais contratos, não se pode admitir que a multa prevista para apenas uma das partes não tenha validade e eficácia para outra, conforme se retira dos julgados transcritos.

Pontue-se que, naquela oportunidade, de intenso debate técnico, o Professor José Fernando Simão defendeu tese interessante, no sentido de ser a cláusula de multa unilateral nula de pleno direito, por infringência à função social do contrato, notadamente pelo que consta do art. 2.035, parágrafo único, do Código Civil, segundo o qual nenhuma convenção prevalecerá se contrariar preceitos de ordem pública, tais como aqueles relacionados a esse regramento. Na verdade, apesar de se posicionar contra a reversão da cláusula penal, a solução do jurista seria até pior para as construtoras, que não poderiam mais cobrar a multa moratória dos adquirentes.

Em maio de 2019, a questão foi julgada de forma definitiva no âmbito do Tribunal da Cidadania, o que merece a devida análise (Temas 970 e 971, com repercussão geral – REsp 1.498.484/DF, 2.ª Seção, Rel. Min. Luis Felipe Salomão, por maioria, j. 22.05.2019, *DJe* 25.06.2019; e REsp 1.631.485/DF, 2.ª Seção, Rel. Min. Luis Felipe Salomão, por maioria, j. 22.05.2019, *DJe* 25.06.2019, respectivamente). Os acórdãos esclarecem que as teses alcançam apenas os negócios anteriores à nova lei que trata do tema, a Lei n. 13.768/2018, e que ela não tem aplicação retroativa.

Sobre a inversão ou reversão da cláusula penal, a primeira tese fixada foi a de que, "no contrato de adesão firmado entre o comprador e a construtora/incorporadora, havendo previsão de cláusula penal apenas para o inadimplemento do adquirente, deverá ela ser considerada para a fixação da indenização pelo inadimplemento do vendedor. As obrigações heterogêneas (obrigações de fazer e de dar) serão convertidas em dinheiro, por arbitramento judicial" (REsp 1.631.485/DF).

Como aqui defendido, o que se considerou no julgamento para a análise da abusividade não foi o fato de o contrato ser ou não de consumo, mas o seu caráter como negócio de adesão. Ao contrário do que alguns insistem em sustentar, a Corte concluiu sim pela inversão da cláusula penal. Porém, adotando o entendimento exposto pelo Professor José Fernando Simão na citada audiência pública, a conclusão foi no sentido de não ser essa conversão da multa automática, ou seja, não se pode considerar exatamente o mesmo percentual fixado contra o consumidor em seu favor.

A título de exemplo que deve ser retomado, geralmente os contratos fixam uma cláusula penal por inadimplemento dos consumidores entre 1% e 2% do valor total do contrato. Como não há previsão dessa penalidade pelo atraso na entrega do imóvel, uma vez que é o vendedor quem impõe todo o conteúdo do contrato e por óbvio não colocará tal previsão em seu desfavor, é imperioso inverter essa multa. Em regra, o percentual que consta do instrumento vale como parâmetro, incidindo mensalmente sobre o valor total do contrato.

Entretanto, em sendo essa penalidade excessiva – como será em muitos casos de *inversão automática* –, caberá a sua diminuição, tendo como fundamento a redução equitativa da cláusula penal, prevista no art. 413 do Código Civil, que ainda será devidamente analisado. Imagine-se que o valor do contrato é de R$ 500.000,00 e há atraso na entrega do apartamento e ausência de multa em face do vendedor, prevendo o contrato multa de 2% a ser invertida, o que gerará o direito a um valor de R$ 10.000,00 por mês de atraso em benefício do comprador.

Como se verá, da outra tese firmada pelo STJ nesse emblemático julgamento, essa multa serve para reparar os locatícios, ou seja, os lucros cessantes suportados pelos adquirentes, na locação de outro imóvel. Por óbvio que o valor é excessivo, eis que um imóvel desse valor é alugado entre R$ 1.000,00 a R$ 2.500,00, o que depende da região e da cidade onde se encontra.

Esclareça-se mais uma vez que, no meu entendimento, cabe ao vendedor – que deu causa ao inadimplemento e não incluiu a cláusula de penalidade em violação à boa-fé e à função social do contrato – comprovar que o valor da inversão automática da cláusula penal está exagerada, via de regra, por laudo pericial de especialista no mercado imobiliário onde se encontra o bem imóvel. Não havendo tal comprovação, vale o parâmetro estabelecido no instrumento, ou seja, a inversão será automática.

A segunda tese fixada pelo Superior Tribunal de Justiça foi no sentido de que "a cláusula penal moratória tem a finalidade de indenizar pelo adimplemento tardio da obrigação, e, em regra, estabelecida em valor equivalente ao locativo, afasta-se sua cumulação com lucros cessantes" (REsp 1.498.484/DF, 2.ª Seção, Rel. Min. Luis Felipe Salomão, por maioria, j. 22.05.2019, *DJe* 25.06.2019 – Tema 970). O que acabou prevalecendo foi o entendimento do saudoso Professor Sylvio Capanema, de que a cláusula penal fixada contra o adquirente tem natureza moratória, mas, caso invertida, passa a ser uma multa compensatória.

Tal posição acabou por me convencer, não sendo possível a cumulação da cláusula penal compensatória com os lucros cessantes, pelo que consta do art. 410 do Código Civil: "quando se estipular a cláusula penal para o caso de total inadimplemento da obrigação, esta converter-se-á em alternativa a benefício do credor". Pelo teor do preceito, não cabe a cumulação de cláusula penal com perdas e danos, pelo menos em regra, o que também se retira do parágrafo único do art. 416 da própria codificação ("ainda que o prejuízo exceda ao previsto na cláusula penal, não pode o credor exigir indenização suplementar se assim não foi convencionado. Se o tiver sido, a pena vale como mínimo da indenização, competindo ao credor provar o prejuízo excedente").

Ao final, parece-me que o Superior Tribunal de Justiça chegou a um correto e justo equilíbrio no julgamento das duas questões relativas ao tema, e que tais posições não só podem, como devem guiar as interpretações de conteúdo da Lei n. 13.786/2018 que, infelizmente, distanciou-se da equidade, beneficiando sobremaneira a parte mais forte da avença, a construtora ou incorporadora.

Como último tema, vale lembrar que essa Lei n. 13.786/2018 incluiu um tratamento a respeito do inadimplemento contratual do vendedor no art. 43-A da Lei n. 4.591/1964. Conforme o seu *caput*, aqui já transcrito, a entrega do imóvel em até cento e oitenta dias corridos da data estipulada contratualmente como data prevista para conclusão do empreendimento, desde que expressamente pactuado, de forma clara e destacada, não dará causa à resolução do contrato por parte do adquirente nem ensejará o pagamento de qualquer penalidade pelo incorporador.

Porém, o seu § 1.º prevê que, se a entrega do imóvel ultrapassar esse prazo de cento e oitenta dias – e desde que o adquirente não tenha dado causa ao atraso –, poderá ser promovida por este a resolução do contrato por inadimplemento do vendedor, sem prejuízo da devolução da integralidade de todos os valores pagos e da multa estabelecida, em até sessenta dias corridos contados da resolução, corrigidos com base no índice contratualmente estabelecido para a correção monetária das parcelas do preço do imóvel. Esse preceito, portanto, trata do *inadimplemento absoluto do contrato*, por conduta da incorporadora ou construtora, com a volta das partes ao estado em que se encontravam antes da celebração do negócio.

A *mora* ou *inadimplemento relativo do vendedor* está tratado no § 2.º do art. 43-A na Lei n. 4.591/1964, segundo o qual, se a entrega do imóvel estender-se por prazo superior aos citados cento e oitenta dias, e não se tratar de resolução do contrato, será devida ao adquirente adimplente, por ocasião da entrega da unidade, indenização de 1% do valor efetivamente pago à incorporadora, para cada mês de atraso, com atualização *pro rata die*, ou seja diária, corrigido monetariamente conforme índice estipulado em contrato.

Esses valores servem justamente para indenizar o adquirente pelo não uso ou fruição do imóvel, ou seja, para cobrir eventuais locatícios relativos a outro imóvel onde se encontra residindo o adquirente, já que não recebeu o que lhe era devido no prazo estipulado. A sua natureza, portanto, é de cláusula penal moratória.

Isso fica evidente pelo novo § 3.º do art. 43-A na Lei n. 4.591/1964 que assim se expressa e veda a sua cumulação com a multa do § 1.º, que teria natureza compensatória, confirmando-se a antiga lição que afasta a possibilidade de soma das penalidades. De ficar claro que o pagamento desses valores não afasta a possibilidade de pleito de indenização por danos morais pelo descumprimento do negócio, como anteriormente desenvolvido. Como última observação, conforme antes exposto, as mudanças inseridas pela Lei n. 13.786/2018 somente incidem sobre os contratos celebrados após a sua entrada em vigor.

3. OUTRAS HIPÓTESES DE RESPONSABILIDADE CIVIL DECORRENTE DA CONSTRUÇÃO CIVIL. RUÍNA DO PRÉDIO E DANOS CAUSADOS A TERCEIROS

Para encerrar esta seção do livro, é possível – e isso é bem comum – que a atividade de construção civil apresente danos a terceiros, além das partes da relação negocial estabelecida, fazendo surgir hipótese de responsabilidade extracontratual ou *aquiliana*. Pode ocorrer, ainda, que os danos sejam comuns para os adquirentes e terceiros, como acontece na ruína de todo o prédio ou construção. As hipóteses envolvem a incidência de dispositivos do Código Civil estudados em vários trechos desta obra e em capítulos distintos.

De início, se, eventualmente, o empreiteiro ou um dos seus prepostos causar dano a terceiros, o dono da obra poderá ser responsabilizado se comprovada a culpa em sentido amplo do empregado ou preposto (arts. 932, inc. III, e 933 do CC), hipótese de *responsabilidade objetiva indireta*. O mesmo se diga quanto à responsabilidade do incorporador ou construtor por seus trabalhadores e pessoas que agem em seu nome. A responsabilidade é solidária entre o dono da obra, o empreiteiro e seus prepostos; e entre o incorporador ou construtor e seus trabalhadores (art. 942, parágrafo único, do CC). Como não poderia ser diferente, assegura-se o direito de regresso daquele que arcou com o prejuízo em face do culpado (art. 934 do CC).

Diante da complexidade das construções contemporâneas e da criação considerável de riscos, muitas são as situações que podem ocasionar danos a terceiros, além das partes do contrato de empreitada ou de incorporação. Mencione-se a hipótese de um andaime que é mal montado pelos empregados da obra e que vem a cair, causando prejuízos físicos nos transeuntes da via pública ou em imóveis vizinhos. Ou, ainda, o caso de objetos pesados que são arremessados de propósito ou que caem das obras por imprudência ou negligência dos empregados da construtora, atingindo pedestres; o que também chama a aplicação da regra do art. 938 do Código Civil, a seguir abordado.

Da realidade jurisprudencial cite-se aresto do Tribunal do Distrito Federal, que responsabilizou o empreiteiro por falta de sinalização da obra, patente a negligência dos seus prepostos:

"Inexistindo a culpa exclusiva da vítima e havendo demonstração pelos documentos juntados ao processo e pela prova testemunhal, de que a parte ré deixou de sinalizar devidamente as obras que estava realizando, garantir a segurança dos materiais utilizados, deixando um material metálico desprendido do tapume e invadindo a calçada, ou até mesmo de iluminar adequadamente o local com grande fluxo de pedestres (por se tratar de obra realizada na rodoviária), conforme fotos juntadas (IDs 1375659, 1375665, entre outros) causando danos ao autor que veio a lesionar o braço com um profundo e enorme corte (ID 1375657), resta caracterizada a obrigação de indenizar" (TJDF, Recurso Inominado 0724424-89.2016.8.07.0016, 1.ª Turma Recursal dos Juizados Especiais, Rel. Juiz Aiston Henrique de Sousa, j. 27.04.2017, *DJDFTE* 26.05.2017, p. 603).

Como outra ilustração, o Tribunal Bandeirante responsabilizou o dono da obra pelo fato de ter obstruído parcialmente a calçada com tapumes, de forma indevida, fazendo que uma pedestre idosa sofresse uma queda na via pública (TJSP, Apelação 0002448-50.2014.8.26.0326, Acórdão 10029288, 13.ª Câmara de Direito Público, Lucélia, Rel. Des. Souza Meirelles, j. 30.11.2016, *DJESP* 14.12.2016). Também pode ser mencionado o caso do proprietário de imóvel que contrata empresa para realizar escavações junto às divisas das propriedades, que não observou as cautelas necessárias para execução da obra e contribuiu substancialmente para a queda de muro divisório, devendo responder por essa ruína perante o vizinho (TJSP, Apelação 0034640-22.2012.8.26.0224, Acórdão 9931584, 29.ª Câmara de Direito Privado, Guarulhos, Rel. Des. Carlos Dias Motta, j. 26.10.2016, *DJESP* 07.11.2016).

Além disso, não se pode se esquecer de que o construtor ou o dono do prédio responde pela sua ruína, seja total ou parcial, que causar danos não só aos proprietários das unidades, como também a terceiros (art. 937 do CC). A responsabilidade civil prevista na norma é considerada objetiva, diante da comum aplicação do Código de Defesa do Consumidor e da existência de um *risco--criado*. A afirmação vale tanto com relação àqueles que compraram as unidades no prédio quanto a terceiros, considerados como consumidores equiparados ou *bystanders*. Nesse sentido, reitere-se o teor do Enunciado n. 556 da *VI Jornada de Direito Civil* (2013), proposto por mim: "a responsabilidade civil do dono do prédio ou construção por sua ruína, tratada pelo art. 937 do CC, é objetiva".

Como destacado no Capítulo 7 deste livro, a principal hipótese fática, sempre citada, de aplicação do art. 937 do Código Civil diz respeito ao caso *Palace II*, prédio que veio a cair na cidade do Rio de Janeiro, na Barra da Tijuca. Além dos próprios proprietários das unidades do prédio que caiu, foram indenizados também os moradores do *Palace I*, pela desvalorização dos imóveis, considerados como consumidores equiparados (por todos: TJRJ, Apelação Cível 2003.001.30517, 17.ª Câmara Cível, Rio de Janeiro, Rel. Des. Fabricio Bandeira Filho, j. 10.12.2003, v.u., *Ementário* 14/2004, n. 18, 20.05.2004).

Outro caso rumoroso de ruína de prédio, agora da cidade de São Paulo, foi da Igreja Renascer, cujo teto desabou na Avenida Lins de Vasconcelos, causando danos a centenas de fiéis. Trazendo o reconhecimento da responsabilidade civil da instituição religiosa, por todos:

> "Responsabilidade civil. Desabamento de teto de igreja mantida pela ré. Sequelas causadas à autora. Comprometimento à locomoção. Vida sedentária. A ré responde objetivamente pela ruína de seu edifício. É o que dispõe o art. 937, do Código Civil. Ainda que exista direito de regresso, em razão da deficiente prestação de serviços de construção, não há dúvida de que o estabelecimento de lide secundária, com significativo número de denunciados, além de introduzir outras matérias na discussão da causa, também contribuiria para a demora na prestação jurisdicional, em nítido prejuízo à autora. Nessas condições, a denunciação da lide não pode ser admitida, como já decidiu o Egrégio Superior Tribunal de Justiça. Indenização danos materiais. O próprio perito recomendou que a autora guardasse cautela na sobrecarga de peso no pé direito, forçoso reconhecer, portanto, que o pé esquerdo serviu-lhe de sustentação, após a lesão sofrida no desabamento, e, agora, foi também lesionado severamente. Assim, não há dúvida de que todas as lesões sofridas pela autora nos membros inferiores decorreram do acidente e causaram-lhe completa incapacidade de trabalho. Pensão mensal vitalícia fixada. Indenização por danos morais. A desenvoltura e comunicação da autora permitem concluir restabelecimento psíquico, o que enseja manutenção do valor de reparação fixado na sentença (R$ 54.300,00). O

valor de indenização é significativo, tendo-se em vista a gravidade dos ferimentos sofridos pela autora (fratura exposta), que precisou se submeter a procedimento cirúrgico e, com segurança, sofreu prejuízo moral inicial por ter permanecido imobilizada nos escombros da construção até resgate. (...)" (TJSP, Apelação Cível 0214497-17.2009.8.26.0100, Acórdão 8805177, 10.ª Câmara de Direito Privado, São Paulo, Rel. Des. Carlos Alberto Garbi, j. 15.09.2015, *DJESP* 09.10.2015).

"Ação de indenização por danos materiais, estéticos e pensão vitalícia. Desabamento de teto durante culto em igreja da ré. Autor que ficou soterrado, sofrendo fratura de fêmur. Sentença de parcial procedência. Inexistência de litispendência com a demanda visando à reparação por danos morais. Irrelevância de transação anteriormente efetuada entre as partes. Responsabilidade objetiva da ré, com fundamento no artigo 937, do Código Civil. Danos estéticos caracterizados, diante do encurtamento de membro inferior. Majoração do *quantum* indenizatório em atenção à razoabilidade e proporcionalidade. Sucumbência recíproca configurada. Recurso do autor parcialmente provido. Negado provimento ao recurso da ré" (TJSP, Apelação 9000291-86.2010.8.26.0100, Acórdão 8616751, 5.ª Câmara de Direito Privado, São Paulo, Rel. Des. Moreira Viegas, j. 08.07.2015, *DJESP* 20.07.2015).

Trazendo outras ilustrações de danos a terceiros, a pedestres, cabe colacionar, da jurisprudência estadual, com conclusões de responsabilização do dono do edifício:

"Ação de indenização por danos materiais e morais. Queda de parede e portão durante demolição de imóvel, que atingiram pedestre que transitava pelo local. Autor que sofreu lesões e fratura do fêmur. Procedência. Inocorrência de cerceamento de defesa, em virtude do julgamento antecipado da lide. Responsabilidade objetiva da empreiteira, com fundamento no artigo 937 do Código Civil. Ausência de sinalização para prevenir acidentes no local. Danos morais caracterizados, diante da ofensa à integridade física do autor. Redução do *quantum* indenizatório em atenção à razoabilidade e proporcionalidade. Recurso parcialmente provido" (TJSP, Apelação 1003951-92.2016.8.26.0270, Acórdão 11191667, 5.ª Câmara de Direito Privado, Itapeva, Rel. Des. Moreira Viegas, j. 21.02.2018, *DJESP* 08.03.2018, p. 2.390).

"Direito imobiliário. Responsabilidade civil. Queda de marquise. Reparação de danos. Morte do pai das autoras. Aplicação do art. 937 do Código Civil: 'o dono de edifício ou construção responde pelos danos que resultarem de sua ruína, se esta provier de falta de reparos, cuja necessidade fosse manifesta'. Alegação do réu de que a queda da marquise ocorreu em decorrência das fortes chuvas que assolaram a região naquela data. Comprovação através de fotos que não são do local do acidente e depoimento de genro do réu. Prova insuficiente. O dono do edifício responde por sua conservação. Condenação ao pagamento de danos materiais e morais. Provimento parcial dos recursos" (TJRJ, Apelação 0024698-88.2009.8.19.0054, 6.ª Câmara Cível, Rel. Des. Nagib Slaibi, j. 24.02.2016, *DORJ* 1.º.03.2016).

"Apelações cíveis. Ação de reparação de danos. Prefacial de ilegitimidade passiva *ad causam*. Rejeição. Solução correta. Ambos os proprietários do imóvel donde desabou a coisa que provocou danos a terceiro respondem objetivamente pela indenização, achando-se o bem em condomínio indiviso. Responsabilidade civil pelo fato da coisa. Desabamento da cobertura metálica de edificação sobre o passeio público. Lesões corporais provocadas em transeunte. Ausência de sinalização ou isolamento do local. Responsabilidade objetiva. Inteligência do art. 937 do Código Civil. Doutrina. Excludentes indemonstradas. Dever de indenizar configurado. Os proprietários do imóvel respondem solidariamente e de forma objetiva pelos danos advindos da ruína de edifício ou construção. (...)" (TJRS, Apelação Cível 0018539-19.2014.8.21.7000, 9.ª Câmara Cível, São Borja, Rel. Des. Miguel Ângelo da Silva, j. 29.04.2015, *DJERS* 05.05.2015).

Como visto, a construção que cai pode também atingir o prédio vizinho, como no caso de um muro que desaba, o que igualmente atrai a subsunção do art. 937 do Código Civil. Nessa linha, vejamos outro aresto, agora do Tribunal do Paraná, por todos:

"Apelação cível. Ação de indenização por danos morais e materiais decorrente da queda de muro na divisa entre a propriedade das autoras e do segundo apelante. Inclusão do primeiro apelante (que é filho do segundo) como litisdenunciado por ter sido o engenheiro responsável pela edificação construída no terreno do réu. Sentença de procedência. Apelo interposto pelos requeridos. Provas produzidas nos autos que demonstram que a causa de drenagem da propriedade do réu. Responsabilidade pela indenização verificada. Exegese do art. 937 do Código Civil. Adequação dos valores das indenizações dos danos materiais. Ausência de comprovação de todos os danos alegados pelas autoras. Danos morais mantidos. Invasão de água e lama nas residências das autoras e a perda de inúmeros bens que extrapolam a esfera do mero dissabor. Necessidade de redistribuição do ônus de sucumbência em razão da reforma parcial da sentença. Recurso conhecido e parcialmente provido" (TJPR, Apelação Cível 1404607-4, 9.ª Câmara Cível, Ponta Grossa, Rel. Des. Luiz Osorio Moraes Panza, j. 04.08.2016, *DJPR* 17.08.2016, p. 1.138).

Expostos todos esses exemplos relativos ao art. 937 do Código Civil, sem prejuízo de muitos outros que são encontrados nos repertórios de jurisprudência, não se pode se esquecer, ainda, da situação descrita no dispositivo seguinte. Conforme o art. 938 do Código Civil, aquele que habitar uma casa ou parte dela responde pelos danos provenientes das coisas, sólidas ou líquidas, que dela caírem ou forem lançadas em lugar indevido. Como exposto no Capítulo 7 desta obra, trata-se da responsabilidade civil por *defenestramento* ou por *effusis et dejectis*. A expressão *defenestrar* significa jogar fora pela janela.

Novamente, como ali foi exaustivamente exposto, a posição majoritária é no sentido de tratar-se de responsabilidade objetiva, diante de um *risco-criado*. Eventualmente, a coisa pode ser lançada ou cair de uma construção, o que enseja a aplicação do art. 938 do Código Civil, respondendo todos aqueles que são responsáveis por ela, nos termos, ainda, dos outrora citados arts. 932, 933 e 942, parágrafo único, todos da codificação privada.

Entendendo desse modo, concluiu o Tribunal de Justiça de Minas Gerais que "o artigo 938 do Código Civil atribui responsabilidade objetiva por danos provenientes de coisas caídas ou lançadas de prédio, em lugar indevido, àquele que habitá-lo no todo ou em parte. Aplica-se ao mencionado dispositivo interpretação teleológica, estendendo a responsabilidade civil ali prevista também ao construtor por objetos caídos de sua obra" (TJMG, Apelação Cível 3004817-41.2009.8.13.0313, Rel. Des. Cabral da Silva, j. 17.07.2012, *DJEMG* 25.07.2012).

A conclusão é perfeita, tecnicamente impecável, trazendo correta interpretação sistemática dos dispositivos do Código Civil de 2002.

17

RESPONSABILIDADE CIVIL E PENAL. ASPECTOS PRIVADOS DA AÇÃO *EX DELICTO*

Sumário: 1. Conceitos iniciais e análise do art. 935 do Código Civil – 2. Principais repercussões da decisão criminal para o juízo cível. As recentes alterações do Código de Processo Penal sobre o tema – 3. Situações práticas analisadas pela jurisprudência a respeito da ação *ex delicto* – 4. Análise do art. 200 do Código Civil e suas aplicações. Influência penal para a prescrição da ação *ex delicto*.

1. CONCEITOS INICIAIS E ANÁLISE DO ART. 935 DO CÓDIGO CIVIL

A chamada ação *ex delicto* em sentido amplo é a ação de responsabilidade civil fundada na presença de um crime, ou seja, a demanda que visa ao recebimento de uma indenização em decorrência de um ilícito penal praticado por outrem. O ponto de partida para a sua compreensão está no art. 935 do Código Civil de 2002 equivalente, sem qualquer alteração, ao art. 1.535 do Código Civil de 1916. É a redação do comando em vigor:

"Art. 935. A responsabilidade civil é independente da criminal, não se podendo questionar mais sobre a existência do fato, ou sobre quem seja o seu autor, quando estas questões se acharem decididas no juízo criminal".

Como primeira e principal explicação doutrinária sobre o sentido da norma, o Enunciado n. 45 da *I Jornada de Direito Civil*, promovida pelo Conselho da Justiça Federal no ano de 2002, estabelece que, "no caso do art. 935, não mais se poderá questionar sobre a existência do fato ou quem seja o seu autor se essas questões se acharem *categoricamente* decididas no juízo criminal". Não se pode se esquecer de que um dos principais efeitos da sentença penal condenatória é tornar certa a obrigação de indenizar o dano causado pelo crime, conforme o art. 91, inc. I, do Código Penal, sendo esse o dispositivo que traz a fundamentação legal da ação *ex delicto* naquela norma.

Segundo explica a doutrina contemporânea do Processo Penal brasileiro, existem quatro sistemas concernentes à relação entre a ação civil *ex delicto* e o processo penal.[1] O primeiro deles é o *sistema de confusão*, que remonta à Antiguidade, pelo qual cabia ao ofendido buscar tanto a reparação do dano quanto a punição do autor do crime, mediante uma ação direta e comum em face do ofensor. Pelo *sistema da solidariedade*, o segundo, há uma cumulação obrigatória das duas ações, em um mesmo processo, perante o juízo criminal, uma de natureza penal e outra de natureza civil.

O terceiro sistema apontado é o da *livre escolha*, que dá à vítima a opção de promover a ação de reparação dos prejuízos no âmbito cível; devendo essa demanda ficar paralisada até o julgamento final da ação penal, diante da influência que a última exerce sobre a primeira e da sempre almejada vedação de decisões contraditórias. Segundo Renato Brasileiro de Lima, por esse sistema, "a critério do interessado, admite-se a cumulação das duas pretensões no processo penal, daí por que se fala em cumulação facultativa, e não obrigatória, como se dá no sistema da solidariedade".[2]

O quarto e último sistema, adotado entre nós, é o da *independência*, podendo as duas ações ser propostas de forma separada, uma no juízo cível e outra no juízo penal. A primeira tem como conteúdo questões patrimoniais, relativas ao Direito Privado; a segunda envolve interesses do Estado, relacionadas ao Direito Público. A primeira funda-se no ilícito civil indenizante; a segunda no ilícito penal.

Além do art. 935 do Código Civil, essa independência entre as duas esferas, órbitas ou juízos pode ser retirada do art. 63 do Código de Processo Penal, segundo o qual, transitada em julgado a sentença penal condenatória, poderão promover-lhe a *execução ex delicto*, no juízo cível, para o efeito da reparação do dano, o ofendido, seu representante legal ou seus herdeiros.

Foi incluído um parágrafo único no último preceito, por força da Lei n. 11.719/2008, estabelecendo que, transitada em julgado a sentença penal condenatória, a sua execução poderá ser efetuada pelo valor mínimo de indenização nela fixado, nos termos da nova redação dada ao inciso IV do art. 387 do próprio CPP, e sem prejuízo da liquidação para a apuração do dano efetivamente sofrido. Essa inovação ainda merecerá um estudo separado no presente capítulo.

Outro comando que igualmente adota a independência é o art. 64 do Código de Processo Penal, que trata da *ação civil ex delicto propriamente dita*, enuncian-

---

[1] Ver: LIMA, Renato Brasileiro de. *Manual de processo penal*. 6. ed. Salvador: JusPodivm, 2018. p. 322; e DEZEM, Guilherme Madeira. *Curso de processo penal*. 4. ed. São Paulo: RT, 2018. p. 324-326.

[2] LIMA, Renato Brasileiro de. *Manual de processo penal*, cit., p. 322.

do que a ação para ressarcimento do dano poderá ser proposta no juízo cível, contra o autor do crime e, se for caso, contra o responsável civil. Também está previsto, no parágrafo único da norma, que, intentada a ação penal, o juiz da ação civil poderá suspender o curso desta, até o julgamento definitivo daquela, diante da presença de uma questão prejudicial.

Na verdade, todos os comandos citados adotam a *independência relativa* entre os juízos cível e criminal. Em regra, a responsabilidade civil independe da criminal, pelo simples fato de que os elementos do ilícito civil são diferentes dos elementos do ilícito penal. O ilícito civil indenizante, que interessa à presente obra, está baseado em um modelo aberto, retirado dos arts. 186 e 187 do Código Civil. Já o ilícito penal é relacionado a um modelo fechado, estando adstrito a um dos tipos penais que a lei estabelece.

Todavia, quanto à existência do fato ou sobre a sua autoria, não caberá mais a discussão no juízo cível, se houver decisão no âmbito criminal quanto a esses elementos. Isso não afasta a possibilidade de um dimensionamento diferente no âmbito privado, que trata do pagamento de uma indenização. Diversas decorrências práticas e questões polêmicas surgem dessa confrontação.

Como primeiro ponto de debate, pertinente transcrever a crítica formulada há tempos por Rui Stoco, para quem o Código Civil continua "em conflito com o art. 66, Código de Processo Penal, que, na sua filosofia, é mais moderno, mais liberal e mais consentâneo com a proteção que se deve garantir às vítimas de ilícitos penais e civis perpetrados, mas, e não obstante, agora se vê derrogado. Tanto a redação do art. 1.525 do Código Civil de 1916 como a do art. 935 do atual são restritivas e causam prejuízos à parte prejudicada no âmbito civil. Nada justifica impedir que se questione quem seja o autor da ação ilícita na esfera civil".[3] Para elucidar, a redação do art. 66 do Código de Processo Penal é a seguinte: "Não obstante a sentença absolutória no juízo criminal, a ação civil poderá ser proposta quando não tiver sido, categoricamente, reconhecida a inexistência material do fato".

Em complemento, o art. 386 do mesmo CPP estabelece os fundamentos para a absolvição do réu no âmbito público, a saber: *a)* estar provada a inexistência do fato; *b)* não haver prova da existência do fato; *c)* não constituir o fato infração penal; *d)* estar provado que o réu não concorreu para a infração penal; *e)* não existir prova de ter o réu concorrido para a infração penal; *f)* não existir prova suficiente para a condenação; *g)* existirem circunstâncias que excluam o crime ou isentem o réu de pena, ou mesmo se houver fundada dúvida sobre sua existência; e *h)* não existir prova suficiente para a condenação.

Apesar das lições doutrinárias transcritas, a visão prevalecente na doutrina indica não ter havido revogação de uma norma por outra. Para Claudio Luiz Bueno de Godoy, na linha do que se expôs, a independência entre os dois juízos é relativa ou mitigada, "dado que, no juízo criminal, em que a exigência probatória é mais rígida, se delibera, de forma peremptória, sobre a existência material do fato ou sobre sua autoria, bem como sobre excludentes de ilicitude

---

[3] STOCO, Rui. *Tratado de responsabilidade civil*, cit., p. 258.

(art. 65 do CPP), nada mais, a respeito pode ser discutido no cível. Essa regra, em sua primeira parte, está também no art. 66 do Código de Processo Penal, que, porém, contempla casuística mais restrita, apenas impedindo a rediscussão, no cível, de sentença absolutória penal, que tenha reconhecido a inexistência do fato. Ou seja, pelo Código de Processo Penal não se impede a discussão, no juízo cível, sobre a autoria, embora deliberada no crime".[4]

Cristiano Chaves de Farias, Felipe Braga Teixeira e Nelson Rosenvald também procuram trabalhar com o art. 935 do Código Civil e o art. 66 do Código de Processo Penal em conjunto, sem que tenha havido revogação: "confirmando a relativa autonomia entre as jurisdições, será a absolvição veemente no juízo cível se reconhecer, de modo categórico, que o fato não ocorreu, ou que embora tenha acontecido, o réu não foi o seu autor (art. 935, CC e art. 66, CPP). Todavia, as demais hipóteses de absolvição, quaisquer que sejam, não vinculam o juízo cível, facultando-se à vítima o acesso à ação civil *ex delicto*".[5] Entre os autores contemporâneos do Processo Penal brasileiro fazem o mesmo Renato Brasileiro de Lima e Guilherme Madeira Dezem, utilizados neste capítulo como referência.[6]

A minha posição também é no mesmo sentido, de não ter havido revogação do dispositivo processual penal pela norma civil e de coexistência entre ambas, naquilo que for possível.

Exposta essa primeira repercussão penal para o âmbito civil, vejamos outras, a seguir analisadas.

2. PRINCIPAIS REPERCUSSÕES DA DECISÃO CRIMINAL PARA O JUÍZO CÍVEL. AS RECENTES ALTERAÇÕES DO CÓDIGO DE PROCESSO PENAL SOBRE O TEMA

A Professora Heloísa Helena Barboza, Titular da Universidade Estadual do Rio de Janeiro, expõe muito bem as relações entre a responsabilidade civil e a criminal, merecendo os seus ensinamentos transcrição integral, eis que preciosos pela didática e pela objetividade:

> "1. Há independência das instâncias civil, penal e administrativa: o autor do dano pode ser responsabilizado, cumulativamente, na jurisdição civil, penal e administrativa.
>
> 2. Há, porém, repercussão da decisão criminal no juízo cível, naquilo que é comum às duas jurisdições. A apreciação da culpabilidade é feita de modo distinto, na instância civil e criminal: a decisão criminal, neste aspecto, não vincula o juízo civil.
>
> 3. A sentença penal faz coisa julgada no cível quanto ao dever de indenizar o dano decorrente do crime.

---

[4] GODOY, Claudio Luiz Bueno de. In: PELUSO, Cezar (Coord.). *Código Civil comentado*, cit., p. 933.

[5] FARIAS, Cristiano Chaves; TEIXEIRA, Felipe Braga; ROSENVALD, Nelson. *Novo tratado de responsabilidade civil*. 2. ed. São Paulo: Saraiva, 2017. p. 128.

[6] LIMA, Renato Brasileiro de. *Manual de processo penal*, cit., p. 323-324; DEZEM, Guilherme Madeira. *Curso de processo penal*, cit., p. 323-324.

4. Não obstante a sentença absolutória no juízo criminal, a ação cível poderá ser proposta quando não tiver sido, categoricamente, reconhecida a inexistência material do fato.

5. A absolvição que tem como base a falta ou a insuficiência de prova quanto à existência do crime ou da autoria não impede a exigência de indenização. A absolvição por insuficiência da prova quanto à culpabilidade também não inibe o dever de reparar o dano.

6. A sentença penal que reconhecer ter sido o ato praticado em legítima defesa, estado de necessidade, estrito cumprimento do dever legal, ou no exercício regular de um direito, faz coisa julgada no cível. Haverá, porém, obrigação de indenizar nos termos dos arts. 929 e 930.

7. A ação indenizatória pode ser proposta antes ou no curso da ação penal, porque é dela independente.

8. A lei faculta o sobrestamento da ação civil para aguardar o julgamento da ação penal, o que é admissível quando o conhecimento da lide depender necessariamente da verificação da existência do fato delituoso, constituindo questão prejudicial.

9. Não impedem a propositura da ação civil: o despacho de arquivamento do inquérito ou das peças de informação; a decisão que julgar extinta a punibilidade; a sentença absolutória que decidir que o fato imputado não constitui crime.

10. É possível a composição dos danos decorrentes das infrações penais de menor potencial ofensivo. A composição dos danos civis no Juizado Especial Criminal será reduzida a escrito e, homologada pelo juiz mediante sentença irrecorrível, terá eficácia de título a ser executado no juízo cível competente".[7]

Essas são as *dez regras de ouro* a respeito das interações entre os juízos penal e civil, para os devidos fins da ação e da execução *ex delicto*, com o reconhecimento do correspondente dever de indenizar do ofensor. Nota-se que as correlações feitas pela professora fluminense praticamente esgotam o tema para a prática cível. Sem prejuízo dos arts. 63, 64 e 66 do Código de Processo Penal, aqui mencionados, três outros comandos dessa norma devem ser expostos, fechando o tratamento ali desenvolvido a respeito da ação civil *ex delicto* em sentido amplo, a englobar a *execução ex delicto* e a *ação ex delicto propriamente dita*.

O primeiro deles é o seu art. 65, pelo qual faz coisa julgada no cível a sentença penal que reconhecer ter sido o ato praticado em estado de necessidade, em legítima defesa, em estrito cumprimento de dever legal ou no exercício regular de direito. Tais condutas, como está mais bem desenvolvido no próximo capítulo deste livro, constituem atos lícitos no âmbito privado, conforme o art. 188 do Código Civil, não se reconhecendo o dever de indenizar em casos tais, em regra. Exceções devem ser feitas para as duas regras – a civil e a penal – e, como está demonstrado no Capítulo 17, às hipóteses de legítima defesa putativa

---

[7] BARBOZA, Heloísa Helena. In: PEREIRA, Rodrigo da Cunha (Coord.). *Código Civil anotado*. Porto Alegre: Síntese, 2004. p. 627.

e estado de necessidade agressivo, em que se reconhece o dever de indenizar por atos lícitos.

Seguindo, o art. 67 do CPP consagra hipóteses em que o juízo penal não interfere no âmbito civil. Assim, não impedirão a propositura da ação civil: *a)* o despacho de arquivamento do inquérito ou das peças de informação; *b)* a decisão que julgar extinta a punibilidade penal; *c)* a sentença absolutória que decidir que o fato imputado não constitui crime. O preceito está fundado na diferenciação fundamental existente entre o ilícito civil – baseado em modelo aberto – e o ilícito penal – fundado na tipicidade fechada.

Como último comando inserido no capítulo relativo ao tema em estudo, o art. 68 do CPP prevê que, quando o titular do direito à reparação do dano for pobre, a *execução ex delicto* (art. 63) ou a *ação civil ex delicto* (art. 64) será promovida, a seu requerimento, pelo Ministério Público.

Há, assim, o reconhecimento da legitimidade do MP para tais demandas, quando parte estiver em situação de pobreza. Nos termos do art. 32, § 1.º, do mesmo CPP, mencionado pelo art. 68, considerar-se-á pobre a pessoa que não puder prover às despesas do processo, sem privar-se dos recursos indispensáveis ao próprio sustento ou da família. A lei considera como prova suficiente de pobreza o atestado da autoridade policial em cuja circunscrição residir o ofendido (art. 32, § 2.º, do CPP).

Sem prejuízo dessas regras e afirmações, é preciso atualizá-las diante da emergência de recentes reformas do Código de Processo Penal. De início, retome-se que foi introduzido um parágrafo único no art. 63 do CPP, pela Lei n. 11.719/2008, prescrevendo a possibilidade de fixação de uma indenização mínima pelo juízo penal, para que seja executada no âmbito cível e sem prejuízo da liquidação para a apuração do dano efetivamente sofrido. O art. 387, IV, do CPP, mencionado pelo diploma, passou a ter a seguinte redação: "o juiz, ao proferir sentença condenatória: (...). IV – fixará valor mínimo para reparação dos danos causados pela infração, considerando os prejuízos sofridos pelo ofendido".

Como se constata, houve a consagração de um *piso mínimo indenizatório* para a reparação civil, que cabe ao juiz penal fixar, sendo imperioso um pedido do ofendido – por seu advogado – ou do Ministério Público, conforme aponta Guilherme de Souza Nucci.[8] A nova redação é criticada por ele, uma vez que há muito tempo clama-se pela possibilidade de o juiz penal fixar a indenização civil. Entretanto, como pontua o jurista, a norma veio bem aquém do esperado, sendo pertinente destacar as suas lições:

> "Essa situação nos soa absurda. Ou o ofendido vai diretamente ao juízo cível, como se dava anteriormente, ou consegue logo o que almeja – em definitivo – no contexto criminal. A situação do meio-termo é típica de uma legislação vacilante e sem objetivo. Desafogar a Vara Cível também precisaria de uma meta do legislador. Incentivar o ofendido a conseguir justa indenização, igual-

---

[8] NUCCI, Guilherme de Souza. *Código de Processo Penal comentado*. 8. ed. São Paulo: RT, 2008. p. 691.

mente. Porém, inexiste qualquer razão para a fixação de um valor mínimo. Dá-se com uma mão; retira-se com a outra. O ofendido obtém, na sentença penal condenatória criminal, um montante qualquer pelo que sofreu, mas pode demandar valor maior na esfera cível".[9]

De fato, tem razão o jurista. Em reforço, parece que há uma contramão principiológica ou de ideais. O sistema penal consagrou a ideia da *reparação mínima*, enquanto o sistema civil prevê a *reparação máxima ou integral* dos danos, que pode ser retirada do *caput* do art. 944 do Código Civil e do art. 6.º, inc. V, do Código de Defesa do Consumidor.

Isso acaba por colocar o primeiro sistema em descrédito, pois sempre vai se buscar a solução na esfera cível ou privada, para a complementação da indenização, atingindo a reparação máxima. Em suma, fere-se a lógica da reforma processual penal, que tendeu à facilitação das demandas penais e de suas decorrências diretas e indiretas.

Renato Brasileiro de Lima esclarece que a inovação não significa que houve uma aproximação ao sistema de solidariedade, muito menos ao sistema de confusão, antes expostos, pois "não há necessidade de cumulação obrigatória, nem tampouco facultativa das pretensões perante o juízo penal. Por mais que o juiz criminal possa, desde já, fixar um valor mínimo a título de indenização, não há propriamente uma ação civil cumulada com uma ação penal no juízo criminal, vez que a fixação do valor mínimo a título de indenização é apenas um efeito automático da sentença condenatória, que independe de pedido expresso do Ministério Público ou do ofendido. Continua a vigorar, pois, o sistema da separação das instâncias, vez que é possível a propositura de uma ação civil pela vítima, com o objetivo de obter a reparação do dano causado pelo delito – ação civil *ex delicto* –, paralelamente à ação penal, proposta, em regra, pelo Ministério Público".[10]

Não se pode negar, contudo, como afirma Guilherme Madeira Dezem, que o sistema brasileiro continua filiado ao sistema da independência, mas com atenuações ou exceções, diante das novas previsões legislativas e de outros comandos civis.[11] Por isso, reitere-se, pode-se falar em independência relativa das duas instâncias ou órbitas.

Para ambos os doutrinadores, a menção à indenização mínima fixada inclui todos os danos suportados, não só os materiais, como os imateriais, casos dos danos morais e dos estéticos.[12] Apontam eles que o entendimento consta do Enunciado n. 16 do 1.º Fórum Nacional dos Juízes Federais Criminais (FONACRIM): "o valor mínimo para reparação dos danos causados pelo crime pode abranger danos morais"; bem como de recentes acórdãos do STJ, caso dos julgamentos do Recurso Especial 1.585.684/DF e do Agravo Regimental no Recurso Especial

---

[9] NUCCI, Guilherme de Souza. *Código de Processo Penal comentado*, cit., p. 691.
[10] LIMA, Renato Brasileiro de. *Manual de processo penal*, cit., p. 322-323.
[11] DEZEM, Guilherme Madeira. *Curso de processo penal*, cit., p. 326-327.
[12] LIMA, Renato Brasileiro de. *Manual de processo penal*, cit., p. 332-333; DEZEM, Guilherme Madeira. *Curso de processo penal*, cit., p. 327-329.

1.644.564/MS, pela 6.ª Turma da Corte, ambos com a relatoria da Ministra e Professora Maria Thereza de Assis Moura, no ano de 2016.

Mais recentemente, no mesmo sentido, acrescento os seguintes arestos, que apontam a necessidade de haver pedido expresso na denúncia para que tal indenização seja fixada, não cabendo a sua atribuição de ofício pelo julgador. A posição que prevalece hoje é de que tal pedido pode ser feito pela própria parte interessada ou pelo MP, como defende Guilherme Nucci, em trecho doutrinário antes citado:

> "Agravo regimental em recurso especial. Processo penal. Art. 387, IV, do CPP. Reparação civil. Danos morais. Pedido expresso da acusação na denúncia. Possibilidade. Instrução probatória específica. Desnecessidade. *Dano in re ipsa*. Agravo provido. 1. Admite-se a fixação de valor mínimo para reparação de danos morais, nos termos do art. 387, IV, do Código de Processo Penal, desde que haja pedido expresso do Ministério Público na denúncia. 2. Em se tratando de violência doméstica e familiar contra a mulher, configurado o dano moral *in re ipsa*, que dispensa instrução específica. 3. Agravo regimental provido para prover o Recurso Especial" (STJ, AgRg-REsp 1.686.321/MS, 6.ª Turma, Rel. Min. Nefi Cordeiro, j. 19.04.2018, *DJe* 11.05.2018, p. 1.587).

> "Recurso especial. CPP. Violência doméstica. Art. 387, IV, do CPP. Reparação de dano sofrido pela vítima. Natureza jurídica. Cabimento para danos morais e materiais. Pedido expresso do *quantum* na denúncia. Ocorrência. Recurso Especial não provido" (STJ, REsp 1.702.421/MS, Rel. Min. Sebastião Reis Júnior, j. 30.04.2018, *DJe* 04.05.2018, p. 9.185).

A questão foi julgada em sede de incidente de recursos repetitivos pelo Tribunal da Cidadania, concluindo-se, ao final e a respeito das ações de violência doméstica contra a mulher, que a norma em estudo possibilita a fixação mínima da indenização por todos os danos suportados pela vítima, inclusive os morais. No tocante aos danos imateriais, entendeu-se que esses independem da indicação de um valor líquido e certo, podendo o *quantum* ser fixado minimamente pelo julgador, de acordo com seu arbítrio e até de forma presumida ou *in re ipsa*. Vejamos trecho fundamental da ementa:

> "A evolução legislativa ocorrida na última década em nosso sistema jurídico evidencia uma tendência, também verificada em âmbito internacional, a uma maior valorização e legitimação da vítima, particularmente a mulher, no processo penal. Entre diversas outras inovações introduzidas no Código de Processo Penal com a reforma de 2008, nomeadamente com a Lei n. 11.719/2008, destaca-se a inclusão do inciso IV ao art. 387, que, consoante pacífica jurisprudência desta Corte Superior, contempla a viabilidade de indenização para as duas espécies de dano – o material e o moral –, desde que tenha havido a dedução de seu pedido na denúncia ou na queixa. Mais robusta ainda há de ser tal compreensão quando se cuida de danos morais experimentados pela mulher vítima de violência doméstica. Em tal situação, emerge a inarredável compreensão de que a fixação, na sentença condenatória, de indenização, a título de danos morais, para a vítima de violência doméstica, independe de indicação de um valor líquido e certo pelo postulante da

reparação de danos, podendo o *quantum* ser fixado minimamente pelo Juiz sentenciante, de acordo com seu prudente arbítrio. No âmbito da reparação dos danos morais – visto que, por óbvio, os danos materiais dependem de comprovação do prejuízo, como sói ocorrer em ações de similar natureza –, a Lei Maria da Penha, complementada pela reforma do Código de Processo Penal já mencionada, passou a permitir que o juízo único – o criminal – possa decidir sobre um montante que, relacionado à dor, ao sofrimento, à humilhação da vítima, de difícil mensuração, deriva da própria prática criminosa experimentada. Não se mostra razoável, a esse fim, a exigência de instrução probatória acerca do dano psíquico, do grau de humilhação, da diminuição da autoestima etc., se a própria conduta criminosa empregada pelo agressor já está imbuída de desonra, descrédito e menosprezo à dignidade e ao valor da mulher como pessoa. Também justifica a não exigência de produção de prova dos danos morais sofridos com a violência doméstica a necessidade de melhor concretizar, com o suporte processual já existente, o atendimento integral à mulher em situação de violência doméstica, de sorte a reduzir sua revitimização e as possibilidades de violência institucional, consubstanciadas em sucessivas oitivas e pleitos perante juízos diversos. O que se há de exigir como prova, mediante o respeito ao devido processo penal, de que são expressão o contraditório e a ampla defesa, é a própria imputação criminosa – sob a regra, derivada da presunção de inocência, de que o *onus probandi* é integralmente do órgão de acusação –, porque, uma vez demonstrada a agressão à mulher, os danos psíquicos dela derivados são evidentes e nem têm mesmo como ser demonstrados. Recurso especial provido para restabelecer a indenização mínima fixada em favor pelo Juízo de primeiro grau, a título de danos morais à vítima da violência doméstica. Tese: 'Nos casos de violência contra a mulher praticados no âmbito doméstico e familiar, é possível a fixação de valor mínimo indenizatório a título de dano moral, desde que haja pedido expresso da acusação ou da parte ofendida, ainda que não especificada a quantia, e independentemente de instrução probatória'" (STJ, REsp 1.643.051/MS, 3.ª Seção, Rel. Min. Rogerio Schietti Cruz, j. 28.02.2018, *DJe* 08.03.2018).

Com o devido respeito, apesar dos louváveis argumentos pela instrumentalidade e efetividade da reforma processual, bem como de tutela de vulneráveis, não me filio a essa corrente por uma questão funcional.

Entendo que a fixação dos danos no âmbito penal diz respeito apenas aos prejuízos materiais, assim entendidos como os danos emergentes e lucros cessantes. Os danos imateriais, como os morais e os estéticos, necessitam de um maior aprofundamento de análise, que somente pode ser feito, a contento e como se espera, no âmbito cível. A fixação do âmbito penal, muitas vezes irrisória, pode se distanciar das sempre citadas funções sancionatória e preventiva que se deve dar à responsabilidade civil, como destaquei no final do primeiro capítulo deste livro.

Outra conclusão importante do STJ diz respeito à necessidade da presença de elementos mínimos para a fixação do *quantum* pelo juízo penal. A esse propósito, destaco outro julgado que trata do art. 387, inc. IV, do CPP:

"Tal norma modificou apenas o momento em que deve ser fixado o mencionado valor, aplicando-se imediatamente às sentenças proferidas após a sua entrada em vigor. Ocorre que, no caso, inexistem elementos suficientes para que o juiz fixe um valor, ainda que mínimo, para reparar os danos causados pela infração, considerando os prejuízos sofridos pelo ofendido (ou seus sucessores). Além disso, na hipótese, o delito é homicídio e eventuais danos não são de simples fixação, até porque provavelmente são de natureza material e moral. Assim, não houve contrariedade ao dispositivo legal supradito" (STJ, REsp 1.176.708/RS, Rel. Min. Sebastião Reis Júnior, j. 12.06.2012, *Informativo* n. 499 da Corte).

Como se nota da decisão, podem existir barreiras consideráveis para subsunção da hipótese legal.

A norma também foi aplicada em notório julgamento relativo ao crime de uso indevido de informação privilegiada de empresa (*insider trading*), entendendo a Corte que, "a despeito de a redação do art. 387, IV, do Código de Processo Penal, conferida pela Lei n. 11.719/2008, estabelecer que o juiz, ao proferir sentença condenatória, 'fixará valor mínimo para reparação dos danos causados pela infração, considerando os prejuízos sofridos pelo ofendido', a referida norma, por possuir caráter processual e penal, não pode ser aplicada à espécie, em face do preceito constitucional previsto no art. 5.º, XL, da CF/1988, que veda a retroatividade da lei penal *in pejus*" (STJ, REsp 1.569.171/SP, 5.ª Turma, Rel. Min. Gurgel de Faria, j. 16.02.2016, *DJe* 25.02.2016).

Acrescente-se que o caso dizia respeito à condenação por danos morais coletivos, sendo majoritário o entendimento de que também tais danos podem ter a indenização fixada no juízo penal. Apresento aqui as mesmas ressalvas feitas com relação aos danos imateriais individuais, sendo certo que nos danos coletivos as dificuldades do julgador penal podem ser maiores ainda.

Deve ainda ser destacada outra posição dominante na prática, pela prevalência do caráter material da norma e que, por tal, somente pode ser aplicada aos crimes ocorridos após a sua entrada em vigor, entendimento que consta do último acórdão mencionado, sobre *insider trading*. Na mesma linha, do Tribunal da Cidadania:

"Agravo regimental. *Habeas corpus* concedido de ofício para excluir da sentença a condenação à reparação civil. Possibilidade. Art. 387, IV, do CPP. Lei n. 11.719/2008. Inaplicabilidade aos delitos cometidos antes da entrada em vigor da norma. Precedentes. Manifesto constrangimento ilegal. 1. Há precedentes de ambas as Turmas que compõem a Terceira Seção expedindo ordem de *habeas corpus* de ofício para afastar a reparação civil fixada na sentença condenatória quando configurado o constrangimento ilegal evidente. 2. No caso, o disposto no art. 387, IV, do Código de Processo Penal (norma de direito material mais rigorosa ao réu), que cuida da reparação civil dos danos sofridos pelo ofendido, foi aplicado a delito praticado antes da entrada em vigor da Lei n. 11.719/2008. 3. Agravo regimental improvido" (STJ, Ag. Int. no HC 331.162/PE, 6.ª Turma, Rel. Min. Sebastião Reis Júnior, j. 12.04.2016, *DJe* 25.04.2016).

Algumas decisões mencionam tratar-se de uma norma processual, o que não afasta a mesma conclusão. A título de ilustração, julgou-se o seguinte:

> "O art. 387, IV, do Código de Processo Penal, cuja redação foi conferida pela Lei n. 11.719/2008, é norma eminentemente processual, que permitiu a antecipação do momento processual para a fixação de valor mínimo para a reparação de danos causados por infração penal. Por conseguinte, como regra intraprocessual, aplica-se imediatamente apenas às infrações sentenciadas após a vigência da referida lei modificadora, hipótese em que surge essa prerrogativa processual, desde que haja pedido nesse sentido e seja respeitado o contraditório. No caso, a sentença foi proferida em 22.07.2010, portanto, indubitável a prerrogativa processual de fixação do valor indenizatório mínimo" (STJ, AgRg no HC 319.241/SP, 5.ª Turma, Rel. Min. Ribeiro Dantas, j. 28.11.2017, *DJe* 1.º.12.2017).

Seja por um caminho ou por outro, vale a conclusão pela não possibilidade de retroação do preceito.

Também a merecer destaque, pela sua relevância para a prática, concluiu o Tribunal da Cidadania ser inviável fixar, na esfera penal, indenização mínima a título de danos morais, sem que tenha havido a efetiva comprovação do abalo à honra objetiva da pessoa jurídica (STJ, AREsp 2.267.828-MG, 5.ª Turma, Rel. Min. Messod Azulay Neto, j. 17.10.2023, *DJe* 23.10.2023, v.u.). No caso concreto, como se retira da publicação do acórdão, "o Tribunal de origem justificou a fixação de valor mínimo indenizatório por danos morais, pois não haveria '...qualquer elemento que afaste a ofensa à esfera íntima do ofendido, que é própria da prática da infração penal...'. Contudo, o conceito de 'esfera íntima' é inapropriado nas hipóteses em que o ofendido é pessoa jurídica. É temerário presumir que o roubo a um caminhão de entregas possa ter causado danos morais à pessoa jurídica. Por outro lado, é possível que determinados crimes afetem a imagem e a honra de empresas. Seria, por exemplo, o caso de consumidores que param de frequentar determinado estabelecimento por razões de segurança. Daí por que se conclui pela imprescindibilidade da instrução específica para comprovar, caso a caso, a ocorrência de efetivo abalo à honra objetiva da pessoa jurídica para os fins do art. 387, inciso IV, do Código de Processo Penal". De fato, pelas peculiaridades do caso concreto, a conclusão não poderia ser outra.

Outra atualização de cunho processual penal envolve a Lei n. 12.403/2011, que introduziu importantes alterações a respeito das medidas cautelares do processo penal, especialmente no que concerne à fiança. Estabelece o art. 336 do Código de Processo Penal, em sua redação atual, que o dinheiro ou objetos dados como fiança penal servirão ao pagamento das custas, da indenização do dano, da prestação pecuniária e da multa, se o réu for condenado.

Mais uma vez, conforme as lições de Renato Brasileiro de Lima, a quem se filia, apesar de não haver disposição expressa, deve ser dada preferência ao pagamento da indenização do dano causado à vítima, eis que o Estado, sempre que possível, deve proteger e estimular a recomposição do patrimônio daquele atingido pela infração penal. Apenas nos casos em que estiverem presentes *sobras* é que os valores serão utilizados para pagamento das custas e da multa, que serão recolhidas ao Fundo Penitenciário Nacional, para os seus fins previstos em lei.[13]

Eventualmente, se a fiança for declarada sem efeito ou transitar em julgado sentença que houver absolvido o acusado ou declarada extinta a ação penal, o valor que a constituir, atualizado, será restituído sem desconto, salvo nos casos de reconhecimento de prescrição penal, depois da sentença condenatória (art. 337 do CPP, também com nova redação dada pela Lei n. 12.403/2011).

As inovações revelam uma salutar interação entre os dois juízos, vindo em boa hora. Isso porque a fiança penal já tem a finalidade prévia de reparar o dano sofrido pela vítima ou por sua família, inclusive em valores consideráveis, eis que a reforma processual penal aumentou de forma relevante os parâmetros para sua fixação. Aplicando as regras, o STJ tem entendido que "permite-se a utilização do valor prestado a título de fiança para realizar o pagamento da prestação pecuniária fixada, descontados os encargos previstos no artigo 336 do CPP e se assim o determinar o julgador" (STJ, AgRg no REsp 1.347.025/DF, 5.ª Turma, Rel. Min. Leopoldo de Arruda Raposo [Desembargador Convocado do TJPE], j. 23.06.2015, DJe 03.08.2015).

Entretanto, apesar desse reconhecimento de reversão da fiança penal para o âmbito cível, tem-se entendido que "essa medida não constitui direito subjetivo do acusado, pois o aproveitamento ou perdimento da fiança para efeito de quitação da prestação pecuniária somente é possível quando o magistrado não vislumbrar a necessidade de manutenção da garantia, voltada para o regular curso das investigações e da ação penal ou efetivo cumprimento da pena, seja privativa de liberdade ou de multa, além de cobrir as despesas processuais e indenização de eventual dano, conforme ressai das disposições constantes dos arts. 327 a 347 do CPP" (STJ, RHC 68.142/RS, 5.ª Turma, Rel. Min. Reynaldo Soares da Fonseca, j. 17.03.2016, DJe 30.03.2016).

Em complemento, com a redação dada pela Lei n. 12.403/2011 ao art. 325 do Código de Processo Penal, o valor da fiança pode chegar a até mil vezes o correspondente a duzentos salários mínimos nacionais. De todo modo, a fixação da fiança não pode gerar abusos, especialmente quando o réu não tem quaisquer condições financeiras de pagá-la.

Em suma, assim como ocorre na responsabilização civil, a condição do ofensor deve ser levada em conta pela autoridade que fixa o valor da fiança, de acordo com as peculiaridades do caso concreto. Concluindo desse modo, da jurisprudência superior em caso de fiança fixada em mais de um milhão de reais:

> "Preceitua o Código de Processo Penal que o valor da fiança, fixado entre 10 e 200 salários mínimos, somente poderá ser aumentado em até mil vezes, 'se assim recomendar a situação econômica do preso' (art. 325, § 1.º, III), circunstância que não se coaduna com o caso presente. Ressalte-se que os valores a serem pagos a título de reparação pelos danos sofridos pelas

---

[13] LIMA, Renato Brasileiro de. *Manual de Direito Processual Penal*. Niterói: Impetus, 2011. v. 1, p. 1497-1498.

vítimas dependem de pedido expresso, sendo vedada a fixação de ofício de indenização correspondente. Se é assim, mais ainda evidente se constata o constrangimento ilegal, quando não há nem mesmo sentença prolatada, e o valor do suposto dano afligido pelas vítimas foi, em verdade, utilizado como justificador para a mantença da prisão cautelar. *Habeas corpus* não conhecido. Ordem concedida de ofício, a fim de reduzir o valor da fiança para o máximo previsto no art. 325, inciso II, do Código de Processo Penal, desde que a paciente se comprometa ao comparecimento a todos os atos do processo para os quais seja intimada, bem como não se ausente da comarca por mais de 30 dias" (STJ, HC 276.103/MG, 5.ª Turma, Rel. Min. Reynaldo Soares da Fonseca, j. 17.09.2015, *DJe* 22.09.2015).

Imperiosa, portanto, a redução equitativa da fiança penal pelo julgador, nos mesmos moldes em que se dá a redução da cláusula penal, nos termos do que consta do art. 413 do Código Civil brasileiro.

Como última nota de atualização, o conhecido *Pacote de Lei Anticrime*, que surgiu no final de 2019, trouxe a possibilidade de a reparação do dano sofrido pela vítima substituir a pena restritiva de direito (Lei n. 13.964/2019).

Entre as previsões nesse sentido, destaque-se o novo art. 28-A do Código de Processo Penal, segundo o qual, não sendo caso de arquivamento e tendo o investigado confessado formal e circunstancialmente a prática de infração penal sem violência ou grave ameaça e com pena mínima inferior a quatro anos, o Ministério Público poderá propor *acordo de não persecução penal*, desde que necessário e suficiente para reprovação e prevenção do crime, mediante as seguintes condições ajustadas cumulativa e alternativamente: *a)* reparar o dano ou restituir a coisa à vítima, exceto na impossibilidade de fazê-lo; *b)* renunciar voluntariamente a bens e direitos indicados pelo Ministério Público como instrumentos, produto ou proveito do crime; *c)* prestar serviço à comunidade ou a entidades públicas por período correspondente à pena mínima cominada ao delito diminuída de um a dois terços, em local a ser indicado pelo juízo da execução; *d)* pagar prestação pecuniária, a ser estipulada a entidade pública ou de interesse social, a ser indicada pelo juízo da execução, que tenha, preferencialmente, como função proteger bens jurídicos iguais ou semelhantes aos aparentemente lesados pelo delito; ou *e)* cumprir, por prazo determinado, outra condição indicada pelo Ministério Público, desde que proporcional e compatível com a infração penal imputada.

Como se pode perceber, as normas emergentes fixam *negócios jurídicos processuais* no campo do processo penal, cujo objeto pode ser a reparação civil, em claro diálogo entre as duas esferas de responsabilização. Acredito que as inovações vêm em boa hora, representando alternativas para a restrição da liberdade, que deve ser a *ultima ratio*.

De todo modo, não se pode negar a possibilidade de crítica das inovações, pelo fato de encerrar previsões utilitaristas, que valorizam o pagamento de indenizações em detrimento de punições mais duras, que atualmente não defendidas por muitos.

Para fechar o tópico, todas essas mudanças legislativas e entendimentos jurisprudenciais fundamentam a necessidade de alterações no hoje tímido art. 935 do Código Civil. A par dessa realidade, a Comissão de Juristas encarregada da Reforma do Código Civil, em trâmite no Congresso Nacional, propõe a inclusão de novos parágrafos no dispositivo.

Consoante o seu novo § 1.º proposto, "a fixação, na esfera penal, de indenização civil mínima ao ofendido e à sua família não obsta a reparação civil integral dos lesados a ser fixada em processo autônomo movido contra o condenado ou contra aqueles que civilmente responderem por seus atos". A menção à possibilidade de complementação do valor devido na ação específica, em prol do princípio da reparação integral dos danos, é imperiosa.

Ademais, é preciso incluir norma a respeito da utilidade prática da sentença penal condenatória para a demanda cível, prevendo o projetado § 2º do art. 935 que "a sentença penal condenatória servirá para instruir pretensão cível de reparação integral dos danos contra o condenado e terceiros responsáveis, facultando-lhes ampla defesa, sem que possam contrapor-se à existência do fato e de sua autoria, causas da pretensão indenizatória". Além disso, nos termos do sugerido § 3.º, e em prol da segurança jurídica, "a sentença, prolatada nos termos do inciso IV do art. 387 do Decreto-Lei n. 3.689, de 3 de outubro de 1941 (Código de Processo Penal), tem eficácia civil contra o condenado, para a execução do valor indenizatório mínimo fixado no juízo criminal".

Por fim, inclui-se necessária previsão quanto à impossibilidade de repetição ou devolução do valor pago ao ofendido, no novel § 4.º do art. 935, o que virá em boa hora: "o valor da indenização mínima, fixado no juízo criminal, e recebido pelo ofendido, não será repetido, mesmo se procedente a revisão criminal, nem abatido da indenização final fixada no juízo cível".

Além das sugestões vindas da subcomissão de Responsabilidade Civil – composta pelo Professor Nelson Rosenvald, pela Ministra Maria Isabel Galotti e pela Juíza Patrícia Carrijo –, foi efetiva a atuação da Professora Rosa Nery, Relatora Geral, que contou com a colaboração do Professor e Defensor Público Gustavo Junqueira, na elaboração da proposta.

3. SITUAÇÕES PRÁTICAS ANALISADAS PELA JURISPRUDÊNCIA A RESPEITO DA AÇÃO *EX DELICTO*

Superado o estudo das regras fundamentais a respeito dos referidos *diálogos* entre o Direito Civil e o Direito Penal no âmbito da responsabilidade civil e da ação *ex delicto*, é interessante comentar outras questões práticas analisadas pela atual jurisprudência brasileira, com o fim de aclarar os temas abordados neste capítulo.

Como primeiro aspecto, pontue-se que não há o costume de utilizar todos os conceitos de ilícito penal para a responsabilidade civil. A título de exemplo dessa afirmação, o civilista não adota todas as classificações da culpa ou do dolo existentes no Direito Penal para a fixação da indenização, mormente os conceitos de dolo eventual, culpa consciente, culpa inconsciente e preterdolo.

Na realidade, para o Direito Civil interessa a simples classificação da culpa quanto ao grau, em culpa grave, leve ou levíssima, conforme já aduzido em vários trechos deste livro. Ademais, vale lembrar que para os fins de responsabilização civil afirma-se, desde o Direito Romano, que o dolo equivale à culpa grave (*culpa lata dolus aequiparatur*), sendo irrelevantes conceitos intermediários, como alguns dos citados acima. Demonstrando tal diferenciação entre as construções, transcreve-se julgado publicado no *Informativo* n. 437 do STJ, que demonstra a existência de um maior rigor na análise do ilícito penal:

"Sentença penal absolutória. Efeito. Cível. A questão consiste em determinar se a absolvição penal do preposto do recorrente com base no inciso IV do art. 386 do CPP é capaz de tolher os efeitos de sentença cível anteriormente proferida na qual o recorrente foi condenado ao pagamento de pensão e indenização por danos morais e materiais por morte em acidente de trânsito. Destacou a Min. Relatora que, na hipótese, tanto a responsabilidade criminal quanto a civil tiveram origem no mesmo fato. Entretanto, observa que cada uma das jurisdições, penal e civil, utiliza diferentes critérios para aferição do ocorrido. Dessa forma, a absolvição no juízo criminal não exclui automaticamente a possibilidade de condenação no juízo cível, conforme está disposto no art. 64 do CPP. Os critérios de apreciação da prova são diferentes: o Direito Penal exige integração de condições mais rigorosas e taxativas, uma vez que está adstrito ao princípio da presunção de inocência; já o Direito Civil é menos rigoroso, parte de pressupostos diversos, pois a culpa, mesmo levíssima, induz à responsabilidade e ao dever de indenizar. Assim, pode haver ato ilícito gerador do dever de indenizar civilmente, sem que penalmente o agente tenha sido responsabilizado pelo fato. Assim, a decisão penal absolutória, que, no caso dos autos, foi por inexistir prova de ter o réu concorrido para a infração penal (art. 386, IV, do CPP), ou seja, por falta de provas da culpa, não impede a indenização da vítima pelo dano cível sofrido. Expõe, ainda, que, somente a decisão criminal que tenha categoricamente afirmado a inexistência do fato impede a discussão da responsabilidade civil, o que não ocorreu na hipótese dos autos. Além do mais, o art. 65 desse mesmo Código explicita que somente a sentença penal que reconhece o ato praticado em estado de necessidade, em legítima defesa, em estrito cumprimento do dever legal ou exercício regular de direito faz coisa julgada no cível (essas circunstâncias também não foram contempladas nos autos). Na espécie, segundo a Min. Relatora, a questão assume relevância pelo fato de que se debate a possibilidade de o recorrente ser alcançado em processo penal do qual não foi parte, só seu preposto, visto que o sistema processual brasileiro não admite a intervenção do responsável civil na ação criminal, de modo que, sob o prisma dos limites subjetivos da coisa julgada, conduz à conclusão de que a condenação do recorrente ao pagamento da indenização fixada pelo juízo cível não deve ser desconstituída. Nesse contexto, a Min. Relatora, acompanhada pela Turma, negou provimento ao recurso, confirmando o acórdão recorrido conclusivo de que a decisão criminal que absolve o réu em razão de insuficiência de prova de sua culpabilidade não implica a extinção da ação de indenização por ato ilícito" (STJ, REsp 1.117.131/SC, Rel. Min. Nancy Andrighi, j. 1.º.06.2010).

O último *decisum* traz a informação segundo a qual "todo ilícito penal é também um ilícito civil, mas nem todo ilícito civil corresponde a um ilícito penal", o que é fundamental para a compreensão da temática. Mais recentemente, julgado da mesma Corte Superior e Relatoria confirmou essa extensão do art. 935 do CC/2002, expondo que a sentença penal absolutória, tanto nos casos de falta de provas quanto na hipótese em que ainda não exista trânsito em julgado da decisão, não vincula o juízo cível com relação ao pedido de reparação de danos, consagrando-se o sistema da independência, ou de autonomia entre as duas esferas, aqui tão mencionado. Confirmou-se a exigência probatória mais rígida no campo penal, diante do princípio da presunção de inocência (STJ, REsp 1.164.236/MG, Rel. Min. Nancy Andrighi, j. 21.02.2013, *Informativo* n. *517*).

Também restou aduzido no acórdão que no âmbito privado "autoriza-se que, com o reconhecimento de culpa, ainda que levíssima, possa-se conduzir à responsabilização do agente e, consequentemente, ao dever de indenizar. O juízo cível é, portanto, menos rigoroso do que o criminal no que concerne aos pressupostos da condenação, o que explica a possibilidade de haver decisões aparentemente conflitantes em ambas as esferas. Além disso, somente as questões decididas definitivamente no juízo criminal podem irradiar efeito vinculante no juízo cível. Nesse contexto, pode-se afirmar, conforme interpretação do art. 935 do CC, que a ação em que se discute a reparação civil somente estará prejudicada na hipótese de a sentença penal absolutória fundamentar-se, em definitivo, na inexistência do fato ou na negativa de autoria" (REsp 1.164.236/MG).

Em complemento, como constam das duas ementas expostas e que representam importantes precedentes sobre o tema, reafirme-se que as excludentes de punibilidade do Direito Penal podem merecer nova dimensão quando analisadas no âmbito civil, como excludentes de ilicitude civil. Assim sendo, não pode ser tida como absoluta a regra constante do art. 65 do Código de Processo Penal, segundo o qual faz coisa julgada no âmbito cível a sentença penal que reconhece a presença de estado de necessidade, de legítima defesa, de estrito cumprimento de dever legal ou de exercício regular de direito.

Reitero que o tema será tratado no próximo capítulo desta obra, no estudo da legítima defesa e do estado de necessidade. Não obstante tal afirmação, como exemplo de conclusão equânime nas duas órbitas, não há como reconhecer o dever de indenizar diante da comunicação de um crime, o que acaba sendo configurado como um exercício regular de direito. Em julgado exemplar, o Tribunal de Justiça de São Paulo analisou a questão à luz do Código Civil de 2002 e da concepção do abuso de direito como ato ilícito:

"Responsabilidade civil. Questionamento sobre o dever de indenizar os dissabores de ação penal que teria sido provocada por abuso do direito. Comunicação de furto de novilha (artigos 160, I, do Código Civil de 1916 e 187, do novo Código Civil). Na ausência de prova cabal da má-fé, imprudência ou leviandade de quem comunica a ocorrência de furto cuja autoria os vizinhos desafetos assumem durante uma altercação verbal, não há como reconhecer que faltou boa-fé objetiva na conduta para, com isso, indenizar os destinatários da sentença de improcedência do processo criminal, motivada por falta de provas (art. 386, IV, do Código de Processo Penal). Não provimento, com determinação (art. 15 do Código de Processo Civil)" (TJSP, Apelação Cível 139.104-4/9, 3.ª Câmara de Direito Privado, Bragança Paulista, Rel. Ênio Santarelli Zuliani, 17.06.2003, v.u.).

Outra conclusão importante do ponto de vista prático, consagrada no Tribunal da Cidadania, diz respeito ao fato de que a sentença penal absolutória posterior à sentença cível, com trânsito em julgado, não viabiliza a propositura de ação rescisória:

"Agravo regimental. Medida cautelar. Recurso especial. Efeito suspensivo. Responsabilidade civil. Execução. Rescisória. Ação criminal posterior. Sentença absolutória. 1. Na linha da jurisprudência das Turmas que compõem a Segunda Seção desta Corte, não é documento novo aquele produzido após o julgamento da causa e a ocorrência de decisões contraditórias no cível e no juízo criminal não induzem necessariamente a uma ação rescisória, ausentes as hipóteses mencionadas no art. 485 do Código de Processo Civil. 2. Sobre o art. 1.521 do Código Civil, parece não ter sido violado em sua literal disposição, já que o processo criminal terminou depois do trânsito em julgado da sentença proferida na ação indenizatória. 3. A ausência do *fumus boni iuris* impede o processamento da cautelar. 4. Agravo regimental desprovido" (STJ, AgRg na MC 8.310/MG, 3.ª Turma, Rel. Min. Carlos Alberto Menezes Direito, j. 03.08.2004, *DJ* 25.10.2004, p. 333).

A Corte Superior também tem entendido que a absolvição criminal ocorrida no Tribunal do Júri, por ausência de autoria, não é fundamento para afastar a pretensão indenizatória, o que acaba relativizando o que consta da parte final do art. 935 do CC/2002. Como fundamento principal, entende-se que "permite-se a investigação, no âmbito cível, da existência de responsabilidade civil, quando o Tribunal do Júri absolve o réu, por negativa de autoria, uma vez que essa decisão não é fundamentada, gerando incerteza quanto à real motivação do juízo decisório criminal" (STJ, REsp 485.865/RJ, 3.ª Turma, Rel. Min. Castro Filho, j. 25.05.2004, *DJ* 07.06.2004, p. 219).

Na doutrina, Guilherme Madeira afirma categoricamente que "a sentença absolutória proferida pelo tribunal do júri também não produz eficácia civil", pois "no júri prevalece por força da Constituição Federal o sigilo das votações e também o sistema de íntima convicção em que os jurados não fundamentam suas decisões. Diante desse quadro, não é possível identificar qual foi a tese defensiva acolhida pelos jurados ou mesmo os motivos que levaram os jurados a absolver o condenado".[14] Como não poderia ser diferente, essa também é a minha opinião doutrinária.

No tocante à prova a ser realizada nas duas esferas, penal e civil, tem sido entendida como desnecessária a sua reconstrução no juízo cível quando isso já ocorreu no âmbito criminal, o que está de acordo com a valorização da

---

[14] DEZEM, Guilherme Madeira. *Curso de processo penal*, cit., p. 338.

economia processual e com o reconhecimento da independência parcial. Há, assim, a possibilidade de uso de *prova emprestada* de um juízo por outro. Assim entendendo, por todos os numerosos acórdãos:

> "A sentença penal condenatória, não transitada em julgado, não possibilita a excepcional comunicabilidade entre o juízo cível e o criminal, prevista no art. 1.525 do Código Civil de 1916 (atual art. 935 do Código Civil de 2002) e nos arts. 63 e 65 do Código de Processo Penal. (...). Afastado o obrigatório aproveitamento da sentença penal condenatória que não transitou em julgado, deve o juízo cível, no âmbito de sua livre convicção, pautar-se nos elementos de prova apresentados no âmbito de todo o processo, inclusive em eventual prova emprestada do processo criminal do qual tenha participado o réu (garantia do contraditório), a fim de aferir a responsabilidade da parte ré pela reparação do dano" (STJ, REsp 678.143/MG, 4.ª Turma, Rel. Min. Raul Araújo, j. 22.05.2012, *DJe* 30.04.2013).

> "(...). Assim, nos termos do art. 935 do Código Civil, conquanto ao réu do processo penal não seja lícito questionar a existência do fato e sua autoria, podem as corrés, eventuais responsáveis civis, discutir as questões a elas relativas, vez que a autoridade da coisa julgada somente se dá em relação a quem foi parte no processo penal. Nada obsta que o juízo cível, após exame das circunstâncias que envolveram as condutas do réu no processo penal e da vítima, conclua pela existência de concorrência de culpas em relação ao evento danoso. As eventuais provas produzidas nos autos do processo penal poderão ser utilizadas como prova emprestada no presente feito, dando-se a devida valoração e respeitado o contraditório. Precedentes do E. Superior Tribunal de Justiça" (TJSP, Apelação 0001856-84.2012.8.26.0452, Acórdão 11382524, 32.ª Câmara de Direito Privado, Piraju, Rel. Des. Luis Fernando Nishi, j. 19.04.2018, *DJESP* 26.04.2018, p. 2.579).

> "A sentença penal criminal faz coisa julgada no cível quanto à existência do crime e à autoria (art. 935 do CC), resultando os réus condenados pelo crime de estelionato praticado contra a autora (golpe do bilhete premiado). Ademais, o acervo probatório dos autos da demanda criminal, utilizado como prova emprestada, faz-se suficiente para demonstrar os danos de ordem material e moral amargados pela autora devido à conduta dolosa dos réus, emergindo o dever de indenizar os prejuízos ocasionados (...). 4. Na quantificação do dano moral devem ser observadas a gravidade da conduta ilícita, a intensidade/extensão do dano e a duração das consequências, assim como a condição socioeconômica das partes e o dúplice caráter da medida (pedagógico e compensatório), além dos postulados da proporcionalidade e da razoabilidade. No caso concreto, impõe-se a redução do *quantum* indenizatório arbitrado a título de danos morais na origem (R$ 15.000,00) para a quantia de R$ 10.000,00, em observância aos elementos acima referidos, bem como para possibilitar a efetividade do julgamento" (TJRS, Apelação Cível 0204115-80.2017.8.21.7000, 5.ª Câmara Cível, Santa Maria, Rel. Des. Lusmary Fátima Turelly da Silva, j. 25.10.2017, *DJERS* 03.11.2017).

Outro redimensionamento que pode ser dado ao âmbito privado diz respeito à análise da culpa ou fato concorrente da vítima, que pode gerar uma redução do *quantum* reparatório, nos termos do sempre citado art. 945 do Código Civil. Como um dos pioneiros julgados estaduais que trouxe tal entendimento, colaciona-se, do Tribunal de Justiça do Rio Grande do Sul:

> "Responsabilidade civil. Acidente de trânsito. Transporte coletivo. Queda de passageira. Sentença penal condenatória do motorista transitada em julgada. Reconhecimento da culpa concorrente no juízo cível. Danos materiais e morais. Redução da condenação. Da culpa concorrente. A culpa do réu, condutor do coletivo da codemandada, já fora reconhecida no juízo criminal em face de ter arrancado o ônibus com a porta de entrada de passageiros aberta. É de ser reconhecida a culpa concorrente da vítima por ter buscado ingressar no ônibus quando o mesmo já estava em movimento, conforme se verifica dos depoimentos coletados no processo-crime. Prova emprestada juntada aos autos pela própria autora. Atribuição de 40% de culpa à vítima. Dos danos materiais. Redução da condenação em face do reconhecimento da culpa concorrente. Verificação de elementos suficientes a comprovar os prejuízos alegados pela autora. Dos danos morais. É de ser reduzido o valor da condenação, tendo em vista a ausência de sequelas à vítima, sendo os danos morais caracterizados pela dor e sofrimento a que a mesma fora injustamente submetida, tendo sofrido lesão corporal de natureza grave. Observando-se as possibilidades dos demandados, o reconhecimento da culpa concorrente, bem como a natureza compensatória à vítima e educativa aos ofensores, a indenização é de ser fixada em 60 salários mínimos" (TJRS, Processo 70008110744, 12.ª Câmara Cível, São Leopoldo, Rel. Juiz Naele Ochoa Piazzeta, j. 19.08.2004).

O julgado fixou a indenização de acordo com o percentual de contribuição de cada um dos envolvidos, o que foi aqui defendido em vários trechos da obra, notadamente nos seus Capítulos 4 e 5, diante da ideia de risco concorrente. Igualmente reconhecendo a culpa concorrente originária de sentença penal condenatória como fator atenuante do nexo de causalidade, entendeu o Superior Tribunal de Justiça, em 2015, conforme ementa a seguir destacada, com menção a outro trabalho de minha autoria:

> "Civil e processual civil. Recurso especial. Responsabilidade civil. Morte por disparo de arma de fogo. Condenação por homicídio culposo na esfera criminal. Sentença que torna certo o dever de indenizar. Possibilidade de o juízo civil reconhecer a culpa concorrente. Precedentes do STJ. Vítima que pratica furto em propriedade alheia no momento em foi alvejada por tiro. Relevância da conduta da vítima. Circunstância que interfere decisivamente na fixação da indenização. Pensão civil. Incidência da Súmula 284/STF. Recurso parcialmente provido. 1. 'A responsabilidade civil é independente da criminal, não se podendo questionar mais sobre a existência do fato, ou sobre quem seja o autor, quando estas questões se acharem decididas no juízo criminal' (art. 935 do Código Civil). 2. A sentença penal condenatória decorrente da mesma situação fática geradora da responsabilidade civil provoca incontornável dever de indenizar, não podendo o aresto impugnado reexaminar os fundamentos do julgado criminal, sob pena de afronta direta ao art. 91, I, do CP. 3. Apesar da impossibilidade de discussão sobre os fatos e sua autoria, nada obsta que o juízo cível, após o exame dos autos e das circunstâncias

que envolveram as condutas do autor e da vítima, conclua pela existência de concorrência de culpa em relação ao evento danoso. 4. Diante das peculiaridades do caso, especialmente a prática de crime de furto pela vítima, invasão em propriedade alheia e idade avançada da parte autora, a indenização deve ser fixada em R$ 10.000,00 (dez mil reais). 5. Incide, por analogia, a Súmula 284/STF na hipótese em que o recorrente não deduz nenhum argumento sobre o cabimento da pensão civil, limitando-se a formular pedido genérico de condenação ao final do recurso. 6. Recurso especial parcialmente provido" (STJ, REsp 1.354.346/PR, 4.ª Turma, Rel. Min. Luis Felipe Salomão, j. 17.09.2015, DJe 26.10.2015).

Em outro aresto, a propósito, o Superior Tribunal de Justiça julgou pela responsabilização de proprietário de veículo, de forma solidária, pelos danos causados por culpa do seu condutor, mas reduziu o *quantum debeatur* diante do reconhecimento da culpa concorrente da vítima, mesmo havendo absolvição penal prévia (STJ, REsp 1.484.286/SP, 3.ª Turma, Rel. Min. Marco Aurélio Bellizze, j. 24.02.2015, DJe 10.03.2015).

Também merece ser destacado julgado superior em que se deduziu que a prescrição penal afasta a comunicabilidade dos juízos, sendo possível a propositura da ação civil com todos os seus efeitos. Todavia, o julgado admite a utilização da prova emprestada, na linha do que antes demonstrado, para a formação da convicção do julgador pela presença ou não do dever de indenizar:

"Recurso especial. Civil. Penal. Ação de reparação de danos morais e materiais. Comunicabilidade no juízo cível de sentença penal condenatória não transitada em julgado, ante o reconhecimento superveniente, no juízo criminal, de prescrição retroativa. Impossibilidade. Prescrição da pretensão punitiva. Afastamento dos efeitos principais e secundários da sentença penal condenatória. Recurso parcialmente provido. 1. A executoriedade da sentença penal condenatória (CPP, art. 63) ou seu aproveitamento em ação civil *ex delicto* (CPP, art. 64; CPC, arts. 110 e 265, IV) depende da definitividade da condenação, ou seja, da formação da coisa julgada criminal, até mesmo pela máxima constitucional de que ninguém poderá ser considerado culpado antes do trânsito em julgado de sentença penal condenatória (CF, art. 5.º, LVII). 2. Na hipótese em exame, a sentença penal condenatória não transitou em julgado para a defesa, pois foi, supervenientemente, substituída por acórdão em apelação criminal que extinguiu a punibilidade, em decorrência do reconhecimento da prescrição retroativa. 3. A sentença penal condenatória, não transitada em julgado, não possibilita a excepcional comunicabilidade entre o juízo cível e o criminal, prevista no art. 1.525 do Código Civil de 1916 (atual art. 935 do Código Civil de 2002) e nos arts. 63 e 65 do Código de Processo Penal. 4. Segundo delineia a doutrina de Direito Penal, a prescrição retroativa, da maneira como disciplinada pela reforma de 1984 (CP, art. 110, §§ 1.º e 2.º), constitui forma de prescrição da pretensão punitiva, e não apenas da pretensão executória. Por isso, quando reconhecida, extingue o *jus puniendi*, e não apenas o poder-dever do Estado de impor concretamente a sanção penal (*jus executionis*). 5. O reconhecimento da prescrição retroativa, por se referir à forma de prescrição da pretensão punitiva, extingue a punibilidade afastando todos os efeitos principais (aqueles concernentes à imposição das penas ou medidas de segurança) e secundários da sentença penal condenatória (custas, reincidência, confisco etc.), incluindo-se nesses últimos o efeito civil de que trata o art. 91, I, do Código Penal. 6. Afastado o obrigatório aproveitamento da sentença penal condenatória que não transitou em julgado, deve o juízo cível, no âmbito de sua livre convicção, pautar-se nos elementos de prova apresentados no âmbito de todo o processo, inclusive em eventual prova emprestada do processo criminal do qual tenha participado o réu (garantia do contraditório), a fim de aferir a responsabilidade da parte ré pela reparação do dano. 7. Recurso especial parcialmente provido, com retorno dos autos ao colendo Tribunal *a quo*, para novo julgamento da apelação cível" (STJ, REsp 678.143/MG, 4.ª Turma, Rel. Min. Raul Araújo, j. 22.05.2012, *DJe* 30.04.2013).

Encerrando essa importante confrontação sob a perspectiva da jurisprudência, cumpre assinalar que a responsabilização penal de preposto ou empregado pode fazer surgir o dever de indenizar da empresa contratante ou empregadora, no âmbito cível, o que é aplicação direta e conjunta dos arts. 932, inc. III, e 933 do CC/2002. Por outra via, a sua absolvição não necessariamente indica que não será condenado no âmbito de uma ação de responsabilidade civil. Vale lembrar, mais uma vez, que a responsabilidade civil da empresa pelo ato de terceiro é de natureza objetiva, conforme dicção do último comando, aqui tão citado.

A ilustrar tais conclusões, novamente do Superior Tribunal de Justiça deduziu-se o seguinte:

"Ofende o art. 1.521, III, do Código Civil de 1916, correspondente ao art. 932, III, do Código de 2002, o acórdão recorrido quando entende que a responsabilidade da empresa por ato de seu preposto (um dos assassinos) é subjetiva. É subjetiva a responsabilidade do empregado da empresa, autor do homicídio. Esta já foi reconhecida por sentença penal condenatória. Reconhecida a prática de ato doloso do empregado partícipe, o qual teve conhecimento prévio da data e das circunstâncias relacionadas ao transporte dos valores exatamente em razão de suas atividades na empresa, a responsabilidade da empregadora pelos danos causados por seu empregado é objetiva. Precedentes" (STJ, REsp 1.385.943/MG, 4.ª Turma, Rel. Min. Maria Isabel Gallotti, j. 20.02.2014, *DJe* 11.04.2014).

Deve ser feita a ressalva de que a condenação civil do empregador ou comitente não pode ocorrer no âmbito penal sem que estes componham o processo, pois, como leciona Guilherme Madeira Dezem, "alguém que não tenha feito parte do polo passivo de uma ação não pode sofrer os efeitos civis de um processo do qual não foi parte. Entendemos que a violação do contraditório e do devido processo legal é tamanha que não poderá em liquidação de sentença voltar-se contra o responsável legal do art. 932 do Código Civil".[15] Isso não obsta, contudo, a propositura de uma "ação civil de conhecimento em uma Vara Cível" contra

---

[15] DEZEM, Guilherme Madeira. *Curso de processo penal*, cit., p. 330-331.

o empregador ou comitente, "pois só assim seriam respeitados os preceitos do devido processo legal, do contraditório e da ampla defesa".[16]

Como se percebe por todos os julgados expostos, a matéria de responsabilidade civil vem sendo atualizada pela jurisprudência de forma profunda, e à luz dos entendimentos dos Tribunais Nacionais deve ser abordada e estudada. Isso também ocorre na correlação entre o âmbito civil e o âmbito criminal no tocante à prescrição e o art. 200 do Código Civil, último assunto que será por mim abordado.

4. ANÁLISE DO ART. 200 DO CÓDIGO CIVIL E SUAS APLICAÇÕES. INFLUÊNCIA PENAL PARA A PRESCRIÇÃO DA AÇÃO *EX DELICTO*

Como tema derradeiro do presente capítulo, é importante analisar o teor do art. 200 do Código Civil, que traz a influência da ação penal para a prescrição da *execução ex delicto*. Apesar de o tema da prescrição constar do último capítulo deste livro, por razões didáticas e metodológicas, resolvi abordá-lo no presente momento. A redação do comando é a seguinte: "quando a ação se originar de fato que deva ser apurado no juízo criminal, não correrá a prescrição antes da respectiva sentença definitiva". Não se pode negar que a norma constitui outra exceção à tão citada independência de instâncias ou órbitas civil e criminal.

Trata-se de uma inovação da codificação de 2002, sem correspondente no Código Civil de 1916, que traz causa impeditiva da prescrição pela qual, na pendência de apuração criminal, não corre a prescrição até o trânsito em julgado da sentença a ser prolatada nesse âmbito. Como explica Maria Helena Diniz, tem-se na norma uma questão prejudicial que "reclama decisão anterior à do mérito, requerendo verificação de um fato cuja apreciação é condição indispensável àquele julgamento, por isso deve ser discutida numa ação independente".[17]

A norma é elogiada por Gustavo Tepedino, Heloísa Helena Barboza e Maria Celina Bodin de Moraes, para quem "andou bem o legislador, pois a prescrição se inicia ao mesmo tempo que nasce uma pretensão exigível por parte daquele que teve um direito violado, ou seja, no momento em que a pessoa tenha meios para exercer um direito contra quem assuma situação contrária. Não se pode afirmar, portanto, que o início do prazo prescricional sempre corresponderá ao momento em que o sujeito deixa de exercer o seu direito, pois nem sempre a sua inércia é reflexo de uma negligência por parte do titular da pretensão".[18] Completam os juristas dizendo que na hipótese contemplada pela norma, enquanto não se verifica a autoria do crime com certeza absoluta, caracterizada pelo trânsito em julgado da sentença penal condenatória, não terá início o prazo prescricional para a demanda reparatória, estando a pretensão claramente *obstaculizada*.[19]

---

[16] DEZEM, Guilherme Madeira. *Curso de processo penal*, cit., p. 331.
[17] DINIZ, Maria Helena. *Código Civil anotado*, cit., p. 222.
[18] TEPEDINO, Gustavo; BARBOZA, Heloísa Helena; MORAES, Maria Celina Bodin de. *Código Civil interpretado*. Rio de Janeiro: Renovar, 2003. v. I, p. 376.
[19] TEPEDINO, Gustavo; BARBOZA, Heloísa Helena; MORAES, Maria Celina Bodin de. *Código Civil interpretado*, 2003, v. I, cit., p. 376.

Vale, contudo, lembrar a advertência feita por Nestor Duarte, no sentido de que o termo inicial para a aplicação do dispositivo não é a data do ilícito, mas o dia em que ocorre o recebimento da denúncia ou da queixa. Isso porque o comando não menciona o *fato que constitui crime*, mas o *fato que deve ser apurado no juízo criminal*.[20] O Professor Titular das Arcadas também apresenta uma dúvida relevante, que diz respeito à hipótese em que o réu é absolvido, sendo extinta sua punibilidade ou arquivado o inquérito policial, restando saber se a prescrição terá transcorrido ou não.

Para ele, com razão, "a lei não diz que o prazo não corre apenas se a sentença for condenatória, de modo que o que a lei confere como causa de suspensão é que o fato seja suscetível de apuração no juízo criminal, logo, se houver absolvição ou qualquer outro modo de encerramento de processo penal que impeça a ação indenizatória, ainda assim o prazo prescricional estará suspenso".[21] Ressalte-se, porém, que, enquanto o jurista entende tratar-se de hipótese de suspensão do prazo, sigo a corrente que afirma cuidar-se de impedimento.

Expostas essas lições doutrinárias, observe-se que o art. 200 do Código Civil tem aplicação direta aos casos que envolvem a pretensão indenizatória fundada em ilícito extracontratual, com prazo prescricional de três anos, conforme o art. 206, § 3.º, inc. V, do Código Civil. Conforme a jurisprudência superior, a finalidade do art. 200 do CC/2002 é justamente de evitar soluções contraditórias entre os juízos cível e criminal, especialmente quando a solução do processo penal seja determinante para o resultado do cível. Assim, é permitido à vítima aguardar "a solução da ação penal para, apenas depois, desencadear a demanda indenizatória na esfera cível. Por isso, é fundamental que exista processo penal em curso ou, pelo menos, a tramitação de inquérito policial até o seu arquivamento" (STJ, REsp 1.180.237/MT, Rel. Min. Paulo de Tarso Sanseverino, j. 19.06.2012, *Informativo* n. 500).

A menção ao inquérito penal como requisito suficiente para aplicação da norma é polêmica, pois não haveria ainda uma ação penal propriamente dita, na linha das palavras de Nestor Duarte antes expostas. O tema foi amplamente debatido na *VII Jornada de Direito Civil*, pela comissão de responsabilidade civil, havendo proposta de enunciado em sentido contrário ao julgado e que acabou não sendo aprovada, pois a maioria dos juristas presentes acabou se filiando à posição constante do último acórdão. Na verdade, esse entendimento acabou se consolidando naquela Corte Superior, cabendo a transcrição de decisão mais recente, com menção a outra:

> "'Desde que haja a efetiva instauração do inquérito penal ou da ação penal, o lesado pode optar por ajuizar a ação reparatória cível antecipadamente, ante o princípio da independência das instâncias (art. 935 do CC/2002), ou por aguardar a resolução da questão no âmbito criminal, hipótese em que o início do prazo prescricional é postergado, nos termos do art. 200 do CC/2002' (REsp 1.631.870/SE, Rel. Min. Ricardo Villas Bôas Cueva, Terceira Turma, *DJe* 24.10.2017)" (STJ, Ag. Int. no REsp 1.481.096/PR, 4.ª Turma, Rel. Min. Luis Felipe Salomão, j. 27.02.2018, *DJe* 02.03.2018).

---

[20] DUARTE, Nestor. *Código Civil comentado*, 4. ed., cit., p. 154.
[21] DUARTE, Nestor. *Código Civil comentado*, 4. ed., cit., p. 154.

Adotando essa ideia, e sugestão do próprio Professor Nestor Duarte, a Comissão de Juristas encarregada da Reforma do Código Civil, em trâmite no Congresso Nacional, propõe a inclusão de um novo parágrafo único no art. 200 do CC, com a seguinte redação: "aplica-se o disposto no *caput* somente após a instauração do inquérito policial ou com o recebimento da denúncia ou da queixa, retroagindo seus efeitos à data do ato, desde que não decorrido o prazo de 5 (cinco) anos". A menção ao prazo de cinco anos decorre pela proposta de novo art. 205, no sentido de passar a ser esse o prazo geral.

Como não poderia ser diferente, o termo *ad quem* ou final para que o prazo volte a correr para a demanda reparatória é o trânsito em julgado da sentença penal definitiva, conforme tem entendido igualmente o Superior Tribunal de Justiça (ver: REsp 1.987.108/MG, 3.ª Turma, Rel. Min. Nancy Andrighi, j. 29.03.2022, *DJe* 01.04.2022, v.u., e Ag. Int. nos EDcl no AREsp 818.332/SP, 4.ª Turma, Rel. Min. Maria Isabel Gallotti, j. 14.11.2017, *DJe* 24.11.2017). Eventualmente, pode-se entender que o termo final se dá com o arquivamento do inquérito policial, como se verá no último julgado analisado neste capítulo.

Como primeira ilustração importante de incidência do art. 200 do Código Civil, o Superior Tribunal de Justiça analisou a responsabilidade civil de empresa de transporte por ato de motorista que causou a morte do marido da autora da demanda. O caso envolvia a responsabilidade civil indireta ou por atos de outrem, fundamentada nos arts. 932, III, e 933 do Código Civil, aqui antes mencionados.

O julgado reafirma o sistema de independência entre as instâncias civil e criminal. Ao analisar o art. 200 do Código Civil, entendeu-se que o dispositivo prestigia a boa-fé, pois o prazo de prescrição não terá início da violação ao direito subjetivo em si, mas com a definição dos fatos ocorridos por sentença, no âmbito criminal. Também está mencionado que o comando civil tem utilidade nas hipóteses em que há relação de prejudicialidade entre as duas esferas, "isto é, quando a conduta originar-se de fato também a ser apurado no juízo criminal, sendo fundamental a existência de ação penal em curso (ou ao menos inquérito policial em trâmite)" (STJ, REsp 1.135.988/SP, 4.ª Turma, Rel. Min. Luis Felipe Salomão, j. 08.10.2013, *DJe* 17.10.2013).

Ainda sobre essa última situação, houve uma ação penal anterior, com a condenação do motorista da empresa à pena de dois anos de detenção, no regime aberto, além da suspensão do direito de dirigir por seis meses. Na linha do que apontei e defendi em trechos diferentes desta obra, o *decisum* demonstra que a responsabilidade civil indireta do empregador ou comitente é objetiva, desde que demonstrada a culpa do empregado ou preposto.

Como decorrência lógica dessa afirmação jurídica, "em sendo necessária – para o reconhecimento da responsabilidade civil do patrão pelos atos do empregado – a demonstração da culpa anterior por parte do causador direto do dano, deverá, também, incidir a causa obstativa da prescrição (CC, art. 200) no tocante à referida ação civil *ex delicto*, caso essa conduta do preposto esteja também sendo apurada em processo criminal. Dessarte, tendo o acidente de trânsito – com óbito da vítima – ocorrido em 27.03.2003, o trânsito em julgado da ação penal contra o preposto em 09.01.2006 e a ação de indenização por danos materiais e morais proposta em 02.07.2007, não há falar em prescrição" (REsp 1.135.988/SP, de 2013).

Exatamente no mesmo sentido, em outra situação fática de acidente causado por motorista de empresa, destaco o seguinte acórdão, por todos os com igual conclusão:

"Agravo regimental no agravo em recurso especial. Acidente de trânsito. Morte de passageiro. Danos materiais e morais. Ação penal contra o motorista. Causa obstativa da prescrição. Art. 200 do CC. Precedentes. Incidência do Enunciado n. 83/STJ. Agravo improvido. 1. A jurisprudência desta Casa, conjugando os arts. 200 e 935 do Código Civil, firmou orientação no sentido de que, quando evidente a relação de prejudicialidade entre as demandas cível e penal, derivando o direito de ato ilícito que a lei penal também define como crime ou contravenção, não corre a prescrição enquanto não concluído o processo criminal. 2. Na espécie, fora instaurada ação penal e, ao final, o motorista da empresa recorrente foi condenado pelo delito descrito no art. 302, parágrafo único, inciso IV, do Código de Trânsito Brasileiro. Além disso, da leitura da inicial, verifica-se que a causa de pedir da ação indenizatória relaciona-se ao ato ilícito derivado da conduta culposa do motorista da empresa recorrente. Com efeito, conquanto a pessoa jurídica não seja destinatária de ação penal, é possível a aplicação da regra do art. 200 do Código Civil, porquanto sua responsabilização, ainda que objetiva, está intrinsecamente relacionada à existência de culpa do condutor do veículo. Incidência do enunciado n. 83 da Súmula do Superior Tribunal de Justiça. 3. Agravo regimental a que se nega provimento" (STJ, AgRg no AREsp 822.399/SP, 3.ª Turma, Rel. Min. Marco Aurélio Bellizze, j. 17.03.2016, DJe 05.04.2016).

Essa mesma posição foi aplicada a outra situação envolvendo a responsabilidade indireta, julgada pela Terceira Turma da Corte, de ação de indenização por danos morais proposta por fiéis de igreja evangélica contra a Convenção Nacional das Assembleias de Deus, por terem sofrido ofensas públicas e vexatórias relacionadas à sua crença e função religiosa, por ato de preposto da igreja. Como houve a condenação penal prévia do agente da igreja, foi reconhecida a aplicação do art. 200 do Código Civil. Vejamos o trecho fundamental o acórdão:

"O comando do art. 200 do CC/02 incide quando houver relação de prejudicialidade entre as esferas cível e penal, isto é, quando a conduta originar-se de fato também a ser apurado no juízo criminal, sendo fundamental a existência de ação penal em curso ou ao menos inquérito policial em trâmite. Não é possível afastar a aplicação do art. 200 do CC/2002 em hipóteses que envolvam, além do pedido de indenização, discussões relacionadas à existência de responsabilidade solidária entre o autor da ofensa e aquele que consta no polo passivo da controvérsia, em razão da relação de preposto" (STJ, REsp 1.704.525/AP, 3.ª Turma, Rel. Min. Nancy Andrighi, j. 12.12.2017, DJe 18.12.2017).

Outro tema debatido no âmbito do Superior Tribunal de Justiça refere-se à possibilidade de a prescrição ficar impedida – o julgado trata como suspensão –, na hipótese de um processo administrativo anterior. Acórdão da mesma Terceira Turma entendeu que não, de forma correta e precisa. O caso dizia respeito à representação ético-disciplinar formulada perante o Conselho Regional de Medicina do Estado de Goiás, fundada em suposta emissão de atestado médico pelo réu.

Como consta do julgamento, o art. 200 do Código Civil tem incidência para os casos relativos aos âmbitos cível e penal, notadamente diante da existência de uma ação civil *ex delicto*, não podendo a regra ser estendida para a seara administrativa: "a suspensão da prescrição relacionada na previsão normativa em comento aplica-se às vítimas do delito a ser apurado na esfera penal, de forma a serem favorecidas, uma vez que terão a faculdade de aguardar o desfecho do processo criminal para promover a pretensão indenizatória na esfera cível (ação *ex delicto*). Na espécie, o que se verifica não é o ajuizamento de ação *ex delicto* por parte do recorrente, isto é, de ação ajuizada na esfera cível pelo ofendido, em razão dos danos causados pela prática do delito. Inviável conceber, portanto, que a prescrição para o ajuizamento de tal ação estaria suspensa por força do disposto no art. 200 do CC/2002" (STJ, REsp 1.660.182/GO, 3.ª Turma, Rel. Min. Nancy Andrighi, j. 20.03.2018, *DJe* 23.03.2018).

Igualmente com importante repercussão prática, o Tribunal da Cidadania concluiu, em 2020, que "a decretação da prescrição da pretensão punitiva do Estado impede, tão somente, a formação do título executivo judicial na esfera penal, indispensável ao exercício da pretensão executória pelo ofendido, mas não fulmina o interesse processual no exercício da pretensão indenizatória a ser deduzida no juízo cível pelo mesmo fato". E sobre o comando em estudo, deduziu-se o seguinte:

> "O art. 200 do CC/02 dispõe que, quando a ação se originar de fato que deva ser apurado no juízo criminal, não correrá a prescrição antes da respectiva sentença definitiva. Hipótese em que se verifica que a pretensão deduzida pelo recorrido não é de liquidação ou execução da sentença penal condenatória, senão a de se ver reparado dos danos que lhe foram causados pelo recorrente e os demais agressores, apenas se valendo, para tanto, do fato de terem sido eles condenados em primeira instância pelo crime de lesões corporais graves" (STJ, REsp 1.802.170/SP, 3.ª Turma, Rel. Min. Nancy Andrighi, j. 20.02.2020, *DJe* 26.02.2020).

Como outro assunto a ser exposto, não se pode se esquecer da influência do art. 2.028 do Código Civil para a subsunção do art. 200 da própria codificação privada. O comando será aprofundado no Capítulo 19 desta obra, que trata especificamente da prescrição. Por ser necessário, adiantando o seu conteúdo, está nele previsto que "serão os da lei anterior os prazos, quando reduzidos por este Código, e se, na data de sua entrada em vigor, já houver transcorrido mais da metade do tempo estabelecido na lei revogada". Trata-se de norma de direito intertemporal, que procura resolver os conflitos surgidos diante da emergência da então nova Lei Geral Privada.

A norma é aplicada para os casos de indenização fundada na responsabilidade civil extracontratual, cujos prazos de prescrição foram reduzidos de vinte anos – conforme a regra geral do art. 177 do Código Civil de 1916 – para três anos – regra especial, prevista no art. 206, § 3.º, V, do Código Civil de 2002. Explicando o seu conteúdo com hipótese fática concreta, se na data da entrada em vigor do Código Civil de 2002, que se deu em 11 de janeiro de 2003, já houver transcorrido treze anos, mais da metade do prazo anterior, o prazo anterior deve ser aplicado, ou seja, vinte anos, contados da ocorrência do evento. Sendo assim, o autor e demandante tem mais sete anos para promover a ação, além dos treze transcorridos.

Pelo contrário, se, quando da entrada em vigor do atual Código Civil, houver transcorrido cinco anos, diante de um evento danoso ocorrido em 11.01.1998 e que representa menos da metade do prazo da lei velha, aplica-se o prazo da lei nova, com a contagem iniciada a partir da data em que entrou em vigor a atual codificação privada. Desse modo, além dos cinco anos já corridos, terá o titular da pretensão indenizatória mais três anos para exercê-la, vencendo o seu prazo no dia 11.01.2006. Tal conclusão é retirada do Enunciado n. 50 do Conselho da Justiça Federal, aprovado na *I Jornada de Direito Civil* e que tem a seguinte redação: "a partir da vigência do novo Código Civil, o prazo prescricional das ações de reparação de danos que não houver atingido a metade do tempo previsto no Código Civil de 1916 fluirá por inteiro, nos termos da nova lei (art. 206)".

Esse último entendimento foi aplicado ao julgado a seguir, que envolve a subsunção do art. 200 do Código Civil e a ação *ex delicto*, e novamente admite a mera instauração do inquérito penal para a subsunção da última norma:

"Recurso especial. Ação de indenização por danos morais. Acidente automobilístico. Prescrição. Não ocorrência. Instauração de inquérito penal. Art. 200 do CC/2002. Incidência. Prazos prescricionais do CC/2002. Art. 2.028 do CC/2002. Violação do princípio *tempus regit actum*. Inexistência. Divergência jurisprudencial. Não configuração. Ausência de similitude fática. Nos termos da jurisprudência desta Corte, o art. 200 do CC/2002 somente é afastado quando, nas instâncias ordinárias, ficou consignada a inexistência de relação de prejudicialidade entre as searas cível e criminal ou quando não houve a instauração de inquérito policial ou de ação penal. Em se tratando de responsabilidade civil *ex delicto*, o exercício do direito subjetivo da vítima à reparação dos danos sofridos somente se torna plenamente viável quando não pairam dúvidas acerca do contexto em que foi praticado o ato ilícito, sobretudo no que diz respeito à definição cabal da autoria, que é objeto de apuração concomitante no âmbito criminal. Desde que haja a efetiva instauração do inquérito penal ou da ação penal, o lesado pode optar por ajuizar a ação reparatória cível antecipadamente, ante o princípio da independência das instâncias (art. 935 do CC/2002), ou por aguardar a resolução da questão no âmbito criminal, hipótese em que o início do prazo prescricional é postergado, nos termos do art. 200 do CC/2002. A incidência do prazo prescricional previsto no CC/2002, por força da interpretação sistemática do seu art. 2.028, significa a aplicação do regime do diploma corrente, o que inclui a quantificação numérica do lapso prescricional em dias, meses ou anos, bem como sua forma de contagem, seu termo inicial ou suas causas suspensivas e interruptivas. Inexiste violação de ato jurídico perfeito ou do princípio 'tempus regit actum' em decorrência da aplicação da lei nova, haja vista que a incidência do art. 200 do CC/2002 posterga o próprio início do prazo prescricional e, antes que este tenha decorrido por inteiro, o prescribente possui mera expectativa de direito à prescrição, não direito adquirido. (...)" (STJ, REsp 1.631.870/SE, 3.ª Turma, Rel. Min. Ricardo Villas Bôas Cueva, j. 10.10.2017, DJe 24.10.2017).

Houve reforma da sentença de primeiro grau pelo Tribunal de Justiça de Sergipe que afastou o acolhimento da prescrição, o que veio a ser confirmado pela superior instância. O acidente de trânsito gerador da ação ocorreu no ano de 2002, tendo transcorrido menos da metade do prazo de prescrição quando da entrada em vigor da nova codificação. A ação indenizatória foi proposta em junho de 2006, após o transcurso dos três anos contados da data da vigência do Código Civil que, reitere-se, se deu em 11 de janeiro de 2003. Entretanto, diante da instauração do inquérito penal para apuração da responsabilidade civil pela colisão dos automóveis, que somente foi arquivado em junho de 2003, aplicou-se o art. 200 da codificação, afastando-se o reconhecimento da extinção da pretensão. Como consta do voto condutor, "não se cuida, propriamente, de uma interpretação retroativa do art. 200 do CC/2002, haja vista que a pendência do inquérito penal implicou que o prazo prescricional sequer teve início" (STJ, REsp 1.631.870/SE, 3.ª Turma, Rel. Min. Ricardo Villas Bôas Cueva, j. 10.10.2017, DJe 24.10.2017).

Foi afastado, também, o argumento de violação à proteção do ato jurídico perfeito, pois haveria apenas uma expectativa de direito em se alegar a prescrição no caso descrito e não algo consolidado.

18

DAS EXCLUDENTES DE RESPONSABILIDADE CIVIL

Sumário: 1. Visão geral sobre o tema – 2. Da legítima defesa – 3. Do estado de necessidade ou remoção de perigo iminente – 4. Do exercício regular de direito ou das próprias funções – 5. Das excludentes de nexo de causalidade – 6. Da cláusula de não indenizar.

1. VISÃO GERAL SOBRE O TEMA

Assunto de grande importância para o tema da responsabilidade civil é o estudo das excludentes de responsabilidade, pelo fato de encerrar as defesas que podem ser alegadas pelo agente causador do dano, para afastar o seu dever de indenizar.

Aqui serão estudadas cinco excludentes de responsabilidade civil, a saber: *a)* a legítima defesa; *b)* o estado de necessidade ou remoção de perigo iminente; *c)* o exercício regular de direito ou das próprias funções; *d)* as excludentes de nexo de causalidade: fato exclusivo da vítima ou de terceiro, caso fortuito e força maior; e *e)* cláusula de não indenizar.

Cabe observar que as três primeiras excludentes – legítima defesa, estado de necessidade e exercício regular de direito – constituem atos lícitos, nos termos do art. 188 do Código Civil de 2002, não havendo o dever de indenizar, pelo menos em regra, pela falta de ilicitude. Quanto às excludentes de nexo de causalidade, como visto no Capítulo 5, são fatores que obstam a relação de causa e efeito entre a conduta do agente e o dano causado.

Por fim, a cláusula de não indenizar ou de irresponsabilidade representa uma previsão contratual que afasta a responsabilidade civil, viável juridicamente apenas no âmbito do inadimplemento das obrigações. Expostas as categorias que serão ora abordadas, vejamos o seu estudo pontual.

2. DA LEGÍTIMA DEFESA

De acordo com o art. 188, inc. I, do CC/2002, não constituem atos ilícitos os praticados em legítima defesa. Trata-se de importante excludente do dever de indenizar, da ilicitude, com relevância prática indiscutível. Conforme define o art. 25 do Código Penal, "entende-se em legítima defesa quem, usando moderadamente dos meios necessários, repele injusta agressão, atual ou iminente, a direito seu ou de outrem".

Anote-se que o dispositivo recebeu um parágrafo único pelo *Pacote de Lei Anticrime*, do final de 2019, que igualmente terá a devida aplicação para os fins de responsabilidade civil (Lei n. 13.964/2019). Conforme o seu teor, "observados os requisitos previstos no *caput* deste artigo, considera-se também em legítima defesa o agente de segurança pública que repele agressão ou risco de agressão a vítima mantida refém durante a prática de crimes". Tal categorização é amplamente utilizada no âmbito do Direito Civil, sendo certo que a inclusão já se enquadrava como ato de legítima defesa.

Nesse sentido, Sílvio de Salvo Venosa leciona que a legítima defesa constitui uma *justificativa para a conduta*, devendo ser adotado o mesmo conceito do Direito Penal. Lembra o doutrinador que a sociedade organizada não admite a justiça com as próprias mãos, mas acaba reconhecendo situações nas quais o indivíduo pode se utilizar dos meios necessários para repelir agressão injusta, atual ou iminente, contra si mesmo ou contra as pessoas que lhe são próximas ou os seus bens. Desse conceito surge a legítima defesa.[1] Na mesma linha, Caio Mário da Silva Pereira demonstra que na legislação privada "dispensa-se de definir em que consiste a legítima defesa. Toma de empréstimo o conceito que é corrente no direito criminal".[2] Segundo o mesmo renomado doutrinador, são elementos do instituto: *a)* a iniciativa de agressão por parte de outrem; *b)* a atualidade e iminência da ameaça de dano; *c)* a proporcionalidade da reação em face da agressão.[3]

Para que se verifique a configuração ou não da legítima defesa cabe análise caso a caso, sendo fundamental que o agente que a pratique não atue além do indispensável para afastar o dano ou a iminência de prejuízo material ou imaterial. No âmbito do Direito Privado, a ideia pode ser retirada do art. 1.210 do CC/2002, que trata da *legítima defesa da posse*, nos casos de ameaça e de turbação; e do *desforço pessoal*, nos casos de esbulho. Enuncia o § 1.º do comando que o possuidor turbado, ou esbulhado, poderá manter-se ou restituir-se por sua própria força, contanto que o faça logo. Pela mesma norma, os atos de defesa, ou de desforço, não podem ir além do indispensável à manutenção, ou restituição da posse.

---

[1] VENOSA, Sílvio de Salvo. *Direito Civil*. Responsabilidade civil, 5. ed., cit., p. 62.
[2] PEREIRA, Caio Mário da Silva. *Responsabilidade civil*, 5. ed., cit., p. 295.
[3] PEREIRA, Caio Mário da Silva. *Responsabilidade civil*, 5. ed., cit., p. 295-296.

Exemplificando, se o proprietário de uma fazenda desfere tiros de arma de fogo diretamente contra invasores de seu imóvel, não há legítima defesa, mas excesso no exercício da defesa, estando configurado o seu dever de indenizar. Nessa situação, não houve um exercício regular de direito, e sim um exercício irregular, o que tanto pode gerar abuso de direito (art. 187 do CC) como o ato ilícito propriamente dito (art. 186 do CC), o que depende da análise do caso concreto.

Podem ser mencionados, ainda, os *ofendículos* ou *ofendículas*, artifícios utilizados para proteção prévia da posse ou propriedade. São geralmente citados os cacos de vidros colocados sobre os muros, as lanças e as cercas elétricas, havendo divergência na sua categorização como *legítima defesa preordenada* ou *exercício regular de direito*.

A esse propósito, vejamos o que pontuam Eudes Quintino de Oliveira Júnior e Antonelli Antonio Moreira Secanho, sobre o debate que existe no âmbito do Direito Penal:

"O proprietário que, de modo legítimo, vale-se desses artefatos de proteção certamente não comete crime algum, posto que sua conduta é lícita, autorizada pelo ordenamento jurídico. Com efeito, nossa doutrina é clara em reconhecer que os ofendículos, quando proporcionais, excluem a tipicidade do fato. Todavia, nossos autores divergem, e muito, quanto à causa de excludente de ilicitude que melhor se adéqua ao tema: legítima defesa (putativa ou não) ou exercício regular de um direito? De um lado, destacam-se os seguidores de Aníbal Bruno, para o qual a utilização de ofendículos revela-se como um exercício regular de um direito. Por outra banda, os seguidores do posicionamento preconizado por Nelson Hungria, segundo o qual é caso de legítima defesa preordenada. Sem se olvidar ainda de Damásio de Jesus que, de modo bastante apropriado, propõe uma mistura entre as duas teorias anteriores: quando os ofendículos são instalados, tem-se o exercício regular de um direito; porém, uma vez acionados, configura-se a legítima defesa (teoria mista)".[4]

O meu entendimento é que a categoria ingressa no exercício regular de direito de propriedade, não me convencendo a afirmação da presença de uma legítima defesa prévia ou antecipada, pois esta deve ser posterior e imediata à ofensa.

Não se olvide que o uso de tais artifícios deve ser proporcional e moderado, respeitando-se também o dever de informar decorrente da boa-fé objetiva, sob pena de caracterização do abuso de direito (art. 187 do CC/2002). Assim, no caso da cerca elétrica, recomenda-se a colocação de uma placa de identificação.

Entendendo dessa maneira em situação peculiar, julgou o Tribunal de Justiça de Minas Gerais que "deve a empresa ser responsabilizada pelos danos causados pelos ferros pontiagudos colocados próximo à vitrine, pois causou danos a ter-

---

[4] OLIVEIRA JÚNIOR, Eudes Quintino de; SECANHO, Antonelli Antonio Moreira. Limites legais dos ofendículos. Disponível em: <http://www.migalhas.com.br/dePeso/16,MI241716,61044-Limites+legais+dos+ofendiculo>. Acesso em: 5 jan. 2018.

ceiros inocentes, já que os ofendículos devem consubstanciar reação não além do estritamente necessário ao repúdio da agressão, situando-se os abusos, propositais ou negligentes, na construção ou funcionamento de seus mecanismos, no campo do excesso que desfigura a causa justificante. Dessa forma, restou demonstrado o exercício abusivo de seu direito, ao deixar de lado a moderação exigida para o caso, terminando por ferir direitos de terceiro inocente, devendo ser mantida a indenização" (TJMG, Apelação Cível 3012540-42.2006.8.13.0079, 14.ª Câmara Cível, Contagem, Rel. Des. Rogério Medeiros, j. 19.08.2010, *DJEMG* 14.09.2010).

Partindo para outra concretização da excludente em estudo, muitos julgados analisam a caracterização da legítima defesa em casos de agressões mútuas em brigas ou lutas físicas, concluindo pela improcedência da demanda se não houver a prova de quem partiu a agressão inicial e se estiver presente a proporcionalidade das condutas. Por todos esses acórdãos:

"Apelação cível. Responsabilidade civil. Ação indenizatória. Agressões físicas e verbais. Versões antagônicas. Prova que permite concluir pela culpa recíproca. Circunstâncias que recomendam a improcedência do pedido. Sentença confirmada. No caso, a prova produzida permite concluir que houve agressões recíprocas entre as partes, tendo o autor iniciado o confronto na referida ocasião. Logo, as lesões sofridas decorreram da legítima defesa dos demandados, circunstância que recomenda a improcedência do pedido inicial. Sentença confirmada. Apelação desprovida" (TJRS, Apelação Cível 0330959-75.2017.8.21.7000, 9.ª Câmara Cível, Rio Grande, Rel. Des. Eugênio Facchini Neto, j. 13.12.2017, *DJERS* 18.12.2017).

"Direito da responsabilidade civil. Pretensão indenizatória. *Causa petendi* fundada em agressões físicas que resultaram em lesões corporais. Exames de corpo de delito ao qual ambas as partes se submeteram comprovando que as agressões corporais foram recíprocas. Sentença de improcedência. Manutenção. Agravo do art. 557, § 1.º, do CPC. Desacolhimento. Ausência de provas sobre quem efetivamente teria dado causa ao conflito, não sendo possível aferir se foi a autora quem iniciou a agressão ou se a ela apenas teria reagido em legítima defesa. A falta de provas quanto ao fato constitutivo do direito vindicado inviabiliza o acolhimento do pedido" (TJRJ, Apelação 0018218-20.2009.8.19.0208, 6.ª Câmara Cível, Rel. Des. Nagib Slaibi, j. 08.10.2014, *DORJ* 13.10.2014).

"Dano moral. Responsabilidade civil. Ofensas verbais e físicas recíprocas. Não comprovação de quem partiu a iniciativa das agressões. A legítima defesa não é descaracterizada por eventual desforço físico para repelir injusta agressão física ou verbal, desde que usando os meios necessários, de forma que o fato de o réu ter agredido a autora não significa que tenha causado dano injusto que é o dano moral indenizável. Improcedência Agravo retido não conhecido. Recurso de apelação desprovido" (TJSP, Apelação 0000266-60.2009.8.26.0587, Acórdão 7337858, 1.ª Câmara de Direito Privado, São Sebastião, Rel. Des. Alcides Leopoldo e Silva Júnior, j. 11.02.2014, *DJESP* 21.02.2014).

Segue-se a linha de compensação das condutas dos agressores pela culpa recíproca de ambos. Entretanto, havendo prova efetiva de quem foi o principal agressor, tanto com relação à iniciativa quanto com vistas à sua extensão, a ele deve ser atribuído o dever de indenizar, não se pode falar em legítima defesa. A ilustrar, do Tribunal de Justiça de São Paulo:

> "Agressão física perpetrada pelo réu contra o autor em decorrência de discussão de trânsito. Procedência. Inconformismo de ambas as partes. Verossimilhança do ilícito praticado diante da prova coligida nos autos. Defesa lastreada em legítima defesa que se contrapõe a prova testemunhal (presencial) e documental. Dever de indenizar reconhecido. Manutenção do édito condenatório de R$ 5.000,00, pois apto aos objetivos da Lei" (TJSP, Apelação 1004813-40.2016.8.26.0019, Acórdão 11039980, 9.ª Câmara de Direito Privado, Americana, Rel. Des. Galdino Toledo Júnior, j. 05.12.2017, *DJESP* 13.12.2017, p. 2676).

Ou ainda, do Tribunal Fluminense, igualmente a tratar de hipótese em que se pode identificar o principal agressor:

> "Réu que agrediu fisicamente o autor de forma violenta por incidente de somenos importância no trânsito. Fato incontroverso. Alegação de legítima defesa do autor não comprovada. Sentença que fixa danos morais e estéticos em valor único. Danos morais. Valor da indenização que deve ser fixado em R$ 10.000,00 na forma de parâmetros jurisprudenciais desta Corte, em hipóteses semelhantes. Danos estéticos (cicatrizes e debilidade permanente em membro superior) em grau médio comprovados por laudo pericial médico. Verba que deve ser fixada em R$ 20.000,00" (TJRJ, Apelação 0025118-06.2015.8.19.0209, 5.ª Câmara Cível, Rio de Janeiro, Rel. Des. Cristina Tereza Gaulia, *DORJ* 07.12.2017, p. 260).

Saliente-se que a *legítima defesa putativa* não exclui o dever de indenizar, conforme bem leciona Flávio Augusto Monteiro de Barros, autor que traz interessantes interações entre o Direito Civil e o Direito Penal.[5] Trata-se de hipótese de responsabilidade civil por ato lícito. Na legítima defesa putativa, o agente pensa que está defendendo um direito seu, o que não ocorre realmente no plano fático.

Cite-se a hipótese em que alguém pensa que está sendo perseguido por outro carro e causa um acidente quando da ultrapassagem do veículo que segue atrás. Ou, ainda, a ilustração de Marco Aurélio Bezerra de Melo, "daquela em que uma pessoa atropela outra que se aproxima em um semáforo à noite, pois imagina estar na iminência de ser assaltado, quando na verdade o lesado se aproximara apenas para pedir uma carona ou perguntar as horas".[6]

Em outras palavras, na *legítima defesa putativa* a pessoa pressente um perigo que, na realidade, não existe e, por isso, age imoderadamente, o que não exclui o dever de indenizar, no plano do Direito Privado. Nesse sentido, há tempos vêm entendendo os nossos Tribunais, inclusive o Superior Tribunal de Justiça:

---

[5] MONTEIRO DE BARROS, Flávio Augusto. *Manual de Direito Civil*. Responsabilidade civil e direito das coisas. São Paulo: Método, 2005. v. 3, p. 256.
[6] MELO, Marco Aurélio Bezerra de. *Curso de Direito Civil*. Responsabilidade civil, cit., p. 34.

"Civil. Dano moral. Legítima defesa putativa. A legítima defesa putativa supõe negligência na apreciação dos fatos, e por isso não exclui a responsabilidade civil pelos danos que dela decorram. Recurso especial conhecido e provido" (STJ, REsp 513.891/RJ, Processo 2003/0032562-7, 3.ª Turma, Rel. Min. Ari Pargendler, j. 20.03.2007, *DJU* 16.04.2007, p. 181).

"Civil. Indenização. Homicídio. Pensão. Dano moral. Julgamento *extra petita*. Impossibilidade de decisões contraditórias na espécie vertente. Ainda que admitida a tese de legítima defesa putativa, subsistiria a obrigação de reparar o dano, visto não ser caso de exclusão de ilicitude" (STJ, REsp 47.246/RJ (9400119569), 3.ª Turma, Rel. Min. Costa Leite, j. 30.08.1994, *DJ* 27.03.1995, p. 7.157, *RSTJ* 71/343).

Mais recentemente, no ano de 2017, aduziu o Tribunal da Cidadania, em hipótese envolvendo a responsabilidade objetiva do empregador por ato de seu empregado (arts. 932, inc. III, e 933 do Código Civil), que:

"A legítima defesa putativa derivada de erro inescusável, como a que é verificada na hipótese em exame, não é capaz de afastar o dever de indenizar, pois o erro na interpretação da situação fática decorre da imprudência do causador do dano. Na responsabilidade civil, só pode ser considerada causa aquela que é adequada à produção concreta do resultado, com interferência decisiva. *In casu*, os recorridos não comprovaram que a conduta do recorrente tenha concorrido para o erro na interpretação sobre os elementos fáticos da legítima defesa" (STJ, REsp 1.433.566/RS, 3.ª Turma, Rel. Min. Nancy Andrighi, j. 23.05.2017, *DJe* 31.05.2017).

A *legítima defesa putativa* entra em cena em alguns casos envolvendo danos causados por policiais, no exercício de suas atribuições, o que é mais bem debatido no âmbito do exercício regular das próprias funções, em minha opinião. Em muitas situações, tem responsabilidade o Estado por tais condutas, caso do seguinte:

"Pedido de reparação por danos extrapatrimoniais causados por ferimento de disparo de arma de fogo efetivado por policial. Responsabilidade civil estatal objetiva configurada. Fatos incontroversos. Legítima defesa putativa que não exclui o dever de indenizar. Precedentes do C. STJ" (TJSP, Apelação 1018637-41.2016.8.26.0577, Acórdão 10994956, 6.ª Câmara de Direito Público, São José dos Campos, Rel. Des. Silvia Meirelles, j. 13.11.2017, *DJESP* 30.11.2017, p. 2805).

Em complemento ao tratamento do instituto, o art. 930 do CC/2002, inicialmente aplicável ao estado de necessidade e à remoção de perigo iminente, poderá subsumir à legítima defesa. O comando legal prevê em seu *caput* o direito de regresso com relação ao culpado pelo estado gerador do perigo.

Em continuidade de estudo, o parágrafo único do art. 930 reconhece o direito de regresso também contra aquele em defesa de quem o dano acabou sendo causado. Explicando os seus conteúdos, havendo *exercício imoderado da defesa* ou *defesa putativa* e sendo o fato causado por terceiro, é reconhecido o direito de regresso do ofensor contra aquele que gerou a situação que causou o dano.

Deve-se entender que esse último comando legal, ao reconhecer o direito de regresso, visa adequar a indenização à realidade fática que circunda a lide, sendo aplicação da versão civil da teoria da causalidade adequada. Complementando, havendo excesso nessa defesa com relação a terceiros, não estará presente a mencionada excludente de ilicitude, surgindo o dever de indenizar diante de mais um ato lícito praticado (*aberratio ictus*). Como pontua Carlos Roberto Gonçalves, "somente a legítima defesa real, e praticada contra o agressor, impede a ação de ressarcimento de danos. Se o agente, por erro de pontaria (*aberratio ictus*), atingir um terceiro, ficará obrigado a indenizar os danos a este causado".[7]

De qualquer forma, o direito de regresso contra eventual culpado estará assegurado, seja com base no art. 930 do CC/2002, seja com fundamento no art. 934 da mesma codificação privada. Como bem entendeu o Tribunal de Justiça do Distrito Federal, "o agente que, ainda escusado sob a legítima defesa, incorre em *aberractio ictus*, lesionando terceiro, deve indenizar os danos causados, nos termos do art. 930, parágrafo único, do Código Civil. O pedido de reparação, nesse caso, não está fundado no ato ilícito, mas no princípio da equidade, não podendo o terceiro suportar prejuízo para o qual não concorreu" (TJDF, Recurso 2012.01.1.095598-3, Acórdão 633.588, 1.ª Turma Cível, Rel. Des. Flavio Rostirola, *DJDFTE* 19.11.2012, p. 85).

Como outro exemplo de subsunção do art. 930 do Código Civil, o Tribunal de Justiça do Rio de Janeiro analisou hipótese fática em que foi feito disparo de arma de fogo em legítima defesa, que acabou acertando a vítima acidentalmente, diante de sua proximidade com o ofensor. Mesmo com absolvição criminal do agente, foi reconhecida a responsabilização civil do agente que realizou os disparos, eis que presente "questão que não afasta a obrigação de indenizar, eis que o autor é terceiro, e não o ofensor do qual se defendia o apelante. Disparo de arma de fogo que lesionou o autor com base em justificativa legal, calcada na legítima defesa ou estado de necessidade. Irrelevância. Escusas que, embora excluam a ilicitude da conduta, não afastam o dever de indenizar. Exegese conjunta dos artigos 188, inciso II, e 929 do Código Civil". Ao final, a ementa reconhece a possibilidade de exercício do direito de regresso contra o ofensor de quem o agente se defendeu (TJRJ, Apelação 0000238-80.2016.8.19.0025, 12.ª Câmara Cível, Itaocara, Rel. Des. Cherubin Helcias Schwartz Junior, *DORJ* 03.08.2017, p. 256).

Expostas as principais questões a respeito da legítima defesa, passa-se ao estudo do estado de necessidade ou remoção de perigo iminente.

3. DO ESTADO DE NECESSIDADE OU REMOÇÃO DE PERIGO IMINENTE

Nos termos do art. 188, inc. II, do atual Código Civil brasileiro, não constitui ato ilícito a deterioração ou destruição da coisa alheia, ou a lesão à pessoa, a

---

[7] GONÇALVES, Carlos Roberto. *Responsabilidade civil*. 17. ed. São Paulo: Saraiva, 2016. p. 650.

fim de remover perigo iminente, prestes a acontecer. Esse comando legal consagra o *estado de necessidade* ou a *remoção de perigo iminente*, expressões que merecem tratamento idêntico, como se sinônimas fossem. Conforme o art. 24 do Código Penal, considera-se em estado de necessidade aquele que pratica ato para "salvar de perigo atual, que não provocou por sua vontade, nem podia de outro modo evitar, direito próprio ou alheio, cujo sacrifício, nas circunstâncias, não era razoável exigir-se". Novamente, o conceito existente no âmbito penal pode ser utilizado na esfera civil.

Em tese de doutorado que trata da responsabilidade civil por *atos lícitos*, defendida na Faculdade de Direito da Universidade Federal do Rio Grande do Sul, Daniel Ustárroz demonstra doze premissas fundamentais que devem guiar a análise do instituto do estado de necessidade. São elas: *a)* o que não pode ser exigido de forma razoável de uma pessoa não pode ser a ela imposto pelo Direito; *b)* o estado de necessidade pode decorrer de fato humano ou natural; *c)* os interesses em conflito devem estar protegidos juridicamente; *d)* o perigo deve ser atual e deve haver probabilidade de dano, presente e imediata, a um determinado bem jurídico; *e)* o dano pode ser de qualquer ordem, material ou imaterial; *f)* o ato do agente deve ser meio necessário para preservar o direito ou o bem jurídico envolvido no caso concreto; *g)* o agente deve observar os estritos limites da necessidade para a remoção do perigo, pois pode ser responsabilizado por excesso de conduta; *h)* pode a atividade ser dirigida ao salvamento da pessoa ou bem jurídico de outrem; *i)* a pessoa que tem, por seu ofício, o dever de enfrentar o perigo não pode invocar a excludente, embora dela "não se exijam atos de heroísmo"; *j)* os limites da exigência de sacrifício devem coincidir com os limites do exercício de sua proteção; *k)* o estado de necessidade não pode decorrer da imprevidência do agente; e *l)* não há legítima defesa contra o ato praticado em estado de necessidade.[8]

Feita essa importante anotação doutrinária e conceitual, em complemento, o parágrafo único do mesmo art. 188 da codificação privada disciplina que o ato será legítimo somente quando as circunstâncias o tornarem absolutamente necessário, não excedendo os limites do indispensável à remoção do perigo. Havendo excesso, mais uma vez, tanto poderá estar configurado o abuso de direito (art. 187 do CC) quanto o ato ilícito propriamente dito (art. 186 do CC). Outros dois preceitos do Código Civil vigente são aplicáveis ao instituto, merecendo transcrição:

> "Art. 929. Se a pessoa lesada, ou o dono da coisa, no caso do inciso II do art. 188, não forem culpados do perigo, assistir-lhes-á direito à indenização do prejuízo que sofreram".

> "Art. 930. No caso do inciso II do art. 188, se o perigo ocorrer por culpa de terceiro, contra este terá o autor do dano ação regressiva para haver a importância que tiver ressarcido ao lesado".

---

[8] USTÁRROZ, Daniel. *Responsabilidade civil por ato lícito*. São Paulo: Atlas, 2014. p. 143-144.

Foi comentado o último comando legal, que traz o direito de regresso do agente contra o real culpado pelo evento danoso. Quanto ao primeiro dispositivo, este dispõe que, agindo a pessoa em estado de necessidade ou remoção de perigo iminente em situação não causada por aquele que sofreu o prejuízo, permanecerá o dever de indenizar.

Vejamos um exemplo a ilustrar a aplicação desses polêmicos comandos legais, geralmente utilizado em minhas aulas de Direito Civil. Imagine-se um caso em que uma criança grita em meio às chamas de um incêndio que atinge uma residência. Um pedestre vê a cena, arromba a porta da casa e salva a criança da morte iminente, prestes a acontecer. Nesse caso, se o dono da casa não causou o incêndio, deverá ser indenizado pelo *pedestre herói* (art. 929 do CC/2002). Somente se o incêndio foi causado pelo dono do imóvel é que não haverá dever de indenizar. No primeiro caso, o herói terá direito de regresso contra o real culpado pelo incêndio (art. 930 do CC/2002). Observa-se, com tais conclusões, que o Código Civil atual, a exemplo do seu antecessor, continua a não incentivar intervenções heroicas ou solidárias.

Entendo que o conteúdo do art. 929 do CC/2002 representa um verdadeiro absurdo jurídico, pois, entre proteger a vida ou a pessoa e o patrimônio, dá prioridade a este último. Não há dúvida de que o comando legal está em total dissonância com a atual tendência do Direito Privado, que coloca a pessoa no centro do ordenamento jurídico, pela regra constante do art. 1.º, inc. III, da Constituição Federal, a acarretar a *personalização do Direito Civil* e a sua consequente *despatrimonialização*. Em reforço, cabe complementar o argumento com a regra prevista no art. 8.º do CPC em vigor, pela qual, ao aplicar o ordenamento jurídico, o julgador deve levar em conta o princípio da dignidade da pessoa humana.

Citando o exemplo acima e perfilhando-se às críticas que são feitas na doutrina, inclusive as minhas, merecem ser transcritas as palavras de Daniel Ustárroz:

> "Por ora, o direito brasileiro não segue esta orientação, pois a pessoa que reage em estado de necessidade, ocasionando sem a sua colaboração, pela letra da lei indeniza, embora seja tão vítima quanto a outra pessoa lesionada para a sua salvação. Quem sabe, com o avançar dos anos, passa a sociedade concluir que é melhor socializar a responsabilidade pela reparação dos danos provocados em estado de necessidade, a fim de ser respeitado o instituto de conservação e, principalmente, entusiasmar os seus membros a salvar terceiros. Na lição de Francisco Pontes de Miranda, comentando precedente do direito português, se se beneficia toda uma cidade, a responsabilidade deveria ser de todos os habitantes. Seria o mais justo, embora contrário à interpretação literal de nossas normas.
>
> É mais uma hipótese em que o direito brasileiro no afã de proteger uma pessoa vítima transfere o peso do restabelecimento do equilíbrio a outro indivíduo, cujo azar o fez réu no processo. Não deveria ser a sorte o fator de imputação, especialmente pelo fato de conseguir proteger a vítima de outras maneiras, como pelo acionamento do causador do perigo ou de seguro de responsabilidade ou, ainda, em situações excepcionais, pela diluição dos danos entre os membros da sociedade".[9]

---

[9] USTÁRROZ, Daniel. *Responsabilidade civil por ato lícito*, cit., p. 149-150.

A propósito, mitigando a incidência da criticada regra civil, o Superior Tribunal de Justiça tem entendido que a circunstância de ter o agente atuado em estado de necessidade pode influir na fixação do valor da indenização, reduzindo-se o *quantum debeatur*. Nessa esteira:

"A adoção da *restitutio in integrum* no âmbito da responsabilidade civil por danos, sejam materiais ou extrapatrimoniais, nos conduz à inafastabilidade do direito da vítima à reparação ou compensação do prejuízo, ainda que o agente se encontre amparado por excludentes de ilicitude, nos termos dos arts. 1.519 e 1.520 do CC/1916 (arts. 929 e 930 do CC/2002), situação que afetará apenas o valor da indenização fixado pelo critério da proporcionalidade" (STJ, REsp 1.292.141/SP, Rel. Min. Nancy Andrighi, j. 04.12.2012, publicado no seu *Informativo* n. 513).

Justamente diante desses problemas, a Comissão de Juristas encarregada da Reforma do Código Civil, em trâmite no Congresso Nacional, sugere necessários reparos nos conteúdos dos arts. 929 e 930 da codificação privada.

Pelas propostas, o *caput* do art. 929 passará a enunciar, de forma mais clara, técnica e efetiva, que, "no caso de dano causado sob estado de necessidade, se a vítima não for responsável pela situação de perigo, assistir-lhe-á direito à indenização do prejuízo que sofreu". Em complemento, nos termos do seu § 1.º e na mesma linha de uma maior clareza para o comando, "caso a situação de perigo tenha sido criada por fato de terceiro, contra este terá o autor do dano ação regressiva para haver a importância que tiver ressarcido ao lesado". Também caberá "ação de regresso para aquele que, em legítima defesa, provocar danos a terceiro não responsável pela agressão repelida", o que visa a resolver a lacuna existente a respeito da legítima defesa (proposta de § 2.º do art. 929).

Ademais, com a finalidade de corrigir a injustiça antes apontada, o novo § 3.º do art. 929 enunciará que "aquele que voluntariamente se expõe à situação de perigo para salvar alguém ou bens alheios tem direito de ser indenizado por quem criou essa situação, ou pelo beneficiado pelo ato de abnegação, na medida da vantagem por esse obtida". Por fim, em relação ao art. 930, a sugestão é uma redação mais objetiva do que a atual, segundo a qual "o agente da ação repelida, atual e iminente, é responsável pelo prejuízo a que se refere o inciso II do art. 188 deste Código".

Ainda sobre a matéria, cumpre visualizar os conceitos de *estado de necessidade defensivo* e *estado de necessidade agressivo*. Como os conceitos envolvem tanto o Direito Civil como o Direito Penal, serão utilizados mais uma vez os ensinamentos de Flávio Augusto Monteiro de Barros, que leciona e escreve sobre as duas disciplinas.[10] Segundo ele, o *estado de necessidade defensivo* está presente quando o agente, para preservar bem jurídico próprio ou alheio, sacrifica bem pertencente ao causador da situação do perigo. Trata-se justamente do caso da pessoa que destrói a casa do causador de um incêndio para salvar uma criança, conforme exposto. Em situações tais, não haverá dever de indenizar.

---

[10] MONTEIRO DE BARROS, Flávio Augusto. *Manual de Direito Civil*. Responsabilidade civil e direito das coisas, cit., p. 218.

Por outra via, haverá *estado de necessidade agressivo* quando o agente, mais uma vez para preservar um bem jurídico, sacrifica um bem pertencente a terceiro. Em casos como o descrito, pelo que consta do próprio Código Civil (art. 929 do CC), haverá dever de indenizar. No entanto, na última situação, haverá direito de regresso contra o real causador do evento danoso, pelo que consta do art. 930 da codificação material.

Em complemento, filia-se ao autor quando afirma que no estado de necessidade agressivo haverá dever de indenizar em decorrência de um fato lícito.[11] Essa é a posição que prevalece na doutrina nacional, desde o clássico Aguiar Dias.[12] Aqui está a razão técnica da situação de injustiça muitas vezes verificada. Mais uma vez voltando-se à hipótese exposta, o herói nunca poderia responder por ter salvado a criança, por ter dado prioridade à vida em detrimento do patrimônio.

Partindo-se para outros exemplos concretos, o Superior Tribunal de Justiça aplicou os últimos preceitos para responsabilizar motorista de um automóvel que colidiu com motocicleta, causando prejuízos ao seu condutor e pessoa que estava na garupa. Mesmo tendo alegado o estado de necessidade, pelo fato de ter sido surpreendido por outro veículo, que, "de inopino, adentrou do acostamento para a pista, obrigando-o réu a desviar a fim de não ser atingido", a sua responsabilidade civil foi reconhecida, assegurando-se o direito de regresso com o culpado. Vejamos a ementa do acórdão:

"Recurso especial. Civil e processo civil. Responsabilidade civil por ato lícito. Acidente automobilístico. Estado de necessidade. Julgamento antecipado. Alegação de cerceamento de defesa. Inocorrência de nulidade da sentença. Lesões graves. Incapacidade permanente. Pensão vitalícia. Multa do artigo 538 do CPC. Intuito prequestionador. Súmula 98/STJ. 1. Acidente de trânsito ocorrido em estrada federal consistente na colisão de um automóvel com uma motocicleta, que trafegava em sua mão de direção. 2. Alegação do motorista do automóvel de ter agido em estado de necessidade, pois teve a sua frente cortada por outro veículo, obrigando-o a invadir a outra pista da estrada. 3. Irrelevância da alegação, mostrando-se correto o julgamento antecipado da lide por se tratar de hipótese de responsabilidade civil por ato lícito prevista nos artigos 929 e 930 do Código Civil. 4. O estado de necessidade não afasta a responsabilidade civil do agente, quando o dono da coisa atingida ou a pessoa lesada pelo evento danoso não for culpado pela situação de perigo. 5. A prova pleiteada pelo recorrente somente seria relevante para efeito de ação de regresso contra o terceiro causador da situação de perigo (art. 930 do CC/02). Ausência de cerceamento de defesa. 6. Condutor e passageiro da motocicleta que restaram com lesões gravíssimas, resultando na amputação da pena esquerda de ambos. 7. A pensão por incapacidade permanente decorrente de lesão corporal é vitalícia, não havendo o limitador da expectativa de vida. Doutrina e jurisprudência acerca da questão" (STJ, REsp 1.278.627/SC, 3.ª Turma, Rel. Min. Paulo de Tarso Sanseverino, j. 18.12.2012, *DJe* 04.02.2013).

---

[11] MONTEIRO DE BARROS, Flávio Augusto. *Manual de Direito Civil*. Responsabilidade civil e direito das coisas, cit., p. 218.

[12] AGUIAR DIAS, José de. *Da responsabilidade civil*, cit., p. 246-247.

Cabe destacar que a aplicação do art. 929 do Código Civil para acidentes de trânsito é recorrente nos Tribunais estaduais, merecendo destaque o seguinte trecho de acórdão:

"A colisão entre os veículos das partes (motocicleta e *van*) resta incontroversa, enquanto a eventual colisão com veículo Palio, a ensejar a culpa exclusiva de terceiro, é narrativa isolada nos autos. O réu teria desviado do terceiro, vindo a colidir com a *van*. Incumbia ao réu o ônus da prova em relação ao fato impeditivo, modificativo ou extintivo do direito do autor, de modo que, ante a sua ausência ou sendo precária, impõe-se a procedência da ação. Conquanto tenha agido licitamente a fim de evitar eventual choque com veículo de terceiro (art. 188, II, do CC), é certo que o agente que age em estado de necessidade deve indenizar o lesado, nos termos do artigo 929 do Código Civil" (TJSP, Apelação 1016931-22.2014.8.26.0309, Acórdão 10983512, 34.ª Câmara de Direito Privado, Jundiaí, Rel. Des. Kenarik Boujikian, j. 17.11.2017, *DJESP* 23.11.2017, p. 2310).

Ou, ainda, da mesma Corte estadual: "responde pelo resultado o condutor do veículo que, para evitar colisão, desvia para a esquerda e atinge automóvel que transitava na sua regular mão de direção. Compreensão do art. 929 do Código Civil" (TJSP, Apelação 990.10.098564-7, Acórdão 4500740, 27.ª Câmara de Direito Privado, São Paulo, Rel. Des. Dimas Rubens Fonseca, j. 18.05.2010, *DJESP* 17.06.2010).

Em outro julgado superior importante, que analisa questão de Direito Intertemporal, a Terceira Turma do Superior Tribunal de Justiça fez uma comparação entre o art. 929 do Código Civil de 2002 e o art. 1.519 do Código Civil de 1916, seu correspondente. Os dois dispositivos apresentam uma sutil diferença, em suas literalidades, pois a primeira norma menciona também a pessoa lesada, enquanto o seu antecessor apenas fazia referência ao dono da coisa. De início, o acórdão traz a conclusão segundo a qual "não há, a rigor, nenhum óbice à referência a dispositivos do Código atualmente em vigor no julgamento de lides vinculadas ao CC/16, quando é patente a similitude existente entre os dispositivos atuais e os revogados. O próprio STJ vem, costumeiramente, indicando as respectivas correspondências legislativas em seus acórdãos" (REsp 1.030.565/RS, 3.ª Turma, Rel. Min. Nancy Andrighi, j. 05.11.2008, *DJe* 18.11.2008).

Especialmente quanto à comparação entre os dois comandos, merecem transcrições com destaque as deduções do aresto, de que a conclusão para o caso concreto seria a mesma, subsumindo-se uma ou outra norma:

"Na presente hipótese, porém, alega-se a existência de diferenças substanciais na redação dos dispositivos referentes à reparação de danos causados em estado de necessidade. Nesse sentido, o CC/16 teria previsto apenas a indenização por danos a coisas, enquanto o CC/02 a teria previsto, também, para lesão à pessoa, como ocorre na hipótese. Não houve, porém, retroação de disciplina jurídica, pois o exame do CC/16 indica que existe apenas uma diferença de sistematização da matéria entre os dois Códigos. Com efeito, o CC/16 também previa a reparação da lesão a pessoa por 'crime justificável'; porém, o fazia apenas no art. 1.540, contido no Capítulo referente à liquidação das obrigações resultantes de atos ilícitos. É essencial notar, para o correto deslinde da controvérsia, que a presente ação está sendo movida pela mãe da falecida, que pleiteia direito pessoal próprio em face da morte da filha. A diferença entre os Códigos, portanto, se limita à sistematização da matéria, porque o CC/02 condensou as hipóteses de lesão à pessoa e a coisas no mesmo dispositivo (art. 188, II). Não há, portanto, óbice à citação exclusiva do CC/02 no julgamento. Mesmo quando analisado isoladamente o art. 160, II, do CC/16, a doutrina questionava a aparente inversão de valores do dispositivo, que parecia privilegiar a defesa do patrimônio em detrimento da pessoa. Pela via interpretativa, portanto, o resultado do julgamento seria o mesmo; o CC/02 apenas adotou sistemática mais simples e, nessa condição, foi citado como reforço de argumentação, sem que houvesse qualquer desrespeito à aplicação da lei vigente ao tempo do fato" (STJ, REsp 1.030.565/RS, 3.ª Turma, Rel. Min. Nancy Andrighi, j. 05.11.2008, *DJe* 18.11.2008).

De fato, a solução parece correta, pois traz necessária interpretação da regra do Código Civil de 1916, que acabou por conduzir à inserção da menção ao dano à pessoa no Código Civil de 2002.

4. DO EXERCÍCIO REGULAR DE DIREITO OU DAS PRÓPRIAS FUNÇÕES

O mesmo art. 188, em seu inc. I, segunda parte, do CC/2002, preconiza que não constitui ato ilícito o praticado no exercício regular de um direito reconhecido. Trata-se de uma das excludentes do dever de indenizar mais discutidas no âmbito da jurisprudência nacional.

Um primeiro exemplo refere-se à inclusão do nome de devedores no *rol dos inadimplentes ou devedores*, em cadastros de natureza privada (Serasa e SPC), tema que foi tratado no Capítulo 8 deste livro, e que aqui deve ser retomado em seus aspectos principais. A inscrição nos casos de inadimplência constitui um exercício regular de direito do credor, conforme entendimento unânime de nossos Tribunais. O raciocínio serve para o protesto de título em casos de não pagamento no prazo fixado. Vários julgados poderiam ser transcritos adotando essa ideia, merecendo destaque um dos pioneiros:

"Indenização. Inscrição no SPC. O posicionamento do Tribunal decorreu da análise do contrato celebrado entre as partes, bem como do conjunto probatório dos autos, considerando que não houve conduta ilícita da ré ao determinar a inscrição no cadastro de inadimplentes em razão da falta de pagamento das mensalidades do curso. Consta do acórdão que houve, na verdade, o descumprimento do contrato por parte do autor, que deixou de comunicar a sua desistência do curso conforme previsão contratual expressa. Também considerou o acórdão que não restou comprovada a alegação de propaganda enganosa" (STJ, AgRg 555.171/RS, 3.ª Turma, Rel. Min. Carlos Alberto Menezes Direito, j. 25.05.2004, *DJ* 02.08.2004, p. 379).

A mesma tese pode ser aplicada para o caso do condomínio que publica o número da unidade inadimplente na prestação de contas que circula entre os condôminos. No caso em questão, não há que falar em ato ilícito, mas em exercício regular de direito. Nessa linha: "a indicação de débitos em documento interno do condomínio configura exercício regular de direito" (TJSP, Apelação 0279904-76.2009.8.26.0000, Acórdão 6885304, 10.ª Câmara de Direito Privado, Santa Izabel, Rel. Des. Coelho Mendes, j. 30.07.2013, *DJESP* 16.08.2013). Em complemento, reconhecendo a existência de um dever de informação do síndico quanto aos inadimplentes:

> "Configuração de exercício regular de direito, mercê do dever do síndico de prestar contas e informar aos demais condôminos sobre os motivos que influem no rateio mensal das despesas comuns. Inaplicabilidade, ao caso, das disposições do Código de Defesa do Consumidor. Ausência, ademais, de qualquer excesso ou abuso na redação do comunicado. Eventuais constrangimentos sofridos pelo condômino inadimplente e seus familiares que decorrem de sua própria e exclusiva conduta" (TJSP, Apelação Cível 325.141-4/8, 6.ª Câmara de Direito Privado de Férias, Santos, Rel. Des. Sebastião Carlos Garcia, j. 05.02.2004).

Como se retira do último aresto, não se aplica às relações entre condômino e condomínio o Código de Defesa do Consumidor, pelo fato de existir em caso tais uma relação entre coisas, e não entre pessoas. Tal dedução afasta a conclusão pela responsabilidade objetiva do condomínio e a subsunção do art. 42 da Lei n. 8.078/1990, segundo o qual, na cobrança de débitos, o consumidor inadimplente não será exposto a ridículo, nem será submetido a qualquer tipo de constrangimento ou ameaça.

Entretanto, a *inscrição indevida* do nome em cadastro de inadimplentes constitui ato ilícito, ou mesmo abuso de direito. O mesmo entendimento vale para os casos em que o condômino nada deve, mas tem o número de sua unidade ou nome inserido na relação dos inadimplentes. Assim, concluindo, precisamente: "abusiva, no caso, a indicação do número do apartamento do autor como inadimplente no relatório de despesas mensais do edifício, diante da inexistência do débito ali mencionado. Danos morais vislumbrados" (TJSP, Apelação 0010719-65.2010.8.26.0010, Acórdão 7456315, 27.ª Câmara de Direito Privado, São Paulo, Rel. Des. Campos Petroni, j. 25.03.2014, *DJESP* 05.03.2015).

Ademais, reitere-se que, segundo a jurisprudência do Superior Tribunal de Justiça, mesmo nos casos de valores devidos, a inscrição deve ser antecedida pela notificação do devedor, efetuada pelo órgão mantenedor do Cadastro de Proteção ao Crédito, o que está de acordo com a boa-fé (Súmula n. 359 do STJ). Em reforço, conclui-se corretamente, no âmbito doutrinário, que, "nas ações de responsabilidade civil por cadastramento indevido nos registros de devedores inadimplentes realizados por instituições financeiras, a responsabilidade civil é objetiva" (Enunciado n. 553 da *VI Jornada de Direito Civil* de 2013). A responsabilidade é tida como sem culpa diante da comum aplicação do Código de Defesa do Consumidor e pela presença do abuso de direito (art. 187 do CC).

Vale lembrar, outra questão igualmente desenvolvida no Capítulo 8 desta obra, que o nome da pessoa somente pode permanecer inscrito no cadastro de inadimplentes pelo prazo máximo de cinco anos, contados do ato da inscrição

(Súmula n. 323 do STJ). Dentro desse limite de tempo, haverá exercício regular de direito por parte do credor. Entretanto, se o prazo for extrapolado, estará presente a *manutenção indevida,* o que constitui abuso de direito, gerando novamente a responsabilidade civil independentemente de culpa.

Em todos os casos citados em que ocorrer o exercício irregular de direito quanto aos cadastros negativos, o dano imaterial suportado pela vítima, pelo menos em regra, é presumido ou *in re ipsa*. A afirmação consta da premissa 1, publicada na sua Edição n. 59 da ferramenta *Jurisprudência em Teses*, do Tribunal da Cidadania, que trata do *Cadastro de Inadimplentes*: "a inscrição indevida em cadastro de inadimplentes configura dano moral *in re ipsa*". No entanto, conforme a tese 19, publicada no mesmo canal e com importante ressalva, não existindo a anotação irregular nos órgãos de proteção ao crédito, a mera cobrança indevida de serviços ao consumidor não gera danos morais presumidos ou *in re ipsa*. No mesmo sentido, a tese n. 7, constante da Edição n. 74 da mesma ferramenta, do ano de 2017 (Consumidor III).

Por derradeiro, quanto ao *exercício regular das próprias funções,* compreendemos que constitui uma espécie de exercício regular de direito, eis que a pessoa tem uma incumbência legal ou administrativa de atuação. Nesse contexto, fala-se ainda em *estrito cumprimento do dever legal,* também enquadrado na categoria ora estudada. A título de concreções, é o que ocorre com relação a um policial que usa da força quando do combate ao crime, do bombeiro que precisa superar obstáculos ao apagar um incêndio. Como observa Carlos Roberto Gonçalves, "nos casos de estrito cumprimento do dever legal, em que o agente é exonerado da responsabilidade pelos danos causados, a vítima, muitas vezes, consegue obter o ressarcimento do Estado", o que tem fundamento no art. 37, § 6.º, da Constituição Federal.[13]

Tem-se, aqui, mais um caso de *responsabilidade civil por fato ilícito,* agora por ato de terceiro. Diante dessa realidade jurídica, e como não poderia ser diferente, não há que falar em ação regressiva do Estado contra o agente, pois presente a citada excludente de responsabilidade civil.

De todo modo, muitas vezes não se reconhece sequer a responsabilidade civil do Estado, quando o seu agente demonstra o estrito cumprimento de seu dever. Assim concluindo, por exemplo, têm-se acórdãos relativos à prisão em que ocorreu a posterior absolvição da vítima, caso do seguinte: "o Tribunal de origem, com amparo nos elementos de convicção dos autos, decidiu que não ficou configurado dano moral, porquanto a conduta das autoridades públicas foi embasada no estrito cumprimento do dever legal, e que o agravante não logrou demonstrar de forma específica os supostos erros dos representantes do Ministério Público e da Magistratura na condução do processo em questão" (STJ, AgRg no AREsp 839.243/SP, 2.ª Turma, Rel. Min. Humberto Martins, j. 1.º.03.2016, *DJe* 08.03.2016).

Para encerrar este tópico e as concreções práticas, no exemplo antes aqui exposto quanto ao estado de necessidade, se um bombeiro arromba uma porta

---

[13] GONÇALVES, Carlos Roberto. *Responsabilidade civil,* 17. ed., cit., p. 650.

para salvar a criança de um incêndio que atinge um imóvel, sua situação não está enquadrada no inc. II do art. 188 do CC/2002. Dessa forma, não se aplica o art. 929 do mesmo Código Privado, que disciplina o seu eventual dever de indenizar. Isso porque, para o caso do bombeiro, deve subsumir o inc. I do art. 188, na sua segunda parte, que foge da aplicação do dispositivo que reconhece o dever de indenizar.

5. DAS EXCLUDENTES DE NEXO DE CAUSALIDADE

Como exposto no Capítulo 5 desta obra, o nexo de causalidade constitui o elemento imaterial da responsabilidade civil, constituído pela relação de causa e efeito entre a conduta e o dano. Também ali demonstrei que esse elemento imaterial é formado pela culpa, na responsabilidade subjetiva, e pela previsão legal que qualifica a conduta ou pela atividade de risco, na responsabilidade objetiva.

Outrossim, foram comentados exemplos relacionados com as excludentes do nexo de causalidade ou *fatores obstativos do nexo*, que são os seguintes: *a)* culpa ou fato *exclusivo* da vítima; *b)* culpa ou fato *exclusivo* de terceiro; *c)* caso fortuito (evento totalmente imprevisível) e força maior (evento previsível, mas inevitável).

Relativamente ao caso fortuito e força maior, sem prejuízo de tudo o que foi comentado quanto a tais excludentes, particularmente nas óticas consumerista e ambientalista, é de relembrar que em regra não haverá responsabilização por tais ocorrências. Contudo, existem algumas exceções no âmbito obrigacional, relativas à responsabilidade civil contratual, que aqui devem ser retomadas e aprofundadas.

A primeira exceção refere-se ao caso do devedor em mora, que responde pelo caso fortuito e força maior, a não ser que prove ausência total de culpa ou que o dano ocorreria mesmo não havendo a mora ou o atraso (art. 399 do CC/2002).

A segunda diz respeito à previsão contratual de responsabilização por tais eventos, por meio da chamada *cláusula de assunção convencional* (art. 393 do CC/2002).

Por fim, como terceira exceção, há casos em que a própria lei prevê a responsabilização por tais ocorrências, como o que consta do art. 583 do Código Civil, segundo o qual, "se, correndo risco o objeto do comodato juntamente com outros do comodatário, antepuser este a salvação dos seus abandonando o do comodante, responderá pelo dano ocorrido, ainda que se possa atribuir a caso fortuito, ou força maior".

Pois bem, pretende-se aqui aprofundar o segundo caso exposto, de previsão contratual quanto à responsabilidade por caso fortuito e força maior. Para tanto, vejamos novamente a íntegra do art. 393 do CC/2002:

> "Art. 393. O devedor não responde pelos prejuízos resultantes de caso fortuito ou força maior, se expressamente não se houver por eles responsabilizado.

Parágrafo único. O caso fortuito ou de força maior verifica-se no fato necessário, cujos efeitos não era possível evitar ou impedir".

Pelo comando legal, constata-se que a parte obrigacional não responde pelo caso fortuito (evento totalmente imprevisível) ou força maior (evento previsível, mas inevitável), a não ser que haja previsão no contrato quanto a tal responsabilização. A dúvida está relacionada à seguinte indagação: valerá sempre essa previsão de responsabilização quando inserida em um contrato? Entendo que a resposta é negativa.

Em minha obra *Função social dos contratos. Do Código de Defesa do Consumidor ao Código Civil de 2002* (2. ed., 2007) por diversas vezes está demonstrado que a liberdade contratual, sucedâneo da autonomia privada, encontra limitações nas normas de ordem pública, o que muito bem simboliza o princípio da função social dos pactos, em sua eficácia interna. Na nova *Lei da Liberdade Econômica* (Lei n. 13.874/2019), essa ressalva foi adotada expressamente, quanto ao exercício da autonomia privada, no seu art. 3.º, inc. VIII. Conforme o seu conteúdo, entre os *direitos de liberdade econômica* tem-se "a garantia de que os negócios jurídicos empresariais paritários serão objeto de livre estipulação das partes pactuantes, de forma a aplicar todas as regras de direito empresarial apenas de maneira subsidiária ao avençado, exceto normas de ordem pública".

Invoca-se aqui o princípio em questão para dizer que nem sempre tal previsão de responsabilidade terá validade. Ressalte-se que a eficácia interna da função social dos contratos foi reconhecida na *IV Jornada de Direito Civil*, com a aprovação do Enunciado n. 360 do CJF/STJ, conforme proposta formulada por este autor.

Primeiramente, a cláusula de responsabilização não terá validade nos casos envolvendo a responsabilidade extracontratual, que compreende preceitos de ordem pública. Aplica-se, portanto, somente à responsabilidade contratual. Eis um aspecto em que ainda justifica a divisão dupla da responsabilidade civil (contratual *x* extracontratual).

Igualmente, não valerá essa cláusula, denominada *cláusula de assunção convencional* pela doutrina, nos casos envolvendo os contratos de consumo e de adesão, se imposta ao consumidor ou ao aderente. Quanto aos contratos de consumo, a hipótese está enquadrada no art. 51, inc. I, da Lei n. 8.078/1990, pelo qual é abusiva a cláusula que atenua a responsabilidade do fornecedor por vícios de qualquer natureza, de produtos ou serviços. A cláusula também será nula, se prever que somente o consumidor responderá por caso fortuito e força maior, colocando o consumidor em posição de extrema desvantagem, como proíbe o inc. IV do mesmo art. 51 do Código Consumerista. Pode ser evocado, em reforço, o *caput* do art. 25 da Lei n. 8.078/1990, que assim dispõe: "é vedada a estipulação contratual de cláusula que impossibilite, exonere ou atenue a obrigação de indenizar prevista nesta e nas seções anteriores". Anote-se que essa minha posição e argumentos foram adotados por ementa de julgado estadual (TJMS, Apelação 08357595720158120001, 4.ª Câmara Cível, Rel. Des. Claudionor Miguel Abss Duarte, j. 04.10.2017).

Ademais, será nula a cláusula que determina a responsabilização do aderente por tais ocorrências, conforme dispõe o art. 424 do CC/2002, pelo qual serão nulas, nos contratos de adesão, as cláusulas que implicam renúncia prévia pelo aderente a direito resultante da natureza do negócio. Como se sabe, a regra do sistema jurídico brasileiro é que a parte não responda por caso fortuito e força maior, sendo nula a cláusula impositiva, sem negociação, que estabeleça previsão em contrário. Nesse sentido, cite-se o Enunciado n. 172 do CJF/STJ, segundo o qual: "as cláusulas abusivas não ocorrem exclusivamente nas relações jurídicas de consumo. Dessa forma, é possível a identificação de cláusulas abusivas em contratos civis comuns, como, por exemplo, aquela estampada no art. 424 do Código Civil de 2002". O enunciado em questão traz em seu conteúdo o *diálogo das fontes* entre o Código Civil e o Código de Defesa do Consumidor, que outrora foi comentado.

Assim sendo, deve-se concluir que a cláusula de responsabilização por caso fortuito e força maior somente valerá nos contratos civis paritários ou negociados, aqueles plenamente discutidos, desde que relacionada com a responsabilidade contratual. Ressalte-se que compartilha desse mesmo entendimento, quanto à *cláusula de assunção convencional*, a Professora Judith Martins-Costa, para quem "a possibilidade de assumir, convencionalmente, o risco pelo caso fortuito ou força maior, embora comum em contratos internacionais, tem merecido no direito interno algumas restrições. Escusado dizer que jamais poderá ser acordada contra o consumidor, sob pena de nulidade, por abusividade. Mesmo nas relações de direito comum será vedada, em nosso entendimento, sempre que caracterizar abuso por violação da boa-fé ou do fim econômico-social do contrato (arts. 187 e 422) ou quando quebrar a 'obrigação fundamental' do contrato".[14]

Filia-se totalmente às últimas ressalvas feitas, notadamente quando a citada cláusula viola os princípios sociais contratuais previstos no Código Civil de 2002.

6. DA CLÁUSULA DE NÃO INDENIZAR

Considerada por parte da doutrina como uma excludente de responsabilidade, a cláusula de não indenizar constitui a previsão contratual pela qual a parte exclui a presença de pressupostos do dever de reparar o dano. Essa cláusula é também denominada *cláusula de irresponsabilidade* ou *cláusula de exclusão de responsabilidade*.

Entendo que as expressões são sinônimas, abrangendo previsões contratuais que afastam não só a responsabilidade civil em sentido amplo, como também o pagamento da indenização no caso concreto.

Todavia, essa posição não é unânime, pois existem autores que diferenciam os institutos, caso de Sergio Cavalieri Filho, para quem a cláusula de irresponsabilidade exclui a responsabilidade civil propriamente dita, enquanto a cláusula de não indenizar afasta a indenização.[15] Contrariando tal posição, Sílvio de Salvo Venosa anota que apenas a lei pode excluir a responsabilidade

---

[14] MARTINS-COSTA, Judith. *Comentários ao novo Código Civil*, cit., p. 217.
[15] CAVALIERI FILHO, Sergio. *Programa de responsabilidade civil*, 12. ed., cit., p. 635.

civil e em determinadas situações. Assim sendo, pontua o autor que, "no campo negocial, melhor que se denomine o fenômeno de cláusula de não indenizar. Essa cláusula não suprime a responsabilidade, mas suprime a indenização".[16] Com o devido respeito ao último doutrinador, penso que a sua abrangência é maior, podendo dizer respeito à própria responsabilidade civil, sem que se altere a sua denominação.

Desde Aguiar Dias, a doutrina reconhece o seu desprestígio, uma vez que "nosso direito não simpatiza com as cláusulas de irresponsabilidade".[17] Nesse contexto de afirmação, por razões óbvias, a cláusula somente deve ser aplicada à responsabilidade contratual, tratada substancialmente pelos arts. 389 a 391 do Código Civil, e não à extracontratual, pois, como se afirmou várias vezes neste livro, a última envolve preceitos de ordem pública. A título de exemplo, não tem qualquer validade jurídica uma placa colocada em condomínio edilício, estabelecendo que "o condomínio não se responsabiliza pelos objetos lançados ou que caírem das unidades". Isso porque a responsabilidade civil prevista pelo art. 938 do Código Civil é extracontratual ou *aquiliana*.

A cláusula também não incide nos casos em que houver conduta dolosa do agente ou na presença de atos criminosos da parte, igualmente pela motivação na ordem pública.[18] Também fica em xeque a sua estipulação para a limitação ou exclusão de danos morais, que envolvem lesões a direitos da personalidade, tidos como irrenunciáveis, em regra, por dicção legal (art. 11 do CC/2002).

Sobre o tema, comenta Judith Martins-Costa que a referida cláusula será inválida, "se pactuada contra o consumidor, ou o empregado, ou contra o usuário de serviços públicos, sob pena de nulidade, por abusividade. Porém, mesmo nos chamados 'contratos paritários', nos quais há uma relativa igualdade substancial dos contratantes no que concerne ao poder de negociar, tem parte da doutrina sustentando a sua 'ineficácia', ora sob o fundamento de que ofende o princípio proibitivo de lesão ao patrimônio alheio, refletido na expressão 'noeminem laedere', ora sob a argumentação de que não pode ser ajustada para transferir obrigações essenciais do contratante".[19]

Novamente, filia-se plenamente às lições da doutrinadora. Merecem destaque as palavras quanto à nulidade da cláusula nos contratos de consumo, por expressa previsão dos arts. 25 e 51, inc. I, do CDC; e nos contratos de adesão, pelo que consta do art. 424 do Código Civil.

Quanto ao último comando, há previsão de nulidade absoluta das cláusulas em que o aderente renuncia a um direito que resulta da natureza do negócio, no caso de ser indenizado pelos prejuízos que sofreu, o que é atribuído a todos pelo princípio da reparação integral (art. 944, *caput*, do CC/2002). Muitos são os julgados que reconhecem a invalidade da cláusula de não indenizar em hipóteses tais, merecendo colação o seguinte:

---

[16] VENOSA, Sílvio de Salvo. *Direito Civil*. Responsabilidade civil, 12. ed., cit., p. 68.
[17] AGUIAR DIAS, José de. *Da responsabilidade civil*, cit., p. 242.
[18] Como se vê em: AGUIAR DIAS, José de. *Da responsabilidade civil*, cit., p. 241-242.
[19] MARTINS-COSTA, Judith. *Comentários ao novo Código Civil*, cit., p. 219.

"Cláusula de não indenizar. Abusividade. Contrato de adesão. Artigo 424 do Código Civil. Indenização devida. Partes litigantes que celebraram contrato de concessão de serviços de agente credenciado, com prazo indeterminado, sendo a empresa autora constituída para atuar nos 'serviços de captação de apostas sobre corridas de cavalo organizadas e promovidas' pelo réu. Resilição motivada do pacto pelo réu (insuficiência de apostas), apesar da ausência de previsão contratual nesse sentido. Pleito de declaração de nulidade de parte da cláusula excludente de indenização, bem como de condenação do réu ao pagamento de perdas e danos, incluindo fundo de comércio, lucros cessantes e reparação pelos investimentos com instalações para atividade-fim. Insuficiência de apostas que não restou comprovada nos autos" (TJRJ, Apelação 0070523-44.2014.8.19.0001, 22.ª Câmara Cível, Rio de Janeiro, Rel. Des. Carlos Santos de Oliveira, j. 14.10.2014, *DORJ* 07.07.2017, p. 505).

Repetindo a percepção de Aguiar Dias, entre os contemporâneos, Pablo Stolze Gagliano e Rodolfo Pamplona Filho não veem a referida cláusula com bons olhos, posição que é por mim em parte compartilhada.[20] Em muitos casos, mesmo no âmbito da responsabilidade civil contratual, a previsão não poderá prevalecer, por lesão ao princípio da função social dos contratos e da boa-fé objetiva. Como outrora exposto, há referência no próprio art. 734 do CC/2002 e na Súmula n. 161 do STF quanto à nulidade dessa cláusula nos contratos de transporte em geral, seja de pessoas ou de coisas.

Em outra ilustração compartilhada com os últimos juristas, mencione-se a cláusula de exclusão da responsabilidade da empresa de estacionamento, pelo próprio veículo ou por objetos deixados em seu interior. Para a jurisprudência, o aviso colocado no estacionamento deve ser reputado como cláusula nula, mesmo se o serviço for gratuito em lojas, supermercados ou afins. Nessa linha, por todos, entre os remotos julgados superiores, cabe transcrever:

"Roubo de veículo em estacionamento. Cláusula de não indenizar. Caso fortuito. Força maior. Súmula n. 07 da Corte. 1. Descartando o acordão recorrido a ocorrência de caso fortuito ou força maior, à míngua de prova, não há como enfrentar a alegada violação dos artigos 1.058 e 1.277 do Código Civil, diante da barreira da Súmula n. 07. 2. O dissídio jurisprudencial não está configurado, pois este feito não cuida de roubo em garagem de condomínio, mas, sim, em estacionamento explorado comercialmente, que, por definição, tem o dever de guarda e vigilância, não podendo cobrir-se pela cláusula de não indenizar. 3. Recurso especial não conhecido" (STJ, REsp 83.179/SP, 3.ª Turma, Rel. Min. Carlos Alberto Menezes Direito, j. 08.09.1997, *DJ* 03.11.1997, p. 56276).

Aplica-se, em casos tais, o teor da Súmula n. 130 do Superior Tribunal de Justiça, segundo a qual "a empresa responde, perante o cliente, pela reparação de dano ou furto de veículo ocorridos em seu estacionamento". Em *diálogo das fontes*, nos casos envolvendo o estacionamento, são aplicados os arts. 25 e 51

---

[20] GAGLIANO, Pablo Stolze; PAMPLONA FILHO, Rodolfo. *Novo curso de Direito Civil*, 14. ed., cit., p. 178.

da Lei n. 8.078/1990. Evoca-se, ato contínuo, o art. 424 do CC/2002, pois a sua natureza é de contrato de adesão, não tendo validade, com relação a estes, as cláusulas pelas quais o aderente renuncia previamente a um direito inerente à natureza do negócio. No caso em questão, a parte está renunciando à segurança, que é inerente ao próprio contrato de estacionamento, podendo-se falar, ainda, de cláusula que afasta a própria função social do contrato de estacionamento (art. 421 do CC/2002).

Quanto aos estacionamentos gratuitos, não se pode esquecer que funcionam como um atrativo aos consumidores, como uma verdadeira publicidade que traz vantagens indiretas aos fornecedores de produtos e prestadores de serviços em supermercados e *shoppings centers*, não se alterando a conclusão sobre a nulidade da cláusula de não indenizar em casos tais.

Acrescente-se, contudo, que há debate interessante no âmbito do Superior Tribunal de Justiça quanto ao fato de ser o roubo de responsabilidade ou não da empresa de estacionamento, o que depende de análise casuística, especialmente do modo como foi praticado. Na realidade, o que não se admite é a exclusão prévia do dever de indenizar em casos tais, por meio de uma previsão unilateral, verdadeira cláusula implícita do contrato. A propósito, entre os arestos mais recentes, entendendo pela presença da responsabilidade civil por tais ocorrências:

"Agravo interno nos embargos de divergência em recurso especial. Responsabilidade civil. Roubo em estacionamento. Empresa exploradora do serviço. Fortuito externo. Não configuração. 1. É assente na jurisprudência de ambas as Turmas julgadoras integrantes da Segunda Seção que a prática do crime de roubo no interior de estacionamento de veículos, pelo qual seja direta ou indiretamente responsável a empresa exploradora de tal serviço, não caracteriza caso fortuito ou motivo de força maior capaz de desonerá-la da responsabilidade pelos danos suportados por seu cliente vitimado. Precedentes. 2. Não cabem embargos de divergência quando a jurisprudência do Tribunal se firmou no mesmo sentido do acórdão embargado (Súmula n.º 168/STJ). 3. Agravo interno não provido" (STJ, Ag. Int. nos EREsp 1.118.454/RS, 2.ª Seção, Rel. Min. Ricardo Villas Bôas Cueva, j. 25.10.2017, *DJe* 31.10.2017).

Em sentido contrário, tratando de assalto à mão armada e fazendo ressalva para os estacionamentos localizados em bancos, tema aqui outrora abordado, vejamos trecho de acórdão publicado no *Informativo* n. *521* da Corte Superior:

"Não é possível atribuir responsabilidade civil à sociedade empresária responsável por estacionamento particular e autônomo – independente e desvinculado de agência bancária – em razão da ocorrência, nas dependências daquele estacionamento, de roubo à mão armada de valores recentemente sacados na referida agência e de outros pertences que o cliente carregava consigo no momento do crime. (...) Consequentemente, não é razoável impor à sociedade responsável pelo estacionamento o dever de garantir a segurança individual do usuário e a proteção dos bens portados por ele, sobretudo na hipótese em que ele realize operação sabidamente de risco consistente no saque de valores em agência bancária, uma vez que essas pretensas contraprestações não estariam compreendidas por contrato que abranja exclusivamente a guarda de veículo. Nesse contexto, ainda que o usuário, no seu subconsciente, possa imaginar que, parando o seu veículo em estacionamento privado, estará protegendo, além do seu veículo, também a si próprio, a responsabilidade do estabelecimento não pode ultrapassar o dever contratual de guarda do automóvel, sob pena de se extrair do instrumento consequências que vão além do contratado, com clara violação do *pacta sunt servanda*. Não se trata, portanto, de resguardar os interesses da parte hipossuficiente da relação de consumo, mas sim de assegurar ao consumidor apenas aquilo que ele legitimamente poderia esperar do serviço contratado. Além disso, deve-se frisar que a imposição de tamanho ônus aos estacionamentos de veículos – de serem responsáveis pela integridade física e patrimonial dos usuários – mostra-se temerária, inclusive na perspectiva dos consumidores, na medida em que a sua viabilização exigiria investimentos que certamente teriam reflexo direto no custo do serviço, que hoje já é elevado" (STJ, REsp 1.232.795/SP, Rel. Min. Nancy Andrighi, j. 02.04.2013).

Em 2019, esse último entendimento foi consolidado no âmbito da Segunda Seção da Corte, com a seguinte tese: "o roubo à mão armada em estacionamento gratuito, externo e de livre acesso configura fortuito externo, afastando a responsabilização do estabelecimento comercial" (STJ, EREsp 1.431.606/SP, 2.ª Seção, Rel. Min. Maria Isabel Gallotti, j. 27.03.2019, *DJe* 02.05.2019). A afirmação deve ser considerada como majoritária, para os devidos fins práticos.

Outra situação de debate no Tribunal da Cidadania diz respeito à validade da cláusula de não indenizar estabelecida no âmbito do condomínio edilício, relativa ao furto de veículo praticado no seu interior. Existem precedentes do STJ concluindo por sua validade. Assim concluindo, por todos: "estabelecendo a Convenção cláusula de não indenizar, não há como impor a responsabilidade do condomínio, ainda que exista esquema de segurança e vigilância, que não desqualifica a força da regra livremente pactuada pelos condôminos" (STJ, REsp 168.346/SP, 3.ª Turma, Rel. Min. Waldemar Zveiter, Rel. p/ Acórdão Min. Carlos Alberto Menezes Direito, j. 20.05.1999, *DJ* 06.09.1999, p. 80).

Com o devido respeito, não me filio a tal forma de julgar, pois a hipótese é de responsabilidade civil extracontratual, que não pode ser afastada por convenção ou convenção das partes envolvidas. Entretanto, mesmo não sendo reconhecida a validade da cláusula, concluo que o condomínio não pode responder por tais eventos, pois não existe o dever de evitar o fato, conforme desenvolvido no Capítulo 4 desta obra. Ademais, o evento está fora do risco da atividade ou do empreendimento condominial.

Mudando a situação fática, a referida cláusula de não indenizar não tem sido aplicada nos casos envolvendo furtos em hotéis e similares, respondendo a empresa que presta o serviço, especialmente pelo fato de existir um contrato de consumo. Concluindo desse modo, por todos:

"Responsabilidade civil. Perdas e danos. Furto de joias ocorrido em hotel. Falha de segurança. Comprovação pelo laudo do instituto de criminalística de ter havido violação dos aposentos em que estavam hospedados os autores, bem como de suas respectivas bagagens, indicando ter havido furto de seus pertences. Admissível o fato da subtração dos bens elencados, diante da prova testemunhal produzida. Estimativa do valor dos bens furtados não impugnada pelo réu de modo específico O hospedeiro assume o dever de incolumidade de seus hóspedes e de guarda e depósito de seus objetos, ainda que sejam deixados fora do cofre de segurança. Responsabilidade fixada pela Lei, não podendo ser afastada por cláusula de não indenizar. Recurso provido" (TJSP, Apelação com Revisão 279.497.4/2, Acórdão 2572199, 1.ª Câmara de Direito Privado, São Paulo, Rel. Des. Luiz Antonio de Godoy, j. 22.04.2008, *DJESP* 30.05.2008).

"Responsabilidade civil. Perdas e danos. Furto de joias e outros bens, mediante arrombamento das janelas, ocorrido em hotel à luz do dia. Falha do serviço, já que a contratação de apenas dois vigias, e somente para o período noturno, não era suficiente para garantir a integridade física dos hóspedes e de suas bagagens. Inocorrência de força maior. Ineficácia, ademais, da cláusula de não indenizar. Responsabilidade dos hoteleiros reconhecida, nos termos dos artigos 1.284 do Código Civil e 14 do Código de Defesa do Consumidor. Exame da doutrina. Condenação em danos materiais fixados em R$ 3.118,00, atualizados monetariamente a partir da citação, e em danos morais, no valor equivalente a 20 salários mínimos, acrescidos de juros moratórios de 6%, a partir da citação. Indenizatória procedente. Recurso provido" (TJSP, Apelação Cível 133.338-4/2, 4.ª Câmara de Direito Privado de Férias Janeiro/2003, Campos do Jordão, Rel. Armindo Freire Mármora, 30.01.2003, v.u.).

Também em outras hipóteses vinha se afastando a validade da referida cláusula. Aliás, tornou-se comum afirmar que a referida cláusula não vale nos contratos de guarda, como é o caso dos contratos de depósito, pelo fato de existir um dever implícito de segurança pela coisa. Relativamente aos últimos, havendo depósito de valores em cofres de bancos, merecem destaque as seguintes decisões anteriores:

"Direito Civil. Penhor. Danos morais e materiais. Roubo/furto de joias empenhadas. Contrato de seguro. Direito do Consumidor. Limitação da responsabilidade do fornecedor. Cláusula abusiva. Ausência de indício de fraude por parte da depositante. I – O contrato de penhor traz embutido o de depósito do bem e, por conseguinte, a obrigação acessória do credor pignoratício de devolver esse bem após o pagamento do mútuo. II – Nos termos do artigo 51, I, da Lei 8.078/90, são abusivas e, portanto, nulas, as cláusulas que de alguma forma exonerem ou atenuem a responsabilidade do fornecedor por vícios no fornecimento do produto ou do serviço, mesmo que o consumidor as tenha pactuado livre e conscientemente. III – Inexistente o menor indício de alegação de fraude ou abusividade de valores por parte da depositante, reconhece-se o dever de ressarcimento integral pelos prejuízos morais e materiais experimentados pela falha na prestação do serviço. IV – Na hipótese dos autos, em que o credor pignoratício é um banco e o bem ficou depositado em cofre desse mesmo banco, não é possível admitir o furto ou o roubo como causas excludentes do dever de indenizar. Há de se levar em conta a natureza específica da empresa explorada pela instituição financeira, de modo a considerar esse tipo de evento, como um fortuito interno, inerente à própria atividade, incapaz de afastar, portanto, a responsabilidade do depositário. Recurso especial provido" (STJ, REsp 1.133.111/PR, 3.ª Turma, Rel. Min. Sidnei Beneti, j. 06.10.2009, *DJe* 05.11.2009).

"Responsabilidade civil. Ato ilícito. Subtração de joias e dinheiro existentes em cofre bancário alugado pelo cliente. Avença que caracteriza contrato de depósito, e não de locação. Existência, ademais, de prestação de serviços, sujeita ao Codecon. Cláusula de não indenizar inaplicável. Responsabilidade objetiva do banco-réu pelos serviços que causaram prejuízo ao cliente. Danos alegados e configurados por fotos e depoimentos de testemunhas que comprovam a existência das joias e de parte do dinheiro. Valores das joias a serem apurados em liquidação por arbitramento. Pagamento de 50.000 dólares americanos (que estavam no cofre) com conversão para a moeda corrente nacional na data do ajuizamento. Ausência de verossimilhança da alegação em relação às quantias restantes que estariam no cofre: 3.000 dólares americanos e 85.000 marcos alemães. Indenizatória parcialmente procedente. Recurso parcialmente provido" (1.º TACSP, Processo 1224607-6, 5.ª Câmara, São Paulo, Rel. Álvaro Torres Júnior, Revisor Manoel Mattos, j. 10.12.2003, deram provimento em parte, v.u.).

De todo modo, na atual composição do STJ, surgiram julgados admitindo a limitação da responsabilidade do banco pelo cofre e tratando o contrato como de locação, e não como depósito, o que representa um retrocesso e violação às citadas normas do CDC. Assim concluindo, por exemplo: "nos contratos de aluguel de cofre, não é abusiva a cláusula que impõe limite aos valores e objetos que podem ser armazenados, sobre os quais incidirá a obrigação de segurança e proteção. Precedentes" (STJ, AgInt no AREsp 772.822/SP, 4.ª Turma, Rel. Min. Maria Isabel Gallotti, j. 30.08.2018, *DJe* 11.09.2018). Ou, ainda, reconhecendo a validade apenas da cláusula limitativa de indenização, da Terceira Turma da Corte:

"O contrato bancário de locação de cofre particular é espécie contratual mista que conjuga características tanto de um contrato de depósito quanto de um contrato de locação, qualificando-se, ainda, pela verdadeira prestação dos serviços de segurança e guarda oferecidos pela instituição financeira locadora, ficando o banco locador responsável pela guarda e vigilância do recipiente locado, respondendo por sua integridade e inviolabilidade. A prática de crimes por terceiros que importem no arrombamento do cofre locado (roubo/furto) constitui hipótese de fortuito interno, revelando grave defeito na prestação do serviço bancário contratado, provocando para a instituição financeira o dever de indenizar seus consumidores pelos prejuízos eventualmente suportados. Não se revela abusiva a cláusula meramente limitativa do uso do cofre locado, ou seja, aquela que apenas delimita quais são os objetos passíveis de serem depositados em seu interior pelo locatário e que, consequentemente, estariam resguardados pelas obrigações (indiretas) de guarda e proteção atribuídas ao banco locador. A não observância, pelo consumidor, de regra contratual limitativa que o impedia de, sem prévia comunicação e contratação de seguro específico, depositar no interior do cofre bens de valor superior ao expressamente fixado no contrato exime o banco locador do dever de reparação por prejuízos materiais diretos relativos à perda dos bens excedentes ali indevidamente armazenados. Precedente" (STJ, AgInt nos EDcl no AREsp 1.206.017/SP, 3.ª Turma, Rel. Min. Ricardo Villas Bôas Cueva, j. 25.11.2019, *DJe* 27.11.2019).

Mesmo a última conclusão parece entrar em conflito com os arts. 25 e 51, inc. I, do CDC, não podendo prevalecer na Corte em arestos sucessivos, especialmente no tratamento do negócio como locação, e não como depósito. Ademais, vejo conflito entre tais julgamentos e o teor da recente Súmula n. 638 do próprio STJ e do ano de 2019, segundo a qual "é abusiva a cláusula contratual que restringe a responsabilidade de instituição financeira pelos danos decorrentes de roubo, furto ou extravio de bem entregue em garantia no âmbito de contrato de penhor civil". Como é notório, há no citado direito real de garantia um depósito da coisa ao credor pignoratício, como consta do art. 1.425, inc. I, do CC, o que evidencia a citada divergência de posicionamentos.

A validade da cláusula de não indenizar também não tem sido reconhecida nos contratos de seguro configurados como contratos de consumo e de adesão, principalmente por suposta alegação de informação incorreta prestada pelo segurado. É comum no contrato de seguro por danos a cláusula de não indenizar, cuja incidência ocorrerá no caso de o segurado deixar de prestar uma informação que possa influenciar na veracidade do *perfil* indicado e, logicamente, no valor do prêmio.

Os Tribunais brasileiros têm entendido pela impossibilidade de interpretar extensivamente a referida cláusula, como no caso em que o carro é roubado em outro local que não aquele que consta da declaração do segurado. Em outras palavras, a cláusula de *perfil* não pode se transformar em uma cláusula de não indenizar:

"Seguro. Ação de cobrança. Furto de veículo segurado. Negativa da seguradora ao pagamento da indenização securitária, sob o argumento de que o segurado prestou informações inverídicas, quando do preenchimento da proposta de seguro, não tendo, por conseguinte, sua atuação sido pautada pela boa-fé. Seguro firmado na modalidade perfil. Cláusula de perfil em absoluto afasta do dever de indenizar. Com efeito, como já assentado em doutrina e jurisprudência, apurando a seguradora que houve informação incorreta e que influiu na definição do perfil, deverá cobrar valor maior, representado pela diferença entre o que deveria cobrar e o que efetivamente cobrou. Tal diferença poderá ser deduzida da indenização securitária, uma vez verificado o sinistro contratado. Todavia, inadmissível a denegação do pagamento da indenização. De fato, não há fomento jurídico no fato de a seguradora receber o valor do prêmio e, ocorrendo o sinistro, trazer interpretação segundo a qual a 'cláusula de perfil' transforma-se em 'cláusula de não indenizar'. Má-fé do segurado não demonstrada. Indenização devida. Todavia, a não demonstração da má-fé não isenta o segurado do pagamento da complementação do prêmio. Destarte, o autor deverá pagar à seguradora a complementação correspondente à alteração de perfil. Tal importância será deduzida do pagamento da indenização, cujo valor será apurado em sede de cumprimento de sentença. Recurso provido em parte" (TJSP, Apelação 0001459-48.2012.8.26.0218, Acórdão 10121172, 29.ª Câmara de Direito Privado, Guararapes, Rel. Des. Neto Barbosa Ferreira, j. 1.º.02.2017, *DJESP* 09.02.2017).

"Seguro. Cláusula excludente. Acidente de trânsito. Veículo. Pretensão de não indenizar sob alegação de declaração falsa no preenchimento do perfil.

Descabimento. Hipótese em que o veículo, no momento do acidente, era utilizado para o lazer, não correspondendo à cláusula excludente invocada de utilização para ida e volta ao trabalho. Indenização devida. Recurso da ré improvido, parcialmente provido o adesivo do autor" (1.º TACSP, Processo 1241295-0, 9.ª Câmara de Férias de Julho de 2004, Patrocínio Paulista, Rel. Grava Brazil, j. 10.08.2004).

Desse modo, é totalmente justificável a falta de apreço parcial pela referida cláusula nos casos descritos. Como se sabe, as situações envolvendo as excludentes de responsabilidade devem ser analisadas caso a caso, com atenção pelo julgador e pelo aplicador do Direito. Não há como colocar a questão dentro de um padrão, em regra, o que visa a tão criticada cláusula de não indenizar ou de irresponsabilidade.

Seguindo o estudo do tema, cabe expor uma situação em que a citada cláusula de não indenizar parece ser válida e eficaz, conforme casos concretos que foram levados à consulta a mim nos últimos anos. Imagine-se um contrato de prestação de serviços celebrado entre duas grandes empresas que não se configura como de consumo. O negócio foi amplamente debatido e negociado entre as partes, que limitaram as indenizações aos danos emergentes suportados por cada um, excluindo os lucros cessantes e outros eventuais danos indiretos, como perdas de contratos no futuro.

Como a seara é da responsabilidade contratual, não estando presente um contrato de adesão, e sendo o contrato paritário e simétrico, não há que atacar a referida previsão, que está no âmbito de direitos disponíveis dos envolvidos. Ressalte-se que essas cláusulas tornaram-se comuns no Brasil nos últimos anos, especialmente no setor de fornecimento de infraestrutura para obras e construções e também nos seguros empresariais.

Adotando parcialmente essa solução, de validade da cláusula de não indenizar nas relações paritárias, na *VIII Jornada de Direito Civil*, realizada em abril de 2018, aprovou-se a seguinte ementa doutrinária: "Como instrumento de gestão de riscos na prática negocial paritária, é lícita a estipulação de cláusula que exclui a reparação por perdas e danos decorrentes do inadimplemento (cláusula excludente do dever de indenizar) e de cláusula que fixa valor máximo de indenização (cláusula limitativa do dever de indenizar)" – Enunciado n. 631.

Apesar de certas ressalvas que tenho quanto à exclusão dos danos emergentes, diante da necessária reparação integral dos danos diretos suportados pela vítima, o enunciado aprovado contou com o meu apoio quando da plenária daquele evento, representando importante instrumento de planejamento empresarial.

No mesmo sentido, aliás, para a admissão dessa cláusula em negócios paritários, vale como argumento o teor do art. 3.º, incs. V e VIII, da *Lei da Liberdade Econômica* (Lei n. 13.874/2019), que procuram valorizar a autonomia privada, assegurando o respeito à *palavra dada*, desde que não exista lesão à norma cogente ou ordem pública. Nos casos que foram aqui limitados, não me parece haver lesão à norma cogente quando se insere a cláusula de não indenizar para as situações concretas de responsabilidade civil contratual envolvendo empresários em contratos negociados.

Justamente por isso, para fechar o capítulo, no projeto de Reforma do Código Civil, apoiei a inclusão de uma norma específica na codificação privada, para tratar da viabilidade jurídica da cláusula de não indenizar e da cláusula limitativa de indenização nos contratos paritários – com ampla negociação do conteúdo pelas partes –, e simétricos – com partes em situação de igualdade, sem a presença de vulnerabilidades ou hipossuficiências.

Nesse contexto, sugere-se o novo art. 946-A na codificação privada, com a seguinte dicção: "em contratos paritários e simétricos, é lícita a estipulação de cláusula que previamente exclua ou limite o valor da indenização por danos patrimoniais, desde que não viole direitos indisponíveis, normas de ordem pública, a boa-fé ou exima de indenização danos causados por dolo".

O dispositivo projetado está na linha de outras proposições que constam da Reforma, de aumento da liberdade e da amplitude da autonomia privada para os grandes contratos celebrados no País e para, como tenho dito, *destravar a vida das pessoas*. Também se almeja, em prol da segurança jurídica trazer mais investimentos econômicos para o Brasil. Espera-se, assim, a sua aprovação pelo Congresso Nacional, sem qualquer alteração.

19

PRESCRIÇÃO, DECADÊNCIA E RESPONSABILIDADE CIVIL

Sumário: 1. Primeiras palavras sobre os institutos da prescrição e da decadência e suas repercussões para a responsabilidade civil – 2. Da prescrição: 2.1. Conceito de prescrição; 2.2. Regras quanto à prescrição e suas aplicações para a responsabilidade civil; 2.3. Das causas impeditivas e suspensivas da prescrição; 2.4. Das causas interruptivas da prescrição; 2.5 Dos prazos de prescrição previstos na Parte Geral do Código Civil e suas principais controvérsias. As demandas imprescritíveis; 2.6. Prescrição e direito intertemporal. Análise do art. 2.028 do Código Civil – 3. Da decadência. Conceitos e disposições gerais. Algumas aplicações para a responsabilidade civil.

1. PRIMEIRAS PALAVRAS SOBRE OS INSTITUTOS DA PRESCRIÇÃO E DA DECADÊNCIA E SUAS REPERCUSSÕES PARA A RESPONSABILIDADE CIVIL

Como se sabe, é antiga a lição segundo a qual o exercício de um direito não pode ficar pendente de forma indefinida no tempo. O titular deve exercê--lo dentro de um determinado prazo, pois *o Direito não socorre aqueles que dormem*. Com fundamento na pacificação social, na certeza e na segurança da ordem jurídica é que surge a matéria relativa à prescrição e à decadência.

Pode-se também afirmar que a prescrição e a decadência estão fundadas em uma espécie de boa-fé do próprio legislador e na punição daquele que é negligente com seus direitos e pretensões. Ambos os institutos, notadamente o da prescrição, têm grande relevância para a responsabilidade civil, razão pela qual resolvemos fechar este livro com o seu estudo.

No Código Civil de 1916, as categorias eram muito maltratadas, diante de uma regulamentação unificada que causava grande confusão. O seu art. 177

previa os prazos gerais de prescrição que eram de: *a)* vinte anos, para as ações pessoais; *b)* dez anos para as ações reais entre presentes e; *c)* quinze para as ações reais entre ausentes. Já havia certa instabilidade na definição do que seria uma ação pessoal ou uma ação real.

Entretanto, o grande problema técnico estava no art. 178 do CC/1916, que concentrava os prazos especiais de prescrição e decadência, apesar de utilizar o termo "prescreve". Eram dez parágrafos, com prazos de 10 dias, 15 dias, 2 meses, 3 meses, 6 meses, 1 ano, 2 anos, 3 anos, 4 anos e 5 anos. A demonstrar essa confusão, sob o suposto *manto da prescrição*, a lei tratava da anulação dos negócios jurídicos, hipótese típica de sujeição a prazos decadenciais.

Conforme se retira das lições de Miguel Reale, na exposição de motivos do Código Civil de 2002, um dos principais baluartes na atual codificação é o *princípio da operabilidade*, primeiramente em um sentido de simplicidade, pelo qual se busca facilitar o estudo dos institutos jurídicos privados.

Esse princípio pode ser flagrantemente percebido pelo tratamento dado pela codificação vigente tanto à prescrição quanto à decadência, particularmente pela facilitação de visualização dos institutos e dos prazos correspondentes. O Código Civil em vigor traz um tratamento diferenciado quanto a tais conceitos: a prescrição consta dos seus arts. 189 a 206; a decadência, dos arts. 207 a 211.

Além disso, os prazos de prescrição estão concentrados em dois artigos da Parte Geral do Código Civil de 2002: arts. 205 e 206. O primeiro comando consagra o prazo geral de prescrição, que é de dez anos para todas as demandas, tendo sido reduzido sobremaneira, seguindo tendência verificada em outros Países, eis que as pessoas estão supostamente mais conscientizadas de seus direitos, havendo uma maior circulação das informações a propiciar o exercício mais célere.

Já analisando exemplos de aplicação desse prazo geral de dez anos, a Súmula n. 412 do STJ aplica esse lapso para as ações de repetição de indébito de tarifas de água e de esgoto. Em 2019, a Corte Especial do Tribunal entendeu que esse prazo geral também se subsume para a repetição de indébito dos serviços de telefonia. Conforme o aresto, "embargos de divergência conhecidos, em parte, e providos, de sorte a vingar a tese de que a repetição de indébito por cobrança indevida de valores referentes a serviços não contratados, promovida por empresa de telefonia, deve seguir a norma geral do lapso prescricional (10 anos – art. 205 do Código Civil), a exemplo do que decidido e sumulado (Súmula 412/STJ) no que diz respeito ao lapso prescricional para repetição de indébito de tarifas de água e esgoto" (STJ, EAREsp 738.991/RS, Corte Especial, Rel. Min. Og Fernandes, j. 20.02.2019, *DJe* 11.06.2019).

O segundo dispositivo da Parte Geral – art. 206 do CC/2002 – consagra os prazos especiais de prescrição, que são de 1, 2, 3, 4 e 5 anos. Os demais prazos, encontrados em outros dispositivos da atual codificação são, pelo menos em regra, decadenciais.

Mas não é só. Como a matéria era demais confusa na vigência do Código Civil de 1916, e visando igualmente a esclarecer o assunto, Agnelo Amorim Filho desenvolveu artigo científico considerado como histórico, em que associou os prazos prescricionais e decadenciais a ações correspondentes, buscando também quais seriam as ações imprescritíveis.[1]

Esse brilhante professor paraibano associou a prescrição às ações condenatórias, ou seja, àquelas ações relacionadas com direitos subjetivos, próprios das pretensões pessoais. A par dessa afirmação, a prescrição mantém relação com deveres, obrigações e com a responsabilidade civil decorrente da inobservância das regras ditadas pelas partes ou pela ordem jurídica. Sendo assim, a prescrição tem relevância direta para o objetivo desta obra.

Por outro lado, a decadência está associada a direitos potestativos e às ações constitutivas, sejam elas positivas ou negativas. As ações anulatórias de atos e negócios jurídicos, logicamente, têm essa última natureza. A decadência, portanto, tem relação com um estado de sujeição, próprio dos direitos potestativos. Didaticamente, afirmo que o direito potestativo, por se contrapor a um estado de sujeição, é aquele que *encurrala a outra parte, que não tem saída*.

Por fim, as ações meramente declaratórias, como aquelas que buscam a nulidade absoluta de um negócio, são imprescritíveis, ou melhor, tecnicamente, não estão sujeitas à prescrição ou à decadência. A imprescritibilidade dessa ação específica está também justificada porque a nulidade absoluta envolve ordem pública, não convalescendo pelo decurso do tempo, conforme expressa o art. 169 do Código Civil. Cabe destacar, contudo, que existem fortes restrições doutrinárias e jurisprudenciais a respeito da imprescritibilidade das demandas, o que ainda será aqui enfrentado.

Analisando o conteúdo do Código Civil de 2002 – e também do Código de Defesa do Consumidor –, não há a menor dúvida de que foi adotada a divisão proposta por Agnelo Amorim Filho. Sobre a Lei Geral Privada, na sua própria exposição de motivos apresentada na Câmara dos Deputados em 1975 pelo jurista José Carlos Moreira Alves, consta, quanto à decadência, o seguinte:

> "Com efeito, ocorre a decadência quando um *direito potestativo* não é exercido, extrajudicialmente ou judicialmente (nos casos em que a lei – como sucede em matéria de anulação, desquite etc. – exige que o direito de anular, o direito de desquitar-se só possa ser exercido em Juízo, ao contrário, por exemplo, do direito de resgate, na retrovenda, que se exerce extrajudicialmente), dentro do prazo para exercê-lo, o que provoca a decadência desse direito potestativo. Ora, os direitos potestativos são direitos sem pretensão, pois são insusceptíveis de violação, já que a eles não se opõe um dever de quem quer que seja, mas uma sujeição de alguém (o meu direito de anular o negócio jurídico não pode ser violado pela parte a quem a anulação prejudica, pois esta está apenas sujeita a sofrer as consequências da anulação decretada pelo juiz, não tendo, portanto, dever algum que possa descumprir)".[2]

---

[1] AMORIM FILHO, Agnelo. Critério científico para distinguir a prescrição da decadência e para identificar as ações imprescritíveis. *Revista dos Tribunais*, São Paulo, n. 300, p. 7, out. 1960; *Revista dos Tribunais*, São Paulo, n. 744, p. 725, out. 1997.

[2] MOREIRA ALVES, José Carlos. *A parte geral do Projeto de Código Civil brasileiro*. 2. ed. São Paulo: Saraiva, 2003. p. 161.

Como bem explica José Fernando Simão sobre o modelo adotado pelo Código Civil de 1916, "a opção se revelou caótica com o passar dos anos, pois, diante da falta de clareza do sistema e da ausência de critérios claros na distinção dos institutos, a classificação de certo prazo como de prescrição ou de decadência, gerou debates infindáveis e dificuldades aparentemente insolúveis para o poder judiciário".[3] E, mais à frente, demonstra o jurista a grande importância da obra de Agnelo Amorim Filho para clarear o estudo dos institutos em questão: "a partir das diversas lições analisadas e da fragilidade das distinções sugeridas, a solução da questão, que inclusive foi adotada pelo CDC, em 1990, e pelo atual Código Civil, foi a decorrente de trabalho de Agnelo Amorim Filho publicado na *Revista dos Tribunais* n. 300 (...)".[4]

Em texto mais recente, a adoção da tese de Agnelo Amorim Filho é reconhecida pelo Ministro Marco Aurélio Bellizze Oliveira, citando a minha contribuição doutrinária para essa conclusão: "com esse norte, o Código Civil de 2002 – que primou pela operabilidade de seus termos, notadamente ao tratar dos institutos da prescrição e da decadência, com substrato no insuperável critério científico proposto pelo Professor Agnelo Amorim Filho, declaradamente reconhecido na exposição de motivos do Códex, conforme bem acentua Flávio Tartuce –, reduziu substancialmente os correlatos prazos".[5]

Pela excelência da tese, por diversas vezes devem ser utilizados os critérios científicos de Agnelo Amorim Filho para solucionar questões controvertidas relativas ao assunto. Não se pode mais aceitar entendimentos jurisprudenciais, inclusive sumulados por Tribunais Superiores, que associam prazos prescricionais a ações que visam a anular negócios jurídicos, que têm natureza constitutiva negativa.

A título de exemplo concreto, não tem mais aplicação a Súmula n. 494 do STF, pela qual "a ação para *anular* a venda de ascendente a descendente, sem o consentimento dos demais, *prescreve* em vinte anos, contados da data do ato". Para a hipótese em questão deve ser aplicado o prazo geral de decadência previsto no art. 179 do CC/2002, qual seja de dois anos contados da conclusão do ato. Nesse sentido, destaque-se o Enunciado n. 368 do CJF/STJ, aprovado na *IV Jornada de Direito Civil*, pelo qual "o prazo para anular venda de ascendente para descendente é decadencial de dois anos (art. 179 do CC)". Esse, aliás, é o entendimento atual do Superior Tribunal de Justiça (STJ, REsp 1.356.431/DF, 4.ª Turma, Rel. Min. Luis Felipe Salomão, j. 08.08.2017, *DJe* 21.09.2017; STJ, EDcl no REsp 1.198.907/RS, 4.ª Turma, Rel. Min. Antonio Carlos Ferreira, j. 09.09.2014, *DJe* 18.09.2014; e STJ, REsp 771.736-0/SC, 3.ª Turma, Rel. Min. Carlos Alberto Menezes Direito, j. 07.02.2006, v.u.).

---

[3] SIMÃO, José Fernando. *Prescrição e decadência*. Início dos prazos. São Paulo: Atlas, 2013. p. 157.
[4] SIMÃO, José Fernando. *Prescrição e decadência*, cit., p. 181.
[5] OLIVEIRA, Marco Aurélio Bellizze. Questões polêmicas sobre a prescrição. In: SALOMÃO, Luis Felipe; TARTUCE, Flávio (Coord.). *Direito Civil*. Diálogos entre a doutrina e a jurisprudência. São Paulo: Atlas, 2018. p. 124.

Como última nota, observo que o projeto de Reforma do Código Civil pretende manter o sistema de simplicidade dos institutos da prescrição e da decadência, em prol da operabilidade, e até trazer mais facilitações, como será exposto no presente capítulo.

Superada essa análise introdutória, parte-se agora para a abordagem facilitada da matéria, com destaque para a prescrição, que interessa ao tema da responsabilidade civil, como ficou evidenciado.

2. DA PRESCRIÇÃO

2.1. Conceito de prescrição

Com o intuito de indicar que não se trata de um direito subjetivo público abstrato de ação, o Código Civil de 2002 adotou a tese da prescrição da pretensão. De acordo com o seu art. 189, violado um direito, nasce para o seu titular uma pretensão, que pode ser extinta pela prescrição.

Em outras palavras, se o titular do direito permanecer inerte, tem como *pena* a perda da pretensão que teria por via judicial. A prescrição constitui um benefício a favor do devedor, pela aplicação da máxima antes exposta de que *o Direito não socorre aqueles que dormem*, e diante da necessidade do mínimo de segurança jurídica nas relações negociais.

A prescrição extintiva, que gera a perda da pretensão, fato jurídico em sentido estrito é, nesse contexto, uma sanção ao titular do direito violado, que extingue tanto a pretensão positiva quanto a negativa (exceção ou defesa). Trata-se de um fato jurídico *stricto sensu* justamente pela ausência de vontade humana, prevendo a lei efeitos naturais, relacionados com a extinção da pretensão. A sua origem está no decurso do tempo, exemplo típico de fato natural.

Diante da dicção constante do art. 189 do Código Civil de 2002 restou superada a ideia segundo a qual a prescrição extintiva seria a perda do direito de ação ou da própria ação, tese antiga de Clóvis Beviláqua. Conforme elucidava o saudoso Renan Lotufo, ao comentar o comando em questão, "não há referência à ação no artigo, mas à pretensão, e é esta que se extingue com o decurso do tempo. Além disso, a menção a algum ato ou fato impeditivo, ou suspensivo, do curso do prazo não entra no conceito, mesmo porque implicarão não tipificação, ou mera forma alternativa na contagem do prazo".[6]

A questão é de opção legislativa quanto à categorização jurídica. A ideia de pretensão adotada pelo Código Civil brasileiro tem relação com a noção de Windscheid, com o fim de transpor ao Direito Privado a *actio*, oriunda do antigo Direito comum. Trata-se do conceito de direito subjetivo processual, considerado a partir da *possibilidade de processo*.[7] Essa possibilidade é relacio-

---

[6] LOTUFO, Renan. *Código Civil comentado*. São Paulo: Saraiva, 2002. v. I, p. 519.
[7] LARENZ, Karl. *Derecho civil*. Parte general. Tradução e notas de Miguel Izquierdo y Mácias-Picavea. Madrid: Editorial Revista de Derecho Privado, 1978. p. 315.

nada a ações condenatórias e de reparação de danos, tendo relação direta com o objeto deste livro.

Em suma, nota-se na prescrição o fim da pretensão e não mais do direito de ação. O direito em si permanece incólume, só que sem proteção jurídica para solucioná-lo. Tanto isso é verdade que, se alguém pagar uma dívida prescrita, não poderá pedir a devolução da quantia paga, eis que existia o direito de crédito que não foi extinto pela prescrição. Nesse sentido, determina o art. 882 do CC/2002 que não se pode repetir o que se pagou para solver dívida prescrita, ou cumprir obrigação judicialmente inexigível.

A dívida prescrita representa uma obrigação natural ou incompleta, em que ela existe, mas não pode ser exigida. Há, assim, um débito sem responsabilidade, em latim *debitum sine obligatio*, em alemão *Schuld ohne Haftung*, afirmação que tem relação com a teoria dualista da obrigação, que prevalece entre nós. A dívida não pode ser exigida, mas pode ser paga pelo devedor, se assim o quiser. Se for paga, não caberá a ação de repetição de indébito, frise-se.

Superada essa visão conceitual, vejamos a análise das principais regras relacionadas com a matéria e suas repercussões para a responsabilidade civil.

2.2. Regras quanto à prescrição e suas aplicações para a responsabilidade civil

Conforme acabei de demonstrar, o Código Civil de 2002 passa a adotar, em seu art. 189, a tese de que a prescrição é a perda ou a extinção da pretensão, por relacionar-se com um direito subjetivo. Conforme a sua previsão expressa, "violado o direito, nasce para o titular a pretensão, a qual se extingue, pela prescrição, nos prazos a que aludem os arts. 205 e 206". O comando legal faz menção expressa aos arts. 205 e 206 que, como visto, concentram os prazos de prescrição da codificação de 2002, visando à facilitação, concretizando o princípio da operabilidade, no sentido de simplicidade dos institutos privados.

Observe-se e repita-se que o Código Privado de 2002 adota quanto a esse instituto a tese de Agnelo Amorim Filho que, como visto, em artigo impecável tecnicamente associou os prazos de prescrição às ações condenatórias.

De fato, os prazos especiais apresentados no art. 206 dizem respeito a ações condenatórias, particularmente àquelas relativas à cobrança de valores ou à reparação de danos, mantendo uma relação com os *direitos subjetivos*. Para as ações dessa natureza, em que não houver previsão de prazo específico, aplica-se a regra geral de dez anos, conforme o art. 205 do Código Civil em vigência. Esse prazo incide em qualquer ação, não havendo mais distinção entre as ações reais e pessoais, como constava do art. 177 do Código Civil de 1916.

Tema de grande interesse prático diz respeito ao início do prazo de prescrição, o que é retirado do Enunciado n. 14 do Conselho da Justiça Federal, aprovado na I *Jornada de Direito Civil*, realizada em setembro de 2002: "Art. 189: 1) o início do prazo prescricional ocorre com o surgimento da pretensão, que decorre da exigibilidade do direito subjetivo; 2) o art. 189 diz respeito a casos em que a pretensão nasce imediatamente após a violação do direito absoluto ou da obrigação de não fazer".

A doutrina majoritária sempre foi favorável ao que refere o enunciado doutrinário transcrito, sendo certo que os parâmetros que nele constam devem ser aplicados para o início da contagem dos prazos prescricionais, pelo menos como premissa geral. A título de exemplo, pode-se apontar que no caso de uma dívida a termo, a prescrição tem início quando ela não é paga, ou seja, quando ocorre o seu vencimento, somado ao inadimplemento. Por outra via, nos casos de atos ilícitos, a prescrição tem início quando do evento danoso. Tais conclusões consubstanciam a visão clássica do tema, sintetizando a chamada teoria da *actio nata* em sua versão ou vertente objetiva.

Entretanto, esses parâmetros de início da contagem do prazo prescricional – a partir da *violação* do direito subjetivo – vêm sendo constantemente contestados nos âmbitos doutrinário e jurisprudencial. Isso porque cresce a adoção à teoria da *actio nata*, na sua *versão subjetiva*, segundo a qual o prazo deve ter início a partir do *conhecimento da violação ou lesão ao direito subjetivo*. José Fernando Simão leciona, em sua tese de livre-docência, que a ideia original de *actio nata* surgiu do trabalho de Savigny, a partir de estudos do Direito Romano. Vejamos as suas palavras:

> "Explica o autor que as condições da prescrição podem ser agrupadas em quatro pontos: *actio nata*; inação não interrompida; *bona fides* e lapso de tempo. Sobre a noção de *actio nata*, Savigny discorre longamente em seu tratado. Nas palavras do autor, 'a primeira condição de uma prescrição possível coincide com a determinação do seu ponto de partida. Enquanto um direito de ação não existir, não pode deixar de exercê-lo, nem se perderá por negligência'. Para que uma prescrição se inicie, é necessária, então, uma *actio nata*. Todo direito de ação tem duas condições: primeiro, um direito relevante, atual e suscetível de ser reclamado em juízo; sem isso não há prescrição possível. Se, então, uma obrigação estiver limitada por uma condição ou prazo, a prescrição somente se inicia quando a condição for cumprida ou o prazo expirado. É necessária, então, uma violação do direito que determine a ação do titular. Tudo se reduz, pois, a bem caracterizar essa violação do direito, que é a condição da ação. A maior parte das dificuldades nessa matéria é que se tem apreciado mal a natureza dessa violação. Conclui Savigny que, se se subordinar o começo da prescrição ao fato da violação que a ação é chamada a combater, esse começo tem uma natureza puramente objetiva. E pouco importa que o titular do direito tenha ou não conhecimento. Essa circunstância é indiferente, mesmo para as prescrições curtas, salvo, contudo, casos excepcionais, em que se considera o conhecimento que o titular tem da ação".[8]

Essa ideia de *actio nata*, como se nota, tem um *caráter objetivo puro*, desprezando o conhecimento do dano pelo lesado, pelo menos em regra. Apesar do trecho final transcrito, constata-se que a lei, a jurisprudência e a própria doutri-

---

[8] SIMÃO, José Fernando. *Prescrição e decadência*, cit., p. 204-205.

na têm levado em conta esse *conhecimento* para os fins de fixação do termo *a quo* da prescrição, construindo uma teoria da *actio nata* com *viés subjetivo* ou *vertente subjetiva*. Nessa esteira, José Fernando Simão ainda expõe que, "contudo, parte da doutrina pondera que não basta surgir a ação (*actio nata*), mas é necessário o conhecimento do fato. Trata-se de situação excepcional, pela qual o início do prazo, de acordo com a exigência legal, só se dá quando a parte tenha conhecimento do ato ou fato do qual decorre o seu direito de exigir. Não basta, assim, que o ato ou fato violador do direito exista para que surja para ela o exercício da ação. Já aqui mais 'liberal', exige a lei o conhecimento pelo titular para que, só assim, se possa falar em ação e também em prescrição desta. O adjetivo 'liberal' utilizado por Brenno Fischer demonstra que, toda vez que a lei se afasta do termo inicial esperado pela segurança jurídica, qual seja, a existência de um fato ou a realização de um negócio ou ato, a doutrina reage mal. Se a prescrição tem por fundamento a segurança, por que se afastar dela?".

Cabe esclarecer que o próprio José Fernando Simão, um dos grandes expoentes do tema na doutrina contemporânea, é favorável à adoção do parâmetro firmado no conhecimento da lesão nos casos de ilícito extracontratual. Segundo o jurista, "para fins de responsabilidade extracontratual, a noção de Savigny de *actio nata* deve ser afastada. Em se tratando de direito disponível no qual não houve negligência ou inércia do titular do direito que desconhecia a existência do próprio crédito e, portanto, a possibilidade de exercício da pretensão, o prazo prescricional só se inicia com o efetivo conhecimento. A afirmação do autor de que a prescrição da ação começa, então, imediatamente após a perpetração do delito, pois há negligência desde que a pessoa lesada demore em propor a ação, não reflete a realidade, mormente em tempos atuais de danos múltiplos que só são conhecidos com o passar do tempo".[9]

Na mesma esteira da *clássica* e definitiva obra de Câmara Leal, retira-se trecho em que o doutrinador demonstra a injustiça da análise meramente objetiva quanto ao termo *a quo* do prazo prescricional. Em outras palavras, sustenta o doutrinador a ideia de *actio nata subjetiva* com as seguintes palavras:

"Discute-se, no campo da doutrina, se a prescrição é um fenômeno puramente objetivo, decorrendo o seu início do fato da violação, que torna a ação exercitável, independentemente da ciência ou conhecimento do titular, ou, se é um fenômeno também subjetivo, ficando o início da prescrição dependendo da condição de que seu titular tenha conhecimento da violação. Savigny é pela doutrina objetiva, dizendo: 'Se se subordina o ponto de partida da prescrição ao fato da violação que a ação é chamada a combater, este início tem uma natureza puramente objetiva, pouco importando que o titular tenha, ou não conhecimento desta'. Não nos parece racional admitir-se que a prescrição comece a correr sem que o titular do direito violado tenha ciência da violação. Se a prescrição é um castigo à negligência do titular – *cum contra desides homines, et sui juris contentores, odiosa exceptiones oppositae sunt*, – não se compreende a prescrição sem a negligência, e esta, certamente

---

[9] SIMÃO, José Fernando. *Prescrição e decadência*, cit., p. 213.

não se dá, quando a inércia do titular decorre da ignorância da violação. Nosso Código Civil, a respeito de diversas ações, determina expressamente o conhecimento do fato, de que se origina a ação, pelo titular, como ponto inicial da prescrição".[10]

Realmente, a tese da *actio nata subjetiva* ou *com viés subjetivo* é mais justa, diante do princípio da boa-fé, especialmente com a valorização da informação derivada desse regramento. Como bem salientam Cristiano Chaves de Farias e Nelson Rosenvald, "a tese da *actio nata*, reconhecida jurisprudencialmente, melhor orienta a questão. Efetivamente, o início da fluência do prazo prescricional deve decorrer não da violação, em si, de um direito subjetivo, mas, sim, do *conhecimento da violação ou lesão ao direito subjetivo pelo respectivo titular*. Com isso, a boa-fé é prestigiada de modo mais vigoroso, obstando que o titular seja prejudicado por não ter tido conhecimento da lesão que lhe foi imposta. Até porque, e isso não se põe em dúvida, é absolutamente possível afrontar o direito subjetivo de alguém sem que o titular tenha imediato conhecimento".[11]

Os primeiros julgados que surgiram na jurisprudência superior aplicavam a tese da *actio nata subjetiva* ao Direito Tributário e ao Direito Administrativo. Mais recentemente, surgiram outras decisões, incidindo esse parâmetro à esfera civil. Para ilustrar, cumpre transcrever julgado em que a teoria da *actio nata* de caráter subjetivo foi aplicada a caso envolvendo a responsabilidade civil do Estado:

"Administrativo. Responsabilidade civil do Estado. Pretensão de indenização contra a Fazenda Nacional. Erro médico. Danos morais e patrimoniais. Procedimento cirúrgico. Prescrição. Quinquídio do art. 1.º do Decreto 20.910/1932. Termo inicial. Data da consolidação do conhecimento efetivo da vítima das lesões e sua extensão. Princípio da *actio nata*. 1. O termo *a quo* para aferir o lapso prescricional para ajuizamento de ação de indenização contra o Estado não é a data do acidente, mas aquela em que a vítima teve ciência inequívoca de sua invalidez e da extensão da incapacidade de que restou acometida. Precedentes da Primeira Seção. 2. É vedado o reexame de matéria fático-probatória em sede de recurso especial, a teor do que prescreve a Súmula n. 07 desta Corte. Agravo regimental improvido" (STJ, AgRg no REsp 931.896/ES, 2.ª Turma, Rel. Min. Humberto Martins, j. 20.09.2007, *DJ* 03.10.2007, p. 194).

Ainda no campo jurisprudencial, essa versão da teoria da *actio nata* também pode ser retirada do teor da Súmula n. 278 do mesmo Tribunal, que enuncia: "o termo inicial do prazo prescricional, na ação de indenização, é a data em que o segurado teve ciência inequívoca da incapacidade laboral". Aliás, completando o teor da sumular e prestigiando a versão subjetiva da *actio nata*, na *VII Jornada de Direito Civil* (2015) aprovou-se enunciado estabelecendo que "nas pretensões

---

[10] CÂMARA LEAL, Antonio Luís da. *Da prescrição e da decadência*. Teoria geral do Direito Civil. 2. ed. Rio de Janeiro: Forense, 1959. p. 37.
[11] FARIAS, Cristiano Chaves de; ROSENVALD, Nelson. *Curso de Direito Civil*. Parte Geral e LINDB. 13. ed. São Paulo: Atlas, 2015. v. 1, p. 622.

decorrentes de doenças profissionais ou de caráter progressivo, o cômputo da prescrição iniciar-se-á somente a partir da ciência inequívoca da incapacidade do indivíduo, da origem e da natureza dos danos causados" (Enunciado n. 579).

Também do Tribunal da Cidadania, igualmente para ilustrar, vejamos julgado publicado no seu *Informativo* n. 470, fazendo incidir essa versão ou vertente subjetiva da *actio nata*:

> "Erro médico. Prescrição. Termo *a quo*. A Turma, na parte conhecida, deu provimento ao recurso especial da vítima de erro médico para afastar a prescrição reconhecida em primeira instância e mantida pelo tribunal de origem. *In casu*, a recorrente pleiteou indenização por danos morais sob a alegação de que, ao realizar exames radiográficos em 1995, foi constatada a presença de uma agulha cirúrgica em seu abdome. Afirmou que o objeto foi deixado na operação cesariana ocorrida em 1979, única cirurgia a que se submeteu. Nesse contexto, consignou-se que o termo *a quo* da prescrição da pretensão indenizatória pelo erro médico é a data da ciência do dano, não a data do ato ilícito. Segundo o Min. Relator, se a parte não sabia que havia instrumentos cirúrgicos em seu corpo, a lesão ao direito subjetivo era desconhecida, portanto ainda não existia pretensão a ser demandada em juízo. Precedente citado: REsp 694.287/RJ, DJ 20.09.2006" (STJ, REsp 1.020.801/SP, Rel. Min. João Otávio de Noronha, j. 26.04.2011).

Seguindo as concretizações práticas, a teoria da *actio nata com viés subjetivo* é abstraída da conclusão de que, no caso de falecimento de pessoa da família, o início do prazo prescricional para que os parentes promovam a demanda reparatória se dá com a morte do ente querido. Assim entendendo: "O termo inicial da contagem do prazo prescricional na hipótese em que se pleiteia indenização por danos morais e/ou materiais decorrentes do falecimento de ente querido é a data do óbito, independentemente da data da ação ou omissão. Não é possível considerar que a pretensão à indenização em decorrência da morte nasça antes do evento que lhe deu causa" (STJ, REsp 1.318.825/SE, Rel. Min. Nancy Andrighi, j. 13.11.2012, *Informativo* n. 509).

No ano de 2014, o mesmo Tribunal da Cidadania proferiu acórdão em sede de incidente de recursos repetitivos quanto ao termo inicial para a cobrança do seguro DPVAT. Vejamos a publicação constante do seu *Informativo* n. 544:

> "No que diz respeito ao termo inicial do prazo prescricional nas demandas por indenização do seguro DPVAT que envolvem invalidez permanente da vítima: *a)* o termo inicial do prazo prescricional é a data em que o segurado teve ciência inequívoca do caráter permanente da invalidez; e *b)* exceto nos casos de invalidez permanente notória, a ciência inequívoca do caráter permanente da invalidez depende de laudo médico, sendo relativa a presunção de ciência" (STJ, REsp 1.388.030/MG, Rel. Min. Paulo de Tarso Sanseverino, j. 11.06.2014).

A questão se consolidou de tal forma que, em 2016, o Superior Tribunal de Justiça editou a Súmula n. 573, *in verbis*: "nas ações de indenização decorrente de seguro DPVAT, a ciência inequívoca do caráter permanente da invalidez, para fins de contagem do prazo prescricional, depende de laudo médico, exceto nos casos de invalidez permanente notória ou naqueles em que o conhecimento anterior resulte comprovado na fase de instrução". Eis mais um caso em que a aplicação da *actio nata* mostra-se mais efetiva socialmente.

Em 2017, surgiu outro aresto aplicando a *actio nata subjetiva* a caso envolvendo plágio, em ofensa a direitos autorais. Conforme a tese fixada em julgado publicado no *Informativo* n. 609 da Corte, "o termo inicial da pretensão de ressarcimento nas hipóteses de plágio se dá quando o autor originário tem comprovada ciência da lesão a seu direito subjetivo e de sua extensão, não servindo a data da publicação da obra plagiária, por si só, como presunção de conhecimento do dano". Conforme a sua ementa, que confirma a tendência aqui demonstrada, "a jurisprudência do Superior Tribunal de Justiça, em casos envolvendo o termo inicial da prescrição das demandas indenizatórias por dano extracontratual, tem prestigiado o acesso à justiça em detrimento da segurança jurídica, ao afastar a data do dano como marco temporal. Precedentes" (STJ, REsp 1.645.746/BA, 3.ª Turma, Rel. Min. Ricardo Villas Bôas Cueva, j. 06.06.2017, *DJe* 10.08.2017).

Como última ilustração a respeito da *actio nata subjetiva*, destaco acórdão do ano de 2022, da mesma Terceira Turma do STJ, que considerou como termo inicial da prescrição para a ação de indenização por danos materiais e morais a data da ciência inequívoca dos efeitos do ato lesivo. O grande mérito desse *decisum* é trazer parâmetros para a adoção excepcional dessa vertente subjetiva:

> "a) A submissão da pretensão a prazo prescricional curto; b) a constatação, na hipótese concreta, de que o credor tinha ou deveria ter ciência do nascimento da pretensão, o que deve ser apurado a partir da boa-fé objetiva e de *standards* de atuação do homem médio; c) o fato de se estar diante de responsabilidade civil por ato ilícito absoluto; e d) a expressa previsão legal a impor a aplicação do sistema subjetivo" (STJ, REsp 1.836.016/PR, 3.ª Turma, Rel. Min. Ricardo Villas Bôas Cueva, Rel. p/ Acórdão Min. Nancy Andrighi, j. 10.05.2022, m.v.).

Em sede legislativa, a teoria foi adotada pelo sempre citado art. 27 do Código de Defesa do Consumidor, pelo qual, havendo acidente de consumo, o prazo prescricional de cinco anos tem início do conhecimento do dano e de sua autoria. Constata-se, por todos os julgados transcritos, que a ideia adotada pela Lei n. 8.078/1990 acabou por influenciar a interpretação feita a respeito do art. 189 do Código Civil.

Por tudo isso, tenho o costume de afirmar que a *actio nata subjetiva* representa uma tendência legislativa, doutrinária e jurisprudencial na interpretação do início dos prazos prescricionais. Em texto mais recente, publicado em obra que propõe *diálogos entre a doutrina e a jurisprudência*, José Fernando Simão pontua que há certa harmonia entre a doutrina e a jurisprudência sobre o assunto e arremata em conclusões finais:

> "A leitura da doutrina pelo julgador é imprescindível para que as decisões tenham base e sejam consideradas justas por vencedores e vencidos. É função

da doutrina aprofundar suas reflexões de maneira responsável para permitir ao julgador aplicar os estudos ao caso concreto.

É por essa razão que a longa e produtiva construção doutrinária a respeito de prescrição e decadência se consolida no texto da lei (Código Civil e Código de Defesa do Consumidor) e passa a ser considerada pela orientação jurisprudencial. A tese de Agnelo Amorim Filho venceu e foi acolhida pela jurisprudência.

O que se percebe, no atual momento histórico, é que a tese defendida no presente artigo, sobre o início dos prazos prescricionais, começa a ter ampla adoção pelo Superior Tribunal de Justiça. Quanto à decadência, a tese precisa de maior experimentação para ser adotada".[12]

Consolida-se, por todas as conclusões expostas, um novo dimensionamento do tema da prescrição, mais bem adaptado às ideias de eticidade e socialidade, valorizando-se a questão da informação. Realmente, a teoria da *actio nata subjetiva* parece mais bem ajustada à realidade social contemporânea e à boa-fé objetiva.

Como última nota sobre o tema, importante destacar que no projeto de Reforma do Código Civil, ora em tramitação no Congresso Nacional, pretende-se alterar substancialmente o seu art. 189, para que ele traga, de forma mais efetiva e técnica, menção ao início de prazos. A proposta final conjuga sugestões feitas pela Ministra Maria Isabel Gallotti (STJ), pela Professora Rosa Maria de Andrade Nery e por mim, com vistas a uma maior segurança jurídica para a incidência da prescrição.

Pela proposta, mantém-se a regra do *caput* do art. 189, segundo o que "violado o direito, nasce para o titular a pretensão que se extingue pela prescrição, nos prazos a que aludem os arts. 205 e 206". Além disso, no § 1.º insere-se a regra geral da *actio nata* em sua vertente objetiva, nos termos do antes citado Enunciado n. 14, da *I Jornada de Direito Civil*: "o início do prazo prescricional ocorre com o surgimento da pretensão, que decorre da exigibilidade do direito subjetivo". Essa premissa será aplicada, por exemplo, para os casos de responsabilidade contratual.

Ainda de acordo com a proposição, a *actia nata subjetiva* ou de viés subjetivo passa a ser aplicado para os casos de responsabilidade civil extracontratual, diante da proposição de um § 2.º ao art. 189 do CC: "ressalvado o previsto na legislação especial, nos casos de responsabilidade civil extracontratual, a contagem do prazo prescricional inicia-se a partir do momento em que o titular do direito tem conhecimento ou deveria ter, do dano sofrido e de quem o causou".

Por fim, no último caso, seguindo o modelo alemão e de outros Países, inclui-se um prazo máximo para o dano aparecer, que é o dobro do novo prazo geral de prescrição de cinco anos, que será incluído no art. 205. Nesse contexto, o novo § 3.º do art. 189 enunciará que, "nas hipóteses do § 2.º, quando o dano,

---

[12] SIMÃO, José Fernando. Prescrição e decadência e início dos prazos: doutrina e jurisprudência em harmonia. In: SALOMÃO, Luis Felipe; TARTUCE, Flávio (Coord.). *Direito Civil*. Diálogos entre a doutrina e a jurisprudência. São Paulo: Atlas, 2018. p. 121.

por sua natureza, só puder ser conhecido em momento futuro, o prazo contar-se-á do momento em que dele, e de seu autor, tiver ciência o lesado, observado que, independentemente do termo inicial, o termo final da prescrição não excederá o prazo máximo de 10 anos, contados da data da violação do direito".

Após muitos debates e intensas discussões na Comissão de Juristas, essa foi a proposta que prevaleceu, para os fins de trazer maior segurança jurídica e estabilidade para a temática do início dos prazos de prescrição, em prol da antes citada operabilidade. Espera-se, portanto, a sua aprovação pelo Congresso Nacional Brasileiro.

Analisada a questão do início dos prazos e seguindo a abordagem das regras a respeito da prescrição, o art. 190 do CC/2002 traz novidade na lei civil, perante a codificação anterior, prevendo que a exceção prescreve no mesmo prazo em que a pretensão. A exceção é vista como um *contradireito* diante da pretensão, geralmente com o fim de negá-la ou de afastar o seu cumprimento.[13]

De acordo com o Código Civil, os prazos aplicáveis às pretensões igualmente devem regulamentar as defesas e exceções correspondentes, de acordo com a equivalência material, consagração, em parte, do princípio da *actio nata*, pelo qual o prazo também pode ter início a partir da ciência da lesão ao direito subjetivo.

Isso porque o réu da ação poderá ter conhecimento da lesão ao seu direito subjetivo justamente pela propositura da ação por alguém que também lhe deve determinada quantia. Sendo assim, não poderá perder o prazo para alegar, por exemplo, a compensação das dívidas em casos envolvendo a responsabilidade civil contratual. A propósito do tema, sigo a vertente que afirma ser a compensação uma exceção comum, que diz respeito à dívida em si, e não uma exceção pessoal.

O dispositivo em análise deve ser aplicado, substancialmente, às demandas condenatórias. Sobre essa inovação, o Código Civil atual supre uma omissão da codificação anterior, sendo certo que "alguns autores chegaram a defender a imprescritibilidade da exceção, o que não faz nenhum sentido. Prescrito o direito de ação, não há o que ser excepcionado".[14]

Ainda no que concerne ao art. 190 do Código Civil, na *V Jornada de Direito Civil* aprovou-se enunciado estabelecendo que o comando somente incide nas exceções impróprias, aquelas que são dependentes ou não autônomas, caso da compensação. Por outra via, as exceções propriamente ditas, independentes ou autônomas, são imprescritíveis, como é a alegação de pagamento direto ou de coisa julgada (Enunciado n. 415). A proposta segue literalmente a doutrina de Maria Helena Diniz.[15]

De acordo com o art. 191 do atual Código Civil, é admitida a renúncia à prescrição por parte daquele que dela se beneficia, ou seja, o devedor. Está superada a admissão da renúncia prévia, pois a renúncia somente é possível após se consumar a prescrição. Inicialmente, essa renúncia à prescrição poderá ser

---

[13] LARENZ, Karl. *Derecho civil*. Parte general, cit., p. 321.
[14] ALVES, Jones Figueirêdo; DELGADO, Mário Luiz. *Código Civil anotado*. São Paulo: Método, 2005. p. 122.
[15] DINIZ, Maria Helena. *Código Civil anotado*, cit., p. 215.

expressa, mediante declaração comprovada e idônea do devedor, sem vícios, como se dá no caso em que a renúncia é feita por escritura pública, por instrumento particular ou em declaração no curso do processo.

Pode ocorrer ainda a renúncia *tácita* da prescrição, por condutas do devedor que induzem a tal fato, como o pagamento total ou mesmo parcial da dívida prescrita, que não pode ser repetida, exemplo que é de obrigação natural, como antes demonstrei (art. 882 do CC/2002). Igualmente há renúncia tácita à prescrição no caso de acordo para parcelamento da dívida, conforme reconhecido por alguns julgados (TJMG, Apelação Cível 1.0145.02.003944-5/0011, 6.ª Câmara Cível, Juiz de Fora, Rel. Des. Edilson Olímpio Fernandes, j. 20.10.2009, *DJEMG* 11.12.2009).

Como corretamente decidiu o STJ em 2016, em precisa relatoria do Ministro Luis Felipe Salomão, presidente da Comissão de Juristas encarregada da Reforma do Código Civil, "a renúncia tácita da prescrição somente se perfaz com a prática de ato inequívoco de reconhecimento do direito pelo prescribente. Assim, não é qualquer postura do obrigado que enseja a renúncia tácita, mas aquela considerada manifesta, patente, explícita, irrefutável e facilmente perceptível. No caso concreto, a mera declaração feita pelo devedor, no sentido de que posteriormente apresentaria proposta de pagamento do débito decorrente das mensalidades escolares, não implicou renúncia à prescrição. Dessa forma, afastada a tese da renúncia à prescrição, o processo deve ser extinto, com resolução do mérito" (STJ, REsp 1.250.583/SP, 4.ª Turma, Rel. Min. Luis Felipe Salomão, j. 03.05.2016, *DJe* 27.05.2016).

Essa renúncia à prescrição ainda pode ser *judicial* – quando manifestada em juízo – ou *extrajudicial* – fora dele. No último caso, entendo ser possível que a renúncia à prescrição seja demonstrada mediante declaração feita em meios eletrônicos, como na troca de mensagens digitais ou postagem em alguma página na *internet*.

Os prazos de prescrição não podem ser alterados por acordo das partes, outra inovação que consta do art. 192 do CC/2002, perante o Código Civil de 1916. O comando legal em questão somente consolida o entendimento doutrinário anterior, pelo qual a prescrição somente teria origem legal, não podendo os seus prazos ser modificados por ato volitivo.

Aqui reside ponto diferenciador com relação à decadência, que pode ter origem convencional, conforme será visto oportunamente. Em havendo previsão contratual que contrarie o disposto no art. 192 do Código Privado, estará presente uma hipótese de *nulidade absoluta virtual*, pois a lei proíbe a prática do ato, sem cominar sanção (art. 166, inc. VII, segunda parte, do CC/2002).

Trazendo interessante aplicação prática do art. 192 do Código, transcreve-se julgado do Tribunal de Justiça do Distrito Federal, a respeito de execução de contrato de financiamento:

"Prescrição. Execução de contrato de financiamento. Vencimento antecipado. *Dies a quo* do prazo prescricional. Alteração do prazo prescricional. Impossibilidade. 1) Para que seja considerado o prazo prescricional do Código

Civil revogado é preciso que já tenha havido a redução do prazo e, ainda, ter transcorrido mais da metade do prazo quando da entrada em vigor do novo Código. 2) O prazo prescricional inicia-se da data em que ocorreu o vencimento antecipado da dívida, uma vez que é nesta data que o direito é violado e nasce a pretensão do credor. 3) Ter-se o prazo prescricional como iniciado na data do fim do contrato, e não do vencimento antecipado, violaria o disposto no *art. 192 do Código Civil*, pois se estaria alterando prazo estabelecido em Lei. 4) Recurso conhecido e improvido" (TJDF, Recurso inominado 2008.07.1.001151-3, Acórdão 328.066, 2.ª Turma Cível, Rel. Des. Luciano Vasconcelos, *DJDFTE* 10.11.2008, p. 100).

Na mesma linha, entendeu o Tribunal de Justiça de São Paulo que a previsão de prazo prescricional para ressarcimento inserido em contrato de compra e venda de ações de sociedade representa clara violação do art. 192 do Código Civil, norma de ordem pública que não pode ser contrariada por convenção das partes, premissa que sempre deve prevalecer (TJSP, Apelação 9132334-30.2009.8.26.0000, Acórdão 5924801, 6.ª Câmara de Direito Privado, São Paulo, Rel. Des. Francisco Loureiro, j. 24.05.2012, *DJESP* 11.06.2012).

Em contrato de mútuo, a mesma Corte Estadual afastou a aplicação de prazo prescricional para cobrança previsto no estatuto social de pessoa jurídica, reconhecendo como nula a previsão estabelecida entre as partes. Vejamos esse importante acórdão:

"Apelação. Ação de cobrança. Mútuo. Preliminar. Cerceamento de defesa. Inocorrência. Preclusão caracterizada. Mérito. Alegada a decadência do direito de ação do autor. Petição inicial que tem natureza indenizatória. Contagem de prazo prescricional. Crédito representado por instrumento particular representativo de dívida líquida. Alegação de que o prazo deve obedecer regra prevista no estatuto social do autor. Norma de ordem pública. Regra do art. 192 do Código Civil. Impossibilidade de as partes modificarem os prazos prescricionais. Incidência do art. 206, § 5.º, inciso I, do Código Civil. Contratos que têm todos os elementos de validade do art. 104 do Código Civil. Nulidade. Inocorrência. Sentença mantida. Recurso improvido" (TJSP, Apelação Cível 0188486-14.2010.8.26.0100, Acórdão 9318420, 4.ª Câmara de Direito Privado, São Paulo, Rel. Des. Hamid Bdine, j. 31.03.2016, *DJESP* 30.06.2017, p. 1.619).

Como último exemplo de aplicação da regra, tem-se entendido que o termo de renegociação do contrato ou da dívida não pode prolongar o prazo de prescrição para cobrança, que somente decorre de lei (TJSP, Apelação 0011746-16.2011.8.26.0506, Acórdão 7859717, 37.ª Câmara de Direito Privado, Ribeirão Preto, Rel. Des. João Pazine Neto, j. 16.09.2014, *DJESP* 25.09.2014).

Conforme o art. 193 da codificação material vigente, a prescrição pode ser alegada em qualquer grau de jurisdição, pela parte a quem aproveita, ou seja, pelo devedor ou qualquer interessado. Ilustrando, a prescrição pode ser alegada em sede de apelação, ainda que não alegada em contestação, conforme há tempos vem entendendo a jurisprudência superior, em decisão prolatada na vigência da codificação anterior:

"Direitos civil e processual civil. Prescrição. Espécie extintiva. Alegação. Apelação. Possibilidade. Art. 162, CC. Silêncio em contestação. Irrelevância. Precedentes. Recurso especial. Enunciado n. 7 da Súmula/STJ. Recurso desacolhido. I – A prescrição extintiva pode ser alegada em qualquer fase do processo, nas instâncias ordinárias, mesmo que não tenha sido deduzida na fase própria de defesa ou na inicial dos embargos à execução. II – A pretensão recursal, que depende do reexame de documentos apresentados nas instâncias ordinárias, não comporta análise nesta Corte, a teor do Enunciado n. 7 de sua Súmula" (STJ, REsp 157.840/SP, 4.ª Turma, Rel. Min. Sálvio de Figueiredo Teixeira, j. 16.05.2000, *DJ* 07.08.2000, p. 109).

Em complemento, anote-se que, em julgado mais recente envolvendo o Direito Tributário, concluiu o mesmo Tribunal da Cidadania que a prescrição pode ser conhecida de ofício em qualquer grau de jurisdição, por ser atinente a matéria de ordem pública, não havendo supressão de instância (STJ, AgRg-REsp 1.176.688/RJ, 1.ª Turma, Rel. Min. Luiz Fux, j. 10.08.2010, *DJe* 13.10.2010). A conclusão tem como fundamento a possibilidade de conhecimento de ofício da prescrição, tema que ora será desenvolvido.

A propósito, a jurisprudência superior tem considerado que tal alegação – ou conhecimento de ofício –, por supostamente envolver a ordem pública, pode-se dar até na instância superior, desde que ocorra o necessário e prévio prequestionamento da matéria a ser julgada. Entendendo desse modo, por todos os mais recentes acórdãos: "o exame no âmbito do recurso especial de questões de ordem pública susceptíveis de serem conhecidas de ofício em qualquer tempo e grau de jurisdição, como é o caso da prescrição, não prescinde seja atendido o requisito do prequestionamento" (STJ, Ag. Int. no AgRg no Ag 1.076.043/RS, 4.ª Turma, Rel. Min. Maria Isabel Gallotti, j. 15.08.2017, *DJe* 21.08.2017. Ver também: AgRg no AREsp 75.065/SP, 4.ª Turma, Rel. Min. Maria Isabel Gallotti, j. 18.12.2014, *DJe* 06.02.2015). Na mesma linha, sobre o conhecimento de ofício em qualquer grau de jurisdição, confirmando o julgado antes transcrito: "a prescrição, matéria de ordem pública, pode ser reconhecida de ofício ou a requerimento das partes, a qualquer tempo e grau de jurisdição" (STJ, Ag. Int. nos EDcl no REsp 1250171/SP, 4.ª Turma, Rel. Min. Maria Isabel Gallotti, j. 27.04.2017, *DJe* 05.05.2017).

Adotando essas ideias, a Comissão de Juristas encarregada da Reforma do Código Civil propõe alterações para o art. 193, para que passe a prever, em boa hora, sobretudo na menção à proteção do contraditório que "a prescrição pode ser alegada pela parte a quem aproveita e será conhecida a qualquer tempo pelo julgador, nas instâncias ordinária ou extraordinária, respeitado o contraditório".

Na prática, é muito comum a sua alegação ocorrer em sede de contestação, não como preliminar processual, mas como preliminar de mérito, porque com a sua apreciação serão analisadas questões de direito material. Tanto isso é verdade que, para o Superior Tribunal de Justiça, a decisão que não reconhece a prescrição é sujeita ao recurso do agravo de instrumento. Consoante importante *decisum* da Corte, que merece destaque:

"O CPC/2015 colocou fim às discussões que existiam no CPC/73 acerca da existência de conteúdo meritório nas decisões que afastam a alegação de prescrição e de decadência, estabelecendo o art. 487, II, do novo Código, que haverá resolução de mérito quando se decidir sobre a ocorrência da prescrição ou da decadência, o que abrange tanto o reconhecimento quanto a rejeição da alegação. Embora a ocorrência ou não da prescrição ou da decadência possam ser apreciadas somente na sentença, não há óbice para que essas questões sejam examinadas por intermédio de decisões interlocutórias, hipótese em que caberá agravo de instrumento com base no art. 1.015, II, do CPC/2015, sob pena de formação de coisa julgada material sobre a questão. Precedente" (STJ, REsp 1.738.756/MG, 3.ª Turma, Rel. Min. Nancy Andrighi, j. 19.02.2019, *DJe* 22.02.2019).

Como o Código Civil de 2002 não traz qualquer novidade sobre a matéria, continua em vigor a Súmula n. 150 do STF, pela qual prescreve a execução no mesmo prazo da prescrição da ação. Cumpre salientar que não sou adepto ou defensor da *prescrição intercorrente* na esfera privada, aquela que corre no curso de demanda ou ação, sobretudo no curso da execução. Aliás, o entendimento majoritário entre os civilistas sinalizava contra essa forma de prescrição, diante da morosidade que sempre acometeu o Poder Judiciário no Brasil.

De todo modo, o Código de Processo Civil ora em vigor acabou por incluir a *prescrição intercorrente* nas ações de execução, na linha do que já era admitido na esfera do Direito Tributário, por previsão expressa na Lei de Execuções Fiscais (art. 40 da Lei n. 6.830/1980).

Em continuidade a esse tratamento, a Lei 14.195/2021 trouxe alterações legislativas a respeito do tema. Curiosamente, a norma, que tem origem na MP 1.040/2021, trata da facilitação da abertura de empresas, não tendo qualquer relação, direta ou indireta, com o tema da prescrição.

Nesse diploma, foi incluído um novo art. 206-A no Código Civil, além de mudanças no art. 921 do CPC. Sobre a primeira alteração, diante de divergências que surgiram a respeito dos vetos presidenciais e quanto à sua vigência, a Medida Provisória n. 1.085, de 27 de dezembro de 2021, depois convertida na Lei n. 14.382/2022 (Lei do Sistema de Registros Públicos Eletrônicos – SERP), repetiu o texto, o que entendo ser desnecessário, até pela obviedade da previsão.

Sobre as últimas, entendo serem inconstitucionais, pois o art. 62 do Texto Maior veda que medidas provisórias tratem de questões relativas ao Direito Processual Civil. A questão está pendente de análise no Supremo Tribunal Federal, com destaque para a ADI 7005.

No que diz respeito ao novo art. 206-A do Código Civil, com redação óbvia, estabelece que "a prescrição intercorrente observará o mesmo prazo de prescrição da pretensão, observadas as causas de impedimento, de suspensão e de interrupção da prescrição previstas neste Código e observado o disposto no art. 921 da Lei nº 13.105, de 16 de março de 2015 (Código de Processo Civil)". A respeito do texto anterior da Medida Provisória, Pablo Stolze Gagliano e Salomão Viana já pontuavam que ele não traria qualquer alteração na ordem jurídica:

"O sentido a ser extraído do novo texto normativo é o de que o prazo para consumação da prescrição intercorrente é o mesmo prazo legalmente previsto para prescrição da pretensão original, que foi exercitada por meio da propositura da demanda. Convenhamos: trata-se da adoção de um critério lógico, cuja aplicação – pode-se arriscar – seria até intuitiva. Aliás, de tão intuitiva, a aplicação desse critério vem se dando há muito, no âmbito jurisprudencial. Afinal, não teria sentido a criação, pelo intérprete, de um prazo para a prescrição intercorrente que fosse maior ou menor do que aquele que a própria lei já estabelece para a prescrição da pretensão que foi exercitada por meio da propositura da demanda. Anote-se, ainda, que a utilização, pelo aplicador do Direito, de prazos, para a prescrição intercorrente, distintos dos prazos que a própria ordem jurídica já estabelece, expressamente, para a prescrição da pretensão que foi exercitada por meio da propositura da demanda não passaria pelo crivo da aplicação do postulado da razoabilidade. Resta, por tudo isso, no máximo, somente uma palavra em favor da iniciativa legislativa: o enunciado do novo artigo tem a serventia de inserir, em texto legal, norma cuja existência na ordem jurídica já era percebida há muito tempo pelo intérprete, mas o intérprete não tinha à sua disposição um texto para se apoiar".[16]

Entendo que a conclusão é exatamente a mesma sobre o texto vigente, tendo sido tal aspecto observado pelo Senador Irajá Silvestre, quando da tramitação do projeto de lei de conversão da MP na Lei n. 14.195/2021. Segundo ele, citando os últimos juristas em seu relatório, "esse novo preceito apenas positiva o que já é pacífico na doutrina e na jurisprudência, como alertam os juristas baianos Pablo Stolze e Salomão Viana no seu artigo 'A Prescrição Intercorrente e a nova MP nº 1.040/21 (Medida Provisória de Ambiente de Negócios)', publicado no site do JusBrasil referente ao 'Direito Civil Brasileiro', coordenado pelo professor Rodrigo Toscano de Brito. Todavia, a positivação aí é bem-vinda por consolidar interpretação e evitar divergências posteriores". Em suma, não há qualquer mudança significativa no texto aprovado, inclusive quanto ao que está tratado na Lei do SERP.

A Lei 14.195/2021, como pontuado, também alterou o Estatuto Processual em vigor quanto ao tratamento da prescrição intercorrente. O art. 921 do CPC/2015 estabelece, entre as hipóteses de suspensão da execução, o fato de não for localizado o executado ou bens penhoráveis (inciso III).

O critério foi alterado pela nova norma, uma vez que antes se mencionava o fato de o executado não possuir bens penhoráveis. Essa alteração de critério, que visa a um aumento do reconhecimento da prescrição intercorrente, é nefasto, pois o parâmetro para aplicação do instituto deixa de ser a eventual negligência do credor, passando a ser o simples fato de o devedor ou seus bens não serem localizados.

---

[16] GAGLIANO, Pablo Stolze; VIANA, Salomão. A Prescrição Intercorrente e a nova MP nº 1.040/21 (Medida Provisória de "Ambiente de Negócios"). Disponível em: <https://direitocivilbrasileiro.jusbrasil.com.br/artigos/1186072938/a-prescricao-intercorrente-e-a-nova-mp-n-1040-21-medida-provisoria-de-ambiente--de-negocios>. Acesso em: 10 fev. 2022.

Em verdade, o comando processual havia detalhado alguns elementos que parte da jurisprudência já entendia como viáveis para gerar a prescrição no curso do processo de execução. A ilustrar, entre os mais recentes arestos, decidiu-se que "não corre a prescrição intercorrente durante o prazo de suspensão do processo de execução determinada pelo juízo. Para a retomada de seu curso, faz-se necessária a intimação pessoal do credor para diligenciar no processo, porque é a sua inação injustificada que faz retomar-se o curso prescricional" (STJ, AgRg no AREsp 585.415/SP, 4.ª Turma, Rel. Min. Maria Isabel Gallotti, j. 25.11.2014, *DJe* 09.12.2014). Em complemento, vejamos outro aresto superior:

"O reconhecimento da prescrição intercorrente vincula-se não apenas ao elemento temporal, mas também à ocorrência de inércia da parte autora em adotar providências necessárias ao andamento do feito. Consignado no acórdão recorrido que o credor não adotou comportamento inerte, inviável o recurso especial que visa alterar essa conclusão, em razão do óbice imposto pela Súmula 7/STJ" (STJ, AgRg no AREsp 33.751/SP, 3.ª Turma, Rel. Min. João Otávio de Noronha, j. 25.11.2014, *DJe* 12.12.2014).

Conforme anotei, este último critério parece ter sido desconsiderado com a mudança da Lei 14.195/2021. Por fim, colaciono:

"De acordo com precedentes do STJ, a prescrição intercorrente só poderá ser reconhecida no processo executivo se, após a intimação pessoal da parte exequente para dar andamento ao feito, a mesma permanece inerte. Precedentes. Conforme orientação pacífica desta Corte, é necessária a intimação pessoal do autor da execução para o reconhecimento da prescrição intercorrente. Precedentes" (STJ, AgRg no AREsp 131.359/GO, 4.ª Turma, Rel. Min. Marco Buzzi, j. 20.11.2014, *DJe* 26.11.2014).

Voltando-se ao texto legal a respeito do instituto da prescrição intercorrente, o § 1.º do art. 921 do CPC/2015 preceitua que "na hipótese do inciso III, o juiz suspenderá a execução pelo prazo de 1 (um) ano, durante o qual se suspenderá a prescrição". Em continuidade, está previsto que "decorrido o prazo máximo de 1 (um) ano sem que seja localizado o executado ou que sejam encontrados bens penhoráveis, o juiz ordenará o arquivamento dos autos" (§ 2.º do art. 921 do CPC). Além disso, a norma estabelece que "os autos serão desarquivados para prosseguimento da execução se a qualquer tempo forem encontrados bens penhoráveis" (§ 3.º do art. 921 do CPC). Essas regras não foram alteradas pela Lei 14.195/2021.

Porém, o § 4.º do art. 921 da Norma Processual foi modificado, passando a prever que "o termo inicial da prescrição no curso do processo será a ciência da primeira tentativa infrutífera de localização do devedor ou de bens penhoráveis, e será suspensa, por uma única vez, pelo prazo máximo previsto no § 1.º deste artigo". Antes estava previsto que "decorrido o prazo de que trata o § 1.º sem manifestação do exequente, começa a correr o prazo de prescrição intercorrente". Observe-se que esta última alteração da lei foi claramente influenciada por decisão do Superior Tribunal de Justiça, em sede de recursos repetitivos, a respeito da Fazenda Pública em que foram fixadas as seguintes teses:

"4.1.) O prazo de 1 (um) ano de suspensão do processo e do respectivo prazo prescricional previsto no art. 40, §§ 1.º e 2.º da Lei n. 6.830/80 – LEF tem início automaticamente na data da ciência da Fazenda Pública a respeito da não localização do devedor ou da inexistência de bens penhoráveis no endereço fornecido, havendo, sem prejuízo dessa contagem automática, o dever de o magistrado declarar ter ocorrido a suspensão da execução; 4.1.1.) Sem prejuízo do disposto no item 4.1., nos casos de execução fiscal para cobrança de dívida ativa de natureza tributária (cujo despacho ordenador da citação tenha sido proferido antes da vigência da Lei Complementar n. 118/2005), depois da citação válida, ainda que editalícia, logo após a primeira tentativa infrutífera de localização de bens penhoráveis, o Juiz declarará suspensa a execução. 4.1.2.) Sem prejuízo do disposto no item 4.1., em se tratando de execução fiscal para cobrança de dívida ativa de natureza tributária (cujo despacho ordenador da citação tenha sido proferido na vigência da Lei Complementar n. 118/2005) e de qualquer dívida ativa de natureza não tributária, logo após a primeira tentativa frustrada de citação do devedor ou de localização de bens penhoráveis, o Juiz declarará suspensa a execução.

4.2.) Havendo ou não petição da Fazenda Pública e havendo ou não pronunciamento judicial nesse sentido, findo o prazo de 1 (um) ano de suspensão inicia-se automaticamente o prazo prescricional aplicável (de acordo com a natureza do crédito exequendo) durante o qual o processo deveria estar arquivado sem baixa na distribuição, na forma do art. 40, §§ 2.º, 3.º e 4.º da Lei n. 6.830/80 – LEF, findo o qual o Juiz, depois de ouvida a Fazenda Pública, poderá, de ofício, reconhecer a prescrição intercorrente e decretá-la de imediato;

4.3.) A efetiva constrição patrimonial e a efetiva citação (ainda que por edital) são aptas a interromper o curso da prescrição intercorrente, não bastando para tal o mero peticionamento em juízo, requerendo, v.g., a feitura da penhora sobre ativos financeiros ou sobre outros bens. Os requerimentos feitos pelo exequente, dentro da soma do prazo máximo de 1 (um) ano de suspensão mais o prazo de prescrição aplicável (de acordo com a natureza do crédito exequendo) deverão ser processados, ainda que para além da soma desses dois prazos, pois, citados (ainda que por edital) os devedores e penhorados os bens, a qualquer tempo – mesmo depois de escoados os referidos prazos –, considera-se interrompida a prescrição intercorrente, retroativamente, na data do protocolo da petição que requereu a providência frutífera.

4.4.) A Fazenda Pública, em sua primeira oportunidade de falar nos autos (art. 245 do CPC/73, correspondente ao art. 278 do CPC/2015), ao alegar nulidade pela falta de qualquer intimação dentro do procedimento do art. 40 da LEF, deverá demonstrar o prejuízo que sofreu (exceto a falta da intimação que constitui o termo inicial – 4.1., onde o prejuízo é presumido), por exemplo, deverá demonstrar a ocorrência de qualquer causa interruptiva ou suspensiva da prescrição.

4.5.) O magistrado, ao reconhecer a prescrição intercorrente, deverá fundamentar o ato judicial por meio da delimitação dos marcos legais que foram aplicados na contagem do respectivo prazo, inclusive quanto ao período em que a execução ficou suspensa" (STJ, REsp 1.340.553/RS, 1.ª Seção, Rel. Min. Mauro Campbell Marques, j. 12.09.2018, *DJe* 16.10.2018).

Por óbvio, mais uma vez, a alteração foi efetivada para que a prescrição intercorrente seja mais facilmente reconhecida, diminuindo-se o acervo de processos perante os Tribunais. Infelizmente, o mesmo pode ser dito quanto ao novo § 4.º-A do art. 921 do CPC, igualmente influenciado pelo último *decisum*. Consoante o seu texto, "a efetiva citação, intimação do devedor ou constrição de bens penhoráveis interrompe o prazo de prescrição, que não corre pelo tempo necessário à citação e à intimação do devedor, bem como para as formalidades da constrição patrimonial, se necessária, desde que o credor cumpra os prazos previstos na lei processual ou fixados pelo juiz". O texto legal anterior, mais direto e claro, previa que "decorrido o prazo de que trata o § 1.º sem manifestação do exequente, começa a correr o prazo de prescrição intercorrente".

Por fim, sem prejuízo dos comandos seguintes, merece ser comentado o § 5.º do art. 921 do CPC, igualmente alterado pela Lei 14.195/2021 e igualmente influenciado pelo transcrito precedente superior. No seu texto ora em vigor, "o juiz, depois de ouvidas as partes, no prazo de 15 (quinze) dias, poderá, de ofício, reconhecer a prescrição no curso do processo e extingui-lo, sem ônus para as partes". A previsão anterior era no sentido de que "o juiz, depois de ouvir as partes, no prazo de 15 dias, poderá, de ofício, reconhecer esta prescrição e extinguir o processo, sem menção ao curso do processo e a ausência de ônus para as partes".

Seja como for, mesmo com essas mudanças, acredito que, em uma realidade de justiça cível célere, o instituto da prescrição intercorrente até poderia ser admitido. Sendo assim, se o CPC/2015 realmente agilizar os procedimentos e diminuir a demora das demandas, o que não ocorreu até o presente momento de forma satisfatória, a prescrição intercorrente poderá ser saudável. Caso contrário, poderá ser um desastre institucional.

Mais uma vez, o tempo e a prática demonstrarão se o instituto veio em boa hora ou não.

Em tom suplementar, tenho sustentado em palestras e exposições sobre o CPC/2015 que, em casos de patente má-fé do devedor que, por exemplo, vende todos os seus bens e se ausenta do País, para que corra a prescrição intercorrente, esta não deve ser admitida.

Para dar sustento a tal forma de pensar, lembro que a boa-fé objetiva é princípio consagrado não só pelo Código Civil, mas também pelo Estatuto Processual Emergente, especialmente pelo seu art. 5.º. Continuo a pensar dessa forma, mesmo com as recentes alterações do art. 921 da norma instrumental.

Ainda quanto ao tema, pontue-se que, antes mesmo da entrada em vigor do CPC de 2015, o Superior Tribunal de Justiça já havia citado a prescrição intercorrente nele prevista, em especial quanto à manutenção do teor da Súmula n. 150 do STF. Vejamos a ementa do aresto:

> "Recurso especial. Civil. Processual civil. Execução. Ausência de bens passíveis de penhora. Suspensão do processo. Inércia do exequente por mais de treze anos. Prescrição intercorrente. Ocorrência. Súmula 150/STF. Negativa de prestação jurisdicional. Não ocorrência. Honorários advocatícios. Revisão

óbice da Súmula 7/STJ. 1. Inocorrência de maltrato ao art. 535 do CPC quando o acórdão recorrido, ainda que de forma sucinta, aprecia com clareza as questões essenciais ao julgamento da lide. 2. 'Prescreve a execução no mesmo prazo da prescrição da ação' (Súmula 150/STF). 3. 'Suspende-se a execução: [...] quando o devedor não possuir bens penhoráveis' (art. 791, inciso III, do CPC). 4. Ocorrência de prescrição intercorrente, se o exequente permanecer inerte por prazo superior ao de prescrição do direito material vindicado. 5. Hipótese em que a execução permaneceu suspensa por treze anos sem que o exequente tenha adotado qualquer providência para a localização de bens penhoráveis. 6. Desnecessidade de prévia intimação do exequente para dar andamento ao feito. 7. Distinção entre abandono da causa, fenômeno processual, e prescrição, instituto de direito material. 8. Ocorrência de prescrição intercorrente no caso concreto. 9. Entendimento em sintonia com o novo Código de Processo Civil. 10. Revisão da jurisprudência desta Turma. 11. Incidência do óbice da Súmula 7/STJ no que tange à alegação de excesso no arbitramento dos honorários advocatícios. 12. Recurso especial desprovido" (STJ, REsp 1.522.092/MS, 3.ª Turma, Rel. Min. Paulo de Tarso Sanseverino, j. 06.10.2015, *DJe* 13.10.2015).

Como se retira do último aresto, vários julgados da Terceira Turma do Superior Tribunal de Justiça vinham entendendo pela necessidade de intimação do exequente para se manifestar sobre a consumação do prazo extintivo, quanto a fatos ocorridos na vigência do CPC/1973. Todavia, pelos mesmos acórdãos, não haveria a necessidade de sua intimação para que desse andamento ao feito, o que seria dispensável para dar início à prescrição intercorrente.

Ressalte-se que esse debate dizia respeito ao reconhecimento da prescrição intercorrente relativa a fatos que ocorrerem antes do tratamento constante do CPC/2015, que é expresso quanto à desnecessidade de notificação do exequente, para que dê andamento ao feito. Por todos os acórdãos que assim concluíam, veja-se também:

"Nos termos da jurisprudência recentemente firmada nesta Turma, nos casos de suspensão da execução por ausência de bens penhoráveis, ainda que se dispense a intimação pessoal da parte para dar andamento ao feito, deve-se intimar o exequente para se manifestar a respeito do atingimento do prazo de prescrição intercorrente (REsp 1.593.786/SC, Rel. Ministro Paulo de Tarso Sanseverino, Terceira Turma, j. 22.09.2016, *DJe* 30.09.2016). Prevalece, pois, a necessidade de intimação pessoal da parte exequente, devendo ser mantida a decisão agravada" (STJ, AgRg no AREsp 718.731/SP, 3.ª Turma, Rel. Min. Moura Ribeiro, j. 1.º.12.2016, *DJe* 15.12.2016).

Entretanto, havia divergência na Corte Superior, pois na sua Quarta Turma vinha-se concluindo, em julgados prolatados sobre fatos ocorridos na vigência do Código de Processo Civil de 1973, que haveria a necessidade de intimação prévia do exequente para dar andamento ao feito. Por todos os arestos que julgavam desse modo:

"Na hipótese, como o deferimento da suspensão da execução ocorreu sob a égide do CPC/1973 (ago./1998), há incidência do entendimento jurisprudencial consolidado no sentido de que não tem curso o prazo de prescrição intercorrente enquanto a execução estiver suspensa com base na ausência de bens penhoráveis (art. 791, III), exigindo-se, para o seu início, a intimação do exequente para dar andamento ao feito" (STJ, REsp 1.620.919/PR, 4.ª Turma, Rel. Min. Luis Felipe Salomão, j. 10.11.2016, *DJe* 14.12.2016).

O tema foi enfrentando pelo Ministro Bellizze, em seu artigo outrora citado, com argumentos na mesma linha dos primeiros arestos, da Terceira Turma, aguardando o julgador a pacificação do assunto pela Segunda Seção do STJ. Vejamos as suas palavras mais relevantes:

"A alteração de entendimento jurisprudencial propugnada pela Terceira Turma do STJ não promove a aplicação do novo Código de Processo Civil a situações pretéritas. Definitivamente, não. O CPC/1973 nem sequer regulou a prescrição intercorrente e, como consectário lógico de sua imprevisão, em momento algum dispôs que o início do prazo da prescrição intercorrente estaria condicionado à intimação da parte exequente. Tratava-se de uma interpretação analógica, atrelada ao instituto do abandono da causa, que, conforme demonstrado, em nada tangencia a prescrição, a evidenciar a inadequação do entendimento então adotado. Desse modo, não se pode afirmar que o NCPC modificou o tratamento a ser dado à matéria, ao expressamente preceituar – aliás, em absoluta consonância com o instituto – a desnecessidade de intimação do exequente, para efeito de início do prazo da prescrição intercorrente. Tampouco se afigura adequado concluir que o CPC/2015, ao assim dispor, inovou, propriamente, sobre a questão. Na verdade, o novo Código de Processo Civil normatizou a prescrição intercorrente, a ela conferindo exatamente o mesmo tratamento então ofertado pela Lei de Execução Fiscal. Anteriormente à vigência do CPC/2015 – diante da existência de uma lacuna na lei para regular uma situação absolutamente similar a outra que, por sua vez, encontra-se devidamente disciplinada por lei –, de todo recomendável, se não de rigor, a aplicação analógica, como forma primeira de integração do direito.

Logo, a interpretação conferida à prescrição intercorrente que ora se propõe observa detidamente a natureza do instituto, considerado, ainda, o correlato tratamento das leis substantiva e adjetiva à época vigentes (Código Civil, Código de Processo Civil de 1973 e Lei de Execuções Fiscais). A existência de regra de transição não infirma tal conclusão, devendo-se, naturalmente, bem explicitar a sua hipótese de incidência, coerente com a compreensão até aqui externada. Dispõe o art. 1.056 do NCPC: 'Considerar-se-á como termo inicial do prazo da prescrição prevista no art. 924, inciso V, inclusive para as execuções em curso, a data de vigência deste Código'. Conforme anotado, exaurido o ato judicial de suspensão do processo executivo, que se dá com o esgotamento do período em que o processo ficou suspenso (por no máximo um ano), o prazo prescricional da pretensão executiva volta a correr por inteiro, automaticamente. Apesar da impropriedade do termo 'inclusive' constante do dispositivo legal em comento, certo é que a regra de transição somente poderia ter incidência nas execuções em curso; nunca naquelas em que o prazo prescricional intercorrente, nos termos ora propugnados, já tenha se consumado, ou mesmo se iniciado, já que não se afiguraria adequado simplesmente renovar o prazo prescricional intercorrente sem qualquer razão legal que o justifique. Por conseguinte, a regra de transição tem aplicação, exclusivamente, aos processos executivos em tramitação, que se encontrem suspensos, por ausência de bens penhoráveis, por ocasião da entrada em vigor do Código de Processo Civil de 2015. Assim, encontrando-se suspenso o processo executivo, o prazo da prescrição intercorrente começa a fluir um ano contado da entrada em vigor do NCPC, em interpretação conjunta dos arts. 1.056 e 921, §§ 1.º e 4.º, do mesmo diploma legal. Efetivamente, não faz nenhum sentido aplicar a regra de transição aos casos em que o prazo prescricional intercorrente já se encontra integralmente consumado, conferindo-se, inadvertidamente, novo prazo ao exequente inerte. Do contrário, permitir-se-á que a pretensão executiva seja exercida por mais de dez, quinze ou mais anos, em absoluto descompasso com o propósito de estabilização das relações jurídicas e, por consequência, de pacificação social, bem como do próprio enunciado n. 150 da súmula do STF, segundo o qual a pretensão executiva prescreve no mesmo prazo da pretensão da reparação. Sob essa perspectiva, sem olvidar a relevância dos entendimentos jurisprudenciais, como fonte do direito, notadamente robustecida pelo CPC/2015, tem-se que a mudança de entendimento jurisprudencial, salutar ao aprimoramento da prestação jurisdicional, não abala a segurança jurídica, especialmente em matéria de prescrição. Não é razoável supor que a pessoa que detenha uma pretensão não a exerça imediatamente ou dentro de um prazo razoável que a lei repute adequado, sugestionada ou pré-condicionada a alguma orientação jurisprudencial. Ao contrário, é o comportamento inerte agregado a um prazo indefinido ou demasiadamente dilatado por imprópria interpretação para o exercício da pretensão em juízo que gera intranquilidade social, passível de mera constatação".[17]

Da minha parte, filio-me à visão que era seguida pela Quarta Turma do STJ, mais consentânea com o contraditório e o princípio da boa-fé objetiva, seja material ou processual, baluarte do Código Civil de 2002 e do Código de Processo Civil de 2015.

Sendo assim, para os fatos ocorridos na vigência do CPC/1973, entendo pela necessidade de notificação prévia do credor ou exequente para depois se dar início ao prazo de prescrição intercorrente, medida drástica que somente pode ser admitida com todas as ressalvas e comunicações.

A questão foi pacificada pela Segunda Seção do Superior Tribunal de Justiça em 27 de junho de 2018, por cinco votos a quatro, seguindo-se essa posição da Terceira Turma, liderada pelo Ministro Bellizze. O julgamento se deu no primeiro incidente de assunção de competência (IAC) analisado pela Corte, instituto criado pelo CPC de 2015 para a concretização de um sistema de precedentes (STJ, Recurso Especial 1.604.412/SC). As teses firmadas no julgamento foram as seguintes, após amplos e profundos debates:

---

[17] OLIVEIRA, Marco Aurélio Bellizze. Questões polêmicas sobre a prescrição, cit., p. 164-165.

"1.1 – Incide a prescrição intercorrente nas causas de natureza privada regidas pelo CPC de 1973 quando o exequente permanece inerte por prazo superior da prescrição do direito material reivindicado conforme interpretação extraída do art. 202, parágrafo único, do Código Civil de 2002. 1.2 – O termo inicial do prazo prescricional na vigência do CPC/1973 conta-se do fim do prazo judicial de suspensão do processo ou, inexistindo prazo fixado, do transcurso de um ano – aplicação analógica do art. 40 da Lei 6.830. 1.3 – O termo inicial do art. 1.056 do CPC de 2015 tem incidência apenas nas hipóteses em que o processo se encontrava suspenso na data de entrada em vigor da nova lei processual, uma vez que não se pode extrair interpretação que viabilize o reinício ou reabertura de prazo prescricional ocorridos na vigência do revogado CPC de 1973 – aplicação irretroativa de norma processual. 1.4 – O contraditório é princípio constitucional que deve ser respeitado em todas as manifestações do Judiciário, que deve zelar por sua observância, inclusive nas hipóteses de declaração de ofício da prescrição intercorrente, devendo o credor ser previamente intimado para opor algum fato impeditivo à incidência da prescrição".

Apesar de não concordar com a primeira parte do que restou pacificado, pontuo que a última tese resolve o problema relativo ao conhecimento de ofício da prescrição que será desenvolvido logo a seguir.

Feitas tais considerações importantes sobre a prescrição intercorrente, pontue-se que o panorama quanto à alegação da prescrição pela parte mudou recentemente no nosso país, alteração também confirmada pelo CPC/2015.

Isso porque *previa* o art. 194 do Código Civil que "o juiz não pode suprir, de ofício, a alegação de prescrição, salvo se favorecer a absolutamente incapaz". Utiliza-se a expressão no passado, pois o dispositivo em questão foi inicialmente revogado pela Lei n. 11.280, de 16.02.2006, um dos principais atos de reforma do CPC/1973 efetivados naquela década anterior.

Com a revogação desse dispositivo, perderam sentido dois enunciados doutrinários do Conselho da Justiça Federal, aprovados nas *Jornadas de Direito Civil*. O primeiro é o de número 154, pelo qual o juiz deveria suprir de ofício a alegação de prescrição em favor do absolutamente incapaz. Já o Enunciado n. 155 dispunha que estaria revogado o § 5.º do art. 219 do CPC/1973 que previa: "não se tratando de direitos patrimoniais, o juiz poderá, de ofício, conhecer da prescrição e decretá-la de imediato".

O último dispositivo processual citado também foi alterado pela Lei n. 11.280/2006, que passou a ter a seguinte expressão: "o juiz pronunciará, de ofício, a prescrição". Como se constata, a alteração do texto foi substancial, justamente o oposto do que estava previsto.

Portanto, caiu o *mito jurídico* de que a prescrição não poderia ser conhecida de ofício. Isso em prol de *suposta* celeridade processual, para efetivar a razoável duração do processo, prevista no art. 5.º, LXXVIII, do Texto Maior.

Em tom crítico, pode-se dizer que o Código Civil era harmônico quanto ao tema de prescrição, principalmente se confrontado com a decadência. No entanto, essa harmonia foi quebrada pela reforma processual, como se verá adiante, o que se pretende corrigir pelo projeto de Reforma do Código Civil.

O conhecimento de ofício da prescrição foi confirmado pelo Código de Processo Civil de 2015, que ampliou essa forma de julgar para a decadência. De início, o Estatuto Processual emergente passou a reconhecer a possibilidade de improcedência liminar do pedido, sendo uma das suas causas a percepção da ocorrência da prescrição ou da decadência (art. 332, § 1.º, do CPC/2015). Em complemento, destaque-se a regra do art. 487 da lei instrumental emergente, com a seguinte redação: "haverá resolução de mérito quando o juiz: (...). II – decidir, de ofício ou a requerimento, sobre a ocorrência de decadência ou prescrição".

A matéria ficou consolidada somente na lei processual, não havendo mais qualquer disposição sobre ela no Código Civil. Foi retirada a exceção a favor do absolutamente incapaz, que não mais será aplicada. Além disso, não mais se menciona a prescrição relacionada a direitos não patrimoniais, simplesmente porque não existe prescrição que não esteja associada a direitos subjetivos com esse caráter, na linha do que expus no início deste capítulo.

É importante trazer alguns aprofundamentos técnicos quanto ao reconhecimento da prescrição de ofício, o que repercute diretamente para a responsabilidade civil, seja contratual ou extracontratual. Tais debates permanecem com a emergência do CPC de 2015 e foram até intensificados. O primeiro aprofundamento relativo à matéria decorre de uma dúvida: como o reconhecimento da prescrição é de ofício, esta constitui matéria de ordem pública?

Alguns autores respondem positivamente, caso de Nelson Nery Jr., Rosa Maria de Andrade Nery e Maria Helena Diniz.[18] Aqui também foram expostos julgados do Superior Tribunal de Justiça que concluem do mesmo modo, parecendo ser esse o entendimento majoritário, para os devidos fins práticos.

Entretanto, reitero a minha posição já manifestada, no sentido de não ser prescrição matéria de ordem pública, diante do fato de envolver direitos patrimoniais e, portanto, a ordem privada.[19] Como reforço para tal entendimento, vale lembrar que a prescrição pode ser renunciada por previsão expressa do art. 191 do Código Civil.

Na verdade, é melhor concluir que a prescrição não é matéria de ordem pública, mas a celeridade processual o é. Isso porque a Constituição Federal passou a assegurar como direito fundamental o direito ao razoável andamento do processo e à celeridade das ações judiciais (art. 5.º, LXXVIII, da CF/1988, introduzido pela Emenda Constitucional n. 45/2004).

O reconhecimento da prescrição de ofício foi criado justamente para a tutela desses direitos. E, como é notório, o CPC ora em vigor reafirma a necessidade

---

[18] NERY JR., Nelson; NERY, Rosa Maria de Andrade. *Comentários ao Código de Processo Civil*. São Paulo: RT, 2015. p. 911; DINIZ, Maria Helena. *Código Civil Anotado*, cit., p. 218.

[19] Concluindo do mesmo modo, e influenciando o meu entendimento: MAZZEI, Rodrigo Reis. A prescrição e a sua pronúncia de ofício. In: DELGADO, Mário Luiz; ALVES, Jones Figueirêdo. *Questões controvertidas no novo Código Civil*. São Paulo: Método, 2007. v. 6; SIMÃO, José Fernando. Prescrição e sua alegação – Lei 11.280 e a revogação do art. 194 do Código Civil. *Carta Forense*, São Paulo, n. 34, abr. 2006.

dessa agilização dos procedimentos, ganhando força essa terceira via, com o seu surgimento. Nos termos do art. 4.º do CPC/2015, as partes têm o direito de obter em prazo razoável a solução integral do mérito, incluída a atividade satisfativa.

Outro problema está relacionado com a renúncia judicial à prescrição. Vejamos um exemplo concreto que sempre utilizo em minhas aulas sobre o tema. Alguém cobra judicialmente uma dívida, supostamente prescrita. Qual a decisão inicial do juiz? Duas são as possíveis soluções, uma mais *prática* e outra mais *técnica*.

Pela solução *prática*, a decisão do julgador deve ser uma sentença em que é reconhecida a prescrição de ofício, julgando-se extinta a ação com resolução do mérito, atualmente por meio da improcedência liminar do pedido (art. 332, § 1.º, do CPC/2015). Pela solução mais *técnica*, justamente a que sigo, o juiz deve determinar a citação do réu para que se manifeste quanto à renúncia à prescrição ou com relação à presença de uma causa impeditiva, modificativa ou interruptiva do prazo.

No âmbito doutrinário, essa resposta *técnica*, que me parece ser a mais correta, foi dada anteriormente na *IV Jornada de Direito Civil*, com a aprovação do Enunciado n. 295 do Conselho da Justiça Federal, que tem a seguinte redação: "a revogação do art. 194 do Código Civil pela Lei 11.280/2006, que determina ao juiz o reconhecimento de ofício da prescrição, não retira do devedor a possibilidade de renúncia admitida no art. 191 do texto codificado". Em sentido idêntico, comentava Rodrigo Reis Mazzei, em análise acurada do tema, ser necessária a intimação do réu ou devedor, para que se manifeste quanto à renúncia à prescrição.[20] A posição também era compartilhada por Álvaro Villaça Azevedo, outro marco referencial doutrinário para o meu pensamento jurídico.[21]

Tecnicamente, sempre estive filiado a tal entendimento, pois, caso contrário, a autonomia privada, manifestada pelo direito de se pagar uma dívida prescrita em juízo e renunciando à prescrição, estará seriamente ferida. Sendo a autonomia privada um valor associado à liberdade constitucional, pode-se até afirmar que a possibilidade de conhecimento da prescrição de ofício é inconstitucional, caso tal direito de renúncia à prescrição não seja assegurado.

Além disso, a solução mais prática acaba atropelando os princípios constitucionais do contraditório e da ampla defesa, sem falar na lesão à boa-fé objetiva processual. A primeira resposta pode também ser injusta, pois afasta a possibilidade de discussão, em juízo, das causas impeditivas, suspensivas e interruptivas da prescrição.

Esse entendimento vinha sendo adotado pelo Superior Tribunal de Justiça, cabendo transcrever o seguinte aresto, com menção à abalizada posição doutrinária no mesmo sentido:

"Recurso especial. Tributário. Prescrição. Decretação *ex officio*. Prévia oitiva da Fazenda Pública. Nulidade. Inexistente. 1. 'Apesar da clareza da legislação

---

[20] MAZZEI, Rodrigo Reis. A prescrição e a sua pronúncia de ofício, cit., p. 553.
[21] AZEVEDO, Álvaro Villaça. *Teoria geral do Direito Civil*. Parte geral. São Paulo: Atlas, 2012. p. 183.

processual, não julgamos adequado o indeferimento oficioso da inicial. De fato, constata-se uma perplexidade. O magistrado possui uma 'bola de cristal' para antever a inexistência de causas impeditivas, suspensivas ou interruptivas ao curso da prescrição?' (Nelson Rosenvald in Prescrição da Exceção à Objeção. *Leituras Complementares de Direito Civil*. Cristiano Chaves de Farias, org. Salvador: Edições JusPodivm, 2007. pág. 190). 2. A prévia oitiva da Fazenda Pública é requisito para a decretação da prescrição prevista no art. 40, § 4.º, da Lei 6.830/1980, bem como da prescrição referida no art. 219, § 5.º, do CPC, ainda que esse último dispositivo silencie, no particular. 3. Deve-se interpretar sistematicamente a norma processual que autoriza o juiz decretar *ex officio* a prescrição e a existência de causas interruptivas e suspensivas do prazo que não podem ser identificadas pelo magistrado apenas à luz dos elementos constantes no processo. 4. Embora tenha sido extinto o processo em primeira instância sem a prévia oitiva da Fazenda Pública, quando da interposição do recurso de apelação, esta teve a oportunidade de suscitar a ocorrência de causa suspensiva ou interruptiva do prazo prescricional. Assim, não há que ser reconhecida a nulidade da decisão que decretou a extinção do feito. 5. A exigência da prévia oitiva do Fisco tem em mira dar-lhe a oportunidade de arguir eventuais óbices à decretação da prescrição. Havendo possibilidade de suscitar tais alegações nas razões da apelação, não deve ser reconhecida a nulidade da decisão recorrida. 6. Recurso especial não provido" (STJ, REsp 1.005.209/RJ, 2.ª Turma, Rel. Min. Castro Meira, j. 08.04.2008, *DJ* 22.04.2008, p. 1).

Entendo que essa última posição deve ser mantida com o Novo Código de Processo Civil, pela prevalência de dois outros dispositivos instrumentais, analisados em conjunto. O primeiro deles é o outrora citado art. 487, parágrafo único, do CPC/2015, segundo o qual, ressalvada a hipótese do § 1.º do art. 332, a prescrição e a decadência não serão reconhecidas sem que antes seja dada às partes oportunidade de se manifestar.

Apesar da ressalva à improcedência liminar do pedido, parece ter grande força, como verdadeiro norte principiológico processual, o art. 10 da norma emergente, que consagra a vedação das *decisões-surpresa*, em prol da boa-fé objetiva processual e do contraditório. De acordo com esse preceito, "o juiz não pode decidir, em grau algum de jurisdição, com base em fundamento a respeito do qual não se tenha dado às partes oportunidade de se manifestar, ainda que se trate de matéria sobre a qual deva decidir de ofício".

Com o devido respeito, o julgamento liminar em casos de prescrição parece ferir esse último dispositivo, lesando claramente o contraditório. Adiantando que esse deve ser mesmo o posicionamento da doutrina, na *VII Jornada de Direito Civil*, promovida pelo Conselho da Justiça Federal em 2015, aprovou-se enunciado segundo o qual, "em complemento ao Enunciado 295, a decretação *ex officio* da prescrição ou da decadência deve ser precedida de oitiva das partes" (Enunciado n. 581). Cabe destacar que o Ministro Bellizze, do Superior Tribunal de Justiça, segue a mesma solução, conforme desenvolve em seu texto aqui já citado. Vejamos suas palavras:

"Ainda que sob essas motivações, a decretação da prescrição, de ofício, sem a oitiva da outra parte, mesmo que com ela se beneficie, encerra óbices insanáveis, em absoluta inadequação com a natureza do instituto. Não se afigura possível ao juiz, em substituição à parte que com a prescrição venha a se beneficiar, supor que esta não se valeria do direito de renunciar à prescrição consumada ou, de outro modo, a ela não se objetaria quando tiver, por exemplo, o interesse que se reconheça a cobrança indevida de dívida, decorrente de pagamento já realizado, a gerar a repetição em dobro do indébito, nos termos do art. 940 do Código Civil. À vista de tal incongruência, o Código de Processo Civil de 2015 teve o mérito de, a par da possibilidade de reconhecimento de ofício da prescrição pelo magistrado, impor a este, antes, a viabilização do indispensável contraditório. Seu art. 10 é claro ao dispor: (...). Especificamente sobre a prescrição (e a decadência), o art. 487 do novo Código de Processo Civil preceitua que 'haverá resolução de mérito quando o juiz: (...) II – decidir de ofício ou a requerimento, sobre a ocorrência de decadência ou prescrição'. E, em seu parágrafo único, assentou-se que: 'ressalvada a hipótese do § 1.º do art. 332 [improcedência liminar do pedido], a prescrição e a decadência não serão reconhecidas sem que antes seja dada às partes oportunidade de manifestar-se'. Sem descurar do avanço da disposição legal sob comento (que, como visto, viabiliza o imprescindível contraditório), a ressalva contida no preceito legal, em nossa compreensão, não se compatibiliza com a natureza do instituto. Assim, mesmo em se tratando de reconhecimento liminar da improcedência do pedido com base na prescrição consumada, imprescindível que se confira às partes, inclusive a que com ela venha a se beneficiar, a oportunidade de sobre ela se manifestar, necessariamente. A exceção legal, como se constata, parte da errônea presunção de que a improcedência liminar do pedido com base na prescrição – decisão de mérito que é – somente prejudicaria ou diria respeito ao demandante, ao qual, para se opor a tal decisão, seria conferida a via recursal. Mais uma vez, não caberia (agora) à lei supor que a parte demandada (a quem, em tese, o reconhecimento da prescrição beneficiaria) não se valeria do direito de renunciá-la ou de objetá-la, para, no curso do próprio processo, por exemplo, buscar a repetição em dobro do indébito, em razão de anterior pagamento, com esteio no art. 940 do Código Civil. Tem-se, por conseguinte, que, mesmo na hipótese de improcedência liminar do pedido, com fulcro no reconhecimento da prescrição da pretensão, há que se conferir às partes, antes, oportunidade de se manifestarem sobre a matéria, com fulcro no art. 10 do Código de Processo Civil/2015, consentâneo com o instituto em comento, em que pese a expressa ressalva contida no parágrafo único do art. 487 do referido diploma legal".[22]

Concluindo exatamente do mesmo modo, merecem ser destacados os seguintes julgados estaduais, por todos na mesma linha:

"É vedado ao juiz, ressalvada a hipótese do § 1.º do art. 332 do CPC, segundo a exata dicção do parágrafo único do art. 487 do CPC, reconhecer a prescrição, ou mesmo a decadência, sem que antes seja dada às partes a

---

[22] OLIVEIRA, Marco Aurélio Bellizze. Questões polêmicas sobre a prescrição, cit., p. 155-156.

oportunidade de manifestar-se (arts. 9.º e 10 do CPC)" (TJDF, Apelação Cível 2011.01.1.044711-7, Acórdão 103.6046, 2.ª Turma Cível, Rel. Des. Sandra Reves, j. 02.08.2017, *DJDFTE* 08.08.2017).

"Parte ré que não suscitou a prescrição no curso do processo. Magistrado que pode decretar a prescrição de ofício, depois de ouvir as partes. Art. 487, parágrafo único do CPC/2015. Proibição à decisão surpresa. Artigos 9.º e 10 do CPC/2015. Sentença proferida contra o autor, sem sua prévia oitiva sobre a prescrição. Violação aos princípios do contraditório e da ampla defesa. Anulação da sentença. Processo que não está em condições de imediato julgamento. Anula-se a sentença, para que seja dado regular prosseguimento ao feito, ficando prejudicado o recurso de apelação" (TJRJ, Apelação 0039732-58.2015.8.19.0001, 25.ª Câmara Cível Consumidor, Rel. Des. Sergio Seabra Varella, j. 20.06.2017, *DORJ* 27.07.2017, p. 519).

Destaque-se novamente que, em 27 de junho de 2018, essa posição foi adotada pela Segunda Seção do Tribunal da Cidadania para os fins de conhecimento da prescrição intercorrente de ofício, relativa aos fatos ocorridos na vigência do CPC/1973. Isso se deu no julgamento de incidente de assunção de competência (IAC) nos autos do Recurso Especial n. 1.604.412/SC. Conforme a tese firmada,

"O contraditório é princípio constitucional que deve ser respeitado em todas as manifestações do Judiciário, que deve zelar por sua observância, inclusive nas hipóteses de declaração de ofício da prescrição intercorrente, devendo o credor ser previamente intimado para opor algum fato impeditivo à incidência da prescrição".

Assim, entendo que tal premissa seja aplicada para todos os casos de conhecimento *ex officio* da prescrição, além da prescrição intercorrente, com a imperiosa necessidade de oitiva das partes, o que inclui também o devedor nessas outras situações concretas.

Como última nota, a nova redação dada ao art. 193 do Código Civil, proposto para a Reforma do Código Civil, resolverá esse problema, pela menção final ao contraditório, que deverá ser sempre atendido. Nos termos do dispositivo projetado, que deve ser aprovado para o Congresso Nacional para que se tenha uma maior segurança jurídica, "a prescrição pode ser alegada pela parte a quem aproveita e será conhecida a qualquer tempo pelo julgador, nas instâncias ordinária ou extraordinária, respeitado o contraditório".

Exposta mais essa controvérsia, vejamos dois últimos comandos relativos às regras gerais da prescrição.

Nos termos do art. 195 do Código Civil, os relativamente incapazes e as pessoas jurídicas têm ação contra os seus assistentes ou representantes legais, que derem causa à prescrição, ou não a alegarem oportunamente. Desse modo, consagra-se a possibilidade de os relativamente incapazes e as pessoas jurídicas promoverem ações correspondentes contra seus representantes ou prepostos que deram causa à perda de uma pretensão ou não a alegaram quando deviam tê-lo feito.

No que toca ao último caso, o artigo em questão, sem dúvida, pode ser aplicado aos advogados ou procuradores, que têm responsabilidade subjetiva por tais fatos, conforme desenvolvido em outros trechos deste livro. Comparando-se o art. 195 do atual Código Civil com o texto anterior (art. 164 do CC/1916), ampliam-se as possibilidades, deferindo direito que antes não estava reconhecido também às pessoas jurídicas, tanto de direito público quanto de direito privado.

Por derradeiro, dispõe o art. 196 do atual Código Civil que a prescrição iniciada contra uma pessoa continua a correr contra o seu sucessor. A codificação de 2002 substituiu a expressão *herdeiro*, que constava do art. 165 do CC/1916, pelo termo *sucessor*.

Dessa forma, alarga-se a possibilidade de continuidade da prescrição, tanto em decorrência de ato *mortis causa* – como se dá no testamento ou no legado – quanto *inter vivos* – como ocorre na aquisição, incorporação ou sucessão empresarial.

2.3. Das causas impeditivas e suspensivas da prescrição

O Código Civil consagra, entre os seus arts. 197 e 201, hipóteses em que o prazo de prescrição é impedido ou suspenso. Além dessas hipóteses de impedimento e de suspensão, não pode se esquecer de que, antes do reconhecimento da prescrição intercorrente, a prescrição ficará suspensa pelo período de um ano, durante a suspensão da execução (art. 921, § 1.º, do CPC/2015).

Em complemento, a Lei n. 14.010/2020 trouxe o impedimento e a suspensão da prescrição diante da pandemia de Covid-19, como será analisado a seguir.

Inicialmente, enuncia o art. 197 do CC/2002 que não corre a prescrição nas seguintes hipóteses: *a)* entre os cônjuges, na constância da sociedade conjugal; *b)* entre ascendente e descendente, durante o poder familiar; *c)* entre tutelados ou curatelados e seus tutores ou curadores, durante a tutela ou curatela. O efeito da adoção do dispositivo citado, que denota as causas impeditivas da prescrição, equivale ao da suspensão.

Dessa forma, se o prazo ainda não foi iniciado, não correrá (impedimento). Caso contrário, cessando a causa de suspensão, o prazo continua a correr do ponto em que parou.

Pelos tratamentos legais constantes dos seus incisos, observa-se que os casos em questão envolvem situações existenciais e familiares entre determinadas pessoas, não dependendo de qualquer conduta do credor ou do devedor, ao contrário do que ocorre com a interrupção da prescrição.

Pelo seu inciso I, entre marido e mulher não correrá a prescrição ainda não iniciada ou, se iniciada, será suspensa. O Código de 2002 substitui a expressão *matrimônio* por *sociedade conjugal* afastando dúvidas anteriores, uma vez que a última é que estabelece o regime de bens.

A princípio, a separação de fato não impede a aplicação da regra, somente correndo a prescrição a partir do trânsito em julgado da sentença de separação judicial (consensual ou litigiosa), da sentença de divórcio ou da escritura pública de separação ou divórcio.

Todavia, há entendimento mais consentâneo com a realidade segundo o qual a sociedade de fato pode pôr fim à sociedade conjugal, o que pode ser levado em conta para os fins de prescrição (STJ, REsp 555.771/SP, 4.ª Turma, Rel. Min. Luis Felipe Salomão, j. 05.05.2009, *DJe* 18.05.2009). Concluindo dessa forma, da jurisprudência estadual:

> "Apelação e recurso adesivo. Família. Ação de divórcio. Partilha de bens. Regime da comunhão universal de bens. 1. Comunicação de todos os bens dos cônjuges havidos antes ou durante a sociedade conjugal, cessando a comunicabilidade a partir do implemento da separação de fato. 2. Prestação de contas. Prescrição da pretensão. Imóveis de propriedade comum vendidos pelo ex-marido após a separação de fato com outorga de procuração pela ex-mulher. Sentença confirmada. Apelação e recurso adesivo desprovidos" (TJRS, Apelação Cível 0288417-42.2017.8.21.7000, 7.ª Câmara Cível, Caxias do Sul, Rel. Des. Sandra Brisolara Medeiros, j. 28.02.2018, *DJERS* 07.03.2018).

Ou, ainda, do Superior Tribunal de Justiça, e citando o meu entendimento doutrinário:

> "Na linha da doutrina especializada, razões de ordem moral ensejam o impedimento da fluência do curso do prazo prescricional na vigência da sociedade conjugal (art. 197, I, do CC/02), cuja finalidade consistiria na preservação da harmonia e da estabilidade do matrimônio. Tanto a separação judicial (negócio jurídico) como a separação de fato (fato jurídico), comprovadas por prazo razoável, produzem o efeito de pôr termo aos deveres de coabitação, de fidelidade recíproca e ao regime matrimonial de bens (elementos objetivos), e revelam a vontade de dar por encerrada a sociedade conjugal (elemento subjetivo). Não subsistindo a finalidade de preservação da entidade familiar e do respectivo patrimônio comum, não há óbice em considerar passível de término a sociedade de fato e a sociedade conjugal. Por conseguinte, não há empecilho à fluência da prescrição nas relações com tais coloridos jurídicos. Por isso, a pretensão de partilha de bem comum após mais de 30 (trinta) anos da separação de fato e da partilha amigável dos bens comuns do ex--casal está fulminada pela prescrição" (STJ, REsp 1.660.947/TO, 3.ª Turma, Rel. Min. Moura Ribeiro, j. 05.11.2019, *DJe* 07.11.2019).

De todo modo, apesar de trazer premissas corretas, o julgado é passível de crítica, pelo menos em parte, pelo fato de envolver não a prescrição, mas a decadência, por estar relacionado a caso de usucapião.

Entretanto, em sentido contrário, estando alinhado ao texto literal da norma jurídica, para que ela não se aplique à separação de fato: "nos termos do artigo 1.571, III e § 1.º, do Código Civil, o casamento válido somente se dissolve pela morte de um dos cônjuges ou pelo divórcio, não correndo a prescrição entre os cônjuges durante a constância da sociedade conjugal. Embora tenha havido a separação de fato do casal em 2008, enquanto não decretado o divórcio (ocorrido em 2013), o casamento permanece válido, havendo, portanto, causa impeditiva da prescrição, nos termos do artigo 197, I, do Código Civil. Ajuizada a ação de reparação civil dentro do prazo de três anos estabelecido no artigo 206, 3.º, V, do citado Diploma Legal, afasta-se a prescrição no caso em comento" (TJDF, Apelação 2014.09.1.012566-9, Acórdão 935516, 4.ª Turma Cível, Rel. Des. Cruz Macedo, *DJDFTE* 27.04.2016, p. 329).

As conclusões referentes à separação judicial e extrajudicial devem ser vistas com ressalvas, uma vez que a Emenda do Divórcio (EC n. 66/2010) retirou do sistema a separação de direito, como julgou o STF, em 2023, no seu Tema n. 1.053 de repercussão geral. O tema é tratado no Capítulo 9 deste livro.

Diante da proteção constitucional da união estável (art. 226 da CF/1988), na *IV Jornada de Direito Civil*, foi aprovado o Enunciado n. 296 do CJF/STJ prevendo que não corre a prescrição entre os companheiros, na constância da união estável. Tal conclusão tem sido aplicada por alguns julgados, contando com o meu apoio (TJSP, Apelação 0144195-55.2012.8.26.0100, Acórdão 11092085, 9.ª Câmara de Direito Privado, São Paulo, Rel. Des. Piva Rodrigues, j. 28.11.2017, *DJESP* 24.01.2018, p. 4.984; TJRS, Apelação Cível 570037-68.2012.8.21.7000, 12.ª Câmara Cível, Nova Petrópolis, Rel. Des. Umberto Guaspari Sudbrack, j. 25.09.2014, *DJERS* 29.09.2014; e TJMG, Apelação Cível 1.0702.08.432531-6/0011, 13.ª Câmara Cível, Uberlândia, Rel. Des. Luiz Carlos Gomes da Mata, j. 04.06.2009, *DJEMG* 29.06.2009).

Como reforço para a tese, acrescente-se que o CPC de 2015 teve a feliz opção de equalizar a união estável ao casamento para praticamente todos os fins processuais. O legislador mais recente parece ser favorável à extensão das regras de uma entidade familiar para a outra, sempre que isso for possível.

Para suprir todos esses problemas e lacunas, o projeto de Reforma do Código Civil pretende alterar o art. 197, inc. I, para que preveja que não corre a prescrição entre "os cônjuges ou conviventes, na constância da conjugalidade". Acrescento que, por várias propostas do novo texto, a separação de fato colocará fim à sociedade conjugal, destacando-se o que constará do art. 1.571, inc. III, do CC ("A sociedade conjugal e a sociedade convivencial terminam: (...). III – pela separação de corpos ou pela separação de fato dos cônjuges ou conviventes").

A prescrição também permanece suspensa na constância do poder familiar, entre ascendentes e descendentes, caso dos pais e filhos, como premissa geral (art. 197, II, do CC/2002). Nota-se a adequação do texto à nova realidade do Direito de Família (*despatriarcalização*), por suprimir-se a expressão *pátrio poder*, eminentemente patriarcal, superada pela nova dimensão dada à família pelo Texto Constitucional. Utiliza-se, portanto, a expressão *poder familiar*.

No projeto de Reforma do Código Civil, sugere-se a troca por *autoridade parental*, seguindo outras projeções do texto ("Art. 197. Não corre a prescrição entre: (...). II – ascendentes e descendentes, durante a autoridade parental"). Nesses casos, o prazo prescricional inicia-se da data em que o menor completa 18 anos, exceção feita aos casos de emancipação, previstos no art. 5.º da codificação civil ou de destituição do poder familiar. A título de exemplo, julgado do Superior Tribunal de Justiça concluiu que não corre a prescrição entre pai e filho menor no caso de ação reparatória de danos decorrentes do abandono afetivo, tema exposto e aprofundado no Capítulo 9 deste livro (STJ, REsp 1.298.576/RJ, Rel. Min. Luis Felipe Salomão, j. 21.08.2012, *Informativo* n. 502).

Quanto ao art. 197, o Código Civil atual mantém a regra anterior, pela qual não corre a prescrição entre tutor e tutelado, curador e curatelado na vigência da tutela e da curatela, institutos de direito assistencial, relacionados com a administração de bens dos incapazes menores e maiores, respectivamente (inc. III).

Anoto que, no projeto de Reforma do Código Civil, se sugere a inclusão também dos guardiões, para que não corra a prescrição entre os envolvidos com a guarda e a convivência, o que é salutar e vem em bora hora ("Art. 197. Não corre a prescrição entre: (...). III – tutelados, curatelados ou sob guarda e seus tutores, curadores, ou guardiães, durante a tutela, curatela ou guarda").

Se, por um lado, essa previsão, em seu texto atual, não constitui qualquer inovação, de outro, é interessante anotar que não se prevê mais suspensão da prescrição a favor do credor pignoratício, do mandante, do depositante, do devedor, de pessoas representadas e de seus herdeiros, em decorrência de bens confiados à sua guarda, o que estava disposto no art. 168 do CC/1916. Pela retirada do texto legal, entre essas pessoas, eventuais pretensões condenatórias terão curso de prescrição normal.

O art. 198 do Código Civil preconiza que também não corre a prescrição contra os absolutamente incapazes que, com a emergência do Estatuto da Pessoa com Deficiência (EPD), são apenas os menores de 16 anos (art. 3.º do CC/2002). Também não corre a prescrição contra os ausentes do País em serviço público da União, dos Estados ou dos Municípios.

Por fim, está expresso na norma que a prescrição não correrá contra os que se acharem servindo nas Forças Armadas, em tempo de guerra. Em todos os casos expostos, frise-se, há uma impossibilidade de recebimento do crédito, presentes situações existenciais que dizem respeito a determinadas pessoas.

Esse comando trata de causas suspensivas da prescrição, em regra, eis que, na maioria das vezes, nos casos apresentados, o prazo já terá o seu início em curso, como ocorre com as pessoas que se encontram fora do País servindo-o. Eventualmente, se não teve início a contagem do prazo, haverá causa impeditiva, o que acontece com os menores de 16 anos, únicos absolutamente incapazes no atual sistema civil.

Sobre o inciso I do art. 198, pontue-se que o prazo prescricional corre para os relativamente incapazes descritos no art. 4.º do Código Civil, a saber: *a)* menores entre 16 e 18 anos; *b)* ébrios habituais (alcoólatras) e viciados em tóxicos; *c)* pessoas que por causa transitória ou definitiva não puderem exprimir vontade – o que causa perplexidade, sendo um dos graves problemas técnicos gerados pelo EPD; e *d)* pródigos. Quanto à pessoa com deficiência, como passou a ser plenamente capaz com a emergência do citado EPD, a prescrição correrá normalmente.

Também há proposta de mudança desse dispositivo, para que passe a prever, na linha de parte da doutrina, que também não corre a prescrição em detrimento: "I – dos absolutamente incapazes e dos relativamente incapazes, estes últimos enquanto não lhes for dado assistente". Assim, o prazo passará a não correr também em relação aos relativamente incapazes, até que seja nomeado um assistente.

A respeito do inciso II do art. 198, sem qualquer inovação do que constava no texto anterior, haverá causa suspensiva em relação àqueles que estiverem fora do Brasil, prestando serviço público aos órgãos da administração direta ou indireta do Estado. A expressão *ausentes*, utilizada no comando legal em questão, não se refere especificamente à ausência tratada entre os arts. 22 a 29 da codificação, mas àqueles que estiverem fora do País. De qualquer forma, há entendimento pelo qual a ausência, causa de morte presumida, está incluída nesse art. 198, II, posição que compartilho. Esse é o teor do Enunciado n. 156 do CJF, aprovado na *III Jornada de Direito Civil* no sentido de que "desde o termo inicial do desaparecimento, declarado em sentença, não corre a prescrição contra o ausente".

Também por questão de bom senso, suspende-se a prescrição relativamente aos militares que estiverem servindo o exército, a marinha ou a aeronáutica em tempos de guerra, caso, por exemplo, dos brasileiros enviados a outros países para compor os serviços de paz da Organização das Nações Unidas (ONU). Apesar do nome *serviços de paz, os tempos são de guerra* nessa atuação, obviamente. Até por motivos práticos, pela impossibilidade de citação muitas vezes percebida no caso concreto, o prazo deverá permanecer suspenso.

O art. 199 do Código Civil elenca, ao mesmo tempo, causas impeditivas (incisos I e II) e causa suspensiva da prescrição (inciso III), que merecem o mesmo tratamento prático, envolvendo mais uma vez situações existenciais entre determinadas pessoas; e não atos das partes, como ocorre na interrupção da prescrição.

Segundo o inciso I do art. 199, não corre a prescrição pendendo condição suspensiva, o que é uma causa impeditiva. A condição pode ser conceituada como um evento futuro e incerto que suspende a aquisição de direitos, bem como a eficácia de um ato ou negócio jurídico. Situa-se no plano da eficácia do negócio jurídico, constituindo um dos seus elementos acidentais (arts. 121 a 137 do CC/2002). Como é notório, o termo inicial tem a mesma eficácia dessa condição suspensiva, conforme consta do art. 135 do Código Civil. Desse modo, exemplifica-se com o caso de um contrato de locação. Antes do termo inicial, como não poderia ser diferente, não correrá qualquer prescrição, eis que o contrato ainda não teve o seu início.

Outro exemplo de condição suspensiva pode ser retirado da Súmula n. 229 do Superior Tribunal de Justiça, com grande relevância para a responsabilidade civil, *in verbis*: "pedido do pagamento de indenização à seguradora suspende o prazo de prescrição até que o segurado tenha ciência da decisão".

Ao contrário do que sustentam alguns especialistas da área de seguros, essa súmula não deve ser considerada como cancelada, mesmo tendo sido editada em setembro de 1999 e estando amparada em precedentes anteriores ao Código Civil de 2002, a saber: REsp 807/RS (4.ª Turma, j. 16.11.1992, *DJ* 14.12.1992); REsp 8.770/SP (4.ª Turma, j. 16.04.1991, *DJ* 13.05.1991); REsp 21.547/RS (3.ª Turma, j. 25.05.1993, *DJ* 16.08.1993); REsp 52.149/SP (4.ª Turma, j. 12.05.1997,

DJ 09.06.1997); REsp 59.689/SP (3.ª Turma, j. 27.08.1996, DJ 21.10.1996); REsp 70.367/SP (3.ª Turma, j. 24.10.1995, DJ 11.12.1995); REsp 80.844/PE (4.ª Turma, j. 05.03.1996, DJ 22.04.1996); REsp 90.601/PE (3.ª Turma, j. 03.03.1998, DJ 1.º.06.1998); REsp 108.748/RJ (4.ª Turma, j. 10.03.1997, DJ 05.05.1997); e REsp 200.734/SP (4.ª Turma, j. 23.03.1999, DJ 10.05.1999). No campo prático, a ementa está vigente, podendo ser encontrada no *site* do Superior Tribunal de Justiça e nos livros de compilação legislativa.

Registre-se que não há qualquer movimento na Corte de se propor o seu cancelamento ou revisão. Muito ao contrário, é bem comum a sua aplicação em julgados recentes do Tribunal da Cidadania. Como se retira dos acórdãos que lhe deram fundamento, o procedimento administrativo para a verificação da presença ou não da cobertura pela seguradora constitui uma pendência de condição suspensiva da dívida, como estava previsto no art. 170, I, do Código Civil de 1916 (por todos, ver o voto constante do seguinte julgamento: REsp 807/RS, 4.ª Turma, Rel. Min. Bueno de Souza, j. 16.11.1992, DJ 14.12.1992, p. 23.923).

Ora, o art. 170, I, do Código Civil de 1916 equivale, sem qualquer modificação, ao art. 199, I, do Código Civil de 2002, segundo o qual não corre a prescrição – no sentido de haver suspensão do prazo –, "pendendo uma condição suspensiva".

Apesar de não haver menção expressa à hipótese do seguro, a situação descrita enquadra-se perfeitamente no comando em questão. No mesmo sentido é a posição compartilhada por Gustavo Tepedino, Heloísa Helena Barboza e Maria Celina Bodin de Moraes para quem "apesar de não estar incluída nas causas suspensivas, a jurisprudência mostra-se pacífica no sentido de que a comunicação do segurado à seguradora, para haver o pagamento do seguro, em razão da verificação do fato que lhe deu causa, suspende o curso do prazo prescricional até a data em que o segurado tiver ciência da resposta negativa da seguradora, quando, então, volta a correr a prescrição, contando-se o período decorrido entre o termo inicial (fato gerador da pretensão) e a causa suspensiva. O entendimento jurisprudencial foi unificado pela Súmula n. 229 do STJ".[23]

Também no âmbito doutrinário, Cristiano Chaves de Farias e Nelson Rosenvald igualmente ilustram, ao tratarem das hipóteses de suspensão da prescrição, que "além das causas suspensivas/impeditivas expressamente contempladas em lei, convém a lembrança de que a Súmula 229 do Superior Tribunal de Justiça reconhece que (...), o que se harmoniza com a boa-fé objetiva".[24]

Exposta a posição majoritária entre os civilistas, não se pode negar que a Súmula n. 229 do STJ também mantém relação direta com a *actio nata* em sua faceta subjetiva, uma vez que estabelece que o prazo volta a correr a partir do momento em que o segurado tem ciência da decisão da seguradora de não pagar a indenização ou cobertura. O seu intuito é claramente proteger o

---

[23] TEPEDINO, Gustavo; BARBOZA, Heloísa Helena; MORAES, Maria Celina Bodin de. *Código Civil Interpretado*. Rio de Janeiro: Renovar, 2004. v. I, p. 397.
[24] FARIAS, Cristiano Chaves de; ROSENVALD, Nelson. *Curso de Direito Civil*, cit., p. 626.

segurado, pois "não se poderia atribuir negligência ao segurado, que aguarda resposta da seguradora, para evitar ter que ajuizar ação judicial, incorrendo em todos os ônus daí advindos. Portanto, penalizá-lo com a prescrição, que teria se dado no curso do trâmite do pedido extrajudicial de pagamento do valor do seguro, seria inadmissível".[25]

Outra causa impeditiva é o não vencimento do prazo (art. 199, II, do CC/2002). Deduz-se que o comando legal em questão refere-se não ao prazo de prescrição, mas àquele fixado para um ato ou negócio jurídico. Não estando vencido o prazo, pela não ocorrência do termo final – evento futuro e certo que põe fim aos direitos decorrentes de um negócio –, assinalado pela lei ou pela vontade das partes, não se pode falar em prescrição, havendo causa impeditiva da extinção da pretensão. Ilustrando de forma ainda mais específica, não vencido o prazo para pagamento de uma dívida, não corre a prescrição.

Por fim, pelo mesmo comando legal, há causa suspensiva pendendo ação de evicção (art. 199, inc. III). A evicção pode ser conceituada como a perda da coisa em decorrência de uma decisão judicial ou apreensão administrativa que a atribui a terceiro, cujo tratamento legal específico consta entre os arts. 447 a 457 do CC. São partes da evicção: *a)* o evictor (ou evincente) – aquele que pleiteia a coisa –; *b)* o evicto (ou evencido) – aquele que perde a coisa; e *c)* o adquirente – e o alienante – aquele que transfere a coisa litigiosa, em ato motivado pela má-fé.

De acordo com o primeiro dispositivo citado, pendendo qualquer ação entre essas pessoas, a prescrição permanecerá suspensa com relação aos outros envolvidos. A título de exemplo, se ainda correr a ação reivindicatória proposta pelo terceiro contra o adquirente do bem, o prazo da pretensão regressiva do último em face do alienante não correrá.

Além dessas nove hipóteses de impedimento e de suspensão da prescrição, determina o art. 200 do atual Código Civil que, quando a ação se originar de fato que deva ser apurado no juízo criminal, não correrá a prescrição antes da respectiva sentença definitiva.

Deixarei de analisar essa previsão legislativa no presente tópico do livro, pois isso já foi feito no Capítulo 17, em que o assunto poderá ser mais bem estudado e aprofundado.

No entanto, deve ser estudado o art. 201 da codificação privada, pelo qual, suspensa a prescrição em favor de um dos credores solidários, essa só aproveitará aos demais, se a obrigação for indivisível. Desse modo, no caso de solidariedade ativa, por regra, a suspensão da prescrição que favorece um dos cocredores não atinge os demais.

Vale lembrar que a obrigação indivisível tem origem objetiva, decorrendo da natureza da prestação que é assumida pelo devedor, caso da entrega de um

---

[25] TEPEDINO, Gustavo; BARBOZA, Heloísa Helena; MORAES, Maria Celina Bodin de. *Código Civil Interpretado*, cit., p. 397.

bem imóvel que não pode ser fracionado ou entregue em partes. Já a obrigação solidária deriva da lei ou da vontade das partes, tendo origem subjetiva.

Portanto, sendo a obrigação solidária ou divisível, somente será beneficiado pela suspensão do prazo prescricional aquele que se encontrar em uma das situações descritas pelos comandos legais apresentados anteriormente, que trazem benefícios de natureza personalíssima, por envolverem situações entre pessoas, conforme foi comentado.

Anote-se que no projeto de Reforma do Código Civil pretende-se retirar a menção expressa à obrigação solidária, para que o seu art. 201 trate, quanto ao objeto, apenas da obrigação indivisível: "suspensa a prescrição em favor de um dos credores solidários, dela só aproveitam os outros, se o objeto da prestação for indivisível". Há apenas um ajuste redacional, que não altera a aplicação da norma. Como bem justificou a subcomissão de Parte Geral, "a justificativa reside na adequação técnica do dispositivo, que claramente prevê a suspensão da prescrição em obrigações solidárias (disciplinada nos arts. 264 e ss., CC), e não de obrigações indivisíveis (disciplinada nos arts. 258 e ss do CC). Logo, a qualidade de indivisibilidade se refere ao objeto da obrigação solidária e não à própria obrigação".

Para encerrar esta seção, necessário relembrar e comentar o art. 3.º da Lei n. 14.010/2020, que instituiu o Regime Jurídico Emergencial e Transitório das relações jurídicas de Direito Privado (RJET) no período da pandemia de Covid-19.

A norma tem origem no PL 1.179/2020, que teve a atuação de vários civilistas, por iniciativa do Ministro Dias Toffoli e do Senador Antonio Anastasia, e a liderança do Professor Otávio Luiz Rodrigues. A redação desse preceito recebeu propostas de aprimoramento por este autor, em atuação conjunta com os Professores José Fernando Simão e Maurício Bunazar.

Diante das dificuldades geradas pela pandemia e do necessário distanciamento social, o art. 3.º do RJET prevê em seu *caput* que os prazos prescricionais consideram-se impedidos ou suspensos, conforme o caso, a partir da entrada em vigor da lei – o que se deu em 12 de junho de 2020 –, até 30 de outubro do mesmo ano.

Desse modo, se o prazo ainda não teve o seu início, permanecerá impedido até essa data final. Caso tenha já iniciada a sua contagem, ocorrerá a sua suspensão, com os efeitos aqui antes estudados, novamente até o dia que consta da norma. A título de exemplo, a regra tem incidência para todos os casos alcançados pelo art. 206 do Código Civil, que serão ainda estudados, a respeito dos prazos especiais de prescrição.

O § 1.º desse art. 3.º da Lei n. 14.010/2020 estabelece que o comando não se aplica enquanto perdurarem as hipóteses específicas de impedimento, suspensão e interrupção dos prazos prescricionais previstas no ordenamento jurídico nacional. A ilustrar, se estiver presente qualquer uma das situações descritas nos arts. 197, 198, 199 do Código Civil não se justifica o impedimento ou a suspensão prevista na lei especial, prevalecendo a subsunção da regra da codificação privada. Vale lembrar, a propósito, que o art. 2.º da norma específica estabelece que ela não revoga ou altera qualquer preceito legal, o que confirma o seu caráter transitório.

Por fim, anote-se que o § 2.º do art. 3.º do RJET estende a mesma regra do *caput* para a decadência, conforme será abordado quando do estudo do instituto.

Expostas as hipóteses legais de impedimento e suspensão da prescrição, passa-se ao estudo da sua interrupção, prevista no art. 202 do Código Civil.

2.4. Das causas interruptivas da prescrição

Ao contrário do que ocorre com as causas impeditivas e suspensivas, a interrupção do prazo prescricional envolve *condutas* ou atos do credor ou do devedor. Relativamente aos seus efeitos, é cediço que a interrupção faz com que o prazo retorne ao seu início, *partindo do seu ponto zero*.

Estatui o art. 202, *caput*, do atual Código Civil que a interrupção da prescrição somente poderá ocorrer *uma vez*, novidade que traz alguns problemas práticos, conforme será analisado a seguir.

Como primeira hipótese de interrupção (art. 202, I, do CC/2002), essa pode ocorrer "por despacho do juiz, mesmo incompetente, que ordenar a citação, se o interessado a promover no prazo e na forma da lei processual". Sempre se confrontou esse dispositivo, novidade parcial perante o Código Civil de 1916, com o art. 219 do CPC/1973, que preceituava: "a citação válida torna prevento o juízo, induz litispendência e faz litigiosa a coisa; e, ainda quando ordenada por juiz incompetente, constitui em mora o devedor e interrompe a prescrição. § 1.º A interrupção da prescrição retroagirá à data da propositura da ação".

Sendo assim, restava a dúvida: haveria realmente um conflito entre tais normas ou antinomia jurídica? O Código Civil de 2002 revogou o Código de Processo Civil de 1973? Sempre entendi que não, seguindo a resposta doutrinária no sentido de que seria necessário conciliar os dois comandos.[26]

Por esse caminho, a interrupção da prescrição se daria com despacho do juiz – pelo que consta do Código Civil de 2002 –, o que retroagiria à data da citação – na linha do que estava expresso no Código de Processo Civil de 1973.

Seguindo a ideia, na *V Jornada de Direito Civil*, evento promovido pelo Conselho da Justiça Federal em 2011, aprovou-se enunciado com o seguinte teor: "O art. 202, I, do CC, deve ser interpretado sistematicamente com o art. 219, § 1.º, do CPC, de modo a se entender que o efeito interruptivo da prescrição, produzido pelo despacho que ordena a citação, possui efeito retroativo até a data da propositura da demanda" (Enunciado n. 417).

Essa tese foi expressamente adotada pelo Código de Processo Civil de 2015, que encerrou o suposto dilema anterior. Conforme a dicção do seu art. 240,

---

[26] Nos anos iniciais de vigência do Código Civil, a tese foi defendida por: GONÇALVES, Carlos Roberto. Prescrição: questões relevantes e polêmicas. In: DELGADO, Mário Luiz; ALVES, Jones Figueirêdo (Coord.). *Questões controvertidas do novo Código Civil*. São Paulo: Método, 2003. v. I; e YARSHELL, Flávio Luiz. A interrupção da prescrição pela citação: confronto entre o novo Código Civil e o Código de Processo Civil. *Síntese Jornal*, Porto Alegre, n. 75, p. 13, maio 2003.

caput, a citação válida, ainda quando ordenada por juízo incompetente, induz litispendência, torna litigiosa a coisa e constitui em mora o devedor, ressalvado o disposto nos arts. 397 e 398 do CC/2002. Em complemento, o seu § 1.º enuncia que "a interrupção da prescrição, operada pelo despacho que ordena a citação, ainda que proferido por juízo incompetente, retroagirá à data de propositura da ação". Em suma, a questão foi resolvida pelo Estatuto Processual emergente.

Seja como for, no projeto de Reforma do Código Civil pretende-se confirmar a última previsão, enunciando o novo inc. I do art. 202 que a interrupção da prescrição dar-se-á, "pelo despacho que ordenar a citação, retroagindo seus efeitos para a data da propositura da ação, mesmo que incompetente o juiz ou o árbitro para o exame do mérito, e desde que o autor a promova no prazo e na forma da lei processual". Como inovação, será incluída previsão a respeito da arbitragem.

Acrescente-se, por oportuno, que atualmente a instauração de procedimento arbitral também interrompe a prescrição, conforme inclusão que foi realizada na Lei de Arbitragem, por força da Lei n. 13.129/2015. Nos termos do novo art. 19, § 2.º, da Lei n. 9.307/1996, "a instituição da arbitragem interrompe a prescrição, retroagindo à data do requerimento de sua instauração, ainda que extinta a arbitragem por ausência de jurisdição". A sua inclusão no Código Civil, assim, tem a função de consolidar na Lei Geral Privada esse tratamento da lei especial.

Sobre o momento exato dessa interrupção, estou filiado à corrente encabeçada por Francisco José Cahali, para quem "deverá ser considerado como ato interruptivo da prescrição a inequívoca iniciativa em provocar o início da arbitragem. Ou seja, no exato instante em que a parte, comprovadamente, demonstra seu propósito de materializar o juízo arbitral, deve-se atribuir ao fato a força interruptiva da prescrição. E, na diversidade de forma para se dar início a arbitragem, peculiar do sistema arbitral, qualquer delas deve ser aceita".[27] Assim, deverá ser também a interpretação do novo texto do Código Civil.

Feito tal esclarecimento sobre a arbitragem, com aquele entendimento anterior, de interação necessária entre o CC/2002 e o CPC/1973, confirmado pelo art. 240 do CPC/2015, já estava prejudicado o teor da Súmula n. 106 do STJ, pela qual "proposta a ação no prazo fixado para o seu exercício, a demora na citação por motivos inerentes ao mecanismo da justiça não justifica o acolhimento da arguição da prescrição ou decadência". Isso porque o que é relevante para se verificar a existência da prescrição é a data da propositura da demanda. De toda sorte, a solução a ser considerada é a mesma constante da ementa sumular.

O mesmo art. 202 do CC prevê nos seus incisos II e III que ocorre a interrupção da prescrição por protesto judicial (nos termos do inciso I, antes comentado), bem como pelo protesto cambiário. A codificação emergente inovou ao dispor sobre a possibilidade de interromper-se a prescrição, além do protesto judicial – ação específica de jurisdição voluntária que visa a dar publicidade a uma situação fática ou jurídica –, também pelo protesto extrajudicial ou cambiário, aquele realizado perante o cartório extrajudicial de protesto de títulos.

---

[27] CAHALI, Francisco José. *Curso de arbitragem*. 5. ed. São Paulo: RT, 2015. p. 282-283.

Dessa forma, está totalmente prejudicada a Súmula n. 153 do STF, pela qual "simples protesto cambiário não interrompe a prescrição".

Sobre o protesto cambiário, julgado do Superior Tribunal de Justiça de 2020 traz a seguinte conclusão:

"O protesto também pode produzir outros efeitos, como a comprovação da impontualidade injustificada, para efeitos falimentares, ou a interrupção da prescrição, na forma do art. 202, III, do CC/02. Na letra de câmbio sem aceite, tanto o protesto por falta ou recusa de aceite quando o por falta ou recusa de pagamento devem ser tirados contra o sacador, que emitiu a ordem de pagamento não honrada, e não contra o sacado, que não pode ser compelido, sequer pelo protesto, a aceitar a obrigação inserida na cártula. Inteligência do art. 21, § 5º, da Lei 9.492/97. (...). A prescrição interrompida pelo protesto cambial se refere única e exclusivamente à ação cambiária e somente tem em mira a pretensão dirigida ao responsável principal e, eventualmente, aos devedores indiretos do título, entre os quais não se enquadra o sacado não aceitante. Aplicação do princípio da autonomia das relações cambiais. Na hipótese concreta, a recorrente sacou letra de câmbio em que apontou como sacada a recorrida e se colocou na posição de beneficiária da ordem de pagamento, levando o título a protesto com o propósito de interromper o prazo prescricional para a cobrança da dívida que serviu de ensejo à emissão da cártula. Na hipótese dos autos, a recorrente, ao protestar o título contra a recorrida não aceitante, tirou o protesto indevidamente contra pessoa que não poderia ser indicada em referido ato documental, praticando, assim, ato ilícito, devendo, pois, responder pelas consequências de seus atos; e a interrupção da prescrição pelo protesto do título não se dá em relação à dívida causal que originou a emissão da cártula" (STJ, REsp 1.748.779/MG, 3.ª Turma, Rel. Min. Nancy Andrighi, j. 19.05.2020, *DJe* 25.05.2020).

Anoto que no projeto de Reforma do Código Civil há proposta de concentração das hipóteses de protesto, judicial e extrajudicial, de forma ampliado em um único inc. II, remunerando os demais. Assim, de acordo com a norma projetada, ocorrerá a interrupção da prescrição com "por qualquer outra forma de interpelação judicial ou extrajudicial, como a notificação do devedor ou o protesto de documentos que contenham obrigação exigível". A proposição de simplificação segue a operabilidade, e a saudável extrajudicialização daquilo que for possível juridicamente, *linhas mestras* da Reforma.

No entanto, há um problema relacionado a essa interrupção, que, segundo o Código Civil de 2002, somente poderá ocorrer *uma vez*. Para compreendê--lo, imagine-se um caso em que houve o protesto cambiário (art. 202, inc. III, do CC/2002), o que gera a interrupção da prescrição. Com a propositura da ação (art. 202, inc. I, do CC/2002), o prazo continuará a fluir? Se a resposta for afirmativa, o autor deve receber o seu crédito até o final do prazo, sob pena de extinção da pretensão. É essa a melhor interpretação?

Sempre entendi de forma negativa, problema que atinge não só esse inciso, mas também outros do mesmo comando civil. Dois são os caminhos a seguir para responder negativamente à indagação formulada.

O *primeiro caminho* tem como um dos precursores doutrinários o *clássico* Caio Mário da Silva Pereira, para quem deve-se entender que nos casos de protesto – judicial ou extrajudicial – a citação para o procedimento definitivo – ação para cobrança, por exemplo – não perde o efeito interruptivo. A par dessa ideia, nessas situações, a interrupção pode se dar mais de uma vez (*dualidade de interrupções da prescrição*). Afirma o jurista, para chegar a essa conclusão, que "nenhuma lei pode receber interpretação que conduza ao absurdo".[28]

O *segundo caminho*, por mim seguido e defendido, é no sentido de se entender que a ação proposta suspende a prescrição, conforme o art. 199, inc. I, do CC, eis que a ação é uma condição suspensiva. Essa proposta é a mais condizente com o texto legal, porque está amparada naquilo que a codificação consagra, pois a prescrição não será interrompida duas vezes. Desse modo, não se *atropela* totalmente a regra do art. 202, *caput*, do Código Civil.

No plano prático, tem prevalecido a primeira solução. Seguindo-a, o Ministro Marco Aurélio Bellizze de Oliveira sustenta que a regra do *caput* do art. 202 do Código Civil, segundo a qual a interrupção da prescrição somente pode ocorrer uma vez, apenas se aplica aos atos extrajudiciais de interrupção. Vejamos as suas palavras:

> "A aplicação da regra de que a interrupção da prescrição somente se dará uma única vez a todas as causas interruptivas da prescrição geraria inadequações aberrantes, devendo incidir tão somente às causas extrajudiciais (protesto cambial e reconhecimento de dívida).
>
> A confirmar essa proposição, a título de exemplo, pode-se imaginar a seguinte situação: promovida a ação, o réu é citado, caso em que há a interrupção da prescrição. Nos termos legais, o prazo volta a correr a partir do ato que a interrompeu ou do último ato em que se forma a coisa julgada. Extinto o processo sem julgamento de mérito, o demandante promove nova ação. Se compreendermos que a prescrição não é novamente interrompida pela citação ali efetivada, chancelaríamos a esdrúxula situação de se reconhecer a superveniência da prescrição (perda da pretensão) durante a tramitação da ação, em que se está discutindo a existência do direito alegado, o que, por óbvio, refoge à lógica do Direito Processual Civil. Portanto, a regra de que a prescrição somente pode ser interrompida uma única vez aplica-se exclusivamente às causas extrajudiciais (protesto cambial e reconhecimento de dívida), não podendo o credor interromper novamente o prazo prescricional pelo mesmo ato. Para as demais hipóteses interruptivas da prescrição, correspondentes a atos judiciais, a interrupção dar-se-á tantas vezes quantas permita a legislação processual (isto é, três vezes)".[29]

No Projeto de Reforma do Código Civil também é a intenção de resolver esse dilema, com a inclusão de um novo parágrafo no art. 202, com a seguinte redação: "§ 2º A interrupção da prescrição só poderá ocorrer uma vez, salvo na

---

[28] PEREIRA, Caio Mário da Silva. *Instituições de Direito Civil*. 19. ed. Rio de Janeiro: Forense, 2003. v. I, p. 700.

[29] OLIVEIRA, Marco Aurélio Bellizze. Questões polêmicas sobre a prescrição, cit., p. 158.

hipótese do inciso I deste artigo". Espera-se que a projeção seja aprovada pelo Congresso Nacional, em prol da necessária operabilidade.

Superado esse intenso debate, que será retomado logo a seguir com a confirmação da primeira corrente, a prescrição é igualmente interrompida pela apresentação do título de crédito em juízo de inventário ou em concurso de credores (art. 202, inc. IV, do CC). Em outras palavras, e melhor explicando na prática, a habilitação de crédito promovida pelo credor no processo de inventário, falência, ou insolvência civil interrompe a prescrição, havendo ato praticado pelo credor.

A Comissão de Juristas nomeada no Congresso Nacional também sugere a reforma do comando passando a prever, em novo inc. III do art. 202 que haverá a interrupção da prescrição, com novas e necessárias previsões equiparadas às atuais, "pela apresentação do título da dívida em juízo de inventário, em procedimento de concurso de credores, em procedimentos de arrecadação de bens ou em protesto no rosto dos autos de processo judicial ou arbitral".

Qualquer ato judicial que constitua em mora o devedor também gera a interrupção da prescrição (art. 202, inc. V, do CC). Ilustrando, a notificação e a interpelação judicial, além do protesto judicial antes referido, continuam gerando a interrupção da prescrição, além de constituir o devedor em mora (mora *solvendi ex persona*). Nesse ponto, do mesmo modo pode surgir hipótese relacionada à última polêmica discutida, ou seja, quanto à *dualidade das interrupções da prescrição* ou à sua suspensão com a propositura da demanda.

Pelos exatos termos legais, a notificação extrajudicial, via Cartório de Títulos e Documentos, não gera a interrupção da prescrição, pela ausência de previsão legal específica. O mesmo pode ser dito quanto a qualquer ato extrajudicial promovido pelo credor com esse objetivo, caso de uma carta enviada pelo correio ou uma notificação pela via eletrônica.

Penso que a norma deve ser urgentemente alterada, diante de uma sadia busca da *extrajudicialização* ou *desjudicialização*, sempre que essa forma for possível. Por isso, há tempos filio-me a projetos de lei em tramitação no Congresso Nacional que visam a incluir a notificação extrajudicial no preceito. Essa também é a opinião de José Fernando Simão, em parecer publicado na *Revista Comemorativa dos 140 anos do Instituto dos Advogados de São Paulo*, no final de 2014.[30]

O CPC/2015, infelizmente, não trouxe essa solução, que continua sendo sugerida *de lege ferenda*. Em 2018, foi apresentado no Senado Federal o Projeto de Lei n. 12, oriundo da Comissão Mista de Desburocratização. Atendendo minha sugestão, propõe-se que o art. 202, inc. V, do Código Civil passe a prever expressamente que a interpelação extrajudicial interrompe a prescrição. Também no projeto de Reforma do Código Civil pretende-se que o novo inc. IV preveja a interrupção da prescrição "IV – por qualquer ato judicial ou extrajudicial que

---

[30] SIMÃO, José Fernando. Parecer. *Revista Comemorativa dos 140 anos do Instituto dos Advogados de São Paulo (IASP)*, São Paulo: IASP, 2014.

constitua em mora o devedor". Vejamos como essas urgentes projeções evoluem no Congresso Nacional, em prol da operabilidade e da necessária extrajudicialização.

Restou demonstrado que o art. 202, nos seus incs. I a V, prevê casos em que *condutas do credor* podem gerar a interrupção da prescrição. No entanto, o inc. VI traz o único caso em que *condutas do devedor* causam o mesmo efeito, a saber: "por qualquer ato inequívoco, ainda que extrajudicial, que importe reconhecimento do direito pelo devedor". Essas condutas podem ocorrer no plano judicial ou extrajudicial, como consta do próprio dispositivo transcrito.

No plano judicial, cite-se a concretização constante do Enunciado n. 416, da *V Jornada de Direito Civil* do Conselho da Justiça Federal, segundo o qual "a propositura de demanda judicial pelo devedor, que importe impugnação do débito contratual ou de cártula representativa do direito do credor, é causa interruptiva da prescrição". O entendimento constante do enunciado doutrinário em apreço pode ser encontrado na jurisprudência do Superior Tribunal de Justiça. A ilustrar, transcrevo o seguinte:

> "A propositura de demanda judicial pelo devedor, seja anulatória, seja de sustação de protesto, que importe em impugnação do débito contratual ou de cártula representativa do direito do credor, é causa interruptiva da prescrição. A manifestação do credor, de forma defensiva, nas ações impugnativas promovidas pelo devedor, afasta a sua inércia no recebimento do crédito, a qual implicaria a prescrição da pretensão executiva; além de evidenciar que o devedor tinha inequívoca ciência do interesse do credor em receber aquilo que lhe é devido. O art. 585, § 1.º, do CPC deve ser interpretado em consonância com o art. 202, VI, do Código Civil. Logo, se admitida a interrupção da prescrição, em razão das ações promovidas pelo devedor, mesmo que se entenda que o credor não estava impedido de ajuizar a execução do título, ele não precisava fazê-lo antes do trânsito em julgado dessas ações, quando voltaria a correr o prazo prescricional" (STJ, REsp 1.321.610/SP, 3.ª Turma, Rel. Min. Nancy Andrighi, j. 21.02.2013, *DJe* 27.02.2013).

Essa posição tem-se repetido na Corte, cabendo trazer à colação, no mesmo sentido, e mais especificamente, a seguinte conclusão:

> "Segundo o entendimento do Superior Tribunal de Justiça, a medida cautelar de protesto, ajuizada dentro do quinquênio legal, constitui causa interruptiva do prazo prescricional, por ser meio legítimo expressamente autorizado por lei (art. 202, II, do Código Civil). Na hipótese, a medida cautelar de protesto foi ajuizada pela credora em dezembro de 2007, quando ainda não decorrido o prazo prescricional, o qual teve início quando do decurso do contrato, em setembro de 2004, configurando causa interruptiva da prescrição, nos termos do art. 202, I e II, do Código Civil" (STJ, Ag. Int. no REsp 1.567.398/RS, 4.ª Turma, Rel. Min. Lázaro Guimarães [Desembargador Convocado do TRF 5.ª Região], j. 17.04.2018, *DJe* 25.04.2018).

Na verdade, para se chegar à mesma conclusão têm-se utilizado tanto o inciso I quanto o inciso V do art. 202 do Código Civil. Todavia, como antes destaquei, entendo ser melhor considerar que a primeira demanda proposta, inclusive pelo devedor para impugnar o crédito, constitui causa suspensiva da prescrição.

Ainda nos termos do art. 202, inc. VI, do Código Civil, qualquer atuação do devedor que importe em reconhecimento total ou parcial da existência da dívida, inclusive de natureza extrajudicial, gera a interrupção da prescrição. Como exemplos de atos que têm esse condão, podem ser citados o pagamento de juros ou de cláusula penal, o envio de correspondência reconhecendo a dívida, o seu pagamento parcial ou total, entre outros. Há, assim, plena liberdade para que o devedor atue extrajudicialmente com o fito de interromper a prescrição. No caso do credor, na atual realidade legislativa, apenas o protesto cambial é ato extrajudicial por ele praticado que tem o mesmo fim.

O projeto de Reforma do Código Civil, em boa hora, pretende incluir na norma previsão expressa a respeito da ação revisional da obrigação ou do contrato proposta pelo devedor, o que passará a compor o novo inc. V do art. 202 ("V – por qualquer ato inequívoco, ainda que extrajudicial, que importe reconhecimento do direito pelo devedor, inclusive pela propositura de ação revisional"). Esse caso já pode ser hoje considerado como outro exemplo de aplicação atual do comando, sendo retirado do conteúdo do Enunciado n. 416, da *V Jornada de Direito Civil*, na menção à impugnação do débito contratual.

Superada a análise das hipóteses de interrupção da prescrição, pertinente comentar as três últimas regras que constam da codificação quanto ao tema.

Prevê o parágrafo único do art. 202 que a prescrição interrompida recomeça a correr da data do ato que a interrompeu, ou do último ato do processo para interrompê-la.

Não há novidade nesse comando diante do Código Civil de 2016, reconhecendo como o principal efeito da interrupção o reinício da contagem do prazo, cessada a sua causa, ao contrário do que ocorre com a suspensão, em que o prazo continua a contar de quando parou. Deve ficar claro que o efeito interruptivo cessa da ocorrência do ato que a interromper, seja no plano processual ou fora dele.

No caso de interrupção por ato judicial, o último ato do processo a ser considerado é o trânsito em julgado da sentença. Nesse sentido, por todos os arestos superiores e entre os mais recentes: "em se tratando de causa interruptiva judicial, a citação válida tem o condão de interromper o prazo prescricional independentemente do desfecho dado ao processo – se com ou sem julgamento de mérito –, fazendo com que a fluência do prazo prescricional se reinicie, por inteiro, apenas após o último ato do processo (qual seja, o trânsito em julgado), nos termos do parágrafo único do art. 202 do Código Civil. Precedentes" (STJ, REsp 1.726.222/SP, 3.ª Turma, Rel. Min. Marco Aurélio Bellizze, j. 17.04.2018, DJe 24.04.2018).

Em boa hora, com os fins de inclusão da arbitragem na regra, o projeto de Reforma do Código Civil tem proposta para que o parágrafo único do art. 202 passe a ser um § 1.º, com a seguinte dicção: "a prescrição interrompida recomeça a correr da data do ato que a interrompeu ou do último ato do expediente ou do procedimento destinado a interrompê-la".

Como outro dispositivo importante, dispõe o art. 203 do CC/2002 em vigor que a prescrição pode ser interrompida por qualquer interessado. O Código Civil atual apresenta agora um sentido genérico quanto às pessoas que podem, por ato próprio, interromper a prescrição. A expressão genérica "qualquer interessado" substitui o rol taxativo previsto anteriormente (CC/1916: "Art. 174. Em cada um dos casos do artigo 172, a interrupção pode ser promovida: I – Pelo próprio titular do direito em via de prescrição; II – Por quem legalmente o represente; III – Por terceiro que tenha legítimo interesse").

A inovação é mais justa, estando sintonizada com o princípio da operabilidade. Dentro dessa ideia, cabe interpretação pelo aplicador do direito de acordo com as circunstâncias do caso concreto.

Entendo que, obviamente, continuam abarcadas pelo texto genérico atual as situações antes previstas, envolvendo o titular da pretensão, o seu representante e aquele que tenha legítimo interesse, como no caso do cocredor, do codevedor e dos sucessores das partes envolvidas com a pretensão. Todavia, o modelo atual é aberto (*numerus apertus*) e não mais fechado (*numerus clausus*).

Como último dispositivo a ser estudado, enuncia o art. 204, *caput*, do CC/2002 que a interrupção da prescrição por um credor não aproveita aos outros. Do mesmo modo, a interrupção operada contra o codevedor, ou seu herdeiro, não prejudica os demais coobrigados.

A codificação atual continua reconhecendo o caráter personalíssimo do ato interruptivo, sendo certo que este não aproveitará aos cocredores, codevedores ou herdeiros destes, nos casos de ausência de previsão de solidariedade. Sem prejuízo dessa previsão, constam regras específicas nos parágrafos do dispositivo.

De acordo com o seu § 1.º, excepcionando a regra prevista no *caput* do artigo, a interrupção da prescrição atingirá os credores e devedores solidários, bem como os herdeiros destes. Isso vale se a solidariedade contratual estiver prevista em lei ou no contrato celebrado pelas partes, seguindo a lógica do que consta do art. 265 do CC/2002, pelo qual a solidariedade contratual não se presume nas relações civis.

O § 2.º do dispositivo enuncia que no caso dos herdeiros do devedor, entretanto, deve ser observada norma específica. Havendo interrupção contra um dos herdeiros do devedor solidário, esta não prejudicará os demais, a não ser que a obrigação seja indivisível (art. 258 do CC).

Por derradeiro, de acordo com o § 3.º do art. 204 do Código Civil, no caso de interrupção da prescrição em prejuízo do devedor principal, essa também atingirá o fiador. Isso porque, conforme regra básica do Direito Civil, tudo o que ocorre na obrigação principal repercute na obrigação acessória, natureza que possui o contrato de fiança, acessório por excelência (*princípio da gravitação jurídica*).

Aplicando a última norma, entendeu o Superior Tribunal de Justiça que a interrupção da prescrição que atinge o fiador não repercute com o mesmo efeito para o devedor principal, no caso, o locatário, "haja vista que o principal não acompanha o destino do acessório e, por conseguinte, a prescrição continua correndo em favor deste. Como disposição excepcional, a referida norma deve ser interpretada restritivamente, e, como o legislador previu, de forma específica, apenas a interrupção em uma direção – a interrupção produzida contra o principal devedor prejudica o fiador –, não seria de boa hermenêutica estender a exceção em seu caminho inverso" (STJ, REsp 1.276.778/MS, 4.ª Turma, Rel. Min. Luis Felipe Salomão, j. 28.03.2017, *DJe* 28.04.2017).

Cabe ressaltar, contudo, que o acórdão traz uma exceção, no sentido de que a interrupção em face do fiador poderá prejudicar o devedor principal nas hipóteses em que a referida relação for reconhecida como de devedores solidários, renunciando o fiador ao benefício de ordem ou assumindo tal condição por força do contrato. Em casos tais, passa a ter incidência o § 1.º do art. 204 da codificação material, antes exposto.

Superada a análise dos casos de interrupção da prescrição, passa-se ao estudo dos prazos prescricionais previstos no atual Código Civil.

2.5. Dos prazos de prescrição previstos na Parte Geral do Código Civil e suas principais controvérsias. As demandas imprescritíveis

O prazo da prescrição, como se sabe, é o espaço de tempo existente entre seu termo inicial e final. Como antes demonstrei, ao contrário da codificação anterior, o Código Civil de 2002 optou por um critério simplificado de dez anos para o prazo prescricional geral, tanto para as ações pessoais como para as reais, salvo quando a lei lhe tenha fixado prazo menor (art. 205).

Nesse contexto, pode-se dizer que os prazos de prescrição recebem a seguinte classificação: *a) prazo ordinário ou comum* – quando não houver previsão de prazo especial, tem-se o citado prazo prescricional de dez anos, tanto para as ações pessoais quanto reais; e *b) prazos especiais* – prazos mais exíguos para possibilitar o exercício de certos direitos subjetivos, em situações especiais previstas nos cinco parágrafos do art. 206 do Código Civil. Como demonstrado, os prazos de prescrição, no Código Civil de 2002, estão *todos* previstos no citado art. 206 e são de 1, 2, 3, 4 ou 5 anos, de acordo com o número do parágrafo correspondente. Vejamos o estudo dessas hipóteses pontualmente, com aprofundamentos necessários nos temas que mais interessam à responsabilidade civil, seja contratual ou extracontratual.

a) Art. 206, § 1.º, do Código Civil – prazo de um ano

A primeira hipótese a ser estudada, prevista no inc. I deste parágrafo do art. 206, diz respeito à pretensão dos hospedeiros ou fornecedores de víveres destinados ao consumo no próprio estabelecimento, para o pagamento da hospedagem ou dos alimentos.

Trata-se, portanto, de situação relativa à responsabilidade contratual e à cobrança de valores devidos pelos hóspedes e clientes de restaurantes, lanchonetes ou outros estabelecimentos onde são fornecidos alimentos, comidas e bebidas. O prazo era de seis meses no Código Civil de 1916 (art. 178, § 5.º, do CC/1916), tendo sido aumentado para o dobro, ou seja, um ano.

Como se verá de forma aprofundada, não havendo regra específica para casos de aumento de prazo, ao contrário do que acontece nos casos de diminuição (art. 2.028 do CC/2002), filio-me à corrente que ocorrendo o evento na vigência do Código anterior e não estando vencido o prazo, deve ser aplicado o novo prazo, computando-se o tempo decorrido na vigência da codificação anterior. O credor é assim beneficiado, pois ganha um tempo maior.

O inc. III do § 1.º do art. 206 consagra o mesmo prazo de um ano para a pretensão dos tabeliães, auxiliares da justiça, serventuários judiciais, árbitros – no caso de jurisdição privada – e peritos – judiciais ou arbitrais –, pela percepção de emolumentos, custas e honorários. Como se percebe, os honorários alusivos à atuação dos servidores da justiça, o que inclui a jurisdição privada relativa à arbitragem, têm prazo menor do que os cinco anos previstos para os demais valores devidos a profissionais, inclusive advogados e procuradores, como ainda se verá. Os prazos, pelo menos em regra, devem ter início do inadimplemento dessas obrigações não pagas, o que é consagração da *actio nata objetiva*.

O inc. IV do mesmo diploma também consagra prazo de um ano para a pretensão contra os peritos, pela avaliação dos bens que entraram para a formação do capital de sociedade anônima, contado da publicação da ata da assembleia que aprovar o laudo. O dispositivo é inspirado no art. 287 da Lei das Sociedades Anônimas, que prevê o mesmo prazo para os casos em questão.

Igualmente interessando ao direito societário, também prescreve em um ano a pretensão dos credores não pagos contra os sócios ou acionistas e os liquidantes, contado o prazo da publicação da ata de encerramento da liquidação da sociedade (art. 206, § 1.º, inc. V, do Código Civil). O prazo, antes englobado pela regra dos vinte anos para as ações pessoais (art. 177 do CC/1916), caiu substancialmente pela regra especial vigente agora. Para dúvidas envolvendo o direito intertemporal, deverá ser aplicado o art. 2.028 do CC/2002, que ainda será estudado de forma minuciosa.

Os principais debates relativos à responsabilidade civil no parágrafo em estudo dizem respeito ao prazo de um ano relacionado às pretensões advindas do contrato de seguro, seja do segurado contra o segurador ou vice-versa (inciso II do art. 206, § 1.º). A norma tem duas alíneas, que tratam de duas hipóteses separadas, muito debatidas pelos profissionais que lidam com esse contrato.

Na alínea *a*, há previsão relativa ao seguro de responsabilidade civil, definido como aquele relacionado a danos causados a terceiros, havendo garantia do segurador quanto a tais prejuízos, nos termos do que consta do art. 787 do Código Civil. Como explica José Maria Trepat Cases, trata-se de um *seguro multiuso*, que pode cobrir, a título de exemplos: "(1) indenizações decorrentes de lesões corporais sofridas por terceiros; (2) danos ocasionados por ruínas de imóveis ou na fase de edificação, danos causados por empregados a prepostos; indenizações decorrentes de acidentes em condomínios (elevadores, piscina, garagem); danos causados por produtos postos em circulação por fabricante, distribuidor, comerciante ou importador; indenizações devidas a terceiros por danos causados no exercício da atividade de profissionais liberais; danos provocados por animais, mas cujo detentor ou proprietário seja o segurado; indenizações por danos causados ao meio ambiente – seguro ambiental, entre outros".[31]

No caso de seguro facultativo de automóveis, se a cobertura estiver relacionada – além do valor do bem em si –, com os danos causados pelo condutor do veículo a terceiros, haverá igualmente um seguro de responsabilidade civil, abrangido pela alínea *a* do comando em estudo. Como bem pontua Maurício Andere Von Bruck Lacerda, esse seguro geralmente enquadra-se como um seguro "multirriscos" ou de "natureza mista" em que não há apenas o interesse legítimo do próprio segurado, relacionado ao seu automóvel, mas também de terceiros.[32] No último caso, é imperiosa a aplicação da norma em estudo, prevista para os seguros de responsabilidade civil.

A propósito, assinala-se que Von Bruck Lacerda compara esse sistema misto do seguro facultativo de automóveis com o seguro de administradores *D&O*. Vejamos suas lições:

> "Ao menos, por enquanto, parece preponderar a tutela patrimonial do administrador segurado, fator determinante para o seu enquadramento na categoria dos seguros de responsabilidade civil, não obstante contenha em seu 'bojo' a tutela de outros interesses, em especial a garantia de riscos de responsabilização da própria sociedade, ou riscos 'da administração' de um modo geral, e a tutela de danos próprios suportados pelo administrador que devem ser classificados como riscos acessórios".[33]

Em havendo alguma dessas hipóteses de seguro de responsabilidade civil, o prazo de um ano é contado da data em que o segurado é citado para responder à ação de indenização proposta pelo terceiro prejudicado, ou da data que a este indeniza, com a anuência do segurador (art. 206, § 1.º, inc. II, *a*). Aplicando a última regra, confirmando-a literalmente, julgado do Superior Tribunal de Justiça afastou a prescrição, eis que "o marco inicial da pretensão do segurado contra o segurador, no caso de seguro de responsabilidade civil, ocorre a partir da data do pagamento da indenização na hipótese de anuência do segurador, o que inocorreu no caso dos autos" (STJ, AgRg no AREsp 467.496/SP, 4.ª Turma, Rel. Min. Luis Felipe Salomão, j. 20.03.2014, *DJe* 26.03.2014). De todo modo, esclareça-se que se não verificada uma das hipóteses de pagamento previstas no comando – propositura de ação pelo terceiro ou pagamento da indenização –, é possível a subsunção da alínea *b* do preceito, inclusive no seguro de administradores *D&O*.

Pontue-se, ainda, que, havendo celebração de acordo entre o segurado e o autor da ação de indenização, o termo inicial do prazo de prescrição de um ano deve ser contado do pagamento da última parcela desse acordo, o que está

---

[31] CASES, José Maria Trepat. *Código civil comentado*. Várias espécies de contrato, comissão, agência e distribuição, corretagem, transporte, seguro, constituição de renda, jogo e aposta: artigos 693 a 817. São Paulo: Atlas, 2003. v. VIII, p. 279-280. (Código Civil Comentado, coord. Álvaro Villaça Azevedo.)

[32] LACERDA, Maurício Andere Von Bruck. *O seguro dos Administradores no Brasil*. O D&O Insurance Brasileiro. Curitiba: Juruá, 2013. p. 107-108.

[33] LACERDA, Maurício Andere Von Bruck. *O seguro dos Administradores no Brasil*, cit., p. 108.

em consonância com a boa-fé e com a *actio nata subjetiva*, conforme vem entendendo a jurisprudência (STJ, Ag. Int. no AREsp 513.052/RJ, 3.ª Turma, Rel. Min. Paulo de Tarso Sanseverino, j. 17.11.2016, *DJe* 22.11.2016). Confirmando esse entendimento, aplicando a premissa para caso de seguro facultativo de automóvel que abrangia danos a terceiros, também do Superior Tribunal de Justiça:

> "Agravo regimental nos embargos de declaração no recurso especial. Civil. Seguro de automóvel. Responsabilidade civil. Acordo entre segurado e vítima do acidente de trânsito. Ressarcimento contra a seguradora. Prescrição. Termo inicial. Transação. Última parcela. Pagamento. 1. Na ocorrência de transação judicial em ação indenizatória por danos materiais e morais sofridos por terceiro (vítima de acidente de trânsito), o termo inicial do prazo prescricional para o segurado buscar da seguradora, em ação de regresso, o reembolso do que despendeu, haja vista a contratação de seguro de responsabilidade civil, é a data do pagamento da última parcela do acordo. 2. A obrigação adquirida pelo segurado com a transação judicial firmada com a vítima, ainda que faticamente divisível, possui a natureza de uma obrigação una, cuja extinção somente se opera quando do adimplemento da última parcela, distinguindo-se, portanto, das chamadas obrigações de execução continuada (prestações sucessivas). Logo, somente após satisfeita a obrigação é que nasce o direito de ressarcimento em face da seguradora (princípio da *actio nata*). 3. Agravo regimental não provido" (STJ, AgRg nos EDcl no REsp 1.413.595/RS, 3.ª Turma, Rel. Min. Ricardo Villas Bôas Cueva, j. 10.05.2016, *DJe* 20.05.2016).

Como último aspecto relativo ao primeiro inciso do comando, a jurisprudência superior entende que esse prazo de um ano não se aplica aos casos de reembolso de despesas médico-hospitalares, alegadamente cobertas pelo contrato de plano de saúde ou de seguro-saúde, mas que não foram adimplidas pela operadora, incidindo o prazo geral de dez anos do art. 205 do Código Civil (STJ, REsp 1.756.283/SP, 2.ª Seção, Rel. Min. Luis Felipe Salomão, j. 11.03.2020, *DJe* 03.06.2020, v.u.).

Já na sua alínea *b* o art. 206, § 1.º, inc. II, do Código Civil fixa o mesmo prazo de um ano para os demais seguros, contado da data da ciência do fato gerador da pretensão. A *actio nata subjetiva* é clara no comando, pois a previsão é cristalina ao estabelecer que o prazo de prescrição tem início da ciência do fato gerador da pretensão. Como se retira das lições dos doutrinadores ora citados, a *actio nata subjetiva* tem sido aplicada no âmbito da responsabilidade civil extracontratual ou *aquiliana*. No entanto, tem-se na previsão em análise uma hipótese de sua incidência para a responsabilidade civil contratual.

Quanto ao mencionado "fato gerador da pretensão", deve-se considerar a data do sinistro, pelo menos em regra, com relação aos segurados. Diz-se *em regra* pois o fato gerador da pretensão pode não corresponder ao sinistro. Nessa linha, Gustavo Tepedino, Heloísa Helena Barboza e Maria Celina Bodin de Moraes reportam-se ao caso do seguro contra incêndio que cobre o próprio imóvel, em que o prazo prescricional inicia-se da data em que o segurado teve conhecimento da decisão judicial acerca do inquérito policial que apurou as causas do sinistro.[34] Os doutrinadores citam, adotando essa linha, o julgamento do Recurso Especial 56.915 do Superior Tribunal de Justiça, prolatado em abril de 1997.

De todo modo, a respeito dessa alínea *b*, o início do prazo de prescrição dar-se-á, como premissa-geral, com a ciência do sinistro. Nessa linha, da jurisprudência superior, trazendo exemplos de seguros em que há a sua subsunção:

"Agravo regimental no recurso especial. Ação de cobrança. Seguro. SFH. Invalidez permanente. Prescrição ânua. Termo inicial. Ciência inequívoca. Suspensão do prazo. Negativa da cobertura. Agravo regimental desprovido. 1. É ânuo o prazo prescricional da pretensão do mutuário/segurado para fins de recebimento de indenização relativa ao seguro habitacional obrigatório, cujo termo inicial é a data da ciência inequívoca, mas ficará suspenso entre a comunicação do sinistro e a data da recusa do pagamento da indenização. Precedentes. 2. Agravo regimental desprovido" (STJ, AgRg no REsp 1.551.482/SP, 3.ª Turma, Rel. Min. Marco Aurélio Bellizze, j. 17.10.2017, *DJe* 27.10.2017).

"Embargos de declaração recebidos como agravo regimental no recurso especial. Contrato de seguro. Ação de cobrança. Prescrição. Termo inicial. Ciência do fato gerador. Agravo não provido. 1. Embargos de declaração recebidos como agravo interno em face do nítido caráter infringente das razões recursais. Aplicação dos princípios da fungibilidade recursal e da economia processual. 2. O prazo prescricional decorrente de contrato de seguro tem início na data em que o segurado tem conhecimento inequívoco do sinistro (Súmula 278/STJ), ficando suspenso entre eventual comunicação do sinistro à seguradora e a data da ciência do segurado da recusa do pagamento da indenização. 3. O pedido de pagamento de indenização à seguradora apenas suspende o prazo de prescrição até que o segurado tenha ciência da decisão que recusa a cobertura (Súmula 229/STJ). Não há interrupção, mas suspensão do prazo. 4. Agravo interno a que se nega provimento" (STJ, EDcl no REsp 1.163.239/MG, 4.ª Turma, Rel. Min. Raul Araújo, j. 17.11.2015, *DJe* 10.12.2015).

"Agravo regimental. Recurso especial. Seguro. Prazo prescricional. Termo inicial e suspensão. Comunicação do sinistro e da recusa do pagamento da indenização pleiteada. 1. Segundo a jurisprudência desta Corte, a prescrição ânua da ação do segurado para obter indenização junto à seguradora flui a partir da data em que aquele toma ciência do sinistro, permanecendo suspenso o prazo fatal entre a comunicação do sinistro à seguradora e a comunicação ao segurado da recusa ao pagamento da indenização pleiteada. 2. Na hipótese dos autos, entretanto, o prazo prescricional sequer teve início, eis que o sinistro foi comunicado de imediato à seguradora, fluindo somente a partir da comunicação final da seguradora ao segurado da recusa em lhe pagar a indenização total pleiteada. 3. Agravo regimental improvido" (STJ, AgRg no Ag 191.841/RJ, 3.ª Turma, Rel. Min. Carlos Alberto Menezes Direito, j. 06.10.1998, *DJ* 16.11.1998, p. 94).

Como se pode perceber, as ementas transcritas trazem a posição consolidada na Segunda Seção da Corte Superior de que o prazo prescricional fica suspenso

---

[34] TEPEDINO, Gustavo; BARBOZA, Heloísa Helena; MORAES, Maria Celina Bodin de. *Código Civil interpretado*, v. 1, cit., p. 397.

entre a comunicação do sinistro à seguradora e a comunicação ao segurado da recusa ao pagamento da indenização ou garantia pleiteada. Tal entendimento está consubstanciado na antes citada Súmula n. 229 do próprio Superior Tribunal de Justiça, segundo a qual o pedido do pagamento de indenização à seguradora suspende o prazo de prescrição até que o segurado tenha ciência da decisão. Reitere-se, ao contrário do que pretendem e defendem alguns especialistas da área de seguros, que a sumular ainda tem tido a devida aplicação no âmbito jurisprudencial brasileiro.

Outra hipótese concreta de relevo prático, em que incide essa previsão da alínea *b*, diz respeito à não renovação abusiva do seguro de vida em grupo por parte da seguradora, o que ocasiona danos morais ao segurado. Conforme importante julgado do Tribunal da Cidadania, "esta Corte Superior firmou o entendimento de que o prazo prescricional para a propositura de ação objetivando a restituição de prêmios e a indenização por danos morais em virtude de conduta supostamente abusiva da seguradora que se recusou a renovar seguro de vida em grupo, oferecendo proposta de adesão a novo produto, é de 1 (um) ano, por aplicação do art. 206, § 1.º, II, 'b', do Código Civil, incidindo à hipótese o enunciado da Súmula n. 101/STJ" (STJ, AgRg no AREsp 368.631/RS, 3.ª Turma, Rel. Min. Ricardo Villas Bôas Cueva, j. 27.05.2014, *DJe* 06.06.2014).

Como se nota, tem-se a confirmação do teor da Súmula n. 101 do próprio STJ, do ano de 1994, segundo a qual "a ação de indenização do segurado em grupo contra a seguradora prescreve em um ano". O entendimento também tem sido aplicado pela sua Quarta Turma, o que demonstra tratar-se de uma posição mantida como consolidada (por todos: "é de um ano o prazo prescricional para a propositura de ação de indenização por danos morais fundada em contrato de seguro de vida que deixou de ser renovado pela seguradora. Precedentes" STJ, AgRg no AREsp 234.390/SP, 4.ª Turma, Rel. Min. Antonio Carlos Ferreira, j. 1.º.10.2013, *DJe* 11.10.2013).

Ressalte-se, contudo, que, tratando-se de ação condenatória que decorre de nulidade de cláusula de contrato em seguro-saúde, a Segunda Seção do Superior Tribunal de Justiça firmou a tese de não aplicação desse prazo de um ano, mas de três anos, pelo enquadramento da regra que veda o enriquecimento sem causa (STJ, REsp 1.361.182/RS, 2.ª Seção, Rel. Min. Marco Buzzi, Rel. p/ Acórdão Min. Marco Aurélio Bellizze, j. 10.08.2016, *DJe* 19.09.2016). O tema ainda será aprofundado adiante.

Sobre a incidência do prazo prescricional de cinco anos do art. 27 do Código de Defesa do Consumidor, após intenso debate, consolidou-se na Corte o entendimento de sua subsunção ao seguro, mesmo tratando-se de contrato de consumo, em regra, pela dicção expressa do art. 3.º, § 2.º, do CDC. Isso porque a norma do Código Civil tem um caráter mais especial do que a norma consumerista, não havendo propriamente um acidente de consumo quando se pleiteia o valor da cobertura com relação à seguradora. O último argumento parece-me ser tecnicamente perfeito, apesar de o prazo de cinco anos ser mais favorável ao consumidor e segurado.

Entendendo desse modo, ainda sobre fatos ocorridos na vigência do Código Civil anterior: "prescreve em um ano a ação em que se busca receber complemento de indenização de seguro, a contar da data da ciência do suposto pagamento a menor, nos termos do art. 178, § 6.º, II, do Código Civil de 1916, não se aplicando o art. 27 do CDC" (STJ, REsp 882.588/SC, 4.ª Turma, Rel. Min. Luis Felipe Salomão, j. 12.04.2011, *DJe* 04.05.2011). Mais recentemente: "a ação de cobrança de indenização fundada em contrato de seguro, por ser inerente à relação entre segurado e segurador e não relacionada a defeito do serviço, sujeita-se ao prazo prescricional ânuo previsto no Código Civil e não ao de cinco anos, preconizado pelo art. 27 do Código de Defesa do Consumidor" (STJ, AgRg no Ag 1.236.714/ES, 3.ª Turma, Rel. Min. Sidnei Beneti, j. 27.04.2010, *DJe* 12.05.2010). Como último aresto a destacar, por todos:

"Demanda postulando indenização decorrente do suposto cancelamento indevido do contrato de seguro de vida em grupo – Decisão monocrática conhecendo do agravo da seguradora para dar provimento ao recurso especial, a fim de pronunciar a prescrição da pretensão autoral. 1. Prazo prescricional para exercício da pretensão de cobrança de indenização por dano moral decorrente da recusa da seguradora em renovar contrato de seguro de vida. Lapso ânuo em atenção ao disposto no artigo 206, § 1.º, inciso II, do Código Civil de 2002 (artigo 178, § 6.º, inciso II, do Código Civil de 1916). Inaplicabilidade do prazo trienal atinente aos casos em que se postula reparação civil (artigo 206, § 3.º, inciso V, do Códex vigente). Outrossim, a responsabilidade civil decorrente de inadimplemento contratual não se assemelha àquela advinda de danos causados por fato do produto ou do serviço (acidente de consumo), cujo prazo prescricional para exercício da pretensão à reparação é o quinquenal previsto no artigo 27 do Código de Defesa do Consumidor. Precedente da Segunda Seção. 2. Agravo regimental desprovido" (STJ, AgRg no AREsp 521.484/SP, 4.ª Turma, Rel. Min. Marco Buzzi, j. 11.11.2014, *DJe* 17.11.2014).

Como outra situação relevante sobre o seguro, tem-se entendido no âmbito da jurisprudência superior que na hipótese de seguro com estipulação em favor de terceiro, caso do seguro de vida em grupo, aplica-se o prazo geral de prescrição em proveito do beneficiário, e não o prazo de um ano aqui exposto:

"Prazo prescricional para exercício da pretensão deduzida em face da seguradora por pessoa designada como beneficiária do seguro de vida (terceiro beneficiário), a qual não se confunde com a figura do segurado. Lapso vintenário (artigo 177 do Código Civil de 1916) ou decenal (artigo 205 do Código Civil de 2002), não se enquadrando na hipótese do artigo 206, § 1.º, inciso II, do mesmo Codex (prescrição ânua para cobrança de segurado contra segurador). Inaplicabilidade, outrossim, do prazo trienal previsto para o exercício da pretensão do beneficiário contra o segurador em caso de seguro de responsabilidade civil obrigatório (artigo 206, § 3.º, inciso IX, do Código Civil). Precedentes" (STJ, AgRg no AREsp 545.318/RS, 4.ª Turma, Rel. Min. Marco Buzzi, j. 20.11.2014, *DJe* 26.11.2014. Da Terceira Turma, por todos, ver: Ag. Int. no REsp 1.646.221/PE, 3.ª Turma, Rel. Min. Ricardo Villas Bôas Cueva, j. 09.11.2017, *DJe* 21.11.2017).

De fato, a melhor conclusão sobre o assunto é que incidência do art. 206, § 1.º, inc. II, deve estar adstrita às relações contratuais internas, mantidas entre o segurado e a seguradora. Advirta-se que o tema do seguro comporta outros debates, relativos a outros parágrafos do art. 206 do Código Civil, conforme será exposto nos próximos tópicos desta obra.

Como última nota sobre o tema e a respeito dessa previsão, destaco que, em julgamento de Incidente de Assunção de Competência prolatado no ano de 2021, a Segunda Seção do Superior Tribunal de Justiça fixou a tese segundo a qual "é ânuo o prazo prescricional para exercício de qualquer pretensão do segurado em face do segurador – e vice-versa – baseada em suposto inadimplemento de deveres (principais, secundários ou anexos) derivados do contrato de seguro, *ex vi* do disposto no artigo 206, § 1.º, II, 'b', do Código Civil de 2002 (artigo 178, § 6.º, II, do Código Civil de 1916)" (STJ, REsp 1.303.374/ES, 2.ª Seção, Rel. Min. Luis Felipe Salomão, j. 30.11.2021, *DJe* 16.12.2021).

A principal repercussão prática da tese diz respeito à menção aos deveres anexos ou laterais de conduta, relacionados à boa-fé objetiva. Vejamos trecho da ementa do julgado:

"O conteúdo da obrigação contratual (direitos e obrigações das partes) transcende as 'prestações nucleares' expressamente pactuadas (os chamados deveres principais ou primários), abrangendo, outrossim, deveres secundários (ou acessórios) e fiduciários (ou anexos). Sob essa ótica, a violação dos deveres anexos (ou fiduciários) encartados na avença securitária implica a obrigação de reparar os danos (materiais ou morais) causados, o que traduz responsabilidade civil contratual, e não extracontratual, exegese, que, por sinal, é consagrada por esta Corte nos julgados em que se diferenciam 'o dano moral advindo de relação jurídica contratual' e 'o dano moral decorrente de responsabilidade extracontratual' para fins de definição do termo inicial de juros de mora (citação ou evento danoso). Diante de tais premissas, é óbvio que as pretensões deduzidas na presente demanda – restabelecimento da apólice que teria sido indevidamente extinta, dano moral pela negativa de renovação e ressarcimento de prêmios supostamente pagos a maior – encontram-se intrinsecamente vinculadas ao conteúdo da relação obrigacional complexa instaurada com o contrato de seguro" (STJ, REsp 1.303.374/ES, 2.ª Seção, Rel. Min. Luis Felipe Salomão, j. 30.11.2021, *DJe* 16.12.2021).

A afirmação deve ser considerada para os devidos fins teóricos e práticos, relevando-se o reconhecimento, no *decisum*, de que a quebra dos citados deveres anexos – a denominada como violação positiva do contrato –, é admitida pelo Direito Privado Brasileiro.

Por fim, sobre o § 1.º do art. 206, a Reforma do Código Civil propõe a inclusão de duas novas previsões de sua incidência, relativas ao transporte de coisas, corrigindo graves equívocos a respeito da temática, expostos no Capítulo 12 deste livro.

Assim, nos termos do novo inc. VI do art. 206 a prescrição de um ano incidirá para "a pretensão para o dono da mercadoria postular indenização sobre perdas e avarias das coisas transportadas, a contar de 60 (sessenta) dias após o desembarque". Atualmente, há previsão de um prazo decadencial de dez dias, no art. 754, parágrafo único, da codificação privada, para uma pretensão reparatória, o que quebra com a harmonia do Código Civil a respeito do tema, exposta na abertura deste capítulo.

O mesmo se diga quanto ao novo inc. VII do art. 206, que tratará de um prazo prescricional de um ano, "para o transportador indenizar-se pelos prejuízos que sofrer, em decorrência de informação inexata ou falsa descrição aposta no conhecimento de transporte, a contar de 60 (sessenta) dias após o desembarque". Hoje, o art. 745 do CC prevê um equivocado prazo decadencial de cento e vinte dias, novamente para uma pretensão indenizatória, o que deve ser necessariamente corrigido.

b) Art. 206, § 2.º, do Código Civil – prazo de dois anos

Por previsão desse comando, prescreve em dois anos a pretensão para haver prestações alimentares já fixadas em acordo ou sentença, a partir da data em que se vencerem. O tema não interessa à presente obra, cabendo esclarecer basicamente o seu conteúdo, a fim de não gerar confusões com outras previsões.

Assim, não se pode esquecer que a ação de alimentos em si não está sujeita à prescrição ou à decadência, ou seja, trata-se de demanda imprescritível, por envolver estado de pessoas. Apenas prescrevem em dois anos os valores fixados em sentença ou em acordo entre as partes, a partir dos respectivos vencimentos (*prescrição parcial ou parcelar*).[35] Vale lembrar que essa modalidade de prescrição atinge apenas parte dos valores devidos, não se confundindo com a *prescrição nuclear*, que fulmina toda a pretensão, presente nas outras hipóteses aqui estudadas.

Em prol da operabilidade da facilitação das contagens, no projeto de Reforma do Código Civil pretende-se revogar essa previsão, para que o prazo passe a ser de três anos, no novo art. 206, § 3.º, inc. I.

c) Art. 206, § 3.º, do Código Civil – prazo de três anos

Esse é o inciso que mais interessa a este capítulo e ao livro como um todo, cabendo uma análise separada, por tópicos, com o fim de tornar mais fácil a sua compreensão.

– **Inciso I. Pretensão relativa a aluguéis de prédios urbanos e rústicos**

O prazo de três anos é aplicado para os casos sujeitos à Lei n. 8.245/1991, que trata das locações de imóveis urbanos. Também têm incidência sobre as locações imobiliárias regidas pelo Código Civil (arts. 565 a 578), como ocorre no caso de terrenos baldios utilizados para a colocação de espaços publicitários ou *outdoors*. Por fim, o inciso estende-se aos arrendamentos agrários, sujeitos ao Estatuto da Terra. Para que não paire qualquer dúvida sobre a última hipótese, transcreve-se das Cortes Estaduais:

---

[35] DUARTE, Nestor. Parte Geral. Arts. 1.º a 232. In: PELUSO, Cezar (Coord.). *Código Civil Comentado*. 4. ed. São Paulo: Manole, 2010. p. 144.

"A pretensão de cobrança do preço do arrendamento rural está sujeita ao prazo prescricional trienal, consoante o disposto no artigo 206, § 3.º, inciso I, do Código Civil, de modo que estão prescritas as parcelas anteriores aos três anos do ajuizamento da ação respectiva. – Não estão presentes os requisitos para declaração da prescrição aquisitiva em prol da parte apelante, vez que existem outros imóveis registrados em seu nome impossibilitando a usucapião rural e porque não implementado o prazo legal exigido para a usucapião extraordinária" (TJRS, Apelação Cível 0304300-29.2017.8.21.7000, 17.ª Câmara Cível, Santa Maria, Rel. Des. Gelson Rolim Stocker, j. 29.03.2018, *DJERS* 06.04.2018).

"Configurado o inadimplemento das obrigações assumidas por qualquer das partes, está autorizada a outra a requerer a rescisão do contrato, sendo que, se a parte inadimplente for o arrendatário, caberá, consequentemente, seu despejo. Por se tratar de contrato de arrendamento de terras rurais, aplica-se o prazo prescricional de três anos, nos termos do art. 206, § 3.º, I, do Código Civil, que incidirá a partir da data de vencimento de cada prestação, visto que a natureza do negócio é de trato sucessivo, ou seja, renova-se periodicamente" (TJMS, Apelação 0004941-76.2011.8.12.0008, 1.ª Câmara Cível, Rel. Des. Sérgio Fernandes Martins, *DJMS* 07.10.2016, p. 117).

Cabe ainda pontuar que, havendo contrato de parceria agrária, o inciso em apreço não tem subsunção. Julgado do Tribunal Gaúcho aplicou a regra relativa ao enriquecimento sem causa a esse contrato, prevista no inc. IV do art. 206, § 3.º, o que trouxe a conclusão pelo mesmo prazo de três anos (TJRS, Apelação Cível 0347908-48.2015.8.21.7000, 19.ª Câmara Cível, Itaqui, Rel. Des. Eduardo João Lima Costa, j. 25.02.2016, *DJERS* 03.03.2016). Essa pode ser uma solução para o contrato de parceria agrária, com a ressalva que desenvolvo a seguir.

Como se percebe, o diploma em estudo tem aplicação para casos de responsabilidade civil contratual, contando-se o prazo, em regra, do inadimplemento dos respectivos valores, ou seja, dos seus vencimentos. Mesmo existindo instrumento particular entre as partes com liquidez da dívida, a supostamente atrair o prazo de cinco anos do art. 206, § 5.º, inc. I, a norma relativa ao prazo de três anos deve prevalecer para as locações nele previstas. Entretanto, no caso do contrato de parceria agrária, havendo contrato celebrado por instrumento particular, com o conteúdo de uma dívida líquida, incidirá esse prazo de cinco anos.

Anote-se que, no Código Civil de 1916, o prazo para cobrança de aluguéis decorrentes de locações era de cinco anos, tendo sido reduzido pela atual codificação privada. Assim, é imperioso observar a regra de Direito Intertemporal do art. 2.028 do CC/2002, ainda a ser devidamente aprofundada. Nessa linha, do STJ:

"No caso dos autos, considerando que no momento da entrada em vigor do Código Civil (11.01.2003) havia transcorrido menos da metade do prazo prescricional referente ao vencimento dos aluguéis pleiteados nesse recurso especial, que, no sistema anterior, era quinquenal (art. 178, § 10, IV, do Código Civil de 1916), é de se acolher a legislação nova que, em seu artigo 206, § 3.º, inciso I, preconiza prescrever em três anos a pretensão de cobrança de aluguéis, sendo o termo inicial da contagem do prazo o dia 11 de janeiro de 2003. Com efeito, verificado que a ação de execução foi proposta em 29.06.2005 (fl. 136, e-STJ), adequado se mostra o afastamento da prescrição reconhecida pela Corte local" (STJ, AgRg no REsp 1.308.355/SP, 4.ª Turma, Rel. Min. Marco Buzzi, j. 18.06.2015, *DJe* 24.06.2015).

Na hipótese de ação em que se pleiteiam perdas e danos ao locatário ou arrendatário por danos causados no imóvel, não se aplica o inciso em estudo, pois o caso é de responsabilidade civil contratual, o que ingressa em tema de grande polêmica a ser ora analisado. Nesse sentido, novamente do Tribunal da Cidadania:

"De acordo com o art. 206, § 3.º, I, do Código Civil, prescreve em três anos a pretensão relativa a aluguéis de prédios urbanos ou rústicos. A pretensão do agravado, todavia, não era de simples recebimento de aluguel, mas de indenização pelo uso indevido de suas terras, que causou morte de animais, danos a equipamentos e empeço ao cultivo" (STJ, Ag. Int. no AREsp 513.042/ RJ, 4.ª Turma, Rel. Min. Maria Isabel Gallotti, j. 20.02.2018, *DJe* 27.02.2018).

Anote-se que o julgado afastou a prescrição pelo fato de persistir a ocupação sobre o imóvel quando do ajuizamento da demanda, não se devendo falar em início do prazo.

Por fim, polêmico enunciado aprovado na *V Jornada de Direito Civil*, em 2011, reconhece que o prazo de três anos do art. 206, § 3.º, I, aplica-se também aos contratos de locação celebrados com a administração pública: "o prazo prescricional de três anos para a pretensão relativa a aluguéis aplica-se aos contratos de locação de imóveis celebrados com a administração pública" (Enunciado n. 418). A polêmica está no fato de se afastar o prazo de cinco anos previsto no art. 1.º do Decreto-lei n. 20.910/1932, *in verbis*: "as dívidas passivas da União, dos Estados e dos Municípios, bem assim todo e qualquer direito ou ação contra a Fazenda federal, estadual ou municipal, seja qual for a sua natureza, prescrevem em cinco anos contados da data do ato ou fato do qual se originarem".

A conclusão do enunciado está baseada no caráter especial da norma do Código Civil, a prevalecer sobre o dispositivo da lei específica, que teria um sentido generalizante, não abrangendo o contrato de locação celebrado com o Estado, que é de natureza privada. Alguns julgados superiores têm seguido essa orientação, como por exemplo: "o Decreto 20.910/32 regula relações jurídicas tipicamente de Direito Público e, portanto, não deve reger as relações jurídicas de direito privado, nas quais a Administração atua sem as prerrogativas que lhe são inerentes. O negócio jurídico ora sob exame – locação de imóvel – é tipicamente de direito privado e, portanto, o fato de o Locatário ser a Administração Pública não basta para que preponderem os ditames específicos de direito público em detrimento das normas de direito privado, inclusive as atinentes à prescrição" (STJ, REsp 685.717/RO, Rel. Min. Laurita Vaz, 5.ª Turma, j. 04.02.2010, *DJe* 1.º.03.2010). Essa, portanto, deve ser considerada a posição majoritária, para os devidos fins práticos.

Como última nota, o projeto de Reforma do Código Civil pretende incluir a última previsão na nova redação do art. 206, § 3.º, inc. II, que enunciará, para os fins de resolver o dilema: "a pretensão relativa a aluguéis de prédios urbanos ou rústicos, inclusive aqueles devidos em virtude de contratos nas locações celebradas com a Administração Pública".

– **Inciso II. Pretensão para receber prestações oriundas de rendas temporárias ou vitalícias**

Esse prazo de três anos – na codificação anterior era de cinco – diz respeito à cobrança do contrato de constituição de renda, tratado entre os arts. 803 a 813 do Código Civil, que pode estar relacionado ou não a um imóvel, do qual tais rendas são retiradas. O prazo em questão não se aplica às rendas de natureza trabalhista ou de natureza pública, regidas por lei especial. Como esse contrato é raro na civilística nacional, o inciso não tem grande relevância para a prática, fugindo aos objetivos principais desta obra.

No projeto de Reforma do Código Civil, não há alteração do conteúdo da norma, passando a ser apenas o inc. III do seu art. 206.

– **Inciso III. Pretensão para haver juros, dividendos ou quaisquer prestações acessórias, pagáveis, em períodos não maiores de um ano, com capitalização ou sem ela**

Outro prazo que foi reduzido de cinco para três anos, tendo incidência sobre as ações de cobrança de acessórios de dívida, juros e dividendos pagáveis em períodos não superiores a um ano, com ou sem capitalização. Deve-se considerar que esse comando legal ainda inclui a multa ou cláusula penal, por sua flagrante natureza acessória, a exemplo de juros e dividendos, que constituem frutos civis ou rendimentos.

Como exemplo de sua incidência, a jurisprudência tem entendido que esse prazo de três anos se aplica para a cobrança de indenização decorrente de dividendos relativos à subscrição complementar das ações da CRT/Celular, somente começando a correr tal prazo após o reconhecimento do direito à complementação acionária (STJ, REsp 1.112.474/RS, 4.ª Turma, Rel. Min. Luis Felipe Salomão, *DJ* 11.05.2010; e AgRg no AREsp 34.136/RS, 4.ª Turma, Rel. Min. Maria Isabel Gallotti, j. 18.10.2011, *DJe* 28.10.2011). Como reconhece outro aresto, a conclusão final sobre o início do prazo representa aplicação da *actio nata subjetiva* (STJ, AgRg no Ag 1.413.736/RS, 4.ª Turma, Rel. Min. Raul Araújo, j. 1.º.09.2011, *DJe* 23.09.2011).

Novamente, não há proposta de alteração do conteúdo da norma no projeto de Reforma do Código Civil, passando a ser apenas o inc. V do art. 202.

– **Inciso IV. Pretensão de ressarcimento de enriquecimento sem causa**

O enriquecimento sem causa ou locupletamento indevido constitui ato unilateral vedado expressamente pelo art. 884 da codificação privada, segundo o qual aquele que, sem justa causa, enriquecer-se à custa de outrem, será obrigado a restituir o indevidamente auferido, feita a atualização dos valores monetários. O prazo específico consagrado pela codificação privada para o ressarcimento de valores indevidos em enriquecimento sem causa também é de três anos, contados da data na qual surge o direito subjetivo por parte do prejudicado.

Sendo o pagamento indevido modalidade de enriquecimento sem causa, tal prazo, pelo menos em regra e salvo enquadramento em outra hipótese prevista no mesmo art. 206 do Código Civil, deve ser aplicado para a ação de repetição de indébito ou *actio in rem verso*, contado da data na qual o pagamento injusto ocorreu ou do conhecimento seu do vício pelo *solvens*, aquele que paga. Eventualmente, como se verá, a ação de repetição de indébito deve se enquadrar no prazo geral de dez anos do art. 205 do Código Civil, como nas hipóteses fáticas que envolvem as relações de consumo.

O sentido do texto em estudo, é genérico, verdadeira cláusula geral, principalmente quanto às condutas visando ao enriquecimento sem causa, e deve ser preenchido pela doutrina e pela jurisprudência caso a caso. Justamente pela sua amplitude pode causar muitas dúvidas práticas. Vejamos alguns destes enquadramentos, notadamente no âmbito da jurisprudência superior.

Como primeira ilustração, o Superior Tribunal de Justiça acabou por concluir, em 2016 e em sede de julgamento de incidente de recursos repetitivos, que a malfadada taxa SATI (Serviço de Assessoria Técnico-Imobiliária) é abusiva, cabendo sua devolução simples. Quanto à taxa de corretagem, entendeu a Corte Superior que não haveria abusividade na sua cobrança, diante do esclarecimento prévio feito ao consumidor do seu pagamento, em consonância com o princípio da boa-fé objetiva. Vejamos as três ementas que firmaram as teses:

"Recurso especial repetitivo. Direito Civil e do Consumidor. Processual civil. Incorporação imobiliária. Venda de unidades autônomas em estande de vendas. Corretagem. Cláusula de transferência da obrigação ao consumidor. Alegação de abusividade. Teoria da asserção. Legitimidade passiva da incorporadora. Validade da cláusula. Serviço de assessoria técnico-imobiliária (SATI). Cobrança. Descabimento. Abusividade. 1. Tese para os fins do art. 1.040 do CPC/2015: 1.1. Legitimidade passiva 'ad causam' da incorporadora, na condição de promitente-vendedora, para responder pela restituição ao consumidor dos valores pagos a título de comissão de corretagem e de taxa de assessoria técnico-imobiliária, nas demandas em que se alega prática abusiva na transferência desses encargos ao consumidor. 2. Caso concreto: 2.1. Aplicação da tese ao caso concreto, rejeitando-se a preliminar de ilegitimidade. 2.2. 'Validade da cláusula contratual que transfere ao promitente-comprador a obrigação de pagar a comissão de corretagem nos contratos de promessa de compra e venda de unidade autônoma em regime de incorporação imobiliária, desde que previamente informado o preço total da aquisição da unidade autônoma, com o destaque do valor da comissão de corretagem' (tese firmada no julgamento do REsp 1.599.511/SP). 2.3. 'Abusividade da cobrança pelo promitente-vendedor do serviço de assessoria técnico-imobiliária (SATI), ou atividade congênere, vinculado à celebração de promessa de compra e venda de imóvel' (tese firmada no julgamento do REsp 1.599.511/SP). 2.4. Improcedência do pedido de restituição da comissão de corretagem e procedência do pedido de restituição da SATI. 3. Recurso especial provido, em parte" (STJ, REsp 1.551.951/SP, 2.ª Seção, Rel. Min. Paulo de Tarso Sanseverino, j. 24.08.2016, DJe 06.09.2016).

"Recurso especial repetitivo. Direito Civil e do Consumidor. Incorporação imobiliária. Venda de unidades autônomas em estande de vendas. Corretagem. Serviço de assessoria técnico-imobiliária (SATI). Cláusula de transferência da obrigação ao consumidor. Prescrição trienal da pretensão. Enriquecimento sem causa. 1. Tese para os fins do art. 1.040 do CPC/2015: 1.1. Incidência da prescrição trienal sobre a pretensão de restituição dos valores pagos a título de comissão de corretagem ou de serviço de assistência técnico-imobiliária (SATI), ou atividade congênere (art. 206, § 3.º, IV, CC). 1.2. Aplicação do precedente da Segunda Seção no julgamento do Recurso Especial n. 1.360.969/RS, concluído na sessão de 10.08.2016, versando acerca de situação análoga. 2. Caso concreto: 2.1. Reconhecimento do implemento da prescrição trienal, tendo sido a demanda proposta mais de três anos depois da celebração do contrato. 2.2. Prejudicadas as demais alegações constantes do recurso especial. 3. Recurso especial provido" (STJ, REsp 1.551.956/SP, 2.ª Seção, Rel. Min. Paulo de Tarso Sanseverino, j. 24.08.2016, DJe 06.09.2016).

"Recurso especial repetitivo. Direito Civil e do Consumidor. Incorporação imobiliária. Venda de unidades autônomas em estande de vendas. Corretagem. Cláusula de transferência da obrigação ao consumidor. Validade. Preço total. Dever de informação. Serviço de assessoria técnico-imobiliária (SATI). Abusividade da cobrança. I – tese para os fins do art. 1.040 do CPC/2015: 1.1. Validade da cláusula contratual que transfere ao promitente-comprador a obrigação de pagar a comissão de corretagem nos contratos de promessa de compra e venda de unidade autônoma em regime de incorporação imobiliária, desde que previamente informado o preço total da aquisição da unidade autônoma, com o destaque do valor da comissão de corretagem. 1.2. Abusividade da cobrança pelo promitente-vendedor do serviço de assessoria técnico-imobiliária (SATI), ou atividade congênere, vinculado à celebração de promessa de compra e venda de imóvel. II – Caso concreto: 2.1. Improcedência do pedido de restituição da comissão de corretagem, tendo em vista a validade da cláusula prevista no contrato acerca da transferência desse encargo ao consumidor. Aplicação da tese 1.1. 2.2. Abusividade da cobrança por serviço de assessoria imobiliária, mantendo-se a procedência do pedido de restituição. Aplicação da tese 1.2. III – Recurso especial parcialmente provido" (STJ, REsp 1.599.511/SP, 2.ª Seção, Rel. Min. Paulo de Tarso Sanseverino, j. 24.08.2016, DJe 06.09.2016).

As questões julgadas envolvem a responsabilidade civil contratual, que também é objeto desta obra. Como se pode perceber, a Corte Superior aplicou o prazo prescricional de três anos para a repetição de indébito da taxa SATI, por subsunção do art. 206, § 3.º, inc. IV, do Código Civil, que trata justamente da ação relativa ao enriquecimento sem causa. Lamento o teor das decisões, pois entendo que ambas as taxas são claramente abusivas, conduzindo ao enriquecimento sem causa das construtoras e dos corretores.

Além disso, a repetição de indébito deveria ser em dobro para os dois valores, aplicando-se o art. 42, parágrafo único, do CDC. Por fim, o prazo a ser adotado é o de dez anos, previsto no art. 205 do Código Civil, por ser mais favorável ao consumidor, em consonância com a *teoria do diálogo das fontes*. Cite-se, a esse propósito, que o STJ tem até sumular estabelecendo que o consumidor dispõe desse prazo maior para repetir tarifas abusivas, como as de água e esgoto (Súmula n. 412). Houve, assim, uma contradição do julgamento com relação a essa súmula, com o devido respeito.

Também no âmbito da Segunda Seção da Corte, outro enquadramento feito pelo Superior Tribunal de Justiça no prazo de três anos previsto nesse art. 206, § 3.º, VI, diz respeito à cobrança de valores relativos ao custeio de plantas comunitárias de telefonia (PCTs), se não existir previsão contratual de reembolso pecuniário ou por ações da companhia. Entendeu-se, ao final, que na vigência do Código Civil de 2002, o prazo é de três anos, justamente por se tratar de demanda fundada em enriquecimento sem causa. Para fatos ocorridos na vigência da codificação anterior, o prazo é de vinte anos, conforme o art. 177 do CC/1916, aplicando a regra de transição do art. 2.028, que ainda será abordada (STJ, REsp 1.225.166/RS, 2.ª Seção, Rel. Min. Luis Felipe Salomão, j. 24.04.2013, *DJe* 12.06.2013).

Ainda em sede de julgamento de incidente de recursos repetitivos, concluiu o Tribunal da Cidadania que no prazo de três anos enquadra-se a pretensão de nulidade de cláusula de reajuste prevista em contrato de plano ou seguro de assistência à saúde ainda vigente, com a consequente repetição do indébito. Isso porque a citada ação é fundada no enriquecimento sem causa da seguradora, conclusão feita mais uma vez em julgamento de demandas repetitivas, com força vinculativa para decisões de primeira e de segunda instância (STJ, REsp 1.360.969/RS, 2.ª Seção, Rel. Min. Marco Buzzi, Rel. p/ Acórdão Min. Marco Aurélio Bellizze, j. 10.08.2016, *DJe* 19.09.2016; e REsp 1.361.182/RS, 2.ª Seção, Rel. Min. Marco Buzzi, Rel. p/ Acórdão Min. Marco Aurélio Bellizze, j. 10.08.2016, *DJe* 19.09.2016). Para os devidos fins de esclarecimento, vejamos trecho da ementa do último *decisum*:

> "Em se tratando de ação em que o autor, ainda durante a vigência do contrato, pretende, no âmbito de relação de trato sucessivo, o reconhecimento do caráter abusivo de cláusula contratual com a consequente restituição dos valores pagos indevidamente, torna-se despicienda a discussão acerca de ser caso de nulidade absoluta do negócio jurídico – com provimento jurisdicional de natureza declaratória pura, o que levaria à imprescritibilidade da pretensão – ou de nulidade relativa – com provimento jurisdicional de natureza constitutiva negativa, o que atrairia os prazos de decadência, cujo início da contagem, contudo, dependeria da conclusão do contrato (CC/2002, art. 179). Isso porque a pretensão última desse tipo de demanda, partindo-se da premissa de ser a cláusula contratual abusiva ou ilegal, é de natureza condenatória, fundada no ressarcimento de pagamento indevido, sendo, pois, alcançável pela prescrição. Então, estando o contrato ainda em curso, esta pretensão condenatória, prescritível, é que deve nortear a análise do prazo aplicável para a perseguição dos efeitos financeiros decorrentes da invalidade do contrato. Nas relações jurídicas de trato sucessivo, quando não estiver sendo negado o próprio fundo de direito, pode

o contratante, durante a vigência do contrato, a qualquer tempo, requerer a revisão de cláusula contratual que considere abusiva ou ilegal, seja com base em nulidade absoluta ou relativa. Porém, sua pretensão condenatória de repetição do indébito terá que se sujeitar à prescrição das parcelas vencidas no período anterior à data da propositura da ação, conforme o prazo prescricional aplicável. Cuidando-se de pretensão de nulidade de cláusula de reajuste prevista em contrato de plano ou seguro de assistência à saúde ainda vigente, com a consequente repetição do indébito, a ação ajuizada está fundada no enriquecimento sem causa e, por isso, o prazo prescricional é o trienal de que trata o art. 206, § 3.º, IV, do Código Civil de 2002. (...)" (STJ, REsp 1.3611.82/RS, 2.ª Seção, Rel. Min. Marco Buzzi, Rel. p/ Acórdão Min. Marco Aurélio Bellizze, j. 10.08.2016, *DJe* 19.09.2016).

A tese firmada em repercussão geral também fez menção à regra de Direito Intertemporal do art. 2.028 do Código Civil, que ainda será estudado no presente capítulo: "na vigência dos contratos de plano ou de seguro de assistência à saúde, a pretensão condenatória decorrente da declaração de nulidade de cláusula de reajuste nele prevista prescreve em 20 anos (art. 177 do CC/1916) ou em 3 anos (art. 206, § 3.º, IV, do CC/2002), observada a regra de transição do art. 2.028 do CC/2002".

A votação foi por estreita maioria. Entendendo pela aplicação do prazo prescricional de três anos relativo à vedação do enriquecimento sem causa em casos tais, votaram com o Relator do acórdão os Ministros Moura Ribeiro, João Otávio de Noronha, Raul Araújo e Ricardo Villas Bôas Cueva. Foram vencidos os Ministros Marco Buzzi – Relator originário –, Paulo de Tarso Sanseverino, Maria Isabel Gallotti e Antonio Carlos Ferreira, que concluíram pela aplicação do prazo geral de dez anos, do art. 205 do Código Civil, em casos tais. Como se pode notar, a votação ficou em cinco votos a quatro.

Com o devido respeito, filio-me à posição vencida, consubstanciada na tese proposta pelo Ministro Buzzi: "a pretensão de revisão de cláusula contratual considerada abusiva (nula) pelo beneficiário de plano de saúde cumulada com pedido de repetição do indébito subsume-se à regra da prescrição vintenária (artigo 177 do Código Civil de 1916) ou decenal (artigo 205 do Código Civil de 2002), respeitada a norma de transição do artigo 2.028 do último diploma".

Na verdade, em se tratando de ação que visa a reconhecer a nulidade absoluta de um contrato, a demanda deveria ser reconhecida como imprescritível, pelo que consta do art. 169 do Código Civil, segundo o qual a nulidade não convalesce pelo decurso do tempo. Infelizmente, essa norma tem sido simplesmente ignorada pelos Tribunais Brasileiros, que têm debatido prazos prescricionais para as consequências advindas da nulidade.

Entretanto, entre uma ou outra corrente debatida no julgamento, fico com a que sustenta o prazo de dez anos por duas razões. A primeira delas é que o reconhecimento da nulidade não tem relação com o enriquecimento sem causa, ou com outra situação descrita pelo art. 206, não restando outro caminho senão a aplicação da regra geral do art. 205 do atual Código Civil. A segunda razão é que, pelo menos em regra, a nulidade da cláusula é pleiteada por consumidor, sendo necessário aplicar o maior prazo do sistema legal brasileiro para protegê-lo na linha da festejada tese do *diálogo das fontes*, de Erik Jayme e Claudia Lima Marques, explicada no primeiro capítulo deste livro.

Exposta a divergência, outro caso em que a Segunda Sessão do Superior Tribunal de Justiça concluiu pela possibilidade de aplicação do prazo de três anos relacionado à vedação do enriquecimento sem causa diz respeito ao ressarcimento de valores relativos ao custeio de obra de extensão de rede elétrica por consumidores. A tese firmada, para fins de repercussão geral, com distinções alusivas à concepção do crédito, foi a seguinte:

"1. Nas ações em que se pleiteia o ressarcimento dos valores pagos a título de participação financeira do consumidor no custeio de construção de rede elétrica, a prescrição deve ser analisada, separadamente, a partir de duas situações: (i) pedido relativo a valores cujo ressarcimento estava previsto em instrumento contratual e que ocorreria após o transcurso de certo prazo a contar do término da obra (pacto geralmente denominado de 'Convênio de Devolução'); (ii) pedido relativo a valores para cujo ressarcimento não havia previsão contratual (pactuação prevista em instrumento, em regra, nominado de 'Termo de Contribuição'). 1.2.) No primeiro caso (i), 'prescreve em 20 (vinte) anos, na vigência do Código Civil de 1916, e em 5 (cinco) anos, na vigência do Código Civil de 2002, a pretensão de cobrança dos valores aportados para a construção de rede de eletrificação rural, [...] respeitada a regra de transição prevista no art. 2.028 do Código Civil de 2002' (REsp 1.063.661/RS, Segunda Seção, julgado em 24.02.2010); 1.3.) No segundo caso (ii), a pretensão prescreve em 20 (vinte) anos, na vigência do Código Civil de 1916, e em 3 (três) anos, na vigência do Código Civil de 2002, por se tratar de demanda fundada em enriquecimento sem causa (art. 206, § 3.º, inciso IV), observada, igualmente, a regra de transição prevista no art. 2.028 do Código Civil de 2002" (STJ, REsp 1.249.321/RS, 2.ª Seção, Rel. Min. Luis Felipe Salomão, j. 10.04.2013, *DJe* 16.04.2013).

Novamente com o devido respeito, pelas razões antes demonstradas, ressalto que entendo que o prazo a ser aplicado às últimas situações, por se tratarem de relações de consumo, deveria ser o prazo geral (art. 205) para os atos ocorridos na vigência do Código Civil de 2002, ou seja, dez anos.

Pelas mesmas razões, não me filio à tese igualmente consolidada quanto à repetição de indébito nos contratos de cédula de crédito rural. Como estamos tratando de contratos de financiamento agrário, em que surge a necessidade de proteção não só dos produtores rurais, como também pela atividade por eles desenvolvida, meu entendimento é de incidência do prazo geral de dez anos. Todavia, como se extrai do *Informativo* n. 592, de novembro de 2016, que traz a tese firmada para fins de repercussão geral, a Segunda Seção do Tribunal da Cidadania acabou por concluir o seguinte:

"A pretensão de repetição de indébito de contrato de cédula de crédito rural prescreve no prazo de vinte anos, sob a égide do art. 177 do Código Civil de 1916, e de três anos, sob o amparo do art. 206, § 3.º, IV, do Código Civil de 2002, observada a norma de transição do art. 2.028 desse último

Diploma Legal" (STJ, REsp 1.361.730/RS, 2.ª Seção, Rel. Min. Raul Araújo, j. 10.08.2016, maioria, *DJe* 28.10.2016).

Do mesmo modo, não concordo com a aplicação do prazo geral de três anos para repetição de indébito ou ressarcimento de valores lançados indevidamente em contratos bancários, pois o prazo a ser aplicado deveria ser, mais uma vez, o de dez anos, por toda a argumentação que expus. Vejamos aresto recente da Corte Superior, que concluiu pela subsunção do art. 206, § 3.º, IV, do Código Civil a tais casos:

"Agravo interno. Agravo em recurso especial. Contrato bancário. Prestação de contas. Pretensão de repetição de indébito. Restituição/devolução de valores indevidamente apropriados. Lançamentos em conta corrente. Enriquecimento sem causa. Prescrição. 1. O prazo prescricional aplicável à pretensão de restituição dos valores pagos indevidamente (repetição de indébito) é, na vigência do Código Civil de 1916, vintenário, conforme seu artigo 177. Tal prazo foi reduzido para três anos com a entrada em vigor do Código Civil de 2002, de acordo com os artigos 206, § 3.º, inciso IV, e 2.028 desse diploma legal. Precedentes. 2. Agravo interno a que se nega provimento" (STJ, Ag. Int. no AREsp 1.089.653/PR, 4.ª Turma, Rel. Min. Maria Isabel Gallotti, j. 22.03.2018, *DJe* 05.04.2018).

Tratando-se de relações de consumo, filio-me a soluções como essa, aplicada pelo Superior Tribunal de Justiça ao compromisso de compra e venda de imóveis, mas por razões diversas do aludido pelo acórdão:

"Prescreve em dez anos – e não em três – a pretensão de cobrança dos valores pagos pelo promitente comprador em contrato de promessa de compra e venda de imóvel na hipótese em que tenha ocorrido a rescisão judicial do referido contrato e, na respectiva sentença, não tenha havido menção sobre a restituição. O art. 206, § 3.º, do CC/2002 estabelece a prescrição trienal tanto para a pretensão de 'ressarcimento' de enriquecimento sem causa (inciso IV) como para a pretensão de 'reparação civil' (inciso V). A pretensão de cobrança de valores pagos no período de normalidade contratual surgida em decorrência da rescisão do contrato não se enquadra às hipóteses descritas nos referidos dispositivos legais. De fato, o enriquecimento sem causa é gênero do qual o pagamento indevido é espécie. Ocorre que o aludido inciso IV não impôs o prazo prescricional de três anos para toda e qualquer hipótese em que se verificar um enriquecimento descabido, mas somente para os casos em que se requeira o 'ressarcimento' de enriquecimento sem causa. Quando a pretensão não for de ressarcimento, mas de outra natureza, por exemplo, de cobrança, não se aplica o prazo prescricional trienal estabelecido pelo art. 206, § 3.º, IV. Também não é possível a aplicação do prazo prescricional de três anos previsto no apontado inciso V à pretensão de cobrança, pois esse dispositivo se aplica à pretensão de reparação civil, expressão que designa indenização por perdas e danos e está associada, necessariamente, aos casos de responsabilidade civil, ou seja, aqueles que têm por antecedente ato ilícito. Com efeito, a pretensão de cobrança dos valores pagos no decorrer do contrato não tem natureza indenizatória e constitui consectário lógico da rescisão do negócio jurídico, o que impõe a ambas as partes a restituição das coisas ao estado anterior. Dessa forma, a pretensão de restituição de valores pagos em razão de desfazimento de negócio jurídico submete-se ao prazo prescricional geral de dez anos, previsto no art. 205 do CC/2002, e não ao prazo especial de três anos constante do art. 206, § 3.º, IV e V, do mesmo diploma" (STJ, REsp 1.297.607/RS, Rel. Min. Sidnei Beneti, j. 12.03.2013, *Informativo* n. *518*).

Em sede doutrinária, merecem destaque as precisas lições de Gustavo Tepedino, Heloísa Helena Barboza e Maria Celina Bodin de Moraes, para quem "o prazo prescricional em foco deve ser contado a partir do momento em que a parte lesada tem ciência do enriquecimento sem causa de terceiro à sua custa e não do momento em que houver o enriquecimento em si".[36] Essa também é a minha posição, pois valoriza-se a teoria da *actio nata subjetiva*, conforme antes desenvolvido.

Para encerrar o estudo da previsão, nota-se que muitas são as polêmicas sobre a incidência desse prazo específico de três anos para o enriquecimento sem causa, o que gera instabilidade na prática.

Com os fins de tentar resolvê-las, a Comissão de Juristas propõe, na Reforma do Código Civil, a aplicação do novo prazo geral de cinco anos também para as demandas envolvendo o enriquecimento sem causa, seguindo proposição formulada pela Ministra Maria Isabel Gallotti.

Nesse contexto, em boa hora e com os fins de afastar qualquer polêmica sobre a incidência do prazo de prescrição do art. 27 do CDC, em clara unificação das relações privadas, o *caput* do novo art. 205 do CC, passará a prever, o prazo geral de cinco anos: "a prescrição ocorre em cinco anos, quando a lei não lhe haja fixado prazo menor". E nos termos do seu parágrafo único, que resolverá na lei a questão relativa à diferenciação dos prazos para a responsabilidade civil contratual e extracontratual: "aplica-se o prazo geral do *caput* deste artigo para a pretensão de reparação civil, derivada da responsabilidade contratual ou extracontratual, e para a pretensão de ressarcimento por enriquecimento sem causa". A temática será tratada a seguir.

– **Inciso V. Pretensão de reparação civil**

O inciso V do § 3.º do art. 206, ao consagrar o prazo de três anos para a reparação civil, concentra grandes debates a respeito do tema da prescrição na responsabilidade civil, seja ela contratual ou extracontratual (*aquiliana*).

De início, vale lembrar que esse prazo era de vinte anos no sistema anterior, aplicando-se a regra geral do art. 177 do Código de 1916 pela ausência de norma específica a respeito do dever de indenizar. A redução desse prazo alterou substancialmente a sistemática da matéria de responsabilidade civil,

---

[36] TEPEDINO, Gustavo; BARBOZA, Heloísa Helena; MORAES, Maria Celina Bodin de. *Código Civil Interpretado*, cit., p. 406.

também diante da regra do art. 2.028 do CC/2002, que ainda será aqui exposta, analisada e discutida neste capítulo.

Pelo tratamento específico que consta do atual Código Civil, deve-se entender que estão canceladas as seguintes súmulas: *a)* Súmula n. 39 do STJ – "Prescreve em vinte anos a ação para haver indenização, por responsabilidade civil, de sociedade de economia mista"; *b)* Súmula n. 143 do STJ – "Prescreve em cinco anos a ação de perdas e danos pelo uso de marca comercial"; e *c)* Súmula n. 22 do 1.º Tribunal de Alçada Civil de São Paulo – "Prescreve em cinco anos as ações de indenização decorrentes de acidente ferroviário propostos contra a Ferrovia Paulista S.A.". Para todos esses casos, entendo que deverá ser aplicado o novo prazo legal de três anos, eis que as hipóteses anteriores cuidavam de reparação civil extracontratual.

Representando a principal controvérsia sobre esse inciso, na *V Jornada de Direito Civil*, no ano de 2011, aprovou-se enunciado polêmico, de autoria do Professor Gustavo Tepedino, estabelecendo que o prazo de três anos tem incidência tanto na responsabilidade contratual quanto na extracontratual (Enunciado n. 419). As hipóteses fáticas relativas à responsabilidade contratual em debate dizem respeito às situações em que a dívida é ilíquida, ou seja, não é certa quanto à existência e determinada quanto ao valor.

Havendo dívida líquida, fixada por instrumento público ou particular e como se verá, o prazo é de cinco anos, conforme o primeiro inciso do art. 206, § 5.º, do Código Civil. Citem-se, sobre a controvérsia a ser analisada, as situações concretas em que a responsabilidade contratual gera valores que ainda serão apurados, como aqueles relativos a prejuízos imateriais.

A questão nunca foi pacífica no âmbito da jurisprudência, uma vez que sempre existiram julgados do Superior Tribunal de Justiça concluindo pela aplicação de outros prazos, inclusive o prazo geral de dez anos e não o previsto comando em análise, havendo a citada responsabilidade civil contratual, fundada no inadimplemento obrigacional e sem a presença de dívida líquida fundada em instrumento. Aplicando o prazo geral de dez anos do art. 205 do CC/2002, a demonstrar ser essa a posição que vinha prevalecendo na jurisprudência superior até surgir a divergência na Terceira Turma da Corte:

> "Recurso especial. Plano de saúde. Ação de ressarcimento. Cirurgia cardíaca. Descumprimento de cláusula contratual. Prazo prescricional decenal. 1.- Em se tratando de ação objetivando o ressarcimento de despesas realizadas com cirurgia cardíaca para a implantação de 'stent', em razão da negativa do plano de saúde em autorizar o procedimento, a relação controvertida é de natureza contratual. 2.- Não havendo previsão específica quanto ao prazo prescricional, incide o prazo geral de 10 (dez) anos, previsto no art. 205 do Código Civil, o qual começa a fluir a partir da data de sua vigência (11.01.2003), respeitada a regra de transição prevista no art. 2.028. 3.- Recurso Especial provido" (STJ, REsp 1.176.320/RS, 3.ª Turma, Rel. Min. Sidnei Beneti, j. 19.02.2013, *DJe* 26.02.2013).

> "Direito Civil e Processual Civil. Recurso especial. Omissão. Inexistência. Reexame de provas. Inviabilidade. Inadimplemento contratual. Prazo pres-

cricional previsto no artigo 206, § 3.º, V, do Código Civil. Inaplicabilidade. 1. Não caracteriza omissão, contradição ou obscuridade quando o Tribunal apenas adota outro fundamento que não aquele defendido pela parte. 2. O artigo 206, § 3.º, V, do Código Civil cuida do prazo prescricional relativo à indenização por responsabilidade civil extracontratual, disciplinada pelos artigos 186, 187 e 927 do mencionado Diploma. 3. A Corte local apurou que a presente execução versa sobre montante relativo a não cumprimento de obrigação contratual, por isso que não é aplicável o prazo de prescrição previsto no artigo 206, § 3.º, V, do Código Civil. 4. Recurso especial não provido" (STJ, REsp 1.222.423/SP, 4.ª Turma, Rel. Min. Luis Felipe Salomão, j. 15.09.2011, *DJe* 1.º.02.2012).

A merecer destaque, aplicando o prazo geral de dez anos para hipótese de responsabilidade civil contratual em contrato de consumo, por quebra dos deveres anexos à boa-fé objetiva, exatamente na mesma linha em que vislumbro a controvérsia, transcrevo a seguinte ementa:

"Direito Civil e do Consumidor. Recurso especial. Relação entre banco e cliente. Consumo. Celebração de contrato de empréstimo extinguindo o débito anterior. Dívida devidamente quitada pelo consumidor. Inscrição posterior no SPC, dando conta do débito que fora extinto por novação. Responsabilidade civil contratual. Inaplicabilidade do prazo prescricional previsto no artigo 206, § 3.º, V, do Código Civil. 1. O defeito do serviço que resultou na negativação indevida do nome do cliente da instituição bancária não se confunde com o fato do serviço, que pressupõe um risco à segurança do consumidor, e cujo prazo prescricional é definido no art. 27 do CDC. 2. É correto o entendimento de que o termo inicial do prazo prescricional para a propositura de ação indenizatória é a data em que o consumidor toma ciência do registro desabonador, pois, pelo princípio da 'actio nata', o direito de pleitear a indenização surge quando constatada a lesão e suas consequências. 3. A violação dos deveres anexos, também intitulados instrumentais, laterais, ou acessórios do contrato – tais como a cláusula geral de boa-fé objetiva, dever geral de lealdade e confiança recíproca entre as partes –, implica responsabilidade civil contratual, como leciona a abalizada doutrina com respaldo em numerosos precedentes desta Corte, reconhecendo que, no caso, a negativação caracteriza ilícito contratual. 4. O caso não se amolda a nenhum dos prazos específicos do Código Civil, incidindo o prazo prescricional de dez anos previsto no artigo 205, do mencionado Diploma. 5. Recurso especial não provido" (STJ, REsp 1.276.311/RS, 4.ª Turma, Rel. Min. Luis Felipe Salomão, j. 20.09.2011, *DJe* 17.10.2011).

Todavia, nos últimos anos, surgiram julgados superiores, especialmente no âmbito da Terceira Turma do STJ, aplicando o prazo de três anos tanto para a responsabilidade contratual como para a extracontratual, na linha do enunciado exposto. Nessa esteira, seguindo a posição do Professor Gustavo Tepedino, expressamente citado:

"O termo 'reparação civil', constante do art. 206, § 3.º, V, do CC/2002, deve ser interpretado de maneira ampla, alcançando tanto a responsabilidade contratual (arts. 389 a 405) como a extracontratual (arts. 927 a 954), ainda que decorrente de dano exclusivamente moral (art. 186, parte final), e o abuso de direito (art. 187). Assim, a prescrição das pretensões dessa natureza originadas sob a égide do novo paradigma do Código Civil de 2002 deve observar o prazo comum de três anos. Ficam ressalvadas as pretensões cujos prazos prescricionais estão estabelecidos em disposições legais especiais" (STJ, REsp 1.281.594/SP, 3.ª Turma, Rel. Min. Marco Aurélio Bellizze, j. 22.11.2016, *DJe* 28.11.2016).

O relator do acórdão defende essa unificação de prazos, sustentando ser a tendência anterior da Corte, em seu artigo aqui já citado.[37] Ou, ainda, tratando de responsabilidade civil contratual pela evicção: "independentemente do seu *nomen juris*, a natureza da pretensão deduzida em ação baseada na garantia da evicção é tipicamente de reparação civil decorrente de inadimplemento contratual, a qual se submete ao prazo prescricional de três anos, previsto no art. 206, § 3.º, V, do CC/02" (STJ, REsp 1.577.229/MG, 3.ª Turma, Rel. Min. Nancy Andrighi, j. 08.11.2016, *DJe* 14.11.2016). Mais recentemente, da mesma Terceira Turma do Tribunal, mencionando o precedente anterior e cuidando-se de demanda "movida por empresa prestadora de serviços contra a Brasil Telecom S.A. e contra a 14 Brasil Telecom Celular S.A., objetivando o recebimento de valores decorrentes da prestação dos serviços de telefonia fixa, móvel e internet", ver: STJ, REsp 1.632.842/RS, 3.ª Turma, Rel. Min. Paulo de Tarso Sanseverino, j. 12.09.2017, *DJe* 15.09.2017.

Com o devido respeito, entendo que o primeiro caminho, pelo prazo de dez anos, é a melhor solução, especialmente quando a responsabilidade civil contratual envolver a tutela de vulneráveis, como consumidores e aderentes, na linha do que antes desenvolvi. Em reforço, pontue-se que quando a lei menciona a reparação civil, parece-me tratar somente da responsabilidade civil extracontratual e não do inadimplemento obrigacional em si.

Exatamente nessa linha, merecem destaque as palavras de Judith Martins-Costa e Cristiano Zanetti, em quatro artigos publicados sobre o tema.[38] No primeiro deles, os juristas demonstram a mudança da jurisprudência superior sobre a temática, destacando-se a abordagem crítica do precedente lavrado pela Terceira Turma, aqui antes mencionado (STJ, REsp 1.281.594/SP, 3.ª Turma, Rel. Min. Marco Aurélio Bellizze, j. 22.11.2016, *DJe* 28.11.2016):

"Ao longo de um decênio, de maneira majoritária, o Superior Tribunal de Justiça concluiu que a pretensão indenizatória fundada na responsabilidade contratual estava sujeita à prescrição de dez anos, conforme previsto na regra geral constante do artigo 205 do Código Civil. De fato, foram proferidos

---

[37] OLIVEIRA, Marco Aurélio Bellizze. Questões polêmicas sobre a prescrição, cit.
[38] Na internet, os quatro textos foram publicados no site *Consultor Jurídico*, na coluna Direito Civil Atual, no ano de 2017. Ver o sumário dos textos em: https://www.conjur.com.br/secoes/colunas/direito--civil-atual. As ideias dos autores também foram publicadas em: MARTINS-COSTA, Judith; ZANETTI, Cristiano de Souza. Responsabilidade contratual: prazo prescricional de 10 anos. *Revista dos Tribunais*, São Paulo, n. 979, p. 215-240.

22 acórdãos nesse sentido contra apenas quatro em sentido oposto. Não há dúvidas, portanto, sobre a constância e firmeza do entendimento segundo o qual a pretensão indenizatória, quando reportada a danos advindos da violação de um negócio jurídico, obedecia ao prazo decenal.

A orientação prevalente fundou-se no fato de a expressão 'reparação civil', comumente, apontar à responsabilidade extracontratual, enquanto a responsabilidade contratual é denominada, de modo habitual, como 'responsabilidade pelo inadimplemento do contrato', ou, mais sinteticamente, 'inadimplemento', 'incumprimento' ou 'inexecução contratual'.

De maneira surpreendente, no entanto, no final de 2016 sobreveio julgado que – paradoxalmente fundado no propósito de promover a segurança jurídica –, concluiu pela aplicação do prazo trienal também para as pretensões indenizatórias fundadas no inadimplemento contratual. Acabou-se por chegar a uma solução simplista, que desatende à outra das diretrizes da Comissão Elaboradora do Anteprojeto, a diretriz sistemática, pela qual se há de compreender que o Código tem de ter uma unidade lógica.

O julgado chama a atenção por várias razões. A primeira delas é o fato de que tanto o relator quanto os demais ministros votantes reviram suas posições anteriores, para, então, afirmar que a 'pretensão à reparação civil' indica não apenas a indenização por danos advindos de ilícitos absolutos, abrangendo igualmente a indenização devida em razão de danos provocados pelo inadimplemento contratual. Para justificar a mudança de orientação, o julgado invocou três fundamentos jurídicos – o literal, o sistemático e o axiológico.

Em primeiro lugar, fundou-se na letra da lei, para afirmar que o termo 'reparação civil' deve ser lido de maneira ampla, de modo a abarcar tanto a responsabilidade contratual, como a extracontratual; em segundo lugar, defendeu que essa interpretação mais bem se harmoniza com as demais regras que governam a responsabilidade contratual; e, em terceiro lugar, sustentou que o princípio constitucional da isonomia impede que haja prazos distintos para as obrigações fundadas em uma e outra espécie de responsabilidade".[39]

Nos três textos seguintes, os doutrinadores desmontam essa argumentação do precedente citado, e o fazem de forma bem eficiente, ao demonstrar a subsistência de diferenças entre a responsabilidade civil contratual e extracontratual, o que atinge a prescrição.[40] E arrematam, no último dos trabalhos:

---

[39] MARTINS-COSTA, Judith; ZANETTI, Cristiano de Souza. Qual é o prazo prescricional da responsabilidade contratual? Parte 1. Disponível em: <https://www.conjur.com.br/2017-mai-08/direito-civil-atual-qual-prazo-prescricional-responsabilidade-contratual-parte>. Acesso em: 9 jun. 2018.

[40] MARTINS-COSTA, Judith; ZANETTI, Cristiano de Souza. Qual é o prazo prescricional da responsabilidade contratual? Parte 2. Disponível em: <https://www.conjur.com.br/2017-mai-15/direito-civil-atual-qual-prazo-prescricional-responsabilidade-contratual-parte>. Acesso em: 9 jun. 2018. MARTINS-COSTA, Judith; ZANETTI, Cristiano de Souza. Qual é o prazo prescricional da responsabilidade contratual? Parte 3. Disponível em: <https://www.conjur.com.br/2017-mai-22/qual-prazo-prescricional-responsabilidade-contratual-parte>. Acesso em: 9 jun. 2018. MARTINS-COSTA, Judith; ZANETTI, Cristiano de Souza. Qual é o prazo prescricional da responsabilidade contratual? Parte 4. Disponível em: <https://www.conjur.com.br/2017-mai-29/direito-civil-atual-prazo-prescricional-responsabilidade-contratual-parte>. Acesso em: 9 jun. 2018.

"Do ponto de vista eminentemente pragmático, não são poucos os casos em que, havendo conflito entre as partes em razão de alegações de incumprimento contratual, estas se põem a negociar, a fim de evitar anos de brigas nos tribunais. Quando o prazo é mais longo, terão as partes mais tempo e tranquilidade para dedicar-se a uma negociação complexa. Em situação diversa, em face de um dano produzido no âmbito extracontratual, sendo pontual o contato entre o lesante e sua vítima, não há, como regra, interesse em manter a relação interpessoal, de modo que o prazo prescricional pode perfeitamente ajustar-se à exiguidade temporal.

No que toca ao regime jurídico, as diferenças são muitas e podem ser encontradas na disciplina distinta que uma e outra espécie de responsabilidade reservam aos seguintes temas: a) capacidade das partes; b) ônus da prova; c) avaliação da culpa; d) importância dos graus de culpa; e) termo inicial para fixar o ressarcimento; e f) possibilidade de disciplinar consensualmente a extensão do dano e de excluir a obrigação de reparar.

Da mesma forma que o Direito brasileiro, outros importantes ordenamentos, como os da Itália, Espanha e Portugal, reconhecem a distinção entre as duas modalidades de responsabilidade e preveem prazos prescricionais distintos para o exercício dos direitos lastreados em uma e outra fonte das obrigações.

Não se compreende, desse modo, como a previsão de regras diferentes para disciplinar institutos distintos e destinados a tutelar necessidades práticas tão diversas poderia violar o princípio da isonomia previsto no artigo 5.º, *caput*, da Constituição da República, como afirma o julgado, forte na lição do jurista que cita. A dicotomia entre responsabilidade contratual e extracontratual é tradicional e encontra abrigo na legislação brasileira. Seu reflexo na disciplina da prescrição deve, assim, ser respeitado".[41]

As palavras transcritas são precisas e assim também vislumbro a temática. Na verdade, a unificação dos prazos de prescrição, aplicando-se os três anos tanto para a responsabilidade extracontratual quanto para a contratual, prevalecia na Terceira Turma na Corte. Na Quarta Turma vinha predominando a divisão entre o prazo de dez anos para a responsabilidade contratual e três anos para a extracontratual ou aquiliana.

Em 27 de junho de 2018, a questão havia sido supostamente pacificada, em julgamento da Segunda Seção do Tribunal da Cidadania, tendo prevalecido a tese pelo prazo de dez anos para a responsabilidade civil contratual decorrente do inadimplemento. Em outras palavras, afastou-se a unificação de prazos que era seguida por julgados mais recentes da Terceira Turma. A afirmação se deu no julgamento dos Embargos de Divergência 1.280.825, de relatoria da Ministra Nancy Andrighi, que parece ter mudado seu entendimento anterior. Juntaram-se ela aos Ministros da Quarta Turma da Corte, formando maioria, em face dos julgadores da Terceira Turma.

Segundo a sua argumentação principal, a regra para os casos de descumprimento do contrato é a execução específica da obrigação, uma vez que "ao

---

[41] MARTINS-COSTA, Judith; ZANETTI, Cristiano de Souza. Qual é o prazo prescricional da responsabilidade contratual? Parte 4, cit.

credor é permitido exigir do devedor o exato cumprimento daquilo que foi avençado. Se houver mora, além da execução específica da prestação, o credor pode pleitear eventuais perdas e danos. Na hipótese de inadimplemento definitivo, o credor poderá escolher entre a execução pelo equivalente ou a resolução da relação jurídica contratual. Em ambas as alternativas, poderá requerer, ainda, o pagamento de perdas e danos". Sendo desse modo, existem três pretensões potenciais por parte do credor, o que exige do intérprete a aplicação das mesmas regras para as três pretensões: "não parece haver sentido jurídico nem lógica a afirmação segundo a qual o credor tem um prazo para exigir o cumprimento da obrigação e outro para reclamar o pagamento das perdas e danos" (STJ, EREsp 1.280.825/RJ, 2.ª Seção, Rel. Min. Nancy Andrighi, j. 27.06.2018, *DJe* 02.08.2018).

Diante desse cenário, entendeu-se que não havia razão para se julgar pelo prazo de três anos para as pretensões reparatórias por inadimplemento, raciocínio que também é preciso, juntando-se à argumentação aqui antes deduzida. Vejamos o que consta expressamente da ementa do acórdão:

"Para o efeito da incidência do prazo prescricional, o termo 'reparação civil' não abrange a composição da toda e qualquer consequência negativa, patrimonial ou extrapatrimonial, do descumprimento de um dever jurídico, mas, de modo geral, designa indenização por perdas e danos, estando associada às hipóteses de responsabilidade civil, ou seja, tem por antecedente o ato ilícito. Por observância à lógica e à coerência, o mesmo prazo prescricional de dez anos deve ser aplicado a todas as pretensões do credor nas hipóteses de inadimplemento contratual, incluindo o da reparação de perdas e danos por ele causados. Há muitas diferenças de ordem fática, de bens jurídicos protegidos e regimes jurídicos aplicáveis entre responsabilidade contratual e extracontratual que largamente justificam o tratamento distinto atribuído pelo legislador pátrio, sem qualquer ofensa ao princípio da isonomia" (STJ, EREsp 1.280.825/RJ, 2.ª Seção, Rel. Min. Nancy Andrighi, j. 27.06.2018, *DJe* 02.08.2018).

De toda sorte, a pacificação a respeito da matéria definitivamente ainda não havia ocorrido, pois o tema ainda teve que ser apreciado pela Corte Especial do STJ que, em maio de 2019, mais uma vez concluiu pela incidência do prazo geral de dez anos para a responsabilidade civil contratual. Vejamos o trecho principal da ementa, que teve pequena maioria de votos:

"A prescrição, enquanto corolário da segurança jurídica, constitui, de certo modo, regra restritiva de direitos, não podendo assim comportar interpretação ampliativa das balizas fixadas pelo legislador. A unidade lógica do Código Civil permite extrair que a expressão 'reparação civil' empregada pelo seu art. 206, § 3.º, V, refere-se unicamente à responsabilidade civil aquiliana, de modo a não atingir o presente caso, fundado na responsabilidade civil contratual. Corrobora com tal conclusão a bipartição existente entre a responsabilidade civil contratual e extracontratual, advinda da distinção ontológica, estrutural e funcional entre ambas, que obsta o tratamento isonômico. O caráter secundário assumido pelas perdas e danos advindas do inadimplemento contratual impõe seguir a sorte do principal (obrigação anteriormente assumida). Dessa forma, enquanto não prescrita a pretensão central alusiva à execução da obrigação contratual, sujeita ao prazo de dez anos (caso não exista previsão de prazo diferenciado), não pode estar fulminado pela prescrição o provimento acessório relativo à responsabilidade civil atrelada ao descumprimento do pactuado" (STJ, EREsp 1.281.594/SP, Corte Especial, Rel. Min. Benedito Gonçalves, Rel. p/ Acórdão Min. Felix Fischer, j. 15.05.2019, *DJe* 23.05.2019).

Assim, um longo debate técnico foi encerrado no âmbito da jurisprudência superior, e assim se espera que encontre a desejável estabilidade nos próximos anos, em prol da segurança jurídica e atendendo-se ao que consta do art. 926 do vigente Código de Processo Civil.

Vale lembra que a Comissão de Juristas propõe, na Reforma do Código Civil, a inclusão de um novo prazo geral de cinco anos para as relações civis, sendo imperiosa a redução desse lapso, diante do aumento considerável da velocidade das informações em tempos atuais, sobretudo em virtude das novas tecnologias. Assim, também com os fins de afastar qualquer polêmica sobre a incidência do prazo de prescrição do art. 27 do CDC, em clara unificação das relações privadas, o *caput* do novo art. 205 do CC passará a prever o prazo geral de cinco anos: "a prescrição ocorre em cinco anos, quando a lei não lhe haja fixado prazo menor". Em complemento, consoante o seu parágrafo único, que resolverá na lei a questão exposta relativa à diferenciação dos prazos para a responsabilidade civil contratual e extracontratual e também do ressarcimento do enriquecimento sem causa: "aplica-se o prazo geral do *caput* deste artigo para a pretensão de reparação civil, derivada da responsabilidade contratual ou extracontratual, e para a pretensão de ressarcimento por enriquecimento sem causa".

Espera-se, em prol da operabilidade, da previsibilidade e da segurança jurídica que o Congresso Nacional aprove as proposições, mais do que necessárias na atualidade.

Exposta mais essa divergência que restou recentemente pacificada na jurisprudência superior, outro debate que merece ser apontado diz respeito ao prazo de prescrição para se pleitear indenização por abandono afetivo, assunto tratado no Capítulo 9 deste livro.

A corrente amplamente majoritária entende que o prazo prescricional, em casos tais, é de três anos, afirmando-se a subsunção do prazo especial para a reparação civil ora estudado, previsto no art. 206, § 3.º, V, do Código Civil. No âmbito estadual, numerosos julgados seguem essa vertente, do prazo exíguo, diante de uma suposta subsunção perfeita ao caso concreto. Vejamos cinco deles, dos últimos dois anos e de cada uma das regiões do País.

De início, do Tribunal de Justiça do Paraná, transcrevo o seguinte acórdão:

"Ação reparatória de danos morais e materiais em razão do homicídio da mãe dos autores e do abandono afetivo em tese praticado pelo requerido. Prescrição. Aplicação do prazo trienal previsto no art. 206, § 3.º, V, CCB. Autores absolutamente incapazes à época dos fatos. Início do prazo prescricional com o alcance da maioridade" (TJPR, Apelação Cível 1601201-4, 10.ª Câmara Cível, Ipiranga, Rel. Des. Ângela Khury Munhoz da Rocha, j. 08.06.2017, *DJPR* 21.07.2017, p. 130).

Do Tribunal de São Paulo, merece colação:

"Incidência do prazo de três anos previsto no artigo 206, § 3.º, inciso V, do Código Civil de 2002, em consonância com o artigo 2.028 do mesmo diploma legal" (TJSP, Apelação 0013103-59.2012.8.26.0453, Acórdão 9425346, 5.ª Câmara de Direito Privado, Pirajuí, Rel. Des. A. C. Mathias Coltro, j. 04.05.2016, *DJESP* 17.05.2016).

Da Região Centro-Oeste posicionou-se o Tribunal do Distrito Federal da seguinte maneira:

"A pretensão indenizatória da autora/recorrente prescreve em três anos, na esteira do art. 206, § 3.º, inciso V, do Código Civil. Além disso, fundamenta-se no descumprimento, pelo réu/recorrido, das obrigações inerentes ao poder familiar, incluindo o amparo moral e econômico. Os deveres relativos ao poder familiar cessam com a maioridade plena, ainda que o genitor não os exerça. De fato, a simples alegação de que o requerido/apelado não cumpriria as obrigações relativas ao poder familiar não tem o condão de afastar a incidência da causa suspensiva prevista no art. 197, inciso II, do Código Civil. Sendo assim, resta claro que qualquer pretensão relacionada ao inadimplemento dos deveres inerentes ao poder familiar somente pode ser demandada quando encerrada a causa suspensiva acima mencionada, ou seja, com a maioridade plena do filho ou com a emancipação deste" (TJDF, Apelação Cível 2015.01.1.064396-6, Acórdão 101.8971, 4.ª Turma Cível, Rel. Des. Rômulo de Araújo Mendes, j. 11.05.2017, *DJDFTE* 30.05.2017).

Seguindo, do Estado da Paraíba, no mesmo sentido: "a pretensão de reparação civil por abandono afetivo nasce quando cessa a menoridade civil do autor, caso a suposta paternidade seja de seu conhecimento desde a infância, estando sujeita ao prazo prescricional de três anos" (TJPB, Recurso 0028806-67.2013.815.0011, 4.ª Câmara Especializada Cível, Rel. Des. Romero Marcelo da Fonseca Oliveira, *DJPB* 11.04.2016). Por derradeiro, chegando-se ao Amazonas, tem-se o seguinte acórdão:

"A pretensão de indenização por abandono afetivo prescreve em três anos, conforme o prazo estabelecido no art. 206, § 3.º, V, do Código Civil, e começa a contar a partir da maioridade do alimentando. No caso concreto deve ser reconhecida a prescrição, porquanto a presente ação foi ajuizada quase sete anos após o autor atingir a maioridade" (TJAM, Apelação 0622496-32.2013.8.04.0001, 1.ª Câmara Cível, Rel. Des. Maria das Graças Pessoa Figueiredo, *DJAM* 17.08.2017, p. 12).

Como se pode perceber, todos os julgados transcritos acabam por concluir que o prazo prescricional de três anos tem início com a maioridade do filho, pois, nos termos do art. 197, II, do Código Civil, não corre a prescrição entre ascendentes e descendentes durante o poder familiar, o que é cessado quando o filho completa dezoito anos, em regra. Esse dispositivo, segundo tal interpretação, deve prevalecer sobre outra, enunciada pelo art. 198, I, da mesma codificação, segundo a qual não corre a prescrição contra os absolutamente incapazes, os menores de dezesseis anos. Sendo assim, o prazo prescricional para o abandono afetivo acaba por vencer quando o filho completa vinte e um anos de idade (18 anos + 3 da prescrição).

Entre colegas professores por mim consultados, assim se posicionam Ricardo Calderón, Rodrigo Toscano de Brito, João Ricardo Brandão Aguirre, Maurício Bunazar, Marcelo Truzzi Otero, Eduardo Busatta, Fábio Azevedo, Alexandre Gomide, Maurício Andere Von Bruck Lacerda, Roberto Lima Figueiredo, Marcelo Junqueira Calixto, Marco Aurélio Bezerra de Melo, Fernando Carlos de Andrade Sartori e Marcos Ehrhardt Júnior. No âmbito do STJ existe acórdão da Terceira Turma concluindo exatamente dessa forma: "Indenização por danos morais decorrentes do abandono afetivo. Prescrição. Aplicação do prazo prescricional trienal previsto no artigo 206 § 3.º, inciso V, do CC/2002. Precedentes deste Tribunal" (STJ, AREsp 842.666/SP, 3.ª Turma, Rel. Min. Paulo de Tarso Sanseverino, DJe 29.06.2017).

No entanto, é preciso aqui fazer uma ressalva, pois, se os fatos tiverem ocorrido na vigência do Código Civil de 1916, há que se aplicar o prazo geral de vinte anos para as ações pessoais, previsto no art. 177 da codificação revogada. Nessa linha, importante precedente da Quarta Turma do Superior Tribunal de Justiça, que merece transcrição:

"Os direitos subjetivos estão sujeitos a violações, e quando verificadas, nasce para o titular do direito subjetivo a faculdade (poder) de exigir de outrem uma ação ou omissão (prestação positiva ou negativa), poder este tradicionalmente nomeado de pretensão. A ação de investigação de paternidade é imprescritível, tratando-se de direito personalíssimo, e a sentença que reconhece o vínculo tem caráter declaratório, visando acertar a relação jurídica da paternidade do filho, sem constituir para o autor nenhum direito novo, não podendo o seu efeito retro-operante alcançar os efeitos passados das situações de direito. O autor nasceu no ano de 1957 e, como afirma que desde a infância tinha conhecimento de que o réu era seu pai, à luz do disposto nos artigos 9.º, 168, 177 e 392, III, do Código Civil de 1916, o prazo prescricional vintenário, previsto no Código anterior para as ações pessoais, fluiu a partir de quando o autor atingiu a maioridade e extinguiu-se assim o 'pátrio poder'. Todavia, tendo a ação sido ajuizada somente em outubro de 2008, impõe-se reconhecer operada a prescrição, o que inviabiliza a apreciação da pretensão quanto a compensação por danos morais" (STJ, REsp 1.298.576/RJ, 4.ª Turma, Rel. Min. Luis Felipe Salomão, j. 21.08.2012, DJe 06.09.2012).

Com o devido respeito às posições expostas, entendo que, em casos de abandono afetivo, não há que se reconhecer qualquer prazo para a pretensão, sendo a correspondente demanda imprescritível. Primeiro, pelo fato de a demanda envolver Direito de Família e estado de pessoas, qual seja a situação de filho. Segundo, por ter como conteúdo o direito da personalidade e fundamental à filiação. Terceiro, porque, no abandono afetivo, os danos são continuados, não sendo possível identificar concretamente qualquer termo *a quo* para o início do prazo.

Em verdade, penso que os casos de abandono afetivo são similares aos casos de responsabilidade civil por tortura, reconhecendo o Superior Tribunal de Justiça, em vários arestos, a imprescritibilidade da pretensão em tais situações. Assim, por exemplo, entre os mais recentes, com citação de outros acórdãos: "as ações indenizatórias por danos morais decorrentes de atos de tortura ocorridos durante o Regime Militar de exceção são imprescritíveis. Inaplicabilidade do prazo prescricional do art. 1.º do Decreto 20.910/1932. Precedentes do STJ: AgRg no Ag 1.339.344/PR, Rel. Ministro Herman Benjamin, 2.ª Turma, *DJe* 28.02.2012; AgRg no REsp 1.251.529/PR, Rel. Min. Benedito Gonçalves, 1.ª Turma, *DJe* 1.º.07.2011" (STJ, AgRg no REsp 1.4981.67/RJ, 2.ª Turma, Rel. Min. Humberto Martins, j. 18.08.2015, *DJe* 25.08.2015). Com tom suplementar de ilustração, entre os primeiros precedentes: "o dano noticiado, caso seja provado, atinge o mais consagrado direito da cidadania: o de respeito pelo Estado à vida e de respeito à dignidade humana. O delito de tortura é hediondo. A imprescritibilidade deve ser a regra quando se busca indenização por danos morais consequentes da sua prática" (STJ, REsp 379.414/PR, Rel. Min. José Delgado, *DJ* 17.02.2003).

Em reforço, parece-me ser equivocado afirmar que o prazo prescricional, pela feição subjetiva da *actio nata*, terá início a partir da maioridade do filho postulante. Pela citada teoria, aqui citada exaustivamente, o prazo prescricional tem início não da lesão ao direito subjetivo, mas do conhecimento da lesão.

Diante dessa feição subjetiva da *actio nata*, não se pode dizer qual o termo *a quo* para o início do prazo. Os danos são continuados, não cessam, não saem da memória do ofendido, mesmo em se tratando de pessoa com idade avançada. Em outras palavras, o prejuízo é de trato sucessivo, atinge a honra do filho a cada dia, a cada hora, a cada minuto e a cada segundo. Ninguém esquece o desprezo de um pai.

A respeito do início do prazo, também é preciso fazer uma objeção, adotando-se a posição majoritária pelo prazo prescricional específico. Ora, nem sempre o lapso temporal de três anos será contado da maioridade do filho. Em casos de reconhecimento posterior da paternidade, mais uma vez por aplicação da teoria da *actio nata subjetiva*, o prazo deve ser contado do trânsito em julgado da decisão que a reconhece, momento em que não há mais dúvida quanto ao vínculo dos envolvidos. Nesse sentido, conforme se retira de julgamento do Tribunal Paulista, "no caso dos autos, contudo, a autora apenas soube o nome do pai em 2013, ano em que completou 30 (trinta) anos, quando o réu dela se aproximou pela rede social Facebook. Propositura de ação de reconhecimento da paternidade pela autora embasada em exame de DNA positivo realizado em laboratório particular pelas partes. Início da contagem do prazo prescricional a partir da data do trânsito em julgado da ação de paternidade. Precedente deste Egrégio Tribunal de Justiça de São Paulo" (TJSP, Apelação 1008272-98.2015.8.26.0564, Acórdão 9428000, 8.ª Câmara de Direito Privado, São Bernardo do Campo, Rel. Des. Pedro de Alcântara, j. 11.05.2016, *DJESP* 19.05.2016).

Como se nota, o julgado admite a possibilidade de indenização por abandono afetivo após a maioridade, o que conta com o meu apoio. Muitas peculiaridades técnicas devem ser percebidas, mesmo no caso de adoção do prazo de três anos. O tema do abandono afetivo, assim, apresenta dificuldades jurídicas não só no seu conteúdo, mas também na verificação da existência ou não da suposta pretensão.

Analisado mais esse problema prático relativo à prescrição, no que diz respeito às ações de responsabilidade civil decorrentes de acidente de trabalho, em que estão presentes danos materiais ou imateriais, filia-se à corrente segundo a qual continua em vigor o prazo prescricional de cinco anos, previsto para o trabalhador urbano ou o rural (art. 7.º, inc. XXIX, da CF/1988), prazo esse que é mais favorável ao trabalhador-vulnerável. Nessa linha de conclusão, o preciso Enunciado n. 420 do Conselho da Justiça Federal, aprovado na *V Jornada de Direito Civil*: "não se aplica o art. 206, § 3.º, V, do Código Civil às pretensões indenizatórias decorrentes de acidente de trabalho, após a vigência da Emenda Constitucional n. 45, incidindo a regra do art. 7.º, XXIX, da Constituição da República".

Essa visão tem prevalecido no âmbito do Tribunal Superior do Trabalho, que criou a seguinte regra de Direito Intertemporal para resolver a questão, mormente diante da emergência da Emenda Constitucional n. 45 e da *actio nata subjetiva*:

"Assim, reputa-se necessária uma interpretação especial em relação às ações ajuizadas nesta fase de transição, sob pena de se produzirem injustiças inaceitáveis: a) nas lesões ocorridas até a data da publicação da EC n. 45/2004, em 31.12.2004, aplica-se a prescrição civilista, observado, inclusive, o critério de adequação de prazos fixado no art. 2.028 do CCB/2002. Ressalva do Relator, que entende aplicável o prazo do art. 7.º, XXIX, CF, caso mais favorável (*caput* do art. 7.º, CF); b) nas lesões ocorridas após a EC n. 45/2004 (31.12.2004), aplica-se a regra geral trabalhista do art. 7.º, XXIX, CF/1988. Ademais, em se tratando de acidente de trabalho e doença ocupacional, pacificou a jurisprudência que o termo inicial da prescrição (*actio nata*) dá-se da ciência inequívoca do trabalhador no tocante à extensão do dano (Súmula n. 278/STJ). Dessa maneira, se o obreiro se aposenta por invalidez, é daí que se inicia a contagem do prazo prescricional, pois somente esse fato possibilita a ele aferir a real dimensão do malefício sofrido. Por coerência com essa ideia, se acontecer o inverso e o empregado for considerado apto a retornar ao trabalho, será da ciência do restabelecimento total ou parcial da saúde que começará a correr o prazo prescricional. (...)" (TST, Recurso de Revista 0002084-54.2015.5.02.0070, 3.ª Turma, Rel. Min. Mauricio Godinho Delgado, *DEJT* 11.05.2018, p. 2.476).

Por fim, como último exemplo e divergência de aplicação do inc. V do § 3.º do art. 206, deve ser mencionado o teor de enunciado aprovado na *VII Jornada de Direito Civil* (2015), que ordena a aplicação do prazo de três anos para as ações regressivas das seguradoras contra os causadores do evento: "é de 3 anos, pelo art. 206, § 3.º, V, do CC, o prazo prescricional para a pretensão indenizatória da seguradora contra o causador do dano ao segurado, pois a seguradora sub-roga-se em seus direitos" (Enunciado n. 580). A conclusão nele constante não é pacífica, pois julgados superiores trazem o entendimento segundo o qual o prazo de prescrição a ser aplicado é o mesmo da relação jurídica originária. Em outras palavras, o prazo não é fixo, mas variável. Assim entendendo:

"Agravo interno no recurso especial. Ação regressiva. Seguradora contra o causador do dano. Sub-rogação nos direitos do segurado. Extravio de bagagem em voo nacional. Prazo de prescrição aplicável à relação jurídica originária. Agravo interno improvido. 1. Conforme reiteradas decisões desta Corte, ao efetuar o pagamento da indenização ao segurado em decorrência de danos causados por terceiro, a seguradora sub-roga-se nos direitos daquele, nos limites desses direitos, ou seja, não se transfere à seguradora mais direitos do que aqueles que o segurado detinha no momento do pagamento da indenização. Assim, dentro do prazo prescricional aplicável à relação jurídica originária, a seguradora pode buscar o ressarcimento do que despendeu com a indenização securitária. 2. Agravo interno a que se nega provimento" (STJ, Ag. Int. no REsp 1.613.489/SP, 3.ª Turma, Rel. Min. Marco Aurélio Bellizze, j. 19.09.2017, *DJe* 28.09.2017).

"Agravo regimental no recurso especial. Transporte marítimo de mercadoria. Seguradora. Cobrança. Prescrição civil. Ausência de relação de consumo. 1. Esta Corte já firmou entendimento de que, ao efetuar o pagamento da indenização ao segurado em decorrência de danos causados por terceiro, a seguradora sub-roga-se nos direitos daquele, podendo, dentro do prazo prescricional aplicável à relação jurídica originária, buscar o ressarcimento do que despendeu, nos mesmos termos e limites que assistiam ao segurado. 2. No caso de não se averiguar a relação de consumo no contrato de transporte firmado, já decidiu esta Corte Superior que é de 1 (um) ano o prazo prescricional para propositura de ação de segurador sub-rogado requerer da transportadora o ressarcimento pela perda da carga. Precedentes. 3. Agravo regimental não provido" (STJ, AgRg no REsp 1.169.418/RJ, 3.ª Turma, Rel. Min. Ricardo Villas Bôas Cueva, j. 06.02.2014, *DJe* 14.02.2014).

Esse último entendimento é mais correto e preciso tecnicamente, representando aplicação do art. 349 do Código Civil, segundo o qual a sub-rogação transfere ao novo credor todos os direitos, ações, privilégios e garantias do primitivo, com relação à dívida, contra o devedor principal e os fiadores. Essa transferência, como não poderia ser diferente, inclui o prazo de prescrição existente na relação jurídica originária.

– **Inciso VI. Pretensão de restituição dos lucros ou dividendos recebidos de má-fé, correndo o prazo da data em que foi deliberada a distribuição**

A hipótese não constava no Código Civil de 1916, estando abarcada pelo sentido genérico da vedação do enriquecimento sem causa (inciso IV do mesmo preceito), também com prazo de três anos, não havendo necessidade dessa previsão específica, no meu entender.

Anote-se que, não obstante a ausência de previsão no Código Civil de 1916, a Lei n. 6.404/1976 – que trata da Sociedade por Ações – já estabelecia o prazo de três anos no seu art. 287, inc. II, letra *c*, exatamente para a mesma hipótese, com pequenas alterações de redação. Conforme a previsão da norma específica, o prazo de três anos incide na "a ação contra acionistas para restituição de dividendos recebidos de má-fé, contado o prazo da data da publicação da ata da assembleia geral ordinária do exercício em que os dividendos tenham sido declarados".

Diante da ausência de previsão no Código Civil a respeito do início do prazo, filio-me à afirmação doutrinária no sentido de se aplicar o previsto na norma específica, pelo menos em regra.[42] Digo *em regra* pois é possível ventilar a aplicação da *actio nata subjetiva*, tendo início o prazo da ciência da lesão ao direito subjetivo.

A norma tem subsunção, por exemplo, aos casos de divisão indevida e recebimento de má-fé quanto a lucros ou dividendos de ações de uma pessoa jurídica, tendo mais incidência no âmbito do Direito de Empresa e fugindo do objeto principal deste livro. Seguindo antiga lição, a má-fé deve ser comprovada, o que é premissa-geral. Entretanto, nos termos do art. 201, § 2.º, da mesma Lei n. 6.404/1976, presume-se a má-fé quando os dividendos forem distribuídos sem o levantamento do balanço ou em desacordo com os resultados deste.

Ademais, havendo recebimento de boa-fé de tais montantes, o prazo de prescrição não se aplica, simplesmente porque não é o caso de reconhecer a restituição dos valores, pelo menos em regra.

Por fim, anoto que no projeto de Reforma do Código Civil não há proposta de alteração do conteúdo da norma, passando apenas a compor o inc. V do art. 202 da codificação privada.

- **Inciso VII. Pretensão contra determinadas pessoas por violação da lei ou do estatuto da pessoa jurídica. Empresa**

As hipóteses alcançadas pelo comando são as seguintes, com menção ao início do mesmo prazo de três anos: *a)* para os fundadores, da publicação dos atos constitutivos da sociedade anônima; *b)* para os administradores, ou fiscais, da apresentação, aos sócios, do balanço referente ao exercício em que a violação tenha sido praticada, ou da reunião ou assembleia geral que dela deva tomar conhecimento; *c)* para os liquidantes, da primeira assembleia semestral posterior à violação. Novamente, esse prazo interessa mais ao Direito de Empresa, fugindo ao objeto principal deste trabalho e estando presente, com pequenas modificações, no art. 287, II, letra *b*, da Lei n. 6.404/1976. No Código Civil de 1916 não havia previsão dessas situações.

No projeto de Reforma do Código Civil não há proposta de alteração do conteúdo da norma, passando apenas a compor o inc. VI do art. 202 da codificação privada.

---

[42] TEPEDINO, Gustavo; BARBOZA, Heloísa Helena; MORAES, Maria Celina Bodin de. *Código Civil Comentado*, cit., p. 409.

– **Inciso VIII. Pretensão para haver o pagamento de título de crédito, a contar do vencimento, ressalvadas as disposições de lei especial**

Esse dispositivo somente se aplica a *títulos de crédito atípicos*, aqueles sem previsão legal, caso do comprovante de depósito e do *warrant*. Não se subsume ao cheque e à duplicata, por exemplo, que têm tratamento legal específico. Conforme consta do art. 903 do Código Civil de 2002, "salvo disposição diversa em lei especial, regem-se os títulos de crédito pelo disposto neste Código". Em outras palavras, os títulos de crédito regidos por leis especiais continuam submetidos ao tratamento legal anterior.

Vale lembrar que o prazo para buscar o pagamento de um cheque é de seis meses, depois de expirado o prazo para a sua apresentação (art. 59 da Lei do Cheque – Lei n. 7.357/1985). Quanto à duplicata, o art. 18 da Lei n. 5.474/1968 estabelece que a pretensão à execução da duplicata prescreve: *a)* contra o sacado e respectivos avalistas, em três anos, contados da data do vencimento do título; *b)* contra endossante e seus avalistas, em um ano, contado da data do protesto; e *c)* de qualquer dos coobrigados contra os demais, em um ano, contado da data em que haja sido efetuado o pagamento do título.

– **Inciso IX. A pretensão do beneficiário contra o segurador, e a do terceiro prejudicado, no caso de seguro de responsabilidade civil obrigatório**

Como decorrência dessa previsão, último inciso do art. 206, § 3.º, o Superior Tribunal de Justiça editou, em 2009, a sua Súmula n. 405, segundo a qual "a ação de cobrança do seguro obrigatório (DPVAT) prescreve em três anos". Não se cogita mais a aplicação para os acidentes ocorridos após 11.01.2003 do prazo de vinte anos, retirado do art. 177 do Código Civil de 1916, como constava da Súmula n. 125 do antigo Tribunal Federal de Recursos.

Sobre o início do prazo, vale lembrar que a Súmula n. 573 do mesmo STJ estabelece que "Nas ações de indenização decorrente de seguro DPVAT, a ciência inequívoca do caráter permanente da invalidez, para fins de contagem do prazo prescricional, depende de laudo médico, exceto nos casos de invalidez permanente notória ou naqueles em que o conhecimento anterior resulte comprovado na fase de instrução". Como demonstrei, trata-se de mais uma aplicação da teoria da *actio nata* em sua *faceta subjetiva*.

d) Art. 206, § 4.º, do Código Civil – prazo de quatro anos

O § 4.º do art. 206 enuncia que prescreve em quatro anos a pretensão relativa à tutela, a contar da data da aprovação das contas. A tutela é instituto de direito assistencial para a proteção de direitos de menores incapazes (menores de 16 anos – art. 3.º do CC/2002 ou menores de 18 anos e maiores de 16 anos – art. 4.º, I, do CC/2002).

Nos casos de maiores incapazes, o instituto assistencial protetivo é a curatela, incidente para os relativamente incapazes previstos no art. 4.º, II a IV do Código Civil, a saber: *a)* ébrios habituais (alcoólatras) e viciados em tóxicos; *b)* pessoas que por causa transitória ou definitiva não puderem exprimir vontade; e *c)* pródigos. A pessoa com deficiência, em regra, passou a ser plenamente capaz, diante da emergência do Estatuto da Pessoa com Deficiência, não estando mais sujeita à curatela como premissa-geral.

Sobre a prestação de contas na tutela, prevê o art. 1.755 do Código Civil que os tutores, embora o contrário tivessem disposto os pais dos tutelados, são obrigados a prestar contas da sua administração. Desse modo, no fim de cada ano de administração, os tutores submeterão ao juiz o balanço respectivo, que, depois de aprovado, será anexado aos autos do inventário (art. 1.756). Os tutores prestarão contas de dois em dois anos e também quando, por qualquer motivo, deixarem o exercício da tutela ou toda vez que o juiz achar conveniente (art. 1.757). O prazo de quatro anos em estudo diz respeito à cobrança desses montantes relativos à prestação de contas.

Como à curatela aplicam-se subsidiariamente as regras da tutela, conforme prevê o art. 1.774 do Código Civil, entendo que essas regras, bem como o prazo de prescrição de quatro anos para cobrança de valores, são plenamente incidentes à categoria. De toda sorte, o prazo em questão interessa mais ao Direito de Família do que ao objeto deste livro.

No projeto de Reforma do Código Civil há proposta de revogação dessa previsão, que é deslocada para o § 3.º, inc. X, do art. 206, com prazo de três anos, o que visa a facilitar a contagem, em prol da antes citada operabilidade, pois os prazos especiais de prescrição serão apenas de 1, 3 e 5 anos.

e) Art. 206, § 5.º, do Código Civil – prazo de cinco anos

– **Inciso I. A pretensão de cobrança de dívidas líquidas constantes de instrumento público ou particular**

Não havia previsão nesse sentido no Código de 1916, situando-se a hipótese, no sistema anterior, na regra geral de vinte anos das ações pessoais (art. 177). Como *dívidas líquidas* devem-se compreender aquelas certas quanto à existência e determinadas quanto ao valor.

Ressalve-se novamente, no contexto do debate antes exposto a respeito do prazo nas hipóteses de responsabilidade contratual, que, havendo dívida líquida fixada em instrumento – seja escritura pública lavrada no Tabelionato de Notas ou instrumento particular –, o prazo será de cinco anos, por incidência deste art. 206, § 5.º, inc. I, do Código Civil. Como primeira ilustração, presente um instrumento particular de confissão de dívida ou contrato celebrado entre as partes que construam uma dívida dessa natureza, o prazo será quinquenal.

Da prática jurisprudencial, aplicando tal preceito, instigante acórdão do Superior Tribunal de Justiça, relativo ao prazo para cobrança de anuidades de advogados pela Ordem dos Advogados do Brasil, com montante determinado concluiu da seguinte forma:

> "Após a entrada em vigor do CC/2002, é de cinco anos o prazo de prescrição da pretensão de cobrança de anuidades pela OAB. De acordo com o art. 46,

parágrafo único, da Lei 8.906/1994, constitui título executivo extrajudicial a certidão passada pelo Conselho competente referente a crédito decorrente de contribuição devida à OAB, não sendo necessária, para sua validade, sequer a assinatura do devedor ou de testemunhas. Assim, o título que embasa a referida cobrança é espécie de instrumento particular que veicula dívida líquida, sujeitando-se, portanto, ao prazo quinquenal estabelecido no art. 206, § 5.º, I, do CC/2002, aplicável à 'pretensão de cobrança de dívidas líquidas constantes de instrumento público ou particular'. É certo que, até o início da vigência do CC/2002, não havia norma específica regulando a prescrição da referida pretensão, motivo pelo qual se lhe aplicava o prazo geral de vinte anos previsto no CC/1916. Todavia, com o advento do CC/2002, havendo regra específica a regular o caso, qual seja, a do art. 206, § 5.º, I, é inaplicável o prazo geral de dez anos previsto no art. 205 do mesmo diploma legal" (STJ, AgRg nos EDcl no REsp 1.267.721/PR, Rel. Min. Castro Meira, j. 11.12.2012, *Informativo* n. 513).

Seguindo para outra concretização, em 2017, o Superior Tribunal de Justiça acabou por consolidar a posição no sentido de que o prazo de cinco anos previsto neste primeiro inciso do § 5.º do art. 206 subsume-se para que o condomínio geral ou edilício exerça a pretensão de cobrança de taxa condominial ordinária ou extraordinária, constante em instrumento público ou particular, a contar do dia seguinte ao vencimento da prestação. O julgamento novamente foi em incidente de recursos repetitivos, tendo força vinculativa para a primeira e segunda instância (STJ, REsp 1.483.930/DF, 2.ª Seção, Rel. Min. Luis Felipe Salomão, j. 23.11.2016, *DJe* 1.º.02.2017).

Entretanto, percorrendo outro caminho jurídico, pontue-se que a mesma Corte entendeu que o prazo para cobrança de valores constantes de mútuo verbal situa-se na regra geral dos dez anos (art. 205 do CC), por ausência de previsão legal e impossibilidade de enquadramento na hipótese aqui exposta (STJ, REsp 1.510.619/SP, 3.ª Turma, Rel. Min. Ricardo Villas Bôas Cueva, j. 19.06.2017).

Como última ilustração a respeito desse prazo de cinco anos, novamente em sede de julgamento de recursos repetitivos, concluiu a Segunda Seção do Tribunal da Cidadania que o "prazo para ajuizamento de ação monitória em face do emitente de cheque sem força executiva é quinquenal, a contar do dia seguinte à data de emissão estampada na cártula" (STJ, REsp 1.101.412/SP, 2.ª Seção, Rel. Min. Luis Felipe Salomão, j. 11.12.2013, *DJe* 03.02.2014). Entendeu-se pela colocação da hipótese no primeiro inciso do § 5.º pelo fato de haver no título de crédito um instrumento que consubstancia uma dívida líquida. Além disso, foi afastada a aplicação do prazo de três anos relativo ao enriquecimento sem causa, pois, conforme o Relator, "o prazo cogitado pela Corte local, de 3 (três) anos, previsto no artigo 206, § 3.º, IV, do Código Civil, é imprestável para a presente demanda, pois concerne a ações fundadas em 'ressarcimento de enriquecimento sem causa', disciplinadas pelos artigos 884 a 885 do mesmo Diploma. Nesse passo, tendo em vista a expressa ressalva do artigo 886 do Código Civil, a ação fundada em enriquecimento sem causa tem aplicação subsidiária, isto é, só pode ser manejada caso não seja possível o ajuizamento de ação específica". A conclusão do julgador parece-me precisa e correta tecnicamente.

Seja como for, no projeto de Reforma do Código Civil há proposta de revogação expressa dessa norma, que passará a estar sujeita ao prazo geral de cinco anos, do seu novo art. 205, com vistas à facilitação e ao atendimento do princípio da operabilidade.

- **Inciso II. A pretensão dos profissionais liberais em geral, procuradores judiciais, curadores e professores pelos seus honorários, contado o prazo da conclusão dos serviços, da cessação dos respectivos contratos ou mandato**

Essa previsão engloba as hipóteses relativas ao inadimplemento contratual com relação a profissionais liberais, caso de médicos, dentistas, engenheiros, arquitetos, fisioterapeutas, professores de línguas e orientadores de atividades físicas, entre outros.

Sobre os advogados, confirma-se o teor do art. 25 do Estatuto da Advocacia, segundo o qual prescreve em cinco anos a ação de cobrança de honorários de advogado, contado o prazo: *a)* do vencimento do contrato, se houver; *b)* do trânsito em julgado da decisão que os fixar; *c)* da ultimação do serviço extrajudicial; *d)* da desistência ou transação; *e)* da renúncia ou revogação do mandato. Como não poderia ser diferente, a norma específica ainda tem incidência, mormente com relação ao início dos prazos.

Em tom suplementar, não se pode esquecer do teor do art. 25-A, do Estatuto da Advocacia, incluído pela Lei n. 11.902/2009, que consagra prazo prescricional de cinco anos para a ação de prestação de contas pelas quantias recebidas pelo advogado de seu cliente, ou de terceiros por conta dele.

Como última nota, reitero que no projeto de Reforma do Código Civil há proposta de revogação expressa dessa norma que, sem prejuízo da lei especial, passará a estar sujeita ao prazo geral de cinco anos, do seu novo art. 205, com vistas à facilitação, à simplicidade e ao atendimento do princípio da operabilidade.

- **Inciso III. A pretensão do vencedor para haver do vencido o que despendeu em juízo**

O último inciso do art. 206, § 5.º, do Código Civil consagra prazo de cinco anos para que o vencedor da demanda cobre do vencido o que gastou com a ação, o que inclui custas processuais, despesas com perícia, valores despendidos com locomoção para acompanhar o processo e honorários contratuais; o que deve ser comprovado por aquele que pleiteia tais montantes. Não havia previsão a esse respeito no Código Civil de 1916, estando a hipótese sujeita ao prazo de vinte anos do art. 177 da codificação anterior.

Importante anotar que no projeto de Reforma do Código Civil há proposta de revogação expressa dessa norma, que passará a estar sujeita ao prazo geral de cinco anos, do seu novo art. 205.

f) Demandas imprescritíveis

Como é notório, a prescritibilidade é a regra, colocada à disposição do devedor, uma vez que o direito não socorre aqueles que dormem. Já a imprescritibilidade constitui a exceção no sistema jurídico, admitida somente em casos específicos. Reunindo o que de melhor há na doutrina e na jurisprudência, na minha opinião, são imprescritíveis as pretensões que versem sobre alguns temas.

O primeiro deles diz respeito aos direitos da personalidade, relacionados com a vida, a integridade físico-psíquica, a honra, o nome, a imagem e a intimidade. Ressalte-se que, seguindo essa linha, o Superior Tribunal de Justiça tem entendido pela imprescritibilidade da ação reparatória que concerne a torturas praticadas quando da ditadura militar no Brasil (por todos, um dos primeiros julgados sobre o tema, repise-se: STJ, REsp 379.414/PR, 1.ª Turma, Rel. Min. José Delgado, DJ 17.02.2003. Mais recentemente, ver acórdão publicado no *Informativo* n. 523 daquela Corte Superior). Reitere-se que, em 2021, o Superior Tribunal de Justiça editou a Súmula 647 prevendo que "são imprescritíveis as ações indenizatórias por danos morais e materiais decorrentes de atos de perseguição política com violação de direitos fundamentais ocorridos durante o regime militar".

Destaque-se, ainda, a premissa n. 2, publicada na Edição n. 137 da ferramenta *Jurisprudência em Teses*, do ano de 2019 (Direitos da Personalidade I). Como ali consta, "a pretensão de reconhecimento de ofensa a direito da personalidade é imprescritível". São citados como acórdãos de referência, entre outros: REsp 1.782.024/RJ, 3.ª Turma, Rel. Min. Nancy Andrighi, j. 07.05.2019, *DJe* 09.05.2019; AgInt no AREsp 1.380.002/MS, 4.ª Turma, Rel. Min. Raul Araújo, j. 02.04.2019, *DJe* 15.04.2019; MS 19.303/DF, 1.ª Seção, Rel. Min. Napoleão Nunes Maia Filho, j. 14.12.2016, *DJe* 02.02.2017; e AgInt no REsp 1.406.384/RS, 4.ª Turma, Rel. Min. Luis Felipe Salomão, j. 11.10.2016, *DJe* 18.10.2016.

Entretanto, apesar da afirmação de que os direitos da personalidade são imprescritíveis, prevalece a aplicação do prazo de três anos para a pretensão reparatória fundada na responsabilidade extracontratual, prevista no art. 206, § 3.º, inc. V, do Código Civil, mesmo havendo lesão a direitos da personalidade e à dignidade humana.

Nesse sentido, em julgado do início de 2021, a Terceira Turma do Superior Tribunal de Justiça, citando o meu entendimento, concluiu que os direitos morais do autor são imprescritíveis e, sendo assim, não se extinguem pelo não exercício ao longo do tempo. Todavia, a indenização por danos morais decorrentes da violação daqueles direitos está sujeita ao prazo de prescrição de três anos. Como constou da ementa:

> "Os direitos morais do autor são, como todo direito de personalidade, imprescritíveis, e, portanto, não se extinguem pelo não uso e pelo decurso do tempo. (...). O autor pode, a qualquer momento, pretender a execução específica das obrigações de fazer e não fazer oponíveis 'erga omnes', decorrentes dos direitos morais elencados no art. 24 da Lei n. 9.610/98. (...). Todavia, a pretensão de compensação pelos danos morais, ainda que oriundos de infração de direito moral do autor, configura reparação civil e, como tal, está sujeita ao prazo de prescrição de três anos, previsto no art. 206, § 3º, V, do CC" (STJ, REsp 1.862.910/RJ, 3.ª Turma, Rel. Min. Paulo de Tarso Sanseverino, j. 02.02.2021, *DJe* 09.02.2021).

O segundo assunto que envolve a imprescritibilidade é o estado da pessoa, como a filiação, a condição conjugal e a cidadania. Exemplificando, o filho nascido fora de um casamento pode mover ação de investigação de paternidade a qualquer momento, não havendo prescrição para tanto, conforme a Súmula n. 149 do Supremo Tribunal Federal. Cite-se, nesse contexto, a previsão do tão criticado art. 1.601 do CC/2002 pelo qual "cabe ao marido o direito de contestar a paternidade dos filhos nascidos de sua mulher, sendo tal ação imprescritível". A norma é criticada diante das ressalvas que devem ser feitas quanto à parentalidade socioafetiva, tema que foge do objeto desta obra, tratada no Volume 5 da minha coleção de Direito Civil.

Como terceira hipótese de imprescritibilidade, citem-se as ações declaratórias de nulidades absolutas, por envolverem questões de ordem pública. Como está expresso no Código Civil, a nulidade não convalesce pelo decurso do tempo (art. 169 do CC/2002). Porém, reitero que o teor do comando tem tido aplicação reduzida, pois a corrente majoritária entende pela aplicação do prazo geral de dez anos ou de outros prazos específicos, diante de consequências patrimoniais decorrentes desse reconhecimento da nulidade absoluta.

As pretensões relativas ao Direito de Família no que concerne à questão inerente à existência de pensão alimentícia, à vida conjugal, à nulidade do casamento, à separação, ao divórcio, ao reconhecimento e à dissolução de união estável também não estão sujeitas à prescrição ou à decadência. Foram essas hipóteses familiares o quarto tema relativo à imprescritibilidade.

Como quinto assunto, não prescrevem as pretensões referentes a bens públicos de qualquer natureza, que são bens imprescritíveis, uma vez que não podem ser objeto de usucapião (arts. 183, § 3.º, e 191, parágrafo único, da CF/1988).

Nunca é demais citar o artigo de Agnelo Amorim Filho, intitulado "Critério científico para distinguir a prescrição da decadência e para identificar as ações imprescritíveis" (publicado na *Revista dos Tribunais* n. 300 e republicado na *Revista dos Tribunais* n. 744). O Código Civil atual adotou a teoria do renomado professor paraibano, sendo certo que quando se tem ação com natureza predominantemente declaratória, ela será imprescritível, ou melhor, não sujeita à prescrição ou à decadência. Ao contrário, se a natureza da ação for condenatória, inibitória ou de reparação de danos, o prazo correspondente será prescricional. Como se verificou, todos os prazos elencados no art. 206 estão relacionados com ações dessas naturezas e de cunho patrimonial, tratando particularmente de cobrança de valores e reparação de danos.

2.6. Prescrição e direito intertemporal. Análise do art. 2.028 do Código Civil

Conforme antes comentado, para dirimir dúvidas sobre a aplicação das normas no tempo, prevê o Código Civil de 2002 um capítulo específico trazendo normas de direito intertemporal, denominado *Das Disposições Finais e Transitórias* (arts. 2.028 a 2.046 do CC). Dessa forma, para os prazos de prescrição cuja contagem se iniciou na vigência do Código Civil de 1916, aplica-se a complicada regra de direito intertemporal constante do art. 2.028 da atual codificação, aqui tão mencionada, a saber:

> "Art. 2.028. Serão os da lei anterior os prazos, quando reduzidos por este Código, e se, na data de sua entrada em vigor, já houver transcorrido mais da metade do tempo estabelecido na lei revogada".

O conteúdo da norma é de grande relevância, conforme destaquei em vários trechos deste e de outros capítulos, e merece comentários detalhados. Para facilitar a visualização do dispositivo, será analisado, por exemplo, o caso de indenização por reparação civil, cujo prazo prescricional foi reduzido de vinte anos – conforme a regra geral do Código Civil de 1916 – para três anos – regra especial, prevista no art. 206, § 3.º, inc. V, do CC/2002. Não se olvide, contudo, que o dispositivo também incide em outras situações concretas em que o prazo foi reduzido, previstos em outros parágrafos do último preceito.

Ilustrando a aplicação do art. 2.028 do CC/2002, se na data da entrada em vigor do Código Civil de 2002 já houver transcorrido treze anos – mais da metade do prazo anterior –, o prazo anterior deve ser aplicado, ou seja, vinte anos, contados da ocorrência do evento. Sendo assim, o autor e demandante tem sete anos para ingressar com sua ação de responsabilidade civil, além dos treze já transcorridos.

Pelo contrário, se quando da entrada em vigor do atual Código Privado – 11.01.2003, segundo a posição majoritária –, houver transcorrido cinco anos – evento danoso ocorrido em 11.01.1998 –, o que representa menos da metade do prazo da lei anterior, aplica-se o prazo da lei atual, com a contagem iniciada a partir da data em que entrou em vigor a atual codificação. Desse modo, além dos cinco anos já corridos, terá o titular da pretensão indenizatória mais três anos para exercê-la, vencendo o seu prazo no dia 11.01.2006. Aliás, nessa última data prescreveram inúmeras pretensões que se enquadram no exemplo acima, particularmente aquelas relacionadas com eventos danosos ocorridos de 1994 a 2002.

Sobre a última interpretação, esse é o entendimento consubstanciado no Enunciado n. 50 do Conselho da Justiça Federal, aprovado na *I Jornada de Direito Civil* e que tem a seguinte redação: "A partir da vigência do novo Código Civil, o prazo prescricional das ações de reparação de danos que não houver atingido a metade do tempo previsto no Código Civil de 1916 fluirá por inteiro, nos termos da nova lei (art. 206)". Em complemento, na *IV Jornada de Direito Civil*, aprovou-se o Enunciado n. 299:

> "Iniciada a contagem de determinado prazo sob a égide do Código Civil de 1916, e vindo a lei nova a reduzi-lo, prevalecerá o prazo antigo, desde que transcorrido mais de metade deste na data da entrada em vigor do novo Código. O novo prazo será contado a partir de 11 de janeiro de 2003, desprezando--se o tempo anteriormente decorrido, salvo quando o não aproveitamento do prazo já vencido implicar aumento do prazo prescricional previsto na lei revogada, hipótese em que deve ser aproveitado o prazo já transcorrido durante o domínio da lei antiga, estabelecendo-se uma continuidade temporal".

A posição constante do enunciado citado vem sendo seguido há tempos pelos Tribunais Brasileiros. Para demonstrar essa tendência, transcrevem-se as seguintes ementas do extinto Segundo Tribunal de Alçada Civil do Estado de São Paulo, verdadeiros *precedentes estaduais* sobre o assunto:

"Reparação de danos. Prazo prescricional de três anos que não atingiu sua metade. Fluência integral do prazo, após o advento do Código Civil de 2002. O prazo prescricional de três anos das ações de reparação de danos (art. 206, § 3.º, V, do CC) que não tenham atingido a metade do tempo previsto no Código Civil de 1916, fluirá por inteiro a partir da vigência do novo Código Civil" (2.º TACSP, 10.ª Câmara, AI 828.231-0/0, Rel. Juiz Soares Levada, j. 16.12.2003, v.u., *RT* 824/286).

"Ação de indenização por acidente de trabalho fundada no Direito Civil. Prescrição. Fato ocorrido durante a vigência do Código Civil de 1916. Ação ajuizada após a entrada em vigor do Código Civil de 2002. Interpretação do art. 2.028 do Código Reale. Reduzido, pelo novo Código Civil, o prazo prescricional da pretensão de reparação civil de vinte anos para três anos, aplica-se o prazo novo se, na data da entrada em vigor do Código Reale, ainda não houver transcorrido mais da metade do tempo estabelecido na lei revogada. O termo inicial do novo prazo (reduzido) começou a fluir em 11.01.2003, data de início da vigência do Código Civil, sob pena de aplicação retroativa do novo prazo prescricional. Inteligência dos arts. 2.028 e 206, § 3.º, inciso V, do novo Código Civil e do art. 177 do Código Civil de 1916" (2.º TACSP, 5.ª Câmara, AI 847.171-0/0, Rel. Juiz Manoel de Queiroz Pereira Calças, j. 28.04.2004, v.u., *BAASP* 2381/3179-j).

"Os prazos prescricionais previstos no novo Código Civil correm, somente, a partir da sua entrada em vigor. As ações de indenização por acidente de trabalho regidas pelo direito comum são de competência da Justiça Comum. Negaram provimento" (2.º TACSP, 6.ª Câmara, AI 804.799-0/3, Rel. Juiz Sousa Moreira, j. 24.09.2003, v.u.).

"A lei nova, sob pena de inconstitucionalidade, não pode retroagir para suprimir direitos e, assim, a redução do prazo prescricional conta-se a partir de sua entrada em vigor" (2.º TACSP, AI 830.741-0/8, 2.ª Câmara, Cubatão, Rel. Juiz Felipe Ferreira, j. 15.03.2004, v.u.).

Em relação à jurisprudência do Superior Tribunal de Justiça podem ser transcritos os seguintes acórdãos, por todos e de momentos distintos:

"No caso concreto, na fase de conhecimento vigia o Código Civil de 1916, o qual, em seu art. 177, previa o prazo prescricional geral de vinte anos para as pretensões envolvendo reparação civil. Assim, considerando que o evento danoso ocorreu no ano de 1996 e a demanda foi ajuizada em 14.07.1996, nesta primeira fase, o prazo prescricional vintenário foi devidamente observado, tendo o feito transitado em julgado em 13.09.1999. 3. Apto a ser executado desde logo o título judicial, o prazo prescricional de vinte anos passou a correr a partir do trânsito em julgado, ainda na vigência do Código Civil de 1916. Contudo, durante o curso da execução, entrou em vigor o Código Civil de 2002, em 1.º de janeiro de 2003, com a previsão de novo prazo prescricional para a reparação civil, reduzindo-o de vinte (20) para três (3) anos, nos termos do art. 206, § 3.º, V, do CC/2002. 4. Aplicando a regra de transição prevista no art. 2.028 do CC/2002, verificou-se que, entre o trânsito em julgado e a entrada em vigor do CC de 2002, transcorreram pouco mais de três anos, ou seja, menos da metade do prazo prescricional de vinte anos do art. 177 do CC de 1916 aplicável para a execução, o que levou à conclusão de que o prazo prescricional aplicável à execução, na hipótese dos autos, é o previsto no Código Civil de 2002 para a pretensão de reparação civil, qual seja o de três anos (art. 206, § 3.º, V), contados da data em que entrou em vigor o Novo Códex" (STJ, Ag. Int. no Ag. Int. no REsp 1.220.424/RS, 4.ª Turma, Rel. Min. Lázaro Guimarães [Desembargador Convocado do TRF 5.ª Região], j. 13.03.2018, *DJe* 16.03.2018).

"Civil e processo civil. Recurso especial. Admissibilidade. Deficiência na fundamentação. Súmula n. 7, STJ. Aplicação. Necessidade de revisão do contexto fático-probatório. Prescrição. Prazo reduzido. Contagem que se inicia com a vigência do novo Código Civil. Causa dano moral quem divulga nome completo da vítima de crime sexual. *Quantum* razoável. – É inadmissível o recurso especial deficientemente fundamentado. Aplicável à espécie a Súmula n. 284, STF. – A pretensão de simples reexame de prova não enseja recurso especial. Aplicação da Súmula n. 7, STJ. – O prazo prescricional em curso, quando diminuído pelo novo Código Civil, só sofre a incidência da redução a partir da sua entrada em vigor. Precedentes" (STJ, REsp 896.635/MT, 3.ª Turma, Rel. Min. Nancy Andrighi, j. 26.02.2008, *DJ* 10.03.2008, p. 1).

"Civil. Processual civil. Recurso especial. Ação de indenização. Danos morais e materiais. Prescrição. Inocorrência. Prazo. Código Civil. Vigência. Termo inicial. 1. À luz do novo Código Civil os prazos prescricionais foram reduzidos, estabelecendo o art. 206, § 3.º, V, que prescreve em três anos a pretensão de reparação civil. Já o art. 2.028 assenta que 'serão os da lei anterior os prazos, quando reduzidos por este Código, e se, na data de sua entrada em vigor, já houver transcorrido mais da metade do tempo estabelecido na lei revogada'. Infere-se, portanto, que tão somente os prazos em curso que ainda não tenham atingido a metade do prazo da lei anterior (menos de dez anos) estão submetidos ao regime do Código vigente, ou seja, 3 (três) anos. Entretanto, consoante nossa melhor doutrina, atenta aos princípios da segurança jurídica, do direito adquirido e da irretroatividade legal, esses três anos devem ser contados a partir da vigência do novo Código, ou seja, 11 de janeiro de 2003, e não da data da ocorrência do fato danoso. 2. Conclui-se, assim, que, no caso em questão, a pretensão do ora recorrente não se encontra prescrita, pois o ajuizamento da ação ocorreu em 24.06.2003, antes, portanto, do decurso do prazo prescricional de três anos previsto na vigente legislação civil. 3. Recurso conhecido e provido, para reconhecer a inocorrência da prescrição e determinar o retorno dos autos ao juízo de origem" (STJ, REsp 698.195/DF, 4.ª Turma, Rel. Min. Jorge Scartezzini, j. 04.05.2006, *DJ* 29.05.2006, p. 254).

Acrescento que tal entendimento tem sido aplicado a outras hipóteses de redução dos prazos, como nos casos a seguir, somente para ilustrar:

"Agravo interno no agravo em recurso especial. Prescrição. Regra de transição. Direito intertemporal. Art. 2.028 do Código Civil de 2002. Ausência de prescrição. Decisão monocrática mantida. 1. Hipótese em que a parte ora agravada, em seu recurso especial, sustentou a tese de que o novo prazo prescricional não deve ser contado a partir do vencimento do contrato, que ocorreu no dia 05 de maio de 1999, mas sim da entrada em vigor do Código Civil de 2002, que ocorreu no dia 11 de janeiro de 2003. 2. De fato, a jurisprudência do STJ é firme no sentido de que, conforme a regra de transição prevista no art. 2.028 do CC/2002, quando reduzido o prazo prescricional pela lei nova e houver o transcurso de menos da metade do tempo estabelecido no CC/1916, o termo inicial da prescrição deve ser fixado a partir da data de entrada em vigor do CC/2002, ou seja, 11.01.03. 3. No caso ora em apreço, ficou consignado no aresto objurgado que o *dies a quo* da contagem do prazo prescricional, mesmo aplicando a regra de transição do art. 2.028 do CC/2002, seria a data do vencimento do contrato, ocorrido no ano de 1999, entendimento que não encontra respaldo na jurisprudência desta Corte Superior. 4. Considerando o momento de entrada em vigor do novo Código Civil (11.01.2003), bem como a data do ajuizamento da ação monitória (25.11.2005), conforme a moldura fática estampada no acórdão recorrido, verifica-se que a pretensão não se encontra prescrita. 5. Agravo Interno não provido" (STJ, AgInt no AREsp 1.417.538/BA, 4.ª Turma, Rel. Min. Luis Felipe Salomão, j. 24.09.2019, *DJe* 30.09.2019).

"Processual civil. Agravo interno em recurso especial. Ação de cobrança. Débitos condominiais. Prescrição. Prazo quinquenal. Prazo prescricional. Redução pela aplicação da regra de transição do art. 2.028 do CC/02. Início com a vigência do novo diploma civilista. 1. Ação de cobrança de taxas condominiais. 2. O lapso de prescrição aplicável às pretensões de cobrança de taxas condominiais é de 5 anos, nos termos do art. 206, § 5º, I, do CC/02. Súmula 568/STJ. 3. Reduzido o prazo prescricional pela regra de transição do art. 2.028 do CC/02, deve a fluência deste prazo iniciar a partir da entrada em vigor do novo diploma civil, qual seja, 11/01/2003. Súmula 568/STJ. 4. Agravo interno não provido" (STJ, AgInt no REsp 1.742.232/CE, 3.ª Turma, Rel. Min. Nancy Andrighi, j. 01.04.2019, *DJe* 03.04.2019).

Apesar de consolidado no âmbito jurisprudencial, destaca-se que esse tratamento dado ao dispositivo sempre recebeu críticas contundentes de parte da doutrina, sobretudo nos anos iniciais de vigência do Código de 2002, como fez Gustavo Rene Nicolau, que levantou suposta inconstitucionalidade dessa aplicação do dispositivo, fazendo nova proposta de sua interpretação. São suas palavras:

"Tal interpretação *data venia*, leva a uma inconstitucionalidade do artigo em estudo, pois viola o direito de igualdade, outorgando prazos maiores para o inerte credor – que deixou passar mais da metade do prazo – e prazos menores para os credores em que o lapso não transcorreu pela metade. Repare neste exemplo:

- Prazo diminuído de 20 (vinte) para 3 (três) anos.

Credor A já deixou fluir 11 (onze) anos (tendo passado metade do prazo, aplicamos o prazo antigo). Terá então mais 9 (nove) para cobrar o devedor.

Credor B já deixou correr 2 (dois) anos (não tendo passado metade do prazo, aplicamos o novo prazo). Terá então apenas mais três anos para levar sua pretensão a juízo.

Utilizar tal interpretação prejudica o credor que verá seu prazo drasticamente diminuído em inúmeras situações, pelo simples fato de metade do prazo não ter escoado, o que inclusive afronta princípios básicos de um ordenamento civil como a segurança das relações jurídicas e a estabilidade social, sem falar na desigualdade entre os credores, que fere diretamente a Constituição Federal.

Para salvar a lei da inconstitucionalidade, sugerimos uma interpretação conforme, dando ao artigo uma nova leitura, aplicando o prazo antigo em duas situações distintas: a) em todos os prazos diminuídos pela nova Lei; b) em todos os prazos que – na data da entrada em vigor do novo Código – já houver transcorrido mais da metade do tempo.

A inserção de um novo ordenamento civilista requer toda uma adaptação da sociedade que deve se integrar aos poucos com sua nova 'constituição'. Não seria justo exigir a imediata aplicação dos novos prazos aos já em curso, mormente em face da redução de praticamente todos os prazos prescricionais (no que – na maioria dos casos – andou bem o legislador face à dinâmica das comunicações e da interação social)".[43]

A proposta é interessante, gerando reflexões na comunidade jurídica. De qualquer modo, deve ser adotado o primeiro posicionamento assinalado, que é o majoritário da doutrina, também aplicado pela jurisprudência brasileira de forma consolidada.

Tudo isso diz respeito aos casos de redução do prazo de prescrição, à luz da codificação anterior. Mas como fica a questão para os casos em que o Código Civil de 2002 aumentou o prazo anteriormente previsto? Isso ocorreu, por exemplo, com a previsão do art. 206, § 1.º, do CC/2002, conforme confrontação a seguir:

CC/1916	CC/2002
Art. 178. (...)	Art. 206. (...)
§ 5.º Em seis meses:	§ 1.º Em um ano:
V – a ação dos hospedeiros, estalajadeiros ou fornecedores de víveres destinados ao consumo no próprio estabelecimento, pelo preço da hospedagem ou dos alimentos fornecidos; contado o prazo do último pagamento.	I – a pretensão dos hospedeiros ou fornecedores de víveres destinados a consumo no próprio estabelecimento, para o pagamento da hospedagem ou dos alimentos.

Como antes apontei, tenho entendido que, em casos tais, aplica-se o novo prazo, computando-se o tempo ocorrido na vigência do Código Civil anterior.

---

[43] NICOLAU, Gustavo Rene. Verdadeiras modificações do novo Código Civil. Disponível em: <http://www.flaviotartuce.adv.br>. Seção Artigos de convidados. Acesso em: 10 jun. 2018.

O credor é beneficiado, pois ganha um tempo maior, como bem assinala a mais qualificada doutrina.[44]

Por fim, nota-se que redação do art. 2.028 da codificação privada é complicada, e distante operabilidade, tendo gerado muitos problemas práticos nos mais de vinte anos do Código Civil.

Por isso, diante das alterações propostas para os prazos de prescrição e de decadência com a Reforma do Código Civil, propõe-se uma norma de Direito Intertemporal a respeito do tema mais simples e efetiva. Trata-se do art. 12 do anteprojeto elaborado pela Comissão de Juristas, com a seguinte redação: "os prazos de prescrição e de decadência, aumentados ou diminuídos por esta Lei, têm aplicação imediata para os fatos em curso, iniciando-se o prazo da sua entrada em vigor". Por óbvio, a norma proposta é de fácil interpretação, não só para os aplicadores do Direito, mas mesmo para os leigos, devendo ser aprovada no Congresso Nacional.

3. DA DECADÊNCIA. CONCEITOS E DISPOSIÇÕES GERAIS. ALGUMAS APLICAÇÕES PARA A RESPONSABILIDADE CIVIL

Como exposto de forma exaustiva neste capítulo, uma das novidades da codificação material vigente consiste no tratamento específico dado à decadência, conceituada como a perda de um direito, em decorrência da ausência do seu exercício.

Lembre-se mais uma vez dos critérios científicos de Agnelo de Amorim Filho, para quem os prazos decadenciais estão relacionados com direitos potestativos, bem como com aquelas ações que visam a constituir positiva ou negativamente atos e negócios jurídicos, como no caso da ação anulatória de negócio jurídico.

Além dessa diferenciação, fica fácil identificar um prazo decadencial no atual Código Civil, eis que estão todos expostos fora do seu art. 206, principalmente na Parte Especial da codificação privada. Ademais, os prazos em dias, meses e ano e dia serão sempre decadenciais, uma vez que os de prescrição são sempre em anos, conforme rol dos arts. 205 e 206 do Código Privado. No entanto, fica o alerta de que existem também prazos decadenciais em anos, como aqueles que constam dos arts. 178, 179, 501 e 1.649 da codificação emergente, entre outros.

A decadência pode ter origem na lei (*decadência legal*) ou na autonomia privada, na convenção entre as partes envolvidas com o direito potestativo (*decadência convencional*). Eis uma diferença fundamental quanto à prescrição, que somente decorre da lei, sendo nula a convenção em contrário que estabelece outro prazo.

Conforme o art. 207 da codificação material, salvo disposição legal em contrário, não se aplicam à decadência as normas que impedem, suspendem ou interrompem a prescrição. A novidade do tratamento da decadência pode ser sentida nesse novo dispositivo, que enuncia não se sujeitarem a decadência

---

[44] AMARAL, Francisco. *Direito Civil*. Introdução. 5. ed. Rio de Janeiro: Renovar, 2003. p. 590.

às causas de impedimento, suspensão e interrupção da prescrição, já tratadas no presente capítulo.

Entretanto, constam algumas exceções no próprio Código Civil, como a do artigo subsequente, pelo qual a prescrição não corre contra os absolutamente incapazes apresentados no art. 3.º do Código Civil (atualmente apenas os menores de 16 anos, diante das mudanças engendradas pelo Estatuto da Pessoa com Deficiência).

Complementando, o art. 501, parágrafo único, do atual Código Civil também apresenta uma espécie de impedimento da decadência. Isso porque o art. 500 do atual Código consagra as opções do comprador prejudicado para o caso de vícios em uma compra e venda por medida ou por extensão (venda *ad mensuram*). O prazo decadencial de um ano está previsto no *caput* do comando subsequente (art. 501), contado do registro do título em cartório. Conforme o seu parágrafo único, o prazo não terá início se houver atraso na imissão de posse atribuível ao alienante.

Na ótica do Código de Defesa do Consumidor, igualmente pode ser percebida exceção no art. 26, § 2.º, I e III, que tratam dos vícios dos produtos e serviços e pelos quais obstam a decadência da reclamação comprovadamente formulada e fundamentada pelo consumidor até a resposta do fornecedor ou do prestador, bem como a instauração do inquérito civil. Os efeitos desse óbice são iguais ao da suspensão, conforme desenvolvido de forma aprofundada no Capítulo 8 desta obra.

Para os fins de se confirmar a última aplicação, e também outras, em boa hora, o projeto de Reforma do Código Civil pretende incluir no seu art. 207 um parágrafo único, segundo o qual "aplica-se o disposto no caput aos prazos decadenciais previstos na legislação especial".

Além disso, como antes pontuado, a Lei n. 14.010/2020 passou a prever, no seu art. 3.º, § 2.º, a possibilidade de impedimento ou suspensão da decadência em virtude da pandemia de Covid-19, entre os dias 12 de junho e 30 de outubro de 2020. Conforme o seu teor, "este artigo aplica-se à decadência, conforme ressalva prevista no art. 207 da Lei nº 10.406, de 10 de janeiro de 2002". A título de ilustração, todos os prazos decadenciais para a propositura de ações anulatórias de contratos e outros negócios jurídicos, visando a reconhecer a sua nulidade relativa, ficaram impedidos ou suspensos entre essas datas.

Prevê o art. 208 do CC/2002 que "aplica-se à decadência o disposto nos arts. 195 e 198, inciso I". Conforme outrora abordado, o artigo em questão apresenta a primeira exceção quanto ao comando anterior, indicando o impedimento da decadência em relação aos absolutamente incapazes. Aplicando a premissa, ilustre-se com decisão do STJ, publicada no seu *Informativo* n. 482:

> "Ação rescisória. Prazo decadencial. Discute-se no REsp se o prazo de dois anos previsto no art. 495 do CPC para a propositura de ação rescisória flui em desfavor de incapazes. Noticiam os autos que os recorrentes, ainda menores de idade, ajuizaram ação de indenização visando à condenação dos recorridos pelos danos morais sofridos em razão da morte de seu avô, em virtude de acidente em que esteve envolvido veículo pertencente a um dos

recorridos. O acórdão que julgou o recurso de apelação interposto reformou a sentença para julgar improcedente o pedido. Alegaram, na inicial da ação rescisória, que os fundamentos da improcedência tomaram o pedido relativo ao dano moral como se se tratasse de dano material, pois exigiu a dependência econômica como requisito para acolhimento do pleito. O relator, monocraticamente, julgou extinta a ação rescisória ao fundamento de ter ocorrido decadência. Alegam os recorrentes que, à época, por serem menores absolutamente incapazes, não fluía contra eles prazo, nem de decadência nem de prescrição. Admitido o REsp, o Min. Relator entendeu que o prazo para o ajuizamento da ação rescisória é de decadência (art. 495, CPC), por isso se aplica a exceção prevista no art. 208 do CC/2002, segundo a qual os prazos decadenciais não fluem contra os absolutamente incapazes. Esse entendimento foi acompanhado pelos demais Ministros, que deram provimento ao REsp e determinaram o prosseguimento da ação rescisória" (STJ, REsp 1.165.735/MG, Rel. Min. Luis Felipe Salomão, j. 06.09.2011).

Além disso, o vigente Código Civil consagra o direito de ação regressiva dos incapazes e das pessoas jurídicas contra seus representantes ou assistentes para os casos de não alegação oportuna da decadência a favor do representado (art. 195). Essa ação regressiva também pode ser proposta contra o advogado que vier a representar o incapaz ou a empresa.

Ambos os comandos legais aqui estudados (arts. 207 e 208 do CC) devem ser aplicados tanto à *decadência legal* quanto à *decadência convencional*. Inicialmente, cabe diferenciar a *decadência legal* – que tem origem na lei, como em dispositivos do Código Civil e do Código de Defesa do Consumidor – da *decadência convencional*, que tem origem na vontade das partes, estando prevista em contrato. Como exemplo de decadência convencional, cite-se a garantia contratual dada pelo vendedor na alienação onerosa de bens e de produtos. No caso da última, eventual extinção do contrato pela perda desse direito é conceituada como *caducidade contratual*.

Dizia Caio Mário da Silva Pereira que o tratamento dado à decadência convencional deveria ser, pelo menos em parte, o mesmo conferido à prescrição, o que pode ser percebido pelo art. 209 do CC/2002, pelo qual "é nula a renúncia à decadência fixada em lei".[45] Assim, não é admitida a renúncia à decadência legal, e não se pode dizer o mesmo da convencional. Para esta última, por analogia, deve ser aplicada a regra do art. 191 do Código Civil, cabendo a renúncia pelo devedor após a consumação, não sendo também aceita a renúncia prévia da decadência convencional.

No entanto, o que se percebe é que, se Caio Mário da Silva Pereira ainda estivesse entre nós, deveria rever os seus conceitos. Isso porque, de acordo com o art. 210 do CC/2002, deve o juiz, de ofício, conhecer da decadência, quando estabelecida por lei. Nesse contexto de afirmação, por envolver preceito de ordem pública, o juiz deve decretar de ofício a decadência legal, julgando a ação

---

[45] PEREIRA, Caio Mário da Silva. *Instituições de Direito Civil*. 20. ed. Rio de Janeiro: Forense, 2004. v. I, p. 691-692.

improcedente com a resolução do mérito, conforme estava no art. 269, IV, do CPC/1973 e, agora, está no art. 487, II, do CPC/2015. A novidade do CPC/2015 é fazer menção ao reconhecimento de ofício da decadência, sem afirmar expressamente sobre qual delas se dará o pronunciamento.

De toda maneira, quanto à decadência convencional, há regra específica vedando o seu reconhecimento de ofício pelo juiz. Trata-se do art. 211 do CC, segundo o qual: "se a decadência for convencional, a parte a quem aproveita pode alegá-la em qualquer grau de jurisdição, mas o juiz não pode suprir a alegação". Nesse ponto, o tratamento da decadência convencional não é mais igual ao da prescrição. Por isso é que, se ainda estivesse entre nós, Caio Mário teria que rever os seus conceitos. Isso, diante da Lei n. 11.280/2006, que revogou a previsão do art. 194 do CC e alterou o § 5.º do art. 219 do CPC/1973, prevendo que o juiz deve reconhecer de ofício a prescrição; sistemática mantida com o CPC em vigor, como antes exposto.

Aliás, fazendo uma análise crítica, percebe-se neste ponto da matéria por que a lei processual quebrou com a harmonia do sistema, quanto à diferenciação entre a prescrição e a decadência. A prescrição, agora, deve ser conhecida de ofício, como já ocorria com a decadência legal. Então, surge a indagação: será que ainda merece alento fático a regra pela qual a decadência convencional não pode ser conhecida de ofício?

Entendo que não, em uma interpretação sistemática da norma material codificada. Todavia, como visto, o CPC/2015 confirmou essa previsão de conhecimento de ofício da prescrição. Também reconheceu o mesmo caminho para a decadência, sem elucidar para qual delas. Como o art. 211 do Código Civil não foi revogado, tudo continua como dantes.

A falta de harmonia no sistema permanece, o que não foi atentado pelos legisladores da nova norma instrumental que emerge. Em suma, perdeu-se a chance, com o CPC em vigor, de resolver definitivamente esse desequilíbrio de tratamento.

Em boa hora, seguindo propostas por mim formuladas, o projeto de Reforma do Código Civil pretende suprir essas lacunas e equívocos. Assim, o seu art. 209 passará a prever que "é nula a renúncia à decadência fixada em lei; a decadência convencional pode ser renunciada pela parte a quem aproveita, na forma do art. 191 deste Código". Em continuidade, consoante o projetado art. 210, "deve o juiz, de ofício, conhecer da decadência, seja ela legal ou convencional, respeitado o contraditório". Por fim, nos termos do sugerido art. 211, "a decadência legal ou convencional pode ser alegada pela Parte a quem aproveita ou conhecida de ofício pelo julgador, a qualquer tempo".

Como se pode perceber, as proposições seguem a linha dos meus comentários doutrinários, retomando a harmonia perdida, e sendo mais do que necessária as suas aprovações pelo Congresso Nacional, em prol da melhor técnica.

A encerrar o capítulo, merecem ser destacados alguns prazos de decadência que interessam à responsabilidade civil contratual, hoje em vigor:

a) 3 dias – sendo a coisa móvel, inexistindo prazo estipulado para exercer o direito de preempção (preferência), após a data em que o comprador tiver notificado o vendedor (art. 516 do CC).

b) 30 dias – contados da tradição da coisa, para o exercício do direito de propor a ação em que o comprador pretende o abatimento do preço da coisa móvel recebida com vício redibitório – *ação estimatória* –, ou rescindir o contrato e reaver o preço pago, mais perdas e danos – *ação redibitória* (art. 445 do CC).

c) 60 dias – para exercer o direito de preempção, inexistindo prazo estipulado, se a coisa for imóvel, contados da data em que o comprador tiver notificado o vendedor (art. 516 do CC).

d) 180 dias – para o condômino, a quem não se deu conhecimento da venda, haver para si a parte vendida a estranhos, depositando o valor correspondente ao preço – direito de preferência ou prelação legal –, sendo a coisa móvel (art. 513, parágrafo único, do CC).

e) 1 ano – para obter a redibição ou abatimento no preço, se a coisa viciada for imóvel, contado o prazo da entrega efetiva ou do conhecimento do vício (art. 445 do CC). O prazo decadencial de um ano também vale para se pleitear revogação de doação por ingratidão ou diante da inexecução do encargo, contado da data do conhecimento do doador do fato que a autorizar (art. 559 do CC).

f) 2 anos – para anular negócio jurídico, não havendo prazo, contado da data da conclusão do ato, prazo geral de anulação dos atos e negócios jurídicos (art. 179 do CC). Mesmo prazo vale para exercer o direito de preferência se a coisa for imóvel (art. 513, parágrafo único, do CC) e para pleitear anulação de ato praticado pelo consorte sem a outorga do outro, conforme rol do art. 1.647 do CC, contado do término da sociedade conjugal (art. 1.649 do CC).

g) 3 anos – para o vendedor de coisa imóvel recobrá-la, se reservou para si o direito de retrovenda, mediante a devolução do preço e o reembolso das despesas do comprador (art. 505 do CC).

h) 4 anos – para pleitear anulação de negócio jurídico celebrado com vício do consentimento ou vício social, contados: nos casos de coação, do dia em que ela cessar (art. 178, inc. I, do CC); nos de erro, dolo, fraude contra credores, estado de perigo ou lesão, do dia em que se realizou o negócio jurídico (art. 178, inc. II, do CC). O prazo de quatro anos de igual modo serve para os casos de anulação do negócio jurídico por incapacidade do agente, prazo contado de quando cessar a incapacidade (art. 178, inc. III, do CC).

Mais uma vez consigne-se como palavras finais que, de acordo com a obra de Agnelo Amorim Filho, os prazos decadenciais referem-se às ações constitutivas, sejam elas positivas ou negativas, diante da existência de um direito potestativo.

Na grande maioria das vezes, relacionada com prazo decadencial, tem-se a ação constitutiva negativa típica, que é a ação anulatória. Exemplo mais comum da prática é a hipótese de se pleitear a anulação de um contrato por nulidade relativa, situação em que o prazo correspondente é decadencial.

REFERÊNCIAS BIBLIOGRÁFICAS

ABDO, Helena Najjar. *O abuso do processo*. São Paulo: RT, 2007.

ABREU E SILVA, Roberto de. *A falta contra a legalidade constitucional*. 2. ed. Rio de Janeiro: Lumen Juris, 2005.

AGUIAR, Roger Silva. *Responsabilidade civil*. A culpa, o risco e o medo. São Paulo: Atlas, 2011.

AGUIAR, Ruy Rosado de. *Extinção dos contratos por incumprimento do devedor (Resolução)*. 2. ed. Rio de Janeiro: Aide, 2004.

AGUIAR DIAS, José de. *Da responsabilidade civil*. Rio de Janeiro: Forense, 1944. t. I.

AGUIAR JR., Ruy Rosado e. Responsabilidade civil do médico. *Revista dos Tribunais*, São Paulo: RT, v. 84, n. 718, p. 33-53, ago. 1995.

AGUIRRE, João Ricardo Brandão. O dano moral por infidelidade. In: MADALENO, Rolf; BARBOSA, Eduardo (Coord.). *Responsabilidade civil no direito de família*. São Paulo: Atlas, 2015.

ALARCÃO, Rui. Menos leis, melhores leis. *Revista Brasileira de Direito Comparado*, Rio de Janeiro: Instituto de Direito Comparado Luso-brasileiro, n. 31, p. 2, 2009.

ALEXY, Robert. *Teoria dos direitos fundamentais*. Tradução de Virgílio Afonso da Silva. São Paulo: Malheiros, 2008.

ALMEIDA, Carlos Ferreira de. *Direito do consumo*. Coimbra: Almedina, 2005.

ALMEIDA COSTA, Mário Júlio de. *Direito das obrigações*. 4. ed. Coimbra: Coimbra Editora, 1984.

ALMEIDA COSTA, Mário Júlio de. *Direito das obrigações*. 10. ed. Coimbra: Almedina, 2006.

ALPA, Guido. *Il diritto dei consumatori*. 3. ed. Roma: Laterza, 2002.

ALPA, Guido; BESSONE, Mario. *La responsabilità civile*. A cura di Pietro Maria Putti. 3. ed. Milano: Giuffrè, 2001.

ALPA, Guido; BESSONE, Mario. *Trattato di diritto privato*. Diretto da Pietro Rescigno. Obbligazione e contratti. Ristampa. Torino: UTET, 1987. t. 6.

ALMEIDA, Roberto Sampaio Contreiras de. In: WAMBIER, Teresa Arruda Alvim; DIDIER JR., Fredie; TALAMINI, Eduardo; DANTAS, Bruno (Coord.). *Breves comentários ao novo Código de Processo Civil*. São Paulo: RT, 2015.

ALSINA, Jorge Bustamante. *Teoría general de la responsabilidad civil*. 9. ed. Buenos Aires: Abeledo-Perrot, 1997.

ALVES, Jones Figueirêdo. Abuso de direito no direito de família. In: PEREIRA, Rodrigo da Cunha (Coord.). *Anais do V Congresso Brasileiro de Direito de Família*. Belo Horizonte: IBDFAM, 2006.

ALVES, Jones Figueirêdo. *Código Civil comentado*. 8. ed. São Paulo: Saraiva, 2012.

ALVES, Jones Figueirêdo. Responsabilidade civil e omissão de socorro público. In: ALVES, Jones Figueirêdo; DELGADO, Mário Luiz (Coord.). *Questões controvertidas no novo Código Civil*. Responsabilidade civil. São Paulo: Método, 2006. v. 5.

ALVES, Jones Figueirêdo; DELGADO, Mário Luiz. *Código Civil anotado*. São Paulo: Método, 2005.

ALVIM, Agostinho. *Da inexecução das obrigações e suas consequências*. São Paulo: Saraiva, 1949.

ALVIM, Agostinho. *Da inexecução das obrigações*. 4. ed. São Paulo: Saraiva, 1980.

ALVIM, Arruda; ALVIM, Thereza; ALVIM, Eduardo Arruda; MARINS, James. *Código do Consumidor comentado*. 2. ed. 2. tir. São Paulo: RT, 1995.

AMARAL, Francisco. *Direito Civil*. Introdução. 5. ed. Rio de Janeiro: Renovar, 2003.

AMARAL, Francisco. *Os atos ilícitos. O novo Código Civil*. Estudos em homenagem a Miguel Reale. São Paulo: LTr, 2003.

AMORIM FILHO, Agnelo de. Critério científico para distinguir a prescrição da decadência e para identificar as ações imprescritíveis. *Revista dos Tribunais*, São Paulo, n. 300, p. 7, 1960.

ANDRADE, Marcus Vinícius dos Santos. Responsabilidade civil do médico. In: ALVIM, Arruda; CÉSAR, Joaquim Portes de Cerqueira; ROSAS, Roberto (Coord.). Aspectos *Controvertidos do novo Código Civil*. São Paulo: RT, 2003.

ANTUNES VARELA, João de Matos. *Das obrigações em geral*. 10. ed. 3. reimpr. Coimbra: Coimbra Editora, 2005. v. I.

ASCENSÃO, José de Oliveira. A desconstrução do abuso do direito. In: DELGADO, Mário Luiz; ALVES, Jones Figueirêdo (Coord.). *Questões controvertidas no novo Código Civil*. São Paulo: Método, 2006.

ASSIS, Araken de. *Contratos nominados*. Estudos em homenagem ao Professor Miguel Reale. São Paulo: RT, 2005. (Coleção Biblioteca de Direito Civil.)

ASSUMPÇÃO NEVES, Daniel Amorim. *Ações probatórias autônomas*. São Paulo: Saraiva, 2008. (Coleção Theotônio Negrão.)

ASSUMPÇÃO NEVES, Daniel Amorim. *Manual de Direito Processual Civil*. 8. ed. Salvador: JusPodivm, 2016.

ASSUMPÇÃO NEVES, Daniel Amorim. *Novo CPC comentado*. Salvador: Juspodivm, 2016.

AZEVEDO, Álvaro Villaça. O Direito Civil na Constituição. In: MORAES, Alexandre de (Coord.). *Os 20 anos da Constituição da República Federativa do Brasil*. São Paulo: Atlas, 2008.

AZEVEDO, Álvaro Villaça. *Teoria geral das obrigações*. 8. ed. São Paulo: RT, 2000.

AZEVEDO, Álvaro Villaça. *Teoria geral das obrigações*. Responsabilidade civil. 10. ed. São Paulo: Atlas, 2004.

AZEVEDO, Álvaro Villaça. *Teoria geral das obrigações*. 11. ed. São Paulo: Atlas, 2008.

AZEVEDO, Álvaro Villaça. *Teoria geral do Direito Civil*. Parte geral. São Paulo: Atlas, 2012.

AZEVEDO, Antonio Junqueira de. *Negócio jurídico*. Existência, validade e eficácia. 4. ed. São Paulo: Saraiva, 2002.

AZEVEDO, Antonio Junqueira de. O direito, ontem e hoje. Crítica ao neopositivismo e insuficiência dos direitos humanos. *Novos estudos e pareceres de direito privado*. São Paulo: Saraiva, 2009.

AZEVEDO, Antonio Junqueira de. Parecer. O direito como sistema complexo e de 2.ª ordem; sua autonomia. Ato nulo e ato ilícito. Diferença de espírito entre responsabilidade civil e penal. Necessidade de prejuízo para haver direito a indenização na responsabilidade civil. *Estudos e pareceres de direito privado*. São Paulo: Saraiva, 2004.

AZEVEDO, Antonio Junqueira de. Parecer. Responsabilidade civil ambiental. Reestruturação societária do grupo integrado pela sociedade causadora do dano. Obrigação solidária do causador indireto do prejuízo e do controlador de sociedade anônima. Limites objetivos dos contratos de garantia e de transação. Competência internacional e conflito de leis no espaço. Prescrição na responsabilidade civil ambiental e nas ações de regresso. *Novos pareceres e estudos de direito privado*. São Paulo: Saraiva, 2009.

AZEVEDO, Antonio Junqueira de. Por uma nova categoria de dano na responsabilidade civil: o dano social. In: FILOMENO, José Geraldo Brito; WAGNER JÚNIOR, Luiz Guilherme da Costa; GONÇALVES, Renato Afonso (Coord.). *O Código Civil e sua interdisciplinaridade*. Belo Horizonte: Del Rey, 2004.

BANDEIRA DE MELLO, Celso Antônio. *Curso de Direito Administrativo*. 22. ed. São Paulo: Malheiros, 2007.

BANDEIRA, Paula Greco. A evolução do conceito de culpa e o artigo 944 do Código Civil. *Revista da Escola da Magistratura do Rio de Janeiro*, v. 11, n. 42, p. 227-228, 2008.

BARASSI, Ludovico. *La teoria generale delle obbligazioni*. Le fonti. Milano: Giuffrè, 1946. v. II.

BARBOSA, Eduardo Lemos. Advogado pode fazer pedido genérico de indenização quando não puder fixar valor. Disponível em: <https://www.conjur.com.

br/2016-abr-09/eduardo-barbosa-advogado-pedido-generico-indenizacao>. Acesso em: 17 maio 2018.

BARBOZA, Heloísa Helena. In: PEREIRA, Rodrigo da Cunha (Coord.). *Código Civil anotado*. Porto Alegre: Síntese, 2004.

BARROS MONTEIRO, Washington de. *Curso de Direito Civil brasileiro*. São Paulo: Saraiva, 1979. v. IV.

BARROS MONTEIRO, Washington de. *Curso de Direito Civil*. Direito das obrigações. 1.ª parte. 32. ed. atual. por Carlos Alberto Dabus Maluf. São Paulo: Saraiva, 2003. v. 4.

BARROS MONTEIRO, Washington de. *Curso de Direito Civil*. 2.ª parte. 34. ed. atual. por Carlos Alberto Dabus Maluf e Regina Beatriz Tavares da Silva. São Paulo: Saraiva, 2003. v. 5.

BARROS MONTEIRO, Washington de. *Das modalidades de obrigações*. 1959. Dissertação (Cátedra de Direito Civil) – Faculdade de Direito da Universidade de São Paulo, São Paulo.

BARROS MONTEIRO, Washington de; MALUF, Carlos Alberto Dabus. *Curso de Direito Civil*. Direito das obrigações. 1.ª Parte. 34. ed. São Paulo: Saraiva, 2009. v. 4.

BARROS MONTEIRO, Washington de; MALUF, Carlos Alberto Dabus. *Curso de Direito Civil*. Direito das obrigações. 1.ª Parte. 37. ed. São Paulo: Saraiva, 2012. v. 4.

BARROSO, Lucas Abreu. *A obrigação de indenizar e a determinação da responsabilidade civil por dano ambiental*. Rio de Janeiro: Forense, 2006.

BARROSO, Lucas Abreu. Novas fronteiras da obrigação de indenizar. In: DELGADO, Mário Luiz; ALVES, Jones Figueirêdo (Coord.). *Questões controvertidas no novo Código Civil*. São Paulo: Método, 2006. v. 5.

BARROSO, Lucas Abreu. Situação do art. 4.º da Lei de Introdução ao Código Civil. *Revista Brasileira de Direito Constitucional*, São Paulo, n. 5, p. 236-242, jan.-jun. 2005.

BARROSO, Luís Roberto. *Curso de Direito Constitucional contemporâneo*. Os conceitos fundamentais e a construção do novo modelo. Rio de Janeiro: Renovar, 2009.

BENÍCIO, Hércules Alexandre da Costa. A responsabilidade civil dos notários e registradores sob a égide da Lei 13.286/2016. *Revista de Direito Imobiliário*, São Paulo, ano 39, n. 81, p. 367-368, jul.-dez. 2016.

BENJAMIN, Antonio Herman. V.; MARQUES, Claudia Lima; BESSA, Leonardo Roscoe. *Manual de Direito do Consumidor*. 3. ed. São Paulo: RT, 2010.

BERNARDO, Wesley de Oliveira Louzada. *Responsabilidade civil automobilística*: por um sistema fundado na proteção à pessoa. São Paulo: Atlas, 2009.

BESSA, Leonardo Roscoe. Fornecedor equiparado. *Revista de Direito do Consumidor*, São Paulo, v. 61, p. 127, jan.-mar. 2007.

BESSA, Leonardo Roscoe; MARQUES, Claudia Lima; BENJAMIN, Antonio Herman V. *Manual de Direito do Consumidor*. 3. ed. São Paulo: RT, 2010.

BETTI, Emilio. *Istituizoni de diritto romano*. Parte prima. Padova: Cedam, 1962. v. 2.

BEVILÁQUA, Clóvis. *Código Civil dos Estados Unidos do Brasil*. Edição histórica. 3. tir. Rio de Janeiro: Editora Rio, 1977.

BIANCA, Massimo C. *Commentario del Codice Civile*. A cura di Antonio Scialoja e Giuseppe Branca. 2. ed. Roma: Soc. Ed. Del Foro Romano, 1979.

BIANCA, Massimo C. *Diritto civile*. La responsabilità. Milano: Giuffrè, 2006. v. 5.

BILBAO UBILLOS, Juan María. *La eficacia de los derechos fundamentales frente a particulares*. Madrid: Centro de Estudios Políticos y Constitucionales, 1997.

BINENBOJM, Gustavo. *Uma teoria do Direito Administrativo*. Direitos fundamentais, democracia e constitucionalização. 2. ed. Rio de Janeiro: Renovar, 2008.

BITTAR, Carlos Alberto. *Reparação civil por danos morais*. 4. ed. atualizada por Eduardo C. B. Bittar. São Paulo: Saraiva, 2015.

BITTAR FILHO, Carlos Alberto. Do dano moral coletivo no atual contexto jurídico brasileiro. *Jus Navigandi*, Teresina, ano 9, n. 559, 17 jan. 2005. Disponível em: <http://jus2.uol.com.br/doutrina/texto.asp?id=6183>. Acesso em: 4 jun. 2007.

BITTAR, Eduardo C. B. *O direito na pós-modernidade*. Rio de Janeiro: Forense Universitária, 2005.

BLUM, Renato Opice; BRUNO, Marcos Gomes. O novo Código Civil e o direito eletrônico. In: DELGADO, Mário Luiz; ALVES, Jones Figueirêdo (Coord.). *Questões controvertidas no novo Código Civil*. São Paulo: Método, 2003.

BOBBIO, Norberto. *Teoria do ordenamento jurídico*. Tradução de Maria Celeste Cordeiro Leite dos Santos. Revisão técnica de Cláudio De Cicco. 7. ed. Brasília: Editora UnB, 1996.

BOEIRA, Sérgio Luís. *Atrás da cortina de fumaça*. Tabaco, tabagismo e meio ambiente. Estratégias da indústria e dilemas da crítica. 2002. Tese (Doutorado) – Universidade Federal de Santa Catarina, Itajaí.

BOMFIM, Silvano Andrade de. Bullying *e responsabilidade civil*: uma nova visão do direito de família à luz do Direito Civil Constitucional. *Revista Brasileira de Direito das Famílias*, Porto Alegre: LexMagister; Belo Horizonte: IBDFAM, v. 22, p. 63-65, jun.-jul. 2011.

BONAVIDES, Paulo. *Curso de Direito Constitucional*. 17. ed. São Paulo: Malheiros, 2005.

BORGES, Gustavo; MAIA, Maurílio Casas. *Dano temporal*. O tempo como valor jurídico. Florianópolis: Tirant lo Blanch, 2018.

BOULOS, Daniel M. *Abuso do direito no novo Código Civil*. São Paulo: Método, 2004.

BRAGA NETTO, Felipe Peixoto. *Teoria dos ilícitos civis*. Belo Horizonte: Del Rey, 2003.

BRITO, Rodrigo Azevedo Toscano de. *Incorporação imobiliária à luz do Código de Defesa do Consumidor*. São Paulo: Saraiva, 2002.

BROLIO, Raphael Jacob. *O meio ambiente do trabalho juridicamente sustentável*. Análise dos acidentes do trabalho à luz dos princípios de Direito Ambiental. Rio de Janeiro: Lumen Juris, 2016.

BUNAZAR, Maurício. *Obrigação* propter rem. São Paulo: Atlas, 2014.

BUSSATTA, Eduardo. *Resolução dos contratos e teoria do adimplemento substancial*. São Paulo: Saraiva, 2007.

CABRAL, Marcelo Marques. *Da responsabilidade civil do condutor de veículo automotor*. São Paulo: GEN/Método, 2013.

CAHALI, Francisco José. *Curso de arbitragem*. 5. ed. São Paulo: RT, 2015.

CAHALI, Yussef Said. Culpa (Direito Civil). *Enciclopédia Saraiva de Direito*. Coordenação de Rubens Limongi França. São Paulo: Saraiva, 1977.

CAHALI, Yussef Said. *Dos alimentos*. 5. ed. São Paulo: RT, 2006.

CAHALI, Yussef Said. *Separação e divórcio*. 11. ed. São Paulo: RT, 2005.

CALIXTO, Marcelo Junqueira. *A culpa na responsabilidade civil*. Estrutura e função. Rio de Janeiro: Renovar, 2009.

CALIXTO, Marcelo Junqueira. *A responsabilidade civil pelo fornecedor de produtos pelos riscos do desenvolvimento*. Rio de Janeiro: Renovar, 2004.

CÂMARA LEAL, Antonio Luís da. *Da prescrição e da decadência*. Teoria geral do Direito Civil. 2. ed. Rio de Janeiro: Forense, 1959.

CARNAÚBA, Daniel Amaral. *Responsabilidade civil por perda de uma chance*. A álea e a técnica. São Paulo: GEN/Método, 2013.

CARMONA, Carlos Alberto. *Arbitragem e processo*. Um comentário à Lei 9.307/1996. 3. ed. São Paulo: Atlas, 2009.

CARVALHO NETO, Inácio de. *Abuso do direito*. 4. ed. Curitiba: Juruá, 2006.

CARVALHO NETO, Inácio de. *Responsabilidade civil no direito de família*. 2. ed. Curitiba: Juruá, 2004. v. IX (Série Pensamento jurídico.)

CASES, José Maria Trepat. *Código Civil comentado*. Coordenação de Álvaro Villaça Azevedo. São Paulo: Atlas, 2003. v. VIII.

CASSAR, Vólia Bomfim. *Direito do Trabalho*. 3. ed. Niterói: Impetus, 2009.

CASSAR, Vólia Bomfim. *Direito do Trabalho*. 8. ed. São Paulo: GEN/Método, 2013.

CASSAR, Vólia Bomfim. *Direito do Trabalho*. 14. ed. São Paulo: GEN/Método, 2017.

CASSETTARI, Christiano. *Multa contratual*. Teoria e prática. São Paulo: RT, 2009.

CASTRO, Demades Mario. A responsabilidade civil dos notários e registradores e a edição da Lei 13.286, de 10 de maio de 2016. *Revista de Direito Imobiliário*, São Paulo, ano 39, n. 81, p. 337-361, jul.-dez. 2016.

CASTRO, Demades Mario. *Responsabilidade civil na atividade notarial e registral*. Disponível em: <http://www.teses.usp.br/teses/disponiveis/2/2131/tde-06112015-160939/pt-br.php>. Acesso em: 4 abr. 2018.

CATALAN, Marcos Jorge. *A morte da culpa na responsabilidade contratual*. São Paulo: RT, 2013.

CATALAN, Marcos Jorge. *Descumprimento contratual*: modalidades, consequências e hipóteses de exclusão do dever de indenizar. Curitiba: Juruá, 2005.

CATALAN, Marcos Jorge. Primeiras reflexões sobre o abuso de direito nas relações familiares. In: VI CONGRESSO BRASILEIRO DE DIREITO DE FAMÍLIA. *Anais...* Belo Horizonte, 2007.

CATALAN, Marcos Jorge. *Proteção constitucional do meio ambiente e seus mecanismos de tutela.* São Paulo: Método, 2008.

CATTANEO, Giovanni. *Concorso di colpa del dannegiato.* Rissarcimento del danno contrattuale ed extracontrattuale. A cura di Giovann Visintini. Milano: Giuffrè, 1984.

CAVALIERI FILHO, Sergio. *Programa de Direito do Consumidor.* São Paulo: Atlas, 2008.

CAVALIERI FILHO, Sergio. *Programa de responsabilidade civil.* 6. ed. São Paulo: Malheiros, 2005.

CAVALIERI FILHO, Sergio. *Programa de responsabilidade civil.* 7. ed. São Paulo: Atlas, 2007.

CAVALIERI FILHO, Sergio. *Programa de responsabilidade civil.* 8. ed. São Paulo: Atlas, 2008.

CAVALIERI FILHO, Sergio. *Programa de responsabilidade civil.* 12. ed. São Paulo: Atlas, 2015.

CAVALCANTI, Amaro. *Responsabilidade civil do Estado.* Rio de Janeiro: Borsoi, 1957. t. I.

CENDON, Paolo. *Commentario al Codice Civile.* Art. 1655-2059. Torino: UTET, 1991. v. 4.

CENDON, Paolo; VENCHIARUTTI, Ângelo. *Trattato di diritto comerciale e di diritto pubblico dell'economia.* Direto da Francesco Galgano. Volume Tredicesimo. Guido Alpa, Marino Bin e Paolo Cendon. Padova: Cedam, 1989.

CHAVES, Antônio. *Tratado de Direito Civil.* São Paulo: Saraiva, 1985. v. 3.

CHINÉ, Giuseppe; FRATINI, Marco; ZOPPINI, Andrea. *Manuale di diritto civile.* 4. ed. Roma: Nel Diritto, 2013.

CHINELLATO, Silmara Juny de Abreu. *A tutela civil do nascituro.* São Paulo: Saraiva, 2001.

CHINELLATO, Silmara Juny de Abreu (Coord.). *Código Civil interpretado.* 2. ed. São Paulo: Manole, 2009.

CHINELLATO, Silmara Juny de Abreu. *Código Civil interpretado.* 11. ed. São Paulo: Manole, 2018.

CHINELLATO, Silmara Juny de Abreu. Tendências da responsabilidade civil no direito contemporâneo. In: DELGADO, Mário Luiz; ALVES, Jones Figueirêdo (Coord.). *Questões controvertidas no novo Código Civil.* Responsabilidade civil. São Paulo: Método, 2006. v. 5.

CHINELLATO, Silmara Juny de Abreu; MORATO, Antonio Carlos. O risco do desenvolvimento nas relações de consumo. In: NERY, Rosa Maria de Andrade; DONNINI, Rogério. *Responsabilidade civil*. Estudos em homenagem ao professor Rui Geraldo Camargo Viana. São Paulo: RT, 2009.

CHIRONI, G. P. *La colpa nel diritto civile odierno*. Colpa contratualle. 2. ed. Torino: Fatelli Bocca, 1925.

CHUL-HAN, Byung. *Infocracia*: Digitalização e a crise da democracia. São Paulo: Vozes, 2022.

CHUL-HAN, Byung. *Não-Coisas*: Reviravoltas do Mundo da Vida. São Paulo: Vozes, 2022.

CHUL-HAN, Byung. *Sociedade do Cansaço*. São Paulo: Vozes, 2015.

CIAN, G.; TRABUCCHI, A. *Commentario breve al Codice Civile*. 4. ed. Padova: Cedam, 1992.

CÓDIGO DO CONSUMIDOR. Anteprojecto. Comissão do Código Consumidor. Ministério da Economia e da Inovação. Secretaria de Estado do Comércio, Serviços e Defesa do Consumidor. Lisboa: Instituto do Consumidor, 2006.

COELHO, Fábio Ulhoa. *Manual de Direito Comercial*. Direito de empresa. 18. ed. São Paulo: Saraiva, 2007.

COELHO, Francisco Pereira. *O problema da causa virtual na responsabilidade civil*. Coimbra: Coimbra Editora, 1955.

COELHO, Ivana Pedreira. Responsabilidade civil dos engenheiros civis. In: MORAES, Maria Celina Bodin de; GUEDES, Gisela Sampaio da Cruz (Coord.). *Responsabilidade civil de profissionais liberais*. Rio de Janeiro: Forense, 2016.

CORREIA, Alexandre; SCIACIA, Gaetano. *Manual de direito romano*. 2. ed. São Paulo: Saraiva, 1953. v. I.

COSTA FILHO, Venceslau Tavares. A cláusula geral de responsabilidade objetiva do Código Civil de 2002: elementos para uma tentativa de identificação dos pressupostos para a aplicação do parágrafo único do art. 927 do CC 2002. *Revista Brasileira de Direito Civil Constitucional e Relações de Consumo*, São Paulo, v. 2, abr.-jun. 2009.

COUTO E SILVA, Clóvis do. *A obrigação como processo*. São Paulo: José Bushatsky, 1976.

CRUZ, Gisela Sampaio da. *O problema do nexo causal na responsabilidade civil*. Rio de Janeiro: Renovar, 2005.

CUEVA, Ricardo Villas Bôas. Evolução do direito ao esquecimento no Judiciário. In: SALOMÃO, Luis Felipe; TARTUCE, Flávio (Coord.). *Direito Civil*. Diálogos entre a doutrina e a jurisprudência. São Paulo: Atlas, 2018.

CUNHA DE SÁ, Fernando Augusto. *Abuso do direito*. 2. reimpr. Coimbra: Almedina, 2005.

CUNHA, Rogério Sanches; PINTO, Ronaldo Batista. *Violência doméstica* – Lei Maria da Penha (Lei n. 11.340/2006) comentada artigo por artigo. 2. ed. São Paulo: RT, 2008.

DALAZEN, João Oreste. Indenização civil de empregado e empregador. *Revista de Direito do Trabalho*, São Paulo, n. 77, p. 47, 1992.

DALLEGRAVE NETO, José Affonso. *Responsabilidade civil no Direito do Trabalho*. 3. ed. São Paulo: LTr, 2008.

DANTAS JÚNIOR, Aldemiro. *Teoria dos atos próprios no princípio da boa-fé*. Biblioteca de estudos em homenagem ao Professor Arruda Alvim. Curitiba: Juruá, 2007.

DANTAS, San Tiago. *Programa de Direito Civil*. Aulas proferidas na Faculdade Nacional de Direito. Texto revisto com anotações e Prefácio de José Gomes Bezerra de Barros. Rio de Janeiro: Ed. Rio, 1979.

DE CUPIS, Adriano. *Commentario del Codice Civile*. A cura di Antonio Scialoja e Giuseppe Branca. Libro Quarto. Delle Obbligazioni. Art. 1992-2059. Ristampa della prima edizione. Roma: Soc. Ed. Del Foro Italiano, 1964.

DE CUPIS, Adriano. *Os direitos da personalidade*. Tradução Adriano Vera Jardim e Antonio Miguel Caeiro. Lisboa: Morais Editora, 1961.

DELFINO, Lúcio. *Responsabilidade civil e tabagismo*. Curitiba: Juruá, 2008.

DELGADO, Mário Luiz. *Código Civil interpretado*. 8. ed. São Paulo: Saraiva, 2012.

DELGADO, Mário Luiz. *Código Civil comentado*. 2. ed. Rio de Janeiro: Forense, 2020.

DENARI, Zelmo. *Código de Defesa do Consumidor*. Comentado pelos autores do anteprojeto. 8. ed. Rio de Janeiro: Forense Universitária, 2004.

DESSAUNE, Marcos. *Desvio produtivo do consumidor*. O prejuízo do tempo desperdiçado. São Paulo: RT, 2011.

DESSAUNE, Marcos. *Teoria aprofundada do desvio produtivo do consumidor*. O prejuízo do tempo desperdiçado e da vida alterada. Vitória: Edição do autor, 2017.

DEZEM, Guilherme Madeira. *Curso de processo penal*. 4. ed. São Paulo: RT, 2018.

DIAS, Antônio Pedro Medeiros. Responsabilidade civil dos odontologistas. In: MORAES, Maria Celina Bodin de; GUEDES, Gisela Sampaio da Cruz (Coord.). *Responsabilidade civil de profissionais liberais*. Rio de Janeiro: Forense, 2016.

DIAS, Maria Berenice. *Manual de direito das famílias*. 4. ed. São Paulo: RT, 2007.

DICIONÁRIO AULETE. Disponível em: <http://aulete.uol.com.br>. Acesso em: 10 maio 2018.

DICIONÁRIO HOUAISS DA LÍNGUA PORTUGUESA. Versão eletrônica. Disponível em: <http://houaiss.uol.com.br/busca.jhtm?verbete=dano&stype=k>. Acesso em: 12 abr. 2017.

DIDIER JR., Fredie. Competência para o processamento e julgamento da ação de responsabilidade civil por dano moral oriundo de relação familiar. In: MADALENO, Rolf; BARBOSA, Eduardo (Coord.). *Responsabilidade civil no direito de família*. São Paulo: Atlas, 2015.

DIDIER JR., Fredie. *Curso de Direito Processual Civil*. 17. ed. Salvador: JusPodivm, 2015. v. 1.

DIDIER JR., Fredie; OLIVEIRA, Rafael Alexandria de; BRAGA, Paula Sarno. *Curso de Direito Processual Civil*. 10. ed. Salvador: JusPodivm, 2015. v. 2.

DÍEZ-PICAZO, Luis; GULLÓN, Antonio. *Sistema de derecho civil*. 9. ed. Madrid: Tecnos, 2004. v. II.

DINIZ, Maria Helena. *Código Civil anotado*. 15. ed. São Paulo: Saraiva, 2010.

DINIZ, Maria Helena. *Conflito de normas*. 5. ed. São Paulo: Saraiva, 2003.

DINIZ, Maria Helena. *Conflito de normas*. 8. ed. São Paulo: Saraiva, 2008.

DINIZ, Maria Helena. *Curso de Direito Civil brasileiro*. Direito de família. 28. ed. São Paulo: Saraiva, 2013. v. 5.

DINIZ, Maria Helena. *Curso de Direito Civil brasileiro*. Teoria geral das obrigações contratuais e extracontratuais. 25. ed. São Paulo: Saraiva, 2009. v. 3.

DINIZ, Maria Helena. *Curso de Direito Civil brasileiro*. Teoria geral das obrigações contratuais e extracontratuais. 29. ed. São Paulo: Saraiva, 2013. v. 3.

DINIZ, Maria Helena. *Curso de Direito Civil brasileiro*. Teoria geral das obrigações. 24. ed. São Paulo: Saraiva, 2009. v. 2.

DINIZ, Maria Helena. *Curso de Direito Civil brasileiro*. Responsabilidade civil. 21. ed. São Paulo: Saraiva, 2007. v. 7.

DINIZ, Maria Helena. *Curso de Direito Civil brasileiro*. Responsabilidade civil. 27. ed. São Paulo: Saraiva, 2013. v. 7.

DINIZ, Maria Helena. *Dicionário jurídico*. 2. ed. São Paulo: Saraiva, 2005. v. 1.

DI PIETRO, Maria Sylvia Zanella. *Direito Administrativo*. 13. ed. São Paulo: Atlas, 2001.

DI PIETRO, Maria Sylvia Zanella. *Direito Administrativo*. 30. ed. Rio de Janeiro: Forense, 2017.

DONNINI, Rogério Ferraz. *Responsabilidade pós-contratual no Código Civil e no Código de Defesa do Consumidor*. São Paulo: Saraiva, 2004.

DONNINI, Rogério Ferraz. *Responsabilidade civil pós-contratual*. 3. ed. São Paulo: Saraiva, 2011

DUARTE, Nestor. *Código Civil comentado*. Coordenação de Cezar Peluso. São Paulo: Manole, 2007.

DUARTE, Nestor. *Código Civil comentado*. Coordenação de Cezar Peluso. 4. ed. São Paulo: Manole, 2010.

EFING, Antônio Carlos. *Bancos de dados e cadastro de consumidores*. São Paulo: RT, 2002.

EHRHARDT JR., Marcos. *Responsabilidade civil pelo inadimplemento da boa-fé*. Belo Horizonte: Fórum, 2014.

ENNECCERUS, Ludwig; KIPP, Theodor; WOLFF, Martín. *Derecho de obligaciones*. Undécima revisión por Heinrich Lehmann. Traducción de la 35.ª edición alemana con estudios de comparación y adaptación a la legislación y jurisprudencia española por Blas Pérez Gonzáles y José Alguer. 2. ed. Barcelona: Bosch, 1950. v. 2.

ESTORNINHO, Maria João. *A fuga para o direito privado*. Contributo para o estudo da actividade de direito privado da Administração Pública. 2. reimpr. Coimbra: Almedina, 2009.

FACHIN, Luiz Edson. Direito de família. Elementos críticos à luz do novo Código Civil brasileiro. In: LIRA, Ricardo Pereira (Coord.). *Curso de Direito Civil*. 2. ed. Rio de Janeiro: Renovar, 2003.

FACHIN, Luiz Edson. *Estatuto jurídico do patrimônio mínimo*. Rio de Janeiro: Renovar, 2001.

FACHIN, Luiz Edson. *Estatuto jurídico do patrimônio mínimo*. 2. ed. Rio de Janeiro: Renovar, 2006.

FARIAS, Cristiano Chaves. A tutela jurídica da confiança aplicada ao direito de família. In: PEREIRA, Rodrigo da Cunha (Coord.). *Anais do V Congresso Brasileiro de Direito de Família*. Belo Horizonte: IBDFAM, 2006.

FARIAS, Cristiano Chaves; ROSENVALD, Nelson. *Curso de Direito Civil*. Direito das obrigações. 9. ed. São Paulo: Atlas, 2015. v. 2.

FARIAS, Cristiano Chaves; ROSENVALD, Nelson. *Curso de Direito Civil*. Parte Geral e LINDB. 13. ed. São Paulo: Atlas, 2015. v. 1.

FARIAS, Cristiano Chaves; ROSENVALD, Nelson. *Direito Civil. Teoria geral*. 4. ed. Rio de Janeiro: Lumen Juris, 2006.

FARIAS, Cristiano Chaves; ROSENVALD, Nelson. *Direito das famílias*. Rio de Janeiro: Lumen Juris, 2008.

FARIAS, Cristiano Chaves; ROSENVALD, Nelson; BRAGA NETTO, Felipe Peixoto. *Curso de Direito Civil*. Responsabilidade civil. 2. ed. São Paulo: Atlas, 2015. v. 3.

FARIAS, Cristiano Chaves; ROSENVALD, Nelson; BRAGA NETTO, Felipe Peixoto. *Novo tratado de responsabilidade civil*. 2. ed. São Paulo: Saraiva, 2017.

FARIAS, Cristiano Chaves; TEIXEIRA, Felipe Braga; ROSENVALD, Nelson. *Novo tratado de responsabilidade civil*. 2. ed. São Paulo: Saraiva, 2017.

FIGUEIREDO, Lúcia Valle. *Curso de Direito Administrativo*. 2. ed. São Paulo: Malheiros, 1995.

FILOMENO, José Geraldo Brito. *Manual de Direito do Consumidor*. 9. ed. São Paulo: Atlas, 2007.

FIORILLO, Celso Antonio Pacheco. *Curso de Direito Ambiental brasileiro*. 10. ed. São Paulo: Saraiva, 2009.

FIUZA, Ricardo. *O novo Código Civil e as propostas de aperfeiçoamento*. São Paulo: Saraiva, 2003.

FONSECA, Priscila M. P. Corrêa da; SZTAJN, Rachel. In: AZEVEDO, Álvaro Villaça (Coord.). *Código Civil comentado*. São Paulo: Atlas, 2008. t. XI.

FRANZONI, Massimo. *La responsabilità oggettiva II*. Il danno da cose, da esercizio di attività pericolose, da circolazione di veicoli. Padova: Cedam, 1995.

FROTA, Pablo Malheiros da Cunha. *Os deveres contratuais gerais nas relações civis e de consumo*. Curitiba: Juruá, 2011.

FROTA, Pablo Malheiros da Cunha. *Responsabilidade civil por danos*. Imputação e nexo de causalidade. Curitiba: Juruá, 2014.

FUGA, Bruno Augusto Sampaio. *Acidentes de trânsito*. Responsabilidade civil e danos decorrentes. Birigui: Boreal, 2015.

GAGLIANO, Pablo Stolze. A responsabilidade civil pela falsa imputação de paternidade. In: MADALENO, Rolf; BARBOSA, Eduardo (Coord.). *Responsabilidade civil no direito de família*. São Paulo: Atlas, 2015.

GAGLIANO, Pablo Stolze. Responsabilidade civil pela perda do tempo. *Jus Navigandi*, Teresina, ano 18, n. 3540, 11 mar. 2013. Disponível em: <https://jus.com.br/artigos/23925>. Acesso em: 27 maio 2017.

GAGLIANO, Pablo Stolze; PAMPLONA FILHO, Rodolfo. *Novo curso de Direito Civil*. Direito das obrigações. 8. ed. São Paulo: Saraiva, 2007. v. II.

GAGLIANO, Pablo Stolze; PAMPLONA FILHO, Rodolfo. *Novo curso de Direito Civil*. Direito das obrigações. 9. ed. São Paulo: Saraiva, 2007. v. II.

GAGLIANO, Pablo Stolze; PAMPLONA FILHO, Rodolfo. *Novo curso de Direito Civil*. Direito de família. São Paulo: Saraiva, 2011. v. VI.

GAGLIANO, Pablo Stolze; PAMPLONA FILHO, Rodolfo. *Novo curso de Direito Civil*. Responsabilidade civil. 9. ed. São Paulo: Saraiva, 2011. v. III.

GAGLIANO, Pablo Stolze; PAMPLONA FILHO, Rodolfo. *Novo curso de Direito Civil*. Responsabilidade civil. 10. ed. São Paulo: Saraiva, 2012. v. III.

GAGLIANO, Pablo Stolze; PAMPLONA FILHO, Rodolfo. *Novo curso de Direito Civil*. Responsabilidade civil. 14. ed. São Paulo: Saraiva, 2016. v. III.

GAGLIANO, Pablo Stolze; PAMPLONA FILHO, Rodolfo. *Novo curso de Direito Civil*. Responsabilidade civil. 17. ed. São Paulo: Saraiva, 2016. v. II.

GAGLIANO, Pablo Stolze; VIANA, Salomão. A Prescrição Intercorrente e a nova MP nº 1.040/21 (Medida Provisória de "Ambiente de Negócios"). Disponível em: <https://direitocivilbrasileiro.jusbrasil.com.br/artigos/1186072938/a-prescricao-intercorrente-e-a-nova-mp-n-1040-21-medida-provisoria-de-ambiente-de-negocios>. Acesso em: 10 fev. 2022.

GAJARDONI, Fernando de Fonseca. In: CABRAL, Antonio do Passo; CRAMER, Ronaldo (Coord.). *Comentários ao Novo Código de Processo Civil*. Rio de Janeiro: Forense, 2015.

GARCEZ NETO, Martinho. *Responsabilidade civil no direito comparado*. Rio de Janeiro: Renovar, 2000.

GARCIA, Leonardo de Medeiros. *Direito do Consumidor*. Código comentado e jurisprudência. 3. ed. Niterói: Impetus, 2007.

GIOLO JÚNIOR, Cildo; GOMES DUARTE, Paulo Agesípolis. A vulnerabilidade do consumidor diante da obsolescência programada. Disponível em: <http://www.publicadireito.com.br/artigos/?cod=7a1bb1ae4894617e>. Acesso em: 15 out. 2017.

GIORGI, Giorgio. *Teoria delle obbligazione nel diritto moderno italiano*. 7. ed. Torino: UTET, 1930. v. V.

GODOY, Arnaldo Sampaio de Morais. *O pós-modernismo jurídico*. Porto Alegre: Fabris, 2005.

GODOY, Claudio Luiz Bueno de. *Código Civil comentado*. Coordenação de Cezar Peluso. São Paulo: Manole, 2007.

GODOY, Claudio Luiz Bueno de. *Código Civil comentado*. Coordenação de Cezar Peluso. 4. ed. São Paulo: Manole, 2010.

GODOY, Claudio Luiz Bueno de. *Função social do contrato*. De acordo com o novo Código Civil. São Paulo: Saraiva, 2004.

GODOY, Claudio Luiz Bueno de. In: PELUSO, Cezar (Coord.). *Código Civil comentado*. 4. ed. São Paulo: Manole, 2010.

GODOY, Claudio Luiz Bueno de. *Responsabilidade civil pelo risco da atividade*. São Paulo: Saraiva, 2009.

GOMES, Luiz Roldão de Freitas. Elementos da responsabilidade civil. In: LIRA, Ricardo Pereira (Coord.). *Curso de Direito Civil*. Rio de Janeiro: Renovar, 2000.

GOMES, Orlando. *Contratos*. 16. ed. Rio de Janeiro: Forense, 1996.

GOMES, Orlando. *Contratos*. Coordenação de Edvaldo Brito. 26. ed. atualizada por Antonio Junqueira de Azevedo e Francisco Marino. Rio de Janeiro: Forense, 2007.

GOMES, Orlando. *Obrigações*. 11. ed. atualizada por Humberto Theodoro Júnior. Rio de Janeiro: Forense, 1997.

GOMES, Orlando. *Obrigações*. 16. ed. atualizada por Edvaldo Brito. Rio de Janeiro: Forense, 2004.

GONÇALVES, Carlos Roberto. *Direito Civil*. Contratos e atos unilaterais. 13. ed. São Paulo: Saraiva, 2016. v. 3.

GONÇALVES, Carlos Roberto. *Direito Civil brasileiro*. Responsabilidade civil. 2. ed. São Paulo: Saraiva, 2007. v. 4.

GONÇALVES, Carlos Roberto. *Direito Civil brasileiro*. Responsabilidade civil. 5. ed. São Paulo: Saraiva, 2010.

GONÇALVES, Carlos Roberto. *Direito Civil brasileiro*. Responsabilidade civil. 9. ed. São Paulo: Saraiva, 2014. v. 4.

GONÇALVES, Carlos Roberto. *Direito Civil brasileiro*. Responsabilidade civil. 11. ed. São Paulo: Saraiva, 2016. v. 4.

GONÇALVES, Carlos Roberto. *Direito Civil brasileiro*. Direito das obrigações. 13. ed. São Paulo: Saraiva, 2016. v. 2.

GONÇALVES, Carlos Roberto. Prescrição: questões relevantes e polêmicas. In: DELGADO, Mário Luiz; ALVES, Jones Figueirêdo. *Questões controvertidas do novo Código Civil*. São Paulo: Método, 2003. v. I.

GONÇALVES, Carlos Roberto. *Responsabilidade civil*. 9. ed. São Paulo: Saraiva, 2005.

GONÇALVES, Carlos Roberto. *Responsabilidade civil*. 17. ed. São Paulo: Saraiva, 2016.

GONÇALVES, Renato Afonso. *Bancos de dados nas relações de consumo*. São Paulo: Max Limonad, 2002.

GONZÁLES, Carlos Antonio Agurto; MAMANI, Sonia Lidia Quequejana Mamani. O dano existencial como contribuição da cultura jurídica italiana. *Revista Eletrônica Direito e Sociedade (REDES)*, Programa de mestrado da Faculdade de Direito da Unilassalle, Canoas, Rio Grande do Sul, v. 6, n. 1, 2018.

GRAMSTRUP, Erik Frederico. Responsabilidade objetiva na cláusula geral codificada e nos microssistemas. In: DELGADO, Mário Luiz; ALVES, Jones Figueirêdo (Coord.). *Questões controvertidas no novo Código Civil*. São Paulo: Método, 2006.

GROENINGA, Giselle Câmara. Sem mais desculpas – é tempo de responsabilidade. In: DIAS, Maria Berenice (Coord.). *Direito das famílias*. Contributo do IBDFAM em homenagem a Rodrigo da Cunha Pereira. São Paulo: IBDFAM/RT, 2010.

GUGLINSKI, Vitor Vilela. Danos morais pela perda do tempo útil: uma nova modalidade. *Jus Navigandi*, Teresina, ano 17, n. 3237, 12 maio 2012. Disponível em: <http://jus.com.br/revista/texto/21753>. Acesso em: 21 set. 2013.

GUIMARÃES, Paulo Jorge Scartezzini. *A publicidade ilícita e a responsabilidade civil das celebridades que dela participam*. São Paulo: RT, 2003.

GUMERATO RAMOS, Glauco. *Reforma do CPC 2*. São Paulo: RT, 2007.

GURGEL, Fernanda Pessanha do Amaral. *Direito de família e princípio da boa-fé objetiva*. Curitiba: Juruá, 2009.

HEDEMANN, J. W. *Derecho de obligaciones*. Tradução de Jaime Santos Briz. Madrid: Editorial Revista de Derecho Privado, 1958.

HIRONAKA, Giselda Maria Fernandes Novaes. Cirurgia plástica e responsabilidade civil do médico: para uma análise jurídica da culpa do cirurgião plástico. Disponível em: <www.flaviotartuce.adv.br>. Acesso em: 7 abr. 2009.

HIRONAKA, Giselda Maria Fernandes Novaes. Contratos atípicos e contratos coligados: características fundamentais e dessemelhança. *Direito Civil*: estudos. Belo Horizonte: Del Rey, 2000.

HIRONAKA, Giselda Maria Fernandes Novaes. Os contornos jurídicos da responsabilidade afetiva nas relações entre pais e filhos – Além da obrigação legal de caráter material. Disponível em: <www.flaviotartuce.adv.br>. Acesso em: 21 jun. 2017.

HIRONAKA, Giselda Maria Fernandes Novaes. *Responsabilidade pressuposta*. Belo Horizonte: Del Rey, 2005.

HIRONAKA, Giselda Maria Fernandes Novaes; TARTUCE, Flávio; SIMÃO, José Fernando. O Código Civil de 2002 e a Constituição Federal: 5 anos e 20 anos. In: MORAES, Alexandre de (Coord.). *Os 20 anos da Constituição da República Federativa do Brasil*. São Paulo: Atlas, 2009.

ITURRASPE, Jorge Mosset. *Responsabilidad por daños*. El acto ilícito. Buenos Aires: Rubinzal-Culzoni, [s.d.]. t. III.

ITURRASPE, Jorge Mosset. *Responsabilidad por daños*. Parte general. Buenos Aires: Rubinzal-Culzoni, [s.d.]. t. I.

IUDICA, Giovanni. Profili della responsabilità extracontrattuale secondo il nuovo Código Civil brasileiro. In: CALDERARE, Alfredo (a cura di). *Il Nuovo Codice Civile brasiliano*. Milano: Giuffrè, 2003.

JAPIASSU, Hilton Ferreira. A crise da razão no Ocidente. Disponível em: <http://www.sinergia-spe.net/editoraeletronica/autor/ 069/06900100.htm>. Acesso em: 17 mar. 2009.

JAYME, Erik. Identité cuturelle et integration: le droit internacional privé post--moderne. *Recueil des Cours de l'Académie de Droit International de la Haye*. Haia: Kluwer, 1995.

JAYME, Erik. Il diritto internazionale privato estense. *Revista di Diritto Internazionale Privato e Processuale*, Estrato. Diretta da Fausto Pocar, Tullio Treves, Sergio M. Carbone, Andrea Giardina, Riccardo Luzzatto, Franco Mosconi, Padova: Cedam, ano XXXII, n. 1, p. 18, Gen.-Mar. 1996.

JAYME, Erik. O direito internacional privado do novo milênio: a proteção da pessoa humana em face da globalização. Tradução de Claudia Lima Marques e Nadia de Araujo. In: MARQUES, Claudia Lima; ARAUJO, Nadia de (Coord.). *O novo direito internacional*. Estudos em homenagem a Erik Jayme. Rio de Janeiro: Renovar, 2005.

JORDÃO, Eduardo. *Abuso de direito*. Salvador: JusPodivm, 2006.

JOSSERAND, Louis. Evolução da responsabilidade civil. *Revista Forense*, Rio de Janeiro, v. 86, p. 52, 1941.

JOSSERAND, Louis. *Teoría general de las obligaciones*. Revisado y completado por André Brun. Traducción de Santiago Cunchillos y Manterola. Buenos Aires: Bosch, 1950.

KANT, Immanuel. *Crítica da razão pura*. 6. ed. Lisboa: Fundação Calouste Gulbenkian, 2008.

KHOURI, Paulo R. Roque. *Direito do Consumidor*. 2. ed. São Paulo: Atlas, 2005.

LACERDA, Maurício Andere von Bruck. *O seguro dos administradores no Brasil*: o D&O Insurance brasileiro. Curitiba: Juruá, 2013.

LAGRASTA NETO, Caetano. A responsabilidade civil por abuso físico e psicológico da criança e do adolescente. In: MADALENO, Rolf; BARBOSA, Eduardo (Coord.). *Responsabilidade civil no direito de família*. São Paulo: Atlas, 2015.

LARENZ, Karl. *Derecho civil*. Parte general. Tradução e Notas de Miguel Izquierdo y Mácias-Picavea. Madrid: Editorial Revista de Derecho Privado, 1978.

LARENZ, Karl. *Derecho de obligaciones*. Versão espanhola de Jaime Santos Briz. Madrid: Editorial Revista de Derecho Privado, 1959. t. II.

LEITÃO, Luís Manuel Teles de Menezes. *Direito das obrigações*. 5. ed. Coimbra: Almedina, 2006. v. I.

LEITE, José Rubens Morato. *Dano ambiental*: do individual ao coletivo extrapatrimonial. 2. ed. São Paulo: RT, 2003.

LEMOS, Patrícia Faga Iglecias. *Meio ambiente e responsabilidade civil do proprietário*. Análise do nexo causal. São Paulo: RT, 2008.

LEONARDI, Marcel. Determinação da responsabilidade civil pelos ilícitos na rede: os deveres dos provedores de serviços de internet. In: TAVARES DA SILVA, Regina Beatriz; SANTOS, Manoel J. Pereira dos (Coord.). *Responsabilidade civil na internet e nos demais meios de comunicação*. São Paulo: Saraiva, 2007. (Série GV Law.)

LEONARDO, Rodrigo Xavier. *Redes contratuais no mercado habitacional*. São Paulo: Saraiva, 2003.

LIMA, Alvino. *A responsabilidade civil pelo fato de outrem*. Rio de Janeiro: Forense, 1973.

LIMA, Alvino. *Culpa e risco*. Atualizada por Ovídio Rocha Sandoval. 2. ed. 2. tir. São Paulo: RT, 1999.

LIMA, Renato Brasileiro de. *Manual de Direito Processual Penal*. Niterói: Impetus, 2011. v. 1.

LIMA, Renato Brasileiro de. *Manual de processo penal*. 6. ed. Salvador: JusPodivm, 2018.

LIMONGI FRANÇA, Rubens. *A simbologia das cores e a cromoterapia*. São Paulo: Edição do Autor, 1998.

LIMONGI FRANÇA, Rubens. *Enciclopédia Saraiva de Direito*. São Paulo: Saraiva, 1977. v. 72.

LIMONGI FRANÇA, Rubens. *Instituições de Direito Civil*. 4. ed. São Paulo: Saraiva, 1996.

LIMONGI FRANÇA, Rubens. *Instituições de Direito Civil*. 5. ed. São Paulo: Saraiva, 1999.

LIMONGI FRANÇA, Rubens. *Raízes e dogmática da cláusula penal*. 1987. Tese (Doutorado) – Faculdade de Direito da USP, São Paulo.

LIPTON, Judith Eve; BARASH, David P. *O mito da monogamia*. Lisboa: Sinais de Fogo Publicações, 2002.

LISBOA, Roberto Senise. *Responsabilidade civil nas relações de consumo*. São Paulo: RT, 2001.

LÔBO, Paulo Luiz Netto. *Direito Civil*. Obrigações. 2. ed. São Paulo: Saraiva, 2011.

LÔBO, Paulo Luiz Netto. Divórcio: Alteração constitucional e suas consequências. Disponível em: <http://www.ibdfam.org.br/?artigos&artigo=629>. Acesso em: 14 jun. 2017.

LÔBO, Paulo Luiz Netto. *Famílias*. São Paulo: Saraiva, 2008.

LÔBO, Paulo Luiz Netto. Responsabilidade sem dano. Palestra. In: VII JORNADAS BRASILEIRAS DE DIREITO PRIVADO. Anais..., Maceió, jun. 2013.

LÔBO, Paulo Luiz Netto. *Teoria geral das obrigações*. São Paulo: Saraiva, 2005.

LOPES, Lucas Miotto. Eu não quero saber! Uma defesa do direito de não saber como independente do direito à privacidade. *Revista Direito, Estado e Sociedade*, Rio de Janeiro: PUCRJ, n. 45, p. 82-97, jul.-dez. 2014.

LOPEZ, Teresa Ancona. *Estudos e pareceres sobre livre-arbítrio, responsabilidade e produto de risco inerente*. O paradigma do tabaco. Aspectos civis e processuais. Rio de Janeiro: Renovar, 2009.

LOPEZ, Teresa Ancona. *O dano estético*. São Paulo: RT, 1980.

LORENZETTI, Ricardo Luis. *Comércio eletrônico*. Tradução de Fabiano Menke. São Paulo: RT, 2004.

LORENZETTI, Ricardo Luis. *Fundamentos do direito privado*. Tradução de Vera Maria Jacob Fradera. São Paulo: RT, 1998.

LORENZETTI, Ricardo Luis. *Teoria da decisão judicial*. Fundamentos de direito. Tradução de Bruno Miragem. Notas e revisão da tradução de Claudia Lima Marques. São Paulo: RT, 2009.

LOTUFO, Renan. A responsabilidade civil e o papel do juiz no Código Civil de 2002. In: NERY, Rosa Maria de Andrade; DONNINI, Rogério (Coord.). *Responsabilidade civil*. Estudos em homenagem ao professor Rui Geraldo Camargo Viana. São Paulo: RT, 2009.

LOTUFO, Renan. *Código Civil comentado*. São Paulo: Saraiva, 2002. v. 1.

LOTUFO, Renan. *Código Civil comentado*. São Paulo: Saraiva, 2003. v. 2.

MACHADO, Paulo Affonso Leme. *Direito Ambiental brasileiro*. 12. ed. São Paulo: Malheiros, 2004.

MADALENO, Ana Carolina Carpes. Indenização pela prática da alienação parental e imposição de falsas memórias. In: MADALENO, Rolf; BARBOSA, Eduardo (Coord.). *Responsabilidade civil no direito de família*. São Paulo: Atlas, 2015.

MADALENO, Rolf. *Conduta conjugal culposa*. Direito de família. Aspectos polêmicos. Porto Alegre: Livraria do Advogado, 1998.

MADALENO, Rolf. *Curso de direito de família*. Rio de Janeiro: Forense, 2008.

MARANHÃO, Ney Stany Morais. *Responsabilidade civil objetiva pelo risco da atividade*. São Paulo: GEN/Método, 2010.

MARINELA, Fernanda. *Direito Administrativo*. 6. ed. Niterói: Impetus, 2012.

MARINO, Francisco Paulo de Crescenzo. *Contratos coligados no direito brasileiro*. São Paulo: Saraiva, 2009.

MARQUES, Claudia Lima. *Comentários ao Código de Defesa do Consumidor*. São Paulo: RT, 2004.

MARQUES, Claudia Lima. *Contratos no Código de Defesa do Consumidor*. 5. ed. São Paulo: RT, 2005.

MARQUES, Claudia Lima. *Manual de Direito do Consumidor*. São Paulo: RT, 2008.

MARQUES, Claudia Lima. Violação do dever de boa-fé, corretamente, nos atos negociais omissivos afetando o direito/liberdade de escolha. Nexo causal entre a falha/defeito de informação e defeito de qualidade nos produtos de tabaco e o dano final morte. Responsabilidade do fabricante do produto, direito a ressarcimento dos danos materiais e morais, sejam preventivos, reparatórios ou satisfatórios. *Revista dos Tribunais,* São Paulo: RT, n. 835, p. 74-133, 2005.

MARQUES, Claudia Lima; BENJAMIN, Antonio Herman V.; BESSA, Leonardo Roscoe. *Manual de Direito do Consumidor.* 3. ed. São Paulo: RT, 2010.

MARQUES, Claudia Lima; BENJAMIN, Antonio Herman V.; Miragem, Bruno. *Comentários ao Código de Defesa do Consumidor.* 2. ed. São Paulo: RT, 2005.

MARTINS-COSTA, Judith. *A boa-fé no direito privado.* São Paulo: RT, 1999.

MARTINS-COSTA, Judith. Ação indenizatória. Dever de informar do fabricante sobre os riscos do tabagismo. In: LOPEZ, Teresa Ancona (Coord.). *Estudos e pareceres sobre livre-arbítrio, responsabilidade e produto de risco inerente. O paradigma do tabaco. Aspectos civis e processuais.* Rio de Janeiro: Renovar, 2009.

MARTINS-COSTA, Judith. Apresentação à obra de Rafael Peteffi da Silva. *Responsabilidade civil pela perda de uma chance.* São Paulo: Atlas, 2007.

MARTINS-COSTA, Judith. *Comentários ao novo Código Civil.* Coordenação de Sálvio de Figueiredo Teixeira. Rio de Janeiro: Forense, 2003. v. V, t. I e t. II.

MARTINS-COSTA, Judith. Do inadimplemento das obrigações. In: TEIXEIRA, Sálvio de Figueiredo (Coord.). *Comentários ao novo Código Civil.* Rio de Janeiro: Forense, 2003. v. V, t. II.

MARTINS-COSTA, Judith; BRANCO, Gerson Luiz Carlos. *Diretrizes teóricas do novo Código Civil brasileiro.* São Paulo: Saraiva, 2002.

MARTINS-COSTA, Judith; ZANETTI, Cristiano de Souza. Qual é o prazo prescricional da responsabilidade contratual? Parte 1. Disponível em: <https://www.conjur.com.br/2017-mai-08/direito-civil-atual-qual-prazo-prescricional--responsabilidade-contratual-parte>. Acesso em: 9 jun. 2018.

MARTINS-COSTA, Judith; ZANETTI, Cristiano de Souza. Qual é o prazo prescricional da responsabilidade contratual? Parte 2. Disponível em: <https://www.conjur.com.br/2017-mai-15/direito-civil-atual-qual-prazo-prescricional--responsabilidade-contratual-parte>. Acesso em: 9 jun. 2018.

MARTINS-COSTA, Judith; ZANETTI, Cristiano de Souza. Qual é o prazo prescricional da responsabilidade contratual? Parte 3. Disponível em: <https://www.conjur.com.br/2017-mai-22/qual-prazo-prescricional-responsabilidade--contratual-parte>. Acesso em: 9 jun. 2018.

MARTINS-COSTA, Judith; ZANETTI, Cristiano de Souza. Qual é o prazo prescricional da responsabilidade contratual? Parte 4. Disponível em: <https://www.conjur.com.br/2017-mai-29/direito-civil-atual-prazo-prescricional--responsabilidade-contratual-parte>. Acesso em: 9 jun. 2018.

MARTINS-COSTA, Judith; ZANETTI, Cristiano de Souza. Responsabilidade contratual: prazo prescricional de 10 anos. *Revista dos Tribunais,* São Paulo, n. 979, p. 215-240.

MARTINS, Guilherme Magalhães. *Responsabilidade civil por acidente de consumo na internet.* 2. ed. São Paulo: RT, 2014.

MATEO, Ramon Martin. *Tratado de derecho ambiental*. Madrid: Trivium, 1991. p. 240.

MATOS, Enéas de Oliveira. A responsabilidade objetiva no novo Código Civil e os acidentes de trabalho. Disponível em: <http://jus2.uol.com.br/doutrina/texto.asp?id=7251>. Acesso em: 3 dez. 2015.

MATOS, Enéas de Oliveira. *Dano moral e dano estético*. Rio de Janeiro: Renovar, 2011.

MAZZEI, Rodrigo Reis. Abuso de direito: contradição entre o § 2.º do art. 1.228 e o art. 187 do Código Civil. In: BARROSO, Lucas Abreu (Org.). *Introdução crítica ao Código Civil*. Rio de Janeiro: Forense, 2006.

MAZZEI, Rodrigo Reis. A prescrição e a sua pronúncia de ofício. In: DELGADO, Mário Luiz; ALVES, Jones Figueirêdo. *Questões controvertidas no novo Código Civil*. São Paulo: Método, 2007. v. 6.

MAZZEI, Rodrigo Reis. Notas iniciais à leitura do novo Código Civil. In: CAMBLER, Everaldo Augusto; PAULA BARRETO, Wanderlei; DANTAS, Marcelo Navarro Ribeiro; TERRA, Marcelo. *Comentários ao Código Civil brasileiro*. Coord. Arruda Alvim e Thereza Alvim. Rio de Janeiro: Forense, 2005. v. 1.

MEDEIROS NETO, Xisto Tiago de. *Dano moral coletivo*. 2. ed. São Paulo: LTr, 2007.

MEIRA, Sílvio. A. B. *A Lei das XII Tábuas*. Fonte do direito público e privado. 3. ed. Rio de Janeiro: Forense, 1972.

MEIRA, Sílvio. A. B. *Instituições de direito romano*. 4. ed. São Paulo: Max Limonad, 1971. v. 1.

MEIRELES, Edilton. *Abuso do direito na relação de emprego*. São Paulo: LTr, 2005.

MEIRELLES, Hely Lopes. *Direito Administrativo brasileiro*. 24. ed. atualizada por Eurico Andrade Azevedo, Délcio Balestero Aleixo e José Emmanuel Burle Filho. São Paulo: Malheiros, 1999.

MELO, Fabiano. *Direito Ambiental*. 2. ed. São Paulo: Método, 2017.

MELO, Marco Aurélio Bezerra de. *Curso de Direito Civil*. Responsabilidade civil. São Paulo: Atlas, 2015. v. 4.

MELO, Marco Aurélio Bezerra de. *Código Civil comentado*. 2. ed. Rio de Janeiro: Forense, 2020.

MELO, Raimundo Simão de. *Direito Ambiental do Trabalho e a saúde do trabalhador*. 3. ed. São Paulo: LTr, 2008.

MENEZES CORDEIRO, António Manuel da Rocha. *A boa-fé no Direito Civil*. Coimbra: Almedina, 2001.

MENEZES LEITÃO, Luis Manuel Telles de. *Direito das obrigações*. 5. ed. Coimbra: Almedina, 2006. v. I.

MILARÉ, Édis. *Direito do ambiente*. São Paulo: RT, 2000.

MIRAGEM, Bruno. *Curso de Direito do Consumidor*. 2. ed. São Paulo: RT, 2010.

MIRAGEM, Bruno. *Direito Civil*. Direito das obrigações. São Paulo: Saraiva, 2017.

MIRAGEM, Bruno. *Direito Civil*. Responsabilidade civil. São Paulo: Saraiva, 2015.

MIRRA, Álvaro Luiz Valery. Fundamentos do Direito Ambiental no Brasil. *Revista dos Tribunais*, São Paulo, v. 706, p. 7, 2004.

MONATERI, Pier Giuseppe. El prejuicio existencial como voz del daño no patrimonial. Disponível em: <https://www.academia.edu/22167973/EL_PERJUICIO_EXISTENCIAL_COMO_VOZ_DEL_DA%C3%91O_NO_PATRIMONIAL>. Acesso em: 20 nov. 2017.

MONATERI, Pier Giuseppe. *Illecito e responsabilità civile*. Diretto da Mario Bessone. Torino: G. Giappichelli, 2002. t. II: Trattato de diritto privato.

MONATERI, Pier Giuseppe. Natureza e finalidades da responsabilidade civil. Tradução e montagem do texto por Flávio Tartuce e Giuliana Giannessi. *Revista de Direito do Consumidor*, São Paulo: RT, ano 26, n. 112, p. 59-92, jul.-ago. 2017.

MONTEIRO DE BARROS, Flávio Augusto. *Manual de Direito Civil*. Responsabilidade civil e direito das coisas. São Paulo: Método, 2005. v. 3.

MONTEIRO, Jorge Sinde. Responsabilidade civil: o novo Código Civil do Brasil face ao direito português, às reformas recentes às actuais discussões de reforma na Europa. In: CALDERARE, Alfredo (a cura di). *Il nuovo Codice Civile brasiliano*. Università degli studi di Foggia. Facoltà di Giurisprudenza. Milano: Giuffrè, 2003.

MONTENEGRO, Antonio Lindbergh C. *Responsabilidade civil*. 2. ed. Rio de Janeiro: Lumen Juris, 1996.

MORAES, Carlos Alexandre. *Responsabilidade civil das empresas tabagistas*. Curitiba: Juruá, 2009.

MORAES, Maria Celina Bodin de. *Código Civil interpretado conforme a Constituição da República*. Rio de Janeiro: Renovar, 2004, v. I; 2006, v. II.

MORAES, Maria Celina Bodin de. *Danos à pessoa humana*. Uma leitura civil-constitucional dos danos morais. 1. ed. 3. tir. Rio de Janeiro: Renovar, 2007.

MORAES, Maria Celina Bodin de. Danos morais e relações de famílias. In: PEREIRA, Rodrigo da Cunha (Coord.). *Anais do IV Congresso Brasileiro de Direito de Família*. Belo Horizonte: Del Rey, 2004.

MORAES, Maria Celina Bodin de. *Na medida da pessoa humana*. Estudos de Direito Civil-Constitucional. Rio de Janeiro: Renovar, 2010.

MORAES, Maria Celina Bodin de. *O princípio da dignidade humana*. Princípios do Direito Civil contemporâneo. Rio de Janeiro: Renovar, 2006.

MORAES, Maria Celina Bodin de. Risco, solidariedade e responsabilidade objetiva. *Revista dos Tribunais*, São Paulo, v. 856, p. 10-13, 2006.

MORAES, Maria Celina Bodin de; GUEDES, Gisela Sampaio da Cruz. À guisa de introdução: o multifacetado conceito de profissional liberal. In: MORAES, Maria Celina Bodin de; GUEDES, Gisela Sampaio da Cruz (Coord.). *Responsabilidade civil de profissionais liberais*. Rio de Janeiro: Forense, 2016.

MORAES, Renato Duarte Franco de. *A causalidade alternativa e a responsabilização dos múltiplos ofensores*. 2014. Dissertação (Mestrado) – Faculdade de

Direito da USP, São Paulo. Disponível em: <http://www.teses.usp.br/teses/disponiveis/2/2131/tde-04032015-125144/pt-br.php>. Acesso em: 20 jun. 2018.

MORAIS, Ezequiel. *Código de Defesa do Consumidor comentado*. São Paulo: RT, 2010.

MORAIS, Ezequiel; CARAZAI, Marcos Marins; PODESTÁ, Fábio Henrique. *Código de Defesa do Consumidor comentado*. São Paulo: RT, 2010.

MOREIRA ALVES, José Carlos. *A parte geral do Projeto de Código Civil brasileiro*. 2. ed. São Paulo: Saraiva, 2003.

MOREIRA ALVES, José Carlos. *Direito romano*. 3. ed. Rio de Janeiro: Forense, 1980. v. II.

MOREIRA ALVES, Leonardo Barreto. *O fim da culpa na separação judicial*: uma perspectiva história-jurídica. Belo Horizonte: Del Rey, 2007.

MOREIRA, Eduardo Ribeiro. *Neoconstitucionalismo*. A invasão da Constituição. São Paulo: Método, 2008. v. 7.

MORSELLO, Marco Fábio. *Responsabilidade civil no transporte aéreo*. São Paulo: Atlas, 2006.

MOTA, Maurício. Responsabilidade civil do Estado por balas perdidas. In: MOTA, Maurício. *Questões de Direito Civil contemporâneo*. Rio de Janeiro: Elsevier/Campus Jurídico, 2008.

MULHOLLAND, Caitlin Sampaio. *A responsabilidade civil por presunção de causalidade*. Rio de Janeiro: GZ, 2009.

NALIN, Paulo. *Do contrato*: conceito pós-moderno. Curitiba: Juruá, 2005.

NANNI, Giovanni Ettore. *Enriquecimento sem causa*. São Paulo: Saraiva, 2004.

NERY JR., Nelson; NERY, Rosa Maria de Andrade. *Código Civil anotado*. 2. ed. São Paulo: RT, 2003.

NERY JR., Nelson; NERY, Rosa Maria de Andrade. *Código Civil comentado*. 11. ed. São Paulo: RT, 2014.

NERY JR., Nelson; NERY, Rosa Maria de Andrade. *Comentários ao Código de Processo Civil*. São Paulo: RT, 2015.

NERY JR., Nelson; NERY, Rosa Maria de Andrade. *Leis civis comentadas*. 2. tir. São Paulo: RT, 2006.

NICOLAU, Gustavo Rene. Verdadeiras modificações do novo Código Civil. Disponível em: <http://www.flaviotartuce.adv.br>. Seção Artigos de convidados. Acesso em: 10 jun. 2018.

NISHIYAMA, Adolfo Mamoru. *A proteção constitucional do consumidor*. 2. ed. São Paulo: Atlas, 2010.

NORONHA, Fernando. *Direito das obrigações*. São Paulo: Saraiva, 2003. v. 1.

NORONHA, Fernando. *O direito dos contratos e seus princípios fundamentais*. São Paulo: Saraiva, 1994.

NUCCI, Guilherme de Souza. *Código de Processo Penal comentado*. 8. ed. São Paulo: RT, 2008.

OLIVEIRA, James Eduardo de. *Código Civil anotado e comentado*. Rio de Janeiro: GEN/Método, 2009.

OLIVEIRA JÚNIOR, Eudes Quintino de; SECANHO, Antonelli Antonio Moreira. Limites legais dos ofendículos. Disponível em: <http://www.migalhas.com.br/dePeso/16,MI241716,61044-Limites+legais+dos+ofendiculo>. Acesso em: 5 jan. 2018.

OLIVEIRA, Marco Aurélio Bellizze. Questões polêmicas sobre a prescrição. In: SALOMÃO, Luis Felipe; TARTUCE, Flávio (Coord.). *Direito Civil. Diálogos entre a doutrina e a jurisprudência*. São Paulo: Atlas, 2018.

OLIVEIRA, Rafael Carvalho Resende. *A constitucionalização do Direito Administrativo*. Rio de Janeiro: Lumen Juris, 2009.

OLIVEIRA, Sebastião Geraldo de. *Indenizações por acidente do trabalho ou doença ocupacional*. 2. ed. São Paulo: LTr, 2006.

OTERO, Marcelo Truzzi. Responsabilidade civil pela dissolução conjugal. In: MADALENO, Rolf; BARBOSA, Eduardo (Coord.). *Responsabilidade civil no direito de família*. São Paulo: Atlas, 2015.

PAMPLONA FILHO, Rodolfo. *O assédio sexual na relação de emprego*. 2. ed. São Paulo: LTr, 2011.

PAMPLONA FILHO, Rodolfo. Responsabilidade civil nas relações de trabalho e o novo Código Civil. In: DELGADO, Mário Luiz; ALVES, Jones Figueirêdo (Org.). *Questões controvertidas no novo Código Civil*. São Paulo: Método, 2003.

PAPA DOS SANTOS, Regina Beatriz Tavares da Silva. *Reparação civil na separação e no divórcio*. São Paulo: Saraiva, 1999.

PEDROSA, Lauricio Alves Carvalho. Breve análise acerca do nexo causal na responsabilidade civil ambiental. *Revista do Programa de Pós-Graduação em Direito da Faculdade de Direito da Universidade Federal da Bahia*, n. 14, 2007.

PENTEADO, Luciano de Camargo. *Efeitos contratuais perante terceiros*. São Paulo: Quartier Latin, 2007.

PEREIRA, Caio Mário da Silva. *Direito Civil*. Alguns aspectos da sua evolução. Rio de Janeiro: Forense, 2001.

PEREIRA, Caio Mário da Silva. *Instituições de Direito Civil*. 19. ed. Rio de Janeiro: Forense, 2003. v. I.

PEREIRA, Caio Mário da Silva. *Instituições de Direito Civil*. 20. ed. Rio de Janeiro: Forense, 2004. v. I.

PEREIRA, Caio Mário da Silva. *Instituições de Direito Civil*. Contratos. 16. ed. Rio de Janeiro: Forense, 2012. v. III.

PEREIRA, Caio Mário da Silva. *Instituições de Direito Civil*. Introdução ao Direito Civil. Teoria geral do Direito Civil. 21. ed. atualizada por Maria Celina Bodin de Moraes. Rio de Janeiro: Forense, 2006. v. I.

PEREIRA, Caio Mário da Silva. *Responsabilidade civil*. 5. ed. Rio de Janeiro: Forense, 1994.

PEREIRA, Caio Mário da Silva. *Responsabilidade civil.* 10. ed. atualizada por Gustavo Tepedino. Rio de Janeiro: GZ, 2012.

PEREIRA, Rodrigo da Cunha. Responsabilidade civil por abandono afetivo. In: MADALENO, Rolf; BARBOSA, Eduardo (Coord.). *Responsabilidade civil no direito de família.* São Paulo: Atlas, 2015.

PERLINGIERI, Pietro. *Perfis do Direito Civil:* introdução ao Direito Civil Constitucional. Tradução de Maria Cristina De Cicco. 2. ed. Rio de Janeiro: Renovar, 2002.

PIANOVISK, Carlos Eduardo. Famílias simultâneas e monogamia. In: PEREIRA, Rodrigo da Cunha (Coord.). *Anais do V Congresso Brasileiro de Direito de Família.* Belo Horizonte, IBDFAM, 2006.

PINHEIRO, Patrícia Peck. *Direito digital.* 2. ed. São Paulo: Saraiva, 2008.

PINHEIRO, Rosalice Fidalgo. *O abuso do direito e as relações contratuais.* Rio de Janeiro: Renovar, 2002.

PIRES DE LIMA, F.; VARELA, Antunes. *Código Civil anotado.* 4. ed. rev. e actual. com a colaboração de M. Henrique Mesquita. Coimbra: Coimbra Editora, 1987. v. I.

PIVA, Rui Carvalho. *Bem ambiental.* São Paulo: Max Limonad, 2000.

PONTES DE MIRANDA, Francisco Cavalcanti. *Tratado de direito privado.* 3. ed. Rio de Janeiro: Borsoi, 1955. t. LIII.

PONTES DE MIRANDA, Francisco Cavalcanti. *Tratado de direito privado.* Rio de Janeiro: Borsoi, 1958. t. XXIII.

PONTES DE MIRANDA, Francisco Cavalcanti. *Tratado de direito privado.* Rio de Janeiro: Borsoi, 1959. t. XXVI.

PONTES DE MIRANDA, Francisco Cavalcanti. *Tratado de direito privado.* 4. ed. São Paulo: RT, 1972. t. IV.

PRADO, Lídia Reis de Almeida. *O juiz e a emoção.* Aspectos da lógica da decisão judicial. 2. ed. Campinas: Millennium, 2003.

PROENÇA, José Carlos Brandão. *A conduta do lesado como pressuposto e critério de imputação do dano extracontratual.* Coimbra: Almedina, 1997.

REALE, Miguel. História do novo Código Civil. In: REALE, Miguel; MARTINS--COSTA, Judith (Coord.). *Biblioteca de Direito Civil.* Estudos em homenagem a Miguel Reale. São Paulo: RT, 2005. v. 1.

REALE, Miguel. *Teoria tridimensional do direito.* Situação atual. 5. ed. 6. tir. São Paulo: Saraiva, 2003.

REINIG, Guilherme Henrique Lima. Responsabilidade civil do Estado por crime praticado por fugitivo (parte 1). Disponível em: <https://www.conjur.com.br/2017-jun-26/direito-civil-atual-responsabilidade-civil-estado-crime--praticado-fugitivo-parte>. Acesso em: 2 jan. 2018.

REINIG, Guilherme Henrique Lima. Responsabilidade civil do Estado por crime praticado por fugitivo (parte 2). Disponível em: <https://www.conjur.com.

br/2017-jul-03/direito-civil-atual-responsabilidade-estado-crime-praticado--fugitivo-parte>. Acesso em: 2 jan. 2018.

REINIG, Guilherme Henrique Lima; CARNAÚBA, Daniel Amaral. Abuso de direito e culpa na responsabilidade civil. *Consultor Jurídico*, Coluna Direito Civil Atual. Disponível em: <www.conjur.com.br>. Acesso em: 30 out. 2017.

RENTERIA, Pablo. *Obrigações de meios e de resultado.* Análise crítica. São Paulo: GEN/Método, 2011.

REVISTA ÉPOCA. Edição n. 578. Rio de Janeiro: Editora Globo, p. 86-87, 15 jun. 2009.

REVISTA VEJA. São Paulo: Abril, Edição 2.140, ano 42, n. 47, p. 163-166, 25 nov. 2009.

RIBEIRO, Ney Rodrigo Lima. Direitos da personalidade. In: MIRANDA, Jorge; RODRIGUES JR., Otávio Luiz; FRUET, Gustavo Bonato (Coord.). *Direitos da personalidade*. São Paulo: Atlas, 2012.

RIBEIRO, Ney Rodrigo Lima. Direitos da personalidade. In: MIRANDA, Jorge; RODRIGUES JR., Otávio Luiz; FRUET, Gustavo Bonato (Coord.). *Direitos da personalidade*. São Paulo: Atlas, 2012.

RIZZATTO NUNES, Luiz Antonio. *Comentários ao Código de Defesa do Consumidor*. 3. ed. São Paulo: Saraiva, 2007.

RODOVALHO, Thiago. *Abuso de direito e direitos subjetivos*. São Paulo: RT, 2012.

RODRIGUES, Silvio. *Direito Civil*. Responsabilidade civil. 19. ed. São Paulo: Saraiva, 2000. v. 4.

RODRIGUES, Silvio. *Direito Civil*. 29. ed. São Paulo: Saraiva, 2003. v. 3.

ROSENVALD, Nelson. *As funções da responsabilidade civil*. A reparação e a pena civil. 3. ed. São Paulo: Saraiva, 2017.

RUGGIERO, Roberto. *Instituições de Direito Civil*. Tradução de Ary dos Santos, Antônio Chaves e Fábio Maria de Mattia. 3. ed. São Paulo: Saraiva, 1973. v. 3.

SANSEVERINO, Paulo de Tarso Vieira. Indenização e equidade no Código Civil de 2002. In: CARVALHO NETO, Inácio de (Coord.). *Novos direitos*. Após seis anos de vigência do Código Civil de 2002. Curitiba: Juruá, 2009.

SANSEVERINO, Paulo de Tarso Vieira. *Princípio da reparação integral*. São Paulo: Saraiva, 2010.

SANSEVERINO, Paulo de Tarso Vieira. *Responsabilidade civil no Código do Consumidor e a defesa do fornecedor*. São Paulo. Saraiva, 2002.

SANSEVERINO, Paulo de Tarso Vieira. *Responsabilidade civil no Código do Consumidor e a defesa do fornecedor*. 2. ed. São Paulo: Saraiva, 2007.

SANTOS, Antonio Jeová. *Dano moral na internet*. São Paulo: Método, 2001.

SANTOS, Boaventura de Souza. *Introdução a uma ciência pós-moderna*. 4. ed. São Paulo: Graal, 2003.

SANTOS, Enoque Ribeiro dos. *O dano moral na dispensa do empregado*. 3. ed. São Paulo: LTr, 2008.

SANTOS JUSTO, A. *Direito privado romano*. Direito das obrigações. Coimbra: Coimbra Editora, 2003. v. II.

SANTOS, Romualdo Baptista. *Responsabilidade civil por dano enorme*. Curitiba: Juruá, 2018.

SARAGIOTO, Marli Aparecida. *O dano existencial como modalidade autônoma de dano imaterial*. 2017. Tese (Doutorado) – Faculdade Autônoma de Direito de São Paulo, São Paulo.

SARLET, Ingo Wolfgang. *A eficácia dos direitos fundamentais*. Porto Alegre: Livraria do Advogado, 2004.

SARLET, Ingo Wolfgang. *A eficácia dos direitos fundamentais*. 5. ed. Porto Alegre: Livraria do Advogado, 2005.

SARMENTO, Daniel. *Direitos fundamentais e relações privadas*. Rio de Janeiro: Lumen Juris, 2004.

SARTORI, Fernando. A culpa como causa de separação e seus efeitos. Disponível em: <http://www.flaviotartuce.adv.br/secoes/artigosc/Sartori_Culpa.doc>. Acesso em: 14 jun. 2017.

SAVATIER, René. *Traité de la responsabilité civile en droit français*. Paris: LGDJ, 1939. t. I.

SAVATIER, René. *Traité de la responsabilité civile en droit français*. Deuxième Édition. Paris: LGDJ, 1951.

SAVI, Sérgio. *Responsabilidade civil e enriquecimento sem causa*. O lucro da intervenção. São Paulo: Atlas, 2012.

SAVI, Sérgio. *Responsabilidade civil por perda de uma chance*. São Paulo: Atlas, 2006.

SCHMITT, Cristiano Heineck. *Responsabilidade civil*. Porto Alegre: Verbo Jurídico, 2010.

SCHREIBER, Anderson. A boa-fé objetiva e o adimplemento substancial. In: HIRONAKA, Giselda Maria Fernandes Novaes; TARTUCE, Flávio. *Direito contratual*. Temas atuais. São Paulo: Método, 2008.

SCHREIBER, Anderson. *Código Civil comentado*. 2. ed. Rio de Janeiro: Forense, 2020.

SCHREIBER, Anderson. Direito ao esquecimento. In: SALOMÃO, Luis Felipe; TARTUCE, Flávio (Coord.). *Direito Civil*. Diálogos entre a doutrina e a jurisprudência. São Paulo: Atlas, 2018.

SCHREIBER, Anderson. *Direitos da personalidade*. São Paulo: Atlas, 2011.

SCHREIBER, Anderson. Flexibilização do nexo causal em relações de consumo. In: MARTINS, Guilherme Magalhães (Coord.). *Temas de direito do Consumidor*. Rio de Janeiro: Lumen Juris, 2010.

SCHREIBER, Anderson. *Novos paradigmas da responsabilidade civil*. São Paulo: Atlas, 2007.

SCHREIBER, Anderson. *Novos paradigmas da responsabilidade civil*. 2. ed. São Paulo: Atlas, 2009.

SCHREIBER, Anderson. *Novos paradigmas da responsabilidade civil*. 3. ed. São Paulo: Atlas, 2011.

SCHREIBER, Anderson. O princípio da boa-fé objetiva no direito de família. In: PEREIRA, Rodrigo da Cunha (Coord.). *Anais do V Congresso de Direito de Família do Instituto Brasileiro de Direito de Família*. Belo Horizonte: IBDFAM, 2006.

SCHWARTZ, Fabio. *Manual de Direito do Consumidor*. Tópicos & controvérsias. Rio de Janeiro: Processo, 2018.

SÊCO, Thais. Arte e (cons)ciência dos espaços: arquitetura, urbanismo e paisagismo. In: MORAES, Maria Celina Bodin de; GUEDES, Gisela Sampaio da Cruz (Coord.). *Responsabilidade civil de profissionais liberais*. Rio de Janeiro: Forense, 2016.

SERPA LOPES, Miguel Maria de. *Curso de Direito Civil*. 3. ed. Rio de Janeiro: Freitas Bastos, 1964. v. V.

SERTORIO, Luigi. *La colpa in concreto nel diritto romano e nel diritto odierno*. Torino: Fratelli Bocca, 1914.

SESSAREGO, Carlos Fernández. Recientes decisiones de los tribunales internacionales de derechos humanos: reparación del "daño al proyecto de vida". *Anuario de Derecho Europeo*, Sevilla, Universidad de Sevilla, n. 4, 2004.

SESSAREGO, Carlos Fernández. El "daño a la libertad fenoménica" o "daño al proyecto de vida" en el escenario jurídico contemporáneo. *APECC. Revista de Derecho*, año IV, Lima, Asociación Peruana de Ciencias Jurídicas y Conciliación, n. 6, abr. 2008.

SESSAREGO, Carlos Fernández. El "daño a la libertad fenoménica" o "daño al proyecto de vida" en el escenario jurídico contemporáneo. *JUS Doctrina & Práctica*, Lima, Grijley, n. 6, jun. 2007.

SESSAREGO, Carlos Fernández. *El derecho a imaginar el derecho*. Lima: IDEMSA, 2011.

SESSAREGO, Carlos Fernández. Il risarcimento del "danno al progetto di vita". *La responsabilitá civile*. Milano: UTET, 2009.

SESSAREGO, Carlos Fernández. *La responsabilità civile*, Torino, UTET, año V, n. 6, jun. 2008.

SESSAREGO, Carlos Fernández. Recientes decisiones de los tribunales internacionales de derechos humanos: reparación "del daño al proyecto de vida". *Revista Peruana de Jurisprudencia*, Trujillo, año 7, n. 52, jun. 2005.

SESSAREGO, Carlos Fernández. *JUS Doctrina & Práctica*, Lima, n. 6, jun. 2007.

SESSAREGO, Carlos Fernández. *Persona* – revista electrónica de derecho existencial, Buenos Aires, n. 73.

SESSAREGO, Carlos Fernández. *Responsabilidad civil*. Buenos Aires: Rubinzal-Culzoni, 2007.

SESSAREGO, Carlos Fernández. *Revista Electrónica de Derecho Existencial Persona*, Buenos Aires, n. 73.

SESSAREGO, Carlos Fernández. *Revista de Responsabilidad Civil y Seguros*, Buenos Aires, La Ley, año XI, n. IX, set. 2009.

SILVA, João Calvão da. *Responsabilidade civil do produtor*. Coimbra: Almedina, 1999.

SILVA, Jorge Cesa Ferreira da. *A boa-fé e a violação positiva do contrato*. 2. tiragem. Rio de Janeiro: Renovar, 2007.

SILVA, Jorge Cesa Ferreira da. Inadimplemento das obrigações. In: REALE, Miguel; MARTINS-COSTA, Judith (Coord.). *Biblioteca de Direito Civil*. Estudos em homenagem ao Professor Miguel Reale. São Paulo: RT, 2007.

SILVA, Jorge Cesa Ferreira da. *Inadimplemento das obrigações*. São Paulo: RT, 2006.

SILVA, Manuel Gomes da. *O dever de prestar e o dever de indemnizar*. Lisboa: Faculdade de Direito de Lisboa, 1944. v. I.

SILVA, Rafael Peteffi da. *Responsabilidade civil pela perda de uma chance*. São Paulo: Atlas, 2007.

SILVA, Vasco Manuel Pascoal Dias Pereira da. *Em busca do acto administrativo perdido*. Coimbra: Almedina, 2003.

SILVA, Virgílio Afonso da. *A constitucionalização do direito*. Os direitos fundamentais nas relações entre particulares. 1. ed. 2. tir. São Paulo: Malheiros, 2008.

SILVA, Wilson Melo da. A culpa contra a legalidade, a culpa comum e a responsabilidade civil automobilística nos transportes de passageiros. *Revista da Faculdade de Direito da Universidade Federal de Minas Gerais*, n. 13, 1973. Disponível em: <http://www.direito.ufmg.br/revista/index.php/revista/article/view/724/677FMG>. Acesso em: 8 set. 2016.

SILVA, Wilson Melo da. *O dano moral e sua reparação*. Edição histórica. 3. ed. Rio de Janeiro: Forense, 1999.

SIMÃO, José Fernando. Adimplemento substancial e a nova orientação do STJ – E o poder dos bancos prevaleceu. Disponível em: <www.cartaforense.com.br>. Acesso em: 18 set. 2017.

SIMÃO, José Fernando. Aspectos controvertidos da prescrição e da decadência na teoria geral dos contratos e contratos em espécie. In: DELGADO, Mário Luiz; ALVES, Jones Figueirêdo (Coord.). *Questões controvertidas no novo Código Civil*. São Paulo: Método, 2005. v. 4.

SIMÃO, José Fernando. *Código Civil comentado*. 2. ed. Rio de Janeiro: Forense, 2020.

SIMÃO, José Fernando. De Alexandre a Luciane – da cumplicidade pelo abandono ao abandono punido! Disponível em: <http://www.cartaforense.com.br/Materia.aspx?id=8800>. Acesso em: 18 jun. 2017.

SIMÃO, José Fernando. Indenização pela perda de uma chance. Disponível em: <http://www.ambito-juridico.com.br/site/index.php?n_link=revista_artigos_leitura&artigo_id=1745>. Acesso em: 26 dez. 2017.

SIMÃO, José Fernando. O contrato nos tempos da Covid-19. Esqueçam a força maior e pensem na base do negócio. *Migalhas*, Ribeirão Preto, 3 abr. 2020. Disponível em: <https://migalhas.uol.com.br/coluna/migalhas-contratuais/323599/o-contrato-nos-tempos-da-covid-19---esquecam-a-forca-maior-e-pensem-na-base-do-negocio>. Acesso em: 22 fev. 2021.

SIMÃO, José Fernando. Parecer. *Revista Comemorativa dos 140 anos do Instituto dos Advogados de São Paulo (IASP)*, São Paulo: IASP, 2014.

SIMÃO, José Fernando. Prescrição e decadência e início dos prazos: doutrina e jurisprudência em harmonia. In: SALOMÃO, Luis Felipe; TARTUCE, Flávio (Coord.). *Direito Civil*. Diálogos entre a doutrina e a jurisprudência. São Paulo: Atlas, 2018.

SIMÃO, José Fernando. *Prescrição e decadência*. Início dos prazos. São Paulo: Atlas, 2013.

SIMÃO, José Fernando. Prescrição e sua alegação – Lei 11.280 e a revogação do art. 194 do Código Civil. *Carta Forense*, São Paulo, n. 34, abr. 2006.

SIMÃO, José Fernando. Quem tem medo de dar carona? Disponível em: <www.flaviotartuce.adv.br>. Acesso em: 6 fev. 2018.

SIMÃO, José Fernando. Reforma trabalhista. Dano extrapatrimonial. Parte 1. Disponível em: <http://www.flaviotartuce.adv.br/artigos_convidados>. Acesso em: 24 dez. 2017.

SIMÃO, José Fernando. Reforma trabalhista. Dano extrapatrimonial. Parte 3. Disponível em: <www.flaviotartuce.adv.br>. Acesso em: 27 dez. 2017.

SIMÃO, José Fernando. Reforma trabalhista. Dano extrapatrimonial: dano moral, estético e existencial? Parte 4. Disponível em: <www.flaviotartuce.adv.br. Artigos de convidados>. Acesso em: 10 jan. 2018.

SIMÃO, José Fernando. *Responsabilidade civil do incapaz*. São Paulo: Atlas, 2009.

SIMÃO, José Fernando. Responsabilidade civil pelo fato do animal: estudo comparativo dos Códigos Civis de 1916 e de 2002. In: DELGADO, Mário Luiz; ALVES, Jones Figueirêdo (Coord.). *Questões controvertidas no novo Código Civil*. São Paulo: Método, 2006.

SIMÃO, José Fernando. *Vícios do produto no novo Código Civil e no Código de Defesa do Consumidor*. São Paulo: Atlas, 2003.

SIMÃO, José Fernando. Vícios do produto. Questões controvertidas. In: MORATO, Antonio Carlos; NÉRI, Paulo de Tarso (Org.). *20 anos do Código de Defesa do Consumidor*. Estudos em homenagem ao Professor José Geraldo Brito Filomeno. São Paulo: Atlas, 2010.

SIRVINSKAS, Luís Paulo. *Manual de Direito Ambiental*. São Paulo: Saraiva, 2002.

SOARES, Flaviana Rampazzo. *Responsabilidade civil por dano existencial*. Porto Alegre: Livraria do Advogado, 2009.

SOARES, Orlando. *Responsabilidade civil no direito brasileiro*. Rio de Janeiro: Forense, 1996.

SOUZA, Eduardo Nunes de. Responsabilidade civil dos médicos e dos profissionais da saúde. In: MORAES, Maria Celina Bodin de; GUEDES, Gisela Sampaio da Cruz (Coord.). *Responsabilidade civil de profissionais liberais*. Rio de Janeiro: Forense, 2016.

SOUZA, Motauri Ciocchetti. *Interesses difusos em espécie*. São Paulo: Saraiva, 2000.

SOUZA, Sylvio Capanema de. Novos aspectos da responsabilidade civil da administração pública. Direito Civil contemporâneo. Novos problemas à luz da legalidade constitucional. In: TEPEDINO, Gustavo (Org.). *Anais do Congresso Internacional de Direito Civil-Constitucional da Cidade do Rio de Janeiro*. São Paulo: Atlas, 2008.

STEINER, Renata Carlos. As violações positivas do contrato de Hermann Staub: uma breve leitura da "descoberta" alemã do século XX. *Revista Trimestral de Direito Civil (RTDC)*, ano 12, v. 47, p. 255-264, jul.-set. 2011.

STOCO, Rui. *Responsabilidade civil*. 4. ed. São Paulo: RT, 1999.

STOCO, Rui. *Tratado de responsabilidade civil*. 6. ed. São Paulo: RT, 2004.

STRECK, Lenio Luiz. Como usar a jurisdição constitucional na reforma trabalhista. *Coluna Senso Incomum*. Disponível em: <https://www.conjur.com.br/2017-nov-02/senso-incomum-usar-jurisdicao-constitucional-reforma-trabalhista>. Acesso em: 27 dez. 2017.

STRECK, Lenio Luiz. Ponderação de normas no Novo CPC? É o caos. Presidente Dilma, por favor, veta!. Coluna Senso Incomum. *Consultor Jurídico*, 8 jan. 2015. Disponível em: <http://www.conjur.com.br/2015-jan-08/senso-incomum-ponderacao-normas-cpc-caos-dilma-favor-veta>. Acesso em: 24 jan. 2015.

TARTUCE, Fernanda. Prisão civil em alimentos indenizatórios: posição favorável. *Jornal Carta Forense*. Matéria de Capa de junho de 2016. Disponível em: <http://www.cartaforense.com.br/conteudo/artigos/prisao-civil-em-alimentos-indenizatorios-posicao-favoravel/16600>. Acesso em: 25 jun. 2018.

TARTUCE, Fernanda. *Processo civil aplicado ao direito de família*. São Paulo: GEN/Método, 2012.

TARTUCE, Flávio. As verdades parentais e a ação vindicatória de filho. *Revista Brasileira de Direito das Famílias e das Sucessões*, Porto Alegre: Magister, n. 4, p. 29-49, 2008.

TARTUCE, Flávio. Considerações sobre o abuso do direito ou ato emulativo civil. In: DELGADO, Mário Luiz; ALVES, Jones Figueirêdo (Coord.). *Questões controvertidas no novo Código Civil*. São Paulo: Método, 2006.

TARTUCE, Flávio. *Código Civil comentado*. 6. ed. Rio de Janeiro: Forense, 2024.

TARTUCE, Flávio. *Direito Civil*. Lei de Introdução e parte geral. 20. ed. Rio de Janeiro: Forense, 2024. v. 1.

TARTUCE, Flávio. *Direito Civil*. Direito das obrigações e responsabilidade civil. 19. ed. Rio de Janeiro: Forense, 2024. v. 2.

TARTUCE, Flávio. *Direito Civil*. Teoria geral dos contratos e contratos em espécie. 19. ed. Rio de Janeiro: Forense, 2024. v. 3.

TARTUCE, Flávio. *Direito Civil*. Direito das coisas. 16. ed., Rio de Janeiro: Forense, 2024. v. 4.

TARTUCE, Flávio. *Direito Civil*. Direito de família. 19. ed. Rio de Janeiro: Forense, 2024. v. 5.

TARTUCE, Flávio. *Direito civil*. Direito das sucessões. 17. ed. Rio de Janeiro: Forense, 2024. v. 6.

TARTUCE, Flávio. *Função social dos contratos*. Do Código de Defesa do Consumidor ao Código Civil. 2. ed. São Paulo: Método, 2007.

TARTUCE, Flávio. *Manual de Direito Civil*. 14. ed. São Paulo: Método, 2024. volume único.

TARTUCE, Flávio. *Responsabilidade objetiva e risco*. A teoria do risco concorrente. São Paulo: Método, 2011.

TARTUCE, Flávio; ASSUMPÇÃO NEVES, Daniel. *Manual de Direito do Consumidor*. Direito material e processual. 13. ed. São Paulo: Método, 2024. volume único.

TARTUCE, Flávio; GROENINGA, Giselle. O dano à integridade psíquica: uma análise interdisciplinar. In: DELGADO, Mário Luiz; ALVES, Jones Figueirêdo (Coord.). *Questões controvertidas no novo Código Civil*: responsabilidade civil. São Paulo: Método, 2006. v. 5.

TARTUCE, Flávio; OPROMOLLA, Márcio Araújo. Direito Civil e Constituição. In: TAVARES, André Ramos; FERREIRA, Olavo A. V. Alves; LENZA, Pedro (Coord.). *Constituição Federal – 15 anos*. Mutação e evolução. São Paulo: Método, 2003.

TAVARES DA SILVA, Regina Beatriz (Coord.). *Código Civil comentado*. 6. ed. São Paulo: Saraiva, 2008.

TAVARES DA SILVA, Regina Beatriz. *Código Civil comentado*. 10. ed. São Paulo: Saraiva, 2016.

TAVARES DA SILVA, Regina Beatriz. Perda de uma chance. Disponível em: <www.flaviotartuce.adv.br>. Artigos de convidados. Acesso em: 26 maio 2017.

TEPEDINO, Gustavo. A disciplina civil-constitucional das relações familiares. In: TEPEDINO, Gustavo (Coord.). *Temas de Direito Civil*. 3. ed. Rio de Janeiro: Renovar, 2004.

TEPEDINO, Gustavo. A evolução da responsabilidade civil no direito brasileiro e suas controvérsias na atividade estatal. In: TEPEDINO, Gustavo (Coord.). *Temas de Direito Civil*. 3. ed. Rio de Janeiro: Renovar, 2004.

TEPEDINO, Gustavo. A responsabilidade civil por acidente de consumo na ótica civil-constitucional. In: TEPEDINO, Gustavo (Coord.). *Temas de Direito Civil*. 3. ed. Rio de Janeiro: Renovar, 2004.

TEPEDINO, Gustavo. A tutela da personalidade no ordenamento civil-constitucional brasileiro. In: TEPEDINO, Gustavo (Coord.). *Temas de Direito Civil*. Rio de Janeiro: Renovar, 2004.

TEPEDINO, Gustavo. Liberdade de escolha, dever de informar, defeito do produto e boa-fé objetiva nas ações de indenização contra os fabricantes de cigarros. In: LOPEZ, Teresa Ancona (Coord.). *Estudos e pareceres sobre livre-arbítrio, responsabilidade e produto de risco inerente*. O paradigma do tabaco. Aspectos civis e processuais. Rio de Janeiro: Renovar, 2009.

TEPEDINO, Gustavo. Normas constitucionais e Direito Civil na construção unitária do ordenamento. In: SOUZA NETO, Cláudio Pereira de; SARMENTO, Daniel (Coord.). *A constitucionalização do direito*. Rio de Janeiro: Lumen Juris, 2007.

TEPEDINO, Gustavo. Normas constitucionais e relações de Direito Civil na experiência brasileira. In: TEPEDINO, Gustavo (Coord.). *Temas de Direito Civil*. Rio de Janeiro: Renovar, 2006. t. II.

TEPEDINO, Gustavo. Notas sobre o nexo de causalidade. In: TEPEDINO, Gustavo (Coord.). *Temas de Direito Civil*. Rio de Janeiro: Renovar, 2006. t. II.

TEPEDINO, Gustavo. Premissas metodológicas para a constitucionalização do Direito Civil. In: TEPEDINO, Gustavo. *Temas de Direito Civil*. 3. ed. Rio de Janeiro: Renovar, 2004.

TEPEDINO, Gustavo; BARBOZA, Heloísa Helena; MORAES, Maria Celina Bodin de. *Código Civil interpretado*. Rio de Janeiro: Renovar, 2003. v. I.

TEPEDINO, Gustavo; BARBOZA, Heloísa Helena; MORAES, Maria Celina Bodin de. *Código Civil interpretado*. Rio de Janeiro: Renovar, 2004. v. I.

TEPEDINO, Gustavo; BARBOZA, Heloísa Helena; MORAES, Maria Celina Bodin de. *Código Civil interpretado*. Rio de Janeiro: Renovar, 2006. v. II.

TEPEDINO, Gustavo; BARBOZA, Heloísa Helena; MORAES, Maria Celina Bodin de. *Código Civil interpretado*. Rio de Janeiro: Renovar, 2011.

TEPEDINO, Gustavo; SCHREIBER, Anderson. Direito das obrigações. In: AZEVEDO, Álvaro Villaça (Coord.). *Código Civil comentado*. São Paulo: Atlas, 2008. v. IV.

THEODORO JÚNIOR, Humberto. *Curso de Direito Processual Civil*. 56. ed. Rio de Janeiro: Forense, 2015. v. I.

TOSCANO DE BRITO, Rodrigo. Função social dos contratos como princípio orientador na interpretação das arras. In: DELGADO, Mário Luiz; ALVES, Jones Figueirêdo. *Questões controvertidas no novo Código Civil*. São Paulo: Método, 2004. v. II.

TRIGO, Maria da Graça. *Responsabilidade civil delitual por facto de terceiro*. Coimbra: Coimbra Editora, 2009.

USTÁRROZ, Daniel. *Responsabilidade civil por ato lícito*. São Paulo: Atlas, 2014.

VELOSO, Zeno. *Código Civil comentado*. 10. ed. São Paulo: Saraiva, 2016.

VELOSO, Zeno. *Comentários à Lei de Introdução ao Código Civil*. 2. ed. Belém: Unama, 2006.

VENOSA, Sílvio de Salvo. *Código Civil interpretado*. São Paulo: Atlas, 2010.

VENOSA, Sílvio de Salvo. *Direito Civil*. Responsabilidade civil. 5. ed. São Paulo: Atlas, 2005. v. IV.

VENOSA, Sílvio de Salvo. *Direito Civil*. 10. ed. São Paulo: Atlas, 2010. v. IV.

VENOSA, Sílvio de Salvo. *Direito Civil*. 12. ed. São Paulo: Atlas, 2012.

VISINTINI, Giovanna. *I fatti illeciti*. Causalità e danno. Padova: Cedam, 1999. v. 3.

VON THUR, A. *Tratado de las obligaciones*. Tradução para o espanhol de W. Roces. Madrid: Reus, 1934. t. I.

YARSHELL, Flávio Luiz. A interrupção da prescrição pela citação: confronto entre o novo Código Civil e o Código de Processo Civil. *Síntese Jornal*, Porto Alegre: Síntese, n. 75, p. 13, maio 2003.

YOSHIDA, Luciana. *Responsabilidade civil extracontratual do Estado por omissão do Poder Executivo*. 2018. 237 f. Dissertação (Mestrado) – Faculdade de Direito da Universidade de São Paulo, São Paulo.

ZANETTI, Cristiano de Souza. *Responsabilidade pela ruptura das negociações*. São Paulo: Juarez de Oliveira, 2005.

ZANETTI, Fátima. In: MONTEIRO, Carlos Augusto de Oliveira; GRANCONATO, Márcio (Coord.). *Reforma trabalhista*. São Paulo: Foco, 2017.